I0821686

COMENTARIO

BÍBLICO HISTÓRICO

COMENTARIO

BÍBLICO HISTÓRICO

ILUSTRADO

ALFRED EDERSHEIM

EDITORIAL CLIE
MCE Horeb, E.R. nº 2.910-SE/A
C/ Ferrocarril, 8
08232 VILADECAVALLS (Barcelona) ESPAÑA
E-mail: libros@clie.es
Internet: http://www.clie.es

COMENTARIO BÍBLICO HISTÓRICO

Traductor del Comentario al Antiguo Testamento: George Peter Grayling
Traductor del Comentario al Nuevo Testamento: Dr. Xavier Vila

Proyecto gráfico e ilustración: Departamento de arte de Editorial Clie - Samuel Garrofé

ISBN: 978-84-8267-462-9

Printed in U.S.A.

Clasifíquese: 98 HERMENÉUTICA:
Comentarios completos a toda la Biblia
CTC: 01-02-0098-46
Referencia: 224493

CONTENIDO

ANTIGUO TESTAMENTO

Libro 1

La Creación, el diluvio y los patriarcas

Libro 2

El Éxodo y la travesía por el desierto

Libro 3

Israel en Canaán bajo Josué y los Jueces

Libro 4

Israel en Canaán bajo Samuel, Saúl y David

Libro 5

La historia de Judá e Israel desde el nacimiento de Salomón hasta el reinado de Acab

Libro 6

La historia de Israel y Judá desde el reinado de Acab hasta la decadencia de los dos reinos

Libro 7

La historia de Israel y Judá desde la decadencia de los dos reinos hasta la cautividad en Asiria y Babilonia

PERÍODO INTERTESTAMENTARIO

La preparación para el Evangelio: el mundo judío en los días de Cristo

NUEVO TESTAMENTO

Libro 1

Desde el pesebre de Belén al bautismo en el Jordán

■ Parte 1. DESDE EL PESEBRE DE BELÉN AL BAUTISMO EN EL JORDÁN

Libro 2

Del Jordán al monte de la Transfiguración

Libro 3

Desde el monte de la Transfiguración al valle de la humillación y la muerte

Libro 4

La cruz y la corona

■ Parte 1. LA CRUZ Y LA CORONA

Apéndices al Nuevo Testamento

Índice analítico general e índice de autores citados en la obra

Prólogo de los editores

El éxito y los numerosos comentarios de elogio que hemos recibido de parte de profesores, pastores y estudiantes de todos los países de habla hispana, por la edición española de The Life and Times of Jesus de Messiah (La Vida y los Tiempos de Jesús el Mesías) así como por las demás obras que hasta el momento hemos publicado de Alfred Edersheim, este judío vienés convertido al cristianismo y considerado como el más experto conocedor de las costumbres, prácticas y condiciones del judaísmo de los tiempos bíblicos–, nos animó a proseguir con la traducción al español de su Old Testament Bible History, obra equivalente a The Life and Times of Jesus de Messiah en lo que respecta al A.T. y calificada por muchos eruditos como lo mejor que se ha escrito sobre la historia del pueblo judío, tal y como la encontramos en el Antiguo Testamento, presentándola en una nueva visión de paralelismo con las costumbres y formas de los otros pueblos de la época.

Ahora, tenemos el privilegio de presentar ambas obras juntas en un mismo volumen, al que hemos dado el titulo de COMENTARIO BÍBLICO HISTORICO, *puesto que a pesar de qu,e en honor a la verdad, es necesario aclarar que no cubre* Los Hechos de los Apóstoles, *–abarca solamente la historia del Antiguo Testamento y la vida de Cristo descrita en los cuatro evangelios–, entendemos que es el título que mejor describe su contenido y propósito: analizar el contenido histórico del texto bíblico de Génesis a Juan, libro por libro, capítulo tras capítulo, explicando y aclarando a la luz del contexto histórico y de las costumbres del pueblo hebreo en la época en que se escribió, todas aquellas cosas que desgajadas de su contexto cultural resultan enigmáticas o incomprensibles a los lectores del siglo XXI.*

El COMENTARIO BÍBLICO HISTORICO *es, por tanto, una obra única en su género. Acontecimientos bíblicos que a primera vista parecen incomprensibles, adquieren en estas páginas toda su lógica y sentido histórico. Detalles de comportamiento humano que al lector de la Biblia le pasan fácilmente desapercibidos, se revelan aquí de una dimensión y una trascendencia desconocidas. Genealogías sobre las que a veces nos preguntamos la razón de su presencia en las páginas de la Sagrada Escritura, adquieren bajo la pluma de Edersheim un sentido y un valor que no habíamos ni siquiera imaginado.*

Su lectura, proporciona la agradable sensación de ver cómo, poco a poco, las muchas piezas del rompecabezas bíblico en el Antiguo Testamento van ocupando su lugar exacto y formando, en magistral ensamblaje con las páginas del Nuevo Testamento, un cuadro maravilloso del plan de Dios para con el hombre actuando Soberano del Universo y Señor de la historia.

Su consulta, abre al estudioso de la Biblia un horizonte novedoso de datos y aclaraciones históricas, y más importante aún, permite al predicador y maestro aclarar a sus oyentes, con toda riqueza de detalles, particularidades culturales de la época que aportan muchísima luz a las enseñanzas trascendentes del texto expuesto y comentado.

En su prefacio a la edición inglesa, Edersheim define su propósito al escribir esta obra monumental, con estas palabras:

«Al escribir, tengo en mente a los que enseñan y a los que aprenden… y es mi deseo que lo que escribo resulte ser un libro útil para colocar en manos de hombres jóvenes, no sólo para mostrarles lo que la Biblia enseña, sino para defenderlos de los ataques provocados por la presentación o la interpretación errónea del texto sagrado. Me he esforzado en escribir de un modo tan popular y fácilmente inteligible que resulte también útil para el profesor como para el estudioso, el erudito o el maestro de Escuela Dominical; procurando avanzar gradualmente de lo más sencillo a lo más detallado».

La edición española, se presenta enriquecida con cientos de fotografías arqueológicas, todas ellas directamente relacionadas con el texto de la obra, que se transcribe en los pies de las mismas, y que aportan un considerable valor añadido al proporcionar una visión gráfica completa y actualizada de lo expuesto por el autor. Estructurada en tres partes básicas: Antiguo Testament., Período Intertesmanentario, y Nuevo Testamento, cubre todo el texto bíblico de contenido histórico, desde la Creación en Génesis 1:1 hasta la Gran Comisión. Y en este sentido, las cabeceras de página indicando los pasajes comentados, sumadas a los índices textuales, permiten encontrar en pocos segundos la información deseada sobre cualquier parte de la Biblia.

Con ello queremos aportar nuestro granito de arena a que el deseo del autor se cumpla de la forma más amplia y efectiva, haciendo que su trabajo y esfuerzo, que tanto ha contribuido y sigue contribuyendo a la formación de líderes cristianos en el mundo anglosajón, sea también accesible a los pueblos hispanos.

Los Editores

Prefacio del autor

Uno de los aspectos más notables y esperanzadores de nuestro tiempo es el aumento de la importancia que se da a todos los campos del estudio de la Sagrada escritura. Los que creen en la Biblia y la aman, que han experimentado su verdad y poder, no pueden hacer otra cosa que regocijarse por ello. Saben que «la Palabra de Dios vive y permanece para siempre»; que «ni una tilde» de ella «se frustrará»; y que «puede hacer sabio para salvación por medio de la fe que es en Cristo Jesús». Es por esto que no deben temer los resultados de la investigación científica aplicada a «las cosas que entre nosotros han sido certísimas». Porque, cuanto más se estudie la Biblia, más profunda será nuestra convicción de que «el fundamento de Dios está firme».

Es pues el propósito de la serie iniciada con el presente volumen ayudar, en lo que podamos, al lector de la Sagrada escritura y no reemplazar la lectura de la misma. Al escribirlo tengo en mente principalmente a los que enseñan y los que aprenden, ya sea en la escuela o en la familia. Pero mi objetivo es también más amplio. Ha sido mi deseo proporcionar una herramienta útil para leer en familia; lo cual, sin lugar a dudas, servirá también como una exposición popular de la historia sagrada. Y más que esto, espero que resulte ser un libro para colocar en las manos de hombres jóvenes, no sólo para mostrarles lo que la Biblia enseña, sino para defenderlos de los ataques provocados por la presentación o la interpretación erróneas del texto sagrado.

Con esta finalidad tripartita, me he esforzado por escribir en un modo tan popular y fácilmente inteligible como para ser útil para un profesor de escuela dominical, el estudioso avanzado, y la escuela bíblica; avanzando gradualmente, de lo más sencillo a lo más detallado. Al mismo tiempo, he seguido la narración de la escritura en su propio orden, capítulo por capítulo, indicando siempre los fragmentos de la Biblia explicados, de modo que el texto sagrado pueda ser comparado con las exposiciones, ya sea en la lectura familiar o personal. Finalmente, sin mencionar las objeciones por parte de los oponentes, me he esforzado para dar una respuesta a las que ya surgieron, y esto no por afán de controversia, sino para obtener un estudio más completo y correcto del texto sagrado en el original. Con ello, me he valido libremente no solo de los resultados de la mejor crítica alemana e inglesa, sino también de la ayuda de estudios afines tales como geografía y antigüedades bíblicas, monumentos egipcios y asirios, etc.

Pero cuando todo ha sido ya llevado a cabo, crece un sentimiento todavía más fuerte de que existe una comprensión más elevada de la Biblia, sin la cual todo lo demás es en vano. No se trata meramente de conocer el significado de las narraciones de la escritura, sino darse cuenta de su aplicación espiritual; sentir su importancia eterna; experimentarlas en nosotros mismos; éste es el único estudio provechoso de la Biblia, y todo lo demás es simplemente preparación exterior. Allí donde el resultado sea «doctrina, reprobación, corrección, e instrucción en justicia», el Profesor será aquél, por medio de la «inspiración del cual es dada toda escritura». «Porque ¿quién de los hombres sabe las cosas del hombre, sino el espíritu del hombre que está en él? Así tampoco nadie conoce las cosas de Dios, sino el Espíritu de Dios». Pero el fin de todo es Cristo, no sólo «el fin de la ley para justicia a todo aquel que cree», sino también aquél en quien «todas las promesas de Dios son Sí y Amén».

ALFRED EDERSHEIM

Tabla de abreviaturas usadas en las referencias a los escritos rabínicos empleados en esta obra

La Mishnah se usa siempre citándola según el tratado, capítulo (Pereq) y párrafo (Mishnah), el capítulo marcado en números romanos, y el párrafo en números corrientes o arábigos. Así, Ber. ii. 4 significa el Tratado Mishnico Berakhoth, capítulo segundo, párrafo cuarto.

El Talmud de Jerusalén se distingue por la abreviación Jer. delante del nombre del Tratado. Así, Jer. Ber. es la Jer. Gemara, o Talmud, del Tratado Berakhoth. La edición de la cual se hacen las citas es la usada comúnmente, Krotoschin, 1866, 1 vol. fol. Las citas se hacen o bien por capítulos y párrafos (Jer. Ber. ii. 4), o, en estos volúmenes, principalmente por la página y la columna. Hay que notar que en los escritos rabínicos cada página es realmente doble, distinguiéndose, respectivamente, como *a* y *b;* siendo *a* la de la izquierda del lector, y *b* su anverso, o sea, cuando se da vuelta a la página, la que queda a la mano derecha del lector. Pero en la Gemara de Jerusalén (y en el Yalkut [ver más abajo], como en todas las obras en que se mencionan la página y la columna [col.]), la cita, con frecuencia –en estos volúmenes casi siempre–, se hace por página y columna (habiendo dos columnas en cada lado de una página). Así, mientras Jer. Ber. ii. 4 sería el capítulo II. par. 4, la cita correspondiente por página y columna en este caso sería Jer. Ber. 4 *d;* notando que es la cuarta columna en *b* (del otro lado) de la página 4.

El Babyl. Talmud (Talmud de Babilonia) es en todas sus ediciones numerado de modo igual, así que la cita hecha se aplica a todas las ediciones. Tiene doble página, y se cita con el nombre del Tratado, el número de la página, y *a* o bien *b* según el referido sea uno u otro lado de la página. Las citas se distinguen de las de la Mishnah por el hecho de que en la Mishnah se emplean números romanos y corrientes (para marcar capítulos y párrafos), mientras que en el Talmud de Babilonia el nombre del Tratado va seguido por un número ordinario, indicando la página, junto con una *a* o bien *b*, para marcar el lado de la página a que se refiere. Así, Ber. 4 *a* significa: Tratado Berachoth, p. 4, primer lado, o sea lado izquierdo de la página.

He usado la edición de Viena, pero esto, como ya he explicado, no tiene importancia. Para facilitar la comprobación de los pasajes aludidos he citado en muchos casos también las líneas, o bien desde arriba o desde la base.

La abreviación Tos. *(Tosephta,* additamentum) antes del nombre de un Tratado se refiere a las adiciones hechas a la Mishnah después de su redacción. Esta redacción data del tercer siglo de nuestra era. El Tos. se extiende sólo a 52 de los tratados de la Mishnah. Están insertados en el Talmud al fin de cada Tratado, y están impresos en páginas dobles en cuatro columnas (col. *a* y *b* en p. *a;* col. *e* y *d* en p. *b*). Son citados generalmente por Pereq y Mishnah; así, Tos. Gitt. i. 1, o (más raramente) por página y columna, Tos. Gitt. p. 150 *a.* La ed. Zuckermandel, cuando es citada, se indica de modo especial.

Además, el Tratado Aboth del rabino Nathan (Ab. del R. Nath.) y los Tratados más pequeños Sopherim (Sopher.), Semachoth (Semach.), Kallah (Kall. o Chall.), Derekh Erets (Der. Er.), Derekh Erets Zuta (comúnmente Der. Er. S.) y Pereq Shalom (Per. Shal.) son insertados al fin del vol. ix. del Talmud. Están impresos en cuatro columnas (en doble página) y citados por Pereq y Mishnah.

Los llamados Septem Libri Talmudici parvi Hierosolymitani son publicados por separado (ed. Raphael Kirchheim, Frcf. 1851). Son los Massecheth Sepher Torah (Mass. Seph. Tor.), Mass. Mezuzah (Mass. Mesus.), Mass. Tephillin (Mass. Tephil.), Mass. Tsitsith (Mass. Ziz.), Mass. Abhadim (Mass. Abad.), Mass. Kuthim (Mass. Cuth.), y Mass. Gerim (Mass. Ger.). Están impresos y citados según páginas dobles (*a* y *b*).

A éstos han de ser añadidos los llamados Chesronoth haShas, una colección de pasajes expurgados en las ediciones ordinarias de los diversos Tratados del Talmud. Aquí hemos de terminar, lo que de otro modo asumiría proporciones indebidas, con una lista alfabética de las abreviaciones, aunque solo de los libros principales a que nos hemos referido.

Ab. Zar.	El Tratado Talmúdico *Abhodah Zarah,* sobre la idolatría.
Ab.	El Tratado Talmúdico *Pirqey Abhoth,* dichos de los padres.
Ab. de R. Nath.	El Tratado *Abhoth* del rabino Nathan, al fin del vol. ix, en el Bab. Talm.
Arakh.	El Tratado Talmúdico *Arakhin,* sobre la redención de personas o cosas consagradas al Santuario.
Bab. K.	El Tratado Talmúdico *Babha Qamma* («La primera puerta»), el primero de los grandes Tratados sobre la Ley Común.
Bab. Mets. [o Mez.]	El Tratado Talmúdico *Babha Metsia* («Puerta media»), el segundo.
Bab. B.	El Tratado Talmúdico *Babha Bathra* («Última puerta»), el tercero de los grandes Tratados sobre la Ley Común.
Bechor.	El Tratado Talmúdico *Bekhoroth,* sobre la consagración al Santuario de los primogénitos.
Bemid R.	La Midrash o comentario *Bemidbar Rabba,* sobre Números.
Ber.	El Tratado Talmúdico *Berakhoth,* sobre oraciones y bendiciones.
Ber. R.	La Midrash o comentario *Bereshith Rabba,* sobre el Génesis.
Bets. [o Bez.]	El Tratado Talmúdico *Betsah,* leyes sobre un huevo escondido en sábado y días de ayuno, y otros puntos relacionados con la santificación en estos días.
Biccur.	El Tratado Talmúdico *Bikkurim,* sobre primicias.
Chag.	El Tratado Talmúdico *Chagigah,* sobre ofrendas festivas en las tres grandes Fiestas.

Chall.	El Tratado Talmúdico *Challah,* sobre la primera masa (Números 15:17).
Chull.	El Tratado Talmúdico *Chullin,* la rúbrica sobre el modo de matar carne y temas afines.
Debar R.	La Midrash *Debharim Rabba,* sobre Deuteronomio.
Dem.	El Tratado Talmúdico *Demai,* referente a frutos sobre cuyo diezmo no hay certeza.
Ech. R.	La Midrash *Ekhah Rabbathi,* sobre lamentaciones (citado también como Mid. sobre Lament.).
Eduy.	El Tratado Talmúdico *Eduyoth* (Testimonios) sobre determinaciones legales promulgadas o con firmadas en ciertas ocasiones, decisivo en la historia de Israel.
Erub.	El Tratado Talmúdico *Erubhin,* sobre la conjunción de límites del sábado (v. Apéndice XVII).
Midr. Esth.	La Midrash sobre Ester.
Gitt.	El Tratado Talmúdico *Gittin,* sobre el divorcio.
Horay.	El Tratado Talmúdico *Horayoth* (Decisiones). sobre ciertas transgresiones no intencionales.
Jad. [o Yad.]	El Tratado Talmúdico *Yadayim,* sobre el lavamiento de manos.
Jebam. [o Yebam.]	El Tratado Talmúdico *Yebhamoth,* sobre el levirato.
Jom. [general. *Yom]*	El Tratado Talmúdico *Yoma,* sobre el Día de la Expiación.
Kel.	El Tratado Talmúdico *Kelim,* sobre la purificación de muebles y vasos.
Kerith.	El Tratado Talmúdico *Kerithuth,* sobre el castigo por medio del «cortar».
Kethub.	El Tratado Talmúdico *Kethubhoth,* sobre contratos matrimoniales.
Kidd.	El Tratado Talmúdico *Qiddushin,* sobre desposorios.
Kil.	El Tratado Talmúdico *Kilayim,* sobre uniones ilegítimas (Levítico 19:19; Deuteronomio 22:9-11).
Kinn.	El Tratado Talmúdico *Qinnim,* sobre la ofrenda de tórtolas (Levítico 5:1-10; 12:8).
Midr. Kohel.	La Midrash sobre *Qoheleth* o Eclesiastés.
Maas.	El Tratado Talmúdico *Maaseroth,* sobre diezmos levíticos.
Maas Sh.	El Tratado Talmúdico *Maaser Sheni,* sobre segundos diezmos (Deuteronomio 14:22 y ss.).
Machsh.	El Tratado Talmúdico *Makhshirin,* sobre líquidos que pueden contaminar o dejar inmundo (Levítico 11:34, 38).
Makk. [o Macc.]	El Tratado Talmúdico *Makkoth,* o castigo por azotes.
Mechil.	El Tratado Talmúdico *Mekhilta,* un comentario sobre parte de Éxodo, que data de la primera mitad del segundo siglo.
Megill.	El Tratado Talmúdico *Megillah,* referente a la lectura del («rollo»). Libro de Ester y sobre la fiesta de Ester
Meil.	El Tratado Talmúdico *Meilah,* sobre la contaminación de cosas consagradas.
Menach.	El Tratado Talmúdico *Menachoth,* sobre alimentos consagrados.
Midd.	El Tratado Talmúdico *Middoth,* sobre medidas y ordenación del Templo.
Mikv.	El Tratado Talmúdico *Miqvaoth,* sobre abluciones e inmersiones.
Moed K.	El Tratado Talmúdico *Moed Qatan,* o medias fiestas.
Naz.	El Tratado Talmúdico *Nazir,* sobre el nazareato.
Ned.	El Tratado Talmúdico *Nedarim,* sobre los votos.
Neg.	El Tratado Talmúdico *Negaim,* sobre la lepra.
Nidd.	El Tratado Talmúdico *Niddah,* sobre impurezas levíticas femeninas (menstruo).
Ohol.	El Tratado Talmúdico *Oholoth,* sobre contaminación de tiendas y casas, especialmente por defunciones o muertos.
Orl.	El Tratado Talmúdico *Orlah,* sobre ordenanzas relacionadas con Levítico 19:23.
Par.	El Tratado Talmúdico *Parah,* sobre el becerro rojo y purificación con sus cenizas.
Peah.	El Tratado Talmúdico *Peah,* sobre el resto que hay que dejar para los pobres al segar.
Pes.	El Tratado Talmúdico *Pesachim,* sobre la Fiesta Pascual.
Pesiqta.	El libro *Pesiqta,* una serie interesantísima de meditaciones o breves discusiones y pláticas sobre porciones del Leccionario para los sábados y días festivos principales.
Pirqé de R. Eliez.	El *Pirqé Haggadico del rabino Eliezer,* en 54 capítulos, un Tratado discursivo sobre la historia de Israel, desde la creación a Moisés, con inserción de 3 cap. (xlix-li) sobre la historia de Amán y la liberación mesiánica futura.
Rosh haSh.	El Tratado Talmúdico *Rosh haShanah,* sobre la Fiesta de Año Nuevo.
Sab.	El Tratado Talmúdico *Zabhim,* sobre cierras contaminaciones levíticas.
Sanh.	El Tratado Talmúdico *Sanhedrin,* sobre el Sanedrín y jurisprudencia criminal.
Sebach.	El Tratado Talmúdico *Zebhachim,* sobre sacrificios.
Shabb.	El Tratado Talmúdico *Shabbath,* sobre observancias del sábado.
Shebh.	El Tratado Talmúdico *Sebhiith,* sobre el año sabático.
Shebhu.	El Tratado Talmúdico *Shebhuoth,* sobre juramentos, etc.
Sheqal.	El Tratado Talmúdico *Sheqalim,* sobre tributos del templo y otros.
Shem R.	La Midrash *Shemoth Rabba,* sobre Éxodo.
Shir. haSh R.	La Midrash *Shir haShirim Rabb,.* sobre los Cantares de Salomón.
Siphra.	El antiguo Comentario sobre Levítico, que data del segundo siglo.
Siphré.	El comentario aún más antiguo sobre Números y Deuteronomio.
Sot.	El Tratado Talmúdico *Sotah,* sobre la mujer acusada de adulterio.

Sukk.	El Tratado Talmúdico *Sukkah,* sobre la Fiesta de los Tabernáculos.
Taan.	El Tratado Talmúdico *Taanith,* sobre ayuno y días de ayuno.
Tam.	El Tratado Talmúdico *Tamid,* sobre el servicio y sacrificios diarios en el Templo.
Teb. Yom.	El Tratado Talmúdico *Tebhul Yom* («bañado del día»), sobre impurezas cuando hay inmersión al atardecer del mismo día.
Tem.	El Tratado Talmúdico *Temurah,* sobre sustitución de cosas consagradas (Levítico 27: 10).
Ter.	El Tratado Talmúdico *Terumoth,* sobre los tributos sacerdotales en frutos.
Tohar.	El Tratado Talmúdico *Toharoth,* sobre contaminaciones menores.
Tanch.	El Comentario Midráshico *Tanchuma* (o *Yelandenu*), sobre el Pentateuco
Ukz.	El Tratado talmúdico *Uqtsin,* sobre contaminaciones de frutos por envolturas, tallos, etcétera.
Vayyik. R.	La Midrash *Vayyikra Rabba,* sobre Levítico.
Yalk.	El gran «*collectaneum*»: *Yalkut Shimeoi,* que es una «*catena*» sobre todo el Antiguo Testamento, que contiene también citas de libros perdidos para nosotros.

Ya puede entenderse que solo hemos dado indicaciones brevísimas, y por tanto imperfectas, sobre el contenido de los diversos Tratados Talmúdicos. Además de dar las Leyes relacionadas con cada uno de los temas sobre los que tratan, hay comentarios sobre toda clase de tópicos afines; es más, la discusión con frecuencia pasa a otros temas diferentes de los principales del tratado.

Antiguo Testamento

Libro 1

La Creación, el Diluvio y los Patriarcas

INTRODUCCIÓN
al Libro 1

Que el «Dios de Abraham, Isaac, y Jacob» también es el «Dios y Padre de nuestro Señor y Salvador Jesucristo», y que «los que son de la fe, éstos son hijos de Abraham», son unas de las más preciosas verdades de la revelación. No sólo nos muestran la fidelidad de nuestro Dios, y la grandeza de nuestros privilegios, sino también la maravillosa sabiduría del plan de salvación, y su coherencia en todo momento. Porque debemos observar la Biblia no sólo en sus libros individualmente, sino también en las relaciones entre ellos, y en la unidad de su totalidad. No se puede cortar el Antiguo Testamento del Nuevo, y considerar a cada uno de ellos independientemente del otro. Tampoco se puede separar ninguna parte del Antiguo Testamento del resto. El significado y la belleza completa de cada parte sólo aparece en la armonía y la unidad de todo el texto. Así, todos ellos forman eslabones de una cadena sin ruptura, comenzando desde el principio hasta el tiempo en que el Señor Jesucristo venga, para quien había preparado toda la historia anterior, a quien señalaban todas las figuras, y en quien todas las promesas son «Sí y Amén». Fue entonces cuando lo que Dios había dicho a Abraham, más de dos mil años antes, se cumplió en bendita realidad, porque «la escritura, previendo que Dios había de justificar por la fe a los gentiles, dio de antemano la buena nueva a Abraham, diciendo: en ti serán benditas todas las naciones. De modo que los que viven por la fe son bendecidos con el creyente Abraham». El hecho que este único y grande propósito se mantuviera firmemente en vista, y fuera llevado adelante a través de todas las vicisitudes de la historia: cambios de tiempo, y fases de civilización, y todo ello sin precisar alteración alguna, simplemente un desarrollo mayor y finalmente ser completado, claramente nos da la más fuerte confirmación de nuestra fe. También es un consuelo precioso para nuestros corazones porque vemos cómo el propósito de misericordia de Dios siempre ha sido el mismo; y, mientras andamos por el mismo camino de peregrinación que pisaron «los padres», y a lo largo del cual Dios guió con seguridad el Pacto, nos regocijamos al saber que ni la oposición del hombre y ni siquiera la infidelidad de parte de su pueblo profesante pueden anular el consejo de gracia de Dios: «Nos amó desde el principio del tiempo, nos ama hasta el final». Y esto es lo que aprendemos de la unidad de la escritura. Pero aún podemos encontrar otra verdad también importante. No sólo se da una simple armonía entre las diversas partes de la escritura, sino también una estrecha relación. Cada libro da una explicación de otro, asumiendo su enseñanza y llevándola adelante. De este modo, la unidad de la escritura no se puede comparar con la de un edificio majestuoso, por muy ingenioso que sea su plan o enormes sus proporciones; sino más bien, usando un ejemplo bíblico, es como la luz, que brilla más y más hasta el día perfecto. Nosotros notamos por el crecimiento en su progreso, como los hombres eran capaces de llevar mensajes más completos, y estaban preparados para recibirlos. La ley, las figuras, la historia, las profecías, y las promesas del Antiguo Testamento todas se despliegan progresivamente y desarrollan la misma verdad, hasta que aparece finalmente en su plenitud del Nuevo Testamento. A pesar de que todas dan testimonio de la misma cosa, ninguna puede ser ignorada justamente, y ni siquiera podemos entender acertadamente una parte sin observarla en su aportación y conexión con las otras. Y así cuando finalmente llegamos al término de la escritura, vemos cómo la narración de la creación y el primer llamamiento de los hijos de Dios, que había sido registrado en el libro de Génesis, encuentra su contraparte (su cumplimiento) en el libro de Apocalipsis, el cual cuenta las glorias de la segunda creación, y el perfeccionamiento de la Iglesia de Dios. San Agustín, uno de los antiguos maestros de la Iglesia escribe: «Novum Testamentum in vetere latet, vetus in novo patet».[1]

El hecho que en una obra redactada en tantos libros, escritos bajo circunstancias tan diferentes, por medio de escritores tan distintos, y durante períodos tan separados, haya «algunas cosas difíciles de entender, las cuales los indoctos e inconstantes tuercen» no nos puede sorprender; especialmente cuando recordamos que el propósito de Dios era enviar la luz más resplandeciente a medida que los hombres eran capaces de llevarla. Además, tenemos que esperar que con nuestra capacidad y conocimiento limitados no podremos entender totalmente los caminos de Dios. Pero, no obstante, podemos afirmar esto: sin duda alguna, que cuanto más profundo, tranquilo, y cuidadoso sea nuestro estudio, tanto más amplia será la evidencia que salga a la luz para confirmar nuestra fe contra todos los ataques del enemigo. A pesar de ello, el objetivo real de nuestra lectura no es el conocimiento, sino la experiencia de la gracia. Porque, cuando se comprende adecuadamente, la Escritura está llena de Cristo, y todo señala a Cristo como nuestro único Salvador. No solamente la ley, que es nuestro hayo que nos lleva a Cristo, ni las figuras, que son sombras de Cristo, ni siquiera las profecías, que son predicciones de Cristo; sino también toda la historia del Antiguo Testamento está llena de Cristo. Incluso cuando las personas no son figura, lo son los acontecimientos. Si alguien no viera en Isaac o en José una figura personal de Cristo, no podría negar que el sacrificio de Isaac, o la venta de José y su aprovisionamiento para el sustento de sus hermanos, son acontecimientos simbólicos de la historia de nuestro Señor. Y hasta tal punto señala cada acontecimiento a Cristo que Él es tanto el principio, como el centro y el fin de toda la historia («el mismo ayer, hoy y por los siglos»). De esto se desprende un hecho: únicamente la lectura o estudio de las escrituras que nos enseñe

1. «El Nuevo Testamento permanece escondido en el Antiguo, el Antiguo se manifiesta en el Nuevo».

a conocer a Cristo (y a éste como «el camino, la verdad y la vida» para nosotros) será suficiente o de provecho. Y para este propósito deberíamos pedir constantemente la ayuda y enseñanza del Espíritu Santo.

Este es el momento adecuado para exponer unas pocas aclaraciones útiles para el estudio de la historia patriarcal. Generalmente el Antiguo Testamento puede ser dividido como «La Ley y los Profetas».[2] Posiblemente era respecto a esta división que la Ley consistía en los cinco libros de Moisés; ya que diez era el número simbólico de la plenitud, y la Ley con sus mandamientos era completa a mitad sin «los Profetas» y las promesas. Pero seguramente la división quíntuplo de la Ley tiene su correspondencia en la disposición en cinco libros de los Salmos, cada uno de los cuales termina con una bendición, de este modo: Libro I: Salmos 1-41; Libro II: Salmos 42-72; Libro III: Salmos 73-89; Libro IV: Salmos 90-106; Libro V: Salmos 107-150; siendo el último Salmo una gran bendición final.

La Ley o los Cinco Libros de Moisés se llaman comúnmente el Pentateuco, proveniente de una palabra griega: el Libro «quíntuplo» o «de cinco partes». Cada uno de estos cinco libros lleva un título dado por los traductores griegos del Antiguo Testamento (los conocidos como LXX.) de acuerdo con el contenido: Génesis (origen, creación), Éxodo (salida de Egipto), Levítico, Números y Deuteronomio (Segunda Ley, o la Ley por segunda vez). Los judíos designan a cada libro con la primera palabra o la más notable del inicio.

El libro de Génesis consiste en dos grandes partes, cada una a su vez dividida en cinco secciones. Cada sección viene encabezada por «generaciones» u «organizaciones», en hebreo «Toledoth», como sigue:

PARTE I
La historia del mundo hasta la disposición y el asentamiento final de las diversas naciones
Introducción General: Cap. 1 - 2:3.
Sección 1. Generación de los Cielos y la Tierra, 2:4 - 4.
« 2. Libro de las Generaciones de Adán, 5 - 6:8.
« 3. Las Generaciones de Noé, 6:9 - 9.
« 4. Las Generaciones de los hijos de Noé, 10 - 11:9.
« 5. Las Generaciones de Sem, 11:10 - 26.

PARTE II
Historia patriarcal
Sección 1. Las Generaciones de Taré (el padre de Abraham), 11:27 - 25:11.
« 2. Las Generaciones de Ismael, 25:12 -18.
« 3. Las Generaciones de Isaac, 25:19 - 35.
« 4. Las Generaciones de Esaú, 36.
« 5. Las Generaciones de Jacob, 37.

Estas dos partes juntas componen diez secciones (el número de la plenitud), y cada sección varía en extensión según la importancia de su contenido, por lo que aportan a la historia del reino de Dios. Porque, estas dos partes, o mejor dicho, los períodos que describen, tienen este contenido. En la primera se nos muestra sucesivamente la posición y la relación originales del hombre con Dios; después su caída, y la consiguiente necesidad de la redención; y a continuación, la provisión de la misericordia de Dios en gracia. La aceptación o el rechazo de esta provisión implica la división de toda la humanidad en dos clases (los hijos de Set y los hijos de Caín). De nuevo, el juicio del diluvio sobre los impíos, y la conservación de su propio pueblo, son figura para todos los tiempos; mientras que las genealogías y divisiones de las diversas naciones, y la separación de Sem, implican la selección de una nación, de la que debía surgir la salvación para toda la humanidad. En esta primera parte el interés de la historia se centra más en los acontecimientos que en las personas. En la segunda parte sucede lo contrario, donde la historia del Pacto y del Pueblo del Pacto empieza con el llamamiento de Abraham, continúa con Isaac, Jacob, y sus descendientes. Aquí el interés reside en las personas más bien que en los acontecimientos, y se nos muestran sucesivamente las ricas promesas de Dios en su desarrollo, y los tratos de gracia de Dios en su contribución a la formación de los patriarcas. El libro de Génesis, y con el mismo el primer período de la historia del Pacto, termina cuando la familia se ha expandido en nación. Finalmente, con respecto a la disposición especial de las «generaciones» descrita por todo el libro de Génesis, se observará, por así decirlo, que las ramas secundarias siempre son cortadas antes de continuar con la rama principal. Así, la historia de Caín y su raza precede a la de Set y la suya; la genealogía de Jafet y la de Cam, a la de Sem; y la historia de Ismael y Esaú, a la de Isaac y Jacob. Porque el principio de elección y selección, de separación y de gracia, está subyacente desde el principio en toda la historia del Pacto. Aparece en el llamamiento de Abraham, y continúa a través de la historia de los patriarcas; y a pesar de que la familia santa crece y se convierte en una nación, la promesa se limita primeramente a la casa de David, y finalmente a una sola persona; el Hijo de David, el Señor Jesucristo, el único Profeta, el único Sacerdote, el único Rey, en quien el reino del cielo será abierto a todos los creyentes, y de Él fluyen las bendiciones de salvación sobre todos los hombres.

---

2. Mateo 11:13, 22:40; Hechos 13:15, etc. La división corriente judía es de Ley (los cinco libros de Moisés); los Profetas (los primeros: Josué, Jueces, 1 y 2 Samuel, 1 y 2 Reyes; y posteriores: Isaías, Jeremías, Ezequiel, y los Doce Profetas Menores); y «Los Escritos», o escritos sagrados, hagiographa (que incluyen Salmos, Proverbios, y Job); los «cinco rollos», leídos en festividades especiales en la sinagoga: el Cantar de los Cantares, Rut, Lamentaciones, Eclesiatés, y Ester; Daniel, Esdras, Nehemías, y 1 y 2 Crónicas (en hebreo «Palabras, o Hechos, de los días», diarios). Comp. Lucas 24:44.

1 El mundo antes del diluvio

Capítulo 1

(Génesis 1–3)

«Es necesario que el que se acerca a Dios crea que Él existe, y que es galardonador de los que le buscan.» Por esto la Sagrada Escritura, que contiene el registro revelado de los tratos y propósitos de Dios con el hombre, empieza con un relato de la creación. «Porque las cosas invisibles de él, su eterno poder y divinidad, se hacen claramente visibles desde la creación del mundo, siendo entendidas por medio de las cosas hechas.»

Cuatro grandes verdades, que inciden en toda la revelación, nos llegan del más temprano relato de la Escritura, como los cuatro ríos que brotaban en el jardín de Edén. La primera verdad es la Creación de todas las cosas por el poder de la palabra de Dios; la segunda, la descendencia de todos los hombres de nuestros padres comunes, Adán y Eva; la tercera, nuestra relación con Adán como cabeza de la raza humana, por medio de quien toda la humanidad fue implicada en su pecado y caída; y la cuarta, que un descendiente de Adán, pero sin su pecado, debería, por medio del sufrimiento, librarnos de las consecuencias de la caída, y como segundo Adán sería el autor de salvación eterna para todos los que confían en él. A estas cuatro verdades vitales podemos añadir una quinta: la institución de un día cada siete para ser día de reposo santo para Dios.

Es prácticamente imposible imaginar un mayor contraste que entre los relatos paganos del origen de todas las cosas y la narrativa bíblica. Los primeros están tan colmados de absurdos evidentes que sólo pueden ser tenidos como fábulas; mientras que la última es tan sencilla, y no obstante tan llena de majestad, como casi para forzarnos a «adorar e inclinarnos», y a «arrodillarnos ante el Señor nuestro hacedor». Y puesto que éste era precisamente el objetivo, y no la instrucción científica, y mucho menos la satisfacción de nuestra curiosidad, debemos esperar encontrar en el primer capítulo de Génesis solamente los rasgos principales de lo acontecido, y no detalles relacionados con la Creación. En estos detalles hay mucho lugar para la información que la ciencia pueda proporcionar, una vez seleccionado y cribado todo lo que se pueda aprender por el estudio de la tierra y la naturaleza. Este momento, no obstante, todavía no ha llegado y, por lo tanto, deberíamos estar en guardia contra las afirmaciones atrevidas y sin garantías que algunas veces han sido defendidas en estos temas. La escritura pone ante nosotros la creación sucesiva de todas las cosas, por así decirlo, en una escala ascendente, hasta que llegamos a la del hombre, la cabeza de las obras de Dios, y a quien su hacedor designó como señor de todo.[1] Algunos han imaginado que los seis días de la Creación representan períodos, más bien que días literales. Principalmente sobre la base de la supuesta gran antigüedad de nuestro globo, y los diversos grandes períodos o épocas, y que cada uno terminaba con una gran revolución; por la que parece ser que pasó nuestra tierra, antes de llegar a su estado presente, cuando vino a ser un lugar apto para ser habitado por el hombre. No obstante, no es necesario recurrir a tal teoría.

La creación

El primer versículo en el libro de Génesis simplemente afirma un hecho general, que «En el principio» (cuando fuera que fuese eso) «creó Dios los cielos y la tierra». Posteriormente, en el segundo versículo, nos encontramos la tierra descrita en su estado al final de la última gran revolución, anterior al estado actual de las cosas: «Y la tierra estaba desordenada y vacía, y las tinieblas estaban sobre la superficie del abismo». Un espacio de tiempo casi indefinido, y muchos cambios, podían pues haber tenido lugar entre la creación del cielo y la tierra, como se menciona en el v. 1, y el estado caótico de nuestra tierra, como se describe en el v. 2. En cuanto a la fecha exacta de la primera creación, se puede afirmar sin dudar que no tenemos aún el suficiente conocimiento para llegar a ninguna conclusión realmente digna de confianza.

No obstante es mucho más importante para nosotros saber que Dios «creó todas las cosas por Jesucristo»;[2] y todavía más, que «todo fue creado por medio de él y para él»,[3] y que «de él, y por él, y para él, son todas las cosas».[4] Esto no solo confiere unidad a toda la creación, sino que la coloca en una conexión viviente con nuestro Señor Jesucristo. Al mismo tiempo, siempre deberíamos tener presente, que «por la fe entendemos que el universo fue enteramente organizado por la palabra de Dios, de modo que lo que se ve fue hecho de cosas no visibles».[5]

Todas las cosas al salir de la mano de Dios eran «bueno en gran manera»,[6] es decir, perfecto para cumplir el propósito que le había sido asignado. «Y acabó Dios en el día séptimo la obra que hizo; y reposó el día séptimo de toda la obra que hizo. Y bendijo Dios al séptimo día, y lo santificó, porque en él reposó de toda la obra que había hecho en la creación.» Es sobre esta institución original del Sábado como un día de reposo santo sobre la que se basa nuestra observancia del Día del Señor (Domingo), el cambio de día (del séptimo de la semana al primero) fue ocasionado por la resurrección de nuestro Señor Jesucristo, por medio del cual no sólo la primera creación fue finalmente completada, sino también la nueva.[7]

El hombre en el jardín del Edén

De todas sus obras Dios sólo «creó al hombre a su imagen: a imagen de Dios lo creó». Esta expresión se refiere no sólo a la inteligencia con la que Dios dotó al hombre, y la inmortalidad que le concedió, sino también a la naturaleza perfecta moral y espiritual que poseía el hombre al

1. Salmos 8:3-8.

2. Efesios 3:9.
3. Corintios 1:16.
4. Romanos 11:36. Ver también 1 Corintios 1:16; Hebreos 1:2; Juan 1:3.
5. Hebreos 11:3.
6. Cabe destacar que en Génesis 1 siempre leemos: «Y fue la tarde y la mañana un día» o el día segundo, o tercero, etc. De aquí que los judíos calculen el día de tarde en tarde, es decir, desde la primera aparición de las estrellas en la noche hasta la primera aparición de las estrellas la noche siguiente, y no, como hacemos nosotros, de medianoche a medianoche.
7. Ver Isaías 65:17.

principio. Y todos sus alrededores concordaban con su estado de felicidad. Dios «lo puso en el huerto de Edén[8] para que lo labrara y lo guardase», y le dio una compañera idónea en Eva, a quien Adán reconoció como hueso de sus huesos, y carne de su carne. Así, como Dios había indicado, al apartar el día del Sábado, la adoración como la relación adecuada entre el hombre y su creador, también estableció en el paraíso el fundamento de la sociedad civil por medio de la institución del matrimonio y de la familia.[9]

Ahora solo quedaba poner a prueba la obediencia del hombre a Dios, y prepararlo para privilegios más elevados y más grandes de los que ya estaba disfrutando. Pero el mal ya existía en este mundo nuestro, porque Satanás y sus ángeles se habían rebelado contra Dios. El relato de las Escrituras sobre la prueba del hombre es enormemente breve y sencillo. Se nos dice que «el árbol del conocimiento del bien y del mal» había sido colocado «en medio del huerto», y Dios prohibió a Adán comer del fruto de ese árbol, bajo pena de muerte. Por otro lado, en el huerto también había «el árbol de la vida», probablemente como símbolo y voto de una vida superior, la cual nosotros hubiéramos heredado si nuestros primeros padres hubiesen continuado en obediencia a Dios. La cuestión de esta prueba apareció muy rápidamente: el tentador, en forma de serpiente, se acercó a Eva, negó las amenazas de Dios, y la engañó en cuanto a las consecuencias reales de comer el fruto prohibido.

La caída

Esto, seguido por la seducción de sus sentidos, condujo a Eva a comer en primer lugar, y después a inducir a su marido a hacer lo mismo. Su pecado tuvo su consecuencia inmediata. Habían apostado para ser «como dioses», y, en lugar de someterse a ultranza al mandamiento del Señor, actuaron independientemente con respecto a él. Y ahora sus ojos estaban ciertamente abiertos, como había prometido el tentador, «para conocer el bien y el mal»; pero sólo en su conocimiento culpable del pecado, el cual inmediatamente les provocó el deseo de esconderse de la presencia de Dios. De este modo, su alienación y separación de Dios, la voz acusadora de su conciencia, y su dolor y vergüenza manifestaron que la amenaza divina ya se había cumplido: «el día que de él comieres, ciertamente morirás». La sentencia de muerte que Dios pronunció ante nuestros primeros padres se extendía tanto a su naturaleza corporal como espiritual (a su parte mortal e inmortal). En el día que pecó, el hombre murió en cuerpo, alma, y espíritu. Y ya que Adán, como cabeza de su raza, representaba su totalidad; y ya que por él todos nosotros hubiéramos entrado en un estado de vida muy elevado y feliz, si el hubiese permanecido obediente, así ahora las consecuencias de su desobediencia se han extendido a todos nosotros; y puesto que «el pecado entró en el mundo por medio de un hombre, y por medio del pecado la muerte», así «la muerte alcanzó a todos los hombres, por cuanto todos pecaron». Incluso «la misma creación», que había sido colocada bajo su dominio, fue, por su caída, «sujetada a vanidad», y cayó bajo la maldición, como dijo Dios a Adán: «Maldita será la tierra por tu causa; con dolor comerás de ella todos los días de tu vida. Espinos y cardos te producirá».

Dios, en su infinita misericordia, no abandonó al hombre para que pereciera en su pecado. Ciertamente fue expulsado del paraíso, para el que ya no era apto. Pero, antes de eso, Dios había pronunciado la maldición sobre su tentador, Satanás, y había dado al hombre la preciosa promesa que la simiente de la mujer heriría la cabeza de la serpiente; es decir, que nuestro bendito Salvador, «nacido de mujer», debía redimirnos del poder del pecado y de la muerte, por medio de su propia obediencia, muerte y resurrección. Incluso el trabajo de sus manos, al que estaba condenado el hombre, era en esas circunstancias una gran ventaja. Por lo tanto, cuando nuestros primeros padres salieron del huerto de Edén, no fue sin esperanza, ni a unas tinieblas exteriores. Se llevaron la promesa de un redentor, la seguridad de la derrota final del gran enemigo, junto con la institución divina del Sábado en el cual adorar, y del lazo del matrimonio con el cual ser unidos en familias. Así los fundamentos de la vida cristiana con todas sus implicaciones fueron establecidos en el paraíso.

Hay otros detalles de interés práctico que debemos obtener. La descendencia de toda la humanidad de nuestros primeros padres determina nuestra relación con Adán. En Adán todos han pecado y caído. Pero, por el otro lado, también determina nuestra relación espiritual con el Señor Jesucristo, como el segundo Adán, la cual reposa sobre la misma base. Porque «como hemos llevado la imagen del terrenal, llevaremos también la imagen del celestial», y «como en Adán todos mueren, también en Cristo todos serán vivificados». «Porque así como por la desobediencia de un hombre, los muchos fueron constituidos pecadores, así también por la obediencia de uno los muchos serán constituidos justos.» La descendencia de toda la humanidad de un tronco común ha sido cuestionada en el pasado, a pesar de que las Escrituras enseñan expresamente: «De una misma sangre ha hecho toda nación de los hombres, para que habiten sobre toda la faz de la tierra». Es notable que esta negación, que nunca fue compartida por los más competentes científicos, ha sido abandonada recientemente, casi podemos decir que universalmente, y la unidad original de la raza humana en su descendencia común es ahora un hecho aceptado generalmente.

Aquí, además, encontramos por vez primera ese extraño parecido a la religión revelada que hace al paganismo tan similar y no obstante tan dispar respecto a la religión del Antiguo Testamento. Del mismo modo que podemos ver en el alma del hombre las ruinas de lo que habíamos sido antes de la caída, también en las leyendas y tradiciones de las diversas religiones de la antigüedad reconocemos los ecos de lo que los hombres habían oído originalmente de la boca de Dios. No solo una raza, sino casi todas las naciones, han conservado en sus tradiciones algunos vagos recuerdos parecidos de un estado original feliz y santo, (la así denominada edad de oro), en el cual la comunicación entre el cielo y la tierra no estaba rota, y de un subsiguiente pecado y caída de la humanidad. Y todas las naciones también han atesorado una débil creencia en algún retorno futuro de este estado feliz, es decir, algún tipo de redención venidera, tal como en lo más íntimo de su corazón todos los hombres tienen por lo menos un débil deseo de un redentor.

8. Se han manejado muchas opiniones diversas acerca de la situación exacta del Edén, pero sería poco apropiado discutirlas aquí. Las dos opiniones que merecen mayor atención son las que lo colocan o bien cerca de las montañas del norte de Armenia, o bien muy al sur en las cercanías del Golfo Pérsico. Sabemos que dos de los ríos mencionados que salían del paraíso eran el Tigris y el Éufrates, y podemos suponer fácilmente que los subsiguientes cambios producidos por el diluvio deben haber hecho las descripciones de la región inaplicables a su aspecto actual.

9. Comp. Marcos 10:6, 9.

Mientras tanto, esta gran promesa primitiva, «La simiente de la mujer herirá la cabeza de la serpiente», iba a estar en alto como una luz señalizadora para toda la humanidad durante su camino, brillando siempre con un mayor resplandor, primero en la promesa a Sem, luego en la hecha a Abraham, después en la profecía a Jacob, y continuando por las figuras de la Ley hasta las promesas de los Profetas, y hasta que en la plenitud del tiempo «el sol de justicia» se alzó «con la salvación bajo sus alas».

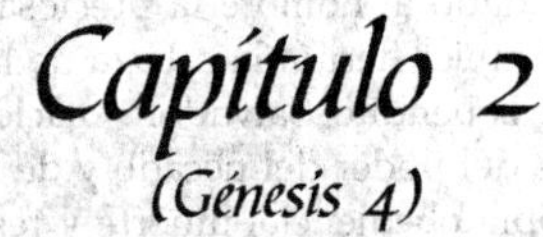

El lenguaje con el que la Escritura explica el segundo gran acontecimiento en la historia es enormemente sencillo.

Caín y Abel

Se mencionan sólo dos hijos de Adán y Eva: Caín y Abel. No se trata de que no hubiera otros, sino que el avance de la historia de la escritura está relacionado con estos dos. Porque la Biblia no pretende dar un relato detallado de la historia del mundo, ni siquiera una biografía completa de las personas que presenta. Su objetivo es el de ofrecernos una historia del reino de Dios, y sólo describe las personas y los acontecimientos necesarios para cumplir tal propósito. De los dos hijos de Adán y Eva, Caín era el mayor, y ciertamente, como podemos ver, el primogénito de todos sus hijos. Por toda la antigüedad, y en oriente hasta hoy, los nombres propios se consideran cargados de un significado profundo. Cuando Eva llamó a su primer hijo Caín («obtenido», o «adquirido»), dijo «Por voluntad de Jehová he adquirido varón».[1] Parece ser que relacionó el nacimiento de su hijo con el cumplimiento inmediato de la promesa referente a la simiente, que debía herir la cabeza de la serpiente. Esta esperanza era, si se nos permite la comparación, tan natural de su parte como la expectativa del retorno inmediato de nuestro Señor por parte de algunos de los primeros cristianos. También mostraba cuán profundamente había calado esta esperanza en su corazón, cuán viva era su fe en el cumplimiento de la promesa, y cuán ardientemente la deseaba. Pero si éstas eran sus expectativas, seguramente fue decepcionada muy rápidamente. Tal vez por esta misma razón, o porque había recibido más información, o por otras causas que nosotros no conocemos, el otro hijo de Adán y Eva mencionado en la escritura fue llamado Abel, es decir, «aliento», o «desvanecimiento».

Los dos caminos y las dos razas

Lo que es importante según la Escritura acerca de estos dos jóvenes se resume en la frase «Abel fue pastor de ovejas, y Caín fue labrador de la tierra». A continuación, los encontramos llevando una ofrenda a Jehová; Caín «del fruto de la tierra», y Abel «de los primogénitos de sus ovejas, de lo más gordo de ellas». Jehová «miró con agrado a Abel y a su ofrenda», probablemente haciendo notar su aceptación con alguna manifestación exterior visible; «pero no miró con agrado a Caín y a su ofrenda». En vez de preguntar acerca de la razón de su rechazo, e intentar resolverlo, Caín abrió la puerta a los sentimientos de ira y celos. En su misericordia, Dios le declaró su pecado, le advirtió de su peligro, y le indicó la salida. Pero Caín había escogido su camino. Al encontrar a su hermano en el campo, las palabras de ira condujeron a hechos asesinos, y la tierra fue testimonio de la primera muerte; y lo peor de todo es que fue una muerte violenta, y por mano de un hermano. Una vez más, la voz de Jehová llamó a Caín para pasar cuentas, y de nuevo se endureció, esta vez casi rechazando la autoridad de Dios. Pero la mano poderosa del Juez estaba sobre el asesino no arrepentido. Adán, por así decirlo, había infringido el primer mandamiento, Caín el primero y el segundo; Adán había cometido pecado, Caín pecado y crimen. A modo de advertencia, y también de testimonio para todos, Caín, apartado de su previa ocupación de propia elección como labrador de la tierra, fue expulsado «un fugitivo y vagabundo en la tierra». Así, recurriendo de nuevo a la analogía, Israel fue expulsado a todas las tierras, cuando con manos malvadas crucificaron e inmolaron a aquél cuya sangre «habla mejor que la sangre de Abel». Pero incluso este castigo, aunque «mayor» que el que Caín «puede soportar», no lo lleva al arrepentimiento, sólo a temer sus consecuencias. Y «para que no lo matase cualquiera que lo hallara», Jehová puso una señal sobre Caín, tal como hizo con los judíos, en todas sus persecuciones, un pueblo indestructible. Sólo que en su caso el Señor de gracia tiene un propósito de misericordia; porque ellos volverán de nuevo al Señor su Dios («todo Israel será salvado»; y su introducción será como la vida de los muertos. Pero en cuanto a Caín, «salió de delante de Jehová, y habitó en tierra de Nod», es decir, «errante» o «sin reposo». Lo último que leemos de él concuerda todavía con su vida anterior: «y edificó una ciudad, y llamó el nombre de la ciudad del nombre de su hijo, Enoc».

Encontramos, pues, varias enseñanzas en la superficie de este relato. Notamos la diferencia en el sacrificio de los dos hermanos (uno «del fruto de la tierra», el otro un sacrificio animal). De nuevo, la ofrenda de Caín se describe meramente con términos generales; mientras que la de Abel se dice que era «de los primogénitos de sus ovejas» (implicando con ello un reconocimiento de que todo era de Dios, «y de lo más gordo de ellas», es decir, de lo mejor. También vemos, cuán fielmente Dios advierte, y cuán amablemente indica a Caín el camino para escapar del poder del pecado. Por otro lado, el acto asesino de Caín ofrece un ejemplo terrible de las palabras con las que el Señor Jesús nos ha enseñado: que los sentimientos de ira amargos contra un hermano son en realidad un asesinato,[2] mostrándonos lo que es, por decirlo de algún modo, el resultado completo de la voluntad propia, la ira, envidia, y celos. Aún otra enseñanza podemos aprender de esta historia: nuestro pecado al final, sin duda alguna nos atrapará, y que a pesar de ello ningún castigo, por muy terrible que sea, puede jamás tener el efecto de cambiar el corazón de un hombre, o cambiar su estado o corriente de vida.

A esto cabe añadir la amarga verdad, la cual los hombres sin Dios percibirán demasiado tarde, que, Caín fue finalmente echado fuera de la tierra de la cual él había tomado posesión; por lo tanto, ciertamente todos los que busquen su parte en este mundo encontrarán sus expectativas decepcionadas, incluso en aquellas cosas por las cuales hayan sacrificado la «mejor parte». A este respecto, la ense-

1. Es conveniente ver que siempre que la palabra Señor aparece en mayúscula en nuestras Biblias inglesas, su equivalente hebreo es Jehová; un término que confiere la idea del Dios del pacto.

2. Mateo 5:22

ñanza posterior de la Escritura[3] parece tener su origen en la historia de Caín y Abel.

Si a partir de estas enseñanzas evidentes volvemos al Nuevo Testamento para una mayor luz sobre esta historia, nos encontramos en la Epístola de Judas (v. 11) una advertencia general contra ir «por el camino de Caín»; mientras que San Juan lo usa como una ocasión de amonestación hacia el amor fraterno: «No como Caín que era del maligno y mató a su hermano. ¿Y por qué causa le mató? Porque sus obras eran malas, y las de su hermano justas».[4] Pero la información más completa se desprende de la Epístola a los Hebreos, donde leemos, por un lado, que «sin fe es imposible agradar a Dios», y, por otro lado, que «por la fe, Abel ofreció a Dios más excelente sacrificio que Caín, por lo cual alcanzó testimonio que era justo, dando Dios testimonio sobre sus ofrendas; y muerto aún habla por ella».[5] Aquí la Escritura nos eleva al más alto punto en las vidas de los dos hermanos, su sacrificio, y nos habla de la presencia de la fe en uno, y la ausencia de la misma en el otro. Esto se manifestó del mismo modo en la manera y el tipo de su sacrificio. Pero la fe que impulsó el sacrificio de Abel, y la falta de fe que caracterizó el de Caín, debía, evidentemente, haber existido y aparecido mucho antes. Por ello San Juan también dice que Caín «era del maligno», queriendo decir que todo el tiempo él se había entregado al poder del tentador que había arruinado a nuestros primeros padres. Una pequeña consideración explicará este hecho, y, al mismo tiempo, manifestará claramente el carácter y la conducta de Caín.

Después de la caída, la posición del hombre ante Dios cambió totalmente. En el huerto del Edén la esperanza humana de ser confirmado en su estado y de avanzar hacia arriba dependía de su obediencia perfecta. Pero el hombre desobedeció y cayó. A partir de ese momento su esperanza en el futuro no podía derivar de una obediencia perfecta, la cual, ciertamente, era imposible en su estado caído. Por así decirlo, el modo de «actuar» le había sido presentado, y había terminado, por medio del pecado, en la muerte. Dios en su gracia infinita abrió otro sendero para el hombre. Le presentó la esperanza de la fe. La promesa que Dios dio libremente al hombre fue la de un Libertador, que heriría la cabeza de la serpiente, y destruiría sus obras. Entonces, era posible o bien abrazar esta promesa por la fe, y en tal caso aferrarse a ella y poner su corazón sobre ella, o bien rechazar esta esperanza y apartarse de ella. Aquí, entonces, en el comienzo mismo de la historia del reino, tenemos los dos caminos diversos que, como el mundo y el reino de Dios, han dividido siempre a los hombres. Si adelantamos la pregunta sobre qué harían los que rechazaron la esperanza de la fe, cómo lo mostrarían con su conducta exterior, respondemos, que naturalmente debieron escoger el mundo como era; y satisfechos con ello, intentarían establecerse en la tierra, reclamarla como propiedad suya, gozar de sus placeres y codicias, y cultivar sus artes. Por otro lado, los que abrazaban las promesas se considerarían peregrinos y extranjeros en esta tierra, y tanto en corazón como en su conducta exterior mostrarían que creían y esperaban el cumplimiento de la promesa. Casi sobra decir que los unos describen la historia de Caín y de su raza; los otros la de Abel, y posteriormente de Set y sus descendientes. Porque alrededor de estos dos (Caín y Set) como sus representantes, todos los hijos de Adán debían de ser agrupados de acuerdo con sus tendencias espirituales.

Contemplando así las indicaciones de la Escritura, por breves que sean, son muy claras. Cuando leemos que «Caín era labrador de la tierra» y «Abel pastor de ovejas», podemos entender que la elección de sus oficios no dependió de circunstancias accidentales, sino que se correspondió a sus opiniones y carácter. Abel escogió la vida de peregrino, Caín la de posición establecida y disfrute de la tierra. Cuanto más cerca conducía su historia al terrible acontecimiento que había llevado la pérdida del paraíso, y a la primera entrega de la promesa, tanto más significativa era su elección de vida. En gran concordancia con esto, encontramos después a Caín, no sólo construyendo una ciudad, sino llamándola con el nombre de su propio hijo, para indicar propiedad establecida y disfrute del mundo tal como era. La misma tendencia se desplegó rápidamente en sus descendientes, hasta que en Lamec, el quinto desde Caín, había alcanzado unas proporciones tan enormes que la Escritura ya no considera necesario hacer notar su crecimiento. Del mismo modo, el registro separado de los Cainitas cesa con Lamec y sus hijos, y no existe ninguna otra mención específica de ellos en la Escritura.

Antes de seguir con más detalles el curso de estas dos razas (porque, en sentido espiritual, eran bastante distintas) notamos la introducción de sacrificios en el mismísimo umbral de la historia de la Escritura. A partir del tiempo de Abel, nos son presentados uniformemente, y siempre con mayor claridad, como el camino señalado para acercarse a Dios y mantener comunión con él, hasta que, al final de la historia de la Escritura, tenemos el sacrificio de nuestro bendito Señor y Salvador Jesucristo, a quien señalaban todos los sacrificios. Y no sólo esto, sino que del mismo modo que el recuerdo tenue de un estado mejor del cual había caído el hombre, y la esperanza de liberación, se había conservado entre todas las naciones paganas, también se conservó el de la necesidad de sacrificios. Incluso los sacrificios de sangre de los salvajes, o los sacrificios crueles de los hijos más amados, ¿qué eran sino un grito de desesperación por el deseo consciente de la reconciliación con Dios por medio del sacrificio (la entrega de lo que era más amado en el lugar de la persona que realiza la ofrenda)? Éstas son las columnas terriblemente destrozadas de lo que había sido un templo; las tradiciones de verdades terriblemente distorsionadas que Dios había revelado en otro tiempo. Bendito sea Dios por la luz de su evangelio, el cual nos ha enseñado «el camino, la verdad, y la vida», es decir aquél que es «el Cordero de Dios, que quita el pecado del mundo».

Capítulo 3
(Génesis 4)

El lugar de Abel no podía permanecer vacío, si el propósito de misericordia de Dios iba a ser cumplido. Por ello, dio a Adán y Eva otro hijo, al cual su madre, muy significativamente, llamó «Set», es decir, «señalado», o más bien «compensación»; «porque Dios», dijo ella, «me ha señalado (me ha compensado con) otro hijo en lugar de Abel, a quien mató Caín». Pero antes de dar más detalles acerca de la vida de Set y de sus descendientes, la Escritura sigue los pasos de Caín hasta su quinta y sexta generación. Tal como sabemos, Caín se había ido a la tierra de «Nod»

3. Salmos 49.
4. 1 Juan 3:12.
5. Hebreos 11:4.

(«errante», «huir», «sin descanso») y allí construyó una ciudad, que ha sido descrita adecuadamente como la colocación de los primeros fundamentos del reino en el que gobierna «el espíritu de la bestia».[1] Tenemos que recordar que probablemente habían pasado siglos desde la creación, y que los hombres ya se habían multiplicado sobre la tierra. Después de este asentamiento de Caín parece ser que no sucedió nada que la Escritura considerase digno de ser registrado, excepto que los nombres de los «Cainitas» son todavía singularmente iguales a los de los «Setitas». Así seguimos la línea de los descendientes de Caín hasta Lamec, el quinto desde Caín, cuando aparecen completamente desarrollados el carácter y las tendencias de toda la raza. Se nos ocurre, casi por sorpresa, que en tan pocas generaciones, y durante la vida del primer hombre, casi todos los mandamientos e instituciones de Dios habían ya sido desatendidos abiertamente, y la violencia, codicia, y la impiedad reinaban sobre la tierra.

La primera infracción directa de las disposiciones de Dios de la que leemos es la introducción de la poligamia. «Lamec tomó para sí dos mujeres.» Seguramente, «desde el principio no era así». Pero esto no es todo. La Escritura nos conserva en el discurso de Lamec a sus dos esposas el primer fragmento de poesía. Ha sido designado como «la canción espada de Lamec», y está impregnado de un espíritu de desafío, de confianza en su propia fuerza, de violencia, y de asesinato.[2] No hay ningún otro reconocimiento de Dios excepto la referencia a la venganza de Caín, de la que Lamec se augura su propia seguridad. Tampoco menciona la Escritura los nombres de las esposas de Lamec en vano, y los de sus hijas. Porque sus nombres apuntan a «la codicia de los ojos, y la codicia de la carne», tal como los oficios de los hijos de Lamec apuntan al «orgullo de la vida». Los nombres de sus esposas son «Ada», es decir, «belleza», «adorno»; y «Zila», es decir, «la sombreada», tal vez por sus trenzas, o también «sonora», quizás por su canción; mientras que «Naama», que es el nombre de la hija de Lamec, significa «placentera, grácil, encantadora». Y aquí nos encontramos con una característica muy importante de la historia de los «Cainitas». La búsqueda e invención de los hijos de Lamec apunta hacia la cultura de las artes, y a un estado de sociedad establecido y permanente. Su hijo mayor de Ada, «Jabal, fue el padre de los que habitan en tiendas y crían ganados», es decir, hizo incluso de la vida pastoral un negocio regular. Su segundo hijo, «Jubal, fue el padre de todos los que tocan arpa (o cithern) y flauta (o sackbut)», en otras palabras, el inventor tanto de los instrumentos de cuerda como de viento; mientras que Tubal-Caín,[3] el hijo de Lamec con Zila, era «instructor de todo artífice de toda obra de bronce y de hierro». Si tomamos en consideración la canción espada de Lamec, que sigue inmediatamente el relato Escritural de las ocupaciones de sus hijos, tenemos suficiente evidencia para designar la cultura y civilización introducidas por Lamec como básicamente sin Dios. Y eso,

---

1. Un comentarista moderno mantiene que las palabras de Génesis 4:17 sólo implican que Caín «estaba construyendo», no que había terminado la construcción de la ciudad.

2. Un crítico moderno ha traducido como sigue la canción espada de Lamec:«
Ada y Zila, escuchad mi voz: vosotras esposas de Lamec, prestad atención a mi discurso; Sí, yo mato hombres por mi herida, y jóvenes por mi dolor. Porque si Caín es vengado siete veces, Lamec setenta y siete», refiriéndose al invento de Tubal-Caín, y significando que si Dios vengaba a Caín, el se vengaría a sí mis-mo con su espada setenta y siete veces por cada herida y cada dolor.

3. Tal vez «Tubal, el herrero».

no solo porque era de hombres impíos, sino porque se llevó a cabo con independencia de Dios, y en oposición a los grandes propósitos que Él tenía para con el hombre. Además, es muy notable que percibamos en la raza cainita las mismísimas cosas que posteriormente fueron las características del paganismo, tal como lo encontramos entre las naciones más avanzadas de la antigüedad, como Grecia y Roma. Sobre su vida de familia se pueden escribir los nombres de Ada, Zila, Naama; sobre su vida civil la «canción espada de Lamec», la cual ciertamente suena como la antigua sociedad pagana; y sobre su cultura y sus ocupaciones, los fragmentos de biografías que la Escritura nos proporciona de los descendientes de Caín. Y como sus vidas fueron enterradas en el diluvio, así también un gran diluvio barrió de la tierra el paganismo, su vida, cultura, y civilización, y sólo dejó en la cumbre del monte el arca dentro de la cual Dios había encerrado a los que creyeron sus advertencias y sus promesas.

Set y sus descendientes

El contraste es todavía mucho más sobresaliente cuando dejamos el relato sobre los cainitas y nos volvemos al de Set y sus descendientes. Incluso el nombre que Set dio a su hijo (Enós, o «frágil»)[4] se muestra como un testimonio contra los supuestos de los cainitas. Pero esta diferencia vital entre estas dos razas aparece muy especialmente en las palabras que siguen a la noticia del nacimiento de Enós: «Entonces los hombres comenzaron a invocar el nombre de Jehová». Evidentemente no podemos suponer que antes de aquel momento la oración y alabanza a Dios eran totalmente desconocidas en la tierra. Incluso los sacrificios de Caín y Abel demuestran lo contrario. Por lo tanto esto debe significar que la diferencia vital que había existido todo el tiempo entre las dos razas, se convirtió entonces en una manifestación exterior por medio de una profesión abierta, y por la alabanza de Dios por parte de los setitas.

La raza de Caín

Así hemos llegado al primer gran período de la historia del reino de Dios; la época de una separación visible y exterior entre dos partes, cuando los que son «de la fe» «salen del» mundo, y del reino de este mundo. Recordamos muchos siglos después, cuando Él vino, aquél cuya sangre habla mejor que la de Abel, sus seguidores también fueron llevados a separarse de Israel según la carne, y como en Antioquía fueron llamados cristianos por primera vez. Del mismo modo que eso marcó el comienzo de la historia de la iglesia del Nuevo Testamento, así también esta introducción de una profesión abierta de Jehová por parte de los setitas, marca el principio de la historia del reino de Dios bajo el Antiguo Testamento.

Y no obstante esta separación y este salir del mundo, este «comenzar a invocar el nombre de Jehová», es lo que cada uno de nosotros debe hacer de manera individual, si va a tomar la cruz, seguir a Cristo, y entrar en el reino de Dios.

«Esto, seguido por la seducción de sus sentidos, condujo a Eva a comer en primer lugar, y después a inducir a su marido a hacer lo mismo. Su pecado tuvo su consecuencia inmediata. Habían apostado para ser 'como dioses', y, en lugar de someterse a ultranza al mandamiento del Señor, actuaron independientemente con respecto a él.»

Este sello cilíndrico babilónico del tercer milenio antes de nuestra era, conocido popularmente como: «cilindro de la tentación» muestra una escena parecida a la tentación de Eva en el jardín del Edén (Museo Británico).

4. Se usa esta palabra para el «hombre» desde su fragilidad en textos como Salmos 8:4; 90:3; 103:15, etc.

Capítulo 4
(Génesis 5)

Un propósito de la Escritura ha sido ya cumplido. Se ha seguido los pasos de las tendencias del mal de la raza cainita hasta su despliegue total, y «el reino de su mundo» ha aparecido con su carácter real. Por otro lado, la raza de Set se ha reunido en torno a una profesión abierta de su fe en las promesas, y de su propósito de servir a Dios, y sobre esta base se ha separado de los cainitas.

Los dos caminos vienen marcados y definidos claramente, y el carácter de los que en ellos andan se determina. Por lo tanto ya no es necesario continuar con la historia de los cainitas, y la Escritura se vuelve de ellos a «los ancianos» que «por la fe» «obtuvieron un buen testimonio».

A simple vista parece como si la narrativa empezara aquí solamente con un «libro», relato o historia, «de los descendientes de Adán», conteniendo pequeñas notas entrelazadas; pero la verdad es muy diferente. En el principio notamos, a modo de contraste significativo, que mientras que leemos de Adán que «a semejanza de Dios lo hizo», ahora se añade que «engendró un hijo a su semejanza, conforme a su imagen». Adán fue creado puro y sin pecado a imagen y semejanza de Dios; Set heredó la naturaleza caída de su padre. A continuación observamos cómo todas las genealogías, desde Adán en adelante, tienen esto en común: primero dan la edad del padre cuando nace el hijo mayor,[1] después el número de años que cada uno de ellos vivió después del acontecimiento, y finalmente su edad total en el tiempo de su muerte. En total se mencionan diez «hijos mayores» desde la creación al tiempo del diluvio, y se agrupan como sigue:[2]

Nombres	Edad nacimiento del hijo	Años después suceso	Edad Total	Año nacim. desde creación	Año muerte desde creación
Adán	130	800	930	1	930
Set	105	807	912	130	1042
Enós	90	815	905	235	1140
Cainán	70	840	910	325	1235
Mahalalel	65	830	895	395	1290
Jared	162	800	962	460	1422
Enoc	65	300	365	622	987
Matusalén	187	782	969	687	1656
Lamec	182	595	777	874	1651
Noé	500	450	950	1056	2006
Total	1656				

Lo que más nos llama la atención de estos registros de los patriarcas, en un estudio más profundo, es que los detalles que ofrecen faltan en la historia de los cainitas, donde sólo se menciona el nacimiento de siete generaciones, o sea: Adán, Caín, Enoc, Irad, Mahujael, Metusael, Lamec, y sus hijos. La razón de esta diferencia es que mientras los cainitas no tenían ningún futuro, los setitas, que «invocaban el nombre de Jehová», estaban destinados a llevar a cabo el propósito de Dios en gracia hasta el final. Después, en dos ocasiones se dan los mismos nombres en las dos razas (Enoc y Lamec). Pero en ambos casos la Escritura muestra diferencias características entre ellos. En contraste con el Enoc con cuyo nombre Caín llamó su ciudad, tenemos el Enoc setita, «quien caminó con Dios y desapareció, porque le llevó Dios»; y en contraste con el Lamec cainita, con su oda envanecida a su espada, tenemos al otro Lamec, que llamó a su hijo Noé, «diciendo: Éste nos aliviará de nuestras obras y del trabajo de nuestras manos, a causa de la tierra que Jehová maldijo». De este modo la semejanza de sus nombres simplemente evidencia mejor el contraste de su carácter. Finalmente, del mismo modo en que la maldad de una raza se manifiesta más plenamente en Lamec, que es el séptimo en la genealogía de los cainitas, así también la piedad de la otra raza sobresale en Enoc, quien también es el séptimo en la línea de los setitas.

Genealogía de la raza creyente, por medio de Set

Pasando de esta comparación de las dos genealogías a la tabla de los setitas, se nos recuerda el dicho que estas genealogías primitivas son «monumentos tanto de la fidelidad de Dios en el cumplimiento de su promesa, como de la fe y la paciencia de los padres». Cada generación vivió su tiempo designado, transmitió la promesa a sus hijos; y luego, habiendo terminado su camino, todos «conforme a la fe murieron sin haber recibido lo prometido, sino mirándolo de lejos, y creyéndolo, y abrazándolo, y confesando que eran extranjeros y peregrinos sobre la tierra». Esto es absolutamente todo lo que sabemos de la mayor parte de ellos. Pero la repetición enfática y aparentemente innecesaria en cada caso de las palabras «y murió» con las que acaba cada genealogía, nos dice que «reinó la muerte desde Adán hasta Moisés»,[3] con todas las enseñanzas implicadas de su origen en pecado, y de su conquista por el segundo Adán. Sólo se da una excepción en esta regla: el caso de Enoc. Cuando, en lugar de la breve nota de costumbre sobre cuántos años «vivió» después del nacimiento de su hijo, leemos que «caminó con Dios, después que engendró a Matusalén, trescientos años»; y en vez de la sencilla frase que «murió», no sólo se nos dice por segunda vez que «Enoc caminó con Dios», sino también que «desapareció; porque Dios le llevó». Así tanto su vida como su traslación están relacionadas con su «caminar con Dios». Esta expresión es única en la Escritura, y excepto con referencia a Noé[4] sólo aparece de nuevo sobre la relación del sacerdote con Dios en el lugar santo.[5] Así pues indica una conversación muy íntima, cercana y personal con Jehová. La vida, la obra, y la traslación de Enoc se explican igualmente como sigue en la Epístola a los Hebreos: «Por la fe, Enoc fue trasladado para no ver muerte, y no fue hallado, porque lo trasladó Dios; y antes que fuese trasladado, tuvo testimonio de haber agradado a Dios».[6] Su traslación fue igual que la de Elías,[7] y como será la de los santos en la segunda venida de nuestro bendito Señor.[8] En conexión con esto es muy notable que «profetizó» sobre lo que se manifestó con su propio caso, «diciendo: he aquí el

1. Con la excepción de Set, quien, evidentemente, no era el hijo mayor de Adán.
2. Así son los números según el texto hebreo. Hay diferencias entre el mismo y la traducción griega llamada LXX (La Septuaginta), y también con el texto samaritano. Para más detalles ver el capítulo X, donde se explican también las diferencias entre las cronologías de Ussher y Hales.

3. Romanos 5:14.
4. Génesis 6:9.
5. Malaquías 2:6.
6. Hebreos 11:5.
7. 2 Reyes 2:10.
8. 1 Corintios 15:51, 52.

Señor viene con sus santas decenas de millares, para hacer juicio contra todos, y dejar convictos a todos los impíos de todas sus obras impías que han hecho impíamente, y de todas las cosas duras que los pecadores impíos hablaron contra él».[9]

Cuando Enoc fue «llevado» solo Adán había muerto; Set, Enós, Cainán, Mahalalel y Jared todavía vivían. Por otro lado, no sólo Matusalén, el hijo de Enoc, sino también su nieto Lamec, quien entonces tenía ciento trece años, debieron presenciar su traslación. Noé no había nacido. Pero cuán profundamente impresionara la profecía de Enoc a los hombres piadosos de la época, y también lo que podemos llamar su cumplimiento anticipado y ejemplar en su traslación, aparece en el hecho que Lamec puso a su hijo, que nació sesenta y nueve años después de la traslación de Enoc, el nombre de Noé, «descanso» o «consuelo», «diciendo: «Éste nos aliviará de nuestras obras y del trabajo de nuestras manos, a causa de la tierra que Jehová maldijo». Evidentemente Lamec sentía la carga del trabajo sobre la tierra que Dios había maldecido, y esperaba una liberación de la miseria y corrupción existentes como consecuencia de ello, por medio del cumplimiento de la promesa divina sobre el libertador. Con esta esperanza llamó a su hijo Noé. Ciertamente hubo un cambio; pero fue por la destrucción de la generación pecadora, y el comienzo de un nuevo período en la historia del pacto. Notamos que, en el caso de Noé, la Escritura ya no menciona más, como antes, un solo hijo, sino que nos da los nombres de los tres hijos de Noé para mostrar que, en adelante, la línea única iba a dividirse en tres, que serían los fundadores de la historia humana.

También es muy instructivo notar que Enoc, quien parece ser el que anduvo más cerca de Dios, sólo vivió trescientos sesenta y cinco años sobre la tierra; menos de la mitad del tiempo que vivieron sus antepasados y sus sucesores. Una prolongación extraordinaria de la vida puede ser una bendición, como ofreciendo tiempo para arrepentimiento y gracia; pero con respecto a los más amados por Dios, puede ser acortada como medida de liberación de la obra y el trabajo que el pecado ha introducido en este mundo. Ciertamente, la consecuencia será que una duración extraordinaria de la vida, aunque era necesaria al inicio, no resultó ser en modo alguno una fuente de bien para la generación malvada y corrupta.

Capítulo 5
(Génesis 6)

Es una circunstancia notable que todas las naciones deberían haber conservado en sus tradiciones alguna noticia de la extraordinaria longevidad humana en el principio. Podemos comprender que el conocimiento de un hecho tal sería especialmente transmitido. Pero debemos recordar que antes del «diluvio» las condiciones de vigor, constitución, clima, tierra, y alimentación eran bastante diferentes de las que depende la actual duración de vida. Por lo tanto una comparación entre ambas longevidades resulta imposible por la mejor de las razones: no tenemos suficiente conocimiento del estado primitivo. Pero sí podemos ver con claridad que tal duración de la vida era necesaria para poblar rápidamente la tierra, para el avance del conocimiento, y, sobre todo, para la continuación de la adoración de Dios y la fe en la promesa de un Libertador que Él había revelado. De ese modo cada generación podía transmitir a una posteridad remota lo que había aprendido durante los siglos de su existencia. Así, Adán estaba vivo para contar la historia del paraíso y la caída, y para repetir la palabra de la promesa, que había oído de la propia voz del Señor, cuando nació Lamec; y a pesar de que ninguno de los «padres» anteriores pudo haber vivido para ver el inicio de la construcción del arca, que tuvo lugar en el año 1536 desde la creación, Lamec murió sólo cinco años antes del «diluvio», y su padre Matusalén (el hombre con la vida más larga) en el mismo año de dicho acontecimiento. Si intentamos ver cuanta información, incluso en nuestros días, cuando la comunicación, la civilización y los medios de conocimiento han avanzado tanto, se puede obtener por medio de una relación personal con los actores principales de los grandes acontecimientos, entenderemos la importancia de la longevidad humana en las edades tempranas de nuestra raza.

Pero, por otro lado, era posible pervertir esta larga duración de la vida con propósitos igualmente malvados. El suceso poco corriente durante tantos siglos de la muerte con sus terrores debería embotar todavía más la consciencia; la larga asociación de hombres malvados consolidaría el progreso de la corrupción y el mal; y el aparente retraso del juicio o liberación debería fortalecer la atrevida incredulidad de los burladores. La profecía de Lamec evidencia esta realidad; de la descripción del estado de la tierra en el tiempo de Noé, y de la incredulidad de sus contemporáneos; y de la comparación de nuestro Señor[1] entre «los días de Noé» y los de «la venida del Hijo del Hombre», cuando, según San Pedro,[2] habrá «burladores sarcásticos, andando según sus propias concupiscencias, y diciendo: ¿Dónde está la promesa de su Venida? Porque desde el día en que los padres durmieron, todas las cosas permanecen como estaban desde el principio de la creación».

La corrupción universal del hombre

La corrupción de la humanidad alcanzó su punto más alto cuando incluso la diferencia entre los setitas y los cainitas se borró con casamientos mixtos entre ambas partes, y ello por motivos sensuales. Leemos que «viendo los hijos de Dios que las hijas de los hombres eran hermosas, tomaron para sí mujeres, escogiendo entre todas».[3] Por aquel tiempo la tierra debería estar poblada en gran parte,[4] y su estado se describe así: «Y vio Dios que la maldad de los hombres era mucha en la tierra, y que todo designio de los pensamientos del corazón de ellos era de continuo solamente el mal». Esto significa más que la corrupción total de nuestra naturaleza, como lo describiríamos nosotros ahora, y se

9. Judas 14, 15. Esto concuerda bastante con lo que se sabía generalmente de Enoc. Un libro apócrifo del Antiguo Testamento, escrito antes del tiempo de Cristo (Eclesiástico 44:16), contiene que «Enoc fue tomado, siendo un ejemplo de arrepentimiento para todas las generaciones»; mientras que otro libro (Libro de Enoc 1:9) afirma claramente que profetizó la venida del Señor para juicio sobre los impíos.

1. Mateo 24:37-39; Lucas 17:26.
2. 2 P. 3:3, 4.
3. Otras teorías acerca de los «hijos de Dios» han sido propuestas, pero no pueden sostenerse bajo una investigación cuidadosa y exacta. Cualquier lector interesado en este tema puede encontrarlo tratado en mi edición de la *History of the Old Covenant*, de Kurtz, vol. I., p. 96, etc.
4. Se han realizado aproximaciones sumamente exageradas sobre el número de humanos en aquel tiempo, mostrando la falacia de tales cálculos.

refiere al dominio universal del pecado abierto y atrevido, y de la rebelión contra Dios, introducida cuando la separación entre los setitas y los cainitas cesó. Exceptuando a Noé no había nadie en esa generación «que invocase el nombre de Jehová». «Había gigantes en la tierra en aquellos días (en hebreo: Nephilim)... Éstos fueron los valientes (o héroes) que desde la antigüedad fueron varones de renombre.» Exactamente esos Nephilim eran «hombres de violencia», o tiranos, como lo traduce Lutero, porque la raíz de la palabra significa, «caer sobre».[5] Resumiendo, era un período de violencia, de la fuerza contra el derecho, de rapiña, concupiscencia, y de incredulidad universal en la promesa. Con la extinción virtual de la fe y la adoración de los setitas no quedaba otra esperanza, y la generación tenía que ser totalmente raída en juicio.

Y no obstante, a pesar de que no solo la justicia de Dios, sino incluso su fidelidad a su promesa de gracia lo requería, la tierna amabilidad llena de amor de Jehová aparece en expresiones tales como éstas: «Se arrepintió Jehová de haber hecho al hombre en la tierra, y le dolió» (literalmente, «le dolió en su corazón»). Una expresión explica la otra. Cuando leemos que Dios se arrepintió, se trata sólo de nuestro modo de hablar, porque, como dice Calvino, «nada sucede accidentalmente, o que no haya sido previsto». Trae a nuestras mentes «el dolor del amor divino por los pecados del hombre», con las palabras de Calvino, «que cuando los terribles pecados del hombre ofenden a Dios, es como si su corazón hubiese sido herido con un dolor extremo». La consecuencia fue que Dios declaró que destruiría «de sobre la faz de la tierra tanto a los hombres como a las bestias» (estas últimas debido a la conexión peculiar en la que la creación fue colocada con el hombre, siendo éste su señor, que las implicó en la ruina y el castigo que cayó sobre el hombre). Pero mucho antes de que la sentencia se llevara realmente a cabo, Dios había declarado: «No contenderá mi espíritu con el hombre para siempre» (o mejor, «habitar con el hombre», «legislar», o «presidir», entre ellos), «porque él es carne», o, como han traducido algunos, «puesto que en su errar», o aberración, se ha vuelto totalmente «carnal, sensual, diabólico»; «mas serán sus días ciento veinte años»; es decir, se les concedería todavía otros ciento veinte años en misericordia antes de que explotaran los juicios finales. Fue durante esos ciento veinte años que «la paciencia de Dios esperaba», «mientras se preparaba el arca, en la cual pocas personas, es decir, ocho, fueron salvadas a través del agua».

Porque en la corrupción general de aquella generación había una sola excepción, Noé. Necesitamos simplemente juntar todas las referencias de la Escritura sobre Noé y colocarlas en el orden que en ella aparecen: «Pero Noé halló gracia ante los ojos de Jehová»; y de nuevo: «Noé, varón justo, era perfecto» (como implica la palabra hebrea, recto espiritualmente, auténtico, íntegro y completo en su interior, alguien cuyo corazón tenía un solo objetivo) «en sus generaciones», o entre sus contemporáneos; y finalmente, «con Dios caminó Noé», esta expresión siendo la misma que en el caso de Enoc. La mención que encontró gracia ante los ojos de Jehová precede la de su «justicia», lo cual describe su relación moral con Dios; mientras que su justicia era de nuevo el resultado de una rectitud espiritual interior, o de lo que bajo la luz más completa del Nuevo Testamento designaríamos como un corazón renovado por el Espíritu Santo. Todo viene resumido y completado con un caminar con Dios al estilo de Enoc. La afirmación de que Noé encontró gracia es como la irrupción del sol en un cielo que se está encapotando para una tormenta. El texto sagrado repite tres veces que la tierra se había corrompido, añadiendo que estaba llena de violencia, simplemente como si el ojo atento del Señor, que «miró sobre la tierra», hubiera estado inspeccionando y probando a los hijos de los hombres, y se detuviera con pena sobre ella, antes de permitir el descenso del juicio.

Esto no era todo. A pesar de ello, «la paciencia de Dios esperó» ciento veinte años, «mientras se preparaba el arca» y durante este tiempo, especialmente, Noé debe haber actuado como un «predicador de justicia». La construcción del arca empezó cuando Noé tenía cuatrocientos ochenta años; es decir, antes de que ninguno de sus tres hijos, Sem, Cam y Jafet, naciera, de hecho, veinte años antes del nacimiento de Sem. Así la gran fe de Noé no solo se manifestó en la construcción del arca en medio de una generación burladora e incrédula, y esto contra cualquier probabilidad humana de que jamás fuera necesaria, y ciento veinte años antes de que se necesitase, sino también al proveer espacio para «sus hijos» y las «esposas de sus hijos», cuando él todavía no tenía hijos. Ciertamente cuanto más intentamos comprender las circunstancias, mayor se manifiesta la fe inmutable del patriarca.

Preparación para el diluvio

Las palabras con las que Dios anunció su propósito fueron éstas: «El fin de toda carne ha venido ante mí» (es decir, como han explicado algunos, el límite máximo de la depravación humana); «porque la tierra está llena de violencia a causa de los hombres» (es decir, violencia que procede de ellos, de delante de su faz), «y he aquí que yo los destruiré con la tierra».

Noé y su familia eran los únicos que iban a ser conservados, y esto por medio del «arca», una expresión que sólo aparece una vez más respecto a los juncos en los que se salvó Moisés.[6] Noé tenía que construir su arca de «gofer», seguramente madera de ciprés, y «calafatearla con brea por dentro y por fuera». El arca tenía que ser de trescientos codos de longitud, cincuenta de anchura, y treinta de altura; esto equivale, calculando el codo a un pie y medio, cuatrocientos cincuenta pies de longitud, setenta y cinco de ancho, y cuarenta y cinco de alto.[7] Según implica la fraseología del texto hebreo, había, alrededor de la parte superior, a un codo por debajo del techo una apertura para la luz y el aire (traducido en nuestra versión como «ventana»), en la que, se ha sugerido, se insertó algún tipo de substancia traslúcida parecida a nuestro vidrio. Aquí parece ser que había también una «ventana» normal, a la que se hace referencia posteriormente de un modo específico (cap. 8:6). La puerta estaba en un lado del arca, la cual estaba organizada en tres

5. La palabra Nephilim aparece de nuevo en Números 13:33, en el relato de los hombres gigantes, que los espías vieron en Canaán. Pero a pesar de que los Nephilim podían haber sido hombres de proporciones gigantes, no significa que Nephilim quiera decir «gigantes». Finalmente, no hay nada en el texto que muestre que se tratara sólo de los hijos de Dios.

6. Éxodo 2:3-5.

7. Algunos han calculado el codo a veintiuna pulgadas, lo cual daría una longitud de quinientos veinticinco pies, una anchura de ochenta y siete y medio, y una altura de cincuenta y dos y medio. San Agustín calcula que las proporciones del arca eran las mismas que las de una figura humana perfecta, «la longitud de la cual desde la planta de los pies hasta la cabeza es seis veces la anchura del pecho, y diez veces la altura de la figura reclinada, medida con una línea recta desde el suelo». *Smith's Dictionary of the Bible*, vol. II. p. 566, nota.

plantas de habitaciones (literalmente «celdas»), para la estancia de todos los animales en el arca, y el almacén de alimento. Porque «de todo lo que vive» Noé debía introducir en el arca (siete parejas de «animales limpios», y una pareja de los que no eran limpios). Entonces, cuando llegara el tiempo señalado para ello, Dios «traería un diluvio de aguas sobre la tierra, para destruir toda carne en que haya espíritu de vida debajo del cielo».

Pero con Noé, Dios «establecería» su «pacto», es decir, llevaría a cabo por medio de él su propósito del pacto de gracia, que debía manifestarse con el nacimiento del Redentor. De acuerdo con esto, Noé, su esposa (porque aquí no hay ninguna indicación de poligamia), sus hijos, y las esposas de sus hijos debían entrar en el arca, y ser mantenidos vivos allí durante la destrucción generalizada de todo lo que estaba a su alrededor.

Hasta aquí llegan las indicaciones de la Escritura. Se ha desperdiciado mucha ingenuidad innecesaria para calcular el espacio exacto del arca, de su disposición interior, y de las estancias que contenía para las diversas especies de animales que existían entonces. Tales cálculos son básicamente poco fidedignos, porque no podemos calcular el espacio exacto en el arca ni saber el número exacto de especies que habían de ser alojadas en su refugio. La Escritura, que nos presenta la historia del reino de Dios, nunca gratifica este tipo de investigación tan ociosa e insensata. Pero lo que sí podemos saber con toda seguridad es que el arca que Dios proveyó era literalmente y en todos los sentidos suficiente para cumplir con los propósitos para los que fue ideada, y que tales propósitos fueron satisfechos enteramente. Tal vez nos sirva de ayuda para darnos cuenta de la maravilla de esta estructura si la comparamos con el barco más grande conocido, el *Great Western*, cuyas dimensiones son seiscientos ochenta pies de longitud, ochenta y tres de ancho, y cincuenta y ocho de alto; o también si lo describimos como casi del tamaño de media Catedral de St. Paul en Londres. Debe notarse que el arca fue diseñada básicamente como almacén y no para la navegación. No tenía ni mástiles, ni timón, ni velas, y probablemente fuera de fondo plano, parecido a un enorme pecho flotante. Para mostrar cuan apropiadas eran sus dimensiones como almacén, podemos mencionar que un holandés, Peter Jansen, construyó en 1604 un barco con exactamente las mismas proporciones (evidentemente, de dimensiones diferentes), el cual resultó tener un tercio más de capacidad que cualquier otra embarcación con el mismo peso.

Todas las demás cuestiones relacionadas con la construcción del arca pueden ser tranquilamente desechadas por no merecer ninguna discusión seria. Pero cabe destacar el gran hecho que durante todo aquel período Noé predicaba la justicia, advirtiendo del juicio que tenía que venir, y demostraba además su fe en la práctica al continuar proveyendo un arca para refugio. Resumiremos la vida de fe de Noé, la predicación de fe de Noé, y la obra de fe de Noé con las palabras de la Escritura: «Por la fe, Noé, cuando fue advertido por Dios acerca de cosas que aún no se veían, con reverencia preparó un arca para salvación de su casa; y por esa fe condenó al mundo, y fue hecho heredero de la justicia que es según la fe».[8]

8. Hebreos 11:7.

Capítulo 6

(Génesis 7-8:1-15)

Hay una magnificencia y una sencillez majestuosas en el relato de la Escritura sobre «El Diluvio» que desafía y reta toda comparación. El suceso se menciona sólo dos veces más en el Antiguo Testamento (cada vez con un lenguaje breve y serio coincidiendo con su solemnidad). En Salmos 29:10 podemos leer: «Jehová está entronizado sobre el diluvio, y se sienta Jehová como rey para siempre» (una especie de versión veterotestamentaria de «Jesucristo, el mismo ayer, y hoy, y por los siglos»). Y si podemos continuar con la analogía, existe una aplicación evangélica de esta historia del Antiguo Testamento en Isaías 54:9, 10: «Porque esto me será como en los días de Noé, cuando juré que nunca más las aguas de Noé pasarían sobre la tierra; así he jurado que no me enojaré contra ti, ni te rechazaré. Porque los montes se apartarán, y los collados serán sacudidos; pero no se apartará de ti mi misericordia, ni el pacto de mi paz se quebrantará, dijo Jehová, el que tiene compasión de ti».

El primer punto del relato del «Diluvio» que nos llama la atención es una mención enfática, repetida dos veces, de la obediencia absoluta de Noé, «conforme a todo lo que Dios le mandó».[1] A continuación notamos una «solemne pausa de siete días» antes de que empezara realmente el diluvio, cuando «fueron rotas todas las fuentes del gran abismo, y las ventanas de los cielos fueron abiertas»; en otras palabras, las compuertas tanto de la tierra como del cielo fueron abiertas de par en par. El suceso tuvo lugar «en el año seiscientos de la vida de Noé, en el mes segundo, a los diecisiete días del mes»; siempre que calculemos la estación según el comienzo del año civil hebreo, sobre la mitad o finales de nuestro mes de noviembre.

El diluvio

Entonces cuando Noé y su esposa, sus tres hijos, Sem, Cam y Jafet, y sus esposas, y todos los animales, habían entrado en el arca, «Jehová le cerró la puerta» y durante cuarenta días y cuarenta noches «hubo lluvia sobre la tierra», mientras, al mismo tiempo, se rompían las fuentes del gran abismo. La inundación continuó durante ciento cincuenta días,[2] y luego las aguas empezaron a descender. La catástrofe es descrita así: «Y fue el diluvio cuarenta días sobre la tierra; y las aguas crecieron, y alzaron el arca, y se elevó sobre la tierra. Y subieron las aguas y crecieron en gran manera sobre la tierra; y flotaba el arca sobre la superficie de las aguas. Y las aguas subieron mucho sobre la tierra; y todos los montes altos que había debajo de todos los cielos fueron cubiertos. Quince codos más alto subieron las aguas, después que fueron cubiertos los montes. Y murió toda carne que se mueve sobre la tierra, así de aves como de ganado y de bestias, y de todo reptil que se arrastra sobre la tierra, y todo hombre. Todo lo que tenía aliento de vida en sus narices, todo lo que había en la tierra murió. Así fue destruido todo ser que vivía sobre la faz de la tierra, desde el hombre hasta la bestia, los reptiles, y las aves del cielo; y fueron raídos de la tierra, y quedó solamente Noé, y los que con él estaban en el arca».

1. Génesis 6:22; 7:5.

2. Génesis 8:3, 4, comparado con 7:11, parece implicar que los cuarenta días de lluvia estaban incluidos en estos ciento cincuenta días, y no se añadieron a los mismos.

Las notas de un escritor reciente acerca de este tema son tan apropiadas que las reproducimos aquí: «El relato es vivo y vigoroso, aunque falto totalmente del tipo de descripción que hubiera ocupado la mayor parte del fragmento en un historiador o un poeta moderno. No vemos nada de la lucha con la muerte; no oímos el grito de desesperación; no se nos hace presenciar la agonía exasperante del marido y la esposa, del padre y del hijo, cuando quedaban aterrorizados ante las aguas que se alzaban. Tampoco se pronuncia una sola palabra sobre la tristeza del único hombre justo quien, desde su posición de salvación, miraba la destrucción que no podía evitar. Pero la mismísima sencillez de la narración sí que deja una impresión en nuestras mentes con peculiar viveza, la de la desolación. Y esto aumenta con la repetición y el contraste de dos ideas. Por un lado, se nos recuerda más de cinco veces en el relato[3] quiénes eran los ocupantes del arca, los pocos favorecidos y rescatados; y, por el otro lado, la total y absoluta destrucción de todo lo demás no se trata con menor énfasis».[4]

No menospreciaremos la solemnidad de la impresionante quietud con la que la Escritura nos muestra el arca solitaria, flotando sobre las desoladas aguas que habían cubierto la tierra y todo lo que pertenecía a ella,[5] intentando describir las escenas que deben haber seguido a todo ello. Simplemente se deja en nuestras mentes la impresión de que «Jehová le cerró la puerta», estas palabras pueden haber sido ideadas para mostrar que aunque Noé hubiera querido ayudar a sus contemporáneos que estaban pereciendo, no lo hubiera podido hacer. Se dice que al final de los ciento cincuenta días, con el lenguaje particularmente conmovedor de la Escritura: «Se acordó Dios de Noé, y de todos los animales, y de todas las bestias que estaban con él en el arca». Se hizo pasar un viento sobre la tierra para secarla, el diluvio fue «detenido», «y las aguas decrecían continuamente de sobre la tierra». En el día diecisiete del séptimo mes, es decir, exactamente cinco meses después de que Noé entrara en ella, se halló al arca apoyada «sobre los montes de Ararat»; no necesariamente sobre el pico más alto, que mide diecisiete mil doscientos cincuenta pies, ni tal vez, tampoco el segundo pico más alto, que se alza sobre unos doce mil pies, sino sobre aquella cadena montañosa. Y las aguas seguían disminuyendo; y setenta y tres días después, o el primer día del décimo mes, se descubrieron las cimas de los montes a su alrededor. Cuarenta días más, y Noé «envió un cuervo», el cual, al encontrar refugio en las cimas de las montañas, y comida en los cuerpos flotantes, no volvió al arca. Al cabo de otros siete días «envió una paloma, para ver si las aguas se habían retirado de sobre la faz de la tierra», es decir, de las tierras bajas de los valles. «Pero no halló la paloma donde sentar la planta de su pie, y volvió a él al arca.» Una semana más, y la mandó de nuevo una segunda vez, y cuando volvió por la tarde, traía una hoja de olivo en el pico. Es un hecho notable, por aportar un testimonio indirecto a este relato, que el olivo, según se ha comprobado, da hojas bajo el agua. Por tercera vez Noé sacó un mensajero de paz, al cabo de otra semana, y «no volvió ya más a él». «Nunca en la historia de la naturaleza», dice el escritor ya citado, «se ha dibujado una imagen con una belleza tan exquisita y mayor fidelidad que ésta. Es tan admirable por su poesía como por su verdad». El primer día del primer mes, en el año seiscientos uno, «las aguas se secaron sobre la tierra; y quitó Noé la cubierta del arca, y miró, y he aquí que la faz de la tierra estaba seca. Y en el mes segundo, a los veintisiete días del mes, se secó la tierra»; justamente un año y diez días después de que Noé entrase en el arca.

Hasta aquí el relato de la Escritura. A menudo se ha explicado que el objetivo de la Biblia es darnos la historia del reino de Dios, no tratar temas curiosos o incluso científicos, por lo que podemos omitir una cuestión demasiado a menudo discutida, últimamente con un espíritu totalmente impropio, con estas palabras de un escritor reciente:[6] «Es una cuestión discutida entre los teólogos y los científicos si el diluvio fue absolutamente universal, o si fue universal sólo en el sentido de extenderse sobre toda la parte del mundo habitado entonces. Aquí no entramos en esta controversia; pero podemos señalar el hecho notable que la región al este de Ararat, donde se asentó el arca, muestra señales de haber estado debajo del agua en otro tiempo. Es una región con una depresión particular, por debajo de las regiones de su alrededor, y por ello proporcionando ciertas facilidades para tal inmersión».

Pero hay otro tema relacionado con el diluvio tan destacado y chocante como para reclamar nuestra atención. Es el hecho que el recuerdo del diluvio ha sido conservado en las tradiciones de tantas naciones, tan alejadas e independientes entre sí, que resulta imposible dudar que hayan derivado de una sola fuente original. Como debe suponerse, contienen muchos elementos legendarios, y generalmente sitúan la localidad del diluvio en sus propias tierras; pero estas mismas particularidades los definen como corrupción de la historia real registrada en la Biblia, y transmitida por las diferentes naciones donde se establecieron. El Sr. Perowne ha agrupado estas tradiciones como sigue: las de Asia Occidental, incluyendo los relatos caldeos, fenicios, los así llamados «Oráculos Sibilinos», los frigios, sirios y armenios; luego los de Asia Oriental, incluyendo los relatos persas, indios y chinos; y, en tercer lugar, los de las Naciones Americanas: los de Cherokee, y diversas tribus de las Indias Mexicanas, con los que, por extraño que parezca, agrupa también los relatos de las islas Fiji. A éstos añade, como cuarto ciclo, las tradiciones similares de las naciones griegas. Pero la tradición más interesante es la caldea o babilonia, la cual merece un estudio más detenido.

Aunque no necesitamos tales confirmaciones indirectas para convencernos de la verdad de los relatos de la Biblia, es muy notable que todas las investigaciones históricas, cuando se completan y aplican correctamente, confirman la exactitud de lo que se recoge en las Santas Escrituras. Pero su principal valor para nosotros tiene que ser siempre éste, que nos informan sobre el Arca que flota sola sobre las aguas del diluvio, y conserva salvos para siempre a los que están «cerrados dentro» por la mano de Jehová.

Relato caldeo del diluvio: Podemos decir que tenemos dos relatos caldeos generales del diluvio. Uno nos llega de fuentes griegas, de mano de Beroso, un sacerdote caldeo del segundo siglo antes de Cristo, quien tradujo al griego los registros de Babilonia. Éste, siendo el menos claro, no es necesario comentarlo aquí. Pero mucho más interés

---

3. Génesis 6, 7, 8.

4. Génesis 7:13, 17; 7:4, 21-23. El Sr. Perowne, en *Smith's Dictionary of the Bible*, art. «Noé».

5. El Sr. Perowne cita Lyell, *Principles of Geology*, como un ejemplo explicativo de los efectos de una inundación, naturalmente, a una escala muy diferente, «lo que ocurrió en el Runn de Cutch, en las áreas del este del Indus, en 1819, cuando el mar inundó y en pocas horas convirtió una porción de tierra, con un área de dos mil millas cuadradas, en un mar o una laguna interior».

6. El Dr. Blaikie, *Bible History*, p. 29.

«'Había gigantes en la tierra en aquellos días (en hebreo: Nephilim)... Éstos fueron los valientes (o héroes) que desde la antigüedad fueron varones de renombre.' Esos Nephilim eran 'hombres de violencia', o tiranos, como lo traduce Lutero, porque la raíz de la palabra significa, 'caer sobre'. Todo parece indicar que era un período de violencia, de la fuerza contra el derecho, de rapiña, concupiscencia, y de incredulidad universal en la promesa.»

Esta figura extraída de un bajorrelieve asirio del siglo VII a.C. (Museo del Louvre) representa a Gilgasmesh héroe de la epopeya mítica asiriobabilónica sobre los orígenes del mundo, que podríamos asociar con uno de esos «Nephilim» que la Biblia describe como gigantes que poblaron la tierra.

poseenlas inscripciones cuneiformes anteriores, descubiertas y descifradas por primera vez en 1872 por el Sr. G. Smith, del Museo Británico, y desde entonces estudiado más profundamente por el mismo erudito.[7] Estas inscripciones ocupan doce tablas, de las cuales sólo una parte ha sido hecha asequible. Se pueden describir en términos generales como constituyentes del relato babilonio del diluvio, lo cual, puesto que tuvo lugar en aquel lugar, tiene un valor especial. El relato se supone que data de dos mil a dos mil quinientos años antes de Cristo. La historia del diluvio la relata un héroe, conservada a través de él, para un monarca a quien el Sr. Smith llama Izdubar, pero quien supone que debe ser el Nimrod de la Escritura. Como cabe esperar, hay diferencias frecuentes entre el relato babilonio y el bíblico del diluvio. Por un lado, concuerdan en varios detalles, los cuales confirman el relato bíblico más que nunca, demostrando que el acontecimiento se había convertido en una parte distinguida de la historia de la región en la que tuvo lugar. Hay referencias frecuentes a Erec, la ciudad mencionada en Génesis 10:10; alusiones a una raza de gigantes, descritos en términos fabulosos; una mención de Lamec, padre de Noé, aunque con nombre diferente, y del propio patriarca como un hombre sabio, reverente y devoto, quien, cuando la divinidad decidió destruir con el diluvio el mundo por su pecado, construyó el arca. Algunas veces el lenguaje es tan parecido al bíblico que parece que se están leyendo citas distorsionadas de la Escritura. Mencionamos, a modo de ejemplo, el desprecio que se dice que provocó la construcción del arca ante sus contemporáneos; calafatear el arca por dentro y por fuera con brea; el cierre de la puerta detrás de los salvados, la apertura de la ventana, cuando las aguas habían descendido; el ir y venir de la paloma desde «un lugar de reposo que no halló», el envío del cuervo, el cual, alimentándose de los cuerpos sobre el agua, «no volvió»; y, finalmente, la construcción del altar por parte de Noé.

Resumimos los resultados de este descubrimiento con las palabras del Sr. Smith: «A fin de no continuar más con este paralelismo, se notará que cuando se compara el relato caldeo con el bíblico, en sus características principales las dos historias concuerdan bastante bien; en cuanto a la maldad del mundo antediluviano, la ira divina y la orden de construir el arca, su almacenamiento de pájaros y bestias, la venida del diluvio, la lluvia y tormenta, el arca que se posó sobre el monte, la prueba hecha con pájaros para ver si las aguas habían descendido, la construcción de un altar después del diluvio. Todos estos hechos principales sucedieron en el mismo orden en ambas narrativas, pero cuando examinamos los detalles de estas fases en los dos relatos, aparecen diversos puntos divergentes; en cuanto al número de personas salvadas, la duración del diluvio, el lugar donde se posó el arca, el orden en el que se mandan los pájaros, y otros asuntos similares».[8]

Concluimos con otra cita de la misma obra, que nos mostrará hasta qué punto el conocimiento primitivo de las cosas divinas, aunque mezclado con corrupciones terribles, era conservado entre los hombres del período temprano de la historia:

«Parece ser que en aquella edad remota los babilonios tenían la tradición de una inundación que era un castigo divino por causa de la maldad del mundo; y de un hombre santo, que construyó un arca, y escapó de la destrucción; que posteriormente fue llevado y habitó con los dioses. Creían en el infierno: lugar de tormento bajo la tierra, y en el cielo: un lugar de gloria en los cielos; y su descripción de ambos lugares tiene, en varios puntos, un parecido sorprendente con los de la Biblia. Creían en un espíritu o alma distinto del cuerpo, que no se destruía con la muerte del marco mortal; y representan este espíritu subiendo de la tierra por el mandato de uno de los dioses, y volando hacia el cielo».

7. Ver *Assyrian Discoveries*, por George Smith. Londres, 1875.

8. *Assyrian Discoveries*, p. 218.

2 Historia de los patriarcas

Capítulo 7

(Génesis 8:15-9:1-28)

Si lo pensamos bien, la destrucción de «toda carne» por medio del diluvio era necesaria para su propia conservación. La muerte era necesaria para obtener su nueva vida. El mundo viejo fue enterrado por el diluvio, a fin de que de su sepulcro pudiese surgir un nuevo orden de cosas. Porque, evidentemente, después de que los setitas se mezclaran con los cainitas, se debía realizar un comienzo enteramente nuevo si se debía llevar a término el propósito de Dios en gracia. Por ello también, Dios pronunció de nuevo sobre Noé la bendición de fructificar que había dicho a Adán, y le dio dominio sobre la creación, pero, como veremos, con todas las modificaciones que implicaban el juicio que acababa de suceder y el nuevo estado de cosas que había empezado.

Después del diluvio

Merece ser comentado que, incluso cuando la tierra estaba bastante seca, Noé esperó la orden específica de Dios antes de salir del arca. Su primer acción fue la de construir «un altar a Jehová», y ofrecer allí «holocaustos» «de todo animal limpio, y de toda ave». No se trataba meramente de gratitud y homenaje a Dios, sino también de un comienzo de una nueva vida y consagración de la tierra a Jehová con la adoración espiritual. Al presentar un sacrificio animal Noé siguió el ejemplo de Abel; clamando en el nombre de Jehová de nuevo y, en modo solemne adoptaba la profesión de los setitas. Pero existía una diferencia entre su sacrificio y los precedentes; pues por primera vez leemos que un altar era construido. Mientras que el paraíso estuvo todavía sobre la tierra, probablemente los hombres se volvían hacia él como el lugar donde Jehová había tenido relación con el hombre. Pero cuando su lugar fue barrido por el diluvio, Dios, por así decirlo, tomó su trono en el cielo, y desde allí se revelaba a los hombres y conversaba con ellos.[1] Y la verdad, que nuestros corazones y oraciones deben subir a aquél que está en el cielo, fue expresada simbólicamente por medio del altar donde se realizó el sacrificio.

El sacrificio de Noé

La Escritura añade sintomáticamente que «percibió Jehová olor grato», o mejor dicho «un olor de descanso», «de satisfacción»; en otras palabras, aceptó el sacrificio. «Y dijo Jehová en su corazón», es decir, decidió, «No volveré más a maldecir la tierra por causa del hombre; porque el intento del corazón del hombre es malo desde su juventud». Tanto Lutero como Calvino han hecho notar que la circunstancia de pecado del hombre, que había sido la causa del juicio del diluvio, ahora era expuesta como la razón por la cual no se volvería a maldecir la tierra. Pero de hecho esto simplemente destaca una nueva diferencia entre el estado del hombre antes y después del diluvio. Si se nos permite la expresión, ahora Dios admitía la existencia del pecado universal, y hacía de ello un elemento de su gobierno futuro. Miraba al hombre como a un pecador miserable a quien soportaría en su compasión y paciencia, aplazando su segundo y final juicio hasta que hubiese cumplido todo lo que él había prometido hacer para la salvación de todos los hombres. Dejando de lado Israel, como el pueblo especial de Dios, el período entre Noé y Cristo puede ser descrito con las palabras de San Pablo, como «los tiempos de esta ignorancia» los cuales «Dios pasó por alto»,[2] o como los tiempos en los que «por la paciencia de Dios» los pecados eran pasados por alto.[3]

Habiendo expuesto así los términos fundamentales sobre los que el Señor iba a tratar con las naciones sobre la tierra durante el período entre el diluvio y la venida del Salvador, es decir, durante la dispensación judía, seguimos considerando, en las palabras que Dios dirigió a Noé, algunos puntos de diferencia entre el anterior estado de cosas y el nuevo. En primer lugar, el anuncio de gracia que, mientras existiera la tierra, la sementera y la siega, el frío y el calor, verano e invierno, el día y la noche no cesarían, implicaba no sólo su propósito de conservar nuestra tierra, sino que el hombre podía contar en adelante con una sucesión regular de estaciones, y que tenía que hacer de esta tierra su casa actual, para labrarla y poseerla. Por lo tanto era un asunto bastante distinto cuando Noé fue un «agricultor», de lo que había sido cuando Caín decidió ser «labrador de la tierra». Luego, como ya hemos mencionado, Dios renovó la bendición de fructificar con los mismos términos que había dicho primeramente a Adán, y una vez más dio dominio sobre la creación inferior. Pero en esta nueva concesión había esta diferencia inicial: que el dominio del hombre sería por la fuerza, y no, como antes, de sujeción voluntaria. Si Dios primero había puesto «toda bestia» y «toda ave» ante Adán para rendirle un homenaje, y para recibir nombre de él, ahora se decía a Noé y a sus descendientes, «El temor de vosotros estará sobre todo animal de la tierra; ... en vuestra mano son entregados».

Tal vez deberíamos tener en cuenta en relación con esto que, ahora por primera vez, independientemente de lo que hubiera sido habitual antes de este momento, se permite expresamente el uso de los animales para alimento, con la excepción de la sangre, y ello probablemente por la razón mencionada posteriormente en el caso de los sacrificios, que la sangre era la sede de la vida.[4] Otro cambio muy importante se hace notar solemnemente con la prohibición del asesinato, con esta añadidura, que «el que derramare sangre de hombre, por el hombre su sangre será derramada». Tales crímenes ya no iban a ser vengados directamente por Dios mismo, sino que delegaba su autoridad al hombre.[5] Como dice Lutero acertadamente, «Con esas palabras se instituye la magistratura civil, y el derecho divino de llevar la espada». Porque cuando se añade, como razón por la cual el asesinato debe ser castigado con la muerte, que Dios hizo al hombre a su semejanza, parece indicar que la venganza

---

1. Ver también Génesis 11:5, 7.

2. Hechos 17:30.
3. Romanos 3:25, ver traducción al margen versión inglesa de la Biblia «AV».
4. Levítico 17:11, 14.
5. Romanos 13:1, 2.

no debe ser tomada por cualquiera según su propia voluntad, sino que la misma pertenece a los que en la tierra representen la autoridad de Dios, o sean sus delegados; por ello también son llamados «dioses» en Sal. 82:6, o más bien «Elohim».[6] Y como Lutero defiende correctamente, «si Dios concede al hombre el poder sobre la vida y la muerte, ciertamente esto conlleva autoridad sobre lo que es menos que la vida, cosas como bienes, familia, esposa, hijos, esclavos siervos y la tierra». Así las palabras del Señor a Noé contienen la garantía y la autoridad de los elegidos como legisladores y jueces sobre nosotros. Recientemente los judíos acostumbran a hablar de lo que llaman los siete mandamientos de Noé, los cuales, según ellos, atañían a todos los prosélitos gentiles. Eran prohibición de (1) la idolatría, (2) la blasfemia, (3) del asesinato, (4) del incesto, (5) del robo, (6) de comer sangre y animales ahogados, (7) y un mandato a la obediencia a los magistrados.[7]

Confirmando lo que Dios había dicho, él mismo «estableció» su «pacto» con Noé y sus hijos, y como «señal» de ello «puso» o «señaló» su «propio arco en las nubes». Puede ser que el arco iris se viera entonces por primera vez, aunque esto no se desprende necesariamente de las palabras de la Escritura. Solo nos dicen que en adelante el arco iris iba a ser una «señal» o símbolo visible para el hombre de la promesa de Dios de no destruir toda carne con un diluvio, y que él mismo lo «vería» como tal, para que «se acordara del pacto eterno entre Dios y su criatura viviente». Por ello el símbolo del arco iris sería tanto una señal como un sello de la promesa de Dios. Y podemos comprender cuan impresionante debería ser para los que habían presenciado el diluvio, cuando se desarrollaba una tormenta sobre la tierra y aparecía este símbolo. Con el lenguaje poético de un escritor alemán, «El arco iris causado por la influencia del sol sobre las nubes oscuras, demostraría al hombre que lo que era del cielo penetraría a través de lo que se alzase de la tierra; y puesto que se extendía en el golfo entre el cielo y la tierra, parecería proclamar la paz entre Dios y el hombre; mientras que incluso el hecho que limita el horizonte simbolizaría como el pacto de la misericordia que se extendía hasta los extremos más alejados de la tierra».

El pecado de Noé

A partir de esta escena de comunicación entre Noé y Dios tenemos que pasar a un hecho en su historia, y ciertamente de un carácter muy diferente. Cuando Noé, con sus tres hijos, Sem Cam y Jafet, salió del arca para ser un agricultor, plantó una viña, como sostiene la leyenda judía, de un sarmiento de la viña que había sacado del paraíso. Pero se puede asegurar claramente que, exceptuando el fruto prohibido en sí, ningún otro ha comportado más pecado, ruina, y desolación sobre la tierra. Ya sea que Noé conociera las propiedades de intoxicación de la parra, o que no tuviera en cuenta la adecuada moderación, se presenta este triste espectáculo del anciano patriarca, tan recientemente rescatado del diluvio, no sólo siendo víctima de una borrachera, sino exponiéndose en ese estado a la conducta impía y vil de su hijo Cam. Como dice Lutero, «Cam no se hubiera burlado de su padre, cuando estaba dominado por el vino, si no hubiera despojado su alma mucho antes de la reverencia que, según la orden de Dios, los hijos debían respetar a sus padres». Es un alivio encontrar a los otros hijos de Noé, tan distantes de compartir el pecado de su hermano, defendiendo a su padre reverentemente de la vileza antinatural de Cam. Como podíamos esperar, la conducta de los hermanos recibió la respuesta que merecía; Cam fue maldecido, mientras que una bendición, apta para cada uno, fue dada a Sem y Jafet. Pero, en las palabras del patriarca, la maldición cae especialmente sobre Canaán, el hijo de Cam, no hasta la exclusión de sus otros hijos, sino probablemente como que Noé había sufrido por causa de su hijo, también Cam tenía que experimentar su castigo de mano de su hijo; y Canaán puede haber sido individualizado especialmente, ya sea porque participaba enteramente del espíritu de su padre, o más probablemente por la posterior conexión entre Israel y los cananeos, en quien verían igualmente el espíritu y la maldición de Cam realizada totalmente. En relación con esto vemos que, en dos ocasiones previas,[8] cuando se menciona a Cam, se añade que era «el padre de Canaán».

Los descendientes de Noé

Sem, Cam y Jafet, que habían de repoblar la tierra, parecen haber impreso sus propias características en sus descendientes. Sus mismos nombres son simbólicos y proféticos. Sem significa esplendor o gloria, Cam calor ardiente, y Jafet engrandecimiento. Considerando esto, escuchamos las palabras del patriarca:

«Maldito sea Canaán,
Siervo de siervos será a sus hermanos»;

y sabemos que éste fue el destino de los hijos de Cam, o las razas de África; mientras que, sorprendentemente, el nombre de Canaán ha sido interpretado con el significado de «el que está sujeto». De nuevo:

«Bendito sea Jehová, el Dios de Sem,
Y sea Canaán su siervo»,

una profecía cumplida de modo muy ejemplar cuando Israel tomó posesión de la tierra de Canaán; y finalmente:

«Engrandezca Dios (Elhoim)
a Jafet (engrandecimiento);
Y habite en las tiendas de Sem,
Y sea Canaán su siervo».

Esta última profecía consta de tres partes. Promete de Dios, como el Dios de poder, ese engrandecimiento a Jafet que es típico de sus descendientes, las naciones europeas. Y añade que Jafet (no Dios, como algunos leen) habite en las tiendas de Sem, es decir, como dijo San Agustín, «en las iglesias que los apóstoles, los hijos de los profetas, habían erigido»; refiriéndose así a la bendición que debía brotar para todas las naciones de la raza hebrea.[9] Finalmente, Canaán tenía que ser siervo de Jafet, como se vio con la sujeción a Grecia y Roma, de Tiro y Cartago, los antiguos centros de riqueza y comercio, y a Egipto, el imperio del poder y de la más antigua civilización.

Pero las palabras pronunciadas a Sem, el antepasado de la raza hebrea, merecen una consideración especial. Esta bendición empieza de un modo bastante diferente de como lo hace la de Jafet. Comienza con un agradecimiento a Dios, porque, como dice Lutero: «Noé lo ve tan grande que no lo puede expresar con palabras, y por lo tanto recurre al agradecimiento». Luego, la bendición de Sem no es exterior, sino espiritual; porque Jehová será el Dios de Sem. La porción

6. Principalmente se usan dos palabras para Dios en Hebreo: uno, Elohim, que se refiere a su poder como Legislador y Señor; la otra, Jehová, que se refiere a su carácter como el Dios del pacto.

7. Comparar también Hechos 15:20.

8. Génesis 9:18, 22.

9. Como lo expresa un escritor alemán: «Todos nosotros somos simplemente descendientes de Sem; y el idioma del NT simplemente el de Javán hablado en las moradas de Sem».

de Sem, es en figura una anticipación, en el sentido más amplio, de lo que en adelante se asignará a Leví, entre los judíos; y Jafet habitará en sus tiendas; con otras palabras, Israel será la tribu de Leví para todas las naciones. Además, mientras que Elohim engrandecerá a Jafet, Jehová el Dios del pacto será el Dios de Sem. Así la promesa primitiva a Adán ahora aparece más definida y más extensa. El libertador prometido vendrá por Sem, como antepasado de la raza escogida, en medio de la cual habitará Jehová; y por medio de Sem, Jafet compartirá la bendición espiritual futura. Aquí, pues, se define claramente la separación de los judíos y los gentiles, y la misión de cada uno de ellos: unos de Jehová, los otros de Elohim; unos en la iglesia, los otros en el mundo.

Capítulo 8

(Génesis 10-11:1-10)

Era la voluntad divina que después del diluvio toda la tierra fuera repoblada por los descendientes de Noé. Para este propósito, evidentemente, tenían que separarse y esparcirse, a fin de formar las diferentes naciones y tribus entre las que el mundo iba a dividirse. Cualquier intento de unificarse entre ellos no solo sería contrario al propósito divino, sino que, teniendo en cuenta el pecado universal del hombre, también resultaría peligroso para sí mismos, e incluso sería falso, porque su separación interior ya había aparecido en los caracteres y en las tendencias diferentes de Cam y sus hermanos.

Genealogía de las naciones

Pero antes de registrar el juicio por medio del cual se sostenía el propósito divino, la Escritura nos da la genealogía de las diferentes naciones, y ello con un triple objetivo; para demostrar cómo la tierra fue poblada toda ella por los descendientes de Noé; para mostrar la relación de Israel con cada nacionalidad; y, el mejor de todos, para registrar, por así decirlo, su nacimiento en el libro de Dios, indicando con ello, que, a pesar de que «en las generaciones pasadas él ha dejado a todas las gentes andar en sus propios caminos»,[1] ellos también estaban incluidos en los propósitos de misericordia, y preparados para finalmente «habitar en las tiendas de Sem».

De acuerdo con el plan general en el cual la Santa Escritura se escribió, no leemos después de la profecía de Noé, la cual determinaba el futuro de sus hijos, nada más acerca de aquel patriarca que «vivió después del diluvio trescientos cincuenta años», y que murió a la edad de novecientos cincuenta años. En cuanto a la división de la tierra entre sus tres hijos, se puede decir de modo general, que Asia fue dada a Sem, África a Cam y Europa a Jafet. Con este mismo criterio general un estudioso moderno[2] ha trazado todas las lenguas existentes hacia tres fuentes originales, todas ellas, sin duda, derivadas de un manantial primitivo, el cual debió perderse en la «confusión de las lenguas», a pesar de que su existencia se muestra por medio de constantes y sorprendentes puntos de relación entre las tres grandes familias de lenguas. Cuanto más pensamos en la repartición de Europa, Asia y África entre los hijos de Noé, más claramente vemos el cumplimiento de la profecía en cuanto a ellos. Al ojear el catálogo de naciones en Génesis 10, nos cuesta poco reconocerlas, y empezando con el más joven, Jafet, encontramos los conocidos por el lector general, los Cymry de Gales y Bretaña (Gomer), los Escitas (Magog), los Medas (Maday), los Griegos (Jonios, Javán), y los Tracios (Tiras). Entre sus descendientes, los Germanos, Celtas y Armenios han sido identificados con los tres hijos de Gomer. No es necesario continuar con esta tabla, a pesar de que todos recordarán a Tarsis, o España, y los Quitim, o «habitantes de las islas».

Pasando a Sem (v. 21), vemos que es llamado «padre de todos los hijos de Heber», porque en Heber la línea principal se dividió en la de Peleg, de quien salió la raza de Abraham, y los descendientes de Joctán (v. 25). Los descendientes de Sem son exclusivamente las naciones asiáticas, entre las cuales sólo destacamos a Asur o Asiria, y Uz, como la tierra donde nació Job.

Hemos dejado a Cam para el final, por la conexión de su historia con la dispersión de todas las naciones. Sus hijos eran Cus o Etiopía, Mizraim o Egipto, Fut o Libia, y Canaán, a quien, naturalmente, ya conocemos. Se notará, que los centros de todas estas naciones estaban en África, excepto Canaán, cuya intrusión en la tierra de Palestina fue parada por Israel. Pero también otro descendiente de Cam se estableció en Asia. Nimrod, el fundador del imperio babilonio, el conquistador de Asiria, y el constructor de Nínive (v. 11), era el hijo de Cus. Este «poderoso en la tierra», que fundó el primer imperio del mundo, nos recuerda a Caín y su descendiente Lamec. Dejando aparte el posible significado de su nombre, el cual algunos han interpretado como «nos rebelaremos», la violencia engreída y la rebelión ciertamente constituyen las características de su historia. Muy sorprendentemente las tablas de los sucesores reales de Nimrod han aportado una explicación a su descripción como «un cazador poderoso», porque éste es el título que recibían entre ellos los monarcas guerreros que eran grandes conquistadores como «cazadores». Así comprendemos el significado total de la expresión, «empezó a ser un poderoso sobre la tierra». Desde Babilonia, que era «el comienzo de su reino», Nimrod «salió para Asiria» (v. 11, versión en el margen de la versión inglesa AV), «y edificó Nínive».

Babel

Es de destacar que cada vez se mencionan cuatro ciudades en relación con Nimrod: en primer lugar, las cuatro ciudades del imperio babilonio, del cual Babel era la capital, y después las cuatro ciudades de su imperio conquistado, el de Asiria, del cual Nínive era la capital. Ahora bien, todo esto coincide de manera sumamente sorprendente con lo que leemos en la historia antigua, y con los monumentos asirios que en nuestro tiempo han sido levantados de su entierro de muchos siglos por medio de los trabajos de Layard y Loftus, para testimoniar a favor de la Biblia. Porque, primero, sabemos que el gran imperio asiático de Babilonia era de origen cusita. Incluso el nombre de Nimrod aparece en la lista de los reyes egipcios. En segundo lugar, se nos informa que Babel era la sede original del imperio; y –lo más sorprendente de todo– que los primeros reyes babilonios llevaban un título que se supone significaba «las cuatro razas», refiriéndose a «los grupos cuádruples de ca-

1. Hechos 14:16.
2. Nota del traductor: Es preciso tener en cuenta la fecha en que se escribió el presente libro y ver que el texto bíblico solamente nos indica que Dios confundió su lengua. Esto no implica necesariamente que todas tuvieran una misma raíz, o que podamos encontrar un árbol con tres ramas principales.

pitales»[3] de Babilonia y Asiria. Finalmente, sabemos que, como se afirmaba en la Biblia, «el imperio babilonio extendió su dominio hacia el norte» a Asiria, donde se fundó Nínive, la cual a su vez sucedió al imperio que en otro tiempo estuvo en Babel. En relación con todo esto las investigaciones históricas más recientes han confirmado de un modo sumamente sorprendente el relato de la Escritura.

De la magnificencia de Babel, la capital del imperio de Nimrod, «el cazador poderoso», es difícil aportar un concepto adecuado, sin introducirnos en detalles ajenos a nuestro propósito. Pero podemos formarnos una idea sobre el de su extensión, que según los cálculos más reducidos, cubría por lo menos cien millas cuadradas, o aproximadamente cinco veces el tamaño de Londres; mientras que los cálculos más extensos dan doscientas millas cuadradas, o diez veces el tamaño de Londres.[4] Tal era la envergadura de la ciudad del mundo, cuyo primer «comienzo», por lo menos, fue fundado por Nimrod. No es de extrañar, pues, que el orgullo mundano de aquel tiempo deseara hacer de tal lugar la capital mundial del imperio, cuya torre «llegue al cielo». Los sucesos relacionados con la frustración de su plan acaecieron en los días de Peleg, el nieto de Sem.[5] Puesto que Peleg nació cien años después del diluvio, y vivió doscientos treinta y nueve años, seguramente había ya una considerable población sobre la tierra.

Si se necesitaba alguna evidencia de que el diluvio ciertamente había destruido a los pecadores pero no el pecado, se podía hallar en la conducta y el lenguaje de los hombres en los días de Nimrod y Peleg. Después de salir del arca, «viajaron hacia el este» (c. 11:2) hasta que llegaron a la extensa y bien regada llanura de Sinar, donde se establecieron. Siendo todavía todos ellos «de una sola lengua y unas mismas palabras», decidieron construirse allí «una ciudad y una torre, cuya cúspide llegue al cielo», con el doble propósito de hacer «un nombre» para sí mismos, y por si «fuésemos esparcidos sobre la faz de toda la tierra». Tales palabras se parecen mucho con las que usaría Nimrod y están impregnadas del espíritu de «Babilonia» en todas las edades. Ciertamente su significado es: «Rebelémonos»; porque así no solo se frustraría el propósito divino de poblar la tierra, sino que tal imperio del mundo habría sido en su propia naturaleza un desafío a Dios y al reino de Dios, aunque su motivo fuera el orgullo y la ambición. Un crítico alemán ha visto en las palabras «hagámonos un nombre» (en hebreo, sheen) una especie de falsa imagen de Sem en quien se centraban las promesas de Dios, o, si podemos expresarlo así, el establecimiento de un anticristo de poder mundano. Algo de este tipo ciertamente parece ser indicado con las palabras de Dios sobre dicho intento (v. 6): «Y han comenzado la obra, y nada les hará desistir ahora de lo que han pensado hacer». Estas palabras parecen implicar que la construcción de Babel era únicamente el inicio de un camino mayor de rebelión. La reunión de todas las fuerzas materiales en un centro común hubiera conducido al despotismo universal y a la idolatría universal; en pocas palabras, al desarrollo pleno de lo que, como anticristo, se reserva para el juicio de los últimos días. Leemos que «Jehová descendió para ver la ciudad y la torre», es decir, usando nuestro modo de expresión humano, para tomar conocimiento judicial de las obras de los hombres.

3. Ver artículo del Sr. Bevan en *Smith's Dictionary of the Bible*, vol. II, pp. 544, etc.
4. El Sr. Smith, no obstante, considera estos cálculos algo exagerados.
5. Génesis 10:25.

La confusión de lenguas

En cuanto al lenguaje vanidoso con el que los constructores de Babel y de su torre habían expresado su propósito en su confianza en sí mismos: «Vamos, hagamos ladrillo», etc. (v. 3), Jehová expresó su propio propósito de derrotar su locura, usando las misma palabras: «Vamos, descendamos, y confundamos allí su lengua». Y con estos sencillos medios, sin ninguna interferencia exterior visible, el Señor detuvo el mayor intento de rebelión humana, y al confundir su lengua, «los esparció Jehová desde allí sobre la faz de toda la tierra». «Por esto fue llamado el nombre de ella Babel, o confusión.»

¡Qué gran comentario significa esta historia a las declaraciones majestuosas del salmo segundo! De la torre de Babel no se han descubierto ruinas seguras. Generalmente se asocia con las ruinas llamadas Birs Nimrud, a unas seis millas al suroeste del lugar de la antigua Babilonia. Birs Nimrud es «un montículo piramidal coronado aparentemente con las ruinas de una torre, con una altura de ciento cincuenta y cinco pies y medio por encima del nivel de la llanura, y en circunferencia algo más de doscientos pies».[6] No obstante, su distancia de Babilonia parece ser un detalle contrario a la idea que esas ruinas son las de la torre mencionada en la Escritura. Pero a pesar de ello, Birs Nimrud solo puede tener unos pocos siglos menos que la torre de Babel; y su construcción nos permite juzgar el aspecto original de la torre. Birs Nimrud estaba orientada al noreste, y formaba una especie de «pirámide oblicua, construida en siete estadios más atrás. La plataforma sobre la que se apoyaban estos estadios era de ladrillo crudo; los estadios eran de ladrillo cocido, pintado con diferentes colores en honor a los dioses o planetas; cada estadio estaba colocado en una posición retraída con respecto al otro, es decir considerablemente más cercano a la parte posterior, o sudoeste». El primer estadio, negro en honor a Saturno, era un cuadrado de doscientos setenta pies, y veintiséis de altura; el segundo, naranja, en honor a Júpiter, era un cuadrado de doscientos treinta pies, y veintiséis de altura; el tercero, rojo intenso, en honor a Marte, era un cuadrado de ciento ocho pies, y también de veintiséis de altura; el cuarto, dorado, para el sol, era de ciento cuarenta y seis pies, y quince de altura; el quinto, amarillo pálido, para Venus, era de ciento cuatro pies, y quince de altura; el sexto, azul oscuro, para Mercurio, era de sesenta y dos pies, y quince de altura; y el séptimo, plateado, para la Luna, era de veinte pies, y quince de altura. Todo ello estaba coronado por una capilla, que seguramente cubría casi toda la cúspide. La altura total, como ya se ha mencionado, era de ciento cincuenta y tres pies; o un tercio de la altura de la gran pirámide de Egipto, que mide cuatrocientos ochenta pies.

También es interesante notar la exactitud con la que corresponde lo que leemos en la Escritura con lo que conocemos de la arquitectura babilónica antigua: «Hagamos ladrillo y cozámoslo con fuego. Y les sirvió el ladrillo en lugar de piedra, y légamo (o más exactamente, betún) en lugar de mezcla». Los pequeños ladrillos cocidos, sobre betún, todavía se hallan allí; no solo en la torre, sino en las ruinas todavía existentes del antiguo palacio de Babel, el cual era coetáneo con la construcción de la ciudad.

La Santa Escritura no nos informa si se permitió que la «torre» permaneciera en pie después de la dispersión de

6. El profesor Rawlinson, en el *Smith's Dictionary of the Bible*, vol. I.

sus constructores; tampoco nos da ningún detalle sobre cómo «Jehová confundió la lengua de toda la tierra». Todo ello hubiera ido más allá de su propósito. Pero allí, en el mismísimo principio, cuando se llevó a cabo el primer intento humano de crear un vasto reino de este mundo con la fuerza humana, el cual Dios aniquiló confundiendo la lengua de los constructores, y esparciéndolos por la faz de toda la tierra, vemos un juicio en figura, cuya contraparte en la bendición se dio el día de Pentecostés; cuando, por el derramamiento del Espíritu Santo, se había de fundar otro reino universal, cuyas primeras arras fueron el don de lenguas, que señalaba una reunión de naciones, cuando se cumpliera la promesa que todos ellos serían reunidos en las tiendas de Sem.

Capítulo 9

Un escritor alemán moderno ha dicho acertadamente: «El nacimiento del paganismo puede datarse a partir del momento cuando se pronunció la frase presuntuosa, "Vamos, edifiquemos una ciudad y una torre, cuya cúspide llegue al cielo, y hagámonos un nombre"». Incluso Josefo, el antiguo historiador judío, considera a Nimrod como el padre del paganismo, cuya característica es la de encontrar fuerza y felicidad en el pecado, y no en Dios. Su principio básico es rechazar todo lo que no se ve, y aferrarse a lo que es temporal. Así también nosotros podemos ser paganos en nuestro corazón, aunque no lo seamos en mente, y no adoremos maderos o piedra. Ciertamente, es muy notable que no se haya descubierto ninguna nación o tribu que no adore algún ser superior; y no obstante desde los bárbaros más salvajes hasta el filósofo más refinado, todos han sido destituidos del conocimiento del único Dios vivo y verdadero. La única excepción en el mundo es Israel, a quien Dios se reveló de manera especial; e incluso Israel necesitaba enseñanza, guía y disciplina constantes de lo alto a fin de impedir que cayera de nuevo en la idolatría. La idolatría es la religión de la vista en lugar de la de la fe. En vez de un Creador que no ha sido visto, el hombre consideró lo que era visible (el sol, la luna, las estrellas) como la causa y el legislador de todo; o asignó a cada cosa su divinidad, y así tuvo dioses en gran cantidad y muchos señores; o incluso convirtió a sus héroes, reales o imaginarios, en dioses. La adoración de los cielos, la adoración de la naturaleza, o la adoración del hombre; tales son el paganismo y la idolatría. A pesar de ello, el hombre siempre notó la insuficiencia de su adoración, porque detrás de estos dioses colocó un Destino oscuro, inmutable, indescubrible, que legislaba de modo supremo y controlaba tanto a los dioses como a los hombres. Ciertamente era un cambio terrible el abandonar a nuestro Padre celestial y a su amor por tales falsas ilusiones y decepciones.

Las naciones y su religión

Lo peor de todo ello era que el hombre gradualmente se transformaba a semejanza de su religión. Primero imputaba sus propios vicios a los dioses, y luego imitaba los vicios de sus dioses. Verdaderamente, las naciones paganas eran el hijo menor en la parábola,[1] que había dejado la casa

1. Lucas 15:12.

«De la magnificencia de Babel, la capital del imperio de Nimrod, "el cazador poderoso", es difícil aportar un concepto adecuado, sin introducirnos en detalles ajenos a nuestro propósito».

La terraza del templo (zigurat) de Ur, construida hacia 2100 a.C. por el rey Urnammu, nos ofrece una sugerente evocación de la Torre de Babel.

de su padre con la parte de los dioses que le pertenecía, (ciencia pagana, arte, literatura y poder) para encontrarse finalmente llevado a comer las algarrobas de las que se alimentaban los cerdos, sin conseguir con ello satisfacer los apremios de su hambre. Bendito sea Dios por esa revelación de sí mismo en Cristo Jesús, que ha vuelto el pródigo a la casa y al corazón del Padre.

Pero a pesar de todo ello, Dios no se quedó sin un testimonio. El estudio hacia el interior del hombre en busca de un Dios, la voz acusadora de su conciencia, el intento de ofrecer sacrificios, y los remanentes de antiguas tradiciones de la verdad entre los hombres; todo parece apuntar hacia arriba. Y luego, del mismo modo que no todos los que eran de Israel, eran verdaderamente de Israel, así también Dios tuvo en todo tiempo los suyos, incluso entre las naciones gentiles. Job, Melquisedec, Rahab, Rut, Naamán, pueden ser mencionados como ejemplos de esto. Se entenderá rápidamente que el número de los «nacidos fuera de tiempo», por así decirlo, de entre los gentiles, debe haber sido mayor cuanto más ascendemos en el río de la vida, y cuanto más nos acercamos al período cuando las tradiciones todavía estaban conservadas con su pureza en la tierra. El ejemplo más completo de esto se nos presenta en el libro de Job, el cual también nos da una imagen muy interesante de aquellos días.

Podemos considerar dos cosas como bien establecidas sobre el libro de Job. Su escena y actores se colocan en tiempos de los patriarcas, y fuera de la familia o antepasados inmediatos de Abraham. Es una historia de vida gentil durante los primeros patriarcas. Y, no obstante, no se encuentra fuera del libro de Job nada más noble, grande, devoto, o espiritual «ni aun en Israel». Éste no es el lugar para exponer la historia de Job, o para señalar la profundidad de pensamiento, la viveza de su imagen, y la belleza y grandeza del lenguaje con el que está escrito. Sirva echar una ojeada rápida al repaso de la vida religiosa y social que se nos presenta.

Job

Si nos referirnos aquí a las palabras de Eliú, Job tenía evidentemente un conocimiento perfecto del Dios verdadero y era un adorador humilde y deseoso de Jehová. Sin tener ninguna relación con «Moisés y los Profetas», conocía las cosas sobre las que hablaron Moisés y los profetas. Reconocimiento de Dios, creyente y reverente, sumisión y arrepentimiento espiritual formaban parte de su experiencia, lo cual era aprobado por Dios mismo. Además, Job ofrecía sacrificios; habla sobre el gran tentador; espera la resurrección del cuerpo; y espera la venida del Mesías.

Hemos seguido las líneas principales de la religión de Job. Los amigos que acuden a él, aunque no comparten su piedad, por lo menos no tratan sus opiniones como algo muy extraño y nunca oído. Esto, pues, es una imagen bendita de cierta clase en aquella edad. A partir de varias alusiones en el libro de Job podemos vislumbrar cuánto había avanzado la cultura y la civilización en aquellos días. Job era un hombre de gran riqueza y alto rango. Como dice un escritor reciente:[2] «El jefe vive con notable esplendor y dignidad... Job visita la ciudad con frecuencia, y es recibido con gran respeto como un príncipe, juez y guerrero destacado.[3] Se hace alusión a tribunales de justicia, acusaciones escritas

---

2. Canon Cook, en *Smith's Dictionary of the Bible*, vol. I., p. 1097
3. Job 29:7, 9.

y formas normales de procesos.[4] El hombre había empezado a observar y razonar sobre los fenómenos de la naturaleza, y las observaciones astronómicas eran relacionadas con especulaciones curiosas sobre tradiciones primitivas.

Leemos acerca de operaciones mineras, grandes edificios, sepulcros en ruinas... Grandes revoluciones habían sucedido durante el tiempo del escritor; naciones, que en otro tiempo habían sido independientes, habían sido derrocadas y razas enteras habían sido reducidas a la miseria y la degradación. Pero tampoco deberíamos pasar por alto las observaciones que nos da esta historia sobre la vida social. A pesar de existir violencia, robo y asesinato en la tierra, felizmente, también encontramos el otro lado de la moneda. «Cuando yo salía a la puerta de la ciudad, y en la calle preparaba mi asiento, los jóvenes se retiraban al verme; y los ancianos se levantaban y se quedaban en pie.» Junto con este adecuado tributo al valor, encontramos que la relación entre los ricos piadosos y los pobres se describe como sigue: «Los oídos que me oían me llamaban bienaventurado, y los ojos que me veían me daban testimonio, porque yo libraba al pobre que clamaba, y al huérfano que carecía de ayudador. La bendición del que iba a perecer venía sobre mí, y al corazón de la viuda yo daba alegría». Ciertamente no hay nada de todo esto que quisiéramos alterar ni siquiera en tiempos del Nuevo Testamento. Pero, en contraste, lo más terrible debe haber sido la idolatría y la corrupción de la gran mayoría de la humanidad; una idolatría que debieron heredar de antes del diluvio, y que rápidamente alcanzó proporciones gigantescas, y una corrupción que continuó aumentando durante los «tiempos de esta ignorancia».

Capítulo 10

Antes de seguir adelante con nuestra historia sería adecuado dar unas breves explicaciones sobre la tabla cronológica ofrecida en este volumen, y de la cronología temprana de la Biblia en general.

Cronología de la historia bíblica temprana

En primer lugar, se verá que los años se cuentan a partir de «antes de Cristo»; lógicamente las cifras son inferiores a medida que descendemos desde la creación del mundo, y cuanto más nos acercamos al nacimiento de nuestro Salvador. Así, si el año de la creación se calcula el 4004 antes de Cristo, el diluvio, que sucedió 1.656 años más tarde, estaría en el año 2348 antes de Cristo. Además, se observará que hemos dado dos tablas cronológicas para los mismos acontecimientos, las cuales difieren en muchos cientos de años; una según Hales, la otra según Ussher, este último siendo el de «las fechas en los márgenes de las Biblias Inglesas», y podemos añadir, que coincide con el texto hebreo del Antiguo Testamento. La explicación de esta diferencia es que nuestro cálculo de las fechas bíblicas puede derivar de tres fuentes diversas. De hecho, tenemos los cinco libros de Moisés en tres formas diferentes.

En primer lugar tenemos el texto original hebreo del Antiguo Testamento; luego, existe una traducción del mismo en griego, completa ya antes del tiempo de Cristo, por ello a menudo es citada en el Nuevo Testamento. Esta versión se conoce como la de los «LXX», o «Setenta», por su número supuesto de traductores. Finalmente, tenemos el Pentateuco Samaritano, o el usado por los Samaritanos. Ahora bien, puesto que las genealogías difieren entre estos tres en cuanto a las edades de los patriarcas, se pone la cuestión de cuál de ellos debemos adoptar. Cada una de estas fuentes ha tenido sus defensores, pero los críticos más estudiosos concuerdan unánimemente en la actualidad en que, como era de suponer, el texto hebreo contiene la cronología correcta. De las otras dos, la Samaritana es tan poco digna de confianza que para fines prácticos es mejor ignorarla totalmente. La cronología de la Septuaginta difiere de la del texto hebreo prolongando las edades de los patriarcas, parcialmente antes del diluvio, pero principalmente entre el diluvio y el llamamiento de Abraham. Este hecho comporta que el diluvio aparezca quinientos ochenta y seis años más tarde que en el texto hebreo; y el nacimiento de Abraham otros ochocientos setenta y ocho años; siendo la diferencia total por lo menos de mil doscientos cuarenta y cinco años. No es difícil ver por qué los traductores griegos alteraron de este modo los números originales. Evidentemente era su deseo de colocar el nacimiento de Abraham lo más tarde posible después del diluvio. De estas dos cronologías, la del texto hebreo, se llamará, por razones prácticas, la cronología breve, y la de los «LXX» la cronología larga; y, de modo general, puede decirse que (con algunas modificaciones que sería muy largo explicar) Hales ha adoptado la cronología larga, o griega, y Ussher la breve, o hebrea.

Esto será suficiente sobre un tema que ha causado mucha discusión.[1] Es mucho más importante pensar en el reino de Dios, cuya historia se nos ofrece en las Santas Escrituras; porque ahora nos encontramos al principio de su aparición real. Si Dios había ya tratado con la humanidad en general en el principio, luego con una parte de la raza, y finalmente con una parte de las naciones, en este momento se formó para sí mismo un pueblo especial, por medio del cual serían llevados a cabo sus propósitos de misericordia para con todos los hombres. Este pueblo iba a ser entrenado desde su cuna hasta que hubiese cumplido su misión, que fue cuando vino el que era el deseo de todas las naciones.

Hay tres puntos que requieren atención especial:

1. La elección y selección de lo que tenía que llegar a ser el pueblo de Dios. Paso a paso vemos en la historia de los patriarcas este proceso de elección y separación de parte de Dios. Ambas acciones están marcadas con su doble característica: que todo se cumple, no en el modo común y natural, sino sobrenaturalmente; y que todo es por gracia. Así Abram fue llamado a salir él solo de la casa de su padre; fue elegido y seleccionado.

Comienzo de la historia de los tratos de Dios con Abraham y su simiente

El nacimiento de Isaac, el heredero de las promesas, era, en cierto modo sobrenatural; mientras, por otro lado, Ismael, el hijo mayor de Abram, fue rechazado. La misma elección y selección aparece en la historia de Esaú y Jacob, y ciertamente a lo largo de toda la historia patriarcal. Porque al principio la raza escogida debía aprender la gran lección de toda la Escritura (que todo nos viene de Dios, y es por gracia), que no se trata del actuar humano, sino de la obra de Dios; no en el modo común, sino por medio de su par-

4. Job 13:26; 31:28.

1. Los judíos modernos cuentan el año de la creación desde el 3761 antes de Cristo, de modo que, para calcular la era judía, debemos añadir a nuestra era cristiana la cifra 3761.

ticipación especial. Tampoco deberíamos pasar por alto otra peculiaridad de los tratos de Dios. Usando una ilustración del Nuevo Testamento, era el grano de mostaza que estaba destinado a crecer y convertirse en árbol sobre cuyas ramas encontrarían cobijo todas las aves del aire.

En Abram el tallo fue reducido a una sola raíz. Esta raíz brotó por primera vez con la familia patriarcal, luego se expandió con las tribus de Israel, y finalmente brotó y llevó fruto con el pueblo escogido. Pero incluso esto era un medio para alcanzar el fin. Israel había poseído, por así decirlo, las tres coronas independientemente. Tuvo el sacerdocio en Aarón, la dignidad real con David y su línea, y el oficio profético. Pero en los «últimos días» la corona triple de sacerdote, rey y profeta había sido unida sobre aquél a quien realmente corresponde, es decir Jesús, un «profeta como Moisés», el sacerdote eterno «según el orden de Melquisedec», y el real y siempre reinando «Hijo de David». Y en él todas las promesas de Dios, que habían sido dadas con mayor claridad desde Adán hasta Sem, después de Abraham, a Jacob, en la ley, en las figuras del Antiguo Testamento, y finalmente, en sus profecías, han venido a ser «sí y amén», hasta que al final todas las naciones habitarán en las tiendas de Sem.

2. Notamos una diferencia en el modo de revelación divina en el período patriarcal en comparación con el período anterior. Primero Dios había hablado al hombre, ya sea sobre la tierra o desde el cielo, mientras que ahora realmente se aparecía a ellos, y ello especialmente como el Ángel de Jehová, o el Ángel del Pacto. La primera vez que Jehová «se apareció» a Abram fue cuando entró en la tierra de Canaán, obedeciendo al llamamiento divino que lo escogió para ser el antepasado del pueblo de Dios.[2] En adelante una nueva aparición de Jehová, y del Ángel del Pacto, en quien él se manifestaba a sí mismo, señalaba cada fase de la historia del Pacto. Y esta aparición no se concedió solamente a Abraham y Agar, a Jacob, a Moisés, a Balaam, a Gedeón, a Manoa y a su esposa, y a David, sino que incluso, hacia el final de la historia judía, este mismo Ángel de Jehová todavía está suplicando por el rebelde y apóstata Israel con estas palabras: «Oh Jehová de los ejércitos, ¿hasta cuándo no tendrás piedad de Jerusalén?».[3] Cuanto más cuidadosamente seguimos sus pasos, más seguramente seremos convencidos que no era un ángel común, sino que Jehová se complacía en revelarse a sí mismo de este modo en el Antiguo Testamento. Tendremos varias ocasiones para reincidir sobre este tema solemne. Hasta entonces será interesante saber que desde la antigüedad los judíos también lo consideraban el Shechinah, o presencia visible de Dios; el mismo en su aparición en la columna de la nube y de fuego, y después en el templo, en el lugar santísimo; mientras que la iglesia antigua casi unánimemente adoraban en él al Hijo de Dios, la segunda persona de la bendita trinidad. No podemos encontrar un tema de mayor provecho, o que pueda estar colmado de mayor bendición, que seguir con reverencia los pasos del Ángel de Jehová a lo largo del Antiguo Testamento.

3. La gran característica de los patriarcas fue su fe. Las vidas de los patriarcas son una figura anticipada de toda la historia de Israel y su elección divina. Con las palabras de un escritor Alemán reciente, en medio de todos los variopintos sucesos, el rasgo común en toda la historia patriarcal era «la fe que se aferra a la palabra de la promesa, y por la fuerza de dicha palabra abandona lo que se ve y es presente por lo que no se ve y es futuro». Así «Abraham fue el hombre de una fe gozosa y activa; Isaac de la fe paciente y perseverante; Jacob de la fe luchadora y dominante». Pero todos vivieron y «murieron en la fe sin haber recibido lo prometido, sino mirándolo de lejos, y creyéndolo, y abrazándolo, y confesando que eran extranjeros y peregrinos sobre la tierra». Y todavía es así. Sin ignorar el gran privilegio de los que son descendientes de Abraham, no obstante, en el sentido verdadero, únicamente «los que son de fe, éstos son hijos de Abraham»; «y si vosotros sois de Cristo, entonces sois descendientes de Abraham, y herederos según la promesa». Adaptando las palabras de un poeta Alemán:

> «Lo que distingue a los del redil
> Es la fe que no ve;
> Pero, como si viese,
> Confía, Señor, sin verte, en Ti».

2. Génesis 12:7.
3. Zacarías 1:12.

Capítulo 11
(Génesis 11:27-13:1-4)

Podemos decir que con Abram empieza un período enteramente nuevo. Había de ser el antepasado de una raza que conservaría las promesas divinas, y por medio de la cual, al fin, serían realizadas. Por ello parecía necesario que, cuando Abram fue llamado, abandonase su antigua casa, su familia, su país y su pueblo. Por no hablar de los peligros que en caso contrario hubiesen amenazado su vocación, un nuevo comienzo requería que él fuera cortado de todo lo que había «detrás». Si él hubiese permanecido en Ur de los caldeos, podría haber sido como mucho un nuevo eslabón de la vieja cadena. Además, los tratos especiales de Dios, y la fe y paciencia de Abram, como se manifestaron en la obediencia al mandamiento divino, estaban diseñados para conferirle la calidad de cabeza del nuevo orden de cosas, «el padre de todos los creyentes». Finalmente, estaba diseñado que la historia de Abram, como la de su simiente después de él, preparase el camino para las grandes verdades del evangelio, y mostrara como en figura la historia de todos los que por medio de la fe y la paciencia heredan las promesas.

El llamamiento de Abram

Hasta el momento Dios sólo había intervenido, como en el caso del diluvio, y con la confusión de las lenguas, con el fin de detener los intentos del hombre contra los propósitos de misericordia divinos. Pero cuando Dios llamó a Abram, intervino personal y activamente, y esta vez en misericordia, no en juicio. Toda la historia de Abram puede disponerse en cuatro fases, cada una empezando con una revelación personal de Jehová. La primera, cuando el patriarca fue llamado a su labor y misión;[1] la segunda, cuando recibió la promesa de un heredero, y se realizó un pacto con él;[2] la tercera, cuando dicho pacto fue establecido con el cambio de su nombre de Abram a Abraham, y con la circuncisión como señal y sello del pacto;[3] la cuarta, cuando su fe fue puesta a prueba, demostrada, y perfeccionada con la ofrenda de Isaac.[4] Éstas son, por así decirlo, las cúspides de

1. Génesis 12-14.
2. Génesis 15, 16.
3. Génesis 17–21.
4. Génesis 22–25:1-11.

la historia de Abram, las cuales fueron escaladas sucesivamente por el patriarca, y en relación con las cuales todos los acontecimientos de su vida pueden ser considerados como la cuesta.

Descendiendo por la genealogía de Sem, Abram es el décimo entre «los padres» de después del diluvio. Era el hijo (según parece el tercero y el más joven) de Taré, siendo los otros dos Harán y Nacor. La familia, o más correctamente la tribu o el clan de Taré, residían en Caldea, que es el sur de Babilonia. «Ur de los caldeos», como se ha descubierto también recientemente,[5] era una de las ciudades más antiguas, si no la más antigua de todas las de Caldea. Yace a seis millas del río Éufrates, y, dato curioso, ahora está a ciento veinticinco millas del Golfo Pérsico, aunque se supone, que durante cierto tiempo estuvo en sus costas, siendo la diferencia explicada por el depósito rápido de lo que se convierte en tierra, o aluvión, como se suele llamar. Así Abram, en su juventud, debería estar a la orilla del mar y contemplar la arena innumerable, con la que fue comparada su posteridad por las edades. Otra figura, bajo la cual se describe su posteridad, también debía resultarle igualmente familiar. Es harto conocido que el brillo de un cielo en oriente enteramente estrellado, y especialmente donde vivía Abram, es muchísimo mayor de lo que vemos en nuestras latitudes. Posiblemente este hecho condujo primero a aquellas regiones a la adoración de los cuerpos celestiales. Y Abram debía ser altamente atraído a su contemplación, puesto que la ciudad donde vivía estaba «totalmente entregada» a la idolatría; porque el emplazamiento real de Ur ha sido determinado por el hecho que los ladrillos encontrados allí todavía tienen el nombre de Hur. Ahora bien, esta palabra señala Hurki, el antiguo dios luna, y Ur de los caldeos era la gran «Ciudad de la Luna», el mismísimo centro de la adoración caldea de la Luna. Las ruinas más notables de aquella ciudad son las del antiguo templo de la luna de Ur, las cuales, por el nombre de los ladrillos, se calcula que son del año 2000 antes de Cristo. Así unos ladrillos de treinta y ocho siglos de antigüedad han sido presentados como testimonio de la antigua ciudad de Abram, y del tremendo cambio que experimentó cuando, con fe en la palabra divina, obedeció al mandamiento de Dios. La tradición judía contiene uno o dos relatos diversos para manifestar cómo se convirtió Abram de la idolatría que lo rodeaba, y sobre las persecuciones que tuvo que sufrir como consecuencia. La Escritura no nos satisface la curiosidad en semejantes asuntos; pero, fiel a su propósito uniforme, solo cuenta lo que pertenece a la historia del reino de Dios. Sabemos, no obstante, por Jos. 24:2, 14, 15, que la familia de Taré «antiguamente, al otro lado del diluvio», o del Éufrates, «servían a otros dioses»; y podemos entender fácilmente cuán importante era la influencia del ambiente a su alrededor en aquellas circunstancias. Dios llamó a Abram que saliese fuera de esa ciudad de Ur. Harán, el hermano mayor de Abram, ya había muerto.

Su llegada a Canaán

Leemos que «Taré tomó a Abram su hijo, y a Lot hijo de Harán, hijo de su hijo, y a Saray su nuera, mujer de Abram su hijo, y salió con ellos de Ur de los caldeos, para ir a la tierra de Canaán; y vinieron hasta Harán, y se quedaron allí».

5. Ver el artículo Ur, en el *Smith's Dictionary of the Bible*. La opinión adoptada anteriormente, que supone a Ur en una región totalmente distinta, es claramente errónea.

Las palabras que hemos escrito entre comillas no dejan lugar a dudas, en cuanto a que el primer llamamiento de Dios había llegado a Abram mucho antes de la muerte de Taré, y cuando el clan todavía estaba en Ur.[6] A partir del hecho que Harán después es llamada «la ciudad de Nacor»,[7] adivinamos que Nacor, hermano de Abraham, y su familia también se habían establecido allí, aunque tal vez posteriormente, y sin dejar su idolatría. Es una confirmación notable del relato escritural, que, a pesar de que esa región pertenece a Mesopotamia, y no a Caldea, se sabe que sus habitantes retuvieron durante largo tiempo la lengua y la religión caldeas. Harán ha conservado su nombre original, y en tiempos de los romanos era uno de los grandes campos de batalla donde el poder sufrió una derrota por parte de los Partos.

El viaje desde Ur, en el lejano sur, había sido largo, extenuante y peligroso; y las llanuras fructíferas alrededor de Harán debieron atraer de un modo muy especial a una tribu ganadera para que se estableciera allí. Pero cuando llegó el mandamiento divino, Abram no fue «desobediente a la visión celestial». Tal vez la llegada y el asentamiento de Nacor y su familia, trayendo con ellos sus aportaciones idólatras, creó un nuevo incentivo para irse. Y hasta el momento, Dios, en su providencia, había facilitado el camino de Abram para que se fuera, ya que su padre Taré había muerto en Harán a la edad de doscientos cinco años. El segundo llamamiento de Jehová a Abram, según se presenta en Génesis 21:1-3, consistía en un mandamiento cuádruple, y una promesa cuádruple. El mandamiento exponía unos términos bastante bien definidos: «Vete de tu tierra y de tu parentela, y de la casa de tu padre, a la tierra que te mostraré»; dejando indeterminado, como si aún no se hubiese decidido, el lugar final de su destino. Esta incertidumbre debió haber sido una dificultad adicional, y en aquellas circunstancias una dificultad muy seria en el camino de la obediencia de Abram. Pero las palabras de la promesa le dieron ánimo. Debe notarse claramente que en esta ocasión, como en cualquier otra de la vida de Abram, su fe determinó su obediencia. Coincidiendo con esto leemos: «Por la fe, Abraham, siendo llamado, obedeció para salir al lugar que había de recibir como herencia; y salió sin saber adónde iba».[8] La promesa en la que él confiaba le aseguraba estas cuatro cosas: «Haré de ti una nación grande»; «te bendeciré», con esta añadidura (en el v. 3), «y serás bendición. Bendeciré a los que te bendigan, y a los que te maldigan maldeciré»; «engrandeceré tu nombre»; y, finalmente, «y serán benditas en ti todas las familias de la tierra».

Cuando examinamos estas promesas de manera más detenida, inmediatamente vemos que debieron significar otra prueba adicional de la fe de Abram; porque no sólo iba como forastero a una tierra extranjera, sino que no tenía ningún hijo. La promesa que sería «bendición», implicaba que, en cierto modo, la bendición estaría identificada con él; de manera que la felicidad o el mal fluirían a partir de la relación de los hombres con Abram. Por otro lado, de las curiosas palabras «los que te bendigan», en plural, y «el que te maldiga», en singular,[9] se desprende que el propósito divino de misericordia incluía a muchos, «de todas las naciones, pueblos, y lenguas». Finalmente, la gran promesa,

6. Comp. Hechos 7:2.
7. Génesis 24:10; comp. 27:43.
8. Hebreos 11:8.
9. Nota del traductor. En la versión inglesa empleada por el autor aparece esta distinción, que no encontramos en la mayoría de nuestras Biblias españolas.

«en ti serán benditas todas las familias de la tierra», iba mucho más allá de la seguridad personal, «engrandeceré tu nombre». Tomaba de nuevo y definía mejor las promesas anteriores de liberación final, concretando en Abram la fuente de donde iba a brotar la bendición. Bajo esta luz, toda la humanidad aparece solamente como muchas familias, pero con un solo padre; y que debían ser unidas de nuevo en una bendición común en y por medio de Abram. Esta promesa, que fue repetida a menudo en la historia de Abram, contenía ya en el principio la totalidad del propósito divino de misericordia en la salvación de los hombres. Así se cumpliría la predicción: «engrandezca Dios a Jafet, y habite en las tiendas de Sem», como lo dice Pedro en Hechos 3:25, y Pablo en Gálatas 3:8, 14.

Abram tenía setenta y cinco años «cuando salió de Harán», acompañado por Lot y su familia. Dejando aparte las diversas tradiciones que describen su larga estancia en Damasco, y su supuesto gobierno en el lugar, aprendemos de la Escritura que Abram entró en la tierra de la promesa, como muchos años después su nieto Jacob volvió a ella, dejando a su derecha el Líbano majestuoso, y a su izquierda los pastos de Galaad y los bosques montañosos de Basán. Fue adelante pasando por colinas y valles, hasta llegar a la deliciosa llanura de Moré, o mejor dicho la extensión de encinares de Moré, en el valle de Siquem. Los viajeros han hablado con términos muy entusiastas sobre este valle. «Súbitamente», escribe el profesor Robinson, «el terreno se hunde en un valle hacia el oeste, con una tierra de un rico mantillo vegetal. Allí se precipita ante nuestros ojos una escena de una vegetación exuberante y casi única. Todo el valle estaba lleno de jardines de plantas, y huertos de todo tipo de frutos, regados por varias fuentes, que brotan de varias partes, y fluyen hacia el oeste en forma de riachuelos refrescantes. Apareció ante nosotros repentinamente, como una escena de cuentos de hadas. No vimos nada comparable en toda Palestina». Otro viajero dice:[10] «Aquí no hay matorrales salvajes; pero hay vegetación por todas partes, sobra por doquier; no es la sombra del roble o el encinar, sino del olivo, tan suave en su color, tan pintoresco en su forma, que por su causa podemos ignorar cualquier otro bosque». Tal fue el primer lugar de reposo de Abram en la tierra de la promesa, en la llanura, o mejor, en el bosque de Moré, cuyo nombre probablemente derivaba del propietario cananeo de la región. Porque, como lo indica la nota del escritor sagrado, «y el cananeo estaba entonces en la tierra», el país no se hallaba sin arrendatario, sino que estaba ocupada por una raza hostil; y si Abram tenía que tomar posesión de él, tenía que ser otra vez por medio de la fe en las promesas.

Fue allí de hecho donde Jehová «se apareció» a Abram, bajo algún tipo de forma visible; y entonces por vez primera ante el cananeo fue expresada la promesa, «a tu descendencia daré esta tierra». Se añade que Abram «edificó allí un altar a Jehová, quien se le había aparecido». Así, el suelo donde Jehová había sido visto, y que había prometido a Abram, fue consagrado al Señor; y la fe de Abram, que hizo profesión pública en una tierra extranjera, se aferró a la promesa de Jehová, entregada solemnemente.

Desde Siquem, Abram se desplazó, probablemente por causa del pasto, hacia el sur a una montaña en el este de Betel, plantando su tienda entre Betel y Hai. Esta región, en palabras de Robinson, es «aún una de las mejores extensiones para apacentar el ganado de toda la tierra». Con el lenguaje resplandeciente de Dean Stanley: «Nos hallamos en una de las más altas sucesiones de montañas, ... con su cumbre que reposa sobre las laderas rocosas, y distinguida por los olivos, que se apiñan sobre su amplia zona superior. Desde esta altura, ofreciendo así una base natural para el altar del patriarca, y una sombra adecuada para su tienda, Abram y Lot estaban adquiriendo una amplia vista del país... tan grande que no se puede disfrutar en ningún otro lugar cercano». Lo que su mirada encontró desde ese punto será descrito en el próximo capítulo.

Mientras, hacemos referencia al hecho de que también aquí Abram «edificó un altar a Jehová»; y, a pesar de que no da la impresión de que se le apareciera, no obstante, el patriarca invoca el nombre de Jehová. Después de su estancia, seguramente durante bastante tiempo, Abram continuó su viaje, «yendo más al oeste», como peregrino y extranjero «en la tierra de la promesa»; su posesión de la misma denotada sólo por los altares que dejó en su camino.

Traslado temporal a Egipto

A continuación Abram debía pasar por una nueva prueba de su fe. Aunque siempre resultó ser fuerte en cuanto al reino de Dios, fracasaba a menudo en sus asuntos personales. El hambre estaba desolando la tierra, y como todavía sucede con las tribus beduinas en circunstancias similares, Abram y su familia «descendió a Egipto», que ha sido siempre el granero de las demás naciones.

No corresponde a nosotros especular sobre si era lícito trasladarse sin previa orden específica de Dios; pero sabemos que con ello se expuso a un grave peligro. Del mismo modo que no debemos menospreciar las dificultades de los patriarcas, tampoco debemos valorar excesivamente su fe y su fuerza. Abram «era un hombre de igual condición que nosotros», y de igual debilidad. Cuando Dios le hablaba, él creía, y cuando había creído, obedecía. Pero Dios aún no le había dicho nada directamente sobre Sarai; y, a falta de orden específica, parece ser que tomó el asunto por cuenta propia, según la costumbre de aquel tiempo y de esos países.

Se nos dice en Génesis 20:13 que, cuando salían de la casa de su padre, ambos hicieron un pacto, que Saray sería presentada como su hermana, porque, como dijo él mismo, «el temor de Dios» no estaba entre las naciones con las cuales entrarían en contacto; y podían matar a Abram por causa de su esposa.[11] El engaño, porque de esto se trataba, no les parecía serlo ante sus ojos, porque Sarai estaba tan estrechamente emparentada con su marido que casi podía ser llamada su hermana. En resumen, como hacemos demasiado a menudo, era un engaño, empezando con el autoengaño; y a pesar de que lo que dijo podía ser cierto en los términos usados, la intención de todo ello era falsa. Pero no debemos pensar que Abram era tan desalmado como para poner en peligro la vida de su esposa por causa de su propia salvación. Todo lo contrario, parecía ser el modo mejor para salvaguardar también el honor de ella; porque, si se la veía como la hermana de un jefe poderoso, hubieran pretendido su mano, y para ello se deben cumplir ciertos formalismos, que hubiesen dado a Abram el tiempo necesario para escapar con su esposa. Esto no se dice en su defensa, sino como explicación de la situación.

10. Van de Velde.

11. En el Museo Británico hay un «papiro» egipcio antiguo, que, a pesar de pertenecer a una época algo más tardía que la de Abram, demuestra que sus temores, al entrar en Egipto, por lo menos no eran injustificados. Relata cómo un Faraón, por consejo de sus consejeros, usó el ejército para tomar la esposa de un hombre por la fuerza y matar al mismo.

«El segundo llamamiento de Jehová a Abram, según se presenta en Génesis 21:1-3, consistía en un mandamiento cuádruple, y una promesa cuádruple. El mandamiento exponía unos términos bastante bien definidos: 'Vete de tu tierra y de tu parentela, y de la casa de tu padre, a la tierra que te mostraré'; dejando indeterminado, como si aún no se hubiese decidido, el lugar final de su destino.»
Esta caravana de una tribu semita, pintada durante el reinado del faraón Sesostris II sobre los muros de una tumba de Beni Hassan en Egipto (tumba de Khnumhotep II; XII Dinastía, hacia 1880 a.C.) es casi contemporánea en fechas al viaje a Egipto de Abram. Viéndola se nos hace más fácil imaginar a la familia del patriarca en su emigración desde Arán al norte de Mesopotamia, hasta las fértiles tierras de los faraones.

Aquí, de nuevo, los antiguos monumentos egipcios confirman notablemente el relato de las Escrituras. Demuestran que la inmigración de extranjeros distinguidos, con sus familias y dependientes no era poco común en absoluto. Una de estas, del tiempo de Abram, representa la llegada de un «clan» de este tipo y su presentación y buena acogida de parte de Faraón. Su nombre, llegada, y su vestimenta nos indican que se trataba de una tribu ganadera de origen semítico.[12] Otra tabla indica como tal extranjero recibía las mayores dignidades en esa tierra. Hasta tal punto, pues, debía Abram recibir una bien dispuesta acogida. Pero su estratagema fue en vano, y Sarai «fue llevada a casa de Faraón». Como futuro cuñado del rey, Abram adquirió bienes y riqueza. Abram, naturalmente, no podía rechazar tales regalos, pese a que aumentaban su culpa, su remordimiento y vergüenza. Pero ya se había entregado demasiado como para echarse atrás; y la falta de fe que seguramente causó sus temores iniciales, iba creciendo sin lugar a dudas. Por un tiempo Abram había abandonado la tierra prometida, y ahora corría el peligro de perder una promesa todavía mayor. Pero Jehová, a diferencia de Abram, no negó a esa mujer que tenía que ser la madre de la descendencia prometida. Visitó «a Faraón y su casa con grandes plagas», las cuales condujeron a la conciencia del estado real de la situación; posiblemente de parte de la misma Sarai. Ante tal suceso, el rey hizo llamar a Abram y se le dirigió con palabras de reproche, las cuales Abram debió notar muy claramente que venían de parte de un idólatra. El patriarca aceptó la justicia de las mismas con su silencio. No obstante la intervención de Dios a favor de Abram indujo a Faraón a dejarle partir con todas sus posesiones intactas; y como indica la fraseología del texto hebreo, le acompañó con honores hasta la frontera de la tierra.

Es una observación cierta, hecha por un escritor alemán, que mientras que la llegada del hambre en Canaán era para enseñar a Abram que incluso en la tierra prometida el alimento dependía de la bendición del Señor (en cierto modo enseñándole anticipadamente esta petición: «danos hoy nuestro pan de cada día»), su experiencia en Egipto también le mostraría que en conflicto con el mundo la sabiduría carnal no servía para nada, y que la ayuda venía solo de parte de aquel que «no consintió que nadie los oprimiera, y por causa de ellos castigó a los reyes. No toquéis, dijo, a mis ungidos, ni hagáis mal a mis profetas»,[13] así, comunicaba a la mente de Abram estas otras dos peticiones: «no nos metas

12. Otra coincidencia curiosa es el nombre de este «jefe» es Abshah, «padre de tierras», que nos recuerda a Abraham, el «padre de una multitud». En el próximo volumen se tratará ampliamente el apoyo de los monumentos egipcios a los relatos de la Biblia.

13. Salmos 105:14, 15.

en tentación, mas líbranos del mal». Y de este modo Abram volvió de nuevo a Betel, «hasta el lugar donde había estado antes; al lugar del altar que había hecho allí antes; e invocó allí Abram el nombre de Jehová». En cierto modo este suceso es figura de lo que acontecería luego a los hijos de Israel.

Igual quer él había hecho, ellos fueron a Egipto por causa del hambre; y como él, salieron de allí bajo la influencia «del temor de ellos que cayó» sobre los egipcios, pero cargados con las riquezas de Egipto.

Capítulo 12

(Génesis 13, 14)

Hasta aquí Abram había sido acompañado por Lot en todos sus viajes. Pero incluso entre ellos dos era necesaria una separación. Porque Abram y su descendencia tenían que ser muy distintas de las otras razas, para que el ojo de la fe se pudiera fijar en las edades futuras en el padre de los fieles, como aquél de quien debía salir el Mesías prometido. Como en tantas otras de las más notables intervenciones de Dios, ésta también fue introducida por medio de lo que aparentemente era una serie de circunstancias naturales, y probablemente el mismo Abram ignoraba el propósito divino de lo que en su tiempo no debería ser para él una prueba sin importancia. El aumento de su riqueza, y especialmente de sus ganados y rebaños en Egipto, trajo contiendas entre los pastores de Abram y los de Lot, lo cual era todavía más doloroso porque, como la Biblia indica, «el cananeo y el ferezeo habitaban entonces en la tierra», y presenciaron esta «rivalidad» entre «hermanos». Para evitar cualquier motivo, Abram propuso una separación voluntaria, permitiendo a Lot, aunque era el menor y más pequeño, que escogiera la región; esto no meramente por su generosidad, sino con fe, dejando en manos del Señor determinar las fronteras de su tierra.

Separación de Abram y Lot

Al estar sobre las montañas más altas entre Betel y Hai, la perspectiva ante ellos debería ser inigualable. Mirando atrás hacia el norte, la vista se detenía sobre las montañas que dividen Samaria y Judea; hacia el oeste y el sur, alcanzaría más allá de la posterior posesión de Benjamín y Judá, hasta divisar en la lejanía la ladera donde se hallaba Hebrón. Pero la vista más hermosa estaba al este: a lo lejos, la oscura montaña de Moab; a su pie, el Jordán, serpenteando por el valle de indescriptible fertilidad; y en primer plano, la cadena de montes de Jericó. Cuando los patriarcas contemplaban toda la cuña del valle del Jordán, estaba colmado de la más exuberante vegetación tropical, el lugar más dulce de todo lo que se hallaba alrededor del Lago de Sodoma, en aquella época seguramente un lago de agua dulce, el «circuito» se parecía en su aspecto a la región del Mar de Galilea, pero superando en gran manera su fertilidad y belleza. En esta «circunferencia» del Jordán, y cerca de las aguas de Sodoma, habían crecido ciudades ricas, pero también eran la sede de la más terrible corrupción. Cuando Lot vio esa «circunferencia» o región, hermosa como el paraíso, verde con su vegetación perenne, como la parte de Egipto bañada por el Nilo, su corazón se fue tras ello, sin preocuparse, o sin tomarse la molestia de indagar sobre el carácter de sus habitantes. Ciertamente dicho espectáculo podía cautivar fácilmente el corazón de cualquiera que tuviese sus afectos puestos sobre las cosas de aquí abajo. Tal era el corazón de Lot; y ahora reivindicaba, con su elección, la necesidad de su separación de Abram. Sin duda alguna sus objetivos se despedazaron al igual que los caminos que tomó. Pero, pese a todo, Dios vigilaba en torno a Lot y no le abandonó a que segara los frutos amargos que él mismo había elegido.

Abram tampoco fue desamparado ni abandonado sin consuelo. Puesto que cuando más lo necesitaba, por cuanto estaba solo y no tenía ante él aparentemente nada más que los áridos montes de Judea, Jehová le renovó una vez más y aumentó la promesa de la tierra, tan lejos como pudieran alcanzar sus ojos, cediéndola a Abram y a su «descendencia para siempre». Porque las palabras de esta promesa no fueron anuladas por los setenta años que Judá pasó en la cautividad de Babilonia, ni lo son por los dieciocho siglos de la falta de fe y la dispersión actuales de Israel. La promesa de la tierra es a la «descendencia» de Abram «para siempre». Dios ha unido la tierra y el pueblo; y aunque una está desolada ahora, como un cuerpo muerto, y el otro va vagando sin descanso, como si se tratara de un espíritu sin cuerpo, Dios los juntará de nuevo en los días en que se establezca definitivamente su promesa. Por lo tanto Abram seguramente entendió la palabra de Jehová. Y cuando, por así decirlo, tomaba posesión de la tierra prometida por la fe, le fueron dadas instrucciones de andar por ella.

Abram en Hebrón

En este deambular llegó a Hebrón, una de las ciudades más antiguas del mundo, donde plantó su tienda en el bosque de un tal Mamré, bajo un encinar que se extendía por el lugar, y edificó un altar a Jehová. Este lugar parece haber continuado como el centro de sus movimientos a lo largo de todo el resto de su vida.

Mientras, Lot había tomado por morada una región que, como el resto de Canaán en tiempos de la conquista de Josué, estaba subdividida bajo unos cuantos pequeños reyes, cada uno gobernando probablemente una ciudad y el vecindario inmediato de la misma. Durante doce años toda esa región había sido tributaria a Quedorlaomer. En el año decimotercero se rebelaron; y, en el decimocuarto, las hordas de Quedorlaomer y de sus tres confederados barrieron la región rebelde, trayendo la desolación, hasta que hallaron los cinco monarcas aliados de la «circunferencia del Jordán», en el valle de Sidim, la región alrededor de la cual posteriormente sería el Mar Muerto.

Sodoma saqueada

Una vez más, la victoria esperaba a los invasores. Dos de los reyes cananeos murieron, y los demás huyeron en una confusión salvaje; Sodoma y Gomorra fueron saqueadas, y sus habitantes (Lot uno de ellos) fueron tomados cautivos por las huestes en retirada. Esta era la primera vez (por lo menos en la historia de la Escritura) que el reino del mundo, como lo fundara Nimrod, entraba en contacto con el pueblo de Dios, y ello en el suelo de Palestina. Porque Quedorlaomer y sus confederados ocuparon precisamente la tierra donde posteriormente estarían los imperios Babilonio y Asirio.[1] Por ello, fue necesario que Abram interviniese. Dios le había dado la tierra, y allí se encontraba su enemigo heredado; y Dios ahora le llamó y le proveyó, aunque no era nada más que un extranjero y peregrino en su tierra, para ser el que la liberara; mientras que el modo y las circunstancias de su liberación señalarían igualmente a las realidades de las que eran figura.

Uno que había escapado del tumulto llevó a Abram la noticia del desastre. Éste armó inmediatamente a sus sirvientes debidamente entrenados, trescientos dieciocho; y, acompañado por Aner, Escol y Mamré, los jefes a quienes pertenecía la región de los alrededores de Hebrón, persiguió a Quedorlaomer y sus aliados. Probablemente, como suele suceder en tales guerras, la victoria los hizo despreocuparse. Seguramente hicieron fiesta, o sus bandas, cargadas de cautivos y despojos, estarían esparcidas y desordenadas. Ciertamente no temían ningún peligro, cuando Abram, tras dividir su fuerza, cayó sobre ellos, en la oscuridad de la noche, desde varios lados al mismo tiempo, causó una gran mortandad y los persiguió hasta cerca de Damasco.

Rescate de Lot

Todos los despojos y todos los cautivos, Lot entre ellos, fueron rescatados y recuperados. Mientras el ejército de Abram volvía entró en el valle de Save, cerca de los muros de lo que posteriormente sería Jerusalén, fueron recibidos por dos personas con dos caracteres muy distintos, y viniendo de direcciones opuestas. Desde las orillas del Jordán el nuevo rey de Sodoma, cuyo antecesor había caído en la batalla contra Quedorlaomer, subió para dar las gracias a Abram y ofrecerle los despojos que había ganado; mientras que de las alturas de Salem, la antigua Jerusalén, el rey sacerdote Melquisedec descendió para bendecir a Abram, y refrescarlo con «pan y vino».

Encuentro con Melquisedec

Este encuentro memorable parece haber dado el nombre al valle, «el Valle del Rey»; y en ese lugar, más adelante, Absalón se erigió una columna monumental para él mismo.[2] Pero ahora se daba una escena muy diferente, y una tan significativa en su interpretación como figura como para dejar sus huellas en las profecías del Antiguo Testamento y en su cumplimiento en el Nuevo. Melquisedec aparece como un meteorito en el cielo (repentina, inesperada y misteriosamente), y luego desaparece del mismo modo repentino. Entre la abundancia de datos genealógicos de aquel período no sabemos absolutamente nada de su descendencia; en el volumen de los reyes y sus hazañas, su nombre y reino, su nacimiento y su muerte permanecen en secreto. Considerando la posición que ocupa con respecto a Abram, ese silencio fue seguramente intencionado, y tal intencionalidad está cargada de significado simbólico; es decir, designado para señalar a las realidades que se corresponden en Cristo. Todavía más claramente que su silencio nos muestra la Escritura la profunda significación de su personalidad con la información que nos da de Melquisedec. Su nombre «Rey de Justicia», su gobierno el del «Príncipe de Paz»; es «un sacerdote», pero no en el sentido en que lo era Abram ni «según el orden de Aarón», siendo su sacerdocio diferente y único; bendice a Abram, y su bendición suena como una ratificación de la entrega de la tierra al patriarca; mientras que Abram le da «diezmos de todo». En este último tributo se ve un reconocimiento de Melquisedec como rey y sacerdote; como sacerdote al entregarle «diezmos», y como rey entregándole estos diezmos de todos los despojos, como si tuviera un derecho real sobre los mismos; mientras que Abram no acepta tocar nada de ello, y a sus aliados se les permite solamente «tomar su parte».

No es éste el lugar para tratar el significado simbólico de esta historia; pero el acontecimiento y la persona son demasiado importantes como para pasar inadvertidos. Encontramos dos veces más a Melquisedec en las Escrituras: una vez en la profecía del Salmos 110:4; «Tú eres sacerdote para siempre según el orden de Melquisedec»; y la otra

1. Génesis 10:10. Hay una referencia frecuente en los monumentos asirios al reino de Elam, que confirma la Escritura, y el Sr. Smith inserta los nombres de Quedorlaomer y sus tres confederados en su «lista de monarcas babilonios» (ver *Assyrian Discoveries*, pp. 441, 442).

2. 2 Samuel 18:18.

ocasión en la aplicación de todo ello a nuestro bendito Salvador, en Hebreos 7:3. Que Melquisedec no fuera Cristo mismo resulta evidente por la afirmación «hecho semejante al Hijo de Dios» (He. 7:3); mientras que parece a partir de estas palabras, y por todo el tenor de la Escritura, que era una figura de Cristo. De hecho, nos hallamos en el umbral de dos dispensaciones. El pacto con Noé había hecho su carrera, o mejor dicho, se estaba fusionando con el de Abram. Como en el principio del Nuevo Testamento, Juan dio testimonio de Jesús, y no obstante Jesús fue bautizado por Juan; por lo tanto aquí Melquisedec dio testimonio de Abram, y a pesar de ello, recibió diezmos de Abram. Si añadimos que según nuestra opinión Melquisedec era probablemente el último representante de la fe de Sem, en medio de la idolatría (siendo un «sacerdote del Dios Altísimo») la relación entre ellos será más clara. Era lo antiguo transferido a lo nuevo, y extendido en él; era el mando y la promesa de Sem, cedida solemnemente a Abram de mano del último representante de Sem en aquella tierra, quien así dejaba su autoridad en nombre del «Dios Altísimo, poseedor del cielo y la tierra», «quien entregó» los enemigos de Abram en sus manos. Se ha mencionado correctamente que «la grandeza de Abram consistía en sus esperanzas, y la de Melquisedec en su posesión actual».

Melquisedec era sacerdote y rey, Abram sólo un profeta; Melquisedec fue reconocido como el legítimo poseedor del país, el cual por el momento sólo había sido prometido a Abram. Cierto, el futuro será infinitamente mayor que el presente, pero entonces era solo futuro. Melquisedec era el propietario de esa realidad bendiciendo a Abram, y transfiriendo su título a él; mientras que Abram reconocía el presente, dando diezmos a Melquisedec, e inclinándose para recibir su bendición. Así Melquisedec, último representante del orden de Sem, es la figura de Cristo, como último representante del orden de Abraham. Lo que yacía en simiente en Melquisedec debía ser desplegado gradualmente (el sacerdocio en Aarón, la realeza en David) hasta que ambos fueron unidos con grande gloria en Cristo. No obstante, Melquisedec era solo una sombra y una figura; Cristo es la realidad y el cumplimiento de la figura. Es por esto que la Escritura nos ha cerrado las fuentes de investigación sobre su descendencia y la duración de su vida, para que con ese silencio nos señale la descendencia celestial de Jesús. Por este mismo motivo Abram, quien poco después reivindicó su dignidad y posición con el lenguaje de superioridad con que rechazó la oferta de los despojos de parte del rey de Sodoma, se inclinó ante Melquisedec, para que en su bendición recibiera la herencia espiritual que le estaba legando.

Tampoco escapará a la atención del lector el lenguaje usado por Melquisedec para hablar de Dios «el Dios Altísimo», y el «poseedor del cielo y la tierra» (palabras adoptadas por Abram, pero a las que añadió el nuevo nombre de «Jehová», como el del «Dios altísimo, el poseedor del cielo y la tierra») un nombre que se refería al pacto de la gracia del cual Abram sería representante y mediador. Es en armonía con toda esta transacción que Abram depuso la oferta del rey de Sodoma: «Dame las personas, y toma para ti los bienes». Sin duda, no fue como aliado del rey de Sodoma, sino para reivindicar su posición, y la de todos los que estaban relacionados con él, que el Señor había convocado a Abram a la guerra, y le había dado la victoria. Y así estas dos figuras se separan para no encontrarse nunca más: el rey de Sodoma para precipitarse al juicio, que ya quedaba a su alrededor; el rey de Salem para esperar la mejor posesión prometida, la cual ya estaba comenzando.

Capítulo 13

(Génesis 15-20; 21:22-34)

Los grandes momentos de prosperidad demasiado frecuentemente son seguidos por épocas de depresión. Abram ciertamente había derrotado a los reyes de Asiria, pero su misma victoria podría exponerle a la venganza de los mismos, o atraer los celos de los que estaban a su alrededor. No era nada más que un extranjero en una tierra extranjera, sin otra posesión que una promesa, y todavía no tenía un heredero a quien transmitirla. En estas circunstancias se hallaba cuando «Jehová fue a Abram en una visión», diciendo, «yo soy tu escudo y tu galardón sobremanera grande», es decir, yo mismo soy tu defensa de todos tus enemigos, y la fuente y manantial de donde será completamente satisfecha tu fe con gozo.

La doble promesa a Abraham de una «descendencia»

Era simplemente natural y como de niños que Abram, en respuesta, presentara todas sus necesidades y penas ante Dios, no dudando, sino inquiriendo, señalando su falta de hijos, que parecía dejar a Eliezer, siervo suyo, como único heredero. Pero Dios le aseguró que sería diferente de lo que parecía; que su descendencia sería sin número como las estrellas del cielo. «Y creyó a Jehová, y le fue contado por justicia.» Tal afirmación queda solitaria en el relato, como para llamar la atención a un gran hecho; y sus palabras indican, de parte de Abram, no meramente fe en la palabra, sino confianza en la persona de Jehová como su Dios del Pacto. Es altamente conmovedora y sublime esta actitud infantil de simplemente creer sin ver, y esa confianza absoluta. En adelante, a través de millares de años, siempre ha sido un gran ejemplo de fe para la iglesia de Dios. Y de esta fe en el Dios vivo brotó toda la obediencia de Abram. Como la vara de Aarón, su vida reverdeció y floreció y llevó fruto «en el lugar secreto del Altísimo».

Para confirmar esta fe Jehová dio a Abram una señal y un sello, los cuales una vez más lo eran sólo para su fe. Hizo un pacto con él. Para ello el Señor instruyó a Abram para que llevara una becerra, una cabra y un carnero de tres años cada uno, también una tórtola y un palomino. Esos sacrificios (puesto que eran representativos de los tipos que se usarían posteriormente en los sacrificios) debían ser partidos por la mitad, y cada mitad la puso una enfrente de la otra, como era habitual para hacer un pacto, y las partes que se comprometían siempre pasaban entre las mitades, para mostrar que en adelante no habría ya división, sino que lo que había sido partido sería considerado como una unidad entre ellos. Pero aquí, al principio, no pasó ninguna parte del compromiso entre los sacrificios partidos. Durante todo el día, según parecía a Abram, estuvo él sentado mirando solitario, sólo ahuyentaba las aves de rapiña que acudían sobre los cuerpos muertos. Esto es lo que parecía al ojo del sentido común. Tras la caída del sol un sueño profundo y un terror de la gran oscuridad sobrecogieron a Abram. La edad de cada animal sacrificado, el largo día de soledad, las aves de rapiña que descendían y el terror que le vino con la noche, todo se aplicaba a lo que Jehová le iba a predecir: que durante tres generaciones la descendencia de Abram sería afligida en Egipto; pero en la cuarta, cuando la medida de la iniquidad de los habitantes del momento de Canaán alcanzara su plenitud, volverían y entrarían en la posesión prometida de la tierra. En cuanto a Abram, iría «a sus padres en paz». Entonces fue cuando se realizó el pacto; no como de costumbre, pasando ambas partes entre el sacrificio partido, sino solo haciéndolo Jehová, porque el pacto era el de la gracia, en el cual una sola parte (Dios) tomaba todas las obligaciones, mientras la otra recibía todos los beneficios.

Por vez primera vio Abram el horno humeando y la antorcha de fuego que pasaban entre las mitades partidas; el resplandor divino envuelto en una nube, del mismo modo que lo vio Moisés en la zarza, y los hijos de Israel en su paso por el desierto, y como permanecería posteriormente en el santuario sobre el propiciatorio, y entre los querubines. Ésta fue la primera visión concedida a Abram, la primera fase del pacto bajo el cual Dios se comprometió con él, y la primera aparición de la gloria del Señor. Al mismo tiempo, también fue extendida la que podemos llamar promesa personal hecha a Abram, y se definieron claramente las fronteras de la tierra, que se extendían desde el Nilo al oeste, hasta el Éufrates en el este, una extensión, podemos hacer notar aquí, que la Tierra Santa jamás ha tenido todavía, ni siquiera en los días florecientes de la monarquía hebrea.

Aunque la promesa de Dios a Abram había sido preciosa, todavía quedaba un detalle por determinar: ¿quién sería la madre de la descendencia prometida? En vez de esperar las instrucciones de Dios también a este respecto, Sarai parece ser que se anticipó impacientemente al Señor; y, como siempre hacemos cuando tomamos las cosas con nuestras propias manos, de un modo contrario al pensamiento de Dios, y también para el dolor y la decepción de ella misma. Habían pasado diez años desde que Abram entrara en Canaán, cuando Sarai, perdiendo toda esperanza de dar a luz el hijo de la promesa, siguió la costumbre de aquellos días y países, y buscó un hijo por medio de una alianza entre su marido y Agar, su propia sierva egipcia. Las consecuencias de su desatino fueron agitación en su casa, luego reproches, y la huida de Agar.

Ismael

Es difícil decir qué más hubiese sucedido de no haber sido por la intervención del Señor. Nada menos que el mismo Ángel del Pacto se apareció a la esclava fugitiva, mientras reposaba junto a una fuente en el desierto que iba a su tierra natal de Egipto. Le ordenó volver a su señora, prometió al hijo que iba a dar a luz esa libertad y conducta independiente que siempre han caracterizado a sus descendientes, y le puso el nombre de Ismael (el Señor escucha), atrayéndolo así igualmente por medio de su descendencia y la providencia que había cuidado de él, al Dios de Abram. Agar aprendió también por vez primera a conocerle como el Dios que ve, el Dios vivo, por lo que la fuente junto a la cual se sentara en adelante llevó el nombre de «Pozo del Viviente-que-me-ve». Tan profundas las impresiones causadas por nuestras apreciaciones del Señor, y tan íntimamente deberíamos siempre relacionar con ellas los acontecimientos de nuestras vidas.

Agar, pues, había vuelto a la casa de Abram y dado luz a Ismael. Y ahora venía un período que debemos considerar como de una prueba muy dolorosa para la fe de Abram. Parece ser que transcurrieron trece años enteros sin ninguna revelación de parte de Dios. Durante este tiempo Ismael creció, y Abram casi sin darse cuenta debió acostumbrarse a considerarlo como el heredero, a pesar de saber que con toda probabilidad no había sido destinado para ello. Abram tenía entonces noventa y nueve años, y Sarai entrada en años. Pero toda esperanza o perspectiva humana debía ser

«Dios ha unido la tierra y el pueblo; y aunque una está desolada ahora, como un cuerpo muerto, y el otro va vagando sin descanso, como si se tratara de un espíritu sin cuerpo, Dios los juntará de nuevo en los días en que se establezca definitivamente su promesa. Por lo tanto Abram seguramente entendió la palabra de Jehová. Y cuando, por así decirlo, tomaba posesión de la tierra prometida por la fe, le fueron dadas instrucciones de andar por ella. En este deambular llegó a Hebrón, una de las ciudades más antiguas del mundo, donde plantó su tienda en el bosque de un tal Mamré bajo un encinar que se extendía por el lugar, y edificó un altar a Jehová.»

Este cetro, que pertenece a la Edad de Bronce y podemos por tanto considerar contemporáneo a los patriarcas (2000-1500 a.C.) fue encontrado no muy lejos de la ciudad de Hebrón, en el desierto de Judea. (Museo de Israel)

barrida, y el heredero debía ser, en el sentido más completo, el hijo de la promesa, a fin que la fe recibiera directamente de Dios lo que había esperado.

Jehová visita a Abraham

Fue en estas circunstancias que Jehová se apareció por fin una vez más en forma visible a Abram; esta vez para establecer y cumplir el pacto que él había hecho primero.[1] Por ello también en esta ocasión encontramos la amonestación: «Anda delante de mí y sé perfecto», que viene después del pacto y no lo puede preceder jamás. Como prueba de este pacto establecido, Dios encargó a Abram y sus descendientes el rito de la circuncisión como señal y sello; cambiando al mismo tiempo el nombre de Abram, «padre enaltecido» (jefe noble), por Abraham, «padre de una multitud», y el de Sarai, «principesca», a Sara, o «princesa»,[2] para denotar que por medio de estos dos se cumpliría la promesa, y que de ellos tenía que brotar la raza escogida. Estas nuevas llegaron a Abraham con una sorpresa tan llena de gozo que, en adoración humilde, «se postró sobre su rostro», «se rió», al considerar en su interior las circunstancias del caso, como hace notar Calvino, no por duda o falta de fe, sino con felicidad y admiración. Para perpetuar el recuerdo de su admiración, la semilla prometida llevaría el nombre de Isaac, o «risa». Del mismo modo que posteriormente, al principio del llamamiento de los gentiles, el nombre de Saulo fue cambiado a Pablo (probablemente después de los primeros frutos de su ministerio), igualmente aquí, al inicio del llamamiento de Israel, tenemos tres nombres, que nos indican el poder de Dios, que estaba en la raíz de todas las cosas, y de la fe sencilla que recibió la promesa. El heredero de las promesas sería ciertamente el hijo de Sara; pero Dios también velaría por Ismael, y «le multiplicaría en gran manera», y «le haría una gran nación». A partir de aquellos días la señal de la circuncisión permaneció para dar testimonio del pacto con Abraham. En el octavo día, puesto que había pasado el primer período completo de siete días, debe empezar un nuevo período; y todo niño judío circuncidado de este modo es un testimonio vivo de la transacción entre Dios y Abraham hace más de tres mil años. Pero, mucho mejor, apuntaba hacia adelante al cumplimiento de la promesa del pacto en Cristo Jesús, en quien ya no se necesita ninguna circuncisión aparte de la del corazón.

Mientras era ejercitada y bendecida la fe de Abraham de este modo, los «hombres malos e impostores», entre los cuales Lot había escogido su morada, habían ido de mal en peor, y completaron rápidamente la medida de su iniquidad. Ese juicio que había estado pendiente sobre sus cabezas como una nube oscura tenía que explotar en una tempestad terrible. Abram estaba sentado «a la puerta de su tienda al calor del día», cuando Jehová se le apareció una vez más en forma visible. En esta ocasión parece ser que se trataba de tres viajeros a los cuales el patriarca se apresuró a recibir en descanso y refrigerio de su morada. Pero los huéspedes celestiales eran el mismísimo Señor[3] y dos ángeles, que serían los dos ejecutadores de su venganza justiciera. No cabe duda alguna de que Abraham reconoció el carácter

1. La expresión «Haré mi pacto» (Gn. 17:2) es bastante diferente de las mismas palabras traducidas en Génesis 15:18. En el segundo caso se trata de «hacer» (literalmente, «cortar un pacto»); mientras que los términos de Génesis 17:2 son: «Daré mi pacto», es decir, lo pondré, lo cumpliré.

2. Otros han derivado el nombre Sara de una raíz que significa «ser fructífera».

3. Ver Génesis 18:13.

celestial de sus visitantes, pero con la delicadeza y modestia tan típicas suyas, les recibió y hospedó de acuerdo con el modo en que se habían presentado a él. Su visita tenía un objetivo doble; uno con respecto a Sara y el otro a Abraham. Si Sara iba a ser la madre de la descendencia prometida, también ella tenía que aprender a creer.[4] Probablemente no recibiera con mucha fe el relato que Abraham le contara de su última visión de Jehová. En cualquier caso, la primera pregunta de los tres fue sobre Sara. Ahora el mensaje del nacimiento de un hijo se comunicaba directamente a ella; y al manifestarse su incredulidad en su risa, primero fue reprochada y luego eliminada. Habiendo cumplido el primer objetivo de su visita, los tres prosiguieron su camino a Sodoma acompañados por Abraham. Fue entonces cuando el mismo Jehová[5] desveló ante el patriarca el otro propósito de su venida.

La destrucción de Sodoma

Era para contarle el final inminente de las ciudades de la llanura, y esto por dos razones; porque Abraham era el heredero de la promesa, y porque «mandaría a sus hijos y a su casa después de sí, y guardarán el camino de Jehová, para hacer justicia y juicio». Por estas últimas palabras adivinamos que el final de Sodoma fue comunicado a Abraham para que sirviera de advertencia a los hijos de Israel. No se debe considerar como un juicio aislado; sino que la escena de desolación, que ocuparía para siempre los lugares de las ciudades de la llanura, también para siempre mostraría a Israel las consecuencias del pecado, y serviría para ellos como una figura del juicio futuro. Es bajo esta luz que las Escrituras tanto en el AT como en el NT nos presentan la destrucción de Sodoma y Gomorra. Por otro lado, puesto que Dios había dado en pacto la tierra a Abraham y a su descendencia, parecía adecuado que él estuviera informado de la terrible desolación que tan pronto iba a esparcirse sobre parte de la misma; y esto en su calidad de medio de bendición para todos, se le debía permitir interceder para su conservación, como también antes había sido llamado a luchar por la liberación de ellos. No se trataba, pues, ni debido a la relación íntima entre Dios y Abraham, ni siquiera porque Lot, sobrino de Abraham, estaba implicado en la catástrofe, sino solo de acuerdo con la promesa del pacto de Dios, que Dios notificara a Abraham del juicio inminente, y que se le permitiera suplicar en ese caso.

Ciertamente, la misericordia se extendió para Lot; pero no se libró de las consecuencias de su elección egoísta y pecaminosa de tener una porción en este mundo. Por segunda vez debía recibir la lección que la riqueza y la felicidad no consisten en la abundancia de cosas que tenga un hombre. Hasta ese momento Jehová prestó atención a la súplica de Abraham, cuya insistencia en fe nos recuerda la «inoportunidad» santa,[6] típica de todas las oraciones verdaderas, y prometió salvar a las ciudades de la llanura aunque sólo encontrara diez hombres justos en ellas. Pero el resultado de la prueba de los dos ángeles que fueron a Sodoma fue más terrible de lo que se podía haber anticipado. La última noche breve de terror en Sodoma pasó rápidamente; y, al detenerse sobre los montes de Moab el resplandor de la mañana, los ángeles casi obligaron a Lot y a su familia a salir de la ciudad sentenciada. El persistente sentimiento de pena por Sodoma hizo volver la cabeza hacia atrás a la mujer de Lot, y el juicio la alcanzó también a ella convirtiéndola en una columna de sal. Desde entonces la tradición señala una montaña de sal, en el extremo sur del mar Muerto, como el lugar donde sucediera este acontecimiento. Casi no merece la pena decir que, como la mayoría de las tradiciones, que sólo introducen un elemento molesto en nuestro pensamiento, ésta tampoco se basa en hechos. El juicio que descendió sobre las ciudades condenadas se describe en el texto sagrado como «una lluvia de azufre y fuego de Jehová desde el cielo», por medio de la cual toda la región fue derribada. Este relato ha sido confirmado íntegramente al pie de la letra por las investigaciones más recientes del Canon Tristram realizadas en este lugar. Todos los alrededores del Mar Muerto tienen gran cantidad de azufre, aportando los materiales para la terrible conflagración que siguió cuando los relámpagos del cielo lo alcanzaron, probablemente acompañados por un terremoto, que hacía salir nuevas masas de combustible. El humo de la ciudad que se quemaba se veía desde muy lejos; y cuando Abraham lo contemplaba sobre la altura más allá de Hebrón, donde había usado sus palabras de súplica ante Jehová la noche anterior, parecía un enorme horno, del cual la nube de humo subía al cielo.

La cuenca del Mar Muerto ha sido examinada particularmente por una expedición americana al mando del lugarteniente Lynch. Los resultados de sus sondeos han manifestado el hecho notable que está formada por dos lagos; uno, de trece, y el otro de mil trescientos pies de profundidad; el primero considerado el lugar de las ciudades condenadas, y el segundo como un lago de agua dulce, cuyas aguas habían estado a orillas de las mismas. En este caso, se sugiere que la catástrofe fue provocada por agentes volcánicos. Pero fueran cuales fueran los cambios producidos por el juicio del cielo, las autoridades más dignas de confianza han abandonado la opinión que las ciudades de la llanura hayan sido sumergidas por agentes volcánicos, y admiten que el relato que la Escritura ofrece de la catástrofe debe ser tomado de un modo totalmente literal.

Es igualmente triste e instructivo notar cuan poco efecto son capaces de producir los meros juicios, por muy terribles que sean, incluso sobre las personas afectadas más de cerca por los mismos. Lot y sus hijas pudieron retirarse a Zoar, ciudad cercana a Sodoma. Pero la misma debilidad de fe que les impedía abandonar libremente su primera ciudad condenada, ahora les inducía a que salieran de Zoar, aunque se les había prometido la seguridad allí. Mucho peor que eso, cayeron en el pecado más grave y abominable, cuya secuela fue el nacimiento de los antepasados de los enemigos heredados de Israel: Moab y Amón.[7] Pero ni siquiera esto es todo.

La estancia de Abraham en Gerar

Ya fuese por su disgusto por su vecindario que había recibido el juicio tan recientemente, o por la búsqueda de mejores pastos para sus rebaños, Abraham salió del distrito de Mamré, y viajó en dirección sudeste, donde se estableció en el territorio de Abimelec, rey de Gerar, en la tierra de los filisteos. Abimelec parece haber sido un título real, como el de Faraón.[8] Pero en este caso, como entendemos en la Escritura, el poseedor de este título era muy diferente del rey de Egipto. De hecho, parece que no solo era meramente honrado y recto de carácter, sino que también temía al Señor.

4. Hebreos 11:11.
5. Génesis 18:17.
6. Lucas 11:8.
7. Deuteronomio 23:3, 4.
8. Comp. Génesis 26:1, 8.

De acuerdo con esto, cuando Abraham cayó en la misma culpa de engaño que antes en Egipto, haciendo pasar a su esposa por su hermana temiendo por su propia vida, Dios comunicó el estado real de las cosas directamente a Abimelec en un sueño. Ante esta situación, Abimelec se apresuró a enmendar el mal que había estado a punto de cometer involuntariamente. En comparación con el rey gentil, Abraham estaba en una situación menos favorable. No puede explicar su conducta sobre ninguna otra base que no sea la falta de fe. Pero, como Dios notificara a Abimelec, Abraham, a pesar de su debilidad, era «profeta»; y en calidad de ello, como ya citamos, «No permitió que nadie los oprimiese; antes por amor de ellos castigó a los reyes. Diciendo, no toquéis a mis ungidos, ni hagáis mal a mis profetas».

Su pacto con Abimelec

La alianza con Abraham que Abimelec había buscado por medio del casamiento, se concertó poco después con un pacto formal entre ambos, acompañado por el sacrificio del número sagrado de siete corderas.[9] Para mostrar que no se trataba de una alianza privada sino pública, Abimelec llegó acompañado de su capitán jefe, o Ficol,[10] afirmando explícitamente al mismo tiempo que se trataba del motivo en el paso público que tomaba, que Dios estaba con Abraham en todo lo que hacía. De modo parecido, se había ya mostrado con anterioridad la coincidencia en estos detalles entre Abimelec y su pueblo, cuando el rey comunicara a «todos sus siervos» lo que Dios le había contado sobre Abraham, «y temieron los hombres en gran manera». En estas circunstancias no nos sorprende que Abraham hiciera de la tierra de los filisteos el lugar de residencia prolongada, plantando su tienda cerca de Beerseba, «el pozo del juramento», con Abimelec; o, mejor dicho, «el pozo de las siete corderas»; y allí, una vez más «invocó el nombre de Jehová, el Dios eterno».

Capítulo 14
(Génesis 16-25:1-18)

Finalmente llegó el tiempo del cumplimiento de la gran promesa hecha a Abraham. El patriarca tenía cien años y Sara noventa cuando les nació Isaac. Evidentemente, había sido el propósito divino extender al máximo el período anterior a tal suceso; en parte para ejercitar y hacer madurar la fe de Abraham, y en parte para que se viera más claramente que el don del heredero de las promesas era, en cierto modo, sobrenatural.

Como hemos visto, el nombre mismo de su hijo fue ideado para perpetuar este hecho; y ahora Sara también, con el gozo de su corazón, dijo: «Dios me ha hecho reír, para que cualquiera que lo oiga se ría conmigo» (literalmente, «La risa me ha preparado Dios; cualquiera que lo oiga reirá (de gozo) conmigo». Así, puesto que la risa de Abraham había sido causada por la fe en su sorpresa, también la risa de Sara estaba ahora en contraste, con la causada por la debilidad de su creer, por la fe en su gratitud. Pero todavía puede haber un tercer tipo de risa; ni de la fe, ni siquiera de la incredulidad, sino la del escepticismo: la risa de la burla, y ésta también iba a recibir su merecida recompensa. De acuerdo con las instrucciones de Dios,[1] Abraham circuncidó a Isaac al octavo día. Cuando llegó el tiempo de destetarlo, el patriarca lo hizo, según la costumbre de aquella época, con una gran fiesta. No podemos precisar la edad de su hijo; un año o, como deduce Josefo, tres años. En cualquier caso, Ismael ya debía ser un muchacho, comenzando su virilidad, por lo menos quince años y posiblemente diecisiete. «Y vio Sara que el hijo de Agar la egipcia, el cual ésta le había dado a luz a Abraham, que se burlaba», literalmente: «que era un burlón». Como observa un escritor alemán: «Isaac, el objeto de la risa santa, sirve de blanco para el ingenio impío y la burla profana. No ríe; se burla. ¡Este pequeño e indefenso Isaac, el padre de naciones! Incredulidad, envidia y orgullo en su preeminencia carnal; tales eran las razones de su conducta. Puesto que no entiende: «¿Hay algo demasiado difícil para Jehová?», encuentra gracioso relacionar un tema tan grande con un principio tan pequeño». Era evidentemente bajo esta perspectiva que lo vio el apóstol cuando describía la conducta de Ismael de este modo: «Así como entonces el que había nacido según la carne perseguía al que había nacido según el Espíritu».[2]

Expulsión de Ismael

Sobre esta base, y no por envidia, Sara pidió que la sierva y su hijo fueran «echados fuera». Pero Abraham, que parece haber malentendido sus motivos, no estaba dispuesto a concedérselo, por sus sentimientos paternales tan naturales en un caso así, hasta que Dios le dio las mismas instrucciones directamente. La expulsión de Ismael era necesaria, no solo por su ineptitud, y para mantener al heredero de la promesa separado de los demás, sino también por causa de Abraham mismo, cuya fe tenía que ser entrenada para que renunciara, obedeciendo al llamamiento divino, a todo, incluso sus lógicos afectos paternales. Y en su tierna misericordia Dios una vez más simplificó la prueba, otorgándole la promesa especial que Ismael llegaría a ser «una nación». Por lo tanto, aunque Agar y su hijo fueron echados fuera literalmente, con la única carga de lo mínimo indispensable para el viaje (agua y pan), esto estaba ideado especialmente para poner a prueba la fe de Abraham, y su pobreza fue solamente temporal. Porque, poco después leemos en la Escritura que, antes de su muerte, Abraham había enriquecido a sus hijos (los de Agar y de Cetura) con «dones»;[3] y en su entierro aparece Ismael, como un hijo reconocido, al lado de Isaac, para cumplir con los últimos ritos de amor a su padre.[4]

Así «echados fuera», Agar y su hijo erraron por el desierto de Beerseba, probablemente de camino a Egipto. Allí sufrieron lo que de siempre ha sido el gran peligro de los viajeros del desierto: la falta de agua. Al muchacho le faltaron las fuerzas antes que a la madre. Pero a lo largo el ánimo y la resistencia de la madre también sucumbieron ante el cansancio total y el desaliento. Hasta aquel momento ella había ayudado a su hijo en su caminar; pero ahora dejó que se abatiese «debajo de un arbusto», y ella se fue «a cierta distancia», para no presenciar la agonía de su muerte, pero a una distancia a su alcance. Usando el lenguaje pictórico de la Escritura, «alzó su voz y lloró». No obstante, no fue el grito de ella, sino el del hijo de Abraham el que subió a los oídos del Señor; y una vez más Agar recibió indicaciones

9. Génesis 21:22.
10. Comp. Génesis 26:26.

1. Génesis 17:12
2. Gálatas 4:29.
3. Génesis 25:6.
4. Génesis 25:9.

para llegar a un pozo de agua, pero esta vez, de parte de «un ángel de Dios», no, como antes, «el Ángel de Jehová». Y ahora también, para fortalecerla en el futuro, le fue dada la misma certidumbre que había sido dada a Abraham con anterioridad. Esta promesa de Dios ha sido cumplida muy abundantemente. El muchacho habitó en aquella amplia región entre Palestina y el Monte Horeb, que se llama «el desierto de Parán», el cual hasta hoy es el dominio indiscutible de sus descendientes, los árabes beduinos.

Por amarga que fuera la prueba de «echar fuera» a Ismael, su hijo, se trataba solo de una preparación para una mucho más dura sobre la fe y obediencia de Abraham. Para esta cuesta precisamente (la última, la más alta, pero también la más empinada de la vida de fe de Abraham) todas las indicaciones y los tratos previos de Dios le habían preparado y calificado gradualmente. Pero incluso así, parece que surge de manera solitaria en la Escritura y sin ninguna aproximación, como un magnífico pico de montaña, al cual sólo un escalador ha sido llamado para que lo corone. No, ni siquiera uno, puesto que incluso otro pico y mucho más alto, tan elevado que su cumbre alcanza incluso el cielo, ha sido alcanzado por la «descendencia de Abraham», quien lo ha hecho todo y mucho más de lo que hizo Abraham, y que ha convertido en una bendita realidad para nosotros lo que en el sacrificio del patriarca fue sólo una figura.

Y no cabe duda, fue cuando en el Monte Moria (el monte de la verdadera «provisión» de Dios), Abraham estaba a punto de ofrecer a su hijo en sacrificio, que, con las palabras de nuestro bendito Señor,[5] vio el día de Cristo, «y se regocijó».

La fe de Abraham puesta a prueba con la orden de sacrificar a Isaac

La prueba o «tentación» por la que la fe de Abraham tenía que pasar en este caso, para que fuera purificado totalmente como «el oro en el fuego», llegó en la forma de la orden de Dios para ofrecer a Isaac en holocausto. No se le ahorró ninguna amargura de su dolor al patriarca. Fue dicho con una precisión dolorosa: «Toma ahora tu hijo, tu único hijo, a quien amas»; y no se añadió ni una sola palabra de liberación para animarlo en su camino solitario. La misma falta de precisión que había añadido tanta dificultad al primer llamamiento de Abraham para que dejara la casa de su padre caracterizaba esta última prueba de obediencia de su fe. Se le dijo simplemente que lo llevara «a la tierra de Moria», donde Dios le diría más adelante sobre qué montaña de los alrededores debería ofrecer su extraño «holocausto». Lutero ha indicado, en su acostumbrado lenguaje seco, cómo parecería a la razón humana que o bien la promesa de Dios fracasaría, o que esta orden venía del diablo y no de Dios. Solo había una única salida de esta perplejidad: llevar «cautivo todo pensamiento a la obediencia a Cristo». Y Abraham «no vaciló» ante la palabra de Dios; no dudó de ella; sino que fue «fuerte en la fe», «considerando» (aunque no lo sabía) «que Dios era poderoso para levantar aun de entre los muertos a Isaac, de donde, en sentido figurado, también le volvió a recibir». Porque no podemos desmerecer la prueba introduciendo en las circunstancias nuestro conocimiento del desenlace final. Abraham no tenía ninguna seguridad absoluta ni ningún conocimiento más allá de su deber del momento. Todo lo que podía sostenerlo era la promesa anterior, y el carácter y fidelidad del pacto de Dios, quien ahora le ordenaba ofrecer dicho sacrificio. El contexto fue tan agudo como breve. Solo duró una noche; y la mañana siguiente, sin haber «consultado con carne y sangre», Abraham, con su hijo Isaac y dos siervos, se encaminaron a «la tierra de Moria». No tenemos ningún dato para poder determinar con exactitud la edad de Isaac en aquella ocasión; pero los cálculos de Josefo, que tenía veinticinco años, le hacen más grande de lo que parece indicar el lenguaje del relato de la Escritura. Habían viajado dos días desde Beerseba, cuando al tercero aparecieron ante sus ojos «las montañas que envuelven a Jerusalén». Desde un espacio vacío entre las colinas, el cual constituye el punto más alto en la carretera común, que siempre se ha dirigido hacia arriba desde el sur, sólo aquella única montaña se podía ver, sobre la que posteriormente debería estar erigido el templo. Esa era «la tierra de Moria», y aquélla la colina en la que se iba a realizar el sacrificio de Isaac. Dejando atrás a los dos siervos, con la seguridad que tras haber adorado «volverían» (porque la fe estaba segura de la victoria, y se anticipaba a ella), padre e hijo continuaron su camino solitario, Isaac llevando la leña, y Abraham el cuchillo del sacrificio y el fuego. «E iban ambos juntos. Y entonces habló Isaac a su padre; y le dijo: Padre mío. Y él respondió: Heme aquí, mi hijo. Y el dijo: He aquí el fuego y la leña; más ¿dónde está el cordero para el holocausto? Y respondió Abraham: Dios se proveerá de holocausto, hijo mío. E iban juntos.» Nada más se dijo entre ambos hasta que llegaron al lugar destinado. Allí Abraham edifica el altar, coloca la leña sobre el mismo, ata a Isaac, y lo pone sobre el altar. Ya había levantado el cuchillo del sacrificio, cuando el Ángel de Jehová, el Ángel del Pacto, paró su mano. La fe de Abraham se acababa de demostrar totalmente, y había sido perfeccionada. «Un carnero trabado en un zarzal» serviría para «el holocausto en lugar de su hijo»; pero para Abraham no solo se repiten y extienden las promesas anteriores, sino que son «confirmadas con juramento», «para que por medio de dos cosas inmutables, en las cuales es imposible que Dios mienta», él «tuviera un fuerte consuelo». «Porque cuando Dios hizo la promesa a Abraham, no pudiendo jurar por otro mayor, juró por sí mismo».[6] Este «juramento» sobresale en solitario en la historia de los patriarcas; después es mencionado constantemente,[7] y, como observa Lutero, se convirtió en la fuente de donde brotaba todo lo que se prometía «por juramento» a David, Salmos 89:35; 110:4; 132:2. No es de extrañar que Abraham llamara el lugar «Jehová Fireh» «Jehová ve», o «Jehová provee», lo cual significa que él ve para nosotros, porque como implica la misma palabra, su providencia, o provisión, es simplemente el hecho que él ve para nosotros, qué, dónde y cuándo nosotros no vemos solos. Cuando recordamos que sobre esta cima de la montaña estuvo posteriormente el templo del Señor, y que del mismo subía el humo de los sacrificios aceptos, podemos entender mucho mejor qué es lo que añade el escritor inspirado por medio de la explicación: «Por tanto se dice hoy, en el monte donde Jehová es visto», donde ve y es visto, de donde también se deriva el nombre de Moria.

Pero antes de dejar este acontecimiento, será necesario considerarlo en cuanto a su relación con Abraham, Isaac e incluso los Cananeos, como también su aplicación simbólica o figurativa. Es muy notable que un escritor alemán que se ha opuesto enérgicamente a la verdad de este relato escritural, se ha visto forzado a admitir hasta cierto punto el profundo significado del mismo en la historia de la fe de Abraham. Escribe así: «Hasta aquí incluso Isaac, aquel

5. Juan 8:56.

6. Hebreos 6:13.
7. Génesis 24:7; 26:3; Éxodo 13:5, 11; 33:1, etc.

«Melquisedec era sacerdote y rey, Abram sólo un profeta; Melquisedec fue reconocido como el legítimo poseedor del país, el cual por el momento sólo había sido prometido a Abram. Cierto, el futuro sería infinitamente mayor que el presente, pero entonces era solo futuro. Melquisedec como propietario de esa realidad futura bendiciendo a Abram, transfiriendo con ello su título a él; mientras que Abram reconoce el presente, dando diezmos a Melquisedec, e inclinándose para recibir su bendición».

Esta estatua de origen desconocido procedente de Oriente, puede servir para dar rostro al pueblo no semítico, de origen incierto que dio su nombre a Palestina o «Filistina», es decir, el «país de los filisteos» con el que Abram pactó una alianza.

don precioso prometido hacía tanto tiempo, había sido solo una bendición natural para Abraham. Un hijo como cualquier otro, aunque se tratara de un hijo de Sara, había nacido y había sido educado en su casa. Desde su nacimiento Abraham no había sido llamado a soportar el dolor de un alma luchando en fe, y no obstante toda bendición llega a ser espiritual y verdaderamente duradera, si nos la apropiamos en la batalla de la fe». Ante la orden de Dios Abraham había ineludiblemente abandonado su país, parentela y casa, y luego sus afectos paternales para con Ismael. Pero todavía quedaba abandonar a Isaac según la carne, a fin de recibirlo de nuevo espiritualmente; abandonar no meramente «su único hijo, el objetivo de su satisfacción, la esperanza de su vida, el gozo de su anciana edad» (todo lo que él más amaba); sino también el heredero de todas las promesas, y todo ello con una fe sencilla y absoluta en Dios, y con una confianza perfecta que Dios se lo podía levantar incluso de entre los muertos. De este modo la promesa fue purgada, por así decirlo, de todo lo perteneciente a la carne que se había aferrado a ella; y así la fe de Abraham fue perfeccionada, y su amor purificado. También con relación a Isaac era muy significativo ese acontecimiento. Porque cuando no se opuso a su padre, y se dejó atar y colocar sobre el altar, entró en el espíritu de Abraham, tomó sobre sí mismo la fe, y con ello demostró ser un verdadero heredero de las promesas. Tampoco podemos olvidar cómo la entrega del primogénito fue la primicia de aquella dedicación a Dios de todos los primogénitos, que exigiría más tarde la ley, y que significaba que en el primogénito debemos consagrar todo al Señor. Tal vez la lección que los cananeos debieron aprender de este acontecimiento parecerá en cierto modo secundaria, si la comparamos con estas grandes verdades. No obstante tenemos que tener en cuenta que por todos los alrededores se estaban ofreciendo sacrificios humanos sobre todos los montes, cuando Dios sancionó una ofrenda muy distinta, al substituir para siempre los sacrificios animales por medio de esta entrega del más amado a quien la desesperación humana había pedido como expiación por el pecado. Pero Dios entregó a su amado hijo, su propio unigénito hijo por nosotros; y el sacrificio de Isaac tenía que ser una figura gloriosa de este último. Así, como Abraham recibió este sacrificio de nuevo de la muerte «en figura», también nosotros en la realidad, cuando Dios alzó a su propio hijo, Jesucristo, de los muertos, y nos hizo sentar junto a él en lugares celestiales.

Muerte de Sara

Después de la ofrenda de Isaac, Abraham vivió muchos años; no obstante casi no sucedió nada digno de ser registrado en la Escritura. La primera cosa que leemos después de esto es la muerte de Sara, a la edad de ciento veintisiete años. Es la única mujer cuya edad es registrada en la Escritura, debiéndose la distinción probablemente a su posición para con los creyentes, como se indica en 1 P.3:6. Por entonces Isaac tenía treinta y siete años, y Abraham residía de nuevo en Hebrón. El relato de la compra de Abraham de una sepultura de manos de «los hijos de Het» es grandemente fotográfico. También manifiesta de un modo sorprendente la posición de Abraham en la tierra como extranjero y peregrino, y también su fe en su posesión futura de aquel lugar. El contrato sobre el campo y la cueva de Macpelá (tanto la cueva «doble» como «el lugar separado», o «el lugar ondulante»), que Abraham deseaba comprar como «sepultura», se llevó a cabo en asamblea pública, «a la puerta de la ciudad», como era costumbre en oriente. El patriarca se reconoce explícitamente como «extranjero y advenedizo» entre «los hijos de Het»; y el texto sagrado repite de manera enfática varias veces que «Abraham se levantó, y se inclinó al pueblo de aquella tierra». Por otro lado, llevan a cabo sus negociaciones según la auténtica costumbre oriental, primero ofreciendo cualquiera de sus sepulcros, puesto que Abraham era manifiestamente «un príncipe de Dios» entre ellos (en nuestra versión traducido «un príncipe poderoso»), luego rechazando el pago de Macpelá, pero al final pidiendo su valor completo, en esta manera típicamente oriental: «Señor mío, escúchame: la tierra vale cuatrocientos siclos de plata;[8] ¿qué es esto para ti y para mí?».

En contraste, Abraham sí que actúa como un príncipe con su cortesía y sus acuerdos. Y así el campo y la cueva le fueron concedidos; un «lugar para sepultura», la única «posesión» de Abraham en una tierra que sería suya para siempre. Pero incluso con esta compra de un lugar de sepultura, Abraham demostró su fe en la promesa; tal como, al cabo de muchos siglos, el profeta Jeremías mostró su confianza en el retorno prometido de Judá de Babilonia, comprando un campo en Anatot.[9] En esta cueva de Macpelá yacen atesorados los restos de Abraham y Sara, de Isaac y Rebeca, también de Lea, y los cuerpos embalsamados de Jacob y tal vez de José.[10] No hay ningún otro lugar de la Tierra Santa que contenga un polvo más precioso que éste; y es, de entre los así llamados «lugares santos», el único que hoy en día puede ser señalado con perfecta certeza. Desde el gobierno musulmán ha resultado inaccesible tanto a cristianos como a judíos. El lugar que está sobre la cueva está cubierto por un santuario mahometano, el cual se halla cercado por un edificio cuadrangular, de doscientos pies de longitud, ciento quince de ancho, y cincuenta o sesenta de altura, cuyas paredes están divididas por pilastras, con una separación de unos cinco pies, y dos pies y medio de ancho. Este edificio, con sus piedras inmensas, una de las cuales mide más de treinta y ocho pies de longitud, debe ser del tiempo de David o Salomón. La mezquita que hay en su interior probablemente fuera una iglesia en la antigüedad; y en la cueva que hay debajo de su suelo están los sepulcros de los patriarcas.

Tres años después de la muerte de Sara, Abraham decidió llenar el vacío de su propia familia y del corazón de Isaac, buscando una esposa para su hijo. A este hecho haremos referencia con relación a la vida de Isaac. Nada más queda por explicar sobre los treinta y ocho años posteriores a la muerte de Sara. Leemos, pues, que Abraham «tomó una esposa», Cetura, y que le dio seis hijos, pero no estamos seguros de cuándo sucediera esto. En cualquier caso, la historia de esos hijos no se mezcla en modo alguno con la descendencia prometida. Fueron los antepasados de las tribus árabes que son mencionadas algunas veces en la Santa Escritura.

Muerte de Abraham

Y así, por medio del impresionante silencio de tantos años como para abarcar más de una generación, la Escritura nos lleva a la muerte de Abraham, en «buena vejez» de ciento setenta y cinco años, setenta años después del nacimiento de Isaac. Y por citar el lenguaje significativo de la Biblia, «fue unido a su pueblo», una expresión muy diferente de morir o ser sepultado, y que implica reunión

8. Un precio muy considerable para aquel tiempo.
9. Jeremías 32:7, 8.
10. Ver «Those Holy Fields»; *Palestine illustrated by Pen and Pencil*, p. 39.

con los que habían partido primero, y una creencia firme y segura en la vida venidera. Y mientras sus hijos Isaac e Ismael, ambos de avanzada edad, están al lado de su sepulcro en la cueva de Macpelá, nos parece oír la voz de Dios diciendo en todo tiempo: «Conforme a la fe murieron todos éstos sin haber recibido lo prometido, sino mirándolo de lejos, y abrazándolo, y confesando que eran extranjeros y peregrinos sobre la tierra».[11]

Capítulo 15

(Génesis 24; 25:19; 26)

El relato sagrado se vuelve hacia la historia de Isaac, el heredero de las promesas, todavía marcando su curso los tratos de parte de Dios que habían caracterizado la vida de Abraham. Desde el punto de vista de las promesas divinas, el casamiento de Isaac tenía que ser ineludiblemente un asunto de gran importancia para Abraham.

El patriarca tenía dos cosas muy claras: Isaac no podía en modo alguno tomar una esposa de entre los cananeos del lugar, no debía hacer alianza con los que iban a ser desposeídos de la tierra; y que Jehová, quien tan a menudo había demostrado ser un Dios fiel, y en obediencia al cual ahora rechazaba lo que hubiese podido parecer relaciones altamente ventajosas, proporcionaría él mismo una compañera adecuada para Isaac. Estas dos convicciones determinaron la conducta de Abraham, como también condujeron la de «su criado más viejo», al que Abraham encargó llevar a cabo sus deseos, y quien, en términos generales, parece haber estado profundamente implicado en el espíritu de su amo.

Hacía poco tiempo[1] que Abraham había sido informado que su hermano Nacor, a quien había dejado en Harán, había sido bendecido con numerosos descendientes. A él, pues, envió el patriarca «su criado, el más viejo de su casa, que era el que gobernaba en todo lo que tenía»; se cree que era Eliezer de Damasco,[2] aunque por aquel tiempo ya debía ser de edad avanzada como su amo. Pero antes de partir le hizo jurar por Jehová (ya que este asunto concernía la esencia misma del pacto) para impedir cualquier alianza con los cananeos, y para aplicarlo a su «parentela». Y cuando el criado le planteó la posibilidad que para la ejecución de su deseo podría ser necesario que Isaac volviera a la tierra de donde viniera Abraham, el patriarca se negó rotundamente, tanto por ser contrario a la voluntad divina como por su creencia con fe que no habría dificultad alguna, y confió el resultado en las manos de Dios. En todo esto Abraham no tuvo ninguna nueva revelación del cielo; ni tampoco la necesitaba. Simplemente aplicaba a las circunstancias presentes lo que ya había recibido como la voluntad de Dios, del mismo modo que en todas nuestras circunstancias de la vida no necesitamos ningún nuevo comunicado de las alturas; solamente precisamos comprender y aplicar la voluntad de Dios tal como se nos revela en su Santa Palabra.

El resultado demostró cuán ciertas habían sido las esperanzas de Abraham. Tras llegar a Harán, el criado de Abraham puso en oración el asunto para que Dios «prosperase su camino», porque incluso durante nuestro camino por los mandamientos de Dios debemos buscar y pedir su bendición especial. Allí, mientras estaba fuera de la ciudad junto al pozo al que, según la costumbre oriental, las doncellas acudirían a sacar agua para sus casas, se le ocurrió con naturalidad relacionar en su oración una muestra de aquella cortesía, hospitalidad y amabilidad religiosas a lo que había estado habituado en la casa de su amo, con la parentela de Abraham, y por lo tanto el objetivo de su viaje. Casi no había terminado de orar cuando llegó la respuesta. «Antes que él acabase de hablar»[3] Rebeca, la hija de Betuel, hijo de Nacor, hermano de Abraham, fue al pozo junto al cual se había parado el extraño con sus camellos. Su aspecto era muy simpático («la doncella era de aspecto muy hermoso»), y su forma de actuar muy modesta y conveniente. De acuerdo con la señal que él había determinado en su mente, le pidió agua para beber; y concordando con la misma señal, sobrepasó su petición sacando agua incluso para sus camellos. Pero ni siquiera así el criado de Abraham cedió ante su primera impresión; solamente lo hizo ante el cumplimiento exacto de su oración, «el hombre estaba maravillado de ella, callando, para saber si Jehová había prosperado su viaje o no». Antes de proseguir preguntando quién era su familia, y buscando su hospitalidad, recompensó la amabilidad de ella con regalos espléndidos. Pero cuando las respuestas de Rebeca le demostraron que Jehová le había conducido directamente «a la casa de los hermanos de su amo», el hombre, muy conmovido, «se inclinó y adoró a Jehová».

Casamiento de Isaac

La descripción de lo que viene a continuación es al mismo tiempo altamente gráfico y cotidiano. Se dice que Rebeca «corrió e hizo saber en casa de su madre», es decir, evidentemente a las mujeres de la casa. Luego, Labán, hermano de Rebeca, viendo las joyas y escuchando la historia, se apresura a invitar al extraño con toda la profusión de bienvenida típica de oriente. Pero las palabras con las que Labán, siendo por lo menos parcialmente idólatra, se dirigió al criado de Abraham: «Bendito de Jehová», nos recuerdan cuán fácilmente el lenguaje de Abraham (es decir, el lenguaje religioso) fue adoptado por aquellos que no tenían ningún derecho a usarlo. El criado de Abraham, por otro lado, es muy parecido a su amo con su conducta digna y honradez de propósito. Antes de aceptar hospitalidad de mano de Betuel y Labán, obtendrá una respuesta sobre la misión para la que había sido enviado, y ni las persuasiones ni las súplicas consiguen hacerle prolongar su estancia, ni siquiera hasta el día siguiente. La caravana vuelve a Canaán con el pleno consentimiento de Rebeca. Una vez más es ya durante el atardecer cuando se termina el viaje. Y resulta que Isaac ha «salido a meditar al campo» (una expresión que implica comunión religiosa con Dios, probablemente con relación a su casamiento) cuando se encuentra con la caravana que vuelve. Rebeca recibe a su futuro marido con la decorosa modestia de una novia oriental, y la felicidad de corazón del hijo de la promesa le es asegurada en la unión con la mujer que el Señor mismo le «proveyó» por esposa. Cuando se casó Isaac tenía cuarenta años.

Nacimiento de Esaú y Jacob

En el descanso silencioso de su ancianidad Abraham no solo presenció la vida casada feliz de su hijo, sino que incluso vivió quince años después del nacimiento de Esaú y Jacob. En cuanto a Isaac, se había aposentado lejos de las

11. Hebreos 11:13.
1. Génesis 22:20.
2. Génesis 15:2.
3. Comp. Daniel 9:20, 21.

traficadas guaridas de los cananeos, en el pozo Lahai-Roi, una retirada adecuada a su carácter reservado y tranquilo. En veinte años la unión de Isaac y Rebeca no fue bendecida con hijos, para mostrar que también en este caso el heredero de las promesas tenía que ser un regalo de Dios, otorgado a la fe que espera. Finalmente Jehová escuchó «la súplica» de Isaac, «por su esposa», o más literalmente «acerca contra su esposa», porque, como enfatiza sorprendentemente Lutero: «Cuando oro por alguien, lo sitúo ante mi corazón, y no veo ni pienso en nada más, sino que miro solamente a él con mi alma»; y esto es cierto de toda oración de intercesión. Rebeca iba a ser la madre de hijos gemelos. Pero ya antes de su nacimiento sucedió una señal que la perturbó, y la llevó «a consultar a Jehová» sobre su significado, aunque no sabemos el modo exacto en que lo hizo. La respuesta de Dios indicaba bastante claramente que de sus hijos «el mayor servirá al menor»; es decir, en desacuerdo con lo que cabía esperar según la costumbre, el primogénito no poseería la primogenitura que la promesa divina había dado a Abraham. La sustitución del mayor por parte del menor ciertamente concordaba con los tratos anteriores de Dios, pero parecía raro al ser ambos hijos de los mismos padres. No solo es razonable, sino también necesario para comprender la siguiente historia, creer que Rebeca comunicó a su marido el resultado de su consulta, y que posteriormente también Esaú y Jacob fueron informados sobre este hecho.

Esaú vende su primogenitura

Ésta es la única manera de explicar totalmente la conducta de Jacob y su madre intentando apropiarse de la primogenitura, contraria a lo que de otro modo hubiese sido la disposición natural. Cuando nacieron los dos niños, el aspecto pelirrojo y velludo del mayor fue la causa del nombre de Esaú, o «velludo»; mientras que el menor fue llamado Jacob, o el que «traba su mano al talón», porque estaba «trabada su mano al talón de Esaú»; un nombre que más tarde se adaptaría para designar «suplantador»,[4] porque el que se agarra al talón «adelanta» al otro.

El aspecto de los niños no traicionó su carácter cuando crecieron. El carácter salvaje de Esaú, que encontró su trabajo en la vida errante del cazador, nos recuerda a Ismael; mientras que Jacob, apacible y doméstico, buscaba sus placeres en casa. Como sucede a menudo, Isaac y Rebeca tomaron partido por el hijo con el carácter opuesto al suyo propio. El Isaac silencioso y reservado prefería a su hijo mayor atrevido, audaz, fuerte y errante; mientras que Rebeca, que era de naturaleza enérgica, se sintió atraída principalmente por su hijo apacible, Jacob. No obstante, en el fondo, también Esaú era débil y propenso a la depresión, como demostró con sus lágrimas y reproches de impotencia cuando se dio cuenta que estaba realmente privado de la bendición; mientras que Jacob, impetuoso, como su madre, estaba siempre dispuesto a actuar por cuenta propia. Lo reiteramos, en determinado momento todas las partes eran conscientes de que, incluso antes del nacimiento de los niños, la Palabra de Dios había designado a Jacob como el heredero de las promesas. Pero la preferencia de Isaac en lugar de Esaú le impedían aceptar las disposiciones divinas de buen grado; mientras que la impetuosidad de Rebeca y Jacob les motivaba a intentar obtener el cumplimiento de la promesa de Dios por los propios medios de ellos, en lugar de esperar creyendo para ver cuándo lo haría el Señor. Así sucedió que Jacob, atento a sus oportunidades, pronto encontró una posibilidad para aprovecharse de su hermano. Un día Esaú volvió de su caza «cansado» y con hambre. La visión de un plato de lentejas, que hasta hoy aún es un plato favorito en Siria y Egipto, incapaz como era y por falta de costumbre a controlar los deseos del momento, le indujo a vender su primogenitura por ese «guiso rojo». Las circunstancias se comprenden mucho mejor cuando recordamos que, además del carácter desenfrenado de Esaú, y como indica Lightfoot, era una época de inicio de hambre en aquella tierra. Porque, justo después,[5] leemos que «hubo hambre en la tierra», mayor incluso que la de la época de Abraham, y que obligó a Isaac a salir de Canaán durante un tiempo. A partir de este acontecimiento, tan característico y decisivo en esta historia, Esaú, de acuerdo con la costumbre de oriente, obtuvo el nombre Edom, o «rojo», por el color del «plato de potaje» por el cual había vendido su primogenitura.

En cuanto a la conducta de los dos hermanos en este asunto, debemos notar que la Escritura no excusa ni defiende en absoluto a Jacob. De acuerdo con su hábito, simplemente relata los hechos sin comentar nada al respecto. Esto lo deja «a la lógica de los hechos»; y las terribles pruebas que tan pronto apartarían a Jacob de su casa, y que lo tuvieron como servidor en una tierra extraña durante tanto tiempo, son en sí mismas un comentario divino suficiente sobre dicha transacción. Además, es notable que Jacob nunca apeló en el futuro a su compra de la primogenitura. Pero en cuanto a lo que concierne a Esaú, sólo podemos tener una opinión sobre su conducta. Demasiado fácilmente suponemos que si Jacob actuó mal con Esaú o se aprovechó de él, por eso mismo Esaú tenía razón. En cambio la verdad es todo lo contrario. Cuando nos preguntamos qué es lo que Jacob intentaba comprar, o Esaú vender en su «primogenitura», respondemos que en los últimos tiempos concedía una porción doble de las posesiones paternas.[6] En los días de los patriarcas incluía «señorío» sobre el resto de la familia, y especial sucesión a la bendición espiritual que desde Abraham fluiría a todo el mundo,[7] junto con la posesión de la tierra de Canaán y la comunión del pacto con Jehová.[8] Podemos creer fácilmente que la parte espiritual de todo ello era descreditada y menospreciada por parte de Esaú, y lo que era temporal, pero futuro, como demuestra su conducta posterior, se pensaba que lo obtendría por el favor de su padre o por medio de la violencia. Pero el hecho que la satisfacción momentánea de sus apetitos sensuales más bajos le hicieran estar dispuesto a vender tan inefablemente preciosos y santos privilegios, demostró que era, con el lenguaje de la Epístola a los Hebreos,[9] «profano», y por lo tanto no apto para llegar a ser el heredero de las promesas. Porque ser profano es esto: renunciar a lo espiritual y lo no visto por la satisfacción sensual o el deleite momentáneo; ser tan poco cuidadoso por lo espiritual como para aferrarse al gozo actual; en pocas palabras: prácticamente no tener en cuenta nada santo en absoluto cuando se entremete en nuestro gozo actual. La Escritura lo redacta con la amarga sentencia propia, que el mismo Esaú dictó para sí mismo con su conducta: «y él comió y bebió, y se levantó y se fue. Así menospreció Esaú la primogenitura».

Antes de continuar con la historia de las pruebas y los gozos de Isaac, parece ser oportuno hacer unas precisiones

4. Génesis 27:36.

5. Génesis 26:1.
6. Deuteronomio 21:17.
7. Génesis 27:27, 29.
8. Génesis 28:4.
9. Hebreos 12:16.

generales, a fin de explicar tanto la conducta de Isaac como la de Jacob, y su significado para la historia del pacto. Es un hecho común describir a Abraham como el hombre de fe, Isaac como el ejemplo de longanimidad, y Jacob como el hombre del trabajo activo; y en estos dos últimos casos, relacionar los frutos espirituales, que fueron el resultado de su fe, con sus caracteres naturales. Todo esto es correcto; pero, en nuestra opinión, es necesario tomar una perspectiva más amplia de todo el asunto. Tengamos en cuenta que Dios hizo y estableció su pacto con Abraham. La historia de Isaac y Jacob, por otro lado, más bien representa los estorbos contra el pacto. Son los mismos que nosotros encontramos a diario en nuestro caminar de fe. Surgen por causas opuestas, según nuestra debilidad nos rezagamos, o –por nuestra impaciencia– nos adelantamos a Dios. Isaac se rezagó, Jacob intentó ir delante de Dios; y su historia muestra los peligros y las dificultades creadas por cada uno de estos motivos, tal como, por el contrario, los tratos de Dios con ellos muestran con cuanta misericordia, sabiduría y santidad sabía apartar tales obstáculos, y desarraigar esos pecados de sus corazones y vidas. En consecuencia, debemos considerar la historia de Isaac y Jacob como la de los obstáculos contra el pacto y su desaparición. Bajo esta perspectiva entendemos mucho mejor, no solo el intento de Jacob de comprar la «primogenitura» (como si Esaú hubiese tenido algún derecho a venderla) sino también lo que sucedió después de dicha transacción.

Isaac en Gerar

Parece ser que un hambre atroz indujo a Isaac a salir de su lugar, y se le ocurrió con toda naturalidad seguir los pasos de su padre Abraham, e ir a Egipto. Pero cuando llegó a Gerar, el lugar de residencia de Abimelec, rey de los filisteos, donde Abraham había estado con anterioridad, «Jehová se le apareció», y le dio instrucciones especiales de permanecer allí, renovándole al mismo tiempo las promesas que había hecho a Abraham. Podemos reconocer la bondad de Dios tanto en sus instrucciones como en la renovación de la bendición, porque no quería exponer a Isaac a las grandes pruebas de Egipto, y quería reforzar y animar su fe. Parece ser que al llegar a Gerar no dijo que Rebeca era su esposa; y cuando finalmente se le pregunta al respecto, la falta de valentía que había provocado el equívoco desembocó en la falsedad. Imitando a Abraham hizo pasar a su esposa por su hermana. Pero también aquí la bondad de Dios intervino para librarlo de una prueba superior a lo que hubiese sido capaz de soportar. Su engaño fue descubierto antes de que su esposa fuera tomada; y una orden dada por Abimelec (no sabemos si era el mismo que gobernaba en el tiempo de Abraham o su sucesor) aseguró su futuro. Por aquel entonces parece ser que el hambre era tan intensa que el mismo Isaac se puso a labrar la tierra personalmente. Y Dios le bendijo con una producción extraordinariamente enorme, a fin de animarlo todavía más en medio de sus pruebas. Normalmente, incluso en las partes más fructíferas de Palestina, la cosecha era de veinticinco a cincuenta por uno; y en un distrito pequeño, hasta ochenta por uno de trigo, y ciento por uno de cebada. Pero Isaac recibió «ciento por uno» para que viera que incluso en un año de hambre Dios podía conceder la mayor provisión a su siervo. La riqueza creciente de Isaac provocó la envidia de los filisteos. Surgieron las disputas, y taparon los pozos que Abraham había cavado. Al final, incluso Abimelec, aunque era amigo, le aconsejó que se fuera del lugar. Isaac fue al valle de Gerar. Pero allí también surgieron cuestiones parecidas; e Isaac volvió una vez más a la antigua morada de Abraham, a Beerseba. Allí Jehová se le apareció de nuevo para confirmarle, al entrar otra vez en la tierra, las promesas hechas anteriormente. También Beerseba recibió su nombre por segunda vez. Porque Abimelec, acompañado por su capitán principal y su consejero personal, acudió a Isaac para renovar el pacto que había sido hecho antes entre los filisteos y Abraham. Ahora Isaac ya estaba en paz con todos los de su alrededor. Mejor todavía, «edificó un altar» en Beerseba, «e invocó el nombre de Jehová».

Casamiento de Esaú

Pero en la cúspide de su prosperidad le esperaban nuevas pruebas. Su hijo mayor, Esaú, tomó dos cananeas como esposas, «las cuales fueron amargura de espíritu a Isaac y a Rebeca». Seguramente, si Isaac no «se hubiese rezagado mucho», hubiese reconocido en ello la ineptitud final y total de Esaú para heredar la «primogenitura». Pero la misma tendencia que le había mantenido indeciso hasta el momento, le condujo, antes de que se rompiera definitivamente, a un dolor mayor y mucho más profundo que todo lo que había experimentado hasta el momento.

Capítulo 16

(Génesis. 27; 28:1-9)

Si hay algo de lo que debemos guardarnos ansiosamente, es de «tentar a Dios». Tentamos al Señor cuando, prestando atención a nuestras propias tendencias, cuestionamos de nuevo lo que él ya ha establecido. Donde Dios ya ha tomado una decisión, no debemos dudar, ni rezagarnos. Y si había algo que podía describirse como claramente determinado por parte de Dios era, sin lugar a dudas, el llamamiento de Jacob y el rechazo de Esaú. Había sido predicho explícitamente incluso antes del nacimiento de los niños; y Esaú había demostrado posteriormente no ser apto para heredar la promesa, primero por su acción de carácter profano superficial, y luego por su alianza con los cananeos, cosas que no podían ser más contrarias a la voluntad de Dios y a los propósitos de su pacto. A pesar de estas claras indicaciones, Isaac se rezagó, no deseando seguir la dirección de Dios. En verdad, había puesto sus afectos naturales en la balanza como contrapeso. Como demostraremos a continuación, Isaac ciertamente vaciló sobre si dar la parte espiritual de la bendición a Esaú; pero lo que él consideraba como los derechos naturales del primogénito aparecieron ante él de modo ineludible, y esto es lo que quería reconocer formalmente al concederle la bendición.

Jacob obtiene la bendición de Isaac mediante engaño

Un escritor alemán observa adecuadamente: «Ésta es una de las más notables complicaciones de la vida, mostrando en el modo más claro posible que los hilos de la historia son movidos por una mano superior, de manera que ni el pecado ni el error pueden liarlos. Cada uno teje los hilos que se le confían según sus propias opiniones y deseos; pero al final, cuando el tejido está acabado, vemos en el mismo el diseño que el Señor había ideado con anterioridad, y en el cual cada trabajador contribuye con uno u otro aspecto». Por el tiempo que estamos escribiendo Isaac tenía ciento treinta y siete años;[1] una edad en la cual su hermanastro Ismael había muerto, hacía catorce años; y aunque Isaac estaba destinado a vivir otros cuarenta y tres años,[2] la debilidad de su vista, junto con otras debilidades, le hizo pensar en la muerte. Bajo estas circunstancias decidió conceder formalmente a Esaú los privilegios que pertenecían por naturaleza al primogénito. Pero, para esto, aparejó una especie de condición preliminar, que Esaú le trajera y preparara carne de venado. Posiblemente considerara el hecho de encontrar caza como una especie de señal providencial, y su preparación como prueba de su afecto. No había nada extraño en esto, porque los que creen en Dios, y no obstante por cualquier motivo rechazan implícitamente seguir las instrucciones de Dios mismo, siempre están a la expectativa de alguna «señal» para justificarse al deponer las indicaciones claras de la voluntad de Dios. Pero Rebeca había oído la conversación entre su esposo y su hijo. Probablemente hacía mucho tiempo que se temía algo por el estilo y estaba atenta a ello. Y ahora el peligro parecía muy inminente. Una hora más, y Jacob perdería la bendición para siempre. Desde un punto de vista humano, el secreto del éxito dependía de una decisión rápida y una acción decisiva. No importaban los medios usados, si se conseguía el objetivo. ¿Acaso Dios no había señalado evidentemente a Jacob como el heredero de las promesas? ¿Acaso Esaú no había demostrado ser totalmente inadecuado para ello incluso antes de casarse con las cananeas? Ella simplemente estaba cumpliendo la voluntad de Dios cuando apartó a su marido de un error tan grande, y se aseguró de que su hijo tuviera lo que Dios había dispuesto para él. Posiblemente éstos fueron los pensamientos interiores de Rebeca. De estar segura, si hubiese tenido la fe de Abraham, que estaba dispuesto a entregar a su propio hijo en el Monte Moria, porque creía que si así había de ser Dios podía levantarlo de entre los muertos, ella no hubiese actuado ni sentido tal como lo hizo. Pero en esos momentos sus motivos estaban muy mezclados, aunque siempre tenía la promesa en mente, y su fe era débil e imperfecta, y aunque pensaba que estaba llevando a cabo la voluntad de Dios.

Esto nos sucede a la mayoría de nosotros, cuando parece que la necesidad nos obliga y la sabiduría santa nos mueve a realizar por cuenta propia lo que deberíamos dejar en las manos de Dios. Si en alguna ocasión nos introducimos en este orden de cosas, no pasará mucho tiempo sin que abandonemos cualquier tipo de escrúpulo sobre los medios usados, para asegurarnos el objetivo deseado, el cual puede parecernos concordante con la voluntad de Dios. Aquí también la fe es el único remedio verdadero: la fe, que deja a Dios realizar sus propios propósitos, contenta confiando en él totalmente, y de seguirle a cualquier lugar que Él nos conduzca. Y el camino de Dios nunca pasa por el matorral de la astucia y los ardides humanos. «El que crea no vacilará»; y tampoco le es necesario, porque Dios lo hará por él.

Siguiendo con su propósito, Rebeca propuso a Jacob que se aprovechara de la vista débil de su padre, y que simulara ser Esaú. Debía vestirse con las ropas de su hermano, que desprendían el olor de las hierbas aromáticas y de los arbustos por donde él había pasado para cazar, y que cubriera su piel suave con pieles; mientras Rebeca prepararía un plato que el padre no podría distinguir de lo que debía prepararle Esaú. Es digno de hacer notar que, aunque Jacob puso objeciones al inicio, sus escrúpulos fueron causados más bien por el temor a ser descubierto que por sentir el mal que se le proponía. Pero Rebeca acalló sus recelos, posiblemente por confiar en que, al cumplir, según su parecer, la voluntad de Dios, no podía conseguir nada más que el éxito. De hecho, a Jacob le resultó el papel más difícil de lo que cabía esperar. Se debía repetir continuamente el engaño, la ambigüedad y la mentira a fin de apagar la creciente sospecha del anciano.

Al fin Jacob tuvo éxito, con la vergüenza y el remordimiento que fácilmente podemos imaginar, y logró disipar las dudas de su padre; e Isaac le dio «la bendición» y, con ella, la primogenitura. Pero es importante notar, que aunque esta bendición le daba la tierra de Canaán y la soberanía sobre sus hermanos, existe en ella solo una vaga alusión a la gran promesa hecha a Abraham. Las únicas palabras que podemos suponer que se refieran a ella son las siguientes: «Malditos los que te maldijeren, y benditos los que te bendijeren».[3] Pero esto es muy diferente de la bendición de Abraham, «en ti y en tu simiente serán benditas todas las naciones de la tierra».[4] Resulta evidente, Isaac pensaba que había bendecido a Esaú, y que no osaba conferirle a él los privilegios espirituales unidos a la primogenitura. Así, después de todo, Jacob y Rebeca no lograron lo que buscaban.

El dolor de Esaú

Acababa Jacob de salir de la presencia de su padre, cuando entró Esaú con su carne de venado guisada. Si Isaac, Rebeca y Jacob se habían equivocado en su participación en esa transacción, Esaú por lo menos merece igual culpa. Por no hablar de su conocimiento previo de la voluntad de Dios sobre este tema, disimuló ante su hermano Jacob el hecho de que iba a obtener de parte de su padre el favor que el mismo Esaú había vendido a Jacob. Ciertamente, aquí había tanta falta de honradez, y tantos ardides y falsedades como con Jacob.

Cuando Isaac descubrió el engaño del cual había sido víctima, «se estremeció grandemente», pero no quiso retirar la bendición que había pronunciado: «yo le bendije, y será bendito». Ahora, por vez primera, parece que desaparecieron las tinieblas que envolvían la visión de Isaac sobre este asunto. Ve el dedo de Dios, que ha evitado el peligro que Isaac había provocado por su propia debilidad. Así, a pesar de que todos los implicados en esa transacción habían estado en error y pecado, Dios llevó a cabo su propósito, e Isaac reconoció este hecho. Ahora bien, también por vez primera, Esaú pudo observar ligeramente lo que él mismo realmente se había perdido. Leemos que «después, deseando heredar la bendición, fue desechado, pues no halló oportunidad para el arrepentimiento, aunque la procuró con lágrimas».[5]

Consecuencias negativas sufridas por todos los miembros de su familia por sus errores

Ante tal súplica por obtener algún tipo de bendición, Isaac pronunció lo que en realidad era una profecía del futuro de Edom. Su traducción literal, sería:

1. La edad de Isaac se determina como sigue: Cuando José estuvo ante Faraón (Gn. 41:46), tenía treinta años, y por lo tanto treinta y nueve cuando Jacob fue a Egipto. Pero entonces Jacob tenía ciento treinta años de edad (Gn. 47:9). Así Jacob debería tener noventa y un años cuando nació José; y puesto que esto sucedió en el año catorce de la estancia de Jacob con Labán, la huida de Jacob de su casa debió suceder cuando él tenía setenta y siete años, y su padre Isaac ciento treinta y siete.

2. Génesis 35:28.

3. Génesis 27:29.

4. Génesis 27:18.

5. Hebreos 12:17.

«Se dice que Rebeca 'corrió e hizo saber en casa de su madre', es decir, evidentemente a las mujeres de la casa. Luego, Labán, hermano de Rebeca, viendo las joyas y escuchando la historia, se apresura a invitar al extraño con toda la profusión de bienvenida típica de oriente. Pero las palabras con las que Labán, siendo por lo menos parcialmente idólatra, se dirigió al criado de Abraham: 'Bendito de Jehová', nos recuerdan cuán fácilmente el lenguaje de Abraham (es decir, el lenguaje religioso) fue adoptado por aquellos que no tenían ningún derecho a usarlo. El criado de Abraham, por otro lado, es muy parecido a su amo con su conducta digna y honradez de propósito».

Este tocado, descubierto en Ur, data del tercer milenio anterior a nuestra era y es posible que Rebeca usara uno parecido. (Museo Iraq-Baghdad)

«He aquí, tu morada será sin la fertilidad de la tierra,
Y sin el rocío del cielo desde arriba».

Esto describe el aspecto general de las montañas estériles de Edom; después de ello el patriarca continúa con los rasgos generales de la historia futura de los edomitas:

«Pero con tu espada vivirás, y servirás a tu hermano;
Pero sucederá que, al sacudirlo, romperás
su yugo de sobre tu cuello».

La última frase, como bien se ha hecho notar, se refiere al éxito cambiante de las luchas futuras entre Israel y Edom, e introduce un elemento de juicio en la bendición de Jacob. Y cuando comparamos las palabras de Isaac con la historia de Israel y Edom, hasta el tiempo en que Herodes, el Idumeo, tomó posesión del trono de David, vemos con cuánta exactitud todo ello ha sido resumido en la Epístola a los Hebreos (11:20): «Por la fe, bendijo Isaac a Jacob y a Esaú respecto a cosas venideras». Porque el hecho de que Isaac estaba ahora actuando con fe, y había comprendido que sin saberlo había bendecido según el propósito de Dios y no de acuerdo con sus propias inclinaciones, se desprende de la historia subsiguiente. Parece que Esaú, lleno de odio y envidia, resolvió librarse de su rival con el asesinato de su hermano, con la única condición de aplazar la ejecución de su propósito hasta después de la muerte de su padre, que también creía estaba cerca. De algún modo Rebeca, siempre atenta, obtuvo noticias al respecto, y conociendo el carácter irascible de su hijo mayor, el cual, por muy violento que fuera, no conservaba el enfado mucho tiempo, decidió enviar a Jacob fuera, a su hermano Labán, por «algunos días», porque imaginaba que al cabo de dicho tiempo ella «enviaría y lo traería de allá». Pero la amabilidad para con su marido le hizo esconder el plan asesino de Esaú e intervenir ofreciendo como razón de la salida temporal de Jacob lo que, sin duda, también era un fuerte motivo en su interior, que Jacob se casara con alguien de la parentela de ella. Porque, como ella misma dijo, «Si Jacob toma mujer de las hijas de Het, como éstas, de las hijas de esta tierra, ¿para qué quiero mi vida?». Aunque su lenguaje sea enojado su razonamiento era justo, e Isaac lo sabía por la dolorosa experiencia de las esposas de Esaú.

Jacob enviado a Labán

Y ahora Isaac envió a Jacob a Labán explícitamente, para buscarle una esposa; y actuando así, esta vez de modo consciente y con inteligencia, renovó la bendición que había sido obtenida antes de una manera fraudulenta.

Isaac renueva y da enteramente a Jacob la bendición de Abraham

Además, ahora el patriarca habla clara y unívocamente, no solo reiterando los mismos términos de la bendición del pacto en toda su plenitud, sino añadiendo especialmente las siguientes palabras: «el Dios omnipotente... te dé la bendición de Abraham, y a tu descendencia contigo». Así finalmente la debilidad de la luz espiritual de Isaac desapareció totalmente. Pero la oscuridad que envolvía a Esaú parece ser que crecía más y más. Al enterarse del cargo que Isaac había dado a su hijo, y dándose cuenta, parece que por primera vez, del hecho de que «las hijas de Canaán parecían mal a Isaac[6] su padre», tomó a «Mahalat, hija de Ismael» por tercera esposa; como si hubiese arreglado las cosas formando una alianza con una persona a quien Abraham, por orden divina, había «expulsado». De este modo se manifestaba a cada paso la incapacidad espiritual de Esaú y su ineptitud, incluso cuando intentaba actuar amablemente y como se debe.

Para concluir, alteramos y adaptamos el lenguaje de un escritor alemán: después de esto Isaac vivió cuarenta y tres años más. Pero no aparece más en esta historia. El hilo de la misma lo toma Jacob, sobre quien se desarrolla la promesa. La Escritura sólo registra el hecho que Isaac fue reunido con sus padres a los ciento ochenta años de edad, y lleno de días, y que fue sepultado en la cueva de Macpelá por Esaú y Jacob, a quienes tuvo el gozo de ver a la cabecera de su lecho de muerte como hermanos reconciliados. Cuando Jacob se fue, su padre habitó en Beerseba. El deseo de estar más cerca de la sepultura de su padre puede haber causado su posterior asentamiento en Mamré, donde murió.[7] Rebeca, que en su despedida había prometido muy confiadamente que informaría a Jacob cuando se calmase el enfado de Esaú, podía haber muerto incluso antes de ver el regreso a Canaán de su hijo favorito. En todo caso el mensaje prometido nunca fue dado, y el nombre de ella no se menciona en el retorno de Jacob.

Capítulo 17

(Génesis 28:10-22; 31)

Aquel primer día, una vez que Jacob dejara su casa en Beerseba, hizo un largo y cansado viaje.[1] Viajó más de cuarenta millas por las montañas que más tarde serían las de Judá, y atravesó lo que posteriormente sería la tierra de Benjamín. El sol se había puesto, y su resplandor final había desaparecido detrás de las grises colinas de Efraím, cuando llegó a «un valle irregular, cubierto, como de lápidas, con grandes rocas planas, esparcidas por aquí y por allá, en posición vertical como crómlechs de monumentos de Druidas».[2]

Aquí, cerca de una cordillera salvaje, la gran cumbre de la cual estaba cubierta por un olivar, era el lugar donde Abraham reposó por vez primera al entrar en la tierra, y de donde él y Lot, antes de separarse, inspeccionaron el lugar. Allí mismo, ante él, estaba el Luz cananeo; y más allá, a muchos días de camino, se extendía su fatigoso camino a Harán.[3]

Ese valle de piedras era un lugar solitario y misterioso, como para hacer de él la parada de la primera noche. Pero tal vez coincidía mucho mejor con el estado de ánimo de Jacob, que le había hecho continuar más y más, desde temprano por la mañana, despreocupado del tiempo y el camino, hasta que no pudo continuar con su viaje. No obstante, por accidental que parezca la elección del lugar, pues leemos «llegó a un cierto lugar», sin duda era un designio de Dios. Jacob se preparó para reposar. Amontonando algunas piedras esparcidas por el valle, hizo una almohada y se acostó.

6. Aquí no se menciona que Esaú temiera no complacer a Dios, o ni siquiera que lo pensara. Podemos acordarnos de nuestro padre terrenal, pero al mismo tiempo olvidar el celestial.

7. Génesis 35:27-29.

1. Inferimos a partir del texto sagrado que Jacob pasó su primera noche en Betel.

2. Stanley, *Sinai and Palestine*, p. 217.

3. El viaje de Beerseba a Harán son cuatrocientas millas.

La visión de Jacob en Betel

Fue entonces, en sus sueños, cuando le pareció como si las piedras del valle estaban siendo edificadas por medio de una mano invisible, como peldaño tras peldaño formando una «escalera». Ahora, mientras la miraba, subía y subía, hasta alcanzar el cielo azul lleno de estrellas centelleantes, el cual parecía rasgarse para recibirla. A lo largo de todo ese camino maravilloso se movían formas angélicas «que subían y descendían por ella»; y se derramaba la luz angelical sobre su trayectoria, hasta la cúspide, donde se hallaba el glorioso Jehová, quien habló al durmiente solitario allí abajo: «Yo soy Jehová, el Dios de Abraham tu padre, y el Dios de Isaac». En su ministerio silencioso los ángeles todavía subían y descendían por las escaleras edificadas por el cielo, desde donde estaba Jacob recostado hasta el lugar donde Jehová hablaba. La visión y las palabras habladas por el Señor se explican mutuamente, siendo la primera figura de lo segundo. En esa primera noche, cuando Jacob, expulsado de su casa y fugitivo, su mente llena de pensamientos duros, dudas y temores; cuando, en todos los sentidos, su cabeza se recostaba sobre una almohada de piedras en el rocoso valle de Luz, Jehová le renovó explícita y plenamente, la promesa y la bendición dada por primera vez a Abraham, y le añadió este consuelo, que le ayudaría en cualquier cosa con la que debiera enfrentar: «Yo estoy contigo, y te guardaré por dondequiera que fueres, y volveré a traerte a esta tierra; porque no te dejaré hasta que haya hecho lo que te he dicho». Y lo que Jacob oyó, eso mismo vio en visión simbólica. La promesa era la escalera realmente edificada por Dios, que llegaba desde el lugar solitario donde el pobre errante se hallaba acostado hasta el cielo, justo ante la mismísima presencia de Jehová; y sobre la cual se extendía el camino del ministerio angelical silencioso y desconocido por el mundo. Y todavía es así para cada miembro real de Israel la promesa de aquella «escalera» misteriosa que conecta la tierra con el cielo. Abajo está el hombre, pobre, sin esperanza y abandonado; arriba, el mismísimo Jehová, y a lo largo de la escalera de la promesa que une la tierra con el cielo, los ángeles de Dios, con su silencioso pero ininterrumpido ministerio, descendiendo con ayuda, y ascendiendo en busca de liberación. Pero esta «escalera» es Cristo,[4] porque por medio de esta «escalera» Dios mismo ha descendido a nosotros en la persona de su amado hijo, quien es, por así decirlo, la promesa hecha realidad, como está escrito: «De aquí en adelante veréis el cielo abierto, y a los ángeles de Dios que suben y descienden sobre el Hijo del Hombre».[5]

«Y despertó Jacob de su sueño, y dijo: Ciertamente Jehová está en este lugar, y yo no lo sabía.» Ahora tenía un temor bastante diferente del de soledad o duda. Se trataba del temor de hallarse conscientemente ante el Dios del pacto, que siempre está atento y se preocupa, lo que le hacía sentirse, como a tantos otros, como un errante ante su descubrimiento: «¡Cuán terrible es este lugar! No es otra cosa que casa de Dios, y puerta del cielo». Y a la mañana siguiente temprano, Jacob convirtió su almohada de piedras en una columna conmemorativa, y la consagró a Dios. En adelante ese valle rocoso ya no sería para él el Luz de los cananeos, sino Bet-el, «la casa de Dios»; del mismo modo en que Juan Bautista declaró que de tales piedras Dios podía levantar hijos de Abraham. Al mismo tiempo Jacob hizo un voto, que cuando Dios cumpliese su promesa y lo trajera de vuelta «en paz», él por su parte haría del lugar una Bet-el, dedicándolo a Dios, y ofreciendo al Señor una décima parte de todo lo que Dios le diera, lo cual también cumplió.[6]

No sucedió nada más digno de mención hasta el final de su viaje en «la tierra de los orientales». Allí se encontró en un «pozo», donde, fuera de lo corriente, había tres rebaños esperando, mucho antes de la hora usual de la tarde, para darles de beber. El profesor Robinson hizo esta observación personal, que nos ayudará a comprender las circunstancias: «Sobre la mayor parte de las cisternas se pone una gran piedra plana y gruesa, con un agujero redondo en el centro, que forma la boca de la cisterna. A menudo se encuentra este agujero tapado con una piedra pesada, y para sacarla se necesitan dos o tres hombres».

Su llegada a la casa de Labán

No sabemos si se hacía esperar a los rebaños hasta que llegaran suficientes hombres como para sacar la piedra, o si la costumbre era esperar hasta que llegaran todos los rebaños. En cualquier caso, cuando Jacob se hubo asegurado de que los rebaños venían de Harán, y que los pastores conocían a Labán, el hermano de Rebeca, y cuando vio la hermosa Raquel, su prima, que venía con su rebaño, sacó él mismo la piedra, dio de beber a las ovejas de su tío, y en el calor de sus sentimientos al encontrarse no sólo al final de su viaje, sino que además dirigido por Dios ante la mujer cuyo aspecto se adueñaba de sus afectos, abrazó a su prima. Incluso en este pequeño detalle el observador atento del carácter natural de Jacob no dejará de ver «la precipitación» con la cual siempre se anticipaba a las instrucciones de Dios. Cuando Labán, padre de Raquel, se enteró de todas las circunstancias, recibió a Jacob como un familiar. El período de prueba de un mes confirmó con creces a aquel hombre egoísta y codicioso la impresión favorable de poder usar a Jacob como un pastor suyo; impresión seguramente provocada por su intervención inicial en el «pozo». Con esa franqueza aparente y muestras de liberalidad bajo las cuales las personas astutas y egoístas disfrazan sus intenciones poco honradas, Labán pidió a Jacob que estableciera su propio «salario». Jacob amaba a Raquel, la hija menor de Labán. Sin consultar el pensamiento de Dios sobre este asunto, propuso servir a Labán durante siete años por la mano de ella. Éste era simplemente el tiempo normal entre los hebreos de la servidumbre de un judío; es decir, propuso ser esclavo para Raquel. Con la misma candidez, tan bien fingida, de antes, Labán aceptó: «Mejor es que te la dé a ti, y no que la dé a otro hombre (un forastero)». Esta oferta de vender así a su hija no estaba apoyada por las costumbres de su tiempo, y las mismas hijas de Labán sintieron la degradación que no podían soportar, como se desprende de su afirmación, cuando accedieron a escapar de la casa de su padre: «¿No nos tiene ya como por extrañas? Pues nos vendió».[7]

El casamiento doble de Jacob y su servidumbre

El período de servidumbre de Jacob le pareció que pasaba de prisa, y al final de los siete años reclamó su esposa. Pero ahora era el momento para que Jacob experimentara cómo su propio pecado le sorprendía. Tal como él engañara a su padre, ahora Labán le engañó a él. Aprovechándose de las costumbres orientales, según las cuales la

4. Así lo interpretan tanto Lutero como Calvino.
5. Juan 1:51.
6. Génesis 35:6, 7.
7. Génesis 31:14, 15.

novia siempre es llevada a su marido con el rostro cubierto con un velo, substituyó a Raquel por Lea. Pero, como antes Dios, sin saberlo ellos, había sobrepasado el pecado de Isaac y de Jacob, así actuó también ahora en el caso de Labán y Jacob. Porque Lea, por lo que podemos adivinar, era la que Dios había determinado para Jacob, aunque, por su hermosura, él había preferido a Raquel. De Lea nació Judá, en cuya línea se cumpliría la promesa de Abraham. Lea, como veremos más adelante, temía y servía a Jehová; mientras que Raquel estaba entregada a las supersticiones de la casa de su padre; e incluso el carácter natural de la hermana mayor era más adecuado para su nuevo llamamiento que el carácter petulante, displicente y caprichoso de la hermosa hija menor de Labán. En cuanto al artífice del engaño, Labán, se encubrió con la excusa de que la costumbre nacional era de no entregar una hija antes que su hermana mayor. Pero rápidamente propuso a Jacob darle también a Raquel, a cambio de siete años más de servidumbre. Jacob accedió, y la segunda unión se celebró inmediatamente después de finalizar las fiestas matrimoniales de Lea, las cuales en oriente suelen durar una semana.

Sería un gran error suponer por el silencio de la Escritura que este casamiento doble de Jacob recibió la aprobación divina. Como siempre, la Escritura registra los hechos, pero no comenta. Ello se ve bastante claro en la vida plagada de sufrimientos, deshonra, y pruebas que, en la providencia retributiva de Dios, fue la consecuencia de esta unión doble.

La debilidad pecaminosa de Jacob apareció también en su vida de matrimonio, con la desagradable e injusta preferencia por Raquel, y los tratos de reproche de Dios bendiciendo la esposa «odiada» con hijos, mientras que privaba a Raquel la dicha tan apreciada en una familia donde todo lo precioso se relacionaba con un heredero de las promesas. Al mismo tiempo, serviría para explicar de nuevo lo que había sido comunicado primero a Abraham y luego a Isaac, que especialmente en la familia patriarcal esta bendición debía ser un don directo del Señor.[8] Lea dio a luz sucesivamente cuatro hijos, a los que, muy significativamente, llamó *Rubén* («mirad, un hijo»), diciendo, «Ha mirado Jehová mi aflicción»; *Simeón* («escuchar»), «Por cuanto oyó *Jehová* que yo era odiada»; *Leví* («hendidura», o «unido»), con las esperanza que «Ahora esta vez se unirá mi marido conmigo»; y *Judá* («alabado» sea Jehová), porque dijo: «Esta vez alabaré a *Jehová*». Merece especial atención que, ante el nacimiento de por lo menos tres hijos, Lea no solo reconoció a Dios, sino que lo reconoció especialmente como *Jehová*, el Dios del pacto.

Suponemos que Raquel, que no tenía hijos propios, no estaba esperando todo ese tiempo sin intentar eliminar lo que en su envidia y celos ella consideraba una ventaja de parte de su hermana. De hecho, el texto sagrado no indica en ninguna parte que los hijos de Jacob nacieran en el orden exacto con el que se registran sus nombres. Al contrario, tenemos razones suficientes para suponer que no fue así. Concuerda bastante con el lenguaje petulante y querelloso de Raquel, la suposición que no esperara mucho tiempo, sino tan pronto como descubrió su desventaja ante su hermana, persuadió a su marido para que la hiciera madre por medio de *Bilha*, su sierva, como Sara hizo con Agar. Así los pecados de los padres demasiado a menudo aparecen de nuevo en sus sucesores. En vez de esperar en Dios, o dedicarse a la oración, Jacob satisfizo el deseo de Raquel, y su sierva tuvo dos hijos, a quienes Raquel llamó «Dan», o «juicio», como si Dios hubiese juzgado su mal, y «Neftalí», o «mi lucha», diciendo: «Con grandes luchas he contendido con mi hermana, y he vencido». En ambos casos notamos los celos por su hermana; y aunque reconocía a Dios, no era como *Jehová*, sino como *Elohim*, el Dios de la naturaleza, no el Dios del pacto de la promesa.

Una vez más el mal ejemplo de una hermana, y su supuesto éxito, resulta contagioso. Cuando Lea se dio cuenta de que ya no volvía a ser madre como antes, y probablemente sin esperar a que nacieran los dos hijos adoptivos de Raquel, imitó el ejemplo de su hermana, y dio a Jacob su propia sierva *Zilpa*. Cuando nació el mayor, exclamó: «Vino la ventura»,[9] y le llamó «Gad», o «buena fortuna»; expresando la misma idea con el nombre del segundo, *Aser*, o «feliz». Tampoco Lea se acordó de Dios en todo esto, sino que solamente pensó en el éxito de sus ardides. Pero el número de hijos concedidos a las dos hermanas tampoco hizo desaparecer los celos mutuos ni restableció la paz en la casa de Jacob. Se dieron las escenas más dolorosas; y cuando al cabo del tiempo Lea dio a luz de nuevo a dos hijos, reconoció ciertamente a Dios en sus nombres, pero esta vez, como su hermana, sólo *Elohim*, y no *Jehová*; parece que ella veía en el primero de ellos una recompensa por dar Zilpa a su marido, por lo que el nombre del niño fue *Isacar* («él da», o «trae recompensa»); al mismo tiempo que consideraba a su último hijo, *Zabulón*, o «morada», como una prenda, puesto que ya que había dado seis hijos a su marido, ahora moraría con ella.

Ya se ha dicho que no tenemos que considerar el orden con el que se menciona el nacimiento de los hijos de Jacob como indicativo de su sucesión real.[10] Vienen enumerados así, parcialmente para mostrar los diversos motivos de las dos hermanas, y parcialmente para agrupar los hijos de las diferentes madres. El hecho que el relato escritural no pretende representar la sucesión real de los hijos se muestra también en el dato que el nacimiento de la única hija, *Dina*, («juicio») se cita inmediatamente después de Zabulón. Los términos hebreos usados en este caso implican que Dina nació más tarde («después»), y, de hecho, sólo ella es mencionada con referencia a la última época de la historia de Jacob, aunque tenemos razones para creer que Jacob tuvo otras hijas,[11] cuyos nombres e historia no se mencionan.

Y ahora finalmente parece que Raquel tuvo mejores pensamientos. Cuando leemos que al darle un hijo propio «Dios le escuchó», podemos inferir con toda seguridad que la oración de fe había tomado en su corazón el lugar anteriormente ocupado por la envidia y los celos de su hermana. El hijo que le nació entonces, en el año catorce de la servidumbre de Jacob a Labán, fue llamado *José*, un nombre que tiene un significado doble: «el que quita», porque, como dijo ella misma, «Dios ha quitado mi afrenta», y «añadiendo», puesto que consideraba a su hijo como una prenda de que Dios (esta vez «Jehová») «me añadirá otro hijo». El objetivo de la estancia prolongada de Jacob con su suegro se cumplió entonces. Los catorce años de servicio a Labán lo dejaron tan pobre como cuando llegó a él por primera vez. Las necesidades de su familia en aumento, y las mejores relaciones establecidas en la misma, le debieron hacer pensar en lo posi-

8. Ver también Salmos 127:3.

9. Ésta es la traducción correcta; o también, según otra lectura: «Con buena suerte».

10. En la última bendición de Jacob (Gn. 49) encontramos un orden bastante diferente de sus hijos; esta vez también en vista de los propósitos del relato.

11. Ver Génesis 35, y 46:7.

«Aquel primer día, una vez que Jacob dejara su casa en Beerseba, hizo un largo y cansado viaje. Viajó más de cuarenta millas por las montañas que más tarde serían las de Judá, y atravesó lo que posteriormente sería la tierra de Benjamín. El sol se había puesto, y su resplandor final había desaparecido detrás de las grises colinas de Efraím, cuando llegó a "un valle irregular, cubierto, como de lápidas, con grandes rocas planas, esparcidas por aquí y por allá, en posición vertical como crómlechs de monumentos de Druidas"».

Los patriarcas en sus viajes verían muchos templos cananeos. Este ataúd cananeo antropoide pertenece al cementerio del norte de Betsán, lugar cercano a Efraím. Está realizado en estilo grotesco y es parecido a los de influencia egipcia en Deir el-Balá, al sur de Gaza.

tivo de volver a su país. Pero cuando confió este deseo a su suegro, éste no deseaba separase de quien le había procurado tantos beneficios. Con la confusión típica de ideas paganas con un conocimiento tenue de la existencia de Jehová, Labán dijo a Jacob (traducción literal): «Si he hallado gracia en tus ojos (es decir esperar), porque he adivinado[12] (descubierto por medio de la magia), y Jehová me ha bendecido por tu causa». El mismo intento de colocar a Jehová como el Dios de Abraham al lado del dios de Nacor (sin negar la existencia de Jehová, pero sin aceptar que sea el único Dios viviente) aparece de nuevo más adelante cuando Labán hizo pacto con Jacob.[13] También se repite a menudo en la historia posterior de Israel. Tanto las naciones forasteras como Israel misma, cuando se hallan en un estado de apostasía, no negaban que Jehová era Dios, sino que intentaron ponerlo al mismo nivel que divinidades falsas. Pero la Escritura nos enseña que colocar a cualquier otro supuesto Dios junto al vivo y verdadero es una ignorancia y un pecado tan grande como negarle.

De este modo tan peculiar y particular Labán, con candidez y liberalidad fingidas, invitó a Jacob a que mencionara su futuro sueldo. Pero esta vez el engañador iba a ser engañado. Basándose en el hecho que en oriente la mayoría de cabras son negras y las ovejas blancas, Jacob hizo una petición que parecía muy modesta, que su porción sería compuesta por todo animal manchado y salpicado. Labán aceptó con gusto, asegurándose que la selección la hacía él mismo, y que entregase la porción de Jacob a sus propios hijos, mientras que Jacob debía cuidar los rebaños de Labán. Finalmente, separó sus rebaños a tres días de camino de los de Jacob. Pero incluso así, Jacob sabía, por medio de unas artimañas bien entendidas en oriente, cómo embaucar a su suegro, y asegurarse que, a pesar de que las ovejas «manchadas, salpicadas y de color» habían sido una excepción, ahora eran los rebaños más numerosos y fuertes. Y la ventaja siempre estaba de parte de Jacob, aunque Labán invirtiese varias veces las condiciones del contrato.[14] Esto demostraba claramente que las artimañas de Jacob ni eran ni podían ser la única razón de su éxito. De hecho, inmediatamente después del acuerdo con Labán, el ángel de Dios habló a Jacob en un sueño, asegurándole que, incluso sin tales artimañas, Dios le haría justicia ante Labán.[15] Una vez más, pues, Jacob actuó como solía hacerlo en casa de su padre. Se «precipitó»; no podía esperar que Dios cumpliera su promesa; debía usar sus propios medios (emplear su astucia y ardid) para cumplir el propósito de Dios, en vez de entregar su causa a Dios. Y como la vez anterior tuvo la excusa de la debilidad de su padre y la violencia de su hermano, también ahora podía parecer que estaba simplemente actuando en defensa propia, y como si el engaño fuese necesario para su protección; tanto más porque recurrió a su ardid solo en primavera, no en otoño,[16] para que la segunda producción del año perteneciera sobre todo a su suegro.

Las consecuencias se mostraron muy parecidas a las que siguieron a su engaño en la casa de su padre. La riqueza en gran aumento de Jacob durante los seis años de esta relación comercial provocó tan gran enemistad y envidia de Labán y sus hijos, que Jacob sintió la necesidad de irse por su seguridad, aunque no había recibido instrucciones divinas al respecto.

Jacob huye de Harán

Pero esto disipó toda duda, y tras comunicar su propósito a sus esposas, y haberse asegurado que ambas estaban de acuerdo, se fue en secreto, mientras Labán estaba fuera trasquilando ovejas; actividad que lo tendría ocupado algún tiempo. Pasaron tres días antes de que Labán fuera informado de la fuga de Jacob.

Persecución de Labán, reconciliación con Jacob

Inmediatamente se puso a perseguirlo, «con sus hermanos», mucho más airado todavía por el robo de los dioses de su casa, o «terafines», que Raquel se había llevado, evidentemente a escondidas de Jacob. En el séptimo día Labán y sus parientes alcanzaron a Jacob y su caravana en el Monte Galaad. Las consecuencias hubieran podido ser terribles de no haber intervenido Dios para advertir en un sueño a Labán, que no hiriera e hiciera daño a Jacob. Frustrándose todavía más en su búsqueda de los *terafines* perdidos, por la astucia de su propia hija, Labán, a pesar de sus palabras hipócritas de cuán afectuosa hubiese sido su partida si Jacob no se hubiese «ido a hurtadillas», quedó acusado de egoísmo y falta de amabilidad. De hecho, si la conducta de Jacob, incluso en su huida, había estado lejos de ser correcta, la de Labán era un comportamiento sin ningún tipo de escrúpulos. No obstante, volvió la paz entre ellos, y se realizó un pacto, en virtud del cual ninguna parte cruzaría con intenciones hostiles la columna conmemorativa que levantaron, y a la cual Labán dio un nombre caldeo y Jacob uno en hebreo, que significa «majano del testimonio».

Por muy hipócrita que parezca en los labios de Labán el nombre adicional de Mizpá, es un término muy significativo para marcar los grandes acontecimientos de nuestras vidas, especialmente nuestras alianzas y empresas. Porque Mizpá significa «atalaya», y las palabras que acompañaron a este nombre fueron:

«Atalaye Jehová entre tú y yo,
cuando nos apartemos el uno del otro».

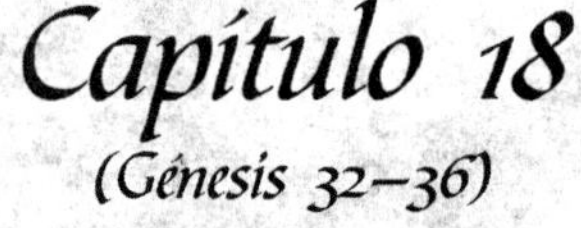

Capítulo 18

(Génesis 32–36)

Ahora nos acercamos a lo que puede ser considerado como el punto culminante de la historia espiritual de Jacob. Por diferente que fuera la historia de Abraham de la de Jacob, de algún modo, lo que significó el Monte Moria para Abraham, es lo que representó para su nieto el vado de Jaboc: un lugar de prueba y decisión; sólo que uno fue a él, y el otro simplemente salió de allí, con un nombre distinto, y todo lo que ello implica.

Había pasado un encuentro temido y evitado los peligros respetados. Jacob, en su miedo, había «escapado a hurtadillas» de Labán. Había sido perseguido como enemigo, pero Dios había introducido la paz en todo ello. En pie junto a su «Mizpá», había visto a Labán y sus aliados que desaparecían detrás de las montañas de Galaad, con lanzas centelleantes al sol, en su camino tortuoso por los bosques

12. Es un hecho notable que la palabra hebrea para adivinar es la misma que la de serpiente. En los ritos paganos la adoración de la serpiente estaba relacionada con la magia; y en todo esto vemos como toda falsa religión y hechicería tienen su origen sin lugar a dudas en la «serpiente antigua», que es Satanás.

13. Génesis 31:53.

14. Génesis 31:7.

15. Génesis 31:12, 13.

16. Así interpretamos Génesis 30:41, 42. Se supone que la producción de la primavera es más fuerte que la de otoño.

de pinos y robles que cubren la ladera de la montaña. Había eliminado un enemigo, pero todavía tenía que encontrarse con otro mucho más poderoso. Con Labán, Jacob podía argumentar justamente sobre su larga servidumbre y el egoísmo desalmado de su patrón. Pero ¿qué podía decir a Esaú para excusarse del pasado o compensarlo? ¿Cómo le encontraría? ¿Tenía su hermano todavía la sed de venganza de la cual había escapado hacía veinte años? No existía ningún tipo de respuesta a esas preguntas, excepto la que sólo la fe podía entender: que si él volvía a su país, y se enfrentaba al peligro que le esperaba, lo hacía por instrucción directa del mismo Señor. Si así era, Jacob tenía que estar seguro. Tampoco tardó en recibir esta seguridad general sobre ello para fortalecer su fe.

Jacob en Mahanaim

Al dejar atrás las montañas de Galaad, Jacob entraba en la tierra de la promesa, en lo que después fue la posesión de Gad. Allí se abría una perspectiva gloriosa ante él. Una belleza tal, fertilidad, frescor vegetal y riqueza de pastos; por arriba oscuros bosques de montaña, y ricas llanuras abajo. Todo ello desconocido en Palestina durante muchísimos siglos por haber sido desprovista de sus árboles, y con ellos de su humedad, y convertida en tierra de ruinas. Y allí, al entrar en la tierra, «le salieron al encuentro ángeles de Dios». Hacía veinte años lo habían hecho, en su partida, en Betel, y, por así decirlo, le acompañaron en su camino. Y ahora, con un empeño parecido, le daban la bienvenida a su retorno. Solo que en aquella ocasión habían sido ángeles con el ministerio de subir y descender, mientras que ahora se trataba de «huestes de ángeles» para defenderlo en la lucha inminente, por lo que también Jacob llamó aquel lugar Mahanaim, «dos huestes», o «dos campamentos». Y si en Betel les había visto en un «sueño», ahora se le aparecieron despierto, como para conferirle una mayor seguridad.

Jacob, sin lugar a dudas, necesitaba tal consuelo. Desde Mahanaim envió un mensaje a su hermano para reconciliarse con él. Pero los mensajeros volvieron sin otra respuesta que Esaú estaba yendo en persona a encontrar a su hermano, y precedido por cuatrocientos hombres. Este hecho era suficiente para causar alarma, porque independientemente de las circunstancias, puesto que Esaú (como veremos a continuación) acababa de emprender una expedición de guerra contra Seír, los cuatrocientos hombres que le acompañaban, probablemente se habían reunido en torno a su estandarte para asolar y derramar sangre, como las tribus beduinas que incluso hoy causan terror dondequiera que vayan. Incluso la falta total de respuesta representaba para una persona como Jacob una grande prueba. Hasta aquel momento, por medio de sus ardides, había logrado superar airoso todos los obstáculos y escapar de los peligros. Pero ahora se hallaba totalmente indefenso, ante un enemigo de quien no podía ni retirarse ni escapar. El texto sagrado dice: «Entonces Jacob tuvo gran temor y se angustió». Esto lo demuestran las medidas a las que recurrió. Dividió su caravana en dos grupos, esperando que si Esaú atacaba a unos, los otros podrían escapar durante el combate.

El posible resultado de esta estrategia era bastante dudoso, y, en el mejor de los casos muy triste. Jacob lo debería sentir muy profundamente, y se entregó a la oración. Mezclando la confesión de no merecer absolutamente nada con la súplica para ser librado del peligro que se hallaba ante él, suplicaba ante Dios de modo sucesivo con su orden expresa de volver a Canaán, sus antiguas misericordias, y sus promesas de gracia, al mismo tiempo que se dirigía a Dios con el nombre de Jehová, el Dios del pacto de Abraham e Isaac. Ninguna de estas súplicas podía fracasar. Ese clamor de desesperación era la preparación de lo que iba a seguir: Jacob estaba a punto de aprender cómo obtener, sin sus propios esfuerzos, lo que Jehová había prometido darle.

Conocemos, con una certeza casi perfecta, el lugar exacto donde sucedió la transacción más importante de la vida de Jacob. Fue en el vado de Jaboc, la confluencia de los dos ríos que fluyen en el Jordán desde el este, entre el Mar de Galilea y el Mar Muerto, y casi a medio camino entre estos dos puntos. Ciertamente, hay solo un vado de Jaboc «que sea practicable», «e incluso aquí», como describe un viajero reciente, «la fuerte corriente llega hasta la cincha del caballo».[1] La hermosura y belleza de toda la región es altamente sorprendente: una vista como un parque alternando con dulces claros, cubiertos de fructíferas cosechas; «árboles y arbustos agrupados con grácil variedad»; luego se ve el gran valle del Jordán, con su vegetación casi tropical, y los montes de Palestina en el fondo. Mirando hacia abajo, sobre el vado, el río Jaboc resulta prácticamente invisible debido a la espesura de adelfa que cubre sus orillas; mientras que en los lados más empinados, subiendo en ambas direcciones, los bosques de robles y de roble siempre verde se funden en la oscura pineda. Era de noche en esta soledad. Por encima de sus cabezas brillaban innumerables estrellas (en otra ocasión la muestra de la promesa hecha a Abraham). El silencio impresionante solamente era roto por las aguas de Jaboc, y el mugido de los rebaños, en su paso por los riachuelos, o la preparación para transportar las mujeres, los niños y los criados. Ahora Jacob envió gran cantidad de ganado y ovejas en manadas separadas, para que cada una, al llegar a Esaú sucesivamente como regalo de parte de su hermano, pudiese calmar sus sentimientos de ira, o satisfacer la codicia de sus seguidores. Finalmente se fueron todos, llevando cada pastor un mensaje de paz. También las mujeres y los niños acamparon en un lugar seguro en el lado sur del Jaboc.

La noche de la lucha

Solamente Jacob quedó en la orilla norte. Eran unos momentos de soledad, «se quedó Jacob solo», bastante solo, como cuando antes abandonara la casa de su padre. Allí, en las orillas de adelfas de Jaboc ocurrió lo que ha sido desde entonces un hecho de gran significado para la iglesia de Dios. «Allí luchó con él un varón hasta que rayaba el alba.» Ese «varón» era el Ángel de Jehová en presencia del cual se hallaba. «Y cuando el varón vio que no podía con él, le tocó en el sitio del encaje de su muslo, y se descoyuntó el muslo de Jacob mientras con él luchaba.» Entonces la lucha física era ya imposible. Pero siguió otra lucha. «Y dijo: Déjame porque raya el alba. Y Jacob le respondió: No te dejaré, si no me bendices.»

Jacob ahora comprendía el carácter de su contrincante y de la lucha, y buscaba una victoria bastante diferente, y usando unos medios muy distintos de los de antes. Ya no esperaba ganar por su propia fuerza. Pidió la bendición de aquél con quien hasta el momento sólo había luchado para vencer. Aquella bendición le fue concedida. Pero antes el Señor le recordó su antiguo nombre como la expresión de su historia pasada (Jacob, «el astuto, el suplantador»); después le dio un nombre nuevo, como característico de su

1. Véase la descripción en *Canon Tristram Land of Israel*, pp. 470-563.

experiencia nueva y su mejor lucha por medio de la oración: Israel, «un príncipe con Dios». Con este nuevo carácter y nombre tendría «poder con Dios y los hombres», y «vencería» a todos los enemigos. Pero aún no se le había dado a conocer el nombre misterioso de aquel Ángel; porque «el misterio de la divinidad» no debía ser revelado totalmente hasta que se cumplieran todos los propósitos para los cuales Jacob iba a ser Israel. Y entonces «le bendijo allí».

«Y llamó Jacob el nombre de aquel lugar, Peniel (el rostro de Dios): porque he visto a Dios cara a cara, y mi alma se ha recobrado.»[2] «Y cuando pasaba de Peniel, le salió el sol; y cojeaba de su muslo. Por esto no comen los hijos de Israel, hasta hoy día, del tendón que se contrajo, el cual está en el encaje del muslo.» Y «hasta hoy día», literalmente, es

costumbre entre los «hijos de Israel».

Ahora bien, ¿cuál era el significado de esta transacción solemne? Seguramente, era simbólico, pero ¿de qué? Se trataba de una transacción real, pero simbólica sobre el pasado, el presente y el futuro de Jacob. El «varón» que luchó con Jacob «hasta que rayaba el alba» era Jehová. Jacob había sido sin lugar a dudas el heredero creyente de las promesas, pero durante toda su vida, había estado luchando con Dios; buscando siempre alcanzar el éxito por medio de su propia fuerza y sus propias estratagemas. Aunque aparentemente luchaba con el hombre, en realidad luchaba con Dios. Y Dios también había luchado con él. Finalmente ya no podía darse más lucha: Jacob había sido inhabilitado, porque Dios había tocado el encaje de su muslo. Ante Esaú Jacob se hallaba indefenso. Pero antes de poder encontrarse con su enemigo terrenal más temido, debía encontrarse con Dios, con quien había siempre luchado, aunque sin desearlo, con sus esfuerzos y ardides. La lucha con Esaú no era nada; la lucha con Jehová lo era todo. El Señor no podía estar de parte de Jacob, hasta que fue inhabilitado, y aprendió a usar otras armas diferentes de las de su propio combate. Entonces fue cuando Jacob se dio cuenta con quién había estado luchando hasta aquel momento. Ahora acudió a otras armas, incluso a la oración; y buscó y halló una nueva victoria, hasta en la bendición de Jehová y la fuerza del mismo. Después también, en el verdadero «rayar del alba», recibió un nombre nuevo, y con él nuevo poder, con el que venció con Dios y el hombre. Jacob, sin duda, «cojeaba sobre su muslo»; pero ahora era Israel, un príncipe con Dios. Y todavía, para todas las edades, esta lucha y esta victoria, en desesperación de nuestros propios esfuerzos, y la perseverancia en oración, «No te dejaré, si no me bendices», han representado y son un símbolo muy precioso para los hijos de Dios. ¿No añadiremos también lo que indicó el profeta Oseas como simbólico de la historia de Israel,[3] para que se cumpla totalmente cuando «mirarán a mí, a quien traspasaron, y llorarán?».[4]

Al cruzar Jacob de mañana el río Jaboc, el resplandor de las lanzas en la luz del sol, entre los oscuros pinares, confirmaba la llegada de Esaú con sus cuatrocientos hombres. Pero Jacob no tenía que temer nada más: la única lucha real ya había finalizado. Era necesario, cuando Jacob volvía para tomar posesión de la tierra y de las promesas, que todo el pasado de su historia fuese realmente pasado, y así fue. Nunca más, desde aquella noche, volvió a luchar Jacob con armas carnales; y a pesar de que el antiguo nombre sigue apareciendo junto al nuevo, es para recordar tanto a él como a nosotros que Jacob, aunque cojeaba, no estaba muerto, y que también en nosotros se halla la doble naturaleza, como Jacob e Israel.

---

2. De esta forma traduce uno de los críticos alemanes más capacitados.

3. Oseas 12:4.

4. Zacarías 12:10.

Reconciliación entre Jacob y Esaú

Lo que aconteció a continuación no se puede expresar mejor que con las palabras de un escritor alemán reciente: «Jacob, quien en su lucha con el Ángel de Jehová había vencido por medio de la oración y la súplica, también ahora vence a Esaú con la humildad y la modestia, el cual sale a su encuentro con cuatrocientos hombres». Como ya se sugirió, Esaú probablemente estuviese enzarzado en la expedición guerrera al Monte Seír, la cual le procuró la conquista de esa tierra, donde también se estableció posteriormente.[5] Esto justifica su posición a la cabeza de su grupo armado. Posiblemente, tal vez deseara también tener la venganza de mantener ansioso a su hermano, y de mostrarle el contraste entre sus posiciones mutuas; o incluso dudara sobre cómo iba a tratar a su hermano. En cualquiera de los casos, bajo la dirección de Dios que dirige todas las cosas, y «conmovido por la humildad de Jacob, y por la amabilidad de su propio corazón, Esaú se lanzó al cuello de su hermano, le abrazó y besó. Aceptó de poca gana los ricos regalos de Jacob, y se ofreció para acompañarle hasta el final de su viaje con su grupo armado; sugerencia amablemente rechazada por Jacob. Así los dos hermanos se reconciliaron tras una larga separación de afecto. Su avenencia permaneció sin obstáculos hasta el día de su muerte».

«Pasaron tres días antes de que Labán fuera informado de la fuga de Jacob. Inmediatamente se puso a perseguirlo, 'con sus hermanos', mucho más airado todavía por el robo de los dioses de su casa, o 'terafines', que Raquel se había llevado, evidentemente a escondidas de Jacob. En el séptimo día Labán y sus parientes alcanzaron a Jacob y su caravana en el Monte Galaad. Las consecuencias hubieran podido ser terribles de no haber intervenido Dios para advertir en un sueño a Labán, que no hiriera e hiciera daño a Jacob.»

Estos «terafines» ídolos domésticos encontrados en unas excavaciones en Lagash-Tello en la baja Mesopotamia podrían considerarse parecidos a los que Raquel se llevó de la casa de su padre. (Museo del Louvre)

No hay nada en el lenguaje que Jacob usa con su hermano, una vez traducido de las costumbres de conducta y expresión orientales a las occidentales, que no concuerde con el respeto. Si no aceptó la oferta de una guardia armada era porque no sentía la necesidad de la protección de un ejército terrenal. Además, era evidentemente imposible que los rebaños y los niños pudieran mantener el paso de una banda guerrera de beduinos. Así pues, mientras Esaú volvía a Monte Seír, para esperar allí una visita de su hermano, Jacob tomó una dirección noroeste hacia Sucot, un lugar más al este del Jordán, y posteriormente posesión de la tribu de Gad. Seguramente se detuvo bastante tiempo allí, porque leemos que «edificó allí casa para sí, e hizo cabañas para su ganado», de aquí también el nombre de Sucot, o «cabañas».

5. Génesis 36:6, 7.

Jacob se establece en Siquem

Por fin, una vez más, Jacob cruzó el Jordán, «y vino en paz[6] a la ciudad de Siquem, que está en la tierra de Canaán». Las palabras parecen haber sido escogidas para indicar que Dios había cumplido abundantemente lo que Jacob había solicitado en Betel: «volver en paz».[7] Ahora bien, el país había sufrido grandes cambios. Cuando Abraham entró en la tierra e hizo de ella su lugar de reposo, no había ninguna ciudad allí, y sólo era el «lugar de Siquem».[8] Pero ahora la región estaba toda cultivada y con propietario, y se había construido una ciudad, probablemente la construyera «Hamor el heveo», el padre de Siquem, que le dio el mismo nombre que a su hijo.[9] Jacob compró un campo a los «hijos de Hamor» donde «plantó su tienda». Esta era «la parte» que Jacob más tarde daría a su hijo José[10], y en este lugar «los huesos de José, que los hijos de Israel habían traído de Egipto», fueron finalmente sepultados.[11] Mucho más intere-

6. Se debería traducir así.
7. Génesis 28:21.
8. Génesis 12:6.
9. Comp. Génesis 4:17.
10. Génesis 48:22.
11. Josué 24:32.

sante que este hecho, sabemos que junto al pozo que Jacob construyó, se sentó, muchos siglos más tarde, «El mayor hijo de David», para explicar a la pobre mujer pecadora de Samaria sobre la «fuente de agua que salta para vida eterna»; la primera no judía en recibir la bendición de probar el agua de la que «el que beba» «no tendrá sed jamás».[12] Aquí Jacob erigió un altar, y lo llamó El-elohe Israel, «Dios, el Dios de Israel».

Pero la estancia de Jacob en Siquem le comportaría una nueva fuente de pruebas. Dina, su hija, que debería tener unos quince años (según adivinamos), por el lenguaje del texto sagrado, «salió a ver a las hijas del país», o, como nos cuenta el historiador judío Josefo, a participar en una fiesta de los siquemitas. Era prácticamente imposible dar una advertencia más terrible de la que recibió como resultado de su participación irreflexiva y culpable en festividades irreligiosas e incluso paganas. Destrozó a la misma Dina, una propuesta de alianza entre los heveos e Israel (a la que Israel evidentemente no podía acceder), y finalmente indujo a Simeón y Leví al vil engaño, con la finalidad de ejecutar una venganza sangrienta, por medio de la cual toda la población masculina de Siquem fue literalmente exterminada. El alma de Jacob reaccionó profundamente ante esta muestra de crueldad oriental, y ello se manifiesta en el hecho que incluso en su lecho de muerte, al cabo de muchos años, volvió a referirse a ello con estas palabras:

«Simeón y Leví son hermanos;
Sus espadas son armas de iniquidad.
En su consejo no entre mi alma,
Ni mi honor se junte en su compañía».[13]

Pero una consecuencia del crimen, aunque no estaba planeado, demostró ser una nueva bendición para Jacob. Era evidente que él y su familia tenían que irse del lugar de la traición y crueldad de Simeón y Leví. Fue entonces cuando Dios dio instrucciones a Jacob para que volviera a Betel, y cumpliera la promesa que había hecho allí al escapar de su hermano Esaú. Deberían haber pasado unos diez años desde que Jacob volviera de Mesopotamia, y todavía no había pagado sus votos al Señor.

Jacob sigue hasta Betel para pagar su voto

De lo que sigue inferimos que seguramente la razón de su retraso había sido que la familia de Jacob no había sido limpiada de idolatría, y que hasta ese momento Jacob había sido demasiado débil para sacar de su casa lo que hubiera hecho imposible su aparición en Betel. Pero ahora leemos que «Jacob dijo a su familia y a todos los que con él estaban: quitad los dioses ajenos que hay entre vosotros, y limpiaos, y mudad vuestros vestidos» (esto como símbolo de purificación): «y levantémonos, y subamos a Betel». Y todos los terafines y «amuletos» de idolatría fueron enterrados debajo de una encina «que estaba junto a Siquem». A continuación se menciona un hecho conmovedor inmediatamente después de su llegada a Betel. «Murió Débora, ama de Rebeca, y fue sepultada al pie de Betel, debajo de una encina, la cual fue llamada Alón-bacut (la encina del llanto)».

Así el largo y fiel servicio de Débora en la casa de Isaac, y el duelo de la familia por la anciana y probada amiga, son tenidos por dignos de ser recordados en el Libro de Dios. Pero del hecho que Débora muriera en la casa de Jacob, inferimos no solamente que su señora Rebeca había muerto, sino que había algún tipo de relación entre Isaac y Jacob desde que éste volviera a Canaán. Muy probablemente Jacob había visitado a su anciano padre, aunque la Escritura no lo menciona porque no incumbe en la historia del pacto. De nuevo se apareció a Jacob un Dios de Betel; y al darle otra vez el nombre de Israel y las promesas del pacto que ya le había mencionado previamente, Jacob también pagó su voto al Señor, y, por su parte, también renovó el nombre del lugar como Betel.

12. Juan 4:14.
13. Génesis 49:5, 6.

Muerte de Raquel

Desde Betel siguieron su camino hacia Mamré, el lugar de residencia de Isaac. Durante su camino, a cierta distancia de Efrata, «la fértil», que en tiempos posteriores se llamó Belén, «la casa de pan»,[14] murió Raquel al dar a luz su duodécimo hijo. La madre deseó llamar a su hijo Ben-omi, «el hijo de mi dolor»; pero el padre le llamó Benjamín, que ha sido interpretado de diversos modos como «hijo de la diestra», «hijo de días, es decir, de antiguo» e «hijo de la felicidad», porque completaba el número de doce hijos. Por Jeremías 31:15, adivinamos que Raquel murió en Ramá. «Y levantó Jacob pilar sobre su sepultura». Puesto que el roble, o mejor la encina de Débora todavía se conocía en tiempo de los jueces, cuando la mayor tocaya de Débora habitó bajo su sombra, «entre Ramá y Betel en el Monte Efraím»,[15] también el pilar que señalaba la sepultura de Raquel era un elemento importante en el tiempo de Samuel.[16]

Jacob se establece en Hebrón

Pero un crimen más tenía que manchar la familia de Jacob en Migdal-Eder, «la atalaya del rebaño», por causa del cual Rubén perdió los derechos de la primogenitura.[17] Finalmente Jacob llegó al final de su viaje, «a Isaac su padre a Mamré, a la ciudad de Arbá, que es Hebrón, donde habitaron Abraham e Isaac». Aquí la Escritura hace una pausa para anticipar la muerte de Isaac, a la edad de ciento ochenta años, aunque dicho acontecimiento sucedió al cabo de doce años de llegar Jacob a Hebrón; y, sin duda alguna, Isaac vivió y compartió el dolor de su hijo, cuando José fue vendido a Egipto, muriendo sólo diez años antes de que Jacob y sus hijos se establecieran en Egipto.[18] Pero el curso de la historia sagrada se ha alejado de Isaac, y, de hecho, el mismo Jacob ya es un actor secundario en sus acontecimientos. En adelante el interés principal recae sobre José, con la vida del cual se identifica el progreso de la historia sagrada.

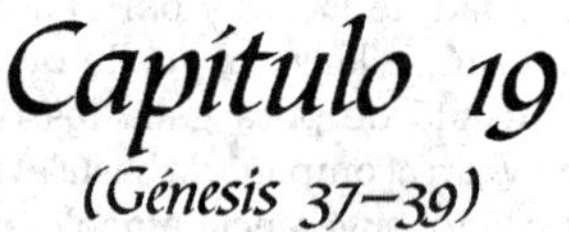

Capítulo 19
(Génesis 37–39)

Para una comprensión adecuada de lo que sigue es importante tener en cuenta que la historia personal de los patriarcas acaba con Jacob; o mejor dicho, se funde con la de los hijos de Israel, la de la familia y las tribus.

14. Miqueas 5:2.
15. Jueces 4:5.
16. 1 Samuel 10:2, 3.
17. Génesis 49:4.
18. Puesto que Jacob tenía setenta y siete años cuando llegó a Mesopotamia, debería tener ciento ocho años a su vuelta a Hebrón; mientras que Isaac entonces tenía sólo sesenta y ocho años,

El propósito de Dios con los patriarcas como individuos se cumplió cuando Jacob fue padre de los doce, los cuales, a su vez, serían los antepasados del pueblo escogido. Por ello, también cesaron las manifestaciones personales de Dios a individuos. A esto existe una sola excepción, cuando el Señor se apareció a Jacob en su camino a Egipto, para darle la seguridad que necesitaba que era por voluntad del Señor que Israel salía de Canaán, y que a su debido tiempo los devolvería a la tierra de la promesa.

A modo de anticipo, podemos afirmar aquí que este salir temporal era absolutamente necesario bajo todo concepto. Formaba el cumplimiento de la predicción de Dios a Abram,[1] al principio de hacer el pacto; y era también imprescindible para separar a los hijos de Jacob de los hijos de la tierra. Con toda facilidad, el contacto constante con los cananeos implicaba incluso al mejor de los hijos de Jacob en horribles vicios. Y lo vemos en la historia de Judá, quien, tras vender a José, abandonó la casa de su padre y, uniéndose a la gente del país, tanto él como los suyos, cambiaron rápidamente de acuerdo con las abominaciones circundantes.[2] También era necesario como preparación para la historia posterior de Israel, cuando el Señor Dios los libraría de su casa de esclavitud con su brazo alzado, y con señales y maravillas. Y este grande acontecimiento iba a formar el fundamento y el comienzo de la historia de Israel como nación; así la esclavitud y el estado humilde que lo precedían eran una figura, y no solo de toda la historia de Israel, sino de la misma iglesia, y también de cada creyente individualmente, a quien Dios libera de la esclavitud espiritual por medio de su poderosa gracia. Finalmente, todos los acontecimientos relacionados con su éxodo de Egipto eran necesarios para la formación de los hijos de Israel, y principalmente para la de José, a fin de ser apto para ocupar la posición en la cual Dios pretendía colocarle. Tampoco podemos olvidar que, a pesar de que José no es mencionado en el Nuevo Testamento como una figura de Cristo, su historia es eminentemente una figura de la de nuestro bendito Salvador, tanto en su traición, como en su exaltación a la más elevada dignidad, en su conservar la vida de los suyos, y en el reconocimiento final y el arrepentimiento de pecados por parte de ellos. No obstante, aunque de todos ellos «desde la eternidad conoce Dios su obra», tenían el libre ejercicio de su elección, para seguir su curso, sin saber que durante todo el tiempo estaban contribuyendo con su parte del cumplimiento de los propósitos de Dios. Y en esto yace el misterio de la Divina Providencia, que siempre hace maravillas, aunque no parece hacer nada en absoluto, por lo que también escapa muy a menudo a la observación de los hombres. Silenciosamente, y sin ser observada por los que viven y actúan, sigue su curso, hasta que al final todas las cosas «cooperan» para la gloria de Dios, y «para bien de los que aman a Dios, de los que son llamados conforme a su propósito».

Primera etapa de la vida de José

La historia escritural de José empieza cuando él tiene diecisiete años. Se nos ofrecen muchos aspectos de la vida de la familia patriarcal. Vemos a José ocupado en oficio pastoral, como sus hermanos. Pero él está principalmente con los hijos de Bilha y Zilpa, las esclavas de Lea y Raquel. También se ve claramente la mala disposición y celos de parte de los hijos de Lea para con el hijo de Raquel. Esto se solidificó aún más por su carácter natural y por la preferencia que Jacob mostraba por el hijo de su esposa amada.

El comportamiento de los hijos de Jacob era duro, salvaje y sin ley, sin preocuparse por los deseos o los objetivos de su padre Israel. Pero, en contraposición, José parecía haber reunido algunas de las mejores características y virtudes de sus antepasados. Era fuerte, decidido y prudente como Abraham; paciente y apacible como Isaac; cálido y afectuoso como Jacob. Y su conducta difiere totalmente de la de sus hermanos.

Por otro lado, no obstante, no es difícil ver cómo incluso las prometedoras cualidades de su carácter natural pueden ser fuente de peligro moral.

Los antepasados de José habían dejado ejemplos demasiado evidentes al respecto. Mucho mayor era el peligro al que se hallaba expuesto un joven ante esta doble tentación de desagrado básico de parte de unos hermanos a quienes no podía respetar, y el demostrado favoritismo de su padre.

La santa reticencia de la Escritura (que siempre habla tan poco del hombre y tanto de Dios) solo nos da algunas indicaciones, pero éstas son suficientemente significativas.

Leemos: «informaba José a su padre de la mala fama» de sus hermanos. Éste era un aspecto de las relaciones familiares. Junto a este último se halla el otro: «Amaba Israel a José más que a todos sus hijos». Aunque «la túnica de colores», que dio a «el hijo de su vejez» hubiese sido meramente un vestido costoso y llamativo, se trataba de un distintivo de favoritismo, como el que demasiado a menudo crea sentimientos de amargura en las familias. Porque, ya que el tiempo consta de momentos, también la vida está formada por pequeñas acciones cuya grandeza yace en su combinación.

Pero en realidad no se trataba de una «túnica de colores», sino de una túnica que llegaba hasta los brazos y los pies como las que llevaban los príncipes y personas de distinción,[3] y era una muestra demasiado clara para los hermanos de José que su padre quería pasar a José el derecho de la primogenitura. Sabemos que los tres hijos mayores de Lea no eran aptos por sus propios actos; Simeón y Leví por su crueldad en Siquem, y Rubén por su crimen en la «atalaya del rebaño». ¿Qué podía ser más natural que conceder el privilegio al primogénito de la única que Jacob había escogido como esposa? En todo caso, el resultado fue que «sus hermanos le aborrecían», hasta que, con el lenguaje expresivo del texto sagrado, «no podían hablarle pacíficamente»,[4] es decir, según nuestra interpretación, dirigirle el saludo oriental habitual «La paz sea contigo».

Solamente se precisaba la situación adecuada para que todo este estado de cosas explotara, y se dio muy pronto. Parece bastante natural que José, en las circunstancias que acabamos de describir, tuviera dos sueños sobre su supremacía futura. Afirmamos esto, aunque reconocemos en los mismos una clara dirección divina. Aunque la Escritura

---

ya que Jacob nació cuando su padre tenía sesenta años, según se ve en Génesis 25:26. No obstante, es justo añadir que el Dr. Harold Browne propone otra cronología de la vida de Jacob (siguiendo a Kennicott y Horsley), que le hace veinte años más joven, o de cincuenta años de edad, en el momento de su huida a Padam-Aram. (Ver *Bible Commentary*, vol. I, pp. 177, 178.)

1. Génesis 15:12-17.
2. Génesis 38.

3. El Sr. R. S: Poole (en su artículo sobre José, en el *Smith's Dictionary of the Bible*) escribe: «Las clases más adineradas en el antiguo Egipto llevaban vestidos blancos de lino. La gente de Palestina y Siria, que aparecen en los monumentos egipcios como enemigos o tributarios, llevaban vestidos parecidos, parcialmente a color, generalmente con una banda alrededor de las faldas y los bordes de las mangas».
4. Ésta es la traducción literal.

tampoco dice que estos sueños le fueran enviados como comunicación directa de Dios, o que recibiera instrucciones para que lo contara a su familia. Las imágenes del primer sueño fueron tomadas de la vida campestre de la familia, y las del segundo de la pastoral. En el primer sueño José y sus hermanos estaban en el campo de la cosecha (esto parece indicar que Jacob, como su padre Isaac, era labrador de la tierra) y el manojo de José se levantaba, mientras los de sus hermanos se inclinaban. En el segundo sueño todos estaban fuera cuidando los rebaños, cuando el sol y la luna y once estrellas se inclinaban ante José. El primer sueño de estos dos implicaba sólo a sus hermanos, el segundo tanto a su padre como a sus hermanos. Seguramente hubo aspectos especialmente ofensivos en su modo de contar esos sueños, porque leemos que no sólo «le aborrecieron aún más a causa de sus sueños», sino también por «sus palabras». Incluso Jacob encontró motivo de reproche, aunque se añade significativamente que meditaba en ello. Tal como los conocemos nosotros ahora, eran sueños proféticos; pero, en aquel momento, no había medios disponibles para juzgar si lo eran o no, y mucho más si José se los contó de un modo que podían parecer meramente el efecto de la vanidad de un joven al cual el favoritismo había exaltado incorrectamente. Sólo el futuro podía demostrarlo; pero, mientras esto no sucedía, ¿no aceptaremos que era preciso para el mismo José salir de sus circunstancias actuales a las que podían propiciar el crecimiento de lo que había de santo y divino en su interior y la desaparición de todo lo personal? Pero dichos resultados se obtienen por medio de un sólo tipo de formación, el de la aflicción.

Los hijos de Jacob se hallaban pastoreando sus rebaños cerca de Siquem, cuando el patriarca envió a José para enterarse de su situación. Totalmente desconocedor del peligro implicado, el joven se apresuró a llevar a cabo su encargo. José no encontró a sus hermanos en Siquem, pero un desconocido le indicó la dirección de «Dotán», los dos pozos, hacia donde habían ido. «Dotán estaba bien situada, a unas doce millas de Samaria. Hacia el norte se extendían ricos pastos; unos cuantos montes la separaban de la gran llanura de Esdralón, y así protegía la entrada del norte, no sólo de Efraím, sino también de la misma Palestina. En la cúspide de uno de esos montes las extensas ruinas de Dotán todavía se distinguen, y a su pie del sur todavía nace una hermosa fuente de agua viva. Tal vez se trate de uno de los pozos de los cuales deriva el nombre de Dotán. Más tarde Gedeón descendería desde esos montes sobre las huestes de Madián. Allí es donde José alcanzó a sus hermanos y fue echado en un pozo seco. Y debe haber sido desde esa altura que los hijos de Jacob deben haber visto la caravana árabe deslizándose lentamente desde el Jordán de camino a Egipto, cuando vendieron a su hermano, con la vana esperanza de encadenar la palabra de Dios y detener su mano.»[5]

José es vendido como esclavo por sus hermanos

Pero nos estamos precipitando. Tan pronto como sus hermanos avistaron a José en la distancia, les vino en mente el plan asesino de librarse de él, donde ningún extraño podría presenciar sus actos. Este sería el modo más fácil para deshacerse «del soñador» y de sus «sueños». Solamente Rubén se echó atrás, y no tanto por amor para con su hermano, sino por consideración hacia su padre. Bajo el pretexto de que sería mejor no derramar la sangre de su hermano, propuso echarlo en una de esas cisternas y abandonarlo allí para que muriera esperando; no obstante, que podría rescatarlo en secreto y llevárselo a su padre. Un escritor griego nos ha dejado una explicación gráfica de tales pozos y cisternas. Las describe construidas normalmente y enyesadas, estrechas en su apertura, pero haciéndose más anchas a medida que descendían, hasta que en el fondo alcanzan una anchura de hasta cien pies. Sabemos que cuando estaban secas, o sólo con barro en el fondo, se usaban como escondrijos, o incluso como cárceles temporales.[6] José, pues, fue echado en uno de estos pozos vacíos, mientras que sus hermanos, como si hubiesen finalizado algún trabajo, se sentaron a comer. Estábamos a punto de escribir, que sucedió por casualidad, pero en realidad fue por la providencia de Dios, que precisamente entonces apareció lentamente una caravana árabe. Estaban siguiendo la antigua ruta de las especias desde Galaad a Egipto (cruzando el Jordán, por debajo del Mar de Galilea, y sobre la llanura de Jezreel), y de allí a lo largo de la orilla del mar. Una vez más las buenas intenciones de otro de sus hermanos resultó fatal para José. Rubén había evitado su propósito de derramamiento de sangre sugiriendo echar a José en «el hoyo», con la esperanza de poderle rescatar después. En esta ocasión Judá deseaba salvar su vida vendiéndolo como esclavo a la caravana que pasaba por allí. Pero ninguno de ellos tuvo el coraje ni la justicia de resistirse abiertamente a la traición y al crimen. De nuevo los otros hermanos prestaron atención a lo que parecía una sugerencia misericordiosa. La venta se cerró rápidamente. José fue vendido a los «ismaelitas» por veinte siclos; el precio, en tiempo reciente, de un esclavo varón de cinco a veinte años,[7] siendo el precio medio de un esclavo de treinta piezas de plata, o unas cuatro libras, calculando el siclo del santuario que valía el doble del siclo común,[8] a dos chelines y ocho peniques. Rubén no se hallaba presente cuando se realizó la venta. A su vuelta «rasgó sus vestidos» como muestra de su duelo impotente. Pero los demás mancharon los vestidos principescos de José en la sangre de un cabrito, para dar la impresión a su padre que José había sido «devorado por alguna mala bestia». El ardid surtió efecto. Jacob hizo duelo por él amargamente y «muchos días», rechazando todo el consuelo que sus hijos e hijas le ofrecían en su hipocresía. Pero incluso su más amarga lamentación expresaba la esperanza de hallar a su amado hijo en otro mundo, porque, dijo: «Descenderé enlutado a mi hijo hasta la tumba (o el Seol)».

Exceptuando una referencia incidental a ello en la confesión final de sus hermanos,[9] no se nos habla de las lágrimas y súplicas con las cuales José intentó en vano conmover a sus hermanos, ni de su viaje a Egipto. Sabemos que al continuar con la caravana de sus nuevos amos, debió ver las alturas de su Hebrón en la distancia, donde, sin sospechar nada, su padre esperaba la vuelta de su hijo favorito. Le encontramos de nuevo en el mercado de esclavos.

José en la casa de Potifar

Allí, como si se tratara del curso normal de las cosas, «Potifar, oficial de Faraón, capitán de la guardia, varón egipcio, lo compró de los ismaelitas». El nombre Potifar aparece a menudo en los monumentos de Egipto (escrito tanto Pet-

5. Esta cita es del autor en su libro *Elisha the Profet, a Type of Christ* (cap. 19 «An unseen Host», p. 225).

6. Jeremías 38:6; Isaías 24:22.
7. Levítico 27:5.
8. Éxodo 21:32.
9. Génesis 42:21.

Pa-Ra, como Pet-P-Ra), y significa: «Dedicado a Ra», o el sol. Según algunos escritores, «cuando José fue vendido a Egipto, el país no estaba unido bajo el mando de una sola línea nativa, sino que era gobernado por varias dinastías, de las que la más notoria era la decimoquinta dinastía de reyes pastores, a la cual las restantes eran tributarias».[10] En todo caso, seguramente fue llevado a la parte de Egipto que siempre tuvo mayor relación con Palestina. El oficio de Potifar en la corte de Faraón era el de «jefe de ejecutores», o mejor capitán de la guardia personal del rey. En casa de Potifar a José le sucedió como en la suya propia. Porque las circunstancias, tanto adversas como favorables, no pueden alterar nuestros caracteres. El que es fiel en lo poco también será fiel en lo mucho; y el que no sabe cómo utilizar lo que le ha sido confiado, incluso lo que tiene le será arrebatado. José era fiel, honrado, justo y concienzudo, porque sirviendo a su señor terrenal, servía al celestial, cuya presencia siempre sentía. De acuerdo con esto, «Jehová estaba con él», y «Jehová hacía prosperar en su mano, todo lo que él hacía». Su señor no tardó en darse cuenta de ello. De ser un esclavo doméstico común fue ascendido a «mayordomo de su casa, y entregó en su poder todo lo que tenía». La confianza ejercida no se equivocó. En adelante la bendición de Jehová estaba sobre todo lo que Potifar tenía, y él «dejó todo lo que tenía en mano de José; y no se preocupaba de cosa alguna, sino del pan que comía». Las esculturas y pinturas de las antiguas tumbas Egipcias nos muestran con viveza la vida y las tareas diarias de José. «Se muestra cómo la propiedad de grandes hombres era controlada por escribas, que realizaban una supervisión sumamente metódica y precisa sobre todas las operaciones de agricultura, jardinería, cuidado de los rebaños, y de la pesca. Cada producto era registrado cuidadosamente para comprobar la honradez de los trabajadores, la cual en Egipto siempre fue famosa por su ausencia. Probablemente no existía otro país donde se llevara a cabo una labor granjera tan sistemática. El conocimiento previo de José sobre el cuidado de los rebaños, y tal vez como labrador de la tierra, y su carácter íntegro, le hacía perfectamente apto para el puesto como mayordomo. No se nos dice cuánto tiempo lo tuvo.»[11] Es un error bastante común suponer que la religión seria y la justicia deben ser alcanzadas por el éxito, incluso en este mundo. Sin lugar a dudas, Dios no negará ninguna cosa buena a las personas de las cuales él es sol y escudo; pero el éxito no será siempre una cosa buena para ellos. Además, Dios siempre pone a prueba la fe y la paciencia de su pueblo, y éste es el significado de muchas pruebas. No obstante se necesitan más a menudo como disciplina y para formación, o para que aprendamos a glorificar a Dios en el sufrimiento. En el caso de José, fue preparado, por medio de una tentación y una prueba, exterior e interior, para la posición que tenía que ocupar. La belleza que había heredado de su madre le exponía a las malvadas sugerencias de parte de la esposa de su señor, que sorprenderá poco a los que conocen la situación de la sociedad egipcia antigua. José estaba solo en una nación y una casa paganas. Todo lo que le rodeaba no podía hacer más que erosionar su sentido moral, y convertir la tentación en algo más poderoso. También, en comparación con nosotros, tenía un conocimiento muy imperfecto de la ley de Dios en su altura y su profundidad. Además, lo que había visto en sus hermanos no podía haber elevado su punto de vista. A pesar de todo ello, se resistió firmemente al mal, tanto por su sentido de integridad ante su señor, como, y muy especialmente, por el temor de «este gran mal y pecado contra Dios». Pero parecía que sus principios solamente sirvieron para acarrearle lo peor. Como suele suceder, la pasión violenta de la mujer se convirtió en odio igualmente violento, y con toda malicia le tramó una falsa acusación.[12]

10. R. S. Poole, ver nota 3. Hemos expuesto el punto de vista aceptado comúnmente. Pero Canon Cook ha presentado, según nos parece, razones fuertes y convincentes para poder suponer que la venta de José tuvo lugar al final de la duodécima dinastía, o bajo los Faraones originales, antes de que empezara la dominación de los reyes pastores extranjeros. El tema será discutido plenamente en el próximo volumen. Entre tanto el lector curioso debe consultar el ensayo sobre historia egipcia al final del primer volumen de *The Speaker's Commentary*.

11. R. S. Poole, nota 3.

José en la cárcel

Tenemos razones para creer que Potifar no podía en modo alguno creer la historia de su mujer. Porque el castigo que recibían los acusados de tal acto, era mucho más severo del que recibió José. Potifar le entregó a la cárcel del rey, de la cual, como jefe de la guardia personal, él era el superintendente. La amargura de lo acontecido allí al principio nos lo describen las palabras del Salmo 105:17, 18: «Envió a un varón delante de ellos: vendido como esclavo fue José, afligieron sus pies con grillos, el hierro entró en su alma».[13] El contraste entre sus antiguos sueños proféticos y su condición actual no podía ser mayor. Pese a ello José permaneció firme. Y, como si quisiera mostrarnos el otro contraste entre la fe y el ver, el texto sagrado afirma manifiestamente: «pero» (una palabra que nuestra fe debería enfatizar siempre) «Jehová estaba con José, y le extendió su misericordia, y le dio gracia en los ojos del jefe de la cárcel». A medida que su integridad se manifestaba más y más, le fueron confiando el cuidado de los prisioneros; y «lo que él hacía, Jehová lo prosperaba», finalmente todo el mando de la cárcel pasó a sus manos. Así, también en esta ocasión Jehová demostró ser un fiel Dios del pacto. Un rayo de plata cruzaba la nube oscura. Pero todavía debe «la paciencia tener su obra perfecta».

Capítulo 20

(Génesis 40; 41; 47:13-26)

José en la cárcel

Ya habían pasado once años desde que José fuera vendido a Egipto, y la promesa divina, comunicada por sus sueños, todavía parecía estar más lejos que nunca de su cumplimiento. La mayor parte de este tiempo de fatigas probablemente lo pasara en la cárcel, sin otra expectativa que la ofrecida por tales indulgencias como sus servicios para «el jefe de la cárcel», cuando sucedió algo que, durante un breve tiempo, parecía prometer un cambio en la condición de José. Algún tipo de «ofensa» (real o imaginaria) había hecho caer en desgracia y prisión, como sucede tan a menudo en oriente, a dos oficiales principales de Faraón.

12. Existe una historia egipcia muy parecida, titulada Los Dos Hermanos, que ha sido traducida recientemente. Se parece tanto al relato bíblico que estamos dispuestos a considerarlo por lo menos fundado en la prueba de José. En desacuerdo con Poole, sostenemos que el peso de la evidencia está a favor de la suposición.

13. Traducción literal.

El cargo contra el «jefe de los coperos» y el «jefe de los panaderos» naturalmente les llevó al «capitán de la guardia»; suponemos que era un sucesor de Potifar, ya que nombró a José responsable del cuidado personal de ambos.

El sueño de dos oficiales de Faraón

No llevaban mucho tiempo en la cárcel cuando, por medio de la dirección directa de la providencia divina, los dos tuvieron un sueño la misma noche; un sueño calculado específicamente para impresionarles. Por medio de la misma dirección de la providencia, José fue impulsado a notar su ansiedad por la mañana, y a preguntarles la causa. Consideramos que venía directamente de Dios el hecho de que fuera capaz de darles inmediatamente y sin dudar la interpretación verdadera de sus sueños.

Nos sorprende muy especialmente en cuanto a esto el modo en el cual José lo veía. Cuando les halló preocupados en busca de un «intérprete» como el que hubiesen consultado en libertad, él les señaló directamente a Dios: «¿No son de Dios las interpretaciones?». Animándoles con ello a contar los sueños y, al mismo tiempo, preparándose él mismo para leer los sueños de ellos, confiándolo todo con fe a Dios. En pocas palabras, tanto si al final recibía poder para entender sus sueños como no, por lo menos no sería como los magos egipcios; no afirmaría poseer poder y sabiduría, sino que daría honor a Dios y le respetaría.

Afirmamos con mayor seguridad que la interpretación de José vino directamente de Dios cuanto más fácil y racional nos parece la misma. Porque es precisamente en la dirección sobrenatural de las cosas naturales donde debemos reconocer la participación directa del Señor. Los sueños eran bastante naturales, y así lo fue también la interpretación, a pesar de que ambas venían de Dios. ¿Qué podía resultar más natural para el jefe de los coperos y el jefe de los panaderos, tres noches antes del cumpleaños de Faraón, en el que, como bien sabían, él siempre «hacía banquete a todos sus sirvientes», que soñar que ellos estarían de nuevo en su puesto de trabajo? ¿Y qué podía ser más natural que en dicha ocasión Faraón considerara, para bien o para mal, el caso de sus oficiales prisioneros ausentes? O finalmente, ¿qué más natural que la conciencia inocente del jefe de los coperos le sugiriera en sus sueños que una vez más atendía a su señor real, mientras que la conciencia culpable del jefe de los panaderos viera únicamente aves rapaces que salían de la cesta con la que había provisto la mesa de su señor hasta el momento?

Podemos decir que aquí tenemos todos los elementos de la interpretación de José, como también veremos que eran igualmente evidentes en los sueños que luego preocuparían a Faraón. Pero del mismo modo que ninguno de los magos y sabios de Egipto pudo leer lo que, una vez explicado, parece escrito con tanta claridad, así aquí todo parece estar envuelto por la perplejidad hasta que Dios da la luz.

Como ya he mencionado, los dos sueños eran básicamente lo mismo. En ambos casos el número tres, ya sea de los racimos de la viña de los que el jefe de los coperos exprimía el rico zumo en la copa de Faraón, o las cestas donde el jefe de los panaderos llevaba los productos de panadería, indicaba los tres días que faltaban para el cumpleaños de Faraón. También en ambos casos sus sueños les llevaban de nuevo a su posición original antes de ser acusados, siendo la diferencia como sigue: que, en un sueño, Faraón aceptó las funciones de su oficial; mientras que en el otro, los pájaros que planean sobre cuerpos muertos comían de su cesta. Es también bastante natural que, si el

«En el caso de José, fue preparado, por medio de una tentación y una prueba, exterior e interior, para la posición que tenía que ocupar. La belleza que había heredado de su madre le exponía a las malvadas sugerencias de parte de la esposa de su señor, que sorprenderá poco a los que conocen la situación de la sociedad egipcia antigua. José estaba solo en una nación y una casa paganas. Todo lo que le rodeaba no podía hacer más que erosionar su sentido moral, y convertir la tentación en algo más poderoso».

En estos rostros femeninos egipcios podemos imaginar el de la mujer de Potifar. Muestran los gustos personales de cada figura por los diferentes tipos de pelucas que ostentan. Pertenecen a un relieve fechado en el reinado de Amefosis IV y podrían representar un pequeño ejemplo de la sociedad que José encontró en Egipto.

jefe de los coperos tenía una buena conciencia para con su señor, estuviera bien dispuesto de entrada a contar su sueño; mientras que el jefe de los panaderos, consciente de su culpa, sólo contó el suyo cuando se vio animado por la interpretación favorable de su compañero. Tal vez también deberíamos hacer notar, como evidencia de la veracidad del relato, lo perfectamente egipcias que son hasta el mínimo detalle las imágenes de estos sueños. El cultivo y uso de las viñas en Egipto, que había sido negado por anteriores opositores a la Biblia, ha sido demostrado ampliamente por los monumentos. De la misma fuente sabemos que la panadería y pastelería se realizaban con una gran perfección en Egipto, hasta el punto de justificar la existencia de un oficial real como jefe de los panaderos. Incluso el transporte de las cestas nos da un rasgo característico; porque en Egipto los hombres llevaban la carga sobre la cabeza, y las mujeres en los hombros.[1]

El acontecimiento demostró la exactitud de la interpretación de José. En la fiesta de cumpleaños de Faraón, tres días después de sus sueños, el jefe de los coperos fue restituido en su oficio, pero el jefe de los panaderos fue ejecutado. Al interpretar su sueño, José le había pedido al jefe de los coperos que, al ser restituido, y ya que él mismo también había sufrido por causa de una acusación injusta, se acordara de él, que primero «fue hurtado de la tierra de los hebreos», y hasta el momento había estado encerrado injustamente sin esperanza aparente. Las palabras usadas en la petición de José parecen indicar que, como mucho, aspiraba a obtener la libertad; y que probablemente quería volver a la casa de su padre. ¡Cuánto ignoraba los planes de Dios para él! Pero ¿qué significaba un pobre esclavo hebreo encarcelado para un oficial de la corte egipcia? Es simplemente la naturaleza humana la que hizo, en el día de prosperidad, que «el jefe de los coperos no se acordó de José, sino que le olvidó».

Pasaron otros dos años en la cárcel (probablemente más terribles) y, desde un punto de vista humano, con menor esperanza que los anteriores. Finalmente llegó la liberación, de forma abrupta e imprevista.

El sueño de Faraón

En esta ocasión fue Faraón quien tuvo dos sueños sucesivos. En el primero, siete vacas gordas pacían en la «hierba del pantano»[2] junto al «Nilo». Pero después subieron del «río» siete vacas enjutas, que devoraron a las hermosas, sin, no obstante, engordar con ello. El segundo sueño mostró un tallo de grano con siete espigas, «llenas y hermosas», cuando a su lado brotó otro tallo, también con siete espigas, pero «abatidas del viento solano»; «y las espigas menudas devoraban a las siete espigas buenas». El sueño fue tan vivo que a Faraón le pareció realidad; «y despertó Faraón, y he aquí que era un sueño». Solo un sueño, y, no obstante, la impresión de su realidad todavía le oprimía, de modo que hizo llamar a «los magos de Egipto, y a todos sus sabios» para que interpretasen sus sueños. Pero estas personas cultas no pudieron proponer explicación satisfactoria alguna ante la mente de Faraón; porque es difícil creer que no intentaran dar alguna interpretación. Ante tal perplejidad, la mente del jefe de los coperos fue espoleada por el terror oriental a la decepción del señor, y repentinamente se acordó de sus propios sueños y de los del jefe de los panaderos hacía dos

1. Esto no hubiese sido así en otros países, en Italia o España, por ejemplo, las mujeres llevan sus cargas sobre la cabeza.

2. Traducción literal.

años, y la interpretación de José de los mismos. El acontecimiento se ve mucho más sorprendente y también más natural si tomamos la fecha de modo literal «pasados dos años enteros», o en el tercer aniversario de aquel cumpleaños de Faraón.

Antes de proseguir, llamamos la atención del lector sobre algunos detalles que confieren al relato su viveza y colorido, y al mismo tiempo ilustran de modo maravilloso su certeza histórica. Y, ante todo, el «río» es «el Nilo», la corriente sagrada de Egipto, de la cual dependía su fertilidad; y Faraón está en su orilla. Luego la palabra que hemos traducido por «hierba del pantano», o «hierba de caña»,[3] es sin duda alguna una palabra egipcia sin equivalente hebreo, porque aquello a lo que se aplica es una peculiaridad de las orillas del Nilo. Luego, toda la trama de los sueños es egipcia, como también demostraremos. Además, es notable ver cómo las investigaciones recientes e independientes han confirmado exactamente las expresiones escriturales sobre los «magos» y «los sabios» de Egipto. Se sabe de siempre que había una casta sacerdotal especial en Egipto, a quien se confiaba no solo la religión del país sino también la ciencia. Pero últimamente hemos sabido mucho más. Sabemos no sólo que la magia formaba parte de la religión egipcia, sino que hemos restaurado su mismísimo Ritual mágico. Conocemos sus encantamientos y sus amuletos, con especial referencia a los muertos; su creencia en días y acontecimientos de buen o mal agüero, e incluso en el llamado «mal ojo». Pero lo que más nos concierne en nuestro tema actual es que el cuidado de los libros de magia estaba confiado en manos de dos clases de hombres cultos, cuyos títulos corresponden exactamente con lo que por falta de un término mejor se traduce como «magos», o tal vez «letrados», y «sabios». Fue, pues, ante esta reunión de los hombres más sabios y cultos, los más expertos en la «magia», y los más venerables del sacerdocio, que Faraón contó sus sueños. Los más sabios ciertamente en este mundo, pero los más necios; los más cultos, pero los más ignorantes. Qué contraste entre el saber más venerado de Egipto y el pobre esclavo hebreo sacado de la cárcel: ellos defendiendo por profesión, además de su conocimiento real, sus poderes sobrenaturales; él aceptando abierta y claramente no poseer poder alguno, y clamando a Dios. La Escritura no escenifica una situación mayor que esta; y qué ilustración de lo que era cierto entonces, en los días de nuestro Señor, en los de San Pablo, y hasta el final de esta dispensación: «¿Dónde está el sabio? ¿Dónde está el letrado? ¿Dónde está el discutidor de este mundo? ¿No ha convertido Dios la sabiduría de este mundo en necedad?».

Y no obstante, cuando oímos la interpretación de labios de José, nos parece tan simple, tan obvia como la convicción implícita de Faraón.

Evidentemente, los dos sueños son uno; el primero es sobre la vida pastoral de Egipto, mientras que el segundo es sobre la agricultura. Los sueños son sobre los rebaños y las cosechas. En ambos casos se dan primero siete elementos gordos, y luego siete enjutos, como para cubrir la abundancia previa y no dejar ni rastro de la misma. El segundo sueño explica el primero; pero, no obstante, el primero tiene su propia interpretación. Porque las vacas en Egipto eran reverenciadas como símbolo de Isis, la diosa de la tierra como la que alimenta; y en los jeroglíficos la vaca se interpreta como tierra, agricultura y alimento. Así, esas vacas pacían junto al Nilo, de cuyas inundaciones dependía exclusivamente si el año iba a ser de fertilidad o de hambre. También es típicamente egipcia la descripción del tallo con muchas espigas, que es uno de los tipos de trigo que todavía se cultiva en Egipto. Pero, repetimos, por muy evidente que nos parezca todo esto, los sabios de Egipto se quedaron sin palabras ante su monarca. Y qué gran testimonio para Dios, decimos de nuevo, cuando a José «lo sacaron apresuradamente de la cárcel». Ante el desafío de Faraón: «He oído decir de ti, que oyes sueños para interpretarlos» (es decir: con sólo oír un sueño ya sabes interpretarlo), él responde simplemente: «No está en mí» («no a mí», «no pertenece a mí»), «Dios será el que dé respuesta propicia a Faraón»;[4] es decir, para la paz del rey. Tampoco podemos pasar por alto otro ejemplo de la exactitud de todo el relato, al leer que, al prepararse para entrar en presencia de Faraón, José «se afeitó». Sabemos por los monumentos que esto era una costumbre claramente egipcia en tales circunstancias; mientras que entre los hebreos, por ejemplo, afeitarse se consideraba como una deshonra.

La interpretación ofrecida por José con tanta modestia, a la vez que con tanta decisión, que los sueños indicaban siete años de fertilidad sin precedentes seguidos por un número igual de años de hambre, tan profunda que la abundancia anterior quedaría totalmente superada, fue de inmediato aceptada por Faraón y por «todos sus siervos». José añadió a la interpretación un consejo muy sagaz, en busca del cual, en momentos de tanta prueba, debemos mirar mucho más allá del ingenio humano.[5] Aconsejó al rey aplicar un impuesto de aproximadamente una quinta parte del producto de la tierra durante los años de abundancia, y almacenarlo bajo control real para contrarrestar los siete años de carestía. Considerado como impuesto, no era muy gravoso si se tiene en cuenta que se trataba de años de una abundancia excepcional; considerado como una medida fiscal, no resultaba beneficioso en comparación con lo que podemos suponer que había sido anteriormente un sistema de tributación arbitrario, que en realidad era una exacción tiránica; al mismo tiempo que impedía la destrucción del pueblo. Finalmente, a la luz de una modificación superior, es muy notable que esta proporción de dar, por parte de los súbditos de Faraón, llegara a ser posteriormente la base de lo que Jehová pidiera a Israel, su rey celestial.[6]

Exaltación de José

Casi nos resulta imposible maravillarnos ante el hecho que Faraón nombrara un consejero tal para supervisar las modificaciones que él mismo había propuesto. En definitiva le naturalizó, le hizo su gran visir, y lo proclamó públicamente como «gobernante sobre toda la tierra». Una vez más, todos los rasgos de la descripción son puramente egipcios. Faraón le dio su sello, que «era tan importante para los antiguos reyes de Egipto, que sus nombres siempre se hallaban encerrados en una forma oval que representaba un sello alargado».[7] Le viste con «ropas de *byssus*»[8], el atavío noble y también sacerdotal; le pone la cadena, o «collar de oro»[9] «en su cuello», que siempre fue el modo de investidura

3. «Prado» en nuestras versiones españolas más corrientes, Génesis 41:2.

4. De nuevo, traducción literal.

5. Ver Mateo 10:18, 19.

6. Se verá en un volumen futuro, cuando se expliquen las contribuciones religiosas y caritativas de Israel.

7. Sr. R. S. Poole, como antes.

8. El *byssus* era el lino egipcio «blanco y resplandeciente», o mejor dicho, un material peculiar cultivado exclusivamente en Egipto.

9. Literalmente «un collar, el de oro», no solamente indefinido, «un collar de oro».

de los altos oficiales egipcios; le hace subir «en su segundo carro», y hace que pregonen delante de él: «*Avrech*», es decir, «caed», «doblad la rodilla», o «haced reverencia».[10] Para completarlo todo, el nombre de José cambia al ser éste naturalizado, y se llama *Safnat-panéaj*, que muy probablemente significa «el defensor de la vida», o también «el alimento de los vivos», aunque otros lo hayan traducido por «el salvador del mundo», y los rabíes, pero sin base suficiente, «el revelador de secretos». Finalmente, a fin de darle una posición entre los más altos nobles de la tierra, Faraón «le dio por mujer a *Asenat* (probablemente «la de *Neit*», diosa egipcia de la sabiduría),[11] «hija de Potifera ("dedicado al sol"), sacerdote de On», es decir, el sacerdote principal de la antigua capital eclesiástica, literaria, y posiblemente también política de la tierra,[12] «la Ciudad del Sol». Este hecho es más notable si recordamos que el sacerdote principal en general era escogido de entre los familiares más allegados de Faraón.

En cambio, en toda esta historia no hay nada realmente extraordinario. Al depender Egipto para su producción enteramente de las aguas del Nilo, el país siempre ha estado expuesto a terribles hambres; y hay una de siete años exactamente que está registrada en 1064-1071 antes de Cristo, cuyos horrores nos muestran la sabiduría de las medidas de precaución de José. De nuevo, por lo que concierne a la súbita elevación de José, la historia oriental contiene muchos ejemplos parecidos, y ciertamente, un historiador griego nos cuenta acerca de un rey egipcio que hizo del hijo de un albañil su propio yerno, porque le tenía como el hombre más inteligente del país. Pero lo que realmente cabe notar es el designio divino en todo esto, y la igualmente maravillosa elección divina de los medios para hacerlo posible.

Su gobierno de Egipto

Cuando José fue ascendido tenía exactamente treinta años, la misma edad que tenía nuestro bendito Señor cuando empezó su ministerio como «el salvador del mundo», «el defensor de la vida», y «el revelador de secretos». La historia de la administración de José puede ser trazada con unas pocas frases. Durante los siete años de abundancia, «recogió trigo como arena del mar, mucho en extremo, hasta no poderse contar», un comentario que concuerda notablemente con «las imágenes de los monumentos, que muestran cómo el contenido de los graneros era anotado con exactitud por los escribas cuando los llenaban». Luego, durante los años del hambre, primero vendió el grano a la gente a cambio de dinero. Cuando todo su dinero se terminó, propusieron ellos mismos dar parte de sus rebaños a Faraón, y finalmente de su tierra. En este último caso se hizo excepción de la casta sacerdotal, que derivaba su manutención directamente de Faraón. Así Faraón llegó a ser el poseedor absoluto de todo el dinero, los animales, y la tierra de Egipto, y ello ante la petición del pueblo. Esta ventaja hubiese sido mucho mayor, si hubiera existido alguna tendencia a no estar satisfecho con la casa real del momento por ser de una raza extraña. Pero José tampoco abusó del poder adquirido por dichos medios. Por lo contrario, con un acto espontáneo de generosidad real devolvió la tierra al pueblo bajo la condición que en adelante pagaran una quinta parte de la producción en substitución de todo otro impuesto. Además de los aspectos ya considerados en favor de dicha medida, debemos tener en cuenta que en Egipto, donde toda la producción depende de las aguas del Nilo, un sistema de canales y regadío, indispensablemente pagado por el tesoro del estado, sería una necesidad pública.[13] Pero la frase de la Escritura, que exime de esta medida de imposición pública «solamente la tierra de los sacerdotes, que no fue de Faraón», coincide notablemente con el relato de los historiadores seculares.

Dos cosas sobresalen en la historia de José. La misma mano de gracia del Señor, que en su humillación, le había guardado del pecado, la incredulidad y la desesperación, ahora, en su exaltación, le guardó del orgullo, y de caer en el paganismo, al que le hubiese podido conducir fácilmente su relación con el sacerdote principal de Egipto. Y todavía más, él se consideraba «extranjero y peregrino» en Egipto. Su corazón estaba en casa de su padre, con el Dios de su padre, y en las promesas de su padre. Hay evidencia abundante de estos hechos. Su esposa egipcia le dio dos hijos «antes que viniesen los año del hambre». A ambos dio nombres *hebreos* y no egipcios. Con el primero, *Manasés*, o «el que hace olvidar», deseaba honrar la bondad de Dios, que le había hecho olvidar su fatiga y dolor del pasado. Con el segundo, *Efraím*, o «doble fertilidad», reconocía claramente que, a pesar de ser Egipto la tierra donde Dios le había hecho «fértil», todavía era, y siempre será, no la tierra de su gozo sino la de su «aflicción». Si nos preguntamos por qué, en su prosperidad, José no dio noticia a su padre que estaba vivo y con éxito, respondemos que en una historia tal, la seguridad yacía en el esperar en Dios. José había aprendido la gran enseñanza de su vida: que todo el pasado venía de Dios. También ahora seguiría actuando con su guía. El Señor le mostraría el camino y le llevaría hasta la meta.[14] Pero en cuanto a él, creía, y por lo tanto no se apresuraba. Así Dios sería glorificado, y también José sería guardado en perfecta paz, porque confiaba en Dios.

Capítulo 21

(Génesis 42–45)

Nos estamos acercando a un período decisivo de la historia de la casa de Israel. No obstante, una vez más todo parece suceder de un modo bastante natural, mientras que en la realidad todo es sobrenatural. Las mismas causas que provocaron la falta de lluvia sobre las montañas de Abisinia, y con ello de las aguas del Nilo, llevaron sequía y hambre a Palestina. Era de esperar que los hijos de Jacob, salvajes y licenciosos, se quedaran desalentados en tales circunstancias de apuros, al mismo tiempo que su padre se exasperaba.

10. Canon Cook traduce «Regocijaos, pues», y supone que el pueblo o los asistentes clamaban esta expresión. *The Speaker's Comment*, vol. I., p. 482.

11. No podemos estar de acuerdo con el Sr. Poole aquí, quien considera *Asenat* como un nombre hebreo, y no egipcio, que significa «almacén», y paralelo al nombre hebreo *Bityá* (1 Cr. 4:18), una «hija», o «sierva de Jehová», que tomó una mujer egipcia al casarse con Méred, o mejor dicho, en su conversión al Señor. Pero en el caso de *Asenat* el texto parece implicar que el nombre era egipcio.

12. El Sr. Poole, como antes. Esto, como suposición cronológica común; pero ver la nota sobre este tema en el capítulo anterior.

13. De hecho, sabemos que un monarca de la duodécima dinastía, Amenemha III, estableció por primera vez un sistema de canalización, y consiguió que el inmenso lago artificial de Moeris recibiera y distribuyera de nuevo las aguas sobrantes del Nilo.

14. No hay pruebas para pensar que, en aquel tiempo, José supiese el propósito de Dios de hacerle reunir con su familia, y mucho menos que ellos irían a Egipto.

«En esta ocasión fue Faraón quien tuvo dos sueños sucesivos. En el primero, siete vacas gordas pacían en la "hierba del pantano" junto al "Nilo". Pero después subieron del "río" siete vacas enjutas, que devoraron a las hermosas, sin, no obstante, engordar con ello. El segundo sueño mostró un tallo de grano con siete espigas, "llenas y hermosas", cuando a su lado brotó otro tallo, también con siete espigas, pero "abatidas del viento solano"; "y las espigas menudas devoraban a las siete espigas buenas". El sueño fue tan vivo que a Faraón le pareció realidad; "y despertó Faraón, y he aquí que era un sueño"».

Esta cabeza de tamaño natural representa el rey Akhenatón (Amefosis IV) XVIII Dinastía. Hay quienes opinan que fue el faraón al que José descifró sus sueños. (Berlín, Museo Egipcio)

Los hijos de Jacob llegan a Egipto para comprar grano

«¿Por qué os estáis mirando?... he oído que hay grano en Egipto; descended allá, y comprad de allí para nosotros.» Los diez hijos de Jacob salieron para cumplir este encargo. Pero Benjamín, que había tomado el lugar de José en el corazón de su padre, no fue enviado con ellos, tal vez por el temor real de algún «mal» durante el camino o, es posible, porque el padre no confiaba en las intenciones de sus hijos.

La siguiente escena nos presenta a los extranjeros hebreos en medio de la abigarrada multitud de nativos y extranjeros, que habían acudido para comprar grano; al mismo tiempo que José, en su condición del más elevado oficial egipcio, controla la venta. De acuerdo con la costumbre oriental, los hijos de Jacob hacen la más humilde reverencia ante «el señor de la tierra». Por supuesto, era imposible reconocer a quien parecía vestido y hablaba como un noble egipcio, al joven que hacía más de veinte años les «suplicara», en la angustia de su alma, que no le vendieran como esclavo.

José reconoce a sus hermanos

Ellos no habían cambiado tanto, y José inmediatamente reconoció las características de sus hermanos, que tenía grabadas claramente en su memoria. Pero qué cambio en sus posiciones correspondientes. Al ver que se postraban ante él, se acordó vivamente de sus antiguos sueños. Seguramente, incluso una persona mucho menos devota que José, en ese momento, hubiese sentido que una mano divina había guiado el pasado para cumplir un propósito divino. En tal ocasión el resentimiento personal o el enojo no tenían lugar posible. Si, por lo tanto, como algunos han dicho, la severidad determinó parcialmente su conducta para con sus hermanos, no era esta la causa principal. En todo caso, es imposible pensar que él todavía alimentaba sentimientos de ira, porque poco después, ante su expresión de arrepentimiento, «se apartó de ellos, y lloró». Pero preferimos considerar la conducta de José como coherente durante toda esta sucesión de acontecimientos. La aparición de sus hermanos ante él parecía implicar que Dios no deseaba separarlo de su familia, ni que él tuviera que volver a ellos, sino que ellos acudieran a él, y que él había sido enviado como precursor para conservarles la vida. Pero a fin de consumar un reencuentro tal de la familia, era evidentemente necesario que sus corazones y mentes sufrieran un cambio completo de su antigua envidia sin escrúpulos que les había hecho venderlo como esclavo. Este hecho tenía que ser demostrado antes de que él se diera a conocer. Y además, la veracidad de ello tenía que ser puesta a prueba con la experiencia más severa que podían soportar sus sentimientos alterados.

Bajo esta perspectiva podemos comprender toda la conducta de José. Lógicamente su primer objetivo sería separar a los hijos de Jacob de entre la multitud de compradores, para poder tratar de modo especial con ellos, pero sin levantar sospechas; para poder después informarse de la situación en su casa. Luego les haría probar un dolor no merecido por causa del ejercicio de un poder arbitrario, contra el cual eran impotentes (tal como José había estado en manos de ellos). Todos estos objetivos se consiguieron con un solo medio. José les acusó de ser unos espías, que, bajo el pretexto de comprar grano, habían acudido para descubrir las partes indefensas de la tierra. Tal acusación no era ilógica en el estado en que se hallaba Egipto, ni tampoco extraordinaria en países orientales. No solo le servía como pretexto para separarlos de la multitud, sino que en sus respuestas a la acusación le informaban sobre las condiciones de su familia. Porque, naturalmente, no sólo defenderían su inocencia, sino que también intentarían demostrar la inherente incoherencia de un hecho de este tipo. Ningún otro argumento podía ser más evidente que eran «hijos de un varón», puesto que nadie se jugaría las vidas de todos sus hijos en una empresa tan peligrosa. Pero esto no era suficiente para José. Al repetir su acusación ellos tuvieron que dar más detalles, con lo que pudo saber que su padre y Benjamín estaban con vida. No obstante, su referencia al mismo José como el que «no aparece», parecía implicar su persistencia en el antiguo engaño, y seguramente agudizó las dudas de José acerca del estado de la mente de ellos. Pero ahora experimentar la violencia les mostraría no sólo su culpa en el pasado, sino también que, por mucho que Dios parezca retrasar las cosas, él es el vengador de todo mal. Y mucho más, si Benjamín estaba relativamente en la misma posición de favoritismo que José había ocupado; y si en vez de tener envidia de él y de odiarlo estaban dispuestos, no sólo a estar de su parte, sino incluso a sufrir en lugar de él, esto significaba que se habían arrepentido con toda certeza, y su estado de mente era el contrario a lo que había sido hacía veinte años.[1] Continuando con este plan, José encarceló a los diez en primer lugar, sugiriendo que liberaría a uno de ellos para que fuera en busca de Benjamín, a fin de comprobar, según dijo, la veracidad de las palabras de ellos. Esta dureza excesiva seguramente pretendía aterrorizar sus corazones; y, al cabo de tres días, se aplacó como para quedarse con un solo rehén; animándoles al mismo tiempo tanto con la afirmación que actuaba así porque «temía a Dios», como por la seguridad de que, cuando se convenciera de su inocencia, no tendría nada contra ellos. La referencia al «temor de Dios», y su aparente retirada del rigor innecesario, les debió conmover profundamente, porque contrastaba con su conducta implacable para con José. Se escogió a Simeón para que quedara como rehén, porque era el siguiente después del mayor, Rubén, el cual no había sido detenido por haber intentado salvar la vida a José. Este hecho también tuvo que contribuir para hacerles recordar su error anterior; y, por primera vez, se confiesan entre sí su amarga culpa del pasado, y como Dios les estaba visitando en ese momento. Sus sentimientos eran tan intensos que hablaron de ello delante de José en hebreo, sin saber que José, que había hablado con ellos por medio de un intérprete, entendía sus palabras. José se sintió obligado a retirase para no traicionar su identidad; pero no se apartó de su propósito.

Simeón prisionero

Simeón fue atado delante de ellos, y el resto fue puesto en libertad; pero cada uno de ellos con provisiones sobrantes para el viaje además de lo que habían comprado, y con el dinero de la compra devuelto en secreto.

El terror causado por estos acontecimientos inesperados se agudizó mucho más cuando, en su primera parada nocturna, uno de ellos descubrió el dinero en su costal. Pero, como en el caso anterior, la impresión fue total. También en esto vieron la venganza de mano de Dios: «¿Qué es esto que nos ha hecho Dios?».

---

1. Éste es básicamente el punto de vista de Lutero, y presentado con su lenguaje típico, peculiar y vigoroso.

El relato que, a su vuelta, iban a contar a su padre era bastante triste. Pero lo que acababan de descubrir, que el dinero que habían pagado había sido introducido en secreto en el costal de cada uno de ellos, parecía apuntar hacia algún fuerte plan malvado, y llenó a Jacob y a sus hijos con nuevos temores.

Si la condición para aparecer de nuevo ante el gobernador de Egipto era que llevaran a Benjamín con ellos, Jacob, que ya había perdido dos hijos, se negaría a arriesgar la vida de su querido hijo, la última prenda de Raquel. Rubén, ciertamente y de modo sorprendente, puso como garantía sus dos hijos: «Harás morir a mis dos hijos, si no te lo devuelvo». Pero estas palabras no estaban bien pensadas para animar el corazón de Jacob. Durante un tiempo pareció como si el antiguo dolor de Jacob tuviera que aumentar con la pérdida de Simeón, y como si José y su familia no fueran a encontrarse de nuevo.

Si nos preguntamos por qué José corrió este riesgo o añadió más dolor a su padre, respondemos, a la primera pregunta, que, puesto que José ahora conocía las circunstancias de su familia, y tenía a Simeón a su lado, podía en cualquier momento, en caso de necesidad, ponerse en contacto con su padre. En cuanto a la segunda dificultad, tenemos que entender que dicho dolor y preocupación no podían excluir a su padre si se quería poner a prueba a sus hermanos, y prepararlos para su misión. Es evidente, José había comprendido correctamente la voluntad de Dios en este asunto, ya que el corazón de sus hermanos había sido conmovido como para reconocer su pecado pasado y la mano de Dios. ¿No debía, pues, ahora entregarse más aún a Dios haciendo el bien, y confiar en él? Ciertamente, también podía confiar en que la fe de Jacob lo soportaría. Por lo menos sería una espera breve, y los frutos iban a ser de gran bendición para todos. De nuevo los acontecimientos demostraron que su punto de vista era acertado. Al acabarse las provisiones que trajeran los hijos de Jacob, era imprescindible acudir de nuevo a los graneros de Egipto. Esta vez fue Judá el que se ofreció como garantía de Benjamín. Sus palabras fueron tan calmadas, afectuosas, y a la vez tan firmes, que inspiraron en Jacob la confianza que puede producir la buena y sincera voluntad del propósito correcto de un hombre honrado. Pero tenía un consuelo más elevado: el de la oración y la fe: «el Dios omnipotente os dé misericordia delante de aquel varón, y os suelte a vuestro otro hermano, y a este Benjamín». Pero, aun si Dios había determinado algo diverso, si le parecía adecuado tomar sus hijos, su fe también lo aceptaría: «Y si he de ser privado, séalo»; la voluntad del Señor es buena, y él se postraría ante ella.

Es conmovedor imaginar las manos temblorosas del anciano preparando los presentes que temperasen la ira del egipcio temido. Era un año de hambre, en consecuencia habría escasez de los lujos que normalmente eran exportados de oriente a Egipto. Tomaron pues tales delicadezas para el egipcio; «un poco de bálsamo, un poco de miel, aromas y mirra, nueces y almendras». En cuanto al dinero que les había sido devuelto en los costales, podría tratarse de un error. Debían tomarlo de nuevo además del precio del grano que iban a comprar esta vez.

Los hijos de Jacob vuelven por segunda vez, trayendo a Benjamín

Y así salieron en nombre del Dios de Israel, Benjamín y todos los demás. Jacob se quedaría atrás en los vados de Jaboc; no en solitario, sino con fe y paciencia esperando los resultados. Una vez más los diez hermanos se encuentran ante el egipcio, con el corazón más ansioso de lo que estuviera el de José en su camino a Egipto o en el mercado de esclavos. José vio a los recién llegados, y con ellos, al que supuso ser su hermano menor, al que dejara en su casa cuando solo tenía un año. Claramente, no era el momento ni el lugar adecuado para confiarse y conversar con ellos. Por ello ordenó a su mayordomo que los llevara a su casa, y que comieran con él al mediodía. José habló en egipcio, y parece ser que los hijos de Jacob no le entendían. Cuando se encontraron en casa de José rápidamente pensaron que les iban a acusar del robo del dinero de su primera compra. Pero el mayordomo alejó con palabras amables sus temores que les hacían dudar antes de entrar «a la entrada de la casa».

Al ver que les devolvían a Simeón inmediatamente, cobraron ánimo. Finalmente hicieron los preparativos para el banquete. Fue una escena de profunda prueba para José al volver a casa. Poco podían imaginarse los pensamientos que pasaban por su cabeza, mientras ellos, de acuerdo con la costumbre oriental, ofrecían los humildes regalos que su padre había enviado, y con humildad «se inclinaron ante él hasta la tierra». Sus palabras disimulaban mal sus sentimientos. Una vez tras otra les preguntaba por su padre, y la respuesta de ellos era: «Bien va a tu siervo nuestro padre; aún vive», y de nuevo «se inclinaron, e hicieron reverencia». Pero cuando miró a Benjamín, el hijo de su propia madre, y dijo, en un modo tan poco egipcio: «Dios tenga misericordia de ti, hijo mío», tuvo que retirarse apresuradamente, «porque se conmovieron sus entrañas a causa de su hermano». Habían pasado veintidós años desde que se separara de su hermano, y ahora Benjamín estaba delante de él; un joven algo mayor de lo que era él cuando empezó su amarga estancia en la cárcel. ¿Serían capaces, los que en otra ocasión sacrificaron a uno por sus celos, de abandonar a su otro hermano por egoísmo?

A los hijos de Jacob les esperaba una sorpresa durante el banquete. Lógicamente, de acuerdo con la costumbre egipcia, José comió solo, y los egipcios ellos solos: él como miembro de una casta superior, y ellos por sus escrúpulos religiosos. Sabemos por la historia secular que los egipcios se abstenían de ciertos tipos de carne, y no comían con los cuchillos y tenedores ni con los utensilios de cocina utilizados por personas de otra nación. Pero era inexplicable que en el banquete sus lugares se dispusieran según su edad. ¿Cómo sabía el egipcio este detalle? y ¿qué circunstancia misteriosa les envolvía en su presencia? Otra cosa también les debería chocar. En casa de su padre el más joven de ellos, el hijo de Raquel, había sido normalmente favorecido ante ellos. Y ahora sucedía lo mismo en el palacio del egipcio. El gobernador egipcio «tomaba viandas de delante de sí para ellos; mas la porción de Benjamín era cinco veces mayor que cualquiera de la de ellos». ¿A qué se debía esta muestra de distinción extraordinaria, según era considerado en tiempos antiguos?[2]

José pone a sus hermanos a prueba

No obstante, el banquete transcurrió apaciblemente, y al día siguiente, de mañana, los once, contentos y agradecidos, se pusieron en camino de vuelta a Canaán. Pero el mayordomo de la casa de José había recibido instrucciones especiales. Como antes, todo «el dinero» había sido devuelto

2. Ante los príncipes y gobernantes los espartanos ponían doble ración, los cretenses cuatro veces más. En Egipto parece ser que la ración era cinco veces mayor.

en el costal de cada uno. Pero, además, había colocado en el costal de Benjamín la copa personal de José, o mejor dicho, su gran recipiente de plata. No habían avanzado mucho cuando el mayordomo les alcanzó velozmente. Llamando a los once ingratos, les acusó de haber robado la «copa» de la que «bebe mi señor, y por la que adivinaba». Evidentemente esta frase del siervo no demuestra en modo alguno que José adivinara por medio de esa «copa». Al contrario, no podía ser así porque era imposible adivinar con una copa que le había sido robada (v. 15). Pero, sin lugar a dudas, había en casa de José, como en todas las de los grandes sabios de Egipto, el recipiente de plata usado comúnmente para adivinar, dentro del cual los acontecimientos desconocidos aparecían supuestamente reflejados en el agua, a veces después de tirar gemas u oro (con o sin inscripciones y encantos mágicos) en el interior, a fin de aumentar el resplandor de los rayos de luz. Algunas prácticas parecidas todavía se llevan a cabo en Egipto en la actualidad.

La acusación de traición y robo cogió tan por sorpresa a los hermanos, que, en su inocencia consciente, se ofrecieron a abandonar la vida del culpable y la libertad de los demás, si la copa era hallada en cualquiera de ellos. Pero el mayordomo había recibido otras instrucciones. Tenía que separar a Benjamín de los demás. Rechazó su propuesta con una generosidad fingida, y les comunicó su propósito de retener como esclavo solamente al culpable. Se procedió a la busca de la copa, y fue hallada. Ahora llegaba la primera gran prueba de sus sentimientos. Estaban libres para irse a casa, con sus esposas e hijos; solo Benjamín tenía que ser esclavo: la copa estaba en su costal. Concediendo el hecho de que, a pesar de las apariencias, sabían que era inocente, ¿por qué debían permanecer a su lado? En casa era el favorito; de hecho, por temor a arriesgar su vida, su padre casi dejó perecer de hambre a ellos, sus esposas y sus hijos. Y también en Egipto, el más joven, el hijo de otra madre, había sido favorecido ante ellos. Ya se habían librado de un favorito, ¿a qué esperaban, si la misma providencia les permitía librarse de otro? ¿En base a qué necesidad o interés tenían que identificarse con él? No bastaba con que siempre le colocaran antes que ellos; ¿debían ahora destruir toda su familia y sufrir sus pequeñitos por causa de uno, que, en el mejor de los casos, parecía que los iba a hundir en la tristeza y la ruina? Hubieran podido pensar así, pero no lo hicieron. Porque en todos los asuntos de deber los razonamientos son siempre peligrosos, y únicamente la obediencia total e inmediata de lo que es justo, es el camino seguro. «Ellos rasgaron sus vestidos, y cargó cada uno su asno y volvieron a la ciudad».

La primera prueba fue superada; la segunda y final iba a empezar. En la presencia de José, «se postraron delante de él en tierra» con su dolor en silencio. Ahora su portavoz es Judá, y su abogacía es una figura anticipada de la defensa de su gran descendiente. No pronuncia una sola palabra como atenuante o súplica. Este solo pensamiento llena su corazón: «Dios ha hallado la maldad de sus siervos». No eran culpables de la acusación actual, pero sí lo eran ante Dios, que había vengado su maldad. ¿Cómo pues iban a dejar a Benjamín en una esclavitud no merecida, cuando eran ellos los causantes de este dolor? Pero José, como ya había hecho su mayordomo, rechaza su propuesta por ser injusta, y ofrece la libertad a todos ellos excepto a Benjamín. Esto da a Judá una oportunidad para suplicar con un lenguaje tan tierno, gráfico y sincero, que pocos han sido capaces de resistirse a su pasión. Cuenta la historia sencilla, cómo el gran señor egipcio les había preguntado primero si tenían padre o hermanos, y cómo le habían hablado de su padre en casa, y sobre el hijo de su vejez que estaba con él como única prenda de su amor de matrimonio, a quien se aferraba el corazón del anciano. Luego el visir quiso que se le trajera al joven, y ellos habían suplicado diciendo que su partida costaría la vida de su padre. Pero el hambre les había hecho pedir a su padre incluso este sacrificio. Y el anciano les había recordado lo que ya sabían perfectamente: que su esposa, la única que él tenía como tal, le había dado dos hijos; uno de ellos se había apartado de él, como ahora se le proponía que se fuera Benjamín, y no le había visto más, y había dicho: «de cierto fue despedazado». Y ahora, si se llevaban también a éste lejos de él y le sucediera algún mal, sus canas irían con dolor a la tumba. Lo que el hombre temía, fuera como fuese, había sucedido. ¿Pero podía Judá presenciar el dolor y la muerte de su anciano padre? ¿No era él especialmente culpable, porque su padre le había dejado ir bajo la garantía de Judá? Él había sido su seguridad; y ahora no pedía ni el perdón ni un favor, solo esto suplicaba: que se le permitiera quedar como esclavo en lugar del joven, y que éste pudiese volver con sus hermanos. Pedía la esclavitud como bendición, porque ¿cómo podía «ver el mal» que sobrevendría a su padre?

Lutero dijo acertadamente: «Cuánto no daría yo para poder orar ante el Señor como Judá intercedió aquí por Benjamín, porque es un modelo perfecto de oración, del profundo sentimiento que debe ser la base de toda oración». Y, bendito sea Dios, porque uno ha intercedido por nosotros, que se dio a sí mismo por nuestra seguridad y se hizo esclavo por nosotros.[3] Su abogacía fue escuchada; su substitución aceptada; y su intercesión por nosotros continúa para siempre, y siempre vence. El Señor Jesucristo es «el León de la tribu de Judá, la raíz de David», y «ha vencido para abrir el libro, y desatar sus siete sellos».

José se da a conocer a sus hermanos

La última prueba había sido superada. De hecho, no podía continuar, porque José «no podía ya contenerse». José hizo salir a todos los extraños apresuradamente y, con toda la ternura de sus afectos y la delicadeza de sus sentimientos, se dio a conocer a ellos como el hermano que habían vendido a Egipto, pero quien, en realidad, Dios había enviado anticipadamente con el propósito no solo de salvar sus vidas, sino también de conservar su posteridad, a fin de que así se cumpliera el misericordioso consejo de Dios para con el mundo. Por ello, no debían estar apenados, porque Dios había vencido en todo. Tuvo que decirlo tres veces y que demostrar su perdón con las palabras más amorosas para que creyeran sus explicaciones o se consolaran por ellas. Pero un objetivo que José tenía en vista entonces era traer a su padre y su familia cerca de él, para que les pudiera alimentar; porque solo habían pasado dos de los siete años de hambre. Y para esto fue ayudado muy especialmente por la providencia divina. Faraón escuchó la noticia de lo sucedido y fue complacido por la conducta generosa del visir. De su propia iniciativa propuso lo que José ya deseaba; y acompañó su invitación con una promesa real de abundante provisión, y enviando «carros» para transportar a las mujeres y los niños. De su parte, José añadió ricos regalos para su padre.

3. Salmos 40:6, 7; Filipenses 2:6-8.

Jacob y su familia se preparan para descender a Egipto

Cuando volvieron los once, volvieron principalmente solo a su padre, y se lo contaron todo, «el corazón de Jacob se afligió, porque no les creía». Luego, al ver los «carros» egipcios que llegaban, tuvo una gran reacción. «El espíritu de Jacob su padre revivió.» El pasado, con sus dolores y pecado, parecía haber sido borrado de su memoria. Una vez más no fue Jacob quien habló, como antes, sino «Israel» (el príncipe con Dios y el hombre) que dijo: «Basta; José mi hijo vive todavía; iré y le veré antes que yo muera».

Capítulo 22
(Génesis 46–48)

El patriarca Jacob tenía una difícil senda por delante. Dios no le había dado ninguna indicación directa para ir a Egipto con su familia. Pero, no obstante, los tratos de Dios para con José, la invitación de Faraón y el hambre en Canaán servían para indicarle que se trataba del período de tiempo que Dios dijo a Abraham,[1] cuando su descendencia saldría de Canaán y serían extranjeros y esclavos en una tierra que no era suya. Sabía que tenían que suceder dos cosas antes de que Israel volviera a la tierra prometida y la poseyera definitivamente. «La maldad del amorreo» tenía que «llegar a su colmo», y la *familia* de Israel tenía que crecer hasta formar una *nación*. Lo primero todavía era futuro, y por lo que concierne a lo segundo, era evidente que cualquier prolongación de su estancia en Canaán hubiese significado un obstáculo, más que una ayuda, para su cumplimiento. Porque en aquel tiempo Canaán estaba dividida en numerosas tribus independientes, con una o más de las cuales los hijos de Jacob, al aumentar en número, tenían que unirse o entrar en guerra. Más peligroso aún que su religión hubiese sido permanecer entre los cananeos y relacionarse con ellos.

Jacob y su familia van a Egipto

En Egipto la situación era muy diferente. Allí iban manifiestamente como extranjeros, y con una finalidad temporal. El hecho de ser pastores, y como tales «una abominación para los egipcios», les mantenía separados, tanto política como religiosa y socialmente, del resto de la gente, y, sin lugar a dudas, les obligaba a estar en una región para ellos solos.

Así, «la tierra de Gosén» era la mejor para aumentar sus posesiones de rebaños y ganados. Los animales podían ser tenidos como la razón exterior de su desplazamiento a Egipto; el significado espiritual más elevado ya ha sido expuesto.

Jacob recibió la seguridad que necesitaba para sentirse tranquilo al llegar a Beerseba, la frontera sur de la tierra prometida. Allí el patriarca ofreció «sacrificios al Dios de su padre Isaac», y allí el Señor fiel le habló «en visiones de noche».

Sus palabras confirieron a Jacob una seguridad cuádruple, que Dios *era* el Dios del pacto, y que Jacob no debía tener temor de descender a Egipto; que Dios haría *allí* una gran nación de él, en otras palabras, que la transformación de familia a nación se daría en Egipto; que Dios descendería con él; y finalmente, que él mismo le devolvería de nuevo

1. Génesis 15:13.

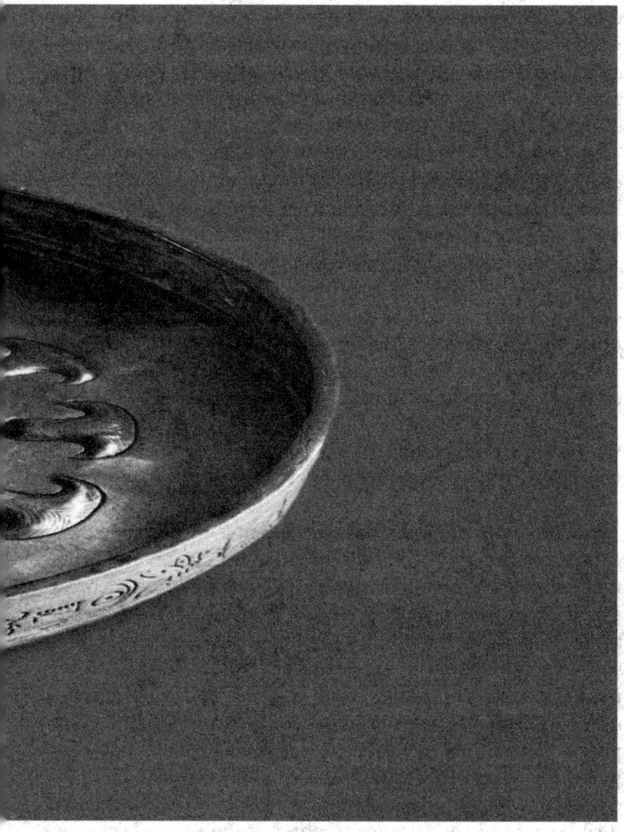

«La acusación de traición y robo cogió tan por sorpresa a los hermanos, que, en su inocencia consciente, se ofrecieron a abandonar la vida del culpable y la libertad de los demás, si la copa era hallada en cualquiera de ellos. Pero el mayordomo había recibido otras instrucciones. Tenía que separar a Benjamín de los demás. Rechazó su propuesta con una generosidad fingida, y les comunicó su propósito de retener como esclavo solamente al culpable. Se procedió a la busca de la copa, y fue hallada. Ahora llegaba la primera gran prueba de sus sentimientos. Estaban libres para irse a casa, con sus esposas e hijos; solo Benjamín tenía que ser esclavo: la copa estaba en su costal».

La copa que José mandó poner en el saco de Benjamín era de plata. La de la figura es de oro, pero se trata igualmente de un recipiente para beber de la época. Esta bella pieza, decorada con peces y flores de loto, pertenece a la XVIII Dinastía.

a su lugar. Y cada una de estas afirmaciones fue introducida con un Yo enfático, para indicar la fuente personal y directa de todas estas bendiciones. Fortalecido de este modo, Israel continuó su camino con espíritu confiado.

Como suele suceder en la Escritura, con relación a esto se nos ofrece una lección muy importante, pero que por su presentación puede escapar a la observación superficial.

Se ha hecho notar varias veces que la Biblia no ofrece la historia de las personas en sí, sino que nos da la historia del reino de Dios. Esto se ve claramente en la lista que se introduce aquí de «los nombres de los hijos de Israel, que entraron en Egipto». Evidentemente, no debe tomarse literalmente como una enumeración de los que acompañaron a Jacob en su viaje a Egipto. Porque algunos de ellos, como el mismo José, y sus hijos Efraím y Manasés, y los hijos de ellos, si tenían alguno en aquel tiempo, ya se hallaban en Egipto. Luego, algunos de los nietos de los biznietos de Jacob, mencionados en esta lista, debieron nacer después de que los hijos de Jacob entraran en Egipto; mientras que, por otro lado, debía haber otros no mencionados, porque es imposible pensar que todas las familias de aquellos cuyos descendientes no son enumerados se extinguieran. Pero si tenemos en cuenta el principio que sólo se registra lo que se refiere al reino de Dios, entonces todo se entiende.

Ahora lo miramos *no como una lista biográfica*, sino como una tabla genealógica, trazada en base a un objetivo específico. Dicho objetivo es de enumerar en primer lugar los primeros antepasados de las tribus de Israel, y luego sus descendientes que formaron una «familia» distinta en cada tribu. En consecuencia, esta tabla genealógica contiene, además de los nombres de los descendientes de Jacob que fueron literalmente con él a Egipto, también los que llegaron a ser «cabezas de familias». Esto se ve claro al comparar con Números 26, donde las «familias» de Israel son específicamente enumeradas. Entre sus fundadores no aparece un solo nombre que haya sido dado en la tabla previa.

Algunos nombres, no obstante, desaparecen en la segunda tabla, es decir, el nombre de un hijo de Simeón, uno de Aser y los de tres hijos de Benjamín; sin duda alguna, porque se extinguieron o porque fueron sacados de su lugar en juicio.

Tampoco resulta extraño hallar nombres de los futuros cabezas de familias enumerados de antemano en esta lista. ¿Acaso no leemos que en Abraham las generaciones de Leví que no habían nacido dieron diezmos a Melquisedec? Evidentemente la Escritura se expresa de este modo constantemente. Así leemos que Dios dijo a Abraham, a Isaac, y a Jacob: «te daré la tierra», cuando sólo eran extranjeros y peregrinos en la misma; y, muchos siglos antes de que se realizara tal acontecimiento: «En ti serán benditas todas las naciones de la tierra»; y a Jacob Dios le dijo: «yo te haré volver», de Egipto. Porque con Dios nada es, en su sentido real, futuro. «Él ve el final desde el principio».

Pero cuando el texto sagrado resume la tabla genealógica con la afirmación que «todas las persona» eran «setenta», pensamos en la implicación del número, siete veces diez, siendo el siete el número sagrado del pacto, y diez el de la perfección.[2]

2. La versión griega de los 70 da el número setenta y cinco, y San Esteban lo cita por ser el más conocido por los judíos de esa época (Hch. 7:14). Este número evidentemente es el resultado de una disposición de la tabla ligeramente diferente. El texto hebreo nombra de Lea: seis hijos, veinticinco nietos, y dos biznietos, además de Dina; de Zilpá: dos hijos, once nietos, dos biznietos, y una hija; de Raquel: dos hijos, y doce nietos; y de Bilhá: dos hijos y cinco nietos. Las «dos hijas» se incluyen por razones especiales.

En su viaje Jacob envió a Judá por delante, para que comunicara a José su llegada. Él se apresuró para recibir a su padre en la tierra fronteriza de Gosén. Su encuentro, después de una separación tan larga, fue tierno y conmovedor. La expresión hebrea traducida en castellano como: «José... se manifestó a él», implica un aspecto esplendoroso. Y ante su padre hebreo, el gran egipcio era de nuevo simplemente el joven José. «Se echó sobre su cuello, y lloró sobre su cuello largamente.» Entonces era la obligación de José notificar a Faraón la llegada real de su familia a Egipto, para obtener al mismo tiempo un nuevo recibimiento, y una concesión temporal de la tierra de Gosén para sus colonos. Con este fin fue José solo, en primer lugar, y luego presentó a cinco de sus hermanos. Tanto él como ellos hicieron notar particularmente el hecho que la familia eran pastores. Esto les aseguraría su estancia en Gosén, porque era la mejor región para pacer los animales y, al mismo tiempo, el más alejado y aislado de gran parte del pueblo. Porque los monumentos egipcios muestran que los pastores eran considerados como la clase o casta más baja, probablemente debido a que sus costumbres nómadas eran tan opuestas a la civilización tan sedentaria del país. Otro detalle que iba a ser mencionado especialmente ante Faraón por los hijos de Jacob era que habían venido sólo a «residir por una temporada», no para establecerse en la tierra, de modo que, puesto que inicialmente llegaron bajo expresa invitación del rey, podrían partir en cualquier momento que fuese necesario. Es importante notar esto en relación con el error posterior cuando sus descendientes fueron retenidos a la fuerza. Sucedió tal como José esperaba. Faraón les asignó un lugar para morar «en lo mejor de la tierra», es decir, en la parte más adecuada, en lo que era casi la única región adecuada para el pasto; en la tierra fronteriza entre Canaán y Egipto, la tierra de Gosén, o de Ramsés, como se llama a veces por el nombre de la ciudad. Un erudito[3] cuidadoso y capacitado se expresó así sobre este tema: «La tierra de Gosén estaba entre la parte oriental del anciano Delta, y el límite occidental de Palestina; casi no era una tierra propiamente egipcia, era habitada por otros extranjeros además de los israelitas, y por sus nombres geográficos era más semítica que egipcia; era una tierra de pastos, especialmente apropiada para los pueblos de pastores, y suficiente para los israelitas, los cuales prosperaron allí, y estaban separados de la mayor parte de egipcios».[4]

Entrevista de Jacob con Faraón

Antes de hacer establecer a su padre en Gosén, José le presentó a Faraón, quien le recibió con la cortesía de un monarca oriental, y el respeto asegurado por una edad que sobrepasaba con muchos años la media de Egipto. Como reconocimiento de la amabilidad de Faraón, «Jacob bendijo» a Faraón; y su respuesta a la pregunta sobre su edad, fue comparar «los días de los años» de su «peregrinación» con los de sus padres. Abraham había vivido ciento setenta y cinco años, Isaac ciento ochenta; mientras que Jacob tenía solo ciento treinta, y sentía la cercanía de su muerte. Sus días, comparados con los de ellos, no sólo habían sido «pocos» sino «malos», llenos de pruebas, dolor, y preocupación, desde el día en que escapó de la casa de su padre. Pero, aunque sus vidas eran exteriormente diferentes, su carácter esencial era igual. Tanto la una como las otras eran una «peregrinación». Porque «Conforme a la fe murieron todos éstos sin haber recibido lo prometido, sino mirándolo de lejos, y creyéndolo, y abrazándolo, y confesando que eran extranjeros y peregrinos sobre la tierra. Porque los que esto dicen, claramente dan a entender que buscan una patria; ... una mejor, esto es, celestial; por lo cual Dios no se avergüenza de llamarse Dios de ellos; porque les ha preparado una ciudad».[5] Y tales deben ser también nuestras vidas, independientemente de nuestra historia exterior, que las consideremos simplemente una «peregrinación».

Su última enfermedad y orden de ser sepultado en Canaán

Pero Israel recibió todavía setenta años más en su calmado retiro en Gosén. Al sentir el momento en que había realmente llegado su partida, hizo llamar a José. No era su intención expresar sus débiles pesares, ni siquiera para recibir la despedida de amor que, en tales circunstancias, podía ser adecuada. Israel, como se le llama aquí,[6] se estaba preparando para otro gran acto de fe. En su lecho de muerte, aún se aferraba a las promesas de Dios en lo referente a la posesión de Canaán, y todo lo que se relacionaba con ella; hizo jurar a su hijo que le enterraría con sus padres, en la cueva de Macpelá. Tras obtener esta solemne promesa, se dice,[7] «se inclinó en adoración sobre la cabecera de la cama».

Efraín y Manasés admitidos entre los hijos de Israel

Todavía quedaba algo por hacer. Los hijos de José todavía no habían sido admitidos formalmente en la familia de Israel. Y los dos mayores, Manasés y Efraín, iban a ser cabeza de tribu, porque José tenía que recibir su derecho de primogenitura: dos partes en Israel. Por lo tanto, cuando poco después de la conversación con su padre, José recibió la noticia que la última enfermedad fatal le había tomado, se apresuró a llevar sus dos hijos para que fueran colocados como coherederos de los otros hijos de Jacob. Con este acto José demostró su fe. En vez de buscar para sus hijos los honores de la corte de Egipto, renunciaba a todo, para compartir la suerte de la despreciada raza de pastores. Por primera vez encontramos aquí la bendición junto a la imposición de manos.[8] Pero los ojos de Jacob eran débiles, y cuando José puso a sus dos hijos cerca de su padre, situando a Manasés, por ser el mayor, a la derecha de su padre, y a Efraín, por ser menor, a la izquierda, pensó que se trataba de un fallo de su vista al cruzar Israel las manos, poniendo la derecha sobre Efraín y la izquierda sobre Manasés. Pero Jacob lo hacía a propósito. De hecho lo hizo proféticamente.

3. El Sr. Grove, en *Smith's Dictionary of the Bible*, vol. I., p. 711.
4. Es bien sabido que un monumento egipcio muestra tan sorprendentemente una ilustración de la llegada de los hijos de Israel en Egipto, que algunos lo han considerado, aunque sin pruebas suficientes, como una representación real de dicho acontecimiento. Los extranjeros evidentemente son de raza semítica y llegaban con sus esposas e hijos.

5. Hebreos 11:13, 14, 16.
6. Es altamente instructivo notar los cambios frecuentes en esta historia de los nombres de Jacob e Israel.
7. Traducción literal. Los traductores griegos, o 70, a los que se cita en Hebreos 11:21, lo han traducido, siguiendo un ligero cambio de la palabra hebrea: «adoró, apoyado sobre el extremo de su bordón». El significado, en su contenido esencial, es el mismo.
8. La imposición de manos formaba parte esencial de los sacrificios de las víctimas. La persona que las ofrecía ponía sus manos sobre la víctima y confesaba sus pecados; con ello los transfería y la víctima venía a ser su substituto.

Los acontecimientos demostraron la veracidad de su profecía. En tiempo de Moisés, Manasés todavía tenía veinte mil hombres más que Efraín.[9] Pero esta relación fue invertida en los días de los jueces; y en adelante Efraín continuó siendo, después de Judá, la tribu más poderosa de Israel. Pero lo que más nos impresiona es ver cuán intensamente entrelazados están todos los sentimientos, recuerdos, y la visión del hombre moribundo con su religión. Ya no retiene duros pensamientos sobre sus días «malos» en el pasado. Sus recuerdos sobre su historia son la mansedumbre y la bondad de Dios, quien lo guió durante toda su peregrinación. Sus sentimientos se expresan más explícitamente con las palabras de la bendición que pronunció: «El Dios[10] en cuya presencia anduvieron mis padres Abraham e Isaac, el Dios que me mantiene[11] desde que yo soy hasta este día, el Ángel que me redimió de todo mal, bendiga a estos jóvenes; y que sea perpetuado en ellos mi nombre y el nombre de mis padres Abraham e Isaac, y multiplíquense en gran manera en medio de la tierra». En esta referencia triple a Dios como el Dios del pacto, el Pastor, y el Ángel-Redentor, tenemos una clara anticipación de la verdad sobre la bendita Trinidad.

Una vez pronunciada la bendición, «Jacob dio a su hijo José» un regalo especial, «una parte de la tierra» junto a Sicar,[12] la antigua Siquem, la cual había comprado «a los hijos de Het»;[13] pero, como dijera en la profecía, él, o sea sus descendientes, la tendrían que tomar de nuevo[14] con espada y con arco de mano del amorreo. En esta posesión de José, al cabo de muchos siglos, el Pastor Redentor reposó, cuando, aunque cansado, visitaba y pastoreaba su rebaño.[15] En cuanto a Jacob, la última seguridad que dio a su hijo fue la de repetir con énfasis la confesión de su fe: «He aquí yo muero; pero Dios estará con vosotros, y os hará volver a la tierra de vuestros padres». Porque los hombres pasan, pero la palabra y los propósitos del Señor permanecen para siempre.

Capítulo 23
(Génesis 49:1)

Había llegado el momento de la última escena, y Jacob reunió alrededor de su lecho de muerte a sus doce hijos.

La última bendición de Jacob

Las palabras que dijo fueron una mezcla de bendición y predicción. Ante sus ojos, en una visión profética, era como si se desplegaran imágenes de las tribus que iban a ser encabezadas por sus hijos como progenitores; y lo que vio lo expresó a grandes rasgos. Es absolutamente imposible considerar estas imágenes proféticas como representaciones exactas de un período determinado o suceso concreto de la historia de Israel. Son rasgos de las tribus en sus características amplias, más bien que predicciones, bien sea de acontecimientos específicos, o de la historia de Israel en su totalidad. Y a estas imágenes se aplica perfectamente la descripción que alguien ha dado de las visiones proféticas en general, en estos términos: «son imágenes dibujadas sin perspectiva», es decir, de modo que el observador no puede ver la distancia de cada objeto.

Otras dos aclaraciones pueden ser de utilidad al lector. Se verá que, generalmente, en el discurso de «bendición» el nombre del antepasado parece desplegar el carácter y la historia de la tribu. En segundo lugar, contra toda cavilación, se puede decir abiertamente que estas palabras de bendición fueron pronunciadas personalmente por Jacob. Cuando intentamos imaginarnoslas pronunciadas en cualquier otro período de la historia de Israel, nos encontramos con dificultades insuperables. Porque esas palabras se pueden aplicar a las tribus sólo como las concebía Jacob. No podían haber sido escritas en otro período, porque todo escritor posterior hubiese dicho algo que no se podía aplicar a una u otra tribu, y no hubiese podido usar este lenguaje tan preciso sobre cada una de ellas. Tras estas breves aclaraciones a modo de prefacio, nos dirigimos a las palabras de la «bendición»:[1]

RUBÉN, tú eres mi primogénito,
Mi fortaleza y el principio de mi vigor,
Preeminente en dignidad, preeminente en poder.

Ésta debería haber sido la posición de Rubén, como primogénito, de no haber sido por el «carácter presuroso» de sus pasiones y su pecado como consecuencia de ello. Por eso Jacob continúa:

Presuroso como las aguas,
No serás el preeminente,
Por cuanto subiste al lecho de tu padre;
Entonces lo envileciste;
Subió sobre mi lecho.

Los hijos que seguían a Rubén en edad eran Simeón y Leví. Su crueldad insensible en Siquem, por la cual Jacob se estremecía incluso en su lecho de muerte, les había hecho «hermanos», o compañeros en el mal. Visto que se habían unido para el mal, Dios los iba a esparcir en Israel, para que no crearan tribus independientes y compactas. De hecho, sabemos que incluso en el segundo censo de Israel[2] Simeón era la tribu más pequeña. En la última bendición de Moisés,[3] no hay mención alguna de Simeón. Tampoco parece que esta tribu haya obtenido una parte bien definida de la tierra, sino que tenía sólo algunas ciudades dentro de la posesión de Judá.[4] Finalmente, sabemos que las familias de Simeón que crecieron grandemente y se hicieron poderosas, salieron de la tierra santa, y se establecieron fuera de sus límites.[5] La tribu de Leví tampoco recibió posesión alguna en Israel; pero con la diferencia que su esparcimiento cambió de ser maldición a ser bendición por su elección del sacerdocio. Esparcir dos tribus era la respuesta que Dios, en su justa providencia, daba al intento de sus antepasados de vengar el honor de su raza con medios y armas carnales.

SIMEÓN y LEVÍ son hermanos;
Instrumentos de violencia son sus espadas;
En su consejo no entre mi alma,
Ni mi honor se junte en su compañía;

9. Números 26:34, 37.
10. El hebreo escribe el artículo; no solo Dios, sino el Dios.
11. O «apacentar» como en Salmos 23:1; 28:9. Ver también su totalidad en Juan 10:11.
12. Juan 4:5.
13. Génesis 33:19.
14. El tiempo verbal del versículo 22 es el pasado profético, con el que se contempla el futuro como ya cumplido.
15. Juan 4.

1. Traducción literal.
2. Números 26:14.
3. Deuteronomio 23.
4. Josué 19:1-9.
5. 1 Crónicas 4:38-43.

Porque en su furor mataron hombres,
Y en su propia voluntad desjarretaron bueyes.
Maldito su furor, que fue fiero;
Y su ira que fue dura.
Yo los apartaré en Jacob,
Y los esparciré en Israel.

Habiendo tratado con los tres hermanos mayores, y habiendo recibido José la doble parte de la tierra, los demás privilegios de la primogenitura son pasados solemnemente a Judá. Él será el guía. «El león.» Como el león es el rey de la selva, así iba a tener Judá un dominio real, por medio de David, y en adelante hasta el Hijo de David, el Siloh, a quien como «león de la tribu de Judá», todas las naciones rendirían homenaje y obediencia. De modo parecido, la plenitud de las riquezas terrenales iba a distinguir la parte de Judá, siendo estas bendiciones terrenales en sí mismas los emblemas de las riquezas espirituales otorgadas en la porción de Judá. Toda esa descripción está colmada de alusiones mesiánicas, que posteriormente fueron usadas en la profecía de Balaam;[6] luego aplicadas a David;[7] y a partir de él transportadas en profecía, con Salmos 72:9, 11, pasando por Ezequiel 21:27 y Zacarías 9:9, hasta que finalmente fueron cumplidas en Jesucristo, «surgió de Judá»,[8] «nuestra paz, que de ambos hizo uno»,[9] y quien «debe reinar hasta que haya puesto a todos sus enemigos debajo de sus pies»,[10] «el león de la tribu de Judá, la raíz de David», que «ha vencido».[11]

En la bendición de Judá notamos, por vez primera, cómo se despliega y aparece el significado del nombre:

JUDÁ, te alabarán tus hermanos;
Tu mano en la cerviz de tus enemigos;
Los hijos de tu padre se inclinarán a ti.
Cachorro de león es Judá;
De la presa subiste, hijo mío.
Se encorvó, se echó como león,[12]
Así como leona: ¿quién lo despertará?
No será quitado el cetro de Judá,
Ni el legislador de entre sus pies,
Hasta que venga Siloh[13],
Y a ÉL la obediencia voluntaria de las naciones.
Atando a la vid su pollino,
Y a la cepa el hijo de su asna,
Lavó en el vino su vestido,
Y en la sangre de uvas su manto;
Sus ojos, rojos del vino,
Y sus dientes blancos de la leche.

A modo de ilustraciones locales de las riquezas de la parte de Judá, el lector recordará que el mejor vino de Palestina se cultivaba cerca de Hebrón y En-gadí,[14] y que uno de los mejores pastos estaba al sur de Hebrón, cerca de Técoa y Carmel.[15]

6. Números 23:24; 24:9, 17.
7. Salmos 89:20-37.
8. Hebreos 7:14.
9. Salmos 89:20-37.
10. 1 Corintios 15:25.
11. Apocalipsis 5:5.
12. Un león joven por su agilidad y gracia; un león adulto por su fuerza y majestad; una leona que defiende a sus cachorros con su ferocidad.
13. Este no es lugar para discusiones críticas; pero afirmamos como convicción deliberada nuestra que el término Siloh puede ser solo una designación del Mesías, independientemente del significado derivado que tenga esta palabra.
14. Números 13:23, etc.; Cantares 1:14.
15. 1 Samuel 25:2; 2 Crónicas 26:10; Amós 1:1.

La siguiente bendición también va relacionada con el nombre de Zabulón, o «morada», aunque debemos tener en cuenta, con una mayor ilustración del hecho que no se concebía como predicción literal, que las posesiones de la tribu de Zabulón, por lo que entendemos en Josué 19:10-16, nunca llegaron a tocar el Mediterráneo, ni el Mar de Galilea ni limitó literalmente con Sidón:

ZABULÓN en puertos de mar habitará;
Será para puerto de naves,
Y su límite hasta Sidón.

El nombre de Isacar, «recompensa», o «sueldo», también es significativo del carácter de la tribu, porque, en su rica parte de la Galilea inferior, prefirió trabajar en calma, antes que el poder y el dominio:

ISACAR, asno fuerte
Que se recuesta entre los apriscos;
Vio el descanso, y que era bueno,
Y que la tierra era deleitosa,
Y bajó su hombro para llevar,
Y sirvió en tributo.

La alusión en el caso de Dan, o «juicio», también se halla en el nombre. Aunque Dan fuese únicamente el hijo de una esclava, no iba a quedarse detrás de sus hermanos, sino a «juzgar a su pueblo», es decir, a Israel; quizá refiriéndose a hombres como Sansón, aunque también al carácter general de la tribu. Aquí encontramos otra alusión misteriosa e importante, a la que prestaremos atención rápidamente:

DAN juzgará a su pueblo,
Como una de las tribus de Israel.
Será Dan serpiente junto al camino.
Víbora en la senda,
Que muerde los talones del caballo,
Y hace caer hacia atrás al jinete.

No vamos a pretender dar una explicación autoritaria a esta comparación de Dan con una serpiente, y con ese tipo de víbora que, por su color como el del suelo, no se ve hasta que ha dado su picadura mortal. Solo planteamos a modo de sugerencia que contengan una alusión al anticristo,[16] haciendo notar al mismo tiempo que el nombre de Dan se omite en la lista de las tribus en Apocalipsis 7:5-8.

También es significativo el hecho que, justo después de su mención de estas luchas en relación con Dan, Jacob exclama en oración, con la intención, como dice Calvino, no solo de expresar su propia fe y esperanza personales, sino también su confianza para sus descendientes. El comentario, o la paráfrasis,[17] prácticamente más antigua lo expresa así: «Mi alma no espera la liberación de Gedeón, el hijo de Joás, porque era meramente temporal, ni la de Sansón, porque no era nada más que transitoria; sino la redención del Mesías, el Hijo de David, el cual prometiste en tu palabra que enviarías a tu pueblo, los hijos de Israel; ésta, tu salvación, es la que espera mi alma».

Tu salvación es la que yo espero, oh Jehová.

En cuanto a Gad, tenemos una alusión tripartita a una palabra semejante que significa opresión. No podemos conectar ningún cumplimiento histórico concreto a la predicción en sí:

16. Muchos padres han considerado esta «serpiente» como el anticristo.
17. El Targum de Jerusalén según su recensión más correcta.

GAD una presión le oprime,
pero él oprime el talón de ellos.

En el caso de Aser, evidentemente se hace referencia a la posesión más fértil de la tribu, que va desde el Monte Carmelo hasta la tierra de Tiro, la región más rica en grano y aceite:[18]

De ASER fertilidad (literalmente gordura): su pan;
Y produce deleites a los reyes.

La alusión a Neftalí es a la grácil agilidad y a la velocidad de la gente, y también a su habilidad y ligereza mental:

NEFTALÍ, cierva suelta,
Que pronunciará dichos hermosos.

Finalmente Jacob llega al nombre de su amado hijo José. Entonces parece como si su corazón se derramara. Primero muestra su carácter fructífero, como un árbol frutal «plantado junto a corrientes de agua»,[19] cuyas ramas se extienden por encima del muro;[20] luego describe su fuerza, que deriva de Dios; y, por último, derrama las bendiciones más ricas, mucho más de lo que habían conferido ninguno de sus antepasados:

Hijo de un árbol frutal (rama fructífera) es JOSÉ,
Hijo de un árbol frutal junto a una fuente,
Cuyas hijas (vástagos) se extienden sobre su muro.
Los arqueros le hostigan,
Le asaetan y le odian;
Mas su arco se mantiene con firmeza,
Y los brazos de sus manos permanecen flexibles
Por las manos del Fuerte de Jacob,
Por esto, por el Pastor, por la Roca de Israel,
Por el Dios de tu padre, te ayudará.
Y por el Todopoderoso, te bendecirá.
Bendiciones del cielo de las alturas.
Bendiciones del abismo que está abajo.
Bendiciones de los pechos y del vientre.
Las bendiciones de tu padre son mayores
Que las bendiciones de mis progenitores;
Hasta el término de los collados eternos,[21]
Sea sobre la cabeza de José,
Y sobre la frente del que fue separado[22] de entre sus hermanos.

Las alusiones a Benjamín se entienden por medio de una referencia a Ehud,[23] a Jueces 5:14; 20:16; 1 Crónicas 8:40; 12:2; 2 Crónicas 14:8; 17:17, y a la historia de Saúl y a la de Jonatán:

BENJAMÍN es lobo arrebatador;
A la mañana come la presa,
Y a la tarde reparte los despojos.

18. 1 Reyes 5:11.
19. Salmos 1:3.
20. Comp. Salmos 80:8-11.
21. Es decir, como las montañas sobrepasan las llanuras, así las bendiciones que José recibe ahora son superiores a cualquiera de las que habían sido concedidas por los antepasados de Jacob.
22. Es decir, en dignidad. La palabra hebrea es Nasir.
23. Jueces 3:15.

Muerte de Jacob

Y ahora, después de pronunciar sus últimas bendiciones, Jacob vuelve a encargar a sus hijos que le sepulten en la cueva de Macpelá. Luego recogió sus pies en la cama, se acostó con toda calma, y sin suspiros o luchas entregó el espíritu, y «fue reunido con su pueblo».

Éste fue el final de Jacob, el padre más peregrino de los padres peregrinos. Su última voluntad fue cumplida al pie de la letra. Una vez pasado el primero y natural período de dolor de José, «mandó a sus servidores médicos que embalsamasen a su padre»; ya fuese para llevar a cabo el trabajo ellos mismos como para supervisarlo. El proceso duró cuarenta días,[24] y setenta días, como era su costumbre, le lloraron los egipcios. Al final de dicho período, José, por la obligación de su deber, solicitó, aunque no personalmente, porque no podía aparecer ante el rey con su vestidura de luto, a Faraón permiso para él y su comitiva para ir a sepultar a su padre en la tierra de Canaán. La procesión del funeral incluía, además de José «toda la casa de José», «sus hermanos, y la casa de su padre», también «todos los siervos de Faraón, los ancianos de su casa, y todos los ancianos de la tierra de Egipto» (es decir, los principales oficiales del estado y de la corte, bajo la guardia de «carros y gente de a caballo»). Una compañía tan influyente y «grande» naturalmente evitaría, por temor a enfrentamientos, el territorio de los filisteos, por el cual pasaba el camino directo desde Egipto. Tomaron la ruta indirecta atravesando el desierto y pasando alrededor del Mar Muerto (significativamente, la misma que posteriormente tomó Israel a su vuelta de Egipto) y se pararon en la orilla oriental del Jordán, en Goren-ha-Atad, «la era del espino», o tal vez «la era de Atad». La narración del funeral, como el del embalsamamiento, y naturalmente todas las demás alusiones, concuerda exactamente con lo que sabemos por los monumentos y la historia de Egipto. La costumbre de procesiones de funerales existía en todas las provincias de Egipto, y encontramos representaciones de las mismas en las tumbas más antiguas. Como hace notar un erudito alemán: «Al ver las representaciones en los monumentos, casi podemos imaginar que estamos viendo la caravana del funeral de Jacob». En Goren-ha-Atad se realizaron más ritos de duelo durante siete días. Naturalmente los habitantes de la región estaban curiosos ante el «llanto grande a los egipcios», pero, alterando la pronunciación ligeramente: «llanto grande de los egipcios». Aquí los egipcios se quedaron atrás, y únicamente los hijos y la casa de Jacob estuvieron alrededor de su sepulcro en Macpelá.

24. Todos estos detalles son auténticamente egipcios: el número de médicos al servicio de José, porque en Egipto cada médico trataba sólo un tipo especial de dolencia; el duelo, que siempre duraba setenta días; y el proceso de embalsamamiento, que tenía una duración de cuarenta a setenta días. Había dos formas de embalsamar, además de la de los pobres; la más elaborada costaba unas 250 £, y la más sencilla por unas 81 £. Primero se extraía el cerebro por las fosas nasales; luego se hacía una incisión en el costado izquierdo y se extraían los intestinos, excepto los riñones y el corazón. A continuación se rellenaba el cuerpo con diversas especias (excepto olíbano), se cosía, y se empapaba de natrum, que se encuentra en los lagos de natrum de Egipto, y consiste en carbonato, sulfato y nuriato sódicos. Aquí omitimos a propósito una gran cantidad de pormenores, tales como el uso de vino de palmera para lavar las partes interiores, el pintado ocasional de las uñas, la envoltura elaborada del cuerpo con byssus, y diversos detalles. Sorprende cuán perfectamente se conservaban todas las partes del cuerpo, incluidas las facciones, con este procedimiento. El cuerpo era colocado en una caja rectangular o, con mayor frecuencia, en una caja con forma de momia. Nuestra descripción se refiere sobre todo al tipo más caro de embalsamamiento.

Durante su vuelta a Egipto parece ser que los hermanos de José tuvieron un pensamiento sin razón para ello. ¿Qué pasaría si José, estando su padre muerto, decidía vengar todo el mal que había sufrido de manos de ellos? Poco conocían su corazón o apreciaban sus motivos. Sólo la idea de ver que pensaban esto provocó las lágrimas de José. Incluso si hubiese tenido sentimientos de amargura en su corazón –dijo–, «¿Acaso estoy yo en el lugar de Dios», para interferir en su guía de las cosas? ¿No había quedado claro que, cualquier mal que ellos habían planeado realizar, «Dios lo encaminó a bien»? Con tales afirmaciones, y asegurando que cuidaría de ellos con amor, disipó sus temores.

José vivió otros cincuenta años en Egipto. Tuvo el gozo de ver la bendición de su padre en su incipiente cumplimiento. Los hijos de Efraím de la tercera generación, y los nietos de Manasés «fueron criados sobre las rodillas de José». A la buena y avanzada edad de ciento diez años, al sentir que la muerte se le acercaba, reunió a «sus hermanos» a su alrededor. José estaba colmado de honores en Egipto; había fundado una familia, sobre la cual ninguna estaba en situación más elevada. No obstante, su último acto fue repudiar Egipto, y escoger la suerte de Israel: pobreza, desprecio y peregrinación; renunciar al presente, a fin de aferrarse al futuro. Fue un noble acto de fe, auténtico como el de sus padres.

Muerte de José

Sus últimas palabras fueron las siguientes: «Yo voy a morir: y Dios os visitará, y os hará subir de esta tierra a la tierra que juró a Abraham, a Isaac y a Jacob». Y su última hazaña fue la de tomar un solemne juramento a los hijos de Israel, de llevarse los huesos de José a la tierra de la promesa. Obedientes a su voluntad, embalsamaron su cuerpo, y lo pusieron en uno de esos ataúdes egipcios, generalmente de madera de arce blanco, parecidos a la forma del cuerpo humano. Y allí, a través de las edades de sufrimiento y esclavitud, estuvo el ataúd de José, con su forma humana, preparado para ser levantado y sacado de allí cuando llegara la hora cierta de la liberación. De este modo, aunque José estaba muerto, todavía hablaba a Israel, diciéndoles que eran sólo moradores temporales en Egipto, que sus ojos debían apartarse de Egipto y mirar a la tierra de la promesa, y eso tenía que esperar con la paciencia de la fe hasta la hora en que Dios ciertamente cumpliría su propia promesa por gracia.

Cuando al final de este período de la historia del pacto miramos alrededor, nos parece como si en ese mismo momento era cuando «el temor de una gran oscuridad» estaba cayendo sobre Israel, el cual experimentó Abraham cuando le fue mostrado el futuro de sus descendientes.[25] La relación personal entre el cielo y la tierra había ya cesado. Desde que Jacob pagara su voto en Betel,[26] ninguna manifestación personal de Dios, como las que tan a menudo habían animado a sus padres y a él mismo, fue concedida jamás, excepto a su entrada en Egipto,[27] y entonces con un propósito especial. Tampoco leemos de ninguna manifestación parecida durante toda la vida de José, tan llena de acontecimientos y pruebas. Y ahora continuarían largos siglos de silencio total. Durante todo ese cansado período, con la miseria de su esclavitud y la tentación de la idolatría cada vez mayor, no hubo ninguna voz del cielo ni manifestación visible que advirtiera o animara a los hijos de Israel en Egipto. Un modo de guía había sido eliminado durante un tiempo. Israel sólo disponía del pasado para sostenerse y ser guiado. Pero ese pasado, con su historia y sus promesas, era suficiente. Además, la antorcha de la profecía, la cual habían cogido las manos del moribundo Jacob, iluminaba el futuro que de otro modo permanecía oscuro. El hecho que la vida de José, que formaba el gran eje de la historia de Israel, había acontecido sin manifestaciones divinas visibles a él y a ellos ya era significativo. Porque incluso si su cuerpo sin sepultura parecía predicar y profetizar, también toda su vida parecería como un libro todavía sin abrir o sólo parcialmente abierto; una gran profecía no leída, que el futuro desvelaría. Y no meramente el futuro inmediato, en cuanto a lo que a Israel concernía, sino también el futuro más distante en cuanto concierne a la entera iglesia de Dios. Porque, aunque la persona de José no sea figura de los grandes hechos relacionados con la vida y la obra de Aquél que fue traicionado por sus hermanos, pero a quien «Dios ha exaltado con su diestra por Jefe y Salvador», sí lo son los acontecimientos principales de su vida.[28]

---

25. Génesis 15:12.
26. Génesis 35:15.
27. Génesis 46:2-4.
28. Es importante indicar que la persona de José no es mencionada como figura de Cristo en el Nuevo o en el Antiguo Testamento. No obstante, resulta evidente que su vida es una gran figura en cuanto a su aplicación futura.

«Sus últimas palabras fueron las siguientes: "Yo voy a morir: y Dios os visitará, y os hará subir de esta tierra a la tierra que juró a Abraham, a Isaac y a Jacob". Y su última hazaña fue tomar un solemne juramento a los hijos de Israel de llevarse los huesos de José a la tierra de la promesa. Obedientes a su voluntad, embalsamaron su cuerpo, y lo pusieron en uno de esos ataúdes egipcios, generalmente de madera de arce blanco, parecidos a la forma del cuerpo humano. Y allí, a través de la época de sufrimiento y esclavitud, estuvo el ataúd de José, con su forma humana, preparado para ser levantado y sacado de allí cuando llegara la hora cierta de la liberación».

A su muerte el cuerpo de José fue embalsamado según la costumbre de los egipcios. A la derecha, el ataúd de oro de la tumba del faraón Tutankhamón; XVIII Dinastía (El Cairo, Museo Egipcio)

LOS VIAJES DE ABRAHAM

Mesopotamia, llanura comprendida entre los ríos Tigris y Éufrates, estaba habitada en tiempos de Abraham por dos pueblos, uno semita, el acadio, que vivía en el norte; otro el sumerio, no semita, que habitaba en el sur. Entre sus ciudades más antiguas están Acad, Erec, Ur y Babel o Babilonia. Las excavaciones de Ur, en el sur, han dejado al descubierto calles enteras de tiempo de Abraham, templos y tablillas inscritas con los himnos que se entonaban en ellos.

Aunque falte consenso entre los especialistas, la mayoría sitúa a Abraham entre los siglos XIX y XVII a.C. Sabemos que en el siglo XVII toda la región de Ur, famosa por su relativa fertilidad, fue escenario de saqueos y pillajes, debido a un cambio de régimen político, causado por el derrumbe del imperio de Hammurabi. En casos así, era obvio que los nómadas emigraran hacia otras comarcas donde vivir al menos en paz. Dentro de esas migraciones pueden situarse muy bien las de Abraham, que inicia su marcha hasta la tierra de Canaán, después de una indudable experiencia religiosa que le marcó de por vida.

El clan del patriarca primero se dirigió a Harán, en el norte, probable origen de su padre Taré, donde murió y recibió sepultura. Esta ruta, que transcurría a lo largo del Éufrates, aseguraba el suministro de agua tanto para su gente como para sus rebaños. Harán era a la vez el punto de partida de las rutas caravaneras que conducían a los países occidentales. Abraham no era un simple nómada errante, las referencias bíblicas indican que poseía notables riquezas y prestigio. Es muy verosímil que esta riqueza estuviese representada por una gran caravana cuando salió de Harán.

De Harán a Canaán había la ruta de Damasco, que muy posiblemente tomara Abraham al dirigirse al sur. Durante los primeros diez años de sus peregrinaciones en Canaán, Abraham plantó sus tiendas en Siquem, donde Dios le prometió aquella tierra para su descendencia. Allí edificó un altar a Yahvé. Pasó después a Bet-el, donde erigió otro altar, invocando el nombre de Yahvé (Gn. 12:6-8). Se desató un hambre, y Abraham descendió a Egipto, donde, temiendo por su vida, y faltándole la fe entonces, dijo que Sara era su hermana; por su belleza, fue llevada a la casa del Faraón, pero Dios la protegió, y Abraham y Sara fueron expulsados de Egipto después de una reprensión (Gn. 12:10-20). Volvió a Canaán, y plantó de nuevo sus reales en Bet-el, ante el altar que había erigido antes (Gn. 13:3). Visto el gran incremento de sus riquezas en ganado, surgieron riñas entre sus pastores y los de Lot, por lo que decidieron separarse. Abraham cedió a Lot el derecho de elegir a dónde dirigirse (Gn. 13:9), y éste eligió el valle del Jordán (Gn. 13:11). Abraham entonces se encaminó al encinar de Mamre, en Hebrón (Gn. 13 :18), declarando Yahvé que le daría toda la tierra que podía ver, a él y a su innumerable descendencia (Gn. 13:14-17). Allí entró en alianza con unos príncipes amorreos (Gn. 14:13), con quienes emprendió una expedición guerrera contra Quedorlaomer y otros reyes coligados con él, que habían invadido Sodoma y Gomorra, las habían saqueado, y se habían llevado cautivos a sus habitantes, incluyendo a Lot. Con el tiempo el patriarca se convirtió en lo que los árabes llaman un sheij, un jeque. Con sus tiendas, su ganado y centenares de hombres cruza las tierras de Canaán.

Al final de su vida Abraham sigue siendo totalmente un peregrino, y se ve obligado a comprar un terreno, la cueva de Macpela, propiedad de una familia hitita, para tener un sepulcro en la tierra (Gn. 23). En ella fueron enterrados Sara, Abraham, Isaac, Rebeca, Lea y Jacob. Tradicionalmente esta cueva ha sido localizada debajo del Haram el-Khalil en Hebrón, la cual es en la actualidad una mezquita musulmana.

Bibliografía:
M. Collin., *Abrahán*. Editorial Verbo Divino, Estella 1987.
William J. Deane, *Abraham, su vida y sus tiempos*. CLIE, Terrassa 1987.
Angel González, *Abraham, padre de los creyentes*. Taurus, Madrid 1963.
F. B. Meyer, *Abraham*. CLIE, Terrassa 1982.
Thomas L. Thompson, *The Historicity of the Patriarchal Narrative. The Quest for the Historical Abraham*. Walter de Gruyter, Nueva York 1974.
John Van Seters, *Abraham in History and Tradition*. Yale University Press, New Haven 1975.

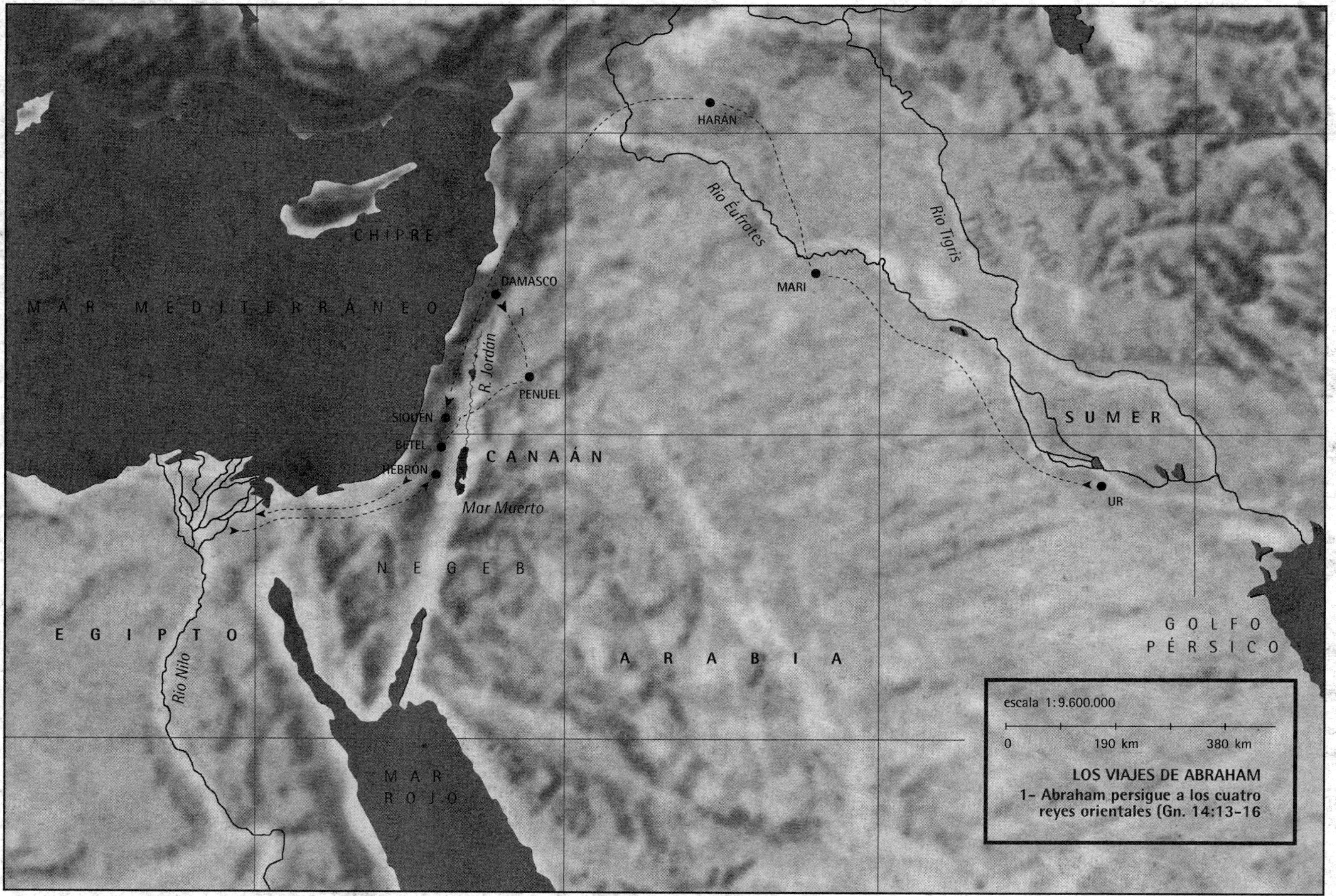

CHIPRE
M A R M E D I T E R R Á N E O
HARÁN
Río Éufrates
Río Tigris
MARI
DAMASCO
1
R. Jordán
PENUEL
SIQUEM
BETEL
HEBRÓN
C A N A Á N
Mar Muerto
S U M E R
UR
N E G E B
E G I P T O
Río Nilo
A R A B I A
G O L F O
P É R S I C O
M A R
R O J O
escala 1:9.600.000
0
190 km
380 km
LOS VIAJES DE ABRAHAM
1- Abraham persigue a los cuatro reyes orientales (Gn. 14:13-16

Libro 2

El Éxodo
y
la travesía por el desierto

INTRODUCCIÓN al Libro 2

El período tratado en los libros centrales del Pentateuco es el más importante del Antiguo Testamento en muchos aspectos, no sólo por lo que se refiere a Israel, sino también a la iglesia de todos los tiempos. Empezando con algunos siglos de silencio divino y de lo que parecía ser olvido durante la esclavitud en Egipto, el orgullo y el poder de Faraón son interrumpidos bruscamente por medio de una serie de milagros, que culminaron en la liberación de Israel y la destrucción de las huestes de Egipto. En esa noche de pascua y bajo la sangre rociada, Israel nació de Dios como nación, y el pueblo redimido es llevado a continuación para ser consagrado en el monte con ordenanzas, leyes y juicios. Finalmente, vemos cómo Jehová trata a su pueblo, tanto con juicio como con misericordia, hasta que al terminar lo lleva a salvo a la herencia prometida. En todo ello no sólo observamos la historia del antiguo pueblo de Dios, sino también una magnífica figura de la redención y la santificación de la iglesia. Queda todavía un aspecto por comentar, puesto que esta obra muestra el fundamento de la iglesia en el pacto de Dios y también los principios del gobierno de Jehová en todos los tiempos. Porque, por destacada que sea la diferencia en su desarrollo, la esencia y el carácter del pacto de la gracia siempre son los mismos. El Antiguo Testamento y el Nuevo son esencialmente un pacto (no dos, sino uno), que se despliega gradualmente hacia la perfección, «siendo la principal piedra del ángulo Jesucristo mismo», la piedra angular del fundamento que es tanto de los apóstoles como de los profetas.[1]

Además de todo esto, debemos considerar también la importancia intrínseca de este relato. Ha sido representado de un modo tan equivocado, especialmente en época más reciente, y tan a menudo se entiende mal o se lee sin prestar atención (sin obtener comprensión ni provecho) que parecía necesario investigar de nuevo en ello, siguiendo el relato sagrado consecutivamente capítulo por capítulo, y casi sección por sección. Para ello, he realizado un cuidadoso estudio del texto original, con la ayuda de las mejores técnicas críticas. Hasta el momento y según tengo conciencia de ello, no he olvidado ninguna dificultad real, ni he dejado desatendida ninguna pregunta que tuviera motivo razonable de ser planteada. Aunque ello implicara un examen más detallado, espero que, con la bendición de Dios, también haga el volumen más útil a largo plazo. Además, ha sido mi objetivo aportar mayor luz al relato, con la ayuda de estudios afines, a fin de hacerlo vivo y gráfico, capacitando a los lectores para darse cuenta por sí mismos de las circunstancias en las cuales se desarrolló el acontecimiento. Así, en los dos primeros capítulos he intentado leer la historia de Israel en Egipto a la luz de sus monumentos, y también retratar el estado político, social y religioso del pueblo antes del éxodo. Análogamente, al seguir la travesía de Israel hasta la orilla oriental del Jordán, he hecho uso de las investigaciones geográficas más recientes, para que el lector pueda casi ver ante sus ojos la ruta seguida por Israel, el paisaje y todos los demás aspectos complementarios.

Casi huelga decir que el estudio de este relato debe ir siempre acompañado por una Biblia abierta. Pero quisiera recordar, a los demás y a mí mismo, que la única comprensión verdadera de la Santa Escritura es la que el Espíritu de Dios da al corazón. Y, sin lugar a dudas, en toda esta obra, mi objetivo no ha sido reemplazar el constante uso de la Biblia en oración, sino guiarnos a las Escrituras, las cuales solas «pueden hacer sabio para salvación por medio de la fe que es en Cristo Jesús».

ALFRED EDERSHEIM
HENIACH, BOURNEMOUTH

1. Efesios 2:20.

1 *El Éxodo*

Capítulo 1
(Éxodo 1:1-7)

Egipto y su historia durante la estancia de los hijos de Israel, tal como nos la muestran la Biblia y los monumentos antiguos.

Un buen estudiante de historia no puede por menos que darse cuenta que está analizando las maravillosas disposiciones de la providencia, y que el comienzo y el final de la revelación divina a la humanidad estaban ambas relacionadas con la más elevada cultura intelectual del mundo. Cuando los apóstoles entraron en el mundo romano, podían hacer uso de la lengua griega, hablada entonces universalmente, y de la cultura y las maneras de pensar griegas. Y lo que Grecia representaba en el mundo en la época de Cristo era tanto como lo que había significado Egipto cuando los hijos de Israel se convirtieron en una nación escogida por Dios. En ninguno de estos dos casos la verdad de Dios necesitaba la sabiduría del mundo, sino que, en cierto sentido, se opuso a la misma. Y a pesar de ello, al proseguir la historia en lo que parecía ser un camino independiente, una filosofía, ciencia y un arte aparentemente desvinculadas de la revelación, al final todo era usado para el avance del reino de Dios. Y siempre sucede así. Dios usa maravillosamente los medios naturales para finalidades sobrenaturales, y hace que todas las cosas colaboren para su propia gloria y el bien de su pueblo.

Tal como lo vemos ahora, fue altamente importante que los hijos de Israel fuesen llevados a Egipto y moraran allí durante siglos antes de ser una nación independiente. La temprana historia de los hijos de Jacob también debió demostrar tanto la necesidad de su separación de la gente de Canaán, como de ser fundidos en el horno de la aflicción, a fin de estar preparados para heredar la tierra prometida a sus padres. No obstante, esto podía haber acontecido en cualquier lugar fuera de Egipto. Pero no sucedía lo mismo con su formación como nación. Para esa finalidad, Egipto era el único lugar que podía ofrecer, en aquella época, el escenario adecuado. Aunque debemos admitir que su morada allí también implicaba algunos peligros que vemos en su historia posterior. Pero los peligros los podían correr en cualquier otra circunstancia, mientras que los beneficios dimanantes de la relación con los egipcios eran únicos y de carácter particular. Y todavía nos queda un punto por considerar al respecto. Cuando San Pablo estaba ante el rey Agripa, podía apelar confiadamente al aspecto público de la historia de Cristo, que no tuvo lugar en un oscuro rincón de alguna tierra bárbara, sino que fue plenamente presenciada por el mundo romano: «porque no se ha hecho esto en un rincón».[1] Y del mismo modo, la esclavitud de Israel y la maravillosa liberación de Dios acontecieron en el escenario más notable del imperio y del mundo egipcio.

De hecho, la relación entre Israel y Egipto fue tan estrecha que resulta imposible comprender perfectamente la historia del primero sin conocer algo de la del segundo. Por ello, ofrecemos en este capítulo preliminar una breve descripción de Egipto. Aunque algunos historiadores no concuerden con nosotros sobre las fechas de algunos acontecimientos en particular, la tierra en cuestión está plagada de reminiscencias de la historia de Israel. Dichos restos han sido sacados a luz por medio de investigaciones recientes, que casi cada año se añaden a nuestro conocimiento. Y en este punto, cabe prestar especial atención al hecho que cada nuevo descubrimiento histórico tiende a aportar mayor luz sobre los relatos bíblicos y los confirma. No obstante, algunos de los principales argumentos esgrimidos contra la Biblia tenían su fuente en una historia supuesta de Egipto. Así, mientras que los hombres siguen alzando nuevas objeciones contra la Santa Escritura, las que eran tenidas por fundamento en el pasado han sido rechazadas por los estudios más avanzados, realizados bastante independientemente con respecto a la Biblia, del mismo modo en que un conocimiento más completo eliminará las objeciones presentadas en la actualidad. Los monumentos asirios, la piedra que recoge la historia de Moab,[2] los templos, las tumbas y los antiguos papiros de Egipto, ya han sido examinados para explicar, cada uno de ellos, su propio relato, y todos evidencian maravillosamente la verdad del relato de la Escritura. Veamos lo que podemos aprender de dichas fuentes del estado antiguo de Egipto, en cuanto a lo que se refiere a una mejor apreciación de la historia de Israel.

La relación entre Israel y Egipto puede decirse que empezó con la visita de Abraham a dicho país. Cuando llegó allí, ya debió encontrar al pueblo en un estado elevado de civilización. La historia del patriarca obtiene nueva luz de parte de los monumentos y de los antiguos papiros. Así, un papiro (ahora en el Museo Británico), conocido como *Los Dos Hermanos* y que probablemente sea la obra de ficción más antigua en existencia, demuestra que Abraham tenía motivos para temer por Sarai. Cuenta el relato de un Faraón, que envió dos ejércitos para tomar la hermosa esposa de un hombre y matar al mismo. Otro papiro (en la actualidad en Berlín) contiene la historia de la esposa y los hijos de un extranjero, que le fueron arrebatados por un Faraón. Es curioso notar que este papiro está fechado casi en la misma época en la cual el patriarca fue a Egipto. De este período también tenemos una pintura en una tumba, que representa la llegada de un jefe nómada, como Abraham, con su familia y sus servidores, en busca de la protección del príncipe. El recién llegado es recibido como una persona distinguida. Para hacer todavía más sorprendente la coincidencia (aunque no creemos que dicho jefe se trate de Abram) se evidencia que es de descendencia semita, lleva una «túnica de colores», es llamado *Hyk*, o príncipe, el término equivalente a *Sheich*, o jefe de la tribu, e incluso recibe el nombre de *Abshah*, el «padre de una multitud».[3] Otro relato egipcio –el de *Sancha*, «el hijo del sicómoro»– nos recuerda la historia de José por el hecho que su héroe es un nómada, que asciende

1. Hechos 26:26.

2. 2 Reyes 3.

3. Es preciso hacer referencia al gran ensayo sobre «The Bearings of Egyptian History upon the Pentateuch», como apendice del vol. I. de lo que normalmente se conoce como *The Speaker's Commentary*. Ver un grabado de este extraordinario fresco en *The Land of the Pharaohs: Egipt and Sinai, Illustrated by Pen and Pencil*, p. 102 (Religious Tract Society).

hasta el rango más elevado en la corte de Faraón y llega a ser su consejero principal. Estos son algunos ejemplos de cómo la historia egipcia ilustra y confirma el relato bíblico.

Una inscripción egipcia descubierta recientemente nos ofrece suficiente información, como veremos, sobre el uso obligado de los hijos de Israel en la construcción de ciertas ciudades y en obras en las mismas. También tenemos una representación pictórica de los cautivos semíticos, probablemente israelitas, haciendo ladrillos del modo descrito en la Biblia; e incluso otra inscripción, de un reino posterior, en la que unos israelitas (ya sea cautivos de guerra o, como se ha sugerido recientemente, mercenarios que se quedaron después del éxodo) son empleados para Faraón en la extracción y el cortado de piedras en las canteras, y en el acabado o extensión de las ciudades fortificadas de Ramsés, que sus padres habían construido. Los constructores descritos en esta segunda representación son llamados explícitamente *Aperu*, cuya equivalencia a la palabra *Hebreo* resulta evidente incluso en español. Aunque estas dos representaciones pertenecen a fechas posteriores al éxodo, ilustran sorprendentemente lo que leemos sobre el estado y la ocupación de los hijos de Israel durante el período de su opresión. Pero esto tampoco termina con la aportación de los monumentos egipcios sobre la historia antigua de Israel. De hecho, podemos seguir las dos historias casi contemporáneamente, y ver cómo una da más luz sobre la otra.

En términos generales, nuestro conocimiento de la historia egipcia procede de los monumentos, de los cuales ya hemos hablado, de algunas referencias de *historiadores griegos*, que no son de gran valor, y especialmente de la obra histórica de Manetho, un sacerdote egipcio que escribió sobre el año 250 antes de Cristo. En esa época los monumentos de Egipto estaban casi intactos. *Manetho* tenía acceso a todos ellos; estaba completamente versado en la literatura antigua de su país y escribía bajo las instrucciones y el patrocinio del monarca del lugar. No obstante, su obra se ha perdido y los fragmentos de la misma que existen aparecen en la forma distorsionada en la cual los presenta Josefo según su propia conveniencia, y en una crónica, escrita por un cristiano converso culto del siglo III (*Juliano Africano*). Pero este escrito también ha desaparecido, y lo conocemos por una obra parecida escrita un siglo más tarde (por *Eusebio*, obispo de Cesarea), donde se da forma a las investigaciones de Africano.[4] Tales son las dificultades con las que se enfrenta el estudiante. Por otro lado, tanto Africano como Eusebio tomaban su material de Egipto y eran competentes en su trabajo; Africano, por lo menos, disponía de la obra de Manetho; y finalmente, según se acepta generalmente, los monumentos de Egipto confirman de forma sorprendente lo que fueron las afirmaciones no dudosas de Manetho. Como suele suceder con la mayoría de cronologías paganas, también Manetho empieza con dioses, después de los cuales enumera treinta dinastías hasta llegar al año 343 antes de Cristo. Sin embargo, algunas de estas dinastías, evidentemente, no fueron sucesivas, sino contemporáneas, es decir, presentan varias líneas de reyes que gobernaron sobre diversas partes de Egipto de manera simultánea. Esto se aplica de forma especial a las dinastías conocidas como séptima, octava, novena, décima y undécima. Es totalmente imposible hacer conjeturas sobre el período de tiempo que ocuparon. Sabemos que todo Egipto estaba sometido a un solo dominio bajo la duodécima dinastía. Por lo que se refleja en los monumentos, entendemos que el país se hallaba en un momento de elevada prosperidad y civilización. Suponemos que la visita de Abram tuvo lugar al principio de esta dinastía. El reinado de esta dinastía duró más de dos siglos,[5] y el ascenso y gobierno de José lo encuadramos al final de la misma o al comienzo de la decimotercera. Desde el cuarto rey de la decimotercera dinastía al ascenso de la decimoctava, la historia de Egipto es prácticamente desconocida. Dicho período fue ocupado por el gobierno de los así llamados Hyksos, o Reyes Pastores, una raza bárbara y extranjera de invasores, odiados y combatidos por el pueblo, y hostiles ante su civilización y religión antiguas. Aunque Josefo presenta como si Manetho asignara un período muy largo al reinado de «los Pastores», sólo da seis nombres. Sólo estos seis son corroborados por los monumentos egipcios, y podemos deducir con toda garantía que sólo estos seis gobernaron sobre Egipto. El tiempo ocupado por su reinado puede cubrir un total de dos o tres siglos, y concuerda con la cronología de la Escritura.

«Los Pastores», evidentemente, eran una raza oriental, y probablemente de origen fenicio. Así los nombres de los dos primeros reyes de su lista son claramente semíticos (*Salatis*, «poderoso», «gobernador», y *Beon*, o *Benon*, «el hijo del ojo», o el «amado»); y hallamos evidencias que esa raza trajo con ellos su culto a Baal y la práctica de sacrificios humanos (ambos de origen fenicio). Es importante tener esto en mente, porque veremos que hubo una guerra, casi sin interrupción, entre los fenicios de la costa occidental de Palestina y los Hititas, y los reyes egipcios nativos, quienes los tenían sometidos en su gobierno. Este estado de ánimo constantemente exaltado también explica, con sobrada razón, que «era abominación todo pastor» a los egipcios realmente nativos.[6] También explica por qué los Reyes Pastores dejaron en paz a los pastores israelitas en la tierra de Gosén, donde los habían encontrado. Así, pues, la comparación de la cronología de la Escritura con la historia de Egipto, y el estado evidentemente pacífico y próspero del país, unificado bajo el dominio de un solo rey, tal como lo describe la Biblia, nos lleva a la conclusión que la estancia de José allí debió suceder al final de la duodécima dinastía, o, a lo más tardar, al comienzo de la decimotercera. No podía haber llegado durante el gobierno de los Hyksos, porque en aquella época se hallaba en un estado desorientado, dividido y caótico; y no pudo ser posteriormente, porque cuando los Reyes Pastores fueron expulsados y los gobernantes nativos restaurados, ningún «rey nuevo», ni «nueva dinastía», «se levantó en Egipto». Por otro lado, la segunda descripción es aplicable con exactitud a un rey que expulsó a los Hyksos cuando fue restaurado.

Y en este caso, los monumentos de Egipto nos proveen de nuevo una notable confirmación de la historia de José. Por un detalle, los nombres de tres de los faraones de la decimotercera dinastía muestran una sorprendente semejanza con los que el Faraón de la Biblia dio a José (Safnat-panéaj). Luego sabemos que los faraones de la duodécima dinastía mantuvieron una relación muy especial con la ciudad sacerdotal de On,[7] y que su sacerdote principal era casi siempre un familiar cercano de Faraón. Así los monumentos de la época nos permiten entender la historia del casamiento de José. Pero también aportan luz sobre una cuestión de una

4. Incluso esta obra existe sólo en una traducción armenia, pero no en el original.

5. Remitimos de nuevo, a los lectores que deseen una información más completa, al ensayo ya citado, cuyas conclusiones adoptamos virtualmente.

6. Génesis 46:34.

7. Génesis 41:45.

importancia mucho mayor: cómo podía, un siervo tan devoto y piadoso del Señor, entrar en una relación tan íntima con el sacerdocio de Egipto. Aquí nuestro conocimiento de la religión egipcia más antigua nos permite dar una respuesta completa. Sin lugar a dudas, toda la humanidad tenía algún conocimiento de Dios al inicio, y una religión pura heredada del paraíso. Esta religión primitiva parece haber sido conservada durante un período especialmente largo en Egipto. Ciertamente, cada edad presenciaba nuevas corrupciones, hasta que, al final, la de Egipto se convirtió en la superstición más abyecta. Pero los registros egipcios más antiguos, tal como los encontramos conservados en la notable obra, *El Ritual de los Muertos*, muestran una situación diversa. No cabe duda alguna que, una vez despojados de las glosas posteriores, contenían la creencia en «la unidad», la eternidad, la existencia propia de una divinidad desconocida, la inmortalidad del alma, en la recompensa y el pago futuros, y además inculcaban los más elevados deberes de moralidad. Cuanto más detenidamente estudiamos estos escritos de Egipto, tanto más nos impresionan positivamente con su carácter elevado y puro de su religión y legislación primitivas. Y cuando los hijos de Israel fueron al desierto, se llevaron de Egipto muchas lecciones al respecto que no tenían que ser aprendidas de nuevo, a pesar de que debían adquirir una grandiosa verdad fundamental, que la Divinidad desconocida de los egipcios era Jehová, el Dios vivo y verdadero. Por todo esto podemos comprender cómo la relación íntima entre José y el sacerdocio egipcio fue posible y probable.

Pero esto no es todo. Únicamente bajo un gobernante nativo y poderoso podía darse la nueva división del país y la reestructuración del sistema presupuestario propuestos por José. Además, sabemos que bajo el gobierno del último gran rey de esta dinastía nativa (la decimotercera) se introdujo un sistema completamente nuevo de regadío del Nilo, como podemos imaginar, para evitar otro período de hambre, y, lo más sorprendente, un lugar al lado del lago artificial construido por aquella época lleva el nombre de *Pi-aneh*, «la casa de la vida», que se parece muy particularmente al que José recibió de Faraón. Si pasamos por alto la breve dinastía decimocuarta y el período de los Hyksos, durante el cual podemos creer fácilmente que Israel permaneció en paz en Gosén, llegamos al restablecimiento de una nueva dinastía nativa (la llamada decimoctava). Después de la expulsión de los «Pastores», la población israelita, que quedaba relegada a la tierra fronteriza de Gosén, debería parecer peligrosamente grande ante los ojos del «nuevo rey», y mucho más al tener en cuenta que los israelitas estaban emparentados por descendencia y ocupación con los «Pastores»,[8] y habían sido favorecidos por ellos. Bajo tales circunstancias un monarca sabio intentaría debilitar una población así por medio de trabajos forzados. Con este propósito los empleó en la construcción de ciudades fortificadas, tales como Pitom y Ramsés.[9] *Ramsés* lleva el nombre de la región donde se halla, pero *Pitom* significa «fortaleza de los extranjeros», indicando así su origen. Además, aprendemos por los monumentos que este «nuevo rey» (Aahmes I) empleó para la construcción de su fortaleza los llamados *Fenchu* –una palabra que significa «los que llevan el bastón del pastor», la cual, por lo tanto, describe exactamente a los israelitas.

El período entre el «nuevo rey» de la Biblia (Aahmes I) y Thothmes II (su segundo sucesor), cuando suponemos que tuvo lugar el Éxodo, concuerda bastante bien con la Escritura. Este Thothmes II empezó su reinado de un modo excelente. Pero al cabo de poco tiempo se da un silencio total sobre él en los monumentos. Leemos acerca de una revuelta general después de su muerte entre las naciones que su padre había conquistado. Evidentemente, no podíamos esperar ver un relato en los monumentos egipcios sobre los desastres sufridos por la nación por causa del éxodo, ni de cómo perecieron Faraón y sus huestes en el Mar Rojo. Pero sí que encontramos en su reinado las condiciones que cabía esperar en tales circunstancias; a saber, un reino breve y próspero seguido de una caída inesperada; el rey muerto; ningún hijo que pudiera sucederle; el trono ocupado por la viuda de Faraón y, en el transcurso de veinte años, no se da ningún intento de recuperar la supremacía de Egipto sobre las naciones rebeldes de Canaán y del este del Jordán. Finalmente, el carácter de la reina, según aparece en los monumentos, es el de una mujer orgullosa y amargamente supersticiosa, tal como nos la imaginábamos animando a Faraón a «endurecer su corazón» contra Jehová. Pero la cadena de coincidencias no se rompe ni siquiera aquí. Sabemos por los documentos egipcios que en el reinado anterior (es decir, justo antes de entrar los hijos de Israel en el desierto del Sinaí) los egipcios dejaron de ocupar las minas en las cuales habían trabajado hasta el momento en aquella península.

Además, vemos que, durante el último período de la estancia de Israel en el desierto, el rey egipcio, Thothmes III, realizó y completó sus guerras en Canaán, y que justo antes de la entrada de Israel en Palestina la gran confederación de reyes cananeos contra él quedaba bastante destrozada. Esto explica el estado en el cual Josué encontró el país, tan diferente del poder compacto que había aterrorizado a los espías cuarenta años antes; y también nos ayuda a entender cómo, en la época de Josué, cada pequeño rey sólo cubría su propia ciudad y región, y cuán fácilmente el temor de una nación, ante la cual incluso el temido Faraón y sus huestes habían perecido, podía caer sobre los habitantes de la tierra (comparar las palabras de Balaam en Nm. 23:22; 24:8).

No seguiremos con el estudio paralelo de las relaciones entre ambas historias, pero durante todo el difícil período desde los primeros jueces hasta Barak y Débora, la historia egipcia, según se descifra de los monumentos, aporta ilustración y confirmación constantes del estado de Canaán y de la historia de Israel, de acuerdo con la descripción bíblica. De este modo actuó la providencia de Dios para llevar a cabo los propósitos de Dios, y tan notablemente levanta él mismo testigos, donde su testimonio era menos esperado.

Recordamos que Abram fue primeramente llevado a Egipto por el hambre. La misma causa llevó a los hermanos de José a buscar grano para su sustento. Porque, desde los tiempos más lejanos, Egipto fue el granero del mundo antiguo. La fertilidad extraordinaria del país depende, como es bien sabido, del desbordamiento anual del Nilo, causado a su vez por las lluvias en las montañas de Abisinia y África Central. Basta con que las aguas del Nilo cubran el terreno, para que la tierra sea un huerto colmado de fruto; más allá, se encuentra solo el desierto desolado. Incluso en «la tierra de las maravillas», como ha sido llamado Egipto, el Nilo es una de las peculiaridades más notables. Otra, como hemos visto, consiste en los monumentos. Estas dos características serán útiles para agrupar lo que nuestro espacio nos permita decir sobre el país y su gente.

8. Éxodo 1:9, 10.
9. Éxodo 1:11.

El nombre del país, Egipto (en griego Ai-gyptos), corresponde perfectamente al vocablo egipcio Kah-Ptah, «la tierra de Ptah» (uno de sus dioses) de donde parece derivar también el nombre de los coptos. En las Escrituras hebreas su nombre es Mizraim, es decir, «los dos Mazors», que de nuevo corresponde a otro nombre egipcio del país, Chem (el mismo que «la tierra de Cam»[10]), tanto Mazor como Chem significan en sus lenguas respectivas el fango o la tierra roja que constituye la parte cultivada del país. Probablemente se llamara «los dos Mazors» por su antigua división en Alto y Bajo Egipto. El rey del Alto Egipto era designado por un título cuyo signo inicial era una caña doblada, que ilustra textos como 2 Reyes 18:21; Isaías 36:6; Ezequiel 29:6; mientras que los gobernantes del Bajo Egipto llevaban el título de «abeja», a lo que seguramente se refiere Isaías 7:18.[11] El país ocupa menos de 10.000 millas cuadradas geográficas, de las cuales unas 5.600 son cultivables en la actualidad y unas 8.000 lo eran en la antigüedad. La historia de la Escritura se relaciona principalmente con el Bajo Egipto, que es la parte norte del país, mientras que los monumentos más magníficos se hallan en el Alto Egipto o Egipto del Sur.

Como ya hemos indicado, la fertilidad de la tierra depende de las inundaciones del Nilo, que empieza a crecer a mediados de junio y alcanza su altura máxima hacia finales de setiembre, cuando empieza a decrecer de nuevo. Si se mide en El Cairo, cuando el Nilo no crece veinticuatro pies, la cosecha no será muy buena; cualquier altura por debajo de dieciocho amenaza con el hambre. A mediados de agosto, las turbias aguas rojas del río creciente son distribuidas por la tierra por medio de canales, y traen fertilidad. Al retirarse, el Nilo deja tras sí una gruesa tierra roja, traída por sus aguas desde África Central, y las semillas son sembradas sobre este rico depósito. Allí la lluvia no existe, ni tampoco es necesaria para fertilizar la tierra. El Nilo también provee la más encantadora y nutriente agua potable, y algunos médicos le han atribuido propiedades curativas. Es casi redundante añadir que el río está lleno de peces. Las orillas del Nilo y de sus muchos canales, verdes y ricas en lujos, en medio de una desolación, son como un jardín bien regado bajo un cielo tropical. Allí donde el clima y la tierra son los mejores que se pueden imaginar, la fertilidad debe ser incomparable. Los antiguos egipcios parecen haber prestado también una gran atención a sus jardines de fruta y flores, los cuales, como los nuestros, están junto a nuestras casas. En los monumentos se ven jardineros que regalan hermosos ramos; jardines cruzados por caminos y adornados con pabellones y columnatas; huertos llenos de palmeras, higueras, granados, cidros, naranjos, ciruelas, moreras, albaricoques, etc.; mientras que en las viñas, como en Italia, las plantas se entrelazaban por palos de madera y colgaban en ricos festones. Tal era la tierra por la que Israel, cuando se hallaba en la triste desolación y hambre del desierto, era tentado a contemplar con añoranza y deseo pecaminoso.

Cuando Abram entró en Egipto, su atención, como la de los viajeros modernos, debe haber sido atraída por las grandes pirámides. Se han contado unas sesenta, pero las más grandes son las que están cerca del antiguo Menfis, a unas diez millas por encima del Cairo. Menfis (en la Escritura Nof)[12] era la capital del Bajo Egipto, mientras que Tebas la del Alto Egipto (la Patrós de la Escritura).[13] Resulta prácticamente imposible ofrecer una idea adecuada de las pirámides. Imaginemos una estructura con una base con un área de 65.000 pies, que se alza con una pendiente de 600 pies;[14] o, para dar una idea mejor que la que ofrecen estas cifras, «más de la mitad de la longitud en cada lateral de Westminster Abbey, ochenta pies más alta que la cúspide de la catedral de St. Paul, sobre trece acres de terreno y, según se calcula, contenía siete millones de toneladas de trabajo de albañilería».[15] Aquí no podemos detenernos a considerar las finalidades de estas construcciones tan maravillosas, en todo caso, algunas tenían objetivos científicos. Cerca de las grandes pirámides se hallaba la antigua On, relacionada con la historia de José, y probablemente el lugar donde Moisés fue preparado inicialmente. Pero todos los alrededores están llenos de interés: sepulcros, monumentos, registros históricos y lugares de antiguas ciudades. Nos encontramos en una tierra de sueños, y todo el entorno lleva esbozos soñados; piezas gigantescas, que parecen aún más impresionantes por su disposición. Probablemente los monumentos más admirables del Alto Egipto (el Patrós de la Escritura) sean los de la capital, Tebas, la No, o No Amón de la Biblia.[16] Resultaría imposible describir su templo en pocas palabras. El santuario en sí era pequeño, pero delante del mismo un patio daba paso a una sala donde se podría colocar la gran catedral de París, sin que llegara a tocar los muros a los lados. Esta sala es mantenida por ciento cuarenta columnas, cuyos pilares centrales tienen una altura de sesenta y seis pies, y con una anchura tal que se necesitarían seis hombres con los brazos extendidos para abrazarlos. La mente casi se confunde con unas dimensiones tan gigantescas. Las paredes tienen representaciones, inscripciones y registros (entre otros, los de Sisac, que capturó Jerusalén durante el reinado de Rehoboam). Pero el templo en sí es casi insignificante en comparación con el camino de llegada al mismo. Es preciso pasar entre una doble hilera de sesenta o setenta esfinges con cabeza de carnero, colocadas con una separación de once pies. Otra avenida llevaba a un templo que contenía un lago para ritos fúnebres; y finalmente una tercera avenida de esfinges cubrían una distancia de 6.000 pies hasta un palacio. Estos datos han sido seleccionados para ofrecer una ligera idea de la magnificencia de Egipto.

Sería bastante difícil formarse una idea demasiado elevada de la cultura y civilización del mundo antiguo expuestas aquí ante nosotros. Las leyes de Egipto parecen haber sido moderadas y sabias; sus modales sencillos y domésticos; su pueblo satisfecho, próspero y culto. La mujer ocupaba un lugar muy elevado y la poligamia era prácticamente la excepción. Se cultivaba la ciencia, la literatura y el arte; el comercio y la navegación continuaban, mientras que un ejército valiente y una flota eficiente mantenían el poder de los Faraones. En términos generales el país parece antiguo en su civilización, puesto que tanto los más antiguos sabios de Grecia como los legisladores de Israel aprendieron de su sabiduría. Pero cuán diferente fue el uso que Israel haría de todo ello del que sería objeto del saber de los filósofos. Lo que era cierto, bueno y útil tenía que introducirse como elemento de la vida de Israel. Pero esta vida fue formada y moldeada de manera bastante diferente de la de Egipto. Israel, como nación, nació de Dios; redimida por Dios; llevada victoriosa al otro lado de las aguas por Dios; instruida también por Dios; preparada por Dios; y

10. Salmos 105:23, 27.
11. Ver también el artículo «Egypt» en el *Diccionary of the Bible* de Smith.
12. Isaías 19:13; Jeremías 2:16; 46:14, 19; Ezequiel 30:13, 16.
13. Isaías 11:11; Jeremías 44:1, 15.
14. La altura perpendicular es de 479 pies.
15. Canon Trevor, *Ancient Egypt*, p. 40.
16. Jeremías 46:25; Ezequiel 30:14-16.

separada para el servicio de Dios. Y a este Dios le tenía que conocer como Jehová, el Dios vivo y verdadero. Las ideas que habían obtenido, el conocimiento que habían adquirido, la vida que habían aprendido, e incluso las verdades que habían oído en Egipto, podían ir con ellos, pero, por así decirlo, para ser bautizadas en el Mar Rojo, y consagradas a los pies del Sinaí. Lejos de ellos, a sus espaldas, quedaba el Egipto que habían abandonado, con sus gigantescos esbozos de ensueño. Del mismo modo que la arena del desierto cubriría la tierra, también el polvo de la superstición enterraría gradualmente las antiguas verdades.

Estamos dispuestos a admitir que Israel obtuvo un provecho de lo que había visto y aprendido en Egipto. Pero es muy sorprendente ver el contraste final entre la superstición egipcia, que se fue degradando hasta hacer dioses para casi todo lo que hay en la naturaleza, y la adoración gloriosa y espiritual del Israel de Dios. Nos encontramos con este contraste junto con la semejanza de lo que había en Egipto, y se hace mucho más palpable por medio de la yuxtaposición. La religión de Israel no es nunca tan sorprendentemente contraria a la de Egipto como cuando descubrimos similitudes entre ambas; y sus leyes e instituciones no son nunca tan diversas como cuando trazamos una analogía entre ellas. Tal vez Israel adoptara y adaptara muchas cosas de Egipto, pero aprendió sólo del Señor Dios, quien, en todos los sentidos de la expresión, sacó a su pueblo con mano poderosa y brazo extendido.

Notas sobre el libro de Éxodo

Es conveniente ofrecer en este punto un esbozo del Libro de Éxodo a fin de obtener una comprensión más clara. Como Génesis (ver *Historia Patriarcal*, Introducción al Libro 1 p. 18), consta de dos grandes partes; de las cuales la primera describe la redención de Israel, y la segunda la consagración de Israel como el pueblo de Dios.

La primera parte (caps. 1–15:21) acaba muy adecuadamente con el «Cántico de Moisés»; mientras, que de modo similar, la segunda parte termina con la construcción y consagración del Tabernáculo, en el cual Jehová moraría en medio de su pueblo, y donde tendría comunión con ellos.

A su vez, cada una de estas dos partes puede ser dividida en siete secciones (siete es el número del pacto), como sigue:

Parte I:

1. Preparatoria: Israel crece, y es oprimida en Egipto (1); nacimiento y conservación del libertador (2);
2. Llamamiento y formación de Moisés (3, 4.);
3. Su misión ante Faraón (5-7:7);
4. Las señales y maravillas (7:8-11);
5. Israel separado por la Pascua y conducido hacia adelante (12-13:16);
6. Paso por el Mar Rojo y destrucción de Faraón (13:17-14);
7. Cántico de triunfo al otro lado (15:1-21).

Parte II:

1. Travesía de Israel hasta el Monte de Dios (15:22-17:7);
2. Actitud doble de las naciones Gentiles para con Israel: La hostilidad de Amalec y la amistad de Jetro (17:8-18);
3. El pacto en Sinaí (19-24:11);
4. Instrucciones divinas sobre la construcción del Tabernáculo (24:12-31);
5. Apostasía de Israel y su restauración para ser el pueblo de Dios (32-34);
6. Construcción real del Tabernáculo y de sus recipientes (35-39);
7. Instalación y consagración del Tabernáculo (40); esta última corresponde, como sección final de la Parte II, al Cántico de Moisés (15), con el cual había terminado la primera parte (ver Keil, *Bibel Com.*, vol. I, pp. 302-311).

El lector notará estas partes y secciones en su Biblia y verá la grandeza y la unidad del diseño del Libro de Éxodo, y comprenderá cuán perfectamente cumple la idea de narrar la historia del reino de Dios.

Capítulo 2
(Éxodo 1:8-22)

Tres siglos transcurrieron entre el final del libro de Génesis y los acontecimientos que empiezan el relato de Éxodo. Pero durante este largo período la historia de los hijos de Israel es casi un silencio total. Nos han llegado los nombres de sus familias, pero sin crónicas de su historia; aparece su condición final en el tiempo del Éxodo, pero sin comentario alguno de su desarrollo social o nacional. Exceptuando unas pocas alusiones diseminadas por todo el Antiguo Testamento, no sabríamos nada de su situación, vida o religión durante dicho intervalo. Este silencio de tres siglos y medio es casi terrible en su grandeza, como la soledad de Sinaí, el monte de Dios.

Dos cosas habían sido predichas como características de ese período, y sólo estas dos aparecen como hechos notables en el relato bíblico.

En la frontera de la Tierra Santa el Señor había dado ánimos a Israel: «No temas descender a Egipto, porque allí yo haré de ti una gran nación».[1] Y el libro de Éxodo empieza con el registro que esta promesa se había cumplido, porque «los hijos de Israel fueron fecundos y aumentaron abundantemente y se multiplicaron y fortalecieron en extremo, y se llenó de ellos la tierra».[2] Todavía tenía que cumplirse otra predicción hecha siglos antes a Abram. Su descendencia debía «morar en tierra ajena», y ser esclava y afligida allí.[3] Y al terminar los siglos determinados, «se levantó en Egipto otro rey», que «maltrató a nuestros padres».[4] Así, en el período más oscuro de su esclavitud, Israel debió entender que, con la misma seguridad con la que estas dos peticiones habían sido cumplidas literalmente, también se cumpliría la doble promesa: «Te levantaré de nuevo», y esto «con gran riqueza». Y aquí vemos una analogía muy cercana a la condición presente de los judíos. En ambos casos el futuro prometido destaca con gran contraste con el estado real de las cosas. Pero, como el Israel antiguo, nosotros también tenemos «la palabra profética, más segura», como una «luz que brilla en un lugar oscuro hasta el alba».

1. Génesis 46:3.
2. Éxodo 1:7.
3. Génesis 15:13-16.
4. Hechos 7:19.

«Cuando los apóstoles difundieron el Evangelio en el mundo romano, hicieron uso de la lengua griega, hablada entonces universalmente, y de la cultura y las maneras de pensar griegas. Lo que Grecia significaba en el mundo en la época de Cristo era lo mismo que había significado Egipto cuando los hijos de Israel se convirtieron en una nación escogida por Dios. En ninguno de estos dos casos la verdad de Dios necesitaba la sabiduría del mundo, sino que, en cierto sentido, se opuso a la misma. A pesar de ello, Dios se valió de lo que parecía ser un camino independiente, una lengua, una filosofía, una ciencia y un arte aparentemente desvinculadas de la revelación, usándolo en el propósito de conseguir un mayor avance de la verdad revelada».

Ningún otro monumento egipcio nos ha legado una representación tan espectacular e impresionante de la espectacularidad de las dinastías faraónicas del antiguo Egipto como las pirámides y la esfinge de Guiza de la IV Dinastía. (Guiza; piedra caliza; longitud: 73,5m, alto: 20m)

Los hijos de Israel en Egipto: sus moradas

Los años finales de los tres siglos y medio desde su entrada en Egipto encontraron un Israel pacífico, próspero y, probablemente, en muchos aspectos, integrado con los egipcios de su alrededor. «Los padres» habían dormido, pero sus hijos todavía poseían con tranquilidad la región que se les concediera originalmente. La tierra de Gosén, donde estaban situados, todavía hoy se considera la provincia más rica de Egipto, y podría, incluso ahora, sostener un millón de habitantes más de los que tiene.[5] Gosén se extendía entre la más oriental de las siete desembocaduras del Nilo y Palestina. La tierra fronteriza probablemente fuera ocupada por las ramas más nómadas de la familia de Israel, para cuyos rebaños sus amplias extensiones debían proveer abundante pasto; mientras que las ricas orillas del Nilo y sus canales eran la residencia escogida de los que practicaban la agricultura. Muy probablemente, estos últimos se desplazaron al otro lado del Nilo, donde encontramos varios indicios suyos en diversas ciudades del lugar.[6] Allí seguramente adquirieron el conocimiento de las artes e industrias de Egipto. Parece bastante natural que, en un país que ofrecía tales incentivos, la mayoría de israelitas abandonaran sus tareas iniciales como pastores y se volvieran a la agricultura. Hasta la fecha, siempre se ha notado una tendencia similar con los nómadas que se asientan en Egipto. Tampoco se trataba de una nueva vida totalmente ajena a su propia historia. Su antepasado, Isaac, sembró y segó durante su estancia con los filisteos.[7] Además, a su asentamiento en Egipto, la cesión de la tierra (y la mejor del país) les fue dada «en posesión», un término que implica propiedad y herencia fijas.[8] Sus últimas reminiscencias de Egipto concuerdan con esta opinión. En el desierto volvían su mirada hacia atrás con un deseo pecaminoso del tiempo cuando echaban sus redes en el Nilo, y las sacaban repletas de peces; y cuando sus huertos y campos al lado de las aguas producían ricas cosechas («los pepinos, los melones, los puerros, las cebollas y los ajos»).[9] Y posteriormente, cuando Moisés les describía la tierra que iban a heredar, les comparó su cultivo con su experiencia pasada en Egipto, «donde sembrabas tu semilla, y regabas con tu pie, como huerto de hortaliza».[10] A modo de mayor prueba de este cambio de dedicación pastoral a agrícola, también se ha hecho notar que, a pesar de que los patriarcas habían tenido posesión de camellos, no se hace mención alguna de este hecho en el relato de su descendencia. Sin duda alguna este cambio de ocupación tenía un propósito más elevado. Porque el asentamiento y la agricultura implican la civilización que necesitaba Israel para llegar a ser una nación.

Los hijos de Israel en Egipto: sus oficios

De hecho, tenemos evidencias de que adquirieron la mayoría de artes e industrias del antiguo Egipto. La preparación de los diversos materiales para el Tabernáculo, como también su construcción, implican este hecho. De nuevo, tenemos afirmaciones tan directas como, por ejemplo, que algunas de las familias de Judá eran «carpinteros»[11] (1 Cr. 4:14), «de los que trabajan lino» (v. 21), y «alfareros» (v. 23). Esto debe ser considerado sólo como ejemplos de las diversas ocupaciones aprendidas en Egipto.

Los hijos de Israel en Egipto: su situación social

La separación entre Israel y los egipcios no era lo suficiente como para causar aislamiento. Gosén estaría, evidentemente, poblada en su mayor parte por israelitas, pero no totalmente. Seguramente se mezclaron con sus vecinos egipcios en las regiones agrícolas, pero lógicamente, mucho más en las ciudades. Por ello, se precisaba la división de la sangre de la pascua para distinguir las casas de los israelitas de las de los egipcios;[12] Éxodo 3:22 parece indicar que no sólo se trataba de vecinos, sino tal vez, en ciertas ocasiones, de residentes en las mismas casas. Esto también explica la «multitud mixta» que acompañó a Israel en su éxodo, y, posteriormente, en el desierto, la presencia en la congregación de hijos de casamientos entre mujeres judías y maridos egipcios.[13]

Mientras que la mayor parte de Israel ya había adquirido las costumbres asentadas de una nación, los habitantes de la región fronteriza entre Gosén y Canaán continuaban con su vida nómada. Esto explica que las tribus de Rubén, Gad y Manasés poseyeran unos rebaños mucho mayores que los de sus hermanos y pidieran las amplias extensiones de pasto al este del Jordán.[14] También disponemos entre los «registros antiguos»,[15] un comentario sobre algunos de los descendientes de Judá que ejercían dominio en Moab, y leemos sobre una incursión preparatoria a Gat por obra de algunos descendientes de Efraín, que tuvo un final fatal.[16] Es justo inferir que estos son sólo ejemplos, mencionados, uno por su éxito sintomático, y el otro, por su fracaso, y que ambos implican costumbres nómadas e incursiones a Canaán por parte de los que habitaban en la tierra fronteriza.

Los hijos de Israel en Egipto: su constitución y religión

Pero ya sea establecido o nómada, Israel conservó su *constitución* y *religión* antiguas, a pesar de que aquí también hallamos modificaciones y adaptaciones, causadas por su larga estancia en Egipto. La división original de Israel era de *doce tribus*, según los doce hijos de Jacob, una disposición que continuó, aunque los hijos de José formaron dos tribus (Efraín y Manasés), ya que la tribu sacerdotal de Leví no formaba una entidad política independiente. Estas doce tribus, a su vez, estaban divididas por *familias* (o mejor dicho, clanes), la mayoría fundadas por los nietos de Jacob, de las cuales encontramos una lista en Números 26, y sumaban un total de sesenta. En Josué 7:14 se nos da a entender que esas «familias» se habían dividido por esa época, si no antes, en «casas», y éstas a su vez en lo que define la expresión «hombre a hombre» (en hebreo, *Gevarim*). No obstante, este último término equivale, en realidad, a nuestra «familia», como se desprende de la comparación de Josué 7:14 con vv. 17, 18. Así tenemos en los tiempos antiguos *tribus* y *clanes*, y en los de Josué, si no antes, los clanes de

---

5. Robinson, *Bibl. Res.* (2ª ed.) vol. I, p. 54.
6. Éxodo 12.
7. Génesis 26:12.
8. Génesis 47:11, 27.
9. Números 11:5.
10. Deuteronomio 11:10.
11. Es probable que se refiera a «gremios», como los de Egipto. La palabra se suele traducir por «artífices» y significa «carpinteros».
12. Éxodo 12:13.
13. Levítico 24:10.
14. Números 32:1-4.
15. 1 Crónicas 4:22.
16. El texto de 1 Crónicas 7:21 es complicado y difícil. Pero los mejores críticos lo han interpretado tal como se explica en nuestro texto.

nuevo se dividen en *casas* (parentela) y *familias*. Los «cabezas» de aquellos clanes y aquellas familias eran sus jefes; los de la tribus, «príncipes».[17] Estos doce príncipes eran «los príncipes de la congregación».[18] Junto a estos legisladores, que formaban una *aristocracia hereditaria*, encontramos dos tipos de *oficiales por elección*,[19] como «representantes» de la «congregación».[20] En Deuteronomio 29:10, se les llama «ancianos» y «oficiales», o mejor, «escribas». Así el gobierno del pueblo estaba en manos de los «príncipes», los «ancianos» o los «oficiales».[21] La institución de «ancianos» y «escribas» ya había existido entre los hijos de Israel en Egipto antes del tiempo de Moisés. Porque Moisés «reunió a los ancianos de Israel» para anunciarles su comisión divina,[22] y por medio de los mismos comunicó al pueblo la ordenanza de la Pascua.[23] La mención de «escribas» como «oficiales» se da incluso antes de la de los ancianos, y a ellos, por ser la clase social letrada, parece ser que los capataces egipcios les confiaron la superintendencia de los trabajos designados para el pueblo.[24] Por los monumentos de Egipto conocemos la importancia del papel desempeñado por los «escribas» en aquel país, y cuán frecuentemente son mencionados. Posiblemente, la orden de los escribas se introdujera así en Israel. Como clase letrada, los escribas deberían ser naturalmente los intermediarios entre sus hermanos y los egipcios. Por ello, podemos considerarlos también como los representantes del saber, tanto israelita como egipcio. Hoy en día se admite generalmente que el arte de escribir era conocido por los israelitas en tiempos de Moisés. Claramente, el saber egipcio había penetrado en Canaán mismo, y Josué encontró a sus habitantes, en su mayoría, en un estado de civilización muy avanzado; una de las ciudades llevaba incluso el nombre de *Kijath-sepher*, la ciudad de libros, o *Kirjath-sannah*, que casi podría traducirse por «ciudad universitaria».[25]

En cuanto a la *religión* de Israel, es importante tener en cuenta que, durante tres siglos y medio a partir de la muerte de Jacob, todos los mensajes directos del cielo, ya sea por profecía o por visión, habían cesado, al menos por lo que nosotros sabemos. Ni siquiera el nacimiento de Moisés fue comunicado por obra divina. En esas circunstancias los hijos de Israel dependían del conocimiento que habían adquirido de los «padres», y que, sin duda, había sido conservado entre ellos. Casi resulta innecesario explicar, aunque demuestra la sabiduría de los preparativos providenciales de Dios, que las sencillas formas de adoración de los patriarcas encajaba mucho mejor con las circunstancias del pueblo en Egipto que las que recibió posteriormente la religión de Israel. En este punto resaltan preeminentemente *tres grandes observancias*. Podemos decir que tanto la fe como el culto de los antiguos patriarcas, y posteriormente de Israel, se agruparon alrededor de estos tres aspectos. Se trata de: *circuncisión, sacrificios* y el *sábado* (o día de reposo). Tenemos testimonio directo de que el rito de la circuncisión era practicado por Israel en Egipto.[26] En cuanto a sacrificios, incluso la sugerencia de celebrar un gran banquete de sacrificio en el desierto,[27] indica que el culto con sacrificio había sido conservado en el pueblo. Finalmente, la instrucción de recoger dos porciones de maná el viernes,[28] y la introducción del mandamiento del sábado con la palabra «Acuérdate»,[29] nos da a entender una observancia previa del sábado por parte de Israel. De hecho, el modo en que muchas cosas, como, por ejemplo, la práctica de votos, son mencionadas en la ley, parecen indicar ritos religiosos anteriores entre los israelitas.

Hasta aquí las observancias exteriores, las cuales indican cómo, incluso durante aquellos siglos de silencio y soledad en Egipto, Israel todavía acariciaba las verdades fundamentales de su religión ancestral. Pero todavía queda otro tema referente, no a sus artículos de creencia y observancias, sino a la vida religiosa de la familia y de los individuos en Israel. Aparece en los *nombres* que los padres daban a los hijos durante la larga y dura esclavitud en Egipto. Es bien conocida la importancia que el Antiguo Testamento da a los *nombres*. Cada suceso espiritualmente importante daba su nombre nuevo y característico a una persona o un lugar. Algunas veces, como en el caso de Abram, Sarai y Jacob, era Dios mismo quien daba el nombre nuevo; en otras ocasiones, era la expresión de corazones que reconocían la actuación de Dios especial y decisiva, o manifestaban sus esperanzas o experiencias, como en el caso de los hijos de Moisés. Pero si consideramos nombres tan frecuentes entre los «príncipes» de Israel, como *Eliasaf* (mi Dios que reúne), *Elizur* (mi Dios una roca), y otros con matices similares, veremos cuán profundamente había arraigado en los corazones y en las convicciones del pueblo la esperanza de Israel. Este punto será tratado más extensamente en el libro siguiente. Mientras, sólo resaltamos los nombres de los jefes de las tres familias de los Levitas: *Eliasaf* (mi Dios que reúne), *Elizafán* (mi Dios que mira alrededor), y *Zuriel* (mi roca es Dios); siendo el nombre divino (Él) el mismo que Dios usó para revelarse a los padres.

Además de sus propios ritos heredados, los hijos de Israel debieron aprender muchas cosas de los egipcios, o fueron fortalecidos en ellas. Ya hemos visto que originalmente la religión de los egipcios contenía mucha verdad, pero que se fue pervirtiendo gradualmente hasta convertirse en superstición. Los egipcios e Israel podían tener la misma verdad, pero con la diferencia de comprensión y aplicación entre una vaga tradición y la clara revelación divina. Así, tanto unos como otros creían en las grandes doctrinas de la inmortalidad del alma y de las recompensas o castigos futuros. Pero, en relación con esto, Israel recibió otra lección, mucho más difícil para nuestra fe, la cual los antiguos egipcios no aprendieron jamás: que Dios es el Dios tanto del *presente* como del futuro, y que incluso aquí sobre la tierra él *reina*, dispensando bien y mal. Y tal vez fuera por esto que se insistió tanto sobre las consecuencias temporales del pecado en la ley mosaica. No había ninguna necesidad especial de referirse a las consecuencias en otra vida. Los egipcios, como también Israel, reconocieron lo último, pero los egipcios no conocían lo primero. No obstante, esta nueva verdad enseñaría a Israel a pensar constantemente en Jehová como el Dios vivo y verdadero. Por otro lado, el parecido

---

17. Nm. 1:4, 16, 44; 2:3, etc; 7:10.
18. Éxodo 34:31; Números 7:2; 30:13; 32:2; 34:18.
19. Comp. Deuteronomio 1:9-14.
20. Números 27:2.
21. Comp. Deuteronomio 31:28. Parece ser que en el desierto la reunión de estos tres legisladores se convocaba con el toque de dos trompetas de plata, mientras que el sonido de una sola anunciaba un consejo de príncipes (Nm. 10:3, 4). Merece la pena decir que esta forma de legislación mixta de oficiales hereditarios y por elección continuó como gobierno constitucional del pueblo, no sólo durante el período de los Jueces, sino también bajo los Reyes. También encontramos su analogía en la regla de la sinagoga.
22. Éxodo 3:16; 4:29.
23. Éxodo 12:21.
24. Éxodo 5:6, 14, 15, 19.
25. Josué 15:15, 49.
26. Éxodo 4:24-26; Jos. 5:5.
27. Éxodo 8:25-28.
28. Éxodo 16:22.
29. Éxodo 20:8.

entre ciertas instituciones de Israel y de Egipto demuestran claramente que la ley fue dada a los que salieron de Egipto y en un período inmediato después de su salida. Al mismo tiempo, también se adquirió mucha maldad con la relación con los egipcios. En algunos puntos del Pentateuco encontramos alusiones, no sólo a las corrupciones morales presenciadas, y tal vez aprendidas, en Egipto, sino también a las prácticas idólatras usuales en el lugar. Posiblemente, no era el magnífico ritual de Egipto el que causara una impresión tan profunda, sino que las ceremonias presenciadas allí constantemente debieron acostumbrar gradualmente su mente al culto de la naturaleza. Como ejemplos de esta tendencia entre los israelitas, recordamos la adoración del becerro de oro,[30] la advertencia del sacrificio al «macho cabrío»,[31] y la exhortación expresa incluso de Josué (24:14), «quitad de entre vosotros los dioses extraños a los cuales sirvieron vuestros padres al otro lado del río».

Con el mismo sentido tenemos la retrospectiva en Ezequiel 20:5-8, en Amós v. 26 y en el discurso de Esteban ante el consejo judío.[32] No obstante, merece la pena notar que, a pesar de que las formas de idolatría mencionadas aquí eran todas practicadas en Egipto, existen buenas razones para pensar que no eran estrictamente egipcias en su origen, sino ritos extranjeros importados, probablemente de los fenicios.[33]

Tal era, pues, el estado político, social y religioso de Israel cuando su larga paz fue repentinamente interrumpida por las noticias que Aahmes I estaba luchando con éxito contra la dinastía extranjera de los Hyksos. Avanzando victorioso, finalmente tomó Avaris, el gran fuerte y capital de los reyes Pastores, y los expulsó del país junto con sus seguidores. Luego, continuó hacia las fronteras con Canaán, tomando muchas ciudades por asalto. Los monumentos conmemorativos de la desastrosa legislación de los Pastores fueron sacados rápidamente; el culto que habían introducido fue abolido, y las antiguas formas egipcias fueron restauradas. Ahora llegaba un reino de gran prosperidad.

«Un nuevo rey que no conocía a José»

Aunque hay diferencias de opinión sobre este tema, parece, no obstante, que con toda probabilidad (como se muestra en el capítulo anterior) el ascenso de la nueva dinastía coincide con el período cuando «se levantó un rey que no conocía a José».[34] Por razones ya explicadas, una de las primeras y más importantes medidas de su administración interior debía ser obligatoriamente debilitar el poder de los colonos extranjeros, que se hallaban en tan abundante mayoría en la provincia fronteriza de Gosén. Temía que en caso de guerra con extranjeros, se unieran con el enemigo, «y los sacaran de la tierra». El segundo temor también muestra el hecho que él conocía las circunstancias bajo las cuales se habían asentado en la tierra. De nuevo, en los monumentos de Egipto, parece haber sido siempre la política de Faraón introducir un número inmenso de cautivos en Egipto, y retenerlos allí en esclavitud para trabajos forzados. Ahora se estaba aplicando un procedimiento parecido a Israel. Aunque se les permitía conservar sus ganados y campos, fueron puestos a hacer trabajos forzados para el rey. Se les designó «capataces» egipcios, quienes «los afligían con sus cargas». Se ve una notable ilustración de este hecho en un monumento egipcio. Los trabajadores, que son claramente extranjeros, bajo la superintendencia de cuatro egipcios, dos de los cuales parecen ser oficiales superiores, mientras que los otros dos son supervisores armados con látigos pesados, gritan: «Trabajad sin desmayar».

El trabajo que habían recibido los israelitas consistía en hacer ladrillos, regadío artificial de la tierra, incluyendo, probablemente, cavar o restaurar canales, y la construcción, o restauración y ampliación de las dos «ciudades-almacén»[35] de Pitón y Ramsés, cuya situación ha sido trazada en Gosén, y que sirvieron de depósito tanto para el comercio como para el ejército. Según algunos historiadores griegos era el orgullo de los egipcios que, en sus grandes obras, solo empleaban cautivos y esclavos, jamás su propio pueblo. Pero Aahmes I necesitaba muy especialmente la mano de obra israelita, puesto que sabemos por una inscripción, fechada en el año veintidós de su reinado, que estaba muy ocupado restaurando los templos y edificios que los «Pastores» habían destruido.

Pero esta medida inicial contra Israel produjo el resultado opuesto al esperado. En lugar de disminuir, su anterior crecimiento se aceleró, de modo que los egipcios «temían a[36] (estaban alarmados por causa de) los hijos de Israel».[37] Por ello Faraón recurrió a una segunda medida, por medio de la cual todos los bebés varones, tenían que ser destruidos al nacer, probablemente sin llegar a ser conocidos por sus padres. Pero las dos mujeres hebreas, quienes, según suponemos, estaban al mando del «gremio» de las parteras, no parecen haber comunicado la orden del rey a sus subordinadas. Sea como fuere, la orden no se cumplió. La Escritura ha conservado los nombres de estas valientes mujeres, y nos dice que su motivo era que «temieron a Dios» (en hebreo con artículo, «el Dios», indicando el Dios vivo y verdadero). Y como que eran el medio para «hacer» o construir las casas de Israel, así Dios «les hizo casas». Es cierto que cuando se enfrentaron con el rey no presentaron su motivo real; ahora bien, como destaca San Agustín, «Dios perdonó el mal de ellas por su bien, y recompensó su piedad, pero no por su engaño».

La tercera medida adoptada por Faraón nos demuestra cuán poco podía impedir la ruina de Israel una medida solamente humana. Dejando a un lado cualquier tipo de freno, y olvidando, en su determinación, incluso sus intereses, el rey publicó una orden general de echar al Nilo todo bebé judío varón, al nacer. Esta orden, tal vez dada en un momento de ira, no fue cumplida por mucho tiempo; ya sea porque los egipcios no deseaban caer en semejante crueldad permanentemente, o porque los israelitas encontraron medios para apartar a sus hijos de dicho peligro. Pero lo que es cierto es que, a pesar de que muchos debieron sufrir, y todos necesitaban ir con mucha precaución, este último intento despiadado de exterminar Israel resultó vano.

30. Éxodo 32.
31. Levítico 17:7. Traducción incorrecta en castellano por «demonios».
32. Hechos 7:43.
33. Esto es argumentado muy hábilmente por el Sr. R. J. Poole en el *Smith's Dictionary of the Bible*, vol. III. «Remphan».
34. La palabra hebrea «se levantó» casi siempre se usa para describir un comienzo nuevo (como en Dt. 34:10); la palabra «nuevo» se da en relación con un cambio total (como en Dt. 32:17; Jueces 5:8), mientras que la expresión, «no conocía» (Dt. 28:36) no se aplica tanto a la falta absoluta de conocimiento, sino a la ausencia de relación *amistosa*. Si este rey empezó una nueva dinastía, tenía que ser el primero de los Hyksos o el que los echó fuera. Puesto que la primera suposición es casi imposible, debemos quedarnos con la segunda.
35. Ésta es la traducción literal y no «ciudades-tesoro».
36. La expresión aquí es la misma que en Números 12:3, e implica «ser presa del temor».
37. Éxodo 1:12.

Así se *cumplieron* las dos profecías. Incluso bajo las circunstancias más adversas Israel había crecido tanto como para alarmar a los egipcios; y la «aflicción» de Israel había alcanzado su cúspide. Y ahora debía aparecer también la liberación prometida. Y, como en tantos otros casos, llegó bajo lo que los hombres llamarían las circunstancias más improbables.

Capítulo 3
(Éxodo 2)

Para el lector atento de la Escritura, el hecho de que precisamente la medida adoptada por Faraón para destruir Israel, al final les llevara la liberación, no le parecerá extraño (únicamente notable). Si no hubiese sido por la orden de echar los niños hebreos al río, Moisés no hubiera sido rescatado por la hija de Faraón, ni instruido en toda la sabiduría de Egipto a fin de ser apto para su llamamiento. Pero, a pesar de todo ello, esta historia maravillosa sigue un curso *natural*; es decir, natural por su acontecimiento, pero sobrenatural por sus finalidades y resultados.

Nacimiento de Moisés

Un miembro de la tribu de Leví, y descendiente de Coat,[1] llamado *Amram*, se casó con *Joquebed*, que pertenecía a la misma tribu. Su unión ya había sido bendecida con dos hijos, María y Aarón,[2] cuando se proclamó el edicto homicida de Faraón. El nacimiento de su siguiente hijo les produjo más dolor y preocupación, porque «viéndole que era hermoso» no sólo les ganó el corazón, sino que parecía señalarlo como destinado por Dios para alguna causa especial.[3] En esta lucha de afecto y esperanza contra el temor del hombre, obtuvieron la victoria, como siempre se obtiene la victoria, «por la fe». No recibieron ninguna revelación especial, ni tampoco la necesitaban. Se trataba simplemente de una cuestión de fe, contraponiendo la orden de Faraón a la orden de Dios y de la esperanza de ellos. Decidieron confiar en el Dios vivo de sus padres, y desafiar cualquier peligro aparente. Fue en este sentido que «por la fe Moisés, cuando nació, fue escondido por sus padres durante tres meses, porque vieron que el niño era hermoso, y no temieron el decreto del rey». Al ser imposible esconderlo por más tiempo en casa, la misma confianza de fe hizo que ahora la madre dejara al niño en una arquilla hecha, como lo eran en aquella época las embarcaciones ligeras del Nilo, de «juncos» o papiros (un fuerte junco de tres aristas que alcanzaba una altura de diez o quince pies).[4] La «arquilla» (un término usado en la Escritura solo aquí y en relación con la liberación de Noé por medio de un «arca») fue endurecida con barro del Nilo o con asfalto, e impermeable con una capa de «brea». Protegida de este modo, la «arquilla», con su preciosa carga, fue depositada entre los «carrizos» a la orilla, o embocadura del río, precisamente donde la hija de Faraón solía tomar un baño, aunque el texto sagrado no nos da información explícita sobre si el lugar fue escogido a propósito o no.

La alusión en Salmos 78:12 a «los portentos» hechos «en el campo de Zoán», quizás nos lleven al mismísimo lugar de esta liberación. Zoán, como sabemos, era la antigua Avaris, la capital de los reyes Pastores, arrebatada por la nueva dinastía. Era muy probable que continuase siendo la residencia de los Faraones, especialmente por estar en la frontera oriental de Gosén, y además es confirmado por el hecho que en aquel tiempo, de todas las residencias egipcias, solamente *Avaris* o Zoán estaban en un recodo del Nilo no plagado de cocodrilos, donde, consecuentemente, la princesa podía tomar su baño. En un monumento egipcio hallamos una curiosa ilustración de la escena descrita en el rescate de Moisés. Se ve una dama noble bañándose en el río con cuatro sirvientas que la atienden, tal como la hija de Faraón en la historia de Moisés. Pero volviendo a nuestro tema, el descubrimiento de la arquilla y del niño, que lloraba al levantarlo la persona extraña, es puramente natural. La princesa es conmovida por la atracción del niño a sus sentimientos de mujer. Tiene compasión de él incluso perteneciendo a una raza condenada. Arrojar el niño sollozante al río hubiese sido inhumano. La hija de Faraón actuó como hubiese actuado cualquier otra mujer en las mismas circunstancias.[5] Salvar a un niño hebreo no podía ser un crimen muy grave para la hija del rey. Además, es sorprendente notar que, según los monumentos, precisamente por aquella época, las princesas reales ejercían una influencia notoria (de hecho, dos de ellas eran regentes simultáneamente). Así, cuando María, que había estado observándolo todo a poca distancia, se presentó en el momento oportuno y propuso llamar a alguna mujer hebrea para alimentar al niño que lloraba (un extraño regalo concedido a la princesa al parecer por el mismo dios del Nilo),[6] aceptó de buen ánimo. La nodriza llamada fue, evidentemente, la madre del niño, quien recibió el niño como un encargo precioso, confiado a ella por la hija de quien ideara la destrucción del bebé. Así de maravillosos son los caminos de Dios.

Uno de los antiguos escritores eclesiásticos ha comentado que «la hija de Faraón es la comunidad de los gentiles», queriendo ilustrar con ello esta gran verdad, que encontramos por toda la historia, que de algún modo la salvación de Israel estaba relacionada con la utilización de los gentiles. Así fue en la historia de José, e incluso antes de esto; y continuará así hasta que al final, por su misericordia, Israel obtenga misericordia. Pero mientras esto sucedía, aquellos padres hebreos creyentes tuvieron la gran oportunidad de moldear la mente del hijo adoptivo de la princesa de Egipto. Los tres primeros años de la vida, el tiempo común oriental para la crianza, a menudo son, incluso en nuestros climas nórdicos, donde el desarrollo es mucho más lento, un período decisivo para la vida posterior. No requiere ningún esfuerzo de imaginación pensar que el pequeño Moisés aprendía en el regazo de su madre, y que ella estaba en un pueblo perseguido. Cuando un niño conservado y prepara-

1. Éxodo 6:20; Números 26:59.
2. El relato implica que nacieron antes de la proclamación del edicto homicida de Faraón. Aarón tenía tres años más que Moisés (Éx. 7:7), mientras que María ya era adulta cuando Moisés fue expuesto (Éx. 2:4).
3. La expresión en Hechos 7:20 es «hermoso ante Dios».
4. Todos los detalles son estrictamente egipcios; incluso algunos de los términos usados en hebreo se derivan del egipcio. El papiro ya no se cultiva por debajo de Nubia, pero los monumentos egipcios muestran muchas «arquillas» parecidas y botes hechos con esta planta y dispuestos de modo semejante. Los «carrizos» eran una especie más pequeña de papiro.
5. En lo que se conoce normalmente como *The Speaker's Commentary*, se ofrece una ilustración de esto del *Ritual of the Dead* (Ritual de los Muertos), el documento egipcio más antiguo en existencia. Parece ser que una de las preguntas que el espíritu sin cuerpo debía responder ante el Señor de la verdad era esta: «No he afligido a ningún hombre; No he hecho llorar a ningún hombre; No he sacado la leche de la boca de los amamantados».
6. Los egipcios adoraban al Nilo como a un dios.

do así se vio destinado a dejar su casa hebrea para entrar en la corte de Faraón (su cabeza repleta de las promesas hechas a los patriarcas, y su corazón apesadumbrado por causa de sus hermanos), resulta casi natural que pasaran por su alma pensamientos sobre una futura liberación de su pueblo por medio de sí mismo. Muchos de nuestros propósitos más profundos tienen su raíz en la más tierna infancia, y las lecciones aprendidas entonces, han sido realizadas firmemente hasta el final de nuestras vidas.

Pero, como sucede con todos los propósitos más intensos de toda una vida, no existía la temeridad de llevarlo a cabo. Cuando Joquebed devolvió el niño a la princesa, ésta puso a su hijo adoptivo el nombre egipcio de «Moisés», el cual curiosamente también aparece en varios papiros egipcios antiguos, entre otros, como el de un príncipe real. La palabra quiere decir «sacado hacia adelante» o «sacado fuera», «porque», como dijo ella al ponerle el nombre, «de las aguas lo saqué».[7] Por el momento Moisés posiblemente no residiera en el palacio real en Avaris. San Esteban dice[8] que «fue instruido Moisés en toda la sabiduría de los egipcios».

Formación de Moisés, en Egipto y en Madián

Ningún otro país valoraba tanto los estudios, ni se iniciaba con ellos tan pronto como en Egipto. Tan pronto como un niño era destetado, era enviado a la escuela, y recibía su instrucción de manos de escribas designados regularmente. Al no usar letras en la escritura, sino jeroglíficos, que podían ser representaciones pictóricas o símbolos (un cetro para rey, etc.), o un tipo de signos fonéticos, y según parece existieron jeroglíficos para letras, sílabas y palabras, para este arte solamente deberían necesitar, por su complicación, casi una vida entera para dominarlo perfectamente. Pero al margen de esto, los estudios eran grandemente prolongados, y en los casos destinados a profesiones superiores, incluían no sólo diversas ciencias, tales como matemáticas, astronomía, química, medicina, etc., sino también teología, filosofía y cierto conocimiento de las leyes. No cabe duda que, como hijo adoptivo de la princesa, Moisés tenía que recibir la formación más elevada. La Escritura nos dice que, en consecuencia, era «poderoso en palabras y obras», y podemos tomar la afirmación en su sencillez, sin introducirnos en las muchas leyendas judías y egipcias que loan su sabiduría y sus logros militares.

Así pasaron los primeros cuarenta años de la vida de Moisés. Sin lugar a dudas, con su disposición, una labor incluso más elevada que la de José podía abrirse delante de él. Pero, antes de entrar en ella, tenía que tomar una decisión sobre esa cuestión preliminar: ¿con quién iba a ser su parte? ¿Con Israel o con Egipto? ¿Con el mundo o con las promesas? En las circunstancias de persecución de los hebreos resultaba imposible «ser llamado el hijo de la hija de Faraón» al mismo tiempo que formar parte del «pueblo de Dios», como uno de ellos. Lo uno significaba «los placeres del pecado» y «los tesoros de Egipto» (diversión y honores), lo otro «aflicción» y «el vituperio de Cristo» (o el sufrimiento y la deshonra contra Cristo y su pueblo) y también, muy especialmente, a los que se aferraban al pacto cuya substancia era Cristo.

Pero «la fe», que es «la substancia de lo que se espera, la prueba de lo que no se ve», capacitó a Moisés no solo para «rechazar» lo que Egipto ostentaba, sino también para «escoger antes la aflicción», y, más que esto, para «tener por mayores riquezas el vituperio de Cristo que los tesoros de los egipcios», porque «tenía puesta la mirada en el galardón».[9] Con este ánimo «salió a sus hermanos, y los vio en sus duras tareas».[10] Pero su fe, aunque era auténtica y profunda, todavía estaba lejos de ser pura y espiritual. Los antiguos egipcios eran conocidos por la severidad de su disciplina, y sus monumentos presentan a los «capataces» armados con látigos pesados, hechos con madera dura flexible, que usaban sin piedad. La escena de tales sufrimientos infligidos por siervos a sus hermanos, lógicamente levantó el mayor resentimiento del hijo de la princesa real. Esto, junto con la resolución acariciada durante tanto tiempo de tomar la causa de sus hermanos, y el pensamiento naciente de ser su libertador, le condujeron a matar al egipcio, al cual había visto maltratando a «un hebreo, uno de sus hermanos». Pero tampoco se trató de un exceso de ira frenética, porque «miró a todas partes» para ver que «no aparecía nadie» para presenciar sus obras; más bien se trataba de realizar fines espirituales con medios carnales, tales como los que en la historia de los antepasados de Moisés habían conducido tan a menudo al pecado y al sufrimiento. Quería ser un libertador antes que Dios le llamara a ello; y lo realizaría con unos medios distintos de los que Dios iba a utilizar. Un padre de la iglesia comparó acertadamente este acto con el de Pedro al cortar la oreja del siervo del sumo sacerdote; indicando al mismo tiempo el hecho de que el corazón de ambos (Moisés y Pedro) era semejante a un campo cubierto de malas hierbas, pero que precisamente por su lozanía prometían mucho fruto, una vez arado el campo y sembrado con la buena semilla.

Preparación para su llamamiento

En la dispensación de gracia de Dios, había llegado aquel momento. Moisés, antes de ser trasplantado, por así decirlo, tenía que ser talado. Tenía que echar raíces antes de poder brotar. Como dice San Esteban, «sus hermanos no comprendieron que Dios les daría libertad por mano suya», que es precisamente lo que significaban su aparición entre ellos y su conducta. Por ello, posteriormente, cuando intentó interferir en una pelea entre dos hebreos, el malhechor repudió su autoridad con palabras duras y le reprochó por su crimen. Entonces quedaba claro que el asunto era conocido por todos. También alcanzó los oídos de Faraón. Por lo que conocemos de la sociedad egipcia una ofensa así no podía ser pasada por alto, ni siquiera tratándose del hijo de una princesa, y esto suponiendo que la mujer que salvara a Moisés estuviese todavía viva al cabo de cuarenta años, y que el Faraón que reinaba entonces fuese su padre. Pero, además, Moisés no solamente había matado a un oficial que cumplía su labor, sino que se había puesto de parte de los hebreos, y los había animado a rebelarse. El hecho de que Moisés ocupase una posición de influencia tan grande como para que Faraón no pudiese ordenar su ejecución inmediatamente, sino que «procuró matar a Moisés», simplemente agravaba el problema y convertía a Moisés en una persona más peligrosa. La resistencia abierta contra Faraón era lógicamente imposible. La única posibilidad de salvación parecía ser renunciar a cualquier tipo de contacto con su pueblo, o escapar. Por otro lado, la huida podía provocar

7. Otros han interpretado el nombre como derivado de dos antiguas palabras egipcias que literalmente significan: «agua», «salvado».

8. Hechos 7:22.

9. Hebreos 11:24-26.

10. Éxodo 2:11.

«Salvar a un niño hebreo no podía ser un crimen muy grave para la hija del rey. Además, es sorprendente notar que, según los monumentos, precisamente por aquella época, las princesas reales ejercían una influencia notoria (de hecho, dos de ellas eran regentes simultáneamente). Así, cuando María, que había estado observándolo todo a poca distancia, se presentó en el momento oportuno y propuso llamar a alguna mujer hebrea para alimentar al niño aparecido que lloraba (un extraño regalo concedido a la princesa por el mismo dios del Nilo), aceptó de buen ánimo. La nodriza llamada fue, evidentemente, la madre del niño, quien recibió su alimentación como un encargo precioso, confiado a ella por la hija del propio gobernante quien ideara la destrucción del bebé. Así de maravillosos son los caminos de Dios».

Esta estatuilla sedente de una mujer egipcia amamantando a su hijo data de la XII Dinastía. La lactancia de los niños egipcios se extendía hasta el tercer año de la vida. Las mujeres de alto rango y las reinas delegaban esta tarea a las nodrizas. Lo que hizo posible que Moisés fuera amamantado por su propia madre.

mayor ira al rey, y bajo tales circunstancias era lógico dudar sobre la posibilidad de recibir refugio seguro de parte de alguno de los países vecinos. Por lo tanto, se trataba una vez más claramente de un acto de «fe», cuando Moisés «abandonó Egipto, no temiendo la cólera del rey; porque se mantuvo firme» (es decir fiel a su elección y su pueblo), «como viendo al Invisible», eso es, como uno que, en vez de considerar al rey de Egipto, miraba por la fe al rey invisible.[11]

Como Jacob mucho antes, y José en circunstancias parecidas, ahora Moisés debía ir a una tierra extranjera. Ya había obtenido todo lo que Egipto podía enseñarle. Lo que todavía le faltaba sólo podía ser aprendido en la soledad, humillación y con el sufrimiento. Dos cosas iban a manifestarse en el curso de su historia. Lo que, bajo su propio punto de vista, tenía que liberar a su pueblo de la miseria, simplemente había conseguido hacerle caer personalmente en la miseria; mientras que lo que aparentemente le alejaba de su llamamiento especial, iba a preparar el camino de su logro final. Así también sucede en los acontecimientos más importantes de nuestras vidas, a fin que aprendamos las lecciones de fe y la entrega personal implícita, y que sólo a Dios sea la gloria.

Repudiado por su pueblo y perseguido por el rey, la providencia de gracia de Dios preparó un refugio y un hogar para el fugitivo. Los madianitas, descendientes de Abraham por medio de Cetura,[12] se habían establecido a lo largo de la costa oriental del Mar Rojo, de donde vagaban como nómadas, por un lado al sur de la península del Sinaí, y por otro, hacia el norte, hasta llegar al territorio de Moab. La fuga de Moisés se dio entre los madianitas, como sucediera antaño con José. Al llegar al «pozo» consiguió proteger a las hijas de Reuel, «el sacerdote de Madián», contra la violencia de los pastores, que apartaban sus rebaños.[13] En consecuencia fue invitado en casa de Reuel, continuó allí y finalmente se casó con Séfora, hija del sacerdote. Esto, junto con el nacimiento de sus dos hijos, a los que nos referiremos más adelante, es lo único que Moisés escribe sobre su estancia de cuarenta años en Madián.

Pero podemos inferir otros detalles importantes. El suegro de Moisés parece haber adorado al Dios de Abraham, como también lo implica su nombre: *Reuel*, «el amigo de Él»; siendo «Él» el nombre que los patriarcas daban a Dios, como *El Shaddai*, «Dios Todopoderoso».[14] Esto es confirmado por su conducta posterior.[15] Reuel también es llamado *Jetro* y *Jeter*,[16] que significa «excelencia», y probablemente fuera su nombre oficial como sacerdote de la tribu, el mismo que el *iman* de los árabes modernos; la palabra tiene un significado semejante.[17] Pero la vida de Moisés en casa de Reuel debió ser de humillación y soledad. Por su conducta posterior[18] suponemos que Séfora era una persona de temperamento violento e imperioso, que sentía muy poca simpatía por las religiosas convicciones de su marido. Cuando le conoció como «un egipcio», debió quedar impresionada en su corazón por su valentía. Pero el conocimiento más profundo de sus objetivos en la vida debió llevarla a considerarlo un fanático lóbrego, que ocupaba su mente con proyectos visionarios. Hasta tal punto parece haber tenido muy poco en común con su marido que, en el período más delicado y noble de su vida, en su misión ante Faraón, tuvo que hacerla marchar.[19] Tampoco pudo existir mucha confianza entre Moisés y su suegro. Precisamente su posición subordinada en la familia de Jetro (3:1); el hecho de su reticencia ante la visión exacta concedida a él por Dios (4:18); y el modo humilde con el que Moisés fue enviado de vuelta a Egipto (v. 20), todo da una visión triste de las relaciones mutuas. No obstante, los más profundos sentimientos y las experiencias de su corazón se reflejan en los nombres que puso a sus hijos. El mayor *Gersón* (expulsión, destierro),[20] «porque dijo: forastero soy en tierra ajena»;[21] al segundo lo llamó *Eliezer*, «mi Dios es mi ayuda» (18:4).

Desterrado a una tierra extranjera, lejos de sus hermanos y de la tierra de la promesa, Moisés desea ver su hogar auténtico. Pero este sentimiento no es producido por abatimiento, y mucho menos por incredulidad. En cambio, «los frutos apacibles de justicia», brotando del «castigo» del Señor, aparecen en el nombre de su segundo hijo; «porque dijo: el Dios de mi padre me ayudó, y me libró de la espada de Faraón». La confianza propia y el celo manifestados en su inicial intento de liberar a sus hermanos en Egipto se habían apagado en la tierra de su destierro, y en la escuela del dolor. Y el resultado de todo lo que sufrió y aprendió fue fruto total en el Dios de sus padres, el Dios de la promesa, que, ciertamente, iba a cumplir su propia palabra.

Capítulo 4
(Éxodo 2:23; 4:17)

Cuando Dios está a punto de realizar una de sus grandes obras, lo prepara todo en silencio y con antelación. No sólo pertenece a Él echar la buena semilla, sino también abrir la tierra para su recepción. Sus instrumentos, que no son conocidos en el momento, trabajan silenciosamente; y, junto al buen don que va a dar a los suyos, les proporciona la necesidad y el deseo de buscarlo. Así, las oraciones y las respuestas son, por así decirlo, la balanza de la gracia en equilibrio.

No podía ser diferente cuando Dios llevara a cabo la liberación de su pueblo de la tierra de Egipto. Una vez más parecía como si las nubes sobre sus cabezas fueran más oscuras y más densas. Había muerto un rey y otro le había sucedido;[1] pero el cambio de gobierno no comportó para los israelitas el alivio que seguramente esperaban. Su esclavitud parecía la política fija de los Faraones. Ningún rayo de esperanza alumbraba sus sufrimientos, excepto los derivados de la fe. Pasaban siglos sin revelación alguna o comunicado del Dios de sus padres. Por ello debió ser considerado como

11. 1 Timoteo 1:7.
12. Génesis 25:2-4.
13. Tanto en Éxodo 2:16, como en 3:1, la expresión hebrea para «rebaños» implica que eran de ovejas y de cabras, no de ganado vacuno, dando así otro testimonio indirecto sobre la realidad del relato, porque sólo ese tipo de rebaños podía vivir normalmente en aquella región.
14. Éxodo 6:3.
15. Éxodo 18.
16. Éxodo 3:1; 4:18.
17. Tenemos que hacer una distinción entre Jetro Reuel y Hobab, quien parece haber sido el hijo de Reuel y cuñado de Moisés, y que acompañó a Israel en su viaje (ver Jue. 4:11). Aquí nos hallamos con cierta dificultad, porque la palabra traducida por «suegro», de hecho significa cualquier familiar por matrimonio.
18. Éxodo 4:25.
19. Éxodo 18:2, 3.
20. El Sr. Cook lo considera un compuesto de una palabra hebrea y una egipcia, que significa «forastero» en «una tierra extranjera».
21. Éxodo 2:22.
1. Éxodo 2:23. Debemos pedir al lector que lea este capítulo con una Biblia abierta a su lado.

un despertar religioso cuando, bajo tales circunstancias, el pueblo, en vez de desesperarse o rebelarse contra Faraón, recurrió al Señor con oraciones diligentes, o, como lo expresa el texto sagrado, al añadir significativamente el artículo a Dios,[2] «clamaron» «al Dios», es decir, no a cualquiera entre tantos, sino al único Dios vivo y verdadero. Este espíritu de oración, que aparecía ahora por primera vez entre ellos, fue el primer voto y presagio, ciertamente, el comienzo de su liberación.[3] Porque aunque era solamente un «clamor», podríamos decir, inarticulado espiritualmente, no hubo ningún tiempo entre su oración y la respuesta. «Y oyó Dios el gemido de ellos, y se acordó Dios de su pacto con Abraham, Isaac y Jacob. Y miró Dios a los hijos de Israel, y los reconoció Dios»; es decir, los reconoció como la descendencia escogida de Abraham, y al hacerlo les manifestó su amor para con ellos.

El extremo sur de la península de Sinaí, adonde nos lleva ahora el relato sagrado, consta de una confusa masa de picos (el más alto sobre los 9.000 pies), algunos de pórfido de color verde oscuro, pero la mayoría de granito rojo con diferentes tonos, que aparece roto con fajas de arena y grava, con intersecciones de vadis o pequeños valles, que forman los lechos de los torrentes de invierno, además de pequeños puntos verdes, principalmente debido a fuentes perennes. El gran grupo central entre las montañas es Horeb, y un pico bastante especial del mismo Sinaí, el «monte de Dios». Sorprendentemente es también en medio de esta terrible desolación donde se hallan los lugares más fértiles del «desierto». Allí llevan sus rebaños los beduinos cuando el verano seca todas las regiones inferiores. En sus valles crecen exuberantes y ricos árboles frutales, y «los alrededores son los mejor regados de toda la península, encontrándose allí corrientes veloces que se hallan por lo menos en cuatro de los valles adyacentes».[4] Allí fue donde Moisés, probablemente al inicio del verano,[5] condujo al rebaño de Reuel para encontrar pasto y agua. Detrás suyo, al este, quedaba el desierto; a sus pies se alzaba con grandeza la montaña de Dios. El silencio de este lugar permanece inquebrantado; su desolación sólo es aliviada por la variedad de tono en los picos de color verde oscuro o rojo, algunos de los cuales «resplandecen a la luz del sol como cobre bruñido». La atmósfera es tan límpida que incluso las siluetas más lejanas destacan claramente definidas, y el más ligero sonido ataca claramente el oído. Todo el conjunto es ciertamente «un cuadro extraño». En un despeñadero solitario, o en algún valle abandonado, una de tantas acacias, con sus pinchos y guirnaldas punzantes, que forman una característica tan notable en los vadis del «desierto», del cual son ciertamente «el único árbol de madera dura de medidas considerables»,[6] se alzaba envuelta en llamas, y no obstante «la zarza no se consumía». Ante esto Moisés se volvió para «ver esta gran visión».

El llamamiento de Moisés

Y mucho más sorprendente era lo que le esperaba. Ahora aparecía una visión que no había sido vista durante muchos siglos; una voz que había guardado silencio tanto tiempo, ahora hablaba. «El Angel de Jehová» (v. 2), quien es llamado inmediatamente después «Jehová» y «Dios» (v. 4, 5), le habló «de en medio de la zarza». Sus primeras palabras fueron advertir a Moisés sobre la necesidad de descalzarse, por hallarse sobre tierra santa; luego se reveló como el Ángel del Pacto, que se había aparecido a los padres como «el Dios de Abraham, el Dios de Isaac y el Dios de Jacob». El motivo de la primera instrucción, no fue solamente reverencia, sino que surgía del propio carácter del que hablaba. Porque en oriente los zapatos se llevan como protección de corrupción y polvo, y por ello se sacaban al entrar en un santuario, a fin de no introducir en el lugar puro la corrupción del exterior. Pero el lugar donde Jehová se manifiesta, sea cual sea, es «tierra santa»; y quien debe hablar con Él ha de dejar la corrupción que lleve. Al anunciarse como el Dios de los padres, Jehová estaba declarando la continuidad de su propósito de misericordia, su recuerdo de Israel y su veloz cumplimiento de las promesas hechas antaño. Durante estos siglos de silencio había continuado siempre pensando en su pacto, y ahora, justo cuando podría parecer que su propósito había fracasado totalmente, llegó el tiempo establecido, cuando se manifestaría públicamente como el Dios de Abraham, Isaac y Jacob.[7]

La visión de la zarza que ardía

La misma verdad era expresada simbólicamente por la zarza ardiente. Israel, en su estado actual bajo y despreciado, era como la zarza en el desierto (comp. Jueces 9:15), ardiendo en el caliente «horno de Egipto»,[8] pero «no entregados a la muerte», porque Jehová, el Ángel del Pacto, estaba «en medio de la zarza»; un Dios que castigaba, pero «no consumía». Y esta visión no era solo para Moisés, sino para todos los tiempos. Simboliza la relación entre Dios e Israel en todos los tiempos, y análogamente la de Dios y su iglesia. Porque las circunstancias en las que se halla la iglesia, y el propósito de Dios para con ella, continúan siendo siempre los mismos. Pero este Dios en medio de las llamas de la zarza es igualmente un fuego consumidor, en el caso de olvido por parte de su pueblo,[9] y como un «fuego», que «abrasará a sus enemigos alrededor».[10] Esta manifestación de Dios bajo figura de fuego, que aparecerá a modo de comparación por toda la Escritura, se cumplirá totalmente cuando el Señor Jesús venga a juzgar: «Sus ojos son como llama de fuego, y sobre su cabeza hay muchas diademas».[11] Pero Moisés «cubrió su rostro, porque tuvo miedo de mirar a Dios».

La visión concedida y las palabras que la acompañaban nos preparan para el siguiente mensaje que el Señor se complacía en comunicar a su siervo. Había oído el clamor de su pueblo; conocía sus dolores y había venido para liberarlo y llevarlo a la Tierra de la Promesa, «una tierra buena», se añade, «y ancha», una tierra que «fluye leche y miel»; suficientemente ancha y fértil como para haber sido en alguna ocasión el territorio de por lo menos seis razas cananeas (v. 8). Finalmente, el Señor dijo a Moisés que fuera a Faraón para sacar a su pueblo de Egipto.

No podría darse mayor contraste entre el Moisés de cuarenta años antes y el de ahora, que suplicaba para ser librado de su tarea. Si previamente su confianza propia le

2. Éxodo 2:23.
3. Éxodo 3:7; Deuteronomio 26:7.
4. Palmer, *Desert of the Exodus*, vol. I, p. 117.
5. Esto se demostrará al describir las diez plagas.
6. Ver la ilustración y descripción en Canon Tristam, *Natural History of the Bible*, pp. 391, 392.

7. Incluso la expresión «Yo soy el Dios de tu padre», en singular, implica la identidad de su actuar por toda la historia. Todos los padres eran como un solo padre antes de él. Con tanto detalle debemos estudiar las palabras de la Escritura.
8. Deuteronomio 4:20.
9. Deuteronomio 4:24.
10. Salmos 97:3.
11. Apocalipsis 19:12.

había llevado a tomar todo el asunto en sus manos, su falta de confianza en este momento le hacía sentir la máxima aversión a realizar su cometido, incluso sólo como mensajero y ministro del Señor.

La misión ante Faraón y ante Israel

Sus primeros y profundos sentimientos se verbalizan con preguntas, «¿Quién soy yo para que vaya a Faraón, y saque de Egipto a los hijos de Israel?» (v. 11). Pero no se podía aplicar de nuevo el recuerdo del primer fracaso interior y exterior, porque ahora Dios mismo estaba con él. Como señal de esto le fue dicho: «Cuando hayas sacado de Egipto al pueblo, serviréis a Dios sobre este monte.» Claramente esta «señal» apelaba a su fe, como lo hace toda señal, de ahí su mala interpretación de parte de los que «no son de la casa de la fe» (comp. Mt. 12:38, 39; Lc. 16:31). Del mismo modo, mucho tiempo después, un suceso futuro distante (el nacimiento del Hijo de la virgen) sería una señal para la casa de Acaz sobre la conservación de la línea real de David.[12] ¿No sería pues que Dios veía en el corazón de Moisés un deseo de hacer la fe, y que ahora Dios la quería hacer brotar?

Esta primera dificultad, por parte de Moisés, había sido dejada a un lado. Su siguiente pregunta fue sobre qué debía responder a la pregunta de Israel sobre Dios: «¿Cuál es su nombre?» (v. 13). Esto significa: ¿qué les debía decir ante las dudas y los temores de ellos sobre los propósitos de Dios para con ellos? Porque, en la Escritura, el nombre se considera una manifestación de carácter o de propósito más profundo, porque también, en general, se daba un nuevo nombre después de algún suceso decisivo, el cual confería el carácter definitivo para siempre a una persona o un lugar.

En respuesta a esta pregunta, el Señor explicó a Moisés, y le ordenó que hablara a Israel, de la introducción del nombre Jehová, con el cual se había manifestado Dios al establecer el pacto con Abraham.[13] Era, «Yo soy el que soy» (indicando estas palabras su naturaleza inmutable y su fidelidad). Así pues, «Yo soy» envió a Moisés, y, como para eliminar todas las dudas, debía añadir: «el Dios de vuestros padres, de Abraham, Isaac y Jacob». «Este», declara el Señor, «es mi nombre para siempre, éste es mi memorial por todas las generaciones»; es decir, como tal se manifestaría siempre, como tal desea ser conocido y recordado, no solo por Israel, sino «por todos los siglos». Aquí, pues, justo al inicio, cuando el pacto de Abraham era traspasado a su descendencia, la promesa también fue repetida, la cual incluía a todas las naciones en su bendición.

Para una mayor preparación de Moisés para su misión, Dios le dirigió, a su llegada a Egipto, para que reuniera a los ancianos de Israel, y, utilizando las mismas palabras de la profecía de José cuando murió,[14] para anunciar que el tiempo prometido había llegado, y que, sin lugar a dudas, Dios había visitado a su pueblo. Le fue dicho también que Israel escucharía su voz; pero no lo haría Faraón, aunque la primera petición debía ser dejar ir al pueblo a tres días de camino en el desierto. Pero Faraón no iba a ceder, «ni siquiera forzado por mano poderosa» (v. 19); es decir, incluso cuando la mano poderosa de Dios estuviese sobre él. Pero, al final, el poder de Jehová, autor de maravillas, rompería la voluntad obstinada de Faraón; y cuando Israel dejara Egipto no sería como fugitivos, sino como conquistadores cargados con los despojos de sus enemigos.

12. Isaías 7:10-14.
13. Génesis 15:7.
14. Génesis 50:24.

Así la predicción claramente dejaba entrever que Faraón sólo cedería después de un severo enfrentamiento. ¿Podría la fe de Israel soportar una prueba tan dura? Seguramente esto es lo que significa la siguiente pregunta de Moisés, en apariencia extraña por ser plantada a estas alturas: «He aquí que ellos no creerán, ni oirán mi voz; porque dirán: No se te ha aparecido Jehová».[15] Ante tales dudas, ya fuera de parte de Israel, de Faraón o de los egipcios, se ofrecía una respuesta triple, y no simplemente para acallar objeciones de los que las pusieran, sino también para animar a Moisés. Esta respuesta implicaba la concesión del poder de hacer milagros en favor de Moisés. Remarcamos que aquí, *por primera vez* en la historia del Antiguo Testamento, este poder se concedía al hombre, y en la ocasión era el primer gran conflicto entre el mundo y la iglesia. Estos milagros tenían por objetivo ser como «una voz» del cielo, que daba testimonio sobre la veracidad de la misión de Moisés. Por ello leemos en Éxodo 4:8 sobre Israel «oyesen» y «creyesen» «a la voz» de las señales, y en el Salmo 105:27 (traducción literal) que Moisés y Aarón «les mostraron las palabras de las señales de Dios». Pero, aunque este era el propósito general de *las tres señales* mostradas en este momento (primero para Moisés), cada una también tenía su referencia especial: la primera a Faraón, la segunda a Israel y la tercera al poder de Egipto.

Las tres «señales» y su significado

En la *primera señal* Moisés recibió órdenes de mirar a la vara que tenía en su mano. Era simplemente el bastón normal de un pastor. Debía echarlo al suelo cuando lo ordenara Dios, entonces se convirtió en serpiente, de la que Moisés escapó aterrorizado. De nuevo Dios ordena y cuando Moisés toma la serpiente por la cola, una vez más «se volvió vara en su mano». El significado era sencillo. En adelante Moisés debía esgrimir el cayado. Cuando Dios lo ordenase tenía que arrojarlo; su llamamiento tenía que ser cambiado, y debería encontrarse con «la serpiente»; no solo el antiguo enemigo, sino también el poder de Faraón, del cual la serpiente era el emblema público y famoso.[16] «La serpiente era el símbolo del poder real y divino de la corona de cada Faraón»[17]; el emblema de la tierra, su religión y gobierno. A continuación, por orden de Dios, Moisés agarró esta serpiente, la cual se convirtió de nuevo en una vara con la que guiaba a su rebaño; con la diferencia que ahora el rebaño era Israel, y la vara de pastor la «vara de Dios»[18] que hacía maravillas. En resumen, el humilde pastor, que hubiese escapado de Faraón, debía, por la fuerza divina, derrotar todo el poder de Egipto.

La *segunda señal* mostrada a Moisés se refería directamente a Israel. La mano que tuvo que meter en su seno se cubrió de lepra; pero la misma mano, cuando fue introducida de nuevo, fue totalmente restablecida. Este maravilloso poder de infligir y sacar una plaga, aceptado por todos como proveniente de Dios, mostraba que Moisés podía infligir o sacar los más severos juicios de Dios. Pero dijo otras «palabras» al pueblo. Israel, de quien Dios dijera a Moisés, «llévalo en tu seno»,[19] era la mano leprosa. Pero con la misma

15. Éxodo 4:1.
16. La Escritura a menudo usa la serpiente como símbolo de poder hostil al reino de Dios y aplica esa figura no sólo a Egipto (como en Sal. 74:13; Is. 51:9), sino también a Babilonia (Is. 27:1).
17. Speaker's Commentary, vol. I, p. 265.
18. Éxodo 4:20.
19. Números 11:12.

«No cabe duda que, como hijo adoptivo de la princesa, Moisés debía recibir la formación más elevada. La Escritura nos dice que, en consecuencia, era "poderoso en palabras y obras", y podemos tomar la afirmación en su toda su sencillez, sin introducirnos en las muchas leyendas judías y egipcias que loan su sabiduría y sus logros militares. Así pasaron los primeros cuarenta años de la vida de Moisés. Sin lugar a dudas, con su disposición, una labor incluso más elevada que la de José podía abrirse delante de él. Pero, antes de entrar en ella, tenía que tomar una decisión sobre esa cuestión preliminar: ¿con quién iba a ser su parte? ¿Con Israel o con Egipto? ¿Con el mundo o con las promesas? En las circunstancias de persecución de los hebreos resultaba imposible "ser llamado el hijo de la hija de Faraón" al mismo tiempo que formar parte del "pueblo de Dios", como uno de ellos».

Compañía de lanceros egipcios. Cada compañía estaba compuesta por 40 hombres en filas de 10. Los egipcios iban armados con lanzas provistas de anchas puntas de bronce y escudos. (Imperio Medio XI Dinastía. El Cairo, Museo Egipcio)

certeza y velocidad con la que fue restaurada al ser introducida de nuevo en el seno de Moisés, Dios les sacaría de la miseria y la desolación de su estado en Egipto, y los restablecería en su propia tierra.

La *tercera señal* dada a Moisés, por la cual el agua del Nilo se convertía en sangre cuando era derramada sobre el suelo, no sólo era persuasiva para los israelitas, sino que hacía referencia especial a la tierra de Egipto. El Nilo, del cual dependía toda su fertilidad, y que los egipcios adoraban como divino, tenía que convertirse en sangre. Egipto y sus dioses tenían que ser humillados ante el poder absoluto que Dios iba a manifestar.

Estas «señales», que no podían ser contradecidas, seguramente eran suficientes. Y no obstante Moisés dudaba. ¿Era él el representante adecuado para dicho trabajo? No poseía la elocuencia cuyo fuego enciende el entusiasmo de una nación y cuya fuerza barre todos los obstáculos que se le ponen por delante. Y cuando esta objeción también fue respondida con la indicación que era necesario depender directamente de aquel que podía soltar la lengua y abrir ojos y oídos, se manifestó el rechazo velado pidiendo directamente que alguna otra persona fuese empleada para tal misión. Entonces fue cuando «se encendió la ira de Dios contra Moisés». No obstante, por su tierna misericordia, sintió pena por la debilidad de la fe de su siervo y le ayudó. Con esta doble finalidad anunció Dios que incluso entonces Aarón ya estaba de camino para unirse a él, y que tomaría la parte del trabajo para la cual Moisés no se sentía apto. Aarón iba a ser el compañero y, por así decirlo, «el profeta» de Moisés.[20] Aarón iba a declarar el mensaje divino encargado a Moisés, del mismo modo que un profeta entrega la palabra recibida. «Así se fue Moisés.»[21]

A estas alturas, nos encontramos con dos detalles que necesitan una breve explicación. Porque, *primero*, parecería que la primera petición que Moisés había recibido para comunicar a Faraón era de ir «camino de tres días por el desierto», mientras que la intención era que Israel se fuera de Egipto para siempre. *Segundo*, se había dado una promesa divina que Israel no se iría «con las manos vacías», sino que Dios daría al pueblo gracia ante los ojos de los egipcios, y que toda mujer «pidiera prestado de su vecina», de modo que «despojaran a los egipcios».

Al principio, observamos el modo altamente formal con el cual Israel debía dirigirse a Faraón, según las instrucciones recibidas. En términos absolutos Faraón no tenía ningún derecho para detener al pueblo en Egipto. Sus padres habían venido con la condición de no quedarse, sino para «morar» temporalmente, y bajo estas condiciones habían sido recibidos. Y ahora no sólo estaban siendo oprimidos erróneamente, sino que se veían detenidos injustamente. Pero, a pesar de ello, no tenían que escapar a hurtadillas, ni alzarse en rebelión. El poder divino con el que estaba armado Moisés tampoco podía ser usado para vengar las maldades pasadas ni para asegurar su libertad. Por el contrario, debían solicitar a Faraón el permiso incluso para realizar una expedición tan inofensiva de tres días de peregrinación en el desierto para hacer sacrificios a Dios; una solicitud muy razonable, si consideramos que los sacrificios de Israel eran, desde un punto de vista religioso, «una abominación» para los egipcios,[22] y podían producir problemas. El mismo exceso de consideración por Faraón provocó una petición tan moderada al inicio. Fue una concesión infinita a la debilidad de Faraón, por parte de Dios, no insistir pidiendo una salida total e inmediata de Israel. *No se podía* pedir menos a Faraón, ni la obediencia podía ser planteada de un modo más fácil. Sólo la determinación más tiránica para aplastar los derechos y las creencias del pueblo, y el desafío más osado a Jehová, podían haberle impulsado a rechazar dicha petición, y ello ante todas las señales y maravillas que respaldaban la misión de Moisés. Así, al principio, su sumisión iba a ser puesta a prueba donde era más fácil hacerlo y la desobediencia sería «inexcusable».

Podía haber existido alguna razón por parte de Faraón para rechazar de inmediato la idea de dejar ir totalmente a los que habían sido sus siervos durante tanto tiempo; pero no existía ninguna en absoluto para resistirse a una petición tan moderada y respaldada por una autoridad tan impresionante. Ciertamente un hombre así estaba en el tiempo adecuado para el juicio del endurecimiento; del mismo modo que, por el contrario, si hubiese sido obediente a la voluntad divina desde el principio, sin lugar a dudas hubiese sido preparado para recibir una mayor revelación de la voluntad de Dios, y la gracia necesaria para someterse a la misma. Así es como Dios siempre trata con el hombre usando su misericordia. «El que es fiel en lo muy poco, también es fiel en lo mucho; y el que es injusto en lo muy poco, también es injusto en lo mucho». Lo que Dios nos pide es para poner a prueba lo que hay en nosotros. Así fue en el caso de la obediencia de Adán, del sacrificio de Abraham, y ahora de Faraón; con la diferencia que en el último caso, como con la promesa de salvar Sodoma si se hallaban diez hombres justos entre sus malvados habitantes, la paciencia divina llegó a las máximas concesiones. El mismo principio de gobierno también aparece en el Nuevo Testamento, y explica cómo el Señor a menudo hablaba de «cosas terrenales», a fin de que la incredulidad para con las mismas convenciera a los hombres de su incapacidad para escuchar «las cosas celestiales». Así el joven legislador[23] que pensaba estar deseoso de heredar la vida eterna, y el escriba que profesaba disposición para seguir a Cristo,[24] a pesar de recibir solo una prueba de «cosas terrenales», sucumbieron ante ella. Esto nos enseña una lección aplicable a nuestro propio caso; porque «sólo entonces sabremos si continuamos para conocer al Señor».

La segunda dificultad acerca de las instrucciones recibidas por Israel para que «pidan prestado[25] alhajas de plata, alhajas de oro y vestidos», y así «despojar a los egipcios»,[26] se basa en una sencilla comprensión errónea del texto. Incluso el sentido común indicaría que, dadas las circunstancias finales bajo las cuales Israel dejó la tierra, ningún egipcio pensaría en la posibilidad de prestar temporalmente joyas, para ser devueltas al cabo de poco tiempo. Sino que, de hecho, la palabra traducida por «pedirá», no significa en préstamo, y no se emplea con dicho significado en todo el Antiguo Testamento. *Siempre* significa únicamente «pedir» o «requerir». Esta «petición» o «demanda» (según la llamaremos al tener en cuenta la justicia del caso) fue satisfecha con mucho gusto por los egipcios. El terror de Israel había caído sobre ellos, y en lugar de escapar como fugitivos, salieron como un ejército triunfante, llevándose «los despojos» de los enemigos conquistados divinamente.

20. Éxodo 7:1.
21. Éxodo 4:18.
22. Éxodo 8:62.

23. Mateo 19:16; Marcos 10:16; Lucas 18:18.
24. Mateo 8:19, 20; Lucas 9:57, 58.
25. Nota del traductor: Según traduce la Authorised Version en inglés. Traducimos estos párrafos para mantener la obra en su estado original y a fin de dejar este punto claro, aunque la mayoría de versiones españolas traducen simplemente:«pedir».
26. Éxodo 3:22.

Es más importante comentar otro detalle. *Moisés fue el primero en llevar una comisión divina a otros. También fue el primero en realizar milagros.* Los milagros nos presentan la unión de lo humano y lo divino. Todos los milagros apuntaban hacia el mayor milagro de todos, «el misterio de la piedad, el cual los ángeles desean ver»; la unión de lo divino con lo humano, en su aparición más completa en la persona del Dios-Hombre. Así en estos dos aspectos de su servicio, como también en su misión de redimir a Israel de la esclavitud y santificarlos para con el Señor, Moisés fue una eminente figura de Cristo. «Por tanto» «consideremos al apóstol y sumo sacerdote de nuestra profesión, Cristo Jesús; el cual fue fiel al que le designó, como también lo fue Moisés en toda la casa... como un criado, para testimonio de lo que había de anunciarse después; pero Cristo como hijo sobre su casa, cuya casa somos nosotros, si retenemos firme hasta el fin la confianza y el gozo de nuestra esperanza».[27]

Capítulo 5
(Éxodo 4:17-31)

La historia de la Escritura está llena de aparentes contrastes. Parece ininteligible al observador superficial, pero el corazón del creyente se regocija en analizar, paso a paso, la diferencia entre lo que parece al ojo humano y lo que realmente es ante Dios; y luego entre el poder de Dios y la humildad de los medios y las circunstancias que él escoge para manifestarlo. El objeto de lo uno es hacer surgir nuestra fe y animarla en las circunstancias que parecen menos prometedoras de éxito; mientras que lo otro es para dar toda la gloria a Dios, e incluso para hacer levantar nuestra vista de la tierra al cielo. Éste era el estado de cosas cuando, en los días de su carne, ni Israel ni los gentiles reconocieron la dignidad real de Cristo en la persona que entró en Jerusalén, «manso, y sentado sobre un asna y un pollino de asna».

Moisés vuelve a Egipto

Y así pareció también cuando, en el lenguaje sencillo de la Escritura, «Moisés tomó su mujer y sus hijos, y los puso sobre un asno, y volvió a tierra de Egipto. Y Moisés tomó la vara de Dios en su mano».[1] Qué contraste. El que lleva la vara de Dios es despedido de modo tan pobre (su esposa y sus hijos, y todas sus pertenencias sobre un solo asno) ¿Quién hubiese reconocido con este aspecto tan humilde al que iba a herir el orgullo de Faraón y el poder de Egipto?

A su vuelta del «monte de Dios», Moisés anunció a su suegro simplemente que tenía el propósito de visitar Egipto de nuevo. Probablemente Jetro no tenía suficiente luz como para que Moisés le comunicara la visión divina. Además, las relaciones entre ellos en aquel momento (como adivinamos incluso por el modo en que Jetro le dejó marchar) no parecen haber sido las adecuadas como para entrar en confidencias; posiblemente, solo hubiese conseguido provocar tropiezos de parte de Jetro o de Séfora. Pero, en cambio, era una indicación de que la mano de Dios estaba favoreciendo su camino el hecho que tanto su suegro como su esposa accedieron tan rápidamente a una expedición que, por sus circunstancias, debía incurrir en grandes peligros. Y esto no era todo. *Una vez que hubo decidido ir, pero antes de empezar la marcha,* Dios le animó con la noticia de la muerte de todos los hombres que buscaban la vida de Moisés. De nuevo, durante el viaje, le dio refuerzos triples para la obra que tenía por delante. Primero, le hizo notar la vara divina que llevaba en su mano, con la que debía secundar su misión ante Faraón con milagros.[2] En segundo lugar, por si acaso se desanimara debido al fracaso de estas señales para asegurar la sumisión a Dios de Faraón, Dios no sólo le anunció de antemano el endurecimiento del corazón del rey, sino que al decir, «yo endureceré su corazón» (v. 21), le demostraba que aquel acontecimiento también estaba bajo su control y gobierno. Finalmente, había una doble seguridad en el mensaje que tenía que dar a Faraón (v. 22, 23). Jehová requería libertad para el pueblo, porque «Israel es mi hijo, mi primogénito», y amenazaba, en caso de rechazo de Faraón, «con matar» su «hijo», incluso el «primogénito» del rey. Por otro lado, el título dado a Israel implicaba que Dios no dejaría «a su primogénito» en su esclavitud en la tierra de Egipto. Sin lugar a dudas Dios iba a ganar en su lucha con Faraón. Esa relación preciosa entre Dios y su pueblo, que fue establecida totalmente en el Monte Sinaí,[3] puede decirse que inició con el llamamiento de Abraham. Israel era «el hijo de Dios» por elección, por gracia y por adopción.[4] Por ello, el Señor nunca quitaría su amor de en medio de ellos,[5] sino que sentiría pena por ellos, como un padre con sus hijos;[6] y, aunque castigara al pueblo por sus pecados, nunca les dejaría sin su misericordia. En todo el Antiguo Testamento no se registra otra relación como esta entre Dios y otra nación. Pero es muy significativo el hecho que Israel es llamado sólo «primogénito». Porque esto nos da a entender que Israel no iba a estar solo en la familia de Dios, sino que, de acuerdo con la promesa hecha a Abraham, otros hijos nacerían en la casa del Padre. Así, incluso la más elevada promesa pronunciada en favor de Israel incluía la seguridad de una bendición futura para los gentiles.

Y, a pesar de ello, el que iba a revelar a Israel el heredero de su precioso legado era el mismo que en ese tiempo vivía en abandono de ese mismo pacto. Su propio segundo hijo[7] no había sido circuncidado según el mandamiento divino (ya sea por abandono, por causa de una fe en desánimo, o más probablemente, según adivinamos por la posterior conducta de Séfora, debido a la oposición de su esposa, la cual, en sus circunstancias de depresión, no pudo superar). Pero el juicio debe empezar en la casa de Dios; y nadie puede ser apto para ser utilizado como instrumento de Dios si en algún modo vive en abandono o descuido de los mandamientos divinos.

Despedida de Séfora

Dios, incluso a su siervo Moisés, le trató como un enemigo. Su vida corría un peligro inminente, y Séfora debía someterse, por poco deseosa que fuera, a las órdenes de Dios. Pero su estado de ánimo y conducta mostraban que todavía no estaba preparada como compañera de trabajo de Moisés en la obra que le estaba esperando. Parece ser que él comprendió esto y que envió a su esposa e hijos de nuevo

27. Hebreos 3:1, 2, 5, 6.
1. Éxodo 4:20.

2. Éxodo 4:21.
3. Éxodo 19:5.
4. Deuteronomio 32:18; Isaías 64:8; Jeremías 3:4; Malaquías 1:6; 2:10.
5. Oseas 11:1; Jeremías 31:9-20.
6. Sal. 103:13.
7. Por Éxodo 4:25, adivinamos que solamente un niño fue circuncidado. Se trataba, seguramente, del más joven.

a la casa de su suegro. Sólo más tarde, cuando «oyó todas las cosas que Dios había hecho con Moisés, y con Israel su pueblo», Jetro se los devolvió a Moisés.[8]

Habiendo sido limpiado de este modo de toda levadura de pecado, Moisés continuó su viaje. Una vez más Dios había previsto las dificultades de su siervo; podríamos decir también, el cumplimiento de sus promesas. Ya había dado instrucciones a Aarón para que «fuera al desierto a encontrar a Moisés».

Moisés se encuentra con Aarón

Los dos hermanos se encontraron en el monte de Dios, y Aarón se unió a la misión divina de Moisés de buen grado. Tras llegar a Egipto, pronto «reunieron a todos los ancianos de los hijos de Israel». Al oír las buenas noticias de misericordia anunciadas por Aarón, y al presenciar «las señales» que las avalaban, se dice que: «inclinaron sus cabezas y adoraron».

Acogidos por los hijos de Israel

Entonces Dios no había abandonado a su pueblo al que antes conociera. Así, pues, no se cumplieron los temores incrédulos de Moisés (4:1), sino las promesas de gracia de Dios (3:18). Ni su larga estancia en Egipto ni su esclavitud habían conseguido apagar la fe del pueblo en el Dios de sus padres, ni su esperanza de liberación. Por muy seriamente que erraran o pecaran más tarde, las noticias que «Jehová ha visitado» a su pueblo no les parecieron extrañas o inverosímiles. Mucho más que esto, su fe se asoció con humillación y adoración.

Antes de pasar al relato de las maravillas con las cuales Moisés iba tan prontamente a demostrar ante Faraón la realidad de su misión, sería conveniente considerar brevemente aquí un elemento realmente solemne en la historia de estas negociaciones; nos estamos refiriendo al endurecimiento del corazón de Faraón. No se trata de poder jamás entender lo que mueve las decisiones de Dios, sino de la administración de su gobierno, la conexión misteriosa entre la criatura y el Creador, y los solemnes juicios con los cuales reivindica su poder sobre los rebeldes. Pero un estudio reverente de algunos detalles, extraídos directamente del texto, nos pueden ayudar por lo menos, como al Israel antiguo, a «inclinar nuestras cabezas y adorar». Ya hemos mencionado que, antes que Moisés volviera a Egipto,[9] Dios ya había dicho sobre Faraón, «yo endureceré su corazón», poniendo esta fase en el plano inicial, a fin de que Moisés estuviese seguro de la existencia de la voluntad de Dios reinando en todo el asunto. Con una finalidad semejante, aunque expresado mucho más completamente, Dios ahora anunció a Moisés, *antes de empezar con las diez plagas*,[10] «Yo endureceré el corazón de Faraón, y multiplicaré en la tierra de Egipto mis señales y mis maravillas». Aquí nos hallamos con dos afirmaciones iniciales sobre el endurecimiento del corazón de Faraón. En ambos casos el agente recae sobre Dios; pero en ambos casos también, el suceso es futuro, y se comunica sólo para explicar a Moisés lo que su fe necesitaba saber.

8. Éxodo 18:1-7.
9. Éxodo 4:21.
10. Éxodo 7:3.

Algunos comentarios sobre el endurecimiento del corazón de Faraón

Unas veinte ocasiones aparece la expresión endurecer en el curso de este relato en relación con Faraón. Aunque en nuestras versiones castellanas se utiliza solamente la palabra «endurecer», en el original hebreo hallamos tres términos diferentes, de los cuales uno (como en Éx. 6:3) significa literalmente hacer duro o insensible, el otro (como en 10:1) hacer pesado, es decir, inimpresionable, y el tercero (como en 14:4) hacer firme o tieso, de modo que no se puede mover. Pues, bien, es destacable que de veinte textos que hablan del endurecimiento de Faraón, diez exactos lo atribuyen a Faraón mismo, y diez a Dios,[11] y en ambos casos se usan los mismos tres términos. Así, el «endurecimiento», «hacer pesado», y «afirmar» del corazón se atribuye con la misma frecuencia y en los mismísimos términos a Faraón y a Dios. Como comenta de forma muy acertada un escritor alemán: «El efecto de uno es el endurecimiento del hombre hacia su propia destrucción; el del otro, el endurecimiento del hombre para la gloria de Dios». Más adelante, encontramos, exceptuando los dos textos[12] donde se anuncia de antemano la actividad divina de endurecimiento a Moisés para su propia instrucción, que el endurecimiento durante el curso real de la historia es atribuido, en primer lugar, solamente a Faraón. Así, antes de las diez plagas, y cuando Aarón demostró su misión divina convirtiendo la vara en serpiente,[13] «el corazón de Faraón fue endurecido», es decir, él mismo lo hizo (v. 13, 14).[14] De modo similar, después de cada una de las cinco primeras plagas (7:22; 8:15; 8:19; 8:32; 9:7) también se atribuye explícitamente el endurecimiento a Faraón. Solo cuando todavía se resistía después de la sexta plaga leemos por primera vez, que «Jehová endureció (hizo firme) el corazón de Faraón» (9:12).

Pero incluso así, debió existir lugar para el arrepentimiento, porque después de la séptima plaga leemos de nuevo (9:34) que «Faraón endureció su corazón»; y únicamente después de la octava plaga se atribuye la autoría exclusivamente a Dios.

Además, debemos tener en cuenta el progreso de este endurecimiento de parte de Faraón, por medio del cual su pecado finalmente estuvo preparado para el juicio. No se trata sólo de su resistirse a la solicitud de Moisés, incluso al ver las señales milagrosas que secundaban su misión, sino que, paso a paso, la mano de Dios se manifestaba más claramente, hasta que llegó a ser, según su propia confesión, «inexcusable». Porque aunque la primera señal de la conversión de la vara en serpiente fue parcialmente respondida por los magos egipcios, no obstante, la vara de Aarón se tragó la de ellos (7:12). Pero después de la tercera plaga, los mismos magos confesaron su incapacidad para seguir compitiendo, afirmando: «Éste es el dedo de Dios» (8:19). Si aún quedaba alguna duda en la mente de Faraón, tuvo que desaparecer con la evidencia presentada después de la quinta plaga (9:7), cuando «Faraón envió, y he aquí que del

11. Tal vez debamos hacer notar que *diez* es el número de la plenitud. Los diez pasajes donde el endurecimiento se atribuye a Faraón son: Éxodo 7:13 («el corazón de faraón estaba firme» o «tieso»); v. 19 (era «firme»); v. 32; 11:7, 34 («pesado»); v. 35 («firme»); 13:15 («Faraón endureció» su corazón). Los diez pasajes donde se atribuye a Dios son: Éxodo 4:21; 7:3; 9:12; 10:1; 10:20; 10:27; 11:10; 14:4; 14:8; 14:17.
12. Éxodo 4:21 y 7:3.
13. Éxodo 7:10.
14. La traducción castellana puede darnos una impresión incorrecta, como si Dios hubiese endurecido el corazón de Faraón.

ganado de los hijos de Israel no había muerto uno». Por lo menos algunos de los egipcios aprovecharon esa lección, y al ser anunciada la séptima plaga encerraron su ganado para protegerlo del granizo y el fuego predichos (9:20, 21). Finalmente, después de la séptima plaga, el mismo Faraón reconoció su pecado y su mal (9:27), y prometió dejar ir a Israel (v. 28). No obstante, al final de todo esto, una vez más endureció su propio corazón (v. 35). ¿Podemos, por tanto, extrañarnos de ver que una rebelión tan elevada e inexcusable fuese considerada madura para el juicio que apareció con el endurecimiento divino de su corazón? Sin duda alguna, en una competición tal entre el orgullo y la osadía de la criatura y el poder de Dios, la verdad de esta afirmación divina debía ser manifestada: «Para esto mismo te he levantado, para mostrar en ti mi poder, y para que mi nombre sea anunciado por toda la tierra».[15]

Porque la longanimidad y la paciencia de Dios no esperará para siempre. Es absolutamente cierto que Dios «no se complace en la muerte del malvado, sino en que se vuelva el malvado de su camino, y viva»;[16] y que «todos los hombres sean salvos y vengan al conocimiento de la verdad».[17] Pero «el hombre que reprendido endurece la cerviz, de repente será quebrantado, y no habrá para él remedio».[18] La misma manifestación de Dios que representa «un salvador de vida en vida», es para los que la resisten «un sabor de muerte para muerte». Como alguien escribió, «la luz del sol que brilla sobre nuestra tierra produce resultados diversos según la naturaleza del terreno». Con lenguaje bíblico:[19] «la tierra que bebe la lluvia que muchas veces viene sobre ella, y produce hierba provechosa a esos por los cuales es labrada, recibe bendición de parte de Dios; pero la que produce espinos y abrojos es desechada, está próxima a ser maldecida, y termina por ser quemada». O, como expresa un autor alemán: «es la maldición de pecado lo que hace más duro al corazón endurecido contra las muestras de gracia del amor divino, de su paciencia y de su longanimidad». Así, los que se endurecen a sí mismos finalmente caen bajo el juicio divino del endurecimiento, con todas las consecuencias terribles implicadas en ello.

Hasta aquí solo hemos seguido este asunto según aparece en el curso de la historia de Faraón. No obstante, hay implicaciones más profundas relacionadas con el trato divino, la soberanía y el poder de Dios. Lógicamente este no es el lugar para dichos estudios. Pero sírvannos algunas lecciones de carácter altamente práctico. En primer lugar, en tiempo e importancia, aprendemos sobre la insuficiencia de los milagros más espectaculares a fin de someter la voluntad rebelde, para cambiar el corazón, o para sujetar el hombre a Dios. Sobre un caso más o menos análogo, nuestro bendito Señor dijo que los hombres no creerían aunque alguien se levantara de los muertos.[20] Y dicha afirmación ha sido ampliamente verificada en la historia del mundo desde su propia resurrección. La religión es algo que atañe al corazón, y no a convicciones intelectuales sin la obra del Espíritu Santo, que afecta las fuentes más íntimas de nuestras vidas. En segundo lugar, es difícil imaginar una extremada manifestación del osado orgullo humano, la confianza en el poder mundano, y un engaño de pecado mayores de los que hallamos en la historia de este Faraón. Y no obstante esta lección parece haber sido ignorada por demasiadas personas. Los ejemplos de una tendencia parecida nos los pueden proveer, no solo la historia sagrada, sino también nuestra propia experiencia; y en las profundidades de su misma alma cada creyente debe haber sentido este peligro, porque «engañoso es el corazón sobre todas las cosas, y perverso».[21] Finalmente, la resistencia a Dios tiene que acabar sin duda con un juicio temible. Cada convicción de pecado eliminada, cada admonición apagada y cada oferta de amor rechazada, tienden a aumentar la falta de sensibilidad espiritual, y a provocar el final implicado. Es sabio y es seguro prestar atención a las benditas influencias del Espíritu de Dios y abrir nuestros corazones a la luz de su gracia.

15. Romanos 9:17.
16. Ezequiel 33:11.
17. 1 Timoteo 2:4; comp. 2 Pedro 3:9.
18. Proverbios 29:1.
19. Hebreos 6:7, 8.
20. Lucas 16:31.

21. Jeremías 17:9.

Capítulo 6[1]

(Éxodo 5-12:30)

El juicio predicho llegó pronto. Había sido provocado por la osadía del hombre, que quería poner su fuerza a prueba contra la de Dios, y serviría para establecer dos hechos para todas las edades y toda la humanidad. Ante los ojos de Egipto (Éx. 7:5) y de Israel (10:2) servía para demostrar que Dios era Jehová, el único Dios vivo y verdadero, muy por encima del poder del hombre y de los dioses.[2] Éste era un aspecto de los juicios que iban a explotar sobre Egipto.[3] El otro es que Él era el fiel Dios del pacto, que recordó sus promesas y sacaría a su pueblo «con brazo extendido y grandes juicios», para llevarlos a Él mismo como pueblo, y para ser Dios su Dios (6:1-8). Éstas son las verdades eternas subyacentes a la historia de la liberación de Israel del poder de Egipto. Como lo entendieron los israelitas y lo enseñaron a sus hijos, se ve en muchos textos de la Escritura, especialmente en Salmos 78 y 105. Esta aplicación a nosotros no podía ser más adecuada. Manifiesta tanto la Ley como el Evangelio (la severidad y la bondad de Dios) y puede resumirse con esta gran proclamación por todo el mundo: «Jehová reina».[4]

Este relato sagrado consta de dos partes: una de preparación, por lo que se refiere a todas las partes implicadas en esta historia (Faraón, Israel y Moisés); y otra que describe las «señales» sucesivas por las cuales Jehová manifestó su poder y a sí mismo, y por medio de las cuales consiguió tanto la liberación de Israel como los juicios divinos sobre Faraón y Egipto. Y aquí encontramos un progreso sucesivo: *exteriormente* en el carácter de las *plagas* enviadas por Dios, e *internamente* en el efecto de las mismas sobre Faraón y su pueblo.

Moisés y Aarón entregan su mensaje a Faraón

Dos veces, antes de que las plagas humillasen el orgullo de Egipto, Moisés y Aarón tenían que presentarse ante Faraón: una vez con un mensaje sencillo (vv. 1-5), la segunda vez con un mensaje y una señal para secundar su misión

1. La comprensión de este capítulo será especialmente facilitada por la comparación de su totalidad con el texto bíblico. El objetivo no ha sido solamente contar la historia, sino, dentro de nuestros límites, explicar las afirmaciones de la Escritura.
2. Éxodo 9:14.
3. Romanos 9:17.
4. Salmos 99:1.

(6:10-13; 7:8-13). En esto también vemos la condescendencia y la bondad divinas. Si en su primer encuentro el rey podía decir «¿Quién es Jehová, para que yo oiga su voz y deje ir a Israel?» (v. 2), resultó imposible apelar a esta pregunta de nuevo cuando, por el desafío del rey, «Mostrad milagro» (7:9), la vara de Aarón se transformó en serpiente. Esto demostraba sin lugar a dudas que Jehová era Dios, y que Él mismo había enviado a sus siervos, ya que ejercía Su poder. La única pregunta posible era saber si los dioses servidos por Faraón eran iguales al Señor. Con esta finalidad el rey hizo llamar a sus magos, quienes imitaron, en parte, el milagro de Aarón. Pero, pese a ello, se demostró la inferioridad del poder de ellos cuando «la vara de Aarón devoró las varas de ellos». Esto seguramente (incluso en su profesión de obradores de milagros) debía bastar para indicar a Faraón que «Jehová es Dios», si su dureza de corazón hubiese admitido dicha convicción. Pero al sucederse importantes acontecimientos entre la primera y la segunda entrevista con Moisés y Aarón, será oportuno reseñarlos de nuevo brevemente en su orden correcto.

Después del primer encuentro, en el cual Moisés y Aarón simplemente entregaron la orden divina, Faraón, que había alegado su desconocimiento de Jehová (es decir, sobre su deidad y sus afirmaciones), aparentó contemplar la petición de Moisés como un mero pretexto para conseguir una serie de vacaciones para el pueblo. Eran «palabras mentirosas» (v. 9) para hacer «cesar al pueblo de su trabajo» (v. 4).

La opresión de Israel aumenta

Como «pueblo de la tierra» (es decir, los israelitas, la clase trabajadora) eran «muchos» para «hacerles cesar de su trabajo» (v. 5) y significaría un gran perjuicio para el rey. Para evitar que tuvieran el tiempo necesario o sintieran siquiera el deseo de prestar atención a dichas propuestas, el rey ordenó que, al mismo tiempo que la antigua cantidad de trabajo tenía que seguir siendo producida, la paja necesaria para hacer los ladrillos de barro (como los que se hallan en los monumentos egipcios) no les sería provista.

El tiempo necesario para recoger «rastrojo en lugar de paja» les impedía, lógicamente, cumplir con su «tarea de cada día». El castigo cayó entonces sobre los «oficiales» israelitas, o mejor dicho «escribas» israelitas, a quienes los «capataces» egipcios habían designado como supervisores del trabajo y como responsables del mismo.

La apelación a Faraón sirvió solamente para conocer la causa de su severidad, y los «oficiales» de un pueblo que habían reconocido solo recientemente que Dios les había visitado, al no ver tal visitación, sino aparentemente todo lo contrario, se aventuraron a dirigirse a Jehová contra Moisés y Aarón. Así de rápidamente cede y se desanima la fe que viene sólo por el oír.

Desánimo de Moisés

En cuanto a Moisés, había llegado la hora de su prueba más dura. Con las palabras de queja de Israel fue directamente al Señor, como dice San Agustín, no con palabras contumaces o airadas, sino preguntando en oración. Ante esta pregunta: «Señor ¿por qué afliges a este pueblo?» (v. 22), y como sucede muy a menudo con nuestras preguntas a Dios «¿Por qué?», no recibió respuesta alguna. «Lo que yo hago no lo sabes, pero lo sabrás después.» A nosotros, ciertamente, la «necesidad» de hacer el yugo de Egipto lo más ofensivo posible nos parece ahora evidente, al recordar cómo los corazones del pueblo se aferraban a las ollas de carne de Egipto, incluso después de haber probado el maná celestial;[5] y la más elevada «necesidad» era que cuanto más baja fuera el estado de Israel y más tiránica la opresión de Faraón, más glorioso iba a ser el triunfo de Jehová, y más completa la manifestación de la impotencia de su enemigo. Pero a Moisés se le ocurrió, en esa circunstancia de depresión, una vez más, la duda sobre su capacidad para cumplir la obra tomada. Porque cuando Satanás no puede oponerse de otro modo, nos crea dudas de incredulidad sobre nuestra capacidad o nuestro llamamiento para un trabajo. Las instrucciones que Moisés recibió de parte de Dios son aplicables, en principio, a todo caso parecido. Le conferían una nueva seguridad que Dios, sin lugar a dudas, cumpliría su propio propósito; recibió mayor revelación de su carácter como Jehová, con las promesas especiales implicadas en ello (6:2-8); y el encargo a Moisés de cumplir la misión fue renovado para que tomara la obra, acompañándolo con la animación y seguridad apropiadas para el momento.

Aquí tenemos un punto que requiere atención especial, no solo por lo que respecta a las dificultades que presenta al lector en general, sino también por sus preciosas lecciones. Cuando, en la situación que acabamos de citar, Dios dijo a Moisés (Éx. 6:2, 3): «Yo soy Jehová. Y aparecí a Abraham, a Isaac y a Jacob en *El Shaddai* (Dios Omnipotente), mas en cuanto a mi nombre *Jehová* no me di a conocer a ellos»,[6] no puede, obviamente, significar que los patriarcas desconocían la designación especial de *Jehová*, ya que aparece con frecuencia en su historia.[7] Para entender este texto correctamente, hemos de tener en cuenta el significado de la expresión «nombre» aplicada a Dios, y el del término «Jehová». Por el «nombre de Dios» debemos obviamente entender no una mera designación de Dios, sino aquella con la cual Él mismo se da a conocer al hombre. Así, la Escritura nos enseña que solo *conocemos* a Dios en la manera que Él se *manifiesta*, o se revela a sí mismo. Por ello el *nombre* de Dios usado en cada momento indica el modo preciso en que Él se había manifestado, o, en otras palabras, su carácter o tipo de tratos de la época en cuestión. Ahora bien, el carácter de los tratos de Dios (y por lo tanto su nombre) en la época de los patriarcas era indudablemente *El Shaddai* (Gn. 17:1; 35:11; 48:3). Pero su manifestación como Jehová (cuando se manifestó a todos los hombres en su trato como tal) no eran de ese período, sino de uno posterior. Porque el término «Jehová» significa literalmente «el que es», que concuerda con la explicación que Dios mismo da: «El que es el que es» (Éx. 3:14). En este uso, la palabra «*ser*» no se refiere a la naturaleza esencial de Dios, sino a su relación para con el hombre. Dios se manifestó con esa relación, y era conocido como Jehová (como «el que es el que es», es decir, como inmutable) cuando, después de siglos de silencio, y cuando el estado de Israel había llegado a ser casi sin salida, Él demostró que no había olvidado su promesa hecha a los padres, y que había estado preparando su cumplimiento durante todo el tiempo; y que ni la resistencia de Faraón ni el poder de Egipto podrían mantenerse ante su mano. Bajo esta perspectiva, la distinción entre la manifestación original a los patriarcas como El Shaddai y el conocimiento de Jehová otorgado a los hijos de Israel se ve clara y enfática.

5. Números 11.

6. Es la traducción literal, que puede eliminar algunas dificultades.

7. A pesar de ello, este punto de vista es respaldado por algunos; especialmente Josefo, que afirma que el nombre de Jehová fue revelado por primera vez a Moisés.

Pero volviendo a nuestro tema, la primera entrevista de Moisés con Faraón había servido para determinar la relación de todas las partes con referencia a la orden divina. Manifestó la enemistad de Faraón, que estaba madurando para recibir juicio; la incredulidad de Israel, que necesitaba mucha disciplina; e incluso la debilidad de Moisés. Allí, en el comienzo de su obra, incluso como el Señor Jesús al principio de su ministerio, fue tentado por el enemigo, y lo superó por medio de la palabra de Dios. Pero incluso en este caso vemos la gran diferencia entre la figura y la contrafigura.

Aarón da una señal

Así pues, aunque casi sin luchar, la competición fue ganada, y Moisés y Aarón se enfrentaron por segunda vez al rey de Egipto. En esta ocasión Aarón, cuando Faraón le desafió, demostró su derecho a hablar en nombre de Dios. Arrojó su vara al suelo, la cual se convirtió en serpiente, y aunque «los hechiceros de Egipto» «hicieron también lo mismo con sus encantamientos», la superioridad de Aarón se vio cuando su «vara devoró las varas de ellos». Sin entrar aquí en todos los pormenores del tema general de la magia antes de la venida de nuestro Señor, o del poder que el diablo y sus agentes ejercitaron en la tierra antes de que el Señor subyugara su poder, y llevara cautiva la cautividad, no había realmente nada de lo que hicieron los magos egipcios que los malabaristas orientales no digan que pueden hacer incluso hoy. Hacer endurecer una serpiente hasta que parezca una vara, y luego restablecerle súbitamente en su forma viva, es uno de los trucos más comunes presenciados por los viajeros. San Pablo menciona a Janés y Jambrés como los que «resistieron a Moisés»,[8] y su afirmación no es confirmada solamente por la tradición judía, sino también mencionada por el escritor romano Plinio. Sus nombres son egipcios, y uno de ellos aparece en un documento egipcio antiguo.

Con relación a esto también es importante ver que el término hebreo para designar la «serpiente», en la que se convirtió la vara de Aarón, no es el usado más generalmente, sino que lleva un significado más específico. No es el mismo término con el que se designa la serpiente (*nachsah*) por medio de la cual Moisés iba a acreditar su misión ante su propio pueblo,[9] sino que indicaba el tipo de serpiente (*tannin*) usado especialmente por los conjuradores egipcios, y hacía referencia a la serpiente como gran símbolo de Egipto.[10] Por esto también la expresión «dragón», que es la traducción correcta de la palabra, se usa a menudo en la Escritura refiriéndose a Egipto.[11] Según todo esto Faraón debería haber comprendido, cuando la vara de Aarón devoró las demás, que se estaba indicando la subyugación de Egipto, y la ejecución de juicio «contra todos los dioses de Egipto».[12] Pero, deseando cerrar sus ojos ante dicha evidencia y considerar a Moisés y Aarón como magos cuyo poder era igualado por los suyos, iba a endurecer su corazón y a conseguir las terribles plagas que cayeron en juicio sobre Faraón y su pueblo.

Consideración general de cada uno de los diez «azotes» o plagas

Antes de describir en detalle las plagas de Egipto, unas pequeñas aclaraciones nos ayudarán para comprender el tema.

1. Las plagas eran *milagrosas*; pero no tanto en sí mismas sino por el tiempo, el modo y la medida en que se cernieron sobre Egipto. Ninguna de ellas era totalmente desconocida en Egipto, porque había pasado por aquella tierra alguna vez y en alguna medida. Como sucede tan a menudo, el Señor usó aquí sucesos naturales comunes. El aspecto sobrenatural de las plagas es su severidad, su sucesión, su llegada y desaparición según la palabra de Moisés, su extensión parcial y la estación y manera poco normales bajo las cuales se presentaron.

2. Vemos en ellas una disposición regular y un progreso firme. Hablando con exactitud, hubo sólo nueve plagas (3 x 3), siendo el décimo «azote»[13] el comienzo del juicio de Jehová, cuando *Él* «salió en medio de Egipto» para matar al primogénito de ellos. De estas nueve, las tres primeras estaban relacionadas con el río y la tierra que formaban el orgullo de Egipto, y el objeto de su culto. Se extendieron *por todo el país*, y en la tercera los magos confesaron: «Esto es el dedo de Dios». Con ellas la tierra fue humillada en cuanto a su orgullo y su religión. Las otras seis cayeron exclusivamente sobre los egipcios, como había dicho el Señor: «Y yo haré distinción entre mi pueblo y el tuyo» «a fin que sepas que yo soy Jehová en medio de la tierra».[14] Si las tres primeras plagas evidenciaron la impotencia de Egipto, las otras demostraron que Jehová reinaba incluso en medio de Egipto. Finalmente, los tres últimos «azotes» no solo fueron mucho más terribles que los demás, sino que tenían como finalidad dar a conocer a Faraón «que no hay otro como yo en toda la tierra».[15] Para mostrar que Jehová es Dios; que lo era en medio de Egipto; y finalmente, que no había nadie como Él en toda la tierra (es decir, que Jehová era el Dios vivo y verdadero) tal era la triple finalidad de estos «azotes».

3. En cuanto a la duración de estos azotes, el intervalo entre los mismos, y el tiempo ocupado por todos, sabemos que la primera plaga duró siete días,[16] y que la muerte de los primogénitos y la Pascua sucedieron en la noche del decimocuarto *Abib* (o *Nisan*), correspondiendo aproximadamente al principio de abril. En cuanto a la séptima plaga (la del granizo), tenemos esta afirmación que nos ayuda a esclarecer su tiempo:[17] «El lino, pues, y la cebada fueron destrozados, porque la cebada estaba ya espigada, y el lino en caña. Mas el trigo y el centeno no fueron destrozados, porque eran tardíos». Esto fijaría la época sobre el final de enero o a principios de febrero, dejando un intervalo de por lo menos ocho semanas entre el séptimo azote y el décimo, y, si lo tomamos como un valor medio, más de dos semanas entre cada plaga. Si calculamos a este paso, el primer «azote» debió acontecer en setiembre u octubre, es decir, después de cesar las inundaciones anuales del Nilo. Pero esto parece poco probable, no solo porque el color rojo aparece normal-

---

8. 2 Timoteo 3:8.
9. Éxodo 4:3, 4.
10. «Aparece en el ritual egipcio, c. 163, casi con la misma forma, "Tanem", como símbolo del monstruo serpiente que representa el principio de antagonismo contra la luz y la vida.» *Speaker's Commentary*, vol. I, p. 276, nota 10.
11. Salmos 74:13; Isaías 27:1; 51:9; Ezequiel 29:3; 32:2.
12. Éxodo 12:12.
13. Éste es el significado literal de la palabra traducida por «plaga» en Éxodo 11:1. Pero Filón y la mayoría de intérpretes hablan de diez plagas y consideran este número como simbólico de la plenitud.
14. Éxodo 8:22, 23.
15. Éxodo 9:14.
16. Éxodo 7:25.
17. Éxodo 9:31, 32.

mente al *inicio* del crecimiento, sino porque las expresiones (7:19, 21) parecen implicar que el río se hallaba en su crecimiento (y no en su descenso), y particularmente porque justo antes de esto se da una imagen de los israelitas recogiendo «rastrojo» para sus ladrillos, que debía darse inmediatamente después de la cosecha, o a finales de abril. Por ello parece más probable (como también suponen la mayoría de intérpretes) que el primer «azote» cayera sobre Egipto a mediados de junio, en cuyo caso desde la primera «plaga» hasta la muerte de los primogénitos debió pasar un período de diez meses. Durante todo este tiempo el Señor estuvo tratando con Egipto, y Faraón estuvo en su juicio.

Como ya hemos indicado, hay un aspecto terriblemente irónico de «las plagas» de Egipto, ya que en las cosas que Egipto se enaltecía fue humillado. Nos parece oírlo todo el tiempo: «el que mora en los cielos se reirá; el Señor se burlará de ellos».[18] Este hecho se verá con más claridad al considerar brevemente cada uno de los «azotes».

El primer «azote» o «plaga». Temprano de mañana, durante el crecimiento del Nilo, Faraón descendió al río para ofrecer su culto divino habitual a las aguas. Probablemente, iba acompañado por sus sabios y magos. Allí Moisés le hizo frente con el mensaje de Dios. Ante la negativa de Faraón a prestar atención, Moisés golpeó, como había amenazado, las aguas con la vara de Dios, y el Nilo, con todas sus ramificaciones, canales, cisternas y depósitos,[19] se volvió rojo como sangre. Dicho cambio de color en el Nilo no era poco común en absoluto, de otro modo Faraón no hubiese endurecido su corazón ante el milagro. En la época normal este aspecto del río viene parcialmente de la tierra roja arrastrada por las aguas crecidas, y también debido a la presencia de pequeñas plantas criptogámicas y de animálculos (infusorias). El aspecto sobrenatural del suceso yace en su acontecer repentino, al aparecer según la orden de Moisés, y en las características anormales del agua. «Los peces que había en el río murieron», eliminando así uno de los alimentos básicos del pueblo; «y el río se corrompió, tanto que los egipcios no podían beber de él», cortando, así, la principal fuente de bebida. Pero de algún modo los magos intentaron imitar este milagro, probablemente con el agua que habían sacado antes que «la vara» golpease el río. Y así, durante siete días, por toda la tierra de Egipto, el agua no potable semejante a la sangre, que se hallaba en «los vasos de madera» de todas las casas, o en los de tierra y los depósitos de piedra de uso público en las esquinas de las calles y en las carreteras de los pueblos, dieron testimonio de Jehová. Y los egipcios tuvieron que cavar alrededor del río, a fin de filtrar el agua para beber. Pero «Faraón se volvió y fue a su casa, y no dio atención tampoco a esto».

El segundo «azote» o «plaga» –la de las ranas– también estaba relacionada con el río Nilo. Debemos recordar que la rana también estaba relacionada con las formas más antiguas de idolatría de Egipto, de modo que lo que era objeto de su culto fue de nuevo su maldición. Aquí, otra vez, un suceso natural, no poco común en Egipto, no hacía imposible la incredulidad de Faraón.

Después de la inundación anual del Nilo el lodo produce fácilmente miles de ranas (llamadas por los árabes hasta la fecha con el nombre correspondiente al término usado en la Biblia). Estas ranas «son pequeñas, no saltan mucho, semejantes a un sapo. Las ranas llenaron el país entero con sus ancas y su croar. Son consumidas rápidamente por los ibis, que protegen de este modo a la tierra del hedor descrito en Éxodo 8:14».[20] El aspecto sobrenatural de todo ello yacía en la extraordinaria cantidad y en los grandes disturbios causados (8:3), y en su aparición según las órdenes de Moisés. En este caso los magos consiguen de nuevo imitar a Moisés en menor escala. Pero parece ser que eran totalmente incapaces de sacar la plaga, y Faraón tuvo que pedir la intercesión de Moisés, prometiendo al mismo tiempo dejar salir al pueblo. Para dar una prueba mejor al rey que «el azote» no era natural sino de Dios, Moisés concedió a Faraón la posibilidad de escoger el momento deseado para la liberación de la plaga: «Gloria sobre mí: ¿cuándo debo orar por ti?» (8:9) (es decir: no sea yo quien establezca el momento, sino permíteme concederte la gloria de decidir el momento exacto para que cese la plaga). «Pero viendo Faraón que le habían dado este respiro (literalmente, alargamiento, lugar para respirar), endureció su corazón.»

El tercer azote, como sucedió siempre con el tercero en cada una de las series de tres plagas, llegó a Faraón *sin haber sido anunciado*, y consistía en algo parecido a lo que conocemos como «piojos», pero siendo una especie de insectos diminutos, casi invisibles, que se introducen por todas partes y resultan insoportables. Sir S. Baker describe esta plaga de mosquitos, que no es poco frecuente después de la cosecha del arroz, usando casi las mismas palabras de la Escritura: «Es como si el polvo se convirtiera en piojos». La «plaga» llegó cuando Aarón, según le ordenara Dios, golpeó el polvo de la tierra con su vara. Como sucediera en las ocasiones precedentes con el río, esta vez el fértil suelo, también adorado por los egipcios, fue su maldición. Los magos intentaron imitar este milagro en vano. Su poder había sido frustrado. Pero para eliminar la impresión causada, «dijeron a Faraón: Este es el dedo de Elohim» (8:19); el resultado del poder de Dios. Él lo ha hecho. Por ello, al no ser en modo alguno debido a Moisés y Aarón, no puede confirmar la petición de ellos. Nosotros somos vencidos, pero no por Moisés y Aarón, sino por el poder divino superior tanto a ellos como a nosotros. Por esto «el corazón de Faraón se endureció» (se afirmó y se hizo insensible).

Y ahora, con la segunda serie de plagas empezó la distinción entre los egipcios y los israelitas,[21] siendo estos últimos eximidos de «los azotes», para demostrar que no se trataba «meramente del dedo de Elohim», sino que era «Jehová en medio de la tierra» de Egipto (8:22). Por la misma razón, Moisés y Aarón no fueron utilizados como instrumentos en las plagas cuarta y quinta. Fueron solamente *anunciadas* a Faraón por los mensajeros de Jehová, pero realizadas por Dios mismo, para demostrar que venían directamente de su mano.

El cuarto azote consistió en enjambres de moscas, que no sólo infectaron las casas, sino que también «la tierra fue corrompida» al ser depositados huevos por todas partes. Esta «plaga»[22] es, aun hasta hoy, altamente molesta, dolorosa e incluso peligrosa, puesto que estos animales se aferran a todo tipo de superficie descubierta, especialmente párpados y rabillos de los ojos, y sus picaduras provocan severas inflamaciones. Le fue anunciado a Faraón, mientras iba al río de mañana (8:20), como se ha dicho, probablemente «con una procesión, para abrir el festival solemne

18. Salmos 2:4.
19. Ésta es la interpretación correcta de las expresiones en Éxodo 7:19.

20. *Speaker's Commentary*, vol. I, p. 279, nota.
21. La palabra significa básicamente liberación, salvación y también separación, distinción y selección. Así el término hebreo, como la realidad, relaciona las dos ideas de salvación y separación.
22. Comp. Sal. 78:45.

«Unas veinte ocasiones aparece la expresión endurecer en el curso de este relato en relación con Faraón. Aunque en nuestras versiones castellanas se utiliza solamente la palabra "endurecer", en el original hebreo hallamos tres términos diferentes, de los cuales uno (como en Éx. 6:3) significa literalmente hacer duro o insensible, el otro (como en Éx. 10:1) hacer firme o tieso, es decir, inimpresionable, y el tercero (como en Éx. 14:4) hacer pesado, de modo que no se puede mover».

El faraón al que Moisés reclama la liberación del pueblo hebreo no es, probablemente ni Ramsés II ni ninguno de sus sucesores de corto reinado en la XIX Dinastía. Tal vez fuera Seti II. Esta estatua colosal de Seti II, Lo representa portando un báculo divino y en su mano derecha lleva un rollo de papiro medio abierto (Templo de Amón-Re)

que tenía lugar ciento veinte días después del primer crecimiento de las aguas» del Nilo (es decir, a finales de octubre o principios de noviembre). Aunque Faraón había dado su consentimiento para dejar ir al pueblo, al desaparecer la plaga, «endureció aún esta vez su corazón»; quizás porque en esta plaga y en la siguiente no vio la mediación de Moisés, y se volvió a la teoría de los magos sobre «el dedo de Elohim».

El quinto azote fue una grave fiebre (conocida por Egipto), que se supone fue de la misma clase que la «plaga del ganado» en nuestro país, pero mucho más extensiva. Y aunque Faraón comprobó, por medio de enviados especiales, que Israel no había sufrido la plaga, su corazón se endureció.

El sexto azote llegó de nuevo de mano de Moisés y Aarón. Por ser el tercero de la segunda serie, llegó sin advertencia al rey. Moisés y Aarón recibieron órdenes de tomar «ceniza de un horno» (probablemente refiriéndose a grandes edificios y pirámides, sobre los que crecía el orgullo de los egipcios) y «esparcirla hacia el cielo; y se convirtió en sarpullido que produjo úlceras tanto en los hombres como en las bestias» (9:10). Estos «sarpullidos que producían úlceras pustulosas» eran conocidos en el valle del Nilo, pero sólo afectando a los hombres.[23] Parece ser que en este caso incluso los magos fueron afectados (v. 11), pero el juicio de endurecimiento ya había caído sobre Faraón.

La sexta plaga no solo castigó el orgullo y las posesiones de los egipcios, sino también sus personas. Pero las tres que se sucedieron rápidamente, azote sobre azote, fueron mucho más terribles que las precedentes, y evidentemente representaban «todas» las «plagas» de Dios (v. 14). Fueron introducidas con la advertencia más solemne, que fue desatendida por aquella persona que estaba cerca de su destrucción (vv. 15-18). La razón por la que Dios no destruyó a Faraón y a su pueblo de una vez por todas es expresada como sigue por el mismo Señor:[24] «Porque ahora si yo extendiera mi mano para herirte a ti y a tu pueblo con la plaga, serías quitado de la tierra. Pero ahora ciertamente por esta causa te he dejado en pie (te he puesto, te he levantado),[25] para mostrar en ti mi poder (quizás, para dejar que lo veas o lo experimentes; esta es la primera razón, la segunda) y para que mi nombre sea anunciado en toda la tierra». En Éxodo 15:14 comprendemos que éste fue el resultado real. Porque la noticia no solo se esparció entre los árabes sino que, al cabo de mucho tiempo, entre los griegos y los romanos, y finalmente, por medio del evangelio, entre todas las naciones de la tierra.

Faraón recibió un solo día para recapacitar y arrepentirse (9:18) antes de aparecer el *séptimo azote*. Se trataba de un granizo nunca visto en Egipto, mezclado con truenos y rayos de fuego. El ganado de Egipto normalmente pace a la intemperie desde enero a abril; así, los egipcios que prestaron atención a la advertencia de Moisés y pusieron a sus ganados y siervos bajo techo, no sufrieron las consecuencias, pero los demás sufrieron las pérdidas humanas y de ganado. El hecho de que algunos tuvieron «temor de la palabra de Jehová» (9:20) nos hace comprender el efecto espiritual de esos «azotes». Ciertamente el mismo Faraón confesó: «He pecado esta vez» (v. 27). Pero esta limitación, y el endurecimiento de su corazón al cesar la calamidad, muestran que se trataba solo de temor de las consecuencias, y, como había dicho Moisés, «no temeréis a Jehová Elohim» (v. 30).

Debemos hacer notar un avance muy decidido con relación al *octavo azote*. Porque Moisés y Aarón, basándose en esta confesión de pecado de Faraón, le dieron este mensaje de parte de Dios: «¿Hasta cuándo no querrás humillarte delante de mí?».[26] De modo parecido, «los siervos de Faraón», advertidos por los juicios previos, protestaban ante el rey (10:7), y él mismo parecía inclinarse por dejar ir a los varones israelitas por poco tiempo, con la condición de dejar a sus familias y ganados en la tierra. Por otro lado, el endurecimiento del corazón de Faraón había aumentado hasta tal punto que, al rehusar Moisés someterse a condiciones, el rey exclamó con mofas tan osadas como (vv. 10, 11):[27] «Así sea. Jehová sea con vosotros porque os dejaré ir con vuestros niños. ¡Ved! porque vuestro mal está ante vuestros rostros» (es decir, vuestras intenciones son malas; o, quizás podría traducirse por: Ved la situación; porque he aquí el peligro está ante vosotros). «No será así. Id ahora vosotros varones a lo que estáis buscando» (evidentemente irónico). Y fueron sacados de la presencia de Faraón.

Y sucedió que al extender Moisés su vara sobre la tierra de Egipto, Jehová trajo un viento oriental sobre la tierra todo aquel día y toda aquella noche; y cuando fue de mañana el viento oriental trajo[28] las langostas. Una vez más el Señor usaba medios naturales. Porque la plaga de las langostas era conocida en Egipto, y a pesar de ello, incluso los paganos la concebían como una visita de Dios. En la Escritura sirve de emblema de los juicios finales que vendrán sobre nuestra tierra.[29] Esta «plaga», tan temida en todos los tiempos, llegó lentamente, desde la lejana Arabia,[30] sobre la tierra, más terrible que cualquier otra visita parecida en todos los tiempos, y para la destrucción total de todo lo verde que quedaba en Egipto; de nuevo, con la excepción de Gosén. Faraón lo sintió, y por primera vez no solo confesó su pecado, sino que también pidió perdón, y suplicó que su «muerte» fuese quitada de él (10:16, 17). Por ello, no fue por falta de conocimiento que Faraón endurecería su corazón después de esto. Esta vez tampoco se trataba de arrepentimiento lo que impulsaba a Faraón, sino de su deseo por librarse de esa «muerte». Tan pronto como se le concedió lo que pedía, volvió su rebelión.

Una vez más llegó el *noveno azote* sin ser anunciado, siendo más terrible que los anteriores. Unas densas tinieblas cubrieron toda la tierra, excepto Gosén. Se dio ese fenómeno curioso, que, no sólo la gente no podían verse los unos a los otros, sino que «nadie se levantó de su lugar en tres días». Eran literalmente, según lo describe la Escritura, unas «tinieblas que se podían palpar»; las tinieblas de una gran tormenta de arena, como la que a veces trae el Chamsin o viento del sur a principios de primavera, solo de modo más severo, intenso y largo. Intentemos imaginar la escena. De pronto, sin previo aviso, se debió levantar el Chamsin. El aire, cargado de electricidad, levanta el polvo fino y las partículas más gruesas de arena hasta que desaparece la luz del sol, el cielo queda cubierto como si fuera con un grueso velo, y las tinieblas se ciernen en una noche tan profunda

23. Un escritor moderno supone que se trata de las úlceras negras simbolizadas por ceniza negra y oxidada de los hornos.
24. Éxodo 9:15, 16. Damos la traducción correcta de este fragmento.
25. Romanos 9:17.
26. Éxodo 10:3.
27. Damos la traducción literal.
28. O «transportó». La tormenta transporta literalmente los «enjambres de langostas».
29. Apocalipsis 9:3-10.
30. Generalmente no es el viento oriental el que trae la langosta, sino en el sur desde Etiopía o Libia. Esta vez fue traída de lejos con el propósito de demostrar que Jehová reinaba por todas partes.

que ni siquiera la luz artificial se puede aprovechar. Y la arena y el polvo flotantes se introducen en todos los edificios, pasan por todos los poros, y consiguen atravesar incluso las ventanas y las puertas. Los hombres y los animales buscan cobijo, intentan encontrar refugio en las bodegas y en los lugares alejados de la terrible plaga. Y así, en total oscuridad y sufrimiento, pasan tres noches y tres días extenuantes, sin que nadie sea capaz de aventurarse a salir de su refugio. De nuevo Faraón manda llamar a Moisés. Esta vez estaba dispuesto a dejar ir a todo el pueblo a condición de dejar sus ganados como prenda de su retorno. Y cuando Moisés rechaza la condición, el rey «le dijo: Retírate de mí; guárdate que no veas más mi rostro; porque en cualquier día que veas mi rostro morirás» (10:28). Era un desafío que no resultaba extraño a los oídos de Moisés, porque Dios le había informado, antes de este encuentro, que esto iba a suceder así,[31] y le había indicado que Israel debía prepararse para irse. Y entonces Moisés tomó el desafío del rey y predijo que después de esos tres terribles días de oscuridad «a medianoche», Jehová mismo «iba a salir por en medio de Egipto», para golpear a todo primogénito de los hombres y de las bestias. Entonces se alzaría un gran lamento durante la noche por toda la tierra, desde la cámara de palacio, donde yacía muerto el hijo único de Faraón,[32] hasta las chozas donde las sirvientas más humildes contemplaban la corriente que se llevaba la vida de sus hijos.

Pero en Gosén, estos tres días fueron ligeros, festivos y de gozo. Porque mientras las densas tinieblas yacían sobre Egipto, los hijos de Israel, siguiendo las indicaciones de Dios, ya habían seleccionado sus corderos pascuales (cuatro días antes de la noche del dolor). Tanto las tinieblas como la luz eran de Jehová; unas simbolizaban sus juicios, la otra su favor de gracia.

Capítulo 7

(Éxodo 12:31–15:21)

Israel había recibido todas las ordenanzas sobre la festividad de la Pascua,[1] y las observó. En el décimo día del mes de *Abib* (el mes de las espigas, llamado así porque es cuando aparecen por primera vez las espigas de trigo), o, como se llamó después, *Nisán*,[2] el sacrificio de la «Pascua» era escogido por cada casa.

31. Los tres primeros versículos de Éxodo 11 debieron ser comunicados a Moisés antes de su entrevista con Faraón. El versículo 1 debería traducirse: «Y Jehová había dicho a Moisés», etc. Se introducen después de 10:29, porque son la causa y la explicación de la confiada respuesta de Moisés ante el desafío de Faraón. Evidentemente, 11:4, y lo que sigue, forma parte de esa respuesta de Moisés a Faraón que sigue en 10:29.

32. Si, según hemos argumentado en este volumen, el monarca bajo el cual tuvo lugar el Éxodo era Thothmes II, cabe destacar que no dejó ningún hijo, y fue sucedido por su viuda; así el hijo unigénito de Faraón murió aquella noche con los primogénitos de Egipto.

1. Posteriormente los judíos hacen una distinción entre la conocida como «Pascua Egipcia» (es decir, tal como se ordenó en la primera noche de su celebración) y la «Pascua permanente», tal como la debía observar Israel después de la posesión de la Tierra Prometida. El cordero del sacrificio tenía que ser ofrecido «entre las dos tardes» (Éx. 12:6), es decir, según la tradición judía, desde el momento en que el sol empieza a caer hasta su máximo ascenso, digamos, entre las 3 y las 6 de la tarde.

2. Ester 3:7; Nehemías 2:1.

La Pascua y sus ordenanzas

Esto fue *cuatro* días antes de la celebración real de la «Pascua»; muy probablemente como recuerdo de la predicción de Abraham,[3] que «en la cuarta generación» los hijos de Israel volverían a la tierra de Canaán. El sacrificio podía ser de un cordero o un cabrito,[4] pero debía ser «sin defecto, macho de un año». Cada cordero o cabrito tenía que ser suficiente para la comida del sacrificio para un grupo de personas, de modo que si una familia era demasiado pequeña, debía unirse con otra.[5] El sacrificio era inmolado «entre las dos tardes» por el cabeza del grupo, la sangre era recogida en un lebrillo, y con ella se «untaba» «el dintel y los dos postes de las casas» con «un manojo de hisopo». Éste no es el hisopo comúnmente conocido, sino que muy probablemente se tratara de *alcaparras*, que se hallan abundantemente en Egipto, en el desierto de Sinaí y en Palestina. En la antigüedad se creía que esta planta tenía propiedades purificadoras. Las instrucciones de rociar la entrada significaban que la sangre debía ser aplicada a la casa propiamente dicha, es decir, hacer expiación por ella, y en cierto sentido convertirla en altar. Al ver esa sangre, Jehová, al pasar para herir a los egipcios, «iba a pasar de largo esa puerta», para «no dejar entrar al heridor en vuestras casas».[6] Así el término *Pascua* expresa literalmente el significado y el objetivo de la ordenanza.

Mientras el destructor hería las casas de los egipcios, todo grupo de personas que se hallaba dentro de las casas de Israel rociadas con sangre participaban en la comida del sacrificio. Esta comida constaba del cordero pascual, y «pan sin levadura con», o más exactamente, «sobre hierbas amargas», como si en aquella solemne hora de juicio y liberación tuviesen que tener ante ellos a modo de comida adecuada el símbolo de toda la amargura de Egipto, y sobre ello el cordero del sacrificio y el pan sin levadura para endulzarlo y convertirlo en una cena festiva. Porque todos los detalles estaban llenos de significados. El cordero del sacrificio, cuya sangre rociada protegía a Israel, indica a aquél cuya sangre preciosa es la única salvación del pueblo de Dios; el hisopo (como en la purificación del leproso, y de los contaminados con muerte, y en Sal. 51:7) era el símbolo de purificación; y el pan sin levadura el «de sinceridad y verdad», al sacar la vieja levadura «la levadura de malicia y de maldad».[7] Además de esto, la enseñanza espiritual se extendía incluso a los detalles. El cordero tenía que ser «asado»; no podía ser comido ni «crudo» o poco cocido (como si fuese por causa de las prisas para salir), ni tampoco «hervido con agua» (porque ninguna de sus partes debía pasar dentro del agua, ni el agua debía mezclarse con ello, el cordero, y el cordero solo, era la comida del grupo del sacrificio). Por esa misma razón tenía que ser asado y servido entero; completo, sin roturas ni divisiones, sin ningún hueso roto,[8] como ningún hueso fue roto al que murió por nosotros en la cruz.[9] Esta falta total de división, no sólo hace referencia a la entrega total del Señor Jesús, sino también a nuestra unión y comunión sin división en y con Él.[10] También por esto no podía

3. Génesis 15:16.

4. La palabra hebrea significa tanto uno como el otro. Ver Éxodo 12:5; Deuteronomio 16:2.

5. Posteriormente las ordenanzas judías establecieron un mínimo de diez personas en un grupo, y un máximo de veinte.

6. Éxodo 12:23.

7. 1 Corintios 5:7, 8.

8. Éxodo 12:46.

9. Juan 19:33, 36.

10. 1 Corintios 10:17.

dejarse parte alguna del cordero para otra comida, sino que lo que no había sido usado debía ser quemado. Finalmente, los que se reunían a comer en dicha festividad no eran todos israelitas, sino que todos debían profesar su fe en la liberación esperada; ya que debían sentarse a comer con los lomos ceñidos, con calzado en sus pies y un bordón en su mano, como si esperasen la señal de su redención, y preparados para salir de Egipto.

Es difícil imaginar un espectáculo de la fe de un pueblo más noble que este, que al recibir las ordenanzas, «el pueblo se inclinó y adoró» (12:27).[11] Cualquier intento de describir la actitud de Israel o las escenas causadas por el pasar por en medio de la tierra del Señor «a la medianoche», hiriendo todo primogénito desde el hijo único de Faraón hasta el hijo de la sirvienta y del cautivo, e incluso de las bestias, sólo conseguiría debilitar la impresión del silencio majestuoso de la Escritura. Estos sucesos no pueden ser descritos; a no ser comparándolos con lo que tiene que seguir. Sea, pues, suficiente decir que era el emblema de otra «medianoche», cuando se oirá el grito de: «¡Aquí viene el esposo; salid a recibirle!».[12] En esa hora de medianoche Jehová ciertamente «ejecutó sus juicios en todos los dioses de Egipto»,[13] mostrando, como comenta acertadamente Calvino, cuán vano y falso había sido el culto de los que ahora no tenían poder para ayudar. Esa fue también la noche del nacimiento de Israel como nación: de su creación y adopción como pueblo de Dios.[14] De aquí que se cambiara incluso el orden del año. El mes de la Pascua (*Abib*) fue a partir de entonces el primero del año.[15] La cena de Pascua se convirtió en una institución perpetua, con las nuevas normas para su adaptación a la observancia futura, cuando el pueblo se hubiese establecido en la tierra;[16] y su observancia debía ser seguida por una «fiesta de panes sin levadura», que duraba siete días, cuando toda levadura debía ser sacada de sus casas.[17] Finalmente, el hecho de que Dios tuvo que apartar a Israel en la noche de Pascua y los redimió para sí mismo, fue perpetuado con el mandato de «santificar» al Señor «todo primogénito de los hombres y de las bestias».[18]

Cuando finalmente descendió sobre Egipto este «azote», Faraón se apresuró a llamar a Moisés y Aarón. En esa noche horrenda despidió al pueblo sin condiciones, pidiéndoles solamente que, en vez de la maldición, dejaran una «bendición» a su partida (12:32). «Y los egipcios apremiaban al pueblo, dándose prisa a echarlos de la tierra; porque decían: Vamos a morir todos».

11. No sólo con fe, sino por la gratitud de ellos.
12. Mateo 25:6.
13. Éxodo 12:12.
14. Isaías 43:15.
15. Los judíos, posteriormente, tenían un doble cálculo del año: el año eclesiástico, que empezaba en el mes de Abib, o Nisán, y según el cual se disponían todas las festividades, el año civil, que empezaba en otoño, en el séptimo mes del año sagrado. En Egipto el año empezaba con el equinoccio de verano, cuando el Nilo empezaba a crecer.
16. Es importante ver la distribución de Éxodo 12: vv. 1-14 contienen las instrucciones divinas a Moisés para la obsevancia de la Pascua; vv. 15-16 dan instrucciones para la celebración futura de la fiesta, ordenada posteriormente (v. 17), pero introducida aquí en relación con su historia; en vv. 21-27 Moisés comunica la voluntad de Dios al pueblo; mientras que en v. 28 se registra la obediencia de Israel.
17. El *Éxodo* llevó a Israel a una nueva vida. Por ello, todo lo antiguo, y que lo sustentaba, debía ser sacado (1 Co. 5:8). Comer leudado hubiese significado negar este gran hecho. La fiesta del pan sin levadura, que sucedía a la noche de Pascua, duraba siete días, en conmemoración de la creación de Israel y porque el número siete es el del pacto.
18. Éxodo 13:1-7.

Los hijos de Israel salen de Egipto

Antes que llegase la mañana, los hijos de Israel partían de Ramsés, por donde debió reunirse la mayoría de ellos. Su «ejército» constaba en cifras redondas de «600.000 hombres de a pie, sin contar los niños» (12:37), o, según podemos calcular, con mujeres y niños, unos dos millones. Esto no representaba en modo alguno un aumento increíble durante los cuatrocientos treinta años que habían transcurrido desde su entrada a Egipto,[19] aun sin tener en cuenta el hecho que, como Abraham había tenido trescientos dieciocho «criados nacidos en su casa»,[20] y por ello también circuncidados (Gn. 17:13), a quienes pudo armar contra los invasores de Sodoma, así también los hijos de Jacob debieron traer a muchos que más tarde iban a ser incorporados en la nación. Con esos dos millones de israelitas también fue una multitud de estirpe variada, atraídos al camino del pueblo de Dios por las señales y maravillas presenciadas tan recientemente; tal como sucede con todo grande movimiento espiritual, que es seguido por una muchedumbre mezclada, y que representa más bien una fuente de estorbo antes que una ayuda,[21] forasteros que siempre siguen, la mayoría de los cuales solamente son aptos para «cortar leña y sacar agua».[22] En cambio, Israel llevó un precioso legado de fe al sacar de Egipto los huesos de José,[23] que habían estado esperando todos esos siglos el cumplimiento de la promesa de Dios. Como Calvino hace notar de modo adecuado: «En todas aquellas adversidades el pueblo no había olvidado la redención prometida. Porque si, en sus actividades comunes, no se hubiese recordado el juramento que José había hecho pronunciar a los padres del pueblo, Moisés no lo hubiese sabido en modo alguno».

Sus primeras paradas

La tierra de Egipto no había presenciado jamás un espectáculo como el de la nación, una vez liberada, se detuvo en su primer descanso en *Sucot*, o «puestos». El emplazamiento de este lugar y el de su siguiente parada, *Etam*, no se puede determinar con seguridad; ni tampoco es este un lugar para tratar semejantes temas. Sucot debió haber sido decidido como el encuentro general del pueblo, mientras que en Etam llegaron hasta «la entrada del desierto», que divide Egipto de Palestina. La ruta directa les hubiese llevado en breve tiempo a la tierra de los filisteos, enfrentándolos cara a cara con un pueblo guerrero, contra los cuales a veces ni siquiera Egipto conseguía tenerse en pie. Sin lugar a dudas, hubiesen objetado al avance de Israel. Dios, en su misericordia, no iba a exponer a una prueba así a un pueblo tan poco preparado para la misma, como lo estaba Israel en aquel momento. En consecuencia, se les indicó que «giraran» hacia el sur y prosiguieran hasta «*Pi-hahirot*, entre *Migdol* y el mar», donde debían acampar.

La columna de nube y de fuego

Dos sucesos caracterizaban su segundo lugar de descanso, Etam, según hemos comprendido. Parece ser aquí, a

19. Se han hecho infinidad de cálculos para demostar que estos números son razonables; el tema puede, pues, ser considerado como cerrado. Tampoco debemos olvidar una bendición especial unida a Israel, en cumplimiento de la promesa (Gn. 46:3).
20. Génesis 14:14.
21. Números 11:4.
22. Deuteronomio 29:11.
23. Éxodo 13:19.

la entrada del desierto,[24] donde Jehová «fue delante» de su pueblo por primera vez «de día en una columna de nube para guiarlos por el camino, y de noche en una columna de fuego para alumbrarlos, a fin de que anduviesen de día y de noche» es decir, para capacitarles a andar en todo momento. En Éxodo (13:17, 18) leemos que «Dios (Elohim) guiaba al pueblo», pero ahora era como si *Jehová* tomase el mando (v. 21),[25] y, por medio de una señal visible de su presencia, afirmaba la seguridad de ellos. Esta columna era al mismo tiempo «de fuego y de nube» (14:24), «de luz» y «de nube y tinieblas» (v. 20). Normalmente, de día sólo se veía la nube, pero de noche salía resplandeciente el fuego, que la nube envolvía.[26] En esa nube Jehová estaba presente de forma visible en el «Ángel» del pacto;[27] allí aparecía la gloria de Jehová (16:10; 40:34; Nm. 16:42); desde allí habló a Moisés y a Israel; y esa era la *Shechinah*, o presencia visible, que posteriormente reposara sobre el lugar santísimo. Y esta prenda y símbolo de su presencia visible aparece de nuevo en la descripción de los últimos días; y solo en esa ocasión «sobre toda la morada del monte de Sion».[28]

En segundo lugar, fue probablemente desde Etam que llegaron las noticias a Faraón, cuando ellos iban hacia el sur, que le hicieron pensar que Israel, por su inesperado movimiento regresivo, «se había enredado» como en una red, y que caería como presa fácil ante su ejército bien entrenado.[29] Tal vez también en esa ocasión, por primera vez, se dio cuenta de que el pueblo había «huido» (v. 5); no se habían ido cerca, al lado de Etam, solamente durante unos pocos días para ofrecer sacrificio, como podrían haber hecho, sino que partieron para siempre. El texto sagrado no implica necesariamente que de Etam a Pi-hahirot hubiese un solo día de camino. De hecho, las opiniones sobre la situación exacta de cada fase del Mar Rojo[30] no concuerdan todavía, aunque la ruta general está bastante clara.

Persecución de Faraón y de su ejército

Mientras Israel seguía así su camino, Faraón reunió su ejército rápidamente, cuya fuerza principal estaba en sus «seiscientos carros escogidos». Cada uno era tirado por dos feroces corceles entrenados y llevaban dos guerreros, uno con el escudo y conduciendo, y el otro totalmente armado. Un formidable equipo de batalla en cualquier circunstancia; y mucho más ante una multitud no entrenada, con la dificultad añadida de las mujeres y los niños, y desanimados por siglos de esclavitud bajo los mismos egipcios, cuyo mejor ejército se hallaba ante ellos en aquel momento.

Debió ser al brillar los rayos del sol poniente sobre los carros, cuando los israelitas comenzaron a avistar el acercamiento del ejército de Faraón. Seguían su camino y se acercaban por el norte. No existía escape posible en aquella dirección. Al este estaba el mar; al oeste y al sur se alzaban las montañas. La fuga era imposible; defenderse parecía una locura. Una vez más decayó la fe de Israel a modo de señal, y empezaron a murmurar contra Moisés. Pero el Señor fue fiel. Lo que sucedió a continuación, no era sólo el acto final de liberación soberana por medio exclusivo del brazo de Dios, y útil para siempre, a partir de entonces, como un memorial, por medio del cual la fe de Israel podría ser alentada y mantenida, sino también para enseñar, mediante los juicios sobre Egipto, que Jehová era el Juez justo y santo.

Hay momentos en los que incluso la oración parece incredulidad, y solamente ir adelante con seguridad y calma es un deber. «¿Por qué clamas a mí? Di a los hijos de Israel que marchen.» Pero este avance se debía realizar sólo después que Moisés hubiese extendido la vara de Dios sobre el mar, y el Ángel del Señor precediese las huestes, derramando la luz de la columna sobre el camino de Israel, mientras, con la oscuridad de la nube, mantenía a Egipto separado de ellos. Sopló el «recio viento oriental toda esa noche», como nunca había barrido aquellas aguas con anterioridad.[31] Se dividieron y formaron un muro a cada lado, por en medio pasaron los israelitas con pie seco. Cuando el ejército egipcio llegó a la orilla del mar, seguramente había caído la noche, e Israel se hallaba mucho más adelante sobre el lecho seco. Su posición debía ser vista por el fuego de la nube que alumbraba el paso de la multitud que marchaba. Seguir hasta donde ellos habían osado llegar era cuestión de honor militar, y la victoria parecía cercana. Pero, a juzgar por lo que iba a seguir, suena a ironía divina que «los egipcios se lanzaron en su persecución, y entraron tras ellos hasta la mitad del mar». Y así pasó esa larga noche. La luz gris del alba comenzaba a iluminar el otro lado de las aguas, cuando un sol más feroz del que estaba a punto de salir en el horizonte arrojó su resplandor sobre los egipcios. «Jehová miró sobre ellos, desde la columna de fuego y nube, y trastornó el campamento de los egipcios.» Era el fuego de su presencia divina, explotando a través de la columna de nube, lo que les hizo caer en confusión y pánico. Las ruedas de sus carros se atascaron, la arena bajo sus pies parecía debilitarse con el resplandor de fuego, y avanzaban pesadamente. Con aquella luz de la nube de fuego, se persuadieron que era Jehová que estaba luchando contra ellos a favor de Israel. Intentaron escapar inmediatamente; pero

24. Éxodo 13:21.
25. La expresión es muy notable, porque, tanto en un monumento como en un documento egipcio antiguo, el general es comparado con «una llama en la oscuridad», «desfilando a la cabeza de sus soldados».
26. Números 9:15, 16.
27. Éxodo 14:19.
28. Isaías 4:5.
29. Éxodo 14:2-4.
30. En hebreo llamado «el mar de los carrizos», pero la traducción griega de los 70 , y el NT dan «el Mar Rojo». Él se deriva, o bien del *coral rojo* que hay en sus aguas, o bien de *Edom*, que significa «rojo» –el mar de los hombres rojos o Edomitas.

31. Apocalipsis 15:2, 3. El siguiente texto de Palmer, *Desert of the Exodus* (vol. I, p. 37) puede resultar interesante: «Un fuerte viento que soplaba de oriente, en el momento de la marea baja, podría echar atrás las aguas de modo que del lado del mar serían algunos pies más altas que en la otra orilla. Este fenómeno se ve con frecuencia en los lagos y mares de interior; y si había, como posiblemente era el caso, a la cabeza del golfo, alguna irregularidad del lecho del mar, o alguna cadena de bancos de arena que dividía la parte superior del golfo en dos cuencas, esa porción podía ser secada por el viento, y formarse rápidamente un camino con agua a ambos lados. Al ser causada la división del mar por un viento oriental, el viraje repentino de este viento al cuarto contrario en el momento del retorno de la marea podría hacer volver las aguas con excepcional rapidez. Esto parece ser precisamente lo que sucedió, pues vemos que las aguas volvieron, no precipitadamente, cubriendo a los egipcios de golpe, sino gradualmente, empezando, como podemos esperar, saturando la arena, a fin que «quitó las ruedas de sus carros y los transtornó gravemente». En el huracán y la oscuridad de la noche esto debería causar un pánico tal y una confusión de tal magnitud como para retrasarles grandemente en su paso; pero, mientras eso sucedía, las aguas crecían sobre ellos con demasiada seguridad, y al romper el alba "Israel vio a los egipcios muertos a la orilla del mar". Este último versículo parece indicar claramente que el viento había virado al oeste, porque de modo contrario, si hubiese continuado el viento oriental, los cadáveres de Faraón y sus huestes hubiesen sido apartados de los israelitas, y arrojados a la otra orilla». Dean Stanley da ejemplos paralelos (*Sinai and Palestina*, p. 34), especialmente la del lecho del río Rhone, que fue secado por un fuerte viento noroeste.

Moisés, según la orden de Dios, ya había extendido de nuevo la mano sobre el mar. Y en aquella vigilia matutina, el viento viró; las aguas volvieron, y Faraón, con la flor y nata de sus huestes, se hundió, cubierto por las olas. De esta manera, usando el lenguaje de la Escritura, «Jehová sacudió[32] a los egipcios en medio del mar».[33]

No se requiere ninguna confirmación incidente sobre este gran acontecimiento. Es un suceso al cual se hace mención constantemente por todo el Antiguo Testamento y forma el fundamento sobre el cual Dios establece su derecho sobre su pueblo. La tradición local también ha conservado su memoria. Y tampoco se ha sugerido nada que pueda hacer tambalear nuestra fe en este relato. A pesar de que la localidad exacta de este lugar en el Mar Rojo todavía es tema de discusión, todos concuerdan que debió suceder cerca de Suez, y que las condiciones son aptas para que las huestes de Israel cruzaran el mar esa noche. Además, es un hecho curioso sobre la historia de la derrota de Faraón, que, según los documentos egipcios, pasaron diecisiete años desde la muerte de Thothmes II (a quien consideramos como el Faraón de nuestro relato) antes de que ninguna expedición egipcia fuese a la península de Sinaí, y veintidós sin que intentaran recuperar el poder sobre Siria que Egipto parece haber perdido. Y así, también, fue como Israel pudo continuar con seguridad su marcha a través del desierto, que había estado bajo el dominio de los egipcios hasta la fecha.

El cántico «al otro lado»

Pero los hijos de Israel cantaron un cántico de acción de gracias y de triunfo al otro lado del mar, la cual, al ser repetida cada sábado en el templo,[34] cuando se derramaba la libación del sacrificio festivo, recordaba a Israel que durante todos los tiempos el reino estaba rodeado por los poderes hostiles de este mundo; que siempre habría un combate con ellos; y que Jehová siempre se interpondría personalmente para librar a su pueblo. Así ese gran acontecimiento no queda aislado, ni su himno sin un eco. Porque es una profecía para todos los tiempos, un consuelo y un cántico a la victoria anticipada de la iglesia. Y así, al final, los que estén sobre «el mar de cristal mezclado con fuego», que han «obtenido la victoria», y tienen «las arpas de Dios», «cantan el cántico de Moisés, el siervo de Dios, y el cántico del Cordero».

32. Traducción literal.
33. Éxodo 14:27.

34. La tradición nos informa que «El Cántico de Moisés» era cantado por secciones (una para cada sábado) en el templo, al acabar el servicio matutino del sábado. El Cántico de Moisés consta de tres estrofas (Éx. 15:2-5; 6-10 y 11-18), de las cuales las dos primeras muestran el poder de Jehová en la destrucción de sus enemigos, mientras que la tercera da gracias por el resultado, al llamar a Israel a ser el reino de Dios, y su posesión de la heredad prometida.

«Mientras Israel seguía así su camino, Faraón reunió su ejército rápidamente, cuya fuerza principal estaba en sus "seiscientos carros escogidos". Cada uno era tirado por dos briosos corceles entrenados y llevaban dos guerreros, uno con el escudo y conduciendo, y el otro totalmente armado. Un formidable equipo de batalla en cualquier circunstancia; y mucho más ante una multitud no entrenada, con la dificultad añadida de las mujeres y los niños, y desanimados por siglos de esclavitud bajo los mismos egipcios, cuyo mejor ejército se hallaba ante ellos en aquel momento. Debió ser al brillar los rayos del sol poniente sobre los carros, cuando los israelitas comenzaron a avistar el acercamiento del ejército de Faraón. Seguían su camino y se acercaban por el norte».

El faraón arrepentido de haber dejado partir a los hebreos, participa personalmente en su persecución. La eficacia de los carros egipcios era superior a la de los carros asiáticos, mucho más ligeros. Este carro de guerra perteneció a Tutankhamón, y conduciendo un carro parecido a este podemos imaginar al faraón que persiguió a Moisés y su pueblo. (XVIII Dinastía, Museo Egipcio, El Cairo)

2 La travesía por el desierto

Capítulo 8

(Éxodo 15:22-16)

La primera parte del libro de Éxodo termina con el cántico de triunfo al otro lado del mar. Ahora Israel ya es una nación. Dios le ha hecho nación por medio de una liberación doble. Por así decirlo, la ha «creado» para sí mismo. Sólo falta que su pueblo recién nacido de Dios le sea consagrado en el monte. La segunda parte de Éxodo describe el camino por el desierto hasta Sinaí, y la consagración de ellos a Dios allí. Esto también nos puede servir a nosotros como modelo de las cosas celestiales en cuanto a nuestro paso por el desierto hacia el monte.

Al mirar Israel al mar tranquilo con el romper del alba, en cuyo mar Jehová acababa de destrozar a los perseguidores de su pueblo, su peligro pasado les debería parecer mucho más grave que antes. Sus enemigos les habían seguido por el desfiladero, el único camino posible. Evidentemente el mar era el único camino seguro hasta ellos, y en ese mar habían sido bautizados en Moisés, y en el Dios de Moisés. Y ahora, al volverse hacia el desierto, parecía hallarse ante ellos, y extenderse hasta el horizonte, al este y al norte, una baja cadena de colinas de caliza, que cerraba la perspectiva, alzándose como una muralla.

El desierto de Shur

En consecuencia dieron al lugar el nombre de desierto de Shur, o de la «muralla».[1] Esto era entonces el desierto, fresco, libre e incontestable. Pero también era aquel «desierto grande y espantoso», tan lleno de terror, peligro y dificultades,[2] por el cual tenían que pasar entonces. Bajo la sombra de esa masa de picos rocosos, a lo largo de los torrentes secos que se entrecruzan, a través de la quietud inalterable de esa escena, cuyas características son la grandeza y la desolación, iba su camino. Un camino adecuado para un santuario como Sinaí. Pero un enorme contraste con el Egipto apenas abandonado.

La península de Sinaí. Su paisaje y vegetación

Cuando pensamos en el desierto por el cual viajó Israel, no podemos imaginar una extensión enorme, plana y llena de arena, totalmente negada al cultivo; porque, en realidad, es prácticamente todo lo opuesto. La extensión que lleva el nombre de Península de Sinaí, yace entre el Golfo de Suez al oeste, y el de Akaba (o Golfo Pérsico) al este. Tiene forma de corazón, y la parte más ancha es hacia Palestina, la más estrecha, o ápice, va hacia el sur, hasta el mar. Realmente consta de tres partes distintas. La parte del norte, llamada el Desierto de *Tih*, o «del caminar errante», está llena de guijarros, altas mesetas, cuyo color predominante es el de la arcilla gris. Luego viene una ancha faja de arenisca y arena amarilla, la única que hay en el desierto del Éxodo. Esta parte lleva el nombre de Tor, y consta al norte principalmente de arenisca roja, y en el centro granito rojo y pórfido verde. El carácter predominante de esta vista es el de una masa irregular de montañas, amontonadas en confusión salvaje. El pico más alto se alza a unos 9.000 pies. Entre ellas pasan lo que parece, y son en realidad, lechos de torrentes, que tal vez estaban llenos durante un breve espacio de tiempo en invierno, pero normalmente estaban secos. Estos torrentes se llaman vadis, y forman las autopistas del desierto. De vez en cuando aparecen pequeñas parcelas cultivadas, hermosas y fructíferas, de las cuales brota una fuente viva, o el torrente ha dejado sus marcas, o donde trabaja la mano del hombre; palmeras, incluso jardines y campos, y ricos pastos. Pero, en general, las rocosas laderas de las montañas no presentan vegetación alguna, y su colorido brillante confiere a la escena su carácter particular. Los tonos dominantes son el rojo y el verde; pero aparece la variación con lo que semeja una corriente purpúrea, rosada o carmesí, que desciende por la ladera, mientras, ocasionalmente, el verde del pórfiro se torna negro. Por encima de todo esto, permanece el silencio inquebrantable, de modo que la voz se oye, a través del aire puro, a una distancia extraordinaria.

Además de los pequeños fragmentos cultivados o fructíferos ya mencionados, y pequeñas flores de roca, y hierbas aromáticas, la vegetación del desierto consiste principalmente en alcaparras, el hisopo de la Biblia, que brota de las ranuras de las rocas y cuelga en simpáticas guirnaldas; los «espinos», una especie de acacia; otra especie del mismo árbol, la madera de acacia o *Shittim* de la Escritura, con la cual se construyó la estructura del tabernáculo; la retama blanca, o juniper de la Escritura; y el tamarisco, que, en ciertas estaciones del año, produce el maná natural.

Capacidad para mantener una población

Esto nos lleva a decir que sería un error suponer que el desierto no ofrecía ninguna posibilidad para sostener a sus habitantes. Incluso ahora sustenta a una población nada insignificante, y hay abundantes pruebas de que, antes que el abandono y los estragos lo dejaran en su estado actual, podía sustentar y sustentaba a un número de gente mucho mayor. Siempre había colonias egipcias trabajando en las minas de cobre, hierro y turquesa, y esos colonos deberían tener cuidado con sus fuentes y terrenos cultivados. Tampoco podían los israelitas haber encontrado mayor dificultad en mantener a sus numerosos rebaños en el desierto de la que hallaron los beduinos. Los animales les proporcionaban leche y queso y, de vez en cuando, carne. Sabemos por la Escritura que, en otra época posterior, los israelitas estaban dispuestos a comprar comida y agua a los Edomitas,[3] y también pudieron hacer lo mismo con las caravanas que pasaban. Del mismo modo, concluimos por textos como Levítico 8:2, 26, 31; 9:4; 10:12; 24:5; Números 7:13, y otros, que tenían algún proveedor de harina, bien fuese comprada o de su propia siembra y siega, durante su estancia prolongada en ciertos lugares, como aún los beduinos modernos cultivan cualquier suelo apto para ello que encuentran.

Así era el desierto en el que se introducía Israel. Durante los cuarenta años que Moisés había estado cuidando

1. Éxodo 15:22.
2. Deuteronomio 8:15; 32:10.
3. Deuteronomio 2:6.

los rebaños de Jetro, sin duda alguna se familiarizó con los vadis y picos, los pastos y las rocas del lugar. Tampoco los israelitas podían desconocer el carácter de aquel desierto, teniendo en cuenta la relación constante entre Egipto y el desierto. Así pues, estamos dispuestos a dar crédito suficiente a los exploradores que han intentado trazar con seguridad la ruta más probable de los hijos de Israel. Esta ruta ha sido objeto de investigación por parte de eruditos altamente calificados para esta labor. De hecho se ha realizado un análisis profesional especial del Desierto de Sinaí.[4] El resultado es que la mayoría de estaciones del viaje de Israel han sido determinadas, mientras que, en cuanto a las restantes, la opinión de los exploradores es altamente probable.

Los pozos de Moisés

El primer campamento fue, sin duda, la moderna *Ayûn Mûsa* (Pozos de Moisés), a una media hora de la orilla del mar. Incluso hoy el cuidado de los cónsules extranjeros ha convertido el lugar en un refugio de verano muy agradable, verde y fresco. Uno de los viajeros más recientes ha contado diecinueve pozos en el lugar, y los grupos de palmeras ofrecen una maravillosa sombra. Hay evidencia para creer que en tiempos de Moisés la región estaba mejor cultivada que ahora y sus fuentes de agua mejor cuidadas.

Tres días de camino a Mara

Tampoco hay dudas sobre la segunda parada del viaje de Israel por el desierto. Los relatos de los viajeros concuerdan bastante bien con el relato de la Biblia. Tres días de camino por terreno pedregoso, atravesando vadis, y finalmente, entre desnudas colinas blancas y negras de arcilla, sin nada para descansar la vista excepto, en la distancia, el «shur», o pared de montañas rocosas que dan su nombre al desierto, llevarían a la multitud agotada y desalentada a la moderna *Hawwârah*, la «Mará» de la Biblia. Entonces les oprimía algo peor que el cansancio y la depresión, estaban empezando a sufrir la falta de agua. No habían encontrado una sola fuente en tres días, y sus recursos propios debían haberse acabado totalmente. Al llegar a Hawwârah encontraron unas aguas, pero, por estar todo el suelo impregnado de nitro, el agua era amarga (Mara) y no apta para su uso. Lutero hace notar acertadamente que, cuando nuestra provisión cesa, nuestra fe tiende a decaer y acabar. Esto sucedió allí. Las circunstancias parecían ciertamente sin salida. La fuente de Hawwârah todavía se considera la peor en todo el camino a Sinaí, y jamás se ha sugerido un método para hacer sus aguas potables. Pero Dios detuvo el murmurar del pueblo, y encontró la respuesta a su necesidad con una intervención milagrosa. Se le indicó a Moisés un árbol que debía arrojar en el agua, y ésta se endulzó. Tanto si se trataba como no del arbusto espinoso tan abundante en Hawwârah, no es un detalle importante. El auxilio vino directamente del cielo, y la lección fue doble. «Allí les dio estatutos y ordenanzas, y allí los probó».[5] Los «estatutos» o principios, y las «ordenanzas» o derechos, eran esto, que en cualquier momento de necesidad y de aparente imposibilidad, el Señor les enviaría liberación de lo alto, y que Israel podía esperarlo durante su viaje por el desierto. Estos «estatutos» son, para todos los tiempos, el *principio* de la guía de Dios; y estas «ordenanzas» el *derecho* o privilegio de nuestra ciudadanía celestial. Pero él también nos «prueba» por medio de esto, que el gozo de nuestro derecho y privilegio depende de un constante ejercicio de fe.

Elim

Desde Hawwârah, o Mara, una breve caminata llevaría Israel a un lugar dulce y fértil, conocido en la actualidad como *Vadi Gharandel*, el *Elim* de la Escritura, «donde había doce fuentes de aguas, y setenta palmeras; y acamparon allí junto a las aguas. Ese lugar era más adecuado para acampar un cierto tiempo. De hecho, vemos que pasó casi un mes hasta su próxima parada en *Sin*.[6] Incluso ahora este valle, regado por una corriente perenne, tiene ricos pastos para el ganado, y muchos arbustos y árboles. Aquí, y por los alrededores, los rebaños podían encontrar un buen alimento, y el pueblo descanso. Al dejar Elim, el tipo de paisaje cambia. En vez de terribles llanuras de arena, como hasta aquel punto, nos adentramos ahora con las montañas, y el verde intenso de la alfombra vegetal es un fuerte contraste con el rojo de las rocas de arenisca. Hasta allí la ruta de Israel había sido directamente hacia el sur, y al seguirla habían pasado sucesivamente al lado del Tih, y cerca de Elim una faja de arena. Pero ahora las huestes israelitas tenían que introducirse en la cadena Sinaítica propiamente dicha.

Camino hacia el desierto del pecado

En Números 33:10, se nos informa que a partir de Elim su viaje les llevó, primeramente, de nuevo a la orilla del «Mar de las Algas». La ruta que siguieron sería desde Vadi Gharandel, atravesando el Vadi Taiyebeh, en dirección sudoeste. Aquí, de nuevo, la arenisca da paso a las colinas y rocas de yeso. Donde el camino desciende al mar (en Rás Abu Zenimeh) seguramente alcanzaba el lugar llano más desolador y terrible de todo el desierto. Este sitio fue el segundo lugar de campamento para los hijos de Israel después de Elim. Desde la orilla del Mar Rojo, la siguiente parada les llevaba al propio *Desierto de Sin*.[7] Ese nombre cubre toda la llanura arenosa, que va a lo largo de la orilla del Mar Rojo, desde el campamento de Israel hasta el extremo sur de la Península Sinaítica.[8] Al salir del Desierto de Sin,[9] leemos sobre dos paradas, *Dofcá* y *Alús*, antes de llegar Israel a *Refidim*. El Desierto de Sin, el moderno *El Markhá*, es un terreno desolado y terrible, que obtiene su nombre por una larga cadena de colinas de yeso. En este desierto inhóspito empezaron a faltar las provisiones que Israel había traído de Egipto, y que habían durado ya un mes. Detrás de ellos podían ver en la distancia, por encima de los peñascos blancos, la rayas purpúreas de las montañas de granito que forman el grupo Sinaítico propiamente dicho.

4. Los capitanes Wilson y Palmer, R. E., cuatro miembros no oficiales de la Royal Engineers, el Rev. F. W. Holland, y los señores Wyatt y Palmer, bajo la dirección de Sir Henry James, R. E. han realizado un servicio topográfico oficial regular. El resultado se ha publicado en un espléndido volumen tamaño folio, con mapas e ilustraciones fotográficas, y una introducción excelente por Canon Williams.

5. Éxodo 15:25.

6. Éxodo 16:1.

7. Números 33:11.

8. Desde el Vadi Gharandel hay *dos* caminos hasta Sinaí: el conocido como superior, y el inferior. Ambos han sido descritos erudita y adecuadamente como el camino seguido por los hijos de Israel. Después de bastante estudio e investigación, hemos llegado a la conclusión que la balanza de pruebas se inclina en favor del camino inferior, el cual, por eso mismo, está descrito en nuestro texto. Esta conclusión también ha sido adoptada unánimemente por la Expedición Topográfica Científica ya mencionada, que investigó el asunto en el lugar. Es importante para la localización de Refidim.

9. Números 33:12-14.

Al oeste estaba el mar, y al otro lado del mismo, en medio de la suave neblina, podían avistar ligeramente el rico y fértil Egipto, el cual habían abandonado para siempre. Una vez más afloró su incredulidad.

Murmuración de Israel

Es cierto que su murmuración era sólo contra Moisés, pero en realidad su rebelión era contra Dios. Para demostrar este hecho, y así «para probarlos si andan en la ley de Dios, o no»,[10] es decir, seguirle implícitamente, dependiendo de las provisiones que Él enviaba y aceptándolas, y bajo las condiciones que Él se las dispensaba, Dios iba a proveerles la satisfacción de sus necesidades de modo milagroso. Recibirían pan y carne, dados directamente por Dios, pero dado de manera que, a pesar de ser inexcusable, la incredulidad era posible. A fin de demostrar más claramente que dichos tratos venían del Señor, recibieron la orden: «Acercaos a la presencia de Jehová», y «he aquí la gloria de Jehová apareció en la nube».[11] Esa presencia debía haberles impedido murmurar, o mejor, cambiar sus lamentos por oración y adoración. Y así sucede siempre, que, antes de proveer la respuesta de nuestras necesidades, Dios nos muestra que su presencia estaba cercana, y Él revela su gloria. Esa presencia es en sí suficiente; porque nada bueno puede faltarles a los que confían en Él.

Provisión milagrosa de codornices

Al caer la tarde alrededor del campamento, los alrededores se oscurecieron. Una cantidad extraordinaria de codornices, como las que pasan en esa época del año hacia el norte alejándose de las regiones más cálidas del interior, estaba sobre el campamento. No es extraño que, cuando estén agotados, estos pájaros desciendan y se detengan para reposar, de modo que puedan ser golpeados con palos fácilmente, e incluso atrapados con las manos. El milagro está en la gran cantidad, el momento y las condiciones especiales de la aparición de las codornices. Pero por la mañana les esperaba una sorpresa mayor. En su paso por Vadi Gharandel pudieron observar que el tamarisco, cuando le pica un pequeño insecto, produce unas gotas de una sustancia blanca, dulce, como miel, que se funde con el calor del sol.

El maná

Éste era el *maná* natural (un nombre tal vez derivado del egipcio), el cual, en algunas regiones, aparece a mediados de mayo y dura hasta finales de julio. Pero «¿puede *Dios* preparar una mesa en el desierto?» ¿Puede dominar las nubes de arriba, y abrir las puertas del cielo? ¿Puede hacer llover maná para que ellos coman? Ciertamente sería darles trigo del cielo. Verdaderamente era comida de ángeles, las provisiones enviadas directamente por Dios, «el pan del cielo».[12] El Señor hizo esto y mucho más. Como había hecho por la tarde, ahora también «hizo soplar un viento oriental en los cielos; y por su poder trajo el viento del sur; hizo llover carne como polvo sobre ellos, y aves como la arena del mar»; así, por la mañana, cuando el rocío había yacido rosa en un vapor blanco, y era llevado al cielo azul, quedó en el suelo «una cosa menuda, redonda, menuda como una escarcha». «Era como semilla de culantro, blanco, y su sabor como de hojuelas con miel.»[13] Los hijos de Israel dijeron maná. ¿Qué es eso? *Era* maná, y al mismo tiempo no era maná; no era el maná producido por el desierto, pero era igual en algunos aspectos; era el maná del cielo, el pan que Dios les daba para comer. Así nos recuerda nuestra condición actual. Estamos en el desierto, pero no somos del desierto; nuestras provisiones son como la comida del desierto, pero no el maná del desierto; sino que, ante todo, lo envía directamente Dios.

Sin duda alguna éstas eran las enseñanzas que Israel (y también nosotros hasta hoy) debía aprender. El mismo parecido entre algunos aspectos del maná natural y del que venía del cielo les debía sugerir una verdad. Pero la diferencia era mayor y más evidente que el parecido. No podemos cometer ningún error en este punto. Israel no pudo jamás confundir el maná enviado desde el cielo con el natural. Este último solo aparece en determinadas estaciones (como mucho durante tres meses); es producido por la picadura de un insecto en el tamarisco; no es en absoluto como la semilla del culantro; tampoco puede ser cocido o hervido (16:32); y la máxima producción en toda la península es de unas 700 libras, y obviamente no podía alimentar a toda la multitud de Israel ni siquiera por un día, mucho menos durante todas las estaciones del año y todos los años de su travesía. Y así es, en su medida, la provisión del creyente. Incluso el «pan de cada día» con el cual son sustentados nuestros cuerpos, y por el que se nos enseña que oremos, es como maná enviado directamente del cielo. No obstante, nuestras provisiones parecen, bajo los ojos de un observador superficial, iguales al maná común, y son confundidas, e incluso nosotros, en nuestra incredulidad, con demasiada frecuencia olvidamos la dispensación diaria celestial de nuestro pan.

Queda todavía un aspecto por el cual la provisión milagrosa del maná, que duró los cuarenta años de su travesía por el desierto, se parece a la provisión divina para con nosotros. El maná era entregado de modo que «no sobró al que había recogido mucho, ni faltó al que había recogido poco».[14] Esto determina el verdadero propósito de Dios al darnos algo, independientemente de la interpretación que adoptemos de este versículo: ya sea que lo veamos como el resultado final del trabajo de cada hombre en partcular, o que todos echaron lo que habían recogido en un almacén común, y que cada uno tomaba de allí lo que necesitaba.

Dios santificó su don de cada día con otras dos provisiones. Primero, el maná no era enviado en el sábado. El trabajo del día anterior era suficiente para cubrir las necesidades del día del santo reposo de Dios. Pero los días corrientes el trabajo de recolección del pan que Dios enviaba no podía ser pasado por alto. Lo que era conservado de un día para otro (sólo un día) «crió gusanos y hedió» (16:20). Pero en el día del Señor cambiaba. Esto también tenía que ser para ellos «estatuto» y «ordenanza» de fe, es decir, un principio de la manera de dar de Dios y una norma para su recepción. En segundo lugar, «un homer lleno de maná» debía ser «ofrecido a Jehová» en una «urna de oro». Junto con «la vara de Aarón que reverdeció, y las tablas del pacto», fue colocado posteriormente en el Lugar Santísimo, en el interior del arca del pacto, cubierto por la sombra de «los querubines de gloria».[15]

Así, como en la «lluvia de pan del cielo», en la orde-

10. Éxodo 16:4.
11. Éxodo 16:9, 10.
12. Salmos 78:19-27; 105:40.
13. Éxodo 16:31.
14. Éxodo 16:18.
15. Hebreos 9:4.

nanza de su recolección, y en la ley del sábado de su uso santificado, Dios puso a prueba a Israel (como también nos pone a prueba a nosotros ahora) para ver si el pueblo «anda en mi ley, o no».[16]

Capítulo 9
(Éxodo 17–18)

Es prácticamente imposible imaginar un lugar más dulce o una vista más impresionante que el *vadi Feiran*. Finalmente nos encontramos entre esas montañas sinaíticas que se alzan con formas fantásticas y ofrecen gran variedad de colorido. Siguiendo las curvas del vadi Feiran hallamos una fértil llanura, aparentemente circundada por montañas.

Refidim

Se trata de *Refidim*, el campo de batalla donde Israel, al luchar bajo el estandarte de Jehová, derrotó a Amalec. El lugar ofrece demasiadas cosas interesantes para pasarlo por alto rápidamente.

Justo antes de llegar a la llanura de Refidim, los hijos de Israel debieron pasar, en su andar desde el Desierto de Sin, por una impresionante roca, enorme y desprovista de vegetación. Según una tradición árabe, cuya afirmación es bastante probable, esa es la roca que Moisés golpeó, y de la cual brotó agua viva. Ahora sabemos que, cuando Israel llegó allí, estaban sufriendo sed, ya que en todo el camino desde el Mar Rojo, durante tres días, no pasaron por ninguna fuente, mientras que su travesía a primeros de mayo por aquel desierto debía ser bastante cálida y fatigosa. De nuevo, es bastante seguro que pasaran por aquella roca, y que se detuvieran muy probablemente bajo su sombra. Porque en aquella época el valle de Refidim, con sus fuentes vivas, estaba bajo el mando de Amalec, quien, como harían los beduinos de la actualidad en circunstancias parecidas, se había reunido alrededor de los pozos y palmeras, esperando atacar al enemigo que llegase sediento, cansado y exhausto. Probablemente pues, se dio aquí la escena del milagro de la roca golpeada. Al otro lado se hallaba el campo de batalla de Refidim.

Intentemos reconstruir la situación, antes de continuar con el relato bíblico. Al pasar la roca que acabamos de describir situada sobre la ancha llanura, parece que nos encontremos en un paraíso soñado, cerrado por unas extrañas paredes de montañas. El viajero ve ahora Refidim en un estado causado por muchas tormentas de invierno, que trajeron la desolación al lugar. Porque se trata de una región de repentinas y fuertes tormentas, cuando las aguas descienden en torrentes por las montañas de granito y caen con rugido salvaje en los vadis y valles, arrastrando todo ser viviente y toda vegetación que hallan en su camino, desarraigando palmeras centenarias y apilando rocas y piedras con una grandeza desoladora. Actualmente el silencio del campamento de noche es quebrantado a menudo por el tenebroso aullido de los lobos, que en invierno rondan por allí buscando comida, mientras que por la mañana las huellas del leopardo demuestran la cercanía del peligro. Pero en los días del Éxodo Refidim y sus entornos eran regiones relativamente habitadas. No obstante, nada puede haber cambiado el tipo de paisaje permanentemente. Bastante al norte del valle hay palmeras, tamariscos y otros árboles, que ofrecen una sombra deliciosa. Aquí se oye la voz del picnonoto, y todavía más dulce al oído del viajero, el murmullo de agua viva. Esta bella extensión, una de las más fértiles en toda la península, cubre millas del valle. Al norte, a unos 7.000 pies por encima del valle, se alza una montaña (Jebel Táhúneh), la cual es considerada, con bastante probabilidad, como el lugar donde Moisés alzó al cielo la mano con la que sostenía la vara, mientras Israel luchaba contra Amalec en el valle. A modo de fondo tenemos una enorme cuenca de roca roja, gneis y porfirio, por encima de la cual se eleva un gran pico montañoso en la distancia. Volviendo nuestra mirada hacia el sur, al otro lado del campo de batalla de Refidim, el majestuoso monte Serbal, uno de los más altos de la península (6.690 pies), cierra el horizonte. A ambos lados del mismo, dos valles descienden a Refidim. Entre ellos se encuentra una masa caótica de montañas de todo color y forma. Finalmente, muy al sureste desde donde estaba Moisés, seguramente veía, por medio de una apertura en las colinas, la cadena azul del Sinaí.

Pero ante nosotros yace el precioso valle montañoso de Refidim, a casi 1.500 pies sobre el nivel del mar. Aquí, muy cerca, pero con gran contraste con las dulces arboledas y el río de agua corriente, se hallan por todas partes las fantásticas rocas de colores diferentes y muy diversos: grandes guijarros blancos, paredes de encantador porfirio rosa, de cuyas hendiduras brotan y se enroscan hierbas y flores, y rocas grises y rojas, sobre las cuales parece verdaderamente que se haya vertido un hermoso arroyo rosado. En ese lugar se decidió, y bajo un punto de vista profético, de una vez por todas, el final de todos los que se oponían al reino de Dios.

Israel ya había pasado por acontecimientos maravillosos. Los enemigos de Jehová habían sido arrojados en el Mar Rojo; las aguas amargas de Mara habían sido endulzadas; y las necesidades del pueblo de Dios habían sido cubiertas en el desierto. Pero ahora estaban a punto de presenciar un milagro mayor, o por lo menos más palpable, que todo esto, a fin de mostrar a Israel que ninguna situación podía ser tan desesperada como para que Jehová no demostrara ser «una verdadera ayuda en la tribulación».

La seguridad de que este acontecimiento debía ser interpretado así para siempre por los israelitas, aparece en el nombre de *Masah* y *Meribah*, la tentación y la rencilla, que recibe el lugar, y en las referencias posteriores al suceso en Deuteronomio 6:16; Salmos 78:15; 105:41, y en especial en el Salmo 114:8. La amonestación (Sal. 95:8) «No endurezcáis vuestro corazón, como en Meriba, como en el día de Masah en el desierto, donde me tentaron vuestros padres, me pusieron a prueba, y vieron mis obras», se refiere, no obstante, en primer lugar, a un acontecimiento posterior recogido en Números 20:2, y solo de modo secundario a lo sucedido en Refidim.

También es cierto que, cuando los hijos de Israel tuvieron su rencilla con Moisés por la falta de agua en Refidim, estaban virtualmente tentando a Jehová. Aunque en aquella ocasión no vino el juicio. Una vez más Dios se pondría a prueba a sí mismo y al pueblo. Moisés recibió instrucciones para tomar algunos ancianos de Israel y golpear la roca de *Horeb* (es decir, «seca», «abrasada») en presencia de ellos. Dios estaría ante él, para ayudar y vindicar a su siervo. Y de la abrasada roca abierta brotaron aguas vivas; un símbolo de «la roca espiritual que los seguía»; y símbolo también para nosotros de que «la roca era Cristo».[1]

16. Éxodo 16:4.

1. 1 Corintios 10:4.

La derrota de Amalec y su significado

Probablemente fue cuando la sección que había avanzado estaba presenciando el milagro de la Roca Golpeada que Amalec cayó sobre los exhaustos rezagados, «se desbarató la retaguardia de todos los débiles» cuando Israel «estaba cansado y trabajado».[2] Se trató de una acción malvada, porque Israel no había provocado en modo alguno la arremetida, y los amalecitas, como descendientes de Esaú, eran familiares cercanos. Pero todavía queda un significado más profundo con respecto tanto a este contexto como a este suceso. Porque, en primer lugar, notamos el registro de la solemne determinación de Dios: «que traeré del todo la memoria de Amalec de debajo del cielo»,[3] y su proclamación de «guerra con Amalec de generación en generación» (17:16). En segundo lugar, tenemos en relación con esto el mensaje profético pronunciado por Balaam:[4] «Amalec, cabeza de naciones» (el comienzo del poder gentil y hostil), «mas su fin la destrucción para siempre»; mientras que, finalmente, vemos también el lenguaje usado por la Escritura para relatar el ataque cobarde de Amalec:[5] «no tuvo ningún temor de Dios». La batalla de Amalec, pues, no fue dirigida tanto contra Israel simplemente como una nación, sino contra Israel como pueblo de Dios. Era el primer ataque de los reinos de este mundo contra el reino de Dios, y como tal es arquetipo de todos los que le siguen.

Por extraño que parezca, Dios no lucha por Israel como en el Mar Rojo. Israel debe luchar personalmente, y el difícil éxito sólo se concederá cuando su lucha se realice bajo el estandarte de Dios. Dicho estandarte era la vara que había recibido Moisés, y con la cual debía realizar milagros. Esa vara representaba la presencia obradora de maravillas de Jehová con su pueblo como su Pastor, su Gobernador y su Guía. No obstante, en el combate que realizaba Israel, no era suficiente sólo extender la vara como en el Mar Rojo. La mano que sostenía la vara debía ser alzada al cielo. La fe que mantiene el símbolo de la presencia obradora de maravillas de Dios debe alzarse al cielo y hacer descender, por medio de oración, la bendición suplicada, para conceder el éxito a los esfuerzos de Israel, y asegurar la victoria en los brazos de ellos. Así interpretamos esta historia. Moisés escogió un grupo de hombres para luchar contra Amalec, colocándolo bajo las órdenes de Oseas, un príncipe de la tribu de Efraín,[6] cuyo nombre, tal vez, fuese cambiado desde aquel momento por Josué (Jehová es ayuda). Mientras tanto Moisés tomó posiciones sobre la colina, con la vara de Jehová en su mano. Al mantener la vara alzada Israel ganaba, pero cuando las manos de Moisés caían por el cansancio, Amalec vencía. Entonces Aarón y Hur (este último un descendiente de Judá, y abuelo de Bezaleel,[7] quien parece haber tenido, en posición laica, un puesto parecido al de Aarón)[8] mantuvieron alzadas las manos de Moisés hasta que se puso el sol, y la derrota de Amalec fue completa.

Este hecho de mantener alzadas las manos de Moisés ha sido considerado generalmente como un símbolo de la oración. Pero si esto fuese todo, resultaría difícil comprender

«Y ahora, al volverse hacia el desierto, parecía hallarse ante ellos, y extenderse hasta el horizonte, al este y al norte, una cadena de colinas de roca caliza, que cerraba la perspectiva, alzándose como una muralla. En consecuencia dieron al lugar el nombre de desierto de Shur, o de la "muralla". Era aquel "desierto grande y espantoso", tan lleno de terror, peligro y dificultades, por el cual tenían que pasar».

La escasez de agua hace que en el desierto ésta se convierta en un bien preciado. Este antiquísimo odre para agua, propio de pastores o nómadas del desierto, es de piel de cabra. La parte exterior del animal es la interior del odre.
(Pontificio Instituto Bíblico de Roma)

2. Deuteronomio 25:18.
3. Éxodo 17:14.
4. Números 24:20.
5. Deuteronomio 25:18.
6. Números 13:8, 16; Deuteronomio 32:44.
7. 1 Crónicas 2:18, 19. Según la tradición judía Hur era el marido de María, la hermana de Moisés. Su padre Caleb no debe ser confundido con Caleb, el hijo de Jefunné.
8. Éxodo 24:14.

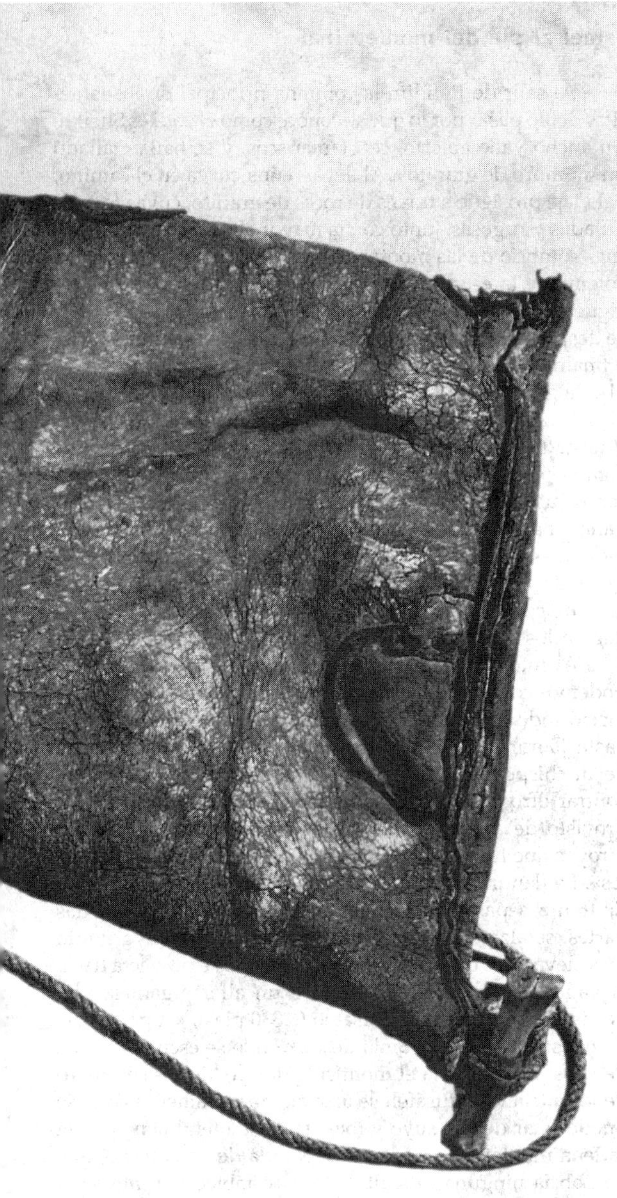

por qué era indispensable que sus manos estuviesen siempre alzadas, de modo que cuando caían, meramente por el cansancio corporal, Amalec comenzaba inmediatamente a vencer. Además, no explica el hecho que la vara fuese alzada hacia el cielo. Ante tal dificultad, un comentarista reciente ha sugerido que el objetivo de alzar las manos no era la oración, sino alzar la vara obradora de maravillas, entregada por Dios, a modo de estandarte de Dios, al cual debía Israel su victoria mientras luchaban a su sombra, y sólo en dicha situación. Esto concuerda con el altar conmemorativo que Moisés erigió para perpetuar el acontecimiento: *Jehová-nissí*, «El Señor mi estandarte». Pero esta explicación tampoco responde al mensaje total de la Escritura.

Deberíamos combinar las dos opiniones expuestas. La vara alzada por Moisés era el estandarte de Dios; el símbolo de su presencia y su labor. Y Moisés la alzó, no por encima de Israel, ni siquiera sobre sus enemigos, sino hacia el cielo en oración, para hacer descender la ayuda prometida en su lucha real.[9] Y así sucede siempre: Amalec se opone al avance de Israel; Israel tiene que luchar, pero la victoria es de Dios; Israel sostiene la vara del poder omnipotente con la mano de la fe; pero la vara tiene que estar siempre alzada hacia el cielo en aplicación real para obtener la bendición asegurada por la promesa del pacto.

La visita de Jetro y su importancia simbólica

Si el ataque de Amalec representaba la hostilidad del mundo contra el reino de Dios, la visita de Jetro, que sucedió a la victoria de Israel, también simbolizaba la tendencia opuesta. Porque Jetro acudió no sólo como suegro de Moisés para devolverle los hijos y la esposa (aunque incluso esto hubiese expresado su fe en Jehová y en el pueblo del pacto), sino que también «se alegró Jetro de todo el bien que Jehová había hecho a Israel». Y además, hizo esta confesión: «Ahora conozco que Jehová es más grande que todos los dioses; porque en lo que se ensoberbecieron (los egipcios) prevaleció contra ellos» (Éx. 18:11). Del mismo modo que este reconocimiento de Dios por parte de Jetro le impulsó a alabarlo, también su alabanza se manifestó con holocaustos y sacrificios, después de los cuales Jetro se sentó con Moisés y Aarón y los ancianos de Israel, para tomar la comida del sacrificio de comunión con Dios y entre ellos. Así Jetro puede ser considerado una especie de primicias para Dios de entre los gentiles, y su homenaje como un cumplimiento anticipado de la promesa;[10] «Y vendrán muchos pueblos, y dirán: Venid, y subamos al monte de Jehová, a la casa del Dios de Jacob; y nos enseñará sus caminos, y caminaremos por sus sendas».

Rápidamente se percibieron las ventajas de la presencia de Jetro. Del mismo modo que después de la conversión de los gentiles al cristianismo, el saber y la investigación acumulados por el paganismo fueron usados al servicio del evangelio, así ahora la experiencia de Jetro sirvió en la disposición exterior del pueblo de Dios. Hasta entonces todo caso de disputa era llevado a Moisés para que éste tomara una decisión al respecto. Por ello, Moisés no sólo corría el peligro de «agotarse del todo», por la gran cantidad de

9. Este punto de vista parece ser implícito en Éxodo 17:15, y nos ofrece una explicación a las palabras, de otro modo oscuras, del versículo 16, que nosotros traducimos literalmente: «Y Moisés construyó un altar, y llamó su nombre Jehová-nissí; y dijo: Para la mano sobre el altar de Jehová. Guerra a Amalec de generación en generación».

10. Isaías 2:3.

trabajo, sino que incluso el pueblo (18:18), puesto que el retraso que ello implicaba era muy molesto, y les podía llevar fácilmente a tomarse la justicia por su propia mano. Ahora bien, el consejo de Jetro fue enseñar al pueblo «ordenanzas y leyes», y «mostrarles el camino por donde deben andar, y lo que han de hacer». Cualquier problema que surgiera, para el cual se aplicasen las ordenanzas, leyes e instrucciones recibidas, sería considerado como «asunto pequeño», el cual podía ser decidido por jueces subordinados, quienes Moisés debía «escoger de entre todo el pueblo; varones de virtud, temerosos de Dios, varones de verdad, que aborrezcan la avaricia» (v. 21). Todo lo que no fuese abarcado por la mera aplicación de estas leyes conocidas eran «asuntos graves», que Moisés debía reservar a su decisión, o mejor dicho, «someter los asuntos a Dios». Y este consejo fue dado de un modo tan modesto y reconociendo explícitamente que sería aplicable sólo si «Dios te lo ordena», que Moisés apreció en él la guía de gracia de Dios mismo. El consejo dado por Jetro y el modo en que lo expresó representan también un hermoso ejemplo de la ayuda que puede recibir la religión del conocimiento y la experiencia, o de la sumisión religiosa de la sabiduría de este mundo al servicio y a la voluntad de Dios. En Deuteronomio 1:12-18 aprendemos que Moisés realizó el plan con el mismo espíritu con el que había sido sugerido. La elección de los jueces fue llevada a cabo por el propio pueblo, y su designación, como también lo fue su obra, fue guiada por el temor y el amor del Señor.

Capítulo 10

(Éxodo 19; 20:17)

Tres meses después de abandonar Egipto, los hijos de Israel llegaron al grupo montañoso más interno, del cual toma su nombre la Península de Sinaí. Se puede decir que toda esa región ocupa aproximadamente el doble del área de Yorkshire.[1] Numerosos vadis la cruzan a modo de caminos; todos parecen conducir al santuario central, donde Dios iba a dar su ley a su pueblo. Esta región montañosa recibe dos nombres distintos en la Escritura: *Horeb* y *Sinaí*. Probablemente el primero se aplicaba a todo el grupo y el segundo a una montaña concreta del mismo. El significado del nombre Horeb es probablemente «montaña de la tierra seca», y el de Sinaí «montaña del espino». En la actualidad, todo el macizo sinaítico se conoce como Jebel Músa. Forma «un enorme macizo montañoso, de unas dos millas de longitud y una milla de ancho, con un estrecho valle a cada lado, … y una espaciosa llanura en el extremo noreste».[2] Esa llanura, conocida en la actualidad como Er Ráhah, puede albergar una multitud de dos millones de personas. Delante de esta llanura se alza Jebel *Músa*, de la que se erige un peñasco inferior, visible desde todas las partes de la llanura. Es el Rás Sufsáfeh (Cumbre del sauce) moderno, y era con toda probabilidad el Sinaí donde descendió el Señor, y desde donde dio «las diez palabras». En cuyo caso la llanura de *Er Ráhah* debió ser donde Israel estuvo, y el monte en frente de la misma, subiendo a *Rás Sufsáfeh*, el lugar donde Moisés «se separó de los ancianos que le habían acompañado hasta allí en su ascenso».

1. Según el Servicio Topográfico el triángulo de la Península del Sinaí ocupa un área de 11.600 millas cuadradas.

2. *Desert of the Exodus*, vol. I, p. 111. Las citas, cuando no se especifica nada más, pertenecen todas al mismo libro.

Israel al pie del monte Sinaí

Al salir de Refidim la columna principal de los israelitas debió pasar por lo que se conoce como el vadi es Sheikh, un ancho valle abierto, con tamariscos, y se halla «tallado en un muro de granito». Al llegar a una curva en el camino, «el viaje prosigue a través de rocas de granito, cuyas formas afiladas y rugosas, junto con la mayor altura y un color gris más sombrío de las montañas, imparten una magnificencia solemne a la escena». Un viajero elocuente describe como sigue su llegada al Sinaí: «A cada paso sucesivo los riscos se desprenden de las colinas intermedias de los alrededores, y finalmente se alzan impresionantemente –debería decir, se alza la gran masa de columna que forman– en solitario bajo el cielo. A cada lado caen infinitas combinaciones retorcidas y rasgadas de montañas. A cada lado el cielo los circunda como si se hallaran solos en el desierto. Nosotros nos acercamos a esa enorme masa pasando a través de un ancho valle, una larga llanura, que, recluida entre dos cadenas de montañas en precipitación de granito negro y amarillo, y teniendo siempre al final este prodigioso bloque montañoso, la pude comparar sólo a la inmensa avenida por la cual se llega a los grandes templos egipcios».

Al intentar recrear la escena de la entrega de la Ley, podemos comprender claramente las palabras que «se estremeció todo el pueblo que estaba en el campamento».[3] La vasta llanura de Er Ráhah, y todos los valles vecinos, se veían chispeados con las tiendas de Israel. No podían encontrar otro lugar adecuado para acampar, el lugar mejor provisto de agua de toda la península, donde «se hallan arroyos que fluyen en, por lo menos, cuatro valles adyacentes». La llanura está a casi 5.000 pies sobre el nivel del mar. En frente, separado por valles que se entrecruzan por todas partes, se alza el grupo montañoso de Horeb (cuyo punto más elevado es de 7.363 pies), y del mismo se proyecta hacia el valle, a modo de un púlpito o un altar gigantesco, el peñasco inferior de Rás Sufsáfeh (6.830 pies), «la parte baja de nuestro monte», el Sinaí desde donde se escuchó la voz de Dios. Delante está el montículo donde Moisés se separó de los ancianos. Sufsáfeh se alza tan abruptamente «que se puede estar debajo suyo y tocar su base literalmente»; y la cadena montañosa queda tan separada de su entorno, que no habría ninguna dificultad para «establecer fronteras al pueblo del lugar», a fin de evitar que subieran al monte, o incluso que tocaran su borde.[4] Detrás de Sufsáfeh, en algún pico o grieta, Moisés pasó cuarenta días con el Señor, y descendiendo al valle adyacente, podría oír (tal como dicen que pudieron comprobar literalmente y con frecuencia los miembros del Servicio Topográfico) los ruidos provenientes del campamento sin ver lo que estaba pasando allí.

Pero ahora, al fijar el pueblo su mirada en él, «el Monte Sinaí humeaba».[5] Aquel bloque enorme y aislado de roca (de dos millas de longitud y una de anchura) parecía estar ardiendo. Como el «humo de un horno» se alzaba hacia el cielo «y todo el monte se estremecía en gran manera», y «había truenos y relámpagos», y «el sonido de la trompeta iba aumentando en extremo». Pero, mucho más terrible que todas esas señales físicas, «Jehová descendió sobre el Monte Sinaí», y «llamó Jehová a Moisés a la cumbre del monte», y Dios mismo «dijo todas las palabras» de los mandamientos. Porque el pueblo se había preparado con santificación

3. Éxodo 19:16.
4. Éxodo 19:12.
5. Éxodo 19:18.

constante durante tres días, y ahora se hallaba bien dispuesto al pie del monte, aunque separado del mismo. Pero pese a ello, «viéndolo el pueblo, temblaron, y se pusieron de lejos. Y dijeron a Moisés: habla tú con nosotros, y nosotros oiremos; pero no hable Dios con nosotros, para que no muramos».[6]

Esta santificación exterior de Israel había sido precedida por una preparación interior y espiritual. Como siempre, la exigencia y el mandamiento de Dios fueron predichos por su promesa. Porque Él siempre da lo que pide. Es, como lo expresa bellamente San Agustín, «Das lo que tú ordenas, y ordenas lo que tú deseas».

Preparativos para el pacto

Tras haber llegado Moisés al pie del monte Sinaí, subió al pico inferior, como para pedir las órdenes de su Señor, y Jehová le habló desde la cima de la montaña. Se le ordenó que, antes de que el pueblo se preparase para recibir la Ley, les recordase su liberación por gracia de Egipto y de los juicios de la mano de Dios, y la misericordia y benevolencia que habían recibido. Porque Jehová les había llevado como «sobre alas de águila», comparándose los tratos de Dios con el águila, que extiende sus alas bajo sus hijitos cuando empiezan a volar, para que, cansados o agotados, no se precipiten sobre las rocas (comp. Dt. 32:11). Pero Moisés debía explicar al pueblo que toda esa misericordia no era más que la prenda de una gracia más rica. Porque ahora Dios iba a hacer un pacto con ellos. Y si Israel obedecía su voz, y cumplía el pacto, entonces, usando sus propias palabras, «Seréis para mí una posesión preciosa[7] de entre todas las naciones; porque mía es toda la tierra. Y vosotros me seréis un reino de sacerdotes y una nación santa».[8]

La promesa entregada así era especial y universal al mismo tiempo; y describía tanto el carácter del pueblo de Dios como su destino. Toda la tierra era de Dios, no sólo por derecho de creación y posesión, sino también como destinada a honrarlo como su Señor. Aquí subyacía una promesa de bendición universal para toda la humanidad. Y con ella quedaba íntimamente unida la misión de Israel. Pero mientras que toda la tierra era del Señor, Israel iba a ser su «posesión preciosa de entre todas las naciones», su tesoro escogido (esto es lo que implica la expresión hebrea) o, como explican San Pablo[9] y San Pedro,[10] «un pueblo de su propiedad». El modo en que aparecería esta dignidad queda expresado por los términos usados para describir a Israel como «un reino de sacerdotes y nación santa». La expresión «reino de sacerdotes» significa un reino cuyos habitantes son sacerdotes, y como tales poseen dignidad y poder reales, o con las palabras de San Pedro, «un sacerdocio real». Por lo que se refiere a Israel, la teocracia exterior visible, que Dios estableció entre ellos, era solamente el *medio* por el cual se obtendría este fin, como también la observancia del pacto por parte de ellos era su *condición*. Pero la promesa en sí iba mucho más lejos que el Antiguo Pacto, y sólo será cumplida totalmente cuando «el Israel de Dios» (a quien el Señor Jesús, «el primogénito de los muertos, y el soberano de los reyes de la tierra», «ha hecho reyes y sacerdotes para su Dios y Padre»)[11] compartirá con Él su gloria y se sentará con Él en su trono. Así el objetivo final del sacerdocio real eran aquellas naciones, de entre las cuales Dios había escogido su pueblo para ser su posesión preciosa. Israel debía actuar para con ellos a modo de sacerdotes. Porque, como el sacerdote es intermediario entre Dios y el hombre, así Israel tenía que ser el intermediario del conocimiento y la salvación de Dios para todas las naciones. Y este sacerdocio suyo iba a ser el fundamento de su realeza.

Una descripción todavía más solemne de Israel, y de nosotros que somos llamados «el Israel de Dios», es la de «nación santa». Como observa acertadamente Calvino: «Esta designación no era debida a la piedad o santidad del pueblo, sino a que Dios les distinguió con privilegios especiales ante todos los demás. Pero esta santificación conlleva otra; que los que son distinguidos por la gracia de Dios cultiven la santidad, de modo que a su vez ellos santifiquen a Dios». La palabra hebrea para «santa» se interpreta generalmente como «separada, apartada». Pero este es sólo su significado secundario, derivado del propósito de lo que es santo. Su significado primario es ser espléndida, hermosa, pura y no contaminada. Dios es santo, como el absolutamente puro, resplandeciente y glorioso. De ello que esta idea se simbolice con la luz. Dios habita en luz inaccesible;[12] Él es «el Padre de las luces, en el cual no hay fases ni períodos de sombra»; una luz que nunca pierde intensidad, ni cede ante las tinieblas.[13] Cristo es la luz que resplandece en las tinieblas de nuestro mundo, «la luz verdadera que alumbra a todo hombre».[14] E Israel tenía que ser un pueblo santo como habitantes de la luz, por medio de su relación del pacto con Dios. No es la elección de Israel de entre todas las demás naciones lo que les hacía santos, sino la relación con Dios implicada para el pueblo en dicho pacto. El llamamiento de Israel, su elección y selección, sólo eran los medios. La santidad se conseguía por el pacto, que les proveía perdón y santificación, y en el cual, por la disciplina de la ley de Dios y la guía de su Santo Brazo, Israel sería llevado hacia adelante y hacia arriba. Así, si Dios mostró la excelencia de su nombre o su gloria en la creación,[15] el camino de su santidad se hallaba en Israel.[16]

Este análisis detallado de lo que fue ordenado a Moisés que dijera nos ayudará a comprender tanto los preparativos del pacto como el modo solemne en que fue inaugurado. Cuando Moisés presentó al pueblo el precioso propósito de gracia de Dios, ellos declararon su disposición a obedecer lo que Dios había dicho. Pero puesto que el Señor podía hacer un pacto con el pueblo únicamente por la mediación de Moisés, por causa de la debilidad y pecaminosidad de ellos, habló con su siervo en una espesa nube ante todos ellos, a fin de dejarles ver y oír, y creer para siempre. Como ya hemos mencionado, la preparación externa del pueblo tenía una doble finalidad.

Primero, pasaron por ciertas purificaciones, que simbolizaban la limpieza interior. En segundo lugar, se establecieron unos límites alrededor de Sinaí, para que nadie pasase o tocase la montaña.[17] Luego, al tercer día,[18] Moisés condujo

6. Éxodo 20:18, 19.
7. La palabra es la misma que «tesoro escogido» (1 Cr. 29:3; Ec. 2:8). Hemos traducido todo el versículo literalmente.
8. Éxodo 19:5, 6.
9. Tito 2:14.
10. 1 Pedro 2:9.
11. Apocalipsis 1:5, 6; 5:10.
12. 1 Timoteo 6:16.
13. Santiago 1:17.
14. Juan 1: 5,9.
15. Salmos 8.
16. Salmos 77:13; comp. Salmos 104 con Salmos 103.
17. Cuando leemos en Éxodo 19:24, «los sacerdotes y el pueblo no traspasen el límite», no lo debemos interpretar como refiriéndose al sacerdocio Aarónico, que aún no había sido instituido, sino esos que hasta el momento desempeñaban funciones sacerdotales; probablemente los cabezas de las casas.
18. Según la tradición judía era el día de Pentecostés, cincuenta días después de la Pascua.

a los hombres y los colocó «en el pie del monte», «que ardía con fuego». Allí proclamó Dios su santa y eterna ley entre señales portentosas, que indicaban que Él era grande y terrible en su santidad, y un Dios celoso, aunque el fuego de su ira y celo estaba envuelto por una densa nube.

Las «diez palabras»

La revelación de la voluntad de Dios, que Israel oyó del monte Sinaí, está comprendida en los diez mandamientos, o, como se llaman en el original hebreo, «las diez palabras».[19] Fueron precedidas por una declaración de lo que Jehová era y de lo que había hecho: «Yo soy Jehová tu Dios, que te saqué de la tierra de Egipto, de casa de servidumbre».[20] Esto (como dice Calvino) «para preparar las almas del pueblo para la obediencia». Las «diez palabras» fueron luego escritas sobre dos tablas de piedra, que debían ser conservadas dentro del arca del pacto, estando «el propiciatorio» colocado de modo significativo por encima de ellas.[21] No es fácil describir su disposición sobre esas dos tablas, pero probablemente las cuatro primeras «palabras» con «el prefacio» (en v. 1) ocupaban la primera, y los otros seis mandamientos la segunda Tabla de la Ley.[22] Lo único que conocemos con certeza es que «las tablas estaban escritas por ambos lados; de uno y otro lado estaban escritas. Y las tablas eran obra de Dios, y la escritura era escritura de Dios grabada sobre las tablas».[23]

Considerando estas «diez palabras» «del pacto» más detenidamente, vemos, primero, su número: *diez*, el número de la plenitud. Luego, vemos que el quinto mandamiento (honrar a nuestros padres) forma un paso de la primera tabla a la segunda; la primera tabla trata nuestros deberes para con Dios, y la segunda los que se refieren a los hombres. Pero nuestro deber para con nuestros padres es superior a los de los demás hombres; de hecho, en cierto modo es divino, como también nuestra relación con un padre terrenal es símbolo de la que tenemos con nuestro padre en los cielos. Así pues, el mandamiento es de *honrar*, mientras que nuestra responsabilidad para con el hombre es únicamente de *amarlo*. Además, casi todos los mandamientos están formulados en forma negativa, indicando que la transgresión, y no la obediencia, es nuestra actitud natural. Pero el mandamiento es demasiado amplio, y requiere el correspondiente estado de mente. De acuerdo con esto vemos que la ley de los diez mandamientos se resume así: «Amarás al Señor tu Dios con todo tu corazón, con toda tu alma, y con toda tu fuerza; y a tu prójimo como a ti mismo». Finalmente, las cinco primeras «palabras» siempre llevan alguna razón o algún motivo. Pero no sucede así con los de la segunda tabla, los cuales aparecen expresados de modo bastante general, para indicar que tales mandamientos como no matar, no adulterar, no robar, no dar falso testimonio, son aplicables a todos los casos posibles, y no solo a amigos o compatriotas.

Pasando de consideraciones generales a detalles particulares, vemos que la «*primera palabra*» no sólo prohíbe toda

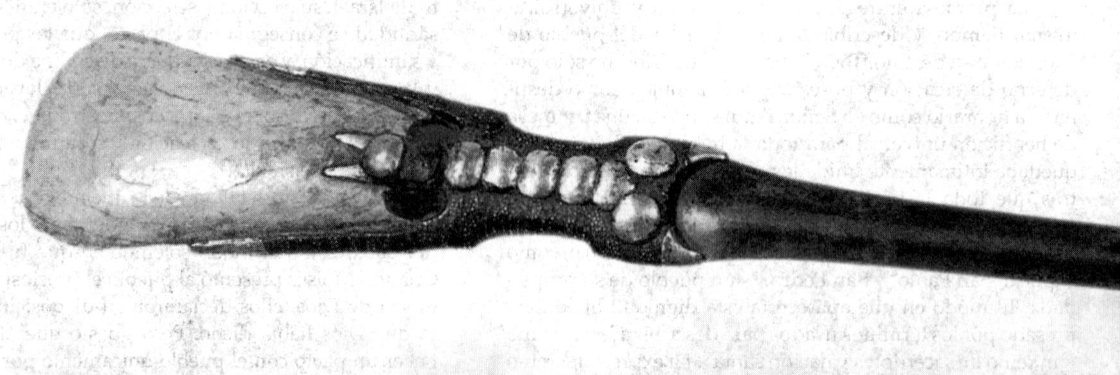

19. El Decálogo, comp. Éxodo 34:28; Deuteronomio 4:13.
20. Éxodo 20:2.
21. Éxodo 25:16; 40:20.
22. Es muy posible que no se grabaran todos los mandamientos enteros, sino simplemente la indicación básica (como «No robarás»). Esto da setenta y tres palabras para los cuatro primeros y el prefacio, y treinta y una palabras para los restantes seis mandamientos. Es harto conocido que los católicos romanos y la iglesia luterana reúne los dos primeros mandamientos en uno, y dividen el décimo en dos. Pero no existe ningún tipo de base ni autoridad para respaldar dicha postura, ni en el texto hebreo ni en la tradición judía.
23. Éxodo 32:15, 16. Cuando leemos que la ley fue «recibida por disposición de ángeles» (Hch. 7:53; Gá. 3:19; He 2:2), no debemos interpretar que no era Dios mismo quien habló todas esas palabras, sino que o bien se refiere a los «diez mil» ángeles que le acompañaban cuando habló en el Sinaí (Dt. 33:2; Sal. 68:17), o, más probablemente, a la diferencia entre las dispensaciones del Antiguo Testamento y el Nuevo. En la primera, la segunda persona de la bendita Trinidad sólo se aparecía como el Ángel del Pacto; en la segunda, se encarnó en la persona de Jesucristo, el Dios-Hombre.

idolatría de pensamiento, palabra y hecho, sino que también ordena amar, temer, servir y aferrarse al Señor.[24] La *segunda palabra* indica la *manera* de servir al Señor; y precisando un poco más, sin imagen o representación exterior alguna. Como comenta Calvino, condena «todo culto ficticio inventado por los hombres según sus imaginaciones», que no son conforme a la palabra de Dios. La *tercera palabra* prohíbe la profanación del nombre de Jehová, en el que ha manifestado su gloria, para usarlo con palabras falsas o vanas, es decir, en juramentos falsos u ociosos, en maldiciones, en la magia, o en otras ocasiones parecidas. La *cuarta palabra*, que implica un conocimiento previo del Sábat (sábado) por parte de Israel, exige reposo personal, doméstico y público de cualquier tipo de trabajo en el día santo de Dios, que debe ser transcurrido para su servicio y gloria. La *quinta palabra* rinde honor a los padres como (usando las palabras de Lutero) «vicarios de Dios», y por ello implica una reverencia similar para con todos los representantes de Dios, especialmente magistrados y gobernantes. La *Segunda Tabla* continúa desde hechos externos (en las «palabras» *sexta, séptima y octava*) al habla (noveno mandamiento), y finalmente al pensamiento y el deseo. Las *palabras sexta, séptima y octava* conciernen tanto lo que puede herir nuestra propia vida, castidad, o propiedad como las de los demás. La novena palabra debería traducirse literalmente así: «No responderás contra tu prójimo como falso testigo» (o «como un testigo de falsedad»). Comparando esto con la frase de Deuteronomio 5:20, donde la expresión que encontramos es «un testigo de vanidad», comprendemos que este mandamiento incluye toda afirmación infundada contra nuestro prójimo además de todas las que sean falsas. Finalmente, la *décima palabra* sondea las mayores profundidades de nuestro corazón, prohíbe todo deseo malo y desordenado con referencia a algo que pertenece a nuestro prójimo.[25]

Ningún hombre jamás promulgó una ley como esta; ni siquiera la soñaron en sus más elevados razonamientos. Y si el hombre hubiese sido capaz, por lo menos, de observarla, sin duda la ley hubiese introducido felicidad y gozo para siempre. Pero lo que conllevó en realidad fue el conocimiento del pecado. Pero, Dios sea bendecido para siempre: «la ley fue dada por medio de Moisés, pero la gracia y la verdad vinieron por medio de Jesucristo».[26]

Capítulo 11

(Éxodo 20:18–24:12)

La impresión causada al pueblo por los fenómenos que acompañaron la revelación de Dios de su ley era tan profunda, que suplicaron que cualquier otra comunicación divina se hiciese por medio de Moisés. Como Pedro, cuando

«Moisés escogió un grupo de hombres para luchar contra Amalec, colocándolo bajo las órdenes de Oseas, un príncipe de la tribu de Efraín, cuyo nombre, tal vez, cambiara a partir dee aquel momento por el de Josué (Jehová es ayuda). Mientras tanto Moisés tomó posiciones sobre la colina, con la vara de Jehová en su mano. Al mantener la vara alzada Israel ganaba, pero cuando las manos de Moisés caían por el cansancio, Amalec vencía. Entonces Aarón y Hur (este último un descendiente de Judá, y abuelo de Bezaleel, quien parece haber tenido, en calidad de laico, un puesto parecido al de Aarón) mantuvieron alzadas las manos de Moisés hasta que se puso el sol, y la derrota de Amalec fue completa».

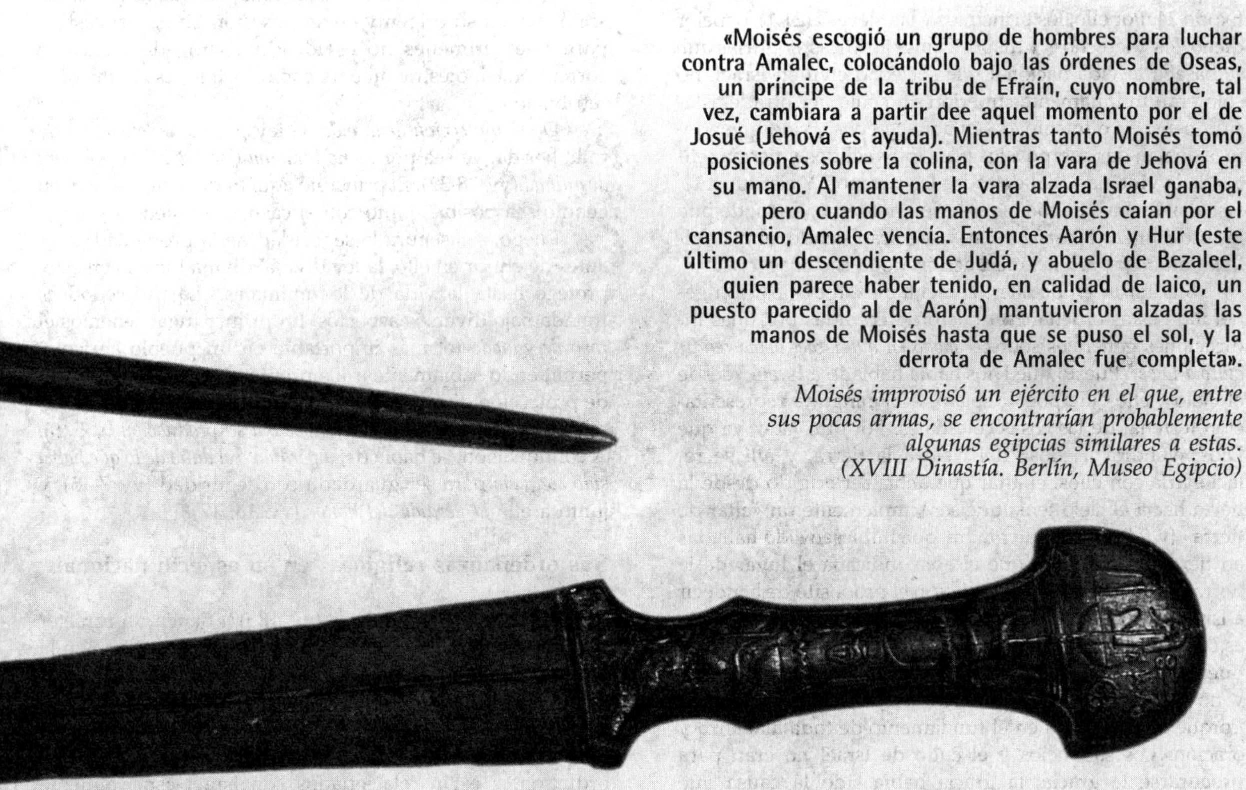

Moisés improvisó un ejército en el que, entre sus pocas armas, se encontrarían probablemente algunas egipcias similares a estas. (XVIII Dinastía. Berlín, Museo Egipcio)

24. Deuteronomio 6:5, 13; 10:12, 20.

25. En Deuteronomio 5:21 se usan dos expresiones diferentes; el «deseo» despertado desde el exterior por lo que se ve hermoso. Mientras que la «codicia» brota de dentro, de las inclinaciones malvadas o necesidades supuestas de la persona que codicia.

26. Juan 1:17.

el poder Divino del Señor Jesús se precipitó repentinamente sobre él,[1] sintió que un hombre pecador como él no podía soportar la presencia de su Señor, así también los hijos de Israel tuvieron temor de morir, si continuaban ante Dios. Pero dichos sentimientos de temor no contienen ninguna espiritualidad. Aunque Moisés accedió a su petición, tuvo el cuidado de explicarles que el objeto de lo que todos ellos habían presenciado no era la emoción del temor (Éx. 20:20), sino la introspección de corazón provocada, no como un miedo servil ante las consecuencias externas, sino como el temor verdadero de Dios, que comportaría evitar el pecado.

Ordenanzas civiles y sociales de Israel como Pueblo de Dios

Y entonces Moisés estuvo una vez más solo en «la oscuridad en la cual estaba Dios». Las ordenanzas que le fueron entregadas en aquella ocasión deben ser consideradas como la preparación final para el pacto que iba a ser ratificado tan prontamente.[2] Porque, como pueblo de Dios, Israel no debía ser como las otras naciones. Era igual en sustancia y forma, pero las condiciones de su vida nacional, los principios fundamentales de su estado, y los llamados derechos y ordenanzas civiles que formarían la base de la sociedad, debían ser divinos. Usando una figura: Israel era la posesión de Dios. Antes de santificarlo y separarlo formalmente, Dios le marcó y determinó los límites de su propiedad. Éste era el objetivo y significado de las ordenanzas,[3] que precedieron la conclusión formal del pacto, descritas en Éxodo 24. Por ello, los principios y las «leyes» (21:1), o mejor dicho, los «derechos» y disposiciones jurídicas, sobre las que se basaba la vida nacional y la sociedad civil en Israel, no sólo eran infinitamente superiores a cualquier otra legislación pensada o imaginada en aquella época, sino que además debían dar cuerpo a los principios sólidos y permanentes de la vida nacional de todos los tiempos. Y ciertamente, se hallan debajo de toda legislación moderna, de modo que las ordenanzas Mosaicas son, y seguirán siendo, el maravilloso modelo para la construcción de la sociedad civil.[4]

Sin entrar en detalles, comentamos la disposición general de estas ordenanzas. Fueron precedidas por unas indicaciones generales sobre *el modo en que Israel debía rendir culto a Dios*.[5] Puesto que Dios había hablado a Israel «desde el cielo», ellos tampoco debían hacer ninguna representación terrenal de las cosas celestiales. Por otro lado, ya que Dios «vendría a ellos» del cielo a la tierra, y allí se relacionaría con ellos, el altar que debía ser erigido desde la tierra hacia el cielo tenía que ser simplemente un «altar de tierra» (v. 24), o si era de piedra, que hubiesen sido halladas en tierra. Además, ya que el altar indicaba el lugar de la tierra donde Dios se aparecería con el propósito de bendecir a Israel, debía ser edificado donde Dios registró su nombre, es decir, donde Él lo designó. En otras palabras, el culto del pueblo tenía que ser regido por Su manifestación en gracia, y no por la elección y preferencias particulares de ellos. Porque la gracia está en el fundamento de toda alabanza y oración. Los sacrificios y el culto de Israel no eran para procurarse la gracia; la gracia había sido la causa que originó el culto. Y siempre es así. «Le amamos porque Él nos amó primero», y el don de su amado hijo a nosotros pecadores es gratuito e incondicional de parte del Padre, y posibilita nuestro retorno a Él. Y por ser gratuito, es mucho más acertado para el hombre servir a Dios con santa reverencia, que debería evidenciarse incluso en la conducta exterior (v. 26).

«Las leyes» comunicadas a continuación a Moisés determinaban, en primer lugar, *la posición civil y social de todo Israel respecto a cada uno de ellos* (Éx. 21:1–22:12), y luego su *posición religiosa en relación con el Señor* (23:13-19)».

La legislación divina *empieza*, como sin duda alguna ninguna otra lo hizo jamás, no por la parte más alta de la sociedad, sino por la más baja. Declara en primer lugar *los derechos personales de los individuos en estado dependiente: los hombres* (21:2-6) y *las mujeres esclavos* (vv. 7-11). Esto se hace con una consideración sagrada de los derechos de la persona y con una delicadeza, amabilidad y rigor mucho más allá de cualquier otro código jamás realizado sobre este tema. Si se toleraba la esclavitud, como algo existente, su principio, el de hacer de los hombres enseres o posesiones, fue erradicado, y la institución, a través de sus salvaguardias y provisiones, se convirtió en algo muy diferente de lo que ha sido en cualquier nación, tanto de los antiguos como en la actualidad.

A continuación siguen las «leyes» protectoras de la *vida* (vv. 12-14), con crímenes comparados con el maltrato y la maldición de los padres (vv. 15, 17) y el robo de personas (v. 16). Lo que está en juego aquí es la *santidad de la vida* en sí misma, en su origen y en su posesión libre, y el castigo para tales crímenes no es ideado como advertencia o corrección, sino estrictamente como castigo, es decir, como retribución.

De la *protección de la vida*, la ley pasa a *la del cuerpo* de toda herida, ya sea por *mano humana* (vv. 18-27) o por *obra de animal* (vv. 28-32). El principio aquí es de *compensación*, en cuanto sea posible, junto con el castigo en ofensas graves.

Luego, se asegura la seguridad de la propiedad. Pero antes de entrar en ello, la ley divina, divina incluso en esto, protege hasta la vida de los animales.[6] La propiedad es tratada bajo diversos aspectos. En primer lugar tenemos el *robo de ganado* (el más importante en un pueblo agrícola) permitiendo sabiamente a los propietarios un tipo diverso de protección diurna y nocturna (22:1-4). Luego se consideran *los daños causados a los campos o a su producción* (v. 5, 6). A continuación, se habla de *la pérdida o el daño de lo que había sido confiado* para ser guardado con seguridad (vv. 7-15), y junto a ello *la pérdida del honor* (vv. 16, 17).

Sus ordenanzas religiosas en su aspecto nacional

Los estatutos siguientes (vv. 18-30) tienen un carácter bastante diferente al de los anteriores. Esto se ve aun en la omisión de «*si*», que introducía todas las ordenanzas anteriores. En realidad, no contemplan como las otras ningún caso posible, sino que determinan lo que jamás debe ser permitido. Están más allá del terreno de la legislación civil ordinaria, y están relacionados con Israel especialmente como el *pueblo de Dios*. Como tales expresan lo que Jehová espera de su propio pueblo, ligados a él con un pacto. Y esta es, tal vez, la parte más maravillosa de la legislación, regulando y ordenando lo que ningún otro código civil ha intentado regir jamás. Como antes, la serie de estatutos em-

1. Lucas 5:8.
2. Éxodo 24.
3. Éxodo 20:22; 23.
4. Para entender los sublimes principios de la Ley Mosaica, o mejor divina, debemos examinarlos detalladamente. Esto, es evidente, resulta imposible aquí.
5. Éxodo 20:22-26.
6. Éxodo 21:33-36.

pieza vedando lo que es contrario al carácter de consagración a Dios de la nación. Así, ya al inicio se extermina todo tipo de *magia* (v. 18), y con ella todos los *crímenes contranaturales* (v. 19), y las *prácticas idólatras* (v. 20). En pocas palabras, como antes en el culto, también así en la vida, el paganismo, sus poderes, vilezas y corrupciones son eliminadas. Por otro lado, contrario a todo exclusivismo natural, el extranjero (pero no el dios extranjero) debe ser recibido amablemente (v. 21); las viudas y los huérfanos no deben ser «humillados»[7] (vv. 22 -24); los que están en necesidad temporal no deben ser gravados por la usura (vv. 25-27); Dios, como promulgador supremo de la ley, no debe ser ultrajado, ni tampoco serán maldecidas las personas designadas para gobernar debajo de Él (v. 28); el tributo debido al Señor como rey debe ser dado de buen ánimo (vv. 29, 30); y la dignidad santa de su pueblo no puede ser profanada ni siquiera en sus costumbres diarias (v. 31). De nuevo, no se debe decir, hacer ni intentar realizar nada que sea falso, falto de amor o injusto (23:1-3), y esto no sólo en asuntos públicos, sino que las preferencias personales no tienen que influir sobre la conducta. En cambio, a un enemigo en tiempo de necesidad hay que prestarle la ayuda de amor que sea necesaria (vv. 4, 5); los pobres y los perseguidos no pueden ser tratados injustamente; no se debe aceptar ningún soborno, «porque el don cierra los ojos que ven y pervierte las causas del justo»,[8] y la misma ley debía ser aplicada al extranjero y a Israel (vv. 6-9). Finalmente, en relación con esto, se hace referencia al reposo del séptimo año y del séptimo día, no tanto en su carácter religioso como por su repercusión para con los pobres y los trabajadores (vv. 10-12).

Pasando de los estatutos que establecen la posición civil y social de todo Israel a *su posición religiosa con respecto a Jehová*,[9] encontramos ante todo un mandato con las tres grandes fiestas anuales. A pesar de tratarse de festivales religiosos estrictamente, los repasamos aquí, en primer lugar, no por su significado simbólico y figurado (que es universal y eterno), sino *por sus repercusiones nacionales*: la fiesta Pascual como la de la liberación de Israel de Egipto, la fiesta de las semanas como la «de la siega, las primicias de tus labores», y la fiesta de los tabernáculos como la de la «recolección» final (vv. 14-17). De las tres ordenanzas siguientes (vv. 18-19), la primera se refiere a los sacrificios de la pascua (comp. Éxodo 12:15, 20; 13:7; 34:25), y la segunda a la fiesta de las primicias o de las semanas. De ello se desprende que la prohibición de «guisar el cabrito en la leche de su madre» (v. 19) debió referirse de algún modo, por lo menos inicialmente, a las festividades de la semana de los tabernáculos; tal vez, como sugiere el erudito comentador rabínico Abarbanel, porque algunas de esas prácticas estaban relacionadas con ritos paganos e idólatras de la época de la recolección de los frutos.[10]

Las «leyes» que el Señor ordena a su pueblo son adecuadamente seguidas por *promesas* (13:20-33), en las que, como su rey y Señor, se encarga de la guía y protección de ellos, y de su posesión de la tierra que les había asignado. Ante todo, se les asegura la presencia personal de Jehová en aquel Ángel, en quien está el nombre del Señor (v. 20). No se trata de una ángel cualquiera, por muy exaltado que fuese, sino de una manifestación del mismo Jehová, en figura anticipada y como preparación de su manifestación en la carne en la persona de nuestro Señor y Salvador Jesucristo. Porque todo lo que aquí se atribuye a Él se dice también del Señor en Éxodo 13:21; mientras que en Éxodo 33:14, 15, Él es designado explícitamente como «mi presencia», la de Jehová. En consecuencia, hay que prestar toda obediencia a su guía, y evitar cualquier contacto con la idolatría y los idólatras. En tal caso el Señor cumpliría toda promesa buena y llena de gracia hecha a su pueblo, y les haría poseer la tierra en toda su extensión.

El «pacto por medio del sacrificio» y la comida de aceptación

Éstos eran los términos del pacto que Jehová hizo con Israel *como nación*. Cuando el pueblo los ratificó con su aceptación,[11] Moisés lo escribió todo en lo que fue llamado «el libro del pacto» (24:7). Y entonces el pacto propiamente dicho debía ser inaugurado con sacrificio, rociar de sangre y la comida del sacrificio. Esta transacción fue la más importante de toda la historia de Israel. Por medio de este único sacrificio, que nunca fue renovado, Israel fue separado formalmente como pueblo de Dios; y fue la base de todo futuro culto de sacrificio. Fue solamente *después* de dicho sacrificio cuando Dios instituyó el tabernáculo, el sacerdocio y todos sus servicios. Así este sacrificio único es una figura anticipada del sacrificio único de nuestro Señor Jesucristo por su iglesia, que es la base de nuestro acceso a Dios y el fundamento de todo nuestro culto y servicio. De modo muy significativo, se construyó un altar al pie de Sinaí, y fue rodeado por doce pilares «de acuerdo con las doce tribus de Israel». Unos jóvenes que servían en ministerio, puesto que aún no existía el sacerdocio, ofrecieron el holocausto, y sacrificaron las ofrendas de paz a Jehová. La mitad de la sangre de los sacrificios fue recogida en cuencos, con la otra mitad se roció el altar, reconciliándose así con Dios. A continuación se leyeron de nuevo los términos del pacto delante de todos, y con la otra mitad de la sangre, con la que se *había* hecho la reconciliación, fue rociado el pueblo con estas palabras: «He aquí la sangre del pacto que Jehová ha hecho con vosotros sobre todas estas cosas (o términos)».[12]

Como nación Israel se hallaba entonces reconciliada con Dios y puesta aparte; ambas cosas conseguidas por «la sangre rociada». Con ello quedaba preparada para la comunión con quien era representado simbólicamente en la comida del sacrificio que tenía lugar a continuación.[13] Allí Dios, en prenda de su favor, alimentó a su pueblo con los sacrificios que Él mismo había aceptado. La comida del

7. Ésta es la traducción correcta y no «afligidos» como en la versión Reina Valera. Así el mandamiento va más allá de la opresión y cubre todo tipo de malos tratos.

8. Traducción literal del versículo 8.

9. Éxodo 23:13-19.

10. Debido a nuestra ignorancia sobre las circunstancias, esta resulta ser una de las prohibiciones más difíciles de comprender. El lector instruido encontrará todas las opiniones tratadas en *Bocharti Hierozoicon*, vol. I. pp. 634, 635. Es harto conocido que los judíos lo interpretan de modo que nada que sea hecho de leche puede ser cocido o comido junto con cualquier tipo de carne, cambiando incluso los cuchillos y los platos, y tomando todo tipo de precauciones extremadamente puntillosas contra cualquier mezcla posible de los dos elementos. Muchos comentaristas ven la razón de esta prohibición en la crueldad de cocer un cabrito en la leche de su madre. Pero el significado debe ser más profundo.

11. Éxodo 24:3.

12. En Hebreos 9:19-22 se dan más detalles, donde también se agrupan transacciones ocurridas en momentos diversos, como perteneciendo todas a esta dedicación del primer Pacto por medio de la sangre. Hebreos 9:22 demuestra que éste es el significado del texto. La acción de rociar el libro y el pueblo, como posteriormente el tabernáculo y sus vasos, se realizó del modo descrito en el versículo 19.

13. Éxodo 24:9-11.

sacrificio significaba la comunión de la aceptación; su gozo era la conciencia de este bendito hecho. Y entonces Moisés y Aarón, y sus dos hijos (los futuros sacerdotes), junto con setenta ancianos de Israel, subieron al monte, «y comieron y bebieron» la comida del sacrificio, en presencia del Dios de Israel; ciertamente no bajo una forma exterior en particular,[14] mas con el único resplandor del cielo debajo del Shechinah. Así, «ver a Dios, y comer y beber», eran las arras y la prenda de la bendición de verlo a partir de entonces. También era un símbolo y una figura de lo que será realizado cuando, mientras la aleluya de «la gran multitud» proclame el reino del «Señor Dios omnipotente», la alegre y gozosa esposa del Cordero preparada para la boda, y adornada con vestidos nupciales, escuche el sonido de bienvenida que la llama a «la cena de las bodas del Cordero».[15]

Capítulo 12

(Éxodo 24:12-18; 25-33)

Nunca encontraremos una prueba mayor del origen de lo que llamamos gracia, y de la debilidad e inutilidad de la naturaleza humana, que la reacción que a menudo encontramos después de un tiempo de privilegio religioso. Los lectores del Nuevo Testamento recordarán muchos ejemplos de esto en la historia del evangelio, y recordarán cómo nuestro Señor, cada vez, en tales ocasiones tomaba a sus discípulos aparte a un lugar desierto para el silencio y la oración. Pero tal vez el ejemplo más triste de cuán cerca está el enemigo de nuestros momentos de gozo espiritual, y cuán grande es nuestro peligro de perder el juicio, cuando estamos a esas alturas, nos lo proporciona la historia de Israel, inmediatamente después de la ratificación del pacto solemne.

Una vez que Dios hubo reconciliado a su pueblo consigo mismo, era necesario tener un lugar definitivo donde encontrarse con ellos y morar entre ellos, como también era preciso designar el medio por el cual ellos debían acercarse a Él, y el modo en que se iba a manifestar a ellos. Para revelar todas estas cosas, y para dar esas «tablas de piedra», donde se grabaron los mandamientos, Dios llamó a Moisés una vez más «para que subiera al monte». Acompañado por «Josué, su servidor», obedeció la orden divina, dejando el pueblo al cuidado de Aarón y Hur. Tuvo que esperar durante seis días, mientras «la gloria de Jehová reposó sobre el monte». En el séptimo día, Moisés fue llamado a entrar en la nube resplandeciente, la cual ante los ojos de los hijos de Israel en la llanura, parecía «un fuego abrasador»; Josué se quedó probablemente cerca pero no con él.

El modelo visto en el monte

«Cuarenta días y cuarenta noches estuvo Moisés en el monte», sin comer pan ni beber agua.[1] La nueva revelación que recibió era sobre el *tabernáculo* que debía ser construido. El *sacerdocio* que tenía que servir en el mismo, y los *servicios* que deberían ser celebrados allí. Se extendía a todo detalle sobre el mobiliario, vestido y observancia. Y las ofrendas de buena voluntad de Israel debían ser invitadas para cubrir las *necesidades de estos servicios*.[2]

Se nos dice con la mayor autoridad que, no sólo lo básico y general debía ser hecho «conforme a todo lo que» Dios mostró a Moisés en el monte, sino incluso los detalles más diminutos.[3] Y así también leemos en Hechos 7:44, y Hebreos 8:5; 9:23, la enseñanza que Dios mostró a Moisés un modelo real de todo lo que debía hacer en y para el santuario. Este hecho puede tener un solo significado. Indicaba mucho más que la verdad general, que solamente es lícito o aceptable el modo de acercamiento a Dios que Él mismo ha indicado. Porque Dios mostró a Moisés todos los detalles para dar a entender que cada uno de ellos tenía su significado especial, y por eso mismo no podía ser alterado en ningún modo por pequeño que fuera, sin destruir ese significado, y perder la significación que era la única cosa que le confería su importancia. Nada de todo ello era simplemente como ornamento o ceremonia, todo era *símbolo* y *figura*. Como símbolo, indicaba una verdad presente; como figura, señalaba hacia adelante (una profecía por hecho) hacia realidades espirituales futuras, mientras que, al mismo tiempo, ya comunicaba al adorador las primicias y las arras de su cumplimiento final en la «plenitud del tiempo». Repetimos, todo lo que había aquí tenía un significado espiritual: el material del arca, las vestiduras del sacerdocio y todo lo demás; los colores, medidas, números, vasos, vestidos, servicios y el sacerdocio en sí; y todo ello proclamaba la misma verdad espiritual, y señalaba hacia la misma realidad espiritual futura, es decir a Dios en Cristo en medio de su iglesia.

El tabernáculo, el sacerdocio y los servicios en su disposición y significado simbólico

El tabernáculo era «la tienda de reunión» (*Ohel Moëd*) donde Dios se relacionaba con su pueblo, y desde donde les dispensaba su bendición. El sacerdocio, que culminaba con el sumo sacerdote, era el agente mediador designado por Dios por medio del cual podían acercarse a Dios y a través del cual Él concedía sus dones; los sacrificios eran el medio de dicho acercamiento a Dios, tanto si se trataba de restablecer la comunión con Dios cuando se había debilitado o interrumpido, o de expresar y manifestar esa comunión. Pero, al igual que el sacerdocio, los sacrificios y el altar indicaban a la persona y la obra del Señor Jesucristo. Por lo que se refiere al tabernáculo, el atrio con el altar del holocausto era el lugar donde Israel *se acercaba* a Dios; y el Lugar Santo donde ellos tenían comunión con Dios; y el Lugar Santísimo donde el mismo Señor habitaba visiblemente entre ellos en el Shechinah, como Dios del pacto, reposando su presencia sobre el propiciatorio que cubría el arca.

Es altamente instructivo analizar el *orden* en el cual fueron dadas a Moisés las diversas ordenanzas sobre el tabernáculo y su mobiliario. En primer lugar, tenemos las instrucciones sobre el *Arca*, como la cosa más santa en el Lugar Santísimo;[4] luego, de modo similar, las indicaciones sobre la *mesa de la proposición* y el *candelabro de oro* (25:23-40), no solo como pertenecientes al mobiliario del Lugar Santo, sino también porque espiritualmente las verdades que simbolizan (vida y luz en el Señor) eran el resultado de la presencia de Dios entre los querubines. Después de esto, se describe el habitáculo en sí y la posición en el mismo del

14. Deuteronomio 4:12, 15.
15. Apocalipsis 19:6-9.
1. Deuteronomio 9:9.
2. Éxodo 25:1-8.
3. Éxodo 25:9.
4. Éxodo 35:10-22.
5. Éxodo 26.

Arca, la mesa y el candelabro.[5] Solo entonces llega el *altar del holocausto*, con el atrio que debía rodear el santuario (27:1-19). Ahora nos introducimos en una sección diferente, *la del ministerio*. Aquí las indicaciones se dan primero sobre *el encender las lámparas del candelabro de siete brazos* (27:20, 21); después de lo cual tenemos la institución *del sacerdocio* y todo lo relacionado con el mismo.[6] Y el último punto, por ser el más elevado, es el ministerio sobre el *altar del incienso* y su servicio (30:1-10). Esto simbolizaba la oración y, por este mismo hecho, sólo podía tener lugar después de la institución del sacerdocio de mediación. Hasta aquí, se notará que la disposición siempre es *de dentro a fuera*; desde el Lugar Santísimo al atrio de los adoradores, simbolizando una vez más que todo procede del Dios de gracia, quien, como ya citamos con las palabras de San Agustín, «da lo que pide»,[7] y que el servicio más elevado de todos, al que sirve todo lo demás, o mejor dicho con el que se relaciona todo lo demás como el medio hacia el final, es el de la comunión y la oración; los adoradores viendo a Dios.

Estas indicaciones son seguidas por otras relacionadas estrictamente con el carácter de Israel como pueblo de Dios. Israel es su primogénito entre las naciones,[8] y, como tal, debe ser redimido, como el hijo primogénito de una familia,[9] para indicar, por un lado, que el pueblo era verdaderamente Su propiedad, y que la vida confiada a ellos pertenecía a Él; y, por otro lado, para expresar que toda la familia es santificada para con Dios en el primogénito.[10] Este era el importe del «*dinero del rescate*».[11] Y pese a ello, todo acercamiento a Él requería un *lavado* especial (de ahí la *pila* 30:17-21). De nuevo, en Israel, los sacerdotes tenían que ser representantes sagrados del pueblo. Como tales, ellos, y todo lo relacionado con su servicio, debían ser ungidos con un aceite especial, símbolo del Espíritu Santo, y todo fingimiento de esto sería visitado con un castigo que recuerda el que recibe el pecado contra el Espíritu Santo (vv. 22-33). Finalmente, se describe el *material* para el más elevado servicio simbólico, el *incienso* (vv. 34-38). La sección se cierra con la designación de la gente que el Señor había levantado para llevar a cabo todo el trabajo relacionado con la preparación de su Santuario.[12]

Las instituciones hechas así fueron, en realidad, el resultado y las consecuencias del pacto que el Señor había hecho con Israel. Como «señal» de este pacto entre Jehová y los hijos de Israel,[13] Dios ordenó entonces de nuevo la *observancia del sábado* (31:12-17); expresando su doble provisión de descanso y santificación (v. 15), los aspectos civiles y religiosos de ese pacto, y su maravillosa combinación. Así, pues, provisto de todas las indicaciones necesarias, Moisés recibió finalmente, de mano del Señor, las «tablas del testimonio», «escritas con el dedo de Dios» (v. 18).

El pecado del becerro de oro

Mientras se daban estas sagradas transacciones en el monte, se desenvolvía una escena muy diferente en el campamento de Israel. Sin intentar suavizar el pecado demencial y erróneo de hacer el becerro de oro,[14] debemos aceptar, no obstante, que este asunto debe ser considerado a la luz de la realidad. La ausencia prolongada de Moisés despertó temores en el pueblo. Hacía más de un mes que le habían visto desaparecer en la nube de luz que cubría el monte. «Y la apariencia de la gloria de Jehová era como un fuego abrasador en la cumbre del monte, a los ojos de los hijos de Israel.»[15] ¿Qué podía resultar más natural a los que esperaban, semana tras semana, en una soledad no explicada, al ver dicho fuego, que imaginar que Moisés había sido devorado por él? Su líder se había ido, y el símbolo visible de Jehová estaba en alto sobre la cumbre de la montaña, como «fuego abrasador». Debían tener otro líder; sería Aarón. Pero también necesitaban otro símbolo de la Presencia Divina. Se les ocurrió, en sus pensamientos carnales, uno solo, además del que les había precedido hasta allí. Era el Apis egipcio, quien, en forma de becerro, representaba los poderes de la naturaleza. Estaban acostumbrados a su culto; ciertamente, su sede principal estaba en el vecindario inmediato de la región de Egipto donde ellos, y sus padres, habían habitado durante siglos. Probablemente, ésta también fue la forma bajo la cual muchos de ellos habían intentado servir, en tiempos anteriores, y de modo corrupto, a su Dios ancestral, combinando las tradiciones de los patriarcas con la corrupción a su alrededor (comparar Josué 24:14; Ezequiel 20:8; 23:3, 8). Es bastante evidente que Israel no pretendía abandonar a Jehová, sino simplemente servirle bajo el símbolo de Apis. Esto se desprende de la afirmación del propio pueblo al ver el becerro de oro:[16] «Éste es tu Dios»,[17] y de la proclamación de Aarón (32:5): «Mañana será fiesta para Jehová». Su grave pecado consistía en no darse cuenta de la presencia de un Dios que no se veía, mientras que los temores de su incredulidad les llevaron de nuevo a sus antiguas prácticas idólatras, sin preocuparse del hecho que ello significaba quebrantar el segundo de esos mandamientos proclamados tan recientemente a sus oídos, y quebrantaban todo el pacto que acababa de ser ratificado tan solemnemente. Algunos comentaristas han intentado suavizar la culpa de Aarón suponiendo que, al pedir los adornos de oro para hacer «el becerro», esperaba poder contar con la vanidad y la codicia de ellos, y así alejarlos de su propósito pecaminoso. El texto, no obstante, no ofrece ninguna garantía al respecto. Cierto que Aarón aún no estaba, entonces, en el sacerdocio, y también que su proclamación de una «fiesta a Jehová» podría haber sido con la intención de manifestar claramente que el nombre de Jehová todavía era reconocido, como antes, por Israel. Pero su debilidad culpable (usando los términos más suaves) simplemente incrementa su participación en el pecado del pueblo. Esto se ve en la posterior confesión de Aarón a Moisés,[18] que es el hecho más humillante que se registra en todo este relato. Tal vez fue bueno que Aarón, antes de ser nombrado Sacerdote, y todos los demás tras él, experimentara la evidencia de la ineptitud y la falta de valor naturales, a fin de que así se manifestara más claramente que el carácter de todo ello era simbólico y no relacionado con el valor de Aarón o su casa.

El juicio divino

Mientras Israel se dedicaba a actuar en el campamento

6. Éxodo 28; 29.
7. «Da quod jubes, et jube quod vis»: das lo que pides, y pides lo que deseas; un principio, no podemos cansarnos de repetir, aplicable por medio de la dispensación de la gracia, donde se origina todo lo que respecta a Dios.
8. Éxodo 4:22, 23.
9. Éxodo 22:29; 34:20; Números 3:12, 13, 16.
10. Romanos 11:16.
11. Éxodo 30:11-16.
12. Éxodo 31:1-11.
13. Éxodo 31:17.
14. Éxodo 32:1-6.

15. Éxodo 24:17.
16. Éxodo 32:4.
17. Tanto aquí como en el v. 1 la traducción ha de ser en singular («Dios»), y no en plural («Dioses») como en varias versiones.
18. Éxodo 32:21-24.

según las típicas licenciosas danzas y orgías que acompañaban tales fiestas paganas, Moisés todavía tenía que pasar por una prueba más. Dios mismo había informado a Moisés acerca de la «rápida» apostasía de su pueblo (32:7, 8), acompañando su notificación con las siguientes palabras: «Ahora, pues, déjame que se encienda mi ira en ellos, y los consuma; y de ti yo haré una nación grande» (v. 10). Uno de los padres ya ha notado que las palabras divinas, «Ahora, pues, déjame», parecía implicar un llamamiento a Moisés para que ejerciera su oficio de intercesor por su pueblo. Además, también se ha comentado, que la oferta de hacer de Moisés una nación todavía mayor que Israel,[19] era, en cierto sentido, una tentación, o mejor una prueba de la singularidad de los propósitos y la fidelidad de Moisés para con su misión. Sabemos que Moisés soportó íntegramente esta prueba, perseverando e intercediendo con éxito por Israel ante su Señor (vv. 11-14). Pero hay un punto que no ha sido referido suficientemente por los comentaristas. Cuando, al anunciar la apostasía de Israel, Dios habló de ellos no como su propio pueblo, sino como el de Moisés («tu pueblo que sacaste de la tierra de Egipto»; v. 7). Al mismo tiempo Dios presentó a Moisés el ruego acertado en su intercesión, y también señaló la necesidad del severo castigo ejecutado posteriormente, para evitar que Moisés, por una indulgencia débil, se mezclara en complicidad con el pecado de Israel. Este último punto se comprende fácilmente. En cuanto al otro, vemos cómo Moisés, en su intercesión, suplicó con el argumento que Dios le diera. Insistió muy de corazón sobre el hecho que Israel era el pueblo *de Dios*, puesto que su liberación de Egipto había sido realizada totalmente por Dios. Empleó tres argumentos especiales con Dios, y *estos tres argumentos pueden servir de ejemplo* para todos los tiempos en nuestras súplicas pidiendo perdón y restauración después de la debilidad y las caídas. Estos argumentos fueron: *primero*, que Israel era propiedad de Dios, y que sus tratos en el pasado lo habían demostrado (v. 11); en *segundo* lugar, que la propia Gloria de Dios estaba implicada en la liberación de Israel ante el enemigo (v. 12); y, en *tercer* lugar, que las promesas de gracia de Dios fueron pronunciadas para la salvación de ellos (v. 13). Y Dios nunca rechazó aceptar tales súplicas (v. 14).

Pero, a pesar de haber sido informado sobre la situación del campamento de Israel, Moisés no podía estar preparado para presenciar la escena que halló ante él, cuando, al dar la vuelta a un promontorio,[20] apareció completamente ante su vista la muchedumbre enardecida en su festividad licenciosa. El contraste fue demasiado grande, y «ardió la ira de Moisés, y arrojó las tablas de sus manos, y las quebró al pie del monte» (v. 19). No es necesario suponer que lo que sigue en el texto sagrado es relatado en un orden cronológico estricto. Sea suficiente, que, después de una breve pero severa reprobación de Aarón, Moisés tomara su lugar «a la puerta del campamento» convocando a los que estaban «por Jehová». Todos los hijos de Leví obedecieron, y recibieron indicaciones de ir por el campamento y «matar cada uno a su hermano, y a su amigo y a su pariente» (v. 27). En ese día terrible murieron 3.000 hombres, o más, cayendo bajo la espada de Leví. En cuanto al becerro de oro, su marco de madera fue quemado en el fuego y su capa de oro fue triturada hasta convertirse en polvo, y derramado en el arroyo que descendía de Sinaí.[21] Israel tenía que beber del mismo, simbolizando con ello que cada uno debía recibir y llevar el fruto de su pecado, como también más adelante, la mujer sospechosa de adulterio recibió la orden de beber del agua que había lavado la escritura de las maldiciones de su pecado.[22]

Aquí nos encontramos con un detalle que requiere un estudio más especial de lo que ha recibido hasta ahora. Como se suele entender generalmente, la muerte de estos 3.000 es un hecho inexplicado. ¿Por qué solo *esos* 3.000? ¿Acaso cayeron simplemente porque se hallaban casualmente más cerca, sobre la base, sugerida por otros, de diezmar a unas huestes que ofendían? ¿Por qué no acudió nadie en su defensa? Este castigo indiscriminado no parece concordar muy bien con los tratos divinos. Pero el texto, según nos parece, nos ofrece pequeñas indicaciones sobre la explicación correcta. Cuando Moisés se puso en pie en el campamento de Israel y convocó a los que estaban de parte de Jehová, leemos que «el pueblo estaba desnudo» (v. 25), o desenfrenado, *licencioso* (comp. v. 6; 1 Co. 10:7, 8). En pocas palabras, estaban ante él unos hombres, recién llegados de sus orgías, en un estado de actitud licenciosa, a quienes ni siquiera la aparición y las palabras de Moisés habían logrado hacer volver sobrios en silencio, vergüenza y arrepentimiento. Éstos, según lo entendemos nosotros, todavía se agolpaban en el camino abierto del campamento, que tan recientemente había resonado con sus voces; éstos fueron hallados por los vengadores levitas, en su paso, espada en mano, de puerta en puerta, como el ángel destructor en Egipto en la noche de la pascua; y éstos fueron los 3.000 que cayeron aquel día, mientras que la gran multitud ya se había retirado al silencio de sus tiendas en un arrepentimiento rezagado y en temor, al ver a aquél cuya presencia representaba la cercanía del Dios santo y celoso, cuyos terribles juicios podían temer con toda razón.

La súplica de Moisés

Así terminó el día de la vuelta de Moisés entre los suyos. Por la mañana les reunió para hablar con ellos, esta vez no con ira, mas con dolor, sobre el gran pecado de ellos. Luego, volviendo de ellos al Señor, suplicó el perdón para sus hermanos, con una intensidad de amor y una negación de sí mismo (vv. 31, 32), que no han sido igualados por ningún hombre excepto San Pablo.[23] Consiguió obtener que el pueblo no fuese destruido y que no cesara el pacto; pero Dios no iba a estar personalmente en medio de un pueblo tan incapaz de soportar su santa presencia; en adelante enviaría un ángel creado como su guía. Y a pesar de ello, este pecado pesaría en la balanza en el día de la visitación, la cual, sin duda alguna, causaría otra rebelión de ese pueblo. Las primeras palabras de la frase final, que sus cuerpos debían caer en el desierto,[24] ya fueron mencionadas, por así decirlo, en esta advertencia del Señor en la mañana después de la muerte de los 3.000: «pero en el día de la visitación,

19. Deuteronomio 9:14.

20. «A menudo al descender por ella» (la llamada «Colina del Becerro de Oro», cerca del lugar donde se dio la Ley), «mientras las laderas de la hondonada escondían las tiendas de mi mirada, oí el sonido de voces que subía, y pensé cómo Josué dijo a Moisés cuando éste descendía del monte, "Alarido de pelea hay en el campamento"».

21. Deuteronomio 9:21. El lector erudito encontrará toda propuesta posible en Bocharti Hieroz, vol. I, pp. 349, etc.

22. Números 5:24.

23. Romanos 9:3. «No es fácil», escribe Bengel «valorar el amor de un Moisés o un Pablo. Nuestra pequeña medida de capacidad apenas lo puede entender, como tampoco un niño puede comprender el coraje de un héroe».

24. Números 14:29.

yo visitaré en ellos su pecado». «Así», con las palabras de la Escritura (v. 35), «Jehová hirió al pueblo, porque habían hecho el becerro que formó Aarón».[25]

El perdón por gracia de Dios

El hecho que Dios no iba a ir personalmente con Israel por la dureza de cerviz de ellos fue recibido, ciertamente, como una «mala noticia».[26] El relato del arrepentimiento del pueblo y del perdón por gracia de Dios forma una de las partes más preciosas de esta historia. La primera manifestación de su dolor piadoso fue el dejar sus «atavíos» o adornos, no solo temporalmente, sino permanentemente. Así leemos: «Entonces los hijos de Israel se despojaron de sus atavíos desde el monte Horeb en adelante» (33:6).[27] Podemos decir que Israel estuvo en luto permanente siempre, a partir de su gran pecado nacional. Luego, dado que el Señor ya no estaba personalmente en medio de Israel, Moisés sacó la tienda (probablemente la suya) fuera del campamento, para recibir allí los mensajes divinos, cuando «la columna de nube descendía», «y Jehová hablaba con Moisés». Moisés la llamó «tienda de encuentro» (traducido en algunas versiones castellanas «el tabernáculo de Reunión»: v. 7). Prácticamente no es preciso decir que éste no era «el tabernáculo» (como se podría suponer), porque este último todavía no había sido construido. A esta «tienda de reunión» acostumbraban a salir todos los que eran del verdadero Israel, y que consideraban a Jehová, no meramente como su Dios nacional, sino que le honraban personalmente y sentían la necesidad de Él. Esto no debe ser tenido como una protesta o un acto de separación por su parte, sino como evidencia de arrepentimiento verdadero y de su deseo de encontrarse con el Dios que ya no se hallaba más en el campamento de Israel. Además, todo el pueblo, cuando veía la columna de nube que descendía hacia Moisés, «se levantaba y adoraba». En términos generales, este período fue tal vez el de mayor suavización de corazón de toda la travesía de Israel por el desierto.

Y Dios lo respetó con gracia. Ya había asegurado a Moisés que permanecía bajo una relación especial con él («Yo te he conocido por tu nombre»), y que su oración por Israel había sido escuchada («has hallado también gracia en mis ojos»). Pero la primera sentencia quedaba en pie, que un ángel, y no Jehová personalmente, sería el guía futuro de Israel. Bajo estas circunstancias Moisés suplicó a Jehová que le mostrara Su camino, es decir, su propósito actual para con Israel, añadiendo que si Dios les llevaba a la Tierra Prometida, él «consideraría que este es tu pueblo», y Él su Dios y Rey. Esta petición también fue escuchada, y el Señor prometió una vez más que su propia presencia iría con ellos, y que Él mismo les iba a dar el resto de Canaán (v. 14; comp. Dt. 3:20; He. 4:8). Y Moisés dio gracias con otra oración, incluso más fervorosa que antes, por la bendición concedida en ese momento (vv. 15, 16).

Pero una cosa resultó dolorosamente evidente a Moisés en todo lo sucedido. Por muy fiel que fuese en la casa de su Señor,[28] no era más que un siervo; y el siervo no conoce la voluntad de su señor. La amenaza de destrucción si Jehová permanecía en Israel, y la alternativa de mandarles un ángel, debieron echar cierto abatimiento sobre su mediación futura. Se trataba ciertamente de un siervo, por muy altamente favorecido que fuese, no un hijo.[29] Esto sí podía comprenderlo: el Ser y el Carácter del Dios de Israel; ver su gloria, pero no su aspecto.[30]

La visión de la Gloria del Señor concedida a Moisés

Entonces todo quedaría claro, y, con una luz más completa, la seguridad más gozosa llenaría su corazón. Que éste era el significado real de la oración de Moisés, «Te ruego que me muestres tu gloria» (v. 18), lo avala el modo en que el Señor respondió. «Y Él respondió: Yo haré pasar todo mi bien delante de tu rostro, y proclamaré el nombre de Jehová delante de ti.» Entonces se le enseñó a Moisés que el más profundo misterio de la gracia divina no yacía en los tratos *nacionales* de Dios, sino en los *individuales*, en misericordia soberana. «Tendré misericordia del que tendré misericordia, y seré clemente para con el que seré clemente» (v. 19). No obstante, ningún hombre podía ver el *rostro* (el resplandor total de Jehová). Ni la carne ni el espíritu, en cuanto habitaba en la carne, podía soportar una gloria así. Al pasar esa gloria, Dios mantendría a Moisés en una hendidura de la roca, tal vez en la misma en la cual se concedió una visión semejante a Elías,[31] y allí le daría sostén, o le «cubriría» con su mano. Moisés sólo podía ver las «espaldas» (el resplandor posterior de su gloria, los reflejos luminosos de lo que Jehová era en realidad). Pero lo que presenció Moisés, escondido en la hendidura de la roca, y Elías, el representante de los profetas, vio más claramente, escondiendo su rostro bajo el manto, mientras adoraba, aparece revelado completamente en el Rostro de Jesucristo, en quien «habita corporalmente toda la plenitud de la deidad».

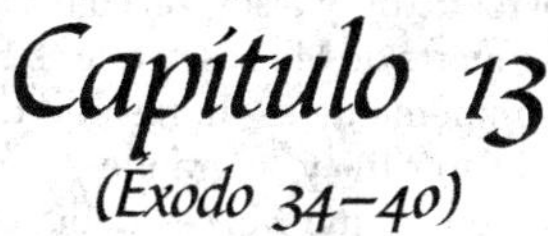

Capítulo 13
(Éxodo 34–40)

Una vez restaurada felizmente la relación del pacto entre Dios e Israel, Moisés recibió instrucciones para llevar otras dos tablas al monte (en esta ocasión preparadas por él) en lugar de las que había roto, para que Dios pudiese escribir de nuevo las «diez palabras».[1] Otra vez estuvo cuarenta días y cuarenta noches en Sinaí sin comer ni beber (34:28).

Moisés en el monte por segunda vez

Los mensajes que recibió fueron precedidos por esa gloriosa visión del resplandor de Jehová, que le había sido prometida. En ninguna parte se nos dice lo que *vio*; solamente lo que *oyó*, cuando Jehová «proclamó» ante él lo que Lutero designa adecuadamente como «el sermón sobre el nombre de Dios». Descubría su ser más interior, como el del amor inexplicable (siendo la acumulación de términos la presentación del amor en todos sus aspectos). Y, usando las palabras de un escritor alemán reciente: «Del mismo modo que Jehová proclamó en esta ocasión, también lo manifestó entre los israelitas en todo tiempo, desde el monte Sinaí

25. El texto no implica necesariamente que se mandara sobre el pueblo ningna otra «plaga» en aquel momento.
26. Éxodo 33:4.
27. Traducción literal.
28. Hebreos 3:5.
29. Hebreos 3:5, 6.
30. Éxodo 33:18.
31. 1 Reyes 19:9.
1. Éxodo 34:1-4.

hasta que los llevó a la tierra de Canaán; y desde allí hasta que los sacó de entre los paganos. Incluso ahora, en su destierro, está "guardando misericordia para miles, que se vuelven al Redentor que sale de Sion"».

Cuando Moisés comprendió plenamente de este modo el carácter de Jehová, pudo interceder una vez más por Israel, convirtiendo ahora en una súplica para el perdón incluso la razón que pareció haber hecho peligrosa la presencia de Jehová en Israel: que eran un pueblo duro de cerviz (v. 9). De este mismo modo el Señor, cuando hablaba con Noé, hizo del pecado del hombre, el cual había provocado primero el juicio, la base de la paciencia futura.[2] Y ahora Dios, una vez más, confirmó en su gracia su pacto con Israel. Al hacerlo, les recordó las dos condiciones, una negativa, la otra positiva, pero ambas relacionadas estrictamente entre sí, y ambas aplicables al tiempo en que Moisés ya no estaría e Israel hubiese tomado posesión de la Tierra Prometida. Estas dos condiciones debían ser observadas siempre, si se iba a mantener el pacto. Una era evitar todo contacto con los cananeos y su idolatría (vv. 11-16); la otra, observancia del servicio de Jehová del modo indicado por Él mismo (vv. 17-26).

A su regreso resplandece su rostro

Otra confirmación del mensaje divino que Moisés trajo del monte, apareció a su vuelta en medio de Israel. Sin saberlo él, el reflejo de la gloria divina había permanecido en él, y «la piel de su rostro era resplandeciente[3] (lanzaba rayos) por haber hablado (Dios) con él».[4] Al asustarse Aarón y los hijos de Israel de este reflejo de la gloria divina, Moisés tenía que cubrirse el rostro cuando hablaba con ellos, y sólo se descubría cuando conversaba con el Señor. A esto se refiere el apóstol[5] cuando compara la gloria del Antiguo Testamento en el rostro de Moisés, «el cual había de perecer» (al menos con la muerte de Moisés) y que estaba relacionado con lo que era simplemente el «ministerio de muerte», con «el ministerio del Espíritu» y su grande y perdurable gloria. Además, el velo con el que Moisés debía cubrir su rostro representaba simbólicamente el velo que cubría el Antiguo Testamento, el cual desaparece (solamente) en Cristo» (2 Co. 3:13, 14).

Construcción del tabernáculo

Ahora todo estaba dispuesto para la construcción del tabernáculo y de todo lo necesario para sus ceremonias. Podemos entender, especialmente a la luz del trabajo que les esperaba, por qué se ordena de nuevo el descanso del sábado.[6] Luego se hizo proclamación para obtener las contribuciones voluntarias de todo lo necesario, a la cual el pueblo respondió con tantas «ofrendas voluntarias» (35:29), que pronto se recogió no solamente el material «abundante» sino que «sobraba» «para toda la obra».[7] La cantidad total de oro y plata empleada se menciona con exactitud en Éxodo 38:24-26. La suma total de oro alcanza en valores actuales por lo menos 131.595 £, y la de plata sobre 75.444 £, y ambas juntas

2. Génesis 6:5, 6.
3. La palabra hebrea se deriva de un cuerno, y algunas versiones de hecho traducen: «no sabía que su rostro estaba adornado con cuernos». De aquí viene la representación de Moisés con cuernos en su frente.
4. Traducción literal.
5. 2 Corintios 3:7.
6. Éxodo 35:2, 3.
7. Éxodo 36:5-7.

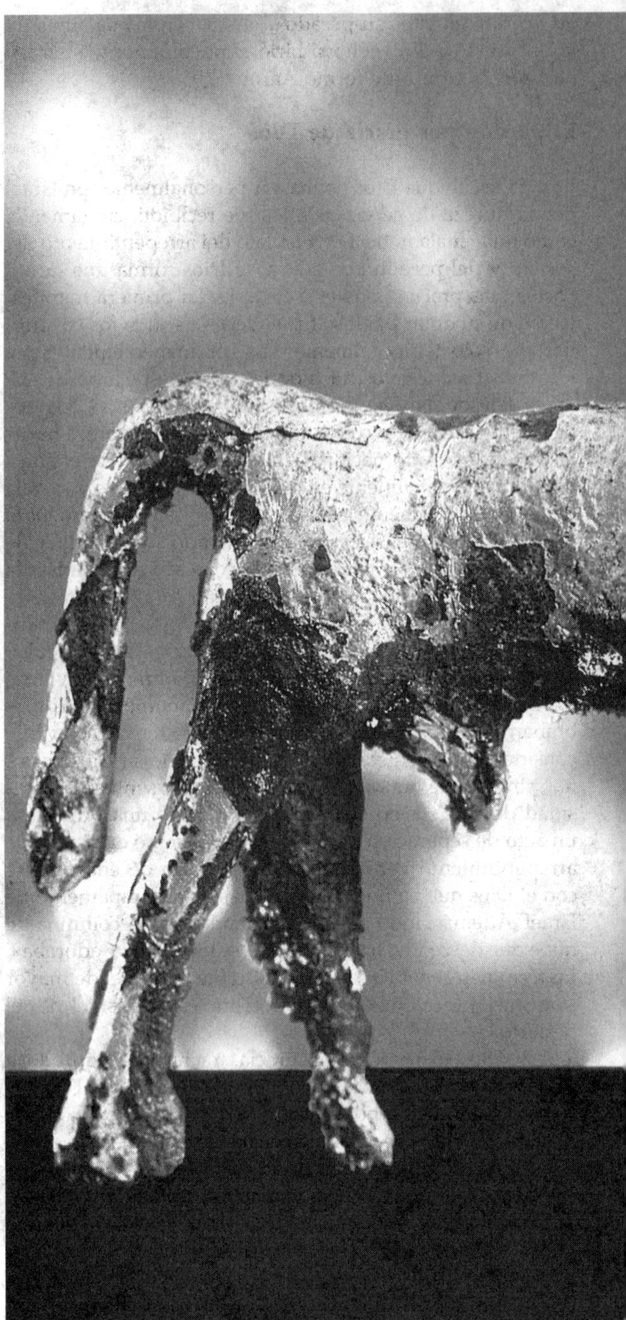

«Así, pues, provisto de todas las indicaciones necesarias, Moisés recibió finalmente, de mano del Señor, las "tablas del testimonio", "escritas con el dedo de Dios" (v. 18). Mientras se daban estas sagradas transacciones en el monte, se desenvolvía una escena muy diferente en el campamento de Israel. Sin intentar justificar ni suavizar el pecado espantoso de hacer el becerro de oro, debemos aceptar, no obstante, que el tema debe ser considerado a la luz de la realidad sociológica. La ausencia prolongada de Moisés despertó temores en el pueblo».

Este becerro de bronce de 35 mm de alto, hecho en el segundo milenio a.C., vinculado al culto a Baal, proviene de la ciudad de Biblos donde los cananeos lo enterraron con la piedra angular de un santuario. (Museo del Louvre)

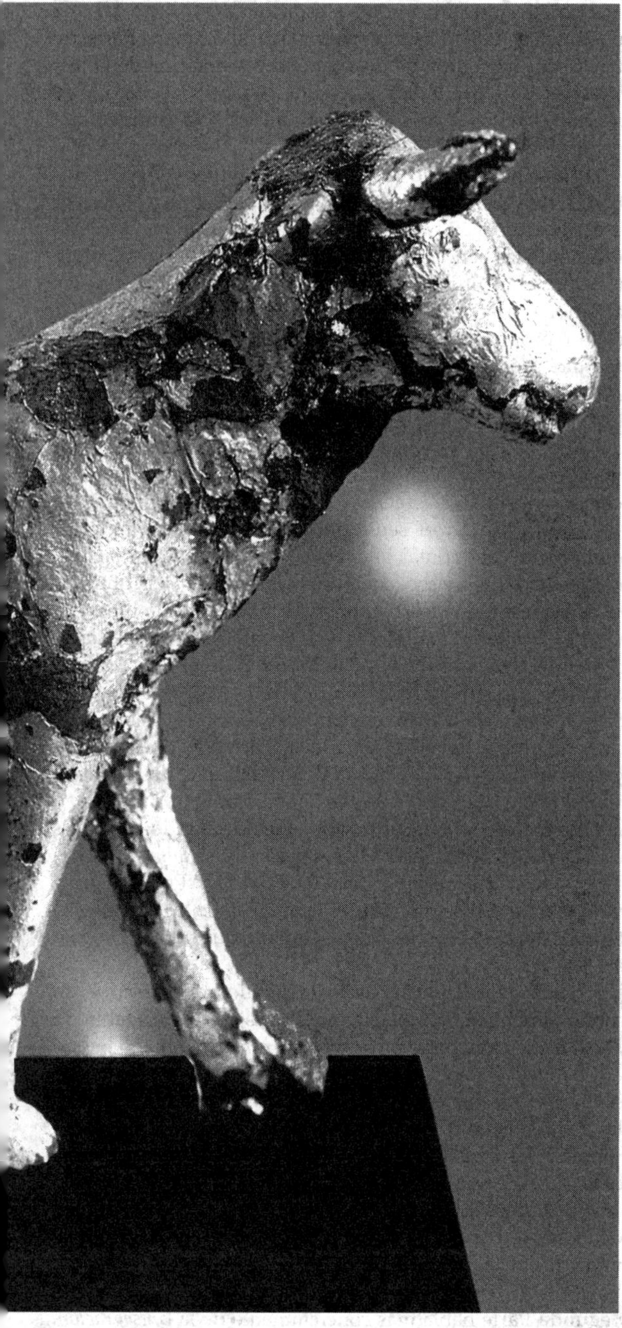

207.039 £. Y es preciso tener en cuenta que esta cantidad no indica todo lo que ofreció Israel, sino solamente lo que se usó. En cuanto a la plata, o se ofreció una cantidad inferior o no se requirió nada, porque las 75.444 £ de plata representan la cantidad exacta del «rescate»[8] que tuvo que pagar cada israelita en su primer censo (38:26). Pero el pueblo no solo trajo oro, plata y otros materiales. Todos los hombres «sabios de corazón» «cuyos corazones estimuló el Señor» (es decir todos aquellos que comprendieron dicha labor, y cuyo celo fue encendido por su amor por el santuario de Dios) se pusieron manos a la obra, según su habilidad, bajo la dirección de Bezaleel, el nieto de Hur y Aholiab de la tribu de Dan. Pero lo que más nos impresiona de este relato sagrado es la evidencia de la devoción espiritual, que apareció tanto en los regalos como en el trabajo del pueblo. «Y vio Moisés toda la obra, y he aquí que la habían hecho como Jehová había mandado; y los bendijo.»[9]

Realizado por unas manos tan deseosas, el trabajo entero fue terminado en un período de tiempo increíblemente corto. Al comparar Éxodo 19:1, que determina la llegada de Israel al monte Sinaí en el tercer mes (del primer año), con Éxodo 40:2, que nos informa que el tabernáculo estaba dispuesto para ser establecido «en el primer día del primer mes» (del segundo año), encontramos que se dio un intervalo de nueve meses.

No obstante, a esto debemos deducir dos períodos de cuarenta días, durante los cuales Moisés estuvo en el monte, como también los días en que Israel se preparó para el pacto, y los que pasaron durante su ratificación y la entrega de la ley, y también el intervalo entre la primera vez que Moisés subió al monte y la segunda. Así todo el trabajo de elaboración relacionado con el tabernáculo y sus ceremonias debió realizarse en un período temporal comprendido en seis meses. Y ahora que «el tabernáculo estaba edificado», Moisés colocó, primeramente, dentro del Lugar Santísimo, el Arca que mantenía «el testimonio», y la cubrió con el propiciatorio; a continuación, dispuso el Lugar Santo, al norte, la mesa de los panes de proposición, colocando «sobre ella por orden los panes delante de Jehová»; luego, al sur, «el candelero», encendiendo sus lámparas ante el Señor; y finalmente «el altar de oro» «delante del velo» del Lugar Santísimo, «y quemó sobre él incienso aromático». Una vez hecho todo esto, y colgada la cortina a la entrada del tabernáculo,[10] fue colocado el altar del holocausto, «a la entrada del tabernáculo», y «la pila» entre ésta y el altar, aunque posiblemente no estuviera en línea recta, sino un poco a un lado del altar del holocausto. Y del altar subía el humo del holocausto y de la ofrenda de carne, y la pila estaba llena de agua, donde Moisés, Aarón y sus hijos se lavaban las manos y los pies.

Su consagración por medio de la presencia vista de Jehová

Todo estaba prácticamente preparado: medios, ordenanzas y canales de bendición designados, y todo estaba esperando. Sólo se requería una cosa; pero precisamente de ella dependía el significado y la eficacia de todo lo demás. Pero Dios fue fiel a su promesa. Y en su espera creyente Israel miró hacia arriba, «una nube cubrió el tabernáculo de reunión, y la gloria de Jehová llenó el tabernáculo». Fuera, visible por todos, permanecía «sobre el tabernáculo» esa

---

8. Éxodo 30:12.
9. Éxodo 39:43.
10. Éxodo 40:28.

nube y columna, en las que Jehová les había estado guiando hasta entonces, y seguiría haciéndolo. Porque, al entretenerse la nube de día y el aspecto de fuego de noche sobre el tabernáculo, los hijos de Israel «moraban en sus tiendas», «y no se movían». Pero «cuando se alzaba», el campamento de Israel era desmontado velozmente, y seguían a su guía divino, viajando (comp. Nm 9:15-23). Era una presencia de Jehová constante, visible y que los guiaba entre su pueblo profesante, reposando sobre la tienda exterior que cubría el tabernáculo. Pero dentro del tabernáculo propiamente dicho, había otra presencia inalcanzable. Porque «la gloria de Jehová llenaba el tabernáculo. Y no podía Moisés entrar en el tabernáculo de reunión, porque la nube estaba sobre él, y la gloria de Jehová lo llenaba».[11] Posteriormente se retiró al Lugar Santísimo, donde solo podía entrar, una vez al año, el sumo sacerdote; esa ocasión era en el día de la expiación y para este mismo propósito, y allí reposaba entre los querubines de gloria, sobre el propiciatorio, que cubrían el arca con el testimonio.

Porque «no se había manifestado el camino al lugar santísimo». «Pero estando ya presente Cristo, como sumo sacerdote de los bienes venideros, por otro más amplio y más perfecto tabernáculo, no hecho de manos, es decir, no de esta creación, y no por medio de la sangre de machos cabríos ni de becerros, sino entró una vez para siempre en el lugar santísimo, habiendo obtenido eterna redención para nosotros».[12]

Capítulo 14
(Levítico)

La finalidad del Libro de Éxodo es contar cómo el Señor Dios redimió y puso aparte «un pueblo concreto» para sí mismo. En consecuencia, termina con la construcción del tabernáculo y la santificación del mismo por la presencia de Jehová en el Lugar Santo. No obstante, todavía era necesario mostrar los otros aspectos del pacto. Porque las provisiones y los medios de gracia deben ser aceptados y usados por aquellos para los cuales fueron designados, y la «separación» del pueblo por Jehová implicaba, en contrapartida, la consagración de parte de Israel.

Análisis del libro de Levítico

Y esto forma la base del tema del Libro de Levítico,[1] el cual ha sido descrito adecuadamente por un escritor alemán reciente como «el código que legisla la vida espiritual de Israel, visto como el Pueblo de Dios». Para resumir su contenido general: en la primera parte (1-16) nos explica cómo Israel debía *acercarse* a Dios, junto con lo que no era coherente con tales acercamientos, de modo simbólico; y en la segunda parte (17-27) cómo, habiendo sido hechos cercanos a Dios, el pueblo debía mantener, gozar y mostrar el estado de gracia del cual habían llegado a ser participantes. Evidentemente, todo esto es simbólico, y debemos considerar las indicaciones y las ordenanzas como portadores en forma exterior de muchas verdades espirituales. Incluso tal vez podamos ir tan lejos como decir que la Primera Parte de Levítico muestra, de modo simbólico, la doctrina de la *justificación*, y la Segunda Parte, la de la santificación; o, más acertadamente: el camino de *acceso a Dios*, y la santidad que resulta de dicho acceso.

Ya se ha señalado que el Libro de Levítico consta de dos partes; una que termina con el capítulo 16; la otra, con mayor exactitud, en el 25; el capítulo 26 es una conclusión general, indicando las bendiciones de la adhesión fiel al pacto, mientras que el capítulo 27, que trata el asunto de hacer votos al Señor, forma un *apéndice* altamente apropiado. Al finalizar el libro propiamente dicho,[2] y el capítulo que hemos llamado *apéndice*, por falta de otro nombre mejor (26:34), encontramos expresiones que indican el propósito del todo, y que el Libro de Levítico forma una parte especial e independiente del Pentateuco. Y repetimos: el Libro de Levítico es para Israel como pueblo de Dios; es el libro de los estatutos de la vida espiritual de Israel; y sobre esta doble base, no puede ser sólo legal, en el sentido de ley común, ni tampoco meramente ceremonial, sino en todo su contenido *simbólico y figurativo*. En consecuencia, sus verdades más profundas se aplican a todos los tiempos y a todos los hombres.

La Primera Parte (1-16), que cuenta a Israel *cómo acercarse a Dios a fin de tener comunión con Él*, empieza adecuadamente con una descripción de los *diversos tipos de sacrificios*.[3] Luego trata sobre el *sacerdocio*.[4] El carácter simbólico de todo ello, y por ello la necesidad de una adhesión más cerrada a las indicaciones dadas, se ilustran a continuación con el juicio que cayó sobre los que ofrecieron incienso en «fuego extraño».[5] Del sacerdocio el texto sagrado pasa a *los adoradores*.[6] Éstos deben estar *limpios –personalmente* (11:1-47), en su *vida familiar*,[7] y *como congregación*.[8] Por encima, y más allá, de todo esto, hay el *gran día de la expiación*,[9] con el cual concluye la *primera parte* del libro, que trata del acceso a Dios.

La *Segunda Parte* del Libro de Levítico, que describe, de modo simbólico, la *santidad* que corresponde al pueblo de Dios, trata primeramente la *santidad personal*,[10] luego la *santidad en la familia*,[11] la *santidad en las relaciones sociales*,[12] y la *santidad en el sacerdocio*.[13] De allí el texto sagrado procede con las *fiestas santas*.[14] Del mismo modo que el deber de adhesión íntima a las instrucciones divinas en relación con el sacerdocio fue ilustrado con el juicio de Nadab y Abiú,[15] también ahora el deber solemne, de la incumbencia de todo el pueblo de Israel, en tratar el Nombre de Jehová como santo, se muestra con el castigo de uno que lo blasfemó.[16] Finalmente, Levítico 25 describe la *santidad de la tierra*. Así, pues, la Segunda Parte habla más concretamente de la *consagración*. Como la Primera Parte, describiendo el acceso a Dios, termina en la ordenanza del Día de la Expiación, así la segunda termina con el Año de Jubileo. Finalmente, Levítico 26 hace hincapié en la bendición unida a la observancia fiel del

11. Éxodo 40:34, 35.
12. Hebreos 9:8, 11, 12.
1. El Libro de *Levítico*, o sobre las ordenanzas levíticas, deriva su nombre del término griego correspondiente en la traducción de la 70, y su nombre latino en la Vulgata. Corresponde a la designación rabínica de la «Ley y los Sacerdotes», y «Libro de la Ley de las Ofrendas». Entre los judíos se conoce normalmente como *Vajikra*, por ser la primera palabra del texto hebreo: «Vajikra», «Llamó».

2. Levítico 26:46.
3. Levítico 1-7
4. Levítico 8-10
5. Levítico 10:1-6.
6. Levítico 11-15.
7. Levítico 12.
8. Levítico 13-15.
9. Levítico 16.
10. Levítico 17.
11. Levítico 18.
12. Levítico 19, 20.
13. Levítico 21, 22.
14. Levítico 23, 24.
15. Levítico 10: 1-6.
16. Levítico 24:10 hasta el final.

pacto; mientras que Levítico 27, yendo más allá de las exigencias y consagraciones comunes, habla sobre las ofrendas voluntarias del corazón, representadas por los votos.

El pecado de Nadab y Abiú

Ahora solo queda describir los dos ejemplos ilustrativos ya citados; uno en relación con el sacerdocio, el otro con el pueblo. Aarón y sus hijos acababan de ser consagrados solemnemente en su oficio santo, y la ofrenda traída se había consumado delante de todo el pueblo con un fuego de la presencia de Jehová, para probar su aceptación de la misma.[17] Por ello era altamente necesario enviar una señal y un castigo público sobre cualquier transgresión de la ordenanza del Señor, especialmente por ser cometida por sus sacerdotes. Pero *Nadab* y *Abiú*, los dos hijos mayores de Aarón, intentaron ofrecer «fuego extraño, que Él nunca les mandó».[18] Algunos escritores infieren por la prohibición de vino o cualquier bebida alcohólica a los sacerdotes durante el tiempo de su ministerio, que sigue inmediatamente el relato de este suceso (10:8-11), que estos dos sacerdotes habían estado bajo una influencia similar en el momento de su osado intento. El asunto es de poca importancia. No es fácil decir con exactitud lo que implica el «fuego extraño». Claramente, ambos iban a ofrecer incienso en el altar de oro (v. 1), y también resulta evidente que el servicio que estaba a punto de ser llevado a cabo no había sido prescrito por el Señor. Porque una comparación entre los vv. 12 y 16 muestra que se dio entre el sacrificio ofrecido por Aarón[19] y la comida festiva que venía después del sacrificio; mientras que el incienso sólo debía ser quemado en los sacrificios de la mañana y la noche. Además, podría ser que también tomaran «fuego extraño» en el sentido de tomar las ascuas procedentes de cualquier otro lugar distinto del altar del holocausto. En la ceremonia del Día de la Expiación se ordena explícitamente hacerlo,[20] y es una inferencia justa pensar que las mismas indicaciones se aplicaban cada vez que se ofrecía incienso. En todo caso, sabemos que tal era la norma invariable en el templo en tiempos de Cristo. Pero a Nadab y Abiú no les fue permitido realizar su propósito. El mismo fuego, que hacía poco tiempo había consumido el sacrificio aceptado,[21] ahora les golpeó, «y murieron en presencia de Jehová», es decir, delante de su lugar de morada; posiblemente en el patio (comp. Lv. 1:5), justo a la entrada del Lugar Santo. Así, justo en el mismo día de su consagración en el sacerdocio, los hijos de Aarón perecieron, porque no habían santificado al Señor en sus corazones, antes le habían ofrecido un culto de diseño propio, en vez de aquel incienso santo quemado por fuego del altar, que simbolizaba la oración, ofrecido en base a un sacrificio aceptado. Y esta lección doble la enseñó el Señor mismo en la explicación de su juicio (10:3). En cuanto a lo que al sacerdocio se refiere, «Me santificaré en aquellos que están cerca de mí,[22] y» (en cuanto se refiere al pueblo) «me glorificaré delante de todo el pueblo». En otras palabras, si los que habían sido consagrados a Él no iban a santificarlo en sus corazones y sus vidas, Él se santificaría a sí mismo en ellos por medio de los juicios contra ellos (comp. también Ez. 38:16), y así glorificaría Su nombre en presencia de todos, como el Santo, que no puede ser provocado a ira impunemente.

Aarón fue solemnizado tan profundamente, que, usando el lenguaje bíblico, «guardó su paz». De sus labios no escapó ni una sola palabra de queja; tampoco muestras de duelo, o de parte de sus hijos, pudieron echar la sombra de los sentimientos personales, o de pesar latente, sobre esta vindicación ejemplar de la santidad divina (10:6). Solamente a sus «hermanos, toda la casa de Israel» se les permitió «lamentarse por el incendio que Jehová hizo» (de su ira).

Juicio contra el blasfemo

El relato del juicio del blasfemo[23] fue insertado en el libro de Levítico en el lugar donde lo hallamos, ya sea porque se dio cuando las leyes recogidas allí fueron entregadas, o porque es una introducción y una ilustración adecuada sobre el deber de honrar a Jehová, lo cual tiene su más completa expresión en el reposo sabático y en la disposición del año del jubileo, ordenado en Levítico 25. También da un nuevo ejemplo de los peligros de Israel por la presencia entre ellos de «la multitud mezclada» que les había seguido desde Egipto.[24] No hay razón para dudar del punto de vista judío, que los otros ocupaban una zona aparte en el campamento; dado que los hijos de Israel estaban dispuestos según sus tribus, «cada uno junto a su bandera, bajo las enseñas de las casas de sus padres».[25] Pero como que el blasfemo era solo el hijo de una madre danita –Selomit, la hija de Dibri– siendo su padre un egipcio,[26] no se le debió permitir plantar su tienda en medio de la tribu de Dan. La tradición hebrea también añade que esta había sido la causa de la pelea, cuando el blasfemo «salió entre los hijos de Israel; y este hijo de mujer israelita y un hombre de Israel lucharon juntos en el campamento». Finalmente, añade que al negarle Moisés su intención de habitar entre los danitas, el hombre «blasfemó el Nombre[27] (*de Jehová*), y maldijo». Sea cual sea el contenido de verdad, si es que hay alguno, en esta tradición, el crimen en sí fue muy grave. Si incluso maldecir a los padres recibía la muerte, ¿qué castigo podía ser demasiado severo contra alguien que había «ultrajado» a Jehová y «maldecido»? Pero, precisamente por tratarse de un caso demasiado solemne, Moisés no se apresuró a dar un veredicto sobre el mismo (comp. el aplazamiento correspondiente en Números 15:34). «Le pusieron en prisión para tomar una decisión sobre ellos (es decir, sobre los blasfemos), según la boca (o la orden) de Jehová.»[28] Así, por indicación divina, sacaron al blasfemo del campamento; los que habían oído su blasfemia pusieron «sus manos sobre la cabeza de él», como si intentaran apartar la blasfemia

17. Levítico 9.
18. Levítico 10:1.
19. Levítico 9
20. Levítico 16:12.
21. Levítico 9:24.
22. Levítico 10:3. Traducción literal.

23. Levítico 24:10-14.
24. Éxodo 12:38.
25. Números 2:2.
26. Una tradición judía muy antigua cuenta que el padre de este blasfemo era el egipcio a quien Moisés mató por maltratar a un hebreo (Éx. 2:11, 12). Se añaden detalles legendarios sobre las anteriores ofensas de ese egipcio, que no es necesario repetir aquí. Su objetivo evidente es, por un lado, excusar la ira de Moisés y, por otro lado, explicar el hecho que un egipcio era el padre de un hijo de una madre hebrea.
27. Los Rabinos y la versión de los 70 traducen la expresión «blasfemó» por «pronunció claramente», y el tradicionalismo judío ha basado en esto la prohibición de pronunciar jamás el nombre Jehová; una ordenanza tan bien guardada hasta tal punto que la pronunciación exacta de esta palabra no se conoce con seguridad. Muy probablemente debería pronunciarse Yavé. En nuestra versión inglesa, como en la 70 y la Vulgata, se representa por «el SEÑOR», escribiendo esta última palabra en mayúsculas.
28. Traducción literal.

lejos de ellos y colocarla sobre la cabeza del culpable (comp. Dt. 21:6); y toda la congregación se unió en el juicio lapidándolo.

Pero la ley general que decretaba el castigo de la blasfemia[29] debía ser aplicada a los israelitas nativos y a los extranjeros, como sucedía con todos los crímenes que comportaban castigo retributivo (en especial los que atentaban contra la vida de la persona) que debían ser tratados del mismo modo, tanto si el culpable era judío como extranjero. Éste es el objetivo de la repetición de estas leyes en relación con esto.[30] Porque Jehová no era una deidad nacional, como los dioses de los paganos; tampoco disfrutaba Israel de privilegios especiales en caso de ofensas; sino que Jehová era el Santo de Israel, y la santidad fue Su casa para siempre.

Capítulo 15

(Números 1–4; 10:1-11)

El Libro de Números es casi como una crónica de los acontecimientos principales durante los treinta y ocho años que pasaron entre la parada de Israel en el desierto de Sinaí y su llegada a la frontera de Canaán. Lo que sucedió durante su viaje al monte Sinaí tenía como finalidad preparar al pueblo para los solemnes sucesos promulgados allí. De modo similar, la travesía de treinta y ocho años fue concebida para hacer a Israel apto para tomar posesión de la Tierra de la Promesa. La historia exterior del pueblo durante ese período evidenciaba, por un lado, el constante cuidado y misericordia de Jehová, y por otro lado, Su santidad y Sus juicios; mientras que las leyes y ordenanzas que se les dieron eran necesarias para la correcta organización de la nación de Israel en sus relaciones futuras. Un análisis breve de todo este libro mostrará la relación de todo ello.

Análisis del libro de Números

En general, el Libro de Números parece estar formado por *tres partes*; la *primera*,[1] detalla *los preparativos para la travesía* partiendo de Sinaí; la *segunda*,[2] *la historia de los viajes* de Israel por el desierto; y la *tercera*,[3] *los diversos acontecimientos al este del Jordán*.

Si examinamos cada una de estas partes por separado, encontramos que la Primera Parte, *consta de cuatro secciones*, detallando:

1. Los números y la disposición exterior de cada una de las tribus,[4] y el nombramiento de los levitas para su servicio (3, 4);
2. Leyes sobre el orden superior espiritual del pueblo, culminando con la bendición sacerdotal (5, 6);
3. Los tres últimos acontecimientos antes de dejar el monte Sinaí (7, 8, 9:1-14);
4. Las señales de la partida en el desierto (9:15 - 10:10).

La *Segunda Parte* cuenta la historia de la *travesía* de Israel, en *sus tres fases:*

1. Desde Sinaí a Parán, cerca de Cadés, relatando todo lo que sucedió allí (10:10-14);
2. Desde el anuncio de la muerte de la generación que había salido de Egipto hasta la reunión del pueblo en Cadés en el año cuarenta después del éxodo (15-19);
3. La travesía desde Cadés al monte Hor, con los acontecimientos durante su curso (20, 21).

Finalmente, la Tercera Parte *consta de cinco secciones* que detallan:

1. Los intentos de Moab y Madián contra Israel (22-25);
2. Un nuevo censo y las ordenanzas relacionadas con el mismo (25-27);
3. Ciertas leyes sagradas en vistas a su asentamiento en Palestina (28-30);
4. La victoria contra Madián, la división del territorio obtenido, juntamente con un repaso del pasado (31-33:49);
5. Algunas indicaciones prospectivas sobre la posesión de la Tierra de la Promesa (33:50-36).[5]

El censo de Israel y el de los levitas

Antes de partir del campamento en el monte Sinaí, Dios indicó a Moisés y Aarón que hicieran un censo de todos los que formaban la hueste de Israel; con las palabras de la Escritura: «todos los que pueden salir a la guerra», «sus ejércitos»,[6] es decir, «todos los varones de veinte años arriba». Para ello debieron ser ayudados por un delegado de cada tribu, «cada uno jefe de la casa de sus padres» (1:4); o, como son designados en el v. 16, «los nombrados (representantes) de entre la congregación, príncipes de las tribus de sus padres, capitanes de los millares de Israel».[7]

Esta última expresión indica que el censo fue realizado según el plan propuesto por Jetro,[8] por medio del cual Israel fue estructurado en grupos de mil, cien, cincuenta y diez. Esto también explica los números extraños asignados a cada tribu como resultado final del censo. Evidentemente, el censo se llevó a cabo sobre la base de la lista realizada nueve meses antes para el «dinero del rescate».[9]

Dicha lista produjo un total de 603.550,[10] que es precisamente la misma cifra que la de Números 1:46. Es probable, pues, que fuese básicamente solo una reestructuración y un registro del pueblo según sus tribus, en grupos de mil, cien, cincuenta y diez, realizada con la colaboración de los jefes hereditarios de las tribus.

El número citado de hombres capaces de llevar armas implicaría, si pudiéramos aplicar resultados estadísticos modernos, una población total de dos millones. Treinta y ocho años más tarde, justo antes de entrar en posesión de la tierra, se llevó a cabo un segundo censo,[11] que dio un número total de 601.730 capaces de llevar armas (26:51), mostrando un descenso de 1.820 durante los años de travesía por el desierto.

Estructurando estos dos censos según las tribus, y colocándolos uno junto al otro, recogemos cierta información interesante:

29. Levítico 24:16.
30. Levítico 24:17-22.
1. Números 1; 10:1.
2. Números 1; 10:10.
3. Números 22-26.
4. Números 1, 2.
5. Hemos seguido básicamente la estructuración de Keil, que concuerda con la de los comentaristas más modernos. En cuanto a nuestras notas sobre el censo de las tribus, también hemos usado la misma ayuda.
6. Números 1:3.
7. Éste es el significado real del fragmento.
8. Éxodo 18:21, 25.
9. Éxodo 30:11-16.
10. Éxodo 38:26.
11. Números 26.

Primer Censo (Éx. 30; Nm. 1)			**Segundo Censo (Nm. 26)**
RUBÉN	46.500	(Príncipe *Elisur* «Mi Dios la roca»)	43.730
Simeón	59.300	(" *Seluiel* «Dios mi salvación»)	22.200
Gad	45.650	(" *Eliasaf* «Mi Dios que reúne»)	40.500
JUDÁ[12]	74.600	(" *Naasón* «El adivinador»)	76.500
Isacar	54.400	(" *Natanael* «Dios el dador»)	64.300
Zabulón	57.400	(" *Eliab* «Mi Dios el padre»)	60.500
EFRAÍN	40.500	(" *Elisamá* «Mi Dios que escucha»)	32.500
Manasés	32.200	(" *Gamaliel* «Mi Dios recompensador»)	52.700
Benjamín	35.400	(" *Abidán* «Mi Padre es juez»)	45.600
DAN	62.700	(" *Ahiezer* «Mi Hermano es socorro»)	64.400
Aser	41.500	(" *Pagiel* «Mi Hado es Dios» o «Mi oración es Dios»)	53.400
Neftalí	53.400	(" *Ahirá* «Mi Hermano es Amigo»)	45.400
	603.550		601.730

Una comparación de estas cifras evidenciará que, mientras unas tribus crecieron notablemente otras disminuyeron de forma notable, durante los treinta y ocho años de travesía. Así, por ejemplo, Isacar creció 19 %, Benjamín y Aser 29 %[13], y Manasés aproximadamente 63 %; mientras que Rubén decreció 6 %, Gad 12 %, Neftalí 15 %, y Simeón casi 63 %. Algunos intérpretes han relacionado los notables descensos en estas tribus con el juicio debido al servicio de Baal Peor; el hecho que Zimri, un príncipe de la tribu de Simeón, había sido un transgresor tan notable[14] llevando a la inferencia que la tribu misma también estuvo ampliamente implicada en el pecado.

También se ha notado que los levitas fueron tomados para el ministerio del santuario en lugar de los primogénitos de Israel.[15] El número de estos últimos era de 22.273.[16] Pero esta afirmación no debe implicar que, de entre todos los varones judíos, un total de más de un millón[17] de todas las edades (desde el abuelo hasta el niño recién nacido) solo había 22.273 «primogénitos». Es evidente que esta cifra indica únicamente el número de primogénitos desde su salida de Egipto.

En cuanto a los que nacieron antes del éxodo se nos dice con claridad:[18] «mío es todo primogénito; desde el día que yo herí a todo primogénito en la tierra de Egipto, santifiqué para mí todos los primogénitos de Israel». Por esto, la nueva santificación de los primogénitos de Israel y su sucesivo censo en vistas de la substitución de los levitas en su lugar debió originarse después de la noche de la Pascua. Así los 22.273 primogénitos, que fueron substituidos por los levitas, representan a los que nacieron después de salir de Egipto. Si este número parece proporcionalmente demasiado elevado, debemos recordar que las medidas de opresión de Faraón debieron tender a disminuir el número de casamientos durante la última parte de la estancia de Israel en Egipto, mientras que las perspectivas de una libertad cercana los aumentaría inmensamente.[19] Además, es bien sabido que incluso ahora la proporción de niños en comparación con niñas es mucho mayor entre los judíos que entre los gentiles.[20] Bajo esta luz, el relato de la Escritura sobre este tema no presenta dificultad alguna al lector cuidadoso.[21]

Como ya se ha explicado, los levitas no fueron censados con las otras tribus, sino separadamente,[22] y designados ministros de Aarón el sacerdote «para el servicio del tabernáculo», en lugar de los primogénitos de Israel (3:5-13). Al no ser considerados como parte del ejército, fueron contados «desde un mes arriba», siendo el número de sus varones de 22.000, el cual en el segundo censo (después de la travesía de treinta y ocho años) aumentó hasta 23.000.[23] Esta cifra se interpreta como implicando unos 13.000 hombres, de veinte años arriba (un número inferior a la mitad de la más pequeña de las tribus (Benjamín, 35.400). Con estos cálculos concuerda la afirmación[24] que el número de levitas «desde el de edad de treinta años arriba hasta el de edad de cincuenta años, todos los que entraban para ministrar en el servicio», eran un total de 8.580.[25] Parece ser que la misma proporción entre Leví y el resto del pueblo continuó al pasar el tiempo, según entendemos por los resultados del censo realizado por el rey David,[26] cuando Leví solamente había aumentado de 23.000 a 38.000, mientras que el resto de las tribus habían aumentado más del doble. Los levitas fueron estructurados en familias según sus antepasados, Gersón, Coat y Merari, los tres hijos de Leví.[27] Los gersonitas (a su vez divididos en dos familias, y con un total de 7.500), bajo su líder Eliasaf («Mi Dios que reúne»[28]) estaban encargados del «tabernáculo», o mejor dicho, «del lugar de morada»; de «la tienda»; de «su cubierta»; y de «la cortina de la puerta del tabernáculo de reunión»; como también de «las cortinas del atrio» (donde se hallaba el tabernáculo); de las cortinas de su puerta; y de todas las cuerdas necesarias para dichas «cortinas». Hemos prestado especial atención a la traducción de

12. Los nombres impresos en mayúsculas son los de los portadores-generales (ver más adelante). Se verá que de los doce príncipes el de Judá tiene un nombre peculiar. El nombre *Naasón* se deriva de una *serpiente*. Sin entretenernos en especulaciones ilusorias, *podemos* sugerir que esto puede ser una referencia profética al Gran Profeta que iba a herir la cabeza de la *serpiente*. Con esto también concuerda el nombre de su padre *Aminadab*, «mi pueblo es noble».

13. Las variaciones de las cifras de población son muy notables.

14. Números 25:6-14.

15. Números 3:11, 12.

16. Números 3:43.

17. Siendo el número total de unos dos millones, un millón de varones sería la proporción común.

18. Números 3:13; 8:17.

19. Resulta poco seguro sacar conclusiones definitivas en base a *datos* estadísticos *actuales* en cuanto al estado de Israel en esa época. Pero no hay nada tan notable como la influencia de las circunstancias exteriores sobre el número anual de bodas. Así, en Austria, hubo 361.249 bodas en una población de 36.500.000 habitantes en 1851; mientras que en 1854, con un censo superior a 37 millones, se dieron solamente 279.202. En Inglaterra la población aumentó en un millón de 1866 a 1869, mientras que en el último año hubo casi 11.000 bodas menos que en el primero.

20. La proporción de niños y niñas nacidos en Inglaterra varía curiosamente de año en año, y en diferentes condados. La proporción más baja de niños fue en Huntingdonshire en 1868, cuando descendió hasta 94.3 niños por 100 niñas. Pero la proporción media durante los diez últimos años da de 102 a 106 niños. (Este último dato corresponde a Cornwall) por 100 niñas. En 1832 la proporción en Ginebra era de 157 niños por cada 100 niñas. Entre los judíos en algunos lugares la proporción *media* ha sido, durante una media de 16 años, de 145 niños por 100 niñas. El lector interesado en estos temas puede consultar mi artículo: «On certain Physical Peculiarities of the Jewish Race», en la *Sunday Magazine* de 1869, pp. 315, etc.

21. Las opiniones de los judíos sobre la redención de los primogénitos en los tiempos de Cristo diferían de los de la Biblia. Ver mi *Temple, its Ministry and Services at the time of Christ*, p. 302.

22. Números 3:15.

23. Números 3:39; 26:62.

24. Números 4:48.

25. No podemos entrar aquí en más detalles numéricos. Pero sí podemos afirmar, y afirmamos, que toda supuesta dificultad sobre este tema desaparece ante un estudio cuidadoso del Texto Sagrado.

26. 1 Crónicas 23:3.

27. Números 3:14-43.

28. La importancia del significado de los nombres de «los príncipes», como indicadores de las esperanzas espirituales de Israel en Egipto, ya ha sido señalada en otro capítulo anterior.

este fragmento, porque demuestra que la idea general, que coloca las cortinas «del lino torcido, y azul, y púrpura, y escarlata»,[29] fuera de las tablas que formaban la estructura del tabernáculo, es totalmente errónea. Evidentemente, estas cortinas, y no las tablas, constituían «el tabernáculo», o mejor «la morada»;[30] ya que la «tienda», en el exterior de la estructura consta de once cortinas de pelo de cabra,[31] y «las cubiertas» de todo esto eran dobles: una de piel de «carneros teñida roja», y la otra de «pieles de tejones».[32]

Mientras que los gersonitas estaban encargados de «la morada», «la tienda» y las cortinas de la parte exterior, el cuidado de las «tablas de la morada», con todo lo que pertenecía a ellas, y de las «columnas del atrio a su alrededor» (en pocas palabras, de toda la estructura sólida exterior del tabernáculo y del atrio) cayó sobre los meraritas, bajo su jefe, Zuriel («Mi Roca es Dios»). Finalmente, el cargo más importante (el del contenido y los vasos del santuario) fue confiado a los coatitas, bajo su jefe Elizafán («Mi Dios mira alrededor»).

Preparación del campamento, y sus implicaciones simbiológicas

Visto en su totalidad, el campamento de Israel formaba un cuadrado triple; un patrón simbólico, desarrollado en el Templo de Salomón, más avanzado todavía en el de Ezequiel, y finalmente en toda su plenitud en «la ciudad que se halla establecida en cuadro».[33] El cuadrado interior (aunque algo alargado y por ello imperfecto en su anchura [o comprensión], y tampoco teniendo una forma perfecta de cubo, exceptuando el Lugar Santísimo propiamente dicho [que era un cubo]) era ocupado por «la morada», cubierta por «la tienda», y rodeada por su «atrio». Alrededor de este cuadrado interior había otro, ocupado por los ministros del tabernáculo: al este, o a la entrada del atrio, Moisés, Aarón y los hijos de éste; al sur los coatitas, que tenían el cargo levítico más importante; al oeste los gersonitas; y al norte los meraritas. Finalmente, había un tercer recuadro exterior, que formaba el campamento de Israel. El este o lugar más importante lo ocupaba Judá, llevando el estandarte de la división. Con Judá estaban Isacar y Zabulón (los hijos de Lea), las tres tribus juntas formaban una hueste de 186.400 hombres. La sección sur era ocupada por Rubén, con el estandarte de esa división, acampando probablemente cerca de Zabulón, o en la esquina del sureste. Con Rubén estaban Simeón y Gad (los hijos de Lea y de Zilpá, la sierva de Lea), formando todos juntos una hueste de 151.450 hombres. La sección oeste estaba ocupada por Efraín, con el estandarte de su división posiblemente acampado cerca de Gad, o en la esquina suroeste. Con Efraín estaban Manasés y Benjamín (es decir los tres descendientes de Raquel), formando juntos una hueste de 108.100 hombres. Finalmente, la sección norte estaba ocupada por Dan, con su estandarte, acampando probablemente cerca de Benjamín, o en la esquina noroeste. Con Dan estaban Aser y Neftalí (los hijos de Bilá y Zilpá), formando una hueste de 157.600 hombres.

29. Éxodo 26:1.
30. Así debería traducirse tanto en Números 3:25 como en Éxodo 26:1, 5.
31. Éxodo 26:7.
32. Éxodo 26:14.
33. Apocalipsis 20:9; 21:16. No podemos tratar este punto con más profundidad aquí, pero el simbolismo del cuadrado triple, y el significado simbólico de las visiones proféticas en Ezequiel y el Libro del Apocalipsis se presentarán rápidamente al estudioso de la Escritura.

La travesía

Este también era el orden de marcha, Judá iba delante con su división, después Rubén, con su división, luego el santuario con los levitas según el orden de su campamento, con Efraín y Dan formando la retaguardia. El texto sagrado no describe las banderas llevadas por las cuatro tribus que lideraban. Según la tradición judía llevaban como emblemas «el aspecto de las cuatro criaturas vivientes», vistas por Ezequiel en su visión del Carruaje,[34] siendo el color del estandarte el mismo de la piedra preciosa que se hallaba en el pectoral del sumo sacerdote, donde se habían grabado los nombres de las tribus que llevaban estandarte.[35] En cuyo caso Judá llevaría en su estandarte un león sobre un fondo rojo (la piedra sardia o el sardo), Rubén la cabeza de un hombre sobre un fondo rojo oscuro (el rubí o el carbunclo), Efraín la cabeza de un buey sobre un fondo de jacinto (el ligurio, según algunos, ámbar liguriano), Dan un águila sobre un fondo azul brillante, como el oro (el antiguo crisólito, tal vez nuestro topacio).

Todo esto suponiendo que los nombres fuesen grabados en el mismo orden en que las tribus acamparon. Pero Josefo y algunos rabinos colocan los nombres grabados en el pectoral en el mismo orden que el efod del sumo sacerdote,[36] es decir, «según su nacimiento». En dicho caso Rubén estaría sobre la piedra sarda o el sardo, Judá en el rubí o carbunclo, Dan en un zafiro, o tal vez lapislázuli (azul), y Efraín sobre ónice, o también un berilo; el color de las banderas, lógicamente, cambiaría en cada caso del modo correspondiente. Se supone que, en su totalidad, el campamento ocupaba unas tres mil millas cuadradas.

Como ya explicamos en capítulos anteriores, las órdenes de marchar o reposar eran dadas por medio de la nube donde se hallaba la presencia divina. Pero la señal real para caminar eran dos trompetas de plata usadas por los hijos de Aarón. Un aviso prolongado indicaba el comienzo de la marcha. Ante el primer aviso, debía avanzar hacia adelante la parte este del campamento, a la segunda las del sur, luego llegaba el tabernáculo y sus guardas, la parte oeste, y finalmente la parte norte del campamento, y Neftalí cerraba la retaguardia.

Por otro lado, cuando se convocaba una asamblea del pueblo, la señal era un toque de trompetas con tonos breves y agudos. En general, y para todos los tiempos, el toque de estas trompetas de plata, tanto en guerra, como en ocasiones de fiesta o gozo, tenían este significado espiritual: «seréis recordados delante de Jehová vuestro Dios».[37] En otras palabras, Israel era un ejército, y como tal era convocado por el toque de trompetas. Pero Israel era un ejército cuyo líder y rey era Jehová, y las trompetas que llamaban a dicho ejército eran trompetas de plata del santuario, tocadas por los sacerdotes de Jehová. De ahí que estos toques de trompeta trajeran a Israel, como ejército del Señor, en recuerdo ante su Dios y rey.

34. Ezequiel 1:10.
35. Éxodo 28:15-21.
36. Éxodo 28:10.
37. Números 10:1-10.

Capítulo 16

(Números 7–9)

Se recogen tres acontecimientos más antes de que el campamento de Israel parta del monte Sinaí, aunque, por alguna razón especial, tal vez no se dieran en el orden exacto en que aparecen, por alguna razón especial, en el texto sagrado. Estos sucesos fueron: *las ofrendas* de ciertos dones de parte de *«los príncipes»* de Israel:[1] la *separación real de los levitas* para el servicio por cuya causa ya habían sido designados;[2] y una *segunda celebración de la Pascua.*[3]

Las ofrendas de los «príncipes»

Las ofrendas de los príncipes empezaron inmediatamente después de la consagración del tabernáculo.[4] Pero su registro se inserta en Números 7, en parte para no interrumpir la serie consecutiva de las ordenanzas levíticas, que naturalmente venía después del relato de la consagración del tabernáculo,[5] y por otra parte porque una de las ofrendas de los príncipes hacía especial referencia al viaje por el desierto, que estaba a punto de ser reiniciado. Probablemente esas ofrendas se presentaran en algunos de los días en los cuales parte de las ordenanzas levíticas eran también proclamadas. Sabemos que la presentación de dones de parte de los príncipes ocupó, en total, todas las mañanas de doce o trece días.[6]

En el primer día[7] trajeron en común «seis carros cubiertos y doce bueyes», para el transporte del tabernáculo durante los viajes de los hijos de Israel. Cuatro de estos carros con ocho bueyes fueron dados a los *meraritas*, que se encargaban de la estructura pesada y de las columnas; los otros dos carros y los cuatro bueyes a los *gersonitas*, que tenían la custodia de las cortinas. En cuanto a los vasos del santuario, debían ser llevados por los *coatitas* sobre sus hombros. Luego, durante los siguientes doce días «los príncipes» ofrecieron sucesivamente cada uno el mismo regalo, de modo que así «hubiese igualdad», anticipándose con ello también al principio del Nuevo Testamento.[8] Cada ofrenda constaba de un «plato de plata» de unas cuatro libras y media, un «jarro de plata» de unas dos libras y cuarto, ambos llenos de harina fina mezclada con aceite para ofrenda de carne, y una «cuchara de oro» de un tercio de una libra de peso, «llena de incienso». Estos dones fueron acompañados por ofrendas de holocausto, de expiación y de paz, que sin duda se sacrificaban cada día, al ser presentados los vasos en el santuario. Y al traer sus ofrendas preciosas, con humilde confesión de pecado sobre sus sacrificios, con acción de gracias y oración, el Señor demostró, en su gracia, su aceptación hablando a Moisés «desde el propiciatorio», «de entre los querubines».[9]

1. Números 7.
2. Números 8.
3. Números 9:1-14.
4. Levítico 8:10; 9:1; comp. Números 7:1.
5. Levítico 11 hasta el final del libro.
6. Con la ayuda de la Paragraph Bible sería fácil disponer las ordenanzas levíticas (Lv. 9 –final) en doce o trece secciones correspondientes a dicho número de días.
7. Números 7:1-9.
8. 2 Corintios 8:14.
9. Números 7:89.

Separación de los levitas

El segundo acontecimiento fue *la separación formal de los levitas,*[10] que fue precedida por importantes instrucciones dadas a Aarón en cuanto a encender el candelero de siete brazos en el santuario. A fin de hacer más claro el significado de este símbolo, se añadió: «las siete lámparas alumbrarán hacia adelante del candelero»; esto implica que cada una de las siete lámparas (el número también es significativo) debe ser colocada de modo que den su luz sobre la oscuridad hacia adelante del candelero. Cada una por separado, pero todas ellas formando parte de un solo candelero en el Lugar Santo, y quemando el mismo aceite sagrado, debía resplandecer en la oscuridad hacia adelante del candelero. Porque la luz del candelero era un símbolo de la misión de Israel como pueblo de Dios, y los levitas sólo eran representantes de todo Israel, habiendo sustituido a sus primogénitos.[11] En este relato, los levitas no fueron tampoco «santificados» de modo especial, como lo habían sido los sacerdotes,[12] sino simplemente «lavados» para su ministerio, y después de esto fueron presentados al Señor. La primera parte del servicio simbólico consistía en rociarlos con «agua del pecado» (generalmente traducido por «agua de la expiación»), con la doble finalidad de confesar la contaminación del pecado e indicar su expulsión. Después de esto debían afeitarse todo su pelo y lavar sus ropas. Entonces los levitas estaban «sin pecado» (purificados) (8:21),[13] en cuanto a lo que afectaba a su persona. Luego seguía la dedicación al trabajo. Con esta finalidad los levitas fueron conducidos «delante del tabernáculo» (8:9), es decir, probablemente en el atrio exterior, llevando con ellos dos novillos; uno para el holocausto, el otro para una ofrenda de expiación, y cada uno de ellos con su ofrenda. El pueblo, por medio de sus representantes (los príncipes), pusieron sus manos sobre ellos, para constituirlos como substitutos y representantes. Luego Aarón los llevó «delante de Jehová» (v. 10), es decir, al Lugar Santo, y «los ofrecieron como ofrenda de los hijos de Israel» (probablemente llevándolos al altar y hacerles regresar de nuevo), después de lo cual, los levitas debían poner sus manos sobre los sacrificios que ahora ofrecía Aarón, quien de este modo «hizo expiación por ellos» (v. 21). El significado de todos estos símbolos resultará suficientemente claro. «Y así vinieron después los levitas para ejercer su ministerio en el tabernáculo de reunión» (v. 22).

Segunda celebración de la Pascua

El tercer suceso que se narra es la segunda celebración de la pascua en el aniversario de la liberación de Israel de Egipto, «a su tiempo, conforme a todos sus ritos y conforme a todas sus leyes la celebraréis».[14] Llamamos en especial la atención a cómo el Señor dirigió todos los detalles de nuevo: repitiendo de modo explícito aquí la orden de «observar la

10. Números 8:5, etc.
11. Números 3:11-13.
12. Leemos en Éxodo 29:1, con referencia a Aarón y sus hijos, «Esto es lo que harás para consagrarlos, para que sean mis sacerdotes» (literal: «consagrarlos para que sacerdoteen para mí», usando la palabra «sacerdote» como un verbo). En el caso de los levitas no hubo ni consagración ni sacerdocio, sólo lavamiento para el ministerio o servicio. Es evidente, el sacerdocio aarónico señalaba a Cristo y cesó con el mismo, nuestro único Sumo Sacerdote.
13. Ésta es la traducción literal del término hebreo, que es el mismo que usa David en Salmos 51:9.
14. Números 9:3.

pascua» tal vez para obviar la posibilidad de tales errores como que la pascua no se observaba de año en año. De nuevo, cuando ciertos hombres «contaminados por un cuerpo muerto» se quejaron de que habían sido excluidos de la fiesta por este mismo hecho, Moisés no tomó una resolución sobre el asunto él solo, sino que llevó su caso delante de Dios. Las instrucciones dadas fueron que, bajo tales circunstancias o situaciones parecidas, la pascua debía ser observada exactamente un mes más tarde, añadiendo al mismo tiempo, para guardarse contra cualquier negligencia voluntaria, no por obligación, que cualquiera que no cumpliera la ordenanza sin tales razones debía ser «cortado de entre su pueblo».[15] Porque, ya que el valor de los ritos simbólicos dependía de su entereza, de modo que si una parte de los mismos, por pequeña que fuera, se omitía, el todo quedaba anulado, así, por otro lado, el cumplimiento de Israel de los ritos prescritos debía ser completo en todos los detalles para asegurar los beneficios prometidos a la obediencia de fe. Pero no recibir estos beneficios debía dejar a un israelita fuera del pacto, o exponerlo al juicio divino. Además, al ser causado por incredulidad o desobediencia, implicaba el castigo merecido por la rebelión contra Dios y su palabra.

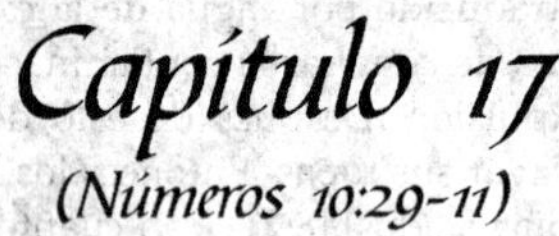

Capítulo 17

(Números 10:29-11)

Finalmente, el día veintiocho del segundo mes,[1] se recibió la señal de marchar de Sinaí.

Salida de Sinaí

La nube que había estado posada sobre el tabernáculo se movió; las trompetas de plata de los sacerdotes convocaron a «los campamentos» de Israel en su marcha, y al empezar el arca su caminar, Moisés, con una gozosa confianza de fe, pronunció esas palabras mezcladas de oración y alabanza que, marcando el progreso de Israel hacia la Tierra de la Promesa, han sido desde entonces más la señal de todo movimiento hacia adelante de la iglesia:[2]

Levántate Jehová, sean esparcidos tus enemigos:
Y huyan de tu presencia los que aborrecen.

El destino general de Israel era, en primer lugar, «el desierto de Parán», un nombre conocido por mucho tiempo.[3] Se puede decir que este trayecto ocupaba toda la parte del norte de la península del Sinaí, entre el llamado Arabá[4] al este, y el desierto de Shur al oeste,[5] que separa Filistea de Egipto. Allí Israel se hallaba encerrado por los descendientes de Esaú; por un lado los edomitas, cuyo país yacía al este del Arabá, y por el otro los amalecitas, mientras que directamente delante de ellos los amorreos. Toda esa región todavía ahora tiene el nombre de Bádiet et Tíh, «el desierto del errar». Su sección del sur parece ser introducida como en cuñas dentro de la península de Sinaí propiamente dicha, de la cual es separada por un círculo de arena. Ascendiendo desde el llamado Tor, que había sido el escenario del primer año de peregrinación de Israel y de la legislación sinaítica, el Tíh podía ser alcanzado por medio de uno de los varios pasos por las montañas que forman su frontera meridional. El Et Tíh propiamente dicho «es una meseta de piedra caliza de superficie irregular».[6] Se puede describir generalmente como «llanuras abiertas de arena y grava ... rotas por unos pocos valles», y en la actualidad se halla «casi sin agua, con la excepción de unas pocas fuentes, situadas en los vadis más grandes», las cuales no obstante, producen más bien una mezcla de arena y agua que de agua propiamente dicha. «El terreno es en su mayor parte duro e improductivo, y en muchos lugares está cubierto con una alfombra de pequeños pedernales, que están tan gastados y pulidos ... que parecen pedazos de vidrio negro.» Pero en la primavera, se da aun aquí un herbaje escaso, mientras que en los vadis más grandes siempre hay suficiente cantidad para los camellos, e incluso «algunos pedazos de terreno cultivable». Tal era ese «desierto grande y espantoso, lleno de serpientes ardientes, y de escorpiones,[7] y de sed, donde no había agua»,[8] por el cual Jehová su Dios guió a Israel.

Una retrospectiva aún más temprana de parte de Moisés nos ofrece todavía más vivos los acontecimientos que vamos a describir. Dirigiéndose a Israel, les recuerda:[9] «Salidos de Horeb, anduvimos todo aquel grande y terrible desierto que habéis visto, por el camino del monte del amorreo, como Jehová nuestro Dios nos lo mandó; y llegamos hasta Cadés-barnea». Este «monte de los amorreos» es el lugar más interesante de Et Tíh, o «desierto del errar». Llegados allí, parecía como si Israel ya estuviese a punto de tomar posesión de la tierra prometida. Por ello, los espías salieron a ver la tierra. Pero también aquí se pronunció la frase que condenaba a toda esa generación incrédula, de corazón débil para que cayeran en el desierto, y por ello Israel tenía que volver a empezar desde cero, al final de su travesía de cuarenta años, en su viaje de posesión. «El monte de los amorreos» es una meseta al noreste del Et Tíh, de unas setenta millas de longitud por cuarenta o cincuenta de ancho, que se extiende hacia el norte acercándose a Beerseba. Contiene muchos lugares que nos resultan conocidos por la historia de los patriarcas, y también hechos notorios posteriores. Según la descripción de los viajeros, nos hallamos literalmente ante una tierra en ruinas, muchas de ellas con fechas muy antiguas hasta llegar al tiempo de Éxodo o incluso anteriores. Aun el antiguo nombre de los amorreos se conserva todavía hoy por todas partes como 'Amir y 'Amori. Deja una impresión especial en la mente encontrar no sólo los antiguos nombres de la Escritura de ciudades que continuaron todos esos miles de años, sino oír que precisamente los pozos cavados por Abraham e Isaac aún conservan su nombre original. A mitad de camino aproximadamente hacia Beerseba la naturaleza de toda la escena cambia. En vez de desierto nos encontramos con anchos valles, con muchas y cada vez más numerosas evidencias de población anterior en el lugar. Sin duda alguna, nos encon-

15. Números 9:13.
1. Es decir, el mes después de la Pascua; probablemente a mediados de mayo.
2. Salmos 68:1. «Con la finalidad de armar a la iglesia con confianza, y fortalecerla con alegría contra violentos ataques de los enemigos» –*Calvino*.
3. Génesis 14:6; 21:21.
4. El profundo valle que va desde el Mar Muerto hasta el golfo de Akabá.
5. Génesis 16:7; Éxodo 15:22.
6. Si no se dice lo contrario, las citas entre comillas son de Palmer, *Desert of the Exodus*.
7. «Durante el día atrapamos y pusimos en botellas un grande especimen de cerastas, o serpiente cornuda, una especie muy venenosa, que abunda en el desierto» –*Desert of the Exodus*, p. 310.
8. Deuteronomio 8:15.
9. Deuteronomio 1:19.

«Visto en su totalidad, el campamento de Israel formaba un cuadrado triple; un patrón simbólico, desarrollado en el Templo de Salomón, más avanzado todavía en el de Ezequiel, y finalmente en toda su plenitud en "la ciudad que se halla establecida en cuadro". El cuadrado interior (aunque algo alargado y por ello imperfecto en su anchura (o comprensión), y tampoco teniendo una forma perfecta de cubo, exceptuando el Lugar Santísimo propiamente dicho [que era un cubo]) era ocupado por "la morada", cubierta por "la tienda", y rodeada por su "atrio". Alrededor de este cuadrado interior había otro, ocupado por los ministros del tabernáculo: al este, o a la entrada del atrio, Moisés, Aarón y los hijos de éste; al sur los coatitas, que tenían el cargo levítico más importante; al oeste los gersonitas; y al norte los meraritas. Finalmente, había un tercer recuadro exterior, que formaba el campamento de Israel».

Estatua del rey Gudea de la ciudad sumeria de Lagash (2060 a.C.). En este personaje real, también vinculado a propósitos religiosos, podemos evocar los vestidos de los sacerdotes del templo de Israel que marcaban una neta distinción entre los sacerdotes consagrados al culto de Dios y los simples fieles.

tramos en el *Negueb*, o «país del sur», que se extiende desde Cadés a Beerseba. Si «algunos restos de piedras primitivas» que se hallan por toda la península del Sinaí han sido considerados por los viajeros más recientes como indicadores de los viajes, o mejor dicho de las paradas más prolongadas de Israel en «el desierto», hay un tipo que merece especial mención. Se trata de las conocidas por «Hazerot», o «círculos vallados», que constan de una «pared baja de piedras donde se han introducido gruesos manojos de espinosa acacia, formando las ramas entretejidas y los largos pinchos, como agujas, un seto perfecto e impenetrable alrededor del campamento» de tiendas y rebaño que guardaban. Estas «Hazerot», tan mencionadas en la Escritura, abundan en esta región.

Travesía al desierto de Parán

Éste era pues el objetivo y la línea de la travesía que Israel había de emprender, cuando, ese día de principios del verano, el arca y el ejército del Señor avanzaban alejándose del pie del Sinaí. Después de una petición reiterada de Moisés, Hobab, el cuñado de Moisés, aceptó acompañar a Israel, y actuar como su guía en el desierto, con la fe de participar posteriormente de «el bien que Jehová» había de hacer a su pueblo.[10] Esto se comprende gracias a textos como Jueces 1:16; 1 Samuel 15:6; 27:10; 30:29. A pesar del hecho que la columna de nube era el guía real del pueblo de Israel en todos sus viajes, el conocimiento del lugar por parte de Hobab resultaba ser, sin duda alguna, de gran utilidad para indicarles la localización de fuentes y pastos. Y así es siempre. El movimiento o la parada de la nube debe ser nuestro único guía; pero, bajo sus indicaciones, debemos buscar con diligencia y agradecer los mejores medios que la habilidad o el conocimiento humano puedan aportar.

Así, Israel viajó durante tres días sin hallar «un lugar de reposo». Por entonces ya debían haberse introducido plenamente en aquel «grande y terrible desierto». El calor abrasador del sol de mayo reflejado por un suelo como aquel, las fatigas de una travesía de esas características, con una probable escasez de agua y la necesidad de pastos para sus rebaños; todo esto se combinaba para deprimir a aquellos cuyos corazones no eran fuertes en la fe y no estaban repletos del deseo de alcanzar el nuevo país. Detrás, y a su alrededor, quedaba el grande desierto, y, hasta donde alcanzaba la vista, no había ningún «lugar de reposo» delante de ellos. En verdad, antes de heredar las promesas, Israel debía pasar por una prueba de fe análoga a la que Abraham había soportado. Solo que en su caso cada victoria había sido realzada con mayor ánimo, mientras en el caso del pueblo cada fracaso recibía advertencias más fuertes, hasta que al final llegó el juicio que impidió a la generación incrédula tener su parte del disfrute de la promesa. Tres días de camino bajo tales dificultades,[11] y «el pueblo era como los que se quejan del mal a los oídos de Jehová».[12] Pero al repercutir esto directamente en Su guía, desagradó al Señor, y un fuego enviado por Jehová «consumió uno de los extremos del campamento». Ante la intercesión de Moisés «el fuego se extinguió». Pero la lección que se podía aprender, y la advertencia comunicada por el juicio que empezó en el extremo del campamento, fue pasada por alto. Incluso el nombre de Taberá (quemar), con el cual Moisés intentó perpetuar la memoria de este acontecimiento, fue desatendido. La extinción del fuego pudo embotar su sensibilidad espiritual, como antes el cese de las plagas endureciera el corazón de Faraón y su pueblo. De este modo, Taberá pronto se convirtió en Kibrot-hattaavá,[13] y el fuego de la ira que había quemado el extremo atacó ferozmente el interior del campamento.

En Taberá y Kibrot-hattaavá

El pecado de Israel en Kibrot-hattaavá fue causado por la codicia, y se manifestó por medio del desprecio de las provisiones de Dios y el deseo de las de Egipto. La «multitud mezclada» que había salido con Israel fueron los primeros en sentir la codicia. Desde ellos se extendió también entre Israel. La antigua miseria de Egipto (incluso su cruel esclavitud) parecía haber sido prácticamente olvidada, y en sus mentes acudían sólo los más bajos pensamientos sobre la abundante provisión que había suplido sus deseos carnales. Este cuestionar impaciente de codicia decepcionada, «¡Quién nos diera a comer carne!», que se repetía incluso llorando, puede ser explicado solamente en dicho estado de sentimientos. Pero si existía, era natural que también la provisión misericordiosa de Dios del maná fuese desdeñada. Como si intentara destacar aún más su pecado, la Escritura repite aquí la descripción del maná, y de su provisión milagrosa.[14] Cuando Moisés encontró que el «llorar» no se limitaba a ninguna clase en particular, sino que se hallaba extendido de modo generalizado en el pueblo (11:10), y que «la ira de Jehová se encendió en gran manera», su corazón se estremeció. No obstante, como ya ha sido observado, llevó su queja al Señor en oración, y por ello no usó palabras de incredulidad, sino un lenguaje de total depresión. Cuando se comprenden correctamente sus palabras de «¿Concebí yo a todo este pueblo? ¿Lo engendré yo?» implicaban que no era él su padre y su proveedor, sino que lo era Dios,[15] y por ello debían echar sus preocupaciones sobre el Señor. Pero, a pesar de ello, la prueba de Moisés se había convertido en este caso en tentación, aunque Dios le dio «con la tentación una salida».

El Señor iba a hacer dos cosas como respuesta a la súplica de Moisés. En primer lugar, en su tierna misericordia, iba a animar a su siervo, y luego manifestaría Su poder y santidad. Con este doble objetivo en vista, Moisés recibió instrucciones de colocar siete ancianos de Israel (probablemente en un semicírculo) alrededor de la entrada del tabernáculo. Estos «ancianos» debían ayudar a Moisés en adelante a llevar la carga del pueblo. Había deseado ayuda, y ahora la recibía, a pesar de que pronto experimentaría que la ayuda del hombre era vana, y que sólo Dios era el verdadero ayudador. Y luego, para mostrar a la vista de todos los hombres que él había designado dicha ayuda, aunque sólo como ayuda para Moisés, Dios «descendió en una nube», habló a Moisés, y entonces puso su espíritu sobre aquellos «ancianos». Como manifestación de este nuevo don «profetizaron», por lo que no debemos entender la predicción de sucesos futuros, sino probablemente ese «hablar en el espíritu» que también es designado como «profetizar»[16] en el Nuevo Testamento. Además, para que el pueblo no lo relacionara con algún poder milagroso inherente en Moisés,

---

10. Números 10:32.

11. La distancia de «tres días de camino» (Nm. 10:33) no nos permite aceptar la teoría del Profesor Palmer, que identifica Taberá con la actual Erweist el Ebeirig. *Desert of the Exodus* pp. 257, 312.

12. Números 11:1.

13. La situación de ambos lugares es evidentemente la misma, según se manifiesta con la omisión de Taberá de la lista de acampadas en Números 33:16.

14. Números 11:7-9.

15. Éxodo 4:22; Isaías 63:16.

16. 1 Corintios 12; 14.

descendió el mismo espíritu, con el mismo efecto sobre dos (Eldad y Medad) que habían sido «escritos», es decir, designados para el oficio, pero que por alguna razón no habían podido aparecer en la puerta del tabernáculo. La lección, lógicamente, era necesaria, porque incluso Josué había entendido mal el asunto. Cuando descubrió que Eldad y Medad profetizaban «en el campamento», pensó que la autoridad de su señor estaba comprometida, y deseó «privárselo», porque esos hombres no habían recibido el don por medio de Moisés. Aquí se nos recuerda la conducta parecida de Juan, que quería prohibir a uno «echar fuera demonios» en nombre de Cristo, porque dicha persona no iba con los otros discípulos, y la del Señor rechazando dicho celo equivocado;[17] un error repetido demasiado a menudo, y una reprensión demasiado olvidada en la iglesia cristiana de todos los tiempos. Los sentimientos de Moisés eran muy diferentes. Como siervo fiel, negaba cualquier honor para sí mismo, y sólo expresaba el deseo ferviente que los mismos dones espirituales fuesen compartidos por todo el pueblo del Señor.

Todavía faltaba algo. Dios iba a manifestar su poder haciendo provisión de las necesidades del pueblo, y Su santidad sería cumplida tomando venganza por la codicia de ellos. La lección era particularmente necesaria, porque incluso Moisés había cuestionado, en su primera noticia, la promesa completa de provisión de carne para todo el pueblo en cantidades suficientes para durar un mes.[18] Y de nuevo Dios demostró cuán fácilmente puede producir resultados naturales por medio de lo que nosotros llamamos medios naturales. Como explicamos en un capítulo anterior, en la primavera las codornices emigran en grandes cantidades desde el interior de África hacia el norte. Un viento oriental, soplando del Golfo Arábigo, las condujo, en inmensas cantidades, justamente sobre el campamento de Israel. Allí cayeron agotadas por el vuelo, y quedaron a la distancia de un día de camino «a este lado y al otro», en algunos lugares a la altura de dos codos de altura. Es la misma lección que hemos aprendido tan frecuentemente en esta historia. El «viento» que trajo las codornices «salió del Señor», y el número de aves era muy superior a lo que se veía generalmente, aunque un vuelo semejante y un descenso de pájaros similar no son poco comunes. Y así Dios puede, con medios impensados, enviar liberación repentina; sin esperarla ni siquiera uno como Moisés. Pero en cuanto a Israel, habían sido más que satisfechos sus deseos. La provisión de carne ofrecida de este modo no solo era suficiente para el presente, sino que era tanta que la mayor parte fue conservada para uso posterior (11:32). Así demostró Dios la locura de los que murmuraron contra sus provisiones o cuestionaron su habilidad. Todavía quedaba castigar la presunción y el pecado de su conducta.

«Aún estaba la carne entre los dientes de ellos, antes que fuese masticada, cuando la ira de Jehová se encendió en el pueblo, e hirió Jehová al pueblo con una plaga muy grande. Y llamó el nombre de aquel lugar Kibrot-hattaavá (las tumbas de la codicia), por cuanto allí sepultaron al pueblo codicioso. Pero cuán profundamente afectara este juicio a los corazones de la gente pía de Israel se aprecia en textos tales como Salmo 78:26-31, mientras que su lección permanente para todos los tiempos es resumida con las siguientes palabras: «Él les dio lo que pidieron; mas envió pobreza a sus almas».[19]

17. Marcos 9:38; Lucas 9:49.
18. Números 11:18-23.
19. Salmos 106:15.

Capítulo 18
(Números 12-14)

Hasta ese momento el espíritu de rebelión de parte del pueblo había sido dirigido directamente contra Jehová. Si Moisés se había quejado recientemente sobre los continuos juicios en relación con los que él no estaba emparentado de cerca,[1] ahora iba a experimentar toda la amargura de esto: «Serán enemigos del hombre, los de su casa».[2] Desde Kibrot-hattaavá Israel viajó hasta Hazerot, un lugar muy difícil de identificar por la gran cantidad de «cercos vallados» en esa región.[3]

Murmuración de María y Aarón

Aquí María, y (aparentemente ante la instigación de la misma)[4] Aarón también, «habló contra Moisés», como se añade, «a causa de la mujer cusita que había tomado», refiriéndose muy probablemente a un segundo matrimonio de Moisés después de la muerte de Séfora. Por vez primera nos encontramos con el orgullo de Israel por su nación según la carne y el menosprecio de las demás naciones, que aparece por toda su historia posterior, y en la proporción con la cual han malentendido el significado espiritual de su llamamiento. Así, según comenta Calvino, María y Aarón ahora, de hecho, se enorgullecían de ese don profético que debía haberles llenado de un sentimiento de profunda humildad.[5] Pero Moisés no era como cualquier otro profeta, aunque en su extrema humildad no vindicase su propia posición (12:3). Él «era fiel», o aprobado, «a aquel que le había designado»,[6] no solamente en un solo punto, sino «en toda la casa» de Jehová, es decir, todo lo que pertenecía al reino de Dios. Y el Señor ahora vindicó a su siervo tanto por medio de declaración pública como por medio del castigo de María con lepra. Ante la súplica de Aarón, que tenía la culpa de su hermana y la suya propia, y la intercesión de Moisés, se eliminó el castigo. Pero el aislamiento de María del campamento de Israel serviría de ejemplo para todos de cómo uno que se había enorgullecido de unos privilegios mayores que los demás podía ser expulsado incluso de la comunión normal del campamento de Israel.

Tras pasar los siete días de la separación de María, Israel reinició su marcha hacia la tierra prometida. Cuando ya habían casi alcanzado los límites de la tierra, sucedió algo que se convirtió en el punto crucial de la historia de esa generación, pero que iba a ser símbolo de todo el futuro de Israel. Porque como esa generación rechazó en su incredulidad entrar en la tierra prometida cuando la posesión de la misma estaba a su alcance, y como se rebelaron contra Dios y despreciaron la autoridad de Moisés, así también sus hijos rechazaron el cumplimiento de las promesas en Cristo Jesús, desconocieron a aquel a quien Dios había exaltado como príncipe y salvador, y gritaron: «Fuera con ese, fuera con ese». Y como los cuerpos de los que se habían rebelado

1. Números 11:12.
2. Mateo 10:36.
3. Por las razones mencionadas en un capítulo anterior no podemos aceptar la identificación del Profesor Palmer de Hazerot con Ain Hadherah, por interesantes que resulten los detalles. Ver *Desert of the Exodus*, vol. I, pp. 256, 259, y vol. II, pp. 289, 313, etc.
4. Lo entendemos así por la mención en primer lugar de María, y por el hecho que Números 12:1 se traduce literalmente así: «Y ella habló, María, contra Moisés».
5. Números 12:2.
6. Números 12:7.

cayeron en el desierto, así un juicio espiritual similar cayó sobre ese terrible grito: «Su sangre sea sobre nosotros y sobre nuestros hijos». Pero, bendito sea Dios, porque como la misericordia estaba reservada para la descendencia de esa generación rebelde, así también, en el tiempo previsto por Dios, Israel volverá de nuevo al Señor y disfrutará de las promesas hechas a los padres.

El escenario de este suceso eternamente memorable fue «el desierto de Parán», o, para definir el lugar más exactamente: *Cadés-barnea*.[7] El lugar fue identificado primeramente por el Dr. Rowlands y Canon Williams,[8] y desde entonces ha sido descrito en su integridad por el Profesor Palmer, para que podamos seguir el avance paso a paso. Cadés es la moderna *'Ain Gadis*, o fuente de Cadés, y yace en aquella meseta en el noreste del desierto de Parán, que formaba la fortaleza de los amorreos.[9] Un poco al norte comienza el Negueb o «país del sur» de Palestina,[10] el cual, como ya hemos explicado, llega hasta más o menos Beerseba, y donde empieza realmente la Tierra Prometida. La región es adecuada para el pastoreo, y muestra abundantes indicios de haber sido habitada, y, en el norte, también hay evidencias de antiguo cultivo de viñas. Aquí, y no en los alrededores de Hebrón, como se suele suponer, debemos buscar el valle de Escol,[11] de donde los espías trajeron, a su retorno, los racimos de uvas, como muestras de la productividad del país. Cadés propiamente dicha se halla al pie del precipicio de donde brota 'Ain Gadis. Al este hay una cordillera de montañas, al oeste se extiende una ancha llanura, donde los cananeos se habían reunido esperando el avance de Israel. Por ello, si los espías debían «subir al Negueb» («país del sur»), tenían que «subir por la montaña»,[12] para evitar las huestes de Canaán. Al proceder de ese modo dieron un rodeo, pasando al sur de 'Ain Gadis, a través de lo que se conoce en la Escritura como el Desierto de Zin (13:21), de donde subieron a las montañas. Hasta este punto parece necesario comprender la situación del relato.

Los espías son enviados a Canaán

Pero volvamos a nuestro tema. En Deuteronomio 1:22 se nos da a entender que la propuesta de enviar espías «para inspeccionar la tierra» había sido sugerida originalmente por el pueblo. Moisés dio su consentimiento, con el permiso del Señor,[13] añadiendo, no obstante, una exhortación a «esforzarse» (Nm. 13:20), para que esto no se asociara con temor del pueblo de la tierra. Doce personas, aparentemente las más aptas para el trabajo, (espiritual y naturalmente) fueron escogidos de los «gobernantes» de las tribus.[14] De ellos solamente conocemos a *Caleb* y *Josué*, el «ministro de Moisés», cuyo nombre Moisés había cambiado de *Oseas*, que significa *«ayuda»*, a Josué, o «Jehová es ayuda». Habiendo pues recibido los espías indicaciones detalladas y precisas, salieron del campamento de Israel en «el tiempo de las primeras uvas», es decir, hacia finales de julio. Hasta aquí actuaron con éxito. Eludiendo a los cananeos, entraron en Palestina, e inspeccionaron la tierra hasta su frontera más septentrional, «hasta Rehob, entrando en Hamat», llegando del norte, no iban a provocar sospechas. A continuación, descendieron por Hebrón y exploraron la ruta que llevaba al Negueb por el lado occidental de las montañas. «En uno de estos extensos valles (tal vez en vadi Hanein, donde millas de viñedos incluso ahora deleitan nuestra vista) cortaron el racimo gigante de uvas, y recolectaron las granadas y los higos, para mostrar cuán buena era la tierra que el Señor les había prometido en heredad».[15]

El «mal informe» de los espías

Tras una ausencia de cuarenta días, los espías volvieron al campamento. El informe y las muestras de la fertilidad de la tierra que trajeron confirmaban perfectamente la promesa inicial de Dios a Israel.[16] Pero ellos añadieron:[17] «Mas el pueblo que habita aquella tierra es fuerte, y las ciudades muy grandes y fortificadas; y también vimos allí a los hijos de Anac»,[18] a los cuales, por su temor, parecen haber identificado (v. 33) con los *Nefilín* del mundo antediluviano.[19]

Este habitante produjo un terror inmediato, y Caleb intentó calmarlo en vano. Su contradicción sólo causó palabras más fuertes de parte de los otros «espías», culminando con la afirmación que, aunque Israel tuviese que poseer la tierra, se trataba de una tierra que «traga a sus moradores», es decir, un país rodeado y poblado por razas feroces en un estado constante de guerra por obtener su posesión. Así, los más dignos de confianza y los más valientes de entre las tribus, con la sola excepción de Caleb y de Josué (cuyo testimonio puede ponerse a un lado sobre la base de su relación íntima con Moisés), ahora estaban declarando su ineptitud para conquistar o poseer la tierra, por cuya causa habían abandonado las comodidades de Egipto y pasado por dificultades y peligros del «grande y terrible desierto».

Rebelión del pueblo y juicio contra ellos

A continuación llegó una noche de completa desmoralización; el resultado fue una rebelión abierta contra Moisés y Aarón, rebelión directa contra Jehová, y la propuesta de elegir un nuevo líder y volver a Egipto. En vano «se postraron sobre sus rostros» Moisés y Aarón delante de Dios a los ojos de toda la congregación; en vano Josué y Caleb «rasgaron sus vestidos» en muestras de su duelo, y suplicaron al pueblo que recordase que la presencia de Jehová con ellos implicaba algún tipo de éxito. El pueblo excitado solamente «hablaba» de apedrearlos, cuando de pronto «la gloria de Jehová se mostró en el tabernáculo de reunión a todos los hijos de Israel».[20] El Señor ya casi había procedido a destruir a todo el pueblo en el acto, cuando Moisés intercedió de nuevo; una figura del gran Guía y Mediador de su pueblo. Con unas súplicas mucho más apremiantes que

7. Números 13:26; Deuteronomio 1:19.
8. El mérito del descubrimiento pertenece indiscutiblemente al Dr. Rowlands y Canon Williams. Ver Williams, *Holly City*, vol. I, p. 464.
9. Cadés antes se llamaba En *Mishpat*, «Pozo de Juicio», Gn. 14:7. La aparición de En en el nombre antiguo lo identifica mejor con el *'Ain* Gadis de Canon Williams, el Sr. Wilton y al Profesor Palmer.
10. La traducción «sur», puede confundir al lector en general.
11. Escol significa en hebreo un racimo de uvas.
12. Números 13:17, 22.
13. Números 13:1.
14. No de los «príncipes», según se comprende por la comparación de nombres. Compárese Números 13:4-15 con 1:5, etc; 7:12, etc.
15. Palmer, *Desert of the Exodus*, vol. II, p. 512.
16. Éxodo 3:8.
17. Números 13:28.
18. Literalmente «Los Anac», probablemente una raza o tribu, tal vez descendientes de los habitantes de Palestina antes que tomaran posesión de ella los cananeos. El significado de Anak es probablemente «de cuello largo».
19. Génesis 6:4. Traducidos generalmente en castellano por «gigantes», en Números 13:33.
20. Números 14:10.

nunca, luchó con Dios; su lenguaje consistente, en su intensidad, en frases abruptas, amontonando petición sobre petición, pero todo ello sobre la base de la gloria de Dios, sobre sus tratos pasados, y especialmente sobre la grandeza de su misericordia, repitiendo al hacer esto las mismas palabras que el Señor había utilizado, en su condescendencia, para revelar su más interno Ser, al proclamar su «Nombre» delante de Moisés.[21] Una súplica tal no podía ser ignorada. Era típica de una gran súplica y del gran suplicador. Pero como cuando posteriormente Israel reclamó sobre ellos y sus hijos la sangre de Jesús, así los juicios largos y dolorosos debían caer sobre los duros de cerviz y rebeldes, aunque al final todo Israel tuviese que ser salvado, y así fue en Cadés. El número de años de su vagar por el desierto correspondería al de los días empleados por los espías para inspeccionar la tierra, y de toda esa generación que saliera de Egipto, de veinte años arriba, ni siquiera uno debía entrar en la tierra de la promesa,[22] sino que sus cuerpos debían caer en el desierto, con las solas excepciones de Caleb y Josué.[23] En cuanto a los otros diez exploradores de la tierra, la destrucción rápida les sorprendió, y «murieron de plaga delante de Jehová».

Este principio de juicio divino, junto con la evidencia abundante de su realidad (especialmente en la destrucción inmediata de los diez espías, mientras que Caleb y Josué eran guardados con vida) produjo un efecto tan extraño y poco buscado, que casi no lo comprenderíamos, si no fuera por la experiencia similar en todas las edades de la iglesia. Quedaba bastante claro lo que hubiesen obtenido sin dar lugar a la duda, simplemente por continuar avanzando. Ayer esa tierra de la promesa (con toda su belleza y todas sus riquezas) tan cerca del alcance de su mano como para ser casi visible desde las cadenas montañosas, era literalmente suya. Hoy la habían perdido. Ninguno de ellos debía ni siquiera verla. Y además, sus cuerpos debían caer en el desierto. Todo esto por no haber avanzado el día anterior. Que lo hagan así hoy. Si habían actuado mal, déjales hacer lo contrario hoy, y lo harán bien. Además, fue a Israel a quien Dios confió su palabra, y como Israel Él los hubiese introducido en la tierra. Todavía eran Israel: que avancen ahora y tomen la porción de Israel. Pero no fue así; y nunca sucede así en circunstancias parecidas. El mal de nuestra rebelión e incredulidad no se soluciona haciendo todo lo contrario. Todavía es el mismo espíritu, el que provocó lo primero y el que causa la reacción. La obediencia que no nace de una fe sencilla es de la confianza en uno mismo, y se trata simplemente de otro tipo de incredulidad y justicia propia. No es cuestión de hacer esto o aquello, ni las circunstancias externas de pertenecer a Israel, lo que asegura la victoria contra el enemigo, la seguridad, o la posesión de la tierra. Es que «Jehová está en medio de nosotros».[24] Y la victoria es siempre la de la fe. No una promesa muerta para los descendientes de Jacob según la carne, sino la presencia del Dios vivo en medio de su Israel creyente es lo que les aseguraba los beneficios del pacto. Y la determinación de Israel de subir por la mañana, y así reparar el pasado, revelaba una gran ignorancia e ineptitud espiritual, e implicaba tanta rebelión y pecado como su debilidad de ánimo y rebelión ante el informe de los espías.

Derrota de Israel «hasta Hormá»

En vano Moisés discutió contra estas consideraciones ante el pueblo. El pueblo «se levantó por la mañana y subió a la cumbre de la montaña», aunque Moisés y el arca del pacto de Jehová se quedaron en el campamento. Desde Cadés hay sólo unas veinte millas hasta Hormá, donde posteriormente sus enemigos «los hirieron y los derrotaron». Según describen los viajeros, el ejército debió ser recibido por una creciente fertilidad, actividad agraria y civilización en su avance por el Négueb. Los israelitas de hecho se estaban acercando a lo que podía haber sido considerado como la tierra de su casa (algo sagrado para ellos por su asociación con Abraham e Isaac). Porque un poco al norte de Hormá se hallan los pozos de Rehobot, Sinat y Beerseba, los cuales fueron cavados por Abraham e Isaac, cuya memoria se ha conservado hasta hoy con los nombres de Ruheibé, Sutné y Bir Sebá. Abraham mismo «partió a la tierra del Négueb, y acampó entre Cadés y Shur»,[25] e Isaac le había seguido en sus pasos.[26] Y de los siguientes pobladores de la tierra, los amorreos, encontramos constantemente recuerdos, y en ningún otro lugar tan claramente como en los alrededores inmediatos de Hormá. Por Jueces 1:17, sabemos que la ciudad, o probablemente el fuerte que la dirigía, había tenido en principio el nombre de Sefat, que simplemente significa «atalaya». El nombre Hormá, o «prohibición», probablemente le fue dado más tarde, cuando, después del ataque del rey Arad, Israel «hicieron el voto» de destruir totalmente las ciudades de los cananeos (Nm. 21:1-3). Pero como han indicado el Dr. Roelands y Canon Williams, el nombre Sefat ha sido conservado en las ruinas de Sebaita, mientras que el Profesor Palmer ha descubierto, por los alrededores la antigua «atalaya», que era un fuerte asentado sobre la cumbre de un monte que domina Sebaita. Es muy interesante encontrar, entre las ruinas de fortificaciones posteriores, los restos primitivos que no sólo determinan el lugar antiguo de Sefat, sino que también pueden representar el mismo fuerte detrás del cual los amorreos y los cananeos se defendieron contra Israel, y de donde salieron hacia esta guerra. Como si se tratara de no equivocarse en la identificación de este «monte de los amorreos», el valle que se halla al norte de Sebaita lleva hasta hoy el nombre de Dheigat el 'Amerin, u Hondonada de los amorreos, y la cadena de montañas al suroeste del fuerte se llama Rash Amir, «cabeza» o cumbre «de los amorreos».[27]

Israel se había levantado para subir a esa cumbre del monte sin la presencia de Jehová, sin el arca del pacto, y sin Moisés. Ayer recibieron la lección que su debilidad aparente sería fuerza real, si Jehová estuviese entre ellos. Hoy tuvieron que descubrir, con una experiencia amarga, esta verdad exterior e igualmente dolorosa: su fuerza aparente era debilidad real. Heridos y derrotados por sus enemigos, escaparon «hasta Hormá».

21. Éxodo 33:17, 19.

22. Es interesante saber que Números 14:21 debería traducirse como sigue: «Pero tan cierto como que yo vivo, y toda la tierra se llenará de la gloria de Jehová».

23. Al no ser censada con los demás, la tribu de Leví (Nm. 1) no parece haber caído bajo el designio de los que debían morir en el desierto (Nm. 14:29). Compárese Josué 14:1, etc. Los rabinos enumeran literalmente diez tentaciones de parte de Israel (Nm. 14:22); casi huelga decir de modo muy arbitrario.

24. Números 14:42.

25. Génesis 20:1.

26. Génesis 26:17 hasta el final.

27. *Desert of the Exodus*, vol. II, p. 380.

«Cuando Moisés encontró que el "llorar" no se limitaba a un grupo determinado o clase social en particular, sino que se hallaba extendido de modo generalizado en todo el pueblo (11:10), y que 'la ira de Jehová se encendió en gran manera', su corazón se estremeció. No obstante, como ya ha sido observado, llevó su queja al Señor en oración, y por ello no usó palabras de incredulidad, sino un lenguaje de total depresión».

A través de esta figurita sumeria anterior al año 2000 a.C. podemos imaginar a Moisés clavando la primera estaca en la construcción del tabernáculo que Dios le ordenó. (Museo del Louvre)

Capítulo 19

(Nm. 15; 33:19-37; Dt. 1:46; 11-15; Nm. 16-17)

Ahora tenían que pasar «errando» más de treinta y siete años en «el desierto de Parán», hasta que surgiera una nueva generación para entrar en posesión de la tierra de la promesa. De este largo período casi se menciona un solo hecho en la Escritura. Como observa un escritor alemán: Estando la hueste de Israel condenada a juicio, dejó de ser el objeto de la historia sagrada, mientras que la generación naciente, en la cual se centraban la vida y la esperanza de Israel, todavía no tenía historia propia. Y así notamos este período más bien por la muerte de los antiguos que por la vida de los nuevos, y el errar de Israel por las tumbas que dejaron atrás al caer sus cuerpos en el desierto.

Los treinta y ocho años en el desierto

No obstante, podemos recoger las pocas noticias dispersas por la Escritura. Primeramente, sabemos que Israel «estuvo en Cadés por muchos días»,[1] y que de allí tomaron la dirección de «camino del Mar Rojo».[2] Su parada más alejada parece haber sido Ezyón-gáber, que, según sabemos, estaba en el llamado Golfo Elanítico del Mar Rojo. De allí volvieron, al final de su travesía de cuarenta años, una vez más al «desierto de Zin, que es Cadés».[3] Las «estaciones» de su travesía desde Cadés a *Ezyón-gáber* se marcan en Números 33:18-35. Hay diecisiete, desde *Ritmá* (un nombre derivado de *retem*, un arbusto de retama). Si lo entendemos de forma correcta, éste fue el lugar original del campamento de Israel cerca de Cadés. De hecho, hay una llanura cerca de 'Ain Gadis o Cadés que lleva el nombre de Abu Retemet hasta nuestros días.

En cuanto a Cadés mismo (o el Lugar Santo, el lugar de «santificación») que originalmente se llamaba En Mispat, «pozo de juicio»,[4] imaginamos que obtuvo su peculiar nombre de los acontecimientos transcurridos allí, la designación adicional de Barnea (Cadés Barnea) respondiendo a un antiguo nombre, o más probablemente con el significado de «la tierra del movimiento hacia adelante y hacia atrás».[5] Suponemos que el campamento en el «valle de retama» fue muy probablemente determinado por la existencia y promesa de vegetación en el lugar, lo cual, sin duda, era debido a la presencia de corrientes de agua. Además, el examen de los nombres de las diecisiete estaciones ocupadas por Israel durante su travesía muestra que todos los campamentos fueron escogidos de modo similar en los alrededores de cierta vegetación y agua.

Así tenemos *Rimón-peres*, «el puente de las granadas» (tal vez sea el lugar donde la rebelión de Coré causó un castigo tan terrible); *Libná*, «blancura», probablemente por los álamos blancos que hay allí; *Rissá*, «rocío»; *Monte Séfer*, «el monte de la belleza», o «de la piedad»; *Mitcá*, «dulzor», refiriéndose al agua; *Hasmoná*, «grasa», «fertilidad», donde incluso hasta nuestros días se halla un estanque de agua corriente dulce, con abundante vegetación a su alrededor; *Bene-jaacán*, o como aparece en Deuteronomio 10:6,[6] *Beerot-bené-jaacán*, «los pozos de los hijos de Jaacán», probablemente los pozos que los jaacanitas habían cavado al ser expulsados por los edomitas de sus casas originales;[7] *Jotbata*, «bondad»; y *Abroná*, probablemente «vados». Los otros nombres se derivan de particularidades del paisaje, o de acontecimientos especiales, como *Ceelatá*, «reunión»; *Macelot*, «asambleas»; *Haradá*, «lugar de terror», etc.[8]

La primera impresión que recibimos, tanto por el número reducido de estaciones como por su situación, es que los campamentos fueron ocupados sucesivamente en períodos largos. Y además, por el lenguaje peculiar de algunas expresiones en el original, inferimos que el pueblo estuvo esparcido por varias partes durante esos treinta y ocho años, mientras el tabernáculo y los levitas formaban una especie de campamento central y lugar de encuentro. También resulta claro que la región por donde erraban los israelitas, en esa época podía mantener semejante población nómada con sus rebaños y manadas. De hecho la presencia de agua, en cualquier momento, convertiría el desierto en un fértil jardín o huerto. En este aspecto, el conocimiento de la irrigación que Israel había adquirido en Egipto, debió resultar de gran ayuda. Finalmente, el pueblo no estaba del todo aislado. No solo se hallaban cercanos a lo que podríamos llamar la vía principal entre el oriente y Egipto, sino que también tenían contacto con otras tribus, como Bene-jaacán. Deuteronomio 2:26-29 parece implicar que en ciertas ocasiones podían comprar provisiones y agua, mientras que Deuteronomio 2:7 indica que a Israel no solo «no le faltó nada» durante «estos cuarenta años», sino que había aumentado grandemente en pertenencias y riquezas. Textos como Deuteronomio 8:14, etc.; 29:5 y Nehemías 9:21 demuestran el modo sorprendente con el que Dios cuidó todas las necesidades de su pueblo durante ese período; y no cabe duda alguna de que en la representación profética del futuro, especialmente por Isaías, se da una retrospección frecuente a los tratos de la gracia de Dios con Israel en el desierto.[9]

El violador del sábado

La narración de estos treinta y ocho años es breve y

1. Deuteronomio 1:46.
2. Deuteronomio 2:1.
3. Números 33:36.
4. Génesis 14:7.
5. O «errar», o «ser sacudido». El Obispo Harold Browne sugiere la cuestión sobre si hay una alusión a esto en Salmos 29:8; «El Señor hace temblar el desierto de Cadés».

6. En Deuteronomio 10:6, 7, aparecen cuatro de estas estaciones, pero en orden inverso al de Números 33. Es evidente, en Números 33 tenemos los campamentos desde Cadés a Ezión-gaber durante el año treinta y siete de su travesía; mientras que Deuteronomio 10:6,7 la referencia es a la marcha desde Cadés al monte Hor en el año cuarenta (después de su segunda estancia en Cadés) del viaje de Israel para tomar posesión de la tierra. Pero la aparentemente extraña introducción de los vv. 6 y 7 en Deuteronomio 10, interrumpiendo un relato bastante distinto, requiere cierta explicación. En los vv. 1-5 Moisés recuerda al pueblo cómo Dios restableció su pacto en respuesta a su oración. Los vv. 6 y 7 se introducen pues para mostrar que no solo el pacto, sino también el oficio mediador del sumo sacerdote había sido igualmente concedido de nuevo. Dios no solamente lo continuó con Aarón, sino que ante su muerte en Mosera, Eleazar fue investido con este oficio, y las tribus continuaron su avance bajo su ministerio. En lugar de explicar todo esto con detalle, Moisés simplemente recuerda a los hijos de Israel (vv. 6 y 7) los hechos históricos del caso, los cuales debían hablar por sí mismos.
7. Génesis 36:27; 1 Crónicas 1:42.
8. Muchas de estas estaciones han sido identificadas; por lo menos con un elevado grado de probabilidad. Pero un relato de varias propuestas de exploradores modernos nos implicaría en una explicación demasiado detallada.
9. Ver *Speaker's Commentary*, vol. II, p. 720, nota. La indicación más clara de esto se halla en Isaías 43:16-21. Pero pienso que es un error ver en el Salmo 74:14 una alusión a la provisión de pescado del Golfo Elanítico del Mar Rojo, aunque es cierto que varios campamentos de los israelitas se asentaron cerca de sus orillas o en sus costas.

contiene dos acontecimientos; ambos en rebeldía contra el Señor. El primero refiere el relato de un hombre que violó abiertamente la ley divina recogiendo «leña en día de sábado».[10] Aunque dicho «pecado soberbio» había sido condenado a muerte,[11] al transgresor le «pusieron en la cárcel» en primer lugar, en parte para honrar al Señor pidiéndole especialmente su instrucción, puesto que se había dado sólo el castigo pero no el modo de ejecución, y en parte tal vez para impresionar a todo Israel sobre la solemnidad del asunto. Ciertamente, la observación debida del día del Señor era, desde cualquier punto de vista, una cuestión de la más profunda importancia para Israel, y el transgresor, por indicación divina, fue sacado «fuera del campamento, y lo apedrearon, y murió». No se nos dice cuándo sucedió esto exactamente. Aparentemente se introduce aquí como ejemplo e ilustración, inmediatamente después de la advertencia contra «pecados de soberbia» (literalmente, «pecados con mano alzada», es decir, contra Jehová). Estos pecados en menosprecio abierto de la palabra de Dios incurrían en el castigo de ser «cortado» del pueblo del Señor.

La contradicción de Coré y los que se añadieron a él

Tampoco se nos da fecha exacta alguna para determinar el otro ejemplo de rebelión, mucho más grave, de Coré y sus compañeros,[12] en la cual, posteriormente, se vio implicado todo el pueblo.[13] No obstante, hay ciertas razones para suponer que sucedieron al inicio de su travesía; tal vez incluso en Rimmon-perez, como ya ha sido sugerido. Los cabecillas de esta rebelión fueron Coré, un levita (descendiente de Izhar, hermano de Amram,[14] y por lo tanto familiar cercano de Aarón) y tres rubenitas, Datán, Abiram y On. Pero como que el último no es citado de nuevo, podemos suponer que pronto se separó de la conspiración. Estos hombres consiguieron ser seguidos nada menos que por doscientos cincuenta príncipes de entre las tribus,[15] todos ellos pertenecientes al consejo de representantes nacionales, y «hombres de renombre», o, según deberíamos traducirlo, líderes famosos. Así, el movimiento tomó unas dimensiones enormes, y puso de manifiesto una falta de afecto y de satisfacción generales. Los motivos de esta conspiración son bastante claros. Se trataba simplemente de celos y ambición decepcionada, a pesar del hecho que los rebeldes usaban palabras de una alta espiritualidad. Como descendiente de un familiar de Aarón, a Coré no le gustaba, y tal vez codiciaba, lo que a él le parecía la supremacía de Aarón, la cual él no podía justificar en modo alguno. Pero también sufría un agravio personal. Es cierto que era un miembro de esa familia de coatitas a quienes había sido encomendado el cargo levítico principal en el santuario, pero entonces los coatitas constituían cuatro familias,[16] y el liderazgo de todo ello no fue confiado a las ramas más antiguas, sino a las más jóvenes, los uzielitas (Nm. 3:30). ¿No había un mal manifiesto, pues, y una injusticia en esto, afectando probablemente a Coré de modo personal? No obstante, es un buen testimonio en favor de los levitas el hecho que Coré no consiguiera engatusar a ninguno de ellos en la conspiración. Pero cerca de las tiendas de los coatitas y de Coré se hallaba el campamento de la tribu de Rubén, que estaba al mando de la división sur del campamento. Es posible que (y ciertamente el relato de su castigo parece implicarlo) la tienda de Coré y las de los príncipes rubenitas, Datán, Abiram y On, se hallaban de forma contigua. También Rubén *tenía* un agravio: ¿no era Rubén el primogénito de Jacob, quien consecuentemente debía ostentar el liderazgo entre las tribus? No resultaba difícil encender la llama de los celos en un seno oriental. ¿Qué derecho tenía Moisés, o la tribu de Leví por él representada, para tener la supremacía en Israel? Sin duda era un gran mal y una usurpación intolerable, primeramente con respecto a Rubén y luego a todas las demás tribus. Esto explica la dispuesta participación de tantos príncipes en la conspiración, la protesta de Moisés ante Coré (16:8-11), y su apelación indignante a Dios contra los cargos implicados de los rubenitas (v. 15). Ciertamente, los conspiradores afirmaron de forma explícita estas ideas como sigue (v. 3): «Basta ya de vosotros» (es decir, vosotros, Moisés y Aarón, ya habéis ostentado durante suficiente tiempo el sacerdocio y el gobierno; «Porque toda la congregación, todos ellos son santos, y en medio de ellos está Jehová, ¿por qué, pues, os levantáis vosotros sobre la convocación[17] de Jehová?» Se observará que el pretexto esgrimido para encubrir sus motivos ambiciosos y egoístas es el de una espiritualidad superior, la cual no reconocía ninguna otra espiritualidad que la de todo Israel. Pero, como demostraremos a continuación, su reclamación no estaba basada en el servicio mediador típico del sumo sacerdote, sino que se basaba en el estado de Israel según la carne.

Toda esta historia es muy triste: el juicio posterior es tan terrible (sin ningún otro paralelo exceptuando el que cayó sobre Ananías y Safira en el Nuevo Testamento) y la rebelión en sí es citada con tanta frecuencia en la Escritura, que requiere una consideración especial. La rebelión de Coré, según se la conoce generalmente, por su instigador inicial, fue, sin lugar a dudas, un acto de oposición directa contra el designio de Dios. Pero esto no es todo. El principio expresado por sus palabras (v. 3) era absolutamente opuesto a todo el diseño del pacto, y, caso de haber sido llevado a la práctica, hubiese trastornado su carácter como figura. Ciertamente, era verdad que todos los israelitas eran santos y sacerdotes, pero no en virtud de su nacimiento o su estatus nacional, sino por medio del sacerdocio ejemplar de Aarón, quien «les acercaba» y era su intermediario con Dios. De nuevo, este sacerdocio de Aarón, como con todas otras elecciones parecidas (tales como el lugar y el momento en los cuales Dios debía ser adorado, la composición del incienso, o los sacrificios) dependía en primera instancia del designio de Dios, aunque podían existir razones secundarias y subordinadas. «Y hará que se acerque a Él; al que Él escoja» (16:5); «el varón a quien Jehová escoja, aquél será el santo» (v. 7). Cualquier otro servicio, fuego o lugar distinto de los escogidos por *Dios*, por muy buena que fuese la intención que los acompañase, sería un servicio «extraño», un fuego «extraño», y un lugar «extraño». Esto era indispensable por lo

---

10. Números 15:32-36.
11. Éxodo 31:14, etc.; 35:2.
12. Números 16.
13. Números 16:41-50.
14. Éxodo 6:18.
15. La constatación de que Zelofehad, un manasita, «no estuvo en la compañía de Coré» (Nm. 27:3), implica que sus compañeros de conspiración pertenecieron a diversas tribus.
16. Números 3:27.

17. Traducimos literalmente «convocación». En este capítulo se usan dos términos distintos. Uno (*elah*) significa, literalmente, congregación, y puede decirse que designa a Israel como la iglesia exterior visible. El otro término es *kahal*, literalmente «los llamados», o la convocación, y se refiere al carácter espiritual de Israel como llamados por Dios. Así, la distinción entre una iglesia visible y una espiritual tenía su equivalente en el Antiguo Testamento. En este capítulo el término kahal aparece solamente en el versículo 3, y de nuevo en el 33.

que se refiere al significado ejemplar de todas estas disposiciones. Era el designio de Dios lo que era considerado aquí, y no la adaptación física de una persona o cosa. Si no fuese así, hubiesen sido *secuencias* naturales, no *figuras* (constituyendo un servicio racional más bien que divino). Era la naturaleza de un símbolo que Dios designara el emblema terrenal con el cual Él relacionaría la realidad espiritual. En el preciso instante en que Israel se apartase en un solo detalle, por diminuto que fuese, no solo se rebelaba contra el designio de Dios, sino que destruía el significado de la totalidad substituyendo lo divino por lo humano y lo natural. Por así decirlo, las figuras eran los espejos de la distribución de Dios mismo, los cuales mostraban como presentes las realidades espirituales con todas sus bendiciones. Todas estas figuras cesaron en Cristo, porque la realidad a la cual señalaban ha llegado.

Esta digresión me pareció necesaria, tanto para obtener una comprensión correcta de la historia de Coré como de las disposiciones del Antiguo Testamento. Pero volviendo a nuestro tema, la mañana después de la explosión de la rebelión, Coré y sus doscientos cincuenta asociados se presentaron, como propusiera Moisés, a la puerta del tabernáculo. Allí «tomó cada uno su incensario, y pusieron en ellos fuego, y echaron en ellos incienso». Ciertamente, Coré se había ganado una influencia tal, que podía reunir allí a «toda la congregación» como contra Moisés y Aarón. La ira de Dios, cuya gloria apareció visiblemente ante todos ellos, estaba a punto de consumar a «esa congregación», cuando la intercesión de Moisés y Aarón prevaleció de nuevo. En estas palabras: «Dios, Dios de los espíritus de toda carne, si pecó un solo hombre, ¿tomarás ira contra toda la congregación?» (como nota Calvino) Moisés hizo su súplica «ante la gracia general de la creación», orando para que «visto que Dios era el Creador y Hacedor del mundo, no destruyera al hombre que él mismo había creado, sino que tendría pena de la obra de sus manos». Y así hay un ruego de misericordia, y un privilegio inexplicable incluso en el hecho de ser criaturas de Dios.

Dejando a los rebeldes con sus incensarios a la puerta del tabernáculo (tal vez llenos de pánico) Moisés fue a las tiendas de Datán y Abiram, acompañado por los ancianos y seguido por la congregación.[18] El día anterior, los dos rubenitas se habían negado a encontrarse con Moisés, y le enviaron una respuesta insultante, sugiriendo que él solo intentaba causar la ceguera del pueblo.[19] Y ahora, cuando Datán y Abiram, con sus esposas e hijos, salieron a la puerta de sus tiendas como para desafiar las acciones de Moisés, el pueblo recibió primeramente la instrucción solemne de apartarse de ellos. A continuación se anunció un nuevo juicio nunca oído, y fue ejecutado inmediatamente. La tierra abrió su boca y se tragó los rebeldes y sus familias, con todo lo que les pertenecía, es decir, con todo lo que había tomado parte en su crimen. En cuanto a Coré, parece ser que le sucedió lo mismo. Pero se da un testimonio enfático también sobre la verdad de la declaración de Dios, que no castiga al hombre por los pecados de sus padres,[20] y de la piedad de los levitas, en el hecho que los hijos de Coré no participaron en la rebelión de su padre, y consecuentemente no murieron con él.[21] Y no solo esto, porque además de ser Samuel y posteriormente Hemán descendientes de Coré,[22] entre ellos también se hallaban algunos de los «dulces cantores de Israel», cuyos himnos, inspirados divinamente, eran destinados a la iglesia de todos los tiempos. Y todos los salmos «de los hijos de Coré» tienen esta característica común, que resuena como un eco de la lección aprendida con el solemne juicio sobre su casa, que su carga es la alabanza del rey que está entronizado en Jerusalén, y el deseo de los servicios del santuario de Dios.[23] Pero, en cuanto a los «doscientos cincuenta hombres que ofrecieron incienso», «salió fuego de delante del Señor y» los consumió, como, en otra ocasión anterior, destruyera a Nadab y Abiú.[24] Sus incensarios, que habían sido «santificados» por ser presentados ante el Señor,[25] fueron convertidos en lugares para cubrir el altar de holocaustos, para que constituyeran un memorial continuo para los hijos de Israel del suceso y de su enseñanza.

Murmuración del pueblo

Esta señal ejemplar de Dios sobre los rebeldes había impresionado claramente al pueblo que lo presenció con un terror repentino, pero no les llevó al arrepentimiento[26] que es el resultado de un cambio de corazón. La impresión desapareció, y a la mañana siguiente solo quedaba la idea de que muchos príncipes de tribus, los cuales habían intentado encontrar la independencia de la tribu, habían sido cortados por causa de Moisés. El pueblo argumentaba que esos hombres habían muerto por su causa; y el duelo en las tiendas de los príncipes, la desolación que marcaba lo que el día anterior era la vivienda de Coré, Datán y Abiram, sólo contribuía a aumentar el dolor del sentimiento de que con este suceso se había sellado sobre la nación un yugo de esclavitud. Porque no reconocían el propósito y el significado de Dios; esto hubiese requerido discernimiento espiritual; era necesario que el juicio hubiese procedido de Jehová, pero vino, aunque no por la instigación de Moisés y Aarón, sí para vindicarlos. En su ingratitud olvidaron incluso que si no hubiese sido por la intervención de estos dos, toda la congregación hubiera perecido en la negación de Coré. Esa generación demostró así de claro la justicia de la sentencia divina que no entraría, ninguno de ellos, en la tierra de Canaán, y su conducta resultó ser enteramente inadecuada (como lo fuera antiguamente la de Esaú) para heredar las promesas.

Pero en cuanto a Moisés y Aarón, cuando la congregación estaba de nuevo reunida contra ellos con esta cruel e injusta acusación en sus labios, «Vosotros habéis dado muerte al pueblo de Jehová», casi instintivamente «pusieron su rostro hacia el tabernáculo de reunión»,[27] como el lugar de donde procedía su ayuda y hacia donde dirigían su súplica. No miraron en vano. La nube que cubría el tabernáculo era más densa y estaba más cercana que anteriormente, y de ella brotó visiblemente la gloria de Jehová. Y al

18. Por lo que se dice en Números 16, y la referencia en Números 26:10,11, creo poder inferir que Coré siguió en el séquito, tal vez para ver qué iba a pasar, dejando los doscientos cincuenta príncipes a la puerta del tabernáculo. Podemos tener una mejor apreciación de toda la escena si la tienda de Coré se hallaba junto a las de Datán y Abiram.

19. La traducción literal de 16:14 sería: «¿Sacarás tú los ojos de esos hombres?».

20. Jeremías 31:30; Ezequiel 18:19,20.

21. Números 26:11.

22. 1 Samuel 1:1; 1 Crónicas 6:33-38.

23. Los siguientes salmos son los once designados como los de los hijos de Coré: Salmos 42, 44, 45, 46, 47, 48, 49, 84, 85, 87 y 88. A continuación ofrecemos una lista de referencias posteriores a la historia de los hijos de Coré: 1 Crónicas 9:19; 12:6; 26:1-9; 2 Crónicas 20:19; Nehemías 11:19.

24. Levítico 10:2.

25. Números 16:37.

26. Salmos 4:4.

27. Traducción literal.

entrar Moisés y Aarón en el tabernáculo, «Jehová habló a Moisés, diciendo: Apartaos de en medio de esta congregación, y los consumiré en un momento. Y ellos se postraron sobre sus rostros». Pero ¿qué podía suplicar Moisés? Sabía que «el furor ha salido de la presencia de Jehová; la mortandad ha comenzado». ¿Qué podía decir? Ya había consumido todos los argumentos posibles en la rebelión en el monte Horeb,[28] luego en Cadés,[29] y apenas el día anterior con la negación de Coré. Ya no quedaba ninguna súplica parecida, ni de ningún otro tipo.

La plaga y cómo fue retenida

Era entonces, en el momento de mayor necesidad, cuando todo argumento imaginable por la fe ya había sido echado fuera, e Israel estaba *perdido*, que la suficiencia total de la provisión divina apareció en su carácter vicario y mediador. Aunque no fue más que ejemplar, resultó ser suficiente. El incienso encendido en los carbones tomados del altar del holocausto, donde se llevaran los sacrificios, simbolizaba la intercesión mediadora aceptada de nuestro gran sumo sacerdote. Y ahora, cuando no quedaba súplica alguna sobre la tierra, prevaleció esta súplica ejemplar de Su justicia e intercesión perfectas. Nunca jamás, ni antes ni después, fue predicado el evangelio así en el Antiguo Testamento[30] como cuando Aarón, por indicación de Moisés, «corrió en medio de la congregación», «y puso incienso, e hizo expiación por el pueblo» (16:47). Y al ponerse en pie con el incensario «entre los muertos y los vivos», «la mortandad», que ya se había llevado nada menos que a 14.700 hombres, «cesó». Así pues, si la toma de posesión de las funciones sacerdotales había provocado la plaga, ahora el ejercicio del sacerdocio ejemplar la eliminó.

La vara de Aarón reverdeció, floreció y produjo fruto

Pero la verdad que ahora Dios había enseñado al pueblo no debía ser evidenciada sólo por el juicio. Después de la tormenta y el terremoto llegó la «voz apacible y suave», y la importancia del contenido simbólico del sacerdocio aarónico fue presentada bajo un símbolo hermoso. Por orden divina, se colocó, en el lugar santísimo, delante del arca del pacto, una vara por cada una de las doce tribus, con el nombre respectivo de sus príncipes.[31] Y a la mañana siguiente, cuando Moisés entró en el santuario, «y he aquí que la vara de Aarón de la casa de Leví había reverdecido, y echado flores, y arrojado renuevos, y producido almendras». La enseñanza simbólica de esto era clara. Cada una de esas «varas» era un cayado de gobernante, el emblema de una tribu y de su gobierno. Ésta era la posición natural de todos los príncipes de Israel. Pero sus varas, como la de Aarón, *habían sido cortadas de la rama madre* y, por tanto, incapaces de reverdecer, echar flores o producir fruto en el santuario de Dios. Desde un punto de vista natural, pues, no había ni una sola diferencia entre Aarón y los demás príncipes; todos eran igualmente incapaces de tener una nueva vida de producción de fruto. Lo que hacía de la vara de Aarón una vara distinta de las demás era la elección de Dios y el don milagroso concedido a la misma. Y entonces, de modo simbólico en la antigua dispensación, pero realmente en la nueva, esa vara produjo al mismo tiempo ramas, flores y hasta fruto (estos tres aspectos combinados, y apareciendo todos simultáneamente). Y así esos príncipes «tomaron cada uno su vara»; pero la vara de Aarón fue llevada de nuevo ante el arca del pacto, y permaneció allí «por señal».[32] Tampoco carece de significado profundo la elección del almendro, por ser el primer árbol que florece. Porque el almendro, precisamente por ser el primero en producir flor y fruto, se llama en hebreo *«el despertador»* (*shaked*, comp. Jer. 1:11, 12). Así, como el «despertador de la mañana», el sacerdocio aarónico, con sus flores y su fruto, era una representación simbólica del sacerdocio mejor, cuando el Sol de Justicia salga «con salvación bajo sus alas».[33]

28. Éx. 32:31.
29. Nm. 14:13, etc.
30. El único caso parecido es el de la serpiente de bronce, la cual representaba otra parte de la obra de nuestro redentor. Incluso las profecías de Isaías no fueron tan claras como los dos sermones, como podríamos decir, por acción externa; uno declaraba el significado simbólico del sacerdocio aarónico, y la eficacia de lo que era indicado por el mismo; el otro, el carácter y la integridad de la provisión de Dios para la eliminación de la culpa.
31. Según el punto de vista más corriente, se presentaron doce varas, contando a Efraín y Manasés como una sola tribu, la de José. Según otros, había doce varas, excluyendo la de Leví, que llevaba el nombre de Aarón.

Capítulo 20

(Números 20–21:1-3)

Fue, pues, muy adecuado, al finalizar los treinta y siete años de travesía, que Israel tuviese que reunirse de nuevo en Cadés.

Segunda reunión de Israel en Cadés

Allí habían sido esparcidos, cuando el mal informe de los espías les indujo a la incredulidad y la rebelión; y desde allí había llevado la antigua generación su sentencia de muerte de regreso al desierto, hasta que se cumplieron todos sus términos al pasar aquel largo período de años. Ahora había una nueva generación en Cadés. El nuevo comienzo debía partir desde el mismo lugar donde los antiguos cayeron. Dios es fiel a su propio propósito; *Él* nunca se tira atrás. Si lo antiguo fue interrumpido, lo fue por la incredulidad y rebelión humanas, no por el fracaso de parte de Dios; y al proseguir de nuevo con su obra, fue en el lugar exacto donde había sido cortada. Y el hombre también debe volver al lugar donde se ha apartado de Dios, y donde se ha pronunciado la sentencia contra él, antes de ponerse en el nuevo camino hacia la tierra prometida. Pero qué solemnes pensamientos debieron pasar por la mente de esta nueva generación, al ponerse de nuevo a viajar partiendo del punto en que sus padres habían sido rechazados. Puesto que Él había santificado su nombre en Cadés con el juicio, ¿lo santificarían ellos ahora con su fe y su obediencia de corazón?

Además de Josué y Caleb, a quienes se había prometido de modo especial la entrada en la tierra, sólo quedaban tres personas pertenecientes a la antigua generación. Se trataba de María, Moisés y Aarón. Y entonces, justamente al inicio de este nuevo comienzo, y como para recordarles el pasado de un modo mucho más solemne, María, quien les había

32. Parece ser que tanto el maná como la vara de Aarón se perdieron cuando se devolvió el arca de las ciudades filisteas (ver 1 R 8:9). Esta pérdida fue profundamente significativa, a modo de comentario de Dios en silencio sobre el estado de Israel.
33. La significación de las secciones de Levítico, como siguen en Números 17, será advertida por el lector atento. Pero no podemos continuar con más detalles aquí.

dirigido en su himno de gratitud y triunfo en su primera entrada en el desierto,[1] fue tomada. Solo fueron dejados Moisés y Aarón; peregrinos fatigados y agotados que iban a empezar un nuevo viaje con nuevos peregrinos, que tenían que aprender desde cero los tratos de Jehová. Y esto nos puede ayudar a comprender lo que sucedió al inicio de su peregrinación. Israel se hallaba en *Cadés*, o mejor dicho en el desierto de Zin, aplicándose el nombre de Cadés probablemente a toda la región además de al lugar concreto. Tanta gente reunida en un solo lugar pronto se quedaría sin agua. Debemos recordar también, que la nueva generación conocía las maravillas del Señor sobre todo de oídas, pero también por sus juicios, por lo que habían visto de su eliminación de todos los que habían salido de Egipto. En su dureza de corazón, les parecía que su situación no tenía esperanza y que iban a sufrir el mismo destino que sus padres. Observemos algo de esta falta de ánimo sin fe en su clamor: «¡Ojalá hubiéramos muerto cuando perecieron nuestros hermanos delante de Jehová!»;[2] es decir, por medio del juicio divino, durante esos años de travesía. El recuerdo del pasado con sus desengaños parece tomar voz en sus quejas (20:5). Es como si contrastasen la morada en Egipto, y las esperanzas levantadas al salir de allí, con el desengaño de ver la buena tierra al alcance de la mano, y luego ser enviados de vuelta para morir en el desierto. Así el pueblo se rebeló contra Moisés y Aarón.

Parece ser que algunos sentimientos parecidos se apoderaron de Moisés y Aarón (solo que en una dirección diferente). El pueblo no esperaba el éxito, y se rebeló contra Moisés y Aarón. Con ellos como guías, no tomarían posesión de la tierra de la promesa jamás. Por otro lado, Moisés y Aarón también perdieron la esperanza del éxito, y se rebelaron, por así decirlo, contra el pueblo. Un pueblo tan incrédulo, que se rebelaba en el comienzo mismo, no podría nunca entrar en la tierra. El pueblo sentía cómo si sus perspectivas no tuvieran esperanza, y así lo pensaron también Moisés y Aarón, aunque sobre una base distinta. Como hemos dicho, el pueblo se rebeló contra Moisés y Aarón, y Moisés y Aarón contra el pueblo. Pero en el fondo, la base de la desesperación y rebeldía, tanto de parte del pueblo como de Moisés, era exactamente la misma. En ambos casos se trataba realmente de incredulidad con respecto a Dios. El pueblo había mirado a Moisés y no a Dios como su guía hasta la tierra, y había perdido la esperanza. Moisés miró al pueblo tal como ellos eran en sí mismos, en vez de pensar en Dios que les estaba enviando hacia adelante, seguro en su promesa, la cual iba a cumplir sin lugar a dudas. Esto se evidenció rápidamente en la conducta y las palabras de Moisés. Según las instrucciones divinas, Moisés debía ponerse a la vista del pueblo en «la peña a vista de ellos» con «la vara de delante de Jehová»; sin duda alguna se trataba de la misma vara con la cual había realizado los milagros en Egipto, y bajo cuyo golpear había brotado ya en otra ocasión agua en Refidim.[3]

El pecado de Moisés y Aarón

Generalmente se piensa que el pecado de Moisés, del que participó asimismo Aarón, consistía en el *golpear* la roca (y en hacerlo dos veces) en vez de *hablar* simplemente a la roca, «y ella dará su agua»; y también en las palabras apremiantes y poco apropiadas que usó en esa ocasión: «¡Oíd ahora, rebeldes! ¿Os hemos de hacer salir aguas de esta peña?»[4] Pero resulta difícil aceptar esta opinión. Por un lado, cuesta imaginar que la incredulidad indujera a Moisés a golpear en vez de hablar a la roca, como si lo uno fuese más eficaz que lo otro. Por otro lado, parece raro que Moisés recibiera instrucción de «tomar la vara», si no debía usarla, mucho más teniendo en cuenta que este había sido el modo de actuar sancionado por Dios en Refidim.[5] Finalmente, si ésta es la explicación, ¿en qué quedaba implicado Aarón en el pecado de Moisés? Evidentemente, al golpear la roca dos veces, como leemos en Salmos 106:32, 33, Moisés demuestra que le irritaron, y que «le amargaron el espíritu». Esto también se traslucía en su lenguaje, el cual la Escritura describe así: «habló inconsideradamente con sus labios»; o, según el significado literal de la palabra, «murmuró».[6] Es necesario observar que Moisés *no es culpado en ninguna parte en la Escritura* por haber golpeado la roca en lugar de hablar, mientras sí que se afirma explícitamente que el pueblo «le irritaron en las aguas de la disensión, y le fue mal a Moisés por causa de ellos».

El otro aspecto del pecado de Moisés fue expresado explícitamente por el Señor mismo más tarde, cuando pronunció su sentencia contra Moisés y Aarón, que no iban a meter «esta congregación en la tierra que les» había dado, por esto: «Por cuanto no creísteis en mí, para santificarme delante de los hijos de Israel» (20:12). Así, en su rebelión contra Moisés y Aarón, el pueblo no había creído que Jehová los llevaría a la tierra que les había dado; mientras que, por su enfado contra el pueblo, Moisés y Aarón no creyeron en Dios, para santificarle en Su poder y gracia ante los ojos de los hijos de Israel. Israel falló como pueblo de Dios; Moisés lo hizo como mediador. Hasta ese momento Moisés había sido fiel, ante toda provocación, como mayordomo en su cargo, y había suplicado a Dios y había prevalecido, porque creía. Pero entonces, por vez primera, Moisés falló, como todos fallamos, por la incredulidad, al mirar al pecado del pueblo e inferir del mismo la imposibilidad de su herencia de las promesas, en vez de mirar a la gracia y el poder de Dios que hizo todas las cosas posibles, y a la seguridad de la promesa. Al contrario que Abraham en circunstancias similares, «titubeó ante las promesas». Y habiendo fracasado como mediador del pueblo por causa de la incredulidad, su oficio debía cesar y la dirección de Israel para entrar en la tierra debía recaer sobre otro.

Solamente en este sentido podemos aceptar la afirmación común, que el pecado de Moisés fue *oficial* más bien que *personal*. Estos dos aspectos (oficio o trabajo y persona) no pueden ser separados con respecto a la responsabilidad o el deber. Deberíamos pensar en Moisés y Aarón como peregrinos ancianos, cansados por el largo camino por el desierto, con los pies doloridos por su dureza y sus piedras, cuya fuerza decayó momentáneamente al reanudar una vez más el viaje, y que en su fatiga tropezaron en la roca de oprobio. No obstante, hay pocos sucesos tan cargados de sentimiento

1. Éxodo 15:31.
2. Números 20:3.
3. Éxodo 17:6.

4. El gran intérprete rabínico Rashi explica el doble golpe con la suposición de que Moisés acudió a otra roca por error, cuando, al golpearla, sólo salieron unas pocas gotas, pero en el segundo golpe brotó abundancia de agua. Cree que el pecado de Moisés reside en su golpear en vez de hablar; porque en cuyo caso el pueblo diría: Si la roca que no habla, ni oye, ni necesita alimentos, obedece la voz de Dios, mucho más nosotros seremos responsables de hacerlo. El Targum de Jerusalén afirma que, con el primer golpe, brotó sangre de la roca.
5. Éxodo 17:6.
6. La palabra, tanto escrita *bat* o *bada*, significa hablar estúpida o alocadamente, murmurar, o también hablar con orgullo.

como este «murmurar» en las aguas de Meribá. Su paralelo real no se halla en el Antiguo, sino en el Nuevo Testamento. Es cierto que en situaciones similares Elías también perdió su esperanza en Israel, y fue llevado al «monte de Dios», donde iba a aprender la misma lección que Moisés, antes de ser despojado, como Moisés, de su oficio. Pero la contraparte completa de la tentación de Moisés se nos muestra en la historia de Juan Bautista, cuando dudando de la obra del Mesías (no de la persona) y perdiendo toda esperanza, por lo que veía y oía del cumplimiento de la promesa en aquella época y entre esa generación, envió sus discípulos en esa memorable embajada, precisamente antes de que él también fuese despojado de su oficio. No es éste el lugar para seguir sobre este tema. Será suficiente destacar por un lado a Moisés, Elías y Juan Bautista y, por el otro, a Josué, Eliseo y nuestro bendito Señor, como las figuras y contrafiguras presentadas en la Escritura.

Embajada a Edom

Antes de dejar Cadés, Moisés envió mensajeros al rey de Edom, y también, según vemos en Jueces 11:17, al rey de Moab,[7] cuyos dominios estaban al norte de Edom, pidiendo permiso para que Israel pasase por sus países. Una mirada al mapa nos demostrará que ésta hubiese sido la ruta más directa, si Palestina debía ser abordada desde el otro lado del Jordán en Jericó. Ciertamente, era la ruta más sencilla, puesto que evitaba el contacto con los que tenían el Negueb, o país del sur, que hacía treinta y siete años que había tenido un encuentro hostil con Israel y les había derrotado como señal.[8] En vano también, limitó su petición para usar el camino normal de las caravanas («la ruta del rey») sin pararse ni a la derecha ni a la izquierda, añadiendo la promesa de pagar el uso de los pozos.[9] Los hijos de Esaú no solo se negaron, sino que incluso reunieron un ejército apresuradamente para controlar sus fronteras. Entre tanto, mientras los mensajeros de Moisés iban en su embajada, el campamento de Israel avanzó hasta lo que puede describirse como «el extremo de la frontera» de Edom. A un día de camino al este de Cadés, a través del ancho vadi Murreh, se alza repentinamente una montaña notable, bastante aislada y prominente, descrita por Canon Williams como «de forma singular», y el Profesor Robinson compara con «una ciudadela elevada». Su nombre actual Moderah conserva el antiguo nombre bíblico Moserah, el cual, por la comparación de Números 20:22-29 con Deuteronomio 10:6, sabemos que se trataba simplemente de otra designación del monte Hor. De hecho, «monte Hor» o *Hor-ha-Hor* («montaña, la montaña») significa «la montaña notable». Ésa era la ruta normal para Israel, si esperaban atravesar Edom por la ruta del rey (la actual vadi Ghuweir), la cual les hubiese llevado por Moab, fácil y directamente, al otro lado del Jordán. Era natural que esperasen allí la respuesta del rey de Edom. Porque mientras Moderah queda en la misma frontera, pero todavía fuera de Edom, también se halla a la entrada de diversos vadis o carreteras, que van de allí hacia el este, sur y sureste, de modo que los hijos de Israel podían haber tomado cualquier ruta indicada por las circunstancias. Además, por la altura de Moderah, podían divisar cualquier movimiento hostil que pudiese ser emprendido contra ellos, bien desde el este

«Como descendiente de un familiar de Aarón, a Coré no le gustaba, y tal vez codiciaba, lo que a él vía como la supremacía de Aarón, la cual consideraba injustificable. Pero también sufría un agravio personal. Es cierto que era un miembro de esa familia de coatitas a quienes había sido encomendado el cargo levítico principal en el santuario, pero entonces los coatitas constituían cuatro familias, y el liderazgo de todo ello no fue confiado a las ramas más antiguas, sino a las más jóvenes, los uzielitas (Nm. 3:30).»

Coré se siente ofendido y alega su linaje. Por «familia» puede entenderse o bien una familia en el sentido estricto, o bien un clan o tribu cuyos miembros descienden de un mismo «padre» por vínculos de sangre o adopción. Esta placa proviene de la baja Mesopotamia y es conocida con el nombre de «relieve genealógico», la importancia del jefe de la familia o de la tribu es resaltado por el tamaño que se da a su imagen. (Museo del Louvre)

7. No se menciona en la Escritura la respuesta del rey de Moab porque, ante la negación de Edom, su permiso hubiese sido inútil, puesto que el camino a Moab pasaba por Edom.
8. Números 14:44, 45.
9. Números 20:14-17.

de Edom, o del norte y el oeste de parte de los amalecitas y cananeos. De lo que hemos dicho se deducirá que consideramos que se trata del monte Hor donde murió Aarón.[10]

Muerte de Aarón

Con esta velocidad, a un día de camino del lugar del pecado, se ejecutó la sentencia divina sobre Aarón. Hay una grandeza solemne respecto a este relato, propia de la ocasión y de acuerdo con la localidad. A la vista de toda la congregación estos tres, Moisés, Aarón y Eleazar, ascendieron al monte. Aarón fue a su propio funeral vestido con todos sus hábitos sacerdotales. Él lo sabía, y también lo sabía todo el campamento, los cuales, por última vez, miraron con reverencia y en silencio a la venerable figura de aquel que les había ministrado las cosas santas durante esos largos cuarenta años.[11] No hubo despedida alguna. En ese sacerdocio simbólico todo dependía de la continuidad del oficio, y no de la persona. Y por ello, sobre el monte, Aarón fue desprovisto de sus vestiduras sacerdotales en primer lugar, y después su hijo Eleazar fue investido formalmente con las mismas. Así el sacerdocio no cesó ni siquiera un momento, cuando murió Aarón. Y luego, ya no como sacerdote, sino simplemente como un miembro del Israel de Dios, fue «reunido a su pueblo». Pero la mano de Dios ha cubierto lo que pasó entre los tres sobre el monte con el velo del silencio. Y así el nuevo sacerdote, Eleazar, descendió de la solemne escena del monte Hor para administrar en medio de una congregación acallada y conmovida por el temor. «Y viendo toda la congregación que Aarón había muerto, le hicieron duelo por treinta días todas las familias de Israel.» Pero entonces ya estaban conservadas graves noticias para Israel.

Retirada de Israel del territorio de Edom

Los mensajeros volvieron de Edom con el rechazo total del permiso para cruzar su país. Y no solo esto, sino que el

10. El yacimiento tradicional del monte Hor es Jebel Harûn, cerca de Petra, la capital de Edom. Afirmar implica rechazar una suposición según la cual Israel había pedido permiso para atravesar Edom, y luego, sin esperar respuesta, se introdujo hasta el centro de Edom y acampó durante treinta días cerca de su capital. Además, es difícil comprender el objetivo de ir tanto al sur, si Israel esperaba (y así era en aquel momento) pasar por el vadi practicable más cercano, el camino que llevaba hacia el norte por Edom y Moab al vado del Jordán. En dicho caso Jebel Harûn quedaría muy alejado del camino. Finalmente, resulta imposible distribuir la sucesión cronológica de los hechos dada en la Biblia, excepto suponiendo que Moderah era el monte Hor. Porque, si el campamento de Israel se hubiese hallado cerca de Petra, no podía haber existido razón alguna para que el rey de Arad temiera su paso por su territorio (Nm. 21:1), aunque parece muy poco probable que descendiera tan lejos al sureste hasta Petra para atacar a Israel. En consecuencia, los intérpretes que consideran a Jebel Harûn como el monte Hor están obligados a suponer que el ataque del rey de Arad tuvo lugar con anterioridad, es decir, en el período indicado por Números 20:22. Pero en dicho caso resulta difícil imaginar cómo pudo haber oído el rey que Israel estaba «viniendo por el camino de los espías», viendo que estaban tomando exactamente la dirección opuesta, y acababan de pedir permiso para atravesar Edom. Contra estas razones de peso solamente tenemos la autoridad de la tradición en favor de Harûn. Por otro lado, todo se ve fácil y se entiende claramente, si consideramos a Moderah como el monte Hor; y todo el relato en su orden cronológico bíblico aparece justo como podíamos suponerlo. El lector que desee más información puede consultar la obra admirable del reverendo E. Wilton en *The Negeb or South Country of Scripture* (pp. 126-134), y el mapa excelente que la acompaña.

11. Según Números 33:37, etc. Aarón murió el primer día del quinto mes del año cuarenta después del Éxodo, y a la edad de ciento veintitrés años.

gran ejército de Edom se estaba reuniendo en la frontera, cerca del campamento de Israel. Si, según la orden divina, Edom no tenía que ser atacado, Israel debía emprender la *retirada* rápidamente. La ruta normal desde el monte Hor «para rodear la tierra de Edom», a fin de avanzar hacia el norte, pasando por el este de Edom, hubiese llevado a Israel directamente hacia abajo por el vadi El-Jeib, y a través de la parte norte del Arabá. Pero esta ruta tocaba la frontera occidental de Edom, según comprendemos por el relato de la Escritura, donde el ejército de Edom estaba *escalonado*. Para esquivarles, resultó necesario en primer lugar rehacer sus pasos de nuevo a través de una parte del vadi Murreh, para continuar desde allí hacia el sur por medio de lo que ahora se conoce como «las montañas de 'Azâ-zimeh», el antiguo ducado de Temán, o monte Parán. Gracias a este desvío, Israel iba a llegar al Arabá por un punto mucho más al sur de lo que Edom esperaba, pasando por los modernos vadis Ghudhâghidh y 'Adbeh. De hecho, vemos en Deuteronomio 10:7 que Gudgoda y Jobatán fueron las dos estaciones alcanzadas después de la retirada del monte Hor. Pero precisamente en el lugar donde las huestes de Israel debían ir hacia el sur desde vadi Murreh, también se hallaba casi en línea recta frente al territorio del rey de Arad. Evidentemente, había sido ya informado de que Edom no había permitido el paso de Israel por su tierra, y al hallarlos al lado de su territorio, debió pensar que iban a invadirlos.

Ataque del rey cananeo de Arad

«Cuando el cananeo, el rey de Arad, que habitaba en el Negueb»[12] (o país del sur), «oyó que venía Israel por el camino de Atarim» (probablemente, «el camino de los comerciantes», el de la caravana);[13] «peleó contra Israel, y tomó de él prisioneros» (que cayeron seguramente en la retaguardia). El suceso se refiere con una doble finalidad: para demostrar la enemistad no provocada de Canaán contra Israel, y la fidelidad de Dios. Porque Israel, en aquella ocasión, «hizo voto» para destruir totalmente las ciudades de los cananeos. Y Dios escuchó la voz de Israel. Muchos años más tarde les concedió la victoria pedida en oración,[14] cuando el nombre de Hormá o destrucción total, dado como anticipación profética de la fidelidad de Dios, se convirtió en realidad.[15]

Capítulo 21

(Nm. 21:3-35; 33:35-49; Dt. 2–3:11)

La oposición de Edom y el ataque no provocado del rey cananeo de Arad debieron convencer a Israel que las dificultades más graves de su travesía acababan de comenzar. Resultaba bastante natural que sus poderosos vecinos, durante los treinta y ocho años que estuvo Israel esparcido por la península Sinaítica, les dejaran tranquilos, como también lo están los beduinos en la actualidad.[1] Pero cuando el pueblo se reunió de nuevo y avanzaba como un ejército, las noticias de todas las cosas maravillosas que Dios había hecho en su favor, comunicadas con todo tipo de detalles como es típico de oriente, excitaron un terror mixto y una determinación de resistir contra ellos. Lo segundo tal vez sucediera en primer lugar, y lo primero como consecuencia de la vanidad de su resistencia y de cerciorarse que el Dios de Israel era más fuerte que las divinidades de toda otra nación. Los habitantes idólatras de oriente debieron naturalmente pensar de ese modo; y el conocimiento de este hecho nos ayudará a comprender mejor el relato de la Escritura.

Viaje de los hijos de Israel al «desviarse» del territorio de Edom

La dirección general de la marcha de Israel, a fin de «rodear» la tierra de Edom, fue en primer lugar hacia la cabeza del golfo Elanítico del Mar Rojo, o el golfo de 'Akabah. Desde allí, a unas horas de camino hacia el norte de Ezion-gaber (la espina dorsal del gigante), debieron introducirse en las montañas, y luego seguir al norte, caminando hacia Moab «por el camino que pasa entre Edom y la meseta caliza del gran desierto oriental»[2] (comp. Dt. 2:8). Probablemente estaban dispuestos a contender por cada nuevo avance hacia el norte. Pero la primera parte de su viaje implicaba otro tipo de prueba. Esa profunda depresión del Arabá por la que andaban (muy calurosa, sin vegetación, desolada, árida y con terribles tormentas de arena) era básicamente «aquel grande y terrible desierto», recordado posteriormente por Moisés al pueblo. Así, con el agotamiento del camino,[3] la falta de agua y cualquier tipo de comida exceptuando el maná, «se desanimó el pueblo», «y habló el pueblo contra Dios y contra Moisés».

Las «serpientes ardientes» y la «serpiente de bronce»

El juicio de «las serpientes ardientes» enviado por el Señor como castigo, y por causa del cual murieron muchos se parecía notablemente a sus anteriores tratos. Una vez más no creó nada nuevo para ejecutar su propósito, sino que simplemente dispuso soberanamente de lo que ya existía. Los viajeros confirman notablemente y describen de modo evidente el carácter venenoso de las serpientes de aquella región.[4] Uno de ellos escribe así las cercanías del golfo: «La arena de la orilla mostraba rastros de serpientes a cada lado. Se habían arrastrado por allí en varias direcciones. Algunas marcas parecían haber sido dejadas por animales de por lo menos dos pulgadas de diámetro. Mi guía me dijo que las serpientes eran muy comunes en estas regiones». Otro viajero, siguiendo exactamente la ruta de los hijos de Israel, afirma: «Por la tarde una serpiente grande y muy jaspeada se nos apareció, cubierta de manchas *ardientes* y líneas en espiral, que pertenecía, obviamente por la formación de sus dientes, a una de las especies más venenosas… Los beduinos dicen que estas serpientes, a las que temen mucho, son muy

---

12. Traducción literal. Arad es el moderno Tell Arad, a unas veinte millas al sur de Hebrón. Los nombres se aferran muy tenazmente a los lugares en oriente.

13. Así lo traduce con acierto Wilton, y no «el camino de los espías», es decir, de los doce hombres que habían ido, treinta y ocho años antes, a espiar en la tierra. Otros traducen, «el camino batido».

14. Jueces 1:17.

15. Algunos comentaristas imaginan que ya desde el principio obtuvo Israel una gran victoria sobre los cananeos. Pero dicha suposición es incompatible tanto con el relato que estamos tratando como con otras porciones de la Escritura.

1. Esto se expone claramente en el libro de Palmer *Desert of the Exodus*, parte II. pp. 517, etc.

2. *Desert of the Exodus*, vol. II. p. 523.

3. Deuteronomio 1:19.

4. Para muchas ilustraciones de la Escritura, y muy adecuadas, remitimos al lector a Wilson, *Negueb*, p. 47, etc.

5. Kurtz, *History of the Old Covenant*, vol. III pp. 343, 344, traducción inglesa.

numerosas en ese lugar».[5] Del hecho que la serpiente de bronce también es llamada «ardiente» (*Saraph*), deducimos que esta expresión describe más bien el aspecto de estas «serpientes de fuego» que el efecto de su picadura.

En este relato encontramos dos cosas muy notables: el rápido arrepentimiento de Israel, expresado con un lenguaje poco común de humildad,[6] y la maravillosa enseñanza del símbolo, por medio del cual los que habían recibido la picadura mortal obtenían la restauración a la vida y la salud. Moisés recibió instrucciones de hacer una serpiente ardiente de bronce, y colocarla sobre un palo, y todo aquel que la miraba era curado inmediatamente. Por la enseñanza de nuestro Señor[7] sabemos que esto era una figura directa del Hijo del Hombre que debía ser levantado, «que todo aquel que en él cree no perezca, sino que tenga vida eterna». La *sencillez* del remedio (sólo alzar los ojos con fe), su acción *inmediata* y su *alcance completo* además de ser el único remedio, pero también el todo suficiente remedio para todo aquel que se hallase herido de muerte por la serpiente; todos estos aspectos encuentran su contraparte en el Evangelio. Pero para comprender bien tanto la figura como las palabras de nuestro Señor, debemos descubrir el modo en que Israel comprendía que se alzara la serpiente de bronce y el hecho que la curación procediera de esto. Sin lugar a dudas, Israel relacionó esta muerte por medio de las serpientes ardientes con la introducción de la muerte en el paraíso por medio de la serpiente.[8] Y ahora se alzaba una serpiente de bronce, hecha a *semejanza* de la serpiente ardiente, pero *sin su picadura mortal*. Esto era para la curación de Israel. Resultaba claro entonces que el veneno mortal de la serpiente ardiente era eliminado por el hecho de alzar la serpiente de bronce. Todo esto debió refrescar en sus memorias la promesa hecha cuando se recibió la primera picadura venenosa de la serpiente, que la simiente de la mujer heriría la cabeza de la serpiente, y al hacerlo su propio calcañar iba a ser herido. En este sentido, incluso el apócrifo Libro de la Sabiduría (16:6) designa a la serpiente de bronce como «un símbolo de salvación». Y así se nos enseña claramente que «Dios, enviando a su propio Hijo en semejanza de carne de pecado, y en lo concerniente al pecado, condenó al pecado en la carne»; que «al que no conoció pecado, por nosotros lo hizo pecado»;[9] y que «llevó él mismo nuestros pecados en su cuerpo sobre el madero».[10]

El precioso significado de la figura es deducido como sigue por Lutero a partir de tres grandes peculiaridades de este «símbolo de salvación»: «En primer lugar, la serpiente que hizo Moisés según la orden de Dios tenía que ser de bronce o de cobre, es decir, de color rojo, y como esas serpientes ardientes, que eran rojas y ardientes en su picadura, pero sin veneno. En segundo lugar, la serpiente de bronce debía ser colocada sobre un palo a modo de señal» (comp. Co. 2:14, etc.). «En tercer lugar, los que querían ser sanados de la picadura de la serpiente ardiente debían alzar sus ojos y mirar a la serpiente de bronce, levantada sobre el palo» (percibir y creer), «de otro modo no podían ni recuperarse ni vivir». Un crítico alemán moderno anota de modo similar Juan 3:14: «Cristo es el antetipo de la serpiente, en cuanto que tomó sobre sí mismo el pecado y lo llevó en nuestro lugar; siendo el pecado el poder más nocivo de todos los poderes nocivos».

Es muy interesante seguir la travesía de Israel, cuando el avance de cada día les iba acercando más y más a la Tierra Prometida. Para ellos no se trataba de una tierra de ruinas y recuerdos, como lo es para nosotros, sino una tierra de belleza y esperanza. Para un pueblo que no había conocido nada más que «el desierto» durante toda su vida, la riqueza, fertilidad y variada belleza de Palestina, como ciertamente lo era entonces, debía poseer unos encantos que apenas podemos imaginar. En esos momentos, cada paso hacia adelante era, bajo la dirección de Dios, y en cierto sentido, un milagro, mientras que esta misma dirección y cada milagro formaban las prendas de los demás milagros que tenían que llegar. Las investigaciones de viajeros modernos[11] nos permiten casi acompañar a Israel en su marcha. Como ya hemos dicho, la gran tenacidad con la que se mantienen los nombres antiguos en oriente nos ayuda a descubrir los lugares exactos de las escenas bíblicas; mientras que, por otro lado, las descripciones de dichos lugares inundan de una vívida luz el relato espiritual, y aportan pruebas de su exactitud.

El lector debe recordar que la ruta que tenía Israel por delante era en parte la misma que todavía es atravesada por las grandes caravanas de Damasco a la Meca. Los territorios por los que pasaron o donde entraron sucesivamente estaban ocupados como se dispone a continuación. En primer lugar, Israel rodeó la frontera *oriental* de Edom, dejándola a su izquierda. La frontera *occidental* de Edom, por la que Israel había intentado pasar al partir de Cadés,[12] podía haber sido defendida fácilmente contra los israelitas debido a su terreno montañoso y a los pocos pasos existentes. En cambio, la situación era muy diferente en el flanco *oriental*, el cual quedaba abierto ante Israel si no hubiesen recibido instrucciones divinas de no luchar contra Edom.[13] Esto, no obstante, explica la actitud amistosa adoptada prudentemente por Edom en su frontera oriental,[14] a pesar de que su ejército acababa de prepararse para la lucha en la frontera occidental. En *Ije Abarim*,[15] «las ruinas», o «los montes de los pasos», o «de las laderas» (tal vez «los montes laterales») los israelitas se estaban acercando al desierto que se hallaba al este de Moab. El arroyo o vadi Zared[16] forma aquí la frontera entre Edom y Moab. Pero como que Israel había recibido también órdenes de no luchar contra Moab,[17] dejaron su territorio sin tocarlo, y, continuando hacia el norte, pasaron a través del desierto de Moab, hasta que alcanzaron el río Arnón, el moderno vadi Mojib, que formaba la frontera entre los moabitas y los amorreos.

Israel entra en la tierra de los amorreos

El territorio de los amorreos se extendía desde Arnón a Jaboc. Originalmente había pertenecido a los moabitas;[18] pero éstos habían sido expulsados al sur por los amorreos.

---

6. Nm. 11:7.
7. Jn. 3:14, 15.
8. Los Tárgumes de Jerusalén y de Jonatán, ambos, contienen una alusión a esto.
9. 1 Corintios 5:21.
10. 1 Pedro 2:24.

11. Obviamente, no podemos entrar aquí en la descripción de estos lugares como ilustración de la Biblia, por muy interesante que resulte. Para mayor información remitimos al lector, además de a las obras del profesor Robinson, Canon William, Sr. Wilton y Profesor Palmer, a Canon Tristam, *Land of Moab*, como particularmente ilustrativo de esta parte de nuestra historia.
12. Números 20:18.
13. Deuteronomio 2:4-6.
14. Deuteronomio 2:29.
15. Tenemos motivos para suponer que *Abarim*, o «pasos», era un nombre general aplicado a las montañas que rodeaban el territorio de Moab.
16. Números 11:12.
17. Deuteronomio 2:9.
18. Números 21:26.

No existía indicación divina alguna que impidiese a Israel luchar contra los amorreos, y cuando Sehón, su rey, se negó a dejar paso libre por su territorio, el pueblo de Israel recibió instrucciones de Dios para atacar, lo cual causó la destrucción de Sehón y la posesión de su tierra por Israel.

Junto al arroyo Zared (en la frontera del sur de Moab) los israelitas ya habían estado en línea recta con el Mar Muerto, dejándolo, evidentemente, bastante alejado a su izquierda. El río Arnón, que formaba la frontera entre Moab y los amorreos, también desembocaba en el Mar Muerto casi al otro lado de Hazazon-tamar, o En-gadi. Esta extensión, que ahora tiene el nombre de el-Belkah, es conocida por el lector del Antiguo Testamento como la *tierra de Galaad*, mientras que en tiempos del Nuevo Testamento era la provincia de Perea. Finalmente, la región al norte de Jaboc y al este del Jordán era la antigua *Basán*, o la moderna Haurán. El hecho que el país al norte del Arnón, antes de ser tomado por los amorreos, perteneciera a Moab explica el nombre «Campos de Moab» aplicado a los montes de Galaad, del mismo modo que la parte occidental del Jordán también tenía el nombre de «campos de Moab», o mejor «tierras bajas de Moab».[19] Los hijos de Israel todavía estaban acampados al *sur* del Arnón cuando enviaron una embajada a Sehón, solicitando paso abierto a través de su territorio. Canon Tristram ha dado una descripción sumamente viva de la abertura por la que fluye el Arnón. Su anchura se calcula a unas tres millas de cresta a cresta, y su profundidad de 2.150 pies desde la cumbre en la orilla sur, y de 1.950 desde la del norte. Evidentemente el ejército de Israel no podía cruzar el río por allí, pero sí más hacia el este, «en el desierto».[20] Probablemente esperaron hasta que volviera de Sehón el mensajero. El alto nivel alcanzado de ánimo y confianza en Dios, cuando llegaron las noticias de que Sehón, con todo su ejército, se estaba acercando a su encuentro, se manifiesta incluso en esos extractos de obras poéticas que constituyen una peculiaridad del Libro de Números, y que fueron compuestos como estrofas de canciones de guerra alrededor de los fuegos del campamento.[21] Desde la orilla del Arnón la ruta de Israel era sin duda hacia el norte hasta encontrar *Bamot* o *Bamot-baal*, «las cimas de Baal»,[22] una de las estaciones posteriormente tomada por Balac y Balaam.[23] «Y desde Bamot (marcharon) al valle, que está en los campos de Moab (en la meseta de Moab), en la cima de Pisgá, y mira a la faz del desierto»,[24] es decir, sobre la extensión de tierra que va hacia la orilla noreste del Mar Muerto.[25]

Desde esta meseta de las montañas del Arabim, de las cuales Pisgá y Nebo eran picos, Israel obtuvo su primera vista de la Tierra de la Promesa, y especialmente de ese misterioso Mar de Sal cuya superficie resplandeciente y alrededores de muerte debían provocar semejantes recuerdos y advertencias. Finalmente, pues, podía verse el objetivo final.

Victorias contra Sehón y Og

La batalla decisiva entre Sehón e Israel tuvo lugar casi al alcance de la vista del Mar Muerto. La victoria en Jahaz, donde Sehón fue herido «a filo de espada» (es decir, sin misericordia ni salvación), confirió a Israel la posesión de todo el país, incluido Hesbón y «todas sus hijas» (o ciudades hijas) desde el Arnón hasta el Jaboc superior (el moderno Nahr Ammán). Este último río formaba el límite entre los amorreos y los amonitas. Los amorreos no se habían introducido más allá de este punto porque «la frontera de los hijos de Amón era fuerte».[26] Y también Israel se abstuvo de continuar hacia adelante, no por las mismas razones que los amorreos, sino debido a una orden explícita de Dios.[27] Sin tocar, pues, el país de Amón, los israelitas prosiguieron hacia el norte y derrotaron a Og, rey de Basán, y también tomaron posesión de su territorio y de las montañas de Galaad.[28]

Israel acampa en los «campos de Moab» junto al Jordán

Ahora todo el país al este del Jordán pertenecía a Israel, y no se podía disputar sobre el paso por el río.

Pero antes de entrar verdaderamente en su heredad, prometida desde hacía tanto tiempo, todavía quedaban algunas lecciones importantes por aprender. Tenía que suceder un acontecimiento que determinaría para siempre la relación entre el reino de Dios y el de este mundo. La misión de Moisés, el siervo del Señor, también debía llegar a su fin, y se debían realizar los preparativos necesarios para poseer y mantener la tierra de Palestina. Pero, desde un punto de vista estricto, todo esto pertenece a otro período de la historia de Israel. Cuando el campamento se hallaba en Sittim, «a este lado del Jordán junto a Jericó», esperando la señal para cruzar la frontera, la travesía de los hijos de Israel ya estaba prácticamente terminada.

---

19. Números 22:1.
20. Números 21:13.
21. En Números 21 se citan al menos tres de esas «canciones». No podemos dar más detalles sobre estas interesantes composiciones aquí. Tampoco podemos enzarzarnos en mayores descripciones geográficas, o comparar la lista de estaciones en Números 21 con la del capítulo 33 y en Deuteronomio 2. Pero entre ellas prevalece la más perfecta armonía.
22. Números 21:19.
23. Números 22:41.
24. Traducción literal.
25. Números 21:20.
26. Números 21:24.
27. Deuteronomio 2:19.
28. Estos territorios y sus asentamientos antiguos han sido recientemente visitados y descritos por viajeros como Canon Tristam, el Profesor Palmer y otros.

LA RUTA DEL ÉXODO

La salida de los israelitas de Egipto constituye la historia del grupo emigratorio más numeroso de la historia. Partieron de la ciudad de real de Tanís o Ramesés, en dirección a Sucot (Éx. 12:37), lugar que o bien se corresponde con Pitón o se hallaba cerca de estos parajes. Esta localidad está ocupada en la actualidad por Tell el-Maskhutah, en el oasis Tumilat, a unos 51 km al sursureste de Tanís y a 18 km al oeste de Ismailía. Para alcanzar la tierra prometida los israelitas podían haber tomado la ruta más corta siguiendo el camino principal de la costa mediterránea, pero aquella era una ruta de invasiones y guerras, y estaba muy fortificada, lo cual suponía un camino demasiado arriesgado. Por esta razón se dirigieron a Sucot, a 50 km hacia el sudeste, donde instalaron su primer campamento. Después siguieron hacia Etam. Este lugar no ha sido identificado, pero se sabe que se hallaba en el límite del desierto (Éx. 13:20). Como para entonces habían cambiado las intenciones del faraón, los israelitas retrocedieron, tal vez como estratagema para desorientar a sus perseguidores egipcios, y acamparon entre Migdol y el «mar de los Juncos», hacia Baal-zefón, en Pi-hahirot (Éx. 14:2; Nm. 33:7). No se ha podido determinar la situación de este campamento. Estaba en la orilla occidental del llamado «mar Rojo», y es por este sitio que atravesaron a pie este mar para llegar al desierto de Shur (Éx. 15:4, 22; Nm. 33:8); después se dirigieron hacia el monte Sinaí siguiendo la costa del mar Rojo (Éx. 16:1; Nm. 33:10, 15).

El «mar de los Juncos» recibe en hebreo el nombre de yam Suf, ãWs µyi. La traducción correcta ha dado lugar a mucha controversia, aunque se está de acuerdo en su significado, a saber, «mar de las cañas o de los juncos». Los griegos derivaron el nombre «mar Rojo», Erythrá Thalassa, ejruqra< qa>lassa, de Erythras, un fabuloso rey del que se creía que había reinado sobre un país situado sobre este mar (Estrabón, Geografía, 16:3,5; 4:20; Plinio, Historia Natural, 6,23,28). Erythras se correspondería con Edom, que en hebreo significa «rojo», gente de piel cobriza, a saber, los edomitas y fenicios. Se supone también que el nombre puede provenir de los bancos de corales que llenan el fondo de este mar y que se hallan a lo largo de sus costas. El mar Rojo de los geógrafos modernos mide unos 2.400 km de longitud y unos 240 km de anchura. Limita al norte con los golfos de Aqaba y de Suez, bañando la península del Sinaí en sus dos costas. Es del todo imposible creer que el yam Suf que cruzaron los hebreos fue el mar Rojo, tal como lo conocemos hoy. El yam Suf mencionado en el texto bíblico parece que se refiere a la región pantanosa y de aguas bajas a través de las cuales se abrió siglos más tarde el famoso canal de Suez, a la altura de los actuales Lagos Amargos.

Atravesado el mar de los Juncos, los israelitas se adentraron en la península del Sinaí, siguiendo a lo largo de una ruta que conducía a las mimas de cobre y turquesas, próximas a la punta de lanza de esta región, conocidas y explotadas por los egipcios desde la I dinastía, ya que representaban una fuente fundamental para el aprovisionamiento en metales de Egipto. Allí eran enviadas cuadrillas de esclavos sometidas al control de los soldados egipcios. Esto he llevado a algunos estudiosos a considerar bastante improbable la ruta indicada y la estancia de Israel en la península del Sinaí, dado la presencia de obreros y soldados egipcios. Desde un punto de vista estratégico sería el último lugar elegido para huir. Un papiro descubierto en 1930 que contiene el mapa más antiguo del mundo, nos muestra la ruta faraónica a través del desierto desde Egipto hasta las minas. No es muy probable, ciertamente, que los israelitas huidos de Egipto, permanecieran en un lugar tan transitado por sus enemigos. Pero la objeción no es insuperable. Como hizo notar John Bright, no es necesario suponer que una marcha en dirección a las minas, en cuyas proximidades se sitúa el monte de Sinaí, habría de llevar a los hebreos a un choque con las tropas egipcias, ya que los egipcios no tenían guarnición permanente en las minas. Los hebreos pudieron pasar sin ser molestados, excepto en los períodos intermitentes en que los equipos mineros estaban trabajando.

Bibliografía

Roland de Vaux, *Historia antigua de Israel, desde los orígenes hasta la entrada en Canaán*. Cristiandad, Madrid 1975.

Bernard Ramm, *Salida.* CLIE, Terrassa 1975.

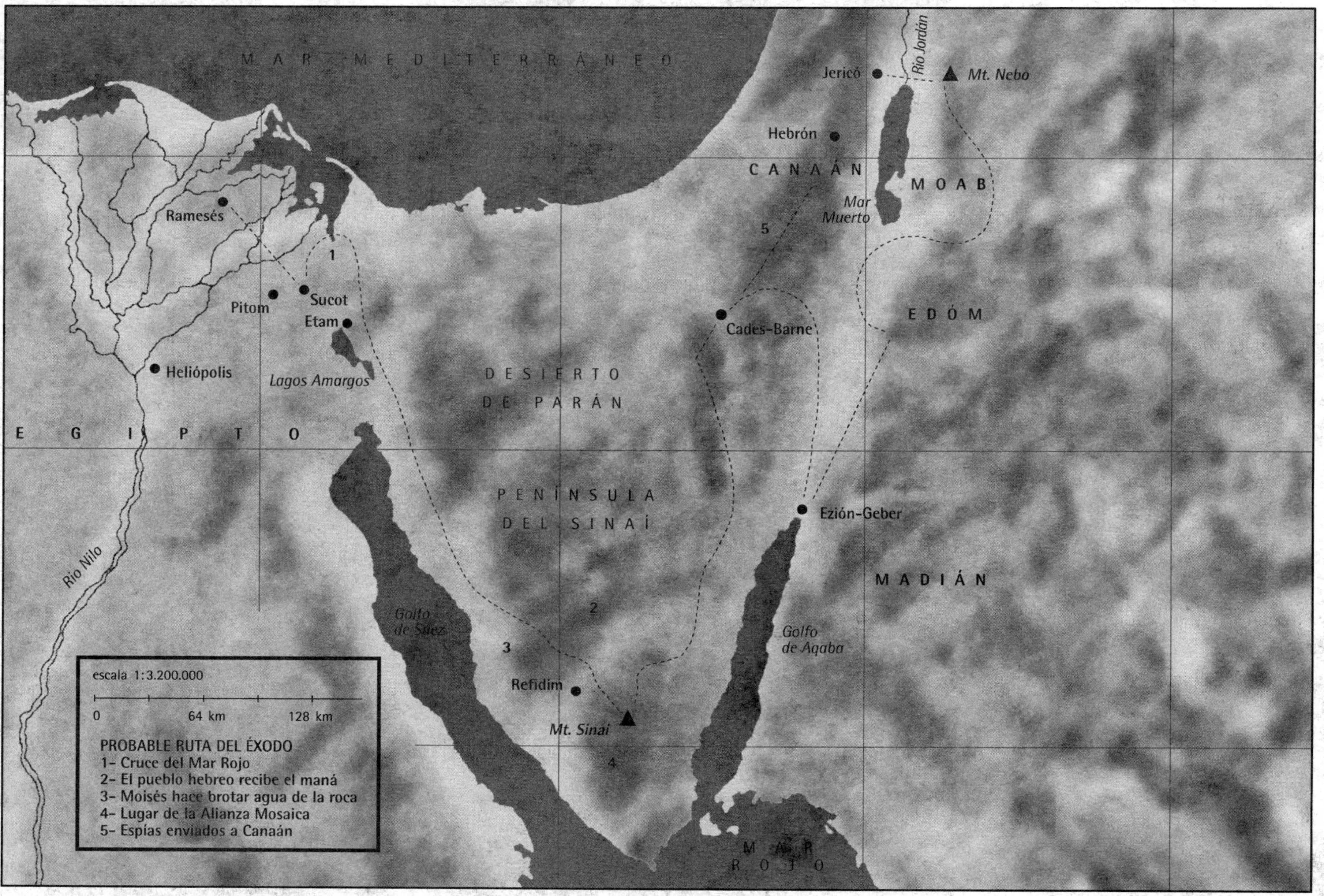
MAR MEDITERRÁNEO
Jericó
Río Jordán
Mt. Nebo
Hebrón
CANAÁN
MOAB
Mar Muerto
Ramesés
Pitom
Sucot
Etam
Heliópolis
Lagos Amargos
Cades-Barne
EDÓM
DESIERTO DE PARÁN
EGIPTO
PENÍNSULA DEL SINAÍ
Ezión-Geber
MADIÁN
Río Nilo
Golfo de Suez
Golfo de Aqaba
Refidim
Mt. Sinaí
MAR ROJO
escala 1:3.200.000
0
64 km
128 km
PROBABLE RUTA DEL ÉXODO
1- Cruce del Mar Rojo
2- El pueblo hebreo recibe el maná
3- Moisés hace brotar agua de la roca
4- Lugar de la Alianza Mosaica
5- Espías enviados a Canaán

Libro 3

Israel en Canaán bajo Josué y los Jueces

Fechas de los acontecimientos registrados desde el Éxodo a 1 Reyes

según el profesor Keil
desde el Éxodo
hasta la construcción del Templo por Salomón
(comp. Jue. 11:26 y 1 R. 6:1)

Principales acontecimientos		Duración en años	Fecha antes de Cristo
El Éxodo			1492
Entrega de la Ley en el Monte Sinaí			1492 a 1491
Muerte de Moisés y Aarón en el año		40	1453
Conquista de Canaán por Josué		7	1452 a 1445
Reparto de Canaán hasta la invasión de Cusán-risatáyim		10	1445 a 1435
Muerte de Josué			aprox. 1442
Guerras de Israel contra los cananeos			desde 1442
Expedición contra Benjamín (Jue. 20)			aprox. 1436
Opresión de mano de Cusán-risatáyim		8	1435 a 1427
Otoniel, y el descanso de Israel		40	1427 a 1387
Opresión de mano de los moabitas		18	1387 a 1369
Eúd, y el descanso de Israel		80	1369 a 1289
Victoria de Samgar contra los filisteos		...	... ...
Opresión de mano de Jabín		20	1289 a 1269
Débora y Barac, y el descanso de Israel		40	1269 a 1229
Opresión de mano de los madianitas		7	1229 a 1222
Gedeón y el descanso		40	1222 a 1182
Abimelec		3	1182 a 1179
Tolá		23	1179 a 1156
Jaír		22	1156 a 1134
Elí durante cuarenta años		...	1154 a 1114
En Oriente	*En Occidente*		
Opresión de mano	De mano		
de los amonitas,	de los filisteos	40	1134 a 1094
18 años: 1134-1116	Pérdida del Arca	...	aprox. 1114
Jefté, 6 años:	Proezas de Sansón	...	1116 a 1096
1116-1110	Samuel profeta	...	desde 1114
Ibzán, 7 años:			
1110-1103	Samuel juez	19	1094 a 1075
Elón, 10 años:			
1103-1093	Saúl Rey	20	1075 a 1055
Abdón, 8 años:			
1093-1085	David en Hebrón	7	1055 a 1048
	David en Jerusalén	33	1048 a 1015
	Salomón hasta la construcción del Templo	3	1015 a 1012
	Total	**480 años**	

INTRODUCCIÓN al Libro 3

Se puede decir que la historia de Israel como nación empezó con su entrada en su propia tierra. Todo lo anterior había sido preparatorio; desde la noche de la Pascua cuando Israel nació como pueblo hasta la derrota de Sehón y Og, los últimos que podían haber cerrado el paso de Israel hacia su hogar. Durante la travesía de cuarenta años el pueblo, hablando figurativamente, fue fundido en uno por medio de Jehová. Pero ahora, cuando el León de Judá se agazapaba cerca de las orillas del Jordán, Israel se hallaba cara a cara con su gran misión, y empezó la grande labor de su vida como nación: desahuciar al paganismo e implantar en su lugar al reino de Dios (Sal. 80:8-11), el cual estaba destinado a arraigar y crecer hasta que, en la plenitud del tiempo, se extendiese a todas las naciones del mundo.[1]

Consecuentemente, cuando se plantó el campamento de Israel en Sitim, empezó un nuevo período. Su historia registra, en primer lugar, algunos acontecimientos que debían suceder inmediatamente antes de entrar en la Tierra de la Promesa; luego, la conquista, y después, la repartición de la tierra entre las tribus de Israel; y finalmente, en tiempo de los Jueces, paralelamente, el desarrollo de la condición religiosa y nacional de Israel, y la aseveración de esos principios fundamentales subyacentes a su mismísima existencia como pueblo llamado por Dios. Dichos principios son: la relación especial de Israel como pueblo de Dios con Jehová, y los tratos especiales de Jehová con ellos como su Rey.[2] La historia del período del desierto había sido forjada ciertamente por esta doble relación, pero sus consecuencias aparecieron mucho más claramente bajo Josué, y totalmente en el tiempo de los Jueces. Cuando no sólo Moisés, sino también Josué, e incluso los ancianos que fueran contemporáneos suyos, les dejaron, el pueblo, entonces ya establecido en la tierra, estaba libre para desarrollar todas las tendencias que siempre habían existido. Luego siguió la alternancia entre apostasía nacional y juicio, y el retorno de arrepentimiento a Dios y la liberación, que constituyen el marco general en el que se construye el Libro de los Jueces. Esta parte de la historia de Israel alcanzó tanto su cúspide como su punto más bajo con Sansón, con quien acertadamente concluye el período de los Jueces. Puesto que la administración de Samuel es sólo la transición y la preparación hacia el establecimiento de la realeza en Israel. La relevancia espiritual de toda la historia de aquel período se resume con estas palabras de la Santa Escritura (Sal. 44:2-4): «Tú con tu mano echaste las naciones, y los plantaste a ellos; afligiste a los pueblos, y los arrojaste. Porque no se apoderaron de la tierra por su espada, ni su brazo los libró; sino tu diestra, y tu brazo, y la luz de tu rostro, porque los tenías en gracia. Tú eres mi Rey, oh Dios, decreta las liberaciones de Jacob».

Los libros de Josué y de los Jueces forman las dos primeras porciones de lo que en el Canon hebreo es llamado los «Profetas Anteriores».[3]

---

1. Comp. con un Salmo Misionero como el 87; también pasajes como Sal. 86:9; Is. 44:5.
2. Algunos críticos negativos incluso han defendido la teoría (evidentemente sin ninguna base) que originalmente el Libro de Josué formaba parte de los cinco libros de Moisés, Hexateuco.
3. Los otros son los Libros de Samuel y de los Reyes.

1 El paso del Jordán

Capítulo 1
(Números 22)

La vida en el desierto y las luchas tempranas de Israel habían terminado. Israel se hallaba en el umbral de la posesión prometida, separada de ella sólo por las aguas del Jordán. Pero antes de traspasar la frontera, era imprescindible que el pueblo, de una vez por todas, consiguiera obtener el conocimiento pleno del carácter real del paganismo en relación con Dios. Israel debía aprender que las naciones paganas no eran simplemente poderes *políticos* hostiles, contrarios a su avance, sino que el paganismo en sí estaba por naturaleza en antagonismo con Dios. Eran incompatibles, y consecuentemente no cabía alianza alguna jamás con el paganismo ni había lugar para cultivar relación ni para tolerar su presencia. Esta era la lección que, durante la vigilia de su entrada en Palestina, Israel iba a aprender por medio de una experiencia dolorosa en relación con la historia de Balaam. Rápidamente se comprenderá su importancia precisamente entonces. La misma lección fue enseñada repetidas veces a lo largo de toda la historia de Israel, al ser introducidos nuevo dolor y nuevos problemas con cada alianza o contacto con los reinos de este mundo. Y tampoco resulta menos evidente su aplicación a la iglesia de Dios, en lo que se refiere al peligro de mezclarse con el mundo y acomodarse en el mismo. Y así, la historia de Balac y Balaam posee, además de sus enseñanzas directas, un significado profundo para todos los tiempos.

Israel a punto de tomar posesión de la Tierra de la Promesa

Con las victorias decisivas contra Sehón y Og, todos aquellos que hubiesen podido cerrar su acceso a la Tierra de la Promesa habían sido dejados atrás o bien esparcidos y derrotados. Y ahora el campamento de Israel había avanzado, usando las palabras de la escritura, al «otro lado del Jordán desde Jericó».[1] Sus tiendas fueron plantadas en ricos prados, regados por muchos riachuelos, que descienden velozmente de las montañas vecinas; el *Arbot*, o llanuras de *Moab*, como todavía se llamaba la región a ambos lados del río, según sus más antiguos habitantes.[2] Puesto que el enorme campamento yacía extendido sobre un área de varias millas, desde *Abel Sitim*, «la pradera de las acacias», al norte, hasta *Bet Jesimot*, «la casa de las desolaciones», al borde del desierto, cerca del Mar Muerto, al sur,[3] debía parecer que el león de Judá se estaba agazapando preparado para saltar sobre su presa. Ahora bien, ¿eran el león de Judá y las promesas de Dios que le habían sido hechas verdaderamente «sí y amén»? Un asalto feroz, y uno con el cual el paganismo iba a empuñar unas armas muy diferentes de las que habían sido destruidas recientemente, iba a decidir la cuestión.

Prueba decisiva indicadora del carácter real del paganismo

Podemos percibir muchas razones por las que Moab, aunque en apariencia no se hallaba directamente amenazada, debía surgir entonces como el campeón y representante del paganismo.[4] Es cierto que Israel había dejado su mano ilesa, habiéndoles prohibido claramente la orden divina la invasión del lugar.[5] Pero su cercanía era peligrosa. Además, toda esa tierra al norte del Arnón, que Israel acababa de arrebatar a los amorreos, ¿no había pertenecido hasta hacía poco a los moabitas? (el mismo nombre de Moab todavía se reflejaba en la meseta y las llanuras); y ¿no podía Moab recuperar lo que una vez fuera suyo? Pero existía algo más aparte del temor o la codicia mencionados. La existencia tanto de naciones paganas como del propio paganismo dependía de esta cuestión. No cabe duda alguna de que el pronóstico profético del canto de Moisés[6] ya había sido cumplido en gran parte. «Los pueblos» *habían* «oído» sobre las maravillosas obras de Dios en favor de Israel, y tenían miedo; «el temblor de los valientes de Moab» les *había* «sobrecogido». Entre las tribus nómadas de oriente, las noticias, especialmente de este tipo, viajan rápidamente. Jetro hacía mucho tiempo que había oído de estas hazañas,[7] y el testimonio de Rahab[8] muestra cómo el temor y el miedo se habían apoderado de los habitantes de la tierra. Se había intentado el uso de las armas con ellos. Los amorreos, que habían conseguido arrebatar a Moab toda la tierra al norte del Arnón, habían salido valientemente contra Israel guiados por su rey Sehón, y no sólo fueron derrotados sino también exterminados. Un destino semejante cayó sobre el valiente rey de Basán y su pueblo. No cabía duda alguna hasta la fecha de que Jehová, el Dios de Israel, había demostrado cumplir con su palabra, y que era más fuerte que los dioses de las naciones que habían sido sometidas. El subsiguiente avance, pues, en la misma dirección podría resultar fatal tanto para su existencia nacional, como para sus divinidades nacionales o su religión nacional.

Al intentar comprender los puntos de vista y los sentimientos del paganismo en dichas circunstancias, tenemos que estar atentos a no transportar nuestras ideas modernas a su tiempo. En nuestros días la cuestión es el reconocimiento o la negación de Jehová Dios. Pero en esos días giraba en torno al reconocimiento o lo contrario de Jehová como el *único* Dios vivo y verdadero, tal como se expresa en el primer mandamiento. El paganismo no hubiese jamás pensado en negar la existencia o el poder de Jehová como el Dios nacional de los hebreos (ver, p.ej., 1 R. 20:23; 2 R. 18:25, 33-35). Lo que no aceptaba era que Jehová era el *único* Dios y que todos los demás eran simplemente ídolos, la obra de las manos de los hombres. Al estar pues dispuestos a reconocer a Jehová como la divinidad nacional de los hebreos, la cuestión a la que se enfrentaban era decidir si *Él* o sus dioses eran los más poderosos. Era un punto de capital importancia

1. O, «a través del Jordán de Jericó», es decir, la parte del Jordán que tocaba Jericó.
2. El nombre *Arboth* aún se refleja en *Arabá*, que se extiende desde un poco más al sur del Golfo Elanítico del Mar Rojo.
3. Números 33:49.
4. Números 22:1-3.
5. Deuteronomio 2:9.
6. Éxodo 15:14-16.
7. Éxodo 18:1.
8. Josué 2:9.

para ellos, ya que, si algo sabían de Jehová, era esto, que era «un Dios celoso», y los ritos por los cuales era adorado eran tan diferentes de los suyos, como para significar un cambio total, no sólo de religión, sino también de costumbres y modales populares. Partiendo de esta exposición, se entenderá la razón por la cual, al intentar romper el poder de Israel, cuyo Dios y hasta la fecha (sea por accidente, destino o poder inherente) había demostrado ser superior a los dioses de las naciones, el rey de Moab acudió, en primer lugar, a la «adivinación», y porqué estaba tan interesado en asegurarse los servicios de Balaam.

Carácter e historia de Balaam

Balaam, o mejor dicho Bileam, el hijo de Beor,[9] parece ser que pertenecía a una familia de magos que vivían en Petor, posiblemente según ha sido sugerido, una ciudad de adivinos profesionales o estudiantes de ese oficio, pero sin lugar a dudas situada en «Aram» o Mesopotamia, y a la orilla del Éufrates.[10] Su nombre, que significa «devorador» o «tragador», y el de su padre, que significa «que enciende fuego» o «destructor» (tanto si les fueron puestos a su nacimiento, o, como a menudo sucede en oriente, según sus supuestas características) indican tanto lo que ellos quieren aparentar como la opinión pública sobre ellos.[11] Si, como se conjetura,[12] Balac, el rey de Moab, era de origen madianita (habiendo sido su padre un usurpador madianita), se comprende mucho mejor que recurriera, en tan peculiar situación, al socorro de los madianitas; que se aliara con ellos; y que por medio de ellos conociera y requiriera la presencia de Balaam.[13] En cualquier caso, aquellos madianitas nómadas del desierto que se extendían desde Mesopotamia hasta los dominios de Moab, como hacen los beduinos modernos en circunstancias similares, no sólo debían conocer la existencia de un eminente mago como Balaam, sino que seguramente exageraban en gran manera su poder. Además, al no poder ellos atacar a Israel, estarían dispuestos a hacer causa común con Moab, aunque, de momento, su territorio no estaba directamente amenazado, como tampoco lo estaba el de los moabitas. Esto explica la alianza entre Moab y Madián y su embajada conjunta a Balaam.

Había una doble finalidad. Como ya explicamos, el éxito de Israel contra las naciones, o mejor dicho el éxito del Dios de Israel contra sus divinidades, podía tener, bajo su punto de vista, dos causas diversas. O bien sus propias divinidades nacionales (Cemós y Baal) no habían sido propiciados suficientemente, no habían recibido suficiente influencia o poder; o bien Jehová era *verdaderamente* más fuerte que ellos. En ambos casos Balaam iba a significar una gran ayuda, y si decidía aplicarla sería un socorro *seguro*. Porque, según la opinión pagana, los magos tienen un poder irresistible ante los dioses; el poder estaba inherente en él o en sus encantos. Y aquí yace una de las diferencias fundamentales entre el paganismo y el Antiguo Testamento, entre la magia y los milagros. En el primero de los casos, todo venía del hombre, en el segundo, todo se evidenciaba como proviniendo de Dios. Ningún profeta del Señor jamás tuvo poder o lo reclamó, como lo hacían los magos, sino que en cada caso la influencia de gracia era transmitida especial y directamente de Dios, y solamente para esa ocasión. Sólo el Dios-Hombre tenía poder en sí mismo, de modo que todo contacto suyo traía salud y vida. Y en la dispensación cristiana también; por muy sobrenatural que sea lo que se experimente o presencie, nada es mágico; no hay una mera ejecución de poder o de autoridad; sino que todo nos es entregado por medio de las libres promesas de Dios, y en la dispensación de Su gracia.

Pero volvamos a nuestro tema. Suponiendo que Jehová fuese realmente superior a Cemós y Baal, el rey de Moab y sus aliados seguirían deseando la ayuda de Balaam. Porque era otro principio del paganismo, que las divinidades nacionales podían ser inducidas a transferir su bendición y protección de una nación a otra. Así los antiguos romanos, cuando asediaban una ciudad extranjera, solían invitar a los dioses especiales del lugar a que salieran y se unieran a ellos,[14] prometiéndoles a cambio unos honores no sólo iguales sino superiores a los que habían disfrutado hasta la fecha. Y si algo parecido debían conseguir en esa ocasión (si se debía ejercer influencia sobre el Dios de los Israelitas), nadie era tan adecuado para conseguirlo como Balaam, tanto por su profesión como tratante con los dioses, como por sus virtudes especiales. Y esto nos lleva al personaje principal de esta historia, a su carácter y al tema de su religión.[15]

Lo que hemos dicho sobre el conocimiento que el rey de Moab debió tener de los tratos de Jehová para con Israel[16] se aplica también, evidentemente, y con mayor intensidad a Balaam. Como mago profesional, que pertenecía a una familia de magos, y residía en una de sus sedes principales, era tanto su obligación como interés el estar al día sobre dichos asuntos. Además, no debemos olvidar que, en su lugar de residencia, deberían aún existir tradiciones sobre Abraham, teniendo en cuenta la tenacidad local oriental que hemos advertido tan frecuentemente. De hecho, tenemos evidencia segura de que la investigación de Balaam había retrocedido mucho más en el tiempo que simplemente los recientes tratos de Jehová para con su pueblo, hasta su relación original del pacto. La comparación de la promesa de Dios a Abraham en Génesis 13:16 con el modo de expresarse de Balaam en Números 22:10; además la coincidencia entre Génesis 49:9 y Números 23:24; 24:9 en su descripción de Judá; pero principalmente, la repetición virtual de la profecía de Génesis 49:10 en Números 24:17, demuestran sin lugar a dudas que Balaam se había familiarizado perfectamente con las promesas de Jehová a Israel. El hecho de que un adivino profesional como Balaam estuviese dispuesto a

9. Por medio de un curioso cambio de letras arameo, San Pedro escribe el nombre Bosor: 2 P. 2:15.

10. Números 22:5; 23:7; Deuteronomio 23:4.

11. Es interesante que se den exactamente los mismos nombres en la familia real edomita: Gn. 36:32.

12. El obispo Harold Browne, da la analogía del nombre de su padre con el de los últimos jefes madianitas; el nombre *Zippor*, «pájaro», nos recuerda *Oreb*, «cuervo» y *Zeeb*, «lobo». Los Tárgumes más recientes también creen que Balac era de origen madianita.

13. Números 22:4, 7, etc.

14. Ver los pasajes que lo demuestran en Kurtz, *History of the Old Covenant*, vol. III. p. 399; y la discusión muy interesante sobre este tema de Döllinger, en su espléndida obra, *Heidenthum u. Judenthum*.

15. Teniendo en cuenta que ésta no es una obra de discusión crítica o teológica, solo quiero hacer notar que no puedo aceptar ninguno de los dos puntos de vista opuestos sobre la naturaleza de Balaam: que fuese un verdadero profeta de Jehová, o que era simplemente «un profeta del diablo», «que se veía *impulsado* por Dios a bendecir, contra su voluntad». Y me veo también incapaz de profesar o aceptar, o incluso de comprender adecuadamente, la opinión de los críticos recientes (Hengsterberg, Kurtz, Keil, obispo H. Browne, etc.), que Balaam «estaba en un estadio de transición entre lo uno y lo otro», que «conocía y confesaba a Jehová, le buscó y le halló»; pero que, «no obstante, no estaba suficientemente avanzado en el conocimiento y servicio de Jehová como para echar por la borda todo tipo de augurio pagano». Por ello, he sometido el tema a nueva investigación, cuyos resultados se hallan en el texto.

16. Éxodo 15:14-16.

aceptar a Jehová como el Dios nacional de Israel, tras un estudio de la historia de ese pueblo, y a negociar una relación profesional (si se me permite esta expresión) con una divinidad tan poderosa, resulta simplemente lógico en esas circunstancias. Esto explica *su* conducta al hablar con y de Jehová, y aparentemente, honrándolo. *Pero en todo esto Balaam no dio un solo paso fuera de la visión pagana*, como tampoco lo dio Simón el Mago cuando, «viendo las señales y grandes milagros que se hacían», «fue bautizado».[17] Tampoco su conducta le acercó al verdadero servicio de Jehová más de lo que lo hiciera la de los siete hijos de Esceva al de Cristo, cuando se empeñaron en echar fuera espíritus en el nombre del Señor Jesús.[18] De hecho, la escritura lo designa uniformemente con la palabra *Kosem*, el término distintivo para los adivinos paganos en oposición a los profetas del Señor. Y esto concuerda con toda su conducta. Si hubiese poseído un mínimo conocimiento de Jehová como *el único Dios vivo y verdadero*, o la más rudimentaria comprensión de Sus propósitos en el pacto, no hubiese podido ni siquiera concebir durante un momento la idea, *teniendo en cuenta su anterior familiaridad con la profecía*, de aliarse con Balac contra Israel. Por otro lado, si, de acuerdo con su propia opinión sobre el tema, podía haber conseguido apropiarse al Dios de Israel como una de sus divinidades patronas, y si, sobre su propia base, él podía llegar a ser uno de Sus profetas; y todavía más, si hubiese podido obtener una influencia tal como para hacerle cambiar en sus propósitos en cuanto a Israel, Balaam entonces habría alcanzado el objetivo de su ambición, y se convertiría en el mago más poderoso del mundo. Así, en nuestra opinión, desde el momento en que le conocemos, en pie en la bifurcación de los dos caminos, hasta el amargo final de la traición, cuando, al recibir el pago de Judas, fue aniquilado en la destrucción de Madián, su conducta fue siempre un comportamiento coherentemente *pagano*, y su progreso rápido en su descenso.

¡En la bifurcación de los dos caminos! En toda grande crisis en la historia, y, estamos convencidos, en la gran crisis de toda vida individual, se da un encuentro así y una bifurcación en dos direcciones: hacia la vida o hacia la destrucción. Fue así con Faraón, cuando Moisés le llevó por primera vez el mensaje del Señor para que dejara partir a su pueblo en libertad, y le demostró su autoridad con señales incuestionables. Y Balaam estuvo en el encuentro y partida de esos dos caminos aquella noche cuando los embajadores de Balac y los ancianos de Madián se hallaban por vez primera bajo su techo. *Esos embajadores eran la crisis de su historia.* Había alcanzado el conocimiento de que Jehová, el Dios de Israel, era Dios. Ahora se enfrentaba a la siguiente pregunta: ¿le aceptaría él como el único Dios vivo y verdadero, con quien no podía establecer ninguna de las relaciones contempladas por el paganismo; con quien toda relación debe ser moral y espiritual, no mágica; una relación de servicio de corazón y de vida, no de influencia y poder? Usando palabras neotestamentarias, en su reconocimiento de Jehová, Balaam logró la posición así descrita: «el que no está contra nosotros, está de nuestra parte».[19] Pero esto sólo es el punto de encuentro y división de los dos caminos. La siguiente cuestión es mucho más profunda y decisiva, en cuanto a lo que concierne a las personas individualmente. Se trata de nuestra relación con la persona de Cristo. Y referente a este punto leemos: «el que no está conmigo, está contra mí».[20]

17. Hechos 8:13.
18. Hechos 19:13, 14.
19. Lucas 9:50.
20. Mateo 12:30.

Como siempre sucede en este tipo de circunstancias, la gran misericordia de Dios y su infinita paciencia y condescendencia no faltaron para ayudar a Balaam en la crisis de su vida. Existen por lo menos dos puntos donde no hay duda alguna. El deseo confesado de Balac era «herir» a Israel, con la ayuda de Balaam, y «echarlo de la tierra»;[21] y su convicción expresada, «el que tú bendigas será bendito, y el que tú maldigas será maldito». Ahora bien, por no hablar de los poderes mágicos que se le atribuían, Balaam debió saber que las intenciones de Balac eran directamente opuestas a los propósitos de Jehová, mientras que las palabras, con las que se otorgaba a Balaam el poder de bendecir y maldecir, no sólo eran una transferencia al hombre de lo que pertenecía a Dios únicamente, *sino que también debían ser conocidas por Balaam* como las mismas palabras con las cuales Jehová había otorgado la bendición a Abraham en el principio: «Bendeciré a los que te bendigan, y a los que te maldigan maldeciré».[22] La propia cita de Balaam de estas palabras en Números 24:9 demuestra que él las conocía. Así, pues, la propuesta de Balac estaba dirigida directamente contra el propósito fundamental de Dios, como bien lo sabía Balaam, pero ni así dudó por un momento. Pero esto no es todo. En su infinita longanimidad, Dios, no deseando que nadie perezca, incluso en esta ocasión fue condescendiente con Balaam. Había propuesto a los embajadores de Balac que se «alojaran» en su lugar aquella noche, prometiendo dar su respuesta a la mañana siguiente, cuando Jehová hablara con él. Y Jehová aceptó encontrarse con Balaam según las maneras de éste, y esa noche le comunicó su entera voluntad. El relato engañoso y erróneo que Balaam anunció a sus huéspedes esa mañana determinó definitivamente su elección y su destino.

Ahora bien, ¿por qué Jehová Dios se apareció y tuvo tratos con una persona como Balaam? Algunas veces, este tipo de preguntas, debido a nuestro conocimiento limitado de los propósitos de Dios, no deberían ser sopesadas en nuestra mente. No obstante, en este caso, podemos por lo menos sugerir alguna respuesta. Ya hemos hablado acerca de los propósitos de Dios en cuanto a la condición personal de Balaam. Pero debemos introducirnos en un tema más amplio. Balac había enviado a Balaam para que, con su magia, destruyera a Israel, o mejor dicho, para detener y dejar a un lado el poder obrador de milagros de Jehová. Se trataba, pues, de una competición entre el paganismo e Israel como pueblo de Dios, que iba a evidenciar y decidir la relación real entre Israel y el mundo pagano, o de otro modo, entre la iglesia y Dios y los reinos de este mundo. Y de la misma manera que Dios alzara anteriormente a Faraón para hacer caer a los dioses de Egipto, así ahora decide el resultado de esta competición por medio del mismo hombre que Balac había escogido como su campeón, y lo usa como un instrumento concorde, si aceptaba, o reticente si se rebelaba, pero fuese cual fuese el caso, como un instrumento *eficaz* para realizar Sus propósitos. Así enfocamos nosotros el hecho de que Dios se encontrara con Balaam y hablara tanto con él como a través de él.

Dios había dado tres indicaciones breves pero enfáticas esa primera noche a Balaam: «No vayas con ellos, ni maldigas al pueblo, porque bendito es».[23] De estas tres Balaam suprimió deliberadamente las dos últimas cuando respondió a los enviados la mañana siguiente (22:13). No obstante eran las más importantes, puesto que indicaban la futilidad

21. Números 22:6.
22. Génesis 12:3.
23. Números 22:12.

total, o la banalidad absoluta de los intentos de cualquier hombre de controlar o influenciar el propósito de Dios. Así escondió un conocimiento de gran importancia para comprender tanto el carácter del Dios verdadero como el de Sus siervos verdaderos, los cuales simplemente obedecen Su voluntad, pero no persiguen el control de la misma. Pero incluso en lo que sí repitió del mensaje de Dios había una grave interpretación errónea. Porque esta afirmación, «Jehová no me quiere dejar ir con vosotros» (22:13), implicaba una arbitrariedad infundada de parte de Dios; daba mayor certidumbre a Balac para sus puntos de vista paganos; y tal vez le animaba a esperar mejores resultados en circunstancias más favorables. En cuanto a la persona de Balaam, podemos inferir que malinterpretó la aparición de Dios y su conversación con él, como si se tratase de algún tipo de alianza, o reconocimiento de su persona, mientras que él se había separado irrevocablemente de Dios durante todo el tiempo, y se había introducido en la senda de pecado y juicio. De acuerdo con esto, nos encontramos a Balaam hablando de Jehová como «mi Dios», y asumiendo confiadamente el carácter de siervo suyo. Paralelamente, se aseguraba los regalos de Balac, pues, en su respuesta, cuidó de no perder el favor del rey, antes bien, hacerle estar más deseoso de obtener su ayuda, puesto que era en verdad honrado por Jehová, quien únicamente se había negado a permitir algo que podría conceder en otra ocasión.

Fue bajo estas circunstancias que Balac y los de Madián enviaron una nueva embajada, más honorable que la primera, y con promesas casi ilimitadas, para ir al encuentro de Balaam «para maldecir a este pueblo» (v. 17). El rey había juzgado correctamente la situación. Sin ningún reconocimiento espiritual de Jehová, sino simplemente pagano, la codicia y la ambición eran los principales estímulos de Balaam. Con el lenguaje expresivo del Nuevo Testamento,[24] él «amó el pago de la iniquidad». Pero ese camino ya estaba sellado. Al negarse a ser un instrumento voluntario para la exaltación de Jehová, lo sería reticente. Y así Dios le permitió hacer lo que deseaba de corazón, con sólo esta importante reserva: «pero harás lo que yo te diga». Balaam, cuya satisfacción personal ya se había mostrado en su profesión ante los embajadores, diciendo que no podía «traspasar la palabra de Jehová su Dios», no comprendió el terrible juicio contra sí mismo implicado en la expresión «dejadle solo», que profirió el falso profeta para su propia lujuria. Hasta aquel momento había sido, sin duda alguna, honrado, a pesar de ser grande y voluntariamente ignorante acerca de todo lo relacionado con Jehová, al proponer consultar a Dios por segunda vez, para ver si podía maldecir a Israel. Y ahora parecía como si Dios se hubiese vuelto propicio a él verdaderamente. Balaam estaba tan cerca de ser el mago ideal, y tener «poder», como lo estaba Simón el Mago cuando ofreció dinero a los apóstoles para que le concedieran el poder de impartir el Espíritu Santo.

No cabe duda de que fue con este ánimo de engañosa satisfacción propia, con el cual acompañó a los mensajeros de Balac al día siguiente, para que «la ira de Dios se encendiese porque él iba»,[25] y luego «el ángel de Jehová se puso en el camino por adversario suyo»; significativamente, el ángel del pacto con una espada desenvainada, amenazaba con la destrucción. El objetivo principal de lo que le sucedió en el camino era, a ser posible, levantar un sentimiento en Balaam de conciencia de su absoluta ignorancia y alienación de Jehová. Y así «una muda bestia de carga, hablando con voz de hombre, refrenó la locura del profeta».[26] Sabemos, ciertamente, que los animales a menudo son más sensibles a la presencia o cercanía del peligro que el hombre, es decir, perciben lo que no captan nuestros sentidos. Pero en este caso la humillante lección era que, sin ver nada en absoluto el profeta tan contento de sí mismo, su asno había percibido la presencia del ángel, y al salir del camino o caer, salvó la vida de su señor; y a pesar de todo ello, Balaam continuaba todavía ciego, perverso e incapaz de comprender, hasta que Dios abrió la boca de la muda bestia, para que usando voz de hombre refrenara la locura del profeta. El objetivo, pues de la aparición del ángel y de la voz humana con la que Balaam escuchó a la bestia de carga reprochándole, era mostrar a Balaam como era él exactamente y del modo más contumaz, en este caso, la manera más humillante.[27]

Pero ni siquiera esto produjo un efecto real; sólo una oferta de Balaam de volverse, si no agradaba al ángel de Jehová (22:34). La sugerencia fue tan disparatada y respaldada con tan profunda ignorancia, como su anterior disposición para acompañar a los mensajeros. Porque no se trataba simplemente de ir o no ir, sino de glorificar a Dios y reconocer la supremacía de sus propósitos del pacto. Balaam podía haber ido y vuelto sin hacer esto; pero Jehová iba a hacérselo a sí mismo por medio de Balaam. Y los ancianos de Moab y Madián ya se habían apresurado con los propios siervos de Balaam, para anunciar la llegada del profeta. Poco después de su encuentro solitario y terrible con el ángel iba a pasar a la presencia del representante de ese paganismo contra el cual ya se había extendido la espada desenvainada que sostenía el ángel en su mano.

Capítulo 2

(Números 22:36-25; 31:1-20)

El encuentro entre el rey de Moab y el adivino fue en Ir Moab, la «ciudad» o capital de Moab, cerca de su límite al norte.[1] Empezó con suaves reproches de parte del monarca, los cuales, al estilo oriental, encubrían grandes promesas, a lo que el adivino respondió repitiendo su antigua profesión de poder decir sólo la palabra que Dios pusiera en su boca. No es necesario asumir hipocresía de su parte; tanto el monarca como el adivino actuaban coherentemente y según su papel. Desde Ir Moab fueron a Quiryat-huzot, «la ciudad de calles», la posteriormente Kirathaim.[2] Aquí, o muy cerca del lugar, se ofrecieron los primeros sacrificios, y Balaam, junto con los «príncipes», participaron de la comida. A la mañana siguiente Balac llevó al adivino a las alturas del monte Atarus, a *Bamot Baal*, «las alturas de Baal», conocido con este nombre porque era la meseta dedicada al

24. 2 Pedro 2:15.

25. Literalmente, «porque se estaba yendo». Keil observa acertadamente que el uso del participio aquí implica que la ira de Dios se encendió por el espíritu y la disposición con que se iba, más que por el hecho en sí de que se fuera.

26. 2 Pedro 2:16.

27. No podemos entrar en discusiones críticas aquí. El punto maravilloso es comprender el significado y el objetivo de este relato, independientemente del modo por medio del cual la «voz de hombre» pudo haber salido de una «muda bestia de carga», o el lenguaje humano alcanzando la conciencia de Balaam.

1. El Canon Tristram identifica esto con la antigua *Ar*, o *Rabbat Moab* (Tierra de Moab, p. 110). Pero este lugar parece estar demasiado al sur para cumplir los requisitos del texto.

2. Josué 13:19; Ezequiel 25:9, etc. Ver la descripción del lugar, y de su perspectiva, en Tristram, *u.s.*, pp. 270, 276.

«Balaam, o mejor dicho Bileam, el hijo de Beor, parece ser que pertenecía a una familia de magos que vivían en Petor, posiblemente según ha sido sugerido, una ciudad de adivinos profesionales o estudiantes de ese oficio, pero sin lugar a dudas situada en 'Aram' o Mesopotamia, y a la orilla del Éufrates. Su nombre, que significa 'devorador' o 'tragador', y el de su padre, que significa 'que enciende fuego' o 'destructor' (tanto si les fueron puestos a su nacimiento, o, como a menudo sucede en oriente, otorgados posteriormente según su oficio, conducta o características) indican tanto lo que ellos quieren aparentar como la opinión pública sobre ellos.»

Podemos idealizar la figura de Balaam, en esta escultura perteneciente a los cánones artísticos mesopotámicos; mediados del III milenio a.C. En la pose hierática de las manos y el rostro de ojos desmesuradamente abiertos podemos reconocer un sentido religioso mágico (Museo Nacional de Damasco).

servicio de Baal. El lugar, que también tiene el nombre de Baal-meon, Bet Baal-meon y Bet-meon, tiene una magnífica vista panorámica. Aunque esté «demasiado alejado como para verse la depresión del Mar Muerto», la vista hacia el norte alcanza hasta Jerusalén, Gerizim, Tabor, Hermón y el monte Galaad.[3] Pero, a pesar de que el ojo cubría una distancia tan grande sobre la Tierra de la promesa, por la disposición de las montañas, sólo podía ver «el extremo más inmediato del pueblo»,[4] es decir, el extremo del campamento de Israel.

De acuerdo con el significado sagrado que, como muy bien sabía Balaam, acompaña al número *siete* en la adoración de Jehová, se construyeron siete altares en las alturas de Baal, y sobre ellos fueron ofrecidos siete becerros y siete carneros (un becerro y un carnero en cada altar). Dejando a Balac y los príncipes de Moab junto a los altares, Balaam continuó según el modo normal pagano, con la esperanza de encontrar a Jehová,[5] cuyo significado se explica en Nm. 24:1 diciendo «para buscar augurios», vistos por los adivinos paganos ante algunas apariciones o portentos naturales. Y allí, en la cumbre de «un monte descubierto»,[6] Dios ciertamente fue al encuentro de Balaam, no por medio de augurios, sino poniendo «una palabra en la boca de Balaam». Visto que el hombre no compartía esa palabra excepto por el hecho de ser el instrumento externo de su comunicación, esta «palabra» era para él una simple «parábola», y así lo designa la escritura. Nunca antes, en presencia de los poderes del paganismo, reunidos para contender contra Israel, había mostrado Jehová su poder omnipotente, tanto en su uso de un instrumento casi pasivo en su mano, como en la presentación de su eterno propósito.[7]

Primera «parábola» de Balaam[8]

De Aram me trajo Balac,
Rey de Moab, de los montes del oriente;
Ven, maldíceme a Jacob,
Y ven, amenaza[9] a Israel.
¿Por qué maldeciré yo a quien Dios no maldijo?
¿Y por qué he de amenazar a quien
Jehová no ha amenazado?
Porque de la cumbre de las peñas lo veré.
Y desde los collados lo miraré;
He aquí un pueblo habitando[10] confiado,
Y no contado entre las naciones (los gentiles).
¿Quién contará el polvo de Jacob,
O el número de la cuarta parte[11] de Israel?
Muera yo la muerte de los justos,[12]
Y mi postrimería sea como la suya.

Se pueden advertir dos cosas, sin tener que entrar en crítica especial. En primer lugar, en cuanto a la forma de esta parábola: cada pensamiento está estructurado en dos frases, que pasan rápida, casi abruptamente, de un pensamiento a otro. En segundo lugar, la separación externa e interna de Israel (la primera como símbolo de la segunda) se indica como la gran característica del pueblo de Dios; esta es una verdad esencial del Antiguo Testamento, y, en su aplicación espiritual, también del Nuevo. Pero incluso en su interpretación literal, ha demostrado ser cierto en la historia del Israel antiguo, y todavía se aplica a ellos, y nos muestra que la historia de Israel aún no ha terminado; que Dios no se ha olvidado de su pueblo; y que un propósito de misericordia todavía les ha de llegar, de acuerdo con sus tratos anteriores. Balaam no podía maldecir a un pueblo así. En cambio sólo podía desear que su propia muerte fuese como la de los que, por las ordenanzas e instituciones de Dios, eran conservados separados externamente y justificados interiormente, refiriéndose con esto, evidentemente, no a Israel como individuos, sino en su totalidad como el pueblo de Dios. Usando las palabras de un crítico alemán,[13]: «El israelita piadoso podía mirar hacia atrás con una satisfacción tranquila en el momento de su muerte, y ver una vida rica de evidencias de bendición, perdón, protección, liberación y misericordia de Dios. Podía mirar con la misma satisfacción a sus hijos, y a los hijos de sus hijos, en quien revivía y en quien todavía participaba del alto llamamiento de su nación, y en el cumplimiento definitivo de la gloriosa promesa que había recibido de Dios ... Y en cuanto a sí mismo, el hombre que moría consciente de poseer la misericordia y el amor de Dios, sabía también que los iba a llevar consigo como una posesión inalienable, una luz en la oscuridad del Seol. Sabía que iba a ser «reunido con sus padres»; un pensamiento que debió ser una copiosa fuente de consuelo, esperanza y gozo».

Segunda «parábola» de Balaam

También resulta natural que Balac se sorprendiera y enfadara con las palabras del adivino. La única solución que pudo hallar fue que una perspectiva más completa del campamento de Israel podría cambiar la opinión del mago. «Te ruego que vengas conmigo a otro lugar desde el cual los veas (es decir, en su totalidad); sólo los más cercanos ves, y no los ves todos; y desde allí me los maldecirás.»[14] El lugar escogido esta vez estaba en el «campo de los observadores», en la cumbre de Pisgá, que ofrecía no sólo una vista completa del campamento, sino también de la mismísima Tierra de la Promesa. Aquí Moisés, poco después, observó en su despedida la buena heredad que el Señor había determinado para su pueblo.[15]

Una vez realizadas las mismas formalidades que antes en cuanto a altares y sacrificios, Balaam volvió de nuevo a Balac con el siguiente mensaje:

Balac, levántate y oye;
Escucha mis palabras, hijo de Zipor:
Dios no es hombre para que mienta,
Ni hijo de hombre para que se arrepienta.
Él dijo, ¿y no hará?

---

3. Tristram, p. 304.
4. Números 22:41.
5. Números 23:3.
6. Traducción literal; Nm. 23:3.
7. Las profecías de Balaam, sin lugar a dudas, van más allá de la visión profética de aquel tiempo. ¿Puede ser porque Balaam era tan pasivo, sin absorber nada de los rayos de luz, ni siquiera mezclándolos con el colorido de su propia mente?
8. Evidentemente, traducción literal.
9. Literalmente: pronunciar ira.
10. En nuestra traducción queremos incluir tanto el presente como el futuro.
11. El obispo H. Browne prefiere la traducción «progenie». Pero «la cuarta parte» parece hacer referencia a la disposición del campamento de Israel, donde cada esquina del cuadrado era ocupada por tres tribus.
12. En *plural*, refiriéndose a Israel.
13. Kurtz, *History of the Old Covenant*, vol. III. p. 432, Traducción inglesa.
14. Números 23:13. Traducción literal; para la discusión crítica ver Keil, *Bible Commentary*, vol. II. p. 313.
15. En el capítulo siguiente se da una descripción de la vista desde Pisgá.

Habló, ¿y no ejecutará?
He aquí, he recibido orden de bendecir;
Él dio bendición, y no podré revocarla.
No ha notado iniquidad en Jacob,
Ni ha visto perversidad en Israel.
Jehová su Dios está con él,
Y es aclamado como rey.[16]
Dios los ha sacado de Egipto;
Y tiene fuerzas como búfalo,[17]
Porque contra Jacob no hay agüero, ni adivinación[18] contra Israel.
Como ahora será dicho de Jacob e Israel:
¡Lo que ha hecho Dios![19]
He aquí un pueblo que se levanta como leona,
Y como león se erguirá.
No se echará hasta que devore la presa,[20]
Y beba la sangre de sus víctimas.

El significado de la segunda parábola no requiere ninguna explicación especial. Solo se verá que el progreso del pensamiento se marca sucesivamente con *cuatro líneas*, de las cuales las dos últimas expresan la base, o indican el fundamento de las dos primeras. El pareado central no es importante, pero determina para siempre, que la presencia de Dios según el pacto en Israel, o como podríamos decir ahora, que la gracia de Dios es la causa determinante del perdón de pecados, y que la feliz apreciación de Jehová como rey es un motivo de gozo. Siempre y donde sea que falte esta presencia sólo se observa el pecado sin perdonar; donde no se oye este clamor sólo se siente la pena.

Tercera «parábola» de Balaam

En su desesperación, Balac propuso ahora un tercer lugar desde donde intentar de nuevo su empresa. Esta vez se escogió un risco algo más hacia el norte: «la cumbre de Peor que mira hacia el desierto». Por tercera vez, se construyeron altares y se ofrecieron los sacrificios de siete en siete. Pero en este caso hubo una diferencia notable. Balaam «no fue como las otras veces, en busca de augurios».[21] Tampoco Jehová «puso una palabra en su boca» como hiciera antes (23:5, 16). Sino que «el Espíritu de Dios vino sobre él» (24:2), como más tarde sucediera con Saúl[22]; estaba en un estado de éxtasis, sin poder y casi inconsciente, o, como lo describe el propio Balaam, con sus ojos *externos* cerrados (v. 3), y «caído», como golpeado, pero viendo «la visión del Omnipotente», y «con sus ojos (interiores) abiertos» (v. 4).

Dijo Balaam hijo de Beor,
Y dijo el varón de ojos cerrados,[23]
Dijo el que oyó los dichos de Dios,
El que vio la visión del Omnipotente: tú ves, caído, pero abiertos los ojos.
¡Cuán hermosas son tus tiendas oh Jacob,
Tus habitaciones, oh Israel!
Como arroyos están extendidos, como huertos junto al río
Como áloes plantados por Jehová, como cedros junto a las aguas.[24]
De sus cubos desbordan aguas; y su descendencia por muchas aguas,
Enaltecerá su rey más que Agag,[25]
Y su reino será engrandecido.
Dios lo sacó de Egipto; tiene fuerzas como de búfalo.
Devorará a las naciones (gentiles) enemigas;
desmenuzará sus huesos, y traspasará sus saetas.[26]
Se encorvará para echarse como león y como leona;
¿quién lo despertará?
Benditos los que te bendigan,
y malditos los que te maldigan.

Era de esperar que esta vez la desilusión amarga de Balac explotara con reproches airados. Pero Balaam todavía no había acabado su trabajo. Antes de dejar al rey tenía que entregar otra parte del mensaje, la cual ya había recibido de Jehová,[27] pero no la había dicho: «ven, te indicaré lo que este pueblo ha de hacer a tu pueblo en los postreros días» (24:14).

Mensaje profético por medio de Balaam en cuatro «parábolas»

Primera «parábola», que describe «postreros días», y luego se refiere a Moab, como exponente del paganismo:

Dijo Balaam hijo de Beor, dijo el varón de ojos cerrados;
Dijo el que oyó los dichos de Jehová, y el que sabe la ciencia del Altísimo,
El que vio la visión del Omnipotente; él ve, caído, pero abiertos los ojos:
Lo veré, mas no ahora; lo miraré, mas no de cerca;
Saldrá[28] Estrella de Jacob, y se levantará cetro de Israel,
Y herirá las sienes de Moab, y destruirá a todos los hijos de tumulto.[29]
Será tomada Edom, será también tomada Seír[30] por sus enemigos,[31]
E Israel hará cosas poderosas.[32]
De Jacob saldrá dominador,
Y destruirá lo que quede de las ciudades.

---

16. Es decir, el clamor de júbilo debido a la presencia moradora de Jehová como su rey está en medio del campamento de Israel. Esto es simbolizado por el sonido de las trompetas, que se designa con la misma palabra que se traduce como «jubileo».

17. Es decir, de Israel.

18. La misma palabra con la cual Balaam es llamado de modo uniforme como «el adivino».

19. A su debido tiempo Dios revela sus propósitos a Israel por su palabra.

20. Literalmente «lo desgarrado», lo que había desgarrado en pedazos.

21. Números 24:1.

22. 1 Samuel 19:23.

23. No obstante el Targum Onkelos dice: «el hombre que veía claramente».

24. Targum Onkelos: «como ríos fluyendo hacia adelante; como el jardín regado por el Éufrates; como arbustos aromáticos plantados por el Señor; como cedros junto a las aguas».

25. *Agag* (literalmente) «el feroz», no era el nombre de un rey en concreto (1 S. 5:8), sino la designación general de los reyes de Amalec, como Abimelec el de los reyes de Filistea, y Faraón de Egipto.

26. La traducción de esta frase es excesivamente difícil y dudosa. He tomado el verbo en su significado original, *dividir, atravesar*, como Jueces 5:26, «Cuando hubo atravesado y golpeado a través de sus sienes».

27. Esto lo deducimos de la adición de las palabras, «el que sabe la ciencia del Altísimo» (24:16) además, «mirando la visión del Omnipotente» (ver. 4).

28. Literalmente, va por su camino.

29. Entre todas las naciones «la estrella» ha sido asociada con la gloria futura de los grandes reyes. Su aplicación al Mesías en la Escritura no sólo es frecuente, sino que también fue aceptada universalmente por los antiguos judíos. Tanto el Targum Onkelos como el de Jonatán lo aplican así. «Los dos lados de Moab», es decir, desde un extremo a otro de la tierra. «Los hijos de tumulto» o sea, las naciones rebeldes.

30. Edom es el pueblo; Seír el país.

31. «Sus enemigos», es decir, los de Israel; la estructura es muy abrupta.

32. Onkelos: «prosperar en riquezas».

Segunda «parábola» contra Amalec –como representante del paganismo en su *primera* contienda contra Israel:

Y viendo a Amalec, tomó su parábola y dijo:
Amalec, cabeza de gentiles; mas al fin perecerá para siempre.

Tercera «parábola» en favor de los ceneos como amigos y aliados de Israel:

Y viendo al ceneo, tomó su parábola y dijo:
Fuerte es tu habitación; y colocado en la peña tu nido;
Porque el ceneo será echado,
Cuando Asiria te llevará.

Cuarta «parábola» sobre el imperio asirio, y los reinos de este mundo, o profecía sobre «el fin», empezando adecuadamente con un «*¡ay!*»:

Y tomó su parábola y dijo:[33]
¡Ay!, ¿quién vivirá cuando haga Dios estas cosas?[34]
Vendrán galeras de la costa de Quitim, y afligirán a Asiria, afligirán también a los hebreos;
Mas ella también perecerá para siempre.

Esta última puede ser considerada sin lugar a dudas la profecía más maravillosa. No se predice aquí, más de mil años antes del acontecimiento, el surgimiento del gran imperio mundial del occidente, con su conquista de Asiria y Eber (es decir de los descendientes de Eber),[35] sino que, mucho más, también se anuncia la destrucción final de ese imperio mundial. De hecho, aquí nos hallamos ante una serie de profecías referentes a la aparición del Mesías y el final con la destrucción del anticristo. No existe nada parecido en la Escritura, excepto en las visiones de Daniel. No existe ingenuidad alguna de la crítica hostil que pueda menoscabar o explicar de otro modo el valor de esta maravillosa predicción.

Y ahora los dos se separan: el rey para ir a su pueblo, el adivino, según se desprende de los resultados, a las tiendas de Madián. Pero muy pronto nos encontramos otra vez con Madián. Una persona capaz de iniciar un curso semejante no podía detenerse cerca del terrible final. Había intentado apartar a Jehová de su pueblo, y fracasó. Ahora iba a intentar apartar al pueblo de Jehová. Si tenía éxito en esta empresa, las consecuencias para Israel serían las que Balac deseaba obtener.

El final de Balaam

Gracias a su consejo[36] los hijos de Israel fueron seducidos a la idolatría y a todas la viles abominaciones relacionadas con la misma.[37] En el juicio que siguió, no menos de 24.000 israelitas perecieron, hasta que el celo de Fineés puso freno a la plaga, cuando con su calidad de representante demostró que Israel, como nación, aborrecía la idolatría y los pecados con ella emparentados, como el mayor crimen contra Jehová. Pero el juicio cayó rápidamente sobre «los hombres malvados y seductores». Por orden de Dios los hijos de Israel fueron vengados de los madianitas. En la matanza universal de Madián también pereció Balaam.

Comparación entre Balaam y Judas

La figura de Balaam sobresale sola en la historia del Antiguo Testamento. Su única contraparte es Judas, el traidor. Balaam representaba la oposición del paganismo; Judas la del judaísmo. Ambos siguieron la verdad por un largo trecho; Balaam reconoció honradamente al Dios de Israel, y siguió sus indicaciones; Judas tuvo el honor de la aparición del Mesías en Jesús, y era uno de sus discípulos. Pero cuando llegó el momento de la crisis de su historia interior, cuando se enfrentaron, como de algún modo u otro sucede con todos, con la cuestión decisiva, ambos fracasaron. Ambos habían estado en el cruce de los dos caminos, y ambos escogieron el que les llevó a su rápida destrucción. Balaam esperaba que el servicio de Jehová fuese algo bastante distinto de lo que halló; y al intentar hacer de él lo que él mismo había imaginado y deseado, no solo fracasó, sino que también tropezó, cayó y fue quebrantado. Judas también, si se nos permite la sugerencia, había esperado que el Mesías fuese diferente de como le halló; la decepción, tal vez el fracaso en su intento de inducirlo a alterar su camino, y un vacío cada vez mayor entre ellos, le condujeron paso a paso a la destrucción.

Así, los principales pecados de Balaam y Judas (codicia y ambición) son los mismos. Y como hizo Balaam al fracasar en su intento de alejar a Jehová de Israel, al intentar (con demasiado éxito) apartar a Israel de su Señor, así también Judas, al no poder apartar al Cristo de sus propósitos para con su pueblo, consiguió apartar a Israel, como nación, de su rey. En ambas ocasiones, hubo igualmente un momento cuando se derramó una luz más resplandeciente sobre la escena de la que existiera anteriormente. En el caso de Balaam tenemos las notables profecías, que van más allá del alcance normal de la visión profética; con la traición de Judas, oímos la palabra profética del sumo sacerdote que va más allá del conocimiento del momento, que Jesús había de morir, no sólo por su pueblo, sino también por un mundo en ruinas. Y, finalmente, en su terrible final, cada uno de ellos nos presenta una advertencia sumamente solemne sobre el peligro de no dar la respuesta correcta ante la gran pregunta: la de absoluta e implícita sumisión de la mente, el corazón y la vida a la voluntad del pacto de Dios, que ha sido revelada.

Capítulo 3
(Números 26–36)

Antes de pasar a la descripción de la escena final de la vida de Moisés, podemos agrupar aquí pequeños informes sobre los sucesos acaecidos entre el juicio de «la plaga» por el pecado de Israel (Nm. 25) y los últimos discursos de Moisés registrados en el libro de Deuteronomio.

Segundo censo de Israel

1. Un *segundo censo* de Israel llevado a cabo por indicación divina (Nm. 26). Los preparativos para este censo seguramente fueron los mismos que para el *primer censo*,

33. Obviamente el imperio asirio todavía estaba lejos en el futuro y no podía ser «contemplado» como Moab, Amalec y los ceneos.
34. ¿Quién podrá permanecer cuando Dios haga todo esto?
35. Génesis 10:21.
36. Números 31:16; Apocalipsis 2:14.
37. El servicio de Baal-Peor representa la forma de idolatría más vil. Ver Fürst, Dict. *sub voce*.

treinta y ocho años antes (Nm. 1).[1] La «plaga» se había llevado a todos los de la vieja y maldecida generación que todavía quedaban en vida, la generación que había salido de Egipto. En todo caso, ahora ya no quedaba ninguno de ellos (Nm. 26:64). Tal vez esta fuera la razón del nuevo *censo*. Pero su objetivo principal era la repartición de la tierra que Israel estaba a punto de poseer. En consecuencia, el censo no se contó como anteriormente (Nm. 1), según el número de individuos de cada tribu, sino según las «familias». Esto correspondía mayormente[2] con los nombres de los nietos y bisnietos de Jacob, enumerados en Génesis 46. Con vistas a la futura repartición de la tierra, se decidió que la *extensión* de la «herencia» repartida a cada tribu correspondiera a sus números (Nm. 26:52-54). Pero la localidad exacta de cada una debía ser determinada «por suertes» (vv. 55, 56), de modo que cada tribu sintiera que había recibido su «posesión» directamente de manos del Señor mismo.

Las «hijas de Zelofehad»

La división de la tierra sugerida implicaba una cuestión de considerable importancia para Israel. Parece ser que un Zelofehad, de la tribu de Manasés, y de la familia de Galaad, había muerto, no por causa de algún juicio en particular, sino junto con la generación que pereció en el desierto. Al no haber dejado ningún hijo varón, sus hijas estaban ansiosas por obtener una «posesión», para que el nombre de su padre no «desapareciera de entre la familia» (Nm. 27). Su petición fue concedida por las instrucciones divinas que Moisés había buscado,[3] y se convirtió en un «estatuto de juicio» en Israel (un estatuto jurídico) cuando las hijas, o (si no las hay) el familiar más cercano, debía tomar una herencia de los que morían sin dejar hijos varones. En todos estos casos, obviamente los hijos de los que obtenían dicha posesión debían ser incorporados, no a la tribu a la que pertenecían por origen, sino en la tribu «donde estaba su herencia». Así, el «nombre» de un hombre no «desaparecería de entre su familia». Este estatuto tampoco cumplía únicamente propósitos de registro nacional, sino que había otras razones más elevadas. Porque este deseo de conservar un nombre en una familia de Israel partía no sólo de los sentimientos naturales en circunstancias semejantes, sino también estaba relacionado con la esperanza del Mesías prometido. Hasta que *Él* apareciera, cada familia iba a conservar su identidad. Varios ejemplos de cambios parecidos de una tribu a otra, a través de la herencia materna, se registran en la Escritura (comp. 1 Cr. 2:34, 35; Nm. 32:41, y Dt. 3:14, 15, y 1 Cr. 2:21-23; y curiosamente también en el caso de los sacerdotes, Esd. 2:61, 62, y Neh. 7:63 y 64).

Designación del sucesor de Moisés

2. Una vez más, Dios indicó a Moisés su muerte cercana, antes de la entrada real en la Tierra de la Promesa (Nm. 27:12-14). Con ello se repite la alusión al pecado que había causado el juicio, para mostrar la santidad y la justicia de Dios, incluso con su siervo más aprobado. Por otro lado, su segunda mención también manifestaba la fidelidad del Señor, quien iba a hacer que su siervo pusiese su casa en orden, de modo que se encontraría con la muerte, no por sorpresa, sino con plena conciencia de lo que le esperaba. Es conmovedor ver la humildad con la que Moisés recibió la sentencia. Fiel hasta el final en su mayordomía de la casa de Dios, su principal preocupación era que Dios nombrara un sucesor adecuado, para que la «congregación del Señor no sea como ovejas sin pastor (vv. 15-17). Para ello, Josué, que cumplía con las características espirituales necesarias, fue apartado para la imposición de manos de Moisés, en presencia del sacerdote Eleazar y de la congregación. Pese a ello, sólo una parte del honor de Moisés fue otorgado a Josué (lo necesario para asegurar la obediencia de Israel) mientras que sus movimientos públicos iban a ser dirigidos por «el juicio del Urim y Tumim». De este modo Dios no sólo vindicaba el honor de su siervo Moisés, sino que también demostró que el oficio desempeñado por Moisés era único en su naturaleza, siendo así una figura del que realizó con toda plenitud el Gran Cabeza de la Iglesia.

Ordenanzas sobre los sacrificios

3. Ahora, cuando el pueblo estaba a punto de tomar posesión de la tierra, las ordenanzas de los sacrificios se promulgaron de nuevo, y con todo detalle. El sacrificio de la mañana y del atardecer ya había sido instituido previamente con relación al altar de los holocaustos (Éx. 29:38-42). A esta consagración diaria de Israel se añadían ahora los sacrificios especiales del Sabat, símbolo de una dedicación más profunda y especial, en el día de Dios. Los sacrificios sabáticos y otros siempre eran añadidos a las ofrendas diarias. De nuevo, el comienzo de cada mes era marcado por un sacrificio especial, con la adición de una ofrenda por el pecado, mientras que el sonido de las trompetas de los sacerdotes tenía la finalidad de poner las oraciones y ceremonias de Israel en recuerdo delante del Señor. Si el principio de cada mes se consagraba de un modo tan significativo, la fiesta de los panes sin levadura (desde el 15 hasta el 21 de Abib), que hacía de ese mes el principio del año, se marcaba con la repetición, *durante cada uno de sus siete días*, de los sacrificios prescritos para cada «nueva luna». La fiesta de la Pascua (el 14 de Abib) no tenía ningún sacrificio general congregacional, sino sólo el del cordero de la cena de la Pascua en cada casa. Finalmente, los sacrificios para *la fiesta de las semanas* eran los mismos que los de la fiesta de los panes sin levadura, *con la adición* de los dos para ofrenda mecida y los sacrificios que los acompañaban prescritos en Levítico 23:17-21.[4] Esto concluía el primer ciclo de fiestas del año.

El segundo ciclo de fiestas era el mes séptimo o sagrado (por ser el siete el número sagrado, y el del pacto). Empezaba con el día de luna nueva cuando, además de las ofrendas diarias y de luna nueva, se llevaban sacrificios festivos especiales (Nm. 29:1-6). Luego, el día diez de ese mes era el «Día de expiación», mientras que el quince empezaba la fiesta de los tabernáculos, que duraba siete días, y era seguida por un octavo. Todas esas festividades tenían sus

1. Los resultados de ese censo, en comparación con el primero, fueron expuestos en el primer volumen.

2. La causa de cualquier divergencia se explicó en el primer Libro (parte II) de esta serie (*Historia de los Patriarcas*).

3. Para evitar la posibilidad de que la posesión de Zelofehad, en el año de remisión, pasara de la tribu de Zelofehad a la que había pertenecido, se determinó (Nm. 36) que sus hijas no se casaran fuera de los padres de su tribu; y esto se convirtió posteriormente en una ley general.

4. El hecho de que los sacrificios prescritos en Levítico 23:17-21 no eran los mismos que los de Números 28:26-31, no sólo queda establecido por el testimonio unánime de la tradición judía, sino que se desprende también de la comparación de las diferencias entre los sacrificios ordenados en estos dos textos. Así la fiesta de las semanas o de «las primicias» tenía una triple línea de sacrificios: los comunes diarios, los comunes festivos y el sacrificio festivo especial.

correspondientes sacrificios.[5] Las leyes sobre sacrificios concluyen adecuadamente con indicaciones sobre «votos» (Nm. 30). En todas las ordenanzas relacionadas con las estaciones sagradas, el lector atento notará el significado simbólico del número *siete* (tanto en los festines, en su número, sus sacrificios, y en el número de días designados para el llamamiento santo). Efectivamente, toda la disposición temporal estaba ordenada sobre el mismo principio, pasando del Sabat de días, al Sabat de semanas, de meses, de años y finalmente al Sabat de los años Sabáticos, que era el año del Jubileo. Y de este modo todo el tiempo se señalaba hacia adelante y hacia arriba al «Sabatismo», o reposo sagrado, que permanece para «el pueblo de Dios» (He. 4:9).

La guerra contra Madián

4. Todo lo que hemos descrito hasta aquí sucedió *antes* de la expedición contra Madián, con la que Israel fue «vengado» por el gran pecado al cual habían sido seducidos por traición. La expedición, acompañada por Fineés, cuyo celo había resistido la plaga anteriormente (Nm. 25:7, 8), no fue sólo un éxito total, sino que también ejecutó todas las indicaciones divinas. Parece ser que los madianitas fueron tomados por sorpresa y que no ofrecieron resistencia. Los cinco reyes de Madián, o más exactamente los cinco caciques de sus varias tribus (comp. Nm. 25:15), todos ellos parecen haber sido tributarios de Sehón (comp. Jos. 12:21), fueron muertos como la mayoría de la población, y «sus ciudades», y «pueblos de tiendas» (traducido de manera errónea en algunas versiones por «buenos castillos») «fueron quemadas con fuego».

Además se tomó un gran número de prisioneros y un botín enorme. A fin de mostrar su gratitud para con la maravillosa conservación del pueblo, que seguramente sorprendió a sus enemigos en una de sus salvajes y licenciosas orgías, los príncipes ofrecieron como «oblación» al santuario todos los adornos de oro tomados de los madianitas. El valor de todo ello equivaldría hoy a más de 25.000 libras.

Distribución del territorio al este del Jordán

La destrucción del poder de Madián, que podía haber representado un peligro al este, aseguraba a Israel la posesión tranquila de la región al este del Jordán, el cual ya había sido conquistado por sus armas. A lo largo del río Arnón en el sur, que dividía a Israel de Moab, hasta el río Jaboc y más allá del mismo, la tierra de Galaad[6] y de Basán, sus fronteras estaban a salvo de ataques hostiles. Las informaciones de viajeros coinciden en describir esa región como especialmente adecuada para fines pastorales. Leemos acerca de un paisaje magnífico semejante a un parque, amplios pastos elevados, y ricos bosques, que refrescan la vista por todas partes. No es de extrañar que aquellas tribus que habían conservado sus costumbres nómadas, y cuyos rebaños y greyes constituían sus posesiones principales y su riqueza, desearan establecerse en aquellas llanuras y montañas. Para ellos era exactamente la tierra de la promesa, adecuada a sus necesidades especiales, que ofrecían las riquezas que deseaban. El otro lado del Jordán tenía poco para atraerlos; y su posesión hubiese sido poco ventajosa para un pueblo estrictamente pastoril. Por ello, «los hijos de Gad», y «los hijos de Rubén» pidieron a Moisés: «Que esta tierra sea dada a tus siervos por posesión, y no nos lleves al otro lado del Jordán» (Nm. 32:5).

Aunque esta propuesta no implicaba exactamente que esas tribus pretendían establecerse tranquilamente allí, dejando que sus hermanos lucharan solos para la conquista de la auténtica Palestina, por lo menos permitía dicha interpretación. Pero, si este era su propósito, no sólo se separaban del trabajo del Señor y de su dirección, sino que, al desanimar a sus hermanos, repitieron, de modo superlativo, el pecado de los espías incrédulos que, treinta y ocho años antes, habían traído un juicio tan duro sobre Israel. Y las palabras de Moisés prevalecieron. Ya sea que su intención había sido la correcta desde el comienzo, ya sea que la advertencia de Moisés tuviera un buen efecto en ellos, ahora se comprometieron solemnemente a acompañar a sus hermanos al otro lado del Jordán, y a permanecer junto a ellos hasta que ellos también hubiesen entrado en su posesión. Hasta entonces simplemente restaurarían los «apriscos»[7] para sus ovejas, y reconstruirían las ciudades destruidas,[8] para proveer unas moradas seguras para sus esposas e hijos, y, evidentemente, algunos de ellos se quedarían para defenderse o por ser incapacitados para la guerra. En base a esta promesa se les concedió lo que solicitaban y los antiguos reinos de Sehón y de Og fueron asignados de forma provisional a Rubén, Gad y a la media tribu de Manasés, que posteriormente hizo conquistas especiales en Galaad (Nm. 32:39). Pero la división real de la región entre estas tribus fue aplazada para el período cuando todo el país fuese distribuido entre los hijos de Israel (Jos. 13).

5. Los preparativos de la posesión de la tierra terminaron adecuadamente con dos series de ordenanzas.[9] La *primera* de éstas (Nm. 33:50-34) dirigió el exterminio de los cananeos y toda huella de su idolatría, reuniendo simultáneamente la partición de la tierra ahora purificada, por medio de Lot, entre las tribus de Israel (Nm. 33:50-56). A continuación se indicaron los límites de Palestina, y se nominaron las personas que tenían que supervisar la partición del país (Nm. 34). Este deber fue confiado al sumo sacerdote Eleazar, y a Josué, junto con diez sacerdotes representativos, uno de cada una de las diez tribus, puesto que Rubén y Gad ya habían recibido su porción al otro lado del Jordán.

La *segunda* serie de ordenanzas promulgada entonces (Nm. 35-36) era, si no más importante, sí con un significado simbólico todavía más profundo. De acuerdo con la maldición pronunciada sobre Leví, esa tribu estaba destinada a ser «apartados en Jacob» (Gn. 49:7). Pero, en la bondad de Dios, esto era convertido entonces en bendición tanto para Leví como para todo Israel. Los levitas, la propiedad y elección especial del Señor, debían ser esparcidos por todas las tribus, para recordar con su presencia por doquier las grandes

5. Para más información sobre el modo en que estas fiestas se observaban en los tiempos de Cristo, debo referenciar al lector a mi libro sobre *The Temple: its Ministry, and Services at the Times of Christ*.

6. Números 32:1 habla de «la tierra de Jazer y Galaad». «Jazer» o «Jaazer» (Nm. 21:32) era una ciudad situada entre Hesbón y Basán. Daba su nombre a la región, y posiblemente fuese mencionada en especial por los rubenitas como tal vez la ciudadanía al este del Jordán más cercana al campamento de Israel. Se supone que se trata de la moderna Seír; prácticamente en línea con Jericó, al este del Jordán.

7. No se trata de «Hazerots» aquí, sino de paredes de escombros para las ovejas, hechos de piedras sueltas.

8. Estas ciudades fueron reconstruidas antes de la repartición del país entre estas dos tribus y media. Esto se desprende del hecho, por ejemplo, de que *Dibón* y *Aroer* fueron construidas por los «hijos de Gad» (Nm. 32:34, 35), pero luego fueron dadas a Rubén (Jos. 13:16, 17).

9. Cada una de estas dos series es marcada por un prefacio especial: el primero, Números 33:50; el segundo, Números 35:1.

verdades que simbolizaban, y para mantener vivo en el pueblo el conocimiento y el servicio del Señor. Por otro lado, no debían estar exactamente aislados, sino reunidos en ciudades, a fin de que por medio de la comunión y la relación se ayudaran y fortaleciesen los unos a los otros. Con esta finalidad se asignaron cuarenta y ocho ciudades a los Levitas (obviamente sin la exclusión de otros habitantes, pero «para morar allí», es decir, tenían que tener todas las casas necesarias para su alojamiento en aquel lugar. Junto con estas casas se les debía asignar para sus rebaños algunos «barrios» o «comunas», que cubrían en extensión a cada lado 1.000 codos -1.500 pies alrededor de sus ciudades (Nm. 35:4). Además, alrededor de este círculo interior, se estableció otro exterior de 2.000 codos en todas direcciones. Estos tenían que ser los campos y las viñas de los levitas[10] (v. 5). El número de estas ciudades por cada tribu variaba según el tamaño del territorio. Así Judá y Simeón debían aportar nueve ciudades, Neftalí solo tres, y cada una de las tribus restantes cuatro (Jos. 21). Finalmente, las trece ciudades levíticas de los territorios de Judá, Simeón y Benjamín eran especialmente asignadas a los sacerdotes, los descendientes de la casa de Aarón, mientras que seis de las ciudades levíticas (tres al este y tres al oeste del Jordán) eran colocadas aparte como «ciudades de refugio», para el homicida involuntario. Es interesante darnos cuenta que incluso el número de ciudades levíticas era significativo. En total eran cuarenta y ocho, que es un múltiple de cuatro, el número simbólico del reino de Dios en el mundo, y de doce, el número de las tribus de Israel.

Ciudades levíticas y de refugio

En cuanto a las «ciudades de refugio», para la protección del homicida involuntario, no debemos imaginar que la sencilla alegación de homicidio involuntario concedía automáticamente la salvación. De hecho, la ley preveía que el país tanto al este como al oeste del Jordán se dividiera en tres partes, cada una de ellas con su «ciudad de refugio» y los caminos hacia las cuales debían siempre estar en buenas condiciones. Pero, según el texto sagrado (Nm. 35:25, comp. Jos. 20:4), el homicida, a su llegada a las puertas de la «ciudad de refugio», debía primeramente alegar su causa ante los ancianos de la ciudad; entonces, si les parecía bien aprobarlo, le concedían protección temporal. Pero, si posteriormente, el «vengador de la sangre» reclamaba su extradición, el acusado era enviado de vuelta, bajo la protección adecuada, a su propia ciudad, donde se investigaba todo el caso detalladamente. Si se demostraba que el homicidio había sido involuntario, el acusado era devuelto a la «ciudad de refugio», y gozaba de su protección, hasta que la muerte del sumo sacerdote lo liberara para volver a su propia ciudad.[11] En cuanto al deber de «vengar la sangre», su principio está profundamente arraigado en el Antiguo Testamento, y su huella sigue hasta la relación de Dios con nuestro mundo. Porque la sangre del hombre, el cual es imagen de Dios, cuando es derramada sobre la tierra, que es propiedad de Dios, «clama» a Dios (Gn. 4:10); reclama el pago como una deuda pendiente de remisión. De ahí la expresión «vengador de la sangre», que debería ser traducida literalmente el «redentor de la sangre». Por un lado, el significado simbólico de las «ciudades de refugio» se comprenderá rápido. Allí, en el lugar de la provisión misericordiosa de Dios, iba a encontrar un refugio el homicida, protegido alegóricamente bajo las alas de gracia de Dios, hasta la completa remisión del castigo a la muerte del sumo sacerdote (este último denotaba simbólicamente de antemano la muerte de aquél a quien Dios ha ungido como nuestro gran sumo sacerdote, y que «por su sacrificio ofrecido una vez», ha hecho «un pleno, perfecto y suficiente sacrificio, ofrenda y satisfacción» por los pecados del mundo).

10. Se han sugerido muchas interpretaciones variadas de estos dos versículos difíciles. La que se adopta en el texto está de acuerdo con la tradición judía y es la más sencilla, al mismo tiempo que responde a todos los requisitos del texto.

11. Perek II. del tratado Misnic *Maccot* trata este tema, y expande largamente la aplicación de esta ley.

Capítulo 4
(Dt. 3:23-29; Nm. 27:15-23; Dt. 34)

Ahora todo estaba preparado, e Israel a punto de cruzar el Jordán y tomar posesión de la tierra prometida. Por ello era absolutamente normal que Moisés deseara tener su porción de lo que esperaba a Israel; uno de esos rasgos de la historia de los grandes héroes de la Biblia, tan especialmente preciosos, porque nos demuestran sus debilidades y su familiaridad con nuestros sentimientos. Mirando atrás, en los largos ciento veinte años, primero su vida y pruebas en Egipto, luego la soledad y fe paciente apacentando los rebaños de Jetro, y finalmente, el trabajo y la fatiga del desierto, hubiese sido realmente extraño que ahora no desease tener su parte en la conquista y el descanso de la buena tierra. Él había creído en ella; la había predicado; había orado por ella; había trabajado, soportado y luchado por ella. Y entonces, al alcance y ante la visión de la misma *¿tenía* que echarse para morir?

La Escritura recoge,[1] con una sencillez conmovedora, lo que sucedió entre Moisés y su padre celestial.[2] «Y yo supliqué gracia del Señor entonces, diciendo: Señor Jehová, tú has empezado a mostrar tu grandeza y tu mano fuerte a tu siervo. Porque ¿qué Dios hay en el cielo o en la tierra que hace como tus hechos y como tu poder? Que pueda yo ahora ir y ver la buena tierra que está al otro lado del Jordán, esta buena montaña y el Líbano. Y Jehová estaba airado conmigo por causa vuestra, y no me escuchó. Y Dios me dijo: Sea suficiente para ti[3]; no sigas hablándome sobre este asunto.» Los profundos sentimientos de Moisés apenas habían tomado forma en las palabras de la oración. Se trataba más bien de la expresión de sus más íntimos deseos ante su padre en el cielo; un precioso privilegio que Sus hijos poseen en todo momento. Pero a pesar de ello Moisés también en este asunto, pese a ser sólo «un administrador» y de hallarse «lejos», tenía que seguir a aquel de quien él era la gran figura, y debía aprender el reposo lleno de paz de esta experiencia, después de una competición de pensamiento y deseo: «Pero no sea hecha mi voluntad, sino la tuya». Y era la buena voluntad de Dios que Moisés yaciera en reposo sin entrar en la tierra. A pesar de ser causado por el castigo del pecado de Israel y de Moisés en las aguas de Meribá, también era mejor que así fuera; mejor para Moisés mismo. Porque en la cumbre de Pisgá Dios preparó algo mejor para Moisés que incluso la entrada en la tierra de la promesa terrenal.

1. Deuteronomio 3:23-26.
2. Traducción literal.
3. Literalmente: Suficiente para ti.

«Ahora, cuando el pueblo estaba a punto de tomar posesión de la tierra, las ordenanzas de los sacrificios se promulgaron de nuevo, y con todo detalle. El sacrificio de la mañana y del atardecer ya había sido instituido previamente con relación al altar de los holocaustos (Éx. 29:38-42). A esta consagración diaria de Israel se añadían ahora los sacrificios especiales del Sabath, símbolo de una dedicación más profunda y especial, en el día de Dios. Los sacrificios sabáticos y otros siempre eran añadidos a las ofrendas diarias».

El carnero, esplendor de los rebaños, que significaba riqueza para el pueblo, era la víctima más frecuente de los sacrificios, tanto entre los hebreos como entre los pueblos vecinos. Estas cabras monteses, talladas en alabastro y descubiertas no lejos del país de Moab, con el que se topará Israel nada más salir del desierto, formaban parte de un rebaño destinado a los sacrificios en los altares por los nómadas de Arabia.

Y ahora, tranquilamente, como un padre que pone su casa en orden, Moisés se prepara para su partida. Durante su vida, todos sus pensamientos habían sido para Israel; y fue fiel incluso hasta en el momento de su muerte. Su última preocupación también fue por el pueblo que él había amado, y por el trabajo al que se había dedicado; a saber, que Jehová proveyera para su congregación «un pastor» «que los saque y los introduzca».[4] Quedaba poca cosa más por hacer. En una serie de discursos, Moisés repitió, y reafirmó más extensamente ante Israel las leyes y ordenanzas de Dios su Rey. Su última nota fue «una canción» de la misericordia y la verdad de Dios;[5] sus últimas palabras, una bendición sobre Israel.[6]

Muerte y sepultura de Moisés

Luego, en medio del silencio respetuoso de un pueblo en duelo, partió solo en su último peregrinaje. Los ojos de la gente le debieron seguir por todo el camino hasta llegar a la cumbre del Pisgá. Le vieron en pie a la puesta del sol, mirando toda la tierra (para ver personalmente cuán verdadero y fiel había sido Jehová). Todavía podían divisar, en las sombras del crepúsculo, su figura al pasar a un valle separado. A partir de entonces ningún ojo mortal le vio, hasta que estuvo en pie, con Elías, en el monte de la transfiguración. Fue entonces en verdad cuando el deseo de Moisés, expresado muchos siglos antes, se cumplió más allá de su pensar o expectación en ese momento. Verdaderamente estuvo en «el buen monte» dentro de la tierra de la promesa, y dando testimonio a aquel en «quien todas las promesas son sí y amén». Esta fue una digna coronación de una vida como la suya. Ni siquiera el fiel administrador de Abraham, Eliezer de Damasco, cuando llevó al hijo de su señor la esposa ofrecida por Dios, podía ver con tanto gozo el final de su fiel servicio cuando el heredero entró en su posesión, como ese «administrador de la casa de Dios», cuando en ese monte rindió homenaje al «hijo de Su propia casa».

Pero Moisés nunca había predicado, al Israel que estaba en el valle, de este modo sobre la verdad y la fidelidad de Jehová, y de su bondad y ayuda para con su pueblo, como lo hizo desde la cumbre del Pisgá. Incluso el ascenso del monte, 4.500 pies, era extraño y simbólicamente adecuado; es «abrupto» pero «no escarpado».[7] En pie sobre la cresta más alta, la vista debería ser casi ilimitada. *Hacia el este*, extendiéndose hasta Arabia, yace una llanura sin límites; un océano ondeante de grano y hierba. Cuando la mirada se vuelve *hacia el sur*, pasa por encima de la tierra de Moab, hasta reposar sobre las figuras escarpadas de los montes Hor y Seír, y los picos granados de granito de Arabia. *Hacia el oeste* la tierra desciende, bancal tras bancal, hasta el Mar Muerto, cuyo lateral occidental se puede seguir en toda su extensión. En aquellas profundidades yace aquel mar, «como una larga franja de metal fundido, con el sol reflejado sobre su superficie, ondeando y ondulando en su orilla más lejana, inobservado en sus bordes orientales, como si lo vertiese alguna profunda caverna inferior». Más allá debía aparecer la cadena de Hebrón, y luego, siguiendo el curso de nuestra vista hacia el norte, las ciudades de Belén y Jerusalén sucesivamente. La propia ciudad santa debería estar al alcance de la vista: el monte Moriá, el monte de los Olivos; a un lado el hueco de las montañas hacia Jericó, y al otro lado, las redondeadas colinas de Benjamín. *Hacia el norte*, el ojo sigue el serpenteante curso del Jordán desde Jericó, la ciudad de las palmeras, subiendo por su lecho. Atravesándolo, la vista se detiene sobre la colina del monte Gerizim, más allá del cual se abre la llanura de Esdralón, y aparece la espalda del Carmelo. Esa neblina azul en la distancia es la línea «del mar occidental». Y todavía más al norte se alzan los contornos de Tabor, Gilboa, la cumbre de Hermón cubierta de nieve, y la cadena más alta del Líbano. Delante quedan los obscuros bosques de Ajalón, Monte Galaad, y luego la tierra de Basán y Bozrá. «Y le mostró Jehová toda la tierra de Galaad, hasta Dan, todo Neftalí, y la tierra de Efraín y de Manasés, toda la tierra de Judá hasta el mar occidental; el Negueb, y la llanura, la vega de Jericó, ciudad de las palmeras, hasta Zoar».[8]

Éste era el panorama que se extendía ante Moisés desde la cumbre de la montaña. Y cuando hubo saciado sus ojos, descendió al valle separado para yacer en descanso. No osamos penetrar en el silencio misterioso de la muerte y del entierro en manos de Jehová. La tradición judía, al traducir la expresión literalmente (Dt. 34:5), sostiene que «Moisés el siervo de Dios murió allí ... en la boca de Jehová», o, como lo expresan ellos, por el beso del Señor. Ahora bien, a partir de la breve explicación de la Escritura[9] ¿no podemos inferir que aunque también Moisés recibió con la muerte la paga del pecado, su cuerpo no pasara por corrupción, por mucho que «el diablo», luchando como si se tratara de una presa que le perteneciera por ley, «disputó» para obtener su posesión, pero fue alzado para estar con Elías el primero en dar la bienvenida al Señor en su gloria? Porque «los hombres entierran un cuerpo para que pase a corrupción. Si Jehová no permitió que el cuerpo de Moisés fuese enterrado por los hombres, es simplemente natural buscar la *razón* de ello en el hecho de que no tenía intención de dejarle para corrupción».[10]

Pero «*nunca más se levantó profeta en Israel como Moisés, a quien Jehová conocía cara a cara, en todas las señales y maravillas, que Jehová le envió a hacer en tierra de Egipto, a Faraón y a todos sus siervos y a toda su tierra, y en el gran poder y en todo el gran terror que Moisés mostró a la vista de todo Israel*».[11]

«Y MOISÉS EN VERDAD FUE FIEL EN TODA LA CASA DE DIOS, COMO UN CRIADO, PARA TESTIMONIO DE LO QUE HABÍA DE ANUNCIARSE DESPUÉS; PERO CRISTO COMO HIJO SOBRE SU PROPIA CASA, CUYA CASA SOMOS NOSOTROS, SI RETENEMOS FIRME HASTA EL FIN LA CONFIANZA DE NUESTRA ENSPERANZA.»[12]

Capítulo 5
(Josué 1-2)

Una llanura amplia y rica al pie de las montañas de Moab, cubierta de flores silvestres que brotan con una lujosa belleza, irrigada por muchos arroyos y riachuelos, cubierta

---

4. Números 27:16, 17.
5. Deuteronomio 32.
6. Deuteronomio 33.
7. Esta descripción, y la de la vista desde la cumbre es de Canon Tristan, *Land of Israel*, pp. 539-543, evidentemente, de forma abreviada. Tenemos que contentarnos con este reconocimiento general sin usar siempre la formalidad de las comillas.
8. Deuteronomio 34:1-3.
9. Judas 9.
10. Kurtz, *History of the Old Covenant*, vol. III. p. 495 (trad. inglesa).
11. Deuteronomio 34:10-12.
12. Hebreos 3:5, 6.

con acacias dispersas en diversos puntos, donde cantan pájaros de hermosísimo plumaje, y más allá, al sur, en las riberas de las corrientes de agua, donde perfumados oleandros se alzan hasta una altura de veinticinco pies, con ramas cargadas de flores y doblándose como sauces por el peso; así es Abel-Sitim, «la pradera de las acacias». Más allá están los vados del Jordán, y las montañas occidentales; en la distancia, hacia el sur, los montes de Judea, donde reposa la luz púrpura. El clima y la vegetación son tropicales, más en las riberas orientales que en las occidentales del Jordán. Hay muchos recuerdos que santifican el lugar. Por los alrededores, Elías había golpeado las aguas del Jordán, para que se dividieran, antes de que el carro de fuego le arrebatase de la compañía de Eliseo. También en esta región se dio la escena del bautismo de Juan, donde el Salvador se humilló a sí mismo para cumplir toda justicia. Y en esta «pradera de acacias» vertió su suavidad un verano temprano cuando, alrededor del mes de marzo, cuarenta años después del éxodo, el campamento de Israel guardó un luto solemne de treinta días por Moisés (Dt. 34:8). Detrás de ellos se alzaba esa cumbre montañosa, desde la cual «aquel santo de Dios» había visto por última vez a Israel y la buena tierra, la cual iban a poseer muy pronto; ante ellos yacía la tierra de la promesa que iban a poseer de inmediato.

El cargo de Josué

Israel nunca iba a ver otro líder como Moisés; ni siquiera uno con quien Dios hubiese hablado del mismo modo, «boca a boca», como un hombre con su amigo. Un sentimiento de soledad y sobrecogimiento debió apoderarse del pueblo y de su nuevo líder, Josué, como el que sintió Eliseo cuando, solo, volvió su espalda con el manto de Elías que le llegaba del cielo, para probar si las aguas también se dividían ahora ante la orden del Señor Dios de Elías. Y el Dios fiel al pacto estaba con Josué, mientras esperaba, no por falta de fe, sino expectante, en aquel campamento de duelo de Abel-Sitim, aguardando un nuevo mensaje de Dios. A pesar de haber sido designado previamente por Dios y separado para el liderazgo, era bueno que esperase, no sólo por su propio bien, sino también «para que el pueblo no dudara luego para seguir el liderazgo de alguien que no había dado un solo paso sin la guía de Dios».[1] Y a su debido tiempo llegaron las instrucciones deseadas: no en un lenguaje dudoso, sino renovando tanto la comisión de Josué como las promesas de Israel. Hasta donde alcanzaba a ver el ojo, hasta los montes del Ante-Líbano en la distancia, hasta las orillas del Mar Grande, hasta el Éufrates al este; todo era suyo, y ni un solo enemigo les podría hace frente, porque Dios no iba «a fallar o abandonar» a su líder. Sólo había dos requisitos: que, en su obediencia de amor, la palabra y los mandamientos de Dios fuesen preciosos a Josué, y que fuera «valiente» con una fe fuerte. Este último mandamiento se repitió dos veces, como si se intentase indicar tanto el valor interior de fe como el exterior de la obra.

El hecho de que este llamamiento encontrase una respuesta en los corazones no sólo de Josué, sino también del pueblo, se desprende de la respuesta de Rubén, Gad y la media tribu de Manasés, cuando se les recordó su obligación de participar en las guerras inminentes de sus hermanos. Al mismo tiempo que confesaban su disponibilidad a reconocer en todo la autoridad de Josué, también afirmaron abiertamente que esto quedaba condicionado a las instrucciones continuas de Jehová, y repitieron la amonestación divina de ser «fuerte y valiente». Hasta este punto depende el éxito de todas nuestras empresas: de la seguridad de la fe. «Porque el que duda es semejante a la ola del mar, que es arrastrada por el viento y echada de una parte a otra. No piense, por tanto, ese hombre, que recibirá cosa alguna del Señor» (Stg. 1:6, 7).

Instruido y animado así, Josué dio órdenes para que el pueblo se avituallara de lo necesario para empezar, si se diera la ocasión, su marcha hacia adelante en el tercer día. En la práctica, no obstante, pasaron cinco días hasta que se pudo dar dicho paso. Porque Josué consideró prudente adoptar las medidas adecuadas de preparación, a pesar de que, o simplemente porque estaba seguro de la ayuda divina, y confiaba en ello.

Envío de los dos espías a Jericó

En consecuencia envió, sin saberlo el pueblo,[2] dos espías «para ver la tierra de Jericó».[3] La razón de este encubrimiento seguramente estaba tanto en la naturaleza de su mandato, como en el triste recuerdo del desánimo anteriormente causado al pueblo por un mal informe (Nm. 14:1). En su furtivo ascenso de ocho millas de campo desde la orilla occidental del Jordán hasta «la ciudad de las palmeras», debieron ser grandemente impresionados por la «belleza y el lujo de la región». Incluso ahora hay un resplandeciente oasis verde de varias millas cuadradas que indica las arboledas más ricas y pobladas de Jericó».[4] Su vegetación es muy rica y única; casi cada árbol es ocupado por el ruiseñor palestino, con el «tordo saltarín», «el impresionante martín pescador indio azul, la paloma tortuga egipcia, y otras aves cantoras de afinidad india y abisinia». «En la llanura superior hay las alondras del desierto, mientras que media hora a pie nos lleva al Monte de la Tentación, la casa del grifón, donde abundan las perdices, golondrinas de las rocas, palomas de las rocas y otros pájaros. Pero, mucho más que todos los demás, Jericó es el hogar del hermoso pájaro del sol, ... resplandeciente con todos los colores del pájaro zumbante» (su espalda de color verde brillante, su cuello azul y su pecho púrpura) «con un mechón de plumas de color rojo, naranja y amarillo en cada codo». El pequeño riachuelo, al cual Eliseo sanó de su maldición, está lleno de peces, al mismo tiempo que el clima y la vista son igualmente deliciosos en esa temprana primavera semejante al verano, cuando los espías la visitaron. La gran riqueza y hermosura de esa llanura cuando estaba llena de pobladas palmeras, y jardines con fragancia de bálsamo, se aprecian en las descripciones hechas por Josefo (*Ant.* 15.4, 2). Este paraíso de Canaán era custodiado por la fortaleza de Jericó, una de las más fuertes de toda la tierra.[5] Detrás de sus muros y almenas se guardaba una inmensa riqueza, en parte natural y en parte como resultado de la civilización y el lujo. Esto también se desprende del carácter y valor de los despojos que un solo hombre (Acán) podía sacar secretamente de la misma (Jos. 7:21).

1. Calvino.

2. En Josué 2:1, la acentuación relaciona las palabras «secretamente» y «diciendo», que están separadas con comas en nuestra versión, indicando que la comisión fue establecida en secreto.

3. El significado es «especialmente Jericó», cuya fortaleza era la clave a la orilla occidental del Jordán.

4. Tristram, *Land of Israel*, pp. 203 ss.

5. Esta impresión la transmite irresistiblemente a nuestra mente la comparación del relato escritural sobre Jericó con el de otras ciudades de Canaán.

Al acercarse los espías a la ciudad, el sol poniente tendía sus rayos con grande variación de color sobre las montañas de caliza que rodeaban a la antigua Jericó a guisa de anfiteatro, elevándose más cerca, y hasta una altura de 1200 a 1500 pies, al norte, donde llevan el nombre de *Quarantania*, lo que denota el lugar tradicional de los cuarenta días de la tentación del Señor; y desde allí se extiende más ampliamente hacia el sur. En la ciudad no había ni un solo amigo o aliado, cuya hospitalidad podían buscar los dos israelitas. Alojarse en una posada hubiese significado procurarse la publicidad que deseaban evitar a toda costa.

Rahab

En dichas condiciones, la elección de la casa de Rahab, la ramera, era lo más adecuado para su propósito. Pero no obstante, en el excitado estado mental del público, cuando, como bien sabemos (Jos. 2:11), el terror de Israel había caído sobre todos, la llegada de los dos extranjeros de aspecto sospechoso no podía quedar en secreto. Tan pronto como se cerraron las puertas, y la fuga parecía imposible, el rey envió a capturar a los que con buen juicio le parecían espías israelitas. Pero Rahab se le adelantó. Llegó a la misma conclusión que el rey, y al suponer lo que iba a suceder, les «escondió» (tal vez apresuradamente) «entre los manojos de lino que tenía puestos en el terrado», según la costumbre oriental de secar lino en los techos planos de las casas. Con la hábil admisión del hecho que dos hombres, anteriormente desconocidos, habían estado allí, a lo que añadió la afirmación falsa que habían salido con la misma imprevisión justo antes de ser cerradas las puertas, consiguió engañar a los mensajeros del rey. La historia de Rahab parecía bastante verosímil; aparentemente había sido franca, y no había ningún motivo para mentir de su parte, más bien todo lo contrario, ya que el mismo peligro amenazaba a todos los habitantes de Jericó. Como indicó Rahab, los mensajeros se apresuraron a ir supuestamente en pos de los emisarios judíos, que hubiese sido «el camino al Jordán, en los vados», por el cual debían volver al campamento de Israel, y las puertas fueron cerradas de nuevo, para impedir la fuga de Jericó, si, a pesar de todo, todavía no habían abandonado la ciudad.

Hasta aquí llegó la trama de Rahab. Tan pronto como se hizo de noche en la ciudad, volvió al tejado, y se encontró con los espías, que desconocían cualquier peligro de lo que había sucedido. Ella también les contó los motivos de su conducta. Sin lugar a dudas, le escucharon maravillados, junto con una inmensa gratitud, al contarles ella que en Canaán se había oído lo que Jehová había hecho por Israel en el Mar Rojo, y que, por Su ayuda, los dos reyes poderosos de los amorreos habían sido «destruidos completamente». Las mismísimas palabras con las que Rahab describía el terror que se había cernido sobre sus conciudadanos, eran las que se habían pronunciado proféticamente cuarenta años antes, cuando Moisés y los hijos de Israel cantaron el nuevo himno al otro lado del Mar Rojo, Éxodo 15:14-16 (comp. Éx. 23:27; Dt. 2:25; 11:25). Pero el efecto de este conocimiento de las grandes obras de Jehová difería en función de la situación de la mente de los que lo oían. A los cananeos les provocó la energía de desesperación para resistirse a Israel, o al Dios de Israel. Pero en el corazón de Rahab se despertaron unos sentimientos muy distintos. Ella sabía que Jehová había dado la tierra a Israel; y mucho más que todo esto, que «Jehová vuestro Dios es Dios arriba en los cielos y abajo en la tierra». Al conocer los propósitos de Dios, deseaba esconder a los espías y hacerles continuar en su camino; sabiendo que solo Él era Dios, ella y todos sus seres cercanos y queridos no debían participar en la osada resistencia de sus conciudadanos, sino buscar la seguridad separándose de ellos y uniéndose al pueblo de Dios. Así, ella suplicó misericordia tanto para ella misma como para sus familiares el día en el cual Jehová iba a dar la victoria a Israel sin lugar a dudas. Tal petición no podía ser rechazada, pues su veracidad se había demostrado en sus «obras». Los dos espías accedieron a ello solemnemente, pero bajo la condición de que ella se mantendría fiel hasta el final, que ayudaría en su trabajo y mantendría secreta su misión, a la par que demostraría su fe reuniendo el día de la prueba a todos sus familiares dentro de su casa. Esa casa debía ser distinguida de todos los demás alojamientos de Jericó por medio del mismo «cordón de grana», con el cual estaba construida su casa. Toda esta historia está llena del más profundo significado simbólico. Y de hecho, una persona preparada para actuar de este modo era «verdaderamente israelita» de corazón, y su casa ya pertenecía a la «casa de la fe».

Ahora podemos apreciar la fe por la cual la ramera Rahab no pereció con los desobedientes,[6] cuando «recibió a los espías en paz», una fe que, como argumenta Santiago, se manifestó «por obras» (Stg. 2:25). Al hacerlo, no es necesario ni presentarla en su antigua vida distinta de lo que realmente era,[7] o atenuar su pecado al dar una respuesta falsa al rey de Jericó. Tampoco deseamos exagerar las condiciones espirituales a las que había llegado. Al recordar quién y qué había sido, y con quién había estado durante toda su vida; su confesión enfática, que Jehová, el Dios de Israel, «es Dios arriba en los cielos y abajo en la tierra»; su fe sin titubeos en la verdad de Sus promesas, que le impulsaban a una acción de abnegación propia con tanto riesgo y sacrificio, y la ayudaba en ello; su separación de sus conciudadanos; su conducta para con los espías al arriesgar su vida; todo esto muestra que ella tenía esa fe que «es la sustancia de las cosas esperadas, la evidencia de las cosas no vistas»; no una «fe muerta», «sin obras», sino una fe que «realizada con sus obras, y por las obras fue perfeccionada». Y aquél que «da más gracia» a los que usan sabiamente lo que tienen, maravillosamente reconoció y bendijo estas «primicias» de entre los gentiles. Su historia, que, en todas sus circunstancias, presenta una notable analogía con la de la mujer samaritana (Jn. 4), es registrada para la instrucción de la iglesia. Y, como hiciera en el caso de las comadronas hebreas que conservaron a Israel (Éx. 1:21), Dios también «hizo para ella una casa». Rahab se convirtió en la esposa de Salomón, una princesa de la tribu de Judá, y de ella nacieron en línea directa tanto David (Rt. 4:21) como el Señor de David (Mt. 1:4).[8]

Pero en cuanto a los dos espías israelitas, se escondieron, de acuerdo con el consejo de Rahab, durante tres días en las cuevas de piedra caliza y las grutas que abundan por el monte Quarantania, mientras sus perseguidores les buscaban en vano en la dirección opuesta de los vados del Jordán. Cuando cesó la búsqueda infructuosa, emprendieron su camino de regreso a Josué, expresándole su convicción, como resultado de su misión: «Ciertamente Jehová ha entregado toda la tierra en nuestras manos, pues todos los habitantes del país desmayan ante nosotros».

---

6. Hebreos 11:31, traducción marginal en la Authorized Version inglesa.

7. Así lo hacen Josefo y los Rabinos, que la presentan simplemente como una posadera.

8. El lector instruido que sienta curiosidad por conocer las fábulas rabínicas sobre Rahab, las podrá encontrar en Lightfoot, *Hor. Hebr. et Talmud*; y en Wetstein, *Nov. Test.*, en las notas sobre Mateo 1:5; también en Meuschen, *Nov. Test. ex Talm. illustr.*, p. 40.

Capítulo 6

(Josué 3–5:12)

La mañana siguiente al regreso de los espías, se levantó el campamento de Sitim y las huestes de Israel avanzaron. Estaban formadas por todas las tribus que iban a tener su posesión al oeste del Jordán, junto con cuarenta mil guerreros escogidos de Rubén, Gad, y la media tribu de Manasés.[1] Una breve marcha les llevó al borde del Jordán. De hecho el Jordán tiene una ribera triple: la más grande al borde de las aguas, la cual queda frecuentemente inundada en primavera, debido a la fusión de las nieves de Hermón; la ribera media, cubierta de rica vegetación, y una ribera superior que sobresale por encima del río. El pueblo se detuvo durante tres días, primero para esperar instrucciones divinas en cuanto a cruzar el río, y luego para prepararse para recibir con el espíritu adecuado la manifestación del poder divino que estaba a punto de manifestarse en la división del Jordán. Porque, como se ha notado, la expresión usada por Josué, «el Dios vivo está entre vosotros» (Jos. 3:10), no se refiere sólo a la presencia de Dios en Israel, sino, como demostraron los acontecimientos, las operaciones por las cuales Él se muestra *vivo* y *verdadero*.

Todo lo que debía hacer Israel era indicado divinamente por Josué, y todo se realizaba exactamente como había sido indicado.[2] En primer lugar, se proclamó por todo Israel que se «santificaran», y que no fuese simplemente exterior por medio de ritos simbólicos, sino también interiormente volviéndose al Señor, con una fe a la expectativa de «las maravillas» que estaban a punto de ser realizadas. Éstas les fueron comunicadas en confianza de modo anticipado (Jos. 3:5, 13). Así pasaron tres días. Fue «el décimo día del primer mes» (Jos. 4:19), el aniversario del día en el cual cuarenta años antes Israel había apartado sus corderos de la pascua (Éx. 12:3), cuando se realizó el milagroso paso del Jordán, e Israel estuvo en el territorio de la Tierra Prometida. Antes de que acabara la tarde de aquel aniversario, se erigieron piedras conmemorativas en Gilgal. Todo lo que quedaba comprendido entre esos dos aniversarios parecía solamente un gran paréntesis histórico. Pero el reino de Dios no tiene vacíos o interrupciones en su historia; hay una gran unidad en su curso, porque Jehová reina. Ahora Israel proseguía con los sentimientos animados con tales recuerdos, y la expectativa del gran milagro que iba a acontecer. En primer lugar pasó el arca, llevada por los sacerdotes, y, a una distancia reverente de 2000 codos, seguían las huestes. Porque era el arca del pacto la que tenía que abrir el camino a Israel a través de las aguas del Jordán, y tenían que mantenerla al alcance de su vista, para delimitar el camino milagroso, mientras este se iba abriendo ante ellos. A esto se refieren las palabras divinas (Jos. 3:4): «a fin de que sepáis», o mejor traducido lleguéis a conocer, reconocer, comprender, «el camino por donde habéis de ir; por cuanto vosotros no habéis pasado antes de ahora por este camino». Con las excepciones de Caleb y Josué, nadie, al menos de los laicos,[3] había visto ni era un adulto en el tiempo cuando el Señor dividió las aguas del Mar Rojo durante el éxodo. En aquella ocasión fue el alzamiento de la vara milagrosa de Moisés lo que mantenía divididas las aguas. Pero ahora era el arca a cuyo avance estaban retenidos. Y la diferencia de medios concordaba con la diferencia de circunstancias. Porque ahora el arca del pacto era el símbolo normal de la presencia divina en Israel; y Dios comúnmente usa los medios normales de gracia para el cumplimiento de sus maravillosos propósitos de misericordia.

La separación milagrosa del Jordán y el paso de los hijos de Israel

Era al principio de la primavera, en esa región tropical, la época de la cosecha temprana (Jos. 3:15), y el Jordán había sobrepasado sus riberas más bajas. Cuando a una distancia de media milla aproximadamente los israelitas miraron hacia abajo vieron que, cuando los pies de los que llevaban el arca tocaban las aguas, se dividían».[4] A lo lejos «más allá de donde estaban, en la ciudad de Adán que está al lado de Saretán»,[5] la mano divina tiró hacia arriba las aguas del Jordán, mientras que las aguas inferiores a ese punto descendían rápidamente al Mar Muerto. En medio del lecho del río se pararon los sacerdotes con el arca[6] hasta que todo el pueblo hubo pasado por el suelo seco. Luego doce hombres, que previamente habían sido especificados con esta finalidad,[7] tomaron doce grandes piedras del lugar donde se habían detenido los sacerdotes en el lecho del río, para erigirlas en solemne memorial para todos los tiempos de ese maravilloso suceso. Y los sacerdotes no salieron del Jordán hasta que se hubo completado esto. Y cuando «las plantas de los pies de los sacerdotes se levantaron sobre la tierra seca» (lit., fueron apartados, es decir, del barro pegajoso, «sobre lo seco»), «las aguas del Jordán volvieron a su lugar, y fluyeron sobre todas las riberas, como antes». Cuando el resto de la travesía concluyó debería ser hacia la tarde o atardecer (una distancia de unas cinco millas) y el campamento de Israel se estableció en lo que posteriormente se llamaría *Gilgal*, «al este de Jericó», a unas dos millas de la ciudad.[8]

Gilgal y su significado

El objetivo y el significado de este «milagro notable» se indican muy claramente en el texto sagrado. Sabemos que en aquellas circunstancias era tan ineludiblemente necesario como lo había sido anteriormente con la división del Mar Rojo. Porque, en esa estación del año, y con los medios de los que disponían, hubiese sido absolutamente imposible que una hueste grande con mujeres y niños pudiese cruzar

1. Puesto que según Números 26:7, 18, 34, el número total de hombres de guerra de las tribus de Rubén y Gad, y la media tribu de Manasés ascendía a 110.580, se entiende que 70.580 debieron quedarse para la protección del territorio al este del Jordán.

2. En este relato notamos tres secciones, cada una de ellas empieza con un mandamiento divino (Jos. 3:7, 8; 4:2, 3; y 4:15, 16), seguido por la comunicación del mismo al pueblo por Josué, y un relato de su ejecución. Esto para relacionar cada fase con el propio Señor.

3. Ver *El Éxodo y las Travesías por el Desierto*, p. 168.

4. En Josué 3:11 y 13 se designa significativamente como «el arca de Jehová, el Señor de toda la tierra», como hace notar Calvino, para indicar la sujeción de todo a Dios, y para aumentar la confianza de Israel.

5. Esta es la traducción correcta y no «bien lejos de la ciudad de Adán», como figura en varias de nuestras versiones. Las ubicaciones de estas dos ciudades no han sido identificadas. Debido a la naturaleza de las riberas, la inundación causada por este milagro no debería comportar consecuencias graves.

6. El lector minucioso se dará cuenta de que, a través de todo el relato escritural, el énfasis principal se coloca sobre la presencia del arca, y los sacerdotes son introducidos simplemente como los que la transportaban.

7. Las traducciones más corrientes de Josué 4:1-3 no confieren esta impresión, pero tanto las mejores autoridades rabínicas como cristianas consideran estos versículos como paréntesis, y traducen en el versículo 1 «y el Señor había hablado a Josué».

8. Tristram, *Land of Israel*, p. 219.

el Jordán. Pero, además, era adecuado que un milagro parecido al del éxodo desde Egipto caracterizase su entrada en la Tierra de la Promesa; también era adecuado, que el comienzo del ministerio de Josué recibiese así el testimonio divino como el de Moisés (Jos. 3:7). Finalmente, sería para Israel una gloriosa prenda de victoria futura en el poder de su Dios (v. 10), y para sus enemigos representaba una prueba segura del juicio que les iba a sobrevenir (Jos. 5:1).

Todavía quedaban dos cosas por hacer, antes de que Israel pudiese entrar en guerra con Canaán. A pesar de ser el pueblo de Dios, Israel había estado bajo juicio durante casi cuarenta años, y los que nacieron en el desierto no llevaban la marca del pacto de la circuncisión. La renovación de ese rito era, en su caso, una necesidad de primer orden, para restaurar a Israel su posición completa como el pueblo de Dios por el pacto.[9] Después de esto, había un privilegio que esperaba a Israel del cual no habían gustado durante treinta y ocho años. Probablemente la pascua al pie del Sinaí (Nm. 9:1) había sido la última, puesto que dicha fiesta no podía ser celebrada por el pueblo en incircuncisión. Pero en Gilgal su reproche fue apartado, y el pueblo de Dios renovó su fiesta memorial de su liberación de Egipto. Ciertamente, esa primera pascua en territorio de Palestina tenía un significado doble. Incluso las circunstancias recordaban su primera celebración. Como la noche de la primera pascua fue una noche de terror y juicio para Egipto, también ahora ante la visión de las celebraciones del campamento de Gilgal, «Jericó estaba cerrada, bien cerrada, a causa de los hijos de Israel; nadie entraba ni salía» (Jos. 6:1). Y entonces también, cesó la provisión divina en el desierto del «maná que se había aferrado a ellos con la tenacidad de todas las misericordias de Dios», «el día siguiente, desde que comenzaron a comer del fruto de la tierra; y los hijos de Israel nunca más tuvieron maná, sino que comieron de los frutos de la tierra de Canaán aquel año». Y así también han cesado los dones milagrosos en la Iglesia, porque su continuación es innecesaria. De modo semejante, nuestra provisión de maná para las necesidades de cada día también cesará, cuando finalmente entremos en la tierra de la promesa, y disfrutemos para siempre de sus frutos.

---

9. Evidentemente, los supervivientes de los que habían salido de Egipto, tenían en la época de la sentencia en Cadés menos de veinte años (Nm. 14:29) –es decir, todos los de Gilgal que tenían treinta y ocho años o más– y no *habían sido* circuncidados. Si calculamos que había aproximadamente un millón de varones en Gilgal, la proporción de circuncidados con respecto a los no circuncidados debía ser de 280.000 a 720.000. Los primeros eran suficientes para preparar los corderos de la pascua, y, si era preciso, defender el campamento de Gilgal, a pesar de que el terror debido a la división del Jordán debería proteger probablemente a Israel de cualquier ataque hostil. Ver Keil, *Bibl. Comm.*, vol. II. pp. 38, 39.

2 *Conquista y reparto de la tierra*

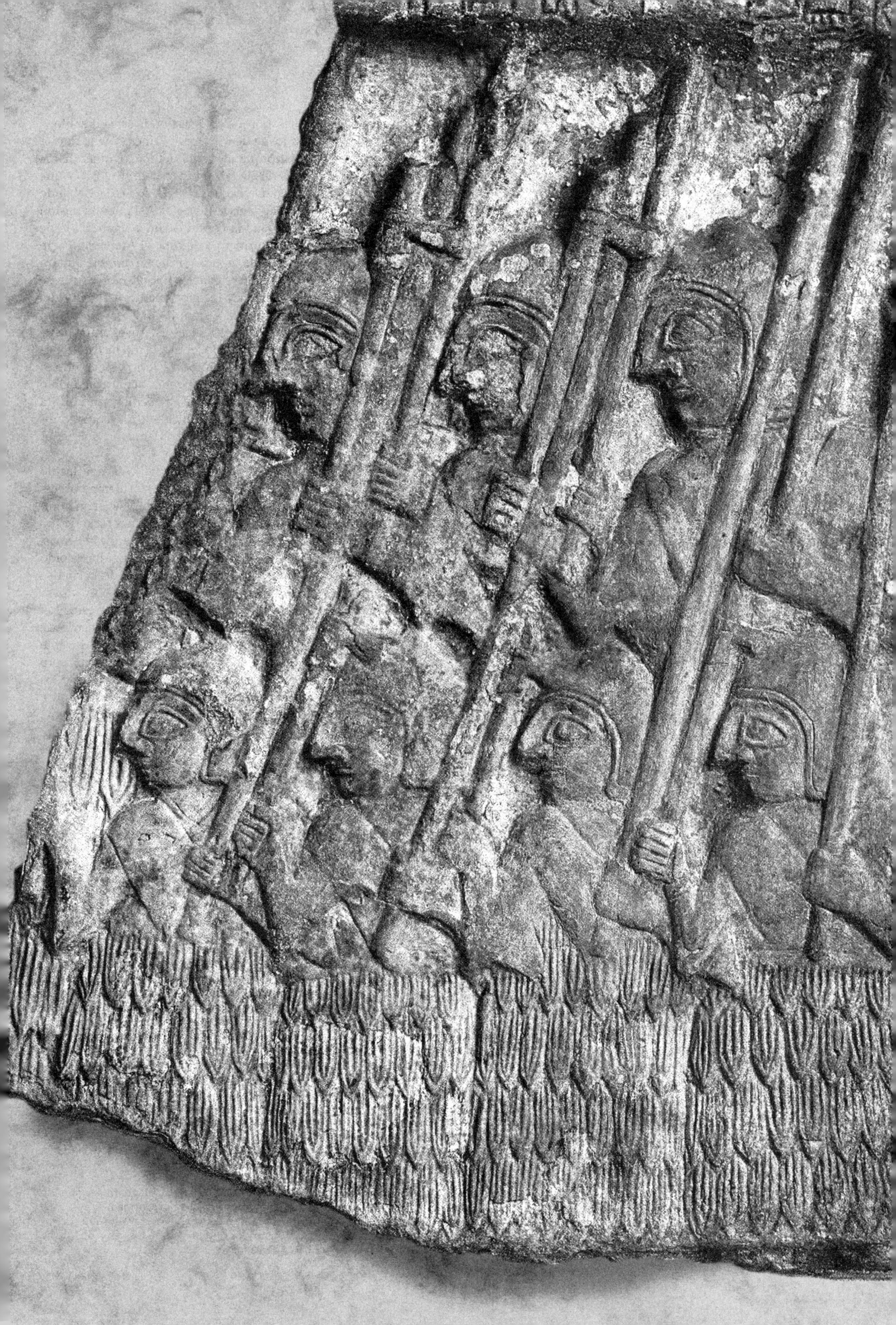

Capítulo 7
(Josué 5:13; 6:27)

A primera vista podría resultar extraño, teniendo en cuenta el gran temor que había sobrecogido a la gente de la tierra, que se presentara defensa alguna de parte de Jericó. Pero una consideración más completa nos ayudará no sólo a comprender esto, sino también a ir viendo lentamente las razones especiales por las cuales precisamente esta fortaleza debía ser entregada milagrosamente a Israel. Por no mencionar motivos de honor, que al menos debieron tener alguna influencia sobre los hombres de Jericó. Uno de los más importantes principios del paganismo era que cada uno de sus muchos dioses quedaba limitado en su actividad a un objetivo especial. Pero lo que los cananeos habían oído acerca de Jehová le presentaba como el Dios de la naturaleza, que dividía el Mar Rojo y detenía las aguas del Jordán, y que hasta el momento era el Dios de las batallas, al haber dado a Israel la victoria sobre los reyes amorreos. Ahora bien, ¿era su fuerza igual también contra sus dioses para reducir las fortalezas poderosas? No tenían ninguna experiencia al respecto. Por muy trivial que nos parezca una cuestión de este tipo, tenemos evidencias de que los paganos lo tenían en cuenta. Para poner un solo ejemplo, sabemos que se hizo una sugerencia parecida en un período muy posterior, no de parte de hombres rudos, sino por siervos y consejeros de confianza de Ben-hadad, y que fue usada por el monarca con el convencimiento de que «Jehová es Dios de los montes, pero no es Dios de valles» (1 R. 20:-28). En todo caso, valía la pena intentarlo, y Jericó, como ya comentamos, era la fortaleza más poderosa de Canaán, y la clave para todo el país.

El «Príncipe de la hueste de Jehová» se aparece a Josué

Esta última consideración seguramente pesaba en la mente de Josué, cuando «miraba la ciudad» desde el campamento de Gilgal. Hasta aquel momento no había recibido instrucciones especiales para atacar Jericó, y, seguramente, la gente bajo su mando no estaba entrenada para dicho trabajo. Mientras se hallaba ocupado con estos pensamientos, de pronto, «al levantar sus ojos y mirar, he aquí estaba en pie sobre él», no la ciudad asediada, sino «un hombre con su espada desenvainada». Desafiado por Josué: «¿Eres de los nuestros, o de nuestros adversarios?» el extraño guerrero respondió: «No. Soy el Capitán (o Príncipe) de la hueste de Jehová, que he venido ahora».[1] Entonces su conversación fue interrumpida, porque Josué se postró ante él, y solicitó reverentemente sus mandamientos. La respuesta: «Quita el pecado de tus pies, porque el lugar donde estás es santo»,[2] debió convencer a Josué de que aquel Príncipe de la hueste de Jehová no era otro que el Ángel del Pacto, quien había hablado con Moisés desde la zarza ardiente (Éx. 3:4), y que era co-igual a Jehová. De hecho, poco después, se habla de él explícitamente como Jehová (Jos. 6:2). Así pues, la misión de Josué era básicamente la continuación y finalización de la de Moisés. Como al principio de ésta, el Ángel del Pacto se apareció y habló desde la zarza ardiente, también ahora se apareció a Josué, mientras el acto simbólico de «quitarse el calzado de sus pies», en reconocimiento reverente del Santo de Israel, recordaba la visión de Moisés, y al mismo tiempo la conectaba con la de su sucesor. Al asegurar a Josué la victoria completa, el Ángel de Jehová le dio instrucciones detalladas de como Israel debía rodear Jericó, siguiendo la guía del arca del Señor, y como debía actuar el pueblo cuando cayese el muro de la ciudad. La obediencia implícita de lo que era de naturaleza simbólica era un requisito indispensable y Josué comunicó el mandamiento del Señor tanto a los sacerdotes como al pueblo.

Y ahora iban a presenciar un maravilloso espectáculo desde las murallas de Jericó. Cada día, una solemne procesión salía del campamento de Israel. Primero llegaban hombres con algunas armas,[3] luego siete sacerdotes tocando, no las trompetas de plata de costumbre, sino grandes bocinas, cuyo sonido penetraba en una distancia tal que se había oído en Sinaí (Éx. 19:16, 19; 20:18). El mismo tipo de bocina se debía usar el primer día del séptimo mes (Lv. 23:24), y para anunciar el año de jubileo (Lv. 25:9). Después de estos heraldos, llegaba el arca de Jehová, llevada por los sacerdotes, y después la «retaguardia» de Israel. Así lo hicieron durante seis días, una vez al día rodeaban las murallas de Jericó, pero en solemne silencio, excepto los breves tonos agudos, o los fuertes sonidos extendidos de las bocinas de los sacerdotes. La impresión causada por esta larga y solemne procesión, que aparecía y desaparecía, y actuaba en solemne silencio, sólo quebrado por las fuertes notas de las bocinas, debió ser bastante peculiar. Finalmente, llegó el séptimo día. Su trabajo empezó más temprano que los otros días: «al despuntar el alba».

Caída milagrosa de Jericó ante el Arca de Jehová

En el mismo orden de antes, rodearon la ciudad, pero en esta ocasión siete veces. «Y sucedió que cuando los sacerdotes tocaron las bocinas la séptima vez, Josué dijo al pueblo: «Gritad, porque Jehová os ha entregado la ciudad». «Y aconteció que cuando el pueblo hubo oído el sonido de la bocina, gritó con gran vocerío, y el muro se desplomó. Entonces el pueblo subió a la ciudad, cada uno derecho hacia adelante, y la tomaron». Y en cuanto a Jericó, Josué, al seguir las instrucciones divinas, la había declarado *cherem*, o «entregada en devoción» a Jehová (Jos. 6:17). En este caso, según Levítico 27:28, 29, no había redención posible, sino que, según indica Deuteronomio 13:16, tanto los habitantes como los despojos de la ciudad debían ser destruidos; «solamente

1. Ésta es la traducción correcta de Josué 5:14; con toda su intensidad gráfica.

2. Para una explicación sobre el significado de este símbolo, ver *El Éxodo, etc.*

3. Josué 6:9 implica que la hueste de Jehová estaba dividida en dos: «los hombres armados» delante, y «la retaguardia siguiendo el arca». Puesto que la palabra hebrea «hombres armados» es la misma que en Josué 4:13 («preparados para la guerra»), los intérpretes rabínicos han sugerido que «los hombres armados» eran de Rubén, Gad y la media tribu de Manasés.

pusieron en el tesoro de la casa de Jehová la plata y el oro, y los utensilios de bronce y de hierro» (Jos. 6:24; comp. Nm. 31: 22, 23, 50-54). Ésta no era la sentencia común contra *todas* las ciudades de Canaán. En todos los demás casos sólo los habitantes eran «heridos a filo de espada» (Jos. 8:26; 10:28; comp. Dt. 2:34; 3:6; 8:2; 20:16), mientras que los ganados y los despojos eran conservados. Pero en el caso de Jericó, por razones mencionadas más adelante, toda la ciudad, con *todo* lo que contenía, era *cherem*. Solamente Rahab, «y la casa de su padre, y todo lo que ella tenía», se salvaron de la destrucción general.

En la superficie del relato escritural se observa que en este caso Jehová de Israel había realizado un milagro notable, sin paralelos en la historia. Como comenta un escritor alemán: «Sería imposible demostrar más claramente que Jehová había *dado* la ciudad a Israel». En primer lugar, se hizo retroceder al río, para permitirles entrar en la tierra; y ahora se hizo caer las murallas de la ciudad, para permitirles penetrar en su primera y más fuerte ciudad. Dichas pruebas de la presencia y ayuda de Jehová, tan pronto después de la muerte de Moisés, debieron persuadir a los más carnales de Israel, de que el mismo Dios que había dividido el Mar Rojo ante sus padres todavía estaba de parte de ellos. Y también bajo esta perspectiva debió ser apreciado el suceso por la gente de Canaán. Pero, además, existía otro significado más profundo unido a todo lo que sucedía. La primera y más fuerte fortaleza de la Tierra entregó Jehová Dios a su pueblo, a modo de regalo gratuito, sin que ellos tuvieran que hacer ningún esfuerzo, o arriesgarse para obtenerla. Es, pues, esta una preciosa prenda de la facilidad con la que se cumplen sus promesas de gracia. Del mismo modo, la forma en que Israel obtuvo la posesión de Jericó fue muy significativa. Es evidente, los muros de Jericó cayeron, no ante Israel, sino ante el arca de Jehová, o mejor dicho, como se dice explícitamente en Josué 6:8, ante Jehová mismo, cuya presencia entre Su pueblo estaba relacionada con el arca del pacto. Y el estruendo de aquellas bocinas del jubileo alrededor de la ciudad sentenciada proclamaban a Jehová, y era como la citación judicial de su reino, que anunciaba que la fatiga y el dolor de su pueblo tocaban a su fin, y ellos estaban a punto de entrar en su herencia. Ésta era la importancia simbólica y figurativa del estruendo de las bocinas del jubileo, cada vez que sonaban. De ahí que también en las visiones de los profetas y en el Nuevo Testamento la venida final del reino de Dios se anuncie con el sonido de la trompeta de sus mensajeros angelicales (comp. 1 Co. 15:52; 1 Ts. 4:16; Ap. 20 y 21). Pero, por otro lado, la venida del reino de Dios siempre implica la destrucción de sus enemigos. En consecuencia, los muros de Jericó deben caer, y toda la ciudad ha de ser destruida. Al lector de este relato no se le escapará tampoco la importancia del número *siete* (siete bocinas, siete sacerdotes, siete días de rodear la muralla, repetido siete veces el séptimo día). La *precipitación* de la destrucción de Jericó, que tipificaba el reino de este mundo en su oposición al de Dios, también tiene su contraparte al final de la presente dispensación. Porque «el día del Señor viene como ladrón en la noche; y cuando digan, paz y seguridad, entonces vendrá la destrucción repentina sobre ellos, como dolores de parto a una mujer encinta; y no escaparán».

Finalmente, era adecuado que Jericó fuese entregada *enteramente* en devoción al Señor; no sólo para que Israel no ganara un despojo inmediato de lo que el Señor había hecho, sino también porque la ciudad, como las primicias de la conquista de la tierra, pertenecía a Jehová, igual como todo lo primero, tanto de su gente como de los suyos, era Suyo; como indicación de que realmente todo era propiedad de Dios, quien daba todo a su pueblo, y en cuyas manos mantenían sus posesiones. Pero, para indicar el estado de corazón y la mentalidad con los cuales Israel rodeaba la ciudad, siguiendo el arca en solemne silencio, recordamos este enfático testimonio de la escritura (He. 11:30): «Por la fe, cayeron los muros de Jericó después de ser rodeados durante siete días». También en este caso, y tal como anteriormente el Señor dividiera el Mar Rojo, y luego de nuevo, cuando en respuesta a la oración de Josafat Dios destruyó la alianza pagana contra su pueblo, el llamamiento divino era: «Estad firmes» (con una fe que espera) «y ved la salvación de Jehová» (Éx. 14:13; 2 Cr. 20:17). Y siempre es así para con su pueblo creyente en circunstancias similares.

Capítulo 8

(Josué 7–8:29)

La conquista de Jericó sin lucha de parte de Israel les había dado una prenda completa del éxito futuro. Pero, por otro lado, también podía convertirse en una fuente de mayor peligro, si las promesas de gracia de Dios se consideraban derechos nacionales, y la presencia de Jehová como por descontado, independientemente de la actitud de Israel para con él. Por ello, era de la máxima importancia que ya desde el principio se viera que la victoria contra el enemigo era de Israel sólo cuando el pueblo era fiel al pacto de su Dios.

Ataque infructuoso contra Hay

En su avance hacia el interior de la tierra, la siguiente fortaleza que debía ser tomada era Hay. Al estar como parece que estaba el país dividido en pequeños territorios, cada uno de ellos bajo un capitán o «rey» independiente, que reinaba en su ciudad fortificada y prevalecía sobre la región de su alrededor,[1] se podía esperar una serie de asedios antes que batallas campales. Hay, situada sobre una colina cónica sobre a unas diez millas al oeste de Jericó, era una ciudad comparativamente más pequeña, con sólo 12.000 habitantes (Jos. 8:25). No obstante, su posición era altamente importante. Hacia el sur abría el camino a Jerusalén, que está a la distancia de solamente unas horas; hacia el norte regía el acceso al corazón del país, de modo que, como vemos luego, el ejército victorioso podría avanzar desde allí sin oposición hasta la fértil región de Samaria. Además, el final de Hay decidía virtualmente el de Betel. Esta ciudad, gobernada por otro «rey» independiente,[2] quedaba al oeste de Hay, separada de ella por una alta colina. Esta colina, a medio camino entre Betel y Hay, poseía un interés especial. Era el lugar del altar de Abraham, cuando entró en la tierra por primera vez (Gn. 12:8). También aquí había estado el patriarca con Lot, cuando habían mirado en la distancia más inmediata y habían visto el rico valle del Jordán, lo que determinó que

1. En Josué 12:7-24, se enumeran como mínimo treinta y un «reyes» de estos, que fueron echados por Josué. Y debemos recordar que sus territorios no cubrían en modo alguno toda la Palestina del oeste del Jordán.

2. Josué 12:16. Por la posición del rey de Betel en la lista de los «reyes» echados fuera, podemos inferir que Betel se tomó algo más tarde que Hay. Pero, por Josué 8:17, sabemos que había una alianza entre las dos ciudades. Sus ejércitos podían haberse movido de acuerdo con ellos o estado a la disposición del rey de Hay. En cualquier caso, los hombres de Betel debieron volver a su propia ciudad cuando Israel se volvió contra Hay.

Lot hiciese la fatal elección para su residencia (Gn. 13:4, 10). Desde esta colina se ve un valle que se extiende al oeste hasta Betel, mientras que al este, por los alrededores de Hay, «los uadis que al principio caen con mucha pendiente... descienden gradualmente unos tres cuartos de milla, antes de zambullirse definitivamente en el valle del Jordán. El terreno ligeramente inclinado está bien salpicado de olivos».[3] Esta extensión veloz de la localidad nos ayudará a considerar los siguientes sucesos.

El avance de Israel en ese momento era tan importante, que Josué estimó como precaución adecuada enviar «hombres para inspeccionar Hay». Su informe de que para tomar la ciudad se requería únicamente una formación de 3.000 hombres le satisfizo. Pero la expedición resultó quedar muy lejos del éxito. Los hombres de Hay salieron de la ciudad y derrotaron a Israel, mataron a treinta y seis hombres, persiguieron a los fugitivos hasta «Sebarim» («minas», o tal vez «canteras» donde se rompen las rocas), y les hirieron «en la bajada», es decir, a una distancia de aproximadamente una milla, donde los uadis, que descienden de Hay, toman su «zambullida final» hacia el este. Desde todas las perspectivas el suceso fue poco augurable. Fue la primera lucha de Israel al oeste del Jordán, y su primera derrota. El peligro inmediato que cabía esperar era una unión de todos sus enemigos de los alrededores, y la destrucción total de un ejército completamente desanimado. Pero había un aspecto todavía más serio. ¿Habían fracasado las promesas de Dios solemnemente garantizadas? O, si esto parece imposible incluso pensarlo un momento, ¿había abandonado el Señor sus propósitos de gracia, su pacto con Israel y la manifestación de su «Nombre» ante todas las naciones implicadas?[4]

Tales sentimientos se reflejan en la expresión de la invocación a Dios de parte de Josué, cuando, con vestiduras rasgadas y cenizas sobre la cabeza, él y los ancianos de Israel yacían todo el día en humillación y oración ante el Señor, mientras en el campamento «los corazones del pueblo» se habían «derretido y venido a ser como agua».

Necesitamos tener en cuenta el contraste entre el impotente terror del pueblo y la actitud de oración de sus líderes, para comprender bien las circunstancias de este caso; la perplejidad, ansiedad y las dificultades de Josué, antes de juzgar el lenguaje que usó. Evidentemente era muy inferior a la tranquila confianza de un Moisés; pero, en su inquirir en las razones de los tratos de Dios, reconocidos, la fe luchaba con la duda (Jos. 7:7), mientras que el temor que se alzaba era enfrentado con la confianza en las promesas de Dios (v. 9). Y lo que es más importante, la lucha interior se expresó en la oración. En consecuencia, se trataba de una conquista de fe, y la fe es «la victoria sobre el mundo».

Era extraño que, ante una agitación tan generalizada, alguien no fuese conmovido; alguien que sabía todo el tiempo que él era la causa del desastre de Israel y del duelo que le circundaba. No obstante, su conciencia le debía haber indicado que, mientras permaneciese allí, la maldición de su pecado seguiría a sus hermanos y les heriría con la impotencia. Es esta dureza impenitente (en sí la consecuencia del pecado) lo que, cuando se examina adecuadamente, vindica, o mejor dicho demuestra, la justicia de la sentencia divina que posteriormente se ejecuta sobre Acán.[5]

3. Aquí estamos en deuda con un artículo de Canon Williams, leído ante el Congreso de la Iglesia en Dublín en 1868, y al capitán Wilson por sus notas sobre el mismo.

4. Ver las explicaciones sobre Éxodo 6:3 en *El Éxodo, etc.*

5. La sentencia divina no necesita ser justificada. El pecado de Acán era uno que implicaba su castigo concreto. Pero, como en el caso de Esaú, su historia demostró como era adecuada la sentencia divina que le impidió alcanzar la «herencia» de la promesa, así también ocurría con Acán. Al estudiar la historia de los sucesos tenemos demasiada tendencia a pasar por alto la de las *personas* y los *caracteres*.

Pecado de Acán y juicio

Su pecado no era de un tipo común. No sólo se trataba de la violación de un mandamiento concreto de Dios, sino también un osado sacrilegio de profanación. Y todo ello bajo unas circunstancias altamente agravantes. Además, Josué, justo antes de la caída de Jericó, había advertido al pueblo del peligro propio y para con todo Israel de tomar alguna «cosa del anatema» (Jos. 6:18). La prohibición sobre la ciudad sentenciada había sido tan enfáticamente declarada, que se extendía a todo el tiempo, e incluso sobre toda la familia de cualquiera que pretendiera restaurar Jericó como fortaleza (6:26).[6] Y, ante todo esto, Acán se dejó tentar. Cedió a la más baja pasión. Uno de esos vestidos babilonios, tejido curiosamente con figuras y dibujos (según describen los autores clásicos), un ornamento enorme de oro, en forma de lengua, y cierta cantidad de plata, ascendiendo a 25 £ en una ciudad cuyos muros acababan de caer milagrosamente delante del Señor, le indujeron a cometer este osado pecado. Y además, cuando se cumplió lo que había predicho Josué (6:18), para que con un robo así «hagáis anatema el campamento de Israel y lo turbéis», Acán persistió en su pecado.

Se recordará que, cuarenta años antes, en el borde del Mar Rojo, «Jehová dijo a Moisés: ¿Por qué clamas a mí? Di a los hijos de Israel que marchen» (Éx. 14:15). Como entonces, también ahora, cuando Josué y los ancianos de Israel se postraron ante el Señor, no se requería oración, sino acción. En el primer caso, no era un ejercicio de fe orar cuando lo que se pedía era *obediencia*; tampoco en el otro era relevante la oración ni podía esperar una respuesta, mientras el pecado no fuese sacado. La causa del desastre de Israel no estaba en una falta de fidelidad del Señor, sino de Israel. Ahora debían buscar su pecado, y el «anatema» debía «ser destruido de en medio de ellos». Pues, a pesar de que el pecado de Acán era individual, incluía a todo Israel en su culpa. El pecador era de Israel, y su pecado estaba en el campamento de Israel. Es innecesario discutir aquí como un culpable de pecado puede involucrar en sus consecuencias a los que están relacionados con él ya sea por lazos familiares o sociales. Es sencillamente un *hecho*, sin admitir discusión, y se ve ejemplificado cuando la ley de Dios en la naturaleza, y cuando su ley moral son desafiadas. La más profunda razón para ello yace en el hecho que el Dios de la naturaleza y la gracia también es el fundador de la sociedad; porque, la familia y la sociedad no son de diseño humano, sino una institución divina, y forman parte de su plan general. Consecuentemente, Dios nos trata no sólo como individuos, sino también como familias y naciones. Cuestionar la justicia de esto, sería cuestionar la administración, los principios fundamentales y el plan del universo de Dios. No obstante, hay una razón para un agradecimiento devoto, que podamos reconocer y reconocemos la presencia de Dios

6. Es un error común suponer que Jericó no iba a ser construida jamás. Evidentemente, éste no podía ser el significado de las palabras de Josué, porque entre otras ciudades asignó Jericó a la tribu de Benjamín (Jos. 6:21). Igualmente, leemos acerca de «la ciudad de las palmeras» en Jueces 3:13, y por su propio nombre en 2 S. 10:5. La prohibición de Josué no se refiere a la reconstrucción de Jericó, sino a su *restauración como ciudad fortificada*. Esto también se desprende de las palabras empleadas por Josué («asentará sus puertas» Jos. 6:26), y reiterado de nuevo cuando el juicio amenazado cayó posteriormente sobre la familia de Hiel (1 R. 16:34).

tanto en la naturaleza como en la historia. El ejemplo más elevado de la aplicación de esta ley es la que ha hecho posible nuestra salvación. Porque del mismo modo que habíamos pecado y destrozado por medio de nuestra relación con el primer Adán, así somos salvados por el segundo Adán, el Señor del cielo, que ha sido nuestro substituto, para que en Él recibamos la adopción como hijos.

Las noticias de que el pecado de uno de ellos había implicado a Israel en juicio debieron esparcirse rápidamente por el campamento de Israel. Pero incluso este conocimiento y la invitación a santificarse, para que a la mañana siguiente el transgresor fuese designado por el Señor, no condujeron a Acán al arrepentimiento y la confesión. Y entonces se halló todo Israel reunido ante el Señor. Primero se acercaron los príncipes de las doce tribus. Cada nombre de las tribus había sido escrito separado,[7] cuando «la suerte» que «salió», o fue sacada, llevaba el nombre de Judá. Al ser señalados así, los cabezas de los diversos clanes de Judá se presentaron y la suerte designó a Zera. Y el solemne juicio continuó, con mayor solemnidad, al ir cerrando el círculo, cuando sucesivamente las familias de Zabdí, y finalmente, entre ellos, la casa de Acán fueron señaladas por la mano de Dios. Durante todo ese tiempo Acán había permanecido callado. Y ahora se hallaba en pie solo ante Dios e Israel, aquel culpable que había «turbado» a todos. ¿Iba a confesar al final, y «dar gloria de Jehová» honrándolo como el Dios que ve y conoce todo pecado, independientemente de la profundidad del escondrijo? Fue con palabras de dolor, no de ira, que Josué le imploró. A Acán se le escurrió de entre las manos la admisión completa de su crimen. Cuán triste debió sonar incluso a sus propios oídos, cuando expuso los hechos de su pecado en palabras desnudas; cuán mezquino el precio por el cual se había vendido, cuando salió a la luz del sol y «lo pusieron delante del Señor», a la vista de Josué y de todo Israel. Sólo quedaba una cosa más por hacer. Sacaron al desdichado, con toda su familia, y todo lo que a ellos pertenecía, y todo Israel le apedreó.[8] Y luego quemaron el cadáver,[9] y lo enterraron todo debajo de un montón de piedras, como memorial y también como advertencia. Pero al valle le llamaron el valle de «acor», o *turbación*, mientras que los ecos de ese relato resonaban por toda la historia de Israel hasta los últimos tiempos, en aflicción y en bien, para juicio y para esperanza (Is. 65:10; Os. 2:15).

Hay atacada por segunda vez y tomada

Una vez eliminado el pecado de Israel, Dios confirmó a Josué su presencia para darle el éxito en su ataque contra Hay. Como prenda de ello, se dignó incluso en indicarle los medios exactos que debían usar para reducir la ciudad. Se detalló un cuerpo de 30.000 hombres, de los que 5.000 fueron colocados en emboscada al oeste de Hay,[10] donde, bajo el abrigo del bosque, su presencia quedaba escondida a Hay, y, gracias a la colina, de Betel. Mientras que el cuerpo principal de los Israelitas iba a alejar a los defensores de Hay con una huida fingida, esta formación, ante una señal determinada, tenía que tomar la ciudad, y después de incendiarla, volver contra los hombres que venían en retirada. Este era el plan de ataque y fue cumplido al pie de la letra. «La emboscada» quedaba al oeste de Hay, mientras que el cuerpo principal del ejército se asentó al norte de la ciudad, quedando un valle entre ellos y Hay. A continuación, Josué pasó al centro de aquel valle. A la mañana siguiente, el rey de Hay descubrió este avance del campamento israelita, y se desplazó «al lugar señalado»,[11] justo delante de «la llanura», que, según indican los viajeros, estaba cubierta de olivos. El campo de batalla había sido escogido bien, porque Hay ocupaba el lugar aventajado en la ladera y un avance de Israel hubiese sido desarticulado y roto por la plantación de olivos que hubiesen tenido que atravesar. Entonces Josué y todo Israel fingieron una retirada, y huyeron en dirección este hacia el desierto. Ante dicho espectáculo, todo el pueblo de Hay, en su apresurado deseo de conseguir una victoria definitiva, «permitieron ser alejados»[12] para perseguir a Israel, hasta ser apartados con una considerable distancia de la ciudad. Entonces la plantación de olivos servía de protección para el avance de los que se habían escondido en emboscada. La señal predeterminada fue dada. Josué, quien posiblemente ocupaba una parte elevada, mirando la batalla, levantó su lanza. Al ver los puestos de avanzada de la emboscada, y que la señal para su avance había sido dada, seguro que empezaron a subir corriendo las elevadas laderas de la colina hacia la ciudad. Pero la señal también debió ser vista y comprendida por el ejército principal de Israel, y deberían mirar ansiosamente para ver el resultado de unos movimientos que ellos no podían seguir. No esperaron mucho. Por encima de los olivos de color verde oscuro, de las laderas, por encima también de los blancos muros, subía lento, en el aire claro de la mañana, el humo de la ciudad en llamas. Algo en la actitud y movimientos de Israel lo debió evidenciar, pues «los hombres de Hay volvieron el rostro», solamente para ver que lo habían perdido todo y no tenían escapatoria. Entonces el ejército de Israel «se volvió de nuevo», mientras que los que incendiaron Hay avanzaban en dirección opuesta. Los hombres de Hay fueron literalmente aplastados entre las dos fuerzas. Ni siquiera uno logró escapar. La muerte se extendió por la región circundante. Finalmente, se mató al rey de Hay, y su cadáver «colgó de un árbol hasta caer la noche».[13] Y de lo que había sido Hay

7. Inferimos que la tribu, parentela, familia y casa culpables (siendo las cuatro divisiones según las cuales se dividía todo Israel) fueron designadas por la *suerte*, por el hecho de que la expresión traducida «*tomada*» en Josué 7 es exactamente la misma palabra de 1 Samuel 10:20, y 14:41, 42. De nuevo la expresión «se sacó la suerte» (Jos. 18:11) o «tocó» (19:1), parece indicar que se echaron suertes (probablemente sacándolas de una urna) según lo describe el texto.

8. La mayoría de comentaristas interpretan Josué 7:24, 25, como implicando que los hijos e hijas de Acán fueron apedreados con él, suponiendo que su familia no podía ignorar el pecado de su padre. Pero no hay indicación alguna en el texto de que ellos lo supieran. Se notará también que en el versículo 25 se utiliza el *singular*: «todo Israel le apedreó»; y «levantaron sobre él un gran montón de piedras». En cuyo caso, el número plural que sigue («y los quemaron», etc.) se referiría solo a los bueyes, asnos y ovejas y a todo lo que poseía Acán.

9. Era un agravante del castigo ordinario de muerte, Levítico 20:14. Aquí también podemos explicar que la expresión «cometió maldad en Israel» (Jos. 7:15), se refiere a lo que se opone al carácter y la dignidad del pueblo de Dios, como en Génesis 34:7.

10. Los intérpretes han hallado una considerable dificultad en Josué 8:3, al compararlo con los versículos 10-12, y han sugerido, en consecuencia, que como que las dos letras ה y ל –una que indica el número cinco, y la otra el treinta– se parecen mucho, puede haber habido un error al copiar el versículo 3, donde debería figurar 5.000 en lugar de 30.000. Pero no hay ninguna necesidad para acudir a esta teoría, y creo que el relato, leído como corresponde, expresa el significado que yo he expuesto en el texto.

11. No «tiempo», como en nuestras versiones, que no tendría ningún significado.

12. Este es el significado real de la forma del verbo hebreo, y hace que el relato sea altamente gráfico.

13. No parece que «colgar» fuese uno de los modos de ejecución en la Ley de Moisés. En Deuteronomio 21:22 vemos que algunas veces el criminal recibía la muerte, y *después* su cadáver era colgado de un árbol hasta la entrada de la noche. Esto lo confirma Josué 10:26. La Ley Rabínica (Sanh. 7:3; 11:1) reconoce la estrangulación, pero no la horca, como un modo de ejecución en los casos menos graves en los cuales se aplicaba la pena de muerte. Se dan todos los detalles sobre el modo que debía ser realizado el castigo.

hicieron «un *Tel* (o montón) para siempre». Nunca se cumplió el lenguaje de la Escritura de modo más literal. Por mucho tiempo los exploradores modernos buscaron en vano Hay, donde sabían que debía haber estado. «Los habitantes de las ciudades vecinas», escribe Canon Williams, quien tiene el mérito de su identificación, «declaraban que aquello era *Tel*, y nada más. Tuve una gran satisfacción que así fuese cuando, al referirme al texto original de Josué 7:28, vi escrito que "Josué quemó Hay, e hizo un *Tel* para siempre, incluso una desolación hasta hoy". Hay muchos *Tels* en la Palestina moderna, una tierra de *Tels*, y cada *Tel* lleva un nombre adjunto que indica su identidad anterior. Pero el emplazamiento de Hay no tiene ningún otro nombre "hasta hoy". Es sencillamente *et-Tel —el montón* "por excelencia"».

Capítulo 9

(Josué 8:30, 9)

Con la caída milagrosa de Jericó, en cierto modo, Dios dio a su pueblo la clave de toda la tierra; con la conquista de Hay entraron, por su fuerza, en la posesión de la misma. El primero y más evidente deber era declarar, por medio de un gran acto nacional, en qué carácter Israel pretendía conservar lo que había recibido de Dios. Porque, según explicamos antes, no podía ser nunca el objetivo divino, tanto en lo que había acontecido, como en lo que debía acontecer, meramente sustituir una nación por otra en Palestina; sino, destruir a los paganos y poner en su lugar su propio pueblo redimido y santificado, de modo que los suyos se establecieran sobre las ruinas del reino hostil de este mundo. Para denotar el significado del acto por el cual Israel iba a declarar esto, ya Moisés lo había prescrito como un deber principal (Dt. 27:2), y había dado las instrucciones detalladas al respecto (Dt. 27). El acto propiamente dicho debía constar de *tres partes*. La ley (es decir los mandamientos, «estatutos», y «derechos», contenidos en el Pentateuco) debía ser escrita sobre «grandes piedras», previamente revocadas con «cal», como se hacían las inscripciones en Egipto.[1] Luego se debía ofrecer sacrificios en un altar «todo de piedras». Las piedras conmemorativas debían ser alzadas, y los sacrificios ofrecidos en el monte Ebal. Pero la tercera parte del servicio iba a ser la más solemne. Los sacerdotes,[2] con el arca, tenían que ocupar el valle, y seis de las tribus (Simeón, Leví, Judá, Isacar, José y Benjamín), las que salieron de las esposas legítimas de Israel, debían estar sobre el monte Gerizim, mientras las seis restantes (cinco de las cuales habían surgido de las esclavas de Lea y Raquel, y Rubén era añadido por su gran pecado, Gn. 49:4) fueron colocadas en el monte Ebal. Luego, mientras los sacerdotes leían las palabras de bendición en el valle, las tribus del monte Gerizim tenían que responder con un *Amén*; y cuando leían las palabras de

«En el mismo orden de antes, rodearon la ciudad, pero en esta ocasión siete veces. "Y sucedió que cuando los sacerdotes tocaron las bocinas la séptima vez, Josué dijo al pueblo: Gritad, porque Jehová os ha entregado la ciudad". "Y aconteció que cuando el pueblo hubo oído el sonido de la bocina, gritó con gran vocerío, y el muro se desplomó. Entonces el pueblo subió a la ciudad, cada uno derecho hacia adelante, y la tomaron"».

Las excavaciones han descubierto dentro de la muralla exterior de Jericó, una torre de piedra. Parece ser que servía como torre de vigilancia. Los recipientes para agua y alimentos hallados cerca hacen suponer también, que el soberano de Jericó usaba esta torre de 9 m como fortaleza.

1. En el clima más seco de Palestina dichas inscripciones, evidentemente, podían durar mucho más que en nuestro país. No obstante, no podían durar tanto como si hubiesen sido *grabadas* en esas piedras. ¿No sería pues que esta «profesión» era para aquella generación y no para todas las futuras? Pues, aunque lógicamente era vinculante para todas las generaciones sucesivas (como el registro de la transacción de la escritura indica) cada generación debe tomar por sí misma la profesión de ser del Señor.

2. Que esto recaía generalmente sobre los sacerdotes y no sobre los levitas, se desprende de Josué 8:33.

las maldiciones, los del monte Ebal tenían que asentir solemnemente de modo parecido (tomando así sobre sí mismos cada una de las obligaciones, con su bendición en la observancia, y su maldición en la infracción). Inmediatamente, acude a nuestras mentes un paralelismo histórico. Como, en su primera entrada en Canaán, Abraham había reconocido formalmente a Jehová erigiéndole un altar (Gn. 12:7), y como Jacob, a su vuelta, pagó el voto que había registrado en Betel (Gn. 35:7), así Israel consagra ahora su posesión de la tierra que recibía del Señor y registra su nombre y toma sobre sí mismo las obligaciones del pacto.

Solemne dedicación de la tierra y de Israel en los montes de Ebal y Gerizim

Una pequeña consulta al mapa nos permitirá hacernos una idea completa de la escena. Desde Hay y Betel la ruta directa hacia el norte pasa por Silo hasta Siquem (Jue. 21:19). El viaje podía hacerse en unas once horas. Evidentemente, Israel no podía saber entonces que estaba viajando por lo que más tarde sería el camino principal de Galilea a Jerusalén, tan memorable en la historia posterior. Dejando un poco aparte el santuario de Silo, podían subir por la rocosa cadena. Ante ellos se extendía un panorama noble. Era la futura porción rica de Efraín: valles cubiertos de grano, colinas coronadas con llanuras, las laderas cubiertas de viñas y olivos. La hueste avanzó hasta llegar a un valle, cerrado al norte y al sur por montañas, que van del oeste al este. Ése era el lugar exacto donde Abraham había construido su primer altar (Gn. 12:7); aquí, también, se estableció Jacob por primera vez (Gn. 33:19). Ningún enemigo molestó a Israel en su marcha subiendo por el centro de la tierra, en parte, como ya explicamos, por la división de la tierra en tantos pequeños capitanes, pero principalmente porque Dios les favorecía, a ellos y a la obra confiada en sus manos. Los viajeros usan palabras arrebatadoras cuando describen la belleza del valle de Siquem, incluso ante la desolación actual del país. Es un paso que corta la cadena montañosa, que cruza Palestina de norte a sur. Al sur queda limitada por la cadena de Gerizim, al norte por la de Ebal. Desde el lugar donde los sacerdotes con el arca tomaron su posición en la ligera cuesta del valle, tanto Gerizim como Ebal parecen ser huecos, como si formaran un anfiteatro,[3] mientras «los estratos de piedra caliza, subiendo en una ascensión de capas hasta la cumbre de los montes, parecen bancos». Aquí estaban situadas, ocupando cada palmo de terreno, las tribus de Israel: hombres, mujeres y niños, «como también los extranjeros, y los que habían nacido entre ellos». Y mientras estaban allí juntos, el más humilde de Israel al lado de los «oficiales», «ancianos» y «jueces», y todos miraban con expectación lo que sucedía en el valle, o respondían solemnemente a la bendición o la maldición, se presenció una escena jamás vista en la tierra, y que jamás se podría borrar de la memoria.[4] Vale la pena notar que, en el monte Ebal, de donde venían las respuestas a las maldiciones, se erigieron

3. Esta peculiaridad fue observada por Canon Williams, y también referida especialmente por el capitán Wilson, R. E., del cual se toma la cita entre comillas.

4. *Todos* los viajeros concuerdan en dos puntos: 1) Que no podía existir dificultad alguna en la posibilidad de oír bien, tanto desde Ebal como de Gerizim, cualquier cosa que se dijese en el valle. 2) Que estas dos montañas ofrecían una extensión suficiente para todo Israel. Anotamos estos dos puntos en respuesta a posibles objeciones. Felizmente en este caso tenemos un testimonio específico e independiente para eliminar tales reparos. Según el Dr. Thomson (*The Land and the Book,* I. p. 203), el valle tiene, aprox., sesenta varas de anchura.

las grandes piedras donde se escribió «la ley», y que también allí se ofrecieron los sacrificios. Tal vez el hecho de que los que estaban en el monte Ebal tuviesen la mirada *limitada* por las montañas de Benjamín, también tenía su significado. Pues no era así con los que ocupaban Gerizim, el monte desde donde llegaban las respuestas a las bendiciones. Porque el panorama que saludaba a los que de mañana ocupaban la cúspide del Monte de las Bendiciones, era sólo el segundo, después del que fue concedido a Moisés desde la cumbre de Pisgá. Aunque era menor en su extensión que este, era más distinguido y detallado.[5] Toda la Palestina central yacía extendida como un mapa ante los ojos maravillados de Israel. Tabor, Bilboa, los montes de Galilea se alzaban en sucesión; en la distancia el Hermón coronado con nieve cerraba el horizonte, con dulces valles y ricos campos de por medio. Si miraban a la derecha, podían contemplar el lago de Galilea, y seguir el valle hundido del Jordán, el cual delimitaba al otro lado Basán, Ajalón, Galaad e incluso Moab; a su izquierda, el Mediterráneo desde Carmelo hasta Gaza plenamente visible, la línea azul palidecía en la distancia y sugería alguna idea de «las islas de los gentiles», y las bendiciones guardadas para ellos. Tan lejos como alcanzaba la vista humana (e incluso más allá hasta los límites de la tierra) iba a ser repetida la escena que ellos presenciaban en aquel valle; el eco de las bendiciones a las que respondían en ese monte iba a resonar, tras despertar a todos los valles, hasta ser devuelto en canciones de alabanza y gratitud de una tierra redimida. Y así Israel, en esa mañana de primavera, consagró Palestina al SEÑOR, tomando el mar y el lago, la montaña y el valle (los lugares más santificados de su historia) como testigos de su pacto.

Después de esta solemne transacción, los israelitas fueron, según se desprende de Josué 9:6, a Gilgal, donde parece que habían formado un campamento permanente. La mención de este lugar en Deuteronomio 11:30, donde se describe como «junto al encinar de Moré»,[6] es decir, cerca del lugar del primer altar de Abraham (Gn. 12:7), implica que se trataba de un lugar conocido en aquella época, y, según podemos casi conjeturar por su historia posterior, una especie de santuario tradicional. Esto de por sí ya es suficiente para distinguir entre este Gilgal del primer campamento de Israel al este de Jericó, que obtuvo su nombre sólo por los acontecimientos que tuvieron lugar allí. Además, es imposible suponer que Josué retrocedió desde Siquem a las orillas del Jordán (9:6; 10:6, 7, 9, 15, 43) y, encima, que lo hiciese una segunda vez, después de las batallas de Galilea, para repartir la tierra entre el pueblo al lado de las orillas del Jordán (14:6). Y lo que es más, la localización de Gilgal cerca de las orillas del Jordán sería totalmente incompatible con lo que sabemos de la historia posterior de ese lugar. Gilgal fue una de las tres ciudades donde Samuel juzgó al pueblo (1 S. 7:16); allí ofreció sacrificios, cuando el arca ya no estaba en el tabernáculo en Silo (1 S. 10:8; 13:7-9; 15:21); y allí, como en un santuario central, se reunió todo Israel para renovar su adhesión a Saúl (1 S. 11:14). Posteriormente, Gilgal fue el gran escenario del ministerio de Eliseo (2 R. 2:1) y, todavía más tarde, se convirtió en un centro de culto idólatra (Os. 4:15; 9:15; 12:11; Am. 4: 4; 5:5). Todas estas consideraciones llevan a la conclusión que la Gilgal que formaba el campamento de Josué es la moderna *Jiljilieh*, a unas pocas millas de Silo, y aproximadamente a la misma distancia de Betel (casi equidistante de Siquem y Jerusalén).[7]

5. Comp. Canon Tristram, *Land of Israel*, p. 153.
6. Ésta es la traducción correcta.
7. Comp. Robinson, *Biblical Researches*, vol. II, p. 243.

A este campamento de Gilgal pronto llegó una extraña delegación. Según dijeron y tal como parecía, los viajeros habían recorrido una gran distancia. Pues sus vestidos estaban gastados, sus sandalias recosidas, sus provisiones secas y enmohecidas,[8] y los cueros donde había estado su vino estaban rotos y «remendados» (como monederos), tal como se hace de modo temporal en oriente con las botellas de vino de piel de cabra durante un viaje. Según afirmaron, vivían más allá de los límites de Palestina, donde sus conciudadanos habían oído hablar acerca de lo que el Señor había hecho en Egipto, y luego a Sehón y a Og, omitiendo sabiamente de su lista el paso milagroso del Jordán y la caída de Jericó, por parecer demasiado recientes para su teoría. Atraídos por el nombre de Jehová, el Dios de Israel, que había hecho tantas maravillas, fueron enviados a hacer «una liga» con Israel. La historia debió resultar difícil de creer, al menos para los que habían aprendido a ver la enemistad esencial del paganismo contra el reino de Dios, y que comprendían que un cambio tan grande como el implicado por el informe de estos hombres podía realizarse por el «oír de los oídos». Además, lo que proponían no era someterse a Israel, sino pactar; por medio de lo cual no sólo se aseguraban su vida, sino también su tierra y su libertad.[9] Pero Israel había sido advertido especialmente contra cualquier tipo de *alianza* con los habitantes de Canaán (Éx. 23:32; 34:12; Nm. 33:55; Dt. 7:2). ¿Qué pasaría si después resultaba que eran vecinos? La sospecha parece haber pasado por las mentes de Josué y los ancianos, e incluso la expresaron, sólo para ser rechazada por las protestas de los supuestos embajadores. Era un rasgo evidente de religiosidad superficial y de confianza en sí mismos de parte de los ancianos de Israel el consentir a una «alianza» sobre esta base. El texto sagrado lo describe de modo muy significativo: «Y los hombres (los ancianos de Israel) aceptaron sus provisiones (de acuerdo con la costumbre oriental de comer pan y sal con un huésped recibido amistosamente), pero no pidieron consejo de la boca de Jehová».

Engaño de los gabaonitas

Su error pronto se manifestó. Al cabo de tres días, Israel descubrió que los supuestos extranjeros eran en realidad vecinos. Mientras, los reyes o jefes que gobernaban la Palestina Occidental habían estado confabulando contra Israel un movimiento de fuerzas combinadas desde «las colinas» o montañas de la Palestina Central, hasta «los valles», o *Shephelah* (país bajo), entre la cadena montañosa y el mar, y «desde las costas del gran mar hasta el Líbano», es decir, desde Jopa hacia el norte a lo largo de la orilla del mar. La existencia de la pequeña república confederada de Gabaón con sus tres ciudades asociadas en medio de pequeñas monarquías da nueva y curiosa información sobre el estado de Palestina en aquella época; y los celos que debían existir entre ellos ayudan a explicar tanto la política de los gabaonitas, como la venganza que los reyes cananeos estaban dispuestos a emprender poco después. La historia de la república de Gabaón es interesante. «Gabaón era una gran ciudad, como una de las ciudades reales, y mayor que Hay, y todos sus hombres eran fuertes» (Jos. 10:2). Sus habitantes eran «heveos» (11:19). Posteriormente Gabaón cayó en la suerte de Benjamín y se convirtió en la ciudad sacerdotal

8. Literalmente, «moteado».
9. En Josué 9:15, leemos ciertamente: «Josué... hizo una alianza con ellos para dejarles con vida.

(18:25; 21:17). Cuando Nob fue destruida por Saúl, el tabernáculo fue transportado a Gabaón, donde se quedó hasta que Salomón construyó el templo (1 Cr. 16:39; 21:29; 1 R. 3:4; 2 Cr. 1:3).[10] Quedaba a unas dos horas al noroeste de Jerusalén, y corresponde al moderno pueblo de *el-Jib*. Sus tres ciudades asociadas eran *Chephirah*, a unas tres horas al oeste desde Gabaón, la moderna *Kefir*; *Beeroth*, a unas diez millas al norte de Jerusalén, la moderna *el-bireh* (ambas ciudades posteriormente en posesión de Benjamín); y *Kirjath-Jearim*, «la ciudad de las arboledas», probablemente llamada así por sus olivos, sus higueras y otras plantaciones, como su correspondiente moderna, *Kuriet-el-Enab*, lo es por sus viñedos. La última ciudad, que posteriormente fue entregada en suertes a Judá, queda a unas tres horas de Jerusalén; y allí se quedó el arca desde el tiempo de su regreso a Palestina desde Filistea hasta el de David (1 S. 7:2; 2 S. 6:2; 1 Cr. 13:5, 6).

Cuando el pueblo conoció el engaño del cual había sido víctima, «murmuraron contra los príncipes»; pero ellos se negaron a romper su solemne juramento, referente a las vidas y seguridad de los gabaonitas. Si habían jurado apresurada y presuntuosamente «por Jehová, Dios de Israel», sería un pecado mayor y más grave quebrantar dicho juramento; sin tener en cuenta el efecto para con los paganos de los alrededores. El principio aplicable a esto, en empresas apresuradas de este tipo, es que una obligación solemne, con independencia del modo en que se haya incurrido en ella, debe ser considerada vinculante, *a menos que su observancia implique nuevo pecado*.[11] Pero en este caso, evidentemente no implicaba ningún pecado nuevo. Porque la razón principal para la destrucción de los cananeos era su hostilidad esencial contra el reino de Dios. El peligro de Israel por este hecho podía ser evitado con un caso aislado. Con esto en vista, los gabaonitas no fueron ejecutados, pero sí hechos «siervos» para el santuario, donde ellos y sus descendientes realizaban todos los servicios de poca importancia[12] (Jos. 9:23). Y según demostraron los hechos, tampoco ellos traicionaron su confianza o condujeron a Israel a la idolatría.[13] No obstante, como observa un escritor alemán, la precipitación de los príncipes de Israel y la conducta de los gabaonitas advierte solemnemente a la iglesia de todos los tiempos contra las armas y los engaños del mundo, que, cuando se ofrece un provecho exterior, busca una alianza amistosa con el reino visible de Dios o incluso su admisión en el mismo.

10. La siguiente nota histórica del *Mishnah* es tan interesante, que ofrecemos su traducción: «Cuando fueron a Gilgal, los lugares altos eran permitidos (para la adoración); las ofrendas más santas eran comidas allí, entre los velos; las ofrendas menos santas en cualquier lugar. Cuando fueron a Silo, los lugares altos eran prohibidos. Allí no había vigas (para la casa de Dios), sino un edificio de piedra abajo (una especie de fundamento) y las cortinas (tabernáculo) arriba, y esto era (en el lenguaje de la escritura) "reposo". Entonces las ofrendas más santas eran comidas dentro, entre los velos, y las menos santas y el segundo diezmo en cualquier lugar al alcance de la vista (de Silo). Cuando fueron a Nob y a Gabaón, los lugares altos eran permitidos. Entonces las ofrendas más santas se comían dentro, entre los velos, y las menos santas en todas las ciudades de Israel» (Secachim XIV. 5, 6, 7).

11. Como por ejemplo en el caso de votos monásticos.

12. De las palabras finales de Josué 9:27, se ha inferido correctamente que el Libro de Josué debe pertenecer a una fecha anterior a la construcción del templo por Salomón.

13. En 2 Samuel 21:1, se desprende que, en su celo carnal, Saúl quebrantó el juramento de los príncipes, con los resultados que vemos en el relato.

Capítulo 10

(Josué 10-12)

La rendición de Gabaón debió desanimar a los reyes del sur de Canaán. Era como si se tratase de traición en su propio campamento; daba a Israel una posición fuerte en el corazón del país y con fácil acceso a Jerusalén; al mismo tiempo que la posesión de bases partiendo de Gabaón les abría todo el sur de Canaán para su incursión.

La batalla de Gabaón

En estas circunstancias era lógico que los capitanes del sur se unieran, en primer lugar, para tomar Gabaón de nuevo. La confederación, que era liderada por *Adoni-sedec*,[1] rey de Jerusalén,[2] incluía a *Hoham*,[3] rey de Hebrón (unas siete horas al sur de Jerusalén); *Piream*,[4] rey de Jarmut, la actual *Jarmuk*, a unas tres horas al suroeste de Jerusalén; *Jafía*,[5] rey de Laquía, y *Debir*,[6] rey de Eglón, ambas ciudades cercanas entre sí, no lejos de Gaza, al suroeste de Hebrón. La marcha de los reyes aliados era evidentemente rápida, y el peligro inminente, porque parece ser que hallaron a los gabaonitas totalmente desprevenidos, y su petición de inmediato socorro de parte de Josué fue de lo más urgente. Aquella misma noche Josué salió en su auxilio con «todo el pueblo de guerra, es decir, los hombres poderosos de valor».[7] El ejército de soporte cayó sobre el enemigo tan «inesperadamente» como ellos mismos habían llegado a Gabaón. Probablemente fuera muy temprano por la mañana cuando Josué y sus guerreros sorprendieron el campo aliado. Gabaón quedaba al este, rodeado, como por un semicírculo, norte, oeste y sur, por sus tres ciudades confederadas. Los cinco reyes habían ido cerrando ese semicírculo, y acamparon en «la tierra abierta al pie de los montes de Gabaón». Animado por la seguridad que Dios había dado explícitamente a Josué: «No tengas temor de ellos, porque yo los he entregado en tu mano; no quedará hombre de ellos ante ti», el ejército de Israel cayó sobre ellos con una precipitación imparable. Los cananeos opusieron una breve resistencia a sus asaltantes inesperados; luego huyeron en una salvaje confusión hacia el paso del Alto Bet-horón, «la casa de las cuevas». Alcanzaron el monte antes que sus perseguidores, y cuando huían por el paso del Bajo Bet-horón les cayó encima una terrible granizada, como las que algunas veces barren los montes de Palestina. De hecho era «el Señor» quien, una vez más usando de modo milagroso los agentes naturales, «arrojó desde el cielo grandes piedras sobre ellos»; «y fueron más los que murieron por las piedras del granizo que los que los hijos de Israel mataron a espada».[8] Era sólo mediodía; el sol quedaba lejos detrás de Israel sobre Gabaón, y delante de ellos sobre Ajalón al oeste estaba la luna creciente. La tempestad estaba apagando el día y la luz,

1. El lector observará el cambio significativo de Melqui-sedec, «Mi rey justicia», a Adoni-sedec, «Mi Señor justicia», señalando el cambio de dinastías. Ver *Historia de los Patriarcas*, p. 86.

2. Jerusalén, o bien la *morada de la paz*, o la *posesión de paz*; quizás originalmente la *morada de Salem*.

3. *Hohan*: «el Jehová de la multitud».

4. *Pireán*: «yendo por ahí», salvaje y libre.

5. *Jafia*: exaltado.

6. *Debir*: escriba.

7. Hemos traducido así la partícula hebrea «y» que aquí es usada con valor explicativo.

8. Un escritor alemán ha observado que una granizada similar determinó la batalla de Solferino contra los austríacos en 1859.

y el trabajo sólo estaba a la mitad. En el paso del Bajo Bethorón Israel debía estar dividido y preparado; en todo caso, la fuga del enemigo ante sus pies arrasadores había garantizado la salvación de Gabaón, y obtenido el sur de Palestina para Israel. Ahora, o nunca, era el momento de seguir en su ventaja. ¡Ojalá resplandeciese el sol una vez más con todo su poder! ¡Ojalá se extendiera aquel día demasiado corto «hasta que el pueblo se hubiese vengado de sus enemigos»! Fue entonces cuando Josué clamó con aquella oración apasionada de fe, citada en el texto sagrado del *Libro de Jaser*, o *Libro de los Píos*. Según lo que se desprende de 2 Samuel 1:18, se trata de una colección de fragmentos poéticos, relacionados con las más sublimes escenas de la historia de los héroes del reino de Dios. En este caso, la cita empieza, a nuestro entender, en Josué 10:12, y acaba con el versículo 15. Esto lo demuestra la introducción en dicho versículo de una nota, que en el relato histórico ocurre en el versículo 43. Porque es evidente que Josué *no* volvió a Gilgal inmediatamente después de la batalla de Gabaón (v. 21), sino que continuó la guerra, según se describe en el resto del capítulo 10, hasta que todo el sur de Palestina fue reducido. Así, los vv. 12-15 son una cita del *Libro de los Píos*, insertada en el Libro de Josué, cuyo relato se toma de nuevo en el versículo 16. La cita es como sigue:

«Entonces habló Josué a Jehová,
en el día que Jehová dio al amorreo ante los hijos de Israel,
y habló delante de Israel
sol, detente sobre Gabaón,[9]
y luna, en el valle de Ajalón.
Y el sol se detuvo,
y la luna se paró,
hasta que el pueblo se vengó de sus enemigos.
(¿No está esto escrito en el *Libro de los Píos*?)
Y el sol se detuvo en medio del cielo,
y no se apresuró para irse, como en un día completo.[10]
Y no hubo un día como aquél, ni antes ni después,
que Jehová escuchara la voz del hombre;
porque Jehová luchaba por Israel.

Y Josué volvió, y todo Israel con él, al campamento, a Gilgal».[11]

Y Dios escuchó la voz de Josué. Una vez más el sol salió, y la luz del día fue extendida hasta que Israel se hubo vengado de sus enemigos. La marea de fugitivos seguía adelante, perseguidos duramente por Israel, por el paso del Bajo Bet-horón hasta Azecá, y desde allí a Maquedá.[12] Allí llegó a Josué la noticia de que los cinco reyes se habían escondido en una de las muchas cuevas de esa región. Pero Josué no iba a ser desviado de su objetivo. Ordenó que la cueva fuese tapada con grandes piedras, y que su entrada fuese custodiada por hombres armados, mientras que el resto del ejército seguía al enemigo y hería su «retaguardia». Sólo pequeños grupos de los fugitivos encontraron abrigo en las «ciudades fortificadas». Josué acampó delante de la ciudad de Maquedá. Allí volvieron las formaciones perseguidoras, y desde allí se continuó la guerra posteriormente (10:21, 29). A la mañana siguiente de la victoria, los cinco reyes confederados fueron sacados de su escondrijo. De un modo no poco común en tiempos antiguos,[13] Josué hizo que sus capitanes pusieran sus pies sobre el cuello de los postrados reyes, que tan recientemente habían salido ufanos en todo el orgullo y disposición de la guerra. Pero la lección que iba a aprender Israel de su victoria no era la confianza en sí mismo y en su supuesta superioridad, sino el reconocimiento de Dios y la confianza en él: «No temáis, ni os atemoricéis; sed fuertes y valientes, porque así hará Jehová a todos vuestros enemigos contra los cuales peleáis».

Conquista del Sur de Canaán

La muerte de estos cinco reyes demostró sólo el comienzo de una campaña que pudo haber durado semanas, o aun meses, porque vemos que los sucesores de estos cinco reyes también obtuvieron el mismo final. Cuando acabaron, todo el sur de Canaán quedó en manos de Israel, aunque parece ser que algunas de las ciudades tomadas fueron reconquistadas de nuevo y ocupadas por los cananeos.[14] La extensión de la conquista es indicada (10:41) por una línea trazada al sur y al norte, al oeste «desde Cadés-barnea hasta Gaza», y al este «desde la tierra de Gosén[15] hasta Gabaón».

Habiendo terminado así la campaña del sur de Canaán, pronto se debía reanudar en el norte. Los medios, la ayuda y el resultado fueron los mismos que antes. Sólo que, como que el peligro era mucho mayor, por la multitud de adversarios de Israel («como la arena que está en la orilla del mar en multitud»), y por su formidable estilo de guerra («con muchísimos caballos y carros»), hasta la fecha desconocido por Israel, el Señor una vez más les garantizó la victoria: «yo entregaré a todos ellos muertos delante de Israel». Al mismo tiempo, les ordenó «desjarretar sus caballos, y quemar sus carros con fuego», para que Israel no fuese tentado, en el futuro, a poner su confianza en tales armas. Las fuerzas aliadas del enemigo del norte eran lideradas por Jabín,[16] rey de Hazor,[17] quien «anteriormente había sido el jefe de todos aquellos reinos». No se trataba sólo de los tres «reyes» (o capitanes) vecinos de Madón, Simrón y Acsaf,[18] sino todos

9. La palabra seguramente significa «volverse mudo». En consecuencia, un escritor italiano reciente la ha considerado una expresión poética equivalente a «dejar de brillar», y ha tratado el acontecimiento como un eclipse solar. Pero el contexto indica que este enfoque es insostenible, y que «volverse mudo» aquí significa quedarse silencioso o pararse.

10. Es decir, como cualquier otro día completo. Damos bastante importancia a nuestra traducción tal como se propone aquí.

11. Aquí es imposible dar una crítica detallada. Básicamente, nuestro punto de vista es el de los mejores críticos, excepto que algunos consideran las cinco líneas después del paréntesis como los comentarios de quien insertó en el Libro de Josué la cita del Libro de Jaser. Pero los términos poéticos usados en estas cinco líneas hacen que esta interpretación, por decir lo más suavemente posible, *muy* improbable. Las expresiones poéticas semejantes a las usadas en el texto se repiten varias veces, en especial Jueces 5:20: «Desde los cielos pelearon las estrellas contra Sísara». Ver también Salmos 18:10; 29:6; 114:4-6; Isaías 34:3; 55:12; 54:1; Amós 9:13; Miqueas 1:4. El texto de Habacuc 3:11 no se refiere al suceso del texto, porque su traducción correcta es «El sol y la luna entran en su morada», es decir, van a la sombra. Nuestro punto de vista, evidentemente, no va en contra de una intervención milagrosa de Dios.

12. La situación de estos dos lugares no se ha concretado aún.

13. Parece ser que la practicaban los emperadores bizantinos mucho después de la era cristiana. Ver la referencia, *Bynaeus* en Kid's *Commentary*, p. 81.

14. Como Gezer (10:33), Hebrón y Debir (14:12; 15:13-17; comp. Jue. 1:10-15). Masius observa acertadamente que en esta expedición Josué debía barrer el sur de Palestina rápidamente más bien que ocupar el país permanente y completamente.

15. Es evidente, no se trata de la provincia de Egipto que tiene el mismo nombre, sino de una región del sur de Judá, posiblemente llamada así por la ciudad del mismo nombre (15:51).

16. *Jabín* parece ser el título de los reyes de Hazor (Jue. 4:2).

17. El Hazor de las montañas, al norte del lago Merón, fue reconstruido posteriormente y de nuevo se convirtió en la sede de la realeza (Jue. 4:2; 1 S. 12:9). De allí partió Sísara contra Israel.

18. La situación de estos tres lugares no ha sido aún determinada, pero parecen haber estado cerca de Hazor.

los reyes de «la región del norte y en la montaña» (de Neftalí, Jos. 20:7), de los del Arabá, al sur del lago de Genesaret, los de los «llanos», o valles que se extendían hasta el Mediterráneo, y en «los montes de Dor», al pie del monte Carmelo; en pocas palabras, de todas las tribus cananeas desde el Mediterráneo en el suroeste hasta Mizpá[19] «la vista» bajo el monte Hermón en el lejano nordeste.

La batalla de Merom

Con la rapidez y lo repentino que caracterizaba todos sus movimientos, Josué cayó sobre el campamento de los aliados cerca del lago de Merón (el moderno *el-Huleh*), y derrotó completamente la masa mal organizada del enemigo. Los cananeos fugitivos parece que se dividieron en tres partes, una tomó el camino noroeste hacia «Sidón la grande», otra al oeste y suroeste hacia «hoyos fundentes junto a las aguas» (Misrefot-maim), y la tercera hacia el este en dirección al valle de Mizpá. En cada una de estas tres direcciones fueron perseguidos duramente por los israelitas. Una a una sus ciudades fueron tomadas. Las de los valles fueron quemadas, pero las de los montes, con la excepción de Hazor, fueron dejadas en pie, pues sólo requerían pequeñas guarniciones para su ocupación.

Conquista del Norte de Canaán

En total, la guerra del sur y del norte debió ocupar por lo menos siete años,[20] al final de la cual todo el país era posesión de Israel, desde el «suave monte (monte Halac) que sube hasta Seír» (es decir, las montañas blancas de caliza de la cadena de Azacimá, en el Negueb), tan al norte como «Baal-gad», la ciudad dedicada a «Baal» como dios de la «fortuna», la Cesarea de Filipo de los Evangelios (11:16-18). Y mucho más, Josué también llevó a los anaceos, que habían inspirado tanto temor en los espías, desde sus asentamientos originales en las montañas,[21] por Hebrón, Debir y Anab hasta las ciudades palestinas de Gaza, Gad y Asdod. Por el capítulo 15:14 inferimos que volvieron poco después, pero fueron conquistados por aquel héroe veterano, Caleb.

Estado de la tierra al terminar la guerra de siete años

Resumiendo: las guerras bajo el dominio de Josué dieron a Israel la posesión de Canaán y quebrantaron el poder de sus habitantes, pero éstos no fueron exterminados, y ni siquiera todas sus ciudades fueron tomadas por Israel (13:1-6; 17:14, etc.; 18:3; 23:5, 12). Verdaderamente, este resultado era poco deseable, tanto por lo que respecta al país como a Israel, mientras que en Éxodo 23:28-30 y Deuteronomio 7:22, vemos que no había sido este el propósito de Dios desde el principio. Pero en esto había también un objetivo más elevado. Iba a enseñarles que una conquista, empezada con el poder de Dios y con una dependencia creyente en él, debe ser completada y consolidada con el mismo espíritu. Sólo así podía prosperar Israel como nación. Dios había dado Canaán a Israel, y la dio a su fe. Pero quedó mucho por hacer que sólo la misma fe podía alcanzar. Cualquier conformidad al paganismo de su alrededor, o tolerancia del paganismo, cualquier decadencia del espíritu con el cual habían entrado en la tierra, no sólo provocaría debilidad, sino también el triunfo del enemigo. Y ésta era la intención del Señor. La lección de todo esto es obvia e importante. También a nosotros nos ha dado nuestro Josué entrada a Canaán y la victoria sobre nuestros enemigos (el mundo, la carne y el diablo). Tenemos la posesión *actual* de la tierra. Pero todavía no tenemos todas sus ciudades, ni nuestros enemigos han sido exterminados. Necesitamos una fe constante; no puede haber compromiso con el enemigo, ninguna tolerancia de su espíritu, ningún cese de nuestra guerra. Sólo quien nos dio la primera posesión de la tierra puede completar y consolidar nuestra posesión de la misma.

19. Había varios lugares por toda la tierra llamados «Mizpá» o «vista». Esta Mizpá era probablemente el pueblo moderno *Mutullá*, que también significa «perspectiva», situado sobre un monte de doscientos pies de altura, al norte del lago Merón, desde donde hay una vista espléndida.

20. Esto lo inferimos de Josué 14:10. De aquí sabemos que habían pasado cuarenta y cinco años desde que los espías volvieron a Cadés. Pero como que treinta y ocho de éstos los pasaron en el desierto, se concluye que las guerras de la ocupación de Canaán debieron durar siete años.

21. En Josué 11:21 se hace una distinción entre «las montañas de Judá» y «las montañas de Israel». Esto, por raro que parezca, aporta una de las evidencias no diseñadas de la temprana composición del libro de Josué. «Cuando Judá entró en su posesión», observa un crítico alemán, «todas las demás tribus todavía estaban en Gilgal (14:6; 15:1). Luego, cuando Efraín y Manasés entraron en la suya, todo Israel, excepto Judá, acamparon en Silo (16:1; 18:1); estas dos posesiones quedaban separadas por el territorio aún sin repartir, que más tarde fue dado a Benjamín (18:11). ¿Qué podía ser más natural que la montaña dada a los hijos de Judá fuese llamada la montaña de Judá, y la que ocupaba todo el resto de Israel, la montaña de Israel, y también la montaña de Efraín (19:50; 20:7), porque posteriormente fue dada a esa tribu?

Capítulo 11

(Josué 13–21)

Reparto de la tierra

La existencia de razas y regiones sin dominar pronto fue un foco de peligros, aunque en una dirección distinta de lo que se podía prever. Se había ganado lo suficiente por medio de una serie de deslumbrantes victorias como para mantener la ocupación de la tierra segura para Israel. Los cananeos y otras razas fueron conducidos a sus refugios, donde se quedaron a la defensiva. Por otro lado, una nación como Israel, acostumbrada a los hábitos nómadas del desierto, difícilmente sentía la necesidad de una ocupación fija de la tierra, y fácilmente se cansaría de una guerra sin entusiasmo en la que cada tribu tenía que mantener bien sus fronteras. Así, sucedió que Josué envejeció, probablemente tenía ya noventa o cien años, y la obra que se le había encargado estaba lejos de ser completa. En el extremo sur y a lo largo de la orilla del mar toda la región desde el río de Egipto[1] hasta Ecrón todavía estaba en posesión, en el sur oeste y sureste, de los gesuritas y de los aveos, mientras que el territorio más al norte desde Ecrón hasta Gaza estaba ocupado por cinco señores de los filisteos (Jos. 13:2, 3). De acuerdo con las instrucciones divinas, todos éstos, aunque no descendían de Canaán (Gn. 10:14), tenían que ser «contados como cananeos», es decir, tratados como tales.

Regiones sin conquistar

Desplazándonos todavía más al norte por la orilla del mar, toda «la tierra de los cananeos» o de los fenicios más

1. Literalmente: «desde Secor, en el rostro de Egipto», o «desde el (río) negro al este de Egipto». Era el riachuelo *Rinocorura*, el moderno *el-Aris*.

arriba hasta la famosa «cueva»[2] cerca de Sidón, y después hasta Apec[3] y aún más alejado «a los límites de los amorreos»[4] todavía estaba por conquistar.

Tribus al este del Jordán

Desde allí, hacia el este, atravesando el Líbano, hasta Baal-gad y «hasta la entrada de Hamat»,[5] y de nuevo desde el monte Líbano, a través del campo, hasta los «pozos fundientes junto a las aguas», estaba bajo los sidonios o fenicios.[6] No obstante, todo esto formaba parte del don divino a Israel. El hecho de que aún no había sido ocupado por ellos y que Josué era demasiado viejo, constituía la base del mandamiento divino de hacer una distribución inmediata de la tierra entre las tribus. Es como si Dios, al mirar a su promesa, hubiese ordenado a Israel considerar toda la tierra como suya, y simplemente ir adelante en la fe en esa promesa y en obediencia a su mandamiento.[7]

Se recordará que sólo quedaban nueve tribus y media por atender, puesto que «a la tribu de Leví no le dio ninguna herencia», aparte de lo que venía del santuario, mientras que Rubén, Gad y media tribu de Manasés habían recibido sus porciones al este del Jordán asignadas por Moisés.[8] El territorio quedaba cerrado por Moab a lo largo de las orillas *suroccidentales* del Mar Muerto, mientras que la frontera *oriental* de Rubén y Gad era posesión de Amón. Ambas naciones, según el mandamiento divino, no debían ser molestadas por Israel (Dt. 2:9, 19). La porción más al sur y más pequeña de la región al este del Jordán pertenecía a Rubén. Su territorio se extendía desde el río Arnón, al sur, hasta donde el Jordán entraba en el Mar Rojo, y abrazaba el reino original de Sehón. Hacia el norte, los amonitas habían tenido una posesión en el pasado, pero fueron echados por Sehón. Esa nueva porción de Sehón no fue dada a Rubén, sino a Gad. El territorio de esa tribu iba a lo largo del Jordán hasta el lago de Genesaret; la porción superior (desde Mahanaín) se iba estrechando hasta llegar casi a un punto. Al norte de ésta estaba la posesión de la media tribu de Manasés, que abarcaba todo Basán. Ocupaba con una gran diferencia el área más extensa. Pero por su posición también estaba más abierta a las constantes incursiones nómadas, y poseía comparativamente pocas ciudades establecidas.

«El Reparto por suertes»

La división de la tierra entre las nueve tribus y media[9] fue llevada a cabo, perfectamente de acuerdo con las instrucciones divinas (Nm. 26:52-56; 33:54; 34:2-29), por Eleazar, Josué y un representante de cada una de las diez tribus. Fue decidido por «suertes», lo cual probablemente sólo determinaba la *situación* de cada herencia, ya fuere norte o sur, interior o en la costa, y no su *extensión* y delimitación exactas. De hecho, las disposiciones originales tuvieron que ser algo modificadas, no en cuanto al emplazamiento de las tribus, que había sido fijada inalterablemente por la suerte divina, sino en cuanto a la extensión del territorio. Así, Judá tuvo que dejar parte de su posesión en favor de Simeón (Jos.

2. Sin traducir (*Meará*), la cueva que está al este de Sidón todavía sirve de escondrijo para los drusos.
3. La moderna *Afcá*, en una terraza del Monte Líbano, junto a la fuente principal del río Adonis, en un precioso lugar.
4. La explicación es dudosa. Posiblemente signifique: tan al este como el territorio de Og, rey de Basán, que antes perteneciera a los amorreos.
5. *Hamat*, una región de Siria, con una capital del mismo nombre en Orontes.
6. La partícula «*y*», no aparece en el texto de Josué 13:6. La cláusula, «todos los sidonios» es explicativa, no adicional.
7. La parte I del Libro de Josué acaba con el registro de los reyes derrotados (Jos. 12), y la parte II empieza con el capítulo 13.
8. Aunque los detalles geográficos puedan parecer insignificantes, son altamente importantes para la comprensión adecuada del relato bíblico. También pueden ser interesantes y espiritualmente útiles, si la historia de estos lugares es seguida por los diversos textos de la escritura donde son mencionados.

9. Los hijos de José fueron contados como dos tribus.

19:9), mientras que Dan, cuya porción resultó ser demasiado pequeña, obtuvo ciertas ciudades de Judá y Efraín.[10] En cuanto a las suertes, podemos aceptar la tradición rabínica, que se colocaban dos urnas, una con los nombres de las diez tribus (mejor dicho nueve y media), y la otra la designación de las diversas regiones en las que la tierra había sido dividida, y que de cada una de ellas se extraía una suerte sucesivamente, para designar primero la tribu, y luego la localización de su herencia.

Tribus al oeste del Jordán

Éste no es el lugar, por interesante que resulte, para describir los límites exactos y las ciudades de cada tribu. Podemos simplemente intentar dar un somero resumen, que el lector puede completar personalmente. Empezamos por el extremo sur, en Cadés en el desierto, y a lo largo de la frontera de Edom, estamos en territorio de Simeón; al norte, cerrado al oeste por la tierra de los filisteos, y al este por el Mar Muerto, está la posesión de Judá; a continuación, al este, la de Benjamín, y al oeste, la de Dan; al norte de Dan, llegamos a Efraín, y luego Manasés, y la posesión de Isacar pasa por el este de estos dos territorios, y acaba en el extremo sur del lago de Genesaret; a la orilla de este lago y alejándose de la misma está el territorio de Neftalí, al principio una estrecha tira, que luego se amplía, y finalmente se fusiona en un punto. Aser ocupaba el litoral, al norte de Manasés; mientras, finalmente, Zabulón está como incrustado entre Isacar, Manasés, Aser y Neftalí.

La heredad de Caleb

Sólo nos queda observar brevemente los incidentes registrados en relación con la división territorial de la tierra.

1. Parece ser que antes de que la primera suerte se extrajese en el campamento en Gilgal, Caleb, el hijo de

«En total, la guerra del sur y del norte debió ocupar por lo menos siete años, al final de la cual todo el país era ya posesión de Israel, desde el 'suave monte (monte Halac) que sube hasta Seír' (es decir, las montañas blancas de caliza de la cadena de Azacimá, en el Negueb), hasta posiciones tan al norte como 'Baal-gad', la ciudad dedicada a «Baal» dios de la 'fortuna', la Cesarea de Filipo de los Evangelios (11:16-18).»

Estas puntas de flecha, descubiertas en el sur del Líbano, (1200-1100 a.C.) demuestran los grandes progresos en las técnicas de fundición a mitades de la Edad del Bronce. Los vecinos de los fenicios también utilizaban la escritura lineal empleada en estos objetos para escribir en arameo, amonita, moabita, edomita y hebreo.

10. En relación con esto podemos observar la evidencia curiosa y no diseñada de que tenemos en el texto la división real y original de la tierra por el mismo Josué. Como sucede a menudo, proviene de una objeción sugerida. Porque hay extrañas divergencias en el texto sagrado. Al describir la división de las porciones de *Judá* y *Benjamín, las fronteras se marcan*, y se da una *lista completa de ciudades*; en las de *Efraín* y *media tribu de Manasés* no hay ningún registro de ciudades; en las de *Simeón* y *Dan* solo hay listas de ciudades; en las de otras tribus, es evidente, un trazado incompleto de los límites y de las listas de ciudades. Ahora, cuando consideramos la historia, llegamos a la conclusión de que esto es justo lo que esperaríamos de un documento contemporáneo. Josué 15–16 asigna una porción definitiva a Judá; cap. 17 a Efraín y a Manasés, sobre la cual se quejan por ser parcialmente ocupada por los cananeos a quienes no se atreven a atacar (v. 16). Por ello, en su caso no hay un registro de ciudades. Por otro lado, la suerte de Benjamín, hallándose entre Judá y José (18:11), fue completamente ocupada, y el registro es completo. Los territorios de Simeón y Dan no tienen delimitación, sólo un registro de ciudades, porque realmente formaban parte de los territorios de Judá y Efraín. Finalmente, la descripción defectiva de las porciones de las otras tribus nace por el hecho que una parte tan importante del país aún está en manos de los cananeos. Es evidente que un registro así no podía ser posterior, cuando las tribus mantenían una posesión completa, sino que tiene que ser un registro original de Josué.

Jefuné, se adelantó con una petición especial. Se recordará que, de los doce príncipes enviados desde Cadés sólo él y Josué trajeron «un buen informe de la tierra», en el sentido espiritual de la expresión, animando al pueblo a ir adelante. Y cuando la sentencia divina condenó a esa generación rebelde a la muerte en el desierto, Caleb y Josué fueron los dos únicos exceptuados. Estrictamente esto era todo lo que implicaba la promesa de Moisés, que ahora reclamaba Caleb: «Ciertamente la tierra que holló tu pie será para ti» (Jos. 14:9), porque sobrevivir era obtener la herencia.[11] Pero parece que había algo más que una simple promesa de supervivencia, aunque sólo se menciona en Números 14:24, 30. Porque inferimos de las palabras y la actitud de Caleb, y por los privilegios semejantes posteriormente concedidos a Josué (19:49, 50), que Moisés, por indicación divina, había dado a estos dos el derecho de una elección especial y personal. Esto por su excepcional fidelidad y como únicos supervivientes de la generación a la cual había sido dada la tierra. Era como si los propietarios supervivientes pudiesen escoger su porción,[12] ante aquellos que eran sólo familiares cercanos y la recibieron por suertes. Esto es lo que Caleb recuerda a Josué, y con unas palabras de una fe tan vigorosa que nos hacen amar todavía más al probado y anciano guerrero de Jehová. Al aparecer a la cabeza de «la casa de los padres», en Judá, de la cual él era el jefe,[13] se refiere primero al pasado, y luego reconoce la fidelidad de Dios en conservarlo hasta la edad de ochenta y cinco años, con la fuerza y la valentía igualmente grandes para la guerra santa. De 14:9 inferimos que, cuando los doce espías se distribuyeron individualmente por la tierra, para cumplir su misión, Caleb «inspeccionó» precisamente aquella «montaña», que era el lugar favorito de los temidos anaceos. Si esto es así, descubrimos un significado especial y una fe especial en Caleb, cuando él, en vez de Josué, intentó hacer «callar al pueblo ante Moisés, y dijo, subamos luego» (Nm. 13:30). En ese caso también había una idoneidad especial en la concesión divina hecha entonces allí: «Ciertamente la tierra que holló tu pie será para ti» (Jos. 14:9, 12). Pero incluso si no fue así, la valentía y la fe del viejo guerrero resplandecen todavía más, cuando, al recordar el terror anteriormente inspirado por los anaceos y la fuerza de sus ciudades, reclama precisamente esa porción para sí. Y a pesar de esto, su valentía no tiene ningún rasgo de autosuficiencia,[14] sino simplemente la dependencia creyente del Señor. «Si Jehová está conmigo, los echaré» (v. 12).

Expresada así su petición, fue reconocida inmediatamente y Josué añadió su bendición para la empresa propuesta por Caleb. Pero fue al cabo de cierto tiempo que se realizó la expedición,[15] cuando Caleb ofreció la mano de su hija, Acsá, como premio por tomar la gran fortaleza de Debir, la antigua Quiryat-séfer, o «ciudad-libro» (probablemente el depósito fortificado de los libros sagrados de los anaceos). El premio lo obtuvo un familiar cercano, Otoniel,[16] quien, después de la muerte de Josué, fue el primer «juez» de Israel (Jue. 3:9). La historia de la campaña, con sus incidentes, se inserta en Josué 15:13-19, porque tanto geográfica como históricamente, encaja en esta parte de la descripción de la herencia de Judá.[17]

Insatisfacción de los hijos de José

2. Las primeras indicaciones de la debilidad y el desacuerdo futuros aparecieron tan pronto como se designó la posesión de los hijos de José (Efraín y media tribu de Manasés). Su porción era la más rica y fértil de la tierra; comprendía la llanura de Sarón, capaz de producir casi sin límites y de convertirse en el granero de toda la tierra. No podían quejarse sobre esto. Tampoco podían presentar ninguna objeción razonable sobre el tamaño de su suerte,[18] siempre que estuvieran preparados para avanzar en fe y ocuparla y se enfrentasen a los cananeos, quienes todavía mantenían las principales ciudades del valle, desde Betseán junto al Jordán hasta el llano de Jezreel y más allá. Pero los hijos de José parece que temían ese encuentro debido a los carros de hierro de sus enemigos. Tampoco les apetecía limpiar los boscosos montes de Efraín, que conectan la cadena al norte de Samaria con el monte Carmelo, y donde los pericitas y los refaítas tenían sus moradas. Pero clamaron pidiendo una «porción» adicional (17:14). Sus exigencias, obviamente, fueron rechazadas; Josué convirtió el orgullo altanero con el cual habían sido hechas en un argumento a favor de la acción de su parte contra el enemigo común (v. 18).[19] Pero esta murmuración de los hijos de José y el espíritu del que procedían alertaban tristemente sobre los peligros del futuro cercano. Desintegración nacional, celos tribales, unidos a la altanería y la falta de deseo de ejecutar la obra que Dios les había encargado, se preveían muy evidentemente en la conducta de los hijos de José.

El Tabernáculo en Silo

3. Si se deseaba evitar tales problemas, era el momento de buscar un renacimiento religioso. Con este objetivo, «toda la congregación de los hijos de Israel» fueron reunidos

11. Incluso estas palabras (14:12): «Ahora, pues, dame este monte, del cual Jehová habló aquel día;» no implica necesariamente que aquel monte fue asignado a Caleb aquel día.

12. Es difícil llegar a una conclusión segura sobre si en Cadés se asignaron regiones a Caleb y a Josué, o sólo a Caleb, o si la elección de regiones fue concedida a ambos, o a uno de ellos. El lector deducirá nuestra conclusión por el texto.

13. «Caleb, el hijo de Jenufé cenacita», es decir, hijo de Cenaz, que era descendiente de Hezrón, el hijo de Fares, un nieto de Judá (1 Cr. 2:5, 18). El nombre «Cenaz» parece haber sido bastante marcado en la familia, pues aparece de nuevo más tarde, 1 Cr. 4:15. Caleb era el capitán o jefe de una de «las casas de los padres» de Judá, y a la presencia de su «casa» (no de toda la tribu) se refieren las palabras (Jos. 14:6): «Entonces los hijos de Judá vinieron a Josué».

14. En este sentido hay que entender estas palabras (Jos. 14:7): «Yo traje palabra de nuevo, porque estaba en mi corazón», es decir, según mi convicción de conciencia. De modo semejante, la expresión (v. 8): «pero yo seguí al Señor enteramente» significa que su unión con el Señor no tambaleó ni por el mal informe de los demás espías, ni por la murmuración y amenaza del pueblo.

15. Parece que sucedió después de la muerte de Josué, y se registra en Jue. 1:11, etc.

16. No es fácil decidir si Otoniel era el hijo de Cenaz, que era un hermano pequeño de Caleb, o si él era el hermano menor de Caleb (Jue. 3:9). La puntuación masorética defiende esta última opción, y el casamiento de un tío con su sobrina no era contrario a la ley mosaica.

17. Podemos añadir dos anotaciones críticas: 1) Nuestro texto hebreo actual parece incompleto entre Josué 15:59 y 60. Aquí la LXX inserta, sin duda alguna desde un manuscrito mejor, una lista con otras once ciudades, entre las cuales se halla Belén. 2) La nota final del v. 63 nos ayuda a determinar la fecha del Libro de Josué.

18. Efraín sumaba 32.500 hombres capaces de llevar armas y la media tribu de Manasés 26.350 (Nm. 26:34, 37), y todos juntos, 58.850, mientras que Judá sumaba 76.500 e incluso Dan e Isacar respectivamente 64.400 y 64.300.

19. Nuestra versión Reina Valera (1960) traduce el final del versículo 18: «aunque tenga carros herrados, y aunque sea fuerte». La verdadera traducción no es «aunque», sino «porque». La mayoría de comentaristas lo consideran una ironía, implicando que se necesitaban unas tribus fuertes como las de los hijos de José. Pero yo lo considero un llamamiento a su fe: «precisamente porque es así, vosotros les echaréis».

en *Silo*, y el tabernáculo fue establecido allí (18:1). La elección de Silo fue, sin lugar a dudas, instruido por Dios (Dt. 12:11). Era especialmente adecuado para este propósito, no sólo por su situación central (a unas ocho horas al norte de Jerusalén y cinco al sur de Siquem), sino también por su nombre, que recordaba el *descanso*[20] y el prometido dador del descanso (Gn. 49:10). Luego Josué amonestó solemnemente al pueblo reunido en cuanto a su «dejadez» al tomar posesión de la tierra que Jehová les había dado. Para terminar con posteriores celosías, pidió al pueblo que escogiera tres representantes por cada una de las siete tribus cuyas herencias todavía no habían sido asignadas en suerte. Estas personas deberían «ir por la tierra y describirla», es decir, hacer una estimación y evaluación general, más bien que una inspección exacta, «con respecto a su herencia»,[21] es decir, con la perspectiva de heredar la tierra. Después de su vuelta a Silo, estos veintiún delegados tenían que dividir la tierra en siete porciones y la suerte asignaría a cada tribu el lugar de su herencia.

4. Esto se realizó al pie de la letra.[22] Después de terminar, Josué, quien, como Caleb, había recibido una promesa especial, tuvo el privilegio de escoger su propia ciudad dentro de la herencia de su tribu, Efraín.[23] Finalmente, las ciudades de refugio, en total seis; las ciudades levíticas, treinta y cinco; y las trece ciudades de los sacerdotes,[24] los hijos de Aarón, fueron puestas aparte.

Reparto final de la tierra

Así, pues, *en lo que al Señor se refiere*, Él «dio a Israel toda la tierra que había jurado dar a sus padres; y la poseyeron, y habitaron en ella. Y Jehová les dio reposo alrededor, conforme a todo lo que juró a sus padres; y no prevaleció un solo hombre de todos sus enemigos contra ellos; Jehová entregó a todos sus enemigos en sus manos. No faltó palabra de todas las buenas cosas que Jehová había dicho a la casa de Israel; todo se cumplió» (Jos. 21:43-45).

Capítulo 12
(Josué 22-24)

Aún quedaba una prueba para Josué, antes de dejar la armadura y yacer para su descanso. Felizmente, fue una que temió más bien que experimentó. La obra que se le había encomendado había sido terminada, y cada una de las tribus había entrado en la herencia que Dios le había dado.

Retorno de las dos tribus y media a sus casas

Y ahora, había llegado el momento de que aquellos hombres fieles que tan ciertamente habían cumplido con su compromiso cruzaran de nuevo el Jordán, y «volver a la tierra de su posesión». Durante tantos años habían luchado los hombres de Rubén, Gad y Manasés y habían esperado junto a sus hermanos. Y ahora que Dios les había dado el reposo, Josué despidió a los probados guerreros con una bendición, sólo encargándoles que lucharan en sus propias casas la guerra, cuya victoria significaba amar al Señor, que anduviesen por Su camino, que guardasen Sus mandamientos y que se aferrasen sirviéndole a Él.

Debió ser con pesar que Josué les vio partir de Silo.[1] No sólo le parecía el principio del final, sino que su mente debería estar repleta de dudas y temores. Se iban de Silo hacia unas distancias comparativamente lejanas, para estar separados de sus hermanos por el Jordán, y esparcidos por las amplias zonas, donde su vida pastoril nómada les proporcionaría frecuentes y peligrosos encuentros con sus vecinos paganos. Ahora estaban unidos con sus hermanos; habían luchado a su lado; ¿esta unión seguiría existiendo? Las mismas riquezas con las que partieron hacia sus lejanas casas (22:8) podían convertirse en una fuente de peligro. Se fueron con la bendición de Jehová y la munición del santuario central de Silo. ¿Continuarían así, y conservarían la pureza de su fe en su distancia del tabernáculo y sus servicios? Josué recordaba muy bien la historia pasada de Israel; sabía que incluso entonces la idolatría, aunque inexistente públicamente, aún tenía sus raíces y fibras en muchas casas como una especie de superstición tradicional (24: 23). Bajo tales circunstancias, llegaron las extrañas noticias a Israel y a Josué.

Su construcción de un altar

Justo antes de cruzar el Jordán las dos tribus y media construyeron un altar que podía ser visto de lejos, y luego se fueron sin dar ninguna explicación de su conducta. A primera vista hubiese parecido una infracción directa de los primeros principios del culto de Israel. Su lugar, momento y modo eran todos ordenados por Dios y llenos de significado, y cualquier movimiento más allá, incluso el más insignificante detalle, destruía el significado y con ello todo su valor. Más concretamente, podría parecer un quebrantamiento de los mandamientos expresados contra otro altar y otro culto (Lv. 17:8, 9; Dt. 12:5-7), al cual se aplicaba la terrible sentencia de exterminio (Dt. 13:12-18). Y no obstante, había algo tan raro en erigir ese altar al *oeste* del Jordán,[2] en

---

20. *Silo* significa reposo.

21. Traducción literal.

22. Según Josefo, fueron siete meses; según los rabinos, siete años. Es casi superfluo decir que ambas suposiciones carecen de fundamento. Josefo también imagina que sólo había un diputado por tribu (o siete en total) a quienes añade tres agrimensores expertos (*Ant.* V. I, 20, 21).

23. Teniendo en cuenta que el propio Josué era descendiente de José, su respuesta a las quejas de su tribu muestra más evidentemente su rectitud y lo adecuado de su llamamiento.

24. De las seis ciudades de refugio tres estaban al oeste del Jordán: *Cadés* (Neftalí, norte), *Siquem* (Efraín, centro), y *Hebrón* (Judá, sur); tres al este del Jordán: *Becer* (Rubén, sur), *Ramot* (Gad, Centro), y *Golán* (Manasés, norte). El número de ciudades asignadas a los levitas (treinta y cinco) no puede ser considerado demasiado grande. En el segundo censo se contaron 23.000 levitas. Esta cifra, con un número proporcional de mujeres, da una población de unos 1.300 por cada ciudad. Además, debemos recordar que *los levitas no eran los únicos habitantes de esas ciudades*. Esto también se debe tener en cuenta con respecto a la asignación de trece ciudades a los descendientes de Aarón, a pesar de que se calcula que por entonces eran unas doscientas familias. Probablemente esto sea exagerado, incluso si admitimos que los dos hijos de Aarón tuvieron 24 descendientes (1 Cr. 24) y que la siguiente generación podía tener 144 varones, y la siguiente (en tiempo de Josué) entre 800 y 900 descendientes. Pero, independientemente de esto, la ley tenía que proveer no para aquel período, sino para todo el futuro.

1. En Josué 22:9 vemos que ellos «Salieron de Silo», por eso, es evidente, *después* de que la tierra fuese dividida definitivamente entre las tribus. Sin embargo, esto no implica que los mismos guerreros hubiesen pasado por todas las guerras sin cambiar.

2. Lo inferimos en 22:10: «Y cuando llegaron al círculo (vueltas) del Jordán, que está en la tierra de Canaán» (en contraste con «la tierra de Galaad»), v. 9. De nuevo en el v. 11: «construyó un altar en la faz de (o, delante de) la tierra de Canaán (es decir, como su última frontera, mirando hacia allí), en las vueltas del Jordán, al lado de (o, "por encima") de los hijos de Israel».

lugar del lado occidental, y en su propia posesión, que su conducta, por muy digna de condenación que fuese, podía tener alguna otra explicación que no fuese el gran crimen de la apostasía.

Embajada a ellos

Fueron momentos de ansiedad cuando toda la congregación fue reunida en Silo por sus representantes, no para adorar, sino para considerar la cuestión de ir a luchar contra sus propios hermanos y compañeros de armas, y sobre otras consideraciones. Por suerte, antes de emprender la acción, se envió una embajada para reconvenir a las dos tribus y media. Consistía en diez príncipes, representantes, cada uno de una tribu, y todos «jefes de las casas de sus padres», aunque, evidentemente, no se trataba de los mismos jefes de sus tribus. Fineés les dirigía, el presunto sucesor del sumo sacerdote, al celo del cual, una vez soportó la plaga de Peor, se podía confiar con seguridad la dirección del asunto. No se dice cómo reunieron a los representantes de las tribus acusadas, pero el lenguaje con que se les habla, según está registrado, es bastante típico de Fineés.

La conducta de las dos tribus y media había sido fruto de su propia voluntad y no respetaba uno de los primeros deberes: no ofender a los hermanos, ni permitir que su libertad fuese una piedra de tropiezo para los demás. Con un bien dudoso como finalidad, habían cometido una ofensa indudable, mucho más injustificada en cuanto no habían pedido consejo ni dado explicación alguna. Fineés apenas podía evitar suponer que habían «cometido infidelidad contra Dios e Israel».[3] Les presionaba, pues, con el recuerdo, aún fresco en su memoria, de las consecuencias del pecado de Peor, el cual, desgraciadamente, había dejado sus amargas raíces entre el pueblo.[4] Si, debido a su inmundicia, sentían que necesitaban una mayor proximidad al altar, les invitaba a volver al lado oeste del Jordán, donde las demás tribus les darían cabida. Pero si persistían en su pecado, les recordó como el pecado de uno solo, Acán, había traído la ira contra toda la congregación. Si era así, entonces el resto de Israel tenía que entrar en acción, para lavarse de la complicidad de su «rebelión».

En respuesta, las tribus acusadas protestaron, con el lenguaje de la más honrada objeción, que su conducta había sido completamente malentendida.[5] Lejos de desear separarse del tabernáculo y el culto de Jehová, este gran altar había sido erigido como testigo para todas las edades de que ellos eran parte integrante de Israel, para que en el futuro no fuesen excluidos del servicio de Jehová. Ésa, y sólo esa, había sido su intención, por mal expresada que hubiese sido. La explicación fue causa de un profundo agradecimiento a los enviados y a todo Israel. Así, en la buena providencia de Dios, también esta nube pasó y se fue.

3. Traducción literal, y no como en algunas versiones (22:16): «¿Qué significa esta rebelión que habéis cometido?» Este pecado se considera muy significativamente como «infidelidad» hacia el Dios de Israel.

4. Así era en Jos. 22:17. Un juicio como la muerte de 24.000 (Nm. 25:9) debió dejar muchos huecos dolorosos en Israel. Pero esta no era la consecuencia más triste. Porque, evidentemente, el culto de Baal-Peor había arraigado en el pueblo, a pesar de que por el momento estaba exteriormente censurado.

5. Hay una efervescencia de palabras en su afirmación, que aparece incluso en la acumulación de nombres de Dios. La partícula traducida por «si» se utiliza aquí como la fórmula para un juramento.

A Josué se le había confiado una doble obra: *conquistar la tierra* (Jos. 1:8), y *dividirla en herencia* entre el pueblo[6] (1:6). Ambas partes fueron cumplidas, e indicadas en su partida con el espíritu de la fuerza, valentía y obediencia creyente (1:7). A diferencia de su predecesor y maestro, Moisés, se le permitió terminar su trabajo, e incluso pudo descansar después de su finalización.[7] Y entonces ya tenía ciento diez años, edad en la cual murió su antepasado José (Gn. 50:26). Como un padre que piensa en el futuro de sus hijos e intenta proveer para ellos después de su muerte;[8] como Moisés cuando reunió toda su vida, su misión y su enseñanza en sus últimos discursos; como el apóstol Pedro, cuando se esforzaba para que los cristianos «fueran capaces después de su éxodo[9] de tener estas cosas siempre en su recuerdo», así Josué cuidó del pueblo que tenía a su cargo. En dos ocasiones sucesivas, reunió todo Israel, por medio de sus representantes «ancianos»,[10] para dirigirles las últimas palabras. Son, por su espíritu y tenor, excepcionalmente parecidas a las de Moisés, puesto que no tenía ninguna nueva verdad que comunicar.

Discurso de despedida de Josué

La primera asamblea debió ser en su propia ciudad Timnat-será,[11] o en Silo. Su discurso allí tenía el mismo objetivo que el que dio más tarde y ciertamente puede ser descrito como preparatorio del último. Posiblemente, la diferencia entre los dos reside en que el primero trataba el futuro de Israel bajo un punto de vista sobre todo político, mientras que el segundo, como convenía por las circunstancias, se concretó principalmente en las misericordias pasadas de Jehová, y apremiaba al pueblo para que hubiese decisión en su elección espiritual. Ambos discursos carecen de exaltación propia o de referencias a sus propios logros. Es el lenguaje de uno que, después de una larga experiencia de pruebas, podía resumir todo lo que sabía y sentía con estas palabras: «Yo y mi casa serviremos a Jehová».

El primer discurso de Josué constaba de dos partes (23:2-13, y 14-16), y cada una de ellas empezaba con una alusión a su final cercano, como el motivo de su amonestación. En primer lugar, Josué recuerda a Israel todos los beneficios de Dios y Sus promesas, si son fieles, y les ruega: «Guardad, pues, con diligencia vuestras almas, para que améis a Jehová vuestro Dios» (v. 11), y el peligro de un camino opuesto se describe con una acumulación tal de elementos gráficos que se nos indica cuán profundamente sentía Josué el peligro que les amenazaba. Siguiendo en la misma línea, la segunda parte del discurso de Josué se apoya sobre la certidumbre absoluta del juicio que vendría, tan cierto como las bendiciones recibidas.

El segundo discurso de Josué a las mismas personas era todavía más solemne que el primero. Porque, en esta

6. Así también, el Libro de Josué se divide en dos partes: la primera (1–12), describe la conquista, la segunda, la división de la tierra.

7. Josué parece haber vivido unos quince años después de la división final de la tierra.

8. Esta idea es sugerida por Calvino.

9. La palabra dicha por el apóstol (2 P. 1:15) es «*Éxodo*», la misma usada en la conversación en el Monte de la Transfiguración (Lc. 9:31), a la que Pedro se refiere en su epístola (2 P. 1:16-18).

10. Todo Israel era convocado por sus *ancianos*, que es un nombre genérico que incluye las tres divisiones: «cabezas» de tribu, clan y casas de los padres, «jueces», y «oficiales».

11. Literalmente «la posesión del sol»; más exactamente *Timnat serac*, también llamado *Timnat-Heres* (Jue. 2:9) por una transposición de letras bastante frecuente en hebreo.

ocasión, la reunión fue en Siquem, donde, al entrar por primera vez a la tierra, Israel había hecho un pacto solemne y respondido desde los montes Ebal y Gerizim a las bendiciones y maldiciones enunciadas en la ley. Y aquella reunión era también para renovar el pacto. Además, fue en Siquem donde Abraham recibió la primera promesa divina, al entrar a Canaán, y allí construyó un altar a Jehová (Gn. 12:6, 7). Aquí se estableció Jacob a la vuelta de Mesopotamia, y limpió su casa de la idolatría que aún les quedaba, enterrando su Terafín debajo de un roble (Gn. 33:20; 35:2, 4). Se trataba verdaderamente de un «santuario de Jehová» (Jos. 24:26), y los que acudían a él «se reunían delante de Dios»[12] (v. 1). Con un lenguaje altamente tierno e impresionante, que recuerda el discurso final de Esteban ante el Sanedrín (Hch. 7), Josué les recordó las misericordias de Dios (Jos. 24:2-13), en especial en aquellos cinco sucesos: el llamamiento de Abraham, la liberación de Egipto, la derrota de los amorreos y el propósito de Balaam,[13] el paso milagroso del Jordán y toma de Jericó, y la victoria divina[14] que se les dio sobre todas las naciones de Canaán. Sobre esta base les rogó insistentemente que escogieran a Jehová como su Dios.[15] Y ellos respondieron declarando solemnemente su determinación de aferrarse al Señor, con unos términos que no sólo recordaban el prefacio de los diez mandamientos (Éx. 20:2; Dt. 5:6), también mostraban que respondían por completo a los llamamientos de Josué. Para exponerles el asunto con mayor claridad, Josué, a continuación, les dijo que no podían servir a Jehová (24:19) (es decir, en su estado de corazón y mente de aquel momento) «por su propia fuerza, sin la ayuda de la gracia; sin una conversión real y seria de los ídolos; y sin un arrepentimiento verdadero y fe».[16] Intentarlo sería simplemente acarrearse el juicio en lugar de la bendición anterior. Y al insistir el pueblo en su profesión, Josué, ha establecido la condición de que sacaran los dioses extraños de en medio de ellos y «dirigieran» sus corazones «a Jehová, Dios de Israel»,[17] hizo de nuevo un solemne pacto con ellos.

Muerte de Josué

Sus términos fueron registrados en un documento que estaba incluido en el libro de la Ley,[18] y en memoria del cual se colocó una gran piedra bajo el árbol memorable de Siquem que había sido el testigo silencioso de tantas transacciones solemnes de la historia de Israel.

Con este suceso concluye la historia de Josué.[19] Si lo observamos bien, podemos recoger las lecciones de su vida y obra, y de la aportación de las mismas al futuro de Israel.

Estudio de su vida y obras

Nacido esclavo en Egipto, debía tener unos cuarenta años en la época del éxodo. Unido a Moisés, guió a Israel en la primera batalla decisiva contra Amalec (Éx. 17:9, 13), mientras que Moisés, con su oración de fe, alzaba hacia el cielo la «vara» que Dios le había dado. Sin duda alguna, fue entonces cuando su nombre fue cambiado de *Oseas*, «ayuda», a *Josué*, «Jehová es ayuda» (Nm. 13:16). Y este nombre es la clave de su vida y trabajo. Tanto en su introducción del pueblo a Canaán, en sus guerras, como en la distribución de la tierra entre las tribus (desde el paso milagroso del Jordán y toma de Jericó hasta su último discurso) él fue la personalización real de su nuevo nombre: «Jehová es ayuda». También su carácter respondió a su llamamiento exterior. Es un carácter definido por un propósito único, su franqueza y decisión. Evidentemente, no hallamos en él la elevación de fe, o la visión espiritual tan completa que vimos en Moisés. Ved el desaliento de Josué después del primer fracaso en Hay. Incluso sus planes e ideas tienen poca amplitud y profundidad. Ved su tratado con los gabaonitas, y el comienzo de desorganización de las tribus de Silo. Su fuerza siempre yace en la unicidad de su propósito. Se propone algo y lo sigue sin vacilar. Así también en sus campañas: avanza rápidamente, cae inesperadamente sobre el enemigo y sigue su victoria con una energía inagotable. Pero allí se para hasta que se coloca otro objetivo delante, al cual seguirá de modo parecido. La misma unicidad, franqueza y decisión, antes que amplitud y profundidad, parecen haber caracterizado su religión personal.

Todavía hay una circunstancia notable acerca de Josué. La conquista y división de la tierra parecen ser su única obra. No parece que haya actuado como juez en Israel. Pero en cuanto a la conquista y división de la tierra, su obra no fue completa, y evidentemente tampoco *se esperaba* que lo fuese. Esto es típico de toda la dispensación del Antiguo Testamento, que ningún período de su historia ve su obra completa, sino sólo iniciada y señalando a otra todavía futura,[20] hasta que finalmente todo se completa en la «plenitud del tiempo» en Cristo Jesús. Bajo esta perspectiva obtenemos una nueva luz sobre el nombre y la historia de Josué. Sin lugar a dudas, Josué no dio el «*descanso*» a su propia generación, y mucho menos a Israel como nación. *Era el reposo iniciado, pero no completado*; un descanso que incluso en su aspecto temporal dejó tanto disturbio; *y como tal señalaba a Cristo*. Lo que un Josué pudo sólo empezar, no lograr realmente, incluso en su aspecto exterior simbólico, señalaba y pedía al otro Josué, el Señor Jesucristo,[21] en quien y por quien todo es realidad, y todo es perfecto, y todo es reposo para siempre. Y fue así que sólo al cabo de muchos años *Oseas* se convirtió en Josué, mientras que el nombre de Josué fue dado a nuestro Señor por el ángel antes de su nacimiento (Mt. 1:21). El primero *se convirtió en* Josué, el segundo lo *era*. Así, pues, el nombre y la obra de Josué apuntaban hacia la plenitud en Cristo, tanto por lo que era como por lo que no era, y todo ello de acuerdo con todo el carácter y objetivo del Antiguo Testamento.

---

12. En hebreo con el artículo «el Dios», para indicar que era el único *Elohim* vivo y verdadero.

13. En 24:9: «Luego Balac… se levantó y luchó contra Israel»; no con armas exteriores, sino por medio de Balaam.

14. Aquí se usa una figura de expresión: «Y yo envié el avispón delante de ti» para referirse a lo que causa terror entre los habitantes de un lugar. Comp. Éxodo 23:28; Deuteronomio 7:20.

15. El llamamiento a «escoger hoy» a quien iban a servir (v. 15), no pone en duda su deber de mantenerse unidos a Jehová, sino que es el modo más fuerte y enfático de reforzar la amonestación (v. 14), especialmente al ir seguido de la declaración: «pero yo y mi casa serviremos a Jehová».

16. Esto es básicamente lo que dice J. H. Michaelis en sus notas sobre este texto.

17. Keil argumenta que la expresión (v. 23), «sacad de en medio de vosotros los dioses extraños», significa «de vuestros corazones». Pero esta interpretación no se sostiene ante la crítica, mientras que pasajes como Amós 5:26 y Hechos 7:43 demuestran la existencia de ritos idólatras en el pueblo, aunque hubiesen sido eliminados en público.

18. Podemos decir que escribió el «acta» de esa transacción, y que fue introducida en el rollo de la ley de Moisés.

19. Las muertes de Josué y Eleazar fueron, evidentemente, registradas posteriormente. Según el Talmud (Baba Bthra, 15 a), la primera fue escrita por Eleazar y la segunda por Fineés.

20. Ver unas interesantes notas en Herzog, *Real Encycl.*, vol. VII, p. 41. Si algún lector, capaz de seguir tales cuestiones, se interesase por «la alta crítica» del Libro de Josué, le referimos al ensayo de L. König, en Altest. Studien, parte I.

21. Jesús es el equivalente griego de Josué.

3 *Los Jueces*

Capítulo 13
(Jueces 1–3:4)

Si se necesitaba alguna prueba de que cada período de la historia del Antiguo Testamento señala para su finalización a otro todavía futuro, se verá en el Libro de Jueces. La historia de tres siglos y medio que recoge no aporta nada nuevo, ni en la vida ni en la historia de Israel; sólo continúa lo que ya se encontraba en el Libro de Josué, llevándolo hasta los Libros de Samuel, y desde allí pasará por Reyes, hasta que señala en la tenue distancia al *Rey* de Israel, el Señor Jesucristo, quien da reposo perfecto en el reino perfecto. En el Libro de Josué vemos dos grandes y destacados hechos, uno explica la historia exterior de Israel y el otro la interior. En cuanto a la interior, vemos que a partir del pecado de Peor, si no antes, la idolatría siempre tiene su gancho en el pueblo. No se trata de abandonar el servicio del Señor, sino de combinarlo con los ritos paganos de las naciones que les rodeaban. Pero como que la verdadera religión de Israel era realmente el principio de su vida y unidad nacionales, la «infidelidad» para con Jehová también estaba estrechamente relacionada con la desintegración tribal, que, como hemos visto, ya constituía una amenaza en tiempos de Josué. Y en lo que se refiere a la historia exterior de Israel, vemos que la plenitud de su posesión de Canaán quedaba condicionada a su fidelidad para con Jehová. Del mismo modo que el cristiano sólo puede continuar en pie por la misma fe con la cual, en su conversión a Dios, tuvo acceso a él por primera vez (Ro. 5:2), así Israel solamente podía mantener la tierra y completar su conquista con la misma fe con la que había entrado en ella al principio.

Porque la fe nunca es cosa del pasado. Y por esta razón Dios permitió a un remanente de esas naciones que continuase en la tierra «para poner a Israel a prueba por medio de ellos»[1] (Jue. 3:1), de manera que, tal como les advirtiera Josué de antemano (Jos. 23:10-16, comp. Jue. 2:3), la «fidelidad» de su parte les comportaría una victoria segura y fácil, mientras que lo contrario acabaría en un desastre nacional. Junto a estos dos hechos, existe el tercero y más importante: la fidelidad inmutable del Señor, su misericordia y magnanimidad infalibles, gracias a las cuales, cuando Israel caía bajo y volvía a Él, Él «les levantaba jueces, … y les liberaba de la mano de sus enemigos todos los días del juicio» (Jue. 2:18).

Resumen del Libro de Jueces

La manifestación de estos tres hechos forma la base de la historia de Israel bajo los jueces, indicada claramente en Jueces 2:21; 3:4. No debemos, pues, esperar una historia de Israel completa o sucesiva en estos tres siglos y medio, sino una manifestación del desarrollo de los tres grandes hechos. Porque la Santa Escritura *no* ofrece una crónica de las vidas de individuos (como la biografía o la historia comunes), o de la historia sucesiva de un período, a menos que todo esto esté relacionado con el progreso del reino de Dios. La historia sagrada es sobre todo la del reino de Dios, y sólo secundariamente la de individuos o períodos. Justo por esto, no tenemos ningún registro sobre cinco de los jueces,[2] ni siquiera que Jehová los había levantado. Por esta misma razón hay algunos sucesos especialmente seleccionados en el relato sagrado, que, al lector superficial, pueden parecer triviales; incluso difíciles u objetables. Pero un estudio más cuidadoso mostrará que el objetivo real de estos relatos es manifestar plenamente uno u otros de los grandes principios de la dispensación del AT. Por ello, no podemos esperar un relato ordenado cronológicamente. De hecho, los jueces gobernaban sobre una o varias tribus, a las que daban una liberación especial. Las historias, pues, de algunos de los jueces están solapadas entre sí, por ser su reinado contemporáneo en distintas partes de la tierra. Así, mientras en el extremo oriental al otro lado del Jordán la dominación de los hijos de Amón duró ocho años, hasta que Jefté trajo la liberación (Jue. 10:6-12:7), los filisteos oprimieron a Israel en el extremo suroeste durante el mismo tiempo. Esta circunstancia hace que la cronología del Libro de Jueces sea más complicada.

El Libro de Jueces se divide en tres partes: *una introducción general* (1-3:6), *un esbozo del período de los Jueces* (3:7-16:31), dispuesto en seis grupos de sucesos (3:7-11; 3:12-31; 4; 6-10:5; 10:6-12:15; 13-16), *y un doble Apéndice* (17-21). Las dos series de sucesos en este último acaecieron sin lugar a dudas al *comienzo* del período de los Jueces. Esto se evidencia por la comparación entre Jueces 18:1 y 1:34; y Jueces 20:28; y Josué 22:13 y 24:33. El primero de los dos relatos es principalmente para describir la decadencia *religiosa* entre las tribus de Israel, el segundo en cambio describe la decadencia *moral*. De este modo arrojan luz sobre todo el período. Vemos que muy pronto después de la muerte de Josué y de sus coetáneos Israel cae en declive: *espiritualmente*, se unen con los paganos de sus alrededores, y mezclan sus ritos idólatras con el servicio a Jehová; y *a nivel nacional*, desatienden la guerra con los cananeos, y las tribus prestan atención en cada gran momento sólo a sus intereses privados y sus celos, prescindiendo del bien común (5:15-17, 23; 8:1-9), hasta que «los hombres de Efraín» declaran la guerra a Jefté (12:1-6), e Israel se hunde tan profundamente que entrega a su *Sansón* a manos de los filisteos (15:9-13).

Junto a esta caída de Israel vemos un declive parecido en el carácter *espiritual* de los Jueces desde *Otoniel* y *Débora* hasta *Sansón*. La misión de estos jueces era, como hemos visto, principalmente local y siempre temporal, porque Dios levantaba un libertador especial en un momento de singular necesidad. Es bastante evidente que dichos instrumentos especiales no estaban siempre necesariamente bajo la influencia de motivos espirituales. En todos los períodos de la historia Dios utilizó los instrumentos que él mismo deseaba emplear para libertar a su pueblo: un Darío, un Ciro, un Gamaliel y, en tiempos más modernos a menudo lo que parecía menos probable para realizar sus propósitos. No obstante, en la historia de los Jueces parece ser que siempre era escogido el mejor y más religioso del lugar y período, de modo que el carácter de los Jueces también nos da un índice del estado de la región y del período. Y en todos ellos

1. Esto no contradice en modo alguno Éxodo 23:29, etc., Deuteronomio 7:22, porque, como señala adecuadamente Keil, hay una diferencia enorme entre exterminar a todos los antiguos habitantes de la tierra, digamos en un año, y suspender incluso su exterminio gradual.

2. *Tola* (Jue. 10:1) *Jaír* (10:3), *Ibzán, Elón* y *Abdón* (12:8-15).

vemos la presencia de una fe real (He. 11), que actúa como una palanca en sus logros, aunque a menudo su fe está mezclada con las corrupciones del período. *Los Jueces eran los representantes de Israel;* representantes de su fe y de su esperanza, pero también de su decadencia. Cualquier cosa que lograron era «por fe». Aun en el caso de Sansón, todas sus grandes hazañas fueron realizadas en la fe del don de Dios como nazareno, y cuando «el Espíritu del Señor venía sobre él». Así pues, los jueces merecían ser introducidos en la lista de «personas de valor» del Antiguo Testamento. Además, no debemos olvidar la ineludible influencia ejercida sobre ellos por el espíritu de su tiempo. Observamos en la Biblia un desarrollo progresivo, al brillar más y más la luz hasta alcanzar el día perfecto. En verdad, si este no fuese el caso, podríamos inferir una de las dos cosas siguientes. O bien podríamos sentirnos tentados a considerar sus relatos como parciales, o bien llegaríamos a la conclusión de que estos hombres no podían pertenecer al período donde están colocados, porque no tenían nada en común con el mismo, y por lo tanto no hubiesen podido ser líderes de la opinión pública, ni ser comprendidos por la misma.

A partir de estas breves observaciones preliminares, notamos que en total hubo doce, o más, incluyendo a Débora, trece jueces en Israel. Se registran hazañas especiales de sólo ocho. No obstante, no hemos de considerar el término juez como refiriéndose principalmente a las funciones judiciales normales, desempeñadas por los ancianos y oficiales de cada tribu y ciudad. Lo consideramos más bien como *líder* o *gobernante*. El período de los Jueces acaba con Sansón. Elí fue principalmente un sumo sacerdote, y fue «Juez» sólo en un segundo plano, mientras Samuel fue la transición entre los Jueces y la realeza. Con Sansón el período de los Jueces alcanzó su punto más elevado y el más bajo. Es un *nazareno*, dedicado a Dios antes de su nacimiento, que es «Juez» y logra sus hazañas, y también es un nazareno que cae y fracasa por su egoísmo y su pecado. En ambos sentidos es el representante de Israel; un pueblo dedicado a Dios, como un nazareno, y como tal capaz de hacer todas las cosas, y pese a ello, cae y fracasa por medio del adulterio espiritual. Y así termina el período de los Jueces como todos los demás. Contiene el germen de algo mejor y apunta hacia ello; pero es imperfecto, incompleto y fracasa, a pesar de que incluso en su fracaso señala hacia adelante. Los Jueces han de ser sustituidos por reyes, y los reyes por *el Rey*, el verdadero nazareno, el Señor Jesucristo.

El período entre la muerte de Josué y el primer «Juez» se resume en Jueces 1-3:6. Parece ser que bajo la influencia del último discurso de Josué, que sin duda alguna fue reforzada por su muerte, que llegó poco después, se reanudó la «guerra santa». En esta ocasión era pura agresión de parte de Israel, mientras que de hecho anteriormente el ataque siempre venía de los cananeos (excepto con Jericó y Hay). Pero la medida del pecado de las naciones que ocupaban Palestina entonces estaba completa (Gn. 15:13-16), y la tormenta de juicio debía sacarlos de en medio. E Israel, a quien Dios había dado la tierra en su misericordia, iba a ser usado para esta finalidad; pero sólo hasta el punto que el pueblo cumpliera con su llamamiento para dedicar la tierra al Señor. Sobre las ruinas de lo que no sólo simbolizaba, sino que era en realidad, el reino de Satanás,[3] se debía edificar la teocracia. El reino de Dios debía establecerse en lugar de aquel foco desde donde se esparcía por todo el mundo el más vil paganismo. Un reino con la misión totalmente distinta de enviar la luz de la verdad hasta las partes más remotas de la tierra. Tampoco será difícil comprender cómo, en tales circunstancias, y en aquel tiempo, y en aquel período de vida religiosa, cualquier compromiso resultaba imposible; y toda guerra debía ser de exterminio.

La campaña de Judá y Simeón

Antes de empezar esta nueva «guerra», los hijos de Israel consultaron a Jehová, sin duda alguna por el *Urim* y *Tumim*, sobre qué tribu tenía que tomar el mando. En respuesta, se designó a Judá, coincidiendo con la antigua profecía (Gn. 49:8). Judá, a su vez, pidió la cooperación de Simeón, cuyo territorio había sido cortado del suyo. De hecho, los enemigos de ambos eran comunes. Las dos tribus se enfrentaron con los cananeos y pereceos y les derrotaron en *Bezec*, nombre probablemente aplicado a una región más que a un lugar concreto, y, como parece implicar la palabra, cerca de la orilla del Mar Muerto.[4] En la misma localidad *Adoni-bezec*[5] parece haber mostrado su oposición inicial, pero con el mismo resultado desastroso. En esa ocasión fue presa de una venganza cruel y notable. Como capitán de aquella región era también famoso por su crueldad. Según una costumbre común en la antigüedad,[6] los capitanes que él había subyugado se guardaban, como perros «para deporte»,[7] bajo la mesa de banquetes del orgulloso conquistador y en condiciones de mutilación, habiéndoles cortado los pulgares y los dedos gordos de los pies, para asegurarse de que jamás usarían la espada o el arco de nuevo ni irían a la guerra. Huelga decir que la ley mosaica nunca contempló tales horrores. No obstante, las tribus aliadas ahora infligieron la mutilación sobre Adoni-bezec. Los vencedores le llevaron a Jerusalén, donde murió. Aquella vez, la ciudad fue tomada y quemada, por estar en los límites de Judá. Pero la línea fronteriza entre Judá y Benjamín pasaba por Jerusalén. La ciudad superior y el fuerte castillo, ocupado por los jebuseos, pertenecía a la porción de Benjamín. En la guerra bajo Josué, los jebuseos hicieron fracasar a Judá (Jos. 15:63). Ahora también volvieron a su fortaleza, de donde los hijos de Benjamín ni siquiera intentaron echarlos (Jue. 1:21). Desde Jerusalén las tribus continuaron su avance victorioso a «los montes» o montañas de Judá, luego al *Négueb*, o país del sur, y finalmente al *Sefelá*, o tierras bajas, a lo largo de la costa. La expedición fue recibida por un éxito completo y las tribus siguieron con sus victorias hacia el sur hasta las fronteras del antiguo reino de Arad, donde, como prometieran sus padres (Nm. 21:2), ejecutaron la prohibición sobre *Zefat* u *Hormá*. Los descendientes de Hobab (Jue. 4:11) el ceneo,[8] cuñado de Moisés, que había seguido a Israel hasta Canaán (Nm. 10:29), y desde entonces plantaba sus tiendas

---

3. Es difícil no pensar que Canaán no sólo era el foco del paganismo antiguo en sus *peores* abominaciones, sino que se trataba del centro desde donde se esparcía. Gran parte de la mitología griega y romana y casi toda la vileza de su paganismo es, sin lugar a dudas, de origen cananeo. Ciertamente, podemos designar a este último simplemente como un paganismo realmente misionero en el mundo en esos momentos. Considerad el significado de implantar en su lugar el reino de Dios, con sus influencias *misioneras* y su grandioso propósito para con el mundo. También debemos tener en cuenta que la expansión de la idolatría cananea debió ser grandemente ayudada por la cadena de colonias que se extendían desde Asia Menor hasta Europa.

4. Cassel hace derivar su nombre de la naturaleza viscosa de su tierra.

5. Cassel: «Mi dios es esplendor», tal vez un adorador del sol.

6. Cassel da una lista muy larga de los tales.

7. «*In longum sui ludibrium*», Curtius de Rebus: Alex. V. 5, 6.

8. Se introduce esta nota aquí probablemente porque el suceso se dio entre la toma de Debir (1:11) y la de Cefat (1:17).

cerca de Jericó; estaban instalados en esa tierra fronteriza por ser lo más adecuado a sus costumbres nómadas y asociaciones previas (Jue. 1:8-11, 16). La campaña terminó[9] con la incursión en *Sefelá*, donde Judá evacuó a tres de las cinco ciudades de los filisteos. Esta conquista, no obstante, no fue permanente (14:19; 16:1), y los habitantes del valle tampoco fueron sacados, «porque tenían carros de hierro».[10]

Decadencia espiritual y nacional de Israel

Pero el celo de Israel no continuó por mucho tiempo. De hecho, todo lo que viene después de la campaña de Judá y Simeón es un registro de fracaso y despreocupación, con la sola excepción de la toma de Betel por la casa de José. Así, las tribus quedaban rodeadas por todas partes por una franja de paganismo. En muchos lugares, israelitas y paganos habitaban juntos, indicándose los diversos grados de proporción entre unos y otros por expresiones como «los cananeos habitaban en medio de» los israelitas, o viceversa. En ocasiones los cananeos eran tributarios. Pero por otra parte, los amorreos consiguieron sacar casi[11] toda la tribu de Dan de su posesión, hecho que impulsó a una proporción considerable de danitas a buscar nuevas casas más al norte (Jue. 18).

Israel se estaba asentando en este estado, cuando su falso reposo fue bruscamente interrumpido por la aparición entre ellos de «el ángel de Jehová».[12] No se había concedido ninguna manifestación divina desde que el Capitán de la hueste de Jehová estuvo en pie ante Josué en el campamento de Gilgal (Jos. 5:13-15). Y ahora, al comienzo de un nuevo período, período de decadencia espiritual, Él «vino» de Gilgal a Boquim, no para anunciar la milagrosa caída de Jericó ante el arca de Jehová, sino para decirles que el poder pagano continuaba cerca de ellos como juicio de su infidelidad y desobediencia.

«Desde Gilgal hasta Boquim»

«Desde Gilgal a Boquim». Estos nombres sugieren muchas cosas: Gilgal debía ser el campamento permanente,[13] donde siempre se reunían los líderes representantes de las naciones, a quienes «el ángel de Jehová» se dirigía en primer lugar, y *Boquim*, o «los que lloran», el nombre dado después al punto de encuentro junto al antiguo santuario (o Siquem o más probablemente Silo), donde los ancianos del pueblo se reunían para escuchar el mensaje divino. Y verdaderamente lo que había pasado entre la entrada a Canaán y aquel período podría ser resumido así: «Desde Gilgal a Boquim». La impresión inmediata de las palabras del ángel de Jehová fue grande. No sólo se convirtió el lugar en *Boquim*, sino que se ofreció un sacrificio a Jehová, porque dondequiera que se manifestase Su presencia, se pudiese hacer sacrificio (comp. Dt. 12:5; Jue. 6:20, 26, 28; 13:16; 2 S. 24:25).

Por desgracia, la impresión fue fugaz. Al mezclarse con los paganos, «abandonaron a Jehová y sirvieron a Baal y Astarot».[14] Un pueblo como éste sólo podía aprender en la escuela del dolor. La infidelidad nacional fue juzgada con juicios nacionales. Pese a todo, Jehová, en su misericordia, siempre se volvía a ellos cuando lloraban, y les levantaba «libertadores». En su sentido estricto, estas generaciones «no conocieron todas las guerras de Canaán» (Jue. 3:1). Porque el conocimiento de las mismas se explica en Salmos (Sal. 44:2, 3): «Tú echaste a los paganos con tu mano, y los plantaste; tú afligiste a las naciones, y les echaste. Porque ellos no obtuvieron la tierra en posesión por su propia espada, ni se salvaron por su propio brazo: fue tu diestra, y tu brazo, y la luz de tu rostro, porque tú tuviste gracia sobre ellos». La lección, pues, debía ser aprendida en la amarga experiencia de la presencia y el poder de los paganos a su alrededor: «para poner a Israel a prueba con ellos, para saber si escucharían los mandamientos de Jehová, los cuales él mandó a sus padres por mano de Moisés» (Jue. 3:4).

9. Parece que se tomaron solo Gaza, Ascalón y Ecrón, pero no Gad ni Asdod.

10. Sus ruedas estaban armadas con guadañas.

11. Les echaron del valle (1:35) que era la parte principal de la posesión de Dan (Jos. 19:40). Los amorreos incluso «se atrevieron a habitar» en Har-heres, en Aijalón y en Saalbín (Jue. 1:35), aunque posteriormente fueron hechos tributarios por la casa de José.

12. Cassel lo considera erróneamente un mensajero humano de Dios.

13. Para la situación de este Gilgal, comp. un capítulo anterior.

14. *Astarot* es la «diosa-estrella» de la noche, *Astarte*, cuyo símbolo, estrictamente hablando, era *Aserá*. Es imposible determinar la vileza de la ceremonia. Se menciona muy pronto en las escrituras, en Génesis 14:5, donde leemos sobre *Astarot Cornaim*, la «diosa-estrella de los cuernos», es decir, el cuarto de luna.

Capítulo 14
(Jueces 3:5-31)

La primera escena de la historia de los Jueces son los matrimonios mixtos de Israel con los paganos de los alrededores, y que hacían «el mal ante los ojos de Jehová», olvidándose de él, y sirviendo a «los baales y las arboledas».[1] Y el primer «juicio» por su apostasía es ser vendidos por el Señor en manos de «Cusán-risatáyim, rey de Mesopotamia», o mejor dicho «Aránnararaim», «la tierra alta junto a los dos ríos» (Éufrates y Tigris). Curiosamente, hay una antigua tradición persa según la cual los monarcas de Irán, que tenían el dominio «junto a los ríos», estuvieron en guerra contra Egipto, Siria y Asia Menor. De sus héroes, que se describen como *Cusán*, o de la tierra de *Cusistán* (¿escitas? ¿partos?), el más notable es *Rustán* o *Rastam*, un nombre evidentemente relacionado con Risataim.[2] Y así, una vez más, los registros paganos antiguos vierten una luz inesperada sobre los relatos históricos del Antiguo Testamento.

Otoniel

La opresión ya había durado ocho años enteros cuando Israel «clamó[3] a Jehová». El libertador que les fue levantado era *Otoniel*, el hermano menor de Caleb, cuyo valor le había significado la mano de su esposa (1:12-15). Pero su éxito, en esta ocasión, no se debía a su destreza personal. «El Espíritu de Jehová estaba[4] sobre él, y juzgó a Israel, y salió a la

1. «Los baales y los astartes» (Astarot o Aserot). Literalmente.

2. Ver Cassel, *Comm.* p. 33. La tradición judía y la mayoría de comentaristas traducen este nombre por «doble pecado», en una supuesta alusión a un doble mal contra Israel. Pero esto es, por decir lo mínimo posible, una explicación muy forzada.

3. La misma palabra que se usa sobre Israel en Éxodo 2:23.

4. La expresión aquí y en 11:29 es «estaba sobre» él; en 6:34, es «le investía»; en 14:6, 19; 15:14, «vino sobre» o «iluminó sobre». El lector cuidadoso verá la importancia de la diferencia de significado en cada uno de estos términos. En el primer caso hay permanencia (por lo menos para realizar un propósito especial); en el segundo, la idea es de rodear, proteger o soportar; y, en el tercer caso, de repente, implica un poder completamente exterior, que

guerra». Por primera vez en el Libro de los Jueces vemos la afirmación de que «el Espíritu de Jehová» «estaba sobre» alguien, o «investía» a alguien, o «vino sobre» alguien. Naturalmente, relacionamos estas expresiones con lo que leemos sobre «los muchos dones del Espíritu» según se detallan en Isaías 11:2, que fueron distribuidos a cada uno según plugo a Dios, y de acuerdo con la necesidad del momento (1 Co. 12:11). Pero, al pensar en estas influencias, debemos tener en cuenta dos cosas. *Primero:* aunque en todos los casos la influencia venía directamente de arriba –del Espíritu de Dios–, para cumplir un propósito especial, *no* era necesariamente, como en la dispensación del Nuevo Testamento, una influencia de santificación. *Segundo:* esta influencia no puede ser considerada igual que la presencia del Espíritu Santo *morando* en los corazones. Esto también pertenece a la dispensación del NT. Resumiendo, estos dones del Espíritu Santo eran *milagrosos*, más bien que *por la gracia;* como los dones de la iglesia primitiva, más bien que como «la promesa del Padre». Pero en el caso de Otoniel, vemos que el Espíritu de Dios «*estaba* sobre» él, y que, bajo su influencia, «juzgó» a Israel, aun «antes de salir a la guerra». Y así, mientras la antigua tradición judía en los demás casos parafrasea la expresión «el Espíritu del Señor», por «el espíritu de la fuerza», en el caso de *Otoniel* (el león de Dios)[5] traduce: «el espíritu de profecía». Una guerra emprendida de este modo tenía que obtener el éxito, y «la tierra reposó cuarenta años».[6]

El siguiente juicio del rebelde Israel también llegó del este. En la frontera oriental de Rubén y Gad había la tierra de Moab. Uno de los capitanes de sus tribus, Eglón,[7] se alió con los antiguos enemigos de Israel, Amón y Amalec. El primero ocupaba el territorio al sur de Rubén, y el segundo las zonas del lejano suroeste, por debajo de Filistea. Eglón barrió las posesiones de las tribus transjordanas, cruzó el río y convirtió a Jericó en su capital, la cual seguramente había sido reconstruida como ciudad pero no como fortaleza. Habiendo cortado así la tierra en dos, y ocupado su centro y jardín, Eglón redujo a Israel a servidumbre durante dieciocho años. Al finalizar ese período el pueblo una vez más «clamó al Señor», y «el Señor les levantó un libertador», aunque la Santa Escritura *no* dice en el modo en que los libertó, actuó bajo la influencia del Espíritu del Señor. Teniendo en cuenta las peculiares circunstancias del caso, este silencio es muy significativo.

Eúd

El «libertador» fue «Eúd (probablemente, el loado), el hijo de Gera, de la tribu de Benjamín, un «zurdo», o, como dice el original, «cerrado»[8] o «débil» «en cuanto a su mano derecha». La conspiración contra Eglón fue bien planeada. Eúd se colocó al frente de una embajada encargada de llevar «un regalo» a Eglón, o, más probablemente, el tributo regular, según se desprende del uso similar de esta palabra en 2 Samuel 7:2, 6; 2 Reyes 17:3, 4. Pero Eúd llevaba escondida bajo sus vestiduras una daga de doble filo de un codo de longitud; según el texto de la traducción de los LXX, unos tres cuartos de un pie. El tributo, sin lugar a dudas, se entregó con muchas manifestaciones de humildad y alianza[9] de parte de Eúd, y la embajada fue despedida en gracia. Era necesario para su plan, y probablemente correspondía con su deseo, no involucrar a nadie más en este riesgo a fin de que el trabajo restante lo realizara Eúd solo. Al ver que sus conciudadanos estaban seguros bajo «las canteras que hay junto a Gilgal», o mejor dicho, según implica el término, más allá de «las columnas terminales» (siempre objeto de culto idólatra), que dividían el territorio de Eglón del de Israel, volvió al rey, cuya confianza se había ganado seguramente con su visita previa. El relato aquí es muy escénico. El rey ya no estaba en el palacio donde había recibido a la embajada, sino en su «aposento alto de refrigeración»,[10] un lugar de descanso veraniego construido sobre el techo plano. Eúd hace ver que tiene «una palabra secreta», que le hizo volver después de que sus compañeros se hubiesen ido. Ni siquiera pide a los ayudantes del rey que se vayan, sino que Eglón le ordena que calle en presencia de ellos, que, evidentemente, es la señal para que se retiren. Solo con el rey, Eúd dice, en una manera típica de oriente: «Tengo un mensaje de Dios para ti», ante lo cual Eglón, como muestra de reverencia, se pone en pie.[11] Este es el momento oportuno, y, en un instante, Eúd clava la daga hasta la empuñadura en la parte inferior de su cuerpo, con tanta fuerza que la hoja salió por detrás.[12] Sin perder un instante, Eúd se va, cierra las puertas bajo cerrojo, deja dentro al rey asesinado, y se escapa al otro lado de la frontera. Mientras, los asistentes del rey, al encontrar la habitación cerrada bajo cerrojo, esperan hasta que, finalmente, creyeron que era necesario romper las puertas. El horror y la confusión provocadas por el descubrimiento del asesinato todavía dieron a Eúd más tiempo. Y en ese momento se oye la señal concertada. El sonido estridente de la trompeta en *Seirat* (tal vez el «velloso» o «boscoso») despierta los ecos del monte Efraín. Por todos los alrededores había las tropas escondidas de los hombres de Israel. El primer objetivo es apresurarse en su descenso hacia Jericó y tomar los vados del Jordán, para impedir que llegue ayuda y que los fugitivos escapen; el siguiente, destruir la guarnición de Moab. Israel sale victorioso de ambos y, «en aquel tiempo» (evidentemente, no ese mismo día) murieron 10.000 de Moab, todos ellos hombres fuertes y soldados valientes. «Y la tierra reposó durante ochenta años.»

La historia antigua, tanto griega como romana, tiene relatos parecidos[13] y, cuando el asesino era un patriota, subía

---

desciende inesperadamente en el momento justo, y posteriormente arrebatado. Pero todos tienen esto en común, que la influencia viene directamente del Espíritu de Dios.

5. Esto, o «mi león es Dios», es la traducción del nombre.

6. El texto no deja claro si Otoniel murió al final de estos cuarenta años o no; sólo que murió después de que la tierra obtuviera el reposo.

7. Deducimos que Eglón no era el rey de todo Moab, porque en dicho caso no hubiese cambiado su capital Rabbat Moab por Jericó, y además por el hecho de que, después de la muerte de Eglón y la destrucción de su guarnición, la guerra no parece haber sido continuada por ninguna de las dos partes.

8. No paralizado, el término aparece en Salmos 69:15. Cassel tiene unos comentarios muy curiosos sobre este tema. *Benjamín* significa «hijo de la mano derecha»; y no obstante, parece ser una peculiaridad de Benjamín tener guerreros zurdos (ver Jue. 20:16). Leemos también sobre ciertas tribus africanas, que luchaban principalmente con la izquierda (Stobaeo, *Ecl. phys.* I. 52). El héroe romano, que, como Eúd, liberó a su país del opresor extranjero, era *Scævola*, «zurdo». La izquierda era, en tiempos antiguos, el lugar de honor, porque era el lado más débil y menos protegido (Jenofonte. Cyrop. VIII. 4). Del mismo modo, el mar (en hebreo *yam*) siempre se consideraba como el lado *derecho* de un país, es decir, el de la libertad.

9. El término usado aquí es el mismo que normalmente se emplea para las ofrendas de presentes y sacrificios a la deidad.

10. Traducción literal.

11. Era un hecho común en la antigüedad levantarse cuando se recibía un mensaje directo del rey. Este es el origen de la práctica litúrgica de levantarse cuando se lee el evangelio.

12. El texto solamene significa esto.

13. Tucídides VI. 56; Polibio V. 81; Plutarco César, 86; Curtius, VII. 2, 27; comp. Cassel, *u.s.*

a la cumbre del heroísmo. Incluso la historia cristiana recoge relatos similares, como vemos en el asesinato de Enrique III y Enrique IV de Francia, el primero muy parecido a la hazaña de Eúd incluso en los detalles. Pero la tolerancia y aun el encomio de tales hechos de parte del papado[14] es sorprendentemente distinta del juicio del AT. Su silencio aquí es la condenación más rigurosa. El ingenio y el asesinato no eran necesarios para la liberación. No se dice una sola palabra atenuante o de excusa en favor de esta hazaña. *No* fue bajo la influencia del «Espíritu de Jehová» que se llevó a cabo una liberación tal, ni se dice de Eúd, como se dijo de Otoniel, que «juzgó a Israel». Incluso la tradición judía[15] compara a Eúd con el «lobo rapaz», que había sido el emblema inicial de la tribu de Benjamín (Gn. 49:27).

Samgar

Debió ser durante ese período de ochenta años de reposo,[16] cuando un nuevo peligro amenazó por lo menos a Benjamín. Esta vez venía de la dirección opuesta; desde el oeste, donde dominaban los filisteos. «Después» de Eúd (3:31), es decir, después de su ejemplo, *Samgar* (¿«el nombre de un forastero»?) llevó a cabo una notable proeza. Bajo el impulso de un repentino entusiasmo sagrado, tomó, por ser la primera arma a mano, una aguijada de buey, usada normalmente para azuzar a los bueyes durante el arado. El arma es bastante impresionante, generalmente mide ocho pies de longitud y seis pulgadas de círculo del asa, y lleva un cuerno de hierro para hacer caer la tierra del arado, mientras que el otro extremo está provisto de una pica de hierro. Con este arma mató por lo menos a 600 filisteos, los cuales seguramente quedaron petrificados de terror al verle.[17] La proeza parece haber quedado sola, y no se lee ni de una continuación de la guerra, ni siquiera de que Samgar juzgara, simplemente que se eliminó durante un tiempo el peligro de incursiones filisteas.

Capítulo 15
(Jueces 4–5)

Las nubes que se ciernen sobre Israel son cada vez más oscuras, y su liberación más extraña e inesperada. Había empezado con *Otoniel*, verdaderamente un «león de Dios». Pero después del «león de Dios» vino un zurdo, luego una mujer, luego el hijo de un idólatra, y luego un proscrito de bajo nacimiento, como si tuviera que ir descendiendo cada vez más, hasta la última fase alcanzada con un nazareno, Sansón, quien, por ser nazareno es una figura del llamamiento y la fuerza de Israel, y como Sansón, de la debilidad y el adulterio espiritual de Israel. No obstante, cada período y cada liberación tiene sus características y cúspides particulares.

El relato se abre como tomando de nuevo el hilo de la historia continua de Israel, solo interceptada temporalmente por la vida de Eúd. «Y los hijos de Israel continuaron[1] haciendo el mal ante los ojos de Jehová; y Eúd estaba muerto.» Este hecho ofrecía una oportunidad esperada desde hacía mucho tiempo. Había pasado casi un siglo desde que un Jabín («el prudente» o «entendimiento» –evidentemente se trata del título de un monarca, como Faraón o Abimelec–) saliera liderando los capitanes contra Josué, y había sido ejemplarmente derrotado (Jos. 11:1-10).

Desde entonces su capital había sido restaurada y su poder había aumentado, hasta tal punto que ahora parecía el momento adecuado para recuperar su antiguo imperio. Según entendemos el relato, las huestes de Jabín descendieron de *Hazor* al norte, y ocuparon las posesiones de Neftalí, Zabulón e Isacar.

14. Ranke, *Französ. Gesch.* I. p. 171; 473.

15. Ber. Rabba, c. 89.

16. Este punto de vista también lo adoptan los intérpretes judíos, aunque no Josefo.

17. La leyenda griega tiene un relato parecido sobre Licurgo que persigue a Dionisio y las Bacantes con una aguijada de buey (Il. VI. 135).

1. Traducción lit. y significativa para la historia de Israel.

La opresión de Jabín y Sísara

Cuando Jabín en persona estaba todavía en su capital, su general, *Sísara* (¿«mediación»?, «¿lugarteniente»?) dominaba la frontera sur de las provincias anexadas, teniendo su sede central en *Haroscet ha Gojim* («el herrero de las naciones») tal vez llamado así por ser el arsenal donde se construían sus carros de combate de hierro, armados con guadañas. El emplazamiento de este lugar es probablemente en las cercanías de Betsean, que posteriormente formaba el punto más al sur de Galilea. Evidentemente, debía ser al sur del monte Tabor, hacia el cual fue luego Barac desde Cedrón, al norte de Neftalí. Porque, al margen del estado desesperado del país, como describe Jueces 5:6, Sísara no hubiese permitido a Barac volver su flanco o ir hacia su retaguardia.[2] La ocupación del norte de Palestina por Sísara había durado veinte años. El alivio debería parecer prácticamente imposible. Por un lado, la población estaba totalmente desarmada (Jue. 5:8); por otro, Sísara tenía como mínimo novecientos carros de combate, unos medios de ataque muy temidos por Israel. Pero como en tantas otras ocasiones previas, el sufrimiento llevó a Israel a clamar al Señor, y el auxilio pronto estuvo disponible.

Una de las circunstancias más dolorosas de la historia de los Jueces es el silencio absoluto que parece desarrollarse durante ese tiempo en Silo y su santuario. No llega ninguna ayuda de los sacerdotes hasta cerca del final del período. A lo lejos, en el monte Efraín, Dios levantó una mujer, sobre la cual había vertido el espíritu de la profecía. Es la primera vez en esta historia que leemos sobre el don profético.

Débora y Barac

El texto sagrado indica que ella lo ejercitaba en estricto acuerdo con la ley divina, porque se añade muy significativamente en relación con el mismo, que «ella juzgó a Israel en aquel tiempo». *Débora*, «la abeja»,[3] es descrita como la «mujer ardiente».[4] El punto de encuentro para todo israelita que buscase juicio de las manos de ella era entre Ramá y Betel, debajo de una palmera,[5] que más tarde tuvo su nom-

2. Por esta razón no puedo aceptar la localización propuesta por el Dr. Thomson (*Land and Book*, cap. XXIX), al norte de los montes que envuelven la llanura de Jezreel, aunque la sugerencia es respaldada por el Sr. Grove.

3. Aunque haya diferencias en cuanto al modo de derivación, no hay ninguna en cuanto al contenido real del nombre.

4. Algunas versiones traducen «la esposa de Lapidot». Esta última palabra significa «antorchas», y el significado, según lo pone Cassel, parece ser «una mujer de espíritu de antorcha»; ya que la palabra hebrea para mujer y esposa es la misma. La tradición judía sostiene que ella era la esposa de *Barac*, «relámpago», siendo Barac y Lapidot, evidentemente, palabras íntimamente relacionadas.

5. La palmera era el símbolo de Canaán; y el nombre *fenicio* deriva de su equivalente griego.

«Pero el celo de Israel no continuó por mucho tiempo. De hecho, todo lo que viene después de la campaña de Judá y Simeón es un registro de fracaso y despreocupación, con la sola excepción de la toma de Betel por la casa de José. Esto hizo que las tribus israelitas quedaran rodeadas por todas partes por una franja de paganismo. En muchos lugares, israelitas y paganos habitaban juntos, y los diversos grados de proporción entre unos y otros se desprenden claramente de expresiones como 'los cananeos habitaban en medio de' los israelitas, o viceversa».

Los cananeos veneraban un conjunto de deidades, mencionadas en los textos bíblicos. La religión cananea atrajo poderosamente, en determinadas circunstancias a los israelitas, quizás por su característica de garantizar la abundancia de cultivos, animales e hijos. Esta estatuilla de bronce representa a Baaluna, deidad que se encuentra en el centro de muchos de los cultos de los cananeos.
(Museo Nacional de Damasco)

bre. A ese lugar mandó llamar a Barac («relámpago»), el hijo de Abinoam «mi padre» (Dios «es favor»), desde el lejano norte, desde Cadés en Neftalí. Su dispuesta obediencia demostró su preparación. Pero cuando Débora le dio el mandamiento divino de «sacar gradualmente»[6] un ejército de 10.000 hombres al monte Tabor, Barac se negaba a ello, a menos que Débora le acompañase. Esto evidentemente demuestra una falta de confianza en el resultado de la empresa, lo cual a su vez indica que él esperaba el éxito por la presencia del hombre, más bien que enteramente por el poder de Dios. Consecuentemente, tenía que aprender la necedad de relacionar el éxito con el hombre; y Débora predijo que ningún líder de Israel obtendría el triunfo real, excepto una mujer sin relación alguna con la guerra.

Barac, pues, acompañado por Débora, volvió a Cadés, donde reunió a los jefes[7] de Neftalí y Zabulón. Una vez concretados todos los planes, los combatientes se concentraron en pequeñas compañías, desde todos los caminos y toda dirección, «a pie»,[8] hacia el lugar de encuentro. A unas seis u ocho millas al este de Nazaret se eleva abruptamente una montaña con una hermosa forma cónica, de unos 1000 pies de altura. Es el monte Tabor («la altura»). Sus laderas cubiertas de árboles, ofrecen desde su cúspide una de las vistas panorámicas más extensas y hermosas de Palestina. Allí se reunió el ejército comandado por Barac y Débora. Las noticias pronto llegaron al campamento central de Sísara. Sus carros, evidentemente, sólo estaban aventajados en los valles, y naturalmente fue hacia el noroeste a la llanura de Jezreel o Asdralón. Éste ha sido siempre, y lo será en el antagonismo final (Ap. 16:16), el gran campo de batalla de Israel. Ahora era la primera de muchas veces que su tierra fértil iba a ser regada con sangre humana.

La batalla de Taanac

Sísara había escogido su posición con una gran habilidad. Al avanzar casi en línea recta por la llanura de Meguidó, su ejército se detuvo a la entrada, y reposó en la antigua ciudad cananea de Taanac (Jue. 5:19, comp. Jos. 12: 21). Detrás, y a su flanco izquierdo, quedaban las montañas de Manasés; ante él se abría la cuenca del valle, fundiéndose con el llano de Asdralón, regado por el Cisón. Hacia aquel llano debía descender el ejército de Barac «a pie», oficiales mal armados y sin experiencia, sin caballería ni carros, y allí precisamente, los 900 carros de Sísara iban a luchar con la mayor ventaja. Ni siquiera se trataba de esas batallas en las cuales los montañeses defienden sus posiciones en lo alto, o descienden rápidamente sobre sus enemigos por estrechos desfiladeros. Todo lo contrario, parecía estar todo en contra de Israel; todo menos una cosa, que Dios había prometido de antemano arrastrar a Sísara y a su ejército al río Cisón, y entregarlos en manos de Barac. Entonces, el Señor se apareció de nuevo como «un hombre de guerra», y luchó a favor de su pueblo. Se dice: «Y Jehová desconcertó», o mejor dicho, «echó en confusión a Sísara y todos sus carros, y todo su ejército». La expresión es la misma que cuando Jehová luchó contra Egipto (Éx. 14:25), y también cuando ante Gabaón Josué ordenó al sol y a la luna que se detuvieran (Jos. 10:10). Indica la interferencia directa del Señor por medio de fenómenos naturales; (comp. también su empleo en 2 S. 22:15; Sal. 18:14; 144:6). Según entendemos en Jueces 5:20-22, una terrible tormenta se precipitó del cielo delante del ejército en marcha.[9] La batalla debió ir hacia Endor, donde se decidió su desenlace definitivo (Sal. 83:9, 10). A continuación, los carros de guerra entraron en una gran confusión, y en lugar de ser una ayuda se convirtieron en una fuente de peligro. Los caballos asustados llevaban la destrucción en las filas del ejército. Rápidamente todos se vieron involucrados en el pánico común. A continuación empezó una confusión salvaje. Era imposible retirarse, y sólo podían intentar la huida por una dirección. Y entonces las aguas del Cisón se habían hinchado y convertido en un salvaje torrente que se llevó a los fugitivos.[10]

Para evitar ser capturado, Sísara saltó del carro y escapó a pie hacia el norte en dirección a Hazor. Había pasado Cadés de largo, y casi alcanzado la salvación. Allí la frontera de Neftalí estaba delimitada por lo que se conocía como «el encinar de las dos tiendas de las divagaciones» (Elón be-Zaanannim).[11] Allí Héber el ceneo había plantado su tienda, tras separarse de sus hermanos, establecidos en el extremo sur en Arad (Jue. 1:16). Al vivir casi en la frontera del dominio de Jabín y no ser realmente israelitas, el clan de Héber había sido dejado en paz, y «había paz entre Jabín, rey de Hazor, y la casa de Héber el ceneo». Pero era una paz sólo exterior, no una paz real. Hay algo salvaje y raro en la aparición de estos ceneos en el escenario de la historia judía. Originalmente eran una tribu árabe,[12] y retuvieron hasta el final la ferocidad de su raza. Aunque estaban entre los israelitas, no parece que se amalgamaran nunca con Israel, y no obstante son más deseosos de ser israelitas que cualquiera de la raza escogida. En pocas palabras, estos extranjeros conversos tienen una alianza muy intensa con la nación con la que se han unido, al tiempo que nunca pierden las características de su propia raza. Vemos todo esto, por ejemplo, en la aparición de Jonadab, hijo de Recab (2 R. 10:15), y de nuevo mucho más tarde durante los problemas que cayeron sobre Judá en tiempos de Jeremías (Jer. 35). Jael, «la gamuza», esposa de Héber, significaba entre los ceneos lo que Débora, la «mujer-antorcha», era en Israel, sólo que con las características de su raza desarrolladas plenamente. Halla al fugitivo Sísara en la puerta de su tienda. Desarma al sospechoso; le invita al reposo y a la seguridad; incluso sacrifica los derechos sagrados de hospitalidad por el bien de sus oscuras intenciones. Hay algo terrible, a la vez que grande, en esta feroz mujer, para quien nada vale excepto la venganza de Israel y la destrucción de su gran enemigo. Todo le parece legal en dicha empresa; todos los medios quedan santificados por el objetivo en vista. Pone a descansar al guerrero cansado; le ha dado lo mejor que ofrece su tienda para su refrigerio. Y entonces, mientras duerme en su sueño profundo, saca a hurtadillas una de las largas barras de hierro a las que se atan las cuerdas de la tienda, y con un pesado martillo se lo clava en las sienes una, dos y hasta tres veces. Poco después Barac (un «relámpago» en la persecución y en la batalla) llega al lugar. Jael corre la cortina de la tienda y le muestra el cadáver ensangrentado. En silencio Barac da la espalda al terrible espectáculo. Pero el poder de Jabín y su dominio quedan destruidos para siempre desde entonces.

6. Éste es el significado de la palabra según aparece en Éxodo 12:21.

7. Esto lo inferimos, puesto que no podía servir para nada reunir las tribus tan al norte, mientras que sin lugar a dudas atrajo la atención del enemigo.

8. Así, y no como se indica en algunas traducciones: «subió con 10.000 hombres en sus pies».

9. También Josefo (*Ant.* V. 5. 6).

10. La batalla debe ser leída en relación con la canción de Débora (Jue. 5), que ofrece más detalles.

11. Comp. Jos. 19:33.

12. Eran madianitas, descendientes de Abraham por Ceturá, sin lugar a dudas una tribu beduina.

Según advertimos nosotros, no hay en la Escritura ni una palabra de aprobación de un acto tan terrible de engaño y violencia, ni siquiera en la alabanza que Débora da a Jael en su cántico. No era como la guerra de Débora ni como la batalla de Barac, sino estrictamente ceneo. Su alianza con la causa del pueblo de Dios, su coraje, su celo, eran ismaelitas; su manifestación fanática, salvaje, sin escrúpulos, pertenecía a la raza de la que procedía, a las tradiciones en medio de las cuales había sido criada, y a la sangre de fuego que corría por sus venas; no eran de Dios ni de Su palabra, sino de la época y la raza de ella. La historia pagana cuenta actos parecidos, y los recoge con el mayor encomio;[13] la Escritura con un solemne silencio. Pero, a pesar de esto, Jehová reina y la fiera árabe fue la espada de su mano.

Cántico de Débora

I. Entonces cantaron Débora y Barac aquel día, diciendo:

2. Por el ondear libre del pelo largo,[14]
Por la libre dedicación del pueblo,
Alabad a Jehová.
3. Oíd reyes, escuchad gobernantes,[15]
Yo cantaré a Jehová,
Cantaré salmos[16] a Jehová, el Dios de Israel.
4. Jehová, cuando viniste de Seír,
Cuando saliste de los campos de Edom,
La tierra tembló, y también los cielos dejaron caer,
Incluso las nubes dejaron caer agua.[17]
5. Las montañas se estremecieron ante Jehová;
Este Sinaí ante Jehová, el Dios de Israel.[18]
6. En los días de Samgar, el hijo de Anat,
En los días de Jael,[19] *cesaron los caminos,*[20]
Y los que iban por senderos, fueron por caminos indirectos.
7. *Desierto estaba el campo abierto*[21] *en Israel*
Hasta que yo me levanté, Débora,
Me levanté, una madre en Israel.
8. Escogieron nuevos dioses,
Luego la guerra estaba a la puerta,
Si se veía un escudo o una lanza
Entre cuarenta mil en Israel.[22]
9. Mi corazón para con los gobernantes de Israel,
Los que se prometieron (dedicaron) libremente en el pueblo.
Alabad a Jehová.
10. *Vosotros los que montáis asnas blancas,*[23]
Vosotros que os sentáis en ropas,[24]
Vosotros que andáis por el camino; considerad.[25]
11. Por el ruido (sonido, voz) de los arqueros
entre los pozos de agua.[26]
Allí se entrenan los actos justos[27] de Jehová,
Los actos poderosos de Su país abierto[28] de Israel.
Entonces bajó a las puertas de la ciudad el pueblo de Jehová.

PARTE II

12. Despierta, despierta, Débora,
Despierta, despierta, pronuncia una canción;
Levántate, Barac, y lleva cautivos a mis cautivos, hijo de Abinoam.
13. Entonces descendió un remanente de los poderosos, del pueblo,
Jehová descendió por mí entre los héroes.
14. *Desde fuera de Efraín, su raíz en Amalec;*[29]
Después de ti: Benjamín entre tus naciones;[30]
Desde Macir[31] descendieron los que gobiernan,
desde Zabulón los que sacan el cayado del escritor.[32]
15. Pero los príncipes de Isacar *estaban* con Débora;
E Isacar el fundamento[33] de Barac,
Abalanzándose a pie en el valle.
Por los riachuelos de Rubén grandes resoluciones del corazón.[34]
16. ¿Por qué habitas entre los rediles
Para oír las flautas de los rebaños?
Por los riachuelos de Rubén grandes consideraciones del corazón.
17. Galaad habita al otro lado del Jordán.[35]
Y Dan, ¿Por qué pasar sobre los barcos?
Aser se sienta junto a la orilla del mar,
Y cerca de sus bahías reposa.
18. Zabulón un pueblo que pone su vida en peligro de muerte,
Y Neftalí en los montes del campo.
19. Vinieron reyes, lucharon en la guerra,
Luego lucharon los reyes de Canaán,
En Taanac, junto a las aguas de Meguidó.
No tomaron ningún despojo de plata.
20. Desde el cielo lucharon en guerra,
Las estrellas saliendo de sus caminos pelearon contra Sísara.

---

13. Por ejemplo en el caso de Aretafila en Cirene (Plutarco, *Las Virtudes de las Mujeres*, 19).

14. El lenguaje es extremadamente difícil, y se han propuesto las interpretaciones más distintas. Hemos adoptado la ingeniosa explicación de Cassel, que representa a Israel tomando el voto nazareno por Dios y contra Sus enemigos.

15. Comp. Salmos 2:2. Evidentemente éstos son reyes y príncipes de los paganos.

16. Siempre usado para la canción sagrada con acompañamiento instrumental.

17. Débora empieza con el relato de las grandes hazañas de Dios en la antigüedad en el desierto, el último paralelismo siendo Salmos 68:7, 8. Comp. especialmente Éxodo 19 y Deuteronomio 33:2, y para las expresiones, Salmos 48:5; 114:7; Isaías 63:12; 64:2; Jeremías 10:10; Joel 3:16.

18. Aquí termina la *primera* estrofa de la *primera* división de esta canción. En total hay tres secciones, cada una con tres estrofas. El lector no encontrará ninguna dificultad para ver el progreso del pensamiento.

19. Cassel, a mi parecer gratuitamente, considera a «Jael», no como refiriéndose a la esposa de Héber, sino como el nombre poético de Samgar o Eúd.

20. O estaban desiertos.

21. Es decir, el país con pueblos y ciudades abiertas, en contraste con ciudades amuralladas.

22. Es decir, «el escudo y la espada no fueron vistos». Tan bajo habían caído las fortunas de Israel ante sus enemigos.

23. La expresión es bastante difícil; Cassel la traduce como albardada.

24. Evidentemente, se hace referencia a morar en tiendas, tanto si la palabra se traduce por alfombras, vestiduras o cubiertas.

25. Es decir, el contraste entre la inseguridad de los tiempos anteriores y la actual condición de felicidad. Cassel felizmente señala que, como en Salmos 1:1, se refiere a los tres tipos: los que se sientan, los que están en pie y los que van.

26. El lenguaje resulta muy difícil. A nosotros nos parece que indica el contraste entre el ruido de la batalla y la escena tranqui-la de las doncellas que pueden salir sin temor de las puertas para sacar agua.

27. Los actos justos aquí son los actos *poderosos*, y así lo hemos traducido en la línea siguiente.

28. Parece ser: Sus actos poderosos en relación con, o según se ven en, los pueblos y ciudades sin murallas de Israel.

29. Parece que aquí tenemos una alusión a la *antigua* gloria de las tribus: Efraín, de la cual salió Josué, el conquistador de Amalec.

30. «Naciones», aquí equivale a los paganos, y se refiere a Eúd.

31. Macir es Manasés, Génesis 1:23.

32. Estas dos tribus se distinguieron posteriormente por sus abogacías pacíficas. Tal era la *antigua* gloria de Israel. En la estrofa siguiente, Débora procede a esbozar el estado *actual* de las tribus.

33. En su territorio se libró la batalla; la traducción «fundamento» se debe a los comentarios judíos.

34. Aquí empieza la censura de las tribus que deberían haber participado.

35. Ésta es su petición.

21. El río Cisón los barrió,
Río de encuentros,[36] río Cisón.
Avance mi alma en fuerza.
22. Entonces repiquetearon las pezuñas del caballo
De la carrera y la persecución[37] de los poderosos.
23. Maldito seas Meroz,[38] dice el Ángel de Jehová,
Maldito seas. Malditos sus habitantes,
Porque no acudieron al auxilio de Jehová,
El auxilio de Jehová contra los poderosos.

Parte III

24. Bendita entre las mujeres, Jael,
Esposa de Héber, el ceneo,
Entre las mujeres en la tienda[39] bendita.
25. Le pidió agua y le dio leche,
En la copa del noble[40] trajo la leche cremosa.[41]
26. Su mano sale hacia el clavo de la tienda.
Y su diestra al ponderado martillo de los trabajadores.
Golpea con el martillo[42] a Sísara, su cabeza tiembla,[42]
Se abre[42] y se parten sus sienes.
27. Entre los pies de ella él pierde su aliento, cae, yace,
Entre sus pies él pierde su aliento, cae.
Allí donde pierde su aliento, cae desolado.[43]
28. Allí arriba por la ventana espía y ansiosamente clama
La madre de Sísara, a través de la celosía:
¿Por qué tarda su carro en venir?
¿Por qué se entretienen los pasos de sus carros de guerra?
29. Las sabias de sus princesas responden;
No, ella misma se responde sus propias preguntas:
30. No encuentran, al repartir despojos,
Una doncella, dos doncellas a la cabeza de los guerreros,
Despojo de vestiduras teñidas a Sísara,
Despojo de vestiduras teñidas, pañuelo multicolor,
Una ropa teñida, dos pañuelos multicolores
para los cuellos de la presa.[44]
31. Así perezcan todos tus enemigos, Jehová.
Y que los que le aman sean como el salir del sol en su fuerza.
Y la tierra tuvo reposo durante cuarenta años».

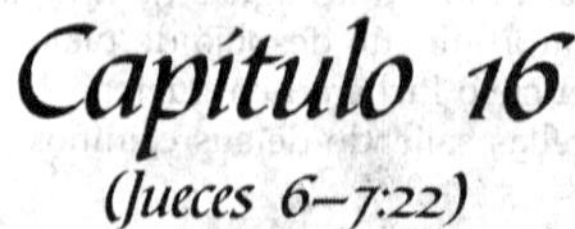

Capítulo 16
(Jueces 6–7:22)

Con el llamamiento de Gedeón empieza el *segundo* período de la historia de Jueces. Duró menos de un siglo. A lo largo de su recorrido los acontecimientos se precipitaban rápidamente hacia la crisis final. Cada relato se narra con todo detalle, como para manifestar los tratos peculiares de Dios en todo momento, la creciente apostasía de Israel y la ineptitud inherente incluso de sus mejores representantes para llevar a cabo una liberación real.

Opresión madianita

El relato empieza, como los anteriores, con una indicación de la renovada idolatría de Israel. En este caso el juicio les llegó a través de los madianitas, a los cuales parece que se unieron los amalecitas y otros «hijos del este». Hacía doscientos años que Israel se había vengado de Madián (Nm. 31:3-11). Y ahora, una vez más desde el lejano oriente, estos nómadas salvajes cruzaron el Jordán, como los beduinos modernos, se establecieron en el llano de Jezreel y descendieron hasta Gaza en el lejano suroeste. Su ocupación de la tierra no era permanente, sino una desolación continua. Tan pronto como salía la dorada producción en los campos, o la siega era almacenada en los graneros, llegaban ellos inesperadamente. Como la plaga de las langostas, no dejaban nada. Aquello que no podían llevarse como despojos, lo destruían. El sentimiento de inseguridad ante la vida y la propiedad era tal que el pueblo se hizo «cuevas en los montes, y cavernas y lugares fortificados», en busca de la seguridad para ellos y sus posesiones. Este terrible azote había empobrecido la tierra durante siete años, cuando el pueblo una vez más pensó en Jehová, el Dios de sus padres, y clamó a él. En esta ocasión, no obstante, antes de dar la liberación, el Señor envió un profeta para que Israel supiera que su culpabilidad era la causa de su desgracia. El llamado al arrepentimiento fue seguido velozmente por el auxilio.

El llamamiento de Gedeón

A cierta distancia en la frontera suroeste de Manasés, cerca de los límites de Efraín, había la pequeña aldea de *Ofrá*,[1] de la familia de *Abiezer*[2] (Jos. 17:2; 1 Cr. 7:18), en apariencia uno de los más pequeños clanes de Manasés (Jue. 6:15). Su jefe o capitán era *Joás*, «fuerza de Jehová», o «firmeza». Así era el Señor de Ofrá. En estos nombres parece que la antigua fe espiritual de Israel seguía presente en medio de la decadencia circundante. Y ahora, bajo la encina junto a Ofrá, de repente, se apareció un desconocido celestial. Era el Ángel de Jehová, el Ángel del Pacto, quien había visitado a Abraham de modo parecido en Mamré (Gn. 18). Sólo había venido allí, en vistas del juicio que estaba al caer, para confirmar la fe de Abraham; para entablar comunión con él; mientras aquí el objetivo era sacar a flote la fe, y demostrar que el Señor estaba preparado para recibir votos y oraciones de su pueblo, si ellos se volvían a él del modo indicado. Esto también puede explicar por qué en un caso el visitante celestial tomó parte en la comida,[3] mientras que en el otro el fuego descendió del cielo y consumió la ofrenda (comp. Jue. 13:16; 1 R. 18:38; 2 Cr. 7:1).

Cerca de la encina había el lagar de Joás, y allí su hijo *Gedeón*[4] estaba sacudiendo el trigo con un palo.[5] Tanto el

36. La traducción común es «río antiguo»; Cassel traduce «río de ayuda». Yo prefiero «batalla», puesto que la raíz es encontrarse, obviam ire. Cisón, «el que tiene meandros». La antigua tradición judía sostiene que esta batalla se libró durante la pascua, y es probable que así sea, puesto que el Cisón crece durante la estación de las lluvias, pero queda bastante seco en verano.
37. En su huida. En el original se repite la misma palabra.
38. Probablemente un lugar cerca de Endor, cuyos habitantes no se unieron en la persecución de Sísara.
39. Las mujeres típicas que viven en tiendas (pastorales y nómadas) como todas las ceneas.
40. Como si se tratase de la copa usada en ocasiones de estado.
41. Nata, o leche espesa (es un error de los intérpretes suponer que era una leche espesada para envenenarle); o también leche de camella.
42. Casi podemos oír los tres golpes de martillo con los que realizó su sangrienta obra.
43. La descripción de los efectos corresponde a los tres golpes del martillo.
44. Con cada una de las doncellas cautivas el guerrero recibía también una prenda teñida con dos pañuelos de muchos colores. En el arduo trabajo de traducir esto, uno de los pasajes más difíciles de la Escritura, el Commentary de Cassel ha sido de gran ayuda, aunque sus propuestas sean a menudo demasiado imaginativas.

1. *Ofrá* significa aldea. Hay que distinguir esta Ofrá de la de Benjamín.
2. «Mi padre *es* ayuda».
3. El *Targum* escribe: «parecían comer», y Cassel argumenta que, puesto que no tenían una humanidad real, tampoco lo era su acción de comer. Esto, evidentemente, es muy distinto de cuando el Señor comía, que era real, puesto que su humanidad y su cuerpo eran reales y verdaderos.
4. «El que corta y hace caer», un guerrero.
5. La palabra del original da este significado.

lugar como el modo de trillar eran bastante anormales, y sólo explicables por la necesidad de esconderse, y la constante aprehensión que en un momento inesperado alguna banda salvaje de madianitas se precipitara sobre él. Si, según se desprende del saludo del Ángel, Gedeón era un héroe fuerte, y si, según inferimos de su respuesta, los recuerdos y pensamientos sobre las antiguas hazañas de Jehová en favor de Israel habían hervido en lo profundo de su corazón, podemos comprender cómo las humillantes circunstancias bajo las cuales estaba trabajando en la posesión de su padre recibida de Dios, en uno de los puntos más remotos de la tierra, debieron llenar su alma de tristeza y nostalgia. Es justo cuando el «guerrero fuerte» está en su punto más bajo, que el Mensajero del Pacto de repente se aparece delante de él. No solamente el resplandor de su rostro y forma, sino también el tono con el que hablaba, y aún más sus palabras, impresionaron inmediatamente las cuerdas del corazón de Gedeón. «Jehová sea contigo, héroe poderoso.» Así, pues, el que hablaba era uno de los pocos que miraba a Jehová como un ayudador; y expresaba tanto creencia como confianza. ¿Y no había en esa apelación, «guerrero poderoso», un sonido parecido al eco de las esperanzas nacionales, como un llamado a las armas? El Ángel se ganó por lo menos una cosa inmediatamente. Se trata de lo que el Ángel de su Presencia *siempre* ganaba en primer lugar: se trata de *la confianza del corazón de Gedeón*. Ante un forastero desconocido, él expone sus dudas más íntimas, dolores y temores. No es que ignore los anteriores tratos de Jehová, ni que cuestione su poder actual, sino que él cree que, si Jehová no se hubiese apartado de Israel, sus calamidades actuales no hubiesen quedado sobre ellos. La conclusión era justa y cierta, hasta donde alcanzaba; porque la prosperidad de Israel o sus sufrimientos dependía de la presencia o ausencia de Jehová. Así, la confesión de Gedeón es en verdad *una confesión del pecado de Israel*, y *de la justicia de Jehová*. Era *el principio del arrepentimiento*. Pero Gedeón todavía tenía que aprender otra verdad: que Jehová se volvería de su ira, si Israel simplemente volvía a él; y aún otra lección *para sí mismo*: poner *la confianza personal en la promesa de Dios*, puesto que se basaba en Su pacto de amor, y ello tanto si los medios exteriores que se debían usar parecían adecuados como no.

Pero Gedeón estaba preparado para aprender todo esto; y, como siempre, el Señor enseñó a su siervo *gradualmente*, tanto por la palabra como por la vista con la cual la confirmaba. La respuesta del Ángel no podía dejar ninguna duda en la mente de Gedeón de que tenía delante de él un mensajero celestial, quien prometía que por medio de él Israel sería salvado, simplemente porque *Él* le enviaba. No es necesario suponer que Gedeón comprendió que aquel mensajero del cielo era el Ángel del Pacto. Al contrario, la revelación fue muy gradual. Tampoco parecen extrañas las preguntas de Gedeón, pues son preguntas, mas bien que dudas. Mirando alrededor, a su tribu, su clan, su propia posición en él, parecía muy poco probable que la ayuda viniera por medio de él, y, si tenemos en cuenta todas las circunstancias, era en verdad poco probable. Ante todo esto sólo había una respuesta contundente: «yo estaré contigo». La única duda que quedaba ahora: ¿quién era este gran Yo Soy?; y esto lo intentó solucionar Gedeón «pidiendo una señal», no una señal para su incredulidad, sino una señal relacionada con adoración y sacrificio. Jehová se la concedió. Como cuando Moisés quería conocer a Dios, él reveló no su ser sino su carácter y sus caminos (Éx. 33:18; 34:6), ahora se reveló a Gedeón no sólo como quien había hablado con él, sino también que su «nombre» era «Jehová, Jehová Dios, misericordioso y lleno de gracia, longánime, abundante en bondad y verdad, haciendo misericordia a millares, perdonando iniquidad, transgresión y pecado».

Sería fatal para nuestra adecuada comprensión espiritual de este caso, como en otros relatos bíblicos, intentar introducir en todo esto nuestro conocimiento, ideas y punto de vista. Al recordar las circunstancias de la nación, de Gedeón y de Israel; al recordar también el nivel de conocimiento espiritual que podían conseguir en aquel período, y la dificultad para estar realmente seguro sobre *quién* era el que hablaba, podemos comprender la solicitud de Gedeón (VI, 1-17): «Hazme una señal de que TÚ (eres aquel) que está hablando conmigo».[6]

El juicio comienza en la Casa de Dios

Es difícil imaginar qué señal especial estaba esperando Gedeón. Probablemente no se había formado ninguna idea definida. Bastaba con ofrecer un don en sacrificio; el resto lo dejaría en manos de Él. Y trajo de lo mejor: una cría de cabra, y en cuanto a las «tortas», que se debían ofrecer con ello, tomó un efa entero de harina, es decir, mucho más de lo que se solía usar. Pero él realiza todo el ministerio solo, porque nadie debía saberlo. Para poder prescindir de la ayuda pone la carne y las tortas en el «cesto de pan»,[7] «y el caldo en una olla». Siguiendo instrucciones del Ángel, dispone su ofrenda sobre una roca. Luego el Ángel lo toca con el extremo de su bastón; sale fuego de la roca y consume los sacrificios; y el Ángel desaparece de su vista. En esto hay una respuesta para todas las preguntas de Gedeón, y también una profunda enseñanza simbólica. Pero ahora el corazón de Gedeón se llena de un nuevo terror. ¿Puede un ser como él, habiendo visto a Dios, vivir? Jehová también responde a esto, y con una respuesta para todos los tiempos: «Paz a ti (no tengas temor) no morirás». Y en perpetua memoria de ello (no para futura adoración) Gedeón construyó un altar en el lugar,[8] y le dio el nombre, «Jehová-Paz».

Había terminado una parte, pero tenía que empezar otra. Jehová había hecho el llamamiento, ¿estaba Gedeón dispuesto a responder? Porque *el juicio debe comenzar ahora en la casa de Dios*. Nadie es apto para Su obra en el mundo hasta que la ha empezado en sí mismo y en su propia casa, y ha sacado todo pecado y rebelión, por difícil que resulte la tarea. Era de noche cuando llegó la orden de Jehová. Esta vez no había ni duda ni secreto en cuanto al procedimiento de Gedeón. Obedeció las instrucciones de Dios literal e inmediatamente. Tomó diez de sus siervos; primero derribó el altar de Baal y cortó el *Aserá* (la vil imagen del vil servicio de Astarte) que estaba sobre él.[9] Un altar fue destruido, pero se erigió otro. Porque el altar de Jehová no podía ser elevado hasta que el de Baal hubiese sido echado. Ahora, pues, fue construido y no en algún lugar escondido, sino en «la cumbre de su defensa» (en la cumbre del monte donde estaba el fuerte, o tal vez sobre el lugar donde el pueblo solía ir en busca de refugio de los madianitas). Sobre este altar Gedeón ofreció el «segundo toro de siete años» de su padre (la edad se refiere a la duración de la opresión madianita), y emplea al mismo tiempo la madera del *Aserá* para el holocausto. Dicha reforma no podía estar escondida y tampoco existía

6. Traducción literal.
7. Éste es el significado generalizado de la palabra.
8. La anotación añadida de la continuidad hasta los días del escritor da cierta indicación sobre la fecha de redacción de este libro.
9. Los dos estaban muy relacionados, y constituían el contraste más grosero contra el servicio puro de Jehová.

la intención de esconderla. El altar de Baal y su Aserá eran en verdad de Joás, pero sólo como jefe de un clan. Y cuando a la mañana siguiente los abiezeritas clamaban pidiendo la muerte del supuesto blasfemo, Joás, cuya valentía y fe parecen haber sido despertadas de nuevo por la osadía de su hijo, convenció a su clan del fracaso de su idolatría con un argumento irrefutable, extraído de la propia conducta de ellos. Exclamó con lo que parecía una condenación: «¿Saldréis vosotros en defensa de Baal? ¿Le vais a salvar? Cualquiera que contienda por él, que muera esta mañana.[10] Si es un dios, contienda por sí mismo con el que derribó su altar. Y le llamaron aquel día Jerobaal[11] (que Baal luche), esto es: contienda Baal contra él, por cuanto derribó su altar».

La Guerra Santa

Gedeón se había purificado a sí mismo y su casa, y se había preparado para la obra del Señor. E incluso se había asegurado otro resultado importante. Baal había sido puesto a prueba y se había demostrado su impotencia. La idolatría había recibido un duro golpe por toda la tierra. En Ofrá, al menos, el culto de Jehová era el único profesado. Además, todo el clan de Abiezer, y, más allá, todos los que oyeron acerca de la hazaña de Gedeón, perpetuada incluso en su nombre, habían sido preparados para mirarle como su líder. La ocasión para ello pronto apareció. Una vez más, los beduinos madianitas cruzaron el Jordán; una vez más, sus tiendas cubrían la llanura de Jezreel. Ahora o nunca (ahora, antes de que empezaran de nuevo sus asaltos destructivos, o nunca bajo Gedeón) tenía que levantarse Israel. Y ni siquiera así se movió por su propia iniciativa. Con el lenguaje muy expresivo de la Escritura: «El Espíritu de Jehová invistió a Gedeón»,[12] como una vestidura, o mejor como una armadura. Y sólo después de esto hizo sonar la trompeta de alarma. Primero, llamó a su clan Abiezer. Luego, rápidos mensajeros llevaron las noticias por todo Manasés, y se reunió esa tribu. Otros mensajeros se apresuraron por la costa (para evitar a los madianitas) por Aser hacia el norte a Zabulón y Neftalí, y ellos como Aser, que antes no habían luchado con Barac, obedecieron a la convocación.

Todo estaba preparado, pero Gedeón aún buscaba una cosa. No era por incredulidad, ni por debilidad de fe, que Gedeón pidiera una señal del Señor, o mejor dicho una prueba, una prenda de su presencia. Aquellas horas de la historia de los héroes de Dios, cuando, en la vigilia de una gran hazaña de la fe más sublime, el espíritu lucha con la carne, son tiempos santos, a los cuales la crítica superficial de una profesión simplista, que nunca ha sufrido la presión de una prueba extrema, no puede ser aplicada sin una grosera presunción. Cuando se ve que en tales horas de agonía el alma echa su carga sobre el Señor, sentimos que estamos en terreno santo. Es como un barco majestuoso en terrible galerna, todas la vigas y la madera bajo la máxima presión, pero se endereza al final y alcanza el puerto a salvo.[13] O bien como un seguimiento cercano de Jesús en el jardín de Getsemaní, con su agonía, su oración y su victoria. En su substancia, aunque no en sus circunstancias, es la misma lucha que vemos en la noche cuando Jacob oró: «No te dejaré ir si no me bendices»; igual que cuando, muchos siglos más tarde, el bautista envió a sus discípulos a preguntar a Jesús: «¿Eres tú él, o esperaremos a otro?»

La «señal» era de elección propia de Gedeón, pero Dios se la concedió por la gracia. Era doble. La primera noche el vellón de lana extendido en el suelo tenía que estar lleno de rocío, pero todo el suelo a su alrededor debía estar seco. No obstante, esto podría admitir cierta duda, ya que el vellón podía atraer el rocío por su naturaleza. Por ello, pues, la noche siguiente la señal fue invertida, y sólo el vellón quedó seco, mientras que el suelo de su alrededor estaba mojado por el rocío. El significado simbólico de la señal es fácil de ver. Israel era como aquel vellón de lana, esparcido por la amplia extensión de las naciones. Pero, mientras que toda la tierra de alrededor estaba seca, Israel estaba lleno del rocío, como símbolo de su bendición divina.[14] Y la segunda señal significaba que también provenía de Dios, cuando, durante la apostasía de Israel, el suelo de los alrededores estaba mojado, y el vellón del rebaño de Jehová era el único en quedar seco.

La batalla nocturna de Moré

«Por Jehová y por Gedeón.» La fe que había puesto a Dios a prueba de este modo iba a ser puesta bajo la más severa prueba. El campamento de Israel estaba establecido en las alturas; probablemente sobre una cresta del monte Gilboa, que parece haber tenido el nombre de Galaad. A su pie brotaba «la fuente Harod» (posiblemente la misma que ahora tiene el nombre de *Jalood*. Más allá estaba el monte *Moré* (del verbo «indicar», «dar instrucciones»), y al norte, en el valle,[15] quedaba el campamento de Madián, con 135.000 hombres fuertes (Jue. 8:10), mientras que el número de los de Israel alcanzaba solamente 22.000. Pese a ello, eran de- masiados, al menos para Jehová, «para entregar a los madianitas en su mano, no sea que Israel se jacte contra mí, diciendo, mi propia mano me ha salvado». De acuerdo con una indicación divina anterior (Dt. 20:-8), se proclamó que todo el que tuviera miedo «vuélvase y dé la vuelta[16] desde el monte Galaad».[17] No obstante, Gedeón debió quedar sorprendido, cuando, como resultado de esto, se encontró con sólo 10.000 hombres. Pero incluso éstos eran demasiados. Para «purificarlos» (como por refinamiento, porque este es el significado de la palabra), Gedeón les debía llevar a la fuente Harod, donde los que iban a ir a la guerra serían separados del resto.[18] Cuantos lamían el agua de su mano con la lengua (de la mano en forma de cuenco), como lame agua un perro, irían con Gedeón, los demás volverían, cada

10. Es decir, Si alguien quiere vindicar a Baal hoy que muera; esperad a mañana para darle tiempo.

11. En 2 Samuel 11:21 se le denomina Jerubbeset *–beset*, «vergüenza», es un nombre vergonzoso en vez de Baal. ¿Da esto alguna indicación acerca del significado de los nombres Isboset y Mefiboset? En 1 Crónicas 8:33, 9:39, por lo menos Isboset es llamado Isbaal, mientras que en 1 Crónicas 8:34 tenemos Meribbaal («lucha de o contra Baal») en lugar de Mefiboset («gloria» o «exclamación» de Baal).

12. Así se traduce Jueces 6:34, literalmente.

13. Este pensamiento se ve hermosamente en uno de los Himnos de San José de Studium (traducido por el Dr. Neale en sus *Hymns of the Eastern Church*).

14. Génesis 27:28; Deuteronomio 33:13; Proverbios 19:12; Isaías 26:19; Oseas 14:5; Miqueas 5:7.

15. «Y acamparon sobre la fuente de Harod, y el campamento de Madián estaba al norte, desde el monte de Moré en el valle» (Jue. 7:1).

16. Traducción literal; posiblemente refiriéndose a caminos tortuosos.

17. Galaad probablemente fuese otro nombre de Gilboa. Cassel sugiere que equivale a *Manasés*.

18. Primero la promesa divina, y *luego* el mandamiento divino para nuestra fe (Jue. 7:7). Y siempre es así.

uno a su lugar. Únicamente trescientos fueron dejados, y con éstos declaró Dios que salvaría, y entregaría a los madianitas en la mano de Gedeón. Si nos preguntamos acerca de la base racional de este medio de clasificación, concluimos, evidentemente, que escogía a los guerreros más valientes y ardientes,[19] que no se postraban para arrodillarse, sino que apagaban la sed rápidamente con la palma de su mano, para apresurarse hacia la batalla. Pero la tradición judía le asigna otro significado más profundo. Declara que arrodillarse era típico del servicio de Baal, y que por ello arrodillarse para beber cuando estaban agotados traicionaba la costumbre de los idólatras. Así los trescientos iban a representar al ejército de Israel; «todas las rodillas que no se habían doblado a Baal» (1 R. 19:18)[20] Los que habían sido seleccionados entonces «tomaron su avituallamiento del pueblo[21] en sus manos, y las trompetas»; los demás fueron despedidos.

Aquella noche la pequeña compañía de Israel ocupó una posición avanzada en la cima de una montaña empinada, que cuelga sobre el valle de Jizreel.[22] Es probable que escondido por un refugio de bosque y viñedos, el enorme y desordenado campamento de Madián se extendía a sus pies. Aquella noche llegó la orden divina a Gedeón de que descendiera al campamento, porque Dios lo había entregado en su mano. Y no obstante, tanto como concesión a la debilidad de Gedeón, como para mostrar cuán perfectamente Dios había preparado la victoria, Dios le permitió asesorarse personalmente antes sobre el estado del campamento de Madián. En silencio, Gedeón y su paje *Furá* («la rama») saltaron de roca en roca, por encima del lugar donde la última patrulla de la guardia avanzada[23] mantenía la guardia alrededor del fuego del campamento. Allí escucharon la historia de un extraño sueño. Tanto el sueño como su interpretación tienen el peculiar carácter oriental. Ambos debieron causar una profunda impresión en aquellos hijos del desierto, y, una vez comunicado a la siguiente patrulla, al ser relevado el primer guarda por el segundo, debió prepararles para el pánico que, empezando por la guardia avanzada, pronto iba a esparcirse por todo el campamento. El sueño era éste: «He aquí un pan de cebada que rodaba hasta el campamento de Madián, y llegó a la tienda (la principal, la del general), y la golpeó, y la tienda cayó, y la trastornó desde arriba[24] y cayó». A lo que su compañero respondió: «Esto no es otra cosa que la espada de Gedeón, hijo de Joás, un hombre de Israel; Dios[25] ha entregado en su mano a Madián y a todo su campamento». Tan magnífico pareció el sueño y su interpretación, que, cuando Gedeón y su paje de armas lo oyeron, se postraron, sabiendo sin duda que Dios les había dado la victoria. En verdad, el milagro de la victoria había empezado con el relato de este sueño.

Hay un aspecto tan pictórico y tan verosímil en los detalles sobre este relato, que casi vemos los hechos representados ante nosotros. Ese campamento de beduinos, como langostas en su número, con sus esposas, hijos y camellos, como la arena de la orilla del mar; luego el fuego vigía siendo el único con el cual se mantenía la guardia; la conversación en el fuego del campamento; el sueño tan peculiarmente beduino, y su rápida interpretación, no menos característica de oriente (y no obstante todo organizado y preparado por Dios) mientras que aquella pequeña compañía de trescientos israelitas permanece escondida en los montes vecinos, y Gedeón y su «hombre joven», están muy cerca, detrás de las grandes sombras que proyecta el fuego de la guardia, escondidos tal vez en la larga hierba. Luego el sueño. Todo era bastante natural, y, no obstante, muy poco natural. Los madianitas, especialmente la guardia avanzada que estaba más cerca de Israel, no podían ignorar que Gedeón y su hueste ocupaban los montes cercanos. La fama debió extender y posiblemente exagerar el «gran valor» de Gedeón y el valor de sus seguidores, mientras que los números reducidos de Gedeón, evidentemente, no eran conocidos, puesto que se habían retirado por caminos circundantes. Además, los madianitas también debían saber que para Israel era una guerra religiosa; y tampoco debían ignorar el poder de Jehová. Los temores inspirados por todo esto se manifiestan en la interpretación del sueño. Pero el sueño mismo era el resultado de los mismos sentimientos. El pan de cebada se consideraba el alimento más pobre; a pesar de ello un pan de esta despreciada provisión de esclavos golpea la tienda del líder, la invierte, y cae. Aquí tenemos un cuadro soñado de Israel y de su victoria; todo bastante natural, pero maravillosamente soñado y explicado justamente en aquel preciso momento. Y no obstante, a menudo los sueños, excitados por causas naturales, se relacionan, por el designio de Dios, con los pensamientos que llegan de manera sobrenatural. A lo largo de toda esta historia hemos notado cómo a menudo, lo que parecía suceder de un modo bastante natural, era usado por Dios de modo milagroso, y cómo lo sobrenatural se relacionaba con lo que, más o menos, tenía su contraparte en el curso normal de la naturaleza. Así había sido en la historia de Moisés y de Israel; fue así cuando Josué derrotó a los reyes aliados antes de Gedeón, y cuando Barac se enfrentó con los invencibles carros de Sísara. En todos estos casos era el Señor quien concedía la victoria milagrosa a través de una impresionante tormenta. También fue así, en aquellos momentos cuando los pensamientos del pasado e incluso del presente de Israel debían estar ardiendo en lo profundo del corazón de Gedeón, que el ángel se puso delante de él. Incluso si fue con unos medios perfectamente naturales que Dios separó de los demás a los trescientos que no habían doblado su rodilla a Baal, y que eran los únicos que tenían que ir a la guerra santa, estos pensamientos no quitan gloria a lo sobrenatural, sino que lo hacen más maravilloso. Y, al mismo tiempo, parece que nos lo acercan más, hasta que nos sentimos dentro de su círculo, y nos damos cuenta de que incluso «nuestro pan de cada día» nos llega directamente desde el cielo.

Gedeón y Furá volvieron a su hueste que les esperaba. Les contó en susurros lo que había presenciado. A continuación, los trescientos se dividen en tres compañías. No se aferran a una espada desnuda, porque aquella noche no luchará Israel, sino que lo hará Jehová. Cada hombre tiene una trompeta en una mano, y en la otra, escondida en un cántaro, una tea ardiendo. Cada uno de ellos tenía que hacer lo que hiciera el líder. En silencio se deslizan alrededor de tres partes del campamento de Madián. La guardia acaba de ser relevada, y los nuevos vigías se han situado silenciosamente junto al fuego de la guardia. Repentinamente se oye

---

19. Josefo (*Ant.* V. 6, 3) sostiene que los trescientos eran los más débiles de corazón. Pero seguramente es poco razonable suponer que, una vez despedidos todos los que tenían temor, se escogiera a los débiles de corazón.

20. Cassel intenta hallar un significado especial en la comparación: «como lame un perro», como si se refiriera a algún tipo de perro (del cual hablan los antiguos y el Talmud), que solía lanzarse en la garganta de los cocodrilos cuando dormían, y los mataba.

21. Éste parece ser el significado real de Jueces 7:8, tanto si se cree necesario o no enmendar el texto.

22. Así entendemos nosotros la expresión: «Y el campamento de Madián estaba debajo de él en el valle».

23. Jueces 7:11: «El final de la guardia avanzada»; éste último parece ser el significado de *Camusín*. Ver Josué 1:14.

24. De modo que la parte superior estuviese debajo.

25. «Los Eloim», en forma enfática, con el artículo.

una sola trompeta, y luego trescientas. Por aquí y allá, por doquier se alza el sonido de la guerra. La noche se llena de terrores. Luego, con un gran estruendo, se rompen trescientos cántaros; trescientas teas resplandecen en la oscuridad; trescientas voces chillan: «La espada por Jehová y por Gedeón». ¡El enemigo ha rodeado el campamento! Nadie sabe cuántos son. El sonido de la trompeta se repite insistentemente y las teas se balancean. El campamento se alza. Hombres, mujeres, niños, camellos, todos se apresuran aterrorizados y corren en la oscura noche. Todos saben que el enemigo está en medio de ellos, y que el vecino que se encuentran es un israelita, porque a su alrededor, por todas partes, todavía se oye el sonido de la trompeta de guerra, resplandecen las teas y se elevan gritos de guerra. La espada de los hombres se vuelve contra su vecino. Muchos mueren o son arrollados, y sus gritos y aullidos aumentan el terror de aquella salvaje noche. A continuación, un pánico desesperado, y luego a la luz de la mañana, el campamento y el camino de los fugitivos están sembrados de cadáveres.[26]

Capítulo 17
(Jueces 7:23-9)

La marea de la batalla se desplazó hasta el Jordán. Parece ser que los fugitivos se separaron en dos cuerpos principales. Los más rápidos, liderados por Zeba y Zalmuná, consiguieron cruzar el Jordán, y corrieron hacia el desierto; mientras que el cuerpo principal del ejército, cargados con mujeres y rebaños, huyeron hacia el sureste, intentando alcanzar los fuertes más meridionales en el territorio de las posesiones de Isacar, y casi en línea recta con las de Efraín. Los dos reyes eran el objetivo de la persecución personal de Gedeón, en la cual estaban con él Neftalí, Aser y Manasés, que acababan de ser despedidos de la batalla. Para adelantar al otro cuerpo de fugitivos, Gedeón convocó a los efrainitas, indicándoles que ocupasen «las aguas», o afluentes del Jordán, en Bat-bará (la casa de las fuentes) y el Jordán. El éxito de Efraín fue completo. Parece ser que se libró una gran batalla (Is. 10:26), en la cual los líderes madianitas, Oreb y Zeeb («el cuervo» y «el lobo») fueron tomados y ejecutados. Los efrainitas siguieron con la persecución de los fugitivos hasta el otro lado del Jordán llevando con ellos las cabezas ensangrentadas de Oreb y Zeeb a Gedeón. Resulta extraño y triste que su primer encuentro con Gedeón después de esta victoria fuese de reproches y conflictos, por no haber sido convocados antes para la guerra; conflictos provocados por las envidias tribales que influenciaron negativamente toda la historia de Efraín. La respuesta de Gedeón tampoco fue mucho más satisfactoria que la ruidosa afirmación de ellos (8:1-3). Al menos a nosotros nos suena más a diplomacia oriental que a una explicación directa del guerrero de Dios.

Progreso de Gedeón

Mientras Efraín ocupaba «las aguas» y los fuertes del Jordán, Gedeón había cruzado el río por el lugar donde Jacob antiguamente entrara en Canaán a su vuelta de Padán

«Hacía doscientos años que Israel se había vengado de Madián (Nm. 31:3-11). Y ahora, una vez más, desde el lejano oriente, estos nómadas salvajes cruzaron el Jordán, como los beduinos modernos, se establecieron en el llano de Jezreel y descendieron hasta Gaza en el lejano suroeste.»

Madianitas y moabitas pactaron frecuentemente contra Israel. Este guerrero moabita es de esa época y fue descubierto en Jordania (Museo del Louvre).

26. Es interesante ver que tanto la historia clásica como la moderna recogen sorpresas nocturnas parecidas, con el subsiguiente pánico y matanza, aunque, evidentemente, sin el carácter milagroso de este relato.

Arán. «Exhaustos, pero todavía persiguiendo», el grupo llegó a *Sucot;* pero sus «príncipes» rechazaron proveer incluso de las provisiones más útiles a los hombres de Gedeón. Los habitantes del vecino Peniel actuaron del mismo modo desalmado; sin lugar a dudas por el total desinterés en la causa de Dios, por cobardía, y, sobre todo, por el desprecio para con el pequeño grupo de 300 hombres, con los cuales Gedeón había salido en persecución de la flor del ejército de Madián. Habían calculado el resultado por los medios externos empleados, pero estaban destinados a sufrir muy pronto las consecuencias de su temeridad. Dando una vuelta hacia el este, por el desierto, Gedeón avanzó por la retaguardia de Madián, y cayó inesperadamente sobre el campamento de Carbor, defendido por 15.000 hombres dirigidos por Zeba y Zalumná («sacrificio» y «protección rechazada»). La sorpresa acabó con la derrota y la huida, los líderes madianitas hechos prisioneros y llevados al otro lado del Jordán. A su paso,[1] Gedeón «dio a los hombres de Sucot una lección», castigó a sus gobernantes[2] (un total de setenta y siete, probablemente consistía en cinco o siete «príncipes» y setenta o setenta y dos ancianos), mientras que en el caso de Peniel, que parecen haber ofrecido una resistencia armada a la destrucción de la ciudadela, «los hombres de la ciudad» fueron ejecutados.

El final de los cautivos principescos de Gedeón no quedó dudoso. Parece ser que él les hubiese perdonado la vida de no haber participado personalmente en la matanza de sus hermanos, (que posiblemente se dio al comienzo de la última campaña y mientras los madianitas mantenían la posesión de Jezreel), posiblemente en condiciones de traición y crueldad, provocadas tal vez por las noticias de que Gedeón había izado la bandera de la resistencia. Gedeón seguramente trajo[3] a los dos príncipes para investigar los hechos en el lugar, o simplemente se enteró a su vuelta. De todos modos, los dos madianitas no sólo confesaron sus hazañas sino que además se gloriaban de ellas. Por la ley de la venganza ahora debían morir, aunque las dudas del hijo de Gedeón les libró de la humillación de caer por la mano de un joven.

Entonces la liberación de Israel era completa. Se había realizado de un modo totalmente insospechado, y aparentemente con unos medios bastante inadecuados. En esas circunstancias, es natural que, en la medida que el pueblo no reconocía la actividad directa de Jehová, exaltaran a Gedeón como su gran héroe nacional. En consecuencia, le ofrecieron el gobierno hereditario sobre, por lo menos, las tribus del norte. Gedeón tenía el suficiente discernimiento espiritual y fuerza para resistir esta tentación. Sabía que había sido llamado a una obra sólo temporal, y que el «gobierno» que deseaban darle no podía ser hereditario. Cada «juez» tenía que ser llamado de modo especial, y habilitado por la influencia del Espíritu Santo. Además, no se trataba, como después de la ascensión de nuestro bendito salvador, de una morada permanente del Espíritu Santo como una persona, sino que consistía en ciertos efectos producidos por su acción. La propuesta de Israel, pues, sólo podía proceder de malos entendidos carnales, y debía ser rechazada.

---

1. En Jueces 8:13 la traducción debería ser, «desde el ascenso de Heres», probablemente una montaña junto a la cual vino él, en vez de «antes de que saliera el sol».

2. La nota de 8:14 (traducida literalmente), que el chico «escribió por él» los nombres de los príncipes, es interesante porque indica el estado de la educación incluso en una región tan remota.

3. Deducimos que sucedió en Jezreel o en Ofrá por el hecho de que el hijo de Gedeón se había unido a él: 8:20.

Pero Gedeón mismo no era inmune a otra tentación y error. Dios no sólo le había llamado para la liberación temporal de Israel, sino también para la espiritual. Había derribado el altar de Baal; había construido el de Jehová y ofrecido en él un sacrificio aceptado. Silo estaba desértica y el sumo sacerdote parecía dejado de lado. Ofrá había sido convertida en lo que Silo debería haber sido, y Gedeón había tomado el lugar del sumo sacerdote.

El efod en Ofrá

Todo esto había sido por mandamiento explícito divino y sin ninguna referencia a los servicios del tabernáculo. Además, el oficio de Gedeón nunca fue llamado de nuevo. ¿No debía ser hecho permanente ahora, al menos en su persona? La conservación de la fe de Israel había sido confiada a su mano fuerte; ¿debía abandonarlo en las débiles manos de un sacerdocio que había demostrado ser incapaz de recibir dicha confianza? A esta tentación sí sucumbió, cuando pidió al pueblo los varios ornamentos de oro, tomados como despojos del enemigo.[4] El oro recogido llegaba a siete mil siclos, o un peso de casi cincuenta libras. Con esto Gedeón hizo un efod, sin duda alguna añadiendo el pectoral del sacerdote y sus piedras preciosas, y el Urim y Tumim. Aquí empezó un culto falso. Pronto, Israel iba a Ofrá y «se prostituyó tras ello», mientras que para Gedeón y su casa fue «un tropezadero».[5]

De hecho, la misma incomprensión que culminó con la arrogancia de Gedeón al concederse a sí mismo las funciones de sumo sacerdote, aparecieron casi inmediatamente después de la victoria nocturna de Jehová sobre Madián. Incluso su respuesta a las quejas envidiosas de Efraín no suenan como el lenguaje directo de uno que ha enviado a millares de Israel a sus casas para luchar sólo con trescientos hombres. También encontramos algo que al menos parece venganza mezquina en sus tratos con Sucot y Peniel; mientras que resulta difícil entender cuál sea la base, si no es la relación personal, por la que hizo que las vidas de Zeba y Zalmuná dependieran totalmente de la conducta de los mismos para con su propia familia. Y las breves acotaciones de la Escritura sobre la vida de familia de Gedeón, después que hizo el efod, simplemente confirman nuestras impresiones. Pero mientras, durante «cuarenta años en los días de Gedeón» «el país estuvo en paz», y, aunque de modo muy imperfecto, el servicio de Jehová parece que era el único profesado, por lo menos exteriormente.

Muerte de Gedeón

La situación cambió nada más morir Gedeón. Inmediatamente el culto a los baales es normal, y especialmente el del «Baal del Pacto» (Baal-berit). Nos hallamos ante una lección triste. Si Gedeón había hecho un falso efod, ahora su pueblo escogió un falso «dios del pacto». Y, al haber, en primer lugar, abandonado al Jehová del Pacto, se volvieron con ingratitud para con su libertador terrenal, y «no mostraron bondad para con la casa de Jerubaal». De este modo trae siempre su propio castigo el pecado.

No lejos de Ofrá, pero en el territorio de Efraín, había la antigua *Siquem*, relacionada con muchas cosas altamente solemnes de la historia de Israel. Conocemos la larga envidia de Efraín y su deseo de liderazgo. Además, según vemos en Jueces 9:28, Siquem parece haber retenido entre sus habitantes los representantes lineales de Hamor, el «príncipe» original y fundador de Siquem en los días de Jacob (Gn. 33:19; 34:2; comp. Jos. 24:32). Estos equivaldrían, a modo de ejemplo, a la antigua aristocracia pagana feudal del lugar, y, evidentemente, a los adoradores originales de Baal. Siendo seguramente la ciudad más antigua de aquella parte del país, y como sede de los descendientes de Hamor, Siquem parece haberse convertido en el centro del culto de Baal. En correspondencia con esto, vemos allí el templo del «Baal del Pacto» (Jue. 9:4). Posiblemente este último pretendía expresar y perpetuar la unión del pagano general con la parte de la población más moderna israelita, o «siquemiana». Aquí, pues, había preparados suficientes elementos de maldad: envidias tribales, envidia de la gran antigua Siquem para con la pequeña Ofrá, odio del gobierno de la casa de Gedeón; pero, sobre todo, la oposición del paganismo. Hay un aspecto muy sintomático de este último factor, como el principal elemento en acción, en el hecho que, en todas las intrigas contra la casa de Gedeón, éste nunca es llamado por su nombre, sino siempre como *Jerubaal* («el que contendió contra Baal»). Su contención contra Baal había sido el origen del poder de Gedeón; y para la mentalidad pagana todavía parecía tomar cuerpo en aquel Efod de Jehová que poseía el hijo de Gedeón, en Ofrá. El alzamiento de aquel momento sería Baal contendiendo contra la casa de Gedeón, su triunfo y destrucción. Solamente hacía falta un líder. Al considerar la autoridad que debía tener todavía la casa de Gedeón, no se podía hallar ningún otro más adecuado que uno de los miembros de la misma.

Gedeón había dejado ni más ni menos que setenta hijos. Si podemos juzgar por la complicidad en el culto de Baal de su entorno, por la falta de algún individuo sobresaliente reconocido entre ellos, y en especial por su total ineficacia para enfrentarse incluso por la vida a un grupo igual de enemigos, debieron degenerar tristemente; es posible que fueran una raza desfallecida, lujosa y completamente débil. Pero, no obstante, había una excepción; alguien fuera de su círculo aunque perteneciente al mismo: Abimelec, un hijo ilegítimo de Gedeón, obtenido de una sierva, una nativa de Siquem. Pese a que desconocemos los detalles de este caso, encaja, en términos generales, bastante bien en el contexto de las relaciones sociales de oriente, que la madre esclava de Abimelec tuviese relaciones de influencia en Siquem, y que, aunque perteneciente a una clase inferior,[6] podía hacer ciertos tratos con los «habitantes» del lugar. Abimelec parece poseer toda la valentía, vigor y energía de su padre, aunque desgraciadamente unido a una ambición infatigable, una falta de escrúpulos imprudente y una impiedad atrevida. No conocemos su nombre real,[7] pues *Abimelec*, rey padre, o padre rey, parece haber sido un apodo, probablemente causado por sus cualidades naturales y su ambición.

Conspiración de Abimelec

Abimelec ideó un buen complot. Motivado por su ins-

---

4. Es harto conocido que a los madianitas les encantaba ese tipo de ornamentos. En ello reconocemos, incluso hasta nuestros días, las costumbres de los beduinos. Si tenemos en cuenta que la hueste de Madián constaba de 150.000 hombres, el peso de oro no parecerá excesivo en absoluto.

5. Los rabinos ven aquí envidias tribales contra Efraín, en cuyo territorio se hallaba Silo y el tabernáculo.

6. Esto se desprende de todo el relato de sus transacciones, en las cuales los otros siempre son designados como «señores» de Siquem.

7. Ésta es una acertada inferencia de Keil a partir del significado del verbo, insuficientemente traducido por «le puso por nombre Abimelec» (8:31).

tigación, los familiares de su madre empezaron a negociar con los «ciudadanos» o «dueños» de Siquem. Las consideraciones principales que les fueron planteadas parecen haber sido el odio contra la casa de Gedeón y el hecho de que Abimelec era un paisano suyo. Esto fue suficiente. El pacto fue ratificado elevadamente con el dinero de Baal. Del tesoro de su templo dieron a Abimelec setenta siclos. Esta desdichada cantidad, más o menos media corona por persona, fue suficiente para pagar a un grupo de unos setenta hombres imprudentes por el asesinato de los hijos de Gedeón. Éste era el valor que Israel les dio. Sin oponer aparente resistencia, fueron ejecutados sobre una piedra, como un sacrificio; todos menos Jotam («Jehová [es] perfecto»), que consiguió esconderse y escapar.

Ésta es la primera escena. La siguiente nos lleva de nuevo «al monumento conmemorativo junto al valle»[8] que Josué había erigido, cuando, cerca del final de su último discurso, el pueblo renovó su pacto con Jehová (Jos. 24:26, 27). Fue en ese lugar sagrado en el que «los ciudadanos de Siquem y toda la casa de Miló»[9] se reunieron para hacer a Abimelec rey. Cerca de allí, detrás del lugar, hacia el sur, se alzaba Gerizim, el monte de las bendiciones. En una de sus crestas escarpadas, que se elevan a una altura de 800 pies por encima del valle, Jotam, el último superviviente de la casa de Gedeón miraba la escena. Y ahora su voz prevaleció sobre los gritos del pueblo.

La parábola de Jotam

En esa atmósfera clara cualquier palabra pronunciada alcanzaba a los oyentes. Su parábola era extraña, típica de oriente, la tierra de las parábolas, y en un lenguaje tan claro y contundente, que prácticamente destaca como única. Es acerca de la República de los Árboles, que van a elegir un rey. Por turnos se les pide, al olivo, a la higuera y a la viña, los grandes representantes de los árboles frutales de Palestina.[10] Pero cada uno de ellos se niega, porque cada uno tiene su propia utilidad, y se pregunta: ¿«voy a perder» mi grosura, dulzura o mi vino, «para ir a ondear entre los árboles»?[11] Las expresiones son muy gráficas, como si indicasen, por un lado, que un reino tal podía sólo ser un reinado de inseguridad y malestar, un «ondear» o «revolotear» sobre los árboles, y que, para alcanzar dicha posición de elevación por encima de los otros árboles, el árbol ha de ser desarraigado del suelo y perder así el aceite, la dulzura y el frescor que Dios había planeado que produjera. Entonces, al haber declinado la oferta estos árboles nobles, y en apariencia también todos los demás,[12] todos los árboles cercanos se dirigen a la zarza, que no produce fruto, no puede dar sombra y sólo puede herir a los que la cogen, y que de hecho sólo sirve para ser quemada. La misma zarza parece que no puede creer que se le haga una propuesta así con seriedad. «Si de verdad» (es decir, «en verdad y sinceramente») «me ungís rey sobre vosotros, venid, poned vuestra confianza en mi sombra;[13] pero si no (es decir, si tenéis miedo de hacer esto, o vuestras expectativas son decepcionadas), que el fuego salga de la zarza y devore los cedros del Líbano».[14] La aplicación de la parábola era tan obvia que casi se podía prescindir de las hirientes palabras de Jotam cuando en su conclusión expuso al pueblo tanto su conducta como su carácter real.

Jotam no había hablado como profeta, pero sus palabras eran proféticas. Tres años, no de reinado, sino de gobierno,[15] y el juicio de Dios, que había estado dormitando, comenzó a descender. La Escritura hace notar de modo distinto tanto la mano divina en el cambio de los sentimientos de Siquem hacia Abimelec, como su trascendencia como juicio presagiante.

Gobierno y fin de Abimelec

Se da un vivo esbozo del curso de los acontecimientos. Primero, los ciudadanos pusieron «acechadores» en todos los pasos de las montañas, con la vana esperanza de atrapar a Abimelec. La consecuencia es la delincuencia generalizada. Tras este fracaso, invitan, o al menos animan la llegada entre ellos de un aventurero filibustero con su banda. Es la estación de la vendimia, y, por extraño y terrible que parezca, se observa una ceremonia especialmente ordenada por Jehová, pero sólo para ser prostituida por Baal. De acuerdo con Levítico 19:24, el producto de la plantación del cuarto año debía ser entregado como «ofrendas de alabanza»[16] (*Hillulim*), pero entraron con ello en la casa de Baal-berit. En el banquete del sacrificio que seguía, el vino pronto desató sus lenguas. Se trata de un llamamiento de Baal contra la casa de Jerobaal, una revuelta de la antigua Siquem, en favor de los descendientes patricios de Hamor contra Abimelec y su lugarteniente Zebul.[17] Este desafío insultante, dirigido en modo auténticamente oriental al ausente, llegó a Abimelec por medio de mensajeros secretos.[18] Aquella noche él y su banda avanzaron divididos en tres compañías, ocuparon todos los montes alrededor de Siquem. Ignorando cuán cercano estaba el peligro, Gaal salió a la puerta a la mañana siguiente con su banda, con el mismo espíritu de fanfarronería que en la fiesta de la noche anterior. Todavía estaba desafiando a los enemigos imaginarios. Zebul también estaba allí.

Cuando los hombres de Abimelec fueron vistos que descendían hacia el valle, en primer lugar Zebul intenta calmar las sospechas de Gaal. Y entonces aparecieron por todas direcciones: de las montañas, «desde los montes de la tierra», y una compañía «desde el camino del terebinto de los magos».[19] Entonces Zebul desafió a Gaal a cumplir su alarde. A continuación se libró una pelea delante de los ciudadanos de Siquem, en la cual Gaal y su banda son derrotados, y él y sus seguidores son expulsados de la ciu-

8. Traducido incorrectamente como «junto a la llanura de la columna», 9:6.

9. Es decir los habitantes de Miló. Sin lugar a dudas Miló era el castillo o la ciudadela cercana a Siquem.

10. Los rabinos interpretan los árboles como refiriéndose a Otoniel, Débora y Gedeón.

11. Traducción literal.

12. Esto lo inferimos del hecho que «los árboles» solicitaron sucesivamente al olivo, la higuera y a la viña, mientras que después se dice que «*todos* los árboles» se dirigieron a la zarza, como si a todos se les hubiese pedido y hubiesen declinado la oferta.

13. Buscad abrigo bajo mi sombra.

14. Es decir, el más noble y mejor. La zarza se enciende rápidamente. Ciertamente, no sirve para nada más.

15. La expresión en 9:2 no es que Abimelec reinara como rey, sino que señoreaba sobre ella.

16. Algunas versiones traducen incorrectamente 9:27: «Y salieron a los campos ... e hicieron fiesta». Esta última frase debería ser traducida, «e hicieron *Hillulim*; ofrendas de alabanza».

17. El lenguaje es muy gráfico en su contraste entre la nueva Siquem y la antigua Siquem, o Hamor, y en enfatizar el nombre de Jerubaal. Evidentemente, no podemos pensar que el desafío de Abimelec le fue entregado personalmente, sino, como es común en oriente, fue dirigido a un Abimelec imaginario.

18. El mensaje de Zebul (9:31) era: «levantan la ciudad contra ti», es decir, en rebelión. Algunas versiones dan la traducción incorrecta de «ellos fortifican la ciudad contra ti».

19. En la versión Reina Valera (v. 37) «el camino de la encina de los adivinos».

dad. Si los sequemitas esperaban conseguir inmunidad de este modo, se sintieron desilusionados inmediatamente. Abimelec estaba dando vueltas por el vecindario, y, cuando el pueblo se hallaba confiado en los campos, les sorprendió y mató; al mismo tiempo que ocupaban la ciudad, que fue arrasada y sembrada con sal. Ante esto, los ciudadanos de la torre, o de Miló, buscaron refugio en las instalaciones sagradas de «la sala del dios Berit». Pero fue en vano. Abimelec la incendió, y 1.000 personas perecieron entre las llamas. Y ni siquiera esto satisfizo su venganza. A continuación, dirigió sus fuerzas contra la ciudad vecina de Tebes. Reducidos a sus últimas posibilidades, sus habitantes escaparon a la torre fortificada de la ciudad. Hasta allí les persiguió Abimelec. Cuando el pueblo de Tebes ya estaba a punto de sufrir el mismo destino que Miló, el avance de Abimelec fue detenido de una forma extraña. Desde lo alto de la torre una mujer lanzó sobre él «una piedra de molino de arriba».[20]

Como explican los rabinos, aquél que había matado a sus hermanos sobre una piedra fue ejecutado por una piedra. Abimelec murió tal como había vivido. Al verse herido de muerte, guerrero ambicioso hasta el fin, se hizo atravesar con la espada de su escudero, para evitar la desgracia de perecer de mano de una mujer. Pero su epitafio, y el de los hombres de Siquem que habían perecido de su mano, ya había sido escrito mucho antes en la maldición de Jotam.

Capítulo 18
(Jueces 10-12)

El repentino y trágico final de Abimelec parece haber despertado el arrepentimiento entre el pueblo. Así explicamos la mención de su nombre (10:1) en relación con tres jueces, que gobernaron sucesivamente las tribus del norte.

Sucesores de Abimelec

El primero fue *Tola* («gusano escarlata»),[1] el hijo de *Puá* (probablemente «tinte rojo»), nieto de Dodo, un hombre de Isacar. Su reinado duró veintitrés años, y fue seguido por el de *Jaír* («Alumbrador»), que juzgó veintidós años. La nota familiar del último indica una gran influencia, ya que cada uno de sus treinta hijos aparece como un «jefe» (montando pollinos»), y que su propiedad se extendía por treinta de las sesenta ciudades (1 R. 4:13; 1 Cr. 2:23) que formaban el antiguo Havot-Jaír, o distritos de Jaír[2] (Nm. 32:41; Dt. 3:14).

Cronología del período

Estos cuarenta y cinco años de reposo relativo concluyen el segundo período de la historia de los Jueces. El tercero, que empieza con la apostasía renovada de Israel, incluye el gobierno contemporáneo de *Jefté* y sus sucesores (Ibzán, Elón y Abdón [12:8-15]), en el norte y el este, y de *Sansón* en el sur y el oeste. Mientras que en el norte y el este Jefté se encontró con los amonitas, Sansón luchó contra los filisteos en el suroeste. La opresión de Amón sobre las tribus del este y del norte duró dieciocho años (10:8, 9); el gobierno de Jefté seis años (12:7); el de sus tres sucesores veinticinco, lo cual suma un total de cuarenta y nueve años. Por otro lado, la opresión de los filisteos duró en total cuarenta años (12:1), durante veinte de los cuales (15:20) Sansón «empezó a liberar a Israel» (13:5); liberación que se completó sólo veinte años después con Samuel, cuando se ganó la batalla de Ebenezer (1 S. 7). Así Andón, el último sucesor de Jefté en el norte, debió morir nueve años después de la batalla de Ebenezer. Estas fechas tienen una gran importancia, no sólo por su propio valor, sino porque nos muestran dos líneas paralelas de la historia de Israel en el norte y en el sur. De nuevo, la coincidencia de sucesos en el sur con los del norte da una nueva luz sobre ambos. Así como la administración de Elí de tipo sumo sacerdotal, que en senti- tido general se designa como «que juzgaba a Israel», duró cuarenta años (1 S. 4:18), y su muerte se produjo unos veinte años y siete meses antes de la victoria de Samuel contra los filisteos (1 S. 6:1; 7:2), es evidente que los primeros veinte años de la administración de Elí fueron contemporáneos con los de Jaír en el este, mientras los últimos veinte años fueron notables por la opresión de los filisteos, que continuó durante cuarenta años. Así, Sansón debió nacer y crecer durante el sumo sacerdocio de Elí, y la mayoría de sus proezas, puesto que juzgó a Israel durante veinte años, fueron bajo Samuel, que ganó la batalla de Ebenezer, y con ello terminó con la opresión filistea poco después de la muerte de Sansón. En relación con esto, podemos observar que el período de juicio de Samuel sólo se menciona *después* de la batalla de Ebenezer (1 S. 7:15).

Apostasía renovada de Israel y su humillación ante Jehová

Todavía queda un detalle importante a tener en cuenta. El terrible destino de la casa de Gedeón, que culmina con la muerte de Abimelec, parece haber terminado para siempre con el falso culto de efod a Jehová, o el del culto en cualquier lugar distinto de donde Jehová mismo escogiera, o a través de otro sacerdocio que no fuera el levítico. *En consecuencia, el santuario de Silo y sus ministros desempeñan de nuevo, y permanentemente, un papel principal.* Y esto no sólo con Elí y Samuel, sino mucho antes de ellos. Esto se desprende del texto sagrado. Porque, cuando antes del llamamiento de Jefté, los hijos de Israel se arrepintieron, se nos dice que «clamaron al Señor», y que el Señor les habló, a lo que ellos respondieron a su vez (Jue. 10:10, 11, 15). Pero la expresión concreta que se usa no deja lugar a dudas en nuestra mente de que la reunión de Israel ante el Señor se dio en Su santuario en Silo, y la respuesta de Jehová fue por medio del Urim y Tumim (comp. Jue. 1:1).

Por motivos de claridad, cabe explicar que Jueces 10:6-18 es una introducción general tanto de la historia de Jefté y sus sucesores, como de Sansón. En el versículo 6 se mencionan *siete* divinidades nacionales a las cuales había servido Israel, además de los baales y Astarot de Canaán. Esto en contrapartida de la liberación *en siete partes* (vv. 11, 12) que Israel había experimentado de manos de Jehová.[3]

---

20. En la versión Reina Valera (v. 53) «un pedazo de una rueda de molino».

1. Algunos lo traducen como hijo de «su tío», eso es, el tío de Abimelec. Pero esto parece poco probable, ya que Gedeón era de Manasés, y Tola de Isacar. Los nombres de *Tola* y *Puá*, o Fuvá (Gn. 46:13; Nm. 26:23), como también el de *Jaír*, eran nombres *tribales*.

2. Algunos críticos han imaginado una discrepancia entre esto y el texto de Números 32:41, etc. Pero el texto *no* dice que Havot-Jaír obtuviese su nombre en el período de los Jueces; más bien lo contrario, según se verá en la siguiente traducción de Jueces 10:4: «y ellos tenían treinta ciudades (de) las que se llaman los recorridos de Jaír *incluso* hasta hoy».

3. La infidelidad de Israel se manifiesta en prorratear la misericordia y la liberación de Dios. El significado del número siete

Opresión de mano de los amonitas

Luego sigue, en el v. 7, una referencia general a la doble opresión de los amonitas en el este y el norte, y por los filisteos en el sur y el oeste. En el v. 8 el relato de la opresión de los amonitas[4] empieza con la afirmación que «oprimieron y quebrantaron a los hijos de Israel aquel año», y en modo parecido dieciocho años. De hecho, los amonitas, en sus incursiones con éxito al otro lado del Jordán, ocuparon zonas del territorio de Judá, Benjamín y Efraín, que limitaban en el Mar Muerto o en los vados del Jordán.[5] A continuación, tenemos en los vv. 10-15 un relato de la humillación de Israel y la súplica en Silo, y de la respuesta del Señor por medio del Urim y Tumim. Finalmente, el v. 16 nos informa que la veracidad de su arrepentimiento no se vio en profesiones y promesas, sino en sacar todos «los dioses ajenos», y ello cuando no existía ninguna perspectiva de auxilio divino inmediato. Después de esto, reproduce la maravillosa imagen gráfica de la Escritura: «Su alma se empequeñeció por el sufrimiento de Israel». Aquel sufrimiento había durado demasiado. No podía, por así decirlo, estar más enfadado con ellos, ni soportar el ver sus sufrimientos. Porque, como bellamente observa un escritor alemán: «El amor de Dios no es como las secuencias duras y lógicas del hombre; siempre es gratuito... La parábola del hijo pródigo nos da una pequeña indicación de la maravillosa "incoherencia" del padre, que recibe al errante cuando sufría las consecuencias de su pecado... Una vez apartados los dioses ajenos, la vara seca brotaría con vida y verdor». Y el amor de Dios siempre es así: lleno y gratuito. Porque, usando las palabras del autor que acabamos de citar: «El pecado y el perdón son los ejes centrales de toda la historia, especialmente la de Israel, incluyendo con este término el Israel espiritual».

Ahora, ciertamente, la liberación estaba disponible. Por la primera vez en los dieciocho años que Amón había acampado en Galaad, los hijos de Israel también acamparon contra ellos en Mizpá, o, como también es denominado (Jos. 13:26; 20:8), en Ramat-Mizpá o Ramot-Galaad (la moderna *Salt*), una ciudad al este del Jordán, casi en línea recta desde Silo. El campamento de Israel no podía haber sido escogido mejor. Defendido en tres lados por altos montes, Mizpá estaba «a dos lados de un barranco, a mitad de camino, coronada por (lo que ahora es) una ciudadela (en ruinas)»,[6] que probablemente defendía la ciudad en todo tiempo. «Ramot-Galaad debe haber sido siempre la clave de Galaad, que encabezaba el único camino fácil desde el Jordán, abriéndose inmediatamente a la fértil meseta del interior, y con ese cono aislado elevándose cerca de ella, fortificado desde muy antiguo, tanto por el arte como por la naturaleza.» Así, pues, todo estaba dispuesto de este modo. Luego el pueblo de Galaad, por medio de sus «príncipes», decidió ofrecer el mando supremo a cualquiera que ya hubiese empezado a luchar contra los hijos de Amón, es decir, quienes de propia iniciativa habían librado la guerra contra ellos y habían obtenido el éxito. Esta nota es de gran importancia para la historia temprana de Jefté.

no debe ser pasado por alto. En vez de «los amonitas» en el v. 12 la LXX lee «madianitas», que parece una lectura más correcta. En caso contrario debe referirse a la tribu mencionada en 2 Crónicas 26:7; comp. 1 Crónicas 4:41.

4. El de los filisteos empieza 12:1.

5. Supongo que los amonitas no cruzaron la tierra, sino que hicieron incursiones a través de los fuertes del Jordán, y destrozaron las regiones contiguas.

6. La descripción se ha tomado de Canon Tristram: *Land of Israel*, pp. 557, 560.

Jefté. Historia

La Santa Escritura dibuja pocos protagonistas más buenos o nobles que *Jefté*, o mejor Jifté («el que lo consigue»). Se nos presenta como «un hombre poderoso de valor», usando los mismos términos que el ángel había empleado cuando se dirigiera a Gedeón (6:12). Pero este «héroe de poder» tenía que aprender primero a conquistar su propio espíritu. Su historia es casi paralela a la de Abimelec, pero sólo a modo de *contraste*. Porque, mientras que Abimelec abandonó por iniciativa propia la casa paterna para planear la traición, Jefté fue apartado injustamente por sus hermanos de la herencia paterna. Abimelec había apelado a los ciudadanos de Siquem para que le ayudaran en su ambición abominable; Jefté, a los «ancianos de Galaad», para la compensación por la injusticia recibida, pero según parece fue en vano (11:7). Abimelec cometió cruel asesinato sin provocación con la banda que alquiló; Jefté se retiró a la tierra de *Tob*, la cual, sabemos por 2 Samuel 10:6, 8 que estaba en la frontera norte de Perea, entre Siria y la tierra de Amón. Allí reunió consigo unos cuantos filibusteros, como haría David posteriormente en circunstancias semejantes (1 S. 22:2); no, como Abimelec, para destruir la casa de su padre, sino, como David, para hacer la guerra contra el enemigo común. Esto lo inferimos de Jueces 10:18, que nos indica que, antes de la guerra entre Galaad y Amón, Jefté había adquirido fama en su lucha contra Amón. Esta vida aventurera podía cuadrar bien con el valeroso galaadita y sus seguidores, porque era un hombre libre de las montañas, sólo que imbuido con el verdadero espíritu de Israel. Y ahora, cuando la guerra ya había estallado, «los ancianos de Galaad» no tuvieron duda alguna sobre quién tenían que escoger como su jefe. Habían visto su pecado contra Jehová y se habían arrepentido, y ahora vieron y confesaron su injusticia para con Jefté, y apelaron a su generosidad. En circunstancias ordinarias él no hubiese podido consentir; pero volvió a ellos, como lo describieron los ancianos de Galaad, porque ellos estaban en aflicción. Tampoco acudió con su propia fuerza. El acuerdo pactado con los ancianos de Israel fue ratificado solemnemente delante de Jehová.

Quien tiene una causa justa no tiene miedo de ponerla completamente a prueba. No se trataba de que Jefté tuviese temor de la batalla, sino su deseo de evitar el derramamiento de sangre, lo que le hizo enviar dos veces una embajada de reproche al rey de Amón. Las reclamaciones de éste sobre la tierra que se hallaba entre el Arnón y el Jaboc verdaderamente eran de lo más dudosas. En la época de la conquista israelita, aquella tierra había pertenecido a Sehón, rey de los amorreos. Hay que admitir que los amorreos no eran sus propietarios originales, ya que la habían obtenido mediante la guerra contra Moab (Nm. 21:26). Balac, pues, podía reclamar algo; pero, aunque alquiló a Balaam para proteger lo que todavía quedaba de su reino contra un posible ataque de Israel, del cual él tenía temor, nunca intentó recobrar lo que Israel había tomado de los amorreos, aunque originalmente había sido suyo. Además, incluso en el trato con los amorreos, como previamente con Edom y Moab, cuyo territorio Israel había evitado dando una larga vuelta, se mostró la mayor tolerancia. Si a los amorreos se les había arrebatado la tierra, su ataque había sido sin provocación, cuando Israel simplemente había pedido poder atravesar su país. Finalmente, si la posesión no disputada de 300 años[7] no otorgaba un derecho por prescripción, sería difícil imaginar el título bajo el cual

7. Evidentemente, estos números están redondeados y no deben ser tomados aritméticamente.

se podía poseer la tierra. Jefté tampoco rehuyó poner el asunto sobre el mejor y más extremo terreno. Dirigiéndose a los amonitas, ya que desde el punto de vista religioso que ellos tenían lo podían entender, les dijo: «Y ahora Jehová Dios de Israel ha desposeído a los amorreos delante de Su pueblo, ¿lo vas a poseer tú? ¿No es cierto que lo que Quemós[8] tu dios te dé, eso poseerás? ¿Y que todo lo que Jehová nuestro Dios desposea ante nosotros, lo poseeremos nosotros?» No nos asombramos de que sobre una guerra iniciada con este espíritu se nos diga: «Y el Espíritu del Señor vino sobre Jefté». A continuación Jefté atravesó toda la tierra al este del Jordán y su pueblo obedeció a su convocatoria.

Voto de Jefté

Ahora nos acercamos a lo que a muchos puede parecer la parte más difícil de la historia de Jefté, y tal vez sea uno de los relatos más difíciles de la Biblia. Parece ser que, antes de entrar definitivamente en guerra, Jefté registró solemnemente este voto: «Si tú verdaderamente entregas los hijos de Amón en mi mano, será el que saliere de la puerta de mi casa para recibirme a mi vuelta en paz de los hijos de Amón, para Jehová, y lo ofreceré en holocausto». Sabemos que el voto *fue* pagado. La derrota de los amonitas fue completa y devastadora. Pero al regreso de Jefté a su casa la primera persona en darle la bienvenida fue su hija (era hija única), que salió delante de las sirvientas para saludar al vencedor. Hay una ironía terrible acerca de esos «panderos y danzas», con los que salió la hija de Jefté, como si celebrase las obsequias de su propio funeral, mientras que el corazón del padre que tanto la amaba estaba totalmente quebrantado. Pero la noble joven fue la primera en animarle a cumplir su voto a Jehová. Ella pidió sólo dos meses para llorar su virginidad con sus compañeras en los montes. Pero a partir de entonces, fue costumbre siempre entre las jóvenes de Israel salir cuatro días cada año, «para alabar[9] a la hija de Jefté».

Este es el relato, pero ¿cuál es su significado? ¿Qué es lo que Jefté pretendía con las palabras de su voto? ¿Se sentía personalmente obligado a ofrecer a su hija literalmente en holocausto? No vamos a intentar retorcer los hechos de este caso ni encubrir la importancia del asunto. Para empezar, nos encontramos con estos dos hechos: que hasta aquel momento Jefté había hablado y actuado como un verdadero adorador de Jehová, y que su nombre está incluido en la lista de héroes de la fe que nos ha llegado en la Epístola a los Hebreos (11:32). Pero resulta absolutamente imposible creer que un verdadero adorador de Jehová pudiese dar en voto u ofrecer un sacrificio humano, por no hablar del sacrificio de su propia hija única. Tales sacrificios eran aborrecidos y absolutamente contestados por todo el espíritu de la letra de la Ley de Dios (Lv. 18:21; 20:2-5; Dt. 12:31; 18:10), y tampoco encontramos mención alguna de los mismos hasta los reinados de los malvados Acaz y Manasés. Ni siquiera Jezabel se atrevió a introducirlos, y conocemos el sentimiento de horror que estremeció a los presentes, cuando el rey *pagano* de Moab ofreció su hijo como sacrificio expiatorio en los muros de su capital (2 R. 3:26, etc.). Pero la dificultad se convierte en insuperable, cuando encontramos el nombre de Jefté registrado en el Nuevo Testamento entre los héroes de la fe. Sin lugar a dudas, nadie que fuese culpable de un crimen como éste podría haber hallado un lugar en esta lista. A pesar de ello, existen algunas consideraciones que, aunque altamente importantes, están fuera del relato, y en cualquier investigación justa este último debe ser estudiado solo, en primera instancia.

Al proceder a ello tenemos que descartar, como irrelevantes y falsas, tales alegaciones como la dureza de la época, la imperfección del desarrollo religioso, o la ignorancia religiosa de parte de un fuera de ley llamado Jefté, que había pasado la mayor parte de su vida lejos de Israel. La descripción escritural de Jefté, ciertamente, deja en nuestra mente la impresión de un verdadero hombre salvaje y atrevido de las montañas, una especie de Elías guerrero. Ahora bien, por otro lado, siempre actúa y habla como un verdadero adorador de Jehová. Y su voto, que en el Antiguo Testamento siempre expresa el más elevado sentimiento religioso (Gn. 28:20; 1 S. 1:11; Sal. 116:14; Is. 19:21), es tan sagrado *porque* fue hecho a Jehová. De nuevo, en su embajada al rey de Amón, Jefté demuestra una muy íntima familiaridad con el Pentateuco, puesto que con sus palabras casi repite una cita literal de Números 20. Una persona que conocía tan bien los detalles de la historia de la Escritura no podía ignorar sus principios fundamentales. Así pues, al haber visto esto, observamos:

1. Que las palabras del voto de Jefté implicaban, desde el principio, por lo menos la posibilidad de que algún ser humano saliera de la puerta de su casa para encontrarle a su vuelta. El original da esta información, y las probabilidades evidentes del caso estaban muy a favor de que fuese así. De hecho, las palabras de Jefté parecen haber sido escogidas premeditadamente en unos términos tan generales que pudiesen cubrir todos los casos. Pero es imposible suponer que Jefté *hiciera un voto* deliberadamente en el cual contemplase personalmente el sacrifico humano; y aún más impensable que Jehová relacionase la victoria y la liberación con un crimen tan horrible.

2. Las palabras de Jefté son notables también en otro aspecto. Y es que «el que salga (ya sea hombre o bestia) será para Jehová, y yo lo ofreceré como holocausto». Los grandes comentaristas judíos de la Edad Media indican, en oposición al Talmud, que estas dos frases *no* son idénticas. Nunca se dice de un holocausto *animal*, que «será para Jehová», por la sencilla razón que, como holocausto, *siempre lo es*. Pero cuando se ofrecen seres humanos a Jehová, sí se utiliza esta expresión, como en el caso de los primogénitos en Israel y de Leví (Nm. 3:12, 13). Pero en tales casos jamás se ha sugerido que haya un sacrificio humano.

3. Era un principio de la Ley Mosaica que los holocaustos fuesen exclusivamente *machos* (Lv. 1:3).

4. Si la hija que amaba a su padre se había entregado a la *muerte*, es casi increíble que deseara pasar los dos meses de vida que se le concedieron, no con su triste padre, sino en las montañas con sus compañeras.

5. No llora su «joven edad», sino su «virginidad»; es decir, llora por morir sin haberse casado, no por morir tan joven. La expresión hebrea de la primera expresión sería

---

8. *Quemós* (el destructor o desolador), el dios moabita de la guerra. Aparece en algunas monedas con una espada en la mano derecha y una lanza y una lanceta en la izquierda; la figura lleva a los lados antorchas ardientes.

9. Ésta es la traducción correcta, y no «lamento», como en algunas versiones. Había una costumbre curiosa en Israel en los días del Señor. Dos veces al año, «el 15 de Ab, cuando se completaba la recolección de madera para el templo, y en el Día de Expiación, las doncellas de Jerusalén llevaban prendas blancas, que se les prestaba especialmente para este propósito, de modo que ricos y pobres estuvieran en igualdad, e iban a los viñedos cercanos a la ciudad, donde bailaban y cantaban» (ver mi obra *Temple: its Services and Ministry at the time of Jesus Christ*, p. 286). ¿Puede ser esto un vestigio de la alabanza de la hija de Jefté de parte de las doncellas?

«Ahora nos acercamos a lo que a muchos puede parecer la parte más difícil de la historia de Jefté, y tal vez sea uno de los relatos más difíciles de la Biblia. Parece ser que, antes de entrar definitivamente en guerra, Jefté registró solemnemente este voto: 'Si tú verdaderamente entregas los hijos de Amón en mi mano, será el que saliere de la puerta de mi casa para recibirme a mi vuelta en paz de los hijos de Amón, para Jehová, y lo ofreceré en holocausto'.»

Podemos imaginar a Jefté con la apariencia de este valeroso guerrero, más o menos contemporáneo suyo, encontrado en Ras-Shama, en Siria (Museo del Louvre)

bastante diferente de la que se usa en la Escritura, que sólo puede significar lo segundo.[10] Pero para un hijo único, el morir sin casarse, y así dejar que una luz y un nombre se extinguieran en Israel, era verdaderamente un juicio duro y amargo, bajo la perspectiva de los tiempos premesiánicos. (Comparar especialmente con textos como Lv. 20:20 y Sal. 78:63). La prueba se ve mucho más fulminante cuando nos damos cuenta de cómo debió ser para Jefté y su única hija en el momento de la más elevada gloria, cuando toda prosperidad terrenal parecía estar a su disposición. El hombre más grande y feliz de Israel se convierte en un momento en el más pobre y más quebrantado. Sin lugar a dudas, con este voto y sacrificio se enseñó a Israel la lección referente a votos y sacrificios del modo más solemne.

6. Es muy significativo que en 11:39 se diga solamente que Jefté «hizo con ella según su voto». No se dice que la ofreciera en sacrificio, mientras que en este caso la frase añadida, «y no conoció a ningún hombre», sería totalmente inútil y sin significado. *Finalmente,* podemos preguntar, ¿Quién hubiese sido el sacerdote, y dónde estaría el altar para ofrecer un sacrificio como este a Jehová?

En base a todo esto (resulta totalmente contrario a todo el Antiguo Testamento, la conocida piedad de Jefté, la bendición que siguió a su voto, su mención en la Epístola a los Hebreos, pero especialmente las mismas palabras usadas en el relato), nos vemos obligados a rechazar la idea del sacrificio humano. No nos sentimos inclinados a sugerir el modo especial, además de permanecer sin casarse,[11] con el cual se cumplió el voto de su dedicación a Dios. Aquí se cumple el principio expresado hace mucho tiempo por Clérico: «No debemos pensar que, en un libro tan pequeño como el Antiguo Testamento, se registren *todas* las costumbres de los hebreos, o la historia completa de todo lo que sucedió entre ellos. Por ello hay inevitablemente alusiones a muchas cosas que no pueden ser seguidas plenamente, porque no se mencionan en ningún otro lugar».

A Jefté le quedaba todavía una prueba más. La envidia tribal de Efraín, que trataba a los galaaditas (y especialmente a la media tribu de Manasés) como simples fugitivos de Efraín, que no tenían ningún derecho a actuar como tribu independiente, escasamente a la existencia en independencia y mucho menos a que uno de ellos fuese «Juez», ahora estalló en una feroz guerra. Derrotados en el campo de batalla, los efrainitas intentaron escapar a la orilla oriental del Jordán; pero Galaad había ocupado los vados. Su pronunciación especial[12] traicionaba a los de Efraín, y la consecuencia fue una horrible masacre.

Hubo seis años de reposo, y «luego murió Jefté el galaadita y fue sepultado en una de las ciudades de Galaad». No conocemos la localidad, ni el lugar exacto donde viviera, ni la ciudad donde yacía su cuerpo. No le recibió ninguna casa paterna; no quedó ningún hijo que animara sus años de an-ciano. Vivió solo, y murió solo. Ciertamente, como ha sido notado, su dolor y su victoria son una figura de aquel que dijo: «No se haga mi voluntad, sino la tuya».

Los sucesores de Jefté

Casi parece que los tres sucesores de Jefté en el juicio de las tribus del este y del norte se mencionaron principalmente para denotar el contraste en su historia. De Ibzán de Belén,[13] de Elón el zabulonita y de Abdón el piratonita, conocemos tanto su morada como el emplazamiento de su sepulcro. Vivieron honrados, y murieron bendecidos, rodeados, como el texto nos indica enfáticamente, por un gran y próspero número de descendientes. Pero sus nombres no están en el catálogo de personas de valor seleccionadas por el Espíritu Santo para nuestro especial dechado y animación.

Capítulo 19
(Jueces 13-15)

Queda todavía un nombre registrado en la Epístola a los Hebreos como una de las «personas de valor» del Antiguo Testamento, cuyo derecho a obtener esa posición puede parecer a muchos por lo menos dudoso. ¿Puede reclamar Sansón un lugar entre los héroes espirituales, que «por la fe sometieron reinos, obraron justicia, obtuvieron promesas»? La pregunta no puede ser resuelta con pocas palabras, porque si, como creemos, el Espíritu Santo dio este juicio sobre su acción como juez, entonces el estudio cuidadoso y verdadero de su historia lo debe sacar a luz. Y además, esa misma historia debe haber sido mal observada y mal comprendida varias veces.

Significado de la historia de Sansón

Recordemos que estamos escribiendo sobre la actividad de Sansón como juez y bajo el impulso del Espíritu de Dios, y no sobre todos los actos de su vida. De hecho, distinguiremos entre dos períodos de su historia: el primero, cuando actuó bajo la influencia de este Espíritu; el segundo, cuando, al ceder a sus pasiones, cayó sucesivamente en pecado, infidelidad a su llamamiento y traición del mismo, seguido de su deserción de Jehová y Su juicio. Y, ciertamente, las palabras de la Epístola a los Hebreos no podían aplicarse al período en que Sansón desertó de Dios y de su castigo, sino sólo al de su primera actividad y a su postrer arrepentimiento.

Eran los días del sumo sacerdote Elí. Una época extraña y complicada, cuando se necesitaba que los principios salieran a la luz, más bien que los hombres, para que Israel reviviera y fuese salvado. El período de los jueces había tocado a su fin. El resultado había sido un desorden generalizado, una desintegración casi completa de las tribus, y la decadencia del santuario. Pero ahora, justo en el final de lo antiguo, empezaba lo nuevo; o mejor dicho, los principios antiguos se reafirmaban de nuevo. En Elí reaparecería el propósito divino en cuanto al sacerdocio; en Sansón, su propósito en cuanto al destino y misión de Israel. En ambos casos, tanto en su fuerza como en su debilidad (en la fidelidad y la infidelidad de sus representantes).

---

10. La expresión hebrea *bathulim.* Si hubiese significado edad de doncella probablemente hubiese sido *neurim,* tal como señala Keil (comp. Lv. 21:13).

11. En general, el Misná condena en términos desmesurados el ascetismo femenino (Sotah III. 4). Pero en el Talmud (Sotah 22a) se recoge por lo menos un ejemplo con especial alabanza, en el cual un virgen se dedicó íntegramente a la oración. Ver Cassel en *Herzog's Encyclop.* VI. p. 475, nota.

12. *Shibboleth* significa riachuelo, y los efrainitas lo pronunciaban Sibboleth.

13. Este Belén, evidentemente, no es el de Judá, sino el de Zabulón (Jos. 19:15). Se ha determinado con exactitud la situación de *Ajalón,* la moderna *Salem,* bastante al norte de Zabulón, y de *Piratón* en Efraín, la moderna *Ferata,* seis millas al oeste de Nablus.

Su anunciación e historia temprana

Todo el significado de la historia de Sansón es que era un nazareno. Su fuerza estaba en el hecho que él era un nazareno; su debilidad en ceder a sus deseos carnales, y por ello siendo infiel a su llamamiento. En ambos aspectos no sólo era una figura de Israel, sino también un espejo en el cual Israel podía verse a sí mismo y a su historia. Israel, el pueblo nazareno. No existía una proeza, por maravillosa que fuese, que no pudiese conseguir o que no consiguiera. Israel, infiel a sus votos y cediendo al adulterio espiritual. No había una profundidad de degradación tan baja a la que no descendiera. La historia de Israel era la historia de Sansón; sus victorias eran como las de ellos, hasta que, como él, al ceder a la seducción de Dalila, Israel traicionó y perdió su fuerza nazarena. Y también fue así con el arrepentimiento final de Sansón y de Israel, junto con la recuperación de su fuerza. Bajo esta perspectiva no sólo entendemos su historia, sino que incluso muchas dificultades aparentes se convierten en puntos de nuevo significado. Podemos comprender por qué su vida tenía que ser registrada con tantas circunstancias aparentemente desproporcionadas con referencia a la liberación que obtuvo, y por qué sus hazañas tuvieron tan poco y breve resultado. Cuando el Espíritu de Dios desciende sobre él, él realiza hazañas sobrenaturales; no por su propia fuerza, sino como nazareno, con la fuerza de Dios, por medio de quien y para quien él había sido separado antes de nacer. ¡Cuán grande liberación podía Dios obrar para su pueblo incluso por medio de un solo nazareno, de modo que, según las palabras de la profecía, un hombre podía perseguir a mil! Así también entendemos el carácter peculiar de las hazañas de Sansón, casi espasmódicas, como también la razón por la cual aparece en la escena de batalla siempre solo, y no encabezando las tribus.

Si el secreto de la fuerza de Sansón yacía en la fidelidad para con su voto nazareno, su debilidad brotaba de su carácter natural. No podemos pasar por alto el paralelismo con Israel. Y del mismo modo que el pecado final de Sansón tomó la forma de amor adúltero para con Dalila, así también el de su pueblo fue infidelidad espiritual. Consecuentemente, si el período de los Jueces alcanzó su punto máximo en Sansón el nazareno, también se hundió hasta lo más bajo con Sansón el hombre de deseos carnales, que confió su secreto a Dalila. Como alguien escribió: «La fuerza del Espíritu de Dios otorgado a los Jueces para la liberación de su pueblo fue superada por el poder del deseo de la carne contra el Espíritu». No obstante, podemos, con toda reverencia, señalar desde Sansón, el nazareno de por vida,[1] hasta el gran antetipo en Jesucristo, el «nazareno entre sus hermanos»,[2] en quien se cumplió lo «que fue dicho por los profetas, él será llamado nazareno»[3] (Mt. 2:23). Y de todos modos es algo notable que la antigua tradición judía, cuando se refiere a la bendición de Dan (Gn. 49:17, 18), añada: «He esperado tu salvación, Jehová», pasando por Sansón el danita hasta el Mesías.[4]

1. *Nacimiento de Sansón.* De acuerdo con la disposición cronológica ya indicada, inferimos que Sansón nació bajo el pontificio de Elí, y *después* del inicio de la opresión de los filisteos, que duró cuarenta años. Si es así, su acción debió empezar uno o dos años antes de la desastrosa batalla durante la cual el arca cayó en manos de los filisteos, y en consecuencia de lo cual murió Elí (1 S. 4:18).

Mientras que en el este y en el norte los amonitas oprimían a Israel, el mismo pecado había traído al oeste y sur de Palestina el juicio del dominio filisteo. Fue entonces cuando, una vez más, el Ángel de Jehová vino a enseñar al pueblo por medio de Sansón que la liberación solamente podía llegar si recordaban y cumplían su carácter nazareno como reino sacerdotal a Jehová. Y que el nazareno del Señor, siempre que permaneciese como tal, demostraría tener todo poder por medio de la fuerza de su Dios. Las circunstancias relacionadas con la anunciación de Sansón fueron sobrenaturales. En ese «apartado pueblo de montaña» llamado Zorá,[5] la moderna *Surá*, a unas seis horas al oeste de Jerusalén, dentro de la posesión de Dan, vivía *Manoa* («reposando») y su esposa. Su piedad era, según juzgamos por toda la historia, aquella humilde y honrada piedad que, a pesar de la abundante apostasía, todavía quedaba por Israel. Es preciso observar que la esposa de Manoa, como Sara en el Antiguo Testamento y la madre del Bautista en el Nuevo, era una mujer estéril. Porque el hijo que iba a nacer no sólo debía ser dedicado a Dios, sino también dado por Dios; y esto en un sentido distinto incluso de su contemporáneo Samuel, que había sido pedido a Dios por su madre. Pero en este caso el Ángel del Pacto vino a anunciar el nacimiento de un niño, que sería «un nazareno a Dios desde la matriz», y que *como tal* iba a «empezar a liberar a Israel de la mano de los filisteos».[6] En consecuencia, dio a la madre, y todavía más en el hijo que todavía no había nacido, las obligaciones nazarenas según se enumeran en Números 6:1-8, con la excepción de la de la contaminación por el contacto con los muertos, que evidentemente hubiese sido incompatible con su historia futura.

La aparición del Ángel y su anonimato hicieron que la mujer pensara en lo divino, pero consideraba la aparición meramente como el hombre de Dios. Manoa no estaba presente, pero en respuesta a su oración, se le concedió una segunda aparición. No se añadía nada nuevo, excepto el carácter del que les había hablado. Porque, cuando Manoa propuso hacer quedar a su huésped, supo que no comería de su comida y que su nombre era «Maravilloso». Este último detalle evidentemente denota su carácter y su obrar, porque, como en el texto paralelo en Isaías 9:6, tales nombres no se refieren al ser o la naturaleza del Mesías, sino a su actividad y manifestación; no a lo que *es*, sino a lo que *hace*. De acuerdo con lo que sugirió el Ángel, Manoa ofreció un holocausto a Jehová, porque dondequiera que él se manifestaba a sí mismo, allí se tenía que ofrecer sacrificio. Y cuando el Ángel «realizó una maravilla» (cuando el fuego saltó del altar y el Ángel ascendió sobre la llama que consumió el holocausto), entonces Manoa y su esposa reconocieron su naturaleza, y cayeron al suelo en adoración. No se les concedió ninguna revelación más, pero cuando Manoa, con el espíritu del Antiguo Testamento, temió que el haber visto a Dios les impidiera seguir en vida, su esposa, con mayor luz, luchó para apartar sus dudas infiriendo que lo que Dios había empezado en gracia no iba a terminarlo con juicio.

---

1. El voto nazareno normal era sólo para un determinado período. Pero los rabinos posteriores distinguen entre el nazareno normal y el nazareno «de Sansón» o de por vida. Ver mi *Temple: its Ministry and Services at the time of Christ*, p. 328.
2. Gn. 49:26.
3. Hemos tomado esta traducción adrede.
4. Comp. Cassel, p. 122.
5. Thomson, *The Land and the Book*, vol. II. p. 361.
6. La conjunción de los dos en el texto (Jue. 13:5) indica que debían considerarse como causa y efecto.

Esta inferencia es aplicable a todos los casos análogos de la historia espiritual del pueblo de Dios. Y así, pasaron meses de espera paciente y obediente hasta que finalmente nació el niño prometido, y se le dio el nombre de Sansón, o mejor (en hebreo) *Shimshon*.[7]

El Espíritu de Jehová le «impulsa»

Su llamamiento pronto se manifestó, porque al crecer el chico bajo una bendición especial del Señor, «el Espíritu de Jehová empezó a impulsarle en el campamento de Dan, entre Zorá y Estaol».[8]

Cerca de una hora al suroeste de Zorá, bajando[9] por los rocosos desfiladeros de las montañas, yacía *Timmat*, dentro de la posesión de la tribu de Dan, pero entonces en manos de los filisteos. Ésta fue la escena de las primeras proezas de Sansón. La «ocasión» fue su deseo de casarse con una doncella filistea. Sus padres protestaron contra tal unión por ser supuestamente contraria a la voluntad de Dios (Éx. 34:16; Dt. 7:3), sin saber que «era de Jehová, porque estaba buscando una ocasión de (o de parte de) los filisteos». Hablando con precisión, el texto sólo implica que este «buscar una ocasión de parte de los filisteos» era directamente del Señor; su propuesto matrimonio lo sería sólo de forma indirecta, porque *daba* la ocasión deseada. Nos encontramos de nuevo con el individualismo del hombre: su elección personal, como el poder motivador que el Señor usa para sus propósitos superiores. Dejamos la cuestión de si Sansón había visto, *al principio*, el propósito superior divino o no, y notamos dos puntos de importancia vital en este relato. *Primero*, siempre que Sansón subordinaba conscientemente su voluntad y deseos a los propósitos nacionales de Dios, actuaba como nazareno y «por fe»; siempre que los propósitos nacionales y divinos eran sometidos a sus propias concupiscencias, fallaba y pecaba. Así, a lo largo de toda su historia vemos *dos elementos*, uno al lado del otro, en acción: el divino y el humano; Jehová y Sansón; lo sobrenatural y lo natural; entrelazándose, actuando juntos, influyéndose mutuamente, como se ha visto a lo largo de toda la historia de la Escritura. *Segundo*, las influencias del Espíritu de Dios en Sansón caen sobre él como *impulsos* desde el exterior, de repente, poderosos e irresistibles para él y para los demás.

La incomprensión y la ignorancia de los motivos de Sansón de parte de sus padres también nos hace pensar en una oposición semejante en la vida de nuestro bendito Señor, incluso, hablando con reverencia, toda esta historia prefigura, aunque desde «muy lejos», la de nuestro gran nazareno. Pero volviendo a nuestro tema, los padres de Sansón creyeron finalmente ante su hijo y, de acuerdo con la costumbre, fueron con él a la promesa de matrimonio en Timmat. Todo lo que vemos aquí y en el relato de la boda es estrictamente oriental y judío. Tal es la tenacidad de las costumbres orientales, que casi podría servir para describir lo que todavía sucedería en circunstancias similares. Pero, bajo otro punto de vista, aquí también nos hallamos sobre la base de la actuación divina directa, aunque desconocida probablemente por Sansón mismo. Hasta hoy los «viñedos se encuentran a menudo lejos de los pueblos, escalando uadis y acantilados salvajes».[10] En uno de éstos, precisamente en la región donde sería probable encontrar animales salvajes, Sansón encontró un león joven. «Y el Espíritu de Jehová descendió poderosamente sobre él», o «se iluminó sobre él», siendo esta expresión curiosamente la misma que en 1 Samuel 10:10; 11:6; 16:13; 18:10. Sansón lo desgarró como hubiese hecho con un cabrito.[11] Esta circunstancia se convirtió en «la ocasión contra los filisteos». Porque, poco después, Sansón y sus padres volvieron una vez más para la boda propiamente dicha y encontró un enjambre de abejas en el esqueleto seco del león. La miel,[12] de la que tomó para él mismo y dio también a sus padres, fue la ocasión para un acertijo que propuso, según una costumbre del este, a los «treinta compañeros» que hacían de «amigos del novio». El acertijo resultó ser demasiado difícil para ellos. Al no querer pagar la pérdida incurrida por su fracaso («una túnica» y una «muda de vestido»),[13] amenazaron a la esposa de Sansón y a su familia con la destrucción. La curiosidad de la mujer le había impulsado ya desde el principio a intentar conseguir la respuesta de su marido. Pero ahora su importunidad, azuzada por el temor, prevaleció. Como es natural, inmediatamente contó el secreto a sus paisanos, y Sansón se vio engañado y traicionado por su esposa. Pero ésta era la ocasión que buscaban. Una vez más «el Espíritu de Jehová se iluminó sobre Sansón». No había paz entre Israel y los filisteos, sólo una tregua armada. Y así Sansón mató a treinta de sus hombres en Ascalón, y con sus despojos pagó a los que habían adivinado su acertijo. En su ira por la traición de su esposa, la abandonó por un tiempo, y el padre de ella, como por desprecio, inmediatamente la dio al primero de los «amigos del novio».

Esta circunstancia dio «ocasión» para otra hazaña. Sansón vuelve a su esposa. Al encontrarla casada con otro, se lo toma como una traición contra Israel, y declara a su suegro y a los otros de su alrededor:[14] «Esta vez estoy libre de culpa ante los filisteos cuando les hago mal». El «mal» de su amenaza consiste en atar de dos en dos trescientos chacales, cola a cola, con una antorcha encendida en medio de cada par, y enviar a estos animales enloquecidos a los campos de cereales de los filisteos, que estaban siendo segados precisamente entonces, a los viñedos y entre los olivos. La destrucción debió ser terrible, y los filisteos enfurecidos se vengaron no contra Sansón, sino contra su esposa y su familia, quemando «a ella y a su padre con fuego». Esto fue una acción cobarde, además de malvada, ante lo cual Sansón «les dijo, si (ya que) habéis hecho esto, ciertamente me detendré cuando me haya vengado de vosotros, y después de hacerlo». El resultado fue otra gran matanza. Pero Sansón, que conocía la cobardía de sus paisanos, ya no se sintió más libre entre ellos, y se retiró a la «roca partida (cueva de roca) *Etam*» («la guarida de bestias salvajes»).

La desconfianza de Sansón no había sido infundada. Temiendo enfrentarse con Sansón en conflicto directo, los filisteos invadieron el territorio de Judá y se esparcieron por

---

7. El nombre ha sido interpretado de varias maneras. Los rabinos lo traducen «como el sol», aludiendo a Salmos 84:11. Otros lo traducen «poderoso», «osado» o «el que causa destrucción».

8. No se puede concretar la localización exacta. El Espíritu de Jehová empezó a *empujar, conducir* o *impelerle*.

9. De ahí la expresión «Sansón descendió a Timmat». Ver Thomson.

10. Thomson.

11. Además de los casos paralelos de la Escritura (1. S. 17:34; 2 S. 23:20), escritores como Winer y Cassel han encontrado muchos ejemplos parecidos en la historia bien acreditada.

12. Cassel nota la afinidad entre el hebreo *devas*, miel, y el sajón *wahs* o cera; y también entre el hebreo *doneg*, cera, y el sajón *honec* o miel.

13. Estas «mudas de vestidos» eran prendas caras y se cambiaban frecuentemente.

14. Cassel piensa que las palabras fueron dirigidas por Sansón a sus compatriotas judíos; pero esto no parece cuadrar con todo el contexto.

Lehi. Ante esto, sus propios compatriotas, al no comprender, como anteriormente, «cómo Dios les libraría por su mano», se abalanzaron, unos 3.000 de ellos, para entregar a Sansón a los filisteos. Éste es otro paralelo, también «desde muy lejos», de la historia de aquel que su propio pueblo entregó en manos de los gentiles. Sansón no ofreció resistencia, bajo la condición de que su propio pueblo no le atacara. Atado con dos cuerdas nuevas, ya estaba al alcance de la vista desde el campamento hostil de Lehi; ya podía oír el canto de triunfo de los filisteos, cuando una vez más «el Espíritu de Jehová vino poderosamente sobre él». Como el lino al tocar el fuego, «saltaron sus ligaduras de sus manos».[15] Este repentino cambio de situación y la manifestación del poder de Sansón causaron un pánico inmediato entre los filisteos. Siguiendo este efecto, Sansón tomó el arma más a mano, la quijada de un asno, y con ella mató compañía tras compañía, «montón tras montón», probablemente en varios encuentros hasta que por lo menos 1.000 enemigos se hallaban diseminados por los suelos. Quedaba un solo requisito pendiente.

Sus proezas de fe

Toda «esta gran liberación» había sido dada evidentemente por Jehová. Pero ¿se lo había reconocido Sansón? ¿Había luchado y conquistado «por fe», y como un verdadero nazareno? Una vez más, es por la operación de causas naturales, reguladas y dirigidas sobrenaturalmente, que Sansón aparece como el guerrero de Jehová y Jehová como el Dios del guerrero. Exhausto por la larga batalla con los filisteos y por el calor del día, Sansón se desvanece y está a punto de morir de sed. Luego Dios abre primero el corazón de Sansón, para que salgan las aguas vivas de fe y oración, antes de abrir la roca de Lehi. Una súplica como ésta no podía quedar desatendida. Como la de Moisés (Éx. 32:31), o como el razonamiento de la esposa de Manoa, estaba relacionada con los propósitos del pacto de Jehová y con sus tratos de gracia. Después de una batalla y una victoria así Sansón no podía perecer de sed; del mismo modo que tras la victoria de nuestro Señor, no podía dejar de ver el fruto de la aflicción de su alma y estar satisfecho; y como también se aplica a la sed del cristiano, después de la grande conquista que le ha sido obtenida: «aquel que no escatimó a su propio Hijo, sino que lo dio por todos nosotros, ¿cómo no nos dará con él todas las cosas?» (Ro. 8:32.) Entonces, en respuesta a la oración de Sansón, «Dios partió el hueco que hay en Lehi»,[16] probablemente un grieta en una roca, como hiciera antes en Horeb (Éx. 17:6) y en Cadés (Nm. 20:8, 11). Y el pozo que brotó allí, del cual bebió el apurado Sansón, lleva desde entonces el significativo nombre de *En-hakkore*, el pozo del que clamó, y ciertamente no clamó en vano.

Capítulo 20

(Jueces 16)

El versículo final de Jueces 15 determina también el final de este período de la vida de Sansón. A partir de aquí es un registro de las terribles consecuencias. En primer lugar de usar el don de Dios, confiado para los propósitos más elevados y santos, en beneficio de la propia indulgencia; y luego, de traicionarlo y perderlo. Y esta traición y pérdida son siempre consecuencia de tomar para sí mismo lo que es para Dios, como en la parábola del hijo pródigo la exigencia de recibir la porción de los bienes que le pertenecía es seguida por la pérdida de todo, la necesidad y la desgracia.

Y aquí, en su segunda fase, la historia de Sansón sigue de cerca la de Israel. Como Israel reclamara para ellos mismos, y alardeara de su fuerza nazarena y se confiara en ella, sin tener en cuenta su significado real y el objetivo de su concesión, también hizo así Sansón. Desciende a Gaza, uno de los bastiones fortificados de los filisteos, *sin estar* impelido por el Espíritu de Jehová, más por su indulgencia personal,[1] confiado y alardeando de lo que él consideraba su propia fuerza. Y esta fuerza tampoco le falla, al menos exteriormente. Porque Dios es fiel a su promesa y hasta que Sansón no eche Su auxilio, no le faltará. Pero ya se encamina hacia ello, y la noche de Gaza debe ser seguida rápidamente por la historia de Dalila. Mientras, los hombres de Gaza y Sansón tienen que aprender una nueva lección, en la medida en que sean capaces de hacerlo. Los guardias hacen guardia toda la noche junto a las puertas esperando el alba, cuando, según esperan ellos, cuando se abran las puertas, Sansón saldrá de la ciudad y lograrán capturarlo. Pese a ello, durante la noche, podían dormir, ya que ¿no eran las puertas suficientemente fuertes y estaban cerradas con seguridad? Pero, a medianoche, Sansón sale de la ciudad, llevándose las puertas y depositándolas en «la cumbre de una colina que mira hacia Hebrón»,[2] es decir, a una distancia aproximada de media hora hacia el suroeste de Gaza.

Pecado y caída de Sansón

Una vez más, Sansón logró escapar de manos de los filisteos, pero la hora de su caída estaba a la vuelta de la esquina. Considerar la fuerza que le confiara Dios como si fuese suya propia y abusar de ella con fines egoístas fue el primer paso hacia la traición y la renuncia de la base real de la misma. Sansón cesó de ser nazareno en su corazón antes de dejar de serlo exteriormente. La historia de Dalila[3] es harto conocida como para repetirla. Su nombre («la débil» o «la nostálgica») respira sensualidad, y su casa se halla en el valle de Sorek, o de la elección y la uva roja. La princesa filistea aprendió finalmente que la fuerza no podía prevalecer contra Sansón, hasta que por su propia infidelidad él mismo se privara de su fuerza. Es la misma historia que la de Israel y su pecado con Baal-Peor. Se adopta la misma estratagema que sugiriera Balaam para arruinar a Israel, por desgracia, con el mismo éxito. Los cinco príncipes de los filisteos prometen dar cada uno a Dalila 1.000 y 100 siclos, o 5.500 en total, unas 700 £, como recompensa por su traición. Sansón eludió su persistencia para descubrir el secreto tres veces. Cada vez, ella disponía de vigilantes en el departamento contiguo dispuestos a caer sobre él, si ya hubiese

---

15. Traducción literal.

16. *Indiscutiblemente* éste es el significado del texto, y no, como en algunas versiones, «un lugar hueco que había en la quijada». El error ha sido provocado por la circunstancia que *Lehi* significa quijada, ya que el lugar obtuvo su nombre de la victoria de Sansón con una quijada (*Ramá-lehi*, «la montaña o colina de la quijada», Jue. 15:17). El nombre *Lehi* es usado *prolépticamente* en los versículos 9, 14, es decir, por anticipación.

1. Cassel intenta demostrar que el lugar donde Sansón fue en Gaza era simplemente un mesón, y así lo entendían también los comentaristas antiguos, pero las palabras del texto no permiten esta interpretación.

2. Ésta es la traducción literal del texto, y no, como en algunas versiones, «la cumbre de una colina que está delante de Hebrón», porque, además, la distancia hubiese sido excesiva.

3. Los rabinos sostienen que si su nombre no fuese Dalila, lo hubiese obtenido, porque ablandó y debilitó la fuerza de Sansón.

perdido su fuerza. Pero la tercera vez, en su juego con las cosas sagradas, se acercó mucho a su caída, puesto que le dijo al oído que él relacionaba su fuerza con su pelo. Y pese a las advertencias, como el Israel antiguo, pereció en su pecado.

Finalmente ha llegado. Ha abierto su corazón a Dalila, y ella lo sabe. Pero la Escritura nos expone la verdadera explicación del asunto, en su habitual modo enfático, pero con la manifiesta intención de evitar causar efectos, que sólo el lector cuidadoso y dedicado puede atisbar. Los hechos son como sigue: cuando Sansón traiciona su secreto ante Dalila, él dice (16:17): «si yo soy rapado, entonces se irá de mí mi fuerza», mientras que cuando el hecho realmente se cumple, la Escritura lo explica: «No sabía que Jehová se había apartado de él». En este contraste entre su orgullo sobre *su propia* fuerza y el hecho que se debía a *la presencia de Jehová* yace la clave del asunto. Como alguien escribió: «la fuerza sobrehumana de Sansón no estaba en su pelo sin cortar, sino en que Jehová estaba con él. Pero Jehová estaba con él únicamente mientras él mantuviese su voto nazareno». O, usando palabras del antiguo comentador alemán: «Toda la desgracia de Sansón surgió del hecho que se apropió para sí mismo lo que Dios había realizado por medio de él».

Jehová le deja

«Dios permite que se destruya su fuerza para que aprenda, con la amarga experiencia, cómo sin la presencia de Dios él no era nada en absoluto. Y así nuestras caídas siempre son los mejores maestros». Como siempre, el pecado resultó ser el maestro más duro y severo. Toda indignidad es echada sobre el Sansón caído. Le sacan los ojos, le cargan con grillos de bronce y es colocado en el peor trabajo penal de los esclavos. Y aquí también la historia de Sansón encuentra su paralelo en la del Israel ciego, con el juicio de la esclavitud, degradación y sufrimiento como consecuencia de su gran pecado nacional de echar fuera su voto nazareno.

Ni el relato ni su paralelismo se detienen aquí. Porque «los dones y llamamientos de Dios son sin arrepentimiento». El texto sagrado dice: «Y el pelo de su cabeza empezó a crecer, al ser cortado» (o sea, *tan pronto como* fue cortado).

Arrepentimiento, fe y muerte de Sansón

A continuación empezó un período de dolor piadoso y arrepentimiento, evidenciado tanto por la vuelta de Dios a él como por su última hazaña de fe, en la cual sacrificó su vida por su pueblo, siguiendo con esto también al gran antetipo, aunque «desde muy lejos». Suponemos[4] que «el muchacho» que le llevó a las columnas donde se apoyaba la casa de Dagón era hebreo, conocedor de las esperanzas y oraciones de Sansón, y que, inmediatamente después de colocarle en la posición fatal, salió del templo y llevó las noticias a los «hermanos» de Sansón (16:31).

Es un gran día en Gaza. Han venido príncipes de todas sus ciudades; se ha reunido el pueblo de todo el país de los alrededores. El templo del dios *Dagón* (el dios pez, protector del mar) es adornado. Más abajo, los señores de los filisteos y los jefes del pueblo tienen un gran banquete con la comida del sacrificio. Más arriba, sobre el tejado, la galería está abarrotada con tres mil hombres y mujeres que miran el espectáculo. Es una fiesta de agradecimiento a Dagón, triunfo de Filistea, triunfo contra Jehová y su pueblo, y contra su

4. Esto fue propuesto por primera vez por Cassel.

«La clave de la historia de Sansón está en el hecho de ser nazareo. Su fuerza estaba en sus votos como nazareo; su debilidad en ceder a sus deseos carnales, y con ello infiel a su llamamiento. En ambos aspectos no sólo era una figura de Israel, sino también un espejo en el cual Israel podía verse a sí mismo y a su historia.»

Ruinas de Lais-Dan, desde donde se avistaba y dominaba una fértil región. Sansón fue del linaje de la tribu de Dan.

cautivo Sansón. La imagen de Dagón, el cuerpo de pez con la cabeza y las manos de hombre, que hacía menos de veinte años cayera roto ante el arca de Jehová (1 S. 5:4), se alza una vez más desafiando al Dios de Israel. Y ahora el regocijo y el jolgorio alcanzan su máximo punto: traen a Sansón y le colocan en medio del templo, entre las columnas centrales que sostienen el inmenso tejado y todo el edificio. Unas pocas palabras a su fiel siervo hebreo, y los brazos de Sansón rodean las enormes columnas. Luego un mudo grito agonizante de arrepentimiento, de la fe de un nazareno, de nuevo como tal, que no sólo se somete a la nación y a su llamamiento, sino que rinde la vida misma. El ciego Sansón va a tientas en busca de una nueva luz y el resplandor de otra mañana ya está pasando por su horizonte. Con toda su fuerza se inclina. Las columnas se tambalean y ceden. Con un estruendo terrible cae el tejado y la galería, el templo y la imagen de Dagón; y en las ruinas perecen con Sansón los señores de los filisteos y la flor del pueblo.

Se ha anunciado en Zorá. Gaza y Filistea están calladas en estupor y duelo. Los hermanos de Sansón y la casa de su padre descienden. Sacan de las ruinas el cuerpo maltrecho del nazareno. Nadie se preocupa de interferir con ellos. Sin ser molestados, se llevan los restos y los ponen a descansar en la sepultura de su padre Manoa.

Así termina el período de los jueces. Sansón no podía tener sucesor: él cerró una época. Pero en Silo ya se preparaba una reforma diferente, y con armas distintas iba a luchar el Israel arrepentido bajo Samuel contra los filisteos, e iba a conquistar.

Capítulo 21
(Libro de Rut)

Todavía nos queda un relato por contar, muy distinto de los restos de Sansón. Nos lo encontramos con un contraste tan dulce, casi como una mañana de verano después de una salvaje tormenta. Y sin esta historia nuestro conocimiento del período sería incompleto.

Fue «en los días que los jueces juzgaban»[1], hacia el final de ese período tan repleto de sucesos. Al oeste del Jordán, Jaír y Elí dominaban en Israel, mientras al este del río la turba de Amón no había sido aún forzada a retroceder por Jefté, el galaadita. Tanto si las incursiones de los amonitas habían provocado la necesidad y la desgracia en el interior de Judá y en Belén (Jue. 10:9), o si se debía sólo a causas naturales, había «hambre en la tierra», y esto llegó a ser, en la providencia de Dios obradora de maravillas, uno de los grandes eslabones de unión en la historia del reino de Dios.[2]

Vida social y religiosa en Belén en los días de los Jueces

Teniendo en cuenta las características generales del período, y las terribles muestras de apostasía religiosa y degeneración moral recogidas en los dos Apéndices del Libro

1. Los críticos difieren sobre la época en que sucedieron los hechos registrados en el Libro de Rut. Keil cree que Booz es contemporáneo de Gedeón; pero no vemos razón para separarnos del relato de Josefo, que coloca la historia en los días de Elí.

2. El Libro de Rut ocupa una posición intermedia entre Jueces y Samuel; es un suplemento del primero y una introducción del segundo. El sencillo relato de este libro ha sido engalanado con tanto «romanticismo», que casi se pierde de vista su propósito real.

de Jueces (Jue. 17-21), tenemos un sentimiento de alivio al leer el Libro de Rut.[3] Protegido de las escenas de conflictos y semipaganismo, el pequeño pueblo de Belén había retenido entre sus habitantes la pureza de su fe ancestral y la sencillez de los modales primitivos. Aquí, rodeados por las colinas de Judá, donde David posteriormente pastorease los rebaños de su padre, y donde los pastores oyeran a los ángeles anunciar el nacimiento del «Hijo mayor de David», nos parece volver a respirar el aire saludable del espíritu de Israel, y vemos qué vida moral podía fomentar tanto en los individuos como en las familias. Si Booz era, por así decirlo, el patriarca de un pueblo, donde continuaban las antiguas costumbres bíblicas, las casas más humildes de Belén debieron conservar la verdadera piedad israelita en sus formas más atractivas. Porque, si la moabita Rut no hubiese aprendido a conocer y amar la tierra y la fe de Israel en la casa belemnita de Elimélec, transportada a la tierra de Moab por un tiempo, no hubiese seguido a su suegra con tanta persistencia, lejos de su casa, para compartir su pobreza, trabajar, y si fuese necesario incluso mendigar por ella. Y de estos antepasados, alimentado por estas circunstancias, salió el pastor rey de Israel, el antepasado y figura del Señor y salvador de los hombres. Estas cuatro cosas, pues, parecen ser el objetivo del Libro de Rut: presentar un suplemento en forma de contraste al Libro de Jueces; mostrar el verdadero espíritu de Israel; exponer una vez más las misteriosas relaciones entre Israel y los gentiles, por las cuales estos últimos son llamados a tomar un papel director inesperado en los momentos más críticos de la historia de Israel; y para trazar la genealogía de David. Y tal vez de modo especial los dos últimos puntos. Porque, tal como alguien ha notado bellamente:[4] «Si, en su contenido, el Libro de Rut está al umbral de la historia de David, en cuanto a su espíritu está, como los Salmos, en el umbral del Evangelio. No sólo para la genealogía de Cristo, que llega hasta David y Booz, sino por el espíritu que respira la enseñanza de David, nos place recordar que el gran rey de Israel salió de la unión de Booz y Rut, que es simbólicamente la de Israel y el mundo gentil».

La historia de Rut

Todos los detalles de este relato son de gran interés: el hambre en Belén, «la casa de pan», evidentemente causada, como también su posterior eliminación, por la visitación de Dios (Rut 1:6); los apuntes sobre la familia de Elimélec; aun sus nombres: Elimélec, «mi Dios es rey»; su esposa, Noemí, «la placentera», y sus hijos Mahlón (o mejor Machlón) y Quilyón (traducido por algunos como «el débil», y por otros «el gozoso», «el coronado»).[5] La familia es descrita como «efrateos de Belén-judá». La expresión parece querer indicar que la familia no habían sido inmigrantes recientes, sino colonos judíos originales (o, según sostienen los comentaristas judíos, burgueses patricios del antiguo Efrat, o «fertilidad» (Gn. 35:19; 48:7; comp. 1 S. 17:12; Mi. 5:2). Durante cierto tiempo la familia parece no haber sido ni pobre ni de condición despreciable (Rt. 1:19-21; 2–3). Pero ahora, debido al «hambre», Efrat ya no era «fertilidad», ni tampoco Belén «la casa de pan»; y Elimélec, al no poder acudir a Filistea o Egipto en busca de alivio, debido a los problemas del oeste, emigró más allá del Jordán y del alcance de los enemigos de Israel del momento, para «habitar» en Moab.

No hay ninguna necesidad de intentar buscar excusas para esta separación de sus hermanos y su destino de parte de Elimélec, ni por el hecho de que buscara descanso entre los enemigos hereditarios de Israel, fuera de Palestina, sobre quienes parece haber existido una maldición especial (Dt. 23:6). Sólo tenemos que ver el progreso de esta historia para poder leer en ella el juicio de Dios sobre este paso. Prácticamente no sabemos nada de lo que sucedió a la familia en Moab. Pero esto se nos dice enfáticamente: Elimélec murió como extranjero en una tierra extranjera. Luego Maclón y Quilyón se casaron con moabitas: Mahlón con Rut (Rut 4:10) y Quilyón con Orfa.[6] Y así pasaron diez años más. Luego murieron los dos jóvenes, ambos sin hijos, y Noemí quedó verdaderamente desolada. Así, como alguien observó, «el padre había temido no poder vivir en casa, pero poco después de llegar a la tierra extranjera, murió. Luego, los hijos intentaron fundar una casa en Moab, pero su casa fue su tumba. Probablemente no habían deseado volver a Judá, por lo menos hasta que cesara el hambre; y cuando hubo cesado, ellos ya no estaban. El padre se había ido para tener más y proveer para la familia, y ahora su viuda quedaba sin hijos y sin posesiones». Del mismo modo, no deseamos intentar justificar el casamiento de estos dos jóvenes hebreos con esposas moabitas. Porque realmente no había ningún mandamiento concreto contra tales uniones. Los ejemplos en la Escritura (Jue. 3:6; 1 R. 11:1; Neh. 13:23), que a veces se citan como prueba de lo contrario, no vienen al caso, puesto que se refieren a casamiento de hebreos *en la tierra de Israel*, no al casamiento de los que residían fuera de sus fronteras (comp. Dt. 7:3), y en el caso de dichos casamientos este punto es importante.

Y ahora llegan a Moab noticias de que «Jehová había visitado a su pueblo para darles pan». Noemí oyó en esto un llamamiento para volver a su propia tierra y casa. De acuerdo con las costumbres orientales, sus nueras la acompañaron en su camino. Cuando Noemí consideró que aquel deber de respeto para con ella estaba suficientemente excusado, se paró para despedirlas, con sus delicadas palabras, hacia las casas de su «madres», y con una tierna oración hablada, para que después de todo su dolor el Dios de Israel les diera reposo en una nueva relación, porque ellas habían tratado con amor tanto a los muertos como a ella misma. Si sus palabras se examinan de cerca, se observa en ellas el significado, aunque expresado del modo más delicado, de que si sus nueras iban con ella podían esperar quedarse sin casa y siempre forasteras. No les podía ofrecer ninguna perspectiva de vida casada feliz en su propia familia, y deseaba hacerles notar que ningún israelita que estuviese en su propia tierra jamás se casaría con una hija de Moab. Era un noble acto de negación propia de parte de una anciana viuda hebrea, ya que de este modo se privaba de su último consuelo y se enfrentaba a su oscuro futuro, sin hijos, sola y sin ayuda. Y cuando una de ellas, Orfa, volvió a su tierra, aunque con un amargo dolor por su separación, Noemí se enfrentó con una labor todavía más dura. Sin duda, Rut había comprendido perfectamente lo que su suegra quería decir; pero quedaba otro sacrificio para el que tenía que prepararse, si iba a seguir a Noemí. No sólo debía separarse

3. El Libro de Rut tiene sólo ochenta y seis versículos. En la Biblia hebrea está colocado entre los *Hagiografa*, por razones dogmáticas que es inútil tratar. En los manuscritos hebreos está entre los cinco *Megilloth* «rollos» (Cantares, Rut, Lamentaciones, Eclesiastés y Ester). Entre los judíos se lee de un modo muy significativo durante la fiesta de las semanas.

4. El profesor Cassel en su *Introduction to the Book of Ruth*.

5. La traducción de los nombres hecha por Josefo es claramente fantasiosa. Las traducciones tan diversas que damos en el texto muestran las divergencias de los críticos que hacen derivar a los nombres de raíces muy distintas.

6. El profesor Cassel traduce Rut «la rosa»; y Orfa «la cierva». El *Misdrá* presenta a Rut como hija del rey Eglón.

de su pueblo y abandonar para siempre todas las perspectivas de este mundo, sino que también tenía que estar dispuesta a dar la espalda a su religión ancestral. Pero Rut había tomado su decisión desde hacía mucho tiempo, y las íntimas palabras con las que la confiesa han llegado a ser casi proverbiales en la iglesia. Hay tanto calor y deseo en ellas, tanta resolución y calma, que van más allá de la esfera del mero afecto natural o sentido del deber. Dejan traslucir la elección deliberada de un corazón que pertenece en primer lugar a Jehová, el Dios de Israel (1:17), y que ha aprendido a considerarlo todo como pérdida por la excelencia de este conocimiento. Aunque la historia de Rut ha sido revestida de romanticismo por su final, no hay nada de ello en su resolución actual. Ante ella sólo se ve la más severa prosa de la pobreza. Por no hablar de la influencia excesivamente deprimente de sus palabras (1:13, 20, 21), Noemí había sido cuidadosa para sacar de su mente cualquier esperanza de un futuro, como el que había disfrutado en el pasado. Verdaderamente, la elección de Rut resulta totalmente inexplicable, excepto por el hecho de que ella se sintiera como una de la casa de los hebreos de corazón y por convicción: una mujer israelita en alma y vida, y ello aunque en cierto modo ella fuese repudiada por las personas con las cuales ella había decidido echar su suerte.

Hubo cierta agitación en el tranquilo pueblo de Belén (sobre todo entre las mujeres)[7] cuando Noemí volvió inesperadamente después de su larga ausencia y bajo unas circunstancias tan distintas. Los lamentos de la viuda le hicieron repudiar el antiguo nombre de *Noemí* por *Mara* («amargo»), porque «Jehová» había «dado testimonio» contra ella, y «*Shaddai*»[8] la había afligido. Tanto si Noemí y sus conocidos comprendieron el verdadero significado de este «testificar» de parte de Jehová o no, lo cierto es que la excitación temporal de su llegada pronto desapareció, y la viuda y su compañera moabita quedaron solas en su lucha y su pobreza. Parece ser que no quedaban más familiares cercanos de Elimélec, puesto que Booz en el original es designado como «un conocido de su marido»,[9] aunque la palabra también indica relación familiar. Y así, durante el sombrío invierno, las cosas sólo consiguieron empeorar, hasta que finalmente la temprana primavera trajo la siega de la cebada.

Una de las provisiones especiales de la ley, que con su exquisita amabilidad y delicadeza (y con un gran contraste con las costumbres paganas de la época) muestra su origen divino, era que lo que caía al suelo, era dejado o se olvidaba durante la siega, no podía ser reclamado por el propietario, sino que debía quedar, por derecho, para los pobres, las viudas y *enfáticamente* también para los «extranjeros». Y como si fuera para refutar los pensamientos posteriores del carácter cerrado judío, sólo «el extranjero» es mencionado en los tres textos donde se cita este mandamiento (Lv. 19:9, 10; 23:22; Dt. 24:19-22).[10] Así los desolados podían tener su parte de la bendición de Israel; y esto por derecho divino, y no por caridad humana, mientras que los que no podían trabajar para otros podían trabajar para sí mismos. Y no obstante, debió ser una petición amarga, cuando Rut, como si suplicase un favor, pidió a Noemí permiso para ir a espigar los campos, con la espera de «encontrar favor» delante del mayordomo y de los segadores, de modo que no se dirigieran a ella con palabras rudas o la tratasen con aspereza. Y esto era todo lo que parece haber experimentado Rut de la «bendición de seguir al Señor», en favor del cual había dejado casa y amigos. Pero hay algo sublime en las palabras de la Escritura inmediatamente después de esto: un efecto de despreocupación y, no obstante, una notable sorpresa típica de los tratos de Dios. Lo que parecía un amargo errar de Rut, sin saber hacia dónde iba, la Escritura lo describe así: «aconteció que aquella parte del campo era de Booz»; el mismo «acontecer» divino por el cual el sueño huyó de Asuero en la noche decisiva; el mismo «acontecer» por medio del cual, tan a menudo, lo que al observador poco cuidadoso parece un hecho que «ocurre» por casualidad, nos ha sido enviado directamente por Dios.

Toda la escena es representada muy vivamente. Rut llegó al campo de Booz; se dirigió al «siervo colocado sobre los segadores», y obtuvo el permiso para «espigar» después de los segadores, y para «juntar las gavillas».[11] Ha estado siguiéndoles desde temprano por la mañana, y, como el supervisor informa luego a Booz (2:7), el tiempo que «ha estado sentada en casa», bien para descansar o para hablar, ha sido «poco».[12] Y cuando el sol está bien alto en el cielo, Booz llega donde están sus trabajadores. Les saluda con modales auténticamente israelitas: «Jehová sea con vosotros», y ellos responden: «Jehová te bendiga». Sin lugar a dudas, tenía que conocer a «todos los pobres» (en el sentido convencional) de Belén, y Rut debió haber llevado una vida muy reservada, sin buscar compañía o compasión, ya que Booz pregunta sobre la identidad de la doncella moabita. Y aunque no la conocía personalmente, Booz conocía bien la historia de Rut. Viendo su historia a la luz de su conducta y situación del momento, su significado espiritual y sus motivos debieron resplandecer ante Booz. Y para un hombre como él, conocer la voluntad de Dios significaba hacerla. Rut ciertamente era israelita valiente, verdadera y noble. Ella no debía ir a ningún otro campo. No debía ser tratada como los demás espigadores, sino que debía quedarse *allí*, donde él le había hablado, «junto a sus criadas», de modo que al avanzar los segadores, y las siervas tras ellos para atar las gavillas, ella pudiese ser la primera en espigar. Ella debía tener parte en los beneficios de la casa de él; y él debía preocuparse de que nadie la molestase.

Es más fácil, incluso para los hijos de Dios, soportar la adversidad que la prosperidad, especialmente si llega después de un largo retraso y de forma inesperada. Pero Rut era «sencilla» de corazón; o, como lo expresa el Nuevo Testamento, su «ojo era sencillo», y Dios la guardó. Y ahora, en sus circunstancias modificadas, ella actúa aún en función de su pasado. No se queja de su pobreza; no habla sobre cuán poco acostumbrada estaba a tales circunstancias; sino que toma humildemente, y con una gratitud sorprendida, aquello a lo que no tenía ningún derecho, y que como «extranjera» no se había atrevido a esperar. ¿Estuvo ella deseando todo el tiempo un rayo de luz celestial, una acogida israelita,

7. El texto hebreo remarca significativamente «ellas dijeron», «no me llaméis» (Rt. 1:20) en *plural*.

8. El profesor Cassel cita pasajes paralelos de Génesis para mostrar que *Shaddai* significa específicamente el Dios que da fertilidad y aumento.

9. No como en algunas versiones, «un pariente de su esposo». Los rabinos le hacen sobrino de Elimélec, con tan poca base como cuando presentan a Noemí y Rut que llegan justamente durante el funeral de la primera esposa de *Booz*. La derivación de la palabra Booz es un tema de discusión. Todavía preferimos la que traduce el nombre como: «en él fuerza».

10. ¿Podemos preguntar a los que dudan de la temprana redacción de Deuteronomio, cómo explican esta circunstancia?

11. El profesor Cassel ha señalado la distinción entre la expresión «en las gavillas» (2:7) y «entre las gavillas» (v. 15), siendo la primera *después* de los segadores y la segunda *entre* ellos.

12. Ésta es la traducción correcta, y no como en algunas versiones, donde se pierde el significado.

que le dijese que todo esto venía del Dios de Israel, y por su causa? Se le concedió, y de un modo más completo de lo que podía esperar. Booz sabía lo que había hecho para el hombre y a lo que había renunciado por Dios. Ella iba a recibir, como ahora le garantizaba él, una recompensa por lo uno, y un premio *completo* del otro, y esto de parte de Jehová, el Dios de Israel, bajo cuyas alas ella se había confiado. Y ahora, por primera vez, y cuando ya es un pasado, el secreto de su dolor escondido por tanto tiempo explota en Rut, al contárselo a Booz: «Tú me has consolado y has hablado al corazón de tu sierva».

Lo que sigue a continuación parece casi el curso natural de los acontecimientos. Era natural que Booz le concediese los privilegios de una pariente; también que ella los recibiera casi sin darse cuenta de alguna distinción en su favor: conservar y llevar a casa una porción incluso de su comida para su suegra (2:18), y todavía trabajar en el campo hasta tarde por la noche (v. 17). Pero Noemí vio y se maravilló por lo que la sencillez y la modestia de Rut nunca podían percibir. Sorprendida por el resultado tan grande de un día de espigar, pidió más detalles, y luego, sin esperar la respuesta de su hija, invocó la bendición de Dios en el todavía desconocido dador de esta bondad. Y así la moabita Rut empieza a enseñar el lenguaje de la gratitud a la madre hebrea que en otro tiempo estuviese abatida. Pero cuando se le cuenta toda la historia, también su significado espiritual se ilumina ante Noemí, como sucediera con Booz. En su debilidad, Noemí había murmurado; en su incredulidad se había quejado; se había considerado abandonada por Dios y afligida. Durante todo el tiempo ella y los suyos podían haber estado equivocados y descarriados, Dios nunca había dejado su bondad ni para con los vivos ni para con los muertos.[13] Y después de haber dado gracias, explica a la sorprendida Rut: «El hombre está cerca de nosotros; él *es uno* de nuestros redentores» (comp. Lv. 25:25; Dt. 25:5). Y a pesar de todo esto, no parece que se concretara ningún otro pensamiento en la mente de ninguna de las dos mujeres. Y Rut continuó con su trabajo silencioso en los campos de Booz durante toda la siega de la cebada y hasta el final de la siega del trigo, un período no inferior a dos meses.

Pero un mayor análisis y observación llevaron a Noemí a pensar algo más. Los dos meses que habían pasado aportaron suficientes pruebas de la total ausencia de egocentrismo de parte de Rut, de su delicadeza y modestia en circunstancias de no poca dificultad. Si estas cualidades escasas fueron observadas por Noemí, no podían pasar desapercibidas por Booz, al verla diariamente en su soportación. Tampoco Rut podía quedarse insensible al valor, la piedad y la bondad de aquél que había sido el primero de Israel en hablar consolación a su corazón. Podemos considerar que, bajo tales circunstancias, el hecho de que Noemí, al reconocer a una verdadera israelita en su nuera, buscase «reposo» para ella, y reposo en la casa de Booz, estaba de acuerdo con las claras evidencias de la providencia y era el curso natural de las cosas. Así, pues, todos los actores de la escena que iba a tener lugar, estaban preparados para desempeñar sus papeles. El modo como se realizó no puede ser juzgado según nuestras nociones occidentales, aunque estamos dispuestos a defender la pureza y delicadeza de todos los detalles. Noemí no podía hacer nada más que aconsejar como lo hizo. Porque la ley que determinaba al siguiente en la parentela el deber de redimir la tierra (Lv. 25:25), *no* relacionaba con ello la obligación de casarse con la viuda sin hijos del propietario, lo cual (hablando con exactitud) sólo se aplicaba al cuñado (Dt. 25:5). A pesar de ello, ésta parece haber sido la costumbre en Belén, y según creemos, concuerda perfectamente con el *espíritu* y objetivo, aunque no con la *letra* del mandamiento divino. Así Noemí no tenía ningún derecho *legal* sobre Booz; por no hablar del hecho, del que ella estaría informada, de que existía otro pariente más cer-cano de Elimélec en Belén. Finalmente, de acuerdo con la ley, no era Noemí sino Rut la que tenía que reclamar tal casamiento (Dt. 25:7, 8).

No obstante, se nos escaparía todo el espíritu del relato, si, aunque admitamos la influencia de otros asuntos, no reconocemos que la ley de redención y de casamiento con una viuda sin hijos, con la finalidad de «no extinguir un nombre de Israel», había sido el principio central de la conducta de los tres: Noemí, Rut y Booz. Y, ciertamente, no podemos encontrar una evidencia más completa del valor y la importancia de esta ley que la que aporta esta historia, si tenemos en cuenta que, de esta unión por proximidad de parentela, descendía David, y, «según la carne», el Señor Jesucristo, el Hijo de David.

Teniendo todo esto en cuenta, seguimos reuniendo los hilos de nuestra historia. Por el consejo de su suegra, Rut se saca tanto sus vestidos de viuda como los de trabajadora. Adornada festivamente como una esposa (aunque, claramente, no para ser admirada por Booz, puesto que la transacción iba a ser de *noche*) va a la era, donde, al levantarse el viento, Booz aventaría su cebada. Sin ser vista, observa dónde se acuesta él, y, alzando suavemente el cobertor, se acuesta a sus pies. A medianoche, tocando accidentalmente el cuerpo que había a sus pies, Booz se despierta sobresaltado, y, «se volvió; y he aquí, una mujer estaba acostada a sus pies». En respuesta a su pregunta, las pocas palabras que ella dice (exquisitamente hermosas en su sencillez femenina y escritural) explican su conducta y motivo. Aquí debemos tener en cuenta dos cosas: Booz mismo no encuentra nada extraño ni inadecuado en lo que hace Rut; en cambio, alaba su conducta diciendo que excede todos los derechos anteriores al respeto de parte de Booz. De nuevo, el lenguaje de Booz implica que Rut, aunque se atrevió a hacer lo que le parecía justo, lo había hecho con el temor que, en sus circunstancias, era natural que produjera su modestia femenina. Casi nos parece oír los bajos susurros y el temblor de su voz, según vemos las palabras amables y animadoras de la respuesta de Booz: «Hija mía», y al detener el sollozo del corazón de ella con su afable y paternal: «No temas». Ningún otro pensamiento excepto el de pureza y bondad,[14] y el de la ley de Israel se introdujo en la conversación de medianoche, que mantenían los que fueron honrados con el ser antepasados de nuestro Señor.

Y ahora, de su parte, explica a Rut que existe un pariente más cercano, cuya reclamación debe ser declinada antes, si hay que observar estrictamente la ley. Y, sin lugar a dudas, si la observación de la ley de la redención, con todo lo que esto implicaba en Israel, no hubiese sido el motivo principal de Booz y Rut, no hubiese habido ninguna necesidad de comunicar antes el asunto al pariente más cercano, puesto que no podía haber ningún otro obstáculo para la unión de aquellas personas cuyos corazones, es evidente, se pertenecían mutuamente.

---

13. Se ha observado correctamente que este reconocimiento implicaba la creencia en la inmortalidad del alma, que los muertos no habían perecido sino simplemente partido.

14. El profesor Cassel nos recuerda una determinación legal del *Misná* (*Yebam.* II. 8), que puede ser comparada por el lector erudito. La referencia, aunque adecuada, no obstante, más bien irrumpe prosaicamente en la sublime belleza de la escena. No se necesitaban dichas determinaciones para guardar la pureza de la era de Booz.

Una vez aclarada la conducta por ambas partes, se acuestan en silencio. Lo que quedaba de la corta noche de verano acabó pronto. Antes de que el alba resplandeciese lo suficiente como para que una persona pudiese reconocer a otra, ella salió de la era, llevando a su madre el regalo de su pariente, como prenda de que él había entendido los pensamientos de ella, y que las esperanzas que ella tenía sobre los muertos y los vivos se cumplirían.[15]

La historia ahora se apresura hacia un rápido final. Pronto de mañana Booz va a la puerta de la ciudad, el lugar usual para administrar la ley o hacer negocios. Se sienta como miembro de una parte; llama al pariente más cercano, del cual desconocemos el nombre, y que pasaba por allí, para que ocupe el lugar de la otra parte, y a diez ancianos como testigos o árbitros. El número *diez* no sólo es símbolo de plenitud, sino que además, como costumbre inmemorial, y después por ley, el que constituía una asamblea legal. Para comprender lo que sucedió entre Booz y el pariente desconocido, debemos dar algunas explicaciones sobre el estado del caso y de la ley que al mismo se aplica, distinto de lo sugerido hasta ahora. Porque la dificultad yace en la venta de la propiedad de Noemí; y el problema tampoco se simplifica si suponemos que ella no dispuso de la misma, sino que la ofrecía para su venta. Podemos decir en general que la ley (Nm. 27:8, 11) *no* trata ningún caso exactamente parecido al que estamos considerando. Sólo contempla uno de dos casos, la muerte de un hombre sin hijos, cuando su pariente más cercano (hablando en términos amplios) *está obligado* a casarse con su viuda (Dt. 25:5); o, en el otro caso, una venta forzada de la propiedad por la pobreza, cuando el pariente más cercano al propietario original podía redimir la tierra (Lv. 25:25). Es evidente: el primer caso debe considerarse una *obligación* y el segundo un *privilegio* relacionado con el parentesco, siendo el objetivo de ambos el mismo: la conservación de la familia (más bien que la del individuo) en su estado original. Pero aunque la ley no los cite, el mismo principio se aplicaría, naturalmente, en los casos análogos. Así, podría ser que un hombre se pudiese casar con la viuda, pero no redimir la propiedad. Por otro lado, nunca podía pretender redimir la propiedad sin casarse con la viuda, a quien se unía la propiedad como representante del marido fenecido. En cualquier caso la propiedad del difunto estaba investida por la viuda sin hijos. De hecho, durante la vida de la viuda, nadie podía reclamar ningún derecho sobre la propiedad, porque ella era el heredero potencial de su difunto marido. Todas las autoridades admiten que en un caso así ella tenía el uso de la propiedad, y un pasaje del Misná (*Yebam.* IV. 3) declara que es lícito a la mujer vender posesiones, aunque es dudoso si la expresión cubre la venta de la *tierra* de su difunto marido. De todos modos, hubiese estado en perfecto acuerdo con el principio y el espíritu de la ley. En el caso que nos ocupa ahora, la propiedad todavía pertenecía a Noemí, pero revertía sobre Rut como representante potencial de Elimélec y Maclón, mientras que el derecho a casarse con el pariente más cercano implicaba, evidentemente, solamente a Rut. Así la propiedad, todavía en posesión de Noemí, se iba, en equidad y por ley, con la mano de Rut, y nadie tenía derecho a una sin tomar la otra. Ningún pariente había cumplido con el *deber* con Rut, y consecuentemente ningún pariente podía reclamar el *privilegio* de la redención relacionado con la tierra. Con la mano de Rut se repudiaba la tierra. Pero como que el pariente se había negado virtualmente a cumplir con su parte, y Noemí era incapaz de mantener su propiedad, dispuso de la misma, y ello de acuerdo con el espíritu de la ley. No se hizo ningún mal a nadie. La única base para pasar la tierra a un pariente hubiese sido que conservara el nombre del muerto. Pero a esto ya había renunciado. Por otro lado, aún podía redimir la tierra, si, al mismo tiempo, consintiera en casarse con Rut. Hubiese sido la mayor injusticia permitir el privilegio de redimir la propiedad a un pariente que se negaba a actuar como pariente. En vez de conservar un nombre en Israel, de hecho lo hubiese eliminado para siempre.

Este punto precisamente era el que discutían Booz y el pariente cuyo nombre desconocemos. Booz le presentó en primer lugar el *privilegio* de su parentesco: la redención de la tierra. Esto lo aceptó. Pero cuando Booz luego le recordó que dicho privilegio implicaba cierto *deber* para con Rut, y que si se negaba a lo último se perdía también lo segundo, cedió sus derechos a Booz.[16] La transacción fue ratificada según las costumbres antiguas de Israel con un acto simbólico, del cual encontramos una explicación en Deuteronomio 25:9. Entre todas las naciones antiguas el «zapato» era un símbolo de marcha (Éx. 12:11), o de tomar posesión (comp. Sal. 60:8).[17] En este caso el pariente cedió su zapato a Booz, es decir, le cedió su posesión. Asimismo, los ancianos reunidos, y los que se habían juntado alrededor para presenciar la transacción, saludaron cordialmente su conclusión con deseos que demostraban que «toda la ciudad sabía que Rut era una mujer virtuosa», y estaban dispuestos a aceptar a la moabita como una madre en Israel, incluso como Tamar demostrara en los antepasados de Booz.

Los antepasados del rey David

Todo se había realizado en Dios y con Dios, y la bendición invocada no fue retenida. Un hijo llenó de felicidad a la familia de Belén. Noemí ahora tenía un «redentor», no sólo para ayudarla y alimentarla, o para «redimir» la propiedad familiar, sino para conservar el nombre de la familia en Israel. Y ese «redentor» (un hijo, pero sin embargo no hijo de Booz; un hijo redentor, y sin embargo no hijo de Noemí) fue el padre de Isay. Y así, la historia que empezó con pobreza, hambre y exilio se alza hasta el trono de David. Sin lugar a dudas, este fue el objetivo principal de su registro: darnos la historia de la familia de David; y con su genealogía, trazada sin detalles pero con un bosquejo simbólico,[18] el Libro de Rut se cierra adecuadamente. Es el único caso en que un libro se dedica a la vida doméstica de una mujer, y lo que es más, a una extranjera en Israel. Pero esa mujer era la María del Antiguo Testamento.

15. Mencionamos, sin pronunciar ninguna opinión sobre ello, que algunos (tanto judíos como cristianos) han visto cierto simbolismo en el número *seis* de las medidas de cebada que Rut se llevó, como si hubiese cumplido los días de trabajo y fatiga, y el «reposo» estaba a punto de ser otorgado.

16. La razón que da (Rut 4:6), admite diferentes interpretaciones. Bajo una perspectiva general, todavía prefiero el punto de vista antiguo, que su hijo con Rut hubiese sido el único heredero; y mucho más, cuando en este caso en particular (según vemos en la continuación, 4:15) el hijo de Rut estaba obligado a ser «el sustentador» de la «vejez» de Noemí.

17. Una ilustración popular de lo primero es la costumbre de echar un zapato detrás de la novia a su salida de la casa del padre. Esto también explica la costumbre de besar la zapatilla del Papa, como reclamación de la posesión y el dominio de la Iglesia.

18. Éste no es el lugar adecuado para tratar el asunto de las genealogías del AT, pero es evidente que cinco nombres no pueden cubrir 430 años en Egipto, ni otros cinco el de Éxodo hasta David. Por otro lado, vale la pena observar que los nombres mencionados suman un total de diez (el número de la perfección) y que éstos, a su vez, se disponen en dos grupos de cinco, cubriendo cada sección aproximadamente el mismo período de tiempo.

JUECES DE ISRAEL

Se llama «jueces», en hebreo sofetimn, (µyfæp]/v), a destacados caudillos suscitados por Dios para dirigir el levantamiento de los israelitas contra sus opresores extranjeros, por eso también son llamados «salvadores», «libertadores». En algunos casos ejercieron la actividad propia de los magistrados, pero básicamente fueron jefes o caudillos de una u otra tribu israelita a la que liberan de sus enemigos y devuelven la plena y pacífica posesión de sus derechos. Según el libro de los Jueces, hubo doce de estos libertadores, sin contar a Abimelec, que no fue más que un tirano reyezuelo (Jue. 9). Todos ellos tienen el denominador común de la liberación política del enemigo conseguida por medio de empresas militares. Entre ellos hay una mujer excepcional, Débora, y uno que no es judío, Sangar. De algunos se narran las gestas liberadoras, de forma más o menos amplia; de otros, por el contrario, sólo se nos dan algunos datos sobre su origen, su familia, la duración de su actividad y el lugar de su sepultura. Surge así de modo natural la división entre jueces menores y mayores.

Otoniel, de la tribu de Judá, liberó a Israel de la opresión del rey de Mesopotamia. Aod echó a los moabitas y amonitas. Sangar dio muerte a 600 filisteos de una sola vez y liberó a Israel. Débora y Barac aplastaron a los cananeos del norte. Gedeón expulsó a los madianitas del territorio de Israel. Jefté venció a los amonitas. Sansón es el gran adversario de los filisteos.

Los jueces de este tipo no obtenían un cargo hereditario, sino que surgían en los momentos de crisis, en ocasiones como héroes regionales, actuando en sectores limitados a su tribu. En la época de los jueces las corrientes de aislacionismo eran intensas; el Jordán separaba a las tribus del este con las de la Palestina propia; los jebuseos y gabaonitas instalados en el centro del país aislaban a Judá de los israelitas del norte. El cántico de Débora y la historia de Jefté muestran la debilidad de los lazos nacionales; revelan al mismo tiempo cuáles eran las tribus que podían y querían poner en común sus recursos y esfuerzos (cf. Jue. 6; 8:1-9; 12:1-6). El aislamiento de Judá era muy grave. Pero había influencias centralizadoras. Había un sentimiento de unidad nacional: la guerra de exterminio contra Benjamín demuestra que la gente tenía conciencia de su culpabilidad y responsabilidad como nación. Había una sola Arca para todas las tribus, y se hallaba depositada en el tabernáculo en Silo (Jos. 18:1; Jue. 21:19; cf. Éx. 23:14-17). El Arca fue transportada a Betel, donde los israelitas se reunieron para el combate y consultaron a Yahvé, antes de saber qué tribu era la que atacaría a Benjamín en primer lugar (Jue. 20:8-29). Cuando los enemigos oprimían gravosamente, todo el pueblo se unía a causa de la calamidad general. Grandes liberadores suscitaron en la nación sentimientos de lealtad y de orgullo que contribuían a la unión para la acción. Grandes liberaciones, favorecidas por la unidad, consolidaron los lazos entre las tribus. La gloria de una victoria en común unificaba al pueblo.

La época de los jueces fue la edad de hierro de Israel: época cruel, bárbara, sangrienta. Los textos permiten constatar que reinaba la anarquía (Jue. 17:6; 21:25). La nación caía frecuentemente en la idolatría.

Bibliografía

Robert Michaud, *De la entrada en Canaán al destierro en Babilonia*. Ed. Verbo Divino, Estella 1983.

J.L. McKenzie, *The World of the Judges*. Prentice Hall Inc., Englewood Cliffs, NJ 1966.

M. Schwantes, *Historia de los orígenes de Israel*. Tierra Nueva, Quito 1998.

Rudolf Smend, *Yahvewh War and Tribal Confederation. Reflections upon Israel´s Earliest History*. Abingdon Press, Nashville 1970.

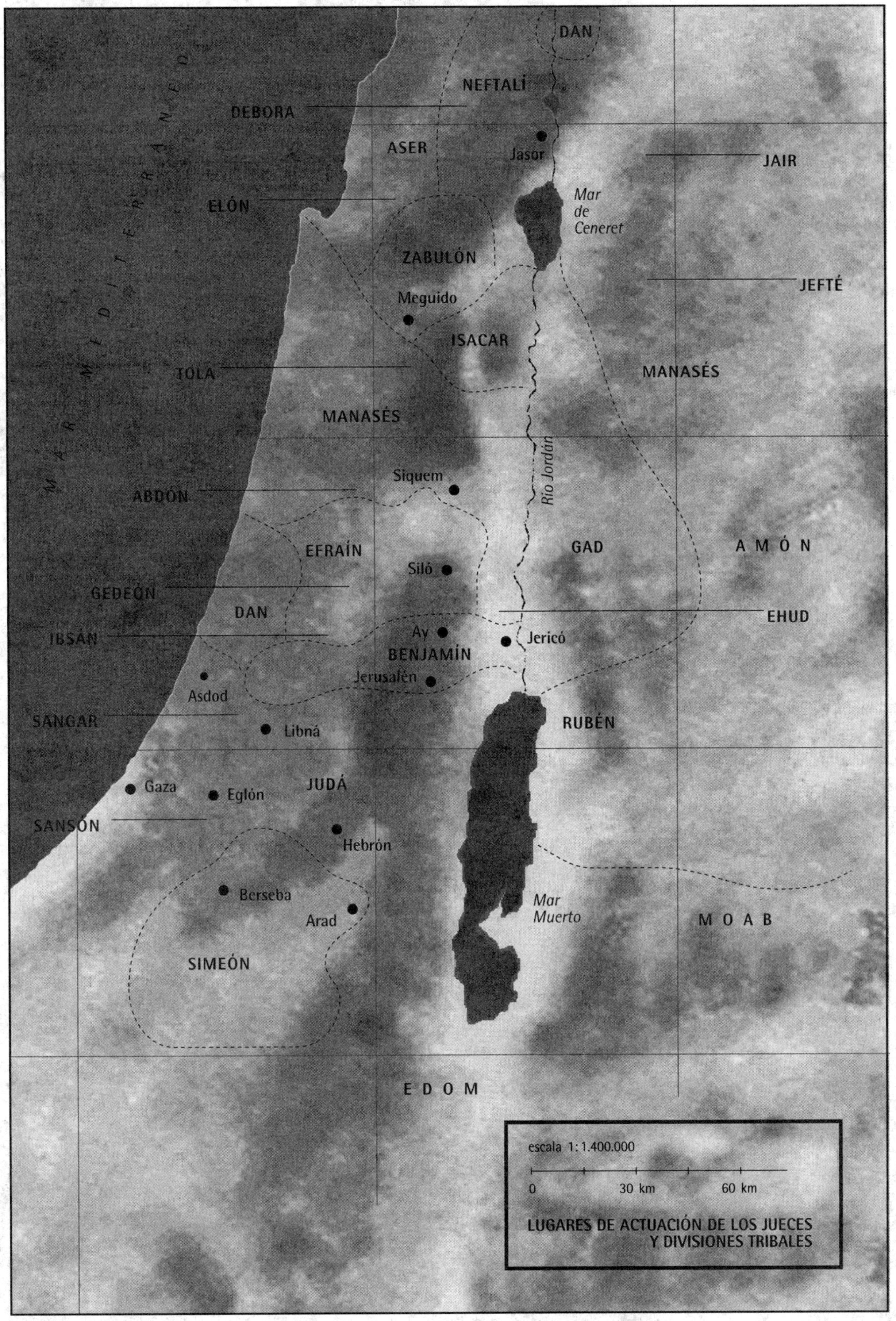
DAN
NEFTALÍ
DEBORA
ASER
Jasor
JAIR
ELÓN
Mar
de
Ceneret
ZABULÓN
JEFTÉ
Meguido
ISACAR
TOLA
MANASÉS
MANASÉS
Siquem
ABDÓN
Río Jordán
EFRAÍN
GAD
A M Ó N
Siló
GEDEÓN
DAN
EHUD
Ay
IBSÁN
Jericó
BENJAMÍN
Jerusalén
Asdod
SANGAR
RUBÉN
Libná
Gaza
Eglón
JUDÁ
SANSÓN
Hebrón
Berseba
Arad
Mar
Muerto
M O A B
SIMEÓN
E D O M
escala 1: 1.400.000
0
30 km
60 km
LUGARES DE ACTUACIÓN DE LOS JUECES
Y DIVISIONES TRIBALES

Libro 4

Israel en Canaán
bajo
Samuel, Saúl y David

INTRODUCCIÓN al Libro 4

La historia de Israel, vista como la teocracia, o reino de Dios, consta de tres períodos: *primero, guiados por los Profetas* (desde Moisés hasta Samuel); *segundo, bajo el gobierno de los reyes* (desde Saúl hasta la cautividad de Babilonia); y *en tercer lugar, bajo el reino de los sumo sacerdotes* (desde Esdras hasta el nacimiento de Jesucristo). Así, pues, la teocracia ya había pasado por todo su desarrollo figurativo en todas sus fases, cuando llegó Él, aquél que era el objeto indicado por todo ello: Jesucristo, el profeta, rey y sumo sacerdote del reino de Dios. El período descrito en este volumen cierra una de estas etapas y empieza otra. El punto de contacto entre ambas es Samuel, quien fue el único en cumplir completamente la misión de los Jueces y también fue designado divinamente para inaugurar la nueva institución de la realeza en Israel. Esta realeza apareció en su doble aspecto o, como podríamos decir, con un aspecto negativo y otro positivo. Saúl era la personificación del concepto de rey del pueblo, mientras que David representaba el ideal escritural de realeza en su sujeción consciente a la voluntad del rey celestial. Por así decirlo, Saúl era el rey según el corazón de Israel y David según el de Dios. Pero con la introducción de la monarquía terminaba el primer período, y se iniciaba una nueva era, que debía continuar hasta que se alcanzase la tercera y última fase, que preparaba el camino para la llegada de aquél que era el cumplimiento del significado simbólico de todos ellos.

De lo que se ha dicho se deducirá que el período que vamos a describir debió presenciar el nacimiento de nuevas ideas y la manifestación de nuevos hechos espirituales; en caso contrario, el avance espiritual no se hubiese mantenido al mismo nivel que el progreso exterior. Pero es precisamente en el ritmo de estas dos partes donde yace el verdadero significado de la historia de la Escritura haciendo el *pari passu* (mismo ritmo) del desarrollo interior y exterior del reino de Dios. Por otro lado, la aparición de nuevas ideas y hechos espirituales debió ineludiblemente evidenciar el contraste con lo antiguo que se iba y en algunos casos incluso provocar un antagonismo ocasional. Evidentemente, estas nuevas ideas y hechos no fueron entendidas y llevadas a cabo completamente desde el primer momento. Más bien apuntaban hacia una meta a alcanzar con el curso de la historia. Porque nada podía resultar más terrible para la correcta comprensión de la Sagrada Escritura, o de los propósitos de Dios en sus tratos con su antiguo pueblo, que transportar a tiempos anteriores los privilegios espirituales completos, el conocimiento de la verdad divina o incluso el derecho y el deber que disfrutamos ahora. No damos honor sino deshonra al Espíritu de Dios cuando no tenemos en cuenta el proceso educacional del desarrollo gradual, que no sólo es una necesidad de nuestra naturaleza, sino que también explica nuestra historia. Evidentemente, un milagro de poder podía haber colocado la edad de Samuel al mismo nivel espiritual que el Nuevo Testamento, por lo menos en cuanto se refiere a la comunicación de la misma medida de verdad. Pero una demostración tal de poder hubiese eliminado el *elemento moral* del progreso *educacional* de Israel, con la disciplina de la sabiduría, misericordia y verdad que implicaba, y, evidentemente, haciendo inútil toda la historia del Antiguo Testamento.

Lo que hemos afirmado hará suponer al estudiante que nos encontraremos con ciertas dificultades en esta parte de la historia. A nuestro parecer, éstas están más relacionadas con la sustancia que con la forma o la letra del texto, y hacen surgir preguntas doctrinales y filosóficas, más bien que críticas y exegéticas. El llamamiento y posterior rechazo de Saúl, su certificación para la obra bajo la influencia del Espíritu de Dios, y su posterior envío de un espíritu del mal de parte del Señor; en términos generales, la actividad del Espíritu de Dios en la época del AT, en distinción de la presencia y morada del consolador en la dispensación cristiana, y, en relación con esto, el origen y carácter de la escuela de los profetas y la inspiración profética, acudirán a la mente del lector como ejemplos de lo que queremos decir. Como muestra de otro tipo de dificultades, se recordarán cuestiones tales como las que se relacionan con la prohibición sobre Amalec, la consulta final de la bruja de Endor, y en general con el nivel más bajo evidentemente ocupado por las personas de aquella época, e incluso por el mismo David. Dichas cuestiones no pueden ser pasadas por alto. Están relacionadas de modo inseparable con los relatos Escriturales y conciernen la base misma de nuestra fe. De acuerdo con el plan de avance progresivo que pongo delante de mí mismo en estos volúmenes sucesivos del *Comentario Histórico al Antiguo Testamento*, me he propuesto discutirlas tan profundamente como me permite la naturaleza de esta obra. Tanto si consigo siempre conferir una convicción segura a mis lectores o no, por lo menos puedo afirmar que, al mismo tiempo que nunca he escrito lo que no coincidiera con mi propia convicción consciente, ni he intentado inventar una explicación meramente para librarme de una dificultad, mi propia creencia reverente en la autoridad de la Palabra de Dios en ningún caso se ha visto amenazada. Casi suena como una presunción escribir esta declaración. No obstante parece que sea necesaria en unos tiempos cuando la enumeración de dificultades, planteadas con mucha facilidad, debidas a la distancia de estos hechos, la gran diferencia de circunstancias y la escasez de nuestros materiales y conocimientos, tanto si son críticos, históricos o teológicos, tan a menudo toma el lugar de la investigación seria, y frases altisonantes, las cuales una vez analizadas desde un punto de vista lógico, no aportan ningún significado, substituyen al razonamiento sólido.

Puesto que en este volumen me ciño estrictamente al relato bíblico a comentar, me puedo permitir añadir aquí una explicación sobre tres hechos que me han impresionado en el estudio del la historia temprana del Antiguo Testamento. *En primer lugar,* quisiera delimitar la diferencia entre el aspecto objetivo y el subjetivo de su teología. Indiferentemente de lo baja que fuera, comparativamente, la fase ocupada por Israel en su concepto de Dios y sus tratos con Él, las manifestaciones del ser divino son siempre tan sublimes que no las podríamos concebir más elevadas en cualquier período posterior. Al leerlo todavía nos sentimos tan intimidados e impresionados por su solemnidad como los que lo presenciaron. En algunas ilustraciones nos referimos a las manifestaciones divinas a Elías y Eliseo. De hecho, su carácter sublime aumenta proporcionalmente al descenso del elemento humano, y evidentemente a la acomodación de Dios al mismo. *En segundo lugar,* incluso en cuanto se refiere a la actitud del hombre para con el Señor, el Antiguo Testamento nunca presenta lo que parece ser el carácter fundamental de todas las antiguas religiones paganas. La finalidad del culto y de las ceremonias de Israel nunca fue *la reprobación*, sino la *alabanza*. No había ninguna divinidad o hado maligno que se debía evitar, sino un padre que afirmaba amar y un rey que exigía lealtad. *Finalmente,* nunca hallamos una exhibición de poder de parte de la divinidad, sino siempre un propósito moral, que a su vez debe servir como semilla para un mayor desarrollo espiritual del pueblo. Somos demasiado propensos a olvidar esta finalidad moral, porque siempre se presenta de un modo adaptado al punto de mira de los hombres de aquel tiempo, y consecuentemente difiere del nuestro.

Evidentemente, también hay muchas y serias cuestiones críticas y exegéticas relacionadas con tales porciones de la Biblia como los dos Libros de Samuel y el primer Libro de Crónicas. Ante estas dificultades, me he propuesto aplicar todo mi potencial, dentro de los límites de un volumen como éste. Tanto si he cumplido esta labor con éxito como si no, por lo menos tengo el derecho de precaver al lector. No debe dar por sentado que las afirmaciones atrevidas de carácter negativo, pronunciadas con la mayor confianza, incluso por hombres de indudable erudición y habilidad, sean necesariamente ciertas. Todo lo contrario, me atrevo a decir que su veracidad es por regla general inversamente proporcional a la confianza con que se expresan. No es éste el lugar para demostrarlo, aunque de hecho parece injusto proclamar una acusación así sin ilustrarla con, por lo menos, un ejemplo. Se escoge casi por casualidad de una de las últimas obras de este tipo, escrita especialmente para lectores ingleses por uno de los estudiosos continentales más capacitados, y el líder actual de esa escuela de crítica.[1] El erudito escritor se afana por demostrar que la promesa de Génesis 3:15 «debe perder el nombre de Proto-Evangelium, que debe a un punto de vista claramente incorrecto» del texto. De acuerdo con esto, traduce: «Pondré enemistad entre ti (la serpiente) y la mujer, y entre tu semilla y su semilla: esta (semilla) asechará tu cabeza, y tu asecharás su talón»; o, según lo explica: «el hombre intenta golpear a la serpiente en la cabeza, mientras ésta lo hace en el talón». Cualquier lector normal puede pensar que la explicación de este hecho no justifica un informe divino. En cambio, las opiniones de la más antigua tradición judía son muy diferentes. Pero no es esto lo que quiero hacer notar. El Dr. Kuenen apoya su interpretación en dos argumentos. *Primero,* sostiene que el verbo traducido normalmente por «herir», significa «asechar», «de acuerdo con la Septuaginta y el Tárgum de Onkelos», y que, por tanto, no puede tener una referencia mesiánica. *En segundo lugar*, él es quien supone que se usa con este sentido en Onkelos en el texto en cuestión. Ahora bien, la respuesta a todo esto es muy sencilla, pero concluyente. *Primeramente,* el verbo hebreo citado siempre se usa en el targúmim como «herir» o «frotar», como se verá consultando el conocido *Dictionary of the Targumim,* vol. II., pp. 426b, 463a de Levy.[2] *En segundo lugar*, ni la palabra ni la traducción en cuestión aparecen en el Targum Onkelos, sino en el llamado Targum (Pseudo) Jonatán y en el Targum Jerusalén (que en toda esta historia siguen muy de cerca el tradicionalismo judío), pero en el significado de «herir» o «frotar», con una referencia evidentemente mística, y lo que es más, *con una mención expresa de su aplicación al Mesías Rey.*[3]

No voy a ser tan imprudente como para decir, *Ex uno disce omnes*, pero este ejemplo puede por lo menos dar una idea de la moraleja para nuestra precaución. En conclusión, solamente puedo repetir la seguridad apostólica, ya que en este caso expresa los sentimientos con los que cierro esta parte de mi investigación: «NO OBSTANTE, EL FIRME FUNDAMENTO DE DIOS PERMANECE».

ALFRED EDERSHEIM

---

1. *Profets and Profecy in Israel*, del Dr. A. Kuenen. Londres, 1877.
2. Comp. también el tratado completo en Roediger: *Gesenii Thes.*, vol. III., p. 1380 b; la parte *positiva* no ha sido considerada digna de consideración por el Dr. Kuenen.
3. Onkelos parafrasea: «Él recordará lo que le has hecho al principio, y tú lo tendrás en mente contra él hasta el final».

1 Samuel y Saúl

Capítulo 1

(1 Samuel 1–2:11)

Una vez más, después de un largo y azaroso silencio, el interés de la historia sagrada se centra en el Tabernáculo que Dios había establecido entre los hombres, y el sacerdocio que Él había instituido. El período de los Jueces había llegado al final de su carrera y no produjo liberación en Israel. Evidentemente, no se debía buscar la ayuda o la esperanza en esa dirección. Es más, en el caso de Sansón, se vio cómo incluso el auxilio directo de parte de Dios podía ser frustrado por la indulgencia propia del hombre. Se debía hacer un nuevo inicio; pero, como hemos visto hasta aquí en todos los momentos análogos de la historia sagrada, no totalmente nuevo, sino uno prefigurado y preparado desde hacía mucho tiempo.

En este momento debían poner por delante y establecer *dos grandes instituciones*, que determinarían un avance distinguido en la historia de Israel y mostrarían más completamente que antes su carácter de figura. Estas dos instituciones eran: *el Orden Profético* y *la Monarquía*. Ambas relacionadas con la historia de Samuel.

Sentido general y lecciones de los Libros de Samuel

Esto explica tanto por qué los libros que registran esta parte de la historia sagrada llevan el nombre de *Samuel*, como por qué no terminan con la muerte de David, como se hubiese esperado en una biografía o una historia de su reino, sino con el establecimiento final de su reino (2 S. 20). Al terminar 2 Samuel se añaden cuatro capítulos (21-24) a guisa de apéndice, en los que se exponen varios acontecimientos, no en orden cronológico, sino de acuerdo con el plan general y la finalidad de la obra, que es: presentar a Israel como el reino de Dios, y como guiado por el espíritu de la profecía. Esto también justifica otras dos particularidades. En una obra redactada con un objetivo así siempre ante los ojos, no podemos esperar, ni lo hallamos en ella, una *disposición estrictamente cronológica* de los acontecimientos. Además, nos encontramos con grandes lagunas en la historia de Samuel, Saúl y David, largos períodos y hechos importantes omitidos, conocidos sin lugar a dudas por el autor, a los cuales incluso se refiere posteriormente mientras que otros períodos y sucesos se detallan largamente. Todas estas peculiaridades no son accidentales, sino diseñadas, y de acuerdo con el plan general de la obra. Porque hemos de tener en cuenta que, como en otras partes de la Santa Escritura, tampoco en los Libros de Samuel podemos buscar biografías como Samuel, Saúl y David, ni siquiera esperar hallar un relato de su administración, sino *una historia del reino de Dios* durante un nuevo período en su desarrollo y en un estado fresco de su propio movimiento hacia el final. Esa finalidad era el establecimiento del reino de Dios en aquél hacia el cual debían señalar el sacerdocio aarónico, el orden profético y la realeza de Israel. Estas tres instituciones fueron expuestas de modo prominente en el nuevo período que empieza en los libros de Samuel. Primero, en la historia de Elí, tenemos un reavivamiento del interés concerniente al sacerdocio. Luego, vemos en Samuel el comienzo real del orden profético del Antiguo Testamento. No se trata de que la idea del mismo fuera nueva, o que el pueblo no estuviese preparado para ello. Lo vemos incluso en Gn. 20:7 (comp. Sal. 105:15); y vemos que no sólo Moisés (Dt. 34:10), sino incluso Miriam (Éx. 15:20; Nm. 12:2) son llamados con el título de profeta; mientras que el carácter y las funciones del oficio (si es que «oficio» es el término adecuado y no «misión») se definen claramente en Deuteronomio 13:1-5; 18:9-22.[1] Y aunque Josué no fuese profeta, el don de la profecía no había cesado en su época. Como prueba de ello no sólo aducimos a Débora (Jue. 4:4), sino también a otros ejemplos (Jue. 6:8). Pero por otro lado, el *orden* de los profetas como tal empezó, evidentemente, con Samuel. Lo mismo se aplica a la institución de la realeza en Israel. Se contempla y prepara desde el inicio. Al pasar desde la promesa de Abraham (Gn. 16:6, 16), con su limitación profética, a Judá (Gn. 49:10), encontramos el término reino aplicado a Israel, como determinando su destino simbólico (Éx. 19:6), centrándose obviamente en *el* Rey (Nm. 24:17, 19). Y como lo fue el carácter del orden profético, también el de la realeza fue definido claramente en Deuteronomio 17, mientras que en Jueces 8:23 vemos que el recuerdo y la expectación de este destino se mantenían con vida en Israel. Podemos decir que apareció en Saúl en su aspecto *negativo*, y en David en el *positivo*; y a este último se aplican todas las promesas y figuras relacionadas con el establecimiento del mismo. Por esto, no le falta un profundo significado espiritual al hecho de que el nombre «Jehová de los ejércitos» aparezca por primera vez en los libros de Samuel, y que Ana –la primera en usar este título en su Oración (1 S. 1:11)– profetizara sobre aquel rey (2:10) en quien se cumplían todas las esperanzas de Israel, y cuyo reino es el objeto de una alabanza agradecida tanto de parte de la madre virgen como por el padre del Bautista (Lc. 2).[2]

Elí

Pero retomemos el hilo de la historia propiamente dicha. Una vez más se restauró el santuario a su anterior posición destinada por Dios, y el sumo sacerdote Elí juzgó en Israel.[3] Una vez más Dios se interpuso para reconocer la institución de los nazarenos, que, más que cualquier otro, simbolizaban el llamamiento espiritual de Israel de la entrega voluntaria a Dios. Solo, y sin ayuda humana, el nazareno Sansón había luchado por Dios contra los filisteos. Con la fuerza milagrosa suministrada desde las alturas prevaleció contra ellos. Pero ni los sacerdotes ni los nazarenos de aquel tiempo se dieron cuenta de la espiritualidad de su llamamiento. Ambos fueron levantados para mostrar el potencial para el bien de las instituciones de Dios; y ambos fueron sacados para demostrar que incluso las instituciones de Dios no tenían ningún poder, a menos que mantuvieran una

---

1. Esto se manifiesta bien en Ewald, *Gesch.* d. V. Isr., vol. II. (3ª ed.) p. 596.

2. Comp. Auberlen, según menciona Keil, *Bibl. Comm.*, vol. II. s. 2, p. 17.

3. Ewald sugiere que Elí alcanzó la dignidad de juez según alguna información externa, como la de los otros jueces. Pero el relato escritural de Elí, que es muy breve, no da indicación alguna sobre dicho suceso.

relación continua y viva con aquél de cuya presencia y bendición dependía la eficiencia de ellos. Pero Dios ya estaba preparando otros instrumentos: un profeta, que recibiría y hablaría Su palabra, y otro nazareo, dedicado a Dios voluntariamente por su madre, y que prevalecería no por la fuerza de su propio brazo, sino por el poder de la oración, y por la influencia del mensaje que traía de Dios. Ese profeta nazareo era Samuel. Su nacimiento, como el de Sansón, fue anunciado divinamente; pero, de acuerdo con la diferencia entre las dos historias, esta vez lo fue por la profecía, no como antes, por mensaje angelical. Samuel fue concedido por Dios, Sansón enviado por Dios; Samuel fue dedicado a Dios, Sansón fue exigido por Dios. Ambos eran nazareos; pero uno lo era espiritualmente y el otro exteriormente. El trabajo de Sansón terminó en indulgencia propia, fracaso y muerte; el de Samuel abrió el camino a la realeza de David, la gran figura real de Israel.

En el monte Efraín, al oeste de Silo,[4] se hallaba *Ramá*, «la cumbre», o con su nombre completo, *Ramatáyim Zofim*, «las cumbres gemelas de los zofitas».[5] Gracias a Josué 21:20, sabemos que, entre otras, ciertas regiones pertenecientes a la posesión de Efraín fueron asignadas a las familias levíticas que descendían de Coat. Una de éstas –la de Zofay o Zuf (1 Cr. 6:25, 35)– había dado el nombre a toda la región, como «la tierra de Zuf» (1 S. 9:5). De esta familia salió *Elcaná*, el «adquirido por Dios», o «comprado por Dios», un nombre que en el Antiguo Testamento aparece típicamente sólo en familias levíticas.[6] No estaba de acuerdo con lo que «era desde el principio», que Elcaná tuviese dos esposas,[7] *Ana* («favor», «gracia») y *Peniná* («perla» o «coral»).

Tal vez la circunstancia de que Ana no había sido bendecida con hijos le indujo al segundo matrimonio. «Cada año» –según se ha deducido del uso de la misma peculiar expresión en Éxodo 13:10– «en la Fiesta de la Pascua»,[8] la fiesta superior a todas las demás en la cual las familias solían «subir» (Lc. 2:41), Elcaná venía a Silo con su casa con la doble finalidad de «adorar» y «ofrecer sacrificio» de paz según la ley (Éx. 23:15; 34:20; Dt. 16:16). Y a pesar de que, al ser Elí viejo, la dirección de este servicio recayera en sus hijos que no lo merecían, Ofní y Fineés, todavía eran ocasiones de gozo (Dt. 12:12; 16:2; 27:7), cuando toda la casa podía gozar de la fiesta de acción de gracias. En aquel tiempo Elcaná solía dar a Peniná y a sus hijos sus «porciones»; pero a Ana daba «la porción de dos personas»,[9] como si indicara que la amaba igual que si le hubiese dado un hijo. Ya sea por celos o por malevolencia, Peniná convirtió esos momentos de gozo en dolor y amarga emoción para Ana, entristeciéndola e intentando hacerla sentir insatisfecha y rebelde contra Dios. Y esto sucedía cada año: el dolor de Ana, con el paso del tiempo parecía cada vez más poco esperanzador. En vano intentaba Elcaná animarla asegurándole su propio afecto. La carga de su vituperio, todavía sin haber sido eliminada, le parecía casi insoportable.

Sin duda, fue por el noble desespero de la fe –como si de un modo personal anticipara la cuestión del Nuevo Testamento: «Señor ¿a quién iremos?»– que Ana se levantó de la fiesta sin haber probado bocado, con la resolución de echar sobre el Señor la carga que ella no podía llevar. Era una tarde de primavera, y el anciano sumo sacerdote Elí (descendiente de Eleazar, pero no de Itamar, a quien parece haber pasado el sumo sacerdocio desde la antigua rama de la familia aarónica, comp. Josefo, *Antigüedades*, V. 11. 5),[10] se sentó a la entrada probablemente del lugar santo, y entonces una mujer sola vino y se arrodilló en dirección al santuario. Tal vez ella no lo viera, encubierto por los pliegues de las cortinas, pero él observaba todos los movimientos de la extraña visita.

Oración y voto de Ana

De sus labios no salía ni un solo sonido, y a pesar de ello se movían cada vez más rápidamente como si, al descargar su largo secreto, estuviese vaciando su corazón[11] en oración silenciosa. Y luego apareció la suave lluvia de lágrimas, y en espíritu elevó con el voto que el niño que buscaba del Señor no iba a ser mantenido para la gratificación egoísta ni siquiera del amor sagrado de una madre. Evidentemente, sería un levita, y como tal, obligado desde los veinticinco o treinta años al servicio cuando llegara su turno para ello. Pero su hijo debería pertenecer íntegramente a Dios. Desde su más temprana edad, y para siempre, estaría ligado a la casa del Señor. Y no sólo esto, sería nazareno, y no del tipo normal, sino uno cuyo voto duraría toda la vida (Nm. 6:2; comp. Jue. 13:5).

Nos deja la doble y triste impresión de que dicho tipo de conversación en plegaria con Dios era poco común en Silo, y que los banquetes de los sacrificios a menudo eran profanados con el exceso, cuando un hombre como Elí se podía permitir sospechar e interrumpir bruscamente la oración de Ana suponiendo que estaba ebria. Pero Elí era un hombre de Dios, y las modestas y francas palabras de Ana pronto cambiaron su reproche por una bendición. Y luego Ana vuelve junto a los que había dejado en el banquete del sacrificio. La breve ausencia la ha transformado, porque regresa con el corazón aliviado del dolor y lleno de la gozosa fe. Su rostro[12] y su aspecto han sido cambiados. Come de la comida que no probara antes y está contenta. Tiene algo por lo que puede dar las gracias a Dios, ya que es fuerte en la fe. Otra mañana de temprana adoración y la familia vuelve a su tranquila casa. Pero Dios no se olvida de ella.

4. A pesar de la gran autoridad, no puedo buscar a *Ramá*, como lo hacen la mayoría de los escritores modernos, en ningún lugar dentro del antiguo territorio de Benjamín. La expresión, «Monte Efraín», puede de cierto ser interpretada en un sentido más amplio; pero luego se añade «un efraíta», es decir, un efrainita. La sugerencia de Keil que Elcaná era originalmente efrainita, pero que había emigrado a Benjamín, carece totalmente de fundamento.

5. Algunos rabinos traducen con imaginación «los vigilantes», o profetas.

6. Con una excepción –2 Crónicas 28:7– parece ser que los levitas eran considerados, en cuanto a lo que se refiere a los asuntos cívicos, como pertenecientes a la tribu en cuyo territorio se hallaban, como en Jueces 17:7. Esto sería un nuevo cumplimiento no programado de Génesis 49:7.

7. La Ley Mosaica lo toleraba y regulaba, pero en ninguna parte lo aprobaba, y en la práctica la poligamia quedaba relegada a los ricos.

8. Si se admite la inferencia, Jueces 11:40; 21:19, también debe referirse a la Fiesta de la Pascua. Acerca de la observación de esta fiesta durante el período de los Jueces, comp. Hengstenberg, *Beitr.* III. 79, etc.

9. Con toda probabilidad ésta es la traducción correcta.

10. Que Elí era descendiente de Itamar, no de Eleazar, se ve en 1 Cr. 24:1, siendo Abimelec el tataranieto de Elí. Ewald sugiere que Elí era el primer sumo sacerdote de aquella rama de la familia de Aarón, y que fue investido para el oficio de sumo sacerdote como resultado de su posición como juez. Otros escritores han dado explicaciones diferentes de la transferencia del sumo sacerdocio a la línea de Itamar (comp. Keil, *Bibl. Comm.* II. 2, pp. 30, 31). Pero el relato escritural no da ningún dato sobre el tema. No da ni la historia personal de Elí ni siquiera la de la casa de Aarón, sino la del reino de Dios.

11. Versículo 13, traducido literalmente: «Estaba hablando a su corazón».

12. Versículo 18, literalmente: «Y su rostro no era ya el mismo rostro para ella».

Nacimiento de Samuel

He aquí otra pascua que convoca a los adoradores a Silo. Ana tiene el hijo de sus oraciones, a quien ha llamado significativamente *Samuel*, la respuesta de Dios (literalmente: oído por Dios –*Exauditus a Deo*). En esta ocasión Ana no acompañó a su marido, aunque él pagó un voto que parece haber hecho[13] si se les concedía un hijo; y tampoco al año siguiente. Pero el tercer año, cuando el niño ya estaba totalmente destetado,[14] Ana se presentó una vez más ante Elí.

Dedicación del niño

Al anciano sacerdote le debió parecer casi una voz del cielo cuando la feliz madre le indicó a su hijo como la materialización de una oración respondida: «Por este niño oré; y Jehová me dio lo que le pedía. Y ahora Yo (*de mi parte*) lo hago el pedido por Jehová todos los días de su vida: él es el pedido por Jehová».[15] Y al hacer voto y pagar su voto, uno de los tres becerros que habían traído fue ofrecido en holocausto, como símbolo de la dedicación de su niño.[16]

Una vez más Ana «oró»; esta vez sin dolor, con gratitud y anticipación profética. Pues, ¿no es Samuel, por así decirlo, el Juan Bautista del Antiguo Testamento? ¿Y no era adecuado que, en su dedicación formal a Dios, ella usara palabras más allá de su propio tiempo, e incluso suministrar lo que entraría a formar parte de la canción de la madre virgen?

Cántico de Ana

«Y Ana oró y dijo:
1 «Mi corazón se regocija en Jehová,
Se alza mi cuerno en Jehová,
Mi boca se ensancha sobre mis enemigos
Porque me regocijo en tu salvación.[17]
2 Ninguno hay santo como Jehová,
porque nadie *está* a tu lado,
Ni *hay* ninguna roca como nuestro Dios.
3 No multipliquéis palabras elevadas, elevadas,
(Ni) salga insolencia de vuestra boca,
Porque Dios de todo conocimiento[18] es Jehová,
Y con él se pesan las acciones.[19]
4 Los héroes del arco son rotos,[20]
Y los tambaleantes son ceñidos con fuerza.
5 Los hartos se alquilan por pan
Y los hambrientos dejan de serlo.
Incluso la estéril tiene siete,
Y la que tenía muchos hijos languidece.
6 Jehová mata y da vida,[21]
Él hace descender al Seol, y hace subir,
7 Jehová empobrece y enriquece,
Abate y enaltece.
8 Levanta a los débiles del polvo,
Y del muladar exalta a los pobres,
Para hacerles sentar con los nobles.[22]
Y les asignará sitios de honor.
Porque las columnas de la tierra son de Jehová,
Y él afirmó sobre ellas el mundo habitable.
9 Los pies de sus santos guardará,[23]
Y los malvados en la oscuridad serán llevados al silencio,
Porque el hombre no será fuerte por la fuerza.[24]
10 Jehová –quebrantados los que luchan contra él–,
Sobre él (el tal) tronará en los cielos;
Jehová juzgará los confines de la tierra,
Y dará fuerza a Su Rey,
Y elevará en las alturas el cuerno de Su ungido».

Y así se separaron el niño y sus padres, donde la separación es la mejor posible: le dejaron «ministrando al Señor». Pero cada año, al subir al servicio de Silo amado doblemente, veían al niño de nuevo, todavía en servicio en los atrios de la casa del Señor, «ceñido con un efod de lino». Y el regalo que le llevaban cada año de casa era el que el amor de Ana prefería relacionar su hijo: «un pequeño Meïl»,[25] o túnica sacerdotal con la que podía realizar su servicio. Ella lo había hecho «pedido por Dios», y tanto si estaba presente como ausente siempre era pedido por Dios en sus pensamientos de amor. Pero, como orara Elí, en vez del «pedido», que fue «pedido» para Jehová, tres hijos y dos hijas regocijaron el corazón de Ana. «Pero el niño Samuel crecía con Jehová» (1 S. 2:21).

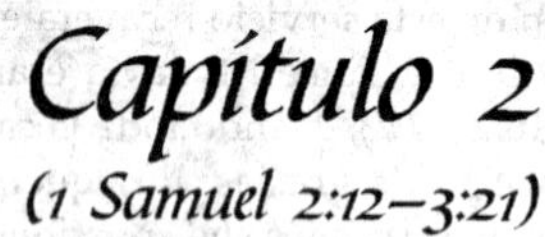

Capítulo 2

(1 Samuel 2:12–3:21)

Ante nosotros se abre una escena bastante distinta. Una escena que, al mostrar la corrupción de la familia sacerdotal, nos indica igualmente un estado religioso muy bajo en el pueblo.[1] El sumo sacerdote Elí era «muy anciano»[2] y la administración del santuario fue dejada en manos de sus dos hijos, Ofní y Fineés. La energía, que casi llega a la severidad, que incluso en su anciana edad podía mostrar Elí, como en su reproche no merecido contra Ana, no fue ejercida para con sus hijos.

---

13. Lo inferimos de la parte añadida, «y su [de él] voto», en el versículo 21.

14. El período de lactancia se suponía que tenía una duración de tres años (2 Mac. 7:27). Un niño hebreo de dicha edad podía ser apto para algún ministerio, aunque su cuidado cayera parcialmente en manos de una de las mujeres que servían a la puerta del tabernáculo.

15. Esta traducción literal evidenciará suficientemente el hermoso significado de sus palabras. Es difícil comprender cómo algunas versiones traducen «prestado».

16. Trajeron *tres* becerros –dos para las ofrendas normales de holocausto y de acción de gracias, y el tercero como sacrificio de la dedicación formal de Samuel. La ofrenda que acompañaba a cada uno de ellos debió ser por lo menos de 3/10 de un efa de harina (Nm. 15:8).

17. Posiblemente sería más adecuado traducir «liberación».

18. En el original, «conocimiento» está en plural; lo he traducido como «todo conocimiento».

19. Muchos intérpretes entienden esto como las obras de *Dios* y no del hombre, como si significara que las obras de Dios son fijas y determinadas. Pero esto parece muy limitado. Me siento incluso inclinado a rechazar las correcciones masoréticas de nuestro texto hebreo, y manteniendo el *Chethîb* traducir en interrogativo, «¿Y no son las obras pesadas?».

20. El verbo que concuerda con *héroes* se utiliza en sentido literal y metafórico a la vez; en este último, como confundidos, atemorizados.

21. Comp. Deuteronomio 32:39; Salmos 30:3; 71:20; 86:13.

22. Comp. Salmos 113:7, 8.

23. Salmos 56:13; 116:8; 121:3, y otros.

24. Salmos 33:16, 17.

25. El *Meïl* era la túnica del sumo sacerdote (Éx. 28:31). Evidentemente, la de Samuel era de otro material y sin borde.

1. Ver las aclaraciones de Ewald, *u.s.*, p. 10.

2. La mención de esto en la Escritura no es para representar a Elí como un hombre que había perdido sus facultades, sino para explicar el gobierno absoluto de sus hijos y la indulgencia que tienden a mostrar los ancianos para con sus hijos.

El pecado de los hijos de Elí

Ellos eran «hijos de Belial», y «no conocían a Jehová» en Su carácter y Sus exigencias.[3] La conducta de ellos era escandalosa incluso en una edad decrépita, y la franqueza no avergonzada de sus vicios llevaron «al pueblo del Señor a transgredir», «menospreciando»[4] las ceremonias de los sacrificios del santuario. El principal elemento de esperanza y la perspectiva de un reavivamiento posible yacían en la adherencia del pueblo a dichas ceremonias. Pero los hijos de Elí parecían estar determinados a demostrar que estas ordenanzas estaban ideadas solamente para el provecho del sacerdocio, y por lo tanto no eran santas, con significado divino y fijadas de modo inalterable. En contra de la institución divina, «el derecho del sacerdote», según lo exigiera,[5] era poder tomar, si era necesario por la fuerza, partes de los sacrificios antes de que hubiesen sido realmente ofrecidos al Señor (Lv. 3:3-5; comp. 7:30-34).

La debilidad de Elí

Y esto no era todo. La inmoralidad pública de los hijos del sumo sacerdote era tan conocida como su profanación.[6] La única medida adoptada por el anciano sumo sacerdote para terminar con tales escándalos fueron suaves objeciones, cuya verdad tenía sólo el valor que expresaba, que en las ofensas entre un hombre y otro hombre, Elohim restablecería, por medio del magisterio, el equilibrio adecuado, pero ¿quién lo podía hacer cuando el pecado era contra Jehová? Tales reproches, evidentemente, no podían tener ningún efecto en unos hombres con una conciencia tan cauterizada como para ya estar bajo la sentencia de endurecimiento judicial (v. 25).

El mensaje de un profeta

Pero se disponían otros juicios más terribles. Fueron anunciados solemnemente a Elí por un profeta (comp. Jue. 13:6), puesto que por su debilidad culpable él compartía la culpa de sus hijos. Como sucede tantas veces en Sus tratos con su pueblo, el Señor condescendió al razonamiento, no sólo para manifestar la justicia de sus caminos, sino para establecer los principios para todo el tiempo para la guía de su iglesia. ¿No había tratado con una gracia especial a la casa de Aarón? La había honrado al inicio con una revelación especial; les había destacado con el privilegio de ministrar para él en el altar; incluso para la más elevada función de presentar en el incienso las oraciones de Su pueblo; y para el más elevado oficio de «llevar el efod» en las solemnes ceremonias mediadoras del Día de la Expiación. Además, había provisto ampliamente para cubrir todas las necesidades de ellos. Todo esto había sido concedido para siempre a la casa de Aarón (Éx. 29:9). Había sido confirmado de modo especial a Fineés por causa de su celo por el honor de Dios (Nm. 25:13). Pero incluso esta última circunstancia, como también la naturaleza del caso, indicaban que todo ello reposaba sobre una relación moral, como, sin duda alguna, se cumple el principio general de: «A los que me honran honraré, y los que me desprecian serán tenidos en poco». De acuerdo con esto, Elí y su casa serían el objeto de un juicio especial: ninguno de sus descendientes, siempre que ostentasen el servicio, alcanzaría la edad avanzada (1 S. 2:31); como castigo de su propia insolencia en el oficio iban a pasar por una humillación constante (v. 32);[7] otra línea más fiel de sacerdotes debía ocupar el servicio más elevado (v. 35);[8] y la familia depuesta tendría que buscar a su alcance los lugares más humildes por causa de las necesidades más básicas de la vida (v. 36). Así la justicia vendría sobre una familia que, en su orgullo por su oficio, se había atrevido a tratar al sacerdocio como si fuera totalmente propiedad suya, y a degradarlo con fines egoístas. Y en cuanto a los principales transgresores, Ofní y Fineés, en un solo día les llegaría la destrucción repentina; y su muerte sería la señal del inicio de esos juicios, que culminarían en el tiempo de Salomón (1 R. 2:27; comp. Josefo, *Antig.* V. II, 5; I, 13).

Pero, sin ser afectado por la corrupción que le rodeaba, «el niño Samuel crecía y estaba en gracia con Jehová y con los hombres», también en este respecto la figura del «sacerdote fiel», el gran profeta, el nazareo perfecto (Lc. 2:52). En muchos aspectos era como en los días del Hijo del hombre. «La palabra de Jehová» por revelación profética «era preciosa», era escasa, y la «visión profética no estaba muy extendida».[9] En todo este tiempo Samuel creció y era ya un joven, y como levita «ministraba a Jehová delante de Elí». Pero aparte de una obra fiel ante Dios, una comunión de corazón con él y un servicio externo en su santuario, Samuel todavía no tenía ningún otro conocimiento de Jehová, en cuanto a una revelación personal o una recepción de su mensaje se refiere (3:7). El santuario de Silo era ya permanente y podemos suponer que «el habitáculo», que antes se adaptaba a los desplazamientos de Israel, había perdido algo de su carácter temporal. Las «cortinas» que formaban su periferia en el desierto, sin lugar a dudas habían sido cambiadas por edificios para el uso del sacerdocio en su ministerio y para los muchos requisitos de sus servicios. En vez del «velo» en la entrada del patio exterior debería haber puertas, cerradas por la noche y abiertas ante los adoradores por la mañana. El cuidado de estas puertas parece haber recaído sobre Samuel, que, como «ministro» y guardián, yacía durante la noche dentro del recinto sagrado, en el patio del pueblo, o, al menos, cerca del mismo, como hacían los sacerdotes en servicio en tiempos posteriores. El anciano sumo sacerdote parece que yacía por allí cerca, probablemente en alguna de las habitaciones o salas que daban al santuario.

La primera visión de Samuel

Todavía era de noche, aunque el alba ya estaba cerca.[10] El aceite sagrado del candelabro de siete brazos del lugar

---

3. *Belial* significa literalmente *bajeza*, es decir, vileza.

4. Traducción literal.

5. A pesar de la gran autoridad, no puedo aceptar la opinión que relaciona la *primera* cláusula de 1 Samuel 2:13 (evidentemente, sin las palabras en *cursiva*) con la última cláusula del versículo 12.

6. Versículo 22. «Las mujeres que se reunían a la puerta del tabernáculo» eran, sin duda, oficialmente encargadas de algún servicio, aunque no sabemos en qué consistía. Comp. Éxodo 38:8.

7. Algunas versiones traducen de modo incorrecto: «Verás un enemigo en mi habitación, en toda la riqueza que Dios dé a Israel». Pero las sugerencias de los críticos modernos tampoco son más satisfactorias. Me atrevo a proponer la siguiente traducción de estas difíciles expresiones: «Y tú verás adversidad al tabernáculo en todo lo que beneficia a Israel»; o sea, constante humillación del sacerdocio durante la prosperidad de Israel, una predicción ampliamente cumplida en la historia del sacerdocio bajo Samuel, Saúl y, posteriormente, David, hasta la deposición de la línea de Itamar.

8. Me atrevo a pensar que esta promesa debería aplicarse impersonal antes que personalmente. Así, incluye a Samuel y luego a Sadoc, pero va más allá de ellos, y se aplica al sacerdocio en general, señalando al Señor Jesucristo para su cumplimiento final.

9. 1 Samuel 3:1, traducido literalmente.

10. La expresión, «he aquí la lámpara de Dios salió en el templo del Señor», parece determinar el tiempo, como indicamos nosotros en el texto.

santo estaba quemando bastante bajo, pero su luz todavía no se había apagado, cuando una voz que llamaba a Samuel por su nombre le despertó. Puesto que los ojos de Elí habían empezado a «oscurecer», de modo que requería la ayuda del joven levita en el ministerio, era natural suponer que era la voz del anciano sumo sacerdote que le llamaba.[11] Pero no era así, y Samuel se puso a descansar de nuevo. Una segunda vez le llamó la misma voz, y por segunda vez se dirigió a Elí para recibir sus órdenes. Pero al repetirse una tercera vez, el sumo sacerdote comprendió que no se trataba de un sueño que despertaba al joven, sino que una voz del cielo reclamaba su atención. Hay una sencillez tal y una fe tan infantil, una ausencia total de curiosidad intrusiva y una despreocupación tan grande de sí mismo de parte de Elí, y de parte de Samuel una falta total de estima propia, como para hacer de la situación una escena digna de lo que se debía realizar. Samuel ya no intenta dormir más; pero cuando se oye el llamado de nuevo, responde, según su profesor paternal: «Habla,[12] porque tu siervo escucha». Fue entonces, y no antes, cuando se le concedió una visión,[13] en vez de una simple voz; cuando Jehová repitió en términos específicos, esta vez no en una predicción de advertencia, sino como el anuncio de un suceso casi inmediato, el terrible juicio pendiente sobre Elí y sus hijos.

Con el peso de esta noticia, Samuel se acostó hasta la luz gris de la mañana. Fuesen cuales fuesen los pensamientos que se amontonaban sobre su cabeza, el anciano sumo sacerdote no intentó entrometerse en lo que sucedía entre el joven levita y el Señor, ante quien había estado durante tantos años con la más elevada función del oficio sacerdotal, y ante cuya inmediata presencia se había introducido tan a menudo en la parte más interna del santuario.

Su llamamiento al servicio profético

Era suficiente, la visión y la palabra de Jehová se habían separado de él y habían pasado, no a sus hijos y sucesores en el sacerdocio, sino a alguien que casi no había alcanzado la edad adulta, y cuya entera historia, asociada con el tabernáculo, era muy viva ante sus ojos. Este hecho en sí ya era juicio. Pero ¿qué otro juicio había anunciado la voz del Señor a su joven siervo?

Y ahora era de mañana, y el deber de Samuel era abrir las puertas del santuario. ¿Qué tenía que hacer con la carga que le había sido impuesta? En su reverencia por su profesor y guía, y en su modestia, no podía hablar de la visión sin ser preguntado al respecto; temblaba al tener que repetir las palabras que había oído ante la persona más implicada. Pero el sonido de las puertas al ser abiertas comunicó a Elí que, fuese cual fuese la comisión recibida por el joven profeta, había sido dada, y no podía dudar más sobre inquirir su contenido. Al sentir que él y su familia habían sido el tema central, y que, por pesada que fuese la carga, le correspondía conocerla, preguntó, suplicó e incluso conjuró a Samuel para que le diera todos los detalles. Desafiado de este modo, Samuel no osó retener ninguna información. Y el anciano sacerdote, por débil e infiel que fuera, en su corazón era un siervo del Señor, y lo recibió con humillación y resignación, pero aparentemente sin la resolución de cambio que hubiese significado el verdadero arrepentimiento (1 S. 3:17, 18).

Pero con el fiel cumplimiento de una comisión tan dolorosa, al implicar tanta abnegación y coraje, Samuel había pasado la primera prueba de su aptitud para el servicio profético. En adelante, «la palabra del Señor» estaría permanentemente con él. Samuel, pues, actuaba como profeta de Israel no sólo para cometidos esporádicos, sino en cumplimiento de un oficio regular. Había empezado un nuevo período en el reino de Dios; y todo Israel –de Dan a Beer-seba– sabía que ahora había una nueva relación entre ellos y su rey celestial, un centro vivo de guía y comunión, y un lazo de unión para todos los que eran realmente el Israel de Dios.

Capítulo 3

(1 Samuel 4:1)

El tiempo pasaba, pero Silo estaba como antes. Elí, que había alcanzado la edad patriarcal de noventa y siete años, era totalmente ciego,[1] y sus hijos todavía gobernaban en el santuario. En cuanto a Samuel, su «palabra profética era para todo Israel».[2] Un ministerio reconocido de modo tan generalizado debió producir algún efecto, aunque no consiguió llevar al pueblo al arrepentimiento, ni enseñarle el carácter espiritual de la relación entre Dios y ellos, ni siquiera el de Sus ordenanzas en Israel. Pero mientras que la conducta de los hijos de Elí había hecho que el santuario y su servicio fueran menospreciados públicamente (1 S. 2:17), el ministerio de Samuel restauró y reforzó la creencia en la realidad de la presencia de Dios en su templo, y en su ayuda y poder. En resumen, tendía a mantener viva y aumentar la creencia *histórica*, aunque no *espiritual* en Israel. Estos sentimientos, al no combinarse con el arrepentimiento, producirían un reavivamiento de la religiosidad en lugar de la religión; la confianza en la posesión de lo que, desligado de su contenido elevado, era un simple aspecto externo; a una confusión de los símbolos con la realidad; y a una confianza tal en su llamamiento y en sus privilegios, que convertiría la presencia de Jehová, obradora de maravillas, en medio de su pueblo creyente, en un poder mágico atribuido a determinados símbolos; la religión de Israel en mero externalismo, básicamente de carácter pagano, y el llamamiento del pueblo de Dios en un garante del orgullo nacional. En realidad, por diferente que fuera en su manifestación, el pecado de Israel era en esencia el mismo que el de los hijos de Elí. En consecuencia, debía mostrarse con respecto a ambos que ni el servicio elevado ni la posesión de altos privilegios confieren el derecho a las promesas implicadas en ellos independientemente de una profunda relación entre Dios y sus siervos.

---

11. Ésta parece ser la razón por la cual se menciona el hecho que los ojos de Elí habían empezado a oscurecerse.

12. Es notable, como indicativo del temor reverencial de Samuel, que su respuesta difiere de la que le enseñó Elí en la omisión de la palabra «Jehová».

13. Esto queda implícito en las palabras, «Jehová vino y estuvo en pie» (1 S. 3:10). La «voz» había salido del lugar santísimo, donde el Señor habitaba entre los querubines; la «visión» o aparición, en la manera que fuese, estaba cerca de Samuel. En un caso Samuel había estado durmiendo, en el otro estaba totalmente despierto.

1. Literalmente, «sus ojos se pararon» (1 S. 4:15). Debido a un error probablemente en la lectura de las letras (ע por צ), las versiones árabe y siríaca representan a Elí como de setenta y ocho años en vez de noventa y ocho.

2. Consideramos la primera frase de 1 Samuel 4:1 totalmente desconectada del relato de la expedición de Israel contra los filisteos. Keil, siguiendo otros intérpretes, relaciona ambas frases, y supone, según me parece, erróneamente, que la guerra comenzó en obediencia de la palabra de Samuel. Pero en dicho caso él sería la causa directa del desastre de Israel y de su derrota.

Expedición contra los filisteos

Debió ser esta confianza renovada, aunque completamente carnal, en la presencia de Dios en su santuario, según se evidencia en el servicio profético de Samuel, o simplemente un nuevo brote del estado crónico de guerra entre Israel y los filisteos que existía desde los días de Sansón e incluso anteriormente, lo que condujo a la expedición que terminó con la derrota de Ebenezer. En todo caso, el texto sagrado implica que los filisteos tenían la posesión de parte del terreno de Palestina; y tampoco leemos acerca de una incursión reciente que les procurara dicha posesión.

Las dos batallas de Ebenezer

Así, pues, era contra unas posesiones que el enemigo había ocupado durante algún tiempo que «Israel salió a combatir» en ese «campo» abierto, que por el monumento erigido después de la posterior liberación bajo Samuel (1 S. 7:12), obtuvo el nombre de *Ebenezer*, o piedra de ayuda. El escenario de la acción, como bien sabemos, estaba en el territorio de Benjamín, a poca distancia más allá de *Mizpá*, «vigilancia», a unas dos horas al noroeste de Jerusalén.[3] Los filisteos habían acampado bastante cerca, en *Afec*, «firmeza», probablemente una posición fortificada. La batalla terminó con la derrota total de Israel, con una pérdida de cuatro mil hombres, no fugitivos, sino en el desarrollo de la batalla.[4] Por lo menos eran tan numerosos como los filisteos y tenían circunstancias favorables, puesto que en el consejo de guerra después de la derrota, «los ancianos de Israel» atribuyeron, sin dudar un momento, el desastre no a causas secundarias, sino a la acción directa de Jehová. Coincidía bastante bien con el estado religioso del momento que, en vez de inquirir en las causas de la controversia de Dios con ellos, buscasen la seguridad en el hecho de tener entre ellos «el arca del pacto del Señor», sin tener en cuenta al Señor mismo y a los términos de su pacto. Como si quisiera enfatizar, de su modo peculiar y significativo, la incongruencia de todo ello, la Escritura simplemente pone estas dos cosas juntas en su gran contraste: que «era el arca del pacto de Jehová de los ejércitos, que vive entre los querubines», y que «Ofní y Fineés estaban allí con el arca de Dios» (1 S. 4:4).

Un asunto tan grande como sacar el arca del santuario, y su presencia en el campamento, nunca había sucedido desde el asentamiento de Israel en Canaán. Su llegada, un presagio para sus mentes de cierta renovación de las liberaciones milagrosas que habían experimentado sus padres, provocó un entusiasmo ilimitado en Israel, y causó la misma depresión entre los filisteos. Pero pronto reinó un nuevo estado de ánimo.[5] Tanto si consideramos el versículo 9 como las palabras de los líderes filisteos, dirigidas a sus abatidos seguidores, o como la resolución desesperada de hombres que sentían que se lo estaban jugando todo, esta vez no esperaron a que Israel les atacara.

Muerte de los hijos de Elí, y toma del arca

En la subsiguiente batalla y la huida de Israel, el suelo quedó sembrado al menos de 30.000 cadáveres. El número de los muertos incluía a Ofní y Fineés, y con el botín se llevaron el arca de Dios. Con tanta fiereza comenzó el juicio en la casa de Elí; y de este modo tan terrible Dios les dio la lección de que incluso el símbolo más sagrado relacionado con su presencia inmediata era en sí mismo simplemente madera y oro, y tan incapacitado para hacer maravillas como para ser incluso tomado y llevado por otros.

Las noticias de esta derrota arrasadora no tardaron en llegar a Silo. El sumo sacerdote se hallaba sentado precisamente fuera de la puerta del santuario, junto al camino por donde tenía que llegar un mensajero del campo de batalla. Sus ojos habían sido «endurecidos» por la edad, pero su oído estaba pendiente con un corazón ansioso de recibir las noticias esperadas. El juicio anunciado de antemano, la presencia de sus dos hijos en el ejército en el campo, la toma del arca, sin ninguna autoridad divina, por órdenes de personas supersticiosas, le debió llenar de tristes sospechas. ¿Había hecho bien al consentir en todo esto? ¿Había sido un padre fiel, un sacerdote fiel, un fiel guardián del santuario? Entonces le llegó un ruido confuso como de un tumulto. Subiendo por las laderas en dirección a Silo, «con los vestidos rotos y la cabeza cubierta de tierra», en muestra de su más profundo sentimiento, corría un benjamita, un fugitivo del ejército. Pasó junto al sacerdote sin detenerse ante alguien cuyo servicio se había convertido en algo vacío, y cuya familia estaba destruida. Llega al lugar del mercado, y las noticias corren subiendo y bajando por las estrechas calles. Se reúnen a su alrededor, lloran, claman en la crueldad de su dolor, y «el ruido del lloro» se oye desde donde el anciano está sentado solo todavía esperando las noticias. El mensajero es llevado ante él. El cuádruple desastre cae golpe a golpe sobre él: «Israel ha huido», «una gran mortandad entre la gente», «tus dos hijos muertos», «el arca de Dios tomada».

Muerte de Elí

Es el último punto, más que cualquier otro, el golpe más duro que hace caer al anciano sacerdote. Al oír acerca del arca de Dios, cae de espaldas inconsciente, y muere en la caída «junto a la puerta» del santuario. Así terminó una obra de juez de cuarenta años.[6]

Todavía queda una escena de terror. En su casa yace la esposa de Fineés, con los dolores y las esperanzas del alumbramiento. Y las noticias llegaron también hasta esa habitación a oscuras. Se juntan a su alrededor como las sombras de la muerte. En vano intentan animarla las mujeres que están a su alrededor con el anuncio de que le ha nacido un hijo. Ella no responde, ni lo mira. No puede olvidar su gran dolor ni siquiera con este gozo que un hombre ha nacido en el mundo. Sólo tiene una palabra, incluso para su recién nacido: «*I-chabod*», «sin gloria». Para ella él es Icabod, porque la gloria ha abandonado a Israel. Y con esta palabra en sus labios, murió. El aguijón más profundo que produjo su muerte fue, como en el caso de su suegro, que el arca, la gloria de Israel, ya no estaba.[7] Dos personas murieron aquel día en Silo por causa del dolor provocado por su preocupación por el arca de Dios: el anciano sumo sacerdote y la joven madre; dos, cuya muerte mostró por lo menos su fidelidad a su Dios y su amor de corazón por Su causa y presencia.

---

3. Por razones demasiado numerosas para ser explicadas aquí, todavía me atengo a la antigua identificación de *Mizpá*, a pesar de la gran autoridad de Dean Stanley, y los Doctores Grove y H. Bonar.

4. Traducción literal de 1 Samuel 4:2: «Mataron en el orden de la batalla en el campo unos cuatro mil hombres».

5. En los versículos 7 y 8 los filisteos hablan de Dios en plural, considerándole bajo la perspectiva de ellos.

6. La LXX lo traduce como veinte años, probablemente confundiendo la letra numeral מ por la ר.

7. Según yo entiendo el relato, sus únicas palabras, según se citan en el texto, fueron Icabod, como nombre del niño y la explicación que ella daba de él en el verso 22. Todo el resto es añadido por el narrador de esta triste tragedia.

Juicio sobre las ciudades filisteas

Pero, aunque cayera un juicio tan severo sobre Israel, no se pretendía que Filistea triunfara. Mucho más que esto; en la hora de su victoria los paganos debían aprender que sus dioses no sólo estaban desprovistos de todo poder delante de Jehová, sino que eran simplemente ídolos, la obra de las manos de los hombres. Los filisteos llevaron, primero, el arca a Asdod, y la colocaron en el templo de Dagón a modo de ofrenda votiva, en reconocimiento de la victoria que ellos atribuyeran a la acción de su dios nacional. ¿No había sido llevada al campamento de Israel el arca de Dios, y el Dios de Israel no había sido derrotado y tomado cautivo en su arca por el poder superior de Dagón? Pero pronto verían que no era así; y cuando a la mañana de su llegada a Asdod, los sacerdotes abrieron las puertas del templo, encontraron la estatua de su dios de bruces sobre el suelo delante del arca. Debió haber sido un accidente; y la estatua, con su busto y cara de hombre barbudo, y el cuerpo en forma de pez,[8] fue puesta de nuevo en la *cella* en la entrada del templo. Pero, a la mañana siguiente, la cabeza y las manos, que tenían forma humana, fueron halladas cortadas y tendidas en el umbral, como si cada uno de los que entraban debieran pisar con desprecio estas caricaturas de humanidad ideal; y sólo quedaba el Dagón propiamente dicho,[9] el cuerpo de pez, que una vez más estaba tumbado delante del arca.

Pero esto no era todo. Si los dioses de Filistea eran simple vanidad, el poder y la fuerza de los que el pueblo podía haberse pavoneado, tenían que aparecer igualmente inútiles ante el Señor. Él «destruyó» el pueblo de Asdod –según inferimos de 1 Samuel 6:4, 11, 18– con aquella terrible plaga de los países del sur, los ratones del campo, que a veces en una sola noche destruyen toda una cosecha, y nos consta que en ocasiones han hecho abandonar su residencia a tribus enteras.[10] Mientras las ciudades y los pueblos de los alrededores de Asdod eran destruidas de este modo, los habitantes de la ciudad y de sus alrededores sufrían otra plaga, posiblemente ocasionada por la necesidad provocada por el hambre, en forma de epidemia, probablemente una enfermedad maligna de la piel,[11] altamente infecciosa y de carácter mortal. Según se desprende del contexto, Filistea consistía entonces en una federación de cinco «ciudades», o cantones, bajo el gobierno oligárquico de los «señores», o príncipes, con esta condición: que ninguna medida pública importante (tal como sacar el arca, que había sido colocada en Asdod por decreto) podía ser adoptada sin el consentimiento de todos ellos. En consecuencia, por petición del pueblo de Asdod, los señores de los filisteos ordenaron llevar el arca a Gat, pensando probablemente que las calamidades de las que se quejaban eran motivadas simplemente por causas naturales, más bien que por su presencia. Pero en Gat se dieron las mismas consecuencias; y cuando, al ser llevada a su vez a Ecrón, el sufrimiento público fue aún mayor y más inesperado que antes,[12] se alzó un clamor generalizado para que se devolviera el arca a la tierra de Israel.

«Contra unas posesiones que el enemigo había ocupado durante algún tiempo fue que 'Israel salió a combatir' en ese 'campo' abierto. Por el monumento erigido posteriormente, después de su liberación bajo Samuel (1 S. 7:12), sabemos que obtuvo el nombre de Ebenezer, o piedra de ayuda. El escenario de la acción, como bien sabemos, estaba en el territorio de Benjamín, a poca distancia de Mizpá, 'vigilancia', a unas dos horas al noroeste de Jerusalén.»

Esta estela, llamada "Estela de los Buitres", encontrada en Girsu, aunque corresponde a una escena de guerra más antigua (hacia 2450 a.C.), nos muestra guerreros de Lagash dirigidos por su soberano y nos da una idea del tipo de monumentos conmemorativos de batallas que solían erigirse en la época..

---

8. Ver la descripción y representación en Layard, *Nineveh and Babylon*, pp. 343, 350. Dagón era el dios macho de la fertilidad.

9. *Dagón* significa la «forma de pez» de *dag*, un pez.

10. Comp. las citas en Bochart, *Hieron.* I., pp. 1.017-1.019.

11. A juzgar por la derivación de la palabra, y por su uso (en Dt. 28:27) con relación a otras afecciones de la piel, lo consideramos unos furúnculos mortales de carácter muy maligno.

12. Según el texto parece ser que los ecronitas, inmediatamente después de la llegada del arca, solicitaron que fuese sacada del lugar; pero antes de poderse tomar los pasos necesarios para

Regreso del arca

La experiencia de los siete meses durante los cuales el arca estuvo en su tierra, no sólo convenció a los señores de los filisteos de la necesidad de ceder ante la petición popular, sino que también les hizo ser cuidadosos en cuanto al modo de tratar el arca al devolverla a su lugar. En consecuencia, consultaron el tema a sus sacerdotes y adivinos: «¿Qué haremos en cuanto al arca de Jehová? Indicadnos con qué la enviaremos a su lugar». La respuesta fue que si el arca era devuelta tenía que ir acompañada por una «ofrenda de transgresión» (en expiación por su error [Lv. 6:5; Nm. 5:7]),[13] que consistía, según su costumbre pagana normal,[14] de ofrendas votivas de oro, que representaban lo que les había hecho sufrir. Tal vez nunca se había visto más claramente la superstición en su carácter real que en el consejo que estos sacerdotes dieron a su pueblo. Evidentemente, conocían los juicios que el Dios de Israel había ejecutado entre los egipcios cuando endurecieron sus corazones, y con solemne seriedad apremian la devolución del arca y la ofrenda de transgresión. Y, a pesar de ello, todavía no estaban seguros si lo que les había sucedido era simplemente debido a la suerte, y proponen un medio curioso para resolver la cuestión (1 S. 6:7-9).

El consejo de los sacerdotes fue seguido literalmente. El arca, con sus ofrendas de transgresión,[15] fue colocada en un carro nuevo, que nunca había sido usado para fines profanos. Al carro fueron uncidas dos vacas que criaban, las cuales jamás habían llevado yugo de otro servicio, y a las cuales acababan de quitar sus becerros. No se podía usar ningún tipo de fuerza para impedir que volvieran a sus becerros, ni debían ser guiadas en cuanto al camino a seguir. Y, he aquí, sucedió tal como habían sugerido los sacerdotes que sucedería si Dios les había azotado. «Y aunque mugían» por sus becerros, las vacas se encaminaron por el camino más directo a la más cercana ciudad fronteriza de Israel, *Bet-semes* («la casa del sol»), seguidas por los sorprendidos señores de los filisteos. Se llegó a la frontera, y los filisteos esperaron para ver lo que sucedía.

A unas catorce millas al oeste de Jerusalén, en la frontera del norte de la posesión de Judá, a unas dos millas de la gran llanura filistea, y a siete de Ecrón, estaba la antigua «ciudad del sol», Bet-semes. Era una de las que fueron dadas a los sacerdotes por Josué (Jos. 21:16), aunque, evidentemente, ellos no eran los únicos habitantes. Luego se cruzan las colinas que cierran la llanura de Filistea. Subiendo por las mismas, y sobre la cumbre de un empinado promontorio, se extiende un valle en el fondo, o más bien «la unión de dos hermosas llanuras».[16] Es el valle de «Bet-semes», donde

---

llevársela, fueron azotados por plagas similares a las de Asdod y Gat, pero más intensas y generalizadas que antes. Así los golpes eran cada vez más fuertes y más rápidos al resistir los filisteos la mano de Dios.

13. La última frase de 1 Samuel 6:3 debería traducirse: «si entonces sois sanados, sabréis por qué su mano no fue sacada de vosotros», es decir, no hasta que hayáis devuelto el arca y dado una ofrenda de transgresión.

14. Se sabe sin duda que esta costumbre fue adoptada posteriormente por la iglesia Católica Romana.

15. En 1 Samuel 6:4, leemos sobre «cinco» ratones de oro como parte de la ofrenda de transgresión, contando los sacerdotes de acuerdo con el número de capitales filisteas. Pero inferimos por el versículo 18 que, de hecho, su número no estaba limitado a cinco, sino que estas ofrendas votivas fueron llevadas no sólo por las cinco ciudades, sino también por todas las «ciudades cercadas» y «pueblos del campo», indicando que la plaga de los ratones había sido mucho más extendida que la de los furúnculos mortales.

16. Comp. Robinson, *Bibl. Researches*, II. pp. 223-225; III. p. 153.

aquella tarde de verano estaban segando la cosecha de trigo (1 S. 6:13); y más allá, sobre «la meseta de una suave ondulación del terreno» se hallaba la antigua Bet-semes.

Un lugar adecuado para la recepción del arca desde Filistea, justo delante de Zorá, el lugar de nacimiento de Sansón. Aquí, sobre estos promontorios, a menudo hizo aquellas incursiones que habían llevado terror y destrucción a los enemigos de Israel. El sonido de la escolta que se acercaba –porque, sin duda alguna, los «señores» filisteos iban acompañados por sus criados, y por una multitud deseosa de ver el resultado– llamó la atención de los segadores. Cuando, literalmente, «alzaron sus ojos» a la colina desde donde descendía lentamente, el temor momentáneo al ver la escolta filistea dio lugar primero a la perplejidad y luego al gozo ilimitado, al reconocer su propia arca que encabezaba la extraña procesión. Ahora había alcanzado la frontera, probablemente marcada con una «gran piedra» en el campo de Josué.[17] Los filisteos se quedaron reverentemente en su propio territorio, y las vacas, sin guía, se detuvieron junto a la primera señal de tierra de Israel. La preciosa carga que llevaban pronto fue rodeada por bet-semitas. Se llamó a algunos levitas para que la alzaran con manos consagradas, y para ofrecer primero las vacas que habían sido dadas en devoción por los filisteos para el servicio del Señor, y luego otros «holocaustos y sacrificios» que habían traído los hombres de Bet-semes. Pero incluso así, en su primera vuelta a la tierra, Israel debía recibir otra lección acerca del arca de Dios. Verdaderamente *era* el símbolo de la presencia de Jehová en medio de su pueblo. Tanto la superstición como la blasfemia iban a incurrir en el juicio de su mano. No podemos describir cuál fuera la peculiar profanación o pecado de los bet-semitas, en aquel día de excitación casi sin límites, o posteriormente.[18] Será suficiente observar que se trataba de algo que incluso el pueblo sintió que era incompatible con la «santidad» de Jehová Dios (v. 20), y que fue castigado con la muerte de no menos de setenta personas.[19] En consecuencia, el arca fue tomada una vez más, y llevada por los montes en la cabeza del valle hasta la «ciudad de los árboles del bosque», *Quiryat-jearim*, donde fue entregada al cuidado de *Abinadab*, evidentemente un levita; cuyo hijo *Eleazar* fue separado para el servicio de guardián, no sacerdote, del arca.[20] Allí permaneció este símbolo sagrado mientras que el tabernáculo fue llevado de Silo a Nob, y de Nob a Gabaón, hasta que David la llevó, después de la conquista de Jerusalén, a la ciudad real (2 S. 6:2, 3, 12). Así, durante todo este período el santuario quedó desprovisto de lo que constituía su mayor tesoro, y el símbolo de la presencia personal de Dios fuera del lugar donde él era adorado.

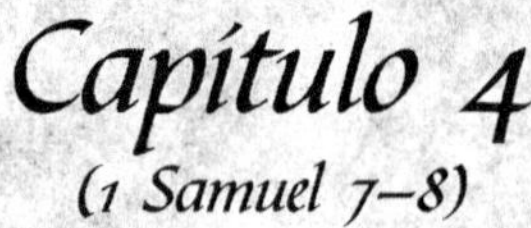

Capítulo 4

(1 Samuel 7–8)

Tal vez la forma más majestuosa presentada, incluso entre los héroes de la historia del Antiguo Testamento, es la de Samuel, que nos es presentado como un hombre de oración (Sal. 99:6). Levita, nazareno, profeta, juez; cada fase de su llamamiento exterior parece haber dejado una influencia en su mente y corazón.

Samuel como profeta

En Silo, el contraste entre la vida de abnegación propia del joven nazareno y la indulgencia propia descontrolada de los hijos de Elí debió preparar al pueblo para el reconocimiento general de su oficio profético. Y el carácter y la vida de Samuel siempre fueron nazarenos: dedicado a Dios, firme, inflexible, fiel a su llamamiento, dondequiera que le llevara.[1]

En ese período de reforma y transición se necesitaba un hombre como éste, cuando todo lo antiguo había fracasado, no por debilidad inherente, sino por el pecado del pueblo, y cuando las formas de lo nuevo tenían que ser trazadas en su perfección divina.[2] El pasado, el presente y el futuro del pueblo parecen tener cita en su historia; y por encima de ella la figura de la vida nazarena reposa su sombra, y por ella se oyó en Israel la primera voz del orden profético.

El santuario, privado del arca, y atendido por un sacerdocio decrépito, sobre el cual se había pronunciado la destrucción, parece haber caído en total menosprecio. El arca, llevada cautiva en Filistea, pero al haber demostrado ser un conquistador en el lugar, ciertamente había sido devuelta a Israel, pero era más bien un testimonio del auxilio del pasado que del presente. La única esperanza viva de Israel se centraba en la persona de Samuel. A pesar de que, desde la muerte de Elí, ya no estaba unido al santuario, al cual ciertamente su misión hasta cierto punto le puso aparte, su actividad espiritual no fue interrumpida. Conocido y reconocido como profeta, vigilaba de cerca el movimiento religioso de Israel y en el tiempo oportuno lo dirigía decisivamente. Esa hora decisiva llegó en aquel momento.

Habían pasado veinte años desde el regreso del arca; un período, según se desprende de la historia siguiente, de sujeción exterior a los filisteos, y espiritualmente, de depre-

---

17. En los versículos 14, 15 leemos sobre una «gran piedra», mientras que en el versículo 18 se llama «el gran Avel». Los intérpretes consideran esto un error de transmisión del copista: אלב en vez de אלן, AVeL en vez de EVeN. ¿Pero no podría ser que esta «grande piedra» obtuvo el nombre de Avel, «duelo» porque marcaba la línea divisoria con Filistea?

18. Algunas versiones traducen así el v. 18: «habían mirado dentro del arca», siguiendo a los rabinos. Pero esta opinión es difícil de sostener. Tampoco la traducción de los intérpretes resulta satisfactoria: «Miraron (en el sentido de curiosear) el arca», aunque esto entra dentro de la advertencia de Números 4:20. Todo este texto parece corrupto. Así en la afirmación que «hirió sesenta y diez hombres», la adición «de 50.000 personas», ha sido introducida en el texto –juzgando con bases lingüísticas y racionales– por un error de un copista. Pero Thenius indica otras anomalías lingüísticas, que nos hacen pensar que aquí hay una mayor corrupción del texto. En consecuencia, adopta la lectura de donde se traduce la LXX: «Y los hijos de Jeconías no se regocijaron entre los hombres de Bet-semes, porque vieron el arca del Señor».

19. Ver nota anterior.

20. Es difícil explicar por qué el arca no fue llevada a Silo. Ewald piensa que los filisteos habían tomado Silo, y destruido su santuario; Keil, que el pueblo no quería devolver el arca a un lugar que había sido profanado por los hijos de Elí; Erdmann, que fue colocada temporalmente en Quiryat-jearim por motivos de seguridad, hasta que se conociera la voluntad de Dios. Esta última parece ser la explicación más satisfactoria, especialmente ya que Quiryat-jeraim era la primera ciudad grande entre Bet-semes y Silo, y que los sacerdotes de Silo habían demostrado ser guardianes poco fiables del arca.

1. En segundo lugar, probablemente, después de Moisés, si se permiten tales comparaciones. Pero incluso así, Samuel a veces parece más majestuoso que Moisés, más grandioso, inflexible e inalcanzable. Ewald compara a Samuel con Lutero.

2. En la dispensación del Nuevo Testamento el llamamiento exterior es el resultado del estado interior, o por lo menos está íntimamente relacionado con él. En el Antiguo Testamento era al revés; el llamamiento exterior parece que moldea a los hombres. Incluso el oficio profético no es una excepción a esta regla.

sión religiosa, causada por la desolación de su santuario y la ausencia manifestada del Señor de en medio de su pueblo. Sin lugar a dudas, fue por la influencia de Samuel que estos pensamientos les condujeron hacia el Señor. Con las palabras de la Escritura, el pueblo «se lamentaba en pos de Jehová».[3] Pero esto era sólo una preparación. La obra de Samuel era conseguir un resultado feliz al cambio que ya había comenzado. Su sincero mensaje para todo Israel era: «si volvéis a Jehová de todo corazón», implicaba en la expresión que el arrepentimiento era primeramente del corazón, y por la forma del verbo hebreo, que dicho regreso ya había comenzado y estaba progresando, «quitad los dioses ajenos (*Baalim*, v. 4), y el Astarot, y poned vuestros corazones firmes para con Jehová» –en contraste con la anterior vacilación e indecisión– «y servid sólo a Él».[4] Jehová demostraría ser un Salvador –en este caso librándolos de los filisteos–, como anteriormente, a un Israel que regresaba así de *todo corazón*, y arrepentido tanto por sacar su pecado, como por ejercitar una fe viva.

Reunión de Mizpá

Las palabras de Samuel produjeron las señales de por lo menos un arrepentimiento exterior pleno. El siguiente paso era convocar al pueblo a una de esas solemnes reuniones nacionales, en las cuales, como en ocasiones anteriores (Jos. 23:2, etc.; 24:1, etc.), ellos iban a confesar pecados nacionales y renovar las obligaciones nacionales para con Jehová. En su cumbre elevada,[5] *Mizpá*, el «vigía» de Benjamín, se hallaba entre aquellos santuarios de la tierra, donde, como en *Siquem* (Jos. 24:26), *Gilgal* (Jos. 5:2-12, 15), y en *Betel* (Jue. 20:18, 23, 26; 21:2), el pueblo solía reunirse para deliberar solemnemente (Jue. 11:2; 20:1). Pero Israel nunca antes, desde los días de Moisés, se había humillado tanto delante del Señor en la confesión del pecado.[6] Así fue como Samuel se preparó para su gran acto de intercesión a favor de ellos, y fue bajo tales circunstancias que ejerció públicamente, o más probablemente, que empezó su oficio como «juez» (1 S. 8:6), en su sentido real, al enderezar lo incorrecto en el interior de Israel, y convirtiéndose en el medio de la liberación de ellos de mano del enemigo.

La asamblea se reunió en Mizpá, con ningún pensamiento para la guerra o intención de prepararse para la misma. De hecho, cuando Israel en Mizpá se enteró del acercamiento hostil de los filisteos, «tuvieron temor» (v. 7). Pero del mismo modo que la rebelión había provocado su abandono, también su regreso les traería el auxilio del Señor. Y como sucede tan a menudo en este relato, todo iba a pasar naturalmente en la sucesión normal de causa y efecto; pero, pese a ello, en realidad los acontecimientos estarían directamente ordenados y dispuestos por Dios. Israel no debía salir a la guerra, ni la victoria debía ser ganada con sus propias fuerzas. Todo tenía que ser de Dios, y los filisteos debían precipitarse en su propio destino. No obstante, era bastante natural que cuando los filisteos recibieran noticias de esta gran reunión nacional en Mizpá, después de veinte años de ejercer ninguna resistencia a su gobierno, desearan anticiparse a sus movimientos; y ello tanto si consideraban la reunión como un reavivamiento de la religión claramente nacional o como una preparación para la guerra. Del mismo modo, también era natural que continuaran con su expedición con graves recelos sobre el poder del Dios de Israel, cuyas obras habían sufrido durante el tiempo que el arca estuvo en su tierra; y que en este estado de ánimo estuviesen dispuestos a considerar cualquier fenómeno terrible de la naturaleza como Su interposición, y se dejaran afectar en consecuencia.

De hecho, todo esto sucedió, pero sus causas eran más profundas de lo que parecían en la superficie. Mientras Israel temblaba ante el acercamiento de los filisteos, Samuel oraba,[7] y «Jehová le respondió». La gran tormenta de aquel día, que inundó de pánico a todos los filisteos, en realidad fueron los truenos del Señor. Israel, pues, salió de Mizpá contra una salvaje masa de fugitivos y les persiguió e hirió hasta los anchos prados de Betcar, «la casa del cordero». Y fue para denotar no sólo la victoria, sino también su causa y significado, que Samuel colocó la piedra conmemorativa en la escena de esta derrota, entre «el vigía» y *Sen*, «el diente», posiblemente un risco rocoso de los montes por el cual los filisteos fueron lanzados en su huida. A esa piedra la llamó «Ebenezer, diciendo, hasta aquí nos ayudó Jehová».

Batalla de Ebenezer; sus consecuencias

Nos ayudó, pero solamente «hasta aquí». Porque toda la ayuda de Jehová es sólo «hasta aquí», día a día y de lugar en lugar, no incondicionalmente, no completamente, no una vez por todas, al margen de nuestra conducta. Pero a pesar de esto, las consecuencias externas de esta derrota filistea eran de lo más importante. Aunque todavía mantenían la posesión militar de ciertos lugares, y su ocupación de estas regiones (comp. 1 S. 10:5; 13:4, 11-21; 14:21), el avance de sus incursiones fue cortado, y no intentaron nuevas expediciones como la que había sido derrotada tan notablemente.[8] Y lo que es más, en la vecindad inmediata del campo de batalla, todas las ciudades que los filisteos habían tomado con anterioridad de la posesión de Israel, «con sus costas» –es decir, con sus alrededores–, fueron devueltas a Israel, a lo largo de toda la línea que se extiende al norte y al sur desde

3. Como dice Schmid: «Uno que sigue a otro, y suplica con lamentos hasta que lo obtiene», como hizo la mujer sirofenicia. Thenius imagina que hay un *hiato* entre los versículos 2 y 3; mientras que Ewald considera los vv. 3, 4 como una adición posterior. No obstante, los estudiantes imparciales, no observarán ninguna de estas dos afirmaciones, sino que simplemente se contentarán con dejar que se refuten la una a la otra.

4. Como en 1 Samuel 7:3, traducido literalmente.

5. La antigua Mizpá, según la hemos identificado, estaba a unos 2.848 pies sobre el nivel del mar. Nos resulta imposible, por la localización de esta asamblea y por la batalla que siguió, identificar Mizpá con el monte Scopus, cerca de Jerusalén.

6. La ceremonia de sacar y verter agua, que acompañaba al ayuno y la confesión de Israel, ha sido considerada por la mayoría de los intérpretes como un símbolo de su dolor y arrepentimiento. ¿Pero no podía ser un acto ceremonial, indicando no solo el arrepentimiento, sino también la purificación y separación del servicio de Jehová de todos los elementos ajenos de los alrededores? Comp. también un acto parecido en Elías (1 R. 18:33-35).

7. En el texto leemos: «Y Samuel tomó un cordero *lechal*, y lo ofreció en holocausto *íntegramente* a Jehová; y Samuel clamó a Jehová por Israel» (1 S. 7: 9). Las dos palabras que hemos escrito en cursiva requieren un breve comentario. El «cordero lechal», de acuerdo con Levítico 22:27, debía tener siete días. Fue escogido tan joven como símbolo de la nueva vida espiritual en medio de Israel. Según Keil, la expresión, «un holocausto íntegramente para Jehová» implica que el sacrificio no fue cortado, como de costumbre, sino que fue colocado en el altar entero. Pero este punto de vista es insostenible por muchas razones; y la expresión, que también se emplea en otras partes (Lv. 6:22; Dt. 33:10; Sal. 51:19) probablemente indique el significado simbólico del holocausto, como consumido totalmente (Lv. 1:9).

8. Así entendemos 1 Samuel 7:13. De hecho la expresión: «la mano de Jehová estaba contra (o mejor dicho, sobre) los filisteos todos los días de Samuel», implica que las hostilidades entre los dos bandos continuaban, aunque no se intentaran otras incursiones y los filisteos quedaron más a la defensiva que a la ofensiva.

Ecrón a Gat.[9] Además, «los amorreos», o tribus cananeas de aquella zona, retiraron su alianza con los filisteos: «y hubo paz entre Israel y los amorreos».

Igualmente, se introdujo el orden en la administración interna de la tierra, por lo menos en las partes del centro y del sur. Samuel tenía su residencia permanente en Ramá, donde siempre era accesible al pueblo. Pero además, «todos los años hacía un recorrido» a Betel, de allí a Gilgal,[10] y volvía a su casa en Mizpá. En cada uno de estos centros, sagrados, como hemos visto, tal vez desde tiempos muy antiguos, él «juzgaba a Israel», no en el sentido de solucionar las disputas entre personas privadas, sino en el de la administración espiritual y nacional de los asuntos, como el centro y órgano de la vida religiosa y política del pueblo.

No disponemos de ninguna indicación que nos permita determinar la duración de este feliz estado. Como siempre, la Santa Escritura no da información ni siquiera de la vida y administración de un personaje como Samuel. Simplemente sigue la historia del reino de Dios. Del mismo modo que no tenemos el relato de los acontecimientos sucedidos durante los veinte años que precedieron a la batalla de Ebenezer (1 S. 7:2), también desconocemos los que le siguieron. Desde la reunión en Mizpá, con sus consecuencias, se nos lleva inmediatamente a la edad avanzada de Samuel.[11] Todavía es «el juez»; el mismo hombre firme, inflexible, sincero, dedicado a Dios en pleno vigor de su edad adulta. Pero sintió que necesitaba ayuda en asuntos menores; ahora sus dos hijos son «jueces», con residencia en Beerseba,[12] el antiguo «pozo de los siete», o «del juramento», en la frontera sur de la tierra.

La administración de Samuel

Su oficio parece haber sido básicamente, o tal vez sólo, la administración civil, el cual, en una región fronteriza y tan cerca de una población nómada o seminómada, debería ser absolutamente necesario. Por desgracia, eran bastante distintos de su padre. Aunque no eran culpables de las malvadas prácticas de los hijos de Elí, en una población pastoral y nómada debía haber frecuentes oportunidades para el soborno y abundantes tentaciones para ello; y tampoco existe ninguna otra acusación contra un juez que se extienda con mayor facilidad, o que moleste tanto.[13] Pronto la murmuración se convirtió en queja; una queja lo suficientemente fuerte como para motivar una reunión de aquella antigua y poderosa institución de Israel, «los ancianos», u oligarquía local y tribal. Es muy probable que no fuese meramente el descontento con esta administración parcial de justicia lo que condujo a la propuesta de cambio de gobierno de una teocracia a la monarquía hereditaria.

Había otras causas en juego desde hacía bastante tiempo. Sabemos que se había hecho una propuesta parecida a Gedeón (Jue. 8:22), y también a Jefté (Jue. 11:6). Aunque en ambos casos estas ofertas fueron rechazadas, el sentimiento que las provocó sólo podía haberse fortalecido. La monarquía hereditaria parecía ser el único medio para combinar las tribus en una sola nación, acabando con sus envidias mutuas, y subordinando los intereses tribales a los nacionales. Todas las naciones de los alrededores tenían reyes. Seguramente el sentimiento de la necesidad de una mano fuerte con un gobierno central para el bien común debió ir en aumento cada vez más.

Además, la antigua constitución de Israel dada por Dios contemplaba y preveía claramente una monarquía, cuando el pueblo alcanzase un estado asentado en la tierra. Debemos admitir que aquella época era la más indicada para el cambio. La institución de los «jueces», por exitosa que fuese en ciertos momentos y con algunos personalmente, en su aspecto general había fracasado. No había dado al pueblo ni seguridad externa ni un buen gobierno interior. Claramente, estaba tocando a su fin. Samuel iba a morir pronto; ¿qué pasaría después de él? ¿No sería mejor efectuar el cambio bajo su dirección, en vez de dejar al pueblo en manos de dos hombres que ni siquiera podían abstenerse del soborno? Habían pasado muchos años desde la batalla de Mizpá, y no obstante los filisteos todavía no habían sido expulsados de la tierra. De hecho, la administración actual no tenía ninguna perspectiva para lograrlo. Entonces, pues, era el momento adecuado para efectuar la reforma deseada durante tanto tiempo y tan necesitada.

No se puede negar que todas estas consideraciones eran de gran peso; pero vemos que no sólo Samuel se resintió por ello, sino que Dios también las declaró como un rechazo virtual de él mismo. El tema es lo suficientemente importante para requerir una consideración cuidadosa.

El pueblo pide rey

En primer lugar, veamos los hechos del caso. Los «ancianos de Israel» solicitaron de una manera formal a Samuel: «Haznos un rey que nos juzgue, como todas las naciones», en base a su avanzada edad y la ineptitud de sus hijos; «el asunto pareció mal a los ojos de Samuel cuando ellos *lo*[14] explicaban. Danos un rey que nos juzgue». Pero en vez de dar una respuesta inmediata, Samuel pasó el tema al Señor en oración. La impresión de Samuel fue confirmada completamente por el Señor, quien declaró que se trataba de un rechazo de Dios, parecido al de sus padres cuando Le abandonaron y sirvieron a otros dioses. No obstante, dio instrucciones a su profeta para que les concediera lo que pedían, con esta doble condición: «da un fuerte testimonio contra ellos»[15] en cuanto a su pecado en este asunto, y «declárales el derecho del rey», evidentemente, no según lo determinó Dios, sino según lo ejercían en las monarquías paganas, cuya copia querían inaugurar en Israel. Cuando Samuel hubo cumplido perfectamente la instrucción divina, y el pueblo persistía en su solicitud, el profeta sólo tenía que esperar la indicación de arriba sobre la persona que iba a ser designada rey, y durante este tiempo los diputados de Israel fueron enviados a sus casas.

Hemos de tener en cuenta que no había nada *absolutamente* malo en el deseo de Israel de tener una monarquía (Dt. 17:14, etc.; comp. incluso Gn. 17:6, 16; 35:11), ni siquiera, según podemos juzgar, *relativamente*, en el momento de su

9. Evidentemente, *fuera* de estas dos ciudades. La expresión, «con sus costas», se refiere a las ciudades restablecidas a Israel, y no a Ecrón o Gat.

10. Evidentemente, no el Gilgal del valle del Jordán, sino el mencionado anteriormente en Josué 12:23.

11. Según la tradición judía, Samuel, como Salomón, murió a la edad de cincuenta y dos años. Se dice que sufrió de senectud prematura.

12. Josefo añade «Betel» (*Ant.*, VI. 3, 2), implicando que uno de los dos hijos «juzgó» en Betel, el otro en Beerseba. Pero esta propuesta –porque no es más que esto– carece totalmente de base.

13. Algunas traducciones tipo «pervertían el juicio», son más fuertes que el original, que significa, «inclinaban», o «torcían» el juicio.

14. La palabra «lo» parece necesaria para conferir de modo correcto el significado hebreo.

15. Ésta es la aproximación más cercana a una traducción completa de la expresión hebrea.

exigencia; la explicación de la dificultad debe yacer en los motivos y el modo más que en el hecho de que los «ancianos» hicieran la petición. De hecho, es precisamente esto: la «*motivación*» y el «*cómo*», no la cosa en sí, no *que* lo dijeron, sino «*cuando* ellos lo explicaban», fue lo que «pareció mal a los ojos de Samuel».[16] Israel pidió «un rey» para «juzgarles», como el que tenían todas las naciones. Sabemos lo que significaba la palabra «juzgar» en Israel. Significaba una confianza implícita en la liberación de sus enemigos de mano de una persona especialmente designada por Dios, es decir, una confianza en el Dios no visto. A esto había objetado el pueblo en tiempos de Gedeón y no podían soportarlo más en tiempos de Samuel. Su liberación fue *no vista,* y ellos la querían ver; era cierta sólo para la *fe*, pero bastante poco cierta para ellos en su estado y modo de pensar; estaba en el cielo, ellos lo querían en la tierra; era de Dios, ellos lo querían visiblemente en forma corporal de hombre. En este aspecto del asunto, podemos comprender bastante bien por qué Dios lo definió como un rechazo de él mismo, y refiriéndose a ello indicó a Samuel que «diera fuerte testimonio contra ellos».

Pero el pecado siempre es también locura. Al pedir una monarquía como las que les rodeaban, el pueblo se estaba buscando un despotismo cuyo yugo intolerable no podrían rechazar en el futuro (1 S. 8:18). En consecuencia, en este sentido Samuel debía exponerles «el derecho del rey» (versos 9, 11),[17] es decir, los derechos reales, según los exigían los monarcas paganos. Pero ya sea por la incredulidad en la advertencia, o por pensar que, si fueran oprimidos, podrían liberarse, o, según pensamos, por la elección deliberada al considerar todo el caso, los «ancianos» persistieron en su exigencia. Y la verdad es que su elección nos parece simplemente natural, si tenemos en cuenta las circunstancias políticas de la tierra en esa época, con los vínculos de unidad nacional casi disueltos, y en el fracaso total de la consciencia viva de la presencia constante del «Juez» divino, que, si hubiese existido, hubiese hecho que su «reinado» apareciera el más deseable, pero, que cuando faltaba, hacía que el estado actual pareciese altamente incongruente y poco deseable. Pero, al tomar esta decisión, fueron abiertamente infieles a su llamamiento, y renunciaron al principio que subyacía su historia nacional. No obstante, fue simplemente una fase más en el desarrollo de esta historia, otra etapa en el progreso hacia el final que había sido visto y deseado desde el principio.[18]

16. Es un hecho notable que Samuel no introduce ningún elemento personal, ni se queja de sus cargos contra sus hijos. Si no he comentado en el texto la ausencia de oración antes de hacer tal aplicación, en contraste con la conducta de Samuel, no es porque no lo haya observado, sino que quiero presentar el asunto desde una perspectiva objetiva en vez de subjetiva.

17. No la actitud del rey.

18. Este relato del origen de la monarquía en Israel nos parece que tiene todavía otro aspecto importante. Resulta imposible considerarlo como no auténtico o como posterior. Porque la bien conocida tendencia de la mentalidad judía cada vez más era de rodear con un halo de gloria el origen de las instituciones existentes. Éste sería el caso especialmente en cuanto al origen de la monarquía, asociada como lo fue posteriormente con la casa de David. No encontramos ningún rastro de tendencias antimonárquicas. Un relato tan desdeñoso sobre la realeza no podía nunca haber sido inventado, y mucho menos en época más tardía. El lector atento encontrará, en lo que acabamos de indicar, un principio que tiene una amplia aplicación en la crítica de la historia del Antiguo Testamento.

Capítulo 5

(1 Samuel 9–10:16)

El llamamiento de Saúl

La indicación divina que debían esperar el profeta y el pueblo no fue retenida por mucho tiempo. Llegó, como tan a menudo, por la coincidencia de circunstancias naturales, y del modo menos esperado. Su objetivo, si podemos atrevernos a juzgarlo, era conferir a la persona del nuevo rey lo que Israel había tenido en mente cuando exigió un monarca. Debía poseer todos los atractivos naturales y las cualidades marciales que el pueblo podía desear en su rey; debía reflejar su base religiosa en su mejor aspecto; pero también debía representar sus fracasos nacionales y el más íntimo defecto de su vida religiosa: el hecho de combinar el celo por la religión de Jehová, y la adaptación externa a ella, con una total falta de sumisión real de corazón al Señor, y de la verdadera devoción a Él.

Bajo esta perspectiva, podemos comprender tanto la elección de Saúl al inicio, su posterior fracaso y el rechazo final. El pueblo obtuvo precisamente lo que quería; y porque el que era su rey, correspondía tan exactamente al ideal del pueblo, y reflejaba tan bien su estado nacional, fracasó. Si, por lo tanto, seguimos este relato con un sentimiento de tristeza, tenemos que recordar que su elemento trágico no empieza y acaba con Saúl; y que el significado de su vida y de su actuación debe ser visto en una consideración más profunda de la historia de su pueblo. En realidad, la historia de Saúl es un resumen y un reflejo de la de Israel. Una monarquía como la suya debía tener éxito al principio, y fracasar al final cuando, al pasar por las pruebas, surgieran a la luz sus más íntimas tendencias. Un reino así era necesario, a fin de manifestar el verdadero significado de las exigencias del pueblo, y para preparar a Israel para el rey de la elección y selección de Dios en la persona de David.

De todas las tribus de Israel tal vez la más marcial aunque la más pequeña, era la de Benjamín. La «familia» de Abiel[1] no era, sin duda, famosa por su riqueza o influencia. Pero debió ocupar un lugar prominente en Benjamín por las cualidades varoniles y la capacidad militar de sus miembros, puesto que en un círculo reducido incluía hombres como Saúl, Jonatán y Abner.[2] Toda esta historia ofrece unos rasgos de vida primitiva de Israel que demuestra que deriva de fuentes antiguas y auténticas. Cis, el padre de Saúl, y Ner, el padre de Abner, eran hermanos, los hijos de Abiel.[3] El primero es descrito en el texto como «un héroe de poder», que, como en el caso de Booz, que es designado de modo similar (Rut 2:1), en aquellos tiempos significaba hombre robusto, fuerte y sincero, un representante digno y, cuando era necesario, defensor de los derechos y la religión nacionales. Sin duda, el padre de Abner también era así. Y, a pesar de todo ello, había cierta sencillez exquisita en la vida familiar de estos hombres grandes y fuertes. Cis había perdido sus asnas, una pérdida de bastante relevancia en aquellos

1. Ésta es la única perspectiva del carácter de Saúl, según creo, que explica satisfactoriamente su elección en primer lugar, y luego su caída y rechazo final. Así, hay una estrecha unidad en toda su historia, su religiosidad exterior y los defectos más profundos de esta religión aparecen en coherencia entre sí.

2. 1 Samuel 9:1; comp. 14:51. La anotación de 1 Crónicas 8:33; 9:39, debe ser probablemente un error de transmisión, aunque Keil sugiere que, como en otros lugares, la referencia indica un «abuelo», o incluso antepasados más lejanos.

3. Comp. 1 Samuel 14:51.

tiempos de pobreza para que un hombre considerase «la cuarta parte de un siclo», o un *sus* como un don adecuado para ofrecer a un «vidente» como pago por consultarle (1 S. 9:8). Saúl, el hijo único de Cis[4] (según inferimos del texto) fue enviado, junto con un siervo, a encontrar, si era posible, los animales perdidos. Saúl «el que fue pedido», no sólo era «selecto[5] y apuesto», como toda su raza, pero aparentemente tan hermoso como cualquier hombre de la tierra, y más alto que cualquiera por cabeza y hombros. En cualquier país y época estas características estarían en favor de un líder popular, pero especialmente en tiempos antiguos,[6] y más concretamente en Israel en aquel período.

Desde su casa en Guibeá[7] Saúl y su siervo pasaron en dirección noroeste por un ramal de «la tierra de *Salisá*», probablemente llamada así por el hecho que allí se encontraban tres *uadis*,[8] e iban hacia el este a la tierra de *Saalim* –posiblemente «la hondonada», la moderna *Salem*–. Después de atravesar otra región, que se llama «la tierra de *Yemini*», –«la mano derecha», o «de Benjamín», aunque parece ser que no estaba dentro de los límites del territorio de Benjamín–, se hallaron en la región de *Zuf*, donde estaba la casa de Samuel en Ramá.[9]

Saúl se entrevista con Samuel

Después de continuar durante dos días su búsqueda infructuosa, Saúl pensó que su larga ausencia podía causar a su padre más ansia que la pérdida de las asnas. Pero antes de regresar a su casa, el siervo de Saúl sugirió que, puesto que la ciudad donde vivía el «vidente» estaba al alcance de la vista, podían consultarle «el camino» a seguir para encontrar las asnas.[10] Tras asegurarse de que el vidente no solamente estaba en la ciudad, sino que además el pueblo había hecho «un sacrificio» en el «monte» fuera, donde, como sabemos (1 S. 7:17), Samuel había construido un altar, los dos se apresuraron, con la esperanza de encontrarle en la ciudad, antes de que subiera «a bendecir», o pronunciar la oración de acción de gracias con la que empezaría la comida del sacrificio. Porque, en medio de los huéspedes reunidos, los dos extraños hubiesen tenido muy pocas posibilidades de acceder al que presidía el banquete. Acababan de entrar en la ciudad propiamente dicha, y estaban «en la puerta», o lugar amplio en el interior de la entrada de la ciudad, donde solían sentarse los ancianos y se reunían las asambleas populares, cuando encontraron a Samuel que venía en dirección contraria yendo a «*Bamá*», o «monte» del sacrificio. Ante la pregunta de Saúl sobre «la casa del vidente», Samuel respondió presentándose.[11] Le había estado esperando –pues el día anterior el Señor se lo había confiado de forma explícita. Ciertamente, Samuel se había preparado para ello ordenando que el pedazo más selecto de los que se iba a comer del sacrificio fuese puesto aparte para su huésped –tan seguro estaba de su llegada. Y ahora, al ver ante sí en la puerta al hombre más majestuoso y apuesto de todo Israel, la misma voz que le había hecho esperar con certidumbre, le indicó que éste era el futuro líder del pueblo de Dios.

La conducta de Samuel para con Saúl era precisamente la que requerían las circunstancias. Además, era totalmente coherente y digna. Saúl iba a recibir, casi de forma violenta, sin esperarlo en absoluto, un oficio enteramente nuevo, que conllevaba las mayores dificultades y responsabilidades. Un oficio, además, cuya realidad no sólo iba a ser puesta a prueba muy pronto por enemigos como los filisteos, sino un oficio al cual no tenía derecho familiar ni personal, y que sin duda provocaría envidias tribales y personales. Para preparar a Saúl, era necesario hacerle sentir alguna expectación, aunque vaga, de grandes cosas; inspirarle confianza en Samuel como el medio a través del cual Dios le hablaba; y finalmente, hablando sobre los asuntos más profundos concernientes a Israel, hacer salir lo que había en lo más interior de su corazón, y dirigirlo hacia la meta adecuada.

Samuel intima con Saúl

En consecuencia, Samuel invitó a Saúl primero a la fiesta y luego a su casa, confiándole desde el principio que le contaría todo lo que había en su corazón (v. 19). Evidentemente, esto no podía referirse a la pérdida de las asnas, puesto que informó inmediatamente a Saúl acerca de las mismas, como prueba de que era «un vidente», cuyas palabras debían ser recibidas como mensaje de parte de Dios. Por misteriosa que fuese la alusión a lo que había en el corazón de Saúl, la observación que seguía a su confidencia del hallazgo de las asnas todavía sonaba más extraña. Como si tratase la pérdida como un asunto muy insignificante, añadió (v. 20): «¿Y de quién es todo lo deseable en Israel? ¿No es tuyo y de la casa de tu padre?»[12] La observación era tan extraña tanto en sí misma como por venir del «vidente», que Saúl, notando su contradicción aparente, sólo pudo responder indicando el hecho de que Benjamín era la tribu más

4. Los críticos infieren del nombre de *Shaul* –«el que fue pedido»– que era el *primogénito*. Pero yo creo más bien, por el uso de esta palabra en pasajes como Génesis 46:10, 1 Samuel 1:17, 27, que Cis había estado mucho tiempo sin tener hijos, y que Saúl era el hijo de la oración; mientras que por la ausencia de ninguna otra mención a más hijos, tiendo a pensar que era el único hijo de Cis.

5. La mayoría de críticos traducen este término como «joven». Pero yo prefiero la traducción de «selecto», aunque no en el sentido de la *Vulgata: electus*, escogido. En 13:1-3 vemos que Jonatán podía tomar el mando en aquella época, por lo que su padre Saúl debería tener por lo menos cuarenta años.

6. Para las citas de los clásicos ver los Comentarios.

7. Algunas versiones traducen 1 Samuel 10:5, «el monte de Dios», y de nuevo (v. 10), «el monte». En ambos casos es Guibeá; y, según deducimos de la familiaridad de la gente con Saúl (v. 11), era el lugar donde vivía Saúl o cerca de allí.

8. El moderno Uadi Kurawa (ver Keil, p. 66).

9. «La tierra *Yemini*» no puede haber designado el territorio tribal de Benjamín. Nunca se usa en este sentido, y la analogía de la expresión «tierra Salisá», «tierra Salim», «tierra Zuf», nos impide considerarlo más que una *región*. De nuevo, se dice, «pasó por la tierra de Benjamín». ¿Desde y hacia dónde? Ciertamente no a Efraín, porque de allí venía; ni tampoco a Judá. Pero el tema de la localización de *Ramá* de Samuel y del viaje de Saúl es de lo más difícil de la geografía bíblica. Hay otra consideración importante referente al asunto que nos referiremos en la nota siguiente.

10. No cabe ninguna duda razonable de que esta «ciudad» era Ramá, la residencia normal de Samuel. La pregunta y respuesta de los versículos 10 y 11 lo implican; también el hecho de que Samuel tenía una casa allí. Finalmente, ¿cómo podía saber el siervo que el «vidente» estaba en aquella ciudad, si no hubiese sido su residencia normal? Estos dos puntos, pues, parecen haber sido determinados: la residencia de Saúl era en Guibeá y conoció a Samuel en Ramá. Si es así, parece imposible, en vistas de 1 Samuel 10:2, identificar la Ramá de Samuel con la Ramá de Benjamín, o considerarla la moderna *Neby Samuel*, a cuatro millas al noroeste de Jerusalén.

11. Aquí podemos citar un fragmento de *Sifre*, cuanto más cuando este comentario sobre Números y Deuteronomio, que es más antiguo que el Misná, es citado tan poco incluso por aquellos que se dedican al estudios de la literatura rabínica. En *Sifre* 69a, reforzando el deber de modestia, la expresión de Samuel, «Yo soy el vidente» (1 S. 9:19), es comentada así: «El Santo, bendito sea, le dijo, ¿Eres tú el vidente? Por tu vida, te demostraré que no eres un vidente. ¿Y cómo se lo mostró? En el momento en que fue dicho: Llena tu cuerno con aceite, y ve, te enviaré a Isaí de Belén», etc. Donde se cita 1 Samuel 16:6, cuando el Santo recordó a Samuel que él había dicho: «Yo soy un vidente», aunque estaba totalmente equivocado en cuanto a la elección de Eliab.

12. Ésta es la traducción correcta.

pequeña, y su familia una de las menos influyentes de la tribu. Saúl sin duda sabía que Israel había pedido un rey y estaba a punto de recibirlo de Samuel. Su respuesta nos da la impresión de que, aunque probablemente no lo formuló con exactitud en su mente, las palabras de Samuel le habían despertado algún pensamiento del reino. Si no, ¿a qué se debe la referencia a su tribu y a la influencia de su familia? Y esto es justo lo que había deseado Samuel: prepararle gradualmente para lo que iba a llegar.

Aparentemente el «vidente» no respondió a lo que había dicho Saúl. Pero ante la fiesta del sacrificio siguió por el mismo camino con su invitado. Evidentemente Saúl era un desconocido para los efrainitas reunidos allí. Pero incluso ellos debieron sorprenderse del hecho que, mientras que la mayoría del pueblo festejaba en el exterior, entre los treinta invitados principales a quienes se había permitido entrar en el «salón», no sólo se dio el lugar principal a este extranjero, sino que la porción principal del sacrificio había sido reservada para él como muestra de honor especial.

Saúl ungido rey

La fiesta se terminó y Saúl siguió a su anfitrión hasta su casa. Allí, en el terrado,[13] con tanta frecuencia el escenario de conversaciones privadas en oriente, Samuel «notificó» a Saúl, sin duda, «todo lo que había en su corazón»; ciertamente, no el oficio que estaba a punto de serle conferido, sino los pensamientos que habían sido invocados sobre Saúl aquel día: la necesidad de Israel, el pecado de Israel, el auxilio de Israel y el Dios de Israel. Después de una «notificación» tal, ninguno de los dos podía conciliar muy bien el sueño aquella noche. Era la aurora gris cuando se levantaron; y al romper el alba, Samuel indicó a Saúl, que estaba en el terrado, que era el momento de partir. Le acompañó personalmente por la ciudad; luego, haciendo ir delante al siervo, se detuvo para entregarle el mensaje de Dios. Tomando un frasco de aceite,[14] «ungió» a Saúl, colocando así la institución de la realeza sobre la misma base que el santuario y el sacerdocio (Éx. 30:23, etc., Lv. 8:10, etc.), como designado y consagrado por Dios y para Dios, y dispuesto para ser el medio para recibir y transmitir la bendición de Su pueblo. Y con esto, un beso, en prueba de homenaje (Sal. 2:12), y el mensaje tal vez no muy inesperado: «¿No te ha ungido Jehová para que seas el príncipe sobre Su heredad?» Saúl fue designado el primer rey de Israel.

Las tres «señales»

Para confirmar a Saúl la autoría divina de todo esto, Samuel le dio tres señales. Cada una más extraña que la anterior, y todas muy significativas en cuanto a lo que definiría el camino del rey de Israel. Después de dejar a Samuel, viniendo de Efraín, cruzaría la frontera del norte de Benjamín junto al sepulcro de Raquel.[15] Allí encontraría a dos hombres que le informarían sobre el hallazgo de las asnas y sobre la ansiedad de su padre por su causa. Esto, en confirmación de las palabras de Samuel, sería una muestra de que también por designio de Dios había sido ungido rey. Así la primera señal le indicaba que *su realeza era de Dios.* Luego, al ir hacia el sur y alcanzar «el Tabor del terebinto»,[16] tres hombres le saldrían al encuentro, vendrían de la dirección contraria, y «subirían a Dios, hacia Betel», llevando ofrendas de sacrificio. Estos hombres le saludarían, y, sin serles pedido, le darían una porción de sus ofrendas de sacrificio –dos panes, probablemente uno para él y otro para su siervo. Si, como parece probable, estos tres hombres pertenecían a «los hijos de los profetas», el hecho resultaba todavía más significativo. Constituía un homenaje de parte de los piadosos de Israel, pero sin sobrepasar ni absorber el mayor homenaje debido a Dios –al dar a Saúl sólo dos panes de toda la ofrenda del sacrificio. Para Saúl esto debió significar *realeza en subordinación a Dios.* La última señal era la más extraña, pero, comprendida correctamente, también la más significativa. Tras llegar a *Guibeá Elohim,* su propia ciudad, o el monte cercano a la misma, donde los filisteos tenían una plaza fuerte,[17] se encontraría, al entrar en la ciudad, «un grupo de profetas» descendiendo de *Bamá,* o monte del sacrificio, en una procesión festiva, precedido por el sonido del *nevel,* laúd o guitarra, el *thof,* o pandero (Éx. 15:20), la flauta y el *chinnor*[18] o arpa de mano, mientras ellos «profetizaban». Luego el «Espíritu de Jehová» le «tomaría» y él «se convertiría en otro hombre». La importancia evidente de esta «señal», junto con las otras, sería: la realeza no sólo *de* Dios y *bajo* Dios, sino *con* Dios. Y resultaría mucho más significativo porque Guibeá, la casa de Saúl, donde todos le conocían y podían notar el cambio, estaba entonces en posesión de un fuerte de filisteos; y que la liberación de Israel comenzase[19] allí con el Espíritu de Jehová apoderándose fuertemente del nuevo rey de Israel, y convirtiéndole en otro hombre. Cuando todas «estas señales te sucedan», añadió el profeta, «haz contigo lo que tu mano encuentre» (según indiquen las circunstancias, comp. Jue. 9:33); concluyendo: «porque Dios está contigo».

El asunto sucedió como predijera Samuel. La Santa Escritura pasa por las dos primeras señales de modo ligero, como si tuvieran una importancia comparativamente inferior, pero recoge la tercera con mucho más detalle. Explica cómo, inmediatamente después de dejar a Samuel, «Dios cambió el corazón de Saúl» (v. 9); cómo, cuando encontró al grupo de profetas en Guibeá (verso 10, no «en el monte» como en algunas versiones), «el Espíritu de Elohim» «vino sobre» él, y «profetizó entre ellos»; de modo que los que le habían conocido tan íntimamente antes exclamaron perplejos: «¿Qué le ha sucedido al hijo de Cis? ¿Saúl también entre los profetas?». Ante lo que «uno de ellos»; con mayor luz espiritual que los demás, respondió: «¿Y quién es el padre de ellos?», lo cual implicaba que, también en el caso de otros profetas, el don de profecía no era por descendencia hereditaria.[20] Así surgió el proverbio: «¿Saúl también entre los

---

13. Los traductores de la LXX aquí, como en varios pasajes de esta sección, tenían un texto hebreo algo diverso del nuestro o lo alteraron en su traducción. A pesar de la opinión de algunos críticos (especialmente Thenius), no vemos razón alguna para apartarnos del *textus receptus.*

14. La palabra hebrea indica un vaso de cuello estrecho del cual el aceite saldría en forma de gotas.

15. El lugar tradicional de la tumba de Raquel cerca de Belén debe ser abandonado por ser incompatible con este pasaje. Las razones fueron expuestas de forma completa en mi obra *Sketches of Jewish Social Life,* p. 60.

16. La localización del lugar no puede ser identificada. La propuesta de Thenius y Ewald, que consideran a *Tabor* como equivalente a *Débora,* es difícil de sostener.

17. Thenius y Böttcher lo traducen, «columna»; Ewald, «un recaudador de impuestos». Pero la traducción del texto parece ser la correcta (comp. 13:3, 4).

18. La diferencia entre el nevel y el chinnor está explicada en mi libro sobre *El Templo,* etc., p. 55. El chinnor se diferencia de nuestra arpa en el hecho de ser llevada a mano (comp. 2 S. 6:5).

19. En el original la frase –«con un fuerte de los filisteos allí»– es como un paréntesis enfático, totalmente insignificante excepto por el propósito indicado en el texto.

20. Ésta es la opinión de Bunsen, y especialmente de Oehler, y parece ser la única interpretación correcta del dicho.

profetas?» para indicar, según el caso, un cambio repentino y casi increíble en la conducta religiosa de un hombre, o la posibilidad de que ocurra.

Significado profundo de las «señales»

Pero hay algunas cuestiones más profundas que deben ser respondidas, aunque someramente. Parece ser que en aquella época ya había asociaciones proféticas, llamadas «escuelas de los profetas». Desconocemos si el movimiento debía su origen a Samuel o no, pero el hecho es que recibió un gran impulso de su parte, y desde entonces se convirtió en una institución permanente en Israel. Pero esta «profecía» no debe ser considerada como predicción en todos los casos. En este caso ciertamente no lo era, sino, como el de los «ancianos» en tiempos de Moisés (Nm. 11:25), un estado estático de carácter religioso, en el cual los hombres manifestaban sus sentimientos sin reserva. Las características de su estado de éxtasis eran una total separación de las circunstancias que les rodeaban, y una completa sujeción a una influencia extraordinaria exterior, durante la cual los pensamientos, sentimientos, palabras y obras ya no estaban bajo el control personal, sino que se convertían, por así decirlo, en instrumentos pasivos. Bajo esta perspectiva, comprendemos el uso de la música, no sólo por los profetas, sino incluso entre los paganos. Porque el efecto de la música es desconectarse de las circunstancias del entorno, hacer salir fuertes sentimientos, y hacernos ceder implícitamente a sus influencias. En el caso de los profetas en Guibeá y en el de Saúl, este estado de éxtasis estaba bajo la influencia del «Espíritu de Elohim».[21] Con esto, como con los jueces,[22] no debemos entender la presencia del Espíritu Santo que habita y santifica morando en el corazón como su templo. El Espíritu Santo era específicamente «el don del Padre» y «del Hijo», y sólo fue dado a la iglesia en relación con la resurrección de nuestro bendito Señor y después de la misma. En el Antiguo Testamento, sólo se experimentaban las diversas influencias del Espíritu, no su morar como el Paracleto. Esto se ve no sólo en la historia de los que recibían dicha influencia, y por el carácter de esa influencia, sino incluso por las palabras con las que se describe. Así, leemos que el Espíritu de Elohim «vino sobre» Saúl, le tomó inesperada y poderosamente; la misma expresión se usa en Jueces 14:6, 19; 15:14; 1 S. 16:13; 18:10.

Pero aunque fueran solamente «influencias» del Espíritu de Elohim, casi es innecesario recordar que dichas influencias no podían ser experimentadas sin un profundo efecto moral y religioso. Las fuentes más íntimas de la vida, pensamientos, sentimientos y propósitos tenían que ser afectados. Así fue en el caso de Saúl, y el contraste fue tan grande que sus conciudadanos hicieron un proverbio sobre él. Con el lenguaje de la Santa Escritura, su «corazón», es decir, con los términos del Antiguo Testamento, la fuente de su sentimiento, propósito y voluntad, fue «transformada en otra» distinta de lo que había sido, y él «fue transformado como otro hombre», con otros pensamientos, objetivos y deseos. La diferencia entre esto y lo que en el Nuevo Testamento se designa como «el nuevo hombre», es demasiado evidente para requerir explicación detallada. Pero podemos observar estos dos puntos por ser importantes: como en un caso se trataba de la influencia poderosa del Espíritu de

«Era la aurora gris cuando se levantaron; y al romper el alba, Samuel indicó a Saúl, que estaba en el terrado, que era el momento de partir. Le acompañó personalmente por la ciudad; luego, haciendo ir delante al siervo, se detuvo para entregarle el mensaje de Dios».

Samuel acompaña personalmente a Saúl por la ciudad. Los cananeos del siglo XIII a.C. usaron este carro de cerámica, hallado en una tumba familiar en Ugarít, como ofrenda votiva, lo cual demuestra que cuando los hebreos entraron en Canaán, el uso de carros ya estaba extendido.

21. Samuel habla del «Espíritu de Jehová», mientras que en este relato leemos sobre el «Espíritu de Elohim». ¿Puede ser este cambio de término intencional?

22. Ver Libro 3–Parte III de esta misma obra.

Elohim, no la presencia moradora del Paracleto, así también los efectos morales producidos por esa influencia no eran primarios, sino secundarios, y, por así decirlo, reflejados, mientras que los del Espíritu Santo en los corazones del pueblo de Dios son directos, primarios y permanentes.[23]

La aplicación de estos principios a «los dones espirituales» de la iglesia temprana se nos ocurrirá rápidamente. Pero tal vez sea más importante recordar que siempre estamos –y ahora más que nunca– dispuestos a confundir las influencias del Espíritu de Dios con su Presencia moradora en nosotros, y a confundir los indudables efectos morales y religiosos, que durante un tiempo son el resultado de lo primero, con el cambio interior completo, cuando «todas las cosas viejas pasaron», y «he aquí todo es hecho nuevo», y es «de Cristo». No obstante, lo uno es sólo la influencia reflejada del espíritu del hombre, influenciado poderosamente por el Espíritu de Elohim; lo otro, la obra directa del Santo Espíritu en el corazón.

Uno de los efectos de la nueva influencia espiritual que vino sobre Saúl fue que cuando su tío, Ner, le salió al encuentro en *Bamá*, o monte (v. 14), probablemente para unirse con él en su adoración allí para descubrir el significado real de un cambio que debió ver más claramente que los demás, y que rápidamente debería relacionar con la visita de Samuel, se abstuvo de gratificar una curiosidad, probablemente no mezclada con ambición y planes mundanos.

Pero aún quedaba un encargo que Samuel había hecho a Saúl antes de que se fuera (v. 8), y no únicamente un encargo, sino una indicación de por vida, una advertencia y una prueba de lo que había en él. 1 Samuel 13:7, 8 demuestra que él lo había entendido. Pero ¿se sometería a ello, o mejor dicho a Dios? Ése sería para él el lugar y el momento en que los dos caminos se encontraban y se separaban; y su elección de uno o del otro sería decisiva, tanto para su vida como para su reino.

Capítulo 6

(1 Samuel 10:17–12:25)

En respuesta a las exigencias del pueblo, Saúl fue elegido rey. Los motivos y las opiniones que les movieron a pedir un rey eran manifiestas. Samuel las había expuesto claramente ante los representantes de Israel; y ellos no refutaron la exactitud de su afirmación. No sólo querían un rey, sino también una realeza como las naciones de los alrededores, y con la finalidad de obtener liberación exterior. Así, se olvidaban de los tratos de Dios en el pasado, renunciaban a la sencilla confianza en él, y no creían en la suficiencia de Su liderazgo. De hecho, lo que ellos querían era un rey que reflejara y representara la idea que ellos tenían de la realeza, no el ideal que Dios había puesto ante ellos. Y no se podía haber encontrado un mejor representante de Israel que Saúl, tanto por su aspecto como por sus calificaciones militares; ni tampoco un reflejo más verdadero del pueblo en su carácter y conducta religiosa. Era el típico israelita de su época, y ello sin referirse ni a los malintencionados «hijos de Belial» ni a la minoría verdaderamente iluminada, sino al gran cuerpo de personas de buena inten-

---

23. Si se me permite explicarlo con un juego de palabras en latín: en un caso es *affectus ab effectu;* en el otro, si hay *effectus,* es un *effectus ab affectu.*

ción. Si David era el rey «de acuerdo con el corazón de Dios», Saúl era el rey de acuerdo con el corazón del pueblo. Obtuvieron lo que pidieron; y lo que obtuvieron debía fracasar; y lo que fracasó iba a preparar el camino para lo que Dios quería.

Pero hasta aquel momento la elección de Saúl había sido mantenida en secreto entre los mensajeros del Señor y el nuevo rey. Como en todos los demás casos, también en esta ocasión,[1] Dios daría a la persona llamada para el trabajo más difícil toda oportunidad para conocer Su voluntad, y toda animación para cumplirla.

Por esta razón, Samuel comenzó por mencionar a Saúl grandes pensamientos; luego «intimó» con él durante mucho tiempo y con sinceridad; luego le demostró claramente que el mensaje que le llevaba era de Dios; y, finalmente, en una misma dirección, tanto la advertencia de su peligro como la guía para su seguridad. Todo esto había tenido lugar en secreto entre ellos dos, para que, sin ser molestados por las influencias externas, Saúl considerase su llamamiento y camino futuro, y ello en circunstancias altamente favorables para un final feliz, mientras que la transacción era todavía entre Dios y él mismo, y antes de que pudiese ser desviado por los efectos embriagantes del éxito y la adulación popular.

Saúl elegido rey en Mizpá

Y ahora este breve período de preparación había terminado, y lo que había sido hecho en secreto debía ser confirmado en público.[2] En consecuencia, Samuel convocó al pueblo –sin duda alguna a través de sus representantes– para que acudieran a una solemne asamblea «delante de Jehová» en Mizpá. En este lugar se había obtenido la primera gran victoria contra los filisteos por la oración (6:5), y aquí había un altar a Jehová (v. 9). Como en tantas ocasiones previas, se echaron suertes solemnemente para indicar la voluntad de Dios. Pero antes de hacerlo, Samuel presentó una vez más ante el pueblo lo que había sido el liderazgo del Señor en el pasado, y lo que implicaba su elección de otro liderazgo nuevo. Y ello no con el propósito de anular el establecimiento de la realeza propuesta, sino para llevar al pueblo al arrepentimiento de su pecado en relación con ella. Pero el pueblo no se conmovió. Y entonces se sacó la suerte.[3] Tocó a Saúl, el hijo de Cis. Pero aunque había venido a Mizpá, no se le halló en la asamblea. Era un momento supremo de la historia de Israel cuando Dios indicó a su pueblo, reunido ante él, el nombre de su rey. En unas circunstancias tan apremiantes, pareció apropiado preguntar por medio del *Urim* y el *Tumim*.

Su relativa privacidad

La respuesta indicó que Saúl se había ocultado entre el equipaje a la salida del campamento. Incluso esto parece típico de Saúl. No podía ser ni por humildad ni por modestia:[4] ambas estarían mal colocadas en esta ocasión (por decir lo más leve). Es cierto que era un momento en el cual hubiese fallado el corazón incluso del más valiente,[5] y que los pensamientos sobre lo que tenía por delante podían llenarle de ansiedad.[6] ¿Iba a tener éxito? Conocía las envidias personales y tribales que acompañarían a su elección. ¿Sería lo suficientemente fuerte como para soportarlas? Estas preguntas eran naturales. La única respuesta verdadera hubiese sido *espiritual*. Incapaz de darla, Saúl se apartó de la asamblea. Se preguntaba si todo ello se cumpliría o qué sucedería. ¿Iba a esperar hasta que se le forzara una decisión? Al pueblo, de todos modos, no les pareció encontrar nada extraño en su conducta; y así podemos suponer que estaba al nivel de las propias ideas que ellos tenían, aunque a nosotros nos parece muy diferente de lo que hubiese hecho un héroe de Dios.[7]

Y así, el rey recientemente encontrado fue devuelto a la asamblea. Y cuando Samuel le señaló, estando allí de pie, «desde los hombros hacia arriba» sobresaliendo por encima de todos los que estaban alrededor, el pueblo exclamó: «¡Viva el rey!». Porque hasta entonces Saúl parecía la personalización de su rey ideal. Samuel cerró la transacción explicando al pueblo, ya no «el derecho del rey» (1 S. 8:9, 11), según era reclamado entre las naciones paganas a las que deseaban imitar, sino «el derecho del reino»[8] (10:25), según debería existir en Israel de acuerdo con los principios estipulados en Deuteronomio 17:14-20. Esto se dispuso por escrito y se depositó el documento de manera solemne en el tabernáculo.

No obstante, por el momento, el establecimiento de la nueva monarquía no pareció conllevar ningún cambio. Saúl volvió a su casa en Guibeá, acompañado en su camino, a modo honorífico, por «un grupo de hombres cuyos corazones Dios había tocado», los cuales, sin duda, le «llevaron regalos» como su rey. Pero él también volvió a sus anteriores tareas humildes. Por otro lado, «los hijos de Belial» no sólo no manifestaron estas muestras de honor, sino que ridiculizaron abiertamente al nuevo rey por faltarle influencia tribal y medios militares para desempeñar su cargo. Cuando consideramos que representaban a un partido, posiblemente pertenecientes a las grandes tribus de Judá y Efraín, con fuerza suficiente como para expresar abiertamente su posición (1 S. 11:12), y suficientemente numerosos como para no encontrar oposición entre los que pensaban de otro modo, el movimiento debió tener las dimensiones necesarias como para dictaminar que Saúl se retirara en medida prudencial hasta el momento en que los hechos vindicaran su elección. Y el asunto quedó en tanta intimidad, que incluso las tropas filisteas de Guibeá no se enteraron del nuevo oficio de Saúl, y de lo que ello implicaba; y que en el este, al otro lado del Jordán, el rey amonita que hacía la guerra contra Israel

1. Como, por ejemplo, en el caso de Balaam y aun de Faraón.

2. Thenius y otros escritores consideran este relato de la elección de Saúl como incompatible con la entrevista previa entre él y Samuel. Hablan, pues, de dos relatos distintos integrados en una historia. Pero el lector atento concordará con Ewald en que un estudio más detenido nos convencerá de que el nombramiento de Saúl hubiese sido incompleto sin la elección pública en Mizpá.

3. Se observa que la suerte, esta vez no fue tirada, sino sacada, evidentemente, de una urna. Esto queda implícito en la expresión «tomada», o mejor «sacada», vv. 20, 21 (comp. Lv. 16:8; Nm. 33:54; Jos. 7:14). La elección evidentemente fue primero de tribus, luego de clanes (aquí el de Matrí), luego familias, y finalmente personas individuales dentro de la familia seleccionada. Dado que el nombre *Matrí* no aparece en ningún otro lugar, Ewald sugiere que se trata de un error del copista en vez de *Bicrí*, 2 Samuel 20:1.

4. Según Keil.

5. Sugerencia de Nägelsbach.

6. Punto de vista de Ewald.

7. La reticencia de Moisés y Jeremías en circunstancias parecidas no sirven de situación paralela, aunque en el primero de los dos, por lo menos, era el resultado de debilidad de fe. Pero su duda era ante Dios, no ante los hombres.

8. Algunas versiones, tanto aquí como en 1 Samuel 8:9, 11, traducen como «el modo»; pero la palabra sólo puede significar «derecho», en el sentido del derecho que tiene alguien o que alguien reclama. Thenius habla de esto como el establecimiento de una monarquía *constitucional*. Pero si verdaderamente se trataba de «constitución» era dada por Dios y no hecha por el hombre.

parece haber desconocido totalmente el movimiento de unificación nacional del pueblo, o de un nuevo centro de unión y resistencia contra un enemigo común.

Incursión de Nahás

Esta expedición de parte de Nahás, rey de los amonitas, a quien acabamos de referirnos, también es interesante en otro aspecto: por demostrar que el deseo de Israel de tener un rey debió brotar de unos motivos más profundos que la mera edad de Samuel, o incluso que la conducta de sus hijos. En 1 Samuel 12:12 vemos que la invasión de Nahás empezó antes de que Israel pidiese un rey, y fue la verdadera causa de ello; así se demostraba que el motivo real, tal como les denunció Samuel, era su desconfianza en su guía celestial. Sin ninguna clase de duda, la expedición de Nahás había sido emprendida para renovar las reclamaciones de su antecesor y vengar la derrota que Jefté le había infligido (Jue. 11:13, 33). Pero Nahás se había introducido en el territorio israelita mucho más que su antecesor. Sus hordas habían irrumpido en el hermoso y rico valle de Jabés, asolando sus campos de cebada y sus plantaciones de olivos, y devastando sus pueblos; y ahora habían asediado la capital de Galaad –Jabés-galaad– que ocupaba una posición dominante sobre un monte aislado por encima de la cresta sur del valle. En su desesperación, el pueblo de Jabés ofreció la rendición, pero Nahás, en su insolencia, insistió en que les sacaría su ojo derecho, manifiestamente para poner «esta afrenta sobre todo Israel». Aunque estas condiciones eran terribles, los «ancianos» de Jabés no vieron otro medio de resistencia, y sólo suplicaron que se les concedieran siete días de respiro, para ver si quedaba alguien en Israel capaz y deseoso de salvarlos. En la insensatez de su fanfarronería, Nahás consintió en ello, enteramente persuadido de que si Israel era incapaz de organizar un movimiento unificado de liberación de Jabés, toda la tierra estaría a su disposición, y entre Filistea al oeste y Amón al este, Israel –su tierra y su Dios– estarían desarmados ante los poderes paganos.

Por llamarlo con el nombre más suave posible, es una coincidencia curiosa que Jabés fuese la única ciudad de Israel que no había participado en terminar la guerra contra la tribu de Benjamín (Jue. 21:9). Pero no fue por esto, sino porque sin duda habían recibido noticias del cargo real en Israel,[9] que sus mensajeros fueron directamente a Guibeá. Y cuando Saúl volvió aquella tarde a su casa «tras los bueyes», con los cuales había estado trabajando,[10] se encontró a Guibeá extrañamente conmocionada. Las noticias que habían traído los hombres de Jabés habían llenado el lugar de lamentaciones, pero no había levantado al pueblo en acción. ¡Cuán profundamente había caído Israel!

Alivio de Jabés-galaad

Pero entonces, cuando Saúl lo oyó «el Espíritu de Dios vino sobre él con poder». Despedazó el «yugo de bueyes» con el que acababa de llegar, y envió –probablemente por medio de los mensajeros de Jabés– estos pedazos por toda la tierra, pidiendo a los que no tenían otro pensamiento más elevado que el de sí mismos, que así se haría con los bueyes de los que no siguieran a Saúl y Samuel en la guerra general contra Amón.

Entonces era el momento adecuado para que el nombramiento divino de Saúl fuese vindicado; y para indicar este hecho mencionó con él a Samuel, el venerado profeta de Dios, hasta entonces el juez de Israel. Se dice que «el terror de Jehová» cayó sobre el pueblo.[11] Desde todas las partes de la tierra acudieron tropas de hombres armados al punto de encuentro en Bézec, en el territorio de Isacar, cerca de Bet-sán, y casi en línea recta a Jabés. Trescientos mil de Israel, y treinta mil de Judá[12] (ya que este territorio estaba parcialmente sometido a los filisteos), respondieron a la citación de Saúl. No se trataba de un ejército, sino de una banda *–un landsturm–*, un levantamiento armado del pueblo. Desde la cima donde estaba Bet-sán, en la llanura de Jizreel, se podía ver Jabés-galaad al otro lado del Jordán. En muy pocas horas la atribulada ciudad sería liberada. Una promesa fingida de sumisión por la mañana hizo que Nahás y su ejército se sintieran aún más confiados de lo que ya estaban. Y, de hecho, ¿qué podían temer cuando Israel yacía postrado tan indefenso?

Cuando fue la noche, Saúl y la multitud armada que le seguía partieron de Bézec. Poco se imaginaba él cómo los valientes hombres de Jabés iban a corresponder a su servicio; cómo, cuando en aquel día desastroso en el monte de Gilboa él y sus hombres caerían en la batalla, y los victoriosos filisteos colgarían sus cadáveres en las murallas de Bet-sán, estos valientes de Jabés saldrían toda la noche para rescatar a los héroes caídos de su exposición (1 S. 31:8-13). Es extraño que la primera marcha de Saúl fuese de Bet-sán a Jabés de noche, el mismo camino por el cual al final llevaron su cadáver de noche.

Pero tales pensamientos no molestaban a las huestes mientras cruzaban los vados del Jordán, y subían por la otra orilla. Unas pocas horas más, y llegaron al valle de Jabés. Siguiendo el ejemplo de Gedeón (Jue. 7:16), Saúl dividió al pueblo «en tres compañías». Cayeron sobre los sorprendidos amonitas por la retaguardia y los flancos, cuando más seguros se hallaban –«a la vigilia de la mañana», entre las tres y las seis. A continuación hubo un pánico generalizado, y antes de acabar la derrota, no quedaron dos enemigos juntos. El sentimiento popular sobre Saúl cambió de forma drástica. Incluso querían matar a los que antes se burlaran de la nueva monarquía. Mas Saúl rechazó este consejo. Pero Samuel usó el nuevo sentimiento de un modo muy distinto.

Reunión popular en Gilgal

Por su propia propuesta, el pueblo le siguió a él y a Saúl a Gilgal, un lugar asociado con tantos recuerdos sagrados. Allí ofrecieron ofrendas de gratitud y de paz, y se regocijaron en gran manera al renovar «el reino», y, en el sentido de reconocimiento real y universal, «hicieron a Saúl rey delante de Jehová».[13]

---

9. La mayor parte de los críticos parece que imaginan que primero fueron por todo Israel y al final llegaron a Guibeá, donde se dirigieron al pueblo y no a Saúl. Pero este relato no puede sacarse del texto, ni tampoco dejaría suficiente tiempo para las medidas adoptadas por Saúl (v. 7). La afirmación de los ancianos de Jabés (v. 3) fue evidentemente un intento de engañar a Nahás.

10. Éste es el significado real.

11. Curiosamente, Keil parece no haber observado que la palabra hebrea usada aquí es «terror», o «sobrecogimiento», no temor. El texto sagrado atribuye la autoría de este terror a Jehová –no en el sentido de un milagro, sino porque siempre sigue el curso de los efectos hasta llegar a él como su primera causa.

12. Casi parece que aquí nos encontramos ante las primeras notas de separación del pueblo entre Israel y Judá. De modo parecido 17:52; 18:16; 2 Samuel 2:9; 3:10; 5:1-5; 19:41, etc; 20:2, 4.

13. Algunos escritores han imaginado que Saúl fue ungido una segunda vez. Pero el texto no nos ofrece ninguna prueba de ello.

A pesar de que durante toda su vida Samuel nunca dejó de juzgar a Israel, su trabajo oficial llegó a su fin en aquel momento. En consecuencia, rindió cuentas en público y solemnemente sobre su administración, invocando tanto al Señor como a Su ungido para ser testigos de lo que pasaba entre él y el pueblo. Dejando a sus hijos la responsabilidad[14] de las acciones que ellos habían cometido, les desafió para que encontraran alguna acusación contra él. Pero continuó como fiel siervo del Señor y gobernante en Israel. De buen grado les hubiese llevado al arrepentimiento de su gran pecado por el modo en que exigieron un rey.[15]

Discurso de Samuel

Una por una les recordó las «acciones justas» de Jehová en el cumplimiento de Sus promesas del pacto en el pasado.[16] En contraste con esta ayuda que nunca falla, indicó la incredulidad de ellos, cuando, sin detenerse a pensar en lo que Dios había hecho y desconfiados de lo que haría, al acercarse un peligro grave, prácticamente dijeron sobre su guía: «no, que reine un rey sobre nosotros». Y Dios les concedió su deseo. Pero el futuro de Israel no iba a depender del hecho de tener un rey, sino de su actitud para con el Señor, y de la del rey. Y esta verdad, que tanto les costaba aprender, Dios se la iba a *demostrar* en un símbolo. ¿Les parecía improbable, o más bien imposible, fracasar en sus circunstancias actuales? Dios haría que lo inverosímil y aparentemente increíble sucediera de un modo evidente a todos. ¿No era el tiempo de la siega del trigo,[17] cuando en oriente no hay una sola nube en el cielo? Dios les enviaría truenos y lluvia para persuadirlos, haciendo real lo improbable, de la insensatez y el pecado de sus pensamientos al pedir un rey.[18]

Una evidencia tan manifiesta de la verdad de lo que Samuel había dicho, y de la cercanía de Dios y de su interposición personal, causó el terror en los corazones del pueblo, y produjo por lo menos un arrepentimiento exterior. En respuesta a la confesión de ellos, Samuel les aseguró que no desatendería su deber de la oración por ellos, y ni siquiera Dios, tanto en su fidelidad para con su pacto y sus promesas, como en su justicia y santidad si hacían el mal.

Y así se levantó la asamblea: Israel a sus tiendas, Saúl al trabajo del reino que estaba en sus manos, y Samuel al deber mucho más difícil y duro de representar fielmente y ejecutar la voluntad de Dios como su mensajero designado en la tierra.

14. Así entiendo yo 1 Samuel 12:2: «Y he aquí, mis hijos, están con vosotros».

15. El hecho de que Samuel no culpaba a Israel por desear un rey, sino por las opiniones y causas subyacentes a ello, se muestra (como indicó Hengstenberg) en el hecho que cuando el pueblo se arrepiente (v. 19), no se esfuerza en hacerles recordar lo que se había hecho, sino simplemente que vuelvan al Señor (vv. 20-25).

16. En la lista de jueces mencionada por Samuel encontramos el nombre de *Bedán* (v. 11). Con toda probabilidad se trata de un error de algún copista en vez de *Barac*.

17. Es decir: los meses de mayo y junio.

18. Nos hemos atrevido a sugerir esta explicación del suceso milagroso, porque responde a todos los requisitos del caso, y porque, aun durante la dispensación preparatoria del AT, los milagros no eran una simple demostración de poder sin un propósito o un significado moral. Al mismo tiempo, aceptamos plena y francamente el hecho de que en los tiempos bíblicos, y hasta después del derramamiento del Espíritu Santo, la interposición personal de Dios –milagros e inspiración profética– era lo normal, no la excepción, en los tratos de Dios con su pueblo.

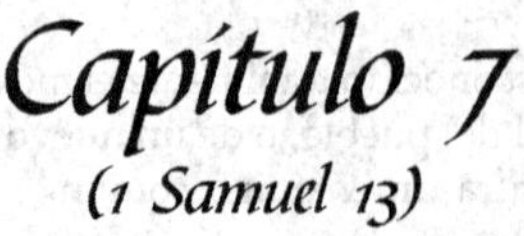

Capítulo 7
(1 Samuel 13)

En Gilgal Saúl había sido aceptado como rey por todo el pueblo,[1] y ahora le correspondía a él mostrarse como tal dedicándose inmediatamente a su gran labor de la liberación de la tierra del viejo enemigo de Israel, los filisteos. Con esta finalidad, escogió tres mil hombres de la multitud armada de Israel, de los cuales dos mil se situaron en Micmás y en el monte de Betel, bajo su propio mando, y los otros mil avanzaron dirigidos por Jonatán hasta Guibeá de Benjamín (o Guibeá de Saúl).

Saúl sale contra los filisteos

Cerca de ese lugar, un poco al norte, en Geba, los filisteos habían avanzado, posiblemente desde Guibeá, hasta una posición más favorable que ésta última. Viéndose incapacitado para intentar un ataque convencional con las fuerzas de que disponía, parece haber sido el propósito de Saúl formar el núcleo de un ejército, mientras cerraba el paso y observaba a los filisteos en Geba. Estimamos que no formaba parte de los planes iniciales de Saúl atacar aquella guarnición, de lo contrario hubiese tomado dicha empresa personalmente, ni se hubiese visto sorprendido por el éxito de Jonatán.

Posición de los dos campamentos y proeza militar de Jonatán

Ya que es bastante importante para la comprensión de este relato tener una idea clara del escenario de estos sucesos, añadimos los detalles esenciales. Geba, la base de los filisteos, yacía sobre un promontorio cónico en el extremo occidental de una cadena que se extiende hacia el este en la dirección del Jordán. Pasando desde Geba hacia el norte y el oeste nos encontramos con un descenso pronunciado, que lleva a lo que ahora se conoce como Uadi-es-Suweinit. Sin lugar a dudas, corresponde al antiguo «paso de Micmás» (1 S. 13:23). Enfrente, en la escarpada cima, justamente por encima de Geba, se halla Micmás, a una distancia de casi tres millas en dirección noroeste. Este Uadi-es-Suweinit también es interesante por otros motivos. Subiendo en dirección noroeste hacia Betel, la cadena a ambos lados del uadi se alza en forma de dos promontorios rocosos, uno al suroeste, hacia Geba, otro al noroeste, hacia Micmás. Los uadis laterales, que van desde el norte hacia el sur, les dan un aspecto

1. En consecuencia, el reinado de Saúl fue datado desde Gilgal. De ahí que 1 Samuel 13:1 empezara, como la historia de todos los otros reyes (comp. 2 S. 2:10; 5:4; 1 R. 14:21; 22:42; 2 R. 8:26; etc.), con los datos estadísticos de su edad y comienzo, y la duración de su reino. Pero, por desgracia, las letras numerales han desaparecido totalmente de la primera oración y parcialmente de la segunda del versículo 1, que tal como figura en nuestro texto hebreo actual se pueden representar como sigue: «Saúl tenía … años cuando fue hecho rey, y reinó dos … años sobre Israel». Todos los otros intentos de explicar este versículo –en especial el de la Versión Autorizada inglesa– son incompatibles con el hebreo y con la historia. Según la tradición judía (Jos., *Antig.*, VI. 14. 9), Saúl reinó durante cuarenta años. Éste es el tiempo mencionado también por San Pablo (Hch. 13:21). No hay suficiente base para la opinión de algunos críticos de que el «relato original» sigue el hilo interrumpido en 10:16. De hecho, si así fuese, deberíamos necesitar cierta explicación sobre la frase: «Saúl escogió para sí tres mil hombres de Israel» (13:2). ¿De dónde y cuándo los escogió, si no es de la asamblea en Gilgal? Ciertamente, no se pueden hallar circunstancias menos probables para ello de las que circundan a Saúl en 10:16, cuando, en vez de atreverse a escoger tres mil hombres, no osa confiar el secreto de su alzamiento ni siquiera a su tío.

abrupto y solitario. Estos dos picos, o «dientes», se llamaban respectivamente *Bosés*, «resplandeciente», y *Sené*, «como un diente», o «puntiagudo», o incluso «espino», posteriormente el escenario de la proeza militar de Jonatán (1 S. 14:1-13). Betel se halla en la cadena montañosa que va en dirección noroeste según se sale de Micmás. Gracias a esta breve descripción se verá que, por pequeño que fuera el ejército de Saúl, la guarnición filistea, si usamos un término militar, estaba *enfilada* por ellos, puesto que Saúl con sus dos mil hombres ocupaba Micmás y el monte de Betel al nordeste, norte y noroeste, amenazaba sus comunicaciones por el Uadi-es-Suweinit con Filistea, mientras que Jonatán con sus mil hombres estaba en Guibeá hacia el sur de Geba.

Pero el valiente espíritu de Jonatán difícilmente podía tolerar la inactividad ante el enemigo. Según parece, sin previa consulta, atacó e «hirió» la guarnición de los filisteos en Geba. El golpe fue tan inesperado para los filisteos como para Israel.

Saúl se retira a Gilgal

Viendo los preparativos del enemigo, Saúl se retiró a Gilgal –es probable que no se trate de la Gilgal donde se celebró la anterior asamblea, sino la otra cerca de Jericó.[2] Allí «el pueblo fue convocado para seguir a Saúl». La impresión que tenemos es que al principio el pueblo se quedó deprimido más bien que eufórico, temeroso antes que animado, por la hazaña militar de Jonatán. Y no es de extrañar si tenemos en cuenta no sólo la falta de preparación moral del pueblo, sino también su incapacidad para enfrentarse con los filisteos y su escasa preparación militar. Los cientos de miles que habían seguido a Saúl hasta Jabés eran poco más que una turba indisciplinada que había tomado cualquier tipo de armas. Una multitud de estas características sería más bien un estorbo que una ayuda en una guerra contra una infantería bien disciplinada, jinetes y carros de batalla. De hecho, sólo tres mil eran adecuados para formar el núcleo de un ejército, e incluso éstos, o lo que finalmente quedara de ellos para salir al encuentro de los filisteos, iban tan mal equipados que ciertamente podían ser descritos como sin «espada ni lanza» (13:22).[3]

El ejército con el cual los filisteos invadían entonces la tierra era el más grande y mejor escogido[4] que jamás llevaran al campo de batalla. Para evitar su error anterior de permitir a sus contrincantes tomarles por el flanco al acampar en Micmás, los filisteos ahora ocuparon el lugar ellos mismos, extendiendo sus filas hasta allí desde Bet-avén.[5] Desde su posición en Gilgal los israelitas podían ver las poderosas huestes, y llevados por el terror se fueron inmediatamente. Algunos cruzaron el Jordán, la mayoría se escondió en las cuevas, fosos y rocas que tanto abundan en toda la región de los alrededores de la posición de los filisteos.

Terror en el pueblo

La situación estaba ciertamente en un momento muy crítico. Día tras día aumentaba el número de desertores, e incluso los que todavía quedaban «detrás de él», «estaban aterrorizados».[6] Y, a pesar de ello, Saúl esperaba día tras día lo que le había sido dicho que debía aguardar para salir de Gilgal, cuyo retraso debería parecer a un comandante injustificado y fatal.

Se recordará que al separarse de Saúl, inmediatamente después de ungirlo, Samuel había dicho estas misteriosas palabras (1 S. 10:7, 8): «Y sucederá que cuando estas señales vengan a ti, haz como te venga a mano, porque Jehová está contigo. Y cuando tú desciendas delante de mí a Gilgal –y he aquí yo descenderé a ti–,[7] para ofrecer holocaustos y sacrificar ofrendas de paz, espera siete días hasta que yo venga a ti y te muestre lo que tienes que hacer». La primera parte de la instrucción de Samuel –hacer lo que le viniera en mano– lo cumplió Saúl haciendo la guerra contra Nahás. La segunda parte es la que suena tan misteriosa. Se recordará que, inmediatamente después de la derrota de Nahás, Saúl y el pueblo fueron a Gilgal, por la indicación de Samuel, para «renovar el reino» allí. Claramente no se refería a aquella visita a Gilgal, ya que, en vez de tener que esperar siete días para la llegada de Samuel, el profeta había acompañado a Saúl hasta allí. Por ello, puede aplicarse sólo a esta retirada de Saúl a Gilgal en preparación para su primera gran campaña contra los filisteos.[8] Y lo que a nosotros nos parece tan misterioso en las palabras de Samuel no debería parecerlo en esa época a Saúl. Durante la reunión en el tejado de la casa de Samuel, o posteriormente, los dos debieron hablar acerca de una gran guerra contra los filisteos, y de la necesidad de reunir a todo Israel en preparación para ello en Gilgal, no sólo por razones militares obvias, sino también como el lugar donde había sido quitado el oprobio de Israel por primera vez (Jos. 5:9), y desde donde debía empezar la reconquista de la tierra con sacrificios y buscando las indicaciones del Señor.

Pero incluso si cuando fueron dichas por Samuel parecieron misteriosas a Saúl, no cabía duda alguna sobre el

2. Lo he expresado de modo hipotético, porque no estoy en modo alguno seguro de que no se trate del otro Gilgal. El argumento de Keil, de que en dicho caso Saúl hubiese tenido que atacar a los filisteos en Micmás antes de llegar a Guibeá (v. 15), no es convincente, pues había un camino a este último lugar al oeste de Micmás. Por otro lado, no obstante, el Gilgal cercano a Jericó sin duda era un lugar más seguro para una retirada y una reunión del ejército, y los uadíes dan directamente sobre él desde Geba y Guibeá; mientras, por último, la nota «los hebreos pasaron el Jordán a la tierra de Gad y Galaad» (v. 7), parece indicar un campamento cercano al río.

3. Es evidente, la expresión debe ser tomada en un sentido general y no de modo absoluto, y se refiere a la necesidad global de armamento.

4. Nuestro texto hebreo dice «treinta mil carros» –este número no sólo es desproporcionado en relación con los jinetes, sino desconocido en la historia. El error del copista evidentemente surgió así: al escribir «Y los filisteos se reunieron para luchar con Israel», el copista repitió por error la letra *l*, que en hebreo es signo numérico de 30, y escribió «*treinta* mil carros», en vez de «mil carros».

5. Este Bet-avén se cita en Josué 7:2, y no debe ser confundido con Betel, al este de la cual se hallaba, entre Betel y Micmás. Al mismo tiempo la palabra traducida «al este de Bet-avén» (v. 5) no significa *forzosamente* «hacia el este», sino que también puede traducirse por «delante» o «en frente».

6. Versículo 7 literalmente.

7. Lo he puntuado así de acuerdo con la mayoría de críticos, para indicar que la ofrenda de sacrificios se refiere al propósito de *Saúl* de ir a Gilgal, y que la frase sobre el descenso de Samuel está intercalada. Pero no estoy seguro de ello. No obstante, no hago ninguna distinción por lo que se refiere al significado de Samuel, cuya orden era para advertir a Saúl que no interfiriera con las funciones del oficio sacerdotal. Es evidente, he traducido literalmente. La traducción «y tú descenderás», es imposible. Podemos escoger entre el modo imperativo y el condicional, y la balanza de argumentos se inclina claramente en favor del segundo.

8. Por supuesto, hay otras dos teorías posibles. Una, que 1 Samuel 10:8 puede estar fuera de lugar en nuestro texto hebreo es una hipótesis aventurada y poco concreta. La otra, que todo el fragmento entre 10:17 y 13:2 es una intercalación de otro relato, no soporta la investigación. Si el lector intenta unir 10:16 con 13:3, rápidamente notará un vacío en el relato. Además, ¿cómo explicar la selección de 3.000 hombres y la guerra contra los filisteos de la mano de un hombre que es víctima de burla en su pueblo y no osa revelar ni siquiera a su propio tío su secreta elevación al oficio real?

hecho que la instrucción se aplicaba a las circunstancias en las cuales se hallaban el rey y sus seguidores en ese momento. ¿Qué debía hacer? Los días pasaban sin que llegaran noticias de Samuel, y sus seguidores seguían decreciendo, y los corazones de los que quedaban se debilitaban. No obstante, Saúl aguardó los siete días determinados por Samuel. Pero cuando el séptimo día estaba por acabar[9] no pudo más; y pese a que, como dijo él mismo, con gran reticencia, hizo sacrificar las ofrendas, sin duda de mano del sacerdocio normal (comp. 2 S. 24:25; 1 R. 3:4; 8:63). Justo después de ser ofrecidos los sacrificios, de pronto, apareció Samuel en persona, según lo interpretamos nosotros, antes de que expirara enteramente el plazo que había establecido para su llegada.

Desobediencia de Saúl al mandamiento divino y rechazo de su reino

Ya sea para hacer frente a ello o, como nos parece más probable, simplemente movido por su ignorancia de la gravedad de lo que había hecho, Saúl fue al encuentro de Samuel y le saludó. Pero el profeta llegó como mensajero de Dios. Denunció la *imprudencia* de Saúl y su *pecado* al desobedecer el mandamiento explícito del Señor, y le comunicó que si hubiese pasado la prueba su reino, o línea real, habría sido establecida, mientras que ahora su trono iba a pasar a un sucesor más digno. No se trataba, pues, del rechazo de su persona, ni el de su título al trono, sino sólo el de su «reino», o línea, como inapropiado para ser «capitanes» sobre el «pueblo de Jehová». Ésta era la sentencia que Samuel debía anunciar aquel día.

La «imprudencia» de la conducta de Saúl, sin duda, debió ser notada por todos. No había esperado suficiente tiempo, aunque para sus seguidores debió parecer demasiado tiempo; seguidores que, después del sacrificio, llegaban solamente a unos seiscientos hombres (1 S. 13:15). Por otro lado, el único motivo que, incluso desde un punto de vista político, podía atraer a más hombres a sus filas o animarlos con valor, era una creencia religiosa en la ayuda de Jehová, del cual la infracción del mandamiento divino y la defección de Samuel amenazaban con privar a Israel. No obstante, quedan todavía puntos del castigo divino de Saúl que requieren una gran atención, no sólo para la justificación de este relato, sino también para su adecuada comprensión.

A la primera pregunta sobre por qué Samuel retrasó injustificadamente su viaje a Gilgal, en apariencia sin razón alguna, sólo podemos responder que el retraso parece tan *intencionado* como el de nuestro bendito Señor tras oír acerca de la enfermedad de Lázaro, y cuando se enteró de su muerte (Jn. 11:6, 14, 15). Pero, si era intencionado, su objetivo sólo podía ser el de poner a prueba el carácter del reino de Saúl. Sobre ello, evidentemente, dependería la permanencia del reino. Ya hemos visto que Saúl representa el tipo de monarquía que Israel deseaba establecer. El hecho de que Saúl descendiera a Gilgal para ofrecer sacrificios, pero a ofrecerlos de un modo no adecuado; su reticencia a entrar en la campaña sin suplicar la faz de Jehová, y luego ofenderlo con su desobediencia; su larga espera, pero no lo suficiente; su confianza en la ayuda de Jehová, y, a pesar de ello, su preocupación cuando le dejaron sus seguidores; su evidente creencia en la total eficacia de los sacrificios como una ordenanza exterior respectivamente de un sacrificio interior del corazón y la voluntad –todo ello es una representación exacta del estado religioso de Israel. Pero, si bien Israel había buscado y obtenido en Saúl una monarquía «según *el corazón de ellos*», el Señor, en su infinita misericordia, como comunicara Samuel en Gilgal (12:14, 20-22, 24), estaba dispuesto a perdonar y volverlo todo para bien, si Israel simplemente «temía al Señor y le servía de verdad». Toda la cuestión pivotaba sobre esta conversión de la realeza de Israel al reino de Dios. Porque, o Israel dejaba de ser el pueblo del Señor, o el principio sobre el cual se apoyaba su monarquía venía a ser un principio espiritual y divino; y consecuentemente cualquier gobierno que contraviniese esto debía ser barrido y debía dejar paso a otro. Si se nos pregunta en qué debe consistir este principio divino de la monarquía, no dudaremos en responder que se debía constituir un reino donde *la voluntad del rey terrenal estuviese en sujeción reconocida a la del rey celestial*. Esto es correcto en sí mismo; expresaba la relación del pacto por medio del cual Jehová fue el Dios de Israel, e Israel el pueblo de Jehová; y daba cuerpo a la idea tipológica del reino de Dios, que se realizaría plenamente en el *Rey* de los Judíos, que no vino para hacer su propia voluntad, sino la de su padre en los cielos, incluso en la amarga agonía de la copa de Getsemaní y los sufrimientos del Gólgota. *Saúl era el rey según el corazón de Israel* (1 S. 12:13); *David el rey según el corazón de Dios*, no por su mayor piedad o bondad, sino porque, a pesar de sus fracasos y pecados, expresaba plenamente la idea divina del reino de Israel; y también por esta razón él y su reino fueron la figura de nuestro Señor Jesús y de su reino.

Con lo que hemos dicho, ya nos hemos anticipado parcialmente a la segunda gran dificultad que nace en nuestras mentes casi de forma instintiva al leer esta historia. Se comprenderá fácilmente que esta grande cuestión tenía que ser puesta a prueba y decidida al mismo comienzo del reinado de Saúl, antes de que se enzarzara en cualquier gran empresa, cuyo éxito o fracaso pudieran desviar su pensamiento. Si debía ser puesto a prueba sería por sus propios méritos, al margen de los resultados. No obstante, debemos confesar que el primer sentimiento en la mayoría de nosotros es que, al considerar las dificultades de la posición de Saúl, el castigo que recibió parece excesivo. Pero sólo lo parece, no lo es. Dejando de lado la idea de su rechazo personal y pérdida del trono, ninguno de los dos siendo implicado en las palabras de Samuel, la sentencia sobre Saúl solamente constituía este principio, que ninguna monarquía podía durar en Israel sin reconocer la suprema autoridad de Dios. Del mismo modo que la obediencia de Adán fue puesta a prueba con un asunto aparentemente insignificante, y su fracaso implicó el de toda la raza, también sucedió así con Saúl. Su desobediencia parcial y su ansiedad por ofrecer los sacrificios, pensando que eran eficaces en sí mismos, simplemente hacían más necesario el requisito de traer a la luz el punto clave de la sumisión absoluta, incuestionada y creyente a la voluntad del rey celestial. El reino de Saúl se mostró claramente distinto del reino de Dios, y, en consecuencia, se imposibilitaba su continuidad. Por distintas que sean sus circunstancias, *Saúl era tan poco apto para la herencia del reino*, con las promesas en ello implicadas y el significado que ello conlleva en figura, *como Esaú lo había sido* para heredar la primogenitura, con todo lo que ello representaba para el presente, el futuro cercano y el más distante.

---

9. El contexto parece implicar que Saúl ofreció su sacrificio y Samuel llegó antes de que se acabase el séptimo día.

«Viendo los preparativos del enemigo, Saúl se retiró a Gilgal -es probable que no se trate de la Gilgal donde se celebró la anterior asamblea, sino la otra cerca de Jericó. Allí 'el pueblo fue convocado para seguir a Saúl'. La impresión que tenemos es que al principio el pueblo se quedó deprimido más bien que eufórico, temeroso antes que animado, por la hazaña militar de Jonatán. Y no es de extrañar si tenemos en cuenta no sólo la falta de preparación moral del pueblo, sino también su incapacidad para enfrentarse con los filisteos debido a su escasa preparación militar.»

En este detalle de un relieve egipcio (siglo XII a.C.) se distinguen con claridad los guerreros filisteos, cuyos característicos cascos emplumados se sujetan con barboquejos. El relieve conmemora la victoria de Ramsés III contra una coalición de marinos, —Pueblos del Mar— entre ellos los filisteos, que invadieron Egipto.

Capítulo 8

(1 Samuel 13:15–14:46)

Cuando Saúl, después de irse Samuel, emprendió la marcha saliendo de Gilgal con sus seiscientos hombres, se encontró con que los filisteos ocupaban la cadena montañosa de Micmás que antes había ocupado él. Con un séquito tan débil, era una actitud muy prudente de su parte tomar una posición «en el extremo de Guibeá» (14:2), es decir, según se desprende del contexto, al norte de la ciudad propiamente dicha, y a las afueras de Gabaa[1] y su región (13:16). Gabaa se encuentra sólo a una hora y cuarto aproximadamente al norte de Guibeá. En consecuencia, podemos suponer que el campamento de Saúl debió estar a unas dos millas al norte de esta ciudad, y que se extendía hacia Gabaa. Su cuartel general se hallaba debajo de un granado en un lugar llamado Migrón –probablemente «desprendimiento de tierras»–; y allí, junto a sus hombres principales, tenía al que ocupaba el sumo sacerdocio, Ahías,[2] el hijo de Ahitub, un hermano mayor de Icabod, «que llevaba un efod», y desempeñaba sus funciones sacerdotales.

Campamentos de Israel y de los filisteos

Entre Gabaa propiamente dicha y Micmás, que estaba en la cadena que está en frente, sólo había el Uadi-es-Suweinit. No se nos dice el tiempo que pasaron los israelitas en aquel lugar. Pero se nos cuenta que los «merodeadores», o más bien «destructores», «salieron del campamento de los filisteos en tres escuadrones» (13:17), uno en dirección nordeste por Ofrá hacia la tierra de Sual, el «país de las zorras», el otro hacia el oeste en dirección a Bet-horón, y el tercero hacia el sureste, «hacia la región que mira al valle de Zeboím» («voraces»,[3] es decir, animales salvajes) «hacia el desierto» (de Judá). Así, pues, la única dirección que quedó descubierta fue el sur y el suroeste, donde Saúl y Jonatán mantenían el fuerte de Guibeá-Gabaa. Si lo que intentaban era hacerles salir a un espacio abierto, fracasaron. Pero, no obstante, se debió infringir un enorme daño en el país, al realizar una redada sistemática sobre todos los herreros, para imposibilitar, no sólo hacer armas, sino incluso afilar las herramientas necesarias para el trabajo del campo.

En estas circunstancias, aparece de nuevo en primer plano la figura de Jonatán. Independientemente de su aptitud para «el reino», de haber sido llamado al mismo, no se nos muestra en la Escritura ningún carácter más desinteresado, afectuoso, sincero y noble que el de Jonatán. Cansado de la larga y aparentemente fútil inactividad, confiando en Jehová e impulsado por el pensamiento que en Él no existe dificultad para «salvar con muchos o con pocos», planeó en solitario una expedición contra el campamento filisteo de Micmás. Según él mismo explicó, se trataba claramente de una obra de fe, para la cual no podía pedir consejo a su padre ni a nadie más, sólo a Dios, de parte de quien esperaba una señal de aprobación antes de acometer la empresa en cuestión. El único acompañante que se llevó, como en el caso de Gedeón (Jue. 7:9, 10), fue su paje, quien no sólo parece haber estado por entero dedicado a su señor, sino que hasta compartía su pensamiento.

Jonatán y su paje de armas

En el Uadi-es-Suweinit, el cual, como ya hemos visto, forma el paso entre la cadena de Gabaa, donde estaba Jonatán, y la de Micmás, ocupada entonces por los filisteos, había los dos promontorios cónicos, o «dientes de roca», llamados Bosés y Sené. Según se desprende del texto, Jonatán y su paje estaban delante de uno de ellos, hacia el norte sobre Micmás. Suponemos que se trata de *Bosés*, «resplandeciente», posiblemente llamado así por sus laderas y cumbre rocosas. Se describe figurativamente en el texto como una pieza fundida de metal.[4] Aquí, sobre una escarpada y estrecha cornisa de roca, estaba el campamento filisteo. El «diente de roca» situado en frente, sobre el cual Jonatán y su paje «se descubrieron» ante sus enemigos, era *Sené*, «como un espino», o «puntiagudo», o también «diente».[5] A su alrededor sólo había árboles, o mejor dicho, un bosque (14:25), que se extendía hasta Betel (2 R. 2:23, 24). En pie sobre el punto más extremo de Sené, los filisteos probablemente vieran sólo a Jonatán, y, como máximo, también a su paje; pero no podían saber las fuerzas que podían estar escondidas bajo los árboles. Y ésta era la señal por la cual Jonatán y su acompañante verían si Dios favorecía su empresa o no. Si, al descubrir a Jonatán y a su paje, los filisteos les desafiaban a detenerse y esperar a su llegada para luchar, Jonatán y su acompañante se abstendrían, mientras que si el desafío era a la inversa, deducirían que Jehová los había entregado en su mano. Lo primero demostraba la valentía de los filisteos, lo segundo la inexistencia de la misma. Lo que sucedió a continuación se describe muy gráficamente en el texto sagrado. Desde el punto del «espino», o «diente de la roca», Jonatán se manifestó a los filisteos. Esta aparición manifiesta de los hebreos era sorprendente e inesperada, y los filisteos no podían imaginar que dos hombres solos osaban desafiar un campamento entero. Es evidente, los filisteos no deseaban luchar contra un enemigo desconocido; y así, con un auténtico fanfarroneo oriental, les insultaron desafiándoles a subir. Ésta había sido la señal concertada de antemano; y escogiendo la subida más empinada, por donde serían menos esperados, Jonatán y su paje treparon por la cornisa de la roca con manos y pies. En la cumbre, el espacio era tan estrecho que sólo podían avanzar en fila de una persona. Esto lo deducimos del texto y por la descripción de lo que sucedió a continuación. Tan pronto como Jonatán llegó a la cumbre, derribó a su primer contrincante, y el paje, que le seguía, le mató. No había suficiente espacio para que dos personas atacaran juntas o se defendieran en línea. Y así cayeron veinte hombres, como expresa el texto, «en el espacio de medio surco de una yugada de tierra»,[6] es decir, según lo entendemos nosotros, en el espacio que normalmente ara una yunta de bueyes, y el ancho de medio

1. Algunas versiones corrigen erróneamente «Guibeá», siguiendo la LXX.

2. Este Ahías, o mejor *Achijah* («hermano», «amigo de Jehová»), se supone que es el mismo que *Achimelech* («hermano», «amigo del rey», es decir, Jehová), 1 S. 22:9, etc. Ewald (*Gesch.*, II., 585, nota 3) considera estos dos nombres intercambiables, como Elimelec y Elijahu. Keil sugiere que Achimelech podía ser un hermano de Achijah.

3. La paráfrasis caldea dice «serpientes», porque se supone que este valle era su escondrijo. Pero yo he tomado el significado más general de la palabra.

4. 1 Samuel 14:5, literalmente, «un diente vertido» –«o un pilar»– «hacia el norte delante» (o «por encima») «Micmás».

5. Dean Stanley supone que el nombre se deriva de una zarza sobre el promontorio. Pero puede significar simplemente «como un espino», o más probablemente, «puntiagudo».

6. Tanto Keil como Erdmann se refieren a una hazaña parecida en Salustio, *Bell. Iugurta.* c. 89, 90. La cita es errónea en cuanto la historia se cuenta en c. 93, 94; pero la hazaña del ligurio, por grande que sea, apenas iguala la de Jonatán. No obstante, una historia es paralela a la otra.

surco, o, más probable, la mitad de la anchura que se ocuparía al arar un surco. En todo este tiempo era imposible determinar cuántos asaltantes secundaban a Jonatán y a su paje de armas, por la naturaleza del *terreno*. Esta dificultad también debía ser sentida con más intensidad todavía por los que estaban en el campamento y los más alejados, puesto que les resultaba absolutamente imposible inspeccionar las empinadas laderas de Bosés, o los bosques circundantes.

Pánico de los filisteos y su huida

El terror, probablemente comunicado por fugitivos, que naturalmente debieron exagerar el peligro, tal vez hablarían de un asalto generalizado, pronto se convirtió en pánico, o, como lo expresa el texto, en un «terror del Señor». En poco tiempo, el ejército se convirtió en una muchedumbre armada, huyendo ante un enemigo imaginario, y, en la confusión, la espada de cada uno de ellos se volvía contra su compañero. Al mismo tiempo, los asistentes hebreos, a quienes la cobardía o la fuerza había hecho quedar en el campamento filisteo, se volvieron contra ellos y el ruido y la confusión fueron indescriptibles.

Desde la cumbre de Guibeá, el puesto de avanzada, que Saúl había colocado allí, describieron la confusión del campamento filisteo. Sólo se podía dar una explicación. Cuando Saúl reunió a su pequeño ejército, vio que únicamente faltaban Jonatán y su paje de armas. Y el rey conocía bastante bien el espíritu de su hijo como para pensar que una empresa suya podía resultar imposible, por desesperada que pareciese. ¿Qué debía hacer él? Sólo se le ocurrió una cosa. Pediría consejo al Señor por medio de los bien conocidos Urim y Tumim.[7] Pero mientras se realizaban los preparativos, cesó la necesidad de su empleo. No fue una conmoción repentina, sino un pánico creciente lo que se observó entre los filisteos. Entonces Saúl y sus hombres, al acudir a la batalla, descubrieron que el enemigo había hecho su trabajo. Y entonces se convirtió en una derrota. Los hebreos del campamento filisteo se habían unido a los perseguidores, y, a medida que las conocidas notas de la trompeta despertaban los ecos del monte Efreín, los hombres escondidos salían de su escondrijo y se unían a la persecución. Y de este modo la marea de la batalla avanzó hasta Bet-avén.

Juramento apresurado de Saúl

Pero, aunque la batalla consistía básicamente en la persecución del enemigo fugitivo, los «hombres de Israel» ya «estaban en dificultad», o mejor «presionados», por el cansancio y el agotamiento. Porque ya de mañana, y en ausencia de Jonatán, Saúl había cedido a uno de sus impulsos característicos. Cuando se cercioró sobre el estado real de las cosas en relación con los filisteos, juramentó al pueblo –quienes asintieron con un «Amén», o con su silencio– a no probar comida hasta la noche, hasta que se hubiese vengado de sus enemigos. Huelga decir que Saúl lo hizo sin instrucciones divinas. Y lo que es más, cuesta encontrar algún motivo religioso en ello, a no ser que los enemigos de los que se quería vengar fuesen también los enemigos de Israel. Y a pesar de todo Saúl, sin duda alguna, pensaba que había algo religioso en este juramento apresurado. De todos modos, la manera con la que su resolución impetuosa era típica de oriente, y tenía unas características tales que podía fácilmente proceder de un israelita del tipo de Saúl. Por estúpido y equivocado que fuese el juramento Israel había dado su consentimiento, por lo menos mediante el silencio, y quedó como obligación para el pueblo. Aunque estaban desfalleciendo, nadie se atrevió a quebrantar el ayuno durante aquel día largo y agotador, en su persecución del enemigo hasta llegar a los alejados pasos occidentales de Ajalón que llevaban a las llanuras filisteas.

La «suerte» echada en Ajalón

Pero Jonatán no supo nada del juramento, hasta que se lo dijeron después que se detuviera en el bosque para mojar su vara con la miel que había caído de los panales de miel de abejas salvajes. Jonatán no era responsable moralmente de esta ofensa. Al considerar lo insignificante del alimento que le había ayudado en su cansancio, sólo podía deplorar la precipitación de su padre, cuyo voto, por la debilidad que comportaba para el pueblo, había derrotado el objetivo mismo que él buscaba. Finalmente cayó la noche en Ajalón, y al terminar el día acabó también la obligación del pueblo.

Cese de la guerra

Se detuvo la persecución; y el pueblo, voraces en busca de comida, mataron animales «en el suelo», abatiéndolos comiendo la carne sin tomar la precaución de sacar la sangre. Es cierto que cuando Saúl lo oyó reprochó al pueblo este pecado, y se apresuró a tomar los pasos adecuados para proporcionar un lugar adecuado para la matanza. No obstante la responsabilidad de la infracción de este explícito mandamiento divino (Lv. 19:26) recaía en justicia sobre el juramento apresurado de Saúl. Y la construcción de un altar memorial improvisado no podía modificar el carácter de lo que había sucedido aquel día.

Estaba cayendo la noche en Ajalón. El lugar, las circunstancias, su mismo voto, no podían hacer otra cosa que recordar a Saúl la historia de Josué, y su persecución de los enemigos de Israel (Jos. 10:12, 13). Su sugerencia de seguir a los filisteos fue aceptada de buen grado por el pueblo, que se había refrigerado y estaba deseoso de luchar. Pero los sacerdotes debían consultar antes a Dios. No vino ninguna respuesta por medio del Urim y Tumim. Debía haber alguna carga en Israel, y Saúl con su acostumbrada precipitación lo pondría a prueba para descubrir al culpable, al mismo tiempo que juraba por Jehová que debía ser vengado con la muerte, aunque se tratara de Jonatán, el vencedor del día, que «había hecho esta gran salvación en Israel», aquél «que había trabajado con Dios» aquel día. Pero el pueblo, que conocía muy bien lo que había hecho Jonatán, escuchó en silencio.

Debió ser una escena extraña cuando se reunieron alrededor de la hoguera del campamento, y las antorchas echaban su luz de lleno sobre aquellas personas cuyo destino iba a ser decidido por la suerte. Primero tenía que ser entre todo el pueblo de un lado y Saúl y Jonatán en el otro. Una breve invocación solemne y la suerte cayó sobre Saúl y su hijo. La segunda vez, señaló a Jonatán. Al ser preguntado por su padre, explicó lo que había hecho por ignorancia. No obstante Saúl persistió en que su juramento debía

7. Nuestro *textus receptus* actual contiene, en 1 Samuel 14:18, dos errores de copia. Uno está enmendado en nuestra versión Reina-Valera, que dice, «*con* los hijos de Israel», en vez de «*y* los hijos de Israel», como en el *textus receptus*, que no tiene ningún significado. El segundo error es enmendado en la LXX, que parece haber dispuesto del texto correcto, según el cual la palabra «Efod» debería ser substituida por «arca». Las letras de estas dos palabras se parecen mucho en hebreo y justifican un error del copista. El arca estaba en Kiriat Jearim, y tampoco fue llevada allí para cerciorarse de la voluntad de Dios.

ser cumplido. Pero esta vez el pueblo se interpuso. Aquél a quien Dios había reconocido, y que había salvado a Israel, no debía morir. Pero la persecución de los filisteos fue abandonada y la campaña se terminó abruptamente. Y así acabó con dolor y decepción lo que empezara con la desobediencia a Dios por propia voluntad y la falta de confianza en el Señor.

Capítulo 9
(1 Samuel 14:47-52; 15)

El éxito de la guerra contra los filisteos había asegurado el trono para Saúl.[1] En adelante su reinado estuvo lleno de guerras contra los diversos enemigos de Israel, en todas las cuales siempre salió victorioso.[2] Dichas expediciones sólo son indicadas, no descritas, en el texto sagrado, por no ser elementos constitutivos del reino de Dios, aunque contribuyeron a la prosperidad del estado judío. Sólo se cuenta por separado la guerra contra Amalec (cap. 15), tanto por su carácter como por su importancia para el reino que Dios iba a establecer en Israel. Junto con estos éxitos externos el texto sagrado también indica la aparente prosperidad de Saúl, por lo que a su vida familiar se refiere.[3] Parece como si intentara exponernos, en su gran contraste, estos dos factores: la prosperidad de Saúl tanto en su casa como fuera, y su repentina caída y rechazo, para poner en evidencia la gran verdad que toda la historia está desarrollando: Jehová reina.

Los enemigos más antiguos y hereditarios de Israel eran los amalecitas. Eran descendientes de Esaú (Gn. 36:12, 16; 1 Cr. 1:36; comp. Josefo, *Antig.* II., 1, 2), y ocupaban el territorio que estaba al sur y al suroeste de Palestina.

La guerra contra Amalec

Fueron los primeros en atacar a Israel en el desierto sin causa alguna[4] (Éx. 17:8, etc.), y la «guerra contra Amalec de generación en generación», había sido la sentencia divina sobre ellos. Además de aquel primer ataque sabemos que se habían aliado con los cananeos (Nm. 14:43-45), los moabitas (Jue. 3:12, 13), y los madianitas (Jue. 7:12) contra Israel. Todas las otras guerras más directas que realizaron no se mencionan en la Escritura, porque, como hemos observado en repetidas ocasiones, no es un registro de la historia nacional de Israel. Pero en 1 Samuel 15:33 deducimos que, en el tiempo sobre el cual estamos escribiendo, no sólo estaban en hostilidad abierta contra Israel, sino que actuaban también con una crueldad extrema y sin miramientos. La prohibición contra este enemigo hereditario del reino de Dios había sido pronunciada desde hacía mucho tiempo (Dt. 25:17-19). Ahora había llegado el momento de su ejecución, y Samuel convocó a Saúl de un modo altamente solemne para esta labor. Era de por sí una expedición difícil. Para realizarla en todo su alcance como una «prohibición», hubiese requerido, en el estado de Saúl, una abnegación propia y una devoción muy particulares. Mirándolo desde otro nivel del desarrollo moral y de dispensación religiosa, y en unas circunstancias tan diferentes que este tipo de cuestiones y deberes nunca pueden suscitarse,[5] y que parecen muy lejanas en el pasado, como el oscuro valle a los ojos del viajero que subido hasta la soleada cumbre, o como sucesos y fases en nuestra historia temprana, muchas cosas relacionadas con la «prohibición» pueden resultarnos misteriosas. Pero la historia delante de nosotros es muy útil para mostrar que, además de su significado directo como juicio, también tenía otro aspecto moral, implicando, como en el caso de Saúl, abnegación propia y real devoción a Dios. Bajo esta perspectiva, la orden para ejecutar la «prohibición» sobre Amalec era la segunda y final prueba de la adecuación de Saúl para ser rey sobre el pueblo de Dios. El carácter de este reino había sido explicado claramente por Samuel en Gilgal en su discurso al rey y al pueblo (1 S. 12:14, 20, 21, 24).

Desobediencia de Saúl y sus motivos

Evidentemente hay una relación interna entre la primera prueba de Saúl (1 S. 13:8-14) y la segunda y final. La primera manifestó su falta de fe e incluso de la más sencilla obediencia, y había sido una *prueba de sus cualidades morales para el reino.* Esta segunda prueba era una *prueba de sus cualidades como rey.* Del mismo modo que la primera prueba se desarrolló hasta llegar a la segunda, también la *falta* de calificación moral de parte de Saúl fue madurando hasta alcanzar la *descalificación* total; y como la primera prueba determinara el final de su línea, así la segunda decidió el suyo como rey. Después de la primera línea fue rechazado; después de la segunda su posición como rey teocrático cesó. Como rey designado por Dios fue rechazado; Jehová retiró su sanción dada anteriormente para su reino con la ayuda de Su poder y la Presencia de su Espíritu. Desde aquel momento «el Espíritu de Jehová se apartó de Saúl» (1 S. 16:14), y quedó, en el juicio de Dios, a merced de la influencia de aquel espíritu maligno para quien su disposición natural y las circunstancias de su posición le dejaban abierto de modo especial (comp. Mt. 12:43-45).

En vista de la gran prueba moral implicada en la expedición contra Amalec, Samuel tuvo el cuidado de dejar claro que el llamamiento para esa labor había llegado por autoridad divina, recordando al rey que le había enviado a él de modo parecido para ungirlo (1 S. 15:1). Por el hecho

1. Entendemos que éste es el significado de la expresión: «Así Saúl tomó el reino» (14:47).

2. El texto sagrado lo dice (vv. 47, 48): «y adondequiera que se volvía, era vencedor» –esta última palabra es usada en sentencias pronunciadas por un juez–, «y realizaba poder», es decir, demostraba poder.

3. Sólo se mencionan estos tres hijos cuya historia se identifica con la del propio Saúl, y que cayeron con él en la fatal batalla de Gilboa (31:2). «*Isví*» es evidentemente lo mismo que *Abinadab.* No nos aventuraremos con ninguna conjetura sobre el intercambio de estos dos nombres (comp. 1 Cr. 8:33; 9:39). En las genealogías de Crónicas, se menciona un cuarto hijo, *Es-báal,* quien evidentemente es el mismo que *Isboset.* Merab y Mical son introducidas en vistas a la historia posterior. Ewald manifiesta: «Con el capítulo 14 Saúl deja de ser el rey auténtico, en el sentido profético de la palabra. Así, la historia de su reino se cierra aquí con las anotaciones de costumbre».

4. Ver Libro II-Parte II, capítulo IX, de esta misma obra.

5. Esta adaptación de la ley a cada uno de los estados morales del hombre, junto con el avance continuo moral que la ley, como maestro, debía producir, y que a su vez se unía a la revelación progresiva, no nos permite juzgar la orden divina situándola en nuestro tiempo y como si se pudiese aplicar a nosotros. Si adelantamos las manecillas del tiempo y el reloj sigue indicando la hora antigua, no debemos suponer que el reloj no funciona bien, sino que nosotros lo hemos manipulado de modo inexperto. El principio por el que hemos contendido aquí lo establece claramente nuestro bendito Señor sobre el divorcio (Mt. 19:8), y queda también implícito en lo que San Pablo dice sobre la ley (Gá. 3:24). Todo este tema lo trata de forma muy admirable y exhaustiva Canon Mozley en su *Ruling Ideas in Early Ages, and their Relation to Old Testament Faith.* Ver en especial la Lecture VIII, sobre «The Law of Retaliation», y la Lecture X, «The End the Test of a Progressive Revelation».

de que Saúl parece haber salido contra Amalec sin tomar un ejército selecto, sino que convocó a todo el pueblo[6] para ejecutar la «prohibición», suponemos que había comprendido el carácter de su misión. Desde *Telaim* «el lugar de los corderos»[7] posiblemente en la parte oriental del sur del país, fue a la «ciudad de Amalec», cuyo nombre no es mencionado, donde «preparó una emboscada en el valle». Antes de continuar, consiguió ponerse en contacto con la rama de la tribu de los cineos que, desde tiempos antiguos, había mantenido relaciones amistosas con Israel[8] (Nm. 10:29; Jue. 1:16). En consecuencia se apartaron de los amalecitas. Luego empezó una matanza general, que es descrita como «desde Havilá» en el sureste, en las frontera de Arabia, hasta el desierto de Shur «por encima de», o al este de Egipto. Todo amalecita que cayó en sus manos fue destruido,[9] con la notable excepción de Agag,[10] su rey. Y al no ejecutar a él tampoco ejecutaron «lo mejor de las ovejas, y de los bueyes, y de los de la segunda clase,[11] y los corderos alimentados (en el desierto), y todo lo que era bueno». Los motivos de lo último se comprenden fácilmente; no tanto el perdón de Agag. ¿Querían poseer en su persona una garantía material de la conducta de Amalec? ¿O el hecho de llevar un cautivo como Agag alimentaba la vanidad nacional y real? ¿O deseaban en realidad una especie de alianza y fraternidad con lo que quedaba de Amalec? Todos estos motivos pudieron desempeñar su papel. Pero no cabe duda alguna sobre la naturaleza del hecho como una rebelión y desobediencia con respecto al mandamiento directo divino (15:3).

Si en el caso del primer fracaso resultaba difícil retener la compasión, por claro que fuera su pecado y su ineptitud para el reino teocrático, tampoco es fácil ni siquiera vislumbrar una excusa para este menosprecio gratuito de un mandamiento tan solemne como «la prohibición». Toda la historia judía, desde Acán en adelante, se levantó en testimonio contra él; ciertamente, al recordar su sugerencia de matar incluso a Jonatán, cuando había infringido sin saberlo el juramento apresurado de su padre, Saúl fue condenado por su propia boca. Tampoco había ningún motivo tangible para su conducta, ni nada noble o generoso sobre ello, o sobre su relación posterior con Samuel. Más bien todo lo contrario.

Samuel recibe la comisión de anunciar el rechazo de Saúl

Lo que sigue en el relato sagrado es trágico, solemne, e incluso terrible. La primera escena tiene lugar de noche en la casa de Samuel en Ramá. Es Dios quien habla al anciano vidente. «Me arrepiento de haber hecho rey a Saúl, porque se ha apartado de mí, y no ha ejecutado mi palabra» (lit., establecido). «Y se encendió en Samuel» (sentimiento intenso, ira), «y clamó a Jehová toda la noche».[12] Es uno de los pensamientos más solemnes, e incluso terribles –el del arrepentimiento de Dios, al que deberíamos acercarnos con reverencia de adoración. El arrepentimiento de Dios no es como el nuestro, porque «la fuerza de Israel no mentirá, no se arrepentirá; porque no es hombre para que se arrepienta». El arrepentimiento del hombre implica un cambio de mentalidad, el de Dios un cambio de circunstancia y relación. *Él* no ha cambiado, siempre es el mismo; el hombre ha cambiado en su posición con referencia a Dios. El Saúl a quien Dios hiciera rey no era el mismo Saúl a quien Dios se arrepintió de haber exaltado; las condiciones básicas de su relación habían cambiado. El arrepentimiento de Dios es su inmovilidad y el cambio de otros. El dedo divino siempre señala el mismo lugar; pero el hombre se ha apartado de él yendo al polo opuesto. Pero como en todo arrepentimiento hay dolor, también es así, dicho con reverencia, en el de Dios. Es el dolor de Dios de amor, al ver, sin haber cambiado ni cambiar, al pecador que se aparta de él. Pero, aunque no era totalmente inesperado, el anuncio de este cambio de parte de Saúl, y de su consiguiente rechazo, cayó como una tormenta terrible sobre Samuel, haciéndole temblar en su ser más interior. La grandeza del pecado, lo terrible del juicio, su aspecto público a los ojos de Israel, quienes conocían su llamamiento divino, y en cuya presencia Samuel, al actuar como mensajero divino, le había nombrado, todos estos pensamientos «encendieron en su interior» sentimientos difíciles de analizar, pero que le hicieron «clamar» toda la noche, por si acaso el Señor abría un camino de liberación o de perdón.

Con la luz de la mañana llegó la resolución tranquila y el terrible deber de ir en busca de Saúl en esta misión de Dios. Y el severo nazareno no intentó escapar de lo que esto implicaba, por mucho que tuviera que sufrir en consecuencia. Saúl había vuelto a Gilgal, como si en su capricho hubiese pretendido presentarse en el lugar de tantos recuerdos sagrados ante Dios cuyo mandato explícito había dejado de banda con tanta osadía. Por el camino se detuvo en Carmel,[13] donde «se erigió un monumento»[14] de su triunfo sobre Agag. Y entonces, cuando Samuel le salió al encuentro, se anticipó a sus preguntas afirmando haber ejecutado la instancia de Jehová. Pero el balido de las ovejas y el mugido de los bueyes traicionó su fracaso, y la excusa que presentó era tan claramente falsa,[15] que Samuel le interrumpió[16] para declarar el asunto llana y directamente sobre su cauce real: «¿No fue cuando eras pequeño en tus propios ojos que te convertiste en la cabeza de Israel?» –implicando la contraparte–: Ahora que te ves grande con tus propios ojos, eres rechazado, porque es Dios quien te designó, y tú te has rebelado contra él. Una vez más Saúl intentó encubrir su conducta simulando una mayor espiritualidad, cuando Samuel, con unas palabras que indican cuán profundamente

---

6. Así interpretamos las cifras (1 S. 15:4), que en caso diverso serían desproporcionadas.

7. Tal vez lo mismo que *Telem* (Jos. 15:24). Rashi dice que Saúl contó el pueblo haciendo que cada uno tomara un cordero, ya que era ilícito contar al pueblo directamente.

8. Otra ramificación de esta tribu era hostil contra Israel: comp. Nm. 24:21, etc.

9. Es evidente, no se trata literalmente de *todos* los amalecitas, sino todos los que cayeron en sus manos; comp. 27:8; 30:1; 2 S. 8:12; 1 Crónicas 4:43.

10. No es un nombre personal sino apelativo, como Faraón. Agag significa «ardiente».

11. La palabra debe traducirse así, o según algunos Rabinos, «animales de segundo nacimiento» (*animalia secundo partu edita*), que son considerados mejores que los del primero.

12. La distinción hecha generalmente, de que la expresión del v. 11 se utiliza *antropopáticamente* (ἀνθρωποπαθῶς), –según el sentimiento humano– mientras que la del v. 29 es θεοπρεπῶς (*theoprepos*, de acuerdo con la dignidad y el carácter de Dios), parece ser sólo parcialmente correcta. Es mejor la consideración de Theodoret: El arrepentimiento divino es un cambio de dispensación (una nueva disposición de su casa) –μεταμέλεια θεοῦ ἡ τῆς οἰκονομίας μεταβολή.

13. El Kurmul moderno, a tres horas al sur de Hebrón, el lugar de las posesiones de Nabal (25:2, 5, 7, 40).

14. El v. 12 se traduce erróneamente en algunas versiones: «se hizo un lugar». La palabra literalmente significa «una mano», y se usa de nuevo con el significado de monumento en 2 Samuel 18:18. Se han hallado monumentos fenicios que tienen *manos* encima.

15. Además de su falsedad evidente, Saúl, sin duda, sabía que todo lo que estaba prohibido pertenecía a Dios, por este mismo hecho (Lv. 27:29), y por lo tanto, no se lo podía ofrecer de nuevo (Dt. 13:16).

16. «Basta» (v. 16), es decir, «¡Para!, ¡Cesa!».

era entendida la adoración ritual incluso en el principio del Antiguo Testamento,[17] manifestó abiertamente la mezcla de insensatez y presunción del rey, y anunció el juicio que el Señor le había comunicado aquella noche. Y ahora el elemento doloroso de la escena va todavía más profundo. Si había existido insensatez, hipocresía y avaricia en las excusas de Saúl, también había una debilidad increíble en su intento de echar la culpa sobre el pueblo. Evidentemente la ansiedad principal de Saúl no era su pecado, sino sus consecuencias, o mejor dicho el efecto que produciría en el pueblo si Samuel le repudiaba en público. Le suplicó que le acompañara, y cuando Samuel se negó, y se volvió para irse, le asió con tanta fuerza por el manto, que éste se rasgó. Sin asustarse por la violencia del rey, Samuel sólo le indicó que lo considerara una señal de cómo Jehová le había rasgado el reino sacándoselo de sus manos.

Finalmente la escena dolorosa terminó. Saúl abandonó la pretensión de desear la presencia de Samuel por motivos religiosos, y la suplicó sobre la base de honrarlo delante de los ancianos de su pueblo. Ante esto Samuel accedió. No había habido una cuestión personal en todo lo sucedido, y Samuel tampoco había recibido indicaciones sobre el sucesor de Saúl, y tampoco hubiese fomentado, en ninguna circunstancia, el desacuerdo o la rebelión en el pueblo. Además, le quedaba otro trabajo por hacer, todavía más terrible, antes de que terminara aquel día de juicio. La breve ceremonia terminó, y Samuel se preparó para lo que debió ser el deber más duro que jamás se le impusiera.

Agag cortado en pedazos

Hizo traer a Agag a su presencia. El infeliz, creyendo que la amargura de la muerte, su peligro y dolor habían pasado y que ahora le presentaban el profeta como lo hicieran antes con el rey, vino «con gozo».[18] Por lo que al propio Agag se refería, las palabras de Samuel debieron recordarle su culpa y declarar su final: «Como tu espada ha dejado a mujeres sin hijos, así quede tu madre sin hijos por encima de las mujeres (comunes)».[19] Pero para Israel y su rey, que había transgredido la «prohibición» al perdonar a Agag, aún quedaba una lección por aprender, independientemente de lo que costara a Samuel. El pueblo y el rey rebeldes y desobedientes de un lado, y en el otro Samuel el profeta y nazareno sólo por Dios –así entendemos nosotros que Samuel tuviese que despedazar a Agag ante Jehová en Gilgal.

Desde aquel día Samuel no visitó más a Saúl. No se le concedió ya más el embajador de Dios; porque ya no era rey de Israel en el verdadero significado de la palabra. El Espíritu de Jehová se apartó de él. Desde entonces no había en él nada real ni siquiera ante los ojos de los hombres, excepto su muerte. Pero, a pesar de ello, Samuel estuvo en duelo por él y sobre él; en duelo como por un cortado de la vida, muerto en vida, un rey rechazado por Dios. Y a pesar de ello «Jehová se arrepintió de haber hecho rey sobre Israel a Saúl».

17. Resulta casi superfluo indicar que las palabras de Samuel (vv. 22, 23) *no* implican en modo alguno que los sacrificios no tuvieran una importancia primordial. Esto sería contrario, no sólo a su propia práctica, sino también a toda la dispensación del AT. Pero los sacrificios, sin la correspondiente actitud mental, y en rebelión contra Dios –religiosidad sin religión–, no eran sólo una *opus operatum*, sino una flagrante caricatura, básicamente pagana, no judía. Comp. Salmos 50:8-14; 51:17, 19; Isaías 1:11; Jeremías 6:20; Oseas 6:6; Miqueas 6:6-8.

18. Éste es el significado de esta palabra, y no «delicadamente» (comp. Pr. 29:21).

19. Algo más que las mujeres normales, o que la mayor parte de las mujeres, puesto que su hijo era rey de su pueblo.

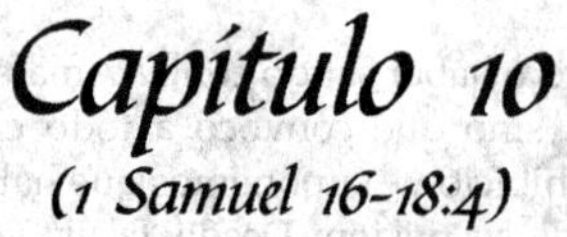

Capítulo 10
(1 Samuel 16-18:4)

Si los trágicos sucesos acabados de contar, y la parte que en ellos tenía Samuel, habían dejado en nuestra mente un sentimiento de severidad o imperiosidad del anciano profeta, el relato que sigue eliminará toda impresión errónea.

Samuel llora a Saúl

Muy lejos de sentirse tranquilo o satisfecho ante la nueva situación, que él mismo se vio obligado a producir, Samuel parece estar casi exclusivamente absorto de dolor por causa de la persona de Saúl, y por lo que había pasado; sin faltar, suponemos, la preocupación por las posibles consecuencias de su rechazo.[1] Se necesitaba la voz de Dios para recordar al profeta los intereses más amplios de la teocracia, y para tranquilizarlo en completa sumisión mostrándole que las dificultades que él previera ya habían sido respondidas. Ya se había decidido un nuevo rey, y se encargó a Samuel la responsabilidad de designarlo para aquel oficio.

Samuel enviado a casa de Isaí

En consecuencia, Samuel fue enviado a ungir a uno de los hijos de Isaí para que fuera el sucesor de Saúl. Desde el principio, y cada vez más progresivamente, el trabajo público de Samuel había sido difícil y con mucha prueba. Pero nunca antes su fe fue probada como en este caso. Aquél que nunca había tenido temor de enfrentarse al hombre, y quien tan recientemente había afrontado a Saúl en Gilgal, ahora habló como con temor por su vida, por si Saúl, quien sin duda ya estaba bajo la influencia del «espíritu malo», o mejor dicho el espíritu del mal, se enterara de lo que podría parecer un intento de destronarle. Pero, como siempre sucede en tales circunstancias, los temores, sugeridos por la debilidad, resultaron estar desprovistos de fundamento.

David es ungido

Como en el caso de Saúl, así fue con David, su ungimiento no sería seguido de consecuencias externas inmediatas. De ahí que no hubiese necesidad de publicidad; todo lo contrario, la intimidad cumplía muchos propósitos. El objetivo presente más importante parece ser un llamamiento solemne a David a prepararse por haber sido separado para una grande obra. Además, en vistas al significado de este símbolo y sus resultados con Saúl y David (1 S. 16:13), el ungimiento puede ser considerado como una ordenanza en relación con el don del Espíritu de Dios, que era el único que confería las cualidades para el trabajo. En vista de todo esto, Dios indicó a Samuel que combinara el ungimiento del hijo de Isaí con una ceremonia de sacrificios en Belén, la casa de Isaí. Sólo debía hacerse público el servicio abierto. Se nos ocurren varias razones para que la otra parte de la comisión de Samuel tuviese que permanecer en secreto, tal vez no comprendido totalmente por el propio Isaí, o incluso David.[2]

1. Calvino observa: «Aquí vemos al profeta afectado como los otros hombres. Al contemplar Samuel el vaso que había hecho la propia mano de Dios, roto y en añicos, se conmueve profundamente. Pero él no estaba del todo libre de pecado en el asunto; no es que el sentimiento fuese incorrecto, sino que era excesivo, y se excedió en la indulgencia en su dolor personal».

2. No hay un solo rasgo de prevaricación en el relato. Calvino y otros han prestado demasiada atención a los reparos que se refutan mejor con un estudio detallado del relato.

«Además de aquel primer ataque, sabemos que se habían aliado también contra Israel, con los cananeos, (Nm. 14:43-45), los moabitas (Jue. 3:12, 13), y los madianitas (Jue. 7:12). Todas las otras guerras más directas que realizaron no se mencionan en la Escritura, porque, como hemos indicado en repetidas ocasiones, su propósito no es el de ser un registro de la historia nacional de Israel. Pero de 1 Samuel 15:33 deducimos que, en el tiempo sobre el cual estamos escribiendo, no sólo estos pueblos estaban en hostilidad abierta contra Israel, sino que actuaban también con una crueldad extrema y sin miramientos».

Este busto esculpido representa a un rey amonita, pueblo enemigo a lo largo del tiempo de los israelitas y que frecuentemente se aliaba con otras naciones próximas, como los madianitas, para guerrear contra los judíos. (Colección Dayan)

El relato también nos da algunos trazos interesantes sobre la historia de esa época. Así, deducimos que Samuel solía visitar varios lugares de la tierra para hacer sacrificios o dar instrucción. Lo primero era lícito, siempre que el arca no se hallara en su santuario central.[3] Por otro lado, no necesitamos comentar la gran importancia de tales visitas periódicas del profeta en un tiempo cuando el conocimiento religioso era tan escaso y los medios de gracia tan ausentes. Nos ayuda a comprender cómo se pudo mantener la religión viva en la tierra. Además, el relato implica que la familia de Isaí debió ocupar un lugar importante en Belén y sus miembros eran conocidos como devotos al servicio del Señor. Y no cabe extrañarse de ello, si recordamos que eran descendientes inmediatos de Booz y Rut.

Al seguir a Samuel a Belén, parece como si notáramos la sencillez primitiva y la piedad de vida de antaño. Cuando los «ancianos» oyen que Samuel está llegando, salen a su encuentro, aunque temiendo que una visita inesperada significase algún pecado desconocido en su tranquilo pueblo. Dicho miedo queda cancelado con las explicaciones de Samuel, y reciben la invitación de presenciar el «sacrificio». Pero la subsiguiente comida del sacrificio debía ser limitada para Isaí y su familia, en cuya casa, suponemos, Samuel era bien recibido. Podría parecer que Samuel no era conocedor de todo lo que iba a pasar, reservándose el Señor para el momento adecuado el señalar a su siervo, el futuro rey de Israel. Y esto, según nos parece, se debía parcialmente al hecho de que el anciano profeta debía aprender algo en el asunto, o mejor dicho para desaprender lo que de las ideas de su tiempo y el pueblo le imputaban inconscientemente.

Todo ello se desprende del relato. Los hijos de Isaí fueron presentados a Samuel uno por uno. La belleza varonil del mayor, Eliab, y su puesto en la familia, hicieron pensar al profeta que se podía tratar del «ungido de Jehová». Pero Samuel tenía que aprender que el juicio de Jehová no era «como lo que el hombre ve» (mira), «porque el hombre mira a los ojos y Jehová mira al corazón».[4] Y los demás siguieron pasando con un resultado parecido. Evidentemente, Samuel debió haber dicho a Isaí que un miembro de su familia iba a ser escogido por Jehová aquel día, pero no parece que conocieran la finalidad de dicha elección.

Preparación de David para su cargo real

Ni Isaí ni siquiera David parecen haber comprendido lo que el rito de la unción implicaba. El profeta no pronunció palabras de solemne designación, como las de Samuel al ungir a Saúl (1 S. 10:1). Además, al ser Saúl el primer rey ungido, y al no haberlo presenciado nadie, podemos suponer que el pueblo desconocía tanto la ceremonia como su significado. Tanto Isaí como David pudieron considerarlo con cierta relación con la admisión a las escuelas de los profetas, o más probablemente en relación con alguna obra para Dios en el futuro, que a su debido tiempo les sería indicada.[5] Y en este sentido David también era una figura de nuestro Señor, cuya conciencia humana de su llamamiento y su obra parece haber sido, en cierto aspecto, progresiva; manifestándose gradualmente durante el curso de su historia.

3. Ver nuestra cita del *Misná* en el Libro 3-Parte II, cap. IX.
4. 1 Samuel 16:7, traducido literalmente.
5. Un conocimiento completo del acto de su unción para el reino es incompatible tanto con su posición posterior en la casa de su padre, como con la conducta de sus hermanos para con él. Suponemos que cada uno de los hermanos sólo pasó delante de Samuel, o le fue presentado, y luego se iba al no recibir el profeta ninguna instrucción sobre él.

Pero retomando nuestro tema, los siete hijos de Isaí ya habían pasado delante de Samuel de modo sucesivo, pero no se halló aquél a quien el profeta había sido enviado para ungir. No obstante su misión no había fracasado; sólo había aprendido a reconocer la soberanía de Dios, el fracaso de su propio juicio y el hecho de que él era sólo un instrumento pasivo para llevar a cabo, no sus propias opiniones, sino la voluntad del Señor. Porque todavía quedaba el más joven de la familia. A su padre le resultaba tan poco probable que el pequeño pudiese ser llamado para alguna gran obra, que le habían dejado en el campo cuidando de las ovejas. Pero cuando, por la orden de Samuel, llegó, su comportamiento y su aspecto parecían hablar a su favor. Según las palabras del texto, «era rojizo,[6] y de ojos claros, y de buen parecer». Y entonces la orden de ungirlo fue dada e inmediatamente obedecida sin cuestionar por Samuel.[7]

Una vez terminados el sacrificio y sus comidas, Samuel volvió a Ramá y David a su humilde ocupación en la casa de su padre. Aquí también tenemos el placer de descubrir señales de los pasos de nuestro Señor y vemos en la historia de David la misma humilde sumisión a un llamamiento humilde y el cumplimiento fiel de una labor poco considerada, y la misma sujeción a sus padres, como vemos con adoración en la vida de aquél que se humilló a sí mismo para venir a ser hijo de David. Pero a partir de aquel momento había una diferencia en la vida del hijo de Isaí. Desde el día de su unción, «el Espíritu de Jehová tomó a David», como lo hiciera antes con Saúl, para capacitarlo con poder y fuerza para la obra del «ungido de Dios». En cambio, de Saúl, que ya no era el rey designado por Dios, el Espíritu de Jehová se apartó, no sólo como fuente de poder y fuerza, sino aun como «el Espíritu de una mente sana». Cuando fue ungido, el Espíritu que recibió hizo de él «otro hombre» (1 S. 10:6, 10). Pero Saúl se había resistido y rebelado, y jamás se volvió arrepentido al Señor, dejando su orgullo y desobediencia.

El «espíritu malo de parte del Señor» sobre Saúl

Y ahora, el Espíritu de Dios no sólo se apartó de él, sino que en juicio Dios le envió un «espíritu malo», o mejor dicho «un espíritu del mal», para «aterrorizar»[8] a Saúl. No se trata de que Dios enviase un espíritu que era malo. Los ángeles que Dios envía son todos buenos, aunque su cometido sea en juicio el traernos el mal. Como alguien ha dicho con exactitud: «Dios envía buenos ángeles para castigar a hombres malos, mientras para castigar a los hombres buenos, los ángeles malos quieren el poder». El «espíritu malo»[9] enviado por Dios era el mensajero del mal que en el juicio divino iba a caer sobre Saúl, visiones de lo cual ya atemorizaban al rey, le llenaban de melancolía y le precipitaban al borde de la locura –pero no al arrepentimiento. Es así también como tenemos que entender que la música del arpa de David suavizara el espíritu de Saúl, mientras que los himnos que la acompañaban –tal vez algunos de sus primeros sal-

6. Versículo 12 literalmente. La expresión, «rojizo», o tal vez mejor, «pelirrojo», se refiere al color del pelo, que es poco común en Palestina.
7. Algunas versiones traducen así el versículo 13: «Y Samuel le ungió en medio de sus hermanos». Pero la palabra tanto puede significar «en medio» como «entre», en el sentido de «de entre». Siendo éste último evidentemente el que se aplica en este caso.
8. Traducción literal.
9. Comp. Delizsch, *Comm. ü. d. Psalter,* vol. 1., p. 601; Hofmann, *Schriftbeweis,* vol. I., pp. 188, 189. Si la expresión, «espíritu malo», hubiese sido escrita para que significara que se trataba de un espíritu malo de por sí, los siervos de Saúl difícilmente hubiesen hablado de él como lo hacen en 1 Samuel 16:15.

mos– presentaban palabras del cielo, pensamientos de misericordia, sonidos de otro mundo, para el alma atribulada del rey.

Sólo hubiese bastado su atención y entrega no temporal más real a la influencia de todo ello. Pero entonces era el antiguo Saúl, lógicamente destituido de la ayuda, la presencia y el Espíritu de Dios, y con todo su mal interior terriblemente intensificado por las circunstancias. Tenía todo el sentimiento de un hombre echado desde su elevada posición por su propio pecado, decepcionado en cuanto a sus esperanzas y su ambición, y temeroso de que en cualquier momento, la sentencia de su rechazo, pronunciada contra él, fuese ejecutada, y apareciera aquél que era «mejor» para recibir su reino. Y entonces un ángel del mal de parte del Señor le causaba temor con pensamientos y visiones de lo que iba a suceder. Porque el hombre nunca puede escapar de las influencias más elevadas. Como dice uno de los padres, «Cuando el Espíritu del Señor se aparta, un espíritu malo toma su lugar. Y esto debería enseñarnos a orar con David: "No saques a tu Espíritu Santo de mí"».

David enviado a la corte

Y no obstante, en la providencia de Dios obradora de maravillas, esta misma circunstancia condujo a David a avanzar hacia su destino. Evidentemente el retiro tranquilo de la vida del pastor era de una importancia primordial para él después de su unción. Podemos comprender los peligros –internos y externos– que hubiese significado su repentina introducción a la vida pública o su carrera apresurada hasta la fama. Por otro lado, las ocupaciones humildes, el retiro, pensar y la comunión solitaria con Dios podían desarrollar su vida interior de la mejor manera posible en una dependencia constante de Dios, e incluso hacer salir las energías y la confianza propia, que junto con las cualidades espirituales superiores, eran tan necesarias en su llamamiento posterior. Tampoco fue un tiempo perdido en cuanto a lo que se refiere a su influencia externa. Era entonces cuando el joven, ayudado por el Espíritu, obtuvo en el país vecino, y en la medida en que lo extendería un relato oriental, la reputación de «hombre poderoso, valiente y un hombre de guerra», cuando sin ayuda y desarmado, mataba «tanto al león como al oso» que habían atacado al rebaño que él cuidaba. Pero, ante todo, es precisamente en esta época de preparación espiritual en comunión solitaria con Dios cuando encontramos el primero de aquellos salmos que han hecho al «dulce cantor», en cierto modo, el «pastor» del Israel espiritual. Y aquí también deseamos relacionar las llanuras y los pastores de Belén, que oyeron a ángeles cantar himnos al nacimiento de nuestro querido Señor, con su gran antepasado y figura, y pensar cómo en esas mismas llanuras el pastor rey debió mirar a su rebaño en el silencio de la noche estrellada, y producir con acentos de alabanza lo que es la fe y la esperanza de la iglesia de todos los tiempos. Sin duda, el vecindario debió conocer este talento, aunque fuese visto sólo como un don mundano. Y así, cuando los cortesanos[10] de Saúl propusieron la música como el remedio bien conocido en la antigüedad para las perturbaciones mentales, tales como las que estaba sufriendo el rey por causa del «espíritu malo», uno de los sirvientes, probablemente procedente de la región cercana a Belén, pudo recomendar, por su conocimiento personal, a David como «que sabe tocar, ... que sabe hablar,[11] ... y Jehová está con él».

Estas palabras, aunque parecen haber sido pronunciadas de modo casual, fueron puestas en práctica inmediatamente y David fue enviado a Saúl. Llegó acompañado de los dones típicos que las costumbres primitivas de aquellos tiempos podían inspirar en Isaí como adecuados en un asunto real para un monarca. Y al presentarse ante Saúl con todo su frescor de juventud, con clara conciencia y con el vigor de una nueva vida ayudado por el Espíritu –el ideal de lo que Saúl hubiese podido llegar a ser, tal como él en estatura–, parece que el rey se encontró con su pasado y su propia persona mejorada. Y «el rey amó a David en gran manera», y le tomó para su servicio.[12] Y la bendición de Dios estaba sobre él, porque, cuando el rey oía, por así decirlo, el sonido de las alas del espíritu del mal y casi notaba la oscuridad producida por las mismas al rodearlo, entonces, al tocar la mano de David el arpa de la alabanza, y producía su melodía de fe y esperanza, parecía como si la luz del cielo se derramara sobre aquellas alas y el espíritu malo se apartaba de Saúl. Y así aprendemos una vez más la preciosa lección de cómo

«Dios en misterio se mueve
sus prodigios a realizar».

Si sólo se anunciase el resultado, lo que hubiese parecido imposible, y por lo tanto milagroso en su cumplimiento, tuvo lugar gracias a una cadena de acontecimientos, cada uno relacionado con el siguiente por una causa natural. En muchos casos, es precisamente esta naturalidad en lo sobrenatural lo que mejor demuestra que «Jehová reina». Lo que él promete en su gracia lo hace realidad en su providencia. Junto a la humildad interior y la fuerza en la dependencia del Señor, tal vez las lecciones más importantes que David podía aprender para su guía futura eran las que debió observar a diario en la corte de Saúl, aunque no formara parte de la misma, al ver todo lo que sucedía en el gobierno, teniendo una relación tan cercana y confidencial con el rey como para conocerlo todo –lo bueno y lo malo, el peligro y la dificultad– y al mismo tiempo totalmente independiente como para permanecer imparcial en su apreciación de las personas y juicio de las cosas.

Así fue pasando el tiempo. Pero en los intervalos de calma, cuando Saúl no necesitaba el ministerio de David, el joven betlemita debía volver a la casa de su padre y a sus humildes ocupaciones, para encontrar en su tranquilo retiro el descanso y la fuerza que necesitaba (1 S. 17:15). Pero de nuevo, la nube negra de la guerra se cernió sobre la tierra. Se trataba otra vez del enemigo heredado de Israel, los filisteos, quienes, probablemente impulsados por la noticia del estado de Saúl, se habían introducido en Judá hasta llegar a los alrededores de Belén.

Guerra con los filisteos

A unas diez millas al suroeste de aquella ciudad se hallaba Soco, la moderna Shuweikeh. Aquí un amplio uadi, o valle, que marca una corriente de agua, va hacia el norte hasta cerca de una hora de distancia. Se trata del moderno Uadi-es-Sumt, el valle de las acacias, el antiguo valle de Elá,

10. Algunas versiones traducen por «siervos» la palabra usada en 1 Samuel 16:15, 16, 17 y la del versículo 18. Pero el original denota que los primeros eran los cortesanos de Saúl, mientras que en el versículo 18 se trata de «un chico» –perteneciente a la clase de hombres siervos.

11. Versículo 18 traducido literalmente.

12. El texto dice que David fue nombrado «paje de armas» de Saúl. Probablemente el título era poco más que nominal. Sabemos que en las monarquías militares, como en la rusa por ejemplo, cada oficial civil tiene también un rango militar nominal.

o del terebinto. En la moderna Sakarieh, la antigua Shaarim, el uadi se divide, y va hacia Gat en el oeste y a Ecrón por el norte y pasa por el Uadi Surar. Soco y Efes-damim, la moderna Damum, a unas tres millas al nordeste de Soco, que tenían entre ellas el campamento filisteo, estaban en la ladera *sur* del uadi, mientras que Israel estaba acampado en la ladera *norte,* mediando entre ellos la profundidad del uadi. Pero el antiguo coraje de Israel inspirado por Dios ya no les empujaba. El Espíritu de Dios se había separado de su líder, y los seguidores de éste parecían participar de la depresión que la consciencia de este hecho podía provocar. En ese tipo de guerra, y en especial en oriente, todo se basaba en la decisión y la valentía. Pero la incredulidad crea cobardes, y Saúl y su ejército se contentaban con mantener una posición meramente defensiva, sin aventurarse a atacar a sus enemigos. Día tras día los dos ejércitos se reunían en las laderas opuestas, simplemente para presenciar lo que para Israel era más que humillación, incluso un claro desafío a su poder para resistir la fuerza de Filistea, por implicación, un desafío al pueblo del pacto como tal, y de Jehová, el Dios del pacto, y un desafío a luchar entre la fuerza de la carne y el poder en el Espíritu. Y, verdaderamente, Israel, bajo el liderazgo de un Saúl, estaba mal preparado para tal batalla. Pero también en este mismo punto yace la importancia del desafío filisteo, y la razón del modo en que David se lo toma, junto con su victoria. No nos excedemos al afirmar que este acontecimiento era un punto clave en la historia de la teocracia, y señalaba a David como el verdadero rey de Israel, dispuesto a enfrentar el desafío de los filisteos hacia Dios y su pueblo, para encender en Israel un nuevo espíritu, y en el poder del Dios vivo, dar la victoria al enfrentamiento.

Durante cuarenta días consecutivos, mientras las dos fuerzas se mantenían en orden de batalla en posiciones enfrentadas, Goliat de Gat –descendiente de aquellos gigantes que fueron dejados en tiempos de Josué (Jos. 11:21, 22)– salió de las filas de los filisteos para desafiar a algún campeón de Israel a un combate uno a uno, el cual iba a decidir el destino de la campaña, y la sujeción de Israel o de los filisteos. Tales desafíos eran comunes en la antigüedad. Pero se evidenciaba un estado deplorable cuando podía ser lanzado sin ser respondido, un «vituperio» lleno de temor cuando un «filisteo incircunciso» podía «desafiar a los ejércitos del Dios vivo» de este modo (1 S. 17:8-10, 26, 36). Pese a ello, cuando Goliat salía de las filas de su campamento y «descendía» (v. 8) al valle que separaba a los dos ejércitos, y movía su mano en son de burla del alto cielo y de Israel, ni siquiera uno osó responder. Finalmente el filisteo, cada vez más atrevido, empezó a cruzar el uadi, y «subió» por las laderas hacia el lugar de Israel (v. 25), hasta que, al verle, ellos «huyeron» y «estaban aterrorizados». Porque, cuando faltaba el sentido real de la presencia de Dios, la batalla parecería simplemente una oposición de fuerzas. El aspecto y la actitud del filisteo era lo suficiente fuerte como para aterrorizar a aquellos orientales. Con su estatura de casi tres metros,[13] cubierto con una cota por delante y por detrás de malla de bronce, consistente en escamas superpuestas, muy usadas en tiempos antiguos,[14] pero que pesaban nada más que unas ciento cincuenta y siete libras.[15] La armadura, sin duda, le llegaba hasta las piernas, que estaban protegidas por unas «grebas de bronce», mientras que un casco del mismo material le defendía la cabeza. Como armas de ataque llevaba, además de la espada con la cual se ceñía (versículo 51; 21:9), una enorme jabalina[16] de bronce, que, de acuerdo con la costumbre de los antiguos soldados, SE llevaba sobre la espalda, y una lanza, cuya punta de metal pesaba unas diecisiete o dieciocho libras.

Tal era la escena que David contempló cuando fue enviado por su padre al ejército para preguntar sobre el estado de sus tres hermanos mayores,[17] que habían seguido a Saúl en la guerra, y al mismo tiempo, de acuerdo con la costumbre oriental, llevar provisiones para ellos y un regalo de productos lácteos[18] para sus comandantes. La descripción de lo que sigue es tan viva que casi vemos la escena. Todos los detalles son completamente orientales en su definición y perfectamente escriturales en su espíritu. David, que nunca estuvo permanentemente al servicio de Saúl, al empezar la guerra, volvió a su casa. Al llegar a las trincheras que rodeaban el campamento, para delimitarlo y defenderlo al mismo tiempo, el ejército de Israel estaba siendo dispuesto en orden de batalla contra el de los filisteos, que estaba en el monte opuesto. Siguiendo la auténtica costumbre oriental, alzaban un grito de desafío sin atreverse a atacar. David dejó el equipaje con el guardián del mismo y corrió a las filas más avanzadas, donde, como ya sabía, debía estar la posición de Judá, y por tanto de sus hermanos (Nm. 2:3; 10:14). Mientras hablaba con ellos, se repitió la escena antes descrita. Al acercarse más y más Goliat, el orden de batalla se rompió ante él. Resulta bastante característico que estos israelitas amedrentados intentasen animarse unos a otros con el insulto hecho contra Israel y las recompensas prometidas por Saúl para el campeón victorioso de su pueblo. También es bastante típica, por lo que de él conocemos, la actitud de David. No es preciso eliminar del relato los elementos personales, como podemos llamarlos, en la conducta de David. Dios llama a motivos exteriores, incluso en lo más elevado –como en la pérdida o ganancia de nuestras almas–, y el relato de lo que iba a suceder a quien consiguiera la liberación de Israel podía animar fácilmente a un espíritu aún menos ardiente que el de David a satisfacer la gran necesidad de Israel. Pero lo que distinguía en verdad a David –que debía conocer demasiado bien a Saúl como para esperar un cumplimiento literal de sus promesas–, era la respuesta espiritual al desafío del filisteo que brotó de su boca sin haberle sido ordenado (v. 26), y que, cuando llegase la hora de la acción personal, sería una profunda realidad a la que podía apelar confiadamente (vv. 36, 37). En verdad parece que respiramos una atmósfera distinta en el campamento de Israel de lo que se hacía hasta el momento; y tampoco podía haber empezado mejor la carrera pública de aquél que iba a pastorear a Israel según la integridad de su corazón, y guiarlo «con la habilidad de sus manos» (Sal. 78:70-72).

Y aquí nos hallamos ante un nuevo ejemplo del carácter figurativo de la historia de David. Como «los hermanos» y

13. Esta medida es aproximada, pues no estamos muy seguros de las medidas y los pesos hebreos. Plinio cita a un gigante árabe que medía exactamente lo mismo que Goliat, y un hombre y una mujer de la época de Augusto que eran incluso mucho más altos (*Hist. Nat.*, VII. 16). Josefo habla de un judío que era incluso más alto (*Ant.*, XVIII, 4, 5); y Keil refiere la historia de un gigante de unas proporciones parecidas que visitó Berlín en 1859. La LXX, no obstante, cambia la medida de seis a cuatro codos.

14. En el Museo Británico hay un coselete de este tipo que pertenece a Ramsés III.

15. Un coselete medieval conservado en Dresden pesa más de un tercio del de Goliat, lo cual parece proporcional a su estatura.

16. Éste es el significado de la palabra, y no «objetivo», como en algunas versiones.

17. La expresión, v. 18, «tomarles una prenda» no ha de ser tomada literalmente, como hace la mayor parte de comentaristas, sino que debe ser una expresión figurativa para retornarles la seguridad de su bienestar.

18. «Diez quesos», o más bien, «pedazos de cuajada de leche»; posiblemente parecido a nuestro queso crema.

familiares cercanos de nuestro bendito Señor no comprendieron sus motivos, y no pudieron entrar en el espíritu de su obra, también actuó así Eliab, al atribuir a David una ambición insatisfecha que no sabía contentarse con ocupaciones humildes, y al tildar su valor y confianza inspirados por Dios de carnales, y el gusto por la guerra y la sangre sin razón (v. 28). Pero era demasiado tarde para detener a David con tales objeciones. Dejándolas de lado, como si considerase al hombre un ofensor por una palabra, pero sin vengarse, acusó a Eliab de su propia falta de caridad, su mundanalidad e incredulidad, y David se fue para repetir sus preguntas. Pronto llegaron al rey noticias del joven campeón, que alzó una bandera diferente contra los filisteos de la que izara Saúl. En la subsiguiente entrevista, el rey dijo al pastor que pensara en su juventud y falta de experiencia en combates con guerreros como Goliat. No obstante, parece hablar como alguien medio convencido por la actitud y las palabras de este extraño campeón, y le permitió persuadirlo fácilmente; no tanto, suponemos, por el relato de sus proezas y éxitos en el pasado como por el tono de seguridad espiritual y confianza en el Dios de Israel con el que hablaba.

Una vez más los pensamientos sobre el pasado debieron invadir la mente de Saúl. Había algo en el lenguaje de aquel joven que recordaba la fuerza de Israel, que parecía el alba de una nueva mañana, como una voz de otro mundo. Pero si iba a ir al combate, debía ser al menos del modo que a Saúl parecía más adecuado y prometedor –con la armadura del propio rey–, como si todo el significado de la conducta de David –del combate y la victoria– no hubiese indicado unos derroteros muy distintos; es decir, una ineptitud confesada de todos los medios sólo humanos para cualquier combate de aquel tipo, y el hecho de que la victoria contra Goliat debía aparecer como la liberación del Señor, conseguida por medio de la fe de una dependencia personal, operante y consciente en él. Y así, la armadura de Saúl debía ser dejada a un lado como la que no había sido «aprobada» en un combate como ése, la cual el campeón del Señor nunca había probado en semejantes encuentros–y la cual nunca probaría. Es ésta una lección profunda para la iglesia y para el creyente individual, y tiene variadas aplicaciones, no sólo espiritualmente, sino incluso intelectualmente. Nuestro primer requisito es ser espirituales; el siguiente sinceros y verdaderos, sin intentar vestirnos con las armas de otro.

Al cabo de unas pocas pinceladas, termina el relato. Goliat, evidentemente, se había retirado de nuevo a las filas filisteas, satisfecho, porque, como anteriormente, su desafío no había sido respondido. Y ahora la noticia de que un campeón de Israel estaba dispuesto para el encuentro le hizo salir de nuevo.

Combate entre David y Goliat

Mientras él avanzaba, David no esperó hasta que cruzara el uadi y subiera por la ladera donde estaba el campamento de Israel, sino que se apresuró y tomó cinco piedras del seco lecho del río en el valle. Y entonces el filisteo tenía el tiempo necesario, según creía él, de medir el potencial de su contrincante. Simplemente un joven pastor, rubio y corpulento, saliendo a su encuentro con su indumentaria de pastor, como si él fuera un perro. ¿Era ése, pues, el campeón de Israel? Siguiendo la típica costumbre oriental, se adelantó alardeando de su velocidad y su fácil victoria; con un verdadero espíritu pagano siguió maldiciendo y blasfemando sobre el Dios en cuyo nombre David estaba a punto de luchar. Pero David también tenía que hablar. A la confianza carnal en su propia fuerza expresada por Goliat, David respondió con el nombre –es decir, la manifestación– de *Jehová Zevaot*, el Dios de los ejércitos del cielo, también el Dios de los ejércitos de Israel. Ese Dios, contra quien Goliat había blasfemado y proferido su desafío, iba a responder. Iba a luchar y entregar al gigante en la mano de uno tan desventajado para semejante combate como lo era un pastor desarmado. Así «toda la tierra» –todas las naciones gentiles– vería que había Dios en Israel; y así también «toda esta asamblea» (los *kahal*, los llamados) –todo Israel– iba a aprender aquella lección olvidada desde hacía demasiado tiempo, la cual tenía que subyacer a toda su historia, que «no por espada o lanza, dice Jehová: porque de Jehová es la guerra, y él te entrega en nuestras manos».

Las palabras terminaron. El gigante filisteo avanzó a lo que parecía una victoria fácil. No había desenvainado la espada, ni, según parece, cerrado el visor del casco, porque ¿no estaba su contrincante desarmado? Un golpe certero de su lanza le dejaría en el suelo sangrando. El pastor corrió velozmente a su encuentro. Una piedra lanzada con su honda con buena puntería fue suficiente para que la figura gigantesca del filisteo, atrapado en su rígida armadura, tocado de muerte, cayera pesadamente en el suelo y se quedara tendido incapaz de escapar ante sus desanimados conciudadanos, mientras el desarmado David, desenvainando la espada de su contrincante, cortó su cabeza y volvió al rey con su cruento trofeo. Todo ello seguramente en menos tiempo de lo que nos ha costado escribir su descripción. Y entonces el desánimo generalizado se apoderó de los filisteos. Al caer con tanta rapidez su gran campeón y su orgullo, huyeron en un desorden total. Resultó ser cierto, pues, que había Dios en Israel. Era cierto que la guerra era de Jehová y que les había entregado en la mano de Israel. Israel y Judá alzaron su voz en un clamor y persiguieron a los filisteos: subieron por el barranco, cruzaron el uadi, hasta Saaráyim, y más allá, a las puertas de Gat, y ascendieron por el otro lado hasta Ecrón.

Amistad de David y Jonatán

Pero mientras el pueblo volvía para tomar los despojos de las tiendas de los filisteos, David refirió modestamente lo sucedido al celoso rey y a su general en jefe; se ganó el corazón generoso de Jonatán y fue a colocar la armadura del filisteo en su casa como su parte del botín. Pero la cabeza del filisteo la colgó en las puertas de Jerusalén, justo a la vista del fuerte que todavía tenían en la tierra los paganos jebuseos.[19]

---

19. El texto, tal como está, es un poco difícil. No se puede dudar de que el relato sea estrictamente histórico. Por otro lado, los vv. 12-14, y aún más los vv. 55-58, parecen indicar que el escritor había inserido esta parte de su relato desde otra fuente, tal vez de una crónica especial del acontecimiento. Los de la LXX solucionan el problema simplemente omitiendo los vv. 12-31, y también los vv. 55-58; es decir, claramente tratan esta parte como una interpolación; y debemos confesar que el relato se lee más fácilmente sin ella. Pero, no obstante, por otro lado, si estos versos han sido interpolados, ha sido hecho de un modo muy torpe; y no resulta fácil ver cómo un interpolador no viera inmediatamente las dificultades creadas, en especial con los vv. 55-58. Además, el relato, en los vv. 12-31, no sólo encaja muy bien con el resto de la narración –exceptuando algunas de las expresiones de los vv. 12-14– sino que también lleva la huella evidente de la veracidad. El modo drástico con el que los de la LXX trataron este texto, en una época tan temprana como era dos siglos antes de Cristo, por lo menos demuestra que, incluso en aquella época, existían serias dudas sobre la autenticidad del texto. Todo esto nos lleva a la sugerencia de que en algún modo el texto se debe haber corrompido, y que los copistas posteriores intentaron aplicar sus enmiendas y adiciones, eliminando dificultades, que, como cabe esperar en semejante caso, sólo podían aumentarlas. En general, pues, nos inclinamos a pensar que, aunque el relato en sí es estrictamente auténtico, el texto, tal como lo tenemos nosotros, ha sido corrompido en algunas expresiones, sobre todo en los versículos que terminan el capítulo. Al mismo tiempo debe añadirse que su exactitud ha sido defendida por críticos muy capacitados.

2 De David a Salomón

Capítulo 11

(1 Samuel 18:4-20)

La amistad entre Jonatán y David, que empezó en los tiempos de la victoria sobre Goliat, y la actitud humilde y sincera del joven conquistador es el foco de luz en una historia que cada vez es más oscura a medida que avanza. Podemos imaginar cómo un espíritu tan generoso como el de Jonatán podía ser atraído por aquel joven valiente y sincero, tan libre de toda conciencia propia o de interés propio, que debería parecer la personalización del verdadero valor y la piedad israelitas. También podemos percibir cómo la gratitud y la admiración de una nobleza de espíritu semejante pudiese encender en el corazón de David un afecto casi femenino en su ternura. La historia antigua recoge numerosos ejemplos de tal amor entre héroes, ratificado como éste por un «pacto», y demostrado con los regalos que Jonatán da a David, su «manto», su «coraza»,[1] e incluso sus armas, pero ninguno de ellos incluye, como en este caso, un elemento tan elevado y puro, o compenetrado con los más altos sentimientos de verdadera piedad.

No cabe duda alguna de que esta amistad fue uno de los elementos que ayudó a David a mantener su fidelidad a Saúl, que a su vez fue la gran característica de su conducta precisamente en el período de importante prueba que iba a seguir. Cómo manifestaron estas pruebas su fe y consecuentemente su paciencia, o cómo le acercaron a Dios, maduraron su vida interior y le prepararon para su llamamiento real, se verá con más claridad con una comparación de los salmos de esta época. Los acontecimientos, según se recogen en el texto sagrado, no se nos dan en un orden cronológico estricto, sino más bien en el de su relación interna. Según nos parece comprender, después de su victoria contra Goliat, David fue usado por Saúl de manera permanente. Esto y su éxito general[2] en todas sus empresas, como también su prudencia y modestia, que, por lo menos durante el primer período, desarmó incluso las envidias de los cortesanos de Saúl, se indica de modo general en 1 Samuel 18:5. Pero las cosas no podían avanzar en paz mucho más. Al regreso del ejército de la persecución de los filisteos, los conquistadores, según la costumbre de aquella época, fueron saludados en todas las ciudades por las que pasaron por corales de mujeres, que, con danzas de mímica, cantaban antifónicamente[3] las alabanzas de los héroes, y les atribuían la victoria sobre miles a Saúl, y sobre decenas de miles a David. Era bastante típico del pueblo, y no implicaba ninguna preferencia consciente por David, y mucho menos algún peligro para el trono de Saúl. Pero fue suficiente para encender en Saúl una profunda envidia vengativa.

Celos de Saúl y sus ataques contra la vida de David

Siguiendo lo que el espíritu del mal enviado por el Señor le había manifestado como su propio destino, cerrado como estaba en su solemne rechazo del reino y el consciente abandono del Espíritu de Dios, la alabanza popular parecía indicar que David era un rival. Y cada nuevo éxito de David, como prueba de la ayuda manifiesta de Dios, y cada fracaso en sus propios intentos para librarse de dicho rival, sólo podían profundizar y hacer volver más amargo su sentimiento, y le hacían avanzar, paso a paso, hasta que las pasiones asesinas tomaron mayor cuerpo, y convirtieron al rey no sólo en una persona que se olvidaba de Jehová, y de lo que era su propósito, sino que tampoco retenía ninguna contemplación en cuanto a los medios que usaba. Así, las oscuras pasiones de Saúl se concentraron en el único pensamiento del asesinato.

Pero en realidad estaba luchando contra Jehová y no contra David. Así, en realidad, todo pecado es en ultranza contra el Señor, tan amarga es la raíz del propio ego; y tan terrible el poder del mal en su fuerza en constante aumento, hasta que echa fuera todo temor de Dios o preocupación por el hombre. Así de cierto es, pues, que «el que odia a su hermano es asesino», de corazón y en principio. Por otro lado, estos constantes atentados no provocados a la vida de David, independientemente de los medios usados, hasta que al final todas las fuerzas del reino se usaban sólo para ir a la caza de un fugitivo inocente, cuyo único crimen era tener a Dios de su parte, y haber luchado con éxito por la causa de Israel, debieron tener un efecto muy negativo en el pueblo. Debieron convencer a todos de que el que entonces ocupaba el trono no era apto para ello, mientras que al mismo tiempo sólo podían desmoralizar al pueblo con referencia a sus enemigos reales, y producían así precisamente los resultados que Saúl tanto temía.

Merece la pena hacer mención especial del hecho que los atentados de Saúl a la vida de David nunca se atribuyen en el texto sagrado a la influencia del espíritu del mal enviado por el Señor, aunque sin duda fueron realizados cuando dicho espíritu estaba sobre él. Porque Dios nunca tienta al hombre a pecado, sino que éste peca cuando es llevado por su propia pasión y atraído por la misma. Si se necesita alguna prueba de que el espíritu enviado por Dios no era malo en sí, se verá en esto, que mientras que anteriormente la música de David era capaz de suavizar al rey, dicho poder se perdió cuando Saúl dejó libre vía al pecado. En la primera ocasión de este tipo, Saúl, en un ataque maníaco,[4] dispuso[5] dos veces contra David la jabalina, que, como símbolo de realeza, tenía a su lado (como el cetro

---

1. Se usa la misma palabra en 1 Samuel 17:38, 39; Jueces 3:16; 2 Samuel 20:8. Pero no veo cómo puede incluir «la espada, el arco y el cinturón» (como en *The Speaker's Commentary*, vol. II., p. 325). Estos tres elementos están manifiestamente relacionados con ello por la triple repetición de la expresión, «incluso».

2. La expresión de algunas versiones, «se comportó sabiamente», incluye tanto la habilidad como el éxito.

3. En el v. 6 vemos que fueron a ver a Saúl «con panderos, con gozo (es decir, con cantos de gozo), y con triángulos». La escena es viva y concuerda con las verdaderas costumbres de aquel tiempo.

4. Algunas versiones traducen así el v. 10: «y profetizó en medio de la casa» y esta palabra indudablemente significa esto. Pero en este ejemplo no se refiere a la «profecía», sino al estado de éxtasis que a menudo la acompañaba, incluso con los profetas falsos: comp. 1 Reyes 22:22; Hechos 16:16; 19:15. Saúl se hallaba en un estado de éxtasis maníaco.

5. Parece ser que Saúl no llegó a lanzar la jabalina, como en 19:10.

moderno); y dos veces «David se apartó (volvió) de su presencia».[6] El fracaso de este propósito servía únicamente para fortalecer la convicción del rey que le había abandonado a él pero estaba con David. No obstante, el resultado no era arrepentimiento, sino un sentimiento de temor, por el que sacó a David de su presencia, ya sea para liberarse de la tentación de asesinarlo, ya sea con la esperanza, la cual casi no se atrevía a confesársela a sí mismo, que, siendo David promocionado al mando de mil hombres, muriera en un ataque con los filisteos. El texto denota ligeramente cómo también este intento fracasó, o mejor dicho, ocurrió de modo contrario a los deseos de Saúl.

Con una buena introducción en el modo de operar de tal mentalidad, el relato sigue con el desarrollo posterior de esta historia. Tal vez para comprobar si todavía acariciaba deseos ambiciosos, pero con el deseo consciente de librarse del temido rival, Saúl en esta ocasión propuso cumplir su promesa original para el conquistador de Goliat, dando a David su hija mayor, Merab, por esposa, al mismo tiempo que expresaba su ansiedad para que su futuro yerno luchara «en las batallas de Jehová». La respuesta recibida debió convencerlo de que David no poseía opiniones elevadas en la vida.[7] Huelga preguntar por qué Saúl ante este hecho transfirió tan rápidamente a Merab a alguien[8] que no se conoce en ningún otro lugar en la historia.

David se casa con Mical

El afecto de Mical, la hija menor de Saúl, por David, permitía a Saúl disponer de mayores elementos para poner a prueba las opiniones de David, y acercarle a algún tipo de destrucción. El plan fue diseñado de modo inteligente. Enseñado por la experiencia, David no prestó más atención a la propuesta del rey sobre semejante alianza.[9] Ante ello los cortesanos recibieron instrucciones secretas de mostrar un aspecto deslumbrante a la perspectiva de llegar a ser el yerno del rey. Pero el anzuelo se dispuso de modo demasiado torpe, o más bien no logró prender la integridad de David. A continuación no sólo una sugerencia, sino una propuesta definitiva por medio de los cortesanos, de dar al rey como dote dentro de un límite de tiempo especificado, una muestra de que habían caído no menos de cien paganos en las «batallas del Señor». La primera exhortación a la lucha no había obtenido la destrucción de David, una exigencia más definitiva que ésta podría implicar una lucha personal, en la que, según imaginaba Saúl, toda posibilidad de fuga de David quedaba perdida. Mas el rey fue burlado una vez más. David, que diligentemente aceptó una propuesta que estaba tan de acuerdo con la línea general de su vida, cumplió por duplicado los requerimientos del rey incluso con menos tiempo de lo que se determinara, y Mical fue su esposa.

Y la historia prosigue cada vez más negra. Ya hemos notado el progreso del pensamiento asesino de la mente del rey, desde el repentino ataque frenético hasta el casi inconfesado deseo de la muerte de su víctima, para planear la exposición de su vida al peligro mortal, y finalmente con un plan deliberado de destrucción. Pero ahora toda restricción había sido probada. Hiciera lo que hiciese, David prosperaba, y todo lo que Saúl había intentado sólo había redundado en el provecho del hijo de Isaí. Ya era el yerno del rey; Mical le había entregado todo su corazón; el suceso constante había acompañado las expediciones contra los paganos que habían sido ideadas para su destrucción; y además, como cabe esperar en dichas circunstancias, había alcanzado la cumbre de la popularidad.

Maduración de los propósitos asesinos de Saúl

Ahora el rey empezó a idear algo oscuro en su corazón, la sombra de lo cual caía sobre cualquier otra consideración. David debía ser asesinado. Saúl no podía esconderse más a sí mismo su propósito, ni ocultarlo a los demás. Hablaba de ello abiertamente, incluso con Jonatán y con todos los que estaban a su alrededor. La situación se volvió tan alarmante que el mismo Jonatán sintió la necesidad de advertir a David, quién, en su integridad de conciencia, parecía no sospechar del verdadero peligro. No obstante Jonatán mismo difícilmente creyera que el estado de ánimo de su padre era sólo el resultado de aquella terrible enfermedad que sufría como una víctima. En consecuencia, casi al oír sobre David, que se había acercado secretamente, apeló a su padre, y ello con un lenguaje tan descriptivo y franco, que el mismo rey fue conmovido por un tiempo. Así pues, había sido sólo el frenesí, un estallido momentáneo, pero no el propósito real del corazón del rey, y David volvió a la corte.

La esperanza fue en vano. El siguiente éxito contra los filisteos renovó la llama de las malvadas pasiones del rey. Una vez más, al ceder al pecado, el espíritu del mal le fue enviado en juicio –esta vez de parte de Jehová. Cuando Saúl oyó el rumor de las oscuras alas a su alrededor, no fue invadido por un frenesí repentino, sino que intentó el asesinato deliberado. ¡Qué contraste! David con el arpa en su mano, y Saúl con la lanza; David acariciando las cuerdas para hacer llegar la melodía divina al alma del rey, y el rey lanzándole la jabalina con toda su fuerza, de modo que, al errar su objetivo, se clavó en la pared donde David había estado sentado. Mientras David escapó y se fue a su casa, según parece, reticente a creer en el propósito deliberado de asesinato del rey.

Fue la propia hija de Saúl quien tuvo que hacer comprender a su marido el terrible hecho del crimen planeado por su propio padre y sobre la necesidad de huir inmediatamente, y con un amor y una sagacidad femeninas le ayudó para que lo último fuese posible. El gran peligro, las redes muy bien dispuestas a su alrededor que por poco no le cazaron, pero principalmente los sentimientos de David y su esperanza en aquella hora de supremo peligro: todo ello, y mucho más para la enseñanza de la iglesia de todas las edades, lo descubrimos en lo que él mismo nos cuenta en su Salmo cincuenta y nueve.[10]

El peligro había pasado; y mientras los sirvientes de Saúl –aunque pertenecientes nominalmente a Israel, en su

6. Traducción literal. Algunas versiones dan la impresión de que David había salido de la presencia de Saúl.

7. La expresión del versículo 18, «mi vida», probablemente significa mi status en la vida. La traducción que algunos proponen, «mi pueblo», no tiene fundamento lingüístico alguno e implica una repetición inútil.

8. La sugerencia de Keil, que se debía a la falta de afecto de parte de ella, es tan arbitraria como la de una gran dote de parte de Adriel (en *The Speaker's Commentary*).

9. El versículo 21 probablemente se debería traducir: «Este día serás mi yerno de un segundo (distinto) modo»; o también, vendrás a serlo «por segunda vez».

10. Por razones de espacio no podemos no solamente analizar el salmo, sino incluso una traducción literal del mismo. Los que puedan acceder a ella encontrarán gran ayuda en la obra del profesor Delitzsch, *Commentary on the Psalms* (Ed. alemana, vol. I., pp. 441-448); traducido en la *Foreign Theological Library* de Clark.

corazón y propósito, y en su retribución final, «paganos» (Sal. 59:6, 8)– merodeaban por la ciudad en su terrible guardia asesina, «gruñendo» como perros que no se atreven a ladrar para no revelar su presencia, y esperando a que el alba les trajera su víctima, atraído a la seguridad, al alcance de sus dientes, Mical acompañaba la fuga de su marido por la ventana –probablemente en la muralla de la ciudad. Pero, al hacerlo, traicionó el espíritu de su casa y el de su época. La hija de Saúl, como Raquel antiguamente (Gn. 31:19), parece ser que tenía *Terafines*, los antiguos dioses arameos y caldeos del hogar, probablemente asociados con la fertilidad. Porque, a pesar de la explícita prohibición divina y el celo de Samuel contra toda idolatría, este tipo de antigua superstición judía parece haber continuado en las casas israelitas (comp. Jue. 17:5; 18:14; 1 S. 15:23; Os. 3:4; Zac. 10:2). Los *Terafines* debieron tener forma humana;, y Mical colocó esta imagen en la cama de David, disponiendo alrededor de la cabeza «la cola de pelo de camello»,[11] y cubriéndolo todo «con la ropa superior» (cubrecama), para hacer parecer a David tumbado enfermo. La treta consiguió ganar cierto tiempo en favor del fugitivo, y sólo fue descubierta cuando Saúl envió a sus mensajeros por segunda vez, con la imperiosa orden de traer a David en la cama. Al ser desafiada por su padre por el engaño, excusó su conducta con otra mentira, aduciendo que David le había obligado a ello amenazándola con la muerte.

Aunque no estamos en modo alguno interesados en defender a Mical, y en general repudiamos tajantemente, por ser despectivo para con la Santa Escritura, cualquier intento de justificar los errores aparentes de los personajes bíblicos, este ejemplo exige unas pocas palabras de llana explicación. En primer lugar, es de máximo interés observar que la Santa Escritura, con una veracidad que forma una de sus mejores evidencias, simplemente relata los acontecimientos, con independencia de quiénes sean los actores y del carácter moral de los mismos. Solemos imaginar que la Santa Escritura aprueba todo lo que relata, por lo menos con sus personajes ilustres –a menos que se indique lo contrario, evidentemente. Nada podría ser más erróneo que dicha inferencia. Se cuentan muchas cosas en la Biblia, incluso en relación con los santos del AT, donde no se da ningún comentario, excepto por la retribución que sigue a todo acto incorrecto en el curso de la providencia de Dios. Aquí, pues, lanzamos un reto para ver si existe un ejemplo de pecado que no vaya seguido por el fracaso, el dolor y el castigo. Había sido así en el caso de Abraham, Isaac y Jacob; fue así en el caso de David, cuyos intentos de protegerse a sí mismo con falta de verdad terminaban con fracaso y dolor. La Santa Escritura nunca esconde los actos incorrectos –y menos aún, intenta paliarlos. En este aspecto hay un contraste altamente significativo entre la Biblia y sus más tempranos comentarios (incluso los precristianos). Sólo aquellos que están familiarizados con esta literatura saben con qué maravillosa ingenuidad intentan los comentarios rabínicos uniformemente no sólo paliar el mal de parte de los héroes bíblicos, sino que incluso intentan presentarlos como correctos con alguna modificación o giro de las expresiones.

Pero debemos dar un paso más. El que no reconoce el desarrollo gradual de la enseñanza de Dios, y contempla los períodos tempranos de la historia del reino de Dios al mismo nivel que el NT, no solamente malinterpreta de modo muy serio hechos y principios fundamentales, sino que pierde el significado completo de la dispensación preparatoria. El Antiguo Testamento nunca coloca la verdad, el derecho o el deber en una base inferior al Nuevo. Pero al mismo tiempo que no es inferior, no despliega en toda su plenitud los principios que establece. Más bien adapta la aplicación de verdades, la exposición de derechos y el despliegue de los deberes, a las diversas capacidades de cada edad o fase. Y esto según la necesidad del caso, con la mayor sabiduría, con extrema misericordia y en el interés de la propia verdad. El principio: «Cuando era un niño, hablaba como niño, comprendía como niño, pensaba como niño», se aplica a la relación entre el Antiguo Testamento y el Nuevo, como también a todo progreso espiritual e incluso intelectual. El niño desconoce todas las implicaciones de lo que aprende; el principiante ignora el pleno significado y aplicación de los axiomas y proposiciones que le enseñan. Si hubiese sido distinto en el conocimiento espiritual, su adquisición hubiese sido simplemente imposible.

Aquí también debemos distinguir entre lo que Dios *sancionó* y lo que *soportó* a causa de la dureza de corazón de los que todavía no habían sido preparados espiritualmente en aquel «tiempo de ignorancia», que Dios «pasó por alto». Respecto al tema que estamos tratando, nada podía ser más claro en el AT que la insistencia divina en la sinceridad. Él mismo condesciende a ser ejemplo para su pueblo.

El mandamiento de no mentir unos a otros (Lv. 19:11) se refuerza con la consideración , «Yo soy Jehová», y surge del principio inevitable de: «Sed santos, porque yo Jehová vuestro Dios soy santo». Casi huelga añadir que esto no se enfatiza tanto en ningún otro lugar de la Santa Escritura como en el Libro de Salmos. Y pese a ello, cuando llega la ocasión, David mismo no parece tener escrúpulo alguno en buscar su seguridad por medio de la falsedad, aunque fuese con el poco éxito que se ve en este relato. Parece ser que para él la falta de sinceridad se daba sólo cuando la intención o el objetivo eran falsos, no simplemente lo que no era cierto de por sí, por buenas que fuesen las intenciones, o por deseable que se considerara el objetivo buscado.[12] Y en relación con esto merece la pena observar entre los pocos preceptos morales dados por el Nuevo Testamento –porque trata los principios más bien que los detalles; da vida, no ley–, éste sobre el mentir con claridad y frecuencia enfáticas.[13]

David huye y acude a Samuel

Como casi se debe haber anticipado, el destino de David en su huida era Ramá. Seguramente, lo que primero le pasó por la mente fue ir para contar todo lo sucedido a Samuel, quién le había ungido; para pedirle guía y en busca de refrigerio en su compañía. Para una mayor seguridad, se apartaron de la ciudad y fueron a «Nayot», «las moradas», que parecen haber sido un grupo de viviendas dentro de un complejo, ocupado por una orden de profetas, de la cual Samuel era el «presidente»,[14] y, podemos añadir, el fundador. No es que el «profetismo» (si podemos usar esta pala-

11. La expresión hebrea es algo difícil, y podría implicar que Mical lo usó para cubrir la cara de David, o que lo puso alrededor del terafín para aparentar el cabello. He traducido las palabras literalmente.

12. Los alemanes hablan de «mentiras de necesidad» (*Nothlüge*), que a mí me parecen una contradicción de palabras, ya que ninguna obligación (o necesidad moral) puede estar en conflicto con otra.

13. Me veo obligado a añadir que incluso la literatura del Talmud insiste en la necesidad de veracidad absoluta, aunque en términos muy distintos de los del Nuevo Testamento.

14. En algunas versiones, como 1 Samuel 19:20, «Samuel en pie *como designado sobre ellos*»; en el original: «En pie como presidente sobre ellos».

bra) empezara con Samuel. En el sentido de ser portadores del mensaje de Dios, los patriarcas son llamados «profetas» (Gn. 20:7; Sal. 105:15). Pero en su sentido más estricto, el término se aplicó en primer lugar a Moisés (Nm. 11:25; Dt. 34:10; Os. 12:13). Miriam era una profetisa (Éx. 15:20; comp. Nm. 12:2). En los días de los jueces había profetas (Jue. 4:4; 6:8). En tiempos de Elí, la advertencia profética llegó a través de un «hombre de Dios» (1 S. 2:27); y aunque «la palabra de Dios» (o profecía) «era escasa» por aquellos días (1 S. 3:1), venía sobre la gente de un modo que no era extraño ni desconocido (comp. también 1 S. 9:9). Pero en esta situación debemos distinguir entre *don profético* y *oficio profético*. Éste último parece haber empezado con Samuel. En los días de Elías y Eliseo se denota una nueva etapa. Entonces ya no eran llamados profetas, como en la época de Samuel, sino «hijos de los profetas», o «discípulos» (1 R. 20:35; 2 R. 4:38; 6:1). Finalmente, aunque leemos sobre una sola comunidad profética, Nayot, en la época de Samuel, y ésta cerca de su residencia en Ramá, había varias en los días de Eliseo, en diferentes partes del país –como en Gilgal, Betel y Jericó. Aunque no podemos asegurar que existiera una sucesión continua desde Samuel hasta Elías, nos parece bastante probable (comp. 1 R. 18:13).

Es más importante comprender la diferencia entre «profetas» e «hijos de los profetas», las circunstancias bajo las cuales se originaron estas órdenes o agrupaciones y el significado concreto asociado con este llamamiento profético. El primer punto parece bastante claro. Los «hijos de los profetas» eran los que se dedicaban a la obra por iniciativa propia, y, por un lado, eran discípulos de los profetas, y por otro, mensajeros o ministros para actuar en su lugar. Las características históricas de esos «hijos de los profetas» son dedicación y separación para la obra (simbolizado incluso en su morada en común, y por un aspecto y atavío distintivos), educación religiosa, y, ante todo, obediencia implícita. La «agrupación», «compañía», o mejor dicho «congregación[15] de profetas» (1 S. 19:20) cerca de Ramá era bastante distinta. No hay prueba alguna de que todos ellos se dedicaran permanentemente al oficio; en cambio parece que todo lo contrario queda implícito. Sin duda de entre éstos surgieron los posteriores «videntes», como Gad, Natán e Iddó; pero parece ser que la mayoría perteneció a la agrupación bajo una influencia temporal del poderoso Espíritu de Dios. Y aunque, según se desprende de la Santa Escritura (como 1 S. 22:5; 1 Cr. 29:29, y otros pasajes del Libro de Reyes), se ocupaban de la composición y el estudio de la historia sagrada, y sin duda también de la ley, además del cultivo de la himnología, sería un grave error considerarlos una clase de estudiantes de teología, o representarlos como una orden monástica.

De hecho, la época de Samuel, y la de Elías y Eliseo, eran grandes momentos clave, períodos de crisis, de la historia del reino de Dios. En el primero, el tabernáculo, el sacerdocio y los servicios determinados por Dios habían decaído, y, durante algún tiempo, se puede decir que casi habían caído en desuso. Era entonces cuando Dios proveía otros medios de gracia, y levantaba fieles hombres devotos, que se reunían en un santuario vivo, lleno no del Sequiná, sino del poderoso Espíritu de Dios. Bajo la dirección de un Samuel, y la influencia de un «don espiritual» –como los de los días apostólicos–, su presencia y actividad sirvieron para fines de elevados intereses, y, como en los días apostólicos, la influencia espiritual bajo la que se hallaban parece que a veces era comunicada incluso a personas que simplemente entraban en contacto con ellos. Esto, sin lugar a dudas, para demostrar su *realidad* y *poder*, ya que incluso aquellos que eran ajenos a su propósito espiritual, y no eran afectados por el mismo, no podían resistir su poder, y así daban testimonio de él involuntariamente. Y presenciamos algo análogo a esto ahora en la influencia irresistible que a veces ejerce un movimiento espiritual incluso sobre aquellos que son y permanecen ajenos a su sentido real.[16]

Esto en cuanto a «la congregación de profetas» en los días de Samuel. En tiempos de Elías, Israel –a diferencia de Judá– estaba enteramente separada del santuario, y bajo un gobierno que amenazaba con exterminar totalmente el servicio de Dios, y reemplazarlo con los viles y desmoralizadores ritos de Baal. El país ya estaba plagado de sus sacerdotes, cuando Dios levantó a Elías para que interrumpiera este camino, y a Eliseo para que restaurara los antiguos senderos. Las mismas circunstancias de la época, y el estado del pueblo, indicaban la necesidad de que renaciera la antigua «orden», pero ahora como «hijos de los profetas» más bien que como profetas.

Este cambio de denominación tampoco implicaba ningún retroceso. Lo que ante un estudio superficial parece ser un paso atrás, a menudo, bajo consideraciones más cuidadosas, determina un auténtico progreso. En tiempos pasados, de los patriarcas, o incluso de Moisés, las comunicaciones entre Jehová y su pueblo eran básicamente *Teofanías*, o apariciones personales de Dios; en el caso de los profetas, por *inspiración*; en la iglesia del Nuevo Testamento, por la *morada del Espíritu Santo*. Sería un serio error considerar este progreso en la historia espiritual del reino de Dios como un retroceso. De hecho es todo lo contrario. Y de modo algo parecido, en algunos aspectos, podemos detectar un avance en la sucesión de «hijos de los profetas» a la orden de «proféticos» o «profetizadores», como podríamos llamarlos a modo de distinción. «Pero todas estas cosas las lleva a cabo uno y el mismo Espíritu, repartiendo a todos los hombres» (y en todo período de la historia de la iglesia) «por separado como él quiere», y adaptando los agentes que usa a las diversas necesidades y etapas espirituales de su pueblo.

Saúl entre los profetas

Lo que se acaba de explicar nos ayudará a ver cómo las tres embajadas que Saúl envió para capturar a David en Nayot fueron a su vez tomadas por influencias espirituales, y cómo incluso Saúl, cuando intentó llevar a cabo personalmente lo que no consiguieron sus mensajeros, fue dominado más plena y manifiestamente por el poder que todo lo somete.[17] Se demostraba incontestablemente que había un poder divino ocupado en la defensa de David, contra el cual

15. El *Lahakah*, que evidentemente es sólo una inversión de las letras de la palabra *Kahalah*, que generalmente designa «la congregación».

16. Como hay unidad en todas las obras de Dios, notamos una ley semejante en el mundo físico e intelectual. La influencia general de las fuerzas y las causas físicas –incluso atmosféricas– es bastante conocida, y tampoco puede ser necesario, en estos días, intentar demostrar la del «espíritu de los tiempos», que nos afecta intelectual e incluso moralmente en mayor o menor grado, ya sea consciente o inconscientemente, voluntaria o involuntariamente.

17. La diferencia entre la influencia sobre Saúl y sus mensajeros puede notarse así. Le tomó *antes* de su llegada a Nayot (v. 23); y fue más potente y de mayor duración (v. 24). La afirmación que «se rasgó la ropa» y «quedó tendido desnudo», se refiere, evidentemente sólo a su atavío superior. En la excitación del éxtasis debió sacárselos (comp. 2 S. 6:14, 16, 20).

el rey de Israel luchaba en vano, que no lo podía resistir y que fácilmente podía poner tanto a sus mensajeros como a él mismo postrados a sus pies. Si, después de esto, Saúl continuaba con sus planes asesinos contra David, la lucha no sería ya entre dos hombres, sino manifiestamente entre el rey de Israel y el Señor de los Ejércitos, quien había hecho señales y milagros en Saúl y sus siervos, y ante todo el pueblo. Es precisamente esta última consideración la que confiere semejante significado a las circunstancias narradas en el texto sagrado, que el informe común, cómo la influencia espiritual había sometido y forzado a Saúl, cuando, en su caminar asesino contra David, se revivió el dicho popular: «¿También Saúl entre los profetas?». Puesto que era necesario que todo Israel supiese, comentase y se maravillase al aprender el significado de todo ello.

Así, al final de su carrera, como al principio, Saúl está bajo la influencia del Espíritu de Dios –ahora en advertencia, y, si fuese posible, para recuperarlo, como antes para hacerle apto para su trabajo. Y parece que se produjo algún resultado en esta dirección. Pues, aunque David se fue de Nayot a la llegada de Saúl, le hallamos de nuevo cerca de la residencia real (20:1), donde, evidentemente, era esperado por el rey para participar en el banquete que aparentemente se celebraba al inicio de cada mes (vv. 5, 25, 27). El comentario es interesante desde el punto de vista histórico en relación con Números 10:10; 28:2-15,[18] y también el otro (1 S. 20:6, 29), según el cual parece haber sido habitual en aquellos días de inestabilidad religiosa que las familias hicieran un «sacrificio» anual en su propia casa, especialmente en los lugares donde, como en Belén, no había altar (comp. 16:2, etc.).

Pero, independientemente de lo que hubiese pasado, David tenía muy claro que el mal estaba determinado contra él y que se hallaba a un paso de la muerte. Pero sobre aquella seguridad moral únicamente no podía sentir ninguna garantía para actuar. Por lo tanto, se dirigió a Jonatán, en quien podía confiar plenamente, poniendo explícitamente su vida, tanto de palabra como de hecho, en sus manos, si realmente era culpable de lo que el rey le imputaba (v. 8). No obstante, Jonatán, con su generosidad característica, aún se resistía a creer en un plan preparado por su padre con finalidades asesinas, y atribuía todo lo ocurrido a los brotes temporales de locura. Su padre nunca había mantenido en secreto sus intenciones y sus movimientos. ¿Por qué debía callar ahora, si las sospechas de David no eran infundadas? La sugerencia de que Jonatán excusara la ausencia de David del banquete por su presencia en el sacrificio familiar anual en Belén, para el cual había obtenido el permiso de Jonatán, fue calculada bien para hacer surgir a flote los sentimientos y propósitos del rey. Si estaba seguro en su mal contra David, al airarse por la fuga de su víctima, y la participación de su propio hijo en ello, daría rienda suelta a sus sentimientos con palabras inconfundibles, y todavía más, si, como cabía esperar, Jonatán intercedía con su típico calor en nombre de su amigo ausente. Pero, ¿en quién podían confiar para llevar las noticias a David en su escondrijo, «o» decirle «lo que» Saúl iba a «responder» a Jonatán «con brusquedad», o, en otras palabras, comunicar los detalles de la conversación?

Para decidir el asunto sin el peligro de ojos y oídos depredadores, los dos amigos se fueron «al campo». El relato de lo que sucedió entre ellos –una de las pocas descripciones de este tipo de las Escrituras– es muy patético. No se trataba meramente de la expresión del afecto personal entre ambos, de otro modo tal vez no hubiese sido registrado en absoluto. Más bien se relata para mostrar cómo, Jonatán nunca había hablado de ello, era completamente consciente del destino futuro de David; y lo que es más, tenía un triste presentimiento sobre el destino de su propia casa. Y no obstante, ante todo ello, se sometió como creyente a la voluntad de Dios, y se aferró a su amigo en amor. Hay un acento de profunda fe en Dios, y de plena confianza en David, en lo que dijo Jonatán. Él ve el futuro más plena y completamente que su padre, tanto por lo que se refiere a David como a la casa de Saúl. Pero no hay ninguna mota de incomprensión de David, ninguna sombra de sospecha, ningún rastro de envidia, ni siquiera una palabra de murmuración o queja. A buen seguro, nunca se pronunciaron otras palabras tan conmovedoras como el encargo que Jonatán da a David como *su* parte del pacto, en vistas de lo que les iba a suceder a los dos: «Y no sólo si estoy todavía con vida; no sólo me aplicarás la misericordia de Jehová» (mostrarme la misericordia divina) «para que no muera; sino que no cortarás tu misericordia de mi casa, ni siquiera» (en el momento) «cuando Jehová corte los enemigos de David, a cada uno de ellos de la faz de la tierra» (20:14, 15).[19]

David abandona finalmente la corte de Saúl

La señal acordada por los amigos era que al tercer día David se escondería en el mismo lugar donde se escondiera «en el día que sucedió todo» –es probable que el día en que Jonatán suplicó a su padre en favor de su amigo (19:2-7)–, junto a la piedra de Ezel, tal vez «la piedra de demarcación», que indicaba una frontera. Jonatán debía disparar tres flechas. Si decía al chico que las recogía que estaban más cerca de lo que él había ido, David podía considerarse a salvo, y salir de su escondite. Si, por lo contrario, le indicaba que fuese más lejos, David debía pensar que su única salvación era la fuga. El resultado demostró que los temores de David estaban muy bien fundados. Evidentemente, Saúl había esperado la oportunidad del banquete de la nueva luna para destruir a su odiado rival. El primer día, notó la ausencia de David, pero, al atribuirla a alguna impureza levítica, no hizo ningún comentario para no ser traicionado por su tono. Pero al día siguiente preguntó el porqué de su ausencia con unas palabras que demasiado claramente denotaban sus sentimientos. Fue entonces cuando Jonatán repitió la explicación falsa aducida por David. Tanto si el rey comprendió el engaño como si no, no sirvió para nada. Dejando de banda todo tipo de restricción, el rey se dirigió a su hijo, y con unas palabras de gran insulto entre orientales, le dijo llanamente que su infatuación por David provocaría su destrucción y la de su familia. Ante la orden de ir a buscarlo con el propósito bien conocido de matarlo, Jonatán, con su franqueza y generosidad típicas, respondió intercediendo por su causa, con lo que la furia del rey alcanzó un nivel tal, que dispuso su jabalina contra su propio hijo, como hiciera anteriormente contra David.

18. La afirmación de que el banquete tenía lugar en dos días sucesivos no significa, por supuesto, que la fiesta religiosa durase dos días.

19. La estructura original es muy difícil. Lo hemos traducido tan literal como nos permitía el sentido. De las otras traducciones propuestas sólo las dos siguientes merecen mención especial. «¿Y no (lo harás) si ya no vivo, no mostrarás la bondad del Señor para conmigo, para que no muera?» O también, «Y sea que tú, si todavía vivo –sea que tú muestres para conmigo la bondad del Señor– y (si) no, si muero, no apartes tu misericordia de mi casa para siempre». Pero la primera versión implica, además de otras dificultades, un cambio de una pregunta en el versículo 14 a un enunciado en el versículo 15, mientras que la segunda necesita un cambio de las palabras hebreas.

«Mientras él avanzaba, David no esperó hasta que cruzara y subiera por la ladera donde estaba el campamento de Israel, sino que se apresuró y tomó cinco piedras del seco lecho del río en el valle. Y entonces el filisteo tenía el tiempo necesario, según creía él, de medir el potencial de su contrincante. Simplemente un joven pastor, rubio y corpulento, saliendo a su encuentro con su indumentaria de pastor, como si él fuera un perro. ¿Era ese, pues, el campeón de Israel? Siguiendo la típica costumbre oriental, se adelantó alardeando de su velocidad y su fácil victoria; y con un verdadero espíritu pagano siguió maldiciendo y blasfemando sobre el Dios de Israel en cuyo nombre David estaba a punto de luchar».

En este guerrero de bronce, originario de Ras-Shamra (Siria) seguramente del segundo milenio a.C., podemos evocar la figura del formidable Goliat, el guerrero filisteo al que vence David, un joven israelita elegido por Dios para ser rey de Israel. (Museo del Louvre)

Jonatán abandonó el banquete con indignación moral ante la escena presenciada por toda la corte. Pero era más profundo el dolor por el mal contra su amigo. Aquel día de banquete se convirtió en ayuno para Jonatán. A la mañana siguiente fue a dar la acordada señal de peligro. Pero no podía separarse así de su amigo. Así, envió al chico de vuelta a la ciudad con el arco, el carcaj y las flechas, y los dos amigos estuvieron juntos por un momento. No había tiempo para largos discursos; el peligro era urgente. No fueron indignas de hombres las lágrimas que derramaron: «David lloró fuertemente».[20] La despedida debía ser breve: sólo lo suficiente para que Jonatán pudiese recordar a su amigo su pacto de amistad en Dios, a cuyo cuidado le encomendaba en esos momentos. Luego Jonatán volvió solitario a la ciudad, mientras David se apresuraba a escapar hacia el sur a Nob. Estos nobles israelitas se encontraron sólo una vez más, y en circunstancias tristemente alteradas.

Capítulo 12

(1 Samuel 21-23)

Entre las muchas cosas que debían acuciar la mente de David, al menos un hecho, por doloroso que fuese, quedaba claro. En adelante debía considerarse un proscrito, a quien no podía proteger ni siquiera la amistad con Jonatán. Así, pues, necesitaba un escondrijo –idealmente fuera de la tierra de Israel, y entre los enemigos de Saúl. Pero el camino era largo y el viaje peligroso. Por todos los medios –para el refrigerio del cuerpo, en busca de ayuda y, ante todo, para obtener la fuerza y la guía interior– iría primero al lugar adonde había acudido tantas veces (1 S. 22:15) antes de iniciar alguna empresa peligrosa.

David en Nob

El tabernáculo del Señor estaba entonces en Nob, probablemente el lugar que ahora tiene el nombre que algunos han traducido como «el pueblo de Esaú» (o Edom), recordándonos su fama fatal en relación con Doeg edomita. El pueblo se halla en el camino que sale del norte de Jerusalén, entre Anatot y la Ciudad Santa, y sólo a una hora al noroeste de ésta. Aquí Ahimélec (o Ahías, 1 S. 14:3), el bisnieto de Elí, servía como sumo sacerdote, probablemente un anciano, con quien su hijo Abiatar (posteriormente nombrado sumo sacerdote por David, 1 S. 30:7) desempeñaba, ya sea aquel día o permanentemente,[1] el sagrado servicio. Nob estaba sólo a una hora al sureste de Gibeá de Saúl. No obstante, David no apareció en el lugar santo inmediatamente después de separarse de Jonatán. Podemos comprender fácilmente que la fuga por aquel camino no podía ser intentada con el peligro del día –y tampoco, evidentemente, por cualquier lugar de las cercanías de la residencia de Saúl. Por ello concluimos que David estuvo escondido durante toda la noche. Era la mañana de un sábado cuando inesperadamente se presentó, solo, desarmado, cansado y desfallecido de hambre ante el sumo sacerdote. Nunca había aparecido así ante Ahimélec; y el sumo sacerdote, que sin lugar a dudas debería estar enterado de las disensiones en el pasado entre el rey y su yerno, temía acerca de lo que ello podía implicar. Pero David tenía una respuesta perfecta y fingida para contestar toda pregunta y desarmar cualquier sospecha. Si había ido desarmado, y estaba desfalleciendo de hambre, era porque el cometido del rey había sido tan urgente y requería un secreto tal, que ni siquiera había tomado provisiones y no había tenido tiempo de armarse. Por la misma razón había quedado con sus seguidores en un lugar determinado, en vez de ir delante de ellos.

En realidad, las necesidades de David se habían convertido en lo más agobiante.[2] Necesitaba comida para poder llegar al lugar seguro, porque no se atrevía a dejarse ver por ningún hombre de día ni pedir ayuda a nadie. Y necesitaba algún arma con la que poder defender su vida en caso de absoluta necesidad. Sabemos que era sábado porque el pan de la proposición de la semana anterior, que se sacaba aquel día, debía ser comido durante su transcurso. El hecho de que Ahimélec y Abiatar no pudiesen ofrecer a David otras provisiones para su viaje que este pan de la proposición, nos indica una triste evidencia de la decadencia en la que había caído el santuario y el sacerdocio; porque según la letra de la ley, sólo debían comerlo los sacerdotes, dentro del santuario (Lv. 24:9). Pero existía también la ley superior de la caridad (Lv. 19:18), que se consideraba correctamente como superior a cualquier ordenanza meramente levítica, por solemne que fuese (comp. Mt. 12:25). Si la situación era como afirmaba David, y la comisión real era tan importante y urgente, no estaba bien negar los medios necesarios de sustento a los que estuvieran implicados en ella, siempre que no hubiesen contraído alguna impureza levítica que les impidiera el acceso a la presencia divina (Lv. 15:18). Porque, si lo consideramos desde su punto más elevado, ¿no eran los sacerdotes los representantes de Israel, que debían ser todos un reino de sacerdotes? Esta idea parece quedar implícita en la observación de David (21:5): «Y aunque el modo» (el uso al cual se destina) «no sea sagrado, será hecho» (llegará a ser) «sagrado por el instrumento», ya sea refiriéndose a sí mismo como instrumento divino a punto de ser usado,[3] o a la «cartera» donde debía transportar el pan como errante de Dios. Con una excusa parecida David también obtuvo del sumo sacerdote la espada de Goliat, la cual parece haber estado guardada envuelta en un trapo, detrás del efod, como recuerdo de la victoria de Dios contra los paganos. Y lo más importante de todo, según inferimos de 22:10, 15, parece ser que David «consultó al Señor», por medio del sumo sacerdote, aunque desconocemos los términos de la consulta. En esto tampoco había nada extraño, ya que David lo había hecho en ocasiones anteriores, probablemente antes de salir en expediciones peligrosas (22:15).

Visto por Doeg

Pero el secreto de David ya había sido traicionado. Sucedió así en la providencia de Dios, que en aquel sábado especial, uno de los oficiales principales de Saúl, el «jefe de

20. Traducción literal.

1. Es así como explicamos la nota de Marcos 2:26. Esto también explicaría la huida de Abiatar ante las primeras noticias de la muerte de su padre (1 S. 22:20), mientras que los otros sacerdotes se debieron considerar seguros, y así cayeron en manos de su asesino.

2. Toda la historia tiende a indicar que David estaba solo, tanto en Nob, como posteriormente en Gat, aunque en Marcos 2:25, 26, podemos inferir que unos pocos amigos fieles pudieron haberse quedado a su alrededor cuidando de su seguridad hasta que llegó a la frontera de Filistea.

3. Este texto es muy difícil en hebreo. La palabra que hemos traducido como «instrumento» se aplica a la instrumentalidad *humana* en Génesis 49:5; Isaías 13:5; 22:7; Jeremías 1:25; comp. también Hechos 9:15.

los pastores», se hallase en Nob, «parado ante Jehová». La expresión implica que Doeg debió permanecer en el santuario como consecuencia de alguna ceremonia religiosa, ya sea en relación con su admisión como prosélito, porque era edomita de nacimiento, con algún voto o con alguna purificación legal. Un testigo así no podía ser excluido, incluso si David hubiese decidido confiar su secreto al sacerdote. Una vez entregado a su fatal error de su mentira, David tuvo que continuar hasta el amargo final, siempre con el sentimiento moralmente seguro de que Doeg era su enemigo, e informaría a Saúl (22:22). Sus sentimientos al respecto se expresan, según creemos, en el Salmo 7.[4]

Huida a Gat

A primera vista resulta extraño que en su huida subsiguiente desde Nob, David buscase abrigo en Gat, la ciudad de Goliat, a quien él matara en un combate singular. Por otro lado, no sólo se trataba del lugar más accesible, sino que David debió suponer que precisamente en Gat la deserción de un campeón como él de las filas de Saúl sería recibida como un notable triunfo, y así su busca de protección sería bien atendida. Pero el resultado fue distinto. Los cortesanos de Aquís, el rey –o, dándole su título filisteo Abimelec (mi padre rey) de Gat (comp. Gn. 20:2; 26:8)– le presionaron con la posición altamente popular de David en Israel, y sus hazañas pasadas, como supuestamente indicadoras no sólo de su sentimiento real para con Filistea, sino también de su política, por diferente que pareciese su propósito actual (comp. 1 S. 29:3-5). El peligro que ahora amenazaba a David debía ser muy grande. De hecho, a juzgar por el Salmo 56:1, los señores filisteos debieron tomarlo para llevarlo ante Aquís, con la intención de ponerlo en prisión y destruirlo.

David finge locura

Creo que estamos autorizados en suponer que fue al ser llevado ante el rey, y al esperar en la corte antes de ser admitido para la audiencia, que fingió locura babeando[5] en las puertas de la entrada, y dejando caer su saliva sobre la barba. La estratagema resultó. Los señores filisteos, con una reverencia auténticamente oriental por la locura, como un tipo de posesión espiritual, no se atrevieron a hacerle daño; mientras que Aquís, por muy preparado que había sido en modo contrario (comp. 27:2, 3), no quiso tenerlo en su casa, por el temor a que «delirara contra»[6] él, y pusiese en peligro su vida en un ataque de locura. Y como el Salmo 56 describía los sentimientos de David en esta hora de grande peligro, así el Salmo 34 los expresa en la liberación. En consecuencia, ambos salmos deben ser leídos juntos. De hecho, los ocho Salmos que datan del tiempo de las persecuciones de Saúl (59, 7, 56, 34, 57, 52, 142, 54)[7] están íntimamente relacionados; el siervo del Señor sube gradualmente hasta una anticipación completa y triunfante de la liberación. Todos expresan la misma confianza en Dios, la misma entrega absoluta a él, y el mismo sentido de persecución inmerecida. Pero lo que parece tener un interés especial, si consideramos la historia de David desde su aspecto tipológico, es el hecho de que en estos Salmos la perspectiva de David siempre se amplía, de modo que en el juicio de sus enemigos ve una figura del de los paganos que se oponen al reino de Dios y su rey (comp. por ejemplo, Sal. 56:7; 7:9; 59:5); y muestra con ello que David mismo debió tener alguna comprensión espiritual de la implicación profética de su historia.

Y ahora David volvía a ser un fugitivo. La doble lección aprendida aquí es que no se necesitaba ningún subterfugio para asegurarse la seguridad, y que su llamamiento por entonces era dentro, no fuera de la tierra de Israel. A una distancia comparativamente corta –unas diez millas– de Gat pasa «el valle del terebinto», el escenario del gran combate de David con Goliat. Las pequeñas colinas al sur de este valle se hallan literalmente perforadas por cuevas, algunas de ellas de grandes dimensiones.

La cueva de Adulam

Aquí estaba la antigua ciudad de Adulam (Gn. 38:1; Jos. 12:15; 15:35, y muchos otros pasajes), identificada, con mucha probabilidad, con la moderna Aid el mia (Adlem). David buscó refugio en la cueva más grande de los alrededores. Sus sentimientos entonces, o posteriormente en circunstancias similares (1 S. 24), los vemos en el Salmo 57.

Ha sido observado correctamente,[8] que hasta entonces David había permanecido a una distancia de fácil acceso desde Belén. Esto le proporcionaba tanto los medios para estar informado sobre los movimientos de Saúl, como un camino fácil de comunicación con su propia familia, y con los que naturalmente estarían a su favor. Adulam se hallaba sólo a unas pocas horas de Belén, y la familia de David, que ya no se sentía segura en su casa, pronto se unieron a él en su refugio. Pero no sólo ellos. Muchos del lugar debieron estar «preocupados» en los tiempos turbulentos del reino de Saúl, oprimidos y perseguidos; muchos que bajo un gobierno incorrecto cayeron «en deudas» con exactores desalmados y violentos; muchos también, que, totalmente insatisfechos por el estado actual de la situación, debieron, si usamos las expresivas palabras del texto sagrado, «estar amargados en el alma». Los más activos y ardientes de ellos se reunieron en torno a David, primero hasta unos cuatrocientos, y pron-

4. Es evidente que el salmo se refiere a la época de las persecuciones de Saúl. En este punto los críticos son casi unánimes. No obstante, la mayoría toman la palabra «*Cush*» como el nombre de una *persona* (aunque no aparece en ningún otro lugar), y fechan su «*informe*», *desconocido* en cualquier otro lugar, en el período entre 1 Samuel 24 y 27 (comp. 26:19). Pero personalmente considero el término «Cush» –el cusita, etíope– como un equivalente de «edomita», y explico la expresión «benjamita», como referida a la identificación de Doeg (como prosélito) con los benjamitas, y su probable asentamiento entre ellos, según se evidencia en 1 Samuel 22:7, 9. Los rabinos tienen un concepto curioso sobre este punto, que, al no haber sido explicado antes por ningún crítico y Delitzch y Moll aluden a él de modo erróneo, puede tener un lugar aquí. Se halla en *Sifré 27a*, donde la expresión, Números 12:1, se aplica a Siporá, explicándose que se le llama cusita (etíope), porque, como el etíope se diferenciaba de los otros hombres por su piel, así se distinguía Siporá de todas las mujeres por su belleza. De modo semejante, la inscripción, Salmos 7:1, se aplica a Saúl, el término cusita, o etíope, explicándose con una referencia a 1 Samuel 9:2; Amós 9:7 también se explica con el mismo razonamiento, porque Israel se diferenciaba de todos los demás en que la Ley había sido dada exclusivamente a ellos, mientras que, por último, el Ebedmelec, o siervo del rey, en Jeremías 38:7, se supone que era Baruc, porque era diferente por sus obras de todos los otros siervos.

5. La LXX, gracias a una pequeña modificación de las letras hebreas, lo traduce como «batido» o «tamborileo».

6. En vez de «que habéis traído a éste para hacer el loco delante de mí» (21:15), como en algunas versiones, traducir, «que habéis traído a éste para que delire contra mí».

7. Hemos dispuesto los salmos en el orden cronológico de los hechos a los que se refieren, aunque, evidentemente, no queremos decir que se escribieran en esos períodos.

8. Ver el trabajo del teniente Conder *The Scenery of David's Outlaw Life*, en el Quarterly Report of the Palestine Exploration Fund, de enero 1875, p. 42. No obstante, me sabe mal hacer constar que, en referencia a este escrito y a otras obras del mismo tipo, no puedo estar de acuerdo con algunas de las razones e inferencias exegéticas.

to se llegó a seiscientos (23:13). No se trataba de una banda rebelde contra Saúl. Esto no sólo hubiese sido diametralmente opuesto a la fidelidad constante reconocida de David y de la lealtad a menudo probada hacia Saúl, sino al propósito más elevado de Dios. Éste último, si se nos permite nuestro juicio, parece haber sido preparar espiritualmente a David para su llamamiento, enseñándole la dependencia constante de Dios, y también para preparar a él y a sus seguidores de forma externa para las batallas del Señor, no contra Saúl, sino contra el gran enemigo de Israel, los filisteos. En pocas palabras, para tomar el trabajo que la pasión asesina de Saúl que lo absorbía todo, así como su deserción por Dios, le impedían hacerlo. Así, vemos una vez más cómo, en la providencia de Dios, la formación interior y exterior de David fueron el resultado de unas circunstancias sobre las que él no tenía ningún control, y que parecían amenazar con unas consecuencias de una naturaleza completamente distinta. Por el registro de los nombres (1 Cr. 12) y el de las hazañas (2 S. 23:13, etc. comp. 1 Cr. 11:15, etc.) podemos ver cómo en aquellos tiempos de persecución los proscritos se convertían en héroes y qué proezas de valentía personal eran capaces de acometer en las guerras del Señor.

Entre ellos había los más cercanos y apreciados por David, su padre y su madre, cuya presencia sólo podía impedir los movimientos de sus seguidores, y cuya seguridad debía garantizar. Además, ya que tal banda no podía pasar desapercibida a Saúl, pareció deseable una retirada mejor que las cuevas cercanas a Adulam. Con este doble objetivo David y sus seguidores pasaron al otro lado del Jordán. A partir del relato de la guerra entre Saúl y Moab en 1 Samuel 14:47, deducimos que éste último había avanzado más allá de su territorio, había cruzado la frontera, y ahora ocupaba la parte sur del país transjordano que pertenecía a Israel. Este punto era fácilmente accesible desde Belén.

Refugio en Moab

En consecuencia, David fue a Mizpá Moab, el «panorama», promontorio montañoso o «Tor» (como podríamos llamarlo) de Moab, probablemente sobre Jericó en el «Arbot de Moab» (Nm. 22:1; Dt. 34:1, 8; Jos. 13:32), tal vez, según parece indicar el nombre, en los campos de Zofim (o los observadores), en la cumbre de Pisgá (Nm. 23:14).[9] Entregó a su padre y a su madre al rey de Moab, cuya protección podía solicitar debido a su descendencia de Rut, la moabita, con la nota expresa, hasta que supiera «lo que Elohim[10] iba a hacer» con él. Mientras él, junto con sus seguidores, se atrincheraron en aquel «promontorio montañoso»,[11] relacionado con la profecía proferida allí por Balaam en cuanto al futuro de Israel.

Era imposible que un movimiento semejante de parte de David permaneciese sin ser conocido por mucho tiempo. En dos zonas inspiró sentimientos profundos, aunque de carácter muy distinto. Parece muy probable que las noticias llegaron a Nayot, y que desde allí Gad (posteriormente el «adivino» de David y su consejero espiritual, 2 S. 24:11-19; 1 Cr. 21:9, y el cronista de su reino, 1 Cr. 29:29) fue a visitar a David por comisión divina.[12] Pero su estancia en la tierra de Moab no era de acuerdo con el propósito de Dios.

Regreso a la tierra de Israel

David no debía huir de la disciplina del sufrimiento, y Dios tenía un trabajo especial para él en la tierra de Israel que Saúl ya no podía hacer. De acuerdo con estas instrucciones, David abandonó su posición atrincherada, cruzó de nuevo el Jordán y buscó protección en «el bosque de Haret»,[13] dentro de los límites de Judá. Pero por entonces Saúl también había oído que «David era conocido, y también los hombres que estaban con él» (22:6). Al conocer la posición de David, Saúl podría asegurarse su presa.

Se coloca una corte real en Gibeá. El rey se sienta, como lo hiciera tan a menudo en otras ocasiones, «debajo del tamarisco», su lanza en la mano a guisa de cetro, y rodeado por todos sus oficiales del estado, entre ellos Doeg, el «jefe de los pastores». Parece ser que ahora Saúl se rodeaba exclusivamente de «benjamitas», ya sea porque nadie más quería servirle, o más probablemente porque ya no confiaba en nadie que no perteneciese a su propio clan. Y además es notable cómo apela a su lealtad e intenta conseguir su ayuda. Parece incapaz de reconocer otro motivo en los demás que no sea el más sórdido egoísmo. Probablemente algunas de las palabras que hubo entre Jonatán y David, cuando hicieron su pacto de amistad (20:42), habían sido oídas, y repetidas a Saúl de manera tergiversada por alguno de sus muchos espías. Esto fue suficiente. Como él mismo dijo, su hijo había hecho una alianza con David, cuyo único objetivo posible era privarlo de su trono. Esto solamente podía conseguirse por medio de la violencia. Todos sabían que David y sus hombres estaban en una fortaleza. Una conspiración organizada de un modo tan completo debía ser conocida por sus cortesanos. Si no se compadecían de un padre traicionado por su hijo, por lo menos ¿qué provecho podían obtener de semejante complot? Era para defender a los cortesanos del conocimiento culpable de semejante complot que ahora Doeg informó de lo que había visto y oído en Nob. Lo de David era ciertamente una conspiración, pero una conspiración que no era tramada por algún sistema laico, sino por el sacerdocio; del cual, como había podido comprobar personalmente, el sumo sacerdote era el principal instigador.

La sugerencia era la típica para ser aceptada por una mente y una conciencia como la de Saúl. Nada podía haber en común entre Saúl y los ministros de aquel Dios que por medio de su profeta había anunciado su rechazo y había designado al sucesor. Un complot sacerdotal contra él, y en favor de David, tenía todo el aspecto de ser muy probable. Sólo cuando comprendemos de este modo la importancia real del relato de Doeg ante el rey, podemos percibir la extensión del crimen, y el significado de la palabras con las que David lo describe en el Salmo 52. Un hombre de aquel tipo no iba a amedrentarse ante ninguna proeza. Saúl mandó llamar a su presencia a Ahimélec y a toda la casa de su padre. En respuesta al cargo de conspiración, el sacerdote protestó su inocencia con unas palabras cuya veracidad no podía ser puesta en duda por un juez imparcial.[14] Pero el

---

9. Ver el Libro 1-Parte II, capítulo 21

10. Es significativo que David hable a Moab de *Elohim*, no de Jehová.

11. Éste es el significado real. Inferimos que este promontorio montañoso era Mizpá de Moab.

12. Por supuesto, se trata solamente de nuestra *inferencia*, pero parece que coincide bastante bien con todo el relato. Es imposible afirmar si Gad iba enviado por Samuel, o había recibido el mensaje directamente de Dios.

13. El teniente Conder propone que sigamos a la LXX, y con un ligero cambio de letras, deberíamos leer «la ciudad de Haret». Pero dicha ciudad no aparece en ningún otro lugar, y la estancia de David allí sin ningún estorbo tampoco concordaría con la historia posterior.

14. El versículo 14 dice así: «¿Y quién entre tus siervos es aprobado como David, y yerno del rey, y con acceso a audiencia privada, y honrado en toda tu casa?».

caso había ya sido decidido contra el sacerdocio antes de ser oído. Pero, por insensibles que fueran los hombres de armas de Saúl, ninguno iba a ejecutar la sentencia de muerte contra los sacerdotes de Jehová. Quedó para el edomita el llevar a cabo lo que había instigado con su insensata malicia. Aquel día nada menos que ochenta y cinco sacerdotes fueron asesinados a sangre fría. No contento con esto, el rey hizo ejecutar «el mandato» en Nob. Como si la ciudad sacerdotal hubiese sido culpable de idolatría y rebelión contra Jehová (Dt. 13:15), todo ser vivo, tanto hombres como bestias, fueron cortados por la espada. Sólo uno escapó de esa horrible matanza aquel día. Abiatar, el hijo de Ahimélec,[15] seguramente había recibido alguna advertencia de antemano. Entonces huyó y fue donde estaba David para comunicarle lo que había sucedido. De él recibió una seguridad de protección tal que solamente la podía dar alguien que en su fuerte fe sentía una seguridad absoluta al abrigo de las alas de Jehová. Pero también aquí el lector atento advertirá un paralelismo entre el asesinato de Nob y el de los niños en Belén, tanto más sorprendente si vemos que en el último de los casos el culpable también era un edomita, ya que el rey Herodes era idumeo por descendencia.

Cuando Abiatar llegó a David, él ya se encontraba de camino desde el bosque de Haret a Keilá.[16] David había recibido noticias acerca de una redada filistea contra Keilá, cerca de la frontera –la moderna Kilá, a unas seis millas al sureste de Adulam. Keilá era una ciudad amurallada y, en consecuencia, no corría ningún peligro inmediato. Pero había muchas cosas para saquear fuera de sus murallas; por ello, ninguna era de los montes por encima de la ciudad estaba a salvo del ataque de los filisteos. Se trataba pues del llamado ideal para una banda como la de David. Pero sus seguidores todavía no habían aprendido las lecciones de confianza que él había recibido. Aunque la expedición para liberar a Keilá se emprendió después de haber «consultado» al Señor y de acuerdo con sus indicaciones, sus hombres se echaban atrás ante la idea de provocar un ataque de los filisteos al mismo tiempo que Saúl podía darles alcance. Habían comprendido muy poco tanto la fuente de su seguridad como la finalidad de su reunión. Lo que ocurrió –como vemos una vez más de acuerdo con el curso normal de los acontecimientos– había sido perfectamente calculado para enseñarles todo esto. Una segunda consulta al Señor por medio del Urim y Tumim, y una segunda indicación de seguir adelante, les llevó a la liberación de la ciudad. Los filisteos tuvieron que echarse atrás con una gran matanza, y les quitaron un gran botín de su ganado.

Pero el peligro que tanto habían temido los hombres de David, pronto estuvo muy cerca de ellos. Cuando Saúl se enteró de que David se había «encerrado al entrar en una ciudad con puertas y barras», le pareció como si le hubiese caído encima la ceguera justiciera, o, como lo dijera el propio rey: «Elohim le ha rechazado y lo ha dejado en mi mano». Con esta opinión, Saúl rápidamente reunió una tropa para salir contra Keilá. Pero, según se desprende de este relato, ambas partes estaban informadas de los planes de la otra. En consecuencia David era conocedor del peligro que corría, y en su situación extrema, una vez más apeló al Señor. No hizo ninguna pregunta inútil con el Urim y el Tumim,[17] sino que estaba relacionada con la fidelidad de Dios y la realidad de sus promesas. Digámoslo con reverencia, Dios no podía dejar a David en manos de Saúl. Sus consultas a Dios tampoco se parecían a los oráculos paganos. *Parece ser que su elemento principal era la oración.* Con unos términos de gran fervor, David expuso su caso ante el Señor y suplicó su dirección. La respuesta no le fue negada, aunque, de modo significativo, tenía que presentar al Señor cada una de las preguntas de modo específico (23:11, 12).

Tras ser informados de su peligro, David y sus hombres huyeron de Keilá, para, en adelante, ir vagando de un escondrijo a otro. Ninguna otra región podía ofrecer tantas posibilidades para eludir una persecución como aquella gran extensión por el territorio de Judá, entre el Mar Muerto y las montañas de Judá. Se conocía con el nombre general de «el desierto de Judá», pero sus diversas partes se distinguían como «el desierto de Zif», «de Maón», etc., de acuerdo con los nombres de las ciudades vecinas. En términos generales se puede decir que durante este período de ir por aquí y por allá (v. 14), la base de David eran «las montañas»,[18] desde donde podía ver con facilidad a los eventuales enemigos que se acercasen, mientras «Saúl le buscaba cada día», pero en vano, ya que «Dios no se lo entregó en su mano».

Su primera parada durante su errar fue el «desierto de Zif», a las afueras de la ciudad del mismo nombre, aproximadamente a una hora y tres cuartos al sureste de Hebrón. Al sur se alza un promontorio montañoso solitario a una altura de unos cien pies, que domina una vista completa de todos los alrededores. Además, todo lo que sucedía podía ser observado desde arriba con facilidad. Parece ser que se trataba de «un monte» (v. 14), o, como se describe de modo más adecuado posteriormente (v. 19), «el collado de Aquilá, al sur del desierto»,[19] donde David tenía su puesto principal, o para ser más exactos, en «el matorral», o «maleza»,[20] que cubría sus laterales (vv. 15, 16).

La última visita de Jonatán

Fue allí donde, en lo más acalorado de estas primeras persecuciones, Jonatán acudió una vez más para ver a su amigo, y, como lo expresa enfáticamente el texto sagrado, «le fortaleció la mano en Dios». Resulta difícil formarse un concepto adecuado de la valentía, la fe espiritual y la grandeza moral de este acto. Nunca hombre alguno se limpió más completamente de la complicidad en la culpa, como Jonatán de la de su padre. Y no obstante, en su valor, no dejó escapar ni una sola palabra indebida de su boca. ¡Y cuán auténticamente humana es su esperanza de que en el futuro, cuando David fuese rey, él estaría junto a su trono, su consejero de confianza, como en los días de dolor él había sido un fiel y verdadero amigo del proscrito! Si pensamos en cuánto debió costar a Jonatán hablar así, o en el triste destino

15. Debió quedarse atrás en Nob para estar en el santuario durante la ausencia de los otros sacerdotes.

16. Por la expresión, «consultó a Jehová» (23:2, 4), es evidente que la consulta se hizo por el Urim y el Tumim, y debemos concluir que Abiatar alcanzó a David después de que preparara su expedición a Keilá, o más probablemente cuando iba hacia allí. Pero, en general, me parece que el texto de 23:6 sólo desempeña la función de explicar el modo de la consulta de David.

17. Esto queda implícito en las instrucciones de David a Abiatar: «Trae aquí el efod» (23:9).

18. Ésta es la traducción correcta y no «plaza fuerte».

19. No es correcto dejar «al sur de Jesimón» (versículo 19), sin traducir la palabra.

20. El teniente Conder se esfuerza por demostrar que nunca hubiese podido haber un «bosque» en Zif. Pero el texto no lo llama *yaar*, «bosque», sino *choresh*, que da la idea de matorral o maleza. Nuestra opinión proviene íntegramente del retrato de una escena muy parecida a la de Haquilá en Isaías 17:9; «Aquel día sus fortalezas serán como el abandono del matorral (*choresh*) y de la cumbre del monte». En el Tárgum de Jeremías sobre Génesis 22:13 el término se aplica al matorral donde estaba atrapado el carnero.

que pronto iba a sobrevenirle, hay un profundo patetismo en este breve encuentro, casi sin comparación en la Santa Escritura, ante lo cual las ambiciosas expectativas de los hijos de Zebedeo no son de comparar, más bien presentan un gran contraste.

Pero todavía le quedaba una amarga experiencia por vivir a David. Como tantas veces en la historia de la iglesia, y en ninguna ocasión de un modo tan marcado como en el caso de la gran persona real de quien David era figura, resultó que los que deberían haber estado a su alrededor eran sus enemigos y traidores. Los «ciudadanos»[21] de Keilá le hubiesen entregado por miedo a Saúl. Pero los hombres de Zif fueron aún más lejos. Como aquellos que con toda hipocresía, hacían ver que no querían otro rey que César, fingieron una lealtad difícil de creer.

Persecución de mano de Saúl

De común acuerdo, y evidentemente movidos por su odio hacia David, aquellos que eran de su propia tribu comunicaron en traición su escondrijo a Saúl y se ofrecieron para colaborar en su captura. Es una pena oír las palabras de Saúl en la locura de su pasión invocar para tales hombres «la bendición de Jehová», y definir la hazaña de ellos como un acto de «compasión» para con él (23:21). Pero el peligro que ahora amenazaba a David era mayor que cualquier otro pasado o por llegar. Al enterarse, fue todavía más al sureste, donde el «Jesimón» o desierto se extiende y baja hasta el Arabá, o baja meseta.[22] Maón se halla a unas dos horas al sureste de Zif; y debemos seguir las huellas de la posterior fuga y aventura de David entre las montañas que hay entre Maón y el Mar Muerto al oeste.

Pero mientras, el plan de Saúl se estaba cumpliendo con excesiva fidelidad. Lentamente y con toda seguridad, los hombres de Saúl, guiados por los zifitas, estaban dando alcance a David al cerrar más y más la red a su alrededor. Al ser informado de su peligro, David «descendió por la roca»[23] apresuradamente, tal vez la cumbre redonda de la montaña cerca de Maón. ¡Ya era hora que lo hiciera! Porque Saúl y sus hombres ya habían alcanzado y ocupado una parte de la misma, mientras David y los suyos se retiraban a la otra. El objetivo del rey era rodear a David, para que sucumbiera ante la superioridad numérica. Se nos dice que «David intentaba ansiosamente salir de la presencia de Saúl; y Saúl y sus hombres estaban rodeando a David para capturarlo».[24] *Casi* lo consiguieron; pero aquel «casi», que tantas veces en la historia del pueblo de Dios, provoca una fe y una oración fervorosas, simplemente demuestra la impotencia real del poder de este mundo contra el Señor. En el Salmo 54 vemos cómo David clamó al Señor en esta situación de peligro. Cómo Dios «le libró de todo mal», se ve en el relato sagrado. Una vez más todo discurre en el orden natural de los acontecimientos; pero sin lugar a dudas, fue en la providencia de Dios que obra maravillas, que cuando David ya parecía estar en las manos de sus enemigos, Saúl se enteró de una incursión de los filisteos, que le obligó a ir contra ellos

21. Hay una diferencia entre los «habitantes» de Keilá (23: 5), y los «ciudadanos», burgueses, «señores de Keilá» (los *Baalé Keilah*), versículo 12, que estaban dispuestos a vender a David en beneficio propio.

22. En algunas versiones (23:24): «la llanura al sur de Jesimón».

23. Algunas versiones traducen de manera errónea (v. 25), «descendió a una roca».

24. Ésta es la traducción correcta de la segunda parte del versículo 26.

«El peligro que amenazaba a David era considerable. De hecho, a juzgar por el Salmo 56:1, los señores de la guerra filisteos debieron tomarlo para llevarlo ante Aquís, con la intención de ponerlo en prisión y posteriormente destruirlo».

Los restos arqueológicos del antiguo Egipto nos han legado la imagen de este filisteo, perteneciente a un relieve del templo mortuorio de Ramsés III, en Tebas. La frecuencia de los ataques y la gravedad de la violencia entre israelitas y filisteos, se extendería sobre un territorio cada vez más amplio.

inmediatamente. Y en adelante, siempre que David o cualquier otro que pasara por aquel «desierto» y alzara sus ojos hacia aquel acantilado, recordaría que Dios es «el ayudador» de su pueblo, porque en adelante llevó el nombre de «Acantilado de la Fuga», a lo que siempre añadiremos este precioso recuerdo: «He aquí, Dios es tu ayudador».

Capítulo 13
(1 Samuel 24-26)

Cuando Saúl se volvió de nuevo hacia su víctima, David ya no estaba en el desierto de Maón. En dirección noroeste, una marcha de seis o siete horas le llevaría a En-gadi, «la fuente de la cabra», la cual, al saltar a una altura considerable en forma de pequeña cascada, convierte aquel desierto en un excelente oasis. En esta llanura, o más bien ladera, aproximadamente una milla y media de norte a sur, al pie de unas montañas de caliza, protegida de toda tormenta, en el clima más grandioso posible, estaba la ciudad de En-gadi, o, como se solía llamar, Hazazón Tamar (Talar palmeras), tal vez el lugar más antiguo del mundo (2 Cr. 20:2). Por esta ciudad pasaron las hordas de Quedorlaomer (Gn. 14:7); sin cambiar vio la destrucción de Sodoma y Gomorra, que debían quedar claramente a la vista desde los montes, donde se domina toda la región con la mirada hasta el valle del Jordán, y a través del Mar Muerto hasta las montañas de Moab. Bastante cerca de las aguas de aquel mar, sobre el que ha permanecido para siempre la destrucción del juicio, se extendía una escena de belleza y riqueza tropical, hasta tal punto que resulta casi imposible describirla. Limitado por dos riachuelos perennes, entre los cuales pasa la propia En-gadi, debió ser un pequeño paraíso ya en la antigüedad; la llanura llena de palmeras, las laderas que subían hacia las montañas con los viñedos más selectos de Judea, perfumadas con nardos (Cnt. 1:14). Pero más arriba sólo había «desierto», colinas desnudas de caliza que se alzan de doscientos a cuatrocientos pies, tachonadas con innumerables cuevas, cuya entrada es a veces casi inaccesible. Éstas eran «las rocas de las cabras salvajes», y aquí estaba la cueva –tal vez la de Uadi Caritun, que según se dice en una ocasión dio cobijo a nada menos que treinta mil hombres– donde David buscó refugio para escapar de la persecución del rey de Israel.

Se trataba de una escena salvaje y extraña, y suena una historia extraña, cuando el rey de Israel entra solo en una de esas cavernas, precisamente la cueva en los escondrijos más lejanos donde David y sus hombres se escondían. ¿Iba a ser para vida o para muerte? El objetivo se hallaba al alcance de la mano. Todos han visto llegar a Saúl, y ahora dicen a David con susurros y con la respiración entrecortada que acabe de una vez por todas con su perseguidor. La mezcla de religión y venganza personal –el presentárselo como «el día del que Jehová le había hablado»– es perfectamente típico de la naturaleza oriental y de las circunstancias. ¿Quién iba a dejar pasar semejante oportunidad? Pero no debemos librarnos de nuestros errores con nuestras propias manos, ni todas las oportunidades para alcanzar nuestros objetivos, sea lo que sea, son enviadas por Dios. Siempre hay la cuestión principal del deber, con lo que nada más, por tentador que sea o prometedor de éxito que parezca, puede entrar en conflicto; y tales épocas pueden ser sólo aquellas en las cuales se ponen a prueba nuestra fe y paciencia, para manifestar claramente ante nosotros si estamos satisfechos de dejarlo todo en manos de Dios, al margen de todo lo demás.

Saúl en poder de David en En-gadi

Y David salió victorioso, como mucho tiempo después la gran persona de quien él es figura resistió al tentador, al mantenerse aferrado firmemente a la voluntad y las ordenanzas conocidas de Dios. David se movió con sigilo y cortó un pedazo del borde del manto que el rey se había sacado. Ésta fue toda su venganza.

No fue con dificultad que David tuvo que detener a sus hombres. Y entonces el rey abandonó la cueva para reunirse con sus seguidores. Pero la conciencia de David todavía le hería, como si se hubiese tomado una libertad indebida con el ungido del Señor. Así pues subió a una de esas rocas en el exterior de la cueva, desde donde hubiese sido fácil huir. Su voz sorprendió al rey. Al mirar hacia la salvaje soledad, Saúl vio al hombre a quien, como hubo sugerido su pasión desordenada, buscaba su vida. Con una reverencia extremadamente humilde y con las palabras más adecuadas, David dijo lo que había sucedido. En claro contraste con las calumnias de sus enemigos, describió el peligro del rey, y cómo había rechazado la sugerencia de su asesinato. La explosión de lenguaje vehemente de afecto leal, que había sido tratada tan cruelmente, blandió el pedazo del manto del rey que había cortado, como prueba del hecho que era inocente de lo que se le acusaba. Pero si era cierto –si se había negado a vengarse incluso en la hora de su gran peligro, si dejaba el juicio en manos de Dios, al no querer extender su mano con maldad, porque, como afirmaba el proverbio bien conocido, «la maldad viene de los malvados»– entonces ¿cuál era el significado de la persecución humillante del rey? Pero, en la inocencia consciente de su corazón, ahora debía más bien apelar a Jehová, tanto por el juicio entre ambos como para la liberación personal, si continuaban dichas persecuciones.

Semejantes palabras, cuya honradez era tan evidente, sólo podían conmover incluso el corazón de Saúl. Por unos instantes parecía que las oscuras nubes, que se amontonaban alrededor de su alma e impedían que la luz entrase en ella, estaban a punto de ser disipadas. Saúl reconoció su error; reconoció la justicia de la causa de David; reconoció aun la lección que los acontecimientos pasados le debieron enseñar, lo cual, en verdad, había indicado proféticamente su propia persecución de David, en toda su inconsciencia, tal como sucedió con las palabras de Caifás cuyo significado real fue aplicado a Jesús (Jn. 11:49-52). Reconoció el futuro de David y que el reino de Israel se establecería en sus manos; y todo ello no solamente con palabras, sino con la práctica, e insistió en la promesa jurada que en aquel futuro que preveía, no se tomaría la venganza oriental sobre su casa.

No obstante, David no estaba seguro ante la tentación de la venganza personal y de la solución por cuenta propia, a pesar de haberla resistido en esta ocasión. La lección de su propia debilidad en este respeto era altamente necesaria, en cuanto era uno de los peligros morales más grandes para un gobernante oriental. Pero David no iba a ser así; y cuando Dios, en su buena providencia, le retuvo cuando casi había caído, le mostró la necesidad tanto de liberación interior como exterior, y la suficiencia de Su gracia para protegerlo de los peligros espirituales o temporales.

La historia de Nabal

Ésta puede ser una de las razones por las que la historia de Nabal y Abigaíl se conserva en la Santa Escritura. Otro puede ser el hecho de que este incidente no sólo ilustra los tratos de Dios con David, sino también el hecho de que incluso en los momentos de la persecución más dolorosa David podía encargarse del cuidado y la protección de sus conciudadanos, y así, en cierto modo, puso a prueba a su líder y rey.

Toda la historia encaja tan bien con los alrededores de aquel lugar, época y personas, que casi podemos hacernos una imagen pictórica de la misma. Samuel había muerto y todo Israel había hecho luto por él. Aunque su obra había terminado desde hacía mucho tiempo, su nombre debió ser siempre una fuerza de poder. Él era la conexión que unía dos períodos muy importantes, era también el último representante de un pasado que no iba a volver nunca más, que parecía haber quedado casi siglos atrás, y auguraba el comienzo de un nuevo período, que debía desarrollarse y convertirse en el futuro ideal de Israel. Samuel era, por así decirlo, el Juan Bautista que pertenecía a lo antiguo e iniciaba lo nuevo con la predicación del arrepentimiento como su preparación y fundamento. Probablemente fue la muerte de Samuel lo que determinó la retirada más al sur de David, al desierto de Parán,[1] que se extendía desde las montañas de Judá hasta el desierto de Sinaí. De manera semejante, nuestro Señor se retiró tras la muerte de Juan Bautista. En el desierto de Parán David no sólo estaba a salvo de la persecución, sino que también se hallaba a disposición para el servicio de sus conciudadanos y protegía a los grandes rebaños que pacían ampliamente de las incursiones depredadoras de las tribus del desierto. Fue así como David (25:7, 15, 16) conoció a aquella persona a la que sólo conocemos por lo que aparentemente era su nombre, Nabal, «necio», un apelativo ignominioso en el lenguaje del AT, donde el «necio» representaba a una persona obstinada, terca, que seguía su propio camino, como si no hubiese «Dios» ni en el cielo ni en la tierra. Y así se le describe como «duro», tozudo, inflexible, y «de malas obras» (v. 3). Su esposa Abigaíl era todo lo contrario: «de buen entendimiento, y hermosa apariencia». Nabal, como la Escritura lo llama siempre muy significativamente, era descendiente de Caleb. Su residencia estaba en Maón, en tanto que su «trabajo» estaba en Carmel, un lugar a una media hora al noroeste de Maón. Aquí, sin duda, se hallaban sus grandes apriscos y rediles, desde donde sus inmensos rebaños de ovejas y cabras pacían por la tierra ampliamente. Era el mejor de los tiempos para semejante propietario: el de trasquilar las ovejas, cuando todo corazón debía estar bien dispuesto. Un tiempo de fiesta (v. 36), que cada uno observaba de acuerdo con lo que tenía. Y Nabal tenía razones para estar contento. Gracias a la vigilancia permanente de David y sus hombres, no sufrió la mínima pérdida (vv. 15, 16), y el rico crecimiento de sus rebaños coronó otro año de prosperidad. Concuerda muy bien con el espíritu de un capitán oriental en semejantes circunstancias, que David enviase lo que se consideraría una embajada especialmente respetable de diez de sus hombres, con un cordial mensaje de felicitación,[2] esperando que en un momento así se haría algún gesto de reconocimiento para

---

1. Nos parece innecesaria la modificación del texto realizada por la LXX para que se lea el desierto de Maón.

2. El versículo 6, que es algo difícil, creo que debería traducirse así: «Y diréis así: ¡Para la vida! Paz a vosotros, a vuestra casa paz, y a todo lo vuestro paz».

los que no sólo merecían, sino que también necesitaban con urgencia la ayuda de un propietario de Judea. Pero Nabal recibió el mensaje con unas palabras muy insultantes para un oriental.

La provocación era grande, y David no estaba a prueba contra la misma. Así que armó a unos cuatrocientos de sus hombres, y se puso en marcha hacia Carmel, con la intención de hacer justicia para sí y aplicar una venganza ejemplar. Sin duda esta no era la lección que Dios quería que David aprendiera hasta entonces, ni que su ungido desease enseñarla a otros. Era el celo de los hijos de Boanerges, no la humildad de la persona de quien David era figura. Y así Dios libró a su siervo de un pecado de presunción.[3] Una vez más la actuación de Dios llegó por medios naturales. Un siervo que había oído lo sucedido, y naturalmente temía las circunstancias, informó a Abigaíl. Ella se decidió rápidamente. Envió un regalo en cantidades principescas, incluso en comparación con el que más tarde Barzilay presentó al rey David cuando al escapar de Absalón (2 S. 17:27-29), ella lo siguió apresuradamente. Al descender por una colina («en la espesura de una colina»), de pronto se encontró en presencia de David y sus hombres armados. Pero la valentía de aquella mujer no se vio afectada. Con la más humilde reverencia oriental, se dirigió a David, primero asumiendo toda la culpa ella, como alguien al nivel de la cual David no se podía rebajar para descargar su venganza. Evidentemente una persona como Nabal no era la persona adecuada para la controversia; y, en cuanto a ella, no había sabido nada de lo acontecido.

Pero había otros argumentos más importantes que justificaban la paciencia de David. ¿No era evidentemente la providencia de Dios que le enviaba con un elevado y santo propósito? «Y ahora, mi señor, vive Jehová, y vive tu alma, que Jehová es quien te ha detenido para que no cometas un error de sangre, y te ha librado de tu propia mano». Se había impedido este doble pecado. Tal era su primer argumento. Pero luego, ¿no era mejor dejarlo en manos de Dios –no iba Jehová a vengar a su siervo, y hacer a todos sus enemigos como Nabal– y manifestó que no debían ser como «Nabal», «necios» en el sentido de la Escritura, con toda la impotencia y desgracia implicadas en ello? Sólo después de insistir en todo esto se atrevió Abigaíl a solicitar la aceptación de su regalo, ofreciéndolo, como si no fuese un don digno de él, a los hombres de David más bien que a él personalmente (v. 27). Luego volviendo a la oración para el perdón, indicó a David el brillante futuro que, según ella estaba segura, estaba reservado para él, puesto que él no estaba yendo en pos de objetivos *privados*, ni tampoco se cargaría con ninguna culpa en este asunto. Se verá evidentemente cómo concuerda todo esto con las anteriores súplicas de la mujer. Siguiendo con su razonamiento, continuó: «Y (aunque) un hombre se ha alzado para perseguirte, y buscar tu alma, y (no obstante) el alma de mi señor está atada en el manojo de la vida con Jehová tu Dios; y el alma de tus enemigos él la arrojará del hueco de la honda». Finalmente, la mujer le recordó que cuando Dios hubiese cumplido todas sus promesas de gracia, esto no le sería un «tropiezo», ni siquiera un peso en su conciencia, que hubiese derramado sangre innecesariamente y se hubiese tomado su propia venganza.

Difícilmente se podrán imaginar unas palabras más sabias, tanto en el sentido elevado como en el mundano, que las de Abigaíl. Si alguien era la persona adecuada para acompañar y aconsejar a David era, sin duda alguna, esta mujer. Nos vemos impresionados por tres cosas de su discurso por ser de suma importancia para comprender esta historia. Parece ser que por entonces toda persona piadosa de Israel estaba convencida que David era el ungido de Dios y sobre él consagraría su reino. Lo sabían y lo esperaban. Creían también con la misma intensidad que la misión presente y futura de David era únicamente luchar por Dios y por Su pueblo. Pero lo más importante de todo era el profundo sentimiento ampliamente difundido que David no debía vengarse a sí mismo ni resolver su propia liberación. Se trataba de un principio íntegramente espiritual, que se fundaba en una absoluta confianza, casi como la de un niño, en Jehová el Dios vivo, independientemente de la fuerza que se dispusiera contra David, o de las probabilidades aparentemente contrarias a los ojos de un observador exterior. Bajo este punto de vista, todo el enfrentamiento entre David y Saúl tomaría proporciones espirituales. Ahora no quedaba nada personal en el conflicto; en lo que menos se podía pensar era en la rebelión contra Saúl o el intento de destronarlo. La causa era toda ella de Dios; David no debía vengarse personalmente, sino que en fe y paciencia debía esperar el cumplimiento en las seguras y firmes promesas de Dios. Presentarle el asunto así a David equivalía a asegurarse el consentimiento de la conciencia de David. Reconociendo el gran peligro espiritual del que acababa de ser liberado, dio gracias a Dios, y luego a la sabia y piadosa mujer que había sido el instrumento en manos de Dios.

Por entonces Nabal no se había enterado de lo que le amenazaba y lo que su esposa hizo para impedirlo. A su vuelta ella lo encontró armando un escándalo y borracho. No le informó de todo ello hasta la mañana siguiente, cuando ya estaba más capacitado para comprender lo que había pasado. Un ataque de furia impotente de parte de una persona que apenas estaba sobria, degeneró en lo que parece haber sido un ataque de apoplejía. Si éste se lo provocó él, el segundo y fatal ataque, que le llegó al cabo de diez días, se nos presenta como enviado directamente por Dios. No se da con mucha frecuencia que la venganza divina alcance tan manifiesta y rápidamente el mal. David lo reconoció completamente. Tampoco podemos maravillarnos de que, al repasar su propia liberación del peligro espiritual, y el consejo que le había guiado a ello, él deseara tener a su lado para siempre a la que se lo había procurado. En relación con esto el texto sagrado también observa la unión de David con Ahinoam de Jizreel,[4] probablemente como resultado de la cruel y despiadada separación por Saúl de David y Mical, la cual dio a un tal Palti, o Paltiel (2 S. 3:15) de Galim en Benjamín (Is. 10:30). Así Saúl había cortado a conciencia y de modo temerario las últimas relaciones que le unían con David.

Pero todavía aguardaba a David otra amarga experiencia de traición y persecución. Probablemente confiado en su nueva relación con dos evidentemente poderosas familias de la región –las de Ahinoam y Abigaíl–, David parece haber avanzado hacia el norte desde el desierto de Parán. Una vez más nos encontramos a David en el desierto de Zif –el más al norte y más cercano a las ciudades de Judá. Y de nuevo los zifitas empezaron a negociar con Saúl la entrega de David, y el rey de Israel se puso en marcha contra él con los tres mil hombres, quienes aparentemente eran el núcleo

3. Aunque era responsable de una imprecación precipitada (v. 22), por lo menos no estaba sobre él.

4. Este Jizreel, es evidente, no es el lugar del mismo nombre que se halla en el norte (Jos. 19:18), sino un pueblo de Judá cerca de Carmel (Jos. 15:56).

de su infantería.[5] Unos años antes, cuando los zifitas le traicionaron, David, ante la llegada de Saúl, se había retirado al desierto de Maón, y se salvó solo porque Saúl recibió noticias de una incursión filistea. Y en otra ocasión algo parecida, en el desierto de En-gadi, David tuvo a su enemigo en su mano, cuando Saúl se introdujo sólo en una cueva donde David y sus hombres se habían escondido. No obstante, en este caso, las circunstancias eran diferentes, tanto la situación del campamento de Saúl, la localización de David, el modo en que se puso en contacto con Saúl, e incluso la comunicación que se entabló después entre ellos. Los puntos parecidos son simplemente los que cabía esperar: la perfidia de los zifitas, los medios adoptados por Saúl contra David, la sugerencia hecha a David para liberarse personalmente de su enemigo, su firme resolución de no tocar al ungido del Señor, así como una entrevista entre David y su perseguidor, seguida por un arrepentimiento temporal. Pero los dos relatos son esencialmente diferentes. Al saber que Saúl había acampado con su ejército en la ladera del monte Haquilá, David y dos de sus más valientes compañeros –Ahimélec, el hitita, y Abisay, el hijo de Sarvia, hermana de David– resolvieron asegurarse de la situación exacta del enemigo. Yendo bajo las zarzas encubiertas por la noche, unos matorrales que cubrían las laderas del monte (23:19), pronto se hallaron donde estaba el campamento de Israel ante ellos. Según imaginamos la escena, los tres habían llegado al promontorio por encima del campamento. Por fiel que fuese el hitita, y nadie era más honrado y valiente que él (comp. 2 S. 11:3, 6; 23:39), fue Abisay, el sobrino de David, probablemente de la misma edad, quien se presentó voluntario para compartir con él el intento en extremo peligroso de «descender» y entrar en el mismísimo campamento.

Saúl en poder de David por segunda vez

Pero en el corazón de David no había ninguna intención asesina; más bien lo contrario, demostrar su inocencia en cuanto a ello. Y así Dios le bendijo. Un profundo sueño –evidentemente enviado por el Señor– cayó sobre todos ellos. En el centro, junto a los «carros» del campamento, se hallaba Saúl, a su cabeza la lanza real clavada en el suelo, y un recipiente de agua a su lado. A su lado estaba Abner, como capitán del ejército, a quien se había confiado, por así decirlo, la custodia del rey; y a su alrededor en un amplio círculo, el pueblo. Una vez más se presenta a David la sugerencia tentadora. Esta vez no se trataba de su propia mano, sino la de Abisay, la que debía dar el golpe. Pero lo importante es: «Porque ¿quién ha extendido su mano contra el ungido de Jehová impunemente? Si Jehová no (literalmente, a menos que Jehová) le hiere (como Nabal), o llegue su día y muere, o desciende a la guerra y se lo llevan, ¡lejos esté de mí, por Jehová!, extender mi mano contra el ungido de Jehová».[6] Y así David detuvo la mano de su compañero.

Sigilosamente tomaron la lanza real y la vasija. Se deslizaron a través de las zarzas, cruzaron el valle y subieron al lejano promontorio del otro lado. ¿Quién se atreve a interrumpir el sueño del rey en medio del campamento? Pero otro oído, además del de Abner, oyó y reconoció la voz de David. Fue directamente al corazón de Saúl, al saber que una vez más su vida había estado enteramente en manos de aquél a quien él había perseguido tan tenaz y malvadamente. De nuevo parece arrepentido, aunque no presta atención al consejo de David que, si esas constantes persecuciones eran el efecto producido en su mente por el espíritu del mal de parte del Señor, debía buscar perdón y auxilio con sacrificio; pero si se trataba del resultado de informaciones calumniadoras, los que las traían debían ser considerados dignos del juicio divino, ya que, como lo expresa él, «Me apartan hoy, diciendo (con ello en efecto): Ve, sirve a otros dioses» (26:19). Es inútil seguir con este asunto. La propuesta de Saúl para que David vuelva, y su promesa de seguridad, eran, sin duda, sinceras en aquel momento, como también lo son el dolor y las resoluciones de muchos en cuyas conciencias ha caído durante algún tiempo la luz. Pero David conocía otro Saúl; y se denota un avance en su experiencia espiritual al preferir entregarse a Dios antes que confiar en el hombre.

5. Este núcleo parece estar implícito en 1 Samuel 13:2, donde tenemos el mismo número, que, según parece, constituía el ejército permanente de Saúl. Por nuestros comentarios, se verá que rechazamos completamente la afirmación apresurada de que ésta es sólo otra narración de lo que se explica en 1 Samuel 23:19–24:22.

6. Hemos traducido lo más literalmente posible. David cree que la culpa hubiese sido igualmente suya, aunque el acto lo cometiera Abisay.

Capítulo 14
(1 Samuel 27-30)

La invitación de despedida de David suena especialmente solemne cuando recordamos que ésta era la última vez que estas dos personas se encontraban. Sintiendo que algún día podía «caer en manos de Saúl»,[1] y que en adelante «nada bueno quedaba para él», una vez más decidió buscar refugio con el rey Aquís en Gat. Su acogida esta vez fue muy distinta de la de la ocasión anterior. Durante años Saúl había tratado a David como su enemigo declarado. Ahora David no llegaba como un fugitivo solitario, sino como el capitán de una banda entrenada de hombres valientes, para ponerse, según parece, él mismo y a los demás, a la disposición de Aquís.

Segunda huida de David a Gat

Se encontró con un recibimiento muy amable, y durante un tiempo incluso fue instalado en la misma ciudad real. Esto, evidentemente, implicaba unas restricciones tan grandes que a David debieron resultar fastidiosas, si no imposibles de soportar. El pretexto de que una banda de esas dimensiones bajo su propio capitán no era muy adecuado en la capital de su nuevo jefe real, le dio la excusa para pedir y obtener otra residencia.

Residencia en Siclag

Para ello se le asignó Siclag, una ciudad que antes perteneciera a Judá (Jos. 15:31), y posteriormente a Simeón (Jos. 19:5), que estaba cerca de la frontera del sur de la tierra de Israel. Evidentemente, cabe inferir que en la época de la que estamos hablando pertenecía a los filisteos, y probablemente había sido abandonada por sus habitantes anteriores. Ningún otro lugar era tan adecuado para las necesidades de David. Tanto si consideramos sus incursiones contra las tribus paganas, que fue «su modo de actuar» durante todo el período de un año y cuatro meses que estuvo con los filisteos, como intentos de rechazar sus invasiones en territorio

1. Traducción literal (27:1).

de Israel, o como incursiones en tierras paganas, la situación de Siclag le suministraba las mismas facilidades. En cada una de esas ocasiones, a su regreso cargado con el botín, tomaba la precaución de acudir a Gat, en parte para despejar toda sospecha,[2] y en parte, sin duda, para asegurarse la buena voluntad de Aquís dándole gran parte del botín. Sus informes podían ser verdaderos a la letra –dándole un significado forzado–, pero ciertamente eran falsos en espíritu. Pero David nunca llevó cautivos a Gat,[3] que le hubiesen podido traicionar, sino que siempre destruía a todo aquél que había presenciado sus ataques.

Si por medio de estos frecuentes éxitos debidamente notificados en sus incursiones en tierra de Israel David se aseguraba la confianza de Aquís, como uno que había cortado de manera irrecuperable con su pueblo, y si con el rico botín que traía además obtenía el favor de los filisteos, tenía que experimentar una vez más que la verdadera seguridad no debía ser ganada con la falsedad. Debía haber de nuevo guerra entre los filisteos e Israel, esta vez a una escala mayor que en cualquier otra desde el primer combate con Saúl. Era simplemente natural que Aquís desease añadir su contingente al ejército de los príncipes filisteos unidos con una banda tan grande, bien preparada y, a su parecer, digna de confianza como la de David. Es evidente que no cabía otra alternativa que obedecer a semejante llamada, aunque debemos admitir que las palabras de David, tanto en este caso (28:2), y posteriormente, cuando despidió al campamento de los filisteos (29:8), pueden tener dos interpretaciones. Aquís, no obstante, las tomó en el sentido más obvio y prometió en compensación («así pues», por ello) hacer a David su guardaespaldas jefe. Casi huelga comentar qué terrible ansiedad le causaba a David este cambio inesperado de sucesos, o cuán seriamente debió orar y confiar que, en el momento oportuno, se le daría algún modo de escapar.

Expedición de los filisteos contra Israel

El relato sagrado ahora nos lleva al campamento de Israel y al de los filisteos. El campo de batalla iba a ser una vez más la llanura de Jizreel, donde antaño Gedeón con sus trescientos había derrotado a las huestes de Madián (Jue. 7). Un lugar tan lleno de recuerdos felices y gloriosos, pero ¡cuán tristemente habían cambiado las circunstancias! Gedeón había sido conocido como el héroe llamado por Dios, que iba a conquistar en su poder; Saúl era el rey abandonado por Dios, que se estaba precipitando al juicio y la destrucción. Cada uno de ellos lo sabía y sentía: Gedeón cuando se contentó al reducir sus fuerzas a trescientos hombres, y luego bajó deslizándose con su paje de armas para escuchar a su enemigo predecir su propia destrucción; y Saúl cuando observaba el ejército filisteo al otro lado de la llanura, «tuvo miedo, y su corazón tembló en gran manera» (28:5), y cuando todas sus consultas al Señor quedaron sin respuesta. Parece extraño, y a pesar de ello, según pensamos, es más típico de Saúl, que, probablemente después de la muerte de Samuel, mostrara un celo teocrático especial con un ataque sistemático contra toda necromancia de la tierra, de acuerdo con Levítico 19:31; 20:27; Deuteronomio 18:10, etc. Dicho cumplimiento exterior de la ley de Dios, no sólo por motivos políticos, sino también por los del tipo de religiosidad de la que era capaz, nos parece una de las confirmaciones psicológicas más chocantes de la historia de Saúl.

La razón para que el escenario de la batalla hubiese sido emplazado tan al norte, tan distante de las ciudades de los príncipes filisteos como de la residencia de Saúl, era, con toda probabilidad, que los filisteos ahora deseaban conseguir una supremacía incuestionada en el norte de Palestina como parecen haber tenido virtualmente en el sur. Una gran victoria en Jizreel no sólo cortaría la tierra, por así decirlo, en dos, sino que les conferiría la clave tanto para el sur como para el norte. Así, los filisteos escogieron aquella tierra con esta finalidad. Ahí donde la gran llanura de Esdralón desciende hasta el Jordán y queda cortada al este por dos cadenas montañosas. En el lado sur del valle, que aquí tiene una anchura de tres millas, se hallan las montañas de Gilboa, y a su pie, o más bien espolón, yace Jizreel, donde la fuente que fluye hacia abajo se recoge en un estanque de considerable tamaño. En el lado norte del valle está el Pequeño Hermón, y a su pie el rico pueblo de Sunem (el «descanso doble»). Detrás y al norte del Pequeño Hermón pasa otra estrecha rama de la llanura. Al otro lado se halla la montaña donde estaba Endor rodeada por una escena desolada; y en una de sus muchas cuevas de piedra caliza Saúl tuvo su último encuentro con Samuel. Tampoco nos resulta poco significativo que Endor se hallase sólo a unas pocas millas de Nazaret; porque es precisamente la vecindad de estos dos escenarios tan opuestos lo que a menudo vierte una luz tan pavorosa sobre muchos acontecimientos.

Saúl en Jizreel

Desde su campamento en las laderas de Gilboa y junto al manantial de Jizreel, Saúl había observado ansiosamente las huestes de Filistea organizándose al otro lado de Sunem, y su corazón decayó totalmente. ¿Dónde estaba ahora el Señor Dios de Israel? Ciertamente no estaba con Saúl. ¿Y dónde se hallaba otro David para enfrentarse a un Goliat? Saúl había «consultado a Jehová» en sucesivas ocasiones por todos los medios conocidos, desde el menos al más espiritual,[4] pero sin recibir respuesta. Sólo este hecho ya debía haber bastado para que Saúl, si hubiese poseído discernimiento espiritual, percibiera su significado. Si hubiese realmente consultado *al Señor*,[5] hubiese notado su deserción, e incluso entonces podía volver a él en arrepentimiento humilde; tal como Judas, si su arrepentimiento hubiese sido honrado y verdadero, hubiese salido en busca de perdón como Pedro, en vez de precipitarse a la autodestrucción en

---

2. Las palabras de la pregunta en 27:10 son tan oscuras en el original que precisan pequeñas modificaciones. La traducción de la LXX, «¿Contra quién hicisteis la invasión?» es evidentemente la versión correcta del texto.

3. Algunas versiones añaden incorrectamente en el versículo 11 «para traer *noticias*»; la referencia se hace claramente a cautivos. La última frase del versículo 11 es una oración substantiva y forma parte del relato, no de lo que dijeron los cautivos.

4. Nos atrevemos a considerar los «sueños», el «Urim» y los profetas como una gradación ascendente de los modos de consulta. De acuerdo con los principios implicados al tratar las reuniones de los «profetas», nos parece que cuando más pasivo es el instrumento usado, más bajo es el nivel en el modo de comunicación divina. Lo que nosotros hemos osado calificar de niveles de comunicación inferiores o más mecánicos se adaptaban a los diversos niveles de desarrollo espiritual. Pero el nivel absolutamente más elevado de relación con Dios es la morada del Espíritu Santo en la iglesia del Nuevo Testamento, donde la individualidad del hombre no se reemplaza ni suprime, sino que se transforma, y así es conformada a Él en comunión espiritual.

5. Si se nos pregunta cómo podía Saúl consultar con el Urim, pues Abiatar –y con él el Efod– estaba con David, respondemos que evidentemente Saúl había nombrado a Zadoc sucesor de Abiatar (1 Cr. 16:39, comp. 6:8, 53), y colocado el tabernáculo en Gibeón. Esto explica la mención a dos sumos sacerdotes en el principio del reino de David (comp. 2 S. 8:17; 15:24, 29, 35; 1 Cr. 15:2; 18:16).

su desespero. Tal como lo demostró el acontecimiento, Saúl *no* consultó realmente al Señor, en el sentido de buscar su guía, y con el deseo de dejarse llevar por él. En cambio, si se nos permite la expresión, él quería usar al Señor como el medio por el cual conseguir su objetivo. Pero éste es básicamente el concepto pagano, y se diferenciaba sólo en sus detalles, no en su principio, de la consulta a un espíritu familiar, a lo que recurrió posteriormente. En consecuencia la última «consulta» debe ser considerada como la explicación de la primera y como determinante de su naturaleza. En este sentido la anotación de 1 Crónicas 10:14 nos da un discernimiento espiritual de esta transacción.

La oscuridad absoluta del desespero ya había rodeado a Saúl. Estaba condenado: lo sabía y lo sentía, y su conciencia asentía. ¿Qué iba a suceder al día siguiente? Dicha pregunta tenía que ser respondida, fuera la que fuese. Si no podía obtenerla de Dios, la sacaría de cualquier otra parte. ¿A quién podía recurrir en su situación extrema? Sólo se le ocurrió una persona suficientemente poderosa ante Dios y los hombres. Se trataba de Samuel, a su entender la mismísima encarnación del poder divino, el mensajero seguro de Dios, el único hombre que siempre le había hecho frente e intimidado. Parece como si el destino le llevara al mismísimo hombre que le había declarado su caída en medio de su hora de triunfo de un modo tan severo y con tanta tenacidad. Pero ¿cómo podía encontrar a Samuel? Por medio de la necromancia –es decir, por medio de la brujería. Lo divino a través de lo antidivino, la comunicación desde lo alto por medio de la brujería: unos contrastes terribles, desgraciadamente combinados en la vida de Saúl, que relacionaban de modo extraño su principio con su final. Pero no importaba, si cabía una sola posibilidad para ello, Saúl quería ver a Samuel, por mucho que se hubiese apartado de él en vida. Samuel le había anunciado su ascenso, podía pues, ahora, acudir a revelarle su destino; le había impulsado hasta el borde del precipicio, ahora podía indicarle lo que había debajo. Y a pesar de todo, ¿quién podía decir lo que iba a suceder, o el desenlace de aquella entrevista? Porque en lo más profundo de toda vida siempre hay, incluso en la desesperación, la posibilidad de la esperanza.

Saúl acude a la adivina de Endor

Es la descripción más gráfica de la Santa Escritura, junto con la traición de Judas. Disfrazándose de hombre común, y asistido solamente por dos compañeros, Saúl parte de noche. Endor estaba a ocho millas por el lado este de Hermón. Nadie en el campamento de Israel debía saber adónde iba el rey o para qué misión; además tenía que pasar por detrás de la posición de los filisteos, que estaba en la ladera frontal de Hermón. Tampoco debía saber «la mujer que poseía un *Ob*» –o espíritu por el cual se pueden conjurar los muertos (Lv. 20:27)– que el que le consultaba era uno que «había cortado del pueblo a los que tenían espíritus familiares y a los brujos».

Era de noche cuando Saúl y sus compañeros llegaron exhaustos a su lugar de destino. Despertaron a la malvada impostora, «la mujer que poseía un *Ob*», y la tranquilizaron en sus temores prometiéndole que su nefasta ocupación no sería traicionada.

Aparición y mensaje de Samuel

Para su terrible horror es por una vez verdad. Dios ha permitido a Samuel obedecer la invocación de Saúl; y, para no ser confundido, aparece, tal como solía en vida, envuelto

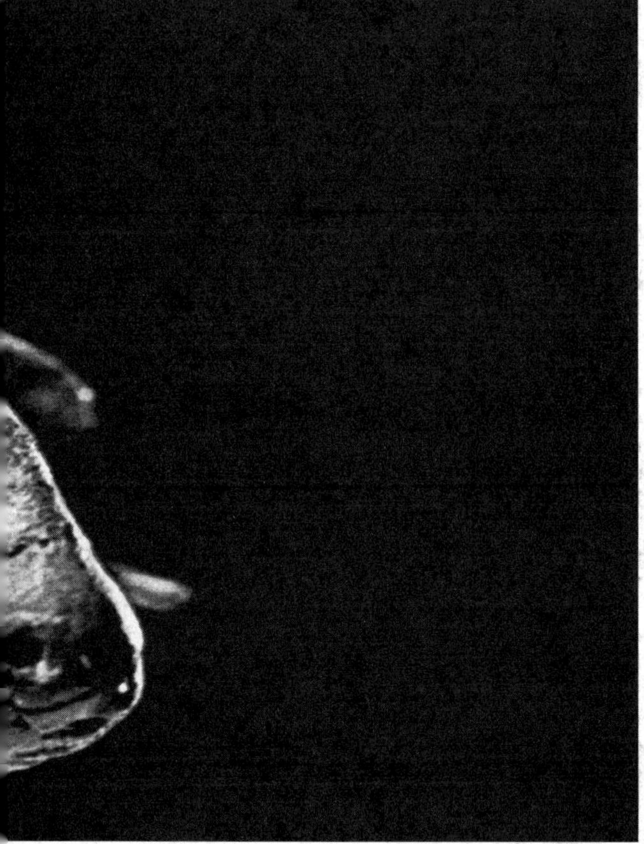

«Trasquilar las ovejas era todo un acontecimiento para los propietarios de rebaños, para el que todo corazón debía estar bien dispuesto. Un tiempo de fiesta (v. 36), que cada uno observaba de acuerdo con lo que tenía. Y Nabal tenía razones para estar contento. Gracias a la vigilancia permanente de David y sus hombres, no sufrió la más mínima pérdida (vv. 15, 16); y el rico crecimiento de sus rebaños coronó otro año de prosperidad».

Nabal disponía de numerosos rebaños de «ganado menor», lo que significaba que era un hombre rico. El carnero, considerado como símbolo de esplendor de los rebaños, que eran la riqueza de esos pueblos, se utilizaba como la víctima más frecuente en los sacrificios entre los hebreos. Éste es el «carnero del sacrificio» encontrado en Biblos, en la costa del actual Líbano.

con su *meïl*, o manto, de profeta. La mujer ve la aparición,[6] y por su descripción Saúl no halla dificultad alguna para reconocer a Samuel, y se postra con humilde reverencia ante él. Durante toda la entrevista el rey permanece arrodillado. ¡Qué diferencia con el último encuentro entre ellos dos! Pero el antiguo profeta no tiene nada por rebajar o alterar. Hay un patetismo inexpresable en el clamor desesperado del rey: «¡Hazme saber lo que tengo que hacer!». ¡Lo que tenía que hacer! Pero Samuel se lo había manifestado durante toda su vida y Saúl se había resistido. El tiempo para actuar había pasado. Llega todo en rápida sucesión, como un rayo tras otro: «Jehová tu enemigo»; «Jehová ha rasgado el reino de tus manos, y lo ha dado a David»; «tus pecados te han dado alcance». Saúl hacía mucho tiempo que sabía todo esto, aunque nunca se había dado cuenta de ello tanto como ahora. Y luego, como su destino: *mañana*, la derrota, muerte, matanza, para Saúl, sus hijos, Israel.

Todos estos golpes, cada uno de ellos más intenso que el anterior, cayeron sobre el rey arrodillado, agotado, desfalleciendo por falta de comida, y azotado en su corazón con horror y terror; y ahora, se desploma en el suelo con toda su gigantesca talla. La mujer y los acompañantes de Saúl se habían mantenido aparte, y no habían oído lo que pasó entre los dos. Pero el ruido de la caída les hizo acercarse. Con dificultad consiguieron convencerlo para que comiera algo antes de emprender el agotador regreso a Jizreel. Al final cede; y, poniéndose en pie, se sienta en un diván, mientras le esperan. Pero ya no le queda ni el habla, ni propósitos, ni pensamiento. Como alguien que es llevado al matadero, vuelve al encuentro de su condena. Ya debía ser temprano por la mañana cuando llegó de nuevo a Gilboa, la mañana de la temida y decisiva batalla.[7]

David tiene que abandonar el ejército de los filisteos

El relato sagrado vuelve otra vez al ejército filisteo. El punto de prueba para los contingentes de cinco «señores» aliados o reyes de Filistea era Afec, probablemente el mismo que en ocasiones anteriores (1 S. 4:1).[8] Aquís formaba su retaguardia. Cuando los líderes filisteos vieron a David y a sus hombres entre ellos, objetaron bastante lógicamente a su presencia. En vano Aquís alegó su fidelidad desde que habían acudido a él rompiendo con los suyos. A su parecer,

6. 1 Samuel 28:13: «Vi dioses» (o *Elohim*) «subiendo de la tierra». La expresión Elohim aquí no se refiere a una aparición divina, sino sobrenatural, indicando su *carácter* como no terrenal. Pero en esa luz sobrenatural ella también reconoce a su visitante como el rey de Israel. Los vv. 13 y 14 nos indican que Saúl *no* vio personalmente la aparición. La cuestión acerca de la objetividad o subjetividad de la visión de la mujer, no representa ninguna importancia en absoluto. Sea suficiente el hecho de que era *real*, y le vino *ab extra* (de modo extraordinario).

7. Como se puede ver, consideramos la aparición de Samuel, no como una treta de la mujer, sino como un hecho real –ni siquiera causado por el demonio, sino permitido y deseado por Dios. Una discusión completa sobre nuestras razones para esta convicción, evidentemente, quedaría fuera de lugar en esta obra. No obstante, deseamos recordar sÓlo dos detalles al lector: la historia no puede ser explicada con nuestras ideas modernas y occidentales del estado de éxtasis, de sonambulismo y magnético (Erdmann), ni se puede juzgar a partir de la base que la iglesia ha alcanzado *ahora*. Concordaba *bastante bien* con el nivel del reino de Dios en los días de Saúl.

8. La mayoría de autores suponen que este Afec estaba cerca de Sunem, aunque esta suposición no concuerda en absoluto con el relato. No obstante, existe esta objeción insuperable, que puesto que Sunem está entre ochenta y noventa millas desde donde se debe buscar Siclag, David y sus hombres no podían haber llegado allí «al tercer día».

una persona que había tomado una posición como la que tomara David en el pasado jamás podía ser digno de confianza. ¿Qué mejor camino, para hacer las paces con su jefe, que convertirse en traidor de los filisteos en el momento de mayor necesidad? Y así, por reticente que fuese a ello, Aquís tuvo que ceder. La protesta de David, envuelta con palabras ambiguas, casi ni lo era (1 S. 27:8), sino más bien intentaba asegurarse la verdadera opinión de Aquís a su respecto. Pero debió ser con el intenso descanso de la liberación obrada por Dios, que temprana la mañana siguiente, antes de que el campamento se pusiese en movimiento, David y sus hombres se alejaron de los alrededores del mismo, donde estaba la retaguardia, para volver a Siclag.

Al tercer día los hebreos llegaron a su casa filistea. ¡Pero qué espectáculo les recibió! Murallas rotas, ruinas ennegrecidas y la desolación del silencio total. Los amalecitas se habían vengado de las repetidas incursiones de David contra ellos (27:8). Entraron en el *Négueb*, o país del sur, y especialmente en Siclag.

Captura de Siclag por los amalecitas

En ausencia de sus defensores, el lugar cayó como una presa fácil. Después de destruirlo, los amalecitas se llevaron a las mujeres y a los niños, junto con el ganado y cualquier otro botín que pudieron alcanzar. Fue una sorpresa terrible, y el primer efecto en David y sus hombres fue perfectamente oriental (30:4). Pero es tan típico de los seguidores de David como indicativo de la reticencia con la que le siguieron a Afec, que pensaron realmente en matar a David, como si él hubiese sido el autor de aquella ilegítima expedición en pos de Aquís que les había causado una tristeza tan desesperada. Era una gran amargura para David haber perdido a su familia, pero ahora corría el peligro de perder la vida por un motín de sus hombres. ¿Para esto le había salvado Dios? La misma mañana que se apartaron de Afec, andando casi a marchas forzadas para atravesar las cincuenta millas hasta Siclag, sus casas fueron del todo destruidas. ¿Para qué? ¿Acaso el Señor le había retrasado, como hizo Jesús «más allá del Jordán», hasta que Lázaro hubiese estado muerto tres días? David nunca demostró mejor la realidad de su religión como en las ocasiones de apuros extremos y aparentemente sin salida, elevándose a las alturas más elevadas de la fe y la oración. El texto enfatiza claramente el contraste: «Pero David se fortaleció en Jehová su Dios». Tomó una resolución rápidamente. La primera cosa era consultar al Señor si debía o no perseguir a los amalecitas. La respuesta fue incluso más extensa de lo que él inquiriera, porque también le prometía un éxito completo. La segunda cosa fue la persecución inmediata del enemigo. Fue tan rápida, que cuando llegaron al arroyo Besor, que desemboca en el mar al sur de Gaza, doscientos de sus hombres, que, si consideramos el estado en el que habían encontrado a Siclag, sólo podían ir mal provistos, debieron ser dejados.[9]

Persecución y victoria de David

Pronto hallaron el rastro de los amalecitas. Encontraron un esclavo egipcio, a quien su amo inhumano había dejado junto al camino, en su apresurada retirada de Siclag, para que muriera de hambre antes que poner en peligro su propia persona cuidando de un hombre enfermo. La comida pronto le reanimó; y, ante la promesa de seguridad y libertad, se ofreció para guiarlos hasta el lugar determinado por los amalecitas como suficientemente apartado de Siclag para permitirles celebrar con seguridad su botín. La suya fue una seguridad de corta duración. Era ya el crepúsculo –el comienzo, sin duda, de una noche de orgías– cuando David les sorprendió, «tumbados por el suelo», «comiendo , bebiendo y bailando». No había guardia alguna; nadie tenía las armas en la mano; no se temía ningún ataque. Podemos hacernos una idea de la escena: cómo David probablemente rodeó el campamento; y los gritos enfurecidos de venganza con los que los hebreos cayeron sobre los que no podían ni defenderse ni huir. La carnicería duró toda la noche y todo el día siguiente. Sólo escaparon cuatrocientos jóvenes, que se encargaban de los camellos. Todo lo que se habían llevado los amalecitas fue recuperado, además tomaron los rebaños y el ganado del enemigo, que fueron dados a David como su parte del botín. Y lo más importante, las mujeres y los niños estaban sanos y salvos.

Fue una reacción típica de los malvados e indignos de entre los seguidores de David, que a su regreso, cuando llegaron junto a los doscientos hombres que habían dejado «desfallecidos», propusieran no devolverles lo que se había recuperado de los amalecitas de su propiedad, excepto sus esposas e hijos. Hombres toscos y salvajes, tan deprimidos en la adversidad como temerariamente alborozados e insolentes en la prosperidad. Y no es meramente la disciplina que David sabía mantener en semejante banda que nos muestra «la habilidad de sus manos» al guiarlos, sino que la suavidad con la que trataba con ellos, y, sobre todo, la sincera piedad con la que sabía domar sus pasiones salvajes, demuestran su «integridad» espiritual o su «perfección de corazón» (Sal. 78:72). Una sana costumbre, que desde entonces se mantuvo en Israel, además de la de repartir equitativamente los despojos entre combatientes y no combatientes de un ejército (1 S. 30:24, 25), debió empezar no sólo en tiempos de David, sino incluso en el período de su vagar y sus persecuciones. Así demostró su capacidad para el gobierno mucho antes de conseguirlo.

Otro rasgo afín es la unión de David con sus amigos que habían estado de su parte en los momentos de aflicción. Así como luego encontramos entre sus siervos y oficiales nombres relacionados con la historia de su vagar (1 Cr. 27:27-31), también ahora envió regalos de su botín a «los ancianos» de varias ciudades del Sur,[10] donde había estado errante, y que demostraron ser «sus amigos» ayudándole en los momentos de necesidad. Sin duda pudo haber sido el hecho que el sur había sido por norma general la víctima de las incursiones amalecitas contra Siclag (30:1). Pero una pérdida así apenas podía ser cubierta por los «regalos» de David. Su principal objetivo, además del agradecimiento por el auxilio en el pasado, debió ser prepararles para reconocerlo públicamente, en el momento oportuno, como el líder escogido del pueblo de Dios, que haría «despojos de los enemigos de Jehová». En el momento oportuno. Pero mientras pasaban estos regalos, sin saberlo David, el momento había llegado.

---

9. Es un ejemplo curioso del parecido del habla popular de todas las naciones y épocas, que la palabra de los versículos 10, 21, traducida por «desfallecido», significa literalmente «estaban en cadáver» –como en algunas regiones de nuestro país. La palabra hebrea es evidentemente un vulgarismo, porque sólo aparece en estos dos versículos.

10. Los lugares enumerados en 1 Samuel 30:27-31 estaban todos en el sur del país. El Betel mencionado en el versículo 27, evidentemente, no era la ciudad del mismo nombre en la tribu de Benjamín, sino de Betuel, o Betul (1 Cr. 4:30), en la tribu de Simeón (Jos. 19:4).

Capítulo 15

A pesar de la brevedad de los relatos sobre la batalla de Gilboa (1 S. 31; 1 Cr. 10), podemos hacernos una idea de la escena. Parece ser que los atacantes fueron los filisteos. Lenta y obstinadamente los israelitas se fueron rindiendo, y cayeron desde Jizreel en el monte Gilboa.

La batalla del monte Gilboa

La lucha duró todo el día, y parece que llegó la oscuridad antes de que los filisteos supieran el alcance de su éxito, o pudiesen dedicarse al triste trabajo de saquear a los muertos. Israel ya había sufrido bastante aquel día. Sus cadáveres cubrían las laderas del monte Gilboa. Los tres hijos de Saúl –principalmente el noble Jonatán– cayeron en el combate. Saúl se retiró en Gilboa. Pero la batalla se había encrudecido contra él. Y ahora los buenos tiradores del enemigo le habían encontrado[1] –le habían dado alcance. Había llegado, pues, el momento fatal: «Saúl estaba muy atemorizado». Pero si caía, por lo menos que no fuera por mano filistea, para que el enemigo hereditario de Israel no «se burlara»[2] del rey impotente y moribundo. Saúl iba a morir como rey.

Muerte de Saúl

El último servicio que pide a su paje de armas es que le salve de caer en manos filisteas atravesándolo con la espada. Pero el paje de armas no osa levantar su espada contra el ungido del Señor, y Saúl clava en el suelo su espada que ya no servía para nada más y se echa encima de ella. El fiel paje de armas siguió el ejemplo de su señor. Pronto todos los asistentes personales de Saúl habían sido aniquilados del mismo modo (1 S. 31:6; comp. 1 Cr. 10:6).

Y luego la oscuridad hospedó más proezas de sangre. Antes de que llegara la luz de la mañana las noticias de la derrota de Israel ya se habían extendido por todas partes. Al norte del valle de Jizreel, e incluso al otro lado del Jordán,[3] que pasaba cerca de allí, la gente abandonó las ciudades y se fue al campo, dejando sus fortalezas a los conquistadores. Entre tanto los saqueadores estaban ocupados despojando a los cadáveres en Jizreel y en el monte Gilboa.

Encontraron lo que difícilmente esperaban: los cadáveres de Saúl y sus tres hijos. Despojarles hubiese sido un agravio comparativamente pequeño; pero a fin de añadir todos los insultos posibles, cortaron la cabeza al rey y a sus hijos y dejaron los cuerpos desnudos insepultos. Las cabezas ensangrentadas y las armas fueron enviadas por todo Filistea, «para publicarlo en las casas de sus ídolos, y en el pueblo». Finalmente, las armas se distribuyeron por los templos de Astarot (la Venus fenicia), mientras que la calavera de Saúl se colocó en el gran templo de Dagón.

Pero el ejército filisteo no se había detenido. Avanzaron para ocupar las localidades abandonadas por los hebreos. El cuerpo principal ocupó Bet-sán, la gran fortaleza en montaña de la Palestina Central, que desde la cumbre de una montaña empinada, inaccesible a caballo, parecía dominar el valle del Jordán e incluso toda la zona de los alrededores. A modo de burla absoluta y de desafío, colgaron de las murallas de Bet-sán los troncos decapitados de Saúl y sus hijos. Y entonces la noche cubrió los horribles trofeos con su negro manto. ¿Iban las águilas y los buitres a acabar la obra que sin duda ya habían empezado? Las noticias cruzaron el Jordán y se repitieron en una ciudad israelita. Fue en Jabés-galaad adonde Saúl, cuando había sido nombrado rey pero todavía no había sido reconocido como tal, llevó auxilio con una marcha forzada de noche, librándola de la destrucción (1 S. 11). Aquello había sido la mañana de la vida de Saúl, brillante y prometedora como ninguna otra; su primera victoria gloriosa, que le había hecho rey por aclamación, y había reunido a los miles de Israel a aquel encuentro en Gilgal, cuando, en medio del gozo de un pueblo exultante, se inauguró el nuevo rey. Y ahora era de noche, y los cuerpos decapitados de Saúl y sus hijos, abandonados por todos, se balanceaban en las murallas de Bet-sán, con el fondo musical de buitres y chacales.

Rescate de los cuerpos por los hombres de Jabés-galaad

Pero no debía ni podía ser así. Aún quedaba verdad, gratitud y valentía en Israel. Y los valientes de Jabés-galaad se pusieron en marcha toda la noche: cruzaron el Jordán, subieron por la empinada cuesta y descolgaron los cadáveres en silencio. Con toda reverencia se los llevaron al otro lado del río, y antes de la luz de la mañana ya se hallaban bien alejados del alcance de los filisteos. Aunque la costumbre en Israel había sido siempre de enterrar a los muertos, no podían hacerlo con estos restos mutilados, como para no perpetuar su vergüenza. Los quemaron lo suficiente como para eliminar todo vestigio de burla, y los huesos fueron colocados reverentemente debajo de su gran tamarisco, e hicieron ayuno siete días como muestra de duelo público. Todo el honor para los valientes de Jabés-galaad, cuya proeza conserva para todas las generaciones la Santa Escritura.

Era el tercer día desde el regreso de David y sus hombres a Siclag. Todos deberían estar ansiosos de recibir noticias del grande y decisivo encuentro entre los filisteos y Saúl que sabían que estaba teniendo lugar entonces, cuando de pronto llegó un mensajero, cuyo aspecto ya informaba sobre el desastre y el duelo (comp. 1 S. 4:12). Era un forastero, el hijo de un colono amalecita en Israel, quien trajo la extraña y triste información. Según su propio relato, había huido a Siclag directamente desde el campamento de Israel, para contarles acerca de la derrota y matanza de Israel, y de la muerte de Saúl y Jonatán. Según él, cuando la batalla se volvió contra Israel, él encontró accidentalmente a Saúl, en pie, solo, en la ladera de Gilboa y apoyado en su lanza, mientras los carros filisteos y los hombres de a caballo le rodeaban. Al notar su presencia y enterarse de que era amalecita, el rey le dijo, «Ven a mí y mátame, porque tengo calambres, porque mi vida todavía está enteramente en mí».[4] Ante esto, el amalecita se había acercado a él y le había matado, «porque» –según añade en su explicación, probablemente refiriéndose a la enfermedad que por el miedo y el dolor se había apoderado de Saúl, forzándole a apoyarse en su lanza– «yo sabía que no viviría después de su caída;[5]

1. Ésta es la traducción correcta (v. 3) y no, como hacen algunas versiones, «los arqueros le dieron y fue herido dolorosamente».

2. Traducción literal del versículo 4.

3. A mi parecer, los comentaristas han suscitado dificultades innecesarias sobre una expresión que siempre significa «al este del Jordán». Nada puede resultar increíble en las ciudades fronterizas al otro lado del Jordán al estar abandonadas por sus habitantes. Si se abandonó una fortaleza como Bet-sán, ¿por qué no lo podían ser lugares más pequeños al otro lado del Jordán?

4. Ésta es la traducción correcta de 2 Samuel 1:9.

5. La mayoría de críticos toman esta expresión «después de su caída», como refiriéndose a su derrota. Pero, de hecho, no precisamos esta situación. Parece bastante lógico suponer que el amalecita quería decir que Saúl, en su estado físico, no hubiese sido capaz de defenderse del ataque.

y tomé la corona de su cabeza y el brazalete de su brazo y los traje a mi Señor aquí».

David castiga al mensajero falso de la muerte de Saúl

Por poco probable que pueda parecer el relato bajo un estudio tranquilo y absolutamente falso, según sabemos, el altercado indignado y horrorizado de David por el modo en que había osado destruir al ungido de Jehová (2 S. 1:14), demuestra que, en la excitación del momento, consideró la historia como básicamente correcta. El hombre había dado testimonio contra sí mismo: tenía pruebas en sus manos, la corona del rey y su brazalete. Si no le había matado, sin duda le había despojado una vez muerto. Y ahora se había presentado ante David, evidentemente pensando que David sería partícipe de su crimen. En lo más interno de su alma, David se reveló contra semejante acto como era el asesinato y la presunción soberana contra Jehová, de cuyo ungido se trataba. Más de una vez, cuando defendía su preciosa vida, Saúl había estado en su poder, y él se había negado rotundamente a hacer caso a las sugerencias de asegurarse su propia seguridad por medio de la muerte del perseguidor. Y lo que él mismo había rechazado en sus momentos de mayor peligro, este amalecita lo había hecho a sangre fría con la esperanza de recibir alguna recompensa. En su interior hervían todos los sentimientos posibles de castigo del culpable; y si fallaba o dudaba, fácilmente sería acusado ante todo Israel de ser cómplice del amalecita. «Dijo: sea tu sangre sobre tu cabeza. Porque tu boca ha testificado contra ti, has dicho, he matado al ungido de Jehová». Y la sentencia pronunciada así fue ejecutada inmediatamente.

Era un dolor real y sincero el que impulsó a David y a sus hombres a guardar duelo, y llorar, y ayunar hasta la noche por Saúl y Jonatán, y por sus compañeros en su doble calidad de pertenecientes a la iglesia y a la nación («el pueblo de Jehová y la casa de Israel», v. 12). Una de las mejores odas del Antiguo Testamento perpetuó su memoria. Esta elegía, compuesta por David «para enseñar a los hijos de Israel», tiene el título general de *Kasheth*, como muchos de los salmos tienen inscripciones parecidas. En nuestro texto aparece como un extracto de la colección de poesía heroica llamada *Sefer hajjashar*, «libro del justo». Consiste, después de un sobrescrito general, de dos estrofas desiguales, encabezada cada una de ellas con la línea: «¡Ay! los héroes han caído». La segunda estrofa se refiere especialmente a Jonatán, y al terminar la oda se repite el encabezado, con una adición que indica la gran pérdida de Israel. Las dos estrofas denotan una especie de descenso desde el más profundo dolor por unas personas tan valientes, cercanas y honradas, hasta la expresión de los sentimientos personales por Jonatán, pareciendo las últimas líneas un último suspiro por una pérdida demasiado grande para ser expresada con palabras. Es especialmente conmovedora en esta elegía la ausencia de la más mínima alusión a las dolorosas relaciones de David con Saúl en el pasado. Todo lo que era sólo personal parece haber sido borrado, o como si nunca hubiese existido en el corazón de David. En este sentido, debemos considerar esta oda como una fuente excepcional de luz sobre el significado y carácter real de los Salmos algunas veces llamados de venganza o imprecación. Tampoco podemos pasar por alto lo que tan acertadamente ha observado un teólogo alemán, que, con la excepción del lamento de Jabés-galaad, el único duelo real por Saúl había sido de parte de David, a quién el rey había perseguido a muerte tan amargamente. Ello nos recuerda también a la persona real de quien David es figura, que lloró solo por Jerusalén que se estaba preparando para traicionarlo y crucificarlo. La elegía es como sigue:

«¡El ornamento de Israel en tus cumbres atravesado!
¡Ay![6] los héroes han caído.
No lo anunciéis en Gat,
No lo publiquéis como buenas noticias en Ascalón,
Para que no se regocijen las hijas de los filisteos,
Ni se gocen las hijas de los incircuncisos.
Oh montañas de Gilgoa, no haya rocío,
Ni lluvia en vosotras, ni campos de ofrendas de primicias.
Porque allí está contaminado el campo de los héroes,
El escudo de Saúl, que ya no está ungido con aceite.
El arco de Jonatán no se volvió atrás
Ante la sangre de los muertos ni la grasa de los héroes,
Y la espada de Saúl no volvió vacía (faltante).
Saúl y Jonatán, amados y agradables,
No se separaron ni en vida ni en muerte.
Más rápidos que las águilas, más fuertes que leones.
Hijas de Israel, llorad por Saúl,
Que os vistió de púrpura con encanto,
Que puso joyas de oro en vuestros vestidos.

¡Ay! los héroes han caído en medio del combate, Jonatán,
En tus cumbres atravesado.
Grande es mi pena por ti, hermano mío, Jonatán,
Fuiste extremadamente agradable conmigo,
Más maravilloso tu amor para mí que el de las mujeres.
¡Ay! los héroes han caído,
Y han perecido las armas de la guerra.[7]

David rey en Hebrón

Pero no sólo era un tiempo para el duelo. Por lo que respecta al juicio humano, ya no había ninguna razón para el exilio de David. Pero incluso así, no iba a actuar sin la guía divina explícita. En respuesta a su consulta con el Urim y el Tumim recibió la indicación de residir en Hebrón, donde pronto fue ungido rey por su propia tribu de Judá. Pero, por el momento y durante siete años y medio, su gobierno se extendía únicamente sobre aquella tribu. Es una prueba más de la completa sumisión de David a la guía de Jehová, y de que había aprendido perfectamente la lección de no intentar ganarse su propia «liberación», el hecho de que no hizo nada por oponerse a la entronización del hijo de Saúl, por contrario que fuese esto a la determinación divina; y que la contienda posterior no la originó David, sino su rival. En cambio, el primer acto de David como rey de Judá fue enviar una embajada a Jabés-galaad para expresar su admiración por la noble lealtad de ellos a Saúl.[8] Tampoco merma su generosidad el hecho de que, una vez muerto su señor,

---

6. Nuestra versión es un intento de traducción literal, que en poesía es en especial deseable. La palabra comúnmente traducida por «cómo», la hemos traducido por ¡Ay! no sólo porque da mejor el significado completo, sino también porque la palabra «cómo» puede interpretarse como interrogación en lugar de exclamación.

7. El lector atento observará que por todo el cuerpo de la oda, las ideas avanzan en frases de tres líneas cada una.

8. Keil ha observado acertadamente la frecuente coincidencia de las expresiones «misericordia y verdad» (2 S. 2:6; comp. Éx. 34:6; Sal. 25:10). Siempre es así con Dios: primero, «misericordia» –gratis, por gracia y perdonador; –luego «verdad»– fidelidad a sus promesas y experiencia de la realidad de las mismas.

insinuara su propio alzamiento, para reclamar, si era posible, su fidelidad. La ayuda de aquellos hombres merecía ser conseguida. Además, Jabes-galaad era la capital de toda la región; y ya se había establecido un rival, cuyas exigencias no se hallaban ni en el nombramiento de Dios ni en la elección del pueblo.

Según inferimos del relato sagrado, entre los fugitivos de la batalla de Gilboa había habido un hijo de Saúl; si se trataba del más joven o no, queda sin precisar.[9] Por las palabras del texto (2 S. 2:8), además de por su historia posterior, parece que tenía un carácter débil: una marioneta en las manos de Abner, tío de Saúl, a quién el ambicioso e inmoral soldado usó para sus propios fines. Su nombre original, Is-Baal, «fuego de Baal» (1 Cr. 8:33; 9:39), se convirtió, en la designación popular, Is-Boset, «hombre de vergüenza»; Baal y Boset se intercambian frecuentemente de acuerdo con el estado de la religión popular (Jue. 6:32; Jer. 11:13; Os. 9:10). Esto incluso puede considerarse como una indicación de la estimación popular del hombre.

Is-boset rey en Mahanaim

Inmediatamente después de la batalla de Gilboa, Abner le llevó al otro lado del Jordán a Mahanaim, «el campamento doble», donde probablemente se reunió también el remanente destrozado del ejército de Saúl. El lugar había sido bien escogido, no sólo por los recuerdos históricos sobre ese punto donde huestes de ángeles salieron al encuentro de Jacob a su regreso a la tierra de la promesa (Gn. 32:2), sino también lo bastante alejado de la escena de la reciente guerra como para estar a salvo. Aquí Abner alzó el estandarte del pretendiente al trono de Israel; y, es posible, durante cinco años y medio,[10] consiguió limpiar gradualmente el país de filisteos, y someterlo, con la excepción del territorio de Judá, al gobierno nominal del «hombre de vergüenza».

El primer conflicto entre los ejércitos de los reyes rivales fue sin duda provocado por Abner. Haciendo acopio de todas las fuerzas salió contra Gabaón, inicialmente con la intención de establecer de nuevo la residencia real en «Gibeá de Saúl», pero con el objetivo final de colocar a Is-boset en la habitación de su padre, y desplazar a David gradualmente. Ante esto, Joab avanzó con las avezadas tropas de David, para oponerse a su avance. El pueblo de Gabaón estaba sobre una ladera de un monte, con vistas a un amplio y fértil valle. En el lado este del monte, enclavada en una roca, hay un manantial, cuyas aguas bajan a un estanque rectangular, unos setenta y dos pies de largo y cuarenta y dos pies de ancho (comp. también Jr. 41:12). Al sur de este estanque se encontraba el ejército de Joab, y al norte estaba el de Abner.

Batalla entre las fuerzas de Abner y Joab

Parece ser que los dos generales ya se conocían (v. 22); y tal vez Abner desde el principio tenía en su mente la contingencia de tener que hacer las paces con David. Sea como fuere, la provocación a una hostilidad real vino de nuevo de parte de Abner. Por su propuesta –tal vez con la intención de resolver el conflicto con una especie de duelo, en vez de entrar en la matanza de una guerra civil–, doce jóvenes de cada una de las partes debían enzarzarse en un combate personal.[11] Pero la amargura y la determinación de las partes era tan profunda, que cada uno se abalanzó contra su antagonista, y, agarrándolo, le clavó la espada en su costado; de donde el lugar fue llamado «Complot de las espadas aguzadas». Este sangriento y entonces inútil «juego», demostró ser poco decisivo y lo que siguió fue una fiera batalla, o más bien, una derrota de los israelitas, en la cual cayeron trescientos sesenta, en comparación con los diecinueve guerreros avezados y entrenados de David. La persecución se detuvo al caer la noche y Abner había reunido sus fuerzas dispersadas en una posición fuerte en la cumbre de un monte, y entonces solamente con la demanda especial de Abner.[12]

Se recoge un acontecimiento especial durante la persecución de aquel día por sus consecuencias en la historia posterior. De los tres hijos de Sarvia, hermana de David (1 Cr. 2:16) –Abisay (1 S. 27:6), Joab, general en jefe de David, y Asael–, el más joven era «luz a los pies como uno de los corzos del campo». Lleno de la acción del combate, el joven vio a Abner, y le siguió en su huida. Al cabo de poco tiempo, Abner, al reconocer a su perseguidor, se detuvo. Probablemente el joven pensara que esto indicaba la rendición. Pero Abner, habiéndose cerciorado de que se trataba efectivamente de Asael, y al considerar que su ambición se contentaría con llevarse la armadura de algún enemigo, le dijo que podía satisfacer su deseo con alguno de los hombres armados de los alrededores. Cuando el joven, empeñado en obtener la gloria de haber matado a Abner con sus propias manos, prosiguió su persecución, el capitán se detuvo otra vez para altercar. Pero ni la buena advertencia con dulce voz de Abner, ni la evidente discrepancia de fuerza de lucha entre los dos, podían detener a un joven ebrio tal vez por un primer éxito. Para librarse de él, casi en defensa propia, Abner le golpeó con el extremo de su lanza, que posiblemente estaba bien afilado en forma de punta para poderse clavar en el suelo (1 S. 26:7). Con una herida mortal en «el abdomen»,[13] el muchacho cayó, y pronto «murió en el mismo lugar». El espectáculo de un hombre tan joven y valiente en un charco de sangre retorciéndose en agonía no pudo más que aumentar en gran manera la amargura de la persecución de aquel día (v. 23).

La batalla de Gibeón fue seguida de un estado de guerra extendido[14] más bien que por cualquier otro encuentro real entre las fuerzas de los dos reyes. Se describe el

---

9. Aunque Is-boset siempre se menciona en cuarto lugar entre los hijos de Saúl, no significa que fuese el más joven. Podía haber sido hijo de otra madre y quedar el último en respeto o dignidad más que por su edad. La diferencia de nombre con respecto al de los otros parece señalar en esta dirección. Esto también explicaría su edad –al menos treinta y cinco años– a la muerte de su padre. Por otro lado, tampoco deseamos dar demasiada importancia a los números del texto hebreo, con los cuales, por su naturaleza, es muy fácil realizar errores de transmisión.

10. Esta probabilidad explica la aparente discrepancia entre los dos años de su reino y los siete y medio de David en Judá. Erdmann ha observado adecuadamente que la preposición «en» (Judá), que aparece seis veces en el verso 9, se representa en hebreo tres veces por el, y tres veces por al –esta última indicando la sumisión gradual de territorio. La palabra «*asurita*» probablemente debería ser *gesuritas*, ya que su tierra es fronteriza con Galaad y Basán (Dt. 3:14; Jos. 12:5).

11. La expresión (v. 14) «que los jóvenes jueguen delante de nosotros», se refiere aquí al terrible «juego» del combate individual.

12. La estructura hebrea del versículo 27 es difícil. Su significado más probable es el siguiente: «Vive Elohim que si tú no hubieses hablado la gente hubiese vuelto antes de la mañana de seguir a su hermano». Con otras palabras, la persecución hubiese continuado hasta la mañana.

13. Ésta es la traducción correcta, y no «debajo de la quinta costilla» (2 S. 2:23).

14. La expresión en 2 Samuel 3:1: «Entonces hubo larga guerra», no se refiere a una guerra en sí, de la que no hay evidencia en el registro, sino en un estado crónico de guerra.

resultado general como el deterioro en una creciente debilidad de la casa de Saúl, y la fortaleza en aumento de la de David. Había evidencia de ambos casos. La creciente fuerza política de David se manifestaba, como de costumbre con los monarcas orientales, por las nuevas alianzas realizadas en matrimonio. Esto no sÓlo le iba a relacionar con las familias poderosas por todo el país, sino también servía para demostrar a sus súbditos que se sentía seguro en su posición, y que ahora, según la costumbre oriental, podía fundar una casa real. Por otro lado, la dependencia de Is-boset de Abner cada vez era más evidente y humillante. Al final, el general todopoderoso tomó un paso público que en aquellos días se consideraba una reclamación al suceso del trono de Saúl (comp. 2 S. 16:21; 1 R. 2:21).

Si Abner tenía esta intención o no cuando tomó a Rizpa, la concubina de Saúl, o simplemente deseaba gratificar su pasión, con total y evidente menosprecio de la marioneta que había mantenido en el trono para servir a sus propósitos, de todos modos Is-boset se resintió de este último insulto de la corona. Pero Abner, que sin duda hacía tiempo que había comprendido la imposibilidad de mantener el estado actual de las cosas (comp. v. 17), no estaba para soportar reproches. Explotó con una áspera invectiva,[15] y juró ante Is-boset que en adelante tomaría la causa de David, y le conseguiría un rápido éxito. Y el desgraciado rey no osó ni siquiera responder.

Aunque tal vez Is-boset lo considerara simplemente la amenaza de un hombre airado, Abner al menos era totalmente sincero. De inmediato empezaron las negociaciones con David. Pero tropezaron con una condición preliminar, justa y adecuada no sólo en sí misma, sino también desde un punto de vista político. Era un recuerdo de la debilidad pasada de David, y una vergüenza duradera, que su esposa Mical se apartara de él, y siguiera siendo la esposa de otro, un simple súbdito del reino. Además, como marido de la hija de Saúl, y al recordar cómo había obtenido su mano, la restauración de ella iba a ponerle a él en una superioridad política manifiesta. En consecuencia, David envió a Abner esta respuesta: «Bien, haré un pacto contigo; sólo una cosa pido de ti, a saber: no verás mi rostro, si no traes antes a Mical, la hija de Saúl, cuando vengas a ver mi rostro».

Abner abandona la causa de Is-boset

Pero no le hubiese ido bien a David dirigir tal demanda a Abner, a menos que dispusiese de todo poder con Is-boset, y así fuese realmente responsable de sus actos. Se hizo la petición formal a Is-boset y se basó en los derechos de David. El hijo de Saúl accedió inmediatamente -es obvio que fue bajo las indicaciones de Abner, quien ejecutó personalmente la comisión de ir a buscarla y sacarla de su marido actual para restablecerla a David. La publicidad con la que se realizó esto, permitiendo al marido acompañarla con sus lamentos hasta la frontera de Judá, y el carácter influyente de la embajada, como el propio acto de la restauración, debió dar a toda la nación una idea de la posición reconocida de David, y contribuyó a su rápida sumisión a su mando.

Cuando Abner llevó a Mical a Hebrón, a la cabeza de una embajada de veinte hombres –ya sea enviados por Is-boset, o como representantes de Israel- ya había tomado todas las medidas necesarias, con su energía característica. Primero se aseguró la cooperación de los «ancianos» de las tribus, que ya hacía tiempo que estaban hartos de un gobierno nominal que los dejaba indefensos ante los filisteos y otros. Después de esto empezó negociaciones con la tribu de Benjamín, que seguramente se sentía celosa por el traspaso de la realeza de ellos a Judá. Habiéndose asegurado el consenso de todos, pudo ofrecer a David la lealtad indivisa de Israel. El rey había acogido bien a Abner y a su séquito, y les agasajó con un gran banquete. Y cuando la embajada ya estaba de vuelta para realizar su misión, Joab y sus hombres regresaron a Hebrón. Volvían de alguna de esas incursiones, que todavía deberían ser necesarias en las circunstancias de David para auxiliar a las tropas. Al enterarse de lo sucedido en su ausencia, fue al rey y altercó violentamente con él por no haber traicionado a su huésped. Abner había acudido en traición y no debía haber recibido la posibilidad de escapar.

Asesinato de Abner

Apenas podemos suponer que esta simulación de celo fuese aceptada por nadie, como tampoco después, tras asesinar a Abner, la de actuar como vengador de sangre. En ambos casos, sin duda, sus motivos eran la envidia, los celos personales y el temor de que su propia posición estuviese en peligro. Al no recibir apoyo de parte de David, actuó bajo su propia responsabilidad, tanto si usó como no el nombre de David al hacerlo. Un rápido mensajero pronto hizo volver a Abner a Hebrón. Joab, que se había puesto de acuerdo con su hermano Abisay, encontró a su confiada víctima «en la puerta»; y tomándole a un lado del camino lo llevó hacia la parte más oscura y encubierta, como si fuese a comunicarle algún secreto, y allí «le mató» con una herida en «el abdomen», parecida a la que causó la muerte a Asael.[16]

Según comprendemos nosotros, los asesinos se volvieron y dirigiéndose a los presentes les declararon que estaban justificados, pues habían actuado como «vengadores de sangre». Pero todo el mundo debió comprender que no se podía usar semejante pretexto en aquel caso, ya que Abner había actuado en defensa propia, y evidentemente no había cometido un asesinato intencionado (comp. Dt. 4:42, etc; Jos. 20). Pero Abner representaba un valor israelita bajo. Si debemos dar crédito a sus declaraciones (vv. 9, 10, 18) sobre su deseo de cumplir la voluntad divina en la elevación de David, es obvio considerar que antes había actuado en oposición consciente a Dios, y ello por causas sumamente egoístas. Pero probablemente –desde una perspectiva oriental y judía– no se trataba más que de los miles de declaraciones de «voluntad de Dios» y «Te Deums» que en todas las edades han tapado la ambición con un amago de religiosidad.

Pero ninguna acción fue tan sucia y traidora como la de Joab y correspondió a David no sólo expresar su aborrecimiento personal, sino también limpiarse de toda sospecha de complicidad. En este caso la justicia humana no podía alcanzar a los criminales. Probablemente la opinión popular no hubiese dado apoyo al rey; tampoco podía permitirse, ante esa crisis, la pérdida de semejantes generales, o enfrentarse al pueblo y al ejército. Pero David hizo todo lo que era posible hacer. A los que la justicia humana no podía alcanzar los dejó en las manos de la venganza divina para medir el juicio apropiado al deseo inmoderado de obtener el liderazgo que había provocado semejante crimen (v. 29).[17] Se

---

15. Las palabras de Abner (v. 8) deberían traducirse así: «¿Acaso soy yo una cabeza de perro que pertenezca a Judá? Este día» (ahora) «muestro amabilidad con la casa de Saúl tu padre», etc.

16. La diferencia se determina en el original del v. 30: Joab y Abisay *mataron* o asesinaron a Abner porque *él hizo morir* a Asael.

17. Evidentemente, en todos los casos semejantes no podemos perder de vista la perspectiva religiosa de la época, incluso en el caso de David.

«Las cabezas ensangrentadas de los israelitas vencidos sus armas fueron enviadas por todo Filistea, "para publicarlo en las casas de sus ídolos, y en el pueblo". Finalmente, las armas se distribuyeron por los templos de Astarot (la Venus fenicia), mientras que la calavera de Saúl se colocó en el gran templo de Dagón».

Astarté, nombre griego de Astarot, la diosa fenicia relacionada con la fertilidad, como otros de los dioses cananeos, era adorada en el norte de Canaán por varios pueblos entre los que se encontraban los Cananeos, Amonitas, Moabitas y Edomitas.

ordenó un duelo público, en el que debían participar los mismos asesinos. El rey, en su carácter oficial, siguió a la víctima hasta su sepultura, pronunció la elegía adecuada sobre él y anunció públicamente su intención de ayunar como prenda de luto personal. Por la observación añadida en el texto sagrado (v. 37), parece ser que tales muestras de sinceridad eran necesarias para contrarrestar la sospecha animada por semejante ejemplo de traición y engaño en los lugares elevados. David habló de modo menos reservado con su círculo más inmediato –sus «siervos» (vv. 38, 39)– lamentando las circunstancias que todavía le dejaban relativamente impotente ante jefes tan temerarios como los hijos de Sarvia.

Pero, por otro lado, una mayor confianza pública fue el pago que recibió David por la integridad de su propósito. Era indispensable para erradicar de la tierra el crimen en altas esferas. Pronto sucedió algo que sería un nuevo ejemplo evidente de la desmoralización pública causada por el mal gobierno de Saúl. La muerte de Abner naturalmente tuvo un efecto altamente desmoralizador, no sólo con respecto a Is-boset, sino también con todos sus partidarios. No quedaba nadie con la suficiente prominencia e influencia como para llevar a cabo la revolución pacífica que había planeado Abner. El actual gobierno débil no podía mantenerse por mucho tiempo; y si Is-boset moría, el único representante de la línea de Saúl que quedaba era un niño lisiado, Mefi-boset («el exterminador de la vergüenza», o «de Baal»)[18], hijo de Jonatán, cuya malformación se debía a que cayó de los brazos de su nodriza cuando lo tomó apresuradamente en su huida precipitada al recibir las noticias referentes al día desastroso en Jizreel. Ni siquiera el guerrillero más fervoroso hubiese deseado ver en el trono de Israel a un niño tan incapacitado permanentemente. Pero pocos podían estar preparados para la tragedia que pronto iba a poner fin a todas las dificultades.

Asesinato de Is-boset

Parece ser que dos de los «capitanes de bandas» de Is-boset, impulsados, sin duda, por la esperanza de una rica recompensa, habían planeado de un modo extremadamente deliberado y traidor su asesinato. Eran hermanos, de Beerot, en la frontera occidental de Benjamín, pero incluidos en su territorio (Jos. 18:25). Así, pues, eran de la misma tribu que Saúl, hecho que agravaba su crimen. Por alguna razón no explicada los beerotitas habían huido en masa hasta Gitáyim –tal vez, según se ha sugerido, a raíz de la matanza de Saúl de los gabaonitas (2 S. 21:1, 2). No obstante, este hecho apenas puede considerarse como el motivo de su crimen.[19] Probablemente con el pretexto de supervisar la recepción de lo que se necesitaba para la provisión de sus hombres, entraron en la residencia real de entonces cuando Is-boset estaba tomándose el descanso de mediodía típico de oriente. Fueron hasta su dormitorio, le apuñalaron en el abdomen durante el sueño y le decapitaron, para llevar la cabeza a David a modo de muestra sangrienta de su hazaña.[20] Fueron recibidos como cabía esperar. Ante la osada petición de los asesinos interesados de que habían sido los instrumentos de la venganza de Jehová sobre el mal hecho a David de parte de Saúl, el rey no dio otra respuesta que indicar a lo que hasta entonces había sido la fe y experiencia de su corazón y el lema de su vida: «Vive Jehová, quien ha redimido mi alma de la adversidad». No necesitaba la ayuda del hombre, y mucho menos del crimen. Nunca –ni siquiera en su momento más oscuro– había perdido el ánimo, dudado o intentado conseguir justicia por su propia mano. Su fuerza, como su confianza, se basaba en tener a Jehová como el Dios vivo y como su salvador todo suficiente. No buscaba ni necesitaba ninguna otra liberación. Pero, en cuanto a este crimen, ¿acaso su conducta con el mensajero embustero de Siclag no había mostrado suficientemente su aborrecimiento de tales acciones? ¡Cuánto más con un asesinato tan sucio como éste! En un caso así la única respuesta posible era el castigo rápido, seguro y con plena indicación pública.

Y así, finalmente, no por sus propias acciones, sino debido a circunstancias sobre las cuales él no tenía ningún control –permitidas por aquel que da plena libertad a cada hombre, aunque domina incluso los más oscuros hechos de los malvados para el desarrollo del bien–, David quedó como el único candidato indiscutido al trono de Israel. La fe, pa-ciencia e integridad fueron vindicadas; las promesas divinas a David se habían cumplido en el curso de los acontecimientos naturales; y todo ello estaba mucho mejor incluso que si Saúl hubiese abdicado voluntariamente de su posición, o Abner hubiese realizado con éxito sus planes.

18. Explico la palabra: «El que hace caer a Baal», que parece corresponder mejor con el nombre paralelo Merib-Baal, en 1 Crónicas 8:34.

19. Ver *The Speaker's Commentary*, vol. II. p. 380.

20. No hay ninguna dificultad en la repetición en el relato, 2 Samuel 4:5, 6; este último versículo toma de nuevo y continúa el relato interrumpido en el v. 5. En consecuencia, no hay ninguna necesidad para la adición de la LXX, que debe considerarse como una glosa del texto y no una enmienda del mismo.

Capítulo 16

(2 Samuel 5–6; 1 Crónicas 11-16)

El cese de la larga rivalidad y la perspectiva de una fuerte monarquía bajo David debió proporcionar un alivio sincero y gran satisfacción a todos los de buen ánimo en Israel. Incluso durante el tiempo en que su fortuna estaba en su época más baja, David había tenido acceso constante a hombres valientes y honrados de todas las tribus, sin excluir la tribu de Saúl, Benjamín, y la tierra al este del Jordán. No obstante, se requiere un valor no indiferente para enfrentarse a los peligros y dificultades de la vida de un proscrito; y también una determinación poco común para dejar su casa y país en semejante causa. El Libro de Crónicas aporta en este caso, como en otros muchos, detalles bien acogidos que suplementan otros escritos históricos del Antiguo Testamento.[1] Así nos da (1 Cr. 12:1-22) los nombres

1. Sin entrar aquí en un análisis detallado de los Libros de Crónicas (ver la Tabla al comienzo de esta Obra), podemos observar que su posición en el canon indica adecuadamente su carácter en relación con los Libros de Samuel y los de Reyes. Los últimos son *proféticos*, mientras que los Libros de Crónicas son *hagiográficos*. En una serie todo se ve desde el punto de vista *profético*; en la otra, desde el del «escritor sagrado». En un caso, es la teocracia, con sus grandiosos principios universales, que domina la perspectiva; en el otro, es más bien el santuario que está en Judá, lugar determinado por Dios, así como sus ordenanzas, sacerdocio y ley, la lealtad a la cual trae bendición, mientras la infidelidad acarrea juicios. En consecuencia, después de unas tablas genealógicas generales (de las que abunda la obra), se sigue el reino de David hasta la cautividad babilónica, mientras que la historia del reino de Israel se omite por entero. Incluso en la historia del reino de David y de sus sucesores –sobre todo en los de David y Salomón– se pasan por alto todas las partes meramente *personales*, y el relato es, si se puede usar la expresión, más objetivo que subjetivo. El lector fácilmente verá qué partes se omiten, aunque el plan no se realiza siempre de modo consecuente, en especial con respecto a los reinos más recientes.

de los dirigentes que se unieron a David en diferentes momentos, con sus relaciones tribales, e incluso nos ayuda a adivinar los motivos que habían puesto en acción, o por lo menos algunos de ellos.

David ungido rey sobre todo Israel

Por esta información sabemos que se dieron accesos considerables en cuatro ocasiones distintas. Cuando David estaba en Siclag (vv. 1-7), se le unieron algunos hombres de las tribus («hermanos») de Saúl (vv. 1-8), y algunos de Judá (vv. 4, 6, 7). Mientras estaban en los refugios de las montañas, en el desierto de Judá (1 S. 22-24), algunos gaditas se separaron de los suyos y acudieron a él, «hombres de guerra», soldados entrenados para la guerra (v. 8), «jefes del ejército» (*no* «capitanes del ejército», v. 14), «uno sobre por lo menos cien, y el mayor sobre mil», los cuales al apartarse del ejército de Saúl no sólo cruzaron el Jordán en la peligrosa estación de las inundaciones de principios de la primavera, sino que también se abrieron paso entre los que se lo querían impedir (v. 15). Un tercer contingente de Benjamín y Judá llegó durante el mismo período (vv. 16-18). No se citan sus nombres, pero eran encabezados por Amasay, probablemente otro sobrino de David –el hijo de Abigaíl, hermana menor de David (1 Cr. 2:16, 17). Cuando David les preguntó acerca de sus intenciones, Amasay, bajo la influencia del Espíritu, respondió con unas palabras que mostraban el carácter de sus motivaciones (v. 18). El último contingente, posiblemente el más importante, se unió a David cuando volvía a Siclag, tras ser rechazado por los ejércitos filisteos. Constaba de siete jefes de miles de Manasés, que significaron para David una ayuda muy valiosa contra los amalecitas.

Si la posición e influencia de David en Israel ya era así durante la vida de Saúl, podemos entender fácilmente la prisa y el entusiasmo cuando subió al trono de un pueblo unido de nuevo, cuando ya no quedaba ningún otro rival candidato al mismo. Como ellos mismos contaron a David posteriormente en Hebrón, todos sentían que David les pertenecía, tal como Israel lo sentirá cuando al final arrepentidos en fe se volverán a su Mesías rey. En el pasado, incluso durante la vida de Saúl, solamente él había sido el líder victorioso y el jefe de todos; y la promesa explícita divina pronunciada por Samuel le señalaba a él (1 Cr. 11:3). Y mientras los «ancianos de Israel» hacían un «pacto» formal con David, y le ungían como rey sobre Israel, cientos y miles de hombres de guerra desfilaron hasta Hebrón desde las partes más remotas del país (1 Cr. 12:23-40). Semejante entusiasmo nunca se había visto antes. No fueron enviados a la guerra, sino que acudieron voluntariamente, algunos trayendo incluso desde las partes más al norte de la tierra –de Isacar, Zabulón y Neftalí– donativos en especie para el banquete popular de tres días que estaban preparando los antiguos súbditos de David de Judá, y en especial los de los alrededores de Hebrón, en honor a su gran y sumamente gozoso acontecimiento. Acudieron de ambos lados del Jordán.

Evidentemente, no buscamos una gran representación de Judá y Simeón éste último estaba dentro del territorio de Judá), porque ya eran de David, ni de los levitas, muchos de los cuales probablemente ya habían estado anteriormente en el territorio de David (1 Cr. 12:24-26). Isacar fue representado por doscientos de los líderes públicos más destacados, «conociendo (poseyendo) entendimiento de los tiempos, para saber lo que Israel debía hacer».[2] Sólo los contingentes de Efraín y Benjamín eran comparativamente pequeños: el primero, ya sea debido a la antigua envidia entre Efraín y Judá, o a un descenso real de su número, como el que apareció incluso en el segundo censo de Moisés,[3] mientras que en el caso de Benjamín se justifica claramente por el hecho de que «incluso hasta entonces la mayor parte de ellos todavía mantenía su fidelidad a la casa de Saúl» (v. 29). Teniendo en cuenta todas estas circunstancias, el número total de guerreros que apareció en Hebrón –339.600 hombres, con 1.222 jefes,[4] y muchos de la otra orilla del Jordán– ofrecieron una maravillosa muestra de unanimidad y entusiasmo nacional. Y el rey que estaba rodeado por una formación tan espléndida se hallaba en el máximo de su vigor, acababa de alcanzar la edad de treinta y siete años y medio (2 S. 5:5). ¡Qué perspectiva ante la nación! Bien podían gozarse en el banquete nacional que David ofreció en Hebrón. Al considerar esta historia en su sentido más elevado, y recordar la base sobre la cual los ancianos de Israel en Hebrón apoyaban los derechos reales de David, nos aventuramos a verlo como figura del regreso final de Israel a su Salvador-Rey. Y sin duda no estamos forzando la aplicación cuando los pensamientos sobre este banquete de Hebrón nos hacen pensar en aquel otro y mejor banquete en los «últimos días», que está destinado a ser tan colmado del más rico gozo tanto para Israel como para el mundo (Is. 25:6-10).

Rodeado por una fuerza de semejante magnitud y entusiasmo, David debió sentir que aquel era el momento adecuado para la mayor empresa de la historia judía desde la conquista de la tierra con Josué. El primer acto del gobierno de David debía ser la conquista de la capital de Israel.[5] La ciudad de los jebuseos tenía que convertirse verdaderamente en Jerusalén: «la herencia», «la morada» «de paz»: la paz de la casa de David. La ciudad propiamente dicha ya había sido tomada inmediatamente después de la muerte de Josué (Jue. 1:8). Pero la fortaleza del monte de Sion, que dominaba la ciudad, todavía estaba en posesión de los jebuseos. No obstante, Jerusalén era indicada casi naturalmente para ser la capital de Israel, por su fuerza, su posición central y su situación entre Benjamín y Judá. Y además, con

---

2. La expresión se refiere, evidentemente, a estos doscientos representantes, y no a toda la tribu.

3. Comp. Libro 1-Parte II, capítulo XIX de esta misma Obra.

4. Teniendo en cuenta nuestras observaciones anteriores y que no se dan las unidades, los siguientes números corresponden a los guerreros y a sus líderes, que se dan en 1 Crónicas 12:24-37:

De	Judá	6.800 hombres	
«	Simeón	7.100 «	
«	Leví	4.600 «	
Con Jotadá, el «príncipe» (no sumo sacerdote de Aarón)		3.700 «	
Sadoc y la casa de su padre			22 jefes.
De	Benjamín	3.000 «	
«	Efraín	20.800 «	
«	medio Manasés	18.000 «	
«	Isacar		200 líderes
«	Zabulón	50.000 «	
«	Neftalí	37.000 «	1.000 jefes
«	Dan	28.600 «	
«	Aser	40.000 «	
«	las 2 tribus y media al este del Jordán	120.000 «	
Total		339.600 «	1.222 jefes

5. Esto se puede inferir del hecho que tanto en 2 Samuel 5 y 1 Crónicas 11 la toma de Jerusalén se relata inmediatamente después de la coronación de David. Pero las palabras usadas en 2 Samuel 5:5 lo declaran más allá de cualquier duda.

mucha mayor importancia, era el lugar que el Señor había escogido: para ser un santuario resguardado dentro de la tierra santa. Mientras Sion estuviese en manos de los jebuseos, como «habitantes de la tierra» cananeos autóctonos, la tierra no podía ser considerada como ganada por completo.

Toma de la fortaleza de Sion

En consecuencia, David dirigió las fuerzas unidas de su pueblo hacia allí. Pero la fuerza natural y artificial de Sion era tal como para que los jebuseos, al «decir (expresar), David no vendrá aquí» (v. 5), se mofaran de él con lo que posteriormente se convirtió en un proverbio, perpetuando en el pueblo el hecho de que ninguna conquista es demasiado difícil para Dios y con Dios: «¡Él no vendrá aquí, porque incluso los ciegos y cojos te echarán!»[6]. Fue justo y sabio de parte de David el responder a esta mofa provocativa de los paganos, cuando encargó a sus hombres, tal vez indicándoles que subieran por la roca pelada junto a la corriente de agua,[7] que en aquel tiempo debía descender por la cima de Sion: «Quien hiera jebuseos que (los) eche por la corriente de agua: tanto los ciegos como los cojos que son odiados por el alma de David».[8] Al mismo tiempo no se despreció ningún medio para animar a los líderes para el ataque. Según vemos en el Libro de Crónicas (1 Cr. 11:6), el líder que escalara primero las murallas sería nombrado general en jefe. Este honor lo consiguió Joab, que había dominado el ejército separado de David, antes de que su elevación al trono uniese a todas las huestes de Israel. Y así, ante el orgullo de los jebuseos, tomaron la inexpugnable fortaleza y se le llamó «la Ciudad de David», una lección llena de animación para el pueblo de Dios de todos los tiempos. En adelante, David hizo de ella su residencia. Para hacerla más segura, «construyó», o más bien fortificó, «alrededor desde (la fortaleza) Miló hacia adentro»,[9] o, como en 1 Crónicas 11:8: «Desde el (muro) circundante hasta los alrededores»; es decir, según lo vemos nosotros: Sion, que hasta entonces había estado rodeada por tres murallas, ahora recibía otra añadida en el norte, desde Castillo Miló (en la esquina nordeste) hasta el lugar donde acababa la otra muralla. De modo parecido, Joab reparó las otras murallas de la ciudad (1 Cr. 11:8).

Evidentemente, lo que acabamos de relatar no debe interpretarse como en sucesión cronológica estricta de los acontecimientos. Sin duda, la construcción de estas murallas llevó su tiempo, y muchas cosas, que se cuentan posteriormente, sucedieron durante este intervalo. Aparentemente la intención del historiador sagrado era completar su boceto de todo lo que se relacionaba con la conquista de Sion por David y la conversión de la misma en residencia real, no escribe en orden cronológico. De ahí que hallemos también información del palacio que David construyó en el monte Sion, y de la ayuda que Hiram, rey de Tiro, le proporcionó tanto con hombres como con materiales, y aun sobre las nuevas alianzas de David y sus consecuencias, aunque los hijos nacieran mucho más tarde.[10] Según lo entendemos nosotros, poco después de subir al trono, probablemente tras la captura de Jerusalén y la derrota final de los filisteos, Hiram envió una embajada de felicitación a David, que condujo a un intercambio de cortesías y a la ayuda que ofreció a David el rey de Tiro en sus empresas arquitectónicas.[11]

Los sentimientos provocados en Filistea por las noticias de la toma del ascenso de David al trono y de su conquista de la fortaleza jebusea fueron muy distintos de los que hubo en el Israel unido. El peligro que corría la supremacía filistea era demasiado real como para ignorarlo. Al acercarse ellos, David se retiró a la fortaleza de Sion. Mientras los filisteos avanzaron sin oposición hasta el valle de Refaím, que está separado de Ben-Hinom sólo por una cordillera montañosa, David «consultó a Jehová». El peligro se había acercado tanto como fortalecido el sentimiento del rey que no debía tomar ningún paso para evitarlo sin dirección divina. Porque, tomando los puntos de vista de aquellos tiempos, ésta era la mejor, si no la única manera de manifestar la entera dependencia de la guía de Dios, aunque al hacerlo incurriera en lo que parecía un peligro inminente; y también la mejor, si no la única forma de enseñar a sus seguidores unas lecciones muy necesarias sobre la fidelidad a Jehová, con todo lo religioso y moral que de ello se desprendía.

Derrota filistea

La respuesta del Señor trajo una seguridad de ayuda, y por lo tanto de victoria, acompañada de una promesa. Y con esta perspectiva David describió después su triunfo, y exclamó: «Jehová rompió mis enemigos ante mí». Para perpetuar este significado más elevado de su victoria, el lugar recibió el nombre desde entonces de «Baal-perazim» («poseedor de brechas»), y en Isaías 28:21, vemos que la importancia solemne de este nombre nunca desapareció de la memoria. Esta victoria y su significado eran más notables aún por el hecho de que los filisteos habían llevado sus dioses a la batalla, como lo hiciera Israel con el arca en una ocasión anterior. Sus dioses ahora fueron quemados por orden de David, de acuerdo con Deuteronomio 7:5, 25. No obstante, los filisteos volvieron a Refaím para reparar su desastre. En esta ocasión David recibió dirección divina; sin duda de manera muy clara para remarcar la intervención divina: «No subirás (es decir, contra ellos *delante*); rodéalos, y ven a ellos enfrente de los árboles de Bacha.[12] Y cuando oigas ruido como de pasos en la cima de los árboles Bacha, entonces sé rápido, porque entonces Jehová irá delante de ti a herir al ejército de los filisteos». Sucedió tal como le había sido comunicado a David; y la derrota de los filisteos se extendió desde Gabaón[13] hasta el camino de Gézer, que va desde Neder Bet-horón hasta el mar.

6. Traducción literal del original.

7. Esta expresión aparece sólo otra vez en *plural* en Salmos 42:7, donde sin duda se refiere a «cataratas» o «cascadas». En consecuencia, traducimos el singular como «corriente de agua que desciende por una empinada cima». Keil, Ewald y Erdmann lo traducen por «abismo». La interpretación de este difícil versículo (verso 8) en *The Speaker's Bible* no nos parece respaldada por el texto

8. Ésta es la mejor versión de este difícil versículo.

9. La teoría del Sr. Lewin (*Siege of Jerusalem*, pp. 256, etc.) que *Miló* era el área del templo es absolutamente insostenible. Había, por ejemplo, otra Miló en Siquem (Jue. 9:6), que también es designada como la migdal, o torre de Siquem (versos 46, 49).

10. Así, especialmente, los cuatro hijos de Betsabé o Batsúa (comp. 1 Cr. 3:5), y, evidentemente también los otros. En 1 Crónicas 3:6, 7, se mencionan dos nombres (Elifélet y Noga), que no aparecen en 2 Samuel. Debieron haber muerto.

11. La construcción del palacio de David debió ser en los primeros años de su reinado en Jerusalén. Esto es evidente por muchas alusiones a este palacio. Por ello, en este caso, como en muchos otros, debemos considerar incorrectas las *fechas* dadas por Josefo (*Ant.* VIII. 3, 1; *Ag. Ap.* I. 18).

12. Dejo esta palabra sin traducir. La tentativa de los Rabinos, que la traducen como *moreras*, tiene tanta poca base como la de la LXX que traduce *perales*. La palabra viene de *bacha*, fluir, llorar. Ewald y Keil sugieren con mucha probabilidad que se trataba de una balsamera (como en árabe), cuya sabia caía como lágrimas.

13. Comp. en 1 Crónicas 14:16. La palabra *Geba*, en 2 Samuel 5:25, es evidentemente un error de transcripción, ya que Geba está en una dirección totalmente diferente.

Hasta aquí los resultados políticos de la subida al trono de David, que se hallan en primer lugar en el Libro de Samuel, y tratan de modo básico con el aspecto de su reino, mientras que en el Libro de Crónicas, que observa los sucesos básicamente en su significado teocrático, se registran después de otro de máxima importancia para el bien religioso del nuevo reino.[14] Por la misma razón, el Libro de Crónicas añade detalles no recogidos en el de Samuel, sobre las consultas de David a los jefes, y la participación de los sacerdotes y levitas en lo que se refiere al cambio de lugar del arca del Señor.

El arca traída a Jerusalén

Habían pasado unos setenta años desde que el arca de Jehová había estado en el tabernáculo,[15] de acuerdo con la ordenanza explícita de Dios. Y entonces, cuando Israel estaba unido de nuevo, no sólo en su sentido político, sino en el mejor y más elevado, y su capital designada por Dios por lo menos ya había sido ganada, ciertamente era el momento de restablecer el antiguo culto, perturbado tan tristemente. Tampoco cabía duda alguna acerca de la localización del arca. No había ningún otro lugar más adecuado que la capital de la tierra. ¿Acaso no se trataba del «arca de Dios» sobre la cual el Señor manifestaba de modo especial su presencia y su gloria a su pueblo? O, con las palabras de la Santa Escritura[16] (2 S. 6:2): «sobre la cual es invocado el nombre, el NOMBRE de Jehová Zebaoth, que mora sobre los querubines». Ciertamente, todavía quedaban muchas cosas que debían estar meramente en un estado provisional. No podemos dudar de que David desde el principio tenía su mirada en un tiempo cuando el Señor no habitaría más en tiendas, por así decirlo, sino cuando se daría una forma estable al culto nacional con la construcción de un santuario central. Pero de momento debía permanecer –aunque estuviese en Jerusalén– en un «tabernáculo». Y lo que es más, la tienda que tenía que preparar David no sería el tabernáculo que había hecho Moisés. Estaba en Guibeá, y allí, desde el asesinato de los sacerdotes en Nob, Sadoc oficiaba, mientras que Abiatar actuaba como sumo sacerdote con David. Ninguno de los dos podía ser destituido; y así debía haber dos tabernáculos, hasta que Dios mismo enderezara lo que el pecado del hombre había estropeado. Y por esto, según creemos nosotros, David deseaba construir una casa para el Dios de Israel.

Una empresa con una importancia nacional tan solemne como el traslado del arca a Jerusalén tenía que ser de todo el pueblo y no sólo de David. En consecuencia, se reunieron representantes de toda la tierra hasta alcanzar el número de treinta mil, con quienes fue para llevar en solemne procesión el arca desde[17] Baalá de Judá, como Quiryat-jearim («la ciudad de los bosques») como también era llamada[18] (Jos. 15:9; 1 Cr. 13:6; comp. también 132:6). David sólo se había saltado una cosa, pero las consecuencias resultaron ser fatales. El acto de David y de Israel evidentemente fue ideado como un regreso al Señor, y una sumisión a sus ordenanzas reveladas. Pero si era así, la obediencia tenía que ser completa en todos sus detalles. Desde un punto de vista simbólico y figurativo, todas las ordenanzas formaban un todo completo, del cual no se podía alterar ni un pequeño detalle sin perturbar toda su simetría y destrozar su significado. Desde el punto de vista legal, y, en cuanto a lo que a Israel se refiere, incluso moral, el descuido de cualquiera de las ordenanzas implicaba una violación de todo, y ciertamente, en principio, la de obediencia y sumisión total a Jehová, por lo que el pueblo ya había sufrido de un modo tan terrible. Una vez más, debemos colocarnos en el punto de vista de la fase del desarrollo religioso alcanzado entonces. Porque sólo de este modo podemos comprender tanto la grave falta cometida por David como la severidad del castigo que siguió.

Disposiciones e instituciones litúrgicas

Los preparativos dispuestos por David para transportar el arca tenían un detalle muy importante distinto de lo que Dios había prescrito en el principio. De acuerdo con la ordenanza de Dios (Nm. 4) el arca podía ser manipulada sólo por los levitas –por razones simbólicas en las que no es necesario entrar ahora– y nadie más debía ni siquiera tocarla (Nm. 4:15). Además los levitas debían llevarla sobre sus hombros, y no colocarla en un carro. Pero las disposiciones de David para transportar el arca eran las de los filisteos paganos cuando la devolvieron a Israel (1 S. 6:7, etc.), no las de la ordenanza divina. Si ésta era la situación del rey, difícilmente podemos maravillarnos por la falta de reverencia de parte del pueblo. Se trataba del transporte seguro de un vaso sagrado, no del manejo reverente del mismísimo símbolo de la presencia divina. La colocaron en un carro nuevo, llevado por los hijos de Abinadab,[19] en cuya casa había estado el arca todos esos años, mientras David e Israel siguieron con todas las muestras de gozo,[20] y con alabanza. En cierta parte del camino, junto a la era del «golpe» (*Nachon*, 2 S. 6:6; o, como en 1 Cr. 13:9, *Chidon*, «accidente»), los bueyes tropezaron, y Uzá, uno de los hijos de Abinadab, sostuvo el arca. Prácticamente huelga hacer el comentario sobre este acto, hecho tan frecuentemente, que Uzá era una figura de aquellos que honradamente pero con manos no consagradas intentan mantener el arca de Dios cuando, a su parecer, está en peligro, para mostrarnos que tanto el rey como el pueblo necesitaban una lección para recordar que no se trataba sólo de un mueble sagrado, sino del mismísimo emblema de la presencia de Dios entre su pueblo. Fue un juicio repentino y terrible el que cayó sobre Uzá y su acto delante de todo el pueblo; y aunque David estaba «entristecido» por la prueba inesperada de su querida empresa, y mucho más porque debió pensar que la culpa recaía sobre él, parece ser que aprendió la lección por lo menos hasta entonces, para darse cuenta, mucho más que

---

14. Si el lector no olvida esta diferencia fundamental de objetivo de las dos historias, rápidamente comprenderá no sólo por qué los acontecimientos se registran en orden diferente, sino también por qué algunos son omitidos, o relatados con mayor brevedad en una u otra obra.

15. Keil cuenta unos veinte años hasta la victoria de Ebenezer, cuarenta años en el tiempo de Samuel y Saúl, y unos diez en el de David.

16. Hemos traducido el verso correctamente.

17. En nuestro texto (2 S. 6:2) tenemos: «David se levantó y fue ... desde Baalá», probablemente sea un error de transcripción por «a Baalá» (comp. 1 Cr. 13:6).

18. Baalá de «Judá», para distinguirla de otras con el mismo nombre (Jos. 19:8, 44), o también Quiryat-Baal (Jos. 15:60; 18:14) era lo mismo que Quiryat-jearim. Comp. también Delitzsch *Com.* II. d., Salmos vol. II. p. 264.

19. Debido a un error del copista las dos primeras cláusulas de 2 S. 6:3, se repiten en el verso 4. El texto del verso 3 debería seguir en el verso 4 con estas palabras: «con el arca de Dios: y Ayó iba delante del arca».

20. Un error de transmisión, parecido al que acabamos de mencionar, es la causa de la estructura del versículo 5: «en todo tipo de *instrumentos hechos de* madera de ciprés». La expresión debería ser como en 1 Crónicas 13:8: «con toda su fuerza y su cantar». Los instrumentos (2 S. 6:5) «cornetas», son los *sistra*, que constaban de dos varillas de hierro con pequeñas campanas.

en cualquier ocasión previa, de que la santidad convenía a todo contacto con Dios (2 S. 6:9).

David comprendió el significado de este juicio. Cuando al cabo de tres meses fueron a buscar el arca desde el lugar donde había sido depositada temporalmente en la casa de Obed-edom, un levita de Gat-rimón (Jos. 21:24; 19:45), y de la familia de coreítas (1 Cr. 26:4; comp. Éx. 6:21), a quien había sido confiada de modo especial la custodia del arca (1 Cr. 15:18, 24), David observó detalladamente la ordenanza divina. De esto, como de todas las preparaciones de David en esta ocasión, tenemos, como cabía esperar, un relato muy completo en 1 Crónicas 15:1-25. Al partir la procesión, se ofreció un sacrificio de un buey y un carnero cebado (2 S. 6:13); y de nuevo cuando los levitas habían cumplido su obra a salvo, se hizo una ofrenda de agradecimiento de siete bueyes y siete carneros (1 Cr. 15:26). David mismo, vestido como el representante de la nación de sacerdotes, con un efod, participó en las festividades, como uno del pueblo. Es una triste indicación de la decadencia en la que habían caído en el tiempo de Saúl las ceremonias del santuario, el hecho de que Mical no viese en ello nada más que una humillación innecesaria de la dignidad real. Había amado al guerrero y honrado al rey, pero «la hija de Saúl»[21] no podía comprender ni compartir el sentimiento de una manifestación como aquella en la que David estaba participando. Al observar desde su ventana la escena que se desarrollaba allí abajo, y mentalmente comparaba la grandiosidad orgullosa de la corte de su padre con lo que ella consideraba el triunfo del sacerdocio despreciable en detrimento de la realeza, acudieron a su mente pensamientos diferentes de los de antes, tanto en referencia con el presente como el pasado, y «despreció a David en su corazón».

Las largas ceremonias de aquel día feliz acabaron. David había preparado un «tabernáculo» para la recepción del arca, sin duda según el modelo de Moisés. La introducción del arca en su «lugar santísimo»[22] se convirtió en la fiesta de la dedicación del nuevo santuario que había sido levantado para recibirla, cuando sacrificaron holocaustos y ofrendas de paz. Pero había algo más que esto para marcar el comienzo de una nueva era religiosa. Por primera vez se introdujo ahora el servicio de la alabanza en el culto público de Israel.[23] Poco después estaba totalmente organizado, como el otro ritual del santuario (1 Cr. 16). La introducción de himnos fijos de alabanza, con respuestas definitivas del pueblo (como en 1 Cr. 16:-34-36), determina el comienzo de aquella liturgia que, como sabemos, fue continuada en el templo, y luego en las sinagogas de toda la tierra. El grandioso himno compuesto para esta ocasión fue sin duda el Salmo 24, como indica claramente su contenido. Pero además tenemos en el Libro de Crónicas (16:8-36) lo que debe considerarse como una disposición litúrgica y la combinación de partes de otros salmos introducidas entonces en el culto público, o como un salmo separado, partes del cual se insertaron posteriormente en otros. De todos modos la cuestión tiene poca importancia práctica. En favor de la primera opinión está el hecho seguro de que las sucesivas partes del himno en el Libro de Crónicas aparecen en Salmos 105 (1-15), 96, 107 (1), y 106 (47, 48), y la circunstancia de que las expresiones (1 Cr. 16:4) «para recordar, agradecer y alabar»,

«Y mientras los 'ancianos de Israel' hacían un 'pacto' formal con David, y le ungían como rey sobre Israel, cientos y miles de hombres de guerra desfilaron hasta Hebrón desde las partes más remotas del país (1 Cr. 12:23-40)».

Instrumentos musicales parecidos a los que utilizan este grupo de hombres, bien podrían haber sido usados para aclamar a David cuando fue ungido como rey de Israel. El relieve muestra a los músicos del rey de Nínive del palacio de Asurbanipal. (Museo del Louvre)

21. Así es como se la llama aquí significativamente, y no como la esposa de David.

22. La expresión hebrea implica la parte más interior.

23. Esto se declara explícitamente en 1 Crónicas 16:7, omitiendo, evidentemente, las palabras en *cursiva*.

determinan una división litúrgica y la disposición de los salmos. El primer tipo de salmos, el de Acharah o «memorial», se cantaba cuando se presentaban las ofrendas[24] (Lv. 2:2). Salmos 38 y 70 de nuestro Libro de Salmos son ejemplos de este tipo. En cuanto a las clases segunda y tercera, sólo debemos observar que el Salmo 105 es el primero de los Hodim, o salmos de agradecimiento, y el Salmo 106 el de los salmos «Haleluya» o de «alabanza». Tampoco se dice que el himno de Crónicas se cantase realmente en la forma indicada allí, derivando la inferencia en este sentido de las palabras en cursiva de algunas versiones (1 Cr. 16:7). Evidentemente no hay letra cursiva en el texto hebreo, que dice: «en aquel día entonces dio» (designó) «David primero» (por primera vez) «para agradecer a Jehová» (o sea, el servicio del canto) «de la mano de Asaf y sus hermanos». Por otro lado, no obstante, el himno del Libro de Crónicas está tan íntima y hermosamente relacionado en sus diversas partes, como para ofrecer la impresión de un todo, partes del cual se han insertado en diversos salmos, así como adaptaciones parecidas se hallan en otras partes del Libro de Salmos (comp., por ejemplo, Sal. 40:17, etc., con el Sal. 70).

Pero, independientemente de lo que se piense de su forma original, este «Salmo» de ocho estrofas,[25] tal como aparece en el Libro de Crónicas, es uno de los himnos más grandes de la Santa Escritura. Si se nos permite la expresión, es una alabanza del Nuevo Testamento con palabras del Antiguo Testamento. Pero tenemos que ir con cuidado y no olvidar separar las dos dispensaciones, como si la fe y el gozo de uno se diferenciase del otro excepto en el desarrollo y la forma. Desde el principio hasta el final el himno respira un espíritu misionero, mucho más allá de unas aspiraciones estrechas y meramente nacionales. Así, en la quinta estrofa (vv. 23-27), tenemos una anticipación de la época en que la promesa de Dios hecha a Abraham se cumpliría, y todas las naciones tomarían parte de su bendición espiritual, una esperanza que, en la sexta estrofa (18-30) y en la séptima (31-33), da lugar a la gozosa seguridad del reino de Jehová sobre todos los hombres y sobre la tierra redimida.

No necesitamos demostrar que este himno tiene un carácter y una base profundamente mesiánicas. De hecho, consideramos a este himno y a los otros anteriores con el mismo espíritu, como el de junto al Mar Rojo (Éx. 15) y el de Ana (1 S. 2:1-10), como una cadena que une la primera parte (profética) del AT con la última, demostrando que por gradualmente que hubiese llegado el conocimiento del modo exacto del cumplimiento final de la promesa, la fe y la esperanza de los creyentes eran en su sustancia siempre las mismas. Y al pasar de esto a lo que a algunos puede parecer un punto comparativamente secundario, tampoco debemos pasar por alto como un importante avance, determinado también por este salmo, el establecimiento de un culto litúrgico, manifestado incluso en la introducción de una práctica de canto de himnos, en vez de brotes ocasio-

24. En la época de nuestro Señor los Salmos del día se cantaban cuando se derramaban las libaciones. Comp. con mi obra *Temple: Its Ministry and Services at the time of Jesus Christ*, pp. 143, 144. Pero el orden de aquella época posiblemente no fuese más antiguo que el tiempo de los macabeos; en todo caso, no es un criterio aplicable a las ceremonias del tiempo de David.

25. La estrofa I (vv. 8-11): Elogio de Dios y sus maravillas; estrofa II (vv. 12-14): Memorial de los grandes hechos de Dios; estrofa III (vv. 15-18): Memorial del pacto y sus promesas; estrofa IV (vv. 19-22): Registro del cumplimiento por gracia; estrofa V (vv. 23-27): Misionero; estrofa VI (vv. 28-30): El reino universal de Dios; estrofa VII (vv. 31-33): El reino de Dios sobre la tierra; estrofa VIII (vv. 34-36): Eucarístico, con doxología y cierre litúrgico.

nales de poesía sagrada, y con unas fórmulas muy claras aunque litúrgicas, al estar toda la última estrofa impregnada de este carácter.[26]

Los solemnes servicios de la consagración se acabaron, David despidió al pueblo, dando a cada uno las provisiones necesarias probablemente para el viaje de regreso a casa.[27] Pero en aquella hora de sumo gozo, David debía experimentar una vez más, cuán poca solidaridad le cabía esperar de su casa. Aunque podemos comprender los motivos que influyeron en el «desprecio» de Mical por la conducta de David, difícilmente podíamos prever las palabras que usa para dirigirse a él cuando, en la plenitud de su corazón, vino para bendecir a su casa reunida, o la odiosa representación que ella le dio de la escena. Semejante conducta de parte de ella merecía y exigía, dadas las circunstancias, un reproche casi cruel de parte del rey. La humillación de la orgullosa mujer ante el hombre fue ratificada por su humillación de la mano de Dios: «Por ello Mical, hija de Saúl, no tuvo hijo hasta el día de su muerte».

La colocación del arca en la capital de Israel, convirtiéndola así en «la ciudad de Dios», fue un hecho no sólo de gran importancia nacional sino de una importancia tan importante en su significado figurado, que se menciona frecuentemente en las canciones sagradas del santuario. Nadie encontrará dificultades para reconocer al Salmo 24 como el himno compuesto para esta ocasión. Pero hay otros Salmos que se refieren a ello, en los cuales, sin entrar en detalles que pueden ser estudiados con provecho por cada lector, podemos mencionar los Salmos 15, 68, 78, y especialmente el 101, como indicadores, por así decirlo, del significado moral de la cercanía del arca de Dios sobre el rey y su reino.

Capítulo 17

(2 Samuel 7; 1 Crónicas 17)

Los lectores que hayan seguido con devota atención el curso de esta historia, y trazado en ella el del reino de Dios en su despliegue gradual, sentirán que se había alcanzado un momento en el que cabía esperar alguna manifestación del propósito divino más completa y clara que nunca. Al mirar atrás, no sólo la historia entera, sino incluso cada uno de los acontecimientos, ha sido profundamente significativo, y está cargado de un significado simbólico y figurativo. Así, hemos notado cómo cada suceso encendía una luz, que se reflejaba en el espejo pulido del Salterio, y parecía arrojar la luz mucho más allá de su propio tiempo hasta llegar a aquel futuro cuyo día todavía no se había alzado. Pero incluso para las personas de aquella generación debió tener un significado más allá del presente. La fundación de un reino estable en Israel, su concentración en la casa de David, y su establecimiento de un culto central en la capital de la tierra como el lugar escogido por Dios, les debieron hacer volver a esas antiguas promesas que ahora se estaban acercando a un cumplimiento especial, y debieron hacer resaltar todavía más los detalles de estas predicciones que, a pesar de estar todavía en lo alto, brotaban de lo que ya se había alcanzado, y formaban parte de ello. Un reino sin final; un rey sin fin; un santuario que no iba a ser abolido jamás; éstas eran las esperanzas todavía delante de ellos en la aplicación mundial de las promesas de las que ya presenciaban un cumplimiento nacional y simbólico. Tales esperanzas diferían, no en su carácter, sí en su extensión y aplicación, de lo que ellos ya disfrutaban. Siguiendo con nuestra ilustración anterior, no eran unas montañas distintas de aquellas donde estaban ellos, sino que se trataba de picos todavía por escalar. Estas consideraciones nos ayudarán a comprender adecuadamente el relato referente al propósito de David de construir el templo, y la respuesta divina al respecto. Por razones de claridad, expondremos primero los hechos en el orden del relato sagrado, y después indicaremos su significado más profundo.

Propósito de David de construir el templo y su aplazamiento

Para completar la historia del movimiento religioso de aquel período, los escritores sagrados insertan en este lugar el relato del propósito de David de construir el templo. La introducción al relato (2 S. 7:1), y la circunstancia de que entonces casi todas –si no todas– las guerras mencionadas en 2 Samuel 7 y 10 ya habían pasado, indican bien que en este caso, como en otros, la historia *no* está dispuesta en un orden cronológico estricto. De todos modos, debió suceder en la cúspide del poder de David y antes de su pecado con Betsabé. El rey había tenido éxito en todas sus empresas. Victorioso y con fama mundial, habitaba en su espléndida morada en Sion. El contraste entre su propia morada y aquella donde se hallaba el arca de aquél[1] a quien él se lo debía todo, y que era el rey real de Israel, era grandemente doloroso. Por frecuente e inadvertido que sea un contraste parecido hoy entre las cosas de Dios y las de los hombres, David percibía demasiado vivamente que las realidades espirituales permanecían debajo de ello. Sin arriesgarse a expresar un deseo que podía parecer presuntuoso, contó sus sentimientos al respecto a su amigo de confianza y consejero, el profeta Natán.[2] Como cabía esperar, Natán respondió con una completa aprobación del propósito no mencionado del rey, un propósito aparentemente tan de acuerdo con la gloria de Dios. Pero Natán –como bien han observado los escritores antiguos– había hablado desde su propio impulso personal por piadoso que fuese, y no por indicación del Señor. A menudo nuestros pensamientos, aunque brotan de motivos de religión real, no son los de Dios; y la lección que

26. Si el lector compara la última estrofa de este himno con la parte correspondiente de los Salmos 106, 118 y 136 –por no citar la conclusión litúrgica de cada uno de los cinco libros que constituyen el Salterio– y considera textos como 2 Crónicas 5:13; 7:3; 20:21, o Jeremías 33:11, comprenderá el significado de este texto.

27. De las tres expresiones de 2 Samuel 6:19, no cabe duda del significado de la primera y de la última: «un pastel de pan ... y un pastel de pasas». No obstante, aún quedan dudas importantes sobre lo que los Rabinos y algunas versiones traducen como «un buen trozo de carne»; probablemente consideran que era parte de las «ofrendas de paz». Pero semejante distribución de las «ofrendas de paz» hubiese sido bastante contraria a la costumbre; y los «panes de pasas» tampoco van bien con ello. La traducción más probable de la palabra en cuestión es: «medida» es decir, de vino. Nos atrevemos a pensar que nuestra explicación sobre estos regalos como provisiones para el viaje se presenta por sí sola al lector.

1. La expresión (2 S. 7:2) es: «Habita en medio (dentro) del *Yeriah*», o «cortina», es decir el *Yeriah* (en singular), compuesto de los diez *Yerioth* (en plural), mencionados en Éx. 26:1. Éstos formaban el *Mishean*, o morada y demostraban así que «las cortinas» estaban *dentro* del marco de madera, y constituían la «morada» propiamente dicha.

2. *Natán*, «dado» –un *profeta* (mientras que Gad es designado como un «vidente», 1 S. 9:9)–, cuyo nombre aparece aquí por primera vez. Para más información sobre él ver 2 Samuel 12; 1 Reyes 1, 10, 22, 34; 1 Crónicas 29:29; 2 Crónicas 9:29. En los dos últimos textos se dice que Natán escribió una historia de David y (al menos par-cialmente) de Salomón.

tenemos aquí es de gran importancia en cuanto a no tomar nuestras propias impresiones, por mucho que deriven de buen celo o piedad, como necesariamente acordes con la voluntad de Dios, sino contrastándolas con su Palabra revelada. En pocas palabras, en poner en cada caso a prueba no el sentimiento subjetivo, sino la revelación objetiva.

Aquella noche, mientras Natán estaba ocupado con los pensamientos del gran futuro que parecía abrir el propósito del rey, Dios le habló en una visión, prohibiendo la empresa; mejor dicho, aunque aprobaba el motivo, aplazaba su ejecución. Durante todo ese tiempo, desde que Dios le sacara de Egipto, la presencia de Dios había estado realmente en Israel; había caminado con ellos en todo su errar y el estado de incertidumbre. Hasta este punto, pues, la construcción de una casa no podía ser algo indispensable para la presencia de Dios, mientras la condición de Israel era «ir errando y morando en tiendas». Ahora había llegado un nuevo período. Jehová Zevaoth[3] había escogido a David y había establecido su reino. Y en relación con esto referente a Israel (v. 10) y David (v. 11): «Y yo he designado un lugar para mi pueblo Israel, y lo he plantado para que more en su lugar, y ya no más temblor; y que los hijos de la maldad» (malicia) «no le opriman más como al principio, y desde el día en que designé jueces sobre mi pueblo Israel.[4] Y te doy descanso de todos tus enemigos, y Jehová te comunica que Jehová hará una casa para ti».

Hasta aquí lo que se refiere al presente. Y por lo que al futuro respecta, debía estar como siempre en las disposiciones divinas. Porque Dios debe construirnos una casa a nosotros antes que nosotros podamos construirle una a él. No se trataba de que David levantara una casa para Dios, sino de que Dios iba a levantarle una para David. Sólo después de que todo el caminar de Israel y su inseguridad hubiesen pasado y él estableciera la casa de su siervo, podría el hijo de aquel siervo, ya no un hombre de guerra (1 Cr. 20:8; 28:3), sino un hombre de paz, «Salomón», construir la casa de paz.

En todo ello había una coherencia exterior e incluso interior: un reino que era paz; un rey, figura del Príncipe de paz; y un templo, la morada de paz. Éste era, pues, el punto principal: una promesa tanto para David como Israel y en relación al Templo, que Dios iba a construir una casa para David, y a hacer un reino no sólo duradero, sino eterno, en toda la plenitud de significado expuesto en el Salmo 72. Lo que sucedió a continuación, se explica mejor con las palabras de la misma Santa Escritura: «Yo seré padre para él, y él será hijo para mí, a quien, si transgrediere, corregiré con la vara de los hombres, y con azotes de los hijos de los hombres; pero mi misericordia no se apartará de él como la hice apartar de Saúl, a quien saqué de delante de ti. Y sin fallar» (segura) «tu casa y tu reino para siempre delante de ti; y tu trono será establecido para siempre».

Las «seguras misericordias» de David en la promesa divina

El hecho de que esta promesa incluía a Salomón es tan claro como que no se limitaba a él. Ningún lector sin prejuicios podría limitarlo; sin duda alguna, ningún intérprete judío podría hacerlo. Porque en esta promesa se basaban la esperanza de un reino mesiánico de la línea de David y el título del Mesías como Hijo de David. No fue solamente el ángel quien indicó el cumplimiento de esta promesa en la anunciación a la virgen (Lc. 1:32, 33), pero nadie, que creyese en un Mesías, se hubiese planteado cuestionar su aplicación. Todas las predicciones de los profetas se apoyan en ello. Mientras no excluía a Salomón y a sus sucesores, y algunos de sus términos solamente se aplican a ellos, el *cumplimiento* de esta promesa estaba en Cristo. Bajo este enfoque, la frase que habla de castigos humanos consecuencia de los pecados de los sucesores de David, no representa un estorbo, sino una ayuda. Porque consideramos toda la historia desde David hasta Cristo como una, y muy bien relacionada.

Y esta profecía no se refiere sólo a Salomón ni solamente a Cristo; y tampoco tiene una doble aplicación, sino que es una promesa del pacto que, al extenderse por toda la línea, culmina en el Hijo de David, y en toda su plenitud se aplica sólo a él. Dios puso en ello estas tres cosas, de las cuales una implica las otras, tanto en la promesa como en el cumplimiento: una relación única, un reino único y un culto y servicio únicos como resultado de ambas. La relación única era la de Padre e Hijo, que en toda su plenitud sólo se cumple en Cristo (He. 1:5). El reino único era el de Cristo, que no tendría final (Lc. 1:32, 33; Jn. 3:35). Y su secuencia única la que se produjo a través del templo de su cuerpo (Jn. 2:19), que aparecerá en todas sus dimensiones cuando la Nueva Jerusalén descienda del cielo (Ap. 21:1-3).

Ésta era la gloriosa esperanza que se abría cada vez más, hasta que en su finalización David podía ver «de lejos» el alba de la mañana resplandeciente de eterna gloria; éste era el destino y la misión que, en su infinita bondad, Dios encargó a su siervo escogido. Todavía le quedaban muchas cosas débiles, vacilantes e incluso pecaminosas; y el que había recibido la herencia de tales promesas no iba ni siquiera a construir un templo terrenal. Muchos fueron sus fallos y pecados, y los de sus sucesores; y caerían sobre ellos varas pesadas y azotes dolorosos. Pero aquella promesa no falló nunca. Entendida desde el inicio por la fe del pueblo de Dios, constituyó el gran tema de su alabanza, no únicamente en el Salmo 89, sino en muchos más, como el 2, 45, 72, 110, 132, y continuó la esperanza de la iglesia, tal como se expresa en las ardientes palabras y aspiraciones de todos los profetas. Esta luz fue creciendo en su resplandor, hasta el día perfecto; y cuando todo lo demás parecía fracasar, éstas eran todavía «las misericordias seguras de David» (Is. 55:3), firmes y estables, y al fin plenamente realizadas en la resurrección de nuestro bendito Señor y Salvador Jesucristo (Hch. 13:32-34).

David da gracias

Es significativo que, cuando David recibió el mensaje divino a través de Natán, «se fue dentro», sin duda dentro de aquel «tabernáculo», que sería para él lo que había sido la visión de la tierra desde Pisgá para Moisés, y «permaneció»[5] delante de Jehová, y pronunció una oración, en la que el primer elemento lo constituía la confesión de no ser digno, seguida por acciones de gracia y alabanza, y finalizó con una sincera súplica. Y así es como tiene que ser toda oración: debemos mezclar humilde confesión con acciones de gracias y peticiones de las bendiciones prometidas.

3. El uso del nombre «Jehová de los ejércitos» en este lugar es muy significativo. Por un lado, denota la exaltación infinita del Señor sobre toda morada terrenal, y, por otra, la verdadera fuente del éxito de David en la guerra.

4. Resulta bastante evidente que la frase debe ser dispuesta y puntuada como lo hemos hecho en el texto. Lo mismo se aplica a los tiempos verbales.

5. No «se sentó», como en algunas versiones (2 S. 7:18). *Sentado* no era una actitud de oración, ni en la antigua dispensación ni en los tiempos apostólicos.

Capítulo 18

(2 Samuel 8-9; 1 Crónicas 18-20)

Con una disposición adecuada, el relato de la promesa de Dios de establecer un reino de David va seguido de la historia de todas sus guerras, aunque aquí el orden tampoco es estrictamente cronológico. De hecho, nos encontramos simplemente con un resumen de resultados, que es todo lo que necesitábamos en una historia del reino de Dios, siendo la única excepción el caso de la guerra con Amón y sus aliados sirios, que se describe con todo detalle en 2 Samuel 10 y 11 porque se relaciona con el gran pecado de David.

Guerras de David

Como cabe esperar, la primera guerra fue con los filisteos, a quienes sometió David, tomando «de la mano de los filisteos las bridas de la madre»,[1] es decir, según vemos en 1 Crónicas 18:1, el mando de Gat, «la madre», o ciudad principal de la confederación de los filisteos, que a partir de entonces fue tributaria a Israel. La siguiente victoria fue contra los moabitas, que de algún modo debían haber ofendido a Israel, ya que la antigua amistad entre ellos no sólo se había roto (1 S. 22:3, 4), sino que incluso se les impuso un castigo terrible: se hizo echar a todo el ejército, y dos tercios, medidos por línea, fueron cortados, y sólo se dejó a un tercio en vida. Sin duda, fue en esta guerra que Benayahu, uno de los héroes de David, «mató a dos hombres de Moab como leones» (1 Cr. 11:22).

La gran campaña amonita y siria contra Israel. Los aliados también son derrotados

La siguiente conquista, citada en 2 Samuel 8:3-6, era sólo un incidente en el curso de la gran guerra contra Amón y sus confederados, que se detalla en toda su extensión en los capítulos 11 y 12 de 2 Samuel. Por el número de aliados que tomaron los amonitas contra Israel, esta ocasión fue el peligro más grande del reino de David. Como tal es llevado al Señor en los Salmos 44 y 60, mientras la liberación concedida divinamente, con todas sus implicaciones simbólicas referentes a la victoria futura del reino de Dios, se celebra con gratitud en el Salmo 68. De hecho, Amón logró rodear toda la frontera oriental de la tierra con acero. En el lejano nordeste se alzaba Hadad-ézer (*Hadad*, el sol dios, es *ayuda*) y había dispuesto contra Israel su reino de Sobá, que probablemente estaba al nordeste de Damasco. Y no estaba solo. Con él estaban las fuerzas del (probablemente) territorio vasallo sirio, al sur de Hamat, entre el Orontes y el Éufrates, de los que Rehob (Nm. 13:21; Jue. 18:28), o Bet-rehob era la capital. Todavía más al sur, a lo largo de la frontera nordeste de Palestina, se hallaba el reino de Maacá (Dt. 3:14), que se unió a la guerra contra Israel, como también los hombres de Tob, que habitaban el territorio entre Siria y Amón, donde Jefté encontrara refugio (Jue. 11:5). Luego llegamos al territorio de Amón, principal causante de la guerra.

Toma de la capital de Moab. Edom sometida

En el sur más alejado, Moab acababa de ser sometida, mientras que los edomitas se desviaron, cruzaron el valle al sur del Mar Muerto, y demostraron ser un enemigo terco. Así, como ya dijimos, toda la frontera este, nordeste y sudeste estaba amenazada por el enemigo.

La situación de esta guerra era perfectamente oriental. Nahás, el rey de los amonitas, parece ser que en cierta ocasión, desconocida en cualquier otro lugar, mostró amabilidad con David (2 S. 10:2). A su muerte, David, que nunca perdió un recuerdo agradecido, envió una embajada de condolencia a Hanún, el hijo sucesor de Nahás. Los príncipes amonitas escogieron tomar esto como una simple estratagema para preparar un ataque contra su capital, semejante a la que tan recientemente había aniquilado a Moab (8:2). Había algo cobarde y provocativo en el insulto que Hanún infligió a los embajadores de David, tal como lo sentirían muy especialmente los orientales, al afeitarles un lado de la barba y cortar sus largos vestidos hasta la mitad. Era un insulto que, como bien sabían, David no podía tolerar; y Amón se preparó para la guerra y levantó, como ya hemos descrito, todas las tribus fronterizas como aliados contra Israel. Una cantidad no inferior a mil talentos, o unas 375.000 libras, se gastó con estos aliados (1 Cr. 19:6), que en total sumaban treinta y dos mil hombres –en carros, caballos y soldados de a pie–[2] además de los mil hombres aportados por el rey de Maacá (2 S. 10:6; 1 Cr. 19:6, 7).

Contra esta formidable confederación David envió a Joab, el cual encabezaba «todo el ejército, los hombres fuertes», es decir, los escogidos de las tropas (2 S. 10:7). Joab encontró al enemigo en un doble frente de batalla. El ejército amonita estaba a la salida de su capital, Rabá, mientras que los aliados sirios se concentraron en la llanura sin árboles de Medebá (1 Cr. 19:7), a unas quince millas al suroeste de Rabá. Así Joab se vió encerrado entre dos ejércitos. Pero su corazón no iba a desfallecer ante semejante peligro. Dividió a sus hombres en dos cuerpos, colocó a los mejores soldados bajo el mando de su hermano Abisay, para enfrentarse a un posible ataque amonita, y lo animó con palabras de valor y piedad, mientras que él, con el resto del ejército, cayó sobre los sirios. Desde el comienzo la victoria fue suya. Cuando los amonitas vieron a sus aliados que huían, se encerraron en retirada en el interior de los muros de Rabá sin haber efectuado un solo ataque. Pero la guerra no acabó con esta victoria casi libre de sangre, aunque Joab volviera a Jerusalén. Más bien empezó. Este hecho posiblemente sea la explicación de que se registre sólo este segundo acto de este drama sangriento en el resumen de 2 Samuel 8:3, etc., y en 1 Crónicas 18:4, etc. Al combinar estos relatos con los mayores detalles de 2 Samuel 10 y 1 Crónicas 19, entendemos que, ante esta derrota, mejor dicho en su huida precipitada, Hadad-ézer «fue para volver su mano en el río [Éufrates]», es decir, reclutó sus fuerzas allí (2 S. 8:3; en 1 Cr. 18:3): «para establecer su mano»,[3] una afirmación que se explica mejor en 2 Samuel 10:16 y 1 Crónicas 19:16 con el comentario que los aliados sirios que llegaron allí se pusieron bajo el mando de Sobac, capitán del ejército de Hadad-ézer. La batalla decisiva se libró en Helam (2 S. 10:17), cerca de Hamat (1 Cr. 18:3), y su resultado fue la destrucción total del ejército sirio. Se tomaron nada menos que 1.000 carros, 7.000[4] caballos y

1. La expresión «tomar las bridas», significa tomar el mando o la supremacía (comp. Job 30:11). La expresión «madre» se aplica a la ciudad principal de una región, llamándose a las otras ciudades con el término de «hermanas».

2. Al combinar los relatos de 2 Samuel y 1 Crónicas, se verá que el ejército constaba, como cabía esperar, de estas tres clases de fuerzas, aunque sólo se mencionan carros y caballos en Crónicas, y soldados de a pie en Samuel. En general estos dos relatos se complementan mutuamente y no pocas veces nos permiten detectar y corregir de un texto errores de transmisión del otro.

3. Ésta es la traducción correcta.

4. En 2 Samuel 8:4 debido a un error de transmisión se da el número de 700. En general, como ya comentamos, se deben com-

20.000 soldados de a pie; mientras que los que cayeron en la batalla fueron 700, o más bien (según 1 Cr. 19:18) 7.000 carros y caballos, y 40.000 hombres de a pie (en 2 S., «hombres de a caballo»). El propio Sobac fue herido y murió en el campo de batalla.[5] Luego David se volvió contra los sirios de Damasco, quienes habían acudido en auxilio de Hadad-ézer; mató a 22.000 de ellos, estableció guarniciones por todo el país, y lo hizo tributario. Pero todo el botín tomado en la guerra, especialmente los «escudos dorados», y el cobre con el que después se hicieron «la pila de bronce, y las columnas y vasos de bronce» del templo (1 Cr. 18:8), lo llevaron a Jerusalén. El resultado inmediato de estas victorias no fue sólo la paz en las fronteras de Israel, sino que todas aquellas tribus turbulentas pasaron a ser tributarias a David. Uno de los reyes o capitanes, Toi, el rey de Hamat, siempre había estado en guerra con Hadad-ézer. Ante su completa derrota, Toi envió a su hijo Hadoram[6] a David en busca de una alianza. Los regalos que trajo, así como todo el botín de guerra, fueron dedicados al Señor, y depositados en el tesoro del santuario para su uso futuro.

No obstante, la formidable alianza contra Israel todavía no había sido rota totalmente. Al regreso del ejército de David de su victoria contra los sirios, tuvieron que encontrarse con los edomitas[7] (2 S. 8:13, 14), que habían avanzado hasta el «valle de sal», al sur del Mar Muerto. Se confió la expedición a Abisay, hermano de Joab (1 Cr. 18:12, 13), y su resultado fue la derrota total del enemigo, y el establecimiento de guarniciones en los lugares principales de parte de los hombres de David; aunque, a juzgar por 1 Reyes 11:15, 16, las operaciones tardaron algún tiempo y se obtuvieron con bastante derramamiento de sangre.

Registro de los oficiales de David

El informe que acabamos de dar sobre las guerras de David concluye con una lista de sus oficiales de estado, entre los cuales destacamos a Joab como general en jefe, Josafat como canciller (*magister memoriae*), o registrador y consejero, Sadoc como sumo sacerdote en Gabaón (1 Cr. 16:39), y Jonatán como auxiliar de su padre Abiatar (1 R. 1:7, 42; 2:22-27) en Jerusalén; Serayá como secretario de estado, y Benayahu como capitán de la guardia del cuerpo –los *Cherethi* y *Pelethi*, o «ejecutadores y corredores»–[8] mientras los hijos del rey actuaban como consejeros íntimos.[9]

El registro de este período del reino de David –ciertamente, de su vida– hubiese quedado incompleto si el recuerdo de su amistad con Jonatán hubiera pasado sin dejar rastro. Pero no fue así. Cuando había alcanzado la cumbre de su poder,[10] preguntó acerca de cualquier descendiente de Saúl a quien pudiese mostrar «la bondad de Dios» por causa de Jonatán. Hay algo profundamente conmovedor tanto en este recuerdo amoroso del pasado, como en su modo de hacerlo, mientras David estaba en la cúspide de su poder, lo cual muestra su verdadero carácter, y demuestra que el éxito todavía no había herido su mejor naturaleza. Sólo quedaba un descendiente legítimo de la casa real, Mefi-boset, que llevaba en su cuerpo lisiado el recuerdo de aquel triste día en el monte Gilboa. Es otro destello del estado moral del pueblo el hecho de que todo ese tiempo el pobre y desechado descendiente de la realeza caída encontrase una casa y ayuda en la casa del rico jefe Maquir, hijo de Amiel, en Lodebar,[11] cerca de Mahanaim, la escena del asesinato de Is-boset (2 S. 4). Más tarde aún se da todavía otra evidencia del valor y el carácter de Maquir. Evidentemente, había aprendido a apreciar la conducta de David para con Mefi-boset, y en consecuencia se había convertido en uno de sus más fervorosos seguidores, no sólo en el tiempo de prosperidad, sino también en el de más extrema adversidad, cuando se atrevió a tomar abiertamente la causa de David, y darle suministros en su huida con una ayuda muy necesitada (2 S. 17:27-29).

Su bondad para con Mefi-boset

Pero volviendo a nuestro tema. La primera acción del rey fue hacer buscar a Sibá, conocido siervo de Saúl, tal vez su antiguo mayordomo. Es curioso ver cómo, incluso después de que David le asegurara sus intenciones amistosas, Sibá, al mencionar a Mefi-boset, inmediatamente dijo que «era lisiado de los pies», como si intentase evitar consecuencias malignas. Tan arraigada parece haber tenido en su mente la idea oriental de que un rey nuevo debía ejecutar la muerte de todos los descendientes de su predecesor.

Algo parecido se nota en la conducta de Mefi-boset al ser presentado a David. Pero los pensamientos del corazón de David eran absolutamente diferentes. Mefi-boset a partir de entonces debía ser tratado como uno de los príncipes reales. Su residencia debía estar en Jerusalén, y su lugar en la mesa del rey, y al mismo tiempo se le restituyó toda la tierra que había pertenecido a Saúl para su sustento. Sibá, a quien David consideraba un seguidor fiel de la familia de su antiguo señor, recibió el encargo, junto con sus hijos y siervos, de cuidar de la propiedad ancestral de Mefi-boset.

Nos complace detenernos en este incidente de la historia de David, que forma, por así decirlo, un apéndice al

---

parar los detalles de los dos relatos para corregir las omisiones y los errores de los copistas. Casi huelga decir cuán fácilmente puede suceder con los números, y en un lugar donde los detalles eran tan numerosos e intrincados.

5. Si el lector compara con atención las breves anotaciones de 2 Samuel 8:3, 4 y 1 Crónicas 18:3, 4 con las de 2 Samuel 10:15-18 y 1 Crónicas 19:16-18, sin duda tendrá la impresión de que se refieren a un solo y mismo acontecimiento, a saber, *no* el comienzo de la guerra con Hadad-ézer, sino a su segunda fase después de su huida precipitada de la batalla de Medebá. Para una evidencia más detallada debemos referirnos a los Comentarios.

6. Así aparece en 1 Crónicas 18:10. La grafía *Joram*, de 2 Samuel 8:10, es un error de transmisión o la traducción de la forma pagana a la judía del mismo nombre, cambiando «Hadad», o sol-dios, a «Jehová».

7. En 2 Samuel 8:13 las palabras «hirió a Edom», evidentemente han caído después de «cuando volvió de herir a los sirios».

8. Esta interpretación de estos términos nos parece la más racional, aunque no pocos los han considerado nombres de nacionalidades, en cuyo caso representarían una guardia de mercenarios extranjeros.

9. La palabra usada en hebreo aquí es *cohen*, que siempre se traduce por «sacerdote», pero aquí se usa con su significado etimológico: alguien que representa y defiende la causa de una persona.

10. Esto resulta evidente del hecho que, a la muerte de Saúl, Mefi-bóset tenía sólo cinco años (2 S. 4:4), mientras en el relato que estamos examinando se nos presenta como padre de un hijo (2 S. 9:12), de modo que debió haber pasado un período considerable.

11. El nombre «Lo Debar» ha sido utilizado de un modo muy ingenuo, como si significara «sin pasto». Tal vez ayude a controlar semejantes fantasías señalar que la escritura masorética «Lo-debar» en dos palabras es claramente incorrecta, siendo el lugar probablemente *Lidbir* de Josué 13:26. Pero incluso si no fuese así, Lo-Debar sólo podría significar «sin pasto», si el «Lo» se escribiera con una alef, que lo está en 2 Samuel 17:27, pero no en 9:4, 5, donde se escribe con una uau, y entonces significaría lo contrario de «sin pasto». Hemos hecho referencia a este caso como ejemplo de muchos casos de algunas interpretaciones de la Santa Escritura, sin ninguna base en un estudio adecuado del texto, pero de los que demasiado a menudo se sacan inferencias dogmáticas.

relato del primer período de su reino, no sólo por lo que nos dice sobre el rey, sino como el último punto brillante donde reposa el ojo. Otros pensamientos parecen acudir y revolotear a nuestro alrededor cuando nos repetimos tales palabras como «la bondad de Dios» y «por causa de Jonatán». Hasta tal punto podía llegar la acción y la búsqueda diligente de un hombre por causa de un amigo terrenal que había amado. ¿No hay un sentido más elevado por el cual «por causa de Jonatán» nos puede dar consuelo y guía en el servicio del amor?

Capítulo 19
(2 Samuel 11-12)

Hay una notable peculiaridad en la historia de los personajes más prominentes de la Biblia, cuya lección de humildad debería penetrar profundamente en nuestros corazones. Al seguir su progreso hacia adelante y hacia arriba, a veces parecen ir más allá de nuestro alcance, como si no hubiesen llevado las mismas debilidades que nosotros, y su vida de fe estuviese tan lejana que casi no nos pudiese servir ni siquiera como ejemplo. Tales pensamientos se ven terriblemente rechazados por la historia de sus repentinas caídas, que derraman una luz pavorosa sobre el lado nocturno de su carácter, y nos muestran también, por un lado, a través de las luchas internas que debieron tener, y, por el otro, cómo únicamente la gracia divina les había ayudado y dado la victoria en muchas de sus luchas no contadas. Pero además, esto se manifiesta de modo especial cuando estos héroes de fe alcanzan, por así decirlo, la cumbre espiritual de su vida, como para manifestarlo tanto más claramente delante de la eminencia que habían alcanzado. En consecuencia, la cumbre de su historia a menudo también determina el comienzo de su declive. Fue así en el caso de Moisés y Aarón, en el de David,[1] y en el de Elías. Pero hay una excepción, o tal vez debiéramos decir, una historia a la que se aplica lo contrario: la de nuestro bendito Señor y Salvador. La cumbre de la historia de su vida entre los hombres fue en el monte de la transfiguración; y aunque lo que siguió marca su descenso al valle de la humillación, hasta el amargo final, no obstante la gloria a su alrededor creció cada vez más en resplandor hasta la mañana de la resurrección.

Sitio de Rabá

La primavera llegó una vez más, cuando la guerra contra los amonitas podía volver a empezar. Porque hasta entonces se había derrotado solamente a sus aliados. La importancia de la expedición se puede observar al ver que ahora el arca de Dios acompañaba al ejército de Israel (2 S. 11:11). De nuevo el éxito esperaba a David. Su ejército, al haber destruido toda ciudad en su avance, apareció ante Rabá, la fuerte capital de Amón. Era la última oposición que podía plantear el enemigo, o, de hecho, en cuanto a lo que podía juzgar el hombre, la última posición del último enemigo de David. En adelante todo sería prosperidad y triunfo. Fue en la embriaguez del triunfo todavía inquebrantado, en el peligroso monte del poder absoluto e incuestionado, que el mareo se apoderó de David y le hizo caer.

El gran pecado de David. Muerte de Urías

Es innecesario repasar los tristes y nauseabundos detalles de su pecado –cómo fue, literalmente, «arrastrado por su concupiscencia y tentación»–; y cómo cuando la lujuria hubo concebido produjo pecado, y el pecado, al acabarse, trajo la muerte (Stg. 1:14, 15). El corazón se hunde al ver su rápida precipitación; el pecado, el intento de esconderlo al tentar a Urías, cuyas sospechas parecen haber sido despertadas, y luego, cuando todo lo demás había fallado, la entrega de la misiva asesina por medio de las propias manos de Urías, seguida de la lucha, con sus previstas si no intencionadas consecuencias, en la que Urías, uno de los héroes y capitanes de David que nunca dio la espalda al enemigo (2 S. 23:39), cayó víctima de traición y concupiscencia.

Había pasado todo. «La esposa de Urías» –como llama significativamente el texto a Betsabé, como si el hombre asesinado estuviese aún en vida, puesto que su sangre clamaba venganza del Señor– había acabado su séptimo día de «duelo» hipócrita, y David se la había llevado a su casa. Y nada peor había sucedido en consecuencia. Su esposo simplemente había caído en la batalla; mientras que la vergüenza de la esposa y el pecado del rey se escondían en el harén. Lo demás era todo próspero.

Toma de Rabá

Puesto que el sitio de Rabá apenas podía durar un año entero, suponemos que también éste había acabado. La empresa no había implicado dificultades de poca importancia. Había resultado relativamente fácil penetrar por el angosto desfiladero, y, siguiendo «el riachuelo lleno de peces con conchas dispersas por las piedras y los guijarros», que hacía de «Rabá muy ciertamente una ciudad de aguas», para llegar a «la llanura cubierta de hierba», «completamente encerrada por bajos montes a cada lado», en la que se hallaba «la ciudad real». Joab la tomó. Pero aún quedaba «la ciudad propiamente dicha», o mejor dicho la ciudadela, que colgaba delante de Rabá sobre «una meseta redonda y empinada», por la que el riachuelo fluía rápidamente «a través de un valle contraído de golpe a una anchura de quinientos pasos». Como para completar sus defensas naturales, al otro lado había valles, barrancas y precipicios, que casi aíslan la ciudadela.[2] Pero estos fuertes no podían detener el paso cuando la ciudad inferior ya había sido tomada. Se trataba sólo de una hazaña de armas en aquellos días; y Joab, que no quería privar al rey la autoría de su captura, mandó buscar a David, quien a su debido tiempo la redujo. El botín fue inmenso: entre otras cosas la corona real de Amón, que pesaba nada menos que un talento de oro,[3] y

1. Casi huelga indicar cómo este relato verdadero de los héroes bíblicos manifiesta la autenticidad y credibilidad de los relatos bíblicos. Las narraciones legendarias son muy distintas, las cuales intentan suavizar los pecados de los personajes bíblicos, o incluso negar su culpabilidad. Así el *Talmud* (Shab., 55. 6) niega el adulterio de David sobre la base de que todo guerrero, antes de ir a la batalla, debía dar el divorcio a su mujer, de manera que Betsabé estaba libre. Pero nosotros añadiríamos que esta opinión era controvertida. En el tratado talmúdico *Avodah Sarah* (4. b, 5. a) se hace una aplicación muy adecuada del pecado de David, mientras que el de Israel al hacer el becerro de oro no solamente se excusa, sino que hasta se agradece.

2. Nuestra descripción ha sido tomada de Canon Tristram *Land of Israel*, pp. 549, 550.

3. Keil y otros comentaristas están dispuestos a considerar este peso como aproximado, puesto que la corona hubiese resultado, en su opinión, demasiado pesada para llevarla puesta. Pero el texto no implica que se llevara puesta de forma habitual, ni su peso era tan

llevaba incrustadas piedras preciosas, que David tomó para sí. El castigo extremadamente cruel cayó sobre los que se resistieron, casi podríamos decir un castigo contrario al carácter israelita, ni siquiera justificado por la terrible guerra que los amonitas habían presentado, ni por las crueldades que parecen haber practicado contra las indefensas madres israelitas (Am. 1:13), y con un sabor más de Joab que de la conducta de David; al menos antes de que su conciencia se endureciera con este terrible pecado. Y así David volvió triunfante a su ciudad real.

Prosperidad aparente de David

Había pasado un año desde la terrible caída de David. Había nacido el hijo de su pecado. Y durante todo este tiempo Dios estaba en silencio. Pero, no obstante, como una negra nube de verano, colgaba sobre él esta sentencia divina: «Pero lo que David había hecho era malvado a los ojos de Jehová» (2 S. 11:27). Pronto se precipitaría una tormenta de juicio. Siendo esta una lección muy solemne para nosotros en cuanto al registro de Dios de nuestras obras, y su silencio. Pero, bendito sea Dios, si viene el juicio a la tierra; si somos juzgados aquí, para que «no seamos condenados con el mundo» (1 Co. 11:32). ¿Estaba tranquila la conciencia de David durante todo este tiempo? Si tomamos la perspectiva más baja, él no podía desconocer el hecho que la ley de Dios sentenciaba a muerte al adúltero y a la adúltera (Lv. 20:10). Tampoco podía engañarse a sí mismo en cuanto al traidor asesinato de Urías. Pero había mucho más en todo ello. El hombre que Dios había exaltado tanto, que había tenido una comunión tan grande con él, había caído tan bajo; el que debía encargarse de restaurar la piedad en Israel había dado semejante ocasión de blasfemar al enemigo; el hombre que, cuando su propia vida corría peligro, no extendía su mano para librarse de su enemigo personalmente, había enviado a una muerte sin misericordia a su propio soldado fiel, para tapar su culpabilidad y gratificar su concupiscencia. ¿Era posible caer de más alto a más bajo? Su conciencia no podía estar ni estaba en silencio. En el Salmo 32 él mismo nos cuenta las agonías inexplicadas que sufrió mientras encubría su pecado. En general, tenemos al respecto también en el Salterio un registro fiel para guía de los que se arrepienten en todas las épocas, para librarlos de la desesperación, guiarlos al arrepentimiento verdadero y llevarlos al fin a la luz del perdón y la paz. Hay un elemento que destaca en todo el proceso, y en sí mismo es una indicación del «dolor piadoso». Además de su propio dolor, el que se arrepiente también siente muy ansiosamente el deshonor que ha causado al nombre de Dios, y el consecuente triunfo de los enemigos de Dios. Colocados, por así decirlo, los Salmos en el orden cronológico de la experiencia de David, los dispondríamos como sigue: Salmos 38, 6, 51, 32,[4] cuando por fin se siente que toda «transgresión está perdonada», todo «pecado cubierto».

excesivo. Comp. Erdmann, *die Bücher Samuelis*, p. 442, col. *b*. La cuestión es plenamente discutida en el Talmud (*Av.* S. 44. *a.*). Entre las extrañas explicaciones ofrecidas –tales como que había un imán para alzar la corona; que se llevaba por encima de la filacteria, etc.– la única que merece mención es que sus gemas le conferían un valor de un talento de oro.

4. Comp. Delitzsch Commentar ü. d. Psalter, Vol. I. pp. 44, 45, 297. Por razones que espero se justifiquen a sí mismas por la comparación cuidadosa de estos Salmos, he modificado algo la disposición propuesta por Delitzsch.

Mensaje de Dios por medio de Natán

Fue en estas circunstancias que el profeta Natán se presentó a David por encargo divino. Una historia en forma de parábola, sencilla, tomada de la vida cotidiana, y que no podía levantar sospechas sobre su significado final, sirvió de introducción. Apelado en nombre de la justicia y la generosidad, el rey dio una rápida sentencia. Pero, acababa de juzgarse a sí mismo, y ello en una causa que contrastaba muy favorablemente con su propia culpabilidad. ¡Cómo debió herir su corazón la respuesta breve y afilada del profeta! «Tú eres el hombre.» Ahora no cabía ningún disfraz; ningún intento de excusarse o suavizar la situación. El martillo fue cayendo golpe a golpe; cada vez más fuerte y aplastante que la anterior. Lo que Dios había hecho por David; cómo David había actuado para con Urías y con su esposa; y cómo Dios iba a vengar lo que en realidad era un desprecio de su propia persona: así era el mensaje en pocas palabras de Natán. David había matado a Urías con la espada de los amonitas. Jamás, mientras David viviese, se apartaría de su casa la espada. Había poseído en secreto y adulterio la esposa de Urías. Algo parecido y un mal mucho más doloroso caería sobre él, y no en secreto sino públicamente. Y sabemos cómo se cumplió la sentencia desde el asesinato de Amón (2 S. 13:29) hasta la muerte de Absalón (18:14), e incluso la ejecución de Adonías después de la muerte de David (1 R. 2:24, 25); y también cuán terriblemente se cumplió la otra predicción a través de la culpa de su propio hijo (2 S. 16:21, 22).

Arrepentimiento de David

El rey había escuchado en silencio, como azorado y aturdido por los golpes recibidos. Pero no fue dolor hasta la muerte. Hacía mucho tiempo que su propio corazón le había contado su pecado. Y ahora que el mensajero divino había penetrado a través de la cubierta de sus sentimientos, las palabras de arrepentimiento saltaron hacia sus labios resecos durante tanto tiempo, como bajo la vara de Moisés el agua de la roca partida en el árido desierto. No fueron muchas las palabras que dijo –y también en esto yace la evidencia de su autenticidad (comp. Lc. 18:13)–, pero en ellas reconoció dos realidades: el pecado y Dios. Pero reconocerlas en su significado verdadero: el pecado como contra Dios, y a Dios como el santo pero lleno de misericordia y gracia, quería decir haber vuelto al camino de la paz. No podía descender más abajo de esta penitencia; no podía subir más en su fe. Y Dios *era* Jehová; y el pecado de David *fue* quitado.

Aunque el relato de estos acontecimientos es breve, no debemos pensar que todo ello sucedió y terminó en el corto espacio de tiempo que se tarda en contarlo. De nuevo decimos: en este asunto busquemos también en el registro de los Salmos de arrepentimiento, aquel comentario del Antiguo Testamento sobre el conflicto de tres días y tres noches, descrito en Romanos 7:5-25, cuya historia se resalta con las palabras de «blasfemo», «perseguidor», «injuriador», y «gracia sobreabundante» (1Ti. 1:13-16). Porque la fe es sin duda un *acto*, e *inmediato*; y el perdón también es un *acto*, *inmediato* y *completo*; pero solamente el alma que ha pasado por ello conoce la terrible realidad de un sentimiento personal de pecado, o la maravillosa sorpresa del alba de la gracia.

Muere el hijo de Betsabé

Sin duda fue así en el caso de David. Pero el aguijón de todo ello no se sacó inmediatamente. El hijo que era el fruto de su pecado debía morir: por causa del propio David, para que no gozara del fruto del pecado; porque había dado ocasión a los hombres para que blasfemasen, y para que no tuvieran más esta ocasión; y porque Jehová era Dios. El niño, pues, enfermó rápidamente y murió. Era justo que David sintiera profundamente los sufrimientos del niño inocente e indefenso; era justo que ayunara y orara por él sin cesar; era justo incluso que hasta el final pudiese esperar contra esperanza que este castigo, en apariencia el más duro, le fuese remitido. Podemos comprender cómo amaba mucho más profundamente a su hijo; cómo estaba echado en el suelo noche y día, y se negaba a levantarse o recibir ningún consuelo de los hombres. También comprendemos –por poco que lo hicieran sus siervos– que, cuando todo había acabado, se levantase por decisión propia, se cambiara la ropa, fuese a adorar en la casa de Jehová, y luego volviera a su casa; pues, si no se había evitado el duro golpe, sino que se había dado, su niño no se había ido, solamente se había ido antes.

Nacimiento de Salomón

Y una vez más vino la paz al alma de David. Betsabé era entonces verdaderamente su esposa delante de Dios. Otro hijo alegró sus corazones. David lo llamó, simbólica y proféticamente, Salomón, «pacífico»: el sello, la prenda y la promesa de paz. Pero Dios lo llamó, y era «Jedidiah» el amado por Jehová. Una vez más, el sol del favor de Dios había resplandecido sobre la casa de David; pero era, entonces y para siempre en adelante, el sol del otoño más bien que el del verano; un resplandor solar, no de un brillo sin oscurecer, sino entre nubes y tormentas.

«Según vemos en el Libro de Crónicas (1 Cr. 11:6), el líder que escalara primero las murallas sería nombrado general en jefe. Este honor lo consiguió Joab, que había dominado el ejército separado de David, antes de que su elevación al trono uniese a todas las huestes de Israel. Y así, doblegando el orgullo de los jebuseos, tomaron la inexpugnable fortaleza y se le llamó 'la Ciudad de David', una lección de ánimo para el pueblo de Dios de todos los tiempos. En adelante, David hizo de ella su residencia».

Los muros de esta ciudad sitiada, perteneciente a un relieve del palacio de Korsabad, nos evocan a los de la orgullosa ciudad de los jebuseos. En el relieve se muestran los baluartes que se solían construir frente a una ciudad sitiada para facilitar su asalto. Las murallas de Jebús no resistieron el acoso de David. (Museo del Louvre)

EL IMPERIO DE DAVID

Después de la muerte de Saúl, primer monarca hebreo, la tribu de Judá eligió por rey a uno de los suyos, a David, quien comenzó a reinar en Hebrón a la edad de 30 años (2 Sam. 2:1-10; 5:4). Después de una turbulenta guerra civil que enfrentó a Judá con el resto de las tribus, partidarias de Is-boset, hijo de Saúl, que acabó con la muerte de éste, David fue elegido rey por todas las tribus y se dispuso de inmediato a consolidar la monarquía (2 Sam. 5:1-5).

Aunque no hay testimonios arqueológicos de su existencia, su figura destaca como uno de los grandes personajes de la historia universal, modelo de reyes durante generaciones. El relato de su vida ofrecido por los textos bíblicos es totalmente convincente. Aparece bajo los rasgos de un héroe de corazón noble, pero sin ocultar sus defectos, a veces demasiado sangrantes. David puso fin al peligro filisteo, que durante tanto tiempo había mantenido oprimido a los israelitas, convirtió Jerusalén en la capital de Israel y se impuso sobre los pueblos vecinos: moabitas, arameos de Soba y de Damas, amonitas, edomitas y amalecitas (2 Sam. 8:1-18; 10:1-19; 12:26-31).

La conquista y la ocupación de Edom tuvo una gran importancia estratégica. Dio a David una valiosa fuente de recursos naturales. El desierto árabe, que se extiende hacia el sur del mar Muerto y hasta el golfo de Aqaba, era rico en hierro y cobre necesitado para romper el monopolio filisteo (2 Sam. 8:14).

David pudo poner en práctica su programa expansionista porque en Oriente Medio se había producido una especie de vacío político. El Imperio hitita había desaparecido hacia 1200 a.C. y a la muerte del monarca asirio Riglat Piléser I, ocurrida en 1078 a. C., el estado asirio se sumió en un período de debilidad que duró cerca de dos siglos. A partir de 1065 a.C. Egipto, la otra gran potencia militar de la época, perdió poderío durante la XXI dinastía. Se produjo un estado propicio para que los israelitas y otros pueblos se convirtiesen en poderosos estados. De este modo, aprovechando la coyuntura política y usando la pericia militar, David expandió su gobierno desde el núcleo tribal de Judá a un vasto imperio, extendiendo sus dominios desde Egipto a las regiones del Éufrates. Esta recibe escasa atención en la Biblia, toda vez que la intención primordial de los autores de los libros canónicos es religiosa. Con todo, es hecho que bajo David Israel se convirtió en una nación de primera importancia a comienzos del siglo X a. C. (hacia 1000-961 a.C.).

Para ello David hubo de reorganizar el ejército por completo, basado en el modelo de los países vecinos, sobre todo de Egipto. La pequeña banda de luchadores voluntarios se convirtió en el núcleo de una fuerza eficiente. Cuando fue proclamado rey de todo Israel, tenía 339.600 hombres bajo su mando. En el censo se cuentan 1.300.000 varones capaces de empuñar un arma. Un ejército dispuesto, que constaba de doce cuerpos, cada uno con 24.000 hombres, que se turnaban para servir durante un mes cada vez, en la guarnición de Jerusalén.

Además de su política militar, cuando el Arca fue llevada a Jerusalén, David emprendió la reorganización del culto religioso. Las funciones sagradas se confiaron a 24.000 levitas; además de 6.000 escribas y jueces, 4.000 porteros y 4.000 cantores. Organizó las diversas partes de los ritos, y asignó a cada sección sus tareas. Los sacerdotes estaban divididos en veinticuatro clases; los músicos en veinticuatro coros. A Salomón había sido reservado el privilegio de construir el Templo o casa de Dios, pero David hizo amplias preparaciones para el trabajo reuniendo tesoros y materiales, así como transmitiendo a su hijo un plan para el edificio y todos sus detalles. David falleció a la edad de setenta años, tras haber reinado en Jerusalén treinta y tres años. Fue enterrado en el monte Sion.

Bibliografía:

John J. Davis, *The Birth of a Kingdom: Studies in I-II Samuel and I Kings 1-11.* Baker Book House, Grand Rapids 1970.
Jonathan Kirsch, *David, la verdadera historia del rey de Israel.* Javier Vergara, Barcelona 2002.
Steven L. McKenzie, *El rey David.* Ariel, Barcelona 2002.
Israel H. Weisfeld, *David the King.* Bloch Publishing Company, Nueva York 1983.

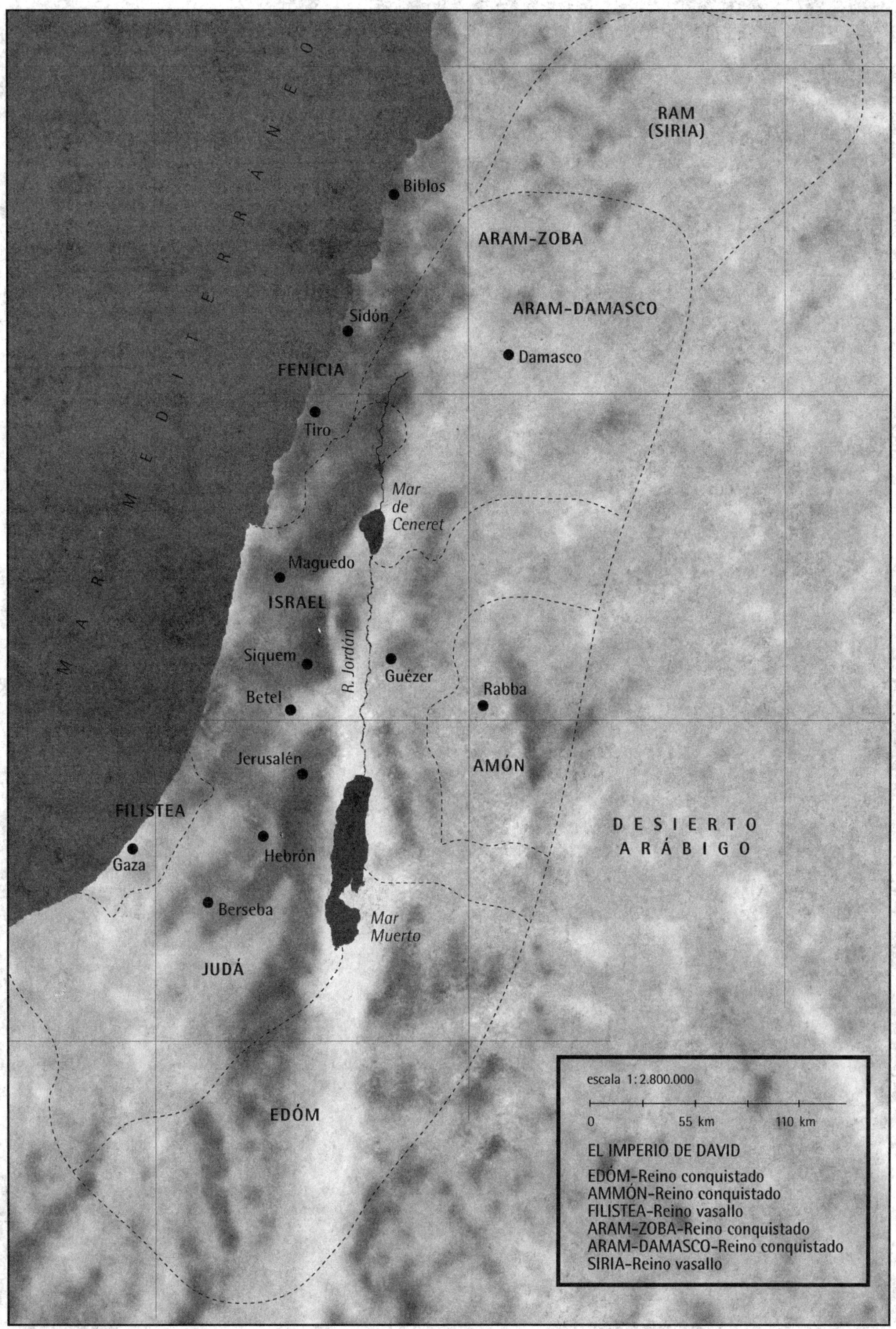
MAR MEDITERRÁNEO
RAM (SIRIA)
Biblos
ARAM-ZOBA
ARAM-DAMASCO
Sidón
Damasco
FENICIA
Tiro
Mar de Ceneret
Maguedo
ISRAEL
R. Jordán
Siquem
Guézer
Rabba
Betel
Jerusalén
AMÓN
FILISTEA
DESIERTO ARÁBIGO
Gaza
Hebrón
Berseba
Mar Muerto
JUDÁ
EDÓM
escala 1: 2.800.000
0
55 km
110 km
EL IMPERIO DE DAVID
EDÓM-Reino conquistado
AMMÓN-Reino conquistado
FILISTEA-Reino vasallo
ARAM-ZOBA-Reino conquistado
ARAM-DAMASCO-Reino conquistado
SIRIA-Reino vasallo

Libro 5

La historia de Judá e Israel desde el nacimiento de Salomón hasta el reinado de Acab

INTRODUCCIÓN
al Libro 5

El período de la historia de Israel tratado en este volumen tiene un interés especial en una doble vertiente: la política y la religiosa. Empezando con los últimos días del reinado de David, cuando la conciencia y las consecuencias del gran pecado de su vida habían prácticamente paralizado la mano de poder que mantenía las riendas del gobierno, vemos en primer lugar como, en la Providencia de Dios, la posibilidad de una gran monarquía mundana y militar en Israel (comp. Sal. XVIII. 43-45) - tal como las de los antiguos paganos - quedaba frustrada para siempre. Con Salomón empezó otra era: la del desarrollo pacífico de los recursos interiores del país; del aumento rápido de la prosperidad; de la extensión de la cultura; y, por medio de relaciones amistosas con otras naciones, de la introducción de ideas extranjeras y de civilización extranjera. Cuando se recuerda que la construcción del templo precedió la legislación de Licurgo en Esparta en unos ciento veinte años, la de Solón en Atenas en más de cuatrocientos años y la construcción de Roma en unos doscientos cincuenta años, se comprenderá que el reino de Salomón pudo llegar a ser el imperio intelectual, o incluso político, del mundo. Lo que Jerusalén era en la cima de la gloria de Salomón se describe en un capítulo de esta historia. Pero, en la Providencia de Dios, cualquier perspectiva semejante se desvaneció cuando, después de sólo ochenta años de duración, el reino de David se vio dividido en dos estados rivales y hostiles. No obstante, a pesar de que esta catástrofe ya había sido comunicada por la profecía, como juicio divino sobre la infidelidad de Salomón, no hubo nada abrupto ni poco racional en su cumplimiento. En cambio, las causas de esta separación retroceden hasta las relaciones tribales de Israel; se iban manifestando de vez en cuando en la historia de los Jueces y de Saúl; se notaron en la época de David; aparecieron en la de Salomón, y sólo alcanzaron su objetivo final cuando la difícil obra requerida para encontrarlas se desarrolló sobre la inexperiencia juvenil y la locura mal aconsejada de Roboam. Todo esto se explica con detalle en el curso de esta historia. Después de su separación, los dos reinos pasaron por tres fases en sus relaciones: la primera de hostilidad; la segunda de alianza, que empezó con el reinado de Josafat y Acab, y acabó con el homicidio de los reyes de Judá e Israel de parte de Jehú; y la tercera, otra de hostilidad. De estos tres períodos en este volumen vemos el primero entero y el comienzo del segundo.

Del aspecto político de la historia pasamos al religioso. Es cierto que el imperio del mundo tenía que estar relacionado con el reino de David (Sal. II), pero no en el sentido de fundar una gran monarquía militar, ni tampoco obteniendo una supremacía intelectual universal, y mucho menos adaptarse a los modos y las prácticas del culto, la magia y teurgia paganas. La exaltación de Sion sobre los montes y la afluencia a ella de todas las naciones tenía que suceder por la salida de la Ley de Sion, y de la palabra de Jehová de Jerusalén (Is. II. 2,3). Este hecho, limitándonos al período de nuestra historia, quedaba claramente implícito en la gran promesa a David (2 S. VII.); se realizó tipológicamente en primer lugar con la elección de Jerusalén como Ciudad de Dios (Sal. XLVI; XLVIII; LXXXVII.) y posteriormente se presenta en su aspecto de paz, prosperidad y felicidad en el reino de Salomón (Sal. LXXII.) al cual los profetas posteriores siempre señalaban como el emblema de las mayores bendiciones del reino de Dios (Mi. IV.4; Zac. III. 10, comp. con 1 R. IV. 25). Pero la gran empresa de ese reino, tanto en su importancia nacional como simbólica, fue la construcción del templo de Jerusalén. Esto también se describe detalladamente en las páginas siguientes.

Pero ya había otros elementos en acción. La introducción del culto pagano empezó con el declive de la vida espiritual de Salomón. Después de su muerte, la apostasía que se aleja de Dios alcanzó unas dimensiones espantosas, de manera parcial y temporal en Judá, pero de modo permanente en Israel. En este último, se abandonó el santuario escogido por Dios en Jerusalén, y el sacerdocio establecido por Dios, desde el comienzo de su existencia nacional separada bajo Jeroboam; el culto de Jehová fue transformado y se introdujeron, junto a éste, ritos espurios e idolatría pagana, hasta que, bajo el reinado de Acab, la religión de Baal se convirtió en la del estado. Este es el punto culminante de la apostasía de Israel. El desarrollo de principios contrarios al pacto divino condujo, lenta pero impertérritamente, a la destrucción final de la Confederación Judía. Pero a su lado Dios, en su gran misericordia, colocó un elemento especial, el origen, el carácter y el objeto del cual ya han sido indicados en un volumen anterior. El orden profético se puede considerar como un elemento extraordinario, al lado de la economía ordinaria del Antiguo Testamento; y según se pretendía, por un lado complementaba sus provisiones, y por el otro las completaba, ya fuere en tiempos de declive religioso, o cuando, como en Israel, le gente se apartaba de sus influencias. De ahí la gran extensión del orden profético en dichos períodos, y especialmente en el reino de las diez tribus. Pero cuando, durante el reinado de Acab, la religión de Jehová fue, por así decirlo, repudiada y el culto de Baal y Astarté tomaron su lugar, se requirió algo más que el oficio profético ordinario. Porque el profeta ya no era reconocido, y la autoridad de Dios, de quien era mensajero, no era respetada. Ambos aspectos tenían que ser vindicados, pues, antes de que la obra profética cumpliera con su propósito. Esto se consiguió con lo que se puede considerar, no una nueva fase, sino el ulterior desarrollo del elemento profético que ya estaba en acción. Esto lo observamos especialmente en el ministerio de Elías y Eliseo, que fue simultáneo a la primera manifestación abierta de la apostasía nacional de Israel.

Incluso un lector superficial observará en el ministerio de estos dos profetas, como características distintivas en referencia a todos los otros profetas - incluso podemos decir con referencia a toda la historia del Antiguo Testamento - la *frecuencia* y el *carácter especial* de sus milagros. Aquí hay tres puntos que destacan de manera especial: su *acumulación insólita*; su aparente característica de una mera *aserción de poder*; y su aparente propósito de *vindicación de la autoridad del profeta*. La razón y el objetivo de estas peculiaridades ya han sido expuestos aquí. Pero en cuanto a la característica de *poder* en relación con estos milagros, cabe enfatizar que su manifestación no sólo era necesaria para la vindicación de la autoridad del profeta, o de la de aquél en cuyo nombre hablaba, sino que era algo más que una mera demostración de poder. Porque siempre estaba asociada con algún propósito moral final: con referencia a los gentiles o a Israel - los creyentes o no creyentes entre ellos; y en todos los casos principales (que deben sentar las normas para los demás) se realiza no sólo en el nombre de Jehová, sino con la apelación a él como su agente directo (comp. para este volumen 1 R. XVII. 4, 9, 14, 20-22). Bajo este punto de vista, esta extraordinaria manifestación de lo milagroso aparece, como la primera proclamación del cristianismo entre los paganos, «como señal, no a los que creen, sino para los que no creen» (1 Co. XIV. 22) - como explica Bengel, atraídos y mantenidos por ellas, ellos escuchen.

No obstante, aquí tenemos que hacer algún comentario más; ciertamente no a guisa de intento de disquisición sobre lo que siempre debe ser un postulado inicial de nuestra fe, sino como ayuda para nuestros pensamientos. Me parece que los milagros, para su posibilidad (objetiva) –es decir, vistos subjetivamente para su credibilidad–,[1] requieren sólo un postulado: el del Dios verdadero y vivo. A menudo se afirma que los milagros no son la oposición de lo establecido, sino el resultado de un orden de cosas superior. Esto, sin duda, debe ser metafísicamente cierto; pero en la práctica es sólo una aseveración hipotética; porque, como la misma idea del milagro lo implica, no sabemos nada de esta naturaleza o este orden superior de cosas. ¿No podemos decir, pues, que los milagros no parecen tanto una interferencia con las leyes de la naturaleza –de la cual disponemos en gran parte sólo de un conocimiento parcial y empírico–, sino con las leyes y las costumbres de nuestro pensamiento sobre la naturaleza? Y si es así, ¿No queda la cuestión sobre una base totalmente distinta?

Visto que hay un Dios (perdónese la duda aparente), y que está en relación viva con sus criaturas racionales, parece lógico pensar que las debe enseñar y formar. También parece lógico que dichas enseñanzas se adapten al estado y capacidad de sus criaturas (poder de recepción). En este sentido, todos los tiempos se pueden distribuir en dos períodos: el de la comunicación espiritual exterior y el de la comunicación espiritual interior (de ley y persuasión). Durante el primer período, lo milagroso casi no puede ser llamado un modo extraordinario de comunicación divina, puesto que los hombres, tanto judíos como gentiles, esperaban los milagros. Fuera de este círculo general (entre los pensadores más profundos) había sólo un «sentimiento hacia Dios», que nunca condujo a una convicción firme. Pero en la segunda fase, la gran característica es la determinación personal. La razón ha tomado el lugar del sentido; el niño ha crecido y es un hombre. El mundo antiguo esperaba un argumento de lo milagroso tanto como nosotros de la evidencia puramente racional o lógica. Así comprendían ellos, así comprendemos nosotros. Para ellos, en cierto sentido, lo milagroso no era realmente lo milagroso, sino lo esperado; para nosotros es y sería una interferencia con nuestras leyes y modos habituales de pensar. *Era* adecuado para el primer período; *no* lo es para el segundo.

Iríamos más allá de los límites de esta obra, si quisiéramos indagar en la relación de este cambio con la aparición del Dios Hombre y la morada del Espíritu Santo en la iglesia. Tal como hemos indicado en un volumen anterior, en el Antiguo Testamento[2] el Espíritu Santo se conocía y sentía principalmente como un *poder*. La «voz apacible y delicada» determina el período de transición. Por así decirlo, la profecía era la introducción de la «voz apacible» al mundo - primero como preparación; en la plenitud del tiempo, en toda plenitud, en Cristo; y finalmente en su morada en la iglesia de Dios.

Estas anotaciones mostrarán el tipo de cuestiones planteadas incidentalmente a lo largo de esta historia. Incluso en esto el lector habrá notado cierto progreso en los volúmenes sucesivos de esta historia de la Biblia. También se espera que el lector lo verá en estas páginas y notas, en el trato más crítico y completo de todas las cuestiones. Como novedad aquí se hallará la introducción de unas cuantas notas judías y rabínicas, que serán de interés y ayuda. En general, aunque me he esforzado a realizar mis investigaciones de manera totalmente independiente, y en todo lo que he podido también originales, también confío en que se verá que no he despreciado ninguna fuente de información a mi alcance. Pero, sobre todo, nunca perderé de vista, como mi objetivo principal, el interés práctico y espiritual de esta historia. Todo ello nos conduce a la persona de Cristo, el milagro de los milagros - el milagro que confiere el significado a todos los demás, y que es la evidencia más verdadera de todos ellos. Gracias a Dios, porque tenemos base histórica suficiente y muy firme para nuestra fe en él, además de la enseñanza interna y la seguridad del Espíritu Santo; suficiente, pero, sin duda, no para exceder la necesidad de la fe, sino para hacer que esa «bendita fe», tan bien fundada, tan gloriosa, tan gozosa y tan transformadora en su poder, no sólo razonable para nosotros, sino un deber obligatorio para todos los hombres.

ALFRED EDERSHEIM
LODERS VICARAGE, BRIDPORT
Semana Santa, 1880

---

1. No me refiero a la credibilidad de un milagro en especial, sino de los milagros en general.
2. O bajo el Antiguo Pacto (Nota del traductor).

1 La historia de Judá e Israel a partir del nacimiento de Salomón

Capítulo 1
(2 Samuel 13-14)

Al estudiar la historia del Antiguo Testamento, todo cristiano estudioso apreciará con especial interés las opiniones e interpretaciones de la antigua sinagoga. Si bien es cierto que a menudo son exageradas, carnales e incluso contrarias al significado real de la Santa Escritura. Pero, por otro lado, hay temas en los cuales podemos aprender de las enseñanzas judías. Entre ellas encontramos algunas de las opiniones expresadas por los rabís sobre la historia y el carácter de David. Un repaso breve de éstas será de utilidad y servirá tanto como retrospectiva del pasado como preparación para el estudio de los últimos años de su reinado.

Visión judía de la historia de David

Considerando la importancia del papel de David en la historia de Israel, las opiniones expresadas por la antigua sinagoga están, en general, notablemente libres de parcialidad indebida. Pero más allá de esto hay un discernimiento sagaz de lo real bajo motivos aparentes, y una buena apreciación de la carga moral de las acciones. Se insiste sobre el lado brillante del carácter de David: su verdadera humildad,[1] su disposición llena de afecto, la fidelidad de su amistad, y, sobre todo, su honrada piedad de corazón, que le distinguía no solo de los monarcas de naciones paganas, sino también de todos sus contemporáneos e hizo de él uno de los héroes de la fe de todos los tiempos. Por otro lado, se observan sus fallos, y se siguen hasta llegar a la compasión de sí mismo, las conclusiones precipitadas, sospecha prestando atención a cualquier respiro de calumnia, e incluso una tendencia a la venganza, –todo ello, cabe observar, son fallos típicamente orientales, la observación abierta de lo cual es, sin duda, una evidencia de la veracidad de la narración. Pero lo que los rabís enfatizaban de modo especial es que, aunque David controló el pecado interior, falló en la sumisión total, o la renovación espiritual del corazón. Esto le condujo a su terrible pecado final. Evidentemente el punto de vista de los rabís es defectivo, puesto que sería más exacto poner su afirmación al revés. Tampoco deberíamos obviar su concepto de los aspectos más elevados de su historia. No se pierde de vista la carga simbólica de su vida, y cada una de sus fases señala al «hijo mejor de David». También se gozan en notar en todo ello el gobierno de Dios: como la formación y la historia tempranas de David eran para hacerlo apto para su llamamiento; como, en divina providencia, sus fallos y pecados siempre se reflejaban en su castigo –como por ejemplo su precipitación en repartir la herencia de Mefi-boset con su siervo, que no se la merecía, en la pérdida sostenida por Roboam, nieto de David; como su vida está llena de lecciones más profundas y como en el salmo quince él da cuerpo en un breve resumen a todo el fruto espiritual de la ley (esto se observa en *Mac.* 24 a).

Pero en esta historia tienen un interés especial las opiniones sobre el arrepentimiento de David, y las consecuencias de su gran pecado. Aquí se nos coloca a David como el modelo y el ideal del verdadero arrepentimiento y de la exhortación al mismo. De hecho, la tradición va más allá. Declara que el pecado de Israel cuando hizo el becerro de oro y la caída de David fueron escritas –casi parece que fueron permitidas– sólo por su valor como lecciones sobre el arrepentimiento. El primero mostraba que, incluso si toda la congregación se había equivocado y desviado, la puerta de la misericordia todavía estaba abierta para ellos; el último, que no sólo para Israel como pueblo, sino para cada pecador individual, por baja que fuera la caída, había la seguridad del perdón, si volvía a Dios con un arrepentimiento verdadero. Un caso demostraba que nada era demasiado grande para el perdón de Dios; el otro que no había nadie por debajo de su observación de gracia. Sean muchos, o uno solo, el oído de Dios se halla igualmente atento al clamor del arrepentido (comp. *Av. Sar.* 4. *b*, 5. *a*). El otro punto al que los rabís llaman la atención es que todas las pruebas del final de la vida de David, y todos los juicios que sobrevinieron a él y a su casa, pueden relacionarse con su gran pecado, el cual, aunque perdonado desde un punto de vista personal, se hizo notar en sus consecuencias a lo largo de toda su historia posterior (comp. especialmente *Sanh.* 107. *a* y *b*, donde hay algunas observaciones interesantes sobre David).

No cabe duda de que esta opinión contiene mucha verdad. Porque, aunque David fue perdonado por gracia, y fue recibido de nuevo en el favor de Dios, ni él ni su gobierno se recuperaron jamás del choque moral de su caída. No se trata meramente de que su historia posterior estuvo llena de una sucesión casi continua de problemas, sino que estos problemas, aunque permitidos por Dios en juicio, todos estaban relacionados con una debilidad de su parte, sentida y apreciable, que era consecuencia de su pecado. Si se me permite la figura: a partir de entonces la mano de David temblaba, y también su voz; y tanto lo que hacía como lo que decía, en su casa y en toda la tierra, estaba marcado por este hecho.

El crimen de Amnón

Según calculamos nosotros, debería ser sobre el vigésimo año de su reinado,[2] cuando el pecado de su hijo Amnón resultó ser el comienzo de una larga serie de problemas domésticos y públicos. En este caso también fue la concupiscencia carnal lo que encendió la llama devoradora. La glosa de la LXX probablemente tenga razón, cuando David no castigó el incesto de Amnón con Tamar, aunque había sido cometido bajo circunstancias en especial agravantes, a causa de su parcialidad a favor de él como su primogénito. Esta indulgencia de parte de su padre puede también ser la razón de la osada temeridad que caracterizaba el crimen de Amnón. La sentencia de la ley divina sobre un pecado así era, sin duda, muy clara (Lv. 20:17). Pero un padre transigente, golpeado por la debilidad moral, podía encontrar en

1. La tradición nos da este curioso ejemplo sobre esto (aunque no sea exacto desde el punto de vista histórico), que las monedas que hizo acuñar tenían en una cara el emblema del cayado y la bolsa de un pastor, y por la otra una torre (*Ber. R.* 39).

2. Tanto Absalón como Tamar eran hijos de Maaca, hija del rey de Gesur, con quien David se casó después de ser entronizado de Hebrón (2 S. 3:3). Amnón era hijo de Ajinoam de Jezreel (2 S. 3:2).

el recuerdo de su propio pecado pasado una excusa para aplazar, o incluso impedir la acción. Porque es difícil empuñar una espada pesada con un brazo mutilado.

Dos años habían pasado desde este suceso infame. Pero existía alguien que jamás lo perdonó. Absalón no había olvidado el día en que su noble y valiente hermana, tras ofrecer en vano toda la resistencia de que era capaz, alejándose con turbación de la puerta de su despiadado hermano, trajo el relato de su vergüenza –su «pieza de vestir superior con mangas»[3] virginal principesca rasgada, como señal de su duelo, su rostro sucio de ceniza, su mano sobre su cabeza, como si se balanceara bajo su peso,[4] y lamentando su destino con amargura. Así de justa había avanzado ella en lo que parecía su vagar de misericordia; y tan injustamente había sido rechazada. Estos dos años de la presencia en su casa de una hermana amada, ahora «desolada» para siempre, habían mantenido vivo el recuerdo de un mal irreparable. El rey se había «enfadado mucho»– y nada más; pero Absalón iba a vengarse, y su venganza no solo sería señalada, sino que tomaría a Amnón cuando menos lo sospechara y en medio de sus placeres. Así el pecado y el castigo de Amnón se hallaría, por así decirlo, equilibrado.

La venganza de Absalón

Pero un plan así no se podía realizar de inmediato. Requería tiempo, para poder eliminar cualquier sospecha. Pero luego, como que el plan de venganza de Absalón era particularmente oriental, estos largos aplazamientos para asegurarse una víctima también son característicos de las tierras de pasión fija y profunda. Al mismo tiempo, la facilidad con la que sugirió Jonadab, primo de Amnón (13:3) y su consejero inteligente en la maldad, lo que había sucedido, antes de que se supiera con exactitud (vv. 32, 33), muestra que, pese a su silencio, Absalón no había conseguido esconder sus sentimientos. Tal vez al propio rey no le faltaban sospechas, por muy bien que Absalón hubiese actuado su papel. Y a continuación tenemos la terrible historia. Ha llegado el tiempo de trasquilar las ovejas en la propiedad de Absalón, no muy lejos de Jerusalén –una ocasión festiva y alegre en oriente. Absalón invita al rey y a su corte, sabedor de que dicha invitación iba a ser rechazada. Pero si el rey no va a acudir, que permita la presencia del supuesto heredero; y por si el rey de algún modo perspicaz pudiese notar este matiz sospechoso de Amnón, Absalón no pide a él solamente, sino a todos los hijos del rey.

La huida de Absalón

Se ha dado el consentimiento, y el resto de la historia puede adivinarse con facilidad. El plan bien ideado de Absalón: el banquete, la diversión, el asesinato repentino, la huida apresurada de la princesa asustada; las noticias exageradamente malas que les precedieron en Jerusalén la sorpresa del rey y sus cortesanos, luego el alivio parcial por la llegada de los fugitivos, seguido del horror producido por su relato del crimen –todo esto se nos describe brevemente, pero de una manera tan viva que casi podemos sentirnos testigos de la escena. Fue bueno para Absalón huir a casa de su abuelo materno en Gesur. Porque durante toda su vida el rey no pudo olvidar la muerte de su primogénito, aunque aquí el tiempo también curó la herida. Absalón había estado tres años en Gesur... y «el rey David fue retenido de ir en busca de Absalón,[5] porque fue consolado en cuanto a Amnón».

Por grande que fuese el crimen de Absalón, podemos entender fácilmente que la simpatía popular recayera en gran parte a favor del ofensor principesco. Había sido provocado más allá de lo que se podía aguantar por un ultraje innoble, el cual el rey no quería vengar porque el criminal era su favorito. Ante el modo de pensar popular, especialmente siendo oriental, el vengador de Tamar debía aparecer como héroe y no como ofensor. Además, Absalón lo tenía todo de su parte para ganar a la multitud a su favor. Era con diferencia el hombre más hermoso de Israel, sin ningún defecto corporal desde la cabeza a los pies. Se dice que una vez al año, cuando se veía obligado a cortarse su larga cabellera, era pesada como curiosidad y había llegado al peso casi increíble de veinte siclos.[6] Su historia posterior demuestra cuan hábil era para congraciarse con sus modales. Así era el hombre que había sido dejado aparte durante tres años, mientras Amnón había seguido viviendo sin castigo, en cuanto a la acción del rey se refiere.

Si fue conocimiento de esta simpatía popular u otros motivos lo que indujo a Joab a interferir, no lo sabemos, pero parece que no cabe duda de que había intercedido por Absalón[7] varias veces, hasta que al final estuvo bien seguro de que «el corazón del rey estaba contra[8] Absalón» (14: 1). En estas circunstancias Joab recurrió a una estratagema conocida en oriente.

La mujer sabia de Tecoa

En Tecoa, a unas dos horas al sur de Belén, vivía «una mujer sabia» especialmente capacitada para ayudar a Joab en un trabajo, que según nos parece, también demostraba la simpatía de ella. Con vestidos de duelo, apareció delante del rey para pedir su interferencia y protección. Sus dos hijos –según dijo ella– se habían peleado y como que no había nadie para separarlos, uno había matado al otro. Y ahora toda la familia quería matar al asesino.

Cierto, era culpable, pero a ella no le importaba la venganza de la sangre, porque en ella perdería al único hijo que le quedaba y su familia desaparecería. ¿Acaso podía la muerte de uno devolver la vida al otro? –«recoger el agua derramada». ¿Era necesario que perdiera sus dos hijos? Ante su solicitud, el rey prometió su interferencia a favor de ella. Pero era solo la introducción a lo que la mujer quería decir. Primero, suplicó que si no era correcto detener así la venganza de la sangre, ella misma tomaría la culpa (v. 9). Después de esta súplica, a continuación buscó y obtuvo la

3. Ésta es la traducción correcta, y no «vestido de diversos colores» como en algunas versiones (2 S. 13:18, 19). Parece ser que las princesas vírgenes llevaban una marca de distinción que consistía en una pieza de vestir superior con mangas parecida a una capa. Comp. la versión hebrea del v. 18.

4. En oriente, las cargas se llevan sobre la cabeza.

5. Es decir en sentido hostil, como se usa en Deuteronomio 28:7. El texto hebreo no admite ninguna otra traducción distinta de la que damos aquí. Las versiones actuales que siguen a los rabís son evidentemente incorrectas.

6. El hebreo «200 siclos» debe ser debido a un error de copista, al haberse borrado la línea inferior de כ, 20, convirtiendo el numeral en ר, 200.

7. Esto lo deducimos no sólo de 2 Samuel 14:22, sino también por el acierto rápido del rey (v. 19).

8. Ésta es sin duda la traducción correcta. Comp. el uso similar de esta expresión en Daniel 11:28. Si, como dicen algunas versiones, el corazón hubiese sido *para con* Absalón, no hubiese habido ninguna necesidad de usar a la mujer de Tecoa, ni el rey hubiese rehusado admitir a Absalón ante su presencia durante dos días enteros (14:28).

seguridad bajo juramento de que no habría ninguna destrucción más por la venganza de la sangre (v. 11). Evidentemente, el rey ahora había cedido en principio ante lo que Joab hacía tiempo que buscaba. Solo faltaba hacer una aplicación inteligente de la concesión del rey. Esto la mujer lo hizo y mientras todavía mantenía el engaño de su historia (vv. 16, 17), suplicaba al rey con estas consideraciones: que él siempre actuaba con una capacidad pública; que la vida perdida no se podía restaurar; que el perdón era típico de Dios, puesto que «no toma un alma, sino que diseña pensamientos para no apartar al apartado»;[9] y, finalmente, que para ella y para todos, el rey era como el ángel del pacto, cuya «palabra» siempre era para el «reposo».

David no debió tener ninguna dificultad en comprender el significado real de la misión de la mujer. En consecuencia Joab obtuvo el permiso de hacer volver a Absalón, pero con esta condición: que no debía aparecer en presencia real. Consideramos una muestra de la desaprobación continuada del príncipe en que Joab posteriormente no quiso aparecer delante de él, o llevar un mensaje al rey. Fue un grave error dejar a un espíritu tan orgulloso y violento que se fuera incubando durante dos años sobre supuestos daños. Absalón, pues, actuaba entonces con Joab como una persona totalmente irresponsable –y el mensaje que Joab finalmente decidió entregar tenía el mismo espíritu. Al final hubo una reconciliación entre el rey y su hijo– pero solo exterior, no real, porque Absalón ya tenía otros planes en mente.

Una vez más vemos aquí las consecuencias de la debilidad fatal de David, según se manifiesta en su falta de resolución y sus medidas a medias. Paralizado moralmente, por así decirlo, como consecuencia de su propia culpa, su posición se fue debilitando sensiblemente delante de la estima popular y una serie de desastres, que formaban el peso de los juicios predichos por Dios, ahora seguían una secuencia natural de acontecimientos.

Absalón vuelve a Jerusalén

Si antes de su regreso de Gesur Absalón ya era una especie de héroe popular, su presencia durante dos años en Jerusalén en una especie de exilio debió aumentar la simpatía general. Independientemente de lo que sus enemigos dijeran contra él, era un hombre espléndido –cada centímetro de su persona pertenecía a un príncipe: valiente, afable, y honrado para con los que amaba– consideremos incluso la circunstancia, contada por Jerusalén, que había dado a aquella hermosa niña, su hija única, el nombre de su hermana deshonrada (2 S. 14: 27), mientras que no se preocupaba de poner primero sus hijos varones,[10] como era la costumbre en oriente. Sin duda era osado –observemos cuando incendia el grano de Joab–; pero el pueblo oriental estaba dispuesto a perdonar, especialmente en un príncipe, lo que casi se podían llamar errores de su virtud. Y entonces Absalón salía como un príncipe real. Su carro y cincuenta hombres que corrían delante de él deberían atraer la admiración del pueblo. No obstante, no era orgulloso; más bien lo contrario. De hecho, nunca un príncipe había mostrado tanta cordialidad con el pueblo, ni uno que desease tan ardientemente arreglar el mal que ellos sufrían, ni tampoco un príncipe tan condescendiente. Cada día le veían en la entrada del palacio real, donde se reunía la multitud de personas que suplicaban la concesión de desagravios. ¡Ojalá tuviese el poder, como tenía la voluntad, para desagraviarlos! Tal vez no fuera la culpa del rey, pero faltaban los oficiales adecuados que reconocieran dichas apelaciones. En pocas palabras, el gobierno era incorrecto, y el pueblo debía sufrir las consecuencias. Cuando vemos la situación, no podemos sorprendernos de que así «Absalón robó los corazones de los hombres de Israel».[11]

No podemos determinar con exactitud la duración de esta intriga,[12] y una vez más nos maravillamos ante la debilidad del rey que permitió esto sin notarlo. El hecho de que la conspiración que Absalón había preparado con tanto cuidado, aunque muy secreta, se había extendido ampliamente, se deduce de la situación que, inmediatamente después de su salida, pudo enviar «espías por todas las tribus», para asegurar e influenciar los sentimientos de todo el pueblo, y para ordenar a sus aliados que se reunieran con él ante una señal concertada. Además, parece probable que Ahitofel, uno de los consejeros privados de David, y considerado como el más hábil, había formado parte desde el principio del secreto, y si es así, probablemente dirigiera la conspiración. Esto explicaría la extraña coincidencia de la ausencia de Ahitofel de Jerusalén en el momento de la sublevación, y su presencia en el lugar natal de Gilo, no muy lejos de Hebrón (Jos. 15:51). Tampoco es probable que un hombre como Ahitofel obedeciera tan rápido a las órdenes de Absalón si no hubiese sabido nada de sus planes previamente, y no hubiese tenido sus buenas razones para esperar el éxito. Y, de hecho, si su consejo hubiese sido escuchado, el resultado hubiera respondido a sus predicciones.

El lugar escogido para el alzamiento era Hebrón, tanto por la facilidad de retirada en caso de fracaso, como por ser la ciudad donde anteriormente (en el caso de David) se había instituido una nueva realeza; tal vez también por ser el lugar de nacimiento de Absalón, y, según se ha sugerido, porque la transferencia de la residencia real a Jerusalén podía provocar malestar en Hebrón.

Su conspiración

Absalón obtuvo el permiso del rey para ir allí, con el pretexto de pagar un voto hecho en Gesur. Fue una estratagema inteligente para atrapar a doscientas personas influyentes de Jerusalén invitarlas a acompañarle, con la excusa de que tomaran parte del banquete del sacrificio. Una vez en Hebrón, se sacó la máscara y la conspiración rápidamente tomó unas dimensiones formidables. Las noticias del suceso llegaron a Jerusalén velozmente. Fue una sabia medida del rey decidir una fuga inmediata de Jerusalén, no solo para evitar ser encerrado en la ciudad, y para evitar una masacre en las calles, sino para dar la oportunidad a sus seguidores de reunirse a su alrededor. Ciertamente, en la hora del peligro, el rey parecía, durante un breve espacio de tiempo, el de antaño. Podemos comprender muy bien como, en el estado anímico particular de David, las pruebas donde reconocía el trato de Dios le hacían reaccionar con energía, mientras el tenor inalterado de los acontecimientos le dejaba distraído. Sin debilidad ahora, pues, ni dentro ni fuera.

9. Ésta es la traducción correcta de las últimas cláusulas de 2 Samuel 14:14.

10. Es notable y excepcional que se mencione el nombre de su hija, y no el de sus hijos.

11. Keil observa que con unos medios parecidos Agamenón obtuvo el mando supremo del ejército griego (*Eurípides*, Ifigenia, V. 337, seq.).

12. La nota en el texto: «después de cuarenta años» (2 S. 15:7) es sin duda un error de transcripción. La mayoría de intérpretes (de acuerdo con las versiones Siria y Árabe, y Josefo) leen «cuatro años»; pero se pueden dar más de una hipótesis.

Prudencia, determinación y valor en acción; pero, ante todo, un reconocimiento constante de Dios, humillación propia y una referencia continua a Él, eran las características principales de cada uno de sus pasos. En esto vemos aquí el progreso de la experiencia espiritual de David, al notar que cada acto de este drama tiene su expresión en el Libro de los Salmos. Como Abraham perpetuara su progreso por la tierra construyendo un altar a Jehová en todo lugar donde se detenía, así David ha escrito la crónica de cada fase de su vida interior y exterior con un Salmo –una marca del camino y un altar para los peregrinos solitarios de todas las épocas. Primero vamos a los Salmos 51 y 55 – en el primero predomina el nombre Jehová, en el segundo Elohim[13] –que tienen mayor significado si (con el Profesor Delitzsch) inferimos de ellos que durante los cuatro años de maduración del complot de Absalón, el rey se hallaba parcialmente incapacitado por alguna enfermedad. Estos dos Salmos, pues, determinan el período *anterior* al alzamiento de la conspiración, y tienen su equivalente en figura en la traición de Judas Iscariote.[14] Bajo esta luz, estos Salmos ofrecen una buena visión de la historia de esta revuelta –desde un punto de vista político y también religioso. Hay otros dos Salmos, 3 y 63, que se refieren a la fuga de David; mientras que los sucesos más recientes en la conspiración y su derrota, forman la base histórica de los Salmos 61, 39 y 62.

Huida de David

Al salir de Jerusalén en su huida, el rey y sus seguidores hicieron una parada en la «casa alejada».[15] Además de su familia, le acompañaban sus siervos y oficiales, sus guardaespaldas (los *Cheethi* y *Pelethi*), y seiscientos guerreros probados, que habían estado con él en todos sus desplazamientos anteriores.[16] En esa hora de amargura el corazón del rey también se animaba con la presencia y fidelidad incondicional de un valiente jefe filisteo, *Itai*, quien había echado su suerte con David y el Dios de David. Había llevado a su familia a Jerusalén (2 S. 15:22) y un grupo de seguidores (v. 20); y su fidelidad y valentía muy pronto le pusieron al mando de una división del ejército de David (18:2).

Era invierno, o el inicio de la primavera,[17] cuando la procesión en duelo pasó por el Cedrón a través de una multitud llorosa, para tomar el camino hacia el desierto que iba hacia Jericó y el Jordán. Al pie del monte de los olivos se detuvieron de nuevo. Aquí los levitas, encabezados por Sadoc el sacerdote, habían depositado el arca, que había acompañado a David, hasta que el sumo sacerdote Abiatar, y el resto de la gente que iba a unirse al rey, salieron de la ciudad. Fueron palabras sabias y buenas las que David usó para decir que el arca de Dios debía ser devuelta. Al mismo tiempo estableció comunicación con la ciudad a través de los sacerdotes.[18] Estaría esperando cerca de los vados del desierto[19] hasta que los hijos de los dos sacerdotes le llevaran noticias fiables con las que poder guiar sus movimientos siguientes.

Parece casi una profecía, esta descripción de la procesión de personas llorando en duelo, a las cuales Jerusalén había echado fuera, subiendo «la cuesta de los olivos», y deteniéndose una vez más en la cima, «donde se solía adorar a Dios».[20] Acababa de llegar la alarmante noticia de que Ahitofel se había unido a la conspiración. Pero ahora les recibió una escena de bienvenida. Husai, el arquita (comp. Jos. 16:2), amigo y consejero de David, salió al encuentro del rey, y se ofreció para acompañarle. Pero la presencia de no combatientes innecesarios hubiera conllevado dificultades adicionales, sobre todo si eran de la edad de Husai. Además, un hombre como el arquita podía proveer a David mayor servicio material en Jerusalén, si, simulando unirse a los conspiradores, conseguía ganarse la confianza de Absalón, y así, tal vez, contrarrestar los temidos consejos de Ahitofel. Así, Husai fue enviado de nuevo a la ciudad, para actuar allí de acuerdo con los sacerdotes.

El avance de David fue interrumpido dos veces más antes de que él y sus hombres llegaran a *Ayefim*.[21] Primero fue Siba, quien, pensando que tenía una buena oportunidad para asegurarse la codiciada propiedad de su señor, acudió bajo el pretexto de llevar provisiones para los fugitivos, pero en realidad para representar falsamente a Mefiboset como si éste estuviera intentando recuperar el trono de Israel en medio de la confusión general. La historia era tan claramente improbable, que solo podemos maravillarnos ante la apresurada convicción de David, y en su concesión a Siba de lo que él deseaba. Otra interrupción todavía más triste fue la aparición de Simei, un pariente lejano de Saúl. Cuando David, rodeado por sus soldados y el pueblo, pasó por Bajurim, en el lado más alejado del Monte de los Olivos, Simei les seguía por la ladera opuesta del monte, echando tierra y piedras al rey, e insultándolo con palabras como: «¡Fuera! ¡Fuera! ¡Hombre sanguinario! ¡Hombre malvado!» acusándole implícitamente de la muerte, si no de Saúl y Jonatán, sí de la de Abner e Isboset. Nunca habló y actuó David tan exactamente como antaño lo hiciera como en esta ocasión, y por ello, también como figura del Señor Jesucristo en situaciones parecidas (comp. Lc. 9:52-56). En ese momento, cuando se dio cuenta de que todo lo que le había sobrevenido era de parte de Dios, y cuando la única esperanza que deseaba no estaba en la liberación humana, sino en la misericordia de Dios, debió sentir más que nunca cuán poco tenía en común con los hijos de Sarvia, y cuán diferentes eran los motivos y las opiniones que les animaban (2 S. 16:10). ¡Ojalá hubiese retenido para siempre este mismo espíritu como en esta hora de su más profunda humillación, y después del éxito no se hubiera dormido de nuevo en su debilidad! ¿No debería todo esto enseñarnos que, por muy necesario que sea un sentimiento profundo y verdadero de culpa y pecado, no obstante si el pecado perdonado continúa siendo una obsesión, se convierte en una fuente, no de

---

13. El hecho de que algunos Salmos son de «Jehová» y otros de «Elohim» a menudo determina su posición en el Salterio.

14. El Salmo 55:22, en la versión de los LXX, es citado por Pedro (1 P. 5:7).

15. Probablemente la última casa de las afueras de Jerusalén. La traducción por «en un lugar distante» (2 S. 15:17), no sólo es incorrecta, sino que no tiene ningún sentido.

16. Es imposible suponer que estos seiscientos fueran nativos de Gat. Todo parece indicar a sus antiguos compañeros de armas, probablemente conocidos popularmente como los gatitas, como nosotros diríamos de nuestros guerreros crimeos o abisinios.

17. Cedrón –«la corriente oscura»– era solamente una corriente de agua en invierno y durante las lluvias del inicio de la primavera.

18. La expresión (2 S. 15:27), traducida en varias versiones por «¿No eres tú vidente?» es muy difícil. Keil y otros, cambiando ligeramente la puntuación, traducen: «¡Tú vidente!»

19. Así lo escribe el *Chethib*, o texto escrito; el *Keri*, o texto enmendado, dice «llanuras». El primero parece más correcto. Los vados, evidentemente, eran los lugares por donde se cruzaba el Jordán.

20. Esta es la traducción correcta y no como en algunas versiones (2 S. 15:32) «donde adoró a Dios».

21. Algunas versiones traducen 2 Samuel 16:24: «llegaron fatigados»; pero la palabra *Ayefim* es evidentemente el nombre de un lugar, aunque puede significar «cansados», algo así como nuestro «Traveller's Rest» (Descanso del Viajero).

satisfacción, sino de debilidad moral y de obstáculos? Dejemos que los muertos entierren a sus muertos, pero *nosotros* levantémonos y sigamos a Cristo –y, «olvidando lo que queda atrás, y extendiéndonos a las cosas que están delante», prosigamos «a la meta, al premio del supremo llamamiento de Dios en Cristo Jesús» (Fil. 3:13, 14).

Capítulo 2
(2 Samuel 16–20)

David no se había precipitado ni un segundo en su huida de la ciudad. Acababa de escapar cuando apareció Absalón con sus fuerzas, y tomaron posesión de la ciudad. Husai el arquita fue uno de los primeros en saludarlo con una fidelidad fingida. Había un matiz de confianza orgullosa en el modo en que el nuevo rey recibió al antiguo consejero de su padre, el cual el hombre experto en el mundo sabía usar muy bien. Con una hábil adulación de su vanidad, Absalón fue convencido rápidamente, y Husai obtuvo acceso a sus consejos. Hasta aquí habían prosperado los asuntos de Absalón. Jerusalén había sido ocupada sin en-frentamientos; y el nuevo rey se encontraba al mando de una gran fuerza, aunque fuesen unas tropas totalmente indisci-plinadas. Pero por lo menos Ahitofel debía saber que aunque David había huido, su causa se hallaba muy lejos de estar perdida. Porque, en cambio, David estaba al mando de guerreros veteranos, llenos de entusiasmo por su líder, y dirigidos por los generales más hábiles de la tierra. Además, se debía tener en cuenta también la reacción que sin duda tendría lugar. El exceso de confianza por parte de las tropas de Absalón, causado por un éxito sin resistencia, iba a desaparecer en gran parte al ir presentándose cada día más las dificultades reales de su empresa; mientras que, por otro lado, la simpatía por David y sus seguidores aumentaría en la misma proporción. En estas circunstancias, incluso un consejero mucho menos sagaz que Ahitofel, cuyo consejo se consideraba en aquellos días como si un hombre hubiese inquirido el oráculo de Dios, debería pensar que la principal oportunidad, si no la única, de éxito para Absalón se basaba en un golpe rápido y decisivo, de modo que se obviase la necesidad de una campaña extendida. Pero antes de ello Ahitofel debía asegurarse él mismo, y, sin duda, todos los seguidores de Absalón.

Considerando la vanidad y la locura de Absalón, de las cuales la fácil recepción de Husai debió dar a Ahitofel nuevas pruebas, y observando también la conocida debilidad de David por sus hijos, era bastante posible que se diera una reconciliación entre el usurpador y su padre. En dicho caso, Ahitofel sería el primero en sufrir, seguido de los otros líderes. El gran objetivo de un político sin escrúpulos sería pues hacer que la rotura entre el padre y el hijo fuese permanente pública y definitivamente.

El doble consejo de Ahitofel

Éste era el objetivo del consejo infame que Ahitofel dio a Absalón (2 S. XVI. 21, 22), aunque, sin duda, él lo representaba dando, según costumbre oriental, evidencia pública de que le había sucedido en el trono. En nuestro rechazo con horror del crimen antinatural, no podemos por más que recordar el juicio predicho sobre David (2 S. 12:11, 12), y observar cómo, según solía suceder, el suceso, predicho de forma sobrenatural, aconteció, no por una interferencia repentina, sino por la sucesión de una serie de causas naturales.

«Y entonces Absalón salía como un príncipe real. Su carro y cincuenta hombres que corrían delante de él deberían atraer la admiración del pueblo. No obstante, no era orgulloso; más bien lo contrario.»

El carro de combate y el caballero que vemos en esta imagen, son asirios y provienen de Asurbanipal, en Nínive, pero puede servir para hacernos una idea de cómo podía ser el carro de Absalón. Los carros asiáticos eran robustos y cargaban con una dotación de cuatro soldados. (Siglo VII a.C., Museo del Louvre)

Habiéndose asegurado así a él mismo y a sus compañeros de conspiración, Ahitofel propuso seleccionar 12.000 hombres, hacer una marcha rápida, y sorprender a David y sus seguidores aquella misma noche –cuando ellos estarían agotados, desanimados, en una gran inferioridad numérica, y todavía desorganizados. Si este consejo hubiese sido escuchado, probablemente el resultado habría sido el que pre-decía Ahitofel. Hubiese creado el pánico, David caído, y con su muerte terminada su causa para siempre. Pero había un poder más elevado que la sabiduría del famoso gilonita, el cual guiaba los acontecimientos. Usando el lenguaje de las Santas Escrituras, «Jehová había ordenado la derrota del buen consejo de Ahitofel» (2 S. 17:14). Pero, cuando fue explicado por primera vez a Absalón y al consejo de ancianos de Israel, el consejo de Ahitofel fue aceptado por sí mismo. Parece ser que Husai no estaba presente en aquella reunión. Era demasiado prudente para entrar en la cámara del consejo del rey sin haber sido llamado. Además, había establecido el contacto de comunicación con David antes de que sus enemigos pudieran ejecutar cualquier medida. Justo fuera del muro de la ciudad, al lado de *En-Rogel*, «la fuente del enfurtidor» –porque no se atrevían a dejarse ver en la ciudad– estaban esperando los dos jóvenes sacerdotes, Jonatán y Ahimaas, el de pies veloces (2 S. 18: 23), preparados para llevar noticias a David.

Aunque Absalón hubiese seguido el vil consejo de Ahitofel, con lo cual no se incurría en ningún peligro inmediato, otra cosa era dar un paso tan decisivo como para arriesgar la flor de su ejército en un ataque nocturno a David. Si Ahitofel se había retirado de la presencia del rey esperando ver su consejo cumplido inmediatamente, pronto se iba a sentir decepcionado.

Husai evita el peligro inminente

A continuación Husai fue llamado, y se le consultó sobre la medida propuesta por Ahitofel. Le resultaba fácil al anciano hombre de estado inventar dificultades y peligros ante una persona tan inexperta e indecisa como Absalón, y todavía más, usando una adulación ilimitada, para desviar el camino de una persona tan vana. Bastaban unas palabras de Absalón, y todo Israel se uniría a él desde Dan a Beerseba –acudirían a David como el rocío a la hierba; o si huía a una ciudad, las cuerdas de los carros bastarían para arrastrarla hasta el río más cercano, hasta su última piedra.

Por otro lado, ése era el peor momento para atacar a David y a sus hombres, cuando estaban desesperados. La idea de una sorpresa nocturna era totalmente inadmisible, si se tenía en cuenta la gran experiencia de David en semejantes batallas; mientras que cualquier infortunio, por pequeño que fuera, sería fatal para la causa de Absalón. Casi no nos maravillamos, incluso desde un punto de vista meramente racional, que en una cámara de consejo como esa prevaleciera el consejo de Husai, aunque reconocemos devotamente la mano de Dios en ordenarlo todo. Pero había una persona que no se engañó a sí mismo sobre las consecuencias de este fatal error. Ahitofel sabía, como si lo estuviese presenciando, que desde entonces la causa de Absalón estaba perdida.

Pronto decidió su propio futuro con toda decisión. Volvió a su ciudad, ordenó sus cosas, y, con el cinismo deliberado de un hombre que ha perdido toda la fe, cometió un crimen poco frecuente en Israel, el suicidio. Considerando el valor simbólico de toda la historia de David, no podemos dejar de ver aquí una terrible figura del final de aquel que, habiendo sido amigo y compañero del Señor Jesús –tal vez considerado como el consejero sabio entre los discípulos sencillos– traicionó a su señor, y como Ahitofel, acabó colgándose (Mt. XXVII. 5).

David es informado y cruza el Jordán

Mientras, Husai se había puesto en contacto con los sacerdotes de Jerusalén. Su consejo había sido aceptado, pero era imposible saber qué haría en última instancia una persona tan indecisa como Absalón. De todos modos, era necesario que David estuviese informado, para asegurarse contra cualquier sorpresa. Una sierva de confianza del sacerdote llevó el mensaje a los jóvenes que estaban cerca de la Fuente del Enfurtidor. En el último momento su empresa se vio casi frustrada. Un chico –posiblemente uno de los que estaban en guardia observando si veían algún movimiento sospechoso– vio su salida apresurada en dirección al campamento de David. Felizmente, los jóvenes vieron al espía, y salieron con ventaja con respecto a los que les seguían. No fue la primera vez ni la última que una mujer israelita trajera la liberación a su pueblo, cuando en Bahurim los dos sacerdotes fueron escondidos con éxito en un pozo vacío, y sus perseguidores fueron dirigidos hacia el lugar equivocado (2 S. 18:18-20). Y aquí notamos con alegría la diferencia de las madres, esposas e hijas de Israel de las de los harenes orientales –cuán libres en su trato social y cuán poderosas en su influencia: formando también en este aspecto las instituciones religiosas y sociales del Antiguo Testamento una preparación para la posición que el Nuevo Testamento iba a asignar a la mujer. Volviendo a nuestro tema, cuando los jóvenes sacerdotes salieron de su escondite, fueron y llegaron al campamento a salvo, e informaron a David sobre su peligro. Antes de la luz de la mañana David y sus seguidores habían dejado el Jordán entre ellos y sus enemigos y, por tanto, nada parecido a una sorpresa era posible.

Todo sucedió tal y como lo anticipara Ahitofel. La revolución se convirtió en guerra civil, sobre cuyo final no había duda. David y sus fuerzas retrocedieron hasta Mahanaim, «una ciudad fuerte en un país bien provisto, con una región montañosa para la retirada en caso de necesidad, y una población guerrera y amistosa».[1] Aquí los seguidores pronto se reunieron a su alrededor, mientras que los jefes ricos e influyentes de los clanes no solo se declararon abiertamente en su favor, sino que le suministraron todo lo que necesitaba. Pensamos que los tres hombres mencionados en el relato (2 S. XVII. 27) son representantes: *Sobi*, de los habitantes de los límites extremos, o tributarios extranjeros (comp. 2 S. X. 2); *Maquir*, de los antiguos seguidores de Saúl; y *Barzilai*, de los ricos terratenientes en general.

La batalla del bosque

A Absalón las cosas no le iban tan bien. Confiando el mando de su ejército a un familiar, Amasa, el hijo natural de Itra, un ismaelita,[2] y de Abigail, hermanastra de David,[3] cruzó el Jordán para pelear contra las fuerzas de su padre. Dichas fuerzas debieron haber aumentado considerablemente desde su huida de Jerusalén (comp. 2 S. 18:1, 2), aunque, sin duda, todavía eran muy inferiores en número a la multitud indisciplinada que seguía a Absalón. David dividió su ejército en tres cuerpos, guiados por Joab, Abisai e Itai –el mando supremo siendo confiado a Joab, puesto que el pueblo no quería permitir al rey que saliera a la batalla. El campo fue escogido con mucha habilidad para enfrentarse a un ejército superior en número pero indisciplinado, puesto que era un bosque espeso cerca del Jordán,[4] el cual, con sus hoyos, pantanos y enredos, destruyó a más seguidores de Absalón de los que cayeron en el encuentro. Desde el inicio no había duda sobre la batalla; pronto se convirtió en una carnicería en lugar de un conflicto.

Una escena de ese día lleno de acontecimientos impresionó profunda, y tal vez, dolorosamente la mente de los soldados de David. Mientras salían de Mahanaim la mañana de la batalla, el rey estaba al lado de la puerta, y todos ellos desfilaron por su lado en cientos y en miles. Una sola cosa oyeron todos que él les decía, y que repetía a todos los generales. Era simplemente: «Con cuidado,[5] por mi causa, con el chico, con Absalón». Si la admonición implicaba la existencia de considerable animosidad de parte de los líderes de David contra el autor de esta malvada rebelión, mostraba, por otro lado, no solo debilidad, sino también egoísmo, casi al nivel de ser un despiadado, de parte del rey. Era, como Joab se lo reprochara más tarde, como si hubiese declarado que no tenía en cuenta ni príncipes ni siervos, y que poco le preocupaba cuántos de ellos murieran, si su propio hijo estaba a salvo (2 S. 19:6). Si ésta era la impresión producida, no nos sorprenderemos si solo sirvió para aumentar el sentimiento general contra Absalón. Pronto se pondría a prueba este hecho. En su persecución de los rebeldes, uno de los hombres de Joab se encontró con una escena extraña.

Muerte de Absalón

Parece ser que, mientras Absalón cabalgaba rápidamente a través del denso bosque en su huida, su cabeza se había enganchado entre las ramas de uno de los terebintos –tal vez, como dice Josefo (*Ant.* VII. 10, 2), al enredarse con el pelo largo. En esta posición la mula que montaba –tal vez la mula real de David– se había ido; mientras Absalón estaba allí, medio asfixiado y si fuerzas, colgando sin salida, como una presa para sus perseguidores. Pero el soldado que lo vio primero conocía demasiado bien las consecuencias de matarlo, como para dejarse tentar hacia un acto así por cualquier recompensa, por grande que fuese. Se limitó a informar a Joab, pero no quería ser su herramienta. De hecho, el propio Joab parece haber dudado, aunque estaba resuelto a acabar con los planes de Absalón, lo cual le debería doler más, puesto que si no hubiese sido por su intervención el príncipe no hubiese podido volver a Jerusalén. Y así, en vez de matarlo, solamente lo hirió con varas puntiagudas,[6] dejando en manos de sus pajes de armas el acabar definitivamente con el joven infeliz. Sus restos heridos y mutilados fueron echados en una gran fosa en el bosque y cubier-

1. *Speaker's Commentary*, Vol. II. p. 429.

2. Ésta es la interpretación correcta, como en 1 Crónicas 2:17. La palabra «israelita» en 2 Samuel 17:25 es evidentemente un error de transcripción.

3. De 2 Samuel 17:25 se desprende que tanto Abigail como Sarvia, aunque hermanas de David, no eran hijas de Isaí, padre de David, sino de Nahas. Se entiende, pues, que la madre de David se había casado dos veces: primero con Nahas, luego con Isaí, y que Abigail y Sarvia eran hermanastras de David.

4. Es imposible decidir si este bosque de Efraín estaba al oeste o al este del Jordán. Por el contexto, este último parece lo más probable.

5. Traducción literal del texto hebreo.

6. La palabra hebrea usada aquí (*Shevet*) normalmente significa cetro, o vara, pero no dardo, como en algunas versiones (2 S. 18:14).

tos con un gran montón de piedras. Un contraste terrible, esta tumba de un criminal desconocido y sin honores, con el espléndido monumento que Absalón había construido para él mismo después de la muerte de sus hijos. Al haber muerto su líder, Joab, con su amor característico por sus compatriotas, tocó el *rappel,* y permitió escapar a los fugitivos israelitas.

¿Pero quién llevaría al rey las noticias de lo que había sucedido? Joab conocía demasiado bien a David para confiarlo a alguien cuya vida valorase de modo especial. En consecuencia, envió a un desconocido, un cusita; y solamente después de repetidos ruegos y advertencias del peligro, permitió a Ahimaas que corriera también con las noticias a Mahanaim. El rey estaba sentado entre la puerta exterior y la interior de la ciudad, esperando ansiosamente el resultado de aquel día decisivo. Entonces el vigía del pináculo vio a alguien que corría hacia la ciudad. Puesto que estaba solo, no podía ser un fugitivo, sino un mensajero. Pronto el vigía vio y anunció un segundo corredor solitario. Finalmente el primero estaba tan cerca que el vigía reconoció a Ahimaas, por la velocidad de sus pies. Si era así, las noticias que traía debían ser buenas, porque Ahimaas no hubiese venido en ninguna otra circunstancia. ¡Y así era! Antes de dar ocasión al rey para preguntar, anunció rápidamente la victoria dada por Dios.

Duelo de David

Fuera cual fuese el alivio o la consolación del corazón de David, no lo expresó con palabras. Solo una pregunta le llegó a los labios, solo una idea de paz[7] era lo que parecía poder contemplar su mente: «¿Paz al chico, a Absalón?». Ahimaas no pudo, o no quiso, responder. Y tampoco el mensajero cusita, quien entonces también había llegado. De sus palabras –aunque temía decirlo con tantas palabras– David rápidamente dedujo el final de su hijo. Se alejó de los dos mensajeros con un dolor sin palabras, alejándose también de la multitud, que sin duda se estaba agolpando rápidamente alrededor de la puerta, y subió por las escaleras que llevaban hasta la habitación que estaba sobre la puerta, mientras que los que estaban más abajo podían oír sus lamentos piadosos, y estas palabras repetidas a menudo: «¡Hijo mío, Absalón –hijo mío! ¡Hijo mío, Absalón! ¡Si yo hubiese muerto por ti! ¡Hijo mío, Absalón –hijo mío!».

No fue una tarde gozosa en Mahanaim, a pesar de la gran victoria. Los habitantes del lugar salieron como en duelo público, en vez de felicidad. Los soldados victoriosos regresaron a la ciudad a hurtadillas como si se avergonzaran de dejarse ver, como si volvieran de una derrota, no después de un triunfo brillante y decisivo. Esto era más de lo que Joab podía soportar. Presentándose apresuradamente ante el rey, le reprochó su egoísmo despiadado, advirtiéndole que había unos peligros peores de los que había visto, que le serían provocados por su descuido de todo menos de sus propios sentimientos. Lo que dijo era sin duda cierto, pero lo expresó de una manera muy poco delicada –sobre todo si recordamos el papel que él mismo desempeñó en la muerte de Absalón– y con unos términos que ningún súbdito, por influyente que fuese, jamás debía utilizar con su soberano. Sin duda David sintió todo esto y se resintió por ello. Pero, de momento, era evidentemente necesario ceder; y el rey recibió al pueblo en la puerta como se solía hacer.

7. La primera palabra de Ahimaas cuando llegó al rey fue: «shalom», «paz». La primera palabra de David a Ahimaas fue también «paz». Solo que Ahimaas se refería al bien común, y David a sus sentimientos personales.

Al terminar el breve período de insurrección, la reacción pronto se presentó. David lo esperaba sabiamente en Mahanaim. El país recordó la gloria nacional relacionada con su reino, y se dio cuenta de que, caído Absalón, había virtualmente un interregno igualmente insatisfactorio para todas las partes. No era ni político ni correcto de parte de David que en tales circunstancias empleara los sacerdotes en negociaciones secretas con la tribu de Judá para su restauración en el trono.

Medidas de David

De hecho, todos los actos de David ahora parecen ser el resultado de esa fatal parálisis moral en la que parecía haber caído de nuevo. Hasta tal punto constituía el nombramiento de Amasa como comandante en jefe en el lugar de Joab una medida injustificada tanto desde el punto de vista moral como militar, y sin duda, como mínimo, un gran error político, independientemente de cualquier provocación de parte de Joab. Bajo el mismo punto de vista consideramos la conducta de David cuando vuelve a Jerusalén habiendo sido invitado a ello solo por la tribu de Judá (2 S. 19:14). Los preparativos para ello se realizaron de un modo perfectamente oriental.

Regreso a Gilgal

Los hombres de Judá llegaron hasta Gilgal, donde tenían preparada una barca, con la que el rey y su casa pudiesen pasar el río. Mientras, los que tenían razones para temer el regreso de David también habían tomado sus medidas. Tanto Simei, que había maldecido a David en su huida, como Siba, que le había engañado de un modo tan vergonzoso acerca de Mefiboset, cruzaron el Jordán «para salir al encuentro del rey».[8] Mientras David estaba «cruzando»,[9] o, mejor dicho, a punto de embarcar, Simei, que se había llevado sabiamente mil hombres de su tribu, Benjamín –la más hostil para con David– suplicó perdón, apelando, como evidencia de su arrepentimiento, a su propia comparecencia con mil hombres suyos, como el primero de Israel a recibir al rey. En dichas circunstancias resultaba casi imposible no perdonar a Simei, aunque el rechazo de Abisai de parte de David, considerado a la luz de las órdenes del rey a Salomón en su muerte (1 R. 2:8, 9), suena como un rechazo público y elocuente de los hijos de Sarvia, o un intento de hacer volver los sentimientos populares contra ellos. Al mismo tiempo, es evidente que la súplica de Simei hubiese perdido su fuerza, si David no hubiese establecido negociaciones separadas secretas con la tribu de Judá.

Los motivos de Siba para salir al encuentro de David no necesitan ningún comentario. No cabe duda, estando David bien informado de todo lo que había pasado en Jerusalén, tenía que saber que el tenor y los sentimientos de Mefiboset eran contrarios a como se los había presentado su siervo hipócrita (comp. 2 S. 19:24). Su conducta para con el hijo de Jonatán[10] fue igualmente injustificada. Tanto el tono de irritación que usó con él como el compromiso que intentaba (19:29), muestran que David sentía, aunque no lo iba

8. Ésta es la traducción correcta, y no 2 Samuel 19:17, última cláusula: «Ellos pasaron el Jordán delante del rey».

9. Ésta es la traducción adecuada de la palabra hebrea, y no «Cuando hubo cruzado el Jordán» (19:18).

10. El Talmud hace esta aplicación: «En la hora en que David dijo a Mefiboset: tú y Siba dividiréis la tierra, una *Bath Kol* (voz de Dios) le dijo: Roboam y Jeroboam dividirán el reino» (*Shabb. 56 b.*).

a admitir, que se hallaba en una posición incorrecta. De hecho, en adelante, el principal objetivo de David parece haber sido reconciliar el favor y obtener adeptos por todas partes –en pocas palabras, alcanzar sus propios propósitos con sus medios propios, y no los del hombre espiritual; los medios del hombre oriental, aunque se hallase bajo la influencia religiosa, más bien que de acuerdo con el hombre de acuerdo con el corazón de Dios. Porque, corriendo el riesgo de citar lo evidente, debemos insistir que hay solo dos caminos posibles: o entregarnos completamente a la guía del Espíritu Santo, o seguir nuestros impulsos naturales. Estos impulsos no están bajo la influencia de la religión, aunque nos lo pueda parecer. Porque el hombre natural siempre se queda en lo que era; tal como le habían marcado el nacimiento, la nacionalidad, educación y las circunstancias. Esta consideración nos debería apartar de juicios apresurados, probablemente erróneos, sobre otros, y también puede sernos útil para nuestra advertencia e instrucción.

Felizmente, esta historia también ofrece un aspecto más resplandeciente. Se trata del gran jefe patriarcal, Barzilai, que había ayudado a David en su adversidad, y ahora acudió, a pesar de su avanzada edad, para escoltar al rey al cruzar el Jordán. No buscaba recompensa ni reconocimiento –de hecho, la mención de ello parecía casi dolorosa. Un hombre bueno y honrado, feliz en su independencia, aunque no demasiado orgulloso como para permitir a su hijo Quimam ir a la corte –tanto más cuando él no podía ganar nada en ello. ¿No podemos inferir legítimamente que su conducta no sólo estaba influenciada por la lealtad a su soberano terrenal, sino también por el reconocimiento de las verdades espirituales más elevadas, y la esperanza sobre Israel y el mundo, simbolizada en el reino de David? Durante casi ochenta años Barzilai había observado en la distante Rogelim los azares variados de su pueblo amado. Recordaba el tiempo cuando Samuel era «juez»; recordaba las esperanzas que animaron los corazones de Israel cuando, después de la brillante hazaña en su propia Jabés-galaad, Saúl fue proclamado rey. Había seguido la gloria menguante del mismo Saúl –porque las noticias viajan muy lejos en oriente, contadas por vigías, y llevadas de casa en casa– hasta que en su alma la esperanza había casi desaparecido. Luego llegó la historia de David, y creciendo, al seguir su carrera, o cuando alguien repitiera uno de sus nuevos Salmos –tan diferentes de las antiguas canciones de guerra en las cuales se registran las hazañas de valor judías– atribuyendo todo a Jehová, y considerando al hombre sin valor, todo parecía determinar un nuevo período en la historia de Israel, y Barzilai sentía que David era sin duda el Ungido de Dios, el símbolo de la misión real de Israel, y la figura de su cumplimiento. Al final, después de la vergonzosa derrota de Israel y la triste muerte de Saúl, saludó lo que sucedió en Hebrón. La toma de Jerusalén, la construcción de un santuario central allí, y la sumisión de los enemigos de Israel, le deberían parecer brillantes eslabones de la misma cadena. Y aunque la triste caída de David le debió doler en el corazón, nunca podía haber influenciado su opinión sobre la conducta de Absalón, ni mover su fidelidad. Y ahora que el reino de David, en cuanto a su significado espiritual, estaba evidentemente tocando a su fin –sus grandes resultados alcanzados, su significado espiritual realizado– debió sentir que nada podía deshacer el pasado, el cual en adelante era parte de la herencia espiritual de Israel, o más bien de todo el mundo. Y así, con el espíritu de Simeón, cuando hubo presenciado el inicio del cumplimiento de las esperanzas de Israel, Barzilai se contentaba con «volver de nuevo» a su propia ciudad, a morir allí, y yació en la sepultura de sus padres, quienes habían vivido en momentos mucho más agitados que los suyos, y habían visto solo «a lo lejos» el feliz cumplimiento de lo cual él había presenciado.

Barzilai y Joab como representantes de su período

Por otro lado, a estas alturas, se nos puede permitir colocar al lado de Barzilai a otro representante de ese período. Si Barzilai era una figura del judaísmo espiritual, Joab lo era de su aspecto nacional. Era profundamente judío, en el sentido tribal de la palabra, no en su significado más elevado: sólo judío en todo lo que definía el judaísmo de manera exterior, pero no en cuanto a su realidad interior y espiritual. Intrépido, audaz, ambicioso, temerario, celoso, apasionado, sin escrúpulos, pero también amador de su pueblo, fiel, y sin duda celoso de su religión, en cuanto ancestral y nacional –Joab representaba una fase del judaísmo, como Barzilai la otra. Joab se nos presenta como un típico oriental, o más bien un oriental judío. Tampoco carece de significado simbólico profundo el hecho de que Joab, el típico oriental judío, –podemos decir, la figura de Israel según la carne– al llevar a cabo sus propósitos y opiniones, obtuviera su propia destrucción.

Las dificultades de David no terminaron al cruzar el Jordán. Al contrario, parecía que empezaban de nuevo. Había sido recibido por la tribu de Judá; mil benjamitas habían acudido para sus propios intereses; y probablemente algunos otros hombres se unieran al rey en su avance.[11] Pero las tribus, en su capacidad corporativa, no habían sido invitadas a tomar parte en el asunto, y tanto David como Judá habían actuado como si no tuvieran ninguna importancia. En consecuencia, cuando los representantes de Israel llegaron a Gilgal, hubo un enfrentamiento feroz entre ellos y los hombres de Judá sobre su desaire injustificado, siendo los hombres de Judá los más violentos, como suele suceder con los que cometen un agravio.

Una sola chispa podía encender todo el material inflamable. Un hombre despreciable, un tal Seba, benjamita, que estaba allí por casualidad, tocó la trompeta, y dijo a los representantes de las tribus reunidos que, puesto que no tenían parte alguna con David, debían dejarlo para que reinase sobre los que le habían elegido rey. Era el tipo de grito que podía atraer el sentimiento popular en un estado general de excitación como aquél. David pronto presenció como sus súbditos israelitas desertaban y se vio obligado a volver a Jerusalén solamente con los hombres de su tribu y amenazado por una revolución formidable. La primera preocupación de David a su regreso a Jerusalén, después de poner su casa en orden (2 S. 20:3), fue detener el movimiento antes de que tuviera tiempo de extenderse y desintegrara al país animando celos tribales por todas partes.

Alzamiento de la república federal bajo Seba

Pero entonces aparecieron las consecuencias fatales de la reciente conducta de David. Fiel a su promesa, propuso confiar a Amasa el mando de la expedición contra Seba y lo que podemos llamar la «República Federal», usando términos modernos. Pero, ya sea por una incapacidad personal, o, más probablemente, por la falta general de confianza y la insatisfacción ante el nuevo comandante, Amasa no

11. Así interpretamos la expresión: «medio pueblo de Israel» en 2 Samuel 19:40. Evidentemente, no se puede interpretar de manera literal, tal como se ve en todo el contexto.

consiguió ni siquiera montar un ejército. Al ser el tiempo un factor de gran importancia,[12] David se sintió obligado de nuevo a recurrir a Abisai, o mejor dicho, a través de él, a Joab.[13] Ahora no faltaban guerreros de confianza, y la expedición se puso en marcha hacia el norte inmediatamente.

El ejército, dirigido por Abisai y Joab, había llegado a la piedra grande de Gabaón, cuando Amasa «les salió al encuentro»[14] desde la dirección opuesta, sin duda, de camino a Jerusalén. Joab, como siempre, estaba «ceñido con su armadura como vestido, y sobre ella el cinturón de la espada, atado sobre sus lomos, en su funda; y ésta [la vaina] salió, y [la espada] cayó fuera».[15]

Asesinato de Amasa

Amasa parece haber quedado tan sorprendido ante la presencia inesperada de un ejército con otro líder que perdió toda razón. No vio la espada que Joab recogía del suelo y tenía en su mano izquierda, sino que permitió que su familiar traidor le tomara por la barba, como para besarle, de modo que la espada entró en la parte inferior de su cuerpo. Probablemente, aunque Joab pretendía librarse de su rival, había adoptado este plan con la esperanza de dejar la duda abierta sobre si la muerte de Amasa había sido el resultado de un accidente o de intenciones criminales. Luego, como si no hubiese tiempo que perder, Joab y Abisai dejaron el cuerpo en un charco de sangre donde había caído, y se apresuraron a cumplir su misión.

Era un espectáculo espantoso; y toda la presión del soldado que Joab había dejado al lado del hombre muerto o moribundo no era suficiente para evitar que la gente se quedara a su alrededor llena de horror. Al fin se llevaron el cuerpo. Había sido dejado en el suelo, probablemente tanto como una muestra de desprecio como a modo de advertencia para otros a no provocar los celos de Joab. Entonces el ejército de David estaba persiguiendo a Seba y a sus seguidores. Le siguieron por toda la tierra hasta el norte entre fortalezas[16] cerca del lago Merom, donde al final fue seguido hasta Abel, o mejor, Abel-bet-maaca. Entonces Joab sitió esta fortaleza. Pero su destrucción fue evitada por la sabiduría de una de sus mujeres. Solicitando hablar con Joab desde la muralla de la ciudad, recordó al general que el pueblo de Abel era conocido, no por precipitarse en la acción, sino más bien por ser sabio y deliberar en consejo. ¿Había Joab preguntado alguna vez si la ciudad de Abel, que él iba a destruir, compartía las opiniones de Seba, o tomaba parte de la rebelión? Ella, e implícitamente sus paisanos, eran prácticamente lo contrario de conspiradores turbulentos. ¿Cómo podía, pues, Joab actuar de un modo tan poco patriota, tan poco judío, como para desear destruir una ciudad y una madre en Israel, y tragarse la herencia de Jehová? Y cuando Joab explicó que no andaba buscando la destrucción de una ciudad pacífica, sino la aniquilación de una rebelión, ella propuso, como final rápido a todo el problema, que muriese Seba, y, como evidencia de ello, su cabeza fuese lanzada al otro lado de la muralla.

Muerte de Seba

Era una manera fácil de librarse tanto de un visitante molesto como de un terrible peligro, –y cuando la cabeza ensangrentada cayó ante los pies de Joab, éste se persuadió de que la rebelión había acabado, que podía retirarse de la ciudad, despedir al ejército y volver a Jerusalén. Así terminó el último alzamiento contra David y, podemos añadir, la historia política de su reino.

Capítulo 3
(2 Samuel 21–24; 1 Crónicas 21:27)

Con la represión de la revolución federal bajo Seba, concluye la historia política de David, según se relata en el Libro 2 de Samuel. En consecuencia, la narración de esta segunda parte de su reino termina como el de la primera (2 S. 8:16), con una lista de sus oficiales principales (2 S. 20:23 hasta el final).

Apéndice a la historia de David

Lo que sigue en el Libro 2 de Samuel (21–24), debe ser considerado un Apéndice, que ofrece, en primer lugar, un relato del hambre que desoló la tierra (21:1-14), probablemente en la parte más *temprana*, y de la peste que causó sus estragos, probablemente hacia el *final* del reinado de David (XXIV); en segundo lugar, unos breves apuntes de las guerras filisteas (21:15-22), y un registro detallado de los héroes de David (23:8-39), ninguno de los dos requerirá comentarios de nuestra parte; y, finalmente, el Salmo final de David de acción de gracias (22), y sus últimas palabras proféticas (23:1-7). Todo esto está agrupado en el final del Segundo Libro de Samuel, probablemente porque era difícil insertarlo en otro lugar de modo consistente con el plan de la obra, que, como hemos visto repetidas veces, no pretendía ser una biografía o historia de David en orden cronológico. Tal vez deberíamos añadir que el relato de la peste se colocó en último lugar en el libro (24), porque es una introducción a los preparativos para la construcción del templo de mano de Salomón. Porque, según entendemos nosotros, tan pronto como se indicó divinamente el lugar donde se debía erigir el santuario, David empezó todos los preparativos que él podía hacer. Y aquí el Primer Libro de Crónicas aporta unas anotaciones muy valiosas, que no están recogidas en ninguna otra parte de las Escrituras. En ellas vemos lo que David hizo y ordenó en su reino con la perspectiva de la construcción del templo y la disposición de sus servicios futuros (1 Cr. 22–29). Así, pues, tenemos cuatro puntos bajo los que clasificar nuestro resumen de lo que hemos llamado el Apéndice de la Historia de David: el *hambre*; la *peste*; las *disposiciones del templo*; y el *último Salmo y la profecía del rey*.

El hambre

1. *El hambre* (2 S. 21:1-14). No hay en la Santa Escritura ningún relato tan desgarrador como el del hambre que desoló Palestina durante tres años. Para entenderlo correctamente, debemos tener dos hechos en vista. Primero, los gabaonitas, quienes, en tiempos de Josué, se habían asegu-

12. Usando la expresión hebrea tan gráfica (2 S. 20:6): «no sea que halle ciudades fortificadas, y nos corte el ojo».

13. El texto solamente cita gestiones entre David y Abisai, pero el relato subsiguiente muestra que Joab estaba al mando. Por las relaciones entre Joab y el rey, parece probable que David debió preferir comunicarse con Joab a través de su hermano.

14. Es la traducción correcta de 2 Samuel 20:8.

15. Traducción correcta del resto del versículo 8.

16. Estas fortalezas están agrupadas en 1 Reyes 15:20; 2 Reyes 15:29; 2 Crónicas 16:4. Se ha sugerido ingeniosamente que la expresión «todos los de Barim» (2 S. 10:14), que no tiene sentido, se debería considerar como una forma masculina de la palabra y traducir: «todas las fortalezas».

rado contra la destrucción con fraude y falsedad (Jos. 9:3, etc.), eran en realidad paganos heveos, o, según se les llama en el texto sagrado, amorreos –término general para todos los cananeos (Gn. 10:16; 15:16; Jos. 9: 1; 11:3; 12: 8, etc.). Conocemos demasiado bien el carácter de los habitantes cananeos de la tierra; y aunque, después de su incorporación con Israel, los gabaonitas debieron recibir una amplia influencia positiva, sus modos de pensar y sentimientos debieron cambiar comparativamente poco,[1] –tanto más cuando debía haber pocos, o ningún, casamiento entre ellos como los israelitas, quedando ellos aislados, al menos socialmente. Esto explica su feroz persistencia exigiendo el castigo supremo prescrito por la ley. Las provisiones de esta ley deben ser nuestro segundo punto a considerar. Aquí de nuevo tenemos que tener en cuenta las circunstancias de la época, las condiciones morales, sociales y nacionales del momento, y la fase espiritual que Israel había alcanzado entonces. El principio fundamental, establecido en Números 35, era el de la santidad de la tierra en la cual Jehová moraba entre su pueblo. Esta santidad debe ser guardada (v. 34). Pero una de las peores maneras de contaminar una tierra era por el derramamiento de sangre inocente. De acuerdo con la visión majestuosa del Antiguo Testamento, la sangre derramada por una mano asesina no podía cubrirse –era, por así decirlo, una cosa viva que clamaba venganza, hasta que la sangre del que la había derramado hacía callar la voz (v. 33), o, en otras palabras, hasta que se restableciese el equilibrio moral. Mientras, pues, que la misma sección de la ley proveía salvación en caso de homicidio involuntario (vv. 10-29), y legislaba la antigua práctica de «vengar la sangre», también protegía la tierra contra el crimen, el cual no se podía compensar con dinero (v. 31). Así los gabaonitas cumplían la ley escrita estrictamente al exigir venganza sobre la casa de Saúl, de acuerdo con el principio universalmente reconocido del Antiguo Testamento de la solidaridad de la familia; y a David le quedaba la única alternativa de concederles su reclamación. Este es un aspecto de la cuestión. El otro lo tenemos que abordar de manera mucho más reverente. Sólo podemos indicar cual sería el sentimiento de los que vivían en aquella época (especialmente un pueblo como los gabaonitas) que les permitiera clamar a Dios para la venganza, y esperar recibirla del justo y verdadero; y cuán esencialmente importantes en el ámbito nacional debían ser las lecciones más severas sobre la infracción de la fe y los crímenes públicos después de un reinado como el de Saúl.

La historia se puede relatar con pocas frases. Por alguna causa no recogida –tal vez en un exceso de celo carnal, pero sin duda sin la base suficiente– Saúl había causado estragos entre los gabaonitas, contraviniendo así directamente los solemnes compromisos que Israel había contraído, y que habían sido observados escrupulosamente hasta entonces. Cuando, posteriormente, el hambre desoló la tierra durante tres años, y David buscó el rostro de Jehová, se le dijo que se debía a la culpa de sangre[2] que aún quedaba en la casa de Saúl. Ante esto, el rey convocó a los gabaonitas y les preguntó qué desagravio deseaban por el mal recibido, para que la maldición que habían invocado no permaneciese más en la herencia de Jehová. Su respuesta fue típica: «Para nosotros no se trata de *un asunto* de plata u oro, en cuanto a Saúl y su casa, ni tampoco es nuestra competencia llevar a muerte a nadie en Israel». «Y él dijo: ¿qué decís, pues? ¿Y yo os lo daré?».[3] Entonces llegó la petición, con toda su ferocidad e ironía, que la venganza de sangre que ellos, como gabaonitas, no querían aventurarse a tomar, fuese ejecutada por ellos, y que siete descendientes de Saúl les fueran entregados para ser clavados en la cruz –evidentemente *después* de su muerte, porque así lo mandaba la ley–[4] según dijeron: «A Jehová en Gabaa de Saúl, el escogido de Jehová».

Por muy terrible que fuera su demanda, no podía ser rechazada, y los dos hijos de Rizpa, una concubina extranjera de Saúl, y cinco hijos de Merab,[5] la hija mayor de Saúl, fueron escogidos como víctimas. Luego se presentó esta escena tan desgarradora. Desde el comienzo de la cosecha de cebada en abril hasta que las lluvias tempranas de otoño demostraban la retirada de la maldición de la tierra, seguían colgados allí aquellos cuerpos putrefactos y sin vida, los cuales el feroz sol sirio debió secar y arrugar; y debajo de ellos, sin cesar, inquieta se hallaba la extraña forma de la concubina de Saúl. Cuando se acostaba por la noche lo hacía sobre el áspero pañuelo de los enlutados, que extendía sobre la roca; pero estaba día y noche dedicada a su salvaje y terrible guardia para alejar a las aves rapaces de los cuerpos destrozados, los cuales, con graznidos roncos, se abatían a su alrededor, y a los chacales, los aullidos hambrientos de los cuales despertaban los ecos de la noche. Se ha dibujado a menudo a *Judea capta* llorando sobre sus hijos muertos. Pero al recordar la persecución de las víctimas judías inocentes de parte de los gentiles en la Edad Media, y luego recordamos el terrible grito bajo la cruz, esta escena de Rizpa debajo de las siete cruces, ahuyentando lejos de los muertos a buitres y chacales, se nos recuerda siempre como su terrible emblema y figura.

«Y fue dicho a David lo que hacía Rizpa, la hija de Aja, concubina de Saúl. Y David fue [personalmente] y tomó los huesos de Saúl, y los huesos de Jonatán su hijo, de los hombres de Jabes de Galaad, que los habían hurtado de la calle de Bet-sán, donde los habían colgado los filisteos, cuando los filisteos mataron a Saúl en Gilboa; y llevó de allí los huesos de Saúl y los huesos de Jonatán su hijo; y recogieron también los huesos de los crucificados. Y los huesos de Saúl y de Jonatán su hijo los sepultaron en tierra de Benjamín, en Zela, en el sepulcro de Cis su padre.»

La peste

2. *La Peste.* En relación con este suceso, es muy importante recordar que fue enviada como consecuencia de algún pecado del cual Israel, como pueblo, era culpable. Es cierto que la causa directa y la ocasión inmediata fueron el orgullo y la confianza carnal de David, tal vez su propósito de convertir a Israel en una monarquía militar. Pero este estado

---

1. En un volumen anterior de este *Comentario Ilustrado* indicamos hasta qué punto incluso una mujer como Jael estaba influenciada por las tradiciones tribales –por así decirlo, la mancha de la sangre heredada.

2. Así entendemos esta expresión (2 S. 21:1): «Es por Saúl, y su casa sangrienta».

3. Hemos traducido 2 Samuel 21:4, literalmente.

4. El castigo de la crucifixión, o empalado, se menciona en Números 25:4. Pero el hecho de que los criminales no eran crucificados o empalados *vivos*, sino solo *después* de su muerte, se ve en el v. 5. De igual modo cuando se colgaban, que se hacía siempre después de la muerte (Dt. 21:22, que no siempre se traduce de manera suficientemente clara). Lo mismo se aplica al castigo de la *hoguera*, que se ejecutaba sólo con el cuerpo muerto del criminal (Lv. 20:14), según se ve en Josué 7:15 comp. con v. 11. En estos puntos la ley rabínica era mucho más cruel, ordenando de manera literal la estrangulación, y el quemado con plomo líquido (comp. sobre todo *Mishnah Sanh.* VII. 1-3).

5. En 2 Samuel 21:8, por un error de transcripción, tenemos a *Mical* en vez de *Merab*. Pero fue esta última, no la primera, la que se casó con Adriel meholatita (comp. 1 S. 18:19).

«Y David fue [personalmente] y tomó los huesos de Saúl, y los huesos de Jonatán su hijo, de los hombres de Jabes de Galaad, que los habían hurtado de la calle de Bet-sán, donde los habían colgado los filisteos, cuando los filisteos mataron a Saúl en Gilboa; y llevó de allí los huesos de Saúl y los huesos de Jonatán su hijo; y recogieron también los huesos de los crucificados. Y los huesos de Saúl y de Jonatán su hijo los sepultaron en tierra de Benjamín, en Zela, en el sepulcro de Cis su padre.»

Los filisteos profesaban cultos idolátricos a distintos dioses, y para los israelitas era una abominación que los restos del que fuera rey de Israel y de su hijo permanecieran en territorio pagano. Esta figurilla de origen cúltico representa a una mujer sentada y fue recuperada en excavaciones realizadas en la zona de Asdod y Gaza que se convirtieron en ciudades palestinas con la ocupación filistea.

mental de su rey era en sí, según se nos indica abiertamente (2 S. 24:1), un juicio sobre Israel de parte del Señor, cuando Satanás se levantó para acusar a Israel, y así se le permitió influir a David (1 Cr. 21:1). Si, según suponemos, el alzamiento popular bajo Absalón y Seba era la razón del castigo, hay algo que también corresponde especialmente al pecado del deseo de David de contar el pueblo, y en el castigo que le siguió. Tampoco debemos olvidar otro principio del Antiguo Testamento presente en esta historia: el de la solidaridad de un pueblo con sus gobernantes.

El hecho de que tanto en Samuel como en Crónicas esta historia viene después de una enumeración de los tres tipos de héroes de David y de sus hazañas de armas más notables,[6] parece una confirmación del punto de vista de que el pecado de David, al desear determinar el número exacto de los que estaban capacitados para llevar armas, se debía a la euforia y orgullo carnales, y que la medida estaba relacionada en algún modo con su ambición militar. La falta de deseo de parte de Joab y de los otros capitanes, a quienes el rey confiara el censo, se debía parcialmente al conocimiento de que un intento como ese de convertir a todo Israel en un gran campamento no sería del agrado general –un sentimiento con el cual él y sus compañeros capitanes, como patriotas israelitas, debieron compartir plenamente. Pero también había consideraciones religiosas, puesto que todos sentían que una medida provocada por el orgullo y la ambición sin duda conllevaría el juicio sobre el pueblo (1 Cr. 21:3). Al resultar vana la protesta, se realizó el censo militar lentamente y de mala gana, excluyéndose, no obstante, a los levitas (Nm. 1:47-54), y retirándose la orden real antes de que se llegara al territorio de Benjamín.[7] Porque la conciencia de David ya se había percatado de la culpabilidad en la que había incurrido. Fue después de una noche de confesión y oración de parte de David, que Gad fue enviado para anunciarle el castigo de su pecado. Porque el pecado en sí fue posterior, y no anterior, a la confesión de pecado público. Permitiéndosele escoger entre el hambre,[8] la derrota y la peste, David, sabia y acertadamente, se encomendó en manos del Señor, encontrando su consuelo en el pensamiento, que tanto ha ayudado a cuantos lo hacen, que, incluso al sufrir por causa del pecado, es bueno caer en manos de Jehová. Tampoco fue decepcionado en su esperanza silenciosa. La peste, aun siendo terrible por su desolación, fue acortada de tres días a menos de uno: «desde la mañana hasta el tiempo de la asamblea», o sea, el sacrificio de la tarde.[9]

Mientras, «David y los ancianos, vestidos de arpillera» (Cr. 21:16), estaban postrados en humillación delante del Señor. Significativamente, fue precisamente cuando la orden divina de misericordia se apresuró para detener el brazo del ángel mensajero del juicio, que David y sus compañeros de oración lo pudieron ver. Ya se había acercado a Jerusalén, y su espada estaba extendida hacia ella –justo por encima del monte de Moriá, entonces todavía fuera de la ciudad, donde Aravná[10] jebuseo tenía su era. Era un lugar adecuado para la misericordia a Israel, donde anteriormente el fiel Abraham había estado dispuesto a ofrecer a su hijo unigénito a Dios; adecuado también porque aún estaba fuera de la ciudad; pero principalmente a fin de que la misericordia de perdón y salvación mostrada entonces indicase el lugar donde, en el gran altar del holocausto, se iba a dispensar a Israel en el futuro una abundante misericordia en perdón y aceptación. Al ver al ángel con su espada apuntada hacia Jerusalén, David elevó su voz en una confesión sumamente humilde, suplicando que, puesto que el pecado era suyo, el pecado descendiera sobre él y su familia, antes que sobre el pueblo. Esta oración determinó el principio de la misericordia. Por las indicaciones divinas a través de Gad, David y los que con él estaban fueron a Aravná a comprar el lugar que así se hizo memorable para siempre, para consagrarlo al Señor con un altar, donde se ofrecían ofrendas de holocausto y de paz. Y éste iba a ser el emplazamiento de la futura «casa de Jehová Dios», y para «el altar del holocausto para Israel» (1 Cr. 22:1).

Y Dios había preparado y predispuesto el corazón del jebuseo para la cesión voluntaria del lugar para sus propósitos sagrados. Sin duda se trataba de un prosélito, y probablemente (como Rahab) había sido aliado de la toma de Jerusalén bajo el mando de Joab. Parece ser que Aravná y sus cuatro hijos, mientras trabajaban en la era, también habían visto la figura del ángel sobre sus cabezas, y que había causado el terror en sus corazones (1 Cr. 21:20). Cuando, pues, David y sus seguidores llegaron, estaban preparados para dar gratuitamente, no solo la era, sino todo lo que contenía,[11] si Jehová estaba dispuesto a escuchar la oración del rey (2 S. 24: 23). Así, de manera muy significativa, en su aspecto como figura, aquí se reúnen el judío y el gentil en colaboración para la dedicación del lugar del templo. La reacción de David es sin duda una muestra del carácter oriental, aunque estamos seguros de que no fue ni por orgullo ni por prejuicios raciales que David rechazara como regalo lo que se le había ofrecido, según creemos, humildemente y de corazón. Pero era evidentemente adecuada la compra del lugar por parte de David con dinero,[12] como representante de todo Israel. Y como para ratificar públicamente y desde el cielo lo que se acababa de hacer, un fuego, no encendido por el hombre, cayó sobre el altar y consumió los sacrificios (1 Cr. 21:26). Pero a partir de aquel momento, la espada de destrucción del ángel fue devuelta en su vaina ante la orden de Dios.

Las disposiciones del templo

Los preparativos de David para el templo. Puesto que el Señor, en su providencia, había indicado el lugar donde se debía edificar el santuario, David, con su energía típica, empezó los preparativos inmediatos para el trabajo, la grandeza del cual era medida por el rey según su apreciación de

6. Lo mismo se puede inferir en 1 Crónicas 27:23, 24, donde la enumeración está evidentemente relacionada con la organización militar de la nación.

7. Comp. 1 Crónicas 21:6; 27:24. En esta anotación posterior también vemos que el resultado del censo *no* fue introducido en las *Crónicas del rey David.* Como mínimo podemos dudar al suponer alguna falta de exactitud en los números dados. De las dos enumeraciones preferimos la de 2 Samuel 24:9. No obstante, 1,300.000, o incluso, de acuerdo con 1 Crónicas 21:5, 1,570.000 hombres de armas, solo implicaría una población total de cinco o seis millones, lo cual no es excesivo.

8. De acuerdo con 1 Crónicas 21:12, el hambre tenía que durar *tres* años. El número «siete» de 2 Samuel 24:13, debe ser un error de transcripción.

9. Ésta es la traducción correcta de 2 Samuel 24:15.

10. Parece ser que éste era el nombre original, mientras que Ornán (1 Cr. 21:15) y otros son las formas hebraizadas del mismo nombre.

11. 2 Samuel 24:23, dice, en hebreo: «Todo, oh rey, da Aravná al rey», y no como se traduce en algunas versiones.

12. De las dos menciones del precio, tomamos sin dudar la de 1 Crónicas 21:25 (la otra de 2 Samuel se debe a un error de transmisión, muy común y fácil de justificar en los numerales). Teniendo en cuenta que el siclo común tenía la mitad de valor que el sagrado, y que la proporción de oro y plata era de diez a uno, los seiscientos siclos de oro representarían unas 380 £. En *Siphré* 146 a., hay varios

Aquél al servicio del cual estaba destinado (1 Cr. 22:5). En todos estos preparativos casi parece que David haya recobrado su antiguo vigor, indicando así dónde se hallaba en realidad el corazón del rey a pesar de sus debilidades y fallos. Además, la juventud de su hijo y sucesor Salomón,[13] y la idea de que probablemente ningún otro monarca iba a ejercer una influencia sobre la tierra tan grande como la que poseía él, determinaron la decisión de David de no desatender ni retrasar nada que él pudiese hacer. En primer lugar, hizo un censo de los «forasteros»,[14] y los puso a preparar los trabajos de piedra, hierro y madera. Su preocupación siguiente fue encargar solemnemente a Salomón lo que tanto tenía en su propio corazón. Recapitulando sobre todo lo que él había pasado, cuando se propuso por primera vez para «construir una casa al nombre de Jehová», puso esta obra en las manos de su hijo y sucesor designado por Dios, como el asunto principal de su reino. Pero, no obstante, no se trataba de una mera labor a desempeñar, sino de una manifestación de religión espiritual, y como resultado de su lealtad a Dios y a su ley (1 Cr. 22:6-12). Solamente unos principios así podían garantizarle la prosperidad de su reino (v. 13). Para sí mismo, «con grandes esfuerzos»[15] se había procurado grandes tesoros,[16] los cuales iban a ser dedicados a la construcción del nuevo templo; y había hecho todos los preparativos posibles para el mismo. Finalmente, convocando a «los príncipes de Israel, con los sacerdotes y los levitas» (1 Cr. 23:1, 2) y presentándoles a su hijo Salomón como sucesor del reino, les pidió su colaboración con él en lo que sería la gran obra del futuro –convirtiéndolo así no en una empresa personal, sino nacional, expresando esto el hecho de que «dispusieron el corazón y el alma a buscar a Jehová» su Dios (1 Cr. 22:19).

Fue en esta solemne asamblea laica y sacerdotal donde se anunció y aceptó la sucesión de Salomón, y donde se determinó la futura organización de los servicios del templo.[17] El censo de los levitas resultó en 38.000 hombres de treinta años o más. De éstos, 24.000 fueron designados para cuidar del ministerio general del santuario (23:28–32), 6.000 para actuar como «oficiales y jueces», 4.000 para música instrumental, y 4.000 como coristas –esta última clase (y probablemente también la anterior) estaba dividida entre expertos, de los cuales había 288 (25:7), y aprendices (25:8). Como todos los levitas, también estos 288 expertos o coristas cualificados fueron distribuidos por suertes en veinticuatro grupos, adjudicando un número determinado de aprendices a cada uno de ellos. Cada grupo de levitas debía encargarse por turnos de los servicios que le tocasen. Los que se encargaban de las puertas estaban distribuidos en clases, habiendo un total de veinticuatro lugares del santuario donde se debía tener vigilancia (1 Cr. 26:1-19). De modo parecido, los sacerdotes, los descendientes de Aarón, fueron organizados por suertes en veinticuatro cursos para su ministerio especial (1 Cr. 24:1-19). En último lugar, el texto sagrado da un relato breve del trabajo de aquellos 6000 levitas a quienes David nombró «escribas y jueces» (1 Cr. 26:29-32), y de la distribución final del ejército, y de todos los demás cargos públicos (1 Cr. 27).

Último himno y palabras proféticas de David

Último himno de David y su discurso profético (2 S. 22–23:2-7). La historia de David termina adecuadamente con un gran himno, que se puede considerar tanto el programa como el resumen de su vida y reinado en su aspecto espiritual. Algo modificado por motivos litúrgicos, lo hallamos en nuestro salterio actual –Salmo 18–, al cual nos referimos. Este gran himno de acción de gracias es seguido –haciendo uso de las palabras de un eminente crítico alemán–[18] por el testamento profético del rey, donde indica el alcance y el significado espiritual de su reino. Si el Salmo 18 fue un gran Aleluya, con el cual David abandonó la escena de la vida, sus «últimas palabras» son el certificado divino de todo lo que había cantado y profetizado en los Salmos sobre la importancia espiritual del reino que había de fundar, de acuerdo con el mensaje divino que Natán le había de llevar. Por ello, estas «últimas palabras» deben ser consideradas como un mensaje profético inspirado de David, antes de su muerte, sobre *el Rey* y *el Reino* de Dios en su significado completo y real.

A continuación ofrecemos la traducción literal de esta gran profecía:

El Espíritu de Jehová habla por mí,[19]
Y su palabra *está* en mi lengua![20]
Dice el Dios de Israel,
Me habla la roca de Israel:
Un gobernador sobre el hombre,[21] justo,
Un gobernador en el temor de Dios
Y como la luz de la mañana,[22] *cuando* sale el sol[23]
La mañana sin nubes
¡Desde el brillo (después) de la lluvia (brota) la hierba de la tierra![24]
¿No es pues así mi casa con Dios?[25]
Porque ha establecido conmigo un pacto eterno,
Provisto (preparado) en todas las cosas, y guardado

intentos de reconciliación de las dos cantidades divergentes – casi huelga decir que sin éxito real. El lector instruido encontrará una discusión completa del tema en el tratado de Ugolini *Altare Exteritus* (Ugolini Thesaurus, Fol. vol. X. pp. 504-506).

13. Salomón probablemente tuviera entonces veinte años.

14. Se refiere no solo a los colonos extranjeros, sino también a descendientes de los habitantes originales de la tierra cuyas vidas no habían sido destruidas. Eran tantos que Salomón pudo emplear a por lo menos ciento cincuenta mil para transportar cargas, y para extraer piedras (1 R. 5:15; 2 Cr. 2:17).

15. Ésta es la traducción correcta de 1 Crónicas 22:14.

16. A pesar de que, tal como hemos explicado a menudo, se dan errores de transmisión de los numerales en los libros históricos, sería bueno dar la equivalencia real de la plata y el oro, citados en 1 Crónicas 22:14. Teniendo en cuenta la diferencia entre el siclo común y sagrado (2 S. 14:26; 1 R. 10:17, comparado con 2 Cr. 9:16), la cantidad ascendería casi a 4,000.000 £. Por enorme que sea esta suma, Keil ha indicado que no es en absoluto desproporcionada en relación con los tesoros tomados como botines en la antigüedad (comp. *Comentario Histórico.* Vol. V, pp. 181-184).

17. Evidentemente, no podemos realizar aquí ningún examen crítico de los capítulos de 1 Crónicas resumidos en nuestro texto.

18. Keil. Citamos, evidentemente, solo la base de sus notas.

19. Según otros, «en mí», «hacia dentro de mí», como Oseas 1:2. En dicho caso, la primera cláusula indicaría inspiración, y la segunda su comunicación humana.

20. Los rabinos y otros consideran esto como referido a todos los Salmos y las Profecías de David.

21. No sólo sobre Israel, sino sobre la humanidad, indicando el reino futuro de Dios, y la aplicación completa de la profecía en su sentido mesiánico.

22. Aquí se describen los efectos de esa gran salvación. Los rabinos, no obstante, lo relacionan con el versículo anterior, y lo ven como una descripción más completa de este gobernante.

23. La luz de la mañana de la salvación –en oposición con la oscuridad de la noche anterior, siendo el sol el Sol de Justicia.

24. Después de una noche de lluvia el sol brilla y la tierra echa retoños. Comp. Salmos 72:6; Isaías 45:8.

25. Refiriéndose a la promesa de 2 Samuel 7 –como si dijera: ¿No está mi casa en esta relación para con Dios, de modo que tanto el Justo gobernador como las bendiciones relacionadas con su reino broten de ella?

(conservado, vigilado)
Entonces, toda mi salvación y mi buen placer,
¿No los hará brotar él?

Y (los hijos de) Belial, como espinos han sido echados todos-[26]
Porque no se toman con la mano
Y el hombre que los toca,
Se procura (*lit.*, llena) el hierro y el asta de la lanza,[27]
Y en el fuego[28] se queman completamente en su morada[29] (donde se hallan).

Capítulo 4
(1 Reyes 1–2; 1 Crónicas 23:1; 28–29)

La historia de David, tal como se cuenta en Crónicas, acaba con el relato de algo muy importante, por lo que a su implicación en la *teocracia* se refiere: el designio público de Salomón de construir el templo y los preparativos para la obra. Por otro lado, el Libro de Reyes[1] toma el hilo de la *historia profética* donde los otros escritores lo habían dejado. El nacimiento de Salomón había sido el principio del cumplimiento de esa gloriosa promesa (2 S. 7:12-16), que confería su significado y transcendencia espiritual a la institución de la realeza de Israel. Y las promesas y las advertencias que constituían esa predicción forman, por así decirlo, el trasfondo de toda la historia posterior del pueblo de Dios.

Naturalmente, el primer acontecimiento registrado en esta historia es la instalación formal de Salomón como sucesor de David designado por Dios (2 S. 7:12; 12:25; 1 R. 8:20; 1 Cr. 28:5-7). Se aceleró de algún modo por un incidente que, como muchos otros que causaron problemas a Israel, se deben en última instancia a la debilidad del propio David. Ya se ha observado, en el relato de Amnón y el de Absalón, hasta qué extremo aplicaba David su indulgencia para con sus hijos, y las terribles consecuencias de todo ello. Tanto Amnón como Absalón murieron de muerte violenta. Un tercer hijo de David, Quileab hijo de Abigail, también parece haber muerto. Por lo menos, así lo deducimos del silencio de la Escritura sobre él. Éstos eran los tres hijos mayores de David.

Intento de Adonías de tomar el trono

El siguiente, por su edad, era Adonías, hijo de Haguit (2 S. 3:2-4). Al igual que su hermano mayor, Amnón, había nacido en Hebrón;[2] como Absalón, se distinguía por atractivos personales. Pero él, también como Amnón y Absalón, obtuvo durante toda su vida la indulgencia de David, con consecuencias fatales. Con las palabras muy expresivas de la Escritura: «su padre no había hecho que le supiera mal en todos sus días, diciendo: ¿por qué has hecho esto?» (1 R. 1:6.) Los resultados se pueden adivinar con facilidad. Por el derecho de primogenitura, la sucesión al trono parecía pertenecerle. ¿Por qué no iba, pues, a intentar apoderarse de un premio tan codiciado? Su padre había jurado a Betsabé que Salomón sería su sucesor (1 R. 1:13, 30), y esto sobre la base del designio divino; y el profeta Natán (v. 11), al igual que los líderes de la iglesia y el estado, no sólo lo sabían (como también la mayoría de la gente de la tierra), sino que además lo aceptaban de corazón. Pero ¿qué le importaba esto a uno que nunca había aprendido a sujetar sus deseos a una voluntad superior? Este supuesto designio divino de su hermano menor bien podría ser, después de todo, un asunto de inferencia de David, y Natán y Betsabé lo convirtieron en sentencia, uno por su influencia sobre Salomón, y la otra debido a su afecto maternal y ambición. De todos modos, la posibilidad de conseguir una corona merecía el esfuerzo; y cuanto más rápida y osadamente fuese, mayor posibilidad de éxito.

Debemos admitir que las circunstancias parecían favorecer de manera especial los planes de Adonías. Cierto que David tenía solo setenta años, pero el deterioro prematuro, consecuencia de una vida expuesta y fatigada, no solo le había confinado a su habitación (v. 15), sino incluso en su

26. Aquí encontramos una indicación del juicio futuro sobre los enemigos del reino mesiánico. Observad el contraste entre las consecuencias de Belial y de los de la luz de la mañana cuando la hierba brota en la tierra. Observad también, que mientras que la hierba que retoña lo hace en un proceso gradual y continuo, los espinos son quemados en un juicio definitivo e inmediato. Comp. Mateo 13:30.

27. Es decir, no se recogen con las manos desnudas para quemarlos, sino que la gente toma herramientas de hierro sujetados por mangos de madera.

28. El fuego un símbolo de la ira divina.

29. Se han propuesto otras versiones, pero la del texto da la idea de que los espinos serán quemados allí donde están.

1. Siempre debe tenerse en cuenta que (como se afirma en el Libro 4) la historia de Israel se presenta en el Libro de Reyes desde un punto de vista *profético*. Es decir, se redacta desde el punto de vista de 2 Samuel 7:12-16. Usando las palabras de Winer (*Real-Wörterb.* Vol. I. p. 412, nota), «La historia del Antiguo Testamento no se consideraba una suma de sucesos, certificados por una investigación diligente y tratados con habilidad literaria, sino como la manifestación de Jehová en los acontecimientos, para la comprensión de lo cual la influencia del Espíritu de Dios era una condición esencial». El AT no contiene simplemente una historia secular. Por ello, sus escritores en el canon son llamados «profetas». El *Libro de Reyes* era inicialmente un solo libro. Su división en dos libros la realizaron los traductores de la LXX. De allí pasó a la *Vulgata*, y fue introducida en nuestras ediciones impresas de la Biblia Hebrea por Dan. Bomberg, a principios del siglo XVI. En la LXX y la *Vulgata*, Samuel y Reyes forman un solo libro, dividido en cuatro libros. El Talmud (*Baba B.* 15 a) atribuye la autoría del Libro de Reyes a Jeremías, pero la evidencia parece insuficiente. El autor del Libro de Reyes cita tres fuentes de las cuales, por lo menos parcialmente, se deriva su información: Los Hechos de Salomón (*una vez*, 1 R. 11:41), el Libro de Crónicas de los Reyes de Judá (*dieciséis* veces), y el Libro de Crónicas de los Reyes de Israel (*diecisiete* veces) –dando un total de 34 referencias. Cuando se redactó el Libro de Crónicas parece que se combinaron los dos últimos libros mencionados, o que se fundieron en uno: el Libro de los Reyes de Judá e Israel (2 Cr. 16; 2; 24:27, y otros pasajes). De la comparación de los Libros de Reyes y Crónicas se desprende otro hecho importante. No con poca frecuencia ambos relatan el mismo acontecimiento casi con las mismas palabras, pero mientras que en la historia de Salomón, según se cuenta en el Libro de Reyes, se hace referencia a los Hechos de Salomón, en Crónicas (2 Cr. 9:29) se refiere al «Libro del profeta Natán, la Profecía de Ajías silonita, y las Visiones del vidente Iddo», mostrando que la obra llamada los Hechos de Salomón se basa en estas tres obras proféticas. De nuevo, en la historia de Roboam, tenemos en 2 Crónicas 12:15, una referencia al «Libro del profeta Semaías», y al del «vidente Iddo, sobre genealogías»; en la historia de Abías al «Midrás del profeta Iddo» (2 Cr. 13:22); en la de Uzías al «escrito del profeta Isaías» (2 Cr. 26:22); y en el de Manasés al «Libro de Cosai» (2 Cr. 33:19). Sin entrar en mayores detalles, solo deseamos indicar que algunos de los pasajes de las profecías de Isaías (36-39), y de Jeremías (52) han sido insertados en 2 Reyes, donde, no obstante, no se atribuyen a estos libros proféticos, sino al «Libro de los Reyes de Judá» (2 R. 20:20). Esto parece indicar que las obras que cita el autor del Libro de Reyes a su vez se basaban en escritos proféticos más antiguos. En esta nota solo es preciso añadir que el período que abarca el Libro de Reyes es de 455 años.

2. En consecuencia, Adonías debería tener entre treinta y tres y cuarenta años cuando intentó obtener el trono.

cama (v. 47). Su debilidad era tal que su cuerpo había perdido su calor natural, el cual no se podía restablecer ni con medios artificiales; de modo que los médicos, de acuerdo con la opinión médica de aquella época, le aconsejaron contacto corporal con alguien joven y saludable.[3] Con esta finalidad, se trajo al harén del rey a Abisag,[4] una hermosa sunamita. Al ver la total postración física de David, Adonías debió considerarse capacitado para continuar con sus planes sin la interferencia del rey. De hecho, si David no hubiese sido informado de modo especial, las noticias de ese intento no habrían ni siquiera llegado a su cámara de enfermedad hasta que ya hubiese sido demasiado tarde. La rebelión de Absalón había fracasado porque entonces David se hallaba en pleno vigor, y por ello fue hábilmente secundado por el sacerdote Abiatar y por Joab, el capitán del ejército. Pero Adonías había atraído a éstos a su propio interés. No resulta difícil entender los motivos de Joab al intentar asegurar la sucesión a alguien que le debiera a él mismo su promoción, por no hablar del hecho que el otro candidato al trono era Salomón, el «hombre de paz», discípulo de Natán, y el representante del «partido religioso» de la tierra. Pero no es tan fácil explicar la conducta de Abiatar, a menos que no fuese provocada por celos de Sadoc, quien oficiaba en Gabaón (1 Cr. 16:39). Puesto que este último lugar se consideraba el santuario principal (1 R. 3:4), el sumo sacerdote que oficiaba allí podía ser considerado como digno del pontificado, cuando el doble servicio temporal de Gabaón y Jerusalén diera paso a las disposiciones definitivas del templo. Si éste fue su motivo, Abiatar también debió desear poner al nuevo rey bajo sus obligaciones personales.

De este movimiento –que se aprovechó primeramente de la indulgencia de David, y luego de su enfermedad; que reunía unas finalidades conocidas por todos como contrarias al designio divino y a las declaraciones del anciano rey; y en el cual los papeles principales los desempeñaban un sacerdote ambicioso y un capitán militar sin escrúpulos– se deberían apartar, evidentemente, los fieles a su Dios o al monarca. Adonías lo sabía, y, en consecuencia, excluyó a los tales de la invitación al banquete, en el cual, según se había preparado, se debía proclamar su ascenso al trono. En otros aspectos, sus medidas se parecían mucho a las de Absalón. Durante cierto tiempo antes de su intento, había querido acostumbrar al pueblo a considerarlo su futuro rey asumiendo posiciones reales (1 R. 1:5).[5] Al final todo parecía dispuesto. Es típico el hecho que, para conferir a esa empresa la apariencia de sanción religiosa, los conspiradores preparasen un banquete de sacrificio. Conocemos la escena, y podemos imaginarnos ese encuentro en el sombrío retiro de los jardines del rey, debajo de una roca en arco, cerca del único manantial perenne de Jerusalén –el del valle de Cedrón– el cual ahora tiene el nombre de la «fuente de la virgen»,[6] pero entonces *En-Rogel* («Fuente del Espía», o «del Enfurtidor»). Pero un poder superior al de los hombres gobernaba los sucesos. Ante el aspecto exterior, el peligro era en verdad inminente, y tanto más al ser desconocido por palacio. Pero la ayuda estaba cerca. Natán se apresuró a ir a Betsabé, e insistió acerca de la necesidad de una acción decisiva e inmediata. Si Adonías era proclamado rey, Salomón, Betsabé, y todos sus seguidores, serían eliminados inmediatamente.

En tales circunstancias, el protocolo de la corte debía ser abandonado; y Betsabé fue a la habitación del rey. Habló con respeto pero con franqueza; le contó todo lo que en ese momento estaba sucediendo en los jardines del rey; le recordó su juramento solemne sobre la sucesión, que hasta entonces había determinado su propia conducta y la de los seguidores de Salomón; y, finalmente, apeló a él como la única persona competente en esa crisis para determinar quién iba a ser el rey. Cuando todavía no se había acabado la entrevista, de acuerdo con lo planeado, Natán fue anunciado. Había venido con el mismo mensaje que Betsabé: para informar al rey de lo que estaban haciendo Adonías y sus seguidores, y que Salomón y los siervos más confidenciales del rey habían sido excluidos de un banquete, la finalidad del cual no era desconocida. ¿Se había realizado todo esto bajo la guía del rey? Si así era, ¿cómo es que él, un consejero tan anciano y fiel, no había sido informado que Adonías iba a ser proclamado sucesor del trono?

Unción de Salomón

Por mucha debilidad que se pueda censurar a David, siempre se ponía a la altura de los requisitos de la situación en momentos de importancia decisiva, cuando se cuestionaban ya fuere la voluntad de Dios conocida, o bien los intereses de su reino. En este caso sus medidas fueron inmediatas y decisivas. Llamando a Betsabé, quien se había retirado durante la entrevista del rey con Natán, la despidió con palabras tranquilizadoras. Luego hizo llamar a Sadoc, Natán y Benianías, y les dio su orden real que Salomón fuese ungido inmediatamente rey de Judá e Israel. Esta escena se dibuja muy vivamente en la Escritura. La guardia del cuerpo del rey –los *Quereti* y los *Peleti*– bajo el mando de Benianías, se desplegó delante del palacio real. Rápidamente se reunieron una gran cantidad de personas. Se sacó la mula de estado del rey, ricamente engualdrapada. Era un espectáculo insólito, que indicaba la presencia de algún gran suceso estatal. Pronto se dieron a conocer las grandes noticias, y rápidamente se extendió a través de las calles y subiendo por los bazares: ¡Salomón era ungido rey! La gente se agolpó, a cientos y a miles, desde todas las partes de la ciudad. Y entonces apareció Salomón, acompañado por el sumo sacerdote Sadoc, el profeta Natán y Benianías, el jefe de la guardia real. Se formó la procesión y empezó a avanzar. Para evitar el choque con el partido de Adonías, tomaron una dirección contraria, hacia el oeste, al valle de Gihón.[7] Allí, por la autoridad y la orden expresa de David, Salomón fue ungido rey con el aceite sagrado de mano del ministerio conjunto del sumo sacerdote y el profeta. La ceremonia terminó, el sonido de las trompetas proclamó el ascenso del nuevo monarca, y la gente exclamó en un grito resonante: «¡Dios salve al rey Salomón!». Las demostraciones tan entusiastas de gozo eran verdaderamente orientales. Hubo música de flautas y aclamaciones del pueblo, hasta que el suelo parecía que se hundía con este ruido. Al volver la procesión, la ciudad resonaba de júbilo, hasta llegar al palacio real, donde el rey Salomón se sentó solemnemente

3. Josefo (*Ant.* VII. 2) afirma concretamente que éste fue el consejo que le dieron sus *médicos*. Esta manera de actuar concuerda no sólo con las opiniones médicas de tiempos antiguos sino también con los modernos. El Dr. Trusen dedica a las consideraciones médicas de este tema un párrafo especial (§ 21, pp. 257-260) en su curiosa obra, *Sitten, Gebr. u. Krankh. D. Alten Hebr.*

4. La historia de Abisag se introduce simplemente para explicar la posterior ejecución de Adonías. Sin duda debe contemplarse bajo la perspectiva de tolerar la poligamia –y tampoco se podía garantizar el objetivo de los médicos de otro modo.

5. Comp. Josefo, *Ant.* VII. 14. 4.

6. Comp. Bonar, *Land of Promise*, pp. 492-496.

7. Ésta parece ser la situación correcta de Gihón, y la que se sugiere en el *Speaker's Commentary*, vol. II, p. 485.

en el trono de su padre, y recibió el homenaje de la corte, mientras David expresaba su agradecimiento públicamente por haber vivido hasta ver aquel día.

Mientras, fuera en los jardines del rey, los extraños gritos de la gente llegaron a Adonías y a sus invitados. Joab se había puesto nervioso al oír el bien conocido sonido de la trompeta. Las noticias viajaban rápidamente, y ya había una persona allí dispuesta a explicar su significado. Pero no fue como Adonías esperaba, aún contra toda esperanza. El hijo de Abiatar había venido para informar a los conspiradores sobre lo que acababa de suceder en Gihón y en el palacio real. Y entonces un repentino terror se apoderó de los que hacía tan poco tiempo estaban tan confiados en su banquete. Todos los conspiradores escaparon, y el primero de todos Adonías; y no se consideró a salvo hasta que alcanzó el precinto sagrado y se aferró a los cuernos del altar. Se negó a abandonar este asilo, hasta que Salomón le aseguró bajo juramento que no se perdería su vida –pero con la condición de que su conducta futura no diera al rey ningún motivo de queja.

Gran asamblea de los capitanes del pueblo

Los acontecimientos que acabamos de referir, que se indican sólo brevemente en 1 Crónicas 23:1, fueron seguidos por una gran asamblea de los principales dignatarios de la iglesia y del estado (1 Cr. 28–29), donde se confirmó formalmente el ascenso al trono de Salomón, y éste fue ungido por segunda vez (1 Cr. 29:22). Recordamos que de manera parecida, tanto Saúl como David fueron ungidos por segunda vez, al recibir públicamente el homenaje de sus súbditos (1 S. 11:15; 2 S. 2:4; 5:3).

Fue en esta gran asamblea que el anciano rey, como si hablara desde su cama de muerte, expuso ante su pueblo los más profundos deseos de su corazón, y declaró sus más íntimos pensamientos sobre el carácter, la estabilidad y el objetivo de la realeza de Israel. Empezando con una referencia evidente a la gran promesa hecha a él y a su casa, David primero reconoció solemnemente que el nombramiento para el oficio real –más concretamente su propia elección y la de Salomón como su sucesor– era de Dios como rey supremo de Israel, y que la estabilidad y el bienestar del reino dependían de la fiel lealtad a Jehová, para la cual amonestó a Salomón y al pueblo (1 Cr. 28:2-10). Luego, continuando con la línea indicada en la promesa del pacto, David señaló que el gran objetivo del reinado de su hijo debía ser construir una casa para el Señor. Esto sería el cumplimiento simbólico inicial de lo que indicaba la promesa profética. Tanto amor sentía el rey por este trabajo, que ya había preparado todos los planos para el templo; y que dedicó a esta obra los enormes tesoros que había acumulado durante su largo reinado, siempre con este gran propósito en vista (1 Cr. 28:2–29:5). Pero ésta era una obra que Salomón no podía ni debía emprender solo. Debía ser apoyado en ello por un pueblo deseoso. Y cuando los representantes de Israel en esa gran asamblea con buena disposición y libremente prometieron dar de sus propiedades, David pareció sentir que la obra de su vida ya se había hecho, y que entonces Dios «despediría a su siervo en paz». El solemne y gozoso elogio, y la honrada oración por su pueblo, y para su hijo y sucesor al trono, con los que David despidió la asamblea, constituyen un final sumamente apropiado para su carrera pública.

«Es típico el hecho que, para conferir a esa empresa la apariencia de acción religiosa, los conspiradores preparasen un banquete de sacrificio. Conocemos la escena, y podemos imaginarnos ese encuentro en el sombrío retiro de los jardines del rey, debajo de una roca en arco, cerca del único manantial perenne de Jerusalén –el del valle de Cedrón– el cual en la actualidad se conoce como la 'fuente de la virgen', pero que entonces se llamaba "En-Rogel" ('Fuente del Espía', o 'de Enfurtidor').»

La fuente de Roguel tal como se encuentra actualmente. Flavio Josefo la identifica como «el jardín del rey». Se trata de una fuente en las cercanías de Jerusalén, cerca del valle de Ben-Hinom, en los confines de Judá. En estos roquedales próximos Adonías y sus secuaces celebraron anticipadamente el éxito de su empresa.

Instrucciones de David en su muerte

Nosotros acabaríamos aquí la historia de la vida de David. Pero la Escritura, en su verdadera narración, nos invita a presenciar aún otra escena. Estamos ante la cama de muerte de David, y oímos sus últimas recomendaciones hacia su hijo y sucesor. Entonces Salomón no podía tener más de veinte años. Seguro que era incluso más joven. Por sabio y bien dispuesto que estuviese, las tentaciones y dificultades de su posición no podían hacer otra cosa que des-pertar temores en el corazón de su padre, y esto en proporción a su recuerdo de los términos de la predicción divina sobre su casa, con sus advertencias además de sus promesas. En cuanto a los asuntos divinos y espirituales, solo debía dar a Salomón un consejo simple. Decisión espiritual, fidelidad y obediencia a Dios: así de fácilmente se iban a heredar las promesas hechas a David y a su casa. Pero mucho mayores eran los peligros políticos que acosaban el camino del joven rey: un partido militar sin escrúpulos, encabezado por Joab; una facción sacerdotal insatisfecha, dispuestos a preparar o unirse a cualquier movimiento rebelde; y unas envidias tribales mal eliminadas, de cuya existencia Simeí había dado una evidencia tan penosa en un momento crítico. Los líderes de dos de estos partidos ya hacía tiempo que habían perdido sus vidas; sin duda, sólo las necesidades del momento podían excusar tanto la impunidad con la cual la traición de Joab y su asesinato de Abner y Amasa habían sido pasados por alto, como la indulgencia concedida a conductas como la de Simeí. Por otro lado, el agradecimiento hacia seguidores tan probados en la adversidad como resultó ser la familia de Barzilai quedaba determinado tanto por el deber como por la política. No se trataba, pues, como algunos quieren dar a entender, que en su lecho de muerte David pronunciara aquellos sentimientos de venganza que no había podido satisfacer en vida, sino que, en este diálogo tan íntimo con su hijo y sucesor, observaba los peligros para un monarca joven y sin experiencia de parte de unos partidistas tan poderosos y faltos de escrúpulos. En estas circunstancias, era simplemente natural que, antes de morir, diera a su hijo y sucesor dicho consejo para su guía futura según le dictaba su larga experiencia; y de manera parecida que, al hacerlo, repasara los principales peligros y las dificultades que habían asediado su propio camino, y se refiriera a los grandes crímenes públicos que, durante su reinado, habían quedado impunes a la fuerza. El hecho de que, incluso antes de su muerte, hubiese habido un intento de alzar a Adonías al trono, en contra a la voluntad de Dios conocida y el nombramiento de David, y que los personajes principales de todo ello habían sido Joab y Abiatar, debió recordarle el pasado, y le indicaba que el fuego había estado ardiendo lentamente durante todos esos años y que podía provocar llamas en cualquier momento. Pero, por naturales que fueran, e incluso lícitos, estos sentimientos de parte de David, es imposible leer sus instrucciones y consejos de despedida a Salomón sin decepción ni dolor. De hecho, incluso el más avanzado de los «hijos era esclavo de los elementos del mundo» (Gá. 4:3). ¡Cuán lejos estaba la figura de su realidad, y cuán débiles y mal definidas eran las figura anteriores en el tiempo de aquél, «quien cuando era injuriado, no respondía con injuria; cuando sufría, no amenazaba; sino que se encomendaba al que juzga con justicia!».

Segundo intento de Adonías y su castigo

Y no obstante, muy pronto los acontecimientos demostraron que los temores de David estaban bien fundados. El anciano rey murió, y fue sepultado en su propia «Ciudad de David», entre los lamentos de una nación agradecida, quienes desde entonces siempre amaron su recuerdo (Hch. 2:29). Parece ser que Adonías, aunque obligado a someterse al gobierno de Salomón, no había abandonado la esperanza de un posterior ascenso al trono. Sin duda, el plan que ideó con esta finalidad carecía de la valentía de una rebelión abierta, pero estaba caracterizado por el ingenio y el engaño de una auténtica intriga oriental. Casarse con una de las antiguas esposas o concubinas del rey se consideraba en oriente como una reclamación pública de sus derechos (2 S. 12:8; 16:21, 22). Si esto lo hacía un rival, se consideraba un insulto al cual ni siquiera el más débil monarca podía someterse sin degradar totalmente su autoridad ante la opinión pública (2 S. 3:7). Si el objetivo principal era desprestigiar a Salomón en público, y esto de un modo que no podía ni resistir ni admitir, no podía diseñar un plan mejor que su petición de la mano de Abisag. Por medio de una combinación de adulación y exposición de sus supuestas injusticias e injurias, se ganó a la reina madre como cómplice inconsciente e incluso como instrumento de su intriga. Se debía abandonar todo escrúpulo para suplicar aduciendo que no había ningún mal en su petición, puesto que, estrictamente hablando, Abisag no había sido ni la esposa ni la concubina de David. Difícilmente se pueda llamar castigo excesivo de parte de Salomón la sentencia de muerte contra una intriga tan astuta y malvada. Más bien fue una medida necesaria, si se debía conservar la calma en la tierra, tanto más cuando, por su propia confesión, Adonías todavía creía que el reino le pertenecía por derecho, y que «todo Israel había puesto en él su rostro para que *él* reinara» (1 R. 2:15).

Ejecución de Joab y de Simeí

Si Abiatar y Joab estaban implicados en esta intriga, es un asunto poco claro. De todos modos, un intento tan osado, y tan pronto después de otro en el cual ellos dos habían participado como líderes, requería medidas que evitaran una futura rebelión, y sirvieran de advertencia para el turbulento Israel. El hecho de que Joab era consciente de que su conducta merecía el castigo más severo, se ve en que anticipó su sentencia. Al enterarse de la ejecución de Adonías, buscó refugio dentro del recinto sagrado del tabernáculo. Permitir que un criminal escapase de la justicia con dichos medios no solo hubiese sido un precedente peligroso, sino también contrario a las instrucciones de la ley (Éx. 21:12; Dt. 19:2-13). No obstante, no era debido a su participación en los recientes complots de Joab que debía sufrir la pena máxima de la ley, sino por sus antiguos crímenes todavía impunes, los cuales parecían volver a manifestarse por su reciente conducta de traición, tal como un alimento accidental puede desencadenar una enfermedad mortal. En lo que se refiere a Abiatar, considerando su cargo y sus antiguos servicios a David, simplemente fue expulsado del pontificado y exiliado a su propiedad ancestral de Anatot, la ciudad de los sacerdotes. Pero la Santa Escritura nos hace constar como, con la deposición de Abiatar, se cumplió la predicción divina contra la casa de Elí (1 S. 2:31-36), aunque en este caso también fue por medio de una concurrencia de causas inteligibles.

Quedaba solo una persona más, quien tanto en su corazón como en su mente, como para la opinión popular, pertenecía a la oposición de la casa reinante. El antiguo ofensor, Simeí, todavía andaba suelto, disfrutando inmerecidamente de su seguridad. ¿Había aprendido durante todos esos años a respetar a la dinastía que una vez insultara tan licenciosamente, o todavía la consideraba demasiado débil como para resentirse con insubordinación de su parte? La cuestión se iba a resolver pronto; porque Salomón entonces ordenó a Simeí que permaneciera permanentemente dentro de los límites de Jerusalén, advirtiéndole al mismo tiempo que cualquier infracción de esta orden, bajo cualquier pretexto, recibiría el castigo de la muerte. Simeí, que seguramente se esperaba una sentencia mucho más severa, recibió con gratitud esta relativa restricción menor de su libertad. Además, la restricción no era más fastidiosa que la que limitaba la seguridad de un homicida normal por la condición de tener que permanecer dentro de los límites de la ciudad de refugio. La orden en sí tampoco era irrazonable, considerando la necesidad de controlar los movimientos de Simeí, y la importancia de convencer al pueblo de que ahora las riendas del reino las cogía una mano fuerte. Pero, independientemente de la conformidad que Simeí mostrara, no tenía ni idea de lo que era servir con una obediencia tan absoluta como la que requería aquella circunstancia. En la primera ocasión aparentemente trivial,[8] Simeí salió de Jerusalén en dirección a la capital de Filistea sin haber pedido permiso al rey, y, a su regreso, sufrió el castigo que él bien sabía que se le había anunciado. Por medio de estas medidas de vigor y firmeza «se estableció el reino en la mano de Salomón».

Capítulo 5
(1 Reyes 3–4; 2 Crónicas 1)

Es importante observar, cómo, a menudo, los detalles aparentemente insignificantes del relato sagrado cobran un nuevo significado e interés cuando se observan en sus implicaciones más elevadas y espirituales. Dicha aplicación de los mismos no es en absoluto arbitraria. Por lo contrario, llegamos a la conclusión de que la Escritura debe ser entendida así. Esto resulta evidente por su condición claramente no como historia secular, sino profética,[1] y por esto, no se redacta de acuerdo con una sucesión cronológica de acontecimientos, sino en una agrupación que evidencie lo que concierne al reino de Dios. Este plan de la Escritura no sólo se debe a su objetivo, sino que además le confiere su interés y aplicación permanentes.

Lo que se acaba de afirmar queda bien ilustrado con el inicio del relato del reino del rey Salomón. Evidentemente, no se pretendía dar ningún relato cronológico aquí, puesto que la lista de los oficiales de Salomón de 1 Reyes 4 incluye por lo menos dos yernos del rey (vv. 11, 15), cuyo nombramiento debe ser, pues, en unas fechas bastante posteriores al comienzo de su reino. Entonces, lo que podemos preguntar es cual sea el objetivo no solo de recoger tales detalles aparentemente sin importancia en una «historia profética», pero agrupándolos sin considerar sus fechas. Sin restarles su importancia desde un punto de vista puramente histórico, podemos atrevernos a proponer un objeto más elevado en su registro y disposición. Este relato detallado

---

8. Difícilmente se pueda comprender que la presencia en persona de Simeí en Gat fuese absolutamente necesaria para la recuperación de sus esclavos fugitivos. Pero aunque hubiese sido así, si Simeí hubiese recibido el permiso para transgredir las instrucciones del rey, su obediencia en este asunto o cualquier otro no hubiese podido ser exigida nunca más.

1. Tal como se observa en la parte anterior, y como indica la posición en el Canon hebreo de los libros históricos entre «los Profetas».

de todos los nombramientos de la corte y el gobierno sirve como evidencia de cuán completa y elaboradamente estaba organizado el reino de Salomón – y por una inferencia obvia, cuán completamente había cumplido Dios sus promesas de gracia al rey David. ¿Pero no podemos ir más allá de esto, y ver en el cumplimiento literal de estas promesas externas una muestra y la certeza de que las realidades espirituales con ellas relacionadas, y de las cuales eran símbolo y figura, también iban a cumplirse en el reino de aquél que era el «mejor hijo de David?». Bajo este punto de vista, la promesa divina a David (2 S. 7) era una vez más como una luz que proyecta sombras alargadas de los acontecimientos presentes hacia un futuro lejano.

Salomón se casa con la hija de faraón

El primer acontecimiento de interés nacional que tuvo lugar fue el casamiento de Salomón con la hija de faraón. Era casi tan importante políticamente para Egipto como para Palestina. Una alianza con el gran reino vecino de Egipto podía haber parecido un suceso inimaginable entre las posibilidades de la nueva monarquía de Israel con su naturaleza algo dudosa. Pero, por otro lado, también debió ser importante para la dinastía que ostentaba el poder en Egipto (la 21 Tanita), la cual, según sabemos, estaba perdiendo autoridad muy rápidamente.[2] Para Israel y los países de su alrededor, dicha unión representaba la prueba de la posición e influencia que había conseguido la monarquía judía en la opinión de los políticos extranjeros. Además, volvemos involuntariamente en espíritu al período cuando Israel estaba oprimido y en esclavitud bajo Egipto. Al comparar las relaciones en el pasado con las de la época de Salomón, nos damos cuenta de cuán maravillosamente había cumplido Dios sus promesas de liberación de su pueblo. Y aquí de nuevo volvemos a la gran promesa en 2 Samuel 7, tanto en su aspecto instructivo para Israel en su momento presente, como lleno de bendita esperanza para su futuro. La época de los jueces se había caracterizado por la lucha y la desorganización; el de David, uno de guerra y conflictos. Pero con Salomón, había empezado el período de paz, un tiempo emblemático de la paz más elevada del «Príncipe de Paz». Visto de este modo, el relato de la prosperidad de la tierra y el pueblo, según se demuestra más claramente en la riqueza manifestada en los nombramientos de la corte; por la distribución del país en provincias bajo oficiales para la administración fiscal y el gobierno civil; y, sobre todo, por la sabiduría de Salomón –el cual, al mismo tiempo que animaba a los demás con la literatura ejemplar y el estudio de todo tipo, principalmente perseguía el conocimiento y la comprensión superiores que da Dios y conduce al temor y servicio del Señor–, adquiere un significado nuevo y espiritual.

Pero, volviendo al relato sagrado, este casamiento de Salomón con la hija de faraón –al cual, por la frecuencia con que se menciona, parece recibir una gran importancia política– tuvo lugar durante los primeros años de su reinado, después del inicio de la construcción del Templo y de su propio palacio.[3] Una unión de este tipo no estaba prohibida por la ley,[4] ni tampoco parece ser que la hija de faraón estuviera implicada en la acusación contra las otras esposas extranjeras de Salomón de haberlo conducido a la idolatría (1 R. 11:1-7). De hecho, de acuerdo con la tradición judía, la hija de Faraón se convirtió en prosélita judía. De todos modos, parece ser que Salomón sintió la incongruencia de introducirla en el palacio de David, dentro del cual, según parece, se hallaba «el arca del Señor» (2 Cr. 8:11), y así ella ocupó una morada moral «en la Ciudad de David», hasta que el nuevo palacio de Salomón estuvo preparado para recibirla.

Pero la gran prosperidad que, como veremos, abundó en el país durante el reinado de Salomón, se debió a causas superiores a las meramente externas. Fue la bendición del Señor, la que en este caso también enriqueció –esa bendición que constituía el principal objetivo de Salomón. Debido a las circunstancias, Israel, e incluso Salomón, todavía adoraban en los antiguos «lugares altos».[5]

Su sacrificio en Gabaón

El principal de ellos era naturalmente *Gabaón* –el monte gemelo. Porque el antiguo tabernáculo erigido por Moisés había sido colocado justo por encima de la ciudad, sobre uno de los dos montes («mamelones») que le daban el nombre. Aquí Salomón, al inicio de su reinado, celebró un gran festival, posiblemente para inaugurar y consagrar su ascenso por medio de un reconocimiento público de Jehová como Dios de Israel. Todo el pueblo participó en lo que fue una ceremonia sin precedentes en su magnificencia desde entonces.[6] Pero algo mucho mejor que el humo de mil holocaustos ofrecidos en el antiguo santuario de Israel demostraba que el Dios que había sacado a Israel de Egipto y lo había conducido a través del desierto, todavía tenía cuidado de su pueblo. Las ceremonias de esos días de fiesta habían terminado, y el rey y el pueblo estaban a punto de volver a sus casas. Al observar Salomón la gran multitud, de todas las partes del país, que se había reunido en Gabaón, sin duda sintió la gran dificultad implicada en el gobierno de un imperio tan vasto, que se extendía desde Tiphsach (la griega *Thapsacus*), «los vados», en la orilla oeste del Éufrates, en el nordeste, hasta Gaza en la frontera con Egipto, en el sudoeste (1 R. 4:24). Las conquistas realizadas recientemente todavía no se habían consolidado; los medios de los que disponía el rey eran relativamente escasos; las envidias entre tribus no estaban por completo apaciguadas; y el mismo Salomón era joven y totalmente inexperto. Cualquier paso equivocado podía ser fatal; incluso la falta de algún éxito brillante podía desintegrar lo que se había unido con imperfecciones. Por otro lado, ¿No había sido la historia de Israel una serie de milagros constantes, a través de la actuación personal llena de gracia del mismo SEÑOR?, ¿Qué, pues, podía no esperar Salomón de Su socorro?

Ocupado con estos pensamientos, el rey se había acostado para descansar durante su última noche en Gabaón. Los sueños normales no tienen ninguna importancia profunda. Así lo enseñó Salomón más tarde (Ec. 5:7); y así lo declararon los iluminados espiritualmente de otras naciones, y los profetas de Israel (Job 20:8; Is. 39:7). Y a pesar de esto, aunque aceptemos este hecho plenamente (como en

2. Comp. Stuart Poole, en Smith, *Bible Dict.*, vol. I, p. 511.

3. En 1 Reyes 11:42, comp. con 14:21, podemos deducir que Salomón se había casado con la amonita Naama antes de la muerte de su padre. Pero como esto parece incompatible con 2 Crónicas 13:7, y por otras razones que fácilmente descubrirá el lector, el numeral que indica la edad de Roboam (1 R. 14:21) parece ser un error de copista en vez de 21.

4. La ley solamente prohibía alianza con los cananeos (Éx. 34:16, Dt. 7:3).

5. Comp. las opiniones expresadas en el *Mishnah* sobre la legalidad de dicha adoración en el Libro 3, capítulo IX de esta misma obra.

6. De modo parecido Jerjes ofreció mil bueyes en Troya (Herod. VII. 43).

«Una alianza con el gran reino vecino de Egipto podía haber parecido algo inimaginable entre las escasas posibilidades de la nueva monarquía de Israel, de legitimidad un tanto cuestionable. Pero, por otro lado, también debió ser importante para la dinastía que ostentaba el poder en Egipto (la 21 Tanita), la cual, según sabemos, estaba perdiendo autoridad muy rápidamente. Para Israel y los países de su alrededor, dicha unión representaba la prueba de la elevada posición e influencia que había conseguido la monarquía judía en la opinión de los políticos extranjeros. Además, volvemos involuntariamente en espíritu al período cuando Israel estaba oprimido y en esclavitud bajo Egipto.»

El harén real fue un elemento diplomático importante porque los pactos entre estados se cimentaban con matrimonios. El hecho de que el faraón de Egipto considerara importante conseguir la amistad de Israel muestra el considerable prestigio internacional alcanzado por el reinado de Salomón. En la estatua de Amenirdis I, hija del faraón Kushita, podemos idealizar a la 'hija del faraón' con la que se desposó Salomón. (El Cairo, Museo Egipcio)

Ecclus. XXXIV. 1-6), también se entendió, como sin duda lo enseña la Santa Escritura con muchos ejemplos, que el Altísimo puede usar los sueños en el tiempo de nuestra visitación (Ecclus. XXXIV. 6).

Su sueño y su oración

Y esto es lo que sucedió a Salomón aquella noche. Se ha observado con debido énfasis que Adonías no hubiese soñado lo mismo después de su banquete en En-Rogel (1 R. I. 9, 25), incluso si su intento hubiese sido coronado con el éxito que había esperado. La instrucción que el Señor formuló a Salomón esa noche «Pide lo que quieras que yo te dé», no solo fue una respuesta a los ruegos silenciosos pidiendo ayuda expresados en los sacrificios que habían sido ofrecidos, sino que también tenían el objetivo de buscar dentro de los sentimientos profundos de su corazón. Como el Señor sondeaba las profundidades más internas del alma de San Pedro cuando le dijo: «Simón, hijo de Jonás ¿Me amas? Este tipo de preguntas se nos plantean, más o menos con claridad, a cada uno de nosotros en todas las crisis de nuestras vidas. Pueden convertirse en nuevos puntos de partida espirituales, épocas de mayor cercanía a Dios, y de progreso espiritual; o pueden resultar momentos de «tentación», si nos dejamos «llevar» y «atraer» por nuestro propio «deseo».

La oración de Salomón en ese momento combinó, una vez más, los tres elementos de acciones de gracia, reconocimiento de Dios y humillación; en su confesión, un sentimiento de falta de habilidad con la expresión de necesidad; mientras que su petición, evidentemente basada en la promesa divina (Gn. 13:16; 32:12), se caracterizaba por la pureza del deseo espiritual. Porque, para saber qué buscaba, cuando deseaba «inteligencia» de todo corazón, simplemente hemos de volvernos a su propio «Libro de Proverbios».

La sabiduría de Salomón

Y, tal como sucede con todos aquellos que tienen un objetivo espiritual puro, Dios no solo le concedió su petición, sino que también añadió a lo que le daba «todas las cosas» también necesarias, demostrando así que la «promesa de la vida que es ahora» siempre está relacionada con la de la vida «que ha de venir» (1 Ti. 4:8), tal como en nuestra condición actual el alma está con el cuerpo. Tal vez lo podamos expresar de este otro modo: Como muchas otras veces, Dios extendió la sabiduría superior concedida a Salomón incluso hasta los detalles más pequeños de su vida, al mismo tiempo que a esto añadía la promesa de longevidad y prosperidad –pero solo bajo la condición de una observancia continuada de los estatutos y los mandamientos de Dios (1 R. 3:14).[7] Dicha condescendencia misericordiosa de parte del Señor exigía un nuevo agradecimiento público, que fue realizado por Salomón a su regreso a Jerusalén (1 R. 3:15).

Las pruebas de la realidad de la promesa de Dios se manifestaron pronto, y fue de un modo especialmente calculado para impresionar la mentalidad oriental. De acuerdo con las maneras sencillas de la época, el rey recibió una causa demasiado difícil para los jueces normales. El rey, pues, como representante de Dios, era considerado la persona capacitada para ayudar a su pueblo en todo tiempo de necesidad. En una dispensación de justicia tan paternal, no había ninguna citación de testigos ni referencia a estatutos, cosas que hubiesen sido accesibles también para los jueces de rango inferior; pero se esperaba que el rey añadiera luz nueva, en la cual el significado real de un caso pudiera apelar a la convicción de todos los hombres, y les llevara a su aprobación de la sentencia del rey. No se requería nada *recóndito* –más bien todo lo contrario. Para que se manifestase ante el sentido común práctico lo que *había* allí, aunque no se hubiera percibido hasta que se reveló en un momento dado, nada podía llamar la atención del pueblo con mayor éxito que algo al alcance de todos, pero que mostrase la dirección sabia del rey. Así se provocaría la simpatía y la confianza universal, además de la admiración, especialmente entre orientales, cuya sabiduría es sobre la vida común, y cuya filosofía la de los proverbios.

La historia de la disputa de las dos mujeres por un niño vivo, en la que, debido a la ausencia de testigos, parecía imposible determinar de quién era, es muy conocida. La pronta sabiduría con la cual Salomón ideó un método para determinar la verdad era suficiente para alcanzar la mentalidad del pueblo. Era precisamente lo que podían apreciar en su rey. Un monarca así, sin duda, sería el terror de los obradores de maldad, y la protección y alabanza de los que practicaban el bien. Probablemente se relata este suceso en la Santa Escritura para explicar la rápida extensión de la fama de Salomón (1 R. 3:28).

Los oficiales y la corte de Salomón

La prosperidad de un reino de este tipo era acorde con el hecho que se basaba en las promesas divinas, y figura de unas bendiciones futuras mucho mayores. Las notas de 1 Reyes 4 y 5 se juntan para indicar aquella prosperidad presentando delante de nosotros la condición de la monarquía israelita en la cúspide de su gloria. El rey estaba rodeado de consejeros sabios y respetados.[8] La administración del país era ordenada, y los impuestos no se cobraban arbitrariamente, sino según unas normas. La tierra fue dividida, no de acuerdo con las fronteras geográficas de las «tribus», sino de acuerdo con la población y los recursos; se repartió en doce provincias, siendo nombrado un gobernador sobre cada una de ellas. Entre ellos, vemos dos yernos del rey (4:11, 15), y otros nombres conocidos en la tierra (como Baana, v. 12, probablemente el hermano del «secretario» v. 3, y Baaná, hijo de Husai, probablemente el consejero de David, v. 16). Si esta política de reestructuración del país en provincias hubiese estado suficientemente consolidada, muchas de las envidias tribales hubieran cesado. Por otro lado, la administración financiera, confiada a estos gobernadores, era de lo más sencilla. Parece ser que no había impuestos directos, sino que se tenía que proveer todo lo que se requería para la corte real y el gobierno, de manera que cada provincia aportaba, por turnos, lo que se necesitaba aquel mes.

Prosperidad del país

Un sistema así no podía ser muy gravoso, mientras el país continuase prosperando; pero con una corte de lujo, en momentos difíciles, o bajo gobernadores duros, podía convertirse fácilmente en un instrumento de opresión y una

7. En consecuencia, Salomón perdió esta promesa por su idolatría posterior. Murió a la edad de 59 o 60 años.

8. La palabra *Cohen* en 1 Reyes 4:2 («Azarías, el hijo de Sadoc el *sacerdote*») *no* debería traducirse como «sacerdote,» sino que se refiere al oficio civil –el de representante del rey para el pueblo y su consejero más íntimo. Se emplea la misma palabra sobre Zabud en el v. 5, donde la versión Reina Valera, 1960, traduce «ministro principal», y también de los hijos de David, 2 Samuel 8:18. Un nieto de Sadoc no podía ser tan anciano como para ser sumo sacerdote (comp. 6: 10).

fuente de descontento. Por lo que se ve en 1 Reyes 12:4, se puede deducir que esto es lo que sucedió al final. Casi huelga añadir, que cada provincia el gobierno civil supremo estaba en manos de los ministros mencionados; y la situación general era tan tranquila, que incluso en la extensa región del este del Jordán, que lindaba con muchas naciones tributarias turbulentas, «un solo ministro» (1 R. 4:19) era suficiente para mantener la paz en el país.

De acuerdo con estos apuntes, tenemos las referencias a la prosperidad de Israel y a la extensión de los dominios de Salomón (1 R. 4:20, 21). Casi suenan como el cumplimiento inicial de aquella promesa hecha a Abraham: «Multiplicando, multiplicaré tu simiente como las estrellas del cielo, y como la arena de la orilla del mar; y tu simiente poseerá la puerta de sus enemigos» (Gn. 22:17). Y si, comparada con la sencillez de la corte de Saúl e incluso con la de David, la corte de Salomón parece llena de lujo en sus nombramientos,[9] debemos recordar que su objetivo era mostrar el estado cambiado de la monarquía israelita, y que incluso así el consumo diario era mucho menor que el de la corte de los monarcas persas en la cima de su poder y gloria.[10]

Sabiduría y conocimiento del rey

Pero la fama que se confería al reino de Salomón por su prosperidad y riqueza hubiese sido poco merecida por la monarquía judía, si no hubiese ido acompañada de lo único que puede realmente exaltar a una nación o a una persona. La opinión de Salomón sobre esto se resume de manera sucinta en uno de sus «Proverbios» (3:13, 14): «Bienaventurado el hombre que encuentra sabiduría, y el hombre que hace prosperar la inteligencia; porque comerciar con ella es mejor que comerciar con plata, y la ganancia de ella más que del oro puro».[11] Todo esto lo demostró el «sabio rey» en su propia persona. Dios le dio una «sabiduría» no solo mucho más amplia en su alcance, sino también distinta en su carácter (Pr. 1:7; 9:10) de la de oriente, o de la afamada sabiduría de Egipto, o incluso de los que eran considerados los más sabios de Israel,[12] «y una gran inteligencia, y anchura de corazón, como la arena de la orilla del mar»[13] (1 R. 4:29). No satisfecho con la vida ociosa de un monarca oriental, estableció el ejemplo del estudio y la literatura y animó a los demás a seguirle en estos campos –sus investigaciones no sólo se extendieron hasta la filosofía y la poesía,[14] sino también a la ciencia natural en todas sus ramas.[15] El resultado de tener un rey como éste debió ser un potente impulso intelectual; y lo que Salomón inauguró debió ser un reino incomparable en esa época, y también en aquel pueblo.

9. La provisión no era sólo para la corte y los que dependían de ella, sino también para los establos reales (1 R. 4:26-28). En el v. 26 el número de caballos aparece, por error de transcripción, como 40.000 en lugar de 4.000 (comp. 2 Cr. 9:25). Si, de acuerdo con 1 Reyes 10:26 y 2 Crónicas 1:14, Salomón tenía 1.400 carros, cada uno de ellos con dos caballos, y, en la mayoría de los casos, un tercer caballo de reserva, obtenemos el número 4.000.

10. Es difícil dar la cantidad equivalente exacta de «treinta medidas de harina fina y tres coros de harina» (en total, noventa medidas), 1 Reyes 4:22. De acuerdo con los cálculos de los Rabís (*Bibl. Dict.* vol. III, p. 1742) producirían noventa y nueve sacos de harina. Thenius (*Studien u. Krit.* 1846, p. 73, etc.) calcula que producirían dos libras de pan para 14.000 personas. Pero este cálculo es exagerado. Según fuentes competentes, una fanega de harina da catorce (cuatro libras) barras de pan; en consecuencia, un saco (= cuatro fanegas) cincuenta y seis barras, o 224 libras de pan. Según esto, noventa y nueve sacos producirían 22.176 libras de pan, que, a dos libras por persona, alimentaría a 11.088 –o aproximadamente 11.000 personas. De esta cantidad total de pan, los treinta y tres sacos de «harina fina» –posiblemente para la corte– producirían 1.848 barras, o 7.392 libras de pan. El número de personas alimentadas a diario en la corte de los reyes de Persia se dice que era de 15.000 (ver *Speaker's Comm.*, p. 502). Thenius calcula además que los treinta bueyes y las cien ovejas producirían un promedio de una libra y media de carne para cada una de las 14.000 personas. En la corte de Ciro, la provisión diaria parece haber sido de 400 ovejas, 300 corderos, 100 bueyes, 30 caballos, 30 ciervos, 400 gansos cebados, 100 gansos jóvenes, 300 palomos, 600 aves pequeñas, 3.750 galones de vino, 75 galones de leche fresca, y 75 de leche fermentada (comp. Bähr en Lange, *Bibel W.*, vol. VII. p. 29). Pero aquí también parece que el cálculo de Thenius es demasiado alto, teniendo en cuenta que el ganado en oriente es mucho más pequeño que en occidente.

11. Traducción literal.

12. Comp. 1 Crónicas 2:6. Etán, 1 Crónicas 6:44; 15:17, 19; Salmos 89 (insc.) Hemán, 1 Crónicas 6:33; 25:5; Salmos 88 (insc.) Jalcol y Darda, hijos de Mahol, tal vez –«*sacras choreas ducendi periti*».

13. Una hipérbole frecuente en la antigüedad. Aquí siento la tentación de citar la expresión parecida de Horacio (*Odas*, I. 28):

«Te maris et terræ numeroque carentis arenæ
Mensorem cohibent, Archyta».

14. De estos «Proverbios» únicamente 915 versículos se han conservado en el libro que lleva este nombre; de «las Canciones,» además del «Cantar de los Cantares,» solo Salmos 72 y 127.

15. La palabra traducida por «*hisopo*» es menta, o mejorana, u *Orthotricum saxatile*, o, según Tristam (*Nat. Hist. of the Bible,*» p. 457), la alcaparra (*Capparis spinosa*).

Capítulo 6
(1 Reyes 5, 6, 7:13-51, 8:69; 2 Crónicas 2–4, 5:7-10)

Mientras Salomón ordenaba su gobierno sabiamente y en el temor de Dios, y el país disfrutaba de una prosperidad, riqueza y poder que no conociera ni antes ni después, la gran obra de este reinado todavía estaba pendiente. Se trataba de la construcción de una «casa al Nombre de Jehová Dios». Ya hemos visto cómo David lo deseaba de todo corazón; cómo estaba totalmente de acuerdo con la promesa divina; y cuán adecuadamente su ejecución había sido asignada a Salomón como la grande obra de su reinado, viendo este hecho como figura del «hijo más grande de David». Como era de esperar, todas las circunstancias exteriores contribuyeron al avance de la obra. Israel, como nación, no debía tomar el primer lugar en arte ni en ciencia. Si podemos aventurarnos con una opinión sobre este tema, este papel fue asignado al mundo gentil, de acuerdo con la providencia de Dios. A Israel se le confió de modo especial la conservación de esa verdad espiritual, que debía desarrollarse en el desarrollo de las edades en todas sus proporciones, hasta que al final llegó a ser propiedad de todo el mundo. Por otro lado, ese mundo recibió el papel de desarrollar el conocimiento y el pensamiento para preparar la recepción adecuada de la verdad, de modo que así fuese presentada en todos sus aspectos, y llevada de tierra en tierra adaptada a cada nación, cubriendo toda necesidad y aspiración. Este hecho se indicó simbólicamente también en la construcción del templo de Salomón. Porque, si ese templo hubiese sido el fruto exclusivo de la artesanía de los judíos, tanto el material como la preparación artística hubieran sido tristemente deficientes, en comparación con el resultado final. Pero no fue así; y, mientras en la cooperación de los gentiles con Israel en la construcción del templo vemos un símbolo de su unión más elevada en el glorioso edificio de la «casa espiritual construida» con «piedras vivas», también reconocemos la providencia de Dios, llena de gracia, que hizo posible utilizar para aquella obra los mejores materiales y artesanos del mundo antiguo.

Porque fue en la buena providencia de Dios que el trono de Tiro fuese ocupado entonces por Hiram,[1] quien no solo había sido un amigo y aliado de David, sino que David incluso le había comunicado sus planes para la edificación del templo. De hecho, Hiram ya había suministrado a David una parte de los materiales necesarios para la obra (1 Cr. 22:4). La extraordinaria habilidad mecánica de los fenicios –especialmente de los sidonios– gozaba de una fama universal en el mundo antiguo.[2] Además dominaban los mejores materiales existentes. Las laderas del Líbano, que pertenecía a su territorio, estaban pobladas de aquellos cedros de fama mundial con los cuales se adornaba los palacios de Asiria, y, cerca de allí, en Gebal (la antigua Biblos, la moderna *Jebeil*) había los trabajadores más hábiles[3] (Ez. 27:9). En las mismas laderas había cipreses,[4] muy adecuados para el suelo, siendo su madera casi indestructible, e inmune a la putrefacción y a los gusanos; mientras que los mercaderes fenicios llevaron a Tiro esa madera de «almug», «algum» o de sándalo rojo tan apreciada en la antigüedad (comp. 1 R. 10:11).[5] La misma habilidad que en el trabajo de la madera distinguía a los talladores, cortadores de piedras, tintoreros, modeladores y otros artesanos fenicios. El hecho de disponer de los mejores artífices de Fenicia, y bajo la dirección de un jefe preparado y famoso (2 Cr. 2:13, 14), debió ser una gran ventaja para Salomón. Al mismo tiempo, los muchos preparativos realizados por David hacían el trabajo comparativamente tan fácil, que los edificios del templo, con todos sus acabados interiores elaborados, se completaron en el breve período de siete años (1 R. 6:37, 38), mientras la finalización del palacio del rey no duró menos de trece años (1 R. 7:1). Pero aunque Salomón se valiera así de habilidades fenicias en la ejecución de la obra, los planos y el diseño eran estrictamente judíos; de hecho habían sido proyectados mucho antes, en tiempos del rey David.

La construcción del templo de Salomón
Su preparación

La construcción del templo empezó el segundo mes («*Siv*», «esplendor» –el mes de la apertura de la belleza de la naturaleza) del cuarto año del reino de Salomón, que era el año 480 desde el Éxodo[6] (1 R. 6:1). Pero esa obra tenía un aspecto peculiar, que ningún sonido de hacha, martillo o cincel se oía en el Monte de Moriá mientras que la casa santa iba creciendo, día a día, en belleza y gloria. De acuerdo con la tradición judía, «el hierro es creado para acortar los días del hombre, y el altar para prolongarlos; por ello, no es justo que lo que acorta se levante sobre lo que alarga» (*Midd.* III. 4). La gran cantidad de madera usada no solo se preparaba antes de llegar al mar, sino que incluso se decoraba. Allí se llevaba a flote hasta Jope, desde donde había una distancia hasta Jerusalén de sólo sesenta y cuatro kilómetros (1 R. 5:9). De manera parecida, esas grandes y espléndidas piedras talladas (no «costosas» como traducen algunas versiones), de bordes biselados, de las cuales quedan todavía algunas en lo que queda del muro del templo –las más grandes de las cuales miden más de treinta pies de longitud por siete y medio de altura, y que pesan más de cien toneladas– todas eran talladas y marcadas cuidadosamente antes de ser enviadas a Jerusalén (1 R. 6:7). Una empresa de esta magnitud debería requerir un gran número de trabajadores, especialmente en ausencia de herramientas mecánicas modernas. En total eran 160.000 palestinos, divididos en dos clases. La primera clase constaba de israelitas nativos, de los cuales 30.000 fueron reclutados por «leva», la cual, tomando el censo de David como base, sería una proporción de uno de cada cuarenta y cuatro hombres aptos. Estos 30.000 hombres trabajaban con relevos: 10.000 estaban empleados durante un mes, y después volvían a sus casas durante dos meses. La segunda clase de trabajadores, que constaba de extranjeros residentes en Palestina (1 R. 5:15; 2 Cr. 2:17, 18), llegaba a 150.000, de los cuales 70.000 eran portadores de carga, y 80.000 biseladores en las montañas, o más bien, de acuerdo con el significado corriente de la palabra, cortadores de piedras. Las dos clases se distinguen cuidadosamente –los israelitas eran trabajadores libres, que trabajaban bajo las instrucciones de los técnicos de Hiram; mientras que los otros, que eran los representantes de los antiguos habitantes paganos de Palestina, estaban de hecho en esclavitud (1 R. 9:20, 21; 2 Cr. 2:17, 18; 8:7-9). El número total de empleados (160.000), aunque es elevado, no se puede considerar excesivo, cuando se compara, por ejemplo, con las 360.000 personas empleadas durante los veinte años de construcción de una pirámide (Plinio, *Hist. Nat.* XXXVI. 12, *apud* Bähr *u. s.*) Sobre estos hombres, se nombraron 3.300 oficiales (1 R. 5:16), con 550 «jefes» (1 R. 9:23), de los cuales parece ser que 250 eran israelitas nativos (2 Cr. 8:10).[7]

El número de técnicos artesanos suministrados por Hiram no se cita, aunque probablemente la proporción era en comparación pequeña. Se nos presenta una impresión muy viva de la transacción entre los dos reyes. Cuando Hiram envió una embajada amistosa a Salomón para felicitarlo por su ascenso al trono, éste respondió con otra con el encargo formal de solicitar ayuda en la construcción que estaba a punto de empezar. La solicitud fue recibida por Hiram del modo más cordial posible. De todos modos, teniendo en cuenta las expresiones orientales, y el hecho que un aliado fenicio de David reconocería fácilmente al Dios de Israel

---

1. También escrito *Hirom* (1 R. 5:10, 18 –en hebreo, 4:24, 32). y en 2 Crónicas 2 *Huram*.

2. Comp. las citas en el *Speaker's Comment.* (II, p. 507a,) y Movers, *Phöniz.* II, I. pp. 86, etc.

3. Algunas versiones traducen, por error, «cortadores de piedras» (1 R. 5:18), donde el original dice «gebalitas,» es decir, habitantes de Gebal.

4. Ha habido mucha controversia sobre el significado de la palabra *berosh*, traducida en la Versión Autorizada inglesa como «fir» –abeto– en 1 Reyes 5:8 y muchos otros pasajes. En desacuerdo con Canon Rawlinson, me parece, por muchas razones, muy improbable que se tratara de enebro, y sobre la base expuesta en Gesenius, *Thesaurus* I. 246 *b*, 247 *a*, lo considero, junto con la mayoría de autoridades, un ciprés. El Targum y el Talmud tienen las palabras *berotha* y *beratha* aparentemente como sinónimos. Comp. Levy, *Chald. Wörterb. ü. d. Targ.* p. 118 *b*. Canon Tristram, que siempre merece nuestra confianza, (*Nat. Hist. of the Bible*) habla de ello con precaución.

5. La mayoría de comentaristas concuerdan en que se trataba de madera de sándalo rojo. Es curioso observar que parece ser que era un artículo de comercio corriente. Se dice que la flota de «Ofir» (o Mar Rojo) del rey Salomón, por otro lado, llevó solo oro (1 R. 9:28; 2 Cr. 8:17, 18). Recordando que esta madera tenía que venir de Tiro, no hay ni la más mínima inexactitud en 2 Crónicas 2:8, como parece imaginar Zöckler e incluso Keil.

6. Se ha dudado de la exactitud de esta fecha, que de hecho es alterada por la LXX; pero, según lo vemos nosotros, este cambio no tiene ningún fundamento real. Comparar la Tabla Cronológica del inicio del Libro 3 de esta misma obra, y las anotaciones detalladas de Bähr en Lange, *Bibelwerk*, vol. VII. pp. 40*b*, 41*a*.

7. No existe ninguna discrepancia real entre el número de «oficiales,» según aparecen respectivamente en Crónicas y Reyes. El total es en ambos casos 3.850 –parece ser que la distribución en Crónicas es de acuerdo con la nacionalidad y en el Libro de Reyes según el oficio (1 Reyes, 3.300 + 550; 2 Crónicas, 3.600 + 250).

como una «divinidad nacional», no hay ninguna razón para pensar, a partir de los términos de su respuesta, que Hiram fuera un adorador de Jehová (1 R. 5:7; 2 Cr. 2:12). Parece ser que el acuerdo fue que Salomón se comprometía a pagar por la ayuda de los hombres de Hiram, trigo, cebada y aceite en las cantidades especificadas en 2 Crónicas 2:10; mientras que, por lo que a los materiales de construcción se refiere, Hiram cobraba una cuota anual de 20.000 medidas de trigo, y 20 medidas (unos diez barriles) de «aceite batido», –que es el mejor aceite del mercado, y que tiene este nombre por el modo en que es fabricado, pues se extraía el aceite golpeando las aceitunas antes de que estuvieran bien maduras (1 R. 5:11). Con relación a esto, debemos recordar que Fenicia dependía principalmente de Palestina para su provisión de grano y aceite (Ez. 27:17; Hch. 12:20). Finalmente, el nombre del jefe de los artesanos, enviado por Hiram, también se halla como Huram, o Churam,[8] un hombre de ascendencia judía de parte de su madre (2 Cr. 2:13, 14; comp. 1 R. 7:14; 2 Cr. 4:16).[9] Así, el carácter completo y plenamente satisfactorio de estos acuerdos demostró que también en estos asuntos «Jehová dio sabiduría a Salomón, como le había prometido» (1 R. 5:12).

Plano y estructura del templo
Piezas interiores

Sin entrar en los detalles,[10] el aspecto general y las proporciones del templo que construyó Salomón se pueden describir sin mucha dificultad. El templo estaba orientado hacia el este, y, dando la vuelta hacia el lugar santísimo, daba al oeste; mientras que, si el velo se hubiera corrido a un lado, el arca y el santuario más interior se verían mirando al este. Entrando, pues, por el este, el adorador se hallaría delante de un porche, que se extendía por toda la anchura del templo –es decir, 20 codos, o unos treinta pies– y retrocedía en una profundidad de diez codos, o quince pies. El santuario medía sesenta codos (noventa pies) de longitud, veinte codos (treinta pies) de anchura, y treinta codos (cuarenta y cinco pies) de altura. No se menciona la altura del porche en el Libro de Reyes, y el numeral que se le da en 2 Crónicas 3:4, es evidentemente un error de copista.[11] Probablemente llegase a unos treinta codos.[12] De la longitud total del santuario, cuarenta codos estaban destinados al lugar santo, (que medía así sesenta pies de longitud, treinta de anchura y cuarenta y cinco de altura), y veinte codos (treinta pies)al lugar santísimo, el cual (1 R. 6:20) se describe como de veinte codos[13] (treinta pies) de longitud, anchura y altura. Los diez codos (quince pies) restantes por encima del lugar santísimo estaban ocupados por un aposento vacío. Tal vez, como en el templo de Herodes, este espacio se usaba para hacer bajar a los trabajadores a través de una apertura, cuando era preciso realizar reparaciones en la parte más interna del santuario. En dicho caso el acceso hubiese sido desde el techo, el cual, sin duda, era plano.[14]

Las medidas indicadas se refieren solo al *interior* de estos edificios. En cuanto a su *exterior*, debemos añadir no sólo la anchura de las paredes a ambos lados, y la altura del techo, sino también una hilera de edificios laterales, los cuales han sido acertadamente llamados un «apoyo». Estos edificios laterales consistían en tres hileras de aposentos, que rodeaban el templo al sur, oeste y norte –ya que la fachada al este estaba cubierta por el «porche». En el lado en que estos aposentos lindaban con el templo, parece ser que no tenían una pared separada. Las vigas, que formaban el techo de la primera hilera de aposentos y el suelo de la segunda, y de modo parecido también las que formaban el techo de la segunda hilera y el suelo de la tercera, como también las que servían de apoyo de la cubierta de la tercera hilera, no estaban empotradas en la pared del templo, sino que estaban colocadas sobre contrafuertes graduados que formaban parte de la pared principal del templo. Estos contrafuertes retrocedían sucesivamente un codo en cada una de las dos hileras de aposentos superiores, y para la cubierta de la tercera, formando así como unos peldaños que se iban estrechando, o soportes en retroceso donde se apoyaban las vigas de los aposentos. El efecto era que, mientras que las paredes del templo perdían un codo de grosor con cada hilera, los aposentos aumentaban un codo de anchura en su ascenso. Así, si en la hilera más baja la pared, incluyendo el contrafuerte, medía aproximadamente seis codos de anchura, en la siguiente hilera de aposentos medía, debido a la disminución del contrafuerte, solo cinco codos de anchura, y en la tercera solo cuatro codos, mientras por encima de la cubierta, donde terminaban los contrafuertes, las paredes deberían medir solo tres codos de anchura. Por la misma razón cada una de las hileras de aposentos, construida sobre apoyos que eran gradualmente más pequeños cada vez, serían un codo más anchas que las de debajo, teniendo los aposentos del piso inferior cinco codos de anchura, las del segundo seis codos, y las del tercero siete codos. Si suponemos que estas hileras, junto con su cubierta, tenían una altura total de dieciséis o dieciocho codos (1 R. 6:10), y dejamos una altura de dos codos para la cubierta del templo, cuyas paredes tenían una altura de treinta codos (la altura total, incluyendo cubierta, treinta y dos codos), esto dejaría una elevación de unos doce o catorce codos (de dieciocho a veintiún pies) para la pared del templo por encima de las hileras de aposentos. Suponemos que en este espacio de doce o catorce codos se hallaban las «ventanas» –al sur y al

8. Su nombre es el mismo que el del rey.

9. El texto sagrado, en 2 Crónicas 2:13, menciona «Huram» como «Abi», «mi padre», –no el padre del rey Hiram, sino un título de distinción para esta persona (comp. el uso de la palabra «*Ab*» con respecto a José, Gn. 45:8), equivalente a «maestro».

10. Se ha escrito mucho sobre este tema y los detalles a menudo son muy difíciles.

11. La altura de 120 codos quedaría totalmente desproporcionada, y, sin duda, considerando la anchura y la longitud, casi imposible.

12. De las alteraciones propuestas, la primera (מאה, 100, a אמות «codos») parece la más fácil, aunque representa la eliminación de la ו con la que empieza la siguiente palabra en hebreo. Por otro lado, «treinta codos» parece una altura más adecuada, sobre todo por el hecho que la ausencia de su medida en 1 Reyes parece indicar que el «porche» tenía la misma altura que el edificio principal. Pero esto requiere *dos* alteraciones del texto, resultando difícil comprender cómo, si el *numeral* 30 se escribió originalmente con una letra (ל, la desaparición de la parte superior de la cual se supone que hizo que pareciera una כ =20), el copista que se encontrara אמות escrito entero podía haberlo interpretado mal como מאה, 100, que también debería escribirse con la letra (ק). No obstante, también es posible que en lugar de la palabra entera, אמות, el manuscrito leyera אמ׳, y el copista se equivocara.

13. Así el lugar santísimo hubiese tenido exactamente las proporciones dobles del tabernáculo, mientras que la altura del lugar santo era diez codos (quince pies) más alto.

14. Es con mucha reticencia y la debida modestia –aunque sin dudar– que difiero de una autoridad tan justamente famosa como el Sr. Ferguson (Smith, *Bibl. Dict.* vol. III., Art. «Temple»). El Sr. Ferguson y, tras él, la mayoría de escritores ingleses, sostienen que el techo, tanto del tabernáculo como del templo, tenía pendiente y no era plano. Esta opinión, por decir lo mínimo necesario, no es apoyada por el texto de las Santas Escrituras. De hecho, Canon Rawlinson habla de la opinión del Sr. Ferguson como «*demostrada*», pero, sin duda, sin ponderar el significado de la palabra en cursiva.

«Dios le dio una 'sabiduría' no solo mucho más amplia en su alcance, sino también distinta en su carácter (Pr. 1:7; 9:10) de la de oriente, o de la afamada sabiduría de Egipto.»

La sabiduría de Salomón era distinta a la de los egipcios. En la figura de este escriba egipcio, reconocemos a uno de esos sabios con grandes conocimientos. (El Cairo, Museo Egipcio)

norte, no teniendo ventanas la parte trasera del lugar santísimo (a oeste), ni la delantera (al este), puesto que quedaba cubierta por el «porche». La utilización de estos «aposentos» no se cita en el texto sagrado, pero parece más probable que se usaran como depósito de las reliquias del antiguo tabernáculo, y como almacén de vasos sagrados, que como dormitorios de los sacerdotes que ministraban. Se accedía a estos aposentos a través de una puerta en el centro de la fachada del sur, desde donde una escalera de caracol conducía a las hileras superiores (1 R. 6:8). Las ventanas del templo, que, según suponemos, se hallaban por encima del techo de los «aposentos», llevaban «enrejados fijos»[15] (1 R. 6:4), los cuales no se podían abrir, como en moradas privadas, y probablemente estaban construidos, como las ventanas de los castillos y las iglesias antiguas, anchas por dentro, pero muy estrechas por fuera. Mientras estos prolongados trabajos iban avanzando, el Señor, en su misericordia, animó de manera especial tanto a Salomón como a su pueblo. La palabra del Señor, que en esta ocasión vino al rey (1 R. 6:11-13) –sin duda a través de un profeta– no solo confirmó plenamente la promesa a David (VII. 12, etc.), sino que también relacionó la «casa» que se estaba construyendo para el Señor con la antigua promesa (Éx. 25:8; 29:45) que Dios moraría en Israel como en medio de su pueblo. Así elevaba la atención del rey y del pueblo más allá de aquel edificio (el cual, alzándose en su magnificencia, podía haber alimentado sólo el orgullo nacional), a su significado espiritual, y en las condiciones bajo las cuales exclusivamente debía cumplir su gran propósito.[16]

Historia del templo

Hasta aquí hemos hecho una descripción del exterior del templo.[17] Aún nos queda dar una idea general de su distribución interior. Si debemos juzgarlo a partir de la descripción del templo de Ezequiel (Ez. 40:49), y por lo que sabemos del templo de Herodes, hallaríamos unos peldaños que nos llevarían al porche, el cual, según imaginamos, presentaba el aspecto de una columnata abierta de cedro, sobre un suelo de piedras talladas, y sosteniendo un techo de cedro cubierto de mármol. Los dos objetos principales en este lugar eran los dos grandes pilares, Jaquín y Boaz, que Hiram fundió siguiendo órdenes de Salomón (1 R. 7:15-22). Estos pilares estaban, como se nos dice explícitamente, *dentro* del porche (1 R. 7:21), y debieron tener una utilidad arquitectónica, artística y simbólica. Añadidos después de completada la «casa», tal vez para sostener mejor la cubierta del porche, su belleza singular debería atraer la mirada, mientras que su significado simbólico se manifestaba en sus nombres. Jaquín «él sostiene»), Boaz («en él está la fuerza»), señalaban más allá del soporte y la fuerza físicos que ofrecían, indicando a aquél sobre quien no solo el santuario, sino también quienquiera que entrase en él en verdad, debe reposar en busca de sostén y fuerza. Resulta difícil calcular la altura de estos pilares, incluyendo sus capiteles (1 R. 7:15-22). Parece muy probable que constaban de un solo fuste de dieciocho codos de altura y doce de circunferencia,[18] rodeado con un capitel doble –el más bajo de cinco codos, con unas trenzas y adornado con dos hileras de cien granadas; el capitel superior medía cuatro codos de altura (1 R. 7:19), y tenía la forma de un lirio que se abre. Casi huelga comentar el significado simbólico de la granada y del lirio: uno la flor de la tierra de la promesa y el otro el fruto, y ambos emblemáticos de la pura belleza y la rica dulzura de la santidad. Si contamos la altura de estos pilares con sus capitales como veintisiete codos,[19] nos quedan tres codos para el entablamento y la cubierta del porche (18+5+4+3=30).

El porche, que en su entablamento estaba forrado con oro (2 Cr. 3:4), daba al lugar santo a través de unas puertas plegables, cerrándose cada una de las hojas sobre sí mismas. Dichas puertas, que medían de ancho una cuarta parte de la pared (1 R. 6:33), o cinco codos, hechas de madera de ciprés y estaban colgadas con bisagras de oro en jambas de madera de olivo, estaban decoradas con figuras talladas de querubines entre palmeras,[20] y por encima capullos de flores abriéndose y guirnaldas, todo ello cubierto con hojas de oro, que mostraban el dibujo que había debajo. Dentro del santuario, todo el mobiliario sagrado era de oro, mientras que el que estaba fuera era de bronce. En realidad, el santuario era una casa dorada. El suelo, que era de madera de ciprés, estaba cubierto de oro; las paredes, cubiertas de paneles de cedro, que tenían grabados los mismos dibujos que las puertas, estaban forradas de oro, y también el techo. Es evidente que el resplandor de la sala a la luz de los sagrados candelabros, especialmente con las gemas incrustadas en las paredes debería ser espectacular (2 Cr. 3:6). Había diez candelabros en el lugar santo, cada uno con siete brazos y de oro puro. Estaban situados a derecha e izquierda delante del lugar santísimo[21] (1 R. 7:49). La entrada al lugar santísimo estaba cubierta por un velo «de azul y púrpura, y carmesí, y lino», con «querubines realzados en él» (2 Cr. 3:14). Entre los candelabros había el «altar de incienso,» hecho de madera de cedro y cubierto de oro (1 R. 6:20, 22; 7:48); mientras que a derecha e izquierda había diez mesas doradas de los panes de proposición (2 Cr. 4:8). Los utensilios necesarios para el uso de estos muebles sagrados también eran de oro puro (1 R. 7:49, 50).

Dos puertas plegables conducían desde el lugar santo al lugar santísimo. Estas puertas eran parecidas a las que ya hemos descrito en todos los aspectos, excepto en que eran de madera de olivo, y no un cuarto de la medida de la pared, sino una quinta parte (= 4 codos). Suponemos que estas puertas siempre estuvieron abiertas, estando la entrada oculta detrás del velo, el cual el sumo sacerdote alzaba, cuando en el día de expiación entraba en el santuario más interior.[22] Hay una anotación, en 1 Reyes 6:21, que conlleva una dificultad considerable y ha sido traducida y entendida de varios modos. Hay

15. La versión inglesa conocida como la Authorised Version traduce erróneamente «ventanas de luces estrechas.»

16. Una descripción más completa y la discusión detallada de los varios puntos en controversia entre diversos autores sobre este tema sobrepasaría los límites que nos hemos propuesto en esta obra.

17. Algunos han imaginado que el lugar santísimo estaba, como el coro en la mayoría de iglesias, en una posición más baja que el lugar santo (diez pies). Lundius dibujó el porche a la altura de un campanario gigantesco. Se han hecho muchos planos o esbozos del templo, principalmente basados en la imaginación; pero estaría fuera de lugar tratar aquí el tema con mayor detalle.

18. Canon Rawlinson ha observado que las columnas de los templos egipcios eran más gruesas que las del de Salomón.

19. Se han propuesto cálculos diferentes a este, como por ejemplo Bähr y Merz.

20. Probablemente en paneles, cada uno de ellos con un querubín y una palmera.

21. Keil supone que únicamente dos de estos candelabros estaban delante del lugar santísimo, mientras que los ocho restantes estaban dispuestos, cuatro a cada lado, a lo largo de las paredes laterales, estando cinco mesas de los panes de proposición situadas en los espacios *detrás* de ellos, a lo largo de las paredes laterales. De todos modos, si así fuese, no sería fácil dar la vuelta a las mesas.

22. Ésta es nuestra conclusión del hecho que, de no ser así, el velo no hubiese tenido ninguna utilidad, y porque no se dice que el sumo sacerdote abriese las puertas el día de expiación.

dos interpretaciones que merecen nuestra atención de modo especial en esta obra. La primera se refiere a las «cadenas de oro delante el oráculo», a modo de cadenas que sujetaban los paneles de cedro que formaban la partición entre el lugar santo y el lugar santísimo –algo así como las barras que mantenían unidos los paneles del tabernáculo. La otra, que nos parece la más probable,[23] representa a las particiones entre el lugar santo y el lugar san-tísimo sin llegar al techo, y estas cadenas que pasaban por encima de los paneles. Porque una apertura de este tipo parece casi necesaria para la ventilación, para la evacuación del humo en el día de la expiación, y para admitir al menos un reflejo de luz, sin el cual el servicio del sumo sacerdote ese día, por limitado que fuese, hubiese sido casi imposible. El único objeto que se hallaba dentro del lugar santísimo era el arca, a la sombra de los querubines. Era la misma que había estado en el tabernáculo. Pero Salomón colocó a cada lado de la misma (al sur y al norte) una figura gigantesca de un querubín, tallado en madera de olivo, y cubierto de oro. Cada una de ellas tenía una altura de diez codos; y los dos querubines, con sus alas extendidas llegaban (al sur y al norte) desde una pared del santuario a la otra (1 R. 6:23-28). Pero, mientras que los querubines de Moisés miraban hacia dentro y abajo hacia el propiciatorio, los que hizo Salomón miraban hacia fuera, hacia el lugar santo, probablemente con una ligera inclinación hacia abajo (2 Cr. 3:13). Hay otra nota que ha provocado diferencias de opinión. En 1 Reyes 8:8, vemos que las «varas» con las que se transportaba el arca fueron «desplazadas hacia adelante» («alargadas», no «sacadas», como en algunas versiones), de manera que sus extremos se podían ver desde el lugar santo. Puesto que dichas «varas» no tenían que sacarse nunca (Éx. 25:15), y toda visión del interior del lugar santísimo quedaba totalmente excluida, esto se podía llevar a cabo solo (según sugieren los Rabís) desplazando las varas hacia delante, de modo que sus extremos sobresalieran ligeramente por el velo. Evidentemente esto implicaría que las varas estaban dispuestas de este a oeste – no, como generalmente se supone, al sur y al norte. Tampoco existe ninguna objeción válida a esta suposición.

Descendiendo del porche, nos hallamos en el «atrio interior» (1 R. 6:36) o el «atrio de los sacerdotes» 2 Cr. 4:9). Este atrio estaba pavimentado con piedras grandes, como también lo estaba el exterior o «gran atrio» (2 Cr. 4:9) del pueblo. Dentro del atrio «interior» o de los sacerdotes, de cara al santuario, se hallaba «el altar del holocausto» (1 R. 8:64), hecho de bronce, y probablemente relleno de tierra y piedras sin tallar. Tenía diez codos de altura, y veinte codos de longitud y anchura en la base –probablemente se estrechaba al subir, como los contrafuertes que retrocedían[24] (2 Cr. 4:1). Entre el altar y el porche había un colosal «mar de bronce», de cinco codos de alto, y treinta codos de circunferencia (1 R. 7:23-26; 2 Cr. 4:2-5). Su borde superior estaba torcido hacia fuera, «como la obra del borde de una taza, con la forma de un lirio». Debajo del borde había un ornamento de dos hileras de capullos de flor que se abrían, diez por cada codo. Esta inmensa pila se apoyaba sobre un pedestal de doce bueyes, tres mirando en cada uno de los puntos cardinales. Su finalidad era la de contener el agua en la cual los sacerdotes y los levitas realizaban sus abluciones. Para el lavamiento de los interiores y de las piezas de los sacrifi-cios, había diez «fuentes» de bronce más pequeñas, que estaban a la derecha y a la izquierda «de la casa» (1 R. 7:38; 2 Cr. 4:6). Estaban colocadas sobre «basas», o, más bien, carros de bronce, de cuatro codos de longitud y anchura, y tres de altura, que estaban sobre «cuatro pies» (no «esquinas», como en algunas versiones, 1 R. 7:30) sobre ruedas, para llevarlas al altar con facilidad. Teniendo en cuenta la altura del altar, se entiende que tuvieran cuatro codos de altura (+ 4 codos de la fuente). Los laterales de estos carros estaban adornados abundantemente con figuras de leones, bueyes y querubines, y por debajo de los mismos «guirnaldas, trabajos colgados».[25] Aunque no es fácil reconstruir to-dos los otros detalles, parece ser que las partes superiores de estas «basas» o carros tenían tapas, las cuales sobresalían hacia dentro para recibir las fuentes, siendo éstos estabilizados con soportes. Las tapas de los carros también estaban adornadas profusamente.

Tradiciones judías

Finalmente, en el atrio de los sacerdotes, y probablemente a la vista de la puerta principal, se hallaba el estrado de bronce (2 Cr. VI. 13) desde el cual el rey Salomón ofreció su oración de dedicación, y que parece haber sido el lugar que siempre ocuparon los reyes en el templo (2 R. 11:14; 23:3). Una rampa especial llegaba a este estrado desde el palacio (1 R. 10:5), la cual, tal vez más tarde, fue cubierta para protección del tiempo.[26] El atrio de los sacerdotes estaba rodeado por una pared que constaba de tres hileras de piedras talladas y una de vigas de cedro (1 R. 6:36).

Desde el atrio de los sacerdotes salían unos peldaños que conducían al «atrio exterior» del pueblo (comp. Jer. 36:10), el cual[27] estaba rodeado por una pared sólida, en la que cuatro grandes puertas, cubiertas de bronce, se abrían hacia el monte del templo (2 Cr. 4:9). En este atrio había columnatas y aposentos, y habitaciones para el uso de los sacerdotes y levitas, para almacenar lo que fuera necesario para el ministerio, y para otros propósitos. La puerta principal era, sin duda, la que daba al este (Ez. 11:1), que corresponde a la «Puerta Hermosa» de la época del Nuevo Testamento. A juzgar por la analogía de las otras medidas, en comparación con las del tabernáculo, el atrio de los sacerdotes debería tener 100 codos de anchura y 200 de longitud, y el atrio exterior debería ser el doble (comp. también Ez. 40:27).[28]

Así, pues, era la estructura y el mobiliario del templo que Salomón construyó al nombre de Jehová Dios. Su historia posterior hasta su destrucción, 416 años después de su construcción, se dibuja en los siguientes pasajes de la Santa Escritura: 1 Reyes 14:26; 15:18, etc.; 2 Crónicas 20:5; 2 Reyes 12:5, etc.; 14:14; 15:35; 2 Crónicas 27:3; 2 Reyes 16:8; 18:15, etc.; 21:4, 5, 7; 23:4, 7, 11; 24:13; 25:9, 13-17).[29]

---

23. La mayoría de autores suponen que estas cadenas estaban en el interior para impedir el acceso al lugar santísimo. Pero no se menciona su existencia ni remoción el día de expiación. Aquí hemos expresado la opinión de los rabís.

24. Ésta, sin duda, era la estructura del altar del templo de Herodes (comp. *Midd.* III. 1). En general, debo dirigir al lector a la descripción del templo en *The Temple, its Ministry and Services at the Time of Jesus Christ*, y a mi traducción del tratado mísnico *Middoth*, en el Apéndice a *Sketches of Jewish Social Life in the Days of Christ*. Nuestros límites en esta obra no permiten más que una breve descripción superficial.

25. Ver *Speaker's Comment.* II, p. 521 –no como en algunas versiones, «ciertas piezas añadidas de material delgado» (1 R. 7:29).

26. Éste era «el pórtico para los días de reposo» (2 R. 16:18). Los rabís aseguran que era un privilegio exclusivo de los reyes el sentarse en el interior del atrio de los sacerdotes.

27. Según se desprende de 1 Crónicas 26:13-16.

28. Con mucha reticencia, me veo en la obligación de omitir el comentario acerca del significado simbólico del templo, sus materiales, estructura y distribución. Pero, evidentemente, dicha discusión queda fuera de los límites de esta Historia Bíblica.

29. Si se compara el templo de Salomón con el de Herodes, se verá que el segundo era evidentemente muy superior, no solo

Capítulo 7

Dedicación del templo.
Cuándo sucedió.
Relación con la fiesta de los tabernáculos.
Ceremonias de consagración.
El papel del rey en ellas.
Significado simbólico de las grandes instituciones de Israel.
La oración de consagración.
Analogía de la oración del Señor.
La consagración.
Acción de gracias y sacrificios.

(1 Reyes 8; 2 Crónicas 5–7:11)

Finalmente la gran y hermosa casa, que Salomón había construido para nombre de Jehová, y a la que se unían pensamientos y esperanzas tan ardientes, estaba acabada.

Dedicación del templo

Su dedicación solemne tuvo lugar el año siguiente a su finalización, y, de manera muy significativa, inmediatamente antes de la fiesta de los tabernáculos y en relación con la misma. Aquí surgen dos preguntas importantes y difíciles. La primera se refiere a la circunstancia que el texto sagrado (1 R. 7:1-12) registra la construcción del palacio de Salomón inmediatamente después de la del templo, y, de hecho, casi mezcla los dos relatos. Esto puede ser debido parcialmente al deseo natural de parte del escritor de no interrumpir la continuidad del relato de los grandes edificios de Salomón, especialmente teniendo en cuenta que ambos fueron realizados con la ayuda de trabajadores de Tiro, y bajo la supervisión de Hiram. Pero existe otra consideración más importante que puede haber influenciado la distribución de la narración. Porque, como se ha sugerido, estas dos grandes empresas de Salomón estaban íntimamente relacionadas. No era un santuario común, ni se trataba de una residencia

«Cuando Hiram envió una embajada amistosa a Salomón para felicitarlo por su ascenso al trono, éste respondió con otra con el encargo formal de solicitar ayuda para el proyecto de construcción del Templo que estaba a punto de iniciar. La solicitud fue recibida por Hiram del modo más cordial posible, pero teniendo en cuenta las expresiones orientales, y partir de los términos de su respuesta, del hecho que un aliado fenicio de David reconocería fácilmente al Dios de Israel como una 'divinidad nacional', no hay base suficiente ni razón para concluir que Hiram fuera un adorador de Jehová (1 R. 5:7; 2 Cr. 2:12). Más bien parece tratarse de un acuerdo meramente comercial, en el que Salomón se comprometía a pagar por la ayuda de los hombres de Hiram, trigo, cebada y aceite en las cantidades especificadas en 2 Crónicas 2:10; mientras que, por lo que a los materiales de construcción se refiere, Hiram cobraría una cuota anual de 20.000 medidas de trigo, y 20 medidas (unos diez barriles) de 'aceite batido'.»

La fructífera relación amistosa entre los reinos de Salomón e Hiram se produce en un tiempo de paz para los israelitas. La madera necesaria para la construcción del templo es negociada con el pueblo fenicio. Esta imagen muestra como los troncos de los montes del Líbano eran transportados por mar. (Siglo VII a.C., Museo del Louvre)

---

por su tamaño, sino también por su belleza arquitectónica. Para poder comprender la diferencia, se deberían comparar los planos de ambos templos.

Añadimos algunas anotaciones, que pueden resultar de interés para el lector. Al ser construido tan mayoritariamente de madera de cedro, el templo también ha sido llamado de forma figurada «Líbano» (Zac. 11:1). Entre las leyendas judías relacionadas con el templo, una de las más extrañas es la que habla de un gusano Shamir, que, de acuerdo con *Aboth* V. 6, era una de las diez cosas creadas en la vigilia del primer día de reposos del mundo, justo antes de la puesta del sol (ver también *Sifré on Deu.* p. 147, a). En *Gitt.* 86, a y b, se nos informa con qué artificios Salomón obtuvo este gusano de Ashmedai, el príncipe de los demonios. Este gusano tenía el poder de cortar las piedras más gruesas, con sólo tocarlas, y así fue usado por Salomón con esta finalidad (comp. también en términos generales *Gitt.* 68 a, y *Sotah* 48 b). De acuerdo con *Joma* 53b, el arca fue colocada sobre lo que se llama la «piedra fundamental del mundo». En una época tan temprana como en el *Targum Pseudo-Jonatan* sobre Éxodo 28:30, leemos que el nombre inefable de Dios estaba grabado en esta piedra, y que Dios, en el principio, selló la boca del gran abismo con ella. Esto nos ilustra este tipo de leyendas. Tal vez deberíamos añadir que, de acuerdo con Rabís posteriores, la cubierta del templo no era totalmente plana, sino con una ligera pendiente, aunque probablemente en ningún momento sobrepasara el parapeto que la rodeaba.

real común, la que Salomón construyera. La construcción del templo determinaba el final del período de preparación de Israel, durante el cual no disponía de una base fija y Dios Había caminado con ellos «en tienda y tabernáculo» –o, en otras palabras, el tiempo en que la teocracia había obtenido no sólo su consolidación, sino también su punto más elevado, cuando Dios establecería «su nombre para siempre» en su centro escogido. Pero esta nueva fase de la teocracia estaba relacionada con el establecimiento de un reino firme y asentado en Israel, cuando él establecería «el trono de aquel reino para siempre» (comp. 2 S. 7:5-16). Así, pues, la morada de Dios en su templo y la de Salomón en su palacio eran unos acontecimientos entre los cuales existía una profunda relación interna, así como entre el establecimiento final de la teocracia y el de la línea real de David en Israel. Además, el rey no debía ser un monarca en el sentido común oriental, o incluso en el antiguo oeste. No debía ser considerado el *vicegerente o el representante* de Dios, sino *su siervo*, para actuar a su instancia y guardar su pacto. Y esto se puede indicar, incluso en la unión de estos dos edificios en la narrativa de la Escritura.

Cuándo sucedió la dedicación
Relación con la fiesta de los tabernáculos

Estas consideraciones también nos ayudarán a comprender por qué la fiesta de la dedicación del templo estaba relacionada con la de los tabernáculos (evidentemente, en el año siguiente). Y no sólo esto, después del «octavo mes», cuando se completó el templo, hubiese sido casi imposible, considerando la estación del año, reunir al pueblo de todas las partes de la tierra, o celebrar durante ocho días un gran festival popular; ni siquiera el de todas las fiestas, la de los tabernáculos, cuando el trabajo agrícola estaba terminando, probablemente se dio la mayor concurrencia en Jerusalén.[1] Pero la fiesta de los tabernáculos tenía un triple significado. Recordaba la época cuando «extranjeros y peregrinos» de camino a la Tierra de la Promesa, Israel bajo su dirección divina, había habitado en tiendas. La significación completa de este memorial se podía comprender mejor en la dedicación del templo, cuando, en lugar de tienda y tabernáculo, se observaba la gloriosa casa de Dios en toda su belleza, mientras el majestuoso palacio se estaba levantando. De nuevo, la fiesta de los tabernáculos era una celebración de acciones de gracias, cuando al finalizar, no sólo la cosecha, sino también la recolección de los frutos, un pueblo agradecido presentaba su homenaje al Dios a quien debía todo, y a quien todo pertenecía. Pero ¿qué podía elevar este himno de alabanza a su punto más alto, si no el hecho que lo entonaban dentro de esas paredes sagradas, símbolo de la presencia misericordiosa de Dios como rey de su palacio en medio de su pueblo, cuyo reino él mismo había establecido? Finalmente, la fiesta de los tabernáculos –la única figura del Antiguo Testamento todavía no cumplida– señalaba hacia adelante al tiempo del cual el estado actual de Israel era un cumplimiento inicial, cuando el nombre del Señor debía ser conocido en todos los extremos de la tierra, y todas las naciones lo han de buscar y ofrecer adoración en su templo. Así, pues, bajo cualquiera de estos puntos de vista, había un profundo significado en la unión de la dedicación del templo con la fiesta de los tabernáculos.

1. El templo se terminó al octavo mes; su dedicación tuvo lugar el séptimo mes del año siguiente. Ewald sugiere que se dedicó antes de estar totalmente acabado. Pero resulta casi imposible sostener esta idea.

Pero, como anunciamos antes, aún queda otra cuestión de mayor dificultad que requiere nuestra atención. A juzgar por la distribución del relato, la dedicación del templo (1 R. 8) podría parecer que tuvo lugar *después* de finalizado el palacio de Salomón, la construcción del cual, sabemos que duró trece años más (1 R. 7:1). Además, por el hecho que la segunda visión de Dios fue concedida «cuando Salomón hubo terminado la construcción de la casa del Señor, y la casa del rey, y todo el deseo de Salomón que le quiso hacer» (1 R. 9:1), se ha argumentado que la dedicación del templo tenía que haber sucedido inmediatamente antes de esta visión, especialmente si se considera que lo que se le dijo parece contener alguna referencia a la oración de consagración de Salomón (1 R. 9:3, 7, 8). Pero, incluso si esa visión tuvo lugar en el momento que acabamos de indicar,[2] la supuesta inferencia es insostenible. Porque, aunque algunos de los vasos tal vez se hicieran durante el tiempo en que Hiram estaba trabajando para el palacio de Salomón, la idea de que el templo haya estado vacío y sin usar durante trece años después de su finalización resulta inverosímil. Y tampoco son válidos los argumentos a favor de esta suposición tan improbable. La apelación a 1 Reyes 9:1 nos obligaría a fechar la dedicación del templo incluso después de terminado el palacio de Salomón, es decir, después de que acabara todas sus obras de construcción. En cuanto a las palabras que el Señor le dijo en la visión (2 R. 9:3-9), aunque tienen su referencia al templo y a la oración de dedicación del rey, son más bien una advertencia, que una respuesta a su petición, y son adecuadas para el período de tentación, *antes* de que Salomón, llevado por el esplendor de su éxito, se entregara a la lujuria, debilidad y al pecado de su edad póstuma. A partir de todas estas consideraciones, llegamos a la conclusión de que la fiesta de la dedicación, que duró siete días, sucedió en el mes séptimo, el de Etanim, o de las «aguas que fluyen»[3] (posteriormente Tisri), del año siguiente a la finalización del templo (después de once meses), e inmediatamente antes de la fiesta de los tabernáculos, la cual, con los actos solemnes de cierre, duraba ocho días.

Ceremonias de consagración El papel del rey en ellas

El relato de la dedicación del templo se puede disponer bajo estas tres secciones: las *Ceremonias de Consagración*, la *Oración de Consagración*, y las *Ofrendas Festivas y de Acciones de Gracias de la Consagración*. Pero antes de describirlas, es necesario dirigir nuestra atención a la notable circunstancia de que el principal, o casi el único, agente prominente en estas ceremonias fue el *rey*; el sumo sacerdote ni siquiera es mencionado. No se trata de que Salomón interfiriera, o se otorgara las funciones del sacerdocio, sino que, en el papel que tomó, actuó completamente con todo el espíritu de la institución monárquica según se fundó en Israel.

Salomón no era un rey de acuerdo con la idea sajona de *cyning* –astuto, poderoso, ilustre, personificación de la fuerza. De acuerdo con los términos del pacto, todo Israel eran siervos de Dios (Lv. 25:42, 55; comp. Is. 41:8, 9; 44:1, 2, 21; 45:4; 49:3, 6; Jer. 30:10, y otros). Como tales tenían que ser «un reino de sacerdotes» (Éx. 19:6) –«el sacerdote», en el sentido estricto de la palabra, siendo sólo el representante del pueblo, con ciertas funciones distintivas *ad hoc*. Pero lo que la nación era, en su totalidad, lo era de modo *preeminente* el rey del Israel teocrático: el siervo del Señor (1 R. 8:25, 28, 29, 52, 59).

Significado simbólico de las grandes instituciones de Israel

Fue en esta capacitación que Salomón actuó en la dedicación del templo, como sus propias palabras indican frecuentemente (ver los pasajes que acabamos de citar). De este modo, la idea más interna y profunda del carácter de Israel y del rey de Israel como «el siervo» del Señor, se fue tornando, por así decirlo, cada vez más individualizada durante el avance de la dispensación del Antiguo Testamento, hasta que se manifestó en toda su plenitud en el Mesías –el clímax de Israel y de las instituciones israelitas– que es *el* Siervo de Jehová. Así percibimos que la idea común que forma la base de las tres grandes instituciones de Israel, y que las relaciona entre sí, era la idea del *Siervo* de Jehová. El profeta que pronunció la voz del cielo en la tierra fue el siervo de Jehová (comp., p.ej., Nm. 12:7, 8; Jos. 1:2; Is. 20:3, etc.).[4] Y tal era el sacerdote, quien hablaba la voz de la tierra al cielo; y el rey, que hacía que la voz del cielo se oyera en la tierra. Lo que confería su significado real a esta función tripartita –hacia abajo, hacia arriba y hacia fuera– era el gran hecho que en cada uno de ellos estaba actuando el Siervo de Jehová, o, en otras palabras, que *Dios era todo en todos*. Con estos principios generales en mente, seremos más capaces de comprender lo que sigue.

1. *Las ceremonias de consagración* (1 R. 8:1-21). Estas ceremonias empezaron con el traslado del arca y de los demás utensilios santos desde el Monte de Sion, y desde el antiguo tabernáculo de Moisés, que estaba en Gabaón. Estos últimos y las demás reliquias de los ministerios anteriores fueron colocados, como ya sugerimos, en los aposentos que rodeaban el nuevo santuario. De acuerdo con las instrucciones divinas, toda esta parte del ministerio fue realizada por los sacerdotes y levitas, ante la presencia del rey, «los ancianos de Israel, los jefes de las tribus, y los príncipes (de las casas) de los padres de Israel», los cuales, como representantes del pueblo, habían sido convocados especialmente para esta ocasión. Cuando esta solemne procesión entró en los atrios sagrados, en medio de una enorme reunión de personas, se traían infinidad de ofrendas. Luego el arca fue llevada a su lugar en el santuario más interno.[5] Cuando los sacerdotes se apartaron de ella con reverencia, y estaban a punto de ministrar en el lugar santo[6] –tal vez a punto de quemar incienso en el altar de oro– «la nube», como símbolo visible de la presencia de Dios, descendió, como anteriormente en la consagración del tabernáculo (Éx. 40:34, 35), y

---

2. Tengo que confesar que no estoy nada convencido de que fuese así. No se debe insistir demasiado en el lenguaje de 1 Reyes 9:1, sino que se debe ver como una especie de transición general desde el tema tratado previamente y el actual. Las breves anotaciones de 2 Crónicas 7 parecen favorecer esta idea.

3. Esta traducción de la palabra «Etanim,» parece más exacta que la de «dones», es decir, frutos (Thenius), o la de «estar parado», es decir, equinoccio (Böttche).

4. Aquí resulta imposible hacer algo más que simplemente indicar esta línea de pensamiento. El lector podrá configurar una *cadena* perfecta de pasajes de confirmación, que se extenderán por todos los libros de la Santa Escritura, o de época en época.

5. La expresión, 1 Reyes 8:9, parece ser incompatible con la nota de Hebreos 9:4. Pero no solo de acuerdo con el Talmud (*Joma* 52. *b*), sino también con la tradición judía uniforme (ver en Delitzsch, *Comm. z. Br. an die Hebr.* p, 361), lo que se menciona en Hebreos 9:4 había sido colocado realmente en el arca, aunque la observación enfática de 1 Reyes 8:9 indica que ya no estaba allí en tiempos de Salomón. Pudo haber sido extraído antes o después de que los filisteos capturasen el arca.

6. El libro de Crónicas (2 Cr. 5:12-14) observa típicamente que los sacerdotes y los levitas estaban elevando cantos y música santa.

llenó todo el templo, de modo que los sacerdotes no podían soportar «la gloria», y tuvieron que retirarse de su servicio. Pero incluso aquí notamos la diferencia característica entre la antigua dispensación y la nueva, a la cual señala San Pablo en otro contexto (2 Co. 3:13-18). Porque mientras que en la dispensación preparatoria Dios habitaba en una «nube» y en «densa oscuridad», ahora todos contemplamos «la gloria de Dios» en el rostro de su ungido.[7]

Ésta fue la verdadera consagración del templo. Y ahora el rey, dirigiéndose hacia el lugar santísimo, lleno de la presencia sagrada, pronunció estas palabras de dedicación, breves como correspondía a la solemnidad: «Jehová ha dicho: para habitar en la oscuridad –Construyendo, he construido una casa para tu habitación, y un lugar para tu morada para siempre!». En esta referencia a lo que Jehová había dicho, no debería ser ninguna expresión suelta lo que acudió a la mente de Salomón. Más bien debería pensar en ellas relacionadas y en su totalidad –como una cadena dorada de preciosas promesas soldadas una con la otra, el último eslabón de la cual se unía a la solemnidad que estaban celebrando. Los comentarios como los de Éxodo 19:9; 20:21; Levítico 16:2; Deuteronomio 4, 2; 5:22 debieron llenar su memoria, y verse plenamente realizados al contemplar la presencia en la nube en la casa santa. Así, cuando leemos en las Santas Escritura «para que se cumpliera,» a menudo no se refiere a una promesa o profecía individual, sino más bien a una serie entera que culmina en algún gran hecho (como, p.ej., en Mt. 2:15, 23). Tampoco debemos olvidar que, cuando el rey hablaba del templo como morada de Dios para *siempre*, el carácter simbólico tanto de la manifestación de su presencia como de su lugar no debían faltar en su mente. Pero lo *simbólico* necesariamente implica lo *temporal*, teniendo un carácter de adaptación a circunstancias, personas y tiempos. Lo que era *para siempre* no era la forma, sino la sustancia –ni la manera ni el lugar, sino el hecho de la presencia de Dios en medio de su pueblo. Y lo que es real y eterno es el reino de Dios en su sentido más amplio, y la presencia de Dios en gracia en medio de su pueblo, que lo adora, como se realiza de manera completa en Jesucristo.

Cuando el Rey hubo pronunciado estas palabras, se dirigió al pueblo, desde el santuario, y el pueblo esperó con reverencia para escuchar su «discurso».[8] Recordando brevemente las promesas y experiencias llenas de gracia del pasado, señaló al presente como el cumplimiento de las mismas, aplicando a todo ello, de manera especial y del modo ya descrito, lo que Dios había dicho a David (2 S. 7:7, 8).[9]

La oración de consagración

2. *La oración de consagración.* Una vez acabdo este breve discurso, el rey subió por la plataforma de bronce, a modo de púlpito «delante del altar» (del holocausto), y con su rostro hacia el pueblo, probablemente de lado, se arrodilló con las manos extendidas en oración (comp. 2 Cr. 6:12, 13).

Parece un acto de presunción e impertinencia referirse con palabras de alabanza a algo que, debido a su alcance, sublimidad, humildad, fe y honradez, no tiene ningún paralelismo en el Antiguo Testamento, y solo se puede comparar con la oración que nuestro Señor enseñó a sus discípulos.[10] Como ésta, consta de una introducción (1 R. 8:23-30), de siete peticiones (el número del pacto, vers. 31-53), y de una conclusión de encomio (2 Cr. 6:40-42).

Analogía de la oración del Señor

La introducción parece una versión del AT de las palabras «Padre nuestro» (vv. 23-26), «que estás en el cielo» (vv. 27-30). Quedaría fuera de lugar aquí entrar en un análisis detallado. Será suficiente indicar las referencias escriturales principales –por así decirlo, las piedras de apoyo de la oración– y varios puntos destacables. Observando cómo el repaso de los tratos de misericordia del pasado debería llevarnos a la *confianza* en las peticiones presentes (comp. Mt. 21:22; Mr. 11:24; Stg. 1:6), debemos citar en relación con los versículos 23-26 los siguientes pasajes: Éxodo 15:11; Deuteronomio 4:39; 7:9; Josué 2:11; 2 Samuel 7:12-22; 22:32; Salmos 86: 8. En cuanto a la segunda parte de la introducción (vv. 27-30), observamos de modo especial la afirmación enfática de que aquél, cuya presencia vieron en la nube, estaba realmente *en «el cielo», y no obstante también «nuestro* Padre,» que estás sobre la tierra. Parece ser que conlleva estas dos ideas: (1) No localizamos a Dios aquí, como lo hace el paganismo; ni tampoco pensamos que *ex opere operato* (por cualquier obra nuestra) Dios necesariamente acudirá ni siquiera ante las ceremonias asignadas por él mismo en su casa. Nuestra fe se eleva más alto –desde lo visto a lo no visto– desde el Dios de Israel hasta nuestro Padre; comprende la relación espiritual de *hijos*, que es lo único que contiene la promesa de su bendición; y a través de la cual, aunque esté en el cielo, la fe lo conoce y se dirige a él como una ayuda siempre presente. Así la oración de Salomón evitaba los dos extremos de realismo no espiritual y del espiritualismo irreal.

La *primera petición* (vv. 31, 32) en el sentido más estricto inaugura la oración, que había sido resumida en el versículo 28, de acuerdo con sus características del momento, como «petición,» «oración de misericordia» (perdón y gracia), y «acción de gracias» (alabanza).[11] Se trata básicamente de un «Santificado sea tu nombre» con palabras del Antiguo Testamento, en su aplicación a la santidad de un juramento como su máxima expresión, ya que con ello se está retando la realidad de la santidad de Dios. La analogía entre la *segunda petición* (vv. 33, 34) y la de la oración del Señor no es tan evidente a primera vista. Pero no es menos real, ya que su cumplimiento ideal determinaría la venida del reino de Dios, que no puede ser puesto en peligro ni por el pecado de dentro, ni por el enemigo de fuera. Las referencias en esta petición son Levítico 26:3, 7, 14, 17; Deuteronomio 28:1-7, 15-25; y de

7. Bähr cita aquí este antiguo comentario: *Nebulâ Deus se et representabat et velabat*, y Buxtorf (*Hist. Arcae Foed.* ed. Bas. 1659, p. 115) aduce un pasaje muy adecuado de Abarbanel.

8. Así es como entiendo las palabras de 1 Reyes 8:14, ya fueran pronunciadas o en silencio y no como bendición.

9. Comparar el relato más completo en 2 Crónicas 6:5, 6.

10. Es en uno de sus muchos ejemplos extraordinarios de «presuposición de puntos clave» que la crítica moderna declara osadamente que toda esta oración es espuria, o más bien relega su composición a una época mucho más tardía, incluso hasta el exilio a Babilonia. La única base *objetiva* en la cual se apoya esta afirmación es el hecho que la oración está llena de referencias al libro de *Deuteronomio* –el cual ha sido declarado no mosaico por la crítica moderna, y perteneciente a una época muy posterior– *ergo*, esta oración debe seguir el mismo destino. De hecho, este tipo de razonamiento consiste en extraer de una hipótesis no demostrada otra todavía menos probable. Porque aquí tenemos, primero, los relatos concordes (con ligeras variaciones) en 1 Reyes y 2 Crónicas; mientras, en segundo lugar, (tal como observa Bleek), el contenido de la oración implica una época y unas condiciones en las que el templo, Jerusalén y el trono de David todavía existían. Además, podemos añadir que todo el tono y el concepto no coinciden en absoluto con lo que cabría esperar en la época del exilio.

11. En algunas versiones se traduce, de forma inadecuada, «oración», «súplica», «clamor»; en hebreo, *Tephillah* (del *Hithpael* de *Palal*), Teshinnah (del *Hithp.* de *Chanan*), y *Rinnah* (de *Ranan*).

nuevo Levítico 26:33, y 40-42, y Deuteronomio 4:26-28; 28:64-68, y 4:29-31; 30:1-5. La conexión orgánica, por así decirlo, entre el cielo y la tierra, que forma la base de la *tercera petición* de la oración del Señor, también se expresa en la de Salomón (vv. 35, 36). Solo que en un caso tenemos la realización del Nuevo Testamento de esa gran idea, o más bien ideal, mientras que en el otro tenemos su aspecto del Antiguo Testamento. Las referencias aquí son Levítico 36:19; Deuteronomio 11:17; 28:23, 24. Al mismo tiempo la traducción de la versión inglesa Authorised Version (1 R. 8:35): «Cuando los afliges», debería ser cambiada por «porque tu les humillas», que indica el efecto moral de la disciplina de Dios, y el último eslabón de la cadena del arrepentimiento verdadero.

La correspondencia entre la *cuarta petición* de la oración salomónica (vv. 37-40) y la del Señor es evidente –siempre teniendo presente las diferencias entre la perspectiva del Antiguo Testamento y el Nuevo. Pero posiblemente los vv. 38-40 marquen la transición desde la primera parte de la oración y la segunda, señalando también la relación entre ambas. La *quinta petición* (vv. 41-43), que se refiere a la aceptación de las oraciones de los extranjeros (no prosélitos), se basa en la idea del gran perdón mutuo de parte de los que son perdonados por Dios, realizado plenamente en la abolición de la gran *enemistad* y separación, que debía dar lugar a una hermandad común de amor y servicio –«para que todos los pueblos de la tierra conozcan tu nombre, para tener temor de ti, como tu pueblo Israel». Aquí también observamos la diferencia entre la forma de petición del AT y del NT –un punto que también se debe tener en cuenta para las otras dos peticiones. Éstas, de cierto, sólo parecen tener una analogía muy distante con la conclusión de la oración del Señor. Pero el hecho de que había «tentación» real para Israel, y una «liberación real del mal», se ve en las palabras de confesión de boca de los cautivos (v. 47), las cuales, según sabemos, fueron usadas literalmente por los que estaban en Babilonia[12] (Dn. 9:5; Sal. 106:6). Aquí el pecado se presenta en su triple aspecto: como *fallo*, en lo que al objetivo se refiere, o *tropiezo* y *caída* (en algunas versiones «hemos pecado»); luego como *perversión* (literalmente, torciendo); y luego, como *rebelión tumultuosa* («cometer maldad»). Finalmente, los tres últimos versículos (51-53) pueden verse como el argumento de la última petición, o la versión del Antiguo Testamento de «Tuyo es el reino, y el poder y la gloria». Pero toda la oración es la apertura de la puerta al cielo –una puerta que se mueve, si se nos permite la expresión, sobre las dos bisagras de *pecado* y *gracia*, de *necesidad* y *provisión*.

Consagración, acción de gracias y sacrificios

3. *Las ofrendas de Consagración y Acciones de Gracia*. El descenso de fuego sobre el gran altar –probablemente desde la presencia de la nube–[13] que se registra en 2 Crónicas 7:1 parece la respuesta[14] más apropiada (comp. Lv. 9:24) a la oración de Salomón. Poca cosa debemos añadir a la sencilla explicación de lo que sucedió a continuación. Levantándose, el rey se dirigió de nuevo al pueblo y expresó los sentimientos de todos, mezclando alabanza y oración, basándose en pasajes bíblicos como Deuteronomio 12:9, 10; Josué 21:44, etc.; 23:14, y, en la segunda parte de su discurso, en Levítico 26:3-13; Deuteronomio 28:1-14. Pero es necesario observar, que en todo ello (como Thenius ha notado) el tono es de una espiritualidad muy elevada. Porque, si el rey pide una ayuda y una bendición continuas de parte del Señor, es con la finalidad expresa «que él incline nuestros corazones a él» (comp. Sal. 119:36; 141:4), «para guardar sus mandamientos» (1 R. 8:58); y si busca respuestas a la oración (v. 59), es para «que todo el pueblo de la tierra sepa que Jehová es Dios, y que no hay ningún otro» (v. 60).

Finalmente, tenemos el gran número[15] de ofrendas festivas que Salomón y todo Israel[16] ofrecieron, y el relato de la Fiesta de los Tabernáculos[17] con las que concluyeron las solemnes ceremonias de dedicación.

Capítulo 8
(1 Reyes 9, 10; 2 Crónicas 7:11–9:28)

Ahora hemos llegado al período de mayor esplendor mundano de Salomón, que, por desgracia, muy a menudo determina también el de decadencia espiritual. La construcción del templo no fue ni su primera empresa arquitectónica, ni la última. El Monte Moriá se había quedado pequeño para sostener en su cumbre al templo, incluso sin sus atrios y otros edificios.

Los alrededores del templo

En consecuencia, según Josefo (*Ant*. XV. II, 3), se debían erigir subestructuras extensas. De este modo, se amplió el monte-templo tanto al este como al oeste, para obtener el área suficiente para todos los edificios. Estos últimos subían terraza sobre terraza –cada atrio más alto que el siguiente, y el santuario más alto que sus atrios. Probablemente no nos equivocamos al suponer que la moderna mezquita de Omar ocupa el lugar del antiguo templo de Salomón y que sobre su roca célebre –según la tradición judía, el lugar donde Abraham ofreció a Isaac– se había erigido el gran altar del holocausto. Antes de que pudiera empezar la construcción del santuario, las enormes subestructuras del templo debían estar por lo menos parcialmente terminadas, aunque éstas y los edificios anexos probablemente continuaron durante muchos años, tal vez muchos reinados, después de la finalización del templo.

---

12. Sería exigir demasiado a nuestra credulidad, incluso de parte de la «crítica avanzada», afirmar que, como que estas expresiones las usaron los exiliados en Babilonia, tienen su origen en aquella época.

13. 2 Crónicas 7:1 *no* implica necesariamente que hubiese una segunda manifestación de «la gloria de Jehová».

14. Sin duda es un hecho, que esto no se menciona en el relato del Libro de Reyes. Pero es muy exagerado y atrevido suponer que se trate de una añadidura o interpolación de parte del escritor o editor del Libro de Crónicas, y más cuando «Reyes» y «Crónicas» van registrando y omitiendo otros sucesos importantes.

15. Canon Rawlinson (*Speaker's Commentary*, II. p. 533) ha mostrado, con numerosas citas, que estos sacrificios no eran desproporcionados con respecto a otros de la antigüedad. En cuanto al tiempo ocupado en estos sacrificios, tenemos las notas históricas de Josefo (*Guerras Judías*, VI. 9, 3), que en cierta ocasión se ofrecieron hasta 256.000 corderos pascuales, y el tiempo ocupado fue sólo *tres horas* de una tarde. También se debe tener en cuenta que la muerte y la preparación de los sacrificios *no* era necesariamente obligación de los sacerdotes, o incluso de los levitas, consistiendo la función sacerdotal, estrictamente hablando, *sólo la de rociar la sangre*. Finalmente, se nos informa claridad (1 R. 8:64) de que se usaron altares suplementarios –además del gran altar del holocausto.

16. Se nos dice explícitamente en el versículo 62, que estas ofrendas eran llevadas no sólo por el rey, sino por todo Israel.

17. La fiesta de los tabernáculos duraba siete días y terminaba la tarde del octavo día con la *clausura* o solemne despedida (comp. Lv. 23:33-39).

Lo mismo se aplica a otra construcción relacionada con el templo, llamada «Parbar» (1 Cr. 26:18). Tal como ya hemos indicado, el atrio exterior del templo tenía *cuatro* enormes puertas (1 Cr. 26:13-16), de las cuales la más occidental daba a «Parbar» o «Parvarim» (tal vez «columnata»). Parece ser que se trata de un anexo a la parte oriental del templo, que constaba de cámaras, establos para animales de sacrificio, etc. (2 R. 23:11). Desde Parbar, unas escaleras descendían hasta el Tiropeón, o valle profundo que dividía la ciudad al este y al oeste.

Descripción de Jerusalén en tiempos de Salomón

Aunque cualquier intento de descripción detallada estaría fuera de lugar aquí, parece interesante, para comprender todas las circunstancias, ofrecer por lo menos un breve esbozo de Jerusalén, como la encontrara Salomón y como la dejó. En términos generales, Jerusalén estaba construida sobre dos montes opuestos (este y oeste), entre los cuales el Tiropeón va al sudeste y luego al sur. El monte oriental mide unos 100 pies menos que el occidental. Su pico al norte es el Monte Moriá, que desciende hasta Ofel (unos 50 pies más abajo), después del barrio de los sacerdotes. Algunos autores modernos lo han considerado el antiguo fuerte de los jebuseos, y como el sitio de la «Ciudad de David», el Monte de Sion original. Aunque esta opinión es contraria a la tradicional, que considera el monte *occidental* como el Monte de Sion, los argumentos en favor de su identificación con el monte oriental son muy sólidos. Evidentemente, resulta imposible tratarlos con detalle en esta obra. Pero podemos decir que el relato de la compra de David de la era de Arauna jebuseo (2 S. 24:16-24; 1 Cr. 21:15-25) nos indica estos dos hechos: que los jebuseos *tenían* colonias en el monte occidental, y que el palacio de David (que, como sabemos, estaba en la ciudad de David) estaba cerca de allí, solo un poco más abajo del Monte Moriá, puesto que David pudo ver tan claramente desde su palacio al ángel destructor sobre la era de Arauna. Todo esto concuerda con la idea de que la fortaleza original de los jebuseos estaba en las laderas de Moriá y Ofel, y que David construyó su palacio en aquella zona, por debajo de la cima de Moriá.[1] Finalmente, si el término «Monte de Sion» incluía Moriá, podemos entender el especial carácter sagrado que recibe este nombre por todas las Escrituras. Sea como sea, el barrio usual de los jebuseos se hallaba en el monte occidental, hacia la ladera del Tiropeón, mientras que el barrio judío de Benjamín (la ciudad alta) estaba en el plano más elevado hacia el este. El Fuerte Milo estaba en el ángulo nordeste de la ciudad occidental. Aquí el rey David prolongó la muralla, que antiguamente encerraba el monte occidental hacia el norte y el oeste, llevándola hacia el este, para hacer de la Jerusalén (occidental) una fortaleza completa (2 S. 5:9; 1 Cr. 11:8). Al otro lado (oriental) del Tiropeón se hallaba la también fortificada (más tarde) Ofel. Salomón conectó estas dos fortalezas ampliando Milo y prolongando la muralla a través del Tiropeón (1 R. 3:1; 9:15; 11:27).

1. Esto da otra perspectiva de la toma de la fortaleza de Jebús realizada por Joab. Sin duda, existía un conducto de agua subterráneo cavado a través de la roca en la que Jebús estaba, en Ofel, que se dirigía a «En-Rogel», o «Fuente de la Virgen». Se ha sugerido que con la complicidad de Aravná, Joab se arriesgó a escalar hasta Jebús por este conducto, y a abrir la puerta a sus compañeros. Esto también explicaría la presencia del jebuseo Aravná en el vecino Moriá hacia el final del reinado de David, y también el texto algo difícil de 2 Samuel 5:8. Comp. Warren, *Recovery of Jerusalem*, pp. 244-255.

Sin referirnos a los diversos edificios construidos por Salomón, se puede afirmar con toda seguridad que la población de la ciudad aumentó rápido. De hecho, durante el próspero reinado de Salomón probablemente alcanzó las mismas proporciones, si no mayores, que en cualquier otro momento antes del exilio. La parte más rica de la población ocupaba las terrazas occidentales del monte occidental –la ciudad alta– cuyas calles iban al norte y al sur. Las laderas orientales del monte occidental estaban ocupadas por la «ciudad media» (2 R. 20:4, nota al margen). Se habrá observado, que hasta entonces sólo las partes del sur de ambos montes de Jerusalén habían sido edificadas, y que el rey Salomón ahora construyó el templo en el Monte Moriá, que era la ladera norte del monte oriental, mientras que el aumento de población, pronto provocó actividad de construcción en el lado del monte occidental de frente. Aquí la ciudad se extendía más allá de la antigua muralla, al norte de «la ciudad media,» ocupando la parte norte del Tiropeón. Esta era «la otra» o «segunda parte de la ciudad» (2 R. 22:14; 2 Cr. 34:22; Neh. 11:9, el «maktesh» o «mortero» de Sof. 1, 11). Aquí se hallaba el verdadero barrio comercial, con sus mercados, «puerta del pescado», «puerta de las ovejas», y bazares, como la «Calle de los panaderos» (Jer. 37:21), los barrios de los orfebres y otros mercaderes (Neh. 3:8, 32), el «valle de los vendedores de queso», etc. Esta zona pronto debió ser protegida con una muralla. No sabemos ni cuándo ni quién la empezó, pero tenemos información sobre su destrucción parcial (2 R. 14:13; 2 Cr. 25:23), y de su reparación (2 Cr. 32:5).

El palacio de Salomón

No hemos hablado de las torres y puertas de la ciudad a propósito, porque lo que hemos descrito será suficiente para explicar la situación del gran palacio que construyó Salomón durante los trece años siguientes a la finalización del templo (1 R. 7:1-12; 2 Cr. 8:1). Su emplazamiento era la terraza oriental del monte occidental, posiblemente el mismo lugar que posteriormente ocupara el palacio de los asmoneos (macabeos) y el de Agripa II. El área cubierta por este magnífico edificio era cuatro veces mayor que la de la Casa Santa (sin contar los atrios). Estaba justo al lado del templo, en un plano más elevado. Una descenso iba desde el palacio al Tiropeón, y de allí una «cuesta» especial y magnífica (2 Cr. 9:4) a la entrada real (2 R. 16:18), probablemente en la esquina sudoeste del templo. El emplazamiento fue bien elegido –protegido por el fuerte Milo, y dirigido hacia el Monte del Templo, mientras que al sur se hallaba el barrio rico de la ciudad. Subiendo del Tiropeón, se pasaba por una especie de pre-edificio y se entraba a un porche, y desde allí, a una espléndida columnata. Esta columnata conectaba «la casa del bosque del Líbano», llamada así por los costosos cedros usados en su construcción, con «el porche del trono», donde Salomón dictaba sentencia (1 R. 7:6, 7). Finalmente, en el atrio interior, más al oeste, había «la casa donde habitaba Salomón», y «la casa de la hija de Faraón», obviamente, con todos las edificaciones auxiliares necesarias (1 R. 7:8.). Así, pues, el palacio real constaba, en realidad, de tres edificios separados. Por fuera era simplemente de «piedras costosas» (v. 9), la belleza de su diseño apareciendo sólo en su interior. Aquí el edificio se extendía en tres lados. La planta baja consistía en columnatas de cedro costoso, estando las vigas sujetadas a las paredes exteriores. A estas columnatas se les colgaban telas para formar departamentos. Encima de éstas, a cada lado del atrio, había tres hileras de cámaras, quince en cada hilera, con grandes ventanas de frente unas a las otras. Aquí se hallaban los departamentos de estado para banquetes de la corte, y en ellos se guardaba, entre otras cosas preciosas, los escudos y escudos pequeños dorados (1 R. 10:16, 17). Atravesando otra columnata, se llegaba a las grandes salas de Juicio y Audiencia, con el magnífico trono de marfil, descrito en 1 Reyes 10:18-20; 2 Cr. 9:17-19. Y, finalmente, el atrio más interior que contenía las estancias reales propiamente dichas.[2]

Las ciudades fortificadas de Salomón

Pero este gran palacio, el templo, y la ampliación de Milo y de la muralla de la ciudad no fueron las únicas construcciones del rey Salomón. Recordando que había enemigos acechando por todos lados, construyó o reparó varias fortalezas. Al norte, como defensa de Siria, se alzaba la antigua fortaleza de Hazor (Jos. XI. 13; Jueces IV. 2). La llanura de Jezreel, el campo de batalla tradicional de Palestina, así como su camino de entrada desde el oeste y el norte, estaba protegido por Meguido; mientras que la entrada del sur, desde Egipto y la llanura filistea estaba protegida por Gezer, que faraón había tomado de los cananeos y la había quemado, pero luego la había dado a su hija como dote en ocasión de su boda con Salomón. No lejos de Gezer, y con una finalidad defensiva parecida, se alzaba la fortaleza de Baalat, en la posesión de Dan (comp. Josefo, *Ant.* VIII., 6, 1). Las partes este y nordeste de los dominios de Salomón estaban protegidos por Tamar o Tadmor, probablemente la Palmira de los antiguos,[3] y por Hamat-Zobá (2 Cr. 8:4), en tanto que el acceso a Jerusalén y las irrupciones desde la llanura nordeste se hallaban cerrados por la fortaleza del Alto y Bajo Bethorom (1 R. 9:15-19; 2 Cr. 8:3-6). Además de esas fortalezas, el rey hizo ciudades almacén, y otras donde se guardaban sus carros y su caballería –la mayoría, probablemente, hacia el norte. En todas estas empresas, Salomón empleó la mano de obra forzosa de los descendientes de los antiguos habitantes cananeos de Palestina, estando sus súbditos judíos ocupados principalmente como supervisores y oficiales de diversos departamentos (1 R. 9:20-23). Pero incluso así, el gasto y la tasación que dichas empresas implicaban se dejaban notar como un «servicio gravoso» y un «yugo pesado» (1 R. 12:4), y mucho más cuando parece ser que el amor de Salomón por la construcción y el esplendor oriental parece haberse apoderado rápidamente de él. Así, una vez más por un proceso de causa y efecto naturales, el declive interior denotado por el lujo conllevó la debilidad del reino de Salomón, y esparció las semillas de la insatisfacción que, en los días de su hijo degenerado, dieron el fruto de la rebelión abierta. Así de cierto es este hecho, que en la historia de Israel, lo interior y lo exterior siempre mantienen el mismo ritmo. Pero hasta entonces la devoción de Salomón por el servicio de Jehová no habían menguado. Porque leemos que en el gran festival del año (2 Cr. 8:12, 13) solía ofrecer numerosos sacrificios especiales.[4]

Relaciones exteriores del reino

En cuanto a las relaciones *exteriores* de Salomón, ya nos hemos referido previamente (cap. V) a su casamiento con la hija de Faraón (1 R. 3:1), que tuvo lugar en los primeros años de su reinado. Muy probablemente, este Faraón era uno de los últimos gobernantes de la (21) dinastía Tanita. Sabemos que su poder se había debilitado desde hacía mucho tiempo, y el Faraón seguramente deseara aliarse con el que entonces era el poderoso gobernante del país vecino. Pero en el nuevo reino dicha alianza debería causar un gran resplandor, especialmente a los ojos de los propios judíos. Las referencias frecuentes a la hija de Faraón muestran la importancia que la nación vinculaba a esta unión. Aquí también será bueno observar que la princesa egipcia, que trajo a su marido la dote de una importante fortaleza de frontera (Gezer), no fue en absoluto responsable de la idolatría posterior de Salo-món, pues no se nombra ninguna divinidad egipcia entre las que fueron objeto del culto del rey (1 R. 11:5-7).

Las relaciones de Salomón con Hiram, rey de Tiro, llegaron a un punto en el cual amenazaban en convertirse en menos amistosas de lo que habían sido antes y de lo que fueron de nuevo más tarde. Parece ser que, además de suministrar a Salomón madera, Hiram también le había pro-curado oro (1 R. 9:11), en una cantidad, si podemos relacionar con esto la anotación del versículo 14, igual a 120 talentos de oro, calculados de diversos modos como 1.250.000 £ (Poole), 720.000 £ (S. Clarke), y 471.240 £ (Keil, cuyo cálculo parece el más probable). Suponemos que fue como devolución de esta suma que Salomón cedió a Hiram veinte ciudades en el norte de Galilea, adyacentes a las posesiones de Tiro. Se podía separar de las mismas más fácilmente, porque la región era parcialmente «gentil» (Is. 9:1). Pero Hiram, que probablemente codiciaba una porción de tierra en la costa, no se sintió satisfecho con su nueva adquisición, y le dio el nombre despectivo de «la tierra de Cabul».[5] No obstante, parece ser que la zona fue restablecida a Salomón más tarde[6] (2 Cr. 8: 2), sin duda después de la devolución del préstamo y el pago de alguna compensación.

La relación posterior entre Hiram y Salomón consistía principalmente en alianzas mercantiles. Aunque la mayoría de autores consideran la flota que navegó a Ofir (1 R. 9:27, 28) como la misma que la «flota de naves de Tarsis» (1 R. 10:22), esto parece estar en desacuerdo con el nombre, las importaciones, así como la regularidad de los viajes de la última («cada tres años»), y la afirmación explícita de que su destino era Tarsis (2 Cr. 9:21). También hay divergencia de opiniones sobre la localización exacta de Ofir, y la participación de Hiram en el equipamiento de esta expedición, si aportó solo marineros (1 R. 9:27), o también naves (2 Cr. 8:18). Con toda probabilidad, la madera para estas naves se cortó en el Líbano por orden de Hiram, y llegó a Jope a flote, desde donde se transportaba por tierra (comp. 2 Cr. 2:16) hasta Ezion-Geber y Elat, en la cabeza del Golfo de Akabah (el Mar Rojo), donde los barcos se deberían construir bajo las indicaciones de los constructores de barcos fenicios. En términos generales, parece altamente probable que el Ofir

2. En la descripción de Jerusalén y del palacio de Salomón, ya me he valido del artículo de Riehm, *Hand-Wörterb. d. Bibl. Alterth.* Parte VIII. pp. 679-683, con quien se debe comparar Unruh, *Das alte Jerusalem*.

3. Comparar el admirable artículo del Sr. Twistlewton, en Smith, *Bibl. Dict.* III., pp. 1.428-1.430.

4. La expresión «quemó incienso» (1 R. 9:25) ha sido considerada por Keil una traducción incorrecta, porque el texto implica solamente quemar los sacrificios. Bähr, más satisfactoriamente, cree que se refiere al quemar incienso en el gran altar que acompañaba a todas las oblaciones (Lv. 2:1, 2). Pero bajo ningún pretexto se puede creer que implica, que Salomón se arrogara la función sacerdotal de quemar incienso en el altar de oro en el lugar santo (Thenius). Cómo se puede armonizar esto con la teoría del origen posterior de estos libros es algo que dejamos que lo expliquen los abogados de la misma.

5. La derivación y el significado de este nombre son motivo de discusión. Probablemente equivalga a «como nada».

6. Esta opinión no es aceptada por algunos críticos, aunque, según creo, sobre una base insuficiente.

donde fueron a buscar el oro era Arabia. El texto sagrado no nos dice si estas expediciones eran periódicas, la ausencia de dicha anotación más bien nos hace suponer que no era así, o por lo menos que no se hacían de manera continuada. El resultado total de estas expediciones fue una importación de oro de 420 talentos[7] (según Keil aproximadamente un millón y medio de libras esterlinas). No era solo la perspectiva de un aumento tan grande de la riqueza del país, sino el hecho de que se trataba de la primera expedición marítima judía –de hecho, la primera operación comercial en el ámbito nacional–, lo que le confería tanta importancia pública, que Salomón fue personalmente a visitar los dos puertos donde se estaba preparando la flota (2 Cr. 8:17). Según 1 Reyes 10:11, la flota fenicia también trajo de «Ofir» «piedras preciosas» y «árboles de almug», o madera de sándalo, que fueron usadas por el rey Salomón como «baluartes» del templo, para su propio lugar, y para hacer instrumentos musicales.

Estado interior. Comercio. Riqueza. Lujo.

El éxito de esta aventura comercial pudo inducir a otra, en compañía de los fenicios, hacia Tarteso (Tarsis),[8] el famoso emporio mercantil del sur de la costa española. La duración de dicha expedición se declara en cifras redondas de *tres años;* y el comercio se hizo tan regular que posteriormente todos los grandes mercaderes eran conocidos popularmente como «barcos de Tarsis» (comp. 1 R. 22:48; Sal. 48:7; Is. 2:16).[9] Las importaciones de Tarsis consistían en oro, plata, marfil,[10] simios y pavos reales (1 R. 10:22).

Los dos últimos artículos mencionados denuncian el inicio de un declive muy peligroso hacia el lujo oriental. Se ha observado acertadamente (Ewald), que hubo un momento en la historia de Israel que parecía posible que David hubiese establecido los fundamentos de un imperio como el de Roma, y otro cuando Salomón pudo haber presidido el pensamiento filosófico como el de Grecia.[11] Pero había un camino igualmente, si no más, peligroso en el que iban a caminar, y un camino todavía más contrario al propósito divino para Israel, cuando el comercio extranjero y con él el lujo extranjero, fueron el objeto del rey y del pueblo. El peligro era claramente real, y la manifestación pública se vio en lo que la reina de Saba vio de la corte de Salomón (1 R. 10:5), en la magnificencia de su trono (vv. 19, 20), y en la suntuosidad de todos sus encuentros (v. 21). Doscientos escudos y trescientos escudos más pequeños, todos cubiertos de oro batido,[12] estaban colgados alrededor de la casa del bosque del Líbano; todos los vasos del rey, y todos los demás accesorios para los banquetes de estado eran de oro puro; los mercaderes introdujeron las especies de oriente en el país (v. 15); mientras que los comerciantes, importadores y jefes de vasallos acrecentaban los inmensos ingresos, que en un año[13] alcanzaron la cantidad casi increíble de 666 talentos de oro, que, con el cálculo más bajo, llegan a dos millones y medio de libras esterlinas, solo un millón menos que el de los reyes persas (Herod. III. 95). Hay que añadir el número de los carros de Salomón y sus jinetes, la riqueza general del país, y la importación de caballos[14] de Egipto, que casi convertía a Palestina en un emporio de carros y caballos;[15] y no será difícil percibir la altura vertiginosa sobre la que se hallaba el rey y el pueblo durante los últimos años del reinado de Salomón.

Visita de la reina de Saba

Fue esta escena de riqueza y magnificencia, sin comparación incluso en oriente, junto con la incuestionable influencia y supremacía política del rey, añadidas a la más alta actividad intelectual y a la civilización del país, que tanto asombraron a la reina de Saba en su visita a los dominios de Salomón. De hecho fueron muchos los extranjeros que habían sido atraídos a Jerusalén por la fama de su rey (1 R. 10:24).

Pero ninguno había sido tan distinguido como ella, cuya aparición era tan profundamente simbólica del glorioso destino espiritual de Israel (Sal. 72:10, 11; Is. 60:6), e indicativo del juicio futuro de la incredulidad de los que fueron todavía más favorecidos (Mt. 12:42; Lc. 11:31). Saba, que no se debe confundir con Siba, o Meroë en Etiopía, era un reino del sur de Arabia,[16] en la costa del Mar Rojo, y parece que fue gobernado principalmente por reinas. Debido a su comercio, la población estaba considerada como la más rica de Arabia. Tal vez fue la fama de Salomón lo que primeramente alcanzara los oídos de la reina a través de la flota de Ofir. En consecuencia, resolvió visitar Jerusalén, para ver, probar y conocer personalmente si los extraordinarios informes que le habían llegado eran ciertos. Pero, independientemente de lo que la influyera de manera *especial* para partir en un peregrinaje tan novedoso, hay tres cosas con respecto al mismo que no pueden cuestionarse. La reina se sentía atraída por la fama de la *sabiduría* de Salomón; ella relacionaba esa sabiduría con «el Nombre de Jehová» (1

---

7. De acuerdo con 2 Crónicas 8:18, debido a un error de transcripción (נ en lugar de ב), 450 talentos.

8. Los críticos en general están de acuerdo en que Tarsis es el Tarteso de España. Era el gran lugar de exportación de plata, y un depósito central desde donde las importaciones de África, como madera de sándalo, marfil, ébano, simios y pavos reales, se enviaban a todas las partes del mundo. Comparar aquí los razonamientos muy concluyentes de Canon Rawlinson, *u. s.* pp. 545, 546.

9. Por este texto, Bähr y otros han llegado a la conclusión de que la flota de Tarsis del rey Salomón fue a Ofir; pero esta inferencia es incorrecta.

10. Las palabras hebreas no son fáciles de traducir. La mayor parte de los críticos, con una pequeña modificación, las traducen como «marfil, ébano». Pero Keil y Bähr han demostrado que esta traducción carece de base suficiente.

11. Ver Sir Edward Strachey, *Hebrew Politics in the Times of Sargon and Sennacherib,* p. 200. Un libro muy prudente.

12. Estos escudos se hacían de madera o de material torcido, y se cubría de oro, calculándose la cantidad de este metal para los escudos pequeños de 9 libras, y para los escudos más pequeños de 4 libras y media (Keil).

13. 1 Reyes 10:14 no implica necesariamente que se trataba de los ingresos *anuales,* sino que los recibió en un año. Los 666 talentos podrían ser un número redondeado.

14. En algunas versiones se habla de lienzos en 1 Reyes 10:28, pero se trata de una traducción errónea en lugar de: «Y sacar caballos que eran para Salomón de Egipto –y la compañía de mercaderes del rey traían una compañía (de caballos) a un precio (definido)». Esto implicaría que se trataba de una compañía de comercio regular que compraba caballos por contrato. Pero el texto parece corrupto, y la versión LXX traduce «De Egipto y de Koa» (con muchas reservas Thekoa), y que «los mercaderes reales los iban a buscar a Koa por precio definido». En cuyo caso parecería que había ferias anuales de caballos en Koa, en las que los mercaderes reales compraban por precio contratado.

15. El precio mencionado en 1 Reyes 10:29 (según Keil) de un carro –evidentemente, completo–, con dos o tres caballos, es de 78 £, y para un caballo (de caballería), de 19 £.

16. En consecuencia la historia de la descendencia de la línea real etíope de Salomón y la Reina de Saba no debe recibir mucho crédito histórico, aunque el judaísmo puede haberse extendido en Etiopía desde las orillas opuestas de Arabia.

«Fue esta escena de riqueza y magnificencia, sin comparación incluso en oriente, junto con la incuestionable influencia y supremacía política del rey, añadidas a la más alta actividad intelectual y a la civilización del país, los que tanto asombraron a la reina de Sabá en su visita a los dominios de Salomón. De hecho fueron muchos los extranjeros atraídos a Jerusalén por la fama de su rey (1 R. 10:24). Pero ninguno había sido tan distinguido como ella, cuya aparición era tan profundamente simbólica del glorioso destino espiritual de Israel (Sal. 72:10, 11; Is. 60:6), e indicativo del juicio futuro de la incredulidad de los que fueron todavía más favorecidos (Mt. 12:42; Lc. 11:31). Sabá, que no se debe confundir con Siba, o Meroë en Etiopía, era un reino del sur de Arabia, en la costa del Mar Rojo, y parece que fue gobernado principalmente por reinas.»

¿De donde provenía en realidad la llamada reina de Sabá? Todo parece indicar que de Arabia, donde se conoce un lugar denominado como ued-es-Shaba. Algunos intérpretes han querido ver en la figura de la celebre reina viajera de Egipto, Hatshepsut a la reina que visito a Salomón, pero tal identificación exige defender unas complejas y difíciles cronologías temporales poco menos que imposibles de demostrar. A la izquierda, estatua de Hatshepsut sentada en el trono, XVIII Dinastía.

R. 10:1);[17] y fue para *aprender*. Las consecuencias más elevadas de la «sabiduría» son explicadas por el mismo Salomón en Proverbios 3:14-18, mientras que su fuente se indica en Proverbios 2:4-6. Bajo esta perspectiva, ningún otro suceso podía ser más importante, tanto en su aspecto de figura como en sus consecuencias en su época del mundo antiguo. La Reina había venido, casi sin atreverse a esperar que la exageración típica de oriente le llevara a esperar más de lo que iba a encontrar.

La realidad fue exactamente lo contrario. Cualquiera que fuese la dificultad, duda o pregunta que ella le plantease, en forma de «acertijos»,[18] el modo favorito de los orientales, «todo lo que había en el corazón de ella»,[19] «Salomón le mostró (descifró) todas sus palabras»[20] (las pronunciadas y las no pronunciadas). Y allí ella aprendería principalmente esto: que toda la prosperidad que ella presenciaba, toda la cultura intelectual y la civilización a la que se veía expuesta, tenían su manantial más arriba, en «el Padre de las luces.» Había llegado delante de una gran comitiva, llevando ricos regalos, que dejó como recuerdo y en perpetuación de su visita –al menos, si podemos confiar en el relato de Josefo, que el cultivo de bálsamo en los jardines de Jericó debía su origen a plantas que había traído la Reina (Josefo, *Ant.* VIII. 6, 6). De todos modos, el comentario es profundamente simbólico. Las especias de Saba, tan dulces y fuertes que, de acuerdo con antiguos relatos, su perfume era llevado lejos al mar, debían ser llevadas a Jerusalén y sus plantas tenían que arraigar en suelo sagrado (Sal. 72:10, 11; Is. 60:6). Pero ahora los jardines de bálsamo de Jericó, donde fueron trasplantadas, están vacíos y desolados –porque «la Reina del Sur» se ha levantado en juicio con esta «generación»; y ¿qué otra «señal» se puede dar, o es necesario dar a la generación que se apartó de aquel que era «mayor que Salomón?».

Capítulo 9
(1 Reyes 11)

Es difícil imaginar un contraste mayor que el que existía entre el estado de la corte de Salomón y el país en general, y las indicaciones y restricciones establecidas en Deuteronomio 17:16, 17 para la regulación de la monarquía judía.

La corte de Salomón

La primera circunstancia y la más destacada que nos llama nuestra atención es la contravención directa del mandamiento divino en relación con el número de «princesas» y concubinas que constituía el harén de Salomón.[1] A pesar del hecho que la nota de Cantares 6:8 aporta razones para creer que las cifras de 1 Reyes 11:3 pueden ser debidas a un error de parte de un copista, el texto sagrado explica claramente que la poligamia de Salomón y en especial sus alianzas con naciones excluidas de la posibilidad de casamiento con Israel,[2] fue la ocasión, si no la causa, de su posterior pecado y castigo. Al tratar este tema podemos regresar un poco en la historia y describir (con Ewald) las tristes consecuencias que infringir la primitiva orden divina en cuanto al casamiento había provocado en toda la historia de Israel.

Su poligamia

Sin duda debemos encontrar en la poligamia los orígenes de los problemas de la familia de David; y a la misma causa se debieron muchos de los problemas que tuvieron los sucesores de David. Si Moisés se vio obligado a tolerar la infracción de la institución original de Dios, «la dureza de corazón» que la había hecho necesaria trajo su propio castigo, especialmente cuando el infractor era un rey oriental. Así el pecado del pueblo, personificado, por así decirlo, en la persona de su representante, implicaba el juicio nacional como consecuencia.

Pero los elementos que causaron la caída de Salomón eran más profundos que la poligamia. De hecho, ésta se hallaba entre los efectos, además de ser una de las causas de su declive espiritual. Consideramos que el primero de estos elementos del mal en entrar en acción fue el lujo en la corte. Todo el ambiente en general era diferente de lo que había sido en los tiempos primitivos precedentes al reinado de Salomón, y aún más del ideal de monarquía según se describe en el Libro de *Deuteronomio*.

Expansión de ideas extranjeras en el país

Todo era no judío, extranjero, puramente asiático. En estrecha relación con esto encontramos también el deseo evidente de emular, e incluso superar, a las naciones vecinas. Tal sabiduría, tal esplendor, tales riquezas y finalmente tal lujo y una corte como aquella no podían hallarse en ningún otro lugar, excepto en el reino cuya capital era Jerusalén. Este largo camino del orgullo y la exaltación propia judía empezó con mal presagio y produjo unas consecuencias muy terribles. A este deseo de superar a las otras cortes orientales se debe atribuir el tamaño del harén de Salomón. Si hubiese sido simplemente sensualidad lo que le influyera, la introducción de tantas esposas extranjeras se hubiese visto al principio de su reinado y no al final. Además, es necesario hacer una mención especial del hecho que las setecientas esposas de Salomón son llamadas «princesas» (1 R. 11:3).

Imitación de costumbres extranjeras
Aumento del lujo

Sin forzar la palabra en su significado más literal, podemos inferir por lo menos que Salomón cortejaba relaciones influyentes con las familias reinantes y dirigentes de los clanes de su alrededor, y que el principal objetivo de su gran harén era, en sentido mundano, reforzar su posición, para demostrar su riqueza y poder como monarca oriental,

17. Sin entrar aquí en una crítica detallada del significado de la expresión hebrea *leshem Jehovah* («al nombre de Jehová»), nuestra inferencia sobre ella es difícilmente cuestionable.

18. Algunas versiones lo traducen por «preguntas difíciles» –correcto respecto a sus implicaciones, pero no el significado literal de la palabra. Josefo explica, basándose en la autoridad de Dio y Menandro, unas leyendas curiosas sobre «problemas» planteados a Hiram por Salomón, los cuales Hiram no pudo resolver y tuvo que pagar grandes multas en consecuencia, –un destino parecido al que sufrió Salomón con relación a los problemas planteados por Abdemón (*Ag. Ap.* I. 17, 18). Es bien sabido que a los orientales les encantan los «acertijos», en especial a los árabes.

19. Traducción literal.

20. Traducción literal.

1. Bähr da una serie de ejemplos, tanto de la historia antigua como de la moderna, de harenes mucho más grandes que el que se atribuye a Salomón.

2. Estrictamente hablando, sólo las mujeres cananeas estaban excluidas por la Ley (Éx. 34:1-16; Det. 7:1-3). Pero la alianza con otras naciones era contraria al espíritu de la Ley, al menos mientras continuaran siendo idólatras. Comp. Esdras 9, I; Nehemías 13:23. Existe una leyenda que afirma que Salomón se casó con una hija de Hiram, rey de Tiro.

y formar alianzas prometedoras, sin tener en cuenta los elementos espirituales que así se introducían en el país.

Con todo esto se relaciona muy de cerca el intercambio creciente entre Israel y las naciones extranjeras. Por alguna razón u otra, ahora, los extranjeros que hasta entonces Israel considerara sólo paganos, ahora afluían a Jerusalén. Con su presencia el rey y el pueblo no solamente se familiarizarían con ideas extranjeras, sino que la así denominada tolerancia debería extender a estos extranjeros el derecho de culto público, o más bien, de idolatría pública. Y este sentimiento era tan fuerte que, a pesar de que Asa, Josafat, Joás y Hezequías acabaron con toda la idolatría, los lugares altos que había construido Salomón en la ladera del sur del Monte de los Olivos siguieron siendo usados hasta la época de Josías (2 R. 23:13), evidentemente para el culto de los extranjeros que venían a Jerusalén o eran residentes allí. Bajo este punto de vista, aun la cultura intelectual de la época de Salomón pudo haber sido una fuente de grave peligro.

Declive espiritual de Salomón

Todo esto nos puede ayudar a formarnos un concepto de las causas que condujeron al terrible declive de la historia espiritual de Salomón, y esto sin atenuar su culpa o, como sucede más a menudo, exagerar su pecado. Tal como lo describe la Santa Escritura, cuando Salomón fue viejo, y menos capaz de resistir las influencias que le rodeaban, cedió ante sus esposas extranjeras en cuanto a la construcción de altares para el culto de ellas. Esto en el sentido escritural y real era «seguir a Astarté y Milcom» (1 R. 11:5). Pero el texto sagrado no afirma que Salomón «les sirviera» personalmente;[3] aquí tampoco cabe razón alguna para suponer que abandonara el servicio de Jehová, o que tomara parte personalmente en los ritos paganos. Haber construido altares a «las abominaciones de los gentiles»,[4] y haber tolerado, o aun animado, los ritos idólatras realizados abiertamente allí por sus esposas, implicaba una gran culpa pública. Usando las palabras de la Escritura: «El corazón de Salomón no fue perfecto delante de Jehová su Dios»; «hizo el mal delante de Jehová, y no siguió totalmente a Jehová». Su pecado era tanto más inexcusable en cuanto tenía en este aspecto el ejemplo irreprochable de David. Además, podía esperarse mayor fidelidad al Señor por parte de Salomón que por parte de David, puesto que había tenido el privilegio de construir el Templo, y había recibido comunicados personales del Señor en dos ocasiones, mientras que Dios nunca se había *aparecido* a David, sino que siempre había usado profetas como intermediarios para comunicarle su beneplácito.

Predicción del juicio

Casi huelga decir que un pecado público como el de Salomón pronto traería su juicio. Vemos un aspecto preparatorio en la solemne advertencia cuando el Señor se apareció a Salomón por segunda vez en una visión (1 R. 9:4-9). Al no ser comprendida bien la advertencia o al ser ignorada, llegó el anuncio real del juicio, probablemente a través de Ajías. Los términos de la sentencia fueron terriblemente explícitos. El reino de Salomón le sería arrebatado y sería dado a su siervo. Y a pesar de esto, la misericordia divina iba a conceder una doble limitación: el acontecimiento predicho no sucedería durante los días del propio Salomón, y cuando sucediera, el reino no le sería arrebatado totalmente, sino que permanecería en su línea de manera parcial. Y esto era por causa de David –no por parcialidad en su favor, o de acuerdo con algún mérito excelente, sino debido a la promesa de Dios a David (2 S. 7:14-16), y para la gloria de Dios, puesto que él mismo había escogido a Jerusalén como el lugar donde revelaría su nombre para siempre (1 R. 9:3).

Pero, a pesar de que el castigo fue aplazado, no tardaron en llegar indicaciones de su realidad y proximidad. Una vez más, observamos una sucesión de causas naturales e inteligibles, el resultado final de las cuales era el cumplimiento de la predicción divina. Se recordará que, de las dos grandes guerras en las que se vio implicado David después de su subida al trono, la más formidable fue la lucha contra la alianza hostil de las tribus que se hallaban sobre la frontera oriental del reino.[5] La distancia, el carácter del país, las costumbres del enemigo –la alianza de tantas nacionalidades, su determinación y la terca resistencia que ofrecieron, hicieron de ésta una auténticamente gran guerra. Sabemos que el ejército de David, bajo el liderazgo de Joab y Abisai, fueron victoriosos en todos los puntos (2 S. 8; 10; 1 Cr. 19). Pero aunque el enemigo fuese sometido e incluso aplastado durante un tiempo, era imposible eliminar totalmente los elementos de resistencia, debido a su naturaleza. En el lejano sudeste, se había tomado una venganza terrible, casi salvaje contra Edom (1 Cr. 18:12). Un grupo de edomitas de confianza había rescatado de la matanza a un joven príncipe, Hadad[6] (o Adad), y lo llevaron al final a Egipto, donde se encontraron con una recepción hospitalaria de parte del Faraón del momento –el posible predecesor del suegro de Salomón. Si el Faraón al inicio había sido influenciado por motivos políticos tomando cerca de él a uno que podía llegar a ser una fuente de problemas para el creciente poder israelita, el joven príncipe de Edom rápidamente se ganó la simpatía y el afecto de su anfitrión (1 R. XI. 14-19). Se casó con la hermana de Tapenes,[7] la Gerivá, o reina dominante (principal) del harén del Faraón; y su hijo fue reconocido y criado entre los príncipes reales de Egipto.

Enemigos de Salomón: Hadad, Rezón, Jeroboam

Cuando Hadad supo la noticia de la muerte de David y después de Joab, insistió en volver a Edom, incluso a pesar de las amables recomendaciones de Faraón, quien por entonces hubiese preferido que disfrutara de su pacífico retiro en Egipto antes de que se metiera en empresas peligrosas. Pero, aunque Hadad volvió a su propio país al comienzo del

3. Siempre que los reyes judíos fueron culpables personalmente de idolatría, se utiliza la palabra hebrea *avad*, «sirvió». Comp. 1 Reyes 16:31; 22:53; 2 Reyes 16:3; 21:2-6, 20-22. La tradición judía también afirma de manera enfática (*Shab.* 56 b) que Salomón no fue culpable *personalmente* de idolatría. El relato de Josefo (*Ant.* VIII. 7, 5) no tiene ningún valor.

4. Astarté, la diosa de los fenicios, era adorada con ritos impuros. Milcom, Malcom o Molech, era la divinidad principal de los amonitas, pero debe distinguirse de Moloch, cuyos ritos terribles fueron introducidos en un período posterior (2 R. 16:3). Quemós era el dios sol y el dios de la guerra de los moabitas; su nombre figura en frecuentes ocasiones en la célebre Piedra Moabita.

5. Comparar el relato de esta guerra en el Libro 4 de esta misma obra, capítulo XVIII.

6. Hadad, «el Sol» o «Dios-Sol» –nombre antiguo, es posible que un título real entre los príncipes edomitas (comp. Gn. 36:35). Pero parece una suposición carente de fundamento (por Ewald, Thenius e incluso Canon Rawlinson) para relacionarlo (como nieto) con el último rey edomita, quien en 1 Crónicas 1:50 es llamado por un error de copista Hadad en vez de Hadar (comp. Gn. 36:39).

7. Este nombre aparece también en los monumentos egipcios. Tapenes, o más bien Tacpenes, también era el nombre de una diosa egipcia (Gesenius, *Thesaurus*, vol. III., p. 1.500a.).

reino de Salomón, fue sólo hacia su final, cuando el lujo creciente ya había debilitado al rey y al pueblo, que su presencia allí empezó a ser una fuente de problemas y ansiedad.[8] Esto lo inferimos, no solo de 1 Reyes 4:24, sino también de observaciones como 1 Reyes 9:26.

Pero en el extremo nordeste, como también en el lejano sudeste, una oscura nube apareció en el horizonte. Ante la derrota de Hadadezer por las tropas de David (2 S. 8:3; 10:18) uno de los capitanes sirios, de nombre Rezón, había «huido de su señor». En el estado desorganizado del momento del país gradualmente fue reuniendo a su alrededor a una banda de seguidores, y finalmente cayó sobre Damasco, de la que se convirtió en rey. El texto sagrado nos hace pensar que, a pesar de que no se aventuró en una guerra abierta con Salomón, expulsó al protectorado judío, y en términos generales «fue un adversario» –o, usando las palabras gráficas de la Biblia, «aborrecía a Israel».[9]

La enemistad mal suprimida en Edom (lejos al sudeste), y una oposición más activa y la intriga de Damasco (al nordeste) –en pocas palabras, el peligro de una coincidencia como esta que había gravado tanto los recursos de David: esta era, pues, la situación en cuanto a la política externa, en sus perspectivas en los últimos años de Salomón. Pero los términos que usa la Santa Escritura para describir estos sucesos merecen atención especial. Se nos dice que «Jehová animó» o, más bien, «alzó» a estos adversarios contra Salomón (1 R. 11:14, 23). La expresión sin duda indica la causalidad divina en el asunto (comp. Dt. 18:15, 18; Jue. 2:18; 1 S. 2:35; Jer. 29:15; Ez. 34:23). No se trata en absoluto de que las pasiones ambiciosas o malvadas de los corazones de los hombres sean incitadas por Dios, sino de que mientras que cada uno, ejerciendo su libre voluntad, escoge su propio camino, el Señor lo supervisa todo, con los fines de castigo del pecado y la realización de Sus propios propósitos (comp. Sal. 2:1, 2; Is. 10:1-3).

Causas del descontento popular

Pero aún había un peligro mucho más grave que amenazaba el trono de Salomón. Además de los «adversarios» exteriores, había elementos de insatisfacción en actividad dentro de Palestina, los cuales sólo necesitaban las circunstancias favorables para llegar a una revuelta abierta. Primero, había la antigua envidia tribal entre Efraín y Judá. El elevado destino predicho para Efraín (Gn. 48:17-22; 49:22-26) debió alimentar unas esperanzas que el liderazgo de Josué, efrainita (Nm. 13:8), pareció por un tiempo que las garantizaban. A la cabeza de tal vez la posición territorial más importante de la tierra, Efraín exigió un poder de dominio sobre las tribus en los días de Gedeón y Jefté (Jueces 8:1; 12:1). De hecho, uno de los sucesores de estos jueces, Abdón, era efrainita (Jueces 12:13). Pero, además, Efraín no solo ostentaba supremacía secular, sino también eclesiástica, puesto que Silo y Kiriat-jearin estaban dentro de las posesiones de la tribu. Y ¿acaso Samuel, el más grande de los jueces, la única personalidad notable en la historia de un sacerdocio decrépito, no era «del Monte Efraín», a pesar de ser levita? (1 S. 1:1). Incluso la autoridad de Samuel no podía garantizar el reconocimiento indisputado de Saúl, quien conocía con dolor las objeciones que la envidia tribal levantaría contra su ascenso al trono (1 S. 9:21). Necesitó esa victoria gloriosa, regalada por Dios, en Jabes-Galaad para acallar aquellas voces discordantes, bajo unas fuertes convicciones religiosas, y para unir a todo Israel en la aclamación de su nuevo rey. Y a pesar de esto, la tribu de Benjamín, a la que pertenecía Saúl, era un aliado cercano a Efraín (Jue. 21:19-23). De nuevo, fue la tribu de Efraín la que defendió mayoritariamente la causa de Isboset (2 S. 2:9); y aunque el brazo poderoso de David reprimió luego toda oposición activa, tan pronto como su poder empezó a dar muestras de debilidad «un hombre del monte Efraín» (2 S. 20:21) excitó las envidias tribales e izó el estandarte de rebelión contra él. Y entonces, con el reinado del rey Salomón, toda esperanza de preeminencia tribal parecía haberse perdido para Efraín. Había una nueva capital para todo el país, y estaba en posesión de Judá. La gloria del antiguo santuario también había sido arrebatada. Jerusalén era la capital eclesiástica, además de la política, y Efraín tenía que contribuir con su riqueza e incluso con su trabajo forzado para promover los esquemas, patrocinar el lujo y mantener la gloria de una nueva monarquía, tomada de Judá y residente allí.

Pero, en segundo lugar, la carga que la nueva monarquía imponía sobre el pueblo al pasar el tiempo, debió ser muy gravosa (1 R. 12:4). La construcción de un gran santuario nacional era, sin duda, una obra excepcional que debió reclutar las simpatías más elevadas y mejores, y debió hacer que el pueblo se sometiera a cualquier sacrificio de buen grado. Pero a continuación llegó la construcción de un magnífico palacio, y luego se sucedieron una serie de empresas arquitectónicas (1 R. 9:15, 17-19) a una escala sin precedentes. Por muy útiles que fueran algunos de estos edificios, no sólo representaron una innovación, sino que también implicaban un trabajo forzado continuado (1 R. 4:6; 5:13, 14; 11:28), totalmente ajeno al espíritu de un pueblo libre, y que alejaba de sus canales adecuados a las fuerzas industriales del país. Pero esto no era todo. El mantenimiento de un rey y una corte así debieron suponer una exigencia gravosa para los recursos de la nación (1 R. 4:21-27). Tener que pagar impuestos enormes, y verse privados durante muchos y largos años de los cabezas de familia y los que ganaban el sustento de las familias, para que hicieran lo que pudiera parecer trabajos forzados de esclavos para la gloria de un rey, cuyo gobierno era más débil cada año, hubiese creado insatisfacción incluso entre un pueblo con mayor inclinación a soportar que aquellas tribus que habían disfrutado durante tanto tiempo de la libertad y los privilegios de una república confederada.

Solamente se necesitaba un líder –y una vez más Efraín presentó a Jeroboam, el hijo de Nabat y de una viuda llamada Zerúa, que venía de Zereda o Zeretá[10] (Jueces 7:22), en el territorio de Efraín. El texto sagrado lo describe como un «hombre poderoso de valor». Su energía, talento y aptitud le destacaban como supervisor permanente adecuado del trabajo forzado de su tribu. Era peligroso dar un cargo así a un hombre tan poderoso y ambicioso. Sus compañeros de tribu, de hecho, fueron conociéndole como jefe y líder, mientras que con su relación estrecha y diaria él descubría los agravios que ellos sufrían y sus sentimientos. En tales

---

8. La LXX tiene una porción añadida aquí, sobre la que Josefo basa una anotación (*Ant.* VIII. 7, 6), indicando que Hadad (Ader) alzó el estandarte de la revuelta en Edom, pero, al no tener éxito, se alió con Rezón y se convirtió en rey de Siria. Esta anotación no puede ser considerada una autoridad histórica.

9. Canon Rawlinson (en su *Speaker's Commentary*, vol. II., p. 550) dispone la sucesión de los reyes de Damasco así: Hadad-Ezer (Hadad I), contemporáneo de David; Rezón (usurpador), contemporáneo de Salomón; Hezión (Hadad II), contemporáneo de Roboam; Tabrimón (Hadad III), contemporáneo de Abías; Ben-hadad (Hadad IV), contemporáneo de Asa.

10. La mayor parte de los críticos lo identifican con Saretán (1 R. 7:46), o Zeredatá (2 Cr. 4:17), que, no obstante, están fuera de la posesión de Efraín.

circunstancias, el resultado obtenido era natural. El efrainita valiente, fuerte y atrevido, «gobernador sobre toda la carga de la casa de José», se convirtió en el líder del movimiento popular contra Salomón.

Ajías predice la división

Sin duda, fue con la finalidad de fomentar los elementos de descontento existentes, y también debido a que su posición en la ciudad debía ser insostenible, que «Jeroboam salió de Jerusalén» (1 R. 11:29). Cuando «el profeta Ajías de Silo salió a su encuentro en el camino», Jeroboam ya había planeado, o más bien empezado, su revuelta contra Salomón. El mismo profeta era efrainita (de Silo) y no solo debía conocer a Jeroboam, sino que también debía estar al corriente de los sentimientos de sus compañeros de tribu y de la opinión de su nuevo líder. No fue pues Ajías que incitara a Jeroboam a la rebelión[11] con el acto simbólico de partir su nuevo vestido en doce partes, dándole diez partes,[12] mientras que las dos restantes representaban lo que quedaría de la casa de David. Actuó más bien sólo como el mensajero divino para Jeroboam, *después* de que el otro ya hubiese tomado su decisión al respecto. Sin duda, el suceso era ordenado por Dios como castigo del pecado de Salomón (vv. 11-13); y la intimación de este hecho, con su lección de advertencia, fue el objetivo principal de la misión y el mensaje de Ajías. Pero el principal agente ya había escogido su papel mucho tiempo antes, animado, tal como lo describe la Santa Escritura, por una ambición segura de usurpar el trono (1 R. 11:37); mientras que el movimiento del que él se aprovechó no fue sólo el resultado de unas causas que estaban en acción desde hacía mucho tiempo, sino también podía ser previsto por cualquier observador que conociera el estado de la situación. Así vemos una vez más como, en la providencia de Dios, un resultado aparentemente milagroso cuando es predicho, y que en realidad lo es en cuanto a lo que se refiere a la actividad divina, se realiza, no solo a través de la libre acción del hombre, sino por una serie de causas naturales, mientras que al mismo tiempo todo está guiado y gobernado por Dios para sus propios y santos propósitos.

De hecho, las palabras del profeta, si se meditaban bien, en vez de incitar a Jeroboam a la rebelión contra Salomón, debieron haberle disuadido. La escena se describe con rasgos vivos; Jeroboam se ha ido de Jerusalén. En su alma el orgullo tribal, el hastío en el trabajo, el desprecio por el rey, la energía irrefrenable y su ambición a lugares altos, junto con el conocimiento de los sentimientos de sus compañeros de tribu, han producido una resolución rigurosa. Ha terminado la época de intriga secreta y el disimulo; ha llegado el momento de la acción. Al dejar los odiados muros de la ciudad –monumentos de la esclavitud de Efraín– y subir hacia los altos de Benjamín y Efraín, se encuentra con una figura desconocida. Es su paisano de Silo, el profeta Ajías. No hay saludo entre ellos, sino que Ajías toma el vestido cuadrado nuevo o manto superior con el que estaba envuelto, y lo divide en doce partes. No se trata, como solía ser, de un signo de duelo (Gn. 37:29; 44:13; 2 S. 13:19), aunque sin duda había tristeza en el corazón del profeta, sino un símbolo de lo que iba a suceder –es como la respuesta de Dios a los pensamientos de Jeroboam. No obstante, el juicio predicho *no* puede tener lugar durante la vida de Salomón (1 R. 11:34, 35);[13] y cualquier intento de revuelta, como el que parece ser que realizara Jeroboam (vv. 26, 40),[14] era directamente contrario a la voluntad declarada de Dios.

Había otras partes del mensaje del profeta que Jeroboam hubiese hecho bien en considerar. David siempre «tendría una luz delante de Dios» en Jerusalén, la ciudad «que Él había escogido para Su nombre» (1 R. 11:36). En otras palabras, David siempre tendría un descendiente en el trono,[15] y Jerusalén con su templo sería siempre el lugar elegido de Dios; es decir, el culto de Israel continuaría en el santuario central, y los descendientes de David serían los ocupantes por derecho del trono hasta que viniera aquél que era el hijo mayor de David. Dios había unido al Hijo de David con Su ciudad y el templo, de manera que la destrucción final de este último indicaba el cumplimiento de las profecías relacionadas con la casa de David. Así, de este modo glorioso, la promesa se extendía más allá del futuro inmediato, con sus problemas y aflicciones. Finalmente, por lo que a Jeroboam se refería, la promesa de sucesión al reino de Israel por su familia quedó condicionada a su observancia de los estatutos y mandamientos de Dios, tal como los había guardado David (v. 38). Pero Jeroboam tenía un espíritu muy diferente del de David. Su motivo principal había sido la ambición personal. A diferencia de David, quien, a pesar de ser ungido rey, no intentó nunca conseguir la corona durante la vida de Saúl, Jeroboam, sin tener en cuenta la advertencia explícita de Dios, «levantó su mano contra el rey».

Rebelión de Jeroboam y huida a Egipto

El resultado fue el fracaso[16] y huida a Egipto. Jeroboam tampoco guardó los estatutos y los mandamientos del SEÑOR; y después de un reinado breve su hijo cayó bajo las manos del asesino (1 R. 15:28). Finalmente, y lo más importante –el significado Mesiánico de la promesa de David, y la elección divina de Jerusalén y su templo, fueron fatalmente dejadas de lado u olvidadas por Jeroboam y sus sucesores en el trono de Israel. El cisma en el reino significó apartarse de la teocracia; y el rechazo del santuario central comportó, como cabría esperar, el establecimiento de la idolatría en Israel.

Muerte de Salomón

Tampoco vivió ni murió el rey Salomón como lo hiciera su padre David. Un débil intento –tal vez justificable– de deshacerse de Jeroboam, y no se dice nada más de él excepto que al acabar un reinado de cuarenta años,[17] «durmió con sus padres, y fue enterrado en la ciudad de David, su pa-

11. Ésta es la opinión de algunos críticos alemanes.

12. Se ha empleado mucha ingenuidad innecesaria para mostrar en qué sentido Jeroboam recibió diez partes o tribus, y Roboam una –o mejor, dos. La redacción no debe forzarse demasiado. La «una» tribu para la casa de David era sin duda Judá, incluyendo al «pequeño Benjamín» como la segunda de las doce «partes» o tribus.

13. No puedo aceptar la traducción propuesta por Canon Rawlinson del v. 34: «No tomaré nada del reino de su mano».

14. La expresión «levantar la mano», significa una revuelta real. Comp. 2 Samuel 18:28; 20:21.

15. Que éste es el significado de la expresión figurativa «luz», se puede deducir a partir de 1 Reyes 15:4; 2 Reyes 8:19; 2 Crónicas 21:7; Salmos 18:28; 72:17.

16. Evidentemente esto es sólo una inferencia del relato.

17. Josefo (*Ant.* VIII. 7, 8) le da un reinado de ochenta años. Pero esto debe ser un error de copia, o depender de uno de la copia de Josefo de la LXX. Salomón probablemente murió a una edad aproximada de sesenta años. La cuestión de su arrepentimiento final, tan ampliamente discutida en su tiempo por los teólogos, puede dejarse con seguridad donde la deja la Biblia.

dre». Por lo que nosotros sabemos, en aquella habitación de muerte no se pronunciaron palabras de ferviente y amorosa súplica para el servicio de Jehová para su sucesor, tal como dijera David; ningún testimonio gozoso en relación con el pasado, ni siquiera una fe y esperanza fuertes en cuanto al futuro, como los que iluminaron las últimas horas de David. Para nosotros es una habitación mortuoria silenciosa en la que yacía el rey Salomón. No hay ninguna puesta de sol resplandeciente, que se vea seguida por una mañana todavía más gloriosa. Había hecho más que cualquier otro rey para desnacionalizar a Israel. Y en la mañana de su muerte: rebelión dentro de la tierra; fuera de sus fronteras –Edom y Siria a punto de saltar a las armas, Egipto bajo Sisac recogiendo su poder; y solamente un Roboam para tomar el timón del estado en la creciente tormenta.

Capítulo 10
(1 Reyes 12; 14:21-31; 2 Crónicas 10-12)

Por inverosímil que parezca, a pesar de los casamientos múltiples del rey, sus alianzas con las naciones vecinas, y su inmensa riqueza, «la casa de Salomón» estaba lejos de ser fuerte en el momento de su muerte. Es posible que Salomón dejara a otros hijos además de Roboam, aunque es raro que no encontremos mención de ellos, ni de ninguna criatura, excepto un comentario casual sobre dos hijas de Salomón (1 R. 4:11, 15). Si hubo otros hijos en vida, después de su muerte, su posición debió ser de menor influencia que los hijos de David, y tampoco parece que la sucesión de Roboam fuese contestada por ningún miembro de su familia.

Roboam, primer rey de Judá. Familia de Salomón

Roboam, o más bien *Recavam* («el que hace crecer al pueblo»), debió ser muy joven cuando subió al trono. Esto se deduce de la expresión con la que se describe a los «que habían crecido con él», y por la manera con la que su hijo y sucesor, Abías, caracterizó el comienzo de su reinado (2 Cr. 13:7).

Edad de Roboam

Parece, pues, bastante acreditada la sugerencia de que la anotación de su edad cuando subió al trono –cuarenta y uno (1 R. 14:21; 2 Cr. 12:13)– es un error de un copista, que al transcribir los números interpretó incorrectamente las letras כא –veintiuno– por מא –cuarenta y uno–. Esta suposición se ve reforzada por el hecho que Roboam no era el hijo de la princesa egipcia, que parece haber sido la primera esposa de Salomón, sino de Naama, una amonita;[1] y sabemos que sólo después de su decadencia religiosa (1 R. 11:1) Salomón hizo alianza con «mujeres extranjeras», de entre las cuales se menciona de manera especial a las amonitas.[2]

Tenemos suficiente información sobre el carácter de Roboam para hacernos una idea general. David había tenido el cuidado de confiar la educación de su hijo y sucesor al profeta Natán; y, según podemos deducir, el ambiente temprano de Salomón no solo le impedía intimar con compañías ligeras o malas, sino que le formó para una piedad ferviente. Pero cuando nació Roboam, el rey Salomón ya había entrado en el fatal sendero que llevó a su raza a la ruina; y el príncipe fue educado, como cualquier otro occidental en circunstancias parecidas, con los jóvenes nobles de una corte que había aprendido modales extranjeros. La relación entre la aristocracia y el pueblo, entre el rey y sus súbditos, había cambiado de la primitiva sancionada por Dios a la del despotismo común oriental; y las nociones que aprendieron Roboam y sus jóvenes amigos eran demasiado obvias en el primer acto del reinado del rey.

Su carácter

En general, concluimos que Roboam era vanidoso, débil e impulsivo; dispuesto a abandonar, bajo la influencia del miedo, lo que había deseado e intentado cuando se consideraba seguro. No tenía principios religiosos firmes, y sus inclinaciones le condujeron no sólo a la idolatría, sino a una modalidad de la misma especialmente disoluta (1 R. 14:23, 24; 2 Cr. 11:13-17; 12:1). Durante los tres primeros años de su reino permaneció fiel a la religión de sus padres, bien por la influencia de los levitas que se habían reunido a su alrededor desde todo Israel –aunque en este caso sus motivos pudieran ser más políticos que de conciencia– bien por la impresión de las consecuencias externas de su primer y gran error. Pero su disposición pronto desapareció, y cuando las razones de estado de su antigua adhesión al culto de Jehová dejaron de ser coherentes, o él se sintió seguro en su trono, cedió, como hemos visto, a sus inclinaciones reales en este asunto.

Historia religiosa de Israel y Judá

Aquí, en el comienzo de la historia separada de los reinos de Judá e Israel, será bueno tomar una visión general de la relación de estas dos divisiones del pueblo judío con Jehová, su rey. El hecho que el pecado de Israel era mucho más profundo, y su apostasía de Dios muy anterior y más plenamente desarrollada que en el caso de Judá, se ve en que el juicio divino del exilio del pueblo de su tierra llegó a Israel 123 años antes que a Judá.[3] Y no obstante, a simple vista parece extraño que fuese así. En total, el período de existencia separada de los dos reinos (hasta la deportación de las diez tribus bajo Salmanasar, alrededor del 722 a.C.) duró más de 253 años. Durante todo este tiempo, hubo trece monarcas en Judá y veinte en Israel –además de dos períodos de *interregnum*, o anarquía en Israel. La historia religiosa de las diez tribus durante estos dos siglos y medio se puede escribir con pocas indicaciones. De todos los reyes de Israel se dice uniformemente que «anduvieron en los caminos de Jeroboam, hijo de Nabat», excepto Acab y sus dos hijos (Ocozías y Joram), bajo cuyos reinados el culto de Baal fue la religión establecida del país. Como consecuencia, no hubo ni un solo rey en Israel que verdaderamente sirviera al Señor o adorara en su templo. Por otro lado, hubo por lo menos *cinco* reyes en Judá que destacaron por su piedad (Asa, Josafat, Azarías, Jotán y Ezequías), mientras que de los otros ocho, *dos* (Joás y Amasías) continuaron durante un período de tiempo considerable su profesión de la religión de sus padres, mientras que un *tercero* (Roboam) lo hizo

---

1. La LXX observa que ella era le nieta de Nahas, rey de Amón.

2. Es casi inverosímil que Salomón contrajera una alianza así antes de su ascenso al trono, hecho que, evidentemente, sería la consecuencia de que Roboam tuviera cuarenta y un años a la muerte de su padre. Los rabís ven un paralelismo entre el casamiento de Salomón con Naama y el de Rut y Boaz (Jalkut, vol. II., p. 32 *a*).

3. Ver la Tabla Cronológica al final de este Libro 5, y las anotaciones sobre la cronología de ese período.

durante un corto período de tiempo. Cuatro de los otros *cinco* reyes adquirieron, sin duda, una terrible fama por su blasfemia atrevida. Abías, el hijo y sucesor de Roboam, adoptó todas las prácticas de su padre durante los últimos catorce años del reinado de aquel monarca. Durante el reinado de Joram el culto de Baal fue introducido en Judá; y conocemos cuan consistentemente fue seguido bajo Ocozías y Atalía, colmando la medida de iniquidad Acaz, que subió al trono veinte años antes de la deportación de las diez tribus, cuando las puertas del santuario fueron cerradas, y se estableció un ídolo-altar en el patio del templo. Pero, a pesar de todo esto, la idolatría nunca estaleció sus raíces profundamente en el pueblo, por tres razones. *Primeramente,* había la continua buena influencia del templo en Jerusalén; y en esto vemos por lo menos una razón providencial para la existencia de un santuario central, y para la severidad de la Ley que confinaba toda adoración en sus atrios. *En segundo lugar,* los reyes idólatras de Judá siempre fueron sucedidos por monarcas que se distinguían por su piedad, que eliminaron los ritos de sus predecesores; mientras que, *finalmente,* y lo más importante, el reinado de los reyes idólatras era uniformemente corto en comparación con el de los gobernantes temerosos de Dios. Así, al repasar todo el período, encontramos que, de los 253 años entre el ascenso al trono de Roboam y la deportación de las diez tribus, 200 tuvieron lugar bajo el gobierno de monarcas que mantuvieron la religión de Jehová, mientras que solamente durante 53 años su culto se vio más o menos abandonado por los reyes de Judá.[4]

Repetimos que sería un error atribuir la separación de las diez tribus enteramente al rechazo escabroso e insensato de Roboam de indemnizar los agravios del pueblo. Esto simplemente puso la chispa sobre el material inflamable que se había estado acumulando durante mucho tiempo. Hemos visto cómo se extendió la insatisfacción, especialmente en las partes más al norte del reino, durante la última parte del reinado de Salomón, cómo Jeroboam intentó realizar una rebelión, aunque entonces fracasara. También mencionamos las envidias tribales antiguas entre Efraín y Judá, que de vez en cuando provocaban hostilidades abiertas (Jue. 8:1-3; 12:1-6; 2 S. 2:9; 19:42, 43). Esto puede ser descrito como la causa final (secundaria) de la separación de los dos reinos. Y si se requiere evidencia de que la rebelión contra Roboam fue solo el resultado de tendencias preexistentes, lo veremos incluso en el hecho de que las expresiones usadas por los representantes de Israel, cuando renunciaron al gobierno de Roboam, fueron exactamente las mismas que usara Siba cuando alzó contra David el estandarte de lo que se podría representar como la antigua república federada de Israel (2 S. 20:1 comp. con 1 R. 12:16). Y aún más equivocado sería explicar la conducta de Israel o de Jeroboam, o incluso intentar vindicarla, basándonos en la profecía de Abías (1 R. 11:29-39). Éste predijo un suceso histórico, y explicó las razones de lo que, de acuerdo con las promesas de David, sería inexplicable de otro modo. Pero dicha predicción y dicho anuncio de juicio –aunque fueran conocidos por las tribus– no garantizaban su rebelión ni la usurpación de Jeroboam. Es sin duda cierto que, como que el AT considera todos los acontecimientos como relacionados directamente con Dios, siendo su principio fundamental: Jehová reina –y esto no

4. Llegamos a este resultado por medio del siguiente cálculo: Años de idolatría pública: bajo Roboam, 14; Bajo Abías, 3; bajo Joram, 6; bajo Ozoquías, 1; bajo Atalías, 6; bajo Acaz, 16; o en total 46 años, a los que añadimos 7, para los reinados idólatras finales de Joás y Amasías. Ver Keil, *Bibl. Commentar*, vol. III., pp. 137, 138.

«La débil dinastía (Tanita), con la que el rey Salomón había formado una alianza matrimonial, había sido suplantada por el gobierno vigoroso y marcial de Sisac (probablemente unos quince años antes de la muerte de Salomón).»

El «Sisac» mencionado en la Biblia, (1 R. 14:25-26; 2ª Cr. 12:9) se trata con seguridad de Sheshonk I, el primer faraón de la XXII Dinastía. Fue un faraón poderoso que revivió toda la prosperidad de su país. Arriba estela del dios Tanetperet, Tebas, Tercer Periodo Intermedio, XXII Dinastía, hacia 850 a.C. (Museo del Louvre)

solo en sentido pseudo-espiritual, sino en sentido completo– y esto, como todas las otras cosas que llegan a los hombres, tiene su origen en el Dios vivo. Así lo fue la resistencia de Faraón, y así fueron la espada, la peste y el hambre. Porque todas las cosas son de aquel que envía bendiciones sobre su pueblo, y toma venganza de los inventos de ellos; que gobierna igualmente los ejércitos del cielo, y entre los habitantes de la tierra; que hace que la ira del hombre, además de la adoración de su pueblo, le alabe; que siempre actúa maravillas, tanto si cumple sus propósitos por medio de imposición directa des del cielo, como si lo hace, mucho más frecuentemente, a través de una causalidad natural en cadena, de la que él sostiene el primer eslabón y el hombre el último. Esta gran verdad, tal como se expresa plenamente y se aplica con la sublime expresión del Salmo 147, es el ancla de salvación de la fe que supera las tormentas de este mundo. Siempre mirar hacia arriba directamente a Dios, volverse de los acontecimientos y las causas secundarias a Jehová como el Dios viviente y Rey que reina, es la negación de cosas visibles y la afirmación de cosas invisibles, lo que constituye la victoria de la fe sobre el mundo.

A la muerte de su padre, Roboam parece haber tomado inmediatamente y sin oposición las riendas del gobierno. Su subida al trono en Jerusalén implicaba el homenaje de Judá y su tribu vecina, Benjamín. De acuerdo con la costumbre antigua, los representantes de las tribus más alejadas deberían haberse reunido en la residencia del rey, cuando se conferiría solemnemente la dignidad real en una gran asamblea popular, y se rendiría homenaje al nuevo monarca (comp. 1 S. 11:15; 2 S. 2:4; v. 3; 1 Cr. 29:22).

La asamblea en Siquem

Pero, en lugar de retirarse a Jerusalén, los representantes de las diez tribus se reunieron en Siquem, la antigua capital de Efraín, donde habían tenido lugar anteriormente asambleas populares importantes (Josué 8:30-35; 24:1-28), y el primer reclamante de la realeza en Israel, Abimelec, había establecido su trono (Jue. 9:1-23). El hecho de que escogieran dicho lugar podía tener un solo significado.[5] Sin duda habían venido para hacer rey a Roboam, pero sólo bajo plenas concesiones a sus reclamaciones tribales. Todo lo que requerían entonces era un líder enérgico. Dicha persona debía ser representada por Jeroboam, quien en el reinado del rey Salomón había encabezado el movimiento popular. Después del fracaso de su intento, había huido a Egipto y había sido bien recibido por Sisac. La débil dinastía (Tanita), con la que el rey Salomón había formado una alianza matrimonial, había sido suplantada por el gobierno vigoroso y marcial de Sisac (probablemente unos quince años antes de la muerte de Salomón). El reino creciente de Palestina –habiendo sido aliado de la dinastía anterior– estaba demasiado cerca y posiblemente fuese un vecino demasiado amenazador como para ser ignorado por Sisac. Obviamente su política era la de animar a Jeroboam y dar soporte a cualquier movimiento que pudiese dividir a las tribus del sur de las del norte, dando así la supremacía a Egipto sobre ambas. De hecho, cinco años más tarde Sisac dirijió una expedición contra Roboam, probablemente no tanto para humillar a Judá como para reforzar el nuevo reino de Israel.

5. Los comentaristas judíos explican la reunión de las diez tribus en Siquem con su intención de hacer rey a Jeroboam.

Regreso de Jeroboam de Egipto

El texto sagrado no aclara si, después de enterarse del ascenso de Roboam, Jeroboam continuó en Egipto hasta que lo fueron a buscar los representantes de las diez tribus, o regresó a Efraín por su propia voluntad.[6] De cualquier modo, no estaba en Siquem cuando la asamblea de diputados israelitas se celebró allí, sino que fue llamado para negociar en su nombre.[7] Fue un signo de debilidad de parte de Roboam ir a Siquem; y sin duda esto animó las exigencias de los diputados. Aunque no deja de ser una actitud moderada, parece ser que sus demandas consistían no sólo en aligerar la «pesada» carga del trabajo forzado y los impuestos, sino también del «yugo gravoso» de lo que ellos consideraban despotismo y que impedía su libertad de movimientos. Sólo esta suposición puede explicar completamente la respuesta final de Roboam.

El rey se tomó tres días para considerar la reclamación. En primer lugar, consultó a los antiguos consejeros de Salomón, quienes apoyaron plenamente la política de condescendencia, por lo menos temporalmente. Evidentemente el consejo no fue agradecido, y el rey –como Absalón anteriormente, y la mayoría de hombres débiles en circunstancias análogas– se volvió a otros consejeros. Se trataba de sus compañeros de juventud –tal como los designa el texto con menosprecio: «los niños que se habían criado con él». Con sus nociones de supremacía real, parece ser que imaginaron que dichos intentos atrevidos de conseguir la independencia tenían su origen en la duda sobre el poder y la valentía del rey, y serían reprimidos mejor con una severa y sobrecogedora aserción de autoridad.

Respuesta de Roboam a los enviados en Siquem

Roboam no tenía que discutir sus exigencias, sino decirles que iban a descubrir que tenían que vérselas con un monarca mucho más poderoso y mucho más estricto de lo que había sido su padre. Expresándolo con las palabras vanagloriosas de los «niños consejeros» de oriente, tenía que decirles: «Mi dedo meñique es más grande que las caderas de mi padre. Mi padre puso sobre vosotros un yugo pesado y yo añadiré peso a vuestro yugo; mi padre os castigaba con látigos [los de los esclavos comunes], pero yo os castigaré con los [así llamados] "escorpiones"»[8] –o látigos provistos de ganchos, como los que probablemente se usaban con los criminales o recalcitrantes.

Aunque este consejo era insensato, Roboam lo siguió –el autor sagrado anota, para explicar este acontecimiento: «porque el curso (de los sucesos) era de Jehová, para que Él realizara Su palabra la cual Jehová pronunció por medio de Ajías de Silo a Jeroboam el hijo de Nabat».[9] Efectivamente, la reacción fue inmediata. Al antiguo grito de guerra y rebelión de Siba, la asamblea renunció a su fidelidad a la casa de David, y los diputados volvieron a sus casas.

Revuelta de las diez tribus

Roboam percibió su error fatal, cuando ya era demasiado tarde para evitar sus consecuencias. Incluso su intento en este sentido fue un error. El rey envió a Adoram,[10] el superintendente de los tributos y el trabajo forzado[11] –parece ser que ambos formaban un departamento de los derechos del rey– para arreglar, si era posible, los asuntos con las tribus rebeldes. Pero esto simplemente pareció un juego con los motivos de las ofensas de ellos y un nuevo insulto. La presencia del oficial odiado provocó tales sentimientos, que fue apedreado, y el propio Roboam se libró por poco[12] del mismo fin gracias a su huida a Jerusalén.

La rebelión de las diez tribus pronto se vio seguida de la formación de un reino independiente. Cuando, a su regreso de Siquem, los diputados comunicaron la presencia de Jeroboam, las tribus le fueron a buscar, y en asamblea popular le nombraron rey sobre Israel. No obstante, no se debe pensar que toda la tierra estuviese totalmente sujeta a él. Cuando se piensa en la monarquía en Palestina, siempre es necesario tener en cuenta los grandes derechos y las libertades municipales establecidas desde hacía mucho tiempo, que hacían de cada ciudad con su región, bajo sus Ancianos, casi un estado independiente dentro del estado.

Reinados de Roboam y de Jeroboam

En consecuencia, encontramos registrado como algo digno de mención (1 R. 12:17), para que el rey Roboam reinase sobre los israelitas que estaban establecidos en los pueblos judíos –ya sea habitando en ellos o formando la mayoría en ellos; mientras se clasifica de medida sabia de parte de Roboam, que distribuyera a «sus hijos por todos los países (las regiones) de Judá y Benjamín en todas las ciudades cercadas»– sin duda, con la finalidad de asegurarse su fidelidad. Parece que en el territorio de Jeroboam las circunstancias fueron diferentes. En 2 Crónicas 11:13-16 vemos que, al sustituir Jeroboam y sus sucesores el servicio de Jehová por el culto de los becerros de oro, la antigua religión fue desestablecida, y los levitas se vieron privados de sus pagas eclesiásticas, siendo el nuevo sacerdocio que tuvo lugar probablemente mantenido por los derechos de su servicio, y, a juzgar por la historia de Acab (1 R. 18:19), con la ayuda directa del tesoro real. Como consecuencia de estos cambios, parece ser que muchos levitas se establecieron en Judea, seguidos tal vez por migraciones más o menos extensas de laicos piadosos, variando según las dificultadas encontradas para recurrir a los grandes festivales de Jerusalén. No obstante, sería un error suponer que existiera un éxodo entero de los laicos piadosos o de los levitas.[13] Pero aunque hubiese sido así, el sentimiento en las antiguas ciudades levíticas debió ser durante cierto tiempo lo suficientemente fuerte como para rechazar su fidelidad a Jeroboam.

Y aquí hallamos un documento notable que derrama luz inesperada sobre nuestro relato.

---

6. La versión de los LXX tiene varias adiciones sobre la madre de Jeroboam, la estancia del mismo en Egipto, su conducta después de su regreso, etc. Éste no es el lugar para discutir el tema con detalle, pero se pueden rechazar como legendarias sin dificultad, y, de hecho, muy en línea con el espíritu de la tradición judía tardía.
7. Probablemente Jeroboam volvió por propia iniciativa, pero no fue a Siquem hasta que los diputados de Israel fueron a buscarlo. Esto explica las dos versiones.
8. Traducción literal.
9. Traducción literal.
10. Puesto que se mencionan tres personas con el mismo nombre (2 S. 20:24; 1 R. 5:6; 12:18) aunque debieron vivir en épocas diferentes, bien podemos suponer que «Adoram» fuese el nombre del oficio.
11. La misma palabra hebrea significa ambos departamentos –y probablemente los dos pertenecían al mismo departamento de derechos reales.
12. Esto queda implícito en el v. 18; ver traducción al margen.
13. De hecho, 2 Crónicas 11:16 *no* implica necesariamente ninguna colonia de laicos piadosos en Judá; e incluso la evidencia de la de los sacerdotes y levitas no es *demasiado* convincente (ver capítulo siguiente).

Invasión de Judá por Sisac

En la pared del gran templo egipcio de Karnak, Sisac ha dejado un registro de expedición victoriosa contra Judá. De las conquistas enumeradas allí, 133 han sido descifradas –aunque identificadas solo parcialmente– mientras 14 son ilegibles en la actualidad. Los nombres concretados han sido dispuestos en tres grupos[14] –los de ciudades judías (su poca cantidad se explica por las tachaduras mencionadas); las de tribus árabes, al sur de Palestina; las de las ciudades levíticas y cananeas dentro del territorio del nuevo reino de Israel. Estas últimas son las únicas que nos interesan aquí. Cualquier conquista de ciudades dentro del territorio de Jeroboam podría sorprendernos, puesto que la expedición de Sisac fue contra Judá, y *no* contra Israel –efectivamente, más bien en alianza con Jeroboam y apoyando su nuevo reino. Otra circunstancia notable es que estas conquistas israelitas de Sisac son *todas* de ciudades levíticas o antiguas ciudades cananeas, se trata de ciudades por todas las partes del territorio de las diez tribus, y a distancia considerable entre la una y la otra, sin que se mencione, no obstante, la toma de las ciudades intermedias. Todos estos hechos nos hacen llegar a la conclusión, a la que ya hemos llegado sobre una base distinta, que las ciudades levíticas y las antiguas ciudades cananeas dentro del territorio de Jeroboam no reconocieron su gobierno. Por esto fueron atacadas y conquistadas por Sisac en su expedición contra Judá, por estar virtualmente sometidas a la casa de David, y constituir por ello un elemento no sólo de rebelión sino de peligro dentro del nuevo reino de Israel.

Iglesia y estado en Israel

Antes de dejar este tema, permitidme estas dos anotaciones: es maravilloso ver cómo los documentos de la historia secular –aparentemente descubiertos por casualidad– confirman inesperadamente e ilustran los relatos de la Biblia; cuán sabias, política y religiosamente, cuán adecuadas a la vida nacional, eran las instituciones del Antiguo Testamento, incluso cuando parecen muy extrañas bajo nuestra perspectiva, como en el caso de las ciudades levíticas por toda la tierra. Porque estas ciudades, además de servir para otros fines muy importantes, también formaban el vínculo más fuerte de unión política, y al mismo tiempo el medio más potente de preservar a través de todo el país la unidad de la fe en la unidad del culto central de Jehová en Jerusalén. Así, la unión nacional y la pureza religiosa estaban unidas y colaboraban en la conservación de ambas.

Intento de Roboam de recuperar el mando sobre las diez tribus

Pero, volviendo a nuestro tema, cuando Jeroboam ascendió al nuevo trono de Israel, Roboam intentó de nuevo recuperar las partes perdidas del reino de David. Reunió un ejército con 180.000 hombres[15] de Judá y Benjamín –esta última tribu parece haberse casi unificado con Judá desde el establecimiento de la capital política y religiosa en Jerusalén, a través de la cual pasaba la línea fronteriza entre Judá y Benjamín. Pero la expedición fue detenida desde su propio inicio por la dirección divina a través del profeta Semaías.[16] El abandono de una expedición y la dispersión de un ejército simplemente por la palabra de un profeta son tan notables como el valor del profeta al enfrentarse a un ejército en tales circunstancias, y su atrevimiento en declarar tan completamente como mensaje de Jehová lo que debía ser un anuncio muy mal recibido tanto por el rey como por el pueblo. Ambas consideraciones son muy importantes para formarnos una idea, no sólo del estado religioso y político de la época, y las relaciones entre ellos, sino también del carácter del «Servicio Profético» en Israel.

La expedición, una vez abandonada, no se renovó de nuevo, aunque durante todo el reinado de Roboam hubo incursiones y ataques fronterizos constantes –posiblemente fueran de carácter depredador– de parte de Judá e Israel (1 R. 14:30). Las anotaciones restantes del reino de Roboam tienen que ver con las relaciones *internas* y *externas* de Judá, además del *triste cambio religioso* que experimentó el país después de los primeros tres años de su gobierno. Se recogen de manera aislada o con mucho detalle en el *Libro de Crónicas* (2 Cr. 11:4–12:16). La primera medida citada es la construcción de quince fortalezas, de las cuales trece se hallaban en la tierra de Judá –actuando Hebrón como su centro– y sólo dos (Zorá y Aijalón) dentro de la posesión de Benjamín.[17] Servían de cadena continua de fuertes al sur de Jerusalén, y para defenderse de los ataques orientales al país. La frontera del norte se quedó sin protección. Esto nos da a entender que Roboam temía sobre todo una incursión de Egipto, aunque no podemos suponer que estas fortalezas se construyeron solo después de la campaña de Sisac, que tuvo lugar cinco años después del ascenso del hijo de Salomón.

Su historia familiar

La siguiente anotación se refiere a las relaciones familiares de Roboam. Parece ser que tuvo dieciocho esposas y sesenta concubinas (treinta, según Josefo, *Ant.* VIII. 10, 1), siguiendo al respecto el mal ejemplo de Salomón. Solo se citan *dos*[18] de sus mujeres: su prima Mahalat, hija de Jerimot, un hijo de David (el mismo que Itream, 1 Cr. 3:3, o el hijo de una de las concubinas de David, 1 Cr. 3:9), y de Abiháyil, la hija de Eliab, el hermano mayor de David; y Maacá, la hija, o más bien la nieta de Absalón,[19] a través de su hija única, Tamar (2 S. 14:27; 18:18; comp. Jos. *Ant.* VIII. 10, 1), que se había casado con Uriel de Gibeá (2 Cr. 13: 2). Maacá, que llevaba el nombre de su bisabuela paterna (madre de Absalón, 1 Cr. 3:2), era la favorita del rey, y su hijo mayor, Abías, fue hecho «jefe entre sus hermanos», con sucesión al trono. Como se ha observado, Roboam cuidó de colocar a sus otros hijos en las diferentes regiones de su territorio, dándoles amplios medios para sostener su rango, y estableciendo numerosas e influyentes alianzas en favor de ellos.[20] En total Roboam tuvo veintiocho hijos y sesenta hijas.

14. Comparar el admirable artículo del Sr. Poole sobre «Sisac», en Smith, *Dictionary of the Bible*, vol. III., pp. 1287-1295.

15. La LXX tiene 120.000, pero el número del texto hebreo es moderado (comp. 2 S. 24:9).

16. En 2 Crónicas 12:15 vemos que Semaías escribió una historia del reino de Roboam.

17. Originalmente pertenecían a Dan (Jos. 19:41, 42), pero ver 1 Crónicas 11:66-69.

18. Algunos comentaristas han considerado a Abiháyil (2 Cr. 11:18) como el nombre de una *tercera* esposa, y en consecuencia la definen no como una hija de Eliab, sino como una nieta. Pero aunque esto no fuera contrario al significado básico de los vv. 18 y 19, una nieta de Eliab hubiese sido demasiado vieja para ser la esposa de Roboam.

19. Esto es lo que se entiende en 2 Crónicas 13:2. A la muerte de Salomón la hija de Absalón debería tener cincuenta años de edad. En 2 Crónicas 13:2 el nombre se escribe de manera equivocada como *Micaía*.

20. Algunas versiones traducen así 2 Crónicas 11:23: «deseó muchas esposas», que parece implicar que Roboam las buscó per-

A partir de estas anotaciones generales, que no deben considerarse como si se refirieran a un período en concreto, sino a todo el reinado de Roboam, pasamos a lo que, en cuanto al relato de la escritura se refiere, es el suceso más importante de esta historia. El hecho se cuenta con todo detalle en el *Libro de Reyes* (1 R. 14:22-24); su castigo en manos de Dios en el *Libro de Crónicas* (2 Cr. 12:2, 12).

Después de los tres primeros años del reinado de Roboam parece ser que hubo un gran cambio en cuanto al aspecto religioso del país. Roboam y Judá no abandonaron abiertamente el culto de Jehová. Por al contrario vemos que el rey seguía asistiendo a la casa del Señor en estado real, y que después de la incursión de Sisac hubo incluso un avivamiento espiritual[21] (2 Cr. 12:11, 12).

Declive religioso en Israel y sus consecuencias

No obstante, el carácter general de su período era que «Roboam dejó la ley de Jehová, y todo Israel con él», que «hizo el mal en no buscar a Jehová de corazón» (2 Cr. 12:1, 14, *lit.*) y, finalmente, que «Judá hizo el mal a los ojos de Jehová, y le provocó a celos (viendo la relación entre el Señor e Israel como una pareja casada, Nm. 5:14) –más de lo que hicieran sus padres con sus pecados con los que habían pecado» (1 R. 14:22). Estos pecados consistían en la construcción de *Bamoth*, o «lugares altos», es decir, altares en cada colina alta, y estableciendo en cada arboleda *Mazzeboth*, o memoriales de piedra y columnas dedicadas a Baal, y *Asherim*, o troncos de árbol dedicados a Astarté (con toda la vileza implicada en su servicio).[22] Esta idolatría, de hecho, no era nueva en Israel –aunque tal vez no había sido practicada tan ampliamente. Pero además de esto, ahora leemos sobre personas «consagradas» a la diosa siria, con las abominaciones nefandas relacionadas con todo ello. Esta forma de contaminación pagana tenía un origen puramente cananeo. Esto indica la influencia de los cananeos sobre Judá y quizás se pueda considerar como una prueba más de la conexión subsistente entre Roboam y las antiguas ciudades cananeas dentro del territorio de Israel.

El castigo divino no tardó mucho tiempo en llegar. Una vez más llegó por medio de causas naturales, a través de motivos políticos que influyeron a Sisac, y le hicieron apoyar a Jeroboam. En el quinto año del reino de Roboam Sisac invadió con un gran ejército de egipcios, libios, suquienos, (¿«habitantes en tiendas»? ¿Árabes?), y etíopes, con 1.200 carros[23] y 60.000 hombres de a caballo, Judea, y, después de tomar las ciudades valladas que se hallaban en su camino, avanzó hasta Jerusalén, donde Roboam y su ejército estaban reunidos. Una vez más el profeta Semaías evitó una guerra, que podía acabar sólo con el desastre. Al mostrarles que el peligro nacional, aunque aparentemente se debía a causas políticas, en realidad se debía a su pecado contra Jehová (2 Cr. 12:2); y que no era necesario luchar, porque, al haber abandonado a Dios, ahora eran abandonados por Dios (v. 5) –el rey y sus príncipes se humillaron. Ante este hecho, el

«No obstante, el carácter general de su período era que "Roboam dejó la ley de Jehová, y todo Israel con él", que "hizo el mal en no buscar a Jehová de corazón" (2 Cr. 12:1, 14, lit.) y, finalmente, que "Judá hizo lo malo a los ojos de Jehová, y le provocó a celos (viendo la relación entre el Señor e Israel como una pareja casada, Nm. 5:14) –más de lo que hicieran sus padres con sus pecados con los que habían pecado" (1 R. 14:22)».

En el transcurso del tiempo los israelitas adoptaron costumbres procedentes de cultos extranjeros y las incorporaron a su propio culto. En este trípode de bronce, mucho más antiguo que el relato que describe el texto, descubrimos que los adornos de granadas son de origen cananeo, el soporte del objeto cúltico es filisteo, pero el querubín y el relicario con columnas son israelitas.

sonalmente para él mismo. Pero no fue así. El original dice, que «exigía (o buscaba)» estas alianzas para sus hijos, evidentemente para reforzar su relación con las familias nobles de la tierra.

21. No se debe pensar que hubiese una renuncia formal en Judá del culto de Jehová; pero, junto con el mismo, se hacían otros servicios, lo cual es descrito acertadamente como incoherente con él en cuanto equivalía a idolatría.

22. Los *Bamoth* estarían en los lugares altos, el culto a Baal y Astarté en las arboledas.

23. Dicho número es coherente con comentarios como Éxodo 14:7; 1 Reyes 10:26, y otros ejemplos históricos comprobados.

Señor comunicó al profeta que les iba a «conceder la liberación por un tiempo», bajo la condición de someterse a Sisac. La razón de esto era: «para que conozcan mi servicio, y el servicio de los reinos de los países», además de los términos con los que se definió la liberación prometida, contenían la advertencia más solemne de las consecuencias finales de la apostasía. Pero la paciencia divina continuó durante 370 años antes de que el juicio amenazado cayera sobre la nación. Pero esta vez Jerusalén se salvó. Habiéndose declarado la sumisión voluntaria, Sisac entró en la ciudad y se contentó con llevarse los tesoros del Templo y del palacio, entre los cuales se hallaban los escudos dorados usados por la guardia del cuerpo de Salomón en ocasiones de estado,[24] los cuales fueron sustituidos ahora por Roboam por escudos de bronce.[25]

Capítulo 11
(1 Reyes 12:25–14:20)

Desde la historia de Judá bajo Roboam, nos volvemos a la del recientemente establecido reino de Israel, cuya información se halla sólo en el *Libro de Reyes* (1 R. 12:25–14:20).

Jeroboam, primer rey de Israel
Sus medidas políticas

El primer objetivo de Jeroboam («Hará crecer al pueblo») fue fortalecer las defensas de su trono. Con este fin fortificó Siquem, la moderna Nablûs –que fue su residencia hasta que la cambió por Tirsá (1 R. 14:17)– y la antigua Penuel (Gn. 32:30, 31; Jue. 8:8), al otro lado del Jordán. Puesto que este último lugar gobernaba la gran ruta de caravanas hacia Damasco y Palmira, su fortificación tendría la doble finalidad de establecer el gobierno de Jeroboam en el territorio al este del Jordán, y de proteger el país contra incursiones del este y del nordeste. Su siguiente medida, aunque a su parecer también era para su protección, no sólo implicaba la innovación religiosa más atrevida que jamás se intentara en Israel, sino que estaba llena de consecuencias fatales para Jeroboam e Israel. La gravedad del estado deprimido de Israel se ve en el hecho de que el rey actuó con la aprobación de sus consejeros[1] –sin duda los representantes de las diez tribus– y que el pueblo, a excepción de levitas y una minoría de laicos, asintió ante la medida. Implicaba una completa transformación de la religión de Jehová, y todo ello con una finalidad exclusivamente política.

El peligro de que si el pueblo acudía regularmente a las grandes fiestas de Jerusalén, su fidelidad podía volver

---

24. Se guardaban en la cámara de la guardia, o «casa de los corredores», que custodiaban la entrada de la casa del rey –y no, como antes, en la casa del bosque de Líbano (1 R. 10:17).

25. A pesar de ello, los rabís hablan del reinado de Roboam como uno de los cinco períodos brillantes (los de David, Salomón, Roboam, Asa y Abías, *Shem. R.* 15). Las notas rabínicas están recogidas en el *Nachalath Shim.*, p. 61, cols. *c*. y *d*. Hay una leyenda curiosa (*Pes.* 119, a), que dice que José reunió en Egipto todo el oro y la plata del mundo, y que los hijos de Israel se lo llevaron de Egipto. Cuando Jerusalén fue capturada, se dice que Sisac se los llevó, y la posesión de este tesoro se sigue a continuación a través de varias guerras hasta llegar a Roma, donde se dice que está en la actualidad.

1. Se ha sugerido que la expresión (1 R. 12:28): «el rey tomó consejo», se refiere solo a la deliberación en su mente. Pero la opinión presentada en el texto parece más racional y coherente con las palabras originales.

a su rey por derecho, que sostenía su gobierno en la capital escogida por Dios, era demasiado evidente como para no ocurrírsele incluso a una mentalidad menos suspicaz que la de un déspota oriental, que había obtenido su trono por medio de la rebelión. Para eliminar esta fuente de peligro dinástico e incluso personal, introdujo un cambio completo en el culto de Israel. Al hacer esto seguramente argumentaba que no había abolido la antigua religión del pueblo, sino que simplemente le confería una forma más adecuada a las circunstancias actuales –forma, además, que se derivaba del uso nacional primitivo y estaba sancionada por una autoridad tan importante como la de Aarón, el primer sumo sacerdote.[2] Resultaba pesado y casi imposible subir al santuario central en Jerusalén. Pero había el antiguo símbolo del «becerro de oro»,[3] realizado por Aarón mismo, bajo el cual el pueblo había adorado a Jehová en el desierto.

Los becerros de oro

Apelando, tal vez durante la consagración formal de estos símbolos, a las mismas palabras que Aarón había usado (Éx. 32:4), Jeroboam hizo dos becerros de oro, y los colocó en los extremos norte y sur del territorio de las diez tribus. Esto resultaba fácil, porque había localidades «sagradas» tanto en el sur como en el norte, las cuales eran asociadas por la opinión popular con el culto anterior. En un extremo al sur estaba Betel –«la casa de Dios y la puerta del cielo»– consagrada por la doble aparición de Dios a Jacob; apartado por el mismo patriarca (Gn. 28:11-19; 35:1, 7, 9-15); y donde desde tiempos antiguos Samuel había celebrado asambleas antiguas (1 S. 7:16). Del mismo modo, en el extremo norte Dan era un lugar «consagrado», donde «culto extraño» podía haber continuado desde los días de Micá (Jue. 18:30, 31).

El establecimiento de becerros de oro como símbolo de Jehová implicó otros cambios. Se construyó una «casa de Bamoth», o templo para los altares de lugares altos, probablemente con las viviendas de los sacerdotes adosadas al mismo. El sacerdocio levítico fue expulsado, ya sea porque se consideraba que estaba relacionado inseparablemente del antiguo culto, o porque no podía adaptarse al nuevo orden de cosas, y se nombró un nuevo sacerdocio, sin estar confinado a una tribu o familia, sino tomado de forma indiscriminada de todas las clases del pueblo,[4] actuando el rey aparentemente de un modo claramente pagano como pontífice principal (1 R. 12:32, 33).[5] Finalmente, la gran fiesta de los tabernáculos fue pasada del séptimo mes al octavo, probablemente por ser una época más adecuada y conveniente para un festival de la cosecha en las partes septentrionales de Palestina, la fecha (el día 15) siendo, no obstante, mantenida, por ser la de la luna llena. Que todo esto era virtualmente idolatría y que casi inmediatamente se convertiría en pura idolatría es evidente. En efecto, se manifiesta claramente en 2 Crónicas 11:15, donde el servicio de los «Becerros» no se asocia sólo con los del *Bamoth*, o altares de los lugares altos, sino también con el de «cabras»[6] –el antiguo culto egipcio de Pan en forma de cabra (Lv. 17: 7). Es cierto que el texto no implica, como lo hacen algunas versiones, que los nuevos sacerdotes fueron tomados «de lo más bajo del pueblo». Pero la repetición enfática y más detallada del modo en que fueron designados (1 R. 12:31, comp. 13:33), siendo aparentemente la única condición la de presentar una ofrenda de un joven novillo y siete carneros (2 Cr. 13:9), nos permite estimar el tipo de personas en manos de las cuales iba a parar la dirección de los servicios religiosos.

No se podría concebir un ataque más atrevido que éste contra la religión simbólica ordenada por Dios, el mantenimiento de la cual era la razón básica del llamamiento de Israel y su existencia –por así decirlo, era la misma *raison d'être* de Israel. No se trataba solo de una desobediencia descarada, sino, tal como lo cita repetidamente el texto sagrado, un sistema diseñado por el propio corazón de Jeroboam, cuando todas las instituciones religiosas de Israel habían sido designadas por Dios, eran simbólicas y formaban una unidad de la cual ninguna parte podía tocarse sin poner en peligro su totalidad.

El nuevo sacerdocio y la nueva fiesta

Fue un movimiento que, si podemos aventurarnos a decirlo, reclamaba una interposición inmediata e inequívoca de lo alto. Aquí, pues, es donde debemos buscar más que nunca algo milagroso, y ello con su manifestación más asombrosa. Y tampoco fue aplazada por mucho tiempo.

Fue la primera ocasión, según lo vemos nosotros, en la que se celebraba esta nueva fiesta de los tabernáculos –tal vez al mismo tiempo también la dedicación del nuevo templo y la inauguración de sus servicios. Betel estaba en plena organización festiva y repleta de peregrinos –porque nada menos que un personaje tan importante como el rey mismo iba a oficiar como pontífice jefe en esa ocasión. Al relacionar, como sin duda se debe hacer, el último versículo de 1 Reyes 12. con el primero del capítulo 13, y traduciéndolo literalmente, leemos que durante esta fiesta que él «hizo» (es decir, de su propia iniciativa) «a los hijos de Israel», el rey «subió al altar», eso es, subiendo por la cuesta que llevaba al circuito que se hallaba alrededor del altar donde se colocaba el sacerdote que oficiaba la ceremonia. Los sacrificios ya habían sido ofrecidos, y sus ardientes brasas y la grasa se había mezclado con la ceniza (1 R. 13:3).[7]

El hombre de Elohim de Judá. Su mensaje y su señal

Y entonces se llegó a la parte central y más solemne de la ceremonia. El rey subió por el plano inclinado hasta el centro del altar[8] para quemar el incienso, cuando fue detenido inesperadamente, y los adoradores fueron sorprendidos por una voz de entre la multitud (comp. aquí el suceso parecido en Jn. 7:37). Era un extraño el que hablaba, y, como sabemos, un judío, «un hombre de *Elohim*». Había acudido

---

2. La idea de que estos becerros de oro de Jeroboam se realizaron como imitaciones de los querubines que estaban sobre el arca (*Speaker's Comment.*), es evidentemente insostenible.

3. Se ha objetado que Jeroboam no podía desear recordar a Israel el servicio del becerro de oro en el desierto, viendo el castigo que siguió a aquel pecado. Pero las palabras y el hecho lo indican directamente; y se podrían encontrar muchas maneras para ignorar o explicar las consecuencias de la conducta de Israel entonces.

4. Algunas versiones traducen «lo más bajo del pueblo». Pero ésta no es la implicación del original, donde se usa una expresión que da la idea de todos los rangos y todas las clases, en oposición con los levitas.

5. Esto queda implícito en su ofrenda del incienso, que era el acto más elevado del culto.

6. Ésta es la traducción literal, y no «demonios», como en algunas versiones y de acuerdo con los rabís.

7. 1 Reyes 13:3, no «cenizas,» sino «grasa» o más bien cenizas cargadas de grasa.

8. Versículo 1 en el original: «Jeroboam estaba en pie en el altar» –porque «estaba subiendo» la cuesta al centro del altar, debería estar en pie en el círculo del altar, cuando disponía en él sacrificios o incienso.

«en[9] la palabra de Jehová» (1 R. 13:1) –no sólo por su encargo, no únicamente por su poder de constricción, sino como si la misma palabra de Jehová hubiese venido, y este «hombre de Dios» hubiese sido transportado en ella para dar el mensaje que «clamó al altar en la palabra de Jehová» (v. 2). Hablaba al altar espurio y rival, y no al rey –por tratarse de una controversia con el culto espurio, y el rey Jeroboam no significaba nada delante de Jehová. Aquel altar, y la política que lo había erigido, iban a ser sacudidos– el altar profanado,[10] y eso de parte de un hijo de David[11] –con lo que les dio una prueba inmediata y simbólica de que Jehová había hablado por su boca aquel día,[12] con esta «señal maravillosa»,[13] diciendo que el altar se quebraría, y las cenizas llenas de la grasa de los sacrificios se derramarían. Detenido por este anuncio inflexible de alguien que consideraba un intruso fanático y osado, el rey se giró con rapidez y, extendiendo su mano hacia él, ordenó: «¡Prendedle!». Pero una mano más poderosa que la del rey Jeroboam ya se había extendido.

Jeroboam golpeado por Jehová y su restauración milagrosa

Ahora, como nunca, Jehová iba a vindicar su autoridad, demostrar su palabra y mostrar delante de todo el pueblo que Él, cuya autoridad ellos habían echado fuera, era el dios viviente. Entonces y en aquel lugar se debía mostrar, en el templo de los ídolos, en la primera consagración de aquel altar espurio, en la primera fiesta falsa y sobre el rey Jeroboam, en la pompa de su esplendor y el orgullo de su supuesto poder (comp. aquí Hch. 12:22, 23). El rey había adelantado su mano, pero no pudo hacerla retroceder: la mano del Señor la mantenía asida. Algún tipo extraño de parálisis había caído sobre él; y mientras estaba así, de pie, él mismo una señal, la parte superior del altar se resquebrajó, y las cenizas, llenas de la grasa de los sacrificios idólatras, se derramaron a su alrededor. Ninguna mano se extendió para atrapar al «hombre de Dios». Y tampoco era necesario, porque el «hombre de Dios» no tenía ni el plan ni la intención de escapar.

9. Traducción literal.

10. El modo más efectivo de profanación sería con los huesos de hombres muertos (comp. Num. 19:16). Para el cumplimiento de esta predicción, ver 2 Reyes 23:16.

11. Ponemos las palabras de 1 Reyes 13:2, «de nombre Josías», entre guiones («–de nombre Josías–», por no pertenecer a la profecía original, pero sí al escritor del *Libro de Reyes*, siendo añadidas para indicar el cumplimiento de esa predicción. Nuestras razones para esta opinión son: 1) Que hay una adición explicativa parecida y, en este caso incuestionable, en el v. 32, donde se citan las «ciudades de Samaria» (ver nuestra nota más adelante); 2) Que la profecía nunca entra en detalles; 3) Que ésta sería la única excepción a esta norma. Porque, la mención de Ciro por nombre en Isaías 44:1, no es ningún ejemplo paralelo, porque Ciro, o Coresh, significa «Sol», y puede considerarse el nombre descriptivo de los reyes persas, y después Ciro lo tomó como su nombre (como Augusto César). Keil, en efecto, argumenta que Josías también era un nombre descriptivo, que significaba «Jehová le apoya» –pero esta explicación parece, en el mejor de los casos, forzada. No es necesario suponer que, en oposición con el canon universal de la profecía, una predicción diera un nombre 300 años antes de su tiempo. Evidente, creyendo plenamente, como lo hacemos, en la realidad de la profecía, admitimos que esto sería posible; pero sobre la base de lo mencionado, y a los argumentos que aparecen solos, nos parece tan poco probable, que hemos adoptado esta opinión apoyada, si no sugerida, por la referencia a Samaria en el v. 32. La fe verdadera y reverente en la revelación divina simplemente conseguirá que seamos más cuidadosos en nuestro estudio de su significado exacto.

12. 1 Reyes 13:3 dice: «Este es el portento (señal maravillosa) que Jehová ha hablado» (no «el cual Jehová ha hablado»).

13. La palabra hebrea significa una *señal maravillosa*.

Invitación al hombre de Elohim

Ahora era más bien el turno del rey, no de mandar sino de rogar. En el idioma expresivo del original: «Y el rey respondió» (a la palabra no pronunciada de Jehová en la parálisis que había detenido su mano), «y dijo, suaviza ahora el rostro de Jehová tu Dios, y ruega por mí, y» (o, para que) «mi mano vuelva a mí».

Sucedió tal como él deseaba –porque la profecía y la controversia no eran contra el rey, sino el altar. Y todo ello no fue otra cosa que una señal, que había cumplido su propósito, y seguiría cumpliéndolo, si el mismo poder que había aparecido en la parálisis inesperada se manifestara de nuevo igualmente inesperada en su eliminación. En cuanto a Jeroboam, Jehová no tuvo una controversia con él entonces ni allí, ni en ningún otro lugar. El juicio de sus pecados pronto sobrecogería a él y a su casa. Sin duda parecería muy extraño que ahora el rey pudiera invitar a este «hombre de Dios» a su palacio y a su mesa, e incluso prometerle «una recompensa», si no considerásemos las circunstancias de la época, y la idea pagana sobre los milagros.

Opinión pagana de los milagros

Para los paganos lo milagroso, como manifestación divina directa, no era algo extraordinario ni inesperado. El paganismo –o tal vez podríamos decir el mundo antiguo– *esperaba* lo milagroso; y así las manifestaciones de Dios por milagros en aquella época casi no deben considerarse como extraordinarias, sino, de acuerdo con las nociones del momento, como la manera ordinaria de enseñar. Además, el paganismo veía los milagros simplemente como manifestaciones de *poder*, y el que los hacía era considerado un mago, poseído por el poder –siendo la cuestión en juego saber si el poder de la divinidad que representaba era mayor del de otros dioses, o no. Sin duda era así cómo Jeroboam veía a este «hombre de *Elohim*» –el nombre Elohim denotando por sí mismo de manera especial el «*poder*».[14] Esto, además del conocimiento del carácter de sus propios «profetas», y posiblemente una esperanza secreta de hacérselo suyo con una «recompensa», fue lo que animó las palabras del rey. Rendiría sus honores al hombre de poder, y a través suyo, a la deidad a quien representaba, o incluso ganaba, el hombre de Dios.[15]

Casi huelga decir que el mero hecho de que el «hombre de Dios» entrase en el palacio del rey y participase en su banquete –probablemente un banquete idólatra– no sólo hubiese sido contradictorio con toda la finalidad y el espíritu de su cometido, sino que hubiese arruinado el efecto moral de la escena que había tenido lugar delante del pueblo. Así, para mencionar un paralelismo mucho menor, se ve anulado el efecto moral del testimonio del cristiano, ya sea de palabra o de conducta, por cualquier acto de conformidad y comunión con el mundo (comp. Ro. 12:1, 2). Pero en este caso cualquier peligro de este tipo se había evitado de modo anticipado. Dios había dado a su mensajero la orden explícita de no comer pan ni beber agua en aquel lugar, y ni siquiera de regresar por el mismo camino que había llegado. Estas indicaciones, evidentemente, tenían un significado mucho más profundo y simbólico; indicaban que Betel estaba vedada; no se debía tener ninguna comunión de tipo

14. En comparación con el nombre de *Jehová*, que añadía la idea del *pacto* al sentido de poder.

15. Prefiero esta opinión a la que la conducta de Jeroboam fue causada solo por el deseo de anular el efecto ante el pueblo.

alguno con ella; y que incluso el camino por el cual había llegado el mensajero de Dios debía considerarse consagrado, y no debía pisarse de nuevo.[16] Al desempeñar la comisión que le había sido encomendada, el «hombre de Dios», que había «venido en la palabra de Jehová», debía considerarse a sí mismo un ser impersonal –hasta que se hallase más allá del lugar y del camino adonde había sido enviado. Independientemente de la opinión que tengamos de su conducta posterior, no puede sorprendernos por lo menos que en ese momento ninguna tentación terrenal podía inducirle a aceptar la oferta del rey (1 R. 13:8, 9).

El antiguo profeta

No obstante, al pensar en ello, la respuesta del «hombre de Dios» nos parece decepcionante. Es como la de Balaam a los mensajeros de Balac (Nm. 22:13, 18), pero sabemos que de corazón estaba con ellos, y que después cedió a sus ruegos, para su propia destrucción. Hubiésemos esperado algo más del «hombre de Dios» que un mero recital de las órdenes recibidas –alguna expresión de sentimiento como el de Daniel en circunstancias análogas (Dn. 5:17). Pero, al repetir delante de todo el pueblo el mandamiento explícito que Dios le había dado, el «hombre de Dios», como Balaam antiguamente, también pronunció su propia perdición necesaria, si se alejaba de las instrucciones recibidas. Había dado testimonio –y por el juicio del testimonio de su propia boca debía contentarse; estaba seguro de la orden de Dios, y a tenor de esa seguridad debía actuar.

Y al principio parece como si lo fuera a hacer así. Habiendo entregado su mensaje, se fue de Betel por un camino diferente del que había llegado. Entre los espectadores sorprendidos de aquel día se hallaban los hijos de un antiguo residente de Betel, cuyo verdadero carácter no es fácil de leer.[17] En el relato sagrado siempre es designado como *Navi*, o profeta (lit., alguien que «emana»), mientras que el mensajero divino de Judá siempre se describe como «hombre de Elohim» –una distinción que debe tener su significado.

Regreso del hombre de Elohim a Betel

A su regreso del templo de los ídolos, el hijo mayor[18] describió al anciano profeta la escena que habían presenciado. Preguntándoles sobre el camino por el que había ido el «hombre de Dios» –porque ellos, y probablemente muchos más, le habían visto–[19] se apresuró a ir en pos de él, y le adelantó. El «hombre de Elohim» estaba descansando debajo del «terebinto» –aparentemente un lugar bien conocido donde los viajeros acostumbraban a descargar sus bestias y donde se paraban para obtener refugio y reposo (una especie de «Descanso del Viajero»). Repitiendo la invitación de Jeroboam, recibió la misma respuesta que el rey. Debía haber incluso menos duda ahora, puesto que el «hombre de Dios» ya había salido de Betel, y no podía pensar que fuese bueno volver allí. Ante esta situación el profeta anciano se dirigió a él como a un compañero, e hizo ver falsamente que, no Jehová, sino «*un ángel* en la palabra de Jehová», le había indicado que lo hiciera volver. Y el otro lo aceptó de inmediato. Mientras ambos estaban sentados a la mesa en Betel, de pronto «la palabra de Jehová se puso sobre el profeta[20] que le había hecho volver». Porque se había «resistido a (rebelado contra) la boca de Jehová, y no había guardado el mandamiento que Jehová le había mandado»,[21] su cuerpo muerto no entraría en el sepulcro[22] de sus padres.

Juicio sobre su desobediencia

Por sorprendente que fuera este anuncio, debió presentarles claramente dos puntos: su desobediencia y el castigo pendiente –este último muy real, de acuerdo con la visión de la época (Gn. 47:30; 49:29; 50:25; 2 S. 19:37, etc.), aunque no implicaba muerte inmediata ni violenta. Nos sorprende mucho –y es indicativo de la ausencia de elementos morales y espirituales más elevados– que este anuncio no fuese seguido por ninguna expresión de dolor o arrepentimiento, sino que parece ser que la comida siguió ininterrumpidamente hasta el final. ¿Pensaba el profeta anciano que el otro estaba bajo un ataque de frenesí extático? ¿Acaso el hecho que no anunciara una muerte inmediata suavizó su mensaje? ¿Acaso la desobediencia a la orden divina traía como consecuencia inmediata insensibilidad espiritual? o ¿Acaso el regreso del «hombre de Dios» a Betel había sido en realidad el resultado de un alejamiento más profundo de Dios, cuya primera manifestación ya se había visto en lo que hemos descrito como la respuesta extrañamente insuficiente a la invitación de Jeroboam y a su ofrecimiento? Éstas son solo sugerencias y no obstante nos parece que todos estos elementos se hallaban presentes y en acción para producir este resultado final.

La comida terminó, y el «viejo profeta» ensilló su asno para enviar a su huésped a su destino. Pero nunca llegó al final de su viaje. Al pasar algunos viajeros por el camino, vieron un espectáculo poco usual que debió hacerles apresurar el paso. Junto al camino yacía un cadáver, y a su lado estaba el asno[23] que el infeliz había montado –ambos, por así decirlo, guardados por el león que había matado al hombre, evidentemente con el peso de su zarpa al derribarlo,[24] sin despedazarlo ni intentar alimentarse con su cadáver. Parece ser que los viajeros no sabían de quién se trataba ni tenían intención, es evidente, de pararse en el camino. Al pasar por Betel –la cual no parece haber sido su destino final, sino la primera estación adonde llegaban –naturalmente «hablaban en la ciudad» sobre lo que acababan de ver en sus alrededores. Cuando el rumor llegó al «profeta anciano»,

16. La explicación general, que esto fue añadido, para que no se supiera por qué camino iba y le fueran a buscar, no necesita refutación alguna.

17. Ver las anotaciones más adelante.

18. En la segunda cláusula del v. 11 se usa el singular, «su hijo», no como en algunas versiones «hijos.» El plural que le sigue indica, no obstante, que había varios hijos presentes, aunque uno era el portavoz. Por la presencia del «profeta anciano» en Betel, y la de Ajías en Silo, suponemos que, si hubo una migración de laicos piadosos al territorio de Roboam –que, no obstante, no se menciona explícitamente en 2 Crónicas 11:16– debió ser protagonizada por una minoría.

19. Esto elimina el argumento citado en la página anterior relativo a razón por la cual el «hombre de Dios» debía volver por otro camino.

20. Traducción literal.

21. Traducción literal.

22. Los sepulcros de Palestina no eran como los nuestros, sino normalmente tallados en la roca, y constaban de una antecámara y una cueva interior en la que los cuerpos se depositaban en nichos –siendo la entrada al sepulcro custodiada por una piedra. Para más detalles, comp. *Sketches of Jewish Social Life in the Days of Christ*, p. 171.

23. Por lo que leemos en 2 Reyes 2:24 entendemos que el bosque que estaba alrededor de Betel estaba lleno de bestias salvajes. Se entenderá fácilmente que era prácticamente necesario que el león permaneciera junto al cadáver, tanto para mostrar el carácter divino del juicio, como para inducir a los que pasaban por allí a apresurarse en su viaje.

24. Esto queda claramente implícito en el uso de la palabra «roto» en 1 Reyes 13:26, versión al margen.

entendió de inmediato el significado de todo ello. Fue en su montura hasta el lugar, se llevó a su casa reverentemente el cadáver del «hombre de Dios», guardó el duelo, y lo enterró en su propio sepulcro, marcando el lugar con una columna monumental para diferenciarlo de otras tumbas, y para que el acontecimiento se recordara perpetuamente. Pero a sus hijos les dio instrucciones solemnes de ponerlo en la misma tumba –en el nicho de roca al lado del cual reposaba el «hombre de Dios». Tenía que ser un testimonio de muerte para «el hombre de Dios», que su comisión de parte de Dios era real, y que sin duda «sería» (sucedería) «lo que él había clamado en la palabra de Jehová contra el altar que (estaba) en Betel, y contra todas las casas de *Bamoth* que (hay)[25] en las ciudades de Samaria.» Con esta profesión de fe en la verdad del mensaje de Jehová, y en el poder del Señor que ciertamente lo haría suceder en algún momento en el futuro, viviría en adelante el anciano profeta. Con ella moriría y sería enterrado –colocando sus huesos cerca de los del «hombre de Dios», compartiendo su sepulcro y anidando, por así decirlo, para refugio en la sombra de aquella gran realidad que «el hombre de Dios» había lanzado sobre Betel. Así, en la vida y en la muerte, hablaría de Jehová y se aferraría a él –como el dios verdadero y vivo.

Más de trescientos años más tarde, y después de casi un siglo desde que los hijos de Israel fuesen llevados lejos de sus casas, *entonces* fue cuando lo que había predicho el «hombre de Dios», siglos antes, se cumplió literalmente (2 R. 23:15-18). El templo idólatra, en el cual Jeroboam había estado en pie en su poder y gloria en el día de la inauguración, fue quemado por Josías; los *Bamoth* fueron derribados; y en aquel altar, para profanarlo, recogieron huesos de sus antiguos adoradores de los sepulcros cercanos y los quemaron allí. No obstante, en su terrible búsqueda de la venganza hubo un monumento que detuvo su atención. Preguntaron sobre el mismo en Betel. Señalaba el lugar donde yacían los huesos del «hombre de Dios» y de su anfitrión el «anciano profeta» de Samaria.[26] Y reverentemente dejaron sus huesos en sus lugares de reposo, uno al lado del otro –como en la vida, la muerte y el sepulcro, también todavía entonces y para testimonio a Jehová; y seguros en su testimonio. Pero pasaron más de tres siglos entre la predicción y el cumplimiento final; y luego: resquebrajamiento simbólico del altar, cambios, guerras, ruina final y desolación. Y a pesar de ello la palabra estuvo latente durante todos aquellos siglos de silencio, hasta que se cumplió literalmente. Hay algo absolutamente sobrecogedor en esta ausencia de apremio de parte de Dios, en esta seguridad del suceso final, con una aparente despreocupación total por lo que sucediera durante los largos siglos intermedios, que nos hace temblar al darnos cuenta de cuánta simiente de advertencia o de promesa debe estar durmiendo en el suelo, y cuán inesperadamente, pero ciertamente, fructificará como en un día para la cosecha de juicio o de misericordia.

Carácter del antiguo profeta y del hombre de Elohim

Pero este relato está lleno de demasiadas cuestiones y lecciones como para dejarlo sin realizar un estudio más profundo. ¿Quién era este «profeta anciano?», ¿Era un verdadero profeta de Jehová?, ¿Por qué «mintió» así para la destrucción del «hombre de Dios?», ¿Por qué se le asignó un castigo tan severo al «hombre de Dios?». ¿Merecía un castigo por lo que parecía un simple error de juicio?, ¿Por qué, al parecer, se libró de cualquier castigo su tentador y seductor? Empezando con el «profeta» anciano de Betel –no le consideramos simplemente un profeta falso, cuyo objetivo era seducir al «hombre de Dios», ya sea por envidia o para destruir el efecto de su misión.[27] Por otro lado, parece igualmente incorrecto hablar de él como un verdadero profeta de Dios, levantado de la conformidad pecaminosa con los que le rodeaban por la aparición repentina del mensajero judío de Jehová, y deseoso de recuperarse con la comunión con «el hombre de Dios», incluso si dicha relación se podía obtener sólo por medio de la falsidad.[28] Tampoco describiríamos su conducta con la finalidad de poner a prueba la firme obediencia del «hombre de Dios». Parece ser que la verdad se halla entre las dos opiniones extremas. Dejando de lado la cuestión general de la adivinación pagana, sobre la que no tenemos suficiente material como para dar una respuesta, por lo menos es cierto que no todos los *Navi* eran profetas de Jehová. Que Dios enviara un mensaje a través de uno que no era profeta suyo, no debe sorprendernos cuando recordamos la historia de Balaam. Además, era especialmente adecuado, que el anuncio de su culpa y del castigo llegara al «hombre de Dios» a través de la persona que le había engañado con un pretexto falso de mandamiento angelical, y que lo llevó a la comida que el «hombre de Dios» jamás debió tomar. De nuevo es evidente que, desde el momento que se enteró de la escena del templo idólatra, el «profeta anciano» creyó en la autenticidad y autoridad del mensaje llevado a Betel. Cada paso de este relato hacía más profunda su convicción, hasta que al final se convirtió, por así decirlo, en el hecho fundamental de su vida religiosa, lo cual debió determinar toda su conducta posterior. Podría ser que este «*Navi* anciano» era uno de los frutos de las «Escuelas de Profetas» –puesto que parece que el orden profético había experimentado un avivamiento generalizado al final del reino de Salomón. Al establecerse en Betel (como Lot en Sodoma), pudo haber entrado en un estado de tolerancia del mal de manera gradual –según parece que se puede deducir del hecho que sus hijos asistieran al templo idólatra– sin dejar, a pesar de ello, su carácter, tal vez su oficio, como «profeta», sobre todo si consideramos que el servicio a Jehová supuestamente no debía ser abolido, sino simplemente alterado en su forma, por la adopción del símbolo de los becerros de oro. En este caso se entenderían fácilmente su inmediato reconocimiento del «hombre de Dios», y su profunda convicción; su honrado deseo de llamar y tener comunión con un mensajero de Dios directo parece natural; e incluso explica su falsedad sin escrúpulos.

Estas consideraciones nos ayudarán a mostrar que había una diferencia básica entre él y «el hombre de Dios», y que el castigo que cayó sobre éste no tiene relación posible con la aparente impunidad del «profeta anciano». El terrible juicio debe ser considerado desde dos puntos de vista diferentes: como si fuera, de manera absoluta –desde el cielo hacia abajo; y de manera relativa a la persona sobre la cual cayó –desde la tierra hacia el cielo. El análisis más superficial mostrará que, por la naturaleza del caso, la autoridad de Dios debía ser vindicada, y ello a través de un juicio patente

25. Traducción literal. La referencia a las otras casas *Bamoth*, además de las de Betel y Dan, es, evidentemente, profética.

26. La mención de Samaria aquí y en 1 Reyes 13:32 debe ser una añadidura explicativa del autor, pues Samaria fue construida por Omri (1 R. 16:24). Esto, es evidente, confirma nuestra opinión sobre la mención del nombre de Josías. Huelga decir que no invalida en absoluto la verdad del relato, sino más bien la confirma.

27. De un modo u otro, ésta es la opinión de Josefo, el Targum y de la mayoría de comentaristas rabínicos y cristianos.

28. Así opinan Ephr. Syr. Theodor., Witsius, Hengstenberg, Keil y Bähr.

y terrible, si no se deseaba anular el objetivo y el significado del mensaje enviado por Él. Cuando «el hombre de Dios» proclamó públicamente en el templo las condiciones prescritas por Dios, él mismo pronunció su propia sentencia en caso de desobediencia. Además, la idea principal subyacente al uso divino de tales mensajeros era la de su ejecución absoluta e inflexible de las condiciones de su comisión. Esta condición indispensable del oficio profético debía ser vindicado todavía más en Betel, como también al estar al inicio de un período marcado por una sucesión de profetas en Israel, quienes, en ausencia de unos servicios ordenados por Dios, eran responsables de mantener vivo el conocimiento de Jehová, y, con sus advertencias y enseñanazas, evitar, si era posible, la catástrofe del juicio nacional que debía caer sobre el Israel apóstata.

En cuanto al «hombre de Dios» mismo, ya hemos visto su creciente insensibilidad espiritual como consecuencia de su infidelidad inicial. Pero dejando este aspecto, seguramente nunca debió existir en su mente ninguna duda seria sobre su deber. De acuerdo con su testimonio, había recibido una orden explícita e inequívoca de Dios, que es repetida por la Escritura varias veces para mayor énfasis; y su conducta se debía haber regido por el sencillo principio de que un deber obvio y conocido nunca puede ser suplantado por otro deber aparente. Además, ¿qué pruebas tenía de que un ángel hubiese hablado verdaderamente con el «profeta» anciano, o que su tentador fuese un verdadero profeta, o si estaba actuando en el espíritu profético? Todos estos puntos son tan evidentes, que la conducta del «hombre de Dios» nos parecería casi increíble, si no recordáramos cuán a menudo en nuestra vida diaria nos vemos tentados a alejarnos de las sencillas exigencias de derecho y deber por una llamada falsa contra las mismas. En todas las cuestiones morales y espirituales siempre resulta muy peligroso razonar: la obediencia sencilla y no la discusión es el único camino seguro (comp. Gá. I. 8). Un deber nunca puede estar en oposición con otro –y el mandamiento claro y bien conocido de Dios debe hacer callar todas las cuestiones colaterales.

Si se considera la conducta del «hombre de Dios» como una caída y un pecado, todo se ve claro. Había anunciado su deber públicamente, y lo había infringido públicamente; y su castigo fue, a través de circunstancias notables,[29] pero no milagrosas, también conocido públicamente. A través de todo este relato, se da una especie de notable contrapeso a las circunstancias de su pecado y su castigo, como también a la vindicación de la autoridad de Dios. Pese a ello, el efecto moral del mensaje de Dios se vio en apariencia debilitado por el pecado de su mensajero. Así de terribles son en sus consecuencias nuestros pecados, aunque se castiguen públicamente. Porque resulta casi imposible creer que, de no haber sido así, Jeroboam hubiese continuado ininterrumpidamente, «después de esto», por su anterior curso de desafío de la autoridad de Dios. Pero aquí el relato también pasa de Israel a su rey malvado, y en un relato de profundo sentimiento nos muestra al mismo tiempo el castigo de su pecado, y la maravillosa ternura de los tratos de Dios para con los que, en medio de las mayores tentaciones, han guardado sus corazones fieles a él, y son guardados por Su misericordia del mal que ha de venir. Y es muy consolador saber que Dios tiene y guarda a los suyos –aunque estén en la familia de Jeroboam, y que la verdadera piedad halla su reconocimiento respetuoso, aun entre un pueblo tan hundido como Israel entonces.

29. Es bien sabido que los leones no atacan cadáveres, excepto bajo la presión del hambre.

Si fuera necesario demostrar cómo la infelicidad y el pecado andan juntos de la mano, la historia que vamos a contar a continuación aportaría amplias pruebas de ello. La razón principal para su inserción en el relato bíblico es evidentemente el hecho que permitía anunciar el castigo divino sobre la raza de Jeroboam, por haber traspasado la condición fundamental sobre la cual reposaba la posibilidad de la nueva dinastía (1 R. XI. 38). Al mismo tiempo, también parece derramar una importante luz colateral sobre la transacción entre el profeta Ajías y Jeroboam, cuando el primero le anunció por primera vez su futuro ascenso al reino (1 R. XI. 29-39). Keil traduce 1 Reyes 14:7: «Así dice Jehová, el Dios de Israel: así, puesto que te has elevado a ti mismo de entre el pueblo, y te he dado como gobernador sobre mi pueblo Israel». Si ésta es la traducción correcta, se implicaría que su ascenso, o su liderazgo en Israel, fue en primer lugar un hecho enteramente realizado por Jeroboam, y que habiéndose elevado a sí mismo y tomado el liderazgo, Dios después le dio el gobierno al que él aspiraba, dejando para una prueba futura la idoneidad de su raza para el reino.

Enfermedad del hijo piadoso de Jeroboam

Pero, además del significado más elevado, este relato también tiene un profundo interés humano. Nos da una visión de la vida de familia del rey malvado, mientras, al ser despojado de la corona y la púrpura, y habiendo dejado las cosas del estado y la falsedad religiosa, se tambalea bajo un doloroso golpe. Por una vez vemos al hombre, no al rey, y, como todo hombre se ve más real, cuando sufre en su corazón con un dolor que ningún poder terrenal puede apartar. Desde Siquem la residencia real había sido trasladada a la antigua ciudad cananea (Jos. 12:24) Tirsa, la hermosa (Cnt. 6:4), dos horas al norte de Samaria, en medio de colinas cultivadas de fruta y olivos, subiendo por un plano elevado, con una vista gloriosa sobre las colinas y los valles de la rica Samaria.[30] Parece ser que el palacio real estaba a la entrada de la ciudad (comp. 1 R. 14:17 con v. 12). Pero dentro de sus departamentos estatales reinaba el silencio y el dolor. Abías, el hijo de Jeroboam, y aparentemente el supuesto sucesor a su trono, estaba enfermo. Parece la última relación de Jeroboam con su antiguo yo mejor. El nombre del niño –*Abías*, «Jehová es mi padre» o «mi deseo»– lo indica, incluso si no fuese por la nota conmovedora, que en él se «halló algo bueno para con Jehová, el Dios de Israel, en la casa de Jeroboam» (v. 13). Podemos imaginar cómo debió brotar esta «buena cosa»; pero conservarlo y hacerlo crecer en un ambiente como aquél, sin duda requería el cuidado lleno de gracia del Buen Agricultor. Era el único lugar verde de la vida y la casa de Jeroboam; el único germen de esperanza. Y como su padre le amaba de verdad, también todo Israel había puesto sus esperanzas en él. La vida interior de este niño –sus luchas y sus victorias– está cubierta por el velo del silencio de las Escrituras; y esto es lo mejor. Pero ahora su pulso latía rápida y débilmente, y aquella vida de amor y esperanza parecía estar decayendo rápidamente. No había nadie con el padre en aquellas horas de oscuridad –ni consejero, cortesano, profeta, ni sacerdote– excepto la madre del niño. Mientras los dos velaban tristemente, incapacitados y sin esperanza, el pasado, al cual este niño unía a Jeroboam, debió volverle a la memoria. En él había un

30. La descripción más completa es la de Guérin, *Samarie*, tomo I., pp. 365-368. Es la moderna Thallusah*: comp. Böttger,* Topogr. Histor. Lex. zu Flavius Josephus, *p. 243.*

«El establecimiento de becerros de oro como símbolo de Jehová implicó importantes cambios. Se construyó una «casa de Bamoth», o templo para los altares de lugares altos, probablemente con las viviendas de los sacerdotes adosadas al mismo. El sacerdocio levítico fue expulsado, ya sea porque se consideraba que estaba relacionado inseparablemente del antiguo culto, o porque no estaba dispuesto a adaptarse al nuevo orden de cosas, y se nombró un nuevo sacerdocio, sin estar confinado a una tribu o familia concreta, sino tomado de forma indiscriminada de entre todas las clases del pueblo, actuando el rey aparentemente de un modo claramente pagano como pontífice principal (1 R.12:32, 33)»

En todo el antiguo Oriente Próximo era común el culto de los toros. Adorado por su virilidad y fuerza, a este animal se le veía a menudo como una representación material de un dios. El toro estaba directamente relacionado con la adoración cananea a Baal y lo encontramos en diversos episodios de la historia de Israel. Este toro de bronce encontrado en un recinto sagrado israelita en Samaria, data de la primera edad del bronce. (Museo de Israel)

suceso que se destacaba de manera especial: se trataba de su primer encuentro con Ajías el silonita. Aquél era un profeta de verdad –atrevido, inflexible en todo. Con el impulso de la desesperación que sobrecoge a los hombres en su agonía, cuando todas las decepciones de una vida mal vivida desaparece, volvió al inicio de su vida, tan llena de esperanza y felices posibilidades, antes de que la ambición le llevara por el camino del sacrificio imprudente de todo lo que había sido lo más amado y santo; antes de que la posesión ilimitada hubo deslumbrado sus ojos y el sonido de la adulación hubiese ensordecido sus oídos. Como se levantara antiguamente delante de Saúl durante la vigilia de la batalla fatal, cuando Dios y el hombre también permanecieron en silencio para él, la figura de Samuel –a nuestro parecer quien menos deseaba encontrar en ese momento– así ahora apareció Ajías delante de Jeroboam. ¿Debió desear poder borrar todo lo que había sucedido, y estar delante del profeta como en el día cuando lo encontró por primera vez, cuando tenía pensamientos grandes, pero todavía no impuros?, ¿Tenía alguna esperanza en aquel que le había anunciado por primera vez su reino?, O ¿sólo deseaba saber en plena desesperación qué iba a suceder al niño, aunque debiera enterarse de lo peor? Sea como fuere, debía recibir una palabra de Ajías, independientemente de lo que fuese.

Misión de su madre a Ajías

En aquella hora no tenía ningún amigo ni nadie para ayudarle excepto la madre de su hijo. Debía ir, en su amor, al anciano profeta de Silo. Pero ¿cómo podía atreverse ella, la esposa de Jeroboam, a presentarse allí? Ni siquiera el pueblo debía saber cual era su misión ni adónde iba. Y así tuvo que disfrazarse de mujer pobre, llevando con ella un regalo para el profeta, como era la costumbre, pero un regalo que sólo los más pobres de la tierra podían ofrecer. Mientras sola y en su humilde disfraz la mujer de Jeroboam va a cumplir su dura misión, a través de las colinas de Samaria, más allá de la Siquem real, otro ya había llevado su mensaje a Silo. La mujer no necesitaba disfrazarse, en cuanto a Ajías se refiere, porque la edad había oscurecido sus ojos. Pero Jehová había hablado con su anciano siervo, y le había dado instrucciones sobre el asunto. Y al oír el sonido de sus pies entrando por la puerta, supo quién era su visitante no visto, y se dirigió a ella no como reina sino como la esposa de Jeroboam. Severas y terribles eran las palabras que le habían sido comunicadas para que las dijera a ella; y con la fidelidad implacable y la verdad inflexible se lo dijo, aunque su corazón debió estar sangrando en su interior mientras repetía lo que él mismo había llamado «*noticias* duras».[31] Tanto más profundamente debió haberlo sentido el anciano profeta, cuanto había sido él mismo quien anunciara a Jeroboam su ascenso futuro. Atañían a Jeroboam, pero también tocaban las cuerdas del corazón de la esposa y de la madre, y sin duda las rompieron todas al entrar en su corazón. Primero:[32] un recital inflexible del pasado, y una representación severamente cierta del presente –todo resplandor, brillo, engaño propio fueron expulsados, hasta que la realidad desnuda se hallaba ante ella. Sólo dos personas aparecen en este cuadro, Jehová y Jeroboam –todo lo demás queda en el más alejado fondo. Es suficiente; y ahora una vez ante la vista completa de estas dos personas, la esposa, la madre debe oírlo todo, aunque sus oídos se estremecían y sus rodillas temblaban. No sólo este niño, sino todos los hijos, sí, todo descendiente, hasta el más humilde, ya fuera niño o adulto[33] serían eliminados: «Y barreré la casa de Jeroboam, como se barre la suciedad hasta que ya no está» (1 R. 14:10).[34]

Predicción de juicio y muerte del niño

Y no sólo esto, sino también un juicio terrible; los cuerpos de sus hijos yacerían como carroña en la calle y en el campo, su carne rasgada y comida por los perros salvajes e impuros, o arrancada de sus miembros por aves de rapiña que revolotean a su alrededor con un graznido ronco.[35] Hasta aquí para Jeroboam. Y ahora, en cuanto al niño que yacía enfermo en el palacio de Tirsa –estará en el cuidado de Dios, apartado del mal que tiene que llegar. Cuando los pies de la mujer tocaran el umbral de su casa maldecida, el niño moriría. Por así decirlo, estas graves noticias no entrarán donde él está durmiendo; sus terrores no ensombrecerán su cama. Antes de que lleguen a él, él estará más allá de su sombra y en la luz. Pero alrededor de la única tumba honrada, todos los habitantes de Israel serán los que hagan duelo, y Dios mismo desea poner esta marca de honor sobre Su hijo en la que ahora es una familia maldecida. Finalmente, en cuanto al Israel apóstata, otro rey sería levantado para ejecutar el juicio de Dios –sí, todo esto no sólo en el futuro impreciso, sino que la escena parece apresurarse, y el profeta la ve claramente en el presente.[36] Israel sacudida como una caña en el agua por el viento y las olas; Israel arrancado de su tierra –echado fuera y esparcido entre paganos más allá del río, y entregado para ser pisoteado bajo los pies. Éste es el final de los pecados de Jeroboam y su pueblo; ésta es la consecuencia, en la clara figura de la Escritura, de echar a Jehová «detrás de la espalda».[37]

Notas restantes de Jeroboam

No sabemos nada más del curso posterior de esta historia. La reina y madre volvió, abatida, a su casa; y sucedió tal como le dijera el profeta de parte de Jehová. Y este cumplimiento literal sería para ella y para siempre la terrible prueba de lo que todavía tenía que llegar.

Tampoco hallamos nada más sobre Jeroboam. Parece como si la Santa Escritura no tuviese nada más que decir de él –ni siquiera en relación con su guerra posterior y desastrosa con el hijo de Roboam (2 Cr. 13:2-20). Esto se dice en cuanto al reinado del segundo rey de Judá. De Jeroboam solamente leemos que «reinó veintidós años», que «durmió con sus padres», y que «Nadab su hijo reinó en su lugar».[38]

31. En el original significa simplemente «*duras*».

32. Los comentaristas han observado una estructura rítmica en los diez versículos del mensaje de Ajías (vv. 7-16); dos veces 5 versículos –la primera estrofa (vv. 7-11) consiste en 3 + 2 versículos, la última estrofa (vv. 12-16) de 2 + 3 versículos.

33. Éste parece ser el significado correcto de una expresión proverbial que casi nunca aparece excepto durante el período que va desde el tiempo de David al de Jehú.

34. Versión literal, y, como se verá, mucho más convincente.

35. Comp. con Éxodo 20:4, 5; Deuteronomio 28:26. Incluso la modificación de este último pasaje en 2 Reyes 14:11 está a favor de la edad más temprana del *Libro de Deuteronomio*, puesto que la adición sobre los «perros» señala la vida de ciudad oriental, donde los perros salvajes actúan como carroñeros.

36. Las palabras del original son difíciles de traducir porque el discurso es muy abrupto; pero la versión indicada da el significado correcto.

37. Es notable el hecho de que la misma expresión fuerte aparece solo en Ezequiel 23:35, refiriéndose al mismo pecado de la apóstata Judá seguida del mismo castigo que el de Israel.

38. Añadimos lo siguiente como la anotación rabínica más interesante sobre Jeroboam (comp. el *Nachalath Shimoni*, vol. I., p. 37, *b* y *c*): El nombre de Jeroboam se explica como «haciendo com-

Capítulo 12
(1 Reyes 15:1-15; 2 Crónicas 13–15)

Abías y Asa (2º y 3º) reyes de Israel

Jeroboam no solo vivió más que Roboam, sino que presenció el ascenso de otros dos reyes en Judá, Abías y Asa. El reinado de Abías[1] fue muy breve. Tanto 1 Reyes 15:2 como 2 Crónicas 13:2 dicen que duró *tres* años –expresión que se debe entender de acuerdo con el canon de los rabís, que el comienzo de un año en el reinado de un rey debe contarse como un año entero. Así, como Abías subió al trono en el decimoctavo año del reino de Jeroboam (1 R. 15:1), y Asa en el vigésimo (v. 9), se desprende que en realidad solo reinó algo más de dos años. Sobre Abías se observan dos cosas en especial: su relación para con Jehová (1 R. 15:3-5), y su relación con el reino de Jeroboam (2 Cr. 13:2-20).

Abías rey. Su idolatría

Empezando con el primero, se afirma que «anduvo en todos los pecados de su padre», y que «su corazón no fue perfecto para con Jehová su Dios». Estas dos afirmaciones no se explican la una a la otra, sino que se complementan. Sabemos que Roboam no había abolido el servicio de Jehová (ver, por ejemplo, 1 R. 14:28), sino que, a su lado, se había tolerado o más bien animado un culto espurio, que, a los ojos de la Santa Escritura, era igual a la idolatría. En este asunto Roboam no sólo había seguido el ejemplo de su padre Salomón, en sus últimos años, sino que aumentó gravemente el mal que entonces había empezado. Al reinado de Abías se aplica un comentario parecido, en comparación con el de Roboam. Que la idolatría del reinado de Roboam había crecido en una naturaleza peor y en su práctica más generalizada bajo el reinado de Abías, se ve en las anotaciones de la reforma instituida por su sucesor, Asa. La circunstancia anterior es implicada por los términos con los cuales se describe la idolatría de aquel período (2 Cr. 14:3, 5), y por el hecho que «la reina madre» (Maacá, madre de Abías y abuela de Asa),[2] quien bajo Abías ostentaba el rango oficial de *Gevirah*, «Reina» (la moderna *Sultana Valide*), había hecho y establecido «un horror para Aserá»[3] –una representación de madera horrible, igualmente vil e idólatra. De nuevo, el hecho de que la idolatría se había extendido más y su brazo era más fuerte, lo inferimos por que, a pesar del ejemplo, las advertencias y los esfuerzos de Asa (2 Cr. 14:4, 5), «los lugares altos no cesaron» (1 R. 15:14). Este declive espiritual progresivo bajo los reinados de Salomón, Roboam y Abías era tan notable que hubiesen merecido la eliminación de la familia de David del trono, de no haber sido por la fidelidad de Dios a sus promesas del pacto (1 R. 15:4, 5). Pero, aunque tal era el estado de la religión, Abías no sólo hizo una profesión del culto de Jehová en alta voz, sino que incluso llevó ofrendas votivas al templo, posiblemente de parte del botín tomado en la guerra (1 R. 15:15; comp. 2 Cr. 13:16-19).

En cuanto a las relaciones de Judá con el reino vecino de Israel, se puede decir que el estado crónico de guerra que había existido durante el tiempo de Roboam ahora se cambió por uno de hostilidades abiertas. Se pueden aducir dos razones de este hecho. Abías era un gobernante mucho más vigoroso que su padre, y el poder de Egipto, en el que Jeroboam confiaba para su ayuda, parece ser que había disminuido ya en esa época. Esto lo entendemos, no sólo por la falta de interferencia de Egipto en la guerra entre Abías y Jeroboam, sino porque, cuando Egipto intentaba recuperar su dominio perdido, fue bajo el gobierno de Zéraj etíope (probablemente Osorkon II), quien no era hijo del monarca anterior, sino yerno (2 Cr. 14:9); y bien conocemos el final del gran e indisciplinado ejército dirigido por Zéraj.

Guerra entre Judá e Israel

Las palabras del relato sagrado (2 Cr. 13:2, 3) implican que la guerra entre Judá e Israel fue iniciada por Abías. A ambos lados se creó una leva de los hombres capacitados para llevar armas, aunque, en cuanto a las fuerzas numéricas de los dos ejércitos se refiere, la respuesta no parece haber sido tan generalizada en Judá como en Israel.[4] Pero tal vez la aparente discrepancia se explique por la necesidad de dejar estaciones militares fuertes en el sur para vigilar la frontera egipcia (comp. 2 Cr. 14:9). Los dos ejércitos se encontraron en la frontera de los dos reinos, aunque, por lo que parece, en el territorio de Israel. Acamparon bastante cerca, separados solo por el monte Zemaraim,[5] un monte al este

petencia entre el pueblo», ya sea en referencia a su relación con Dios o entre Israel y Judá (*Sanh.* 101, *b*). Su padre Nebat es identificado con Micá, e incluso Siba, el hijo de Bichri (*Sanh.* Ib). El Talmud recoge varios relatos legendarios de la pelea de Jeroboam con Salomón, en la que el primero aparece como más acertado (*Sanh.* Ib), aunque también es acusado por la expresión pública de sus sentimientos y su rebelión. Dicha rebelión se considera la manifestación exterior de una desunión que existía mucho antes. El gobierno de Jeroboam se considera distinguido por la firmeza, y es alabado por su sabiduría, que había creado grandes expectativas de esperanza. Se afirma que la causa de su apostasía de Dios fue el orgullo (*Sanh.* 102 a). La promesa a Jacob en Génesis 35:11, «De ti saldrán reyes», se aplica en *Bereshith R.* 82 (ed. Watsh. p. 146, b), a Jeroboam; pero no se le considera partícipe del mundo venidero. Se citan siete: 3 reyes –Jeroboam, Acab y Manasés; y 4 particulares –Balaam, Doeg, Ahitofel y Gehazi (*Sanh.* 90, a). También es mencionado entre los condenados eternamente al Gehenna en *Rosh ha-Shanah*, 17, *a*.

1. *Abías* –«mi padre Jehová». Aparecen otras dos formas del nombre. En el *Libro de Reyes* siempre es llamado *Abiyam*, mientras que en 2 Crónicas 13:21 también es designado (en hebreo) *Abijahu*. Probablemente *Abiyam* (en 1 R.) era la forma más antigua –y no es imposible que fuese cambiada por *Abías*, cuando ese monarca hizo su fuerte profesión de Jehovismo (2 Cr. 13:4, etc.).

2. Puesto que Maacá, hija (nieta) de Abisalón (Absalón) era la madre de Abías, debió ser la abuela de Asa. Es designada «Reina», o más bien (en el original) *Gevirah*, que es un título *oficial*.

3. Es innecesario inquirir en las innominadas abominaciones relacionadas con lo que el original designa como un «horror», traducido como «ídolo» en algunas versiones.

4. Los números: 400.000 para Judá, 800.000 para Israel, y 500.000 muertos, siempre han resultado difíciles de entender. El obispo Kennicott y otros han considerado estos números errores de copia. Pero parece difícil imaginar tres errores consecutivos en la copia. El profesor Rawlinson (en el *Speaker's Commentary*, vol. III., p. 306) cree que tanto los combatientes como los muertos representan a los implicados en toda la guerra. Pero esto difícilmente resuelve el problema. Dos puntos pueden ayudarnos a comprender mejor el asunto, aunque solo se sugieren de modo hipotético. Primero, comparando estos números con información numérica más exacta, como en 2 Crónicas 5–7, y 12, parecen números redondeados más que cálculos precisos. Segundo, comparando estos números con el censo realizado bajo el rey David (2 S. 24:9), encontramos que el número de israelitas es exactamente el mismo en ambos casos, mientras que el de Judá es superior en 100.000 en el censo de David que en el ejército de Abías, aunque incluía a Benjamín. Si suponemos que Abías invadió Israel con un ejército normal –«empezó la guerra con un ejército de héroes de guerra», y que en defensa Jeroboam hizo una leva de todos los hombres capaces de llevar armas, podemos comprender el uso de estos «números redondeados», a partir de un censo previo. En dicho caso el número de los muertos representaría más bien la proporción de los que cayeron durante la guerra y no una afirmación numérica exacta.

5. El *Semarón* de Josefo (*Ant.* VIII. 11, 2), probablemente la moderna *Kharbet-es-Somera* (Guerin, *La Samaire*, vol. I. pp. 226, 227; vol. II. p. 175). Pero esta localización no es definitiva en absoluto.

de Betel y a cierta distancia al norte de Jericó, que forma parte de la cadena conocida como «Monte Efraín», que iba desde la llanura de Esdralón hacia el sur.

Discurso de Abías a Israel y su victoria

Desde este monte Abías se dirigió al ejército de Israel justo antes de que empezara la batalla, con la esperanza de ganar su sumisión voluntaria, o por lo menos debilitar su resistencia. Ignorando todo lo dicho contra él mismo,[6] Abías intentó impresionar a sus adversarios con el argumento que la razón estaba totalmente de su parte.[7] Con palabras llenas de ironía les presentó sus debilidades, como el resultado necesario de su apostasía de Jehová, el Dios de sus padres, y de su adopción de un culto que ni estaba de acuerdo con su antigua fe ni era respetable ante los hombres. Finalmente, protestó con voz fuerte que, puesto que Judá había ido a la guerra bajo la guía de Jehová y en el modo por él determinado, Israel en realidad estaba luchando contra Jehová, el Dios de sus padres, y no podía esperar el éxito. Por vacía que fuera esta profesión de parte de Abías, por lo menos provocó el verdadero grito de guerra de Israel. Encontró un eco en los corazones de sus seguidores. En vano Jeroboam, por medio de un movimiento ejecutado con inteligencia, atacó a Judá por delante y por detrás. El terror, al verse rodeados, simplemente llevó al pueblo a clamar a Jehová (2 Cr. 13:14), y Él fue fiel a Su promesa (Nm. 10:9). El grito de los combatientes se mezcló con el sonido de las trompetas de los sacerdotes, mientras Judá se precipitaba al ataque. Israel emprendió una huida desordenada y a continuación empezó una terrible carnicería. Los fugitivos fueron perseguidos por el ejército de Judá, y Abías recobró de Israel las ciudades fronterizas,[8] con las regiones que las rodeaban.

Muertes de Jeroboam y Abías

Como consecuencia de esta victoria el poder de Jeroboam estuvo luego en declive y el de Abías en aumento. No mucho tiempo después Jehová golpeó a Jeroboam con una enfermedad repentina o una larga, de la cual murió. No obstante, había vivido más de dos años más que su rival, Abías.[9]

Abías fue sucedido en el trono de Judá por su hijo, Asa, siendo entonces, probablemente, un niño de sólo diez u once años.[10] Esto en parte explica su educación piadosa, pues, durante su minoría de edad estaría principalmente al cuidado del sumo sacerdote (comp. 2 Cr. 22:12). También explica cómo una mujer atrevida y resuelta como Maacá podía retener todavía su posición oficial como *Gevirah*, o «reina madre», hasta que, al llegar a su mayoría de edad, el joven rey empezó su reforma religiosa.

Asa rey. Reforma religiosa en Judá

Durante los primeros diez años del reino de Asa la tierra reposó (2 Cr. 14:1). Aunque reconozcamos devotamen-

6. Tales como las condiciones de la realeza de David (Sal. 132:12), el pecado de Salomón, la locura y el pecado de Roboam, y su propia infidelidad al Señor.

7. «Un pacto de sal» –comp. Levítico 2:13; Números 18:19.cido de forma satisfactoria. Pero con toda probabilidad estas

8. La localización de «Jeshanah» y «Efraín» no se ha esclareciudades no se hallaban muy lejos de Betel.

9. La expresión (2 Cr. 13:21): «Abías aumentó en poder», o más bien «se fortaleció», también puede referirse a su alianza con Siria (2 Cr. 16:3). La anotación de sus esposas e hijos incluye, evidentemente, un período anterior de su vida.

10. Si Roboam tenía veintiún años cuando accedió al trono, y reinó dieciocho años, y luego fue seguido después de dos o tres años por su nieto, éste podía tener solo diez u once años.

«Las palabras del relato sagrado (2 Cr. 13:2, 3) implican que la guerra entre Judá e Israel fue iniciada por Abías. A ambos lados se creó una leva de los hombres capacitados para llevar armas, aunque, en cuanto a las fuerzas numéricas de los dos ejércitos se refiere, la respuesta no parece haber sido tan generalizada en Judá como en Israel. Pero tal vez la aparente discrepancia se explique por la necesidad de dejar estaciones militares fuertes en el sur para vigilar la frontera egipcia (comp. 2 Cr. 14:9). Los dos ejércitos se encontraron en la frontera de los dos reinos, aunque, por lo que parece, en el territorio de Israel.»

Estos arqueros proceden de un relieve de Nínive nos pueden ilustrar la forma y naturaleza de esa batalla. (Museo Británico)

te la bondad de Dios en esto, es fácil comprender las circunstancias externas por las que sucedió esto. La debilidad temporal de Egipto, la derrota de Jeroboam y una alianza que Abías parece haber realizado con Siria (2 Cr. 16:3), así como la rápida sucesión de dinastías en Israel posteriormente, lo explican de forma suficiente. Porque, durante su largo reinado de cuarenta y un años, Asa vio subir al trono de Israel a más de siete reyes.[11] La primera obra que Asa realizó fue una completa reforma religiosa; la siguiente, el refuerzo de las defensas del país. Por ello, el estado temporal de seguridad de aquel tiempo ofrecía una feliz oportunidad –«la tierra» estaba «todavía delante de ellos»– abierta y libre de tal enemigo, aunque no era difícil prever que esa situación no iba a durar por mucho tiempo. Y, mientras que el rey y el pueblo reconocían que ese tiempo de reposo les había sido concedido por Jehová, también sus preparativos[12] contra ataques futuros se realizaron en dependencia de él. El período de la prueba llegó muy pronto.

Invasión de Zéraj etíope

Un ejército egipcio casi incontable,[13] bajo el liderazgo de Zéraj,[14] el etíope, se precipitó sobre Judá. Avanzando por el sudoeste, a través de la frontera de los filisteos, quienes, sin duda, hicieron causa común con los egipcios (2 Cr. 14:14), aparecieron delante de Maresa (comp. Jos. 15:44). Ésta era una de las fortificaciones fronterizas que había construido Jeroboam (2 Cr. 11:8). Las capacidades naturales del lugar y su situación, tan cerca del extremo sudoeste del país, y casi a medio camino entre Hebrón y Asdod, lo determinaban como uno de los puntos estratégicos más importantes en la línea judía de obras defensivas contra Filistea, o más bien, contra Egipto.[15]

Victoria de Sefata

A unas dos millas al norte de Maresa corre un hermoso valle entre los montes.[16] Es el valle de Sefata, donde el ejército de relevo de Asa, que venía del nordeste, tomó entonces su posición. Aquí tuvo lugar una batalla decisiva, que acabó en una derrota completa de los egipcios. Se ha observado correctamente[17] que ésta es la única ocasión en que los ejércitos de Judá se atrevieron a enfrentarse, y con éxito, con Egipto o Babilonia *en el campo abierto* (sin estar detrás de alguna fortificación). En la otra única ocasión en la que se libró una batalla abierta (2 Cr. 25:20-24), acabó con la significativa derrota de Judá. Pero esta es sólo una de las cir-

11. Cuando él subió al trono, Jeroboam reinaba en Israel. Los otros siete fueron: Nadab, Baasa, Elá, Zimri, Tibni, Omri y Acab. Estos siete reyes representaban a cuatro dinastías rivales.

12. Es evidente, todos los hombres capaces de llevar armas eran entrenados para las armas. La proporción de Benjamín comparada con la de Judá es grande, pero no excesiva (comp. Gn. 49:27).

13. También consideramos estos números como números redondeados.

14. Brügsch considera a Zéraj no como Osorkon, sino como un monarca etíope independiente. Pero no hay pruebas que apoyen su hipótesis.

15. La *Marissa* de Josefo, la moderna *Marâsh*. Comp. Robinson, *Bibl. Researches*, vol. II. pp. 67, 68. Su importancia como fortificación se denota en el papel que desempeñó en la historia judía posterior, siendo tomada innumerables veces en distintos períodos.

16. No donde la halla Robinson (*u.s.* p. 31).

17. El profesor Rawlinson en su *Speaker's Commentary*.

cunstancias que hicieron notable la victoria de Asa. A pesar de que el campo de batalla (un valle) debió ser poco favorable para dominar una masa tan enorme de soldados y para usar sus carros de combate, las huestes de Egipto debieron ser casi el doble que las de Asa, y debieron tener batallones bien disciplinados y con una larga formación. Pero, por otro lado, nunca antes se había librado una batalla del mismo modo; nunca había existido una negación más clara de las cosas que se ven y una afirmación de las cosas que no se ven –que constituyen la esencia de la fe– ni tampoco una aplicación más verdadera de la misma que en la oración de Asa antes de la batalla: «¿No está en ti ayudar entre los muchos (los poderosos) en relación con la falta de fuerza (con referencia a los débiles)?[18] Ayúdanos Jehová nuestro Dios, porque en ti confiamos; y en tu nombre hemos venido (venimos) sobre esta multitud. Oh Jehová, tú eres nuestro Dios (el Dios de poder, *Elohim*): ¡Que el hombre no retenga *fuerza* a tu lado (tenga poder delante de ti)!».

Una llamada como ésta no podía ser en vano. Con las palabras significativas de la Santa Escritura, fue «Jehová» quien «golpeó» a los etíopes, y «Asa y el pueblo que estaba con él» sólo «les persiguieron».[19] Hasta Gerar, a tres horas al sudeste de la ciudad fronteriza de Gaza, llegó la persecución en medio de innumerables muertos, y la espada destructora de Jehová seguía delante de su ejército (2 Cr. 14:13), y su temor cayó sobre todas las ciudades vecinas. Despojar a las ciudades hostiles de los filisteos y llevarse mucho botín fueron una sola secuencia. Desde entonces Egipto dejó de ser una fuente de terror o de peligro, y pasaron 330 años enteros antes de que su ejército se formara de nuevo contra Judá.[20]

Mensaje de Azarías al ejército de Asa

La ocasión era demasiado favorable como para no mejorar. Asa había entrado en el camino de hacer el bien, y el Señor, a quien él y su pueblo habían clamado, había demostrado ser un Dios fiel y oidor de sus oraciones. Si la reforma religiosa que había empezado tan felizmente y el avivamiento religioso que había aparecido hubiesen producido un regreso completo al Señor, el mal que había existido en el pasado lejano y próximo y que amenazaba el futuro, aún podía evitarse. El día después de la gran victoria concedida por Dios parecía el momento más adecuado para exhortar a Judá en este sentido. En consecuencia, Azarías, hijo de Oded,[21] recibió la misión de parte de Dios de recibir al ejército victorioso de Asa, y hacer dichas consideraciones delante del pueblo. «El Espíritu de Elohim» estaba sobre él, y lo que dijo no sólo se refería al pasado y al presente, sino también al futuro. Así su mensaje queda descrito correctamente como «palabras» y como «profecía» (2 Cr. 15:8). Si se examina con cuidado, se observa tanto un discurso como una profecía. Porque sería un error suponer que el cuadro que Azarías dibujó del pecado de Israel y su consecuencia en los vv. 3, 5, 6 era el del lejano pasado en el tiempo de los jueces, el declive religioso bajo Jeroboam y Abías, o incluso su apostasía futura y su castigo. *Todos estos detalles* estaban incluidos en lo que el profeta presentó al pueblo.[22] Y no solo esto, sino que sus palabras se extendían más allá de Judá, y se aplicaban a todo Israel, como si todo el pueblo fuese considerado unificado, e idealmente uno en su relación con el Señor.[23] Así, pues, merece mención especial el hecho de que ni en el versículo 3 ni en el 5 se usa ningún verbo, como si indicara la aplicación general de la «profecía». Pero su aplicación presente, refiriéndose tanto al pecado de Judá y a su arrepentimiento, como al juicio y la misericordia de Dios, era un llamamiento ferviente al cumplimiento de la buena obra que ya había empezado (v. 7).

Y el rey y el pueblo escucharon la voz de Dios a través de su profeta. De nuevo y con más energía que antes, se puso en marcha la reforma religiosa. Se eliminaron las «abominaciones» de los ídolos, no sólo de Judá y Benjamín, sino también de las ciudades conquistadas en el norte, y el gran altar del holocausto del templo fue restaurado. El fervor de este movimiento atrajo a los laicos piadosos de las tribus vecinas, e incluso dirigió los pasos de los de Simeón (en el lejano sur) quienes, aparentemente, habían simpatizado con el reino del norte hasta entonces, pues compartían su idolatría (comp. Am. 4:4; V. 5; 8:14), para que se unieran a las filas de Judá.

Gran banquete de sacrificio en Jerusalén Renovación del pacto con Jehová

En un gran banquete de sacrificios, que el rey celebró en Jerusalén, se renovó el solemne pacto bajo el cual Israel se había comprometido originalmente con Jehová (Éx. 24:3-8), con un reconocimiento arrepentido que había sido roto, y en una elección creyente de Jehová como su Dios en adelante –tal como posteriormente también se renovó en dos ocasiones análogas: en la época de Josías (2 R. 23:3; 2 Cr. 34:31), y en la de Nehemías (Nehemías 10:28-39). El movimiento fue el resultado de un convencimiento de corazón y un ferviente propósito, y consistía, por un lado, en una empresa por la cual cualquier introducción de idolatría debería ser castigada con la muerte[24] (de acuerdo con Dt. 13:9), y, por otro lado, en un acto de consagración nacional solemne a Jehová.

Para Asa, al menos, todo esto era una realidad, aunque, por lo que a sus súbditos se refiere, parece ser que su avivamiento religioso no debía ser tan profundo ni permanente (2 Cr. 14:17). Pero el rey mantuvo su parte del solemne compromiso. Por difícil que resultara, sacó a la «reina madre» de su posición exaltada, y dio un ejemplo de sinceridad y fervor en su propia casa. Y, en prueba de su consagración a Jehová, llevó a su casa tanto los botines de guerra que su padre, tras su victoria contra Jeroboam, había apartado como la porción para Dios, como lo que ahora él mismo consa-

18. Las palabras no son fáciles de traducir con exactitud, aunque el significado es claro. Se han propuesto versiones diferentes. Nos hemos atrevido a ponerlo en interrogativo. Si no se acepta esta lectura, la que más exacta nos parece sería: «No es nada para ti, Jehová, ayudar en medio del fuerte con respecto al débil».

19. En 2 Crónicas 14:13, el hebreo es: «fueron quebrantados delante de Jehová» –como si fuera por el peso de su mano.

20. Durante el reinado de Josías (2 Cr. 35:20-24).

21. No hay ninguna razón para suponer que Oded fuese el profeta Iddo. En 2 Crónicas 15:8 las palabras «de Oded el profeta» son erróneas o una glosa. Resulta evidente no sólo por la atribución de la profecía a Oded, sino por el hecho que la estructura gramatical requiere la omisión de estas palabras o la adición de otras.

22. En cuanto al pasado, comparar Jueces 2:10; 3:14; 5:6; 7:2; 12:4; 20. En cuanto al futuro comparar aquí, Deuteronomio 4:27-30; 28:20; Isaías 9:17-20; 55:6; Jeremías 31:1; Ezequiel 36:24; Amós 3:9; Zacarías 14:13.

23. En relación con Israel, comp. Oseas 3:5; 5:13-15.

24. Algunas versiones dan la impresión de que cada caso de falta de piedad iba a ser castigado con la muerte. Pero éste no es el significado del original. Simplemente implica que la introducción de idolatría por cualquier persona debía ser castigada con la muerte (comp. Dt. 17:2-7).

graba del botín de la guerra con Egipto. Estas medidas se vieron seguidas por un período de feliz reposo para la tierra –hasta el vigésimo quinto año[25] del reinado del rey Asa.

CAPÍTULO 13
(1 Reyes 15:16–16:28; 2 Crónicas 16)

Asa (3º) rey de Judá
Nadab, Baasa, Elá, Zimri, Tibni y Omri (2º, 3º, 4º, 5º, 6º y 7º) reyes de Israel

Mientras esto sucedía en Judá, el juicio que el Señor había pronunciado, por medio de Ajías, contra Jeroboam y su casa, se estaba preparando rápidamente. Después de un reinado de dos años, aparentemente sin incidentes, Nadab, hijo y sucesor de Jeroboam, fue asesinado durante el sitio de Gibetón (la *Gabatha* y *Gabothane* de Josefo). Esta ciudad fronteriza, al borde de la llanura de Esdralón (a no muchos kilómetros al sudoeste de Nazaret, y originalmente en la posesión de Dan, Josué 19:44), debió tener una gran importancia como defensa contra incursiones desde el oeste –a juzgar por el hecho que no sólo Nadab, sino también sus sucesores intentaron, en vano, arrebatársela a los filisteos (comp. 1 R. 16:15).

Reinado de Nadab. Su asesinato por Baasa

No se ha recogido ningún otro acontecimiento durante el reinado de Nadab. «Anduvo en el camino de su padre, y en su pecado», y fue sorprendido por la destrucción repentina. Baasa –posiblemente líder de una revolución militar– lo asesinó y usurpó su trono. La primera medida del nuevo rey, en el estilo verdaderamente oriental, fue matar a toda la familia de su predecesor. Aunque el juicio de Dios sobre Jeroboam y su casa, según lo había anunciado el profeta, se cumplió de este modo, no se debe pensar en ningún momento que la malvada acción de Baasa fuera por ello menos culpable. *Todo lo contrario, la Santa Escritura anota explícitamente que este crimen fue una de las bases del posterior juicio de Baasa* (1 R. 16:7). Tal vez no resulte fácil, pero es de suprema importancia para la comprensión del Antiguo Testamento, distinguir en estos acontecimientos la acción del hombre de la dirección soberana de Dios. Así, cuando después de su acceso al trono, Jehú, el hijo de Hanani,[1] recibió el encargo de denunciar el pecado, y anunciar el juicio de Baasa, estos dos puntos se presentaron claramente en su mensaje: El pecado de Baasa en el asesinato de la casa de Jeroboam, y el hecho que su exaltación se debía al Señor (1 R. 16:7; comp. v. 2).[2]

Guerra entre Judá e Israel
Alianza de Baasa con Siria

Baasa había salido de una tribu totalmente desapercibida por sus logros de guerra,[3] y de una familia aparentemente innoble y desconocida (1 R. 16:2). Su único derecho a la corona estaba en sus proezas militares, que el vecino país de Judá estaba a punto de conocer. Bajo su reinado el estado de guerra crónica entre los dos países pronto fue substituido una vez más por la hostilidad activa. Por los relatos comunes del *Libro de Reyes y Crónicas* (1 R. 15:16-22; 2 Cr. 16:1-6), vemos cuál era el objetivo de Baasa en esta guerra, y cómo habían sido sus preparativos para la misma. Parece ser que el padre de Asa, Abías, había hecho una alianza con el poder creciente de Siria bajo Tabrimon «bueno es Rimmon»),[4] con la intención de mantener a Israel en jaque al colocarlo entre dos enemigos –Siria al norte y Judá al Sur. Esta «alianza», según inferimos, fue interrumpida por Asa durante la primera parte de su reinado, cuando su confianza estaba más plenamente en Jehová su Dios. En estas circunstancias Baasa se apresuró a hacer una alianza con Siria y lo consiguió. Su primer objetivo era detener la migración de israelitas al reino de Judá, y la creciente influencia de Asa sobre sus propios súbditos, como consecuencia de su gran reforma religiosa (1 R. 15:17). Su segundo objetivo era sobrecoger Jerusalén, para prácticamente paralizar el poder de Judá. Al principio la invasión tuvo éxito, y Baasa penetró hasta Ramá, a medio camino entre Betel y Jerusalén, obteniendo de esta manera el dominio de los dos caminos que iban de norte a este hasta la capital judía. Esto, evidentemente, no sólo implicaba la reconquista de las ciudades que Abías había tomado de Israel (2 Cr. 13:19; comp. también 15:8), sino también el completo aislamiento y dominio de Jerusalén. Ramá debía ser convertida inmediatamente en fortaleza.

En esta situación de angustia parece ser que Asa se había olvidado de la manera en que se había obtenido su anterior y brillante victoria contra Zéraj. En vez de confiar totalmente en Jehová su Dios, parece ser que consideró que su antigua política con respecto a Siria había sido un error. Como muchos que, al perder el frescor inicial de su fe, intentan combinar la confianza en el Señor con lo que consideran medios más útiles del éxito mundano, Asa hizo una nueva alianza[5] con Ben-Hadad, comprándola con la plata y el oro atesorado en el templo y el palacio real. Podía argumentar que esto no implicaba una renuncia a su anterior fidelidad a Jehová; que no tenía ninguna relación personal con Siria, la cual, de hecho, estaba lejos de sus dominios; que se trataba sólo de un movimiento en respuesta a los esquemas de Baasa; y que una alianza parecida había resultado eminentemente exitosa durante el reinado de su padre. Pero el resultado de una alianza tan incongruente y comprada de un modo tan dudoso era el principio de un declive espiritual y produjo poco honor o beneficio real para su país.

---

25. Como las fechas de 2 Crónicas 15:19 y 16:1 son incompatibles con la de la muerte de Baasa (1 R. 16:8), y en consecuencia, con la de la guerra de Baasa contra Asa, los comentaristas han intentado obviar la dificultad ya sea suponiendo que el numeral 35 se refiere, no a la fecha del ascenso de Asa, sino a la de la separación de los reinos de Judá e Israel, o bien enmen-dando el numeral del *Libro de Crónicas*. Esta última, evidentemente, es la única solución satisfactoria. Evidentemente se trata de un error de copia, y el número que debe sustituir 35 no es el 15 (como hacen muchos comentaristas alemanes) sino el 25 –y esto por razones demasiado largas para explicarlas aquí (כה en vez de לה).

1. En cuanto a Jehú, comp. 2 Crónicas 19:2, 3; su muerte 20:34. En cuanto a Hanani, comp. 2 Crónicas 16:7-10.

2. De hecho la última cláusula de 1 Reyes 16:7 parece añadida para explicar la afirmación del versículo 2.

3. La tribu de Isacar; comp. Gn. 49:14, 15. Esa tribu aportó el juez Jola (Jue. 10:1).

4. El dios Rimmon –o más probablemente Hadad-Rimmon, el dios Sol de los Sirios, 2 Reyes 5:18. Hadad, «el sol», parece haber sido un título real tanto en Siria como en Edom. Tal como se afirmaba en una nota anterior, parece ser que hubo cuatro reyes en Siria con este nombre: Hadad-ezer, en tiempos de David; Hezion (Hadad II) en los de Roboam: Tab-Rimmon (Hadad III) en tiempos de Abías; y Ben-Hadad (Hadad IV.) en tiempos de Asa. Tenemos dudas acerca de si el Rezon de la época de Salomón (1 R. 11:23-25) era el mismo que Hezion, o si el primero era un usurpador.

5. El significado de 1 Reyes 15:19 es: Que haya una alianza.

Asa gana a Ben-Hadad

Ben-Hadad estaba perfectamente dispuesto a escuchar las propuestas de Asa. Nunca podía haber sido su política real fortalecer el estado vecino de Israel y debilitar el de Judá. Al recibir el rico soborno, que hacía de Judá virtualmente un tributario suyo, rompió sus relaciones con Baasa, e inmediatamente invadió Israel, entrando en el territorio del norte, penetrando hasta la región de Cinerot (Jos. 11:2; 12:3; 19:35) –que dio el nombre al lago de Genesaret– y ocupando Neftalí. Este peligro amenazador en el norte de sus dominios obligó a Baasa a abandonar rápido Ramá. Ahora Asa convocó a todo Judá. Los materiales acumulados para la fortaleza de Ramá fueron sacados, y se usaron para construir dos nuevos fuertes: Geba («el alto») y Mizpa («la perspectiva») (comp. 18:24, 26; también Jer. 41:5-9). Estas dos ciudades estaban en el territorio de Benjamín, a unos cinco kilómetros al norte de Ramá, en posiciones muy fuertes, y controlaban los dos caminos a Jerusalén.

Mensaje profético a Asa

Pero con la retirada de Baasa de Ramá, no se acabaron los problemas de Asa; más bien acababan de empezar. Cuando estaba solo y sin ayuda había salido al encuentro de las huestes de Egipto, en el poder de Jehová, y había encontrado un éxito significativo; le siguió la paz y la prosperidad; y el profeta de Dios le fue enviado de manera especial para recibir al ejército que regresaba con noticias buenas y animadoras. Ahora todo era diferente. Hanani, el profeta, recibió instrucciones de ir al encuentro de Asa con un mensaje de reproche y juicio; en vez de paz, como antes, en adelante habría una guerra continua (2 Cr. 16:9); y la alianza con Siria no sería para honor ni para provecho. Por otro lado, si se hubieran cumplido sus temores, y los ejércitos conjuntos de Israel y Siria invadieran Judá, si, en lugar de comprar la alianza de Ben-Hadad, hubiese continuado hacia adelante en el nombre del Señor, la victoria como la que obtuvo contra los etíopes hubiese sido suya de nuevo (2 Cr. 16:7). Es decir, Asa había escogido una política mundana y ahora debía atenerse a sus modos de actuar. Ya no estaría Jehová en formación contra el poder del hombre, sino que la oposición sería simplemente sobre la base del ingenio y la fuerza, como entre el hombre y el hombre (2 Cr. 16:9).

Resentimiento del rey

Hanani había hablado, como todos los profetas de Jehová, sin miedo, fielmente y solo con la verdad. Fue posiblemente la convicción de este hecho lo que, en un estado sin humillación del rey, alimentara su ira contra el «vidente». Una vez más Asa podía pensar que no se trataba de una rebelión contra Dios, sino una simple precaución contra la desunión y la insatisfacción entre sus propios súbditos, amenazando con malograr sus cálculos y combinaciones políticas, para usar medidas de severidad contra el profeta de quien se hubiera apartado en una época anterior de su reinado. Tanto más necesarias podían parecer, cuanto la persona indeseada que le amonestaba evidentemente dominaba los corazones de una parte influyente de la comunidad. Pero era un procedimiento desconocido, que felizmente sólo encontró imitadores en los peores tiempos de Israel (1 R. 22:26-29; Jer. 20:2; 29:26; Hch. 16:24), el hecho poner al profeta del Señor «en la casa del cepo»[6] por su fidelidad, y por medio de una serie de persecuciones para oprimir y, si era necesario, aplastar[7] a sus simpatizantes.

Declive religioso de Asa

Esto tampoco era todo. La tendencia fatal que se había visto en la alianza siria, y todavía más en las medidas contra Hanani y sus simpatizantes, continuaron y aumentaron con el pasar de los años. Dos años antes de su muerte, Asa sufrió una enfermedad[8] en los pies. En esto «tampoco»[9] «buscó en Jehová, sino a los médicos».[10] No es necesario explicar la culpabilidad que la Santa Escritura atribuye a este hecho sobre la base de que estos médicos eran llamados «hombres de medicina» (como entre los paganos), como tampoco es necesario suponer que usaran métodos idólatras o incluso supersticiosos. El ejemplo de Ezequías (2 R. 20; 2 Cr. 32:24) muestra de manera suficiente cómo una persona que confiaba plenamente en el Señor hubiese pensado y actuado en estas circunstancias. Por otro lado, Asa demostró en este caso la misma falta de religión práctica que en su alianza con Siria –un estado mental que Bengel describe acertadamente como ortodoxia teórica con ateísmo práctico. Y –tal como el profeta resumiera anteriormente lo que Asa consideraba sin duda lo máximo en sabiduría política con su crítica breve, aunque algo dura: «Te has comportado estúpidamente en esto» (2 Cr. 16:9)– así también se podía decir de él en este asunto. No había buscado a Jehová, sino que había buscado en los médicos –y debía atenerse a la ayuda que había buscado. No había confiado en lo sobrenatural, sino que había recurrido a lo natural: y en el curso natural de su enfermedad, acabó en la muerte. No estaba mal usar medios como los que se usaran en la sanación milagrosa de Ezequías (2 R. 20:7), o como en el rescate milagroso de los acompañantes de San Pablo en el naufragio (Hch. 27:23, 24, 43, 44). Y, si hay una lección que nos haya impresionado más que otra en el curso de esta historia, es el uso de medios naturales, en el orden normal y racional de los sucesos, para el cumplimiento de los propósitos sobrenaturales y anunciados por Dios. Pero el error y el pecado de Asa consistían en buscar un objetivo, por lícito y deseable que fuera, sin buscar primero a Jehová. Dicha actitud conllevó su resultado natural. Porque lo que el hombre siembra, eso –el mismo tipo de grano– segará; tal como trabajamos para obtenerlo (o lo recibimos en nuestras manos), o por lo contrario, mucho más precisamente por ello, primero oramos: «Danos hoy nuestro pan diario», y luego recibimos como directamente de su mano el fruto consagrado de nuestro trabajo.

Muerte de Asa. Muerte de Baasa

La misma triste coherencia de la vida de Asa se halló en su muerte. Parece ser que se construyó un mausoleo en

---

6. En hebreo se utilizan dos palabras para «el cepo». El que se usa aquí combinaba la picota para el cuerpo con el cepo para las piernas. De hecho, se trataba de un instrumento de tortura, quedando el cuello y los brazos aprisionados y el cuerpo en una posición doblada.

7. El verbo significa verdaderamente «aplastar». Se suele usar en relación con la opresión cruel, como en Deuteronomio 28:33; 1 Samuel 12:3, etc.

8. Según el Talmud (*Sotah* 10 a) se trataba de la gota.

9. Traducción literal de 2 Cr. 16:12.

10. Merece la pena comentar que cuando se refiere a la búsqueda verdadera de Jehová, el original emplea simplemente el acusativo, como si indicara el aspecto directo de la relación; mientras que en todas las consultas o solicitudes espurias se usa la preposición *en* o *por*, como si, al denotar el medio por el cual se busca el objetivo, al mismo tiempo se indica que cualquier resultado obtenido sigue viniendo solamente de Dios. Porque el hebreo puede ser designado como la única lengua teológica verdadera.

la ciudad de David; y allí le pusieron con una pompa casi egipcia sobre un lecho de especias, y se quemó en su entierro una gran cantidad de caras especias y perfumes, ya sea por primera vez en un funeral real, o de acuerdo con una práctica más antigua.[11]

Pero siguiendo el relato de la Santa Escritura, de hecho nos hemos anticipado al curso de esta historia. Pues, como hemos dicho, Asa no sólo vivió más que Baasa, sino que en total vio ocho reyes en el trono de Israel. Parece ser que Baasa sobrevivió a su derrota poco más de un año. Le sucedió su hijo Elá, en el año vigésimosexto del reinado de Asa.

Reinado de Elá

El gobierno de Elá duró solo dos años, o más correctamente, parte de dos años. Baasa había puesto el ejemplo de las revoluciones militares, en las que el soldado favorito subía al trono asesinando a su predecesor, y se efectuaba la extirpación de todos los que tuvieran algún derecho rival a la corona. El precedente era peligroso; y en adelante el trono de Israel fue ocupado por una serie de aventureros militares, cuya línea no fue más allá de sus sucesores inmediatos. El hijo de Baasa era un libertino cobarde, que, olvidando incluso el decoro de los príncipes orientales, se abandonaba a las orgías en las casas de sus favoritos, mientras su ejército estaba luchando delante de Gibetón.

Asesinato de Elá de la mano de Zimri

Cayó víctima de una conspiración de la corte. Sólo conocemos a dos de sus agentes: Arza, el mayordomo del palacio del rey, en cuya casa Elá se estaba emborrachando, y el asesino y sucesor del rey, Zimri, que ostentaba el cargo de jefe sobre la mitad de sus «carros», o tal vez su caballería. El reinado de Zimri duró sólo siete días, pero se vieron manchados con más sangre de lo normal en dichas ocasiones. Porque Zimri no sólo destruyó a la familia de su predecesor, sino que mató a todos los «vengadores de sangre» (familiares y parientes), e incluso a «los amigos» del rey muerto.

Omri destrona a Zimri
Guerra entre Omri y Tibni

Ya sea que, como explica Josefo (*Ant.* VIII. 12, 4), Zimri había escogido para su rebelión el momento cuando todos los oficiales principales estaban en el campamento, o bien que Omri mismo formara parte de la conspiración desde el principio, estaba claro que el ejército no estaba dispuesto a reconocer al nuevo usurpador. Rápidamente proclamó a Omri como su general, y bajo su liderato fue a Tirsa. Zimri se mantuvo hasta que la ciudad fue tomada y entonces se retiró a «la ciudadela del palacio del rey»,[12] la incendió y pereció en medio de sus llamas. Pero Omri no gozó inmediatamente de la posesión indisputable del trono. Durante cuatro años el pueblo estuvo dividido entre él y otro candidato a la corona, Tibni, el hijo de Genat. Al final Omri prevaleció, y «Tibni murió» –en la batalla o, según parece implicar Josefo (*Ant.* VIII. 12, 5), por orden de su rival.

Omri ocupó el trono durante un total de doce años (o parte de doce años). Los primeros cuatro los pasó luchando con Tibni. Durante los dos años siguientes vivió en Tirsa. Después de esto compró a Semer, por dos talentos de plata (unas 780 £), el monte de Samaria.

Reconstrucción de Samaria

Sobre esta posición de mando construyó la nueva capital de Israel, que, según el texto sagrado, llamó *Shomeron*,[13] como el antiguo propietario del lugar. Pero, por otras razones, merecía ser llamada «montaña vigía», tal como se puede traducir este nombre. Situada más o menos en el centro de la tierra, a unos diez km al noroeste de Siquem, ocupaba un monte dominante, que se elevaba sobre un amplio valle, rodeado por todos los lados por montañas, a través de las cuales había una sola entrada desde el oeste. Así la sede de la nueva capital, que también se distinguía por su gran hermosura, era especialmente adecuada tanto para la observación como para la defensa. El campo a su alrededor era muy rico, y el lugar tenía buenos suministros de agua. No podía un monarca o un general escoger un lugar más apto. Esto explica la continua importancia de Samaria a través de todos los diversos avatares del país y su gente. El pobre pueblo moderno de *Sbuatiyeh* (la antigua *Sebaste*), con menos de mil habitantes, que ocupa la sede de la que fuera una ciudad espléndida, donde Omri, Acab y sus sucesores tuvieron su corte, contiene unos pocos rasgos de su grandeza antigua. Pero éstos son suficientemente notables.[14] La antigua Acrópolis, o templo, palacio y ciudadela, parece haber estado en el lado oeste del monte, y su sede todavía está determinada por las ruinas de una estupenda columnata de monolitos. El acceso al castillo debió ser a través de terrazas en ascenso, sin duda cubiertas con casas y palacios. No queda ningún rasgo de ello. Sólo en la parte más alta –desde donde se veía al oeste el Mediterráneo, y al este, a través de las montañas, una vista sin rival por su belleza y fertilidad –unos cuantos pilares rotos y trastocados determinan el lugar del castillo real. Las dinastías que reinaron allí fueron barridas hace mucho tiempo; el pueblo sobre el cual gobernaron fue llevado en un cautiverio sobre el cual yace el velo de misterios impenetrables. Solamente la palabra del Señor se ha mantenido firme e inamovible. De Nadab, Baasa, Elá, Zimri y Omri la Escritura solo dice una misma cosa: anduvieron en el camino y el pecado de Jeroboam, hijo de Nebat, «con lo que hizo pecar a Israel, para provocar a Jehová, el Dios de Israel a ira». Y el mismo juicio cayó sobre cada uno de ellos. Pese a esto, aún tenían que llegar pecados más graves y juicios más terrible.[15]

Capítulo 14
(1 R. 16:29-33; 22:41-44; 2 Cr. 17; 18:1, 2)

Omri fue sucedido en el trono de Israel por su hijo Acab, en el trigesimoctavo año del reinado de Asa, rey de Judá.

---

11. La primera opción parece ser la más probable. Casi huelga decir que la práctica pagana de la *incineración* era desconocida. Sobre este tema y la quema de especias en dichos funerales, comp. Geier, *De Ebra Luctu*, pp. 104-119. De acuerdo con los escritos rabínicos, Asa era uno de los reyes modelo.

12. Ésta es la traducción correcta del original.

13. Es notable observar que en los monumentos Asirios más antiguos la ciudad es aún denominada como la de Omri, apareciendo su nombre posterior sólo en tiempos de Tiglat-Pileser, cerca de doscientos años después de su construcción por Omri. Ésta es una confirmación del relato de la Escritura digna de mencionarse. Según la tradición, Juan Bautista fue sepultado en Samaria.

14. Ver la descripción altamente completa de M. Guérin (*La Samaire*, vol. II. pp. 188-210).

15. El Talmud (*Sanh.* 102 b) pregunta si Omri era digno del reino –la respuesta es que añadió una ciudad a la tierra de Israel.

Acab rey

Con el ascenso de Acab se puede decir que empezó un nuevo período de la historia de Israel, tanto desde el punto de vista político como religioso. En cuanto al primero, Omri ya había preparado el camino para un progreso más terrible de la apostasía en Israel. Usando las palabras de la Santa Escritura (1 R. 16:25), «hizo peor que todos los que habían sido antes que él». Fueran cuales fueran los «estatutos» o ordenanzas que introdujo en este sentido, marcaron una época en la historia del declive religioso de Israel (Mi. 6:16). Pero Acab superó con creces la maldad de su padre, primero al establecer relación matrimonial con la vil dinastía de Etbaal, luego al hacer del culto de Baal la religión establecida de Israel, con toda la vileza y la persecución que esto implicaba. En estas circunstancias, sin duda, podemos esperar la intervención de Jehová. Porque con un rey y una reina así y con un pueblo, no sólo desprovisto de los servicios del templo y del sacerdocio levítico, sino entre los cuales los infames ritos de Baal y Astarté se habían convertido en el culto establecido, los medios normales hubiesen sido en vano.

Continúa el declive religioso en Israel

Una vez tras otra los mensajeros enviados por Dios habían pronunciado Su palabra y anunciado Sus juicios, sin producir ni siquiera un mínimo efecto. Se necesitaba algo más, para poner en jaque de manera efectiva al culto de Baal. En consecuencia, este período de la historia de Israel también se ve marcado por una gran extensión del orden y la misión proféticas. Estaba en sus manos mantener vivo en la tierra el conocimiento de Jehová y también enfrentarse con la evidente y atrevida idolatría del rey y del pueblo con una manifestación de *poder* que no pudiese ser resistido ni refutar. De ahí la frecuencia sin comparación de milagros, mayormente diseñados para demostrar la vanidad de los ídolos contra el poder del Dios viviente, la realidad de la misión de los profetas y de la autoridad que el Señor había delegado en sus mensajeros. Sólo así se podía producir algún efecto. Fue un período extraordinario –y Dios realizó una actuación extraordinaria. Ya hemos indicado que, en general, considerando las naciones y esperanzas de las épocas, los milagros se desarrollaron, por así decirlo, como la manera ordinaria de Dios para enseñar a los hombres de aquella época. Esto es en especial cierto en el período que estamos considerando. De ahí la acumulación poco frecuente de lo milagroso –y ello sobre todo en un aspecto de poder– como lo presentaron Elías y Eliseo, lejos de parecer extraña o injustificable, resulta especialmente necesaria.

Relaciones políticas entre Israel y Judá

Desde el punto de vista político, éste fue un período de gran cambio. Porque, mientras que hasta entonces los dos reinos de Israel y Judá habían estado en constante guerra, ahora se formó una alianza entre ellos. Al principio, efectivamente, parecía distinto. Cuando Acab subió al trono de Israel durante la vida de Asa, las relaciones entre los dos reinos continuaron como antes. Y cuando, en el cuarto año del reinado del rey Acab, Josafat sucedió a su padre Asa (2 R. 22:41), parecía que la alianza entre los dos países hermanos estaba más remota que nunca.

Josafat rey. Casamiento de Acab con Jezabel

Josafat empezó su reinado fortaleciendo las defensas de su país contra Israel (2 Cr. 17:1, 2). Sus medidas religiosas iban en la dirección opuesta a las de Acab. Él personalmente era piadoso con fervor y se afirma que anduvo «no de acuerdo con las actuaciones de Israel». Por otro lado, Acab estableció, probablemente en el comienzo de su reinado, una alianza con la dinastía más malvada en poder en aquel tiempo, al casarse con Jezabel,[1] hija de Etbaal (o Itobalus, «Baal está con él»). Josefo nos ha conservado la historia de esta familia real (*Contra Ap.* I. 18). Parece ser que Etbaal era originariamente el sumo sacerdote del gran templo de Astarté en Tiro; que asesinó a su rey, y usurpó el trono, que ocupó durante cuarenta y dos años; y que su dinastía continuó hasta por lo menos sesenta y dos años después de su muerte. Estas anotaciones serán suficientes para explicar la educación recibida por Jezabel. Una mujer inteligente, fuerte, osada y sin escrúpulos, devota por convicción a la idolatría más baja y repugnante que el mundo jamás haya conocido, combinando con esto el desprecio de los derechos y las conciencias de los otros, y la total indiferencia en cuanto a los medios usados, que caracterizan los peores aspectos del despotismo oriental. Que ella odiaría la religión de Jehová, y se propondría destruirla totalmente –y también, sin duda, todo lo que no se doblara ante su voluntad imperiosa; que demostraría ser el enemigo implacable de todo lo piadoso o incluso libre en Israel; y que no se asustaría del asesinato a gran escala de los que se resistían u oponían a ella, es prácticamente una consecuencia evidente. No obstante, por extraño que parezca, hay algo grande en esta mujer fuerte, determinada y atrevida, que se manifiesta tanto más notablemente en su contraste con su esposo. Jezabel era toda ella una reina –aunque del tipo sacerdote-rey fenicio que había usurpado el trono por medio del asesinato.

El culto de Baal y Astarté establecidos en Israel

La inmediata consecuencia de esta desafortunada unión fue que la religión de Jezabel se convirtió en el culto de Israel. Acab construyó en Samaria un templo a «el Baal»[2] –el dios sol (el principio productor de la naturaleza)– en el que no sólo erigió un altar, sino, como entendemos en 2 Reyes 3:2; 10:27, también una de esas columnas distintivas de sus viles ceremonias. Como solía suceder donde se hacían estos ritos completos, también hizo la Asera»[3] –Astarté, la diosa luna (el principio receptivo de la naturaleza)– de modo que el culto fenicio se había establecido enteramente. Según inferimos por noticias posteriores, había una «sacristía» adjunta a estos templos, donde se guardaba la ropa especial de fiesta, que se llevaba para las grandes ocasiones (2 R. 10:22). Acab –o más bien Jezabel– designó no menos de 450 sacerdotes de Baal y 400 de Asera, mantenidos por la generosidad de la reina (1 R. 18:19; 22:6). La introducción forzada de este nuevo culto conllevó una persecución sistemática de los profetas, e incluso de los adoradores abiertamente profesantes de Jehová, cuyo objetivo era su completa exterminación (1 R. 18:13; 19:10; 2 R. 9:7). Estas medidas se debieron por entero al poder absoluto que Jezabel ejerció sobre

1. El estudiante clásico estará interesado en saber que Jezabel era tía abuela de Dido, fundadora de Cartago. Las notas de Josefo tienen sus fuentes en Menandro.

2. Con artículo –la divinidad suprema fenicia y asiria, adorada bajo diversos nombres por toda aquella parte de Asia. El estudio crítico de la mitología de estos países ha producido muchos resultados interesantes, y ha mostrado, con sorprendentes similitudes en la designación de la divinidad, el contraste más absoluto con la religión de Jehová en cuanto a la doctrina y la vida, como para destacar en gran manera el origen celestial de esta última.

3. No como en algunas versiones (1 R. 16:33): «Y Acab hizo una arboleda».

«El hijo de Baasa era un libertino cobarde, que, olvidando incluso el decoro propio de los príncipes orientales, se abandonaba a las orgías en las casas de sus favoritos, mientras su ejército estaba luchando delante de Gibetón. Cayó víctima de una conspiración de la corte. Sólo conocemos a dos de sus agentes: Arza, el mayordomo del palacio del rey, en cuya casa Elá se estaba emborrachando, y el asesino y sucesor del rey, Zimri, que ostentaba el cargo de jefe sobre la mitad de sus 'carros', o tal vez su caballería.»

El caso de Elá es sólo un ejemplo del modo violento de sucesión al trono que se instaura en Israel, Elá reino durante dos años y fue asesinado cuando estaba «en Tirsa bebiendo y embriagándose en casa de Arza» (1 R 16:9). Elá pereció de la manera más indigna, en la actitud de este «bebedor» descubierto en Chipre. (1000 a.C., Museo del Louvre)

su marido. Acab, de estar solo, hubiera cedido a mejores influencias (comp. 1 R. 18:39-46; 20:13, etc.; 21:27-29).

Carácter de Acab

En general Acab presenta una mezcla extraña, pero no poco común, de bien y de mal, noble y mezquino, que al final no se decantó para Dios y lo bueno y verdadero, sino por el triunfo del mal, para su propia destrucción y la de su raza. Porque tenía unas cualidades que, si hubiesen dirigido por el temor de Dios, podían haber hecho de él incluso un gran rey. A veces era valiente, incluso caballeroso (comp. p.ej. 1 R. 20:11, e incluso el v. 32); real en sus gustos y empresas (1 R. 22:39; 2 Cr. 18: 2); y dispuesto, bajo emoción temporal, a ceder a la voz de la consciencia. Pero todo esto se vio deteriorado por una debilidad fatal, egoísmo, indulgencia propia descontrolada, total falta de religión, y especialmente la influencia de su esposa, de modo que en el lenguaje de la Santa Escritura «se vendió a sí mismo para obrar el mal a los ojos de Jehová», incitado a ello por su esposa Jezabel (1 R. 21:25).

Reformas religiosas en Judá

Mientras estas influencias estaban en acción en Israel, Josafat, animado por la bendición que había sobre su reino, una vez más retomó vigorosamente el trabajo de la reforma religiosa en Judá (2 Cr. 17:6-9). No sólo sacó los «lugares altos y los bosques», sino que, en el tercer año de su reinado,[4] envió a cinco de sus príncipes, acompañados por nueve levitas principales y dos sacerdotes, por todas las ciudades de Judá para que enseñaran la Ley al pueblo –sin duda el Pentateuco,[5] del cual llevaban la copia autorizada. La instrucción propiamente dicha estaría encargada seguramente en manos de los miembros sacerdotales de la comisión (comp. Lv. 10:11; Dt. 17:8, 9), mientras que la presencia de los príncipes no sólo servía para asegurar la autoridad de los profesores y la eficacia de su trabajo, sino que además era un requisito para fines civiles, puesto que la Ley de Moisés concernía a muchas de las relaciones sociales de la vida, y en consecuencia requería para su cumplimiento la autoridad de los magistrados. Una vez más llegaron señales de la aprobación divina.

Josafat y su relación con Acab

Algunos jefes filisteos rindieron un homenaje voluntario a Josafat; las tribus árabes sometidas por Asa durante su persecución de Zéraj, el etíope, volvieron a pagar su tributo; se construyeron nuevos castillos para la defensa del país, se hicieron «ciudades almacén», y las diversas ciudades recibieron provisiones;[6] mientras que se preparó un gran ejército,[7] cuyos cinco jefes residían en Jerusalén, para estar bajo las órdenes personales del rey.[8]

Fue en circunstancias marcadas por esta prosperidad que Josafat «unió su afinidad con Acab». El texto sagrado observa esto de manera especial (2 Cr. 18:1), en parte para mostrar que Josafat no tenía ninguna excusa para dar dicho paso, y en parte, según nos parece, para indicar que esta alianza debió ser una iniciativa de Acab. Los motivos que podían influir al rey de Israel no son difíciles de comprender. El poder del país había sido grandemente debilitado por Siria durante el reinado de Omri. No sólo había tomado Ben-Hadad unas cuantas ciudades, tanto al este (Ramoth-Galaad, por ejemplo) como al oeste del Jordán, sino que el país había quedado prácticamente sometido a él, puesto que reclamaba incluso en la capital, Samaria, el derecho a tener «calles», o más bien «plazas», es decir, barrios sirios de la ciudad, que reconocieran su dominio (comp. 1 R. 20:34). Y ahora Ben-Hadad había sido sucedido por un hijo con el mismo nombre, igualmente guerrero y ambicioso. En estas circunstancias era de suma importancia para Acab asegurar la paz permanente en su frontera del sur o judía, y, a ser posible, conseguir aliarse activamente con un monarca tan poderoso y rico como Josafat. Por otro lado, no es tan fácil percibir las razones que influyeron al rey de Judá. Evidente no le debía interesar ver el poder de Siria tan grande cerca de sus fronteras. ¿Deseaba también sanar la diferencia de tanto tiempo (setenta años) surgida entre Judá e Israel? ¿Tenía la débil esperanza de que, al casarse su hijo con la hija de Acab, los dos reinos se podrían unir de nuevo, y se podría establecer de nuevo un reino unido y sin división en la casa de David? ¿O simplemente se dejó llevar por los acontecimientos, siendo demasiado débil para resistir, y demasiado confiado para tener miedo del mal? No podemos añadir nada más que sugerencias, puesto que el texto sagrado no ofrece ninguna clave a este acertijo político.

Casamiento de Joram con Atalía y sus consecuencias

Según nuestros cálculos fue más o menos durante el octavo año del reino de Josafat, y en consecuencia el doceavo del de Acab, cuando Joram, hijo de Josafat –entonces un chico de quince o dieciséis años– se casó con Atalía, hija de Acab y Jezabel (2 Cr. 21:6).[9] Josafat vivió el tiempo suficiente como para ver algunos de los frutos amargos de la alianza incauta e impía que había sancionado. Ocho o nueve años más tarde, fue a hacer aquella visita a Acab que le llevó a la desastrosa guerra con Siria, en la cual murió Acab (2 Cr. 18). Luego vino la expedición marítima conjunta de Josafat y el hijo de Acab, que acabó en pérdida. Pero lo peor iba a llegar después de la muerte de Josafat. Su hijo y sucesor, el esposo de Atalía, introdujo en Judá la idolatría de su esposa,

4. Se ha sugerido ingenuamente (Hitzig), que este año fue un Año de Jubileo, es decir 912 a.C.

5. Así el Pentateuco en su forma actual circulaba diez siglos antes de la época de nuestro Señor.

6. Este parece ser el significado real del hebreo, y no «muchos negocios,» como en otras versiones de 2 Crónicas 17:13.

7. Recientemente se ha intentado realizar una defensa muy ingeniosa de las cifras de este ejército. Pero dichos números nos parecen corruptos, aunque es imposible mostrar alguna prueba clara al respecto aquí. Probablemente eran ilegibles o estaban tachados, y el copista parece ser que puso los dos primeros a partir del capítulo 14:8, mientras que los otros tres se formaron deduciendo 100.000 de cada uno de ellos. El total es *el doble* del capítulo 14:8.

8. Éste parece ser el verdadero significado del texto hebreo.

9. Llegamos a esta conclusión por lo siguiente. Cuando ocho o nueve años más tarde –es decir, en el decimoséptimo año de Josafat, éste hizo su visita memorable a Acab (1 R. 22:2), Ocozías, el hijo de Joram, ya debía tener ocho o nueve años, puesto que subió al trono unos trece años más tarde, después de la muerte de su abuelo, y su padre, a la edad de veintidós años (2 R. 8:26). Pero debemos admitir que la cronología de esos reinos es algo difícil. De hecho es imposible llegar a un acuerdo perfecto. Porque las fechas no se dan según una norma fija (como la creación, o el nacimiento de Cristo), sino con referencia a los reinados de varios reyes. Pero, de acuerdo con la práctica judía, un año de reinado de un rey se cuenta desde *Nisan* (abril) a *Nisan*, de manera que cualquier tiempo anterior o posterior a Nisan se contaría como un año entero. Así un príncipe que subiera al trono en *Adar* (marzo) de un año y muriera en *Ijar* (mayo) del siguiente, aunque sólo hubiese reinado catorce meses, se diría que reinó *tres años*. Esta diferencia, cuando se aplica a los reinos de Israel y Judá, constituye una de las dificultades prácticas principales para establecer un acuerdo perfecto.

y trajo la vergüenza y la pérdida a su pueblo. El siguiente ocupante del trono –el hijo de Atalía– siguió el ejemplo de su padre, y pereció por orden de Jehú. Finalmente llegó la terrible tragedia del gran asesinato de los príncipes reales de mano de Atalía, el reinado de ésta y su trágica muerte.

No era a través de los medios usados por Josafat que el bien podía venir a Judá, la división se podía sanar entre las tribus separadas, restablecer el reino de David, o incluso volver la paz y la justicia a Israel. Pero Dios ya había preparado otros instrumentos para conseguir sus propósitos. Se alzaría una voz lo suficientemente fuerte como para ser oída hasta en los extremos de aquella tierra; una mano suficientemente fuerte no sólo para resistir el poder de Acab y Jezabel, sino para quebrantar el de Baal en la tierra. Y todo ello no por el poder o las estratagemas del mundo, sino por la manifestación del poder de Jehová como el Dios vivo.[10]

Capítulo 15
(1 Reyes 16:34–17)

Acab (8º) rey de Israel

Con la subida al trono de Acab y Jezabel, el establecimiento del culto de Baal como religión estatal, y el intento de exterminación de los profetas y seguidores del Señor, la apostasía de Israel alcanzó su punto más elevado.

Reconstrucción de Jericó

Como si se tratara de hacer notar tanto la despreocupación de Israel por los juicios amenazadores de Dios, como la vindicación futura del reinado de Jehová, la Santa Escritura introduce aquí una nota sobre la reconstrucción de los muros de Jericó, y del cumplimiento literal de la maldición de Josué sobre quien los construyera[1] (1 R. 16:34; comp. Jos. 6:26). En efecto, la tierra estaba madura para la hoz del juicio. Pero tal como la longanimidad de Dios había esperado en los días de Noé, también fue así en los de Acab; y como entonces el predicador de justicia había alzado la voz de advertencia, al mismo tiempo que ofrecía pruebas de la destrucción que debía llegar, también ahora Elías recibió la comisión de presentar a los hombres de su época, por medio de obras simbólicas, la alternativa entre servir a Jehová o a Baal, con todo lo que implicaba la elección.

Misión de Elías

La diferencia entre Noé y Elías era sólo el tiempo y las circunstancias: uno era antes y el otro después de ser entregada la ley; uno fue enviado a un mundo apóstata, el otro a un pueblo del pacto en apostasía. Pero también hay otro aspecto en este asunto. Por un lado estaban Acab, Jezabel, Baal e Israel –por el otro Jehová. Era una cuestión de realidad y de poder: y Elías debía ser, por así decirlo, la personificación del poder divino, el ministro del Dios vivo y verdadero. La oposición entre ellos no se podía decidir sólo con palabras, sino con obras. Lo divino se manifestaría en su realidad y grandeza irresistible, y cualquier cosa o persona que entrara en contacto con él iba a experimentar su presencia para bien o para mal. Casi podríamos decir que en esta capacidad profética, Elías era un ser impersonal –un mero medio de lo divino. A través de su historia otros profetas fueron empleados en varias ocasiones: él sólo para hacer lo que ninguno había hecho ni podía hace. Su camino era en solitario, un camino que nadie había pisado ni podía pisar. Era la personificación del Antiguo Testamento en uno de sus aspectos: el de grandeza y juicio –la realización viviente de la cumbre más alta del monte, que ardía con fuego, alrededor del cual había relámpagos y retumbaban truenos, y desde el cual su terrible gloria habló la voz de Jehová, el Dios de Israel. Estamos suficientemente autorizados para decir que era una figura de Juan Bautista. Pero era principalmente en este aspecto, que él levantó el hacha para la raíz del árbol, pero antes de que cayera, pedía frutos dignos de arrepentimiento. No era el predecesor del Señor, salvo en el juicio; era el predecesor del Rey, no del reino; y la destrucción del estado y el pueblo de Israel, no la salvación del mundo, fueron la secuela de su anuncio.

Su carácter y vida

Nunca hubo figura tan grande ante el cielo del Antiguo Testamento como la de Elías. Al conseguir la apostasía de Israel su punto más elevado en la época de Acab, también lo hizo el antagonismo del AT en la persona y la misión de Elías. La analogía y el paralelismo entre esta historia y la de Moisés, incluso en los detalles más pequeños, son evidentes cuando se comparan;[2] y así lo vemos significativamente junto a Moisés en el monte de la transfiguración. Y por mucho que nos cuente la Escritura sobre él, nos da la impresión de que disponemos sólo de un simple esbozo de su grandeza profética. A su lado, otros hombres, incluso un Eliseo, parecen pequeños. Al contemplarlo como representante de Jehová, casi con todo poder, recordamos su fidelidad inflexible y el cumplimiento sin temor de su confianza. Y a pesar de esto, este hombre fuerte tuvo sus horas de debilidad y soledad, como cuando huyó de la presencia de Acab y Jezabel, y de buena gana hubiese permanecido tendido en el desierto hasta su muerte. Al recordar su poder casi ilimitado, recordamos que su fuente estaba en la oración constante. Al pensar en su rigidez sin doblez, su aguda ironía en el monte Carmelo, su celo apasionado y su severidad sin dudas, también recordamos que en lo profundo de su corazón fulguraban sentimientos suaves y cálidos, como

---

10. Posiblemente aquí haya lugar para considerar algunas anotaciones talmúdicas sobre Acab. Se derivan básicamente del tratado de *Sanedrín* (102 b–103 b). Su prosperidad exterior y el disfrute de los placeres de este mundo en contraste con los del siguiente, se tratan con énfasis. Él es caracterizado como frío y débil naturalmente –atribuyéndose principalmente su pecaminosidad a su esposa; de ahí el proverbio: quien ande según el consejo de su esposa caerá en el Gehena (*Baba Mez.* 59). Los pecados más graves de Jeroboam habían sido sólo como los más ligeros de Acab; de hecho, era culpable de todo tipo de idolatría, e incluso hizo una inscripción en las puertas de Samaria: Acab niega al Dios de Israel. No obstante se le permitió reinar durante veintidós años porque había mostrado respeto por la ley (como en el comunicado de Ben-Hadad en su arrepentimiento temporal, etc.), escribiéndose la ley con veintidós letras (que constituyen el alfabeto hebreo). Acab era uno de los que se suponía que no tenía lugar en el mundo venidero. Soñar con el rey Acab era mal augurio (*Ber.* 57 b).

1. Parece ser que Jericó perteneció a Acab. Sobre su reconstrucción ver el Libro 3 de esta misma obra, p. 158. Los comentarios del Talmud sobre este tema (*San.* 113 a) son, como mínimo, ilógicos.

2. La tradición judía lo elogia casi hasta la blasfemia, para indicar cómo Dios había delegado de manera absoluta su poder en Elías, o, como lo expresan los rabís: Sus tres llaves –la de la lluvia, los niños y la resurrección a la vida. Con una aplicación especial de Oseas 12:13 a Moisés y Elías, la tradición judía traza un paralelismo muy detallado e instructivo entre varios incidentes de las vidas de Moisés y Elías (*Yalkut* vol. II. p. 32. d).

cuando se hizo huésped de la pobre viuda, y por la oración en agonía le devolvió su hijo a la vida. Esto debió ser designado por Dios, en su misericordia, como una salida y un precioso descanso de los sentimientos del profeta, mostrándole que todo su trabajo y su misión no eran sólo de dolor y juicio, sino que también tenía el gozo del consuelo divino. Y perfectamente humanos son aquellos días de viaje por el desierto y las horas en el Monte Horeb, momentos llenos de intenso sentimiento, cuando en la más profunda tristeza de su alma el hombre fuerte, quien el día anterior se había enfrentado con desafío a Acab y había obtenido un triunfo tan grande en el Monte Carmelo, fue doblegado y sacudido, como la caña en la tormenta. Una vida llena de contrastes –de luz feroz y profundas sombras– no una vida feliz, gozosa y próspera; ni siquiera una de paz y contentamiento, sino totalmente dedicada a Dios: un arbusto en el monte del desierto, ardiendo pero sin consumirse. Es una vida llena de lo milagroso, y debe serlo por el carácter de su misión - y no obstante él mismo una de las maravillas más grandes de ésta, y el éxito de su misión la mejor prueba de ello, porque es el más grande milagro de su historia. Porque, solo y sin ayuda, salvo la de Dios, conquistó en su lucha, y quebrantó el poder de Baal en Israel.

Primera aparición de Elías Paralelismo con Noé, Moisés y Juan Bautista

Su primera aparición –tanto en su modo como en su precipitación– fue sintomática de todo lo que vendría más tarde. De su nacimiento y las circunstancias del inicio de su vida casi no sabemos nada. Josefo supone (*Ant.* VIII, 13, 2) que la Tisbá que le dio el nombre (1 R. 17:1) estaba al este del Jordán, en la tierra de Galaad; y algunos escritores modernos han identificado el nombre con el pueblo de *Tisieh*, al sur de Busra. Pero se ha podido demostrar (Keil) que esta opinión es insostenible. Y es aún más atractiva la expresión de que él era «un extranjero entre los extranjeros de Galaad» –posiblemente gentil de nacimiento. Es mucho más probable que su lugar de nacimiento fuese el Tisbi del norte de Galilea (dentro del territorio de Neftalí), que conocemos a través de la historia apócrifa (Tobías 1, 2, LXX) y que, por alguna razón desconocida, emigró a Galaad, pero sin ser uno de sus ciudadanos. Esto es lo que nos indica el texto sagrado con la expresión «Elías el tisbita de entre los moradores (extranjeros que habitaban) de Galaad». Otra inferencia de su carácter se puede deducir de su nombre: *Elías*, Mi Dios, Jehová. Aunque huelga decir que no se lo puso él mismo.[3]

Con el mismo carácter repentino y extraño de Juan el Bautista, o tal vez más sorprendente, y precisamente con el mismo objetivo, Elías se presentó de repente en Samaria y en presencia de Acab. Era y pretendía ser –adaptando la figura al hijo de Sirac (Ecclus. XLVIII. 1)– como un fuego que prendió repentinamente, como una antorcha que resplandecía en la oscuridad de la noche. En efecto, había allí lo suficiente como para despertar la mente más apagada. Podemos imaginar la figura austera del tisbita, vestido con una pieza superior de pelo de camello[4] –que en adelante parece

«Como si tratara de resaltar tanto la despreocupación de Israel por los juicios amenazadores de Dios, como la vindicación futura del reinado de Jehová, la Santa Escritura introduce aquí una mención sobre la reconstrucción de los muros de Jericó, y del cumplimiento literal de la maldición de Josué sobre quien los construyera (1 R. 16:34; comp. Jos. 6:26) En efecto, la tierra estaba madura para la hoz del juicio..»

La fortificación de una ciudad era la garantía de su existencia y futuro. En este modelo se representa la ciudad fortificada de Maguedó, donde se aprecia el conjunto de portales construidos durante el reinado de Salomón.

3. Con posterioridad la tradición judía lo ha presentado como descendiente de sacerdotes, supuestamente debido a su sacrificio en el Monte Carmelo. Pero aun así, la ilegalidad de un sacrificio fuera de Jerusalén requería una vindicación especial. No obstante, incluso la legalidad judía admite el alegato de necesidad excepcional en este caso. La tradición afirma que Elías era un discípulo de Ajías silonita.

4. La traducción de 2 Reyes 1:8, como «un hombre peludo», es incorrecta. La expresión significa un hombre con atuendos de pelo –según entendemos nosotros, de pelo negro de camello.

haber sido el distintivo de los profetas (Zac. 13:4)– ceñido en sus lomos con un cinturón de piel. El atuendo hablaba de pobreza, renuncia al mundo, duelo, casi juicio severo, y el cinturón, que, como la placa del oficial, siempre era la parte más rica del atuendo, era del tipo que llevaban los más pobres de la tierra. Era una visión insólita, y, al subir por las calles en forma de terraza de la rica y lujosa Samaria, sus habitantes debieron susurrar con asombro que había llegado un nuevo profeta del desierto de Galaad, y le seguían. ¡Qué contraste con aquellos samaritanos depravados de Baal y este hombre! ¡Qué contraste aún más fuerte entre los sacerdotes decrépitos y afeminados de Baal! Con sus vestiduras de lino blanco y las gorras puntiagudas,[5] y este austero profeta de Jehová.

El mensaje de Elías al rey Acab

Y entonces llegó al monte donde estaban el palacio y el castillo y se encontró con Acab mismo, tal vez en la magnífica entrada de la espléndida columnata que tenía una vista tan hermosa y tan fértil. Su mensaje para el rey fue abrupto y lacónico, tal como llegaron a ser las circunstancias[6] –después de todo, se trataba de una repetición de la denuncia de Jehová del juicio sobre un pueblo apóstata (Lv. 26:19, etc.; Dt. 11:16, etc.; 28:23, etc.; comp. 1 R. 8:35; Am. 4:7); pero con algo añadido: que el cese del rocío y la lluvia duraría tantos años –muchos o pocos– «salvo» por su palabra. Esto tal vez se debiera a una intención de enfatizar la impotencia de los profetas y sacerdotes de Acab contra Jehová.

Todo ello era sumamente extraordinario: la aparición repentina, extraña y salvaje; el enfrentamiento atrevido del rey y el pueblo en Samaria; el anuncio, en apariencia tan increíble y tan diferente de la escena de riqueza y fertilidad a su alrededor; la inesperada mención del nombre de Jehová en un lugar como ese; la autoridad que alegaba y el poder que reclamaba –en general, he aquí las condiciones de su mensaje: «Vive Jehová, el Dios de Israel, que estoy delante de su rostro. Si hay estos años rocío o lluvia, sea solamente por la boca (el medio hablado) de mi palabra».[7] La Escritura, en su timidez y sublime indiferencia a lo que puede llamarse «efecto», no nos da ni una anotación sobre la respuesta de Acab o sobre la impresión causada a él y a su pueblo. También en esta ocasión el silencio es lo mejor –y el propio profeta debe retirarse tan repentinamente como llegó, esconderse del conocimiento humano, sin estar al alcance de nadie para preguntas o respuestas, y dejar que Dios trabajase solo y sin ser visto. Una pausa absoluta con aquel nubarrón sobre su cabeza –sin ser sacado y aparentemente sin poderse sacar– en presencia del cual el hombre y Baal estarían desprovistos de poder: ésta era la consecuencia merecida del anuncio de Elías.

---

5. Éste era el atuendo de los sacerdotes de Baal.

6. El Talmud (*Sanh.* 113. a) estropea todo este relato con una discusión, al finalizar la cual se introducen las palabras de Elías. Se supone que tanto él como el rey acudían a una visita de condolencia a Hiel, después de la muerte de sus hijos (1 R. 16:34). Elías explica que esta terrible calamidad era la consecuencia de la negligencia de la advertencia de Josué, a lo que Acab responde que era increíble que se cumpliera la palabra del discípulo, si no se cumplía la del maestro. Porque si la amenaza de Moisés en cuanto a la idolatría no se había cumplido, no podía creer en la advertencia de Josué. Ante esto Elías explota con las palabras mencionadas en el texto.

7. Ésta es la traducción estrictamente literal.

Estancia junto al arroyo de Querit

La dirección inicial de Elías fue hacia el uadi Querit –es posible que al este del Jordán[8] –una de aquellas muchas corrientes de agua que afluyen al río de Palestina. En esta soledad salvaje, como Moisés, sí, como nuestro Señor, tenía que estar a solas con Dios –para suplicar por Israel, y prepararse para su trabajo posterior. Mientras quedase agua en el río –porque no hay nada innecesariamente milagroso, incluso en la historia de Elías –y mientras que Jehová tuviera unos proveedores tan extraños como los «cuervos»[9] para actuar como sus mensajeros –porque no hay nada meramente natural en este relato, y lo milagroso siempre está al lado de lo natural–, al profeta no le faltaría el apoyo necesario. En esto también había lecciones con un significado profundo para Elías (comparar con referencia a los extraños mensajeros de Dios, Job 37:10; Sal. 78:23; Is. 5:6; Am. 9:3). Cuando con el paso del tiempo se acabaron las aguas de Querit, debido a la gran sequía, Elías recibió instrucciones de ir a Sarepta (*Sarepta*, Lucas IV. 26[10]), donde Dios había «mandado» un proveedor todavía más extraño para Elías: una viuda pobre, casi hambrienta, y además gentil.[11]

En esta ocasión, todo es significativo de nuevo. Sarepta no sólo era una ciudad pagana, fuera de las fronteras de Israel, a medio camino entre Sidón y Tiro, sino que además se hallaba dentro de los dominios del padre de Jezabel. El profeta, que no estaba a salvo de Jezabel en Israel, estaría a salvo dentro del propio país de Jezabel; aquél a quien Acab había buscado tan ardientemente pero en vano, no sólo en su propia tierra, sino en todos los países vecinos (1 R. 18:10), se hallaría escondido con seguridad en la tierra más hostil a la misión de Elías, y más amable con los propósitos de Acab. Pero hay incluso lecciones más profundas. Una de ellas es el hecho de que, expulsado de su propio país y por su propio pueblo, Dios puede encontrar un refugio para su siervo en las circunstancias más poco probables; y esto, cuando la fe parece fallar, donde más la podíamos haber esperado, Dios demostrará que él tiene a los suyos donde menos iríamos a buscarlos.

Elías con la viuda de Sarepta

De nuevo, la referencia de nuestro Señor a esta historia (Lc. 4:25), indica tres cosas: que el hospedar a Elías fue un honor muy distinto concedido a la viuda de Sarepta; que le fue para un beneficio espiritual real (tal como se indicará en el curso de esta historia); y que implicaba que Dios tenía propósitos de gracia más allá de las estrechas fronteras de Israel, por incrédulo que fuera el país –en palabras de Pablo, que Él no era sólo el Dios de los judíos, sino también de los gentiles (Ro. 3:29). ¿Acaso no podemos dar un paso más y ver en esta misión de Elías a una viuda pagana y el hecho que ella lo hospedara una anticipación al menos del anuncio de aquel «reino de Dios» en su aplicación mundial, que formaba parte del mensaje de su antefigura: Juan el Bautista?

Una vez más el mantenimiento de Elías, aunque milagroso, debía asegurarse en el curso de sucesos naturales y fácilmente inteligibles. Pero, con todo, como fuese Jehová quien «mandó»[12] a los cuervos, también fue él quien «mandó» a la viuda de Sarepta que sostuviera a Elías, aunque ella no fuera consciente del hecho. ¿Pero, cómo la reconocería el profeta? Debía ir, confiando en las indicaciones de Dios, y, observando las indicaciones naturales que aparecieran, debía ser guiado adonde era enviado de forma sobrenatural. Cuando llegó a la puerta de Sarepta, vio una viuda, cuya pobreza se evidenciaba en el hecho que iba buscando un matorral. ¿Sería ella la mujer que le daría sustento? Había una prueba preliminar disponible. Ella debía reconocer en el extraño, por su atuendo, a un profeta de Jehová. ¿Estaría dispuesta la pagana a entrar en conversación amable con él? Así él le dio el recipiente para beber que llevaba, con la petición de que interrumpiera su duro trabajo para darle algo de agua. Incluso esta primera prueba demostraba que Dios, como antiguamente (Gn. 24:12-21), y más tarde (Lc. 19:30-34; 22:9-12), había hecho provisiones anticipadas para su siervo. Y, más cierto que nunca, «el vaso de agua fría» dado en nombre del Señor pronto recibiría una rica recompensa.

La tinaja de harina no se acaba, ni falta aceite en la vasija

Pero aún quedaba una prueba más fuerte para comprobar si ella era la viuda a la que Elías había sido enviado divinamente. Si estaba dispuesta a tener comunión con un siervo de Jehová –¿Creía ella verdaderamente en Jehová? y si era así, ¿era su fe tan grande como para arriesgar sus últimos medios de supervivencia por su confianza en él y en su palabra? Para explicarlo de otro modo: siendo pagana, aunque hasta el momento bien preparada ¿existía, si bien no una acción activa, sí la capacidad de recepción de fe en ella, con la suficiente capacidad de una provisión espiritual como la que recibió luego milagrosamente para sus necesidades temporales? Esta sería la última y decisiva prueba. Mientras iba a buscar el agua, sin dudar ni murmurar ante la interrupción de la antigua tarea encomendada y la imposición de la nueva, Elías la detuvo con una petición todavía más extraña y mucho más dura que la primera. Se trataba evidentemente de una viuda pobre, y sabemos por la historia profana[13] que el hambre, causada por la falta de lluvia en Israel, también se había extendido hasta Tiro. Pero cuando Elías se dirigió a ella, incluso en esas circunstancias, con lo que podría parecer la modesta petición de «un pedazo del pan» de su mano –es decir, en su posesión–[14] él no podía ni

8. Esto parece probable en la expresión hebrea traducida algunas veces por «delante del Jordán», pero que significa, literalmente, «de cara al Jordán.»

9. Sin duda, es uno de los fenómenos más extraños de la crítica (judía y cristiana) hacer de estos «cuervos» «árabes» o «mercaderes» u «orebitas», de una supuesta ciudad de Oreb. Podemos entender la dificultad de los rabís, causada por el hecho de que Elías fuese alimentado por cuervos, que eran animales inmundos. Los que toman la traducción literal se consuelan con el hecho de que los cuervos por lo menos le llevaban comida levíticamente limpia, ya sea de uno de los 7.000 en Israel que no habían doblado su rodilla a Baal, o de la mesa de Acab, o de la de Josafat. Pero estos comentarios rabínicos son tan poco probatorios de la verdad de esta historia, que vemos cuan diferentemente hubiese construido esta historia un escritor posterior, si hubiese inventado una leyenda judía. Hess aporta ejemplos parecidos de sustento de personas por bestias; pero tienen poco interés, porque la provisión de Elías era evidentemente milagrosa.

10. Que corresponde al pueblo moderno de *Surafend*, aunque éste parece estar más alejado del mar que la antigua Sarepta.

11. Los rabís la presentan como judía y madre de Jonás.

12. Los rabís observan que cuando se dice que Dios «ordenó» a los cuervos, Él lo puso en el corazón de ellos –siendo esta una glosa con muchas aplicaciones posibles.

13. Menandro en Josefo, *Ant.* VIII. 13, 2. Según Menandro el hambre de Tiro duró un año. Aquí podemos observar que si alguien desea ser impresionado por la magnificencia del relato escritural de este acontecimiento no puede hacer nada mejor que compararlo con la miserable prosa racionalista de la versión de Josefo.

14. Las palabras «en tu mano» no se refieren al verbo «traer,» sino al «pan», y significan que Elías hablaba como si ella tuviese algo de pan en casa. Así lo traduce la LXX.

imaginarse los terribles apuros por los que estaba pasando su futura anfitriona. No se trataba de no querer dar una parte de su escasa provisión incluso a una persona totalmente desconocida, sino que no le quedaba nada en absoluto. La desesperación rompe las barreras de la reserva –por lo menos entre sufridores, y, en este caso, compañeros de fe. Con la abjuración: «Vive Jehová, tu Dios», que certificaba tanto el conocimiento de la profesión de Elías como la fe de la propia mujer, le contó cómo no quedaba nada más que un puñado de harina en su pequeño *Cad*[15] que contenía sus provisiones, y un poco de aceite en su redoma. Ahora había salido para recoger por el camino unas pocas ramas con las que podría cocinar la última comida para ella y para su hijo. Después permanecerían acostados y morirían.

Es difícil saber ante cuál de los dos debemos maravillarnos más: la calma de Elías, su consistencia y disposición de fe, o la casi increíble sencillez de su confianza. Elías no se echó atrás; no dudó en ir hasta el final con la prueba de su anfitriona; y tampoco tenía ningún tipo de temor de las posibles consecuencias. Como en toda prueba real de nuestra confianza, hubo primero una promesa general, y, sobre esta base, una solicitud específica, seguida de una seguridad para la fe conquistadora («el *cad* de harina no llegará a su fin, ni la redoma de aceite faltará»). Pero, si era tal como él le dijo, ¿Por qué esta severidad que la ponía tanto a prueba: *primero*, usar para Elías parte de lo muy poco que tenía, y llevárselo a él, y luego, después de esto, volver[16] para preparar algo para ella y su hijo? Por innecesaria que pareciera la prueba, salvo como una prueba de su fe, no era una simple prueba, porque si la pasaba y heredaba la promesa, recibiría tanta confirmación, tanta ayuda y bendición –espiritual y temporal– como para constituir el comienzo de una nueva vida. Y siempre es así; y así toda exigencia específica sobre nuestra fe está entre una promesa general y una seguridad especial, de manera que, al reposar sobre una, podamos subir a la otra; y así cada prueba concreta –y cada una de las pruebas también lo es de nuestra fe – pueda ser un nuevo punto de partida en la vida espiritual.

Y la viuda de Sarepta obedeció. No se requiere ningún ejercicio de imaginación para entender las dificultades que encontró para hacerlo. ¿Regresó Elías con ella después que le llevara el pastel, casi la última provisión para ella y su hijo, –para observar cómo, con sorpresa y admiración, preparaba la primera comida de su nueva provisión; o la dejó volver sola a casa, tal vez preguntándose mientras iba si se cumpliría lo dicho por el profeta, o si nunca más vería al israelita desconocido? Por lo menos una cosa está clara: que esta mujer pagana, cuyo conocimiento de Jehová sólo podía ser rudimentario e incipiente, y que no obstante, a la palabra de un desconocido, podía ceder lo último de comida que le quedaba para ella y para su hijo, porque un profeta lo había ordenado, y había prometido una provisión milagrosa para el futuro, debía tener una gran confianza sencilla y como la de un niño en el Dios de Israel. ¡Qué lección y qué consuelo para Elías! *Había* fe no sólo en Israel, sino donde quiera que Él había plantado su simiente. Elías había desplegado las alas del Dios de la promesa de Israel (1 R. 17:14), y esta pobre pagana había buscado protección debajo de ellas. Allí, casi cada hora esos muchos «días»,[17] la promesa resultó ser cierta, y, día tras día, como cuando Israel recogía el maná en el desierto, una mano invisible proveía –y tuvo suficiente no sólo para ella y para su hijo, sino para toda «su casa». Era un milagro constante; pero necesitamos, y tenemos un Dios que hace maravillas –no uno de los ídolos de los paganos, ni siquiera una simple abstracción, sino el Dios vivo y verdadero. Y necesitamos un relato como éste en nuestra Biblia, como muestra de seguridad personal, cuando nuestros corazones se hunden en nuestro interior en las amargas pruebas de la vida –algo que sirva para todos los tiempos como evidencia de que Jehová reina, y que podemos arriesgarlo todo sobre ello. Y, no obstante, por grande que sea este milagro de la provisión diaria, también se parece al otro de la fe de la viuda de Sarepta.

Lecciones de su estancia
Enfermedad y muerte del hijo de la viuda

Pronto pasarían por una prueba aín más grande –y, como antes, no sólo ella, sino también Elías, iban a aprender preciosas lecciones en todo ello. «Días» (tiempo) habían pasado en feliz silencio desde que Dios había preparado la mesa en casa de la viuda, cuando su hijo enfermó. La enfermedad prosiguió hasta que, usando las palabras del texto sagrado, «no quedó en él aliento».[18] Hay algo en el contacto inmediato con lo divino que, por contraste, nos recuerda el pecado, y consecuentemente nos hace sentir como si fuese imposible estar delante de Él sin castigo –hasta que nuestros pensamientos sobre la santidad divina, que bajo esta perspectiva parece fuego consumidor, pasan a la consideración más elevada del amor de Dios, que busca y salva lo que está perdido (comp. Lc. 5: 8; y con Is. 6:5). Sin duda no era con el deseo de que el profeta se fuera de su casa, ni siquiera para quejarse de que hubiese ido, lo que produjo estas palabras de la mujer angustiada, mientras llevaba al niño muerto en brazos; palabras que mezclaban la desesperación con la conciencia de pecado y la búsqueda de lo más elevado y mejor: «¿Qué tengo yo contigo (qué a [entre tú y yo] ti y a mí[19]), hombre de Elohim? ¡Vienes a mí para recordar mi pecado, y (así) provocar la muerte de mi hijo!». Lo divino, representado por Elías, no tenía nada en común con ella y su fiera luz manifestaba su pecado, que producía el castigo merecido –tales eran los únicos pensamientos conscientes de esta creyente incipiente– aunque con mucho de lo más elevado y mejor en el trasfondo, pero inconscientemente.

Elías no le dio otra respuesta que la de pedirle su hijo. Lo cogió de sus brazos, lo llevó al *Alijah* (habitación superior) donde él habitaba, y allí lo tendió sobre su propia cama. Verdaderamente, no era un momento para dar lecciones de palabra sino con hechos. Y el propio Elías estaba profundamente conmovido. Estos «muchos días» habían sido un tiempo feliz, tranquilo y de descanso para él –tal vez la única época feliz y tranquila de su vida. Y como día tras día había

15. El *Cad* era un barril pequeño, probablemente el más pequeño. La palabra ha pasado al latín, griego y sánscrito. Es curioso, su representante en inglés es «caddy» (caja para el té).

16. Esto queda claramente implícito en el original, y debió ser una prueba mucho mayor para su fe si Elías hubiese vuelto inmediatamente con ella, y el milagro hubiese empezado entonces y allí.

17. La palabra «muchos» en 1 Reyes 17:15 no está en el original (tal como indica la cursiva). La expresión denota un período de tiempo indefinido –pero, según creo personalmente, con la idea del tiempo típica del Antiguo Testamento, como «día a día».

18. Puesto que la misma expresión, o una muy parecida, en Daniel 10:17 no implica la muerte, sería algo precipitado afirmar que el niño estaba realmente muerto. Esto lo indica claramente Kimchi. De modo similar, Josefo observa que el niño sólo parecía muerto (era «como uno muerto», en el lenguaje del Nuevo Testamento). El hecho de que su madre todavía lo llevaba en brazos parece implicar lo mismo.

19. Comp. Jueces 11:12; 2 Samuel 16:10; 2 Reyes 3:13; Mateo 8:29; Juan 2:4.

sido el distribuidor de la bondad de Dios para con la viuda y su casa, y había visto el proceso de la fe de ella, debió ser un tiempo de gozo para su corazón. Tal como lo expresa San Crisóstomo: Elías tenía que aprender compasión en la casa de la viuda de Sarepta, antes de ser enviado a predicar a su propio pueblo. En aquella casa pagana aprendió más que esto. Ya había aprendido aquella experiencia de la fe, que, tal como nos cuenta San Pablo, produce una obra que no avergüenza (Ro. 5:4, 5). Pero ahora parece como si todo fuera diferente; como si él fuera sólo un mensajero de juicio; como si su aparición no solo hubiese presagiado infelicidad a su propio pueblo de Israel, sino que también la hubiese llevado a la pobre viuda que le había acogido.

Su restauración milagrosa a la vida

Pero no podía ser así –y en la agonía de la oración echó su carga sobre su Dios. Tres veces –como cuando el nombre de Jehová se posa sobre su pueblo con bendición (Nm. 6:24, etc.), y como cuando los serafines elevan su voz de alabanza (Is. 6:3)– se extendió con un acto simbólico sobre el niño, clamando a Jehová como su Dios: poniendo al vivo sobre el muerto, derramando su vida simbólicamente en el niño, con la agonía de la oración creyente. Pero fue *Jehová* quien restableció el niño a la vida, escuchando la voz de su siervo.

Lo que sucede a continuación son rasgos verdaderamente humanos, llenos de intensos sentimientos –aunque a la vez llenos de profundas lecciones espirituales. Casi podemos ver a Elías dando el niño a su madre en la oscura habitación, y le dice sólo estas palabras de profunda emoción, sin dejar de estar mezcladas con un reproche lleno de amor: «¡Mira, tu hijo vive!» Estas palabras las ha dicho muchas veces nuestro Señor a muchas madres llorosas manteniendo a su hijo, en vida o muerto. Y así podemos entender las palabras de la madre de Sarepta, y las de muchas madres en circunstancias parecidas: «¡Ahora –pues– sé que eres un hombre de Elohim, y que la palabra de Jehová en tu boca *es* verdad!». Lo aprendió la primera vez que lo recibió; lo había visto día tras día en su mesa; lo supo cuando Dios respondió a su pensamiento no mencionado, su oración silenciosa, al mostrar que la misericordia y no el juicio, el amor y el perdón, no el castigo y la venganza, eran el significado más elevado de Sus tratos.

Los rabís ven en esta historia una anticipación de la resurrección de los muertos. Vemos esto y mucho más en ello –un emblema también de la resurrección de la muerte espiritual: una manifestación a Elías y a todos nosotros de que «Él vivifica a los muertos, y llama las cosas que no son como si fueran» (Ro. 4:17).

«Cuando con el paso del tiempo se acaban las aguas de Querit, debido a la gran sequía, Elías recibe instrucciones de ir a Sarepta (Sarepta, Lucas IV. 2610), donde Dios ha 'mandado' un proveedor todavía más extraño para Elías: una viuda pobre, casi hambrienta, y además gentil. De nuevo, en esta ocasión, todo es significativo. Sarepta no sólo era una ciudad pagana, fuera de las fronteras de Israel, a medio camino entre Sidón y Tiro, sino que además se hallaba dentro de los dominios del padre de Jezabel. Paradójicamente, el profeta, que no estaba a salvo de Jezabel en Israel, estaría a salvo dentro del propio país de Jezabel; aquél a quien Acab había buscado tan ardientemente pero en vano, no sólo en su propia tierra, sino en todos los países vecinos (1 R. 18:10), se hallaría escondido con seguridad en la tierra más hostil a la misión de Elías, y más proclive los propósitos de Acab.»

Esta estatuilla de una diosa de procedencia desconocida en ademán de bendecir, tiene en su rostro un revestimiento de plata según una antigua técnica fenicia. Los pueblos fenicios al norte de Sidón, de donde procedía Jezabel, fueron excelentes artesanos y proclives en la realización de dioses para sus cultos paganos (900-800 a.C., Museo del Louvre)

TABLA CRONOLÓGICA

DE LOS REYES DE JUDÁ E ISRAEL, Y DE ACONTECIMIENTOS CONTEMPORÁNEOS

Según Keil, Winer, Ewald, Clinton, y las notas al margen de la Versión Autorizada inglesa (Usher[1])

Año a partir de la separación de los dos reinos	REYES DE JUDÁ Reinado	Años que reinaron: Año a partir del ascenso al trono de los Reyes de Judá	REYES DE ISRAEL Reinado	Años que reinaron: Año a partir del ascenso al trono de los Reyes de Israel	ACONTECIMIENTOS CONTEMPORÁNEOS	Fecha antes de Cristo				
						Keil	Winer	Ewald	Clinton	V. Autorizada
1	**Roboam**, 17años	1º	**Jeroboam**, 22 años	1º	Sisac Rey de Egipto	975	975	985	976	975
					Sisac entra en Jerusalén	971	970			
18	**Abías**, 3 años			18º		957	957	968	959	958
20	**Asa**, 41 años			20º		955	955	965	956	955
22		2º	**Nadab**, 2 años			953	954	963	955	954
23		3º	Baasa, 24 años			952	953	961	954	953
					Zéraj el Etíope	940				
					Ben-Hadad I. de Siria	939				
45		26º	Elá, 2 años			930	930	937	930	930
46		27º	Zimri, 7 años			929	928	935	930	929
46		27º	Omri y Tibni, 4 años			929	928	935	930	929
50		31º	Omri solo, 8 años			925	924			
					Construcción de Samaria	924	923			
					Etbaal, rey de Tiro y Sidón					
57		38º	Acab, 22			918	918	919	919	918
61	Josafat, 25 años			4º		914	914	917	915	914
					Ben-Hadad II. de Siria	897	897			
					Batalla de Ramot-galaad	897	897	897	896	898
78		17º	Ocozías. 2 años			896	896	895	895	896
79		18º	Joram, 12 años							
					Guerra de Israel y Judá contra Moab					
	Joram, ¿co-regente				(La Piedra Moabita)					
	durante 2 años?			5º		891				
86	Joram, solo, 6 años					889	889	893	891	892
91	Ocozías, 1			12º		884	885	885	884	885
					Hazael, rey de Siria					
					Segunda batalla de Ramot-galaad					
92	Atalía, 6 años		Jehú, 28 años		Asesinato de Ocozías y Joram por Jehú	883	884	883	883	884
					Licurgo enm Esparta, 884					
98	Joás, 40 años			7º	Atalía asesinado	877	878	877	877	878
					Pigmalión, rey de Tiro. Su hermana					
					Dido funda Cartago, 143 años					
					después de la construcción del templo					
119		22º?	Joacaz, 17 años			856	856	855	855	856
135		37º	Joás, 16 años		Judá invadida y Jerusalén amenazada	840	840	839	839	841
					por las tropas sirias					
					Ben-Hadad III., rey de Siria					
137	Amasías, 29 años			2º	Joás, rey de Judá, asesinado	838	838	837	837	839
					Guerra de Amasías contra Edom					
					Ataque de Moab contra Israel					
					Guerra entre Judá e Israel					
					Jerusalén ocupada por los israelitas					
151		15º	Jeroboam II, 41 años			824	825	823	823	825
					Guerra exitosa de Israel contra Siria					
165	Uzías, 52 años			15º?		810	809	808	808	810
					Amón se hace tributario a Judá					
					Los filisteos humillados					
192			Muerte de Jeroboam II,			783	784			
			interregnum, 11 años							
					Primer año de las olimpíadas. 776					
203		38º	Zacarías, 6 meses			772	772	770	771	773
204		39º	Salum, 1 mes			771	771	770	770	772
204		39º	Menajem, 10 años			771	771	769	770	772
					Pul, rey de Asiria					
					Israel se hace tributaria a Asiria					
215		50º	Pecaías, 2 años			760	760	759	759	761
216		52º	Pecá. 20 años		Asesinato de Pecaías	759	758	757	757	759
217	Jotam, 16 años			2º		758	758	756	756	758
					Construcción de Roma, 753					
					Nabonasar, rey de Babilonia, 747					
					Rezín, rey de Siria					
233	Acaz, 16 años			17º		742	741	740	741	742
					Acaz invoca la ayuda de Asiria contra					
					Siria e Israel					
					Tiglat-pileser, rey de Asiria					
					Los asirios ocupan la tierra al este del					
					Jordán, y el norte de Palestina, y se					
					llevan al pueblo en cautividad.					

1. En cuanto a los acontecimientos desde el Éxodo hasta la construcción del Templo por Salomón, ver la Tabla Cronológica al inicio del Libro 3 de este Comentario Histórico, página 189.

Año a partir de la separación de los dos reinos	REYES DE JUDÁ Reinado	Años que reinaron: Año a partir del ascenso al trono de los Reyes de Judá	REYES DE ISRAEL Reinado	Años que reinaron: Año a partir del ascenso al trono de los Reyes de Israel	ACONTECIMIENTOS CONTEMPORÁNEOS	Fecha antes de Cristo				
						Keil	Winer	Ewald	Clinton	V. Autorizada
					Los filisteos conquistan la parte occidental de Judá.					
236		4º	Pécaj asesinado. Interregno de 8,5 años			739	738			
245		12º	Oseas, 9, tributatio a Asiria		So, rey de Egipto.	730	729	728	730	730
					Salmanaser, rey de Asiria (Media y Babilonia). Crecimiento del imperio asirio en Asia.					
248	Ezequías, 29 años			3º		727	725	724	726	726
					Intento de Oseas de rebelarse contra Asiria. Invasión de los asirios. Sitio de Samaria.		722			
253		6º	DESTRUCCIÓN DE LA NACIÓN DE ISRAEL		Deportación de las diez tribus	722	721	719	721	721
					Sargon, rey de Asiria. Sitio de Asdod. (Isaías XX. 1) Alianza entre Judá y Egipto.					
261					Sitio de Jerusalén por Senaquerib. Guerra entre Senaquerib y Tirhaca. Destrucción de los asirios por «el Ángel del Señor». Embajada de Marduc-baladán.	714	712			
277	Manasés, 55 años					698	696	695	697	698
					Esarjadón, rey de Asiria, envía nuevos colonos a Samaria					
332	Amón, 2 años				Las hordas escitas atraviesan Palestina (Herod. I, 104, etc.)	643	641	640	642	643
334	Josías, 31 años				Asesinato de Amón	641	639	638	640	641
					Nabupolasar, fundador del templo babilonio, padre de Nabucodonosor Draco en Atenas	626	625			
					Invasión de Asiria por Egipto. Alianza de Asiria y Judá. Victoria de Meguido por el Faraón Necao. Josías asesinado.	610	609			
365	Joacaz, 3 meses					610	609	608	609	610
365	Joacim, 11 años				Joacim entronizado por el rey de Egipto. Judá sometido a Egipto.	610	609	607	609	610
369	Comienzo del exilio				Los Egipcios derrotados por los caldeos en la batalla de Carquemis. Toma de Jerusalén de parte de Nabucodonosor.	606	606			607
376	Joaquín, 3 meses				Segunda conquista de Jerusalén y deportación. Jerusalén y el templo asolados por los caldeos.	599	598	597	598	599
376	Sedequías, 11 años				Sedequías nombrado rey por los caldeos.	599	598	596	598	599
					Sedequías se rebela contra Nabucodonosor, y se vuelve hacia el Faraón Hofrá, rey de Egipto (Jer. XLIV. 30; Ezequiel. XVII. 15). Jerusalén sitiada. Intento de liberación de Jerusalén por los egipcios (Jer. XXXVII. 5, etc.; Ezequiel XVII. 17, etc.)		590			
387	DESTRUCCIÓN DE JERUSALÉN				Muerte de Sedequías. La mayoría de judíos son llevados a Babilonia (3ª deportación)	588	588		587	588
387	Gedalías gobernador babilonio en Judá, 2 meses				Gedalías asesinado. Muchos judíos se retiran a Egipto	588	588			
391	Última deportación de los judíos a Babilonia. (Jos, Ant. X. 97; comp. Jer. LII. 30?)					584	584			

Judá permanece desolada (2 Cr. 36:21; Zacarías. 7:14). Ocupación de parte del país por los filisteos y los Edomitas. Estos últimos toman el territorio del sur (Ezequiel 35:10). Hebrón parte de Idumea (Jos. *Guerras Judías*, 4:9, 7).

La cronología de los dos reinos después de su separación es complicada en muchos aspectos, y, debido a la falta de datos suficientes para nuestra guía, resulta tan difícil que hace imposible obtener una solución segura. Pero el resultado final indica que estas divergencias son más nítidas que importantes, sumando la diferencia total como mucho unos pocos años. En el texto se consideran las dificultades especiales mientras van apareciendo. En este sentido hay que tener en cuenta dos puntos que por un lado explican la mayor parte de las dificultades menores y por otra nos ayudan a resolverlas. En primer lugar, las fechas no se calculan de acuerdo con una norma fija, como la Creación del mundo, o el Éxodo, sino de acuerdo con la subida al trono de varios reyes de Judá e Israel; mientras que, en segundo lugar, la duración del reinado de estos reyes se cuenta a partir del mes de Nisan hasta el mes de Nisan de cada año, de modo que incluso un solo día antes o después del primero de Nisan vale por un año entero. Este tipo de cálculo, que se encuentra claramente en el Talmud (*Rosh-ha-Sh. 2ª-3ª passim*), era el usado por Josefo. Comparar las pruebas detalladas en la *Sinopsis* de Wieseler, pp. 53, etc.

LOS DOCE DISTRITOS ADMINISTRATIVOS DE SALOMÓN

Pese a que Salomón heredó un reinado relativamente pacífico, Salomón prestó mucha atención a la preparación militar. Para asegurar y proteger sus dominios, mandó fortificó algunas ciudades, construyó otras con guarniciones de carros de combate y caballería (1 R. 9:15-19), ensanchó y reforzó las murallas de Jerusalén y también amuralló la colina oeste de Jerusalén.

Además de esto, dividió el territorio en doce distritos administrativos, encabezados por un gobernador regional (1 R. 4:7-19). Aunque hasta ciento punto esta división se basó en las antiguas zonas tribales, no quedó rígidamente enmarcada por este contexto. Las antiguas ciudades cananeas se incorporaron a los nuevos distritos regionales. No se sabe a ciencia cierta si esta división era tanto militar como política. El hecho de que estos distritos fueran de aprovisionamiento parece apoyar la suposición de que formaban parte de un plan militar. El propósito de esta organización consistía en que mensualmente cada distrito proporcionase alimentos a la casa real, por lo que es bastante probable que dicha división quedara determinada por los doce meses del año. Las provisiones mensuales que cada gobernador se encargaba de organizar se almacenaban en las ciudades granero antes de su envío a la corte de Jerusalén. El suministro de un día para el rey y su corte, ejército y demás personal, consistía en unos 11.100 kilos de harina, casi 22.200 de viandas, 10 bueyes gordos, 20 bueyes de pasto y 100 ovejas, además de otros animales y aves (1 R. 4:22-23). Aquello requería una extensa organización dentro de cada distrito.

Salomón se incorporó de lleno a toda una serie de empresas mercantiles, localizadas en el sur. Esto se debe, en parte, a la abundancia de minerales que se podían extraer en el territorio edomita, situado entre el mar Muerto y el golfo de Aqaba. El puerto de Ezión-Gueber en el extremo norte del golfo se convirtió con el tiempo en el centro de estas empresas. Allí dispuso Salomón una flota de navíos para empresas comerciales marítimas (1 R. 9:26; 22:48; 2 Cro. 8:17), actividad para la que necesitaba de la participación de marinos fenicios.

Bibliografía:
Javier Alonso López, Salomón. Entre la realidad y el mito. Oberón, Barcelona 2002.
Siegfried Herrmann, Historia de Israel en la época del Antiguo Testamento. Sígueme, Salamanca 1979.

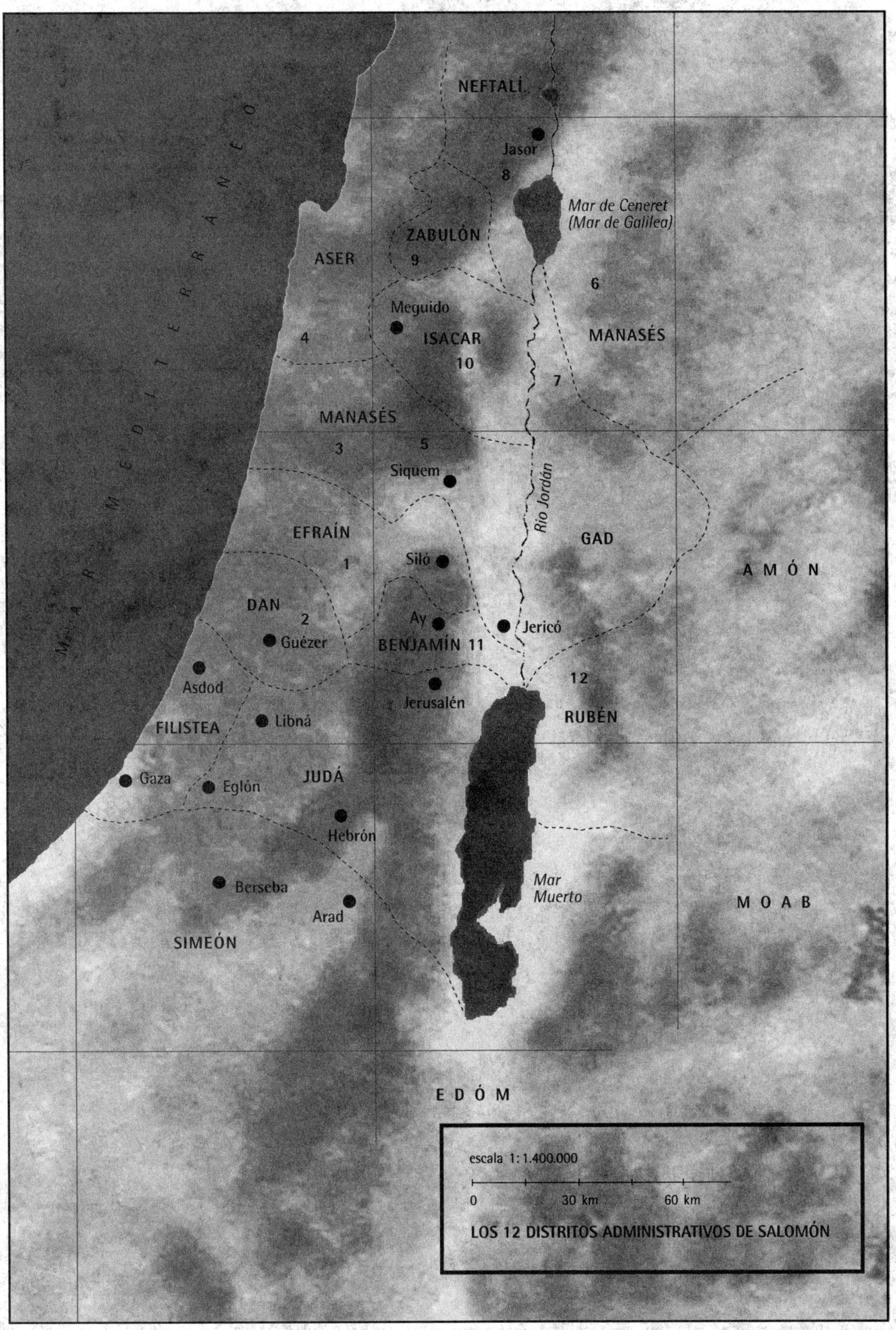
M A R   M E D I T E R R Á N E O
NEFTALÍ
Jasor
8
Mar de Ceneret
(Mar de Galilea)
ZABULÓN
ASER
9
6
Meguido
4
ISACAR
MANASÉS
10
7
MANASÉS
3
5
Siquem
Río Jordán
EFRAÍN
GAD
1
Siló
A M Ó N
DAN
2
Ay
Jericó
Guézer
BENJAMÍN 11
Asdod
12
Jerusalén
FILISTEA
Libná
RUBÉN
Gaza
Eglón
JUDÁ
Hebrón
Mar
Muerto
Berseba
Arad
M O A B
SIMEÓN
E D Ó M
escala 1: 1.400.000
0
30 km
60 km
LOS 12 DISTRITOS ADMINISTRATIVOS DE SALOMÓN

Libro 6

La historia de Israel y Judá
desde
el reinado de Acab
hasta
la decadencia de los dos reinos

INTRODUCCIÓN al Libro 6

Este volumen del *Comentario Histórico* cubre el período del inicio de la decadencia tanto del reino de Israel como del de Judá, aunque en este último su desarrollo se vio retrasado por la gracia fiel de Dios en deferencia por la casa de David, y mediante épocas de arrepentimiento temporal de parte del pueblo. El interés especial del período está en que fue crítico para el futuro de la nación. Y de este hecho también su historia da evidencias en las interposiciones más determinadas y directas de Dios –casi queríamos decir más reales– o, tal vez más exactamente, las manifestaciones propias de parte del Dios de Israel: ya sea por una evidencia más enfática de Su presencia y exigencias constantes, o por la misión más continua de los profetas o sus cualificaciones más directas. Esto, como se ha indicado anteriormente en esta obra, explica el carácter milagroso intensificado de este período bíblico –especialmente en relación con la historia de Elías y Eliseo. Porque dicha misión profética era necesaria, si es que en una crisis –cuando la destrucción, o por lo menos un juicio muy estricto, estaba pendiente de aplicación, o la recuperación nacional, y con ella la gran expansión de la influencia nacional– Israel debía ser elevado para el cumplimiento de la verdad en cuestión, como lo era, por ejemplo, la que presentó Elías en el sacrificio del Monte Carmelo. Y no sólo por lo que se refería a aquella verdad fundamental, sino también a su aplicación a todos los detalles de la vida pública y privada de Israel. En esto, pues, encontramos la vindicación racional - evitamos el odioso apelativo de apologética - de la que de otro modo sería una manifestación extraña y realmente excepcional del poder profético milagroso en muchos asuntos privados y públicos. En el estado de Israel, y durante ese período, un Elías y un Eliseo eran necesarios, y, si eran necesarios, su misión y su mensaje debían mostrar esta evidencia: tanto ante todos los amigos como contra todos los oponentes.

Si, desde este punto de vista, la aplicación de lo milagroso durante este período, tanto en aspectos privados como en los públicos, no es un retroceso, como afirman algunos, determina en otros y muchos aspectos un gran progreso –y esto en vistas de la perfección del *Nuevo Testamento*. Debemos explicar lo que queremos decir al mencionar un retroceso aparente. La historia del *Antiguo Testamento* se diferencia de forma muy destacada de todas las demás, que son legendarias en su inicio, precisamente en esto: que mientras en ellas lo milagroso se introduce en lo que se puede llamar el período prehistórico, luego desaparece rápida, casi abruptamente, no es así en la historia del *Antiguo Testamento*. La historia patriarcal (especialmente la de Isaac y Jacob) tiene, en comparación, menos aspectos milagrosos. Aparecen en la historia del desierto del Israel recién nacido, y en la entrada a la tierra. Desaparecen de nuevo en gran medida, para reaparecer de nuevo de un modo sin precedentes en el período tratado por este volumen - es decir, durante una época comparativamente avanzada, cuando la historia de Israel transcurre paralela a los registros fidedignos de la de otras naciones, según se ha inmortalizado en sus monumentos. Sin duda, esto tiene sus diversas lecciones con referencia a la credibilidad de lo milagroso en el *Antiguo Testamento*. Principalmente ésta, que, como hemos observado antes, determina como progreso real lo que a algunos parece un retroceso: que lo milagroso ahora está más clara y directamente relacionado con la relación moral con Dios. Por así decirlo: las interposiciones milagrosas ahora no son *para* Israel sino *a* Israel; no tanto en favor de Israel como tal, sino ya sea en juicio o bien en misericordia, con una referencia y una aplicación directa al estado moral y espiritual de Israel. Y esto, como hemos dicho, indica la perfección del *Nuevo Testamento*, en la cual la relación de Dios con cada alma, así como con la Iglesia, y la condición espiritual del alma, o de la Iglesia –lo exterior y lo interior– son correlativas. Así, en su aplicación más amplia, estos elementos milagrosos de la historia de Israel son en sí mismos profecías, cuyo cumplimiento está en Cristo.

Esto será suficiente en este punto, tanto más cuando en el siguiente volumen (que cerrará el *Comentario Histórico al Antiguo Testamento*) se presentará forzosamente la oportunidad de una retrospección mayor y una revisión más amplia. Sólo nos queda añadir que el trato del tema en este volumen se verá en concordancia con el plan progresivo de esta obra, indicado repetidas veces en volúmenes anteriores. Tanto las notas críticas como las exegéticas serán más frecuentes y más completas, y el tratamiento general más detallado e ideado para lectores más avanzados. Un elemento nuevo de este volumen es la luz que dan sobre este período los monumentos antiguos. Vivimos en una época en la que se da más importancia que nunca al estudio crítico del *Antiguo Testamento*; en una época, también, en la que los ataques se lanzan principalmente contra la fiabilidad, la credibilidad, y, según creemos, la autoridad divina, en su sentido básico, del *Antiguo Testamento*. Hay algunos, y esperamos con gozo que así sea, que pueden desmontar el *Antiguo Testamento*, y con una relación lógica con él, interpretarlo de nuevo, y no obstante retener su fe íntegra en su carácter divino directo, y en su preparación para Cristo. Debemos confesar francamente que no pertenecemos a este tipo de estudiosos. Hay, sin duda, un carácter divino general en el *Antiguo Testamento*, y una preparación general para el *Nuevo*, sea cual sea la perspectiva histórica que adoptemos, o las interpretaciones que le demos. Deseamos incluso ir más allá de este punto, y diremos que Cristo y el cristianismo tienen su verdad absoluta, independientemente del Antiguo Testamento. Pero para nosotros al menos Jesús de Nazaret, como el Cristo, es el resultado directo del *Antiguo Testamento*, además de su cumplimiento más elevado. No sólo «una luz para iluminar a los gentiles,» sino también, incluso en este aspecto: «la gloria de Tu pueblo Israel.»

ALFRED EDERSHEIM
8, BRADMORE ROAD, OXFORD:
1 de Noviembre, 1885.

1 Historia de Israel y Judá hasta la decadencia de los dos reinos

Capítulo 1
(1 Reyes 18)

Habían pasado tres años y medio desde que la prohibición de Elías expulsara las nubes y la lluvia del cielo de Israel, y el aire seco no destilaba rocío en el suelo reseco y árido (comp. Lc. 4:25; Stg. 5:17[1]). Probablemente uno de estos años lo pasó el profeta en el retiro del Uadi Cherith; otro pudo haber transcurrido antes de que el hijo de la viuda fuese restablecido de la muerte a la vida; mientras que los otros dieciocho meses de calma debieron ser después de ese acontecimiento. Seguramente, la terrible desolación que la palabra del profeta había traído a la tierra debió haber tenido entonces más efecto que nunca en Israel. No obstante, no hallamos ni rastro de arrepentimiento de parte del rey ni del pueblo: sólo el sombrío silencio de la tristeza sin esperanza. Lo que el hombre podía hacer había sido probado, pero había fracasado sintomáticamente.

Acab, rey de Israel

Al hacerse más angustiosa la necesidad y la tristeza en el pueblo, el rey Acab hizo registrar su tierra y los territorios colindantes en busca de Elías, pero en vano (1 R. 18:10), mientras Jezabel llevaba a cabo su impotente venganza contra todos los profetas de Jehová sobre quienes había puesto sus manos, como si hubiesen sido cómplices de Elías, para castigarlos por lo que ella consideraba su crimen. Si todos los representantes de Jehová eran exterminados, Su poder no se podría ejecutar en la tierra, y al mismo tiempo ella conseguiría aplastar la resistencia a su voluntad imperiosa, y finalmente eliminaría aquella religión odiada que representaba a la vez el fuero de la fidelidad religiosa de Israel y de la libertad civil. No obstante, ni Acab ni Jezabel tuvieron éxito. Aunque Elías estaba cerca, ni en los dominios de Acab ni en los del padre de Jezabel, ningún mensajero ni rey pudo descubrir su escondrijo. Jezabel tampoco consiguió llevar a cabo su plan sanguinario. Es muy ilustrativo sobre el propósito de Dios al alzar profetas, y también sobre el sentido más amplio en que es necesario entender este término aquí, el hecho que fueran tan numerosos, que, por muchos que consiguiera matar la reina, por lo menos cien todavía podían ser escondidos, en grupos de cincuenta, en las cuevas de piedra caliza que llenaban la tierra. Y esto, suponemos, debió suceder en las inmediaciones de la capital, porque de otro modo Abdías (el siervo de Dios), el piadoso gobernador del palacio de Acab (comp. 1 R. 4:6; 2 R. 18:18; Is. 22:15), difícilmente hubiese podido cubrir las necesidades de ellos sin ser detectado (comp. 1 R. 18:4). Abdías tampoco era la única persona de Israel que «temía a Jehová», aunque su posición le debió resultar más dura que la de los otros. Como sabemos, todavía quedaban miles en Israel que no se habían postrado ante Baal (1 R. 19:18).

Tres años de hambre en Israel

Pero este terrible período de sequía tuvo por lo menos un efecto general por toda la tierra. Todos debieron saber que sucedió de acuerdo con el anuncio de Elías; todos debieron saber lo que era aquel anuncio, con todo lo que implicaba sobre Jehová y su profeta; y, finalmente, si no hubo un arrepentimiento general, todos por lo menos habían sido preparados para la gran prueba decisiva entre Dios y Baal, que iba a tener lugar muy pronto. Pero el día exhausto seguía llegando como antes; el sol salía y desaparecía en un cielo sin nubes sobre una tierra árida; y no había ninguna indicación de cambio, ni esperanza de alivio. Era verano. Jezabel había salido del palacio de Samaria, y se hallaba en su deliciosa y fresca residencia veraniega en Jezreel, a la que nos referiremos con más detalles más adelante (comp. 1 R. 18:45, 46; y la inferencia de 1 R. 21:2).

Elías se encuentra con Abdías y Acab

Pero Acab todavía estaba en Samaria, ocupado en sus preocupaciones, provocadas por el estado de la tierra. Esta ausencia temporal de Jezabel explica no sólo la conducta de Acab, sino también que fuera a visitar a Elías sin intentar ningún acto de violencia, e incluso se presentó personalmente en el Monte Carmelo. Pero la situación era tan grave incluso en Samaria, que el rey corría el peligro de perder todos sus caballos y mulas, tanto para el servicio público como el suyo propio. Para comprobar si quedaba forraje en el país, el rey y Abdías debían registrar cuidadosamente cada uno de ellos una parte de la tierra. Abdías no llevaba mucho tiempo en esta misión, cuando se le apareció lo que menos se esperaba –y tal vez lo que menos deseaba–. Se trataba precisamente de Elías, que había recibido instrucciones divinas directas de salir de Sarepta e ir al encuentro de Acab. Dado que no hay nada en la Santa Escritura sin significado ni enseñanza, podemos destacar aquí que, cuando el Señor asigna esto como la razón de la misión de Elías: «Enviaré lluvia sobre la tierra» (1 R. 18:1), se quiere enseñar que, aunque era Jehová mismo (y no Elías, como imaginan los Rabís) quien retenía «las llaves de la lluvia», no iba a hacer nada sin la mediación de su mensajero escogido.

Abdías no debió tener ninguna dificultad en reconocer inmediatamente a Elías, aunque, según parece probable, nunca lo había visto con anterioridad. Con la reverencia más humilde, saludó al profeta y luego recibió la orden de anunciar su presencia a Acab. Pero, al ser Abdías tímido y haber recibido una luz parcial, aunque era temeroso de Dios, no aceptó con gozo el mensaje. Acab había estado buscando a Elías durante tanto tiempo y de una manera tan sistemática, que Abdías solo podía imaginar que el profeta había sido cambiado de escondrijo en escondrijo, justo a tiempo para salvarlo de los mensajeros de Acab. De hecho, sabemos que éste no fue el caso; pero los que han perdido la costumbre de ver a Dios en la providencia normal de los acontecimien-

---

1. No sólo los escritores del *Nuevo Testamento* (como indica la cita), sino también los Rabís determinan el período sin lluvias a tres años y medio, y toda explicación que intenta fechar este período antes de la aparición de Elías es forzado y poco natural. En consecuencia, «el tercer año» en 1 Reyes 18:1 debe referirse a la estancia de Elías en Sarepta –unos dos años y medio después de su llegada al lugar.

tos cotidianos –como sucede con todos los que se conforman al mundo– demasiado a menudo tienen la costumbre de buscar cosas extrañas, o milagrosas, y así se vuelven a su vez supersticiosos e incrédulos. ¿Qué pasaría –argumentaba Abdías– si, después de comunicar al rey la presencia de Elías, el profeta era tomado una vez más milagrosamente? ¿No tendría que pagar él con su vida por la fuga de Elías? ¿El suspicaz Acab, o la Jezabel sedienta de sangre, no aplicarían su venganza contra él, como instigador del profeta? Todo ello, temores infundados, como todos los que son provocados por la debilidad de corazón de la piedad parcialmente iluminada; y así Elías se apresuró a animarlo, aunque sin olvidar, a nuestro parecer, una pequeña nota de reproche misericordioso.

La reunión en el Monte Carmelo

La reunión que tuvo lugar posteriormente entre el rey de Israel y el representante de Jehová fue típica de cada uno de ellos. Es un error suponer, como suelen hacer los intérpretes, que las palabras con las que Acab se acercó a Elías, «¿eres tú el[2] que turba a Israel?» tenían la misión de atemorizar al profeta, con una demostración de autoridad. Incluso Acab no podía imaginar que el efecto fuese éste. Parece más bien una intimación. Mira lo que has hecho. ¿Qué, pues, ahora? En realidad, un hombre como Acab debió encontrar difícil saber cómo debía dirigirse al profeta. Pero Elías, ni siquiera por un momento, iba a entrar en una controversia personal. Con una aguda reprensión, que indicaba que no era él sino el pecado de Acab y de su casa lo que había traído el problema a Israel, dio instrucciones al rey que reuniera en el Monte Carmelo a los representantes de todo Israel, además de los 450 profetas de Baal y los 400 profetas de Asera, que gozaban del favor especial de la reina.

Dejando de lado por un momento el gobierno soberano de Dios en este asunto, no es difícil entender porqué Acab aceptó las instrucciones de Elías. Naturalmente no podía prever el rumbo que iban a tomar las cosas. Lo que era cierto es que la tierra se hallaba en una situación angustiada de la cual sólo Elías podía librarla, si es que alguien podía. ¿Debería provocarlo a aplicar nuevos juicios con su negación? ¿Qué podía temer de un hombre desarmado ante una asamblea hostil? Si Elías podía levantar la maldición, merecía la pena hacer cualquier concesión temporal; si se negaba o fracasaba, la controversia con él se podía resolver con facilidad, y además con la aprobación popular. Además de esto, debía haber otras razones que explicaban el asentimiento de Acab. Tal como hemos observado, Jezabel no se hallaba entonces en Samaria; y Acab pudo haber sentido aquel engaño secreto que a menudo es el resultado de la superstición más bien que la creencia parcial. Finalmente, en aquel momento debió estar bajo la influencia del poder sobrecogedor de Elías. No podía ser de otro modo en aquellas circunstancias.

Aquel día el Carmelo presenció una de las situaciones más grandiosas de la historia de Israel. Hay tres escenas parecidas sobre algún monte, que resultan memorables: 1) en el Monte Sinaí, cuando se hizo el pacto por el ministerio de Moisés; 2) en el Monte Carmelo, cuando el pacto fue restablecido por el ministerio de Elías; 3) en el «Monte de la Transfiguración», cuando Moisés y Elías dan un testimonio lleno de adoración al Cristo en quien y por quien el pacto es completado, transfigurado y transformado. En cada caso la escena en el Monte formaba el punto más elevado de la vida y la misión del mediador empleado, a partir del cual había un descenso, excepto en la historia de Cristo, donde el descenso a Getsemaní era en realidad el inicio del ascenso a la diestra de Dios. Moisés murió y fue sepultado en la mano de Dios, pero Elías ascendió con un carro de fuego; Jesús murió en la cruz. Pero, mientras que desde la cima del monte Moisés y Elías realmente descendieron, en cuanto a lo que a su trabajo y misión se refiere, el descenso aparente de Jesús fue en realidad su ascenso a la cumbre más alta de su obra y gloria.

No hay lugar más hermoso en Palestina, más tonificante o saludable que el *Carmelo,* «como un parque». En el noroeste, sobresale como un promontorio en el Mediterráneo, elevándose a una altura de cien pies. Desde allí, se extiende unos 20 kilómetros al S.S.E., y se eleva con dos picos más. El primero, a unos 6 kilómetros del promontorio, mide 530 metros de altura como mínimo. Todavía más al sudeste se halla el tercer pico, con una altura de 514 metros,[3] que hasta el día de hoy lleva el nombre de *El-Mahrakah*, o «lugar para quemar» (sacrificio). Casi con toda seguridad, éste fue el lugar del sacrificio de Elías. Intentemos escenificar la situación. Por cualquier lado que se suba la montaña, la vista es de una belleza insuperable. El rico suelo rojo, donde no se cultiva, está cubierto de espesos matorrales perennes y exuberantes. Parece que en este lugar favorecido se han reunido no sólo árboles con flor y hierbas con deliciosa fragancia, sino toda la flora de la Palestina del norte. Ya a principios de noviembre florecen el azafrán, el narciso, la jara rosa, y las grandes margaritas, y brota el acerolo. En la primavera, los tulipanes salvajes, las anémonas de color rojo intenso, los ciclaminos, las flores púrpura, caléndulas, geranios, las rosas de roca de color rosa, amarillo y blanco hacen resplandecer el lugar con colores animados. Porque hay numerosas fuentes que descienden por el pie de la montaña y fertilizan el suelo. Subiendo a El-Mahrakah, tenemos algunas vistas de los acantilados, que en algunos lugares descienden directamente hasta la llanura. Finalmente llegamos a una meseta, donde, al extremo de una ladera empinada, hay un pozo con agua todo el año, incluso en las estaciones más secas. Todavía un poco más arriba hay otra meseta de tierra rica, bajo la sombra de olivos; y finalmente llegamos el pico más alto, un otero medio aislado. Este fue el lugar de los dos altares: el de Baal, y las ruinas del de Jehová, restauradas por Elías, y que procedía de antes de la construcción del templo, cuando se permitía este tipo de culto. En la meseta inferior, bajo la sombra de los olivos, con plena vista del pico del altar, estaban a un lado Elías y al otro el rey Acab, los sacerdotes de Baal y el pueblo.

Algo más abajo estaba el pozo de donde se sacó el agua para el sacrificio de Elías. Unos 400 metros más abajo, donde el descenso rápido parece una serie de precipicios y pasa por riscos afilados, fluye el «antiguo río» Quisión, donde tuvo lugar la salvaje matanza de los sacerdotes de Baal que fue la escena final del drama de aquel día. Ahora bien, ¡qué maravilloso espectáculo desde la cima! La vista se extendía por encima del Carmelo y a lo lejos hasta las montañas de arena alrededor de Cesarea; al norte, los montes de Galilea, Líbano y Hermón; al este, a través de la llanura del Esdralón, a unos 10 kilómetros, Jezreel, –y más lejos, Sunem, Endor,

2. Le he dado el significado primario de la palabra hebrea («éste,» «aquél») y no, como suelen hacer los intérpretes, la derivación poco común de «aquí».

3. Para las medidas y otras notas de interés, estoy endeudado con Conder, *Tent-work in Palestine*, vol I., pp 168 ss. Ver también la descripción de Dean Stanley en su *Sinai and Palestine*, el artículo del Sr. Smith en *Bible Dict.*, y otros relatos.

Naín, Tabor, Nazaret e incluso la distante Galaad. Un escenario realmente adecuado para la obra que se iba a representar en él.

Los sacerdotes de Baal. Sus ritos

Entre los reunidos aquel día bajo los olivos en la sombreada meseta justo debajo del pico más alto, no se halló a los cuatrocientos sacerdotes de Asera. Si esquivaron el encuentro, o si lo consideraron inconsecuente con los deseos de su señora espiritual, la reina, aparecer en una ocasión como aquella, lo cierto es que no estaban con sus cuatrocientos cincuenta compañeros del sacerdocio de Baal. Estos debían destacar entre el rey, los cortesanos y la multitud de todas las partes de la tierra, por sus vestidos blancos y los gorros puntiagudos. En contraste con ellos, con su vestido superior de pelo negro de camello ceñido con un cinturón de piel, estaba la severa figura del profeta; en primer plano estaba el rey Acab. Sin duda era una reunión singular, un despliegue de fuerzas sorprendente, un día de gran trascendencia. Elías había invitado allí al rey, a los sacerdotes y al pueblo, y no les dejó mucho tiempo con la duda sobre su objetivo. Primero, se dirigió al pueblo con estas palabras, que debieron mostrarles su condición real a la vez que les invitaba a su juicio: «¿Hasta cuándo claudicaréis vosotros» (pasaréis de uno al otro)[4] «entre dos opiniones» (divisiones, partidos)[5]? Si Jehová es Dios, seguidle; y si Baal, seguidle. Ante un llamamiento tan evidentemente cierto no había respuesta posible en la mente pública en aquella situación. El hecho que se presentaran a la cita en el Monte Carmelo era una demostración de este ir y venir mental de parte de Israel, aunque fuese irracional, insatisfactorio y para su propia condena (Dt. 6:4ss.). Pero la pregunta de Elías también constituía una excelente preparación para lo que iba a seguir. Las dos opiniones divididas iban a ser puestas a prueba para encontrar la verdad. Las dos partes iban a medir sus fuerzas. ¡Que mire Israel y decida!

En el impresionante silencio que siguió al desafío Elías salió hacia adelante, y señalando a la multitud de sacerdotes vestidos de blanco, recordó al rey y al pueblo que sólo había quedado él –es decir, en oficio activo y profesión abierta–[6] como profeta de Jehová. Iría solo, pues, al enfrentamiento, contra una multitud. Un enfrentamiento de poder. ¡Poder! Adoraban como dioses a los poderes de la naturaleza:[7] vean, pues, de qué parte están los poderes de la naturaleza. Que esto sea la prueba: los sacerdotes de Baal por un lado, y él por el otro, escogerían un buey y lo prepararían para el sacrificio, pero no encenderían fuego, «y el Dios que responda con el fuego, ése sea Dios». Hubo una exclamación de consenso universal. En aquellas circunstancias, era de gran importancia práctica que la futilidad del culto de Baal se manifestara del modo más completo. Esto explica los detalles de todo lo que aconteció después. Además, después de un día entero de aplicación de todos los recursos de la superstición de ellos, la grandeza de la majestuosa intervención de Jehová causaría una impresión mucho más profunda. Pero aunque desde el punto de vista de Elías era importante que los sacerdotes de Baal hicieran primero la ofrenda, la propuesta era tal que no se podía rechazar, puesto que Elías no sólo les permitió escoger el animal para el sacrificio, sino que, además, eran muchos contra uno. Tampoco podían quejarse por la prueba propuesta por Elías, ya que su Baal también era el dios del fuego, el mismo dios sol.[8]

Entonces empezó una escena que desconcierta cualquier descripción. Los escritores antiguos nos han legado relatos de las grandes festividades de Baal, y concuerdan muy bien con el relato bíblico, y sólo aportan más detalles. Se empezó con un grito comparativamente moderado, aunque ya salvaje, a Baal; a continuación hubo una danza alrededor del altar, que empezaba con una balanceo hacia adelante y hacia atrás.[9] Los aullidos iban aumentando de volumen y la danza se volvía cada vez más frenética. Daban vueltas, corrían salvajemente y atravesaban las filas de los otros, siempre en círculos, la cabeza hacia abajo, de modo que su cabellera suelta barría el suelo.

Normalmente la locura se contagiaba y los espectadores se unían a la danza frenética. Pero Elías sabía cómo evitarlo. Era mediodía y llevaban horas con sus ritos salvajes. Con burlas agudas y amarga ironía, Elías les recordó que, puesto que Baal era Dios, el fallo debería ser de ellos. Deberían atraer su atención de otro modo, y tenían que chillar más fuerte. Así, hasta el límite de la locura, se volvieron más frenéticos que antes, y sucedió lo que sabemos que son los actos segundo y tercero en estas fiestas. El aullido salvaje se convirtió en gritos demoníacos y penetrantes. En su locura los sacerdotes se mordían los brazos y se cortaban con las espadas de dos filos que llevaban y con lanzas.[10] Al empezar a correr sangre, el frenesí alcanzó su punto álgido cuando uno, y después los otros, empezaron a «profetizar», gemían y se lamentaban, luego explotaron gritos de rapsodia, acusándose ellos mismos, o hablando a Baal, o pronunciando frases fragmentadas e incoherentes. Durante todo este tiempo se azotaban ellos mismos con látigos, llenos de clavos agudos, y se cortaban con espadas y lanzas –a veces incluso se mutilaban– puesto que se suponía que la sangre de los sacerdotes tenía un efecto especialmente propiciatorio ante Baal.

La ocasión del sacrificio vespertino

Esta terrible escena había durado dos horas más –y su capacidad de aguante debería haberse agotado. El sol había pasado su meridiano desde hacía tiempo, y había llegado el momento del sacrificio vespertino normal del templo de Jehová en Jerusalén. Sabemos, por los relatos que tenemos de la época del templo, que los sacrificios vespertinos se ofrecían «entre las tardes», como se solía llamar –es decir, entre la puesta del sol y la noche.[11] De hecho la ceremonia empezaba entre las dos y las tres de la tarde.

4. Esta palabra se usa en el versículo 26 sobre la danza salvaje o los saltos de los sacerdotes de Baal.

5. No es fácil traducir con exactitud la palabra hebrea. Aparece en Sal. 119:113 («Odio los *pensamientos* divididos»); Isaías 2:21; 57:5 («hendiduras»); Ezequiel 31:6 («ramas,» ramas divididas). Seguramente se trate de una expresión proverbial.

6. Los otros estaban escondidos en cuevas y a todos los efectos eran inexistentes en aquella situación.

7. Es necesario observar que la negación moderna de Dios se puede reducir al mismo principio básico del culto de Baal. Porque, si la Gran Causa –Dios como el creador– es negada, entonces la única manera de explicar el origen de todas las cosas es a través de las fuerzas de la materia. Y esto no es otra cosa que la deificación de la naturaleza.

8. Como ha sido comentado, Baal era la verdadera divinidad de Asia, adorada bajo diferentes formas (de ahí el plural: *Baalim*). Moloc era simplemente Baal con otro aspecto, el de la destrucción, comp. Jeremías 19:5; 32:35.

9. La palabra original, como se ha observado, es la misma que se traduce como «claudicar» (en el v. 21). La expresión, sin duda, se refiere a las danzas pantomímicas alrededor del altar.

10. Ésta es la traducción correcta del v. 28, y no cuchillos y lancetas, como dicen algunas versiones.

11. Para una descripción completa y una explicación de la hora del sacrificio vespertino, ver *The Temple, its Ministry and Services at the time of Jesus Christ*, p. 116.

Elías prepara el sacrificio

Debió ser más o menos esta hora cuando Elías empezó los preparativos sencillos pero solemnes para su sacrificio. Volviéndose de los sacerdotes frenéticos al pueblo sobrecogido, les invitó a acercarse. Debían ponerse a su alrededor, no sólo para estar convencidos de que no se realizaba ningún engaño, sino para participar con él en el servicio. Una vez más Israel tenía que aparecer como el Israel de antaño en tiempos más felices, sin divisiones nacionales y fieles a Jehová. Éste fue el significado de la restauración del lugar roto del antiguo culto piadoso poniendo en él doce de los grandes trozos de roca que estaban esparcidas por el suelo, de acuerdo con el número de tribus.

Oración de Elías

Y mientras construía el altar, lo consagró por medio de la oración: «en el nombre de Jehová». Después hizo una zanja profunda y ancha en la tierra calcárea y quebradiza que rodeaba el altar. Luego la leña, y las piezas del sacrificio que estaban encima de ella fueron colocadas en el orden adecuado. Y después, bajo la orden del profeta, unas manos voluntarias llenaron los cántaros del pozo cercano.[12] Una, dos y tres veces derramó el agua sobre los sacrificios, hasta que llegó a la zanja, y la llenó. Esto, según suponemos, era no sólo para mostrar más claramente que el fuego que consumía el sacrificio en dichas circunstancias, era enviado desde el cielo, sino también por razones simbólicas, como si indicara que la confesión de arrepentimiento de Israel era derramada sobre la ofrenda.

Y ahora un solemne silencio se adueñó de todos los reunidos. El sol estaba descendiendo, un globo de fuego, detrás del Carmelo, y lo cubría con un resplandor púrpura. Era la hora del sacrificio vespertino. Pero Jehová, no Elías, haría el milagro; la mano del Dios vivo debía extenderse. Una vez más fue la oración lo que movió la mano. Una oración como esa no había sido oída antes –tan tranquila, tan fervorosa, tan majestuosa, tan segura, tan fuerte. Elías aparecía en ella tan sólo como el siervo de Jehová, y todo lo que había hecho antes solamente como el cumplimiento de su Palabra: pero Jehová era el Dios del pacto, el Dios de Abraham, de Isaac, y de Israel, manifestándose como antaño como el vivo y verdadero, como el Elohim en Israel: siendo el grande objetivo de todo ello la conversión de Israel a Él.[13]

Respuesta por medio del fuego

Él lo había dicho, y, como cuando el rey Salomón (1 Cr. 21:26; 2 Cr. 7:1) presentó la primera ofrenda en el templo que había erigido a Jehová, así ahora el fuego de Jehová saltó del cielo, consumió el sacrificio y la leña, abrazó y quemó las piedras de caliza con las que estaba construido el altar, y con una lengua de fuego incluso secó el agua de la zanja. Un momento de solemne silencio, cuando todos los que lo habían visto, sobrecogidos, se postraron en adoración; luego un grito que parecía partir el aire, y encontró su eco en la lejanía por los valles y los acantilados del Carmelo: «¡Jehová es Elohim! ¡Jehová es Elohim!».

12. Los Rabís observan que, cada vez, se derramaron cuatro cántaros de agua, con un total de doce, correspondiendo a las doce piedras con que había sido construido el altar, y por la misma razón simbólica.

13. 1 Reyes 18:37 indica el propósito final (moral) no sólo de este milagro, sino de todos ellos. La última cláusula del versículo debería traducirse en *presente*: «y que tú vuelves su corazón».

La decisión de Israel
Muerte de los sacerdotes de Baal

Y así Israel se convirtió una vez más a Dios. Y ahora, de acuerdo con el divino mandamiento de la Ley (Dt. 13:13; 17:2, etc.), se debía ejecutar un juicio severo contra los idólatras y los seductores, los sacerdotes de los ídolos. Aquel día la victoria tenía que ser completa; la renuncia del culto de Baal sin memoria. No debía salvarse ni uno solo de los sacerdotes de Baal. Los persiguieron por las empinadas laderas de las montañas, los echaron por los precipicios, esos 400 metros hasta el río Quisión, que se tiñó de rojo con su sangre.[14] Pero en la cima de la montaña se quedó el rey Acab, asombrado, sin palabra, por entonces un converso a Jehová. También él debía tomar parte del sacrificio; tenía que comer de la comida del sacrificio. Pero debía ser de forma apresurada, porque Elías ya oía el suspiro y el lamento suave del viento del bosque del Carmelo. Él no tomó parte del banquete. Tenía otro pan para comer que ellos no conocían. Había subido a la parte más alta del Carmelo desde donde el rey no le podía ver. Iba acompañado tan sólo por su siervo, de quien la tradición afirma que se trataba del hijo de la viuda de Sarepta que había recibido la vida de modo milagroso. Sin duda, hubiese sido un servidor muy adecuado en aquel momento.

La nube como la palma de la mano de un hombre

Una vez más se repitió la oración agonizante, no una vez, sino siete.[15] En cada pausa el fiel asistente escalaba el otero más alto, y miraba fervientemente y con angustia por encima de la ancha expansión del mar. Al final llegó –una nube, pero del tamaño de la mano de un hombre. Pero cuando Dios empieza a oír una oración, desea escucharla abundantemente; cuando da bendición, será sin restricción. Acab debía levantarse y apresurarse con su carro, o la lluvia, que caería como una inundación, empaparía el suelo y su carro tendría dificultades en atravesar los diez kilómetros de llanura hasta el palacio de Jezreel. Y entonces, cuando llegaba al pie de la montaña, el cielo ya estaba lleno de nubes negras, el viento se lamentaba como corresponde, y la lluvia descendía en torrentes. Pero el poder de Jehová[16] estaba sobre el tisbita. Ciñó sus lomos y corrió delante del carro de Acab.

Elías corre delante de Acab hasta Jezreel

En un día como aquél no tuvo ninguna duda en actuar como corredor en cabeza ante el rey converso; sí, él sería quien diera las noticias en Jezreel. Las proclamó hasta la misma entrada de Jezreel; hasta la misma puerta del palacio de Jezabel fue antes que ellos, como la voz de advertencia de Dios, antes de que Acab hallase de nuevo a su tentadora. Pero allí los dos debieron separarse, y el rey de Israel en adelante decidiría por sí solo a quién aferrarse, a Jehová o al dios de Jezabel.

14. Es casi inverosímil, en vistas de las palabras de nuestro Señor, Lucas 9:55, 56; y no obstante esta escena ha sido aducida como precedente de la persecución de los llamados «herejes».

15. *Siete* –el número del pacto.

16. El *Targum* traduce: «Y el espíritu de la fuerza de la presencia de Jehová».

Capítulo 2
(1 Reyes 19)

La grandiosidad de la escena del Monte Carmelo nos hace pensar inmediatamente que es el resultado del *Antiguo Testamento*. No podemos pensar que sea posible en la nueva dispensación. Al decir esto no nos referimos tanto a las burlas irónicas que Elías dirigió a los sacerdotes de Baal, donde la compasión, la gentileza y la humildad parecían lo adecuado, puesto que era necesario poner en evidencia la locura además del pecado de la idolatría, y ésta era la mejor forma de hacerlo (comp. Is. 40:18, etc.; 41:7; 44:8-22; 46:5-11; Jer. 10:7, etc.). Tampoco nos referimos sólo o principalmente a la destrucción de los sacerdotes de Baal. Esto fue simplemente la obediencia de la Ley del *Antiguo Testamento*, y se basaba tanto en su economía[1] como en las circunstancias de la época. Tomando la perspectiva más baja, era un acto de conservación propia necesario, ya que las dos religiones no podían existir juntas, como lo había demostrado la reciente conducta de Jezabel. Pero hay una perspectiva más elevada de este acontecimiento. Porque el objetivo fundamental del llamamiento de Israel y de su existencia –toda la significación figurada y preparatoria de la nación– era incompatible incluso con la existencia de la idolatría entre ellos.

Diferencia de base entre el *Antiguo Testamento* y el *Nuevo*

Finalmente, existe esta diferencia esencial entre la dispensación del *Antiguo Testamento* y el *Nuevo* –que bajo este último, la religión es una elección personal y el deseo del corazón se consigue por la persuasión del Espíritu Santo; mientras que en el *Antiguo Testamento* (por su naturaleza) la religión era por Ley. La libertad religiosa es una consecuencia de la religión de libre elección, donde Dios ya no se dirige al hombre meramente, o principalmente, con la autoridad de una ley general, sino llama a la consciencia individual con la persuasión de una invitación especial. En el *Antiguo Testamento*, cuyo principio fundamental era la autoridad exclusiva de Jehová (Éx. 20:2, 3), la idolatría no sólo era un crimen, sino también una rebelión contra la majestad del cielo, el Rey de Israel, que implicaba las consecuencias más terribles para la nación. Así, repetimos, la escena del Monte Carmelo no podría hacerse en la época del *Nuevo Testamento*.

Analogía entre Elías y Juan el Bautista

Pero aunque aceptamos perfectamente esta diferencia de base de la dispensación preparatoria, sería un error muy grave olvidar que el *Antiguo Testamento* mismo señala una manifestación más elevada y más completa de Dios, y no lo hace en ningún otro lugar de un modo tan evidente como en este relato de Elías. Ya se ha comentado la existencia de una analogía entre Elías y Juan el Bautista. Ahora, queremos recordar tres puntos de manera especial de la historia de este último. Parece como si el Bautista hubiese esperado que sus denuncias de advertencia fuesen seguidas inmediatamente por una reforma visible o por un juicio visible. Pero en cambio, fue echado, por orden de Herodes, a una mazmorra, de donde nunca iba a salir; y no obstante parece ser que el juicio dormitaba, y el Cristo no dio ningún paso para la liberación de su predecesor o para la vindicación de su mensaje. Y, finalmente, como consecuencia de este desengaño, parece que la oscuridad espiritual se cernió sobre el alma del Bautista. Casi sentimos que había sido necesario que un mensajero de juicio se encontrara tan débil conscientemente, para que así, en la depresión del elemento humano, el factor divino se viera más claramente. Y también fue bueno que fuese así, puesto que conllevó la pregunta a Cristo, y así una revelación más completa del carácter divino del reino. La misma expectativa y la misma decepción se presentan en la historia de Elías el día después de la victoria en el Carmelo. Pero ambas conllevaban una manifestación más completa del significado y del propósito de Dios. Así vemos como el *Antiguo Testamento*, incluso donde manifiesta su carácter más distintivo, señalaba la manifestación más completa y gloriosa de Dios, simbolizada, no en la tormenta, el terremoto, o el fuego, sino en el «silbo apacible».

Si Elías se había quedado en Jezreel con la esperanza de que la reforma proclamada en el Monte Carmelo sería seguida por el rey, pronto iba a experimentar una amarga decepción. Aunque hay buenas razones para inferir que la impresión hecha en la mente de Acab nunca sería borrada del todo. Esto se ve no sólo en las subsiguientes relaciones que el rey tuvo con profetas del Señor (1 R. 20), sino incluso en su tardío arrepentimiento después de cometer su gran crimen (1 R. 21:27-29).

Jezabel amenaza la vida de Elías

Efectivamente, casi parece como que si no hubiese sido por la influencia de Jezabel sobre el débil rey, la situación hubiese dado un vuelco diferente para Israel, por lo menos temporalmente. Pero si éste había sido el efecto producido a Acab por la escena del Monte Carmelo, podemos entender que el primer deseo de Jezabel fuese al de apartar lo antes posible a Elías del rey. Por esta razón, envió un mensaje, amenazando al profeta con la muerte en veinticuatro horas. Casi huelga decir que, si hubiese sido realmente tan atrevida como para tener la intención de matarlo, no le hubiese advertido, y que la referencia a las veinticuatro horas como límite de su vida debería ser para que Elías escapara inmediatamente. Y ella consiguió lo que quería –ciertamente, no por miedo de parte del profeta,[2] sino por la decepción y la depresión, de lo que podemos encontrar en cierto aspecto incluso una causa física en la reacción que debía haber tenido lugar el día después de la escena del Carmelo.

Por extraño que parezca, estas debilidades observadas en hombres como Elías nos sirven casi como de alivio para nosotros. No se trata solo de que nos demos cuenta que estos gigantes de la fe son hombres con las misma pasiones que nosotros, sino que lo divino en su obra se manifiesta todavía más. Merece ser observado que Elías procedió a efectuar este viaje apresurado sin haber recibido ninguna instrucción divina para ello. Con la única ayuda de su fiel siervo, fue sin detenerse a la frontera más alejada del reino vecino de Judá. Pero ése no era su destino final, y en su estado tampoco podía admitir ningún compañerismo.

La huida del profeta. Su provisión milagrosa

Dejando atrás a su siervo, se adentró en el desierto de Parán. En su terrible soledad se halló por primera vez libre

1. Utilizo la palabra «economía» aquí con su significado original, denotando la organización de una casa, la legislación y el orden de una casa.

2. La LXX (y algunos *Códices*) con un pequeño cambio modifican la palabra «vio» (1 R. 19:3) por una que significa «temió»: evidentemente, se trata de un error.

«Entre los reunidos aquel día bajo los olivos en la sombreada meseta, justo debajo del pico más alto, no se hallaban los cuatrocientos sacerdotes de Aserá. Si esquivaron el encuentro, o si lo consideraron inconsecuente con los deseos de su señora espiritual, la reina, lo cierto es que no estaban con sus cuatrocientos cincuenta compañeros del sacerdocio de Baal. Estos debían destacar entre el rey, los cortesanos y la multitud de todas las partes de la tierra, por sus vestidos blancos y los gorros puntiagudos.»

El gorro puntiagudo y la indumentaria de esta estatuilla de bronce del dios Baal, muestran como debían ser las vestiduras de sus sacerdotes en el encuentro que este pasaje bíblico nos relata. El dios Baal, venerado por todas las grandes ciudades fenicias, representa, en esta estatuilla, la juventud y la vitalidad, tan frecuentes en el estatuario antiguo. (Baal, bronce fenicio II milenio a.C. Museo del Louvre.)

para descansar. Totalmente quebrantado en su cuerpo y en el espíritu, se echó debajo de una de esas retamas[3] que extienden sus ramas y que parecían indicar que incluso en aquel vasto e inhóspito paraje, la mano del gran creador había provisto un cobijo para sus caminantes pobres y abatidos. Hay algo casi terrible en los conflictos de vida y muerte de las grandes almas. Los contemplamos con un sentimiento parecido a la reverencia. El profundo desaliento del alma de Elías se materializa en su petición de ser librado del trabajo y del sufrimiento. No era mejor que sus padres; como ellos, se había esforzado en vano; como ellos había fracasado; ¿Por qué se debía prolongar su dolorosa misión? Pero no debía morir así. Como Moisés, tenía que ver, por lo menos de lejos, la dulce tierra de la belleza y el descanso. Como tantas otras veces, Dios, en su tierna misericordia, dio a su amado el precioso alivio del sueño. Y además, tenía que recibir muestras de que incluso allí no estaba abandonado. Un ángel lo despertó para servirle en sus necesidades. Dios cuida del cuerpo, y a sus ojos es preciosa no sólo la muerte de los suyos, sino también las necesidades conscientes de su pueblo. El mismo gran Jehová, cuya manifestación en el Carmelo había sido tan terrible en su grandiosidad, condescendió a su siervo en la hora de su necesidad más extrema, y con una ternura indescriptible, como una madre, atendió a su hijito. Una vez más algo de sueño y la provisión previamente dada por el cielo para el viaje que debía emprender –ahora con la guía de Dios.[4]

Analogía entre Moisés y Juan Bautista

La analogía entre Moisés, como aquél por medio del cual se entregó el pacto y Elías, por medio del cual se restauró el pacto, ya ha sido indicada. No obstante hay una gran diferencia entre los dos. Cuando Israel infringió el pacto que Moisés estaba a punto de hacer, intercedió por ellos con la más aguda agonía de su alma (Éx. 33–34:9). Cuando Israel volvió a infringir el pacto el día después del Carmelo, Elías se escapó con un gran abatimiento de espíritu. En ambos casos Dios concedió la luz a sus siervos por medio de una manifestación de él mismo que daba una mejor revelación de sus propósitos de gracia y anticipo del modo en que se cumplirían finalmente en toda su plenitud por medio de Jesucristo. Y por ello también en este respecto, resultaba adecuado que Moisés y Elías estuviesen con Jesús en el Monte de la Transfiguración. Pero Elías no había sido como Moisés, más bien había hecho como los hijos de Israel. Y así, como ellos, tuvo que deambular durante cuarenta días simbólicos por el desierto, antes de que se le concedieran la libertad y la luz,[5] para aprender la misma lección que Dios quería enseñar a Israel durante sus cuarenta años de camino. Y así, al final, llegó al «monte de Dios» a «la cueva»[6]–tal vez la misma «roca partida» donde Moisés escuchó por primera vez la gloriosa revelación de lo que Jehová era y de sus propósitos.

3. El *Rothem* no es un enebro, sino una especie de retama grande y extendida, que normalmente se halla cerca de corrientes de agua, y sirve de protección del sol y del viento.

4. Kimchi observa que la segunda comida no había sido llevada entonces, sino que debían ser los restos de la primera. También indica que Elías fue dirigido en el desierto por una dirección más alta que la suya propia.

5. El viaje directo al Monte Horeb podía durar poco menos de una cuarta parte de este tiempo.

6. El texto hebreo tiene el artículo definido, para denotar una cueva especial y conocida.

Elías en el Monte Horeb. ¿Qué haces aquí, Elías?

Era un lugar magnífico para pasar la noche,[7] y oír en medio de su silencio la voz de Jehová.[8] La sola pregunta –que posteriormente se repite en diferentes circunstancias– «¿Qué haces aquí, Elías?»[9] tenía como objetivo que el profeta racionalizara su estado mental. Con su tierna misericordia, no hay ningún reproche, ni siquiera un comentario negativo por la apresurada solicitud de liberación de lo que parecía una fatiga pesada y sin esperanza. ¿Pero estaba realmente privada de esperanza? ¿Entendía Elías correctamente el propósito final de Dios? ¿Sabía siquiera lo que en la providencia de Dios iba a suceder después de la aparente derrota del profeta el día siguiente a su gran victoria: cómo Dios vindicaría su causa, castigaría a los rebeldes y cuidaría a los suyos? Aunque la misma pregunta se formuló dos veces y la respuesta fue cada vez la misma, parece que en cada ocasión tenía un significado diferente. Porque las palabras de Elías (vv. 10, 14) implican dos cosas: una acusación contra los hijos de Israel y una vindicación de su propia conducta al huir al desierto. La *primera* parece ser el significado de su respuesta *antes* de la manifestación especial de Dios (Ro. 11:2, 3); la *segunda*, el de *después* de la revelación de Dios comunicada a través de la visión. Esta manifestación, tan profundamente simbólica, nos parece que provocó un cambio completo en el profeta.

La primera pregunta fue formulada a Elías mientras todavía se encontraba en la cueva. Como ya se ha dicho, le provocó una acusación contra el pueblo de Dios, como si pidiera venganza al Señor (Ro. 11:2, 3) –«¡Es hora de que trabajes, Señor, porque los hombres han anulado tu ley (Sal. 119:126)!» Después de esto Elías recibió instrucciones de salir de la cueva oscura y angosta, y ver cómo Jehová pasaba por allí.[10] No se pronunció una sola palabra. Sin embargo, primero se oyó «viento grande y fuerte, que partía montañas, y hacía temblar rocas ante el rostro de Jehová, pero Jehová no estaba en la tormenta. Y después del viento, terremoto, pero Jehová no estaba en el terremoto. Y después del fuego, sonido de silencio suave (calma suave audible)».[11] Elías no podía dejar de entender el significado de esto. Lo sabía, cuando al oír «el silbido apacible», cubrió su rostro con el manto y salió con una actitud sumamente reverente para estar en la presencia de Jehová (comp. Éx. 3:6; 33:20, 22; Is. 6:2). La tormenta que parte, el terremoto que sacude los fundamentos, el fuego que consume –éstos son sus mensajeros que como mucho preceden su venida. Pero Jehová no está en ellos. Cuando él viene no está en estas cosas, sino en el silencio de las mismas. Aprender esto resultó una respuesta real, aunque no expresada, al abatimiento de Elías y a su solicitud de acusación contra Israel, siendo todavía más conmovedora por el hecho que, al ser indirecta,

7. Éste es el significado de la palabra «*cueva*» en el v. 9.

8. Algunos comentaristas consideran que la primera parte de lo que se relata es habiendo tenido una *visión*. Pero aquí no parece que se indique esto en el texto.

9. La pregunta tiene varias aplicaciones. Al recordarla, los hijos de Dios han sido guardados del pecado en varias ocasiones, y de asociaciones no apropiadas y de conformarse al mundo.

10. Parece ser que la LXX interpreta más correctamente las primeras cláusulas del versículo 11. Nosotros traducimos: «Y él dijo, ve y quédate en el monte ante Jehová –y mira, Jehová pasa por allí». El fragmento *narrativo* empieza después de esto: «Y el viento, grande y fuerte», etc. Merece la pena observar que la expresión «pasar por allí» se usa solo aquí y en Éxodo 33, y 34:6 con referencia a Jehová. Normalmente sobre él se usa la expresión contraria, la de *habitar* (de donde *Shechinah*). De estas gloriosas manifestaciones, en el *Antiguo Testamento*, solo se podían ver escenas *que pasaban*.

11. Traducción literal.

como la respuesta de Jesús a la pregunta sobre el Bautista, llevaba instrucción pero no reproche. El estado de ánimo de ambos era el mismo, sus dudas, y la respuesta que recibieron. De hecho era: ve lo que el Señor es en realidad, sus propósitos y lo que hace; y aprende con reverencia a postrarte y adorar. Dios es más grande, más alto, mejor de lo que parece sólo en el juicio: haz tu trabajo, y déjale a él el resultado –él lo manifestará claramente. Y así, suponemos que, cuando *después* de esta manifestación se formuló la misma pregunta a Elías, su respuesta ya no fue con un espíritu de acusación, sino más bien una afirmación de un hecho en vindicación o explicación de su propia presencia en el Monte Horeb.

Viento, terremoto, fuego, y silbo apacible

Hablando con reverencia, en el estado de ánimo de Elías, no había una respuesta más adecuada que esta manifestación propia de Jehová, terrible y gloriosa. Si el Señor mismo no había estado en los mensajeros desolados de terror ¿por qué debía Elías esperarlo en los juicios que le habían encargado que ejecutara? Pero, si el mismo Elías había salido para adorar, no en la tormenta, ni en el terremoto, ni en el fuego, sino que había esperado la presencia del Señor en el silbido apacible, ¿por qué debía maravillarse si el avivamiento del culto de Israel esperaba una manifestación parecida? Pero Dios, durante esta espera, iba a cuidar de su propia causa. Tenía que caer una tormenta desde fuera sobre el pueblo impenitente: Hazael debía ser ungido rey de Siria, y las guerras extranjeras, más desoladoras que cualquiera de las anteriores, barrerían Israel. El terremoto sacudiría la casa de Acab hasta sus cimientos: y Jehú debía ser nombrado ministro de la venganza. El fuego que Elías había prendido iba a quemar más resplandeciente y más feroz: la misión de Elías iba a ser continuada en Eliseo. Preparar todo esto[12] era entonces el único trabajo que le quedaba al anciano y cansado profeta. Y en cada uno de los casos, lo preparó.[13] Eliseo fue llamado por el profeta personalmente. La destrucción de la casa de Acab, que implicaba el levantamiento de Jehú, a través del cual se cumplió, fue anunciada claramente a Acab por Elías en el campo de Nabot (1 R. 21:19, 21, 22); mientras que el poder futuro de Siria sobre Israel, que implicaba el alzamiento de Hazael, también fue comunicado proféticamente (1 R. 20:42) –según nuestras conjeturas sobre la expresión «cierto hombre de los hijos de los profetas» (1 R. 20:35)– por las instrucciones de Elías.

El mensaje divino y la seguridad de Elías

No obstante, se concedió al profeta una preciosa seguridad, o más bien una prueba visible de que Jehová estaba todavía en Israel, en el silbo apacible. Sin conocer él a ninguno de ellos, Dios tenía incluso en el corrupto Israel, un «remanente de acuerdo con la elección de gracia» (Ro. 11:2-5), un número sagrado del pacto que se podía contar en miles[14] –unos en la tierra, que nunca habían doblado la rodilla a Baal ni besado la abominable imagen en adoración.[15] Y aún se iba a conceder más consolación al exhausto siervo del Señor. En cada caso el juicio en sí solamente debía ser anunciado, no ejecutado, por medio de Elías, o durante su vida. Pero tendría este consuelo, que incluso durante su vida, y mientras estuviese aplicado en su misión, un compañero de yugo, con auténtica compasión, ministerio y parecido de espíritu, le asistiría para que la carga fuera más fácil de llevar.

Llamamiento de Eliseo

Sucedió tal como se le había dicho. Sintiendo que su misión estaba casi completada, y que lo que quedaba era principalmente la preparación de Eliseo para su trabajo, el profeta regresó hacia la tierra de Israel. Mientras iba de camino, la propia naturaleza debió parecer que reflejaba la alegre revelación de quietud y paz que había sido concedida en Horeb. La lluvia abundante que había caído, debió haber suavizado el suelo de los campos endurecido por la sequía. El campo estaba tomando el aspecto de una nueva primavera. Por todas partes se emprendían de nuevo los trabajos de agricultura; los rebaños y los rediles salpicaban los prados; las manos ocupadas sembraban rápidamente las semillas. Así fue viajando a lo largo del rico valle del Jordán, hasta que, más allá de las fronteras de Judá, llegó a la antigua posesión de Isacar. No podía haber una escena más feliz que la de los campos de *Abel Meholah*, el «prado de la danza», cuyo nombre parece sugerir el gozo de la época de la cosecha y los bailes de los trabajadores de la mies. Estos campos, hasta donde alcanzaba la vista, pertenecían a un tal Safat, y éste era uno de los siete mil que no habían doblado la rodilla ante Baal, tal como inferimos incluso por el nombre que había puesto a su hijo: Eliseo, «el Dios de salvación», o mejor, «mi Salvación de Dios». Y entonces había doce yuntas de bueyes labrando la tierra –once llevados por los siervos, y la duodécima, de acuerdo con la sencilla costumbre hebrea, por el hijo del propietario de aquellas tierras.

Con el característico ahorro de detalles, el texto sagrado no nos informa si Elías había conocido a su sucesor antes, ni cómo lo reconoció entonces. Baste saber que lo conoció y lo llamó, no por palabras, evidentemente, sino por el acto simbólico e inequívoco de echarle encima su manto de profeta, al desaparecer. Ésta fue la primera prueba de Eliseo. No había ninguna necesidad absoluta de responder, ni siquiera para mostrar que había entendido un llamamiento sin palabras, que podía haber ofrecido tan poco para atraer incluso a alguien cuya suerte hubiese sido echada en circunstancias mucho menos felices que las de Eliseo. Pero Eliseo mostró su preparación interior y espiritual al responder inmediatamente al llamamiento de Elías, con esta única petición: que se le permitiera despedirse de su padre y de su madre.[16] No fue reproche severo ni reprensión lo que provocó la respuesta de Elías: «Vuelve, porque ¿qué te he hecho?». Precisamente porque entendió la grandeza del sacrificio que implicaba la obediencia inmediata, dejaría a Eliseo sin influencia alguna y libre, y su servicio sería el resultado de su propia

---

12. Evidentemente las expresiones de 1 Reyes 19:15-17 no deben tomarse en sentido literal. De hecho, solo Jehú fue ungido, pero no lo fue ni por Elías ni por Eliseo. Del mismo modo, la expresión sobre Eliseo, que mató a los que se escaparon de la espada de Jehú, debe ser tomada en su significado figurativo evidente. Pero ante Dios estos tres fueron desde aquel momento «ungidos para su trabajo» (comp. 2 R. 8:13, y 2 R. 9:3).

13. Es extraño que los comentaristas no hayan observado este hecho.

14. El término 7.000 no debe ser tomado literalmente, como si fuera el número exacto de los fieles. *Siete* es el conocido número sagrado y del pacto.

15. Besar el ídolo –sus pies, barba, etc.– era una práctica común en los cultos paganos.

16. Matthew Henry curiosamente observa: «*despedirse*, no *pedir* permiso para irse».

convicción de corazón y su elección personal.[17] Solamente así podía ser apto para un llamamiento que requería una abnegación y un sacrificio tan completos.

Como conviene a todo aquel que deba tomar el servicio de Dios, Eliseo también superó esta prueba, la cual nos recuerda como nuestro Señor ponía dificultades de elección delante de los que querían seguirle (Mt. 8:20) y delante de sus discípulos la necesidad ineludible de la abnegación propia de corazón (Lc. 14:26). Parece prácticamente simbólico que los bueyes con los que había estado trabajando, el yugo que los sujetaba y los utensilios de madera que habían arrastrado, ahora se usaran para el banquete de despedida de Eliseo. Abandonar y dejarlo todo por el servicio del Señor es sólo una lección, que tiene que ser completada, no tanto abandonando todo el pasado, sino más bien consagrando al nuevo trabajo de nuestra vida todo lo que antes teníamos o hacíamos. Tampoco debemos olvidar dos consideraciones adicionales, sugeridas por el relato del llamamiento de Eliseo. Toda decisión personal para Dios, y toda obra tomada para él, implican una despedida y un abandono de las antiguas, las cuales deben «pasar» cuando «todas las cosas sean hechas nuevas» (2 Co. 5:17). Pero este abandonar, aunque necesariamente implica dolor y pérdida, no debe ser triste –antes, más bien gozoso, pues pasa por el dolor para llegar al gozo, y a través de pérdida aparente a ganancia real:[18] una «fiesta», como la separación de Eliseo de su casa, y la de San Mateo de su llamamiento y sus amigos. Así el final de lo antiguo será al mismo tiempo el comienzo de lo nuevo; el abandono del antiguo llamamiento será el primer acto del primer ministerio. Y por humilde que sea ese ministerio, y por alejado que parezca del Señor, se trata realmente de un ministerio Suyo. Entonces, y durante muchos años, Eliseo solamente se dedicó a «verter agua en las manos de Elías» (2 R. 3:11) –no obstante, desde el momento en que «se levantó y siguió a Elías» fue realmente «ungido profeta» en el juicio de Dios. No recibió, ni necesitaba, ninguna otra consagración terrenal.

Capítulo 3
(1 Reyes 20)

Pero la misión de Elías debió tener otros resultados e incluso algunos de más profundos de los que Dios usó para consolar a su siervo en su profundo desánimo de espíritu.

Efecto general de la misión de Elías

Así los «siete mil» que nunca habían doblado su rodilla ante Baal, se debieron animar en gran manera por los acontecimientos del Monte Carmelo. Hasta el mismo rey Acab debió recibir una impresión duradera. Aunque era demasiado autocompasivo para decidirse en favor de Jehová, demasiado débil para enfrentarse a Jezabel, incluso cuando su conciencia le condenaba, o le impulsaba a un camino mejor, la impresión de lo que había presenciado no pudo desaparecer totalmente de su mente. Incluso si, como en el caso de Israel después del exilio, el resultado fue solamente el orgullo nacional, este sentimiento, sin embargo, debió estar presente en su corazón para siempre: que Jehová era Dios –«el Dios de Dioses»[1]– y que Jehová estaba en Israel, y era el Dios de Israel.

Esto explica la conducta de Acab en las primeras guerras con Ben-adad de Siria.[2] Huelga decir que este monarca no era el mismo, sino el hijo, del que durante los reinados de Baasa (1 R. 15:20) y de Omri había tomado posesión de tantas ciudades, tanto al este como al oeste del Jordán, y cuya soberanía, en cierto sentido, había sido respetada en los bazares y las calles sirias semi-independientes de la misma Samaria (1 R. 20:34). A juzgar por diversas observaciones, tanto bíblicas como procedentes de los monumentos asirios, este Ben-adad había heredado la insaciable ambición de su padre, aunque sin sus cualidades más severas. No es difícil entender los motivos de su guerra contra Acab.

Las dos expediciones de Siria y la doble victoria de Israel

Era una costumbre bien establecida en Siria aislar y debilitar al reino vecino de Israel. Con este objetivo en vista, Ben-adad IV (el padre de este rey de Siria) había roto su alianza con Baasa, y se había unido con Asa contra Israel.[3] Pero desde los días de Omri, la política de Israel y la de Judá había cambiado. Sus antiguas guerras mutuamente mortíferas habían dado lugar, primero a la paz, y luego a la alianza entre los dos reinos, consolidada al final por el casamiento del hijo de Josafat con la hija de Acab (2 Cr. 18:1; 2 R. 8:18). A este motivo de preocupación para Siria se tenía que añadir la estrecha alianza entre Israel y Tiro, indicada, si no incluso producida, por el casamiento de Acab con Jezabel. Así el reino de Israel estaba seguro tanto por el sur como por el oeste, y se veía únicamente amenazado por el flanco de Siria. Y la creciente prosperidad y riqueza de la tierra se ve no sólo en la tranquilidad interna obtenida durante los treintiséis años del reinado de Acab y sus dos descendientes, sino también por el hecho que Acab construyó muchas ciudades, y adornó su capital con un magnífico palacio hecho de marfil (1 R. 22:39). Finalmente, la envidia y la enemistad de Ben-adad debió aumentar por sus propias relaciones con el gran poder vecino de Asiria, las cuales (como veremos) eran de tal naturaleza que podían hacer que la peligrosa alianza entre este último e Israel un acontecimiento de probabilidad política.

En estas circunstancias, Ben-adad decidió dar un golpe tan fuerte a Samaria que la redujera a una impotencia permanente. Encabezando todo su ejército, y seguido por treintidós reyes vasallos, o más bien capitanes, que gobernaban en las ciudades de regiones adjuntas dentro del territorio que hay entre el Éufrates y la frontera del norte de Israel,[4] invadió Samaria. No halló oposición, porque, como

17. Por razonables y evidentes que parezcan estos detalles, difícilmente podemos imaginar que sean posibles sin una base histórica real del relato. Su invención sería casi inconcebible. Por ello todos estos detalles aportan evidencias de la realidad de los acontecimientos y de la veracidad del relato de la Escritura.

18. Precisamente en esto yace la diferencia entre el caso de Eliseo y la vez en que nuestro Señor dio una respuesta tan diferente a la solicitud, que para un lector superficial podría parecer básicamente la misma que la del hijo de Safat (comp. Lc. 9:59-62).

1. Aunque este *Salmo* especial (136) tal vez no sea de David, debemos recordar que una porción considerable del salterio debía existir, y por lo menos en parte, debía ser conocido por Acab.

2. Ben-adad, «el Hijo del Sol». *Hadad* era el título oficial de los reyes de Siria. Sobre los monarcas con este nombre, ver Libro 5.

3. Comparar con el Libro 5.

4. Josefo dice erróneamente que eran de «más allá del Éufrates». Pero por las inscripciones asirias sabemos que en aquel período el país que se hallaba entre el Éufrates y la frontera norte del Jordán estaba dividido en un cierto número de estados, como los hititas, hamatitas, y otros (comp. *Schrader, d. Keilinschriften u. d.*

observa Josefo (*Ant.* VIII, 14, 1), Acab no estaba preparado para el ataque. Pero incluso si hubiese sido de otro modo, la buena política hubiese aconsejado una retirada, y la concentración de las fuerzas israelitas detrás de las fuertes murallas de la capital. Esto representó un buen golpe para los planes de Ben-adad. Evidentemente, el ejército sirio sitió Samaria, pero el calor de la estación de verano,[5] el carácter y las costumbres de sus aliados, e incluso el hecho de que, al parecer, su propio país estaba dividido bajo varios capitanes medio salvajes, se destacaron como elementos contrarios a un largo enfrentamiento bélico. Ben-adad hubiese podido obtener la victoria si al principio hubiese aplastado las pequeñas fuerzas de Acab, reunidas apresuradamente, gracias simplemente a la superioridad numérica. Pero el sitio lento y sistemático de una ciudad bien defendida, en la que evidentemente Acab había reunido a todos los personajes líderes del reino y todas sus riquezas,[6] debió parecer, incluso a un oriental enorgullecido, una empresa dudosa, que en cualquier momento podía convertirse en un desastre por la aparición repentina de aliados de Israel desde Judá, Tiro, o tal vez incluso de Asiria.

Fue probablemente poco después del inicio del sitio de Samaria, que Ben-adad envió emisarios para exigir con términos imperativos la sumisión absoluta de Acab (1 R. 20:2). Por lo menos así parece que lo entendiera Acab, cuando declaró su disposición a aceptar los términos del enemigo. Pero tanto si Ben-adad había querido más ya desde el principio, como si su insolencia había crecido con lo que él consideraba las necesidades y los temores de Acab, al día siguiente llegaron otros heraldos de parte de Ben-adad, requiriendo, con unos términos de insulto extremo y evidente, no sólo la rendición de Acab, sino también la de Samaria; y especialmente de los palacios y de su nobleza, con el fin manifiesto de saquearlos. Era evidente que Ben-adad no pretendía la rendición de Acab, sino la destrucción («el mal») de la capital, y la ruina de toda la tierra (v. 7). Posiblemente la aparentemente extraña exigencia de Ben-adad (v. 6) indique un plan más profundo. Obligar a Acab a someterse formalmente tendría una utilidad comparativamente discreta, o como mucho temporal. A la retirada de Ben-adad la hostilidad de Israel crecería de nuevo bajo Acab o con algún nuevo líder militar, como lo había demostrado la experiencia, y amenazaría a Siria con el mismo peligro, o incluso con un peligro mayor que antes. Pero si se podía aplastar el espíritu de los líderes privándoles de sus posesiones, entonces los capitanes del pueblo no sólo estarían apartados de su monarquía nativa, que había demostrado ser impotente para protegerlos, sino que en el futuro serían dependientes de Siria, y así se verían obligados a buscar el favor de Ben-adad, en lugar de ser fieles a sus propios gobernantes israelitas.

Pero el plan fue estropeado por la torpe manifestación de sus intenciones. Acab convocó al consejo de ancianos de Israel. Les contó que el día anterior había expresado a Ben-adad su disposición para proceder a su sumisión personal y a la entrega absoluta de todo lo que poseía –tal como Josefo, sin duda correctamente, pone en sus labios– por el bien de la conservación y la paz de ellos. Pero los nuevos términos que Ben-adad proponía atañían a los líderes del pueblo además de a su persona. En estas circunstancias, «los ancianos» aconsejaron el rechazo total de los términos exigidos. Su consejo fue ratificado por una asamblea popular (ver. 8). Estas medidas de Acab fueron sabias. Además, el talante de Ben-adad podía indicar incluso a un gobernante menos astuto que Acab, la debilidad y la locura de su enemigo. Y, en vez de atacar la ciudad, al ser rechazados sus términos, como hubiese hecho si hubiese confiado en su ejército, Ben-adad se limitó a enviar un ridículo mensaje vanaglorioso y amenazador,[7] ante lo que Acab respondió con una tranquila dignidad (vv. 10, 11).

Así, al menos durante algún tiempo, parece ser que Acab aprendió, en la escuela de la adversidad, algunas de las lecciones que Elías le diera. Además, parece razonable suponer que Samaria conocía la composición del ejército que se hallaba fuera de la ciudad, como también la total desmoralización de sus líderes. Una campaña de verano en Palestina hubiese puesto a prueba incluso a la formación más disciplinada. Pero el ejército sirio constaba de una multitud indisciplinada dirigida por treintidós jefes orientales, cuyo interés en la campaña no iba más allá del pillaje. Era un ejército incoherente por su composición, y difícil de manejar por su tamaño. Hasta ese momento su avance no había sido desafiado y, sin duda, había sembrado la desolación por todo su recorrido. Su éxito fácil no sólo les hacía relajar en su disciplina, sino que les dejaba sin interés por enzarzarse en una lucha seria, especialmente en aquellos días calurosos y enervantes, mientras sus líderes permanecían en sus frescas tiendas, regalándose orgías y borracheras. Se trataba más bien de una chusma disoluta, que de un ejército.

Ben-adad y sus aliados estaban en una contienda de mediodía cuando llegó la respuesta de Acab a los sirios. Al ser recibida en tales circunstancias, no nos asombramos que provocara la orden de Ben-adad de hacer preparativos inmediatos para asaltar la ciudad. Pero, fueran lo que fueren los preparativos –ya sea el avance de máquinas de sitio, o grandes masas de tropas,[8] poco efecto podían tener, puesto que todos los jefes sirios seguían en sus orgías, de modo que la hora de la batalla les sorprendió privados de sus facultades por estar ebrios (v. 16).

La situación en el interior de Samaria era muy diferente. Allí apareció un profeta,[9] para anunciar no sólo la liberación de parte del Señor, sino para indicar su lección en el contraste entre la gran multitud del enemigo, y la pequeñez del ejército de Israel, por el que iba a ser derrotado. Ello, con la intención de mostrar a Acab y a Israel que era él, Jehová, el Dios vivo del pacto, el que daba la victoria. Así, la enseñanza de Elías en el Monte Carmelo iba a ser confirmada ahora y se aplicaría en la bendición nacional. Y que la influencia de aquella escena no había sido temporal y transitoria, como temiera Elías, se ve incluso por la presencia de

A. Test., 2ª ed., pp. 200-204). Esto nos ofrece una confirmación, no planeada, pero muy importante, del relato bíblico. Como también lo es la mención de «los carros» (v. 1) que, de acuerdo con las inscripciones asirias, eran una parte muy importante de las fuerzas sirias (Comp. *Schrader, u.s.*).

5. Esto lo implica el término «tiendas» (*sukkoth*), v. 12 –no «pabellones», como traducen algunas versiones.

6. Lo primero parece implícito por la presencia en Samaria de «todos los ancianos de la tierra» (v. 7); lo segundo por la demanda de Ben-adad en el versículo 6.

7. Las palabras de Ben-adad (v. 10) en general se interpretan como que «el polvo de Samaria» que estaba a punto de ser reducida a cenizas y ruinas, no «sería suficiente para las manos vacías» de toda la gente que le seguía. Pero podía ser simplemente una fanfarronada general contra la asamblea de Samaria que había ratificado su resistencia contra él, que si toda Samaria se reducía al polvo, había más gente que le seguía de los que podían llenar sus manos con él.

8. La primera opción parece ser el significado más probable del versículo 12.

9. Según los rabís, Miqueas, hijo de Yimlá (22:8; ver *Rashi* y *Kimchi* ad loc.) Pero esto parece simplemente una suposición.

un profeta en Samaria,[10] y por toda la actitud de Acab. No duda ni se enorgullece, sino que, habiendo aprendido la lección profética, está ansioso por recibir claras instrucciones divinas, y por seguir lo que ello implicara. Parece ser que la tierra estaba dividida por «príncipes de condados,» que podían ser capitanes de zonas hereditarios, o gobernantes nombrados por el rey: una disposición que da más luz al propósito de Ben-adad previamente expresado de romper permanentemente el poder de estos líderes de Israel. Estos «príncipes de condados» parece ser que estaban rodeados cada uno de ellos por una pequeña comitiva armada: «los jóvenes» (comp. 2 S. 18:15). Éstos, que formaban un total de 232 hombres, debían conseguir la victoria contra el gran ejército sirio. Solamente quedaba una pregunta de parte de Acab: «¿Quién empezará el ataque?».[11] Porque en dicha victoria la condición principal sería la conformidad exacta con todas las instrucciones divinas, para indicar que todo era de Dios, y demostrar el principio de fe de parte de los combatientes.

Habiendo recibido instrucciones de empezar la batalla, Acab no perdió tiempo. A mediodía –probablemente del día siguiente– cuando, como sin duda se sabía en Samaria, Ben-adad y sus treintidós confederados estaban «bebiendo» hasta la «borrachera» en las tiendas, los 232 guardaespaldas de los príncipes avanzaron, seguidos por los 7.000 hombres que constituían el ejército de Israel. Aunque este número naturalmente nos recuerda los 7.000 que no habían doblado la rodilla a Baal, no hay necesidad de pensar que se refiera a ellos, o (de acuerdo con los rabís) a los «verdaderos hijos de Israel». El número exacto (232) de la guardia del cuerpo nos indica una numeración exacta, y tampoco debemos maravillarnos si en la providencia de Dios, obradora de milagros, había una coincidencia sorprendente entre el número de los fieles y el del ejército victorioso de Israel.[12]

La misma providencia obradora de maravillas se observa en el modo en que se concedió la victoria. Como tan a menudo, consideramos el cumplimiento de un resultado como milagroso, cuando lo observamos aislado, pero, en cuanto a los medios, lo vemos realizado en el orden de causas naturales. Y así siempre aprendemos de nuevo que, aunque muchas veces no lo observamos, estamos rodeados constantemente de milagros, porque Jehová es el Dios Vivo; y por ello nuestra fe debería siempre estar a la expectativa. Se dice como podíamos esperar en aquella situación, que, cuando Ben-adad fue informado de que habían salido hombres de Samaria, ordenó en su orgullo ebrio y su fanfarronería, que no fueran atacados, sino que los cautivaran y los llevaran a su presencia. Podría ser que los que fueron enviados a ejecutar esta orden no fueran completamente armados. De todos modos parece ser que no estaban preparados para obtener resistencia; y cuando estos 232 soldados israelitas mataron a un hombre cada uno, sin duda seguido de más muertes, los sirios pudieron imaginar naturalmente que se trataba sólo de un grupo avanzado, que debía preceder la salida de todo el ejército de Samaria. El pánico, bastante común entre los orientales, se apoderó de las masas no preparadas y sin dirección, cuyos oficiales estaban tendidos en sus tiendas borrachos. De hecho, el número de sirios hubiese dificultado una formación o una campaña, mientras que luego hubiese aumentado la confusión de lo que pronto se convirtió en una huida indiscriminada. Entonces el rey Acab salió de Samaria con todo su ejército. Ya sea, como dice nuestro texto hebreo actual, que el rey golpeara los caballos de guerra y los carros de guerra del enemigo, con la intención de capturarlos, o ya sea, como parecen haber entendido los traductores griegos (los LXX) que los «cogió», –implicando que no había habido tiempo de poner el arnés a los carros cuando llegó el ejército israelita– el resultado sería el mismo. Ben-adad, seguido de unos cuantos hombres de a caballo, huyó apresuradamente, tal como lo indica la palabra original, en un «caballo de carro», indicando la gravedad de la situación en la que el rey se vio obligado a huir apresuradamente con el primer caballo que encontró.

Si fuera necesario demostrar la compatibilidad de la ayuda divina directa, y de confiar en ella, con el uso más diligente de los mejores medios, el relato que viene a continuación lo manifiesta. Después de esta gran victoria el rey y el pueblo debió haberse relajado en una seguridad exterior o, lo que es peor, en una seguridad profesadamente religiosa, hasta llegar al descuido de lo que era un claro deber. Pero el mismo profeta que anunciara antes la liberación divina, ahora advirtió a Acab que reuniera todas sus fuerzas, y se preparara, porque «al pasar el año», es decir, en primavera (comp. 2 S. 11:1), podía esperar otro ataque de Siria. Y hacer los mejores preparativos para el peligro futuro, en obediencia a la palabra divina, no superaría la fe, sino que la presuponía, de la misma manera que trabajamos mucho mejor cuando sentimos que nuestras actividades van acompañadas de las instrucciones y la bendición divinas.

Sucedió tal como el profeta lo había dicho. Parece bastante natural que los cortesanos de Ben-adad imputaran la prácticamente increíble derrota de aquel ejército a causas sobrenaturales, antes que a la disipación y la locura de su rey. Sugirieron que los dioses de Israel eran divinidades de la montaña, y que la derrota de Siria por las montañas de Samaria se había debido a esta causa. Pero el resultado sería muy diferente si la batalla se librara en las llanuras, hombre contra hombre, y no dioses contra hombres, («pero, por otro lado, lucharemos con ellos en la llanura, [ved) si no seremos más fuertes que ellos»). La base de esta extraña sugerencia debe hallarse parcialmente en el pecado de Israel. El antiguo mundo pagano rendía culto no sólo a dioses en los montes, sino también de los montes,[13] y el pecado de Israel al erigir altares y capillas en los «lugares altos» debió conducir a la inferencia que el culto nacional era el de las divinidades de la montaña. Así la desobediencia de Israel produjo también su castigo temporal. Pero a su consejo general los cortesanos de Ben-adad añadieron algunas sugerencias prácticas, para evitar las causas secundarias a las que atribuían su primera derrota. Los «reyes» tributarios tenían que ser despedidos, y sus puestos los debían ocupar gobernadores. Esto no sólo conferiría unidad al ejército (comp. 1 R. 22:31), sino que estos oficiales, nombrados directamente por Ben-adad, también tendrían naturalmente más interés personal por la causa de su rey. Y, en vez del antiguo ejército, Ben-adad tenía que crear uno igual en números, pero –tal como dice el texto– «de los que están contigo»[14] (tus propios súbditos).

---

10. Éste es el verdadero significado de la presencia del profeta en Samaria, y no hay, si se entiende bien, ninguna incoherencia entre esto y 1 Reyes 18:4, 22; 19:10, como afirman los críticos.

11. O «batalla». Ésta es la traducción correcta y no «*ordenará* la batalla», como traducen algunas versiones. La misma expresión se usa en 2 Crónicas 13:3, y corresponde al francés «*entammer*».

12. Por otro lado, 7.000 puede representar simplemente lo que se llama «números redondos».

13. El lector más curioso puede encontrar todo este tema tratado en detalle en Sam Deyling *Observ. Sacr.* Pars. III., (ed. 1726) pp. 123-127.

14. La versión inglesa no expresa esto.

«Era una costumbre bien establecida en Siria aislar y debilitar al reino vecino de Israel. Con este objetivo en mente, Ben-adad IV (el padre de este rey de Siria) había roto su alianza con Baasa, y se había unido con Asa contra Israel. Pero desde los días de Omri, la política de Israel y la de Judá había cambiado. Sus antiguas mortíferas guerras mutuas habían dado lugar, primero a la paz, y luego a la alianza entre los dos reinos, consolidada al final por el matrimonio del hijo de Josafat con la hija de Acab (2 Cr. 18:1; 2 R. 8:18).»

Ben-Adad IV fue vencido por una coalición de israelitas y sirios en la batalla de Karkar. A partir de entonces, las historias de Israel, Judea y Asiria estuvieron íntimanente entretejidas. Este sacerdote alado pertenece a un relieve del palacio de Assurnazirpal II, un sucesor de Ben-adad. El genio ostenta en la cabeza los cuernos sumerios del poder divino. (British Museum)

En todas estas buenas medidas había solo un error fatal. Procedieron sobre el supuesto de que el Dios de Israel era como una de las divinidades paganas. Y este punto fue enfatizado en la derrota de los sirios, que fue anunciada a Acab por «un hombre de Dios,» probablemente otro distinto del «profeta» que le había hablado anteriormente. Pero vale la pena hacer mención especial del hecho de que este mensaje llegó *después* de la invasión del ejército sirio. Así se evitaba la tentación de ser negligentes con todos los preparativos ordinarios; la fe sería probada, y también manifestada; mientras que, por medio de esta predicción, y por la desproporción entre Israel y el ejército de Siria, Israel aprendería una vez más a reconocer en esta liberación que Jehová era Dios.

Las lluvias del invierno habían terminado, y el viento de la primavera y el sol habían secado la tierra. El aire tenía cierto frescor nuevo y la luz resplandecía sobre el lugar, cuando el inmenso ejército Sirio se apiñó en el campo de batalla histórico de Israel, la gran llanura de Jezreel. Volvemos en nuestra imaginación a la escena de la última derrota fatal de Saúl (1 S. 29:1),[15] y más allá todavía la de la gloriosa victoria de Gedeón. Una vez más el enemigo estaba en Afec, con su retaguardia contra el monte donde probablemente se hallaba la ciudad fortificada de este nombre, y de cara a la llanura en su punto más ancho. Al viajar hacia el sur, hacia las montañas, en nuestra imaginación, y hacia esas montañas entre las que se halla Samaria, observamos cómo Ben-adad había actuado literalmente de acuerdo con las sugerencias de sus siervos para evitar un enfrentamiento con las divinidades de las montañas de Israel. Era el momento adecuado para que Jehová evidenciara aquella gran lección que subyace y resume toda revelación. No conocemos los números del ejército israelita –sólo que, al acampar en dos divisiones al lado opuesto del valle, tal vez debajo de los dos espolones de la cadena que se eleva sobre la llanura desde el sudeste, parecían dos pequeños rebaños de niños– tan pequeños y débiles, en comparación con sus enemigos. Durante siete días los dos ejércitos se observaron mutuamente. Por el hecho, especialmente mencionado en el texto, que los israelitas habían salido «con provisiones» (v. 27), e incluso porque acamparon en dos divisiones, inferimos que el objetivo de Acab era esperar en la defensiva, lo cual era claramente indispensable, debido a la inferioridad numérica. Además, la posición judía fue elegida del modo más feliz. Cerraba el avance del enemigo, que no podía ir hacia adelante sin enfrentarse con Israel. Los sirios debieron observar la ventaja de la posición de Acab, con su base de operaciones a sus espaldas, mientras que la división de Israel en dos campamentos le permitiría acorralar al enemigo si éste intentaba avanzar, en cuyo caso precisamente el tamaño del ejército sirio resultaría ser una grave dificultad, debido a su limitada capacidad de maniobra. Pero el peligro del retraso ocioso en un país hostil, y en una guerra oriental, era casi tan grande como el otro. Y así, al séptimo día, se realizó el ataque –según creemos, por iniciativa de los sirios. Su derrota fue aplastante. El gran ejército sirio de 100.000 fue destruido,[16] y los hombres que fueron desde el campo de batalla a Afec, o los que habían sido dejados allí como guarnición, se encontraron con una calamidad aún más terrible. Mientras se apiñaban entrando por las puertas, o mientras ocupaban los terraplenes, que probablemente habían sido alzados o reforzados apresuradamente, un muro cayó sobre 27.000 de los suyos.[17]

Al ser, pues, imposible, seguir defendiéndose, la confianza anterior de Ben-adad dio lugar a un temor abyecto. Huyó de habitación en habitación –hasta la habitación más interna. Sus siervos, que anteriormente le dieron un consejo tan guerrero, ahora le aconsejaron que intentara salvar su vida del modo más humilde posible, confiando en la esperanza de la misericordia de los reyes de Israel, de la que habían tenido noticias. Aquí hubo un sonido que no presagiaba nada bueno. Los reyes de Israel nunca se habían distinguido por su misericordia. Pero demasiado a menudo habían mostrado su simpatía con los reyes paganos que les rodeaban, y manifestado un deseo de aliarse con ellos y adaptarse a sus modos de actuar. No obstante, incluso teniendo esto en cuenta, no es fácil explicar la conducta de Acab cuando los enviados sirios de Ben-adad aparecieron ante él, con unos modos perfectamente orientales, con arpillera sobre sus lomos y cuerdas en el cuello, intercediendo sólo por la vida del que ahora de manera ostentosa se consideraba «esclavo» de Acab.

Acab libera a Ben-Adad

Difícilmente podía deberse a la debilidad de su carácter cuando Acab exclamó, casi con gozo, «¿Está vivo?» Y tampoco podía deberse sólo a una disposición amable el hecho que dijera ostentosamente: «él es mi hermano» en lugar de la denominación, «tu esclavo Ben-adad,» que habían usado los enviados sirios. No tardaron en notar el tono modificado del rey. Interpretaron favorablemente lo que *había salido* de él y se aferraron a ello; y dijeron: «Tu hermano Ben-adad».[18] Luego, en respuesta a la invitación de Acab, Ben-adad fue traído personalmente y se le hizo esperar al lado del rey en su carro –como muestra de su compañerismo y para poder disfrutar de una conversación más privada. En realidad, se trataba de realizar un tratado de alianza. Ben-adad se comprometió a restablecer las ciudades que su padre había arrebatado al padre de Acab (en una guerra de la que no tenemos ningún otro testimonio) y conceder a Acab los mismos derechos y privilegios referentes a tener «calles», o más bien «bazares» –lo que en lenguaje moderno se llamaría una «fábrica» israelita– en la capital siria, que el padre de Ben-adad había poseído en Samaria; y con este pacto Acab despidió al rey de Siria.

Hemos dicho que no es fácil comprender las razones que motivaron este error, incluso desde el punto de vista político. ¿Se trataba de vanidad adulada de parte de Acab, o simpatía por el rey pagano, o formaba parte de su arte de gobernar el asegurarse, no sólo un aliado, sino también un vasallo en el flanco norte de su reino, o todo esto junto? En todo caso, debió considerar la victoria sobre los sirios de un modo muy diferente al que le había sido anunciada por el Dios que la había llevado a cabo. Acab ya no pensaba en Jehová; no preguntó acerca de su propósito o su voluntad.

---

15. Ver la descripción de esta escena en el Libro 4 de esta misma obra. Este Afec –puesto que el nombre no es poco común– no podía ser el Afec que estaba a los pies del Líbano, puesto que la batalla tenía que ser en «la llanura», y tampoco el Afec del otro lado del Jordán (como suponen generalmente los comentaristas), puesto que Acab no iba a cruzar el Jordán para encontrarse con los sirios, ni acamparon allí para someter a Samaria.

16. La palabra comúnmente traducida por «matar» (v. 29) debería traducirse más bien por el término general «heridos.» Sin duda no implica la muerte real de 100.000 hombres. Esta palabra se usa así en los vv. 35, 37, («hiéreme») en un sentido que elimina la idea de muerte.

17. No es necesario atribuirlo (como Keil) a una interposición milagrosa, y mucho menos (como Thenius) podemos pensar que el muro había sido minado previamente (¿por quién?).

18. Esto representa el verdadero significado del original.

Había una similitud de mal agüero entre su conducta y la de Saúl con Agag (1 S. 15). Es evidente, Acab se atribuía la victoria personalmente, y estaba seguro que en circunstancias análogas –si Ben-adad se rebelaba– volvería a obtener la victoria. Él, y no el Señor, iba a formar y dirigir los destinos de Israel. Jehová era únicamente la divinidad nacional de aquel Israel del cual Acab era el rey. Y así el error de los sirios fue prácticamente repetido por Acab, y la lección que Jehová hubiese enseñado con la derrota de ellos debía ser aprendida de nuevo por Israel y su rey –esta vez en juicio.

Esto explica la comisión que Dios encomendó entonces a uno de «los hijos de los profetas». Observamos que ésta es la primera vez que se usa esta expresión.[19] Se refería a aquellas asociaciones[20] lideradas por algún profeta (de ahí *hijos* de los profetas) que, en la decadencia de la vida religiosa de Israel, desempeñaban un papel importante, tanto en la conservación de la religión, como en la realización de las instrucciones divinas. De hecho debían recordar a Israel lo que, como nación, había sido el destino de Israel, y lo mantenían siempre delante de ellos. Así, en cierto modo, presentaban al Israel ideal en medio de un Israel apóstata. Un miembro de esta comunidad recibió «por la palabra de Jehová» –es decir, por su encargo directo– la comisión de plantear a Acab una presentación simbólica (o parabólica) de su actitud reciente, de modo que la evidenciara en su verdadera luz, y llevara al rey a pronunciar sentencia sobre él mismo. Solo así podía un hombre como Acab ser convicto de pecado, si no podía ser convencido.

En la ejecución de esta comisión el «hijo del profeta» fue a uno de sus colegas,[21] y diciéndole que era «por la palabra de Jehová», le pidió que lo hiriera. Fue una conducta poco diferente de la de Acab el resistir esta petición de parte del profeta. Recordando estas dos cosas: que la persona a la que se hablaba también era un «hijo de los profetas», y que había sido informado que era por la palabra de Jehová», podemos entender el juicio divino que tan rápidamente se ocupó de él al ser despedazado por un león. Porque la idea fundamental, la mismísima ley de la profecía era una obediencia absoluta y sin preguntas de las órdenes de Dios. Esta era la lección que debían enseñar estas asociaciones y sus líderes, y explica por qué en ocasiones, se les encomendaban cosas muy extrañas para su realización en público, de modo que en su completa obediencia mostraran la absoluta autoridad de Dios. Por esto, no haber tratado con juicio ejemplar la desobediencia del profeta no sólo hubiese significado contravenir todo el principio sobre el que se apoyaba la institución profética en su integridad, sino también el mensaje y la lección que debían ser comunicados a Acab. Pero lo que un «hijo de los profetas» no quiso hacer, pronto lo hizo otro. Luego el «hijo de los profetas», golpeado hasta ser herido, «se disfrazó con un vendaje delante de los ojos»,[22] y esperó al rey cerca del camino. La razón de su aspecto como hombre herido era de atraer al rey con una mejor presentación de la verdad, y de petición de su interferencia, como si fuese herido en la batalla. Y también podía tener un significado simbólico. Porque, puesto que la conducta del profeta debía representar la del rey, podía ser que anticipara esta posible excusa de Acab que la dificultad de sus circunstancias le habían hecho difícil retener a Ben-adad con el caso análogo de un hombre herido, que podía encontrar una buena excusa por haber dejado escapar a su prisionero.

La historia que el profeta herido contó al rey era que, durante la batalla –y este punto es importante, pues pretende indicar que Acab era sólo como un soldado en una guerra de la que Dios y no el rey de Israel era el comandante–, alguien se había vuelto y le había dicho que cuidara bien de un cautivo con esta advertencia: «Si no se halla [es decir, cuando los prisioneros son llamados], tu vida responderá por la suya, o de otro modo tendrás que pagar un talento de plata».[23] Por las expresiones usadas inferimos que la persona que entregaba el prisionero se presentaba como un cargo superior; que la batalla había terminado, y que el cautivo era un prisionero de mucho valor, puesto que se le puso un precio tan elevado. Pero mientras que el supuesto soldado «estaba ocupado en una cosa y en otra» –o, según se ha propuesto: «miraba a un lugar y a otro» el prisionero se escapó. En dichas circunstancias suplicó al rey que no fuese castigado de acuerdo con la amenaza de su jefe. El rey no dudó sobre su decisión. Le dijo que mientras contaba su historia ya había pronunciado sentencia contra él mismo. Entonces el profeta, habiéndose sacado la venda de los ojos, para que el rey le reconociera, anunció la aplicación de la parábola divina. La guerra había sido de Jehová, no de Acab, y Ben-adad había sido el «anatema» del Señor. «Porque tú has dejado escapar de tu mano (custodia) al hombre condenado por mí como anatema (comp. Lv. 27:29), por ello tu vida será por su vida, y tu pueblo por su pueblo.»

El juicio pronunciado no sólo era justo, sino que además era la secuencia necesaria de los tratos de Dios en toda esta historia, y de la actitud de Acab en la misma. Y el pueblo en su totalidad también debía participar en el juicio. Porque, aunque su espíritu no había sido el mismo que había provocado la conducta de Acab, los actos públicos de los gobernantes son los de la nación, y los pecados nacionales vienen seguidos por juicios nacionales. Acab había estado en su regreso triunfante a Samaria, para recibir el aplauso por sus logros, cuando, en presencia de todo su séquito, fue enfrentado públicamente por el mensaje del profeta. Entonces «se fue a su casa agitado y enojado».[24] Y esto también nos da más luz sobre lo que Acab había hecho e iba a hacer.

Capítulo 4
(1 Reyes 21)

Es significativo que las palabras que describen el estado de ánimo de Acab, al volver a Samaria desde Jezreel, después de sus negociaciones fracasadas con Nabot por su viña, son precisamente las mismas que se usaran previamente para referirse a la impresión que le provocó el mensaje del profeta (1 R. 20:43). En ambas ocasiones «estaba muy agitado [de forma rebelde] y enojado». La igualdad de términos indica igualdad de sentimientos. La misma afirmación propia, independencia de Dios y falta de sumisión que habían conllevado su liberación de Ben-adad y el pacto con él, y había inspirado sentimientos de rebelión y enfado al oír el mensaje divino, ahora provocaron su resentimiento por la conducta de Nabot.

19. En 1 Samuel 10:5 y 19:20, se les llama simplemente «profetas»
20. No necesariamente de hombres jóvenes o solteros. Ver 2 Reyes 4:1.
21. La expresión «vecino» o «compañero» (v. 35) significa que él también era uno de «los hijos de los profetas».
22. Ésta es la traducción exacta.
23. Cerca de 400 £.
24. Traducción literal; la primera palabra se deriva de una raíz que significa «rebelarse», e indica rebelión de corazón contra Dios.

El palacio de verano de Jezreel era el retiro favorito del rey Acab y de Jezabel. La llanura algo pantanosa actual de Esdralón, las montañas casi desérticas de Gilboa, y la triste aldea que ocupa ahora lo que fuera Jezreel, y contempla las ruinas de Betsan, no pueden darnos la idea adecuada del aspecto del lugar en los días de Acab y Jezabel y de sus inmediatos sucesores. Entonces las montañas de Gilboa tenían una rica población de bosques, y había dulces manantiales que aportaban frescor al aire y una belleza de lujo a la vegetación de Jezreel, al llevar fertilidad a la llanura inferior, que a la luz del verano relucía y temblaba como un mar de trigo dorado. En el declive norte de Gilboa, donde desciende, con gran pendiente y lleno de rocas, sobre un otero de unos 150 metros de altura, allí estaba Jezreel. Protegida del feroz sol del sur por la deliciosa sombra de Gilboa, que se levanta a su espalda, estaba orientado al norte, tal como corresponde a una residencia de verano en oriente, cruzando la llanura hacia las montañas de Galilea, Tabor y, más lejos, a Hermón, con sus picos cubiertos de nieve. El monte descendía hasta el valle de Jezreel, donde ondeaba un dulce manantial, que desembocaba en un estanque cercano. Hacia el este, se veía Betsan, y cruzando la profunda depresión del valle del Jordán, las montañas al otro lado, donde descansaba la luz azul y púrpura. Al oeste se puede ver el Monte Carmelo a unos veinticuatro kilómetros, y tal vez la brisa del oeste eleve hasta la llanura la fresca fragancia del mar. Así era la Jezreel de Acab y Jezabel el retiro más cercano, más seguro y más dulce de Samaria.

La viña de Nabot

Al este y al sudeste, donde la cálida roca de caliza lleva al valle inferior, hay todavía hoy bodegas de vino. Determinan las cercanías del lugar donde deberían estar las viñas de Jezreel, entre las cuales se hallaba la de Nabot. Justo por encima de la misma se encontraba el palacio real, apretujado en las murallas de la ciudad, de las que sin duda era una parte integrante. Ciertamente debería ser un objeto de deseo poder comprar la tierra más cercana del palacio, para convertirlas en jardines. Lo que podía producir un jardín como este, y la preciosa vista que podía ofrecer desde las ventanas del palacio, se puede juzgar por los limoneros que existen todavía en los alrededores. Pero Nabot, el propietario de la tierra deseada, no podía ser tentado a perderla por la oferta del rey de una viña mejor o su valor en dinero. Se trataba de la propiedad ancestral de la familia de Nabot, y la piedad para con Dios se mezclaba con la reverencia a sus padres para rechazar la impía propuesta. Es una buena señal encontrar una afirmación de principio expresada con tan poco temor. Israel no podía estar completamente hundido en la corrupción y la idolatría, mientras contara entre sus agricultores con personas como Nabot, y tampoco podía haber abandonado sus casas el servicio de Jehová, si incluso un burgués de Jezreel podía apelar a la autoridad y la ley de su Dios ante las demandas de un Acab. Y nos da una feliz evidencia de lo que había logrado la legislación del Pentateuco para Israel, que aun en los peores tiempos, un Acab no osaba, como monarca pagano, poner sus manos sobre Nabot, ni forzarlo a dejar la herencia de sus padres.

Es otra de las características de la manera de pensar independiente y descontrolada de Acab para con Ben-adad, y luego para con el profeta enviado para reprenderlo, que fuese incapaz de tolerar el rechazo de Nabot. Fue un ejemplo de petulancia pura e infantil, además de egoísmo ilimitado, el hecho de actuar como lo hizo a su regreso a Samaria. Se puso de cara a la pared y se negó a comer pan. En Samaria, por lo menos, todo estaba sometido a su voluntad –gracias a la fuerte mano de Jezabel. Pero, fuera del dominio de ella, él siempre tenía que encontrarse con Jehová y su oposición: primero de sus profetas y luego de los que le rendían culto. Se trataba de un poder que él no se atrevía a resistir, pero al que no quería someterse. Pero Jezabel no compartía los sentimientos ni los escrúpulos de su marido. Se atrevía en lo que deseaba, y deseaba lo que se atrevía a hacer. Entonces habló con el rey como una mujer fuerte y sin escrúpulos a un hombre débil y sin principios. Debía conocer la causa del rechazo de Nabot –aunque merece la pena comentar, en su relato de lo que había sucedido, el rey omitió sagazmente cualquier referencia al tema (v. 6). Del mismo modo, Acab debió saber que cuando Jezabel solicitó el sello con el que se sellaban todos los documentos que venían directamente del rey debía ser para realizar algún plan violento de su mujer. Y a menudo parece más conveniente –sin duda más fácil– permanecer en la ignorancia voluntariamente, que saber lo que exigiría nuestra resistencia activa, o, en su ausencia, llenaría nuestras conciencias de dificultad. Y al mantenerse en la ignorancia voluntaria, Acab podía camelarse él mismo con la idea de que no había incurrido en ninguna responsabilidad en el asesinato de Nabot.

Al menos las medidas de Jezabel eran claras y directas. El antiguo orden civil de Moisés aún estaba en vigor en Israel por cuya jurisdicción, incluso en los casos de vida o muerte, se acudía a la primera instancia de los «jueces y oficiales» del lugar (Dt. 16:18). Este «senado» local, constituido en parte por miembros elegidos por vida, y en parte por lo que se puede llamar una aristocracia hereditaria, podía estar sometido a las influencias de la corte en momentos de corrupción, especialmente en un pequeño distrito real como Jezreel. Jezabel lo sabía muy bien, y con una franqueza terrible escribió a cada uno de los miembros de ese senado lo que podían parecer instrucciones del rey. Con ello cada receptor de la carta sería un conspirador más y se vería obligado a guardar el terrible secreto. Como si algún gran pecado estuviese sobre la ciudad (comp. 1 S. 7:6), y, por ello, se tuviese que evitar algún gran juicio, (2 Cr. 20:2-4; Jer. 36:6, 9), los ancianos de Israel reunieron al pueblo para un ayuno solemne. Si así hubiese sido, y se hubiese cometido un gran pecado o incluso se sospechase de su existencia, hubiese sido el deber de la ciudad purgarse así de la culpa o la complicidad. Porque de acuerdo con la profunda y verdadera idea subyacente a todas las instituciones del *Antiguo Testamento*, hay solidaridad (como se dice en términos modernos) entre las personas que Dios ha colocado juntas. Hay solidaridad entre todos los miembros de la familia humana –solidaridad de maldición y de bendición, de juicio y de promesa, porque todos han salido de un origen común. También hay solidaridad en una ciudad, puesto que diez hombres justos podían haber librado a Sodoma de la destrucción; solidaridad en una nación, puesto que los pecados o la piedad de sus gobernantes se devolvían con bendición o juicio sobre el pueblo –una solidaridad que al mismo tiempo que indicaba un origen común, también indicaba hacia delante al cumplimiento total y definitivo de su significado más interno en aquella gran hermandad de creyentes que Cristo vino a encontrar. Y sucedía así que, cuando se derramaba sangre y el autor del crimen permanecía desconocido, los ancianos de la región tenían que limpiarse de su culpa por medio de un acto solemne (Lv. 4:13, etc.; Dt. 21:1-9), y que, como en este caso, cuando se suponía que se había cometido un gran crimen, todos se humillaban en ayuno antes de expulsar de en medio de ellos al malhechor.

En una asamblea como ésa, Nabot debía ser «elevado», no tanto para asignarle un lugar honorable, como para fomentar más fácilmente la indignación pública cuando alguien honrado así fuese acusado de un crimen de este tipo, ni tampoco para conferir un aspecto de imparcialidad a los procesos que iban a seguir. Evidentemente el ayuno había sido convocado en humillación por un pecado aún desconocido por el pueblo, y la asamblea fue convocada para presentarles la naturaleza de este crimen. Con este propósito Nabot fue «elevado», como alguien incriminado delante de los ancianos, contra quien se levantarían testigos, y sobre quien la gente de su propia ciudad debía pronunciar juicio. Esto explica (v. 10) que estos «dos hijos de Belial»[1] que iban a dar falso testimonio contra Nabot «se sentaron delante de él». El texto sagrado solamente nos informa que los dos testigos (comp. Dt. 17:6, etc.; 19:15; Nm. 35:30) testificaron que Nabot había «blasfemado» –pronunciado palabras blasfemas contra «Dios y el rey». Es casi imposible pensar que Nabot no se defendiera, o que el pueblo diera crédito tan fácilmente contra alguien a quien conocían tan bien, si no se hallaba alguna confirmación verosímil. ¿No sería que la negación a Acab de las viñas había llegado a oídos de los conciudadanos de Nabot, y que estos dos hijos de Belial habían sido sobornados para que dijeran que Nabot había pronunciado una maldición contra Acab –o incluso que había proferido amenazas de resistencia? Una maldición tan solemne hubiese sido considerada como un acto de blasfemia, no sólo contra el rey, sino principalmente contra Dios, cuya autoridad era representada por el rey (comp. Éx. 22:28). Pero la blasfemia contra Dios debía ser castigada por medio de la lapidación (Dt. 13:10; 17:5).[2]

Asesinato de Nabot

Como solía hacerse en estos casos, el castigo se realizó de inmediato, y según parece en la misma viña de Nabot,[3] donde, de acuerdo con nuestra reconstrucción de los hechos, los testigos debieron situar la «blasfemia» pronunciada en respuesta a la sugerencia del rey. No es necesario suponer (como han hecho algunos comentaristas) que la propiedad de un hombre lapidado por un crimen así era tratada como la de un hombre que había sido declarado anatema, puesto que en dicho caso se hubiese dejado perdida, y no hubiese sido entregada al rey (Dt. 13:16). Sino que era natural que la propiedad de uno que había sido hallado culpable de alta traición se entregara a la corona. Y así, cuando los ancianos de Jezreel informaron a Jezabel que Nabot había sido lapidado, pudo decir a su marido real que fuera a tomar posesión de la viña que le había sido negada por «el jezreelita», puesto que Nabot estaba muerto.

Las palabras de Jezabel estaban llenas de ironía amarga y altanera, como si se hubiese sentido como una reina cuyos deseos y cuyas órdenes estaban por encima de toda ley, humana o divina, y no podía ser resistida por Dios o el hombre (v. 15). El texto no indica que ella informase a Acab sobre la manera en que murió Nabot, y el rey tampoco preguntó nada. Pero había mucha más ironía en lo que sucedió después de las palabras de Jezabel. Al recibir las noticias de bienvenida de la muerte de Nabot, Acab «se levantó» para tomar posesión de la viña codiciada, –tal vez el día después del asesinato judicial (comp. 2 R. 9:26).

El mensaje divino por medio de Elías

Pero aquel día Jehová había ordenado a Elías levantarse e ir al encuentro de Acab con el mensaje divino, justo cuando el rey sentía segura su posesión del fruto del crimen, como si no hubiera un Dios vivo en Israel. Podemos imaginar la escena. Acab ha venido de Samaria con su carro, por lo que parece asistido por sus oficiales jefes (2 R. 9:25). Antes de entrar en su palacio de Jezreel –mientras se dirigía a él– llega a la viña de Nabot. Está inspeccionando con satisfacción su nueva posesión, tal vez dando instrucciones para transformarla en jardín, cuando, de repente, se presenta ante él no uno de los hijos de los profetas, no un vidente común, sino la terrible figura del galadita, con sus ojos fulgurantes, vestido con la áspera capa de piel de camello, y ceñido con un cinturón de cuero. Acab debió recordar su primera aparición en medio de Samaria, cuando el profeta había anunciado a sus sorprendidos oyentes la sequía de tres años, y luego había desaparecido tan de repente y sin dejar rastro.[4] Y la última vez que había visto al profeta era en el monte Carmelo; la última vez fue cuando vio, a través de la densa lluvia, la oscura figura corriendo delante de su carro hasta la puerta de Jezreel, como si hubiese llegado para anunciar el triunfo de Jehová, y para devolver al nuevo devoto rey. Había sido una visión extraña del profeta, a través de la tormenta; y Acab tuvo el breve y débil sueño de hacer de la escena del monte Carmelo una realidad en Israel. Con Jezabel recobró el espíritu malvado de su «locura»; incluso había buscado, o consentido en, la destrucción de la persona que el día anterior había llevado visiblemente el fuego de Dios al altar, y la lluvia de Dios a la tierra resquebrajada.

Entonces Acab supo demasiado bien la razón de la nueva visita de Elías. Se trataba del mensaje más breve, pero más claro. La primera frase eliminó cualquier engaño de sí mismo que se pudiera imaginar. No había matado Jezabel, sino Acab. Y ahora había tomado posesión, como si no hubiese Jehová en el cielo, ni siquiera el reflejo eterno de su existencia, y el eco permanente de su palabra, en la justicia y la verdad en la tierra. Habiendo así no solamente despertado la conciencia de Acab, sino vindicado la autoridad de Aquél en cuyo nombre hablaba, la siguiente frase del mensaje de Elías anunciaba la retribución severa, estricta e incluso literal.

Arrepentimiento de Acab

La réplica de Acab[5] la consideramos como un lamento infantil en el sentido de que Elías, que siempre había sido su enemigo personal, ahora finalmente le encontraba con un pecado real, por el que podía invocar el castigo divino. Sin duda admitió su culpa en ese momento de sorpresa y una muestra de su temor del castigo divino que se le anunciaba. Pero esto lo mezclaba con el hecho de que Elías era su enemigo personal –si no como excusa, sí como una acusación– y había estado acechando en la espera de encontrar alguna ocasión para invocar el juicio divino sobre él. Fue

1. La derivación de la palabra «Beliyaal» se ha explicado de maneras diferentes, pero todas coinciden en que su significado primitivo equivale a maldad.

2. La blasfemia entraría en la categoría de cometer idolatría o seducir para la idolatría.

3. Comp. 1 Reyes 21:19; 2 Reyes 9:25, 26.

4. Ver el Libro 5 de esta obra.

5. Las interpretaciones comunes de estas palabras parecen insatisfactorias. Suelen ser: «¿Alguna vez me has encontrado enemigo tuyo?» o, «¿Has hallado esto en mí?» o, «¿Vuelves a mi encuentro de nuevo como enemigo?» Algunos ven en estas palabras solamente la sorpresa de Acab ante la aparición repentina de Elías (Ewald), o incluso palabras de desafío (Thenius).

precisamente contra este intento de convertir la cuestión en una mera controversia personal que Elías formuló su respuesta (v. 20). «He encontrado (no a ti), porque te has vendido a hacer lo malo delante de Jehová». Lo que pronunció el profeta no fue el resultado de una enemistad personal, tampoco lo que había provocado una tentación repentina o un estado de ánimo apresurado del rey, sino toda la dirección de la vida que Acab había tomado deliberadamente. Y en esto se destacan dos elementos claramente: que se había vendido como esclavo (Ro. 7:14), de modo que ya no gozaba de la libertad de acción, sino que tenía que obedecer las indicaciones de su señor; y que se había vendido, consciente o inconscientemente, para «hacer el mal delante de Jehová.» En consecuencia, el juicio anunciado por Elías no era meramente con referencia a Acab, como indican sus palabras que los perros lamerían su sangre; sino que también se refería a su dinastía y la condenaba al exterminio por esta razón doble: «por causa de la ira que has hecho salir,[6] y has hecho pecar a Israel». Por otro lado, este juicio general no iba a reemplazar el castigo personal del actor de un crimen como el asesinato judicial de Nabot.[7] Los perros iban a «comer a Jezabel en el muro de Jezreel», y un destino similar caería sobre toda la posteridad de Acab en la ciudad (es decir, Samaria) o en el campo. Esto se puede considerar como el juicio personal sobre pecados personales. Este hecho lo indican también las anotaciones del escritor intercaladas en el relato (en los vv. 25, 26).[8] Pero el pecado en sí se podía evitar o modificar con el arrepentimiento personal, pero no en lo que se refería a la culpa nacional en la que Acab había inmiscuido a Israel.

Si se requiere alguna evidencia de la certeza de este relato o de toda la historia en relación con el mismo, lo que se dice en conclusión lo es. Una historia legendaria no hubiese presentado a un Acab arrepentido pero sin renunciar a sus antiguos caminos. Pero esto también es cierto en la vida. Como sucediera antes con lo que presenciara en el monte Carmelo, ahora las palabras de Elías llegaron directamente al corazón de Acab. Ya no disfrazaba la verdad referente a él mismo, ni intentaba desviar su atención con pensamientos sobre la posible animosidad del profeta. Era ante Jehová que había pecado, y ante Jehová se humilló. Como persona en duelo, rasgó sus vestiduras; como penitente se vistió de saco; como culpable ayunó; y como uno que se tambaleaba bajo una pesada carga de dolor y pecado, anduvo suavemente.[9] Y todo ello en público –a la vista de todos los hombres. Era lo adecuado, si podemos tener el atrevimiento de usar esta expresión, y de acuerdo con la declaración de juicio de Dios expresada, que el Dios vivo, que había visto y vengado el crimen realizado en secreto reconociera el arrepentimiento mostrado en público. En consecuencia, la palabra de Jehová vino de nuevo a Elías para declarar que el arrepentimiento personal del pecado personal había provocado la remisión del castigo personal, pero no del que se refería a la dinastía. El juicio visible, por el cual todos tenían que ver la retribución de la justicia de Dios, fue aplazado hasta el tiempo de su hijo, y lo hubiese sido aún más si él hubiese dado muestras de un arrepentimiento semejante. Pero sólo aplazado, porque todo pecado manifiesto debe recibir su retribución. Y así se guardó su recuerdo como advertencia misericordiosa para el hijo de Acab. Pero cuando los perros lamieron la sangre de Acab, al limpiar las manchas del carro, recordaron el juicio todavía incumplido que se cernía sobre la casa de Acab como un gran nubarrón (1 R. 22:38). Pero esto fue en Samaria, no en Jezreel, ni en la posesión de Nabot, porque, como predijera el profeta, Dios no trajo «el mal» propiamente dicho en los días de Acab, sino solamente su recuerdo como advertencia. Pero sobre Jezabel caería con la terrible realidad de un cumplimiento literal.[10]

6. Las palabras exactamente significan: «la ira que tú has hecho llenar de ira».

7. En el asesinato de Nabot también se mezclan los dos elementos de provocación personal y hacer pecar a Israel.

8. Esta nota intercalada del escritor es muy interesante. Retrocede hasta la rendición esclava de Acab al servicio del pecado a la incitación de Jezabel, y compara el estado de idolatría pública en la tierra de entonces con la de los «amonitas», es decir, los cananeos (ver Gn. 15:16) a quienes Dios había destruido. Sin duda el castigo no podía ser menor para una abominación similar de parte de Israel.

9. La palabra traducida como «suavemente» puede denotar el paso apacible y silencioso del dolor y la humillación; pero también ha sido traducido por «descalzo», como en el duelo.

10. El juicio contra Jezabel debía ejecutarse «junto al muro de Jezreel» (21:23). La expresión significa más concretamente: en el espacio libre junto al muro. Y, al recordar que la ventana desde la que Jezabel mirara a Jehú debía estar en el muro de la ciudad, pues se dirigió a él mientras entraba por la puerta (2 R. 9:30, 31), podemos entender cuán literalmente se cumplió la predicción.

Capítulo 5
(1 Reyes 22; 2 Crónicas 18)

Acab y Ocozías (8º y 9º) reyes de Israel
Josafat (4º) rey de Judá

Los sucesos comentados en el capítulo anterior fueron seguidos de un período de calma. Religiosamente se podría describir como uno de aproximación al culto de Jehová. Pero resultaba mucho más peligroso en cuanto era el resultado de un intento de compromiso allí donde el compromiso era imposible. Tenemos mayor evidencia de este hecho tanto en la citación como en la representación de los cuatrocientos profetas reunidos por Acab, cuando Josafat le pidió que preguntara en «la palabra de Jehová» sobre la expedición en proyecto contra Ramot de Galaad.

Visita de Josafat a Acab
La expedición planeada contra Ramot de Galaad

Esos cuatrocientos no podían ser «profetas de Baal», porque ésos habían sido destruidos en el Monte Carmelo. Su aspecto también es muy diferente del de los profetas de Baal. Tampoco podía tratarse de los cuatrocientos «profetas de Asera» [Astarte –sobre todo venerado por Jezabel– que habían sido invitados (1 R. 18:19) al decisivo enfrentamiento del Monte Carmelo (vv. 22, 26, 40), pero no se habían presentado. Porque, en primer lugar, en esta ocasión fueron convocados como portadores explícitos de «la palabra de Jehová», es decir como personas que profetizaban en Su Nombre. Luego, aunque empezaron hablando de *Adonai* (el Señor, v. 1[1]), después (vv. 11, 12) afirmaron que anunciaban lo que «Jehová» iba a hacer, mientras Sedequías, su líder, claramente se refiere al «Espíritu de Jehová» y dice que había pasado de él a Micaías (v. 24). Por otro lado, no pueden considerarse ni verdaderos «profetas de Jehová», ni «hijos de los profetas». Porque desde el principio Josafat no parece

1. Todas las versiones antiguas y muchos códices ponen Jehová.

«Al menos las medidas de Jezabel eran claras y directas. El antiguo orden civil de Moisés aún estaba en vigor en Israel y de acuerdo con su jurisdicción, incluso en los casos de vida o muerte, se acudía a la primera instancia de los 'jueces y oficiales' del lugar (Dt. 16:18). Este 'senado' local, constituido en parte por miembros elegidos de por vida, y en parte por lo que se puede llamar una aristocracia hereditaria, podía verse fácilmente sometido a las influencias y presiones de la corte en momentos de corrupción, especialmente en un pequeño distrito real como Jezreel.»

Acab y su mujer Jezabel de procedencia fenicia, practicaban el culto a Baal y otros dioses extraños a Israel. Este vaso cananeo se utilizaría probablemente para ofrendas y libaciones a ese dios. En la parte superior se distingue la imagen de un toro con un disco solar sobre el lomo. (Siglo X, a.C. Museo de Israel.)

dispuesto a reconocer la autoridad de ellos. Sin duda ellos no eran aquellos de quien él deseara originalmente obtener un mensaje para su guía (v. 5), y en contraste con ellos, continuó pidiendo un «profeta de Jehová» (v. 7), ante lo cual Acab mencionó a Micaías (que no era uno de los cuatrocientos profetas) como uno con quien se podía «inquirir a Jehová». Finalmente, los cuatrocientos profetas falsos después son designados abiertamente, primero, por el espíritu malvado, y luego por Micaías, no como los de Jehová, sino como los de Acab (vv. 22, 23).

Estas consideraciones nos llevan a definir la condición religiosa imperante entonces como una degradación del culto de Jehová. En apariencia estos profetas profesaban la palabra de Jehová; pero no eran más que los profetas mentirosos de Acab. No parece poco probable que Acab restaurara los ritos antiguos instituidos por Jeroboam, cuando Jehová era servido en profesión bajo el símbolo del becerro de oro que había sacado a Israel de Egipto. Esta transformación de la religión de Israel ha sido descrita en detalle en otro lugar. Este tipo de culto debía gozar de una doble recomendación, que, mientras que parecía un abandono del servicio de Baal para regresar a Jehová, seguía dejando a Acab, como rey, el cargo y el control del pontífice de la nueva religión (comp. 1 R. 32, 33).[2] Sin duda, debió ser en este sentido que los cuatrocientos profetas fueron designados como los de Acab, del mismo modo que los de Astarte han sido llamados los de Jezabel, porque en su calidad de reina era su suma sacerdotisa. Y si estos profetas eran realmente sacerdotes del culto instituido originalmente por Jeroboam, y ahora había sido restablecido, es bien natural suponer que se formara una asociación profética, a semejanza y en imitación de la institución de los «hijos de los profetas». Es difícil saber si existía alguna relación entre ambas formaciones, pero las palabras de Sedequías (v. 24), el líder de los profetas de Acab, parecen implicar que sí. Y fácilmente podemos creer que en aquellos días degenerados muchos «hijos de los profetas» –tal vez incluso alguna de sus asociaciones– pudo haberse dedicado a este culto espurio de Jehová.

Ahora debemos reconstruir la escena que tuvo lugar en presencia de Acab y Josafat. Se explica casi con las mismas palabras en los libros de *Reyes* y *Crónicas* (2 Cr. 18:2-34). En el último se introduce con un relato de las circunstancias que provocaron la expedición fracasada contra Siria. Recordamos[3] que ocho o nueve años antes, Jeroboam, hijo de Josafat, que por entonces era un chico de quince o dieciséis años, había sido casado con Atalía, hija de Acab y Jezabel. Por lo que nosotros sabemos, los dos monarcas no habían vuelto a encontrarse personalmente después de aquel acontecimiento. Pero cuando Israel, después de la derrota de Ben-adad, disfrutó de un largo período de paz, mientras Judá gozaba de una situación igualmente próspera (2 Cr. 18:1), resultaba natural y fácil a los dos monarcas cuyas familias y reinos estaban tan relacionados organizar un encuentro personal. Podemos conjeturar que la propuesta había venido de parte de Acab, y probablemente tampoco nos equivocamos si suponemos que este rey israelita estaba planeando una alianza contra Siria. De todos modos coincidiría con esa intriga sistemática y el deseo de hacer alianzas que hemos observado repetidas veces como característica de Acab.

2. Comp. Libro 5 de esta misma obra.
3. Comp. con Libro 5.

Predicciones aduladoras de falsos profetas

Josafat y su delegación fueron recibidos y hospedados de manera real en Samaria. Seguramente, era algo extraño ver a un rey de Judá descendiente de David de visita en la capital de las provincias rebeldes, pero no más extraño que una de las claras religiosidades de Josafat se emparentara con un Acab. Las consecuencias no tardaron en aparecer. El *Libro de Crónicas* usa la expresión Acab «sedujo»[4] a Josafat (2 Cr. 18:2), mientras que el *Libro de Reyes* sólo relata las circunstancias que desembocaron en la alianza formal entre ellos. De modo parecido, no estamos del todo seguros si esta «seducción» había sido anterior o posterior a la apelación de Acab a «sus siervos», registrada en el *Libro de Reyes* (22:3). Pero con toda probabilidad Acab, que lo pudo haber planeado todo en vistas del proyecto que tenía en su corazón, pudo haber aprovechado la presencia de todos sus capitanes para honrar al rey de Judá, para manifestarle en una ocasión pública –tal vez durante un banquete– el gran agravio que Israel sufría de Siria. Si nuestra conjetura es correcta, puede explicar tanto el consentimiento inmediato y extraño de Josafat, como después su duda y deseo de cerciorarse de la voluntad de Dios en este asunto.

El llamamiento que efectuó Acab, dirigido en primer lugar a sus oficiales, era sobre *Ramot de Galaad*. Situada en la orilla oriental del Jordán –tal vez equivalente a la moderna Es-Salt, en cuyo caso estaría sobre un saliente de la montaña que preside el campo– constituía una fortaleza que representaría una gran amenaza si caía en manos sirias. Desde allí no sólo se podría observar a Israel, sino que incluso podían descender, cruzar el Jordán y subir por el valle hasta Jezreel, antes de que la información de su avance llegara a la central de Israel. Ben-adad no había rendido esta ciudad a Acab, bajo cualquier pretexto, en contra de su compromiso por medio del tratado (1 R. 20:34). No nos sorprende que Acab haya deseado recuperar un lugar tan importante y que, mientras estuviese en posesión de Siria, representase una amenaza constante. Pero él debía haber recordado no sólo que él era el verdadero culpable, sino también lo que el profeta había predicho como castigo de culpa alocada al permitir que Ben-adad escapara (1 R. 20:42). Por ello no debería haber emprendido dicha expedición sin una garantía especial de parte de Dios. No sabemos cómo recibieron los oficiales de Acab la apelación a su patriotismo, pero fue respondido por Josafat, a quien se dirigió Acab a continuación, con unas palabras que suenan como un terrible augurio, si recordamos la palabra del Señor con referencia al destino de cualquier expedición de Acab contra Siria.

Pero, como ya se ha observado, el rey de Judá pronto tuvo otros pensamientos. Debió pensar que él personalmente nunca se embarcaría en una empresa así sin la sanción de Jehová. Y en la situación actual esto no parecía muy necesario. No obstante, exceptuando la expresión de arrepentimiento en retraso de Josafat, la propuesta hecha a Acab de «inquirir en la palabra de Jehová», parecía singularmente incoherente. Había realizado una alianza en cuanto a esta campaña especial; tal vez su consentimiento de corazón había hecho decidir a los oficiales de Acab; de todos modos, ya era –tal como lo demostraron los sucesos– demasiado tarde para retirarse, independientemente de lo que fuera la palabra de Jehová. En realidad, esto es lo que siempre cabe

4. Éste es el significado real y no «persuadió», como en varias versiones. Esta palabra se usa a menudo para designar la incitación al mal (comp. Dt. 13:6; Jueces 3:14; Job II. 3; 1 Cr. 21:1).

esperar cuando los que sirven y aman al Señor se enredan en alianzas con personas impías, donde un paso lleva al otro, y una incoherencia implica la siguiente, hasta que retrocedemos cuando es demasiado tarde para retirarnos, y lo único coherente es ser incoherente en el reconocimiento de Dios cuando su voluntad ya no puede ser obedecida. Pero incluso esto es bueno, porque es el primer paso hacia el arrepentimiento. Y aunque debemos sufrir el castigo de nuestra locura, Dios escucha a un Josafat en la fracasada batalla, cuando clama a Él, y le socorre con la liberación (2 Cr. 18:31).

Nos encontramos «en lugar vacío a la entrada de la puerta de Samaria» (1 R. 22:10) –es decir, en la plaza abierta delante de la puerta. Se prepararon dos tronos para los dos reyes, quienes se presentaron con sus vestiduras reales.[5] Ante ellos, la multitud de los profetas. Acab plantea la pregunta sobre si debe (en *Crónicas* «debemos») subir a Ramot de Galaad. Y entonces los profetas –sobre quienes no debemos olvidar que sabían cuáles eran las palabras que serían «buenas» al oído del rey (1 R. 22:13)– se balancean emocionados. Por todas partes se oye el grito: «Sube, porque el Señor la dará en manos del rey». No sólo la unanimidad de estos cuatrocientos hombres, sino, sin duda, su aspecto y su actitud fue lo que hizo inquirir a Josafat si, además de todos aquellos, no había un profeta de Jehová en toda Samaria.

Micaías

Por la respuesta de Acab cuando mencionó a Micaías: «lo odio, porque no profetiza ningún bien para mí, sino sólo el mal», y por la indicación posterior a «un chambelán», se ha deducido que Micaías había estado «profetizando» el mal recientemente al rey –en respuesta a alguna pregunta, o bien por orden divina– y que el profeta era entonces prisionero de Acab. Este punto parece claro en el versículo 26, donde Micaías recibe la orden de ser «llevado» o «devuelto» en custodia.

Sería interesante comentar algunos puntos de este relato para su mejor comprensión. Parece ser que los profetas de Dios daban muchas más «profecías» de las que se registran en las Escrituras –y de modo más especial, que Acab no fue abandonado sin advertencia. Además, la verdad o falsedad de los profetas se evidenciaba en el hecho de que los falsos debían declarar lo que era agradable («bueno») a los oídos de sus jefes, mientras que los profetas de Dios entregaban el mensaje con fidelidad, independientemente de sus consecuencias. Y, finalmente, parece ser que el rey consideraba dicho mensaje como el fruto de la enemistad personal contra él. Esto es muy instructivo, porque nos muestra que Acab tenía una perspectiva puramente pagana de la profecía. Tal como Balac quisiera influir a Balaam, aparentemente con la convicción de que el vaticinador tenía poder ante Dios, y podía dirigir o controlar Su acción según su voluntad, así Acab suponía que lo que él llamaba «bueno» o «malo» en el mensaje era el resultado de la amistad o enemistad personales. Josafat, pues, protestó contra este hecho (v. 8, última frase), y no sólo contra la noción de que Micaías odiara al rey. Acab cedió ante Josafat,[6] pero la opinión que había anticipado de los motivos y la conducta de Micaías debió aturdir sus palabras, tanto para Acab como para el pueblo. Esto explicaría el extraño hecho que su advertencia enfática fuera obviada tan fácilmente. Suponemos que fue en el intervalo durante el cual Micaías era traído desde su prisión, que el líder de los profetas falsos se permitió una acción simbólica. Difícilmente podemos equivocarnos en suponer que cuando Sedequías corrió hacia adelante con dos puntas de hierro apoyadas en su frente y exclamando: «Con esto empujará a los sirios, hasta que sean consumidos», se refería a la promesa divina por medio de Moisés hecha a José (Dt. 33:17). «Sus cuernos, los cuernos de búfalos: con ellos empujará a las naciones». Aquí se hallaba el reino de Efraín –hijo de José– y Acab era el representante de aquella promesa que estaba a punto de ser cumplida. Por interesante que resulte esta referencia, al indicarnos la mezcla de religión del *Antiguo Testamento* y reconocimiento de Dios que, como hemos visto, estaba mezclado en estos profetas con lo falso, y opuesto a Jehová, también nos enseña que el *Libro de Deuteronomio* no solo existía cuando este relato se escribió por primera vez, sino también que sus dichosos –especialmente en lo que a Israel se refiere– se habían introducido bien en el pueblo.

Si, como parece probable, el objetivo de la acción simbólica de Sedequías había sido impresionar a todos los presentes con la certeza de su predicción, la llegada de Micaías rápidamente cambió la situación. Por el camino, el oficial encargado de sacarlo de la prisión había contado a Micaías la predicción unánime de éxito de parte de los cuatrocientos profetas, y le pidió que la confirmara. No nos sorprende la respuesta enfática que esto produjo. Si el oficio profético debía cumplir la finalidad divina, o si tenía que seguir existiendo en Israel, se debía declarar claramente que el profeta, sin temor ni compañerismo, transmitiría el mensaje de Jehová. Y ésta, antes que la ironía, parece ser la razón por la cual, en su respuesta a la pregunta de Acab, Micaías primero usó los mimos términos que los profetas falsos. Un asentimiento externo y mecánico con ellos no podía ser mal entendido. Significaba que Acab no deseaba realmente recibir un mensaje de Jehová; que ya había escogido sus modos y sus guías. Evidentemente, Acab lo entendió así, y, envalentonado por la escena que acababa de ser representada y por la aparente falta de disposición o de capacidad de Micaías para interferir, le suplicó que dijera sólo la verdad en el nombre de Jehová. Ante este desafío, Micaías no podía dudar más. Es evidente, que después de su primera confirmación aparente de la declaración de los profetas, como si fuera en coro, su mensaje iba a tener un efecto todavía más sorprendente. Observamos que este hecho nos da mayor conocimiento sobre la naturaleza y el origen de la profecía. Cuando Micaías dijo: «Vi a todo Israel esparcido por las naciones, como ovejas sin pastor; y Jehová dijo, éstas no tienen maestro, que cada hombre regrese a su casa en paz», –las palabras representan con evidencia una visión; y una visión, no de algo literalmente real, sino como una visión en parábola.

De este mismo modo consideramos la siguiente parte del mensaje de Micaías. No debe entenderse como una declaración de lo que sucedió realmente en el cielo, sino como una visión en la que el profeta vio delante de él, como en una parábola,[7] la explicación y el significado divino más

5. La palabra «real» no está en el original. El hebreo presenta algunas dificultades; pero, como que este tema no representa ninguna importancia práctica, es inútil llenar estas páginas con esta discusión.

6. Parece ser que los traductores de la LXX notaron la palabra «Apresúrate a venir, Micaías,» a diferencia de nuestro texto, y que leyeron: «¡Rápido! ¡Micaías!» que sería típico de Acab.

7. La visión que describe el profeta era una visión externa real y dirigida por Dios; no una visión de lo que realmente ocurrió en el cielo, sino lo que ocurrió realmente, la seducción de Acab por sus falsos profetas como resultado del juicio divino, fue representada

elevado de la escena que acababa de ser representada ante los dos reyes, y su secuencia final que acababa de anunciar. Los puntos que hay que tener en cuenta son: que el juicio final que caería sobre Acab en la campaña que él mismo había escogido contra Siria era del Señor; que la influencia seductiva de los profetas formaba parte del juicio divino, y por ello del designio de Dios –por lo menos, en su sentido permisivo. No obstante, en todo esto, la destrucción de Acab iba a llegar a través de su propio pecado: al ser llevado a su ruina por aquellos profetas a los que él había escogido, y por su falta de interés por escuchar la palabra de Jehová, a la cual consideraba el resultado de una hostilidad personal. De este modo, su destrucción se debería en realidad a su elección deliberada de un camino diametralmente opuesto a la voluntad de Dios. Porque estos dos elementos siempre se mezclan de un modo inexplicable para nosotros, pero muy real: el designio de Dios y la libre elección humana. Y era tanto más necesario de parte de Micaías declarar todo esto de manera completa y sin temor, en cuanto su primer mensaje había sido interrumpido por la queja fastidiosa y falsa de Acab ante Josafat, de que había sucedido lo que él esperaba, que Micías sólo le podía profetizar el mal.

Bajo esta perspectiva, hallamos una profundidad peculiar en el significado y la grandeza de la visión en parábola descrita tan vivamente por Micaías. Hubiese convencido a todos, si hubiesen estado abiertos a ella. La escena representada al aire libre en Samaria tenía su contrapartida –su reflejo espiritual verdadero– en la gran corte del cielo. En vez de estar Acab sentado en su trono, rodeado de sus profetas aduladores y anticipando su victoriosa marcha contra Ramot de Galaad, estaba Jehová, el Dios de la verdad, rodeado por sus huestes, sentado en su trono de juicio decretando la destrucción del rey infatuado. Pero del mismo modo que Acab iba preparar su propia destrucción, él también iba a entenderla. Y esto concuerda perfectamente con todos los tratos de Dios en misericordia y en juicio con Acab. Acab ha deshonrado al Señor; ahora está rodeado por 400 profetas de la falsedad para animar a él y a los que están con él en esa empresa. Que sea, tal como lo ha escogido para sí mismo; estos profetas profetizarán –mentiras– y él creerá su profecía suave hasta el punto de menospreciar la voluntad y la advertencia divina, y así perecerá en su locura y su rebelión. Todo esto se representó de un modo tan real y gráfico en la visión parabólica ante los reunidos, que por lo menos Sedequías, el líder de los profetas falsos, no podía tener dudas. Podemos explicar su acaloramiento en el resentimiento personal al golpear a Micaías, ya sea como castigo, ya sea como afrenta pública, y no tenemos ninguna dificultad en comprender sus palabras (v. 24). Si suenan como un reproche satírico de la presunción de Micaías al otorgarse exclusivamente la inspiración del Espíritu Santo –como si el Espíritu de Jehová hubiese salido de él para ir a Micaías– también nos comunican otro significado. Sedequías debía saber que no tenía un mensaje de Jehová,[8] y había supuesto que la profecía de Micaías era tan inventada como la suya. Pero las palabras que oyó no le dejaron ninguna duda de que Micaías había hablado ciertamente de Jehová, y el resentimiento al sentir que así era, y que Micaías, no él, era el medio escogido por Dios, le provocó en su interior sentimientos expresados con palabras de enfado y hechos de mayor enfado. Era un espíritu como el de Simón el mago - aunque intensificado y manifestado de manera congruente con la época del *Antiguo Testamento*. Y esto también explica la respuesta de Micaías, que estaba dirigida contra las palabras de Sedequías. Iba a «ver», percibir, la diferencia real entre el profeta verdadero y el falso, cuando experimentara sus resultados. Entonces, cuando su predicción no sólo se quedaría incumplida, sino que al lado de la advertencia del verdadero profeta, como falsa y engañosa, intentaría, en su total vergüenza, esconderse de la vista de todos los hombres, y escaparse del castigo de su crimen que sin duda le infligirían los supervivientes de la batalla.

La batalla de Ramot de Galaad

Algunas personas de aquella asamblea debieron entender el significado real de las palabras de Sedequías. Pero la mayoría debería preferir darles una interpretación más de acuerdo con su estado de ánimo, o por lo menos más conveniente. Les debería parecer –adoptando el lenguaje de muchos de entre nosotros cuando se trata de alguna verdad que no conviene– que todo el asunto se había degenerado y se había convertido en una pelea entre teólogos rivales. De todos modos, se había acabado el tiempo de hablar y había llegado el de la acción. Ramot de Galaad *era* suya; cierta y verdaderamente, por la ley de Dios y de los hombres, que los teólogos digan lo que quieran en exaltación de sus escuelas y dogmas respectivos. Y los dos reyes se unieron en una alianza contra los sirios que no podía fracasar: todo era propicio, que subieran, pues, un ataque rápido a la fortaleza y tomar lo que era suyo. Y para denotar la profundidad de su resentimiento, y que era capaz de castigar lo que él consideraba un acto de rebelión, Acab ordenó que Micaías fuese devuelto a la custodia de Amón, el gobernador de la ciudad. Con él está relacionado el nombre de Joás, el hijo del rey, tal vez solo un príncipe real, probablemente con la finalidad de indicar que Micaías era un prisionero del estado. Y como tal debía ser tratado con severidad especial. Hasta este punto Acab tenía el poder requerido; pero cuando añadió: «Hasta que venga en paz», pronunció un desafío claro. Ante esto, lo diga quien lo diga –sea príncipe o un particular, y sea como sea, en público o en privado, o incluso en una oposición interior a la verdad revelada de Dios, sólo cabe esta respuesta: «El que está sentado en los cielos reirá; el Señor los tendrá en ridiculez». Pero Micaías no lo podía dejar pasar inadvertido. El honor de Jehová, cuyo profeta era él, requería la respuesta: «Si tú vienes en paz, Jehová no ha hablado por mí». Y entonces, volviéndose a la multitud circunstante, les llamó como testigos entre él y el rey.

No se nos dice qué impresión causó la escena a Josafat. Pero sin duda, a pesar de sus palabras altaneras, el efecto en Acab fue profundo. La expedición contra Ramot de Galaad naturalmente tendría lugar tan pronto como fuese posible después de la asamblea de Samaria. El hecho que Jehú, el profeta del Señor, entregara el reproche divino contra la alianza de Josafat con Acab después que el primero regresara de la campaña siria (2 Cr. 19) nos indica que posiblemente el rey de Judá no había regresado a su territorio antes de la marcha unida sobre Ramot de Galaad. Con esto coincide también otra impresión derivada del texto. Todo el relato de la batalla, el papel aparentemente subordinado que desempeñó Josafat en la misma, además de la ausencia total de referencias al ejército de Judá y la nota aislada que Josafat regresó a Jerusalén en paz (2 Cr. 19:1), sin mención alguna

en una parábola, desde el punto de vista celestial. En el versículo 21, «un espíritu» debe traducirse por «el espíritu».

8. Josefo tiene la idea curiosa que el golpe era para comprobar si Micaías era un profeta verdadero, de acuerdo con 1 Reyes 13:4. Tenius trata la cuestión de Sedequías como una burla. Bähr lo considera como implicando que Sedequías no profetizó falsamente a propósito o conscientemente, y que significaba: ¿Cómo osas decir que el Espíritu se ha ido de mí para acudir a ti?

de su pueblo, todo ello nos da la impresión de que Josafat, sin volver a Jerusalén, simplemente había reunido un pequeño contingente judío, de modo que su presencia y ayuda –si es que llegó a ser conocido por los sirios– fueron considerados como un elemento muy secundario de la campaña. Y cuando comparamos esto con las palabras de Josafat al formalizar la alianza con Acab (1 R. 22:4), y antes de que oyera las palabras de Micaías, pensamos que el contraste entre sus promesas y su actuación se debió a la advertencia profética que había oído.

En cuanto a Acab y a su pueblo, tenemos indicaciones similares de engaño interno.[9] Lo normal para los reyes y los líderes era ir a la batalla con sus vestiduras distintivas (comp. 2 S. 1:10). Cuando Acab, pues, hizo la extraña sugerencia de que sólo Josafat debía llevar su ropa real, mientras que él se disfrazaba, se debió seguramente al miedo de la amenaza del juicio divino, del que él pensaba poderse escapar con su astucia de costumbre. Y si se pregunta por qué en dicho caso no se disfrazó también Josafat, la respuesta evidente es que el mensaje divino no había amenazado con la muerte del rey de Judá y que si se hubiesen disfrazado los dos monarcas hubiera sido un anuncio para sus seguidores de que estaban esperando la derrota, y el cumplimiento de la profecía de Micaías.

Éste es un lado de la historia; el otro es el que ofrece el campamento sirio. La organización militar, introducida en la campaña anterior (1 R. 20:24), ahora demostró su eficacia. Los «treintidós capitanes» que estaban al mando de «los carros» evidentemente formaban la primera línea de ataque. A éstos Ben-adad dio órdenes especiales para que dirigieran sus movimientos exclusivamente contra el rey de Israel,[10] con la esperanza de que con su captura o muerte se acabaría tanto la batalla como la campaña. El disfraz de Acab casi consiguió desbaratar su plan. Porque cuando los sirios se acercaron contra el único carro que llevaba el atuendo real, creyendo que estaban luchando contra Acab –y esto también nos da a entender que no eran conscientes de la presencia del rey de Judá– Josafat «exclamó», ante lo cual los sirios, reconociendo que no era la voz de Acab, abandonaron la persecución.[11] Es imposible determinar si Josafat se había dirigido a sus perseguidores, o si había solicitado ayuda a sus hombres. Pero el hecho es suficientemente importante como para estar registrado tanto en el *Libro de Reyes* como en el *Libro de Crónicas* (2 Cr. 18:31), y con las mismas palabras exactamente. Pero el escritor del *Libro de Crónicas*, que cuenta la historia desde el punto de vista de Judá, tal como en el *Libro de Reyes* se relata desde el de Israel, añade que la liberación providencial de Josafat era de Jehová. Es casi innecesario añadir que esta reflexión no contradice en modo alguno el relato más breve de Israel, ni implica fuentes de información divergentes.

Muerte de Acab

Pero el disfraz de Acab, en lugar de frustrar el juicio predicho, sólo sirvió para mostrar más claramente la mano divina en su destrucción. Al seguir la batalla, un hombre «armó el arco con sencillez» –es decir, sin apuntar a ninguna persona en concreto– y su flecha alcanzó al rey de Israel «entre las junturas y la coraza», es decir, donde la armadura que cubría el pecho se encontraba con la que protegía la parte inferior del cuerpo. Este tipo de herida tenía que ser mortal a la fuerza y el rey ordenó al cochero que lo sacara de la pelea. Pero los sirios no supieron que el rey de Israel había recibido su herida fatal. La pelea estaba arreciando, y la orden de Acab no pudo ser obedecida. Y durante todo el día tuvo que quedarse en su carro mientras iba perdiendo su vida lentamente. Era un espectáculo horrendo, el rey disfrazado, herido de muerte a pesar de su disfraz, y ahora mantenido en su carro, continuando en la batalla contra su voluntad. Pocas veces la historia ha enseñado con tanto detalle las lecciones de Dios como en esta ocasión. El sol se estaba poniendo, y sus rayos oblicuos resplandecían sobre el moribundo Acab –más rey ahora que en su vida.[12] Al final el sonido de la batalla se acalló, y el descanso de la oscuridad cayó sobre los combatientes. Pero al extenderse las noticias de la muerte de su rey, el pueblo debió recordar la profecía de Micaías. Y el recuerdo de la misma conllevó su cumplimiento literal. Porque por el ejército corrió la voz que les esparció como ovejas sin pastor: «Cada uno a su ciudad, y cada uno a su país».

Mientras una profecía se traducía así en realidad, las campanas doblaban ya por otra al alcance de la casa de Acab, si hubiesen tenido oídos para oír. El carro que llevaba el cadáver de Acab, que yacía en su lecho de sangre, corría a través de la oscuridad. Llegaron a Samaria, y allí sepultaron al rey. Pero el carro lleno de sangre fue llevado fuera para ser lavado en el estanque cerca de Samaria. Y en la pálida luz de la luna se podía presenciar con horror como los perros sin amo, que merodean en oriente por los muros de las ciudades, lamían el agua mezclada con sangre que chorreaba del carro teñido de sangre al lavarlo. Y todavía más extraño y horrible, el agua roja en grandes círculos se mezclaba con el agua del estanque –el estanque donde «se lavaban las prostitutas»,–[13] sin duda donde las sacerdotisas de Astarte de Jezabel, las ministradoras del culto de depravación, de noche realizaban sus abluciones semirreligiosas en aquel estanque sagrado,[14] que aquí, como en todos los otros lugares donde se rendía culto a la siria Astarte, había sido construido y consagrado a la diosa. ¡Qué coincidencia y cuán llena de significado! ¿Y el sucesor de Acab no pensó en la sangre de Nabot, y la maldición que yacía sobre Acab, no sólo como el asesino de Nabot, sino como aquel que había seducido a Israel a la idolatría y a todo pecado? ¿Y Jezabel

---

9. Josefo afirma –aunque sin base en el texto sagrado– que Acab y el pueblo tuvieron miedo de las palabras de Micaías al principio, pero que se animaron al ver que el juicio divino no se cumplía inmediatamente después del golpe dado por Sedequías al profeta.

10. No hay ninguna indicación de que Acab estuviera informado de esto, y de que ésta fuera la causa de su disfraz.

11. Probablemente creyeron que alguien había sido vestido como rey para engañarlos.

12. EL *Targum* y algunos intérpretes han considerado su «permanencia» como un acto de Acab, que, para animar a sus soldados y continuar la batalla, había soportado su dolor y se había mantenido en el carro.

13. La traducción de algunas versiones (1 R. 22:38), «y lavaron su armadura», es insostenible. El texto significa «Y las prostitutas se bañaban», y el significado terrible del suceso reside en esto: que la sangre de Acab, que había erigido altares en Israel a Baal y a Astarte (ver Libro 5), no sólo fue lamida por los perros –que recordaba la profecía de Elías (1 R. 21:19) y la amenaza de su transferencia al sucesor (v. 29)– sino que además se mezcló con el agua del estanque que servía de lustración a esas mujeres abandonadas cuya vida depravada formaba parte del culto a Astarte, introducido por Acab y Jezabel. Y esto cumplía la predicción de Elías sobre los pecados *públicos* de Acab (1 R. 21:21-23).

14. La existencia de este «estanque sagrado» no sólo explica este relato, sino que parece ser una notable confirmación del mismo. Tales «estanques» sagrados, dedicados a Atergatis, Astarte, la Venus que se alzaba del mar, se hallan en los lugares donde la diosa era adorada de acuerdo con los antiguos ritos hititas y fenicios (comp. Conder, *Heth and Moab*, p. 64).

no vio en este río rojo, en el que sus sacerdotisas del culto de la impureza realizaban sus abluciones sagradas, una advertencia y una muestra del juicio que se estaba acumulando, como un nubarrón, sobre su propia cabeza?

Pero de momento estos juicios del Señor dormitaban. «Así Acab durmió con sus padres, y Ocozías su hijo reinó en su lugar».

Capítulo 6
(2 Crónicas 19, 20:1-34)

Antes de continuar con la historia de Israel, nos dedicaremos a acabar la de Josafat, rey de Judá. Se recordará[1] que sucedió a su padre Asa en el cuarto año del reinado del rey Acab.

Josafat, rey de Judá

Por entonces Josafat tenía treinta y cinco años; y como que su reinado duró veinticinco años,[2] se deduce que murió a la edad de sesenta años, que, si se consideran los anales de las casas reales de Judá e Israel, se debe considerar como una larga vida. Tenemos unos pocos detalles más sobre el ascenso al trono de Josafat. Así vemos que su madre se llamaba *Azuba*,[3] hija de *Silhi*. También observamos con qué energía tomó en su mano al principio de su reinado la reforma religiosa empezada por su padre Asa.[4] Pero la falta de respuesta real de parte de sus súbditos impidió el éxito completo de sus medidas. Los bosques de ídolos y los lugares altos, dedicados a Baal y Astarte, fueron destruidos (2 Cr. 17:6), pero resultó imposible abolir el culto corrupto de Jehová celebrado en los «lugares altos» (1 R. 22:43; 2 Cr. 20: 33). Más allá de estas breves notas, el relato del *Libro de Reyes* sólo indica que en aquel período no había rey en Edom, sino que el país estaba al mando de un gobernador. Esto se manifiesta claramente para explicar cómo se pudo emprender la expedición marítima a Ofir sin provocar resistencia de parte de Edom, en cuyo territorio se hallaba Ezión-geber. Pero el texto sagrado no da ninguna información que justifique esta situación en Edom.[5]

Reproche y profecía de Jehú

La escasa información sobre el reinado de Josafat aportada por el *Libro de Reyes* –que trata principalmente de la historia del reino del norte– se ve descrita en el *Libro de Crónicas*. Los compiladores de este último disponían evidentemente, entre otras fuentes de información, de una historia profética de aquel reino: *Las Crónicas [o, las palabras de Jehú, hijo de Hanani]*, que están insertadas en el *Libro de los Reyes de Israel*»[88] (2 Cr. 20:34, comp. 1 R. 22:45). Fue este Jehú,

«Pero al extenderse las noticias de la muerte de su rey, el pueblo debió recordar la profecía de Micaías. Y el recuerdo de la misma conllevó su cumplimiento literal, pues entre los componentes del ejército corrió la voz y les esparció como ovejas sin pastor: "Cada uno a su ciudad, y cada uno a su país". Y mientras una profecía se traducía así en realidad, las campanas doblaban ya por otra, audible en la casa de Acab, si hubiesen tenido oídos para oír. El carro que llevaba el cadáver de Acab, que yacía en su lecho de sangre, corría a través de la oscuridad. Llegaron a Samaria, y allí sepultaron al rey. Pero el carro lleno de sangre fue llevado fuera para ser lavado en el estanque cerca de Samaria. Y en la pálida luz de la luna se podía presenciar con horror como los perros sin amo, que merodean en oriente alrededor de los muros de las ciudades, lamían el agua mezclada con sangre que chorreaba del carro recién lavado».

La gruta de columnas que aquí vemos, vestíbulo de un laberinto de cámaras funerarias, da paso a las tumbas más antiguas de la necrópolis del Celdrón. Este gran conjunto puede darnos idea de lo que fue el hipogeo real, donde descansaron David y sus doce sucesores.

1. Ver Libro 5.
2. 1 Reyes 22:42; 2 Crónicas 20:31.
3. Thenius traduce el nombre por «la liberada» = nuestro Francisca.
4. Ver Libro 5.
5. Keil y Ewald sugieren que los edomitas habían participado en la expedición de Amón y Moab contra Judá (2 Cr. 20); Thenius supone que la familia regente de Edom había muerto, y que Josafat se había aprovechado de las disputas de sucesión para reafirmar la supremacía de Judá. Pero todo esto son simples conjeturas.
6. Ésta es la traducción correcta. Parece ser que existía «un libro» o «unas crónicas» «de los reyes de Judá e Israel», citado con frecuencia con este nombre (2 Cr. 16:11; 25:26; 28:26), o como «el

quien, al regreso de Josafat de la expedición contra Ramot de Galaad, anunció al rey el descontento divino. Él era la persona que mejor conocía el declive espiritual del reino del norte, porque él había sido el enviado a pronunciar el juicio contra Baasa, rey de Israel, juicio que iba a caer sobre él y su pueblo por su apostasía (1 R. 16:1, etc.). ¿Y quién estaba más capacitado para hablar con Josafat sin temor que el hijo de quien había sido encarcelado anteriormente por Asa, el padre de Josafat, por entregar fielmente su comunicado de parte de Dios (2 Cr. 16:7-10)?

El mensaje que le llevaba ahora era para señalarle la incongruencia de la alianza de Josafat con Acab. El castigo anunciado por el profeta como consecuencia llegó cuando el rey experimentó los efectos de aquella otra alianza impura, en la que Amón y Moab se unieron con Judá (2 Cr. 20). Josafat tuvo que aprender de nuevo en la destrucción de sus naves en Ezión-geber (2 Cr. 20:37) que cualquier empresa, por bien planeada y aparentemente libre de cualquier peligro que esté, únicamente puede acabar en decepción y fracaso, cuando los hijos de Dios se juntan con los que andan por el camino de pecado.

Pero a Josafat la advertencia del profeta le produjo aquel arrepentimiento piadoso del que no debemos arrepentirnos. Jehú había declarado como Dios, en su condescendencia, reconocía que «no obstante, hay buenas cosas en ti» –y esto, no sólo por lo que se refiere a la abolición de la idolatría evidente en su país, sino también aquella piedad personal que se mostraba en el hecho que preparaba a su propio corazón para buscar a Dios. Y entonces, el sentimiento de una incoherencia reciente le llevó a mostrar con todavía más interés que no consideraba la condición religiosa de sus últimos aliados como un asunto ligero. Una vez más se encargó de la reforma religiosa empezada al inicio de su reinado.[7] El relato de este movimiento es más interesante todavía, porque demuestra la existencia del *Libro de Deuteronomio* en aquella época, mucho antes de que se escribieran las memorias en las que se basan los libros de *Crónicas*. Porque, tal como veremos, aquí hay referencias constantes a la legislación del *Libro de Deuteronomio*, y no de manera puntual y con un énfasis evidente –como cabría esperar si el *Deuteronomio* se acabara de inventar o introducir– sino de un modo que indica que se trata de una autoridad admitida desde hacía tiempo, de modo que su legislación se había introducido en el pueblo y sus principios sólo requerían una alusión como algo reconocido de modo universal –no vindicado como algo introducido recientemente. Este tipo de argumentación, que muestra evidencias no diseñadas de la antigüedad de la legislación mosaica, nos parece mucho más convincente que el razonamiento capcioso en contra, que recientemente ha avanzado tanto. Y mientras que sobre esta base el lector debe ser advertido contra la adopción apresurada de conclusiones incoherentes con la verdad asegurada de la Palabra divina, también debe ser animado a observar, en un estudio cuidadoso, los muchos textos que contienen referencias no diseñadas, que se pueden entender sólo sobre la base de la suposición, no sólo de la existencia, sino también de la autoridad de la legislación mosaica reconocida durante mucho tiempo.

---

libro de los reyes de Israel y Judá» (2 Cr. 27:7; 35:27; 36:8), o como «el libro de los reyes de Israel» (2 Cr. 20:34) o «las palabras [¿«actas»?] de los reyes de Israel» (2 Cr. 33:18) La palabra Israel en estos dos casos se entiende en el sentido más amplio e incluye Judá e Israel. Todos estos títulos hacen referencia a una obra, en la cual, entre otras, se incorporaron «las palabras» o «crónicas» de Jehú, hijo de Hanani.

7. 2 Crónicas 17:7-10. Ver Libro 5.

Continuación de la reforma en Judá

La reforma iniciada por Josafat fue realizada por él personalmente. Para ello atravesó el país desde su frontera en el sur (Beer-seba) hasta la del norte (Monte Efraín). Su objetivo principal era el de «hacer volver» al pueblo «a Jehová, el Dios de sus padres». En parte para conseguir esto, y en parte para conferir a su reforma un carácter permanente, revisó la organización judicial del país con una aplicación estricta de la ley del *Deuteronomio*. Porque, de acuerdo con el designio divino, los jueces de Israel no sólo debían dictar sentencias y decidir casos, sino guiar y dirigir al pueblo en todos los asuntos, civiles y religiosos, y así evitar el pecado y el crimen. La información que se nos da de la obra de Josafat cubre estos tres puntos: el nombramiento de jueces; el principio que forma la base de su autoridad; y la regulación de su ejercicio.

Institución de jueces y de una Corte Suprema en Jerusalén

En lo referente al primer punto, recordamos que el nombramiento de jueces fue originalmente propuesto por Jetro (Éx. 18:21, 22), y luego aplicado por Moisés (Dt. 1:13, etc.).[8] Dichos jueces fueron designados en esta ocasión para cada «ciudad fortificada». No solamente porque eran los lugares más importantes de la tierra, sino también para proteger la administración de justicia,[9] y de acuerdo con la ley fundamental de Deuteronomio 16:18. En cuanto al principio que constituía la base de su autoridad, los jueces tenían que tener en cuenta que eran los representantes del Gran Juez, cuya ayuda les era prometida (2 Cr. 19:6) –y esto también de acuerdo con la afirmación deuteronómica «porque el juicio es de Dios» (Dt. 1:17). De esto se desprende, como norma práctica, que en la administración de justicia tenían que permanecer bajo la influencia del temor de Jehová, y no del temor o el favor de los hombres. Y aquí una vez más observamos la referencia a *Deuteronomio* 1:16, 17; 16:18-20.[10]

Además de estos jueces provinciales, Josafat nombró en Jerusalén a un tribunal de apelación que constaba de sacerdotes, levitas y capitanes de clan. A este tribunal mixto correspondía la decisión final en todos los asuntos referentes a la religión y el culto (2 Cr. 19: 8: «para el juicio de Jehová» y versículo 11: «en todos los asuntos de Jehová»), y también en casos civiles y criminales (v. 8: «en conflictos» y v. 11: «todos los asuntos del rey»). Además, era su obligación advertir,[11] aconsejar e instruir en todos los casos dudosos, ya fueran criminales, civiles o eclesiásticos, en los que eran apelados por jueces inferiores o por el pueblo. Como presidente de esta comisión mixta, Amarías, el sumo sacerdote,[12] fue nombrado para los casos eclesiásticos, y Zebadías, el capitán de la tribu de Judá, para los civiles.

8. Observamos aquí la relación orgánica de la legislación del *Deuteronomio* con el *Libro de Éxodo*.

9. La ley rabínica siempre hizo una distinción entre estas «ciudades con muralla» –que venían, se supone, de la primera ocupación de la tierra– y otras ciudades.

10. No hay ninguna contradicción con la legislación mosaica ni con esta posterior institución de Josafat en el nombramiento de parte de David de levitas como jueces (1 Cr. 23:4; 26:29). Porque en ningún lugar se dice que los levitas fueran solamente jueces.

11. La expresión usada aquí es curiosa y recuerda la de Éxodo 18:20, donde la palabra se traduce por «enseñar».

12. Tal vez el mismo que se menciona en 1 Crónicas 6:11.

Incursión de los moabitas y sus confederados

Y entonces sucedió lo que había sido predicho por el profeta en castigo por la alianza con Acab. Por suerte, encontró a la gente preparada por el avivamiento religioso que había pasado sobre la tierra. Según inferimos del tenor de todo el relato, los moabitas, los amonitas, y «con ellos algunos de los meunitas»,[13] atacaron inesperadamente «desde más allá del mar» –o sea, el Mar Muerto– «desde Edom».[14] Podían venir descendiendo alrededor del extremo sur del Mar Muerto, o pasando por el vado del sur, justo delante de Engedi, la antigua Hazazon-tamar –probablemente la ciudad más antigua del mundo. El nombre Engedi, «el manantial de la cabra», se deriva del modo en que parece descender su arroyo fertilizante. El nombre antiguo, Hazazon-tamar –«hileras de palmeras» o «corte de las palmeras»– tiene su origen en las palmeras que una vez crecieran allí con gran lujo. Pero en la actualidad el lugar está desolado, y allí donde antes florecían las palmeras, y se cultivaba la uva más preciada de Judea, se ven sólo terraplenes pelados en forma de estantería. La llanura, o mejor la ladera, es descrita[15] como una extensión de dos km y medio de norte a sur, bordeada a ambos lados por un uadi con agua todo el año. Engedi llega hasta los extremos de las montañas de Judá. Unos cuantos cientos de pies más arriba, a unos dos kilómetros y medio de la orilla del Mar Muerto, el riachuelo que da el nombre al lugar se precipita en forma de cataratas finas pero altas. Más abajo, en el centro de la llanura, se encuentran las ruinas que determinan el asentamiento de la ciudad antigua.

Tal como hicieran las hordas asirias en tiempos de Abraham (Gn. 14), así irrumpieron en esta ocasión estos invasores dedicados al saqueo –apenas un ejército, más bien una multitud de nómadas salvajes. Pasaron por la llanura, subieron por la ladera hasta la cumbre de la montaña y a través de los uadis. Parecían una fuerza innumerable, al resonar sus salvajes gritos de guerra desde la cumbre y el valle, o al poblar sus negras figuras los montes, desde donde observaban a través del desierto las ricas y deseadas ciudades de Judá. Esta es la impresión que tuvieron los fugitivos aterrorizados, que llevaron a Josafat unas noticias exageradas sobre el número de enemigos. Y entonces había sólo una distancia de quince horas entre Jerusalén y estas tribus saqueadoras.

Ayuno nacional y oración del rey

No podía perderse ni un solo momento. La primera medida era la de invocar la ayuda del Señor. Se proclamó el ayuno por toda Judá –un día de humillación por los pecados nacionales y de oración en el momento de su gran necesidad (comp. Jue. 20:26; 1 S. 7:6; Joel 2:15). Josafat tomó el lugar más prominente en el templo, «delante del patio nuevo» –ya sea uno construido recientemente, o uno renovado, y seguramente situado entre «el gran patio» o patio exterior, y «el patio de los sacerdotes» (comp. 2 Cr. 4:9). Si es así, probablemente se refiera a lo que en una época

13. Ésta es la traducción correcta, y no «los amonitas», ni tampoco los «edomitas.» Lo meunitas probablemente eran una tribu que habitaba en Arabia Petrea; sin duda los mismos llamados *Meunim* en 1 Crónicas 4:41. Comp. 2 Crónicas 26:7.

14. Por un error de copista el texto hebreo dice ארם (Siria) en vez de אדם (Edom). No podía tratarse de «Siria», y la letra ד podía confundirse fácilmente con la ר.

15. Canon Tristram, *Land of Palestine*, pp. 284, 285.

posterior se conocía como «el patio de las mujeres», y Josafat estaba en pie en el montículo posteriormente cubierto por las escaleras que llevaban al patio de los sacerdotes, donde se colocaban los levitas que dirigían la parte musical de los servicios del templo. Allí, donde podía ser visto y oído por todos, como Salomón antiguamente, y como un rey verdadero, representó y guió a su pueblo en su acto de humillación y oración nacionales. Normalmente la oración no formaba parte de los servicios simbólicos del templo. Éstos solo podían ser realizados por el sacerdocio nombrado por Dios. Ello, incluso sobre la base más sencilla[16] de que si otros hubiesen tenido derecho a introducirse en estos servicios, pronto hubiera significado la introducción de ritos paganos. Y de ello ya había demasiados ejemplos en la historia de Israel. Nunca, excepto en ocasiones muy solemnes, se oía la voz de la oración pública en el templo, y el rey no fue un intruso, sino que actuó correctamente como rey, cuando habló en nombre y en representación de su pueblo.

No podía existir una oración de fe más honrada y humilde que la de Josafat. Empezó con el reconocimiento de Jehová como el Dios vivo y verdadero (v. 6), y como el Dios del pacto, quien les había dado la tierra en cumplimiento de Sus promesas (v. 7). En virtud de este doble hecho, Israel había construido el santuario (v. 8), y había consagrado el templo y a ellos mismos al colocarse ellos mismos solemnemente en los cuidados de Dios, abandonando cualquier otra ayuda o liberación (v.9). A esta invocación en la dedicación del templo (2 Cr. 6:28-30) se dio una respuesta visible cuando el fuego descendió del cielo para consumir el sacrificio, y la gloria de Jehová llenó la casa (2 Cr. 7:1). Sobre esta triple base se sostenía la oración de Josafat. Había llegado una época de estrechez dolorosa, e hicieron su solemne apelación a Dios. Israel estaba en su derecho contra sus enemigos, quienes no tenían pretexto pasado ni justificación presente para su ataque. Habían ido contra la posesión de Dios que él había dado a su pueblo. Se trataba de Su causa; ellos no tenían poder propio, pero sus ojos estaban sobre el Señor (vv. 10-12).

Cuando la iglesia, o algunos miembros individuales de la misma, son capaces de tener esta convicción y orar así, la liberación se halla cerca. Pero faltaba aún otro acto de fe. Su fe había sido una fe de expectación y adoración; ahora se precisaba la fe de la obra. Mientras Israel estaba en pie en oración delante de Jehová, su Espíritu descendió sobre uno de los levitas que celebraban la ceremonia, Jahaziel, un descendiente de Matanías, tal vez el mismo que Netanías, un hijo de Asaf (1 Cr. 25:2, 12).

Profecía de victoria

El mensaje que entregó del Señor correspondía con cada una de las partes de la oración que había sido ofrecida. Les encargaba que se despojaran de todo temor –no porque no existiera un peligro real, sino porque la batalla era de Jehová. Por la mañana debían salir al encuentro del enemigo. Pero «no es para vosotros [no es vuestra = no necesitáis] luchar en esta [batalla]: parad, quietos, y ved la salvación de Jehová con vosotros» (vv. 15-17). Y con humildad y reverencia, el rey y el pueblo se inclinaron ante el Señor en culto de alabanza y expectación creyente.

16. Había otros motivos mucho más profundos para confinar los servicios de sacrificios al sacerdocio aarónico. Pero esta consideración menos compleja también debe observarse por su interés e importancia.

Temprano, la mañana siguiente, se prepararon para obedecer las instrucciones divinas. Debía ser una batalla como la que nunca se había presenciado desde que cayeron los muros de Jericó al sonido de las trompetas del Señor cuando su arca daba vueltas alrededor de la ciudad. Y se prepararon como ningún ejército jamás se había preparado para la batalla. Por la mañana, cuando Judá salía de la puerta de Jerusalén, el rey dio esta sola orden a su pueblo: tener fe –fe en su Dios, y en la voz enviada por sus profetas. Tenían que disponerse de este modo. Luego «aconsejó al pueblo»,[17] y todos a una designaron para su vanguardia a los cantores sagrados del templo,[18] vestidos con sus «ornamentos sagrados»,[19] que debían cantar, como si desfilaran en una procesión triunfante, las conocidas palabras de adoración: «Alabad a Jehová, porque su misericordia es para siempre (comp. 2 Cr. 7:3, 6).

Si nunca antes un ejército había marchado a la batalla de este modo, nunca jamás, ni siquiera en la maravillosa historia de Israel, se habían obtenido unos resultados tan espectaculares. Por encima de Engedi se alzan los acantilados de caliza a unos 600 metros sobre el nivel del mar Muerto, aunque esta altura todavía se halla a 600 metros por debajo del nivel del mar. Ahora hemos llegado al estéril y desolado desierto, conocido como el desierto de Judá, que se extiende hacia el sur hacia las montañas de Hebrón, y al norte hasta Tecoa. Entre las carenas de las montañas, a menudo con formas fantasiosas, había innumerables uadis y anchos valles. Es un desierto sin caminos, marcado por grietas y cuevas rocosas. Allí, justo después de la cueva donde David se escondiera de Saúl, en el acantilado de *Hazzis* –posiblemente la moderna El Hussah– había concurrido el enemigo, y se había desplegado a través del ancho uadi que va hacia Tecoa. Aquí, «al final del barranco»,[20] Israel conseguiría verlos, observaría su derrota, pero no tendría que luchar por la victoria. Y así cuando en el día resplandeciente el ejército de Israel miró hacia la cuesta de Engedi, vio al enemigo. En ese mismo momento, como si fuese una señal preestablecida, empezaron a cantar y alabar al Señor. Luego siguió una escena extraña. Sería un perfecto error de comprensión de lo que la Escritura llama la actuación de Dios, aplicar a combatientes angélicos las palabras: «Jehová puso emboscadas contra los hijos de Amón, Moab y del monte de Seir». Porque Dios mismo hace lo que sucede en su providencia, que todo lo gobierna, aunque se desarrolle en una sucesión natural de acontecimientos. No era necesario llamar a huestes angelicales. No sólo es bastante lógico, sino que también explica mejor los acontecimientos posteriores, el hecho que una tribu de edomitas, emparentada pero hostil contra la que se había aliado con Amón y Moab en su ataque, debió estar preparada en emboscada en uno de los uadis, esperando hasta que pasara el cuerpo principal de los combatientes, para caer sobre la retaguardia, o probablemente sobre los seguidores del campamento, mujeres y niños, y el equipaje. Debieron calcular que mucho antes de que los

17. Dio un consejo. La expresión indica una preponderancia o un mando de parte del rey. Comparar con la misma expresión en 2 Reyes 6:8.

18. Me parece muy probable que se tratase de los cantores y sacerdotes levitas normales, aunque se haya hecho una inferencia diferente por la ausencia del artículo delante de «cantores.»

19. La expresión, 2 Crónicas 20:21, traducida por «belleza de la santidad» en algunas versiones significa «ornamento santo», y probablemente se refiera a toda la vestidura del templo de los sacerdotes y levitas.

20. Para una mayor descripción del paisaje ver Robinson *Researches*, vol. I. pp. 486-488, y 508.

hombres de la vanguardia pudiesen volverse y abalanzarse sobre ellos en aquellos angostos desfiladeros, ellos ya habrían escapado más allá de su alcance. Y también es comprensible que cuando el ataque se realizó el cuerpo principal de los amonitas y moabitas lo podían considerar como una traición concertada entre el clan de los edomitas que estaban con ellos, y el plan emparentado que se hallaba en la emboscada. Todo esto concuerda bien con lo que todavía podría suceder con los beduinos de estas regiones. Pero, en dichas circunstancias, los amonitas y moabitas naturalmente se volverían para atacar a sus aliados traidores, y así se realizaría la primera escena de esta batalla mutuamente destructiva. Habiéndose despertado la desconfianza y animadas las pasiones, podemos entender con facilidad que «cada uno ayudaba a destruir al otro» –acentuándose más el caos posiblemente por el carácter peculiar del terreno, que en esta zona está lleno de pendientes y precipicios y abruptos promontorios rocosos.

La marcha a Tecoa. Destrucción del enemigo

Mientras esta extraña batalla tenía lugar, Judá había ido avanzando al son de himnos y alabanzas, más allá de Tecoa, hasta la última atalaya, donde generalmente se observaba el desierto, para poder dar la noticia de cualquier ataque repentino de las tribus del este. Mientras «miraban hacia la multitud», que habían discernido en la distancia, no hubo «nadie que escapara», ninguna fuga apresurada, como se podía esperar en semejantes circunstancias, y parecía como si hubiesen quedado sólo cadáveres esparcidos por el suelo. Posiblemente los judíos, al llegar al monte de Tecoa, habían visto el ejército, y luego lo perdieron de vista de nuevo al descender al uadi.[21] Al volver a subir y llegar a la torre atalaya, debieron ver lo que había sido «una multitud», ahora solo de cadáveres, y desde donde estaban no podían discernir ningún fugitivo. A Judá no le quedaba más que tomar los despojos[22] de la batalla en la cual Jehová había ganado la victoria. La recolección del botín duró tres días.

El valle de Beraca
Regreso a Jerusalén y al templo

Al cuarto día, el ejército de Judá se reunió en un valle, al noroeste de Tecoa, el cual por la solemne acción de gracias presentada allí recibió el nombre de «*Beraca*», «bendición», en el sentido de alabanza y acciones de gracias. Es muy interesante ver que después del paso de tantos siglos este memorial de la liberación de Jehová y de la solemne acción de gracias de Josafat y Judá sigue todavía vigente. La tierra ha tenido muchos propietarios desde entonces: asirios, romanos, musulmanes, cristianos y turcos; pero el antiguo nombre del valle de la bendición permanece en el nombre moderno de *Bereikût*.[23]

Y del «valle de la bendición» Josafat y su pueblo regresaron, como en procesión, al templo, para alabar de nuevo al Señor allí, quien, como siempre, había sido fiel a su promesa. Y esta gratitud de un pueblo creyente es uno de los resultados más hermosos y verdaderos del avivamiento religioso que experimentó Judá. Cuando leemos que «el terror de Elohim» cayó sobre todos los reinos de las tierras que estaban alrededor de Judá y que «su Dios» dio a Josafat «reposo a su alrededor», casi suena como la antífona celestial a la alabanza de Jerusalén.[24]

Capítulo 7
(1 R. 22:48; 2 R. 2:14; 2 Cr. 20:35-37)

Josafat (4º) rey de Judá

Josafat vio a dos hijos de Acab subir al trono de Israel. De ellos Ocozías fue el primero en suceder a Acab. Se conocen solo dos sucesos de su breve reinado, que duró dos años. El primer suceso probablemente se relacione con el comienzo y el segundo con el final de su reinado.

Ocozías y Joram (9º y 10º) reyes de Israel

Entendemos que el intento de expedición marítima en conjunto con Josafat tuvo lugar al comienzo del reinado de Ocozías –primero, por la organización y la destrucción de la flota, y luego la propuesta de una nueva expedición debió ocupar dos veranos, siendo ésta la única época del año en que se podía emprender semejantes empresas; en segundo lugar, porque parece poco probable que Josafat estableciera una alianza con un Ocozías, excepto durante el principio de su reinado. Había lo relacionado con la muerte de Acab que podía influenciar fácilmente en un carácter débil como el de Josafat a tener alguna esperanza en el hijo de su antiguo aliado, ya que su acceso al trono había sido caracterizado por unos juicios tan sorprendentes. Y el hecho de que Jezabel ya no reinara también debería parecer una promesa para bien. Y, en este sentido, es significativo que, con la muerte de Acab, el ministerio de Elías pasara a una fase más pública, y fuera seguido por la actividad aún más notoria de Eliseo.

Recordamos la nota (1 R. 22:47) indicativa de que «no había entonces rey en Edom». Independientemente del

---

21. El lector que se moleste en examinar la interesante descripción de la zona de Robinson, *Biblical Researches*, vol. I. pp. 486-508 (en varias partes), verá que nuestras propuestas tienen una buena base en la descripción del gran viajero americano.

22. La palabra «cadáveres» se supone que es un error de interpretación o de escritura de la palabra «vestiduras». Pero no veo ninguna necesidad para esta hipótesis, y propongo la siguiente traducción: «equipo militar [substancia, toda perteneciente a un ejército –la palabra hebrea es utilizada en Dn. 11:13], cadáveres [probablemente de animales], y vasos preciosos.»

23. Ver Robinson, *u.s.*, pp. 490, 491; Vol. III., p. 275. Algunos (Thenius, Hitzig) han supuesto que el valle de *Beraca* estaba justo al salir de las murallas de Jerusalén, siendo, ciertamente, la parte del valle de Cedrón conocida como el Valle de Josafat (Joel 3:2, 12), donde en el futuro tendría lugar el juicio contra los enemigos paganos de Dios y de Su Israel. Pero el texto no admite esta identificación (ver vv. 27, 28). En consecuencia, la mayoría de los críticos han sugerido que «el valle de Josafat» recibió su nombre por la esperanza que el juicio futuro se pareciera en su carácter a la victoria que Dios había dado a Josafat. ¿Pero no podría ser que Josafat se hubiese dirigido allí al pueblo, cuando iba a la batalla, y hubiese pronunciado las palabras registradas en los versículos 20 y 21, y que este hecho dio el nombre a ese valle?

24. Zöekler ha observado adecuadamente una serie de circunstancias que pueden confirmar la exactitud histórica de este relato. Entre éstas incluye: 1) que no se esconden los aspectos oscuros del carácter de Josafat y de su reinado. 2) La mención de nombres definitivos, tales como el del sumo sacerdote Amarías, y Zebadías, el capitán de la tribu de Judá (2 Cr. 19:11). 3) La referencia detallada a lugares como «el nuevo patio» del templo (20:5), o a circunstancias como la inspiración del levita Jahaziel (v. 14). 4) Que el profeta Joel debió conocer este relato y lo toma como histórico cuando habla del «valle de Josafat». 5) La referencia a sus documentos históricos (v. 34). 6) Finalmente, debemos incluir aquí la evidencia aportada por la así llamada «Piedra Moabita», a la que nos referiremos más adelante.

modo en que expliquemos esta situación, era el momento favorable para retomar el comercio marítimo que había proporcionado tanta riqueza a Israel durante el reinado del rey Salomón (1 R. 9:26-28). Y no había pocas cosas en la época de Josafat que podían recordar a un judío la primera parte del reinado de Salomón. Tal vez semejantes pensamientos contribuyeron a la idea de una expedición conjunta de parte de Judá e Israel. Pero la visita oficial de Josafat a Acab, y su resultado político en la expedición contra Ramot de Galaad, fue una forma de reunión tan burda y mal planeada como la que había llevado a la alianza por medio del casamiento entre las dos dinastías. La historia se relata brevemente en el libro de *Reyes* (1 R. 22:48, 49), y una parte de la misma de un modo más circunstancial en el segundo libro de *Crónicas* (20:35-37).

La expedición marítima conjunta a Ofir

En el libro de *Reyes* se habla de dos expediciones –una que se emprendió y otra sólo propuesta. En consecuencia, solamente la primera de estas dos se registra en *Crónicas*. Constaba de las así llamadas naves de Tarsis,[1] que iban a buscar oro de Ofir, zarpando de Ezión-geber, en el Mar Rojo, un puerto probablemente localizado en la costa de Arabia del sudeste, aunque su situación exacta es disputada.[2] El fracaso de una alianza tal con el malvado hijo de Acab fue anunciado (2 Cr. 20:37) por Eliezer, el hijo de Dodava –un profeta que no se cita en otro lugar. Su predicción se verificó cuando la flota aliada naufragó o fue destrozada en una tormenta. Josafat entendió la advertencia. Cuando Ocozías le invitó a emprender una segunda expedición, en la que (como parece implicar el texto de 1 R. 22:49) los marineros israelitas debían desempeñar un papel de liderazgo –tal vez porque el primer fracaso se achacaba en el norte a la inexperiencia de los judíos– la propuesta fue rechazada.[3]

Reinado y enfermedad de Ocozías

El reino breve y poco glorioso de Ocozías, el hijo y sucesor de Acab, se dice que empezó el decimoséptimo año de Josafat, rey de Judá, y que duró dos años (1 R. 22:51). Aparentemente aquí nos encontramos con una dificultad cronológica (comp. 2 R. 3:1), que, no obstante, se explica por el hecho que, de acuerdo con un conocido principio judío, los años de reinado se contaban a partir del mes de *Nisan* –el mes de la pascua, cuando empezaba el año eclesiástico– de modo que un reinado que se prolongaba más allá de este mes, durante cualquier período, por breve que fuera, sería contado como un año de dos. Así, concluimos que el reinado de Ocozías en realidad duró poco más que un año. El único gran suceso político de ese período se indica brevemente, aunque está lleno de graves consecuencias. Por las palabras iniciales del segundo libro de *Reyes* –que no debía haber sido separado de *1 Reyes*–[4] conocemos que los moabitas, que, desde el tiempo de David, habían sido tributarios a Israel (2 S. 8:2), se rebelaron después de la muerte de Acab. Probablemente se debiera a la mala salud de Ocozías que no se tratara de reducirlos a la obediencia. Porque el rey de Israel había caído por «la celosía», o entre la reja, tal vez la que protegía la apertura de la ventana, en la cámara superior.[5] De todos modos parece poco probable que cayera en el patio inferior, sino posiblemente sobre la galería cubierta que daba la vuelta al patio, como nuestras galerías actuales. Las consecuencias de la caída fueron muy serias, aunque no mortales de inmediato.

La propuesta de consulta a Baal-zebub

No se nos puede pasar por alto la enorme influencia de la reina madre, Jezabel, cuando nos encontramos a Ocozías consultando el oráculo de Baal-zebub en Ecrón para saber si se recuperaría de su enfermedad. Baal, «señor», era el nombre común dado por los cananeos, los fenicios, los sirios (arameos), y los asirios a su divinidad suprema. Es notable observar que nunca se aplica a Dios en el *Antiguo Testamento*, o por los israelitas creyentes. Entre los cananeos (en Palestina) y los fenicios el nombre se pronunciaba *Ba'al* (originalmente Ba'l);[6] en arameo *Be'él*; en babilonio-asirio *Bél* (comp. Is. 46:1; Jer. L. 2). El Baal-zebub que recibía culto en Ecrón[7] –la moderna Akir–[8] y la ciudad más al noreste de las cinco ciudades de los filisteos, E.N.E. de Jerusalén, era el Dios Mosca,[9] quien se suponía que enviaba o evitaba la plaga de las moscas.[10] Como el gran Apolo, que de manera similar enviaba y eliminaba enfermedades, también era consultado como oráculo.

Cometeríamos un grave error si considerásemos la propuesta de consulta de parte de Ocozías sólo como un pecado personal o incluso como un pecado nacional común.

1. *Tarsis* sin duda es la antigua Tartessus en la costa oeste de España, entre las dos desembocaduras del río Guadalquivir. Su situación se indica en Génesis 10:4, comp. Salmos 72:10; su comercio en Ezequiel 38:13; su exportación de plata, hierro, estaño y plomo en Jeremías 10:9; Ezequiel 27:12, 25. El puerto palestino de Tarsis era Jope (Jn. 1:3; 4:2). Todo esto indica que la expedición desde Ezión-geber no podía ser a Tarsis. Sino que era en «naves de Tarsis», –nombre que también aparece con referencia a una clase de grandes mercantes (ver Is. 2:16; 23:1, 14; 60:9). Simplemente podemos sugerir que el origen del nombre «naves de Tarsis» para denominar estos grandes navíos puede haber sido que la primera expedición a Ofir –de hecho, la primera expedición marítima de los judíos– se emprendió bajo la dirección de Hiram, rey de Tiro. Pero sabemos tanto por la Escritura (comp. también Is. 23:1, 6, 10) como por los autores clásicos que el comercio a Tarsis estaba íntegramente en manos de Tiro. Seguramente, Hiram construyera para la expedición a Ofir el mismo tipo de barcos que los usados para comerciar con Tarsis –«barcos de Tarsis»–; y a partir de aquella expedición solitaria de Salomón, todos los grandes mercantes debieron tener ese nombre en Judea. El escritor del libro de *Crónicas* –o algún copista– evidentemente no sabía nada del comercio judío o fenicio a Ofir, pero sí del de Tarsis, y así al encontrar en la fuente de donde obtuvo la información una referencia a los barcos de Tarsis y a Ofir, omitió este último y hablaba de barcos a Tarsis.

2. Los otros lugares sugeridos son un puerto de India o uno de la costa oriental de África.

3. Un examen sincero de 2 Crónicas 20:35-37 y 1 Reyes 22:49 me lleva a esta conclusión. Los dos textos son suplementarios, y no contradictorios.

4. Esto se realizó por primera vez en la traducción griega de los LXX (3 y 4 Reyes).

5. Los intérpretes judíos creen que se trataba de una reja en el suelo por la que entraba la luz a los departamentos inferiores, o a una escalera de caracol por la que había caído (ver *Mikraoth gedol.* sobre este pasaje).

6. De ahí vienen los nombres Aníbal, «el favor de Baal», Esdrúbal, «la ayuda de Baal», y otros.

7. El lector que desee estudiar la historia de Ecrón debe considerar los siguientes pasajes, que se refieren a su situación geográfica, su historia, o su futuro: Josué 13:3; 15:2, 45, 46; 19:43; Jueces. 1:18; 1 Samuel 5:10; 6:1-18; 7:14; 17:52; Jeremías 25:20; Amós 1:8; Sofonías 2:4; pero especialmente Zacarías 9:5, 7. Para su historia posterior ver 1 Mac. 10:89.

8. Ver la descripción en Robinson *Palestine*, I, pp. 227, 228.

9. Es un error identificar a Baal-zebub con Baal-zebul (porque ésta es la versión correcta) de Mateo 10:25. Para la explicación de este término ver *Life and Times of Jesus the Messiah*, vol. I., p. 648.

10. La misma divinidad era adorada por los griegos como Zeus Apomios, y en Roma como Miagros.

Todo el curso de este relato nos ha enseñado que el reinado de Acab constituyó una época decisiva en el desarrollo de Israel. El período entre el asesinato de Nadab, el hijo de Jeroboam, y el acceso al trono por Omri, el padre de Acab fue simplemente intermedio y preparatorio, siendo el trono ocupado por una serie de aventureros con un papel puramente transitorio. Con Omri, o mejor con su hijo Acab, empezó un nuevo período de gobierno firme y estable, y se caracterizó políticamente por la reconciliación y alianza con el país vecino de Judá, y con las empresas extranjeras citadas. Pero fue incluso más importante la crisis religiosa que marcó el reinado de Acab. A pesar de que Jeroboam se había apartado personalmente y había alejado a su pueblo del culto a Jehová ordenado divinamente, tal como se practicaba en Jerusalén, por lo menos en la profesión, no renunció a la religión nacional, sino que simplemente rendía culto al Dios de Israel bajo el símbolo del becerro de oro, y en lugares donde no era lícito rendirle culto. Pero Acab había introducido el culto de Baal y de Astarte como la religión del estado. Es cierto que su avance en la apostasía era simplemente la consecuencia lógica del pecado de Jeroboam, y por ello con frecuencia se menciona en el relato sagrado en relación con el mismo. No obstante, se indica la diferencia entre ambos, y con Acab empezó esa apostasía que condujo a la destrucción final del reino del norte, y a la dispersión sin huellas de las diez tribus. En este sentido podemos entender la misión y el ministerio tan especiales de Elías y Eliseo, y una escena como la del llamamiento a la decisión en el Monte Carmelo, y un acontecimiento como el que vamos a relatar.

El mensaje divino a través de Elías

Bajo este punto de vista, la embajada real enviada a Ecrón para consultar al «dios mosca», era en realidad un desafío a Jehová, cuyo profeta Elías se encontraba en la tierra, y como tal debía traer el castigo más duro sobre todas las personas implicadas en él. Era adecuado, por así decirlo, que, en contraste con los mensajeros del rey terrenal, Jehová encargara a Su ángel,[11] y a través de él ordenara a su profeta que desbaratara el objetivo de la misión de Ocozías. Tal como se le indicara, Elías fue al encuentro de los mensajeros del rey. Sus primeras palabras expusieron –no por causa de Ocozías, sino por Israel– el carácter del acto. ¿Acaso no había Dios en Israel para ir a inquirir al «dios mosca» de Ecrón? Pero la autoridad de Jehová iba a ser vindicada. Como mensajeros culpables de un rey apóstata, debían volver al rey con la sentencia de muerte de Jehová. Tanto si reconocieron al severo profeta de Jehová como si no, la impresión causada por su repentina y sorprendente aparición y sus palabras era tal que volvieron a Samaria inmediatamente, y llevaron al perplejo rey el mensaje recibido.

Intentos de capturar al profeta, y sus resultados

Resulta tan difícil creer que el rey no adivinara la identidad de quien había pronunciado semejantes palabras como que no lo reconocieran sus mensajeros. El hombre que llevaba la ropa (negra) de pelo, ceñido con un cinturón de piel, debía ser una figura familiar en la memoria, o por lo menos en la imaginación, de todos en Israel, aunque no agradara a estos mensajeros –perfectamente orientales también en esto– pronunciar su nombre ante el rey, tal como con la leve alteración de las palabras del profeta[12] ahora intentaban echar toda la responsabilidad de la misión sobre Ocozías. Pero cuando en respuesta a las preguntas del rey,[13] le relataron la bien conocida descripción del tisbita, Ocozías reconoció al profeta inmediatamente, y dispuso las medidas que en su miopía consideraba suficientes para enfrentarse al desafío de Elías, o que por lo menos le permitiría castigar al osado profeta. Repetimos, tenía que ser un enfrentamiento, y un enfrentamiento público, entre el poder del rey de Israel y el poder de Jehová.

La primera medida del rey fue enviar a Elías «un capitán de cincuenta con sus cincuenta». Sin duda alguna con intenciones hostiles. Esto no sólo se ve en las palabras del ángel en el versículo 15, sino en los hechos mismos de la situación. ¿Por qué otra razón podía Ocozías enviar un grupo militar de cincuenta hombres con su capitán, si no era para derrotar a alguna fuerza hostil y obligarla a la obediencia, o para ejecutar algún acto hostil? Lo último es la opinión más probable, y parece implícito en las palabras confortantes que luego usara el ángel con Elías (v. 15).

A la expedición militar no le costó dar con el profeta. Éste no desafió orgullosamente a los hombres armados ni se retiró atemorizado, sino que los esperó en el lugar bien conocido de su morada en el Monte Carmelo. Existe en cierto sentido un contraste lúdicro y también majestuoso entre los cincuenta soldados y su capitán, y el hombre solo desarmado a quien habían ido a capturar.

11. La palabra hebrea para «mensajero» es la misma que la de «ángel».

12. «Tú envías para inquirir» (v. 6), en vez de las palabras de Elías «vosotros vais a inquirir» (v. 3).

13. Literalmente «el juicio».

Elías se presenta ante el rey

Posteriormente este contraste, por así decirlo, fue invertido cuando, en respuesta a la orden real a Elías, entregada por el capitán, el profeta apeló a su rey, y así declaró claramente los términos del desafío entre los dos, a quienes representaban respectivamente el capitán y él mismo. «Y si soy un hombre de Dios,[14] descienda fuego del cielo.» Por terrible que fuese esta respuesta, podemos percibir su propiedad, su necesidad, puesto que debía decidir, y de manera pública y a modo de juicio (y ninguna otra decisión podía ser adecuada en un encuentro entre el hombre y Dios), a quien pertenecía el poder y el reino - y esto en el gran punto crítico de la historia de Israel. No es necesario aquí enfatizar la diferencia entre el *Antiguo Testamento* y el *Nuevo* –aunque más bien en su manifestación que en su substancia– al recordar las palabras de advertencia de nuestro Señor, cuando dos de sus discípulos querían ordenar que descendiera fuego del cielo para consumir a los samaritanos que no querían recibirles (Lc. 9:54). Los dos casos no son paralelos en modo alguno, como deben haber indicado nuestros apuntes anteriores; y tampoco podemos suponer la posibilidad de la existencia de ningún caso paralelo en una dispensación donde «el reino de Dios no viene con observación» (Lc. 17:20), «sino con demostración del Espíritu y de poder» (1 Co. 2:4).

14. El texto original presenta aquí algunas particularidades notables. 1) El capitán se dirige a Elías como «hombre del Elohim» (con el artículo determinado) –es decir, de la divinidad nacional de Israel– no Jehová. 2) Elías al aceptar el desafío no usa la palabra Jehová –que no hubiese sido lo adecuado, sino que al repetir las palabras del capitán omite el artículo determinado delante de Elohim: «Y si soy hombre de Elohim».

«Tal como hicieran las hordas asirias en tiempos de Abraham (Gn. 14), así irrumpieron en esta ocasión estos invasores dedicados al saqueo. Pasaron por la llanura y subieron por la ladera hasta la cumbre de la montaña o a través de los uadis. Parecían una fuerza innumerable, al resonar sus salvajes gritos de guerra desde la cumbre y el valle, o al poblar con sus negras figuras los montes, desde donde observaban a través del desierto las ricas y deseadas ciudades de Judá. Esta es la impresión que tuvieron los fugitivos aterrorizados, que llevaron a Josafat unas noticias exageradas sobre el número de enemigos. Había sólo una distancia de quince horas entre Jerusalén y estas tribus saqueadoras».

El botín de guerra se contabilizaba en razón de lo que el propio ejército era capaz de trasportar, tal como vemos en este bajorrelieve asirio que proviene del palacio de Salmansar III, en Tell Balawat. (Irak)

Al mismo tiempo no podemos pasar por alto que el «capitán y sus cincuenta»[15] no sólo eran instrumentos antipáticos que cumplían las órdenes de su señor, sino, según parecen indicar las palabras usadas, tenían el mismo sentimiento. Tal vez podemos conjeturar que si Elías hubiese ido con ellos, él, si no cedía, nunca hubiera llegado a Samaria vivo (comp. v. 15). Este espíritu hostil y al mismo tiempo despectivo aparece todavía más claramente cuando, después de la destrucción del primer capitán y sus cincuenta por el fuego del cielo, no sólo se envió una segunda expedición similar, sino con palabras todavía más imperantes: «¡Rápido, desciende!». No podía acabar de otro modo diferente del de la primera expedición. La relevancia, casi quería decir la necesidad interna, del juicio consistía en esto, que se trataba de una manifestación pública de Jehová como el Dios vivo y verdadero, tal como la del rey había sido una negación pública de la misma.

No parece fácil entender por qué Ocozías había enviado una tercera compañía –ni siquiera la segunda.[16] Algunos han visto en ello la petulancia de un hombre enfermo, o la de un déspota oriental, que no iba a tolerar que se frustraran sus planes. Probablemente de algún modo imputaba el fracaso a alguna actitud de los capitanes. Y en la tercera ocasión, el tono del comandante de la expedición era sin duda diferente del de sus predecesores, aunque no en la dirección que el rey hubiese deseado. Casi parecería como si el tercer capitán hubiese subido solo –sin sus cincuenta (v. 13). En contraste con las palabras imperantes de los otros dos, se acercó al representante de Dios con el gesto más humilde de un suplicante,[17] mientras que sus palabras de ruego para que se respetara su vida y la de sus hombres[18] indicaban que, lejos de intentar entrar en un conflicto, reconocía plenamente el poder de Jehová.

Muerte de Ocozías. Acceso al trono de Joram

En consecuencia, el profeta recibió indicaciones de ir con él, pues no tenía que temer nada de él.[19] Una vez en presencia del rey, Elías ni retiró nada ni suavizó su mensaje anterior. Ocozías había apelado al «dios-mosca» de Ecrón, e iba a experimentar, y todo Israel aprendería, la vanidad y estupidez de dicha confianza. «Así murió de acuerdo con la palabra de Jehová que Elías había pronunciado.»

Ocozías no tenía hijos. Fue sucedido por su hermano Jehoram,[20] o Joram, como preferimos llamarlo para distinguirlo del rey de Judá del mismo nombre. Antes de introducirnos en la historia de su reino debemos considerar, aunque con brevedad, la historia de Elías y Eliseo, que tanto se entrelaza con la de Israel.[21]

Ascensión de Elías

El relato empieza con la traslación de Elías –y ello no sólo como una introducción del ministerio de Eliseo, sino, especialmente en aquella crisis, como parte integral de una historia profética de Israel como la que tenemos delante de nosotros. Las circunstancias del arrebatamiento de Elías son tan excepcionales como las de la primera aparición y misión inicial del profeta. En ambos casos observamos el mismo carácter repentino, el mismo aspecto milagroso, y el mismo significado simbólico. Evidentemente el acontecimiento debía destacar en el cielo de Israel como una señal de fuego no sólo para aquel período, sino para todos los que vendrían posteriormente. Y que esta historia se entendió así ya en la antigüedad, se ve incluso en la frase inicial en la que sin duda notamos un resumen no espiritual, o por lo menos poco adecuado, del ministerio de Elías en el libro apócrifo de *Jesús el Hijo de Sirac* (Ecclus. 48:1): «Entonces se levantó Elías el profeta como el fuego, y su palabra se quemaba como una lámpara». Pero mientras pensamos que las circunstancias de su traslación concuerdan estrictamente con el aspecto simbólico de todo lo que se recoge en la Escritura sobre su vida y misión, debemos prestar atención a no considerar estas circunstancias como representando sólo símbolos sin una realidad exterior en hechos históricos. Aquí el relato hablará por sí mismo.

El gobierno de Ocozías había acabado con el juicio del Señor pronunciado a través de Elías, y otro reinado no menos malvado –el de Joram[22] había empezado cuando el profeta de fuego fue llamado a la gloria. Este último no era conocido sólo por Elías y Eliseo, sino incluso por «los hijos de los profetas». Suponemos que Eliseo, y todavía menos «los hijos de los profetas», no sabían que «Jehová haría ascender al cielo a Elías en un viento tormentoso» –tal vez el propio Elías no era consciente de las circunstancias especiales que presenciarían su partida. Pero el texto (vv. 3, 5, 9) muestra claramente que se esperaba la partida inmediata de Elías, mientras que el texto también implica que habría algún fenómeno extraordinario relacionado con ella. Tampoco estamos autorizados para inferir, ni que hubiese habido una revelación divina especial para informar a todos sobre el próximo arrebatamiento de Elías, ni, por otro lado, que Eliseo hubiese ido aquel día a cada uno de los lugares donde «los hijos de los profetas» habitaban en comunidad,

---

15. De acuerdo con la estrategia antigua el ejército se dividía en compañías de 1.000, de 100 y de 50, cada una con su líder (comp. Nm. 31:14, 48; 1 S. 8:12).

16. Seguro que es una pregunta estúpida e inútil preguntarse cómo se enteró el rey de la destrucción de estas compañías. ¿Se supone que Elías estaba prácticamente solo en el Monte Carmelo, sin discípulos o seguidores –o que dichas expediciones no atraían suficientemente la atención como para llevar a alguien a inquirir sobre el destino de los que fueron al Carmelo y nunca volvieron?

17. Canon Rawlinson enfatiza las palabras » cayó de rodillas»: «No como adorador, sino como suplicante» (*Speaker's Commentary*, ad loc.).

18. Canon Rawlinson (*u.s.*) anota acertadamente que la frase: «Sea mi vida... preciosa», «es exactamente lo contrario de la expresión común en inglés: *to hold life cheap* (no tener en cuenta para nada su vida)».

19. Aquí la referencia parece referirse al capitán, no al rey Ocozías.

20. La expresión (1:17): «en el segundo año de Joram» denota cierta corrupción en el texto, para cuya resolución ahora carecemos de medios. La misma corrupción –o más bien el intento del copista de eliminarla– aparece en la nota cronológica de 1 Reyes 22:51, al compararse con 2 Reyes 8:16. Se ha intentado eliminar la dificultad asumiendo una regencia conjunta de cinco o de dos años de Joram, rey de Judá, con su padre Josafat, y esta sugerencia ha sido incluida en la tabla cronológica del apéndice del volumen V de esta obra. Pero en realidad no hay ninguna prueba de esta regencia conjunta, y mucho contra su asunción –mientras que si no se resuelve sigue presentando alguna dificultad. Bajo estas circunstancias es mucho más honrado y mucho mejor considerar estas notas como el resultado y la secuela de alguna corrupción del texto.

21. Su historia se puede tratar con mayor brevedad en este volumen, puesto que un libro sobre «El profeta Elías», escrito por este autor, ha sido publicado por la Religious Tract Society.

22. Probablemente en el comienzo del reinado de Joram. Repetimos que preferimos llamarlo así para distinguirlo del rey de Judá contemporáneo con el mismo nombre. Los dos nombres, Joram y Jehoram se usan de modo indistinto. En 2 Reyes 1:17, y 2 Crónicas 22:6, ambos reyes, de Israel y de Judá, son llamados *Jehoram*; en 2 R. 9:15, 17, 21-24 (en el texto hebreo), el rey de Israel es llamado *Jehoram*; en 2 Reyes 8:21, 23, 24 el rey de Judá es llamado *Joram*; mientras que si comparamos 2 Reyes 8:16 con 29 encontramos que los dos nombres se invierten.

con la finalidad de informarlos y prepararlos para lo que iba a suceder.[23]

Tal como lo explica la Sagrada Escritura, el día empezó mientras Elías y Eliseo se iban de Gilgal –no el lugar del mismo nombre que se halla entre el Jordán y Jericó, tan sagrado en la historia judía (Jos. 4:19; 5:10), sino otro mencionado con anterioridad (Dt. 11:30) como el gran lugar de encuentro para la consagración final de las tribus después de su entrada en la tierra prometida. Recordamos que Saúl había reunido a Israel allí antes de la derrota de los filisteos, cuando por su presunción el rey de Israel había demostrado su ineptitud para el trono (1 S. 13:12-15).[24] Este pueblo se hallaba en las montañas al sudoeste de Silo, en el territorio de Efraín. Ahora el emplazamiento lo ocupa el pueblo moderno de *Tiljilirh.* Un paseo de 13 o 14 km hacia el sur los haría «descender» a Bet-el, adónde, como dijera Elías, le había enviado Dios. Tanto Gilgal como Bet-el eran sedes de los hijos de los profetas, y ambas también son consideradas conjuntamente como centros de idolatría en las denuncias proféticas (Os. 4:15; Am. 4:4; 5:5). Tal vez por esto mismo ambos lugares fueron escogidos como residencia de los profetas. El motivo que indujo a Elías a pedir a Eliseo que le dejara se ha explicado de diversos modos. No podemos convencernos de que se tratase de humildad, o porque dudara sobre si la compañía de Eliseo estaba de acuerdo con la voluntad de Dios –porque en ambos casos no hubiese cedido ante la mera importunidad de su discípulo. Como en casos análogos, lo consideramos más bien (Rut 1:8, 11, 12; Lc. 9:57-62; Jn. 21:15-17), como un modo de comprobar su fidelidad. Hay ocasiones en que todo parece indicar que el retiro modesto y obediente de la escena de la acción y el testimonio prominente, tal vez incluso de los peligros que se relacionen con ella, es nuestro deber. Pero quien quiera trabajar para el Señor no debe quedarse lejos, sino estar determinado y ser atrevido para tomar su lugar, y tampoco puede verse desanimado de mantenerse en su lugar por lo que puedan parecer providencias cruzadas.

De nuevo, no podemos evitar pensar que la visita de Elías a las escuelas de los profetas de Gilgal, Bet-el y Jericó, debió ser para ponerlos a prueba; mientras que al mismo tiempo estaba relacionada de algún modo con su inminente partida. Los hijos de los profetas, evidentemente, percibieron este hecho, aunque no sabemos cómo. Pero cualquier otro modo formal de tomar el relevo hubiese parecido totalmente incoherente con toda la conducta de Elías –en especial aquel día; y es incoherente con la pregunta hecha a Eliseo: «¿Sabes que Jehová se llevará a tu maestro de tu cabeza hoy?» La palabra «hoy» puede, ciertamente, interpretarse en un sentido más general, con un sentido equivalente a «en este tiempo»,[25] pero incluso así la pregunta no hubiese tenido ningún significado si Elías hubiese llegado para despedirse. En cada uno de estos lugares, cuando Elías y Eliseo salieron del lugar juntos –en Gilgal, Bet-el y Jericó– se repetía la sugerencia de que Eliseo se quedase; en cada caso se respondió con la afirmación determinada de que no dejaría a su maestro. También en cada caso Elías se encontró con la misma pregunta de los que por su curiosidad morbosa, más bien que por su interés inteligente, habían sido agitados, y cada vez respondió[26] en un modo que mostraba la poca simpatía interior existente entre él y los que querían introducirse en el santuario de su alma. Al menos cincuenta les siguieron para observar desde lejos –no para ver cómo pasarían el Jordán los dos profetas, sino para observar lo que iba a suceder. Casi no es necesario añadir que, como en todo intento similar de *ver* lo divino, no tuvieron éxito.

Y entonces los dos habían descendido por la ribera del Jordán, y se hallaban al borde de las aguas. Elías se sacó su ropa superior, el símbolo de su oficio profético, y envolviéndolo como si quisiera hacer un bastón (comp. Éx. 14:16), golpeó las aguas con el mismo. Y he aquí, que como cuando el arca de Dios había precedido a Israel (Jos. 4:23), las aguas se separaron, y ellos atravesaron por la tierra seca. Seguramente no podía haber una lección más adecuada para Eliseo y para toda época futura, de que el poder de hacer maravillas no estaba en el profeta de manera individualmente, sino que pertenecía a su oficio, cuya muestra era aquella ruda prenda. La misma verdad se vio en lo que sucedió en el otro lado. Allí la recompensa –tal vez deberíamos decir, el resultado de su perseverancia espiritual– estaba esperando a Eliseo. Pero aunque Elías le pidió que dijera qué debía hacer por él antes de irse, no era su competencia concederle su petición. Nadie puede imaginar que la súplica de Eliseo de recibir una doble porción del espíritu de su maestro era debida a un deseo de que su ministerio sobrepasara en gran manera el de Elías, aunque incluso en dicho caso no sería permitido atribuir un deseo así a nada parecido con la ambición. «Desead los mejores dones», es un sano principio espiritual; y Eliseo podía, sin pensar en sí mismo en absoluto, buscar una doble porción del espíritu de su maestro, al considerar la gran obra que tenía por delante. Pero tal vez sea más seguro, aunque no nos pronunciamos en este punto, pensar aquí en el derecho primogénito, a quien la ley concedía una doble porción (Dt. 21:17). En cuyo caso, Eliseo, al pedir una doble porción de su espíritu, podía haber solicitado el derecho de sucesión. Y la respuesta de Elías concuerda con esto. Eliseo había pedido algo difícil, que ningún hombre podía conceder. Pero Elías le podía dar una señal con la que podría saber si Dios le designaba como sucesor y lo cualificaba para ello. Si lo veía todo, cuando Elías le fuese tomado, entonces –y sólo entonces– sucedería lo que él había pedido. Considerando la solicitud de Eliseo bajo esta perspectiva, no podemos tener ninguna dificultad en entender esta respuesta. Y en general, la recepción espiritual siempre es el resultado de la obra espiritual. Suponemos que si todos los cincuenta hijos de los profetas, que les habían seguido de lejos, se hubiesen reunido allí alrededor, no habrían percibido ninguna de las circunstancias del «arrebatamiento» de Elías, ni que el siervo del profeta en Dotán viera las huestes celestiales que rodeaban y defendían a Eliseo (2 R. 6:14-17), hasta que sus ojos fueron abiertos milagrosamente; o como los acompañantes de San Pablo no vieron a la persona ni oyeron las palabras de quien detuvo al apóstol en su camino hacia Damasco.

Y si pensamos en ello, la señal dada a Eliseo era especialmente adecuada. No se afirma en ningún lugar de la Santa Escritura que Elías ascendiera en un carro de fuego

23. Cualquier lector reflexivo puede encontrar razones obvias contra cualquiera de las dos posibilidades.

24. Algunos, no obstante, han situado esta escena en el Gilgal cercano a Jericó.

25. Como en 1 Samuel 12:17; 2 Reyes 4:8; Job. Y. 6 –en los dos últimos casos, traducido en la versión Reina Valera, 1960, como «un día».

26. Bähr piensa que la pregunta significaba: «¿Qué será de nosotros, pero sobre todo de ti cuando te quiten a tu señor?», y la respuesta de Eliseo: «Lo sé y lo considero tan bien como vosotros –solo que, me sujeto a la voluntad de Dios, y no me entristezco el corazón». No puedo aceptar esta opinión sobre ello, como tampoco que Eliseo desease guardar silencio porque Elías en su humildad no quería que se hablase de su traslación (Keil).

con caballos de fuego –sino que esta manifestación milagrosa se interpuso entre ellos dos, como si envolviera a Elías; y que el profeta ascendió en un viento tormentoso (2 R. 2:11). El carro de fuego y los caballos eran el emblema de Jehová de los ejércitos.[27] Ver este emblema era una muestra de percibir la manifestación de Dios, no vista por el mundo, y de ser su heraldo y mensajero como lo fuera Elías. La Escritura no dice nada más del hecho que Elías fue llevado al cielo así,[28] y que la manifestación simbólica de Jehová de los ejércitos era visible para Eliseo. Y parece más sabio y más reverente no especular más sobre cuestiones relacionadas con la toma de Elías, el lugar hacia donde fue llevado y en qué estado fue «trasladado». Si dejamos de lado estas inquisiciones, puesto que no disponemos de los medios para llevarlas hasta su conclusión –no hay nada en el simple relato de la Escritura, por milagroso que sea, que trascienda la esfera general de lo milagroso, o que haga de éste un ejemplo tan excepcional que los principios comunes para considerar los milagros de la Escritura no sean aplicables.

Y Elías lo vio. Y como para asegurarse de que no había duda de su significado simbólico, el manto, que era la insignia del profeta, había caído y se quedó como reliquia para su sucesor. Su primer impulso fue dar rienda suelta a sus sentimientos naturales, provocados tanto por su duelo como por su veneración por el maestro desaparecido: «¡Mi padre, mi padre!» Luego, aprender la gran lección de fe, que, a pesar de que el profeta había partido, el Dios del profeta permanecía para siempre: «¡Carro de Israel, y su gente de a caballo!». Podríamos sugerir que las palabras «y nunca más le vio» (v. 12) implican que miró una vez hacia arriba donde Elías se había separado de él, y donde el resplandor de fuego ahora se había apagado. Entonces, como muestra de su duelo, rasgó sus vestiduras en dos, es decir, totalmente, de arriba a bajo. Pero mientras se lamentaba así por la pérdida de su amado maestro, inmediatamente siguió con la misión que había recibido en sucesión, y lo hizo con una energía de fe, junto con un reconocimiento reverente de la obra de su predecesor, que debería servir de lección para la iglesia en todo tiempo. El duelo y el dolor no deberían hacernos olvidar, más bien deben recordarnos, que Jehová nuestro Dios vive; el pesar y el sentido de pérdida no deben apagar nuestro espíritu, antes lo deben animar para hacernos trabajar en el nombre de Dios. Pero el sentimiento de que tenemos una llamada para la obra tampoco debe oscurecer nuestro recuerdo de los que se han ido antes que nosotros. Todos nosotros somos sólo siervos que tomamos de manera ininterrumpida la obra de los que han ido a la gloria; pero Él es nuestro maestro, suya es la obra, y Él vive y reina para siempre.

27. La misma presentación simbólica del Señor en su manifestación aparece en Salmos 104:3, 4; Isaías 66:15; Habacuc 3:8.

28. La traducción griega de los LXX es ὡς εἰς τον οὐρανόν «como al cielo». Ya sea que esta traducción sea una interpretación honrada del texto o que se deba a intentos racionalistas, no lo sabemos. De todos modos, debemos admitir que el hebreo permite la traducción: «hacia el cielo», igual que la de «al cielo» (comp. Jue. 20:40; Sal. 107:26; Jer. 51:53). El *Libro de Sirac*, aunque no dice nada de la ascensión al cielo, parece que implique esta opinión (Ecclus. 48:9). Por otro lado, Josefo explica que desapareció como Enoc, y que nadie sabía que había muerto (*Antig.* IX. 2, 2). Los antiguos rabís sostienen en su mayoría que Elías no probó la muerte, sino que fue vivo al cielo (Moed K 26*a*; Ber. R. 21; Bemid R. 12), mientras que según otros (tal vez con el ánimo de contradecir la doctrina cristiana de la ascensión), Elías no ascendió inmediatamente al cielo (Sukk. 5*a*, inicio –explícitamente, y Ber. R. 25– según me parece, por implicación). Nuestras observaciones sin duda no pretenden echar dudas sobre el relato de la Escritura, sino reforzar la precaución de no especular más allá de las afirmaciones explícitas.

Eliseo toma su manto

Y así Eliseo tomó el manto que le había caído a Elías. No era una insignia de distinción, sino de obra y oficio. Con este manto volvió a la orilla del Jordán. Una mirada hacia el cielo: «¿Dónde está Jehová, el Dios de Elías –y Él?»[29] dicho no con duda o reticencia, sino, por lo contrario, en afirmación de su propia comisión del cielo, con todo lo que implicaba –y al golpear las aguas con el manto de Elías, se separaron una vez más, y Elías cruzó el río.

Así se separarán las aguas de la dificultad, incluso las frías aguas de la muerte, si golpeamos con fe con la prenda dada por el cielo; así la promesa de Dios siempre será segura, y Dios será veraz en su palabra; y así podremos seguir adelante sin titubear, aunque en humildad y oración, para cumplir cualquier obra que nos encomiende.

Capítulo 8
(2 Reyes 2:15-25)

La historia que sigue constituye casi una crónica de Eliseo. Más correctamente, se puede describir como la historia profética de aquel período. Con el arrebatamiento de Elías, Eliseo había empezado su ministerio, siendo la prueba de su realidad la separación de las aguas del Jordán.

El profeta Eliseo

Los tres incidentes siguientes deben considerarse preparatorios para su actividad profética; el primero, por lo que a su reconocimiento público de parte de los hijos de los profetas se refería (2 R. 2:15-18); el segundo y el tercero para el reconocimiento del pueblo, cuando Eliseo apareció públicamente como instrumento de Dios –en un caso, para misericordia (v. 19-22), en el otro, para juicio (v. 23, 24). Habiendo establecido así su autoridad, Eliseo de inmediato asume el lugar de representante de Dios en los asuntos de Israel.

1. Al considerarlos más detenidamente, observamos un significado especial en cada uno de los sucesos preliminares mencionados. En el primero se vio que Eliseo ocupaba precisamente la misma posición de superioridad que Elías con referencia a los «hijos de los profetas» comunes, como se manifestaba también la insensatez del intento de ellos de interferir en su trabajo. En adelante serían instrumentos obedientes e incondicionales de sus requerimientos, y ésta era la posición adecuada tanto para ellos como para la obra de Eliseo. De acuerdo con nuestras nociones modernas las circunstancias pueden parecer extrañas, pero concuerdan con la situación de la época y con el grado de comprensión espiritual que tenían incluso los hijos de los profetas. Al volver Eliseo solo, los «hijos de los profetas», considerando que el espíritu de Elías estaba sobre él, tal vez porque vieron

29. Deseamos dejar bien claro que las palabras *no* implican ninguna duda de parte de Eliseo en cuanto al resultado. Si hubiese dudado, sin duda hubiese fracasado, entonces y siempre. Luego, deseamos desechar, por ser válida sólo como exégesis rabínica la idea de la doble mención de que Eliseo golpeara las aguas implique un doble golpe, de los cuales sólo el segundo tuvo éxito. Pero la estructura de las palabras hebreas no es muy sencilla. Algunas versiones intentan reproducir la puntuación masorética que relaciona las últimas palabras, «y Él», con la cláusula siguiente, «y él golpeó las aguas». El *Massorah* representa el modo tradicional de vocalización del texto hebreo, puntuándolo, y determinando las lecturas adecuadas. Su inmensa importancia para la comprensión del texto difícilmente pueda exagerarse.

que las aguas del Jordán se separaban cuando él las golpeó, salieron al encuentro del profeta y a rendirle homenaje. Pero empezaron con una solicitud extraña, tal vez porque las nociones como las expresadas eran seguidas por el pueblo (como por Abdías, 1 R. 18:12) con referencia a la influencia del Espíritu sobre los profetas en general, o tal vez sólo sobre el gran profeta de fuego. O posiblemente se imaginaban que Elías podía estar en trance o muerto en algún valle o algún monte; o tal vez sólo por su curiosidad morbosa por saber algo más sobre lo sucedido. En cualquier caso su propuesta denotaba una completa falta de comprensión y simpatía espirituales. Entre ellos había cincuenta hombres fuertes, capaces de aguantar cualquier fatiga, e iguales para cualquier trabajo o carga. ¿Podían éstos ir a ver si por casualidad el Espíritu de Jehová había levantado y luego lanzado a Elías en alguna parte remota de aquella rocosa y desolada región cercana a Jericó?[1] A unos hombres que pensaban en estas nociones, hubiese sido imposible comunicarles incluso lo que Eliseo había presenciado, y mucho menos la importancia profetizada para él. En consecuencia se contentó con una simple respuesta negativa a la petición de ellos. Y este hecho les debía haber enseñado cuál era el primer deber y la primera cualificación tanto de un profeta como de los hijos del profeta: la obediencia sencilla e incondicional. Pero, como muchos de nosotros, en el proceso de nuestra santificación personal, lo tuvieron que aprender por medio de una experiencia dolorosa. Su insistencia al final le «avergonzó»,[2] puesto que podría parecer que él se preocupaba menos por su maestro que ellos, y cedió a su importunidad. Cuando después de tres días de búsqueda infructuosa volvieron a Jericó, él les recordó su primera respuesta negativa –aunque por razones que no necesitamos repetir, ni siquiera entonces les comunicó lo que había presenciado. Pero desde entonces prevaleció en ellos un espíritu de sumisión voluntaria a Eliseo entre los hijos de los profetas.

2. El siguiente requisito parece haber causado una manifestación pública tal de su autoridad profética que aseguraría a su mensaje la fe y la sumisión del pueblo. Además, esto era necesario en el enfrentamiento con Baal, cuyo culto, si se hubiese establecido de manera definitiva, hubiese, por así decirlo, desnacionalizado a Israel, como al final provocó el confinamiento que aún no se ha recordado. Era imprescindiblemente importante que la presencia de Jehová apareciese, por así decirlo, de forma concreta, a través de un representante vivo, que fuese rápido en la presentación de la bendición o del juicio, y así demostrara lo que proclamaba, en el único modo que podían entender los hombres de aquella época. Esto puede explicar en parte también por qué la misión de Elías y la de Eliseo eran diferentes en muchos aspectos de las de otros profetas. Y, cuantos más detalles consideramos, encontramos mayor evidencia de que consiguió su propósito. Recordamos que en más de una ocasión el propio Acab fue detenido por la influencia de Elías. Al principio, el reinado de Ocozías parecía un regreso a los peores días de Acab. Pero el anuncio de Elías de su perdición, junto el juicio simbólico contra aquellos dos capitanes de cincuenta que habían ido a capturar al profeta, habían tenido su efecto. Aunque Joram «hizo lo malo ante los ojos de Jehová», no «fue como su padre, y como su madre»; y se nos dice explícitamente que «sacó el pilar de Baal que había hecho su padre» (2 R. 3:2). Esto no significa que destruyera el templo de Baal, o incluso el pilar –tal vez lo deberíamos llamar columna o bloque. Probablemente todo lo que hizo fue sacar ese gran pilar conmemorativo de Baal de su posición pública que había ocupado en la plaza, o delante, o en los jardines, del palacio, o delante del templo de Baal, y colocarlo dentro del recinto de éste último (2 R. 10:27). Pero incluso este hecho implicaba que el culto de Baal ya no era la religión nacional –aunque la alternativa estaba solo entre éste y el culto instituido por Jeroboam.

Regreso a Jericó
Reconocimiento de parte de los hijos de los profetas

A partir de esta consideración de la influencia pública ejercida por el profeta, analizaremos más ampliamente el primer milagro por el cual estableció su autoridad profética –de manera muy significativa en un acto de bendición. Los hombres de Jericó intercedieron ante Eliseo –es probable que por medio de representantes –por la ciudad. Todos podían ver cuán agradable era el lugar: el paraíso de Palestina, su tierra fértil disfrutando del sol tropical, pero a la sombra de árboles como palmeras, moreras e higueras, mientras que el aire era refrescado por manantiales perennes de agua cristalina, y perfumado por las preciosas plantas balsámicas, el perfume de las cuales en ocasiones podía llegar hasta al mar con el viento. Pero todo este lujo se veía estropeado por el tipo de agua. A una distancia aproximada de un kilómetro y medio del *antiguo* emplazamiento de Jericó (no del pueblo moderno que representa a la ciudad antigua), «hay un manantial grande y hermoso de agua dulce y agradable»,[3] el conocido como Ain-es-Sultan.

Sanidad de las aguas de Jericó

Por su localización este manantial debió proveer el suministro de agua a la antigua Jericó, y así se trataba del manantial que Eliseo sanó, que es confirmado también por el hecho que los otros manantiales de la zona son hasta el día de hoy principalmente salobreños. A esta característica del agua achacaban los habitantes del lugar, y al parecer no sin razón, la existencia de abortos que hacían descender la población y el número de los ganados.[4] Recordando la relevancia simbólica de la misión de Eliseo, tal como hemos indicado, se podía esperar que el profeta escuchara una queja tan humilde –porque de esto se trataba, antes que una petición. Los medios usados concordaban con el carácter simbólico del resto. La sanidad de las aguas, aunque realizada por medio del profeta, fue un acto directo de Jehová (v. 21). En consecuencia, como todo lo que está relacionado con el servicio del Señor, la redoma que debía usarse tenía que ser «nueva» (Nm. 19:2), dedicada exclusivamente a Dios. Y el medio directo de la «sanidad» era «sal», dentro de esta redoma nueva. Se añadía sal a todo lo que se ofrecía, como emblema de la incorrupción, y por lo tanto de purificación. Así, pues, subieron hasta el mismo manantial de las aguas, y allí, no por propia iniciativa, sino en el nombre

1. Se recordará que la leyenda cristiana ha situado la escena de la tentación por estos parajes –casi huelga decir, en contra no sólo de los requisitos de las narraciones del Evangelio, sino contra los hechos registrados sobre el ministerio del Señor en Galilea inmediatamente después de su bautismo.

2. Bähr traduciría la expresión hebrea por «hasta que se sintió decepcionado», es decir, en su esperanza de disuadirlos. Pero todos los textos de los Salmos a los que se refiere significa «avergonzarse», aunque sea como consecuencia de sentirse decep-cionado en la esperanza. En los otros pasajes citados por el crítico (Jue. 3:25; 2 R. 8:11), el vocablo no podría significar, decepcionado en la esperanza.

3. Comparar Robinson, *Researches*, vol. II., pp. 283, 284.

4. Éste es el significado de los vv. 19 y 21, y no como en algunas traducciones, donde se indica que la tierra era estéril.

del Señor, Eliseo «sanó» las aguas por medio de un acto simbólico, que parecía el de Moisés en otro tiempo (Éx. 15:25).

Este milagro nos enseña muchas lecciones profundas: principalmente, que la sal de la redoma nueva cuando se aplicó al manantial de agua la sanó –desde entonces, totalmente y para siempre; y de nuevo, que en la sanidad se combinaban tres cosas– el uso de unos medios (sin efecto alguno de por sí), la palabra del profeta, y el poder de Jehová. Pero en primera posición, nos ayuda a comprender que Dios es un socorro presente en los momentos difíciles –simplemente con la condición de que le busquemos del modo que él determina.

3. De todos modos, se necesitaba todavía una demostración más de la autoridad profética de Eliseo. Esta vez no en bendición, sino para juicio –severo, rápido y sin vacilar. Los que despreciaron su misión, o más bien desafiaron al poder que estaba detrás de la misma, debieron aprender con una terrible experiencia su realidad. Y que este juicio al inicio del ministerio de Eliseo fue entendido así, se ve por el hecho que su ministerio no parece haber encontrado nunca más oposición.

Una vez más el profeta iba por su camino solitario por donde habían caminado anteriormente con su maestro. Porque se recordará, que el último lugar donde se detuvieron Elías y Eliseo en su camino hacia Jericó y el Jordán había sido Bet-el. Y esto también es significativo. Por lo que a Eliseo se refiere, porque debió provocar los pensamientos más solemnes, especialmente ahora que empezaba a desarrollar su obra; y no menos en cuanto a los habitantes de Bet-el, que habían visto por última vez a Eliseo en compañía de Elías justo antes de su ascensión. De hecho les recordó la última aparición entre ellos de los dos, pero solo para burlarse del acontecimiento relacionado con ella. Pero esto era para mofarse tanto del profeta muerto como del vivo, e incluso del gran poder de Jehová. Se trataba de un desafío abierto a Dios, tanto más inexcusable en cuanto no había sido provocado, y en cuanto ofendía la ley humana casi tanto como la de Dios. Porque no sólo se trataba de una rescisión de la hospitalidad, sino que también ignoraba la reverencia por la autoridad especial de tipo religiosa, que ha sido siempre una característica típica de la vida de oriente.

Juicio contra los muchachos de Bet-el

Eliseo había subido lentamente los 900 metros que iban desde la baja llanura de Jericó hasta los montes donde se halla Bet-el.[5] Estaba subiendo por el último monte –probablemente por el desfiladero del Uadi Suweinit, donde los montes todavía dan muestras de los extensivos bosques que antiguamente los cubrían– cuando se encontró con una banda de «muchachos», quienes, según parece que implica el texto, habían salido a su encuentro. No eran «niños pequeños», sino muchachos, según inferimos por el uso de la misma expresión en el caso de Salomón (1 R. 3:7), cuando tenía unos veinte años, y la aplicación de un término parecido, incluso más fuerte, para designar a los jóvenes conse-

5. Aunque no estamos de acuerdo con el Capitán Conder (*Tent-work in Palestine*, Vol. II., pp. 106-108), que la Bet-el del culto de Jeroboam se hallaba, tal como la representa la tradición medieval, en el Monte Gerizim, no podemos evitar copiar en nuestras páginas algunas líneas de su descripción altamente pictórica de nuestra Bet-el: «Bet-el en la actualidad es uno de los lugares más desolados de Palestina; no por falta de agua... Toda la zona de alrededor es de piedra gris y desnuda o de caliza blanca. Los tristes campos están vallados por paredes de piedra blanca, las pobres construcciones han sido edificadas toscamente con piedras, la colina al este es de roca dura, con algunos jardines de higueras... El lugar parece como si se hubiese convertido en piedra».

«La sanidad de las aguas, aunque realizada por medio del profeta, fue un acto directo de Jehová (v. 21). En consecuencia, como todo lo que está relacionado con el servicio del Señor, la redoma que debía usarse tenía que ser "nueva" (Nm. 19:2), y dedicada exclusivamente a Dios. El medio directo de la "sanidad" era "sal", dentro de esta redoma nueva. Se añadía sal a todo lo que se ofrecía, como emblema de la incorrupción, y por lo tanto de purificación».

Estos son «platos nuevos» de hace 3.000 años descubiertos en Ras-Shamra. (Museo del Louvre)

jeros de Roboam.[6] Y su presencia allí tenía un propósito intencionado. No sabemos cómo se habían enterado que Eliseo se acercaba, o que el gran profeta, a quien cincuenta hombres fuertes habían buscado en vano, había «subido», aunque a estos hechos debieron prestar una muy vaga atención. Pero del mismo modo que el insulto «calvo» era sin duda un término de reproche, independientemente del sentido con que lo usaran,[7] también el grito «¡Sube! ¡Sube!» con el que le siguieron nos parece una alusión de befa a la ascensión de Elías.[8]

En el espíritu que provocara las palabras de Moisés y Aarón (Éx. 16:6-8), y de Pedro (Hch. 5:3, 4), y no, sin duda, con un sentimiento de venganza personal, Eliseo se volvió y pronunció sobre ellos la maldición que les sobrevino poco después[9] en un modo tan extraño que parece haber tenido como objetivo especial atraer la atención pública.[10] Porque aunque el gran peligro de los osos, sobre todo cuando estaban irritados, se cita con frecuencia en las Escrituras,[11] y el gran número (cuarenta y dos) de matados, no comidos, por las dos osas, indica cuántos jóvenes habían salido juntos para mofarse de Eliseo, una calamidad tan extensa por una causa así era tan poco usual y debió haber extendido un duelo tan amplio como para atraer toda la atención general hacia el ministerio de Eliseo.

6. En el ejemplo actual, la expresión sería equivalente a lo que en circunstancias similares un anciano podría llamar con desprecio: un grupo de niños.

7. Se utiliza con aplicaciones diferentes en los siguientes pasajes: Levítico 13:43; 21:5; Números 6:5; Isaías 3:17; 15:2.

8. Se ha argumentado que la expresión se refiere solo a la subida de Eliseo a Bet-el; pero es exactamente lo que se usa para el ascenso de Elías, y explica tanto el temperamento de esos muchachos como el juicio que les sobrevino

9. No es posible determinar si la calamidad sucedió de inmediato o algo más tarde. Pero debe observarse que no fue Eliseo que matara a esos cuarenta muchachos, sino el Señor en su providencia, tal como fuera Jehová, no el profeta, quien sanara las aguas de Jericó.

10. Se puede observar aquí que, si el suceso no hubiese sucedido realmente, el inventor hubiese achacado la destrucción de los muchachos que se mofaban a alguna causa menos sorprendente, alguna peste, a la espada o incluso a alguna interposición repentina y directa del cielo.

Asentamiento en Samaria

Difícilmente podemos suponer que Eliseo se quedara en Bet-el. De acuerdo con su objetivo de declarar públicamente que él era el sucesor de Elías, fue al Monte Carmelo, donde Elías había pasado la última parte de su ministerio, y desde allí volvió a Samaria para estar preparado para su trabajo.

Capítulo 9
(2 Reyes 3:5-27)

El primer acto público del ministerio más amplio de Eliseo está relacionado con un suceso del cual se ha encontrado una confirmación sumamente extraña y no buscada, que ha aparecido en estos últimos años.

11. Comparar aquí con algunos pasajes como 1 Samuel 17:34; 2 Samuel 18:8; Proverbios 17:12; 28:15; Daniel 6:5; Oseas 13:8; Amós 5:19.

La expedición aliada contra Moab
Descubrimiento reciente de la «piedra moabita»

Cuando en el mes de agosto de 1868, el Rev. F. Klein, de la Church Missionary Society, se hallaba viajando por Moab, un amable jeque le mostró una piedra negra de basalto, de una altura aproximada de un metro, sesenta centímetros de ancho y treinta y cinco centímetros de grosor.

La piedra tenía una inscripción de treinticuatro líneas rectas (con un espacio entre líneas de medio centímetro), y tras un examen erudito se descubrió que se trataba de caracteres fenicios. El lugar donde se encontró esta roca conmemorativa, o columna, era *Dibân*, la antigua Dibon, la capital del norte de Moab, al norte del río Arnón. A juzgar por la masa informe de ruinas (comp. Jer. 48:18) que cubre los montes gemelos sobre los que estuviera la ciudad antigua, rodeada por una muralla, «estaba bastante dentro de la muralla, cerca de lo que suponemos que era la puerta, junto al lugar por donde pasaba el camino».[1] Si ésa era su posición original, es otra cuestión, que además tiene difícil solución.[2]

Antes de referirnos a la importante evidencia que se deriva de este hallazgo, en pocas frases describiremos la historia melancólica de la roca. Nos puede enseñar algo sobre «nuestras divisiones infelices». El descubrimiento inesperado de esta roca produjo, en primer lugar, celos para su codiciada posesión entre las comunidades europeas de Jerusalén. Al final, en su afán por sacar el máximo beneficio posible de estas contiendas, los árabes se pelearon entre ellos –y rompieron la roca. Afortunadamente, la mayor parte de los fragmentos han sido recuperados y se habían tomado algunas notas sobre papel, de modo que todas las partes importantes de la inscripción se pueden leer, y han sido interpretadas –con algunas ligeras variaciones– por críticos de diferentes países.[3]

Lecciones de su inscripción

Tal vez sea conveniente escribir aquí las partes de la inscripción que sean importantes para los fines de esta obra, con la adición posterior de breves comentarios explicativos. La inscripción empieza de este modo (indicamos las líneas originales):

1. Yo Mesa *soy* el hijo de Chemoshgad, rey de Moab, el
2. Dibonita. Mi padre reinó sobre Moab treinta años y yo rei-
3. né después de mi padre. Y yo erigí esta roca a Chemosh en Kikha [una roca de]
4. [sa] lvación, porque me salvó de todos los despojadores, y me hizo ver mi deseo sobre todos mis enemigos, sobre Om-
5. [r]i, rey de Israel. Él afligió a Moab durante muchos días, porque Chemosh estaba enfadado con su pa-
6. [í]s. Su hijo le sucedió, y él también dijo, afligiré a Moab. En mis días dijo [Vayamos]
7. Y yo veré mi deseo en él y en su casa. E Israel [dijo], Destruiré con una destrucción eterna. Ahora Omri tomó [había tomado] la tierra.
8. Medeba y...[4] la ocuparon... los días de su hijo, cuarenta años. Y Chemosh [tuvo misericordia]
9. de ella en mis días, y yo construí Baal Meon, e hice un depósito allí. y yo [construí

No podemos continuar con esta cita, por interesantes que resulten los temas que en ella se ven implicados. Lo que sigue describe la reconquista de parte de Mesa de varias poblaciones del norte de Moab, anteriormente ocupadas por Israel, su reconstrucción y la dedicación de mujeres cautivas a «Ashtar-Chemosh» (Astarte-Chemosh), y de lo que se describe como «vasos de Jehová», a Chemosh –ambos en la toma de Nebo, en el extremo norte de Moab.

En las líneas 1-9, la primera cláusula de la inscripción, Mesa relata la sumisión de Moab por Omri, padre de Acab, y la liberación de aquel país, que se atribuye a Chemosh. Suponemos que esto se refiere de algún modo a la retirada de los ejércitos aliados de Kir-hareset, y su evacuación del país (2 R. 3:25).[5] Por todo ello inferimos que la tierra de Moab, que aparentemente había recobrado su independencia durante, o inmediatamente después, del reinado de Salomón, fue reconquistada, por lo menos en parte, por el guerrero Omri. Y por la lista de ciudades que menciona Mesa en otras partes de la inscripción como reconquistadas, concluimos que Omri había invadido Moab desde el norte, mientras que más tarde los ejércitos aliados se introdujeron desde el sur. En consecuencia se mencionan varios lugares que el rey de Israel había fortificado y Mesa había capturado de nuevo. Todas estas ciudades se hallan al *norte* del Arnón. El profundo torrente, y la rápida corriente de aquel río, dificultaría en gran manera el paso de un ejército hostil. De ahí que el ejército invasor de Omri parece haber sido detenido por ese obstáculo, y *Jahaz*, que estaba al norte del Arnón, es el punto más al sur mencionado en la inscripción, como tomado y fortificado por el rey de Israel.

Pero mientras el norte de Moab era ocupado así por Israel, el sur del país parece haber mantenido su independencia tanto durante el reinado de Omri como el de Acab. Después de la muerte de este último, «Moab se rebeló» (2 R. 3:5), bajo el liderazgo de su valiente rey Mesa –un nombre relacionado con la palabra «liberación». Tiene el mismo talante que su padre Chemosh-Gad, que es un nombre compuesto de los dos dioses, Quemos y Gad (el último era dios de la fortuna). La primera nota del movimiento para la recuperación de su independencia parece haber sido la repentina invasión de Judea por Moab, en alianza con los amonitas y la tribu de edomitas (2 Cr. 20). Probablemente los moabitas todavía no se habían sentido suficientemente fuertes para emprender un ataque contra la fortaleza de los israelitas en el norte de Moab, y en consecuencia resolvieron hacer una incursión a través de la frontera indefensa de Judea, al mismo tiempo que intentaban montar una alianza contra Israel con todas las tribus de la línea oriental de Palestina. Sabemos que por la ayuda divina a Josafat, esta expedición fracasó de manera milagrosa, mientras que en la matanza mutua siguiente los edomitas aliados de Moab fueron los primeros en sufrir. Así, la liga contra Israel pro-

1. Canon Tristram, *The Land of Moab*, p. 134.
2. Tristram, *u.s.*
3. El primero en dar un versión inglesa fue el Dr. Neubauer, de la biblioteca Bodleian Library.

4. Los puntos indican el lugar donde no he introducido las palabras que faltan en la inscripción; las palabras que están entre corchetes –[ ]– indican el lugar donde he adoptado las que proporcionaron los autores anteriores. Comp. Sayce, *Fresh Light from the Ancient Monuments*, pp. 91-93.

5. La opinión general es que la «Inscripción» se refiere a la rebelión de Mesa en tiempo de Ocozías, y (en las líneas que no

yectada no sólo se rompió, sino que Edom se vio arrastrado dentro de lo que parece haber sido una contraliga palestina, cuya patética historia está relacionada con la así llamada «piedra moabita».

Es imposible encontrar palabras para describir los diversos sentimientos producidos por el reconocimiento del hecho que después de 2.500 años se encontrara de manera tan inesperada una piedra monumental para dar testimonio de la Santa Escritura, y especialmente de su registro de aquel suceso a partir del cual Mesa fecha la recuperación de la independencia de Moab,[6] –tanto más en cuanto atribuye la gloria de ello a Chemosh, su dios.[7] Cuando nos volvemos al relato bíblico desde la inscripción moabita, vemos que Mesa, como sus predecesores, había pagado gravosos tributos anuales a Israel, que se pagaba en especie. Leemos que «era propietario de ganados». Los extensos valles de Moab estaban cubiertos de rebaños innumerables, y el tributo que tenía que pagar consistía en «cien mil corderos y cien mil carneros castrados –la lana». La redacción del original no es muy clara, pero como que el término usado para «corderos» generalmente designa «corderos alimentados», concluimos que si se intentaba indicar que la lana era el tributo, debió ser la de «los corderos castrados», y que a esto se añadían los cien mil corderos alimentados. Huelga decir que este tributo cesó cuando Mesa se liberó del yugo de Israel.

Los acontecimientos relatados explicarán de manera suficiente la ansiedad de Josafat para que el creciente poder de Moab se viera controlado y se creara de manera eficiente una contraalianza para hacer frente a los enemigos comunes de Palestina. En cuanto a escrúpulos religiosos por una alianza con Israel, podía argumentar que Joram no era como Ocozías, ni siquiera como Acab (2 R. 3:2), y que puesto que Dios mismo había concedido una victoria tan significativa contra Moab, una invasión conjunta de su tierra podría incluso ser agradable a sus ojos. Difícilmente fracasamos en el intento de encontrar razonamientos agradables o incluso religiosos para justificar lo que nos hemos propuesto de corazón. Pero sí que parece extraño, que la respuesta que Josafat diera a la invitación de Joram para que se uniera a él en la campaña contra Moab fuese precisamente la misma que había dado en aquella desastrosa situación en la que Acab le pidió que subiera con él contra Ramot de Galaad (1 R. 22:4). De todos modos, tal vez se tratara de un modo común de expresarse en estas circunstancias, o incluso que el historiador sagrado hubiese deseado enfatizar la insensatez y el error de la conducta de Josafat al usar las mismas palabras que antes en la infeliz alianza con Acab.

El plan acordado por los dos monarcas fue invadir Moab por el sur. Esto, no sólo para asegurarse la colaboración del rey de Edom, que entonces se había unido a la liga contra Moab, y para proteger la retaguardia y sus comunicaciones, sino también por importantes razones estratégicas. No cabe duda de que el norte de Moab estaba sujeto a Israel, pero el Arnón delimitaba la frontera, y ningún comandante prudente intentaría forzar una posición como la línea del Arnón ante la mirada de un general como Mesa.

La marcha por el desierto de Edom

Por otro lado, al ir «rodeando por el desierto siete días de camino», y avanzar desde el sur y a través de Edom, su retaguardia quedaba protegida y sus suministros asegurados. Y si conseguían que Mesa saliera al desierto que separaba a Edom del sur de Moab, y que pertenecía en parte a un país y en parte al otro, todo Moab sería cubierto, y el ejército invasor del sur podría unir sus manos con los guerrilleros del norte del Arnón.

Pero una vez más la incompetencia, si no la traición, de Edom, desbarató los planes de los aliados. Mesa se negó a salir al desierto de Edom. A nuestro entender, su ejército estaba en el lado moabita de la frontera, que aquí está delimitada por el uadi 'el Ahsa,[8] mientras que más arriba pasa al Uadi Tufileh.

La falta de agua

Suponemos que fue aquí, o en cualquier otro lugar seco de alrededor, donde los aliados, que ahora sufrían la escasez del agua, se vieron de repente ante un enemigo que poblaba los matorrales y la vegetación de los alrededores. Incapaces de cruzar el uadi y atrapar al enemigo –que parecía omnipresente– o de retirarse al desierto, la posición de los aliados parecía, desde un punto de vista humano, desesperada.

Fue en estas circunstancias en las que se manifestó la gran diferencia entre el rey de Israel y el piadoso Josafat, como sucede siempre en épocas de prueba y decisión entre los siervos del Señor y los de «dioses extraños». Joram sólo divisaba la destrucción inminente, y su único pensamiento sobre Jehová era que había unido a los tres reyes para su destrucción. Josafat, aunque a menudo y tristemente fracasaba por la debilidad de su carácter, era honrado en su más íntima intención de corazón. En su preocupación se volvió instintivamente al Señor en busca de guía. Su petición de un «profeta de Jehová» manifestó dos hechos de consuelo infinito: que Eliseo, conocido como el asistente de Elías,[9] se hallaba presente –sin duda por designio divino– en el campamento; y que había uno de los seguidores del rey de Israel

---

hemos copiado) a una ocupación posterior supuesta de *Jahaz* (localizado por algunos incluso al *sur* del Arnón) ya sea por Ocozías o por Joram, que luego fue echado por Mesa (Comp. Sayce, *u.s.* p. 95; Schlottmann en Riehm, *Bibl. Hand-W.* II). Pero: 1) No hay indicación alguna de dicha supuesta invasión de Moab por Ocozías, ni mucho menos por Joram antes de su expedición aliada con Josafat y Edom. 2) Joram no podía haber entrado en Jahaz, que sin duda no se hallaba al sur sino al norte del Arnón, en el territorio de Rubén (Jos. 13:18), sin haber tomado todo el norte de Moab –de lo que no hay constancia en la Biblia– mientras que en la «Inscripción» se indica lo contrario. 3) Las represalias contra Edom, también citadas en la «Inscripción», debieron darse *después* de la expedición aliada, puesto que antes de ésta Edom era aliada de Moab (2 Cr. 20:2, 22, 23). Todas estas dificultades se evitan con la opinión adoptada en el texto.

6. A mi entender, la Inscripción, en las seis primeras líneas, retrocede hasta el estado de Moab bajo Omri y Acab. Por razones que se entenderán fácilmente, no se menciona la situación límite a la que se vio reducida Kir-haraset, mientras que al mismo tiempo, y de modo muy significativo, se enfatiza el auxilio recibido de Quemós. De manera similar se omite la retirada de la expedición judía, y la Inscripción pasa (después de su retirada) a la anotación de como Mesa recuperó gradualmente, ciudad a ciudad, todo el norte de Moab, como reconstruyó las diversas ciudades y finalmente también realizó represalias contra Edom.

7. Las palabras de la Inscripción ilustran, tal vez mejor que nada más, la noción pagana de divinidad nacional, como Moab consideraba a Chemosh el dios rival del de Israel, y cuán adecuadas incluso al pensamiento nacional son esas expresiones del *Antiguo Testamento* que representan la calamidad o la liberación nacional como resultado de la ira o el favor de Dios. Al usar estas expresiones los profetas y los historiadores sagrados apelaban a lo que eran, por así decirlo, hechos admitidos en la conciencia popular.

8. Se ha objetado que el Uadi 'el Ahsa es una corriente de agua permanente. Pero este hecho no ha sido constatado con respecto a todas las épocas del año. Además podría tratarse de algún afluente o una corriente secundaria del uadi de 'el Ahsa. De todos modos el relato implica que las fuerzas aliadas esperaban encontrar agua y se vieron decepcionadas.

9. El que «vertía agua» en sus manos.

–posiblemente uno de los oficiales superiores– que lo sabía, que evidentemente simpatizaba con lo que el profeta representaba, como Abdías lo fuera en los días de Acab (1 R. 18:3).

Entrevista con Eliseo

Leemos que los tres reyes fueron a la tienda de Eliseo. No sólo por el temor de que él se negara a ir adonde estaban ellos, ni por humildad, sino probablemente porque debieron temer el efecto en el ejército de palabras similares a las de Micaías en una situación parecida (1 R. 22:17-28). La acogida que recibieron del profeta los tres reyes aliados de modo incongruente no fue animadora en absoluto. Por otro lado, una petición de ayuda a un profeta de Jehová formulada por el rey pagano de Edom y el hijo de Acab parecía tratar el oficio profético como si implicara la magia y la adivinación paganas, tal como Balac antiguamente intentara utilizar a Balaam contra Israel. Eliseo no podía escuchar una solicitud de este tipo; debía ser dirigida –tal como lo dijo al rey de Israel– a los profetas de Baal. Eliseo había juzgado a Joram de modo perfecto y esto lo vemos en su respuesta, cuando con estupidez casi increíble, una vez más insistió –presumiblemente como razón de su venida– en que Jehová, el Dios del profeta, y el antiguo enemigo de la casa de Acab, había reunido a estos tres reyes para su destrucción. Con una persona así era imposible discutir, y el profeta se dirigió al rey de Judá, por cuya causa únicamente iba a permitir que la entrevista continuara y estaría dispuesto a buscar el auxilio del Señor.

Cierta escuela de críticos ha supuesto que cuando Eliseo llamó a un tañedor lo hizo para hacer subir en él la facultad profética, o que éste era el modo común de producir inspiración profética. Pero de la última afirmación no tenemos evidencia alguna,[10] mientras que de la primera, tanto el testimonio bíblico (1 S. 16:16) como el pagano[11] demostrarán que el propósito del uso de la música era el de calmar, no excitar, la mente. La situación actual no era diferente. Eliseo se restableció de su agitación por su entrevista con Joram con el tañedor, y así se preparó para recibir la comunicación divina. La información era doble: había la promesa de la liberación del momento actual y también de la victoria completa sobre Moab. El pueblo recibió instrucciones de llenar el uadi de estanques –y luego, sin ruido de viento, u observación de lluvia, el uadi se llenaría de agua, y el ejército se vería libre de sus dificultades actuales. Pero esto eran sólo los preparativos. Les iba a ser concedida una victoria completa, y en su avance victorioso destruirían todas las ciudades fortificadas y destrozarían completamente el campo del enemigo. No nos concierne a nosotros vindicar la obra de guerra indicada aquí, aunque no había sido prescrita (v. 19).[12] Parece contrario a las instrucciones divinas explícitas de Deuteronomio 20:19, 20. No obstante al juzgarla se deben tener en cuenta algunas consideraciones. Ante todo debemos recordar el espíritu de la época. Tampoco estamos muy lejos en el tiempo de cuando estragos parecidos a estos eran comunes en los campos enemigos. De hecho, esta forma de destrozar el campo hostil parece haber sido una práctica generalizada en aquella época en todas las naciones. Así se representa con frecuencia en los monumentos asirios,[13] y se menciona en los escritos clásicos.[14]

Aquí resultará de interés recordar dos puntos que de otro modo podrían pasarse por alto. Se recordará que la inscripción de la «piedra moabita» hace la siguiente referencia especial a esta modalidad de actividad bélica: «En mis días dijo, [Vayamos,] y veré mi deseo sobre él y su casa. E Israel (dijo), destruiré con una destrucción eterna». Así la piedra moabita hasta cierto punto da testimonio en favor de las propias palabras que Eliseo había usado. Además, puede surgir la duda sobre, si Israel no hubiese adoptado esta modalidad bélica, si la retirada del ejército aliado de Kir-haraset no hubiese sido seguida por una formidable invasión moabita en Palestina. Tal como fue, la reparación del daño provocado en su país debió absorber todas las energías de Mesa. Y la conclusión de la inscripción moabita da testimonio de esta labor de restauración.

Regresamos al relato de lo que pasó el día después de la entrevista con Eliseo. Tal como indicara el profeta, se cavaron estanques –según suponemos, detrás o al lado del campamento de Israel, aunque disponemos de insuficiente información como para aventurarnos a ofrecer una descripción más detallada.

Liberación divina

Fuera como fuese, la predicción divina hecha por Eliseo se cumplió de forma literal. Una vez más todo acaeció de acuerdo con una sucesión ordenada de los acontecimientos, mientras que, al considerarlo de forma aislada, todo ello podía parecer milagroso, como en realidad lo era en su sentido más elevado. Y sin duda esto se cumple en el registro de la mayoría de milagros bíblicos, que son la declaración de efectos, sin la asignación o explicación de las causas que los provocaron. En este caso, se trataba sin duda de una tormenta repentina que había explotado en las montañas de Moab que hizo descender una corriente de agua por el uadi que se hallaba al lado del campamento de Israel. El historiador profético, que se deleita en relacionar la liberación de Jehová con los amados servicios del santuario, nos recuerda que fue «cuando se ofrecía el sacrificio», que «vinieron aguas por el camino de Edom», y que desaparecieron tan deprisa como habían llegado, tras cumplir con su objetivo.

Derrota de Moab, y avance de los aliados

Los israelitas lo vieron desde su campamento y se apresuraron a saciar su sed. Los moabitas también lo vieron, pero a ellos, al resplandecer el sol de oriente en el agua de los estanques, les pareció que era roja como la sangre. Su última expedición contra Judá sugirió una rápida explicación de la extraña escena. Tal vez su superstición les hiciera pensar que Chemosh, de cuyo auxilio leemos tanto en la inscripción moabita, ahora concedía a Moab un éxito parecido al de Judá. Los reyes estaban destruidos –se habían atacado entre ellos: entonces, pues, ¡Moab, al botín! Mientras esto estaba sucediendo, los comandantes del ejército aliado

10. Sin duda, 1 Samuel 10:5 no permite esta interpretación: solo registra el hecho de que esas comunidades proféticas usaban la música, no que se incitaran con ella a la profecía –si la palabra profecía en ese asunto significa lo mismo que en nuestro texto.

11. Bochart ha recogido muchos textos con esta finalidad (*Hieroz.* I. 2, 44) de los que Bähr selecciona el siguiente (de Cicerón): «Ellos» (los pitagóricos) «solían descansar su mente de la tensión del pensamiento a la tranquilidad por medio de cantos y flautas».

12. Algunos críticos han considerado el v. 19 sólo como una predicción de lo que harían. Pero en tal caso resulta difícil distinguir entre una predicción de ciertos actos y por lo menos una sanción implícita de los mismos.

13. Layard, *Nineveh and Babylon*, p. 588; *Monuments*, 1 Ser. pl. 73; 2 Ser. pl. 40.

14. Como nos recuerda Canon Rawlinson, en su *Speaker's Commentary*, por medio de Herodoto y Polibio. Aun Deuteronomio 20:19, 20 parece implicar que se trataba de una acción bélica común.

«Pero desde entonces prevaleció en ellos un espíritu de sumisión voluntaria a Eliseo entre los hijos de los profetas. El siguiente requisito parece haber causado una manifestación pública tal de su autoridad profética que aseguraría a su mensaje la fe y la sumisión del pueblo. Además, esto era necesario en el enfrentamiento con Baal, cuyo culto, si se hubiese establecido de manera definitiva, hubiese, por así decirlo, desnacionalizado a Israel, como al final provocó el confinamiento que aún no se ha recordado. Era imprescindiblemente importante que la presencia de Jehová apareciese, por así decirlo, de forma concreta, a través de un representante vivo, que fuese rápido en la presentación de la bendición o del juicio, y así demostrara lo que proclamaba, en el único modo que podían entender los hombres de aquella época».

Baal como dios de la fertilidad, es común en el culto de las naciones vecinas de Israel y en ocasiones es objeto de culto por los propios israelitas.
(Estela del dios Baal, Ugarit. 1500-1200 a.C. Louvre, París)

debieron esperar con sus hombres dentro del campamento, para permitir que las prisas desordenadas de Bedawin, con su intención de saqueo, cruzara el uadi y se acercara lo suficiente, antes de salir e infligir la muerte indiscriminada. Mesa fue demasiado cauteloso como para arriesgarse a otra derrota del mismo tipo. Se retiró delante de Israel, evacuando todas las ciudades fortificadas, hasta llegar al fuerte de Kir-hareset, donde decidió establecer su resistencia final. El ejército judío siguió lentamente al enemigo en retirada, destruyendo todas las ciudades y el campo de sus alrededores. Su avance se detuvo ante los muros de Kir-hareset.

El sitio de Kir-hareset

Si consideramos la situación de esta fortaleza, es fácil entender que los aliados solo pudieran hostigar el fuerte con tiradores de primera desde los montes circundantes («los honderos la rodearon»), e intentar reducirla por el hambre. La posición de Kir-Moab, «La fortaleza de Moab», (Is. 15:1[15]), Kir-hareset (Is. XVI. 7), Kir-hares (Is. 16:11), o Kir-haraset –porque lleva todos estos nombres, que parecen significar «fortaleza de tochos»,– ha sido determinada sin ninguna duda razonable. La paráfrasis caldea la designa (Is. 15:1) *Keraka de Moabh,* que corresponde perfectamente con el nombre moderno de *Kerak.* Hay una cuesta continua desde el sur, en medio de un espectáculo alpino, que lleva a Kerak, que está a 1.134 metros por encima del Mediterráneo. Desde el último pico, desde donde se ve una magnífica vista a gran distancia, podemos ver más abajo el «Uadi de Kerak, a unos 550 metros de precipicio casi puro en el lado opuesto».[16] El camino va serpenteando por el uadi entre las rocas, tan estrecho que unos pocos hombres resueltos lo podrían defender ante un ejército. Cuando el uadi es más ancho, el terreno se cultiva «con olivos, higueras, granados y unos pocos viñedos y algo de cereal». Pronto se divisa la propia Kerak, como una torre en lo alto. Para llegar allí, primero hay que descender al valle. Luego, una caminata de una hora en ascenso por el acantilado contrario lleva al viajero a un túnel en forma de arco de unos siete metros de longitud, a través del cual emerge en la ciudad de Kerak.

La meseta sobre la que se halla la ciudad es casi llana, y mide de 700 a 900 metros a cada lado del triángulo formado por la ciudad, siendo el lado noreste el más largo. Aquí, y algo menos en el ángulo sudoeste, la meseta se encuentra con los montes que rodean a Kerak por todos los lados. Pero en todos los otros puntos la ciudad está aislada de las montañas que la rodean por «Uadis (en parte) de 300 a 450 metros de profundidad, con laderas escarpadas».[17] Si imaginamos este istmo de roca, sobresaliendo en medio de un mar de uadis profundos, a su vez rodeada con una ancha muralla con torres y otras defensas, y coronada con una ciudad con sólo dos entradas, ambas a través de un túnel en la ladera de un acantilado –podemos hacernos una idea de Kir-hareset, tal como la veía el ejército judío al mirar desde los montes que la rodeaban.

Pero aunque el ejército aliado no podía reducir la ciudad, «los honderos» colocados en los montes que la presidían podían causar graves pérdidas al fuerte. De hecho, pronto el lugar sería insoportable. En dichas circunstancias

15. Se debe estudiar Isaías 15 y 16 en relación con la historia de Moab.

16. Canon Tristram, *u.s.* p. 67. Pero en nuestra descripción también hemos usado material del relato de Bädeker-Socin en Riehm, *Hand-wörter.*

17. Comp. Tristram, *u.s.*

Mesa, encabezando a 700 hombres que manejaban espada, intentó atravesar las tropas que sitiaban la ciudad en dirección al rey de Edom –ya sea porque se tratara del punto más débil del campamento de los aliados, o probablemente porque se esperaba una menor resistencia en esa zona. Al ser devuelto a la ciudad, se dejó apoderar del pánico. La idea subyacente al sacrificio del culto pagano también era la de substitución, aunque no la que ofrece la misericordia de Dios, sino con la finalidad de calmar su ira. No era la compasión y el amor infinitos de Dios lo que suministraba el rescate, sino la desesperación de la misericordia y la bondad lo que sugería este medio de última esperanza de expiación. Por ello, se ofrecía lo más cercano y más querido de un hombre para propiciar, si era posible, a un dios que no se conocía por su plena compasión.

Mesa ofrece a su hijo. Retirada de los aliados

Y así el rey de Moab tomó a su hijo mayor, que le debía suceder en el trono, y ante los sitiadores y los sitiados lo ofreció sobre la muralla en holocausto. Así podría conciliar a Chemosh; y así también mostraría su devoción por su país. Fue un espectáculo horrible y escalofriante, tanto para los amigos como para los enemigos. La empresa en la que Israel se había unido con sus aliados se convirtió en algo odioso para todos y el ejército aliado se retiró de Kir-hareset. Así acabó la campaña contra Moab.

Capítulo 10
(2 Reyes 4)

Hay algo magnífico y verdaderamente típico de la «historia profética» en el hecho que el relato bíblico pasa abruptamente de la expedición contra Moab, que, aunque se describe tan simplemente, tuvo una importancia política tan profunda y duradera, a relatar lo que parece un resumen de la actividad profética de Eliseo.

El ministerio de Eliseo como representante personal del Dios vivo en Israel

Por un lado, indica que todas las cosas son contempladas desde el punto de vista divino, mientras que por otro lado, nos ayuda a entender el significado y el propósito real de los elementos milagrosos del ministerio de Eliseo, en cuanto designados a recordar a Israel un sentimiento consciente de la presencia y el poder de Jehová, y evitar, por medio de este avivamiento religioso, el juicio nacional inminente. De manera accidental, obtenemos, en el curso del relato, consideraciones secundarias interesantes de la vida pública y privada en Israel, que en general confirman nuestra confianza en la verdad histórica de lo que se relata.

Al principio podemos decir que la impresión que este relato nos causa en sentido global es que parece transferido o más bien resumido a partir de algún relato o alguna obra especial sobre la actividad de Eliseo. Los acontecimientos no parecen estar dispuestos en una sucesión cronológica estricta, sino que están agrupados por su relación interna, de modo que un relato de una actividad más privada del profeta, en cuanto concierne a individuos, familias y comunidades, va seguido del de su actividad pública, con referencia a Israel y Siria. De nuevo, es razonable suponer que no todo lo que se recoge aquí sucediera exclusivamente durante el reinado de Joram, que sólo duró doce años (2 R. 3:1). Porque puesto que Eliseo murió durante el reinado de Joás (2 R. 13:14), su ministerio debió extenderse por cuatro reinados, y duró en total unos cincuenta y cinco o cincuenta y seis años. Así, habría un vacío de cuarenta y cinco años en el relato si todo lo que está registrado de Eliseo hubiese sucedido durante el tiempo de Joram. Pero la lección más profunda del ministerio de Eliseo era manifestar, en contraste con el oscuro fondo del juicio inminente de la apostasía de Israel, el tierno cuidado, la provisión suficiente, el auxilio siempre presente que el Señor extendía sobre sus propios siervos y su pueblo.

La viuda del profeta y su milagrosa liberación

El primer relato[1] de este resumen biográfico –tal como lo llamamos por falta de otro nombre mejor– ha sido comparado de un modo algo inadecuado con la provisión milagrosa de Elías en favor de la viuda de Sarepta (1 R. 17:9-16). Al comparar cuidadosamente los dos relatos, se verá que difieren en todos los detalles, excepto en esto, que en ambos casos la persona beneficiada es una viuda. Pero además, el gran objetivo y significado del milagro en Sarepta era su valor como figura de la misericordia y la ayuda que se debían extender al mundo gentil, con toda la advertencia y la enseñanza para Israel implicadas. Su contrapartida, en la historia de Eliseo, sería la sanidad de Naamán, antes que este relato del auxilio divino concedido a la pobre viuda de uno de los hijos de los profetas.

Josefo y algunos de los rabís han sugerido que esta viuda había sido la esposa de Abdías que había dado comida y cobijo a los profetas en el reinado de Acab (1 R.18). Pero también en este caso el único punto de coincidencia entre los dos relatos es que la viuda del profeta aduce, con las palabras de Abdías (1 R. 18:12), que su esposo «temía a Jehová». La historia dice que a la muerte de su marido, que había sido uno de los hijos de los profetas, y (algo aún más importante) aparentemente era conocido por Eliseo como uno que temía a Jehová, el acreedor había acudido a tomarse a sus dos hijos como siervos. Desconocemos las circunstancias adversas por las que había pasado la familia hasta entonces; pero podemos creer fácilmente que en aquellos días la fidelidad a Jehová podía conllevar problemas exteriores, antes que prosperidad. Y cuando fue tomado aquél que había sido el sostén de su familia por aquella actividad diaria, que evidentemente no era considerada incompatible con su vocación como uno de los «hijos de los profetas», entonces «el acreedor» se aferraba a los hijos de la viuda. En su actitud hacía uso de su derecho legal en materia (Lv. 25:39; comp. Mt. 18:25),[2] aunque su acción era injustificablemente dura y egoísta. Si en estas circunstancias el profeta no hubiese escuchado la súplica de la viuda, hubiese implicado que no era el mediador vivo entre Dios y su pueblo, que era lo que profesaba, o que Jehová no era el Dios vivo y verdadero en el sentido que Eliseo lo había proclamado. Hablando con reverencia, la súplica hecha al profeta no podía quedar sin respuesta tanto como un clamor pidiendo auxilio dirigido a Cristo en sus días en la carne.

1. Y la última parte del segundo relato, 2 Reyes 4:32-37.

2. La ley ateniense y la romana también sancionaban la esclavitud por deudas –de hecho, ésta parece haber sido una política universal en el mundo antiguo, y la ley de Moisés solo la suavizó con mandamientos y provisiones especiales y la modificó con la ley del jubileo.

Se obtendría una conclusión similar si, de algún modo realista, tuviéramos que trasladar esta historia a nuestro tiempo. Si una viuda en circunstancias parecidas quisiera buscar guía y consuelo, se le indicaría el Dios vivo y Su firme promesa de ayuda en todas las necesidades. ¿Pero en qué consiste cuando se traduce a los hechos concretos sino en el milagro realizado por la intercesión, o, si se quiere, por la solicitud, aunque no por las manos, de Eliseo? ¿Y no podemos decir que, en cuanto a los resultados, el mismo milagro también se realiza hoy en día, aunque no del mismo modo por lo que a la sucesión de acontecimientos se refiere? En realidad, los dos mundos de lo visto y lo no visto no están tan lejos como algunos suponen. Para muchos de nosotros la respuesta al «nuestro pan de cada día, dánoslo hoy», viene directamente del cielo, y más que el pan de cada día, o su equivalente, se nos asegura el cumplimiento de Su auxilio indirecto y de cada día. Y si en este relato todo esto se manifestó en un modo concreto, fue por causa de las circunstancias de la época y con los fines de la misión de Eliseo, aunque su lección sea para toda época y todo hombre.

Observamos que para dejar de lado cualquier idea de agencia directa en este asunto de parte del profeta, la ayuda milagrosa no fue enviada por mano de Eliseo, sino en relación en lo posible con algunos medios visibles y comunes. Es así como explicamos la pregunta del profeta sobre qué tenía la viuda en su casa. Y cuando ella respondió, «aceite para ungüento»,[3] la ayuda prometida se relacionó con su uso como medio. La viuda recibió instrucciones de tomar prestadas de sus vecinas vasijas vacías, cerrar la puerta, con ella y sus hijos dentro, y verter de lo que tenía en esas vasijas vacías, que la bendición multiplicadora de Dios las llenaría. Sería difícil imaginar un símbolo más lleno de significado e instrucción, tanto en sus instrucciones generales como en los detalles. Mostraba que Dios era una ayuda presente. Su bendición especial, dada cuando se requería de modo directo y milagroso, aumentaría nuestra escasa provisión. Tampoco podemos equivocarnos si suponemos que la instrucción de cerrar la puerta con ella y sus hijos dentro era para provocar no sólo el reconocimiento reverente, sino la adoración silenciosa a Dios. Y ciertamente así deberíamos actuar nosotros cuando buscamos Su ayuda, sentirnos siempre solos con él, combinando, como lo hiciera ella antiguamente, la plena confianza en la promesa de Su palabra con la obediencia activa a Sus instrucciones –haciendo lo que nos queda mientras oramos y orando mientras lo hacemos. Finalmente, parece bastante coherente con lo que había sucedido que cuando todas las vasijas prestadas estaban llenas, y el aceite todavía sobraba, que la viuda, antes de disponer de cualquier cosa, acudiera al profeta en busca de instrucciones, y, podemos añadir, igualmente lógico que Eliseo le dijera que pagara primero a su acreedor y luego usara el resto para el sostén suyo y de sus hijos.

La sunamita y Eliseo

El segundo relato[4] de esta serie de «los hechos» del profeta, nos transporta al tranquilo pueblo de Sunem, y al

3. No «una vasija de aceite». Esta expresión aparece solo aquí. Sin duda alguna significa aceite para ungüento, que, como es bien sabido, se utiliza de manera universal en oriente. Pero se debe dejar indeterminado si, como implican la LXX y la Vulgata, solo quedaba lo suficiente para una unción, y si la respuesta indica que éste había sido el medio de subsistencia de la familia. Esta última idea parece ser sugerida por el versículo 7.

4. Aquí también hay expresiones peculiares que confirman la opinión de que toda esta sección se deriva de alguna obra especial sobre el tema.

retiro de un hogar israelita piadoso. Conocemos Sunem por nuestra historia anterior,[5] pero entonces en relación con batallas o con escenas muy diferentes a las que estamos a punto de presentar. La moderna Sulem es un conjunto arruinado de chabolas de barro. Exceptuando su emplazamiento, casi no recuerda nada de aquel antiguo pueblo próspero, saludable, feliz y dedicado a la agricultura, según parece que se veía sobre la rica llanura de Esdralón. Estaba muy cerca del palacio de verano de Jezreel, que se hallaba colgado en el monte más arriba, ocupando una posición de igual belleza y dominio. Y a pesar de su proximidad a una corte corrupta, en sus hogares había un ambiente muy diferente. Parece ser que Sunem conservaba algo del antiguo espíritu israelita, algo de su pureza, honradez, impulsividad, y casi diríamos intensidad, que incluso mucho tiempo después caracterizó a la Palestina del norte y a las gentes de Galilea. Un sólido sentido de independencia (2 R. 4:13), junto con una sencillez reverente (vv. 9, 10), afecto familiar cálido (vv. 16, 18, 20), religiosidad honrada y una fe espiritual sin fluctuaciones (vv. 23, 24, 28) –éstas son las ideas que hemos aprendido a asociar con Sunem. Y la forma física de esta población también parece ser que correspondía a esta salud moral. Según parece, Sunem no sólo era el hogar de hombres ricos, sino también de hermosas mujeres, tales como la bella Abisag, la joven esposa del rey David (1 R. 1:3), o la encantadora sulamita[6] que encantó el corazón de Salomón (Cnt. 6:13, etc.), y de la sunamita de este relato.

Inferimos que por entonces Eliseo había pasado con frecuencia entre Samaria[7] y lo que probablemente consistía en su morada en el Carmelo. El camino directo de un lugar a otro no pasaba por Sunem, que queda algo más al este, en la ladera sudoeste del «pequeño Hermón», y en el lado opuesto de Esdralón desde el Carmelo, a una distancia aproximada de veinticuatro o veinticinco kilómetros a través de la llanura. Pero sucedió que en cierta ocasión Eliseo «pasó por encima [traducción literal] a Sunem». De acuerdo con la buena costumbre israelita, recibiría hospitalidad; pero era simplemente lo adecuado que dicho servicio se lo ofreciera la señora de la que parece haber sido la «gran» casa[8] de Sunem. Inferimos que Eliseo al principio no deseaba aceptar la invitación a la «gran» casa. Probablemente había pocas mansiones en el país donde el profeta se pudiera sentir en casa. Pero cuando cedió ante la importunidad insistente aunque moderada de la sunamita, pronto debió darse cuenta de que no sólo era un lugar agradable para reposar de su viaje, sino también un lugar donde podía acudir para refrescar su cuerpo y alma sin peligros. Demasiado a menudo queremos aplicar nuestras costumbres modernas a los tiempos antiguos, pero aquí podemos indicar que el modo en que la sunamita llamó a Eliseo «santo» varón de Dios, indica una piedad iluminada; el cuidado con el que lo recibe, consideración afectuosa; la provisión de intimidad absoluta, reverencia y falta de egoísmo; y las circunstancias (referidas posteriormente) de su atención a las instrucciones religiosas de Eliseo (v. 23), cierta relación espiritual entre ellos. Y así sucedió que, después de esta primera visita, «cada vez» que Eliseo «atravesaba» la llanura de Esdralón «se desviaba» [de manera literal, puesto que Sunem no se hallaba en el camino directo] para disfrutar de la hospitalidad de la piadosa señora de la «gran» casa de Sunem.

Pero la frecuencia de sus visitas, en lugar de tener como consecuencia una mayor familiaridad, simplemente conllevaron mayor reverencia de parte de la sunamita. La observación que realizara ella le hizo considerar a Eliseo no sólo como una persona muy diferente de los que por entonces podían haber pasado por profetas en ciertas ocasiones, sino que incluso de los hijos de los profetas comunes –es decir como hombre de Dios distinguido por la santidad. Todo esto lo argumentaba ella ante su marido no sólo en referencia a sus preparativos para una hospitalidad adecuada sino incluso para la completa intimidad del profeta. En Palestina había una escalera exterior que llevaba a la terraza de la casa, de modo que no era necesario entrar en la morada. Entonces ella quiso cerrar parte de la terraza con paredes, para convertirla en «un aposento alto». Así el profeta, si lo deseaba, podía entrar y salir de su alojamiento sin ser observado ni molestado. Esto era sin duda una falta de egoísmo meditada y ante todo una amabilidad y una hospitalidad llenas de respeto. La habitación, y su escaso mobiliario, pueden parecer muy sencillos para nuestro modo de pensar moderno. Pero para la familia significaba privarse de la parte de la casa más apreciada en oriente, mientras que los muebles, por escasos que fueran según nuestras ideas, constituían una dotación mejor y mayor de lo que se hallaba normalmente en los sencillos apartamentos dormitorio orientales.[9] Evidentemente el objetivo era ofrecer al profeta la posibilidad de una estancia larga, con toda intimidad y, según parece por el contexto (v. 13), no sólo incluía al profeta sino también a su sirviente.

Toda esta «molestia» con la que la sunamita se «tomó la molestia»[10] en favor de Eliseo y de su siervo estaba tan repleta de delicadeza que el profeta, quien al principio fuera reticente a aceptar cualquier tipo de hospitalidad, ahora hacía uso regular de esta provisión de comodidad y retiro. Era absolutamente natural que él pensara en alguna retribución para su anfitriona. En consecuencia, en una ocasión dio instrucciones a su siervo Giezi,[11] a quien encontramos aquí por primera vez, para que preguntara a la sunamita qué servicio le podía hacer: «¿Hay algo para decir al rey o al capitán del ejército?» indica cierta situación general insegura, además de algo de despotismo en el estado cuando «el capitán del ejército» está evidentemente cerca del rey. Al mismo tiempo también implica la existencia de mejores relaciones entre el monarca y el profeta, y así confirma la opinión expresada anteriormente que el ministerio de Elías

5. Pensamos en ella en relación con batallas como las de Gedeón, de Saúl en Gilboa, y en general con las libradas en o cerca de la llanura de Esdralón, además del palacio cercano de Jezreel.

6. Sunem y Sulem evidentemente se refieren al mismo nombre, y la sulamita de *Cantar de los Cantares* se traduce en la LXX como Sunamitis (con una n).

7. No podía haber ninguna ocasión para que recurriera a Jezreel.

8. Poco importa si consideramos la expresión «grande» como referente a riqueza, o, lo que parece más probable por la historia que sigue, a estatus y familia (comp. 1 S. 25:2; 2 S. 19:32). La cuestión de por qué se menciona la señora y no el señor de la casa, se puede responder con la sugerencia que la propiedad había sido originalmente de ella, o que su piedad le daba el liderazgo en todas las buenas obras, ante las cuales su marido adoptaba el papel de consentimiento más bien que el de sugerencia.

9. «Una mesa» no era algo que se encontrara normalmente en una habitación simplemente para dormitorio, mientras que la expresión «silla», en lugar de «taburete», como está en algunas traducciones, indica un asiento de honor. Comp. 1 Reyes 10:19; 1 Samuel 1:9, 4:13; Salmos 122:5; Nehemías 3:7. El parecer de los rabís de que la sunamita era hermana de Abisag (1 R. 1) no necesita refutación. Si ésta hubiese estado viva tendría unos 140 años.

10. Esta palabra significa más bien malestar y molestia que cuidado.

11. Probablemente «Valle de la Visión». El nombre tal vez se derive de su lugar de nacimiento, que puede haber recibido esta denominación porque un profeta se alojara allí o por los alrededores.

y Eliseo, respaldado casi a cada paso por manifestaciones divinas directas, tuvo como efecto por lo menos la tendencia de detener el progreso de la apostasía de Israel.

La respuesta de la sunamita a Giezi:[12] «Habito en medio de mi pueblo», manifiesta no sólo un verdadero espíritu israelita de franca independencia, sino también una luz favorable en la zona, que (como todas las otras partes del país)estaría bajo el gobierno de sus propios ancianos. Lo que sucedió a continuación se expresa de modo sumamente gráfico. A la pregunta de Eliseo, sobre qué se podía hacer para ella, Giezi, que sin duda tenía un conocimiento ferviente de las cosas de este mundo, respondió: «Ciertamente, no tiene hijos, y su marido es anciano». Se trataba solo de una sugerencia, y en este sentido también era típica de Giezi. Pero ahora, cuando no debía ser un favor pedido por el hombre, sino una maravillosa misericordia concedida por Dios, Eliseo ya no habló con la sunamita a través de Giezi sino directamente,[13] dándole la promesa de lo que en el *Antiguo Testamento* se consideraba mucho más que simplemente la fuente del gozo de una madre. Y en la respuesta de ella observamos un aire genuino, una mezcla de esperanza y de falta de osadía en su espera, y sobre todo la ausencia absoluta de cualquier adorno legendario, que casi nos la podemos imaginar como habla y respetuosamente se queda en pie en el umbral de la puerta.

El hijo dado por Dios

Sucedió tal como afirmara Eliseo, y la sunamita se convirtió en la gozosa madre de un hijo. Desde entonces pasaron años durante los cuales no tenemos ninguna información sobre las continuas visitas de Eliseo a la «gran» casa, que ahora se veía alegrada por la voz de un niño. Tal vez ya no pasaba por allí o lo hacía con menor frecuencia; más probablemente la Escritura, de acuerdo con su costumbre, mantiene el silencio sobre los detalles puramente personales en la historia. Pero el niño había pasado por cinco de las fases que el afecto judío, que contempla de modo especial el comienzo de la vida, ha designado sucesivamente con nada menos que nueve denominaciones.[14] Son tan interesantes, que las recogeremos aquí. El *yeled* («nacido», «bebé»[15]) se havía convertido en *yonek*, o lactante, luego un *olel*, quien, no contento con esta alimentación exclusivamente, pide pan,[16] luego el *gamel*, o el destetado, y luego el *taph*, el que se aferra a su madre. Y él también había pasado por esta fase y apenas estaba entrando en la fase designada como *elem*, afirmándose y fortaleciéndose. Era la época de la cosecha, y el chico iba de camino adonde estaba su padre con los cosechadores, cuando el fuerte sol de oriente le causó una insolación. Ante su llanto de dolor, el padre ordenó a uno de sus siervos que llevara al niño a su madre. Toda esa larga mañana abrazó la madre aquella dolorida cabeza en su seno, hasta que a mediodía, cuando el sol lanzaba sus flechas, el chico se quedó quieto y muerto en sus brazos. A esa valiente mujer no se le escapó ni siquiera un solo grito de lamentación para contar a los que se hallaban dentro de las casas acerca de la terrible desolación que la había visitado. Su resolución la efectuó con la rapidez y la certidumbre sin titubear que son fruto de la fe. ¡A Eliseo, o más bien al Dios de Eliseo! Él había dado el niño y lo podía restablecer. De todos modos estaba decidida a ir con su queja, no al hombre, sino al Dios del auxilio todopoderoso, y no se quedaría satisfecha con nada que no viniese directamente de Él.

Su muerte y restablecimiento en vida

Precisamente por todo esto, es lógico y significativo que llevase a su hijo muerto al aposento del profeta en silencio y que lo dejara allí en su cama. Como si descansara, al cuidado del Dios del profeta, cuya promesa lo había traído en primer lugar, hasta que, si alguna vez sucedía, el Dios del profeta lo despertase de nuevo. Y así, como la viuda del profeta cuando recibiera el auxilio divino, cerró la puerta. Porque ¿qué tenía el hombre que ver con todo ello? Su súplica era directamente a Dios. Debía ser una mujer fuerte, además de buena, y fuerte también en la fe, si fue capaz de controlar sus sentimientos de modo que su marido no tuvo la menor sospecha cuando ella expresó su petición poco común de que se hiciera regresar del campo a un siervo y a una bestia de carga, para que ella pudiese acudir al hombre de Dios de inmediato. Porque no era luna nueva ni día de reposo, cuando, según cabe suponer, el profeta solía dar instrucciones religiosas, y la gente se reunía a su alrededor, y tal vez iban al Carmelo desde distancias considerables.[17] Con un «Paz» reprobatorio –como si dijese, por favor déjalo así– dejó de lado las preguntas del hombre ocupado. Y, una vez su casa estuvo detrás de ella, se entregó completamente a lo que tenía delante. Ya no se trataba de una débil mujer sobre quien había caído el peor dolor terrenal, sino una mujer fuerte, resuelta, dedicada a un gran propósito, y totalmente despreocupada de sí misma. Y puesto que ella ya se había preocupado de la silla del asno (v. 24), ordenó al siervo: «guía[18] y anda; no me entretengas en mi cabalgadura [no me entorpezcas], hasta que te lo diga».

El sol debía estar descendiendo hacia el oeste, cuando, después de aquel viaje de veinte o treinta km, se hallaba cerca del Carmelo. Desde un risco de la montaña el profeta había estado observándola en sus prisas por cruzar la llanura y reconoció a la sunamita. Aunque no había recibido ninguna información divina, y por lo tanto no tenía la seguridad de un final feliz, debía saber que solo algún gran problema para ella, para su marido o para su hijo podía llevarla así aquel atardecer. Y así envió a Giezi con una pregunta con la intención de darle ánimos, por lo menos en cuanto al interés y la simpatía del profeta para con ella. Pero por mucho que así lo entendiera ella, no podía ser detenida por Giezi ni podía abrirle su corazón. Efectivamente, intentar explicar su dolor o su necesidad a cualquier hombre le hubiese impedido, en todos los sentidos, comunicarlo al profeta de la manera adecuada. Al ver a Eliseo, la fuerte mujer, por primera vez, cedió. Había alcanzado su objetivo, y entonces, en una agonía de pasión, se echó a sus pies y

---

12. Por el versículo 13, inferimos que el sujeto de la última frase del versículo 12 es Giezi en lugar de Eliseo.

13. Nuestros rabís afirman que Dios guarda para sí la llave de tres tesoros: la lluvia, los hijos y la resurrección de los muertos.

14. Comp. *Sketches of Jewish Social Life in the Days of Christ*, pp. 103, 104.

15. Aparece también en Isaías 9:6. Para una lista de los pasajes donde se usan las diferentes denominaciones, ver *Sketches of Jewish Social Life*.

16. Lamentaciones 4:4: «La lengua del *yonek* se pegó a su paladar por la sed: los *olalim* pidieron pan».

17. Sin duda la suposición no es totalmente cierta, pero parece implicarse que en la época en la que se redactó este relato la interpretación del cuarto mandamiento no era tan rígidamente literal como para prohibir el uso del asno para propósitos como el del texto.

18. Se usa la misma palabra con referencia a Jehú: «porque él guía alocadamente» (2 R. 9:20).

«Cuando en el mes de agosto de 1868, el Rev. F. Klein, de la Church Missionary Society, se hallaba viajando por Moab, un amable jeque le mostró una piedra negra de basalto, de una altura aproximada de un metro, sesenta centímetros de ancho y treinta y cinco centímetros de grosor. La piedra tenía una inscripción de treinta y cuatro líneas rectas (con un espacio entre líneas de medio centímetro), y tras un examen erudito se descubrió que se trataba de caracteres fenicios que narraba las victorias del rey Mesa sobre Israel. El lugar donde se encontró esta roca conmemorativa, o columna, era Dibân, la antigua Dibon, la capital del norte de Moab, al norte del río Arnón».

Esta es la llamada «piedra moabita» encontrada en Dibón, Jordania, que conmemora las victorias del rey Mesa sobre Israel hacia el año 842 a.C. (Museo del Louvre)

los aferró, como si en su desesperación no pudiese dejarlo partir sin ayudarla. Se trataba, como en la lucha de Jacob con el ángel, del tipo de oración agonizante adecuada para los tiempos del *Antiguo Testamento*, cuando Dios y su auxilio, y, sin duda, la mayoría de realidades espirituales se presentaban de manera concreta. Por un celo espurio del honor de su señor, por nociones falsas de lo que era conveniente o no lo era –las consecuencias de su completa falta de profundidad o simpatía espirituales– Giezi la hubiese echado fuera. Del mismo modo la gente quería hacer callar al ciego Bartimeo e incluso los discípulos echaron fuera a la inoportuna mujer sirofenicia (Mt. 15:23); y así nosotros por nuestras nociones equivocadas sobre lo que es adecuado o lo que no lo es demasiado a menudo impedimos a las almas que tengan un contacto personal con nuestro Señor. Pero Eliseo no se lo iba a permitir a Giezi, porque sabía que el alma de ella estaba angustiada, aunque puesto que Dios no le había revelado la causa, desconocía el resultado final.

Estamos convencidos de que esto es lo que explica la conducta de Eliseo, como la primera misión de Giezi, que de otro modo resultaría extraña, si no ininteligible. Pero sin duda Eliseo nunca había sido más humilde que en la vigilia del mayor milagro realizado por medio de sus manos; nunca la pobreza de su humanidad, como un mero instrumento en la mano de Dios, se manifiesta con mayor claridad que por la comparación con el auxilio que Jehová estaba a punto de enviar. E incluso el propio Eliseo expresó estos sentimientos cuando se expresó con tanto dolor sobre el hecho que Jehová se lo había escondido y no se lo había revelado.[19] Pero esto sí lo podemos afirmar, que la leyenda nunca ha sido construida así. Cualquier lector estudioso comprenderá que unos rasgos tan humanos de sentimiento de debilidad y de ignorancia no sólo del futuro sino del presente y del pasado nos deben llevar a la convicción de la verdad de este relato, por lleno de aspectos milagrosos que esté.

Las primeras palabras que la sunamita dijo a Eliseo revelaron el estado del caso. No eran una súplica pidiendo ayuda; ni siquiera contenían sugerencia al respecto. Pero en cambio eran la súplica más fuerte que se podía hacer, puesto que se aferraban a la fidelidad de Dios a Su palabra y promesa. La orden del profeta a Giezi que se apresurara y pusiera el báculo de Eliseo sobre el rostro del niño muerto parece difícil de entender a primera vista. Es cierto que no se trataba de un báculo normal, sino más bien el símbolo de la autoridad y el gobierno proféticos, como la vara de Moisés (comp. Éx. 4:17; 17:5, 9; Nm. 20:8, 9). Pero es imposible creer que Eliseo esperase que el báculo restituyera la vida a los muertos, o que Giezi pudiese realizar un milagro como ese; o, por otro lado, que Eliseo actuara por un malentendido, como Natán hablara con David cuando todavía no había recibido instrucciones referentes a la voluntad de Dios (2 S. 7:3, etc.); o incluso que el profeta imaginara que el niño no estaba muerto. Tampoco podemos aceptar la sugerencia planteada en ocasiones de que Eliseo sabía perfectamente que Giezi no tendría éxito, pero lo envió para mostrar –a Giezi, a la sunamita o a todo Israel– que los milagros no eran magia, y que ni Giezi ni el báculo de un profeta los podían producir. Es difícil usar palabras moderadas para rechazar sugerencias que implican que Eliseo usara adrede lo que él sabía que eran medidas inútiles con la finalidad de enseñar algo abstracto, o que podía haberlo hecho en un momento de tanta agonía y suspense. Las opiniones de este tipo con referencia a los tratos de Dios con nosotros cuando nos hallamos bajo una severa aflicción son, sin duda, demasiado comunes entre los cristianos. Deberían dejar lugar a conceptos más iluminados del carácter de Dios, y a una fe más sencilla e infantil en Aquél, que no aflige voluntariamente, sino para nuestro provecho.

Estamos convencidos de que la explicación de las órdenes de Giezi la encontramos en el relato mismo. Cuando Eliseo envió a su siervo con su báculo, era con la intención de que tomara el lugar de su maestro. Lo que le hizo ir después personalmente fue la resolución explícita de la mujer: «Vive Jehová, y vive tu alma, que no te dejaré [es decir, no me iré ni iré sin ti]. Entonces él se levantó y la siguió». Todo esto parece concordar con lo que se ha dicho previamente. Si, como Eliseo lo expresara con dolor, Jehová no había comunicado a su siervo lo que había sucedido en la casa de la sunamita, no sólo desconocía el profeta el resultado final, sino que se quedaba sin órdenes divinas sobre el asunto. En dichas circunstancias debía esperar las indicaciones que le llegaran a través del curso de los hechos. Y las recibió, claramente y sin duda, a través de la resolución explícita de la sunamita. En consecuencia, la siguió de inmediato. La primera misión de Giezi pudo haber sido tentativa y preparatoria; y la colocación del báculo del profeta sobre el rostro del niño posiblemente un símbolo de la detención del avance de la decadencia. Tampoco hallamos ninguna dificultad en comprender la instrucción del profeta a Giezi de no saludar a ninguno por el camino, y de no responder a ningún saludo. Pretendía no sólo indicar la necesidad de velocidad en lo que no admitía retraso alguno, y de evitar toda distracción mundana en su camino, sino también para impedir toda publicidad sobre el asunto, que hubiese formado la conversación natural, especialmente de parte de uno como Giezi (comp. también Lc. 10:4).

El relato pasa en silencio por el largo camino a través de Esdralón y hasta Sunem. El crepúsculo ya debía haberse presentado en el cielo azul profundo de verano, cuando los dos se acercaron a la casa desolada. Antes de su llegada a la misma, Giezi les salió al encuentro con la información: «El chico no se ha despertado», –y esto también es significativo sobre los pensamientos de Giezi en cuanto a este asunto. Había obedecido literalmente a su maestro y había colocado el báculo sobre el rostro del chico, «pero no tenía voz ni sentido [de parte del niño muerto]». Pero entonces, sin duda, Eliseo ya sabía qué tenía que hacer. Aunque el Señor no le había hablado, ya había recibido suficientes instrucciones (comp. Éx. 14:15). Lo que sigue en este relato (v. 32) pretende principalmente manifestarnos más claramente la realidad de lo que sucedió. Tras llegar a su aposento, el profeta cerró la puerta detrás de él y del chico muerto en su cama. Hemos aprendido a entender el significado de este acto, que simbólicamente indicaba estar a solas con Dios. En cuanto a su oración a Jehová y al contacto personal íntimo con el chico muerto, Eliseo siguió, tal como se podía esperar desde todos los puntos de vista, el ejemplo de su maestro, Elías, cuando devolvió a la vida el hijo de la viuda de Sarepta[20] (1 R. 17:17, 24). Hay varias diferencias en los detalles, tal como se observará fácilmente. Pero estas diferencias se explican mejor por las diferencias tanto en las circunstancias como en el carácter y la misión de los dos profetas.

19. Parece que se está rayando el malentendido crítico cuando estas palabras de Eliseo se consideran como indicando que si Eliseo lo hubiese sabido, hubiera ido rápidamente a Sunem. Comp. la conducta contraria de nuestro Señor en el caso de Lázaro (Jn. 11:6).

20. Los intentos de explicar el milagro de modo natural –tales como el magnetismo animal, la administración de algo para oler, o de alguna droga– son tan claramente infantiles que no merecen ninguna discusión.

En cualquier caso, no son importantes. Pero tanto el simbolismo como las lecciones de este relato deben ser vistas por todos.

En primer lugar, por lo que a la sunamita se refiere, vemos en ella a una mujer israelita honrada y fiel, quien, en una época de apostasía generalizada, honraba a Jehová tanto en su vida como en su casa. Al recibir a un profeta, por causa de Aquél que lo había enviado, porque era un santo hombre de Dios –y con humildad y completa despreocupación de ella misma– ella recibió la recompensa de un profeta en el don más precioso para una mujer judía –un don que ella no se había atrevido a esperar ni siquiera cuando le fue anunciado. Entonces, cuando fue puesta a prueba severamente, todavía se mantuvo aferrada a su confianza en la promesa –fuerte incluso en la mayor debilidad– una vez más despreocupada de sí misma, y siguiendo el más profundo impulso espiritual. Y, al final, su fe aparece victoriosa –coronada con la misericordia divina, y resplandeciendo más brillante por el contraste con el sentimiento de debilidad del profeta. Al pensar en esto, parece como si se derramara una luz más llena sobre las pruebas de un Abraham, un Isaac o un Jacob; sobre la vida interior de aquellos héroes de fe a quienes la *Epístola a los Hebreos* se refiere para nuestro ejemplo y formación (He. 11), y sobre escrituras como éstas: «Jehová mata, y trae vivo: Los hace descender al sepulcro, y los levanta» (1 S. 2:6); «Sepas que Jehová ha apartado al piadoso para él: Jehová escuchará cuando yo clame a él» (Sal. 4: 3); o ésta: «Todos los caminos de Jehová son misericordia y verdad para con los que guardan su pacto y sus testimonios» (Sal. 25:10).

La última vez que vemos a la sunamita en esta historia es cuando al ser llamada por Eliseo para recibir de nuevo a su hijo vivo, ella se postra en reverencia, y luego se retira en silencio (2 R. 4:36, 37). Cuando la volvemos a encontrar es en una situación de prueba casi tan grande como la que había pasado antes. Una vez más demuestra ser fiel, confiada y valiente; y una vez más su fe es coronada con misericordia y liberación.

En segundo lugar, pensamos en la enseñanza simbólica y figurada de este relato.[21] Los rabís discuten la cuestión sobre si el hijo muerto de la sunamita podía haber contaminado levíticamente a los que lo tocaron. Este escrúpulo fariseo merece ser recogido por la respuesta significativa que provoca: «El muerto contamina, pero el vivo no contamina». Para nosotros esto incluye un significado más profundo de lo que ellos podían conferirle. La historia nos habla de aquél a través del cual «la muerte es absorbida en victoria». Cuando pensamos en aquél que, como Dios hecho carne, y como el enviado del Padre, es para nosotros el representante y el profeta de Dios en un sentido único, recordamos que no fue, como por medio de Elías y Eliseo, a través de la oración y el contacto personal, sino por la palabra de su poder que él levantó a los muertos (Mr. 5:39-42; Lc. 7:13-15; Jn. 11:43, 44). Y más allá de esto recordamos que «la hora... es ahora, cuando los muertos oirán la voz del Hijo de Dios: y los que oigan vivirán»; y que «todo aquel que vive y cree» en Cristo «no morirá nunca» (Jn. 5:25; 11:26).

Finalmente, en cuanto a lo sobrenatural de este relato, admitimos de pleno que, como ya hemos indicado, la historia de Elías y de Eliseo determina, por así decirlo, la cumbre de la afirmación milagrosa de la misión de los profetas. Pero, junto con esto, hay tantos elementos de interés puramente humano, tantas indicaciones de la debilidad humana, y tantos detalles que no tendrían lugar en un relato legendario (como p.ej. la misión fracasada de Giezi), mientras que por otro lado hay una sencillez tan poco ornamentada en toda la narración, y tanta enseñanza espiritual y simbólica como para darnos una noción casi instintiva que nos persuade de la verdad y realidad de lo que se registra.

Eliseo en Gilgal con los «hijos de los profetas»

Todavía queda otro relato interesante, lo podríamos considerar doble, de la historia más particular del ministerio de Eliseo (2 R. IV. 38-44). Es instructivo, porque confirma el punto de vista de que toda esta sección sobre el ministerio de Eliseo ha sido tomada de una obra especial sobre este tema, el hecho que la escena en esta ocasión se coloca a cierta distancia en el tiempo de la historia anterior y durante una época de hambre (v. 38), que se describe mucho más tarde en relación con la profecía de Eliseo (2 R. 8:1). El profeta se encuentra una vez más en Gilgal –no la que se halla cerca de Jericó, sino otra Gilgal, próxima a Ebal y Gerizim, al sudoeste de Silo, y situada en una meseta dominante, 900 metros sobre el nivel del mar. Parece ser que allí se había establecido una comunidad de «los hijos de los profetas» (comp. 2 R. 2:1). Resulta imposible determinar si Eliseo solía visitar estas colonias ocasionalmente o de manera regular, o bien si había acudido a propósito para compartir la pobreza de la comunidad en una época de aflicción. No obstante, lo primero parece ser lo más probable, puesto que se nos dice que «los hijos de los profetas estaban sentados delante de él», lo cual, de acuerdo con la conocida usanza hebrea, significa que Eliseo los estaba instruyendo (comp. 2R. 6:1; Ez. 8:1; XIV. 1; 33:31; Zac. 3:8; Hch. 22:3).

Mientras estaba ocupado de este modo el profeta ordenó que se preparara la humilde comida habitual para las necesidades de sus oyentes. Aunque se trataba de una época de hambre, el plato ofrecido era tan pobre –y esto, por lo que el texto dice, no era solamente con carácter excepcional, debido a la escasez– que nuestras impresiones anteriores, derivadas de la estrechez económica de la viuda del profeta (4:1, 2), se ven perfectamente confirmadas. De hecho, «los hijos de los profetas» parece ser que vivían de labores manuales y además lo hacían de la manera más humilde. Esta sumisión voluntaria a la pobreza y necesidad por la devoción a su trabajo derrama la luz más favorable sobre la institución a la que pertenecían. En este caso uno de ellos fue enviado a recoger «alimento verde»[22] para el potaje de la gran olla donde se preparaban sus comidas comunes. Desgraciadamente, la persona enviada trajo entre otras hierbas un fruto muy nocivo –probablemente un pepino salvaje,[23] que había tomado por el pepino común, uno de los elementos de comida más común y favorito de oriente. El peligroso error fue descubierto después de que empezara la comida.

21. Desde el tiempo de Orígenes se ha venido presentando una visión alegórica algo fantasiosa. El niño muerto representa la raza humana muerta en el pecado; el báculo de Giezi, la ley de Moisés, que no pudo liberarla del pecado y la muerte; mientras que Eliseo era la figura del hijo de Dios, quien, por medio de su encarnación, entró en comunión con nuestra carne e impartió una nueva vida a nuestra raza.

22. Esta traducción es más probable que «hierbas». Es evidente que se refiere a algo «verde» que se hervía y comía.

23. El *cucumis agrestis* o *asininus*. Otros lo entienden, por la expresión hebrea, el *cucumis colocynthi*, o planta colocinta. Pero, por la etimología hebrea de la palabra, la primera explicación parece más probable.

«Muerte en la olla» y eliminación del mal

La apelación a Eliseo como el «hombre de Dios» trajo el auxilio rápidamente. El significado simbólico de echar «harina» en la olla era que ésta era la comida común y saludable por medio de la cual lo que había sido amargo y peligroso ahora era transformado en sabroso y alimenticio. Aunque el auxilio divino realizado por el profeta como el «hombre de Dios» era milagroso, tenía también, como fácilmente percibimos, un significado simbólico, tanto más, cuando «los hijos de los profetas» habían aprendido de Eliseo como discípulos. Y así se cumplió en todos los sentidos la expresión: «Sirve para el pueblo, para que coma. Y no había ningún mal en la olla».

El siguiente suceso registrado en el texto está íntimamente relacionado con éste. Si en el primer caso se vio que Dios podía eliminar de la provisión de su pueblo lo que era perjudicial con la adición de lo que en sí mismo es nutritivo y sano, el siguiente suceso nos proporciona un nuevo ejemplo de su disponibilidad para enviar provisiones inesperadas para cubrir las necesidades de sus siervos. La lección que nos enseña es tan antigua como la de Isaac, cuando recogió cien veces lo que había sembrado en Gerar en tiempo de hambre (Gn. 26:12), y tan cierta en todo tiempo y para todos los siervos de Dios como lo fuera para los patriarcas. En esta ocasión, Eliseo y sus compañeros recibieron una ayuda muy necesaria en su situación extrema de Baal-salisa, o Bet-salisa. Recordamos esta región en relación con la historia de Saúl (1 S. 9:4): «la tierra de Salisa», tal vez la tierra de los «tres valles». Estaba al norte de Lidda, en la llanura de Sarón, y no estaba muy lejos de la de Gilgal que hemos descrito, y cuyo emplazamiento confirma.[24]

Sabemos que el Señor había indicado que las primicias se dieran a los sacerdotes y levitas (Nm. 18:13; Dt. 18:4). Este mandamiento no se podía cumplir más en el reino de Israel, puesto que el sacerdocio aarónico, para cuya manutención se destinaba, no se hallaba en funcionamiento allí.

El hombre de Baal-salisa

Pero los piadosos de Israel, para quienes tales contribuciones no eran simplemente obligación o imposición legal, sino ofrendas voluntarias a Jehová, en reconocimiento de su soberanía y propiedad sobre la tierra, sabían cómo observar el espíritu de la ley si ya no se podía obedecer la letra. En consecuencia este hombre, cuyo nombre no se cita, que venía de Baal-salisa, trajo, como se afirma explícitamente, al «hombre de Dios» «pan de las primicias, veinte barras de cebada y espigas de grano quemadas[25] en su saco».[26]

Las provisiones suministradas por la piedad de este dador sin nombre, Eliseo las iba a compartir, con el mismo espíritu de devoción, con los que le rodeaban. Pero dicha conducta no concordaba bien con el espíritu del siervo de Eliseo. Ciertamente, podría ser que esta historia haya sido recogida para mostrar el carácter de Giezi. De todos modos no sentía ninguna inclinación, en esos momentos de escasez, para despreocuparse del mañana por un interés altruista. Difícilmente se atrevía a mencionar sus opiniones explícitamente, pero, adoptando la manera más prudente, se contentó con mencionar que esas provisiones eran insuficientes para un grupo tan grande.

Provisión suficiente y sin falta de Dios para los suyos

De acuerdo con la piadosa intención del donante, podrían cubrir durante cierto tiempo las necesidades de los profetas, pero ponerlas «delante de cien hombres» –probablemente un número redondeado referente a toda la comunidad– significaba perder el bien que se podía obtener, sin un beneficio equivalente para otros. Fue necesaria la orden directa de Eliseo para garantizar su obediencia. Pero Eliseo hizo algo más. Para la enseñanza no sólo de Giezi, sino de todos, añadió la promesa, de la cual, sin duda, estas provisiones eran prenda, de que, por poco que parecieran, estas provisiones no solo serían suficientes, sino que habría sobras. Y esto, tal como lo entendemos nosotros, en el sentido más extenso de suministro constante y suficiente para todas las necesidades de los siervos de Dios. Porque aunque generalmente se considera este relato, de manera parcialmente correcta, como una figura previa de la multiplicación milagrosa de las escasas provisiones con las que nuestro Señor alimentó a la multitud (Mt. 14:19-21: Jn. 6:9-13), en este caso el texto no da ninguna indicación de un aumento milagroso de comida como ese. Pero sí que indica de manera muy enfática que Eliseo era verdaderamente el profeta y el siervo de Jehová; que su confianza en su Dios era total y sin titubeos; y que, fiel a su promesa, el Señor siempre proveerá para sus siervos que claman a él. Y esta es la lección definitiva de este relato para todo tiempo y toda persona.

Capítulo 11
(2 Reyes 5)

El relato bíblico pasa del ministerio más privado del profeta a un aspecto más público de sus actividades.[1] De forma muy significativa, fue el modo de poner en contacto a Israel una vez más con su gran enemigo, Siria –esta vez, no en son de guerra, sino de paz. Y la victoria sin sangre que se obtuvo debió enseñar al rey y al pueblo cuán fácilmente podía el Señor hacer volver los corazones de los adversarios de ellos, y por medio de la manifestación de Su bondad hacerlos convertir en compañeros de creencias y de culto junto con Israel. En este aspecto, este relato, como otros en esta sección, tiene un carácter figurado referente a los tiempos del Nuevo Testamento. Puesto que el relato sigue sobre la suposición de unas relaciones estrechas entre Israel y Siria –no citadas en la Biblia de otro modo– e implica, al menos indirectamente, algunos puntos de interés general, ésta parece una oportunidad adecuada para un breve resumen de lo que nos enseñan los descubrimientos recientes de monumentos antiguos, que no sólo confirman, sino que además ilustran y explican este período de la historia bíblica.[2]

24. Será suficiente decir que hubiese sido imposible que un hombre llevara una carga tan grande de pan y grano «en un saco» desde Bet-salisa a la Gilgal cercana a Jericó.

25. Así lo entienden los rabís que consideran que la expresión se refiere a espigas verdes de grano, con las que en determinados lugares se hace sopa. Otros entienden que se trata de espigas frescas y tiernas tostadas al fuego. La primera explicación parece más probable, en cuyo caso la escena sería a finales de abril.

26. La traducción es saco y no «con cáscara».

1. Con la excepción de 2 Reyes 6:1-7. Pero el relato es tan excepcional en varios aspectos, que nos parece como si no dispusiéramos de todos los detalles.

2. Aquí hemos usado la obra clásica del Profesor Schrader (*Die Keilinschriften und d. Alte Testament*. Segunda Edición. Giessen, 1885), y también del capaz y útil tratado del Profesor Sayce: *Fresh Light from the Ancient Monuments*. (Londres: Religious Tract Society).

Ilustración y confirmación de la historia bíblica por los monumentos asirios

Pero al hacerlo debemos tener en cuenta algunas consideraciones. En primer lugar, nuestro conocimiento de lo que se puede llamar historia monumental es sólo incipiente y fragmentaria. En segundo lugar, en cualquier discrepancia aparente o ligera divergencia de detalle entre las inscripciones de los monumentos y los registros de la historia judía, no parece razonable ni seguro dar preferencia absoluta a la primera fuente. Los escritores judíos debieron ser los que mejor conocían su propia historia, mientras, en sus ligeras diferencias con los registros de los documentos, no logramos descubrir ningún motivo adecuado de parte de los historiadores judíos que explique su falsificación de los hechos. Y, casi huelga añadirlo, los mismos hechos adoptarán aspectos diferentes si se observan desde partes opuestas. Además, todos admiten que hay claros errores en los monumentos asirios, y ello en lugares donde es difícil justificar el error. Así, a guisa de ejemplo –en los monumentos asirios, Jehú es llamado «el hijo de Omri», y esto por el mismo monarca con respecto al cual se le representa y describe como tributario. Además hemos de tener en cuenta que nuestro conocimiento de la historia judía también es fragmentario. El *Antiguo Testamento* no pretende ser un manual de historia judía. Es una fuente de historia profética o sagrada, que no cuenta todos los acontecimientos a medida que suceden, ni tampoco siempre en un orden cronológico, sino que los presenta en función de su relevancia con respecto al reino de Dios, del cual narra la historia. Por ello solamente registra o enfatiza lo importante en relación con él. Finalmente, tenemos que recordar que la cronología de la Biblia en algunos lugares se halla implicada en dificultades, en parte por las razones que acabamos de mencionar, y en parte por los diferentes modos de calcular el tiempo, y también en parte por algunos errores de transcripción que pueden darse con facilidad en la copia de los numerales hebreos, que se escriben con letras. Teniendo en cuenta estas precauciones, cuya omisión ha dado lugar a muchas inferencias falsas, no dudamos en decir que hasta la fecha todos los descubrimientos históricos modernos han servido para confirmar el relato de la Escritura.

Volviendo, pues a estas fuentes externas de información sobre la historia temprana de Judá e Israel bajo los reyes, tenemos en primer lugar los monumentos egipcios, especialmente los de las paredes del Templo de Karnak, que relatan la invasión de Judá y Jerusalén de parte de Sisac, descrita en 1 Reyes 14:25; 26, y 2 Crónicas 12. Las representaciones pictóricas de esta campaña están acompañadas por la mención de los nombres de las ciudades judías conquistadas.[3] Pero al morir Sisac, el poder de Egipto estuvo en decadencia durante cierto tiempo. En cambio el de Asiria se fortaleció. Desde entonces sus monumentos de manera más o menos continua nos dan luz sobre la historia de Israel. Tal como sucede en el relato bíblico, así es en los registros asirios de la época, Siria ocupa un lugar de máxima importancia. Se recordará que este país había recuperado su independencia en tiempos de Salomón, habiendo sido arrebatado por Razón de la soberanía de Judá (1 R. 11:23-25). Hasta este punto percibimos un paralelismo general en las descripciones de este relato. Pero los registros asirios nos causan una impresión extraña, si recordamos la importancia de Omri, al haber sido el segundo o incluso el primer fundador real del reino israelita, el constructor de su capital, y el monarca que le confirió su dirección permanente tanto en la historia política como en la religiosa de Israel. Porque el nombre común de la tierra de Israel es «la tierra de Omri», «la tierra Omri», o «la tierra de la casa de Omri». Consideramos el hecho de que Jehú sea llamado «el hijo de Omri» como otra indicación más de la importancia política atribuida a este rey. Esto no podía deberse a ignorancia de la historia real, puesto que Acab se encuentra en los monumentos de Asiria, aunque (si se lee correctamente) de un modo que no concuerda muy bien con nuestra cronología habitual.

Los monumentos asirios nos proporcionan más ilustraciones tanto sobre ciertas fases de la historia bíblica de Acab como de las palabras explicativas con las que se introduce el relato de la sanidad de Naamán: «Ahora pues Naamán, capitán del ejército del rey de Siria, era un hombre grande ante su señor, y honorable, porque por medio de él Jehová había libertado a Siria» (2 R. 5:1). Cada una de estas afirmaciones exige mayor explicación. En cuanto a la historia de Acab, observamos de manera accidental que el nombre *Etbaal* (1 R. 16:31) como rey sidonio, también aparece en los monumentos asirios, como también lo hace *Sarepta* (1 R. 17:9, 10), como ciudad fenicia, situada entre Tiro y Sidón. Pero resulta más interesante descubrir en estos monumentos los motivos políticos que provocaron la extraña y repentina alianza propuesta por Acab a Ben-adad (un nombre que es confirmado ampliamente por estos monumentos), después de la batalla de Afec (1 R. 20:26-34). Al pasar por allí podremos observar que en una inscripción fragmentaria de Asarhaddón, esta Afec, situada al este del lago de Galilea, y un poco apartada del gran camino entre Damasco y Samaria, es mencionada como la ciudad fronteriza de Samaria. De modo similar, la mención de treinta y dos reyes aliados con Ben-adad en su campaña contra Israel (1 R. 20:1), se ve corroborada por los monumentos asirios por el hecho que en las campañas de Asiria contra Siria Ben-adad siempre es descrito como luchando junto con varios príncipes sirios aliados.[4] A partir de estas inscripciones también aprendemos que el creciente poder de Asiria amenazaba con arrollar –como lo hizo posteriormente– Siria y los principados más pequeños relacionados con ella. Un político como Acab debió observar el peligro que amenazaba a su reino de Samaria del poder en aumento de Asiria. Si Ben-adad había intentado aumentar su fuerza con la subyugación de Samaria, Acab, en su momento de triunfo, deseaba, por medio de una alianza con el ahora humilde Ben-adad, colocar a Siria como una especie de baluarte entre él y el rey de Asiria. Esto explica los motivos de Acab, que no confiaba realmente en el poder y la liberación de Jehová, sino que buscaba alianzas políticas para obtener la seguridad, al dejar que escapara de sus manos al hombre a quien Jehová «designó para destrucción total» (1 R. 20:42).

Otro hecho relacionado con el tratado de Afec, no registrado en la Biblia, y conocido solo por los monumentos asirios, nos da luz sobre este anuncio profético de juicio contra Acab: «Así, pues, tu vida será para su vida, y su pueblo para su pueblo». Gracias a los monumentos sabemos, en una ilustración de la alianza entre Ben-adad y Acab,

3. El Libro 5 de esta *Comentario Ilustrado* ofrece más detalles sobre este hecho.

4. En una inscripción se mencionan explícitamente 12 y, en otra, 11. Una discrepancia similar también se da con respecto al número de tropas empleadas, y el de los muertos en la batalla. Pero, tal y como Schrader observa, los asirios, sin duda, mencionan a los aliados más importantes de Ben-adad y no a todos ellos. (Ver *Keilinschr. u. d A. Test.*, p. 204.)

y del castigo pronunciado contra la misma, que en la batalla de Karkar, o Aroer, en la que el monarca asirio Salmanasar II derrotó totalmente a Siria, las fuerzas de Acab, que no eran inferiores a 2.000 carros y 10.000 hombres, lucharon del lado de Ben-adad. Al leer que 14.000 o, en otra inscripción,[5] 20.500 aliados murieron en esta batalla,[6] percibimos el cumplimiento de la amenaza divina sobre aquella alianza (1 R. 20:42). Al mismo tiempo también vemos que muchas de las cosas mencionadas en la Escritura que ahora, con los medios de conocimiento de que disponemos, pueden parecernos extrañas e inexplicables, pueden convertirse en claras y plenamente confirmadas por medio de una información más completa derivada de fuentes independientes.

Liberación de Siria a través de Naamán

La batalla de Karkar no fue el único encuentro en el cual las fuerzas sirias se enfrentaron, y fueron derrotados, ante las fuerzas asirias. Se libró el sexto año del reinado de Salmanasar. Hay otra campaña con éxito registrada para el año undécimo del mismo reinado, cuando Salmanasar afirma que cruzó el Éufrates por novena vez; y todavía otra, en el año decimocuarto de su reinado, cuando encabezando 120.000 hombres cruzó el río en su cauce profundo. De estas inscripciones podemos extraer dos inferencias relativas a nuestro tema. La derrota de las fuerzas de Acab, al luchar junto con Ben-adad, explica el cese de la alianza realizada después de la batalla de Afec. De nuevo, la derrota repetida de Ben-adad de parte de Asiria explicará que Acab se animó por la gracia, y en compañía de Josafat fuese a aquella expedición fatal contra Ramot de Galaad (1 R. 22), en la que literalmente la «vida» de Acab fue por la de aquél a quien había perdonado la vida (1 R. 20:42) por motivos de hipermetropía política. Finalmente, estas guerras reiteradas entre Asiria y Siria, de las que el monarca asirio evidentemente solo recogería los encuentros victoriosos, nos ayudan a entender la frase con la que Naamán, capitán[7] del ejército de Siria, es presentado como aquél «por medio del cual el Señor había dado la libertad (tal vez la «victoria») a Siria»[8] (2 R. 5:1).

La expresión que acabamos de citar parece impedir que se apliquen estas palabras a la victoria de Ben-adad contra Acab,[9] aunque los rabís suponen que la flecha fatal por la que murió Acab salió del arco de Naamán. En consecuencia no podemos afirmar, como lo hace la mayoría de comentaristas) que se trata de una antítesis: que el conquistador de Israel tuvo que acudir a Israel en busca de sanidad. Pero el hecho es suficientemente notable de por sí, especialmente cuando lo consideramos con respecto a su enfermedad, que hubiese situado incluso a un Israelita, por así decirlo, fuera de lo aceptable en Israel.

5. Hay una discrepancia evidente entre estos dos números – el que se menciona es una inscripción de Salmanasar, descubierta en la ribera del Tigris, el otro en un obelisco en Nimrod, en el que este monarca describe los hechos de su reinado.

6. El gran número de muertos y de las fuerzas llevadas a la batalla por ambos lados nos ilustra lo que en ocasiones se ha descrito como las cifras «exageradas» introducidas en los relatos de guerras y batallas del *Antiguo Testamento*.

7. Ésta es la traducción correcta, en lugar de «el» capitán.

8. Porque, es evidente, la conquista de Siria no podía ser permanente ni completa, puesto que Salmanasar tenía que ir haciendo nuevas expediciones de vez en cuando. Además, Siria era libre cuando el sucesor de Salmanasar subió al trono.

9. Así opinan la mayor parte de los comentaristas.

La lepra de Naamán y el viaje a Samaria

Con un sorprendente contraste con la mención de la fuerza y valentía de Naamán, y de su posición elevada, la Escritura abruptamente, sin pausa ni conjunción, recoge el hecho: «leproso».[10] No necesitamos detenernos a considerar la moraleja de este contraste, con toda la enseñanza que nos debería aportar. Hay una lección bien diferente que nos viene de dirección contraria. Porque esta historia también nos ilustra que, al ser la necesidad mayor, más cercana está la ayuda; y que, en la proporción en que sentimos la impotencia de nuestro caso, Dios puede preparar un camino para nuestra liberación. Y así fue en este caso. Una vez más vemos la providencia de Dios que obra maravillas, quien, sin ninguna interferencia abrupta o incluso directamente visible, hace surgir unos resultados que, si se observan aislados, deben parecer absolutamente milagrosos. Y ello, con unos medios que entonces debieron parecer nada prometedores.

Sin duda, un gran dolor se abatió sobre aquel hogar israelita, cuando las bandas sirias se llevaron a la pequeña joven a quien posteriormente encontramos sirviendo a la mujer de Naamán. Y no obstante, éste fue el primer eslabón de una cadena de sucesos que no solo produjo la sanidad del cuerpo y el alma del capitán sirio, sino también fue una nueva prueba tanto para los judíos como para los gentiles de que había un Dios vivo en Israel, que había colocado allí a su representante acreditado. Seguramente el afecto más devoto no podía haber deseado para una chica un lugar de mayor honor o utilidad que el que ocupaba esa joven judía en la casa del capitán sirio. Lo que sigue se explica con una sencillez absoluta, y lleva las marcas de la verdad. Porque, era simplemente natural que esta joven contara a su señora sobre la presencia en Samaria del profeta, o expresara toda su confianza en su habilidad para curar a su señor de la lepra.[11] De modo parecido, era precisamente lo que se podía esperar cuando su señora repitió a su marido lo que la joven había dicho, y tal vez igualmente natural de parte de Naamán que lo repitiera ante su rey,[12] tanto para obtener su permiso para ir a Samaria, como en el modo más probable para asegurarse el resultado deseado.

Como paganos, y en especial como sirios, ni Naamán ni Ben-adad podían encontrar nada extraño en la posesión de estos poderes mágicos en un profeta de Israel. Del mismo modo, también concuerda con las ideas paganas el hecho de esperar que el rey de Israel pudiese obtener de su profeta cualquier resultado que deseara. Los reyes paganos siempre eran el jefe religioso además del político de su pueblo, y el hecho de ordenar los servicios y la obediencia de su propio profeta parecería ser casi algo normal.

Fue por esta razón que Ben-adad dio a Naamán una carta para el rey de Israel. De ahí también, que por imperioso que fuera el tono de la carta, difícilmente podía garantizar la interpretación que el rey de Israel –probablemente Joram– le dio. Lo que de ella se transcribe en el texto sagrado (2 R. 5:6) debe ser considerado como una parte de la misma, en la que se enuncia su objetivo principal. Por otro lado, podemos entender fácilmente que, desde el punto de vista

10. Se debe observar que las palabras «pero era» de algunas versiones no tienen equivalente en el hebreo original.

11. Sin duda ninguna leyenda podía haber sido concebida así. Hubiese habido milagros o visiones que indujeran a Naamán a ir a Eliseo, no una pobre esclava, explicando ingenuamente la historia de su país y su fe.

12. La traducción exacta del v. 4 es ésta: «Y él (es decir, Naamán) entró y lo contó a su señor» (es decir, al rey de Siria).

judío, Joram hablara de lo que consideraba una solicitud para que él mismo sanara a Naamán de su lepra, como si se requiriera de él lo que solo Dios podía hacer. Solamente a Él pertenecía el matar o hacer vivir (Dt. 22:39; 1 S. 2:6), y la lepra se consideraba una muerte viva (Nm. 12:12). Al comunicar esta extraña instancia a sus servidores y consejeros –presumiblemente no en presencia de Naamán– no es de extrañar que Joram lo considerara un deseo de buscar pelea. El cobarde rey de Israel rasgó sus vestiduras, como prueba de su más profundo duelo –como si ya hubiese visto su propia destrucción y la de su pueblo.

Algunas de las lecciones sugeridas por la conducta de Joram pueden tener una utilidad práctica. De entrada observamos la cobardía del hombre que se entrega a la desesperación antes de que el peligro ya haya surgido. Y no obstante, son muchos los que tiemblan no ante lo que es real, sino ante temores que, al final, resultan no tener base alguna. Casi huelga decir que mucha buena obra ha sido entorpecida por este tipo de aprehensión ya sea de parte de personas individuales o de la Iglesia. La fuente de todo ello yace, tal vez, no tanto en no querer creer como en la falta de fe, que es con diferencia la forma más común del escepticismo. Joram tenía un mejor conocimiento y creía peor que el rey de Siria –tal como sucede a veces con los hijos de Dios y los hombres del mundo. Sabía, a diferencia del sirio, que solo Dios podía dar ayuda; pero él no buscó la ayuda divina, como lo hiciera el sirio, aunque de forma equivocada. Tenía religión, pero no le servía para nada; la dejaba de lado justo cuando la necesitaba. No recordó que había un profeta en Israel, sino que con terror impotente rasgó sus vestiduras. También nosotros, en vez de acudir a Dios inmediata y casi instintivamente, demasiado a menudo nos olvidamos de Él hasta que hemos agotado todos los otros medios, cuando acudimos a él más bien por el desespero que por la fe.

El mensaje de Eliseo a Joram y a Naamán

Hablando con reverencia, hubiese sido imposible que Eliseo como «hombre de Dios» se quedara en silencio en esta situación. Su reproche al rey: «¿Por qué has rasgado tus vestiduras?» y su mensaje de confianza: «Dejadle venir a mí ahora, y sabrá que hay un profeta en Israel», no es un mensaje de afirmación de su persona, sino de afirmación de Dios. Se trataba de un testimonio y, si nos permitís añadirlo, una prueba tanto para Israel como para el mundo pagano[13] de la presencia del Dios vivo y verdadero. Pero al contemplarlo desde esta aplicación grandiosa, no debemos olvidar la confirmación que significó para la sencilla fe de aquella «pequeña» al servicio de la esposa de Naamán. Porque los tratos de Dios tienen un alcance muy amplio: se extienden hasta el cielo, pero también abrazan al más pobre de los de su pueblo en la tierra.

De acuerdo con las instrucciones del rey, Naamán se dirigió entonces «con sus caballos y su carro» al humilde aposento de Eliseo, el cual, según inferimos en el versículo 3, se hallaba en Samaria. Resulta difícil poder imaginar un contraste más grande o más instructivo. Sabemos que Naamán había acudido a Samaria no sólo armado con una carta real, en tono casi imperioso, y encabezando una gran expedición, sino que además llevaba, como regalos costosos por su sanidad, una cantidad de no menos de diez talentos de plata (aproximadamente a 3.000 o 3.500 £), y seis mil

«Los monumentos asirios nos proporcionan excelentes ilustraciones tanto sobre ciertas fases de la historia bíblica de Acab como de las palabras explicativas con las que se introduce el relato de la sanidad de Naamán: "Ahora pues Naamán, capitán del ejército del rey de Siria, era un hombre grande ante su señor, y honorable, porque por medio de él Jehová había libertado a Siria" (2 R. 5:1)».

(Toro alado. 800 a.C. Museo del Louvre)

13. El significado de la misión de Elías y Eliseo para el mundo pagano es distintivo y altamente importante. También da mayor luz sobre la peculiaridad del ministerio de estos dos profetas.

piezas de oro (aproximadamente a 7.500 o 9.000 £), junto con «diez cambios de ropa», es decir, aquellos vestidos finos tan caros y valorados en oriente. Entre toda esta exposición de grandeza y la espera humilde fuera del hogar del profeta había un contraste suficiente. Pero se intensificó enormemente cuando el profeta, sin ni siquiera ver al capitán sirio, le envió este mensaje: «Ve y lávate en el Jordán siete veces, y tu carne volverá a ti,[14] y serás limpio». Podemos afirmar directamente que la conducta de Eliseo no se debía al miedo del contagio de la lepra, ni para remarcar más claramente el milagro que se iba a realizar, y mucho menos por orgullo espiritual.[15] El orgullo espiritual de un judío hubiese encontrado otras formas de expresión, y, en general, los que desean el orgullo espiritual difícilmente son una prueba para visitas como la de Naamán. No cabe duda de que la conducta de Eliseo estaba dirigida por Dios. Alguien ha dicho que fue determinada por el estado interior de Naamán, según lo manifiesta el modo con el que recibió las instrucciones del profeta (v. 11). Tal vez debiéramos añadir (con otro antiguo escritor), que Eliseo quería enseñar a Naamán que ni su pompa ni su riqueza iban a ser la causa de su sanidad, y también que la ayuda no venía del profeta, como si el profeta tuviera tales poderes de forma inherente. Esto último, sin duda, era de gran importancia en la enseñanza que requería un pagano.

Percibimos sin dificultad que Naamán se indignara tanto por la forma como por el contenido de las instrucciones de Eliseo. Naturalmente, como capitán sirio que era, debió esperar una recepción diferente de parte del profeta israelita, y como pagano, que Eliseo usara algunos medios mágicos, como «mover la mano arriba y abajo por encima del lugar»,[16] mientras clamaba al nombre de Jehová[17] su Dios y así le sanaría de su lepra. Y Naamán habló como pagano y como sirio cuando comparó con desprecio las cristalinas aguas del «Abana y Farfar»,[18] que transformaban el desierto de los alrededores de Damasco en un paraíso de belleza y riquezas, con la turbia corriente del Jordán, si es que verdaderamente se debía obtener la sanidad por estos medios. «Así se volvió y se fue airado».

El razonamiento por el cual Naamán había estado a punto de privarse a sí mismo de un beneficio que sería para él como vida de los muertos, es básicamente el mismo que lleva a muchos a alejarse del remedio que Dios les indica. El sencillo mandamiento del evangelio de «lávate y serás limpio», como las palabras del profeta que son figura del mismo, sigue siendo para los judíos una piedra de tropiezo, y para los griegos, locura. La dificultad que encontraba Naamán es la misma que muchas personas en nuestros días: la necesidad de humillación, y de fe en un remedio que parece tan poco adecuado para su objetivo. Si lo que se necesita es ser lavado, que sea en el Abana y el Farfar de nuestras propias aguas, no en la turbia corriente de Israel. Pero siempre se requiere esta humillación de corazón y fe sencilla en la provisión de Dios para nuestra sanidad. «Si no os convertís, y os hacéis como niños pequeños no entraréis en el reino de los cielos» (Mt. 18:3).

---

14. En la lepra se suponía que la carne se consumía –por ello su sanidad sería el regreso de la carne.
15. Opiniones propuestas por algunos comentaristas.
16. Traducción literal.
17. El nombre de Jehová como el Dios de Israel aparece en la Piedra Moabita. Así, pues, es evidente que era conocido por las naciones vecinas.
18. El «Abana» sin duda es el moderno Barada o Barady, «el río frío» que se divide en 7 ramales y pasa por Damasco. El Farfar es probablemente el moderno Awaaj, al sur de Damasco.

La sanidad de Naamán y su noble petición

Y así tuvo que entenderlo Naamán. Fue bueno que su relación con sus siervos fuera tan simple y llena de afecto («padre mío»), de modo que pudieran dirigirse a él con esta objeción respetuosa, y así alejarlo de su propósito apresurado. Porque, a menudo los que nos rodean ven más claramente el verdadero significado de las cosas que nosotros. Al mismo tiempo, también podemos aprender de la relación entre Naamán y sus siervos que el cumplimiento fiel de las obligaciones diarias pueden preparar el camino para la recepción de una bendición más elevada.[19]

Así sucedió que en lugar de volver «airado» y leproso a Damasco, Naamán descendió al Jordán. Y obediente a «las palabras del hombre de Dios», «se zambulló siete veces en el Jordán», y «su carne se volvió como la carne de un niño pequeño, y fue limpio». Difícilmente nos equivocaremos si consideramos el número siete como símbolo del pacto (comp. también 1 R. 18:43), y también el hecho que implica una prueba de fe, puesto que suponemos que la sanidad no se cumplió hasta después del séptimo zambullido. Y entonces se vio, por el efecto producido, que Eliseo desde el principio había deseado obtener no sólo su salud física, sino también la recuperación espiritual de Naamán. Aunque el profeta no se lo indicara, pero de acuerdo con los impulsos de un corazón renovado, como el samaritano agradecido del evangelio (Lc. 17:15), regresó a Eliseo, y manifestó un reconocimiento tan completo de Dios –tanto negativa como positivamente– que se podía haber dicho entonces: «No he encontrado una fe tan grande, no, no en Israel» (Mt. 8:10).[20] Y también mostró, del modo que podía, los frutos evangélicos de la gratitud, y de una nueva dirección de vida. De lo primero dio muestras en su deseo de ofrecer un regalo;[21] de lo segundo, en su petición de «la carga de tierra de dos mulas». Y ello para construir un altar a Jehová, según inferimos por la expresión de su resolución de hacer ofrendas en adelante solo al Señor.

Poca cosa tenemos que decir sobre la negación de Eliseo de aceptar regalos de Naamán. Porque los profetas aceptaban dichas ofrendas con frecuencia (1 S. 9:7, 8; 1 R. 14:3), y Eliseo mismo lo había hecho recientemente (2 R. 4:42). Pero en este caso era sumamente importante demostrar –en contraste con los adivinos paganos– que, así como el profeta de Dios no hacía milagros por su propio poder, ni de su propia voluntad, tampoco lo hacía por la recompensa, y que el don de Dios no se podía comprar con dinero. Efectivamente, resulta difícil exagerar la impresión causada por el rechazo de Eliseo tanto a los seguidores de Naamán como a todo Israel. Uno de los padres de la iglesia observa en la conducta del profeta el mismo principio subyacente a las instrucciones de nuestro Señor cuando envió a sus discípulos con estas palabras: «De gracia recibisteis, dad de gracia» (Mt. 10:8). Y Eliseo tampoco podía tener dudas sobre la otra petición de Naamán. Si al hacer su altar de tierra de acuerdo con las instrucciones divinas[22] (Éx. 20:24), deseaba usar la tierra de Israel, no podía ser con la idea de que el Dios de Israel sólo podía ser adorado en tierra israelita. Cualquier idea de Jehová como divinidad nacional, limitada al suelo de Israel, sería evidentemente contradictorio con su convicción manifiesta de que no había «ningún Dios en toda la tierra, sino solamente en Israel»: ninguna divinidad nacional, sólo el único Dios vivo y verdadero, cuyo conocimiento y manifestaciones estaban solamente en Israel. Y Eliseo tampoco hubiese podido aceptar un error tan grave. Pero podemos entender fácilmente los sentimientos que provocaron un deseo de erigir un altar israelita, no sólo como recordatorio de amor[23] por el beneficio recibido, sino como coherente con el culto de Israel, al cual su nueva fe le había llevado. Sería una expresión externa de su fe interior, y además proclamaría constantemente por toda Siria que no había ningún otro Dios que el de Israel, y ningún otro culto fuera del suyo.

Y no obstante, nos vienen pensamientos más amplios. La dispensación del *Antiguo Testamento* parece extenderse al tener contacto con el mundo pagano: parece como si saliera de sus fronteras temporales; se convierte en universal por su aplicación, y en su tolerancia de corazón pierde su exclusividad. Así, este incidente también es una figura de la época del *Nuevo Testamento.* Porque la sanidad implicada de los sacrificios de Naamán –aunque probablemente se trataba sólo de holocaustos y sacrificios de agradecimiento–,[24] parece que nos lleva más allá de la dispensación preparatoria. Por otro lado, es una prueba de esta tolerancia que Eliseo no dé una respuesta negativa a la petición de Naamán –en la cual debemos observar una importante alteración de lectura: «Cuando mi señor entra en la casa de Rimón[25] para inclinarse allí, y él se apoya en mi mano, y yo me inclino en la casa de Rimón cuando él[26] se inclina en la casa de Rimón– que Jehová perdone a tu siervo en esto». Se observará que de acuerdo con esta lectura se obtiene una clara distinción –a pesar del hecho de que los términos usados son los mismos– entre el «inclinarse» de Naamán, simplemente porque su señor real se apoyaba en su brazo, y el «inclinar-

---

208. Comp. aquí también las enseñanzas instructivas de la historia de Cornelio, Hechos 10:7-27.

209. Para más ejemplos de una confesión similar ver Daniel 2:47; 3:29; 6:26, 27. Los que tienen sus reservas ante lo que llaman «conversiones repentinas» verán aquí cuán rápido, y a menudo más decidido y completo es el cambio de sentimiento y de vida de los que no han tenido una preparación religiosa previa.

210. «Una bendición» en el sentido de un regalo. Comp. Génesis 33:10, 11; Jueces 1:15; 1 Samuel 25:27; 30:26, y otros pasajes. Hacemos notar que en estos casos es mucho más adecuada la expresión bíblica de «una bendición» que la moderna y occidental «un regalo».

22. Difícilmente podemos tener dudas sobre ello, a diferencia de los altares paganos, que eran de piedra, y cuyos ritos, entre las naciones que habitaban en Palestina y los países vecinos, representaban y daban forma a todo lo más vil.

23. Unos sentimientos parecidos causaron la construcción (según explica Benjamín de Tudela) de la sinagoga de Nahardea con piedras y tierra de Palestina; y también pueden explicar el campo santo de Pisa, donde los muertos están enterrados en tierra palestina.

24. Esto parece implicado en las palabras usadas. El asunto, no obstante, es sólo una inferencia. Inferimos por la mención de los sacrificios siguiente, y por la circunstancia que la solicitud va dirigida a Eliseo, que Naamán pidió las dos cargas de tierra israelita para un altar, que a su vez sólo podía ser usado para sacrificios. Si es así, esto representaría exactamente una adaptación de la religión de Israel a las circunstancias de los gentiles piadosos. Es extraño que este punto no sea discutido en el Talmud o por los comentaristas judíos, aunque éstos consideran las dos cargas de mula de tierra como destinadas a un altar. El Talmud considera a Naamán como un prosélito, aunque no en el sentido completo de alguien que se ha convertido en judío por medio de la circuncisión, el bautismo y sacrificio (Gitt. 57 *b*, línea 18 desde la parte superior).

25. Rimón –o más bien Ramán y Rammanu– aparece en los monumentos asirios como el nombre del dios del trueno, el relámpago y la inundación (ver también el relato cuneiforme del Diluvio, col. II., línea 42, *apud* Schrader p. 62, y la nota de la p. 72, y también pp. 205, 206). Los asirios consideraban a Rimón igual a Hadad, el dios del cielo. Pero la introducción de Rimón en el culto de Damasco da luz sobre las relaciones históricas entre Siria y Asiria referidas antes.

26. La alteración implicada del texto solamente cambia a ו. La enmienda es la de los LXX.

se» del rey de Siria para rendir culto. Precisamente la mención de este escrúpulo de parte de Naamán demostraba no solo la ternura de su conciencia iluminada, sino también que no corría ningún peligro de adaptarse al culto pagano. Y así, sin entrar de manera especial en el tema, Eliseo le podía decir «ve en paz».[27]

Engaño y condena de Giezi

Pero este relato tuvo todavía otra triste secuela. Ya hemos observado en varias ocasiones la diferencia esencial entre el espíritu del profeta y el de su siervo. En esta ocasión se manifestó de tal modo que, de haber quedado impune, hubiese manchado la obra de Eliseo. Parece difícil comprender como, con un conocimiento completo de la obra que se acababa de realizar, y de todo lo que había sucedido, Giezi podía adoptar una posición tan diferente de la de su señor. Pero, desgraciadamente, se han dado demasiados casos parecidos como para que nos sorprenda. El carácter de Giezi era en todo lo contrario del de Eliseo. Era codicioso, egoísta y cerrado. Hay una gran diferencia entre el «vive Jehová», con el que Eliseo empezó su rechazo persistente de recibir algo de parte de Naamán (v. 16), y la misma expresión en boca de Giezi, cuando decidió «tomar algo» de «este sirio» (v. 20). A Giezi le parecía que su señor «había perdonado a este sirio» de manera innecesaria y necia, «al no recibir de sus manos lo que le traía». No sabía ver en lo que había sucedido nada superior a una transacción entre un hombre y otro hombre. Se trataba de un acto de generosidad romántica, una muestra poco práctica de un principio equivocado, donde toda consideración –incluso nacionalidad y religión– apuntaba hacia otra dirección. De todos modos, no había ninguna razón por la que él no pudiese actuar de otro modo.

Naamán había avanzado algo en su camino, cuando vio al siervo del profeta que se apresuraba en pos de él. Mostrando al siervo un honor parecido al que hubiese usado para con su señor, el capitán sirio descendió de su carro para salir a su encuentro. En respuesta a la pregunta ansiosa de Naamán, Giezi inventó un mensaje de Eliseo sobre el hecho que dos de los hijos de los profetas acababan de llegar del monte Efraín, donde se hallaban Bet-el y Gilgal, y que le pedía para ellos un talento de plata y dos mudas de ropa. Probablemente tenemos que comprender que estos «hijos de los profetas» imaginarios habían acudido a Eliseo solicitando ayuda para sus respectivas comunidades. Esto explicaría por qué Naamán había insistido a Giezi para que «estuviera contento» –«consintiera»– en llevarse dos talentos (cada uno a 300-375 £). Si no fuese por el efecto endurecedor del pecado, especialmente de la mentira y la codicia, Giezi debería haber sido conmovido por la sencillez evidente de Naamán, y por la cortesía respetuosa que no permitiría que el siervo del profeta, que había acudido con una empresa tan caritativa, cargase con la plata, sino que envió a dos de sus servidores para ello. Giezi permitió que llegasen hasta «la colina»,[28] y luego los despidió, para evitar ser observado. Tras introducir el dinero en secreto dentro de la casa, Giezi se presentó a su señor. Ante lo que debió considerar una pregunta en busca de información, «¿De dónde vienes, Giezi?», respondió con una clara negación del hecho de haberse ausentado de la casa. Evidentemente Giezi no se daba cuenta de que el Jehová a quien había apenas invocado, y ante el cual estaba Eliseo, era el Dios vivo y verdadero. Usando las mismas palabras de Giezi, «Tu siervo no fue», Eliseo dijo: «¿No fue mi corazón?»[29] y luego le presentó toda la escena tal como había sido realizada ante su visión espiritual interior. Luego, declarando la incongruencia de una mentira y un interés propio tan perversos en una ocasión como aquella –cuando la gloria de Dios debería haber sido el único pensamiento y objetivo de un israelita verdadero, pronunció contra él lo que debió sentirse como una sentencia de la retribución merecida.

Giezi recibe la lepra de Naamán

El sirio se había convertido en israelita de corazón y espíritu, y fue sanado de su lepra en las aguas de Israel. El israelita se había convertido en pagano de corazón y de espíritu, y él y los suyos fueron golpeados por la lepra del sirio, cuyo dinero había codiciado para él y para su familia. Lo que cada uno había sembrado, esto segó. Y esto no sucedió sólo como juicio justo, sino también como testimonio a Dios y a su siervo.[30]

Capítulo 12
(2 Reyes 6:1-23)

Brevemente el relato vuelve de nuevo al ministerio más personal y privado de Eliseo. O tal vez sería más correcto decir que la historia que viene a continuación ha sido introducida en este sentido, inmediatamente después de la de Giezi, para mostrar que del mismo modo que el siervo infiel que no se percató de la presencia y el auxilio de Jehová, recibió el castigo merecido, así los que se aferraran al profeta en fe y con fidelidad experimentarían la liberación de Dios, y ello, incluso en los asuntos aparentemente pequeños, y, si era necesario, por medio de una interposición extraordinaria. Así la historia del hacha recuperada milagrosamente

27. No podemos aceptar las opiniones de los comentaristas que o bien acusan a Eliseo por su complicidad, o bien piensan que no se refiere a las palabras de Naamán –de hecho por ignorarlas– cuando le dice «ve en paz». Por otro lado, entendemos claramente los peligros de una aplicación indiscriminada de lo que hemos llamado el principio de tolerancia de corazón. El carácter y los límites de ello se deben aprender en las Sagradas Escrituras (ver especialmente Ro. 14:1; 15:7; 1 Co. 8; 9:20-23; Fil. 3:15). Y esto parece un principio práctico seguro, que no podemos ser demasiado estrictos por lo que se refiere a nuestra propia conducta, pero tampoco demasiado caritativos (en coherencia con la verdad) al interpretar los motivos y las acciones de otros.

28. Ésta es la traducción correcta, y no torre, como en algunas versiones (v. 24). Probablemente la colina sobre la cual estaba Samaria, y no una colina donde se hallase la casa de Eliseo, tal como algunos han supuesto.

29. Excepto por el hecho de que «mi corazón» (v. 26) sustituye a «tu siervo» (cf. v. 25), las palabras en hebreo son exactamente iguales.

30. Nos da una evidencia dolorosa de la ausencia de entendimiento espiritual el hecho de que el Talmud (Sot. 47 *a*) condene la conducta de Eliseo para con Giezi, como también la destrucción de los jóvenes en Bet-el de parte de las osas. Otro punto escogido para su censura es la conducta de Eliseo para con Joram en 2 Reyes 3:13-16 (Pes. 66 *b*, línea 15 desde el final). Según el Talmud, Eliseo fue visitado por la enfermedad a causa de los dos primeros casos citados. La misma autoridad quisiera hacernos creer que cuando Eliseo fue a Damasco (2 R. 8:7), fue para guiar a Giezi al arrepentimiento, pero no se logró, de acuerdo con el principio que no se ofrece tal retorno a aquellos cuyo pecado tiene un efecto general o público. Si estas referencias muestran el carácter no espiritual del estudio de las Escrituras de parte de los talmudistas, es justo que citemos este hermoso proverbio suyo, que aparece en relación con lo mismo: «Deja siempre que la mano izquierda repele (al pecador), y la derecha lo mantenga cerca» (Sot. *u.s.*).

podía ser un suplemento y complemento de la del castigo de Giezi –ambos relatos enseñan la misma lección: una en sentido negativo y la otra en sentido positivo.

Dos manifestaciones maravillosas de la presencia de Dios con su profeta

Hemos observado repetidas veces que el ministerio de Eliseo tuvo su profunda influencia en Israel, a pesar de la corrupción de la Iglesia y el Estado. Tal vez una de las evidencias más agradables de esto aparece en el número creciente de «los hijos de los profetas». En una ocasión anterior (2 R. 4:43) encontramos en Gilgal a unos cien reunidos para escuchar las instrucciones de Eliseo. Esto sería un número grande en proporción con la población reducida y, en algunas partes, semi-pagana del reino el norte –sobre todo si recordamos que había comunidades parecidas en Bet-el y Jericó. Probablemente sea entre estos últimos que se emplaza la historia actual, y muestra que esta comunidad era tan próspera que su lugar de reunión[1] ya no era suficiente para el número creciente de miembros. Por esto se propuso la construcción de otro lugar más grande para su uso junto a las orillas del Jordán. Por la abundancia de madera en la zona sería fácil suministrar alojamiento suficiente para sus sencillas necesidades. Y el modo como expresan su propuesta (v. 2) es peculiar y gráficamente oriental. Eliseo no sólo asintió a su proyecto, sino que a su petición consintió en acompañarlos y quedarse con ellos, implicándose en su trabajo. Casi huelga decir que no le fue solicitado que el profeta supervisara sus trabajos, sino que querían tener en medio de ellos a su querido señor, cuya presencia parecía implicar la bendición divina, y cuyas palabras instructivas la garantizarían. En cualquier caso todo el relato indica, por un lado, la sencillez y la honradez de la fe de ellos, y, por otro lado, la pobreza y la humildad de sus circunstancias externas.

La evidencia de ambas cosas iba a aparecer de inmediato. Mientras talaban los árboles el hierro del hacha de uno de los trabajadores se desprendió repentinamente y cayó en el agua. Su exclamación de preocupación dirigida a Eliseo, con esta añadidura significativa, que el hacha había sido «pedida» o «suplicada» a otra persona constituyeron una apelación al profeta. El hecho de si había sido pedida como regalo, o como préstamo resulta relativamente secundario –aunque el significado de la palabra nos parece que indica lo primero.[2] Lo que sucedió a continuación debe ser expresado con una traducción literal del texto sagrado. «Y el hombre de Dios dijo: ¿Dónde ha caído? Y él le indicó el lugar, y él (Eliseo) cortó madera (un palo, un trozo de un árbol), y lo puso allí (lo envió), e hizo flotar el hierro» delante de lo cual el hombre, según le dijera el profeta, «puso ("envió", la misma palabra que antes) la mano y lo tomó». La primera impresión, y la más superficial, al leer estas palabras es que no implican *necesariamente* nada milagroso. En consecuencia, tanto algunos rabís como ciertos intérpretes modernos han argumentado, ya sea que el palo cortado fue a parar directamente en el agujero del hierro del hacha y lo hizo subir, o bien que el palo lanzado debajo del hacha posibilitó que lo arrastraran hasta la tierra. Pero, con toda franqueza, estas dos sugerencias implican unas imposibilidades tan manifiestas que casi no requieren ninguna discusión seria. También resulta obvio que cada una de estas explicaciones es contraria tanto a las palabras como al espíritu del texto sagrado, el cual, sin duda, no hubiese registrado entre las obras maravillosas del profeta enviado por el cielo una estrategia, que de haber sido posible, se podía obtener por cualquier persona inteligente. No cabe duda alguna en la mente de todo hombre imparcial que la Escritura aquí pretende registrar un milagro notable. Por otro lado, no hay nada en el texto sagrado que nos obligue a creer que el hierro «nadó». De hecho, la palabra hebrea nunca se utiliza en este sentido.[3] La impresión que tenemos nosotros es que el hierro que había caído hasta el fondo se puso en movimiento, se hizo flotar, posiblemente por algún movimiento repentino del agua. No podemos ir más allá de esto en nuestros intentos para explicar el modo en que este milagroso resultado se pudo obtener.

La interposición en favor de «los hijos de los profetas»

Pero en otra dirección, podemos avanzar mucho más. Recordamos lo que se ha declarado previamente sobre el carácter extraordinario de la misión de Elías y Eliseo, que explica una serie de milagros en su historia, sin paralelismo en el *Antiguo Testamento*, y, sin duda, muy excepcionales al estar relacionados con lo que se puede describir como la crisis decisiva de la historia religiosa del reino de Israel. Si se necesitaba una interposición divina directa para recordar a Israel su fidelidad a Jehová, es evidente que el estado religioso del pueblo, en proceso de maduración para un juicio cuya historia ha demostrado ser irrevocable, haría necesario el uso de medios extraordinarios, incluso en la historia milagrosa del *Antiguo Testamento*. Y si la misión de los profetas era de por sí un medio extraordinario, principalmente necesario por la condición del pueblo, estos medios ahora tenían que ser intensificados. En consecuencia Elías y Eliseo tenían que ser profetas de los profetas –si podemos usar esta expresión– para que esta gran verdad, que era la única que podía salvar al pueblo, se pudiese presentar de un modo concreto y perfectamente vivo; que Jehová era el Dios vivo y verdadero, siempre presente con los suyos, tanto para bendición como para juicio. Y siempre debemos recordar esto, cuando estudiamos esta historia. ¿No se trata, pues, de la gran verdad que debería estar siempre presente en nuestras mentes, al igual que el resultado de toda historia, la lección de nuestra experiencia, y la guía de nuestras acciones?[4]

Desde este punto de vista, se derrama mucha luz sobre este acontecimiento en concreto. Eliseo, convocado para que permanezca entre estos trabajadores de Dios, pobres y sencillos de corazón, no podía quedarse sordo a su apelación, ni parecer inútil ante sus necesidades evidentes, por humildes que fueran. Precisamente su humildad era una razón de más en favor del auxilio de Dios. Hubiese sido una contra-

1. En el versículo 1, la traducción correcta es «donde nos sentamos delate de ti», en el sentido de sentarse para recibir instrucción y dirección; aunque podría ser que se construyeran sencilla chabolas a su alrededor para el alojamiento de «los hijos de los profetas» –pero no en el sentido monástico, puesto que había hombres casados en estas comunidades (comp. 2 R. 4:1).

2. A los comentaristas les encanta discutir este punto. En cualquier caso el significado primario del verbo es «pedir», y no conozco ningún pasaje en el que el significado secundario, «pedir prestado», se pueda determinar. Sin duda no significa «pedir prestado», en los dos pasajes que generalmente se citan, a saber, Ezequiel 12:35, 36 y 1 Samuel 1:28.

3. Además de este caso, sólo aparece en Deuteronomio 11:4, y Lamentaciones 3:54.

4. Es curioso, y probablemente en parte por la tendencia a racionalizar de Josefo, que, al afirmar hacer una explicación de los «hechos ilustres» de Eliseo (*Ant.* IX. 4, 1), omite adrede todos los acontecimientos registrados en 2 Reyes 4:8–6:7, aunque tal vez haya alguna referencia a la sanidad de Naamán en *Ant.* III. 11, 4.

dicción en esta historia especial, y en la historia de Eliseo en general, quien parecía dar forma a la presencia eterna del Dios vivo entre ellos. Y al recibir el hacha perdida –en realidad una nueva, para su uso con un asa nueva– aquel hombre aprendería muchas lecciones, sin ser la menos importante de ellas el cuidado constante y la provisión de Dios, cuyo mensajero y representante era el profeta, y que llegaba hasta nuestra necesidad, por pequeña y humilde que fuera.

Sobre esta verdad, tanto Israel, como nación, y sus enemigos, iban a recibir una evidencia, y a escala mucho más grande. Y esto explica el siguiente suceso registrado, sin que tengamos que considerarlo como descrito en un orden cronológico estricto con referencia al que se acaba de comentar. El Texto Sagrado nos informa de que «el rey de Siria estaba en guerra contra Israel» –indicando más bien un estado de guerra crónica y de expediciones de asaltantes, tal como se suele hacer en oriente que una campaña regular. En su consulta a sus «siervos» sobre qué lugar ocupar, parece que había un plan para hacer una emboscada para capturar al rey de Israel, ya sea como sugiere Josefo (*Ant.* 9:4, 3), cuando Joram se hallaba en una expedición de caza, o sino cuando pasaba de un palacio a otro. Pero cada vez el profeta enviaba la advertencia puntual, y el rey era lo suficientemente listo como para evitar la localidad indicada, y, en vez de ir por ese lugar, enviaba siervos a cerciorarse de lo que le había sido predicho.[5] Al suceder esto repetidas veces, el rey de Siria sospechó que había un traidor entre sus consejeros, probablemente porque la información sobre los planes del rey de Israel llegaban en cada caso a los sirios por medio de algunos aliados en la corte israelita.

Interposición en favor de la liberación de Eliseo en Dotán

Esto explica que uno de los siervos de Ben-adad –es probable, uno por medio de los cuales se llevaba esta comunicación secreta– pudiese declarar con tanta facilidad que la información la enviaba Eliseo, cuyo conocimiento profético controlaba los secretos más interiores de la cámara del consejo de Siria.[6] También explica que la residencia de Eliseo pudiese ser encontrada con tanta facilidad, y se lograra planear una expedición y llevarla a cabo apresuradamente con la intención de hacerlo prisionero. No tenemos dificultad alguna en identificar a la Dotán que era entonces la residencia temporal de Eliseo, y el objeto del ataque de Ben-adad. El lugar todavía lleva el antiguo nombre de Tell (colina) Dothân. Los «pozos gemelos» que le dieron su nombre, están al norte y al este. El lugar propiamente dicho –a unos veinte kilómetros al norte de Samaria, y un poco al sudoeste de Engannim– está situado sobre una colina verde, o cerrado en una depresión elevada,[7] con vistas (al norte) a uno de los pastos más ricos, la llanura rectangular de Dotán. Allí los hermanos de José encontraron suficiente pasto para sus rebaños cuando en cierta ocasión habían acabado la llanura más ancha de Siquem (Gn. 37:17). Justo por debajo, hacia el sur, se halla la gran ruta de caravanas desde Galaad a Sarón, y de allí a Egipto, por donde pasaron aquellos madianitas a quienes fue vendido José de mano de sus hermanos. Dotán está rodeada por un anfiteatro de colinas; pero al norte da a la llanura hacia los desfiladeros por los que el ejército sirio avanzaba para ir a capturar a Eliseo.

Influencia del ministerio de Eliseo

Lejos de sorprendernos ante la formación de «caballos, y carros, y un poder fuerte»,[8] enviado por Ben-adad en esta expedición, pensamos que concuerda perfectamente con las nociones paganas del poder. En el transcurso de este relato hemos encontrado reiterados ejemplos de este hecho, e incluso la propuesta de enviar cincuenta hombres fuertes para rescatar a Eliseo (2 R. 2:16) puede considerarse como una prueba de la existencia de una influencia de ideas parecidas en Israel. Además, podría haber ocurrido que el pueblo se levantara en defensa de su profeta. Eliseo conocía todos estos preparativos de parte de Ben-adad; también sabía que durante la noche la ciudad había sido rodeada por los sirios, de modo que, a los ojos del hombre, no parecía que hubiese ninguna vía de escape. Pero él se quedó en silencio, porque también sabía que «El que guarda a Israel no se adormece ni duerme».

Dios, la ayuda siempre presente y el Libertador en tiempo de peligro

¿No parece como si las palabras del Salmo 121 describieran especialmente su experiencia, y como si él hubiese estado mirando a los «montes» desde donde tenía que venir su socorro? ¿Y no sucede a menudo lo mismo con el pueblo de Dios, como si las palabras de los *Salmos* estuvieran retratando casi literalmente tanto lo que sienten y esperan, como lo que les pasa?

Era temprano por la mañana, y el siervo del profeta –ya no Giezi, sino tal vez uno de «los hijos de los profetas»– salió, tal vez para preparar el regreso de su señor[9] de Dotán a su hogar permanente en Samaria (2 R. 6:32). Esto nos da más luz sobre las palabras que Eliseo usó posteriormente con los sirios (2 R. 6:19). Pero cuando el siervo de Eliseo vio el pueblo rodeado por el ejército sirio, su corazón le falló, y regresó a su señor con la pregunta desesperada de qué podían hacer. Si nuestra sugerencia de que habían planeado salir de Dotán aquella mañana está bien fundada, no es necesario suponer que el siervo sabía que la expedición estaba destinada especialmente contra Eliseo; naturalmente debió pensar que no sólo su viaje planeado ahora resultaba imposible, sino que además su señor y él mismo corrían un peligro inminente del que no parecía posible poder escapar. Lo que sucede a continuación tiene una gran importancia tanto histórica como simbólicamente. En respuesta a la oración de Eliseo los ojos del joven fueron abiertos, y contempló el monte que da a Dotán –o el monte donde se hallaba Dotán– lleno de caballos y carros de fuego. Eliseo había dicho con verdad: «No temas, porque más están con nosotros que con ellos». No sólo era la respuesta divina al

---

5. El texto apoya suficientemente nuestra interpretación de las palabras en hebreo, sin entrar aquí en las bases críticas de nuestra traducción.

6. No existe ninguna razón en absoluto para suponer que este siervo fuese Naamán; sino más bien todo lo contrario.

7. Ver *Picturesque Palestine* (Vol. II. p. 21), y Canon Tristram, *Land of Israel*, p. 134.

8. La expresión es difícil. Por el relato que sigue no puede significar «un gran ejército» (ver vv. 22, 23), e incluso resulta difícil suponer que se pueda referir a una gran división de hombres de a pie, que no serían los adecuados para una expedición como aquella. La misma expresión aparece en 1 Reyes 10:2.

9. Este levantarse temprano y salir de forma extraordinaria –es decir, con un propósito especial– también parece implicado en el hecho que aparentemente ninguna otra persona del pueblo vio el ejército sirio. Este levantarse «temprano» se menciona muy frecuentemente en el *Antiguo Testamento* como preparación para un viaje (comp. Gn. 19:2, 27; 21:14; 22:3; 28:18; 31:55; Jos. 3:1; Jue. 7:3; 19:9, y otros lugares).

desafío sirio, y la manifestación de la supremacía triunfante divina sobre el poder del enemigo, sino también la revelación del socorro siempre presente y observador de Aquél cuyo ángel «acampa alrededor de los que le temen, y los libra (Sal. 34:7; 55:18; 91:11). Pero aunque la visión fue concedida al siervo del profeta cuando sus «ojos» estaban «abiertos» (Gn. 21:19; Nm. 22:31) –es decir, una visión de objetos concedida a él, que, en nuestro estado actual, es sobrenatural– lo consideramos no obstante real. Y esto, a pesar de la aparición del «fuego», que era el conocido símbolo de la manifestación divina (Éx. 24:17; 2 R. 2:11; Sal. 50:3; Is. 29:6; Ez. 1:4, 27), e incluso la forma de «carros y caballos» podría ser el modo humano de presentación conocido por la mente humana (comp. también Sal. 104:3; Is. 66:15; Hab. 3:8). Pero no tenemos ninguna duda sobre la presencia real y constante, aunque nosotros no la veamos, de aquellas huestes de ángeles, que tanto en el *Antiguo Testamento* como en el *Nuevo* nos enseñan que creamos que son mensajeros de los espíritus ministros de Dios para sus santos. Y esto añade solemnidad y comodidad a todas nuestras obras.

Al ver esta guardia celestial, Eliseo y su siervo no podían tener ninguna duda sobre hacer lo que hemos supuesto que era su intención original de volver a Samaria. Y así los dos descendieron hasta donde se hallaba el ejército sirio.[10]

10. Al descender de la colina donde se hallaba Dotán, para emprender su viaje a Samaria, tenían que atravesar a la fuerza el ejército sirio que rodeaba el lugar. Algunas versiones traducen como si los sirios hubiesen descendido a Eliseo, cosa que, debido a la posición del ejército, hubiese sido simplemente imposible. Es cierto que en hebreo el pronombre está en singular, pero esto sencillamente significa «a él», es decir, al ejército. De hecho, según estas traducciones no se mencionaría en ningún lugar que Eliseo y su siervo hubiesen salido de la ciudad.

Los sirios son llevados ciegos a Samaria

Por la oración de Eliseo fueron golpeados, no por la ceguera, sino con cegamiento, de modo que, usando las palabras de los rabís,[11] «veían, pero no conocían».[12] No se trataba, pues, de una «estratagema lícita»[13] de parte de Eliseo, sino que dijo la verdad literalmente cuando se refirió a los sirios que estaban a punto de ir a Dotán: «Éste no es el camino, y esta no es la ciudad; seguidme, y os llevaré al hombre que buscáis». Porque Eliseo entonces se hallaba de camino a su casa de Samaria, y el que acababa de indicar a su siervo la defensa celestial que los rodeaba, tampoco podía sentirse tentado a decir una mentira para escaparse del peligro amenazador. Su objetivo era mostrar a los sirios que el Dios de quien él era profeta no podía ser enfrentado del modo que ellos pensaban, ni se podían frustrar sus propósitos. Y no sólo los sirios, sino también Israel, tendrían una evidencia práctica de que Él era el Dios vivo en el hecho que Eliseo llevara a sus seguidores encegados a Samaria como cautivos voluntarios.

Debió ser un espectáculo maravilloso, tanto para los sirios como para los israelitas, cuando, en respuesta a la oración del profeta, el Señor una vez más «abrió los ojos del enemigo», y se encontraron en el centro de Samaria. Sólo podemos hacer conjeturas sobre los siguientes puntos: que,

11. *Rashi* ad loc.

12. La palabra hebrea usada no significa ceguera propia-mente dicha, sino un sentimiento cegador de modo que no se ve el objeto real, sino uno imaginario. Además de aquí solamente se usa en Génesis 19:11.

13. Como incluso Keil la clasifica.

«Puesto que Eliseo entonces se hallaba de camino a su casa de Samaria, y que acababa de indicar a su siervo la defensa celestial que los rodeaba, no cabe la posibilidad de que se sintiera tentado a decir una mentira para escaparse del peligro amenazador. Su objetivo era mostrar a los sirios que el Dios de quien él era profeta no podía ser enfrentado del modo que ellos pensaban, ni se podían frustrar sus propósitos. Y no sólo los sirios, sino también Israel, tendrían una evidencia práctica de que Él era el Dios vivo en el hecho que Eliseo llevara a sus seguidores encegados a Samaria como cautivos voluntarios».

Como «cautivos voluntarios» lleva Eliseo a los sirios en una «estratagema lícita» y no cruenta, sin la necesidad de forzar la voluntad de esos hombres. Este relieve pertenece al palacio de Asurbanipal, y muestra a unos vencidos convertidos en esclavos. (Siglo VII a.C. Museo del Louvre)

tal vez, Eliseo se había apresurado con los más rápidos; que el vigía de la torre debió anunciar la presencia de la extraña banda; que, a pesar de que no se esperaba a ninguna expedición de merodeadores que cayera sobre Samaria, las tropas reales se debieron reunir bajo el mando del mismo rey –y tal vez, tal como lo explica Josefo, en su explicación algo racionalista del suceso, rodearon a los sirios ante las órdenes del profeta; y, finalmente, la terrible sorpresa que tuvieron al descubrir dónde estaban.

La conducta del rey y del profeta

Es más importante mostrar que, una vez más, todo sucedió de forma coherente. Con una disposición[14] y una falta de sensibilidad espiritual características, Joram hubiese asesinado a estos cautivos del Señor de buen grado. Y con su rectitud y generosidad de corazón típicas, el profeta casi indignado reprobó el celo y el valor espurios del rey: «¡No matarás! Tú matas a los que tú has hecho cautivos con tu espada y tu arco».[15] Hubiese sido vergonzoso hacerlo; Jehová no había llevado a esos hombres encegados como sus propios cautivos para dar al rey un triunfo fácil y cruel; no, toda la finalidad moral de este acontecimiento, su mismo carácter, hubiese cambiado, si la propuesta de Joram se hubiese realizado. Y fue un verdadero trato real de parte del embajador del Conquistador Celestial que, a su orden, les dieran una gran comida y luego los despidieran para que fueran a su señor, para informarle de que Jehová cautivó a los cautivadores de Sus representantes, y recibió y dejó ir a sus cautivos.

Y lo que es justo también es sabio. No nos sorprendemos al leer que después de esto no hubo más incursiones de merodeadores sirios por aquella tierra. Pero aquí hay lecciones para todos nosotros: no sólo de la invisible, pero cierta, presencia de nuestro Dios y de su auxilio, de reproche de nuestros temores, y de ánimos para seguir adelante; sino también en cuanto a los enemigos del pueblo de Dios y nuestros tratos con ellos. Cuán a menudo cuando ellos han rodeado Dotán, y han estado seguros de obtener su propósito, se han visto encegados, y han hallado que estaban en medio de Samaria. Cuántas veces los argumentos y las medidas, que se creía que sin duda derrotarían a la verdad o al pueblo de Dios, acabaron con un resultado opuesto. Y finalmente, también debemos aprender a tratar a los que han sido cautivados sin esperanza, no por nuestro poder, sino por Dios, no como si fueran nuestros enemigos personales, sino con generosidad, al mismo tiempo que fielmente, aunque en humildad, instruyendo a los que se oponen, por si Dios les da arrepentimiento para reconocer la verdad (2 Ti. 2:25). Porque, en la misma medida en que las actitudes severas y reivindicativas de la identidad propia de los que deben defender la verdad de Dios tendrían la tendencia de dañar la causa, probablemente más que otra cosa, así sería palpable y dolorosamente incoherente. Y no obstante, el Señor reina, y cuidará de su propia obra.

---

14. Esto se ve todavía más claro con la repetición: «¿Los mataré? ¿Los mataré?» y la añadidura, «Padre mío», también es interesante en estas circunstancias.

15. Por razones lingüísticas los intérpretes en general han traducido: «¿Matas tú...?» etc., en el sentido de que si Joram no mataba ni siquiera a sus cautivos lícitos, cuanto menos a éstos. Pero esto le daría un significado poco adecuado e improbable. Nuestra opinión del texto viene del relato de Josefo sobre este suceso.

Capítulo 13
(2 Reyes 6:24–7:20)

En este punto, el relato bíblico vuelve a registrar los acontecimientos públicos de Israel, aunque aún están íntimamente relacionados con el ministerio de Eliseo, el cual aparece como factor principal de la historia del reino del norte en esta crisis. Recordando que se escribe desde el punto de vista profético, no buscamos aquí una disposición de los acontecimientos de forma estrictamente cronológica, sino que esperamos encontrarlos agrupados según la gran idea única subyacente a esta historia.

Los sirios sitian Samaria

Es imposible determinar cuánto tiempo había pasado entre los intentos y la expedición descritos en el capítulo anterior y la guerra abierta contra Samaria, cuyos incidentes vamos a relatar. Según Josefo (*Ant.* IX. 4, 4), sucedió inmediatamente después –porque el relato de los que habían vuelto de Samaria había persuadido a Ben-adad que cualquier intento secreto contra el rey de Israel era inútil, y se propuso recurrir a la guerra abierta, para lo que consideraba que su ejército era suficiente.[1] Fuera como fuere, muy pronto entendería que todos estos ataques eran en vano cuando Dios defendía a su pueblo. Y aquí surge la pregunta de por qué estas interposiciones divinas se realizaban en favor de Israel. La respuesta no es difícil, y nos explica mejor el curso de esta historia. Evidentemente, era un período de indecisión comparativa, antes de que la nación adoptara su actitud definitiva para con Jehová, y con ella se decidiera el destino definitivo de Israel. Habían cesado las hostilidades activas contra el profeta como representante de Dios y contra el culto a Jehová, e incluso había muestras positivas y de aparente regreso al Señor. Pero tal como los acontecimientos demostraron muy pronto, no había ningún arrepentimiento real, y lo que cualquier observador podía interpretar como el inicio de la calma era simplemente la calma que viene antes de la tormenta. Este intervalo de indecisión, o muestra de decisión pendiente, debe tenerse en cuenta. La presencia del profeta en Israel significaba el llamamiento definitivo de Dios para Israel, y la posibilidad de arrepentimiento y perdón nacionales. Cada interposición especial, como las que acabamos de describir, era una constatación enfática de la misión de Eliseo, y por ello de su mensaje; y cada liberación indicaba cuán verdadera y fácilmente podía Dios salvar a su pueblo, siempre que tuvieran entre ellos lo que indicaba la presencia del profeta. Y cuanto más diminuta y aparentemente trivial fuera la ocasión de tales interposiciones y liberaciones, tanto más sorprendentes serían. Es considerando estos pensamientos que debemos estudiar la historia del sitio y la milagrosa liberación de Samaria.

Ben-adad sitió de nuevo la ciudad de Samaria (comp. 1 R. 20). Y la ciudad se vio reducida a tales extremos que la carne, no solo la impura levíticamente sino la más repulsiva posible, tenía un precio que en momentos normales hubiese resultado extravagante incluso para la comida más delicada y abundante posible, mientras que el material más basto para cocinar se vendía a unas cifras elevadas en las mismas proporciones.

1. De todos modos, esto no nos parece en absoluto el resultado más probable de los sucesos que acabamos de comentar. Nosotros más bien sugeriríamos que había pasado cierto tiempo en el cual la impresión causada por el socorro milagroso de Israel había ido desapareciendo.

Terribles dificultades y tragedia en la ciudad

Debió ser por la falta de forraje para ellas que bestias de carga como los asnos, tan comunes y útiles en oriente, eran matadas. Incluso su número debió descender de manera terrible[2] si se vendía una cabeza de asno por ochenta piezas de plata (calculado de diferentes modos entre 5 y 8 £), y un «cab[3] de estiércol de palomas»[4] –usado en seco como material para quemar– por cinco piezas de plata (calculadas a 6-10 £[5]). Si a estos extremos se vieron reducidos los más ricos, podemos imaginar los sufrimientos de los pobres. Pero sólo el testimonio de los que protagonizaron la tragedia podía hacer creer a cualquiera la historia que el rey Joram iba a escuchar. Mientras hacía su ronda por el muro ancho de la ciudad (el *glacis*), probablemente con la doble finalidad de animar e inspeccionar a los defensores de la ciudad, y para observar los movimientos del enemigo, se detuvo ante los gritos de socorro de una mujer desesperada. Seguro que por estar demasiado acostumbrado al estado de hambre y desgracia, el rey respondió con unas palabras que indicaban no sólo el dolor generalizado por toda la ciudad, sino también su propio estado. Sus palabras parecen implicar que solo Jehová podía traer auxilio,[6] tal vez que tenían una débil esperanza de que así fuera, pero que el Señor la retenía por alguna razón por la que no se podía culpar ni al rey ni al pueblo. Por lo que vemos en su conducta posterior (comp. vv. 31-33), el rey Joram relacionaba las penurias de Samaria con el profeta Eliseo –o bien eran directamente obra suya, o bien se podían achacar a su incapacidad de interceder por Israel. Tal ignorancia del aspecto espiritual de los tratos de Dios, incluso cuando se reconocen, junto con un estado de corazón sin humillar, falta de voluntad de regresar a Dios, y la imputación de los males que nos suceden a causas contrarias a las verdaderas, son elementos perfectamente típicos de aquel dolor que la Santa Escritura conoce como «del mundo», y que obra «muerte».

La horrible historia que la mujer contó al rey era que ella y otra mujer habían acordado que cada una de ellas sucesivamente mataría a su hijo para comérselo entre las dos; que una había cumplido con su parte del trato, pero que, después de participar de la terrible comida, la otra había escondido a su hijo. Ya sea que los sentimientos maternales se habían fortalecido con retraso en la segunda madre, o si, en la avaricia de su hambre, deseaba quedarse para ella sola la comida antinatural, poco cambia en este asunto. Pero recordamos que tales horrores habían sido

2. Comp. 2 Reyes 7:13.

3. «Un cab», la sexta parte de un seah, y calculado por los rabís como la capacidad de veinticuatro huevos.

4. Éste parece ser el significado exacto de la palabra, aun-que algunos autores han pensado que se trataba del nombre de alguna verdura o de guisantes (comp. Bochart, *Hierozoicon*, II., pp. 45, 46). Algunos rabís también lo consideran «estiércol de paloma» usado para el fuego, puesto que la ciudad estaba tan cerrada que no se podía obtener madera.

5. Los autores clásicos recogen extremos parecidos. Así, Plutarco explica que en una hambruna una cabeza de asno se vendía por sesenta dracmas, mientras que en tiempos normales un asno se vendía a veinticinco o treinta dracmas, y Plinio dice que en el sitio de Casalino por Haníbal, se vendía un ratón por 200 dinares. Una anécdota de un estado todavía más doloroso lo encontramos en el último sitio de Jerusalén, cuando los excrementos humanos y de animales se buscaban para comer (Jos. *Guerras* V. 13, 7).

6. Casi huelga decir que consideramos que la traducción «Si Jehová no te ayuda ¿cómo te ayudaré yo?» transmite correctamente el significado del original. Pensar que las palabras representan una imprecación, es evidentemente incoherente, aunque Josefo adopta esta opinión. Una nota similar se aplica a otras interpretaciones de estas palabras.

predichos como advertencia en relación con la apostasía de Israel (Lv. 26:29; Dt. 27:53); que habían sido protagonizados durante el sitio de Jerusalén por Nabucodonosor (Lm. 4:10); y finalmente, que tenemos evidencia histórica de su existencia durante el último sitio de Jerusalén por Tito (Jos. *Guerras*, VI., 3, 4). Incluso si no había recordado al rey la maldición divina profetizada, una historia como aquella no podía llegarle a los oídos, especialmente en las circunstancias del momento, sin provocarle los sentimientos más profundos y fuertes. La historia por sí misma ya era suficientemente espeluznante; pero que una madre, incluso en la locura del rechazo de ella misma, hiciera una apelación pública al rey, para que su vecina cumpliese su parte del pacto, revelaba una situación y unos sentimientos públicos que exigían aquel luto que el rey, como jefe del estado, inauguró, cuando casi instintivamente «rasgó sus vestidos». Y así, muy a menudo los que no quieren hacer duelo por el pecado lo tienen que hacer por sus consecuencias.

Pero al contemplar la gente a su rey, con vestidos rasgados y caminando, observaron que llevaba otra muestra de duelo –que «llevaba cilicio sobre su cuerpo». Y pese a ello, por extraño que parezca, no hay ninguna incoherencia entre esto y lo que viene inmediatamente después en el relato sagrado. No hay ninguna necesidad de dudar de su penitencia externa, de la que esto era la prueba –tal vez, por desgracia, la parte principal. Tampoco debemos suponer, como se ha sugerido, que se había vestido de cilicio por obedecer una orden general de Eliseo, o que su ira contra el profeta se debía al consejo de éste de que Samaria tenía que esperar la liberación divina, y que él (el rey) se había vestido de cilicio para garantizarse el cumplimiento del socorro prometido. Porque una conducta similar todavía se puede observar en cuanto a su espíritu, aunque la forma exterior sea diferente. Un hombre experimenta las amargas consecuencias de sus pecados, y se arrepiente sinceramente pero de manera exterior. Pero los males como consecuencia de su pasado no cesan; tal vez parecen aumentar, y no se vuelve a sí mismo, para humillación, sino hacia fuera, hacia lo que él supone que son las causas de sus desgracias, tal vez las mismas cosas ideadas para su bendición espiritual definitiva. El repentino ataque de ira del rey contra Eliseo indica que de algún modo relacionaba la desgracia actual de Samaria con el profeta; y el parecido de su voto precipitado sobre la muerte de Eliseo con el de su madre Jezabel respecto a Elías (1 R. 19:2) hace suponer que Joram imaginaba que existía una especie de hostilidad hereditaria entre los profetas y su casa. Y esto a pesar de que él había vivido liberaciones personales a través de Eliseo (2 R. 6:9, 10). De hecho, tal vez podemos atrevernos a sugerir que una de las razones de estas ayudas podía ser la de indicar que la controversia no estaba con los miembros de la casa de Acab como tales, sino con ellos como causa y representantes de la apostasía de Israel.

El rey intenta matar a Eliseo, pero el mensajero es arrestado

Pero el estado de ánimo del rey era caprichoso. La orden de matar a Eliseo fue seguida inmediatamente por otra resolución, ya sea por miedo o por otros motivos. Siguió rápidamente al mensajero que había enviado, para detener la ejecución de la sentencia para lo que se había ido. Mientras esto sucedía, el profeta había estado en su casa con los ancianos de la ciudad –sin duda, interpretando la situación de Samaria de un modo muy diferente a como lo hiciera el rey. No nos extraña que todo lo que estaba sucediendo fuese comunicado divinamente a Eliseo, ni de que hubiese descrito con tales palabras el asesinato judicial propuesto por Joram como típico del hijo de Acab y Jezabel. Aún siendo claras y sin temor, esas palabras podían recordar a los ancianos el juicio pendiente contra la casa de Acab. De acuerdo con las instrucciones del profeta, los que estaban con él entonces no dejaron entrar al mensajero del rey, quien le seguía de cerca. Las palabras (ver. 33): «Y dijo, he aquí este mal *viene* de Jehová ¿por qué tengo que esperar [tener esperanza] más?» fueron pronunciadas por el rey al entrar en presencia de Eliseo. Son típicas de su estado de mente. Tal vez fue por esta causa que el profeta no le prestó atención.

Liberación anunciada y juicio del «Señor» incrédulo

Simplemente sirvieron para contrastar más con el abrupto anuncio que el profeta tenía que hacer. Tanto en sí mismo como por las circunstancias de la ciudad, parecía implicar no sólo un milagro, sino incluso lo imposible. Pero el mensaje no sólo fue claro sino que además se presentó como «la palabra de Jehová». El contenido era que al día siguiente por esa misma hora, un seah (unos trece litros) de harina fina se vendería en la puerta de Samaria, donde se hacía el mercado público, a un siclo, y dos seahs (unos 26 litros) de cebada al mismo precio.

Una abundancia como la que estos precios implicaban no podía esperarse ni siquiera en las estaciones más fértiles. Las palabras debieron tomar por sorpresa a todos de tal modo, que solo una fe absoluta en el profeta, o más bien en la presencia de Jehová con él, podía asegurar su credibilidad. Y siempre sucede así, cada vez que cualquier necesidad nuestra real se compara cara a cara con una promesa de Dios –siempre estamos tentados, en la debilidad de nuestra fe, ya sea a minimizar y racionalizar las promesas de Dios, o a no considerarlas ni aferrarnos a ellas. Así cada promesa se convierte en una doble prueba: de su fidelidad –aunque sólo si creemos– y de nuestra fe. Y en aquella reunión hubo por lo menos uno que no dudó en manifestar su incredulidad, a pesar de que el anuncio había sido pronunciado solemnemente en el nombre de Jehová, de parte de alguien que con anterioridad había dado muestras frecuentes de credibilidad, por increíbles que resultaran sus predicciones. Pero en esto consiste precisamente la prueba de la fe –que el pasado nunca parece ser una base suficiente, sino que siempre nos lleva más allá de nuestra experiencia previa, justo porque se trata siempre de un acto presente, el resultado de una vida presente. Y aparte de la mofa que comunicaba, tenía algo de razón la réplica del ayudante,[7] en cuya mano se apoyaba el rey:[8] «Si Jehová hiciese ventanas en el cielo, ¿sería esto así?»[9] Pero no se requería el envío directo de cereales a través de ventanas de los cielos. A las lecciones de la fidelidad de Dios a su promesa ahora se debía añadir, como contrapartida, otra de su fidelidad con relación a los juicios anunciados contra la incredulidad. El oficial que no creyó en el anuncio vería su cumplimiento, pero no participaría en sus beneficios.

Al ponernos en las circunstancias, debió ser imposible imaginar cualquier cumplimiento de la predicción sin la interposición divina más directa. Y precisamente por el

7. De hecho no se ha dado una explicación realmente satisfactoria de la palabra hebrea. Pero la traducción, «ayudante o asistente», da el significado real, aunque no sea literal.

8. Comp. 2 Reyes 5:18.

9. Se han propuesto otras traducciones, pero me parece que ésta es la que mejor representa el significado del original.

hecho que desconocían lo que iba a suceder que era necesario un milagro, en el sentido en el que usamos esta expresión. Tal como iban a ver muy pronto, y tal como lo entendemos nosotros, todo sucedió en una sucesión de acontecimientos ordenada y razonable. Pero el milagro está en la coincidencia dispuesta por Dios de los sucesos naturales, en función clara de un propósito divino previo. Y así los milagros lo son –ojalá lo entendiéramos– porque contemplamos los actos de Dios desde la tierra, y a la luz de lo presente y lo que se ve; los milagros son la manifestación repentina del gobierno siempre presente de Dios; y si tuviéramos sólo ojos para ver y oídos para oír, estaríamos siempre rodeados de milagros.

Descubrimiento de los cuatro leprosos

Los medios empleados en la liberación prometida eran tan inesperados y extraños como la liberación en sí. Había cuatro leprosos[10] quienes, según la ley (Lv. 13:46; Nm. 5:2), se quedaban fuera de la ciudad, a la entrada de la puerta. En la estrechez en la que se hallaba Samaria, no podían esperar ni siquiera la más mínima provisión que la caridad de la ciudad les pudiese suministrar, o que pudiesen hallar fuera de los muros después de buscar con gran atención. Entre la alternativa de morir de hambre si permanecían donde estaban, y la posibilidad de morir si caían en manos de los sirios, naturalmente escogieron esta última opción. Al oscurecerse el sol, empezaron a poner en práctica su propósito. Según lo entendemos nosotros, recorrieron un largo camino para acercarse al campamento sirio por su «parte más alejada»,[11] es decir, la parte más alejada de Samaria. Sin duda esto es lo mejor que podían hacer para no ser vistos desde la ciudad ni desde el campamento enemigo, que se suponía que ejercía su vigilancia por la parte más cercana a Samaria, y además, así los leprosos podían presentarse como si no tuvieran nada que ver con los asediados. Y esto también daba suficiente tiempo a los sirios para que huyeran sin que los leprosos los observaran, los cuales probablemente dieron una gran vuelta por las colinas de los alrededores. Porque mientras avanzaban lentamente alrededor del campamento oyeron un movimiento extraño en su interior. No es necesario suponer que los «ruidos de los carros», «de caballos», y «de grandes ejércitos», que los sirios creyeron oír al caer la noche, dependían de una ilusión de sus sentidos provocada por causas sobrenaturales (comp. 2 R. 6:19, 20); ni tampoco que el ruido fuera provocado de manera sobrenatural. Se dice que ruidos como éstos se oyen ocasionalmente en valles encerrados por montañas, y que popularmente se cree que auguran guerra.[12]

Huida de los sirios

Los sirios, de todos modos, pensaron que oían la llegada de un ejército de ayuda. Joram había alquilado contra ellos a tribus de la gran nación hitita del norte, y bandas, o incluso ejércitos de Egipto, y ahora estaban avanzando contra ellos simultáneamente desde el norte y el sur. Esto podría explicar que Samaria hubiese podido aguantar tanto en medio de una estrechez tan terrible. Habían estado esperando este socorro todo el tiempo. El terror se adueñó de la noche con formas además de sonidos originados por el ejército temido. Suponemos que el pánico empezó en el extremo del campamento. Al final empezaron a huir desesperadamente, abandonando a sus caballos, asnos, tiendas, con todas las provisiones y tesoros que contenían, y apresurándose para poner al Jordán entre ellos y sus perseguidores.

Cuando los cuatro leprosos llegaron al extremo del campamento sirio, los fugitivos ya se hallaban lejos. Prestaron atención, pero no oyeron ningún sonido de hombres vivos. Con cuidado miraron en el interior de una tienda, y al encontrarla vacía, se sentaron para comer la comida preparada y sin haber sido probada, comieron y bebieron, y se llevaron y escondieron todos los tesoros que encontraron. Entraron en la tienda siguiente, y la hallaron igualmente vacía. Cuando hubieron sacado sus tesoros y los escondieron, entendieron que, por alguna causa desconocida, el enemigo había abandonado el campamento. Pero, pese a ello, no fue la idea de que se trataba de un día de buenas noticias para Samaria, en el cual no podían quedarse en silencio, sino el miedo de que si esperaban hasta la mañana sin anunciarlo, serían culpables, lo que les hizo apresurarse para ponerse en contacto con la guardia de la puerta, quien informó sobre las extrañas noticias inmediatamente. Pero en lugar de recibir la noticia como una indicación de que la predicción de Eliseo estaba a punto de cumplirse, el rey no parece ni que la recordara. Prefería considerar el informe como una estratagema de los sirios para atraer al pueblo fuera de las puertas de la ciudad por la opresión de su hambre. Por necia que fuera la aparente sabiduría de Joram, hay sólo demasiadas ocasiones en las que la negligencia o el olvido de las promesas de Dios nos amenaza con la posibilidad de perder la libertad y la bendición que nos está reservada. En esta ocasión había, felizmente, algunos de los siervos del rey que preferían poner el asunto a prueba. De las pocas tropas que quedaban, cinco[13] hombres de a caballo y dos[14] carros iban a salir para informar sobre el estado real de la situación.

El resto se explica rápidamente. Lo encontraron tal como lo habían descrito los leprosos. No sólo estaba vacío el campamento sirio, sino que todo el camino hasta el Jordán estaba marcado por los vestidos y los vasos que los fugitivos habían tirado en su premura por escapar. Y al regresar los mensajeros, la marea de gente que había estado esperando en la puerta de la ciudad, salió fuera precipitadamente. «Despojaron las tiendas de los sirios.»

Alivio de Samaria
Muerte del incrédulo avasallado por la multidud

Y al final en Samaria hubo abundancia y todavía más. Una vez más se hizo el mercado a la puerta, donde vendieron dos sacos de cebada por un siclo, o un saco de harina fina al mismo precio. Y alrededor de los que vendían y compraban iba y venía el pueblo. Seguramente con la finalidad de mantener el orden entre ellos, el rey había enviado a su ayudante, el mismo «en cuya mano» él se había «apoyado» cuando Eliseo hiciera su anuncio profético; el mismo que se había burlado de lo que parecía imposible. Pero todo intento de detener a la marea de personas fue en vano. Ya sea accidentalmente o a propósito echaron al suelo al ayudante del rey, y lo pisotearon en la puerta. «Y murió, tal como dijera el hombre de Dios».

10. Según la tradición judía se trataba de Giezi y sus hijos.
11. Generalmente esta expresión, «la parte más alejada del campamento de Siria,» se entiende como la más cercana a la ciudad. Pero éste no puede ser el significado de la expresión, y, por las razones citadas en el texto, tomamos el significado primario de las palabras.
12. Ver Bähr sobre este pasaje.

13. Cinco: la mitad de diez, que es el número de lo completo.
14. Dos carros –probablemente para que si uno era atacado, el otro pudiese regresar a la ciudad.

Al final de este relato observamos la repetición enfática de las circunstancias relacionadas con este suceso. Porque, sin duda, del mismo modo que debía manifestar la fidelidad de Dios en el cumplimiento de su promesa para bien, también debía evidenciar el seguro y claro castigo de la incredulidad. Y esto para la enseñanza de Israel, y si podemos añadirlo, también para todos los hombres y todas las épocas.

Capítulo 14
(2 Reyes 8:1-15)

Final del ministerio público de Eliseo: inicio del juicio

Los dos relatos que vienen después del relato del sitio de Samaria se pueden considerar en cierto sentido como suplementarios. Por un lado, determinan las relaciones entre Eliseo y Joram; y por otro lado, las del profeta con Siria. También son el cierre de lo que parece ser el relato más personal de las actividades de Eliseo. Después de esto solo tenemos un relato sobre su muerte y funeral (cap. 13), sacado, según suponemos, de las mismas «memorias» a las que debemos toda esta serie; ya que la referencia a las actividades de Eliseo en el ungimiento de Jehú (cap. 9) forma parte de su historia más general. En consecuencia recordamos de nuevo que lo que se va a describir no debe ser considerado en un orden cronológico estricto en sucesión al relato anterior, sino más bien por su relación interior con el mismo.

La sunamita, a su regreso de Filistea, recibe su propiedad restaurada

El primer relato introduce una vez más a la sunamita y a su hijo dado y restablecido por el cielo, aunque en unas circunstancias muy distintas de las que tenían cuando los conocimos por primera vez. Indirectamente aprendemos y observamos que la relación entre el profeta y la familia de Sunem no acabó con el restablecimiento de la vida del hijo, aunque la Santa Escritura no ha conservado ningún informe de ella. Este hecho también nos enseña algo sobre la historia bíblica. Además, observamos el interés afectuoso de Eliseo, y su cuidado por el bien exterior de esta familia. Entre los otros tratos de Dios para con Israel vemos que Él «ha llamado el hambre» una expresión muy enfática (comp. Sal. 105:16; Hag. 1:11). Esta carestía debía durar siete de los doce años del reinado de Joram. Antes de que empezara el profeta habló con la sunamita, advirtiéndole que se fuera a cualquier lugar fuera de la tierra de Israel donde podría mantener una casa temporalmente; y «la mujer se había levantado y había actuado[1] de acuerdo con las palabras del hombre de Dios». Aunque tenemos pruebas de que este hambre agobió con fuerza al pueblo (comp. 4:38), la advertencia del profeta debió ser determinada por alguna circunstancia especial. Por la ausencia de toda referencia a él, es probable que la Sunamita hubiese perdido a su marido, y con él su sostén principal en tiempo de problemas y dificultades.

Se nos dice que fue a la tierra de los filisteos –probablemente por ser la más cercana a su casa, y a la vez la menos propensa a sufrir escasez, tanto por su fertilidad como por su fácil comunicación con la productora de cereales, de Egipto. Cuando se acabaron los siete años de hambre predichos, la mujer, quien, tal como el original denota explícitamente, solo había ido «para habitar como extranjera», regresó a su casa en Sunem. Pero allí su fe, que la había llevado a obedecer literalmente las palabras del profeta, iba a recibir un duro golpe. «Su casa», a la que atribuía tantos recuerdos sagrados y de amor, y «su tierra» –la propiedad de ella y de su hijo– estaban ocupadas por desconocidos.

Visita de Eliseo a Damasco

Recordamos el sentimiento de orgullo e independencia con el cual en otra ocasión rechazó la oferta de Eliseo de hablar al rey por ella (2 R. 4:13), porque ella habitaba entre su propia gente. Pero desde entonces, y en los problemas relacionados con el hambre y la invasión siria, las cosas habían cambiado tristemente. Y en estas circunstancias parece poco menos indicativo del carácter de independencia de la sunamita, el hecho que apelara directamente al rey, no en busca de un favor, sino de justicia. Sin duda fue gracias a la buena provisión de Dios, quien ordena todas las cosas bien y con sabiduría, que la sunamita hizo su apelación al rey justo en el momento en que él estaba hablando con Giezi, y éste por su petición estaba explicando las grandes cosas que Eliseo había hecho. Pero no podemos inferir de esta conversación que su encuentro ocurrió antes de la sanidad de Naamán, después de la cual Giezi fue golpeado con una lepra de por vida, puesto que, a pesar del hecho que los leprosos eran expulsados de las ciudades, no se prohibía toda relación con ellos, especialmente en unas circunstancias tan peculiares. Por otro lado, se trataba evidentemente del período en el cual la autoridad del profeta delante del rey se hallaba en su punto más elevado, y así era después de la captura de los sirios en Samaria (2 R. 6:21), o, según creemos, después del cumplimiento de la predicción de Eliseo sobre la liberación de Samaria, y la muerte del «señor» incrédulo. Esto coincide mejor con el relato actual. En cualquier caso, la llegada de la mujer con su hijo durante la conversación de Giezi no sólo confirmaba la realidad del hecho, sino que aumentaba naturalmente el interés del rey por su queja. Y así ordenó inmediatamente no sólo la devolución de su propiedad, sino una compensación, probablemente del tesoro real, del valor del producto de la tierra durante los años anteriores. Pero para nosotros y para todos los tiempos esta historia es principalmente interesante porque muestra que la obediencia de fe, a pesar de las pruebas o las apariencias contrarias, recibirá el cuidado fiel del Dios de la promesa –y además, que Dios no permitirá que el día de su pueblo anochezca en problemas, sino que hará salir la luz en el crepúsculo.

Mensaje de Hazael

El segundo relato de esta historia nos indica que el nombre y la obra de Eliseo eran conocidos, no sólo en Israel, sino más allá, incluso en el país hostil de Siria. Esto, después de lo que acabamos de ver, no nos puede sorprender. Aunque no hay ninguna afirmación explícita al respecto, no podemos desligar el viaje de Eliseo «hacia Damasco»,[2] de la comisión dada previamente a Eliseo de ungir a Hazael como rey sobre Siria (1 R. 19:15). Esto nos puede ayudar a entender

1. Los verbos de los versículos 1 y 2 deben traducirse en pluscuamperfecto, no en imperfecto.

2. El versículo 8 nos muestra que no podía haber sido «a Damasco».

que la Palabra de Dios tiene una aplicación más amplia que la meramente literal y que esto muy a menudo tiende a dejar perplejo al lector superficial. También muestra que su cumplimiento puede ser aplazado, y que cuando se cumple, puede suceder de un modo diferente al esperado; y, finalmente, que los profetas pueden haber cargado durante muchos años con el doloroso secreto de algún problema futuro –absteniéndose de tomar parte alguna hasta que el momento de la acción, o de su obediencia, les era indicado desde arriba.

Sin duda, no se trataba de una circunstancia accidental el hecho que cuando Eliseo llegó a Siria, Ben-adad se hallaba enfermo en la cama, de la cual su siervo traidor no quería verle levantar. Porque el profeta no debía llegar hasta que todo estuviese a punto y preparado para el acto por medio del cual Hazael iba a subir al trono de Siria. Y mientras que sus acontecimientos necesariamente estaban relacionados con los juicios predichos contra Israel, no por ello se puede encontrar una sola parte del incentivo al crimen que se pueda imputar al mensajero divino. Evidentemente, si Hazael no hubiese pretendido asesinar a su jefe, y hacer ver que había muerto de su enfermedad, las palabras de Eliseo no hubiese tenido ningún significado, ni tampoco podían haberle sugerido su crimen.

Al oír que el gran profeta de Israel estaba cerca, Ben-adad encargó a Hazael, probablemente su visir o jefe principal, que fuese a ver a Eliseo, y que inquiriera a través de él a Jehová, si iba a recuperarse de su enfermedad. De acuerdo con la costumbre de la época, Hazael fue al encuentro del profeta con un presente. No debemos entender que aquellos cuarenta camellos que llevaban «de todo lo bueno de Damasco», estuviesen totalmente cargados literalmente. Este modo de engrandecer los regalos por medio de la distribución en muchos transportadores o bestias de carga, es característico de oriente, y no es poco frecuente en nuestros días.

Predicción del juicio futuro a través de Hazael

Hazael entregó el mensaje de su señor con una hipocresía descarada. Pero Eliseo había leído sus propósitos, y respondió con unas palabras que, aunque descubrían su plan asesino, nunca lo podían sugerir: «Ve, cuéntale, [tus intenciones] seguramente vivirás; no obstante Jehová me ha mostrado que él morirá». Y al recordar las palabras hipócritas con las que Hazael había intentado disimular su propósito y engañar al profeta, creemos que ésta era la respuesta más adecuada a su falsa humildad y preocupación.

Pero esto era solamente el principio de lo que Eliseo tenía que decir a Hazael. «Y él [Eliseo] miró fijamente, y estuvo así hasta que él [Hazael] se ruborizó», y al leer no sólo sus pensamientos más interiores, sino también su historia futura, el profeta se puso a llorar. Cuando Hazael preguntó acerca de la causa de sus lágrimas, Eliseo explicó las terribles crueldades que sabía que el sirio iba a perpetrar en Israel. La falsa humildad de la respuesta de Hazael: «¿Pero qué es tu siervo, este perro, para que él haga esta gran cosa?» revela por lo menos el espíritu con el que él consideraba estas obras contra Israel. Si Hazael hubiese pensado en que todavía podía engañar a Eliseo, el anuncio de que Dios había indicado a su profeta Hazael como rey de Siria, le debió convencer de que el disimulo era inútil. Poco más se puede decir. Hazael volvió a su señor y le concedió la embustera seguridad de que se recuperaría, como Eliseo había predicho. Luego, mientras Ben-adad yacía postrado e impotente por su enfermedad, Hazael puso sobre su cara un cobertor

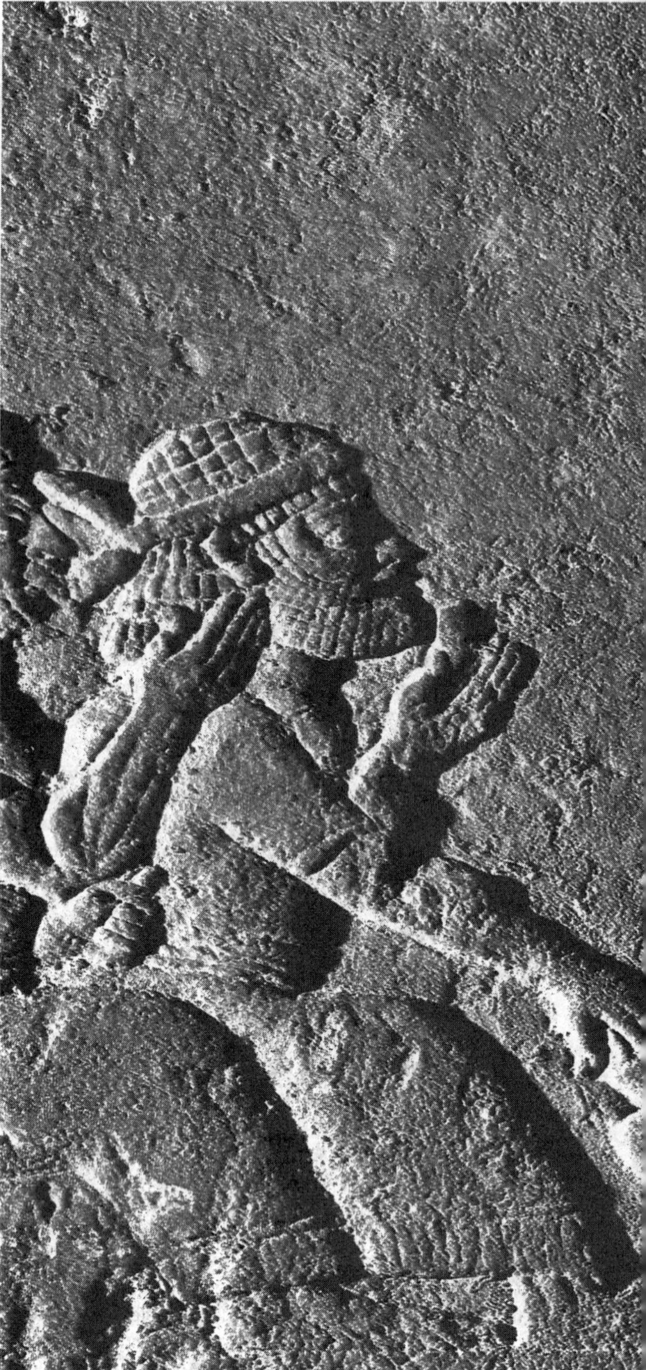

«Mientras hacía su ronda por el muro ancho de la ciudad (el glacis), probablemente con la doble finalidad de animar e inspeccionar a los defensores de la ciudad, y para observar los movimientos del enemigo, se detuvo ante los gritos de socorro de una mujer desesperada. Seguro que por estar demasiado acostumbrado al estado de hambre y desgracia, el rey respondió con unas palabras que indicaban no sólo el dolor generalizado por toda la ciudad, sino también su propio estado».

Joram fue reducido a una gran privación de alimentos provocada por el sitio a Samaria. Este relieve del palacio de Asurbanipal, procede de Nínive y muestra la austera comida de unos cautivos.

que había empapado para que pesara. Y así Ben-adad murió y su asesino, cuyo crimen quedó probablemente inadvertido, subió al trono.

Asesinato de Ben-adad y ascenso de Hazael

El ascenso de Hazael era sólo una parte de la carga del juicio contra Israel que había sido anunciado a Eliseo. La otra parte era la usurpación del trono de Israel de parte de Jehú. Con este doble ascenso empezó la decadencia del reino del norte, de Israel. Más tarde leeremos (10:32): «En aquellos días Jehová empezó a cercenar a Israel; y Hazael los hirió por todas las fronteras de Israel», –un herir que comprendía la pérdida de todo el territorio al este del Jordán. Y creemos que fue para declarar, tal vez para advertir a Israel de este juicio, que Eliseo fue enviado a Damasco, y tuvo su entrevista con Hazael.

Porque el juicio divino no puede ser detenido, aunque se puede aplazar, y lo que Israel había sembrado cuando en la mañana de la decisiva conquista en el Carmelo echó a Elías, eso iba a segar, cuando, a pesar de todas las misericordias presenciadas, el hijo de Acab y Jezabel ordenaron, aunque no se atrevieron a cumplirlo, que Eliseo fuese ejecutado. No iban a tener a ninguno de Sus profetas; de hecho, no iban a tener nada de ese Dios cuyos profetas eran Elías y Eliseo. Y, no obstante, Dios, en su fidelidad, revelaría el juicio venidero a sus siervos, y a través de ellos a Israel.

Pero hay un sentimiento bastante peculiar que nos sobrecoge en estas lejanas islas del oeste, cuando ahora, miles de años después de estos acontecimientos, estamos delante del obelisco negro en el cual está recogida esta parte de la historia de la antigua Asiria,[3] y leemos allí los nombres de Ben-adad y de Hazael de Damasco –el primero en relación con «Acab de Jezreel», que en un tiempo fue su aliado contra Asiria; el último, ofreciendo humildemente rico tributo al rey de Asiria, como también lo hace Jehú, que es llamado «el hijo de Omri» (el fundador de la dinastía que sucedió a la de Omri). Y aquí estas historias se unen y los informes de una arrojarán una buena luz sobre la otra.

Capítulo 15
(2 Reyes 8:16-24; 2 Crónicas 21)

Se toma de nuevo la liada madeja de la historia judía e israelita.[1] Es un período de juicio severo, morbosamente encendido por los horrores que esperaban al ascenso al trono de Israel de Joram, aunque aplazado en Judá por la misericordia de Dios para con la casa de David, y el arrepentimiento y regreso a Jehová de modo temporal en la tierra. El relato de 2 Reyes 8:16 introduce casi abruptamente el ascenso de Joram al trono de Judá, después de la muerte de su padre Josafat. Probablemente fue por esta razón, y debido al largo vacío entre esta nota histórica y la anterior sobre Judá (1 R. 22:51), que la difícil frase explicativa (suponiendo que sea auténtica) pueda haber sido introducida en 2 Reyes 8:16: «Y Josafat *había sido* rey de Judá».[2] En 2 Reyes 8 (vv.

---

3. Actualmente en el Museo Británico.

1. Sobre la complicada y difícil cronología de este período, comp. el apéndice del final de este volumen.

2. Suponiendo que esta frase sea auténtica, de lo que tenemos dudas, se debe traducir como en el texto, y no como en algunas versiones «Siendo Josafat rey de Judá»; que no se puede justificar con el original.

16-24) la historia de Judá y del reino de Joram se explica con una breve descripción. Para más detalles debemos recurrir al *Libro de Crónicas* (2 Cr. 21), cuyo relato continuamos a continuación.

Ascenso de Jehoram

Las anotaciones históricas con las que se introduce el reino de Joram son casi idénticas en *2 Reyes* y *2 Crónicas*. Ambos pasajes afirman que Jehoram tenía treinta y dos años cuando subió al trono, y que su reino tuvo una duración de ocho años. El *Libro de Crónicas* relaciona, como siempre, este ascenso con la muerte y el funeral en Jerusalén del rey anterior, mientras que el *Libro de Reyes* anota que Jehoram subió al trono de Judá «en el quinto año de Joram, el hijo de Acab, rey de Israel». Y puesto que el reinado de este último duró doce años[3] (comp. 2 R. 8:25), debieron gobernar contemporáneamente durante siete años –es decir, hasta faltar un año para la muerte de Joram de Israel. Todavía más importante es la anotación presentada con las mismas palabras en los dos relatos– de manera bastante destacable en el *Libro de Reyes* –referente a que Jehoram «anduvo en el camino de los reyes de Israel, como hiciera la casa de Acab: porque la hija de Acab [Atalía] era su esposa: e hizo lo malo a los ojos de Jehová» (comp. 2 Cr. 21:6). Esta observación explica tanto la historia del reinado de Jehoram como la apresurada destrucción de Judá. Y tampoco pudo dejar de tener influencias negativas contra Joram e Israel.

La combinación fatal de estrategias políticas con la religión honrada, que constituyó la debilidad del reinado de Josafat, y le llevó a su alianza con la casa de Acab, apareció también en su disposición para con sus hijos. Además de Jehoram, quien al ser el mayor le sucedió al trono, dejó a seis hijos.[4] Para éstos –aparentemente durante su vida– no sÓlo había hecho grandes provisiones en tesoros, sino que también les había asignado ciertas «ciudades fortificadas de Judá». Esto lo hizo imitando la política de Roboam (11:23), y, sin duda, con el mismo propósito de asegurar, en momentos difíciles, la fidelidad de las regiones del país y de su aristocracia, al asignar estas «ciudades fortificadas» como residencias para los príncipes reales. Pero en este caso esta estrategia resultó ser fatal para ellos.

Asesinato de los príncipes reales

Jehoram no tenía nada que temer de su cuñado Joram –como Roboam lo tuviera de Jeroboam. Pero la posición semi-real de sus hermanos, apoyados –según debería ser casi evidente– por intrigas entre capitanes de la aristocracia local, le causaba cierto temor. Con la misma falta de escrúpulos que caracterizaba a la casa de Acab y Jezabel, se libró de cualquier rival posible asesinando a todos sus hermanos, y sus seguidores de entre «los príncipes». Y durante todo su reinado, Jehoram se mantuvo como en su inicio.

Introducción del culto a Baal en Judá

Siguiendo de cerca los pasos de la casa de Acab, no sólo abolió toda ordenanza y las disposiciones piadosas de su padre, sino que reconstruyó «los lugares altos», que su abuelo Asa (17:3) y su padre Josafat (17:6) habían destruido, e introdujo el culto a Baal con todas sus abominaciones.

No podemos equivocarnos si atribuimos una gran parte de estas perversidades a Atalía, aunque su nombre no se mencione explícitamente. Porque, además de la reiterada referencia a la casa de Acab, tenemos la afirmación de que sus «hermanos» de «la casa de su padre eran mejores» que Jehoram, lo cual parece implicar que sus circunstancias especiales le habían hecho diferente de los otros miembros de la familia de Josafat, y también esto –desde nuestro punto de vista, muy significativamente– que recibió un escrito del profeta Elías. Porque, al no haber ninguna otra referencia a Elías en todo el *Libro de Crónicas*, inferimos que su actividad había sido confinada al reino del norte, y que esta profecía solitaria con referencia al reino de Judá se debió a la relación de Jehoram con la casa de Acab, –o, más concretamente, a su casamiento con Atalía y la influencia de ella sobre él. Creemos que este «escrito» se redactó, o al menos su comisión, poco después de la desdichada unión.[5] Porque parece tener una importancia bastante secundaria si Elías escribió la carta personalmente, con las instrucciones de que se entregara en el momento adecuado al marido de Atalía, o si encargó a uno de sus discípulos que la escribiera en su nombre, cuando las circunstancias del caso lo indicaran. Y en cuanto a esta última opinión, recordaremos que las instrucciones a Elías de ungir a Hazael rey de Siria, fue ejecutada seis o siete años después de la muerte de Acab, la de ungir a Jehú catorce años después de Acab: en ambos casos, pues, mucho después de que se hiciera el encargo (1 R. 19:15, 16); en ambos casos también, no por Elías mismo, ni tampoco con un cumplimiento precisamente literal de la comisión encargada.

El «escrito de Elías» anunciaba, para los pecados públicos y personales de Jehoram, juicios públicos y personales. Pero incluso antes de que llegara esa advertencia del profeta muerto, con toda la solemnidad de un mensaje directamente desde el cielo, ya había empezado el juicio de Judá. De hecho, tal como observa el escritor sagrado,[6] se hubiese extendido a la destrucción de toda la familia de Jehoram –y con ella de la confederación de Israel– de no haber sido por la promesa de gracia hecha a David de la continuación de su casa hasta que su gobierno se fundiera en el del «hijo mayor de David»[7] (2 S. 7:12, 13; 1 R. 11:36).

---

3. Pero en todas estas anotaciones debemos recordar la norma bien conocida de que con respecto a los reinados de los reyes el año se contaba de Nisan a Nisan. Así un reino de dos años podría representar en realidad uno de catorce meses.

4. Aquí tenemos que prestar atención al uso notable de «Israel,» en vez de Judá, aplicado al reino del sur, 2 Crónicas 21:2, y también v. 4. La misma expresión aparece en 2 Crónicas 12:1, 6; de nuevo en 15:17, y en 28:19, 27. En todos estos pasajes parece ser que el nombre se usa en referencia con la ley de Dios –como lo que daba a Israel su nombre, y lo hacía el pueblo de Israel. Es casi un anticipo del uso del *Nuevo Testamento* de este nombre.

5. Es innecesario discutir largamente las diversas opiniones propuestas sobre este escrito del profeta Elías. No cabe duda de que se está refiriendo a Elías el tisbita. Pero tampoco podemos creer que su vida se extendiera más allá del casamiento de Jehoram con Atalía. La historia tal como ha sido trazada hasta aquí parece incompatible con cualquier otra opinión sobre la cronología. Esta idea de que esta carta venía del cielo merece tan poca consideración seria como la noción contraria de su inserción espuria de otro documento de mano de un escritor posterior, quien pensaba que Elías también tenía que estar relacionado con los asuntos del reino del sur de Judá. Pero en dicho caso hubiéramos esperado una introducción más frecuente y destacada de Elías, y la mención solitaria de su nombre es una prueba de la autenticidad de la nota.

6. Esto es tanto más notable, y señala más claramente al esperado cumplimiento mesiánico de la promesa, en cuanto en el momento en que apareció el *Libro de Crónicas* no había ningún descendiente de David que ocupase el trono, ni había ninguna perspectiva humana de restauración de aquel gobierno.

7. La expresión «para dar luz» se explica suficientemente por medio del pasaje citado. En 2 Reyes 8:19 las palabras son: «porque

Revuelta de Edom

Pero en el país hubo calamidades todavía más graves, tanto en el este como en el oeste. En el sudeste, Edom había estado sujeta a Judá durante ciento cincuenta años. Entonces se rebeló. Josefo informa que el gobernador, que había sido nombrado por Josafat, fue asesinado; mientras que, por las profecías de Joel (3:19), inferimos que la rebelión estuvo acompañada por una masacre de los colonos judíos en Edom. Por el relato de la expedición contra Edom –que se presenta con unas ligeras variaciones en los libros de *Reyes* y *Crónicas*– vemos que Jehoram empezó desde Jerusalén con el ejército, y notablemente carros de guerra;[8] que fue rodeado por los edomitas, pero que él y los capitanes de sus carros –que representaban al ejército de a pie– lucharon y atravesaron las filas de los edomitas, mientras que el pueblo –es decir, probablemente la multitud indisciplinada que había seguido a Jehoram, huyó a sus casas. Así terminó la breve campaña, con la pérdida permanente de Edom, la cual, excepto temporalmente y durante poco tiempo (comp. 2 R. 14:7, 22), no se sometió de nuevo a Judea, hasta su sumisión bajo el príncipe macabeo Hircan, aproximadamente un siglo antes de Cristo. Posteriormente devolvió a Palestina el terrible regalo de un Herodes.

Revuelta de Libna

Pero Edom no fue la única pérdida que sufrió el país del sur. En el oeste, no lejos de las fronteras con Filistea, Libna,[9] la antigua ciudad cananea real, y posteriormente una ciudad sacerdotal, se rebeló (comp. Josué 15:42; 12:15; 21:13). Su emplazamiento no ha sido localizado con exactitud, aunque se ha sugerido, con alguna probabilidad, que está representada por la moderna Tell-es-Sâfieh, algo al sudeste de Ascalón, y al borde de la gran llanura filistea. La colina sobre la cual se halla este asentamiento se conocía en los tiempos de las cruzadas como «colina resplandeciente» (*collis clarus*), y el fuerte construido en su cumbre como «guardia blanca» (Blanche Garde, *alba specula* o *alba custodia).* El nombre no sólo corresponde a la antigua *Libna*, «blancura», «brillo», sino también a la descripción del lugar,[10] por su resplandor blanco visible en todas las direcciones. Si Libna estaba habitada entonces por sacerdotes, debió ser que la apostasía de la fe de Jehoram conllevó su revuelta de su gobierno. Esta rebelión debió ser incitada por el éxito del alzamiento de Edom, y el movimiento propiamente dicho debió ser animado por los filisteos.

El escrito de Elías
Incursión de los filisteos y de las tribus árabes

Esta opinión está corroborada por el relato del *Libro de Crónicas*, que los filisteos, ayudados por ciertas tribus árabes de los alrededores de Etiopía –probablemente alquilados con este fin– hicieron una incursión en Judea, y literalmente «la partieron». Conocemos bastante la ferocidad de estos árabes «junto a los cusitas», cuando se enardece su espíritu, como para entender que Judá, dividida y debilitada, y bajo el gobierno de un Jehoram, no pudiese aguantar su ataque. El ejército invasor parece ser que tomó, si bien no Jerusalén,[11] sí el lugar donde estaba el rey y su casa; y se llevaron todo lo que encontraron de la propiedad real, además de las esposas y los hijos de Jehoram, y evidentemente mataron a todos éstos excepto el más joven, Joacaz, quien por alguna razón desconocida, no murió.

Enfermedad, muerte y funeral de Jehoram

Éste fue el comienzo de aquel «gran golpe» con el cual, tal como estaba predicho en el escrito de Elías, Jehová heriría a Jehoram en su pueblo, sus hijos, sus esposas, y todos sus bienes. Porque incluso esta calamidad más pública tenía un carácter personal, puesto que dice: «Jehová levantó contra Jehoram el espíritu» de estos enemigos; y de un modo notorio su saqueo se limitó a la propiedad real. Y cuando la segunda parte del juicio anunciado cayó sobre el rey, y aquella enfermedad interna incurable[12] le atacó y finalmente murió, parece difícil entender que todos los que presenciaron estas cosas, y todavía más, los que le sucedieron, pudieran mantener la misma actitud que él para con Jehová. Solo podemos explicarlo por la creencia bien enraizada de que Jehová era únicamente una divinidad nacional, que estaba enfadado con los que abandonaron su culto; pero que la nueva divinidad, Baal, que había demostrado ser un dios tan poderoso con las naciones vecinas, los iría tomando también a ellos bajo su protección. Y como entre las severas exigencias y la pureza del culto de Jehová, quien exigía de la realeza una sumisión absoluta y una sencilla mayordomía y que elevaba a todo su pueblo a un sacerdocio real, y la lujuria voluptuosa del culto de Baal, que colocaba al rey y al pueblo en una relación tan diferente entre ellos y con él mismo, los gobernantes del tipo de Jehoram u Ocozías no podían dudar en su elección.[13]

Estado del sentimiento público

Hay evidencias de que el gobierno impío de Jehoram no era popular en Judá. «Se fue sin ser deseado» por su pueblo, y tampoco quemaron especias aromáticas en su funeral, tal como se acostumbraba a hacer en los rituales fúnebres de los reyes (comp. 2 Cr. 16:14; Jer. 34:5). Y a pesar de que «lo enterraron en la ciudad de David», «no en los sepulcros de los reyes».[14] Si estas observaciones parecen indicar un sentimiento popular hostil, concluimos con la misma inferencia al leer la extraña afirmación «los habitantes de Jerusalén hicieron a Ocozías, su hijo menor, rey en su lugar» (2 Cr. 22:1). Seguramente sería excesivo concluir que

---

Él [el Señor] le prometió que le daría [a David] una luz con respecto a sus hijos siempre [todos los días]. En 2 Crónicas 21:7 las palabras, «y a sus hijos» deben parafrasearse con el mismo signi-ficado, «y *que* a sus hijos».

8. En 2 Reyes 8:21 se dice que «Joram fue a Zair». Puede que se trate de un error de copista por «Seir» (צְעִירָה por שֵׂעִירָה), y de modo parecido la extraña expresión en relación con esto en 2 Crónicas 21:9: «con sus príncipes» (עִמ שָׂרָיו), puede depender originalmente de una lectura equivocada y de un intento de glosa.

9. Comp. Robinson, *Bible Researches*, II., pp. 27-30.

10. Comp. Robinson, *Bible Researches*, II., pp. 27-30.

11. Generalmente se supone que Jerusalén fue tomada. Pero el texto no lo menciona, y la no mención del despojo del templo además de la referencia a «el campamento» en 2 Crónicas 22:1 parece incompatible con ello.

12. Por lo que se refiere a la enfermedad especial de la que murió Jehoram, el lector interesado puede consultar Trusen, *Sitten, Gebr., u. Krankh. d. alten Hebr.* pp. 212, 213, donde el autor considera un caso parecido en su experiencia del uso indiscriminado de una medicina de curanderos famosa en Inglaterra.

13. Observamos, como sincronismos significativos con el reinado de Jehoram, la construcción de Cartago, y que el trono de Tiro estaba ocupado por el hermano de Dido, Pigmalión: *scelere ante alios immanior omnes*. ¡Qué situación en Tiro, Israel, y Judá! ¡Y qué luz sobre lo que algunos llaman la exclusividad de las ordenanzas del *Antiguo Testamento*!

14. Solo la hipercrítica puede encontrar diferencias reales entre esta afirmación y la de 2 Reyes 8:24.

había oposición al ascenso de alguien que debía saberse que tenía la misma mentalidad que su padre de parte de los levitas y sacerdotes, aunque la revuelta de la ciudad sacerdotal de Libna y la reciente actividad del sumo sacerdote Joiadá y de los levitas en favor de Joás (22:11; 23) parecen indicar lo mismo. Pero no podemos equivocarnos si creemos que Ocozías fue colocado en el trono por una facción de Jerusalén favorable al nuevo orden de cosas. Y no se precisa de ningún argumento elaborado para convencernos de que, tanto religiosa como políticamente, era un régimen profundamente impopular por haber invertido todo el orden de cosas anterior, estaba asociado con la pérdida permanente de Edom, la defección de un centro tan importante como Libna, y las incursiones victoriosas de los filisteos y de las bandas árabes. A estas calamidades exteriores hemos de añadir la inmensa influencia de la hija de Acab, y el moldeo de Judá de acuerdo con los patrones de Israel, algo que incluso los que eran simplemente patriotas debieron considerar como una abdicación altamente humillante de la supremacía en favor del reino del norte. Y en la historia del breve reinado de Ocozías, además del posterior alzamiento que tuvo como resultado la muerte de Atalía, la existencia de dos partidos en Judá se debe tener presente siempre; uno representa la facción de la corte corrupta, el otro el creciente sentimiento popular en favor de volver al antiguo orden de cosas.

Capítulo 16
(2 Reyes 8:25–9:37; 2 Crónicas 22:1-9)

Joram y Jehú (10º y 11º) reyes de Israel Ocozías (6º) rey de Judá

El breve reinado de Ocozías, o Joacaz (2 Cr. 21:17) –los nombres son iguales, puesto que las dos palabras de los cuales se componen están invertidas[1])– se puede considerar como indicador de la crisis de la historia del reino del norte y del sur. El joven príncipe tenía veintidós años[2] cuando subió al trono (2 R. 8:26). Decir que siguió el mal ejemplo de su padre no sería decir toda la verdad. La Santa Escritura describe sus caminos como «en los caminos de la casa de Acab», explicando que su madre Atalía[3] era su consejera, y que también estuvo bajo la influencia de otros miembros de aquella familia. Fue por el consejo de ellos que él se unió con su tío Joram en aquella expedición que acabó con la muerte de los dos reyes, aunque no hay ninguna evidencia de que hubiese un ejército judío que se uniera con las fuerzas de Israel.[4]

1. Jo-acaaz, «Jehová coge» o «aferra», Oco-cías, «coge» o «aferra Jehová». No deseamos aventurarnos con especulaciones sobre porqué este nombre fue cambiado al ascenso del joven rey.

2. El número «cuarenta y dos» de 2 Crónicas 22:2 es evidentemente el error de un copista (מ en lugar de כ). Debemos recordar que su padre Jehoram murió a la edad de cuarenta años (2 Cr. 21:5). Esto implica que fue padre a la edad de dieciocho años. Pero además sabemos que Jehoram tuvo hijos mayores que Ocozías (2 Cr. 22:1), aunque, sin duda, de mujeres diferentes. Sabemos que los casamientos de los príncipes en oriente se hacían muy jóvenes –probablemente a la edad de trece años.

3. En 2 Reyes 8:26 ella es llamada «la hija de Omri», ya sea como nieta, o tal vez con la intención de referirse a Omri como el fundador malvado de la malvada dinastía de Acab.

4. Por lo menos no hay ninguna referencia explícita a un ejército judío, y las circunstancias del avance de Jehú y del intento de huida de Ocozías parecen indicar que no existía ningún contingente judío.

Ascenso de Ocozías. Carácter de su reinado

Recordamos que catorce años antes, Josafat, el abuelo de Ocozías, se había unido con Acab en una empresa parecida, que había fracasado y en la cual Acab había perdido la vida. Podemos sorprendernos ante la renovación de otro intento sobre Ramot de Galaad, cuando un hombre como Hazael ocupaba el trono de Siria; pero los monumentos asirios explican tanto la expedición como su éxito incipiente. Éstos nos muestran que hubo varias guerras entre Asiria y Hazael, en las que, a juzgar por el número de carros sirios capturados (1.121), se debió usar y agotar toda la fuerza del país. En otra ocasión leemos sobre una guerra en la cual después de una gran victoria[5] un monarca asirio persiguió a su enemigo de ciudad en ciudad, e incluso hasta las montañas, quemando y destruyendo todo lo que encontraba por delante.[6]

Expedición de Joram y Ocozías contra Hazael y toma de Ramot de Galaad

Podemos, pues, conjeturar que si Joram no estaba aliado con Asiria –como lo hiciera más tarde Jehú– el rey israelita aprovechó la oportunidad para efectuar un ataque contra Ramot de Galaad.

Joram vuelve a Jezreel herido

En esta ocasión, parece ser que tuvo éxito (2 R. 9:14), aunque fue herido por los sirios –como lo indica Josefo, por una flecha durante el asedio (*Ant.* IX. 6, 1). Dejando Ramot de Galaad, que había tomado, en manos de Jehú, su capitán jefe, Joram volvió al palacio de verano de Jezreel, para curarse de sus heridas, porque estaba más cerca del campo de acción y porque la corte se hallaba allí entonces.

Visita de Ocozías

Es a Jezreel donde Ocozías fue a ver a su tío, y durante esta visita fatal le sorprendió la «destrucción», la cual, tal como observa el escritor del *Libro de Crónicas*, «era de Dios». Llegó junto con la de Joram y toda la casa de Acab. El juicio que había sido pronunciado hacía más de catorce años contra Acab (1 R. 21:21-24) solo había sido aplazado hasta el cumplimiento de la medida de la culpabilidad de su casa. Y llegó el momento. En esa terrible visión del Monte Horeb, Elías había recibido la comisión de «ungir a Jehú hijo de Nimsi… para que fuera rey de Israel» (1 R. 19:16), con especial visión de la obra de castigo que debía ejecutar. La comisión, que no pudo ser cumplida por Elías, recayó sobre Eliseo; y, cuando llegó el momento justo para su ejecución, el profeta envió a uno de los «hijos de los profetas» –un joven (9:4), posiblemente su asistente personal. Como sin duda obedeció literalmente las instrucciones de su señor, conoceremos mejor en qué consistían éstas si seguimos el relato detallado de lo que dijo e hizo en realidad.

Tal como se lo dijera Eliseo, fue a Ramot de Galaad, llevando una redoma, probablemente de aceite santo, que el profeta le había dado. Incluso esto es significativo. A su llegada lo encontró todo, como tan a menudo en esta historia, aparentemente preparado para realizar el propósito especial de Dios. Se le había dicho «verás» a Jehú, y allí

5. Para los que se sorprendan de las grandes cifras de los muertos en batalla que recoge la Biblia, podemos decir que son igual de grandes en los monumentos asirios.

6. Comp. Schrader, *d. Keilinschr. u. d. A. Test.* pp. 206-210.

estaban todos los capitanes del ejército sentados juntos, probablemente deliberando. Recordando que el mando principal lo ostentaba Jehú, no debería ser difícil encontrar el objetivo de la misión del joven. Simplemente tenía que decir, «Tengo una palabra para ti, capitán», y Jehú como presidente respondería. Así fue; y ante la pregunta de Jehú sobre el destinatario del mensaje, el joven profeta respondió: «Para ti, capitán».

Los capitanes habían estado sentados en el gran atrio, y Jehú llevó a su extraño visitante al «interior de la casa», sin duda, como indicara Eliseo, en «una cámara interior», una que salía de otra, donde lo que sucedía entre ellos no se podía observar desde el patio. Aquí, sin más explicaciones –puesto que la brusquedad de entrega formaba parte del objetivo en vista, y sin duda era un elemento característico de un mensaje divino– el joven derramó el aceite sobre la cabeza de Jehú, y declaró los términos de su comisión. Era en nombre de «Jehová, Dios de Israel», y de parte de Israel, considerado como «el pueblo de Jehová» (2 R. 9:6). Esta introducción enfática de Jehová determinó el carácter de la obra a la que había sido llamado Jehú. Ahora había sido ungido divinamente rey, para ejecutar juicio sobre la casa de Acab, y vengar de Jezabel la sangre de los profetas, y de todos los siervos de Jehová. Y toda la casa de Acab debía perecer como la de Jeroboam (1 R. 14:10), y la de Baasa (1 R. 16:3). Pero un juicio especial y personal debía caer sobre Jezabel, correspondiente al terrible crimen contra Nabot, que ella planeara y ejecutara (1 R. 21). Así todos los hombres verían que Jehová era el Dios vivo y verdadero; y así también llegaría el más fuerte, pero también el último, llamamiento para el arrepentimiento de Israel, antes de que la tormenta del juicio explotara sobre la tierra.

Es de este modo como debemos considerar lo que a nosotros nos pueden parecer unos acontecimientos horribles del comienzo del reinado de Jehú. Pero nuestro punto de vista no era el de Israel entonces, y si el inicio del juicio contra la apostasía nacional, y la última apelación para el arrepentimiento que está implícita en ello, debían ser eficaces, debían ser adecuadas no según nuestra perspectiva, sino según la suya. Recordemos que el largo ministerio de Elías y Eliseo, con todas las interposiciones divinas excepcionales, directas y sorprendentes que lo acompañaban, habían pasado sin producir ningún efecto apreciable en el pueblo. Los años del hambre repentino y su cese igualmente repentino; la escena del sacrificio sobre el monte Carmelo, además de la prolongada actividad pública y privada de Eliseo, aparentemente solo habían producido este resultado: que los grandes profetas parecían poseer un poder absoluto para influenciar al Dios de Israel (comp. 2 R. 6:31; 8:4). Pero ahora había un tipo muy diferente de embajador que iba a anunciar y ejecutar los juicios de Dios, aunque tal vez simplemente porque haría la obra que se le había encomendado de su modo salvaje y oriental, y de acuerdo con el espíritu de la época. Es en este sentido que podemos entender la aprobación divina de Jehú (2 R. 10:30), aunque también observamos que el hombre en sí y su modo de actuar eran contrarios a Dios. Y, ciertamente, este hecho se pone de manifiesto claramente en el versículo siguiente a la expresión de la aprobación divina (v. 31).

Hemos dicho que Jehú hizo su obra como un Jehú, no como un Eliseo y de acuerdo con el espíritu de su época. Podemos añadir que, tal como indicara la experiencia del pasado, Israel no hubiese entendido ningún otro modo. Era una noche muy oscura, y sólo el resplandor de los rayos y de las llamas de los palacios encendidos que habían prendido podían mostrar qué tormenta de juicio se había reunido en el cielo. Pero incluso en aquellas circunstancias, la gente podía aprender la posibilidad de resplandor y calma con el alba siguiente.[7]

Volviendo a nuestra historia, seguimos al mensajero de Eliseo y vemos que, obediente a las instrucciones recibidas, después de ejecutar su comisión, huye literalmente, pasando a través del patio donde los capitanes reunidos esperan a Jehú. No debía dar explicaciones a ningún hombre; no debía ser detenido ni interpelado por nadie. Sus asuntos eran con Jehú –hecho esto, tanto por el carácter del mensaje divino, como por el bien de su cometido, debía retirarse. Y, aunque es de un carácter muy diferente, también en esto vemos una lección práctica para los que tienen algún trabajo que hacer para Dios. Evitemos el hablar por hablar, y, si podemos, toda explicación. La obra de Dios se explicará mejor por sí sola, nosotros no podemos explicarla. Debemos retirar nuestra personalidad tan pronto y tan completamente como sea posible; cumplir la comisión que pensamos que es de Dios, abstenernos de saludar a nadie en ella durante el camino (Lc. 10:4). Y así el joven profeta se hallaría fuera de los muros de Ramot de Galaad, y de regreso a Samaria, cuando Jehú se reunió con los «siervos de su señor».[8]

Todos debieron reconocer el garbo y la aparición de uno de «los hijos de los profetas», y dedujeron que algo de gran importancia iba a suceder. Para poder entender adecuadamente este relato es necesario tener en cuenta que era posible oponerse al culto de Baal, y estar a favor del culto del Dios de Israel, sin ninguna religión personal o verdadera. De hecho, Jehú exterminó para aquella época el culto y los siervos de Baal, aunque él «no cuidó de andar en el camino de Jehová, Dios de Israel, con todo su corazón; no se apartó de los pecados de Jeroboam, que hicieron pecar a Israel» (2 R. 10:31). Era el culto de Baal el que Acab había iniciado, mientras que el culto de Jeroboam de Dios bajo el símbolo de un becerro de oro puede ser representado como el antiguo culto israelita del Dios de Israel, en oposición del judío y levita. Nos resulta fácil creer que podía existir un gran partido nacional e influyente en el reino del norte, que se oponía intensamente a la política y el modo extranjero y contrario a Israel del estado y la iglesia de la casa de Acab. Y tanto por sus antecedentes (comp. 2 R. 9:25, 26), y su conducta posterior, inferimos que Jehú era un líder –tal vez el líder –de este partido nacional, que naturalmente debería tener muchos adeptos por todo el país.

Coincide con esta opinión el profundo interés de los capitanes en la misión del joven profeta para Jehú, y su disposición para tomar su causa, mientras que al mismo tiempo hablaban despectivamente del mensajero - tal como los hombres del mundo pueden describir a los tales como «locos» entusiastas. Es difícil concretar la razón de lo que parece la primera respuesta evasiva de Jehú. Pero al percibir por el interés de ellos la probabilidad de que se unieran a la causa nacional, les dijo por lo menos la parte del mensaje referente a su nombramiento como rey de Israel.[9]

7. Posiblemente debido a este hecho, que el joven «hijo de los profetas» era en realidad un mensajero del juicio cercano sobre Israel, junto con la leve apreciación del posible arrepentimiento, que algunos rabís han considerado al mensajero de Eliseo como el profeta Jonás.

8. La expresión peculiar que aparece aquí, y la alusión parecida en el versículo 7, me parece escogida a propósito para mostrar la obra de Jehú como la sentencia del Maestro más elevado.

9. Observamos la omisión de las palabras «del pueblo de Jehová» en el versículo 6.

«Entre sus severas exigencias estaba la pureza del culto de Jehová, quien exigía de la realeza exclusividad, una sumisión absoluta y una sencilla mayordomía, elevando a todo su pueblo a un sacerdocio real. En consecuencia la lujuria voluptuosa del culto de Baal, que colocaba al rey y al pueblo en una relación tan diferente entre ellos y con él mismo, quedaba totalmente descartado. Esto hace que gobernantes del tipo de Jehoram u Ocozías no podían dudar en su elección».

Jehoram restituyó el culto a Baal y reedificó sus templos.El pueblo Israelita cayó con frecuencia en el pecado de adoptar divinidades y ritos de otras naciones, a pesar del mandamiento explícito de adorar únicamente a Jehová, el único Dios. Eliseo tuvo que convencer al sirio Naamán de la necesidad de eludir sus deberes de estado incluso en el el templo pagano de Rimón (2 Reyes 5:18), ya que no «adoraría» a ningún otro dios sino a Jehová. Rimón «el que truena» es uno de los nombres que recibe Hadad dios del rayo, cuya imagen vemos aquí. (Museo del Louvre)

Jehú ungido rey

Si Jehú tenía la fiereza de un oriental, evidentemente también disponía de su sagacidad. Tal vez casi ni pudo prepararse para la rapidez con la cual se cumplió la revolución militar. Los capitanes reunidos se sacaron sus vestiduras superiores y las extendieron, como muestra de su homenaje, a guisa de alfombra «en el rellano de las escaleras»,[10] es decir las escaleras que llevaban a una plataforma o un balcón, y luego, entre el sonido de las trompetas, la señal común de las coronaciones (1 R. 1:39; 2 R. 11:14), Jehú fue proclamado rey.

La conspiración formal contra Joram, acabada de hacer apresuradamente, se llevó a cabo de inmediato. A la propuesta de Jehú, las puertas de la ciudad fueron vigiladas, no fuese que algún fugitivo llevara noticias a Jezreel. Jehú mismo, con Bidcar como capitán en jefe, con su carro (v. 25), y asistido por una «multitud» (v. 17) –sin duda, de hombres de a caballo– avanzaron rápidamente hasta Jezreel. A partir de observaciones incidentales del relato (vv. 17, 30, 31) deducimos que el palacio real formaba parte de las fortificaciones de la ciudad –quizá, como en otros lugares, el palacio era la única parte fortificada de Jezreel,[11] estando la ciudad más atrás y quedando como al abrigo del fuerte del palacio, que ocuparía la colina. Así el «atalaya de la torre de Jezreel», debía mantener esa posición de observación en el palacio, y cuando «Jehú fue a Jezreel», Jezabel podía dirigirse a él desde una ventana, mientras él «entraba por la puerta».

Rápida marcha contra Jezreel

Desde el otero –unos 150 metros de altura, formando un contrafuerte bajo en el Monte Gilboa– sobre el cual se halla Jezreel, salen dos caminos, que permanecen cerca del Monte Gilboa. Uno va al este y al sur, y luego hace una curva pronunciada en Bet-sean; el otro cruza la llanura del Esdralón, casi en línea recta hacia el sur a Engannim («la fuente de los jardines», la moderna Jenin), donde el camino directo lleva a Samaria, pero desde donde también podríamos salir hacia el este a Bet-sean y el Jordán. Casi es inútil decir que fue en el primero de estos caminos que el atalaya de la torre de Jezreel vio a Jehú y sus acompañantes avanzar a un ritmo «de locura». Les debían poder ver durante kilómetros en el camino que llevaba a Bet-sean. Cuando el atalaya anunció al rey Joram que se estaban acercando, en su falsa seguridad, indicó que se enviara un solo hombre de a caballo para preguntar sobre las noticias que traían. Cuando llegó donde estaba Jehú, el general rebelde le ordenó imperativamente que se uniera a su tropa. El atalaya también observó este movimiento e informó a Joram. Si el envío del primer hombre de a caballo se puede entender, el del segundo parece, en estas circunstancias, algo ingenuo.

Cuando el segundo mensajero de Jezreel había obedecido las órdenes de Jehú y se había unido a su compañero, la tropa ya se hallaba lo suficientemente cercana como para que la vista experimentada del atalaya reconociera, no la cara de Jehú, sino que la conducción del primer carro no podía ser otro que el del capitán en jefe del ejército de Israel, un hombre osado y temerario. Cuando el atalaya informó de ello al rey, el informe debió coincidir con su propia idea desde el principio. Una tropa que avanzaba desde aquella dirección solo podía venir de Ramot de Galaad –probablemente para traer noticias de alguna victoria, o de la retirada final de los sirios, o sobre propuestas de paz. El anuncio de que se trataba del propio Jehú debió confirmar sus sospechas. En consecuencia Joram se apresuró en hacer preparar su carro de guerra y el de Ocozías, y los dos reyes salieron al encuentro de Jehú.

Cuando se baja de Jezreel por el camino a Bet-sean hay al este y al sudeste de la ciudad «prensas de uvas cortadas en la roca de las escarpadas colinas», que indicaban sin duda el lugar donde se habían hallado «la porción de Nabot» y su viña. Allí fue donde la delegación real encontró a Jehú y a su tropa. A la pregunta superficial de Joram, «¿es paz, Jehú?»[12] recibió una respuesta que debió descartar cualquier duda inmediata y toscamente. «¡Qué! ¿Es paz? ¿(Hasta) mientras la prostitución de Jezabel tu madre, y sus hechicerías, sean muchas?» la primera expresión refiriéndose, como sucede frecuentemente, a la idolatría (comp. Jer. 3:2, 3; Ez. 23:27); la segunda a los encantamientos y ritos paganos realizados en su práctica.[13] En estas palabras también vemos que en la opinión popular Jezabel ejercía una influencia desmesurada sobre su hijo, y que los ritos no israelitas vigentes se atribuían a ella.

Joram muerto

Con un breve grito, «¡Engaño, Ocozías!» Joram hizo girar a sus caballos para huir a Jezreel, pero Jehú, sacando su arco, disparó su flecha con tanta fuerza entre los hombros de Joram que salió por el corazón, y el rey cayó muerto en su carro. Luego recordando a su «ayudante» Bidcar el peso o frase punitiva que Jehová había puesto sobre Acab en presencia de ellos, el día en que ellos dos habían cabalgado detrás del rey como asistentes, cuando él había ido a tomar posesión de la propiedad del asesinado Nabot, ordenó que el cuerpo de Joram fuese echado en el mismo terreno, «de acuerdo con la palabra de Jehová».

Persecución y muerte de Ocozías

Mientras esto sucedía, Ocozías, viendo el cariz que tomaban las cosas, buscó su salvación en la huida. Dejando Jezreel a un lado, dio un buen giro alrededor de la rama de Gilboa, y emprendió el camino directo hacia el sur: «huyó por el camino de Bet-Gan», que consideramos otro nombre para En-gannim, la moderna Jenin, al extremo sur de la llanura de Jezreel.[14] No queriendo permitir que escapara, Jehú, mientras se preparaba para entrar en Jezreel, dio instrucciones rápidas para que persiguieran a Ocozías. «Mátalo también a él –al subir a Gur, que está junto a Ibleam».[15] Por lo menos hasta aquí podemos identificar «el subir a Gur», puesto que el pueblo cercano de Ibleam ha sido localizado en la moderna Bir el Belemeh, al sur de En-gannim. Es aquí

---

10. Pero la expresión es difícil, y generalmente se traduce «en las mismas escaleras».

11. Canon Tristram enfatiza el hecho que «no queda ni un sólo vestigio del mismo,» aunque encontró sarcófagos «con la figura de la luna creciente, el símbolo de Astarte» (*Land of Israel*, pp. 131; comp. Conder, *Tent-Work in Palestine*, I. p. 125).

12. Aquí probablemente equivalga, ¿Qué noticias? o más bien, ¿Qué buenas noticias?

13. Comp. Éxodo 22:18; Deuteronomio 18:10.

14. Casi no es necesario decir que todo este pasaje es muy difícil en comparación con el relato de 2 Crónicas 22:9. A pesar del hecho que no nos preocupamos de reconciliar diferencias triviales de detalles que pueden depender de registros diferentes del mismo suceso, o tal vez sólo parecen incongruencias por nuestra ignorancia de algunas de las circunstancias, hemos conseguido presentar en el texto un relato del suceso que armonizará la redacción de 2 Reyes con las observaciones de 2 Crónicas.

15. La puntuación es nuestra, pero la usamos con la intención de indicar el significado que damos a las palabras.

pues que debemos colocar la «subida a Gur», donde Jehú había esperado, aunque por error, que los perseguidores atraparan el carro de Ocozías.

Según inferimos, el objetivo de Ocozías era llegar a Meguido a salvo. Este lugar generalmente se ha localizado en el borde *occidental* de la llanura de Jezreel, debajo del Monte Carmelo. Pero recientemente se ha demostrado que se trataba de un error. En realidad Meguido estaba en la dirección contraria –al sudeste de Jezreel– pues son «las grandes ruinas entre Jezreel y Bet-sean, que todavía tienen el nombre de Mujedd'a».[16] Esta localización de Meguido nos ayuda en gran manera a comprender nuestro relato. Como ya hemos afirmado, la esperanza de Ocozías era que al llegar a Meguido no sólo se habría alejado de sus perseguidores, sino que los habría agotado. Y su propósito podía ser el de ir al Jordán,[17] y seguir su ribera oriental hasta poderlo cruzar y entrar en Judea. Pero, según suponemos, su esperanza fue frustrada. Perseguido hasta Meguido, huyó a Samaria (2 Cr. 22:9). El conocimiento de que los hijos de Acab eran criados en las casas de los hombres principales de la ciudad (2 R. 10:1) le hizo suponer que podría esconderse durante algún tiempo entre los seguidores de su abuelo. Sabemos cuán poco se podía confiar en la lealtad de los nobles de Samaria (2 R. 10:1-7), y no nos sorprende ver que Ocozías fue «cogido» en Samaria, devuelto a Meguido, y allí matado por orden de Jehú. Tampoco nos extrañamos de que su cuerpo fuese entregado a sus siervos para que lo llevaran a Jerusalén y lo enterraran allí, por ser un descendiente de aquel Josafat «que buscó a Jehová con todo su corazón». Porque todo el movimiento de Jehú estaba caracterizado ostentosamente por la abolición del culto a Baal, y la restauración del de Jehová, el Dios de Israel.

Jezabel muerta

Volvemos a representar, tan brevemente como nos resulte posible, las últimas horas de aquel día en Jezreel. Jezabel rápidamente recibió las noticias de todo lo que estaba pasando. Su camino fue escogido de inmediato. Sabía que tenía que morir; y moriría como una princesa de su raza, y como una reina. De acuerdo con la costumbre oriental, se puso pintura en los ojos,[18] «y atavió su cabeza». Así arreglada como una reina,[19] se puso en su lugar en la ventana, esperando la llegada de Jehú. A su aparición, lo llamó desde arriba –usando y adaptando las palabras con las que los mensajeros de Joram, y luego el desafortunado rey personalmente, había saludado a Jehú sin sospechas: «¿Es paz? ¡Zimri, asesino de su señor!». Las palabras pretendían recordar a Jehú el final de Zimri, cuyo reinado solo duró siete días (1 R. 16:9-19), tal vez para provocar unos sentimientos que conllevarían una contrarrevolución parecida. Incluso si no había existido ningún otro motivo, la conservación propia dictaba una acción rápida y decisiva de parte de Jehú. Alzando los ojos, exclamó con impaciencia: «¿Quién está de mi parte? ¿Quién?». Y cuando algunos eunucos respondieron, Jezabel, por orden de Jehú, fue lanzada por la ventana. Su sangre manchó la pared y los caballos, y el carro de Jehú, mientras entraba por la puerta, aplastó y mutiló su cuerpo.

Y a continuación, el rey Jehú está en su banquete real dentro del palacio de la princesa asesinada. ¿Por qué razón dio órdenes de que enterraran a Jezabel? ¿El arte de gobernar que determinaba un respeto por la princesa de Tiro? ¿Algo de pena por la grandeza caída de una que había muerto como una reina orgullosa? ¿O un sentimiento creciente de que, incluso para su propio bien, un descendiente de la realeza no debía ser expuesto al extremo del menosprecio popular? De todos modos su orden llegó tarde. Sólo hallaron el cráneo, las manos y los pies de Jezabel; el resto había sido la comida de los perros salvajes que merodean por Jezreel.

Cumplimiento de la sentencia divina pronunciada por Elías

Y si Jehú no reconoció en su corazón el significado y las lecciones del terrible juicio que había caído tan literalmente sobre la malvada reina, por lo menos declaró y reconoció: «Ésta es la palabra de Jehová, que dijo por medio de su siervo Elías el tisbita». Y así hubo testimonio en Israel en favor de Jehová y su palabra en los juicios contra Acab y su casa –como también al cabo de muchos siglos hubo testimonio de juicio en favor de Cristo en las llamas que consumieron Jerusalén y su templo.[20]

Capítulo 17
(2 Reyes 10; 2 Crónicas 21:10; 24:17-26)

Jehú (11º) rey de Israel. Atalía (7ª) reina de Judá

Hemos aprendido lo suficiente de esta historia como para entender las incoherencias aparentes de la conducta de Jehú. Desde un punto de vista absoluto, él era el instrumento escogido para ejecutar el castigo divino sobre la casa de Acab; y también durante su reinado tenía que empezar el juicio nacional contra Israel. Jehú entendió claramente su misión en cuanto a la casa de Acab y el culto de Baal. Pero la aceptó como un movimiento nacional y, si se nos permite el término, jehovístico, sin implicar la necesidad de un temor real del Señor, o de un regreso a él; y lo llevó a cabo como Jehú. Tanto por sus sentimientos como por sus métodos, fue el instrumento del Señor, no el siervo.

Asesinato de los «hijos» de Acab y de Joram

A un personaje como Jehú incluso la prudencia le indicaría que cumpliera el trabajo que tenía rápida, aguda y completamente. Una dinastía que se había extendido cuatro reinados debía tener numerosos seguidores, mientras que por otro lado la influencia desmoralizadora del culto de Baal se debió extender ampliamente por la tierra. Había algo más que una ironía burlona en el recuerdo de Jezabel sobre el destino de Zimri. La misión, como también el gobierno, de Jehú dependían de una rápida sucesión de medidas que

16. Conder *u. s.* pp. 128-130.

17. Se debería considerar más seguro por el hecho que Jehú –y probablemente los que le siguieran desde Ramot de Galaad– habían ido por el otro lado (el oriental) de Gilboa.

18. Un mezcla de antimonio y zinc, preparada con aceite, con la cual las cejas y pestañas se pintaban de color negro, y, según Plinio, tenía el efecto de engrandecer los ojos (comp. también Jer. 4:30; Ez. 23:40, además de referencias a la costumbre de escritores profanos).

19. Estos adornos no podían ser para atraer a Jehú, puesto que, si tenía un nieto de veintitrés años (2 R. VIII. 26), ella misma tenía una edad en la cual ningún adorno podía conferir encantos a una mujer oriental.

20. Según los rabís, tanto Jeroboam como Jehú eran de la tribu de Manasés, y fueron reyes en cumplimiento de Génesis 48:19 (*Ber. R.* 82).

iban a anticipar la posibilidad de una contrarrevolución, y a su vez impedir un regreso al estado de cosas previo. Esto explica las medidas adoptadas por el nuevo rey. Samaria no sólo era la capital, sino también una ciudad fortificada, donde se hallaba el cuerpo principal del ejército permanente.[1] Tal como ya sabíamos, en ese lugar habían colocado a los «setenta hijos de Acab» –entendiendo esta palabra[2] en su sentido más amplio, usual en hebreo, que incluye, además de los hijos de Acab, sus nietos, los hijos de Joram (comp. 2 R. 10:3). Estos príncipes reales de la casa de Acab fueron confiados, algunos (según la costumbre oriental) para supervisión, los más jóvenes para educación a los «príncipes»,[3] –es decir, el gobernador de palacio y el gobernador de la ciudad (10:1 comp. 10:5)– a los «ancianos» y a ciertas personas destacadas que cuidaban de ellos.

Destrucción de los seguidores de Acab en Jezreel Marcha contra Samaria

Estos oficiales de Samaria podían dar forma a una contrarrevolución, y a ellos se dirigió Jehú la mañana siguiente a su entrada en Jezreel con lo que equivalía a un desafío a declarar si estaban a favor de la casa de Acab o a someterse a su dominio. Los motivos que decantaron la elección de ellos (v. 4) muestran que se inclinaban por el antiguo régimen, mientras que sus temores imponían la sumisión al usurpador. Así fue sabia la decisión de Jehú de forzar una decisión inmediata, sin exponerse a salir contra Samaria con su pequeña tropa.

Pero esto no era todo. Ni la lealtad de ellos ni el gobierno de él estaban a salvo mientras viviera alguno de los príncipes reales; y, sin duda, la destrucción de éstos formaba parte de su obra y misión. Si los hubiese matado él habría sido un recurso dudoso, el cual, aunque acabara con éxito, hubiese podido dar pie a la reacción popular, o por lo menos le hubiese dado mala fama, mientras que hubiese dejado libres las manos de los fieles a Acab. Por eso, desde su punto de vista, la mejor política al acoger la sumisión de los líderes de Samaria fue ordenarles que mataran a todos los príncipes reales y llevaran sus cabezas a Jezreel.[4] Esto no sólo cumplía el primer objetivo de Jehú, sino que además, al hacerlos participar en los crímenes de su revolución, imposibilitaba cualquier movimiento futuro contra su gobierno. Al mismo tiempo, el horrendo espectáculo de las cabezas, enviadas a Jezreel por los principales representantes del antiguo régimen, sería una oportunidad excelente para apelar al pueblo. Cuando, pues, el día siguiente las cabezas de los setenta príncipes fueron llevadas a Jezreel en cestas, ordenó ponerlas «a la entrada de la puerta»,[5] donde la sangre de Jezabel acababa de salpicar la pared, y el carro del conquistador había arrollado al cadáver. Y, así, por la mañana, Jehú, señalando los sangrientos montones, dijo al pueblo[6] que no sólo él personalmente, sino todos los personajes principales del antiguo gobierno, habían participado en la destrucción de la casa de Acab; y las personas a quienes habían sido confiados los príncipes había escogido matarlos antes que defender a su causa –que todos habían perecido, y así la palabra del Señor por medio del gran profeta Elías se había cumplido. Así, tal como él lo planteó, su gobierno y la muerte de la casa de Acab gozaba de la aprobación de todos los hombres y de la sanción de Dios mismo.

En ese momento Jehú ya podía tomar posesión de su capital sin peligro de oposición y aplicar allí las últimas medidas contra el antiguo orden de cosas. Pero antes de hacerlo, tuvo la precaución, por así decirlo, de asegurarse la retaguardia matando a todos los que habían estado relacionados con la casa de Acab en Jezreel, «todos sus hombres grandes», sus amigos,[7] y sus oficiales jefes.[8] De camino a Samaria todavía quedaba una tragedia por cumplir. Fue en un lugar solitario, en un lugar que no ha sido determinado, pero que llevaba el nombre de «casa de cubierta de los pastores» –o, tal como la llama la paráfrasis caldea: «La casa de reunión de los pastores».

Asesinato de los «hermanos» de Ocozías

Allí, donde se unían los caminos de Jezreel y Jerusalén, Jehú y sus seguidores se encontraron con los cuarenta y dós príncipes, «los hermanos de Ocozías, rey de Judá»,[9] que iban ha hacer una visita amistosa a «los hijos del rey (Joram) y los hijos de la señora», (gobernante femenina, Gebhirah – evidentemente Jezabel).[10] El movimiento de Jehú había sido tan rápido, y era tan grande el temor que se tenía de él, que las noticias de lo que había pasado en Israel no habían llegado a Judá como para detener el viaje de los príncipes de Judá. La orden de Jehú fue que los debían «coger vivos». Ya sea que ofrecieran resistencia, o que esta fuera la orden original de Jehú, lo cierto es que todos fueron matados «en la cisterna de Bet-Equed»,[11] en la que seguramente echaron sus cuerpos.

Mientras Jehú se alejaba de la escena del asesinato se encontró con una figura que parece extraña y misteriosa. «Jonadab, el hijo de Recab», que había venido de Samaria a visitar al nuevo rey, pertenecía a los ceneos (1 Cr. 2:55). Esta tribu, que probablemente era de nacionalidad árabe, aparece ya en los días de Abraham (Gn. 15:10). Jetro, el suegro de

1. Suponemos que siempre había un núcleo de ejército permanente, que consistía en la guardia del rey, carros de guerra, y caballo (hombres de a caballo), además de un arsenal, y que el resto del ejército consistía en levas tomadas apresuradamente, y sólo entrenados parcialmente.

2. También hemos de entender la palabra «hermanos» en sentido más amplio. Los «hermanos» mayores de Ocozías habían sido asesinados todos en la invasión de filisteos y árabes; pero fueron «hermanos» de Ocozías –en el sentido más amplio– los que fueron a saludar a los hijos del rey (v. 13), y los muertos por Jehú.

3. Traducción literal; las palabras «de Jezreel» son evidentemente un error de copia, si las enmendamos como «de Israel» o «de la ciudad».

4. El hecho de que, en lugar de ir a Jezreel con las cabezas, como habían sido instruidos (v. 7), *enviaran* las sangrientas cabezas, es otra indicación del estado de ánimo de ellos al respecto.

5. La práctica de traer las cabezas de los enemigos como evidencia de que estaban muertos era frecuente en la antigüedad, y también vemos montones de ellas en los monumentos asirios.

6. La expresión «sois justos» (v. 9) probablemente quería decir: no habéis tomado parte en esta revolución, y sois imparciales; apelo a vosotros como jueces. Josefo añade un toque algo realista, de que los mensajeros de Samaria, que llevaban las setenta cabezas, llegaron cuando Jehú y sus amigos estaban tomando un banquete para la cena, y ésta es la razón por la cual ordenó que se amontonaran para la mañana.

7. Ésta es la traducción correcta, y no «familiares».

8. Esta palabra debe traducirse como en 2 Samuel 8:18; 1 Reyes 4:5. Los «sacerdotes» de Acab fueron matados en Samaria.

9. La expresión «hermanos» aquí se debe tomar en el sentido más amplio. En 2 Crónicas 22:8 se llaman «los príncipes de Judá, y los hijos de los hermanos de Ocozías».

10. La mayoría de comentaristas suponen que estaban yendo a Jezreel, pero en 10:1 vemos que los príncipes reales de Israel estaban en Samaria. Puesto que Jehú los encontró viniendo del sur, debemos suponer que no seguía el camino directo desde Jezreel. Si hubiese ido primero a Meguido, y desde allí a Samaria, esto explicaría por qué encontró a los «hermanos de Ocozías» viniendo desde el sur.

11. Ésta es la traducción, y no «en el pozo de la casa de Esquileo» (10:14).

Moisés, pertenecía a ella (Jue. 1:16). Por lo menos una parte de esta tribu acompañó a Israel a la Tierra de la Promesa (Nm. 10:29-32), y se estableció al sur de Judá (Jue. 1:16), donde los encontramos de vez en cuando mezclados con los amalecitas (1 S. 15:6). No obstante, parece que otra parte de la tribu se había desplazado más al norte, donde Jael, la esposa de Heber el cenita, mató a Sísara en su huida de Barac (Jue. 4:17, etc.; 5:24, etc.) Así parece ser que ocuparon los extremos norte y sur del país, y sobre esta base incluso debieron tener cierta importancia política. Pero lo que nos interesa más es su relación religiosa con Israel. Por la hazaña de Jael inferimos que estaban muy implicados en la causa nacional.

Jonadab, el hijo de Recab
Significado del movimiento recabita

De nuevo, por el hecho que Jonadab, el hijo de Recab –evidentemente el jefe de la tribu– vino de Samaria para encontrarse con Jehú, y por la ansiedad mostrada por éste en cuanto a las opiniones e intenciones de Jonadab, además de la manera en que lo trató, deducimos que el jefe era una persona de considerable importancia política, mientras que la invitación de Jehú: «Ven conmigo y verás mi celo por Jehová», indica que él y su tribu eran identificados con el servicio de Jehová en la tierra. Todo esto nos aclara mejor la instrucción especial que a partir de entonces Jonadab puso sobre su tribu (Jer. 35:1-16). No debían construir casas, ni sembrar semillas, ni plantar ni tener viñas; sino que debían habitar en tiendas, y así ser y declararse extranjeros en la tierra.

Esta norma, que los descendientes de Recab observaron durante siglos, debió obedecer, por su singularidad, a motivos religiosos y no políticos.[12] Probablemente tuviera que ver con Elías,[13] pero no se ha planteado aún la pregunta importante sobre si se originó antes o después de la ocupación de Samaria por Jehú. Pensamos que la segunda opción es la correcta, y parece más evidente todavía por el hecho de que Jonadab vino de Samaria para visitar a Jehú. Suponemos que el ministerio de Elías tuvo una profunda impresión en Jonadab y en su tribu. La aparición y la conducta del profeta les atraería en sí, y sus palabras debieron parecerles las de un segundo Moisés. Esperaron fervientemente los resultados de su misión y de la de Eliseo. Y cuando la palabra de Jehová a Elías y por medio de Elías se estaba cumpliendo –Hazael rey de Siria, Jehú rey de Israel, y la casa de Acab destruida, raíz y ramas– naturalmente debían volver a Jehú, con la esperanza de que entonces llegaría una vuelta nacional a Jehová. Era una especie de esperanza de Juan Bautista del *Antiguo Testamento* por un reino de Dios. Estos sentimientos son los que movieron a Jonadab para ir al encuentro de Jehú, mientras que este último, conociendo la profunda impresión que el movimiento recabita en favor de la reforma de Elías había causado en la tierra, estaría ansioso por asegurarse su apoyo público, puede que incluso –nuestros motivos son tan extraños y mezclados– para ganar su aprobación. Pero lo que Jonadab vio de Jehú pronto le debió persuadir de que no era él el tipo que debería llevar a cabo un movimiento de Elías en su aspecto positivo y espiritual, por adecuado que fuera como instrumento del castigo divino. Y así Jonadab dejó a Jehú para perpetuar en su propia tribu el testimonio de Elías, haciéndolos nazareos para siempre, simbolizando así su dedicación a Dios, y ordenándoles que fueran manifiestamente extranjeros en la tierra, mostrando así su expectación de los juicios que Elías había predicho contra Israel apóstata.

Ahora podemos acompañar a Jonadab cuando sube al carro de Jehú para ir con él y presenciar su celo por Jehová, como respuesta al desafío ansioso del rey sobre sus sentimientos para con él. La primera medida del conquistador fue repetir en Samaria lo que había hecho en Jezreel, y matar a todos los familiares de Acab y a cualquier persona relacionada con ellos. Luego, de un modo perfectamente oriental, atrapar y destruir a los seguidores de los ritos religiosos introducidos bajo el antiguo régimen. Aunque esto lo hizo en cumplimiento de su misión, se observará que también era la mejor manera de establecer su propio gobierno, ya que el culto nacional de Baal se identificaba con la casa de Acab.

La fiesta de Baal en Samaria
Destrucción de los adoradores

Así, suponemos que cuando Jehú anunció públicamente que pretendía servir a Baal incluso mucho más que Acab, y proclamó una asamblea solemne para Baal, el encuentro iba a ser muy representativo. En primer lugar, según lo entendemos nosotros, Jehú convocó a todos los profetas y sacerdotes de Baal, y a «todos sus siervos» –ya sea los principales laicos en general, o bien los de Samaria– y lo hizo ostensiblemente para preparar su gran sacrificio. Luego, se hizo una proclamación parecida por todo el país. En ambos casos el objetivo era que asistieran todos los adoradores profesantes de Baal. En el día indicado, los atrios del templo de Baal estaban abarrotados «desde una apertura a la otra [la opuesta]». Para que los líderes de la nueva religión se destacaran mejor, Jehú ordenó que se vistieran de banquete,[14] y luego, para evitar cualquier error posible, puesto que algunos siervos de Jehová podrían haber seguido a Jehú y a Jonadab hasta la casa de Baal, ordenó, a su llegada, que se buscara y sacara a cualquier adorador del Señor.

Ninguna de estas medidas podía provocar sorpresa, sino que serían consideradas como indicaciones del celo de Jehú, y su deseo de que los ritos de Baal no debían ser profanados con la presencia de extraños. La asistencia de Jonadab podría parecer extraña; pero estaba junto al rey al que había servido abiertamente, con cuya compañía había vuelto a Samaria, y con quien había seguido al expedir sus mandatos

---

12. Así opina Hitzig (sobre Jer. 35), que pone el ejemplo de los nabateos, quienes, para garantizar su libertad, se abstenían de la agricultura. Pero esto no explica la abstinencia de vino. Además, ¿Por qué puso esta ley sólo Jonadab? Y, si su razón era garantizar su libertad, ¿no hubiese sido la huida de los recabitas a Jerusalén en tiempos de Jeremías un acto directamente opuesto a su objetivo?

13. Según Ewald (*Gesch. d. Volk. Isr.* Vol. III. pp. 542-544), aunque algunas partes de su análisis son imaginativas.

14. Las vestiduras de los sacerdotes de Baal también son mencionadas por los escritores clásicos. Parece ser que eran de *byssus*. Se supone que *todos* los adoradores del templo recibían estas vestiduras, en cuyo caso debían ser suministradas por la cámara real de las vestiduras, puesto que la sacristía del templo, por bien equipada que estuviera, difícilmente hubiese podido suministrar vestiduras para una multitud como aquella. Pero un estudio más cuidadoso nos llevará a la conclusión de que los «siervos de Baal» que se vestían así eran sólo los profetas, sacerdotes y otros líderes del movimiento. Porque una vestidura generalizada implicaría una escena casi imposible de bullicio y confusión en aquel edificio abarrotado, mientras que la posesión de una vestidura distintiva haría innecesaria la instrucción siguiente (ver. 23), que vieran que los que estaban con ellos no eran siervos de Jehová. Finalmente, Josefo afirma claramente que las vestiduras, que suponemos que no eran sacerdotales, sino festivas, fueron dadas a *«todos los sacerdotes»*, y enfatiza la matanza siguiente como de «los profetas» de Baal. También por otros motivos esta opinión parece recomendable, y ciertamente no es incompatible con el texto.

y prepararse para la fiesta de Baal. Podía tratarse simplemente de un seguidor de Jehú, y ahora se preparaba para seguir su liderazgo.

Carácter del reinado de Jehú

El resto se puede explicar brevemente. Mientras se ofrecían los sacrificios Jehú rodeó el edificio con ochenta guardas de confianza, quienes, a la voz de mando, entraron en el edificio, mataron a todos los que encontraron, y penetraron en «el santuario[15] de la casa de Baal», donde fueron muertos todos los que habían sido señalados. Luego sacaron fuera las imágenes de madera y las quemaron, mientras que la grande estatua de piedra de Baal, junto con el templo mismo, fueron destruidos. Y para profanar completamente el lugar y denotar el menosprecio por él, Jehú lo convirtió en un lugar para letrinas.

«Así», como observa la Escritura, «Jehú destruyó a Baal y lo sacó de Israel». Pero, como el cese de la idolatría después del regreso del exilio no resultó en un verdadero arrepentimiento para con Dios, ni en fe en el Mesías, tampoco la destrucción del culto de Baal conllevó el regreso al servicio de Jehová. Antes bien, el rey y el pueblo se alejaron aún más del Señor su Dios.

Declive del reino del norte

De los acontecimientos sucesivos del reinado de Jehú, que no duró menos de veintiocho años, no tenemos ningún relato en la Escritura, excepto esta observación, que «en aquellos días comenzó Jehová a cercenar el territorio de Israel; desde el Jordán hacia el este, toda la tierra de Galaad, de los gaditas, y de los rubenitas, y los manasitas, desde Aroer, que está junto al río Arnón, hasta Galaad y Basán». Y los monumentos Asirios dan más luz sobre esta breve anotación. Nos informan sobre las guerras de Hazael contra Asiria, y representan a Jehú llevando tributo al rey de Asiria. Nuestra inferencia es que Jehú había hecho una alianza tributaria con el imperio más fuerte de Asiria contra Hazael, y que cuando éste hizo las paces con Asiria, se volvió contra Jehú, y causó a Israel estas pérdidas observadas brevemente por la Escritura. Sea como fuere, por lo menos esto es cierto, que con la pérdida de todo el territorio transjordánico empezaba el declive del reino del norte.

Comienzo del declive del reino del sur

La situación del reino del sur, Judá, tampoco era más esperanzadora. El breve y sangriento reinado de Atalía fue seguido, sin duda, por la contrarrevolución de Joiadá, y el ascenso al trono de Joas. Pero la reforma así iniciada duró poco. Después de la muerte de Joiadá, el culto de Jehová fue abandonado de nuevo por el de «los bosques e ídolos, y la ira cayó sobre Judá y Jerusalén por ésta su transgresión» (2 Cr. 24:18). Y a pesar de que el Señor les envió profetas para que volvieran al Señor, no sólo no querían escuchar, sino que de hecho por orden del rey, y en la casa de Jehová, derramaron la sangre de Zacarías, la cual, según la leyenda judía, no pudo ser limpiada, sino que siguió burbujeando en las piedras, hasta que los asirios entraron y arrasaron el santuario profanado. E incluso antes de esto, el ejército de Hazael, aunque muy inferior en números, derrotó al de Judá, asoló y despojó la tierra, y sitió Jerusalén. El ejército sirio sin duda fue sobornado, pero la mano de Dios cayó pesadamente sobre el rey. Abatido por la enfermedad fue asesinado en su cama por sus propios siervos, que eran hijos de extraños. Así llegó el declive interior y exterior también a Judá. Y cada vez eran más oscuras las nubes del juicio que se cernían sobre una tierra y un pueblo que habían «abandonado a Jehová, el Dios de sus padres».

---

15. Este lugar, rodeado por paredes –es distinto del atrio abierto donde se reunían los adoradores en general– es designado en algunas versiones como «la ciudad de la casa de Baal».

Apéndice
Nota cronológica sobre el capítulo 15

Para ayudar a los lectores interesados en el estudio algo difícil de la cronología de aquel período, debemos reconstruir los puntos principales de la elaborada nota del Dr. Bähr en su *Commentary* sobre 2 Reyes 8:16.

Recordemos que el ascenso de Jehú determina el comienzo de un período nuevo, tanto para los reyes de Israel como para los de Judá, porque tanto Joram como Ocozías fueron matados en la revolución de Jehú. De nuevo, recordemos también que los cronólogos fijan, con una unanimidad singular, en el año 884 a. de C. como el del ascenso de Jehú, y el de la muerte de los dos reyes.

A partir de este punto, podemos calcular hacia atrás los años de los varios reyes y hacia adelante los que siguieron a Joram y Ocozías. Sin embargo, en todos estos cálculos, pensemos que los judíos siempre contaban los años de un rey desde el mes de Nisan hasta otro mes de Nisan, de modo que no sólo un mes, sino incluso un día antes o después ese mes, se contaba como si hubiese sido un año entero. Se verá que el cómputo de un fragmento de un año como si hubiese sido un año entero frecuentemente introducirá elementos de confusión en nuestros intentos para unir las afirmaciones referentes a los diversos reinados. Y esto se debe tener en cuenta cuando se estudie la cronología. Con esto en mente, y contando hacia atrás desde el año 884, tenemos:

I. Reyes de Judá

1. Ocozías: murió en 884; reinó un año incompleto (2 R. VIII. 26); subió al trono en 884 u 885 a. de C.
2. Jehoram: murió en 885; reinó ocho años (2 R. VIII. 17); subió al trono en 891 u 892 a. de C.
3. Josafat: reinó veinticinco años (1 R. XXII. 42); subió al trono en 916 o 917 a. de C.

II. Reyes de Israel

1. Acab: reinó veintidós años (1 R. 16:29). Puesto que el primer año del reinado de Josafat coincidió con el cuarto de Acab, Acab subió al trono en 919 o 920 a.C.
2. Ocozías: reinó dos años incompletos (1 R. 22:51; cf. 2 R. 3:1); subió al trono entre 897 y 898 a.C.
3. Joram: murió en 884; reinó doce años (2 R. 3:1); subió al trono entre 895 y 896 a.C.

III. Correspondencia entre los años de los reinados de los reyes de Judía y de Israel

1. Ocozías de Judá subió al trono en el duodécimo año de Joram de Israel (2 R. VIII. 26); y como que los dos fueron asesinados en 884, el año de reinado de Ocozías no podía ser entero.
2. Jehoram de Judá subió al trono en el quinto año de Joram de Israel (2 R. 8:16). Puesto que Joram de Israel subió al trono en 895 u 896 a. de C., el quinto año de su reinado debió coincidir con el del acceso al trono de Jehoram de Judá en 891 o 892, tal como se indica en la sección I.
3. Ocozías de Israel, y su sucesor Joram, subieron al trono respectivamente en el decimoséptimo (1 R. 22:51) y decimoctavo (2 R. 3:1) años de Josafat, de donde se deduce que (tal como se indica en la sección II) los dos años de Ocozías de Israel no fueron enteros. Puesto que Josafat subió al trono en 916, el decimoséptimo año de su reinado sería el 899 a.C., y el decimoctavo año el 898; mientras que de acuerdo con los cálculos de la sección II., Ocozías subió al trono entre 897 y 898, y Joram entre 895 y 896. Pero estas pequeñas discrepancias, sin duda, se deben al modo judío de calcular los años de los reinados, a lo que ya se ha mencionado aquí.
4. Si sumamos la cantidad de tres reinados de Judá (Josafat, veinticinco, Jehoram ocho, y Ocozías uno), obtenemos el número de treinta y cuatro, o, con el margen correspondiente al modo de calcular judío, treinta y dos. De nuevo, la suma de los tres reinados de Israel (Acab veintidós, Ocozías dos, y Joram doce), da treinta y seis años incompletos. Todo el período desde el reinado de Acab al de Jehú comprendido entre treinta y cinco y treinta y seis años, y puesto que Josafat subió al trono en el cuarto año de Acab, las cifras coinciden.

La única excepción a esta coincidencia general de números es 2 Reyes 1:17, donde leemos que Joram subió al trono de Israel en el segundo año de Jehoram, rey de Judá. Pero en el caso de Josafat, sólo podía haber reinado diecisiete años, y no veinticinco; Joram tampoco pudo haber ascendido al reino de Israel en el año decimoctavo de Josafat, como leemos en 2 Reyes 3:1; mientras que Jehoram de Judá no podía haber reinado ocho años (2 Reyes 8:17), sino catorce; tampoco podía haber accedido al trono en el quinto año de Joram (2 Reyes 8:16), sino un año antes que éste. En consecuencia, la mayoría de autores suponen una corregencia de Jehoram con su padre Josafat. Pero como que el texto no da ninguna indicación de dicha corregencia,[1] y hay muchas y sólidas razones contra esta suposición,[2] Bähr ha argumentado que la frase de 2 Reyes 1:17, «en el segundo año de Jehoram, el hijo de Josafat, rey de Judá», es espuria. La anotación cronológica de costumbre que, como siempre, aparece en la narración de un reinado, la encontramos en 2 Reyes 3:1, y allí es correcta.

En cuanto a la comparación entre la cronología bíblica y la basada en los monumentos asirios, podemos observar lo siguiente:

1. Que hay diferencias entre las dos desde el reinado de Acab hasta el de Manasés, pero que estas diferencias varían de forma extraña, porque, mientras las diferencias en un reinado llegan a cuarenta y tres años y más, en otro reinado son de nueve o incluso menos. Estas divergencias irregulares nos hacen suponer que dependen de algún factor que aún nos resulta desconocido, el cual, si se conociera, podría establecer una armonía entre las dos cronologías.
2. En cuanto a la conquista de Samaria, que tuvo lugar el 722, las dos cronologías concuerdan perfectamente; y de forma substancial también por lo que al reinado de Manasés se refiere.
3. Se admite que, en su globalidad, el registro de la Biblia de personas y sucesos contemporáneos coincide con el registro de los monumentos Asirios, de modo que (a pesar de las discrepancias menores) «la Biblia recibe, también en cuanto a la cronología, una feliz vindicación y confirmación» de los monumentos Asirios.[3]

---

1. Las palabras de 2 Reyes 8:16 «Siendo Josafat rey de Judá entonces», ya han sido explicadas en el texto.
2. Bähr las enumera detalladamente, pero no es necesario describirlas aquí.
3. Comp. Schrader, *d. Keilinschr. u.d. A. Test.* (edición revisada, 1883), pp. 465-567.

LOS REINOS DE ISRAEL Y JUDÁ EN LOS TIEMPOS DE ELÍAS

En los días de Elías, cuya «palabra abrasaba como antorcha» (Eclo. 48:1), el reino del norte, o reino de Israel, era gobernado por el rey Acab, que había contraído matrimonio con Jezabel, una princesa fenicia de religión pagana, la cual se mandó construir un templo dedicado al culto de Baal en la capital de reino, Samaria (1 R. 16:32); como no podía ser de otra manera, introdujo multitud de sacerdotes dedicados a este culto (1 R. 18:19).

Acab, hijo de Omri, fue el monarca más sobresaliente de la dinastía fundada Omri, quien elevó el prestigio de Israel a nivel internacional. Heredero de un reino en buena relación con las naciones vecinas, Acab expansionó con éxito los intereses políticos y comerciales de Israel durante los veintidós años de su reinado. Por todo Israel, Acab construyó y fortificó muchas ciudades incluyendo la vieja Jericó (1 R. 16:34; 22:39). Además de esto, impuso pesados tributos en ganados a Moab (2 R. 3:4) que le proporcionó un favorable equilibrio en el comercio con Fenicia y Siria. Pero sus logros políticos y económicos quedaron obscurecidos a los ojos de los defensores de la fe de Yahvé, que el rey estaba violando. Así, de repente, sin ninguna información concerniente a su llamada o a su pasado, emergió súbitamente Elías, y anunció una sequía en Israel en castigo por su apostasía. Al final de ella, Elías reprendió a Acab y a su familia por descuidar los mandamientos de Dios dando culto a Baal, dios de Tiro.

Al mismo tiempo, Josafat gobernaba en el reino del sur, o reino de Judá. Este monarca apoyó a Acab en su guerra contra los sirios por recuperar la ciudad de Ramot de Galaad. En esta batalla, una flecha perdida atravesó a Acab, hiriéndole mortalmente. Acab fue sucedido por Ocozías, quien reinó aproximadamente un año (853-852 a. C.). Muerto sin dejar descendencia, le sucedió su hermano Joram, hijo de Acab y Jezabel, que reinó doce años sobre Israel. Con él concluye la dinastía omrida en Israel. Al igual que su padre, Joram hizo un intento de recobrar Ramot de Galaad de los sirios (2 R. 8:28-29), aunque logró capturar sus fortalezas estratégicas, fue herido en la batalla. Retirado a Jezreel, para recuperarse, Jehú fue dejado al cuidado del ejército israelita acampado en Ramot de Galaad. Jehú fue ungido como rey de Israel, con el encargo de vengar la sangre de los profetas y siervos de Yahvé asesinados por la familia de Acab (2 R 9). En un rápido asalto a Jezreel, Joram fue fatalmente herido y arrojado al mismo terreno que Acab había arrebatado a Nabot mediante el asesinato, contando con la complicidad de los magistrados. Ocozías, rey de Judá y también de la casa de Omri, que se encontraba visitando a Joram, su cuñado, intentó huir, pero también fue mortalmente herido. Escapó a Meguido donde murió y fue llevado a Jerusalén para ser enterrado (2 R. 9:1-29). Jezabel, la reina madre, hizo un llamamiento a Jehú, pero fue brutalmente arrojada por una ventana hasta morir. Su cuerpo fue comido por los perros. El juicio cayó así sobre la dinastía de los Omri, cumpliéndose literalmente las palabras del profeta Elías (2 R. 9:30-37).

Bibliografía:

H.A. Carroll, "La monarquía hebrea", en Comentario Bíblico Carroll. CLIE, Terrassa 2006.

George Rawlinson, Reyes de Israel y Judá. CLIE, Terrassa 1986.

Samuel J. Schultz, Habla el Antiguo Testamento. Outreach Publications, Grand Rapids 1977.

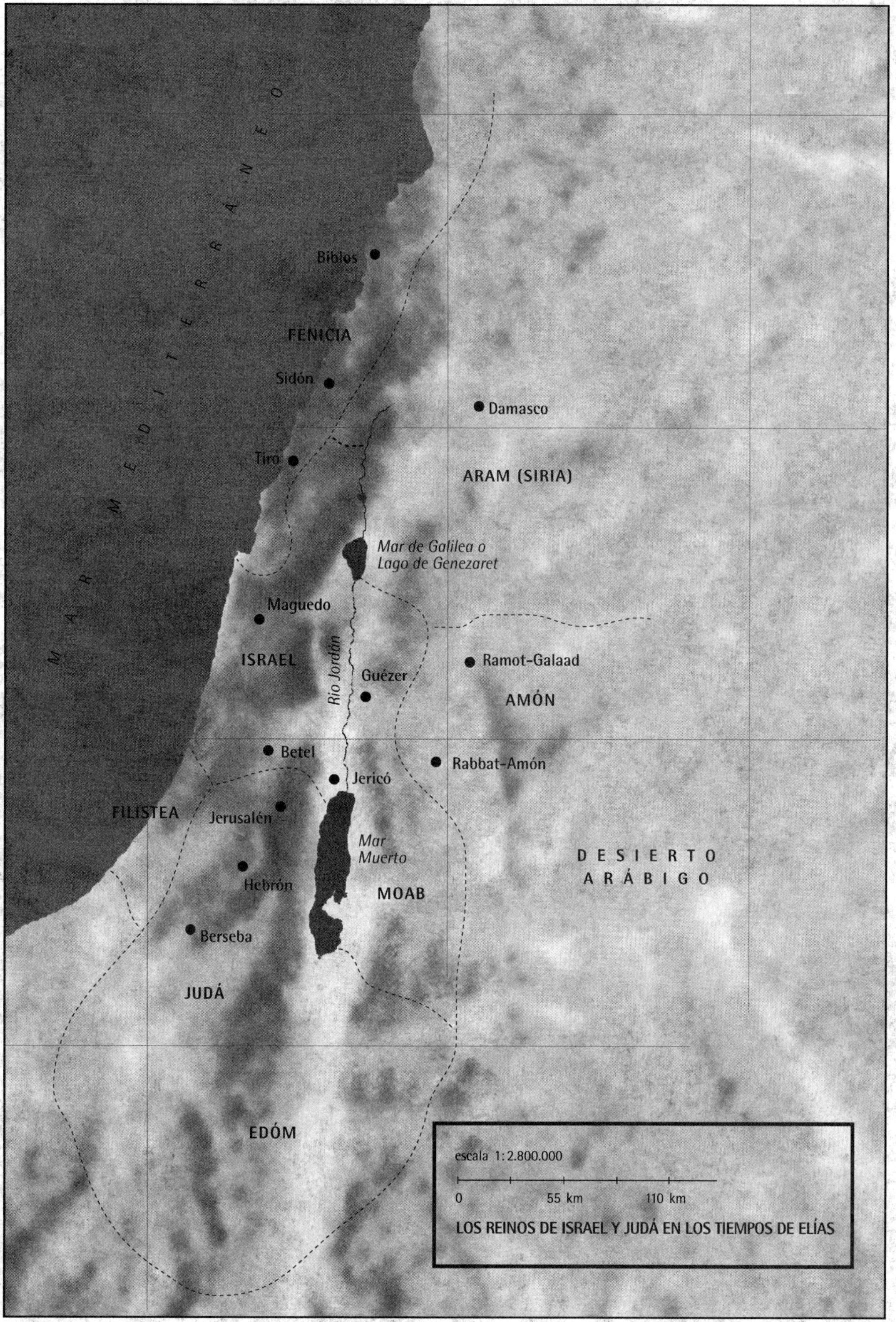

LOS REINOS DE ISRAEL Y JUDÁ EN LOS TIEMPOS DE ELÍAS

Libro 7

La historia de Israel y Judá
desde
la decadencia de los dos reinos
hasta
la cautividad en Asiria y Babilonia

INTRODUCCIÓN al Libro 7

El volumen que introducimos con esta introducción, de acuerdo con el plan original de esta serie, llega al final de este *Comentario Histórico al Antiguo Testamento.* Esto nos obliga a echar una mirada hacia atrás con una breve valoración. En los prefacios de los volúmenes precedentes se dibujaban los rasgos principales de cada período, y se indicaban las preguntas que surgían, además de los puntos especiales con referencia a los cuales el tratamiento de una parte de la historia se diferenciaba de las otras. El período cubierto por este volumen –el que se extiende desde el declive hasta la caída de los reinos de Judá y de Israel– casi no tiene ningún rasgo distintivo propio. Es el resultado natural y la conclusión lógica de la historia que lo ha precedido. Significa que esta historia, tal como la presenta la Santa Escritura, forma una pieza coherente en todas sus partes; o, por decirlo de otro modo, que lo que Dios había dicho y hecho desde el principio con referencia a Israel era verdad. Así, como siempre, incluso los juicios de Dios señalan sus misericordias, que son más grandes.

No obstante, hay dos puntos en los que este período se diferencia de los otros y su historia requiere un tratamiento algo diferente. Fue el período durante el cual vivieron y obraron la mayor parte de los grandes profetas, cuyas palabras se han conservado en los libros que llevan sus nombres, y durante el cual ejercieron una influencia imperativa. Y nunca se ha visto tan claramente como el profeta, como mensajero de Dios, combinaba su doble función de predicar a los suyos y, en cierto sentido, a todas las generaciones futuras, y de comunicar los propósitos más amplios de Dios en el futuro. En las palabras proféticas recogidas no existe una sola serie de amonestaciones, advertencias o incluso denuncias que no conlleve un anuncio del feliz futuro profético prometido. En este aspecto la profecía tiene la misma característica fundamental del *Libro de los Salmos*, en el cual, independientemente de la nota de base, cada himno pasa a la melodía del agradecimiento y la alabanza. Este parecido se debe al hecho de que, en su aspecto bíblico, el avance de la enseñanza externa y la experiencia de la vida interior siempre van juntas. Por otro lado, en los escritos proféticos no hay ninguna palabra con respecto al futuro que no tenga sus raíces, y, en cierto modo, su punto de partida en la historia del momento. Por así decirlo, el profeta traduce lo vernáculo del presente en el lenguaje divino del futuro, e interpreta las palabras divinas relacionadas con el futuro con el bien conocido lenguaje del presente. Tal como sucede entre su enseñanza y su predicción, así también entre la historia del presente y la del futuro no hay ningún vacío: son una cosa, porque por el interior de ambos pasa un sólo propósito invariable que gradualmente va desplegando lo que había sido plegado desde el principio. Y así la historia y la profecía también son una sola cosa, porque Dios es uno. Y de este modo, si queremos entender bien las profecías, no debemos estudiarlas como palabras sueltas, sino como la profecía en su gran y armoniosa unidad histórica.

Pero aparte de estas consideraciones, resultará evidente incluso para el observador superficial que las palabras de los profetas contemporáneos dan mucha y variada luz a la condición, las circunstancias y la historia de la época en la que vivieron. De hecho, sus escritos nos proporcionan relatos muy vivos, no sólo del estado moral y religioso del pueblo, y de sus modos de actuar, sino también de las causas y la historia reales de los acontecimientos. Por otro lado, debe ser igualmente evidente que la historia del tiempo no sólo ilustra la ocasión sino a menudo también el significado de las palabras proféticas. Así lo uno ayuda a comprender lo otro. Pero este hecho también nos impone naturalmente el deber de estudiar la historia de este período en relación con las diversas profecías que se refieren al mismo, y por ello encontraremos frecuentes referencias históricas en este volumen.

Otra particularidad de este período es que su historia es inseparable de la de los grandes imperios del mundo, especialmente Asiria y Babilonia. Los que hayan seguido el avance de los estudios de asiriología sabrán que a menudo la información derivada de los monumentos asirios aporta una luz inesperada sobre la historia del *Antiguo Testamento.* Pero también sabrán que esta ciencia está casi en su infancia; que en algunos puntos relacionados con el *Antiguo Testamento*, las opiniones de los asiriólogos difieren, o han sufrido cambios, mientras que en otros la información que nosotros poseemos puede recibir más confirmación, modificación o añadiduras importantes. Se entenderá, pues, que en estas circunstancias la preparación del volumen actual ha requerido una labor y un cuidado especiales. Sólo puedo esperar que sirva para aclarar la historia de un período que, sin la ilustración tanto de los escritos proféticos como de los archivos asirios, resultaría difícil y complicado. Finalmente, espero que sea de utilidad para el estudiante el índice doble de toda la serie, en el cual ha contribuido la labor de mi hija.

Hasta aquí lo que se refiere al volumen actual. Y ahora es con más sentimientos que los naturales de pesar al acabar una obra que ha ocupado al autor unos cuantos años, y al despedirse de un círculo de lectores, a los que con el tiempo ha llegado a considerar amigos, que se escriben los últimos párrafos de este prefacio. El objetivo al empezar esta serie era realizar un nuevo estudio de la historia del *Antiguo Testamento* a partir del texto original, con el mejor auxilio posible de la más buena crítica y de las ciencias afines. Y no sólo se trataba de seguir el curso de la historia exterior, describiéndola tan exacta y fielmente como se pudiese, sino también llegar más allá de esto hasta su significado espiritual y universal; observar la unidad, aplicación y despliegue de la idea subyacente; y señalar su cumplimiento en el reino de Dios. Brevemente, la idea subyacente del *Antiguo Testamento*, en su aspecto subjetivo, es la del «Siervo del Señor.» La historia del *Antiguo Testamento* en su avance hacia el *Nuevo* es la de la ampliación de la idea del siervo del Señor hasta llegar a la del reino de Dios. Finalmente, su realización y cumplimiento se hallan en el Cristo y la Iglesia de Dios. Si el *Antiguo Testamento* no tuviese este significado más elevado y esta unidad, no podría tener ningún interés permanente o universal, excepto desde un punto de vista histórico. No atañería permanentemente a la humanidad - no, ni siquiera a Israel, por lo menos, en su relación actual con el mundo. Por otro lado, sin él el *Nuevo Testamento* carecería de base histórica y el Cristo histórico ofrecería una especie de problema ininteligible.

Éste, pues, ha sido el plan y el diseño de este *Comentario Histórico*. Los lectores previstos eran profesores, estudiantes y el público más amplio, instruido y pensador. A través de todo el relato se ha deseado no ignorar ni pasar por alto las dificultades o preguntas que puedan surgir en el curso de esta historia, pero sin nombrar siempre, más bien se ha querido anticipar y eliminar o responder con lo que parecía la interpretación correcta del relato. Los demás juzgarán el grado de cumplimiento de este deseo. Sólo esto se puede decir con franqueza: que del mismo modo que las dificultades no han sido nunca ignoradas a propósito, su solución no se ha buscado simplemente inventando una interpretación con la finalidad de eliminar una objeción. Si se piensa que en algunas ocasiones sólo se han ofrecido sugerencias más bien que afirmaciones concretas y positivas, fue porque se consideraba que el uso de la precaución era lo adecuado y se creía necesaria cierta reverencia.

Pero más allá de todo esto hay cuestiones más amplias relacionadas con el *Antiguo Testamento*, que recientemente han sido presentadas de manera especial. En una obra como esta parecía deseable evitar temas controvertidos, los cuales, de todos modos, no podían ser tratados satisfactoriamente aquí. Pero tampoco podía omitirse toda referencia a los mismos. Pero en el más fundamental de todos ellos - el del origen y fecha del *Pentateuco* - es necesario observar aquí una distinción esencial. Hay una inmensa diferencia entre la cuestión de si la legislación del *Pentateuco* es de origen mosaico, y esta otra sobre el momento concreto cuando esta legislación, o cualquier parte especial de la misma, fue recogida por escrito o redactada. La primera es una cuestión de principio, la segunda una principalmente de crítica literaria, y como tal no tiene ningún interés para los lectores generales de la Biblia. En la primera de estas dos cuestiones el escritor no ha encontrado ninguna razón para dejar la antigua línea de fe de la Iglesia, sino más bien que todo confirma nuestra aceptación de la misma. Así, la crítica literaria puede, y debería, en este asunto y en otros, continuar sus investigaciones independientes sin provocar recelos en aquellos que, sobre una base buena y válida, se aferran a la antigua verdad referente a «Moisés y los profetas» y el hecho asegurado de su testimonio de Cristo. Y el resultado final de toda investigación sólo podrá ser la confirmación y vindicación de la fe de la Iglesia.

Para concluir, tengo que agradecer a los lectores de este *Comentario Histórico* por su amabilidad y la indulgencia que me han concedido para acabar esta serie. Cualquier retraso ha sido provocado por compromisos literarios. Para mí, por lo menos, me ha brindado la posibilidad de regresar periódicamente a una obra amada, mientras que el notable avance de los estudios afines que tienden a ilustrar este *Comentario* ha sido una gran ventaja durante el progreso de la serie. Sólo queda, con toda humildad, ofrecer los resultados de estos trabajos a los que amen el *Antiguo Testamento*, con la ferviente esperanza de que aquél en cuyo servicio fueron tomados los acepte con gracia, y con su bendición los haga circular, no sólo para el conocimiento más completo de Su Palabra, sino para su comprensión espiritual.

ALFRED EDERSHEIM
6, CRICK ROAD, OXFORD:
21 de Julio, 1887.

1 La historia de Israel y Judá hasta su cautividad

Capítulo 1
(2 Reyes 11:1-20; 2 Crónicas 22:10–23:21)

Con el ascenso al trono de Jehú y la destrucción de la casa de Acab, y con la alianza destinada al fracaso entre la raza maldita de Acab y los descendientes de David, empezó el último período de la historia del declive nacional de Israel y Judá. La medida no sólo fue completa, sino que la mano alzada de manera amenazadora hasta entonces, ahora ya no era detenida. Hemos llegado a un período de juicios, en la que uno viene tras otro con breve pausa. De los sucesos en Israel relacionados con la rebelión de Jehú, del carácter de los cambios religiosos introducidos por él, y de los problemas y las dificultades de la monarquía militar que fundó, ya hemos hablado con detalle.[1] Pero todo el alcance y la trascendencia de estos acontecimientos sólo se entenderán al comentar su influencia directa e indirecta sobre la historia de Judá.

Atalía asesina a los príncipes de Judá que quedaban

La unión entre Joram, el hijo de Josafat, y Atalía, la hija de Acab y Jezabel, había introducido la apostasía, y trajo la calamidad a la casa de David. Si el casamiento había sido planeado por motivos políticos, tal vez con la esperanza de conseguir una unión definitiva de los dos reinos, o por lo menos confiando en una firme alianza entre ellos, el resultado rápidamente manifestó la locura de intentar conseguir el éxito imaginario subordinando el principio a la política. De hecho, ésta es una de las lecciones que hacen que la historia de Israel sea característica de la de la Iglesia, y en cierto sentido, de toda la historia, y que constituye su derecho de ser llamada «profética». En ella los acontecimientos se mueven, por así decirlo, al mismo ritmo que las palabras pronunciadas por el Dios de Israel. No parece que sea necesaria ninguna interferencia regular o imprevista; sino que en la sucesión regular de los acontecimientos, cada desviación del orden y gobierno divinos, cada intento de conseguir resultados apartándose de la ley y la palabra de Dios, conlleva, no el éxito, sino el fracaso y la ruina. Desde su introducción a su nueva casa de Judá, hasta su arrrebatamiento del trono, Atalía solamente trajo el mal. Su mismo nombre, «athaljah» («Jehová oprime»), parece ser significativo. Poseía todas las cualidades perversas de su madre Jezabel, sin su conducta y valor de reina; toda la astucia de su padre, sin ninguno de sus impulsos para el bien. La Santa Escritura observa que era la «consejera para hacer el mal» de su hijo (2 Cr. 22:3), y su influencia para el mal debió haber empezado en el reino anterior de su marido Joram. La influencia de «la casa de Acab» se menciona explícitamente como el origen del renacimiento de la idolatría tanto durante el reinado de Joram como del de Ocozías (2 R. 8:18, 27; 11:15; 2 Cr. 22:3, 4), la profanación del templo de Jehová (2 Cr. 24:7), y los consejos malvados (2 Cr. 22:4) que trajeron aquellos juicios divinos (2 Cr. 21:13, 14, 16, 17; 22: 7). A ella, sin duda, se debieron no sólo el asesinato de los «hermanos» de él, con el que Joram manchó el principio de su reinado (2 Cr. 21:4), sino también la destrucción por Jehú de todos los príncipes reales de Judá que quedaban (2 R. 10:13, 14; 2 Cr. 22:7, 8). Y si su propósito asesino al apoderarse del gobierno hubiese tenido pleno éxito, la unión política entre la casa de Acab y la de Josafat hubiese llegado a efectuar el exterminio de toda la casa de David.

No hay otra escena de la historia judía que se describa con mayor viveza que la del arrebatamiento de la corona judía de parte de Atalía y la de su final desgraciado. Parece ser más que probable que en su expedición condenada al fracaso a la corte de Israel, Joram hubiese confiado el gobierno de su reino a su madre, que siempre había ejercido una influencia tan importante sobre él.[2] No necesitamos asombrarnos, aunque lo observamos, del hecho de que la posición de la mujer en Israel fuese tan diferente de la que generalmente se le asigna en oriente. Una nación que contaba con unos personajes históricos del calibre de una Miriam, una Débora y una Abigaíl –por no hablar de otras figuras famosas–, debía reconocer la dignidad de la mujer. Y aquí tampoco podemos olvidar la influencia ejercida respectivamente por la madre del rey Asa (1 R. 15:13), por Jezabel, y por otras reinas consortes o madres.[3]

Cuando Atalía empezó a recibir noticias, primero de la muerte de Ocozías, y luego del asesinato de presumiblemente la gran mayoría de príncipes reales, una mujer ambiciosa y sin escrúpulos como ella debió sentir el sentimiento sugestivo de tomar permanentemente las riendas del gobierno. Hay otros motivos que pudieron contribuir a esta resolución. Debía saber que, a pesar de todo lo que se había hecho durante los dos reinados anteriores para desnacionalizar a Judá, su partido sólo representaba una minoría pequeña y de poca confianza, incluso en la capital. Tanto en Jerusalén como por todo el país la gran mayoría, tal como demostraron los acontecimientos posteriores, se oponían a la reina madre, o por lo menos eran partidarios del antiguo orden de Estado e Iglesia. El jefe reconocido y natural de este partido era el activo y energético sumo sacerdote,[4] Joiadá, el marido de Josaba o Josabet,[5] la herma-

1. Ver Libro 6. Aquí solamente recordamos estos puntos: 1) El cumplimiento literal de las predicciones proféticas relacionadas con la casa de Acab (1 R. 21:21-24; 2 R. 9:6-10). 2) Que la reacción contra la idolatría extranjera introducida por Acab y Jezabel consistía en un regreso no al puro servicio de Jehová, sino al de los becerros de oro instituido por Jeroboam (1 R. 12:27-33). En pocas palabras, era un intento de volver completamente a la política anterior tanto en la Iglesia como en el Estado, y de reconstituir el reino de Israel tal como Jeroboam lo había intentado fundar en su separación inicial de Judá. También pudo ser que el asesinato de Ocozías, y luego de los príncipes reales de Judá (2 R. 9:27; 10:13, 14), se vieran determinados, desde un punto de vista político, por el deseo de romper los lazos que estaban reuniendo a los reinos de Israel y Judá. Finalmente, debemos tener en cuenta el carácter militar de la monarquía fundada por Jehú, que continuó con sus tres sucesores, aunque sin resultados satisfactorios.

2. Probablemente actuara como *Gebhirah*, como Maaca, la madre del rey Asa (1 R. 15:13).

3. Incluso entre naciones no judías recordamos el nombre de *Dido*, del mismo linaje y siglo que Jezabel y Atalía.

4. Por la ausencia de cualquier nombramiento de este cargo, se ha dudado que Joiadá fuese realmente el sumo sacerdote. Pero el relato parece que lo implique, y que incluso lo indique en 2 Reyes 12, especialmente en el v. 10.

5. Ambos nombres tienen idéntico significado y se diferencian sólo en la forma. Es casi el mismo que el de Eliseba o Elisabet.

nastra del rey difunto, Ocozías.[6] Y Atalía debió pensar que, si tras el asesinato de los otros príncipes de parte de Jehú, se proclamaba rey a un menor de edad, su custodia e instrucción naturalmente le serían quitadas de las manos.

En vista de tales peligros posibles para ella misma, pero especialmente para el cumplimiento de sus planes ambiciosos, la reina madre decidió, de una forma auténticamente oriental, proceder a la matanza de todo lo que quedaba de la casa de David. Después de su extinción, no podría quedar ningún rival posible, ni ningún centro alrededor del cual se pudiese reunir una oposición. Es muy ilustrativo sobre la institución y la posición del sacerdocio, con su santuario nacional central en la capital, el hecho de que en un período como éste la seguridad de la gente dependiera en última instancia de ellos. Evidentemente se trataba de una institución de la antigüedad más elevada, y debió formar parte de la vida central de Israel. Logicamente, desde el principio fue investido con toda la dignidad y la influencia que nosotros asociamos con él en la legislación de Moisés; y también es bien visible que su designio, y el papel que en realidad desempeñaba, era el de un elemento conservador en la comunidad: los guardianes de la religión de Israel, el punto de reunión de los derechos civiles y de la verdadera vida nacional. Incluso el hecho de que en una época como aquella el sumo sacerdote estuviese casado con la hermana del rey es significativo.

Rescate de Joás y su custodia en el templo

De la masacre general de la casa real a manos de Atalía, Josaba había conseguido rescatar a un hijo pequeño de Ocozías, llamado Joás. Junto con su niñera, fue escondido durante un breve período de tiempo en «la cámara de las camas», aparentemente donde se guardaban los colchones y cubrecamas de palacio, y que podía ser un escondrijo muy adecuado. De allí, su tía lo llevó a un retiro todavía más seguro en el templo, ya sea en una de las muchas cámaras adjuntas al santuario, o bien, según parece más probable,[7] en los apartamentos ocupados por su marido y su familia dentro del edificio sagrado, o muy cerca del mismo.[8] La situación siguió así durante seis años, pasando Joás probablemente por uno de los hijos del sumo sacerdote. Durante ese tiempo el desvalijamiento de la casa de Jehová y el traslado de sus cosas dedicadas al servicio de los baales, que había sido iniciado por los hijos de Atalía (2 Cr. 24:7), se debió llevar hasta su mayor extremo.

6. Todas las probabilidades apuntan hacia la exactitud de la afirmación de Josefo (*Ant.* IX. 7, 1), que Josaba era la hija de Joram (hermanastra de Ocozías) de otra madre distinta de Atalía. Queda por determinar si era hermana completa de Joás, cuya madre era «Sibia de Beerseba» (2 Cr. 24:1).

7. Comp. el «con ella» de 2 Reyes 11:3, con el «con ellos» de 2 Crónicas 22:12.

8. No se puede aplicar la doble objeción según la cual de acuerdo con 2 Crónicas 8:11, la esposa del sumo sacerdote no podía vivir en el templo, mientras que, de acuerdo con Nehemías 3:20, 21, el sumo sacerdote tenía una casa fuera del templo. El primer pasaje se aplica únicamente a la esposa *egipcia* (extranjera) de Salomón, mientras que el segundo sólo nos describe la costumbre de la época de Nehemías. De todos modos, parece difícil entender cómo un niño y su niñera, o con aquella niñera y su tía, podían estar escondidos en el templo durante seis años, a menos que aquella tía viviera con su marido en el edificio del santuario. Si, como quisieran algunos críticos que creyéramos, Josaba no estuviese casada con el sacerdote, sino que simplemente se escondió en el templo con el niño, Atalía sin duda hubiese encontrado su escondrijo.

Reinado de Atalía

Naturalmente debió provocar una fuerte reacción de parte no sólo de los que aborrecían los ritos extranjeros, sino también de los que se oponían al gobierno de la reina extranjera que había asesinado a todos los que quedaban de la casa de David. En el séptimo año de este dominio, Joiadá «tomó valor»,[9] y organizó una contrarrevolución, en la que estaban representados por igual todos los rangos del estado. Si en alguna ocasión fue constitucional un movimiento de este tipo, fue el que se efectuó contra la usurpadora asesina del trono de David. El *Libro de Crónicas*, a pesar de que siempre relata acontecimientos principalmente desde el punto de vista sacerdotal y levítico, aquí aporta algunos detalles apreciados, en apariencia derivados de la misma fuente original que el relato del *Libro de Reyes*, aunque se omite en éste.

La revolución inaugurada por Joiadá

De los dos relatos inferimos que Joiadá, en primer lugar, se dirigió a cinco «capitanes de ciento», o centuriones, cuyos nombres se mencionan en 2 Crónicas 23:1. Aparentemente comandaban las cinco divisiones de la guardia real del cuerpo, que reunía al antiguo nombre de *Kari* (equivalente a *kerethi*) dado en la época de David al cuerpo, que entonces constaba principalmente, si no exclusivamente, de auxiliares extranjeros (palestinos), con el nombre más antiguo[10] y más permanentemente[11] de «corredores» (*ratsim*). El relato del *Libro de Crónicas* añade lo que por sí mismo parece más probable, que los líderes militares se distribuyeron por el país para garantizar la alianza y cooperación de los cabeza de familia y de clanes, y de los levitas. Evidentemente, era necesario alistar a estos últimos, puesto que el alzamiento debía tener lugar en el templo. Allí los confederados se encontraron probablemente en uno de los grandes festivales, cuando el joven príncipe les fue presentado. Como, sin duda, lo hicieron en la primera ocasión los líderes militares, así ahora toda la asamblea se comprometió con un solemne juramento en esta iniciativa, cuyo objetivo único, en principio, era la proclamación del nuevo rey (comp. 2 Cr. 23:3).

Las diferencias, y todavía más el parecido, de los relatos del suceso en los libros de *Reyes* y *Crónicas* han sugerido lo que a algunos parece discrepancias de detalles. Es bueno saber que, incluso si esto se confirmara, no invalidarían en modo alguno el relato, porque sólo atañen a detalles menores, no a su significado básico. La diferencia más notable es que en el *Libro de Reyes* el complot y su ejecución parece que estén enteramente en manos de los militares; en *Crónicas*, exclusivamente en las de los sacerdotes y levitas. Pero también en *Crónicas* –y, efectivamente, sólo allí –se citan los cinco líderes militares; mientras, por otro lado, el relato del *Libro de Reyes* admite el liderazgo en todo ello del sacerdote Joiadá. No obstante, incluso una consideración superficial

9. Éste es el significado real de lo que en ocasiones se traduce por «se animó», 2 Crónicas 23:1.

10. 1 Samuel 22:17.

11. 1 Reyes 27; 2 Reyes 11:4; 2 Crónicas 30:6. aunque quedan muchas dudas sobre la lectura literal de los «ceretitas y peletitas.» Algunos los consideran como referidos a clanes filisteos; Kimchi como a dos familias de Israel; mientras que la mayoría traduce «ejecutadores y correos». Según nuestra opinión, los «*Kari*», o «*tribu Kari*», es un nombre referente al antiguo nombre del cuerpo, parcialmente debido a su composición original, y parcialmente quizás también a las circunstancias en que fue formado. La traducción correcta de 2 Reyes 11:4 sería: «Los centuriones de Kari y los Corredores».

puede persuadirnos de que tanto los sacerdotes como los militares tenían que estar implicados en esta empresa, y que ninguna parte podía actuar sin la otra. Una revolución inaugurada por el sumo sacerdote en favor de su sobrino, quien había estado escondido durante seis años en el templo, y que debía realizarse dentro de los edificios del santuario, no podía realizarse sin la colaboración del sacerdocio, tanto como un cambio de ocupación del trono no podía producirse sin el apoyo del poder militar. Y esto deja ilesa la base de la narración de los dos relatos, incluso si lo que vamos a sugerir a continuación a algunos no les parezca una explicación suficiente del papel asignado respectivamente al sacerdocio y a los militares en los dos relatos.

De algo, por lo menos, no cabe ninguna duda: el relato del *Libro de Reyes* trata las operaciones asignadas a los militares. Se pueden esbozar brevemente como sigue. Del mismo modo que cada «recorrido» en los que estaba dividido el sacerdocio se relevaba al comienzo de cada Sábat, parece ser que también lo hacía la guardia del cuerpo real. El plan sobre el que se pusieron de acuerdo en esta ocasión fue que la guardia relevada, en vez de volver a sus casas o barracas, debía entrar en el templo, donde el sumo sacerdote les proporcionaría armas de las que anteriormente pertenecieran a David, las cuales, sin duda, de acuerdo con la costumbre sagrada, habían sido depositadas en el santuario. El único objetivo de aquella guardia (2 R. 11:7, 11) era rodear en dos divisiones al nuevo rey a ambos lados, con órdenes de derribar a cualquiera que intentase penetrar en sus filas, y encerrar a la persona del rey en todos sus movimientos. Hasta aquí en cuanto a la guardia que acababa de ser relevada. Por otro lado, la guardia que tomaba el relevo debía organizarse en tres divisiones. Una de ellas debía formar, como siempre, la guardia del palacio real, para no levantar las sospechas de Atalía. La segunda división debía ocupar la puerta *Shur*,[12] también llamada «puerta del fundamento» (2 Cr. 23:5); mientras que la tercera división se debía apiñar en «la puerta detrás de la guardia», la misma que «la puerta de la guardia» (2 R. 11:19), y que probablemente constituía el acceso principal desde el palacio al templo. El objetivo de todo ello era custodiar el palacio –no sólo para impedir las sospechas, sino también para defensa (2 R. 11:5), y para rechazar o impedir el paso[13] a cualquier intento de parte de los seguidores de Atalía de tomar posesión de la residencia real. La importancia de esto se entenderá, no sólo en caso de una contrarrevolución, sino en vistas de la costumbre antigua de colocar al rey en el trono real como símbolo de su ascenso al gobierno (1 R. 1:35, 46), que también se quería cumplir en esta ocasión (2 R. 11:19).

Se habrá observado que, por minuciosos y completos que fuesen los preparativos referentes a la defensa del nuevo rey y de la guardia del palacio contra un ataque repentino de parte de los seguidores de Atalía, dejaron las puertas principales de acceso al templo indefensas contra cualquier eventualidad. Y en cambio, hubiese sido igualmente importante proteger el santuario de un ataque hostil, e impedir su profanación por medio de una batalla en sus edificios sagrados. Por esto consideramos probable que se hubiera hecho una previsión para la custodia del templo parecida a la del rey y el palacio real. Pero esto correspondería a los levitas, como los guardas usuales del templo, del mismo modo que la guardia militar tendería a ocuparse naturalmente de la custodia de la persona del rey. Y dicha participación de parte de los levitas parece también obligatoriamente implicada por el hecho que el levantamiento fue planeado por el sacerdocio, y organizado por ellos, además de por los líderes militares. En todas estas circunstancias, parece casi imposible creer que no se adjudicara a los levitas un papel activo de algún tipo; que el acceso al templo se dejara sin protección; o que la guardia del templo se confiara a otras personas en vez de a sus guardas de costumbre.

Estas consideraciones no permiten dudar sobre la exactitud del relato del *Libro de Crónicas*. Sólo que tal como en el *Libro de Reyes* se explican los preparativos para la seguridad del rey y del palacio, así en *Crónicas* se recogen los hechos para la seguridad del templo, que se confiaron a los levitas. Así observamos que aunque el relato de *Crónicas* parece implicar que todos los preparativos estaban en las manos de los levitas, cuando Atalía debía ser llevada a su habitación, la orden no fue dada a los levitas, sino a los líderes militares, quienes tenían que traerla «dentro de las filas» (*Sederoth*). El versículo es casi literalmente el mismo que 2 Reyes 11:15. La palabra que hemos traducido por «filas» indica una disposición ordenada, como de soldados. Se usa en 2 Reyes 11:8 con referencia a la guardia militar que debía rodear al rey, pero no en la designación del grupo más amplio de levitas, el cual, de acuerdo con 2 Crónicas 23:7, tenía que estar alrededor del rey. Por ello concluimos que esta división de levitas debía formar un círculo exterior no sólo alrededor del rey, sino también alrededor de su guardia militar. Esto también explica la diferencia entre las instrucciones dadas en 2 Reyes 11:8 a los guardas militares de matar a los que penetraran en sus «filas», y en 2 Crónicas 23:7 a los levitas, de matar a los que penetraran en el templo. En otras palabras, los levitas debían quedarse más allá de los guardas, y evitar una entrada hostil en los edificios del templo; y si cualquiera conseguía llegar a los militares atravesando sus posiciones, debía ser abatido por los guardas. De este modo el rey se hallaba, en realidad, rodeado por un doble cordón –los militares en el patio interior alrededor de su persona, mientras que los levitas ocupaban el patio exterior y las puertas.

Esperamos que las explicaciones ofrecidas mostrarán que no hay ninguna discrepancia entre los relatos referentes a este suceso en los libros de *Reyes* y *Crónicas*. Entendemos sin dificultad que en este último se asignan las funciones y localidades a los Levitas, mientras que en el *Libro de Reyes* parecen asignadas a los militares. Ambos tenían funciones similares o relacionadas, y próximas entre ellos. Así los dos relatos son plenamente compatibles. De hecho se complementan, porque el escritor de *Crónicas*, como siempre, explica el papel del sacerdocio en el levantamiento nacional, mientras que el escritor del *Libro de Reyes* simplemente relata el papel desempeñado por el poder secular. Así, uno narra lo que fue hecho especialmente por los levitas; el otro lo de los militares; pero ambos, como hemos visto, también dan indicaciones sobre la colaboración entre las dos partes. Todo el tema en sí, no obstante, no tiene ninguna importancia real, aunque tal vez sea bueno comentar que las explicaciones dadas se ven básicamente confirmadas por el relato de los sucesos hecho por Josefo (*Ant.* IX. 7, 2).[14]

---

12. Algunos la consideran una entrada lateral. Probablemente esta puerta daba fácil acceso a palacio, aunque no se trataba de la entrada real particular, que salía de «la puerta de la guardia».

13. La palabra (*massach*), 2 Reyes 11:6, traducida en ocasiones «para que no sea allanada», se ha explicado de diversas maneras; pero la versión de este texto creo que da la idea original. Las sugerencias de los rabís no tienen valor alguno.

14. Las dificultades de menor rango requieren sólo una explicación más breve. La puerta *Shur*, en la cual, según 2 Reyes 11:6, se colocó una guardia, es evidentemente la misma puerta que la

El plan de Joiadá y de los líderes del levantamiento –o, según podríamos decir, del partido nacional– se llevó a cabo en todos los detalles. El hecho de que el secreto de la confederación, pese a ser compartido por tantas personas, permaneciese ignorado por Atalía nos indica la oposición general al nuevo *régimen*, además de la impopularidad de la reina. Al mismo tiempo tenemos que recordar que se habían comprometido con un juramento y el éxito dependía del cumplimiento del mismo; que el sacerdocio estaba enteramente bajo el control de su jefe oficial; y que probablemente fue breve el período de tiempo que transcurrió entre la alianza en el templo (2 R. 11:4; 2 Cr. 23:3) y la ejecución del plan acordado.

Proclamación y coronación de Joás

En el día señalado, los militares y los levitas se hallaban en sus puestos. El joven rey, que había sido presentado a los líderes en su primera reunión en el templo (2 R. 11:4), ahora fue presentado formalmente. Luego le impusieron la corona y el «testimonio»–la última ceremonia posiblemente consistiera en poner en sus manos, más bien que en su cabeza (como algunos sugieren), una copia de la ley, ya sea la que se refería a los deberes del rey (Dt. 17:18-20), o, más probable, la ley en su sentido más amplio. Finalmente, puesto que la sucesión regular había sido interrumpida por la intrusión de Atalía,[15] el nuevo monarca fue ungido por Joiadá y sus hijos, cuando, tal como se solía hacer, el pueblo, exclamó su expresión de gozo, aplaudiendo y chillando, «¡Viva el rey!».

Muerte de Atalía

Por bien guardado que fuese el secreto hasta entonces, las aclamaciones de la guardia y del pueblo se oyeron en palacio, y la reina se apresuró a ir al templo. Su acceso no fue impedido por los militares apostados en el palacio, aunque (según Josefo) los sacerdotes no permitieron a su guardia del cuerpo seguirla hasta el interior del santuario. La escena que presenció en aquel momento le desveló de inmediato el estado de la situación.

En la plataforma elevada «al entrar», posiblemente al patio de los sacerdotes,[16] generalmente ocupada, al menos en las ocasiones solemnes, por el rey (2 R. 23:3; 2 Cr. 34:31), vio al joven príncipe, y junto a él a «los capitanes» y levitas tocando sus trompetas plateadas,[17] mientras que «la gente de la tierra» saludaba a su monarca. De acuerdo con el relato bíblico, Atalía rasgó sus vestiduras y exclamó: «¡Conspiración! ¡Conspiración!», mientras que Josefo añade que intimó a los presentes que mataran al rey. La aparición y el intento de interferencia de la reina constituyeron la señal de su destrucción. Por instrucción de Joiadá, fue llevada más allá del templo, entre «las filas», formadas para evitar que escapara o se comunicara con sus seguidores. Cualquiera que quisiera seguirla sería abatido inmediatamente, mientras que Atalía misma debía ser matada más allá de los límites del santuario. Debió ser cerca del mismo, donde los establos se comunicaban con el palacio, donde encontró su destino.

Mientras esto sucedía fuera del templo, Joiadá completó la segunda parte de la instalación real con un doble acto solemne, del cual la primera parte consistía en un pacto por el cual el nuevo rey y el pueblo se comprometían en su fidelidad renovada a Jehová. Despues el rey se comprometía con el pueblo de modo similar a gobernar de acuerdo con la ley tal como estaba redactada en *El Libro de Deuteronomio* (2 R. 11:17). Habiéndose así restablecido la antigua constitución determinada por Dios en la Iglesia y el Estado, el nuevo rey fue conducido al palacio por la entrada principal y entronizado formalmente.

Destrucción de la casa de Baal
Nueva disposición en Iglesia y Estado

Probablemente fue después de esto que el pueblo procedió a entrar en la casa de Baal, destruyendo completamente la casa y sus altares e imágenes, y matando a Matán, sacerdote de Baal. La reforma religiosa de este modo inaugurada fue completada por el nombramiento de los oficiales requeridos para supervisar y realizar el culto adecuado del templo –según inferimos por 2 Crónicas 23:18, 19, de acuerdo con las disposiciones originales de David, pero que desde entonces habían caído en desuso. Y el relato de esta revolución religiosa concluye con este apunte significativo: «Y toda la gente de la tierra se regocijó, y la ciudad estaba tranquila».

Capítulo 2
(2 *Reyes* 12; 2 *Crónicas* 24)

Al considerar de nuevo los acontecimientos descritos en el capítulo anterior, se evidencia cada vez más su significado en esta historia sagrada. El movimiento del reino del norte, que tuvo como consecuencia la destrucción de la casa de Acab y el ascenso de Jehú, había sido inaugurado por los profetas. Fue seguido rápidamente por otro en Judá, bajo el liderazgo del sacerdocio, que tuvo como consecuencias el destronamiento de Atalía y el ascenso de Joás.

Carácter de Atalía, Joiadá y Joás

Desde el punto de vista popular, cada uno de estos movimientos representaba una reacción contra lo que era extranjero y no israelita en la política y en la religión, y en favor de las antiguas instituciones de Iglesia y Estado. Y seguramente, no podemos dejar de observar, desde el punto de vista más elevado, lo adecuado que era que en el reino del norte, donde desde la época de Jeroboam no había ningún sacerdocio autorizado (2 Cr. 11:14), los profetas, en

«*Yesod*» («puerta del fundamento») de 2 Crónicas 23:5. La explicación más común, que *Shur* es un error de transcripción por *Yesod* (la ׳ se pierde, y ר se cambia por ד), no es satisfactoria, y el error puede ser que esté en *Crónicas* en vez de *Reyes*. La LXX no nos sirve de ayuda aquí. Los rabís afirman que se trataba de una puerta *oriental*, y tenía diferentes nombres, de los cuales dos eran *Shur* y *Yesod*. Esto puede ser cierto, aunque sus comentarios arqueológicos no tienen gran valor. Por el hecho de que un objeto de la guardia era vigilar los movimientos del palacio al templo, deducimos que la puerta *Shur*, que es posible se llamara también *Yesod* (tal vez señalaba el emplazamiento de una piedra de fundamento), era, según implica la palabra, «la puerta del declive», una entrada secundaria a palacio; mientras «la puerta de», o «detrás de», «los corredores», era la entrada normal y principal del palacio al templo.

15. El Talmud (*Horary*. 11*b*) afirma que ésta es la razón, puesto que los reyes en descendencia regular de David no eran ungidos. Sobre la misma base, el Talmud explica la unción de Salomón y de Joacaz.

16. 2 Crónicas 23:13. Aunque hay opiniones diferentes sobre su situación exacta.

17. La palabra usada para «trompetas» es la que se usa normalmente para designar las que tocan los levitas. En general, se observará que esta referencia, y la de «la gente de la tierra» –sin duda, todo el relato– no sólo parece que confirmen, sino que además implican la del *Libro de Crónicas*.

cierto modo,[18] tomaran el liderazgo en un movimiento como éste, y que en Judá el sacerdocio instituido divinamente mantuviera un papel similar. En realidad, éste era uno de los propósitos superiores del oficio sacerdotal (Lv. 10:10; Dt. 33:10; Mal. 2:7).

Pero lo que sí queremos observar es la luz que esto derrama sobre las instituciones asignadas por Dios en Israel, especialmente con referencia a las relaciones mutuas de la Iglesia y el estado, y la influencia para bien de la religión sobre la vida nacional y la libertad civil.

Lecciones de esta historia

Todavía queda un aspecto de estos movimientos, tanto con referencia a su breve éxito como a su fracaso definitivo. Eran una interposición final en el curso descendente que llevó a los juicios finales de Israel y Judá. El pueblo había caído del propósito divino de su llamamiento nacional, y ya no era fiel al significado de su historia nacional. Desde este punto de vista el éxito temporal de estos movimientos se puede considerar como una protesta divina contra el pasado. Pero al final fracasaron porque todos los elementos espirituales más profundos habían desaparecido en los gobernantes y en el pueblo. Por esto los que pronunciaron esta protesta divina, los profetas en el norte y los sacerdotes en el sur, debían tomar un papel tan destacado en estos movimientos. Pero ni los militares en el norte ni la mayoría en el sur sentían simpatía por el aspecto vital que hubiese dado permanencia a estos movimientos.

Pero aún podemos aprender lecciones más profundas. No hay ningún error más frecuente en los movimientos religiosos, y además ninguno es tan devastador, como el poner nuestra confianza en la simple negación, o esperar de ella resultados duraderos para bien. Una negación sin su afirmación correspondiente –de hecho, si no es su resultado– no tiene validez a fines espirituales. Debemos hablar, porque creemos; negamos lo que es falso sólo porque afirmamos y deseamos la verdad opuesta. De otro modo, podemos resistir, y alistar a hombres espirituales, pero no conseguiremos ninguna liberación de la tierra. «Jehú destruyó Baal y lo echó de Israel» (2 R. 10:28), pero «no se apartó de los pecados de Jeroboam, que hicieron pecar a Israel». «Y Joás hizo lo justo delante de los ojos de Jehová todos los días del sacerdote Joiadá» (2 Cr. 24:2). Pero «después de la muerte de Joiadá», «él y su pueblo dejaron la casa de Jehová, Dios de sus padres, y sirvieron a imágenes e ídolos: y la ira vino sobre Judá y Jerusalén por sus transgresiones» (vv. 17, 18). Y como si quisiera remarcar más claramente esta lección, los juicios de Israel y de Judá les llegaron a través del mismo instrumento –Hazael, el rey de Siria (2 R. 10:32; 12:17, 18).

En cuanto al movimiento del reino del sur, de Judá, la historia del *Antiguo Testamento* no presenta una figura más noble que la de Joiadá, ya sea como sacerdote o como patriota. Fiel a su religión, a pesar de su relación con la casa de Joram y las tentaciones que esto implicaba, se atrevió a rescatar al joven príncipe y a esconderlo durante seis años con el riesgo de su propia vida. Por entonces debería tener más de cien años de edad.[19] Incluso después de seis años de

«Jonadab sube al carro de Jehú para ir con él y presenciar su celo por Jehová. La primera medida del conquistador fue repetir en Samaria lo que había hecho en Jezreel, y matar a todos los familiares de Acab y a cualquier persona relacionada con ellos. Luego, en un modo de proceder muy común en oriente, atrapar y destruir a los seguidores de los ritos religiosos introducidos bajo el antiguo régimen. Aunque esto lo hizo en cumplimiento de su misión purificadora del culto, es obvio que era también la mejor manera de establecer su propio gobierno, ya que el culto nacional al dios Baal se identificaba con la casa de Acab.»

Con Jehú empieza el último periodo del declive nacional de Israel y Judá. En este carro de bronce no cabalgan Jehú y Jonadab, sino dos divinidades sirias, pero ilustra el modelo de carro que Jehú debió usar probablemente para cumplir su misión. (Museo del Louvre)

---

18. Decimos «en cierto sentido», porque el lector atento de esta historia distinguirá el papel peculiar de los profetas y el de los líderes seculares del movimiento.

19. Según 2 Crónicas 24:15, Joiadá murió a la edad de 130 años, y puesto que, según 2 Reyes 12:6, la restauración del templo bajo Joiadá tuvo lugar en el decimotercero año de Joás, el sumo sacerdote debió tener unos 107 años cuando Joás subió al trono.

mal gobierno, Joiadá todavía parece muy reticente a tomar la iniciativa contra Atalía, aunque por la custodia del joven príncipe, y además por su edad y dignidad, era a él a quien correspondía hacerlo. Con las palabras del *Libro de Crónicas*, tuvo que «tomar valentía» para ello. Y cuando al final actuó, fue, usando una expresión moderna, de la manera más «constitucional», y con el espíritu más fervoroso en la religión. No cabe duda de que la ocupación del trono por Atalía no sólo era una usurpación y un crimen, sino que además era contraria a la ley y a la constitución de la tierra. Y no obstante, al producir un cambio que era estrictamente legal, Joiadá actuó del modo más cuidadoso, después de consultar con todos los estados del reino y haberse asegurado su colaboración. De modo similar, la ejecución del plan fue confiada a los que les competía de forma natural actuar en el asunto; y si el sumo sacerdote determinó el ascenso del nuevo rey con un pacto entre él y el pueblo y Jehová, fue igualmente cuidadoso para garantizar los derechos y las libertades constitucionales del pueblo con otro pacto entre ellos y su soberano. Finalmente, en el período siguiente, Joiadá usó su posición e influencia sólo a favor de lo que era lo mejor, y nunca con fines más bajos o egoístas. A esta información sobre su vida debemos añadir su actividad en relación con la restauración del templo. No nos sorprendemos de que cuando murió a una edad patriarcal,[20] se le concedió el honor sin paralelo, no sólo de ser enterrado en Jerusalén misma, donde, según la tradición, no había lugares para sepultura, excepto «en la ciudad de David» y «entre reyes», «porque había hecho el bien en Israel, y para con Dios y Su casa» (2 Cr. 24:16).

Pero tal vez la parte más sorprendente de esta historia sea la milagrosa custodia del joven príncipe Joás. Este cumplimiento de la promesa divina relativa a la permanencia de la casa de David (2 S. 7:12-16) debió impresionar a todos los que creían en «las seguras misericordias de David». Y esto tanto más, cuanto durante los seis años que Joás estuvo escondido, y cuando Atalía ocupaba el trono, debió parecer que había fracasado completamente.

Comienzo del reinado de Joás

La proclamación del joven descendiente de David en el templo, el solemne pacto religioso con el que iba acompañada, y la feliz reforma que siguió, debieron recordar vivamente la antigua promesa divina, y debió dirigir las mentes de todos los israelitas de corazón hacia el gran objetivo, en aquel Hijo de David, en quién todas las promesas debían cumplirse definitivamente. Y durante cierto tiempo todo parecía concordar con el principio del reinado de Joás. Es básicamente razonable suponer que durante su minoría de edad, que no hubiese sido tan larga como la del occidente, Joiadá virtualmente, si no formalmente, actuó como regente. De hecho, la influencia religiosa del sacerdote sobre el rey continuó «todos sus días, porque [desde que[21]] Joiadá el sacerdote le instruía». Si hubiese alguna duda sobre el significado de esta expresión, desaparecerá con la anotación paralela[22] que «Joás hizo lo que era justo a los ojos de Jehová todos los días del sacerdote Joiadá» (2 Cr. 24:2). Su cambio después de ese momento se evidencia con toda claridad en el asesinato de Zacarías, hijo de Joiadá, un acontecimiento que no ha sido cuestionado ni por los críticos negativos.

En términos generales, no se puede dudar en modo alguno de que el gran defecto del carácter y el reinado de Joás fue una fatal debilidad, como la de su antepasado Acab, probablemente debido a la falta de convicciones religiosas personales estables. Bajo la influencia y guía de Joiadá, «hizo lo que era justo»; pero incluso así toleró el culto del pueblo en los «lugares altos». En vistas de su carácter, hemos de considerarlo como un acto especialmente sabio de parte del sumo sacerdote el hecho de preocuparse personalmente de las alianzas[23] del joven rey, un hecho que se observa de modo especial en el *Libro de Crónicas* (2 Cr. 24:3). De sus dos esposas, se dice de una (Joadán) que era de Jerusalén; y por la edad de su hijo, Amasías, cuando lo sucedió, inferimos que nació cuando su padre, Joás, tenía veintidós años de edad[24] (2 Cr. 25:1).

Reparaciones del templo

Pero el acto más notable del reinado de Joás fue la restauración del templo. Esto era necesario, no tanto por la edad del edificio, que hacía tan sólo ciento treinta años que había sido acabado, sino por el daño causado por la familia de Atalía, y la apropiación forzosa para el servicio de los baales de todo lo que había sido dedicado a la casa de Jehová (2 Cr. 24:7). La iniciativa de la restauración propuesta fue tomada por el rey mismo, aunque es imposible determinar en qué año de su reinado. Según el plan original, la cantidad requerida para la obra debía derivarse de «todo el dinero de lo consagrado»; es decir, todas las ofrendas sagradas «entregadas a la casa de Jehová», la expresión, «dinero corriente»,[25] no significa dinero acuñado, que no se usaba antes del exilio, sino plata pesada en determinadas proporciones, para el pago general de los trabajadores. El texto sagrado añade además que este dinero consagrado venía de dos fuentes: del «dinero de almas, después de su valoración» –es decir, el dinero de redención en caso de votos, a determinar según las provisiones de Levítico 27:2, etc.– y de ofrendas voluntarias. Estas fuentes de ingresos debían «tomar los sacerdotes de todos sus familiares» (2 R. 12:5), y con ello «reparar las brechas de la casa». El *Libro de Crónicas* explica que este dinero se debía recoger por medio de recolección personal en todas las ciudades de Judá. Considerando que estas aportaciones eran principalmente de carácter voluntario, como las que en otra ocasión se recogieran para el tabernáculo (Éx. 35:21), este tipo de recolección parece ser la más adecuada, especialmente en una época de avivamiento religioso después de una amplia decadencia religiosa.

20. Es descrito como «saciado de días» (traducido también como «lleno de días»). Esta expresión se usa sólo con referencia a las cinco personas siguientes: Abraham, Isaac, David, Job y Joiadá. Se ha dudado innecesariamente de la edad de Joiadá. El cálculo de la edad en los libros históricos es generalmente muy moderado, y este caso se considera como una vida excepcionalmente larga.

21. Se ha propuesto la traducción «todos sus días», es decir, toda la vida de Joás –pero esto es imposible. O también, «todos los días que» (mientras). En todo caso, el significado que se debe expresar es el que figura en este texto.

22. La opinión del texto es apoyada por las versiones antiguas de 2 Reyes 12:2.

23. Canon Rawlinson observa el aspecto adecuado en este caso de una unión temprana, puesto que toda la semilla real había sido destruida por Atalía. También sugiere que «el número dos [esposas] que él [Joiadá] fijó implica un deseo de combinar la consideración de la sucesión junto al intento de disuasión de la poligamia excesiva».

24. Joás murió a la edad de 47 años.

25. La interpretación de esta expresión, como si se refiriera al tributo anual del templo de medio siclo (Éx. 30:13), no sólo es imposible exegéticamente, sino que no hay, por no decir más, ninguna evidencia de que la provisión de Éxodo 30:12, 13 fuese diseñada como ley permanente o que así se obtuviera entonces. Aparece justo la misma expresión para «dinero corriente» en Génesis 23:16.

El rey ordenó a los sacerdotes y levitas que «apresuraran el asunto» (2 Cr. 24:5). Pero cuando, incluso en el año vigesimotercero de su reinado, no se había conseguido un avance satisfactorio en las reparaciones necesarias del templo, el rey, con el consentimiento del sacerdocio, procedió a efectuar tales modificaciones en el modo de recoger el dinero que virtualmente iba a parar a sus manos y a las de los sumo sacerdotes. No es necesario suponer que había habido desfalcos de parte del sacerdocio; en efecto, los últimos arreglos no son coherentes con esta idea. Pero podemos comprender que, además de la reticencia natural a recoger de los amigos, los sacerdotes debieron pensar que dichos llamamientos interferían con las colectas de sus propios ingresos en las diversas zonas; mientras que el pueblo debería tener poca confianza o entusiasmo por lo que era como mucho un modo desordenado e irregular de conseguir un gran objetivo religioso y nacional. Las cosas cambiaron cuando el rey y el sumo sacerdote tomaron las riendas del asunto de manera personal. Se colocó un arca para recibir aportaciones voluntarias en la entrada del atrio de los sacerdotes, a la derecha del altar. La proclamación por todo el país, anunciando que se realizaba un modo de recolección idéntico al de Moisés cuando erigió el tabernáculo en el desierto, provocó el gozo universal, y trajo miles de contribuidores voluntarios. Todos los demás preparativos tuvieron el mismo éxito. Cuando el arca estaba llena, se llevaba a la oficina real, se abría en presencia del escriba del rey y el sumo sacerdote o su representante, y entonces el dinero se ponía en bolsas y se pesaba para determinar su cantidad exacta. «Y daban el dinero que había sido pesado en manos de los que hacían el trabajo [es decir, a los que] estaban designados a la casa de Jehová», es decir, para supervisar las operaciones de construcción. Según 2 Crónicas 24:12, eran los levitas y hombres de tanta confianza que se consideró innecesario requerir un informe de sus desembolsos a los trabajadores que empleaban. El dinero se dedicó en principio exclusivamente a la reparación del templo (2 R. 12:13). Pero cuando ésta fue acabada, el resto se destinó a la compra de vasos sagrados para el servicio del santuario (2 Cr. 24:14). Y se indica de una manera especial, parcialmente para mostrar la liberalidad del pueblo, y en parte la extensión del avivamiento religioso, que todas estas aportaciones no redujeron en modo alguno las entradas del sacerdocio[26] (2 R. 12:16).

Observamos que el año treinta y tres de Joás, cuando el rey se dedicó a la restauración del templo, denegada hasta entonces, fue el año en el cual, después de la muerte de Jehú, grandes calamidades cayeron sobre Israel (ver el capítulo siguiente). En general, el ascenso al trono del hijo de Jehú, su regreso parcial al servicio del Señor, y luego el avance de Hazael en el territorio israelita, debieron tener su influencia en los asuntos de Judá.

Muerte de Joiadá. Contrarreforma

Poco después de la restauración del templo, Joiadá murió. Los «príncipes» aprovecharon la oportunidad para hacer una contrarreforma parcial. Era simplemente natural que la corrupción de los últimos reinados hubiese tenido una influencia en contra de los valores morales. El rigor moral de los servicios de Jehová contrastaba fuertemente con los servicios lascivos de Asera (Astarte) y de los ídolos, probablemente los árboles sagrados de Astarte, y el servicio de Baal relacionado con el mismo.[27] Para la restauración de este último, los «príncipes» hicieron su petición ferviente al rey. Joás cedió; y, aunque en la Escritura no se le acusa de ningún acto personal de idolatría, el pecado que ello implicaba trajo su juicio veloz, y reaccionó en toda la conducta final de Joás.

A veces se ha argumentado que un cambio tan vital como éste cerca del final de su reino parece difícil de entender. Pero el carácter de Joás, la desaparición de la enorme influencia de Joiadá, el creciente poder de los «príncipes» en las hostilidades amenazadoras del norte, y el hecho de que el rey en primer lugar solamente permitió los procesos de la aristocracia corrupta, explican suficientemente todo lo que se relata en la narrativa sagrada. Por otro lado, no hay lectura más instructiva que la comparación de esta última parte de la historia de Joás con la de Asa (1 R. 15:9-24, y especialmente 2 Cr. 14), que, aunque sea por el contraste, parece casi un paralelismo.

La sanción del rey a la introducción de la idolatría en Judá pronto trajo su castigo nacional, en el orden divino de cosas. Pero también aquí se interpuso primero la misericordia divina por medio de amonestaciones y advertencias enviadas por sus profetas (2 Cr. 24:19). Entre ellos probablemente debamos incluir a Joel, cuyas profecías con toda probabilidad fueron declaradas en el período de avivamiento esperanzador que caracterizó la primera parte del reinado de Joás. Pero entonces las advertencias de los profetas no sólo no eran escuchadas, sino que recibían una oposición violenta. De todos modos, se soportaba a los profetas por lo extraordinario de su misión y su mensaje. Pero no fue así en el caso de Zacarías, el hijo –o más bien el nieto–[28] de Joiadá cuando, estando en pie en su capacidad oficial en el patio de los sacerdotes, se dirigió a la gente que estaba reunida más abajo en el patio inferior hablando con palabras similares, bajo la suprema influencia del Espíritu de Dios. Los príncipes y el pueblo conspiraron; y a la orden del rey, sin tener en cuenta no sólo su deber ante Dios, sino también la gratitud debida a su antiguo guardador y consejero, el nieto de Joiadá fue apedreado y murió «entre el templo y el altar».

Asesinato de Zacarías

Todos los detalles denotaban que se trataba de un crimen de culpabilidad nada común, en especial figurativo de lo que cayó sobre el último y más grande profeta de Israel, el Cristo de Dios. La muerte de Zacarías era la que la ley reservaba para la idolatría y la blasfemia (Lv. 20:2; 24:23). Así los asesinos del sumo sacerdote, como los de Cristo, ejecutaron el castigo que ellos merecían. De nuevo, en ambos casos, el crimen fue provocado por las amonestaciones y las advertencias fieles enviadas directamente de Dios. En ambos casos el crimen era nacional, teniendo la misma parte en él los gobernantes y el pueblo; en ambos, también, se relacionaba con el templo, pero eran el resultado de la apostasía nacional. Finalmente, en ambos casos el castigo fue igualmente nacional. Pero también hay diferencias importantes. Porque, cuando Zacarías estaba muriendo, «dijo,

26. La ley no asignaba a los sacerdotes ningún dinero en relación con las ofrendas por los pecados. Pero inferimos que se solía dar un don dinerario a los sacerdotes además de la carne de los sacrificios (Lv. 6:25-29).

27. Ver especialmente los artículos, «Astarte» y «Baal», en Riehm, *Hand-Wörterb. Bibl. Altert.* vol. I.

28. En Mateo 23:35 se le llama hijo de «Berequías». Por la avanzada edad de Joiadá cuando murió, disponemos de todas las razones internas necesarias para creer que fue sucedido por su nieto en lugar de su hijo.

Jehová lo vea y lo demande»; mientras nuestro Señor, cuando se refirió a este acontecimiento como paralelo a lo que le iba a suceder a él, no implicó ningún resentimiento personal al pronunciar esta predicción: «He aquí vuestra casa os es dejada desolada». Y además, a diferencia de las palabras de Zacarías, las de Cristo no acabaron con juicio, sino con la promesa de su vuelta en misericordia y la perspectiva del arrepentimiento de Israel (Mt. 23:39). La tradición judía ha conservado, aunque con muchas añadiduras legendarias,[29] el recuerdo de este crimen nacional, asegurando que la sangre del sumo sacerdote derramada en el suelo del templo no se pudo limpiar ni dejar sin movimiento, sino que todavía estaba burbujeando más de dos siglos y medio más tarde cuando Nabuzaradán entró en el templo, hasta que Dios en su misericordia la hizo descansar después de la muerte de muchos sacerdotes.

Invasión de los sirios

El juicio vaticinado contra Judá no tardó en llegar. Uniendo las observaciones de los libros *de Crónicas* y de *Reyes*, vemos que exactamente un año después del asesinato de Zacarías, Hazael el rey de Siria, entró victorioso en Judá. No podemos equivocarnos si lo relacionamos con la expedición del rey de Damasco en el reino del norte de Israel (2 R. 12:3, 7, 22). Habiendo conquistado el territorio al este del Jordán y sometido el del oeste, cuando Galaad sufrió de manera especial (Am. 1:3), parece ser que Hazael a continuación fue al territorio filisteo, ya fuera por conquista personal o incluso tal vez bajo la petición del pueblo. Esto último parece sugerido, tal como veremos, tanto por el sitio y captura de Gat, como por la unión de las ciudades filisteas con Hazael en las profecías de Amós (1:6-10; comp. también 6:2). Estas profecías implican que las ciudades filisteas habían sido prominentes por el tráfico de cautivos que Hazael había tomado en Judea.

La historia cambiante de Gat merece una observación especial. En el reinado de Salomón parece haber tenido un rey propio, aunque seguramente estaba bajo el señorío de Judea (1 R. 2:39). Durante el reinado de Roboam, el hijo y sucesor de Salomón, se menciona Gat como una de las ciudades fortificadas para la defensa de Judá (2 Cr. 11:8). El señorío de Judá sobre Filistea parece ser que duró hasta el tiempo de Josafat (2 Cr. 17:11). No sabemos cómo afectó a esta condición de Filistea la expedición egipcia de la época de Asa; pero sí sabemos que en este ataque, como en otros ataques hostiles contra Judá, los filisteos desempeñaron un papel activo (2 Cr. 21:16, 17). Considerando todas estas cosas, parece probable que la población original de Gat, aparentemente la única ciudad sometida por Judá, había pedido el socorro de los sirios en su ocupación del reino de Israel, y que ésta fue la causa del sitio de Gat de parte de Hazael. La distancia de Gat a Jerusalén es sólo de unos cincuenta kilómetros, y la derrota de la tropa judía en la fortaleza filistea fue seguida naturalmente por una incursión de Judea. Aunque la fuerza siria era numéricamente muy inferior a la de Judá, el ejército de Joás fue derrotado con grandes pérdidas. Estas pérdidas incluyeron curiosamente la destrucción de aquellos «príncipes» que habían sido líderes del movimiento que acabó con el asesinato de Zacarías. El *Libro de Crónicas* (24:24) tiene el cuidado de observar la mano de Dios en una derrota que contrastaba tanto con la victoria que el Señor había dado a Asa con un ejército muy inferior al de sus enemigos (2 Cr. 14:9, etc.). Pero esto fue sólo el comienzo del juicio contra Joás. Según el relato del *Libro de Reyes* (2 R. 12:18), Joás evitó la captura de su capital entregando al conquistador todas las cosas santificadas del templo[30] y los tesoros del palacio.

La retirada del ejército sirio, en unas condiciones tan desastrosas y humillantes para Judá, fue la señal de problemas internos.

Conspiración contra Joás. Asesinato del rey

Joás estaba postrado, enfermo y lleno de dolor, tal vez como consecuencia de heridas, en el palacio almenado de Milo[31] (1 R. 9:15), cuando cayó víctima de una conspiración de palacio. Dos de sus siervos[32] lo asesinaron mientras yacía en cama. El *Libro de Crónicas* relaciona su final con el asesinato de «el hijo [nieto][33] de Joiadá»–no indicando que éste fuera el motivo de los conspiradores, sino denotando la causa real de su tragedia. Sin duda, la conspiración propiamente dicha se debía a la impopularidad del rey debido a los sucesivos desastres nacionales que caracterizaron el final de su reinado. E incluso los que habían deseado profundamente que la severidad del culto de Jehová se relajara en favor del servicio de Baal debieron sentir que todas las calamidades nacionales habían estado relacionadas con el asesinato de Zacarías en el Templo, que imputaban al rey. Así, no solamente la religión, sino también la superstición, se disponían en contra de Joás. Ni siquiera su asesinato produjo ninguna reacción de repulsión de parte del sentimiento popular. Joás fue enterrado «en la ciudad de David», pero «no en los sepulcros de los reyes».[34]

---

29. La historia es contada, aunque con algunas variantes, tanto en el Talmud Babilonio (*Snh.* 96 *b*; Gitt. 57 *b*) como en el Talmud de Jerusalén (Jer. Taan. 69 *a*, *b*), y también en el Midrás sobre *Eclesiastés* y sobre *Lamentaciones*. Según la tradición judía, el pecado tenía siete partes: había asesinado a un sacerdote, profeta y juez; derramaron sangre inocente en el patio del templo, y era sábado, y además el día de la expiación. Ver el Targum sobre Lament. 2:20. Merece especial mención observar que aquí Zacarías es llamado, al igual que en Mateo 23:35, «el hijo de Iddo» (comp. Esd. 5:1; 6:14), que era en realidad el abuelo de Zacarías, y padre de Berequías, omitiéndose el nombre del padre (como en Gn. 29:5; 2 R. 9:20), tal vez porque Zacarías sucedió a Iddo (Neh. 12:4, 16).

30. La pregunta de por qué se tuvo que hacer una colecta para sus reparaciones necesarias, si el templo poseía tantas cosas de valor, se responde fácilmente con la consideración de que la venta, incluso con esta finalidad, de las cosas santas hubiese sido considerada un sacrilegio. Las cosas santificadas por reyes anteriores (2 R. 12:18), y que Atalía y sus hijos habían sacado para el servicio de Baal, sin duda, fueron devueltas al templo con el ascenso de Joás.

31. La expresión, «cuando se desciende a Sila» (2 R. 12:20), probablemente se refiera a una localidad, pero es de difícil explicación.

32. La diferencia de nombres en 2 Reyes 12:21 y 2 Crónicas 24:26 se explica fácilmente. El primer nombre en 2 *Reyes*, Josacar, es en 2 *Crónicas* Zabad, el «Jo» inicial –Jehová– se ha perdido, y Zacar (זכר) se convierte, por un error de transcripción, en Zabad (זבד). El nombre de la madre del segundo asesino aparece en *Crónicas* en la forma completa de *Simrit*. Debemos al relato de *Crónicas* la observación sobre la nacionalidad de las dos madres.

33. El plural, «hijos de Joiadá», en 2 Crónicas 24:25, es evidentemente un error de transcripción (בני) por (בן). Igualmente en la LXX y la Vulgata.

34. Los escritos rabínicos observan la estricta concordancia entre el final de Joás y su conducta. Él se desprendió del yugo del reino de Dios, y así sus siervos se desprendieron del yugo de su gobierno; Joás olvidó lo que debía a Joiadá, y así sus siervos olvidaron lo que debían a su señor; Joás mató, y fue matado; Joás no respetó la dignidad de su víctima, y tampoco sus siervos respetaron el hecho que él era un rey, el hijo de un rey.

Capítulo 3
(2 Reyes 13)

Joás (8º) rey de Judá.
Joacaz y Jeoás (12º y 13º) reyes de Israel

El reinado de Joás, rey de Judá, se extendió durante un período excepcional de cuarenta años.[1]

Ascenso al trono de Joacaz. Cronología del período

Ascendió al trono en el séptimo año de Jehú, rey de Israel, y no sólo sobrevivió a este monarca y a su hijo y sucesor, Joacaz, sino que incluso presenció el ascenso de Jeoás. Según el texto bíblico, Jehú fue seguido en el trono de Israel por Jeoás, su hijo, en el vigesimotercer año, o más exactamente, en el vigesimoprimero, de Joás, rey de Judá.[2]

Guerras contra Siria. Monumentos asirios

Su reinado, que duró diecisiete años, fue un período de guerra incesante con Siria, y de constante y creciente humillación para Israel. La historia se relata muy brevemente en el *Libro de Reyes*, que se ocupa principalmente de observar las razones espirituales más profundas de los desastres de Israel en la creciente apostasía del rey y del pueblo. Pero los monumentos asirios nos dan una buena luz sobre los breves detalles de la historia política aportados por el relato bíblico. Se recordará que la conquista siria de territorio israelita había empezado durante el reinado de Jehú.[3] La observación bíblica de estas sucesivas conquistas de parte de Hazael (2 R. 10:32, 33) es probablemente algo general, y no sólo se limita a la época de Jehú. Pero los testimonios de los monumentos asirios muestran que Hazael se enfrentó en guerra con el poderoso imperio de Asiria, fue derrotado y obligado a suplicar la paz en condiciones humillantes. También recogen que Jehú pagaba tributo al poderoso rey de Asiria –más exactamente, que había hecho una alianza tributaria con aquel imperio.[4] Cuando se estableció la paz entre Asiria y Hazael, éste último parece haber dirigido toda su fuerza contra el reino de Israel como aliado de Asiria. Por medio de una serie de victorias, Hazael fue apoderándose gradualmente de todo el país del este del Jordán. Desde allí, durante el reinado de Joacaz, extendió sus conquistas por el territorio israelita al oeste del Jordán, hasta que, en el juicio de Dios,[5] el ejército del rey de Israel, reunido en Samaria como el último punto de resistencia, fue reducido a «cincuenta hombres de a caballo, diez carros, y diez mil hombres de a pie».[6] El resto –usando las palabras expresivas de la Escritura– «lo había destruido el rey de Siria», «y los hizo como polvo para hollar» (2 R. 13:7).[7] Y de nuevo observamos, tal como se indica en el capítulo anterior, que fue dos años después del ascenso al trono de Joacaz, es decir, en el «vigesimotercer año del rey Jeoás» (2 R. 12:6), durante el pleno avance de la conquista siria de Israel, cuando se empezó la restauración del templo. Difícilmente podemos equivocarnos si relacionamos esto con una reacción nacional contra lo que había sucedido en el norte, y con el temor de juicios como los que habían caído sobre Israel. Finalmente, deberíamos observar, como explicación final de la expedición de Hazael contra Gat (2 R. 12:17), que a la postre acabó con una marcha contra Jerusalén, que los monumentos asirios indicaban por todas partes una dependencia tributaria de Asiria de parte de las ciudades filisteas a lo largo de la costa del mar.

De esta consideración general de la historia política, pasamos a lo que es siempre el objetivo principal del escritor sagrado, la indicación de las causas religiosas que provocaron estos acontecimientos. El texto bíblico parece un poco complejo, en parte por la mezcla de observaciones del escritor con las anotaciones históricas extraídas de documentos existentes.

La oración de Joacaz y su respuesta
Nueva disposición del texto

A continuación presentamos lo que parece ser su orden real. La observación usual (2 R. 13:1) del ascenso al trono de Joacaz, y de la duración de su reinado es seguida por una

---

1. La duración media de los reinados en Judá es de veintidós años, y en Israel sólo de doce años.

2. La comparación de 2 Reyes 13:2 («el vigesimotercer año») con v. 10 («el trigesimoséptimo de Joás») demuestra que estos dos números son incompatibles –puesto que, si Joacaz ascendió al trono en el año veintitrés de Joaz, y «reinó diecisiete años,» el ascenso de su hijo no podía tener lugar en el año «treinta y siete,» sino en el cuarenta o treinta y nueve del rey de Judá. Sin entrar aquí en la controversia de cual de estas dos fechas debe ser «corregida,» suponemos, con Josefo (*Ant.* IX. 8, 5) que el ascenso de Joacaz de Israel en realidad fue el «año veintiuno» de Joás, rey de Judá. Puesto que, en cualquier teoría sobre la composición de los *Libros de Reyes*, la clara discrepancia entre los numerales de los versículos 1 y 10 no podía pasar desapercibida al autor, debe haber alguna explicación de la misma, aunque en la ausencia de materiales definitivos, es imposible proponer una con total confianza. Posiblemente la conciliación esté, no en un error de transcripción (כג por כא), sino en el modo peculiar de calcular los años de un reinado en Judá (a partir del mes de *Nisan*) diferente del de Israel. En cualquier caso, la existencia de una discrepancia que no se puede atribuir racionalmente a la ignorancia del escritor, debe hacernos ser más precavidos en nuestras inferencias sobre otras dificultades cronológicas, para las que todavía no se ha hallado una solución. En modo alguno significa que una mayor investigación no dé luz al respecto. Esta observación se aplica especialmente a la relación entre la cronología de los documentos bíblicos y la de los monumentos asirios, que evidentemente no es siempre totalmente exacta (ver Herzog, *Real-Encykl.*, nueva edición, vol. XVII, p. 475). La perspectiva de una reconciliación futura nos parece tanto más probable por el hecho (explicado íntegramente en la nota cronológica A, Libro 6, de este *Comentario Histórico*) que las dos cronologías concuerdan en cuanto a la fecha de la caída de Samaria (722 a.C.). Por otro lado, tenemos el fenómeno curioso que las diferencias entre ellas para el período entre ese suceso no son uniformes y permanentes, sino que varían con diferentes reinados; y además hay otro hecho todavía más curioso que en la fecha de los acontecimientos después de la caída de Samaria (sobre la cual ambas cronologías concuerdan) hay una divergencia de trece años (ver Schrader, *d. Keilinschr. u. d. A. T.*, 2ª edición, p. 466). Porque, seguramente, al concordar las dos sobre la caída de Samaria, parece casi imposible que no hubiese una explicación razonable, o conciliación, de fechas a partir de este punto. El hecho de que rechazar todas las referencias a fechas de los libros bíblicos no tiene base alguna ha sido demostrado abundantemente por Kamphausen y Riehm (ver Herzog *Real-Enc.*, *u.s.* p. 469). Expresamos con más confianza nuestra opinión sobre este punto porque personalmente damos poca importancia intrínseca a estos puntos, especialmente cuando, como en los numerales, los errores son muy fáciles de cometer. Pero, aunque ninguna solución propuesta hasta la fecha nos ha satisfecho, podemos llamar la atención del lector en este sentido al *Church Quarterly Review* de enero, 1886. Para bibliografía sobre este tema, aunque sea desde el punto de vista alemán, hacemos referencia al artículo *Zeitrechnung* (ya citado) en el vol. XVII de la nueva edición de Herzog, *Real-Encykl.*

3. Comp. Libro 6. de este *Comentario Histórico*.

4. Ver las inscripciones de las victorias asirias y el tributo de Jehú, en Schrader, *u.s.* pp. 207-210.

5. El sujeto de 2 Reyes 13:7 («él») es Jehová, y no Hazael.

6. Observamos estos detalles porque denotan una información precisa, exacta y documentada.

7. Ésta es la traducción exacta de la palabra.

descripción general del carácter de aquel monarca (en el v. 2); como el que hacía lo que era malo a los ojos de Jehová, y siguiendo con las malas instituciones de Jeroboam. Luego tenemos en el v. 3 una nota del castigo divino de estos pecados en la rendición de Israel ante Hazael, rey de Siria, y su hijo y sucesor, Ben-adad. El versículo siguiente (4) observa el arrepentimiento y la oración de Joacaz, ocasionados por estas calamidades, y la respuesta misericordiosa de Dios, aunque no en el presente inmediato (ver vv. 22-25). Los vv. 5 y 6 son un paréntesis. Posiblemente empiece con el v. 4. La referencia a las guerras de Ben-adad en el v. 3, que sólo pueden aplicarse a la época de Joacaz,[8] debe tener un carácter bastante general (ver vv. 22 y 25). De cualquier modo las observaciones históricas continuas, o extractos, empiezan de nuevo en el v. 7, que describe el estado deprimido del reino de Joacaz, mientras que los vv. 8 y el 9 registran, de la manera usual, la muerte de Joacaz y el ascenso al trono de su hijo, Jeoás (o Joás). Así, como ya hemos explicado, los vv. 5 y 6, o incluso el 4, forman una observación intercalada, que explica por un lado que Dios escuchó la oración de Joacaz levantando «un salvador» a Israel (v. 5), y, por otro lado, que esta interposición de gracia no llegó a afectar el estado espiritual de Israel (v. 6). No sólo continuaron en los pecados de Jeroboam, sino que «la imagen de Asera[9] permaneció en Samaria».

Lecciones escriturales de esta historia

Esta observación parentética debe considerarse en su carácter general. «El salvador» levantado era, en primer lugar, Jeoás (ver. 25), y al final y más completo Jeroboam II. (2 R. 14:25-27).[10] De modo parecido, el relato sobre el estado religioso degenerado de Israel en 2 Reyes 13:6 debe considerarse como una descripción general, y no limitada ni al reino de Joacaz, al de Jeoás o al de Jeroboam II.[11] Finalmente, la expresión gráfica, «los hijos de Israel habitaron en tiendas como antes» (lit. «como ayer y el tercer día») (el día antes), quiere recordar los felices días primitivos, siendo la idea que la liberación de los sirios había sido tan completa que Israel, una vez más, habitaba en una seguridad perfecta como en los tiempos antiguos.

Ascenso al trono de Jeoás

Pero el paréntesis de los vv. 5 y 6 no es el único del capítulo. La breve observación de los vv. 10-13 del ascenso al trono de Jeoás, el carácter de su reinado, su muerte y su sucesión por Jeroboam II, parecen derivar de la misma fuente histórica de la que procede la observación igualmente breve de Joacaz. Le sigue en los vv. 14-21 un relato parentético de lo que sucedió en relación con la muerte del profeta Eliseo, que, según nos atrevemos a sugerir, proviene de otra fuente; tal vez un relato de las vidas y los hechos de Elías y Eliseo.[12] El escritor relaciona esto (en los vv. 22-25) con lo

«Los monumentos asirios muestran que Hazael se enfrentó en guerra con el poderoso imperio de Asiria, fue derrotado y obligado a suplicar la paz en condiciones humillantes. También recogen que Jehú pagaba tributo al poderoso rey de Asiria, o más exactamente, que había hecho una alianza tributaria con aquel imperio. Al verse obligado a pactar la paz con Asiria, Hazael parece haber dirigido toda su fuerza contra el reino de Israel, su aliado. Por medio de una serie de victorias, Hazael fue apoderándose gradualmente de todo el país. Durante el reinado de Joacaz, extendió sus conquistas por el territorio israelita del este al oeste del Jordán, hasta que, en el juicio de Dios, el ejército del rey de Israel, reunido en Samaria como último punto de resistencia, fue reducido a "cincuenta hombres de a caballo, diez carros, y diez mil hombres de a pie". El resto –usando las palabras expresivas de la Escritura– "lo había destruido el rey de Siria", "y los hizo como polvo para hollar" (2 R. 13:7)».

El famoso «Obelisco Negro», obelisco asirio de los tiempos del emperador Salmanasar donde se lee en la banda central «tributo de Yaua, hijo de Humri», y donde reconocemos a Jehú postrado a los pies de Salmanasar. Es el único retrato conocido de este personaje del Antiguo Testamento. (858-824 a.C. British Museum, Londres)

8. Ciertamente, muchos intérpretes entienden las palabras «todos los días» como si significasen «todos los días de Joacaz». Pero esto no me parece una construcción hebrea natural.

9. Sobre culto y ritos lascivos de Asera, o Astarte, ver Libro 5 de este *Comentario Histórico*, caps. XII y XIV; y para una descripción completa, Riehm *Hand-Wörterb. d. Bibl. Alt.* I. pp. 111-115.

10. Observamos de manera especial la expresión: «los salvó», en el versículo 27.

11. Esto elimina la controversia sobre si las imágenes de Asera estaban en tiempos de Joacaz, o se erigieron solamente en el de Jeroboam II.

12. La existencia de una obra biográfica de este tipo se sugirió en el Libro 6.

que en realidad retoma la línea de las observaciones más resumidas de los vv. 4-6. Finalmente, en el capítulo 14, la historia de Jeoás –que sólo había sido introducida en 13:9-13– es detallada y continuada, y esto, en relación con la historia de Judá, posiblemente tomada de los anales de Judá, como la breve información previa, puede haber sido tomada de los de Israel.

Considerando esta historia desde un punto de vista más elevado, notamos la disposición del Señor en su misericordia a escuchar la súplica de Joacaz, acogiendo cualquier señal de arrepentimiento, y por medio de su liberación en respuesta a ella, animándole a un regreso completo a Él, mostrando también que la prosperidad o el desastre dependían de la relación del pueblo con Él. Seguramente no se nos podría presentar una evidencia mejor del hecho que incluso en nuestro declive más alejado podemos volver a Dios, ni de que la oración –incluso por medio de Joacaz, y en el estado de Israel– no quedará sin respuesta. No obstante, aunque la oración fue escuchada de inmediato, como en el juicio pronunciado contra Acab (1 R. 21:27-29) su manifestación inmediata fue aplazada. Éstas constituyen preciosas lecciones prácticas para todos los tiempos, y tienen tanto más valor en cuanto coinciden con los tratos de Dios según se declaran en otras partes de *Apocalipsis*, mostrando la armonía y unidad interior de la Santa Escritura. Incluso por lo que a la estructura exterior de esta narrativa se refiere, su falta de conexión artística sólo inspira en nosotros mayor confianza en su fiabilidad, por no ser fraguada sino montada con extractos de documentos históricos existentes.

Joacaz fue seguido en el trono de Israel por su hijo Jeoás (o Joás), cuyo reinado se extendió por dieciséis años (2 R. 13:10, 11). Desde el punto de vista religioso fue como el de su padre, caracterizado por la permanencia en «los pecados de Jeroboam, el hijo de Nebat». En efecto, tal como se ha afirmado ya, este regreso a la política religiosa del fundador del reino del norte aporta la explicación de la administración de Jehú, y la reacción popular contra la casa de Acab, a la que él representaba y encabezaba. De esta política uniforme encontramos una indicación incluso en el nombre de Jeroboam, que le pusieron al hijo y sucesor de Jeoás.

Dinastía de Jehú; vuelta de la política de Acab

Había también esta otra continuidad, que la monarquía fundada por Jehú, que surgió de una revolución monárquica, continuó como gobierno militar bajo sus sucesores. Esto se nota en las alianzas con Asiria, en las guerras continuas y finalmente victoriosas con Siria durante toda esta dinastía, y finalmente en la guerra con Amasías, rey de Judá (2 R. 13:12). En esto, como en la abolición de las instituciones religiosas de Acab, observamos un cambio de rumbo de la política de la casa destronada.

La nueva relación con los profetas Explicación de la misma

Tampoco podemos equivocarnos si atribuimos a esta última causa las nuevas relaciones amistosas con los siervos de Jehová, y especialmente Sus profetas, que la nueva dinastía intentó inaugurar. El primer acto de Jehú había sido invitar a Jonadab, el hijo de Recab, a entrar públicamente con él en Samaria, y presenciar su celo por Jehová (2 R. 10:16). Casi su primera medida pública había sido la destrucción del templo de Baal, con sus sacerdotes y adoradores (2 R. 10:18-28). Incluso la matanza de los descendientes de Acab y de los príncipes de Judá (2 R. 10:13, 14) pueden atribuirse a los mismos motivos –al menos de parte de un pueblo en el estado religioso de Israel. Los mismos sentimientos se pueden hallar en la oración de arrepentimiento de Joacaz (2 R. 13:4), y finalmente en la visita de Jeoás al lecho de muerte de Eliseo (2 R. 13:14).

Los tres principios fundamentales en la conducta de los profetas

Otra cuestión diferente y más grave es cómo cabe explicar la relación de estos siervos de Jehová y especialmente de Eliseo con una dinastía manchada con tantos crímenes, y tan infiel al verdadero servicio del Señor. Sin duda no se puede entender sin tener en cuenta diversas consideraciones. La situación era complicada, y en consecuencia los motivos que influían sobre la conducta de los profetas eran variados, y, si se ven desde un solo punto de vista, pueden parecer conflictivos precisamente por esto. No obstante, estas tres consideraciones nos ayudarán a entender su actitud general.

En primer lugar, los profetas solo eran siempre los ejecutores de las órdenes de Dios; no tenían ninguna relación personal independiente con referencia a los acontecimientos o las personas. En segundo lugar, las instrucciones de Dios, y en consecuencia la comisión profética, tanto para el juicio como para la liberación, se aplicaban a actos y acontecimientos individuales, no a personas o vidas. En tercer lugar, el objetivo final de todo ello era, por un lado, la vindicación de los tratos de Jehová, y, por el otro, la retención del declive espiritual y nacional de Israel. Era preciso que los juicios ejemplares eliminaran a Acab todo lo relacionado con sus caminos, y Jehú fue, en las circunstancias de la época y en el estado del pueblo, el instrumento más adecuado para ello. Hasta aquí, y solo hasta aquí, gozó su contrarrevolución de la aceptación de los profetas. De nuevo, fue de acuerdo con el propósito divino de misericordia que la primera indicación de cualquier comprensión espiritual de los juicios de Dios se debe aceptar y animar. Por ello la oración de Joacaz fue escuchada; por ello, también, y como posterior cumplimiento de la promesa de liberación, el encuentro entre el rey y el profeta moribundo, además de la predicción de Jonás, hijo de Amitai (2 R. 14:25). Y en todo esto no debemos pasar por alto el aspecto humano de la cuestión. Los profetas eran sin duda y ante todo mensajeros de Dios; pero también eran buenos patriotas, y muy nacionalistas, y esto no a pesar de su oficio, sino más bien debido al mismo. Cualquier reacción nacional, cualquier posible perspectiva de regreso nacional a Dios, debía tener su más cálida simpatía y recibir toda la animación de corazón. En pocas palabras, siempre que podían, se alineaban a favor de su pueblo y sus gobernantes. Colaboraban cuando podían y en todo lo que podían; y solo protestaban, advertían y denunciaban cuando debían hacerlo. Y una consideración tanto de la actitud de Jonadab (comp. Libro 6), como de nuevo de Eliseo, nos debe convencer de que del mismo modo que su colaboración nunca fue denegada cuando podía ser dada, así tampoco nunca fue extendida a lo que estaba mal en sí o era incoherente con su misión espiritual.[13]

Si se necesitan evidencias de lo que acabamos de afirmar, se encontrarán en el último encuentro entre Jeoás, el rey

13. Podemos sentirnos tentados a decir que los reyes de Israel debieron encontrar a estos profetas excesivamente inflexibles - les fallaban justo cuando en su falta de tacto espiritual contaban con la posibilidad de encontrárselos a su lado. En realidad, no entendían ninguno de los principios indicados más arriba, y buscaban un

de Israel, y Eliseo. Habían pasado cuarenta y cinco años desde la unción de Jehú, y puesto que Eliseo ya era adulto durante el reinado de Acab (1 R. 19:19), debió tener una edad avanzada. Por raro que parezca no tenemos ninguna información sobre su actividad pública durante los cuarenta y cinco años que habían pasado desde el ascenso al trono de Jehú. Resulta imposible determinar si algunas de las proezas milagrosas recogidas se habían hecho durante este largo período, aunque han sido insertadas en esta historia sin considerar el orden cronológico, al haber sido extraídas de una obra separada biográfica más bien que histórica. O su actividad tal vez no tenía un carácter tan público; o no necesitaba ser recogida en la historia general de Israel; o tal vez a través de él llegó el mensaje a Jehú (2 R. 10:30), y después el impulso que provocó la oración de Joacaz.

Al residir en Samaria, Eliseo no podía, ni siquiera en cuanto a lo que se refiere a su oficio profético, desaparecer de la visión pública, puesto que, al recibir noticias de su enfermedad fatal, Jeoás se apresuró a ir a su lado de inmediato.[14] Por otro lado, tampoco podemos suponer que esta historia omita toda referencia a la muerte de Eliseo; ni tampoco que el profeta se hubiese ido sin una amonestación pública para bien o una prueba de la cercana liberación de Israel por mano de Jehová. Efectivamente, de haber sido de otro modo, la victoria contra Siria, que llegó tanto tiempo después de la oración de Joacaz, se habría imputado a las destrezas de Jeoás, y no a la respuesta de Dios.

Sería difícil imaginar un contraste más sorprendente que el que hay entre la actitud del joven rey de Israel y la del anciano y moribundo profeta. Eliseo está lleno de confianza y valor, mientras que Jeoás, sobrecogido más bien por la preocupación que por el dolor ante la muerte inmediata del profeta, llora «sobre su rostro», y le dice: «Padre mío, padre mío, carro de Israel y su gente de a caballo». Las palabras son las mismas que las del propio Eliseo cuando Elías fue tomado (2 R. 2:12), pero pronunciadas con un espíritu muy diferente del suyo.[15]

Último encuentro entre Jeoás y Eliseo
Sus lecciones

Las palabras del rey denotaban, sin duda, afecto respetuoso, pero también incredulidad, como si la eliminación de la presencia de Eliseo entre ellos implicaba la desaparición de la defensa y el poder de Israel. También la actitud de Eliseo cuando al ver tomado a su señor fue muy diferente de la de Jeoás. Entonces el primer acto de Eliseo había sido fruto de la fe que a todo se atreve, cuando con el manto caído de los hombros de su señor golpeó las aguas del Jordán, y se dividieron.

Por otro lado, casi el primer acto de Jeoás ante la inminente partida de su señor fue un acto de incredulidad, que se echó atrás, incluso cuando aún podía oír las explícitas instrucciones del profeta y de la seguridad que las acompañaba del socorro divino prometido. Así las mismas palabras tienen un significado muy diferente en boca de personas distintas, y no hay ninguna seguridad simplemente en una fórmula, por sagrada o sancionada que haya sido. También en esto la letra mata, pero el Espíritu vivifica.

Tanto intrínsecamente como en vistas de la condición del rey, y también para un registro duradero para Israel, era necesario que el profeta diera un testimonio enfático de Jehová antes de su partida, una confirmación enfática también de Su promesa, animación para Israel. Así sus palabras en el lecho de la muerte serían un mensaje permanente para el pueblo, y no sólo para resumir y sellar, sino, por así decirlo, para perpetuar toda su misión. Concordaba con la costumbre profética casi uniforme (comp. 1 R. 11:29-32; Is. 20:2; Jer. 13:1; Ez. 4:1, y otros), y además era perfectamente adecuado a la condición del rey y a las circunstancias del caso, el hecho de que este mensaje fuera unido a un acto simbólico como señal.

El milagro después de la muerte de Eliseo

Sería imposible equivocarse en su interpretación, cuando Eliseo ordenó a Jeoás que tomara arco y flechas y pusiera su mano sobre el arco, mientras que el profeta colocaba sus manos sobre la del rey. Hecho esto, se abrió la ventana hacia el este, o más bien, se sacó su celosía, y el rey disparó la flecha a la orden de Eliseo. Al este se hallaba Siria; al disparar la flecha hacia allí, el rey de Israel estaba actuando bajo las instrucciones y la presencia simbólica garantizada del Señor. Y así significaba: «Una flecha de salvación [liberación] de Jehová [porque la liberación es suya] y una flecha de salvación de [contra, sobre] Siria»; a lo que se añadió inmediatamente la promesa profética: «porque herirás a Siria en Afec hasta la destrucción [aniquilación completa]».

Victorias contra Siria

Esta última frase, casi huelga decir, que se refería sólo al ejército de Afec, puesto que esta primera victoria fue seguida por otras. Pero Afec era un nombre significativo, determinando la localidad donde por predicción divina y socorro divino Israel había derrotado en otra ocasión de modo avasallador al poder de Siria (1 R. 10:26-30).

Pero la interposición de Dios, aunque sea directa, no es como la magia. Cualquier éxito que él concede, para que sea completo, implica condiciones morales de nuestra parte. Para expresarlo de otra manera: la recepción plena de los beneficios de Dios tiene como condición la receptividad plena de parte del hombre. Éste era el significado de la siguiente expresión de Eliseo para el rey; y también fue esta la explicación del fracaso. El profeta le indicó que aferrara «las flechas» que ya había sacado de la aljaba,[16] y «golpeara (es decir, disparara) hacia la tierra». En lugar de obedecer plena y literalmente, o por lo menos disparar cinco o seis veces, el rey sólo disparó tres veces. Era un símbolo que no podía entender completamente, y que por lo tanto no tenía ningún significado real para él. No tenía ninguna idea de la sencilla, incondicional y perseverante obediencia de fe. Obedeció hasta donde alcanzaba su capacidad. Debió haber entendido más o menos qué significaba disparar al enemigo postrado en tierra. Pero «tres veces» indicaba en la forma de hablar general judía que algo se había hecho de forma completa (como en Éx. 23:17; Nm. 22:28, 32, 33; 24:10; 2 R.

auxilio personal absoluto en función de su cumplimiento de ciertos actos y hechos. Se requería discernimiento espiritual para comprender que los profetas no eran partidarios políticos ni enemigos políticos, sino que podían ser lo uno o lo otro en diferentes ocasiones. En estas circunstancias no necesitamos sorprendernos de que ciertos críticos modernos no entiendan a los profetas mejor de lo que hicieran los reyes de Israel.

14. «Descendió a él». La expresión implica, como en 2 Reyes 6:33, que la casa de Eliseo en Samaria (2 R. 5:9; 6:32) estaba al pie de la colina donde se hallaba la ciudad.

15. Ver Libro 6 de este *Comentario Histórico.*

16. Observad aquí el uso del artículo definido, «las flechas,» mientras que en el v. 15 solamente dice «arco y flechas».

1:9-14), y «había golpeado» tres veces. El hecho que en un momento así fallara en la prueba de fe y obediencia, tal vez cansado de lo que parecía inútil en su continuación, y que este fallo implicara el aplazamiento de la plena liberación de Israel, llenó al profeta y patriota de indignación santa.[17] Le iba a suceder tal como él había hecho –Jeoás heriría solamente tres veces a los sirios, de acuerdo con su obediencia, pero no con una victoria completa y definitiva.

No podemos evitar relacionar la breve observación del milagro de después de la muerte y sepultura de Eliseo con este encuentro entre el rey y el profeta. No sucedió como clamara el rey en su cobardía, o como pudiera temer Israel, que con la desaparición del profeta vivo de entre ellos desaparecería «el carro de Israel y su gente de a caballo». La defensa y el poder de Israel estaba en el Dios que el profeta adoraba, y no en un dios propiedad del profeta. No se necesitaba un profeta vivo: el mismo poder que estaba con él en vida podía obrar la liberación a través de él después de su muerte. El punto principal no era el hombre, sino su misión, y de ello –de que él era un profeta– este milagro después de su muerte era una prueba muy enfática; y así atraería de forma especial a aquella generación de aquel tiempo tanto por sí mismo como por su entorno. Esto, sin pasar por alto su posible aplicación simbólica,[18] nos parece que es su significado principal. Parece ser que «al llegar el nuevo año» –probablemente en primavera– después del entierro de Eliseo, estaban llevando a un hombre a su funeral, tal como se solía hacer, en un féretro abierto. Pero he aquí, cuando la procesión llegó a su última parada, se observó la presencia de una de las bandas rapaces moabitas, que, como los beduinos de los tiempos modernos, asolaban el país, que se cernía alrededor del lugar donde estaban reunidos los asistentes al funeral. Sólo una huida muy apresurada podía salvarlos de la muerte o la esclavitud. No había tiempo para dudar. Apartando la piedra que cerraba la entrada y abriendo la puerta del sepulcro, colocaron al muerto encima de los huesos del profeta, y luego huyeron apresuradamente. Pero he aquí que el muerto recobró vida al ser tocado por el profeta muerto, y «se puso en pie»; el único hombre vivo en la silenciosa casa de los muertos, a salvo en el sepulcro de Eliseo tanto de la huida como de los moabitas. Además del significado inmediato, nadie puede abstenerse de pensar, al contemplar este relato profético, en la vida que brota al tocar al Cristo crucificado; en el alzamiento del joven llevado a Naín en su féretro; o incluso en los tenues rayos de los pensamientos de una resurrección, cuyo resplandor completo llega a nosotros desde la tumba vacía de la mañana de la pascua.

Al terminar este relato, la narrativa vuelve a lo que es su nota clave (en vv. 4, 5). De nuevo tenemos el registro de la compasión del Señor, de su recuerdo fiel del pacto con los padres, y de su aplazamiento misericordioso del castigo final del pecado de Israel que los barrería de su tierra. Sucedió tal como Dios lo prometiera. Hazael estaba muerto. Una vez más, sí tres veces, derrotó Jeoás a Ben-adad (III), el hijo y sucesor de Hazael, y le arrebató las ciudades que habían sido capturadas en el reinado de Joacaz.

Pero del mismo modo que del sepulcro hendido en la roca de Eliseo salió una prueba de su misión divina, así hallamos nosotros en los monumentos de Asiria confirmación de la derrota de Ben-adad en cumplimiento de la promesa divina. Porque, mientras que su padre es mencionado repetidas veces como un guerrero valeroso incluso contra el poder agobiante de Asiria, Ben-adad (III) ni siquiera se cita.[19] Esto es muy significativo; evidentemente, su reinado fue herido con debilidad, y su poder había sido totalmente quebrantado.

Capítulo 4
(2 Reyes 14:1-20; 2 Crónicas 25)

Amasías (5º) rey de Judá
Jeoás (13º) rey de Israel

Se ha comentado acertadamente que Joacaz de Israel había dejado, a su muerte, a su hijo y sucesor Jeoás, entre los dolorosos problemas de su país, esta herencia: la respuesta prometida a su oración. La grandeza del cumplimiento de esta promesa se ve en la comparación del estado en que Hazael había reducido al ejército de Israel en la época de Joacaz (2 R. 13:7), con las tres brillantes victorias que Joacaz obtuvo contra Ben-adad III. Y los éxitos militares de Israel tampoco estaban limitados a los enemigos extranjeros. Jeoás se mostró tan victorioso contra Judá como lo fuera contra Siria.

Ascenso al trono de Amasías

En el segundo año del reinado de Jeoás en Israel, Joás, rey de Judá, fue sucedido por su hijo Amasías. El reinado del rey, que ascendió al trono a la edad de veinticinco años, duró veintinueve años. Su inicio se caracterizó por una continuación de lo que en sentido general se podría considerar, como en el caso de su padre Joás, como hacer lo que era «justo ante los ojos de Jehová».[1] A esto el *Libro de Reyes* añade, no obstante, la observación, «pero no como su padre David», que el *Libro de Crónicas* explica con la expresión, «no con un corazón perfecto».

Carácter de su reinado

En realidad su actitud religiosa durante aquel período (como observan ambos registros históricos) era como la de su padre Joás, e incluía la tolerancia del culto y los servicios en «los lugares altos». Pero incluso esta fidelidad restringida a la religión de sus padres no se mantuvo durante el final de su reinado.

Ascendiendo al trono después de una revolución de palacio de la cual su padre había sido víctima (2 R. 12:20, 21), debió pasar cierto tiempo antes de que «el reino [gobierno real] fuera confirmado en su mano».[2] Tan pronto como se cumplió esta primera necesidad, castigó a los autores de la reciente revuelta ejecutando a los asesinos de su padre. El texto sagrado observa de modo especial que al hacerlo dejó libres a sus hijos, de acuerdo con la ley mosaica (Dt.

17. La LXX modifica «el hombre de Dios estaba airado» por «estaba dolido». Esto es típico de un tipo de alteraciones de la LXX.

18. Casi huelga decir cuán absurda sería la inferencia a partir de este milagro con referencia al uso de «reliquias», –y todavía más, a su veneración. Los dos casos no tienen nada en común; puesto que si algo está claro, es el carácter único de este milagro.

19. Comp. Schrader, *u.s.*, pp. 211, 212.

1. Observamos, en cuanto a éste y otros monarcas judíos de este período, que sus madres eran «de Jerusalén».

2. Esta explicación es natural y suficiente. No hay ninguna razón para pensar en la «confirmación» de su ascenso al trono por el rey de Asiria, o que Judá fuese por entonces «un feudo» de aquel imperio.

24:16), que en esto, como en tantos otros aspectos, se diferenciaba de las prácticas comunes de los tiempos antiguos.[3] Pero la promesa de este buen comienzo no tardó en fallar. Como se ha comentado adecuadamente, Amasías, «con un corazón perfecto», era sólo un soldado, e incluso esto más bien en el sentido de un monarca oriental cruel y engreído antes que un general sabio y valiente. No parece improbable que los éxitos del rey de Israel contra Siria hubiesen despertado en Amasías el deseo de gloria militar.

Preparativos militares

Para obtener este objetivo hizo unos preparativos de tipo sumamente extensivos. Su primera intención fue la de volver a reducir a Edom al vasallaje del que se había liberado durante el reinado de Joram (2 R. 8:20-22).[4] Para esta expedición, reorganizó las fuerzas de Judá, que habían sido aplastadas por los sirios en la época de su padre Joás (2 Cr. 24:23, 24). Por el relato de 2 Crónicas 25:5, 6 parece ser que hizo una llamada a filas universal, convocando a las armas a toda la población capaz de ofrecer servicio militar.[5] El carácter nacional de esta medida se ve incluso en el hecho que los oficiales del nuevo ejército fueron designados primero según la antigua disposición de tribu, clan y familia (2 Cr. 25:5), y que estos capitanes luego realizaron la leva del pueblo. El gran número de los convocados a las armas de este modo parece grande; pero es considerablemente inferior al de la época de Abías (2 Cr. 13:3), de Asa (2 Cr. 14:8), o de Josafat[6] (2 Cr. 17:14-18).

Contratación de mercenarios israelitas, advertencia del profeta y despido de los auxiliares

Además de levantar un ejército nativo judío, Amasías recurrió a la novedad de contratar a 100.000 mercenarios israelitas, por el coste enorme de 100 talentos –presumiblemente talentos de plata,[7] que asciende a un total aproximado de 37.500 £. Dicha ayuda solamente podía acarrearles la derrota, porque Jehová no estaba con Israel. Prueba de ello era incluso el hecho de que se vendieran para una causa bélica extranjera en la que no estaban implicados en modo alguno. Si Amasías hubiese tenido discernimiento espiritual, no hubiese buscado este tipo de ayuda. Así pues, «un profeta» recibió el encargo de advertirle que si iba a la batalla confiando en este socorro, sin duda iba a sucumbir.[8] Dios iba a demostrar que él tenía poder no sólo para auxiliar, sino también para hacer caer. La respuesta del rey fue típica. Indicaba que aunque valoraba correctamente el carácter de estos mercenarios,[9] estaba más preocupado por el dinero que se había gastado con ellos. La digna respuesta del hombre de Dios, indicándole hacia arriba a Aquél que podía dar mucho más que esto, por lo menos hizo callar al rey, y despidió a sus refuerzos. Pero el asunto no terminó así. Decepcionados, sin duda, por su botín y saqueo, los efrainitas volvieron a sus casas «encolerizados» (2 Cr. 25:10). Josefo, a pesar de que explica la historia con sus típicos adornos añadidos, añade lo que parece ser una observación histórica, indicando que estos israelitas destrozaron la tierra hasta Bethorón, tomando mucho ganado, y matando a 3.000 hombres (*Ant.* IX. 9, 1). Si esto es cierto, no podemos equivocarnos si atribuimos a este motivo la posterior guerra entre Judá e Israel, con sus consecuencias desastrosas para Amasías.

Si hasta este punto Amasías había demostrado ser de todo menos lo que implica su nombre, «el fuerte de Jehová» [o tal vez, «Jehová fortalece»], su verdadero carácter iba a manifestarse de inmediato, tanto en su éxito como en su derrota. El despido de los ayudantes israelitas no aplazó los preparativos para la guerra. El límite sudeste de «la tierra» se puede señalar aproximadamente en el extremo inferior del mar Muerto.

«El valle de sal»

Aquí, al este de la montaña de sal-piedra (la *Khashm Usdum*), se alarga hacia el sur esa prolongación del desfiladero del Jordán (el *Ghor*) conocido como «el Valle de Sal» (el *Sabkah*). El valle, que se extiende unos diez kilómetros (unas 3 horas), va hacia el sur a los riscos blancos de piedra caliza,[10] que se elevan de 15 a 50 metros. Se forman de los restos erosionados del terreno más elevado de *Arabah* –aquí sobre todo la parte de «la llanura» que va desde Jericó hacia abajo a ambos lados del Jordán hasta el golfo elanítico del mar Rojo.[11] El «valle de sal» formaba la frontera al sur de Judea hacia Edom. Sus regiones occidentales y centrales están totalmente desoladas, siendo el suelo de caliza a menudo inundado por el mar Rojo, e incluso las corrientes de agua que lo atraviesan están impregnadas de sal que se incrusta por toda la zona. Pero la parte del sur del valle es diferente, y todavía más la oriental, que está cubierta de vegetación, y donde podemos todavía encontrar vestigios de antiguas poblaciones.[12] Aquí estamos claramente ante un oasis que constituía la frontera entre Edom y Moab.

Derrota de los edomitas

En este «valle de sal» Joab, o más bien su hermano Abisai, derrotó a Edom en la época de David (2 S. 8:13; 1 Cr. 28:12, etc.), y también aquí el ejército edomita se enfrentó con las huestes de Amasías. Aunque desconocemos el lugar exacto donde se libró la batalla, podemos suponer que fue en la parte del sur del valle. Los edomitas se hallaban dentro

3. Ver, por ejemplo, Herodoto III, 119. Curtio (VI. 11) habla de ello como una provisión legal que los familiares de los regicidas eran ejecutados junto con los criminales reales; comp. Cicerón *ad Brut.* 15. Jehú había actuado con el mismo espíritu pagano (2 Cr. 22:8).

4. Comp. Libro 6 de este *Comentario Histórico*.

5. «A partir de 20 años».

6. Pero para esas cifras, ver las anotaciones del Vol. V. de este *Comentario Histórico*.

7. Los talentos de oro hubiesen sido designados así, y hubiesen ascendido a la increíble cantidad de unas 675.000 £.

8. El versículo difícil de 2 Crónicas 25:8 generalmente se explica suponiendo que la palabra לא, «ni», o ולא se ha perdido en la segunda frase, y que el versículo debería ser «Pero antes ve tú, haz... de modo que el Señor no te haga caer...» No obstante, esto parece una solución arbitraria, y nosotros proponemos traducir el versículo tal como está, traduciendo כי אם por «si no» (ver Ewald, *Lehrb. d. hebr. Spr.* p. 861, primera línea): «Si no, (es decir si quieres persistir), ve, hazlo, sé fuerte» etc.

9. Dice de ellos (v. 9) «la banda de Israel», la misma expresión que en 2 Crónicas 22:1; 2 Reyes 13:20; y a menudo con el mismo significado.

10. Es dudoso identificar estos riscos con los *Akrabbim*, o «escaleras escorpión», de Números 34:4; Josías 15:3; Jueces 1:36.

11. En la actualidad la parte al sur de la cadena fronteriza de colinas de piedra caliza tiene el nombre especial de *Arabah*. Nuestra descripción del paisaje se basa principalmente en Robinson, *Bibl. Res.* II. pp. 121-173; Bläedeker-Socin, *Pal.*, p. 181, etc., también se han usado algunas notas de otras obras (siempre que estaban disponibles). Riehm, *Hand-Wörterb.* ofrece, como de costumbre, un resumen, breve pero muy bueno.

12. Comp. aquí también con Tristram, *Land of Moab*, capítulos III y IV. *passim*.

de su territorio; su retirada no podía ser difícil, y, por los montes que les rodeaban, estarían relativamente a salvo. Por otro lado, si el ejército judío era derrotado, no es fácil imaginar como hubiese podido escapar cualquier remanente considerable, ya sea cruzando el traidor «valle», o rodeándolo. No obstante, el ejército edomita fue derrotado, con una matanza de 10.000 hombres y la captura de otros diez mil.[13] El relato del *Libro de Reyes* (2 R. 14:7) añade que el ejército judío victorioso fue hasta Sela, o Petra, donde, según 2 Crónicas 25:12, los malvados prisioneros «fueron despeñados desde la cumbre de Sela» Se ha objetado innecesariamente contra la posibilidad del transporte de prisioneros por un trayecto que en ocasiones se describe como largo y difícil. Especialmente por esta razón,[14] se ha cuestionado también la localización de este «valle de Sal». Pero si suponemos que el campo de batalla era la parte del sur del valle, estas objeciones desaparecen.[15] Y obviamente sería la política del ejército victorioso penetrar en el corazón de su tierra conquistada, tomar su capital,[16] y con un acto de venganza terrible provocar el terror en el pueblo.

Marcha contra Petra. Descripción

Las huestes judías debieron contemplar un maravilloso espectáculo al descender desde el este por aquel gran desfiladero que finaliza en el uadi Mûsa –el «Valle de Moisés»–[17], el emplazamiento de la antigua *Sela*, «roca» –más conocida por su nombre posterior de Petra. La «hendidura», o *Sîk*, que constituía su único acceso, pasa entre rocas perpendiculares de piedra arenisca, que se elevan a una altura de 30 a 90 metros. Sigue el camino serpenteando por un torrente que sube a la montaña en media hora, hasta el lugar donde se dice que la vara de Moisés hizo salir el agua de la roca golpeada. En una hora y media atravesamos este desfiladero, entre paredes de roca que «se superponen» y «apiñan y resquebrajan», siendo sus precipicios «por todo el lugar casi tan estrechos como la parte más angosta del desfiladero de Pfeffers». A su entrada pasamos por debajo de un arco que cubre la grieta. Nuestro avance es por lo que fuera un camino pavimentado, donde el torrente había sido «desviado», «por artesas en las rocas, hacia un conducto de agua para la ciudad». Los festones de la planta de alcaparras, de hiedra y oleandros delimitan el camino, que ondea como un río, concediendo en cada curva la sorpresa de nuevas vistas. Los riscos son rojos –escarlata– con el sol; negros, en la sombra. Luego, a través de una angosta apertura, donde las rocas forman un arco, nos encontramos de pronto en una curva delante de un templo, con sus columnas de color rosa pálido, talladas en la roca. Porque todo lo que hay por aquí es roca –tumbas de roca, calles de roca, viviendas de roca, templos de roca, monumentos de roca. Rocas fantásticas, de carmesí apagado con rayas púrpura, sobre las que parecen fluir lazos amarillos y azules. De nuevo, el camino se estrecha entre calles de tumbas hasta entrar en la base del hueco o valle encerrado en la roca, con sus ramales de valles de rocas. Éste es el espectáculo de Petra –ahora una desolación–, pero que había sido una ciudad en esplendor y riqueza, la estación central para el comercio de India.

Aquí no podemos dar más detalles.[18] Fue en medio de toda esta gloria maravillosa de naturaleza y hombre donde el ejército judío marchó con sus diez mil cautivos. No cabe duda de que el ejército victorioso saqueó y destruyó Sela. Esto explica que Amós mencione solamente *Bosra*[19] (Am. 1:12), que parece haberse convertido en la capital de Edom. De igual modo, no es mencionada por los profetas posteriores, excepto en Isaías 16:1 y 42:11; y no vuelve a tener importancia hasta el siglo IV de nuestra era.

Matanza de los cautivos

Pero la escena más terrible todavía tenía que tener lugar en la ciudad conquistada. No cabe duda de que los victoriosos llevaron a sus cautivos por sus calles hasta la ribera oriental del riachuelo. Allí una «escalera» de anchos escalones «tallados en la roca» sube por los riscos orientales. «Arriba, en los riscos, entre dos paredes gigantescas, se halla un templo». Debe ser en este lugar, o bien en los riscos más altos que lo rodean –o tal vez en la acrópolis un poco más al sur–, donde hemos de buscar «la cumbre de Sela» (2 Cr. 25:12[20], literalmente, «la cumbre», o «cabeza»), desde donde fueron lanzados los diez mil cautivos edomitas, precipitándose sus miembros destrozados por los riscos y rocas, y cubriendo, los restos, el suelo más abajo. Pero, como mucho más tarde destruyeron Jerusalén y cambiaron su nombre por *Aelia Capitolina*, también entonces el rey Amasías cambió el de Sela por *Jocteel*, «la sometida por Dios» (2 R. 14:7). Pero ninguno de estos nombres, puestos por el hombre en su orgullo, duró mucho tiempo.[21]

Se trata de una escena tan horrible, escalofriante, tan poco judía que sólo se puede explicar por el estado de degradación moral que los profetas contemporáneos Oseas y Amós describen con unas palabras tan explícitas. Y todavía añadió Judá otra terrible herencia de esta campaña contra Edom. Es fácil imaginar cuán profundamente impresionara la ciudad rocosa al rey. Pero una de sus características principales, que todavía atrae al viajero, es el aspecto fabuloso y la situación extraña de sus templos. Una mentalidad oriental, no religiosa, sino supersticiosa, se dejaría embaucar fácilmente por aquellas divinidades cuyos templos eran tan extraños y grandiosos, tan integrados en la maravilla de la naturaleza que los rodeaba.[22]

13. Consideramos que se trata de números redondeados.
14. Las otras objeciones son débiles.
15. Según Bädeker, todo el camino desde Jebel Usdûm hasta Petra se hace en 18-20 horas; y si a esto deducimos unas cuatro horas y media hasta los riscos blancos que cerraban «el valle,» nos quedan poco más de trece horas de viaje, de las cuales sólo dos o tres se pueden considerar realmente difíciles. Además, el Arabah al sur de los riscos de piedra caliza muestra indicaciones de haber sido, cuando Ezión Geber estaba en pie, el camino de comunicaciones entre el golfo de Akabah y el territorio judío.
16. *Sela* estaba a menos de cincuenta kilómetros del mar Rojo.
17. Sobre el origen del nombre, y una descripción detallada de Petra, debemos referirnos a la literatura especializada en el tema, y mencionamos especialmente sólo a Bädeker, *Handbook*, y Dean Stanley, *Sinai and Palestine*. Nuestro breve relato se basa en la descripción de este último (pp. 86-90). Comp. también Palmer, *Desert of the Exodus*, vol. II. cap. VIII.
18. Ver en Bädeker incluso un plano de Petra. Solamente comentaremos que Petra está a mitad de camino entre el extremo sur del mar Muerto y el golfo de Akabah.
19. A unos veintiséis kilómetros al sudeste del mar Muerto.
20. «La cumbre de un peñasco». Reina Valera, 1960.
21. Incluso este hecho parece pronosticar una observación contemporánea.
22. Sobre el carácter del culto edomita, con sus sacrificios humanos, comp. Döllinger, *Heidenth. u. Judenth.* p. 405. Sobre Edom en general, comp. Lengerke, *Kenaan*, I. pp. 296-302. Josefo (*Ant.* XV. 7, 9) habla de un dios *Koze*, adorado por los idumeos. Esta divinidad sea probablemente el Qaziu de las inscripciones nabateas y hauraníticas, y el Kassios de los fenicios. Comp. Herzog, *Real-Enc.* IV. p. 41.

«Las huestes judías debieron contemplar un maravilloso espectáculo al descender desde el este por aquel gran desfiladero que finaliza en el uadi Mûsa –el "Valle de Moisés"–70, el emplazamiento de la antigua Sela, "roca" –más conocida por su nombre posterior de Petra. La "hendidura", o Sîk, que constituía su único acceso, pasa entre rocas perpendiculares de piedra arenisca, que se elevan a una altura de 30 a 90 metros. Sigue el camino serpenteando por un torrente que sube a la montaña en media hora, hasta el lugar donde se dice que la vara de Moisés hizo salir el agua de la roca golpeada».

Este es el Siq, el lecho seco del Uadi Musa, única vía de acceso a Petra, por donde seguramente los judíos descendieron hasta lograr su victoria sobre los Edomitas. (Desembocadura del Siq, Petra)

Introducción de la idolatría edomita

Sea como fuere, a su regreso de Edom, el rey Amasías se llevó sus ídolos y les rindió culto, aunque la observación de 2 Crónicas (25:14) parece implicar una idolatría personal, más bien que nacional o pública. No obstante, la ira de Dios se encendió contra un rey judío y de la línea de David como aquél. En vano le envió Dios advertencias por medio de «un profeta». El rey respondía con amenazas groseras y sardónicas, que, evidentemente, en lugar de hacer callar al mensajero divino, conllevaron el anuncio del juicio cercano.[23] Y la narrativa sagrada explícitamente observa la relación entre esto y la posterior conspiración que le costó la vida al rey (2 Cr. 25:27).

Dos características que tan a menudo nos han impresionado en el curso de esta historia divina aparecen también en este relato. Porque, primero, el decreto divino, en este caso de juicio, no se cumplió inmediatamente, y algunos pensarán que se retrasaba demasiado. Y, además, la ejecución de esta destrucción decretada no llegó de forma milagrosa o repentina, sino en lo que se podía considerar el curso natural de los acontecimientos, a través de la insatisfacción popular por el desastre nacional provocado gratuitamente. Así, por real que fuera la relación entre la obra divina y la destrucción de Amasías, se requerían los ojos de la fe para percibirla. Y esto también tiene un significado permanente: que la enseñanza de Dios es sólo para los que son capaces de aprenderla.

Parece como si la victoria contra Edom hubiese infatuado al rey y a su consejo, llenándolos de una confianza sin límites en ellos mismos y una autoestima desbordada. Porque, puesto que no tenían a Dios en cuenta, ¿no era la destreza y el poder de Judá lo que ganó la victoria contra Edom? Muy significativamente, el relato de la derrota de Judá por Israel en el *Libro de Crónicas* es introducido por la observación: «Y el rey tomó consejo». Se había mofado del profeta por no ser consejero del rey, y el profeta le había anunciado el consejo de Dios para su destrucción.[24] Ahora se vería cómo los mismos consejeros escogidos por el rey efectuarían este «consejo» de Dios.

Desafío de Amasías a Jeoás y su respuesta

Como hemos sugerido, no es improbable que la guerra entre Judá e Israel se originara en el despido de los auxiliares israelitas del ejército judío. Esto será más probable todavía, si el relato de Josefo es real, de que Amasías había alquilado a estos soldados directamente de mano del rey de Israel, y que de regreso a sus casas destruyeron parte del territorio judío. Y también explicaría mejor el desafío de lucha[25] que Amasías, de acuerdo con la voluntad de su consejo, dirigió a Jeoás, rey de Israel, antes que considerarlo una exigencia de sumisión y regreso a la obediencia del gobierno divino, que, según Josefo, era la carga de este mensaje. Si el desafío de Amasías tenía un tono peculiarmente oriental y orgulloso, la respuesta de Jeoás lo igualaba e incluso superaba en estas características. La alegoría[26] que usó sobre la «espina» del Líbano que había intentado obtener una alianza familiar con el cedro, significaba que era una auténtica locura de parte de Amasías considerarse igual a Jeoás. Aunque precisamente esto era lo que implicaba su propósito de medirse con él. ¡Una pelea con él! Una bestia del campo de Líbano, que pasase sobre él, lo aplastaría.[27] Luego llegó la aplicación irónica de la similitud: «Sin duda has herido a Edom –te has dado gloria (has gozado de la gloria), y habitas en casa: ¿Por qué te entrometes[28] con el mal, para que caigas, tú y Judá contigo?» (2 R. 14:10).

El consejo era sabio, pero demasiado provocativo para una persona en el estado de ánimo de Amasías. Pero Jeoás no esperó su ataque. Fue hacia el sur y se encontró con el ejército judío en Bet-semes, el punto sudeste de la antigua posesión de Dan, cerca de la frontera con Filistea,[29] situado en un hermoso valle a sólo ocho o nueve horas al oeste de Jerusalén. La batalla tuvo resultados muy desastrosos para Judá. El ejército huyó; Amasías fue tomado prisionero y el ejército israelita avanzó sin oposición hasta Jerusalén. Allí abrieron una brecha en el muro de 400 codos (o unos 180 metros[30]) de ancho, desde la puerta del norte de Efraín (o Benjamín, la actual puerta de Damasco) hasta la esquina del noroeste del muro, donde va hacia el sur. Así la ciudad quedó abierta hacia el norte, o hacia la tierra de Israel. Josefo (*Ant.* IX. 9, 3) sostiene que Jeoás efectuó una entrada triunfal a Jerusalén a través de esta brecha llevando su prisionero real.[31] El vencedor saqueó el templo de los tesoros que quedaban a cargo de un tal Obed-edom.[32] También arrebató las cosas de valor del palacio, y llevándose «rehenes» –probablemente de los principales nobles– volvió a Samaria.[33]

Derrota de Judá
Conquista y saqueo de Jerusalén

La guerra entre Judá e Israel probablemente tuvo lugar cerca del final del reinado de Jeoás, rey de Israel. Como que

---

23. Consideramos un hecho indicativo del estado de Amasías, que el profeta apele en su primer mensaje no a la obligación más elevada del rey, sino a su sentido común y experiencia (2 Cr. 25:15). La primera parte de la respuesta del rey, «¿Acaso nosotros [es decir, el rey y sus consejeros] te hemos hecho consejero del rey?» se retoma en la respuesta del profeta: «Sé que Dios ha dado consejo (lit., usando la misma palabra del rey, siendo su significado «determinado»), porque tú has hecho esto, y no has escuchado mi consejo» (de nuevo la misma palabra). Ante la amenaza del rey, «¡Cuidado! ¿Por qué tienes que ser herido?» el profeta responde con el anuncio de la destrucción del rey. Observamos, en primer lugar, que no parece ser que el profeta haya recibido ninguna comisión previa al respecto; en segundo lugar, que su predicción parece ser una profecía inferida, basada en su conocimiento de los tratos de Dios; en tercer lugar, que era necesaria, no sólo para la vindicación de la misión del profeta sino también de la autoridad de Jehová; y, finalmente, que la destrucción del rey dependía de su desobediencia. Todas estas inferencias dan forma a unos principios permanentes.

24. Ver la nota anterior.

25. Así lo ve Kimchi. «Mirémonos cara a cara» –luchemos; como si dijera vemos quién es más hombre–, una expresión característica de oriente.

26. Más bien que parábola.

27. Una zarza y no cardo.

28. En el Hithpaël, cuando la palabra se usa en relación con la guerra.

29. Aquí es donde los filisteos pusieron el arca en primer lugar (1 S. 6:12-14).

30. El codo antiguo judío era de dos palmos, cada uno de tres anchos de mano, siendo esta unidad calculada en cuatro dedos, *es decir*, un codo = 6 anchos de mano = 24 dedos.

31. Es menos verosímil la nota de que Jeoás había amenazado con matar a Amasías a menos que persuadiera a los habitantes de Jerusalén para que le abrieran la ciudad. Evidentemente no hubiese habido ninguna idea de aguantar –pero Josefo debió pensar que era bueno explicar así la fácil captura de la ciudad que ofreció una resistencia tan terca a los romanos.

32. 2 Crónicas 25:24. Pero probablemente el botín del templo era de poca consideración. Comp. 2 Reyes 12:18. Tal vez el nombre de Obed-edom, como tesorero del templo entonces, es significativo de por sí. De todos modos, la mención especial del nombre lo caracteriza como una observación contemporánea.

33. El hecho que Jeoás dejara a Amasías en el trono indica cuán destrozado estaba el poder de este último.

Amasías reinó un total de veintinueve años sobre Judá (2 R. 14:2), y sobrevivió a Jeoás quince años (v. 17), concluimos que la guerra judeo-israelita tuvo lugar en el decimocuarto año, y la guerra edomita probablemente en el decimotercero, del reinado de Amasías. Los quince años después de la muerte de Jeoás estuvieron plagados de problemas para el rey de Judá.

Conspiración contra Amasías. Huida a Laquis

Al final la insatisfacción general, provocada por los desastres de la guerra y el intento de introducción de ritos extranjeros, culminó en una revolución en Jerusalén. Amasías escapó a Laquis, en la parte baja de Judá (Josué 15:33, 39), en el camino de Hebrón a Gaza.

Laquis ha sido equivocadamente identificada en determinadas ocasiones con la actual Tel-el-Hasi. Su localización más correcta[34] me parece que es, yendo de Eleuterópolis [la bíblica Libná] hacia el este a Ajlân, la antigua Eglón, desde donde las ruinas de Umm Lâkis distan unos cuarenta y cinco minutos –la antigua Laquis. Como acostumbra a suceder, la ciudad antigua estaba en la cumbre de una colina. Entre sus ruinas se encuentran muchas cisternas. El terreno que la rodea es ondulante y hay dos grandes uadis a cada lado. Nos consta que Laquis estaba bien fortificada (2 Cr. 11:9); fue sitiada por Senaquerib (2 R. 18:14, 17; Is. 34:2); y fue capaz de ofrecer una dura resistencia a Nabucodonosor (Jer. 34:7). En pocas palabras, era una de las fortalezas más fuertes hacia Egipto, aunque, por la fragilidad del material de construcción, sus ruinas, como las de otros lugares de construcción similar, no eran considerables. En la época de Salomón, Laquis había sido una de las «ciudades de carros», para lo que era especialmente adecuada por su situación cercana al emporio de caballos de Egipto (1 R. 9:19; 10:26-29), y la abundancia de pastos a su alrededor. Por las profecías de Micaías (1:13), parece que fue la primera ciudad judía en adoptar el culto idólatra del reino del norte, que luego pasó a Jerusalén.

Asesinato del rey

Pero los fuertes muros de Laquis tampoco pudieron ofrecer seguridad a Amasías. Los conspiradores de Jerusalén siguieron al rey, y su cadáver fue llevado de nuevo a Jerusalén –tal vez en el mismo carro que había usado para escapar.[35] No obstante, tanto esta circunstancia, como su entierro con honores con sus antepasados reales, y la elevación al trono de su hijo, «por todo el pueblo de Judá», indican que aunque el descontento no se limitaba a la capital, el pueblo en general no deseaba un cambio de dinastía como el que había caracterizado a cada una de las revoluciones de Israel.[36]

34. Comp. Guerin, *La Judée* I. pp. 299, etc.; Bädeker, p. 203.

35. 2 Reyes 14:20: «Y lo llevaron [lit. trajeron] sobre los caballos», indicando el artículo determinado probablemente el carro con el que había ido.

36. Igualmente, el asesinato de Joás, el padre de Amasías, no había sido seguido, como en Israel, por el ascenso al trono de los conspiradores.

Capítulo 5
(2 Reyes 14:21-29)

Azarías o Uzías (9º) rey de Judá
Jeroboam II (14º) rey de Israel

Es lógico suponer que la expresión «todo el pueblo de Judá tomó a Azarías, de dieciséis años, y lo hizo rey en lugar de su padre Amasías» (2 R. 14:21), tiene algún significado especial. Con la salvedad del nombre, esta frase se repite literalmente en 2 Crónicas 26:1, indicando que los escritores de los dos libros habían copiado la misma fuente histórica. Pero considerando la joven edad del nuevo rey a la muerte de su padre, Amasías –con cincuenta y cuatro– (2 R. 14:2), difícilmente fuera su primer hijo. Así, pues, debió haber alguna razón especial para su elección de parte del pueblo.

Ascenso de Azarías o Uzías

Posiblemente haya alguna relación de este hecho con el doble nombre que lleva en la Santa Escritura. En *Crónicas* –escrito desde un punto de vista sacerdotal– el nuevo rey siempre es llamado Uzías,[1] mientras que en el *Libro de Reyes* es llamado en la primera parte de su reinado como Azarías, mientras que en las notas de la última parte de aquel período aparece como Uzías (2 R. 15:13, 30, 32, 34). Las explicaciones más comunes de un error de transcripción por la confusión de dos letras parecidas,[2] o que tenía dos nombres,[3] parecen poco satisfactorias. Tampoco su significado es exactamente el mismo –Azarías es «Jehová ayuda»; Uzías, «Mi fuerza es Jehová». Podría ser que Azarías era su nombre real,[4] y que cuando después de su osada intrusión en el santuario (2 Cr. 26:16-20), cuando fue herido con lepra de por vida, le fue cambiado el nombre de manera significativa por el relacionado de Uzías –«Mi fuerza es Jehová»– con la finalidad de indicar que la «ayuda» que había recibido había dependido de su relación con el Señor. Esto cuadraría bien con el uso persistente del último nombre en 2 *Crónicas* –considerando el punto de vista del escritor– y en los escritos proféticos (Os. 1:1; Am. 1:1; Is. 1:1; 6:1; 7:1). Y la explicación que acabamos de sugerir parece ser confirmada por el hecho que, aunque este rey siempre es llamado Uzías en 2 Crónicas, la palabra hebrea que significa «ayuda», que constituye la primera parte del nombre de Azarías, se repite enfáticamente en el relato sobre la ayuda divina concedida en sus expediciones (2 Cr. 26:7, 13, 15).

Reinado de Jeroboam II

Cuando Uzías (como preferiremos llamarlo) ascendió al trono, en Israel Jeroboam II ya había reinado durante catorce años. Era el hijo y sucesor de aquel Jeoás que había infligido aquella gran derrota a Amasías de Judá (2 R. 14:23). Su largo reinado excepcionalmente tuvo una duración de

1. Con la excepción de 1 Crónicas 3:12, que es parte de una mera lista genealógica.

2. La ר se supone que se confunde con la י; pero resulta difícil imaginar que una confusión de este tipo se repita tantas veces.

3. No hay ningún otro ejemplo de esto en todo el *Antiguo Testamento* con referencia a reyes.

4. Éste es el nombre que siempre recibe en los documentos asirios, *Azrijahu*.

cincuenta y un años,[5] siendo así el más largo de todos los reyes israelitas.[6] La Santa Escritura sólo da un breve esbozo de los acontecimientos exteriores de este medio siglo de la historia de Israel. Desde el punto de vista religioso, se caracterizaba por una continuación de las instituciones erróneas del fundador de la monarquía israelita (Jeroboam I).

Restauración del territorio israelita

Políticamente, se distinguió por la derrota total de Siria, y la recuperación de todo el territorio que, en los tiempos más dorados del Judá unido,[7] había sido conquistado por David u ocupado por Salomón; con unas palabras del texto sagrado, «desde la entrada de Hamat hasta el mar de la llanura» (2 R. 14:25). Efectivamente las conquistas de Jeroboam parece ser que se extendieron más allá, y hasta la frontera con Moab (ver Amós 6:14, donde en lugar de «río del desierto», debemos leer «del Arabá»). Sin duda, el mar Muerto delimitaba la frontera del sur por aquel lado, originalmente de la Palestina unida, y posteriormente del reino transjordánico de Israel, mientras la «entrada de Hamat» igualmente indica los límites del norte del reino (Nm. 13:21; 34:8; Jos. 13:5; 1 R. 8:65; 2 Cr. 8:8; Am. 6:14). La situación exacta designada como la «entrada de Hamat», no ha sido aún determinada con precisión. Pero debe buscarse en aquella grande y rica llanura, que limita al oeste con el Líbano, y es regada por el Orontes, que asciende a una distancia aproximada de ocho horas desde Homs a Hamá, la antigua Hamat la Grande (Am. 6:2).[8]

Seguramente es en este sentido general que tenemos que entender lo que parece una observación paralela sobre estas conquistas (2 R. 14:28): «Damasco y Hamat». La expresión parece referirse a toda la ancha llanura que acabamos de describir –las palabras tienen el mismo significado general que cuando se afirma que David estableció guarniciones en Siria de Damasco (2 S. 8:5, 6), y que Salomón ocupó Hamat (2 Cr. 8:3, 4).[9] También aquí acogemos con gratitud la información de los monumentos asirios. En ellos aprende-mos, por un lado, que el reino de Israel era tributario al rey de Asiria, y, por el otro, que aquel monarca conquistó Damasco, se llevó a su rey como prisionero, el cual, habiendo abrazado sus rodillas en sumisión, tuvo que pagar un resca-te de 2.300 talentos de plata, 20 de oro, 3.000 de cobre, 5.000 de hierro, junto con vestidos de lana y lino, un diván y un parasol de marfil, y un botín innumerable.[10] La desastrosa guerra de Siria con Asiria, y la alianza tributaria de Israel con ésta, explicaría suficientemente las conquistas de Jeroboam II.

Causas políticas y actuación divina en los éxitos

Pero aquí también hay un significado más elevado. Si, según lo que acabamos de sugerir, la herramienta usada para producir las victorias de Jeroboam II no era la ayuda directa de Jehová, sino la destreza de Asiria, deberíamos recordar que no cabría esperar una interposición directa de parte del Señor en favor de un rey como él. Pero, no obstante, tal como se observa en el texto sagrado (2 R. 14:25), la promesa del Señor dada por medio del profeta Jonás, el hijo de Amitai, se cumplió literalmente –sólo que en el curso natural de los acontecimientos políticos. Y para manifestar más claramente la mano de Dios en lo que pudiera parecer el curso natural de los acontecimientos, la relación entre estos éxitos y la promesa original recogida en 2 Reyes 13:4, 5, es indicada en 2 R. XIV. 26, además del significado más elevado de todo ello (en v. 27).

Corrupción del pueblo

Todavía queda enfatizar la estricta exactitud del relato bíblico, tanto en la próspera condición interna de la tierra durante aquel período (2 R. 13:5), como en la decadencia religiosa del pueblo (2 R. 13:6). Si las victorias de Jeroboam hubiesen sido ganadas al inicio de su reinado, cosa que parece probable sobre la base de la historia contemporánea, el resto de aquel largo período fue una época de una riqueza y prosperidad casi sin precedentes, pero también de la más profunda corrupción moral. Los profetas contemporáneos, Amós y Oseas, dan testimonio de ambos hechos: de la prosperidad, en pasajes como Oseas 2:8; XII. 9 [Reina-Valera, 1960 v. 8]; Amós 3:15; VI. 4-6; de la corrupción, en muchos pasajes y con diversos detalles.[11] Difícilmente se pueda imaginar una imagen más terrible de degeneración religiosa y maldad pública y probada de la que describen los profetas en esta época sumamente próspera de la historia de Israel. Así, la bondad de Dios, mal entendida por un pueblo apóstata, que todo se lo atribuía a su propia destreza (ver Am. 6:13), era además usada para seguir pecando (Os. 13:6). Un pueblo que no podía ser humillado con juicios, y para el cual toda misericordia se convertía simplemente en una nueva ocasión para un mayor crimen, estaba maduro para aquella maldición final que predecían los profetas.

Diversas notas históricas

Ahora podemos reunir unas cuantas observaciones sueltas sobre otros puntos de interés. En primer lugar, Jeroboam II fue el rey más bélico y el administrador con mayor éxito de todos los que ocupaban el trono de Israel. Prueba de esto es incluso la nueva inclusión de las provincias transjordánicas reconquistadas (1 Cr. 5:11-17). En segundo lugar,

---

5. En 2 Reyes 14:23, el número es 41 –מא– que debe ser un error de transcripción por נא. Porque la comparación de la fecha en 2 Reyes 14:23 con la de 15:8, da 15+38 = 53 años, y si deducimos uno en cada extremo (al no tratarse de años enteros), cincuenta y un años. Normalmente los numerales se cuadran suponiendo un interregno de diez u once años después de la muerte de Jeroboam II (2 R. 15:8). Pero no hay ninguna indicación de esto en 2 Reyes 14:29 –más bien lo contrario. De nuevo, según Oseas 1:1, la actividad de este profeta se extendió desde el reinado de Jeroboam II, al de Ezequías de Judá– un período casi imposible si Jeroboam II hubiese reinado sólo cuarenta y un años. Para otros intentos de reconciliar estos números y los de 2 Reyes 15:1, ver el artículo *Zeitrechrung* (Herzog. *Real-Enc. u.s.*, pp. 471, 472). Nosotros seguimos a Bähr en su Comentario sobre este pasaje en Lange *Bible-Werk*, Parte VII.

6. Incluso si se considera que su reinado fue sólo de cuarenta y un años.

7. La expresión de 2 R.eyes 14:28: «*que pertenecían* a Judá» no debe ser atacada, como proponen algunos. Indica que era parte del antiguo territorio de Judá, antes de que los dos reinos se separaran, aunque ahora había sido recuperado para Israel (el reino del norte), ya que se hallaba dentro de sus límites territoriales.

8. Ver, además de las autoridades geográficas mencionadas anteriormente, Robinson, *Res.*; Conder, *Heth and Moab*, pp. 7, 8; y para una localización diferente, Porter, *Damascus*, II. pp. 355-359. En el mapa se debe buscar al norte y un poco al este de Baalbec.

9. Hamat pudo ser ocupada por los judíos, en la época de Salomón, y en la de Jeroboam II; pero es difícil creer que jamás se apoderaran de Damasco. Hamat está en un angosto valle entre altos riscos, abierto sólo al este y al oeste, donde un riachuelo pasa entre ellos. El territorio, tal como veremos, pronto dejó de ser posesión de Israel.

10. Schrader, *u.s.* pp. 212-217.

11. Un análisis ocuparía demasiado espacio; pero podemos seleccionar del capítulo inicial los siguientes cargos: *Idolatría*: Oseas 2:8, 13, 17; 3:1, 4; 4:12, 13, 17; Amós 4:4, 5: *Lascivia*: Oseas 2:4; 4:10, 11, 18; *Maldad y violencia* de todo tipo: Oseas 4:1, 2, 14; 6:8-10; Amós 2:6-8; 3:10; 4:1; 4:7, 11.

esta historia es una prueba más de cuán poco éxito se podía esperar de una reacción como aquella contra los ritos extranjeros de la casa de Acab como la que había iniciado Jehú. El culto de los becerros de oro rápidamente conllevó el de los lugares altos, e incluso la restauración del servicio de Baal (Os. 2:13, 17; Am. 2:8; 4:4; 5:5; 8:14). Y aún más, Jeroboam y sus sacerdotes de Bet-el procedieron a la persecución de los profetas del Señor (Amós 7:10-17). Finalmente, un estudio de los escritos proféticos nos dará mucha información sobre las relaciones políticas de Israel y Judá en ese período, y más concretamente referente a Siria y Asiria.[12]

Pero hay un tema que reclama especial atención. Incluso un estudio superficial bastará para convencernos de que desde un punto de vista religioso, y especialmente en cuanto a lo que se refiere al futuro de Israel y a la gran esperanza del mundo confiada en sus manos, ahora hemos llegado a un nuevo período. Ahora ya no estamos pensando en la decadencia religiosa y moral generalizadas, ni en el juicio nacional que iba a caerles, sino en otro aspecto, mucho más amplio, de todo ello. Los grandes juicios de Dios, cuando se observan desde otro punto de vista, siempre aparecen acompañados de una mayor manifestación de misericordia. No se trata nunca sólo de juicio, sino de juicio y misericordia –y cada movimiento es un paso hacia adelante, aunque al tomarlo haya también destrozo y aplastamiento. Incluso en esta ocasión, tan temprano en la historia del reino de Dios, el hecho de echar fuera a Israel iba a significar la vida para el mundo.

Nueva fase de la profecía. Sus características

Porque con este período empieza una nueva fase de la profecía. Hasta la fecha los profetas habían sido principalmente profesores enviados por Dios y mensajeros para sus contemporáneos –reprochando, advirtiendo, guiando, animando. En adelante, el horizonte profético se amplía. Más allá de sus contemporáneos que se habían endurecido sin esperanza de recuperación, su punto de mira es en adelante la gran esperanza del reino mesiánico. Han perdido toda esperanza para el presente y su pensamiento está en el futuro. Han perdido toda esperanza para el reino de Israel y de Judá, y el pensamiento divino de preparación que estaba subyacente se manifiesta cada vez más. Las promesas antiguas adquieren un significado nuevo y más profundo; adoptan una forma y unas figuras cada vez más definidas a medida que la luz del día aumenta. Es el futuro, con el rey mesiánico de Israel que gobierne un pueblo restablecido y convertido, y un reino sin límites ni fronteras de justicia y paz que en su amplio abrazo incluye, reconcilia y une a un mundo rescatado, obediente al Señor, lo que ahora constituye la parte principal de su mensaje, y la seguridad gozosa de sus pensamientos. Porque al ser maldecido el Israel apóstata según la carne, tenemos al Israel según el espíritu, y sobre las ruinas de lo antiguo se levanta lo nuevo: una Jerusalén, un templo, un reino y un rey que cumplen el ideal de lo que lo terrenal fuera una figura.

No significa esto que aquellos profetas no tuvieran también un mensaje para el presente: para Israel y Judá, y para sus reyes, tanto con referencia a hechos contemporáneos o referentes al futuro próximo. De no haber sido así, no hubiesen sido profetas para sus conciudadanos ni hubiesen sido comprendidos por ellos. Además, los tratos y la disciplina de Dios para con Israel todavía continuaban en pie –primeramente hasta el Cristo que había de venir, y luego hasta el cumplimiento final de sus propósitos de misericordia. Así, su ministerio también pertenecía al presente, aunque principalmente como advertencia y anuncio de juicio. Pero junto con esta desesperación acerca del presente, y debido al mismo, el destino ideal de Israel se introdujo en las mentes más claras, el significado del reino de David, y su cumplimiento final en un futuro feliz; y junto con las denuncias sobre un juicio pendiente llegaba el consuelo de las promesas proféticas del futuro.[13]

Aquí hay dos puntos que se nos ocurren. El primero es que con este período empieza la era de la profecía escrita. Antes de este momento los profetas habían hablado; ahora escribían, o –hablando con más precisión– recogían sus palabras y visiones proféticas en registros permanentes. Y, en relación con esta nueva fase de la profecía, que era más bien por medio de la visión y la predicción que por señales y milagros que los profetas ahora manifestaban su actividad. Pero la importancia de los registros escritos de la profecía es evidente en sí misma. Sin ellos, tanto la manifestación como el establecimiento del reino mesiánico en Israel y su extensión al mundo gentil hubiese sido imposible, desde un punto de vista humano. El cristianismo no hubiese apelado a la predicción mesiánica como su origen, ni la palabra profética de Dios hubiese podido llegar a los gentiles. Y con esto se relaciona íntimamente todavía un segundo hecho de máximo interés.

Los dos profetas en la frontera

En la línea fronteriza de las dos fases de la profecía aparecen dos figuras de la historia judía: una que mira hacia atrás, Elías; la otra hacia adelante, Jonás, hijo de Amitai (2 R. 14:25). Ambos se distinguen por su ministerio a los gentiles: Elías, por su estancia y ministerio en Sarepta, a lo que tal vez podamos añadir el ministerio de Eliseo a Naamán; Jonás, por el llamamiento al arrepentimiento en Nínive[14] que constituye el peso del libro profético relacionado con este nombre –mientras que, por otro lado, su mensaje contemporáneo a Jeroboam no parece que se haya recogido por escrito.[15] Así el gran despliegue de la profecía en el inicio de la introducción de los gentiles se caracterizó por sucesos simbólicos.

Profetas de aquel período

Joel

Podemos hacer una breve referencia a los profetas de aquella época y al contenido de sus escritos, sin entrar en una descripción detallada. El primero en el tiempo[16] sea probablemente *Joel*, «Jehová es Dios», –un judío cuyo terre-

12. Esto debe ser dejado al estudio del lector, porque nuestro espacio limitado imposibilita realizar el análisis del contenido de estos libros proféticos. Se verá que dan una luz considerable sobre la historia política de la época tal como se describe en los libros estrictamente históricos, que son el único objetivo de esta obra.

13. Comp. Hasse, *Gesch. des. a. Bundes, apud* Bähr, *u.s.* p. 370. Generalmente aquí también nos referimos a las observaciones de Bähr sobre todo el tema que estamos considerando.

14. Esto, independientemente de la opinión que se adopte sobre su misión, o sobre la fecha de publicación del libro profético de *Jonás* (ver nota al final de este capítulo). Si el *Libro de Jonás* se considera como una gran alegoría del mensaje de la gracia de Dios a los gentiles, transmitido con reticencia por Israel; esto no hará más que aumentar el significado del hecho referido en el texto.

15. No parece que haya ninguna razón para suponer que esta profecía se haya conservado en Isaías 15, 16.

16. A menos que consideremos que Joel 2:32 nos señala a otro profeta todavía anterior.

no de trabajo también se hallaba en su tierra natal. Su profecía consta de dos partes (1:2–2:18, 19–3:21), envueltas en un lenguaje tan puro y hermoso como elevados son sus sentimientos. Por las alusiones a hechos contemporáneos (3:4-8, 19), además de por la ausencia de alguna mención de Asiria, inferimos que su ministerio tuvo lugar en la época de Joás, rey de Judá, y del sumo sacerdote Joiadá –con lo que concuerdan sus referencias al templo, que indican un tiempo de avivamiento religioso. Pero aquí también observamos las referencias mesiánicas más amplias en los capítulos 2 y 3.

Amós

Las profecías de Joel parecen haber sido ya consultadas por *Amós*, «el que lleva la carga» (comp. *Amós* 1:2; 9:13 con *Joel* 3:16, 18, 20). Amós también era judío, originalmente un «pastor de Tecoa» (Am. 1:1; 7:14). Pero su ministerio estaba en Israel, y durante la última parte del reinado de Jeroboam, después del ascenso al trono de Uzías (Am. 1:1). Allí en Betel, donde el culto falso de Israel se combinaba con el mayor lujo y disipación, el profeta se vio confrontado por Amasías, el sacerdote principal. Aunque en apariencia no tuvo éxito en sus acusaciones de conspiración política contra el profeta, Amós se vio obligado a retirarse a Judá (Am. 7:10-13). Aquí escribió sus profecías, redactando un prefacio con el anuncio del juicio venidero (Am. 1–2) por medio de una nación, evidentemente la mismísima Asiria, sobre la que se había apoyado la confianza de Jeroboam (comp. Am. 5:27; 6:14). Pero, en medio de toda esta denuncia, Amós también miraba hacia adelante, y profetizó sobre el reino mesiánico glorioso (Am. 9:11-15).

Oseas

Un tercer profeta de aquel período fue *Oseas*, «ayuda» –el Jeremías del reino del norte, tal como ha sido descrito acertadamente. A partir de ciertas alusiones en su libro inferimos que era original del reino del norte (Os. 1; 6:10; comp. 8:8). Su ministerio seguramente se dio hacia el final del reinado de Jeroboam, y se extendió hasta el alzamiento de Salum y Manahem (comp. Os. 6:8; 7:7). Sus profecías nos dan mucha información sobre las relaciones y los peligros políticos del reino del norte, y sobre la total corrupción de toda clase. Sus referencias a Judá también son frecuentes. Aunque aquí también observamos la persistencia de la mirada en un reinado de David mejor (Os. 3), con muchos aspectos referentes a él diseminados en todas sus profecías. Finalmente, como otro profeta de aquel período, de nuevo tenemos que mencionar a *Jonás*, hijo de Amitai,[17] un nativo de Gat-hefer, en el territorio de la tribu de Zabulón,[18] y así en la parte del norte de Israel.

Jonás

Sin entrar en las cuestiones críticas relacionadas con la historia que constituye el peso del *Libro de Jonás*, ni discutir la fecha exacta de su publicación en su forma actual,[19] sin duda hay un profundo significado relacionado con su asociación con el profeta contemporáneo de Jeroboam II. No se trata sólo del hecho que indica una predicación de arrepentimiento también a los gentiles, y a su introducción con el Israel creyente en la familia de Dios, sino que las circunstancias de la época le dan un significado especial. Desde un Israel apóstata y hundido, tal como lo vemos en las descripciones de los profetas, Jonás, el mismo mensajero que había anunciado la liberación futura a Jeroboam, se vuelve, por comisión divina, a los gentiles: a aquel gran imperio mundano que los representaba. Y de esto recibimos un nuevo y más profundo significado relacionado con la aplicación de esta historia por nuestro Señor (Mt. 12:39-41; 16:4; Lc. 11:29-32). Había sido «una generación malvada y adúltera» desde la antigüedad la que oyera la profecía de Jonás, y no entendiera la señal; y no iba a recibir ninguna otra señal. Lo mismo sucedería con los que oyeron y vieron al Cristo, pero deseaban recibir otra «señal» que se adaptara mejor con su incredulidad. No iban a recibir otra señal que la de Jonás –aunque era una «señal» suficiente por sí misma (Mt. 12:40)–, una señal no solo de juicio, sino de una misericordia más amplia (Mt. 12:41).

Capítulo 6
(2 Reyes 15:1-7; 2 Crónicas 26)

Fueran cuales fueran los motivos que determinaron la selección de Uzías por el pueblo de Judá como sucesor de su padre asesinado (2 R. 14:21), la elección resultó ser una decisión muy feliz.

Situación de Judá al ascenso de Uzías

Adaptando el lenguaje del profeta Amós (9:11)–, que, como casi todos los anuncios proféticos del futuro mesiánico, toma como punto de inicio y de referencia el presente, fácilmente entendido, y por ello lleno de significado para sus contemporáneos, –Uzías encontró, en su ascenso, «el tabernáculo de David», si bien no «caído» y en «ruinas», sí con «brechas» amenazándolo. El poder de Judá no había caído nunca tan bajo como cuando, después de la desastrosa guerra con Israel, el heredero de David era tributario a Jeoás, y los muros rotos de Jerusalén dejaban la ciudad abierta e indefensa a los pies de su conquistador. Esta situación fue totalmente cambiada durante el reinado de Uzías; y a su término Judá no sólo sostenía el mismo lugar que Israel bajo el reinado anterior, sino que lo sobrepasaba en poder y gloria.

Cabe poca duda del hecho que Jeroboam II retuviera el mando sobre Judá que había ganado su padre Jeoás; y esto, no sólo durante los quince años después de su ascenso, en los que Amasías de Judá todavía ocupaba el trono, sino

17. No decimos nada aquí sobre el profeta Isaías a sabiendas.

18. Estaba al lado oriental de Zabulón (Jos. 19:13), y es posible que corresponda al pueblo moderno (El Meshed) que está aproximadamente a una hora de Nazaret (una extraña coincidencia histórica).

19. Éste no es el lugar para discusiones críticas. Pero en las relaciones políticas entre el reino del norte y Asiria, una misión como la de Jonás a Nínive parece tanto posible como creíble. En esta ocasión las investigaciones modernas han confirmado el tamaño de Nínive en Jonás 3:13. Se ha objetado que este libro contiene palabras hebreas de formación posterior (arameísmos). Pero autoridades competentes han respondido que estas palabras son puramente nordisraelitas, y por lo tanto no indican ningún período posterior. De todos modos dichas objeciones sólo se podrían aplicar con referencia a la fecha exacta cuando se publicó el libro en su forma actual –no en relación con Jonás, hijo de Amitai, como su autor. Y, tal como ha observado Bleek, el libro no menciona en ningún lugar a Jonás como su autor, por lo menos en su forma actual. No vamos a tratar aquí el carácter histórico de sus detalles, o si es simplemente una gran alegoría profética, fundada sobre una base de hechos históricos. En cualquier caso este detalle no afectaría su autoridad divina, su realidad o sus lecciones.

«Si por un lado el desafío de Amasías tenía un tono peculiarmente oriental y orgulloso, la respuesta de Jeoás lo igualaba e incluso lo superaba en estas características. La alegoría que usó sobre la "espina" del Líbano que había intentado obtener una alianza familiar con el cedro, significaba que era una auténtica locura de parte de Amasías considerarse igual a Jeoás y pretender medir con él sus fuerzas. ¡Una pelea con él! Pasaría sobre él y lo aplastaría sin lugar a dudas».

Los desafíos de esta índole son frecuentes en la historia antigua, y la costumbre de los ejércitos contendientes era atenerse con toda lealtad al resultado del duelo. Esta estatuilla de terracota representa el duelo entre dos campeones y fue descubierta en Ras-Shamra, Siria. (Museo del Louvre)

incluso durante el comienzo del reinado de Uzías. Porque «las brechas» como las que se hicieron no se reparan con demasiada facilidad, y Uzías era, cuando ascendió al trono, un joven de sólo dieciséis años (2 R. 15:2). Por ello nos inclinamos a adoptar la opinión de que la observación de otro modo ininteligible (2 R. 15:1), de que Uzías accedió «en el vigesimoséptimo año de Jeroboam» se refiere al momento en que se libró de su sumisión a Jeroboam, y «empezó a reinar» en el sentido real de la palabra. Esto significaría que el período de liberación de Judá fue el año vigesimoséptimo desde la ascensión al trono de Jeroboam, y el duodécimo después de la elevación al trono de Uzías, cuando este monarca tenía veintiocho años de edad.[1]

Relato de su reinado en el *Libro de Reyes*

A pesar de la importancia del reinado de Uzías –principalmente desde un punto de vista político, pero también religioso– el escritor del *Libro de Reyes* sólo hace unas observaciones muy breves del mismo. De hecho, se puede decir que sólo indica las características principales de aquel período. En cuanto a los acontecimientos políticos, observa el comienzo de la recuperación del poder de Judá en la ocupación del importante puerto de Elat, y la reconstrucción de aquella ciudad (2 R. 14:22). Esto sucedió, tal como demostraremos, probablemente en los primeros años del ascenso al trono de Uzías.[2] Como siempre, anota la edad del nuevo rey y la duración de su reinado, además del nombre de su madre (2 R. 15:2). Si la sugerencia planteada es correcta, también observa el momento exacto de la recuperación de la independencia judía de Israel (2 R. 15:1). De nuevo se describe el carácter religioso de su reinado; mientras que, finalmente, se menciona el infeliz final del rey, aunque sin explicar las causas. Obviamente, el punto de vista del *Libro de Reyes* es simplemente «profético» –no, como en *Crónicas*, sacerdotal– y el escritor se apresura pasando sucesos de tipo político o personal, para indicar aquello que le parece más importante: la relación teocrática del pueblo con Jehová.[3]

Nueva ocupación de Elat

El breve esbozo del *Libro de Reyes* se llena ampliamente en el de *Crónicas* (2 Cr. XXVI). Aquí también se refiere en primer lugar la toma de Elat. Este importante puerto, desde el cual, como también del vecino Ezión-geber, Salomón había enviado su flota de comerciantes a Ofir (1 R. 9:26-28; 2 Cr. 8:17, 18), estaba al extremo nordeste del Golfo de Acabah, y actualmente lleva el mismo nombre. De su antigua grandeza solamente le queda una torre para la protección de los peregrinos a la Meca.[4] A su alrededor hay ruinas y míseras chozas; pero la abundancia de palmeras de dátiles todavía denuncia su antigua fertilidad. Porque a media hora más allá de la ciudad se extienden, junto con el golfo azul, arenas cubiertas de hermosas conchas, cerrándose la vista en el fondo con montañas de granito y piedra arenisca. Éste es el aspecto actual de «Elot» (o Elat) «los árboles fuertes». Es casi seguro que cuando en los días de Joram de Judá «Edom se rebeló» (2 R. 8:20-22), Elat recobró su independencia. La conquista de Edom por Amasías en apariencia sólo se había extendido hasta Petra, aproximadamente a mitad de camino entre el Mar Muerto y Elat. Al ocuparla de nuevo y reconstruirla, Uzías, pues, completó la sumisión del país de parte de su padre. Una expedición como ésa no podía presentar ninguna dificultad importante, considerando la situación de Edom, pero, no obstante, su éxito, tras los últimos desastres, debió animar a Judá e inspirar confianza al pueblo. Estas circunstancias, además del lugar ocupado por el relato en el texto sagrado, nos hacen inferir que se trataba de la primera empresa militar de Uzías. Y, en vistas de su propósito final en cuanto a Israel, el rey empezaría con lo que no sólo era un éxito seguro, sino que además le cubriría la retaguardia en cualquier otra expedición futura. Y esto no era todo. Un plan de restauración nacional de largo alcance abrazaría el avivamiento del comercio. Y la importancia que tenía la nueva marina mercantil de Tarsis entre la opinión pública, y cómo afectaba la vida de Judá en los días de Jotam, el sucesor de Uzías, se ve en la alusión de Isaías 2:16.

Estado religioso de Judá

En cuanto a la situación religiosa del país, es significativo que, como sucediera con el reinado de los reyes anteriores, también el presente se caracterizaba por una mezcla de hacer «lo bueno ante los ojos de Jehová», con el hecho de mantener «los lugares altos» y sus sacrificios y cultos. Parece que se indica que esta extraña mezcla de religión caracterizó el punto más elevado obtenido por el pueblo. Pero aun esta fidelidad matizada al culto del Señor sólo era temporal, como lo explica el texto: «en los días de Zacarías, que lo instruía en el temor de Dios»[5] (2 Cr. 26:5). Esto nos prepara tanto para la historia final del rey, como para lo que veremos con referencia a la situación del pueblo.

Expedición contra filisteos y tribus vecinas Ocupación del territorio transjordánico

Pero el primer período, o período religioso, del reinado de Uzías se caracterizó por una prosperidad progresiva. Aunque no es posible determinar el orden cronológico exacto de los acontecimientos, parece probable que la expedición contra los filisteos fue poco después de la del Mar Rojo. Su objetivo era de romper definitivamente la gran confederación anti-judía que, en los días del rey Joram, había causado tantos estragos a Judá, después de la revuelta victoriosa de Edom (2 Cr. 21:8-10).[6] La derrota de Edom debió hacer de aquella expedición una empresa relativamente fácil. Las grandes ciudades filisteas fueron cayendo una a una: Gat, que, durante el reinado de Joás, había sido arrebatada por Hazael de Siria, y se había convertido en el punto de partida de su incursión en Judá (2 R. 12:17); Jabneel (Jos. 15:11),

1. Ésta es la opinión de Kleinert en Riehm *Hand-Wörterb* II. p. 1704ª. Otros han considerado el numeral 27 (כז) como un error de transcripción en lugar de 15 (טו). En cualquier caso, Uzías no pudo haber ascendido al trono en el año 27 de Jeroboam, según demuestra la comparación con 2 Reyes 14:2, 17, 23.

2. Este hecho parece ser implicado por la que de otro modo sería una extraña añadidura en 2 Reyes 14:22: «después de que el rey durmiera». Comp. lo mismo en 2 Crónicas 26:2.

3. Bähr, *u.s.*, p. 376.

4. Es la décima estación en el camino del Cairo a la Meca.

5. En lugar del actual texto masorético: הַמֵּבִין בראות («entendiendo en visiones»), es evidente, debemos leer la segunda palabra como ביראת, «en el temor» –como hacen muchos intérpretes judíos, *Codd.*, la LXX, Syr. Targ., y casi todos los cristianos. Y la primera palabra, entonces, se debería traducir por «entendiendo» en el temor de Dios (como la LXX) o «instruyendo» en ella. Preferimos esta última interpretación (con el Syr. Targ., los rabís y muchos intérpretes). Esta expresión aparece de nuevo en Nehemías 8:9. Este Zacarías no aparece en ningún otro lugar. Evidentemente no se trataba del «profeta» con el mismo nombre; ni siquiera el que se menciona en Isaías 8:2, que vivió una generación más tarde.

6. Ver Libro 6.

luego Jamnia, y a unos catorce kilómetros al noreste, y a cinco kilómetros del mar, Asdod. Tal vez fuese debido a la importancia de esta ciudad fuerte, que dominaba el camino desde Egipto, que el texto sagrado cita de modo especial esta región como una en la cual el rey «construyó ciudades» (2 Cr. 26:6). La política general parece ser que ingenuamente no destruyeron ni despoblaron las ciudades filisteas, sino que las hicieron inofensivas derrumbando sus fortificaciones, y estableciendo junto a ellas, por todo el territorio, ciudades, habitadas sin duda por colonos judíos. Y desde Filistea la expedición se extendió naturalmente a la tribu árabe al sur «en Gur-baal» y los «Meunim» (o menuitas) y los sometieron bajo su poder.[7]

Ahora probablemente hayamos llegado al período cuando tanto el lujo como la corrupción habían destruido hasta tal punto los valores morales de Israel que no podía enfrentarse al poder creciente de Judá; es decir, el gobierno de Jeroboam II se había paralizado. Porque aunque la conquista de los filisteos y las otras tribus al sur y al sudeste explica la afirmación de que «el nombre» –aquí, seguramente, la autoridad– de Uzías «fue al descenso a Egipto», hay más implicaciones en la observación de que «los amonitas dieron regalos». Este tributo impuesto a Amón presupone evidentemente la ocupación de parte de Uzías del territorio intermedio transjordánico perteneciente a Israel.[8] Y su posesión parece implicada en la otra observación (2 Cr. 26:10): que los rebaños de Uzías pacían «en el campo bajo», es decir, en los ricos llanos filisteos junto al Mediterráneo (1 Cr. 27:28), y «en la llanura», es decir, en las amplias tierras de pastos al este del Jordán, en la antigua posesión de Rubén (Dt. 3:10; 4:43; y Jos. 13).

Restauración y ampliación de las fortificaciones de Jerusalén

Pero la empresa más importante y con diferencia del reinado de Uzías fue la restauración de la fortificación de la muralla del norte de Jerusalén, que había sido destruida en tiempos de Amasías (2 Cr. 25:23). Trazando casi una línea recta a lo largo de la parte norte de la antigua ciudad, Uzías construyó tres torres: «en la puerta inferior», en la esquina noroeste de la ciudad, desde donde el muro desciende ligeramente hacia el sur, y hacia el oeste; en «la puerta del valle», la actual puerta de Jafa; y finalmente, en el extremo opuesto de la muralla del norte (y de nuevo un poco hacia el sur), para proteger la puerta conocida como la «puerta del caballo» (Neh. 3:28; Jer. 31:40), donde la muralla del norte forma hacia el este una «curva», desde donde va hacia el sur (comp. Neh. 3:19, 20, 24, 25). Así, como que la «ciudad superior» no tenía, además de las mencionadas, ninguna otra puerta hacia el oeste, ni hacia el sur, la entrada de la ciudad estaba defendida al norte, oeste, sur y al noreste. Además, estos fuertes fueron armados con nuevas y potentes máquinas para lanzar flechas y grandes piedras contra cualquier ejército que la sitiara (2 Cr. 26:15).

7. Para mayor información sobre esta tribu y la confederación en general, comparar Libro 6. Me parece probable, que incluso si Gur-baal no es exactamente igual que Gezar, a unas tres horas al sudoeste de Gaza (ver el Targum), se debe buscar en aquella zona. Desde Filistea en el sudoeste, evidentemente se traza una línea de defensa hasta el extremo sudeste –el territorio de Amón. Cerca de Gerar, cuya localización es totalmente segura, se abre el uadi que, desde Hebrón, se extiende hasta Beerseba.

8. Posiblemente Oseas 5:10 contenga una alusión a este hecho, aunque tal vez con mayor probabilidad a acontecimientos del reinado de Jotam (comp. 2 Cr. 27:5).

Reorganización. Prosperidad del país

Finalmente, de acuerdo con todo esto, leemos sobre una reorganización del ejército, «de acuerdo con el número de su alistamiento (convocatoria) por Jeiel, el escriba y Maasías el gobernador (¿superintendente?), bajo la mano (dirección) de Hananías *uno* de los capitanes del rey» (2 Cr. 26:11). La leva se realizó de nuevo de acuerdo con la antigua costumbre nacional –aunque de un modo más sistemático que antes. El rey reunió y equipó completamente un ejército de más de 307.500 hombres bajo el mando de dos mil seiscientos «capitanes» o «jefes de casas» «hombres fuertes de valor» –a la infantería pesada se le proporcionó escudos, corazas y cascos, y a la infantería ligera arcos y «piedras para hondas».[9] Esto indica de una manera especial la totalidad del armamento, que, en esta ocasión, no sólo fue proporcionado por la autoridad central, sino con tanto cuidado que incluso las hondas y las piedras que generalmente eran recogidas por los hombres mismos fueron suministradas a las tropas.[10]

En estas circunstancias no nos sorprendemos de que la fama guerrera del rey «se extendiera lejos», aunque observamos de manera especial el cuidado con el que el texto sagrado enfatiza en todo momento el socorro divino recibido por Uzías en cada parte de sus empresas. Y tampoco fue menos notoria la prosperidad interna del reino. Ya hemos visto que la ocupación de Elat conllevó un avivamiento de la flota y el comercio que debieron traer riqueza al país. Además, el rey demostró un profundo interés por la agricultura. En las montañas de Judá se repararon las terrazas para el cultivo de uva; en las partes más llanas, como en la región del Carmelo (1 S. 15:12; 25:2, 5), se continuó con la agricultura; mientras que numerosos rebaños se dispersaban por «el desierto» de Judá, «los bajos» de Filistea y la rica «llanura» más allá del Jordán –proporcionando provisiones y seguridad para las operaciones de «labranza» por la construcción de cisternas y atalayas (2 Cr. 26:10).

Ya hemos indicado que se trataba de un período floreciente de la profecía en Israel. Tal vez con más énfasis porque entonces las voces de advertencia se alzaban en medio de un pueblo hundido en la idolatría y la corrupción, y cercano al juicio. A partir de las alusiones proféticas, deducimos que la situación en Judá era algo mejor, por lo menos durante el primer período de este reinado. Pero

9. Ésta es la traducción correcta y no «hondas para tirar piedras». El armamento era el normal de las naciones de la antigüedad.

10. Omitimos a propósito la referencia a la inscripción asiria que recoge un intento de alianza entre Hamat y diecinueve ciudades de la región y Azriyahû –Azarías o Uzías (Schrader, vol. 5, pp. 217-227). Es bastante posible que en su revuelta de Asiria estas ciudades buscaran una alianza con Uzías, la cual, no obstante, no fue aceptada por este monarca. Pero la referencia a Uzías en el orgulloso registro de Tiglat-pileser de esta coalición es demasiado imprecisa para admitir, según nuestra opinión, ninguna inferencia segura (comp. Nowack, *Assyr. Bab. Inschr.* p. 27, Nota 8). ¿Tenemos que considerar la introducción del nombre de Azriyahu con un significado literal para este monarca, o sólo con un sentido general refiriéndose a él en sus sucesores –tal como Omri es introducido en las inscripciones? ¿Y tenemos que considerar esta referencia como indicadora de un acontecimiento estrictamente histórico? Es difícil de sostener esto. ¿Se trata, pues, de una referencia general a una política posterior o una inferencia de la misma o explica una sospecha, o es simplemente alarde jactancioso? Decidimos no entrar en el tema de la cronología asiria ni en su comparación con la de la Escritura por los motivos indicados previamente. Ver un intento de conciliación de las dos cronologías (por Oppert), en la conclusión de Hommel, *Abriss d. Bab. Ass. u. Isr. Gesch.* Comp. también H. Brandes, *Abh. zur Gesch. d. Orients im Alterth.*

también en este caso, tanto por la prosperidad creciente como por el éxito, «el orgullo» y sus vicios pronto aparecieron (Am. 2:4; Os. 5:5, 14; comp. también Is. 2:5, etc.; 3:12, 15; 7:10-13; 28:7-10). Y esto principalmente de parte del rey.[11] En el lenguaje expresivo de la Santa Escritura, «cuando era fuerte su corazón se elevó para destrucción» –es decir, hasta que hizo lo que era malo y destructivo. Intolerante sobre cualquier poder en la tierra excepto el suyo, intentó combinar las principales funciones del sacerdocio con las de la realeza.[12] La ceremonia más santa del templo era cuando el incienso se ofrecía en el altar dorado en el interior del lugar santo. Simbolizaba la ofrenda del culto de Israel por el sumo sacerdote. Sin tener en cuenta la ordenanza explícita divina (Éx. 30:7, 27; Nm. 18:1-7), Uzías penetró en el lugar santo para adjudicarse esta santa función.

Orgullo y corrupción crecientes

En vano Azarías, «el sacerdote principal» (2 Cr. 26:17, 18), y con él otros ochenta hombres valerosos, sin duda sacerdotes del «curso» de los que estaban en servicio entonces, intentaron detener al rey. Su amonestación, o en realidad su advertencia de que el resultado sería diferente del que había anticipado su orgullo, sólo sirvió para incitar la ira del rey. Tal incomprensión total y perversión tanto de las funciones sacerdotales en su significado más profundo, como del servicio real en su objetivo más elevado –y ello por orgullo– debía provocar un juicio inmediato y ejemplar. Cuando aún tenía en su mano el incensario con sus carbones candentes y con aspecto y palabras de ira en su cara y sus labios, en presencia del sacerdocio, fue herido con lo que se consideraba preeminente y directamente el azote de la mano de Dios (comp. Nm. 12:9, 10; 2 R. 5:27).

El sacrilegio de Uzías. Su lepra y muerte

Allí, «junto al altar de incienso», la mancha de la plaga de la lepra apareció en su frente. Rápidamente los sacerdotes reunidos echaron del lugar santo a aquél a quien Dios había herido de forma tan evidente, no fuera que la presencia del leproso contaminara el santuario. Él mismo, aterrorizado, se apresuró a salir. Así, el rey, cuyo corazón había sido elevado hasta olvidarse completamente de la ayuda recibida de Jehová hasta entonces, hasta que se atrevió a cometer el más grave sacrilegio, descendió con vida a la tumba en el momento más elevado de su orgullo. Hasta que la muerte lo liberó, fue un leproso y habitó fuera de la ciudad, apartado «en una casa de enfermedad», o, como otros han traducido la expresión, con tal vez mayor probabilidad, en «una casa de separación» (comp. Lv. 13:46; Nm. 5:2; 2 R. 7:3). Privado de acceso a la casa del Señor, donde había intentado de forma impía tomar el mando, y de toda relación con los hombres, el reino fue administrado por su hijo Jotam –es imposible determinar cuanto tiempo pasó hasta la muerte de Uzías. Su castigo le siguió hasta la tumba. Porque, aunque fue «enterrado con sus padres», (fue «en el campo de entierros que pertenecía a los reyes», probablemente el terreno de entierros de los miembros de la familia real), no fue colocado en el sepulcro donde descansaban los reyes de Judá; «porque decían, es un leproso».[13]

No se conserva ningún fragmento del relato escrito por Isaías, al que se refiere el texto sagrado (2 Cr. 26:22). Aunque la actividad del profeta empezó durante el reinado de Uzías (Is. 1:1; 6:1), considerando que se extendió hasta el de Ezequías, Isaías debió ser todavía joven[14] cuando murió el rey leproso.

Leyendas judías

La leyenda judía ha añadido mucha fábula al golpe que cayó sobre el rey sacrílego. En su intento poco hábil de explicar lo directamente divino por medio de causas naturales, Josefo[15] relaciona la lepra repentina del rey con aquel terremoto, (Am. 1:1) el terrible recuerdo del cual permaneció en la memoria popular hasta casi el punto de constituir una era en su historia (Zac. 14:4, 5). En ese terremoto que Josefo describe, nos cuenta: «el templo se resquebrajó y los brillantes rayos de sol resplandecieron a través del orificio, y cayeron sobre el rostro del rey, de tal modo que la lepra se apoderó de él inmediatamente». Otros escritores judíos identifican de modo extraño la muerte de Uzías referida en Isaías 6:1, con la muerte viviente de su lepra, y el terremoto con la solemne escena descrita allí. No obstante, es cierta su aplicación cuando incluyen a Uzías entre los que «no obtuvieron lo que buscaban, y a los cuales se les arrebató lo que tenían» (Ber. R. 20).

Capítulo 7
(2 Reyes 15:8–16:18; 2 Crónicas 27–28)

Uzías (10º), Jotam (11º) y Acaz (12º) reyes de Judá Zacarías (15º), Salum (16º), Menahem (17º), Pekaías (18º) y Peka (19º) reyes de Israel

Mientras el reino de Judá estaba pasando por un breve período de prosperidad, el de Israel se estaba acercando rápidamente a su destrucción final. La grande y consolidada corrupción de la tierra constituyó varias facilidades para una sucesión de revoluciones, en las que algún que otro aventurero político o militar ocupaba el trono durante un breve período. Durante los trece o catorce años entre la muerte de Jeroboam II y la de Uzías, el reino del norte vio por lo menos a cuatro reyes (2 R. 15: 8-27), siendo todos ellos eliminados por la violencia.

Ascensión y asesinato de Zacarías

En el año treinra y ocho de Uzías,[1] Jeroboam II fue sucedido por su hijo Zacarías, el cuarto y último monarca de la línea de Jehú. La Escritura Sagrada menciona de modo especial aquí el cumplimiento de la predicción divina (2 R. 10:30), en la continuación de esta dinastía «hasta su cuarta generación». Acerca de su breve reinado, que duró sólo seis

11. Comparar también la nota en Josefo. *Ant.* IX. 10, 4.
12. Algunos críticos han intentado sostener que, en esto, Uzías simplemente intentaba actuar como David y Salomón, y restablecer el antiguo derecho real de guía de los servicios religiosos. Pero no hay ninguna evidencia en absoluto de que David o Salomón jamás se adjudicaran funciones estrictamente sacerdotales, y mucho menos todo lo que vamos a mencionar.

13. La opinión adoptada aquí es la de Rashi y otros comentaristas rabínicos.
14. Algunos críticos han sugerido que por entonces tenía tan sólo veinte años.
15. *Ant.* IX. 10, 4.
1. Escribimos basándonos en la suposición de que los números del texto bíblico son correctos.

meses, leemos que se caracterizó por la continuación en los pecados de Jeroboam. Una conspiración de un tal Salum,[2] desconocido en otros lugares, cumplió el asesinato, no privado, sino público[3] del rey. Todas las uniones de asociación se habían disuelto de este modo tan terrible.

Ascensión y muerte de Salum. Ascensión de Menahem

El regicida ocupó el trono un mes. Menahem, a quien Josefo[4] describe como general de Zacarías, avanzó[5] contra Salum desde Tirza,[6] la antigua residencia real, y mató al usurpador. Parece ser que la toma de la corona de parte de Menahem halló algo de resistencia. De todos modos, leemos acerca de una expedición de Menahem contra un lugar llamado Tifsa («un fuerte»[7]), que había rechazado abrirle las puertas. La ciudad y la región de los alrededores fueron tomados y Menahem se vengó de una forma horrible de la población.[8] El reinado de Menahem, que en cuanto a religión se parecía al de sus predecesores, duró diez años. Pero se puede considerar en verdad como el principio del fin. Pues con él empezó la dependencia reconocida del reino del norte de Asiria, cuyo resultado final fue la caída de Samaria y la deportación de Israel a la tierra del conquistador.

Dejando de lado, por las razones ya indicadas, las cuestiones de cronología, los monumentos asirios nos permiten entender más claramente el relato bíblico de la relación entre Menahem y su estado protector oriental (2 R. 15:19, 20).

Toma y saqueo de Tifsa

Así, vemos que después de un período de decadencia que podría explicar el progreso independiente de Jeroboam II, tal vez incluso de la ocupación de Tifsa de parte de Menahem, un aventurero militar llamado Pul, que aparentemente venía de los rangos más bajos, tomó la corona de Asiria, y asumió el título de Tiglat-pileser II.[9] El primer monarca con el mismo nombre había fundado el poder de Asiria, cinco siglos antes, y ahora iba a ser restablecido. El mismo año de su ascenso derrotó y empaló al rey de Babilonia, y desde entonces asumió aquel título. Dos años más tarde dirigió sus ejércitos hacia el oeste, y después de tres años de sitio tomó la ciudad siria de Arpad, en la zona de Hamat, y no lejos de Damasco[10] (comp. Is. 10:9, 36:19; 2 R. 28:34; Jer. 49:23). Sin seguir sus otras expediciones militares será suficiente afirmar que tres años más tarde (en el octavo año de su reinado), aparece en los monumentos recibiendo el tributo de Menahem de Israel, entre los de otros reyes vasallos.

Ascenso y victorias de Pul o Tiglat-pileser II Tributo a Asiria

La destrucción del poder de la confederación siria y la ocupación de Hamat explican perfectamente la observación bíblica del avance de Pul o Tiglat-pileser II en el reino del norte. Su avance fue detenido por entonces por la sumisión de Menahem, y su pago de un tributo anual de 1.000 talentos de plata, o unas 375.000 £, que el rey de Israel recaudó con un impuesto de 50 siclos, o unas 6,5 £, para todos los habitantes más ricos de su tierra. Esto implicaría que había 60.000 contribuyentes en este impuesto, un número elevado, indicando al mismo tiempo la amplia prosperidad del país, y la extensión de la carga que el tributo había puesto sobre el pueblo. Con estas duras condiciones, Manahem fue «confirmado» en «el reino» por el conquistador asirio.[11]

Ascenso y asesinato de Pekaía Revolución militar y ascenso de Peka

Menahem fue sucedido en el reino por su hijo Pekaía, cuyo reinado, parecido al del de su padre,[12] sólo duró dos años. Cayó víctima de otra conspiración militar encabezada por Peka, hijo de Remalías,[13] posiblemente uno de los capitanes de la guardia del cuerpo del rey. Tal como interpretamos el relato (2 R. 15:25), el rey de Israel se había rodeado de una guardia del cuerpo, como la que formara antiguamente el rey David. El nombre del padre de Pekaía, Menahem, «el hijo de Gadi» (2 R. 15:17), parece indicar que descendía de la tribu de Gad. Por ello es muy probable que esta guardia del cuerpo había sido constituida con sus compatriotas galaditas –aquellos valientes montañeros del otro lado del Jordán que tenían fama de guerreros (comp. Jue. 11:1; 1 Cr. 26:31). Así la LXX –tal vez siguiendo una antigua tradición– traduce, en vez de «los galaditas» del texto hebreo, los 400, que nos recuerdan los famosos 600 de David (2 S. 15:18). Suponemos que esta guardia del cuerpo estaba bajo el mando de tres capitanes, uno de los cuales era Peka, el líder de la rebelión. Los otros dos –«Argob», llamado así por la región transjordánica de Basán (Dt. 3:4), y «Arie», «el león» (comp. 1 Cr. 12:8)– probablemente perecieron en su defensa del rey. Tal como leemos el texto, Peka, con cincuenta miembros de la guardia de Galaad, persiguieron al rey hasta entrar en el castillo, o parte fortificada de su palacio en Samaria, y allí mataron al rey y a sus seguidores. El crimen ilustra gráficamente el estado de los sentimientos públicos y los valores morales tal como los describe el profeta Oseas (4:1, 2). El asesino de su señor no sólo podía arrebatar la corona, sino que además la mantuvo durante treinta años.[14]

---

2. Josefo (*Ant.* IX. 11, I) lo describe como «un amigo» del rey.

3. קבל־עם «delante del (?) pueblo» = en público. La LXX., aparentemente incapaces de entender las palabras hebreas, las han dejado sin traducción, e hicieron de *Keblaam* el nombre del lugar donde Zacarías fue asesinado, o bien, según Ewald, de su asesino.

4. *Ant. u.s.*

5. Según Josefo, con su ejército, y se enfrentó en batalla con Salum.

6. Para una descripción de Tirza ver el Libro 6 de esta obra.

7. Tenemos dudas sobre si esta era la Tifsa de Salomón (1 R. IV. 24), que se hallaba en la ribera del Eufrates. El nombre, que significa «un fuerte», es tan general que puede haber sido aplicado a otros lugares. Al mismo tiempo se debería recordar que por aquel período Asiria había caído en un estado de gran debilidad.

8. Estos horrores no eran desconocidos en esa parte de Israel, pero sí muy comunes en las guerras paganas (2 R. 8:12; Os. 13:16; Am. 1:13).

9. La identificación del Pul bíblico con Tiglat-pileser II. creemos que ha sido demostrada más allá de cualquier duda posible. Sobre este tema en general, comp. Sayce, *Fresh Light from the Ancient Monuments*, pp. 125-131; Schrader, *u.s.*, y el artículo del mismo autor en Riehm *Hand-W.* p. 1664, etc.

10. A unas tres horas de Alepo. No obstante, su posesión no fue permanente hasta la época de Senaquerib.

11. El relato que acabamos de dar es confirmado por la referencia a «la carga» o tributo del «rey de príncipes», el rey de Asiria, Oseas 8:10. Algunos escritores han considerado este acontecimiento como el sujeto de la profecía de Amós 7:1-3.

12. Según Josefo «siguió la barbarie de su padre» (*Ant.* IX. 11, I).

13. Algunos críticos han supuesto que su bajo origen es indicado por el hecho de que es llamado simplemente «el hijo de Remalías» en Isaías 7:4, 5, 9; 8:6.

14. El texto bíblico dice 20 כ, y parece que se trate de un error de transcripción por ל, 30. Esta cifra se requiere por la comparación de 2 Reyes 15:32+33+17:1. La única alternativa sería interponer un

Ascenso y reinado de Jotam en Judá

Esta revolución tuvo lugar el último año de Uzías –es decir, su año cincuenta y dos. Fue sucedido en Judá por su hijo Jotam, en el segundo año de Peka, hijo de Remalías. Jotam tenía veinticinco años cuando ascendió al trono, y se dice que su reinado duró dieciséis años. Pero si este período debe considerarse a partir de su corregencia (2 R. 15:5; 2 Cr. 26:21), o desde su reinado solo, es una cuestión de imposible solución. Y aquí puede encontrarse una de las razones de las dificultades de esta cronología.[15]

El reinado de Jotam fue próspero y sólo empezó a entenebrecerse hacia el final. Tanto religiosa como políticamente fue una continuación exacta del de Uzías, cuyo corregente, o por lo menos administrador, había sido Jotam. Según el relato más completo del *Libro de Crónicas* (2 Cr. 27), Jotam mantuvo, en su capacidad oficial, el culto de Jehová en su templo, absteniéndose sabiamente de imitar el intento de su padre de intrusión en las funciones del sacerdocio. En el pueblo, se continuó con las anteriores formas corruptas de religión y tuvieron que ser toleradas. Naturalmente esta corrupción iba en aumento con el paso del tiempo. Entre las obras del reinado anterior, se continuó con las fortificaciones de Jerusalén, la defensa interior del país y su ampliación transjordánica. Por lo que a la primera se refiere, se continuó con la construcción del muro que defendía a Ofel, el descenso del sur del monte del templo.[1] Al mismo tiempo la casa sagrada fue adornada con la reconstrucción de la puerta «superior» al norte del templo, donde se halla la terraza de la que tomó su nombre. La «puerta superior» se abría desde el patio «superior» [o interior] –el de los sacerdotes– hasta el inferior, que era el del pueblo (2 R. 21:5; 23:12; 2 Cr. 33:5). Cada uno de estos patios estaba delimitado por una muralla. Probablemente la entrada general al templo era a través de la puerta exterior del norte.[1] Desde allí los adoradores debían pasar a través del patio inferior, exterior o del pueblo hasta la segunda muralla,[1] que rodeaba el patio interior, superior o de los sacerdotes que se extendía alrededor de la casa del templo.

Así los adoradores, o por lo menos los que llevaban sacrificios, deberían tener que entrar por esta puerta del norte reconstruida por Jotam. Puesto que el patio interior o superior se hallaba en un nivel más alto, encontramos que se dice del templo de Ezequiel que había ocho escalones hasta llegar al mismo (Ez. 40:31, 34, 37), y seguramente

interregno de diez años entre Peka y Oseas, pero el texto bíblico no da ninguna pista para esta conclusión.

15. Riehm, en su elaborado artículo *Zeitrechnung* (en su *Hand-W.*) sostiene que los dieciséis años del reinado de Jotam constaban de doce años de corregencia con Uzías, y únicamente cuatro de regencia solo. Si hubiese habido cuatro años de gobierno solo la confusión de este número con los dieciséis años de su reinado podía hacer que un copista concluyera erróneamente que se trataba del «duodécimo año de Jotam» (2 R. 15:30).

16. Comp. 2 Crónicas 33:14; Nehemías 3:26, 27; Josefo. *Guerras,* V. 6, 1, 3. Desde Ofel se abría la «puerta del agua» dando salida a Gihón y el Valle del Cedrón. Comp. aquí con la profecía de Isaías 32:14, donde en lugar de «las fortalezas» (Reina-Valera, 1960) traducir «Ofel».

17. Había cuatro puertas que se abrían en la muralla exterior o límite del templo: norte, sur, este y oeste, (comp. los puestos de vigilancia de los levitas, 1 Crónicas 26:14-18). Pero el obispo Haneberg (*Relig. Alterth.* p. 226, 4) infiere que había seis puertas – es decir, dos (no una) respectivamente al sur y al oeste. En el templo de Ezequiel (Ez. 40:6-16, 20-22, 24-27) se mencionan sólo tres puertas: norte, este y sur.

18. Sobre esta muralla ver 1 Reyes 6:36; 7:12. Comp. Josefo, *Ant.* VIII. 3, 9.

«Semejante perversión, tanto de las funciones sacerdotales en su significado más profundo, como del servicio real en su objetivo más elevado –y todo ello por orgullo–, debía provocar un juicio inmediato y ejemplar. Cuando aún tenía en su mano el incensario con sus carbones candentes y con aspecto y palabras de ira en su cara y sus labios, en presencia del sacerdocio, fue herido con lo que se consideraba preeminentemente y directamente el azote de la mano de Dios (comp. Nm. 12:9, 10; 2 R. 5:27). Allí, "junto al altar de incienso", la mancha de la plaga de la lepra apareció en su frente. Rápidamente los sacerdotes reunidos echaron del lugar santo a aquél a quien Dios había herido de forma tan evidente, no fuera que la presencia del leproso contaminara el santuario. De hecho, él mismo, aterrorizado, se apresuró a salir. Así el rey, cuyo corazón se había engreído, olvidándose por completo de la ayuda recibida de Jehová, hasta el punto de atreverse a cometer el más grave sacrilegio, descendió en vida a la tumba en el momento más elevado de su orgullo».

El orgullo es lo que condujo a Uzías a su desgracia. «Cuando era fuerte su corazón se elevó para destrucción» al querer ofrecer sacrificios en el templo. Este objeto cúltico del siglo II a.C. es una pala para el incienso. (Museo del Louvre)

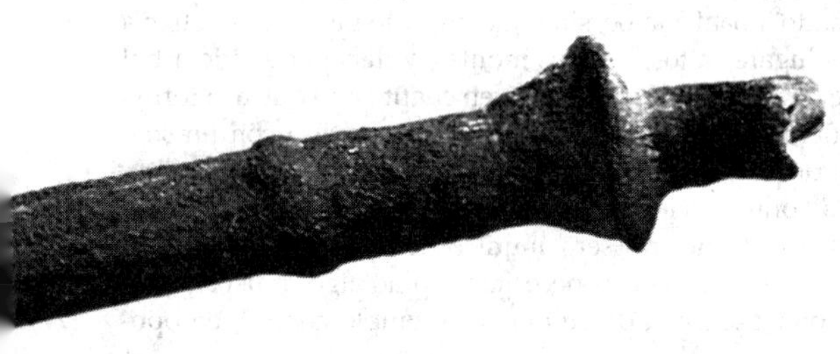

pasaba lo mismo con el templo de Salomón. Cerca de esta «puerta más alta» –entrando, a la derecha– Joiadá había colocado la caja a fin de recoger dinero para las reparaciones del templo (2 R. 12:9). Finalmente, al ser llamada por Ezequiel (8:5) «la puerta del altar», inferimos que constituía el acceso normal de los que ofrecían sacrificios. Su nombre posterior de «puerta nueva» se debía a su reconstrucción por Jotam, mientras que los pasajes donde se menciona indican que éste era el lugar donde los príncipes y sacerdotes solían comunicarse con el pueblo reunido en el patio exterior (Jer. 26:10; 36:10).

Las obras de Jotam tampoco se redujeron a Jerusalén. «Y construyó ciudades en el Monte de Judá (el país del monte), y en los bosques (o matorrales, donde no se podían construir ciudades), castillos (fuertes), y ciudades (sin duda por razones de seguridad)». Para completar el comentario sobre este reinado añadimos que la expedición del reinado anterior contra Amón fue retomada, y que los amonitas se vieron obligados a pagar un tributo anual, no sólo del producto de sus tierras fértiles (10.000 Kor[19] de trigo y la misma cantidad de cebada), sino también cien talentos de plata, o unas 37.500 £.[20] Pero, tal como implica el texto sagrado (2 Cr. 27:5), este tributo se pagó sólo tres años. En el cuarto año, probablemente el último año del reinado de Jotam, cesó, sin duda como consecuencia de la alianza sirio-israelita contra Judá, a la que parece ser que se unieron las tribus vecinas que hasta la fecha habían estado sujetas a Uzías y a Jotam. Finalmente, sobre la condición interna del país, de su prosperidad, riqueza, y comercio, y también de su lujo y sus pecados, encontraremos una imagen muy gráfica en las profecías de advertencia de juicio que constituyen los primeros capítulos del *Libro de Isaías* (cap. 1:5–6).

Jotam solamente presenció el acercamiento de las calamidades que muy pronto caerían sobre Judá. En el reino del norte Peka debió encontrarse en medio de elementos turbulentos. Aunque no tuvo que defender su corona contra otro candidato,[21] el estado desorganizado del país, la necesidad de mantener al pueblo ocupado en asuntos que lo distrajera de los asuntos internos del país, junto con la oportunidad evidente de formar alianzas extranjeras para dar soporte a su trono –tal vez incluso planes más ambiciosos– debieron convertir los treinta años[22] de este usurpador militar en un período de dolorosos problemas en Israel. Observamos sólo unas pocas indicaciones de ello al final del reinado de Jotam. Pero nuestra escasa información de algún modo se ve complementada por los monumentos asirios.

Alianza sirio-israelita contra Judá

La Santa Escritura simplemente nos informa de que «en aquellos días Jehová empezó a enviar contra Judá a

19. Un *Kor* (más antiguamente llamado *Homer* o más bien *Chomer*) = diez *Efas* = treinta *Seah* = 100 *Omer* o *Issaron* («décimo», es decir de un Efa) = 180 *Qabh* (קַב). Según los rabís el Qabh contenía veinticuatro cáscaras de huevo. Aproximadamente, el *Kor* sería algo menos de «un cuarto».

20. Aplico los cálculos de Schrader (*Keilinschr. u. d. A. Test.* pp. 142-144, y en el Artículo de Riehm, *Hand-W.* Según Herzfeld (*Handelsgesch*, p. 172), la cantidad ascendería a 18.800 £, pero sus cálculos se basan en un concepto erróneo.

21. Algunos autores han supuesto que hubo otro candidato durante el primer período después de la revolución encabezada por Peka.

22. Un año contemporáneamente con Uzías; dieciséis años contemporáneamente con Jotam; doce años contemporáneamente con Acaz = veintinueve, o, con el margen debido al tipo de cómputo de años: treinta años.

Rezín, rey de Siria, y a Peka, hijo de Remalías» (2 R. 15:37). Es un modo majestuoso y auténticamente profético de ver los sucesos, el hecho de reconocer en una alianza como la de Rezín y Peka el juicio designado divinamente contra Judá. Significa pasar de las causas secundarias y visibles de un hecho directamente a Aquél que gobierna sobre todas las cosas, y que con habilidad divina teje los hilos que el hombre ha hilado en la urdimbre y la trama de Sus tratos. De hecho, la alianza sirio-israelita contra Judá al final no sólo incluía a los amonitas, que se negaban a seguir pagando tributo, sino también a los edomitas, los filisteos y todas las tribus del sur recientemente sometidas (2 Cr. 28:17, 18).

Ascenso de Acaz en Judá

Tal como ya hemos afirmado, Jotam sólo presenció el comienzo de esta gran lucha, o bien todavía tenía suficiente fuerza como para mantener a raya lo que al principio fueran sólo expediciones de pillaje. Las cosas cambiaron cuando su débil y malvado hijo Acaz ascendió al trono, en el año decimoséptimo de Peka, el hijo de Remalías (2 R. 16:1). Probablemente tenía veinticinco años[23] cuando sucedió a su padre.

Carácter de su reinado. La nueva idolatría

Los dieciséis años de su reinado fueron en todo sentido desastrosos para Judá. Tal como en toda esta historia se indica enfáticamente que los éxitos anteriores habían venido del socorro del Señor, así ahora la causa real de los reveses sufridos por Judá yacía en su apostasía de Dios. Desde el principio y durante todo el tiempo, Acaz «no hizo lo bueno delante de los ojos del Señor». Tampoco debemos pasar por alto el hecho que el texto sagrado, cuando describe cada uno de los reinados sucesivos de Judá, compara su carácter religioso con el de David. Ello, no sólo porque él era el fundador de la dinastía, ni siquiera porque en él se centraba la promesa divina de la casa real de Judá, sino por el carácter estrictamente teocrático de su administración pública, que debería haber sido el modelo para el de todos sus sucesores, tal como el de Jeroboam lo fue para los reyes de Israel.

Resulta imposible determinar si la variada idolatría descrita en 2 Crónicas 28:3, 4, caracterizó el comienzo del reinado de Acaz, o si sólo se fue introduciendo durante el mismo. Más probablemente se tratara de lo segundo; y como que el éxito de Siria era el motivo reconocido de la introducción de sus dioses en Judá, así el de Israel constituyó por lo menos el pretexto para andar «en los caminos de los reyes de Israel» (2 Cr. 28:2). De hecho, no hay ningún aspecto por el cual el carácter del rey pudiese imponer respeto o simpatía. Incrédulo en cuanto al Señor y a su poder (Is. 7:11-13), no obstante estaba dispuesto a adoptar las supersticiones más viles. Al hacer imágenes fundidas de baales, no sólo siguió los pasos de la casa de Acab (1 R. 16:32; 2 R. 1:2; 3:2), sino que también adoptó los ritos practicados entonces en Israel (Os. 2:13; 13:1). En relación con éstos estaba el culto a Moloc [o más exactamente, Molec], que era otra forma de Baal (comp. Jer. 19:3-6; 32:35). Tanto en las ceremonias de uno como en las del otro, se ofrecían sacrificios humanos, para lo cual, sin duda, se suponía que Baal mismo había sentado un precedente.[24] Pero ahora se trataba del avivamiento del antiguo culto cananeo y fenicio con todas sus abominaciones y contaminaciones. El valle de Gihón, que cierra Jerusalén al oeste, desciende en su extremo sur hasta el del Hinnom, que a su vez se une en los antiguos jardines reales con el valle del Cedrón, que desciende por el declive oriental de la Ciudad Santa. Allí, en la unión de los valles de Hinnom y Cedrón, en aquellos jardines, se hallaba *Tofet* –«el lugar de escupir», o lugar de abominación–, donde un Acaz, un Manasés y un Amón sacrificaban a sus hijos e hijas a Baal-Moloc, y quemaban incienso a ídolos infectos. Sin duda, Hinnom era «gemido»,[25] y su nombre GeHinnom [valle de Hinnom –Gehenna] fue adoptado acertadamente para el del lugar del sufrimiento final. Y es una de esas extrañas coincidencias que el monte que se eleva al sur de este lugar era el del «campo del alfarero», el «campo de sangre», que compró Judas con el pago de su traición, y en el cual ejecutó el juicio sobre sí mismo con sus propias manos. La historia está llena de estas coincidencias, como las llaman los hombres; y tampoco podemos olvidar en relación con esto que fue en la línea fronteriza entre los reinados de Jotam y Acaz que se fundó Roma (en el 752 a. de C.), la cual estaba destinada a ejecutar el juicio definitivo contra el apóstata Israel.

Y esto no es todo. No sólo quemó incienso Acaz en aquel lugar maldito donde ofreció a su propio hijo[26] en sacrificio quemado a Baal-Moloc, sino que un culto parecido se ofrecía en los lugares altos,[27] en los montes, y debajo de todo árbol verde (2 Cr. 28:4; 2 R. 16:4). Así, en cuanto a lo que a la forma se refiere –los muchos santuarios en oposición con un solo lugar de culto–, como también a su substancia y espíritu, existía contradicción con las instituciones del *Antiguo Testamento*. De hecho, no será inútil observar aquí que en los alrededores de Israel, se necesitaba como algo indispensable la unidad exclusiva de culto en un templo central, en opo-

23. Así se indica en 2 Crónicas 28:1, según la lectura de algún códice apoyada por la LXX y la Syr. La exactitud de esta lectura se ve en la comparación con 2 Crónicas 39:1. Porque si Acaz, después de dieciséis años de reinado, murió a la edad de treinta y seis, y su hijo le sucedió a la edad de veinticinco, Acaz se hubiese casado con sólo diez años. Del mismo modo tenemos que corregir 2 Reyes 16:2 el número 20 por el 25.

24. Comp. Euseb. *Praepar. Evang.* I. 10, 44.

25. Éste es el significado probable de «Hinnom», aunque parece ser que este nombre originalmente perteneciera a una persona.

26. 2 Reyes 16:3 se menciona solamente un hijo pasado por el fuego. Esta interpretación parece la más probable (comp. 2 R. 3:27; 21:6), y el plural de *Crónicas* se trate probablemente sólo de una generalización. Cuando en *2 Reyes* leemos que «hizo pasar a su hijo por el fuego», puede tratarse de una expresión técnica, o se puede referir a una de las ideas originales o propósitos originales de estos sacrificios: el de la purificación por el fuego. Y posiblemente la práctica no fuese siempre la misma, y por ello se retuviera la expresión original. Pero a partir de los pasajes paralelos de *Crónicas* no cabe duda alguna de que, en este caso, como también en los que se recogen más adelante, la infeliz víctima era quemada literalmente. Que los «pasados por el fuego» eran quemados realmente, se ve por la comparación de Jeremías 32:35 con 7:31, y de Ezequiel 16:21 con 23:37. Sobre el tema de si los niños eran solamente pasados por el fuego o quemados, los rabís han expresado opiniones diferentes. En el *Yalkut* sobre Jeremías 7:31, (II. p. 61. col. *d.*) tenemos una descripción realista de la figura de bronce de Moloc, hueca y llena de fuego, con cabeza de buey y brazos humanos en el interior de la cual se colocaban los niños. Esto parece ser que concuerda con el rito cartaginés (Diodor. Sic. XX. 14). No es aquí el lugar adecuado para introducirnos en la extensa literatura sobre este tema. Al autor de este libro siempre le ha parecido más erudito que claro. Para nuestro propósito es más importante observar que, según Salmos 106:37, Ezequiel 16:20, las víctimas parecen haber sido muertas primero y luego quemadas. Así sería una terrible contrapartida de los sacrificios quemados del *Antiguo Testamento*. Josefo (*Ant.* IX. 12, 1) también afirma que Acaz había quemado a su hijo literalmente.

27. Los «lugares altos» eran los que tenían un santuario o una capilla (בית הבמה) –«los montes», son los que tenían solo un altar.

sición a muchos santuarios, para conservar un monoteísmo puro y para evitar la introducción de ritos paganos.

Cambios en el templo y en su culto

Pero la idolatría introducida por Acaz debía ser llevada hasta todas sus consecuencias. Un edicto déspota del rey, cuando se hallaba en Damasco, en particular contraste con la debilidad evidenciada contra sus enemigos extranjeros, ordenó la construcción de un nuevo altar para el templo según el modelo enviado a Jerusalén de uno, sin duda dedicado a alguna divinidad asiria, que él había visto en Damasco y lo aprobaba. Fue obedecido por un sumo sacerdote servil. Cuando Acaz volvió a su capital ofreció sacrificios en el nuevo altar,[28] probablemente ofrendas de agradecimiento por su regreso a salvo. Y esto sólo era el comienzo de otros cambios. No parece improbable que el rey introdujera junto con el nuevo altar el culto de los dioses de Damasco (2 Cr. 28:23, en relación con el v. 24). Lo que es cierto es que se le adjudicó un lugar exclusivo. Parece ser que el sacerdote Urías lo había colocado inicialmente detrás del antiguo altar de holocaustos, que estaba «delante del Señor», es decir, «delante de la casa», en otras palabras, de cara a la entrada del santuario. Pero como que este hecho hubiese indicado la inferioridad del altar nuevo, el rey, a su regreso de Damasco, puso los dos altares en yuxtaposición.[29] En las palabras del texto sagrado (2 R. 16:14): «Y el altar, (el de) bronce[30] que (estaba) delante de Jehová, lo puso cerca (colocó en yuxtaposición), desde delante de la casa (el santuario), desde en medio del altar (el nuevo altar de Damasco) y la casa de Jehová, y lo puso al lado del altar (el nuevo altar de Damasco), hacia el norte». El significado de esto es que el altar de bronce, que hasta entonces había estado de cara a la entrada del santuario, hacia el este, ahora fue llevado al lado norte del nuevo altar, de modo que éste venía a ser el principal, o más bien, el único altar de sacrificios. En consecuencia, por orden del rey, todo el culto de sacrificios[31] se celebraba entonces en este nuevo altar pagano; la eliminación del altar antiguo quedaba para posterior consideración.[32]

El nuevo lugar de los sacrificios hizo casi necesarios otros cambios de mobiliario del templo. El antiguo altar de los holocaustos medía diez codos, o unos cuatro metros y medio, de altura (2 Cr. 4:1). Por ello había una subida hasta el mismo, y un circuito a su alrededor, en el que se ponían los sacerdotes que ministraban. Puesto que los elementos del sacrificio colocados en el altar debían ser lavados, las «diez fuentes de bronce» para este propósito, que rodean el altar, fueron colocadas sobre altas «basas» o soportes, para que los sacerdotes que oficiaban pudiesen lavar las piezas del sacrifico sin bajar del circuito del altar. Las piezas laterales que constituían el cuerpo de estos soportes eran de bronce, adornados profusa y alternadamente con figuras de leones y bueyes, con guirnaldas por debajo y querubines (comp. 1 R. 7:27-40). Para el nuevo altar no se necesitaban soportes tan altos, y en consecuencia Acaz arrancó los laterales de los soportes. De modo parecido rebajó «el mar», sacándolo del pedestal de los «bueyes de bronce», y colocándolo sobre «una basa[33] de piedra». Posiblemente el rey también debió dejarse influenciar por un deseo de hacer otro uso de estas piezas de valor del mobiliario del templo que el que se les había dado originalmente. De todos modos permanecieron en el templo hasta otro período posterior (comp. Jer. 52:17-20).

Resulta más difícil comprender la importancia de los cambios realizados por el rey Acaz «por causa del rey de Asiria» en «el pórtico para el día de reposo», y «la entrada del rey, la exterior» (2 R. 16:18). En nuestra ignorancia del propósito y la localización exactas de estas modificaciones, sólo podemos ofrecer las sugerencias que correspondan con las palabras originales. Suponemos que «el pórtico para el día de reposo», o el soporte, «que habían construido» –es decir, desde tiempos de Salomón– era posiblemente un lugar que daba al patio interior o del sacerdote, ocupado por el rey y su corte cuando asistían a las ceremonias de los días de reposo y los festivos. Conectada con este patio debería haber una «entrada» privada a esta plataforma desde el patio «exterior», o a través del mismo (comp. Ez. 44:1, 2). También conjeturamos que en vistas a una posible visita del rey de Asiria, o en deferencia al mismo, Acaz «volvió el pórtico del día de reposo y la entrada del rey, la exterior, a la casa de Jehová», es decir, sacó ambas cosas y las colocó en el santuario, probablemente dentro del porche. Consideramos como otra parte de estas modificaciones el comentario en 2 Crónicas 28:24, junto a la observación de que Acaz «rompió los vasos de la casa de Dios», que «cerró las puertas de la casa de Jehová». Esto implica que los servicios del lugar santo se interrumpieron totalmente. De este modo, el culto se limitaba a los servicios de sacrificios en el nuevo altar; mientras que el traslado al porche del templo de la plataforma del rey y de su entrada, no sólo los acercaba al nuevo altar, sino que además les confería una posición más prominente y elevada que la que ocupaban antes. Entendemos con facilidad que dichos cambios en el culto de Judá, y la posición principal del rey en él, estarían conformes con las opiniones, la práctica y los deseos del rey de Asiria, por opuestas que fueran al espíritu y las instituciones de la ley mosaica.

Después de esto no nos sorprende leer que Acaz «le hizo altares en todos los rincones de Jerusalén», ni que «en toda ciudad de Judá hizo lugares altos (*bamoth*) para quemar incienso a otros dioses» (2 Cr. 28:24, 25). Fácilmente entenderemos la influencia de todo esto sobre un pueblo que ya estaba entregado a la idolatría. Efectivamente, la Santa Escritura sólo nos da una indicación general de los nefastos cambios realizados en las instituciones religiosas públicas del país. De la actitud particular del rey al respecto sólo disponemos de rasgos ocasionales, tales como, por ejemplo, lo que se observa en la tardía referencia significativa a «los altares» que había erigido «en el tejado» del Aliyah[34] o «aposento alto» del templo, sin duda para el culto asirio de las estrellas (Jer. 19:13; Sof. 1:5).

28. No obstante, no se indica necesariamente que Acaz ofreciera personalmente los sacrificios en el sentido de desempeñar funciones sacerdotales, aunque 2 Reyes 16:13 más bien parece sugerirlo.

29. ויקרב: «puso uno cerca del otro».

30. El antiguo altar de ofrendas quemadas, llamado así en distinción del «altar de oro» de incienso en el lugar santo.

31. Cuando se menciona el sacrificio diario de la mañana, la ofrenda de carne; en el del sacrificio de la tarde, el holocausto. Pero en ninguno de los casos se requería, puesto que todo holocausto tenía su ofrenda de carne (Nm. 7:87; 15:2-12); mientras que el sacrifico de la tarde humeaba toda la noche en el altar (Lv. 6:12, 13), de modo que su consumación no podía ser presenciada por los adoradores.

32. La mejor versión de la difícil expresión en 2 Reyes 16:15: «el altar de bronce será para que yo inquiera» יִהְיֶה־לִּי לְבַקֵּר es: «será para que yo lo considere». Comp. Proverbios 20:25 y Nowack *ad loc.*

33. Se trata de la traducción correcta, como la LXX, y no «pavimento» como traducen algunos.

34. Se ha conjeturado que este *Aliyah* había sido construido por Acaz en uno de los edificios del patio del templo (comp. Jer. 35:4). Pero bien podría ser en el Aliyah sobre los lugares santo y santísimo (1 R. 6:17-20), y que estuviera relacionado de algún modo también este cambio con el de la plataforma del rey del día de reposo, y en su entrada a la misma.

Capítulo 8
(2 Reyes 15:29, 30; 16; 2 Crónicas 28)

Acaz (12º) rey de Judá
Peka (19º) y Oseas (20º) reyes de Israel

Un cambio religioso tan completo como el que se ha descrito parecería imposible de ser repentino, o si desconociéramos sus causas más profundas. En realidad, no era más que un intento sistemático de substituir la religión del *Antiguo Testamento* por un paganismo complicado. Si sus instituciones tenían una representación espiritual más profunda, todo lo que había en ellas debía ser simbólico.

Importancia de los cambios que introduce Acaz

De ahí, toda modificación tenía que destruir a la fuerza la simetría, la armonía y con ellas el significado de todo. Sustituir el altar de los holocaustos por uno de acuerdo con un modelo pagano no solamente significaba infringir el orden prescrito divinamente, sino también la destrucción de su simbolismo. Más que esto, era interferir y en cierto sentido rebelarse contra la institución de sacrificios, que constituía la parte central de la religión de Israel. Y de nuevo, cerrar las puertas de los lugares santo y santísimo[1] era abolir lo que indicaba la comunión de Israel con su Señor, su aceptación de ellos por gracia, y su comunicación de perdón, luz y vida. El templo de Acaz ya no era el de Jehová, y el intento de atribuir los antiguos servicios al altar nuevo sólo agravaba el pecado, al tiempo que manifestaba la locu-ra del rey.

Todavía más extraña resulta la mezcla de ritos paganos que se intentaba introducir junto con el ritual pervertido del templo. Consistía en el culto de las divinidades sirias, baales, Astarte,[2] las huestes del cielo, y Moloc –en pocas palabras, combinaba la idolatría siria, fenicia y asiria.[3] Y no obstante, en todo esto, Acaz encontró un instrumento servil en el sumo sacerdote Urías (2 R. 16:11-16). Sin duda la descripción del profeta de los «atalayas» de Israel como «ignorantes», «perros mudos… que les gusta dormir», «perros voraces», «pastores insaciables», sólo interesados en las ganancias e impregnados de vicio, era literalmente correcta (Is. 2:6-9; 5:7-23). En vistas de esto, el rey Acaz solamente puede ser considerado como el fruto de su época y el representante de su pueblo. En consecuencia los juicios anunciados en estas profecías de Isaías se ven simplemente como la secuencia lógica del estado de las cosas.

Propósito de la alianza sirio-israelita

El relato de estos juicios nos llega a través de ambos libros de *Reyes* y *Crónicas*, que aquí se complementan mutuamente, y de modo especial con las profecías de Isaías, las cuales en el capítulo VII ofrecen una descripción muy gráfica de las cosas. La alianza sirio-israelita se había formado al final del reinado de Jotam (2 R. 15:37), aunque sus efectos completos aparecieron cuando Acaz ascendió al trono. En su desarrollo, la confederación incluyó también a los edomitas y filisteos, aunque probablemente en un período posterior –con toda seguridad después de las primeras victorias de los ejércitos sirio e israelita (2 Cr. 28:17, 18). El propósito de los dos aliados principales se entiende fácilmente. Sin duda se trataba del deseo de Siria e Israel (que habían sido humilladas tan profundamente en Tiglat-pileser), que era el de liberarse del yugo de Asiria. Y puesto que, después de un período de decadencia, el poder asirio acababa de ser restaurado por el usurpador Pul, había la esperanza de que una alianza poderosa pudiese echar a Tiglat-pileser de su trono. Pero para ello era necesario antes asegurarse contra cualquier peligro del sur, especialmente porque hay ciertas indicaciones en las inscripciones asirias de una relación existente entre Judá y Asiria desde los días de Uzías.

De hecho, la expedición era más contra Acaz que contra Judá,[4] y se nos informa claramente de que era el propósito de los aliados deponer la casa de David, y colocar en el trono de Judá a una persona de origen humilde, «el hijo de Tabeel», cuyo nombre indica su origen sirio[5] (Is. 7:6). Sólo cuando nos damos cuenta de este propósito de acabar definitivamente con la casa de David, con todas las promesas mesiánicas y la esperanza relacionada con las mismas, podemos comprender como evocaba, en el caso de Acab, aquella predicción mesiánica completa y personal de «el hijo de la virgen» (Is. 7:14). Su plan no solo «no subsistirá» (Is. 7:7), sino que mirando más allá de la incredulidad y las provocaciones de un Acaz (Is. 7:13), la promesa de Dios es firme. «La casa de David» no podía fallar. Porque más allá del presente existía el objetivo final de la salvación prometida en el Emanuel nacido de la virgen. Y ésta fue la respuesta de Dios al desafío de Rezín y del hijo de Remaías Su «señal» contra los planes de ellos: una declaración majestuosa también de Su objetivo en mantener «la casa de David», aunque fuese representada por uno como Acab. Y cuando llegara la hora del juicio, no sería colocando un rey sirio en el trono de David, sino llevando al príncipe y al pueblo a un exilio que inauguraría un nuevo –el último– período de la historia de Israel destinada por Dios.

Pero cuando las noticias de la «confederación», con su propósito reconocido de tomar todos los fuertes y ciudades que formaban las defensas de Judá,[6] e instituir otro rey, llegaron a «la casa de David», en el lenguaje poético de Isaías, el corazón de Acaz «se estremeció, y los corazones de su pueblo, como los árboles del campo se estremecen con el viento» (Is. 7:2). Y de hecho el éxito de los aliados podía justificar estos sentimientos –al menos de parte de un rey incrédulo y cobarde.

---

1. Que era literalmente así lo confirma la observación de la reapertura de las puertas del santuario en 2 Crónicas 29:3; comp. versículos 7, 17.

2. Esto es lo que implica la referencia al culto «debajo de todo árbol verde» en 2 Crónicas 28:4.

3. Es justo comentar que en el culto asirio no existe ninguna indicación de sacrificios humanos.

4. El carácter personal de la guerra no sólo aparece en expresiones como la de 2 R. 16:5: «Sitiaron a Acaz,» sino que el lector atento lo observará también en todo el relato, tanto en *Reyes* como en *Crónicas*.

5. Entendemos que era de origen humilde por la designación de menosprecio «el hijo de Tabeel» –como «el hijo de Remalías». Probablemente fuera un capitán sirio. Tabeel (*in pausa*, Tabeal) = «bueno es Dios» en Aram, un nombre relacionado con Tabrimón. Pero es un error suponer que aparece bajo otra forma (Itibil o Tibil) en una tabla asiria. También es el nombre de un oficial persa en Esdras 4:7.

6. Isaías 7:6 נבקענה אלינו «entremos por cuenta propia»; la misma palabra «se usa con referencia a las ciudades fortificadas o pasos que controlaban la entrada a un país» (Cheyne, *The profecies of Isaiah, ad loc.*).

Toma de Elat, éxito de Rezín y victoria de Peka

Juntando los relatos de los libros de *Reyes* y *Crónicas*, tenemos primero, en 2 Reyes 16:5, un relato general de la guerra –su propósito, comienzo y fracaso final. A esto se añade, en el versículo siguiente, una observación de la expedición de Rezín, en la que recobró Elat para Edom»,[7] cuando «los edomitas vinieron a Elat», y siguieron ocupándola hasta la época del escritor. Este breve relato se ve complementado en 2 Crónicas 28:5. Allí leemos acerca de un doble éxito de los aliados:el de Rezín, como consecuencia del cual una gran multitud de cautivos fue llevada a Damasco, y una victoria ganada por Peka. Con toda probabilidad Rezín fue desde Damasco, pasando por el territorio transjordánico, directamente al sur de Judá, extendiendo su avance hasta la última conquista de Judá, Elat, que ahora fue dada de nuevo a Edom. Siria sola difícilmente hubiese podido mantener una posición tan aislada, y tampoco podía quedarse en la retaguardia en manos de los judíos. Por otro lado, su restablecimiento para Edom explica su participación activa en la alianza (2 Cr. 28:17). El texto deja algo ambiguo el hecho de si Rezín realmente luchó en una batalla real contra un ejército judío, como la que evidentemente ganó Peka (2 Cr. 28:6), o si el «herir» de los sirios citado en el versículo 5 se refería sólo en un sentido más general a las pérdidas infligidas a Judá de parte de Rezín.[8] Puesto que no es muy probable que un ejército de Judá se opusiera a Rezín, mientras que otro era enviado contra Peka, adoptamos la segunda posibilidad.

Mientras Rezín arrasaba de este modo el sur, Peka atacaba a Israel desde el norte. En una batalla con campamento, más de 120.000 judíos cayeron en un día.[9] Entre los muertos se hallaban Maasías, un príncipe real, Azricam, «príncipe del palacio» –probablemente su oficial en jefe, o *major domo*– y Elcana, «el segundo después del rey» –probablemente el jefe del consejo real (comp. Est. 10:3).

Sitio de Jerusalén. Apelación a Siria

No es fácil determinar la sucesión de los acontecimientos. Pero suponemos que después de las pérdidas infligidas por Rezín en el sur, y la sangrienta victoria ganada por Peka en el norte, los dos ejércitos avanzaron contra Jerusalén (2 R. 16:5), con el objetivo de deponer a Acaz. Pero la empresa fracasó por la fortaleza de su reciente fortificación. Fue cuando Acaz se vio apremiado hasta el límite de este modo, y los edomitas y los filisteos se unieron de una manera activa a la alianza hostil (2 Cr. 28:17, 18), que se produjeron los dos acontecimientos de mayor importancia política y teocrática. El primero de los dos fue la resolución del rey de apelar a Asiria en busca de socorro, con una sujeción abyecta a su gobernante.

Mensaje de Isaías. Retirada de los aliados

El segundo fue la aparición, el mensaje y las advertencias del profeta Isaías (Is. 7–8). Tal como lo entendemos, su fracaso en la toma de Jerusalén, y el conocimiento de que Acaz había resuelto apelar a Tiglat-pileser, indujo a los reyes de Siria e Israel a regresar a sus capitales. Rezín probablemente llevara entonces a sus cautivos a Damasco; mientras el ejército israelita arrasaba el país, y no sólo tomó mucho botín, sino que más de 200.000 cautivos, principalmente mujeres y niños («hijos e hijas») –tal como observa el texto sagrado de forma significativa, para mostrar la enormidad sin precedentes del crimen: «de sus hermanos» (2 Cr. 28:8). Su destino final será explicado más adelante.

Ahora pasamos al segundo acontecimiento al que nos hemos referido. Mientras el destino de Judá estaba temblando en vilo, el profeta Isaías recibió la comisión de ir con su hijo, Sear-jasub[10] al encuentro del rey «al extremo del acueducto del estanque de arriba, en el camino del campo del lavador» (Is. 7:3). Si este «estanque de arriba» era (según parece con gran probabilidad) el actual Birket-el-Mamilla, el «pozo del dragón» de Nehemías 2:13, y el «estanque de la serpiente» de Josefo (*Guerra*, v. 3, 2), estaba al noroeste de la ciudad. El «estanque», que es sólo un depósito de agua de lluvia, está parcialmente tallado en la roca y forrado de piedra. Desde su lado oriental salía un canal o «acueducto», que descendía serpenteando hasta más o menos al sur de la puerta de Jaffa, donde actualmente desemboca en «el estanque del patriarca» (el *Hammâm-el-Batrak*), el estanque [la torre] de Amigdalón de Josefo.[11] Por el modo en que se menciona la localidad, inferimos que el rey solía pasar por allí, posiblemente en alguna inspección de las fortificaciones del noroeste.[12] La comisión del profeta a Acaz tenía tres partes. Debía amonestarle para su animación (Is. 7:4), y anunciar que, lejos del éxito de los aliados, Efraín mismo, al cabo de un tiempo determinado, dejaría de ser «un pueblo».[13] Finalmente, debía dar «una señal» de lo que había sido dicho, especialmente de la continuación de la casa de David. Esto era, en contraste con la incredulidad del rey, para ir del presente al futuro, y para indicar el objetivo final previsto –el nacimiento del hijo de la virgen, cuyo nombre, Emanuel, simbolizaba toda la promesa presente y la salvación futura relacionadas con la casa de David.[14]

---

7. En lugar de לַאֲרָם «para Siria,» leemos con la mayoría de comentaristas, לֶאֱדֹם «para Edom», mientras que la otra corrección, ואדומים «y los edomitas» (en lugar de «los sirios»), aparece en *Qeri*, la LXX y varios códices.

8. Sobre un uso parecido de esta expresión comp. 1 Samuel 6:19; 2 Samuel 24:17; y otros pasajes.

9. Aunque esta cifra parece algo grande, y, sin duda, como la de los 200.000 cautivos tomados de Samaria (2 Cr. 28:8), se trata evidentemente de números redondeados. Tenemos que tener en cuenta el tamaño del ejército judío (300.000 bajo Amasías, 2 Cr. 25:5; 307.500 bajo Uzías, 26:13); además, el amargo sentimiento que reinaba en Israel (2 Cr. 28:9); y finalmente, que, tal como recuerda Canon Rawlinson (*Speaker's Comment, ad loc.*), unas pérdidas similares, o incluso mayores, se recogen en la historia profana (así los armenios perdieron en Tigranocerta 150.00 de 260.000).

10. La connotación simbólica del nombre se explica más adelante.

11. También se llama Estanque de Ezequías, suponiendo que lo hubiera construido este rey. El profesor Socin (Bädeker, *Palaest.* p. 121) muestra sus dudas en cuanto a la identificación del estanque de arriba con El-Mamilla; pero *Mühlan* la adopta sin duda alguna, en su excelente artículo sobre Jerusalén (Riehm, *Hand-W.* I. p. 961*a*).

12. Difícilmente se podían detener las aguas de las fuentes fuera de la ciudad, puesto que no hay fuentes allí, y «el estanque» era de agua de lluvia.

13. Creemos que el cumplimiento de esta profecía estaba en el traslado a Samaria de una población extranjera en los días de Esar-hadón (Esd. 4:2); y no, como se ha sugerido recientemente, en el nombramiento de un prefecto asirio de Samaria, que difícilmente podía cumplir: «Efraín será quebrantado, para que no sea un pueblo» (Is. 7:8).

14. Éste no es el lugar para enzarzarnos en una explicación detallada –o más bien una vindicación– de la profecía mesiánica, Isaías 7:14. Diremos sólo que el entrelazado de los elementos del presente en los versículos siguientes a la profecía es, a nuestro parecer, típico de toda esta profecía. Ver observaciones más adelante.

Peligro desde Asiria

El resultado fue lo que era de esperar por el carácter de Acaz. Al rechazar la «señal», con una ironía mal disimulada, implicando que su confianza estaba en la ayuda de Asiria, no en la promesa de Dios, siguió en su camino, a pesar de la advertencia del profeta. Casi no se requería la visión de un profeta para poder predecir el resultado, aunque sólo un profeta podía anunciarlo tan autoritariamente y con tales términos (Is. 7:17–8). Todo patriota judío debió sentir el mal y la humillación, cualquier político con visión clara podía anticipar las consecuencias de la apelación –de ese modo– a la ayuda de Tiglat-pileser. Porque los términos bajo los que Acaz la compró eran el reconocimiento del señorío de Asiria (2 R. 16:7), y un regalo de la plata y el oro del templo, el palacio real, y lo que poseían los príncipes (2 R. 16:8; 2 Cr. 28:21) Si bien ello conllevó la retirada inmediata de Rezín y Peka, el peligro en el que se introdujo era mucho mayor que el que se había evitado. Y en 2 Crónicas 28:20 leemos: «Y Tiglat-pileser, rey de Asiria, vino contra él[15] (es decir, contra Acaz), y lo angustió, pero no le dio fuerza». Aunque, incluso por su posición en el texto,[16] esto parece una afirmación general más bien que el registro de un acontecimiento concreto, sí que debe ser respaldado por algún hecho histórico. Más adelante daremos más detalles al respecto. Pero, aunque no leamos que Tiglat-pileser hizo una expedición contra Jerusalén, una tal expedición debió existir, incluso disfrazada como visita amistosa.[17] Y tal vez haya alguna relación entre esto y las modificaciones del templo mencionadas, «por causa del rey de Asiria» (2 R. 16:18). De todos modos Tiglat-pileser debió desear extender sus conquistas más al sur de Samaria. Debió codiciar la posesión de una ciudad y una fortaleza como Jerusalén; y el servicio feudal tan abyectamente ofrecido por Acaz se convertiría en sus manos en realidad. De hecho, la subyugación de Judea debió formar parte de su política general, que tenía como objetivo la sumisión de Egipto. Y por lo que leemos en 2 Reyes 18:7, 14, 20, y en Isaías 36:5, inferimos que desde el tiempo de Acaz hasta el de Ezequías el reino de Judá fue a la vez vasallo y tributario de Asiria.

Aún queda por describir un episodio de la guerra sirio-israelita al que hasta ahora sólo hemos hecho alusiones. Se recordará que los vencedores israelitas habían tomado 200.000 prisioneros. Por la expresión usada, inferimos que fueron llevados a Samaria, no por todo el ejército – se había dispersado la mayoría en dirección a sus casas, tal como se solía hacer en oriente– sino por una división, o escolta armada, tal vez por aquellos que formaban el ejército permanente. Pero incluso a Samaria Dios no la había dejado sin un testigo suyo.

El profeta Oded y la liberación de los cautivos judíos Lecciones de este hecho

«Había allí un profeta de Jehová, cuyo nombre era Oded». Como en los días de Asa, el profeta Azarías había salido al encuentro del ejército victorioso de Judá a su regreso no con palabras de adulación, sino de amonestación severa (2 Cr. 15:1-7), así también este profeta de Samaria, que

15. Se trata de la traducción correcta del texto.
16. Comparar de manera especial los versículos anteriores.
17. Es posible que Tiglat-pileser, después de continuar su avance por Galilea, Filistea y hasta Gaza y el norte de Arabia, a su regreso para ocupar Samaria, pasara cerca, o incluso por, Jerusalén. Una descripción de esta expedición se dará más adelante.

«Tal como lo entendemos, su fracaso en la toma de Jerusalén, y el conocimiento de que Acaz había resuelto apelar a Tiglat-pileser, indujo a los reyes de Siria e Israel a regresar a sus capitales. Rezín probablemente llevara entonces a sus cautivos a Damasco; mientras el ejército israelita arrasaba el país, y no sólo tomó mucho botín, sino que más de 200.000 cautivos, principalmente mujeres y niños ("hijos e hijas") –tal como observa el texto sagrado de forma significativa, para mostrar la enormidad sin precedentes del crimen: "de sus hermanos" (2 Cr. 28:8)».

Esta maqueta reconstruye el aspecto que debió tener Jerusalén en aquella época. En primer plano destaca la fortaleza amurallada de David.

no es mencionado en ningún otro lugar. Y su oscuridad, y su mensaje repentino y aislado, así como sus efectos, nos instruyen sobre el objetivo y el carácter del servicio profético. Únicamente un profeta del Señor podía osar pronunciar, en aquellas circunstancias, unas palabras tan humillantes para el orgullo de Israel, y tan exigentes en su demanda. Las derrotas y la pérdida de Judá habían sido un castigo divino del pecado; ¿acaso iban ellos a añadir a su propia culpabilidad el hacer esclavos a los hijos de Judá y Jerusalén? ¿O pensaban acaso que eran instrumentos de los juicios de Dios, olvidando la culpabilidad que tenían sobre ellos? Debían saber que la ira ya estaba sobre ellos, por sus pecados, por esta guerra fratricida, y ahora por su propósito de esclavizar a sus hermanos –y debían liberar a sus cautivos.

No hay ninguna razón para cuestionar la exactitud de este relato,[18] ni en la de la intervención decisiva en favor de los cautivos de cuatro de los cabezas de casa de Efraín, cuyos nombres han sido preservados para su honor. Este hecho es otra confirmación más del carácter histórico del relato. Efectivamente, incluso si no hubiese sido recogido, hubiésemos esperado una intervención de este tipo. El partido más serio de Israel, ya fuera amigo o enemigo de Peka, no debió aprobar los pasos adoptados por su rey. Ya había habido otras guerras anteriormente entre Israel y Judá; pero nunca una en la que Israel se uniera con un poder pagano con el fin de derrotar a la casa de David, y colocar en su trono a un aventurero sirio. Esto debió despertar todos los sentimientos religiosos y nacionales; y al ver a 200.000 mujeres y niños judíos llevados a Samaria, exhaustos, con los pies doloridos, hambrientos y en harapos para ser vendidos como esclavos, no debió provocar ninguna satisfacción, sino horror e indignación. A esto creemos que se refieren los cuatro príncipes cuando hablan de las «transgresiones» ya cometidas por esta guerra, y la advertencia de añadir a ellas el retener como esclavos a los cautivos. Al concebir la escena, no nos sorprendemos ante la intervención de los príncipes, ni ante la reacción popular cuando las palabras del profeta les demostraron plenamente todo su mal. Ni siquiera tomando sólo el punto de vista político de ello, podían los príncipes o el pueblo quedarse ciegos ante la locura de debilitar a Judá y enzarzarse en una guerra con Tiglat-pileser.

Como sucede muy a menudo en circunstancias similares, la reacción del sentimiento popular fue inmediata y completa. El botín y los cautivos fueron entregados a «los príncipes»; los que hacía poco habían sido prisioneros fueron cuidados con ternura como hermanos y huéspedes de honor,[19] y fueron devueltos a la ciudad judía fronteriza de Jericó.[20] Sin querer suponer que este episodio se hallaba en

18. Algunos críticos lo han hecho. Por reticentes que seamos a utilizar palabras duras, no sólo en este caso, sino en la mayoría de dificultades planteadas por la escuela de críticos, no parece fácil determinar si su ingenuidad es mayor al plantear objeciones que no tienen base, o al construir una historia toda suya.

19. Fueron «ungidos», y los débiles fueron llevados con asnos.

20. Al ver este episodio algunos críticos han supuesto que los relatos de 2 Reyes y 2 Crónicas se refieren a dos campañas diferentes –una teoría totalmente improbable en sí misma. Sin introducirnos en una discusión formal de las cuestiones críticas, se espera que la explicación ofrecida en el texto anticipe o elimine estas objeciones. Una excelente obra monográfica sobre este tema es la de Caspari: *Über den Syrisch-ephraemit. Krieg* (Christiania, 1849, 101 páginas). Este estudioso pone los sucesos registrados en 2 Crónicas 28:5, etc. entre la primera mitad y la segunda de 2 Reyes 16:5 (Caspari, *u.s.*, p. 101). Pero los lectores del estudio monográfico de Caspari observarán que en algunos detalles importantes nuestra opinión del curso de los acontecimientos difiere de la del Dr. Caspari.

la mente de nuestro Señor cuando explicó la parábola de «el buen samaritano», hay algo en la conducta de estos hombres, mencionados por nombre,[21] que nos recuerda el ejemplo y las lecciones de esta enseñanza de Cristo.

El nombre Sear-jasub

Hay otra sugerencia que deseamos hacer. Se recordará que cuando Isaías recibió instrucciones de visitar al rey Acaz no debía ir solo, sino acompañado por su hijo, Sear-jasub (Is. 7:3). El significado de este nombre evidentemente simbólico es «un remanente volverá». Bien podría ser ese nombre una predicción simbólica del episodio que acabamos de relatar, y su finalidad ser la de mostrar cuán fácilmente el Señor podía dar liberación, sin ninguna súplica de ayuda a Asiria.[22] Si es así, nos da todavía mayor luz sobre el papel ocupado por el simbolismo, no sólo en el *Antiguo Testamento*, sino también en el hebreo, y en cierta medida en todo el pensamiento oriental. El simbolismo, por así decirlo, es su modo de expresión –el lenguaje de su pensamiento más elevado. Por ello su enseñanza moral está en parábolas y proverbios; sus dogmas en instituciones rituales y figurativas; mientras que en su profecía el presente es como un espejo donde se refleja el futuro. Pasar por alto esta presencia constante de lo simbólico y figurativo en el culto, la historia, la enseñanza y la profecía del *Antiguo Testamento* es entender mal no solamente su significado, sino incluso la genialidad del pueblo hebreo.

Volvemos una vez más al curso de la historia para seguir los resultados de la apelación a Asiria en busca de ayuda contra Siria e Israel.[23] Por desgracia, de los dos grupos en los que se han clasificado las inscripciones asirias pertenecientes a este reino, el cronológico, y también históricamente más fiable, tiene importantes partes destruidas o hechas ilegibles por alguno de los monarcas posteriores de otra dinastía (Esarhadón).[24] No obstante, podemos juntar suficiente historia relacionada sobre doce de los dieciocho años del reinado de Tiglat-pileser. Su inicio, y hasta el período de la toma de Arpad, ha sido descrito en el capítulo anterior. Y así se puede añadir mucho en general, que «la impresión de Tiglat-pileser derivada de las inscripciones asirias corresponde con lo que conocemos de él por la *Biblia*».[25]

Ataque asirio sobre Israel

Además, vemos que en la expedición de Tiglat-pileser contra la alianza sirio-israelita su primer movimiento fue contra Israel y las naciones más pequeñas de los alrededores de Judá (2 Cr. 28:17, 18). 2 Reyes 15:29, 30 nos da un breve relato sobre la campaña contra Israel –aunque no podemos evitar que esté fuera de su lugar.[26] Pero indica correctamente, en concordancia con las inscripciones asirias, la prioridad del avance contra Israel al de Damasco, que se recoge en 2 Reyes 16:9, y también parece aludido en 2 Crónicas 28:16, comp. v. 17. Por las inscripciones asirias sabemos que Tiglat-pileser hizo una expedición contra Filistea –suponiendo que este país es nombrado como el objetivo más occidental de una campaña dirigida igualmente contra Samaria, las ciudades fenicias, Edom, Moab y Amón, e incluso afectaba a Judá. Posiblemente la nota de 2 Crónicas 28:20 se refiera a esta última. A juzgar por el orden de las ciudades conquistadas citadas en inscripciones asirias, Tiglat-pileser había dejado a Damasco de lado, y avanzó directamente contra las antiguas ciudades cananeas al pie occidental del Líbano, que dominaba la ruta a Palestina. Se mencionan sobre todo dos de estas ciudades: Arka[27] (Gn. X. 17), la moderna Irkâ, a unos veinte km al nordeste de Trípoli; y Zemar (Gn. 10:18), la moderna Simra, la antigua Simiros.[28] Después de una desafortunada pérdida de dos líneas en la inscripción, vemos los nombres de dos ciudades que en 2 Reyes 15:29 son mencionadas como tomadas por Tiglat-pileser, Galaad y Abel-bet-Maaca, con la observación expresa de su situación en la tierra de Bet-Omri (Samaria), y que fueron añadidas al territorio de Asiria. La inscripción añade que Tiglat-pileser había colocado sus propios oficiales y gobernadores en estas regiones. De allí se sigue la expedición victoriosa hasta Gaza, desde donde, sin duda tras haber sometido a todas las tribus fronterizas al norte de Arabia, volvió a la tierra de «Bet-Omri». Se añade que Tiglat-pileser se llevó a Asiria todos sus habitantes, con sus bienes muebles, y mató a Peka, su rey, nombrando a Oseas en su lugar (2 R. 15:30).

No dejamos de observar en este relato una exageración fruto del orgullo de parte del monarca asirio, puesto que, aunque la revolución que costó la vida a Peka (2 R. 15:30) sin duda fue ocasionada por las victorias de Tiglat-pileser, el rey israelita cayó en manos de Oseas, el líder del alzamiento. Al mismo tiempo Oseas dependía completamente de Asiria, de la que se convirtió en tributario. En la inscripción asiria la cantidad que se le cobraba parece ser diez talentos de oro (67.500 £) y 1.000 talentos de plata (375.000 £).[29]

Captura y anexión de Neftalí. Campaña posterior

La lista de ciudades israelitas conquistadas que vemos en 2 Reyes 15:29 nos permite seguir el curso de la campaña de Tiglat-pileser desde el norte al sur directamente, a través de la Galilea superior. Los asirios tomaron primero Ijón, en la tribu de Neftalí (2 Cr. 16:4), un lugar conquistado previamente por Ben-adad (1 R. 15:20), probablemente la moderna Tell Dibbîn, en un monte en una región «con agua de pozo», en el camino de Damasco a Sidón. Luego, los conquistadores pasaron a Abel-bet-maaca, «el prado» de Bat-maaca (una pequeña región siria vecina), también llamada *Abel Mayim*, «prado de las aguas» (2 Cr. 16:4), una ciudad considerable, conocida desde los días de David (2 S. 20:18) y de Ben-adad

21. Es decir, sus nombres fueron registrados *in perpetuem rei memoriam*. Un hecho noble; muy probablemente, tampoco la participación en esta buen obra se limitó a los cuatro príncipes.

22. Observamos que en este episodio los nombres son simbólicos (comp. Is. 8:18). Que Sear-jasub se repita en Isaías 10:21 (comp. v. 20) concuerda simplemente con el reflejo del futuro en el presente, que es una característica de la profecía –tampoco podemos pasar por alto en cuanto a este *Sear-jasub* que es «un remanente de Jacob» y a su vez es «para El-Gibbor» [Dios el todopoderoso], comp. Isaías 9:6.

23. Aquí seguimos el orden de Schrader, tanto en su obra, *Die Keilinschrifter u.d. A. Test.* como en los artículos con los que contribuye a la obra de Riehm, *Hand-Wörterb.*

24. Schrader, *Die Keilinschr.* pp. 242, 243. El estudioso se queja del desorden de los textos. Una de las placas, vista por Sir Henry Rawlinson, que relata la muerte de Rezín, había sida dejada en Asia, y desde entonces ha desaparecido.

25. Schrader *u.s.* p. 247.

26 Esto podría explicar en parte la confusión en la observación sobre «el año veinte de Jotam».

27. La ῎αρκη de Josefo (*Ant.* I. 6, 2), la *Cæsarea Libani* de los emperadores romanos.

28. Cerca del Nahr-el-Kebir, «el gran río», el antiguo Eleu-teros (1 Mac. 12:30), que constituía parcialmente la frontera al norte de la región del Líbano.

29. Estas cantidades parecen enormes. Según el profesor Sayce (*Fresh Light from the Ancient Monuments*, p. 123), el talento babilonio era considerablemente más pequeño que el judío. La proporción de plata y oro era, según *Herzfeld*, de 1:13; según Schrader, de 1:13, 5.

(1 R. 15:20), situada a una hora y media al noroeste de Dan. La siguiente ciudad ocupada, Janoa (no Jos. 16:6), probablemente la moderna Hunin, se hallaba a medio camino entre Abel-bet-maaca y Cedes, el lugar capturado a continuación. También se hallaba en la posesión de Neftalí –y de hecho, para diferenciarla de otros lugares con el mismo nombre, se conocía como Cedes-neftalí, o Cedes de Galilea (Jos. 20:7; 21:32; 1 Cr. 6:76). Ésta era una de las antiguas ciudades levíticas, y el lugar de nacimiento de Barac (Jue. 4:6, 9). Aunque pertenecía a la Galilea superior, en la época de Cristo era de los tirios (Jos. *Guerras*, II. 18, 1), cuyo territorio en este punto limitaba con Galilea. Aún retiene su nombre antiguo, y está al noroeste de los cenagales que rodean el lago Merom. Los otros tres nombres de 2 Reyes 15:29 pertenecientes a las conquistas de Tiglat-pileser parecen corresponder a regiones en vez de a ciudades: Galaad, luego Gaulonitis,[30] la parte del norte de la región transjordánica que Jeroboam II acababa de ganar a Israel (2 R. 14:25); Galilea, en el sentido más restringido de la palabra, es decir: la parte del norte de la misma, o «Galilea de los gentiles» (Is. 9:1; comp. 1 R. 9:11) –en pocas palabras, «toda la tierra de Neftalí».

Toma de Samaria. Revolución y asesinato de Peka

El avance de Tiglat-pileser, caracterizado por la ocupación de estas ciudades en línea recta de norte a sur, convirtió a Galilea y a la región transjordana adyacente en una provincia asiria, que servía de base para otras operaciones. Estas operaciones acabaron –tal vez después de pasar cerca de Jerusalén o a través de la misma– con la ocupación de Samaria, donde hubo una revolución en la que cayó Peka.

Sucesión de Oseas. Transporte de israelitas Sitio y captura de Damasco. Muerte de Rezín

Fue sucedido por el líder del alzamiento, Oseas, que fue tributario a Asiria. Tras cumplir con la parte más fácil de su tarea, Tiglat-pileser se dirigió contra Damasco. Allí encontró una resistencia tenaz. La Santa Escritura sólo dice (2 R. 16:9) que Damasco fue tomada, Rezín matado y el pueblo llevado cautivo a Kir –una región todavía por identificar con seguridad, pero que parece ser que perteneció a Media (comp. Is. 21:2; 22:6). De allí provenían originalmente los sirios (Amós 9:7), y allí fueron deportados de nuevo cuando su obra en la historia hubo acabado (Amós 1:5). Desgraciadamente, las tablas asirias que recogen esta campaña están mutiladas y la que contenía el relato de la muerte de Rezín se ha perdido. Pero vemos que el sitio de Damasco duró dos años; que la gran victoria de los asirios fue caracterizada por una gran masacre; que Rezín fue encerrado en su capital, a la que había sido llevado; que no sólo todos los árboles de los jardines que rodeaban a Damasco fueron cortados, sino que, con las palabras de la tabla, toda la tierra desolada como por una inundación.

30. La LXX transcribe *Galaan*. Una ciudad de Galaad (sin duda en aquella región) se menciona en Oseas 6:8; 12:11 (?). El con-texto ciertamente nos impulsaría a aplicar a una ciudad más bien que a una región el nombre de 2 Reyes 15:29. Pero la localización propuesta hasta ahora para esta Galaad no responde a las exigencias de este relato, por estar demasiado al sur. Aquí surge una cuestión muy importante en relación con 1 Crónicas 5:26. Puesto que Pul y Tiglat-pileser son la misma persona, y la deportación aludida era la segunda –la que tuvo lugar bajo Salmanasar, o más bien Sargón (comp. 2 R. 17:6)–, sólo podemos sugerir que por alguna confusión provocada por los dos nombres, Pul y Tiglat-pileser, este último, por un error de transcripción, se ha introducido en el texto, en vez de Salmanasar o Sargón.

Cese del poder sirio

Con la captura de Damasco, el imperio damasceno-sirio, que había sido hasta entonces un azote para el castigo de Israel, llegó a su final. Desde entonces sería sólo una provincia de Asiria. Es a la luz de todos estos acontecimientos que tenemos que leer profecías como Isaías 7, y la 1ª parte del cap. 8. La majestuosa calma divina de estas palabras, su desafío elevado al poder aparente del hombre, su grandiosa certidumbre y la desdeñosa ironía con la que lo que parecía el poder irresistible de estos dos «carbones humeantes» es tratado –todo halla su ilustración en la historia de esta guerra. Dichas profecías nos fortifican, al ascender a los montes de la fe, desde donde Isaías nos dice que miremos, hasta donde, en la tenue distancia, se ve cómo el brillo matinal del nuevo día mesiánico llena el cielo de gloria.

Pero en la conquistada Damasco Tiglat-pileser reunió, como si fuese para una *durbar* oriental, a los príncipes vencidos y sometidos. Y allí también fue el rey Acaz «para encontrarse» con el rey de Asiria; y de allí, como resultado de lo que había aprendido por la profecía y visto en su cumplimiento en la historia, este rey de Judá envió el modelo de su altar pagano a Jerusalén (2 R. 16:10, 11). En los monumentos asirios es llamado Joacaz (Ja-u-ha-zi). Pero la historia sagrada no desea unir el nombre del Señor con el del apóstata descendiente de David. Porque en todo momento levanta el dedo contra él, «Éste es aquel rey Acaz» (2 Cr. 28:22); y se hunde en una tumba sin honor, «no en los sepulcros de los reyes de Israel» (v. 27).

Pero nos quedan aún otras lecciones, y más amplias, que aprender de esta historia.

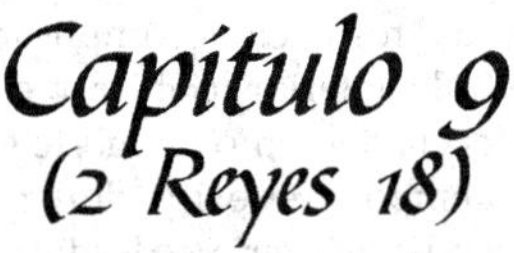

Capítulo 9 (2 Reyes 18)

Resumen de esta historia

Hay una extraña tradición judía que afirma que desde el momento en que Rubén, Gad y la media tribu de Manasés fueron deportados, la observancia de los años de jubileo cesó[1] (*Arakh.* 32 *b*; *Jer. Shebh.* 39 *c*; *Jer. Gitt.* 45 *d*). Con independencia de la verdad que haya en esta observación, hay otras peculiaridades relacionadas con este período tan interesantes e importantes en esta historia, tanto en retrospectiva como en vistas al futuro, que las agrupamos juntas de forma ordenada antes de proceder con nuestro relato.[2]

Cuando volvemos al primer y más prominente factor de esta historia, Israel, nos impresiona esto: –que ahora, desde la separación de las naciones hermanas, el reino del norte había establecido una alianza formal contra Judá con una nación pagana, y precisamente con su enemigo por herencia, Siria. Y el significado de este hecho es cada vez más profundo si recordamos que el objetivo final no era meramente el de conquistar a Judá, sino destronar la casa de David, y sustituirla por un gobernador sirio, seguramente pagano. Hasta tal punto había olvidado Israel su gran esperanza, y el mismo significado de su existencia como nación. También por primera vez, por lo menos en el registro

1. Es decir como la institución bíblica; no, como posteriormente, de acuerdo con la ordenanza rabínica.

2. En el siguiente resumen seguimos en gran parte a Caspari, *Über d. Syr. Ephraem. Krieg*, pp. 1-27.

bíblico, aparece ahora el poder asirio en la escena de Palestina, primero para ser sobornado por Manahem (2 R. 15:19, 20); luego al ser llamado por Acaz, con el resultado de hacer Judá tributaria, y finalmente para destronar a Israel.

Cuando pasamos de Israel a Judá, encontramos que el país alcanzó entonces un estado de prosperidad nacional mayor incluso que el de la época de Salomón. Pero en su tren llegó también el lujo, el vicio, la idolatría y los pensamientos y las costumbres paganas, hasta la corrupción total del pueblo. En vano llamaron los profetas al arrepentimiento (Jl. 2:12-14; Is. 1:2-9, 16-20); en vano hablaron del juicio que se acercaba (Mi. 2:3; Is. 1:24; 3:1-8, 16–4:1; 5:5-final); en vano intentaron animar con promesas de misericordia (Mi. 4:1-5; Is. 2:2-5). Los sacerdotes y el pueblo se jactaban dentro y fuera y la observancia formal de las ordenanzas rituales, como si ellas fueran la sustancia de la religión, y en esta confianza no prestaban atención a la advertencia de los profetas (Is. 1:11-15). En su confianza arrogante en cuanto al presente, y su política mundana en cuanto al futuro, se procuraron los males que habían sido predichos, pero de los cuales se habían considerado a salvo. Y así fue como un pueblo que no quiso volver a su Dios cuando podía, tuvieron esto como juicio por el endurecimiento: ya no podían volver a él (Is. 6:9-13).

En efecto, Judá había bajado tanto que no sólo todo tipo de idolatría, sino incluso el culto de Moloc –la brujería y la necromancia, explícitamente denunciadas en la ley (Dt. 18:10-13), se practicaban abiertamente en la tierra (Is. 8:19). El castigo divino de todo esto ya ha aparecido en la historia precedente. Porque si, al inicio del reinado de Acaz, Judá había alcanzado su más elevado estado de prosperidad, se hundió hacia el final en el nivel más bajo jamás alcanzado antes. De hecho, las tres naciones implicadas en la guerra descrita en el capítulo anterior recibieron el castigo que merecían. La subsistencia del reino del norte entonces era sólo una cuestión de tiempo, y el exilio de Israel ya había empezado. Judá dependía de Asiria, y desde entonces sólo consiguió sacarse su yugo durante breves períodos, hasta que al final compartió el mismo destino que su reino hermano. Finalmente, Siria cesó de existir como poder independiente y se convirtió en provincia de Asiria.

Pero en la historia del reino de Dios cada movimiento es también un paso más hacia la gran meta, y todo juicio es ocasión para una misericordia mayor. Y así fue también en esta ocasión. En adelante toda la escena histórica se verá cambiada. El horizonte profético se amplió. La caída de Israel ya había empezado a convertirse en la vida del mundo. Las predicciones más completas sobre la persona y la obra del Mesías y de su reino universal pertenecen a esta época. Incluso las nuevas relaciones de Israel constituyeron la base de conceptos más amplios y de progreso espiritual. Aquellas guerras banales con Siria, Edom, Moab, Amón y Filistea, que llenaron la historia previa, ahora dejaron de ser elementos de la misma, e Israel se encontró cara a cara con el gran poder mundial. Este contacto dio nueva forma a la idea de un reino universal de Dios, tan amplio como el mundo, que hasta entonces sólo había sido presentado en un tenue borrador, y del cual sólo el germen había existido en la conciencia religiosa del pueblo. Así, en todos los detalles, se trataba del principio de una nueva era: –una era ciertamente de juicio, pero también de mayor misericordia; una era de nuevo desarrollo en la historia del reino de Dios; una figura también del endurecimiento final de Israel en el rechazo de su Mesías, y de la apertura del reino del cielo a todos los creyentes.

Acceso al trono de Oseas
Carácter religioso de su reinado

Oseas, hijo de Ela, el último rey de Israel, ascendió al trono en el duodécimo año de Acaz, rey de Judá. Su reinado duró, al menos nominalmente, nueve años (2 R. 17:1). Acerca de su carácter religioso tenemos esta breve nota, que «hizo lo malo ante los ojos del Señor, pero no como los reyes de Israel que fueron antes de él». A falta de detalles, sólo podemos hacer conjeturas sobre el hecho que esto indique un descenso en la oposición activa anterior al culto de Jehová. Esto parece implicado en el hecho de que aparentemente no hubo ningún tropiezo oficial a la posterior invitación de Ezequías para presenciar la Pascua en Jerusalén (2 Cr. 30:1-12). El Talmud afirma que después del traslado de los becerros de oro a Asiria (Os. 10:5, 6), Oseas había abolido los puestos militares que desde el tiempo de Jeroboam I se habían colocado para que los israelitas subieran a las fiestas de Jerusalén (*Gitt.* 88 *a*; *Babh. Q* 121 *b*; comp. *Seder Ol. R.* XXII).

Muerte de Tiglat-pileser
y acceso al trono de Salmanasar IV

Tiglat-pileser probablemente muriera cinco años después de que Acaz lo «visitara» en Damasco. Fue sucedido en el trono por Salmanasar IV.[3] Aunque no existen registros o inscripciones especiales de su reinado, sabemos, gracias a notas fragmentarias, que en el tercer año de su reinado el monarca asirio hizo expediciones contra el oeste –supuestamente, Fenicia e Israel. Josefo nos da más información (*Ant.* IX. 14, 2), que reproduce un extracto de la obra histórica de Menandro, cuya fuente a su vez era los archivos tirios. Así sabemos que el rey asirio invadió Fenicia, y en la misma ocasión sin duda también Samaria, que era su aliado. Como que Salmanasar no tenía éxito como líder, podemos entender con facilidad que los aliados pudieron tener alguna esperanza de que el pesado yugo de Asiria podría ser eliminado. Pero ante la presencia de Salmanasar Oseas tuvo que someterse –con las palabras de la Escritura, «se convirtió en su siervo y le pagó tributo»[4] (2 R. 17:3).

Expedición a Palestina y sumisión de Oseas

De igual modo, según los anales tirios, la mayoría de ciudades fenicias parece ser que se rindieron o pactaron con él, con la excepción de Tiro, que se mantuvo durante cinco años, y fue tomada por Sargón, el sucesor de Salmanasar. Probablemente es a esto a lo que se refiere la profecía de Isaías 23.[5] Los anales tirios, e incluso las inscripciones asirias mutiladas, nos hacen considerar esta campaña como una serie de expediciones contra Fenicia. Esto hace que resulte difícil determinar el período exacto en el cual tuvo lugar la primera sumisión de Oseas.

Parece probable que la resistencia prolongada ofrecida por Tiro pudo haber animado la esperanza de que Salma-

3. En las inscripciones asirias: «Salmânu-ussir» (Salman (un dios) sea misericordioso); Oseas en las inscripciones asirias: A-u-si'.

4. Literalmente, un «regalo», מנחה aquí, como en otros lugares, un eufemismo para «tributo».

5. Algunos críticos creen que se refiere a la conquista posterior por Nabucodonosor. Sobre la supuesta incompatibilidad de nuestro punto de vista con Isaías 23:13, ver Cheyne, *Prophecies of Isaiah*, vol. I, pp. 132, 133.

nasar, después de todo, tal vez no ganara contra una combinación poderosa. En consecuencia, Oseas empezó las negociaciones con Sevë,[6] «el rey de Egipto».

Intento de alianza de Israel con Egipto Oseas hecho prisionero

El rey de Israel tenía buenas razones para confiar en aliarse con este monarca. Era el primer faraón de la vigesimoquinta dinastía etiópica. Bajo su mando, Egipto, que hasta entonces se veía presionado en el norte por los asirios y en el sur por los etíopes, y sufría disensiones internas, se fortaleció, tuvo paz e independencia. Éste no es el lugar para entrar en detalles sobre un reino que no sólo fue beneficioso para con su país de manera significativa, sino que además era de carácter elevado. Sevë era un monarca demasiado sabio para dejarse persuadir por los embajadores, o seducir por los «regalos» que Oseas enviara, para establecer una alianza activa con Israel contra Asiria.[7] El intento de «conspiración»[8] llegó al conocimiento de Salmanasar. Se volvió contra Oseas, quien por entonces había interrumpido el pago del tributo, lo atrapó y lo puso en la cárcel (2 R. 17:4).

Sitio de Samaria y su relato en las inscripciones asirias

El desarrollo posterior de esta guerra sólo se resume de forma breve en el registro bíblico (2 R. 17:5, 6), que se refiere básicamente a la lucha y a su importancia y sus lecciones espirituales. Sólo indica que el sitio de Samaria duró tres años; y que al final de estos tres años –es decir, en el año noveno (o último) de Oseas– la ciudad fue tomada; y, finalmente, que «Israel» fue «transportado» a ciertos lugares mencionados. Afortunadamente, las inscripciones asirias nos permiten rellenar este bosquejo tan sencillo.

Acceso al trono de Sargón. Captura de Samaria

Gracias a ellas sabemos que después de que el sitio de Samaria hubiese durado unos dos años, Salmanasar fue sucedido por Sargón, quien tomó la ciudad (después de un sitio de un total de tres años) en el primer año de su reinado –es decir, en el año 722 a.C.[9] De hecho el texto sagrado no atribuye explícitamente la captura de Samaria a Salmanasar mismo (comp. 2 R. 17:6; 18:10, 111),[10] aunque Sargón no es mencionado. Y por este silencio, o incluso la atribución de esta campaña enteramente a Salmanasar, debe haber alguna razón, que nosotros desconocemos, referente a la relación entre Sargón y Salmanasar, y el papel que el primero pudo haber desempeñado en las operaciones militares o la dirección del sitio. Es cierto que Sargón no era el hijo de Salmanasar, aunque aparentemente de descendencia principesca –tal vez un descendiente de una rama colateral de la familia real. Tampoco conocemos las circunstancias de su acceso al trono –es posible que como consecuencia de una revolución, fácilmente explicada por la insatisfacción por el fracaso del rey tanto en Tiro como en Samaria. De todos modos, las inscripciones nos informan claramente de que Sargón capturó Samaria, se llevó a 27.280 de sus habitantes, y cincuenta carros, dejando a sus subordinados que tomaran el resto de la propiedad encontrada en la ciudad, y nombrando un gobernador, con el mismo tributo que había pagado Oseas.

Deportación de Israel. Localidades de su exilio

De modo parecido, el relato bíblico de la deportación de Israel al exilio es complementado y confirmado por los registros asirios. Los lugares a los que fueron llevados no se enumeran en las inscripciones asirias, pero su localización puede determinarse en casi todos los casos. «Halah» (o más bien «Chalah»), el primer lugar mencionado en 2 Reyes 27:6, era, a juzgar por su unión con «el río Habor» y con «Gozán» (comp. 1 Cr. 5:26), una región contigua a la suya, llamada Chalcitis, donde un montículo llamado *Gla* puede representar la ciudad.[11] No cabe ninguna duda sobre las otras localidades a las que fueron llevados los israelitas. Fueron «colocados» «en el Habor, el río de Gozán,[12] y en las ciudades de los medos». «Gozán» –Gausanitis–, la asiria Gu-za-nu es una región de Mesopotamia atravesada por el Habor (as., Hab-bur), el «gran» río, con «orilla verde», que brota cerca de Nisibis, y es navegable mucho antes de vaciar el agua de Gozán en el Éufrates. La última región mencionada está al este de las otras. «Media» es la provincia que se extiende hacia el este de las montañas de Zagros, y al norte hacia el mar Caspio, o más bien a la cadena montañosa del Elbur, que corre paralela a su orilla del sur. Sus «ciudades» acababan de ser sometidas por el conquistador asirio. El libro legendario de *Tobías* pone en ellas a estos exiliados[13] (Tob. 1:14; 3:7). El relato de las diez tribus de Josefo añade poco a lo que sabemos. Las describe como «una inmensa multitud, incalculable en números», y colocada «más allá del Éufrates» (*Ant.* XI. 5, 2). Igualmente vagas, si no más, son las referencias a las mismas en *4 Esdras*, y en escritos rabínicos.[14] De todo ello podemos inferir que no había ninguna información histórica de confianza sobre el tema.

Los nuevos colonos de Samaria y su religión

Pero sobre otro punto, sí tenemos información importante. Sabemos que con los exiliados se fueron también sus sacerdotes (2 R. 17:27), aunque no de descendencia levítica

6. La puntuación masorética *So* parece incorrecta; la lectura correcta sería *Sevë* o *Sava*. Los griegos lo llaman *Sabakon* (Sevechus); en los monumetos *Shabaka*, siendo la última sílaba tal vez una sílaba final etíope. En las inscripciones cuneiformes es llamado *Shabi-'i*. Comp. *Ebers* en Riehm, *Hand-Wörterb.* II, p. 1505, *b*.

7. Por desgracia para Egipto, en un período posterior, entró en alianza contra Asiria. La derrota y la humillación de Egipto se mencionan en Isaías 20:1. Probablemente la profecía de Isaías 19 se refiera al mismo tema. Para una historia de las victorias asirias ver Schrader (*u.s.*, pp. 392), quien también nos ofrece (pp. 402-405) un resumen de los acontecimientos de quince de los diecisiete años del reino de Sargón. Sólo añadimos que en el monumento asirio Sevë es llamado «sultán», o príncipe, no «faraón», rey de Egipto (Schrader *u.s.*; p. 270).

8. Aunque algunos críticos proponen la lectura קשר «falsedad» en lugar de שקר «conspiración».

9. Tanto la cronología bíblica como la asiria nos llevan al año 722 o 721 a. de C. como el año de la toma de Samaria.

10. No obstante se debe admitir que el argumento en favor de leer וַיִּלְכְּדָהּ «y la tomó», (2 R. 18:10) en lugar de וַיִּלְכְּדֻהָ «la tomaron», tiene mucho peso.

11. Comp. Canon Rawlinson, en el *Speaker's Comment. ad loc.*

12. No obstante, algunos escritores han considerado «Habor» no como el conocido río, sino un afluente más pequeño del Tigris, al norte de Nínive. De modo parecido, se ha sostenido que la traducción correcta sería «el río Gozán», un río que desemboca en el mar Caspio. Así, mientras todos los escritores están de acuerdo en cuanto a la dirección general del lugar del exilio, hay suficientes divergencias para que el distrito y las localidades exactas sean un tema de controversia.

13. Pero la suposición de que el lugar de nacimiento del profeta Nahum era el Elkos, que no está muy alejado de Nínive, y a la orilla izquierda del Tigris, por lo menos no ha sido probada.

14. Ver las citas sobre el destino de las Diez Tribus en esta misma obra, en el Nuevo Testamento.

(2 Cr. 11:14). Así la extraña mezcla del servicio del Señor y ritos extranjeros debió continuar. Al pasar el tiempo, los elementos paganos tenderían naturalmente a multiplicarse y asumir mayor prominencia, a menos que, evidentemente, el pueblo aprendiera el arrepentimiento por las pruebas nacionales, o por una instrucción superior. No hay ninguna evidencia de ello en el caso de Israel; y si los pasos de estos viajeros se consiguen encontrar claramente, esperamos encontrarlos con una religión compuesta de varios ritos, pero principalmente paganos, aunque con memorias de su pasado histórico en tradiciones, observancias y costumbres, además de los nombres y llevando las marcas de ello incluso en su aspecto exterior.

Lecciones de esta historia

Existe todavía otro punto en el que los registros asirios confirman el relato bíblico. Por las inscripciones sabemos que Sargón transportó a Samaria, en el lugar de los israelitas exiliados, habitantes de países conquistados por él. Y cuando 2 Reyes 17:24 dice que estos nuevos colonos eran «traídos de Babilonia, de Cuta, de Ava, de Hamat, y de Sefarvaim», reconocemos los nombres de los lugares que, según las inscripciones Asirias, fueron conquistados por Sargón, y de donde, como solía hacer, deportó a sus habitantes.[15] También aprendemos de las inscripciones que estas deportaciones eran sucesivas, y que incluso la más temprana no tuvo lugar inmediatamente después de la expulsión de los israelitas. Así entendemos que los leones, que en un tiempo fueran tan numerosos en Palestina, pero disminuyeron gradualmente con el crecimiento de la población, una vez más aumentaron entre los escasos y dispersos colonos. El historiador sagrado reconoce en esto la mano del Señor.[16] Y lo hace correctamente, puesto que todos aquellos que simpatizan con las cosas divinas deben levantarse, por el instinto espiritual de su nueva naturaleza, para el reconocimiento de aquél que gobierna, y de cuyo gobierno y de cuyos propósitos todos los acontecimientos son los medios no ordenados, y todos los hombres los agentes inconscientes, pero libres. Pero observamos especialmente esta conciencia de la eterna presencia del Dios vivo como la característica distintiva de la enseñanza del *Antiguo Testamento*, cuyas primeras y últimas palabras son: «Jehová reina».

Pero tenemos más de una simple confirmación del relato bíblico. Por los registros asirios sabemos que el primer año después de su ascenso Sargón expulsó a Merodacbaladán de Babilonia, y deportó a algunos del pueblo a «Chatti», que es el nombre dado a Sirio-palestina, incluyendo Samaria. De nuevo, la expresión bíblica «Babilonia» incluye, además de la capital, a otras ciudades de Babilonia, y se recogen explícitamente transportaciones de algunos de ellos a «la tierra de Bet-omri», o Samaria. Según las inscripciones, estas transportaciones tuvieron lugar no sólo en el primer año después del acceso al trono de Sargón y la toma de Samaria, sino también en otros, especialmente el séptimo. Entre las naciones mencionadas como suministradoras de colonizadores, «Cuta», que ha sido descubierta de nuevo en

15. Creo que se ha determinado claramente que la deportación mencionada en 2 Reyes 17:24 era la que realizó Sargón, y no la posterior de Esar-hadón (Esdras IV. 2).

16. Al mismo tiempo, las traducciones de 2 Reyes 17:25, 26 que implican que «por lo tanto» el Señor envió leones entre ellos son erróneas. Deberían simplemente decir «y el Señor envió leones entre ellos». Y tampoco se debería forzar siempre en un sentido estrictamente literal la atribución de las cosas a Dios. A veces es incluso una forma de expresión oriental. Comp. 2 Crónicas 35:21.

«Después de que el sitio de Samaria hubiese durado unos dos años, Salmanasar fue sucedido en el trono de Asiria por Sargón, quien tomó la ciudad (después de un sitio en total de tres años) en el primer año de su reinado –es decir, en el año 722 a.C. De hecho el texto sagrado no atribuye explícitamente la captura de Samaria a Salmanasar mismo (comp. 2 R. 17:6; 18:10, 11), aunque Sargón no es mencionado explícitamente. Y este silencio, o incluso por la atribución de esta campaña enteramente a Salmanasar, debe haber alguna razón, que nosotros desconocemos, referente a la relación entre Sargón y Salmanasar, y el papel que el primero pudo haber desempeñado en las operaciones militares o la dirección del sitio».

El nombre Sargón significa rey legítimo y al adoptarlo el nuevo soberano parece querer reforzar la legitimidad de su sucesión al anterior monarca asirio. Este bajorrelieve representa a Sargón II, y es del siglo VIII a.C. (Museo del Louvre)

la moderna Tell-Ibrâhîm, se hallaba a unos veinticuatro km al nordeste de Babilonia. «Ava» todavía no ha sido identificada. Sefarvaim, o «la Sifar gemela» (Sipphara), llamada de este modo porque la ciudad fue construida a ambos lados del río Éufrates, ha sido reconocida en las ruinas de Abu-Habba, a unos treinta y dos kilómetros al norte de Babilonia, donde se ha puesto al descubierto el celebrado templo del sol. Finalmente, Hamat es la conocida ciudad siria que se rebeló contra Asiria bajo el rey Jahubi'd, que acabó derrotado en la batalla de Karkar, cuando Hamat fue tomada, y su gente deportada. Las otras ciudades citadas en la Escritura fueron conquistadas por Sargón en un período posterior, en sus guerras finales contra Merodac-baladán, en los años doce y trece después de su ascenso al trono (710, 709 a. de C.).[17] Por ello, la transportación de sus habitantes a Samaria tuvo que ser estos años después de la toma de la capital de Israel.

Como nos informa el texto sagrado (2 R. 17:25-33), los nuevos colonizadores llevaron consigo el culto de sus divinidades nacionales. Entre ellas, «Sucot-benot»[18] –mencionado como la divinidad de «los hombres de Babilonia»– sea probablemente una corrupción[19] del nombre de la diosa babilonia bien conocida, *Zir-bânit*,[20] «la que da semilla [prosperidad]». Como dios de Cuta se menciona a «Nergal» y es confirmado también por las inscripciones asirias. Parece ser que Nergal era el dios león representado por los colosales leones alados en la entrada de los palacios.[21] En cuanto a «Asima», la divinidad de Hamat, y Nibhaz y Tartac, los dioses de los avitas, no disponemos de ninguna información definitiva. Por otro lado, «Adramelec» [«Adar es rey»] y Anamelec [«Anu es rey»], los dioses de Sefarvaim, representan a divinidades asirias conocidas. Adar (originalmente A-tar) significa «padre de decisión».[22] En las inscripciones, entre otros apelativos, este dios lleva el de «dios del fuego», que coincide con la observación bíblica que sus adoradores le «quemaban sus hijos en el fuego». Se representa como un toro alado, con cabeza humana y cara de hombre. *Anu* era representado como un hombre vestido con la piel de un pez, que se coronaba con una tiara. Después de los dos dioses supremos, Il y Asur, ocupaba el primer lugar en la tríada [Anu, Bel, Nisroc]. También es llamado «el buen dios», y «señor de la noche». Su contrapartida femenina se llamaba *Anat* o *Anatuv*.[23]

Los peligros que corrían los nuevos colonos por el aumento de bestias salvajes, que, en un sentido estrictamente pagano, atribuían a su ignorancia del «modo del Dios de la tierra», llegó a tomar forma de apelación al rey. Siguiendo en la opinión de ellos, Sargón envió a Samaria a uno de los sacerdotes que había acompañado a Israel en su exilio. Se estableció en Bet-el, la metrópolis tradicional del culto israelita, tal como Jeroboam I lo había modificado. Y fue esta forma corrupta de culto de Jehová que enseñó a los nuevos colonos. El resultado fue una mezcla de verdades, tradiciones y corrupciones israelitas con los ritos paganos que habían traído ellos. Así su nueva religión tenía un extraño parecido con la nueva población mezclada, parcialmente israelita y parcialmente extranjera. Y éste fue el carácter básico de la religión de Samaria según el escritor del *Libro de Reyes* hasta sus días.

Parece ser que hubo otra transportación de colonos extranjeros a Samaria durante el reinado de Esar-hadón, o más bien su hijo –posiblemente como consecuencia de un intento de alzamiento de parte de la población israelita (comp. Esdras 4:2, 10). Pero lo que más profundamente nos impresiona del relato bíblico de estos sucesos es el espíritu y el modo en los cuales al final de la historia de Israel el escritor repasa las características principales. El llamamiento divino de Israel; su deserción, que desembocó rápidamente en idolatría manifiesta; las advertencias de los profetas y la negligencia del pueblo; el endurecimiento de corazón, conllevando una total corrupción de la religión, la moral y la vida. Todo ello, con una breve reflexión sobre la culpabilidad y el peligro semejantes en Judá, constituyen el resumen que se nos presenta de esta historia en su aspecto espiritual.

El escritor sagrado casi no se permite reflexiones de este tipo en ningún otro lugar. Pero son lo apropiado, y son casi necesarias, al final de una historia que relaciona los acontecimientos con su repercusión en el reino de Dios, y ve a Israel como una nación llamada a ser los siervos y mensajeros del Señor. Explican el significado interior de los tratos de Dios en el pasado, y las causas más profundas de un rechazo y un exilio que no pueden acabar hasta que Israel y Judá, ya no más hostiles ni separados, vuelvan a buscar a Jehová su Dios y al Hijo de David su Rey en un arrepentimiento común.

Capítulo 10
(2 Reyes 18:1-6; 2 Crónicas 29–31)

Ezequías (13º) rey de Judá
Oseas (20º) rey de Israel

No hay ejemplo más sorprendente de la misericordia divina por un lado, ni, por el otro, del carácter personal de la religión incluso en el *Antiguo Testamento*, que el hecho que Acaz fuese sucedido en el trono de Judá por Ezequías. Su nombre,[1] «fuerza de Jehová,» o, tal vez mejor, «Dios es poder,» era verdaderamente representativo del carácter de su reinado. En todos los aspectos –no sólo en lo que se refería al rey personalmente, sino también en los resultados de su administración, respecto a su país y a su pueblo– este período estaba en contraste total con el que le había precedido inmediatamente.

Acceso al trono de Ezequías

Ezequías, hijo de Acaz, ascendió al trono a la edad de veinticinco años, hacia el final del tercer año del reinado de

---

17. El primer año de reinado de Sargón como «rey de Babilonia fue el 709».

18. En la LXX Εωκχὼθ Βενίθ.

19. O tal vez una interpretación parafrástica, por el parecido del sonido en las palabras utilizadas. Así el nombre hebreo tiene el significado de «tiendas de hijas»; la palabra asiria *Zir-bânit*, «el dador de semilla»

20. La esposa del dios Merodac, y con él, junto con Bel y Beltis, un objeto favorito de culto.

21. Comp. Schrader, *u.s.*, p. 283.

22. Este dios es llamado igualmente *Hevan*, «el firme», identificado con Satura, de aquí Saturno –Cronos– y Hércules.

23. El nombre de Anat o Anath parece que lo encontramos como compuesto en algunos nombres de lugares mencionados en el *Antiguo Testamento* (aunque sin duda no en Anatot ni Anatotia).

1. En hebreo es *Chizkiyyah*. Pero esto parece ser una abreviación de *Yechizkiyyahu*, «Jehová le fortalece», que es la forma adoptada generalmente en *Crónicas* (también en 2 Reyes 20:10; Isaías 1:1; Jeremías 15:4); en Oseas 1:1 y Miqueas 1:1 es *Yechizkiyyah*; en Isaías (36–39) el nombre también es *Chizkiyyahu* (y también a menudo en *Reyes*); en las inscripciones asirias, *Cha-za-ki-ya-u*.

Oseas en Israel.[2] Por lo tanto fue testigo de los acontecimientos que cayeron sobre Samaria.

Circunstancias políticas de la época

Desde un punto de vista meramente político, la posición del rey de Judá no debía ser demasiado fácil. En el reino del norte Peka había sembrado viento, y Oseas tenía que segar la tormenta. El primero había traído sobre sí mismo el poder de Asiria; el otro perdería la corona y la vida en sus intentos de librarse del yugo del conquistador. Y en su ruina se vería implicado Israel. Asiria era el poder supremo, no sólo en Samaria, que pronto se convertiría en provincia de aquel imperio, sino también en Judá. Porque Acaz se había hecho él mismo tributario, y había puesto su corona casi a merced del gran imperio mundial. Y, como se verá más adelante, Ezequías mismo iba a sentir el poder de Asiria incluso antes de que tuviera conflictos con él.

La religión, única política nacional verdadera

Toda esta sucesión de males, y los que tenían que llegar, era la consecuencia de la incredulidad y el escepticismo de Acaz. Había dejado la religión de Jehová, y también menospreció su palabra. En las circunstancias políticas del país, la única alternativa que le quedaba era confiar en el Señor para la liberación, o bien rendirse a un poder extranjero. Contra las amonestaciones y advertencias del gran profeta, que le había asegurado el socorro divino, Acaz escogió la segunda alternativa. Su resolución no era sólo pecado, también era locura. Su política miope introdujo otro poder cuya dominación no pudo ser expelida permanentemente nunca más.

Posición de Asiria en relación con Judá

Luego, cuando el reino de Israel llegó a su final, los dos imperios rivales mundiales, Asiria y Egipto, se enfrentaron cara a cara, sólo separados por la pequeña Judá –objeto de ambición para ambos bandos, una ayuda para ninguno, pero su sumisión era absolutamente necesaria para Asiria, no sólo en vistas a sus proyectos futuros, sino incluso si se tenían que conservar las conquistas previas. Y para un monarca asirio, no alcanzar el éxito, tal como ha indicado esta historia, significaba perder la corona y la vida.

La religión, principio central del reinado de Ezequías

Ésta era la situación cuando Ezequías ascendió al trono. De todas las combinaciones políticas posibles para él, no escogió ninguna. Regresó al punto desde el cual Acaz se había apartado. Su política fue la de no tener política alguna, sino confiar en el Dios vivo, obedecer su palabra y seguir sus instrucciones. Su política fue su religión, y su religión era una política verdadera. La única ocasión en que se vio tentado a desviarse de ella fue al final, y casi le resultó de manera fatal, como posteriormente lo fuera sin duda para sus sucesores. No se trata de que Ezequías desdeñara la posibilidad de usar las combinaciones políticas cuando se presentaban. Efectivamente, ésta fue la fuente de su peligro. Podía haber argumentado que no emplear los medios que estaban a su alcance constituía fatalismo y no fe. En esto se equivocó. Pero no puso su confianza en tales alianzas. Más bien las trataba como medios defensivos, antes que instrumentos para propósitos ofensivos. La única ayuda que realmente buscó fue la del Dios vivo.

Abolición de la idolatría en Judá

Así la religión fue el principio central de su reinado y el secreto de su éxito. El primer acto de su gobierno fue abolir todo tipo de idolatría, tanto de origen extranjero como local. Los «*bamoth*» o «lugares altos», fueron abolidos; los *matsebot*, o pilares de piedra y estatuas erigidas para el culto de Baal, fueron derrumbadas; y los *Aseras*,[3] o símbolos de madera del lascivo culto de Astarte, fueron cortados. Sí, incluso la serpiente de bronce, que aparentemente se había conservado[4] desde la época de Moisés y sin duda en épocas degeneradas se había convertido casi en un objeto de culto, fue destruida, habiendo recibido la apelación[5] que merecía, una vez convertida en ídolo –*Nechushtan*, «de bronce», un pedazo de bronce (2 R. 18:4). En general, el texto sagrado describe a Ezequías como sin igual en su fervor religioso y en conformidad con la ley divina en comparación con los reyes piadosos que le habían precedido o que le sucedieron, y lo pone al mismo nivel que «David su padre». Y esto se ve perfectamente vindicado por su abolición de incluso aquel tipo de culto de Jehová en los «lugares altos» que Salomón, y Asa, Josafat, Jeoás, Amasías y Uzías habían tolerado (1 R. 3:2; 15:12, 14; 22:43; 2 R. 12:3; 14:4; 15:4, 35).

Restablecimiento de los servicios del templo

Pero la reforma iniciada no sólo era negativa, sino que Ezequías restauró los servicios del templo en su totalidad y pureza. Por el relato detallado del *Libro de Crónicas*, sabemos que «la casa del Señor» había sido cerrada físicamente (2 Cr. 29:3, 7). Con esto entendemos el cierre del santuario en sí, es decir, del lugar santo y del lugar santísimo, puesto que Acaz siguió usando el patio de los sacerdotes, aunque fuese para sacrificios en el altar pagano que él había erigido. Pero ahora se repararon las puertas del santuario y se dejaron abiertas una vez más. Luego Ezequías «reunió» a los sacerdotes y levitas en «el amplio lugar oriental»,[6] probablemente algún lugar conocido en la parte oriental de los edificios del templo[7] (comp. Esd. 10:9; Neh. 8:1, 3, 16). Esto con el propósito de invitarlos a santificarse, y eliminar la abominación pagana que había contaminado el templo. Y con este objetivo, el rey hizo un fervoroso repaso del pasado lleno de pecado en presencia de ellos, mencionando también los juicios que tuvieron y una declaración del propósito del rey: «hacer un pacto con el Señor».

---

2. La comparación con las fechas de 2 Reyes 18:1, 9 ha hecho que algunos escritores sustituyan «el tercero» por «el cuarto» año de Oseas (ya lo hizo así Josefo, *Ant.* IX. 13, 1). Pero no parece que sea necesario.

3. Aquí esta palabra se usa colectivamente. Astarte, cuyo nombre parece indicar contaminación, era como Afrodita y Venus. Su culto estaba relacionado con el de Baal; su emblema era un árbol con ramas, pero sin raíces, plantado verticalmente en el suelo. Una vez leemos de una imagen de Asera (2 R. 21:7). Comp. el artículo del profesor Schlottmann, *Astarte* en Riehm, *Hand-Wörterb.*

4. Esto no implica necesariamente que se hubiera conservado en el templo o en el tabernáculo. No hay ni una mención de este hecho en el *Antiguo Testamento*. Algunos críticos la han considerado una imitación posterior de la serpiente de Moisés; pero esto no concuerda con el significado básico del texto.

5. No está claro si la expresión «la llamó» (2 R. 18:4) se refiere a Ezequías o a Israel. Pero el resultado sería el mismo tanto si tomamos un sujeto como el otro.

6. Traducción literal de 2 Crónicas 29:4.

7. Esto en lugar del patio de los sacerdotes.

La respuesta a su apelación fue inmediata y de corazón. Al describir la obra que tomaron los representantes de los levitas en sus manos aparecen de nuevo en la antigua división en las tres familias de Coat, Merari y Gersón, tal como David organizara sus tareas (1 Cr. 23:6-23; comp. v. 27). Junto a ellos había como rama especial, probablemente debido a su preeminencia (Nm. 3:30), los representantes de la casa de Elizafán, un capitán de los coatitas (Éx. 6:18). A continuación en la enumeración encontramos a los representantes de las tres divisiones de músicos levitas –los hijos de Asaf, de Hemán y Jedutún (comp. 1 Cr. 25:1-6; 2 Cr. 5:12).

Purificación del templo
Servicios de una nueva consagración

Mientras estos cabezas de casa levitas reunían a sus hermanos para hacer el trabajo que les había sido encomendado, del mismo modo los sacerdotes limpiaban la parte interior de la casa, y los levitas echaron los restos de la contaminación pagana pasada al río Cedrón. El hecho de que, habiendo empezado en el primer día del primer mes del primer año del reinado de Ezequías –contando su inicio eclesiástico a partir del mes de Nisan–[8] se acabara el día dieciséis denota el celo con el cual se realizaba el trabajo. Luego los vasos que Acaz había sacado fueron devueltos, es decir, el altar del holocausto, las plataformas de las fuentes, y la del «mar» (comp. 2 R. 16:14, 17).[9]

Tras purificar así el templo, se iniciaron de nuevo sus servicios con una gran función, cuando siete becerros, siete carneros y siete corderos fueron ofrecidos por la congregación como holocaustos, y siete machos cabríos como ofrendas por los pecados[10] (comp. Lv. 4:14; Esd. 8:35). En concordancia total con la ley de Moisés, todas las funciones sagradas fueron desempeñadas por el sacerdocio aarónico, con rociado de sangre del altar, y la imposición de manos sobre los sacrificios, denotando su carácter substitutorio (Lv. 1:4; 4:4, 15, 24, y Lv. 4:7, 18, 30; 5:9). Pero lo que distingue especialmente a estos servicios es que las ofrendas por el pecado no sólo fueron presentadas por Judá, sino «por todo Israel» (2 Cr. 29:24), indicando tanto la solidaridad de «todo Israel» como congregación del Señor, como el carácter representativo de estos sacrificios. Y de acuerdo con la institución de David, los sagrados tonos de los instrumentos levitas, y los inspirados himnos de David y Asaf,[11] una vez más, llenaron el templo con la voz de melodía y alabanza,[12] mientras que el rey, los príncipes de Judá y el pueblo inclinaban la cabeza en humilde adoración y respondían de corazón.

Las ofrendas de sacrificio más directas por el pueblo fueron seguidas, a sugerencia del rey, por ofrendas de agradecimiento (comp. Lv. 7:11, 16), también de carácter público, a los que «tantos cuantos eran de corazón derecho» –posiblemente los que se habían mantenido apartados de la idolatría del reinado anterior– añadieron holocaustos. Cuando estas ofrendas de gracias eran presentadas por la congregación en general, las víctimas no eran matadas y desolladas por los oferentes, tal como se hacía cuando las ofrecían personas particulares (Lv. 1:5, 6); sino que esta parte del servicio recaía sobre el sacerdocio, el cual solicitó, tal como podían en un caso como este, la ayuda de los levitas. Cuando recordamos que, además de los «holocaustos» especiales de personas individuales (70 becerros, 100 machos cabríos, y 200 corderos), las «ofrendas de gracias» de la congregación alcanzaron la cifra de 600 bueyes y 3.000 ovejas (2 Cr. 29:32, 33), no nos sorprende que los sacerdotes solos no pudieran abarcar todo el trabajo del servicio. Y tal como observa el texto de modo significativo, recordando la deserción especial del sacerdocio, desde el sumo sacerdote Urías hasta el final (comp. 2 R. 16:15), el número de sacerdotes que hasta entonces se había santificado era proporcionalmente inferior al de los levitas más fieles. «Así fue establecido el servicio de la casa de Jehová. Y Ezequías se regocijó y todo el pueblo, por lo que Dios había preparado para el pueblo [refiriéndose probablemente a la participación y contribución voluntarias de ellos para estos servicios], porque había sucedido de repente» [sin largos preparativos previos] (2 Cr. 29:35, 36).

Celebración de la Pascua

Lo que sucedió luego demuestra que, aunque el impulso de avivamiento había sido repentino, no fue ni transitorio ni superficial. De todas las fiestas de Israel, la más solemne era la de la pascua. Conmemoraba el nacimiento nacional de Israel como los redimidos del Señor, y señalaba hacia adelante a la mejor liberación de la que era el emblema. Normalmente esta fiesta comenzaba la tarde del 14 de Nisan (Éx. 12:6, 8, y lugares paralelos). Pero en este caso esto era imposible. No sólo la limpieza del templo había durado hasta el día 16 de aquel mes, sino que además el número necesario de sacerdotes para los servicios todavía no se había santificado, y se necesitaba todavía más tiempo para anunciar la pascua por todo Israel.

Invitación de las tribus del norte

Porque, a diferencia de los servicios de la nueva consagración del templo, que parecen haberse limitado a los habitantes de Jerusalén, en este caso se debía observar una gran fiesta nacional. Pero era posible superar este obstáculo. La ley, aunque fijaba la fecha ordinaria de la pascua, también preveía una celebración posterior de la fiesta en el mismo día del segundo mes para los casos de impedimento inevitable (Nm. 9:6-13). Éste es uno de los comentarios más instructivos sobre el carácter de la ley mosaica. Muestra que su forma exterior no era su esencia, sino que era flexible y adaptable. Así la ley no era algo rígidamente exterior y absolutamente permanente, sino que indicaba la posibilidad de ampliación por un cumplimiento más elevado de su espíritu como distinto de su letra. Así, pues, esta provisión es como una muestra en silencio de una transformación futura de la ley, en consonancia con las condiciones más elevadas y las necesidades de las circunstancias nuevas. Finalmente, también nos sirve de precedente para cambios como el paso del día de reposo desde el final de la semana al comienzo; del día de reposo al día de la resurrección de Cristo; del memorial del cumplimiento de la primera creación al de la segunda en la creación de los cielos nuevos y tierra nueva, donde mora la justicia.

---

8. No obstante el texto no nos informa de cuánto tiempo, o sea, cuántos meses hacía que Ezequías había ascendido al trono. Algunos críticos suponen que fue en el mes de *Tishri* anterior.

9. Se observará que esta anotación de 2 Crónicas 29:19 confirma el relato anterior de 2 *Reyes*, y esto de manera instructiva por lo que se refiere a la armonía de dos relatos, aunque uno explica lo que el otro omite.

10. El hecho de que se presentaron sólo machos cabríos como ofrendas por el pecado se deduce primero de 2 Crónicas 29:23, y, en segundo lugar, del hecho de que los holocaustos se enumeran después específicamente en el versículo 27.

11. Esta referencia a los dos grandes salmistas no sólo indica la existencia de sus salmos en aquella época, sino que también parece implicar la actividad de Ezequías con referencia al canon de la Santa Escritura existente en el momento tal como se menciona explícitamente en relación con el *Libro de Proverbios*.

12. En cuanto a la parte musical de los servicios del templo, su época y su modo, ver *The Temple and its Services*.

El festín subsiguiente

Ezequías decidió, pues, acogerse a esta provisión legal para una pascua posterior. Consideramos de especial interés en sí mismo, y como un pronóstico de grandes cambios en la futura organización política y eclesiástica de Israel, el hecho que Ezequías realizó esto con el consejo de «sus príncipes y de toda la congregación de Jerusalén» (2 Cr. 30:2). Y todavía es más interesante ver que la invitación para la pascua dirigida por el rey «y sus príncipes» no sólo fue enviada a las ciudades de Judá, sino a todo Israel, «desde Beerseba hasta Dan». A esto el texto añade la observación que las observancias pascuales anteriores habían sido parciales, no generales: «porque no lo habían hecho en multitud [en grandes números], como está escrito»[13] (2 Cr. 30:5).

Esta invitación fraternal a la fiesta del nacimiento de Israel y el culto común de su Dios y Redentor era, por así decirlo, la respuesta que el Judá arrepentido daba ahora a aquella guerra fratricida que Israel había llevado a cabo tan recientemente con el objetivo de exterminar el reino de David. Y las cartas del rey y los príncipes tenían unas referencias tan tiernas al pecado y el juicio pasados, y a la calamidad nacional actual,[14] y respiraban un espíritu tal de esperanza religiosa para el futuro, hasta el punto que casi alcanzan el nivel del sentimiento del *Nuevo Testamento*.

A pesar de la burla con la que, por lo menos al principio, fue recibida la invitación por la mayoría de lo que todavía quedaba del reino del norte, la respuesta final fue verdaderamente animadora (comp. v. 10, 18). En Judá fue de corazón y unánime (2 Cr. 30:12). De otras partes del país «una multitud de gente, muchos», acudió desde cinco tribus que aún constituían el reino de Israel. Porque Neftalí había sido anexada a Asiria, y Rubén y Gad habían sido deportadas.[15] La fiesta de Jerusalén fue seguida por un movimiento nacional espontáneo contra la idolatría. Porque, mientras que la purificación del templo había sido un acto público de reforma iniciado por el rey, quedó en manos del pueblo reunido en Jerusalén sacar los altares de la capital, ya fuere en las casas privadas o en lugares más públicos, que eran los restos del culto idólatra introducido por Acaz (2 Cr. 28:24).

Nueva organización de los servicios del templo

El único problema para la correcta observancia de las fiestas de la pascua era que muchos de los adoradores «no estaban santificados». En consecuencia los levitas tuvieron que ofrecer por ellos el cordero pascual, el cual, según la ley, debía ser sacrificado por cada uno de los que hacían la ofrenda, por él y por su casa. Esto se aplicaba sobre todo a los que habían acudido desde el reino del norte (v. 18). Si, a pesar de ello, se les permitió participar en la fiesta de la pascua, era a modo de concesión casi imprescindible en aquellas circunstancias, porque de lo contrario no hubiese sido una pascua; y por esto Ezequías imploró y obtuvo el perdón del Señor.[16]

El alcance y la profundidad de este avivamiento se ven en la decisión voluntaria del pueblo de continuar los siete días de la pascua con otros siete días de fiesta. El rey Ezequías y los príncipes se encargaron de cubrir libremente las necesidades del pueblo durante aquellos días (vv. 23, 24). También fue entonces cuando tuvo lugar la eliminación de todos los vestigios de idolatría de la tierra observada brevemente en 2 Reyes 28:4. Esto se realizó, tal como lo explica el relato más completo del *Libro de Crónicas*, por un movimiento popular espontáneo que se extendió más allá de Judá «también a Efraín y Manasés» (2 Cr. 31:1), según podemos suponer con buen lógica, sólo en las regiones los habitantes de las cuales habían acudido a Jerusalén. En estrecha relación con la restauración de los servicios del templo hubo también la organización que realizaron entonces para su continuación en su debido orden. Los «cursos» de los sacerdotes y levitas se establecieron de nuevo. Los sacrificios públicos de la congregación –diarios, sabáticos y festivos– fueron suministrados por el rey como su aportación: «la porción de su fortuna». Ésta era sin duda muy abundante (comp. 2 Cr. 32:27-29); pero el número de animales de sacrificio y otros requisitos suministrados por el rey de acuerdo con la ley (Nm. 27, 29) también fue adecuadamente grande. Se ha calculado que debió ascender a «casi 1.100 corderos, 113 becerros, 37 machos cabríos y 30 cabras, además de grandes cantidades de harina, aceite y vino para las ofrendas de carne y bebida que lo acompañaban».[17]

Provisión para sacerdotes y levitas
Inferencias generales

Para el sostén personal de los sacerdotes y de los levitas encargados del ministerio no se requería nada más que la puesta en marcha de nuevo de las primicias, los diezmos y los primogénitos (Éx. 23:19; Nm. 18:12, 21, etc.; Lv. 27:30-33). Esto, junto con «el diezmo de las cosas dedicadas»[18] (Lv. 27:30; Dt. 14:28), fue ofrecido entonces en cantidades no sólo suficientes para las necesidades del sacerdocio, sino para dejar unas abundantes sobras, ante el gozo y la sorpresa agradecidas de Ezequías y los príncipes. En respuesta a la pregunta del rey, el sumo sacerdote Azarías explicó que la gran cantidad de cosas acumuladas se debía a la bendición especial concedida por el Señor a un pueblo voluntarioso y obediente (2 Cr. 31:5-10). La recolección de estas provisiones empezó el tercer mes –el de pentecostés–, cuando se acabó la cosecha del trigo, y acabó al séptimo mes –el de los tabernáculos, que señalaba el final de la cosecha de la fruta y de la vendimia. Y tales contribuciones, o cuotas, las pagaron no solamente los de Judá, sino también de «los hijos de Israel» (v. 6); es decir, de los del reino del norte que se

13. A todas las celebraciones anteriores no había asistido el pueblo en general, según la ley, sino que había sido parcial y local. La traducción de לרב por «multitud», y no, como en la versión Reina-Valera, «durante mucho tiempo», parece clara por el uso de la misma expresión con relación a los sacerdotes en v. 24. También lo confirman pasajes como Génesis 20:30; 48:16; Deuteronomio 1:10. Esta traducción es muy importante, porque indica, primero, la observancia continuada de la pascua; en segundo lugar, una asistencia escasa, que la hacía más local que nacional. Esto también explica que se mencione pocas veces en los libros históricos.

14. Se debe recordar que esta celebración de la pascua tuvo lugar en el primer año de Ezequías, y por lo tanto en el tercero y cuarto de Oseas –o varios años antes de la derrota de Samaria. Sobre la anexión de Neftalí al imperio Asirio, y la deportación parcial de Israel mencionada en 2 Crónicas 30:6, 7, 9, ver el capítulo VIII. Sobre las calamidades nacionales más recientes en época de Oseas, ver el capítulo IX.

15. Estas tribus eran Aser, Manasés, Zabulón (2 Cr. 30:11), Efraín, e Isacar (v. 18).

16. La expresión del v. 20, «El Señor... sanó al pueblo», se refiere a la sanidad moral, la de la culpabilidad. Comp. Salmos 41:4; 147:3; Jeremías 3:22; Oseas 14:4. Añadimos que el v. 22 debería traducirse: «Todos los levitas que entendían buen entendimiento sobre *el servicio* del Señor», es decir, que sabían hacer bien los diversos servicios del santuario que les tocaba a ellos.

17. Canon Rawlinson en el *Speaker's Comment. ad loc.*

18. Los conocidos como *Terumot*, aquí llamados «un diezmo», porque tenían la misma relación con «las cosas dedicadas» que el diezmo normal tenía con el producto normal del suelo.

habían unido con sus hermanos en el regreso al servicio y a la ley de su Señor.

Ezequías ordenó que se prepararan determinados aposentos del templo para almacenar estas provisiones, y nombró oficiales, nombrados en el texto sagrado, tanto para la supervisión como para la administración de estas cosas almacenadas (vv. 11-19). Una y otra vez se observa con qué «fidelidad» se desempeña cada una de las obligaciones asignadas a cada uno en su departamento especial (vv. 12, 15, 18).[19] La provisión del sacerdocio no sólo incluía a los que en aquel momento estaban de servicio en el templo,[20] sino también a los otros en las ciudades de sacerdotes, junto con sus esposas e hijos, y finalmente a los de las regiones del campo alrededor de estas ciudades (vv. 16-19). Toda esta organización se extendió por todo Judá. Y el relato detallado de la actividad de Ezequías acaba con la doble observación que «obró lo bueno, justo y verdadero delante de Jehová su Dios»; y que en todo lo que realizó, «lo hizo de todo corazón, y prosperó» (2 Cr. 31:20, 21).

Actividad de Ezequías con referencia al canon de las Escrituras

A la descripción de la reforma inaugurada por la piedad de Ezequías, parece deseable añadir algunos detalles más, ya sea a modo de ilustración del texto o derivados de otras observaciones de la Santa Escritura. En cuanto a la fiabilidad del relato del culto del sacrificio en el templo restaurado –que no era de invención reciente, y había sido diseñado para desempeñar las instituciones sacerdotales impuestas por primera vez en la época de Esdras– tenemos que señalar el hecho importante que el número de sacrificios y ofrendas por el pecado en la época de Ezequías es bastante diferente del de la dedicación del templo en época de Esdras (comp. 2 Cr. 29:21, 32 con Esdras 6:17). Esto, considerando especialmente la simbología de los números, indica que un relato no podía ser creado sobre el otro. De esto, se deduce que las instituciones mosaicas debieron existir ya antes del tiempo de Ezequías, y no podían haberse originado con el sacerdocio en un período posterior, tal como afirma cierta escuela de críticos. Efectivamente, si seguimos esta línea de argumento, por medio de la comparación de los servicios en la época de Ezequías con las instituciones a las que se refieren, crece la convicción no sólo de la existencia de estas últimas, sino también de su reconocimiento general, puesto que, teniendo en cuenta las circunstancias del reinado anterior, es imposible suponer que todo esto pudo ser «inventado» en el primer año del reinado de Ezequías. Y en relación con esto observamos que no sólo los servicios litúrgicos se hicieron conforme a un modelo anterior –el de David–

19. En los versículos 15 y 18 traducir en lugar de «en su oficio determinado», «con fidelidad», y «en su fidelidad», בֶּאֱמוּנָה.

20. El texto está un poco enrevesado. En el v. 16 traducir, «además del registro [los nombres fueron registrados] de los varones de más de dos años, de todos los que entraron a la casa de Jehová, de acuerdo con los requisitos de cada día», etc., es decir, según se necesitaba cada día. El v. 17 es una frase intercalada, «pero el registro de los sacerdotes, *era* según las casas de sus padres», etc. («en sus cargos,» es decir, en sus oficios). El v. 18 de nuevo se relaciona con el final del v. 15 (siendo los vv. 16 y 17 un doble paréntesis): «y [dar] el registro [los nombres registrados] de todos sus pequeños... porque en su fidelidad se mostraron [demostraron que eran] santos (comp. Ez. 38:23, y ver Ewald, *Lehrb. d. hebr. Spr.*, p. 329) *con referencia a las* cosas consagradas [santas]». La traducción «en sus oficios» no es totalmente injustificable –«confianza» no es una opción mejor. Esta otra traducción parece que se aplique a los receptores, no a los distribuidores. Esto es posible, pero nuestra versión concuerda con el contexto.

«Las ofrendas de sacrificio más directas por el pueblo fueron seguidas, a sugerencia del rey, por ofrendas de agradecimiento (comp. Lv. 7:11, 16), también de carácter público, a los que "tantos cuantos eran de corazón derecho" –posiblemente los que se habían mantenido apartados de la idolatría del reinado anterior– añadieron holocaustos. Cuando estas ofrendas de gracias eran presentadas por la congregación en general, las víctimas no eran matadas y desolladas por los oferentes, tal como se hacía cuando las ofrecían personas particulares (Lv. 1:5, 6); sino que esta parte del servicio recaía sobre el sacerdocio, el cual solicitó, tal como podían en un caso como este, la ayuda de los levitas. Cuando recordamos que, además de los "holocaustos" especiales de personas individuales (70 becerros, 100 machos cabríos, y 200 corderos), las "ofrendas de gracias" de la congregación alcanzaron la cifra de 600 bueyes y 3.000 ovejas (2 Cr. 29:32, 33), no nos sorprende que los sacerdotes solos no pudieran abarcar todo el trabajo del servicio».

El becerro era una de las víctimas preferidas en los sacrificios. No obstante, solamente aquellas partes del animal consideradas como dignas eran consumidas en el altar del holocausto. Esta notable pieza de arte sumerio representa un toro –que también formaba parte de los rebaños israelitas– y no un becerro. (Museo del Louvre)

sino que los himnos cantados lo eran en «las palabras de David y de Asaf el vidente» (2 Cr. 29:30). Esto no sólo implica la existencia entonces de los *Salmos* de David y Asaf –mereciendo especial observación aquí al hecho que no se menciona ninguna otra colección de *Salmos*– sino que también indica una colección ordenada de estos *Salmos* en libros. Resumiendo, da luz sobre el comienzo de la organización actual de los *Salmos* en cinco libros. Bien pudo ser que, sujeta a una revisión posterior, la antigua colección de *Salmos*, que constaba más o menos de los dos primeros libros de *Salmos* (ahora Sal. 1–41; 42–72), entonces se vio enriquecida con la añadidura de otra colección –más o menos, el tercer libro de *Salmos* actual (Sal. 73–89), que en su forma actual empieza con un *Salmo* de Asaf (Sal. 73), y tiene a continuación once *Salmos* del mismo autor[21] (Sal. 73–83). Pero, sean cuales sean nuestras opiniones o nuestras conjeturas sobre este asunto, al menos no cabe duda de que Ezequías se ocupó activamente, bajo una guía competente, de la colección y organización de la literatura sagrada existente en Israel. Esto se menciona explícitamente con referencia a una parte de los «*Proverbios* de Salomón, que recogieron los hombres de Ezequías, rey de Judá»[22] (Pr. 25:1). Y, así, sin duda entre una de las partes más importantes de la actividad de Ezequías, la nota final sobre su trabajo religioso también tiene una re-ferencia: «En todo cuanto emprendió en el servicio de la casa de Dios, y en la ley, y en sus mandamientos, buscar a Dios, lo hizo de todo corazón, y fue prosperado» (2 Cr. 31:21).

Capítulo 11
(2 Reyes 18:7–19; 2 Crónicas 32:1-26; Isaías 36, 37)

Aunque el principio del reinado de Ezequías fue dedicado principalmente a la primera y más importante labor de la reforma religiosa, los otros asuntos urgentes no fueron omitidos. La misma sabiduría que caracterizó su restauración de los servicios del templo también fue su guía en la administración de otras cosas. Ambas facetas obtuvieron los mismos resultados felices. Efectivamente, Ezequías aprovechó los años de calma para prepararse para el período de dificultades que él debió sentir cerca. Y en el *Libro de Reyes* tenemos este comentario general: «Y Jehová estaba con él; en todo lo que procedió prosperó;[1] y se rebeló contra el rey de Asiria y no le sirvió» (2 R. 18:7).[2]

Acontecimientos exteriores del reinado de Ezequías
Victoria sobre los filisteos

En realidad, las relaciones entre Ezequías y el poderoso imperio mundial asirio ofrecen la explicación de todos los acontecimientos exteriores de su reinado. De los primeros, resulta imposible determinar la fecha de la victoria sobre Filistea «hasta Gaza», y la completa sumisión de su país, «desde el atalaya hasta la ciudad amurallada» (2 R. 18:8). A juzgar por su posición en el texto, parece que tuvo lugar durante el reinado de Salmanasar, antes del ascenso de Sargón, quien tomó Samaria. El aparente fracaso de Salmanasar ante Tiro posibilitó y animó una empresa como la que emprendió Ezequías. De todos modos, debemos tener en cuenta que Filistea, muy importante para Asiria por estar en el camino a Egipto, siempre constituyó un punto objetivo en las expediciones occidentales de los «grandes reyes», y que sus ciudades parecen haberse enfrentado: algunas estaban dispuestas a participar en la causa contra Asiria, mientras otras –especialmente Asdod y Gaza–, junto con Moab, Amón y Edom estaban del lado del imperio oriental.[3] Así Ezequías estaba aprovechando el período de la debilidad de Salmanasar no sólo para su reforma religiosa, sino también para asegurar su flanco en cualquier enfrentamiento futuro con Asiria, además de la realización de obras de la defensa interna, que se comentan más adelante.

Alianza contra Sargón
Avance asirio y sumisión de Judá

El aspecto de la situación cambió con el ascenso al trono de Sargón. Evidentemente ese monarca no se sintió suficientemente fuerte inmediatamente, después de la toma de Samaria, para avanzar hacia el sur contra Egipto. Además, tenía problemas más cerca de casa, especialmente la sumisión de Merodac-baladán, que absorbían su atención. Pero en el segundo año después de su ascensión lo encontramos ocupado en una expedición occidental. En esta campaña la rebelión de Hamat fue aplastada, y se ganó la batalla de Carcar. Pero lo que más importa para nuestra historia es la expedición de Sargón contra la alianza hostil formada por Sevë de Egipto y Hano, rey de Gaza –según suponemos, una persona a cargo de Ezequías, que simpatizaba con la alianza contra Asiria, aunque no parece que en realidad tomara parte en ella. Sargón obtuvo un éxito completo. En la batalla de Rafia los aliados fueron derrotados; Sevë huyó, y se le permitió tener paz bajo la condición de pagar tributo, mientras que Hano fue tomado prisionero. En esta ocasión Ezequías parece ser que tuvo que rendir cuentas y se vio obligado a someterse. Una inscripción asiria habla de Sargón como «el que sometió a Judá», aunque sin mencionar ninguna otra batalla o algún triunfo. Por la fecha concluimos que se refiere a algo que tuvo lugar durante la expedición de Sargón contra Sevë y Hano.[4]

Senaquerib

Sargón reinó un total de diecisiete años.[5] Por la condición defectuosa de las inscripciones, resulta imposible saber

---

21. El único otro *Salmo* de Asaf se halla en el libro II, Salmo 1. Tanto los *Salmos* coraitas y asafitas se hallan exclusivamente en los libros II y III –los 12 *Salmos* asafitas, con la excepción del Sal. I., del libro III; los 12 *Salmos* coraitas, con la excepción de cuatro (Sal. 84, 85, 87, 88) en el libro II.

22. העתיקו «sacado», «transferido», «coleccionado».

1. Ésta es la traducción de la Vulgata, parece mejor que la Reina-Valera, entre otras, «adondequiera que salía», que difícilmente puede ser correcto históricamente.

2. En 2 Reyes 18:9-12 la conquista asiria de Samaria y la deportación de Israel se relatan de nuevo –bien sea porque en el capítulo 17 fueron redactadas fuera de su orden cronológico, o porque ocurrieron inmediatamente después de la expedición filistea, registrada en 2 Reyes 18:8.

3. Posiblemente el interés asirio por las ciudades del sur de Filistea se explique por su proximidad a Egipto, y su temor de la absorción en aquel imperio.

4. Para completar esta historia mencionamos que, en el undécimo año de su reino, Sargón emprendió otra expedición para detener la rebelión de Asdod, que había sido instigada por Egipto, o más bien Etiopía. Sargón fue victorioso de nuevo. Asdod fue tomada; el ejército egipcio no osó aparecer, y su rey entregó a Sargón al líder de la rebelión de Asdod, que había huido a él. A esto se refiere la profecía en Isaías 20, donde se debe prestar especial atención al v. 5. «El Tartán» era el nombre oficial del comandante en jefe asirio. No parece ser que Judá fuese tocado en esa ocasión.

5. En vistas de estas fechas el comentario de 2 Reyes 18:13, sobre «el año catorce del rey Ezequías», debe considerarse una glosa

seguro si lo mató un asesino o no. Fue sucedido por su hijo Senaquerib, quien, después de un reinado de veinticuatro años, pereció en manos de sus propios hijos (2 R. 19:37).[6] El largo período de descanso entre el segundo año de Sargón y el ascenso de Senaquerib, sin duda, habían sido usados por Ezequías para mejorar todavía más la condición del país, posiblemente reforzando las defensas de Jerusalén, y preparándose para eventualidades futuras (comp. 2 R. 20:20; 2 Cr. 32:5-30, y otras páginas). Éste no es el lugar para ofrecer un relato detallado de los acontecimientos del reinado de Senaquerib, según vemos en las inscripciones egipcias, excepto en cuanto incidan en el relato de la Escritura. E incluso aquí tenemos que tener en cuenta que las inscripciones ofrecen una falsa impresión a propósito de lo que realmente sucedió en aquella guerra –hecho aceptado generalmente–, en la que Judea fue derrotada y Jerusalén sitiada por primera vez, y luego una segunda vez fue llamada a rendirse. Será más adecuado ofrecer la historia de esta expedición, en primer lugar, según la explican los registros asirios, antes de referirnos al relato bíblico.

Las inscripciones asirias

Disponemos de muchas inscripciones de la época de Senaquerib, en asirio: Sin-ahî-írib, o Sin-ahî-ír-ba («Sin» el dios de la luna, «da muchos hermanos») –también famoso por reforzar y fortificar su capital, Nínive («Ninua»), y construir allí dos palacios magníficos, uno a cada lado del río. Entre los diversos memoriales de este reinado hay cuatro inscripciones de especial importancia.[7] Resumiendo el contenido de las mismas, que sólo varían en los detalles, inferimos que, en el cuarto año del reinado de Senaquerib, se había formado otra alianza de las principales ciudades filisteas y fenicias de Judá y del imperio egipcio-etíope, con el propósito de liberarse de la dominación de Asiria. Por lo que se refiere a las ciudades nombradas primero incluían Sidón, Ascalón y Ecrón. Los habitantes de esta ciudad, posiblemente al inicio de la guerra, si no antes de ella, enviaron a Padi, su rey, que fue fiel a Asiria, encadenado a Ezequías, quien lo encarceló. Por otro lado, Amón, Moab y Edom junto con unas cuantas ciudades de la costa en «el país del oeste» –sobre todo Asdod y Gaza– permanecieron fieles a Asiria.

Su relato de la invasión asiria de Judá

Parece ser que Senaquerib recibió algunas noticias antes de que los confederados tuvieran tiempo de llevar a cabo sus planes. El ejército asirio avanzó rápidamente. Eluleo, rey de Sidón, huyó a Chipre, y Etobal fue nombrado en su lugar, mientras que las ciudades que se hallaban en el camino del conquistador asirio se sometían a él o eran tomadas. A continuación Senaquerib avanzó contra Ascalón, y la tomó. Zidkâ, su rey, y la familia real, fueron transportados a Asiria; Sarludari, el hijo del rey anterior, fue nombrado en su lugar; todo el país fue derrotado y, como Sidón, fue hecho tributario. Probablemente fue en su avance desde Acco a Ascalón –tal vez desde Jafa– que Senaquerib puso un destacamento en Judá, que tomó todas las «ciudades fortificadas» (comp. 2 R. 18:13). Las inscripciones asirias hablan de la captura de cuarenta y seis ciudades fortificadas y de «innumerables castillos y lugares pequeños», de la transportación de 200.150 de sus habitantes cautivos, hombres y mujeres; de la toma de un botín inmenso, y la anexión - probablemente sólo nominal, y, en cualquier caso, temporal - de las regiones conquistadas a los dominios de los pequeños potentados al lado del mar, con buenas relaciones con Asiria. A esta expedición se refiere Isaías 10:28-34, como sin duda toda la profecía del décimo capítulo de Isaías se aplica a la guerra de Senaquerib contra Judá.[8]

Victorias de Senaquerib

No era muy seguro para Senaquerib ir más allá de Ascalón. Se esperaba la presencia del ejército egipcio-etíope enfrente; detrás de él, aunque sin conquistar, se hallaba Ecrón, y a su flanco la sólida fortaleza de Jerusalén, con toda la flor del ejército judío y los auxiliares contratados a los que se refieren los monumentos asirios. Por tanto, fue un movimiento estratégico inteligente de parte de Senaquerib el dar la vuelta y sitiar Laquis, la moderna Umm Lâkis.[9] Era una continuación de su avance en dirección a Egipto, aunque se alejaba del camino directo, y así obligaba al ejército egipcio a realizar un desvío hacia el interior contra su favor, sacándolo así de la base principal de sus operaciones. Pero en Laquis, Senaquerib también tenía una posición fuerte tanto contra Ecrón como contra Jerusalén, siendo esta última el ápice de un triángulo isósceles, del cual Ecrón y Laquis constituyen los extremos de la base. Así podía dirigirse hacia una línea o la otra, que convergían en Laquis, o también desplazarse más rápidamente contra Gaza. Por otro lado, Ezequías, viendo el éxito del avance asirio, y tal vez perdiendo toda esperanza de una llegada puntual del ejército egipcio, intentó hacer las paces con Senaquerib, y envió a Laquis los emisarios y el tributo que se mencionan en 2 Reyes 18:14-16. Sin duda fue entonces cuando Ezequías puso en libertada al rey de Ecrón, según cuentan las inscripciones asirias, y lo envió a Senaquerib.

Errónea presentación asiria de los hechos El informe bíblico

A partir de este punto las inscripciones asirias aparecen confusas a propósito y mezclan una serie de acontecimientos diferentes, con la intención evidente de dar una impresión falsa y esconder la derrota virtual, si no de hecho, de Senaquerib. Por la comparación del relato asirio con el documento bíblico, inferimos que Senaquerib, quien por entonces debió estar enterado del avance del ejército egipcio, tomó una gran división («un gran ejército») contra Jerusalén, la cual, no obstante, resistió contra el poder y las amenazas de los líderes asirios (2 R. 18:17–19:7). Mientras, el ejército egipcio se estaba acercando, y los líderes asirios regresaron, y encontraron a Senaquerib en Libna, algo al este

espuria, que posiblemente un copista copiara en el texto a partir de una nota marginal.

6. Para evitar la abundancia de referencias, podemos afir-mar que, en cuanto a los hechos de la historia asiria, hemos seguido principalmente la obra de Schrader mencionada anteriormente.

7. Aquí seguimos de nuevo al profesor Schrader (ver *Keilinschr. u.d. A. Test.* pp. 285-338, y el artículo *Sennacherib* en Riehm, *Hand-Wörterb.*

8. Los críticos ingleses generalmente –comp. la obra del profesor Cheyne *Commentary on Isaiah*, p. 66 (1a. Ed.)– han aplicado este capítulo a la expedición de Sargón a causa de la referencia en Isaías 10:9 a Hamat, Arpad, Samaria y Damasco, que no fueron tomadas por Senaquerib, sino por Sargón. Pero la mención de estos lugares aparece de manera similar en 2 Reyes 18:34. Para una explicación al respecto hacemos referencia a nuestros comentarios subsiguientes sobre aquella página.

9. Recordamos que es el lugar adonde huyó Amasías, y donde fue asesinado (2 Cr. 25:27).

de Laquis y al norte de Eleuterópolis. Esto probablemente sucediera antes de la batalla que Senaquerib libró con los egipcios en Altakû, en una línea paralela entre Jerusalén y Ecrón. Esto indica otra retirada más de Senaquerib con su ejército. Con unas palabras muy vanagloriosas el monarca asirio afirma haber obtenido la victoria; pero por la estructura del relato, es evidente que la victoria, si es que lo fue, sólo pudo ser nominal, y fue una derrota real.

Obras en defensa de Jerusalén

Así, en vez de volver a Jerusalén, los asirios avanzaron contra Ecrón y la tomaron, después de haber fracasado ya anteriormente en su intento de obtener la rendición de Jerusalén con un segundo mensaje lleno de amenazas fanfarronas y blasfemas (comp. 2 R. 19:9-34). Luego llegó la destrucción del ejército asirio (v. 35), y el regreso de Senaquerib a Nínive (v. 36). Los monumentos asirios no dicen nada de estos acontecimientos desastrosos, mientras que Senaquerib alardea de haber encerrado a Ezequías en su capital «como un pájaro en una jaula», y los emisarios y el tributo son representados como si Ezequías los hubiese enviado a Nínive, implicando un triunfo de las armas asirias y una sumisión final de Judá. Pero el curso real de los acontecimientos está perfectamente claro, y la exactitud del relato bíblico sobre el fracaso vergonzoso de Senaquerib ante Jerusalén y su retirada final han sido admitidos universalmente.

Las diversas narraciones escriturales de los hechos

Con estos hechos delante, volvemos al relato «profético» de los mismos, por su significación espiritual sobre la teocracia. En cuanto a la historia que hemos leído hasta aquí en los monumentos asirios,[10] el relato de 2 Reyes 18:13–19 es tan paralelo con el que está escrito en Isaías 36, 37, al igual que el de 2 Reyes 20 con Isaías 38 y 39 (con la excepción del himno de alabanza de Ezequías, Is. 38:9-20), que se evidencia una relación entre ambos. Los críticos han dado diversas explicaciones sobre si uno se deriva del otro o cual de ellos se deriva del otro.[11] Probablemente –porque trabajamos en gran medida con conjeturas– ambos dependen de un original común, que, en el *Libro de Reyes* y en las profecías de *Isaías*, se representa respectivamente conforme al espíritu y el objetivo de cada una de estas obras.[12] Otro tema es la cuestión de si este relato original «del *Libro de los Reyes de Judá e Israel*» no fue escrito por el profeta Isaías, según parece indicado en 2 Crónicas 32:32.[13] De todos modos, el relato del *Libro de Crónicas*, que, de acuerdo con su espíritu general, se explaya tanto en la reforma del templo de Ezequías, parece un resumen abreviado de los otros dos relatos, aunque contiene notables peculiaridades propias.[14]

El relato bíblico empieza con una breve referencia a la primera parte de la campaña, cuando Senaquerib tomó una banda que arrasó a Judá y tomó las ciudades principales a lo largo de su incursión[15] (2 R. 18:13; Is. 36:1). En 2 Crónicas 32:1-8, también se anotan los diversos preparativos[16] de Ezequías, con el consejo de «sus príncipes y hombres poderosos», cuando estuvo seguro del peligro que corría Jerusalén. Lo primero fue cortar el suministro de agua a un ejército que realizaba un asedio. Al oeste de Jerusalén pasa de norte a sur el valle de Gihón. El agua de la lluvia y la que descendía de los montes que la rodean se acumulaba en dos estanques, el de más arriba (Is. 22:11 –el moderno Birket Mamilla), y el de más abajo (Is. 22:9 –el moderno Estanque del patriarca[17]), unidos ambos por un conducto. Dado que el estanque de más arriba estaba fuera de las murallas de la ciudad, y podía cubrir las necesidades de un ejército que sitiara la ciudad, Ezequías lo cubrió, y por medio de un acueducto llevó sus aguas a un gran estanque o «lago», «entre los dos muros» de la parte superior e inferior de la ciudad (Is. 22:11; comp. 2 R. 22:20; 2 Cr. 32:30). Pero algunos escritores conjeturan[18] que en la antigüedad (aunque no en la actualidad) pudo haber una fuente o un riachuelo cerca del puerto de más arriba, el cual Ezequías también cubrió, desviando sus aguas hacia la ciudad[19] (2 Cr. 32:30). Además, reparó todos los muros que estaban rotos, «y erigió (elevadas) sobre él (las) torres»,[20] y reparó (¿construyó?) «el otro muro de fuera» –posiblemente el que encerraba la parte inferior de la ciudad– además de «Milo, en la ciudad de David», probablemente una fuerte torre con edificios fortificados en el lado occidental del Tiropeón, o valle de los queseros. De modo parecido, se prepararon armas para la defensa y se nombraron oficiales. Y lo mejor de todo, reunió a sus hombres y capitanes, y los animó con el mejor consuelo de todos, con la seguridad de que Otro, más grande y fuerte que el poder de Asiria, estaba con ellos, no «un brazo de carne», sino Jehová su Dios, para ayudarlos y luchar sus batallas.

Cuando desde este relato volvemos a nuestra narración profética en Isaías 22, vemos que no siempre había sido así (v. 11), sino que por medio de las amonestaciones del profeta, lo que primero fue confianza en la fuerza de su defensa, se transformó en confianza en el Dios vivo. En efecto, el profeta no podía compadecerse de toda la política anterior de Ezequías, que conllevó la humillante embajada a Laquis. Pero ahora le podía llevar la seguridad de la liberación divina en aquel ambiente de arrepentimiento espiritual que era el resultado de los ministerios del rey, y que se manifestó más plenamente durante el sitio de Jerusalén, y las recientes invitaciones para su rendición. Tendremos que volver a este punto cuando hablemos del comportamiento de Ezequías para con los embajadores de Merodac-baladán, que visitaron la capital judía antes de estos acontecimientos, probablemente algún tiempo antes del inicio de esta campaña.

---

10. Repetimos de nuevo que dejamos de lado la difícil cuestión de la relación entre la cronología bíblica y la asiria, sobre la cual –por lo menos, bajo el punto de vista del autor– no disponemos aún de suficiente información. Según los monumentos asirios, esta expedición fue la «tercera campaña» de Senaquerib.

11. Los críticos que suponen una dependencia mutua de los dos relatos se reparten de manera bastante uniforme sobre la prioridad de uno o el otro. Se entenderá que todo ello se basa en puras conjeturas.

12. Esta opinión, que a nosotros nos parece la que mejor coincide con los hechos, y es también la más sencilla, ha sido adoptada por muchos de los escritores más competentes de ambas escuelas de la crítica.

13. Probablemente estos «anales proféticos» eran los mismos a los que se refiere 2 Reyes 20:20.

14 Es evidente, no podemos tratarlas en un libro como éste. Debemos pedir al lector que crea que lo que se ha pasado por alto no implica ninguna dificultad crítica que requiera una discusión especial.

15. La expresión, 2 Crónicas 32:1, «Y se propuso (*lit.* «habló») ganarlas (o «arrancarlas») para él», puede referirse a la separación de las ciudades de Judá y su anexión a sus vasallos fenicios y filisteos, que se mencionan en los monumentos asirios.

16. No necesariamente todos a la vez, pero sí todos ellos antes del avance asirio desde Laquis.

17. Pero, según algunos, el moderno Birket-es-Sultân.

18. Para una localización bastante diferente de la obra de Ezequías en Siloé, comp. Herzog, *Real-Encykl.*, vol. VI., p. 567.

19. La LXX había leído evidentemente, en lugar de «por en medio de la tierra», «en medio de la ciudad».

20. Probablemente el texto debería enmendarse de este modo (ver la Vulgata).

El segundo acontecimiento registrado en la Escritura es la embajada de Ezequías a Laquis, y el tributo que allí se le impuso de «trescientos talentos de plata y treinta talentos de oro» (2 R. 18:14-16). El impuesto, aunque no muy diferente del que Manahem hubo de pagar a Tiglat-pileser (2 R. 15:19), era gravoso, ascendiendo en oro a 200.000 £ y en plata a 110.000 £,[21] y requería la rendición de todos los tesoros del templo y el palacio. Es notable el hecho de que ni en la profecía de Isaías ni en el *Libro de Crónicas*[22] encontramos ninguna referencia a la embajada de Ezequías ni al tributo que envió. Posiblemente ambas cosas fueron consideradas como la secuencia de una acción no aprobada, que, no obstante, no tenían ninguna repercusión real en los hechos acaecidos posteriormente, y que sólo por su importancia espiritual, se hallaban dentro del objetivo de la narración.

El tercer suceso registrado en la Santa Escritura es la división del «gran ejército» contra Jerusalén, con todos los sucesos relacionados con él. De esto tenemos un relato en el *Libro de Reyes*, en el de *Crónicas*, y en las profecías de Isaías.[23] La dirección de la expedición asiria y la realización de las negociaciones fueron confiadas al «Tartán», que era el título oficial del comandante en jefe asirio (comp. Is. 20:1), «el Rabsaris» posiblemente la traducción de un título oficial asirio, que en hebreo significa «jefe de los eunucos» y «el Rabsaces», aparentemente una adaptación hebrea de Rabsak, el título asirio de «capitán jefe», que se repite en los monumentos, y probablemente representa el segundo mando, o jefe del personal.[24] Observamos que de forma adecuada, el portavoz que invitó a la ciudad a rendirse no fue el general en jefe, ni el eunuco jefe (posiblemente el oficial político), sino el Rabsaces, o el segundo al mando.

El ejército asirio ante Jerusalén
Sus líderes y los representantes de Ezequías

La sabiduría de los preparativos de Ezequías, especialmente al cortar el suministro de agua, se demostró muy pronto. Porque fue en aquel mismo lugar –el extremo noroeste de la ciudad– donde cayó la fuerza del ataque asirio, y fue allí, «por el conducto del estanque de arriba, que está en el camino del campo del lavador», donde los tres líderes asirios se reunieron con los representantes del rey Ezequías, a quien habían convocado para la reunión. Incluso si su preparación espiritual hubiese sido menos decisiva, todos debieron sentir que había algo especialmente significativo en el hecho que se diera un discurso, como el que hizo el Rabsaces, en el mismo lugar en que Isaías había pronunciado el mensaje de Dios a Acaz (Is. 7:3). Es imposible determinar en qué período del sitio tuvo lugar la reunión entre las dos partes. Pero probablemente no fue mucho después de la llegada del ejército que sitiaba la capital. Porque, aunque el Rabsaces se refiere a los horrores de un asedio prolongado (2 R. 18:27), sus palabras groseras parecen más bien una amenaza futura que una constatación de las penalidades del momento. Además, Jerusalén pudo haber estado cerrada durante un tiempo antes del asedio, mientras, de todos modos, se vio interrumpida la comunicación libre con el campo que era necesaria para el suministro de provisiones a la capital. Por otro lado, obtener la posesión de Jerusalén inmediatamente era un factor de suma importancia para los asirios, y así dejar libre al ejército del asedio para actuar contra Egipto. De dos de los tres representantes de Ezequías –sin duda mencionados por orden de rango (2 R. 18:18)– tenemos algunas observaciones características en Isaías 22:15-22. Esta información nos lleva a la conjetura de que Sebna, «el escriba», o secretario –probablemente el principal consejero particular del rey,[25] y que seguramente era de origen sirio–[26] era un hombre motivado por la ambición y por razones egoístas, a quien debemos seguramente la política equivocada de la alianza contra Asiria de Ezequías. Por otro lado, tenemos una elevada opinión sobre el primero y principal representante del rey, Eliaquim, hijo de Hilcías. Parece haber sucedido a Sebna (comp. Is. 22:20, 21) en el oficio de *major domo*, que se puede comparar con el moderno *chef du cabinet*, y como tal, probablemente fuese el más cercano al rey. Posiblemente esta transferencia de oficio se debiera a un cambio de opiniones políticas y religiosas. De Joab, el hijo de Asaf, el escriba o analista, no sabemos nada más, y tampoco aparece entre los que Ezequías envió al profeta Isaías (2 R. 19:1; Is. 37:2). Su presencia en esta ocasión se debía probablemente a su calidad de secretario de estado.

Su reunión

Éstos eran los representantes de ambos lados, que aquel día azaroso se reunieron para presentar muy claramente ante todos los hombres con quién estaba el poder: con las armas y la carne, o con Jehová; y si el pueblo había hecho lo correcto en descansar en las palabras de Ezequías, rey de Judá, o no (2 Cr. 32: 8).

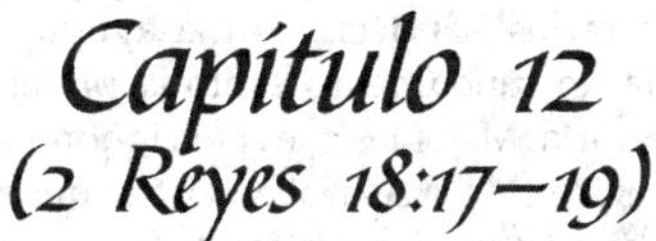

Significado y lecciones del relato de la invasión asiria

Raras veces, tal vez, hubo una ocasión en la que la fe en lo invisible fuese puesta a una prueba tan dura como en el momento de la reunión entre los líderes del ejército asirio y los representantes del rey Ezequías. Lo que daba su característica especial al mensaje que el Rabsaces dirigió al rey de Judá era el profundo sentido de incoherencia en el pasado; que, en cuanto al asunto en cuestión, Judá no había estado siempre como en el momento actual, y que en su medida su mal actual era el resultado de sus malos hechos.

Pero para nosotros también tenemos para todos los tiempos esta preciosa lección: que incluso donde nos hemos equivocado totalmente, si volvemos en arrepentimiento a nuestro Dios, podemos esperar su socorro y liberación en el nuevo y mejor camino en el que estamos entrando, aunque

21. En las inscripciones asirias Senaquerib describe el tributo como treinta talentos de oro y ochocientos talentos de plata, estos últimos, sin duda, de «peso ligero» (porque había dos tipos de talento en el sistema de cálculo asirio), que equivaldrían a trescientos talentos judíos.

22. Pero en 2 Crónicas 32:9 tenemos la observación de que Senaquerib estaba sitiando Laquis.

23. Pero observamos que en los dos últimos faltan los detalles históricos tales como los nombres de todos los líderes de la expedición asiria, dados en 2 Reyes 18:17.

24. Comp. Schrader, *u.s.* pp. 319, 320. La forma hebrea, «Rabsaces», significa «mayordomo jefe»; pero no hay registro alguno en los monumentos de ningún oficial como éste de alto cargo.

25. La ausencia de referencia a su padre parece indicar un origen bajo. Sobre su cargo comparar 1 Reyes 4:5. Parece que lo combinaba con el de *major domo*, o mayordomo del palacio (Is. 22:15, y compararlo con 2 Cr. 26:21; Is. 36:3; 37:2).

26. Comp. Cheyne, *u.s.* I., p. 130.

debamos sufrir por el pecado pasado. Porque Dios permanece fiel, aunque nos hayamos equivocado y hayamos salido de sus caminos.

Era perfectamente cierto, tal como afirmara el Rabsaces,[1] que al rebelarse contra Asiria la confianza de Ezequías estaba en Egipto;[2] y también era perfectamente cierto, como también le podía haber enseñado la experiencia del pasado, que esto significaba confiar en «el báculo de caña magullada»[3] (comp. Is. 30:1-7). Así, seguramente, ya sea en cuanto a sus planes o en cuanto a su ejecución propuesta, se trataba «sólo de palabra de labios: consejo y fuerza para la guerra». Pero el segundo punto que proponía el Rabsaces contenía la debilidad de su causa y la fuerza de la posición de Ezequías. Dirigiéndose a los seguidores de Ezequías,[4] argumentaba, desde el punto de vista pagano, que puesto que Ezequías había abolido todos los altares de los lugares altos, y había confinado el culto religioso público al del templo, no sólo había perdido todo derecho en Jehová, a quien consideraba la divinidad judía nacional, sino que lo provocaba a juicio. En consecuencia, como por un lado había vituperado a Ezequías con la falta de todos los medios para resistir el poder de su señor,[5] así por el otro lado ahora exigía osadamente para la entrada de Asiria y su éxito, no sólo la aprobación de Jehová, sino incluso un mandato suyo.

Tanto políticamente como en sus malas interpretaciones religiosas, el discurso estaba bien calculado para atraer a un pueblo como el de Jerusalén. Por ello también los representantes de Ezequías pidieron al Rabsaces se comunicara con ellos no en «judío»[6] (es decir, hebreo), como había hecho, sino en «arameo», el cual, aunque era el idioma comercial de Siria y Palestina, no sería entendido por la gente común. Esta sugerencia fue rechazada altivamente, y el asirio declaró abiertamente que su finalidad no era negociar con el rey ni con sus representantes, sino producir una reacción entre los sitiados, a los que describía en unas penalidades terribles. Entonces, pues, se dirigió a ellos directamente. No debían permitir que les engañaran. Ezequías no podría liberarlos –es decir, con la ayuda de Egipto– y tampoco tenía un fundamento santo la pretensión de que Jehová los liberaría. Mejor les convenía ignorar al rey y hacer un tratado de sumisión[7] a Asiria, en virtud del cual, en lugar de su infelicidad actual, seguirían disfrutando de la pose-

«La dirección de la expedición asiria contra Jerusalén y la realización de las negociaciones fueron confiadas al "Tartán", que era el título oficial del comandante en jefe asirio (comp. Is. 20:1), "el Rabsaris" posiblemente la traducción de un título oficial asirio, que en hebreo significa "jefe de los eunucos" y "el Rabsaces", aparentemente una adaptación hebrea de Rab-sak, el título asirio de "capitán jefe", que se repite en los monumentos, y probablemente representa el segundo en el mando, o jefe del personal. Observamos que de forma adecuada, el portavoz que invitó a la ciudad a rendirse no fue el general en jefe, ni el eunuco jefe (posiblemente el oficial político), sino el Rabsaces, o el segundo al mando».

Jerusalén fue sitiada por el ejercito asirio. En estos soldados de caballería que cabalgan en pareja, de modo que, mientras uno domina a los caballos de ambos el otro utiliza su arco podemos imaginar a las patrullas de vigilancia. (Palacio noroccidental de Kalhu)

---

1. Las palabras iniciales del Rabsaces, «El gran rey, el rey de Asiria», da uno de los nombres con los cuales los monarcas asirios se designaban a ellos mismos en los monumentos.

2. Comp. con los capítulos IX y XI.

3. Prefiero esta traducción antes que «resquebrajada,» por el profesor Cheyne. Seguro que no significa «rota,» determinándose claramente la diferencia entre las dos palabras en Isaías 42:3. La figura de «una caña» aplicada a Egipto es peculiarmente acertada, por su referencia a las orillas del Nilo (comp. Is. 19:6, y en general Ez. 29:6). «La caña» en sí es un apoyo insuficiente; pero ésta además está «magullada». Cuando se apoya alguien en ella, se romperá, y la mano que pone todo su peso sobre ella caerá encima y será atravesada.

4. En Isaías 36:7 se usa en singular, «si tú dices», probablemente dirigido al portavoz principal de los judíos.

5. La expresión en 2 Reyes 18:23, traducida en la Versión Autorizada inglesa «give pledges»(dar prendas), y en el margen de la Versión Revisada inglesa «make a wager» (hacer una apuesta), no está bien traducida en ninguno de estos casos –nosotros traduciríamos por «y ahora entras en competencia con mi señor.» En el versículo 24 la palabra פחה, que es perfectamente semítica (comp. Schrader, *u.s.* pp. 186, 187), significa sátrapa, o gobernador, pero también jefe militar. «El menor de los siervos», es decir, tanto numéricamente como en cuanto al valor y la disciplina.

6. La palabra «judío» indicando hebreo aparece sólo aquí y en los pasajes paralelos (2 Cr. 32:18 e Is. 36:11), y en Nehemías 13:24.

7. Lit. «hacer una bendición», probablemente se refiere más bien a la presentación de regalos con ocasión de las ceremonias

sión sin disturbios de su tierra hasta que pudieran ser transportados a otras regiones, igualmente fértiles, junto con los suyos.

Esta declaración osada del propósito final de la política de Asiria debió estropear una apelación que de otro modo había sido muy bien ingeniada. Pero su efectividad se vería destruida totalmente –al menos para el Israel piadoso– por su referencia desdeñosa a Jehová, como si fuera como los dioses falsos de las otras naciones,[8] que en el pasado no había podido libertar las tierras de sus adoradores del poder de Asiria. Era un argumento calculado, efectivamente, para influenciar a paganos, para quienes la cuestión era sobre el poder comparativo de los dioses, y se decidía en función de los resultados externos. Pero la esencia misma de la convicción hebrea se basaba en este hecho, que no había ningún otro Dios fuera de Jehová. Esto es lo que constituye la victoria sobre lo que se ve, pero sobre lo que los hombres del mundo siempre se engañan en su ignorancia del poder de una fe que se basa en la experiencia personal. Y así, lo que, bajo su opinión, parecería ser su argumento más sólido en su llamamiento al «sentido común», es, en realidad, su refutación. Es en este sentido que la gente que estaba en la muralla de Jerusalén obedeció las instrucciones de Ezequías, y no respondieron con ninguna palabra al asirio.

Era sabio y justo de parte de los representantes de Ezequías llevar su informe sobre esta reunión con la ropa rasgada (2 R. 8:37); sabio y justo también de parte del rey el participar en esta muestra de duelo y humillación (comp. 1 R. 20:32; 2 R. 6:30), como hallándose en una gran calamidad pública. Identificaba a Israel con su Señor, y hacía una aceptación pública del hecho que toda blasfemia sobre Él era un crimen y una calamidad públicos, y por lo tanto una invitación al duelo público.[9] Con este garbo el rey fue al templo para hacer su apelación a Jehová. En este garbo también envió a sus delegados anteriores al Rabsaces, junto con «los ancianos,» probablemente los oficiales jefes, del sacerdocio reformado,[10] y a Isaías para apalabrar sus oraciones.[11] Como expresión proverbial él indicó que en la hora de la agonía más extrema de Israel no tenían fuerza para la liberación, y corrían peligro de perecer. Pero como que las

---

religiosas relacionadas con tales tratados que a las ceremonias en sí, el término, «una bendición», se usa a menudo para «un regalo».

8. Con referencia a las naciones mencionadas en 2 Reyes 18:34, *Arfad,* mencionado en la Biblia (comp. también Is. 10:9; Jer. 49:23) y en los monumentos asirios en relación con Hamat, era una ciudad siria considerable y poderosa con territorio adyacente, probablemente la moderna *Tell Erfâd,* a unas tres horas al norte de Aleppo. *Hamat* y *Sefarvaim* –la Sipar gemela– ya han sido mencionadas. Por su relación con este último lugar, inferimos que *Hena* era una ciudad de Babilonia, probablemente la moderna *Anat,* a cuatro días de viaje de Bagdad, a ambos lados del Éufrates. La localización de *Ivvah,* o Ava (2 R. 18:24, 31), no ha sido concretada, pero probablemente también era una ciudad de Babilonia. Todos estos lugares fueron conquistados por Sargón; pero no hay ninguna incoherencia con esto en la referencia hecha a ellos por Rabsaces como evidencia del poder supremo de Asiria.

9. El Talmud apela a este pasaje como prueba del hecho que todo aquél que oye una blasfemia o la oye explicada debe rasgar sus vestidos (Moed. Q. 26a). La instrucción general aparece en Sanh. 7:5; en el Gemara sobre este Mishnah (Snh. 60a), se infiere a partir de 2 R. 2:12, donde se usa la misma expresión, pero añadiendo «en dos trozos», que cualquier rasgadura de éstas tiene que ser permanente. En referencia a la rasgadura por blasfemia, se afirma que se debía haber usado explícitamente el nombre de Jehová, ya sea por judío o por gentil, pero que esto ya no se aplicaba después de la dispersión de Israel, de otro modo una persona podría tener su ropa llena de rasgaduras.

10. Esto, como hemos ya citado, es instructivo con referencia a la relación entre el sacerdocio y los profetas.

11. A modo de contraste, comp. Jeremías 21:1, etc.

palabras del asirio eran un desafío a Dios, Él podría «escucharlos» y responder al «reproche» con una «reprensión»; así, Isaías debía orar por el remanente que aún quedaba. Por extraño que parezca, la fuerza de su súplica yacía en el sentimiento de debilidad propia, que se manifiesta en el hecho que el rey clamó al profeta no para que intercediera, sino que orara, e incluso así no estaba seguro de una respuesta ni siquiera a la oración del profeta, pero su esperanza se apoyaba en la naturaleza del caso.

No podía haber un contraste más grande entre la confianza vanidosa del asirio en su poder y la absoluta sumisión de Ezequías al Señor; y la oración no podía ser el resultado de una percepción espiritual más clara. Una oración así tenía que tener su respuesta; y llegó en la seguridad que esta misma vanidad de victoria debía dar lugar al temor por un rumor, y esta confianza cedería cuando «el gran rey caería por la espada», y por la «de su propia mano».[12]

Sucedió tal como se había dicho. El Rabsaces volvió de su expedición inútil a su señor, dejando, según suponemos, a su ejército delante de Jerusalén. No encontró a Senaquerib en Laquis, sino en Libna, donde se había retirado probablemente al oír noticias del avance de Tirhakah,[13] rey de Etiopía. Como hemos visto,[14] Senaquerib obtuvo la victoria de Altakû. Pero fue una victoria virtual, que, con el fracaso en el intento de apoderarse de Jerusalén, determinó la retirada definitiva de Senaquerib del territorio de Palestina. Sus circunstancias le debieron hacer estar muy ansioso por obtener la rendición de la capital judía. En consecuencia, un segundo grupo de emisarios fue enviado para exigirla –es probable que antes de la batalla de Altakû, aunque después de la aproximación del ejército etíope. Esta segunda convocatoria fue dirigida a Ezequías, y usaba unos términos parecidos a los anteriores, aunque naturalmente ya no contenía ninguna referencia a Egipto, y tal vez fuera también un desafío más directo al Dios de Israel (2 R. 19:9-13).

Demuestra, bajo nuestra opinión, una dolorosa falta no sólo de comprensión espiritual, sino incluso de compasión más profunda, que algunos críticos modernos desvaloran el hecho de que Ezequías fuera al templo a desparramar delante de Jehová «las cartas» del asirio, como si fuese una acción mecánica o en algún aspecto de baja posición. No fue ni siquiera simbólico, sino, como Delitzsch ha afirmado correctamente, una oración sin palabras –una expresión sublime de fe, en completa coherencia con lo que había sucedido anteriormente, y que debemos estar dispuestos a imitar en ciertas ocasiones de nuestras vidas, por lo menos en espíritu. Todavía más extraño nos parece encontrar la autenticidad de la oración con la que Ezequías acompañó su sumisión al Dios vivo, cuestionada sobre la base de que dejar de lado a todos los otros dioses como privados de poder,[15] que eran la obra de mano de hombre, y el reconocimiento exclusivo de Jehová estaba más allá del alcance espiritual de la época. Sin duda esto no es sólo un intento de echar fuera los registros escriturales, sino en su lugar inventar una historia de Israel, y luego juzgar los acontecimientos de acuerdo con su norma hecha a medida.

Sucedió simplemente lo que era de esperar cuando Isaías, en el nombre de su Dios, y como su representante, respondió tanto a la carta del asirio como a la oración de Ezequías. Sus palabras constan, como se ha observado adecuadamente,[16] de tres partes. En la primera (v. 21-28), la invicta virgen hija de Sión dirigió a Senaquerib su comentario divino sobre su vanagloria; la segunda parte (vv. 29-31) es el mensaje divino para Ezequías y Judá; mientras que la tercera (v. 32-34) contiene el anuncio profético del resultado de esta guerra. Desde el mismo principio observamos la actitud de desprecio altanero[17] en el contraste entre los dos adversarios, Senaquerib y el Santo de Israel en lo alto (v. 22). Luego, con palabras figurativas, la vanagloria del asirio se presenta en los versículos 23, 24, en cada versículo en su aspecto doble: en cuanto a lo que afirmaba que había hecho, y lo que declaraba que haría en el futuro. En el pasado no había existido ninguna barrera ni resistencia contra él y en el futuro no podría haber ningún estorbo ni ninguna limitación. Todo había sido vencido; todo quedaría a su disposición. Pero, contra este alarde de autosuficiencia, llegó la cuestión divina –en este caso la mejor respuesta de Israel– si el rey había «oído» alguna vez –es decir, si alguna vez había llegado a su conocimiento,[18] o se había introducido en su mente– que todo su éxito pasado había sido determinado por Dios, y él había sido sólo el instrumento de los planes de Dios en la ejecución de los juicios previamente ordenados.[19] Pero, puesto que, lejos de este reconocimiento de Dios, Senaquerib se había levantado contra el Señor, experimentaría tanto su propia impotencia como el juicio divino. Como una bestia salvaje en poder de sus cazadores, sería devuelto, como algunos de sus cautivos,[20] por el camino en que había venido (vv. 28, 29).

En su segunda parte (vv. 30-32) la palabra profética pasa de Senaquerib a Ezequías y a Judá. No podemos dejar

12. En 2 Reyes 19:7 traducir «Pondré un espíritu en él», es decir, por la actividad directa de Jehová, un espíritu de temor se apoderaría del lugar de aquella confianza vanidosa. Las «noticias» (más bien que el «rumor») se refieren por un lado al avance del ejército egipcio, que conllevó el retroceso de Senaquerib, y por otra parte a la visitación divina que determinaba su regreso a «su propia tierra». En el ver. 6 observamos que la expresión «siervos», usada para los embajadores asirios, es un menosprecio, como en alemán *Burschen* (chicos), o *Buben*, y que sus palabras se toman como un desafío blasfemo al Señor.

13. Tirhakah –en los monumentos egipcios, Tahark y Taharka, en los asirios, Tar-ku-u, el tercer y último rey de la dinastía «etíope» XXV, aunque parece ser que él no era de origen etíope, sino egipcio. De acuerdo con la *Biblia*, los monumentos lo presentan como rey de Etiopía, y en una incursión a Palestina contra Senaquerib. Para un resumen de su historia ver Ebers, en Riehm, *Wörterb.* II, pp. 1671, 1672.

14. La mención de los lugares enumerados en 2 Reyes 19:12, confirma la opinión expresada en una nota previa, que las conquistas alardeadas no fueron las del reinado de la época, sino que se referían al pasado. Así *Gozán* era una región de Mesopotamia junto al río Cabor, desde donde Sargón había transportado colonos a Samaria. No lejos de Gozán había la ciudad de *Harán*, la romana y griega Carrhae, una de las más antiguas posesiones asirias, mencionada incluso en el siglo XII a. de C. (comp. Gn. 11:31, etc.). *Rezef* era otra ciudad de Mesopotamia, mencionada frecuentemente en las inscripciones asirias como Rasaappa, o Rasappa. *Thelasar* (en as. Til-assuri, «el monte asirio» o bien «el monte de Asur») parece ser una de las ciudades de «los *Hijos de Edén*», tribu que habitaba en una región a ambos lados del Éufrates medio. Probablemente Salmanasar o Sargón cambiaron el nombre original de la ciudad por Telassar (comp. el *Edén* de Ez. 27:23; tal vez incluso el Bet-edén de Am. 1:5).

15. Como recuerda Thenius, existe evidencia monumental de la rotura en pedazos de la imagen de un dios después de la toma y saqueo de una ciudad.

16. Ver Bähr *ad loc.*

17. Comp. la expresión «menear la cabeza», en el versículo 21, con Job 16:4; Salmos 22:7; 109:25; Jeremías 18:16.

18. La expresión no contiene alusión alguna al conocimiento de las palabras proféticas de parte de Senaquerib, ni es irónica.

19. Ver la gradación del versículo 26 y observar figuras parecidas en Salmos 37:2; 129:6; Isaías 40:6-8.

20. En las esculturas mesopotamias se observa que en el caso de prisioneros de distinción, se ponía literalmente un anillo, en Asiria, por el labio inferior, y en Babilonia por la nariz, a la que se ataba una correa o una cuerda, con la que se guiaba al prisionero (comp. Rawlinson *ad loc.* en el *Speaker's Commentary*).

de reconocer la relación interna entre estas palabras y las anteriores de Isaías 7 con respecto a la invasión sirio-israelita en la época de Acaz. Una vez más tenemos «una señal» de la certidumbre sobre la liberación prometida en un acontecimiento todavía futuro. La absoluta liberación de Judá de la invasión de Asiria se garantiza con esta señal, que en el año actual, cuando se interrumpieran las operaciones normales de siembra, tendrían lo suficiente para su sustento en lo que brotara de los granos que habían caído accidentalmente del cereal segado en la cosecha anterior. De igual modo, en cuanto a la cosecha del año siguiente, para la que era imposible que se prepararan, en parte por la presencia del ejército asirio, y en parte por la despoblación del campo, habría lo suficiente por el grano que brotaba de él mismo (tanto en los tallos viejos como en lo que cayó de las espigas no recogidas).

Finalmente, en el tercer año, se retomarían las actividades agrícolas normales, porque el ejército asirio se habría ido sin obtener la ocupación de la tierra, y porque habrían regresado a sus casas los que habían ido a Jerusalén y las otras ciudades fortificadas, donde habían acudido en busca de refugio. Así «la señal» estaba en la certidumbre prometida de su socorro a través de la bendición divina sobre la tierra que Asiria alardeaba que había arrasado[21] (vv. 23, 24). Tampoco es extraño que en las zonas fértiles de Palestina brote una segunda cosecha de las espigas de grano dejadas en los campos. Así la provisión de sus necesidades actuales, y la del año agrícola que ya había empezado, llegándoles a través de la bendición directa de Dios en una tierra sobre la cual los asirios reclamaban el poder absoluto, sería durante aquellos dos años una señal constante de que la relación entre Jehová y Senaquerib era lo que había sido dicho, y que no debían temer ningún regreso del enemigo. Y así esta «señal» profética –«natural» por la bendición especial de Dios, pero «sobrenatural» cuando se contempla por sí sola– serviría para el consuelo y la fortaleza de la fe, y también para el ejercicio constante de la misma.

Desde otro punto de vista también estas palabras proféticas se relacionan con la predicción anterior de Isaías 7. Como esta última, nos da mayor conocimiento del carácter general y de la estructura de la profecía. Partiendo del estado actual de cosas, señala el significado completo de la profecía, considerándola en sus implicaciones más amplias, hasta que en la tenue distancia entrevé su cumplimiento en lo que es el objetivo final de toda profecía –el reino mesiánico. Los pensamientos de crecimiento del aparentemente escaso pero suficiente fruto dejado en los campos de Judá, pero que a su debido tiempo, en el momento en que Judá fuese restablecida en casas tranquilas, iría seguida de ricas cosechas, sugiere la aplicación más elevada al «remanente liberado», que todavía tenía que «desarrollar raíces hacia abajo, y llevar fruto hacia arriba». Y con una aplicación todavía más amplia y definitiva (2 R. 19:31) señala hacia adelante al «remanente» según la elección de la gracia, el remanente fiel, el verdadero Israel (comp. Is. 4:2; 6:13; 10:20-23) en el día mesiánico, cuando «el celo de Jehová de los ejércitos» «hará esto» (Is. 9:7). Finalmente, la tercera parte de la respuesta pronunciada por Isaías (vv. 32-34) es una predicción directa referida a las amenazas de Senaquerib y al resultado final de esta guerra.

21. Generalmente «la señal» se busca en la predicción de lo que iba a pasar en esos años, de lo cual se dan varias explicaciones, más o menos insatisfactorias. Quisiéramos enfatizar el verbo «comeréis», como promesa de ayuda suficiente.

Tampoco se aplazó por mucho tiempo el juicio divino sobre Senaquerib. «Aquella noche»[22] «el ángel de Jehová» salió para herir al ejército asirio –probablemente el que aún se hallaba delante de Jerusalén–, a «todos los hombres poderosos de valor, y los líderes y capitanes» (2 Cr. 32:21). Por 2ª Samuel 24:15, 16, inferimos que, mientras que el juicio fue enviado directamente desde Dios, el medio fue una peste. El número de víctimas alcanzó la cifra de 185.000, aunque el texto no indica, y sin duda no hay razón alguna para creerlo, que todos cayeron en una noche.[23] Pero al historiador sagrado le parece, por su punto de vista profético, una escena ininterrumpida en la gran obra del juicio, y lo describe gráficamente como el campo de los muertos, al que miraron cuando «se levantaron temprano de mañana». Y así el juicio divino completó lo que el giro de la campaña había empezado. Era natural que Senaquerib se fuera y regresara a su tierra.[24] Pero el relato de la Santa Escritura en esto también manifiesta su exactitud histórica, en cuanto dice que habitaba «en Nínive». Porque Senaquerib no sólo hizo de esta ciudad su residencia permanente, la fortificó y la convirtió en su gran fortaleza imperial, sino que además la adornó con dos magníficos palacios.[25]

Hay un acontecimiento en la historia de Israel que debe ser recordado a todos por el juicio divino contra Senaquerib y la liberación de Judá. Se trata de la liberación milagrosa en tiempos del Éxodo y de la destrucción del ejército de faraón en las olas del Mar Rojo (comp. Éx. 14:23-31). Entonces, como en esta ocasión, el peligro era enorme, y parecía que Israel estuviera indefenso y sin poder ante el poderoso ejército del enemigo. Entonces, como en esta ocasión, la palabra del Señor era clara y enfática; entonces, como en esta ocasión, la liberación se llevó a cabo durante la noche; y entonces, como en esta ocasión, era la época del nacimiento de Israel como nación. Porque ahora, tras la transportación final de Israel, Judá constituía el pueblo del Señor, los herederos de la promesa, los representantes del reino de Dios. Como sucediera entonces, también ahora Judá fue salvada sin espada ni arco, sólo por medio de la interposición del Señor. Y así siempre ha permanecido para todos los tiempos junto a los milagros del Éxodo como el suceso destacado en la historia tipológica del pueblo de Dios, perpetuado no sólo en la literatura posterior no canónica de Israel, sino posiblemente como la base histórica del Salmo 46,[26] y más probablemente la de los Salmos 75 y 76.[27]

22. El texto parece implicar que fue la noche después de la predicción de Isaías; pero este hecho no está claro en absoluto. Josefo (*Ant.* X. 1, 5) y los rabís suponen que el juicio cayó sobre el ejército que se hallaba delante de Jerusalén. Lo ve así también Friedrich Delitzsch en Herzog, *Real Ency.* vol. XIII., p. 386. En 2 Crónicas 32:21, y en Isaías 37:36, se omiten las palabras, «en esa noche». Esto por sí mismo parece indicar que no todos los 185.000 murieron aquella noche.

23. Ver la nota anterior. Hay indicios de muertes mucho más numerosas que éstas en un lugar por la peste.

24. El relato legendario egipcio conservado por Herodoto (II. 141) indica el que algún suceso extraordinario había determinado la retirada de Senaquerib. Describe como, en su avance en el interior de Egipto –tal vez mezclando la campaña de Senaquerib con la de Sargón (Schrader en Riehm, *Wörterb.*, p. 1366 *a*)– Senaquerib se vio obligado a huir a causa de la desarticulación de su ejército, porque los ratones de campo en una noche habían roído los carcajes, las cuerdas de los arcos y las correas de los escudos de sus soldados.

25. Para más detalles, nos referimos a los artículos, «Ninive» y «Sanherib», de Riehm, *Handwörterb. d. Bibl. Alterth.*

26. Pero Delitzsch refiere este *Salmo* a la liberación de Judá en la época de Josafat (2 Cr. 20).

27. Comp. Delitzsch sobre estos *Salmos*. En la LXX el Salmo 76 (Sept., LXXV.), y también originalmente el Salmo 75 llevaban la inscripción, πρὸς τὸν ʼΑσσύριον. En los Apócrifos las referencias están en Ecclus. XLVIII. 18-22: 1 Mac. VII. 41; 2 Mac. VIII. 19.

Pero hay otros pensamientos que se nos ocurren como que la política mundana de incluso un Ezequías al formar alianzas contra Asiria fue reprobada, y él aprendió en la escuela de la aflicción y humillación a dejar todo este tipo de ayuda y volverse a Dios, y luego obtuvo misericordia; y como Isaías se mantuvo fiel desde el principio en sus advertencias, y tranquilo y sin titubear en su confianza, el verdadero profeta y representante del Señor. Y no obstante, más allá de estas lecciones, que son para todos los tiempos, se presenta a la Iglesia y a cada miembro suyo la convicción de que Aquel que de manera sobrenatural –aunque usando medios naturales– aniquiló en una ocasión al ejército de Egipto y de nuevo hizo morir a los guerreros orgullosos de Asiria, también vigila con un cuidado muy atento sobre la más pequeña de sus criaturas, de modo que ni siquiera un gorrión puede caer al suelo sin que Él lo sepa, y ningún mal puede caer sobre su pueblo, ni ningún poder terrenal puede derrotar Su causa. Porque Él desde la antigüedad es el Dios vivo y verdadero.

Pero en cuanto a Senaquerib mismo, el juicio divino parecía dormitar demasiado tiempo.[28] Pero después de muchos años de reinado le cayó encima. «Mientras estaba adorando en la casa de Nisroc su dios, ... [sus hijos] Adramelec y Sarezer lo hirieron a espada, y huyeron a la tierra de Ararat. Y reinó en su lugar Esarhadón su hijo».[29]

Capítulo 13
(2 Reyes 20; Isaías 38; 39)

El relato de la enfermedad de Ezequías y de los emisarios de Merodac-baladán, que de forma más sucinta también aparece en el *Libro de Isaías*[1] (38:1-8, 21, 22; 39), por causas literarias[2] y por su posición en esta historia, debe ser considerado como un apéndice parecido al que se ha añadido al relato del reinado de David en los capítulos de finales del Segundo Libro de Samuel.[3] Tanto si fue tomado de una fuente especial y distinta, como si fue insertado en este lugar para no interrumpir la continuidad de un relato que tenía un significado espiritual y un objetivo propios, lo cierto es que los acontecimientos que recoge no podían ser posteriores a la partida final de Senaquerib del territorio de Palestina.[4] Después de ella no podía haber motivo para la ansiedad en la referencia al rey de Asiria como para ser tratada por la promesa divina en 2 Reyes 20:6; y tampoco podía Ezequías haber mostrado esos tesoros a los embajadores de Merodac-baladán, pues se había privado anteriormente de ellos para Senaquerib[5] (2 R. 18:14-16), ni, por lo que sabemos de la historia de Merodac-baladán, hubiese podido entonces enviar dicha embajada con el propósito manifiesto de una alianza contra Asiria, y, finalmente, Ezequías no hubiese animado entonces tales aperturas.

Fecha de la enfermedad de Ezequías

En estas circunstancias es una cuestión de interés histórico, más que de importancia práctica,[6] saber si la enfermedad de Ezequías o bien la embajada de Merodac-baladán tuvieron lugar durante el reinado de Sargón o el de Senaquerib, si habían sido anteriores a la campaña del primero en Palestina, o la del segundo.[7] El texto parece indicar el período inmediatamente anterior a la invasión de Senaquerib, ya que en la época de Sargón Jerusalén no corría tanto peligro como el que se indica en la promesa tranquilizadora a su respecto (v. 6). Pero esto no es todo. En cualquier caso, el numeral «quince» años en la añadidura prometida a la vida salvada de Ezequías (v. 6), debe haberse introducido en el texto por algún tipo de error. Ciertamente, no coincidiría con el período de la campaña de Senaquerib; mientras que por otra parte es seguro que Sargón entró en contacto hostil con Ezequías en el segundo año de su reinado[8] (el siguiente a la toma de Samaria), es decir, en el sexto o séptimo, o justo el octavo año del reinado de Ezequías (2 R. 18:10). Pero quince años añadidos a esto nos daría como mucho veintidós o veintitrés años para el reinado de Ezequías, pero sabemos que duró veintinueve años (2 R. 18:2). Si, por lo tanto, resulta imposible determinar la fecha de la enfermedad de Ezequías y de la embajada en la época de Sargón, debemos colocar estos acontecimientos en el período inmediatamente anterior a la campaña de Senaquerib en Palestina. Debió suceder que el número «quince», como los años añadidos a la vida de Ezequías, había sido originalmente una anotación al margen.[9] Con independencia de quién la originó, y cómo se introdujo en el texto, el

---

28. 2 Reyes 19:37 no se debe considerar como un suceso inmediato cronológicamente después del v. 36. Es simplemente la conclusión escritural de todo este relato. En realidad el v. 37 (ver nota siguiente) contiene un breve resumen de los acontecimientos, separados por cierto período de tiempo. Pero constituye la característica sublime del punto de vista profético de la historia sagrada pasar por alto sucesos intermedios por no ser importantes, y relacionar el cumplimiento con la predicción como en una sucesión ininterrumpida.

29. «Nisroc» –evidentemente un dios asirio– no ha sido aún identificado. Probablemente depende de alguna corrupción del nombre, que se escribe de modo diferente en la LXX y de mano de Josefo. Sobre *Adramelec* (aquí el nombre de una persona), ver nuestras observaciones sobre 2 Reyes 17:31. *Sarezer* parece ser una forma defectiva, habiendo sido el nombre completo Nigal-sar-usur –«Nergal proteja al rey». Sorprendentemente, *Abydenus* (Euseb. *Armen. Chron, ed. Mai*, p. 25) nos conserva la primera parte del nombre, Nergilus, y la *Biblia* su segunda parte. Según el relato que acabamos de citar, Senaquerib fue matado por su hijo *Adramelus*, y sucedido durante un breve período de tiempo por *Nergilus* (comp. Schrader, *u.s.*, p. 330, y nota), que fue derrotado y matado por *Esarhadón*, que ascendió al trono. Este último hecho es confirmado por las inscripciones asirias. El profesor Sayce (*Fresh light from the A. Mon.*, p. 127) atribuye el asesinato de Senaquerib a la envidia de Esarhadón de parte de sus dos hermanos mayores, de lo que encuentra un motivo en el testamento de Senaquerib, que cedía grandes tesoros a Esarhadón. «La tierra de Ararat» estaba al sur de las montañas de este nombre, y es parte de Armenia. En aquel tiempo había guerra entre Asiria y Armenia.

1. El resumen se da en el relato de la enfermedad de Ezequías y en su sanidad. Por otro lado, el himno de alabanza, Isaías 38:9-20, no está introducido en 2 Reyes, donde, evidentemente, un himno como éste estaría fuera de lugar.

2. Se ve en toda la forma del relato –incluso en la nota general e intermedia de tiempo en las palabras de apertura: «En aquellos días».

3. Comp. Libro 5 de esta obra.

4. Es cierto que Josefo lo sitúa después de aquel acontecimiento (*Ant.* X. 2, 1), pero su testimonio en este punto no tiene ninguna autoridad.

5. Empero, éste no parece ser un argumento muy fuerte en vistas del poder de recuperación observado en ocasiones anteriores.

6. Desde el punto de vista profético. Porque no es una historia común, y la conexión que determina la forma del relato no es la de la sucesión en el orden cronológico, sino de la causa y el efecto espirituales –el *nexus* (nexo) de acontecimientos interior, no el exterior.

7. Los críticos ingleses (Rawlinson, Sayce, Cheyne) lo colocan en la época de Sargón; las autoridades alemanas más competentes (Schrader, Friedrich Delitzsch) en el de Senaquerib.

8. Ver el artículo *Sargon* en Riehm II. p. 1374.

9. Aquí no podemos considerar las cuestiones críticas relacionadas con Isaías 36:5, 6.

copista, anotador o editor que consideró el año decimocuarto del reinado de Ezequías como el de la invasión de Senaquerib (2 R. 18:13), naturalmente debió restar este número a los veintinueve, el total de años del reinado de Ezequías, y así obtuvo el número quince como el de los años añadidos a la vida del rey. Pero, por otro lado, esto también implica que según este copista, anotador o editor, la enfermedad de Ezequías y la embajada de Merodac-baladán precedieron inmediatamente a la campaña de Senaquerib.

Anuncio de su muerte

El relato en sí no ofrece ninguna dificultad especial. Mientras Ezequías estaba en cama enfermo[10] el profeta Isaías recibió instrucciones de ir a decirle que pusiera su casa en orden (2 S. 17:23), porque su enfermedad acabaría de manera fatal. El rey recibió este anuncio con gran alarma y dolor. En este punto tenemos que recordar las ideas menos claras en el *Antiguo Testamento*, antes de que el Señor, por su venida y su resurrección, «trajese vida e inmortalidad a la luz a través del evangelio». De hecho, nuestra propia experiencia enseña el despliegue gradual de la verdad al mismo ritmo que crece nuestra capacidad de percepción. Y cualquier anticipación de una verdad más completa no hubiese estado en armonía con el carácter de la dispensación preparatoria y de la enseñanza de la misma, ni hubiese honrado la nueva revelación que iba a venir después. Efectivamente, incluso ahora muchos de nosotros aprendemos lentamente el gozo de «partir», a pesar de la referencia constante hacia lo que esto implica, a la presencia del Señor, que antiguamente desconocían. Así no era ni fatalismo ni resignación a lo inevitable, sino fe, cuando los ponían a dormir satisfechos con la seguridad de que dormidos o despiertos todavía estaban con el Señor, y que en esto era bueno confiar implícitamente en las manos del Dios que guarda el pacto.

La oración de Ezequías

Y así podemos entender desde todos los puntos de vista que el salmista diga en su oración: «Dios mío, no me cortes en la mitad de mis días» (Sal. 102:24), y que Ezequías «volvió su rostro a la pared[11] y oró... y lloró con grande lloro».

Porque, sin duda, el hecho de ser tomado en medio de sus días y de su obra, le parecería no sólo una indicación de la desaprobación de Dios, sino incluso de su castigo. Es desde este punto de vista, antes que desde la expresión de la justicia propia, que consideramos las palabras de la súplica de Ezequías. Y aparte de esto, no había nada censurable en su deseo de que su vida se salvara, o en su oración por ello, aunque también aquí hemos de observar el punto más bajo de los que vivían bajo el *Antiguo Testamento*.[12]

10. La enfermedad era probablemente un carbunclo –sin 9. Aquí no podemos considerar las cuestiones críticas relacionadas con Isaías 36:5, 6.duda, no se trataba de la peste.

11. Como prueba de tristeza, como sacando su mirada de todo lo demás, y para concentrar todo su pensamiento en su dolor. Así lo hizo también Acab (1 R. 21:4) aunque en un espíritu muy diferente.

12. La sugerencia de Josefo y de algunos otros padres: que el dolor de Ezequías se debía al hecho que entonces no tenía un hijo que le sucediera, no sólo es altamente improbable, sino que además es insostenible. Los rabís lo ponen todavía más realista, y explican: «morirás» –en este mundo, «y no vivirás»– en el mundo venidero, porque Ezequías había actuado con negligencia con respecto al mandamiento al no tener hijos.

Respuesta divina. Su significado y sus lecciones

Simplemente observamos ahora que la oración de Ezequías fue escuchada. Antes de que Isaías hubiese atravesado «la ciudad media»[13] recibió instrucciones divinas para volver al rey con el mensaje que su solicitud le era concedida, y para añadir a la promesa de la prolongación de sus días la certeza de la seguridad del reino de David y de Jerusalén[14] como anticipación de aquellos peligros que se debían prever como amenazas del futuro próximo.

Hasta aquí todo había sido tal como se podía esperar en el curso de esta historia. Pero lo que viene a continuación sugiere cuestiones de una importancia muy profunda. Isaías no sólo había prometido la sanidad divina, sino que con la mayor brevedad[15] Ezequías subiría al templo de nuevo –sin duda para dar las gracias. No obstante, relacionó con esta ayuda milagrosa la aplicación de un remedio común, cuando le dio instrucciones para que se aplicara masa de higos sobre la llaga. Y como para indicar más el contraste, Ezequías pidió «una señal» de la promesa, y el profeta no sólo se la dio, sino que además le concedió una elección en lo que desde todo punto de vista implicaba una interposición divina. Porque evidentemente Ezequías pedía «una señal» que fuese una prueba clara para él de la intervención directa de Dios en su favor, mientras, por otro lado, la alternativa propuesta, que la sombra de los escalones (grados) del reloj de sol de Acaz,[16] podía moverse hacia adelante o hacia atrás, no deja explicación natural del suceso, tales como un eclipse solar que Isaías pudiese saber de antemano de manera natural o sobrenatural.[17] Ezequías escogió lo que le pareció más difícil, o más bien la alternativa más inconcebible –que la sombra retrocediese. Y en respuesta a la oración de Isaías, la «señal» deseada fue concedida de forma real.

No es difícil entender el significado simbólico de esta señal. Del mismo modo que Isaías había recibido instrucciones de ofrecer a Acaz «una señal» de la liberación prometida, y que le permitiera escoger, «ya sea de abajo en lo profundo

13. Así lo dice el texto masorético. La *Qeri* dice: «patio» en lugar de «ciudad» –que parece una enmienda para dar mayor realce a lo milagroso.

14. Esta añadidura, lejos de interrumpir el mensaje de Isaías, constituye, en vistas del aspecto que vamos a presentar, una parte integrante del mismo.

15. Tanto si la expresión: «al tercer día» se toma literalmente, es evidente que su finalidad era dar a conocer, no sólo la brevedad en el tiempo, sino que se trataba de un período en el cual no se habría podido obtener este resultado, si la sanidad hubiese sido por medios normales.

16. Es interesante descubrir que Acaz –probablemente en su visita a Damasco (2 R. 16:10)– hubiese visto y llevado a Jerusalén algunos de los aparatos científicos del gran imperio del este. Es imposible determinar si este modo de medir el avance del tiempo (no las horas exactamente) funcionaba con una aguja de sol, cuya invención Herodoto atribuye a los babilonios (II. 109). Según Ideler (*Handb. d. Chronol.* I, p. 485) era un *gnomon*, o aguja, rodeado de círculos concéntricos, que indicaba el momento del día por la longitud de la sombra. Pero la palabra «escalones» (grados) parece indicar más bien un obelisco rodeado por peldaños, indicando las horas la sombra que caía sobre ellos, de modo que la sombra de la mañana empezaba en el punto más bajo al oeste e iba subiendo gradualmente hasta la parte más alta, para descender hacia el este a partir de mediodía. Puesto que el texto parece implicar que había veinte «escalones», debían indicar los cuartos de hora, y en dicho caso el acontecimiento tuvo lugar a las dos y media de la tarde (comp. Kamphausen en Riehm, *Wörterb.*).

17. La sugerencia de un eclipse solar (hecha por Bosanquet en el *Journal of the As. Soc.* vol. XV), que parece ser aceptada por Canon Rawlinson (*Speaker's Comment.*), que atribuye a Isaías un «conocimiento previo sobrenatural» del suceso, es insostenible, incluso sobre la base de que implicaría una influencia sobrenatural en Ezequías en su elección del retroceso de la sombra.

o de arriba en lo alto» (Is. 7:11), así también aquí se presentó una alternativa parecida a Ezequías. Tal como Acaz en su confianza en los medios naturales y su falta de confianza en Jehová rechazara la señal, así Ezequías en su falta de confianza en los medios naturales y su confianza en Jehová la solicitó. Y finalmente, como Ezequías temiera que su día de la vida acabara en mediodía, así ahora, cuando tenía que ser prolongado, la sombra subió de nuevo diez escalones hasta la posición de mediodía.

Pero esta historia nos puede enseñar también lecciones más profundas. El cambio del anuncio de lo que iba a suceder a Ezequías, como respuesta a su oración, tiene un significado eterno. Nos anima a «orar siempre» –sin excluir de nuestro abanico de peticiones lo que normalmente se conoce como «cosas temporales». Pero la idea misma de la oración también excluye cualquier pensamiento de seguridad absoluta de una respuesta como se contemplara inicialmente en la oración. Porque la oración y su respuesta no están relacionadas mecánicamente, sino moralmente, tal como entre la señal prometida por Isaías y su concesión hubo la oración del profeta (2 R. 20:11). Como el milagro no es magia, la oración no es determinismo; y al mirar al pasado de nuestras vidas hemos de dar las gracias a Dios tan a menudo por las oraciones no respondidas como por las respondidas.

Hay otra lección relacionada con el cambio de mensaje que Isaías debía dar a Ezequías, que Jerónimo había observado. Su observación (sobre Ez. 33) de que la predicción de un profeta no significa que lo predicho deba suceder tiene una gran importancia. «Porque» tal como añade, el profeta «no predijo para que sucediera, sino para que no sucediera». Y la inmutabilidad de los consejos de Dios no es fatalismo, sino que depende de la subsistencia de las circunstancias que los habían determinado.

Esto nos puede ayudar a entender otra cuestión, que en ciertos aspectos es más difícil. Evidentemente, tanto el anuncio de la muerte intempestiva de Ezequías como su revocación estaban determinados por su relación para con Dios. Esto a su vez repercutiría de forma importante sobre la conducta del rey en la próxima guerra asiria, que atañía no sólo personalmente a Ezequías, sino a toda la línea de David y al destino de Judá. Pero las lecciones dadas al rey primero por su peligro y luego por su restablecimiento eran precisamente las que Ezequías necesitaba aprender si, obediente a la amonestación de Isaías, y creyendo en la promesa del Señor, iba a realizar coherentemente la voluntad de Jehová en medio de las tentaciones y dificultades de la invasión asiria. Esto, no sólo porque había tenido experiencia de la veracidad de la promesa profética, sino porque había aprendido, de un modo inmejorable, que Dios respondía a las oraciones, que era misericordioso y perdonador, y capaz para sacar del peligro más grave, incluso en el momento más extremo. De hecho, lo que se presenció después en la liberación de Jerusalén era a gran escala lo mismo que Ezequías había experimentado en su sanidad. Así, las lecciones de su recuperación tenían por objetivo la preparación espiritual de lo que pronto acaecería.

Todavía hemos de referirnos con mayor detalle a «la señal» en sí del reloj de sol de Acaz. Por el hecho de que en el Libro de Reyes no se cita una alteración en la posición relativa del sol (como en la cita poética de Jos. 10:12, 13), sino de la posibilidad de ascenso o descenso de la sombra,[18] y que esto se observara sólo en el reloj de escalones de Acaz,

18. Como ya hemos dicho, el relato del Libro de Isaías (38:8) no es el original, sino posiblemente el relato abreviado del Libro de Reyes. Si, en su forma actual el v. 6 se debe ya a un editor posterior,

«Resulta imposible determinar la fecha de la enfermedad de Ezequías y de la embajada en la época de Sargón. Debemos colocar estos acontecimientos en el período inmediatamente anterior a la campaña de Senaquerib en Palestina».

Este príncipe sargónida que practica la caza con halcón es probablemente Senaquerib adolescente acompañado de su halconero, en el coto de Khorsabad, bajo el reinado de su padre Sargón. (Palacio de Khorsabad, Museo del Louvre)

inferimos que, desde el punto de vista del escritor, «la señal» era local, y por tanto no podía implicar una interferencia con el orden normal de la naturaleza. La narración bíblica sólo indica que en aquel lugar en concreto ocurrió algo que hizo retroceder la sombra del reloj, aunque al mismo tiempo no dudamos en afirmar que este algo fue provocado divinamente. No disponemos de los medios para determinar qué era ese algo. De las sugerencias propuestas la más probable es la de una extraordinaria refracción de los rayos de sol, que según se ha documentado, ha producido fenómenos parecidos en otros lugares.[19] Si tal intervención divina se llama milagro, nosotros no tenemos objeciones con referencia a la idea ni al nombre –aunque preferimos el nombre de «una señal». Pero añadiremos que, en un sentido modificado, las interposiciones divinas como señales para nosotros no son tan infrecuentes como algunos creen.

Los mensajeros de Merodac-baladán y su objetivo

La fama de la sanidad de Ezequías se extendió a lo largo y ancho del país, con una velocidad nada extraña en oriente. Llegó a un monarca, que, de forma especial en ese momento, tenía una gran y dolorosa necesidad de ayuda, divina o humana. Hay pocos capítulos de la historia que sugieran episodios más interesantes que el de Merodac-baladán,[20] que luchó por la independencia y la supremacía y por la corona de Babilonia sucesivamente con Tiglat-pileser, Sargón y Senaquerib –y que había sido consecutivamente victorioso, derrotado, expulsado y restablecido, y otra vez fugitivo. Éste no es lugar para describir aquí toda su historia, tal como se puede extraer de las notas del historiador caldeo Berossus,[21] del canon de Ptolomeo, la Biblia y las inscripciones asirias.[22] Baste aquí recordar que la fecha de su embajada a Ezequías debió coincidir con un breve período en el que al comienzo del reinado de Senaquerib una vez más ocupó el trono de Babilonia durante seis meses. Es natural que en vistas de su conflicto con Asiria buscase alianzas por todas partes y que la fama de la sanidad milagrosa de Ezequías, de su gran riqueza y poder –todo ello, sin duda, exagerado según la costumbre oriental–, debió inducirlo a enviar una embajada a Jerusalén. La posible confederación contra Asiria en el oeste, como la que posteriormente se formó realmente, hubiese sido una gran ayuda para su causa. También era natural, tanto con respecto a Asiria como a Ezequías, que aquella intención no fuese manifiesta, ni tal vez se discutiera formalmente la posibilidad de una alianza, hasta que los embajadores hubiesen tenido la oportunidad de juzgar personalmente la situación exacta de los asuntos en Jerusalén. Y así fueron ostensivamente para llevar a Ezequías cartas de felicitación por su recuperación, y «un regalo».[23] Pero todas las partes –incluyendo a Senaquerib por un lado, y al profeta Isaías por el otro– entendieron el objetivo real de la embajada.

Recepción de los enviados de Ezequías

Todo esto explica perfectamente el relato bíblico. No es necesario suponer que la cuestión de un tratado contra Asiria fuese discutida realmente por Ezequías y los enviados de Merodac-baladán. De hecho, puesto que esto no se cita en la Escritura, parece poco probable que se hiciera o ni siquiera se propusiera un tratado. De todos modos, no podría haberse puesto en práctica, pues mucho antes de que pudiera actuarse, Merodac-baladán fue expulsado. Por otro lado, parece igualmente claro que Ezequías, por reticente que fuera, favorecía secretamente el propósito de la embajada. Fue con este objetivo –demostrar su poder– que «Ezequías los escuchó,[24] y les mostró toda la casa de sus cosas preciosas, la plata, y el oro, y las especias, y todo lo que había en sus tesoros; no había nada en su casa, ni en todo su dominio, que Ezequías no les mostrara» (2 R. 20:13).

El profeta y el rey

Fue una estratagema falsa la de Ezequías, cuando, en respuesta a las preguntas de Isaías, intentó desviar su atención con una referencia al «país alejado» desde donde habían acudido los embajadores, para halagar el orgullo nacional judío, e implicando la supremacía reconocida del poder de Jehová. Éste no había sido el objetivo del profeta al preguntar sobre el país de estos desconocidos. Al hacerle confesar que venían de Babilonia, estaba indicando a Ezequías que había entendido su propósito más interior al mostrarles todos sus tesoros. Pero saberlo significaba pronunciar la desaprobación divina sobre cualquier alianza como aquella contra Asiria. Esto explica la severidad del castigo posteriormente denunciado sobre Ezequías por una ofensa que de otro modo pudo haber parecido trivial. Pero este hecho se había manifestado, que Ezequías no había aprendido las lecciones que se pretendían con su reciente peligro y la recuperación concedida por Dios; y tampoco las aprendió excepto en la escuela de la extrema angustia, después de que toda su política mundana había terminado en derrota, su tierra había sido desolada, y el victorioso ejército de Asiria sitió la ciudad de Jerusalén. Y este parece ser el significado de la referencia en 2 Crónicas 32:25, 26, a la ingratitud y el orgullo del rey después de su recuperación milagrosa, además de su otra nota (v. 31), que en el asunto de los embajadores, Dios había dejado a Ezequías que actuara por sí mismo, para ponerlo a prueba, y «conocer todo lo que había en su corazón».[25]

Profecía de Babilonia

Pero Dios no cambió en nada. Tal como posteriormente Isaías denunciaría la alianza con Egipto, así ahora pronunció el juicio divino sobre el tratado esperado con Babilonia. Lejos de conseguir ayuda de una alianza así, la desgracia y la tristeza finales de Israel vendrían de Babilonia, y la locura de Ezequías se manifestaría y sería castigada en el exilio y

---

o si la referencia al sol, no a la sombra, es sólo un modo popular de descripción, no tiene ninguna importancia para nuestros fines.

19. Así el prior Romnald, en Metz, observa el 27 de Marzo de 1703 un retroceso similar del reloj de sol de aproximadamente una hora y media (= seis escalones del reloj de Acaz), debido a la refracción de los rayos de sol en una nube de vapor.

20. La grafía «Berodac» de 2 Reyes es evidentemente un error de transcripción. En las inscripciones asirias *Marduk-habal-iddina*, «Merodac dio un hijo», es conocido como «el hijo de Yakin;» pero esto no indica el nombre de su padre, sino la dinastía a la que pertenecía, que gobernaba sobre «Bît-Yakin» (Comp. Schrader, *u.s.*, p. 342).

21. En los extractos de Alejandro Polyhistor, conservados por Eusebio.

22. Para la historia de Merodac-baladán debo citar a Schrader.

23. En 2 Crónicas 32:31 se afirma que el objeto ostensivo era «para inquirir sobre la maravilla que se había realizado en la tierra». Una investigación así sobre el poder real del Dios de Judá, desde el punto de vista pagano, no estaría en contradicción con el objetivo real de la misión.

24. En Isaías 39:2 leemos, «Ezequías se regocijó». Tal vez ésta sea una lectura mejor.

25. Josefo también adopta la misma opinión sobre el objetivo de la misión babilónica (*Ant.* X. 2, 2).

la esclavitud de sus descendientes. Así en la secuencia de Dios su siembra de desobediencia sería seguida de una cosecha de juicio. Pero el momento presente tendría «paz y seguridad» –hasta que se colmara la medida de la iniquidad. Y Ezequías aceptó la sentencia, reconociendo su justicia y mostrándose agradecido por su aplazamiento. Pero, a pesar de ello, también observamos aquí alguna deficiencia. Ezequías no llegó al nivel elevado de su padre David en circunstancias algo parecidas (2 S. 24:17), y tampoco demostró la humilde sumisión absoluta de Elí, en la antigüedad (1 S. 3:18).[26]

Pero del mismo modo que en toda esta historia Isaías es presentado como el verdadero profeta de Dios por la coherencia de sus palabras como mensaje de la voluntad divina contra todas las alianzas paganas, por medio de su resistencia a toda política mundana, por especiosa que fuera, e incluso por su conducta en la doble ocasión que constituye el tema del presente relato, así se elevó ahora hasta el punto más alto de su oficio. Nunca antes había habido una predicción tan inequívoca del futuro como cuando Isaías, en pleno apogeo del poder de Asiria, anunció que el imperio mundano del futuro no pertenecería a ella, sino que sería conquistado por Babilonia, y que el juicio de Judá no vendría de los actuales enemigos temidos, sino de los que ahora habían procurado su alianza.[27]

Capítulo 14
(2 Reyes 21; 2 Crónicas 33)

Manasés (14º) y Amón (15º) reyes de Judá

Con la muerte de Ezequías, se abre otro capítulo de la historia judía; un capítulo extraño. Cuando lo enterraron «en la cuesta de los sepulcros de los hijos de David»,[1] no sólo los habitantes de Jerusalén –por la defensa, ornamentación y mejora de la cual había hecho tanto– sino todo Judá se unió para rendirle honores.

Duelo popular por Ezequías

Su reinado, a pesar de reveses y calamidades temporales, había sido próspero para su país, y lo dejó en unas circunstancias políticas muy diferentes de las que había cuando ascendió al trono. Y sobre todo, su historia debió estar llena de la más importante enseñanza teocrática para el pueblo. Si no fue así, vemos en ello simplemente nuevas evidencias de la decadencia espiritual de la que los profetas dan una imagen tan realista en su descripción de la situación moral del pueblo.

Acceso al trono de Manasés

Manasés tenía sólo doce años[2] cuando sucedió a su padre. Desde nuestra mentalidad occidental, se debería considerar un niño. Pero en oriente se consideraría que a aquella edad había alcanzado el período más peligroso del despertar de la virilidad, antes de que el pensamiento hubiese temperado la terquedad, o la experiencia hubiese puesto límites a la impulsividad. En tales circunstancias, resistir a la tentación constante y a la incitación para gratificar toda voluntad y todo deseo, hubiese exigido una fibra moral fuerte. Pero Manasés era egoísta e imprudente, débil y cruel en su maldad, y apenas respetable en arrepentimiento. Cuando el niño Jeoás ascendió al trono, disponía del beneficio de los consejos de Joiadá (2 R. 12:2), y sabemos que su reinado posterior e independiente decepcionó su promesa inicial. Pero Manasés no disponía de ningún guía como éste. La corrupción moral y religiosa del reinado de su abuelo, según inferimos de los escritos proféticos, debe considerarse no sólo como el resultado, sino incluso parcialmente como la explicación de las medidas de Acaz. Este estado de cosas no pudo ser controlado efectivamente durante los veintinueve años del reinado de Ezequías, especialmente entre los problemas y la desorganización relacionada con la invasión asiria. De hecho, sabemos que incluso entre los consejeros más íntimos de Ezequías, había algunos que fueron condenados enfáticamente por la palabra profética (comp. Is. 22:15-19; 29:14-16; 30:1, 9-14).

Tentaciones y carácter del rey

En estas circunstancias la repentina reacción y la «contrarreforma» del reinado de Manasés, en la que parece ser que arrastró al pueblo con él, no puede ser extraña ni sorprendente. En pocas palabras, era una clase de ideal pagano de religión en el que se combinaban varias formas de idolatría nacional. Se restableció la modalidad corrupta del culto a Jehová «en los lugares altos». A esto se añadieron los ritos fenicios de Baal y Asera, que Acab había introducido en Israel, y el culto asirio-caldeo de las estrellas. Todo ello fue llevado a sus secuencias más extremas. En el templo, en el que Jehová había puesto su nombre tres veces santo, y el cual, como morada firme y duradera en contraste con el tabernáculo, simbolizaba la permanencia de Su morada en medio de Israel, y la permanencia de ellos en la tierra, Manasés construyó altares a las huestes del cielo, colocándolos en los atrios interiores y exteriores.

Idolatría y crueldad de su reinado

Más aún, en la misma «casa» sagrada, erigió los ídolos más viles: «la imagen tallada del Asera», cuyo culto implicaba toda lascivia. En conjunción con esto hubo la institución de un nuevo sacerdocio,[3] constituido por los que tenían espíritus familiares, y «brujos», mientras el rey mismo practicaba la adivinación y el encantamiento.[4] Y como siempre, junto con todo esto,[5] el culto de Moloc, con su terrible rito

---

26. Comp. Cheyne, *u.s.* I., p. 231.

27. Observamos que Isaías 39 viene seguido de 40–47. La importancia de la relación de estas profecías no necesita ser aclarada. Una es la contrapartida divina de la otra.

1. Ésta es la traducción correcta, o bien «el monte». Probablemente todo el espacio de «los sepulcros» estaba lleno.

2. Posiblemente los hijos mayores de Ezequías habían muerto, o tal vez no había ninguno de las consortes reales, que estuviera a la altura para sucederle en el trono.

3. La expresión עשה «hizo» de 2 Reyes 21:6, implica su nombramiento formal.

4. El pronóstico del futuro, o la adivinación. He preferido esta traducción general. En el uso rabínico se entiende básicamente la adivinación por la observación de las nubes (de ענן); la expresión referente a «encantamiento» significa principalmente susurrar fórmulas de encantamiento, y observar un augurio; el tener «espíritus familiares» se refiere a la necromancia ya sea conjurando o consultando a los muertos; «los brujos» [lit., los que tienen conocimiento] ידענים se presentan curiosamente en el Talmud (*Sanh.* 65*b*) como magos, que se ponen en la boca el hueso de un animal llamado *Yaddua* (ידוע), cuando el hueso habla por sí mismo. Comp. en general Levítico 19:26.

5. Comp. Deuteronomio 18:10, 11.

de pasar a los niños por el fuego, no sólo era promocionado por el ejemplo del rey (2 R. 21:6; 2 Cr. 33:6), sino que aparentemente se convirtió en una práctica general (2 R. 23:10).

Estado moral del pueblo

Tanto la extensión como la desvergonzada inmoralidad de la idolatría vigente entonces se pueden inferir del relato de la posterior reforma de Josías (2 R. 23:4-8). Porque, independientemente de las prácticas que podían haber sido introducidas por los reyes anteriores, la localización, probablemente en el patio exterior del templo, de una clase de sacerdotes, que, en su vicio desnaturalizado, combinaban una especie de locura con la más profunda degradación moral,[6] y junto con ello, y en comunión con ellos, el de las sacerdotisas de Astarte, debieron ser la obra de Manasés.

Anuncio profético del juicio

Sabemos que algunas de estas abominaciones formaban parte de los ritos religiosos no sólo de los habitantes de Canaán, también de los babilonios.[7] Por otro lado, difícilmente podamos evitar la inferencia que estas formas de idolatría eran promocionadas sobre todo por los vicios que conllevaban. Así no sólo implicaban la degeneración religiosa, sino principalmente la moral. No obstante, como se podía esperar, también hubo una protesta espiritual y una reacción moral contra todo esto. Se oían voces proféticas que anunciaban la ruina cercana de un rey y un pueblo más malvado que los cananeos antiguos.[8] Pero es significativo el hecho de que estos mensajeros divinos no se mencionan aquí.[9] En realidad, se trataba de una época de martirio, en lugar de testimonio. Puede ser que el relato de Josefo sea exagerado, que Manasés mató a todos los justos de entre los hebreos, y no salvó ni siquiera a los profetas, sino que cada día mataba a algunos de ellos (*Ant.* X. 3, 1); y sólo una base de verdad histórica puede subyacer a la tradición judía,[10] que fue adoptada por los padres,[11] que por orden de Manasés Isaías fue aserrado en dos en un cedro, donde se había refugiado. Pero la Santa Escritura relata que Manasés había llenado Jerusalén «desde un extremo a otro» con sangre inocente.

Como ya hemos observado, estos pecados eran nacionales, y esto en un sentido más especial que meramente la identificación de una nación con sus gobernantes y sus actos públicos. Como esta condición del pueblo no era excepcional, sino el resultado de un largo curso, los juicios divinos fueron acumulativos, extendiéndose ya desde el comienzo hasta la fase actual de culpa (2 R. 21:15). Y el mal que iba a llegar sería de las proporciones no sólo del pecado de Israel, sino también de su total infidelidad al significado y al propósito de su llamamiento.[12] Con el lenguaje figurativo de la Escritura, la desolación de Jerusalén iba a ser tan completa como la de Samaria y de la casa de Acab –como si fuera arrasada del todo, de modo que el constructor pudiese poner sobre ella la cinta métrica y aplicarle la plomada, como si no hubiese habido nada allí antes (comp. Is. 34:11; Lm. 2:8; Amós 7:7-9). Más aún, Jerusalén sería totalmente vaciada y limpiada, como un plato secado con un trapo, y luego colocada al revés.[13] Porque Judá –el remanente de lo que había sido la herencia de Dios– iba a ser echada, y entregada a sus enemigos como «presa y botín» (2 R. 21:12-14).

Relato adicinal del Libro de Crónicas

En este punto se interrumpe la historia de Manasés abruptamente en el Libro de Reyes y se continúa y amplía en el de Crónicas (2 Cr. 33:11-20). Esto es notable, primero, por la nueva información sobre el carácter «profético» de la historia tal como se presenta en los Libros de Reyes, y en segundo lugar, como confirmación del valor histórico de los de Crónicas. En los Libros de Reyes, el escritor, o compilador, no presenta los anales de un reinado, ni las biografías de reyes y héroes; sino que agrupa los acontecimientos que repercuten en los asuntos divinos de esta historia, con relación al llamamiento de Israel. Esto no sólo explica el breve resumen del reinado más largo de Judá e Israel –el de Manasés, que duró cincuenta y cinco años–, sino también específicamente la omisión de lo que él había hecho para la defensa de Jerusalén y Judá (2 Cr. 33:14), así como su cautividad, su arrepentimiento, su regreso a su capital y su reforma. Porque estas defensas de Judá eran inútiles; la cautividad de Manasés fue temporal; y su reforma, como veremos, fue simplemente superficial. Pero en pocas ocasiones ha recibido el escepticismo de cierta escuela crítica un reproche más severo que en referencia a las dudas que se han presentado, sobre bases internas, acerca de la credibilidad del relato de 2 Crónicas 33:11-20 –y de esto no hace mucho tiempo.[14] Se cuestionó por la siguiente razón: que, considerando el silencio del Libro de Reyes, no había ninguna razón para creer que los asirios ejercieran su supremacía sobre Judá –y mucho menos que hubiese habido una expedición hostil contra Manasés–; y porque la deportación de Manasés a Babilonia (v. 11) no podía ser histórica, si se consideraba que la residencia del rey asirio estaba en Nínive.

---

6. Éste no es el lugar para hablar sobre las abominaciones desvergonzadas de esta manía por el vicio. El estudioso clásico sabe lo que eran los Galli. No es posible determinar lo que tejían estas sacerdotisas, «tiendas», o cortinas –tal vez alfombras, o podían ser vestiduras para los ritos de Astarte: pero sin duda algo para el vil culto con el que estaban relacionadas (2 R. 23:6). Tal vez el texto esté corrompido aquí (¿a propósito?). Sobre estas abominaciones, comp. Deuteronomio 23:17, 18. Ver 1 Reyes 14:24; 15:12; 22:46; Job 36:14.

7. Herod. I. 199. Comp. *Bar.* VI. 43.

8. Se cita a los «amonitas» como representantes de los cananeos en general, siendo la más poderosa de las once tribus cananeas (Gn. 10:15-18). Comp. Génesis 15:16; 48:22; Josué 7:7; 13:4; 24:15; Ezequiel 16:3; Amós 2:9, y otros pasajes.

9. Se supone que Miqueas 6 y 7 son de este período.

10. La tradición judía sostiene (*Yebam 49b,*) que Manasés acusó a Isaías de haber enseñado lo que era contrario a la ley de Moisés (Is. 6:1, comp. Éx. 33:20; Is. 55:6, comp. Dt. 4:7; 2 R. 20:6, comp. Éx. 23:26). A esto Isaías respondió que sin duda tenía una buena respuesta para estas acusaciones, pero no la daría, para no agravar la culpa de Manasés. Luego el profeta pronunció el nombre inefable, ante lo que un cedro se abrió para recibirle. Luego el cedro fue aserrado. Cuando se llegó a la boca de Isaías, dejó su alma. Esto, porque Isaías había acusado al pueblo de ser «inmundos de labios». La leyenda ha pasado con diferentes variaciones al seudoepígrafe «Martirio de Isaías» (en su forma original, probablemente un libro judío, actualmente un libro cristiano), que constituye la primera parte (caps. I–V) del seudoepígrafe, «la ascensión de Isaías» (ed. Dillmann, Leips. 1877). Otras versiones de la leyenda, de un Targum, en Assemani, *Catal. Bibl. Vat.* I. p. 452, y en una nota marginal sobre Is. 66:1 en el *Cod. Reuchl.*

11. Justino, Tertuliano, Orígenes, Jerónimo y Epifanio. Comp. Schürer, *Gesch. d. Jüd. Volks,* II., p. 283, nota 112, y pp. 685, 686.

12. 2 Reyes 21:12. La misma expresión referida a terribles noticias aparece en 1 Samuel 3:11; Jeremías 19:3.

13. Las otras explicaciones de la figura –algunas de las cuales se han presentado– parecen artificiales.

14. Pero es justo añadir que las dudas sobre la deportación de Manasés no han sido compartidas por los críticos más pre-cavidos de esa escuela, aunque niegan la segunda parte del relato –pero sin mejores argumentos.

A estas objeciones, se añadieron como secundarias que la escasa probabilidad del relato de un rey transportado con cadenas y grilletes se veía confirmada por la observación todavía más increíble que este cautivo fuese restablecido posteriormente en su reino.

Su fiabilidad confirmada por las inscripciones asirias

Por aparentemente ciertas que parezcan estas objeciones, han sido totalmente desplazadas por la evidencia de las inscripciones asirias, cuya conservación es aquí especialmente providencial. Desgraciadamente, las lecciones que se podían haber aprendido en cuanto al escepticismo por «razones internas» han tenido poca influencia.

A pesar del silencio del Libro de Reyes, no puede haber ninguna duda sobre la supremacía de Asiria sobre Judá en la época de Manasés. En una lista de los veintidós reyes sometidos en «la tierra Chatti,» en el reinado de Esarhadón, a quien el monarca convocó, aparece explícitamente el nombre de *Minasi sar mât (ir) Jaudi*, Manasés, rey de Judá.[15]

Cautiverio de Manasés en Babilonia

Pero la captura de Manasés por los capitanes asirios, y su deportación a Babilonia, recogidas en 2 Crónicas 33:11, parece que tuvieron lugar no en el reinado de Esarhadón, sino en el de su sucesor, Asurbanipal (el *Sardanapalus* de los escritores clásicos), cuando su hermano Samas-sum-ukîn, el virrey de Babilonia, implicó entre otros países también a Fenicia y Palestina en su rebelión. Y aunque la residencia normal de Asurbanipal se hallaba en Nínive, no sólo tenemos motivos para creer que después de su ascenso como rey de Babilonia, residió temporalmente en aquella ciudad, sino que incluso existe evidencia monumental de su recepción allí de embajadores con regalos tributarios.

Su arrepentimiento y oración Su restablecimiento en Jerusalén

Finalmente, vemos la contrapartida exacta del hecho que Manasés fue llevado a Babilonia con «ganchos»,[16] y «sujetado con grilletes», y posteriormente restablecido en su reino, en la observación asiria del tipo exacto de deportación y la misma restauración por Asurbanipal de Necao de Egipto.[17]

La Santa Escritura nos explica la razón de este restablecimiento no, como en las inscripciones asirias, por su causa secundaria: «la misericordia del rey» sino por motivo real, y lo relaciona con el arrepentimiento y la oración de Manasés en su aflicción (2 Cr. 33:12, 13). El hecho de que en tales circunstancias el hijo de Ezequías, al recordar la liberación divina de su padre, reconociera tanto la locura como la culpabilidad de su conducta, se humillara y orara al Señor,[18] parece tan natural que casi no requiere confirmación alguna.

Carácter superficial de su reforma

Pero no obstante, existe tal confirmación, al menos de su regreso a Jerusalén, en la nota histórica de sus añadiduras a las fortificaciones de Jerusalén (2 Cr. 33:14). Y si su abolición de la antigua idolatría, y el restablecimiento del servicio de Jehová, no parecen coherentes con las medidas que posteriormente adoptó su nieto Josías, debemos recordar que entre ellos dos estuvo el malvado reinado de Amón; que Manasés parece más bien que dejó de lado la idolatría en lugar de destruirla; y que el texto sagrado indica la superficialidad y la imperfección de su reforma (2 Cr. 33:17).

Los acontecimientos que acabamos de observar debieron suceder al final de este reinado, que tuvo la duración excepcional de cincuenta y cinco años. Del mismo modo que la Santa Escritura se refiere a sus pecados como un ejemplo extremo y permanente de culpabilidad (2 R. 23:26; 24:3; Jer. 15:4), también, por otro lado, la tradición judía insiste en el arrepentimiento de Manasés y la aceptación de su oración, como la más completa manifestación de la misericordia de Dios, y la mejor animación para los pecadores que se arrepienten.[19]

Muerte de Manasés

Y, en realidad, el juicio amenazador sobre Jerusalén fue aplazado más de medio siglo. Fue así también con la paz con la que Manasés fue puesto a dormir.[20] Fue sepultado en un jardín junto a su palacio, que tenía el nombre popular de «jardín de Uzza».[21]

Reinado de Amón

El hecho de que la reforma de Manasés podía ser sólo superficial, se ve en el relato del breve reinado de su hijo y sucesor Amón. De hecho, algunos escritores han visto una imagen de este período en algunas palabras de Sofonías,[22] aunque sus profecías son del tiempo de Josías. Amón tenía veinticuatro años cuando ascendió al trono, y su gobierno sólo duró dos años. Se caracterizó por el regreso a la idolatría de Manasés –y aparentemente en una forma más grave (2 Cr. 33:23). Una conspiración de palacio acabó con su vida. Como en una ocasión anterior (2 R. 14:20, 21), «la gente de la tierra» aseguró la sucesión de David al proclamar a Josías, el joven hijo de Amón, heredero de este trono.

---

15 También recordamos aquí que Esarhadón transportó una nueva colonia a Samaria (Esd. 4:2, 10).

16. Ésta es la traducción correcta.

17. Comp. Schrader, *u.s.*, pp. 366-372.

18. «La Oración de Manasés» en los Apócrifos es sin duda de fecha posterior, y no fue aceptada como canónica ni siquiera por la iglesia Católica Romana. El lector curioso puede ver Fritzsche, *Handb. zu d. Apokr.*, I., pp. 157-164, a la bibliografía mencionada allí, y a Fabricio, *Cod. Pseudepigr*, I., 1100-1102.

19. El Talmud (*Sanh.* 103*a*) dice que negar que Manasés tuviese su parte en el mundo venidero sería debilitar las manos de los que se arrepienten. Puesto que la justicia exigía que se le cerrara el cielo, el Todopoderoso le abrió un orificio en el firmamento. En el Midrash (*Debar. R* 2) se ofrece de modo realista un relato legen-dario, primero sobre el ídolo que erigió; luego, cómo clamó al Señor al ser quemado por los asirios y descubrió que todos sus dioses le habían fallado; finalmente, cómo los ángeles que ministraban habían cerrado todas las ventanas del cielo ante su oración, pero Dios le había abierto un orificio debajo del trono de Su gloria para el consuelo de los que se arrepienten en todas las épocas.

20. La referencia de 2 Crónicas 33:19 a *«la historia de Hozai,»* podría ser un libro profético, ahora perdido, o sino un error de transcripción en lugar de החוזים, *«los videntes»*. Ésta última parece ser la opinión de los LXX.

21. Lugar desconocido. Recientemente se ha identificado con el sepulcro de Alejandro el Macabeo, al este de Haram.

22. Por ejemplo 1:4-6, 12, 13; 3:1-4, 11. Pero la mayoría de críticos refieren todas estas afirmaciones del profeta a la insuficiencia de las reformas en la época de Josías.

Capítulo 15
(2 Reyes 22; 23:1-23; 2 Crónicas 34; 35:1-19)

Josías (16º) rey de Judá
Acceso al trono de Josías. Su vida al inicio

Josías tenía solamente ocho años cuando sucedió al trono en su dignidad real. Aunque su extrema juventud le impediría caer en las influencias y tentaciones a las que se vio expuesto Manasés a su ascenso, sí que necesitaba algún tutor, o por lo menos algún guía, de los hombres generalmente venerados a los que se pudiese confiar un niño real. El hecho de que tales hombres existían se infiere por el avivamiento profético representado por una Hulda, un Jeremías y un Sofonías;[1] por las observaciones que tenemos sobre algunos que después encontramos alrededor del rey; y, finalmente, por la conducta del sacerdocio bajo su jefe Hilcías. Y tampoco se podían haber borrado completamente las lecciones del reinado de Ezequías, e incluso de Manasés, durante el breve gobierno de Amón. Estos hombres, bajo los auspicios de los cuales posteriormente se realizó la reforma de Josías, no podían tener ninguna dificultad en mostrar al joven rey que los recuerdos más resplandecientes de la casa real de Judá se asociaban con los nombres de David, Josafat, Joás, Uzías y Ezequías, y que las épocas de mayor prosperidad nacional habían sido los de fiel y fervorosa fidelidad a Jehová y su servicio.

Sin duda todo esto son inferencias, pero se basan en los hechos de esta historia, y la explican. Tampoco podemos evitar pensar que, incluso el nacimiento temprano de un heredero de la corona, implicando un casamiento a la edad de trece años,[2] puede tener su significado en estas circunstancias (comp. 2 R. 22:1 con 23:36). Pero toda la historia del reinado de Josías es tan importante y plantea tantas preguntas, que, por motivos de claridad, parece mejor discutir separadamente sus aspectos religiosos y políticos, siempre que sea posible.

Organización del relato

Lo primero y más importante de este reinado son las medidas de reforma religiosa inauguradas por Josías. Estas medidas incluyen la abolición preliminar de la idolatría; la reparación del templo; el descubrimiento del Libro de la Ley; la consecuente reforma nacional de parte del rey; y, finalmente, la solemne observación nacional de la pascua. Hemos presentado los acontecimientos de acuerdo con su orden cronológico, y tal como se presentan en el Libro de Reyes, siendo el Libro de Crónicas sólo diferente en apariencia. Cada uno de estos dos relatos cuenta, con circunstancias diferentes, uno u otro de los acontecimientos mencionados –en cada caso de acuerdo con el punto de vista diferente de cada autor, al que nos hemos referido con frecuencia. Así el tema principal del Libro de Reyes es la reforma religiosa, tanto en su aspecto positivo con referencia al templo, la ley y la religión nacional (2 R. 22:3; 23:3), como en su aspecto negativo en la abolición de la idolatría (2 R. 23:4-20). Por otro lado, el cronista refiere ampliamente, y con mucho detalle, la observancia de la pascua (2 Cr. 35:1-19), mientras que trata brevemente lo que parecería más importante (2 Cr. 34:4-7).

1. Comp. también 2 Reyes 23:2: «los profetas.»
2. Amón fue padre de Josías a la edad de 16 años (comp. 2 R. 21:19).

«Del mismo modo que la Santa Escritura se refiere a los pecados de Manasés como un ejemplo extremo y permanente de culpabilidad (2 R. 23:26; 24:3; Jer. 15:4), también, por otro lado, la tradición judía insiste en su arrepentimiento y la aceptación de su oración, como la más completa manifestación de la misericordia de Dios, y el mejor ejemplo de ánimo a los pecadores que se arrepienten. Y, en realidad, el juicio amenazador sobre Jerusalén fue aplazado más de medio siglo. Fue dentro de ese período de paz que Manasés "durmió con sus padres" y fue sepultado en un jardín junto a su palacio, que tenía el nombre popular de "jardín de Uzza"».

Esta tumba data poco más o menos de aquella época, (hacia 700 a.C.) y, como la de Manasés, no se encuentra en el valle del Celdrón. La sala funeraria está excavada en la misma roca.

Esto explica lo que de otro modo parecería una dificultad en la organización del relato. Los relatos del Libro de Reyes y el Libro de Crónicas colocan la restauración del templo «en el octavo año del rey Josías». Pero en el primero el registro de la reforma religiosa empieza con este suceso, mientras que el cronista escribe un prefacio que consta de un resumen muy breve de lo que se había hecho con anterioridad para la abolición de la idolatría (2 Cr. 34:3-7). El hecho de que algo de este tipo tuvo que preceder a la restauración del templo es evidente. No se puede suponer que un monarca como Josías tolerase durante diecisiete años todo lo que Amón había introducido, y luego, en su decimoctavo año, repentinamente procediera a las medidas de barrido que describen tanto el autor de Reyes como el de Crónicas. Por lo tanto, es simplemente razonable aceptar la afirmación de este último, de que «en el octavo año de su reinado, cuando todavía era joven» [cuando tenía dieciséis años –supuestamente, cuando empezó a administrar personalmente el gobierno], el rey Josías «empezó[3] a buscar al Dios de David su padre», y que «en el duodécimo año empezó a purgar Judá y Jerusalén» de su idolatría (2 Cr. 34:3). Y luego el cronista, quien, como hemos comentado, sólo hace una breve referencia a la reforma descrita con tanto detalle en 2 Reyes 23:4-20, añade a la mención de las medidas iniciales hacia la abolición de la idolatría un resumen de lo que finalmente se hizo al respecto, después de la restauración del templo y como consecuencia del descubrimiento del Libro de la Ley (vv. 4-7). La referencia al final del relato de la restauración del templo en 2 Crónicas 34:33, que coincide en el tiempo con 2 Reyes 23:4, evidencia que éste es precisamente el objetivo del relato.

Es natural que las medidas preliminares descritas por el cronista sean seguidas por la restauración del templo y sus servicios, como sin duda también se relacionaban con la misma. Esto se realizó el decimoctavo año del reinado de Josías. Habían transcurrido casi dos siglos y medio desde la anterior restauración de Joás (2 R. 12:4-16), y el edificio sagrado debió haber sufrido mucho bajo los reyes idólatras, especialmente durante los recientes reinados de Manasés y Amón. Puesto que la restauración era naturalmente del mismo tipo que la anterior bajo Joás, los dos relatos tienen que parecerse.

Colecta para la reparación del templo El remanente de Israel

Las colectas para las reparaciones del templo que se mencionan debieron haber empezado algunos años antes (2 R. 22:4) –tal vez tan pronto como el octavo año del reinado del rey. Pero lo que nos interesa de manera especial es que las aportaciones no sólo eran de Judá, sino también de los habitantes israelitas de lo que había sido el reino de Israel (2 Cr. 34:9). Esto no sólo indica un movimiento religioso entre ellos, como anteriormente en la época de Ezequías,[4] sino que también políticamente el remanente de Israel en la tierra se había acercado a una alianza esperanzadora con Judá.

No obstante, obtenemos más información sobre el carácter de la reforma empezada entonces a partir de la historia de algunas de las personas empleadas por el rey, entonces o más tarde, en relación con la misma.

3. Es decir, en su capacidad pública y oficial.
4. Comp. 2 Crónicas 30:1, 18.

Carácter de los empleados

Ante todo está Hilcías, el sumo sacerdote, el padre o el abuelo de Seraías[5] (1 Cr. 6:13, 14; Neh. 11:11), que era sumo sacerdote en el tiempo de la cautividad (2 R. 25:18), y un antepasado de Esdras (Esd. 7:1). De nuevo, el principal de los que Josías envió a Hilcías, era el escriba Safán (2 R. 22:3), el padre de Gemarías,[6] el protector de Jeremías (Jer. 36:10, 19, 25), y abuelo de Micaías (Jer. 36:11-13).[7] De los personajes mencionados después (2 R. 22:14), tenemos notas definidas sobre Ahicam (hijo de otro Safán), que protegió a Jeremías (Jer. 26:24), y era el padre de Gedalías (2 R. 25:22); y sobre Acbor, el padre de Elnatán, uno de «los príncipes de Judá» que en vano intentaron evitar la quema del libro profético dictado a Baruc por Jeremías (Jer. 36:12). Por escasas que sean estas anotaciones, dan la impresión de que Josías se había rodeado de hombres imbuidos, en general, de un verdadero espíritu religioso.

La reforma no era el resultado de un avivamiento religioso general

Esta inferencia es tanto más importante cuando se considera el estado general del pueblo. Toda la historia nos lleva a la convicción de que la reforma inaugurada por Josías, aunque aceptada, y aparentemente compartida por el pueblo, no fue el resultado de un avivamiento espiritual. Era un movimiento de parte del rey más bien que de la nación. De ello tenemos toda la confirmación necesaria en el relato que los profetas dan de la situación moral y religiosa del pueblo, y del carácter evidentemente superficial y principalmente externo de la reforma.[8] Y puesto que nuestro conocimiento se deriva de las páginas de Jeremías, recordamos que el comienzo de su actividad profética, en el decimotercer año de Josías (Jer. 1:2), coincidía con el inicio del movimiento reformador. Así entendemos mejor la razón por la cual los cambios inaugurados, por extensos que fueran, no pudieron impedir, tal como anunciara la profetisa Hulda, el juicio divino de la nación, sino sólo de su rey (2 R. 22:14-20). Una reforma como ésta sólo podía ser pasajera, y el pueblo se apresuraba tanto más rápidamente a su apostasía final.

Reparaciones del templo Hallazgo del libro de la ley

Fue durante las extensas reparaciones del templo que se hizo un descubrimiento de máxima influencia en el movimiento que estaba a punto de empezar, y que, especialmente de forma reciente, ha sido relacionado con algunas cuestiones críticas importantes con referencia al Pentateuco. Según leemos en la Santa Escritura, el sumo sacerdote Hilcías informó al «escriba Safán», de que «había encontrado el libro de la ley (en 2 Cr. 34:14: el libro de la ley del Señor, de la mano de Moisés») en la casa del Señor» (2 R. 22:8). Hilcías dio este libro a Safán. Su examen hizo que Safán no

5. Pero no podía ser el mismo que el padre de Jeremías (Jer. 1:1), puesto que los sacerdotes de Anatot eran de la línea de Itamar (1 R. 2:26), mientras que el sumo sacerdote Hilcías pertenecía a la de Eleazar.

6. No debe ser confundido con el padre de Ahicam. Comp. 2 Crónicas 34:14.

7. Los otros miembros de los enviados a Hilcías y Hulda, mencionados en 2 Crónicas 34:8, 14, no aparecen en ningún otro lugar.

8. Comp. con pasajes como Jeremías 3:6 etc.; 8:5, etc.; 15:6; 16:10, etc.; y otros. Comp. también Sofonías 3:1.

sólo informara al rey sobre el mismo, sino también se lo leyó. Al oírlo, Josías «rasgó sus vestiduras,» como señal de duelo por la culpabilidad de Israel en su larga y completa infracción de sus mandamientos.

No es éste el lugar para introducirnos en las complicadas cuestiones sobre el contenido exacto de este libro especial (si se trataba de todo el Pentateuco o de partes del mismo), y sobre la fecha de esta copia y el modo en que fue hallado en el templo. No obstante, hay algunos puntos sobre los cuales todo investigador sobrio y reverente estará de acuerdo. Sin duda el hallazgo del libro no fue un fraude de parte de Hilcías,[9] ni tampoco es el libro una falsificación, de mano de Hilcías o de cualquier sacerdote o profeta de aquel período o del inmediatamente anterior. Suponiendo, como toda razón parece indicar, que este libro contenía el Libro de Deuteronomio, y probablemente otras porciones de la ley, si no toda ella,[10] no podemos imaginar ningún motivo razonable de parte del sacerdocio, y todavía menos de los profetas, para inventar este libro.[11] Y sencillamente, debió ser aceptado, y su autenticidad confirmada por Jeremías, que por entonces ya llevaba cinco años en el oficio profético. La siguiente cuestión sobre el contenido exacto del libro es de difícil discusión y de importancia relativa. Independientemente del tiempo[12] que podía ocupar la lectura de todo el *Pentateuco* (comp. aquí 2 R. 23:2), las palabras de la Santa Escritura difícilmente dan la impresión en el primer caso de que el libro contuviera las partes estrictamente históricas del Pentateuco (como el Génesis), sino, tal como leemos literalmente, «el libro del pacto»,[13] y «el libro de la ley».

La profetisa Hulda

Esta última expresión nos hace pensar en el caso actual, ante todo, en el aspecto de la ley que afectaba específicamente al pueblo, y la infracción de la cual implicaba el juicio nacional que Hulda había anunciado, y el temor del cual había consternado tanto al rey. Si éste es el caso, tal vez no deberíamos pensar en primer lugar en las ordenanzas rituales que se hallan en las partes centrales del *Pentateuco*, y que ahora se llaman generalmente el «Código Sacerdotal». Éstas hubiesen afectado principalmente al sacerdocio, y tal vez el pueblo no hubiese podido seguir con completa comprensión la mera lectura de sus complicados detalles rituales. Además, la historia anterior nos ha dado suficientes ejemplos para mostrar que, a diferencia de la Ley, las provisiones y ordenanzas del «Código Sacerdotal» se debían conocer bien.[14] Por otro lado, el contenido principal del Libro de la Ley leído en presencia del pueblo debía relacionarse con toda la relación fundamental entre Israel y Jehová. Por ello concluimos que debió contener, además del Libro de Deuteronomio, en todo caso las partes del Pentateuco que se referían al mismo tema de gran importancia. No podemos ir más allá, en la discusión de estas cuestiones, de estas sugerencias a modo de conjeturas. Pero no podemos tener ninguna duda con referencia a los puntos principales. En Deuteronomio 31:25, 26, encontramos indicaciones para colocar el Libro de la Ley en el santuario más interior, como era de esperar. El hecho que en los diversos problemas, cuando durante muchos reinados la ley de Moisés y su orden de culto eran dejados aparte tan a menudo, «el libro» fuese tomado y escondido por manos piadosas, y que así se extraviara durante un tiempo, no puede sorprendernos, como tampoco su hallazgo durante la reparación completa del templo.[15] Y sea cual fuere el contenido de este libro especial, todo el contexto indica, por un lado, que implica la expresión de la ley de Moisés en el Pentateuco, y, por otro, que la existencia de la ley era conocida de manera general y admitida universalmente como primitiva, derivada del gran dador de la ley, válida y divina.

Ahora podemos entender que, al oír «las palabras del Libro de la Ley», el rey «rasgó sus vestiduras» y «envió a inquirir al Señor» sobre él mismo y sobre su pueblo. Porque una infracción del pacto y de la ley, de cuya culpabilidad ahora él veía responsable a Israel, debía implicar un juicio ejemplar. Al ejecutar las instrucciones del rey, los enviados, incluyendo al sumo sacerdote, se dirigieron a Hulda, «la profetisa», esposa de Salum, «guarda de las vestiduras»,[16] que «habitaba en Jerusalén, en la segunda ciudad».[17] Esta parte de la ciudad también es llamada[18] «el mortero» (Sof. 1:10, 11) –en primer lugar, probablemente, por su forma, hallándose en un valle vacío y rodeado de elevaciones. Probablemente constituía la primera adición a la antigua ciudad que el aumento de población debió hacer necesaria ya en tiempos de Salomón.[19] Ocupaba la parte superior del valle Tiropeón al oeste del área del templo, y al norte de «la ciudad media», y era el gran barrio de negocios, que contenía los mercados, bazares y viviendas de la población industrial. Esto podría implicar una posición exterior de «la profetisa» comparativamente humilde. Resulta imposible hacer conjeturas sobre la causa de que no se consultara a un Jeremías o a un Sofonías –si no se hallaban en Jerusalén o por otros motivos. Pero el hecho de que unos emisarios se dirigieran sin dudar, en situación tan crítica y en un asunto

9. Comp. aquí incluso las palabras enfáticas de Ewald (*Gesch. d. V. Isr.* III., p. 754). Ver también Kautzsch en Herzog, *Real Encykl.* VII., p. 119. Nos referimos con mayor intención a estos críticos precisamente porque sus opiniones sobre este «libro de la ley» difieren mucho de las expuestas en este *Comentario Histórico*.

10. La mayoría de escritores alemanes consideran que comprendía *Deuteronomio*, o las partes del *Pentateuco* que designan como la obra del deuteronomista. Pero éste no es el lugar para discusiones críticas, y en el texto sólo hemos indicado de manera general los diferentes puntos de vista propuestos.

11. Ver Kautzsch. *u.s.*

12 Kautsch (*u.s.*, p. 118) calcula que puede ocupar unas diez horas.

13. Pero en 2 Reyes 23:25 leemos sobre «toda la ley de Moisés». Y en cuanto al «Libro del Pacto,» debemos recordar la expresión de Deuteronomio 29:1, con la que tenemos que relacionar también Deuteronomio 31:24-26. Bähr (en Lange, *Biblewerk*, VII., pp. 455, 456, 464, 465) afirma hábilmente que contenía todo el *Pentateuco*. Kleinert sostiene que incluía «algunas partes» de los libros de Moisés, pero incluyendo las leyes rituales. El artículo muy interesante «Gesetzbuch,» de Riehm (*Wörterb.* I., pp. 501-507) representa otro aspecto.

14. Se recordarán muchos ejemplos que lo corroboran, tales como los varios sacrificios, las observancias pascuales e incluso el castigo de Uzías, 2 Crónicas 26:18, 19.

15. Un ejemplo de los extremos a los que puede llevar la imaginación incluso de los críticos más hábiles lo constituye el relato que da Ewald (*u.s.*, pp. 734, 735, 753, 754) sobre el origen del Deuteronomio. «Parece ser que fue escrito en Egipto» de mano de un fugitivo de Judá en tiempo de Manasés. «Lentamente, y por así decirlo, accidentalmente, el libro se extendió por Palestina», donde una copia del mismo «accidentalmente» fue introducida en el templo «de mano de algún sacerdote». De este modo cualquier tipo de historia podría construirse para servir a las opiniones de cualquier escuela de «críticos».

16. Resulta imposible determinar si se trataba de las vestiduras reales, o las del templo –o, de hecho, otras.

17. Así traducimos la palabra «Mishneh», más bien que «la segunda parte».

18. Comp. Riehm, *Hand-Wörterb.* I., p. 685.

19. Se supone generalmente que el número de habitantes de Jerusalén antes del exilio nunca superó grandemente el de la época de Salomón.

tan importante, a una mujer, no sólo indica la posición excepcional ocupada por Hulda en la opinión general[20] –junto e incluso por encima de las otras dos profetisas del *Antiguo Testamento*,[21] Miriam (Éx. 15:20) y Débora (Jue. 4:4)–, sino que incluso da luz sobre las relaciones espirituales bajo el *Antiguo Testamento*, y sobre las condiciones religiosas de la época. Sobre todo, indica la absoluta libertad del Espíritu de Dios en su elección de los instrumentos usados en la ejecución de las comisiones divinas (comp. Jl. 2:28, 29).

La asamblea y el pacto en el templo

Las palabras sencillas y fieles con las cuales la profetisa anunció el juicio que iba a venir (2 R. 22:14-20) dan un significado nuevo y más profundo a la asamblea de sacerdotes, profetas y el pueblo de Jerusalén y de todas las partes de la tierra que fueron reunidos por Josías para escuchar «las palabras del libro del pacto que había sido hallado en la casa del Señor» (2 R. 23:2). Es evidente, en todo lo que hizo, el rey fue motivado por causas más elevadas que el simple deseo de evitar el castigo. En el templo se realizó un solemne «pacto» nacional –sin duda, el pueblo expresando su asentimiento en que la ley se aplicaba sobre ellos. En consecuencia, se tomaron medidas inmediatas bajo la supervisión del sumo sacerdote y sus subordinados[22] (2 R. 23:4) para eliminar todos los emblemas de idolatría que habían contaminado el templo. Los diversos «vasos hechos para Baal y para Asera, y para toda la hueste del cielo» fueron quemados (comp. Dt. 7:25; 12:3), «en los campos de Cedrón», al noreste de la ciudad[23] (comp. Jer. 31: 40). Luego, quitó a los *Kemarim*,[24] o sacerdocio no levítico, que oficiaba en los lugares altos, o en los diversos altares de idolatría. Así el vil ídolo de Asera fue sacado del santuario que había profanado, fue quemado junto al río Cedrón, sus cenizas fueron machacadas hasta convertirse en polvo, y para denotar mejor su profanación fueron esparcidas por los sepulcros.[25] Finalmente, las casas erigidas cerca del templo mismo, para la más vil de las degradaciones frenéticas paganas, fueron derribadas.

Destrucción de los emblemas de idolatría en Jerusalén, Judá, y en las posesiones de las tribus del norte

Pero estas medidas no se limitaron a la eliminación de la idolatría del templo, y del sacerdocio no levítico de su oficio. Además de los *Kemarim* había los de descendencia levítica –*Kohanim*, o sacerdotes– que habían celebrado culto ilícito en los lugares altos por todo Judá.[26] Estos miembros indignos del sacerdocio fueron llevados a Jerusalén y fueron declarados no aptos para el servicio estrictamente sacerdotal en el templo, aunque no fueron privados de lo que para muchos debía ser su único medio de subsistencia.[27] Al mismo tiempo cualquier regreso a los servicios ilícitos anteriores se hizo imposible por la destrucción de los lugares altos. Los principales entre ellos, por ser los puntos donde acudían los que entraban o salían de la ciudad, fueron «los lugares altos de las puertas: el de la entrada de la puerta de Josué el gobernador de la ciudad, [además de] el de la izquierda de un hombre, en la puerta de la ciudad".[28] De modo parecido el Tofet estaba permanentemente contaminado. Los caballos sagrados dedicados por reyes anteriores al sol, y tal vez usados en el culto de procesiones, fueron «quitados», y los carros del sol fueron quemados. Los altares, tanto los de los tejados de los *Aliyah* de Acaz, como los erigidos por Manasés en los dos atrios del templo, fueron derribados, y sus ruinas «fueron sacadas de allí»,[29] y su polvo fue echado al Cedrón.

Y esto tampoco fue todo. Fuera de Jerusalén, en el extremo sur del Monte de los Olivos, parece ser que aún quedaban vestigios de una idolatría todavía más antigua, que regresaba al tiempo de Salomón. Estos vestigios fueron sacados y los lugares profanados. Y más allá de Judá, el movimiento se extendió por todo el antiguo reino de Israel, hasta la posesión tribal más alejada, la de Neftalí (2 Cr. 34:6). Este hecho nos da una vez más indicaciones de una aproximación entre los habitantes israelitas que se habían quedado en lo que había sido el reino del norte y Judá. Y en la debilidad creciente del imperio asirio, tanto Josías como el remanente israelita pudieron haber contemplado una reunión y la restauración bajo un rey de la casa de David. De todos modos los gobernantes de Asiria no estaban en grado de interferir en los asuntos de Palestina, ni para comprobar la influencia que Josías ejercía sobre las tribus del norte. Por otro lado, podemos entender que las medidas contra la antigua idolatría fueran mucho más rigurosas en el antiguo reino israelita, que había sufrido tan terriblemente las consecuencias de la apostasía anterior (comp. 2 R. 23:20). En Betel misma, la sede original del culto espurio de Jeroboam, no sólo se destruyó el altar, sino que el lugar alto –es decir, el santuario que había allí– fue quemado como también la imagen de Asera, que parece haber tomado el lugar del becerro de oro. Pero mientras procedían a profanar públicamente el altar tal como se solía hacer quemando sobre el mismo huesos de hombres muertos, Josías vio entre los sepulcros cercanos al lugar –tal vez visibles desde el lugar donde él estaba–[30] el monumento[31] del profeta de antaño

---

20. Según el Talmud (*Meg.* 14*b*), ella era una descendiente de Josué y Racab. Se le acusa de orgullosa cuando dice: «decid al hombre», al dar su respuesta al rey. Se ha sugerido que se acudió a ella porque las mujeres son más indulgentes en el juicio que los hombres. Pero Jeremías (con quien estaba emparentada) se hallaba ausente entonces, intentando hacer volver a las diez tribus. Las otras tradiciones no necesitan un lugar aquí.

21. El Talmud menciona a siete profetisas: Sara, Miriam, Débora, Ana, Abigaíl, Hulda y Ester.

22. «Sacerdotes del segundo orden» (2 R. 23:4). Pensamos que se trata de sacerdotes más jóvenes y subordinados –no los sufragáneos del sumo sacerdote.

23. Probablemente en el lugar donde se depositaba el estiércol de estos campos. La referencia de Bet-el al final del v. 4 posiblemente dependa de alguna corrupción del texto. No aparece en 2 Crónicas 34:3, 4.

24. Se han propuesto diversas derivaciones y explicaciones de esta palabra, pero ninguna es satisfactoria. El mismo nombre aparece en Oseas 10:5 y Sofonías 1:4. Se distinguen del sacerdocio levítico, o Kohanim.

25. El lugar donde se sepultaba a la gente común y a los extranjeros. Los miembros de clases mejores tenían su propio sepulcro.

26. «Desde Geba hasta Beerseba» (2 R. 23:8). El primer lugar estaba en Benjamín y era una ciudad sacerdotal, y delimitaba lo que después fuera la ciudad más al norte del reino de Judá. Beerseba era la sede más al sur de este culto (Am. 5:5; 8:14).

27. Como sacerdotes no disponían de posesiones tribales ni de otros ingresos. Eran tratados como sacerdotes en un estado de impureza levítica (Lv. 21:21-23), pero no parece que participaran de comidas comunes de los sacerdotes regulares. Probablemente se les permitiera desempeñar funciones inferiores (comp. Ez. 44:10-14).

28. Así lo ven todos los mejores críticos.

29. Es decir del lugar donde habían sido erigidos y derribados. Proponemos esta traducción de 2 Reyes 23:12. La puntuación de esta palabra debe ser como dice Kimchi, y luego Thenius, וַיָּרֶק «hizo correr» –echó las ruinas de tierra.

30. Este parece ser el significado de 2 Reyes 23:16: «Y cuando Josías se dio la vuelta».

31. «Monumentos»: Génesis 35:20; Jeremías 31:21; Ezequiel 39:15.

enviado para anunciar, en el día de consagración de aquel altar, la desolación que lo destruiría (comp. 1 R. 13:1, 2).

Cumplimiento de la antigua profecía sobre Bet-el

Pero aunque desvalijaron las tumbas de un pueblo idólatra, dejaron sin tocar reverentemente el sepulcro que contenía los huesos del hombre de Dios de Judá, y a su lado los de su huésped, el profeta de Bet-el. Y así sucedió literalmente el juicio anunciado antiguamente, que los cuerpos de los sacerdotes idólatras fueron sacrificados en los altares donde habían ministrado. Y no sólo en Bet-el, sino también en las ciudades más alejadas de Samaria –tal como lo describe el cronista tan gráfica y patéticamente (2 Cr. 34:6), «en sus ruinas a su alrededor»–[32] se ejecutó el juicio, e incluso más severamente que lo indicado por la letra de la ley deuteronómica (Dt. XVII. 2-5); porque los representantes de la antigua idolatría no sólo fueron lapidados, sino también sacrificados «sobre los altares».

La gran pascua en Jerusalén

Es casi con un sentido de alivio que pasamos de escenas como estas[33] a la celebración de la pascua en Jerusalén por un pueblo ahora purificado, por lo menos exteriormente, y adaptado a la ley de Moisés. En el Libro de Crónicas hay un relato completo de esta fiesta y del modo especial en que fue observada[34] (2 Cr. 35:1-19). Solamente esto es necesario decir aquí, tanto con respecto a las circunstancias del rey y el pueblo, como al modo de observación de la pascua: «ciertamente no se había guardado una pascua así desde los días de los jueces que juzgaban a Israel, ni en todos los días de los reyes de Israel, ni de los reyes de Judá» (2 R. 23:22).[35]

Capítulo 16

(2 Reyes 23:29-36; 2 Crónicas 35:20; 36:5)

Josías (16°), Joacaz (17°) y Joacim (18°) reyes de Judá Retrospectiva

El estudioso atento de este *Comentario Histórico* quedará impresionado por el hecho aparentemente extraño de que en la crisis final de la historia de Judá, cuando este reino se estaba apresurando hacia su caída, tuviera una sucesión de monarcas con unas tendencias religiosas tan opuestas como Acaz y Ezequías, Amón y Josías. También es un reflejo poco favorable sobre el estado moral y religioso del pueblo el hecho de que cada reforma fuese seguida, en un período de tiempo tan breve, por una contrarreforma. Por otro lado, se debe observar la gracia del trato divino cuando, en sucesión a monarcas que, no podemos evitar pensar que representaban demasiado bien el estado real de la nación, reyes piadosos eran levantados, como dejando lugar al arrepentimiento y la recuperación tardías.

Historia política

Incluso la historia de Manasés, en este sentido, también parecería tener un significado simbólico. Pero nuestra mente insiste de manera especial en la administración de Josías, con su nuevo descubrimiento y la nueva publicación, altamente significativos, de la ley de Moisés. Porque nunca antes ni después de él hubo un rey cuyo corazón fuese tan «tierno», y que se humillara tanto delante de Jehová (2 R. 22:19), ni siquiera uno que «volviese a Jehová con todo su corazón, y toda su alma, y con todas sus fuerzas, según toda la ley de Moisés» (2 R. 23:25) –así tenemos que considerar sin duda su levantamiento en aquella crisis, su conducta y su gobierno como obra directa de la gracia y la interposición divinas.

Posible reunión de Judá e Israel

Es cuando tenemos en cuenta estos dos hechos de forma más amplia –en cuanto al pueblo y al rey– que comprendemos completamente la sentencia divina de juicio contra Jerusalén y Judá (2 R. 23:26, 27), y la misericordia personal extendida a Josías (2 R. 22:20). Hasta este punto nos hemos ocupado de las medidas más importantes de su reinado –aquella reforma religiosa pública que tuvo como consecuencia necesaria la abolición de las prácticas idólatras privadas (2 R. 23:24). Pero la historia política de aquella época también es de profundo interés.

Ya se ha hecho referencia a la aproximación entre Judá y el remanente de Israel que quedaba en el reino del norte. Las indicaciones generales son que se concebía la esperanza de una posible reunión de los dos reinos bajo el dominio de Josías, o incluso se hicieron planes para la misma. Así, justo cuando la existencia independiente de Judá estaba a punto de acabar, las perspectivas nacionales debieron parecer a la vista humana más prometedoras que durante los siglos anteriores. La decepción de estas esperanzas debió mostrar que, tal como Israel al principio obtuviera la tierra, no por el poder del hombre, sino por el designio divino, así ninguna alianza, por poderosa que fuera, conseguiría restaurar lo que sólo el Dios de Israel podía conceder. Y esto tiene sus lecciones para el futuro igual que para el pasado.

Ya se ha afirmado que Asiria ya no podía reprimir ningún intento de actividad independiente en Palestina.

---

32. Con la mayoría de críticos leemos //בְּהָרְבֹתֵיהֶם// comp. Salmos 109:10.

33. Tenemos que recordar aquí no sólo el carácter preliminar de la antigua dispensación, sino también el espíritu y las circunstancias de la época.

34. Un análisis detallado de este relato ocuparía demasiado espacio. Sólo observamos los siguientes puntos por requerir una breve explicación. (*a*) Según 2 Crónicas 35:3 parecería que el arca había sido quitada de su lugar. Probablemente fue durante las extensas reparaciones del templo, aunque se han propuesto otras explicaciones. La perspectiva más natural de esta frase, que, traducida literalmente dice: «no tienes una carga en el hombro», sería considerarla como una explicación de la instrucción de colocarla ahora en el santuario. Según la letra de la ley mosaica, que acababa de ser cumplida completamente, el arca tenía que ser transportada sobre los hombros. Pero ahora era diferente –y su servicio fue confinado al servicio del templo y a sus adoradores («y servir», etc.). (*b*) A partir de 2 Crónicas 35:4 inferimos que había instrucciones escritas –una rúbrica regular– tanto de David como de Salomón, para las diversas ceremonias del templo. Pero esto, a nuestro parecer, presupone e implica la existencia del «Código Sacerdotal» del Pentateuco. Y aquí también debe observarse que Josías parece dar por descontado un conocimiento general de estas normas y rúbricas sacerdotales. (*c*) En cuanto a la fecha de la pascua: «en el decimoctavo año de Josías», es evidente que el *comienzo* de su reforma, en el decimoctavo año de su reinado, se calculaba a partir del comienzo del año *civil* en otoño (o Tishri), de modo que todo podía haberse acabado fácilmente en primavera [Nisan], cuando tocaba la pascua.

35. La pascua no sólo tuvo una asistencia más universal que antes, sino que se observó en el más estricto respeto de todos los requisitos de la ley de Moisés [no solamente de acuerdo con los precedentes anteriores]. Incluso en la pascua de Ezequías hubo necesariamente una infracción de la letra de la ley (2 Cr. 30:2, 3, 17-20).

Bajo el brillante pero cruel reinado de Asurbanipal (el hijo de Esarhadón) Asiria había alcanzado el punto más elevado de su poder; pero con él también empezó la decadencia del engorroso imperio.

La caída del imperio asirio

El inicio puede fecharse a partir de la rebelión de Sammughes (Saosduchin, es decir, Samul-sum-iskun), el hermano de Asurbanipal y virrey de Babilonia. Aunque aquella rebelión fue reprimida, su autor pereció en las llamas y el rey victorioso asumió la corona de Babilonia, ya había otras fuerzas en juego. Elam-Persia, la última conquista de Asiria, se alzó en rebelión. Aunque estos ejércitos fueron derrotados en dos o tres guerras, los medas invadieron Asiria desde el este. El ataque no tuvo éxito, y se cobró la vida del rey meda, Fraortes. Pero más allá de Asia occidental y tan lejos como Egipto el poder de Asiria se perdió.

Incursión de los escitas
Revuelta e independencia de Babilonia

Y desde el norte del Mar Negro, de las estepas de Rusia, los escitas descendieron y arrasaron el país hasta las orillas del Mediterráneo, y hasta la frontera con Egipto. Allí Psammetichus consiguió detenerlos con dinero, y la mayoría de bárbaros volvieron hacia el norte. Algunos autores han supuesto que entraron en conflicto con Josías, y que Jeremías 4:5–6:30, además de algunas palabras de Sofonías, se refieren a esto, y que la presencia de los invasores fue perpetuada en el reciente nombre de Escitópolis dado a Bet-sean.[1] Pero ésto es por lo menos dudoso.[2] Cuando, tras muchos años,[3] los medas consiguieron finalmente echar a los escitas, Asiria estaba totalmente exhausta y la caída de Nínive muy cerca.

La expedición del faraón Necao
Resistencia de Josías a su avance

Pero, antes de esto, tuvo lugar un acontecimiento de especial importancia para la historia de Judá. Naturalmente, el declive de Asiria había reanimado las esperanzas de Egipto, su rival para el imperio del mundo antiguo. Hasta entonces siempre había sido derrotado en sus enfrentamientos con Asiria. Pero ahora, el faraón Neci (en realidad Necao II), el hijo de Psammetichus (el fundador de la XXVI dinastía Saíta), decidió atacar al poder asirio. Para nosotros Necao tiene un interés especial, puesto que fue el primero en intentar unir el Mar Rojo con el Mediterráneo, aunque al final tuvo que desistir en su empresa.[4] Efectivamente la situación parecía favorable para la expedición de Necao contra Asiria. Asurbanipal dejó, a su muerte (probablemente en el año 626 a. de C.), para su sucesor o sucesores[5], una herencia muy complicada. En Babilonia[6] Nabopalasar aparece (en el 626 o el 625) como nominalmente un virrey de Asiria, pero virtualmente independiente. La expedición de Necao, a la que se hace referencia en 2 Reyes 23:29, y con mayor extensión en 2 Crónicas 35:20-25, tuvo lugar en el año 609 a. de C., o dieciséis años después de que Nabopalasar se convirtiera en gobernante de Babilonia. En 2 Reyes 23:29 la expedición se describe explícitamente contra «el rey de Asiria». Pero aquí surge una dificultad. Según ciertas autoridades[7] la caída de Nínive[8] precedió o coincidió con el ascenso de Nabopalasar al trono de Babilonia en el 626 a. de C. En este supuesto, la expedición de Necao debió ser contra el monarca babilonio, que fue llamado «rey de Asiria» como sucesor de aquel poder. Según otras autoridades la caída de Nínive se debería colocar entre los años 609 y 606 a. de C. Puesto que Asurbanipal parece ser que todavía ocupaba el trono en el año 636 a. de C., y leemos acerca de dos sitios de Nínive, parece muy probable que esta expedición (la primera) de Necao fue todavía literalmente contra «el rey de Asiria».

Evitando el avance a través de la tierra de Judá, el ejército egipcio fue por la ruta ordinaria seguida hacia el este. En la ladera de los montes que separan el bajo terreno de la costa al sur del Carmelo de la gran llanura del Esdralón, su avance fue detenido por un ejército judío bajo Josías, en la posición de Meguido, la moderna el-Lejjûn, que dominaba el valle de Cesión (llamado en 1 (3) Esd. I. 27 el de Maguedo), y también el acceso a las montañas de Samaria. No resulta fácil formarse una opinión definitiva sobre los motivos que indujeron a Josías a intentar detener el avance de Necao. Pero probablemente se viera influenciado por los planes de reunión de Israel y Judá que ya hemos mencionado. Pudo pensar que el peligro para la independencia del nuevo reino sería mucho mayor si Necao tenía éxito en el objetivo de su expedición, que si las cosas continuaban tal como estaban. De los dos poderes que amenazaban a Palestina –Egipto y Asiria– en aquel momento, sin duda, el primero era el más temible. Además, si Josías hubiese tenido éxito, no sólo se hubiese asegurado la gratitud de Asiria, sino también la independencia virtual o incluso nominal del reino.

Batalla de Meguido. Muerte y entierro de Josías

En vano amonestó Necao a Josías. En el notable mensaje[9] que sus enviados debían entregar (2 Cr. 35:21), probablemente no se refiriera a ninguna profecía especial contra Asiria, sino más bien a lo que él consideraba como una lección general que Josías debía aprender por la historia de Ezequías, vista en relación con los acontecimientos subsiguientes, indicando la voluntad del Dios de Israel con referencia a la destrucción de Asiria. Pero Josías no prestó atención a la advertencia. Se libró una batalla decisiva en «la llanura de Meguido» (2 Cr. 35:22). Si la lectura es correcta, que Josías «se disfrazó»,[10] recordaremos la estratagema parecida de Acab (2 Cr. 18:29). Pero la precaución, si fue adoptada, resultó inútil. Herido de muerte por los arqueros,

1 Comp. Judit III. 11; 2 Mac. XII. 29, etc.

2. *Kautzsch* en Riehm, *Hand-Wörterb.* II. p. 1445*b*.

3. El número que aparece es de veintiocho, pero parece exagerado. Veintiocho años sería desde 633 a 605 a. de C.

4. Sobre la existencia previa de este canal, ver la nota de Rawlinson, *Herodotus*, II. pp. 242, 243. Según Herodoto (II. 158), 120.000 trabajadores perecieron en la empresa de Necao.

5. Los monumentos asirios no nos dan una información clara, y los relatos sobre este punto son muy confusos.

6. Hablaremos con detalle de Babilonia más adelante.

7. Aquí no podemos entrar en detalles, pero seguimos en general a Schrader, *die Keilinschr. u. d. A. T.* pp. 358-361.

8. A la que nos referiremos más adelante.

9. Al mismo tiempo, tales referencias a Dios –especialmente en las circunstancias actuales– no deben sorprendernos. Canon Cook (tal como se cita en el *Speaker's Commentary, ad loc.*) da una expresión casi exactamente paralela de un Faraón del año 750 a. de C. La mentalidad oriental –al contrario que la occidental– atribuye casi instintivamente a la acción del ser divino ciertas acciones humanas o acontecimientos notables, y no se debe insistir demasiado en estas expresiones según nuestras nociones modernas, ni se deben entender literalmente.

10. La LXX lee התחזק «se fortaleció,» en lugar de nuestro texto masorético התחפש «se disfrazó».

«Fuera de Jerusalén, en el extremo sur del Monte de los Olivos, parece ser que aún quedaban vestigios de una idolatría todavía más antigua, que se remontaba al tiempo de Salomón. Estos vestigios fueron también sacados y los lugares profanados. Y más allá de Judá, el movimiento de reforma se extendió por todo el antiguo reino de Israel, hasta la posesión tribal más alejada, la de Neftalí (2 Cr. 34:6). Este hecho nos da una vez más indicaciones de una relación próxima entre los habitantes israelitas que habían quedado en territorios de lo que había sido el reino del norte y Judá. Y en la debilidad creciente del imperio asirio, tanto Josías como el remanente israelita pudieron haber contemplado una posible reunificación y la restauración bajo un rey único de la casa de David».

La reforma de Josías tuvo como objetivo la destrucción de los objetos cúlticos asirios y promover el culto natural de Israel. Este ídolo de figura humana que aquí vemos es sirio y data de mediados del segundo milenio a.C. (Museo del Louvre)

Josías fue sacado de su carro y probablemente murió de camino a Jerusalén (2 R. 23:30), hacia donde lo llevaron. Fue enterrado en «su propio sepulcro» –aparentemente en el nuevo lugar de sepultura preparado por Manasés (2 Cr. 35:24; comp. 2 R. 21:18, 26). El duelo por el buen rey Josías fue general y profundo en Jerusalén y Judá. El profeta Jeremías compuso una «lamentación» por él, la cual, aunque ahora se ha perdido, parece haber sido introducida en el libro especial de «Lamentaciones» mencionado por el cronista (35:25). Además, su recuerdo y la «lamentación» por él continuaron en Israel –y el memorial, incluso algunas de las palabras, se conservan en Jeremías 22:10, 18, y en fecha tan posterior como Zacarías 12:11.

En verdad, la derrota del ejército judío y la muerte de Josías, no sólo acabaron con su gran movimiento de reforma, y con las esperanzas de la posible reunión y recuperación de Israel y Judá, sino que tañía la campana por la muerte de la independencia judía. En adelante Judá fue vasallo de Egipto o Babilonia alternativamente. Según 1 Crónicas 3:15, Josías tuvo cuatro hijos,[11] de los cuales el mayor, Johanán, debió haber muerto, ya sea antes que su padre o tal vez en la batalla de Meguido. Los otros tres, por orden de edad, eran Eliacim, después llamado Joacim; Salum, después llamado Joacaz; y Sedequías. A la muerte de Josías «la gente de la tierra» nombró y ungió[12] sucesor suyo, no al príncipe real mayor, sino a su hermano más joven, Salum, quien, al subir al trono, tomó el nombre de Joacaz, «Jehová levanta» (comp. 2 R. 23:30, con Jer. 22:11, y 1 Cr. 3:15). Por el destino que tan rápidamente se sobrevino, podemos inferir que la elección popular de Joacaz se vio influenciada en gran manera por su oposición a Egipto. De su breve reinado de tres meses y, según Josefo,[13] diez días, sólo sabemos que «hizo lo malo ante los ojos de Jehová». Si Josefo lo describe también como «impuro en su modo de vida», esto se puede referir a la restauración de los ritos lascivos del reinado de su abuelo.

Nombramiento, deposición y cautividad de Joacaz

Mientras sucedía esto, Necao, después de la batalla de Meguido, continuó su avance hacia Siria. De allí, en Ribla (la moderna Rible, sobre el Orontes) «en la tierra de Hamat», el vencedor convocó al nuevo rey judío.[14] A su llegada, Joacaz, que había sido coronado sin el permiso de Necao, fue encarcelado. No parece ser que Necao prosiguiera en su expedición contra Asiria en esta ocasión. La gran batalla de Carquemis, a la que se refiere el cronista por anticipación (2 Cr. 35:20), fue librada en una segunda expedición, tres años después, cuando el ejército egipcio bajo Necao sería derrotado con una gran matanza por Nabucodonosor, el hijo de Nabopalasar. Esto fue después de la caída de Nínive, y cuando el imperio babilonio o caldeo había tomado el lugar del asirio. Pero en esta ocasión parece ser que Necao regresó a Egipto, antes de encontrar a los asirios, donde se «llevó»[15] a Joacaz, que murió en cautividad.

11. El orden de 1 Crónicas 3:15 no parece muy exacto, puesto que Salum o Joacaz (comp. Jer. 22:11) parece haber sido mayor que Sedequías (comp. 2 R. 23:31; 24:18).

12. Probablemente porque su nombramiento estaba fuera de la sucesión normal.

13. *Ant.* X. 5, 2.

14. Según Josefo, ésta es la explicación de la aparición de Joacaz en Riblah. Obviamente es la explicación más natural de su presencia en aquel lugar.

15. En lugar de «vino a Egipto» –וַיָּבֹא– 2 Reyes 23:34, leemos con la LXX וַיְבִאֵהוּ «se *lo* llevó», que concuerda con 2 Crónicas 36:4.

Ascensión al trono de Joacim

El faraón nombró, en lugar de Joacaz, a su hermano Eliacim, que ascendió al trono a la edad de veinticinco años y era dos años mayor que Joacaz (2 R. 23:31). Según una costumbre no poco común (comp. Gn. 41:45; Esd. 5:14; Dn. 1:7), y para mostrar que el nuevo rey era perfectamente súbdito suyo, Necao cambió su nombre Eliacim por Joacim –«Jehová establece»–; la elección del nombre probablemente esté determinada por la consideración de su efecto en el pueblo. Se impuso un tributo de cien talentos de plata y uno de oro sobre la tierra. Esta cantidad, tan pequeña en comparación con el tributo impuesto anteriormente por Tiglatpileser a Manahem de Samaria (2 R. 15:19), y el dado a Senaquerib por Ezequías (2 R. 18:14), y que asciende sólo a 37.500 libras de plata y 6.750 libras de oro, es una muestra de la pobreza del país.

Tributo a Egipto

Después del ejemplo de Manahem de Samaria (2 R. 15:20), Joacim alzó el tributo con un impuesto general sobre la tierra. Era un precedente de mal presagio. Pero, en palabras de un gran escritor,[16] los veintitrés años que pasaron entre la muerte de Josías y la deportación final a Babilonia, eran sólo «el tiempo de la muerte» del reino de Judá.

Capítulo 17
(2 Reyes 24, 25; 2 Crónicas 36:5–Final; con los pasajes correspondientes de los libros de Jeremías y de Ezequías)

Joacim (18°), Joaquín (19°) y Sedequías (20°) reyes de Judá
Carácter del reinado de Joacim

El reinado de Joacim, que duró once años, fue desastroso en todos los aspectos. En realidad, era el comienzo del final. La obra de reforma de Josías dejó lugar a un restablecimiento de la antigua idolatría (comp. 2 Cr. 36:8). Como en reinados anteriores, estaba relacionada con una degradación total de los principios morales del pueblo (comp. Jer. 7:9-15; 17:2; 19:4-9; Ez. 8:9-18). Y esto no sólo entre los laicos, a todos los niveles, sino también entre los sacerdotes y profetas (comp. Jer. 23:9-14). Las voces de los profetas Jeremías, Urías y Habacuc se oían cada vez más fuertes, pero sus advertencias eran ignoradas y provocaban la burla o eran causa de persecución y martirio (2 R. 24:4; Jer. 26:10, 11; y en especial los vv. 20-23). En otros aspectos también fue un gobierno desgraciado, caracterizado por el mal, la violencia, la opresión y la codicia públicas. Mientras la tierra se empobrecía, el rey se permitía lujos y construía magníficos palacios, o adornaba ciudades, usando trabajadores forzados, que no eran pagados, y con el coste de las vidas de un pueblo desgraciado y esclavizado (Jer. 22:13-18; Hab. 2:9-17).

En estas circunstancias la crisis no podía ser aplazada más tiempo. Tal como hemos dicho antes, tres años después de su primera expedición, Necao una vez más avanzó contra el imperio rival en el este. Allí había habido grandes cambios. Nínive había caído bajo el asalto combinado de

16. *Ewald*, citado por Bähr, *ad loc.*

Nabopalasar, rey de Babilonia, y Ciaxares, rey de los medas. Los comentarios, por breves que sean, de estos acontecimientos parecen necesarios para la comprensión más completa de esta historia.[1]

Resumen de la historia de Media

Media, por cuyo nombre entendemos el distrito de Asia que va desde el sur del Mar Caspio, desde el este de la montaña de Zagros, hasta Elam (Susiana), parece que era habitada por una población de doble origen: los primeros colonos de origen no ario y los segundos de origen ario. Su historia sale a la luz en primer lugar durante el reinado de Tiglat-pileser II, quien incorporó al imperio asirio regiones de Media, siendo estas conquistas continuadas por Sargón y Senaquerib. Media obtuvo de nuevo su independencia durante el reinado de Asurbanipal (668-626, a.C.) cuando, como hemos observado antes, Fraortes de Media hizo una incursión sin éxito en Asiria. Su sucesor, Ciaxares (633-593, a.C.), en colaboración con Nabopalasar de Babilonia, acabó con el imperio asirio y destruyó Nínive.[2] Pero la independencia de Media no duró mucho. Astiages, el sucesor de Ciaxares, fue destronado por Ciro (en 558, a.C.), y su reino fue incorporado a Persia.

Resumen de la historia de Babilonia
Caída de Nínive

El otro factor de la destrucción del imperio asirio, y para esta historia más importante, fue Babilonia, que tomó su lugar. Babilonia, también conocida como «la tierra de los caldeos», limitaba al norte con Armenia y Media hasta el Monte Zagros;[3] en el oeste con el desierto de Arabia; en el sur con el Golfo Pérsico; y en el este con Elam (Susiana). Su población era de dos razas. Los primeros habitantes no eran semíticos –los acadios. A ellos se debe en realidad la cultura del pueblo y ellos inventaron la así llamada escritura cuneiforme. A estos habitantes se unieron en algún momento, por lo menos ya en el tercer milenio antes de nuestra era, inmigrantes semíticos, que venían de Arabia. Ocuparon, en primer lugar, el sur de Babilonia, en Ur y sus alrededores, desde donde se extendieron gradualmente hacia el norte, ganando lentamente el dominio sobre la antigua nacionalidad, pero recibiendo las huellas de su cultura. Estos colonos fueron los que conocemos con el nombre de caldeos. Ya hemos comentado la historia anterior de Babilonia y sus relaciones con Asiria, en cuanto a lo que es necesario para nuestros fines actuales, en relación con Merodac-baladán. Sin entrar aquí en el período de contiendas entre Asiria (bajo Tiglat-pileser, Sargón y Senaquerib) y Babilonia por su independencia, recordamos la rebelión de Saosduchin, el hermano de Asurbanipal, a quien había nombrado virrey de Babilonia. Después del control de aquel levantamiento, y de la muerte de Saosduchin, Asurbanipal mismo tomó la corona de Babilonia. Pero, como hemos visto, sus sucesores no pudieron mantener la supremacía de Asiria. Después de la derrota de los escitas, los medas, bajo Ciaxares, avanzaron por segunda vez contra Asiria. El último rey de aquel imperio estaba proponiendo levantarse contra ellos. Pero Nabopalasar, en vez de mantener a Babilonia para Asiria, la había puesto contra ella, y había hecho causa común con el enemigo, fundando la nueva alianza con el casamiento de su hijo, Nabucodonosor, con Amitis, la hija de Ciaxares. Los dos ejércitos avanzaron entonces contra Nínive, que opuso una valiente resistencia. Saracus se destruyó a sí mismo en las llamas de su palacio y Nínive fue totalmente arrasada.

El nuevo imperio babilonio

Con Nabopalasar, fundador del nuevo imperio babilonio, empezó el período de los caldeos –tal como los conocemos en la Escritura. Aquí podemos indicar inmediatamente que fue sucedido por su hijo, Nabucodonosor, y él, a su vez, por su hijo, Evil-merodac, quien, después de dos años de reinado, fue destronado por su cuñado, Neriglisar. Después de cuatro años (559-556, a.C.) Neriglisar fue sucedido por su joven hijo, Laborosoarcod. Después de su asesinato, Nabonidos (Nabunit, Nabûnâ'id) ascendió al gobierno, pero después de reinar durante diecisiete años (555-539 a.C.) fue destronado por Ciro. El hijo mayor de Nabonidos y heredero al trono era Belsasar, a quien conocemos por el libro de *Daniel*, donde, de un modo no poco usual, es llamado hijo, es decir, descendiente de Nabucodonosor (Dn. 5:2, 11, 18). Inferimos que, mientras su padre, Nabonidos, fue a encontrarse con Ciro, ante quien se rindió conservando así su vida, Belsasar había sido dejado como «rey» en Babilonia,[4] en la toma de la cual pereció en la noche de su banquete, descrito en la Santa Escritura.

Segunda expedición de Necao
Batalla de Carquemis

Desde esta digresión casi indispensable volvemos a la historia bíblica. Fue tres años después de su primera expedición que el faraón Necao tomó una vez sus armas contra el imperio oriental. Incluso la dirección de su avance, como indica la batalla librada en Carquemis, señala que la expedición en realidad tenía como objetivo atacar a Asiria. Pero Nínive había caído, y el ejército egipcio fue hallado por el joven heredero al nuevo imperio babilonio, Nabucodonosor –en las inscripciones Nabûkudurri-usur–[5], «Nebo, proteja la corona». El ejército egipcio fue totalmente derrotado y seguido por el victorioso Nabucodonosor, quien entonces recuperó las posesiones asirias en el Asia occidental, que habían sido perdidas en el reinado anterior. La fecha de esta batalla merece una atención especial. Porque la victoria de Carquemis (606 o 605 a. de C.) fue obtenida por el ejército babilonio en el cuarto año de Joacim (Jer. 46:2), y fue el mismo cuarto año de su reinado que Jeremías hizo escribir a Baruc en un libro sus denuncias proféticas de juicio (Jer. 36:1). La combinación de estos dos acontecimientos es profundamente significativa.

Avance de Nabucodonosor

Lo que sucedió a continuación se puede entender con facilidad. Al avanzar Nabucodonosor hacia Palestina (2 R. 24:1) –en el quinto año del reinado de Joacim– el rey judío en un gran temor, proclamó un ayuno nacional (Jer. 36:9). Si esto se hizo por motivos supersticiosos, o para causar un

1. Seguimos sobre todo las investigaciones de Schrader.

2. Según Herodoto (I. 103, 106), Ciaxares había sitiado dos veces Nínive. La segunda vez, la ciudad fue tomada. El primer asedio fue interrumpido por la incursión de los escitas.

3. Pero en el sentido bíblico solamente hasta una altitud aproximada de 34º, norte.

4. La posición principal ocupada por el «príncipe de la corona» Belsasar en el tiempo de su padre ha sido establecida recientemente por una tableta, que da los anales de Nabonidos. Comp. Schrader, *u. s.* p. 434.

5. En el *Libro de Jeremías* también es llamado Nabucadrasar, y siempre en Ezequiel.

efecto popular, o con la espera de conciliar al profeta y a sus seguidores, no lo sabemos; lo cierto es que el arrepentimiento profesado era hipócrita. El libro de las profecías de Jeremías, que Baruc había leído públicamente en esa ocasión, fue cortado en pedazos por el propio rey, y echado al fuego (Jer. 36:22, 23). Jeremías y Baruc consiguieron librarse de la cárcel, o incluso la muerte, al esconderse rápidamente.

Estado de las cosas en Jerusalén
Desvalijamiento parcial del templo

No obstante, Nabucodonosor llegó a Jerusalén. Joacim, que debía considerarse un vasallo de Egipto, fue encadenado para ser llevado a Babilonia. Pero esto no sucedió –tal vez porque Nabucodonosor fue reclamado en Babilonia con urgencia. Los vasos del templo[6] se enviaron a Babilonia, y se colocaron, primero en el palacio del rey victorioso, y luego en el templo de su dios –probablemente Bel-merodac o Belus (comp. 2 R. 24:13; 2 Cr. 36:6, 7; Jer. 35:11; 36:29-31; Dn. 1:2; y para la fecha también Jer. 25:1).[7]

Regreso de Nabucodonosor a Babilonia

Durante la campaña siria de Nabucodonosor, su padre, Nabopalasar, enfermó. Las noticias sobre su muerte hicieron que el heredero al reino regresara rápidamente a Babilonia, confiando sus cautivos judíos, fenicios, sirios y egipcios, junto con el botín, a sus subordinados (Jos. *Ant.* X. 11, I).

Joacim I prisionero, luego tributario
Rebelión de Joacim

Se permitió a Joacim ser tributario a Babilonia por tres años (2 R. 24:1). Al final de este período se rebeló. Nabucodonosor, que probablemente se vio retenido por los asuntos domésticos, dejó su castigo, en primer lugar, en manos de guarniciones caldeas, y de los antiguos enemigos hereditarios que rodeaban a Judá. En este último caso es especialmente significativo que el relato del *Libro de Reyes* lo atribuya directamente a la mano del Señor, en cumplimiento de Su propósito de juicio (2 R. 24:2). El rey de Egipto, que probablemente tenía su parte en la rebelión de Joacim, no osó acudir en auxilio de la tierra que se hallaba invadida por el enemigo (2 R. 24:7).

Muerte de Joacim y ascenso al trono de Joaquín

En medio de estos problemas Joacim murió –tal vez de mano de sus asaltantes. El rey que había obrado el mal de aquel modo (2 R. 24:4), y que había acarreado tales desgracias a su tierra, descendió a la tumba sin duelo ni honores (Jer. 22:18, 19; 36:30).

Joacim fue sucedido por su hijo, Joaquín («Jehová confirma»), un joven de dieciocho años,[8] que reinó únicamente tres meses y diez días (2 Cr. 36:9). Ocupó el trono cuando Nabucodonosor apareció por segunda vez en el territorio palestino (2 R. 24:11). Resulta imposible determinar si lo que sucedió entonces era en castigo por la rebelión anterior, o porque el joven rey era culpable de intrigas parecidas con Egipto.

Sitio de Jerusalén
Rendición de Joaquín y su destino

Por las indicaciones de la Santa Escritura nos inclinamos a suponer que la reina madre, Nahusta («la de bronce»), la hija de Elnatán, un príncipe influyente de Jerusalén (2 R. 24:8; Jer. 36:12, 25), desempeñó un papel considerable en los acontecimientos de este breve reinado. Esto lo inferimos, por un lado, por la relación de su padre con Egipto (Jer. 26:22), y por otro lado, por las agudas referencias a ella y a su destino (2 R. 24:12; Jer. 13:18; 22:26; 29:2).[9]

Al inicio el sitio de Jerusalén fue confiado a oficiales subordinados. Pero cuando la caída de la ciudad parecía cercana, se presentó también Nabucodonosor. Parece ser que Joaquín, junto con la reina madre, la corte, los príncipes y los líderes se rindieron ante el victorioso. El castigo que recibió la ciudad fue de una severidad ejemplar. Se llevaron todos los tesoros del templo y del palacio y las piezas más pesadas del santuario[10] fueron cortadas en pedazos. Así se cumplió la palabra del Señor pronunciada con mucha antelación y frecuencia (2 R. 24:12, 13).

Primera deportación a Babilonia

El rey, su madre, sus esposas y todos los oficiales, de la corte, del estado o del ejército fueron llevados a Babilonia. Aún más, para asegurarse de la permanencia de la conquista, «toda Jerusalén» –en el sentido de lo que la hacía capital– y todos los que en cualquier sentido eran «fuertes y aptos para la guerra» –que pudiesen liderar, luchar o hacer preparativos para la guerra– fueron llevados cautivos. Su número se da aproximadamente en 11.000 ¿11.023? comp. Jer. 52:28),[11] incluyendo a 3.000 considerados «príncipes» y ciudadanos principales, 7.000 soldados (10.000, 2 R. 24:14), y 1.000 artesanos, especialmente herreros (2 R. 24:13-16). Considerando que la población total de Jerusalén por entonces –incluyendo mujeres y niños– se calcula solamente entre 50.000 y 60.000, pudo quedar sólo un escaso remanente– compuesto íntegramente por «el tipo más pobre de gente de la tierra». Entre los cautivos se hallaba también Ezequiel (Ez. 1:1, 2; 40:1, comp. Jer. 29:1).

Podemos explicar aquí el resultado de la historia de Joaquín. Estuvo treinta y siete años en una cárcel de Babilonia. Al final de este período Evil-merodac («el hombre de Merodac»), hijo y sucesor de Nabucodonosor, le mostró su gracia. Seleccionado de entre los otros reyes cautivos fue restablecido al rango, admitido en la mesa real como uno de los vasallos en la corte del monarca babilonio, y recibía una cantidad para cubrir las necesidades de su familia y establecimiento. Esta situación se prolongó hasta su muerte, cuya fecha es incierta (2 R. 25:27-30; Jer. 52:31, 34).[12]

---

6. 2 Crónicas 36:6, donde traducimos: «y los puso en su palacio en Babilonia».

7. Comp. en sentido general Jos. *Ant.* X. 11, I. que presenta extractos de las obras históricas de Berosus y Megastenes, y *Ag. Ap.* I. 19.

8. Por un error de copia en 2 Crónicas 36:9, se dice que su edad era «ocho años». Por una inversión de sus elementos, su nombre también se escribe Joiachin (Ez. 1:2) y Conías (Jer. 22:24, 28; 37:1).

9. Jos. *Ant.* X. 7, 1 da una versión algo diferente, y sobre el final del reinado anterior en X. 6, 3.

10. Serían altares, etc., mientras que las placas de oro debieron ser arrancadas de las otras piezas.

11. Otros dicen que el número total era 10.000 –contando «los príncipes» en 2.000 y 1.000 artesanos. Parece ser que estos cálculos no incluían a mujeres y niños –a menos que tengamos que entender los números de Jeremías 52:28 como referidos exclusivamente a la población masculina. Pero este pasaje no es fácil desde el punto de vista crítico, y no podemos enzarzarnos en su discusión aquí.

12. La religión judía habla de la conversión religiosa de Joaquín (comp. Bar. I., 3-7). El lector erudito puede encontrar la historia detallada, que no es muy interesante, en *Vayyik. R.* 19, final.

Ascenso al trono y reinado de Sedequías

Nos acercamos rápidamente al final de esta historia. A su partida de Jerusalén, Nabucodonosor, con una generosidad única, había nombrado a un rey del linaje de David. Su elección fue Matanías («el don de Jehová»), cuyo nombre fue cambiado[13] por Sedequías («la justicia de Jehová»). El nuevo rey era tío de Joaquín, siendo el hijo más joven de la misma madre de Joacaz (comp. 2 R. 23:31). Los once años de su reinado se pueden describir con la breve fórmula que se aplicó a Joacim y muchos más: «hizo lo malo ante los ojos de Jehová». Y de manera significativa el texto sagrado añade: «Porque la ira de Jehová vino contra Jerusalén y Judá, hasta que los echó de su presencia. Y Sedequías se rebeló contra el rey de Babilonia» (2 R. 24:20).[14]

Rebelión de Sedequías

La «rebelión» de Sedequías fue más culpable y agravada por el hecho que había tomado un juramento solemne de fidelidad a Nabucodonosor (2 Cr. 36:13; Ez. 17:13). No podemos concretar claramente cuáles fueron las circunstancias que le llevaron a intentar conseguir la independencia. De todos modos, hay suficientes indicaciones para mostrar el progreso de lo que al final acabó en una revuelta abierta.[15] La primera preocupación del nuevo rey debió ser reunir a su alrededor consejeros y personas. Como los hombres más notables y capacitados de Judá estaban cautivos, la empresa era muy difícil. En este caso las medidas adoptadas parecen desastrosas. La capital y el templo eran el escenario de toda idolatría (Ez. 8), mientras que la administración de justicia parecía ser terrible (Jer. 21:11, 12). Muy pronto empezaron las intrigas políticas. Pronto aparecieron en la corte de Sedequías emisarios de Edom, Moab, Amón, Tiro y Sidón –sin duda para deliberar sobre un movimiento conjunto contra Babilonia (Jer. 27).[16] Tal vez el alzamiento previsto estaba relacionado con problemas que Nabucodonosor tenía que resolver entonces en Elam (comp. Jer. 49:34-39).[17] Pero todas estas esperanzas estaban destinadas a una rápida decepción. Sedequías ahora consideró prudente enviar emisarios a Babilonia para asegurar a su señor feudal su fidelidad. Los mensajeros también llevaban cartas de Jeremías par los exiliados, los cuales parece ser que estaban en un estado de expectación intranquila, probablemente por causa de los planes de Sedequías (Jer. 29:1 y siguientes). Era en el cuarto año de Sedequías (Jer. 28:1). Jeremías 28 indica que estas esperanzas se veían fomentadas por profetas falsos. Este capítulo registra las predicciones de un tal Hananías y el castigo divino que le sobrecogió. Los emisarios a Babilonia no parecen haber calmado las sospechas de Nabucodonosor, y Sedequías tuvo que ir a Babilonia en persona (Jer. 51:59). Esto cierra la primera escena de esta obra.

Avance de Nabucodonosor. Sitio de Jerusalén

La próxima escena empieza con nuevas intrigas –esta vez sobre todo con Egipto (Ez. 17:15-18)– probablemente a través de numerosos inmigrantes judíos a aquel país (Jer. 24:8). No obstante, las tribus vecinas también estaban implicadas. Ya fuere que Sedequías se consideraba suficientemente fuerte con el auxilio de Egipto, o si era imposible ya esconder los planes de los aliados, es cierto que entonces se rebeló abiertamente (2 R. 24:20). Su castigo llegó rápidamente. Nabucodonosor salió con su ejército y puso campamento en Ribla –curiosamente el mismo lugar donde Joacaz había sido encadenado por Necao (2 R. 23:33). Ribla quedó como cuartel principal del ejército babilonio, por ser un buen lugar desde donde operar contra Palestina y Tiro por un lado, y por el otro contra Amón y Moab (Ez. 21:19, 20, 22, 28; 26:1-7). Finalmente toda Judea fue ocupada. Efectivamente, estaba totalmente indefensa, con la excepción de las ciudades fortificadas de Laquis, Azeca y Jerusalén (Jer. 34:7). Entonces Nabucodonosor y su ejército sitiaron Jerusalén. Esto fue el décimo día del décimo mes del noveno año de Sedequías (2 R. 25:1; Jer. 39:1).

Situación en la ciudad
Breve alivio debido al avance de un ejército egipcio

En la ciudad, la magnitud del peligro dio lugar a lo que pudo parecer que eran sentimientos de arrepentimiento, alternándose, no obstante, con las tendencias opuestas, como si en medio de la estupefacción e indefensión generales uno o el otro lado prevalecieran. En medio de todo ello el rey parecía alguien totalmente perdido. Al principio todo era energía. Las casas inútiles que los reyes y los nobles habían erigido, fueron derribadas, y su lugar y sus materiales se usaron para defender la ciudad (Jer. 33:4). Fue una medida vana –y estas defensas se convirtieron simplemente en las tumbas de los que las tenían. También se adoptaron medidas populares. El rey hizo un pacto con el pueblo, y una proclamación solemne restauró la libertad a toda la nacionalidad hebrea –hombres y mujeres– a quienes las exacciones, la violencia y la injusticia habían reducido a la esclavitud (Jer. 34:8, 9). Los «príncipes» se sometieron de mala gana. Pero durante el breve tiempo en que los babilonios se alejaron para salir al encuentro del ejército egipcio, no sólo ignoraron lo que había sido hecho, sino que una vez más redujeron a la esclavitud a los que habían sido liberados tan recientemente (Jer. 34:10, 11).

En cuanto a Sedequías, su conducta se caracterizaba por la perplejidad impotente y la vacilación, que eran el resultado de la debilidad y la falta de convicción religiosa. Se enviaron emisarios a Jeremías para inquirir al Señor, y apelar a él en nombre de las liberaciones pasadas (Jer. 21:1, 2; 37:3). Pero al mismo tiempo, el rey encarcelaba y maltrataba a los profetas. Todo ello según si sus nobles se oponían a Jeremías o lo protegían. Pero cuando el profeta dispuso delante del rey la alternativa cierta de resistencia y cautividad, o rendición y salvación (Jer. 34:2-6, 38:17, 18), Sedequías fue incapaz de decidirse. Jeremías 38 es muy típico de esta situación. Según leemos, en primer lugar el rey cedió ante sus príncipes, que incluso osaron acusar al profeta de planes de traición (Jer. 37:13), y Jeremías fue echado en una

---

13. Como Necao cambiara el de Eleacim, comp. 2 Reyes 23:34. Preferimos esta opinión más bien que el nuevo rey profesara ser el que cumplía la profecía, Jeremías 23:5-8.

14. Ésta es la traducción correcta. La frase final del versículo constituye el comentario y conclusión de lo que precede.

15. Ver el resumen de Kleinert (en Riehm, *H.W.B.* II. pp. 1791, 1792), al que debemos nuestra información.

16. Puesto que, por todo el capítulo, la referencia es a Sedequías, la mención de Joacim en el ver. 1 debe ser un error de copia. Y algunos Cod. junto con la versión siria, también dicen «Sedequías».

17. Hay un punto muy interesante aquí: que en la LXX la mención de «el libro» escrito por Jeremías (Jer. 25:13) va seguida de inmediato por las profecías contra varias naciones –a diferencia del orden de los capítulos de nuestra Biblia hebrea. Y la primera de ellas es la profecía contra Elam –en la hebrea, Jeremías 49:34-39, pero en la LXX Jeremías 25:14-18. Esto es seguido inmediatamente en la LXX por la frase en 26:1: «En el principio del reinado de Sedequías vino esta palabra sobre Elam», correspondiendo las palabras del comienzo al hebreo Jeremías 17:1, después de lo cual vienen las diversas profecías contra las naciones.

mazmorra repugnante. Luego, Sedequías escuchó las intercesiones del otro lado, y Jeremías fue sacado por lo menos de la cárcel subterránea, donde sus pies se habían hundido en el cieno, y fue tratado con mayor humanidad. Luego el rey lo hizo llamar y le consultó. Y aún más, no sólo juró muy solemnemente protegerlo, sino que parecía dispuesto a seguir su consejo y rendirse ante los caldeos. Pero una vez más el miedo le impidió tomar aquel paso, a pesar de las garantías que daba Jeremías. Al final Sedequías temía incluso que sus nobles oyeran acerca de su encuentro con el profeta, y le encargó que diera una interpretación diferente de su entrevista.

Reanudación del sitio
Captura de parte de la ciudad

Mientras, seguía el asedio, sin esperanza de liberación. Tiro se hallaba en una situación de sufrimiento parecida a la de Jerusalén, mientras que Amón, Moab, Edom y los filisteos no sólo se habían apartado de la alianza, sino que incluso esperaban poder participar del despojo de Judá (Ez. 25). Al cabo de cierto tiempo apareció un pequeño rayo de esperanza. Un ejército egipcio, bajo su rey Hofra, el nieto de Necao, avanzó a través de Fenicia, y obligó a los caldeos a levantar el sitio de Jerusalén (Jer. 37:5-7). La exultación y la reacción en Jerusalén se pueden imaginar –y fue probablemente como consecuencia de este estado que Jeremías, que seguía prediciendo la calamidad, fue encarcelado (*ib.* v. 4). Pero el alivio de Jerusalén fue breve. El ejército egipcio tuvo que retirarse, y el sitio de Jerusalén fue retomado por los caldeos, y esto con todavía peores circunstancias para los sitiados. A las otras calamidades, ahora se añadía el hambre (2 R. 25:3). Jeremías ha dejado un informe de los horrores de ese tiempo en el *Libro de Lamentaciones* (comp. 1:19; 2:11, 12, 20; 4:3-10). La última resistencia fue rápidamente derrotada.

Huida y captura de Sedequías

El noveno día del cuarto mes [Tammuz], en el undécimo año de Sedequías, el enemigo obtuvo la posesión del barrio del norte (2 R. 25:4; Jer. 39:2, 3; 52:6, 7). Delante de la puerta media los capitanes babilonios celebraron un consejo de guerra (Jer. 39:2, 3). Luego el rey y todo el ejército regular buscaron salvación en la huida a través de la oscuridad nocturna (Jer. 39:4). Como que los caldeos se habían apoderado de la parte del norte de la ciudad, huyeron hacia el sur. Entre las dos murallas, a través del Tiropeón, y fuera por la «puerta de la fuente», y atravesando el jardín del rey, se apresuraron para llegar al Jordán. Pero su huida no podía pasar desapercibida. Fueron perseguidos y atrapados en las llanuras de Jericó. Los soldados se dispersaron en varias direcciones.

La sentencia de Ribla

Pero el rey y su casa fueron hechos cautivos y llevados al campamento central de Ribla, donde estaba Nabucodonosor. Allí Sedequías compareció formalmente ante la justicia y se dictó sentencia contra él. Sus hijas fueron libertadas, pero sus hijos fueron sacrificados en su presencia. Fue la última cosa que vio el rey. Le sacaron los ojos;[18] fue encadenado con grilletes dobles de bronce en manos y pies,

18. Éste era un modo no poco común entre caldeos y persas de castigar con la finalidad de que los príncipes no pudieran gobernar más.

«No obstante, Nabucodonosor llegó a Jerusalén. Joacim, que debía considerarse un vasallo de Egipto, fue encadenado para ser llevado a Babilonia. Pero esto no sucedió –tal vez porque Nabucodonosor fue reclamado en Babilonia con urgencia. Los vasos del templo se enviaron a Babilonia, y se colocaron, primero en el palacio del rey victorioso, y luego en el templo de su dios».

Nabucodonosor II fue el rey babilonio que sitió Jerusalén y venció a Joacim que, juntamente con muchos de sus súbditos, fue deportado a Babilonia. Esta es la puerta de la diosa Ishtar, es una de las ocho puertas de la antigua ciudad de Babilonia –quizás la más hermosa– y fue construida durante el reinado de Nabucodonosor II. (Museo de Asia Anterior, Berlín)

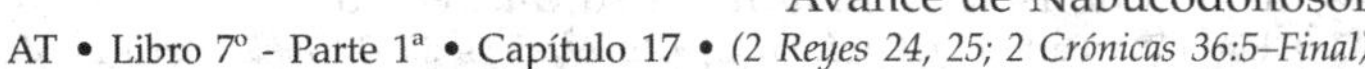

y así lo llevaron a Babilonia.[19] Luego murió bajo custodia[20] (Jer. 52:11).

Incendio del templo, destrucción de la ciudad y deportación de los cautivos

El resto de esta triste historia se explica rápidamente. Después de la huida y captura del rey, la ciudad no pudo sostenerse mucho tiempo. Un mes más tarde,[21] y en el séptimo día del quinto mes (Ab) Nebuzar-adan («Nebo dio prosperidad») entró en la ciudad. El templo fue incendiado, así como el palacio del rey. Toda la ciudad se redujo a ruinas y cenizas, y las murallas que la habían defendido fueron derrumbadas (2 R. 25:9, 10). Después de tres días el trabajo de destrucción se completó; y desde entonces en el 10 (9) de Ab se celebró duelo como el día fatal de la caída de Jerusalén[22] (Jer. 52:12; Zac. 7:3, 5; 8:19). «El resto de la gente que quedaba en la ciudad» y los que anteriormente habían pasado al enemigo, junto «con el remanente de la multitud», fueron llevados (2 R. 25:11). Difícilmente nos equivocaremos si consideramos a estos cautivos como la parte principal de la población no combatiente de Jerusalén y Judá.

El profeta Jeremías

La captura de Jerusalén halló a Jeremías en la cárcel por su fidelidad al anunciar la ruina inminente, y por advertir a su pueblo de su destino inmediato. Pero la misma fe y fidelidad le llevaron a demostrar de manera incluso más elevada el carácter profético incluso que cuando daba un testimonio seguro en medio de contradicción, persecución y sufrimiento. En aquella prisión, y en vistas a la desolación inminente, anunció, con la misma fe firme que anteriormente los juicios de Israel, no sólo el terrible destino que caería sobre Babilonia (Jer. 51:1), sino también la restauración segura de Israel. Y con una confianza sublime en este suceso, cuando aún estaba en la cárcel, compró –obedeciendo a las instrucciones divinas– unos campos en Anatot, como si fuera en anticipación del regreso de su pueblo a su tierra (Jer. 32:6-23). Y más allá de ésta, su visión extasiada discernió una restauración mejor y espiritual de Israel (Jer. 32:37-44). Sin duda, considerando al profeta en el contexto de su época y sus circunstancias, no es fácil comprender como no se puede percibir tanto la sublime dignidad del oficio profético, como el carácter divino de la profecía.

Pero todavía no hemos explicado completamente el final. Todo lo que de valor había en el templo que podía sacarse, entero o en pedazos, fue llevado a Babilonia. Como ya hemos afirmado, la población general de Jerusalén y de Judá fue llevada cautiva. Sólo fueron dejados los más pobres de la tierra como agricultores y viticultores, para no dejar la tierra sin cultivar –probablemente en la espera de una futura colonización desde Babilonia. Finalmente, se dio un castigo ejemplar a los que eran considerados cabecillas o personas destacadas durante la reciente rebelión. «Seraías,[23] el jefe de los sacerdotes» (sumo sacerdote), «Sofonías,[24] el segundo sacerdote» (probablemente el sustituto del sumo sacerdote), «y los tres guardas de la puerta» –es decir, los jefes de los levitas que guardaban las puertas del templo (Jer. 38:14), fueron procesados en el tribunal de Ribla y fueron ejecutados. El mismo castigo que recibieron los oficiales del templo fue aplicado a los oficiales reales de la ciudad –el chambelán que se encargaba de las tropas,[25] cinco consejeros del rey, y el secretario del general del ejército. Con éstos fueron ejecutadas sesenta personas de la tierra, ya fuera por su papel importante en la rebelión reciente o como representantes del pueblo en general.

Nombramiento de Gedalías

Nabucodonosor confió la administración civil del país a Gedalías, el hijo de Ahicam. Éste había tenido una posición elevada en el reinado de Josías (2 R. 22:12), y se distinguió todavía más por su piedad y valentía que salvaron la vida de Jeremías en tiempos de Joacim (Jer. 26:24). La misma fidelidad a la palabra profética había inducido a Gedalías a dar soporte al consejo poco popular de someterse a Nabucodonosor. Sin duda el campamento de los caldeos había recibido información de todo lo que había sucedido en la ciudad, y seguramente fue por lo que había oído que Nabucodonosor nombró a Gedalías para ese puesto. También por esta razón, además de por el respeto por el profeta y su oficio, lo que debió inducir al rey a hacer esta amonestación sobre Jeremías a Nabuzaradán, su capitán en jefe (Jer. 39:11-14; 40:1-4). Parece ser que el profeta fue puesto en libertad, pero después, por alguna equivocación, fue llevado a Ramá encadenado con los otros cautivos. Allí se descubrió el error, y Nabuzaradán le dio la elección al profeta de ir a Babilonia, donde se haría toda provisión de honor para él, o la de establecerse en cualquier parte del país. Con un sentimiento auténticamente patriota, además de en consonancia con su labor profética, Jeremías escogió quedarse con el gobernador judío, para apoyar su autoridad, y para guiar con su consejo al remanente del pueblo. Pero incluso esto resultó ser un trabajo desagradecido y sin esperanza.

La corte de Mizpa. Asesinato de Gedalías

Gedalías había establecido su residencia en la antigua Mizpa. Allí se reunieron todos los hombres prominentes de Judá que quedaban, así como sus esposas, hijas e hijos de los muertos y de los cautivos. Allí también acudieron los fugitivos que habían buscado salvación en las tierras vecinas, además de los restos dispersos del ejército judío. Se estaba formando una corte, y el gobernador estaba rodeado por un guarda caldeo y judío (Jer. 40:6–final; 41:3; 43:6). Parece ser que incluso se erigió un tipo de santuario (Jer. 41:5). Durante un breve espacio de tiempo parecía como si al remanente de Judá no sólo se le concedía la paz, sino incluso cierta medida de prosperidad. Pero una vez más, estas esperanzas se vieron decepcionadas. El gobierno de Gedalías duró sólo dos meses.

De entre los que habían acudido a Gedalías se debe destacar a Ismael, hijo de Netanías, de linaje real. En parte por la esperanza de poseer el gobierno, al que su linaje le

---

19. Comp. 2 Reyes 25:4-7; Jeremías 39:4-7; 43:6; Ezequiel 12:12, 13.

20. «Una casa de custodia,» en vez de una cárcel propiamente dicha, a la que había sido confinado Joaquín. El ciego Sedequías fue puesto en una casa de custodia.

21. Tal vez se permitiera un descanso de un mes para determinar los mandamientos reales con referencia a la ciudad.

22. Según Josefo (*Guerras*, VI. 4. 8), éste también fue el día de la destrucción del templo de Herodes por los romanos.

23. Un antepasado de Esdras. Comp. 2 Reyes 25:18; 1 Crónicas 6:14; Esdras 7:1.

24. «El hijo de Maasías». Comp. sobre él, Jeremías 21:1; 29:25-29; 37:3.

25. Damos la descripción parafrástica del primer y el último oficial mencionados, los cuales, sin duda, estaban relacionados con el departamento civil del ejército.

podía hacer aspirar, y en parte por la instigación de Baalis, el rey de los amonitas –que sin duda perseguía sus propios fines en el asunto– Ismael se puso a la cabeza de una banda de conspiradores (comp. 2 R. 25:25; Jer. 40:8-16). El generoso Gedalías fue advertido de su peligro en vano. Incapaz de caer en la traición él mismo, no podía creer en la de los otros, ni aprobar las medidas necesarias de defensa propia. En consecuencia, el plan de los conspiradores se realizó. Gedalías y todos los que estaban a su alrededor fueron masacrados, y sus cadáveres fueron echados en la cisterna que, mucho tiempo antes, el rey Asa había hecho, por miedo a Baasa, rey de Israel (Jer. 41:1-9). Sólo entonces los hombres pudieron salvarse de la matanza con las promesas de ricas entregas a los conspiradores.

Pero ni siquiera entonces la medida fue completa. Después de su sangriento éxito en Mizpa, Ismael se había llevado cautivas a las mujeres, y también a todo el pueblo, con la intención de ir a la tierra de los amonitas.

Persecución y huida de los asesinos Retirada a Egipto

Pero cuando Johanán se enteró de los crímenes perpetrados, el hijo de Carea, y los capitanes de las fuerzas de los campos, que habían advertido en vano a Gedalías del peligro que corría (Jer. 40:13-16), se unieron para vengar el mal. Persiguieron a Ismael y lo atraparon en Gabaón. Los judíos cautivos entonces hicieron causa común con sus libertadores e Ismael escapó a Amón con sólo ocho seguidores. Pero la fe de Johanán y de sus compañeros no estaba a la altura de las circunstancias. Temerosos de que los caldeos vengaran contra ellos la traición y la matanza de Mizpa, se fueron hacia Egipto. Con un aparente pero hipócrita deseo que Jehová les mostrara por medio de su profeta dónde tenían que ir y qué hacer, se acercaron al profeta. Jeremías debía inquirir al Señor –e implícitamente dieron su promesa solemne de obedecer la voz de Jehová. Pero, no obstante, ellos ya habían decidido ir a Egipto. Y así Jeremías les dijo, cuando les comunicó el doble mensaje de su Dios, que podían descartar todo temor de los caldeos si se quedaban en la tierra; pero que si buscaban su seguridad en Egipto, la espada del conquistador, que podía herir a su protector, sin duda les daría alcance.

Últimas profecías de Jeremías

La advertencia fue en vano. El mensaje de Jeremías fue acusado de ser de su propia invención y también de ser el resultado del resentimiento personal de Baruc; y los líderes de Judá llevaron al débil remanente a Tafnes en Egipto –para escuchar allí de nuevo la voz del anciano profeta que anunciaba la llegada del juicio contra el país, donde, en la incredulidad y la dureza de corazón de ellos, habían buscado cobijo (comp. Jer. 42 y 43).

Final del gobierno terrenal de David

Así se fue de la tierra el último remanente de Judá. El gobierno de David había desaparecido, en cuanto a lo que se refiere meramente al poder terrenal. El reino de David que iba a venir sería más amplio, más alto, más profundo. Abrazaría la hermandad de los hombres; llegaría hasta el cielo; se arraigaría en la justicia, la paz y el gozo en el Espíritu Santo.

La tierra desolada guarda sus días de reposo

Pero por toda la tierra habría desolación y reposo. Pero era «reposo para con Dios». La tierra guardaba un silencioso día de reposo para con Dios; un día de reposo olvidado desde hacía mucho tiempo. Lo guardó diez veces, «para cumplir setenta años».[26] Fue unos setenta años[27] después de la batalla de Carquemis, que decidió el destino final de Palestina y su sumisión a Babilonia, cuando, como las trompetas de plata de los sacerdotes por la mañana en el templo, la voz de Ciro anunció el alba de la mañana después de la larga noche de exilio, y convocó a los dispersos de todas las tierras al portal del santuario de ellos (2 Cr. 36:21-23).

La tierra está de nuevo guardando el día de reposo. Y de nuevo se trata de «descanso para con Dios» hasta que su voz despierte a la tierra y al pueblo, a quien pertenecen la tierra y el pueblo, el dominio y la paz: hasta que Él venga, aquél que es el objetivo y el cumplimiento de toda la historia y toda la profecía del pasado –«una luz que ilumine a los gentiles, y la gloria de tu pueblo Israel».

---

26 La referencia de 2 Crónicas 36:21 es a Jeremías 25:11, 12, y a Levítico 26:34, 35. Pero no es necesario suponer que este día de reposo de setenta años se refiera a un período exacto anterior de 490 años, durante el cual se había descuidado la observación de los años sabáticos.

27. El tiempo transcurrido entre la deportación del último remanente hasta el decreto de Ciro fue de cincuenta años.

LOS REINOS DE ISRAEL Y JUDÁ EN LOS TIEMPOS DE ISAÍAS

El ministerio profético de Isaías en el reino del sur, así como el de Oseas y Amós en el reino del norte, coincide con la política expansionista de Asiria, dirigida sistemáticamente contra Palestina. En Judá reinaba Uzías, que gobernó durante 52 años, (cf. 2 R. 16:3; 2 Cro. 26:1, 23). Fue un monarca interesado en la agricultura y en el crecimiento ganadero, lo que repercutió favorablemente sobre el estado económico de toda la nación, más pobre que su vecina Israel. Bajo el reinado de su sucesor, Jotam, Rezím, hijo de Uzías, rey sirio de Damasco, y Peka, rey de Israel, se coaligaron para destruir el reino de Judá y colocar un gobernante marioneta en el trono de David en Jerusalén que apoyara su política antiasiria.(2 R. 15:37; 16:5). En esta tremenda crisis Isaías profetizó la cercana caída de los enemigos de Judá y la ascensión del poder mundial de Asiria (Is. 7-8). Poco después, los acontecimientos confirmaron su predicación: Siria y el reino de Israel fueron invadidas por Tiglat-pileser y Damasco fue tomada (732 a.C., 2 R. 16:7; 15:29; 2 Cro. 28:16; Is. 17:1, 3). El monarca asirio despojó al reino del norte de Galilea y del país de Galaad, que pasaron a formar parte de las provincias de Asiria. Israel se quedó reducido a un pequeño estado. Para evitar la ruina total, Oseas asesinó a Peka, ocupando el trono de Samaria en su lugar, y pagando inmediatamente tributos a Asiria para verse confirmado como rey de Israel. Al morir Tiglat-pileser, Asiria entró en una crisis temporal de sucesión, que Oseas aprovechó para buscar la alianza con Egipto, y dejó de pagar tributos (2 R. 17:4). Fue un paso totalmente equivocado que precipitó la caída de lo que quedaba de Israel. Sargón II, hermano del nuevo monarca Salmanasar V, sitió Samaria y la conquistó en el 722; la destruyó con la crueldad asiria de costumbre. Una inscripción de Sargón II en Corbasad dice: «Asedié la ciudad de Samaria y deporté a 27.800 hombres que moraban allí, y tomé cincuenta carros de ellos, y ordené que fueran tomados el resto. Puse a mis jueces sobre ellos, e impuse sobre ellos el tributo de los anteriores reyes». La región de Samaria pasó a ser provincia de Asiria y los hombres principales del país fueron deportados a diferentes rincones del imperio (2 R. 17:6); mientras que Samaria era repoblada con nuevas gentes que tenían otras costumbres y otros dioses.

Después de la caída de Samaria los pequeños estados se sentían tentados de unirse contra Asiria. Judá tampoco se mantuvo al margen de tales seducciones. Egipto era gobernado en esa época por una dinastía de reyes etíopes, temerosa del poderío expansionista asirio. El faraón reinante parece haber sido Sabaka, fundador de la dinastía XXV y uno de los últimos faraones nubios o etíopes, que mantenía sin duda una gran organización diplomática en Jerusalén para tratar de influir en pro de una alianza militar contra Asiria. Isaías estaba convencido que con tales conspiraciones Judá sólo lograba llamar la atención y perderse, por lo que instó a renunciar a alianzas con Egipto (cf. Is. 20:1-6). Es muy probable que Isaías haya sido escuchado en Judá, ya que esta vez Sargón II sólo atacó a Egipto y no a Judá. Era el año 713 a.C. El año 705 a. C. muere Sargón, lo que ocasionó una ola de agitación de un extremo al otro del Imperio. Su hijo Senaquerib se apoderó rápidamente del trono, y durante cuatro años se dedicó a estabilizar el Imperio.

En ese tiempo Ezequías ocupaba el trono de Judá (2 R. 17:3; 18:9; Is. 28:1), sometido al vasallaje del Imperio asirio, al que anualmente pagaba tributos. Su reinado se prolongó durante 29 años (2 Cro. 29:1). El rey de Babilonia, en su búsqueda de grandeza, trataba de hallar aliados, por lo que envió una delegación a Ezequías con el propósito de invitarlo a tomar parte activa en la lucha contra los asirios, uniéndose en una confederación formada por los reyes de Babilonia, Edom, Egipto, Moab, Filistea y Fenicia (cf. 2 R. 20:12-13).

Conocedores de la conspiración, los asirios comenzaron una gran campaña contra los filisteos, al paso que sometían a los fenicios. Con estas fuerzas invencibles en marcha, el terror se apoderó de todos. Los embajadores de Amón, Asdod, Edom y Moab se apresuraron a establecer pactos con el rey asirio. Otro tanto hizo Ezequías, prometiendo renovar el pago de tributos. Isaías profetizó que Judá debía resistir, ya que no sería tomada, sino que la mano de Dios caerá sobre Asur-Asiria (Is. 17:12-14). Las fuerzas asirias devastaron el país, destruyeron gran números de ciudades. Senaquerib mandó 201.000 personas al cautiverio, saqueó los campos y se llevó gran cantidad de caballos, camellos, burros, mulas y ovejas. Lo más probable es que hubiera arrasado Jerusalén si en aquel momento no se hubiera producido un desastre que detuvo su golpe. Brotó una plaga en las filas de su ejército que en una sola noche mató a miles de sus soldados. No tuvo otra alternativa que levantar el sitio de Jerusalén, lo cual fue interpretado por los fieles como una intervención milagrosa del Señor (Is. 14:24, 27; 17:12,14; 38; cf. 2 R. 18:13; 19:37). Ezequías tuvo que pagar, a pesar de esto, un gran tributo a Senaquerib, renovando su vasallaje, pero Jerusalén se salvó y Ezequías conservó su trono. Escribiendo en primera persona Senaquerib relata: «Al mismo Ezequías lo encerré como a un pájaro en una jaula dentro de Jerusalén su ciudad real..., además de su anterior tributo y dones anuales, le impuse otro tributo y la honra debida a mi majestad, y lo impuse sobre ellos». De regreso a Asiria, Senaquerib fue asesinado durante una sublevación interna (2 R. 19:37).

Bibliografía:

F. F. Bruce, Israel y las naciones. Editorial Portavoz, Grand Rapids 1988.
John Bright y W. P. Brown, La Historia de Israel. DDB, Bilbao 2003.
François Castel, Historia de Israel y de Judá. Ed. Verbo Divino, Estella 1984.

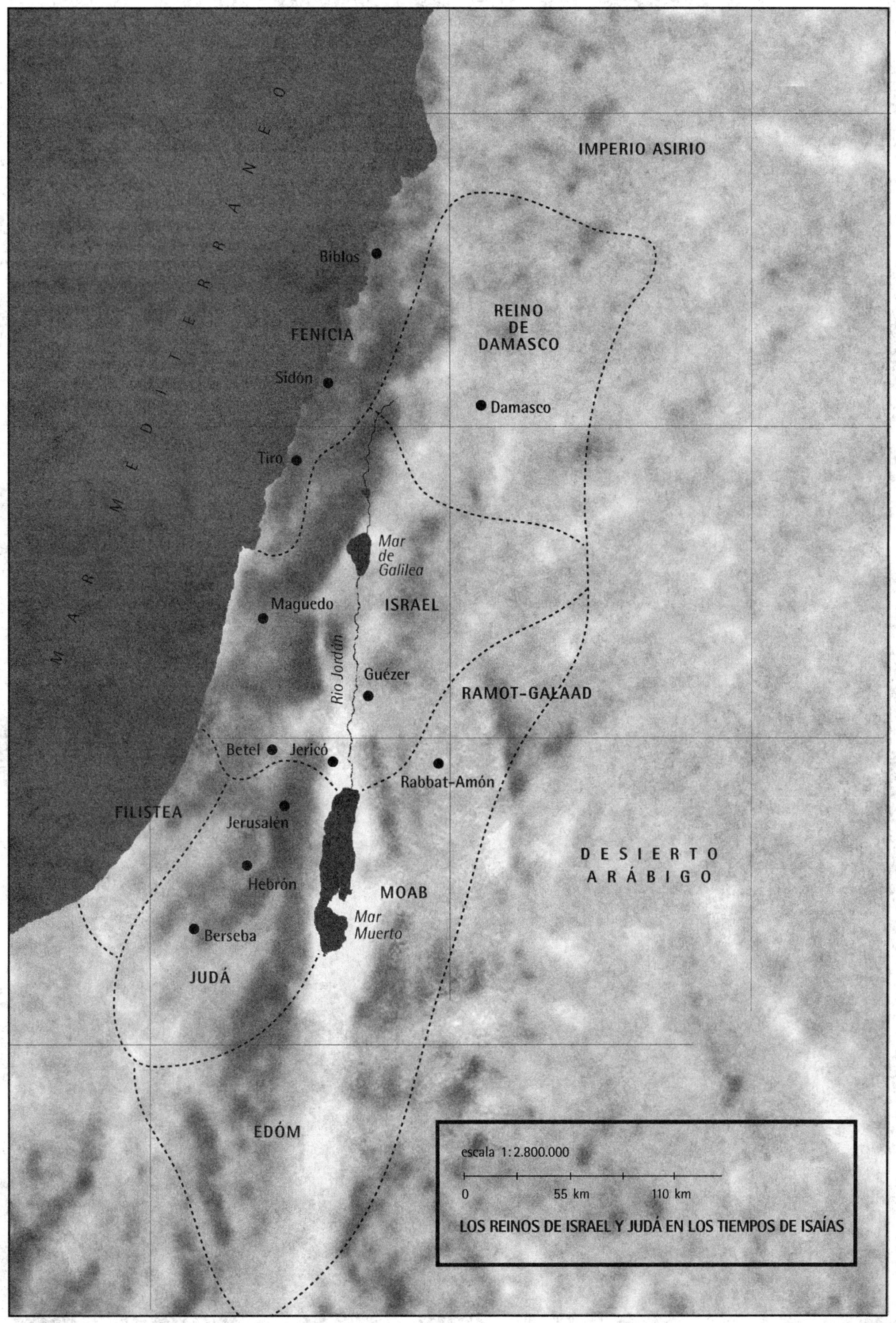

LOS REINOS DE ISRAEL Y JUDÁ EN LOS TIEMPOS DE ISAÍAS

Período Intertestamentario

La preparación para el Evangelio

El mundo judío en los días de Cristo

כל הנביאים כולן לא נתנבאו אלא לימות המשיח

«Todos los profetas profetizan sólo acerca de los días del Mesías»

(Sanh. 99 a)

לא אברי עלמא אלא למשיח

«El mundo fue creado sólo para el Mesías»

(Sanh. 98 b)

Capítulo 1

El mundo judío en los días de Cristo

Entre los medios externos que permitieron la preservación de la religión de Israel, uno de los más importantes fue la centralización y localización del culto en Jerusalén. Aunque algunas de las ordenanzas del Antiguo Testamento en lo que toca a este punto pueden parecer estrechas y exclusivistas, es muy dudoso que, sin una provisión así, el mismo Monoteísmo pudiera haber persistido como credo o como culto. Considerando el estado del mundo antiguo y las tendencias de Israel durante los primeros estadios de su historia, era necesario el aislamiento más estricto para poder evitar que la religión del AT se mezclara con elementos extraños que rápidamente habrían demostrado que eran fatales para su existencia. Y si bien una de las fuentes de aquel peligro había cesado después de los setenta años de exilio en Babilonia, la dispersión de la mayor parte de la nación entre otros pueblos, que por necesidad tenían que influir en ellos en cuanto a las costumbres y la civilización, hacía tan necesaria como antes la continuidad de esta separación. En este sentido, incluso el Tradicionalismo tenía una misión que cumplir, como valla protectora alrededor de la Ley, para hacer imposible su infracción y modificación.

Un romano, un griego o un asiático podía llevar consigo sus dioses dondequiera que fuese, o bien hallar ritos afines a los suyos. Pero para el judío era muy distinto. Tenía sólo un Templo, el de Jerusalén; solamente un Dios, Aquél que se hallaba entronizado entre los querubines, y que era asimismo Rey en Sión. El Templo era el único lugar en que un sacerdocio puro, nombrado por Dios, podía ofrecer sacrificios aceptables, fuera para el perdón de los pecados, o para la comunión con Dios. Aquí, en la oscuridad impenetrable del Lugar Santísimo, en que sólo podía entrar el Sumo Sacerdote una vez al año, para la expiación más solemne, se hallaba el Arca, que había llevado al pueblo a la Tierra de Promisión y el apoyo material sobre el que descansaba la Shekhinah. Del altar de oro se elevaba la suave nube de incienso, símbolo de las oraciones aceptadas de Israel; el candelabro de siete brazos derramaba su luz perpetuamente, indicación del resplandor de la presencia de Dios mediante el Pacto; sobre aquella mesa, como ante el mismo rostro de Jehová, era colocado, semana tras semana, el «Pan del rostro»,[1] la ofrenda o sacrificio de harina que Israel ofrecía a Dios, y con el que Dios, a su vez, alimentaba a sus sacerdotes escogidos. Sobre el altar de los sacrificios, rociado por la sangre, humeaban los holocaustos diarios y de los días festivos, traídos por todo Israel y para todo Israel, por más que estuvieran desparramados lejos; en tanto que por los extensos patios del Templo se aglomeraban no sólo los nativos de Palestina, sino literalmente «los judíos de toda nación bajo el cielo». Sobre este Templo se acumulaban los recuerdos sagrados del pasado; a él se adherían todavía las esperanzas más brillantes para el futuro. La historia de Israel y todas sus aspiraciones estaban entrelazadas con su religión; de modo que puede decirse que sin su religión Israel no tenía historia, y sin su historia no tenía religión. Así que historia, patriotismo, religión y esperaza, todas ellas señalaban a Jerusalén y al Templo como el centro de la unidad de Israel.

Y el estado abatido en que se hallaba la nación no podía alterar su modo de ver ni socavar su confianza. ¿Qué importaba que el idumea Herodes hubiera usurpado el trono de David, como no fuera en el sentido de que los tenía sometidos y de que él era culpable? Israel había cruzado aguas más profundas y había llegado triunfante a la otra orilla. Durante siglos habían sido esclavos en Egipto, al parecer sin esperanza; pero no sólo habían sido puestos en libertad, sino entonado el canto matutino, inspirado por Dios, del jubileo, al volver la mirada hacia el mar hendido en favor suyo, que había sepultado a sus opresores, junto con su potencia y orgullo. Más tarde, durante largos y penosos años, los cautivos habían colgado las arpas de Sión junto a los ríos de aquella ciudad e imperio, cuya grandeza colosal tenía que haber llenado el corazón de los extranjeros esparcidos de un sentimiento de desolación y desesperanza extremas. Y, con todo, aquel imperio se había desmoronado en el polvo, en tanto que Israel de nuevo había echado raíces y brotado a una vida renovada. Y no hacía mucho más de un siglo que un peligro más agudo que los anteriores había amenazado la misma fe y existencia de Israel. En su locura, el rey de Siria, Antíoco IV (Epífanes), había prohibido su religión, había procurado destruir sus libros sagrados y, con crueldad inaudita, les había impuesto ritos paganos, profanado el Templo y lo había consagrado al Júpiter Olímpico, e incluso elevado un altar pagano sobre el altar de los holocaustos (1° Macc. 1:54, 59; *Ant.* 12:5, 4). Y, peor aún, sus planes inicuos habían recibido la ayuda de dos Sumos Sacerdotes apóstatas, que habían rivalizado para comprar y luego prostituir el oficio sagrado de los ungidos de Dios.[2] Sin embargo, en los montes de Efraín,[3] Dios había hecho surgir una ayuda por completo inesperada y al parecer poco digna de confianza. Sólo tres años más tarde, y después de una serie de brillantes victorias, conseguidas por hombres carentes de disciplina, sobre la flor del ejército sirio, Judas Macabeo –el verdadero Martillo de Dios–[4] había purificado el Templo y restaurado su altar precisamente en el mismo día (1° Macc. 4:52-54; Megill. Taan. 23) en que había tenido lugar la «abominación de la desolación» (1° Macc. 1:54). En toda su historia, la hora más oscura de la noche había precedido al apuntar de un alba más brillante que en los días del pasado. Era en este sentido que sus profetas, de modo unánime, les habían impulsado a esperar con confianza. Las palabras de ellos se habían cumplido, más que de sobra, en el pasado. ¿No iba a suceder igualmente con respecto a este futuro más glorioso para Sión y para Israel que había de ser introducido por la llegada del Mesías?

---

1. Éste es el significado literal de lo que traducimos como los «panes de la proposición».

2. Después de la deposición de Onías III, mediante el soborno de su propio hermano Jasón, éste y Menelaus pugnaron entre sí cuanto pudieron, por medio de sobornos, para prostituir su cargo sagrado.

3. Modín, el lugar de origen de los Macabeos, ha sido identificado como la moderna El-Medyeh, a unas dieciséis millas al nordeste de Jerusalén, en el antiguo territorio de Efraín. Comp. el Manual de la Biblia de Conder, p. 291; y para una referencia extensa de toda la literatura sobre el tema, ver Schürer (*Neutest. Zeitgesch.*, p. 78, nota 1).

4. Sobre el significado del nombre Macabeo, compárese Grimm: *Kurzgef. Exeget. Handb. z. d. Apokr. Lief III*, pp. 9, 10. Adoptamos la derivación de *Maqqabha*, un martillo, como en Charles Martel.

La dispersión judía en el Oriente

Y éstos no eran solamente los sentimientos de los judíos de Palestina. En realidad, estos judíos eran ahora sólo una minoría. La mayoría de la nación la constituía lo que se ha llamado la Dispersión o Diáspora; término que en modo alguno ya no expresaba su significado original de deportación o exilio por el juicio de Dios[5], puesto que el estar ausente o residir fuera de Palestina era ahora totalmente voluntario. Pero aún más por el hecho de que no se refería a sufrimiento externo,[6] el uso persistente del término indica un sentimiento profundo de pesar religioso, aislamiento social y alienación civil y política[7] en medio del mundo pagano. Porque aunque, como Josefo recordó a sus compatriotas (*Guerras*, ii. 16.4), «no hay nación en el mundo que no tenga en ella parte del pueblo judío», puesto que «estaba disperso entre los habitantes de todo el mundo» (vii.3.3), con todo, en parte alguna habían hallado un verdadero hogar. Hasta nosotros llega este lamento de Israel –al parecer de fuente pagana, aunque en realidad en la Sibila judaica,[8] y esto procedente de Egipto,[9] país en que los judíos gozaban de privilegios excepcionales–: «Llenando todo océano y país del mundo en grandes números; pero ¡ofendiendo a todos su mera presencia y costumbres!».[10] Sesenta años más tarde el geógrafo e historiador griego Estrabón da un testimonio semejante de su presencia en todos los países, pero usando un lenguaje que muestra lo cierta que había sido la queja de la Sibila.[11] Las razones que justifican estos sentimientos las iremos viendo poco a poco. Baste decir de momento que, sin pensarlo, Filón nos da cuenta de lo que hay básico en ellos, así como de las causas de la soledad de Israel en el mundo pagano, cuando, como hacen otros, nos habla de sus compatriotas como presentes «en todas las ciudades de Europa, en las provincias de Asia y en las islas», y dice de ellos que, doquiera se encuentren, sólo tienen una metrópolis –no Alejandría, Antioquía o Roma–: «la Ciudad Santa con su Templo, dedicado al Dios Altísimo».[12] Una nación de la cual la gran mayoría se hallaba dispersa por toda la tierra habitada; había dejado de ser una nación específica, y era una nación mundial.[13] Sin embargo, su corazón latía en Jerusalén, y desde allí la sangre vital circulaba hasta alcanzar a sus miembros más distantes. Y éste era, en realidad, si lo entendemos propiamente, el gran motivo de la «dispersión judía» por todo el mundo.

Lo que hemos dicho se aplica quizá de una manera especial a la «diáspora» occidental más bien que a la oriental. La conexión de esta última con Palestina era tan estrecha que casi parece una continuidad. En el relato de la gran reunión representativa de Jerusalén, en la Fiesta de las Semanas (Hch. 2:9-11), parece marcada claramente la división de la «dispersión» en dos grandes secciones: la oriental o transeufrática, y la occidental o helenista.[14] En este arreglo la primera incluiría «los partos, medas, elamitas y habitantes de Mesopotamia», y Judea se hallaría, por así decirlo, en medio, mientras que los «cretenses y árabes» representarían los puntos más extremos de la diáspora occidental y oriental, respectivamente. La primera, como sabemos por el N.T., en Palestina recibía comúnmente el nombre de la «dispersión de los griegos o de los helenistas» (Jn. 7:35; Hch. 6:1; 9:29; 11:20). Por otra parte, los judíos transeufráticos, los que «habitaban en Babilonia y muchas de las otras satrapías» (Filón, *Ad Cajum*, p. 1.023; Josefo *Ant.* xv.3.1), quedaban incluidos, con los palestinos y los sirios, bajo el término de «hebreos», debido a la lengua común que hablaban.

Pero la diferencia entre los «griegos» y los «hebreos» era mucho más profunda que el hecho de la mera lengua, y se extendía en todas direcciones en su modo de pensar. Había influencias mentales operantes en el mundo griego de las cuales, dada la naturaleza de las cosas, incluso para los judíos, era imposible sustraerse, y que, en realidad, eran tan necesarias para el cumplimiento de su misión, como su aislamiento del paganismo y su conexión con Jerusalén. Al mismo tiempo, era también natural que los helenistas, colocados como estaban en medio de elementos tan hostiles, intensificaran su deseo de ser judíos, igual que sus hermanos orientales. Por otra parte, el fariseísmo, en su orgullo por la pureza legal y la posesión de la tradición nacional, con todo lo que implicaba, no hacía ningún esfuerzo para disimular su desprecio hacia los helenistas, y declaraba la dispersión griega muy inferior a la babilónica.[15] El que estos sentimientos, y las sospechas que engendraban, habían profundizado en la mente popular se ve por el hecho de que incluso en la Iglesia apostólica, y en aquellos primeros días, podían aparecer disputas entre los helenistas y los hebreos, causadas por la sospecha de tratos injustos, basados en estos prejuicios partidistas (Hch. 6:1).

Muy distinta era la estimación en que los líderes de Jerusalén tenían a los babilonios. En realidad, según una opinión (Ber. R. 17), Babilonia, así como «Siria», hasta Antioquía en dirección norte, se consideraba que formaba parte de la tierra de Israel. Todos los países eran considerados como fuera de «la tierra», como se llamaba a Palestina, con la excepción de Babilonia, que era considerada parte de ella (Erub. 21 *a*; Gitt. 6 *a*). Porque Siria y Mesopotamia, hacia el este hasta las orillas del Tigris, se consideraba que habían sido parte del territorio que había conquistado el rey David, y esto las hacía, de modo ideal y para siempre, la tierra de Israel. Pero era precisamente entre el Éufrates y el Tigris que había las colonias judías mayores y más ricas de todas, hasta el punto que un escritor ulterior las designó en realidad como «la tierra de Israel». Aquí se hallaba Nehardaa, junto al canal real, o sea, Nahar Malka, que unía el Éufrates con el Tigris, y que era la colonia judía más antigua. Podía enor-

5. Tanto el verbo גלה en hebreo, como διασπείρω en griego, con sus derivados, son usados en el Antiguo Testamento, y en la traducción Septuaginta, como referencia a un exilio punitivo. Ver, por ejemplo, Jueces 18:30; 1 Samuel 4:21; y en la Septuaginta, Deuteronomio 30:4; Salmos 147:2; Isaías 49:6, y otros pasajes.

6. Hay algo de verdad, por más que muy exagerado, en los acerbos comentarios de Hausrath (*Neutest. Zeitgesch.* 2, p. 93), respecto a lo sensible de los judíos en la διασπορά, y el clamor de todos sus miembros ante la menor interferencia que sufrieran, aunque fuera trivial. Pero, por desgracia, los sucesos con demasiada frecuencia han demostrado lo real y vivo de su peligro y lo necesaria de la precaución «Obsta principiis».

7. Pedro parece haberla usado en este sentido en 1 Pedro 1:1.

8. Comp. Friedlieb, *D. Sibyll. Weissag.* xxii. 39.

9. Comp. con los comentarios de Schneckenburger (*Vorles. ü. Neutest. Zeitg.* p. 95).

10. Orac. Sibyll. iii. 271, 272, en Friedlieb, p. 62.

11. Estrabón, en Jos. *Ant.* xiv. 7.2: «No es fácil hallar un lugar en el mundo que no haya admitido a esta raza y que no sea dominado por ella».

12. Filón, en *Flaccum* (ed. Francf.), p. 971.

13. Comp. Josefo *Ant.* xii.3; xiii.10.4; 13.1; xiv.6.2; 8:1; 10:8; Sueton. Caes. 85.

14. Grimm (*Clavis N.T.* p. 113) cita dos pasajes de Filón, en uno de los cuales distingue entre «nosotros», los judíos «helenistas», de los «hebreos», y habla del griego como «nuestra lengua».

15. De modo similar tenemos (en Men. 110 *a*) esta curiosa explicación de Isaías 43:6, en que se dice: «trae de lejos mis hijos» –éstos son los exiliados en Babilonia, cuya mente estaba firme y establecida, como la de los hombres–, «y mis hijas desde los confines de la tierra» –éstos son los exiliados en otros países, cuya mente no estaba establecida, como la de las mujeres.

gullecerse de una sinagoga, que se decía había sido construida por el rey Jeconías con piedras que habían sido traídas del Templo (comp. Fürst, *Kult. u. Literaturgesch. d. Jud. in Asien*, vol. 1, p. 8). En esta ciudad fortificada eran depositadas las ofrendas cuantiosas que dedicaban al Templo los judíos orientales, y desde allí eran transportadas a su destino, escoltadas por mil hombres armados. Otra de estas ciudades-tesoro judías era Nisibis, en el norte de Mesopotamia. Incluso el hecho de que esta riqueza, que debía tentar la codicia de los paganos inevitablemente, pudiera ser atesorada de modo seguro en estas ciudades y transportada a Palestina demuestra lo numerosa que debía ser la población judía y su influencia y riqueza.

Es también de máxima importancia recordar, en general, con respecto a la dispersión oriental, que sólo regresaron de Babilonia una minoría de los judíos que había allí, unos 50.000, primero en tiempos de Zorobabel, y después bajo Esdras (537 a.C. y 459-8 a.C.). Y lo pequeño en ellos no sólo era el número, puesto que los judíos más ricos e influyentes se quedaron allí. Según Josefo (*Ant.* xi.5.2; xv. 2.2; xviii.9), con quien concuerda Filón en lo esencial, había un número inmenso de judíos que habitaban las provincias transeufráticas, que se contaba por millones. Si se considera el número de judíos muertos en motines populares (50.000 sólo en Seleucia; v. Jos. *Ant.* xviii.9.9), estas cifras no parecen muy exageradas. Según una tradición posterior, había una población judía tan densa en el Imperio Persa, que Ciro prohibió que los exiliados regresaran a su tierra, para que no se despoblara el país (Midrash sobre Cant. v. 5, ed. Warsh, p. 26 *a*). Un cuerpo de población tan grande y compacto llegó a constituir un poder político. La monarquía persa los trató muy bien, y después de la caída de este imperio (330 a.C.) fueron favorecidos por los sucesores de Alejandro. Cuando el gobierno macedonio-sirio, a su vez, cedió al Imperio Parto (63 a.C.), los judíos formaban un elemento importante en el Oriente, a causa de su oposición nacional a Roma. Tal era su influencia que, incluso en una fecha tan tardía como el año 40 d.C., el legado romano se abstuvo de provocar su hostilidad (Filón, *Ad Cajum*). Al mismo tiempo, no hay que pensar que se vieran exentos totalmente de persecuciones, incluso en estas regiones que los favorecían. Aquí también la historia registra más de un relato de derramamientos de sangre causados por aquellos entre quienes residían.[16]

Para los palestinos, sus hermanos en el Oriente y en Siria –adonde habían ido bajo el régimen de los monarcas macedonio-sirios (los seleúcidas), que los habían favorecido– eran de modo preeminente la *Golad*, o dispersión. Para ellos el Sanedrín de Jerusalén anunciaba por medio de hogueras encendidas, en las cumbres de montañas sucesivas –dentro del campo visual–, el comienzo de cada mes, para la regulación del calendario de fiestas;[17] pese a que después despacharan mensajeros a Siria con el mismo propósito (Rosh. haSh. i. 4). En algunos aspectos la dispersión oriental era colocada en el mismo nivel que la madre patria, y en otros, incluso en un nivel más elevado. Se recibían de ellos diezmos y *Terumoth* o primicias, en una condición preparada (Sehv. vi. y otros; Gitt. 8 *a*), mientras que los *Bikkurim*, o primicias en estado fresco, eran llevados desde Siria a Jerusalén. A diferencia de los países paganos, cuyo mismo polvo contaminaba, el suelo de Siria era considerado limpio, como el de la misma Palestina (Ohol. xxiii. 7). En cuanto a la pureza de linaje, los babilonios en realidad se consideraban superiores a sus hermanos de Palestina. Decían que, cuando Esdras se llevó consigo a un buen número para ir a Palestina, había dejado el país, tras él, puro como harina fina (Kidd. 69 *b*). Para decirlo con sus propias palabras: en lo que se refería a la pureza genealógica de sus habitantes judíos, todos los demás países, comparados con Palestina, eran como una masa de harina mezclada con levadura; pero que Palestina, a su vez, era ni más ni menos que esto cuando se la comparaba con Babilonia (Cheth. 111 *a*). Se sostenía incluso que se podían trazar los límites exactos de un distrito en que la población judía se había preservado sin mezcla alguna. A Esdras se le concedía gran mérito también a este respecto. En el estilo exagerado corriente, se afirmaba que, si se pusieran juntos todos los estudios e investigaciones genealógicas realizados,[18] habrían sido equivalentes a muchos centenares de cargas de camello. Había por lo menos este fundamento verídico: el gran cuidado y labor dedicados a preservar completos y exactos los registros, a fin de establecer la pureza del linaje. Nos damos cuenta de la importancia que se daba a ello en la acción de Esdras (Cr., caps. 9 y 10), y en el énfasis que pone Josefo sobre este punto (*Vida* i; *Ag. Apion* i.7). Los datos oficiales del linaje por lo que se refería al sacerdocio se conservaban en el Templo. Además, las autoridades judías parece que poseían un registro oficial general, que Herodes ordenó quemar por razones que no son difíciles de inferir. Pero ¡desde aquel día –se lamenta un rabino– la gloria de los judíos disminuyó! (Pes. 62 *b*; Sachs. Beitr. vol. 2, p. 157).

Y no sólo era de la pureza de su linaje que se jactaban los judíos de la dispersión oriental. En realidad, Palestina se lo debía todo a Esdras, el babilonio,[19] un hombre tan extraordinario al que, según la tradición, se le habría entregado la Ley de no haber recibido Moisés este honor con anterioridad. Dejando a un lado las ordenanzas diversas tradicionales que el Talmud le adscribe,[20] sabemos por las Escrituras cuáles fueron sus actividades con miras al bien de Israel. Las circunstancias habían variado y habían traído muchos cambios al nuevo Estado judío. Incluso el lenguaje, hablado y escrito, era distinto del anterior. En vez de los caracteres empleados antes, los exiliados habían traído consigo, a su regreso, las letras que ahora nos son comunes, llamadas hebreas cuadradas, que gradualmente llegaron a ser de uso general (Sanh. 21 *b*).[21] El lenguaje hablado por los judíos ya no era hebreo, sino arameo, tanto en Palestina como en Babilonia;[22] el dialecto occidental en Palestina y el oriental en Babilonia. De hecho, la gente desconocía el hebreo puro, por lo que a partir de entonces pasó a ser el lenguaje de los eruditos y de la Sinagoga. Incluso en ella tenía que ser empleado un *methurgeman*, un intérprete, para traducir al vernáculo las porciones de las Escrituras que se leían en los

16. Tenemos en Josefo estos pasajes, que son los principales con referencia a esta parte de la historia judía: *Ant.* xi.5.2; xiv.13.5; xv.2.7; 3.1; xvii.2.1-3; xviii.9.1, etc.; xx.4. *Jew. W.* i.13.3.

17. Rosh. haSh. ii. 4; comp. la Gemara de Jer. sobre ello, y en el Talmud Bab. 33 *b*.

18. Para ver comentarios sobre las genealogías léase desde «Azel», en 1 Crónicas 8:37, a «Azel» en 9:44. Pes. 62 *b*.

19. Según la tradición regresó a Babilonia y murió allí. Josefo dice que murió en Jerusalén (*Ant.* xi.5.5).

20. Herzfeld nos da una relación histórica muy clara del orden en que se habían dado las diferentes disposiciones legales, así como de las personas que las habían dado. (Ver Gesch. d. V. Isr., vol. 3, pp. 240ss.).

21. Aunque esto fue introducido bajo Esdras, los antiguos caracteres hebreos, que eran semejantes a los samaritanos, sólo fueron desapareciendo gradualmente. Se hallan en monumentos y en monedas.

22. Herzfeld (*u.s.* vol. iii, p. 46) designa al palestino como el hebreo-aramaico, por su rasgo hebraístico. El hebreo, así como el arameo, pertenecen al grupo de lenguas semíticas, el cual ha sido

«Sólo regresaron de Babilonia una minoría de los judíos que había allí, unos 50.000, primero en tiempos de Zorobabel, y después bajo Esdras (537 a.C. y 459-8 a.C.). Y lo pequeño en ellos no sólo era el número, puesto que los judíos más ricos e influyentes se quedaron allí. Según Josefo (Ant. xi.5.2; xv. 2.2; xviii.9), con quien concuerda Filón en lo esencial, había un número inmenso de judíos que habitaban las provincias transeufráticas, que se contaba por millones. Si se considera el número de judíos muertos en motines populares (50.000 sólo en Seleucia; v. Jos. Ant. xviii.9.9), estas cifras no parecen muy exageradas. Según una tradición posterior, había una población judía tan densa en el Imperio Persa, que Ciro prohibió que los exiliados regresaran a su tierra, para que no se despoblara el país».

Ciro permitió a los judíos cautivos que regresaran a Jerusalén. Ésta es su tumba en Pasargada. La pequeña cámara de piedra que encerraba un sarcófago de oro con los restos mortales del gran persa está hoy vacía.

servicios públicos,[23] y los discursos o sermones pronunciados por los rabinos. Éste es el origen de los llamados *targumim* o paráfrasis de las Escrituras. En los tiempos primitivos estaba prohibido que el *methurgeman* leyera su traducción o que escribiera el targum que presentaba, para evitar que llegara a concederse a la paráfrasis la misma autoridad que al original. Se dice que, cuando Jonatán presentó su targum sobre los libros de los profetas, se oyó una voz del cielo que dijo: «¿Quién es éste que ha revelado mis secretos a los hombres?» (Megill. 3). Sin embargo, estos targumim parece que existieron desde un período muy primitivo y, debido a las versiones distintas y con frecuencia incorrectas, ha de haberse sentido su necesidad de modo cada vez más creciente. En consecuencia, su uso fue sancionado y autorizado antes del final del siglo II después de Cristo. Éste es el origen de los dos *targumim* más antiguos: el de Onkelos (según se le llama) sobre el Pentateuco; y el de los Profetas, atribuido a Jonatán, hijo de Uziel. Estos hombres, en realidad, no representan de modo preciso la paternidad de los *targumim* más antiguos, que deben ser considerados más correctamente como recensiones ulteriores, con autoridad, de algo que ya había existido antes en alguna forma. Pero, aunque estas obras tuvieron su origen en Palestina, es digno de notar que, en la forma en que las poseemos actualmente, proceden de las escuelas de Babilonia.

Pero Palestina estaba en deuda con Babilonia en una manera más importante, si es posible. Las nuevas circunstancias en que se hallaban los judíos a su regreso parecían hacer necesaria una adaptación de la Ley mosaica, si no una nueva legislación. Además, la piedad y el celo ahora se centraban en la observancia externa y el estudio de la letra de la Ley. Éste fue el origen de la *Mishnah*, o Segunda Ley, cuya intención era explicar y suplementar la primera. Ésta constituía la única dogmática judaica, en el sentido real, en el estudio de la cual se ocupaban los rabinos, eruditos, escribas y «darshanes».[24] El resultado de este estudio fue la *Midrash*, o investigación, un término que después se aplicó popularmente a los comentarios sobre las Escrituras y la predicación. Desde el principio, la teología judaica se dividió en dos ramas: la *Halakhah* y la *Haggadah*. La primera (de *halakh*, ir) era, por así decirlo, la Regla de la Vía Espiritual, y cuando quedó establecida tuvo una autoridad aún mayor que las Escrituras del A.T., puesto que las explicaba y las aplicaba. Por otra parte, la Haggadah[25] (de *nagad*, decir) era sólo la enseñanza personal del maestro, de mayor o menor valor según su erudición y popularidad, o las autoridades que podía citar en apoyo de sus enseñanzas. Al revés de la *Halakhah*, la *Haggadah* no tenía autoridad absoluta, fuera como doctrina, práctica o exégesis. En cambio, su influencia popular[26] era mucho mayor y la libertad doctrinal que permitía era muy peligrosa. De hecho, aunque pueda parecer extraño, casi toda la enseñanza doctrinal de la Sinagoga se derivaba de la Haggadah –y esto es también característico del tradicionalismo judío. Pero, tanto en la Halakhah como en la Haggadah, Palestina estaba en profunda deuda con Babilonia, porque el padre de los estudios de la Halakhah era Hillel el babilonio, y entre los haggadistas no hay un nombre mejor conocido que el de Eleazar el meda, que floreció en el siglo I de nuestra era.

Después de esto, parece casi innecesario inquirir si durante el primer período después del retorno de los exiliados de Babilonia había academias teológicas regulares en Babilonia. Aunque es imposible, naturalmente, ofrecer prueba histórica, podemos prácticamente estar seguros de que una comunidad tan grande y tan intensamente hebrea no podía ser indiferente a este estudio, que constituía el pensamiento y ocupación principal de sus hermanos en Palestina. Podemos asumir, pues, que como el gran Sanedrín de Palestina ejercía una autoridad espiritual suprema, y como tal decidía de modo definitivo todas las cuestiones religiosas –al menos durante un tiempo–, el estudio y la discusión de estos temas debían también ser realizados de modo principal en las escuelas de Palestina; y que incluso el mismo gran Hillel, cuando era todavía un estudiante pobre y desconocido, se hubiera dirigido allí para adquirir los conocimientos y autoridad que, en aquel período, no podía haber hallado en su propio país. Pero incluso esta circunstancia implica que estos estudios eran al menos llevados a cabo y estimulados en Babilonia. Es conocido el hecho de que las escuelas de Babilonia aumentaron en su autoridad rápidamente después, hasta el punto que no sólo hicieron sombra a las de Palestina, sino que finalmente heredaron sus prerrogativas. Por tanto, aunque los de Palestina, en su orgullo y celos, podían burlarse[27] de los babilonios y decir que eran estúpidos, orgullosos y pobres («comen pan sobre pan»),[28] debían reconocer que, «cuando la Ley había caído en olvido, Hillel el babilonio vino y la recuperó; y cuando esto sucedió por tercera vez, el rabino Chija vino de Babilonia y la devolvió otra vez».[29]

Ésta era, pues, la dispersión hebrea, que desde el comienzo constituyó realmente la parte y la fuerza principal de la nación judía, y con la cual había de ir unido su futuro religioso. Porque es uno de los hechos de la historia extrañamente significativos, casi simbólicos, el que después de la

---

ordenado del siguiente modo: (1) Semítico del norte: púnico-fenicio; hebreo y arameo (dialectos oriental y occidental). (2) Semítico del sur: árabe, himyarítico y etíope. (3) Semítico del este: el asirio-babilónico cuneiforme. Al hablar del dialecto usado en Palestina, no podemos olvidar, naturalmente, la gran influencia de Siria, ejercida desde mucho antes del exilio. De las tres ramas, el arameo es el que más se parece al hebreo. El hebreo ocupa una posición intermedia entre el arameo y el árabe, y se puede decir que es el más antiguo; desde luego, lo es desde el punto de vista literario. Junto con la introducción del nuevo dialecto en Palestina, hacemos notar la del uso de los nuevos caracteres de escritura, o sea, los cuadrados. La Mishnah y toda la literatura afín hasta el siglo IV están en hebreo, o más bien en un desarrollo y adaptación moderna de este lenguaje; el Talmud está en arameo. Compárese sobre este tema: De Wette-Schrader, *Lehrb. d. hist. kr. Einl.* (8ª ed.), pp. 71-88; Herzog, *Real-Encykl.* vol. 1. 466, 468; v. 614 y ss. 710; Zunz, *Gottesd. Vortr. d. Jud.* pp. 7-9; Herzfeld, *u.s.* pp. 44ss. y 58ss.

23. Es posible que Pablo pensara en esto cuando, al referirse al don milagroso de hablar en otras lenguas, indica que es necesario un intérprete (1 Co. 14:27). En todo caso, la palabra «targum» en Esdras 4:7 (en el original) es traducida en la Septuaginta como ερυηηνεύω. El párrafo siguiente (del Talmud. Ber. 8 *a* y *b*) proporciona una ilustración curiosa de 1 Corintios 14:27: «Que el que habla termine siempre su Parashah (la lección diaria de la Ley) con la congregación (al mismo tiempo): dos veces el texto, y una vez el targum».

24. De *darash*, buscar, investigar, literalmente sortear. El predicador llegó a ser llamado *Darshan* más tarde.

25. La *Halakhah* puede describirse como el Pentateuco apócrifo; la *Haggadah* como los profetas apócrifos.

26. Recordemos aquí 1 Timoteo 5:17. Pablo, por costumbre, escribe con las frases familiares judías, que siempre vuelven a su mente. La expresión διδασκαλία parece ser equivalente a la enseñanza de la Halakhah. (Compárese Grimm, *Clavis N.T.*, pp. 98, 99).

27. En Moed Q. 25 *a* dice que su permanencia en Babilonia durante un período es la razón por la que la Shekhinak no podía resplandecer sobre un rabino determinado.

28. Pes. 34 *b*; Men. 52 *a*; Sanh. 24 *a*; Bets. 16 *a*; en Neubauer, *Geog. du Talmud*, p. 323. En Keth. 75 *a* son llamados «necios babilonios». Ver también Jer. Pes. 32 *a*.

29. Sukk. 20 *a*. R. Chija, uno de los maestros del siglo II, es considerado una de las autoridades rabínicas más famosas, alrededor de cuya memoria se ha desarrollado un halo especial.

destrucción de Jerusalén la supremacía espiritual de Palestina pasó a Babilonia, y el judaísmo rabínico, bajo la presión de la adversidad política, se transfirió de modo voluntario a las sedes de la antigua dispersión de Israel, como para ratificar de propio acuerdo lo que el juicio de Dios ya había ejecutado anteriormente. Pero mucho antes de esto ya la diáspora babilónica había extendido sus manos en todas direcciones. Hacia el norte, a través de Armenia, al Cáucaso y a las orillas del mar Negro, y a través de Media hacia las del Caspio. Hacia el sur, se había extendido al golfo Pérsico y por la vasta extensión de Arabia, aunque la Arabia Félix y la tierra de los «homeritas» pueden haber recibido sus primeras colonias judías procedentes de las orillas opuestas de Etiopía. Hacia el este había llegado hasta la India.[30] Por todas partes tenemos noticias claras de esta dispersión, y por todas partes aparecen en estrecha relación con la jerarquía rabínica de Palestina. Así, la Mishnah, en una sección en extremo curiosa,[31] nos dice que los sábados las judías de Arabia llevaban largos velos, y las de la India un pañuelo alrededor de la cabeza, según era costumbre en estos dos países, y sin incurrir en la profanación del día santo al llevar sin necesidad lo que, a los ojos de la ley, sería una carga (Shabb. vi. 6); mientras que en la rúbrica para el Día de la Expiación hemos notado que el vestido que llevaba el Sumo Sacerdote «entre los atardeceres» de la gran fiesta –esto es, cuando el atardecer se volvía la noche– era del material «indio» más costoso (Yoma iii. 7).

No tenemos dificultad en creer, sin embargo, que entre una comunidad tan vasta hubiera también pobreza, y que hubo algún período en que, según comentaban los de Palestina con ironía, la erudición había cedido su lugar a lamentos por la necesidad. Porque, como uno de los rabinos había dicho en una explicación de Deuteronomio 30:13: «La sabiduría no se halla "más allá del mar", esto es, no se encuentra entre los mercaderes y los negociantes» (Er. 55 *a)*, cuya mente está embotada por la ganancia. Y era el comercio y el intercambio lo que proporcionaba a los babilonios su riqueza y su influencia, aunque la agricultura no era descuidada entre ellos. Sus caravanas –y por cierto no se da un informe muy halagador de estos camellos (Kidd. iv. 14)– llevaban las ricas alfombras y telas orientales, así como sus preciosas especias, al Oeste: generalmente a través de los puertos de Palestina y de Fenicia, donde una flota de barcos mercantes pertenecientes a banqueros y armadores judíos estaba dispuesta para llevarlos a todos los rincones del mundo. Estos príncipes mercantiles estaban siempre al corriente de lo que pasaba, no sólo en el mundo de las finanzas sino en el de la política. Sabemos que se hallaban en posesión de secretos de Estado y estaban al corriente de los intríngulis de la diplomacia. No obstante, fuera cual fuera su condición, la comunidad judía oriental era intensamente hebrea. Sólo había ocho días de viaje desde Palestina a Babilonia, aunque, según las ideas occidentales de Filón, la carretera era muy difícil (Filón, *Ad Cajum*, ed. Frcf., p. 1.023); y el pulso de Palestina se dejaba sentir en Babilonia. Fue en la parte más distante de esta colonia, en las anchas llanuras de Arabia, que Saulo de Tarso pasó los tres años de silencio, meditación y trabajos desconocidos que precedieron su regreso a Jerusalén, cuando por su anhelo ardiente de trabajar entre sus hermanos, encandilado por la larga residencia entre aquellos hebreos de los hebreos, fue dirigido a la extraña tarea que había de ser la misión de su vida (Gá. 1:17). Y fue en esta misma comunidad que Pedro escribió y trabajó (1 P. 5:13) entre un ambiente en extremo desanimador, del cual podemos formarnos una idea por la jactancia de Nehardaa de que hasta fines del siglo III no había habido entre sus miembros ningún convertido al Cristianismo (Pes. 56 *a*, en Neubauer, *u.s.*, p. 351).

En todo cuanto hemos dicho no hemos hecho referencia a los miembros de las diez tribus desaparecidos, cuyos pasos no habían dejado huellas y que parecen un misterio, como lo es el de su destino posterior. Los talmudistas nos dan los nombres de cuatro países como su sede de residencia. Pero incluso si estamos dispuestos a dar crédito histórico a sus vagas afirmaciones, por lo menos dos de sus localizaciones no pueden ser identificadas con certeza.[32] Sólo hay acuerdo en que se dirigieron al Norte, a través de la India, Armenia y las montañas del Kurdistán y el Cáucaso. Y con esto concuerda una referencia curiosa en el libro conocido como 4 Esdras, que los localiza en una tierra llamada Arzareth, término que, con bastante probabilidad, ha sido identificado con la tierra de Ararat.[33] Josefo (*Ant.* xi.5.2) los describe como una multitud innumerable, y los localiza de modo vago más allá del Éufrates. La Mishnah no dice nada de su localización, pero discute su restauración futura; el rabino Akiba lo niega y el rabino Eliezer lo da por hecho (Sanh. x. 3).[34] Otra tradición judía (Ber. R. 73) los localiza en el río fabuloso Sabbatyon, que se suponía dejaba de fluir los sábados. Esto, naturalmente, es una admisión implícita de ignorancia respecto a su localización. De modo similar, el Talmud (Jer. Sanh. 29 *c*) habla de tres localizaciones a las cuales habían sido expulsados: el distrito alrededor del río Sabbatyon; Dafne, cerca de Antioquía; mientras que la tercera estaba velada y cubierta por una nube.

Las noticias más tardías judías relacionan el descubrimiento final y el retorno de las «tribus perdidas» con su conversión bajo el segundo Mesías, que, en oposición al «hijo de David», es llamado «el hijo de José», al cual la tradición judaica adscribe aquello que no se puede reconciliar con la dignidad real del «hijo de David», y que, si se aplicara al Mesías, de modo casi inevitable llevaría a más amplias concesiones a los argumentos cristianos.[35] Por lo que se refiere a las diez tribus, hay esta verdad subyacente en la extraña hipótesis de que, como por su persistente apostasía del Dios de Israel y su culto, Él los había cortado de su pueblo, el cumplimiento de las promesas divinas a ellos en los últimos días implicaría, por así decido, un segundo nacimiento para hacerlos de nuevo parte de Israel. Más allá de

30. En esto, como en muchos otros puntos, el doctor Neubauer tiene información muy interesante, a la cual nos referimos. Ver su *Geogr. du Talm.*, pp. 369-399.

31. Toda la sección da una visión muy curiosa del vestido y ornamentos que llevaban los judíos en aquel tiempo. El lector interesado en el tema hallará información especial en los tres pequeños volúmenes de Hartmann (*Die Hebräerin am Putztische*), en N. G. Schröder: *De Vestitu Mulier. Hebr.*, y especialmente en el pequeño tratado *Trachten d. Juden*, por el Dr. A. Brüll, del cual solo ha aparecido, por desgracia, una parte.

32. Comp. Neubauer, pp. 315, 372; Hamburger, *Real-Encykl.* p. 135.

33. Comp. Volkmar, *Handb. d. Einl. en d. Apokr. ii Abth.*, pp. 193, 194, notas. Por las razones presentadas aquí, prefiero esta explicación a la ingeniosa interpretación propuesta por el doctor Schiller-Szinessy (*Journ. of Philol.* de 1870, pp. 113, 114), que considera la palabra como una contracción de *Erez achereth*, «otro país», a que se refiere Deuteronomio 29:27-28.

34. R. Eliezer parece relacionar su retorno con la aurora del nuevo día mesiánico.

35. No es éste el lugar de discutir la invención o ficción tardía judaica de un segundo Mesías «sufriente», «el hijo de José», cuya misión especial sería el hacer regresar las diez tribus y someterlas al Mesías, «el hijo de David», pero que perecería en la guerra contra Gog y Magog.

esto nos hallamos en la región de las conjeturas. Las investigaciones modernas han indicado a los nestorianos,[36] y últimamente a los afganos, como descendientes de las tribus perdidas.[37] Una mezcla así –y su desaparición ulterior– en las naciones gentiles parece que ya había sido la idea considerada por los rabinos, que ordenaron que si (en aquel tiempo) un no judío se casaba con una judía, esta unión había de ser respetada, puesto que el extraño podía ser un descendiente de las diez tribus (Yebam 16 *b*). Además, hay razones para creer que parte de ellos, por lo menos, se habían unido a sus hermanos de exilio posterior (Kidd. 69 *b*); en tanto que sabemos que algunos de sus individuos que se habían establecido en Palestina, y es de suponer en otros puntos también, podían seguir su ascendencia hasta llegar a ellos.[38] Con todo, la gran masa de las diez tribus debe considerarse como perdida para la nación hebrea, tanto en los días de Cristo como en nuestros días.

36. Compárese la obra del doctor Asahel Grant sobre los nestorianos. Sus argumentos han sido resumidos y expandidos en una interesante nota en la obra de Mr. Nutt: *Sketch of Samaritan History*, pp. 2-4.

37. Quisiera llamar la atención hacia un artículo muy interesante sobre el tema («A New Afghan Question») por Mr. H. W. Bellew, en el *Journal of the United Service Institution of India*, de 1881, pp. 49-97.

38. Así, Ana, de la tribu de Aser (Lc. 2:36). Lutterbeck (*Neutest. Lehrbegr*. pp. 102, 103) dice que las diez tribus se volvieron totalmente indistinguibles de las otras dos. Pero sus argumentos no son convincentes, y esta opinión no era, ciertamente, la de los que vivían en tiempos de Cristo o la de los que reflejaban las ideas de ellos.

Capítulo 2

La dispersión judía en el Oeste

Cuando, dejando la «dispersión» judía del Oriente, nos dirigimos a la «dispersión» judía en el Occidente, nos parece registrar una atmósfera muy diferente. A pesar de su nacionalismo intenso, de modo inconsciente para ellos, sus características y tendencias mentales se hallaban en dirección opuesta a las de sus hermanos. En las manos de los del Oriente quedaba el futuro del judaísmo; en las de los judíos del Occidente, en cierto sentido, el del mundo. Los unos representaban al viejo Israel, andando a tientas en las tinieblas del pasado; los otros el Israel joven, que estrechaba las manos hacia la aurora del nuevo día que estaba a punto de alborear. Estos judíos del Occidente eran conocidos con el término helenista de ἑλληνίζειν por su conformidad con la lengua y las costumbres de los griegos.[1]

Los helenistas

Por más que se aislaran religiosa y socialmente, dada la naturaleza de las cosas, era imposible que las comunidades judías en el Occidente quedaran sin ser afectadas por la cultura y el pensamiento griego; tal como, por otra parte, el mundo griego, a pesar del odio y desprecio popular entre las clases elevadas para los judíos, no podía librarse del todo de su influencia. Testigos de ello son los muchos convertidos al judaísmo entre los gentiles;[2] también la evidente preparación de los países de esta «diáspora» para la nueva doctrina que había de aparecer en Judea. Había muchas causas que hacían a los judíos del Occidente accesibles a las influencias griegas. No tenían una larga historia local sobre la que apoyarse, ni formaban un cuerpo compacto, como era el caso de sus hermanos en el Oriente. Eran artesanos, negociantes, mercaderes, establecidos durante un tiempo en un lugar y después en otro: unidades que podían combinarse en comunidades, pero que no formaban un pueblo. Además, su oposición no era favorable para ser arrastrados por el tradicionalismo. Sus ocupaciones –y éstas eran la mera razón de su residencia en una «tierra extraña»– eran puramente seculares. La elevada absorción del pensamiento y la vida en el estudio de la Ley, escrita y oral, que caracterizaba al Oriente, era para ellos algo distante, sagrado, como el suelo e instituciones de Palestina, pero inalcanzable. En Palestina o en Babilonia había innumerables influencias de los tiempos anteriores; todo lo que oían y veían, la misma fuerza de las circunstancias, tendía a hacer de un judío sincero un discípulo de los rabinos; en el Occidente le llevaría a «helenizarse». Era algo que estaba en «el aire», por así decirlo; y el judío no podía cerrar su mente contra el pensamiento griego, como no podía retirar su cuerpo de influencias atmosféricas. Este intelecto griego, inquieto, sutil, investigador, penetraba por todas partes, y del rayo de su luz no se escapaban ni los más escondidos rincones de su hogar o de la Sinagoga.

Es indudable que estas comunidades de forasteros eran intensamente judías. Como nuestros propios colonos en tierras distantes, se aferrarían con redoblado afecto a las costumbres de su país, y revestirían con el aura de sus recuerdos las tradiciones sagradas de su fe. El judío griego podía mirar con desprecio, no exento de piedad, los ritos idólatras que se practicaban alrededor, de los cuales muchos años antes, con implacable ironía, Isaías había desgarrado el velo de su hermosura, para mostrar el oprobio y fealdad que había debajo. Lo disoluto de la vida privada y pública, la frivolidad y falta de sentido en sus pesquisas, aspiraciones políticas, asambleas populares, diversiones, en resumen, el decaimiento terrible de la sociedad en todas sus fases estaría bien claro a su vista. La literatura judía helenística, sea en los Apócrifos o en sus proclamaciones apocalípticas, se refiere al paganismo en términos de desprecio altivo, no sin mezcla de indignación, que sólo de vez en cuando cede a una actitud más blanda de advertencia o aun de invitación.

Apartando su vista de este espectáculo, el judío griego la dirigiría con infinita satisfacción –por no decir orgullo– a su propia comunidad, para pensar en su iluminación espiritual y pasar revista a sus privilegios exclusivos.[3] No sería con pasos inciertos que pasaría junto a los templos espléndidos al dirigirse a su propia Sinagoga más humilde, complacido de hallarse rodeado en ella de otros que compartían su linaje, su fe, sus esperanzas; y satisfecho al ver aumentado su número por muchos que, aunque nacidos en el paganismo, habían visto el error de sus caminos, y ahora, por así decirlo, se hallaban humildes y suplicantes, como «extranjeros a las puertas», para ser admitidos a su santuario.[4] Qué diferentes eran los ritos que él practicaba, santificados por su origen divino, racionales en sí, y al mismo tiempo profundamente significativos, en comparación con las absurdas supersticiones de los que le rodeaban. ¿Quién podía comparar el culto pagano (si podía llamarse así), sin voz, sin sentido y blasfemo, con el de la Sinagoga, con sus himnos conmovedores, su liturgia sublime, sus Escrituras divinas, y los «sermones presentados» que «instruían en la virtud y la piedad», de los cuales no sólo hablan Filón (*De Vita Mosis*, p. 685; *Leg. Ad Cajum*, p. 1.014), Agripa (*Leg. Ad Cajum*, p. 1.035) y Josefo (*Ag. Apion* ii.17) como una institución regular, sino que de su antigüedad y carácter común, de modo general, dan testimonio los escritos judíos,[5] y en ningún punto de modo más claro que en el libro de los Hechos de los Apóstoles?

1. En realidad, la palabra *Alnisti* (o *Alunistin*) –griego– realmente aparece, como en Jer. Sot. 21 *b*, línea 14 desde el final. Böhl (*Forsch. n. ein. Volksb.* p. 7) cita a Filón (*Leg. Ad Cajum*, p. 1.023), prueba de que consideraba la dispersión oriental como una rama separada de los palestinos. Pero el pasaje no me produce la inferencia que él saca del mismo. El doctor Guillemard («Hebraísmos en el Test. griego»), en Hechos 6:1, de acuerdo con el doctor Roberts, insiste en que el término «helenistas» indicaba sólo principios, y no lugar de nacimiento, y que había hebreos y helenistas dentro y fuera de Palestina. Pero este modo de ver es insostenible.

2. Se presentará un informe de esta propaganda del judaísmo y de sus resultados en otro punto.

3. Pablo describe estos sentimientos en la Epístola a los Romanos.

4. Los *Gerey haShaar*, prosélitos de la puerta, una designación que algunos han hecho derivar de la circunstancia de que los gentiles no tenían permiso para ir más allá del patio del Templo; pero con mayor probabilidad puede adscribirse a pasajes como Éxodo 20:10; Deuteronomio 14:21; 24:14.

5. Comp. aquí el Targ. Jon. sobre Jueces 5:2, 9. Tengo más dudas para apelar a pasajes como Ber. 19 *a*, en que leemos de un rabino de Roma, Thodos (¿Theudos?), que floreció varias generaciones antes de Hillel, por las razones que el pasaje en sí sugiere al que lo lee. En tiempos de Filón, sin embargo, estas pláticas instructivas en las sinagogas de Roma eran una institución establecida desde antiguo (*Ad Cajum*, p. 1.014).

Y en estas Sinagogas se manifestaba el «amor fraternal», puesto que si un miembro sufría, todos quedaban afectados pronto, y el peligro que afectaba a una comunidad, a menos que pudiera ser evitado, pronto abrumaba a todas ellas. Había poca necesidad para la admonición de «no olvidar la hospitalidad» (φιλοξενία, He. 13:2). La hospitalidad no era meramente una virtud; en la dispersión helenista era una necesidad religiosa. Y con esto se indica a no pocos que ellos podían considerar como «mensajeros celestiales» que serían bien recibidos. Por los Hechos de los Apóstoles sabemos con qué celo eran recibidos, y con qué buena voluntad eran invitados, el rabino o maestro que pasaba, que venía del hogar de su fe, para que les hablara según vemos en Hechos 13:15: (λόγος παράκλήσεως πρὸς τὸν λαόν): «Varones hermanos, si tenéis alguna palabra de exhortación para el pueblo, hablad». No podemos tener dudas, al considerar el estado de cosas, que esto se refería a «la consolación de Israel». Pero, ciertamente, todo lo que procedía de Jerusalén, todo lo que les ayudaba a comprender su conexión viva con ella, o les ataba a ella de modo más estrecho, era precioso. «Cartas de Judea», las noticias que alguien podía traer a su regreso de algún peregrinaje para asistir a una fiesta o un viaje de negocios, especialmente algo relacionado con la gran expectativa –la estrella que había de levantarse en el cielo de Oriente–, pronto se esparcían, hasta que el viajero judío había llevado las noticias al hogar judío más aislado y distante, donde hallaba una bienvenida y descanso dignos del sábado.

Y éste era, sin duda, el caso. Y, no obstante, cuando el judío salía fuera del reducido círculo que había trazado en torno suyo, se veía confrontado por todos lados por lo griego o helénico. Esto ocurría en el foro, en el mercado, en la casa de tributos, en la calle; y en todo lo que veía, y en todos aquellos con quien hablaba. Era algo refinado, elegante, profundo y atractivo de modo supremo. Podía resistirse a ello, pero no lo podía soslayar. Incluso cuando se resistía, ya había cedido a ello. Porque una vez abierta la puerta a las preguntas que implicaba lo helénico, aunque fuera sólo para rechazarlo o repelerlo, tenía que ceder al principio de la simple autoridad sobre el que el tradicionalismo se basaba como sistema.

Origen de la literatura helenista en la traducción griega de la Biblia

El criticismo helénico no podía ser puesto en silencio, ni su luz escrutadora podía ser extinguida por medio del aliento de un rabino. Si lo intentaba, no sólo iba la verdad a hacer un mal papel ante sus enemigos, sino que sufría detrimento ante sus propios ojos. Tenía que contrarrestar argumento con argumento, y esto no sólo por causa de los de fuera, sino a fin de que él mismo pudiera estar seguro de lo que creía. Tenía que poder sostenerlo, no sólo en la controversia con otros, en la que el orgullo le impulsaba quizás a mantenerse firme, sino en la contienda interior, mucho más seria, en que un hombre hace frente al viejo adversario solo en la arena secreta de su propia mente, y tiene que sostener este terrible mano a mano sin recibir aliento alguno desde fuera. Pero ¿por qué *tenía* que retraerse de la contienda, cuando estaba seguro de que su verdad era divina y que por tanto la victoria tenía que ser suya? Como en nuestros conflictos modernos contra las inferencias unilaterales de las investigaciones físicas estamos acostumbrados a decir que las verdades de la naturaleza no pueden contradecir las de la revelación –puesto que las dos son de Dios–, y como es posible que consideremos como verdades de la naturaleza lo que algunas veces no son más que deducciones sacadas de hechos sólo parcialmente establecidos, y como verdades de la revelación lo que, después de todo, puede que solamente sean nuestras propias inferencias, algunas veces de premisas captadas de forma imperfecta, del mismo modo el helenista procuraría conciliar las verdades de la revelación divina con esas otras que, según pensaba, reconocía en el helenismo. Pero ¿en qué consistían estas verdades de la revelación divina? ¿Eran sólo la sustancia de la Escritura, o también su forma, la verdad misma en que era transmitida o la manera en que era presentada por los judíos; o, si las dos cosas, entonces estaban las dos en el mismo nivel? De la respuesta a estas preguntas dependería hasta qué punto estuviera dispuesto a dejarse «helenizar».

Había una cosa, en todo caso, que era cierta. El Antiguo Testamento, por lo menos la Ley de Moisés, era directa y totalmente de Dios; y si era así, entonces su forma –es decir, su letra– tenía que ser auténtica y poseer autoridad. Esto ya estaba en la superficie y era para todos. Pero el estudioso tenía que buscar más profundo, con sus sentidos avivados, como si dijéramos, por el criticismo griego; tenía que «meditar» y penetrar en los misterios divinos. El judío palestino también buscaba en ellos, y el resultado era la *Midrash*. Pero, fueran los que fueran los métodos que aplicara –la *Peshat*, o simple crítica de las palabras; la *Derush*, o búsqueda en las aplicaciones posibles del texto, lo que podía ser «sacado» del mismo; o la *Sod*, el impacto escondido, místico, sobrenatural de las palabras–, era sólo, con todo, la *letra* del texto lo que había estudiado. Había ciertamente, sin embargo, otra interpretación de las Escrituras, hacia la cual Pablo dirigía a sus discípulos: el significado espiritual de sus verdades espirituales. Pero esto tenía que considerarse de otra manera, y tendía en una dirección distinta de las que el estudioso judío aceptaba o conocía. Por otra parte, había el modo de ver intelectual de las Escrituras, su comprensión filosófica, la aplicación a ella de los resultados del pensamiento y criticismo griegos. Era esto lo peculiarmente helenista. Si se aplicaba este método, cuanto más profundo se exploraba, más solo se sentía uno, más lejos de la muchedumbre; pero mucho mayor sería la luz del criticismo que saldría, brillando en las tinieblas prevalecientes, o, como se podría decir, era como el mineral precioso, que, una vez puesto en estado de pureza, brilla y resplandece con matices variados y esplendorosos. Lo que era judío, palestino, individual, concreto en las Escrituras, era solamente lo externo, verdadero en sí, pero no *la* verdad. Había profundidades por debajo. Si se eliminaba de las historias su nacionalismo, si se idealizaba al individuo que había en las personas presentadas, se llegaba a ideas y realidades abstractas, verdaderas para todos los tiempos y todas las naciones. Pero este simbolismo profundo era pitagórico; estas ideas preexistentes que eran los tipos de toda la realidad externa ¡eran platonismo! Rayos quebrados en sí, pero el foco de verdad que se hallaba en las Escrituras. Con todo, éstos eran rayos y podían venir sólo del Sol. Toda verdad era de Dios; por lo que la suya tenía que venir de este origen. Así que los sabios de los paganos también en cierto sentido habían sido enseñados por Dios, y la enseñanza de Dios, o inspiración, era más bien una cuestión de grados que de especie o clase.

Sólo faltaba dar un paso; y éste, como podemos imaginar, si bien no era el más fácil, con todo, cuando reflexionamos sobre ello, era el que debían sentir más deseos de dar. Era simplemente avanzar hacia el helenismo; reconocer de modo franco la verdad en los resultados del pensamiento griego. Hay dentro de nosotros algo, llámese consciencia mental o como se quiera, que, sin que se le pida, se levanta para responder a la voz de la verdad intelectual, venga de donde venga, tal como la conciencia responde a la causa de la verdad o deber moral. Pero en este caso había mucho más. Había el encanto poderoso que la filosofía griega ejercía sobre todas las mentes afines, y la adaptación especial del intelecto judío a este modo de pensar sutil, aunque no fuera profundo. Y en general, y de modo más poderoso que lo demás, debido a que lo penetraba por todas partes, había el encanto de la literatura griega, con su esplendor; la civilización y cultura griegas, con su atractivo y pulimento; y lo que podemos llamar con una palabra, el «espíritu del tiempo», ese *tyrannos,* que rige sobre todos en el modo de pensar, hablar y hacer, tanto si se quiere como si no.

Porque este poder era ejercido incluso sobre la misma Palestina, y se dejaba sentir en el círculo más íntimo del Rabinismo más exclusivista. No nos referimos aquí al hecho de que el mismo lenguaje que se hablaba en Palestina estaba en gran manera recargado de griego, e incluso latín, palabras hebraizadas, puesto que esto se explica fácilmente dadas las nuevas circunstancias y las necesidades de intercambio con los extranjeros dominantes o residentes. No es necesario hacer notar hasta qué punto habría sido imposible excluir todo conocimiento y contacto con el helenismo en presencia de tantos procedentes del mundo griego y romano, y tras una pugna larga y persistente, por parte de los que detentaban el poder político, para helenizar Palestina; y menos aún a la vista de templos paganos tan magníficos en el mismo suelo de Palestina. Pero no poder excluir lo helénico significaba tener a la vista eso desconocido que deslumbraba, que, como tal y en sí mismo, tuvo que poseer un atractivo especial para la mente judía. Se necesitaban principios muy estrictos para reprimir la curiosidad despertada de esta manera. Cuando un joven rabino, *Ben Dama*, preguntó a su tío si podía estudiar la filosofía griega, puesto que había aprendido y dominaba la «ley» en cada uno de sus aspectos, el viejo rabino le contestó con una referencia a Josué 1:8: «Ve y busca qué hora puedes hallar que no forme parte del día ni de la noche, para que puedas estudiar filosofía griega» (Men. 99 *b*, hacia el final). Sin embargo, incluso el patriarca judío Gamaliel II, que es posible que se sentara con Saulo de Tarso a los pies de su abuelo, se dice que se ocupaba de lo griego, y ciertamente tenía ideas bastante liberales sobre muchos puntos relacionados con el helenismo. Es verdad que la tradición le justificó a base de que su posición le ponía en contacto con los gobernantes y quizá, para reivindicarlo más aún, adscribía intereses y búsquedas similares al antiguo Gamaliel, aunque sin base, a juzgar por la circunstancia de que estaba tan convencido de lo malo que era el poseer un targum sobre Job en arameo, que hizo que lo enterraran profundamente en el suelo.

Pero todo esto son indicaciones de una tendencia existente. Hasta qué punto se habría extendido, se ve por el hecho de que tuvo que proclamarse un bando sobre todos los que estudiaban «sabiduría griega». Uno de los rabinos más grandes, Eliseo ben Abujah, parece que fue realmente llevado a la apostasía por estos estudios. En verdad, se le ve como el *Acher* –el «otro»– en los escritos talmúdicos, a quien no era aceptable incluso nombrar. Pero no era todavía un apóstata de la Sinagoga cuando estos «cánticos griegos» fluyeron de sus labios; y fue en la misma Beth-ha-Midrash, o academia teológica, que surgió de su pecho, de repente, una multitud de *Siphrey Minim* (libros heréticos), donde los llevaba escondidos (Jer. Chag. ii. 1; comp. Chag. 15). Puede ser que la expresión *Siphrey Homeros* (escritos homéricos), que se halla no sólo en el Talmud (Jer. Sanh. x. 28 *a)* sino incluso en la Mishnah (Yad. iv. 6), se refiriera de modo preeminente, si no exclusivo, a la literatura religiosa o semirreligiosa helenística judía, aparte incluso de los apócrifos.[6] Pero el que ocurra, en todo caso, demuestra que los helenistas se dedicaban al estudio de la literatura griega, y que a través de ellos, si no directamente, los palestinos se habían puesto en contacto con ella.

Este bosquejo nos prepara para un repaso rápido de esta literatura helenista que tanto temía Judea. Su importancia no puede ser calculada, tanto para los helenistas como para el mundo en general. Ante todo, tenemos aquí la traducción griega del Antiguo Testamento, venerable no sólo por el hecho de ser la más antigua, sino porque en tiempo de Jesús era considerada como, por ejemplo, nuestra propia «Versión Autorizada» es considerada hoy en Inglaterra y, como tal, citada con frecuencia, aunque de modo libre, en el Nuevo Testamento. Ni tenemos por que maravillarnos de que fuera la Biblia del pueblo, no ya meramente entre los helenistas, sino en Galilea, y aun en Judea. No sólo, como explicamos antes, no era ya la lengua hebrea la lengua «vulgar» de Palestina, y los targumim escritos eran prohibidos. Sino, más que nada, porque todos –al menos en las ciudades– podían entender la versión griega; se podía citar en los intercambios con los hermanos helenistas o con los gentiles; y lo que quizá tenía igual importancia, si no más: era la más fácil de obtener. Debido al enorme esmero y cuidado que se dedicaba a los manuscritos hebreos de la Biblia, como podemos inferir por una nota talmúdica curiosa (Gitt. 35, última línea y *b)* en que se dice que una copia corriente de los Salmos, Job y fragmentos de los Proverbios es valorada en cinco *maneh,* una cifra enorme, unas 19£ en nuestros días (al escribirse este libro). Aunque este informe procede del siglo III o IV, no es probable que el coste de un manuscrito bíblico en hebreo fuera inferior en los tiempos de Jesús. Esto, como es natural, pondría la posesión de la Escritura fuera del alcance común. Por otra parte, podemos formamos una idea de lo baratos que eran los manuscritos griegos por el hecho de que conocemos el precio de los libros en Roma al principio de nuestra era. Centenares de esclavos se ocupaban de copiar lo que uno les dictaba. El resultado era no sólo la publicación de ediciones extensas, como en nuestros días, sino a un coste que era el doble de lo que son ahora ediciones baratas o populares (comp. Friedlander, *Sitteng. Roms.*, vol. 3, p. 315). En consecuencia, los manuscritos griegos, aunque incorrectos con frecuencia, eran fácilmente accesibles, y esto contribuía a hacer de la Septuaginta la «Biblia del pueblo».[7]

La versión griega, como el Targum de los palestinos, se originó sin duda, en primer lugar, en una necesidad nacional sentida por parte de los helenistas, que por lo general desconocían el hebreo. De ahí que hallemos noticias de versiones griegas muy primitivas, al menos partes del Pentateuco (Aristóbulos, en *Euseb. Praepar. Evang.* ix. 6; xiii. 12).

---

6. A través de esta literatura, que por el hecho de ser judaica podría haber pasado insospechada, se introdujo una peligrosa familiarización con los escritos griegos, más probablemente, al considerar que, p.ej., Aristóbulos dice que Homero y Hesíodo «habían sacado material de nuestros libros» (ap. *Euseb. Praepar. Evang.* xiii. 12). Según Hamburger (*Real-Encykl. für Bibel u. Talmud.* vol. ii, pp. 68, 69), la expresión *Siphrey Homeros* se aplica en exclusiva a los escritos heréticos judaico-alejandrinos; según Fürst (*Kanon d. A. Test.* p. 98), simplemente a la literatura homérica. Pero ver la discusión en Levy, *Neuhebr. u. Chald. Wörterb.*, vol. 1, p. 476 *a* y *b*.

7. Hay que añadir a estas causas, quizás, el intento de introducir el helenismo de modo forzoso en Palestina, las consecuencias a que esto daba lugar, y la existencia de un partido helenista en el país.

«Por más que se aislaran religiosa y socialmente, dada la naturaleza de las cosas, era imposible que las comunidades judías en el Occidente quedaran sin ser afectadas por la cultura y el pensamiento griego; tal como, por otra parte, el mundo griego, a pesar del odio y desprecio popular entre las clases elevadas para los judíos, no podía librarse del todo de su influencia. Testigos de ello son los muchos convertidos al judaísmo entre los gentiles; también la evidente preparación de los países de esta «diáspora» para la nueva doctrina que había de aparecer en Judea. Había muchas causas que hacían a los judíos del Occidente accesibles a las influencias griegas».

Éste es el gran friso del altar de Zeus donde podemos entender una alegoría de las victorias guerreras de los Atálidas. El friso representa el tema de la batalla entre dioses y gigantes. Puede ser considerado como el símbolo del arte helénico. (Pérgamo)

Carácter de la Septuaginta

Pero esto, naturalmente, no podía ser suficiente. Por otra parte, existía, como podemos suponer, una curiosidad natural por parte de los estudiosos, sobre todo en Alejandría, que tenía una población judía tan importante, de conocer los libros sagrados sobre los cuales se fundaban la religión y la historia de Israel. Incluso más que esto, hemos de tener en cuenta los gustos literarios de los tres primeros Ptolomeos (sucesores en Egipto de Alejandro el Grande) y el favor excepcional que los judíos habían disfrutado durante un tiempo. Ptolomeo I (Lagi) era un gran mecenas de los estudios. Proyectó el Museo de Alejandría, que era un hogar para la literatura y los estudios, y fundó la gran Biblioteca. En estas empresas su consejero principal era Demetrio Falereo. Los gustos del primer Ptolomeo fueron heredados por su hijo, Ptolomeo II (Filadelfo) (286-284 a.C.), que había sido corregente durante dos años. De hecho, este monarca acabó maniático por los libros, y es difícil creer las cantidades ingentes que pagó por manuscritos raros, que con frecuencia resultaban ser falsificados. Lo mismo se puede decir del tercero de estos monarcas, Ptolomeo III (Euergetes). Sería verdaderamente extraño que estos monarcas no hubieran procurado enriquecer su biblioteca con una traducción auténtica de los libros sagrados judíos, o no hubieran estimulado a que se hiciera esta traducción.

Estas circunstancias nos explican los diferentes elementos que podemos seguir en la versión griega del Antiguo Testamento, y explican las noticias históricas o más bien legendarias que tenemos sobre su composición. Empecemos con las últimas. Josefo ha preservado lo que sin duda, al menos en su forma presente, es una carta espuria de un tal Aristeas a su hermano Filócrates,[8] en la cual se nos dice que por consejo de su bibliotecario (?) Demetrio Falereo, Ptolomeo II había enviado, por medio de él (Aristeas) y otro funcionario, una carta, con ricos presentes, a un tal Eleazar, Sumo Sacerdote en Jerusalén; el cual a su vez había elegido setenta y dos traductores (seis de cada tribu) y los había provisto del manuscrito más valioso del Antiguo Testamento. La carta da luego detalles de la recepción espléndida de los traductores en la corte egipcia, así como de su estancia en la isla de Faros, donde habían realizado su obra en setenta y dos días, después de lo cual regresaron a Jerusalén cargados de regalos, una vez su traducción hubo recibido la aprobación formal del Sanedrín judío de Alejandría. De este relato podemos colegir, por lo menos, estos hechos históricos: que el Pentateuco –porque sólo se da el testimonio de éste– fue traducido al griego por sugerencia de Demetrio Falereo, durante el reinado y bajo el mecenazgo –si no la dirección– de Ptolomeo II (Filadelfo).[9] Los relatos de origen judaico están de acuerdo con esto, y describen la traducción del Pentateuco bajo Ptolomeo; el Talmud de Jerusalén (Megill. i.) da un relato más sencillo; el de Babilonia (Megill. 9 *a)*, con adiciones al parecer derivadas de las leyendas de Alejandría; el primero hace notar de modo expreso trece variaciones del texto original, mientras que el último hace notar quince.[10]

Una vez traducido el Pentateuco, fuera por una persona o, más probablemente, por varias,[11] pronto recibirían el mismo tratamiento los demás libros. Fueron evidentemente traducidos por un grupo de personas que poseían calificaciones muy distintas para hacer el trabajo –la traducción del libro de Daniel resultó tan defectuosa, que tuvo que ser sustituida por otra hecha por Teodosio más adelante. La versión, en conjunto, lleva el nombre de LXX (Septuaginta), según han supuesto algunos, por el número de sus traductores, en conformidad con el relato de Aristeas –sólo que en este caso debieran haber sido setenta y dos–; o por la aprobación del Sanedrín de Alejandría –¡aunque Bohl dice que fue el Sanedrín de Jerusalén!–, si bien en este caso deberían haber sido setenta y uno; o quizá, debido a la idea popular del número de naciones gentiles, de las cuales el griego (Jafet) era considerado como típico, que eran setenta. Sin embargo, tenemos una fecha segura por medio de la cual computar la terminación de esta traducción. Por el prólogo del libro apócrifo «Sabiduría de Jesús, hijo de Sirac», sabemos que en los días de su autor el Canon de la Escritura estaba cerrado; y que a su llegada, a los treinta y ocho años,[12] a Egipto, regida entonces por Euergetes, encontró ya completada la versión de la Septuaginta cuando él mismo se puso a hacer una traducción similar en hebreo de la obra de su abuelo. Además, en el capítulo 50 de esta obra tenemos una descripción del Sumo Sacerdote Simón, que evidentemente es escrita por un testigo ocular. Por tanto, tenemos, por un extremo, el pontificado de Simón como fecha más antigua posible para la vida del primer Jesús (abuelo); y por el otro, el reinado de Euergetes, en el que el nieto estaba en Alejandría. Ahora bien, aunque hubo dos Sumos Sacerdotes con el nombre de Simón, y dos reyes egipcios con el apodo de Euergetes, con todo, en terreno puramente histórico, y aparte de prejuicios críticos, llegamos a la conclusión de que el Simón de Ecclus., cap. 50, era Simón I, el Justo, uno de los hombres más encumbrados en la historia tradicional judaica; y, de modo similar, que el Euergetes del joven Jesús era el primero que llevó este nombre, Ptolomeo III, que reinó desde 247 a 221 a.C.[13] En su reino, pues, debemos considerar que quedó completada la versión Septuaginta, por lo menos en lo sustancial.

De todo ello, pues, se sigue que el Canon del Antiguo Testamento ya estaba prácticamente establecido en tierra

8. Comp. Josephi Opera, ed. Havercamp., vol. 2, App., pp. 103-132. La edición mejor de esta carta, por el profesor M. Schmidt, en *Merx Archiv.* i., pp. 252-310. La historia se halla en Josefo, *Ant.* xii.2.2; *Ag. Ap.* ii.4; Filón, *De Vita Mosis*, lib. ii. § 5-7. Los extractos se dan más extensos en Euseb. *Praepar. Evang*. Algunos de los Padres dan la historia con adornos adicionales. Fue puesta bajo examen crítico por primera vez por Hody (*Contra Historiam Aristeae* de L. X. Interpret. dissert. Oxon. 1685), y a partir de entonces ha sido tenida en general como legendaria. Pero su fundamento, de hecho, ha sido reconocido últimamente por casi todos los críticos, aunque la carta es en sí pseudónima y llena de detalles fabulosos.

9. Esto queda confirmado en otros puntos. Ver Keil, *Lehrb. d. hist. kr. Einl. d. A.T.*, p. 551, nota 5.

10. Casi no vale la pena refutar la opinión de Tychsen, Jost (Gesch. d. Judenth.) y otros, de que los escritores judíos sólo escribieron para Ptolomeo las palabras hebreas en letras griegas. Pero la palabra לכתב no puede ser interpretada de esta forma en relación con esto. Comp. también Frankel, *Vorstudien*, p. 31.

11. Según Sopher. i. 8, por cinco personas, pero éste parece un número redondo que corresponde a los cinco libros de Moisés. Frankel (*Deber d. Einfl. d. paläst. Exeg.*) se esfuerza, sin embargo, en mostrar en detalle las diferencias entre los distintos traductores. Pero esta crítica con frecuencia es forzada, y la solución de la cuestión es, al parecer, imposible.

12. Pero la expresión se ha referido también al año treinta y ocho del reinado de Euergetes.

13. A mi modo de ver, por lo menos, la evidencia histórica, aparte de consideraciones críticas, me parece muy fuerte. Los escritores modernos, por otra parte, han admitido haber estado influidos por la consideración de que la fecha reciente o primitiva del Libro de Sirac implicaría una fecha muy anterior para el cierre del Canon del Antiguo Testamento de la que están dispuestos a admitir. De modo más especial esto quedaría afectado por la cuestión de los llamados «Macabeos» y la paternidad y fecha del

Palestina.[14] Este Canon fue aceptado por los traductores alejandrinos, aunque los puntos de vista más laxos de los helenistas sobre la «inspiración», y la ausencia de la vigilancia estricta ejercida sobre el texto en Palestina, llevó a adiciones y alteraciones, y finalmente incluso a la admisión de los Apócrifos en la Biblia griega. A diferencia de la ordenación hebrea del texto en la Ley, los Profetas[15] y los Escritos (sagrados) o Hagiógrafos, la Septuaginta los ordena en libros históricos, proféticos y poéticos, y considera veintidós, según el alfabeto hebreo, en lugar de veinticuatro como los hebreos. Pero es posible que estas dos ordenaciones hayan sido posteriores, puesto que Filón evidentemente conocía el orden judío de los libros (*De Vita Contempl.* § 3). Sobre el texto que puedan haber usado los traductores sólo es posible hacer conjeturas. Difiere en casi innumerables puntos del nuestro, aunque las desviaciones importantes son relativamente pocas.[16] En la gran mayoría de las pequeñas variaciones nuestro texto hebreo debe ser considerado como el más correcto.[17]

Dejando a un lado los errores de copia y de lectura, y al margen de los errores de traducción, ignorancia y prisa, notamos ciertos hechos destacados como característica de la versión griega. Lleva marcas evidentes de su origen en Egipto en el uso de palabras y referencias egipcias, y también rastros de su composición judaica. Junto a un literalismo falso y mimético hay también grandes libertades, si no abusos, en la forma de tratar el original; errores graves que aparecen junto a traducciones felices de pasajes muy difíciles, sugiriendo la ayuda de eruditos y expertos de nota. Hay elementos distintivos judaicos indudablemente en ella, los cuales sólo pueden ser explicados con referencia a la tradición judía, aunque son muchos menos de lo que han supuesto algunos críticos.[18] Esto lo podemos entender puesto que solamente podían ser introducidas las tradiciones que en aquellos tiempos no sólo fueran aceptadas, sino que tuvieran una circulación general. Los elementos distintivamente griegos, sin embargo, son de gran interés para nosotros ahora. Consisten en alusiones a términos mitológicos griegos, y adaptaciones de ideas filosóficas griegas. Aunque fueran pocos,[19] un caso bien identificado nos permitiría tener sospechas de otros, y en general daría a la versión el carácter de helenización judaica. En la misma categoría consideramos lo que constituye la característica más prominente de la versión Septuaginta y que, por falta de términos mejores, designaremos como racionalista y apologética. Las dificultades –o lo que lo parecen– son eliminadas por los métodos más audaces, manejando el texto con libertad; y sobra añadir que, con frecuencia, de modo muy poco satisfactorio. Además, y de modo especial, se hace un gran esfuerzo para descartar toda clase de antropomorfismo, como incompatible con sus ideas de la Deidad. El observador superficial podría sentirse tentado a considerar esto como no estrictamente helenista, puesto que lo mismo se puede notar, si bien está realizado de modo más sistemático, en el Targum de Onkelos. Quizás estas alteraciones habían sido introducidas en el mismo texto hebreo.[20] Pero hay esta diferencia vital entre el Palestinismo y el Alejandrismo, que, hablando en general, el esfuerzo por evitar los antropomorfismos por parte de los hebreos depende de razones objetivas: teológicas y dogmáticas; el helenista, de razones de carácter subjetivo: filosóficas y apologéticas. El hebreo los evita, como hace con lo que le parece incompatible con la dignidad de los héroes bíblicos y de Israel. «Grande es el poder de los profetas», escribe, «que asemejan el Creador a la criatura»; o bien (Melchilta en Éx. 19): «una cosa es escrita con miras a hacerla accesible al oído», para adaptarla a los modos humanos de hablar y entender; y de nuevo (Ber. 31 *b*): «las palabras de la Torah son como el lenguaje de los hijos de los hombres». Pero para este mismo propósito las palabras de la Escritura pueden ser presentadas en otra forma, y han de ser incluso modificadas, si es necesario, para evitar malentendidos posibles o errores dogmáticos. Los alejandrinos llegan a la misma conclusión, pero partiendo de una dirección opuesta. No piensan en axiomas teológicos, sino filosóficos, verdades que la verdad más elevada no podía contravenir y, según ellos, no contradecía. Sólo falta ahondar un poco más; ir más allá de la letra a aquello hacia lo cual indica; limpiar la verdad abstracta de su envoltura concreta, nacional, judaica: penetra, a través del atrio que se halla a media luz, en el templo, y te verás rodeado de un esplendor deslumbrante, luz de la cual, como los portales han sido abiertos de par en par, hay rayos esparcidos que han caído sobre la noche del paganismo. Y así la verdad tenía que aparecer gloriosa más que vindicada a su propia vista, ¡triunfante a la de los otros!

De esta manera la versión Septuaginta pasó a ser la Biblia del pueblo para este amplio mundo judío, a través del

---

libro de Daniel. Pero las cuestiones históricas deben ser tratadas de modo independiente de los prejuicios críticos. Winer (*Bibl. Realwörterb.* 1, p. 555), y otros después de él, han admitido que el Simón de Ecclus., cap. 50, fue realmente Simón el Justo (l. i.), pero defienden que el Euergetes del prólogo fue el segundo de este nombre, Ptolomeo VII, apodado popularmente Kakergetes. Comp. los comentarios de Fritzsche sobre esto en el *Kurzgef. Exeg. Handb. z. d. Apockr. 5° Lief.* p. xvii.

14. Comp. aquí, además de los pasajes citados en la nota precedente, Baba B. 13 *b* y 14 *b*; para el cese de la revelación en el período de los Macabeos, 1° Macc. iv. 46; ix. 27; xiv. 41; y, en general, para el punto de vista judío sobre el tema, al tiempo de Cristo, Jos. *Ag. Ap.* i. 8.

15. *Anterior:* Josué, Jueces, 1 y 2 Samuel, 1 y 2 Reyes. *Posterior:* Mayores; Isaías, Jeremías y Ezequiel; y los profetas menores.

16. Se hallan principalmente en 1 Reyes, los libros de Ester, Job, Proverbios, Jeremías y Daniel. En el Pentateuco las hallamos sólo en cuatro pasajes en el libro del Éxodo.

17. Hay también una correspondencia curiosa entre la versión samaritana del Pentateuco y la de la Septuaginta: que están las dos de acuerdo, en unos 2.000 pasajes, en contra de la nuestra hebrea, aunque en otros casos el texto griego, o bien está de acuerdo con la hebrea contra la samaritana, o bien es independiente de las dos. Sobre la conexión entre la literatura samaritana y el helenismo hay algunos datos interesantes en Freudenthal, *Hell. Stud.* pp. 82-103, 130-136, 186, etc.

18. Las computaciones exageradas a este respecto por parte de Frankel (tanto en su obra *Deber d. Einfl. d. Paläst. Exeg.*, y también en el *Vorstud. z. Sept.* pp. 189-191), han sido rectificadas por Herzfeld (*Gesch. d. Vol. Isr.* vol. 3), que quizá va al otro extremo. Herzfeld (pp. 548, 550) admite –aunque vacila en hacerlo– sólo seis referencias claras a la Halakhoth en los siguientes pasajes de la Septuaginta: Génesis 9:4; 32:32; Levítico 19:19; 24:7; Deuteronomio 25:5; 26:12. Como ejemplos de Haggadah podemos citar las traducciones de Génesis 5:24 y Éxodo 10:23.

19. Dähne y Gfrörer han ido en esto al mismo extremo que Frankel en el lado judío. Pero incluso Siegfried (*Philo v. Alex.* p. 8) se ve obligado a admitir que la traducción de la Septuaginta ἡ δεγῆ ἦν ἀόρατος ἀκαὶ κατασκεύαστος, de Génesis 1:2, lleva marcas indudables de ideas filosóficas griegas. Y, ciertamente, éste no es el único caso.

20. Como en las llamadas *Tiqquney Sopherim*, o «correcciones de los escribas». Compárense aquí en general las investigaciones de Geiger (*Urschrift u. Ueberse z. d. Bibel*). Pero éstas, por eruditas e ingeniosas que sean, requieren ser tomadas con la mayor precaución, como muchos de los dictámenes del criticismo judío moderno, y en cada caso han de ser sometidas a un nuevo examen, ya que gran parte de sus escritos son lo que se puede designar con el término alemán *Tendenz-Scheiften*, y sus inferencias *Tendenz-Schlüsse*. Pero el crítico y el historiador no deberían tener *Tendenz*, excepto hacia los hechos simples y la verdad histórica.

cual el Cristianismo, más tarde, tenía que dirigirse a la humanidad. Era parte del caso que esta traducción fuera considerada por los helenistas como inspirada a la par del original. De otro modo habría sido imposible hacer una apelación final a las mismas palabras del griego; menos aún, hallar en ellas un significado místico y alegórico. Sólo que no hemos de considerar sus opiniones sobre la inspiración –excepto en lo que se aplica a Moisés, y aun en este caso sólo parcialmente como idénticas a las nuestras. Para su mente la inspiración difería cuantitativa, no cualitativamente, de lo que el arrebato del alma podía experimentar en cualquier momento, de modo que incluso los filósofos paganos podían, en último término, ser considerados a veces como inspirados. En lo que se refiere a la versión de la Biblia (y probablemente sobre la misma base), prevalecieron puntos de vista similares en un período ulterior incluso en los círculos hebreos, en que se estableció que el Targum Caldeo sobre el Pentateuco había sido comunicado de modo original a Moisés en el Sinaí (Ned. 37 *b;* Kidd. 49 *a),* aunque después había sido olvidado hasta que fue restaurado y reintroducido (Megill. 3 *a).*

El que la Septuaginta fuera leída o no en las Sinagogas helenistas y si el culto era dirigido en griego, en todo o en parte, es algo sobre lo cual no podemos ir más allá de conjeturas. Tenemos, sin embargo, una noticia significativa (Jer. Megill. iv. 3, ed. Krot. p. 75 *c*) en el sentido de que entre los que hablaban una lengua bárbara (no hebrea, el término se refería especialmente al griego) era costumbre que una persona leyera toda la *Parashah* (o lección del día), mientras que entre los judíos que hablaban hebreo la leían siete personas, que eran llamadas sucesivamente. Esto parece implicar que, o bien el texto griego era el único que se leía, o que iba seguido de una lectura hebrea, como el Targum de los orientales. Es más probable, sin embargo, que se hiciera lo primero, puesto que eran difíciles de encontrar tanto los manuscritos hebreos como las personas capaces de leerlos. En todo caso, sabemos que las Escrituras griegas eran reconocidas en Palestina como en posesión de autoridad[21] y que las oraciones diarias ordinarias se podían decir en griego.[22] La Septuaginta merece esta distinción por su fidelidad en general –al menos en lo que se refiere al Pentateuco– y por su preservación de la antigua doctrina. Así, sin referencia ulterior a su reconocimiento pleno de la doctrina de los ángeles (comp. Dt. 32:8, 33:2), hacemos notar, en especial, que preservaba la interpretación mesiánica de Génesis 49: 10 y Números 24:7, 17, 23, dándonos evidencia de lo que era el punto de vista generalmente aceptado dos siglos y medio antes del nacimiento de Jesús. La declaración hecha repetidamente más adelante por la Sinagoga, de que esta versión había sido para Israel una calamidad tan grande como la erección del becerro de oro[23] y que con ocasión de su terminación tuvo lugar el terrible presagio de un eclipse que duró tres días (Hilch. Ged. Taan), se debe al uso que se hizo de la Septuaginta en las discusiones y en la argumentación. Porque los rabinos declararon que como resultado de sus investigaciones habían hallado que la Torah podía sólo ser traducida de modo adecuado al griego, y amontonan sus elogios sobre la versión griega de *Akylas* o Aquila, el prosélito, que fue hecha para contrarrestar la influencia de la Septuaginta (Jer. Megill. i. 11, ed. Krot. p. 71 *b* y *c*). Pero en Egipto el aniversario de la terminación de la Septuaginta fue celebrado con una fiesta en la isla de Faros, en la cual acabaron participando incluso los paganos (Filón, *De Vita Mosis*, ii., ed. Francf. p. 660).

---

21. Megill. i. 1. Sin embargo es justo que, por mi parte, reconozca que tengo fuertes dudas sobre si este pasaje no se refiere a la traducción griega de Akylas. Al mismo tiempo, habla simplemente de una traducción al griego. Y antes de la versión de Aquila se consideraba sólo la Septuaginta. Es una de las tergiversaciones de la historia el identificar este Akylas, que floreció hacia el 130 d.C., con el Aquila del libro de Hechos. Le falta incluso la excusa de una curiosa tergiversación de la confusa historia sobre Akylas que da Epifanio, en general poco exacto, en *De Pond. et Mensur.* c. xiv.

22. La «Shema» (credo judío), con sus colectas, las dieciocho «bendiciones» y «la acción de gracias a la hora de la comida». Un rabino posterior reivindicó el uso de la «Shema» en griego con el argumento de que la palabra *Shema* significaba no sólo «oír», sino también «entender» (Jer. Sotah vii. 1). Compárese Sotah vii. 1, 2. En Ber. 40 *b* se dice que la Parashah relacionada con la mujer sospechosa de adulterio, la oración y la confesión al traer los diezmos, y las diversas bendiciones sobre la comida, pueden ser dichas no sólo en hebreo, sino en cualquier otra lengua.

23. Mass. Sopher. i; Hal. 7, al final del vol ix. del Talmud Babilónico.

Capítulo 3

La antigua fe preparando la nueva

La traducción del Antiguo Testamento al griego debe ser considerada como el punto de partida del Helenismo. Hizo posible la esperanza de que lo que en su forma original se había confinado sólo a unos pocos pudiera llegar a ser accesible al mundo en general (Filón, *De Vita Mosis*, ed. Mangey, ii., p. 140). Pero quedaba todavía mucho por hacer. Si la religión del Antiguo Testamento había sido acercada al mundo del pensamiento griego, este último tenía que ser llevado todavía al Judaísmo. Había que hallar algún estadio intermedio; algún terreno común en que los dos pudieran encontrarse; alguna afinidad original de espíritu a la cual pudieran ser llevadas sus divergencias básicas y radicales para poder ser allí reconciliadas. El primer intento hecho en esta dirección –primero en orden, aunque no siempre en el tiempo– consideramos que es la llamada literatura apócrifa, la mayor parte de la cual fue escrita en griego, o es el producto de los judíos helenizantes.[1]

Desarrollo de la teología helenista
Los Apócrifos

Su objetivo era, en general, doble. Primero, naturalmente, era apologético: intentaba llenar huecos en la historia o pensamiento judíos, pero especialmente reforzar la mente judía contra los ataques de fuera, y generalmente exaltar la dignidad de Israel. Así, apenas es posible verter una ironía más mordaz sobre el paganismo que en la historia apócrifa de «Bel y el Dragón», o en la llamada «Epístola de Jeremías», con la cual termina el libro de Baruc. La misma melodía, aunque en tonos más elevados, resuena en el Libro de la Sabiduría de Salomón (comp. 10–20), unido al contraste constantemente implicado entre el justo, o sea, Israel, y los pecadores, o sea, los paganos. Pero el otro objetivo era mostrar que el pensamiento más profundo y puro dentro del paganismo, en su filosofía más elevada, apoyaba la enseñanza fundamental del Antiguo Testamento, y en muchos casos era idéntica con él. Esto era apologético con referencia al A.T., como es natural, pero también preparaba el camino para la reconciliación con la filosofía griega. Notamos esto en especial en el llamado Cuarto Libro de los Macabeos, atribuido desde antiguo erróneamente a Josefo,[2] y en el «Libro de la Sabiduría de Salomón». El primer postulado del mismo, aquí, es el reconocimiento de verdad entre los gentiles, que era el resultado de la Sabiduría –y la Sabiduría era la revelación de Dios. Esto ya parece implicado en un libro tan genuinamente judío como el de Jesús el hijo de Sirac (comp. Ecclus. xxiv. 6). Naturalmente, no podía haber alianza con el Epicureísmo, que era el polo opuesto del Antiguo Testamento. Pero las brillantes especulaciones de Platón eran un encanto y la severa abnegación propia del Estoicismo era igualmente atrayente. El uno podía mostrar por qué creían, el otro por qué vivían de la forma que lo hacían. De este modo la teología del Antiguo Testamento podía hallar una base racional en la ontología de Platón, y su ética, en la filosofía moral de los estoicos. En realidad, ésta era la línea de argumentación que siguió Josefo al concluir su tratado contra Apión (ii.39.40). Ésta era, pues, una posición inexpugnable: desprecio derramado sobre el paganismo como tal (comp. también Jos. *Ag. Ap.* ii.34), y dar una base filosófico-racional del Judaísmo. No eran pensadores profundos estos alejandrinos, sólo agudos, y el resultado de sus especulaciones fue un Eclecticismo curioso, en el cual se hallan mezclados, de modo heterogéneo, Platonismo y Estoicismo. Así, sin entrar en más detalles, se puede decir que el Cuarto Libro de los Macabeos es un tratado judío estoico sobre el tema estoico de la «supremacía de la razón», y la proposición presentada al principio, de que «la razón piadosa domina de modo absoluto sobre las pasiones», es ilustrada por la historia del martirio de Eleazar, y de la madre y sus siete hijos (comp. 2° Macc. vi. 18; vii. 41). Por otra parte, la obra sublime, la «Sabiduría de Salomón», contiene elementos platónicos y estoicos[3] –en especial estos últimos– y los dos van juntos a lo largo de la obra. Así (Ch. vii. 22-27), la «Sabiduría», que es presentada de un modo tan concreto que casi es hipostatizada,[4] es descrita, primero en el lenguaje del Estoicismo (vv. 22-24), y después establecida en el del Platonismo (vv. 25-29), como «el aliento del poder de Dios»; como «una influencia pura que fluye de la gloria del Todopoderoso»; «el resplandor de su luz sempiterna, el espejo inmaculado del poder de Dios, y la imagen de su bondad». De modo similar tenemos (en el cap. viii. 7) una enumeración estoica de las cuatro virtudes cardinales –templanza, prudencia, justicia y fortaleza– junto a la idea platónica de la preexistencia del alma (en vv. 19-20), y de la tierra y la materia presionándola hacia abajo (ix. 15). No hay necesidad de mostrar en qué forma estos modos de ver apuntan en la dirección de la necesidad de una revelación perfecta desde lo alto, como hallamos en la Biblia, y su posibilidad racional.

Pero, ¿qué impacto tuvo en el Judaísmo oriental esta literatura apócrifa? Lo hallamos descrito por medio de un término que parece corresponder a nuestros «Apócrifos», o sea, *Sepharim Genuzim*, «libros escondidos»; esto es, o bien cuyo origen permanece escondido, o, más probablemente, libros aparte del uso congregacional o común. Aunque eran distinguidos cuidadosamente, como es natural, de las Escrituras canónicas por no ser sagrados, su uso no sólo era permitido, sino que muchos de ellos son citados en los escritos talmúdicos.[5] En este sentido son colocados en un lugar muy diferente del de los llamados *Sepharim Chitsonim*, o «libros externos», que probablemente incluían tanto los productos de cierta clase de literatura judía helenística, como los

1. Todos los Apócrifos fueron escritos en griego, excepto 1° Macabeos, Judit, parte de Baruc, es probable que Tobías y, naturalmente, la «Sabiduría de Jesús el hijo de Sirac».

2. Se halla impreso en la edición de Havercamp de Josefo, vol. ii., pp. 497-520. La mejor edición es la de Fritzsche, *Libri Apocryphi Vet. Test.* (Lips. 1871).

3. Ewald (*Gesch. d. Volkes Isr.*, vol. 4, pp. 626-632) ha hecho un bosquejo brillante de la obra. Ewald dice con razón que sus elementos griegos han sido exagerados; pero Bucher (*Lehre vom Logos*, pp. 59-62) se equivoca al negar su presencia del todo.

4. Compárese especialmente ix. 1; xviii. 14-16, en que la idea de σοφία pasa a la de λόγος. Naturalmente, los comentarios anteriores no tienen la intención de desvalorizar este libro, ni en sí mismo, ni en su enseñanza práctica –su presentación clara de que al hombre le espera retribución–, ni en su importante relación con la revelación *del* λόγος en el Nuevo Testamento.

5. Hay algunos libros apócrifos mencionados en los escritos talmúdicos que no han sido conservados, entre ellos: «El papel del edificio del Templo», ¡ay, perdido ahora! Comp. *Hamburger*, vol. ii, pp. 66-70.

Siphrey Minim, o escritos de los herejes. Contra éstos el Rabinismo utiliza términos de extrema violencia, incluso excluyendo de su parte en el mundo venidero a los que los leen (Sanh. 100). Y esto, no sólo porque eran utilizados en controversias, sino porque se temía su influencia secreta en el Judaísmo ortodoxo. Por razones similares, el Judaísmo posterior prohibió el uso de los Apócrifos de igual modo que el de los *Sepharim Chitsonim*. Pero su influencia ya se había hecho sentir. Los Apócrifos, leídos con más avidez, no sólo por su glorificación del Judaísmo, sino porque eran, por así decirlo, de lectura dudosa, pero que daban un vistazo en el mundo griego prohibido, abrieron el camino a otra literatura helenística, de la cual los escritos talmúdicos ofrecen huellas frecuentes, pero no reconocidas como tales.[6]

A los que procuraban fundir el pensamiento griego con la revelación hebrea, se les presentaban dos objetivos de modo natural. Tenían que procurar relacionar los filósofos griegos con la Biblia, y tenían que encontrar debajo de la letra de la Escritura un significado más profundo, que estuviera de acuerdo con la verdad filosófica. Por lo que se refiere al texto de la Escritura, tenían un método ya listo a disposición. Los filósofos estoicos se habían dedicado a hallar un significado más profundo, alegórico, especialmente en los escritos de Homero. Al aplicarlo a las historias míticas, o a las creencias populares, y siguiendo el supuesto significado simbólico de nombres, números, etc., se hacía fácil demostrarlo casi todo, o bien extraer de estas verdades filosóficas principios éticos, o incluso los resultados posteriores de la ciencia natural.[7] Este proceso era de modo peculiar agradable a la imaginación, y los resultados asombrosos y satisfactorios, puesto que no podían ser demostrados, pero tampoco desmentidos. Este método alegórico[8] fue la clave feliz con la que los helenistas podían descifrar los tesoros escondidos de la Escritura. De hecho, vemos que es aplicado ya en la «Sabiduría de Salomón».[9]

Aristeas

Pero hasta aquí el Helenismo apenas había abandonado el dominio de la interpretación sobria. No podemos decir esto de la carta del Pseudo-Aristeas, a la cual se ha hecho referencia antes. Aquí tenemos el simbolismo más extremo puesto en boca del Sumo Sacerdote Eleazar para convencer a Aristeas y a su compañero de embajada de que las ordenanzas mosaicas referentes a la comida no sólo tenían una razón política –mantener a Israel separado de las naciones impías– y otra sanitaria, sino principalmente un significado místico. Los pájaros son admitidos como alimento porque son dóciles y puros y se alimentan de productos vegetales; y los inmundos todo lo contrario. La primera lección que esto nos enseña es que Israel debe ser justo y no procurar obtener nada de los demás por la violencia, sino, por así decirlo, imitar los hábitos de estos pájaros que se les permitía comer. La siguiente lección sería que cada uno ha de gobernar sus pasiones e inclinaciones. De modo similar, la orden sobre animales de pezuña hendida señalaba la necesidad de hacer separación, esto es, entre el bien y el mal; y la que se refiere a los rumiantes, a la necesidad de recordar, por ejemplo, a Dios y su voluntad.[10] De la misma manera, según Aristeas, el Sumo Sacerdote fue repasando el catálogo de las cosas prohibidas, y de los animales a sacrificar, mostrándoles en su «significado escondido la majestad y santidad de la Ley».[11]

Esto era adoptar un curso importante y diferente, en principio, del método alegórico adoptado por los judíos orientales. Las interpretaciones alegóricas eran empleadas no sólo por los «*Dorshey Reshumoth*»,[12] o investigadores de las sutilezas de las Escrituras, o de sus indicaciones, sino incluso por los haggadistas corrientes. Por ello, Akiba defendía el lugar en el Canon del «Cantar de los Cantares». No decía la Escritura: «Una cosa ha dicho Dios; dos veces le he oído yo» (Sal. 62:11; Sanh. 34 *a*), y no indica este dos veces un doble significado; es más, ¿no podía ser explicada la Torah mediante muchos métodos diferentes?[13] ¿Qué era, por ejemplo, el agua que Israel buscaba en el desierto; o el pan y vestidos que Jacob pidió en Betel, sino la *Torah* y la dignidad que confiere? Pero en todos estos casos, y otros innumerables parecidos, la interpretación alegórica sólo era una aplicación de la Escritura con propósitos homiléticos, no una búsqueda de las *razones* básicas de la misma, como la de los helenistas. Esto último los rabinos lo tenían que rechazar a base de su principio expreso de que «la Escritura no va más allá de su significado claro y simple».[14] Insistían de una forma severa en que no hemos de buscar un objetivo ulterior

---

6. Compárese Siegfried, *Philo von Alex*, pp. 275-299, aunque quizás exagera la cosa probablemente.

7. Comp. Siegfried, pp. 9-16; Hartmann, *Enge Verb. d. A. Test. mit d. N.*, pp. 568-572.

8. Hay que distinguir cuidadosamente esto de la interpretación por tipos y de la mística; ya que el tipo es profético, y el misterio, entendido espiritualmente.

9. Para no hablar de interpretaciones más sanas como la de la serpiente de metal (Sab. xvi. 6, 7), y de la Caída (ii. 24), o de la opinión presentada sobre la historia primitiva de la raza escogida, en el cap. x, podemos mencionar como ejemplos de interpretación alegórica la del maná (xvi. 26-28), y la del vestido del sumo sacerdote (xviii. 24), a las cuales se podrían añadir otras. Pero no puedo hallar evidencia suficiente de este método alegórico en la «Sabiduría de Jesús el hijo de Sirac». El razonamiento de Hartmann (*u.s.* pp. 542-547) me parece un poco forzado. En cuanto a la existencia de interpretaciones alegóricas en los Evangelios sinópticos, o de alguna conexión con el Helenismo, tales como las que indican Hartmann, Siegfried y Loesner (*Obs. ad N.T. e Phil. Alex*), no puedo, tras examinarlas, hallar evidencia alguna. La semejanza de expresiones, o incluso de pensamiento, no proporciona evidencia de una conexión interna. Hablaremos del Evangelio de Juan en la secuela. En las Epístolas de Pablo hallamos, como se puede esperar, algunas interpretaciones alegóricas, principalmente en la de los Corintios, quizá debido a la conexión de esta iglesia con Apolos. Comp. aquí 1 Corintios 9:9; 10:4 (Filón, *Quod deter. potiori insid.* 31); 2 Corintios 3:16; Gálatas 4:21. De la Epístola a los Hebreos y del Apocalipsis no puedo decir nada aquí.

10. Un principio similar se aplica a la prohibición de especies como el ratón o la comadreja, no sólo porque lo destruyen todo, sino porque la última, en su modo de captar y comportarse, simboliza el escuchar patrañas, mentiras y habladurías maliciosas.

11. Naturalmente, este método es adoptado constantemente por Josefo. Compárese, por ejemplo, *Ant.* iii.1.6; iii.7.7.

12. O bien *Dorshey Chamuroth*, investigadores de pasajes difíciles. Zunz. *Gottesd. Vortr.*, p. 323, nota *b*.

13. Las setenta lenguas en que se suponía que la Ley había sido escrita al pie del monte Ebal (Sotah vii. 5). No puedo por menos que creer que esto, en parte, puede también referirse a los diversos modos de interpretar las Sagradas Escrituras, y que hay una alusión a esto en Shabb. 88 *b*, en que se cita a Salmos 68:12 y Jeremías 23:29, este último para mostrar que la palabra de Dios es como un martillo que rompe la roca en mil pedazos. Comp. Rashi en Génesis 33:20.

14. Quizás haya que indicar aquí uno de los principios más importantes del Rabinismo, que se ha perdido de vista en muchas críticas modernas del Talmud. Es éste: toda ordenanza, no sólo de la ley divina, sino de los rabinos, aunque solamente fuera dada para una ocasión específica, o por una razón especial, sigue en plena fuerza para todos los tiempos a menos que sea revocada de modo expreso (Betsah 5 *b*). Así, *Maimónides* (Sepher ha Mitsv.) declara que la ley de extirpar a los cananeos sigue siendo una obligación presente. Las inferencias en cuanto a la obligación perpetua, no sólo de la ley ceremonial, sino de los sacrificios, son evidentes y su relación con la controversia judía no tiene por que ser explicada. Comp. con el rabino principal Holdheim, en d. Ceremonial Gesetz in Messias-reich, 1845.

o una explicación de la ley, sino que hemos de obedecerla. Pero era esta misma explicación *racional* de la Ley la que buscaban los alejandrinos bajo su letra. Era en este sentido que Aristóbulo, un judío helenista de Alejandría (cerca del 160 a.C.), procura explicar la Escritura. Sólo se ha preservado un fragmento[15] de su obra, que al parecer era un Comentario sobre el Pentateuco, dedicado al rey Ptolomeo (Filométor). Según Clemente de Alejandría, su objeto era «sacar la filosofía peripatética de la ley de Moisés, y de los otros profetas». Así, cuando leemos que Dios permanece, esto significa el orden estable del mundo; que Él creó el mundo en seis días, la sucesión ordenada del tiempo; el descanso del sábado, la preservación de lo creado. Y, de este modo, todo el sistema de Aristóteles podía ser sacado de la Biblia. Pero, ¿cómo podía explicarse esto? Naturalmente, la Biblia no lo había aprendido de Aristóteles, sino que él y los otros filósofos lo habían aprendido de la Biblia. Así que, según Aristóbulo, Pitágoras, Platón y los otros sabios habían aprendido realmente de Moisés, y los rayos aislados y macilentos hallados en sus escritos se unían en toda su gloria en la Torah.

Aristóbulo

Era un camino que tentaba a que se entrara en él, y en el cual, una vez se había entrado, no era posible quedarse quieto. Sólo faltaba dar fijeza al método alegórico reduciéndolo a ciertos principios o cánones de criticismo y dar a la masa heterogénea de datos filosóficos griegos y teológicos judíos la forma de un conjunto, si no de un sistema homogéneo. Ésta fue la obra de Filón de Alejandría, que nació hacia el año 20 a.C. No nos corresponde aquí el inquirir cuáles fueron los eslabones que unen a Aristóbulo con Filón. Hay otro punto más importante que reclama nuestra atención. Si la filosofía griega antigua conocía las enseñanzas de Moisés, ¿dónde hallamos evidencia histórica de ello? Si no existía, tenía que ser inventada. Orfeo es un nombre que siempre se ha prestado a los fraudes literarios (según Valkenaer. *Diatr. de Aristob. Jud.*, p. 73), y así Aristóbulo audazmente produce cierto número de citas espurias de Hesíodo, Homero, Lino, pero especialmente de Orfeo, todas ellas bíblicas y judías en su molde (citas inventadas por él o por otros). Aristóbulo no fue el primero ni el último que ha cometido este fraude. La Sibila judía, audazmente y con éxito según veremos, había personificado los oráculos paganos. Y esto abre, en general, todo un panorama de la literatura judaico-griega. En el siglo II, y aun el tercero antes de Cristo, hubo historiadores helenistas, como Eupolemus, Artapanus, Demetrio y Aristeas; poetas trágicos y épicos, como Ezequiel, el Pseudo-Filón, y Teodoto, que, a la manera de los antiguos escritores clásicos, pero con propósitos propios, describen ciertos períodos de la historia judía, o cantan temas tales como el Éxodo, Jerusalén, o la violación de Dina.

Escritos pseudoepigráficos

La mención de estas citas espurias, como es natural, nos lleva a otra clase de literatura espuria, la cual, aunque no es helenista, tiene muchos elementos comunes con ella, y aun cuando se originó entre los judíos palestinos, no es de Palestina, ni ha sido preservada en su lenguaje. Aludimos a lo que conocemos como los Escritos Pseudoepigráficos o

15. Por Clemente de Alejandría y por Eusebio: Praepar. Evang. vii. 14. 1; viii. 10. 1-17; xiii. 12.

«A los que procuraban fundir el pensamiento griego con la revelación hebrea, se les presentaban dos objetivos de modo natural. Tenían que procurar relacionar los filósofos griegos con la Biblia, y tenían que encontrar debajo de la letra de la Escritura un significado más profundo, que estuviera de acuerdo con la verdad filosófica. Por lo que se refiere al texto de la Escritura, tenían un método ya listo a disposición. Los filósofos estoicos se habían dedicado a hallar un significado más profundo, alegórico, especialmente en los escritos de Homero».

«Estoicos» viene de Stoa, el porche en Atenas donde Zeno de Citium (Chipre) se reunía con sus discípulos. El hombre debía conducirse por el intelecto y no por las condiciones del cuerpo. En este retrato de pura fantasía vemos a Homero, un mito y un modelo para la cultura griega. Se trata de una copia romana basada en una obra perteneciente a las escuelas escultóricas del helenismo.

Escritos Pseudónimos, llamados así porque, con una sola excepción, sus autores llevan nombres falsos. Es difícil ordenalos de otro modo que cronológicamente, e incluso así hay grandes diferencias de opinión. Su carácter general (con una excepción) puede ser descrito como antipaganos, quizá misioneros, pero principalmente apocalípticos. Su intento es recoger la nota clave dada por la profecía de Daniel; más bien, podríamos decir, levantar más el velo que había sido alcanzado un poco por él, e indicar –en lo que afectaba a Israel y a los otros reinos del mundo– el pasado, el presente y el futuro, a la luz del Reinado del Mesías. Aquí podemos esperar hallar, más que en otros puntos, rastro de la enseñanza del Nuevo Testamento; y, sin embargo, aparte de una semejanza frecuente en la forma, hallamos la diferencia más grande imaginable en el espíritu, si no hemos de decir contraste.

Muchas de estas obras han desaparecido. Una de las últimas (4 Esdras xiv. 44. 46) menciona la existencia de setenta de ellas, probablemente en números redondos, que hacen referencia al número supuesto de naciones de la tierra, o posiblemente a todos los modos factibles de interpretar las Escrituras. Se describen como escritas para «dos entendidos entre los pueblos», probablemente aquellos a quienes Pablo, en el sentido cristiano, designa como «conocedores de los tiempos»[16] (Ro. 13:11) del Advenimiento del Mesías. Visto bajo esta luz, personifican las ardientes aspiraciones y las esperanzas íntimas[17] de aquellos que suspiraban por la «consolación de Israel, tal como ellos la entendían». Y tampoco debemos juzgar sus ideas en cuanto a la paternidad literaria según las nuestras occidentales.[18] Los escritos de carácter pseudónimo eran comunes en aquella época, y el judío podía alegar, quizá, que incluso los libros del Antiguo Testamento en algunos casos nos han llegado con nombres que no eran los de sus autores (tales como Samuel, Rut, Ester). Si los poetas inspirados que cantaban en el espíritu, y se hacían eco del estilo de Asaf, adoptaban esta designación, y los hijos de Coré estaban satisfechos usando este título, ¿no podían ellos, que no reclamaban la autoridad de la inspiración, buscar atención para sus declaraciones adoptando los nombres de aquellos en cuyo espíritu profesaban escribir?

Entre estos libros, los más interesantes, así como los más antiguos, son los conocidos como el *Libro de Enoc*, los *Oráculos de la Sibila*, el *Salterio de Salomón*, el *Libro de los Jubileos*, o sea, el *Pequeño Génesis*. Daremos sólo una breve noticia de los mismos.[19]

El *Libro de Enoc*, cuyas partes más antiguas datan de un siglo y medio antes de Cristo, nos viene de Palestina. Dice ser una visión concedida al patriarca, y nos habla de la caída de los ángeles y sus consecuencias, y de lo que vio y oyó en sus viajes, en trance, a través de cielos y tierra. El máximo interés –y con frecuencia triste– está en lo que dice del Reino de los Cielos, y del advenimiento del Mesías en su Reino, y de las postrimerías.

Por otra parte, los *Oráculos de la Sibila*, cuyas porciones más antiguas vienen del 160 a.C., son originarios de Egipto. Nos referimos sólo a estas porciones posteriores. Las partes más interesantes son también las más características. En ellas se hallan fundidos los antiguos mitos paganos de las primeras edades del hombre con las noticias del Antiguo Testamento, mientras que la Teogonía pagana ha sido vertida en un molde judío. Así, Noé pasa a ser Urano; Sem, Saturno; Cam, Titán; y Jafet, Japetus. De modo similar, tenemos fragmentos de oráculos paganos antiguos, por así decirlo, fundidos en una edición judía. La circunstancia extraña es que las declaraciones de esta Sibila judía y judaizante parece que han pasado como los oráculos de los antiguos eritreos, que habían predicho la caída de Troya, y como los de la Sibila de Cumae, que, en la infancia de Roma, Tarquino Superbus había depositado en el Capitolio.

La colección de dieciocho himnos conocida como el *Salterio de Salomón* data de más de medio siglo antes de nuestra era. Sin duda el original era hebreo, aunque respira un espíritu algo helenista. Expresa ardientes aspiraciones mesiánicas y una fe firme en la resurrección y en las recompensas y castigos eternos.

Diferente en carácter de las obras anteriores es el *Libro de los Jubileos* –llamado así por su ordenación cronológica en «períodos de jubileo»– o *Pequeño Génesis*. Es, principalmente, un suplemento legendario al Libro de Génesis, cuyo propósito es explicar algunas de sus dificultades históricas y llenar sus «*lacunae*» históricas. Fue escrito probablemente hacia el tiempo de Cristo –y esto le da un interés especial– por un palestino, en hebreo, o mejor dicho, en arameo. Pero al igual que el resto de la literatura apócrifa y pseudoepigráfica que nos viene de Palestina, o que fue escrita originalmente en hebreo, no la tenemos en este lenguaje, sino en traducción.

Si intentamos dar una visión de conjunto de la literatura helenista y pseudoepigráfica tenemos que darnos cuenta, por un lado, del desarrollo de lo antiguo, y, por otro, de la preparación de lo nuevo; en otras palabras, la gran expectativa es despertada, y se hace la gran preparación. Sólo faltaba un paso para completar lo que el Helenismo ya había empezado. Esta obra final fue realizada por uno que, aunque él mismo no había sido tocado por el Evangelio, quizá más que ninguna otra persona preparó a sus hermanos en religión, los judíos, y sus paisanos los griegos, para la nueva enseñanza, el Evangelio, que, en realidad, fue presentado por muchos de sus primeros defensores en la forma en que la habían aprendido de él. Este hombre era Filón el judío, de Alejandría.

---

16. El καιρός de Pablo parece ser usado aquí exactamente en el mismo sentido que más tarde el hebreo זמן. La Septuaginta lo traduce así en cinco pasajes (Esd. 5:3; Dn. 4:33; 6:10; 7:22, 25).

17. Naturalmente, conviene a algunos escritores judíos, como el doctor Jost, rebajar el valor de los pseudoepígrafos. El ardor de los mismos en cuanto a la expectación no se compagina con las teorías modernas, que desearían eliminar, si pudieran, la esperanza mesiánica del antiguo Judaísmo.

18. Compárese Dillmann en *Herzog's Real-Encykl.* vol. 12, p. 301.

19. Para un breve resumen de los «Escritos pseudoepigráficos» ver el Apéndice I.

Capítulo 4

Filón de Alejandría, los rabinos y los Evangelios

Es extraño que se sepa tan poco de la historia personal del mayor de los escritores judíos antiguos no inspirados, aunque ocupe un lugar tan prominente en su propio tiempo.[1] Filón nació en Alejandría, hacia el año 20 a.C. Era descendiente de Aarón, y pertenecía a una de las familias más ricas e influyentes entre los príncipes mercaderes judíos en Egipto. Su hermano era el jefe político de la comunidad judía de Alejandría, y él mismo, en una ocasión, había representado a sus correligionarios –aunque sin éxito– en Roma (años 38 o 40 d.C.) como jefe de una embajada, para pedir al emperador Calígula protección contra las persecuciones consecutivas a la resistencia de los judíos a colocar estatuas del emperador en sus sinagogas. Pero no es de Filón, en su calidad de aristócrata judío de Alejandría, de quien hablamos aquí, sino del gran escritor y pensador que, por así decirlo, completó el Helenismo judío. Veamos cuál era su relación con la filosofía pagana y con la fe judaica, de las cuales era un abogado ardiente, y en qué forma su sistema combinó las enseñanzas de las dos.

Para empezar digamos que en Filón se unían en medida excepcional el intelecto griego y el entusiasmo judío. En sus escritos usa modos de expresión clásicos con mucha frecuencia;[2] nombra no menos de 64 autores griegos (comp. Grossmann, *Quaest. Phil.* i. p. 5ss.); y alude o cita fuentes tales como Homero, Hesíodo, Píndaro, Solón, los grandes trágicos griegos, Platón y otros. Pero, para él, estos hombres apenas se puede decir que fueran «paganos». Él se había sentado a sus pies, y había aprendido a hilvanar su sistema de Pitágoras, Platón, Aristóteles y de los estoicos. Lo que había recogido de estos filósofos era «santo», y Platón era «el grande». Pero más santo que todo ello era lo recogido del verdadero Israel; e incomparablemente mayor que ningún otro, Moisés. De él habían aprendido todos los sabios, y era en él solo que estaba toda la verdad –no ciertamente *en* la letra, sino *debajo* de la letra de la Santa Escritura. Si en Números 23:19 leemos «Dios no es hombre», y en Deuteronomio 1:31 que el Señor era «como un hombre», ¿no implicaba esto, por un lado, la revelación de la verdad absoluta por Dios, y, por otro, su acomodación a aquellos que eran débiles? Aquí, pues, estaba el principio de la interpretación doble de la Palabra de Dios, la literal y la alegórica. La letra del texto tenía que ser defendida; los personajes bíblicos y las historias eran reales. Pero solamente los esclavos de la letra, de mentalidad estrecha, podían detenerse aquí; tanto más por el hecho de que el significado literal sería fláccido, incluso absurdo; mientras que la interpretación alegórica daba el verdadero sentido, aun en el caso en que iba en contra de la letra. Así, los patriarcas representaban estados del alma; y, diga lo que diga la letra, José representaba a la carne, a quien sus hermanos aborrecían con razón; Simeón, el alma, aspiraba a lo más alto; la muerte dada al egipcio por Moisés, la subyugación de la pasión, y así sucesivamente. Tenía sus «leyes» y «cánones», algunos de los cuales excluían la interpretación literal, mientras que otros la admitían al lado del significado superior.[3]

Empezando con el primero: el sentido literal tiene que ser puesto por completo a un lado, cuando implicaba algo indigno de la Deidad, algo sin sentido, imposible o contrario a la razón. De manera manifiesta, este canon, si se aplicaba de modo estricto, eliminaba todo antropomorfismo, pero cortaba el nudo siempre que las dificultades parecían insuperables. Además, Filón encontraba un significado alegórico indicado, junto con el literal, en la reduplicación de una palabra, y en palabras al parecer superfluas, en partículas o en expresiones.[4] Esto solamente podía aceptarse en el caso de asumir la inspiración real de la Septuaginta, tal como hacía Filón. Al mismo tiempo, en estricta concordancia con el canon talmúdico (Baba K 64 *a)*, toda repetición de lo que ya se había afirmado indicaba algo nuevo. Estas reglas de exégesis eran relativamente sobrias. No así la licencia que se permitía de alterar libremente la puntuación[5] de las cláusulas, como su idea de que si en un pasaje se escogía una palabra dada entre varios sinónimos, esto indicaba algún significado especial adherido a la misma. Aún más extravagante era la idea de que una palabra que apareciera en la Septuaginta podía ser interpretada según cada uno de los significados que tenía en griego, y que incluso se le podía dar otro significado alterando levemente sus letras. Sin embargo, como algunos otros de los cánones alegóricos de Filón, éstos también eran adoptados por los rabinos, y las interpretaciones haggádicas frecuentemente llevaban el prefacio: «No leáis esto, sino esto». Si se pueden forzar los textos de esta manera, no tenemos por que maravillarnos de las interpretaciones resultantes de un juego de palabras o incluso partes de una palabra. Naturalmente, todas estas expresiones o peculiares modos de expresión, o designación, que ocurren en la Escritura, deben tener algún significado especial, y lo mismo cada partícula, adverbio o preposición. Además, la posición de un verbo, su sucesión por otro, la presencia o ausencia inexplicable de una palabra, podía proporcionar indicaciones de algún significado más profundo, y lo mismo un singular inesperado en vez de un plural, o viceversa, el uso de un tiempo verbal o incluso el género de una palabra. Y lo más serio, una interpretación alegórica podía ser empleada como base para otra.[6]

Repetimos que estos cánones alegóricos de Filón son esencialmente los mismos que los del tradicionalismo judío en la Haggadah,[7] sólo que esta última no racionalizaba y era

1. Hausrath (N.T. Zeitg. vol. ii. pp. 222ss.) ha dado una descripción de sumo interés de Filón, así como de muchas otras personas y cosas.

2. Siegfried, con una labor inmensa, ha coleccionado un número enorme de expresiones paralelas, principalmente de Platón y de Plutarco (pp. 39-47).

3. En este bosquejo del sistema de Filón he utilizado el cuidadoso análisis hecho por Siegfried.

4. Hay que notar que éstos son también los cánones talmúdicos, no para la interpretación alegórica, sino como indicativos de algún sentido especial, puesto que no había una palabra o partícula en la Escritura sin un objeto o significado definido.

5. Para ilustrar el uso que podía hacerse de tales alteraciones, la Midrash (Ber. R. 65) decía que había que puntuar Génesis 27:19 de la siguiente manera: «Y Jacob dijo a su padre: Yo (soy el que aceptará los diez mandamientos) –(pero) Esaú (es) tu primogénito». ¡En Yalkut hay la explicación más curiosa todavía de que en el cielo el alma de Jacob era la primogénita!

6. Cada una de estas posiciones es ampliamente probada en los escritos de Filón, como muestra Siegfried. Pero aquí sólo ha sido posible una enumeración estricta de estos cánones.

7. Compárese el esquema anterior con las «25 theses de modis et formulis quibus pro Hebr. doctores SS. interpretari etc. soliti fuerunt», en Surenhusius, Βίβλος-καταλλαγῆς, pp. 57-58.

mucho más brillante en su aplicación.[8] En otro aspecto, también la interpretación exegética palestina llevaba ventaja a la alejandrina. Con reverencia y precaución indica lo que podía ser omitido en la lectura pública, y por qué; qué expresiones del original podían ser modificadas por el «meturgeman», y en qué forma; a fin de evitar a la vez el peligro de dar un pasaje de modo literal y, por otro lado, el añadido al texto sagrado, o transmitir una impresión erra-da del Ser divino, o bien dar ocasión a los no entendidos y a los incautos de enzarzarse en especulaciones peligrosas. La tradición judía aquí establece algunos principios que se-rían de gran uso práctico. Así, se nos dice (Ber. 31 *b*) que la Escritura usa los modos de expresión comunes de los hombres. Esto, naturalmente, incluiría todos los antropomorfismos. Además, algunas veces, con ingenio considerable, se saca una sugerencia de una palabra, como que Moisés sabía que la serpiente debía ser hecha de bronce por las dos palabras (*nachash*, serpiente, y *nechosheth*, bronce) (Ber. R. 31). Asimismo, se hace notar que la Escritura usa lenguaje eufemista, para mantener la mayor delicadeza (Ber. R. 70). Estos ejemplos podrían ser multiplicados, pero basta con ellos.

En sus interpretaciones simbólicas Filón, solamente de modo parcial, siguió el mismo camino que los rabinos. El simbolismo de los números y, por lo que se refería al Santuario, el de los colores y aun los materiales, se puede decir, realmente, que tiene su fundamento en el propio Antiguo Testamento. Lo mismo se puede decir parcialmente de los nombres. Los rabinos los interpretaban así.[9] Pero la aplicación que Filón hacía de este simbolismo era muy diferente. Todo se volvía simbólico en sus manos, si esto se acomodaba a su propósito: los números (en una forma muy arbitraria), las bestias, los pájaros, las aves, los reptiles, las plantas, piedras, elementos, sustancias, condiciones e incluso el sexo –y así un término o una expresión podía tener varios significados, hasta contradictorios, entre los cuales el intérprete podía escoger con libertad.

Después de considerar el método mediante el cual Filón derivaba sus puntos de vista teológicos de las Escrituras, hemos de hacer un breve análisis de sus ideas.[10]

1. *Teología.* Con referencia a Dios, hallamos, unos al lado de otros, los modos de ver, al parecer contradictorios, de las escuelas platónica y estoica. Siguiendo a la primera, establece la distinción más tajante entre Dios y el mundo. Dios no existía ni en el espacio ni en el tiempo; no tenía cualidades ni afectos humanos; de hecho, carecía de cualidades (ἄποιος), y aun de nombre (ἄῤῥητος); por lo que era totalmente irreconocible para el hombre (ἀκατάληπτος). Así, cambiando la puntuación y acentos, la Septuaginta, en Génesis 3:9, decía lo siguiente: «Adán, tú estás en alguna parte»; pero Dios no sabía estar en parte alguna, según, al parecer, pensaba Adán cuando se escondió de Él. En el sentido anterior, se explicaban también Éxodo 3:14 y 6:3, y los dos nombres *Elohim* y *Jehová* pertenecían realmente a las dos «potencias» supremas divinas, mientras que el hecho de que Dios era incognoscible aparecía en Éxodo 20:21.

Pero al lado de esto tenemos, para salvar la idea judía de la creación y providencia, o más bien del Antiguo Testamento, la noción estoica de Dios como inmanente en el mundo; de hecho, como lo único que hay real en él, como siempre operante; en una palabra, para usar su propia expresión panteísta, como «El mismo, uno y todo» (εἰς καὶ τὸ πᾶν). Básico y principal en su Ser es su bondad, de la cual salía la base de la creación. Sólo el bien viene de Él. Con la materia no tiene nada que ver, de ahí el número plural en el relato de la creación. Dios solamente creó el alma, y sólo la de lo bueno. En el sentido de ser «inmanente», Dios está en todas partes, es más, todas las cosas son realmente en Él, o, mejor dicho, Él es lo real en todo. Pero Dios es principalmente el manantial y luz del alma, su «Salvador» del «Egipto» de la pasión. Se siguen dos cosas de ello. Con las ideas de la separación entre Dios y la materia, era imposible siempre explicar los milagros o interposiciones. En consecuencia, éstas eran algunas veces alegorizadas, otras explicadas de modo racionalista. Además, el Dios de Filón, dijera lo que dijera él para desmentirlo, *no* era el Dios de aquel Israel que era su pueblo elegido.

2. *Seres intermediarios.* Potencias (δυνάμεις, λόγοι). Si en lo que precede hemos notado una y otra vez semejanzas notables entre Filón y los rabinos, hay todavía una analogía más curiosa entre su enseñanza y la del Misticismo judío, según se desarrolló de modo pleno, finalmente, en la «Cábala». El mismo término *Kabbalah* (de *qibbel*, entregar) parece indicar no sólo su linaje transmitido por tradición oral, sino su mismo origen de fuentes antiguas.[11] Su existencia queda presupuesta y sus ideas centrales las bosqueja la Mishnah (Chag. ii. 1). Los targums también tienen por lo menos un indicio notable de ella. ¿No es posible que, como Filón se refiere con frecuencia a la tradición antigua, tanto el Judaísmo oriental como el occidental puedan, ambos, haber sacado de la misma fuente –no nos atreveremos a sugerir a qué altura de la misma– en tanto que una y otra hacían uso de ella según se acomodaba a sus tendencias distintivas? En todo caso, la Cábala también, asemejando las Escrituras a una persona, compara a los que estudian meramente la letra, con los que hacen caso sólo del vestido o ropaje externo; a los que consideran la moraleja o conclusión de un hecho, los que hacen caso del cuerpo; mientras que los iniciados solamente, que consideran el significado escondido, son los que hacen caso del alma. Además, como Filón, también la parte más antigua de la Mishnah (Ab. v. 4) designa a Dios como *Maqom* –«el lugar»–, el τόπος, el que todo lo abarca, lo que los cabalistas llaman el *En-Soph*, «lo ilimitado», el Dios sin ninguna cualidad, que se vuelve cognoscible solamente en sus manifestaciones.[12]

8. Para una comparación entre la teología de Filón y la rabínica, ver el Apéndice II: «La teología de Filón y la Rabínica». Freudenthal (*Hellen. Studien*, pp. 67ss.), de modo apto, designa esta mezcla de las dos como la «Midrash helenista», siendo difícil algunas veces distinguir si se originó en Palestina o en Egipto, o bien en las dos de modo independiente. Freudenthal da una cantidad de ejemplos curiosos en que el Helenismo y el Rabinismo están de acuerdo en sus interpretaciones. Para otras comparaciones interesantes entre las haggádicas y las de Filón, ver José, *Glick in d. Religionsgesch.* 1, p. 38ss.

9. Para dar sólo unos pocos ejemplos, Rut se deriva de *ravah*, saciar, dar de beber, porque David, su descendiente, sació a Dios con sus Salmos de alabanza (Ber. 7 *b*). Aquí el principio del significado de los nombres de la Biblia es deducido del Salmo 46:8 (9 en hebreo): «Venid, ved las obras de Jehová, que ha puesto nombres en la tierra», en que la palabra «desolaciones», SHAMOTH, puede ser alterada a SHEMOTH, «nombres». En general, esta sección, de Ber. 3 *b* al fin de 8 *a*, está llena de interpretaciones haggádicas de la Escritura. En 4 a hay la curiosa derivación simbólica de *Mephibosheth*, que se supone haber iluminado a David en cuestiones halákhicas, como *Mippi bosheth*: «avergonzando por mi boca», «porque avergonzó el rostro de David en la Halakhah». Igualmente en Siphré (*Par. Behaalothekha*, ed. Friedmann, p. 20 *a*) tenemos interpretaciones muy hermosas e ingeniosas de los nombres Reuel, Hobab y Jetro.

10. Sería imposible aquí dar las referencias, puesto que ocuparía demasiado espacio.

11. Por falta de material adecuado, aquí he de remitir al lector a mi breve bosquejo de la Cábala, en la «Historia de la nación judía» (pp. 434-446).

12. En reumen, el λόγος σπερματικός de los estoicos.

¡Las manifestaciones de Dios! Pero ni el Judaísmo místico oriental, ni la filosofía de Filón, podían admitir ningún contacto directo entre Dios y la creación. La Cábala resolvía la dificultad mediante sus *Sephiroth*[13] o emanaciones de Dios, por medio de las cuales se realizaba en último término este contacto, y del cual el *En-Soph,* o corona, era la fuerza motriz: «la fuente de la cual salía la luz infinita». Si Filón halló mayores dificultades, también tenía a mano más ayuda en los sistemas filosóficos. Sus *Sephirot* eran «Potencias» (δυνάμεις), «Palabras» (λόγοι), poderes intermedios. «Potencias», suponemos, cuando se veían en dirección a Dios; «Palabras», cuando se veían hacia la creación. No eran emanaciones, sino, según Platón, «ideas arquetípicas», que constituían el modelo del cual fue formado todo lo que existe; y, según la idea estoica, la causa de todo, que todo lo saturan, forman y sostienen. Así, estas «Potencias» estaban totalmente en Dios, y con todo por completo fuera de Dios. Si eliminamos de todo esto el ropaje filosófico, ¿no vemos que el Judaísmo oriental enseñaba también que hay una distinción entre el Dios inaccesible y el Dios manifiesto?[14]

Desarrollo de la teología helenista en su relación con el Rabinismo y con el Evangelio de San Juan

Otro comentario va a mostrar el paralelismo entre Filón y el Rabinismo.[15] Así como este último habla de las dos cualidades *(Middoth)* de Misericordia y Juicio en el Ser divino (Jer. Ber. ix. 7), y distingue entre Elohim como Dios de Justicia, y Jehová como Dios de Misericordia y Gracia, también Filón coloca junto a la Palabra (o Verbo) divina (θεῖος λόγος) la Bondad (ἀγαθοτης), como la Potencia creativa (ποιητική δύναμις) y el Poder (ἐξουσια), como Potencia gobernante o regente (βασιλική δύναμις), demostrando esto mediante una curiosa derivación etimológica de las palabras de «Dios» y «Señor» (Θεός y κύριος), al parecer sin darse cuenta de que la Septuaginta, en contradicción directa a esto, traduce la palabra Jehová como Señor (Θεός), y Elohim como Dios (κύριος). Estas dos potencias de bondad y poder, Filón las ve en los dos querubines y en los dos «ángeles» que acompañaban a Dios (la Palabra divina) cuando se dirigió a destruir las ciudades de la llanura. Pero hay más que estas dos potencias. En un lugar Filón enumera seis, según el número de las ciudades de refugio. Las Potencias procedían de Dios como los rayos de la luz, como las aguas de una fuente, como el aliento de una persona; eran inmanentes en Dios, y no obstante estaban fuera de Él –movimientos por parte de Dios, y sin embargo, seres independientes. Eran el mundo ideal, que, en su impulso hacia fuera, encontraba la materia y producía nuestro mundo material. Eran también los ángeles de Dios –sus mensajeros al hombre, el medio a través del cual Él se revelaba.[16]

13. Que se suponía significaban *numeraciones* o esplendor. Pero, ¿por qué no derivar la palabra de σφαίρα? Las diez son: *Corona, Sabiduría, Inteligencia, Misericordia, Juicio, Hermosura, Triunfo, Alabanza, Fundamento, Reino.*

14. Para la enseñanza del Judaísmo oriental a este respecto, ver el Apéndice II: «Filón y la Teología rabínica».

15. Aparece una cuestión muy interesante: ¿hasta qué punto estaba familiarizado e influido Filón por la ley tradicional, o sea, la Halakhah? Esto ha sido discutido por el doctor B. Ritter en su interesante tratado «Philo u. die Halach.», aunque él atribuye a Filón más de lo que la evidencia parece hacer admisible.

16. Al mismo tiempo hay una notable diferencia aquí entre Filón y el Rabinismo. Filón sostiene que la creación del mundo fue llevada a cabo por las *Potencias,* pero que la Ley fue dada directamente a través de Moisés, y *no* por *mediación de los ángeles.* Pero este último era, en realidad, el punto de vista que se tenía en Palestina, según lo expresa la Septuaginta al traducir Deuteronomio 32:2, en los 15 Targumim de este pasaje, y más plenamente todavía en Josefo, *Ant.* xv.5.3, en las Midrashim y en el Talmud, en que se nos dice (Macc. 24 *a)* que solamente las palabras iniciales, «Yo soy el Señor tu Dios, no tendrás otros dioses delante de mí», fueron dichas por Dios mismo. Comp. también Hechos 7:38, 53; Gálatas 3:19; Hebreos 2:2.

3. *El Logos.* Visto en su relación con la enseñanza del Nuevo Testamento, esta parte del sistema de Filón da lugar a cuestiones muy interesantes. Pero es también aquí que tenemos las mayores dificultades. Podemos entender la concepción platónica del Logos como la «idea arquetípica», y la de los estoicos como la «razón del mundo o universal» que satura la materia. De modo similar, podemos darnos cuenta de qué forma los apócrifos –sobre todo el Libro de la Sabiduría–, siguiendo la verdad típica del Antiguo Testamento con respecto a la «Sabiduría» (especialmente establecida en el Libro de Proverbios), casi llegó hasta la presente «Sabiduría» como una «Subsistencia» especial (hipostatizándola). Aún más que esto, en los escritos talmúdicos hallamos referencia no sólo a *Sem,* o «Nombre»,[17] sino a la «Shekhinah», Dios como manifiesto y presente, que es a veces también presentado como el *Ruach ha Qodesh,* o Espíritu Santo (o *Ruach ham Maqom,* Ab. iii. 10, y con frecuencia en el Talmud). Pero en los targumim hallamos todavía otra expresión que, por extraño que parezca, *no ocurre nunca en el Talmud.*[18] Es el de la palabra *Memra,* Logos o «Verbo». No que el término se aplique exclusivamente al Logos divino.[19] Pero quizá como el hecho más notable en esta literatura destaca el que Dios –no en su manifestación permanente, o como Presencia manifiesta, sino como revelándose a sí mismo– es designado como *Memra.* En conjunto, este término, aplicado a Dios, ocurre en el Targum Onkelos 179 veces, en el llamado Targum de Jerusalén 99 veces y en el Targum Pseudo-Jonatán 321 veces. Un análisis crítico muestra que en 82 casos en el Onkelos, en 71 casos en el Targum de Jerusalén, y en 213 casos en el Targum Pseudo-Jonatán, la designación *Memra* no sólo se distingue de Dios, sino que evidentemente se refiere a Dios como manifestándose a sí mismo.[20] Pero, ¿qué implica todo esto? La distinción entre Dios y el *Memra de Jehová* se nota en muchos pasajes.[21] Del mismo modo, el *Memra de Jehová* se distingue de la *Shekhinah*[22] y tampoco es el término usado en vez de la palabra Jehová;[23] ni para indicar la bien conocida expresión del A.T.: «el Ángel

17. *Hammejuchad,* «appropriatum»; *hammephorash,* «expositum», «separatum», el «tetragrammaton», o nombre de cuatro letras יהוה. Hay también un *Shem* de «doce», y uno de «cuarenta y dos» letras (Kidd. 71 *a).*

18. Levy (*Neuhebr. Worterb.* 1, p. 374 *a)* parece implicar que en la Midrash el término *dibbur* ocupa el mismo lugar y significado. Pero, con toda deferencia, tengo que discrepar de esta opinión, y también de los pasajes citados para demostrarlo.

19. El «verbo» (palabra) como dicho o pronunciado, se distingue de «Verbo» como hablante, o que se revela a sí mismo. El primero es generalmente designado con el término *pithgama.* Así, en Génesis 15:1: «Después de estas palabras (cosas) vino el "pithgama" de Jehová a Abram en profecía, diciendo: No temas, Abram, mi "Memra" será tu fuerza, y tu recompensa sobremanera grande». Con todo, el término *Memra,* tal como se aplica al hombre, y aun con referencia a Dios, no es siempre equivalente al «Logos».

20. Los diversos pasajes en el Targum de Onkelos, de Jerusalén y el Pseudo-Jonatán sobre el Pentateuco se hallarán enumerados y clasificados en el Apéndice II: «Filón y la Teología rabínica», como casos de *inferencia dudosa, probable* o *indiscutible,* en que la palabra *Memra* se usa para Dios revelándose a sí mismo.

21. Como, por ejemplo, Génesis 28:21, «el Memra de Jehová será mi Dios».

22. Por ejemplo, Números 23:21, «el Memra de Jehová su Dios es su ayudador, y la Shekhinah de su Rey está en medio de ellos».

23. Este término es utilizado con frecuencia por Onkelos. Además, la expresión misma es «el Memra de Jehová».

de Jehová»[24], ni para indicar el *Metatrón* del Targum Pseudo-Jonatán y del Talmud.[25] ¿Representa esto, pues, una tradición existente más antigua detrás de estas expresiones?[26] Más allá de esto, la teología rabínica no nos ha preservado la doctrina de las distinciones personales en la Divinidad, y, con todo, si las palabras tienen algún significado, el *Memra* es una hipóstasis, aunque la distinción de una subsistencia personal, permanente, no es subrayada. Ni tampoco, para dejar este tema, se identifica el *Memra* con el Mesías. En el Targum Onkelos se hace mención clara de Él dos veces (Gn. 49:10, 11; Nm. 24:17), mientras que en los otros targumim hay nada menos que setenta y un pasajes bíblicos traducidos con una referencia explícita al mismo.

Si pasamos ahora a las ideas expresadas por Filón sobre el Logos, hallamos que son vacilantes e incluso contradictorias. Una cosa queda clara, sin embargo: el Logos de Filón *no* es el Memra de los targumim. Porque la expresión *Memra* en último término descansa en terreno teológico, la de *Logos* en el filosófico. Además, el Logos de Filón se aproxima más al *Metatrón* del Talmud y la Cábala. Así como éstos hablan de él como el «Príncipe del Rostro», que llevó el nombre de su Señor, también Filón representa el Logos como «el ángel de más edad», «el arcángel de muchos nombres», en conformidad con el punto de vista judaico de que el nombre Jehová desplegaba su significado en setenta nombres para la Divinidad.[27] Tal como aquellos que hablan del «Adam Qadmon», también Filón habla del Logos como la reflexión humana del Dios Eterno. Y en uno y otro aspecto es digno de notar que Filón apela a enseñanzas antiguas.[28]

¿Qué es, pues, el Logos de Filón? No es una personalidad concreta y, con todo, desde otro punto de vista, no es estrictamente impersonal, ni meramente una propiedad de la Divinidad, sino la sombra, por así decirlo, que proyecta la luz de Dios; y si bien Él mismo es luz, es sólo la reflexión manifestada de Dios, su habitación espiritual, tal como el mundo es su habitación material. Además, el Logos es «la imagen de Dios» (εἰκών), según la cual fue hecho el hombre (Gn. 1:27), o, para emplear el término platónico, «la idea arquetípica». Por lo que se refiere a la relación entre el Logos y las dos Potencias fundamentales (de las cuales proceden todas las demás), estas últimas son presentadas de modo variado, por un lado, como procedentes del Logos; por otro, como constituyendo ellas mismas el Logos. Por lo que se refiere al mundo, el Logos es su ser real. Es también su arquetipo; además, el instrumento (ὄργανον) mediante el cual Dios creó todas las cosas. Si el Logos separa entre Dios y el mundo, es más bien como intermediario; Él separa, pero también une. Pero principalmente esto es válido por lo que se refiere a la relación entre Dios y el hombre. El Logos anuncia e interpreta al hombre la voluntad y la mentalidad de Dios (ἑρμηνεὺς καὶ προφήτης); actúa como mediador; es el Sumo Sacerdote real, y como tal con su pureza quita los pecados de los hombres, y por medio de su intercesión nos procura la misericordia de Dios. De ahí que Filón le designara no sólo como Sumo Sacerdote, sino como el «Paracleto». Él es también el sol cuyos rayos iluminan al hombre, el medio de la revelación divina para el alma; el maná, o sostén de la vida espiritual; Él es el que reside en el alma. Y, así, el Logos es, en el sentido más pleno, Melquisedec, el sacerdote del Altísimo, el rey de la justicia (βασιλεὺσ δίκαιος), el rey de Salem (βασιλεὺσ εἰρήνης) que trae justicia y paz al alma (De Leg. Alleg. iii 25, 26). Pero el Logos «no entra en el alma que está muerta en pecado». Que hay una estrecha semejanza de forma entre estas ideas alejandrinas y gran parte de la argumentación de la Epístola a los Hebreos es evidente a todos; no menos, sin embargo, que hay la divergencia más amplia posible en la sustancia y el espíritu.[29] El Logos de Filón es vago, irreal, no es una persona;[30] no hay necesidad de expiación; el Sumo Sacerdote intercede, pero no tiene sacrificio para ofrecer como base de su intercesión, y menos aún el de Él mismo; los tipos del Antiguo Testamento son solamente tipos de ideas-tipos, no hechos-tipos; señalan a una Idea Prototípica en el pasado eterno, no a la Persona y Hecho antitípico en la historia; no hay purificación del alma por la sangre, no hay rociamiento del Propiciatorio, no hay acceso para todos a través del velo rasgado a la presencia inmediata de Dios, ni tampoco un avivamiento del alma de las obras muertas para servir al Dios vivo. Si la argumentación de la Epístola a los Hebreos es alejandrina, es un alejandrismo caducado y pasado, el cual sólo provee la forma, no la sustancia; el vehículo, no el contenido. Cuanto más cercana es la similaridad externa, mayor es el contraste en la sustancia.

La vasta diferencia entre el Alejandrismo y el Nuevo Testamento aparecerá aún más claramente en las ideas de

---

24. Onkelos sólo una vez (en Éx. 4:24) parafrasea Jehová como «Malakha».

25. Metatrón equivale a μετὰ θρὸνον, o μετὰ τύραννον. En el Talmud se aplica al Ángel de Jehová (Éx. 23:20), «el Príncipe del mundo», «el Príncipe del rostro» o «de la Presencia», como se le llama; el que está sentado en la cámara más interna delante de Dios, mientras que los otros ángeles sólo oyen sus mandamientos desde detrás del velo (Chag. 15 *a*; 16 *a*; Toseft. ad Chull. 60 *a*; Jeb. 16 *b*). Este *Metatrón* del Talmud y de la Cábala es también el *Adam Qadmon*, u hombre arquetípico.

26. De profundo interés es la traducción que da Onkelos de Deuteronomio 33:27, en que, en lugar de «y acá abajo» los brazos eternos, Onkelos dice: «y por su Memra fue creado el mundo», exactamente como en Juan 1:10. Ahora bien, esta divergencia de Onkelos del texto hebreo parece inexplicable. Winer, cuya disertación inaugural –«De Onkeloso ejusque paraph. Chald.» Lips. 1820– han seguido los escritores más modernos (con amplificaciones, especialmente de Luzzato en *Philoxenus*), no hace referencia a este pasaje, ni tampoco sus sucesores, que yo sepa. Es curioso que, tal como nuestro texto presente hebreo de este versículo consiste en tres palabras, también es así en la traducción de Onkelos, y que los dos terminen con la misma palabra. ¿Es la traducción de Onkelos una paráfrasis, o bien representa otro texto original? Otro pasaje interesante es Deuteronomio 8:3. Lo cita Cristo en Mateo 4:4, lo cual es muy interesante, como se ve a la luz de la traducción de Onkelos: «No sólo de pan se sostiene el hombre, sino que vive de todo Memra que sale de delante de Jehová». Y aun otra traducción de Onkelos es muy ilustrativa, la de 1 Corintios 10:1-4. Onkelos traduce Deuteronomio 33:3 como «con poder los sacó de Egipto; fueron guiados bajo tu nube; viajaron según tu Memra». ¿Representa esto una diferencia en el hebreo del texto que se admite como difícil en nuestra Biblia actual? Winer se refiere a ello como un ejemplo en que Onkelos «suopte ingenio et copiose admodum eloquitur vatum divinorum mentem», añadiendo: «ita ut de his, quas singulis vocibus inesse crediderit, significationibus non possit recte judicari»; y los sucesores de Winer dijeron más o menos lo mismo. Pero esto es expresar la dificultad, no explicarla. En general se nos puede permitir decir aquí que la cuestión de los targumim apenas ha sido tratada de modo suficiente.

27. Ver la enumeración de estos 70 nombres en la Baal-ha-Turim sobre Números 11:16.

28. Compárese Siegfried, *u.s.*, pp. 221-223.

29. Para una discusión plena de esta semejanza de forma y divergencia de espíritu entre Filón –o mejor, entre el Alejandrismo– y la Epístola a los Hebreos, remitimos al lector al magnífico tratado de Riehm (*Der Lehrbegriff. d. Hebräerbr.* ed. 1867, en especial pp. 247-268, 411-424, 658-670 y 855-860). El modo de ver el tema en general del autor está bien formulado, y de modo convincente en la p. 249. Sin embargo, hemos de añadir, en oposición a Riehm, que, según él mismo muestra, el autor de la Epístola a los Hebreos despliega pocos rastros de formación *palestiniana*.

30. Sobre el tema del Logos de Filón, merece ser leída la obra de Harnoch (*Königsberg*, 1879), aunque no proporciona ideas nuevas. En general, el estudioso de Filón debe estudiar el bosquejo de Zeller, en su *Philosophie der Gr.*, vol. 3. pt. 2, 3ª ed., pp. 338-418.

«Es extraño que se sepa tan poco de la historia personal del mayor de los escritores judíos antiguos no inspirados, aunque ocupe un lugar tan prominente en su propio tiempo. Filón nació en Alejandría, hacia el año 20 a.C. Era descendiente de Aarón, y pertenecía a una de las familias más ricas e influyentes entre los príncipes mercaderes judíos en Egipto. Su hermano era el jefe político de la comunidad judía de Alejandría, y él mismo, en una ocasión, había representado a sus correligionarios –aunque sin éxito– en Roma (años 38 o 40 d.C.) como jefe de una embajada, para pedir al emperador Calígula protección contra las persecuciones consecutivas a la resistencia de los judíos a colocar estatuas del emperador en sus sinagogas».

Aarón, hermano de Moisés y primer sumo sacerdote de Israel, simboliza el aspecto hierático del judaísmo. Este fresco de escuela danuviana del siglo XVI representa a Aarón oficiando. Bressanone, catedral.

Filón en *Cosmología* y *Antropología*. Con relación a la primera, sus resultados, en algunos respectos, van paralelos a los de los estudiosos del misticismo en el Talmud, y de los cabalistas. Junto con el modo de ver estoico, que representa a Dios como «la causa activa» de este mundo, y la materia como «la pasiva», Filón sostiene la idea platónica de que la materia era algo existente y que resistió a Dios.[31] Estas especulaciones tienen que haber sido corrientes entre los judíos desde hacía mucho tiempo, a juzgar por ciertos avisos que da el hijo de Sirac (como, p.ej., en Ecclus. 3:21-24).[32] Y las ideas estoicas sobre el origen del mundo parecen implicadas incluso en el Libro de la Sabiduría de Salomón (i. 7; vii. 24; viii. 1; xii. 1).[33] Los místicos del Talmud llegaron a conclusiones semejantes, no a través de enseñanzas griegas, sino persas. Sus especulaciones[34] entraban en terreno peligroso[35] prohibido para muchos, apenas permitido a unos pocos,[36] en que se discutían cuestiones profundas en cuanto al origen de nuestro mundo y su relación con Dios. Era, quizá, sólo una figura poética el que Dios hubiera tomado el polvo debajo del trono de su gloria y lo hubiera echado sobre las aguas, con lo que quedó formada la tierra (Shem. R. 13). Pero hasta tal punto quedaron intoxicados algunos maestros aislados[37] con el vino de estas extrañas especulaciones, que se susurraban el uno al otro que el agua era el elemento original del mundo,[38] que sucesivamente se había endurecido en nieve y luego en tierra (Jer. Chag. 77 *a*).[39] Otros maestros posteriores establecieron el aire o el fuego como el elemento original, argumentando sobre la preexistencia de la materia por el uso de la palabra «hizo» en Génesis 1:7, en vez de «creó». Algunos modificaron esta opinión y sugirieron que Dios originalmente había creado los tres elementos de agua, aire o espíritu, y fuego, de los cuales todo lo demás se desarrolló luego.[40] Aparecen también huellas de la doctrina de la preexistencia de las cosas, de modo similar a la de Platón (Ber. R. 1).

Como Platón y los estoicos, Filón consideraba la materia como exenta de toda cualidad y aun forma. La materia en sí era muerta, aún más que esto, era *mala*. A esta materia, que ya existía, Dios le dio forma (no la hizo) como un arquitecto que usa sus materiales según un plan preexistente, que en este caso era el mundo arquetípico.

Ésta fue la creación, o mejor dicho la formación, llevada a cabo no por Dios mismo, sino por las Potencias, especialmente por el Logos, que era el enlace que las conectaba a todas. En cuanto a Dios, su única obra directa fue el alma, y ésta, sólo de lo bueno, no de lo malo. La parte inmaterial del hombre tiene un aspecto doble: hacia la tierra, como sensualidad (αἴσθησις); y hacia el cielo, como razón (νοῦς). La parte sensual del alma estaba conectada con el cuerpo. No tenía un pasado celestial, y no tenía futuro. Pero la «Razón» (νοῦς) era el aliento de vida verdadera que Dios había soplado en el hombre (πνεῦμα) por medio del cual lo terreno pasó a ser espíritu vivo, más elevado, con sus facultades varias. Antes que existiera el tiempo, había el alma sin cuerpo, un arquetipo, el «hombre celestial», espíritu puro en el Paraíso (virtud), pero incluso así, anhelando hacia su arquetipo último y definitivo, Dios. Algunos de estos espíritus puros descendieron a cuerpos y con ello perdieron su pureza, o bien la unión fue realizada por Dios y por poderes inferiores a Dios (demonios, δημιουργοί). A estos últimos se debe nuestra parte terrenal. Dios sopló en la formación, y la «Razón terrena» pasó a ser «alma espiritual», inteligente (ψυχὴ νοερά). Solamente la parte terrenal es la sede del pecado.[41]

Esto nos lleva a la gran cuestión del pecado original. Aquí las ideas de Filón son las de los rabinos orientales. Pero las dos son enteramente diferentes de las que sirven de base a la Epístola a los Romanos. No fue a los pies de Gamaliel, ni del Helenismo judío que Saulo de Tarso aprendió la doctrina del pecado original. La declaración de que en Adán todos murieron espiritualmente, del mismo modo todos viviremos en el Mesías,[42] no tiene paralelo en absoluto en los escritos judaicos.[43] Lo que puede ser llamado el punto de partida de la teología cristiana, la doctrina de la culpa y

31. Con una inconsecuencia singular y característica, sin embargo, Filón adscribe también a Dios la creación de la materia (de Somn. i. 13).

32. Al menos, así lo entendían los talmudistas, Jer. Chag. ii. 1.

33. Comp. Grimm, *Exeg. Handb. zu d. Apokr., Lief.* vi. pp. 55, 56.

34. Fueron dispuestas según se referían al *Maasey Bereshith* (Creación) y la *Maasey Merkabhah*, «el carro» de la visión de Ezequiel (la Providencia en el sentido más amplio, o manifestación de Dios en el mundo creado).

35. De los cuatro personajes célebres que entraron en el «Pardes», o Paraíso cerrado de la especulación teosófica, uno se hizo apóstata, otro murió, un tercero se descarrió (Ben Soma) y sólo uno, Akiba, escapó sin daño, según el dicho de la Escritura: «Sacadme y correremos» (Chag. 14 *b*).

36. «No es legal entrar en la *Maasey Bereshith* en presencia de dos, ni en la *Merkabhah* en presencia de uno, a menos que sea un "sabio" y entienda en su propio conocimiento. A todo el que raciocina en estas cuatro cosas, le sería mejor no haber nacido: lo que está encima y lo que está debajo; lo que era antes, y lo que será después» (Chag. ii. 1).

37. Ben Soma se descarrió (mentalmente); su caso hizo estremecer al mundo (judío).

38. La crítica, que podría designarse como impertinente, que dice que esta idea se halla en 2 Pedro 3:5, por desgracia no está confinada a los escritores judíos, sino que es aventurada incluso por De Wette.

39. Judah bar Pazi, en el siglo II. Ben Soma vivió en el primer siglo de nuestra era.

40. Según el Talmud de Jerusalén (Ber. i. 1) el firmamento era al principio blando, y sólo fue endureciéndose gradualmente. Según Ber. R. 10, Dios creó el mundo de una mezcla de fuego y nieve; otros rabinos sugieren cuatro elementos originales, según los cabos del globo, o bien seis, añadiéndoles lo que está encima y lo que está debajo. Hay una idea muy curiosa de R. Joshua ben Levi, según la cual todas las obras de la creación fueron realmente terminadas en el primer día, y sólo fueron extendidas, por así decirlo, a los otros días. Esto también representa realmente una duda sobre el relato bíblico de la creación. Aunque parezca extraño, la doctrina del desarrollo se derivó de las palabras (Gn. 2:4): «Así tuvieron origen los cielos y la tierra cuando fueron creados, el día que Jehová Dios hizo la tierra y los cielos». Se decía que la expresión implicaba que fueron desarrollándose desde el día en que habían sido creados. Otros parece que sostuvieron que las tres cosas principales que fueron creadas –tierra, cielo y agua– permanecieron, cada una tres días, y al final de ellos, respectivamente, desarrollaron lo que está relacionado con ellas (Ber. R. 12).

41. Para más datos sobre la Cosmología y Antropología de Filón, ver el Apéndice II: «Filón y la Teología rabínica».

42. No podemos por menos que citar la hermosa explicación haggádica del nombre de *Adam*, según sus tres letras: A, D, M, como incluyendo tres nombres: *Adán, David, Mesías*.

43. Raymundus Martini, en su «Pugio Fidei» (orig. ed. p. 675; ed. Voisin y Carpzov, pp. 866, 867), cita del libro *Siphré*: «Id y aprended el mérito del Mesías el Rey, y la recompensa de los justos del primer Adán, al cual se había dado un solo mandamiento de carácter prohibitivo y lo transgredió. Ved cuántas muertes fueron designadas en él, y en sus generaciones, y en las generaciones de sus generaciones hasta el fin de todas las generaciones» (Wünsche, *Leiden d. Mess.* p. 65, hace aquí una adición injustificada en su traducción). Pero, ¿qué atributo (medida) es mayor, el atributo de bondad o el atributo de castigo (retribución)? Él contesta que el atributo de bondad es el mayor y que el atributo de castigo el menor. Y el Mesías el Rey, que fue castigado y sufrió por los transgresores, como se dice: «Él herido fue por nuestras transgresiones», y así sucesivamente; cuánto más justificará Él (hará justos, por medio de su mérito) a todas las generaciones; y esto es lo que quiere decir cuando escribe: «Y Jehová cargó sobre Él el pecado de todos nosotros». Hemos traducido este pasaje del modo más literal posible, pero hemos de añadir que no se halla en ninguna de las copias existentes ahora del libro de *Siphré*.

el pecado hereditario, debido a la caída de Adán, y la consecutiva corrupción total y la impotencia de nuestra naturaleza, era totalmente desconocido para el Judaísmo rabínico. El reino de la muerte física sí era atribuido al pecado de nuestros primeros padres.[44] Pero el Talmud enseña de modo expreso (Ber. 61 *a)* que Dios había creado originalmente al hombre con dos propensiones:[45] una al bien y otra al mal *(Yetser tobh* y *Yetser hara).*[46] El impulso malo empezaba inmediatamente *después* del nacimiento (Sanh. 91 *b).*[47] Pero el hombre tenía poder para vencer el pecado y alcanzar la perfecta justicia; de hecho, este estadio ya había sido alcanzado.[48]

De modo similar, Filón consideraba el alma del niño como «desnuda» (Adán y Eva), una especie de *tabla rasa,* como la cera en la que Dios quiere formar y moldear. Pero este estado cesó cuando los «afectos» se presentaron ante la razón, y el deseo sensual se levantó, que es el origen de todo pecado. La gran tarea, pues, es librarnos de lo sensual y levantarnos a lo espiritual. En esta parte ética de su sistema, Filón se hallaba principalmente bajo la influencia de la filosofía estoica. Podemos decir, casi, que ya no es el hebreo que heleniza, sino el heleno que hebraíza. Y, con todo, aquí hay también uno de los alegorismos más ingeniosos y abarcativos de la Escritura que él introdujo. Apenas es posible transmitir una idea de lo brillante que se vuelve este método en manos de Filón, lo universal de su aplicación y lo cautivador que ha resultado. Filón describe el estado del hombre, primeramente como de sensualidad, luego de inquietud, malestar y anhelo insatisfecho. Si persiste en él, acabará en completa insensibilidad espiritual (simbolizado por la mujer de Lot). Pero de este estado el alma ha de pasar al de devoción a la razón (simbolizado por *Ebher,* hebreo). Este cambio podía ser realizado mediante uno de estos tres métodos: primero, por medio del esfuerzo, en que el físico era el grado inferior; luego, el que abarcaba el círculo ordinario del conocimiento; y finalmente, el más elevado, el de la filosofía divina. El segundo método era la *Askesis* (ascetismo): disciplina o práctica, cuando el alma se volvía de lo inferior a lo superior. Pero el mejor de todos era el método tercero: el libre despliegue de la vida espiritual, que no viene del esfuerzo ni de la disciplina, sino de una buena disposición natural. Y en este estado el alma tiene verdadero descanso (el Sábado, Jerusalén) y gozo.[49]

Aquí hemos de hacer una pausa, de momento.[50] Aunque este bosquejo del Helenismo es breve, hay que poner ante la mente vívidamente la cuestión de si ciertas partes del Nuevo Testamento (y hasta qué punto), sobre todo el cuarto Evangelio,[51] están relacionadas con la dirección del pensamiento descrito en las páginas precedentes. Sin ceder a la escuela de críticos, cuyo ingenio perverso discierne por todas partes motivos o tendencias siniestras en los escritos de los Evangelios,[52] es evidente que cada uno de ellos tiene un objetivo principal a la vista al construir su relato de la Vida; y de modo primario se dirigía a su audiencia especial. Si podemos tener en cuenta, sin entrar en una discusión elaborada, que Lucas 1:2 considera el relato de Marcos como el representante principal de la «narración» (διήγησις) auténtica, aunque no escrita por los apóstoles,[53] que estaba entonces en circulación, y el Evangelio de Mateo como representante de la «tradición» entregada (παράδοσις) por los ministros apostólicos testigos presenciales de la Palabra (comp. *Mangold, ed. de Bleek, Einl. in d. N.T.* [3ª Aufl. 1875], p. 346), llegaremos a los siguientes resultados: nuestro Evangelio más antiguo es el de Marcos, el cual no se dirige a ninguna clase en particular; bosqueja en perfiles rápidos la imagen de Jesús como el Mesías, igual para todos los hombres. Sigue en orden del tiempo nuestro Evangelio actual de Mateo. Va algo hacia atrás respecto al de Marcos, y da no sólo la genealogía, sino también la historia del nacimiento milagroso de Jesús. Incluso si no tuviéramos el *consenso* de la tradición, todo el mundo tiene que darse cuenta de que este Evangelio es hebreo en su molde, en sus citas del A.T. y en todo su porte. Tomando su nota clave del Libro de Daniel, el gran libro de texto mesiánico del Judaísmo oriental de su tiempo, y del cual hallamos un eco en el Libro de Enoc –que expresa la captación popular de la idea mesiánica de Daniel–, Mateo presenta al Mesías principalmente como «el Hijo del Hombre», «el Hijo de David», «el Hijo de Dios». Tenemos aquí el cumplimiento de la ley y la profecía del Antiguo Testamento; la realización de la vida, fe y esperanza del A.T. Tercero en cuanto al tiempo está el Evangelio de Lucas, que, regresando un nuevo paso, nos da no sólo la historia del nacimiento de Jesús, sino también la de Juan, «el preparador del camino». Es paulino, y se dirige, o, mejor dicho, presenta la persona del Mesías, «primero al judío», es verdad, pero, ciertamente, «también al griego». El término que Lucas aplica a Jesús, exclusivo en todos los escritores de los Evangelios,[54] es el de παῖς o «siervo» de Dios, en el sentido en que Isaías había hablado del Mesías como el «Ebhed Jehová», «siervo del Señor». Lucas es el Evangelio de Isaías, por así decirlo, presentando al Cristo en su relación con la historia del Reino de Dios y del mundo,

44. La muerte no es considerada un mal absoluto. En breve, todas las consecuencias que los escritos rabínicos atribuían al pecado de Adán, pueden ser designadas como físicas, o si son mentales, como detrimento, pérdida e imperfección, nada más. Estos resultados habían sido contrarrestados en parte por Abraham, y serían quitados completamente por el Mesías. Ni Enoc ni Elías habían pecado, en consecuencia no tuvieron que morir. Comp., generalmente, Hamburger, *Geist d. Agada,* pp. 81-84, y una vista a la muerte relacionada con Adán, p. 85.

45. Éstas se hallan hipostatizadas como ángeles. Comp. Levy, Chald. Wörterb., p. 342 *a;* Neuhebr. Wörterb., p. 259 *a, b.*

46. O con «dos riendas», una advirtiendo hacia el bien, que era la derecha, la otra aconsejando al mal, a su izquierda, según Eclesiastés 10:2 (Ber. 61 *a,* hacia el final de la página).

47. En un sentido su existencia era necesaria para la continuidad de este mundo. El conflicto entre estos dos impulsos constituía la vida moral del hombre.

48. La única excepción aquí es 4 Esdras, donde la doctrina cristiana del pecado original se expresa de modo enfático, y evidentemente se deriva de la enseñanza del N.T. Compárese en especial 4 Esdras (nuestro apócrifo 2 Esdras) 7: 46-53, y otros pasajes. En el cap. 9 se describe dónde se halla nuestra esperanza de seguridad.

49. Ver más detalles sobre estos puntos en el Apéndice II: «Filón y la Teología rabínica».

50. Las opiniones de Filón sobre el Mesías se presentarán en otra conexión.

51. No es éste el lugar en que entrar en la cuestión de la composición, fecha y paternidad de los cuatro Evangelios. Pero, por lo que se refiere al punto en que el criticismo negativo ha hablado de modo más reacio recientemente, y sobre el cual, en realidad (como indica Weiss con razón), depende la misma existencia de la escuela de Tübingen, la de la paternidad por Juan del cuarto Evangelio, me refiero a Weiss, *Leben Jesu* (1882: vol. 1, pp. 84-139), y al Dr. Salmon, *Introd. to the New Test.*, pp. 266-365.

52. El que desconoce esta literatura puede imaginarse el carácter de los argumentos usados algunas veces por cierta clase de críticos. Decir que proceden de la tergiversación más forzada del significado natural y evidente de los pasajes es decir poca cosa. Pero no es difícil restringir la indignación moral al hallar que se imputa a los evangelistas y apóstoles sobre esta base, no ya falsedad sistemática, sino falsedad con los motivos más siniestros.

53. No quiero decir, naturalmente, que el relato de Marcos no se derivara principalmente de la predicación apostólica, en especial la de Pedro. En general, la cuestión de la paternidad y origen de los diversos Evangelios ha de ser reservada para tratamiento separado en otro lugar.

54. Con la sola excepción de Mateo 12:18, en que la expresión es una cita de la Septuaginta de Isaías 42:1.

como el Siervo elegido de Dios en quien Él se deleitaba. Vemos que en el Antiguo Testamento, adoptando una hermosa figura,[55] la idea del Siervo del Señor nos es presentada como una pirámide: en su base se halla todo Israel; en su parte central, Israel según el Espíritu (los circuncidados en el corazón), representados por David, el hombre según el propio corazón de Dios; mientras que en su vértice se halla el Siervo «elegido», el Mesías.[56] Y estas tres ideas, con sus secuelas, son representadas en el tercer Evangelio como centradas en Jesús el Mesías. Junto a esta pirámide hay otra: el Hijo del Hombre, el Hijo de David, el Hijo de Dios. El Siervo del Señor de Isaías y de Lucas es el Iluminador, el Consolador, el Libertador victorioso; el Mesías o Ungido: el Profeta, Sacerdote y Rey.

Sin embargo, queda otra tendencia –¿diremos necesidad?–, por así decirlo, insatisfecha y sin cubrir. Este vasto campo, reciente y de gran promesa, en el pensamiento judaico, cuya tarea parece ser la de servir de puente entre el Paganismo y el Judaísmo –es decir, el mundo judío occidental–, necesita que se le presente a Cristo. Porque el Cristo lo es en todas direcciones. Y no se trata solamente de ellos, sino también de este mundo griego más extenso, en cuanto que el Helenismo judaico podía llevarles al umbral de la Iglesia. Este mundo helenístico y heleno está ahora esperando para entrar en ella, aunque sea por su pórtico norte, para ser bautizado en su pila. Todas estas ideas tienen que haberse abierto paso en la mente de Juan, que residía en medio de ellos, en Éfeso, del mismo modo que las Epístolas de Pablo contienen casi tantas alusiones al Helenismo como al Rabinismo.[57] Y así apareció el cuarto Evangelio, no el suplemento, sino el complemento de los otros tres.[58] No hay otro Evangelio más palestino que éste en sus modos de expresión, sus alusiones y sus referencias. Sin embargo, todos hemos de admitir lo completamente helenístico que es en su molde,[59] en lo que informa y lo que omite –en resumen, en todo su propósito–; lo adaptada que es a las necesidades helenistas su presentación de las verdades centrales profundas; la forma exacta en que se cumplió, en su informe de los discursos de Jesús –incluso en lo que se refiere a la forma–, la promesa suya de traer a la memoria todas las cosas que Él había dicho (Jn. 14:26). Es la verdadera Luz que resplandece, de la cual el fulgor meridiano cae de pleno sobre el mundo helenista y helénico. La forma alejandrina del pensamiento está no sólo en su concepción, sino en el Logos,[60] y en su presentación del mismo como la Luz, la Vida, el Origen del mundo.[61] Pero estas formas o moldes son llenados en este Evangelio con sustancia muy distinta. Dios no está lejos, siendo incognoscible para el hombre, sin propiedades, sin nombre. Es el Padre. En vez de una refle-xión nebulosa sobre la Divinidad tenemos la Persona del Logos; no un Logos con las dos potencias de bondad y po-der, sino lleno de gracia y de verdad. El Evangelio de Juan también empieza con una «Bereshith» –no una Bereshith cósmica, sino teológica, en la que el Logos era con Dios y era Dios. La materia no es preexistente; mucho menos es mala. Juan se abre paso a través del Alejandrismo cuando deja establecido como el hecho fundamental de la historia del N.T. que el «Logos se hizo carne», tal como hace Pablo cuando proclama el gran misterio de «Dios manifiesto en la carne». Y, más que nada, no es a través de un largo curso de estudio, mediante una disciplina agotadora, y menos aún mediante una disposición buena congénita, que el alma alcanza la nueva vida, sino por medio de un nacimiento desde arriba, por medio del Espíritu Santo, y por la fe simple que es puesta al alcance de los caídos y perdidos.[62]

Filón no tuvo sucesor. En él el Helenismo había completado su ciclo. Su mensaje y su misión habían terminado. A partir de entonces necesitaba, como Apolos, que fue su gran representante en la Iglesia cristiana, dos cosas: el bautismo de Juan al conocimiento del pecado y la necesidad, y que se le expusiera el camino de Dios de modo perfecto (Hch. 17:24-28). Por otra parte, el Judaísmo oriental había entrado con Hillel en un nuevo estadio. Esta dirección fue elevándole cada vez más lejos de la dirección que había emprendido el Nuevo Testamento al seguir y desarrollar los elementos espirituales del Antiguo. Este desarrollo del Judaísmo oriental es incapaz de producir transformación o renovación. Tiene que seguir su curso hasta el final y ser completado: o bien resultar verdadero, o bien ser barrido y eliminado.

---

55. Expresada primero por Delitzsch (*Bibl. Comm. ü. d. Proph. Jes.*, p. 414) y luego adoptada por Oehler (*Theol. d. A. Test.*, vol. 2, pp. 270-272).

56. Los dos principios fundamentales de la historia del Reino de Dios son la *selección* y el *desarrollo*. Es notable, sin duda, pero no extraño, que estos dos sean también las verdades fundamentales en la historia del otro Reino de Dios, la Naturaleza, si la ciencia moderna las lee correctamente. Estos dos *sustantivos* subrayarían los *hechos* establecidos; los *adjetivos* que añaden a los mismos cierta clase de estudiosos, marcan sólo sus *inferencias* a partir de estos hechos. Estos hechos pueden ser verdad, aunque aún sean incompletos, aunque las inferencias sacadas de ellos pueden ser falsas. La teología no debería interferir aquí de modo precipitado. Pero, sea cual sea el resultado definitivo, estos dos son ciertamente los hechos fundamentales en la historia del Reino de Dios, y, al marcarlos como tales, el filósofo piadoso puede quedar satisfecho.

57. Los gnósticos, a quienes, en opinión de muchos, se hacen tantas referencias en los escritos de Juan y Pablo, eran sólo una rama del Alejandrismo, por un lado, y, por otro, de las nociones orientales, que están personificadas ampliamente en la Cábala tardía.

58. Un complemento, no suplemento, como indican muchos críticos (Ewald, Weizsäcker, y aun Hengstenberg); y en modo alguno una rectificación (Godet, *Evang. John.* p. 633).

59. Keim (*Leben Jesu von Nazara*, 1 *a*, pp. 112, 114) lo reconoce plenamente; pero difiero totalmente de las conclusiones de su comparación analítica de Filón con el cuarto Evangelio.

60. El estudioso que haya considerado cuidadosamente las ideas expresadas por Filón sobre el Logos, y analizado, como en el Apéndice, los pasajes en los targumim en que ocurre la palabra *Memra*, no puede por menos que darse cuenta de la inmensa diferencia del mismo con la presentación del Logos por Juan. Con todo, M. Renan, en un artículo en la «Contemporary Review» de septiembre de 1877, desentendiéndose por completo de la evidencia histórica, sostiene no sólo la identidad de estas tres series de ideas, sino que en realidad basa su argumento contra la autenticidad del cuarto Evangelio en ello. Considerando la importancia del tema, no es fácil hablar con moderación de afirmaciones tan atrevidas basadas en afirmaciones inexactas de modo total.

61. El doctor Bucher, cuyo libro *Des Apostels Johannes Lehre vom Logos* merece una lectura cuidadosa, procura seguir las razones de estas peculiaridades según se indican en el prólogo del cuarto Evangelio. Bucher diferencia entre el Logos de Filón y el del cuarto Evangelio. Resume sus ideas afirmando que en el prólogo de Juan el Logos es presentado como la plenitud de la Luz y Vida divinas. Esto es, por así decirlo, el tema, mientras que la historia del Evangelio tiene por objeto presentar al Logos como el dador de esta Luz y Vida divinas. Y mientras los otros evangelistas ascienden de la manifestación a la idea del Hijo de Dios, Juan desciende de la idea del Logos, tal como se expresa en el prólogo, a su realización concreta en su historia. El último tratado (al presente, 1882) que ha aparecido sobre el Evangelio de Juan por el doctor Müller, *Die Johann. Frage*, da un buen sumario del argumento en sus dos lados, y merece ser estudiado con atención.

62. Disiento de Weiss (*u.s.* p. 122) cuando dice que el gran propósito del Cuarto Evangelio era oponerse al creciente movimiento gnóstico. Esto puede haber estado en la mente del apóstol, como lo evidencia su Epístola, pero el objeto a la vista no podía haber sido de modo principal, y menos primario, negativo y polémico.

Capítulo 5

Alejandría y Roma

Hemos hablado de Alejandría como la capital del mundo judío en el occidente. Antioquía estaba, en realidad, más cerca de Palestina, y su población judía –incluyendo la parte flotante de la misma– era casi tan numerosa como la de Alejandría. Pero la riqueza, el pensamiento y la influencia del Judaísmo occidental se centraba en la capital moderna de la tierra de los Faraones. En esos días Grecia era el país del pasado, al cual los estudiantes acudían como el hogar de la belleza y el arte, el templo, aureolado por el tiempo, del pensamiento y de la poesía. Pero era también el país de la desolación y las ruinas, en que ondeaban campos de trigo sobre las ruinas de la antigüedad clásica. Los antiguos griegos se habían vuelto en gran parte una nación de mercaderes, en estrecha competición con los judíos. En realidad, el dominio romano había nivelado el mundo antiguo, y sepultado las características nacionales. Pero en el oriente más distante no era así; y tampoco en Egipto. Egipto no era un país para ser poblado densamente, o para ser «civilizado» en el sentido del término entonces: el suelo, el clima, la historia y la naturaleza lo prohibían. Con todo, igual que ahora, o incluso aún más que ahora, era la tierra de los ensueños que ofrecía numerosas atracciones al viajero. El Nilo, antiguo y misterioso todavía, dejaba que se deslizaran sus aguas fecundas hacia el mar azul, donde (así se creía) cambiaban su sabor en un radio mucho más alejado de lo que el ojo podía alcanzar. Navegar suavemente en una barca sobre su superficie, observar la extraña vegetación y fauna de sus orillas; vislumbrar a lo lejos el punto en que se confundían con el desierto sin caminos; deambular bajo la sombra de sus monumentos gigantescos o dentro de las extrañas avenidas de sus templos colosales para ver los misteriosos jeroglíficos; notar la semejanza en las costumbres y la gente, con las de antaño, y contemplar los ritos únicos de su antigua religión, todo esto era penetrar otra vez en un mundo distante, entre un solaz placentero para los sentidos y una belleza y majestad que asombraba a la imaginación.[1]

Todavía nos hallamos mar adentro, dirigiéndonos al puerto de Alejandría –el único asilo seguro a lo largo de la costa de Asia y África. Unas treinta millas antes de llegar, el resplandor plateado del faro de la isla de Faros[2] –conectada con Alejandría por medio de un muelle–, brilla como una estrella en el horizonte. Ahora acabamos de ver los bosquecillos de palmeras de Faros; ya se oye el rechinar del ancla que rasca pronto la arena, y desembarcamos. ¡Qué gran número de navíos de todas clases, tamaños, formas y nacionalidades; qué multitudes de gente ajetreada; qué Babel de lenguajes; qué mezcolanza de civilizaciones de mundos nuevos y viejos; y qué variedad de mercancía en rimeros para cargar o descargar!

Alejandría en sí no era una ciudad antigua egipcia, sino relativamente moderna; se hallaba en Egipto y, con todo, no era Egipto. Todo estaba en consonancia: la ciudad, los habitantes, la vida pública, el arte, la literatura, los estudios, las diversiones, el mismo aspecto del lugar. Nada original en parte alguna, sino una combinación de todo lo que había en el mundo antiguo, o que había habido –un lugar en extremo apropiado para ser la capital del Helenismo judío.

Como su nombre indica, la ciudad fue fundada por Alejandro Magno. Había sido edificada en forma de abanico abierto; mejor dicho, de la capa extendida de un jinete macedonio. En conjunto medía 16.360 pasos, o sea, 3.160 pasos más que Roma; pero sus casas no estaban tan amontonadas ni tenían tantos pisos. Ya era una gran ciudad cuando Roma era insignificante, y hasta el fin mantuvo su lugar como segunda plaza del Imperio. Uno de los cinco barrios en los cuales se dividía la ciudad, que eran nombrados por las primeras letras del alfabeto, estaba cubierto totalmente de palacios reales, con sus jardines y edificios similares, incluyendo el mausoleo real, en el cual se conservaba en un ataúd de cristal el cuerpo de Alejandro, preservado en miel. Pero estos edificios y sus tres millas de columnatas a lo largo de su principal avenida, eran sólo una parte de los magníficos ornamentos arquitectónicos de una ciudad llena de palacios. La población podría ascender a cerca del millón, que había acudido allí del oriente y el occidente, a causa del comercio, el atractivo de la riqueza, las facilidades para el estudio o las diversiones de una ciudad frívola en alto grado. Una mezcla rara de elementos entre la gente, que combinaba la vivacidad y versatilidad del griego con la gravedad, conservadurismo y sueños de grandeza y lujo del oriental.

En Alejandría se reunían tres mundos: Europa, Asia y África, que acarreaban allí, o sacaban de ella, sus tesoros. Por encima de todo era una ciudad comercial, provista de un puerto excelente, o mejor dicho, cinco puertos. Una flota especial llevaba, como tributo, de Alejandría a Italia una quinta parte del trigo producido en Egipto, el cual era suficiente para alimentar la capital cuatro meses al año. Era una flota magnífica, desde el velero rápido y ligero a los inmensos barcos que cargaban el trigo, y que izaban una bandera especial, cuya llegada a tiempo era esperada en Puteoli[3] con más avidez que los vapores que cruzan el océano hoy día.[4] El comercio con la India estaba en manos de los navieros de Alejandría.[5] Desde los días de los Ptolomeos el comercio con la India había aumentado seis veces.[6] Y la industria local era

1. El encanto que Egipto tenía para los romanos se puede colegir de sus muchos mosaicos y frescos. (Comp. Friedländer, *u.s.* vol. 2, pp. 134-136.)

2. Este faro inmenso era cuadrado hasta la mitad, luego cubierto por un octágono, y la parte superior era redonda. Las últimas reparaciones de esta magnífica estructura de bloques de mármol fue hecha en el año 1303 de nuestra era.

3. El pasaje normal de Alejandría a Puteoli era de doce días, y los barcos hacían escala en Malta y en Sicilia. Fue en un barco así en el que Pablo navegó desde Malta a Puteoli, que sería uno de los primeros que llegaron aquella temporada.

4. Llevaban pintados a cada lado de la proa los emblemas de los dioses a los cuales eran dedicados, y navegaban con pilotos egipcios, los más famosos del mundo. Uno de estos barcos se dice que tenía 180 por 45 pies, y cargaba unas 1.575 toneladas, y que rendía a su dueño cerca de 3.000£ al año (compárese Friedländer, *u.s.*, vol. 2, pp. 131ss.). Y, con todo esto, eran barcos pequeños comparados con los que construían para transportar bloques y columnas de mármol, y especialmente obeliscos. Uno de éstos se dice que había transportado, además de un obelisco, 1.200 pasajeros, y carga de papel, nitro, pimienta, telas y mucho trigo.

5. El viaje duraba unos tres meses, o bien subiendo el Nilo, y luego mediante caravana, otra vez al mar; o quizá por medio del canal Ptolomaico y el mar Rojo.

6. Incluía polvo de oro, marfil y madreperla desde el interior de África, especias de Arabia, perlas del golfo Pérsico, piedras preciosas y lienzo fino de la India y seda de la China.

también considerable. Telas para satisfacer los gustos o costumbres de todos los países; géneros de lana de todos los colores, algunos trabajados con curiosas figuras e incluso escenas; cristal de toda forma y color; papel, desde la hoja más delgada al más burdo para enfardar; esencias, perfumes –éstos eran los productos locales. Por más que se inclinara hacia el ocio y el lujo, todavía parecía que todo el mundo estaba ocupado en una ciudad (como había expresado el emperador Adriano) en que «el dinero era el dios de la gente»; y todo el mundo parecía próspero en su estilo de vida, desde el golfo que vagaba por las calles, que no tenía dificultades en recoger bastante para ir a una fonda y regalarse con una buena comida de pescado fresco o ahumado y ajos, con tarta, acompañado de cerveza de cebada, egipcia, hasta el banquero millonario, dueño de un palacio en la ciudad y una casa de campo junto al canal que unía Alejandría con Canobus. ¡Qué muchedumbres abigarradas apretujándose por las calles, en el mercado (donde, según la broma de un contemporáneo, había de todo excepto nieve) o junto al puerto; qué frescor en la sombra, retiros deleitosos, salas inmensas, bibliotecas magníficas, donde los sabios de Alejandría se reunían y enseñaban toda rama concebible del saber, y sus famosísimos médicos que recetaban y enviaban a los pacientes de consunción a que se restablecieran a Italia! ¡Qué bullicio y ruido en esta multitud parlanchina, altanera, vana, amante del placer, excitable, cuya mayor diversión era el teatro y los cantantes; qué escenas a lo largo del prolongado canal hasta Canobus, a cuya orilla estaban localizadas tabernas lujosas, y en cuyos diques había barcas llenas de gente divirtiéndose a la sombra, o que se dirigían a Canobus, un centro de toda clase de disipación y lujo, proverbial incluso en aquellos días! Y, con todo, junto a las orillas del lago Mareotis, como haciendo contraste severo, había los retiros escogidos del partido ascético judío, los Therapeutes,[7] ¡cuyas ideas y prácticas en tantos puntos se asemejaban a las de los esenios de Palestina!

Este bosquejo de Alejandría ayudará a entender lo que rodeaba a la gran masa de judíos establecidos en la capital egipcia. En conjunto, más de una octava parte de la población del país (un millón entre 7.800.000) eran judíos. Tanto si la colonia judía había ido a Egipto en tiempos de Nabucodonosor, o no –y quizás había ido antes–, la gran masa de sus residentes habían sido atraídos por Alejandro el Grande,[8] que había concedido a los judíos privilegios excepcionales iguales a los de los macedonios. Los problemas ulteriores en Palestina, bajo los reyes sirios, habían aumentado su número, más aún por el hecho de que los Ptolomeos habían favorecido a los judíos sin excepción. Originalmente se había asignado un barrio especial a los judíos en la ciudad –el «Delta», junto al puerto del Este y el canal Canobus–, probablemente tanto para mantener separada la comunidad como por su conveniencia para propósitos comerciales. Los privilegios que los Ptolomeos habían concedido a los judíos fueron confirmados, y aun ampliados, por Julio César. El comercio de exportación de grano se hallaba ahora en sus manos, y la policía del puerto y del río estaba a su cargo. Había dos barrios en la ciudad que llevaban nombres especialmente judíos –no, sin embargo, en el sentido de que estuvieran confinados a ellos. Sus Sinagogas, rodeadas de árboles de sombra, se encontraban por todas partes de la ciudad. Pero la gloria principal de la comunidad judía en Egipto, de la cual se jactaban incluso los palestinos, era la gran Sinagoga central, edificada en forma de basílica, con una doble columnata, y tan grande que se necesitaba una señal para que los que se hallaban a mayor distancia supieran el momento apropiado para las respuestas. Los gremios, según los oficios, se reunían allí, de modo que un forastero al punto sabía inmediatamente dónde encontrar patrones judíos u obreros del mismo oficio (Sukk. 51 *b*). En el coro de esta especie de catedral judía había setenta tronos –incrustados con piedras preciosas– para los setenta ancianos que constituían el consejo de ancianos de Alejandría, según el modelo del gran Sanedrín en Jerusalén.

Es todavía un hecho extraño, y que no se ha explicado, el que los judíos egipcios hubieran construido un templo cismático. Durante las terribles persecuciones sirias en Palestina, Onías, el hijo del Sumo Sacerdote asesinado, Onías III, había buscado asilo en Egipto. Ptolomeo Filométor no sólo le acogió con afecto, sino que le dio un templo pagano no usado en la ciudad de Leontópolis para establecer un santuario judío. Aquí ministraba el nuevo sacerdocio aarónico, que era sostenido con ofrendas procedentes de las rentas del territorio circundante. El nuevo Templo, sin embargo, no se asemejaba al de Jerusalén ni en apariencia externa ni en los enseres y adornos internos.[9] Al principio los judíos egipcios se sentían orgullosos de su nuevo santuario y profesaban ver en él el cumplimiento de la predicción de Isaías 19:18, que cinco ciudades en la tierra de Egipto hablarían la lengua de Canaán, de la cual una había de ser llamada Ir-ha-Heres, que la Septuaginta (en su forma original, o por alguna corrección) alteró luego a «ciudad de la justicia». Este templo persistió desde el año 160 a.C., aproximadamente, hasta poco después de la destrucción de Jerusalén. No podía ser llamado un templo rival al del monte Moria, puesto que los judíos egipcios también reconocían al de Jerusalén como su santuario central, al cual hacían peregrinajes y aportaban sus ofrendas (Filón, ii. 646, ed. Mangey), mientras que los sacerdotes de Leontópolis, antes de casarse, siempre consultaban los archivos oficiales de Jerusalén para asegurarse de la pureza de linaje de sus esposas futuras (Jos. *Ag. Ap.* i.7). Los palestinos lo llamaban con desprecio «la casa de Chonyi» (Onías), y declaraban que el sacerdocio de Leontópolis no estaba capacitado para servir en Jerusalén, aunque en el mismo sentido de los que eran descalificados por causa de algún defecto corporal. Las ofrendas de Leontópolis eran consideradas nulas, a menos que fueran votos a los cuales se hubiera adscrito el nombre de este Templo de modo expreso (Men. xiii. 10 y la Gemara, 109 *a* y *b*). Esta condenación condicionada, sin embargo, parecía en extremo leve, excepto en el supuesto de que las afirmaciones citadas hubieran sido hechas en un tiempo posterior cuando los dos Templos habían dejado de existir.

Y estos sentimientos no estaban fuera de razón. Los judíos egipcios se habían esparcido por todas partes: hacia el Sur, a Abisinia y Etiopía, y al occidente, y más allá, por la provincia de Cirene. En la ciudad de este nombre habían formado una de las cuatro clases en que se dividía la población (Estrabón en Josefo, *Ant.* xiv.7.2). Una inscripción judaica de Berenice, al parecer fechada en el año 13 a.C., muestra que los judíos cirenaicos formaban una comunidad clara, con nueve «regidores» propios, que sin duda se ocupaban de los asuntos comunales, no siempre cosa fácil, puesto que los judíos cirenaicos eran notorios, si no por su

---

7. Sobre la existencia de los Therapeutes, compárese Art. Filón, en Smith y Wace, «Dict. of Biogr.», vol. 4.

8. Mommsen (*Röm. Gesch*, 5, p. 489) adscribe esto más bien a Ptolomeo I.

9. En vez del candelabro de oro de siete ramas, había una lámpara de oro suspendida de una cadena del mismo metal.

turbulencia, al menos por un sentimiento de antipatía hacia los romanos, que fue sofocado más de una vez cruelmente en sangre.[10] Otras inscripciones prueban[11] que en otros lugares de su dispersión también los judíos tenían sus propios *arcontes* o «regidores», en tanto que la dirección especial del culto público siempre era confiada a los *archisynagogos*, o «gobernador principal de la Sinagoga», títulos que eran ostentados de modo concurrente.[12] Es muy dudoso, o tal vez más que dudoso, que el Sumo Sacerdote de Leontópolis fuera considerado, en realidad, como jefe de la comunidad judía de Egipto (Jost, *Gesch. d. Judenth.* i. p. 345). En Alejandría, los judíos estaban bajo el gobierno de un *etnarca* judío,[13] cuya autoridad era similar a la del *arconte* de las ciudades independientes (Estrabón en Jos. *Ant.* xiv.7.2). Pero su autoridad[14] fue transferida por Augusto a la de los «ancianos» (Filón, en *Flacc.*, ed. Mangey, ii. 527). Otro cargo, probablemente romano, aunque por razones evidentes ocupado sólo por judíos, era el *alabarc*, o más bien *arabarc*, que era puesto sobre la población árabe.[15] Entre otros, Alejandro, el hermano de Filón, había ocupado este cargo. Si podemos juzgar la posición de las familias ricas judías de Alejandría por la de este *alabarc*, su influencia tenía que haber sido muy grande. La empresa de Alejandro era posiblemente tan rica como la de los Saramalla, la gran familia de navieros y banqueros judíos de Antioquía (Josefo, *Ant.* xiv.13. 5; *Guerra* i.13.5). Su jefe tenía a su cargo la administración de los negocios de Antonia, la cuñada tan respetada del emperador Tiberio (*Ant.* xix.5.1). No se consideraba de gran importancia que un hombre le prestara al rey Agripa, cuando su fortuna estaba en baja forma, 7.000£, con las cuales poder viajar a Italia (*Ant.* xviii.6.3), puesto que se las adelantó con la garantía de la esposa de Agripa, a quien él tenía en gran estima, y al mismo tiempo hizo provisión de que el dinero no debía ser gastado completamente antes de que el príncipe fuera recibido por el emperador. Además, él tenía sus propios planes en el asunto. Dos de sus hijos se habían casado con hijas del rey Agripa; y un tercero, al precio de su apostasía, se había elevado sucesivamente a los cargos de procurador de Palestina y, finalmente, gobernador de Egipto (*Ant.* xix.5.1). El Templo de Jerusalén daba una clara evidencia de la riqueza y munificencia de este millonario judío. El oro y la plata que cubrían las nueve puertas macizas que abrían paso al templo eran un regalo del gran banquero alejandrino.

Roma

La posesión de una riqueza así, unida sin duda al orgullo y altanería y desprecio no disimulado por las supersticiones que le rodeaban,[16] es natural que excitara los ánimos del populacho de Alejandría contra los judíos. El gran número de historias necias sobre el origen, historia primitiva y la religión de los judíos, que incluso los filósofos e historiadores de Roma recogen como genuinas, se originaron en Egipto. Toda una serie de escritores, empezando por Maneto (probablemente hacia el año 200 a.C.), se dedicó a dar una especie de parodia histórica de los sucesos relatados en los libros de Moisés. El más audaz de estos escritorzuelos fue Apión, a quien Josefo replicó: un charlatán y embustero famoso, que escribía o daba charlas, con la misma presunción y falsedad, sobre cualquier tema concebible. Era la clase de individuo que se acomodaba a los alejandrinos, a los cuales hacía gran impresión, debido a su desparpajo y descaro. En Roma lo metieron en cintura, y el emperador Tiberio caracterizó a este charlatán fanfarrón como «el címbalo que retiñe del mundo». Había estudiado, visto y oído todo lo imaginable –incluso, en tres ocasiones, ¡el sonido misterioso del Coloso de Memnon, cuando le daba el sol al amanecer! Por lo menos así estuvo grabado en el mismo Coloso, para informar a todas las generaciones (comp. Friedländer, *u.s.* 2, p. 155). Éste era el hombre en cuyas manos los alejandrinos pusieron la libertad de su ciudad, a quien confiaron sus asuntos más importantes y a quien exaltaron como el victorioso, el laborioso, el nuevo Homero.[17] No puede haber duda de que el favor popular de que gozaba era debido, en parte, a los virulentos ataques de Apión contra los judíos. Los relatos grotescos que elaboraba sobre su historia y religión los hacía despreciables. Pero su objeto real era soliviantar el fanatismo del populacho contra los judíos. Cada año, según les decía, era una costumbre judía echar mano de algún desgraciado heleno, a quien engordaban durante un año, para luego sacrificarle, repartiéndose sus entrañas y enterrando el cuerpo, y que durante estos horribles ritos hacían un juramento feroz de enemistad perpetua contra los griegos. Les decía que ésta era la gente que se cebaba de la riqueza de Alejandría, que habían usurpado barrios de la ciudad a la cual no tenían derecho alguno, y reclamaban privilegios excepcionales; gente que se había demostrado eran traidores, y que causaban la ruina de todo el que se fiaba de ellos. «Si los judíos», exclamaba, «son ciudadanos de Alejandría, ¿por qué no adoran a los mismos dioses que los alejandrinos?». «Y si desean gozar de la protección de los Césares, ¿por qué no les erigen estatuas y rinden el honor divino a los mismos?» (Jos. *Ag. Apion* ii.4, 5, 6). No hay nada extraño en estas incitaciones a los fanáticos de la humanidad. En una forma u otra, han sido repetidas con gran frecuencia a lo largo de los siglos en todos los países, y, ¡ay!, por los representantes de todos los credos. ¡No es de extrañar que los judíos, como se lamenta Filón (*Leg. ad Cajum*, ed. Frcf.), no deseen nada más que ser tratados como los demás hombres!

Ya hemos visto que las ideas que prevalecían en Roma sobre los judíos se derivaban principalmente de fuentes alejandrinas. Pero no es fácil comprender cómo un Tácito, un Cicerón o un Plinio podían dar crédito a tales absurdos como el de que los judíos habían venido de Creta (monte Ida: Idaei = Judaei), habían sido expulsados de Egipto a causa de padecer la lepra, y emigrado bajo un sacerdote apóstata, Moisés; o que el descanso del sábado se había originado por llagas, que habían obligado a los viajeros a

10. ¿Puede haber algún significado en el hecho de hacer llevar la cruz de Jesús a un cirenaico? (Lc. 23:26). Un significado simbólico lo tiene, si recordamos que la última rebelión judía (132-135 d.C.) en que nombraron Mesías a Bar Cochba irrumpió primero en Cirene. La terrible venganza que cayó sobre los que habían seguido al falso Cristo no puede ser contada aquí.

11. Se han hallado inscripciones judías también en Mauritania y Argel.

12. En una tumba en Capua (Mommsen, Inscr. R. Neap. 3.657, en Schürer, p. 629). El tema es de gran importancia, pues ilustra el gobierno de la Sinagoga en los días de Cristo. Otra designación en las losas de las tumbas πατὴρ συναγωγῆς parece referirse solamente a la edad; en una de ellas se dice que tenía 110 años.

13. Marquardt (*Röm. Staatsverwalt.*, vol. 1, p. 297). La nota 5 sugiere que ἔθνος puede significar *classes, ordo.*

14. El cargo en sí parece que se continuó (Jos. *Ant.* xix.5.2).

15. Comp. Wesseling, de *Jud. Archont.* pp. 63ss., en Schürer, pp. 627, 628.

16. Comp., por ejemplo, en un capítulo tan mordaz como el de Baruc 6, o el 2° fragm. de la Sibila Eritrea, vv. 21-33.

17. Para un buen bosquejo de Apión, ver Hausrath, *Neutest. Zeitg.*, vol. 2, pp. 187-195.

parar y descansar cada siete días; o que los judíos adoraban la cabeza de un asno, o a Baca; y que su abstinencia de la carne de cerdo era debida a su temor y recuerdo de la lepra, o bien al culto de este animal, y otras necedades por el estilo (comp. Tácito, *Hist.* v. 2-4; Plut., *Sympos.* iv. 5). El romano educado miraba al judío con una mezcla de desprecio y de ira, tanto más porque, según sus nociones, el judío, desde que había sido sometido por Roma, ya no tenía derecho a su religión; y aún se sentía más exacerbado porque, hiciera lo que hiciera él, esta raza despreciada se le enfrentaba por todas partes con una religión que no admitía componendas ni compromisos, hasta el punto de formar una pared de separación con ritos tan exclusivos que hacía de ellos no sólo extraños, sino enemigos. Un fenómeno así el romano no lo había encontrado en parte alguna. Los romanos eran intensamente prácticos. A su modo de ver, la vida política y la religión no sólo estaban entrelazadas, sino que formaban parte la una de la otra. Una religión aparte de una organización política, o que no ofreciera, como un *quid pro quo*, algún retorno directo de la Deidad a sus fieles, le parecía totalmente inconcebible. Todo país tiene su propia religión, argumentó Cicerón en su defensa de Flaccus. En tanto que Jerusalén no había sido vencida, el Judaísmo podía reclamar cierta tolerancia; pero ¿no habían mostrado los dioses inmortales lo que pensaban de esta raza, cuando los judíos fueron vencidos? Ésta era una especie de lógica que atraía al más humilde en la muchedumbre, que se apiñaba para oír al gran orador cuando defendía a su cliente, entre otras cosas, de la acusación de impedir el transporte de Asia a Jerusalén del tributo anual del Templo. Ésta no era una acusación de carácter popular, para hacerla contra un hombre en una asamblea semejante. Y los judíos –que (según se nos dice) para crear disturbio se habían distribuido entre la audiencia en números tales que Cicerón declaró de modo algo retórico que de buena gana hablaría a media voz, para que sólo le oyeran los jueces– tuvieron que escuchar al gran orador, sintiendo una punzada en sus corazones cuando les exponía al desprecio de los paganos, y hurgaba, con el índice en la herida, al abono por la destrucción de su nación como el único argumento incontestable que el Materialismo podía oponer a la religión del Invisible.

Y esta religión, ¿no era, en palabras de Cicerón, «una superstición bárbara», y no eran sus adherentes, según Plinio (*Hist. Nat.* xiii. 4), «una raza distinguida por su desprecio a los dioses»? Empecemos con su teología. El filósofo romano podía simpatizar con la falta de creencia en cualquier realidad espiritual y, por otra parte, podía entender los modos populares de culto y superstición. Pero, ¿qué podía decirse de un culto a algo por completo invisible; una adoración, según le parecía, en las nubes y el cielo, sin ningún símbolo visible, concertada con un desprecio y rechazo total de toda otra forma de religión –asiática, egipcia, griega, romana–, y su negativa a rendir el acostumbrado honor divino a los Césares, como la encarnación del poder romano? Luego tenemos los ritos. Ante todo tenemos el rito inicial de la circuncisión, un tema constante de burlas soeces. ¿Qué podía significar una cosa así; o lo que parecía una veneración ancestral del cerdo, o su temor al mismo, puesto que hacían el deber religioso de no participar de su carne? Su observancia del sábado, cualquiera que hubiera sido su origen, era meramente una indulgencia a la ociosidad. Los *literati* romanos jóvenes y del día se divertían andando la víspera del sábado, por entre las calles estrechas y tortuosas del *ghetto*, observando cómo la lámpara macilenta dejaba ver a los que vivían en las casas cuando murmuraban sus oraciones «con labios pálidos» (Persius v. 184), o bien, como

«Los privilegios que los Ptolomeos habían concedido a los judíos fueron confirmados, y aun ampliados, por Julio César. El comercio de exportación de grano se hallaba ahora en sus manos, y la policía del puerto y del río estaba a su cargo».

Ptolomeo I confirmó los designios de Alejandro Magno de integrar a los griegos asentados en Egipto. Durante el reinado de sus sucesores se acrecentó tambien la población judía. Este busto representa a Ptolomeo I, fundador de la Dinastía Ptolemaica.

Ovidio, buscaban en la Sinagoga ocasión para sus diversiones disolutas. El jueves era otro objetivo para su ingenio. En resumen, a lo más, en el mejor de los casos, el judío era objeto de diversión popular constantemente, y cuando en el escenario del teatro era caricaturizado un judío, por absurda que fuera la historia o necia la burla, las risas resonaban atronadoras (compárese la cita de estas escenas con la introducción de la Midrash sobre Lamentaciones).

Y luego, cuando el orgulloso romano pasaba el día de sábado por las calles, el Judaísmo forzaba su presencia ante su vista, pues las tiendas estaban cerradas, y extrañas figuras deambulaban en vestido de fiesta. Eran extranjeros en tierra extraña, no sólo sin mostrar simpatía por lo que pasaba alrededor de ellos, sino con un marcado desprecio y aborrecimiento de todo, y se manifestaba en su mismo porte el sentimiento inexpresado de que el tiempo de la caída de Roma y de toda su supremacía estaba muy cerca. Para poner el sentimiento general en las palabras de Tácito, los judíos se mantenían juntos, y eran en alto grado generosos el uno hacia el otro; pero siempre estaban llenos de rencor acerbo contra los otros. No comían ni dormían con extraños; y lo primero que enseñaban a sus prosélitos era a despreciar a los dioses, a renunciar a su propio país y cortar los lazos que les habían unido a sus padres, hijos o parientes. Sin duda, había alguna base de verdad que había sido deformada en estas acusaciones. Porque el judío, como tal, tenía solamente sentido en Palestina. Por una necesidad no decidida ni obrada por él, ahora era un elemento negativo en el mundo pagano, que, hiciera lo que hiciera, siempre sería una intrusión a los ojos del público. Pero los satiristas romanos fueron más allá de esto. Acusaron a los judíos de tener tal odio contra todos los otros seguidores de religiones que ni siquiera querían indicar el camino a aquellos que seguían otro culto, ni incluso señalarle dónde estaba una fuente al sediento (Juv. *Sat.* xiv. 103, 104). Según Tácito, había una razón política y religiosa que lo explicaba. A fin de mantener a los judíos separados de todas las demás naciones, Moisés les había dado ritos contrarios a los de toda otra raza, para que vieran como inmundo lo que era sagrado para los demás, y como legal lo que para ellos era abominación (*Hist.* v. 13). Un pueblo así no merecía consideración ni piedad; y cuando el historiador cuenta que millares de ellos habían sido desterrados por Tiberio a Cerdeña, descarta la probabilidad de que perecieran en un clima tan severo con el comentario cínico de que esto implicaría una «pobre pérdida» (*vile damnum*) (Ann. ii. 85; comp. Suet. *Tib.* 36).

Las comunidades judías en las capitales de la civilización occidental

Con todo, el judío estaba allí, en medio de ellos. Es imposible establecer la fecha en que los primeros errabundos judíos dirigieron sus pasos hacia la capital del mundo. Sabemos que en las guerras bajo Pompeyo, Casio y Antonio, fueron llevados cautivos a Roma y vendidos como esclavos. En general, el partido Republicano era hostil a los judíos, y los Césares amistosos. Los esclavos judíos en Roma resultaron una adquisición poco lucrativa y enojosa. Se adherían tenazmente a sus costumbres ancestrales, de modo que era imposible hacer que se conformaran a las casas paganas (Filón, *Leg. ad Cajum*, ed. Frcf. p. 101). Hasta qué punto podían llevar su resistencia pasiva lo vemos en la historia que cuenta Josefo (*Vida* 3) según la cual algunos sacerdotes judíos conocidos suyos, durante su cautividad en Roma, se habían negado a comer nada más que higos y nueces, para evitar la contaminación con la comida gentil.[18] Sus amos romanos consideraron prudente dar a sus esclavos judíos la libertad, sólo por un pequeño rescate, o incluso sin él. Estos *liberti* formaron el núcleo de la comunidad Judía en Roma, y en gran medida determinaron su carácter social. Naturalmente, siempre eran industriosos, sobrios, ambiciosos. Con el paso del tiempo muchos adquirieron riquezas. Poco a poco inmigrantes judíos de mayor distinción engrosaron su número. Con todo, su posición social era inferior a la de sus correligionarios en otros países. La población judía, de unos 40.000 en tiempo de Augusto, y de 60.000 en tiempo de Tiberio, incluiría, naturalmente, personas de todos los rangos: mercaderes, banqueros, *literati,* incluso actores.[19] En una ciudad que presentaba tantas tentaciones, los habría de todos los grados en cuanto a su profesión religiosa, y, sin duda, algunos de ellos no sólo imitarían los hábitos de los que les rodeaban, sino que los sobrepasarían en su libertinaje.[20] Sin embargo, incluso así, su conducta no servía de nada para cambiar la marca de aborrecimiento que pesaba sobre ellos por el hecho de ser judíos.

Augusto les asignó a los judíos un barrio especial, el distrito «catorce» al otro lado del Tíber, que se extendía desde la ladera del Vaticano hacia la isla del Tíber y al otro lado de ella, donde descargaban las barcas de Ostia. Este parece haber sido un barrio pobre, poblado principalmente por vendedores ambulantes, vendedores de cerillas (Mart. i. 41; xii. 57), cristal, vestidos usados y géneros de segunda mano. El cementerio judío en este barrio[21] da evidencia de su condición. Todas las marcas y tumbas son pobres. No hay mármol ni rastro de pintura, a menos que lo sea una representación burda del candelabro de siete brazos de color rojo. Otro barrio judío era el de *Porta Capena,* donde la Vía Apia entraba en la ciudad. Allí cerca estaba el antiguo santuario de Egeria, utilizado en tiempo de Juvenal (Sal. iii. 13; vi. 542) como una especie de mercado judío. Pero tiene que haber habido judíos ricos también en este vecindario, puesto que algunas tumbas descubiertas allí tienen pinturas, algunas incluso figuras mitológicas, cuyo significado no ha sido averiguado. Un tercer cementerio judío se hallaba cerca de las antiguas catacumbas cristianas.

Pero, verdaderamente, los residentes judíos de Roma tienen que haber estado esparcidos por todos los barrios de la ciudad –incluso los mejores–, a juzgar por sus Sinagogas. Por las inscripciones, hemos reconocido no sólo su existencia, sino los nombres de no menos de siete de estas Sinagogas. Tres de ellas llevan, respectivamente, los nombres de Augusto, Agripa y Volumnio, que serían sus patrones, o bien porque los que adoraban en ellas era personal de sus casas o «clientes» de ellas; en tanto que dos de ellas derivan sus nombres del *Campus Martius,* y el barrio *Subura,* en el cual se hallaban (comp. Friedländer, *u.s.,* vol. 3, p. 510). La *Sinagoga Elaias* puede haber sido llamada así por llevar en su fachada el diseño de un olivo, un emblema predilecto y, en Roma especialmente significativo, de Israel, cuyo fruto, cuando era aplastado, rendía el precioso aceite por el cual la luz divina resplandecía en medio de la noche del paganismo (Midr. R. sobre Éx. 36). Por supuesto, tiene que haber habido otras Sinagogas además de éstas cuyos nombres conocemos.

Otro modo de seguir las pisadas de los peregrinajes de Israel parece significativo de modo extraño. Es siguiendo los datos entre los muertos, leyéndolos en losas rotas, en monumentos en ruinas. Son inscripciones rudas –y la mayoría de ellas en mal griego, o peor latín, ninguna en hebreo–, como los balbuceos de extranjeros. Con todo, ¡qué contraste entre la simple fe y sincera esperanza que expresan estos testimonios, y la triste proclamación de la falta total de creencia en futuro alguno para el alma que vemos en las tumbas de los romanos refinados, cuando no emplean un lenguaje de materialismo ordinario! Verdaderamente, la pluma de Dios en la historia con frecuencia ha ratificado la sentencia que una nación ha pronunciado sobre sí misma. Esa civilización que inscribía sobre sus muertos palabras como: «Al sueño eterno»; «Al descanso perpetuo»; o más burdo todavía: «No era, pasé a ser; fui y ya no soy. Esto es verdad; el que diga otra cosa, miente; porque yo ya no seré», añadiendo, como si fuera a modo de moraleja: «Y tú que vives, bebe, come, ven», estaba sentenciada al exterminio. Dios no enseñó esto a su pueblo; y cuando seguimos el camino de éstos entre las piedras fragmentadas, podemos entender en qué forma una religión que proclamaba una esperanza tan diferente, tenía que hablar al corazón de muchos incluso en Roma, y mucho más, la bendita seguridad de la vida y la inmortalidad que el Cristianismo trajo después podía vencer a sus millares aunque fuera a costa de la pobreza, la vergüenza y la tortura.

Deambulando de cementerio en cementerio, y descifrando las inscripciones de los muertos, podemos casi leer la historia de Israel en los días de los Césares, o cuando Pablo el prisionero puso el pie sobre suelo de Italia. Cuando Pablo, en su viaje en el «Castor y Pollux», tocó el puerto de Siracusa, durante su estancia allí de seis días se halló en medio de una comunidad judía, según podemos leer en una inscripción. Cuando desembarcó en Puteoli, se hallaba en la colonia judía más antigua después de la de Roma (Josefo, *Ant.* xvii.12.1; Guerra ii.7.1), donde la hospitalidad cariñosa de los israelitas cristianos le constriñó a detenerse un sábado. Cuando «siguió hacia Roma» y llegó a Capua, encontró judíos allí, como podemos inferir de la tumba de un «Alfius Juda», que había sido *arconte* de los judíos y *archisinagogo* en Capua. Cuando se acercó a la ciudad, halló en Anxur (Terracina) una Sinagoga.[22] En Roma, la comunidad judía estaba organizada como en otros lugares (Hech. 28:17). Parece extraño cuando, después de tantos siglos, volvemos a leer los nombres de los *arcontes* de las varias Sinagogas, todos romanos, como Claudio, Asteris, Julián (que era el *arconte* de la Sinagoga Campesiana y sacerdote de la Agripesiana, el hijo de Julián el *archisinagogo,* o jefe de los ancianos de la Sinagoga Augustana). Y así en otros lugares. En estas tumbas encontramos nombres de dignatarios de Sinagoga judíos, en cada centro de población –en Pompeya, en Venusia, el lugar de nacimiento de Horacio; en las catacumbas judías; y asimismo inscripciones judías en África, en Asia, en las islas del Mediterráneo, en Aegina, en Patrae, en Atenas. Aun cuando no hayan sido descubiertos datos o restos de colonias primitivas, podemos inferir su presencia al recordar la extensión casi increíble del comercio romano, que llevó a la formación de colonias de importancia en

---

18. Lutterbeck (*Neutest. Lehrbegr.,* p. 119) sigue las sugerencias de Wieseler (*Chron. d. Apost. Zeitalt.,* pp. 384, 402), y considera a estos sacerdotes como los acusadores de Pablo, que ocasionaron su martirio.

19. Comp., p.ej., Mart. xi. 94; Josefo, *Vida* 3.

20. Martialis, *u.s.* El *Anchialus,* por el cual el poeta hace jurar a un judío, es una corrupción de *Anochi Elohim* («Yo soy Dios») de Éxodo 20:2. Comp. Ewald, *Gesch. Isr.,* vol. 7, p. 27.

21. Descrito por Bosio, pero ahora desconocido. Comp. Friedländer, *u.s.,* vol. 3, pp. 510, 511.

22. Comp. Cassel, en *Ersch u. Gruber Encyclop.,* 2.ª sec.; vol. 27, p. 147.

Bretaña, o cuando descubrimos entre las tumbas las de mercaderes «sirios», como en España (donde Pablo esperaba poder ir a predicar, sin duda, también a sus propios paisanos), por toda la Galia y aun en las partes más remotas de Alemania.[23] Así que las afirmaciones de Josefo y de Filón en cuanto a la dispersión de Israel por todos los países del mundo conocido han sido demostradas como verídicas.

Pero la importancia especial de la comunidad judía en Roma se halla en su contigüidad a la sede del gobierno del mundo, en que todo movimiento podía ser observado, e influido, y donde se podía prestar apoyo a las necesidades y deseos de aquel cuerpo compacto que, por desparramado que estuviera, era uno en el corazón y el sentimiento, en pensamiento y propósito, en fe y en práctica, en sufrimiento y en prosperidad.[24] Así, cuando a la muerte de Herodes una diputación de Palestina se dirigió a la capital para procurar la restauración de su Teocracia bajo el protectorado de Roma (Josefo *Ant.* xvii.11.1; *Guerra* ii.6.1), no menos de 8.000 judíos romanos se adhirieron a ella. Y en caso de necesidad podían hallar amigos poderosos, no sólo entre los príncipes de la casa de Herodes, sino entre favoritos de la corte que eran judíos, como el actor de quien habla Josefo (*Vida* 3), entre los que se inclinaban hacia el Judaísmo, como Popea, la esposa disoluta de Nerón, cuyo ataúd, en la forma del de una judía, fue colocado entre las urnas de los emperadores;[25] o entre los prosélitos reales, como los de todos los rangos, que, por superstición o por convicción, se habían identificado con la sinagoga.[26]

En realidad, no había ninguna ley que impidiera la extensión del Judaísmo. Excepto durante el breve período en que Tiberias (año 19 d.C.) expulsó de Roma a los judíos, y envió a 4.000 de ellos a Cerdeña, para luchar con los bandidos, los judíos no sólo gozaron de perfecta libertad, sino de privilegios excepcionales. En el reino de César y de Augusto hubo una serie de edictos que les aseguraban el pleno ejercicio de su religión y de sus derechos comunales.[27] En virtud de ellos no eran molestados en sus ceremonias religiosas, ni en la observancia de sus sábados y fiestas. Se les permitía transportar el tributo al Templo de Jerusalén, y el expolio de estos fondos por magistrados civiles era considerado como un sacrilegio. Como los judíos objetaban a llevar armas, o marchar en sábado, eran excluidos del servicio militar. Por causas similares, no se les obligaba a aparecer en los tribunales de la ley en los días santos. Augusto incluso ordenó que, cuando la distribución pública de trigo o de dinero entre los ciudadanos cayera en sábado, los judíos tenían que recibir su parte el día siguiente. En un espíritu similar las autoridades de Roma confirmaron un decreto por el cual el fundador de Antioquía, Seleuco I (Nicátor) (Ob. 280 a.C.), había concedido a los judíos el derecho de ciudadanía en todas las ciudades del Asia Menor y Siria que él había edificado, y el privilegio de recibir, en vez del aceite que era distribuido, que su religión les prohibía usar (Ab. *Sat.* ii. 6), su equivalente en dinero (Josefo, *Ant.* xii.31.1). Estos derechos fueron mantenidos por Vespasiano y Tito, incluso después de la última guerra judía, pese a la resistencia de estas ciudades. No es de extrañar que, a la muerte de César (44 a.C.), los judíos de Roma se reunieran muchas noches, despertando sentimientos de asombro en la población cuando cantaban en melodías tristes sus Salmos alrededor de la pira en que había sido quemado el cuerpo de su benefactor, y elevaban endechas patéticas (Suet. *Caes.* 84). Las medidas de Tiberio contra ellos fueron debidas a la influencia de su favorito Sejano, y cesaron cuando éste cayó. Además, eran el resultado del sentimiento público de aquel tiempo en contra de todos los ritos extranjeros, que había sido exacerbado por la conducta vil de los sacerdotes de Isis contra una matrona romana, y fue de nuevo provocado ante la gran impostura contra Fulvia, una noble romana prosélita, por parte de unos rabinos vagabundos. Pero aun así, no hay razón para creer que todos los judíos, literalmente, abandonaran Roma. Muchos encontrarían medios de permanecer escondidos secretamente. En todo caso, veinte años después, Filón halló allí una gran comunidad dispuesta a darle apoyo en su misión en favor de sus paisanos egipcios. Toda medida temporal contra los judíos, apenas puede ser, por tanto, considerada como una seria interferencia con sus privilegios, o un cese del favor imperial que se les mostraba.

23. Comp. Friedländer, *u.s.*, vol. 2, pp. 17-204, *passim*.

24. Fue probablemente esta unidad de los intereses israelitas lo que motivó a Cicerón (*Pro Flacco*, 28) a que se lanzara audazmente en contra de los judíos, a menos que el orador sólo tratara de ganar puntos para su cliente.

25. Schiller (*Gesch. d. Rom. Kaiserreichs*, p. 583) niega que Popea fuera una prosélita. Es, sin duda, verdad, según él dice, que el hecho de su sepultura no ofrece evidencia absoluta de ello; pero comp. Josefo, *Ant.* xx.9.11; *Vida* 3.

26. La cuestión de los judíos prosélitos será tratada en otro lugar.

27. Comp. Josefo, *Ant.* xiv.10, *passim*, y xvi.6. Estos edictos son cotejados en Krebs, *Decreta Romanor. pro Jud. facta*, con numerosos comentarios por el autor y por Levysshon.

Capítulo 6

Vida política y religiosa de los judíos de la dispersión en el Occidente

No fue sólo en la capital del Imperio que los judíos gozaron de los derechos de la ciudadanía romana. Muchos en Asia Menor podían enorgullecerse del mismo privilegio (Jos., *Ant.* xiv.10, *passim;* Hch. 22:25-29). Los gobernantes seléucidas de Siria habían concedido ya privilegios similares a los judíos en muchos lugares. Así que poseían en algunas ciudades privilegios dobles: la condición de ciudadanos romanos, y los privilegios de ciudadanos asiáticos. Los que gozaban de la primera tenían derecho a un gobierno civil propio, bajo arcontes elegidos por ellos mismos, completamente independientes del régimen y tribunales de las ciudades en que vivían. Como ejemplo, podemos mencionar los judíos de Sardis, Éfeso, Delos, y al parecer también los de Antioquía. Pero, tanto si estaban legalmente autorizados a ello como si no, probablemente en todas partes reclamaban el derecho al autogobierno y lo ejercían, excepto en períodos de persecución. Pero, como ya hemos dicho, también poseían, además de esto, por lo menos en muchos lugares, los privilegios de la ciudadanía asiática, en la misma extensión que sus conciudadanos paganos. Este doble estado y jurisdicción podía llevar a complicaciones serias si los arcontes no se habían confinado en su autoridad a los intereses estrictamente comunales (comp. Hch. 19:14; 9:2), sin interferir en la administración ordinaria de justicia, y los judíos se sometían voluntariamente a las sentencias pronunciadas por sus propios tribunales.

Pero, en verdad, gozaron incluso de más privilegios que la libertad religiosa y los privilegios comunales. Entraba en el espíritu de aquellos tiempos que los potentados amigos de Israel concedieran grandes sumas o bien al Templo de Jerusalén, o a las Sinagogas en las provincias. El magnífico pórtico del Templo estaba «adornado» con muchos «dones o regalos dedicados» de este tipo. Así, leemos de repetidas ofrendas costosas hechas por los Ptolomeos, de una corona de oro que Sosio ofreció después de haber tomado Jerusalén en conjunción con Herodes, y de ricos frascos que Augusto y su esposa habían donado al Santuario.[1] Y aunque este mismo emperador alabó a su nieto por no visitar Jerusalén en su viaje de Egipto a Siria, con todo, hizo provisión para un sacrificio diario en favor suyo, que sólo cesó cuando se proclamó la última guerra contra Roma (Jos., *Guerra* ii.10.4; ii.17.2). Incluso la circunstancia de que había un «Tribunal de los gentiles», adornado con mármol, que llevaba tabletas que, en latín y griego, advertían a los gentiles de que no podían ir más adelante,[2] demuestra que el Santuario era frecuentado por otros además de los judíos; o, en palabras de Josefo, que «era tenido en reverencia por las naciones de hasta los extremos de la tierra» (*Guerra* iv.4.3; comp. *Guerra* ii.17.2-4).

En Siria también, donde, según Josefo, vivía el mayor número de judíos (*Guerra* vii.3.3), experimentaban éstos favor de modo especial. En Antioquía sus derechos e inmunidades estaban registrados en tablas de bronce (*Guerra* vii.5.2).

Ciertamente, la capital de Siria era una de sus residencias favoritas. Se recordará la importancia concedida a la ciudad en los días de la primitiva Iglesia Cristiana. Antioquía era la tercera ciudad del Imperio, y se hallaba junto al territorio de lo que los rabinistas designaban como «Siria» y todavía consideraban como tierra santa. Así que formaba, por así decirlo, como una avanzada de Palestina en el mundo gentil. La principal Sinagoga era un edificio magnífico, a la cual los sucesores de Antíoco Epífanes habían concedido los despojos que el monarca había traído del Templo. La relación entre Jerusalén y Antioquía era muy estrecha. Todo lo que ocurría en esta ciudad era observado con avidez en la capital judaica. La extensión del Cristianismo tiene que haber causado graves preocupaciones. Aunque el Talmud es en extremo cuidadoso en no recoger información desfavorable, que podía luego llevar a problemas ulteriores, sabemos que tres de los rabinos principales fueron allí con una misión, que no podemos dudar que tenía por objeto detener el progreso del Cristianismo. Luego, hallamos en un período posterior un registro de la controversia en Antioquía entre los rabinos y los cristianos (comp. en general Neubauer, *Géogr. du Talmud.*, pp. 312, 313). Sin embargo, los judíos de Antioquía eran estrictamente helenistas, y en una ocasión un gran rabino no pudo hallar entre ellos una copia ni aun del libro de Ester en hebreo, por lo que se vio obligado a escribirlo de memoria, para su uso en la Sinagoga. Esta ciudad era un lugar adecuado, en el borde fronterizo, llena de helenistas, en íntima relación con Jerusalén, para ser el punto de nacimiento del nombre «cristiano», para enviar a Pablo en su misión al mundo gentil, a fin de obtener para él mismo una carta de ciudadanía mucho más noble que la que quedaba registrada en tabletas de bronce.

Pero, por más privilegios que pudiera gozar Israel, la historia registra una serie casi continua de intentos, por parte de las comunidades entre las que vivía, de privarle no sólo de sus inmunidades, sino incluso de sus derechos comunes. A la cabeza de las razones que explican este antagonismo hay que colocar la pugna absoluta entre el Paganismo y la Sinagoga, y el aislamiento social propio que el Judaísmo consideró necesario. Era reconocido como ilegal para un judío incluso «tener compañía o acercarse a uno de otra nación» (Hch. 10:28). Luchar contra esto era hallarle faltas a la ley y a la religión que le hacía judío. Pero, además, había el orgullo del linaje, credo, iluminación y privilegios nacionales, que Pablo resume tan gráficamente con «jactarse de Dios y de la ley» (ver Ro. 2:17-24). Aunque Filón y Hillel lo habrían expresado de modo diferente, habrían hablado de modo unánime respecto a la absoluta superioridad del judío como tal. Pretensiones de este tipo tienen que haber sido más provocativas, por el hecho de que el populacho, en todo caso, ya envidiaba la prosperidad que la diligencia, talento y capital les había asegurado a los judíos por todas partes. ¿Por qué debía esta corporación cerrada y extranjera poseer todos los derechos cívicos y verse libre de muchas de sus cargas? ¿Por qué debían ser sus reuniones exceptuadas de los «collegia illicita»? ¿Por qué debían ser los únicos autorizados para exportar parte de la riqueza nacional, para dedicarla a su superstición en Jerusalén? El judío no podía

---

1. Josefo *Ant.* xii.2.5; xiii.3.4; *Ag. Ap.* ii.5; *Ant.* xix.16.4; *Guerra* v.13.

2. Una de estas tabletas ha sido excavada recientemente. Comp. «The Temple: its Ministry and Services in the Time of Christ», p. 24.

fingir ningún interés real en lo que hacía grande a Éfeso, atractivo a Corinto e influyente a Atenas. Estaba dispuesto a sacar ventaja de ello; pero su pensamiento interior no podía ser otro que desprecio, y todo lo que quería era que le dejaran quieto y le protegieran en sus actividades. ¿Qué interés tenía en los designios, ambiciones y pugnas mezquinas que agitaban a la población turbulenta de aquellas ciudades griegas? ¿A quién le importaban sus reuniones populares y sus ruidosas discusiones? El reconocimiento del hecho que, como judíos, eran extranjeros en una tierra extraña, los hacía muy leales a los poderes gobernantes y les procuraba la protección de los reyes y Césares. Pero también levantaba el odio del populacho.

Su unión en la gran esperanza del Libertador futuro

Es un hecho único en la Historia y éste fue el caso, que estos miembros dispersos por doquier estuvieron unidos en un solo cuerpo. La explicación verdadera y única de ello hay que buscarla en un impulso divino más elevado. Los eslabones que los unían entre sí eran: un *credo* común, una *vida* común, un *centro* común y una *esperanza* común.

Doquiera residía un judío, por mucho que difiriera de sus hermanos, el Monoteísmo, la misión divina de Moisés y la autoridad del Antiguo Testamento eran artículos de fe puestos más allá de toda duda por igual. Puede muy bien haber ocurrido que el judío helenista, que vivía en medio de una población hostil, curiosa y grosera, se abstuviera de exhibir en su dintel y postes de la puerta, a la derecha, la *Mezuzah*,[3] que incluía el pergamino doblado que en veintidós líneas llevaba las palabras de Deuteronomio 4:4-9 y 11:13-21, o llamar la atención con la amplitud del *Tephillin*[4] o filacterias en el brazo izquierdo y frente, o incluso de hacer visible el *Tsitsith*,[5] o ribetes en los bordes de sus vestidos.[6] Es posible, realmente, que todas estas observancias pudieran no haber sido consideradas incumbentes a cada judío.[7] En todo caso, no podemos encontrar mención a las mismas en los escritores paganos. De modo similar, podían fácilmente haberse mantenido al margen, o no haber tenido facilidades para las purificaciones prescritas. Pero, según tenemos evidencia abundante, en todo lugar donde había por lo menos diez *Batlanim*, hombres jefes de familia que tenían tiempo suficiente para asistir de manera regular, había desde tiempos antiguos (Hch. 15:21) una Sinagoga, y, si era posible, más de una.[8] Donde no había Sinagoga había por lo menos un *Proseuche* (Hch. 16:13),[9] o lugar público de reunión al aire libre, en forma de teatro, generalmente fuera de la ciudad, cerca de un río o el mar, para hacer fáciles las ilustraciones. Éstas, como sabemos por los escritores clásicos, eran conocidas por todos los paganos, y aun frecuentadas por ellos. La observancia del sábado, los ayunos de los jueves, su Día de Expiación, las leyes relacionadas con la comida y sus peregrinajes a Jerusalén, todo ello hallaba simpatizantes entre los gentiles judaizantes.[10] Incluso se paraban a mirar cómo era encendida la lámpara del Sabbath, y cómo recitaban las oraciones solemnes que marcaban el comienzo de un nuevo sábado. Ahora bien, para el judío, la Sinagoga era un lazo de unión por todo el mundo. Allí, el sábado y los días de fiesta se reunían, para leer del mismo Leccionario las mismas lecciones de la Escritura que sus hermanos leían por todo el mundo, y para decir, en las palabras de la misma liturgia, sus oraciones comunes, captando los ecos de los magníficos servicios del Templo en Jerusalén. Los paganos tienen que haberse quedado atónitos ante lo que escuchaban y observaban en la penumbra de la Sinagoga, la luz misteriosa al otro extremo, velado por la cortina, en que eran guardados los sagrados oráculos con reverencia, envueltos en cubiertas costosas. Aquí el judío forastero podía hallarse como en casa: los mismos arreglos y disposición que en su propio país, los bien conocidos servicios y oraciones. Una bienvenida hospitalaria a la comida del sábado y, en muchas casas, sería invitado y de buena gana le ofrecerían ayuda para hallar trabajo o en la tribulación.

Porque la más profunda de todas las convicciones era la de un *centro* común; el más fuerte de todos los sentimientos era el amor que los ataba a todos a Palestina y a Jerusalén, la ciudad de Dios, el gozo de toda la tierra, la gloria de su pueblo Israel. «Si te olvido, oh Jerusalén, olvide mi mano derecha su destreza; que mi lengua se quede pegada al paladar de mi boca». El helenista y el oriental pensaban igualmente en este punto. Como el suelo de su tierra nativa, los hechos de su pueblo, las tumbas de sus padres atraen al viajero en tierra lejana al hogar de su niñez, o llenan al exiliado de un anhelo irreprimible, lo mismo los sonidos que el judío oía en su Sinagoga, y las observancias que guardaba. Y no se trataba meramente de cuestión de patriotismo, de historia o asociación. Era un principio religioso, una esperanza espiritual. Ninguna verdad estaba más firmemente enraizada en la conciencia de todos que la de que sólo en Jerusalén los hombres podían adorar verdaderamente (Jn. 4:20). Como antaño a la hora del culto Daniel se volvía hacia la Santa Ciudad, así también en la Sinagoga, en sus oraciones, cada judío se volvía hacia Jerusalén; y todo lo que podía considerar que implicaba falta de reverencia, cuando se miraba en esta dirección, era considerado un grave pecado. De toda Sinagoga en la Diáspora llegaba a Jerusalén un tributo anual para el Templo,[11] sin duda acompañado de ricas ofrendas votivas. Eran pocos los que, pudiendo emprender o permitirse el viaje, no habían ido alguna vez a la Ciudad Santa para asistir a una de las grandes fiestas (Filón,

---

3. Ber. iii 3; Meg. i. 8; Moed. K. iii. 4; Men. iii. 7. Comp. Josefo, *Ant.* iv.8.13; y el tratado *Mezuzah*, en Kirchheim, *Septem libri Talmud. parvi Hierosol.*, pp. 12-17.

4. Mateo 23;5; Ber. i. 3; Shabb. vi. 2; vii. 3; xvi. 1; Er. x. l, 2; Sheq. iii. 2; Meg. i. 8; iv. 8; Moed. Q. iii. 4; Sanh. xi. 3; Men. iii. 7; iv. 1; Kel. xviii. 8; Miqv. x. 3; Yad. iii. 3. Comp. Kirchheim, *Tract. Tephillin, u.s.*, pp. 18-21.

5. Moed. K, iii. 4; Eduy. iv. 10; Men, iii. 7; iv. 1. Comp. Kirchheim, *Tract. Tsitsith, u.s.*, pp. 22-24.

6. El *Tephillin* incluía una transcripción de Éxodo 13:1-10, 11-16; Deuteronomio 6:4-9; 11:13-21. El *Tsitsith* lo llevaban en obediencia al mandato de Números 15:37, etc.; Deuteronomio 22:12 (comp. Mt. 9:20; 14:36; Mr. 5:27; Lc. 8:44).

7. Es notable que Aristea parece hablar sólo de las filacterias en el brazo, y Filón de las de la cabeza, mientras que la Septuaginta toma la orden por completo en un sentido metafórico. Esto ya ha sido indicado en este libro de erudición gigantesca: Spencer, *De Leg. Hebr.*, p. 1.213. Frankel (*Ueber d. Einfl. d. Pal. Exeg.*, pp. 89, 90) trata en vano de controvertir la afirmación. La insuficiencia de sus argumentos ha sido mostrada plenamente por Herzfeld (*Gesch. d. Volk. Isr.*, vol. 3, p. 224).

8. συναγωγή Jos. *Ant.* xix.6.3; *Guerra*, ii.14.4, 5; vii.3.3; Filón, *Quod omnis probus liber*, ed. Mangey, 2, p. 458; συναγώγιον, Filón, *Ad. Cajum*, 2, p. 591; σαββατεῖον, Jos. *Ant.* xvi.6.2; προσευκτήριον, Filón, *Vita Mosis*, lib. iii., ii., p. 168.

9. προσευχή. Josefo *Ant.* xiv. 10. 23; Vida 54; Filón, en Flacc. ii., p. 523; Ad Caj. 2, pp. 565, 596; Epiphan. *Haer* lxxx. 1. Comp. Juven. Sat. iii 296: «Ede ubi consistas? in qua te quaero proseucha?».

10. Comp., entre otros, Ovid. *Ars Amat.* i. 76; Juv. *Sat.* xiv. 96, 97; Hor. *Sat.* i. 5. 100; 9. 70; Suet. *Aug.* 93.

11. Comp. Jos. *Ant.* xiv. 7. 2; xvi. 6, *passim;* Filón, De Monarchia, ed. Mangey. ii., p. 224; Ad Caj. ii., p. 568; Contra Flacc. ii., p. 524.

De Monarchia, 2, p. 223). Filón, que se hallaba bajo el mismo hechizo que cualquier rabinista fanático, había sido, él mismo, uno de los enviados por sus conciudadanos para ofrecer oraciones y sacrificios en el gran Santuario.[12] Estas ideas y sentimientos nos ayudan a comprender cómo en las grandes fiestas, como dice Josefo con suficiente autoridad, la población de Jerusalén –dentro de sus límites *eclesiásticos*– podía aumentar hasta la enorme cifra de casi tres millones (*Guerra*, vi.9.3; comp. ii.14.3).

Y todavía había un lazo más fuerte que era la *esperanza* común. Esta esperanza les señalaba a todos ellos, por desparramados que estuvieran, la vuelta a Palestina. Para ellos la venida del Mesías indudablemente implicaba la restauración del reino de Israel y, como primera parte del mismo, el retorno de los «dispersos».[13] Ciertamente todo judío devoto oraba, día tras día: «Proclama con tu sonora trompeta nuestra liberación, y levanta una bandera para congregar a nuestros dispersos, y reunirnos desde los cuatro cabos de la tierra. Bendito seas, ¡oh Señor!, Tú que reúnes a los desterrados de tu pueblo Israel».[14] Esta oración incluía, por ser de carácter general, a las diez tribus perdidas. Así, por ejemplo, la profecía de Oseas 11:11 se traducía: «Como un pájaro acudirán velozmente de Egipto –refiriéndose al Israel de antaño–, y de la tierra de Asiria como una paloma –refiriéndose a las diez tribus– (Midr. sobre Cantares 1:15, ed. Varsovia, p. 11 *b*).[15] Y así, incluso estos errantes y extraviados, perdidos desde hacía tanto tiempo, eran contados en el redil del buen pastor.[16]

Es digno de notar de qué modo tan universal y cálido tanto el Judaísmo oriental como el occidental acariciaban esta esperanza del retorno de todo Israel a su propia tierra. Los targumim llevan repetidas referencias a ello;[17] y aunque hay muchas cuestiones en cuanto a la fecha exacta de estas paráfrasis, no se puede dudar que a este respecto representan el modo de ver de la Sinagoga en los tiempos de Jesús. Por la misma razón podemos recoger del Talmud y los comentarios primitivos lo que era la esperanza de Israel con respecto al retorno de los «dispersos».[18] Era una idea hermosa asemejar a Israel con el olivo, que nunca se ve desnudo de hojas (Men. 53 *b*). La tormenta de la tribulación que había caído sobre él había sido verdaderamente un juicio, pero no lo había destruido, solamente lo había purificado. Incluso así, las persecuciones de Israel habían servido para preservarlo de que se mezclara con los gentiles. Los cielos y la tierra podían ser destruidos, pero no Israel; y su liberación final dejaría muy atrás en maravilla a la de Egipto. Los vientos soplarían para juntar a los dispersos; es más, si hubiera algún israelita aislado en algún país, por distante que fuera, sería restaurado. Con todos los honores las naciones gentiles los devolverían. Los patriarcas y todos los justos resucitarían para compartir los gozos de la nueva posesión de su tierra; se elevarían nuevos himnos, así como los antiguos, en alabanza a Dios. Más aún, los límites de la tierra se extenderían más allá de todo lo que había sido con anterioridad, y la harían tan ancha como la promesa inicial a Abraham. Y esta posesión ya no les sería quitada, ni los goces se trocarían más en tristeza. En vista de unas expectativas tan generales, no podemos por menos que marcar la maravillosa sobriedad con que los apóstoles hacen la pregunta a Jesús: «¿Restaurarás el reino a Israel en este tiempo?» (Hch. 1:6).

Tales esperanzas y expectativas se expresan no solo en los escritos talmúdicos. Las hallamos en toda la literatura tan interesante de tipo apocalíptico, los Pseudoepígrafos, a los cuales ya nos hemos referido. Los dos primeros, el Libro de Enoc y los Oráculos de la Sibila, son igualmente enfáticos sobre el tema. El vidente del Libro de Enoc contempla a Israel en el tiempo del Mesías, viniendo en carruajes, y llevado en alas del viento desde Oriente, Occidente y Mediodía (Libro de En. cap. 57; comp. 90:33). Hay más detalles de este acontecimiento feliz en la Sibila Judía. En sus declaraciones estos tres sucesos están conectados: la venida del Mesías,[19] la reedificación del Templo,[20] y la restauración de los dispersos (iii. 732-735), cuando todas las naciones traerán sus riquezas a la casa de Dios (iii 766-783).[21] Este último hecho nos recuerda especialmente su origen helenista. Un siglo más tarde aparece la misma gozosa confianza, quizás en palabras más claras aún, en el llamado «Salterio de Salomón». Así, en el Salmo diecisiete irrumpe con este cántico: «Bienaventurados los que vivirán en aquellos días, en la reunión de las tribus, que Dios realizará» (Salt. de Sal. 17:50; comp. también Sal. 11). Y no es de extrañar, puesto que son los días en que «el Rey, el Hijo de David» (Salt. Sol. 18:23), habiendo limpiado Jerusalén (v. 25) y destruido a los paganos con la palabra de su boca (v. 27), reunirá en uno a su pueblo santo, al cual regirá con justicia, y juzgará sobre la tierra según las tribus (v. 28); cuando «ningún extranjero habitará ya entre ellos» y juzgará a las tribus de su pueblo, «dividiendo entre ellas la tierra según las tribus» (vv. 30, 31).

Otra pausa y llegamos al tiempo en que apareció Jesús el Mesías. Conociendo las características de aquel tiempo, no podemos maravillamos de que el Libro de los Jubileos, que data de este período, tuviera un molde rabínico más bien que apocalíptico. Con todo, incluso aquí hay una bien clara referencia a la futura gloria. Así, se nos dice que, aunque por sus maldades Israel había sido desparramado, Dios los «reuniría a todos de en medio de los paganos», «edificando entre ellos su Santuario, y habitando con ellos». Este Santuario tenía que ser «para siempre, y Dios aparece

12. Filón, en un fragmento preservado en Eusebio, *Praepar. Ev.* viii. 13. Lo que significaba el Templo para Israel, y lo que implicó su pérdida para ellos y para todo el mundo, lo mostraremos más adelante en este libro.

13. Incluso Maimónides, a pesar de su deseo de minimizar la expectativa mesiánica, lo admite.

14. Ésta es la décima de las dieciocho (o diecinueve) bendiciones de las oraciones diarias. De éstas, la primera y las últimas tres son ciertamente las más antiguas. Pero esta décima data también de antes de la destrucción de Jerusalén. Comp. Zunz, *Gottesd. Vortr. d. Juden*, p. 368.

15. Comp. Jer. Sanh. x. 6; Sanh. 110 *b*; Yalk. Shim.

16. La sugerencia la hace Castelli, *Il Messia*, p. 253.

17. Notablemente, en relación con Éxodo 12:42 (tanto en el Pseudo-Jon. como en el Jer. Targum); Números 24:7 (Jer. Targ.); Deuteronomio 30:4 (Targ. Pseudo-Jon.); Isaías 14:29; Jeremías 33:13; Oseas 14:7; Zacarías 10:6. El doctor Drummond, en su *Jewish Messiah*, p. 335, cita del Targum sobre Lamentaciones. Pero éste data de mucho más tarde que el período talmúdico.

18. Como cada frase que sigue debería ser respaldada por una o más referencias a obras distintas, el lector que desee verificar las afirmaciones en el texto puede consultar a Castelli, *u.s.*, pp. 251-255.

19. La ficción de los dos Mesías –uno el Hijo de David, y el otro el Hijo de José, estando este último relacionado con la restauración de las diez tribus– se ha mostrado de modo concluyente que es de fecha postcristiana (comp. Schöttgen, *Horae Hebr.* 1, p. 359; y Wünsche, *Leiden d. Mess.*, p. 109). Posiblemente fue inventada para hallar explicación a Zacarías 12:10 (comp. Succ. 52 *a*), tal como la doctrina sociniana de la asunción de Cristo al cielo al principio de su ministerio fue inventada para explicar Juan 3:13.

20. B. iii. 286-294; comp. B. v. 414-433.

21. M. Maurice Vernes (*Hist. des Idées Messian.*, pp. 43-119) sostiene que los autores de Enoc y Orác. Sib. iii. esperaban este período bajo el reinado de los Macabeos, y consideraban a uno de ellos como el Mesías. Se necesita un modo peculiar de leer la historia y una imaginación muy viva para llegar a una conclusión así.

ría ante los ojos de todos, y cada uno le reconocería como el Dios de Israel y el Padre de todos los hijos de Jacob y Rey sobre el monte Sión, por los siglos de los siglos. Y Sión y Jerusalén serían santos» (Libro de Jub. Cap. 1; comp. igualmente cap. 23). Cuando escuchamos estas palabras de que probablemente sería un contemporáneo de Jesús, podemos entender en cierta medida la indignación popular que desencadenaría una acusación como la que se hizo a Jesús, de que el Hombre de Nazaret había propuesto destruir el Templo (Jn. 2:19), o que él pensaba meramente en los hijos de Jacob.

Hay una pausa ominosa de un siglo antes de que volvamos a hallar un libro de esta clase, que lleva el título de Cuarto Libro de Esdras. Este siglo había sido decisivo para la historia de Israel. Jesús había vivido y muerto; sus apóstoles habían proclamado las noticias del nuevo reino de Dios; la Iglesia había sido fundada y separada de la Sinagoga; y el Templo había sido destruido, la Ciudad Santa desolada e Israel sufrido tribulaciones, comparadas con las cuales, todas las anteriores podían muy bien ser olvidadas. Pero ya la nueva doctrina había echado raíces profundas tanto en el oriente como en suelo helenístico. Sería extraño, realmente, si en estas circunstancias este libro no hubiera sido distinto de los que le precedieron; más extraño aún, si las mentes judías sinceras y los corazones judíos ardientes hubieran permanecido sin ser afectados por la nueva enseñanza, aun cuando la doctrina de la Cruz seguía siendo una piedra de tropiezo, y el anuncio del Evangelio una roca de ofensa. Pero quizá tenemos dificultad para estar preparados a encontrar, como en el Cuarto Libro de Esdras, miras doctrinales que eran totalmente extrañas al Judaísmo, y se derivaron evidentemente del Nuevo Testamento, y que, con lógica consecuencia, parecen llevar a él.[22] La mayor parte del libro puede ser descrita diciendo que se revuelve inquieta; el vidente es agitado por el problema y las consecuencias del pecado, que aquí por primera y única vez es presentado como en el Nuevo Testamento; mediante la pregunta por qué hay tan pocos que se salvan; y especialmente por lo que a un judío debe haberle parecido el inescrutable y terrible misterio de los sufrimientos y destierro de Israel.[23] Y, sin embargo, hasta donde podemos ver, no se indica ningún otro medio de salvación que el de las obras y la justicia personal. En todo él hay un tono de profunda tristeza e intensa sinceridad. Casi nos parece, algunas veces, oír el viento de la nueva dispensación soplando las hojas secas del otoño de Israel. Hasta aquí la parte principal del libro. La segunda, o apocalíptica, se esfuerza en resolver el misterio del estado de Israel prediciendo su futuro. Aquí también hay ecos de las afirmaciones del Nuevo Testamento. Lo que ha de ser el fin, se nos dice en palabras inconfundibles. Su «Hijo», a quien el Altísimo ha tenido preservado desde antiguo para librar «a la criatura» por medio de Él, aparece de repente en la forma de un Hombre. De su boca saldrán a la vez fuego y tormentas, los ayes y tribulaciones de aquellos últimos días. Y cuando se reúnan en guerra contra Él, Él, de pie sobre el monte Sión y la Santa Ciudad, descenderá del cielo, preparado y dispuesto, y destruirá a todos sus enemigos. Pero luego se reúne una multitud apacible en su entorno. Éstas son las diez tribus, que, separadas entre los caminos de los paganos, extraviadas muy lejos y ayudadas milagrosamente en un viaje de un año y medio, ahora serán de modo similar restauradas por Dios a su propia tierra. Pero, en cuanto al «Hijo», o aquellos que le acompañen, nadie en la tierra podrá verles o conocerles hasta el día de su aparición (Vis. vi. cap. xiii. 27-52).[24]

Casi no es necesario completar la serie de testimonios refiriéndonos en detalle al libro llamado «La Profecía y Asunción de Moisés», y lo que es conocido como el Apocalipsis de Baruc, el siervo de Jeremías. Los dos proceden probablemente de un período algo posterior al del Cuarto Libro de Esdras, y ambos son fragmentarios. El uno, de modo claro, espera el retorno de las diez tribus (Prophet. et Ass. Mos. iv. 7-14; vii; 20); el otro, en la carta a las nueve tribus y media, más allá del Éufrates (Ap. Bar. xxvii. 22), con que termina el libro, mantiene un silencio ominoso sobre este punto, o más bien alude al mismo en un lenguaje que nos recuerda mucho la opinión adversa expresada por el Talmud, de modo que no podemos por menos que sospechar que hay alguna conexión interna entre los dos.[25]

Los escritos a que nos hemos referido tienen todos un tono decididamente helenístico en su pensamiento.[26] Con todo, no son el resultado de un Helenismo puro. Por tanto, es de peculiar interés que vayamos a Filón, el gran representante de esta dirección, para ver si él admitiría una idea tan puramente nacional y, como puede parecer, exclusiva. Y no nos quedamos aquí en dudas. Tan universal era esta creencia, tan profundamente arraigada la convicción, no sólo en la mente, sino en el corazón de Israel, que sería imposible hallarla expresada con más claridad que por el gran alejandrino. A pesar de lo baja que pueda ser la condición de Israel, o por esparcido que esté el pueblo por los extremos de la tierra, nos dice (*De Execrat.*, ed. Frcf. pp. 936, 937), los expatriados, a una señal dada, serían puestos en libertad un día. Consecuente con su sistema, adscribe este maravilloso suceso a su conversión súbita a la virtud, que haría que sus amos se avergonzaran de retener más tiempo en esclavitud a aquellos que eran mucho mejores que ellos. Luego, reuniéndose como por un impulso, los dispersados regresarían de Hellas, de las tierras de los bárbaros, de las islas y de los continentes, guiados por una aparición sobrehumana, divina, invisible a los otros, y solamente visible a ellos. A su llegada a Palestina los lugares desolados y los yermos serían habitados, y el desierto se transformaría en tierra fecunda.

22. La parte doctrinal de 4 Esdras se puede decir que está saturada del dogma del pecado original, que es totalmente extraño a la teología de los rabinos como a la del Judaísmo helenista. Comp. Vis. 1, cap. 3:21, 22; 4:30, 38; Vis. 3 cap. 6:18, 19 (ed. Fritzsche, p. 607); 33-41; 7:46-48; 8:34-35.

23. Parece, casi, que hay un paralelismo entre este libro y la Epístola a los Romanos, que, en su parte dogmática, parece tomar sucesivamente estos tres temas, aunque desde un punto de vista distinto. La diferencia en el tratamiento no tenemos por que considerarla.

24. La mejor traducción es «in tempore diei ejus» (v. 52).

25. En Sanh. 110 *b* leemos: «Nuestros rabinos enseñan que las Diez Tribus no tienen parte en la era venidera, porque está escrito: "El Señor las echó de su tierra en ira, y enojo y en gran indignación, y las echó a otro país"». «El Señor las echó de su tierra» –en nuestra era– «y las echó a otra tierra» –en la era venidera. En curioso acuerdo con esto, el Pseudo-Baruc escribe a las nueve tribus y media aconsejándoles que «preparen sus corazones para lo que habían creído anteriormente», para que no sufran «en las dos eras *(ab utroque soeculo)*», al ser llevados cautivos en la una, y atormentados en la otra (Apoc. Bar lxxxiii. 8).

26. Así, por ejemplo, la afirmación de que ha habido individuos que cumplieron los mandamientos de Dios, Vis. 1, cap. 3:36; el dominio de la razón, 4:22; 5:9; bendiciones generales mesiánicas para el mundo en general, Vis. 1, cap. 4:27, 28; la idea de una ley dentro de su mente, como la ley de que habla Pablo en el caso de los paganos, Vis. iii., cap. 6:45-47 (ed. Fritzsche, p. 609). Éstos son sólo ejemplos, y mencionamos también el carácter general de los razonamientos.

Por más que haya matices de diferencia en la expresión de estos puntos de vista, todos ellos aceptan la liberación de Israel por anticipado, su restauración y su futura gloria preeminente, y todo ello conectado con la venida del Mesías. Ésta era la «promesa» a la cual, en su «servicio constante día y noche, las doce tribus», por más que fueran oprimidas lamentablemente, esperaron que vendría (Hch. 26:7). A esta «palabra segura de profecía» «los extraños esparcidos» por todos los países «prestarán sus oídos, como a una luz que brilla en un lugar oscuro», hasta que el día amanezca y la estrella del día se levante en sus corazones (2 P. 1:19). Era esto lo que daba significado a su culto de adoración, los llenaba de paciencia en el sufrimiento, manteniéndolos separados de las naciones circundantes, y siempre fijos los corazones y pensamientos en Jerusalén. Porque «la Jerusalén» que estaba arriba era «la madre» de todos ellos. Así que, después de un poco, Él vendría como debía venir, y no tardaría –entonces serían suyas la bendición y la gloria–. En cualquier momento podían irrumpir las alegres noticias sobre ellos, que Él había venido, cuando su gloria resplandecería de un cabo de los cielos al otro. Todos los signos de su Advenimiento habían tenido lugar. Quizá, verdaderamente, el Mesías ya había llegado dispuesto a manifestarse, tan pronto como la voz del arrepentimiento de Israel le llamara al lugar en que se escondía. En cualquier momento podía ser plantada su bandera en la cumbre de los montes; su espada reluciente sacada de la vaina; la trompeta podía sonar. Más cercana, pues, y más cercana aún, tenía que ser su conexión con Jerusalén cuando se acercaba su salvación; más ferviente su anhelo y más aguzada su mirada, hasta que la aurora del día esperado arrebolara el firmamento de Oriente con su luz.

Capítulo 7

En Palestina. Judíos y gentiles en la «tierra»

El peregrino que, habiendo partido de otros países, entraba en Palestina, había tenido la impresión de haber cruzado el umbral de otro mundo. Las maneras, costumbres, instituciones, leyes, vida –es decir, el mismo intercambio entre hombre y hombre– eran allí completamente diferentes. Todo estaba dominado por la idea, que lo absorbía todo, de la religión. Ésta penetraba todas las relaciones de la vida. Además, estaba inseparablemente conectada con la tierra, así como el pueblo de Palestina, por lo menos en tanto que el Templo permaneció en pie. En ninguna otra parte podía residir o manifestarse la Shekhinah; ni podía ser concedido el espíritu de profecía fuera de sus fronteras, de no ser bajo circunstancias excepcionales y por «el mérito de los padres». Para el judío ortodoxo el horizonte mental y espiritual estaba limitado por Palestina. Era «la tierra»; todo el resto del mundo, excepto Babilonia, quedaba «fuera de la tierra». No hay necesidad de designarla de modo especial como «santa»; porque todo aquí llevaba la impronta de la santidad, tal como ésta se entendía. No que el suelo mismo, al margen del pueblo, fuera santo; era Israel que lo hacía santo. Porque, ¿no les había dado Dios tantos mandamientos y ordenanzas, algunas de ellas al parecer innecesarias, simplemente para conseguir la justicia de Israel? (Macc. 23 *b*); ¿no poseía Israel los méritos de «los padres» (Rosh HaSh. 11 *a*), y especialmente los de Abraham, en sí tan valiosos que, aun en el caso de que sus descendientes, moralmente hablando, hubieran sido como un cadáver, su mérito les habría sido imputado a ellos? (Ber. R. 44). Más que esto, Dios había creado el mundo por causa de Israel (Yalkut §2), y con miras a ellos, haciendo preparación para ellos desde mucho antes de que aparecieran en escena, tal como un rey prevé el nacimiento de su hijo; es más, Israel había estado en los pensamientos de Dios no sólo antes que nada de lo existente hubiese sido creado, sino incluso antes de cualquier otro pensamiento creador (Ber. R. 1). Si estas distinciones parecen excesivas, por lo menos no estaban fuera de proporción de la estimación que Israel se había formado de sus méritos. En teoría, éstos se suponía que fluían de «buenas obras», naturalmente, incluyendo la práctica estricta de la piedad legal y del «estudio de la ley». Pero, en realidad, era al «estudio» solo al cual este mérito supremo quedaba adscrito. La práctica requería conocimiento para ser dirigida; y, siendo así, los *Am-ha-arets* («gente rural», plebeyos, en el sentido judaico de no ser instruidos) no podían poseerlo (comp. Ab. ii. 5) porque habían trocado la corona más alta por una pala con la que cavar. Y la «escuela de Arum» –los sabios–, «los grandes del mundo», habían decidido desde hacía mucho, que el estudio era antes que las obras (Jer. Chag. 1, hal. 7, hacia el final; Jer. Pes. iii. 7). Y ¿cómo podía ser de otra manera, puesto que los estudios, a los que se dedicaban sus hijos escogidos en la tierra, ocupaban igualmente a su Padre Todopoderoso en el cielo? (Ab. Z. 3 *b*). ¿Podía, pues, haber algo más elevado que la vocación peculiar de Israel, o que mejor les calificara para ser los hijos de Dios?

No es necesario transportarse a esta atmósfera para comprender las ideas prevalecientes al tiempo de Jesús, o para formar un concepto del contraste infinito en espíritu con la nueva doctrina. El aborrecimiento, no exento de desprecio, de todos los caminos, pensamientos y asociaciones de los gentiles; la adoración de la letra de la Ley; la justicia propia, el orgullo del linaje y, todavía más, del conocimiento se vuelven, pues, inteligibles, y, asimismo, el antagonismo absoluto a las pretensiones de un Mesías tan diferente de ellos y de su propio ideal. Su primer anuncio podía, realmente, levantar esperanzas, que pronto verían como vanas; y sus milagros podían asombrar durante un tiempo. Pero las líneas limítrofes del Reino que Él había trazado eran esencialmente diferentes de las que ellos habían fijado, y dentro de las cuales lo habían ordenado todo, tanto para el presente como para el futuro. Si Él se hubiera contentado en andar a su paso, completar y realizar lo que ellos habían indicado, las cosas habrían sido diferentes. Es más, una vez se han admitido sus ideas fundamentales, hay mucho que es hermoso, verdadero e incluso grande en los detalles. Pero era exactamente en lo primero que estaba la divergencia. No había ninguna posibilidad de reforma o de progreso aquí. El pasado, el presente y el futuro, tanto por lo que se refería al mundo gentil como a Israel, estaban fijados de modo irrevocable; o más bien, podía casi decirse, ni tan sólo contaban, puesto que todo seguía tal como había sido desde la fundación del mundo, y aún antes de ella. La Torah había existido realmente 2.000 años antes de la Creación (Shir haShir. R. sobre Cnt. 5:11, ed. Varsovia, p. 26 *b*); los patriarcas habían tenido sus academias de estudio, y ellos habían conocido y observado todas las ordenanzas; y el tradicionalismo tenía el mismo origen, tanto por lo que se refería al tiempo y la autoridad como a la Ley misma. En cuanto a las naciones gentiles, la Ley les había sido ofrecida por Dios, pero la habían rehusado, y aun su arrepentimiento posterior había sido hipócrita, pues se demostraría que todas sus excusas eran fútiles. En cuanto a Israel, aun cuando sus buenas obras fueran pocas, con todo, al ser acumuladas de entre todo el pueblo, aparecerían grandes al fin, y Dios exigiría el pago por sus pecados como un hombre hace con su amigo, aceptando pequeñas cantidades cada vez. Era en este sentido que los rabinos empleaban la sublime figura que representaba a la Iglesia como un cuerpo, todos los miembros del cual sufrían y se gozaban juntos, y que Pablo adoptó y aplicó en un sentido espiritual y muy diferente (Ef. 4:16).

Si, por un lado, la preeminencia de Israel dependía de la Tierra y, por otro, la de la Tierra dependía de la presencia de Israel en ella, la queja rabínica era, realmente, bien fundada, que sus «fronteras se habían estrechado». Apenas podemos esperar una demarcación precisa y correcta de ellas, puesto que la cuestión de qué era lo que pertenecía a ella, quedaba determinada por consideraciones rituales y teológicas, no geográficas. No sólo la vecindad inmediata (como en el caso de Ascalón), sino la misma pared de una ciudad (como de Acco y de Cesarea) podía ser de Palestina, y, con todo, la ciudad en sí podía ser considerada como «fuera» de los sagrados límites. Todo dependía de quién había poseído originalmente el lugar, y ahora lo tenía, y, por tanto, qué obligaciones rituales recaían sobre el mismo. De modo ideal, podríamos decir, «la tierra de promisión» incluía todo lo que Dios había pactado dar a Israel, aunque éste nunca lo hubiera poseído realmente. Luego, en un sentido más restringido, la «tierra» comprendía lo que «los que habían salido de Egipto tomaron en posesión, desde Chezib (unas tres horas al norte de Acre) hasta el río

(Éufrates) y hasta Amana». Esto incluía, naturalmente, las conquistas hechas por David en los días más prósperos de la comunidad judaica, que se suponía se habían extendido por Mesopotamia, Siria, Zoba, Achla, etc. A todos estos distritos se les dio más adelante el nombre general de *Soria*, o Siria. Esto formaba, al tiempo del cual escribimos, una especie de zona interior alrededor de «la tierra» en el sentido estrecho y único real; tal como los países en que Israel estaba especialmente interesado, cual Egipto, Babilonia, Amón y Moab, formaban una zona exterior. Estas tierras eran paganas, y, con todo, no del todo paganas, pues se esperaba que llegarían de ellos la dedicación de los llamados *Terumoth*, o primicias en un estado de preparación, mientras que *Soria* compartía casi todas las obligaciones de Palestina, excepto la de los «segundos diezmos» y el producto del cuarto año de las plantas (Lv. 19:24). Pero la gavilla de la Fiesta de la Pascua y los dos panes de Pentecostés sólo podían ser traídos de lo que había crecido en el mismo suelo santo. Esto último fue más o menos definido como «todo aquello de lo que los que vinieron de Babilonia tomaron posesión, en la tierra de Israel y hasta Chezib». Visto de esta manera, había un significado especial en el hecho de que Antioquía, donde fue acuñado el nombre de «cristianos» (Hch. 11:26), que había brotado en Palestina, y donde fue formada la primera iglesia gentil (Hch. 11:20, 21), se hallaba fuera del límite norte de «la tierra». De modo similar, entendemos por qué los fanáticos judíos, que de buena gana habrían impuesto sobre la nueva iglesia el yugo de la Ley (Hch. 15:1), concentraron sus primeros esfuerzos sobre esta *Soria*, que era considerada como una clase de Palestina exterior.

Sus relaciones y sentimientos mutuos

Pero, incluso así, había una gradación de santidad en la Tierra Santa misma, conforme a distinciones de ritual. Se enumeraban diez grados, empezando con el suelo desértico de Palestina y culminando en el Lugar Santísimo del Templo, cada uno implicando alguna distinción ritual que no se aplicaba al terreno de grado inferior. Y, con todo, aunque el mismo polvo del suelo pagano se suponía que causaba contaminación, como la corrupción o la tumba, los lugares más sagrados estaban por todas partes rodeados de paganismo; es más, su rastro era visible en la misma Jerusalén. Las razones que lo explicaban hay que buscarlas en las circunstancias políticas de Palestina, y en el esfuerzo persistente de sus príncipes o gobernadores –con la excepción durante un breve período bajo los Macabeos– de helenizar el país, con miras a desarraigar este particularismo judío que siempre era antagónico a todo elemento extranjero. En general, Palestina podía ser dividida en el territorio estrictamente judío y las llamadas ciudades helénicas. Estas últimas habían sido edificadas en períodos diferentes, y estaban constituidas políticamente según el modelo de las ciudades griegas, ya que tenían su propio senado (que consistía en varios centenares de personas) y magistrados, cada ciudad con su territorio adyacente formando una especie de comunidad propia. Pero no hay que imaginar que estos distritos fueran habitados de modo exclusivo, ni aun principal, por griegos. Uno de estos grupos, el cercano a Perea, era realmente sirio, y formaba parte de la *Decápolis Siria*;[1] mientras que había otro, a lo largo de la costa del Mediterráneo, que era fenicio. Así, «la tierra» estaba rodeada, y cercada a Este y Oeste, dentro de sus propios bordes, mientras que al Sur y al Norte se extendían distritos paganos o semipaganos. El territorio estrictamente judío consistía en la Judea en sí, a la cual se añadían Galilea, Samaria y Perea como Toparquías. Estas Toparquías consistían en grupos de comunidades bajo una metrópolis. Los pueblos y comunidades en sí no tenían magistrados propios, ni constitución cívica, ni asambleas populares legales. La administración civil que requerían recaía sobre los «escribas» (los llamados κωμογραμματεῖς, o τοπογραμματεῖς). Así, Jerusalén era de modo real, y también nominal, la capital de toda la tierra. Judea en sí estaba ordenada en once Toparquías, o mejor aún, nueve exactamente, de las cuales Jerusalén era la principal. Si bien las ciudades helénicas, pues, eran cada una independiente de la otra, todo el territorio judío formaba una sola «civitas». La soberanía, el gobierno, los tributos –en resumen, la vida política– se centraban en Jerusalén.

Pero esto no es todo. Por motivos similares a los que llevaron a la fundación de otras ciudades helénicas, Herodes el Grande y sus sucesores inmediatos edificaron cierto número de ciudades que eran habitadas principalmente por gentiles y tenían constituciones independientes como las ciudades helénicas. Así, Herodes mismo había edificado Sebaste (Samaria) en el centro del país; Cesarea, al oeste, dominando la costa mediterránea; Gaba en Galilea, cerca de la gran llanura de Esdraelón; y Esbonitis en Perea.[2] Por su parte, Felipe el Tetrarca había edificado Cesarea de Filipos y Julias (Betsaida-Julias, sobre la ribera occidental del lago); y Herodes Antipas otra Julias, y Tiberias (también reedificó Séforis). El objeto de estas ciudades era doble. Puesto que Herodes sabía que era impopular, se rodeaba de mercenarios extranjeros, y levantó fortalezas alrededor de su palacio y del Templo que había construido; también edificaba estos puestos fortificados, que poblaba con extranjeros, a modo de fuertes que rodeaban y dominaban Jerusalén y a los judíos por todos lados. Además, a pesar de su profesión de Judaísmo, edificó templos paganos magníficos en honor de Augusto en Sebaste y en Cesarea, de modo que estas ciudades estaban destinadas a formar centros de influencia griega dentro del mismo territorio sagrado. Al mismo tiempo, las ciudades de Herodes no gozaban de las mismas libertades que las «helénicas», las cuales, con la excepción de ciertos impuestos, se gobernaban enteramente ellas mismas, en tanto que en aquéllas había representantes del Gobierno de Herodes.[3]

Aunque cada una de estas ciudades y distritos tenía sus deidades y ritos especiales, algunas determinadas por tradiciones locales, su carácter prevaleciente puede ser descrito como una mezcla de cultos sirios y griegos, en que dominaban estos últimos, como se puede esperar.[4] Por otra parte, Herodes y sus sucesores alentaban el culto al emperador y a Roma que, de modo característico, era practicado en el Oriente (comp. Weiseler, *Beitr. z. richt. Würdig. d. Evang.* pp. 90, 91). Así, en el Templo que Herodes edificó a Augusto en

1. Las ciudades siguientes formaban probablemente la *Decápolis*, aunque es difícil estar seguro con referencia a alguna de ellas: Damasco, Filadelfia, Rafana, Escitópolis, Gadara, Hippos, Dion, Pella, Gersa y Canata. Sobre estas ciudades, comp. Caspari, *Chronol. Geogr. Einl. in d. Leben J. Christi*, pp. 83-90.

2. Herodes había reconstruido o construido otras ciudades, como Antípatris, Cipros, Fasaelis, Antedon, etc. Schürer describe las dos primeras como edificadas, pero eran sólo reedificadas o fortificadas (comp. Ant. xiii. 15. 1; Guerra i. 21. 8) por Herodes.

3. Comparar, sobre el tema de las instituciones cívicas del Imperio Romano, Kuhn, Die Städt. u. bürgerl. Verf. d. Röm. Reichs, 2 vols.; y para esta parte, vol. 2, pp. 336-354, y pp. 370-372.

4. Puede hallarse un buen bosquejo de los varios ritos prevalecientes en los diferentes lugares, en Schürer, *Neutest. Zeitg.*, pp. 378-385.

«Por motivos similares a los que llevaron a la fundación de otras ciudades helénicas, Herodes el Grande y sus sucesores inmediatos edificaron cierto número de ciudades que eran habitadas principalmente por gentiles y tenían constituciones independientes como las ciudades helénicas».

Este busto representa al emperador Adriano, promotor de nuevos proyectos arquitectónicos realizados posteriormente a la muerte de Herodes en territorio judío. El bronce fue descubierto en Escitópolis. (Betsán)

Cesarea, había estatuas del emperador como Zeus Olímpico, y de Roma como Hera (Josefo, *Ant.* xv.9.6; *Guerra* i.21.5-8). Acostumbraba excusar su conformidad con el paganismo ante su propio pueblo a base de la necesidad política. Con todo, aun cuando sus inclinaciones religiosas no hubieran ido en esta dirección, se habría esforzado activamente en helenizar a su propio pueblo. No sólo en Cesarea, sino incluso en Jerusalén edificó un teatro y un anfiteatro donde se celebraban juegos costosos cada cuatro años en honor a Augusto.[5] Es más, colocó sobre la gran puerta del Templo de Jerusalén una enorme águila de oro, símbolo del dominio romano, como una especie de contrapartida a la gigantesca parra de oro, símbolo de Israel, que colgaba de la entrada del Lugar Santo. Estas medidas, como es natural, levantaron la indignación popular, y hasta llevaron a conspiraciones y tumultos (*Ant.* xv. 8.1-4; xvii.6.2), aunque no de un carácter general intenso, como cuando, en un período ulterior, Pilato procuró introducir en Jerusalén imágenes del emperador, o cuando debía ser colocada la estatua de Calígula en el Templo. En conexión con esto, es curioso notar que el Talmud, aunque en conjunto desaprobaba la asistencia a teatros y anfiteatros –principalmente en base a que implicaba «sentarse con los escarnecedores», y podía implicar contribuciones para el mantenimiento del culto a los ídolos–, no los prohíbe de modo expreso, ni en realidad habla de modo enfático sobre el tema.[6]

Las opiniones de los rabinos con respecto a las representaciones pictóricas son todavía más interesantes, pues ilustran su aborrecimiento de todo contacto con la idolatría. Podemos notar aquí diferencias en dos, si no en tres períodos, según las circunstancias exteriores del pueblo. Las opiniones primeras y más estrictas (Mechilta sobre Éx. 20:4, ed. Weiss, p. 75 *a)* prohibían de modo absoluto toda representación de cosas en el cielo, tierra y en las aguas. Pero la Mishnah (Ab. Zar. iii) parece relajar estas prohibiciones con distinciones sutiles, que todavía son llevadas más allá en el Talmud.[7]

Para los que sostenían puntos de vista tan estrictos, tiene que haber sido sobre todo irritante ver sus sentimientos más sagrados ultrajados abiertamente por sus propios gobernantes. Así, la princesa asmonea Alejandra, suegra de Herodes, podía olvidar las tradiciones de su casa hasta el punto de enviar retratos de su hijo e hija a Marco Antonio con propósitos infames, esperanzada en ganarle para sus ambiciosos planes (Josefo, *Ant.* xv.2.5 y 6). Uno tendría interés en saber quién pintó estos retratos, porque cuando hubo que hacer la estatua de Calígula para el Templo de Jerusalén no pudo hallarse ningún artista nativo y la obra tuvo que ser encargada a los fenicios. Tienen que haber sido estos extranjeros los que hicieron las «figuras» con las que Herodes adornó su palacio en Jerusalén, y «las estatuas de bronce» de sus jardines «a través de las cuales corría el agua» (Josefo, *Guerra* v.4.4), así como las estatuas colosales de Cesarea, y las de las tres hijas de Agripa, que tras la muerte de éste (Hch. 12:23) fueron tratadas abusiva y vergonzosamente por la soldadesca de Sebaste y Cesarea (*Ant.* xix.9.7).

Este aborrecimiento de todo lo que se relacionaba con la idolatría, y el desprecio que los judíos sentían hacia todo lo que no era judío, en gran parte explica el código de legislación, cuyo objeto era mantener aparte a judío y gentil. Si Judea había tenido que someterse al poder de Roma, podía, por lo menos, vengarse en las academias de sus sabios. Se cuentan innumerables historias en las que los sabios judíos siempre confutaban con la mayor facilidad a los filósofos romanos y griegos; y otras en que incluso cierto emperador (Antonino) era presentado como en una posición humilde de autorrebajamiento frente a un rabino.[8] Roma, que era la cuarta bestia de Daniel (Dn. 7:23), en una edad futura,[9] cuando Jerusalén pasaría a ser la metrópolis de todos los países (Midr. R. sobre Éx. Par. 23), sería la primera en presentar excusas falsas, pero vanas, por sus injusticias contra Israel (Ab. Z. 2 *b)*. Pero, en términos seculares, también Roma era despreciable, pues había derivado su lenguaje y escritos de los griegos, y no poseía ni tan solo la sucesión hereditaria en su imperio (Ab. Z. 10 *a*; Gitt. 80 *a)*. Si ésta era su evaluación de la Roma tan temida, uno puede imaginarse el desprecio que sentirían hacia las otras naciones. Y tenía razón para «temblar la tierra» (Sal. 76:9), porque si Israel no hubiera aceptado la Ley en Sinaí, el mundo entero habría sido destruido, si bien ahora estaba «quieto», una vez hubo tenido lugar el feliz suceso, aunque Dios, en cierto modo, forzó a Israel a aceptarlo (Shabb. 88 *a)*. Y así Israel fue purificado en el monte Sinaí de la impureza que se había adherido a nuestra raza a consecuencia de la unión entre Eva y la serpiente, la cual estaba adherida todavía a todas las demás naciones.[10]

«El muro de separación»

Para empezar, todo hijo gentil, tan pronto como nacía, era considerado como inmundo. Los que realmente adoraban montañas, colinas, arbustos, etc. –en resumen, los idólatras burdos–, debían ser cortados a espada. Pero, como era imposible exterminar todo el paganismo, la legislación rabínica tenía ciertos objetos definidos a la vista, que podían resumirse así: prevenir que los judíos de modo inadvertido fueran llevados a la idolatría; evitar toda participación en la idolatría; no hacer nada que pudiera ayudar a los paganos en su culto; y, más allá de esto, no dar placer, ni aun ayuda, a los paganos. Esto último implicaba un principio peligroso, capaz, casi, de aplicación indefinida por el fanatismo. Incluso la Mishnah llega a prohibir (Ab. Z. ii. 1) ayuda a una madre en la hora de su necesidad, o la alimentación de su bebé, a fin de no criar a un hijo en la idolatría.[11] Pero esto no es todo. No había que precipitar a los paganos en el peligro, ciertamente, pero tampoco había que hacer nada para librarles del mismo. En realidad, algún maestro aislado se atreve a hacer esta afirmación: «Al mejor entre los gentiles, mátalo; a la mejor de las serpientes, aplástale la cabeza» (Mechilta, ed. Weiss, p. 33 *b*, línea 8 desde arriba). Aún más terrible era el fanatismo cuando ordenaba que los herejes, traidores, y los que habían dejado la fe judaica, debían ser

5. Los juegos actianos tenían lugar una vez cada cinco años, con tres años intermedios entre ellos. Los juegos se celebraron en Jerusalén en el año 28 a.C. (Jos. *Ant.* xv.8.1); los primeros juegos en Cesarea, en el año 12 a. C. (*Ant.* xvi.5.1; comp. *Guerra* i.21.8).

6. Así, por lo menos, en una Boraitha. Comp. la discusión y los argumentos muy curiosos en favor de la asistencia en Ab. Zar. 18 *b* y ss.

7. Para una explicación plena de las ideas talmúdicas sobre las imágenes, representaciones en monedas y las monedas judías más antiguas, ver Apéndice III.

8. Comp. aquí el interesante tratado del doctor Bodek: «Marc. Aur. Anton. als Freund u. Zeitgenosse des R. Jehuda ha Nasi».

9. El *Athid labho*, «saeculum futurum», ha de ser distinguido del *Olam habba*, «el mundo futuro».

10. Ab. Z, 22 *b*. Pero como en lo que sigue las citas serían demasiado numerosas, será necesario omitirlas. Cada una de las afirmaciones que se hacen en el texto o notas, sin embargo, se derivan de parte del tratado talmúdico Abodah Zara.

11. El Talmud declara que sólo es legal si se hace para evitar estimular el odio contra los judíos.

empujados al verdadero peligro y, si estaban en él, procurar por todos los medios que pudieran evitarlo. No había que tener ningún intercambio con los tales, ni siquiera invocar su ayuda médica en un caso urgente para salvar la vida,[12] puesto que se consideraba que el que tenía algo que ver con los herejes estaba en peligro inminente de volverse uno él mismo;[13] y que si un hereje volvía a la verdadera fe, se le debía dar muerte al instante, en parte, probablemente, para expiar su culpa, y, en parte, por temor a que recayera. Aunque esto pueda sonar terrible, no era posiblemente peor que el fanatismo desplegado en los que denominamos tiempos más ilustrados. La historia imparcial debe recogerlo, por penoso que sea, para mostrar las circunstancias en que se propuso una enseñanza tan diferente por parte de Cristo.[14]

En realidad, el odio acerbo que el judío tenía al gentil sólo puede ser explicado por la evaluación que hacía el judío del carácter del gentil. Se les atribuían los crímenes más viles, incluso antinaturales. No era seguro dejar el ganado a su cargo, ni permitir a sus mujeres que dieran de mamar a las criaturas, o que sus médicos atendieran a los enfermos, ni andar en su compañía sin tomar precauciones frente a ataques súbitos y no provocados. Había que evitarlos, en cuanto fuera posible, excepto en los casos de necesidad o por causa de negocios. Ellos y los suyos estaban contaminados; sus casas eran inmundas, puesto que contenían ídolos o cosas dedicadas a ellos; sus fiestas, sus ocasiones de diversión, su propio contacto, estaban contaminadas por la idolatría; y no había seguridad, si se dejaba a un pagano solo en una habitación, de que, fuera por descuido o bravuconería, no ensuciara el vino o carne de la mesa o el aceite y trigo almacenados. Bajo tales circunstancias, pues, todo tenía que ser considerado como si hubiera sido hecho inmundo. Tres días antes de un festival pagano (y, según algunos, tres días después también) toda transacción de negocios con ellos quedaba prohibida por temor de darles ayuda o placer. Los judíos tenían que evitar pasar por una ciudad en que se celebraba una fiesta idólatra; es más, ni aun podían sentarse a la sombra de un árbol dedicado al culto a los ídolos. Su leña o madera era contaminada; si se usaba para el horno, el pan salía contaminado; si una lanzadera había sido hecha de madera así, no sólo quedaba prohibida toda la tela tejida con ella, sino que si por descuido se habían mezclado otras piezas de tela, o un vestido había sido colocado junto a otros vestidos de esta tela, el conjunto quedaba inmundo. Los obreros judíos no podían trabajar en la construcción de basílicas, ni estadios, ni lugares de tribunales en que pronunciaban sentencias los gentiles. Naturalmente, no era legal alquilarles casas o campos, ni venderles ganado. La leche muñida por un gentil, si no había estado presente un judío observándolo (Ab. Zar. 35 *b)*, así como el pan o el aceite preparado por ellos, eran ilegítimos. Su vino estaba totalmente prohibido:[15] el mero contacto con un pagano contaminaba todo el casco o barril; es más, ¡incluso arrimar la nariz a un vino pagano estaba estrictamente prohibido!

Es penoso considerar estos detalles, que podrían multiplicarse. Y, con todo, el fanatismo de estos rabinos no era, quizá, peor que el de muchos otros sectarios. Era una penosa necesidad lógica de su sistema, contra el cual su propio corazón, sin duda, con frecuencia, se rebelaba; y hay que añadir, con veracidad, que en cierta medida se explica por lo terrible que es la historia de Israel.

---

12. Tenemos la bien conocida historia contada de un rabino que fue mordido por una serpiente, y estaba a punto de ser curado por medio de la invocación en el nombre de Jesús hecha por un cristiano judío, pero que ésta, sin embargo, fue prohibida.

13. Con todo, tan torcida es esta moral que se permite a la idolatría salvar la vida siempre y cuando la cosa quede en secreto.

14. En oposición a lo anterior, aunque la cosa es algo dudosa, se pueden hacer estas concesiones: que, fuera de Palestina, los gentiles no se consideraba que fueran idólatras, sino que observaban las costumbres de sus padres (Chull. 13 *b)*; que los pobres entre los gentiles tenían que ser sostenidos con los de Israel, había que visitar a sus enfermos y enterrar a sus muertos; aunque es significativo que se añada «¡por causa de los arreglos hechos en el mundo!» (Gitt. 61 *a)*. La cita que se hace tantas veces (Ab. Z. 3 *a)* de que un gentil que se ocupaba de la Torah tenía que ser considerado igual al Sumo Sacerdote no prueba nada, ya que en el caso supuesto, el gentil actúa como un judío rabínico. Pero –y esto es un punto más serio– es difícil creer que aquellos que hacen esta cita *no* se dan cuenta de que el Talmud (Ab. Z. 3 *a)* inmediatamente se esfuerza para demostrar que su recompensa no es igual a la de los israelitas. Una acusación similar de parcialidad, si no de injusticia, debe hacerse contra Deutsch (*Lecture on the Talmud, Remains*, pp. 146, 147), cuyo bosquejo del Judaísmo debería compararse, por ejemplo, con el primer Perek del tratado talmúdico Abodah Zarah.

15. Según el rabino Asi, había una distinción triple. Si el vino había sido dedicado a un ídolo, llevar aunque solamente fuera el peso de una oliva del mismo contaminaba a un hombre. Otro vino cualquiera, caso de estar preparado por un pagano, estaba prohibido, tanto si era para uso personal como para el comercio. Finalmente, el vino preparado por un judío, pero depositado en custodia de un gentil, estaba prohibido para el uso personal, pero permitido para la venta.

Capítulo 8

Tradicionalismo: su origen, carácter y literatura

Al intentar imaginarnos las escenas del Nuevo Testamento, la figura más prominente, después de la de los actores principales, es la del escriba (סופר, γραμματεύς). Parece hallarse por todas partes; lo encontramos en Jerusalén, en Judea y aun en Galilea (Lc. 5:17). En realidad, es indispensable, no sólo en Babilonia, lugar donde posiblemente nació su orden, sino también entre la «dispersión» (Josefo, *Ant.* xviii.3.5; xx.11.2). Por todas partes aparece como portavoz y representante del pueblo; se pone delante, la multitud le cede el paso respetuosamente, y está pendiente de sus opiniones como las de una autoridad reconocida. Ha sido ordenado de modo solemne, por imposición de manos; y es el Rabino,[1] «el grande», maestro, *amplitudo.* Hace preguntas; presenta objeciones; espera explicaciones plenas y conducta respetuosa. En realidad, lo agudo y penetrante de sus preguntas llegó a ser proverbial. No podemos medir su dignidad ni poner límites a su importancia. Es el «abogado»,[2] el «pozo bien impermeabilizado», lleno del agua del conocimiento «del cual no puede salir ni una gota» (Ab. ii. 8), en oposición a las malas hierbas del suelo no cultivado (בורים) de la ignorancia (Ber. 45 *b;* Ab. ii. 5; Bemid. R. 3). Es el aristócrata divino, entre la gente vulgar, ruda y ordinaria, «gente rural», que «no conoce la Ley» y son «malditos». Más que esto aún, su orden constituye la autoridad definitiva en todas las cuestiones de fe y de práctica; él es «el exegeta de las leyes» (Josefo, *Ant.* xvii.6.2), «el maestro de la Ley» (νομοδιδάς καλος, Lc. 5:17; Hch. 5:34; comp. también 1 Ti. 1:7); y, junto con los «principales sacerdotes» y «ancianos», un juez en los tribunales eclesiásticos, dentro de la capital o en las provincias.[3] Aunque suele aparecer en compañía de los «fariseos», no tiene por que ser uno de ellos, porque éstos representan un partido religioso, mientras que el escriba tiene un cargo oficial, representa una clase.[4] En resumen, él es el *Talmid* o erudito, el *Chakham* o sabio, que ha de recibir gran honor en el mundo futuro. Todo escriba sobrepasaba al pueblo común, el cual, en consecuencia, debía rendirle todo honor. Es más, eran honrados por Dios mismo, y sus alabanzas proclamadas por los ángeles; y en el cielo, también, cada uno tendría el mismo rango y distinción que en la tierra (Siphré sobre Nm. p. 25 *b).* Tal era el respeto que se les tenía

1. El título de *Rabbon* (nuestro Maestro) ocurre por primera vez en relación con Gamaliel I (Hch. 5:34). La expresión del Nuevo Testamento *Rabboni* o *Rabbouni* (Mr. 10:51; Jn. 20:16) toma la palabra *Rabbon* o *Rabban* (aquí en el sentido absoluto) = *Rabh,* y le añade el sufijo personal «mi», pronunciando la *Kamez* a la manera siríaca.

2. νομικός el «legis divinae peritus», Mateo 22:35; Lucas 7:30; 10:25; 11:45; 14:3.

3. Mateo 2:4; 20:18; 21:15; 26:57; 27:41; Marcos 14:1, 43; 15:1; Lucas 22:2, 66; 23:10; Hechos 4:5.

4. La distinción entre «fariseos» y «escribas» queda marcada en muchos pasajes del Nuevo Testamento, por ejemplo, Mateo 23 y otros; Lucas 7:30; 14:3; y especialmente en Lucas 11:43, comp. con 5:46. Las palabras «escribas y fariseos, hipócritas», en el v. 44 son, según la evidencia, espurias.

«Al intentar imaginarnos las escenas del Nuevo Testamento, la figura más prominente, después de la de los actores principales, es la del escriba (סופר, γραμματεύς). Parece hallarse por todas partes; lo encontramos en Jerusalén, en Judea y aun en Galilea (Lc. 5:17). En realidad, es indispensable, no sólo en Babilonia, lugar donde posiblemente nació su orden, sino también entre la "dispersión"».

Estas son las cámaras de sepultura de Beit Shearim, en esta ciudad en el sur de Galilea, se instalaron muchos de los judíos expulsados de Jerusalén en el 70 d.C. En el siglo II pasó a ser la sede del Sanedrín.

que se les creía de modo absoluto, incluso si declaraban que estaba a mano derecha lo que había a la izquierda, o al revés (Siphré sobre Dt. p. 105 *a).*

Una institución que había alcanzado tales proporciones y manejaba un poder así, no podía ser de aparición reciente. En realidad, su ascenso fue muy gradual y empezó en el tiempo de Nehemías, si no antes. Aunque por la total confusión de los datos históricos en los escritos rabínicos, y su práctica constante de poner fechas atrasadas a los sucesos, es imposible dar detalles satisfactorios, el desarrollo general de la institución se puede seguir con suficiente precisión. Si se describe a Esdras en las Sagradas Escrituras (Esd. 7:6, 10, 11, 12) como un «experto *(expertus)* escriba», que «había puesto su corazón en buscar (el pleno significado de) la ley del Señor, cumplida y enseñada a Israel» (לדרש ולעשות וללמד), esto podía indicar a sus sucesores, los *sopherim* (escribas) la triple dirección que sus estudios tomaron después: la *Midrash*, la *Halakhah* y la *Haggadah* (Nedar. iv. 3),[5] la primera de las cuales señalaba la investigación escritural; la segunda, lo que se había de observar; y la tercera, la enseñanza oral en el sentido más amplio. Pero Esdras dejó su obra sin completar. En su segunda llegada a Palestina, Nehemías encontró las cosas una vez más en plena confusión (Neh., cap. 13). Tiene que haber sentido la necesidad de establecer alguna autoridad permanente que velara por los asuntos religiosos. Suponemos que ésta debe haber sido «la Gran Asamblea», o, como se la llama comúnmente, la «Gran Sinagoga». Es imposible determinar con toda certeza[6] cuáles eran los componentes de esta asamblea, o de cuántos miembros consistía.[7] Es probable que constara de los dirigentes de la Iglesia y el Estado, los principales sacerdotes, los ancianos y los «jueces» –las últimas dos clases incluyendo «los escribas», si realmente esta orden ya estaba organizada por separado (Esd. 10:14; Neh. 5:7). Probablemente también el término «Gran Asamblea» se refiere más bien a una serie de personas sucesivas más que a un Sínodo; la imaginación de tiempos posteriores tendría su parte en el cuadro histórico, en que se habían dejado espacios vacíos que fueron llenados con noticias ficticias. Dadas las circunstancias, una asamblea así no podía ejercer un poder permanente en un país poblado muy escasamente sin una autoridad central bien establecida. Ni podía haber ejercido poder real durante las dificultades y problemas políticos de la dominación extranjera. La tradición más antigua (Ab. i. 1) resume el resultado de su actividad en esta frase que se les adscribe: «Sé cuidadoso en el juicio, establece muchos *Talmidim*, y pon una valla alrededor de la *Torah* (Ley)».

En el curso del tiempo esta cuerda de arena se disolvió. El Sumo Sacerdote *Simón el Justo* (al principio del siglo III a.C.) ya fue designado como «los restos de la Gran Asamblea». Pero incluso esta expresión no significa por necesidad que él hubiera pertenecido a la misma. En los tiempos turbulentos que siguieron a su pontificado, el estudio sagrado parece quedar confinado a individuos solitarios. El tratado míshnico Aboth, que registra «los dichos de los Padres», nos

5. En Nedar. iv. 3 está indicada la división. Naturalmente, en otro sentido la Midrash podía ser considerada como la fuente de las dos, la Halakhah y la Haggadah.

6. Se han aventurado conjeturas muy raras y sin base sobre este tema, que no tenían por que aparecer. Comp., p.ej., los dos artículos de Gratz en Frankel, Monatsschrift, de 1857, p. 31, etc., 61, etc., cuyas disposiciones, sin embargo, han sido adoptadas por algunos eruditos ingleses.

7. Las noticias talmúdicas son, con frecuencia, de poca confianza. El número que nos dan es de unas 120. Pero las dudas de algunos modernos (Kuenen entre otros) respecto a la institución no se pueden admitir.

da aquí solamente el nombre de Antígono de Socho. Es significativo que por primera vez veamos un nombre griego entre las autoridades rabínicas, junto con una alusión vaga a sus discípulos (Ab. i. 3. 4).[8] El largo intervalo entre Simón el Justo y Antígono y sus discípulos, nos pone en los días terribles de Antíoco Epífanes y la gran persecución siria. Los extraños dichos que se atribuyen a estos dos dan la impresión de ser un eco del estado político del país. Simón acostumbraba decir que la permanencia del mundo (judío) dependía de tres cosas: de la Torah (fidelidad a la Ley y persistencia en ella), del culto de adoración (la no participación en el Helenismo) y de las obras de justicia (Ab. i. 2). Éstos eran tiempos difíciles, en que el pueblo de Dios perseguido se sentía tentado a pensar que podía ser en vano el servirle, sobre lo cual Antígano dijo: «No seáis como siervos que sirven a su amo por la recompensa, sino como siervos que sirven a su señor sin tener en cuenta la recompensa, y tened el temor del cielo sobre vosotros» (Ab. i. 3). Después de estos dos nombres vienen los de los llamados cinco *Zugoth,* o «parejas», de los cuales Hillel y Shammai fueron los últimos. La tradición ulterior ha representado a estas parejas sucesivas como el *Nasi* (presidente), y *Ab-beth-din* (vicepresidente del *Sanedrín*). De las primeras tres «parejas» se puede decir que, excepto alusiones significativas a las circunstancias y peligros de aquellos días, los dichos suyos registrados apuntan claramente hacia el desarrollo de la enseñanza puramente *sopherica,* esto es, a la parte rabínica de sus funciones. De la cuarta pareja, constituida por Simón ben Shetach, que figuró de modo destacado en la historia política de los últimos Macabeos[9] (como *Ab-beth-din),* y Jehudah ben Tabbai (como *Nasi),* superior al otro en conocimiento y juicio, tenemos otra vez dichos que muestran, en armonía con la historia política del tiempo, que las funciones judiciales habían sido restauradas una vez más a los rabinos. La última de las cinco parejas nos lleva al tiempo de Herodes y de Cristo.

Hemos visto que durante el período de dificultades domésticas serias, empezando con las persecuciones bajo los Seléucidas, que marcó la lucha mortal entre el Judaísmo y el Helenismo, la «Gran Asamblea» había desaparecido de la escena. Los *Sopherim* habían cesado de ser un partido en el poder. Habían pasado a ser los *Zeqenim,* «Ancianos», cuya tarea era puramente eclesiástica: la preservación de su religión, tal como la labor dogmática de sus predecesores la habían hecho. Con todo, se abre otro período con el advenimiento de los Macabeos. Éstos habían ascendido al poder por el entusiasmo de los *Chasidim,* o «los piadosos», que formaban el partido nacionalista del país, y que se habían congregado alrededor de los libertadores de la fe y la nación. Pero el comportamiento posterior de los Macabeos había enajenado a los nacionalistas. Por tanto, desaparecieron de la actividad pública, o más bien, la sección extrema de los mismos se fundió con la sección extrema de los fariseos, hasta que nuevas calamidades nacionales despertaron un nuevo partido nacionalista. En vez de los *Chasidim,* vemos ahora dos partidos religiosos dentro de la Sinagoga: los Fariseos y los Saduceos. Estos últimos representaban originalmente una reacción frente a los Fariseos, los moderados, que simpatizaban con las últimas tendencias de los Macabeos. Josefo coloca el origen de estas dos escuelas al tiempo de Jonatán, el sucesor de Judas Macabeo (160-143 a.C.), y las otras fuentes judaicas están de acuerdo con ello. Jonatán aceptó del extranjero (los sirios) la dignidad de Sumo Sacerdote y la combinó con la de gobernante secular. Pero esto no es todo. Los Macabeos anteriores se habían rodeado de un cuerpo de ancianos gobernantes (la Γερουσία, 1 Macc. xii. 6; xiii. 36; xiv. 28; Jos. *Ant.* xiii.4.8; 13.5.8).[10] En las monedas de sus reinos este cuerpo político es designado como el *Chebher,* o ancianos (asociación de) de los judíos. Así, su gobierno era lo que Josefo designaba como aristocrático (*Ant.* xi.4.8), y del cual dice, de modo algo vago, que duró «desde la Cautividad hasta que los descendientes de los asmoneos establecieron un gobierno real». En este gobierno aristocrático el Sumo Sacerdote era más bien el jefe de un cuerpo, representativo eclesiástico de gobernantes. Este estado de cosas siguió hasta la gran ruptura entre Hircano, el cuarto después de Judas Macabeo, y el partido farisaico,[11] que tanto Josefo como el Talmud (*Ant.* xiii.10.5, 6; Kidd. 66 *a*) registran con sólo variaciones en los nombres y detalles. La disputa, al parecer, tuvo lugar por el deseo de los fariseos de que Hircano se contentara con el poder secular y dimitiera del pontificado. Pero terminó en la persecución y expulsión del poder de los fariseos. De modo significativo, la tradición judaica introduce otra vez a este tiempo las autoridades puramente eclesiásticas que fueron designadas como «las parejas» (Jer. Maas. Sheni v., final, p. 56 *d;* Jer. Sot. ix. p. 24 *a).* En consonancia con este orden de cosas alterado, el nombre «Chebher» desaparece ahora de las monedas de los Macabeos, y los personajes rabínicos (las parejas o *Zugoth)* son sólo maestros del tradicionalismo y autoridades eclesiásticas. Los «ancianos» (γερουσσια), que bajo los Macabeos anteriores eran llamados «el tribunal de los Asmoneos»[12] (כית דינו של השמונאים, Sanh. 82 *a;* Ab. Z. 36 *b),* pasan ahora a ser el Sanedrín[13] (συνέδριον). En el Nuevo Testamento aparece también, una vez γερουσσια (Hch. 5:21), y dos veces πρεσβυτέριον (Lc. 22:66; Hch. 22:5). Así que colocamos el origen de esta institución durante el tiempo de Hircano. La tradición judaica está completamente de acuerdo con ello (comp. Derenbourg. *u.s.* p. 95). El poder del Sanedrín, naturalmente, variaba según las circunstancias políticas, y a veces era casi absoluto, como en el reinado de la reina Alejandra, devota de los fariseos, mientras que en otros no tenía otro poder que el eclesiástico. Pero como el Sanedrín estaba en plena fuerza en tiempo de Jesús, hemos de dedicarle nuestra atención en la secuela.

Después de este breve bosquejo sobre el origen y desarrollo de una institución que ejerció una influencia decisiva sobre el futuro de Israel, parece necesario, de modo

8. Zunz ha indicado debidamente que si en Ab. i. 4 la primera «pareja» se dice que «había recibido de ellos» –mientras que sólo se cita a Antígono en la Mishnah precedente–, esto tiene que implicar a Antígono y sus discípulos y seguidores no nombrados. En general, aprovecho esta oportunidad para afirmar que, excepto por razones especiales, no me referiré a escritores previos sobre este tema, en parte debido a que requeriría excesivas citas, pero en especial porque la línea de argumentación que he tomado difiere de la de mis predecesores.

9. Véase Apéndice IV: «Historia política de los judíos desde el reinado de Alejandro el Grande hasta el acceso al trono de Herodes».

10. Asimismo existía alguna clase de gobierno λερουσία antes de este período, si hemos de juzgar por Josefo, *Ant.* xii.3.3.

11. Incluso Ber. 48 *a* da evidencia de esta «enemistad». Sobre las relaciones hostiles del partido farisaico y los Macabeos ver Hamburger. *Real-Enc.* 2, p. 367. comp. Jer. Taan. iv. 5.

12. Derenbourg adopta un punto de vista diferente, e identifica el tribunal de los Asmoneos con el Sanedrín. Esto me parece a mí históricamente imposible. Pero su opinión sobre ello (*u.s.* p. 87) es, al parecer, contradicha en p. 93.

13. Schürer, siguiendo a Wieseler, supone que el Sanedrín fue una institución romana. Pero los argumentos de Wieseler sobre este punto (*Beitr. zur richt. Würd. d. Evang.*, p. 224) no son concluyentes.

similar, seguir el desarrollo de las tradiciones de los ancianos, a fin de entender lo que, ¡ay!, de modo tan efectivo se opuso a la nueva doctrina del Reino. El primer lugar aquí debe ser asignado a las disposiciones legales, que el tradicionalismo declaraba eran absolutamente obligatorias para todos –no sólo iguales, sino con una obligación mayor aún que las de las mismas Escrituras.[14] Y esto no es ilógico, puesto que la tradición era igualmente de origen divino como las Sagradas Escrituras, y explicaba con autoridad su significado; lo suplementaba; le daba aplicación a casos que no quedaban expresamente incluidos, quizá no previstos en los tiempos bíblicos; y, en general, preservaba su santidad, al extender y añadir a sus provisiones, proporcionando «una valla», alrededor de su «huerto cerrado». Así, en circunstancias nuevas y peligrosas, el pleno significado de la Ley de Dios, hasta su última tilde e iota, podía ser averiguado y obedecido. Y lo mismo sería detenido el pie que se descarriara desde dentro o intentara meterse desde fuera. En consecuencia, tan importante era la tradición, que el mayor mérito de un rabino era su adherencia más estricta a las tradiciones que había recibido de su maestro. Ni podía un Sanedrín anular, o dejar a un lado, los decretos de sus predecesores. Hasta tal punto llegaba este culto a la letra, que el gran Hillel acostumbraba pronunciar mal una palabra, porque su maestro, antes que él, lo hacía (Eduy. 1. 3. Ver el comentario de Maimónides).

Estas ordenanzas tradicionales, como ya se ha dicho, llevan el nombre general de *Halakhah*, que indica a la vez la vía seguida por los padres, y la que los hijos tenían el deber de seguir.[15] Estas *Halakhoth* eran simplemente las leyes establecidas en la Escritura; o bien derivadas de ellas, o adscritas a ellas por un método de exégesis artificial y sutil; o bien añadidas a ellas por medio de la amplificación y por amor a la seguridad; o, finalmente, costumbres legalizadas. Proporcionaba la respuesta de todo caso posible e imposible, entraban en cada detalle de la vida privada, familiar y pública; y, con una lógica férrea, un rigor inflexible y un análisis minuciosísimo, perseguían y dominaban al hombre, por más que se revolviera, unciéndole a un yugo que era verdaderamente insoportable. El provecho o resultado que ofrecía era el placer y distinción del conocimiento, la adquisición de la justicia y la consecución final de recompensas; una de sus ventajas principales sobre nuestro moderno tradicionalismo era que estaba prohibido de modo expreso sacar inferencias de estas tradiciones, que debían tener la fuerza de disposiciones legales nuevas (comp. Hamburger, *u.s.* p. 343).

Al describir el crecimiento histórico de la Halakhah,[16] podemos despachar en unas pocas líneas las leyendas de la tradición judaica sobre los tiempos patriarcales. Nos aseguran que había una academia y un tribunal rabínico de Sem, y nos hablan de las tradiciones transmitidas por este patriarca a Jacob; de la asistencia diligente de este último al Colegio Rabínico; de un tratado (en 400 secciones) sobre la idolatría, por Abraham, y de su observancia de toda la ley tradicional; de la introducción de las tres horas de oración, sucesivamente, por Abraham, Isaac y Jacob; de las tres bendiciones, al dar «gracias» por la comida, propuestas por Moisés, Josué y David y Salomón; de la introducción mosaica de la práctica de las lecciones de la ley leídas los sábados, lunas nuevas y días de fiesta, y aun los lunes y los jueves; y de la costumbre de predicar en los tres grandes festivales sobre estas fiestas, procedentes de las mismas autoridades. Además, adscriben a Moisés la ordenación del sacerdocio en ocho cursos u órdenes (la de dieciséis a Samuel, y la de veinticuatro a David), así como también la duración del tiempo para las festividades de los casamientos y de los días de luto. Pero, evidentemente, éstas son declaraciones vagas, con objeto de hacer llegar el tradicionalismo y sus observancias hasta los tiempos primitivos, tal como la leyenda de que Adán había nacido circuncidado (Midr. Shochar Tobh sobre Sal. 9:6, ed. Varsovia, p. 14 *b;* Ab. de R. Nath. 2), y, según escritores posteriores, que Adán había guardado todas las ordenanzas.

Pero hay otros principios que se aplican a las tradiciones, desde Moisés en adelante. Según la idea judaica, Dios había dado a Moisés en el monte Sinaí tanto la Ley escrita como la oral, esto es, la Ley con todas sus interpretaciones y aplicaciones. De Éxodo 20:1 se infería que Dios había comunicado a Moisés la Biblia, la Mishnah, el Talmud y la Haggadah, incluso lo que los eruditos iban a proponer en tiempos posteriores.[17] Como respuesta a la objeción natural de por qué sólo se había escrito la Biblia, se decía que Moisés había propuesto escribir *todas* las enseñanzas que se le habían confiado, pero que el Todopoderoso se había negado a causa de la futura sujeción de Israel a las naciones, a que tomarían de Israel la Ley escrita. Así, la tradición no escrita permanecería para separar Israel de los gentiles. La exégesis popular hallaba esto indicado incluso en el lenguaje de la profecía (Os. 8:12; comp. Shem. R. 47).

Mas el tradicionalismo fue más lejos y colocó la Ley oral, en realidad, por encima de la Ley escrita. La expresión «Conforme a estas palabras he hecho pacto contigo y con Israel» (Éx. 34:27), se explicaba diciendo que su significado era que el pacto de Dios se fundaba sobre lo *hablado,* en oposición a las palabras escritas (Jer. Chag. p. 76 *d).* Si se colocaba la Ley escrita de esta manera, por debajo de la Ley oral, no podemos maravillarnos de que fuera prohibida la lectura de los Hagiógrafos al pueblo los sábados, por miedo a que pudiera desviar la atención de los discursos entendidos de los rabinos. El estudio de los Hagiógrafos en aquel día sólo estaba permitido si el propósito era el de investigaciones y discusiones eruditas (Tos. Shabb. xiv. Se menciona otra razón, sin embargo, para la prohibición).

14. Así, leemos: «Los dichos de los ancianos tienen más peso que los de los profetas» (Jer. Ber. 1.7); «una ofensa contra los dichos de los escribas es peor que una ofensa contra los de las Escrituras» (Sanh. xi. 3). Compárese también Er. 21 *b.* La comparación entre estas pretensiones y las que algunas veces se establecían en favor de «credos» y «artículos» (Kitto, *Cyclop.*, 2ª ed., p. 786, col. *a)* a mí no me parece aplicable. En la introducción a la Midr. sobre Lamentaciones se infiere de Jeremías 9:12, 13 que el olvidar la ley –en el sentido rabínico– era peor que la idolatría, la inmundicia y el derramamiento de sangre. Ver, en general, esta Introducción.

15. Así lo explica el *Aruch* (ed. Landau, vol. 2, p. 529, col. b).

16. Comp. aquí especialmente la descripción detallada de Herzfeld (*u.s.*, vol. 3, pp. 226, 263); también la Introducción de Maimónides, y las obras muy eruditas y capaces (aunque no bastante apreciadas) del doctor H. S. Hirschfeld, *Halachische Exegese* (Berlín, 1840), y *Hagadische Exegese* (Berlín, 1847). Quizá puedo permitirme la libertad de referirme a los capítulos correspondientes de mi «History of the Jewish Nation».

17. De modo similar, las expresiones de Éxodo 24:12 se explicaban así: «las tablas de piedra», los diez mandamientos; la «ley», la Ley escrita; los «mandamientos», la Mishnah; «que he escrito», los profetas y los hagiógrafos; «para que puedas enseñarlos», el Talmud; «lo cual muestra que fueron dados todos a Moisés en el Sinaí» (Ber. 5 *a*, líneas 11-16). Una aplicación semejante se hacía a las varias cláusulas de Cantares 7:12 (Erub. 21 *b*). Es más, por medio de una alteración de las palabras de Oseas 8:10, se demostraba que los exiliados habían sido devueltos por el mérito de su estudio (de las secciones sacrificiales) de la Mishnah (Vayyik R. 7).

Aunque se le permitió a Moisés que pusiera por escrito el tradicionalismo, se habían tomado medidas para evitar su olvido o su inexactitud. Moisés siempre había repetido una ley tradicional, sucesivamente, a Aarón, a sus hijos y a los ancianos del pueblo, y éstos, a su vez, se lo habían repetido entre sí de tal forma que Aarón había oído la Mishnah cuatro veces, sus hijos tres veces, los ancianos dos veces y el pueblo una. Pero incluso esto no era todo, porque mediante repeticiones sucesivas (de Aarón, sus hijos y los ancianos) el pueblo también la había oído cuatro veces (Erub. 54 *b*). Y, antes de su muerte, Moisés había emplazado a todos a que el que hubiera olvidado algo de lo que había oído y aprendido, diera un paso adelante (Dt. 1:5). Pero estas «Halakhoth de Moisés del Sinaí» no constituyen el todo del tradicionalismo. Según Maimónides, consistían en cinco clases, pero de modo más preciso en tres clases (Hirschfeld, *u.s.* pp. 92-99). La *primera* de ellas comprende ordenanzas tal como se hallan en la misma Biblia, y las llamadas *Halakhoth de Moisés del Sinaí*, esto es, leyes y costumbres que prevalecían desde tiempo inmemorial, y que, según el modo de ver judaico, habían sido entregadas oralmente a Moisés pero no escritas por él. *Para éstas*, pues, *no debía buscarse prueba en la Escritura*; a lo más, apoyo o alusión confirmatoria *(Asmakhtu)*.[18] Ni estaban tampoco abiertas a discusión. La *segunda clase* forma la «ley oral» (תורה שבעל פה) o «enseñanza tradicional» (קבלה דברי) en sentido estricto. A esta clase pertenecía todo lo que se suponía estaba implicado en la Ley de Moisés, o podía deducirse de ella.[19] Estas últimas, realmente, lo contenían todo, verdaderamente, en sustancia o en germen; pero no había sido sacado a la luz, hasta que las circunstancias, sucesivamente, desarrollaron lo que desde el principio había sido ya provisto. Para esta clase de ordenanzas era requerida referencia a las Escrituras, y prueba de ellas. No así para la tercera clase de ordenanzas, que era «la valla» trazada por los rabinos alrededor de la Ley, para impedir una infracción de la ley o las costumbres, para asegurar su observancia exacta, o para cubrir circunstancias o peligros peculiares. Estas ordenanzas constituían «los dichos de los Escribas» (דברי סורים) o «de los rabinos» (דבנן) (pero no siempre), y eran de carácter *positivo (Teqqanoth)* o *negativo (Gezeroth*, de *gazar*, cortar). Quizá la distinción de las dos no se puede llevar a cabo de modo estricto. Pero era probablemente a esta tercera clase en especial, que se admitía no eran apoyadas por las Escrituras, que se referían las palabras de Cristo (Mt. 23:3, 4): «Así que todo lo que os digan que guardéis, guardadlo y hacedlo; mas no hagáis conforme a sus obras, porque dicen, y no hacen. Pues atan cargas pesadas y difíciles de llevar, y las ponen sobre los hombros de los hombres; pero ellos ni con un dedo quieren moverlas».[20] Este modo de ver

18. De סמך, apoyarse contra. Al mismo tiempo las ordenanzas, para las cuales se podía apelar a *Asmakhta*, eran más apreciadas que las que descansaban sólo en la tradición (Jer. Chag. p. 76, col. *d*).

19. En conexión con esto es muy significativo que el rabino Jochanan ben Zaccai, que enseñó no muchos años después de la crucifixión de Cristo, acostumbrara a decir que, en el futuro, las Halakhahs con referencia a la pureza, que no tenían el apoyo de la Escritura, serían repelidas, se repetirían (Sol. 27 *b*, línea 16 desde arriba). En general, es necesario estudiar la enseñanza del rabino Jochanan para comprender la influencia no reconocida que el Cristianismo ejerció sobre la Sinagoga.

20. Para aclarar el sentido de Cristo, parece necesario someter este texto, sin duda difícil, a un nuevo criticismo. He tomado la palabra κινεῖν, *moveo*, en el sentido de *ire facio* (Grimm, *Clavis N.T.*, 2ª ed., p; 241 *a*), pero no he adoptado la inferencia de Meyer (*Krit. Exeget. Handb.*, p. 455). En griego clásico, κινεῖν, también se usa para «quitar, alterar». Mis razones en contra de lo que puede ser llamado interpretación tradicional de Mateo 23:3, 4, son: 1) Apenas parece

«Aunque se le permitió a Moisés que pusiera por escrito el tradicionalismo, se habían tomado medidas para evitar su olvido o su inexactitud. Moisés siempre había repetido una ley tradicional, sucesivamente, a Aarón, a sus hijos y a los ancianos del pueblo, y éstos, a su vez, se lo habían repetido entre sí de tal forma que Aarón había oído la Mishnah cuatro veces, sus hijos tres veces, los ancianos dos veces y el pueblo una».

El candelabro de siete brazos, símbolo del actual estado de Israel, representa también el menoráh del segundo templo. La cifra siete significa, para los comentaristas de la Torá, los seis días de la semana iluminados por la claridad del sábado que brilla como una luz. En el famoso relieve del Arco de Tito podemos contemplar diferentes objetos simbólicos del templo al ser llevados a Roma.

tiene una confirmación doble. Porque esta tercera clase de ordenanzas halákhicas era la única abierta a discusión de los entendidos, y la decisión definitiva se tomaba según la mayoría. Con todo, poseía prácticamente, si no de modo teórico, la misma autoridad que las otras dos clases. Como confirmación ulterior de nuestro modo de ver se puede citar lo siguiente: «Una *Gezerah* (esto es, la tercera clase de ordenanzas) no se ha de imponer a la congregación, a menos que la mayoría de la congregación sea capaz de llevarla» (B. Kam. 79 *b*), palabras que son equivalentes a un comentario sobre las de Jesús, y muestran que estas cargas podían ser puestas, o quitadas –movidas–, según el criterio o severidad variable de un Colegio Rabínico.[21]

La Mishnah

Este cuerpo de ordenanzas tradicionales forma el material de la Mishnah, o ley segunda, repetida. Tenemos aquí que colocar, por un lado, la Ley de Moisés, tal como la registra el Pentateuco, que se basa en sí misma. Todo lo demás –incluso la enseñanza de los profetas y los hagiógrafos, así como las tradiciones orales– llevaba el nombre general de *Qabbalah*, «lo que ha sido recibido». El estudio sagrado –o *Midrash*, en la aplicación original del término– se refería, o bien a la *Halakhah*, *ordenanza* tradicional, que era siempre «lo que había sido oído» *(Shematha)*, o bien a la *Haggadah*, «lo que se había dicho» sobre la autoridad de individuos, no como ordenanza legal. Era ilustración, comentario, anécdota, dichos agudos o eruditos, etc. Al principio la *Halakhah* permaneció sin escribir, posiblemente debido a las disputas entre fariseos y saduceos. Pero la necesidad de permanencia y orden llevó en el curso del tiempo a colecciones más o menos completas de las *Halakhoth*.[22] Las más antiguas son adscritas al R. Akiba, en los tiempos del emperador Adriano (132-135 d.C.).[23] Pero la colección con autoridad de la llamada *Mishnah* es la obra de Jehuda el Santo, que murió hacia el fin del siglo II de nuestra era.

En conjunto, la Mishnah comprende seis «órdenes» *(Sedarim)*, cada uno dedicado a una clase especial de temas.[24]

---

posible suponer que, ante una audiencia tal, Cristo hubiera considerado la posibilidad de no observar ninguna de las dos primeras clases de *Halakhoth*, que eran consideradas más allá de toda controversia. 2) Difícilmente podía acusarse realmente a los escribas y fariseos de no intentar guardar ellos mismos las ordenanzas que imponían a los otros. La expresión en el pasaje paralelo (Lc. 11:46) ha de ser explicada en conformidad con el comentario sobre Mateo 23:4. No hay ninguna dificultad seria en hacerlo.

21. Para la clasificación, ordenación, origen y enumeración de estas *Halakhoth*, consultar Apéndice V: «Teología y literatura rabínicas».

22. Ver los comentarios eruditos de Levy sobre las razones para la prohibición inicial de escribir la ley oral, y la colección final de la Mishnah (Neuhebr. u. Chald. Wörterb., vol. 2, p. 435).

23. Estas colecciones son enumeradas en la Midrash sobre Eclesiastés 12:3. Se distinguen como «Mishnah anteriores» y «posteriores» (Nedar. 9.1 *a)*.

24. El primer «orden» (*Zeraim*, «simientes») empieza con las ordenanzas referentes a las «bendiciones», o el tiempo, el modo, la manera y el carácter de las oraciones prescritas. Luego va al detalle de lo que podría ser llamado las leyes religioso-agrarias (tales como los diezmos, los años sabáticos, las primicias, etc.). El segundo «orden» (*Moed*, «tiempo festivo») discute todo lo relacionado con la observancia del sábado y otros festivales. El tercer «orden» (*Nashim*, «mujeres») trata de lo que se refiere a los esponsales, matrimonio y divorcio, pero también incluye un tratado sobre el Nasirato. El cuarto «orden» (*Neziqin*, «perjuicios») contiene la ley civil y criminal. De modo característico incluye todas las ordenanzas referentes al culto a los ídolos (en el tratado *Abhodah Zarah*) y en «dos dichos de los padres» (*Abhoth*). El quinto «orden»

Estos «órdenes» van divididos en tratados (*Massikhtoth, Massekhtiyoth*, «texturas, redes»), de los cuales hay sesenta y tres (o sesenta y dos) en conjunto. Estos tratados, a su vez, se subdividen en capítulos *(Peraqim)*, en conjunto 525, que separadamente consisten en cierto número de versículos, o Mishnahs *(Mishnayoth*, en total 4.187). Considerando la variedad y complejidad de los temas tratados, la Mishnah está ordenada con una perspicacia lógica notable. La lengua es la hebrea, aunque naturalmente no es el mismo hebreo usado en el Antiguo Testamento. Las palabras que son nuevas, debido a las nuevas circunstancias, son derivadas del griego, el siríaco y el latín, con terminaciones hebreas.[25] Pero todo lo relacionado con el trato social, o vida cotidiana (como los contratos), está escrito, no en hebreo, sino en arameo, que era la lengua del pueblo.

Pero la ley tradicional abarcaba otros materiales además de las *Halakoth* coleccionadas en la Mishnah. Algunos que no habían sido registrados aquí, hallaron lugar en las obras de ciertos rabinos o fueron derivados de sus escuelas. Éstos son llamados *Boraithas*, o sea, tradiciones externas a la Mishnah. Finalmente, había «adiciones» o *Tosephtoth*, que databan de después de la Mishnah, pero probablemente no más tarde del siglo III de nuestra era. Hay no menos de cincuenta y dos de estos tratados, entre los sesenta y tres tratados míshnicos. Cuando se habla de la *Halakhah* como distinta de la *Haggadah*, no hemos de suponer, sin embargo, que esta última podía considerarse por entero separada de la primera. En realidad, todo un tratado en la *Mishnah* (Aboth: los dichos de los Padres) es enteramente *Haggadah*; un segundo (*Middoth*: las Medidas del Templo) tiene *Halakhah* en sólo catorce lugares; mientras que en el resto de los tratados la *Haggadah* ocurre en no menos de 207 lugares (comp. la enumeración en Pinner, *u.s.*). Solamente trece de entre los sesenta y tres tratados sobre la *Mishnah* están por entero libres de *Haggadah*.

El Talmud

Hasta ahora sólo hemos hablado de la Mishnah. Pero ésta comprende sólo una parte muy pequeña del tradicionalismo. En el curso del tiempo, las discusiones, ilustraciones, explicaciones y adiciones a que daba lugar la Mishnah, ora en su aplicación, ora en las academias de los rabinos, fueron coleccionadas con carácter de autoridad y publicadas en lo que se conoce como los dos *Talmuds* o *Gemaras*.[26] Si nos imaginamos algo que combine los informes legales, una especie de «Hansard» rabínico, y notas de un debate teológico en un club, todo ello por completo oriental, lleno de digresiones, anécdotas, dichos curiosos, fantasías, leyendas que con mucha frecuencia son banales y profanas, supersticiosas y aun obscenas, y no pueden ser citadas apenas, podemos formarnos una idea general de lo que es el Talmud. El más antiguo de los dos Talmuds lleva fecha de fines del siglo IV de nuestra era. Es el producto de las academias de Palestina, y por ello se le llama el Talmud de *Jerusalén*. El segundo es aproximadamente un siglo posterior, y es el producto de las escuelas de Babilonia, por lo que se llama el Talmud *babilónico* (después llamado también «nuestro»). No poseemos ninguno de los dos Talmuds completo.[27] El más deficiente es el Talmud de Jerusalén, que es también mucho más corto y contiene muchas menos discusiones que el de Babilonia. El Talmud de Babilonia, que en su forma presente se extiende a treinta y seis de los sesenta y tres tratados de la Mishnah, es de un tamaño diez u once veces el de esta última, y más de cuatro veces el del Talmud de Jerusalén. Ocupa (en nuestras ediciones), con comentarios marginales, 2.947 hojas de folio (páginas *a* y *b)*. Los dos Talmuds están escritos en arameo; el uno en su dialecto occidental, el otro, en el oriental; y en los dos la Mishnah es discutida *seriatim* y cláusula tras cláusula. Es imposible por completo dar una idea adecuada del carácter de estas discusiones. Cuando recordamos los muchos pasajes brillantes, hermosos y, en algunas ocasiones, casi sublimes del Talmud, pero especialmente sus formas de pensamiento y expresión que recuerdan a menudo las del Nuevo Testamento, creemos que sólo el prejuicio y el odio pueden permitirse una vituperación indiscriminada. Por otra parte, parece inexplicable que alguien que haya leído un tratado talmúdico, o incluso parte de uno, pueda comparar el Talmud con el Nuevo Testamento, o hallar en uno el origen del otro.

Para completar nuestro breve resumen, añadiremos que nuestras ediciones del Talmud de Babilonia contienen (al final del vol. 9, y después del cuarto orden) ciertas Boraithas. De éstas había *nueve* originalmente, pero dos de los tratados más pequeños (sobre «recuerdos marginales» y sobre «cosas no israelíticas») no se han preservado. La primera de estas Boraithas se titula *Abhoth de Rabbi Nathan*, y corresponde parcialmente a un tratado de nombre semejante en la Mishnah.[28] Siguen luego seis tratados menores. Éstos se titulan, respectivamente, *Sopherim* (Escribas)[29], detallando las ordenanzas sobre el copiar las Escrituras, el

(Qodashim; «cosas sagradas») trata de las varias clases de sacrificios, ofrendas y cosas pertenecientes a Dios (como el primogénito) o dedicadas a Él, y todas las cuestiones que pueden ser agrupadas bajo «cosas sagradas» (tales como la redención, cambio o alienación de lo que ha sido dedicado a Dios). Incluye también las leyes referentes al servicio diario matutino y vespertino *(Tamid)* y una descripción de la estructura y ordenación del Templo *(Middoth*, «las medidas»). Finalmente, el sexto «orden» (*Toharoth*, «limpieza») da todas las ordenanzas relacionadas con las cuestiones de «limpio e inmundo», tanto para los seres humanos y los animales como para las cosas inanimadas.

25. Comp. el tratado muy interesante del doctor Brüll (Fremdspr. Redensart in d. Talmud), así como el del doctor Eisler, Beiträge z. Rabb. u. Alterthumsk., 3 fascíc.; Sachs, Beitrag. z. Rabb. u. Alterthumsk.

26. *Talmud:* lo que se aprende, doctrina. *Gemara:* o bien lo mismo, o «perfección», «calidad de completo».

27. Lo siguiente explicará lo que queremos decir: en el *primer* «orden» tenemos el Talmud de Jerusalén completo, esto es, con cada tratado (que comprende en total 65 hojas folio), mientras que el Talmud de Babilonia se extiende solamente sobre su primer tratado *(Berakhoth)*. En el *segundo* orden faltan en el de *Jerusalén* los cuatro últimos capítulos de un tratado *(Shabbath)*, y falta un tratado entero *(Shegalim)* en el de *Babilonia*. El *tercer* orden es completo en las dos Gemaras. En el *cuarto* orden falta un capítulo en un tratado *(Makkoth)* en el de *Jerusalén*, y dos tratados enteros *(Eduyoth* y *Abhoth)* en las dos Gemaras. El *quinto* orden falta por completo en el de *Jerusalén*, y faltan dos tratados y medio del Talmud de Babilonia *(Middoth, Qunnim* y medio *Tamid)*. Del *sexto* orden sólo existe un tratado *(Niddah)* en las dos Gemaras. Las Halakhoth principales fueron coleccionadas en una obra (datada alrededor del año 800) titulada *Halakhoth Gedoloth*. Están ordenados para que correspondan con un leccionario semanal del Pentateuco en una obra titulada *Sheeltoth* («Cuestiones», mejor ed., Dghernfurth, 1786). El Talmud de Jerusalén se extiende a 39 tratados, el de Babilonia a 36 1/2. Hay 15 1/2 tratados que no se hallan en ninguna Gemara.

28. Los últimos diez capítulos agrupan de modo curioso sucesos o cosas bajo números, de 10 para abajo. Los más interesantes, en general, son los de 10 *Nequdoth*, o pasajes de la Escritura, en que las letras están marcadas por puntos, junto con la explicación de sus razones (cap. 34). Toda la Boraitha parece compuesta de partes de tres diferentes obras, y consta de cuarenta (o cuarenta y un) capítulos, y ocupa diez hojas de folio.

29. En veintiún capítulos, cada uno de los cuales contiene cierto número de Halakhahs, y ocupa en conjunto cuatro folios.

ritual del Leccionario y las oraciones para las fiestas; *Ebhel Rabbathi* o *Semakhoth*,[30] que contiene Halakhah y Haggadah sobre observancias de entierros y lutos; *Kallah* (llena poco más de una página de un folio), sobre la relación matrimonial; *Derekh Erets* (en once capítulos y cerca de 1 3/4 folios), que da directrices morales y reglas y costumbres sobre el intercambio social; *Derekh Erets Zuta* (en nueve capítulos y un folio), que trata de temas similares, pero para estudiosos eruditos; y, finalmente, el *Pereq ha Shalom* (poco más de una columna de folio), que es un panegírico a la paz. Todos estos tratados datan, por lo menos en su forma presente, de un período posterior al del Talmud.[31]

El Evangelio de Cristo

Pero así como la *Halakhah*, por variada que fuera su aplicación, era algo fijo y estable, la latitud más extrema es la marca de la *Haggadah*. Es triste y característico que, prácticamente, el cuerpo principal de teología moral y dogmática judaica es realmente sólo *Haggadah* y, por tanto, sin autoridad absoluta alguna. La *Halakhah* indica con la más minuciosa y penosa precisión cada ordenanza legal en cuanto a observancias externas, y explica cada una de las aplicaciones de la Ley de Moisés. Pero, después de esto, deja al hombre interior, el móvil de la acción, sin haberlo tocado. El decidir lo que tenía que creer o sentir era cuestión principalmente de la Haggadah. Naturalmente, las leyes de la moralidad y la religión, tal como estaban establecidas en el Pentateuco, eran principios fijos, pero había la mayor divergencia y latitud en la explicación y aplicación de muchos de ellos. Uno podía sostener o proponer casi toda clase de puntos de vista, siempre y cuando no contraviniera la Ley de Moisés, tal como era entendida, y se mantuviera adherido en enseñanza y práctica a las ordenanzas tradicionales. En principio era la misma libertad que la Iglesia de Roma concede a sus miembros profesos, sólo que con mucha más amplia aplicación, puesto que el terreno debatible abarcaba tantas materias de fe, y la libertad dada no solamente era de opinión privada, sino de proclamación pública. Ponemos énfasis en esto porque la ausencia de dirección prescrita con autoridad y la amplitud de miras en asuntos de fe y sentimiento interno suelen ir juntas, y en contraste agudo, con la más minuciosa puntillosidad en todas las materias de observancia externa. Y aquí podemos hacer resaltar la distinción fundamental entre la enseñanza de Jesús y el Rabinismo. Jesús dejó la *Halakhah* sin tocar, poniéndola, por así decirlo, a un lado, algo por completo secundario, mientras que insistía de modo primario en lo que para ellos era principalmente cuestión de Haggadah. Y con razón, porque, en sus propias palabras, «No es lo que entra en la boca lo que contamina al hombre, sino lo que sale de la boca, eso es lo que contamina al hombre»; «puesto que lo que sale de la boca, sale del corazón; y eso es lo que contamina al hombre» (Mt. 15:11, 18). La diferencia era de principio y fundamental, no meramente de desarrollo, de forma, de detalle. El uno desarrollaba la Ley en su dirección externa, como ordenanzas y mandamientos; el otro, en su aplicación interna, como vida y libertad. Así, el Rabinismo ocupaba un polo, y el resultado de su tendencia al externalismo puro era la Halakhah; todo lo que era interno y elevado era meramente haggádico. La enseñanza de Jesús ocupaba el polo opuesto. Su punto de partida era el santuario interno, en el que Dios era conocido y adorado, y podía muy bien dejar la Halakhah rabínica a un lado, como algo de lo que no valía la pena disentir y que podía entretanto ser «cumplida y observada», en la firme seguridad de que, en el curso de su desarrollo, el espíritu crearía sus formas apropiadas o, para usar una figura del Nuevo Testamento, el vino nuevo rompería los odres viejos. Y por último, íntimamente conectado con todo esto, y alcanzando el clímax de la contrariedad: el Rabinismo empezaba exigiendo justicia externa y apuntaba a la filiación como su objetivo; el Evangelio empezaba con el don gratuito del perdón por medio de la fe y la filiación, e indicaba la obediencia y la justicia como objetivo.

La aurora de un nuevo día

En realidad, el Rabinismo, como tal, no tenía ningún sistema de teología; sólo las ideas, conjeturas o fantasías que ofrecía la Haggadah con respecto a Dios, los ángeles, los demonios, el hombre y su futuro destino y posición presente, e Israel, con su historia pasada y su gloria venidera. En consecuencia, junto a lo que es noble y puro, había una terrible masa de incongruencias, de afirmaciones conflictivas y supersticiones, muchas veces burdas, resultado de la ignorancia y el nacionalismo estrecho; de coloración legendaria de los relatos y escenas bíblicas, dándoles marcos profanos, zafios y degradantes; el Todopoderoso mismo y sus ángeles tomando parte en conversaciones con los rabinos y en las discusiones de las academias; es más, formando una especie de Sanedrín celestial, que ocasionalmente requería la ayuda de un rabino terrenal.[32] Lo milagroso se funde con lo ridículo y, a veces, repugnante. Las curas milagrosas, las provisiones milagrosas, la ayuda milagrosa, todo ello para la gloria de los grandes rabinos,[33] que con una mirada o una palabra podían matar o restaurar la vida. A la orden de un rabino le saltaron los ojos a un rival y luego se los volvieron a insertar. Además, tal era la veneración debida a los rabinos, que el rabino Joshua solía besar la piedra en que se sentaba el rabino Eliezer y daba su clase,

30. En catorce capítulos, que ocupan algo más de tres folios.

31. Además de éstos, Raphael Kirchheim ha publicado (Frankfort, 1851) los llamados siete tratados menores, que cubren en conjunto, con abundantes notas, sólo cuarenta y cuatro páginas pequeñas que tratan de copiar la Biblia (*Sepher Torah*, en cinco capítulos) del *Mezuzah*, o recordatorios en las puertas (en dos capítulos), de las Filacterias (*Tephillin*, en un capítulo), de los *Tsitsith*, ribetes o recordatorios (en un capítulo), de *Esclavos* (*Abhadim*, en tres capítulos), de los *Cutheans*, o samaritanos (en dos capítulos), y, finalmente, un curioso tratado sobre Prosélitos (*Gerim*, en cuatro capítulos).

32. Así, en B. Mez. 86 *a* leemos de una discusión en la academia celestial sobre el tema de la pureza, en que Rabbah fue llamado al cielo, haciéndosele morir para ello, aunque esto requirió un milagro, puesto que estaba ocupado constantemente en el estudio sagrado. Es horrible el escribirlo, pero se necesitó la autoridad de Rabbah para atestiguar la corrección de la afirmación del Todopoderoso en la cuestión halákhica que se discutía.

33. Algunos de estos milagros se detallan en B. Mets. 85 *b*, 86 *a*. Así, Resh Lakish, cuando buscaba la tumba del rabino Chija, halló que había sido quitada milagrosamente de su vista porque era demasiado sagrada para sus ojos ordinarios. El mismo rabino reclamaba un mérito tal que por amor a él la Ley nunca sería olvidada en Israel. Tal era el poder de los patriarcas, que, si hubieran resucitado juntos, habrían traído al Mesías antes de su tiempo. Cuando el rabino Chija oró, vino como resultado una tormenta, descendió la lluvia y la tierra tembló. Asimismo, Rabbah, cuando estaba a punto de ser arrestado, hizo que la cara del mensajero se volviera negra, y después la restauró; luego, por medio de su oración, hizo que se abriera una pared, y él escapó por la brecha. En Abhod. Zar. 17 *b* se relata un milagro en favor del rabino Eleazar, para dejarle libre de sus perseguidores o, más bien, para atestiguar una afirmación falsa que había hecho a fin de escapar del martirio. Para más alabanzas extravagantes de los rabinos, compárese Sanh. 101 *a*.

diciendo: «Esta piedra es como el monte Sinaí, y el que se sienta en ella como el arca». El ingenio moderno ha procurado sugerir significados más profundos simbólicos a estas historias. Lo que debería hacer es admitir el terrible contraste que hay entre Hebraísmo y Judaísmo; el Antiguo Testamento y el tradicionalismo; y debería reconocer su causa profunda en la ausencia de este elemento de vida espiritual interior que trajo Cristo. Así que entre los dos –lo viejo y lo nuevo– se puede afirmar sin miedo que, por lo que respecta a la sustancia y el espíritu, no hay únicamente diferencia, sino una divergencia total del principio fundamental entre el Rabinismo y el Nuevo Testamento, de modo que la comparación entre ellos no es posible. Nos encontramos, pues, ante contrarios absolutos.

El hecho lamentable que acabamos de referir lo ilustra de modo patente la relación en que el tradicionalismo se coloca frente a las Escrituras del Antiguo Testamento, aun cuando reconozca su inspiración y autoridad. El Talmud dice que el que se ocupa de las Escrituras (Baba Mets. 33 *a)* solamente (esto es, sin la *Mishnah* o la *Gemara*) tiene mérito y, a pesar de ello, no tiene mérito.[34] Incluso la escasez de referencias a la Biblia por parte de la Mishnah[35] es significativa. Israel había anulado la Ley por medio de sus tradiciones. Bajo una carga de ordenanzas y observancias externas su espíritu había sido aplastado. La religión, así como la gran esperanza del Antiguo Testamento, había quedado externalizada. Y, de este modo, tanto el Paganismo como el Judaísmo –pues ya no era la religión pura del Antiguo Testamento–, cada uno siguiendo su propia dirección, habían alcanzado su objetivo. Todo estaba preparado y esperando. Había sido edificado el mismo porche, a través del cual una religión nueva, aunque vieja, iba a pasar al mundo antiguo, y el mundo antiguo a una nueva religión. Solamente se necesitaba una cosa: la Venida de Cristo. Hasta aquí la tierra estaba cubierta por la oscuridad; una oscuridad densa yacía sobre el pueblo. Pero, a lo lejos, la luz dorada del nuevo día ya empezaba a teñir el borde del horizonte. Al poco el Señor se levantaría sobre Sión, y su gloria se vería sobre Él. Pronto la voz procedente del desierto prepararía el camino del Señor; pronto el heraldo proclamaría la Venida de su Cristo a judío y a gentil, y la del Reino del cielo, que, establecido sobre la tierra, es justicia y paz y gozo en el Espíritu Santo.[36]

---

34. De modo similar leemos en Aboth d. R. Nathan 29: «El que es maestro en la Midrash, pero no conoce las Halakhahs, es como un héroe, pero no tiene armas en la mano. El que domina las Halakoth, pero no sabe nada de las Midrashim, es una persona débil que está provista de armas. Pero el que domina las dos es un héroe armado».

35. La mayoría de ellas, naturalmente, proceden del Pentateuco. Las referencias a otros libros del Antiguo Testamento son vagas y sirven principalmente como puntos de apoyo para los dichos rabínicos. Las citas a la escritura aparecen en 51 de los 63 tratados de la Mishnah, y el número de versículos citados es de 430. Una cita de la Mishnah generalmente viene introducida por la fórmula «como se ha dicho». Esto es casi en todas, excepto en dieciséis casos en que la cita lleva como prefacio: «La Escritura dice:». Pero, en general, la diferencia en el modo de cita en los escritos rabínicos parece depender parcialmente del contexto, aunque principalmente del lugar y la ocasión. Así, «como está escrito» es un modo caldeo de cita. La mitad de las citas del Talmud van precedidas de «como se ha dicho»; una décima parte por «La Escritura dice»; una quinta parte, por otras fórmulas variadas. Comp. Pinner, *Introducción a la Berakhoth*. En el Talmud de Jerusalén no hay ningún *al-tikré* (no leáis esto, sino esto otro) con el propósito de criticismo textual. En el Talmud, un modo favorito de cita del Pentateuco, hecha en unos 600 pasajes, es introducido como hablado o escrito por רחמנא. Las diversas maneras en que las citas bíblicas aparecen en los escritos judaicos son enumeradas en Surenhusius, Βίβλος καταλλαγῆς, pp. 1-56.

36. Para detalles sobre las ideas judías acerca del Canon, y la teología histórica y mística, ver Apéndice V: «Teología y literatura rabínicas».

«Así, el Rabinismo ocupaba un polo, y el resultado de su tendencia al externalismo puro era la Halakhah; todo lo que era interno y elevado era meramente haggádico. La enseñanza de Jesús ocupaba el polo opuesto. Su punto de partida era el santuario interno, en el que Dios era conocido y adorado, y podía muy bien dejar la Halakhah rabínica a un lado, como algo de lo que no valía la pena disentir y que podía entretanto ser «cumplida y observada», en la firme seguridad de que, en el curso de su desarrollo, el espíritu crearía sus formas apropiadas o, para usar una figura del Nuevo Testamento, el vino nuevo rompería los odres viejos».

En las catacumbas romanas encontramos las más antiguas representaciones de la vida de los primeros cristianos. En este fresco de fines del siglo II vemos a una figura en actitud de orar, tal como se hacía entonces, en pie y con los brazos extendidos.

Nuevo Testamento

Libro 1

Desde el pesebre de Belén al bautismo en el Jordán

«Fortitudo infirmatur, parva fit immensitas;
liberator alligatur, nascitur æternitas.
O quam mira perpetrasti Jesu propter hominem!
Tam ardenter quem amasti paradiso exulem».

Antiguo Himno Latino

1 Desde el pesebre de Belén al bautismo en el Jordán

Capítulo 1

En Jerusalén cuando reinaba Herodes

Si hubiera sido posible limpiar el polvo de diez siglos de los párpados de aquellos durmientes, y uno de los que habían poblado Jerusalén en el acmé de su gloria, durante el reino del rey Salomón, hubiera regresado a sus calles, apenas habría reconocido la ciudad que le era familiar. Entonces, como ahora, reinaba un rey judío que tenía un dominio indiviso sobre toda la tierra; entonces, como ahora, la ciudad estaba llena de riquezas y adornada de palacios y monumentos arquitectónicos; entonces, como ahora, Jerusalén estaba llena de extranjeros de todos los países. Salomón y Herodes fueron, ambos, los últimos reyes judíos sobre la Tierra de Promisión;[1] Salomón y Herodes, cada uno había construido el Templo. Pero con el hijo de David empezó «el reino», y con el idumeo terminó; o, mejor dicho, habiendo cumplido su misión, dio lugar al reino espiritual del reinado mundial del «Hijo mayor de David». El cetro abandonó Judá para ir a donde las naciones tenían que congregarse bajo su dominio. Y el Templo que construyó Salomón fue el primero. En él moraba visible la Shekhinah. El Templo que levantó Herodes fue el último. Las ruinas de su incendio, que prendió la antorcha de los romanos, nunca más iban a ser restauradas. Herodes no era el antitipo, sino que era el Barrabás del Hijo real de David.

En otros aspectos, también, la diferencia era casi tan grande. Las cuatro colinas colindantes sobre las cuales estaba edificada la ciudad (Sal. 122), los profundos barrancos que la rodeaban, el monte de los Olivos alzándose al Este, estaba todo como hacía mil años. Allí, como antaño, había el estanque de Siloé, con los jardines reales; es más, el mismo muro que entonces había rodeado la ciudad. Y, sin embargo, todo estaba tan alterado que apenas era reconocible. El antiguo fuerte jebusita, la ciudad de David, el monte de Sión,[2] ahora era el barrio de los sacerdotes, Ofel, y el antiguo palacio real y los establos habían sido enmarcados en el área del Templo –ahora completamente arrasados–, donde formaban la magnífica triple columnata conocida como el Pórtico Real. Pasando por ella, y fuera de la Puerta Occidental del Templo, nos hallamos en el inmenso puente que se extiende sobre el «Valle de los mercaderes de queso», o los Tyropoeon, y une la colina oriental de la ciudad con la occidental. Tal vez es aquí que podemos marcar los rasgos destacados y notar los cambios. A la derecha, cuando miramos hacia el Norte, están (en la colina oriental) Ofel, el barrio de los sacerdotes, y el Templo –¡oh!, qué hermoso y ampliado–, levantándose terraza sobre terraza, rodeado de muros ingentes: un palacio, una fortaleza, un Santuario de mármol reluciente y oro brillante. Y más allá muestra su ceño la vieja fortaleza de Baris, reconstruida por Herodes, y llamada según su patrona, Antonia. Ésta es la colina de Sión. Debajo de nuestros pies se halla el barranco de Tyropoeon, y aquí se extiende hacia el Norte la «ciudad baja» o Acra, en la forma de una media luna, ensanchándose casi en un «suburbio» cuadrado. Al otro lado del Tyropoeon, hacia el occidente, se levanta la «ciudad alta». Si la ciudad baja y el suburbio forman el barrio de los negocios, con sus mercados, bazares y calles de oficios y gremios, la ciudad alta es la de los palacios. Aquí, al otro extremo del gran puente que une el Templo con la «ciudad alta», está el palacio de los Macabeos; más allá, el Xystos, o vasto recinto de columnas, donde se celebran las asambleas populares; luego el palacio de Ananías, el Sumo Sacerdote, y más cerca del Templo, «la Cámara del Consejo» y los archivos públicos. Detrás, hacia el Oeste, se levantan, terraza tras terraza, las mansiones suntuosas de la ciudad alta, hasta que, casi al nordeste de la vieja ciudad, llegamos al palacio que Herodes mandó construir para sí mismo, casi una ciudad y fortaleza, flanqueado por tres altas torres y con jardines espaciosos incluidos. Más allá, de nuevo, y fuera de los muros de la ciudad, tras el primero y el segundo, se extiende, al norte de la ciudad, el nuevo suburbio de Bezetha. Aquí, a cada lado hay jardines y villas; aquí pasa la gran carretera del Norte; fue allí que tienen que haber echado mano de Simón el Cireneo, y por aquí que anduvo abriendo el paso hacia el lugar de la Crucifixión.

Los cambios que marcaron el curso variado de la historia de Israel han afectado también a las murallas de la ciudad. La primera y más antigua –la de David y Salomón– corría desde el oeste de la ciudad alta, luego cruzaba hacia el Sur al estanque de Siloé, y subía hacia el Este, rodeando Ofel, hasta que llegaba al recinto oriental del Templo, desde donde seguía en línea recta hasta alcanzar el punto en que había empezado, formando el límite norte de la ciudad antigua. Pero aunque este muro aún existía, se le había añadido algo. Cuando el macabeo Jonatán finalmente limpió Jerusalén de la guarnición siria que había en fuerte Acra,[3] edificó una muralla «a través de la mitad de la ciudad», como para excluir al enemigo.[4] La muralla probablemente corría desde el ángulo occidental del Templo hacia el Sur, cerca del estanque de Siloé, siguiendo el curso tortuoso del Tyropoeon, pero por el otro lado del mismo, donde la bajada de la ciudad alta se unía al valle.

Otro monumento de las guerras sirias, de los Macabeos, y de Herodes era la fortaleza Antonia. Parte de ella, probablemente, había sido ocupada antiguamente por lo que era conocido como fuerte Acra, de triste nombradía en las guerras que precedieron y marcaron el principio del período macabeo. Había pasado de los Ptolomeos a los sirios, y siempre había formado el punto central alrededor del cual se desarrolló la lucha por la ciudad. Judas Macabeo no había podido tomarla. Jonatán le puso cerco y edificó la muralla a que nos hemos referido, para aislar su guarnición. Fue tomada, al fin, por Simón, el hermano y sucesor de Jonatán, y arrasada por completo (año 141 a.C.). El fuerte Baris, que había sido construido por su sucesor Hircano I (135-106 a.C.), cubría un espacio mucho más ancho. Se hallaba en el ángulo noroeste del Templo, asomando por detrás del mismo hacia el Oeste, pero no cubriendo toda el área norte del Templo. La roca sobre la cual se hallaba era

1. Si descontamos el breve reinado del rey Agripa.

2. Se puede ver que, con la mayoría de los exploradores recientes, localizo el monte de Sión no en el sitio tradicional, sobre la colina occidental de Jerusalén, sino en la oriental, al sur del área del Templo.

3. 1 Macc. 1:33 y otros puntos; pero el lugar preciso de este «fuerte» está en disputa.

4. 1 Macc. 12:36; Josefo, *Ant.* xiii.5.11; comp. con ello xiv.16.2; *Guerra* vi.7.2; viii.1.1ss.

más alta que el Templo,[5] aunque más baja que la colina por la cual el nuevo suburbio Bezetha había ido encaramándose, el cual, como es natural, quedaba hendido por un tremendo foso para seguridad de la fortaleza. Herodes lo había ensanchado y reforzado. Dentro de las murallas circundantes el fuerte se elevaba a una altura de sesenta pies, y estaba flanqueado por cuatro torres, de las cuales tres tenían una altura de setenta pies, la cuarta (S.E.), que abocaba hacia el área del Templo, de 105 pies, de modo que dominaba el sagrado recinto. Un pasaje subterráneo llevaba al mismo Templo (*Ant.* xv.11.7), que estaba conectado con el fuerte también por columnatas y escalones. Herodes había reforzado, adornado y ampliado este fuerte (ahora llamado Antonia) y lo había hecho un palacio, un campo de armas, casi una ciudad (Jos., *Guerra* v.5.8).

Hasta aquí solamente hemos hablado del primer muro, el antiguo, que estaba fortificado por sesenta torres. El segundo muro, que tenía sólo catorce torres, empezaba en algún punto de la pared norte, en la puerta Gennath, desde donde se dirigía al Norte, luego al Este, incluyendo Acra y el Suburbio. Terminaba en la fortaleza Antonia. Más allá, y alrededor de esta segunda muralla se extendía, como ya dijimos, el nuevo suburbio Bezetha, no incluido, hacia el Nordeste. Pero estos cambios no eran nada, comparados con los que habían tenido lugar dentro de la ciudad. El primero y principal era la gran transformación del Templo en sí,[6] que de un edificio pequeño, algo mayor que una iglesia corriente en el tiempo de Salomón,[7] había pasado a ser un edificio enorme y glorioso que provocaba la admiración de los extranjeros y encendía el entusiasmo de todo hijo de Israel. Al tiempo de Cristo, hacía cuarenta y seis años que se venía construyendo, y aún había obreros ocupados en ello, y así continuó durante bastante tiempo. Sólo quedó concluido el año 64 d.C., o sea, seis años antes de su destrucción. Pero ¡qué muchedumbre tan heterogénea se agolpa en sus pórticos y patios! Helenistas; viajeros esparcidos de las partes más distantes de la tierra: Este, Oeste, Norte y Sur; galileos, de genio vivo y torpes en el habla judía; los de Judea y los de Jerusalén; sacerdotes y levitas con vestidos blancos; empleados del Templo; fariseos con amplias filacterias y con ribetes anchos; saduceos corteses e irónicos; y, en el patio exterior, los gentiles curiosos. Algunos habían venido a adorar; otros a pagar votos, o presentar ofrendas, o a buscar purificación; algunos a verse con amigos y platicar sobre temas religiosos en los pórticos de columnas que rodeaban el Santuario; o bien para que se les diera respuesta a sus preguntas; o para que un pequeño Sanedrín de veintitrés miembros que se sentaba a la entrada de la puerta oyera sus causas y pronunciara sentencia. El Gran Sanedrín ya no ocupaba el patio de las piedras labradas, Gazit, sino que se reunía en alguna sala unida a aquellas «tiendas», sobre el monte del Templo, que pertenecían a la familia del Sumo Sacerdote Ananías, y cuyo comercio provechoso era manejado por los que, en su avaricia y codicia, eran dignos sucesores de los hijos de Elí. En el patio de los gentiles (o en sus pórticos) se sentaban los cambistas oficiales, que por un descuento estipulado cambiaban toda clase de monedas por las del Santuario. Aquí había también el gran mercado de los animales sacrificiales, y todo lo que se requería para las ofrendas. ¡Qué asombrada debía sentirse la simple y sincera gente rural, que venía a pagar sus votos, o a entregar ofrendas para la purificación; y qué opresión sentirían en esta atmósfera en que había una mezcla de rigorismo religioso y profunda mundanalidad; y qué difícil para ellos el que se les exigieran impuestos, les mandaran y trataran con descortesía, si no rudeza, los que se reían de su simplicidad y los despreciaban como gente rural maldita e ignorante, poco menos que paganos, o bien como palurdos o animales! Aquí también había una muchedumbre de mendigos ruidosos, llenos de enfermedades, que reclamaban atención y ayuda. Y junto a ellos pasaba el arrogante y linajudo miembro de las familias de los Sumos Sacerdotes; los pomposos Maestros de la ley, pagados de sí mismos y afectados, seguidos con respeto por sus discípulos; y el escriba, sutil y astuto. Éstos eran los hombres que, los sábados y los días de fiesta, acudían a la terraza del Templo para enseñar al pueblo, o condescender a dar respuesta a sus preguntas; que en las Sinagogas tenían pendientes de su palabra a los desconcertados oyentes con su argumentación sagaz y sus conocimientos de la tradición, o captaban la atención de la multitud boquiabierta que llenaba todo espacio disponible con sus frivolidades ingeniosas, sus leyendas maravillosas o sus dichos agudos; pero que, si lo requería la ocasión, hacían callar a sus oponentes con preguntas difíciles o les aplastaban con el mero peso de su autoridad. Pero había otros allí que, a pesar de la influencia rebajadora de las frivolidades de la religión prevaleciente, y lo banal de sus observancias interminables –y quizá por esta causa– daban la espalda a todo ello y volvían la vista hacia atrás con mirada confiada a las promesas espirituales del pasado, y hacia adelante, con anhelo expectante hacia la «consolación de Israel» cercana, esperándola en comunión de oración, y viendo ya los rayos concedidos por el cielo de la luz de la aurora entre las tinieblas circundantes.

Si descendemos del Templo a la ciudad, había más que un ensanchamiento de su área, debido al aumento de población. En conjunto, Jerusalén cubría, en su máxima extensión, unos 300 acres (ver Conder, *Heth y Moab*, p. 94). Como antes, había todavía las mismas calles estrechas en los barrios de negocios; pero contiguas a los bazares y tiendas se levantaban las mansiones magníficas de los ricos mercaderes y los palacios de los príncipes (tales como el palacio de Grapte y el de la reina Helena de Adiabene). Y ¡qué cambio en el aspecto de estas calles, en el carácter de sus tiendas y, sobre todo, en la apariencia de la inquieta multitud oriental que pululaba de un lado a otro! Fuera de sus tiendas, en la calle, o por lo menos a la vista de los transeúntes y dispuestos a hablar con ellos, había el zapatero remendón martilleando las suelas de las sandalias, el sastre moviendo rápido su aguja, el carpintero, el cerrajero y el orfebre. Los que estaban menos ocupados, o eran más emprendedores, transitaban llevando algún emblema de su oficio; el tintorero, con hilos de colores; el carpintero, una regla; el amanuense, una pluma tras la oreja; el sastre, una aguja prominente prendida del vestido. Por las calles colaterales había tiendas de los oficios menos atractivos, el carnicero, el cardador, el que hilaba lino. En estos obradores sombríos y amplios se llevaban a cabo los oficios artísticos: el trabajo elegante del platero y el joyero, los artículos diversos de lujo que adornaban las casas de los ricos; el trabajo del diseñador, el que hacía moldes, el artífice en hierro y bronce. En estas calles y callejas se podía comprar de todo: productos de Palestina,

5. Es muy dudoso si el número de 50 codos (unos 75 pies) que da Josefo a esta roca (*Guerra* v.5.8) se aplica a su altura (comp. Speiss, *Das Jerus. d. Jos.* p. 66).

6. Me permito remitir al lector a la descripción de Jerusalén, y especialmente del Templo, en mi obra *El Templo y sus servicios al tiempo de Jesucristo*.

7. El doctor Mühlau, en *Riehm Handwörterb*, part. viii, p. 682 *b*, habla de las dimensiones del antiguo Santuario como un poco mayores que las de una iglesia rural.

o importados de tierras extranjeras, incluso artículos de los países más remotos. Vasos y copas exquisitamente formados, y engastados de joyas, anillos; y otras obras en metales preciosos; cristal, sedas, lino fino, lana, púrpura y pendientes costosos; esencias, ungüentos, perfumes tan preciosos como el oro; artículos para comer y beber de países extranjeros; en resumen, todo lo que la India, Persia, Arabia, Media, Egipto, Italia, Grecia y aun los países remotos de los gentiles producían, se podía comprar en estos bazares.

Los antiguos escritos judíos nos permiten identificar no menos de 118 artículos diferentes de importación de países extranjeros, que cubren más de lo que el lujo moderno ha imaginado. Los artículos de lujo, especialmente del extranjero, alcanzaban precios enormes; y una señora podía gastar 36£ en una capa (Baba B. ix. 7); la seda se pagaba a precio de oro; la lana color de púrpura a 3£ y 5 chelines por libra de peso, o si teñida doble, a casi diez veces por el mismo peso; mientras que el precio del mejor bálsamo y nardo eran exorbitantes. Por otra parte, lo necesario para la vida común era muy barato. En los bazares se podía comprar un traje para un esclavo por dieciocho o diecinueve chelines (Arakh., vi. 5), y un equipo de vestir tolerable desde 3 a 6£. Por la misma suma se podía comprar un asno (Baba K. x. 4) o un buey o una vaca, y por algo más un caballo (Men. xiii. 8; Baba K. iii. 9; Tos. Sheq. ii; Tos. Ar. iv). Una ternera se podía adquirir por quince chelines, una cabra por cinco o seis (Men. xiii. 8). Las ovejas eran más caras, y valían de cuatro a quince o dieciséis chelines, mientras que un cordero se podía comprar por dos peniques. No tiene nada de extraño que el coste de la vida y el trabajo fueran tan baratos. El trigo, los frutos, el vino y el aceite costaban muy poco. La carne valía un penique la libra; un hombre podía obtener una vivienda pequeña y, naturalmente, sin muebles por unos seis peniques a la semana (Tos. Baba Mets. iv). Un jornalero recibía 7 1/2 peniques al día, aunque el obrero especializado cobraba mucho más. En realidad, el gran Hillel se suponía que podía sostener a su familia por dos peniques al día (Yoma 35 *b*), mientras que el tener propiedad por valor de unas 6£, o negocios con 2 o 3£ de mercancía, se consideraba suficiente para excluir a una persona de la caridad, o del derecho a rebuscar el fruto que quedaba en los campos (Peah. viii. 8. 9).

A esto se pueden añadir muchos detalles (ver Herzfeld, *Handelsgesch*). Se ha dicho bastante para mostrar los dos extremos de la sociedad: lo caro en extremo de los lujos, y lo barato de las cosas necesarias. Estos extremos se encontraban también en Jerusalén de modo especial. Su población se considera que ascendía de unas 200.000 a 250.000 almas,[8] pero aumentaba enormemente por causa de los peregrinajes durante los grandes festivales.[9] El gran palacio era la residencia del rey y de la corte con todo su séquito y su lujo; en la fortaleza Antonia se alojó después la guarnición romana. Al Templo acudían, para visitarlo, millares de sacerdotes, muchos de los cuales tenían familias, mientras que las academias se llenaban de centenares de estudiantes y eruditos, aunque la mayoría de ellos eran pobres. En Jerusalén tiene que haber habido grandes almacenes para el puerto

«Los cambios que marcaron el curso variado de la historia de Israel han afectado también a las murallas de la ciudad. La primera y más antigua –la de David y Salomón– corría desde el oeste de la ciudad alta, luego cruzaba hacia el Sur al estanque de Siloé, y subía hacia el Este, rodeando Ofel, hasta que llegaba al recinto oriental del Templo, desde donde seguía en línea recta hasta alcanzar el punto en que había empezado, formando el límite norte de la ciudad antigua. Pero aunque este muro aún existía, se le había añadido algo».

Los muros y torres de Jerusalén fueron un medio de defensa formidable y, además, un incomparable motivo arquitectónico. En esta reconstrucción plástica reconocemos además de una parte de la muralla, distintas torres de la ciudad y al fondo, en el centro, el teatro romano.

8. La antigua Jerusalén se supone que cubría un área doble de la de la ciudad moderna. Comp. con el doctor Schick en A. M. Luncz, «Jerusalén», para 1882.

9. Aunque Jerusalén cubría sólo unos 300 acres, con todo, debido a lo estrecho de las calles orientales, podría tener una población mucho mayor que la de cualquier ciudad occidental de la misma extensión. Además, hemos de recordar que sus límites eclesiásticos se extendían mucho más allá de la ciudad.

comercial vecino de Joppa; y desde ellos, así como desde los centros industriales de la activa Galilea, los vendedores ambulantes llevarían su mercancía a todo el país. De modo especial los mercados de Jerusalén, celebrados en bazares y calles, más bien que en plazas, estaban llenos de vendedores ruidosos y de activos compradores. Allí enviaba Galilea no sólo los productos manufacturados, sino también sus provisiones: pescado (fresco y salado), fruto (Maaser ii. 3), famoso por lo lozano; aceite, mosto y vino. Había inspectores especiales en estos mercados –los *Agardemis* o *Agronimos*– que comprobaban pesos y medidas; y las estampaban oficialmente (Baba; B. 89 *a*), probando lo sano de la comida y la bebida (Jer. Ab. Z. 44 *b;* Ab. Z. 58 *a*), y algunas veces señalaban o rebajaban los precios del mercado, haciendo cumplir su decisión (Jer. Dem. 22 *c*) si era necesario con su bastón (Yoma 9 *a*).[10] No sólo había un mercado alto y uno bajo en Jerusalén (Sanh. 89 *a*), sino que leemos que había por lo menos siete mercados especiales: los del ganado (Erub. x. 9), lana, artículos de hierro (Jos. *Guerra* v.8.1), vestidos, leña (*ibíd.* ii.19.4), pan, fruta y vegetales. Los días de mercado originales eran los lunes y martes, después los viernes (Tos. Baba Mets. iii). Las ferias importantes *(Yeridin)* estaban confinadas a los centros de importación y exportación: las fronteras de Egipto (Gaza), las ciudades antiguas marítimas de Fenicia (Tiro y Acco) y el Emporium, al otro lado del Jordán (Botna). Además, cada caravana, o *khan (qatlis, atlis,* κατάλυσις), era una especie de mercado donde eran descargadas las mercancías, y *especialmente el ganado se dejaba suelto*, para la venta (Kerith. iii. 7; Temur. iii 5), y era vendido allí mismo. Pero en Jerusalén es de suponer que los vendedores estaban cada día en el mercado; y los almace-nes, en los que se vendían comestibles y toda clase de carnes (los *Beth haShevaqim* –Makhsh. vi. 2), tienen que haber esta-do abiertos cada día. Además, había muchas tiendas *(Chanuyoth)* con la fachada a la calle, o en patios, o bien barracas de madera transportables en las calles. Aunque parezca extraño, de vez en cuando las mujeres judías eran empleadas para vender (Kethub. ix. 4). Se hacían también negocios en los restaurantes y tabernas, de las cuales había muchas donde uno podía pedir varios platos: pescado fresco o salado, langostas fritas, un potaje de vegetales, un plato de sopa, pasteles, confituras o tartas de fruta, que podía acompañarse con vino de Judea o de Galilea, vinagre de Idumea, o cerveza extranjera.

Si de estas escenas de actividad vamos a los barrios más aristocráticos de la Ciudad Alta (comp. aquí con Unruh, *D. alte Jerusalem*), todavía podemos ver las calles estrechas, pero sus inquilinos son de otra clase. Primero pasamos por el palacio del Sumo Sacerdote en la ladera de la colina, con su piso inferior bajo los apartamentos principales, y un pórtico delante. Aquí, la noche en que Jesús fue entregado, Pedro estaba «debajo en el palacio» (Mr. 14:66). Luego llegamos a Xystos, y nos detenemos un momento en el palacio de los Macabeos. Se halla algo más arriba en la colina, al oeste de Xystos. Desde sus vestíbulos se puede ver la ciudad, e incluso el Templo. No sabemos cuál de los Macabeos construyó este palacio. Pero estaba ocupado, no por el príncipe reinante entonces, que siempre había residido en la fortaleza

---

10. Sobre la cuestión de establecer oficialmente el precio del mercado, hay opiniones divergentes, Baba B. *89 b.* Se creía que el precio del mercado debía dejar al productor un beneficio de una sexta parte del coste (Baba B. 90 *a*). En general, las leyes sobre estos puntos forman un tema de estudio interesante. Bloch (*Mos. Talm. Polizeir.*) sostiene que había dos clases de alguaciles de mercado. Pero esto no es probado por evidencia suficiente, ni parece que un arreglo así fuera probable.

(Baris, después Antonia), sino por otro miembro de la familia. De ellos pasó a la posesión de Herodes. Allí estaba Herodes Antipas cuando, en aquella Pascua terrible, Pilato le envió a Jesús desde el viejo palacio de Herodes, para ser examinado por el gobernante de Galilea (Lc. 23:6, 7). Si estos edificios indicaban la diferencia entre el pasado y el presente, había dos estructuras de Herodes que, quizá de modo más elocuente que con palabras, acusaban al idumeo. Una de ellas por lo menos quedaría a la vista al pasar la pendiente de la Ciudad Alta. El régimen de los Macabeos había sido precedido por el de Sumos Sacerdotes corruptos, que habían prostituido su oficio con los propósitos más viles. Uno de ellos, que cambió su nombre judío de Joshua por el de Jasón, había llegado tan lejos en sus intentos de helenizar al pueblo que había construido un hipódromo y un gimnasio para juegos paganos. Podemos inferir que se hallaba donde la colina occidental descendía hacia el Tyropoeon, al sudoeste del Templo (Jos. *Guerra* ii.3.1). Es probable que fuera éste el que Herodes posteriormente amplió y hermoseó, y transformó en un teatro. No se ahorraba gasto alguno en los grandes juegos que se celebraban allí. El teatro era magnífico, adornado con oro, plata, piedras preciosas y trofeos de armas y otros de las victorias de Augusto. Pero para los judíos este lugar era esencialmente pagano, puesto a poca distancia del Templo, y fue causa de profunda indignación y complots (*Ant.* xv.8.1). Además del teatro, Herodes había edificado un inmenso anfiteatro, que hemos de localizar en algún punto del Noroeste y fuera de la segunda muralla de la ciudad (*Ant.* xvii.10.2; *Guerra* ii.3.1, 2).

Todo esto era la Jerusalén visible por encima del suelo. Pero había una Jerusalén subterránea, también, que hacía pasar sus túneles por todas partes debajo de la ciudad, bajo la Ciudad Alta, bajo el Templo, más allá de las murallas de la ciudad. Su extensión se puede colegir por las circunstancias de que, tras la captura de la ciudad, además de los vivos que habían buscado asilo allí, se hallaron no menos de 2.000 cuerpos muertos en estas calles subterráneas.

Junto a los rastros del paganismo en Jerusalén, y en vivo contraste con ello, había lo que daba a Jerusalén su carácter intensamente judío. No sólo era el Templo, o los peregrinos en los días festivos y los servicios. Sino que había centenares de Sinagogas,[11] algunas para nacionalidades diferentes, tales como los alejandrinos o los cirenianos; algunas para ciertos gremios, o quizá fundadas por ellos. Si es posible, las escuelas judías eran todavía más numerosas que las Sinagogas. Entonces había muchas academias rabínicas; y, además, podían verse en Jerusalén miembros de esta secta misteriosa, los esenios, cuyos miembros eran reconocibles por su vestido blanco. ¡Los esenios, los fariseos, forasteros judíos de todas clases, y toda clase de vestidos y lenguas! Podía uno imaginarse casi en otro mundo, una especie de tierra encantada, en esta metrópolis judía y metrópolis del Judaísmo. Cuando las trompetas de plata de los sacerdotes despertaban la ciudad para la oración, o los cantos de la música de los levitas se elevaban sobre ella, o el humo de los sacrificios se extendía como otra Shekhinah sobre el Templo, visible contra el fondo del Olivete; o cuando en cada calle, patio y terrado se levantaban las tiendas de la

«Cuando, por la Pascua, decenas de millares se apiñaban en el monte con sus corderos pascuales, y centenares de miles se sentaban para la cena pascual, sería casi imposible creer que el paganismo estaba tan cerca que los romanos eran virtualmente dueños del país, y pronto lo serían del todo, o que un Herodes ocupaba el trono judío. Sin embargo, lo ocupaba; en el orgullo de su poder y en la crueldad sin freno de su tiranía siempre vigilante. Por todas partes había su marca. Templos a los dioses y al César, magníficos y adornados fastuosamente, fuera de Palestina y en las ciudades no judías».

El retrato de Augusto Cesar nos ha sido conservado en esta estatua llamada «la de la Prima Porta». El Señor Jesús nació durante su reinado. Augusto confirmó a Herodes como rey, y añadió a Samaria y Gadara a sus dominios; Herodes dio una lealtad sin límites a Augusto, y erigió un templo en su honor en Cesarea de Filipos.

11. La tradición exagera su número a 460 (Jer. Kethub. 35 *c*) o incluso 480 (Jer. Meg. 73 *d*). Pero incluso el número mayor mencionado en el texto no debe sorprendernos (proporcionalmente al tamaño de la ciudad), si recordamos que eran suficientes *diez* hombres para formar una Sinagoga, y cuantas Sinagogas –que se pueden llamar privadas– existen al presente en cada ciudad donde hay una población abundante ortodoxa judía.

Fiesta de los Tabernáculos, y por la noche la leve iluminación del Templo proyectaba largas y fantásticas sombras sobre la ciudad; o cuando, por la Pascua, decenas de millares se apiñaban en el monte con sus corderos pascuales, y centenares de miles se sentaban para la cena pascual, sería casi imposible creer que el paganismo estaba tan cerca que los romanos eran virtualmente dueños del país, y pronto lo serían del todo, o que un Herodes ocupaba el trono judío.

Sin embargo, lo ocupaba; en el orgullo de su poder y en la crueldad sin freno de su tiranía siempre vigilante. Por todas partes había su marca. Templos a los dioses y al César, magníficos y adornados fastuosamente, fuera de Palestina y en las ciudades no judías; ciudades reconstruidas o construidas; *Sebaste*, para la antigua Samaria, la espléndida ciudad y puerto de *Cesarea* en el Oeste; *Antipatris* (con el nombre de su padre), en el Norte; *Kypros* y *Fasaelis* (según su madre y hermano) y *Agrippeion;* fortalezas inexpugnables como *Essebonitis* y *Machaerus*, en Perea; *Alexandreion, Herodeion, Hircania* y *Masada*, en Judea, que proclamaban su nombre y dominio. Pero parecía que había concentrado toda su fuerza en Jerusalén. El teatro y el anfiteatro hablaban de su helenismo; Antonia era la fortaleza representativa; para su religión había edificado aquel Templo glorioso, y para su residencia el más noble de los palacios, en el ángulo noroeste de la Ciudad Alta, junto al lugar en que estaba Milo en los días de David. Parecía casi increíble que un Herodes hubiera reedificado el Templo y, con todo, podemos entender sus motivos. La tradición judía decía que un rabino (Baba ben Buta) le había aconsejado que lo hiciera para conciliar al pueblo (Baba B. 3 *b*), o bien para expiar con ello la matanza de tantos rabinos (Bemid. R. 14).[12] Probablemente habían contribuido también el deseo de conseguir popularidad y su superstición, así como su afán de satisfacer su inclinación al esplendor y a la edificación. Al mismo tiempo, puede haber deseado mostrarse como un judío mejor que la chusma de los fariseos y los rabinos, que perpetuamente le echaban en cara que era un idumeo. Fuera cual fuera su origen, era un verdadero rey de los judíos, tan grande o aun mayor que el mismo Salomón. Ciertamente, no ahorró trabajo ni dinero en el Templo. Un millar de vehículos acarreaban la piedra; 10.000 obreros, bajo la guía de 1.000 sacerdotes, trabajaron el costoso material reunido para aquel edificio, del cual la tradición judía podía decir: «El que no ha visto el Templo de Herodes, nunca ha visto lo que es belleza» (Baba B. 4 *a*). Y, con todo, Israel despreciaba y aborrecía a su constructor. Y no era posible que su obra aparente para el Dios de Israel pudiera engañar al más crédulo. En su juventud había humillado al venerable Sanedrín, y había amenazado a la ciudad con matanzas y destrucción; una y otra vez había asesinado a sabios de reputación; había derramado como agua la sangre de sus príncipes asmoneos y de todo aquel que se atreviera a ser libre; había ahogado toda aspiración nacional entre los gemidos de la tortura, y la había apagado con la sangre de sus víctimas. No ya una sola vez, ni dos veces, sino seis veces había cambiado el Sumo Sacerdote, para conceder el cargo finalmente a uno que no tiene un buen nombre en la teología judaica, un extranjero en Judea, un alejandrino. Y, con todo, ¡el poder de este idumeo era reciente de ayer, y había crecido con la rapidez de un hongo!

---

12. La ocasión de ella se dice que había sido que los rabinos, como respuesta a una pregunta de Herodes, citaron Deuteronomio 17:15. De Baba ben Buta mismo se dice que había escapado de la matanza, ciertamente, pero que le había hecho sacar los ojos.

Capítulo 2

La historia personal de Herodes

La historia de la ascensión de Herodes al trono es en extremo lamentable.[1] Demos una mirada hacia atrás, dos siglos y medio, al punto en que Palestina, que formaba parte del imperio de Alejandro, a la muerte de éste pasó a manos de sus sucesores. Durante un siglo y medio siguió siendo campo de batalla de los reyes egipcios y sirios (los Ptolomeos y los Seleúcidas). Al fin fue un Sumo Sacerdote corrupto –en cuyas manos se hallaba prácticamente todo el gobierno del país– el que traicionó la preciosa confianza que Israel había puesto en él. El tataranieto de una figura tan noble en la historia judaica como Simón el Justo (comp. Eccl. 1) compró a los sirios el cargo de Sumo Sacerdote de su hermano, adoptó el nombre pagano de Jasón y procuró helenizar al pueblo. El cargo sagrado cayó –si esto es posible–, por medio de sobornos, a una mayor profundidad cuando fue transferido a su hermano Menelao. Luego siguió el breve período de las terribles persecuciones de Antíoco Epífanes, en que el Judaísmo quedó casi exterminado de Palestina. El glorioso levantamiento de los Macabeos galvanizó todos los elementos nacionales que quedaban en Israel, y encandiló de nuevo las pocas brasas de sentimiento religioso que aún no se habían apagado. Pareció un avivamiento de los tiempos del Antiguo Testamento. Cuando Judas el Macabeo, con su banda de patriotas tan inferior en número y disciplina, derrotó a la flor del ejército sirio, dirigido por sus mejores generales, y, en el aniversario de la profanación de los ritos sagrados por otros paganos, volvió a levantar el gran altar de los holocaustos, pareció como si se hubiera inaugurado una nueva Teocracia. El ceremonial de la fiesta de la nueva «consagración del Templo», en que cada noche se encendía una cantidad de luces mayor en la oscuridad de la noche del invierno, parecía simbólico de lo que era antes Israel. Pero los Macabeos no eran el Mesías; ni su Reino, que por la espada ellos habían restaurado, no era el reino del Cielo con su bienaventuranza y paz. Israel podía haber entendido con esta experiencia qué clase de Salvador tenían que esperar.

El período de promesa fue incluso más breve de lo que podía haberse esperado. El fervor y la pureza del movimiento cesó con su éxito. Nunca fue, sin duda, la edad de oro de Israel, ni aun entre los que habían permanecido fieles a su Dios, según parecen soñar aquellos que, olvidándose de la historia y luchas del período, quieren adscribir al mismo gran parte de lo que es más precioso y espiritual en el Antiguo Testamento. Puede haber sido la presión de las circunstancias, pero en modo alguno fue una idea piadosa, y mucho menos «acertada» de Judas el Macabeo, buscar la alianza de los romanos (Schürer, en su *Neutestam. Zeitgesch.*). Desde el momento de la entrada de éstos en escena empieza la declinación de la causa nacional de Israel. Durante un tiempo, es verdad –después de los altibajos de la guerra–, todo parecía próspero. Los Macabeos pasaron a ser Sumos Sacerdotes y reyes. Pero la lucha de partidos y la mundanalidad, la ambición y la corrupción, el helenismo en el trono, pronto arrastraron consigo la caída de la *moral* y del vigor y llevaron al decaimiento y decadencia de la casa de los Macabeos. Esta historia es tan antigua como el A.T., y tan extensa como la historia del mundo. La lucha interna por el trono entre los Macabeos llevó a la interferencia por parte del extranjero. Cuando después de capturado Jerusalén, y profanada la santidad del Templo –aunque no hubo despojo de sus tesoros–, Pompeyo colocó a Hircano II en posesión del Sumo Sacerdocio, quedó expulsado del poder el último de los Macabeos.[2] El país era ahora tributario de Roma, y estaba sometido al gobernador de Siria. Incluso la sombra de poder político desapareció de las manos débiles de Hircano poco después, cuando Gabinio (uno de los gobernadores romanos) dividió el país en cinco distritos, independientes el uno del otro.

Pero ya había aparecido una persona, en la escena de los asuntos judaicos, que había de darles un giro decisivo y final. Unos cincuenta años antes de esto, el distrito de Idumea había sido conquistado por el rey macabeo Hircano I, y sus habitantes fueron forzados a adoptar el Judaísmo. Esta Idumea, sin embargo, no hemos de pensar que es el antiguo Edom, o Edom oriental, que ahora estaba en manos de los nabateos, sino las partes del sur de Palestina, que los edomitas habían ocupado desde el exilio babilónico, y especialmente un pequeño distrito al norte y este de los límites con Judea, y debajo de Samaria (comp. 1 Macc. vi. 31). Después de pasar a ser de Judea, su administración fue confiada a un gobernador. En el reinado del último de los Macabeos, este cargo cayó sobre un tal Antipater, un hombre decidido y astuto. Interfirió con éxito en las disputas desgraciadas por la corona, que, como vimos, fue el motivo para la intervención de Pompeyo. Antipater se puso en esta lucha del lado de Hircano, débil e indeciso, frente a su enérgico hermano Aristóbulo. Pronto acabó siendo el soberano virtual, e Hircano II solamente un títere en sus manos. Desde el ascenso de Judas Macabeo, en 166 a.C., hasta el año 63 a.C., en que Jerusalén fue tomada por Pompeyo, sólo había transcurrido un siglo. Al cabo de otros veinticuatro años, el último de los Macabeos había cedido su puesto al hijo de Antipater: Herodes, por sobrenombre el Grande.

El arreglo establecido por Pompeyo no fue duradero. Aristóbulo, el hermano y rival derrotado de Hircano, aún vivía, y sus hijos eran incluso más enérgicos que él. Los levantamientos que éstos intentaron, la interferencia de los partos en favor de los que eran hostiles a Roma y, finalmente, las luchas por la supremacía en la misma Roma, hicieron de éste un período de confusión, tumulto y constantes campañas en Palestina. Cuando Pompeyo fue derrotado finalmente por César, las perspectivas de Antipater y de Hircano parecieron ensombrecerse. Pero rápidamente cambiaron de bando; y oportunamente dieron ayuda a César en Egipto, lo que dio a Antipater el título de procurador de Judea, en tanto que Hircano seguía siendo el Sumo Sacerdote y, por lo menos nominalmente, jefe del pueblo. Los dos hijos de Antipater fueron nombrados gobernadores: el mayor, Fasaelus, de Jerusalén; el más joven, Herodes, de sólo veinticinco años, de Galilea. Éste desplegó aquí la energía y decisión que eran características suyas, aplastando una campaña de guerrillas, cuyo origen profundo era probablemente nacionalista. La ejecución de su líder dio lugar a que

1. Para un bosquejo más detallado de la misma, véase el Apéndice IV.

2. Ver la tabla de las familias de los Macabeos y los Herodes en el Apéndice VI.

Herodes fuera emplazado a aparecer ante el Gran Sanedrín de Jerusalén, por haberse arrogado el poder de vida y muerte. Llegó ataviado en púrpura, rodeado por su guardia personal, y apoyado por órdenes expresas del gobernador romano a Hircano de que fuera absuelto. A pesar de esto habría sido víctima de las sospechas y temores del Sanedrín –bien fundadas– si no le hubieran persuadido a retirarse de la ciudad. Regresó al frente de un ejército, y sólo con muchas dificultades persuadió su padre a que no atacara Jerusalén. Entretanto, el César le había nombrado gobernador de Cœlesiria.

A la muerte de César y la posesión de Siria por Casio, Antipater y Herodes cambiaron de bando otra vez. Pero al mismo tiempo rindieron servicios sustanciales al nuevo poder, por lo que Herodes siguió en el cargo que le había sido conferido por César. Antipater fue envenenado por un rival, pero sus hijos Herodes y Fasaelus reprimieron y extinguieron toda oposición. Cuando tuvo lugar la batalla de Filipos que colocó el mundo romano en manos de Antonio y Octavio, Asia correspondió al primero. Una vez más los idumeos supieron ganarse la confianza del nuevo soberano, y Fasaelus y Herodes fueron nombrados tetrarcas de Judea. Más tarde, cuando Antonio cayó en las redes de Cleopatra, las cosas parecieron, en realidad, asumir un aspecto diferente. Los partos entraron en el país en apoyo del príncipe macabeo rival, Antígono, hijo de Aristóbulo. Mediante traición, Fasaelus e Hircano fueron inducidos a ir al campo parto y fueron hechos prisioneros. Fasaelus, al poco, se destruyó a sí mismo en la prisión (aplastándose la cabeza contra la pared), mientras a Hircano le cortaron las orejas, haciéndole imposible volver a ocupar el cargo de Sumo Sacerdote. Y así Antígono, durante un período breve, consiguió los cargos de Sumo Sacerdote y rey de Jerusalén. Mientras tanto, Herodes, que en vano había advertido a su hermano y a Hircano contra los partos, había podido escapar de Jerusalén. Dejó a su familia en manos de su hermano Josef, en la fortaleza inexpugnable de Masada; y él mismo huyó a Arabia, y finalmente llegó a Roma. Allí consiguió, no sólo el favor de Antonio, sino también el consentimiento de Octavio, y fue proclamado rey de Judea por el Senado. Con un sacrificio en el Capitolio y un banquete dado por Antonio celebró el acceso al trono el nuevo sucesor de David.

Pero todavía tenía que conquistar su reino. Al principio hizo progresos con la ayuda de los romanos. Los éxitos que había conseguido, sin embargo, se perdieron por completo durante una breve ausencia para visitar a Antonio. Josef, el hermano de Herodes, fue derrotado y ejecutado, y Galilea, que había sido sometida, volvió a rebelarse. Pero la ayuda que le dieron los romanos, después de regresar de su visita a Antonio, fue mucho más poderosa, y sus pérdidas quedaron más que resarcidas. Pronto estaba toda Palestina en sus manos, con la excepción de Jerusalén. Cuando hubo puesto cerco a la ciudad, fue a Samaria, donde se casó con la hermosa princesa macabea Mariamne, con la que se había comprometido cinco años antes.[3] Esta desgraciada reina, y su hermano mayor Aristóbulo, unían entre sí las dos ramas rivales de la familia macabea. Su padre era Alejandro, el hijo mayor de Aristóbulo, el hermano de Antígono, a quien Herodes estaba sitiando en Jerusalén; y su madre, Alejandra, la hija de Hircano II. El tío de Mariamne no pudo sostenerse en contra de las fuerzas combinadas de Roma y de Herodes. La matanza resultó espantosa. Cuando Herodes, con ricos presentes, al fin indujo a los romanos a que abandonaran Jerusalén, se llevaron a Antígono con ellos. Cumpliendo los deseos de Herodes, fue ejecutado.

Éste fue el primero de los Macabeos que cayó víctima de sus celos y crueldad. La historia que sigue ahora es de matanzas repugnantes. La próxima venganza fue la de los adherentes principales que su rival Antígono tenía en Jerusalén. Fueron ejecutados cuarenta y cinco de los más nobles y ricos. El próximo paso fue designar a un babilonio, prácticamente desconocido, para el cargo de Sumo Sacerdote. Esto despertó la hostilidad activa de Alejandra, la madre de Mariamne, esposa de Herodes. La princesa macabea reclamaba el Sumo Sacerdocio para su hijo Aristóbulo. Sus intrigas con Cleopatra –y a través de ella con Antonio– y los ruegos de Mariamne, el único ser a quien Herodes amó, aunque en su forma demencial, prevalecieron. A la edad de diecisiete años Aristóbulo fue nombrado Sumo Sacerdote. Pero Herodes, que conocía muy bien el odio y desprecio de los miembros macabeos de su familia, puso bajo vigilancia a su suegra, una precaución que se incrementó después del intento vano de Alejandra de hacer que ella y su hijo fueran sacados en ataúdes de Jerusalén, para huir hacia Cleopatra. Pronto los celos y las sospechas de Herodes se incrementaron hasta la locura asesina, a causa de las aclamaciones con que saludaron al joven Aristóbulo en la Fiesta de los Tabernáculos. Era necesario librarse de un macabeo rival, y dio órdenes secretas de que Aristóbulo fuera ahogado cuando estaba en el baño. Su madre denunció al asesino y, por la influencia de Cleopatra, que también aborrecía a Herodes, consiguió que éste fuera emplazado ante Antonio. Una vez más, con sobornos, Herodes prevaleció; pero le esperaban otras tribulaciones.

Tan pronto obedeció a la cita de Antonio, Herodes dejó el gobierno en manos de su tío Josef, que era también su cuñado por haberse casado con Salomé, la hermana de Herodes. Sus celos desorbitados le llevaron a ordenar que, en caso de ser condenado, Mariamne fuera asesinada para que no pudiera pasar a ser la esposa de otro. Por desgracia, Josef se lo dijo a Mariamne, para mostrarle lo mucho que le amaba su esposo. Pero al regreso de Herodes, la infame Salomé acusó a su anciano esposo de haber obrado de modo impropio con respecto a Mariamne. Cuando se vio que Josef le había dicho a la reina el encargo recibido, Herodes, considerando que esto confirmaba la acusación de su hermana, ordenó que fuera ejecutado, sin tan sólo escucharle. Vinieron luego complicaciones exteriores de índole muy seria. Herodes tuvo que ceder a Cleopatra los distritos de Fenicia y Filistea, y el de Jericó, con sus ricas plantaciones de bálsamo. Luego, las disensiones entre Antonio y Octavio le implicaron, en la causa del primero, en una guerra en Arabia, cuyo rey había fallado en pagar tributo a Cleopatra. Herodes salió victorioso; pero ahora tenía que contar con un nuevo amo. La batalla de Actio (31 a.C.) decidió la suerte de Antonio, y Herodes tuvo que hacer la paz con Octavio. Por suerte, pudo prestar un buen servicio a la nueva causa, antes de presentarse personalmente ante Augusto. Pero, a fin de asegurarse contra todos los rivales posibles, hizo ejecutar al anciano Hircano II bajo el pretexto de haber intrigado con los árabes. Herodes tuvo éxito ante Augusto; y cuando el verano siguiente le proporcionó vituallas en su marcha contra Egipto, fue recompensado con una adición sustancial a su territorio.

Cuando Herodes tuvo que aparecer ante Augusto, había confiado Mariamne a un tal Soëmus, con las mismas instrucciones fatales que había dado a Josef. De nuevo

3. Antes había estado casado con una tal Doris, de la cual tuvo un hijo, Antipater.

«La devoción del pueblo y la munificencia de los ricos no tenían límites. Se dedicaban fortunas a subvencionar los estudios judíos, a promover la piedad o al fomento de la causa nacional. Millares de ofrendas votivas y dones costosos en el Templo daban evidencia de ello. Si la codicia de los sacerdotes había elevado artificialmente el precio de animales para los sacrificios, una persona rica podía llevar al Templo, a costa suya, el número necesario para los pobres. La caridad no sólo era abundante, sino muy delicada, y el que en el pasado había estado en buena situación económica, podía vivir con ella todavía según su estado anterior. Así que los habitantes de Jerusalén, la gente de la ciudad, eran refinados, graciosos, simpáticos. Había un tacto en la relación social y una consideración y delicadeza en la ordenación pública y las provisiones que no se encontraba en parte alguna».

Todos los hebreos del mundo que habían cumplido los veinte años pagaban al Templo un impuesto anual de dos dracmas. La vida de un esclavo se indemnizaba con treinta «de plata», o sea, con treinta siclos. Éste es el llamado «tesoro de los siclos»; se trata de monedas de plata hebreas y tirias, halladas en una vasija de cobre con tapadera. (Jerusalén, Israel Museum)

Mariamne se enteró del secreto; de nuevo volvieron a levantarse las calumnias, esta vez no sólo de Salomé, sino también de Kypros, la madre de Herodes; y de nuevo Herodes se imaginó que había hallado evidencia corroborativa. Soëmus fue ejecutado sin proceso, y esta vez la hermosa Mariamne fue ejecutada después de un proceso fraudulento. Los paroxismos más espantosos de remordimiento, pasión y deseo por la esposa muerta hicieron presa del tirano y le llevaron al borde de la tumba. Alejandra, la madre de Mariamne, consideró que era el momento favorable para sus planes, pero fue descubierta y ejecutada. De la raza de los Macabeos sólo quedaban ahora miembros distantes, los hijos de Babas, que hallaron asilo con Costobarus, gobernador de Idumea, que se había casado con Salomé a la muerte de su primer marido. Cansado de él, como antes de Josef, Salomé denunció a su propio marido; y Costobarus, así como los hijos de Babas, cayeron víctimas de Herodes. Así pereció la familia de los Macabeos.

La mano de este tirano enloquecido se volvió entonces contra su propia familia. De sus diez esposas, mencionamos solamente aquellas cuyos hijos ocuparon un lugar en esta historia. El hijo de Doris era Antipater; los de Mariamne Macabea, Alejandro y Aristóbulo; otra Mariamne, a cuyo padre Herodes había hecho Sumo Sacerdote, le dio un hijo llamado Herodes (nombre que también puso a otros hijos suyos); Maltace, una samaritana, fue madre de Arquelao y Herodes Antipas; y, finalmente, Cleopatra de Jerusalén le dio a Felipe. Los hijos de la princesa macabea, como presuntos herederos, fueron enviados a Roma para ser educados. En esta ocasión Herodes recibió, en recompensa por sus muchos servicios, el territorio al este del Jordán, y fue autorizado a nombrar al hermano que aún le quedaba, Feroras, Tetrarca de Perea. A su regreso a Roma, los príncipes jóvenes se casaron: Alejandro con la hija del rey de Capadocia, y Aristóbulo con su prima Berenice, la hija de Salomé. Pero ni el parentesco ni la relación más cercana en que Aristóbulo estaba ahora con respecto a ella, pudo extinguir el odio de Salomé hacia la princesa macabea muerta, o sus hijos. Ni los jóvenes príncipes, en el orgullo de su linaje, disimularon sus sentimientos hacia la casa de su padre. Al principio, Herodes no hizo caso de las denuncias de su hermana. Después, cedió con vagas aprensiones. Como primer paso, Antipater, el hijo de Doris, fue llamado del exilio y enviado a Roma para ser educado. Así se abrió la brecha; y Herodes llevó a sus hijos a Italia para hacer una acusación formal contra ellos ante Augusto. Los consejos prudentes del emperador restauraron la paz durante un tiempo. Pero Antipater, habiendo regresado a Palestina, unió sus calumnias a las de Salomé. Una vez más el rey de Capadocia consiguió reconciliar a Herodes con sus hijos. Pero, al fin, las intrigas de Salomé, Antipater y un extranjero infame que se había abierto paso en la Corte, prevalecieron y Alejandro y Aristóbulo fueron encarcelados, y se les acusó de alta traición delante del emperador. Augusto dio a Herodes plenos poderes, pero le advirtió que convocara un tribunal mixto de judíos y romanos para juzgar el caso. Como se puede suponer, los dos príncipes fueron condenados a muerte, y cuando algunos viejos soldados se atrevieron a interceder por ellos, 300 de los supuestos adherentes a su causa fueron ejecutados y los dos príncipes murieron estrangulados en la cárcel. Esto sucedió en Samaria, donde, treinta años antes, Herodes se había casado con su desgraciada madre.

Antipater era ahora el presunto heredero. Ahora bien, impaciente por llegar al trono, intrigó con el hermano de Herodes, Feroras, contra su padre. De nuevo Salomé denunció a su sobrino y a su hermano. Antipater se retiró a Roma; pero, cuando después de la muerte de Feroras, Herodes obtuvo indudable evidencia de que su hijo había intrigado contra él, atrajo con engaños a su hijo a Palestina y, cuando llegó, fue encarcelado. Todo lo que le faltaba era el permiso de Augusto para ejecutarlo. Llegó, y fue ejecutado, pero sólo cinco días antes de la muerte del mismo Herodes. Así terminó un reino que tiene pocos paralelos por su desenfrenada crueldad y derramamiento de sangre, en que la matanza de los inocentes en Belén es un episodio trivial entre los innumerables actos sangrientos, que no parecen merecer ser registrados en la historia de la nación judía.

Pero podemos entender los sentimientos del pueblo hacia un rey así. Odiaban al idumeo; detestaban su reino semipagano; aborrecían sus actos de crueldad. El rey se había rodeado de consejeros extranjeros y era protegido por mercenarios extranjeros de Tracia, Alemania y Galia (Jos. *Ant*. xvii.8.3). En tanto vivió, ninguna mujer tenía su honor a salvo, o ningún hombre la vida segura. Un ejército de espías poderosos estaba distribuido por Jerusalén; es más, el mismo rey se dice que se rebajó a hacer de espía (*Ant*. xv.10.4). Si el desquite o la enemistad privada daban lugar a una denuncia, la tortura extraía cualquier confesión del más inocente. Cuál fuera su relación con el Judaísmo se puede inferir fácilmente. Era un judío, al parecer; incluso había edificado el Templo, defendido la causa de los judíos en otros países, y, en cierto modo, se conformaba a la Ley del Judaísmo. Al edificar el Templo, tenía tantos deseos de conciliar el prejuicio nacional, que el Santuario mismo fue confiado únicamente a la obra de los sacerdotes. Y tampoco interfirió con el Santo Lugar, ni con las funciones del sacerdocio. Ninguna de sus monedas lleva diseños que pudieran haber herido el sentimiento popular. Ninguno de los edificios que erigió ostentaba emblemas prohibidos. El Sanedrín existió durante su reinado,[4] aunque tiene que haber sido privado de todo poder real, y su actividad confinada a lo eclesiástico o semieclesiástico. Lo más extraño de todo: parece que tuvo por lo menos el apoyo pasivo de dos de los mayores rabinos –Pollio y Sameas, mencionados por Josefo (*Ant*. xiv.9.4; xv.1.1.10, 4)–, que se supone representan a las grandes figuras de la tradición judía, Abtalión y Shemajah (Ab. i. 10. 11).[5] Podemos conjeturar que éstos prefirieron incluso su gobierno al que lo había precedido y esperaban que llevaría a un protectorado romano que dejaría a Judea prácticamente independiente, o más bien bajo el régimen rabínico.

Fue también bajo el gobierno de Herodes que Hillel y Shammai vivieron y enseñaron en Jerusalén,[6] a los cuales la tradición designa como «los padres de antaño» (Eduj. 1.4). Los dos dieron sus nombres a «escuelas», cuya dirección fue en general diferente –al parecer, muchas veces por causa de mutua oposición. Pero no es correcto describir al primero de modo sistemático como liberal y blando.[7] La enseñanza de

---

4. Comp. la discusión de esta cuestión en Wieseler, *Beitr*., pp. 215ss.

5. Incluso sus principios fundamentales, que poseemos, lo demuestran. El de Shemajah era: «Ama el trabajo, aborrece el señorío, y no solicites de las autoridades». El de Abtalión era: «Vosotros sabios, tened cuidado con vuestras palabras para no incurrir en destierro, y siendo exiliados a un lugar de aguas salobres, los discípulos que os sigan beban de ellas y mueran, y así al final sea profanado el nombre de Dios».

6. Acerca de Hillel y Shammai ver el artículo de Herzog, *Real-Encyklop*.; el de Hamburger y Delitzsch, *Jesus u. Hillel*, y los libros de la historia judaica en general.

7. Hay un número de puntos en los cuales las ordenanzas de Hillel eran más severas que las de Shammai, enumerados en Eduj. iv. 1-12; v. 1-4; Ber. 36 *a*, fin. Comp. también Ber. R. 1.

ambos se suponía que había sido declarada por la «Voz del Cielo» *(the Bath-Qol)* como «las palabras del Dios vivo»; pero la Ley iba a seguir a partir de entonces la enseñanza de Hillel (Jer. Ber. 3 *b,* líneas 3 y 2 desde el final). Pero para nosotros Hillel es intensamente interesante, no sólo como suave y tierno, ni como el estudiante sincero que vino de Babilonia para aprender en las academias de Jerusalén; que sostenía a su familia con una tercera parte de su sueldo como jornalero, para poder pagar la matrícula en las escuelas; y cuyo celo y méritos sólo fueron descubiertos cuando, tras una noche severa en que, a causa de su pobreza, no había podido ser admitido a la academia, su cuerpo entumecido fue sacado del pretil de una ventana, a la cual se había arrimado para no perder nada de la preciosa instrucción. Y por amor a él aquel sábado quebrantaron el descanso sagrado. Ni pensamos en él, según las fábulas, de la tradición, como el descendiente de David (Ber. R. 98) poseído de toda cualidad del cuerpo, alma y corazón; ni como el segundo Esdras, cuyo saber le colocó a la cabeza del Sanedrín, que estableció los principios que más adelante fueron aplicados y desarrollados por el Rabinismo, y que fue el verdadero fundador del tradicionalismo. Menos aún pensamos en él de la forma que algunos le han representado falsamente, como uno cuyos principios se asemejaban estrechamente a la enseñanza de Jesús, o, según algunos escritores, que fue la fuente de los mismos. En relación con Jesús pensamos en otra cosa. Recordamos que, en su edad extrema, y cerca de su fin, puede haber presidido la reunión del Sanedrín que, como respuesta a la pregunta de Herodes, señaló a Belén como el lugar del nacimiento del Mesías (Mt. 2:4).[8] Pensamos en él como el abuelo de aquel Gamaliel a cuyos pies se sentó Saulo de Tarso. Y para nosotros es el reformador representativo judío, en el espíritu de aquellos tiempos, y en el sentido de restaurar más bien que de quitar; mientras que pensamos en Jesús como el Mesías de Israel, en el sentido de traer el Reino de Dios a todos los hombres y abierto a todos los creyentes.

Los dos mundos de Jerusalén

Así que había dos mundos en Jerusalén, uno al lado de otro. Por un lado, el Helenismo con sus teatros y anfiteatro; los extranjeros que llenaban la Corte y pululaban por la ciudad; las tendencias y modas extranjeras, desde el rey extranjero hacia abajo. Por otro lado había el antiguo mundo judío, secado y osificado ahora en las escuelas de Hillel y Shammai, y bajo la sombra del Templo y la Sinagoga. Y cada uno prosigue su carrera, uno al lado de otro. Si Herodes tenía espías por todas partes, la ley judía le proporcionaba sus dos magistrados de policía en Jerusalén, los únicos jueces que recibían remuneración (Jer. Kethub. 35 *e;* Kethub. 104 *b*).[9] Si Herodes juzgaba cruel y despóticamente, el Sanedrín juzgaba con una deliberación extrema, y en conjunto se inclinaba a la misericordia. Si el griego era el lenguaje de la Corte y el militar –y realmente tiene que haber sido entendido y hablado por la mayoría en el país–, la lengua del pueblo, hablada también por Cristo y sus apóstoles, era un dialecto del antiguo hebreo, el aramaico palestino u occidental.[10] Parece extraño que se pudiera haber dudado de esto.[11] Un Mesías judío que podía presentar esta pretensión ante Israel en griego parece una contradicción intrínseca. Sabemos que el lenguaje del Templo y de la Sinagoga era el hebreo, y que los sermones o discursos de los rabinos tenían que ser «targumados» al arameo vernáculo –y ¿podemos creer que, en un servicio hebreo, el Mesías se hubiera levantado para dirigirse al pueblo en griego, que hubiera discutido con los fariseos y escribas en esta lengua, especialmente si recordamos que su estudio estaba prohibido, en realidad, por los rabinos?[12]

En verdad, había una mezcla peculiar de dos mundos en Jerusalén: no sólo el de los griegos y los judíos, sino el de la piedad y la frivolidad también. La devoción del pueblo y la munificencia de los ricos no tenían límites. Se dedicaban fortunas a subvencionar los estudios judíos, a promover la piedad o al fomento de la causa nacional. Millares de ofrendas votivas y dones costosos en el Templo daban evidencia de ello. Si la codicia de los sacerdotes había elevado artificialmente el precio de animales para los sacrificios, una persona rica podía llevar al Templo, a costa suya, el número necesario para los pobres. La caridad no sólo era abundante, sino muy delicada, y el que en el pasado había estado en buena situación económica, podía vivir con ella todavía según su estado anterior.[13] Así que los habitantes de Jerusalén, la gente de la ciudad, eran refinados, graciosos, simpáticos. Había un tacto en la relación social y una consideración y delicadeza en la ordenación pública y las provisiones que no se encontraba en parte alguna. Su misma lengua era distinta. Había un dialecto en Jerusalén (Bemid. R. 14; ed. Varsov. p. 59 *a*) vivo, rápido, ligero *(Lishna Qalila,* Baba K.). Y su hospitalidad, especialmente en las temporadas de fiestas, era proverbial. Nadie consideraba como propia su casa, y ningún forastero o peregrino dejaba de obtener acogida. Y ¡cuánto había que ver y oír en estas casas lujosamente amuebladas, con sus diversiones fastuosas! En las habitaciones de las mujeres, las amigas de otras partes del país podían ver novedades en el vestido, adornos y joyería, y permitirse el lujo de examinarse en espejos. Sin duda, siendo esto vanidad femenina, su uso era prohibido a los hombres, excepto si eran miembros de la familia del presidente del Sanedrín, debido a su trato con personas de autoridad, siendo ésta la razón por la que se les permitía también aprender griego (Jer. Shabb. 7*d*). Pero las mujeres no podían mirarse en el espejo en sábado (Shabb. 149 *a*). Sin embargo, esto sólo se aplicaba a los que se llevaban en la mano, puesto que uno podía sentirse tentado a hacer cosas serviles en el día santo, como arreglarse el pelo con las pinzas sujetas al cabo del espejo; pero podía mirarse en un

8. Sobre la cronología de la vida de Hillel ver también Schmilg, *Ueb. d. Entsteh., etc., der Megillath Taanith,* especialmente p. 34. De Hillel se dice que era el Jefe del Sanedrín el año 30 a.C., y que ocupó el cargo durante cuarenta años. No hay duda de que esto es, en todo caso, exagerado.

9. Las leyes de policía de los rabinos podían muy bien servir como modelo para toda legislación similar.

10. Al mismo tiempo no puedo estar de acuerdo con Delitzsch y otros, de que éste era el dialecto llamado *Sursi.* Este último era más bien siríaco. Comp. Levy, *ad voc.*

11. El profesor Roberts ha defendido, con mucha habilidad, la idea de que Cristo y sus apóstoles usaban la lengua griega. Ver especialmente sus «Discussions on the Gospels». La iglesia catolicorromana a veces ha sostenido que Jesús y sus discípulos hablaban en latín, y en 1822 apareció una obra de Black para demostrar que el N.T. Griego mostraba origen latino.

12. Para una presencia plena de los argumentos sobre el tema, remitimos al estudiante a Böhl, Forsch., p.ej., Volksbibel. z. Zeit Jesu, pp. 4-28; la obra del mismo autor (Alttestam. Citate im N. Test.); un artículo muy interesante del Prof. Delitzsch en el «Daheim» para 1874 (nº 27); Buxtorf, sub Gelil;. J. D. Goldberg, «The Language of Christ»; pero en especial G. de Rossi, «Della lingua prop. di Cristo» (Parma, 1772).

13. Así, se dice que Hillel alquiló un caballo –y de raza– para un rico que había caído de su posición.

espejo colocado en la tapa de una cajita (Kel. xiv. 6), o colgado en la pared (Tos. Shabb. xiii. ed. Zuckerm. p. 130). Y ¡también una señora podía adquirir toda clase de cosas en Jerusalén, desde dientes falsos a un velo árabe, un *shawl* persa, o un vestido indio!

Mientras las mujeres se mantenían al corriente de la etiqueta y las modas en sus habitaciones interiores, los hombres podían conversar sobre las noticias del día o la política. Porque los habitantes de Jerusalén tenían amigos y corresponsales en las regiones más distantes del mundo, y había mensajeros especiales que llevaban cartas (Shabb. x. 4) en una especie de cartera de correo. Es más, parece que había también una especie de oficina de recepción en las ciudades (Shabb. 19 *a*), algo que se asemejaba a nuestro servicio de paquetes (Rosh haSh. 9 *b*). Y, por extraño que parezca, incluso una especie de periódico u hoja de información, que circularía (*Mikhtabhin*), aunque no se permitía, los sábados, a menos que tratara de asuntos públicos (Tos. Shabb. xviii.).

Naturalmente, es difícil determinar de modo exacto cuáles de estas cosas estaban en uso en los tiempos más antiguos, o fueron introducidas en un período posterior. Quizá puedan considerarse presentes en un cuadro de la sociedad judía en general. Sin duda, y por desgracia, hay penosa evidencia de los lujos de la Jerusalén de aquel tiempo, y de la corrupción moral a que condujeron. Parece claro que comentarios como los que hace el Talmud (Shabb. 62 *b*) a Isaías 3:16-24, con respecto a las costumbres y maneras de atracción practicadas por cierta clase de la población femenina de Jerusalén, son aplicables a un período muy posterior al del profeta. Con esto están de acuerdo las expresiones de lascivia encubierta usadas por los hombres, que dan un espectáculo lamentable del estado de la moral de muchos en la ciudad (comp. Shabb. 62 *b*, última línea y primera de 63 *a*), y los informes acerca de vestidos indecentes llevados no sólo por algunas mujeres (Kel. xxiv. 16; xxviii. 9), sino también por jóvenes sacerdotes. Tampoco dan una impresión mejor del gran mundo de Jerusalén las exageradas descripciones de lo que la Midrash sobre Lamentaciones (cap. 4:2) describe como la dignidad de los jerosolimitanos; sobre la riqueza que derrochaban en sus bodas; sobre la etiqueta y ceremonial, que insistía en repetidas invitaciones a los convidados a un banquete, y el que hombres de rango inferior no debían ser invitados al mismo; el vestido con el que aparecían; la clase de platos que se servían, el vino en vasos de cristal blanco; y el castigo a un cocinero que había cometido algún fallo en el cumplimiento de sus deberes, y que debía ser porporcionado a la dignidad de la fiesta.

Y, con todo, era la ciudad de Dios, sobre cuya destrucción no sólo los patriarcas y Moisés, sino las huestes angélicas –y más aún, el Todopoderoso mismo y su Shekhinah– se habían lamentado amargamente.[14] Era también la ciudad de los Profetas, puesto que todos aquellos cuyo lugar de nacimiento no se menciona hay que entender que nacieron allí (Meg. 15 *a*). Igualmente, aunque más notable incluso, y esto para gozo y triunfo, iba a ser la hora del levantamiento de Jerusalén, cuando daría la bienvenida a su Mesías. ¡Oh!, ¿cuándo vendría? En su entusiasmo febril de expectación, estaban dispuestos a escuchar la voz de cualquier pretendiente, por vulgar y torpe que fuera la impostura. Y, precisamente, estaba a punto de llegar, llegaba en aquel momento: sólo que no era el Mesías de sus sueños. «A los suyos vino, y los suyos no le recibieron. Pero a cuantos le recibieron, les dio poder para ser hechos hijos de Dios, a saber, a los que creen en su Nombre».

---

14. Ver la Introducción a la Midrash sobre Lamentaciones. Pero algunas de las descripciones son tan penosas –incluso blasfemas– que preferimos no dar citas.

Capítulo 3

(Lucas 1:5-25)

La anunciación de Juan Bautista

Era la hora del sacrificio matinal.[1] Cuando las enormes puertas del Templo giraron sobre sus goznes, las trompetas de plata de los sacerdotes emitieron su agudo sonido tres veces, como para despertar a la ciudad, cual la voz de Dios, para la vida de otro día. Cuando sus ecos llegaban por el aire a través del barranco del Tyropoeon, y subían la cuesta de la Ciudad Alta, o descendían a los barrios activos debajo, o iban alejándose por el nuevo suburbio fuera de las murallas, deben de haber traído pensamientos de mayor santidad a todos aunque fuera por un momento. Porque, ¿no parecían un eslabón entre el pasado, el presente y el futuro, como una cadena de oro de promesas que enlazaban la Ciudad Santa con la Jerusalén de arriba, que, en tipo, ya había descendido del cielo y pronto lo haría en la realidad? El patriota, el santo o el forastero, no podían oír sin conmoverse las tres llamadas que procedían del interior del Templo al abrirse sus puertas.

No era demasiado pronto. Los levitas en servicio, y los legos, a los que correspondía actuar como representantes de Israel, fuera de Palestina o de más allá, en un sacrificio provisto por todo Israel y ofrecido para la nación, todos ellos se apresuraban a sus deberes.[2] Porque ya el arrebol de la aurora, que el Sacerdote en el pináculo más alto del Templo había esperado como la señal para comenzar los servicios del día, dejaba ver su resplandor por Hebrón y más allá. Dentro de los patios, abajo, ya hacía tiempo que había actividad. Bastante antes, sin que lo supieran los que esperaban la mañana –fuera al cantar el gallo, o un poco antes o después (Tamid 1. 2)–, el sacerdote superintendente había llamado a sus funciones sagradas a los que estaban «lavados» según la ordenanza. Tiene que haber habido cada día unos cincuenta sacerdotes oficiantes.[3] Los que estaban preparados ahora se dividían en dos grupos, para hacer inspección de los patios del Templo con antorchas. Luego se reunían y marchaban hacia el conocido vestíbulo de las piedras talladas y pulimentadas (Yoma 25 *a*), donde antes acostumbraba sentarse el Sanedrín. Allí eran destinados para el ministerio del día. Para impedir disputas debidas a celo carnal, la tarea de cada uno era asignada por suertes. Habían de juntarse cuatro veces: dos antes de que fueran abiertas las puertas del Templo y dos después. El primer acto de su ministerio tenía que ser hecho al rayar el alba, al leve resplandor del rescoldo del altar de los holocaustos, antes que los sacerdotes atizaran las brasas y saliera la llama. Estaba apuntando el día, cuando por segunda vez se reunían para las suertes, que designaban a quienes iban a tomar parte en el sacrificio en sí, y que habían de despabilar el candelabro de oro y preparar el altar de incienso dentro del Lugar Santo. Y ahora, ya en plena luz de la mañana, no quedaba nada por hacer antes de la admisión de los que venían a adorar, excepto traer el cordero, asegurarse otra vez de que era apto para el sacrificio, rociarlo con agua del cuenco de oro, y luego ponerlo en forma mística –tal como la tradición describía el acto de amarrar a Isaac para el sacrificio– en el lado norte del altar, con la cara hacia el oeste.

Todos los sacerdotes y los legos estaban presentes cuando el Sacerdote, de pie en el lado este del altar, con el cuenco de oro rociaba con sangre sacrificial dos lados del altar, debajo de la línea roja que marcaba la diferencia entre los sacrificios ordinarios y los que tenían que ser consumidos por completo. Mientras se preparaba el sacrificio para el altar, los sacerdotes a quienes les había correspondido lo preparaban todo dentro del Lugar Santo, donde iba a tener lugar la parte más solemne del servicio del día: la de ofrecer el incienso que simbolizaba las oraciones aceptadas de Israel. De nuevo se echaban suertes (la tercera vez) para indicar quién había de recibir el honor de este elevado acto mediador. Sólo una vez en la vida podía recibirse este privilegio (Tamid v. 2). A partir de entonces se le llamaba «rico»,[4] y tenía que dejar a sus hermanos la esperanza de la distinción que se le había concedido. Era apropiado que, según costumbre, esta suerte fuera precedida por oración y confesión de su fe[5] por parte de los sacerdotes reunidos.

Era la primera semana de octubre 748 A.U.C.,[6] esto es, en el año sexto antes de nuestra era presente, cuando «el orden de Abia»[7] estaba de servicio en el Templo. Es verdad que éste, como en realidad la mayor parte de los veinticuatro «órdenes» en los cuales se había dividido el Sacerdocio, no podía reclamar identidad, sólo continuidad con aquellos cuyo nombre llevaban. Porque sólo tres –a lo más cuatro– de los antiguos «órdenes» habían regresado de Babilonia. Pero la ordenación original había sido preservada, los nombres de las órdenes que faltaban habían sido retenidos, y su número llenado por suertes entre los que habían regresado a Palestina. En nuestra ignorancia del número de las «casas de sus padres», o «familias», que constituían el «orden de Abia» es imposible determinar en qué forma los servicios de aquella semana habían sido distribuidos entre ellos. Pero esto es de una importancia relativamente pequeña, puesto que no hay duda sobre la figura central en escena.

---

1. Suponemos que la ministración de Zacarías (Lc. 1:9) tenía lugar por la mañana, como servicio principal. Pero Meyer (*Komm.* i. 2, p. 242) se equivoca al suponer que esto se sigue por la referencia a las suertes echadas. Es verdad que de los cuatro turnos para las funciones sacerdotales tres tenían lugar por la mañana. Pero el del incienso se repetía por la tarde (Yoma 26 *a*). Incluso el obispo Hanneberg (Die Relig. Alterth., p. 609) es inexacto en este punto.

2. Para una descripción de los detalles de este servicio, ver mi obra «The Temple and its Services».

3. Si contamos que el número total de sacerdotes oficiantes era de 20.000, según H. Josefo (*Ag. Ap.* ii.8) –que se hallaban divididos en 24 órdenes–, este número queda muy por debajo de la cuenta exagerada talmúdica de 85.000 para el menor de los órdenes (Jer. Taan. 69 *a*); y si suponemos que se presentaban algo más de la tercera parte de cada orden para el servicio, nos da unos cincuenta sacerdotes para cada día de la semana, mientras que los sábados todo el orden estaría presente, de servicio. Esto, naturalmente, es mucho más que el número requerido, puesto que, excepto en el caso del sacerdote que incensaba en el turno designado de la mañana, oficiaba también en el sacrificio de la tarde.

4. Yoma 26 *a*. La designación «rico» se deriva de la promesa que en Deuteronomio 33:11 sigue al servicio a que se refiere el versículo 10. Pero probablemente se entendía también una aplicación espiritual.

5. La llamada *Shema*, consistente en Deuteronomio 6:4-9; 11:13-21; Números 15:37-41.

6. La cuestión de esta fecha, naturalmente, está íntimamente relacionada con la de la Natividad de Cristo y, por tanto, no puede ser tratada en el texto. Su discusión se halla en el Apéndice VII: «Sobre la fecha de la Natividad de nuestro Señor».

7. Éste era el octavo orden en la ordenación original (1 Cr. 24:10).

En el grupo que estaba reunido aquella mañana de otoño alrededor del Sacerdote superintendente, había uno sobre el cual ya habían caído las nieves de sesenta inviernos.[8] Pero durante estos años nunca había sido honrado con el oficio del incienso, y es posible que hubiera aprendido que esta distinción venía directamente de Dios. Con todo, la venerable figura de Zacarías tenía que ser bien conocida en el Templo. Porque cada orden estaba dos veces al año en servicio y, al revés de los levitas, los sacerdotes no quedaban descalificados por la edad, solamente por la enfermedad. En muchos aspectos parecía diferente de los que le rodeaban. Su hogar no se hallaba en ninguno de los centros importantes de sacerdotes –el barrio de Ofel, en Jerusalén, ni en Jericó–,[9] sino en una pequeña ciudad en las tierras altas, al sur de Jerusalén: la «región montañosa» histórica de Judea. Y, con todo, podía considerarse distinguido. El ser un sacerdote, y casarse con la hija de un sacerdote, era considerado como un doble honor (comp. Ber. 44 *a;* Peso 49 *a;* Vayyikra R. 4). El que estuviera rodeado de parientes y amigos, y que fuera conocido y respetado por todo el distrito, se ve de modo incidental en el relato (Lc. 1:58, 59, 61, 65, 66). Sería en realidad extraño que hubiera sido de otra forma. Es natural para los hábitos de pensar del pueblo, y hay mucho en el oficio y privilegio del Sacerdocio, si era representado dignamente, para hacer explicable la veneración, algo que las pretensiones agresivas del Rabinismo no podían monopolizar totalmente para sí. Y en este caso Zacarías y Elisabet, su esposa, eran verdaderamente «justos»,[10] en el sentido de andar, a lo que podían juzgar los hombres, «de modo irreprensible», tanto en aquellos mandamientos que eran especialmente obligatorios en Israel, como en los estatutos que corresponden al comportamiento universal de la humanidad.[11] No hay duda de que su piedad asumía en alguna medida la forma del tiempo, siendo –si podemos emplear la expresión– farisaica, aunque sólo en el buen sentido de la palabra.

Vemos mucho con referencia a estos rabinos primitivos –Hillel, Gamaliel y otros– que nos atrae, y su espíritu con frecuencia contrasta con el fanatismo, vanagloria y externalismo no espiritual de sus sucesores. Podemos inferir de modo razonable que el *Tsaddiq* en un hogar quieto de la región montañosa era muy distinto del rabino pagado de sí mismo, cuyo vestido y porte, voz y modales, palabras y aun oraciones, eran los de un religioso nuevo rico, ostentando sus derechos a la distinción ante ángeles y hombres. Una casa como la de Zacarías y Elisabet tendría todo lo que era hermoso en la religión del tiempo: devoción hacia Dios; un hogar de afecto y pureza; reverencia hacia todo lo que era sagrado en las cosas divinas y humanas; caridad generosa, abnegada, cariñosa, para los pobres; tierno cuidado para los sentimientos de los demás, a modo de no hacerlos ruborizar ni herir sus corazones;[12] y, sobre todo, fe y esperanza intensa en el futuro más alto y mejor de Israel. Tendrían que ser muchos, en el país, los de este carácter: quietos, dados a la oración, piadosos, que, aunque no eran por cierto saduceos ni esenios, sino que eran contados entre los del partido farisaico, esperaban la consolación de Israel y la recibieron con gozo cuando se manifestó. Y había algo que de cierto marcaba la diferencia entre unos y otros, más que otra cosa alguna, y que a diario tiene que haberse hecho evidente a Zacarías y Elisabet. Había entre los rabinos quienes, recordando las palabras del profeta (Mal. 2:13, 16), hablaban del error de abandonar la mujer de su juventud (Gitt. 90 *b*), y otros para quienes el mero hecho de la esterilidad hacía de la separación un deber religioso (Yeb. 64 *a*). Elisabet era una mujer estéril. Durante muchos años esto tiene que haber estado presente en las oraciones de Zacarías; carga y reproche que Elisabet parecía siempre llevar consigo. Habían esperado juntos todos estos años, hasta el atardecer de la vida, en que la flor de la esperanza había cerrado su fragante corola; pero todavía los dos se sentaban juntos en la penumbra, contentos, esperando en la soledad que la noche se cerrara sobre ellos.

Pero en aquella mañana brillante de otoño en el Templo no eran éstos los pensamientos que embargaban la mente de Zacarías. Por primera y última vez en su vida la suerte le había señalado para el incensario, y todos sus pensamientos se centrarían en lo que tenía delante. Incluso exteriormente, toda su atención sería atraída por la ejecución apropiada de su deber. Primero tenía que escoger a dos de sus amigos o parientes, para ayudarle en aquel servicio sagrado. Los deberes de éstos eran relativamente simples. Uno quitaba con reverencia lo que había quedado en el altar del

---

8. Según Lucas 1:7 los dos «eran de edad avanzada». Pero en Aboth v. 21 leemos que los sesenta años eran considerados «el comienzo de la ancianidad».

9. Según la tradición, una cuarta parte de los sacerdotes residían en Jericó. Pero, incluso limitando esto a los que tenían la costumbre de oficiar, la afirmación parece muy exagerada.

10. δίκαιος –naturalmente, no en el sentido estricto en que se usa a veces la palabra, especialmente por parte de Pablo, sino como *pius et bonus*. Ver Vorstius (*De Hebraism. N.T.*, pp. 55ss.). En cuanto al relato del evangelista, parece derivado de una fuente original hebrea, pues la palabra tiene que haber correspondido a la de *Tsaddiq* en su significado entonces popular.

11. ἐντολαί y δικαιώματα evidentemente marcan una división esencial en la Ley de este tiempo. Pero es casi imposible determinar cuál era el equivalente hebreo exacto. La Septuaginta no siempre traduce con estos dos términos las mismas palabras hebreas. Comp. Génesis 26:5 con Deuteronomio 4:40. No pueden referirse a la división de la ley en su vertiente afirmativa (248 mandamientos) y prohibitiva (365).

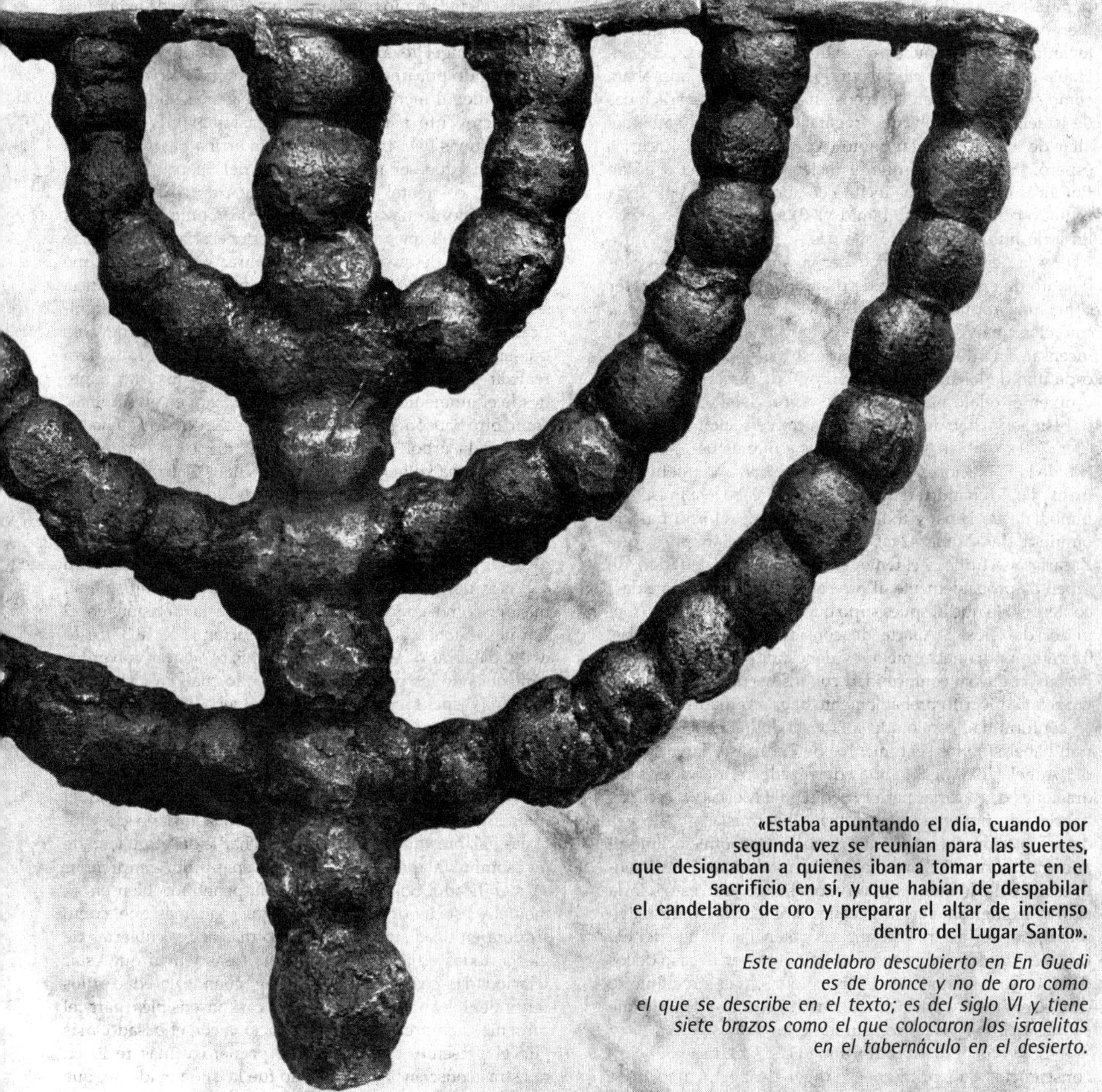

«Estaba apuntando el día, cuando por segunda vez se reunían para las suertes, que designaban a quienes iban a tomar parte en el sacrificio en sí, y que habían de despabilar el candelabro de oro y preparar el altar de incienso dentro del Lugar Santo».

Este candelabro descubierto en En Guedi es de bronce y no de oro como el que se describe en el texto; es del siglo VI y tiene siete brazos como el que colocaron los israelitas en el tabernáculo en el desierto.

servicio de la tarde previa; luego, en actitud de adoración, se retiraba andando hacia atrás. El segundo ayudante ahora se adelantaba, y habiendo esparcido hasta el mismo borde del altar las brasas que había tomado del holocausto, adoraba y se retiraba. Entretanto, el sonido del «órgano» (el Magrephah) se oía hasta en las partes más alejadas del Templo y, según la tradición, más allá de su precinto, sonido que llamaba a los sacerdotes, levitas y pueblo a que se prepararan para cualquier servicio o deber que iba a celebrarse. Porque ésta era la parte más íntima y profunda de la adoración del día. Pero el sacerdote celebrante, llevando el incensario de oro, se hallaba de pie, solo, dentro del Lugar Santo, iluminado por la claridad leve del candelabro de siete brazos. Delante de él, algo alejado hacia el pesado Velo que pendía delante del Lugar Santísimo, había el altar de oro del incienso, en el cual brillaban las rojas brasas. A su derecha (a la izquierda del altar, esto es, hacia el lado norte) había la mesa de los panes de la proposición; a su izquierda, a la derecha del altar, o sea, al sur, estaba el candelabro de oro. Y él seguía esperando, como sabía que tenía que hacer, hasta que una señal especial le indicaba que había llegado el momento de esparcir el incienso sobre el altar, tan cerca como fuera posible del Lugar Santísimo. Los sacerdotes y el pueblo se habían retirado con reverencia de las cercanías del altar y estaban postrados delante del Señor, adorando en silencio, adoración en que los recuerdos de las liberaciones pasadas, los anhelos de las misericordias prometidas

12. No hay, quizá, punto más explícito o exigente en la Ley Rabínica que el de la consideración más tierna hacia los sentimientos de los demás, especialmente los pobres.

para el futuro, y el ruego de bendición y paz para el momento parecían ser los ingredientes del incienso[13] que se levantaba en una nube fragante de alabanza y oración. Había caído un silencio profundo sobre los que adoraban, como si contemplaran la ascensión al cielo de las oraciones de Israel, entre la nube de «fragancia» que se levantaba del altar de oro en el Lugar Santo (Ap. 5:8; 8:1, 3, 4). Zacarías esperó, hasta que vio que el incienso empezaba a arder. Entonces él también se «inclinó en adoración», y se habría retirado con reverencia (Tamid vi. 3) si una visión maravillosa no hubiera detenido sus pasos.

A la derecha del altar (o sea, al sur), entre él y el candelabro de oro, se hallaba de pie lo que él pudo reconocer como una forma angélica.[14] Nunca había mencionado la tradición una visión a un sacerdote ordinario en el acto de incensar. Las dos apariciones registradas –la de un ángel cada uno de los años del pontificado de Simón el Justo; la otra, en el relato blasfemo de la visión del Todopoderoso por Ismael, el hijo de Eliseo, y de la conversación que siguió (Ber. 7 *a*)–[15] habían sido concedidas a Sumos Sacerdotes el Día de la Expiación. Con todo, siempre había inquietud entre el pueblo cuando algún mortal se acercaba a la Presencia inmediata de Dios, y toda dilación de su retorno parecía ominosa (Jer. Yoma 42 *c*). No es de extrañar, pues, que Zacarías «se turbó, y el temor se apoderó de él» cuando, de repente –probablemente al ofrecer su oración de partida–, contempló lo que después supo que era el ángel Gabriel («el poder de Dios»). Aparte de consideraciones superiores, quizá no podía haber mejor evidencia de la verdad de esta narración que su conformidad con los hechos psicológicos. Un relato apócrifo probablemente habría pintado la escena en conformidad con lo que, a la vista del tal escritor, deberían haber sido los sentimientos de Zacarías y las palabras del Ángel.[16] El Ángel habría comenzado refiriéndose a las oraciones de Zacarías para la venida del Mesías, y Zacarías habría sido presentado como lleno de entusiasmo. En vez de la objeción extrañamente prosaica que ofreció ante el anuncio del Ángel, habría habido un estallido de sentimiento espiritual o lo que pasaría como tal. Pero todo esto habría sido psicológicamente falso. Hay momentos de desmayo moral, por así decirlo, en que las potencias vitales del corazón espiritual están deprimidas, y, como en el caso de los discípulos en el monte de la Transfiguración y en el huerto de Getsemaní, la parte física de nuestro cuerpo y todo lo que es más débil en nosotros asumen el mando.

Era verdadero, en conformidad con su estado de semiconsciencia, que primero el Ángel despertó dentro de Zacarías el recuerdo de oraciones y esperanzas de toda la vida que ahora había pasado al fondo de su mente, y luego de repente le sorprendió con la promesa de su realización. Pero el hijo de tantas oraciones que tenía que llevar el nombre significativo de Juan (Jehochanan, o Jochanan), «el Señor es misericordioso», tenía que ser la fuente de gozo y alegría de un círculo mucho más amplio que el de la familia. Ésta podía ser llamada el primer peldaño de la escalera por la cual el Ángel llevaría al sacerdote hacia arriba. Ni aun esto fue seguido por una revelación inmediata de lo que, en tal lugar y de tal mensajero, tenía que haber llevado a un corazón creyente a una emoción casi inefable. Sino que Zacarías más bien fue llevado hacia arriba paso a paso. El niño tenía que ser grande delante del Señor; no sólo un nazareno corriente[17] como Sansón y Samuel habían sido antaño, sino un nazareno de por vida. Como tal, no iba a consagrarse él mismo, sino que pertenecería a Dios desde el comienzo de su vida, para su obra. Y, mayor aún que cualquiera de estos otros representantes de la importancia simbólica de ser nazareno, combinaría en sí los dos significados de su misión: poder en Dios interno y externo, sólo que en un sentido más espiritual y más alto. Porque para realizar la obra de su vida sería lleno del Espíritu Santo desde el momento en que la vida empezara en él. Además, como otro Sansón, por la fuerza de Dios levantaría su hacha sobre cada árbol que debía ser derribado, y, como otro Samuel, haría volver a muchos de los hijos de Israel al Señor su Dios. Además, combinando estas dos misiones como había hecho Elías en el monte Carmelo, en conformidad con la profecía (Mal. 3:1), precedería a la manifestación mesiánica, y no sólo en la persona o la forma, sino en el espíritu y poder de Elías, realizando el significado de tipo de su misión, como cuando en aquel día de la decisión en el Carmelo había sido la carga de su oración (1 R. 18:37), esto es, en palabras de la profecía (Mal. 4:5, 6), «hacer volver los corazones de los padres a los hijos», lo cual, en vista de la próxima dispensación, sería hacer volver a los «desobedientes a la sensatez de los justos» (Lc. 1:17; comp. Mt. 11:19). Así, este nuevo Elías «prepararía para el Señor a un pueblo bien dispuesto».

Si la aparición del Ángel en aquel lugar y en aquel momento había sorprendido y asustado al anciano sacerdote, las palabras que acababa de escuchar le dejarían lleno de un asombro tal que, de momento, apenas pudo comprender su significado. Sólo una idea había penetrado bien en su mente, y ésta se destacaba: ¡un hijo!; y además que, como si fuera en un distante y brumoso más allá y cubiertas de gloria, todas aquellas cosas maravillosas tenían que estar relacionadas con este hijo. Así que, cuando la edad o los sentimientos intensos nos dejan casi insensibles para el presente, siempre es lo que se relaciona con el pasado, más que el presente, lo que emerge primero y más recio en nuestras consciencias. Y por ello fue la duda evidente, que se había insinuado, lo que cayó primero de sus labios casi inconsciente de lo que decía. Sin embargo, había en sus palabras un elemento de fe también, o al menos de esperanza, al pedir alguna garantía o confirmación de lo que había oído.

Es su petición de algún objeto visible por el que pudiera «conocer» todo lo que el Ángel le había prometido, lo que distingue la duda de Zacarías de la de Abraham (Gn. 17:17, 18), o la de Manoa y su esposa (Jue. 13:2-21) bajo circunstancias similares, aunque por otra parte, incluso una lectura rápida nos indica otras diferencias marcadas. Y tampoco hemos de olvidar que nos hallamos en el umbral de una dispensación a la cual la fe es la única entrada. Esta puerta Zacarías tenía que dejarla entreabierta: sería un mensajero mudo. El que no quiso proclamar las alabanzas de Dios, sino

---

13. Para las oraciones ofrecidas por el pueblo durante la quema del incienso, ver «The Temple», pp. 139, 140.

14. El siguiente extracto del Yalkut (vol. i, p. 113 *d*, final) da una curiosa ilustración de esta comunicación divina desde el lado del altar del incienso: «¿Desde qué lugar habló la Shekhinah a Moisés? El rabino Natán dice: Desde el altar del incienso, según Éxodo 30:6. Dijo Simeón ben Asai: Del lado del altar del incienso».

15. Según el Talmud, Ismael había ido al Santuario más interior cuando tuvo una visión de Dios, el cual llamó al sacerdote para que pronunciara una bendición. La muestra de la aceptación de Dios es mejor no citarla.

16. Hay ejemplos de clase análoga que ocurren con frecuencia en los Evangelios apócrifos.

17. Para ver las diferentes clases de nazarenos, véase «The Temple, etc.», pp. 322 -331.

que pidió una señal, la recibió. Su mudez era una señal –a pesar de que la señal, como si fuera el hijo mudo de la oración de la incredulidad, era asimismo su castigo. Y, con todo, cuando se aplica apropiadamente, una señal en otro sentido también– una señal para la multitud que esperaba en el Templo; una señal para Elisabet; para todos los que conocían a Zacarías en la región montañosa; y para el sacerdote mismo, durante aquellos nueve meses de retiro en la solitud interior; una señal también que se encendería en llama ardiente el día que Dios dejaría suelta su lengua.

Había transcurrido un período excepcionalmente largo desde que se había dado la señal para incensar. Las oraciones del pueblo habían sido ofrecidas y la mirada ansiosa de todos se dirigía hacia el Lugar Santo. Al fin salió Zacarías para ocupar su lugar en el último de los peldaños que llevaban desde el pórtico al patio de los sacerdotes, esperando para dirigir la bendición sacerdotal (Nm. 6:24-26) que precedía a la ofrenda de carne diaria y al canto de los Salmos de gracia, acompañada con el gozoso sonido de la música cuando se vertía la ofrenda de bebida. Pero ya la señal de Zacarías iba a ser una señal para todo el pueblo. Los fragmentos de los sacrificios ya habían sido ordenados debidamente en el altar de los holocaustos; los sacerdotes estaban de pie en los peldaños del pórtico, y el pueblo esperaba. Zacarías intentó decir las palabras de la bendición, inconsciente de que había caído sobre él el golpe. Pero el pueblo sabía, a causa de su silencio, que había tenido una visión en el Templo. Sin embargo, mientras se hallaba de pie, indicándolo por medio de signos a la muchedumbre atónita, permaneció mudo.

Pueblo y sacerdotes, asombrados, fueron dispersándose. Acabado el servicio del día, otra familia de ministrantes ocupó el lugar de aquellos entre los cuales había estado Zacarías; y luego, después del último servicio de la semana, vino otro «orden» distinto del de Abía. Éstos regresaron a sus casas, algunos a Ofel, otros a Jericó, algunos a sus quietas residencias en el campo. Pero Dios cumplió la palabra que había dicho por medio de su Ángel.

Antes de abandonar este tema, haremos bien inquiriendo en la relación entre los sucesos descritos y las costumbres y expectativas del tiempo. El relato de la escena en el Templo y los detalles circundantes están en conformidad estricta con lo que sabemos de los servicios del Santuario. En un relato que presenta algunos detalles de un servicio muy complejo, una precisión tan absoluta transmite la impresión de veracidad general. Del mismo modo, el bosquejo de Zacarías y Elisabet es conforme a la historia del tiempo, aunque Zacarías no podía ser uno de los «entendidos», ni para los rabinistas, un sacerdote modelo. Podría habérsele descrito como un «idiot»[18] o común, y como un *Amha-arets*, o sacerdote rústico, y se le trataba con benevolente condescendencia.[19] La aparición angélica que él vio carecía totalmente de precedentes y, por tanto, no podía hallarse dentro del círculo de la expectación común; aunque la posibilidad o, mejor, el temor de algún contacto con la Divinidad siempre estaba presente en la mente popular. Pero es difícil concebir cómo podría habérsele ocurrido a alguien, si no fuera verdad, la invención de una visión así en tales circunstancias. Esta dificultad es incrementada por las evidentes diferencias entre los relatos evangélicos y las ideas populares del tiempo. Se ha dado excesiva importancia aquí, por parte de cierta clase de escritores, al dicho rabínico (Jer. haSh. 56 *d*, línea 10 desde el final) de que los nombres de los ángeles fueron traídos de Babilonia. Porque este dicho (de Ben Lakish) sólo era una deducción escritural aguda (como muestra el contexto), y ni aun una tradición real, sino que ningún crítico competente se aventuraría a establecer el principio de que los dichos rabínicos aislados en el Talmud tienen que ser considerados como fundamento suficiente para los hechos históricos. Por otra parte, la tradición rabínica establece que los nombres de los ángeles se derivaban de su misión, y podían cambiar con ella. Así, la respuesta del Ángel a la pregunta de Manoa (Jue. 13:18) se explica como implicando que él no sabía qué otro nombre podría dársele en el futuro. En el libro de Daniel, al cual se refiere el hijo de Lakish, los dos únicos nombres de ángeles mencionados son Gabriel (Dn. 9:21) y Miguel (10:21), mientras que la apelación al libro de Daniel, como evidencia del origen babilónico de la angelología judaica, procede, con extraña inconsecuencia, de escritores que lo datan como de los tiempos de los Macabeos.[20] Pero la cuestión de la nomenclatura angélica es muy secundaria. El punto que importa es si la angelología y demonología del Nuevo Testamento se derivaron del Judaísmo contemporáneo. La opinión de que fue así ha sido hecha de modo tan dogmático que casi ha pasado a ser para algunos como hecho establecido. A pesar de ello, no es éste el caso, y es posible demostrarlo de modo amplio. Aquí también, aunque hay cierta similaridad en la forma, hay un contraste absoluto en la sustancia.[21]

Admitiendo que los nombres de Gabriel y Miguel tenían que ser familiares a la mente de Zacarías, hay algunas diferencias de cierta importancia que debemos tener a la vista. Así, Gabriel era considerado en la tradición como inferior a Miguel; y aunque los dos estaban relacionados con Israel, Gabriel era representado principalmente como un ministro de justicia y Miguel de misericordia; mientras que, en tercer lugar, Gabriel se suponía que estaba de pie a la izquierda y no (como en el relato evangélico) a la derecha del trono de gloria. Aunque estas divergencias puedan parecer pequeñas, son muy importantes cuando está dilucidándose si una serie de opiniones se deriva de otra. Finalmente, por lo que se refiere a la venida de Elías como precursor del Mesías, se ha observado que según las nociones judaicas había de aparecer *personalmente,* no meramente «en espíritu y poder». De hecho, la tradición representa su ministerio y apariciones como casi continuas –no solamente antes de la venida del Mesías, sino en todo tiempo. Los escritos rabínicos le introducen en la escena, no sólo con frecuencia, sino en las ocasiones más incongruentes y para los propósitos más diversos. En este sentido se dice de él que todavía vive (Moed K. 26 *a*). Algunas veces, en realidad incluso se le culpa, como por las palabras finales de su oración acerca de hacer volver el corazón del pueblo (1 R. 18:37 [en hebreo sin *que* y «nuevamente»]; ver Ber. 31 *b*, últimas dos líneas), e incluso su sacrificio en el monte Carmelo era excusado sólo a base de ser una orden expresa (Bemidbar R. 14. Otro modo de ver en Par. 13). Pero su gran actividad como precursor del Mesías consiste en resolver

18. La palabra הדיוט, o «idiot», cuando va junto a «sacerdote», en general, significa un sacerdote común, a distinción del Sumo Sacerdote. Pero la palabra, sin duda, significa vulgar, ignorante, analfabeto. Ver Jer. Sot. 21 *b*, línea 3 desde el fin; Sanh. 21 *b*. Comp. también Meg. 12 *b*; Ber. R. 96.

19. Según Sanh. 90 *b*, a los tales ni aun se les permitía que obtuvieran la Terumah.

20. Hay otros ángeles mencionados –pero no se da su nombre– en Daniel 10:13, 20.

21. Las ideas y enseñanza judaica sobre los ángeles se dan plenamente en el Apéndice XIII: «Angelología y Demonología Judaica».

dudas de todas clases; volver a introducir a aquellos que habían sido excluidos violenta e impropiamente de la congregación de Israel, y viceversa; a hacer paz; mientras que, finalmente, estaba relacionada con el levantamiento de los muertos (esto en Shir haSh R. i., ed. Varsovia p. 3 *a*).[22] Pero en ninguna parte se le designa de una manera prominente como el que «ha de preparar para el Señor un pueblo dispuesto».[23]

Así que, sea cual sea la fuente del relato, sus detalles ciertamente difieren, en casi todos los particulares, de las nociones teológicas corrientes en aquel tiempo. Y cuanto más meditaría Zacarías en la larga soledad de su silencio obligado más plenamente le vendrían nuevos pensamientos espirituales. En cuanto a Elisabet, sus tiernos sentimientos de mujer, que siempre se retraen de comunicar incluso a sus más íntimos el secreto querido de su maternidad, estaban intensamente profundizados y santificados por el conocimiento de todo lo que había pasado. Aunque entendería muy poco el pleno significado del futuro, ha de haberle parecido como si ella también, ahora, estuviera en el Lugar Santo mirando hacia el Velo que escondía la Presencia más secreta. Entretanto, ella estaba contenta; es más, sentía la necesidad de un retiro absoluto de cualquier otra compañía distinta de la de Dios y de su propio corazón. Como su marido, ella también querría estar a solas y en silencio, hasta que la llamó otra voz. Fuera lo que fuera lo que iba a traerle el futuro, para el presente le bastaba el que el Señor hubiera obrado de esta manera con ella, en los días en que Él miró hacia abajo para quitar su reproche de entre los hombres. La eliminación de aquella carga, la manera, el significado, el fin, todo ello era de Dios y con Dios; y era apropiado estar por completo a solas y en silencio hasta que la voz de Dios volviera a despertar los ecos de dentro. Y así pasaron seis meses en retiro absoluto.

22. Todas las tradiciones rabínicas sobre Elías como precursor del Mesías están cotejadas en el Apéndice VIII.

23. He de hacer constar, sin embargo, que este capítulo curioso acerca del arrepentimiento, en el Pirké del rabino Elieser (c. 43), termina con estas palabras: «E Israel no hará un gran arrepentimiento hasta que Elías –cuya memoria sea bendita– venga, tal como dice Malaquías 4:6», etc. De esta frase aislada y enigmática, la inferencia del profesor Delitzsch (*Zeitschr. für Luther. Theol.*, 1875, p. 593) parece demasiado abarcativa.

Capítulo 4

(Mateo 1; Lucas 1:26-80)

La anunciación de Jesús el Mesías y el nacimiento de su Precursor

¡Del Templo a Nazaret! Parece realmente apropiado que la historia evangélica tuviera su inicio dentro del Santuario y al tiempo del sacrificio. A pesar de la veneración externa que mostraban hacia ellos, el Templo, sus servicios y especialmente sus sacrificios, por una necesidad lógica interna, estaban transformándose rápidamente en algo superfluo para el Rabinismo. Pero el nuevo clima de opinión o desarrollo, pasando por encima los elementos intrusos, que eran, después de todo, de origen racionalista, estaba conectado en su comienzo directamente con la dispensación del Antiguo Testamento: sus sacrificios, sacerdocio y promesas. En el Santuario, en conexión con el sacrificio y por medio del sacerdocio –éste era, de modo significativo, el comienzo de la era del cumplimiento. Y, así, la gran reforma religiosa de Israel bajo Samuel también había empezado en el Templo, que durante tanto tiempo había estado en el fondo. Pero si incluso en este comienzo en el Templo, y en la selección y comunicación a un sacerdote «idiot», había una marcada diferencia del ideal rabínico, la diferencia se amplía en un agudo contraste cuando pasamos del Precursor al Mesías, del Templo a Galilea, del humilde sacerdote «idiot» a la familia humilde, sin letras, de Nazaret. Es necesario recordar aquí nuestra impresión general del Rabinismo: su concepción de Dios y del sumo bien y objeto último de todas las cosas, el cual consistía en concentrarse en el estudio erudito, proseguido en las academias; y luego hemos de pensar en el desprecio sin límites con que acostumbraban hablar de Galilea y los galileos, cuyo *dialecto* mismo era una ofensa; y el aborrecimiento con que tenían a la gente sin letras del campo, a fin de comprender en qué forma sería considerado por los líderes de Israel un hogar como el de José y María. Un anuncio mesiánico que no fuera el resultado de investigación erudita, ni relacionado con las academias, sino en el Santuario, hecho a un sacerdote «rústico»; un «Elías» incapaz de desatar los nudos intelectuales o eclesiásticos, de cuya misión esto no formaba realmente parte alguna; y un Mesías, fruto de una virgen de Galilea desposada con un humilde carpintero, con toda seguridad, un cuadro así del cumplimiento de la esperanza de Israel nunca podría haber sido concebido por el Judaísmo contemporáneo. No había en un Mesías así absolutamente nada –pasado, presente o posible; intelectual, religioso o incluso nacionalmente– que pudiera atraer o, más aun, que no repugnara. Y así, desde el mismo comienzo de esta historia podemos comprender el contraste inmenso que implicaba, con todas las dificultades para su recepción, incluso para aquellos que pasaron a ser discípulos, a medida que casi a cada paso de su progreso, cada vez con nuevas sorpresas, se les llamaba para dejar lo que se les había enseñado antes y acudir a lo que era enteramente nuevo y extraño.

Y, sin embargo, tal como Zacarías puede ser descrito como el representante de lo bueno y verdadero en el sacerdocio de aquel tiempo, también la familia de Nazaret era una casa típicamente israelita. Tenemos la impresión de que la escasez de datos proporcionados aquí por los Evangelios tiene por objeto impedir que el interés humano haga sombra sobre el gran hecho central, al cual sólo se quiere dirigir nuestra atención. Porque el designio de los Evangelios era de modo manifiesto no proveer una biografía de Jesús el Mesías,[2] sino, en conexión orgánica con el Antiguo Testamento, contar la historia del establecimiento del Reino de Dios sobre la tierra prometido desde hacía tanto tiempo. Con todo, los pocos detalles de la «Sagrada Familia» y el ambiente a su alrededor que poseemos pueden ocupar aquí un lugar.

Las tierras altas que forman la porción central de Palestina están separadas por la rica llanura de Jezreel, que separa Galilea del resto del país. Éste fue siempre el gran campo de batalla de Israel. De modo apropiado, está como encerrado entre dos paredes de montañas. La que sigue el norte de la llanura está formada por las montañas de la Baja Galilea, hendidas hacia su mitad por un valle que se ensancha hasta que, después de una hora de trayecto, nos encontramos dentro de un recinto que parece casi uno de los santuarios de la propia Naturaleza. Como en un anfiteatro, lo rodean quince colinas. Hacia el Oeste hay una de unos 500 pies. En sus laderas en la parte baja se acurruca un pueblo cuyas estrechas calles se alinean como terrazas. Este pueblo es Nazaret, probablemente la antigua Sarid (o En-Sarid), que en tiempos de Josué marcaba el límite norte de Zabulón (Jos. 19:10, 11).[3]

Subiendo esta empinada colina, fragante por las hierbas aromáticas silvestres y cubierta de flores de brillantes colores, se abre ante nosotros una vista insuperable. Porque la Galilea del tiempo de Jesús no sólo era de gran fecundidad, cultivada hasta lo sumo y cubierta por todas partes de aldeas y pueblos populosos, sino que era el centro de toda industria conocida y una ruta activa para el comercio mundial. Hacia el Norte, el ojo abarcaba una rica llanura, que verá tachonada aquí y allá de blancas ciudades, relucientes al sol; luego cruzaba rápidamente sobre colinas y valles entre montañas románticas que forman escenas como las del Cantar de los Cantares, hasta que, pasando más allá de Safed (el Tsephath de los rabinos, la ciudad puesta en la colina), la vista quedaba limitada por el gigante de la distante cordillera, Hermón, coronado de nieve. Hacia el Oeste, extendiéndose como una escena de riqueza y hermosura,

---

1. Aunque esto pueda parecer terrible, es cierto que el Rabinismo enseña que Dios ocupa un número determinado de horas cada día en el estudio de la Ley. Compárese Targ. Pseudo-Jonatán sobre Deuteronomio 32:4, y Abhod. Z. 3 *b*. Es más, el Rabinismo va más lejos todavía en su atrevimiento y habla del Todopoderoso como ataviado de un vestido blanco, ocupándose de día con el estudio de la Biblia y de noche con el de los seis tratados de la Mishnah. Comp. también el Targum sobre Cantares 5:10.

2. El objetivo que los evangelistas tenían a la vista no era ciertamente el de una biografía, del mismo modo que el Antiguo Testamento no contiene biografías. El doble objeto de sus relatos lo indican Lucas 1:4 y Juan 20:31.

3. El nombre *Nazaret* puede ser considerado como el equivalente de נֹצֶרֶת «vigilar» o «la que vigila». El nombre no ocurre en el Talmud, ni en las Midrashim que han sido preservadas. Pero la elegía de Eleazar ha Kallir –escrita antes de la conclusión del Talmud–, en la cual es mencionada Nazaret como un centro sacerdotal, se basa en una antigua Midrash, perdida ahora (comp. Neubauer, *Géogr. du Talmud*, p. 117, nota 5). Sin embargo es posible, como sugiere el doctor Neubauer (*u.s.*, p. 190, nota 5), que el nombre נצתנה en Midr. sobre Eclesiastés 2:8 sea realmente נצרנה y se refiera a Nazaret.

había una tierra no solitaria, sino fecunda; no desolada, sino un hormiguero de vida; mientras que en el horizonte se hallaba el Carmelo, de color púrpura; más allá una franja de arena plateada, y luego la superficie deslumbradora del Gran Mar. A distancia, blancas velas como alas extendidas meciéndose hacia los extremos del mundo; más cerca, puertos bulliciosos; luego los centros de industria; y más cerca rutas transitadas, todas ellas brillantes al aire puro oriental y relucientes por el sol. Pero si se miraba hacia el Este, el ojo se detenía en la masa boscosa del Tabor, aunque no antes de que la atención se hubiera quedado fija en las largas y estrechas hileras de caravanas fantásticas, y avivada por las figuras abigarradas de todas las nacionalidades y toda clase de vestidos, que iban de Oriente a Occidente por la línea comercial que pasaba por la carretera que rodeaba el Tabor. Y cuando, cansada ya la vista, se miraba una vez más hacia la pequeña Nazaret como un nido en el seno de la montaña, el ojo descansaba en una escena de hermosura simple y tranquila. Muy cerca de la ciudad, en las afueras, al Noroeste, burbujeaba una fuente o pozo, el lugar de reunión de la gente del pueblo y un punto de descanso bienvenido por los viajeros. Más allá había líneas de casas, cada una con su tejado plano, que se destacaban contra el cielo azul; huertos regados en terrazas en las que extendían sus anchos brazos las higueras, las plumas graciosas de las palmeras, los naranjos de penetrante olor, los olivos de plata, los setos espesos, la tierra de pastos lozanos, y luego las colinas redondeadas del Sur; y más allá, en una expansión sin límites, ¡la ancha llanura de Esdraelón!

Y, con todo, por apartada del mundo que pudiera parecer Nazaret, como en un recinto cerrado entre montañas, no hemos de pensar que era un pueblo solitario al que sólo llegaban ecos distantes de lo que sucedía en el resto del país. Digámoslo con reverencia: un lugar así podía haber servido para la formación de un ermitaño contemplativo, pero no para la crianza de Aquél cuyas simpatías estaban con todas las razas de todos los climas. Ni habría dado un lugar así (con el debido reconocimiento de lo sobrenatural) lo que consideramos como un elemento constante en la historia de la Escritura, porque es racionalmente necesario: el de una preparación interna en la que después lo más alto y divino halle sus puntos de contacto listos y preparados.

Nazaret era precisamente esto. Los dos grandes intereses que agitaban el país, los dos grandes factores en el futuro religioso de Israel, se reunían constantemente en el retiro de Nazaret. La gran ruta de caravanas que se dirigía de Acco, junto al mar, a Damasco, se dividía a su comienzo en tres carreteras: una más al Norte, que pasaba a través de Cesarea de Filipo; otra, por Alta Galilea; y la otra, por la Baja Galilea. Esta última –la antigua Vía Maris– pasaba por Nazaret, y desde allí iba, bien a Caná, o a lo largo de la ladera norte del Tabor, al lago de Genezaret; y cada una de estas carreteras pronto se unía con la de la Alta Galilea.[4] Por lo que, aunque la corriente de comercio entre Acco y el Este se dividía en tres canales, sin embargo, como uno de los tres pasaba por Nazaret, la pequeña población, aunque quieta, no era una charca estancada de reclusión rústica. Por las calles de Nazaret aparecían hombres de todas las naciones ocupados en cosas distintas de las de Israel, y a través de ellos circulaban pensamientos, asociaciones y esperanzas relacionadas con el gran mundo exterior. Pero, por otra parte, Nazaret era también uno de los grandes centros de la vida del Templo judío. Ya se ha indicado que el Sacerdocio estaba dividido en veinticuatro «órdenes» que, por turno, ministraban en el Templo. Los sacerdotes del «orden» que estaba en servicio siempre se reunían en ciertas ciudades, desde donde se dirigían en compañía a Jerusalén, mientras que aquellos que pertenecían al orden pero no podían ir, pasaban la semana en ayuno y oración. Ahora bien, Nazaret era uno de estos centros de sacerdotes,[5] y aunque pueden haber sido relativamente pocos los que en la distante Galilea seguían las regulaciones sacerdotales, tiene que haber habido algunos que se reunieran allí en preparación para las sagradas funciones, o que aparecían en su Sinagoga. Incluso el hecho tan bien conocido de esta viva conexión entre Nazaret y el Templo, tiene que haber despertado sentimientos peculiares. Así, para adoptar un punto de vista amplio, puede adscribirse un doble significado simbólico a Nazaret, puesto que por el pueblo pasaban los que llevaban el tráfico del mundo y los que ministraban en el Templo.[6]

Podemos suponer que la gente de Nazaret era como la de otras pequeñas poblaciones en circunstancias similares,[7] con todas las peculiaridades que marcan el carácter nacional de los galileos: impulsivos, directos, valerosos, intensamente nacionales, ardorosos;[8] con los más profundos sentimientos y casi hábitos instintivos de pensamiento y de vida, que eran el resultado de largos siglos de formación en el A.T.; pero también con los pequeños egoísmos y celos de estos lugares, y con todo el ceremonialismo puntilloso y aplomo personal del oriental. El tipo de Judaísmo prevaleciente en Nazaret sería, naturalmente, el mismo que el del resto de Galilea. Sabemos que había marcadas divergencias respecto a las observancias de la plaza fuerte del Rabinismo[9] –Judea– que indicaban una mayor simplicidad y ausencia de la intrusión constante en las ordenanzas tradicionales. La vida casera sería mucho más pura, puesto que el velo de la vida matrimonial no había sido quitado tan burdamente como en Judea, ni su intimidad sagrada había sufrido la interferencia de una legislación con ojos de Argus.[10] La pureza de los esponsales en Galilea era probablemente menos fácil de que fuera manchada (Keth. 12 *a*), y las bodas eran más simples que en Judea, sin la dudosa institución del padrino de boda (Keth. 12 *a* y otros)[11] o de «los amigos del novio», cuyo oficio muchas veces degeneraba en grosería total. La novia era escogida, no como en Judea, donde con frecuencia el motivo era el dinero, sino como en Jerusalén, con especial atención a motivos personales; y las viudas (como en Jerusalén) eran tenidas en consideración con más esmero, como podemos colegir del hecho de que tenían derecho a residir toda la vida en la casa de su esposo.

A un hogar así estaba José a punto de llevar a la doncella con la cual se había comprometido. Dígase lo que se quiera de las genealogías de los Evangelios según Mateo y

4. Comp. la descripción detallada de estas carreteras, y las referencias en Herzog, *Real-Encykl.*, vol. 15, pp. 160, 161.

5 Comp. Neubauer, *u.s.*, p. 190. Ver un relato detallado en «Bosquejos de la vida social judía», etc., p. 36.

6. Es extraño que no se hayan notado dos circunstancias. Keim (*Jesu von Nazara*, i. 2, pp. 322, 323) sólo de modo rápido se refiere a la gran ruta que pasaba por Nazaret.

7. La idea de que la expresión de Natanael (Jn. 1:46) implica una condición baja respecto a la gente de Nazaret es infundada. Incluso Keim indica que sólo señala la duda de que el Mesías pudiera venir de un lugar así.

8. Nuestra descripción de ellos se deriva de noticias de Josefo (como en *Guerra* iii.3, 2), y muchos pasajes del Talmud.

9. Estas diferencias son señaladas en Pes. iv. 5; Keth. iv. 12; Ned. ii. 4; Chull. 62 *a*; Baba K. 80 *a*; Keth. 12 *a*.

10. El lector que desee entender por qué hemos intentado sólo indicar, debe leer el tratado míshnico Niddah.

11. Comp. «Bosquejo de la vida social judía», etc., pp. 152ss.

«Por las calles de Nazaret aparecían hombres de todas las naciones ocupados en cosas distintas de las de Israel, y a través de ellos circulaban pensamientos, asociaciones y esperanzas relacionadas con el gran mundo exterior. Pero, por otra parte, Nazaret era también uno de los grandes centros de la vida del Templo judío».

La moda griega dictaba la ley, sobre todo entre las mujeres más elegantes de Israel. Nazaret como ciudad cosmopolita recoge las influencias de las grandes ciudades del exterior. En esta cabeza de mujer griega podemos evocar las formas helenizadas que debieron imperar entre las mujeres de Nazaret.
(Museo Gregoriano-Etrusco, siglo III d.C.)

Lucas –tanto si las consideramos como de José y María[12] o, lo que parece más acertado, como sólo las de José,[13] presentando su linaje natural[14] y legal de David, o viceversa–,[15] no puede haber duda que tanto José como María eran del linaje real de David.[16] Lo más probable es que los dos estuvieran emparentados de cerca,[17] y María podía también reclamar parentesco con el sacerdocio, ya que era sin duda por el lado materno «parienta de sangre» de Elisabet, la esposa del sacerdote Zacarías (Lc. 1:36).[18] Incluso esto parece implicar que la familia de María tiene que haber poseído un rango elevado, no mucho tiempo atrás, porque solamente con una distinción así sancionaba la costumbre alguna alianza con la clase sacerdotal.[19] Pero al tiempo de sus esponsales, tanto José como María eran pobres en extremo, como se ve, no por el hecho de que él fuera carpintero, puesto que un oficio era considerado casi como un deber religioso, sino por la ofrenda cuando la presentación de Jesús al Templo (Lc. 2:24). Como consecuencia, los esponsales tienen que haber sido de los más simples y la dote establecida muy pequeña.[20] Cualquiera que hubiera sido el modo de esponsales adoptado (había dos):[21] en la presencia de testigos, o bien por palabra solemne oral, con la formalidad debida, con la promesa añadida de una moneda, por pequeña que fuera, o el valor de una moneda de uso; o bien, por escrito (el llamado *Shitre Erusin*); en este caso no se seguiría ninguna fiesta suntuosa, y la ceremonia concluiría con una bendición como la siguiente, que se usó después: «Bienaventurado eres Tú, oh Señor Dios nuestro, Rey del mundo, que nos has santificado con tus mandamientos, y nos has prohibido el incesto, y prevenido a los desposados, pero nos has sancionado a los casados mediante *Chuppah* (el baldaquino o palio matrimonial) y desposorio. Bienaventurado eres Tú, que santificas a Israel mediante Chuppah y desposorio»; todo lo cual quizá terminaría con una bendición sobre el vaso de vino estatutorio, que era gustado por ambos desposados. Desde aquel momento María era la esposa desposada de José; su relación era sagrada, como si se hubieran casado. Toda infracción sería considerada como adulterio; y tampoco podría disolverse el lazo, como después del matrimonio, excepto por un divorcio regular. Sin embargo, podían transcurrir meses entre los desposorios y la boda.[22]

Cinco meses habían pasado desde el retiro sagrado de Elisabet, cuando un extraño mensajero le llevó las primeras noticias del suceso a su parienta en la lejana Galilea. No fue en la solemne grandeza del Templo, entre el altar de oro del incienso y el candelabro de siete brazos, que el Ángel Gabriel apareció ahora, sino en la intimidad de un humilde hogar de Nazaret. El mayor honor concedido al hombre iba a ser recibido entre circunstancias de la más profunda humildad humana, como si fuera para destacar más claramente el carácter exclusivamente divino de lo que iba a suceder. Y aunque el asombro ante lo Sobrenatural tiene que haber caído inconscientemente sobre ella, no fue tanto lo súbito de la aparición de este ser extraño y misterioso en su retiro lo que sobresaltó a la doncella como las palabras de su salutación, que implicaban una bendición inconcebible. El «Paz a ti»[23] era ciertamente una salutación muy conocida, pero las palabras «El Señor está contigo» podían recordarle una llamada del Ángel a una gran liberación ocurrida en el pasado (Jue. 6:12). Mas esta designación de «muy favorecida»[24] cayó sobre ella con asombro desconcertante, quizá no tanto por su contraste con lo humilde de su estado como por la humildad espontánea de su corazón. Y había de ser así, porque de todos los sentimientos éste era el que más le convenía. En consecuencia, es esta historia de «favor» especial o gracia que el Ángel bosqueja en trazos rápidos, desde la concepción de la Virgen-Madre, al nombre, dado divinamente y distintivo, simbólico del significado de su venida; su grandeza absoluta; su reconocimiento como el Hijo de Dios; y el cumplimiento en Él de la gran esperanza davídica, con su realeza perpetua[25] y su reinado sin término.[26]

En todo esto, por maravilloso que sea, no podía haber nada extraño para los que acariciaban en sus corazones la gran esperanza de Israel, no meramente como un artículo de creencia abstracta, sino como una materia de fe cierta; menos que nadie la doncella del linaje de David, desposada a la casa y linaje de David. En tanto que la mano de la

---

12. La mejor defensa de este punto de vista es la de Wieseler, *Beitr. zur Würdig. d. Evangel.*, pp. 133ss. Está virtualmente adaptado de Weiss (*Leben Jesu*, vol. 1, 1882).

13. Este modo de ver es adoptado casi unánimemente por los escritores modernos.

14. Este modo de ver es defendido con habilidad por Mr. McClellan en su Nuevo Testamento, vol. 1, pp. 409-422.

15. Así Grotius, obispo Lord Arthur Hervey, y tras él los escritores ingleses modernos.

16. El linaje davídico de la Virgen Madre –que es puesto en duda por algunos intérpretes, incluso ortodoxos– parece implicado en el Evangelio (Lc. 1:27, 32, 69; 2:4), y es casi una inferencia necesaria de pasajes como Romanos 1:3; 2 Timoteo 2:8; Hebreos 7:14. El linaje davídico de Jesús no sólo es admitido, sino elaboradamente demostrado –en terreno puramente racionalista– por Keim (*u.s.*, pp. 327-329).

17. Ésta era la idea corriente en la antigüedad.

18. Se hace referencia a esta unión de Leví y Judá en el Mesías en el Test. 12. Patriarch., Test. Simeonis 7 (en Fabr. *Cod. Pseudepigr.* vol. 2, p. 542). Es curioso que del gran Hillel algunos digan también que descendía, a través de su padre y madre, de las tribus de Judá y de Leví, estando de acuerdo todos, sin embargo, en su origen davídico (comp. Jer. Taan. iv. 2; Ber. R. 98 y 33).

19. Comp. Maimónides, *Yad haChaz Hil. Sanh.* 2. La inferencia sería la misma, naturalmente, tanto si suponemos que la madre de María hubiera sido la cuñada o la hermana del padre de Elisabet.

20. Comp. «Bosquejos de la vida social judía en los días de Cristo», pp. 143-149. También el artículo sobre «Marriage» en Cassell, *Bible Educator*, vol. 4, pp. 267-270.

21. Había un tercer modo, por cohabitación; pero éste era altamente desaprobado incluso por los rabinos.

22. La afirmación del profesor Wünsche (*Neue Beitr. zur Erläuter. d. Evang.*, p. 7) de que la práctica de los desposorios estaba confinada casi exclusivamente a Judea carece de base. Los pasajes a que se refiere (Kethub. i. 5 –nota 3– y, especialmente, Keth. 12 *a*) no tienen valor. Keth. 12 *a* marca las simples y puras costumbres de Galilea, pero *no* se refiere a los desposorios.

23. He traducido el griego χαῖρε con el hebreo שלום; y para mostrar lo correcto de ello remito al lector a las notas de Grimm, en 1 Macabeos 10:18 (Exeget. Handb. zu d. Apokryph. 3er. Cuad., p. 149).

24. Bengel hace notar con razón: «Non ut mater gratiae, sed ut filia gratiae». Incluso los comentarios de Jeremy Taylor (*Life of Christ, ed. Pickering*, vol. 1, p. 56) requieren modificación. Siguiendo las mejores autoridades críticas, he omitido las palabras: «Bendita tú entre las mujeres».

25. Me refiero aquí, como una corroboración interesante, al Targum sobre Salmos 45:7 (6 en nuestra versión). Pero este interés es altamente incrementado cuando lo leemos, no como en nuestras ediciones del Targum, sino tal como se halla en un manuscrito, copia del año 1208 (dado por Levy en su Targum. Wörterb, vol. 1, p. 390 *a*). Traducido de esta versión, el Targum traduce así el Salmo 45:7: «Tu trono, oh Dios, en el cielo» (Levy traduce: «Tu trono de Dios en el cielo»; pero en uno y otro caso se refiere al trono del Mesías) «es para siempre» o «por los siglos de los siglos», עלם, עלמין; «un régimen de justicia es el régimen de tu reinado, ¡oh Tú, rey Mesías!».

26. En Pirqé del rabino El. c. 11, este mismo dominio sin límites es adscrito al Mesías el Rey. En este curioso pasaje, el dominio es adscrito a «diez reyes», el primero de los cuales es Dios, el noveno el Mesías, y el décimo Dios de nuevo, a quien el reino sería entregado al final, según Isaías 44:6; Zacarías 14:9; Ezequiel 34:24, con el resultado descrito en Isaías 52:9.

bendición profética descansara sobre la casa de David, y antes que su dedo hubiera designado al individuo que «había hallado favor» en el sentido más elevado, la consciencia de la posibilidad, que apenas se atrevía a producir pensamientos definidos, tenía que haber estimulado sentimientos inefables; quizá con más frecuencia en circunstancias de depresión externa y humildad, como los de la «Sagrada Familia». Y no era tampoco extraño incluso el dar nombre a un niño todavía no concebido. Suena como un dicho corriente entre la gente de antaño éste de los rabinos (Pirqé del R. El. 32, al comienzo) con respecto a los seis cuyos nombres fueron designados antes del nacimiento: Isaac, Ismael, Moisés, Salomón, Josías, y «el Nombre del Mesías, a quien el Santo, bendito sea su nombre, quiera traer rápidamente, en nuestros propios días».[27] Pero en cuanto al significado más profundo del nombre Jesús (Mt. 1:21), que como un capullo sin abrir incluía la flor de su pasión, era un secreto que por misericordia permanecía insospechado, pero correspondía a aquella espada que atravesaría el alma de la Virgen-Madre y que sólo la historia futura de Él abriría ante ella y los demás.

Así, considerando lo dispuesto de su corazón creyente, y toda su falta total de afectación y su naturalidad, habría sido sólo el anuncio glorioso del suceso inminente lo que habría absorbido su pensamiento, sin nada extraño en ello, o que requiriera más luz que el cómo de su propia conexión con ello.[28] Y las palabras que dijo no fueron de duda temblorosa, que requería apoyarse en el cayado de una «señal», sino más bien de pregunta, para tener más guía sobre su entrega voluntaria personal. El Ángel había señalado el camino a sus ojos abiertos: no era extraño; sólo el que *ella* anduviera en él es lo que lo parece. Y ahora el Ángel todavía lo despliega más con sus palabras, que por poco que ella pudiera entenderlas en su significado pleno no tenían nada de extraño en sí, excepto una vez más el que ella fuera así «favorecida»; palabras que, incluso para su comprensión, tienen que haber llevado más lejos aún sus pensamientos del *favor* divino y, con ello, profundizado su humildad. Porque la idea de la actividad del Espíritu Santo en todos los grandes sucesos era bien familiar al Israel de aquel tiempo,[29] aun cuando la Individuación del Espíritu Santo no fuera plenamente aprehendida. Solamente que ellos esperaban que estas influencias descansaran exclusivamente sobre los que eran, o bien poderosos, o ricos, o sabios (Nedar. 38 *a*). Y de esta doble manifestación de «favor» milagroso –o sea, el que ella, y como virgen, fuera su objeto– Gabriel, «el poderoso de Dios», le dio una señal no solicitada al contarle lo que le había sucedido a su parienta Elisabet.

La señal era al mismo tiempo una instrucción. El primer deseo del corazón de María, aunque también fue profundizándose cuando el Ángel la dejó, tiene que haber sido el estar lejos de Nazaret y tener el alivio de poder abrir su corazón a una mujer, en todas las cosas semejantes a ella, que quizá podía decirle palabras de bendición. Y a una persona así el Ángel mismo parece que la dirigió. No podríamos esperar otra cosa que lo que hizo: «de prisa» ella se dirigió a casa de su parienta, sin perder tiempo, y antes de que pudiera hablar con su propio desposado de lo que, incluso en la vida del matrimonio, es el primer secreto que se susurra.[30]

No podía ser una bienvenida corriente la que recibió la Virgen-Madre al entrar en la casa de su parienta. Elisabet tiene que haber sabido por su marido el destino de su propio hijo, y de ahí la noticia del próximo advenimiento del Mesías. Pero ella no podía saber ni *cuándo*, ni de *quién* iba a nacer. Cuando, mediante una señal no extraña en la expectativa judía,[31] ella reconoció en su parienta a la Madre del Señor, su salutación fue la de una madre a otra madre, la madre del «preparador» a la madre de Aquél para quien el otro iba a hacer la preparación. Para ser más preciso: las palabras que llenas del Espíritu Santo dijo ella fueron la expresión hecha por la madre (a la otra madre) del homenaje que su hijo que aún no había nacido ofrecía a su Señor; mientras que el himno de respuesta de María fue el ofrecimiento de este homenaje a Dios. Era la salmodia matutina antifonal del día mesiánico que amanecía, las palabras del cual eran todavía las de la antigua dispensación,[32] pero la música era ya de la nueva; la nota clave era el «favor», «gracia», que sonó en la primera salutación del Ángel: «favor», a la Virgen (1ª estrofa, vv. 46-49); «favor», eterno «favor» a todos sus humildes y pobres (2ª estrofa, vv. 50-53); y «favor» a Israel, extendiéndose en una línea áurea desde la llamada a Abraham hasta el futuro glorioso que ahora se abría (3ª estrofa, vv. 54, 55). No había ni una de estas ideas fundamentales que no se hallara estrictamente dentro del ámbito del Antiguo Testamento; y, con todo, cada una de ellas estaba más allá de él, bañada en la luz dorada del nuevo día. Es milagroso, y profesa serlo; no ciertamente en la conexión de estos sucesos, que se suceden el uno al otro con veracidad psicológica; ni tampoco en su lenguaje, que es de aquel tiempo y circunstancias; sino en los hechos subyacentes.[33] Y para éstos no puede haber otra evidencia que la vida, muerte y resurrección de Jesús el Mesías. Si Él fue tal, y si realmente se levantó de los muertos, entonces, con toda la sobriedad y solemnidad, este comienzo de su aparición parece casi una necesidad lógica. Pero de todo este relato se puede decir que un principio así de la aparición mesiánica, un anuncio tal del mismo y una forma tal de su Venida, no podía haber sido inventado por el Judaísmo contemporáneo; realmente, va en contra directamente de todas sus preconcepciones.[34]

---

27. No queda preciso de dónde cita esto el profesor Wünsche (*u.s.*, p. 414).

28. Weiss (*Leben Jesu*, 1882, vol. 1, p. 213) llama, con razón, la atención a la humildad de su entrega personal, cuando ella se somete voluntariamente a lo que su corazón sentiría como lo más difícil de soportar: incurrir en la sospecha de su pureza a la vista de todos.

29. Así se ve en numerosos pasajes rabínicos.

30. Esto como respuesta a la objeción, sobre la que tanto se insiste, de la incompatibilidad con el relato de Mateo 1:19ss. Es claro que María fue «de prisa» a casa de su parienta, y que toda comunicación con José *podía* sólo tener lugar después de esto, y después que la predicción angélica estuviera confirmada en todas sus partes por la visita a Elisabet. Jeremy Taylor (*u.s.*, p. 64) ya ha ordenado el relato como en el texto.

31. Según la tradición judaica, los niños no nacidos, aún en la matriz de su madre, respondieron con un Amén al himno de alabanza en el mar Rojo. Esto se supone lo indican las palabras ממקור ישראל (Sal. 68:27; ver también el Targum de este versículo). Comp. Keth. 7 *b* y Sotah. 30 *b* (última línea) y 31 *a*, aunque la explicación legendaria burda del rabino Tanchuma echa a perder la hermosura poética del conjunto.

32. La grandeza poética y el molde veterotestamentario del himno de la Virgen (comp. el cántico de Ana, 1 S. 2:1-10) apenas ha de ser señalado. Quizá se leería de modo mejor y más pleno si se intentara recordar lo que tiene que haber sido en su hebreo original.

33. Weiss, aunque niega la exactitud histórica de gran parte del relato evangélico, acepta sin vacilar el hecho del nacimiento sobrenatural de Jesús.

34. Keim discute con gran detalle el origen de lo que él llama la leyenda de la concepción sobrenatural de Cristo. Llega a la conclusión de que fue una leyenda cristiano-judaica, ¡como si una

**«Cinco meses habían pasado desde el retiro sagrado de Elisabet, cuando un extraño mensajero le llevó las primeras noticias del suceso a su parienta en la lejana Galilea.
No fue en la solemne grandeza del Templo, entre el altar de oro del incienso y el candelabro de siete brazos, que el Ángel Gabriel apareció ahora, sino en la intimidad de un humilde hogar de Nazaret.
El mayor honor concedido al hombre iba a ser recibido entre circunstancias de la más profunda humildad humana, como si fuera para destacar más claramente el carácter exclusivamente divino de lo que iba a suceder».**

*Madera, bronce y terracota:
una ánfora vulgar, una jarra, una bandeja,
un plato, una espátula y un cuchillo.
Esto es lo que aparecería diariamente en las mesas de Israel, ante la familia reunida.
(Israel Museum, Jerusalén)*

Habían pasado tres meses desde que la Virgen-Madre había entrado en el hogar de su parienta. Y ahora tenía que regresar a Nazaret. Pronto se reunirían los vecinos y parientes de Elisabet para despedir y mostrar su simpatía al hogar que, según pensaban, había experimentado una misericordia inesperada, sin darse cuenta de lo dilatadas que serían las consecuencias de la misma. Pero la Virgen-Madre no debía ser expuesta a la publicidad de reuniones así. Sin embargo, pese a darse cuenta de lo que la había llevado a su condición, tiene que haber sentido el primer dolor agudo de la espada que había de atravesar su alma cuando se lo dijo todo a su desposado. Ya que por grande que fuera la confianza que él había puesto en la que había escogido como esposa, sólo la comunicación directa divina podía expulsar las preguntas de su corazón y darle la seguridad que era necesaria en la historia futura del Mesías. Aunque el relato es breve, con delicadeza exquisita, podemos leer en los «pensamientos» de José sus sentimientos en lucha angustiosa, la resolución no bien establecida, y por tanto diferida, de «dejarla» (lo cual sólo podía hacerse mediante un divorcio regular), pensando que si fuera necesario llevar a cabo esta decisión la carta de divorcio sería entregada a ella en privado, solamente en la presencia de dos testigos. El humilde *Tsaddiq* de Nazaret no quería exponerla al sonrojo ante nadie, a fin de no hacer de ella una «exhibición pública de vergüenza».[35] Era un alivio el que pudiera divorciarse legalmente de ella bien públicamente o en privado, fuera por un cambio en sus sentimientos o porque había hallado causa para ello, pero vacilaba en darla a conocer, ya por respeto a su propia reputación, ya porque no tenía suficiente evidencia legal de la acusación.[36] Podía seguir, aunque inconsciente de ello, el verdadero sentimiento de hombría, según el rab. Eliezar, el rab. Jochana y el rab. Zera (Keth. 74 *b*, 75 *a*; Keth. 97 *b*), por el cual un hombre no debía exponer a su esposa a la vergüenza ante un Tribunal de Justicia; antes que la sentencia opuesta del rabino Meir.

Pero la seguridad, la cual José no podía tener esperanzas de conseguir, le fue transmitida de modo milagroso en un sueño o visión. Ahora todo quedaba claro; incluso los términos en que se le dirigió el Ángel: «José, hijo de David», tan extraordinarios en circunstancias comunes, le prepararían para el mensaje del Ángel. El nombre dado al Mesías no nacido aún variaría según las nociones populares (ver una nota anterior); el simbolismo de un nombre así estaba profundamente enraizado en las creencias judaicas;[37] mientras que la explicación de *Jehoshua* o *Jeshua* (*Jesús*) como el que había de salvar a su pueblo (de modo primario, tal como ellos lo entendían, Israel) de sus pecados describía, al menos, un aspecto generalmente esperado de su misión[38], aunque José no puede haber sabido que era la base del resto. Y quizá no fue sin un significado y penetración más profundos en su carácter que el Ángel puso énfasis en este mismo elemento en su comunicación a José y no a María.

El hecho de que un anuncio así le viniera en un sueño, predispondría a José mucho más a recibirlo. «Un buen sueño» era una de las tres cosas[39] que eran consideradas popularmente como marcas del favor de Dios; y tan general era la creencia en su significación, que ha pasado al dicho popular: «Si alguno duerme siete días sin soñar (o bien sin recordar su sueño para que sea interpretado), llámale malvado» (o sea, olvidado por Dios) (Ber. 55 *b*).[40] Tranquilizado, pues, divinamente, a José ya no le era posible dudar. El principal deber respecto a la Virgen-Madre y el niño Jesús no nacido aún era pedir inmediatamente el matrimonio, lo cual proporcionaría a ambos no sólo una protección externa, sino también moral.[41]

Viendo los sucesos, no de modo aislado, sino como eslabones unidos en la cadena de oro de la historia del Reino de Dios, «todo esto» –no sólo el nacimiento de Jesús de una Virgen, o su nombre simbólico con su importancia, sino el inquieto dudar de José– «sucedió»[42] en cumplimiento[43] de

---

invención judaica de una «leyenda» así no fuera la más improbable de todas las hipótesis posibles! Pero el criticismo negativo se ve obligado por lo menos a proveer algunas bases históricas para el origen de una leyenda tan improbable. ¿De dónde sale la idea de la misma en primer lugar? ¿Cómo llegó a ser aceptada de modo tan pleno en la Iglesia? Weiss ha mostrado con gran detalle y de modo pleno la imposibilidad de que su origen fuera una leyenda judía o pagana.

35. He traducido, parafraseándolo, el verbo παραδειγματίζω, traducido en Hebreos 6:6: «exponiéndole a la pública ignominia». Comp. también Septuaginta: Números 25:4; Jeremías 13:22; Ezequiel 28:17 (ver Grimm, *Clavis N.T.*, p. 333 *b*). El archidecano Farrar adopta la traducción δειγματίσαι.

36. Por ejemplo, si no tenía suficientes testigos, o si su testimonio podía ser invalidado por alguna de las provisiones en favor del acusado, de las cuales el tradicionalismo tenía muchas. Así, como indica el texto, José podía divorciarse en privado de María, dejando abierta la duda de por qué razones lo había hecho.

37. Así leemos en (Socher Tobh) la Midrash sobre Proverbios 19:21 (final; ed. Lemberg, p. 16 *b*) acerca de ocho nombres dados al Mesías, a saber: *Yinnon* (Sal. 22:17: «su nombre brotará ante el Sol»; comp. también Pirqé del R. Eliez. c. 2); *Jehová; Nuestra Justicia; Tsemach* (el Retoño, Zac. 3:8); *Menachem* (el Consolador, Is. 51:3); *David* (Sal. 18:50); *Siloh* (Gn. 49:10); *Elías* (Mal. 4:5). El Mesías es llamado también *Anani* (el que viene en las nubes, Dn. 7:13; ver Tanch. Par. Toledoth 14); *Chanina*, con referencia a Jeremías 16:13; el *Leproso*, con referencia a Isaías 53:4 (Sanh. 96 *b*). Es un ejemplo curioso del modo judaico de explicar un significado por medio de *gimatreya* o cálculo numérico, que algunos prueban que *Tsemach* (Retoño) y *Menachem* (Consolador) son el mismo nombre, puesto que los equivalentes numéricos de una de las palabras son iguales a los de la otra: מ = 40, נ = 50, ח = 8, מ = 40, = 138; צ = 90, מ = 40, ח = 8, = 138.

38. El profesor Wünsche (*Erlauter. d. Evang.* p. 10) propone borrar las palabras «de sus pecados» como una interpolación no judaica. Como respuesta, basta indicarle los pasajes sobre este tema que él mismo ha cotejado en una obra previa: *Die Leiden des Messias*, pp. 63-108. A éstos sólo añadiré un comentario en la Midrash sobre Cantares 1:14 (ed. Varsovia, p. 11 *a* y *b*), en que la referencia es indudablemente el Mesías (en las palabras del rab. Berakhyah, línea 8 desde el final; y de nuevo en las palabras del rab. Levi, 11 *b*, línea 5 desde arriba, etc.). La expresión הכפר se explica allí como que significa «El que hace expiación por los pecados de Israel», y se añade de modo claro que esta expiación hace referencia a las transgresiones y maldades de los hijos de Abraham, por los cuales Dios ha provisto a este Hombre como expiación.

39. «Un buen rey, un año fructífero, un buen sueño».

40. El rabino Zera demuestra esto con una referencia a Proverbios 19:23, en que la palabra *Sabhea* (satisfecho) es alterada a *Shebba* –siendo las dos escritas שבע–, mientras que ילין es entendida como pasar la noche. Ber. 55 *a* a 57 *b* contiene una larga discusión (a veces escabrosa) sobre sueños, dándoles varias interpretaciones, reglas para evitar las consecuencias de las pesadillas, etc. El principio fundamental es que «un sueño es conforme a su interpretación» (Ber. 55 *b*). Estos modos de ver sobre los sueños, sin duda, han sido desde hace mucho tiempo una creencia popular antes de ser expresados formalmente en el Talmud.

41. La objeción de que el relato del casamiento inmediato de José y María no es compatible con la designación de María en Lucas 2:5 queda refutada de modo suficiente al considerar que, en cualquier otro caso, la costumbre judía no le habría permitido a María viajar a Belén en compañía de José. La expresión usada en Lucas 2:5 tiene que ser leída en conexión con Mateo 1:25.

42. Haupt (*Alttestam. Citate in d. vier Evang.* pp. 207-215) con razón pone énfasis en las palabras «todo esto fue hecho». Incluso se extiende su referencia al triple arreglo de la genealogía de Mateo, implicando el esplendor ascendente de la línea de David, su gloria meridiana y su declive.

43. El equivalente hebreo correcto de la expresión «para que se cumpliera» ἵνα πληρωθῇ no es, como Surenhusius (*Biblos*

lo que había sido prefigurado (Is. 7:14). La promesa del hijo nacido a una virgen como señal de lo firme del pacto de Dios antiguo con David y su casa; el nuevo significado desplegado ahora del antiguo nombre simbólico Emanuel; incluso la incredulidad de Acaz como contrapartida a las preguntas de José, «todo esto» podía verse ahora claramente a la luz de la nueva aurora. Nunca se había hundido tan profundo la casa de David como cuando, con las palabras de Acaz, parecía renunciar al mismo fundamento de su derecho a la continuidad; nunca había caído más baja la fortuna de la casa de David como cuando Herodes estaba sentado en su trono y su línea representativa era un carpintero humilde de pueblo, de cuyo corazón había que ahuyentar las dudas divinamente acerca de la Virgen-Madre. Y nunca, ni aun cuando Dios dio a las dudas de Moisés, como señal de la futura liberación de Israel, el que tenían que adorar en esa montaña (Éx. 3:12), había sido contestada la incredulidad con una evidencia más extraña. Pero como a pesar de todo la estabilidad de la casa de David quedaba asegurada por el advenimiento futuro de Emanuel –y con tal certeza que incluso antes de que el niño pudiera discernir entre el bien y el mal la tierra sería liberada de sus peligros–, así ahora todo lo que entonces había sido prefigurado había de pasar a ser literalmente cierto, e Israel sería salvado de su peligro real mediante el advenimiento de Jesús, Emanuel.[44] Y todo esto había sido incluido en el propósito. La copa áurea de la profecía que Isaías había colocado vacía en la Santa Mesa, en espera de la consumación de los tiempos, ahora estaba llena hasta el borde con el nuevo vino del Reino.

Entretanto, el tan deseado suceso había tenido lugar en el hogar de Zacarías. No había solemnidad doméstica tan importante o tan gozosa como la circuncisión, en que el hijo era uncido, por así decirlo, al yugo de la Ley, con todos los deberes y privilegios que esto implicaba. Incluso la circunstancia de que el rito tuviera lugar a primeras horas de la mañana (Pes. 4 *a*) podía indicar este punto. Según decía la tradición, era como si el padre hubiera actuado sacrificialmente como Sumo Sacerdote (Yalkut Sh. i. par. 81), ofreciendo a su hijo a Dios en gratitud y amor (Tanch. P. Tetsavveh, al principio, ed. Vars. p. 111 *a)*; y simbolizaba esta profunda verdad moral, que el hombre tenía que completar lo que Dios había antes instituido con su propio acto (Tanch. *u.s.*). Para Zacarías y Elisabet el rito tenía incluso más que este significado, por ser administrado al hijo de su ancianidad, recibido tan milagrosamente, y en relación con un futuro semejante. Además, la leyenda que asocia la circuncisión con Elías, como restaurador de este rito en el período apóstata de los reyes de Israel (Pirqé del R. Eliez. c. 29), estaba probablemente en circulación en aquel tiempo.[45] Difícilmente podemos errar al suponer que entonces, como ahora, se decía una bendición antes de la circuncisión, y que la ceremonia terminaba con el acto de gracias usual sobre una copa de vino,[46] cuando el niño recibía su nombre, en una oración que probablemente no difería mucho de las que se usan al presente: «Nuestro Dios, y el Dios de nuestros padres, críe a este niño a su padre y madre, y haga que su nombre sea llamado en Israel Zacarías, el hijo de Zacarías.[47] Que su padre se alegre en este producto de sus lomos, y su madre en el fruto de su matriz, como está escrito en Proverbios 23:25, y se dice en Ezequiel 16:6, y de nuevo en el Salmo 105:8, y en Génesis 21:4» (se entiende que los pasajes son citados de modo pleno). La oración terminaba con la esperanza de que el hijo pudiera crecer y, con éxitos, «estar a la altura del cumplimiento de la Torah, el palio matrimonial y las buenas obras».[48]

De todo esto Zacarías, aunque interesado en ello de modo profundo, era un testigo mudo y sordo.[49] Sólo había notado que en la bendición, en la cual era adscrito el nombre del niño, la madre había interrumpido la oración. Sin explicar sus razones, ella insistía en que su nombre no debía ser el de su anciano padre, como se podía esperar en aquellas circunstancias peculiares, sino Juan (*Jochanan*). Cuando fue consultado el padre, éste sólo aumentó la sorpresa general, pues también dio el mismo nombre. Pero esto no fue la única causa de asombro. Porque en aquel momento se soltó la lengua del mudo y no sólo pudo pronunciar el nombre del niño, sino prorrumpir en alabanzas al nombre del Señor. Sus últimas palabras habían sido de incredulidad, las primeras fueron de alabanza; sus últimas palabras habían sido una pregunta de duda, las primeras fueron un himno de seguridad y confianza. Estrictamente hebreo en el molde y siguiendo de cerca la profecía del Antiguo Testamento, es notable –y también casi natural– que el himno del sacerdote

---

Katallages, p. 151) y otros dicen: לקיים מה שנחמר, y menos aún (Wünsche) הרא הוא רכתיכ, sino como traduce el profesor Delitzsch, en su nueva traducción de Mateo, למלאות את אשר רכריי. La diferencia es importante, y la traducción de Delitzsch queda completamente establecida por traducciones similares en la Septuaginta de 1 Reyes 2:27 y 2 Crónicas 36:22.

44. Una discusión crítica de Isaías 7:14 no estaría aquí en su lugar; aunque he intentado expresar mi modo de ver el texto. (El enfoque más parecido al mío es el de Engelhardt en el Zeitschr. für Luth. Theol. für 1872, Cuad. iv.) La cita de Mateo sigue, apenas sin variación, la traducción de la Septuaginta. Que ellos hubieran traducido el hebreo עלמה por παρθέρος, «una virgen», es suficiente evidencia de lo admisible de esta traducción. La idea de que el Hijo prometido iba a ser el de Acaz, o bien el del profeta, no puede resistir la investigación crítica (ver Haupt., *u.s.*, y Böhl, *Alttest. Citate im N.T.*, pp. 3-6). Nuestras dificultades de interpretación son debidas, en gran parte, a lo abrupto del lenguaje profético de Isaías y nuestra ignorancia de las circunstancias del momento. Steinmeyer argumenta con ingenio contra la teoría mítica, o sea, que como Isaías 7:14 no era interpretado por la antigua Sinagoga en un sentido mesiánico, el pasaje no podía haber llevado a la «leyenda» sobre el «Hijo de una Virgen» (Gesch. d. Geb. d. Herrn. p. 95). Añadimos además esta pregunta: ¿De *dónde* se originó?

45. Probablemente la designación de «silla» o «trono de Elías» aplicada a la silla en que el padrino, sentado, sostenía al hijo, y ciertamente la invocación a Elías, son de fecha posterior. En realidad, la institución de los padrinos es en sí de origen tardío. ¡Es curioso que el Concilio de Terracina, en 1330, tuviera que prohibir a los cristianos que actuaran como padrinos en la circuncisión! Incluso el gran Buxtorf actuó como padrino en 1619 de un niño judío, y se le condenó a una multa de 100 florines por el delito. Ver Löw, *Lebensalter*, p. 86.

46. Según Josefo (*Ag. Ap.* ii. 26), la circuncisión no iba seguida de una fiesta. Pero, si esto es verdad, la práctica fue alterada pronto y la fiesta tenía lugar la víspera de la circuncisión (Jer. Keth. i. 5; B. Kama 80 *a;* B. Bath. 60 *b*, etc.). Pero Midrashim más tardíos la hacen llegar a la historia de Abraham y la fiesta del destete de Isaac, que ellos presentaban como la de la circuncisión (Pirqé del R. Eliez. 29).

47. Wünsche reitera la objeción sin base del rabino Löw (u.s. p. 96) de que sólo se daba un nombre de familia en recuerdo del abuelo, padre muerto, o de algún otro miembro de la familia. Aunque parezca extraño que se haya hecho esta afirmación, más extraño aún es que sea repetida después de haber sido refutada plenamente por Delitzsch. Ciertamente es contraria a Josefa (Guerra iv. 3, 9), y a la circunstancia de que tanto el padre como el hermano de Josefa llevaban el nombre de Matías. Ver también Zunz (*Z. Gesch. u. Liter.* p. 318).

48. El lector hallará que B. H. Auerbach, Berith Abraham (con una introducción hebrea), es un tratado interesante sobre el tema. Otra versión más reciente de estas palabras, en Löw, *u.s.*, p. 102.

49. De Lucas l:62 colegimos que Zacarías era lo que los rabinos entendían por דרש, sordo y mudo también. En consecuencia, se comunicaban con él por medio de רמזים «señales», como Delitzsch traduce correctamente: וַיִּרְמְזוּ אֶל־אָבִיו.

siguiera estrechamente y, si se me permite la expresión, espiritualizara una gran parte de la oración judaica más antigua: la llamada Bendición número dieciocho; o más bien, quizá, que transformara la expectativa de la oración en alabanza por su realización. Si recordamos que una gran parte de estas oraciones eran pronunciadas por los sacerdotes antes de que se echaran las suertes para el acto de incensar, y por el pueblo en el momento del incensar, casi parece que, durante el prolongado período de soledad forzosa, el anciano sacerdote había meditado sobre lo que él mismo había repetido y había al fin aprendido su significado. Empezando con la forma común de la bendición, su himno toca, una tras otra, las más profundas cuerdas de aquella oración, especialmente la más significativa de todas (el panegírico quince): «Haz brotar presto el Retoño[50] de David, tu siervo, y exalta Tú su cuerno con tu salvación, porque en tu salvación confiamos todo el día. ¡Bendito seas Tú, Jehová! Tú haces que se levante el Cuerno de Salvación» (literalmente «brote»). Esta analogía entre el himno de Zacarías y las oraciones de Israel se ve mejor en las bendiciones con que terminan estas alabanzas. Porque cuando se examinan así, los pensamientos principales se hallará que son: Dios como el *Escudo de Abraham*; Él es el que levanta los muertos y *hace que brote la salvación*; el Santo; Él, el que *misericordiosamente da conocimiento*; Él, quien se complace en *el arrepentimiento*; el que multiplica *el perdón*; el que *redime a Israel*; el que *sana sus dolencias* (espirituales); el que *bendice sus años*; el que *recoge a los expatriados de su pueblo*; el que ama *la justicia y el juicio*; el que es *morada y sostén del justo*; el que *edifica a Jerusalén*; el que hace que *se levante el Cuerno de Salvación*; el que *oye la oración*; el que *vuelve su Shekhinah a Sión*; Dios *el Misericordioso*, a quien es debida la alabanza; el que *bendice* a su pueblo *Israel con paz*.

Era apropiado del todo. La pregunta de incredulidad había dejado mudo al sacerdote, porque, en realidad, la incredulidad no puede hablar; y la respuesta de fe le restauró el habla, porque verdaderamente lo que hace la fe es soltar la lengua. La primera evidencia de su mudez había aparecido cuando su lengua se negó a pronunciar la bendición al pueblo; y la primera evidencia de su poder restaurado, al pronunciar la bendición de Dios en un rapto de alabanza y acción de gracias. El signo del sacerdote incrédulo que permanece de pie ante el pueblo atónito, intentando en vano hacerse entender por signos, es altamente apropiado; más apropiado todavía es que, cuando «le hicieron signos», el padre creyente prorrumpiera ante sus oídos con un himno profético.

Pero pronto, cuando todas estas maravillosas noticias se esparcieron por la región montañosa de Judea, cayó temor sobre todos: el temor también de una esperanza imprecisa. El silencio de un día encapotado se había quebrado y la luz que súbitamente había rasgado las tinieblas había puesto en sus corazones la expectación: «¿Qué será, pues, este niño? ¡Porque la mano del Señor estaba con Él!».[51]

50. Aunque casi todas las autoridades modernas están contra mí, no puedo persuadirme de que la expresión (Lc. 1:78) «un amanecer», en nuestras versiones, no sea el equivalente del hebreo צמח «Retoño». La Septuaginta, en todo caso, traduce צמח en Jeremías 23:5; Ezequiel 16:7; 17:10; Zacarías 3:8; 6:12, por ἀνατολή.

51. La inserción del γάρ me parece críticamente establecida, y da su pleno significado.

Capítulo 5

¿Qué Mesías esperaban los judíos?

Sería un modo de ver en extremo estrecho, y aun falso, el considerar la diferencia entre el Judaísmo y el Cristianismo confinándola a la cuestión del cumplimiento de ciertas profecías en Jesús de Nazaret. Estas predicciones sólo podían subrayar algunos rasgos individuales de la Persona e historia del Mesías. No se trata, pues, de que se reconozca una semejanza, sino más bien de una combinación de varias características en una unidad, y la expresión que le da sentido. Hasta donde podemos colegir de los relatos de los Evangelios, no se hizo objeción alguna al cumplimiento de algunas profecías individuales en Jesús. Pero la concepción general que los rabinos se habían formado del Mesías difería totalmente de lo que presentaba el Profeta de Nazaret. Así que la divergencia fundamental entre uno y otro puede decirse que ya existía desde mucho antes que los sucesos los dividieran finalmente. Es la combinación de letras lo que constituye las palabras, y las mismas letras pueden combinarse en palabras diferentes. De modo similar, tanto el Rabinismo como –lo que con anticipación puede considerarse– el Cristianismo podían considerar las mismas predicciones como mesiánicas y buscar su cumplimiento; mientras que, al mismo tiempo, el ideal mesiánico de la Sinagoga podía ser muy diferente de aquél al cual se había adherido la fe y la esperanza de la Iglesia.

1. El punto más importante aquí es tener presente la unidad orgánica del Antiguo Testamento. Sus predicciones no están aisladas, sino que forman un gran cuadro profético; su ritual e instituciones son partes de un gran sistema; su historia no son sucesos relacionados de modo suelto, sino un desarrollo orgánico que tiende hacia una meta definida. Vista en su sustancia interna, la historia del A.T. no es diferente de sus instituciones típicas, ni estas dos de sus predicciones. La idea que subyace en todas es la manifestación de la gracia de Dios en el mundo, el Reino de Dios; el significado de todo, el establecimiento de este Reino sobre la tierra. Este propósito de gracia era, por lo que podemos decir, individualizado, y el Reino en realidad establecido en el Mesías. Tanto la relación fundamental como la final a la vista eran la de Dios hacia los hombres, y el hombre hacia Dios. La primera expresada por la palabra Padre; la segunda por la de Siervo, o mejor, la combinación de las dos ideas: «Hijo-Siervo»; esto estaba ya implicado en el llamado Protoevangelio (Gn. 3:13); y en este sentido también son válidas las palabras que pronunció Jesús: «Antes que Abraham fuese, Yo soy».

Pero, circunscribiendo nuestro examen al punto en que la historia del Reino de Dios empieza con la de Abraham, fue realmente tal como dijo Jesús: «Vuestro Padre Abraham se regocijó de que había de ver mi día; lo vio y se regocijó» (Jn. 8:56). Porque todo lo que sucedió desde Abraham hasta el Mesías era una sola cosa, y llevaba esta doble impronta: hacia el cielo, la del Hijo; hacia la tierra, la del Siervo. Israel era el hijo de Dios: su «primogénito»; su historia, la de los hijos de Dios; sus instituciones, las de la familia de Dios; sus predicciones, las de la casa de Dios. E Israel era también el Siervo de Dios: «Jacob mi siervo»; y su historia, instituciones y predicciones, las del siervo del Señor. Y no meramente siervo, sino hijo-siervo: «ungido» para este servicio. Esta idea, por así decirlo, cristalizó en las tres grandes instituciones representativas de Israel. El «Siervo del Señor» en relación a la historia de Israel era la Soberanía o Realeza en Israel; el «Siervo del Señor» en relación con las ordenanzas rituales era el Sacerdocio en Israel; el «Siervo del Señor» en relación con la predicción era el orden profético. Pero todo ello brotó de la misma idea fundamental: la del «Siervo de Jehová».

Falta dar un paso todavía. El Mesías y su historia no son presentados en el Antiguo Testamento como algo separado o sobreañadido a Israel. La historia, instituciones y predicciones de Israel se dirigen a Él.[1] Él es el israelita típico, es más, el mismo Israel típico: corona, cumplimiento y representante de Israel. Él es *el* Hijo de Dios y *el* Siervo del Señor; pero en este sentido más alto y único verdadero, que había dado su significado a todo el desarrollo preparatorio. Como fue «ungido» para ser el «Siervo del Señor», no con el aceite-tipo, sino por medio «del Espíritu de Jehová» «sobre» Él, de este modo Él era también el «hijo» en un sentido único. Su conexión orgánica con Israel queda marcada por las designaciones «Simiente de Abraham» e «Hijo de David», mientras que al mismo tiempo era, esencialmente, lo que Israel era de modo subordinado y en tipo: «Tú eres mi Hijo, hoy te he engendrado». De ahí, pues, en estricta veracidad, que el Evangelista pudiera aplicar al Mesías lo que se refería a Israel, y verlo cumplido en su historia: «De Egipto llamé a mi Hijo» (Mt. 2:15). Y esta otra idea paralela, de Israel como «el Siervo del Señor», está también concentrada en el Mesías como el Representante israelita, de modo que el libro de Isaías, en la serie de predicciones en las cuales queda perfilada su figura, puede ser resumido como lo concerniente al «Siervo de Jehová». Además el Mesías, como Representante israelita, combinaba en Sí como «*el* Siervo del Señor» el triple oficio de profeta, sacerdote y rey, y unía las dos ideas de «Hijo» y «Siervo» (Fil. 2:6-11). Y la combinación final y plena exhibición de estas dos ideas fue el cumplimiento de la misión típica de Israel, y el establecimiento del Reino de Dios entre los hombres.

Así, tanto en su estadio final como en el inicial (Gn. 3:15), su misión fue el establecimiento del Reino de Dios sobre la tierra efectuado por el «Siervo» del Señor, que fue para la humanidad abatida el enviado de Dios «Consolador ungido» (*Mashiach ha-Menachem*): en su doble sentido de «Consolador» de los individuos («el amigo de pecadores») y el «Consolador» de Israel y del mundo, reconciliando a los dos y trayendo salvación eterna a los dos. Y aquí acabó la misión de Israel. Había pasado por tres estadios. El primero, o *histórico*, era la preparación del Reino de Dios; el segundo, o *ritual*, la presentación en tipo de aquel Reino; mientras que el tercero, o *profético*, trajo este Reino en contacto real con los reinos del mundo. En consecuencia, es durante este último que la designación «Hijo de David» (el tipo de Israel) fue ampliada en las visiones de Daniel a la de «Hijo del Hombre» (la Cabeza de la humanidad redimida). Sería un modo de ver unilateral el considerar el exilio babilónico sólo como un castigo por el pecado de Israel. No hay, en realidad, nada en todos los tratos de Dios en la historia que sea

---

1. A este respecto hay un profundo significado en la leyenda judía (introducida frecuentemente; ver, p.ej., Tanch. ii. 99 *a*; Deb. R. 1) de que todos los milagros que Dios había mostrado a Israel en el desierto serían repetidos para los redimidos en los «últimos días».

exclusivamente *punitivo*. Esto sería un elemento meramente negativo. Sino que siempre hay un elemento positivo también de progreso real; un paso hacia adelante aun cuando, al darlo, algo tenga que ser aplastado. Y este paso hacia adelante fue el desarrollo de la idea del Reino de Dios en su relación con el mundo.

2. Esta unidad orgánica de Israel y el Mesías explica cómo los sucesos, las instituciones y predicciones, que inicialmente eran puramente israelitas, pueden en verdad ser consideradas que hallan su pleno cumplimiento en el Mesías. Desde este punto de vista, todo el Antiguo Testamento adquiere la perspectiva en que destaca la figura del Mesías. Y quizás el elemento más valioso en los comentarios rabínicos a los tiempos mesiánicos es el elemento en que, como se explica con tanta frecuencia, todos los milagros y liberaciones del pasado de Israel serían vueltos a producir, sólo que de una manera mucho más amplia, en los días del Mesías. Así, todo el pasado era simbólico y tipo del futuro: el Antiguo Testamento, el cristal a través del cual podían verse las bendiciones universales de los últimos días. Es en este sentido que podemos entender los dos dichos del Talmud: «Todos los profetas profetizaron solamente de los días del Mesías» (Sanh. 99 *a*), y «El mundo fue creado, sólo para el Mesías» (Sanh. 98 *b*).

De acuerdo con esto, la antigua Sinagoga halló referencias al Mesías en muchos más pasajes del Antiguo Testamento que aquellas predicciones verbales a las cuales nos referimos en general; y las últimas formaban (como en el Nuevo Testamento) un elemento proporcionalmente pequeño y secundario de la concepción de la era mesiánica. Esto lo demuestra plenamente un análisis detallado de los pasajes del A.T. a los cuales se refiere la antigua Sinagoga como mesiánicos.[2] Su número alcanza hacia los 456 (75 del Pentateuco, 243 de los Profetas y 138 de los Hagiógrafos), y su aplicación mesiánica es apoyada por más de 558 referencias a los escritos rabínicos más antiguos.[3] Pero son relativamente pocos entre ellos los que se pueden llamar predicciones verbales. Más bien parece como si cada suceso fuera considerado como profético, y cada profecía, por medio de un hecho o de palabra (predicción), fuera como una luz proyectada sobre el futuro, hasta que el cuadro de la época mesiánica, en el fondo distante, se destacara entre los mil distintos fulgores de los sucesos proféticos, y las declaraciones proféticas; o bien, por lo que se refiere al estado de Israel entonces, hasta que la oscuridad de su noche presente fuera iluminada por un centenar de constelaciones brillando arriba en el firmamento, y su silencio solitario roto por los ecos de las voces celestiales y las melodías de los himnos proféticos traídos por la brisa.

Naturalmente, había el peligro de que, entre estas luces deslumbrantes o en la multitud de figuras, cada una tan atractiva, o bien en el interés intenso del cuadro general, la gran Personalidad central no consiguiera captar la atención debida, y con ello el significado de todo se perdiera en la contemplación de los detalles. Este peligro era mayor por la ausencia de elementos espirituales profundos. Todo lo que Israel necesitaba, «estudiar la Ley y hacer buenas obras», estaba al alcance de todos; y todo lo que Israel esperaba era restauración y gloria nacionales. Todo lo demás eran sólo medios a estos fines; el Mesías mismo, sólo el gran instrumento para alcanzarlos. Visto de esta manera, el cuadro presentado sería la exaltación de Israel, más bien que la salvación del mundo. A esto, y a la idea de la posición espiritual exclusiva de Israel en el mundo, hay que adscribir mucho de lo que de otro modo parecería totalmente irracional en los cuadros o descripciones rabínicas de los últimos días. Pero en este cuadro no habría lugar ni ocasión para un Mesías Salvador, en el único sentido en que podría ser racional una misión celestial así o el corazón de la humanidad pudiera responder al mismo. El ideal rabínico del Mesías no era el de «una luz para iluminar a los gentiles, y la gloria de su pueblo Israel», la satisfacción de las necesidades de la humanidad y el cumplimiento definitivo de la misión de Israel, sino algo muy distinto, incluso todo lo contrario. En consecuencia, había un antagonismo fundamental entre los rabinos y Cristo, al margen de la forma en que Él realizara su obra mesiánica. Por otra parte, es igualmente digno de notar que los elementos puramente nacionales, que podrían haber formado la suma total de las expectativas rabínicas, apenas entraban en la enseñanza de Jesús sobre el Reino de Dios. Y cuanto más comprendemos que Jesús de modo tan fundamental se separaba de todas las ideas de su tiempo, más evidencia tenemos del hecho de que Él no era el Mesías concebido por los judíos, sino que su misión se derivaba de una fuente desconocida para ellos, o al menos desconocida por los líderes de su pueblo.

3. Pero todavía, como las ideas rabínicas estaban por lo menos basadas en el Antiguo Testamento, no tenemos por que maravillarnos de que también encarnaran los rasgos principales de la historia mesiánica. Por lo tanto, un estudio cuidadoso de sus citas escriturales[4] muestra que los postulados principales del Nuevo Testamento con respecto al Mesías son apoyados por las afirmaciones rabínicas. De esta manera, estas doctrinas en cuanto a la *existencia premundana* del Mesías; su *elevación* sobre Moisés, y aun sobre los ángeles; su carácter *representativo*; sus *sufrimientos* crueles y la *mofa* de Él; su *muerte violenta*, y el que fuera *para su pueblo*; su *obra* en favor tanto de los vivos como de los muertos; su *redención* y restauración de Israel; la *oposición* de los gentiles; su *juicio* y *conversión* parcial; el *prevalecimiento* de su *Ley*; las *bendiciones universales* de los últimos días; y su *Reino*, pueden ser deducidas de pasajes incuestionables de los escritos rabínicos antiguos. Sólo que, como podemos esperar, todo ello es indistinto, incoherente, inexplicado y desde un punto de vista muy inferior. A lo más, es el estadio inferior de una profecía aún no cumplida: la niebla cuando el sol está a punto de levantarse, no la luz deslumbradora una vez ha salido. Esto se siente de modo más penoso aún en conexión con el elemento sobre el cual insiste más el Nuevo Testamento. Hay, en realidad, en los escritos rabínicos referencias frecuentes a los sufrimientos e incluso muerte del Mesías, y éstos son puestos en relación con nuestros pecados –como puede verse en Isaías 53 y en otros pasajes– y en un comentario muy notable (Yalkut sobre Is. 9:1) en que se representa al Mesías como dispuesto a tomar sobre sí todos estos sufrimientos, a condición de que todo Israel –los vivos, los muertos y los que aún no han nacido– sean salvos, y que,

2. Ver Apéndice IX, en que se da una lista detallada de todos los pasajes del A.T. que la antigua Sinagoga aplicaba de modo mesiánico, junto con las referencias a las obras rabínicas en que se citan.

3. Aunque este número es elevado, no presento la lista completa. Así, de los treinta y siete Parashas que constituyen la Midrash sobre Levítico, hay no menos de veinticinco que terminan con una visión o perspectiva sobre los tiempos mesiánicos. Lo mismo se puede decir de la terminación de muchas de las Parashas en las Midrashim conocidas como Pesiqta y Tanchuma (Zunz, *u.s.*, pp. 181, 234). Además, las porciones más antiguas de la liturgia judía están llenas de aspiraciones mesiánicas.

4. Ver para estas citas el Apéndice IX.

como consecuencia de su obra, Dios e Israel sean reconciliados y Satanás echado en el infierno. Pero únicamente hay la referencia más vaga a la eliminación del pecado por parte del Mesías, en el sentido de sufrimientos vicarios o sustitutivos.

En conexión con lo que se ha dicho, hay que tener en cuenta un punto muy importante. En cuanto se pueden colegir las opiniones manifestadas en sus escritos, las grandes doctrinas del pecado original y de la pecaminosidad de toda nuestra naturaleza, no eran sostenidas por los antiguos rabinos.[5] Naturalmente, esto no significa que negaran las consecuencias del pecado, tanto por lo que se refería a Adán mismo como a sus descendientes; pero el resultado final está muy lejos de la gravedad con que se considera la Caída en el Nuevo Testamento, que es presentada como la base de la necesidad de un Redentor, el cual, como segundo Adán, restaurará lo primero que se había perdido. La diferencia es tan fundamental como para hacer necesarias otras explicaciones (ver, sobre el tema, Ber. R. 12-16).

La caída de Adán es adscrita a la envidia de los ángeles;[6] no los caídos, porque ninguno había caído hasta que Dios los echó como consecuencia de su seducción del hombre. Los ángeles, habiendo procurado en vano impedir la creación del hombre, finalmente conspiraron para llevarle al pecado como único medio de su desgracia: la tarea habría sido emprendida por Samael (y sus ángeles), el cual en muchos aspectos era superior a los otros príncipes angélicos (Pirqé del R. El. c. 13; Yalkut i. p. 8 *c*). El instrumento empleado fue la serpiente, de cuya condición original se cuentan las más extrañas leyendas, probablemente para hacer que el relato bíblico aparezca más racional (comp. Pirqé del R. El. y Yalkut, *u.s.*; también Ber. R. 19). Los detalles de la historia de la Caída, tal como la cuentan los rabinos, no es necesario repetirlos, excepto para indicar sus consecuencias. La primera fue la supresión de la Shekhinah de la tierra y su traslado al primer cielo, y los pecados subsiguientes llevaron a que fuera retirada hasta el séptimo cielo. Esto, sin embargo, apenas puede ser considerado como una secuela permanente del pecado, puesto que las buenas obras de siete hombres justos, empezando con Abraham, la devolvieron otra vez en tiempo de Moisés a la tierra (Ber. R. 19, ed. Varsov. p. 37 *a*). Hay seis cosas que se dice que Adán perdió con su pecado; pero incluso éstas han de ser restauradas al hombre por el Mesías (Bemidb. R. 13).[7] Se enseña ciertamente que la muerte física de Adán fue la consecuencia de su pecado. De otra manera habría vivido para siempre, como Enoc y Elías (Vayyikra R. 27). Pero aunque el destino de Adán afectó al resto en todo el mundo (Ber. R. 16, 21 y otros), y la muerte vino no sólo para el primer padre, sino para sus descendientes, y toda la creación perdió su perfección,[8] sin embargo incluso estas consecuencias temporales no son admitidas por todos. Parece más bien que se enseña que la muerte era la suerte destinada a todos, o enviada para mostrar la locura de los hombres al reclamar adoración divina, o para probar si la piedad era real (Ber. R. 9), puesto que por la muerte cesa la penosa lucha contra las malas inclinaciones. Era necesario morir cuando nuestro trabajo había terminado para que otros pudieran entrar en él. En cada caso la muerte era la consecuencia de nuestro propio pecado, no el de Adán (Bemidb. R. 19). De hecho, sobre estos cinco –Abraham, Isaac, Jacob, Aarón y Miriam– el ángel de la muerte no había tenido poder absoluto. Es más, hubo un tiempo en que Israel no sólo estaba libre de la muerte, sino que eran como los ángeles, e incluso más elevados que ellos. Porque originalmente Dios había ofrecido la Ley a todas las naciones gentiles (según Dt. 33:2; Hab. 3:3), pero habían rehusado someterse a ella (Ab. Zar. 2 *b*). Mas cuando Israel tomó sobre sí la Ley en el monte Sinaí, la descripción del Salmo 82:6 se aplicó literalmente a ellos. Ellos no habrían muerto, y serían «hijos de Dios» (Ab. Z. 5 *a*). Pero todo esto se había perdido por el pecado de hacer el becerro de oro, aunque el Talmud indica que si Israel hubiera continuado en aquel estado angélico, la nación habría cesado con aquella generación.[9] Así, había dos opiniones divergentes: la una adscribiendo la muerte a la culpa personal; la otra, a la culpa de Adán.[10]

Cuando, sin embargo, pasamos de las consecuencias físicas de la caída a las morales, las autoridades judaicas nos fallan completamente. Enseñan que el hombre fue creado con dos inclinaciones: la inclinación al mal (*Yetser ha-ra*), y la inclinación al bien (Targum Pseudo-Jon sobre Gn. 2:7); la primera obrando en él desde el principio, la otra llegando gradualmente en el curso del tiempo.[11] Y sin embargo, por lo que se refiere a la culpa adscrita a la *Yetser hara*, su existencia es absolutamente necesaria si el mundo ha de continuar (Ber. R. 9). De hecho, como enseña de modo expreso el Talmud (Ber. 61 *a*), el mal deseo o impulso fue creado por Dios mismo; mientras que se afirma también (Sukk. 52 *a* y Yalkut ii. p. 149 *b*) que, al ver las consecuencias, Dios en realidad se arrepintió de haberlo hecho. Esto da un carácter totalmente distinto al pecado, como debido a causas por las que no se puede culpar al hombre (comp. también Jer. Targum sobre Éx. 32:22). Por otra parte, como está en el poder de cada uno el vencer del todo al pecado y ganar la vida por medio del estudio y las obras (Ab. Z. 5 *b*; Kidd. 30 *b*); como Israel en el monte Sinaí se había desprendido del *Yetser ha-ra*, y había habido algunos que fueron del todo justos (p.ej., Yoma 28 *b*; Chag. 4 *b*), apenas quedan restos de ninguna consecuencia moral por la caída de Adán que valga la pena considerar. De modo similar, los Apócrifos mantienen silencio sobre el tema, y la única excepción es el

5. Éste es el punto de vista expresado por todos los escritores dogmáticos judíos. Ver también Weber, *Altsynag. Theol.*, p. 217.

6. En Ber. R., sin embargo, me parece a mí como si algunas veces se insinuara alguna vista simbólica de la historia de la Caída; la concupiscencia habría sido la causa de ella.

7. Son: el esplendor resplandeciente de su persona, incluso sus talones brillaban como soles; su tamaño gigantesco, de este a oeste, como de la tierra al cielo; los productos espontáneos y espléndidos del suelo y de todos los árboles frutales; una cantidad de luz infinitamente mayor por parte de los cuerpos celestiales; y, finalmente, una duración sin término de la vida (Ber. R. 12, ed. Varsov., p. 24 *b*; Ber. R. 21; Sanh. 38 *b*; Chag. 12 *a*; y su restauración por el Mesías, Bem. R. 13).

8. Ber. R. 5, 12, 10; comp. también Midr. sobre Eclesiastés 7:13 y 8:1, y Baba B. 17 *a*.

9. Por medio de un artificio teológico ingenioso el pecado del becerro de oro y el de David pasan a ser objeto de materia para acción de gracias; el uno al mostrar que, aunque todo el pueblo pecó, Dios estaba dispuesto a perdonar; el otro demostrando que Dios, misericordiosamente, condescendió a cada pecador individual, y a cada uno le fue abierta la puerta del arrepentimiento.

10. En el Talmud (Shabb. SS *a* y *b*), cada una de estas opiniones es defendida en la discusión, la una con referencia a Ezequiel 18:20, la otra a Eclesiastés 9:2 (comp. también Siphré en Dt. 32:49). La conclusión final, sin embargo, se inclina principalmente hacia la conexión de la muerte y la caída (ver sobre todo la clara afirmación de Debar R. 9, ed. Vars., p. 20 *a*). Este modo de ver es también apoyado por pasajes de los Apócrifos como la Sabiduría ii. 23, 24; iii. 1ss.; mientras que, por otra parte, Eccl. xv. 11-17 parece más bien señalar en la otra dirección.

11. Nedar. 32 *b*; Midr. sobre Eclesiastés 4:13, 14, ed. Vars., p. 89 *a*; 9:15; *ib.*, p. 101 *a*.

lenguaje muy fuerte usado en II Esdras, que es de fecha posterior, ya en la era cristiana[12] (comp. IV Esdr. iii. 21, 22, 26; iv. 30; y vii. 46-53).

4. Al no ser sentida la necesidad de liberación del pecado, podemos comprender que la tradición rabínica no hallará lugar para el oficio sacerdotal del Mesías y que incluso sus pretensiones o derechos a ser el profeta de su pueblo estén totalmente eclipsadas por su aparición como Rey y Libertador. Ésta, en realidad, era la necesidad siempre presente que empujaba aún más pesadamente cuando los sufrimientos nacionales de Israel parecían totalmente inexplicables, y que contrastaban agudamente con la gloria esperada por los rabinos. *¿De dónde vienen estos sufrimientos?* Del pecado (Men. 53 *b*): pecado nacional; la idolatría de tiempos anteriores (Gitt. 7 *a*); el prevalecimiento de crímenes y vicios; el abandono de las ordenanzas de Dios (Gitt. 88 *a*), el descuido de la instrucción, del estudio, de la práctica apropiada de su Ley; y en tiempos posteriores, el amor al dinero y la lucha de partidos (Jer. Yoma i. 1; Yoma 9 *a* y otros). *Pero los setenta años de cautividad habían cesado, ¿por qué no la presente dispersión?* Pues la hipocresía había añadido todos los otros pecados (Yoma 9 *b*); porque no había habido arrepentimiento apropiado (Yoma Jer. i. 1); debido a la tibieza de los judíos prosélitos; debido a los matrimonios impropios y otras malas costumbres (Nidd. 13 *b*) y a causa de la vulgar disolución en ciertas ciudades (Yoma 19 *b*). Las consecuencias aparecían no sólo en la condición política de Israel, sino en la tierra misma, en la ausencia de lluvia y rocío, en los escasos frutos; en el desorden general de la sociedad; el olvido de la piedad y el estudio religioso; y el silencio de la profecía.[13] Resumiéndolo todo, Israel estaba sin sacerdocio, sin Ley y sin Dios (Vayyikra R. 19). Es más, todo el mundo sufría como consecuencia de la destrucción del Templo. En un pasaje muy notable (Sukk. 55 *b*) en que se explica que los setenta becerros ofrecidos durante la Fiesta de los Tabernáculos eran para las naciones del mundo, el rabino Jochanan deplora el destino de ellas, pues mientras el Templo estaba en pie, el altar había expiado por los gentiles, pero ahora, ¿quién iba a hacerlo? La luz, que había brillado de las ventanas del Templo hacia el mundo, ahora estaba extinguida (Pesiqta, ed. Buber, p. 145 *a*, últimas líneas). Realmente, el mundo habría sido destruido de no ser por la intercesión de los ángeles (Misdr. sobre Sal. 137). En el lenguaje poético del tiempo, los cielos, sol, luna y estrellas, árboles y montañas, incluso los ángeles, estaban de luto por la desolación del Templo (Pesiqta 148 *b*), y las mismas huestes angélicas habían disminuido desde entonces (Chag. 13 *b*). Pero aunque la Presencia divina había sido retirada, todavía se demoraba cerca de los suyos; y los había seguido en sus tierras de exilio; había sufrido con ellos en todas sus aflicciones.[14] Es una leyenda emocionante, que representa la Shekhinah como demorándose sobre el muro occidental del Templo (Shemoth R. 2., ed. Varsov., p. 7 *b*, líneas 12 y ss.), el único punto que se suponía había quedado en pie.[15] Y más aún, en un lenguaje atrevido y que no podemos reproducir totalmente, se presenta a Dios mismo como haciendo luto sobre Jerusalén y su Templo. Él no ha entrado en su palacio desde entonces, y su pelo está humedecido por el rocío.[16] Llora sobre sus hijos y su desolación (Ber. 3 *a*; 59 *a*) y despliega en los cielos muestras de su luto, correspondientes a las que mostraría un monarca terrenal (Pesiqta 119 *b*, 120 *a*).

Todo esto será rectificado de modo glorioso cuando el Señor haga volver la cautividad de Sión y venga el Mesías. *Pero, ¿cuándo hay que esperarlo, y cuáles son los signos de su venida?* O quizá la pregunta debería ser: *¿Por qué se demoran tanto y de modo tan inexplicable la redención de Israel y la venida del Mesías?* Aquí la Sinagoga se encuentra en presencia de un misterio insoluble. Las explicaciones que se intentan son –se admite– barruntos, o más bien intentos de eludir la cuestión. El único curso que queda a seguir es imponer silencio por medio de autoridad sobre estas pesquisas: el silencio, como decían, de una sumisión implícita, penosa, a lo inexplicable, con fe de que cuando menos se espere vendrá alguna liberación; o, como decimos, el silencio del abatimiento y el desengaño, siempre recurrentes. Así, la gran esperanza de la Sinagoga, como si dijéramos, está escrita en un epitafio sobre una tumba en ruinas, para ser repetido por millares que a lo largo de los siglos han regado las ruinas del Santuario con lágrimas inútiles.

5. *¿Por qué demora el Mesías su venida?* Desde el breve e interrumpido destello de sol de los días de Esdras y Nehemías, el cielo encapotado se ha ido volviendo más y más oscuro, y las terribles tormentas que han estallado sobre Israel no han conseguido rasgar su manto de nubes. La primera cautividad pasó, ¿por qué no la segunda? Ésta es la dolorosa pregunta que están discutiendo constantemente los rabinos (Jer. Yoma i. 1; ed. Krot. p. 38 *c*, parte final; Sanh. 97 *b*, 98 *a*). ¿Pueden decir de modo serio que los pecados de la segunda dispersión son más graves que los que habían causado la primera; o que los que sufrieron la primera cautividad se arrepintieron, pero no los de la segunda? ¿Qué es lo que constituye este arrepentimiento que se ha de hacer? Pero el razonamiento se vuelve contradictorio de sí mismo, de modo absoluto, cuando, junto con la afirmación de que si Israel se arrepiente un solo día, el Mesías va a venir (Midr. sobre Cnt. 5:2; ed. Vars. p. 25 *a*; Sanh. 98 *a*), se nos dice que Israel no va a arrepentirse hasta que venga Elías (Pirqé del R. Eliez. 43, final). Además, por más que sea atrevido el lenguaje, hay verdad en la reconvención que la Midrash (sobre Lm. 5:21, ed. Vars., vol. iii, p. 77 *a*) pone en boca de la congregación de Israel: «Señor del mundo, depende de Ti que nos arrepintamos». Esta verdad, que, aunque al principio recibe respuesta divina en Zacarías 1:3, con todo, cuando Israel reitera las palabras: «Vuélvenos a Ti, oh Señor, para que podamos ser vueltos», apoyándolas con el Salmo 85:4, el argumento no tiene respuesta.

Se mencionan otras condiciones para la liberación de Israel, verdaderamente. Pero apenas podemos considerar que la Sinagoga hiciera depender seriamente la venida del

12. No puede haber duda de que, pese a su fuerte tendencia polémica contra el Cristianismo, el Cuarto Libro de Esdras (2 Esdras en nuestros Apócrifos), escrito al final del siglo I de nuestra era, está fuertemente afectado por la doctrina cristiana. Naturalmente, los dos primeros y los dos últimos capítulos de nuestro 2 Esdras Apócrifo son adiciones posteriores espurias de paternidad cristiana. Pero, en prueba de la influencia de la enseñanza cristiana sobre su escritor, podemos llamar la atención sobre la adopción de la doctrina del pecado original, y además a la notable aplicación a Israel de expresiones del N.T. como «el primogénito», «el unigénito» y «el bien amado» (IV Esdras 6:58; en nuestro Apócrifo, 2 Esdras 4:58).

13. Para todos estos puntos comp. Ber. 58 *b*; 59 *a*; Sot. 48 *a*; Shabb. 138 *b*; Baba B. 12 *a*, *b*.

14. Esto se halla en muchos pasajes rabínicos. (Comp. Castelli, Il Messia, p. 176, nota 4).

15. Como prueba apelan a pasajes como 2 Crónicas 7:16; Salmos 3:4; Cantares 2:9, demostrando incluso por los decretos de Ciro (Esd. 1:3, 4), en que se habla de Dios como presente todavía en la desolada Jerusalén.

16. El pasaje de Yalkut sobre Isaías 60:1 se cita completo en el Apéndice IX.

«Él es el Hijo de Dios y el Siervo del Señor; pero en este sentido más alto y único verdadero, que había dado su significado a todo el desarrollo preparatorio. Como fue 'ungido' para».

La figura del «Buen Pastor», Cristo buscando a los pecadores y conduciéndolos de nuevo al rebaño, como aparece en el evangelio de Juan (10,1-18). Ésta es una de las numerosas representaciones del siglo III alusivas a Cristo pastor de almas. Se trata de un fresco pintado en el cubículo de la «velatio» de las catacumbas de Priscila en Roma.

Mesías de su realización. Entre las más conmovedoras hay un hermoso pasaje (casi nos recuerda a He. cap. 11) en que se describe la futura liberación de Israel como recompensa de la fe (Tanch. sobre Éx. 15:1, ed. Vars. p. 86 *b*). Es también hermosa la idea de que (Jer. 31:9) cuando Dios redima a Israel, será en medio del lloro de ellos (Tanch. sobre Gn. 45:2, ed. Vars.). Pero ni esto puede ser considerado como la condición de la venida del Mesías, ni tampoco generalidades como la observancia de la Ley u otros mandamientos especiales. La gran variedad de sugerencias (Sanh. 97 *b*, 98 *a*)[17] muestra cuán completamente impotente se veía la Sinagoga para indicar alguna condición que pudiera ser cumplida por Israel. Estas afirmaciones vagas, como la de una salvación de Israel que depende de los méritos de los patriarcas, o de uno de ellos, no pueden sernos una solución; y la larga discusión en el Talmud no deja lugar a dudas (Sanh. 98 *a* y *b*) de que la opinión final y más sobria era que el tiempo de la venida del Mesías no dependía del arrepentimiento, ni de otra condición alguna, sino de la misericordia de Dios cuando llegara el tiempo establecido por Él. Pero, incluso así, ¡nos quedamos todavía en la duda, a causa de la afirmación de que su venida podría ser apresurada o retrasada según el comportamiento de Israel![18]

En estas circunstancias, todo intento para determinar la fecha de la venida del Mesías sería incluso más hipotética de lo que suelen ser este tipo de cálculos.[19] Todo intento de adivinarla sólo se podría basar en simbolismos imaginarios. De ellos tenemos ejemplos en el Talmud.[20] Así, algunos fijaron la fecha de 4.000 años después de la Creación –que curiosamente resultó ser la era de Cristo–, aunque el pecado de Israel había cancelado todo el pasado de la cuenta; otros el año 4291 de la Creación (Sanh. 97 *b*); otros la esperaban al principio, o al fin, del Jubileo número ochenta y cinco, con el entendido de que podría ocurrir antes; y así sucesivamente, con toda clase de conjeturas sin base. Una obra relativamente tardía habla de cinco monarquías: Babilonia, Medo-Persia, Grecia, Roma e Ismael. Durante la última de ellas, Dios oiría el clamor de Israel (Pirqé del R. Eliez. 32) y vendría el Mesías, después de una guerra terrible entre Roma e Ismael (Occidente y Oriente) (*u.s.* 30). Pero como el régimen de estas monarquías había de durar en conjunto un día (= 1.000 años), menos los de dos tercios de una hora (1 hora = 83 1/2 años) (comp. Pirqé del R. Eliez. 48), se sigue que su dominación duraría 944 4/9 años.[21] Además, según la tradición judía, el régimen de Babilonia había durado 70 años, el de Medo-Persia 34 y el de Grecia 180 años, dejando 660 4/9 para Roma e Ismael. Así que la fecha para el esperado Advenimiento del Mesías tenía que ser unos 661 años después de la destrucción de Jerusalén, o sea, el 729 de la era cristiana (comp. Zunz, *Gottesd. Vortr.* p. 277).

En la categoría de barruntos podemos colocar toda clase de afirmaciones vagas, como que el Mesías vendría cuando todos fueran justos, o todos malvados; o bien nueve meses después que el imperio de Roma se hubiese extendido por todo el mundo (Sanh. 98 *b*, ver Apéndice IX); o

---

17. El lector puede hallar estas discusiones resumidas al final del Apéndice IX.

18. Ver tammbién, sobre este tema, Debar. R. 2.

19. Dejamos a un lado, como repudiada universalmente, la opinión expresada por un rabino de que la era mesiánica de Israel había pasado, pues las promesas habían sido cumplidas al rey Ezequías (Sanh; 98 *b*; 99 *a*).

20. Ver en el Apéndice IX los extractos del Sanh.

21. Pirqé del R. Eliez. 28. El razonamiento por el cual se deriva la duración de las monarquías de Lamentaciones 1:13 y Zacarías 14:7 es un ejemplo curioso de argumentación rabínica.

cuando todas las almas, predestinadas a ocupar cuerpos, hubieran estado sobre la tierra (Ab. Z. 5. *a;* Ber. R. 24). Pero como después de años de sufrimiento sin alivio o remisión la Sinagoga tuvo que reconocer que, una tras otra, todas las fechas habían pasado, y se extendió el abatimiento en el corazón de Israel, se llegó a pensar de modo general que el tiempo del Advenimiento del Mesías no podía ser conocido de antemano (Targum Pseudo-Jon. sobre Gn. 49); y que la especulación sobre el tema era peligrosa, pecaminosa y digna de condenación. El tema del fin, ciertamente, había sido revelado a los dos hijos de Adán, Jacob y David; pero ni uno ni otro había recibido permiso para darlo a conocer.[22] En vista de ello, no puede por menos que ser considerada simbólica, aunque significativa, la sugerencia de que se diga que la futura redención de Israel se espera en el día pascual, el quinceavo de Nisán[23] (Pesiqta, ed. Buber, 47 *b*, 48 *a;* Sopher. xxi. Hal. 2. Shir. haShir. R. ii. 8., ed. Vars., vol. iii., p. 15 *a*).

6. Nos acercamos ahora a la cuestión más difícil y delicada: ¿Cuál era la expectativa de la antigua Sinagoga, referente a la naturaleza, persona y calificaciones del Mesías? Como respuesta a ello –en este momento no desde el Antiguo Testamento, sino por medio de las opiniones expresadas en la literatura rabínica, y hasta donde podemos colegirlo por los relatos del Evangelio, que sustentaban los contemporáneos de Cristo– podemos hacer dos inferencias que parecen evidentes. En primer lugar, la idea de una personalidad divina, y la de la unión de dos Naturalezas en el Mesías, parece que era extraña a los oyentes judíos de Jesús de Nazaret, y aun al principio a sus discípulos. En segundo lugar, parece que ellos consideraban al Mesías muy por encima de un mortal ordinario, real, profético o incluso un tipo angélico, hasta el extremo de que el límite de separación del mismo de la Personalidad divina es estrechísimo, de modo que, cuando la convicción de la realidad de la manifestación mesiánica en Jesús entró en su mente, esta línea fronteriza fue sobrepasada fácilmente, y casi de modo natural, y los que se habían abstenido de enmarcar su creencia en una forma dogmática así, al punto le confesaron y le adoraron como el Hijo de Dios. Y no hay que maravillarse de esto, incluso hablando desde el punto de vista más elevado de la profecía del Antiguo Testamento. Porque aquí también se aplica el principio que subraya una de las declaraciones más importantes y abarcativas de Pablo: «En parte profetizamos»[24] (ἐκ μέρους προφητεύομεν –1 Co. 13:9). Dada la naturaleza de la misma, toda profecía sólo presenta *disjecta membra* y, casi siempre, como si tuviéramos que situarnos en el valle de visión del profeta (Ez. 37), esperando todavía, a la indicación del Señor, que los huesos esparcidos se junten en un solo cuerpo, al cual el Espíritu dé aliento de vida.

Estas dos inferencias, derivadas de los relatos evangélicos, están en perfecto acuerdo con toda la línea de la antigua enseñanza judaica. Empezando con la traducción de la Septuaginta de Génesis 49:10, y especialmente de Números 24:7, 17, colegimos que el Reino del Mesías[25] era más elevado que ninguno de los de la tierra, y destinado a someterlos a todos. Pero la traducción del Salmo 72:5, 7, Salmo 110:3 y, especialmente, Isaías 9 nos lleva mucho más allá. Estos pasajes transmiten la idea de que la existencia de este Mesías tenía que ser considerada como premundana (antes que la luna, antes que la estrella de la mañana) y eterna, y que su Persona y dignidad eran superiores a las de los ángeles: «el ángel del Gran Consejo» (Sal. 72; 110; 72; Is. 9:6, respectivamente), y es probable que incluso «el ángel del Rostro» –un punto de vista confirmado por la traducción del Targum.[26] El silencio de los Apócrifos sobre la persona del Mesías es tan extraño, que apenas se puede explicar por la consideración de que estos libros fueron compuestos cuando la necesidad de un Mesías para la liberación de Israel no se consideraba muy aguda.[27] Y aún más sorprendentes son las alusiones de los Pseudoepígrafos, aunque éstos tampoco nos llevan más allá de nuestras dos inferencias. Así, el tercer libro de los Oráculos de la Sibila –que, con pocas excepciones,[28] es de fecha un siglo y medio a.C.– presenta un cuadro de los tiempos mesiánicos (vv. 652-807), que generalmente se admite forma la base de la descripción que da Virgilio de la Edad de Oro, y de expectativas similares paganas. En estos Oráculos, 170 años antes de Cristo, el Mesías es «*el Rey enviado desde el cielo*» que «juzgará (vv. 285, 286) a todo hombre en sangre y esplendor de fuego». De modo similar, la visión de los tiempos mesiánicos se inicia con una referencia (v. 652) «al Rey a quien *Dios enviará desde el sol*».[29] El que un Reino sobrehumano de duración eterna, como el que pinta esta visión (vv. 652-807), debería requerir un Rey sobrehumano es un corolario casi necesario.[30]

Todavía son más claras las afirmaciones del llamado «Libro de Enoc». Los críticos, en lo sustancial, están de acuerdo en que las partes más antiguas del mismo (caps. 1–36 y 82–105) datan de entre 150 a 130 a.C.[31] La parte que

---

22. Midrash sobre el Salmo 31, ed. Varsovia, p. 41 *a*, líneas 18 a 15 desde la base.

23. Opiniones aisladas, sin embargo, colocan la futura redención en el mes de Tishri (Tanch. sobre Éx. 12:37, ed. Vars., p. 81 *b*, línea 2 desde la base).

24. Ver los notables comentarios de Oehler en Herzog, *Real-Encykl.*, vol. ix, p. 417. Podríamos añadir que siempre hay «más allá» del desarrollo ulterior en la historia del creyente individual, como en el de la Iglesia; un crecimiento cada vez más brillante, con una comunicación y un conocimiento espiritual incrementado, hasta que al fin es alcanzada la luz perfecta.

25. No hay dudas razonables de que los traductores de la Septuaginta estaban pensando aquí en el Mesías.

26. Hay tres, si no cuatro, traducciones diferentes posibles del Targum sobre Isaías 9:6. Pero lo *mínimo* que yo entiendo en ellas implica la existencia premundana, la continuidad eterna y la dignidad sobrehumana del Mesías (véase también el Targum sobre Mi. 5:2).

27. Éste es el punto de vista de Grimm y ampliado por Oehler. El argumento de Hengstenberg de que la mención de un Mesías así era restringida por medio de los paganos, ni merece la pena que sea refutada.

28. Estas excepciones son, según Friedlieb (*Die Sibyllin. Weissag.*); vv. 1-45; vv. 47-96 (fechados en 40-31 a.C.) y vv. 818-828. Sobre el tema, de modo general, ver nuestros comentarios previos en el Libro I.

29. Mr. Drummond defiende el punto de vista de Holtzmann (en pp. 274, 275, Jewish Messiah) de que la expresión se aplica a Simón el Macabeo, aunque en la p. 291 argumenta en la suposición opuesta de que el texto se refiere al Mesías. Es difícil comprender, al leer todo el pasaje, cómo se puede defender la hipótesis de Holtzmann. Cuando se lee el tercer libro de los Oráculos de la Sibila aparece otro punto de interés. Según la teoría que coloca la paternidad de Daniel al tiempo de Antíoco Epífanes (o sea, alrededor de 165 a.C.), el «cuarto reinado» de Daniel tiene que ser griego. Pero, por otra parte, esta certeza no era el punto de vista de los apocalípticos del año 165, puesto que el tercer libro de los Oráculos de la Sibila, *que data precisamente del mismo período*, no sólo hace notar el poder creciente de Roma, sino que ve con antelación la destrucción del gran imperio griego por Roma, que a su vez ha de ser vencida por Israel (vv. 175-195; 520-544; 638-807). Es un hecho de gran importancia que debería ser tenido en cuenta por los que se oponen a la autenticidad de Daniel.

30. Me he propuesto omitir toda referencia a pasajes controvertidos. Pero ver Langen, *D. Judenth. in Palest.*, pp. 401ss.

31. Las porciones que siguen en antigüedad, consistentes en las llamadas Similitudes (caps. 37–71), exceptuando lo que son las

sigue en fecha está llena de alusiones mesiánicas; pero como cierta clase de escritores modernos lo han adscrito a un período poscristiano y, aunque la afirmación no tenga base,[32] a una paternidad cristiana, es preferible no referirse a ella en la presente discusión, más aún por el hecho de que tenemos otro testimonio del tiempo de Herodes. No hablaremos, pues, de designaciones tan peculiares del Mesías como «el Hijo de la mujer» (62:5), «el Hijo del hombre» (p.ej., 48: 2; 62:7; 69:29), «el Elegido» y el «Justo», y pasaremos a indicar que el Mesías es designado expresamente en la porción más antigua como «el Hijo de Dios» («Yo y mi Hijo») (105:2). Que esto implica, no ya filiación esencial, sino una infinita superioridad sobre todos los demás siervos de Dios, y que los gobierna, se ve por la descripción mística del Mesías como «el primero de (ahora cambiado) los becerros blancos», «el gran Animal entre ellos, que tiene cuernos grandes y negros en la cabeza» (90:38), a quien «todas las bestias del campo, y todas las aves del cielo, temen, y a quien claman en todo tiempo».

Todavía más explícita es la hermosa colección de dieciocho Salmos, fechados alrededor de medio siglo antes de Cristo, que lleva el nombre de «Salterio de Salomón». Una clara anticipación del reinado mesiánico (Sal. 11), viene seguida de la descripción plena de su necesidad y sus bendiciones (Sal. 17), a lo cual el Salmo final (18) forma un epílogo apropiado. El Rey que reina es de la casa de David (17:5). Es el Hijo de David, que viene al tiempo conocido sólo por Dios, para reinar sobre Israel (v. 23). Él es un rey justo, enseñado por Dios (v. 35); es el Cristo del Señor (Χριστὸς Κύριος, [v. 36], según la traducción de la Septuaginta de Lamentaciones 4:20). *«Él es puro de pecado»*, lo cual le califica para reinar sobre su pueblo y desterrar a los pecadores de su mundo (v. 41). «Nunca en sus días será Él débil respecto a su Dios, puesto que Dios le hace fuerte en el Espíritu Santo», sabio en consejo, con poder y justicia («poderosa en hecho y palabra»). La bendición del Señor es sobre Él, por lo que no falla (vv. 42, 43). «Ésta es la hermosura del Rey de Israel, a quien Dios ha escogido, ha puesto sobre la casa de Israel para regirla» (v. 47). Siendo invencible, no por fuerza exterior, sino en su Dios, puede traer a su pueblo las bendiciones de restauración de las posesiones de las tribus, y de justicia, pero hace pedazos a sus enemigos, no por medio de armas externas, sino por la palabra de su boca; purifica a Jerusalén, y juzga a las naciones que no se sujetan a su gobierno y contemplan y reconocen su gloria (vv. 25-35). De modo manifiesto, éste no es un reinado terrenal, ni se trata de un rey terrenal.

Vayamos ahora a obras que datan de nuestra era, por lo que podríamos esperar que, o bien reproduzcan simplemente opiniones anteriores o, por oposición a Cristo, presenten al Mesías como en una forma menos exaltada.[33] Pero como, por extraño que parezca, aún afirman de modo más fuerte la alta dignidad del Mesías, tenemos base para considerar que ésta era la opinión arraigada de la Sinagoga.[34] Esta evaluación del Mesías se puede sacar del IV Esdras,[35] con la cual es posible comparar la del Mesías y su Reino que da el Apocalipsis de Baruc (70:9-74). Pero incluso en documentos estrictamente rabínicos, la *existencia premundana*, si no eterna, del *Mesías* aparece como cosa de creencia común. Este punto de vista se expresa en el Targum sobre Isaías 9:6, y el de Miqueas 5:2. Pero la Midrash sobre Proverbios 8:9 (ed. Lemb. p. 7 *a*) menciona de modo expreso al Mesías entre las siete cosas creadas antes que el mundo.[36] El pasaje es más importante aún porque arroja luz sobre una serie de otros pasajes en los cuales el *nombre del Mesías* se dice que ha sido creado desde antes del mundo.[37] Aun en el caso de que esto sea una concepción ideal, prueba que el Mesías ha de ser elevado por encima de las condiciones ordinarias de la humanidad. Pero significa más que esto, pues tanto la existencia del Mesías mucho antes de su aparición real como su estado *premundano* era enseñado de modo claro en otros lugares. En el Talmud (Jer. Ber. ii. 4, p. 5 *a*), no sólo se implica que el Mesías puede ya estar entre los vivos, sino que se relata una historia extraña, según la cual había realmente nacido en el palacio real de Belén, llevaba el nombre *Menachem* (Consolador), había sido descubierto por un tal rabino Judan mediante un método peculiar, pero se lo había llevado una tempestad. De modo similar, el Talmud de Babilonia lo representa sentado a la puerta de la Roma Imperial.[38] En general, la idea de la aparición del Mesías y su encubrimiento es familiar en la tradición judía (ver; p.ej., Pesiqta, ed.

---

llamadas «partes Noáquicas», que datan aproximadamente del tiempo de Herodes el Grande.

32. Schürer (*Lehrb. d. Neutest. Zeitg.*, pp. 534, 535) creo que ha demostrado de modo concluyente que esta porción del Libro de Enoc es de autor judío y de fecha precristiana. Si es así, es interesante seguir el relato que da del Mesías. Aparece junto al Anciano de Días, su rostro es como el de un hombre y, con todo, tan hermoso que es como el de uno de los santos ángeles. Este «Hijo del Hombre» tiene, y con Él reside, toda justicia; revela los tesoros de todo lo que está escondido; siendo escogido por el Señor, es superior a todos, y destinado a someter y destruir a todos los poderes y reinos de la maldad (cap. 46). Aunque sólo se revela al final, su nombre ha sido nombrado delante de Dios, antes que el sol y las estrellas fueran creadas. Él es el cayado en que se apoya el justo, la luz de las naciones, y la esperanza de todos los que gimen en el espíritu. Todos han de inclinarse ante Él, adorarle, y para esto Él los ha escogido y resguardado con Dios desde antes que el mundo fuera creado, y continuará delante de Él para siempre (cap. 48). Este «elegido» ha de sentarse en el trono de gloria, y morar entre sus santos. Cielo, y tierra serán quitados, y sólo los santos habitarán en la tierra renovada (cap. 45); Él es poderoso en todos los secretos de la justicia, y la injusticia huirá de delante de Él como una sombra, porque su gloria durará de eternidad a eternidad, y su poder de generación a generación (cap. 49). Entonces la tierra, el Hades y el infierno darán sus muertos, y el Mesías, sentado en su trono, seleccionará y poseerá a los justos, y abrirá todos los secretos de la sabiduría, entre el regocijo universal de la tierra redimida (caps. 51, 61, 62).

33. Como ilustración de esta tendencia se puede citar lo dicho, evidentemente polémico, del rabino Abbahu: «Si algún hombre te dice: "Yo soy Dios", es un mentiroso; o bien: "Yo soy el Hijo de Dios", al fin tendrá que arrepentirse de ello; si ha dicho: "Voy al cielo", ¿no irá?» (o bien él lo ha dicho, ¿y no lo cumplirá?) (Jer. Taan. Jer. p. 65 *b*, línea 7 desde el final). Este rabino Abbahu (279-320 de nuestra era) parece haberse ocupado especialmente de controversia con los cristianos judíos. Así, procuraba argumentar contra la Filiación que Cristo, comentando como sigue, acerca de Isaías 44:6: «"Yo soy el primero" –porque Él no tiene padre–; "yo soy el último" –porque no tiene Hijo–; "y junto a mí no hay Dios" –porque no tiene hermano (igual)» (Shem. R. 29, ed. Vars., vol. 2, p. 41 *a*, línea 8 desde el final).

34. Es lástima que Mr. Drummond pueda haber pensado que la cuestión no se podía resolver fácilmente sobre las premisas que presenta él mismo.

35. El IV libro de Esdras (II Esdras en nuestros Apócrifos) data del fin del siglo I de nuestra era, y lo mismo el Apocalipsis de Baruc.

36. Éstas son: el Trono de Gloria, el Mesías el Rey, la Torah (ideal), Israel, el Templo, el arrepentimiento y la Gehena.

37. En Pirqé del R. Eliez. y en otras autoridades estas siete cosas son: la Torah, Gehena, Paraíso, el Trono de Gloria, el Templo, el arrepentimiento y el Nombre del Mesías. Pirqé del R. Eliez. 3; Midr. sobre Salmos 93:1; Salmos 54a; Nedar. 39 *b*; Ber. R. 1. (En Ber. R. son mencionadas seis cosas: dos realmente creadas [la Torah y el Trono de Gloria], y cuatro que vinieron de su mente para crearlas [los Padres, Israel, el Templo, y el Nombre del Mesías].) Tanch. sobre Números 7:14, ed. Vars., vol. ii., p. 56 *b* en la base.

38. Sanh. 98 *a;* comp. también Targ. Jer. sobre Éxodo 12:42; Pirqé del rab. El. 30, y otros pasajes.

Buber, p. 49 *b*).[39] Pero los rabinos van mucho más hacia atrás y declaran que desde el tiempo del matrimonio de Judá (Gn. 38:1, 2), «Dios estaba ocupado en la creación de la luz del Mesías», siendo significativo añadir que «antes de que hubiera nacido el primer opresor (Faraón), el libertador final (Mesías, el hijo de David) ya había nacido» (Ber. R. 85, ed. Vars. p. 151 *b*). En otro pasaje el Mesías es identificado de modo expreso con *Ananí* (mencionado en 1 Cr. 3:24),[40] y, por tanto, representado como preexistente desde mucho antes de su manifestación real (Tanch. Par. Toledoth. 14, ed. Vars. p. 37 *b*). La misma indiferencia puede sacarse de su enfática designación como Primero (Ber. R. 63, ed. Vars. p. 114 *b;* Vayyikra R. 30, ed. Vars., vol. iii. p. 47 *a;* Peso 5 *a*). Finalmente, en Yalkut sobre Isaías 60, las palabras «En tu luz veremos la luz» (Sal. 36:9) son explicadas, en cuanto a su significado, diciendo que es la luz del Mesías: el mismo que Dios había pronunciado primero como muy bueno, y que, antes que fuera creado el mundo, Él había escondido bajo el trono de su gloria para ser el Mesías y para su edad. Cuando Satanás preguntó para qué se le había reservado, se le contestó que estaba destinado a ser Aquél que le avergonzaría y le destruiría. Y cuando, a petición suya, se le mostró el Mesías, cayó sobre su rostro y confesó que el Mesías en el futuro le echaría a él y a los gentiles a la Gehena (Yalkut ii p. 56 *c*). Sáquese lo que se quiera de ellos, este pasaje implica claramente no sólo su preexistencia, sino la existencia premundana del Mesías.[41]

Pero, realmente, la cosa nos lleva más lejos aún. Porque un Mesías preexistente en la Presencia de Dios, y destinado a subyugar a Satán y echarle en el infierno, no podía ser considerado como un hombre ordinario. Es verdad que, como la historia de Elías, también la del Mesías es comparada en todo momento con la de Moisés, el «primer» Redentor, con «el último». Como Moisés había sido educado en la corte de Faraón, así el Mesías habitará en Roma (o Edom) entre sus enemigos.[42] Como Moisés, viene, va y viene otra vez.[43] Como Moisés efectúa liberación. Pero aquí termina la analogía, porque mientras la redención de Moisés era temporal y relativamente pequeña, la del Mesías será eterna y absoluta. Todas las maravillas conectadas con Moisés serán intensificadas en el Mesías. El asno en que cabalgaría el Mesías –y este humilde estado solamente era causado por el pecado de Israel (Sanh. 98 *a*)– no sólo sería aquél en el que Moisés había vuelto a Egipto, sino también el que usó Abraham cuando fue a ofrecer a Isaac, y que había sido creado la víspera del primer Sábado del mundo (Pirqé del R. Eliez. 31, ed. Lemb., p. 38 *a*). De modo similar, los cuernos del carnero trabados en un zarzal, que fue ofrecido en vez de Isaac, estaban destinados para dar la llamada: el izquierdo, por el Todopoderoso, en el monte Sinaí; el derecho y mayor, por el Mesías, cuando reuniría a los expatriados de Israel (Is. 27:13; Pirqé del R. Eliez., *u.s.*, p. 39 al final). Asimismo, la vara del Mesías sería la de Aarón, que floreció y dio fruto; como también aquella en que se había apoyado Jacob y que, por medio de Judá, había pasado a todos los reyes de Israel hasta la destrucción del Templo (Bemid. R. 18, fin del Par.). Y, así, el principio de que «el último Libertador será como el primero» fue establecido en todos los detalles. *Como el primer Libertador hizo descender el Maná, así también el Mesías* (Sal. 72:16); *como el primer Libertador había hecho brotar agua, lo mismo el segundo* (según la última cláusula de Jl. 3: 18; Midr. sobre Ec. 1:9, ed. Vars., vol. 4, p. 80 *b*).

Pero ni aun basta con esto. El que el Mesías hubiera llegado al conocimiento de Dios sin ninguna instrucción (Bemid. R. 14, ed. Vars., p. 55 *a*), y que hubiera recibido directamente de Él toda sabiduría, conocimiento, consejo y gracia (Bemid. R. 13) es relativamente poco, puesto que lo mismo se decía de Abraham, Job y Ezequías. Pero se nos dice que, cuando Dios mostró a Moisés todos sus sucesores, el espíritu de sabiduría y conocimiento en el Mesías igualaba al de todos los demás juntos (Yalkut sobre Nm. 27:16, vol. i, p. 247 *d*). El Mesías sería «mayor que todos los patriarcas», más alto que Moisés,[44] y aún más elevado que los ángeles ministrantes (Tanch. Par. Toledoth. 14). A la vista de esto podemos entender en qué forma la Midrash sobre Salmos 21:3 debería aplicarse al Mesías, de modo completamente literal, que «Dios pondría su propia corona sobre su cabeza», y le vestiría de su «honor y majestad». Es congruente el que la misma Midrash asigne al Mesías las designaciones divinas: «Jehová es hombre de guerra», y «Jehová nuestra justicia» (Midr. Tehil., ed. Vars. p. 30 *b*). Hay que añadir otra cita, quizá del comentario más espiritual judío, que nos recuerda el entusiasmo de adoración que una vez recibió Jesús de Nazaret. El pasaje primero se refiere a los siete vestidos con que Dios le vistió sucesivamente: el primero, de «honor y gloria», cuando la creación (Sal. 104:1); el segundo, de «majestad», en el mar Rojo (Sal. 93:1); el tercero, de «fuerza» (Sal. 93:1), al dar la Ley; el cuarto, «blanco», cuando borró los pecados de Israel (Dn. 7:9); el quinto, de «celo», cuando se vengó de todos sus enemigos (Is. 59: 17); el sexto, de «justicia», al tiempo en que será revelado el Mesías (Is. 59:17), y el séptimo, «rojo», cuando vuelva a tomar venganza sobre Edom (Roma) (Is. 63). «Pero –continúa el comentario– en cuanto al vestido con el que en el futuro Él vestirá al Mesías, su esplendor se extenderá desde un extremo de la tierra al otro, como está escrito: "Como un novio se pone su diadema" (Is. 61:10). E Israel está asombrado de su luz, y dice: Bienaventurada la hora en que fue creado el Mesías; bienaventurada la matriz de donde saliste; bienaventurada la generación que le vea; bienaventurado el ojo digno de contemplarle; porque al abrir sus labios pronuncia bendición y paz, y sus palabras son sosiego para el espíritu. Gloria y majestad hay en su apariencia (vestidura), y confianza y tranquilidad en sus palabras; y en su lengua compasión y perdón; su oración es fragancia suave, y su súplica, santidad y pureza. ¡Feliz Israel por lo que te está reservado! Así está escrito: "¡Cuán grande es tu bondad que has guardado para los que te temen!"» (Sal. 31:19) (Pesiqta, ed. Buber, pp. 149 *a*, *b*). Un Mesías Rey así podría muy bien ser representado sentado a la diestra de Dios, mientras que Abraham está sólo a su izquierda (Midr. sobre Sal.18:36, ed. Vars., p. 27 *a*); es más, como extendiendo su diestra, mientras Dios se levanta para guerrear por Él (Midr. sobre Sal. 110:1, ed. Vars., p. 80 *b*).

39. En este pasaje el tiempo del encubrimiento del Mesías es calculado en 45 días, por una comparación de Daniel 12:11 con el versículo 12.

40. El comentario a este pasaje es curiosamente místico, pero claramente implica no sólo la preexistencia del Mesías, sino su carácter sobrehumano.

41. Todo este pasaje, tan notable, se da en el Apéndice IX, en las notas sobre Isaías 25:8; 60:1; 64:4; Jeremías 31:8.

42. Shem. R. i., ed. Vars., vol. 2, p. 5 *b;* Tanch. Par. Tazrya, 8, ed. Vars., vol. ii, p. 20 *a*.

43. Pesiqta, ed. Buber, p. 49 *b;* Midr. Ruth, Par. 5, ed. Vars., p. 43 *b*.

44. Esto es más notable, pues, según la Sotah 9 *b*, ninguno en Israel era tan grande como Moisés, que solamente era inferior al Todopoderoso.

No es sin vacilación que hacemos referencia a las alusiones judaicas sobre el nacimiento milagroso del Salvador. Con todo, hay dos expresiones que transmiten la idea, si no de un origen sobrehumano, por lo menos de algún gran misterio adherido a su nacimiento. La primera ocurre en relación con el nacimiento de Set. «El rabino Tanchuma dijo, en el nombre del rabino Samuel: Eva tuvo respeto (esperaba) a la Simiente que había de venir de otro lugar. Y ¿quién es éste? Éste es el Mesías el Rey» (Ber. R. 23, ed. Vars., p. 45 *b*). La segunda aparece en la del relato del crimen de las hijas de Lot (Gn. 19:32): «No está escrito: "para que podamos preservar un hijo de nuestro padre", sino "descendencia a nuestro padre". Ésta es la simiente que viene de otro lugar. Y ¿quién es éste? Éste es el Mesías Rey» (Ber. R. 51, ed. Vars. p. 95 *a*).[45]

Que se le da un carácter sobrehumano, si no a la personalidad al menos a la misión del Mesías, se deduce de tres pasajes en que la expresión «El Espíritu del Señor se movió sobre la faz de la profundidad» es parafraseada así: «Éste es el Espíritu del Mesías Rey» (Ber. R. 2 y 8; Vayyikra R. 14, ed. Vars., vol. 3, p. 21 *b*).[46] Tanto si esto implica alguna actividad del Mesías respecto al acto de la creación,[47] o bien si, desde el principio, su misión era hacer impacto sobre toda la creación, eleva su carácter y su obra por encima de la de cualquier otro ser humano o angélico. Y, sin insistir en el argumento, es por lo menos notable que incluso el nombre inefable Jehová sea atribuido al Mesías.[48] El hecho es más significativo cuando recordamos que uno de los nombres más familiares del Mesías es *Ananí:* «El que viene en las nubes del cielo» (Dn. 7:13).

En lo que hemos dicho, no se ha hecho referencia alguna a las conquistas finales del Mesías, a su reino con todas sus maravillas, o a la subyugación de todas las naciones; en resumen, a lo que suele ser llamado «las postrimerías». Esto será tratado en otro punto. Ni tampoco se implica que, al margen de lo que esperaron ciertos individuos, la Sinagoga enseñara la doctrina de la Personalidad divina del Mesías tal como la enseña la Iglesia Cristiana. Por otra parte, la evidencia acumulativa que hemos presentado tiene que dejar en la mente por lo menos esta convicción: que el Mesías esperado estaba muy por encima de las condiciones del más exaltado de los siervos de Dios, incluso de sus ángeles; en resumen, tan cerca de lo divino que era casi imposible distinguirlo como distinto. En tales circunstancias, sólo faltaba la convicción personal de que Él, que había enseñado y obrado lo que ningún otro, era realmente el Mesías, para impulsar con su palabra a la confesión de adoración de que Él era realmente «el Hijo de Dios viviente». Y, una vez alcanzado este punto, la mente, mirando hacia atrás a través de la enseñanza de la Sinagoga, podía percibir con claridad creciente que, a pesar de haberlo entendido mal en el pasado, ésta ha sido en todo momento la suma de todo el Antiguo Testamento. Así podemos entender al mismo tiempo la preparación para la convicción y, además, lo gradual de la misma sobre este punto; luego, la claridad creciente con que fue apareciendo esta convicción en la consciencia de sus discípulos, y, finalmente, la claridad sin vacilación con que fue proclamada en la enseñanza apostólica como el artículo fundamental de las creencias de la Iglesia Católica.[49]

45. Ya me hago cargo de que ciertos rabinistas explican la expresión «Simiente de otro lugar» refiriéndose a la ascendencia del Mesías en Rut, como no israelita. Pero si se ofrece esta explicación con referencia a las hijas de Lot, es difícil ver su significado con referencia a Eva y el nacimiento de Set. La conexión allí con las palabras (Gn. 4:25) «Dios me ha sustituido otro hijo en lugar de Abel» y «Dios me ha designado otra simiente» sería muy suelta.

46. Me sorprende que Castelli (*u.s.*, p. 207) diga que Ber. R. 8 y Vay. R. 14 signifiquen «el Espíritu de Adán». Porque: 1) La corrección que se intenta, ni tiene sentido, ni significado propio. 2) El pasaje Ber. R. 1 no es impugnado; con todo, este pasaje es la base de los otros dos. 3) Ber. R. 8 ha de decir: «El Espíritu de Dios se movía sobre la profundidad; esto es, el Espíritu del Mesías el Rey», porque el pasaje prueba es añadido inmediatamente: «y el espíritu del Señor descansaba sobre Él», que es un pasaje mesiánico; y porque sólo dos líneas antes del pasaje impugnado se nos dice que Génesis 1:26, 1ª cláusula, se refiere al «espíritu del primer hombre». Esta última aclaración se aplica también a Vayyikra R. 14, en que el contexto impide igualmente la corrección propuesta.

47. Sería interesante comparar con esto las afirmaciones de Filón en cuanto a la actividad del *Logos* en la Creación. El tema es tratado muy bien por Riehm (*Lehrbegr. d. Hebr. Br.*, pp. 414-420) aunque no estoy de acuerdo con sus conclusiones.

48. Midr. sobre Lamentaciones 1:16, ed. Vars., p. 64 *a*, última línea. Comp. Pesiqta, p. 148 *a;* Midr. sobre el Salmo 21 y las muy curiosas concesiones en una controversia con un cristiano, registradas en Sanh. 38 *b*.

El conjunto de este pasaje, empezando en p. 147 *b*, es muy curioso y verdaderamente interesante. Nos llevaría muy lejos citarlo o citar otros pasajes paralelos que podríamos aducir. El pasaje en la Midrash sobre Lamentaciones 1:16 es también en extremo interesante. Después de citar el texto, sigue una discusión sobre los nombres del Mesías, y en ella la historia curiosa sobre el hecho de que ya ha nacido en Belén.

49. Puede notarse que el argumento cumulativo presentado en las páginas anteriores sigue de cerca el del primer capítulo de la Epístola a los Hebreos; sólo que esta última lo lleva hasta su conclusión final, que el Mesías era verdaderamente el Hijo de Dios, mientras que nuestro propósito es simplemente dilucidar *cuál era la expectativa de la antigua Sinagoga*, no lo que *debía haber sido* según el Antiguo Testamento.

Capítulo 6
(Mateo 1:25; Lucas 2:1-20)

La Natividad de Jesús el Mesías

Ésta es, pues, «la esperanza de la promesa hecha por Dios a los padres», por la cual las doce tribus, «sirviendo constantemente a Dios de noche y de día», anhelaban con tal viveza y claridad que la veían en casi cada suceso y promesa; con tal sinceridad que era siempre la esencia de sus oraciones; con tal intensidad que muchos siglos de desengaños no la han apagado aún. Su luz, relativamente incierta en los días de sol y de calma, parecía arder más brillante en la oscuridad de la noche de soledad y sufrimiento, como si cada ráfaga que sopla sobre Israel sirviera sólo para encandilarla en llama viva.

A la pregunta de si esta esperanza ha sido alguna vez realizada –o, mejor, si ha aparecido Alguno que proclamara su derecho a la mesianidad y cuyas pretensiones hayan resistido la prueba de la investigación y del tiempo–, la historia imparcial sólo tiene una respuesta. Señala a Belén y a Nazaret. Si bien las pretensiones de Jesús fueron rechazadas por la nación judía, Él, por lo menos, sin duda, ha cumplido una parte de la misión proféticamente asignada al Mesías. Tanto si es o no el León de la tribu de Judá, a su alrededor, indudablemente, se han reunido las naciones y las islas han esperado su ley. Pasando los límites estrechos de la oscura Judea, y allanando los muros de los prejuicios nacionales y el aislamiento, ha hecho de las más sublimes enseñanzas del Antiguo Testamento la posesión común del mundo, y ha fundado la gran hermandad, en la cual el Padre es el Dios de Israel. Él solo también ha exhibido una vida en la cual no se ha hallado absolutamente una falta; y promulgado una enseñanza a la cual no puede hacerse objeción alguna. Se le reconoce como el *Hombre perfecto,* el ideal de la humanidad; sus doctrinas, la única enseñanza absoluta. El mundo no ha conocido otro igual. Y el mundo ha reconocido, si no el testimonio de sus palabras, por lo menos la evidencia de los hechos. Procediendo de un pueblo así; nacido, viviendo y muriendo en circunstancias –y usando medios– que son las menos apropiadas para conseguir tales resultados, el Hombre de Nazaret, por consentimiento universal, ha sido el factor más poderoso en la historia de nuestro mundo: tanto política, social e intelectual como moralmente. Si no es el Mesías, al menos ha hecho la obra del Mesías. Si no es el Mesías, por lo menos no ha habido otro alguno antes o después de Él. Si no es el Mesías, el mundo no ha tenido ni tendrá nunca ningún Mesías.

No sólo la predicción del Antiguo Testamento (Mi. 5:2), sino también el testimonio rabínico, sin vacilar, indicaban que Belén era el lugar del nacimiento del Mesías. Sin embargo, no puede imaginarse nada más directamente contrario a los pensamientos y sentimientos judíos que las circunstancias que, según el relato del Evangelio, dieron como resultado el nacimiento del Mesías en Belén, por lo que no hay la menor probabilidad de que se tratara de una patraña judaica.[1] Un censo de la población; y este censo tomado por orden del emperador pagano, y puesto en vigor por alguien tan odiado por todos como Herodes, representaría el *ne plus ultra* de todo lo que era repugnante al sentimiento judío.[2] Si el relato de las circunstancias que trajeron a José y María a Belén no tiene base en los hechos, sino que es una leyenda inventada para localizar el nacimiento del Nazareno en la ciudad real de David, tiene que decirse que fue un plan muy torpe. No hay absolutamente nada para explicar su origen, sea como sucesos paralelos en el pasado o de lo que podía esperarse en el presente. ¿Por qué, pues, relacionar el nacimiento de su Mesías con lo que era más repugnante a Israel, especialmente si, como los abogados de la hipótesis legendaria sostienen, no ocurrió al tiempo en que se tomó algún censo judío, sino diez años antes?

Pero si es imposible racionalmente explicar por medio de un origen legendario el relato del viaje de José y María a Belén, la base histórica que ha servido de impugnación a su exactitud es igualmente insuficiente. Razonan así: que (aparte del relato del Evangelio) no tenemos evidencia sólida de que Cirenio estaba en aquel tiempo ocupando el cargo oficial necesario en el Oriente que le permitiera dar orden de que este empadronamiento fuera realizado por Herodes. Pero incluso esta débil objeción no es en modo alguno inexpugnable históricamente.[3] En todo caso, hay dos hechos que hacen muy difícil creer que Lucas incurriera en algún error histórico en este punto. En primer lugar, se daba perfecta cuenta de que hubo un Censo bajo Cirenio, diez años más tarde (comp. Hch. 5:37); segundo, tradúzcase como se quiera Lucas 2:2, por lo menos hay que admitir que la frase intercalada sobre Cirenio no era necesaria para el relato, y que el escritor tiene que haber intentado con ella poner énfasis para precisar un determinado suceso. Pero un autor no es probable que llame la atención especialmente sobre un hecho del cual sólo tiene un conocimiento impreciso; más bien, si tiene que mencionarlo, lo hará en términos indefinidos. Esta presunción en favor de la afirmación de Lucas es reforzada por la consideración de que un suceso como la tributación de Judea podía ser fácilmente averiguado por él.

Sin embargo, no nos quedamos con el razonamiento presuntivo indicado. El hecho de que el emperador Augusto hizo censos del Imperio Romano, y de los territorios sometidos y tributarios, es algo admitido de modo general. Este registro, para el propósito de una tributación futura, tenía que abarcar Palestina. Aun cuando no hubiera sido dada una orden real en este sentido durante la vida de Herodes,

1. Los abogados de la teoría mítica no han contestado, ni aun hecho frente o comprendido, lo que nos parece ser, en esta hipótesis, una dificultad insuperable. Concediendo que la expectación judaica sugiriera el nacimiento de Jesús en Belén, ¿por qué inventar circunstancias tales para llevar a María a Belén? Keim puede tener razón al decir: «La creencia en el nacimiento en Belén se originó muy simplemente (*Leben Jesu* i. 2, p. 393); pero mucho más complicado e inexplicable es el origen de la leyenda que da cuenta del viaje allí de María y José».

2. Como evidencia de estos sentimientos tenemos el relato de Josefa de las consecuencias de la taxación de Cirenio (*Ant.* xviii.1.1. Comp. Hch. 5:37).

3. Los argumentos sobre lo que podemos llamar el lado ortodoxo han sido presentados, con frecuencia y bien, últimamente por Wieseler, Huschke, Zumpt y Steinmeyer; y sobre el otro lado, casi *ad nauseam,* por críticos negativos de toda clase de escuelas, de modo que parece innecesario repetirlos. El lector hallará todo el tema presentado por el Canon Cook (cuyos puntos de vista adoptamos en lo sustancial), en el «Speaker's Commentary» (N.T. 1, pp. 326-329). El razonamiento de Mommsen (*Res gestae D. Aug.*, pp. 175, 176) no me parece afectar el modo de ver adoptado en el texto.

podemos entender que Herodes consideraría muy conveniente, tanto por el tipo de sus relaciones con el emperador como por tener en cuenta la probable agitación que un censo pagano podría causar en Palestina, el dar pasos para hacer una inscripción, y que ésta fuera hecha en conformidad con la costumbre judía en vez de la romana. Este censo, pues, dispuesto por Augusto y tomado por Herodes a su manera, fue, según Lucas, «primero (realmente) llevado a cabo cuando Cirenio era gobernador de Siria», algunos años después de la muerte de Herodes y cuando Judea había pasado a ser una provincia romana.[4]

Ahora estamos preparados para seguir el curso del relato del Evangelio. Como consecuencia del «decreto de César Augusto», Herodes ordenó la inscripción general que había de ser hecha a modo judaico, en vez de romano. Prácticamente, en este caso, las dos habrían sido realmente muy similares. Según la ley romana, todo el pueblo tenía que ser inscrito en su «propia ciudad», significando con ello la ciudad a la cual estaba adherido el pueblo o lugar en que el individuo había nacido. Al hacerlo así, se registraba la «casa y linaje» *(nomen* y *cognomen)* de cada uno.[5] Según el modo judío de registro, el pueblo tenía que ser empadronado según las *tribus* (מטות), *familias* o clanes (משפחות) y la *casa* de sus padres (בית אבות). Pero como las diez tribus no habían regresado a Palestina, esto sólo podía tener lugar en forma limitada,[6] en tanto que sería fácil para cada uno registrarse en «su propia ciudad». En el caso de José y María, cuyo linaje de David no sólo era conocido, sino que, además, por amor del Mesías no nacido, era muy importante que el hecho quedara anotado de modo muy claro, es natural que, en conformidad con la ley judaica, fueran a Belén. Quizá también, por muchas razones que se sugieren por sí mismas, José y María podían estar contentos de dejar Nazaret y buscar, si fuera posible, un hogar en Belén. En realidad, tan fuerte era este sentimiento que después se requirió una instrucción especial divina para inducir a José a que saliera de este lugar escogido como residencia y regresara a Galilea (Mt. 2:22). En estas circunstancias, María, ahora la «esposa» de José, aunque manteniendo sólo para él, en los hechos, la relación de «desposada» (Lc. 2:5), acompañaría naturalmente a su marido a Belén. Al margen de esto, todo sentimiento y esperanza tiene que haberla inducido a seguir este curso, y no hay necesidad de discutir si un censo romano o judío hacía necesaria su presencia; una pregunta que, si se pone, tiene que contestarse de forma negativa.

El corto día invernal probablemente estaría al terminar[7] cuando los dos viajeros de Nazaret, llevando consigo los pocos útiles necesarios en una casa pobre oriental, se acercaron al fin de su jornada. Si pensamos en Jesús como el Mesías del cielo, el ambiente de extrema pobreza, lejos de detraer de su carácter divino parece muy congruente con él. El esplendor terreno aquí habría parecido oropel deleznable, y la simplicidad completa, como el vestido de los lirios, que sobrepasa con mucho la gloria de la corte de Salomón. Pero sólo en el Oriente habría sido posible la más absoluta simplicidad y, con todo, ni ella ni la pobreza de la que procedía implicaban por necesidad el más mínimo desdoro en lo social. El viaje había sido largo y cansado –tres días de camino, por lo menos, no importa la ruta que hubieran seguido desde Galilea. Lo más probable es que siguieron la más común, por el desierto para evitar Samaria, a lo largo de las riberas orientales del Jordán, y por los vados de Jericó.[8] Aunque, al pasar por una de las regiones más calurosas del país, la temporada del año, aun aceptando las condiciones más favorables presentes, tenía que haber aumentado las dificultades de un viaje así. Al alcanzar los ricos campos que rodeaban la antigua «Casa del Pan», y pasar por el valle que, como un anfiteatro, se alarga entre las dos colinas por las que se extiende Belén (2.704 pies sobre el mar), subiendo por viñas y huertos dispuestos en bancales, ya al final del día tiene que haberles inundado un sentimiento de descanso y paz a los viajeros. Aunque era invierno, el follaje verde plateado del olivo, incluso en esta temporada, se mezclaría con el pálido rosado o blanco del almendro –el despertador temprano de la naturaleza–[9] y con los brotes oscuros de los melocotoneros. La casta belleza y dulce quietud del lugar les recordarían a Booz, a Isaí y a David. Mucho más les serían sugeridos estos pensamientos por el contraste entre el pasado y el presente. Porque cuando los viajeros hubieron alcanzado las alturas de Belén –y ciertamente mucho antes–, el objeto más prominente a la vista tiene que haber sido el gran castillo que Herodes había construido, y que se llamaba por su propio nombre. Encaramado en la colina más alta al sudeste de Belén era, al mismo tiempo que un magnífico palacio, una fortaleza ingente y una ciudad para cortesanos (Josefo, *Ant.* xiv.13.9; xv.9.4; *Guerra,* i.13.8; 21.10). ¡Con qué sentimiento de alivio los viajeros pasarían adelante para notar los perfiles ondulantes de la región montañosa de Judea, hasta que el horizonte era ceñido por las cordilleras de Tecoa! Por un corte entre las colinas hacia el Este, la superficie pesada y plomiza del mar del Juicio aparecería a su vista; hacia el Oeste culebreaba la carretera hacia el Hebrón; detrás de ellos había los valles y colinas que separaban Belén de Jerusalén, y escondían de la vista la Ciudad Santa.

Pero de momento estos pensamientos cederían el paso a la necesidad inmediata de hallar cobijo y descanso. La pequeña ciudad de Belén estaba llena por los que habían venido de los distritos cercanos para registrar sus nombres. Incluso si los forasteros de la lejana Galilea conocieran a alguno en Belén que pudiera haberles ofrecido hospitalidad, habrían encontrado su casa ocupada. La misma posada o mesón estaba llena, y el único lugar disponible era el establo en el cual se resguardaba el ganado.[10] Si recordamos los

---

4. Para la explicación textual nos referimos de nuevo al Canon Cook, y sólo quisiéramos indicar, con Steinmeyer, que el significado de la expresión ἐγένετο, en Lucas 2:2 es determinado por el uso similar del mismo en Hechos 11:28, donde lo que se predice se dice como si ya hubiera tenido lugar (ἐγένετο) en el tiempo de Claudio César.

5. Comp. Huschke, *Ueber d. z. Zeit d. Geb. J. C. gehalt. Census,* pp. 119, 120. Muchos críticos han escrito de modo confuso sobre este punto.

6. El lector podrá apreciar ahora el valor de las objeciones de Keim contra un Censo así, como implicando un «wahre Volkswanderung» (!) y que era «eine Sache der Unmöglichkeit».

7. El lector se dará cuenta, naturalmente, de que se trata sólo de una conjetura; pero digo «probablemente», en parte, porque uno dispondría un viaje de varios días, de modo que las etapas fueran lentas y fáciles, y en parte por la circunstancia de que al llegar hallaron el mesón lleno, cosa que no habría sucedido si hubieran llegado a Belén más temprano durante el día.

8. Comp. el relato de las carreteras, posadas, etc., en la «History of the Jewish Nation», p. 275, y el capítulo de viajes en Palestina, en «Sketches of Jewish Social Life in the Days of Christ».

9. El almendro es llamado en hebreo שקד «el despertador», de la palabra «despertar». Es muy posible que muchas de las flores del mismo ya blanquearan el paisaje.

10. El Dr. Geikie realmente «está seguro» de que la κατάλυμα no era una posada, sino una habitación para invitados, porque la palabra es usada en este sentido en Marcos 14:14; Lucas 22:11. Pero esta inferencia es críticamente insostenible. La palabra griega es de muy amplia aplicación, y significa (según indica Schleusner) «omnis locus quieti aptus». En la Septuaginta, κατάλυμα es el

hábitos simples del Oriente, esto apenas implica lo que significaría en el Occidente; y quizás este retiro y quietud de la multitud parlanchina y ruidosa, que llenaba el mesón, serían aún más bienvenidos. Aunque los detalles son escasos, esto solo ya se puede colegir por inferencia, aunque no lo diga el relato. Ya al principio, en esta historia, la ausencia de detalles, que aumenta penosamente al ir avanzando, nos recuerda que los Evangelios no fueron escritos para proporcionar una biografía de Jesús, ni aun como materiales para ella; sino con sólo este doble objeto: que aquellos que los leyeran «pudieran creer que Jesús es el Cristo, el Hijo de Dios», y que, creyendo, «puedan tener vida por medio de su Nombre» (Jn. 20:31; comp. Lc. 1:4). El corazón y la imaginación del cristiano, como es natural, anhelan poder localizar la escena de tan gran importancia, y se detienen con reverencia afectuosa sobre esta cueva que ahora está cubierta por «la Iglesia de la Natividad». Puede ser –es más, parece probable– que este punto, al cual señala la tradición más venerable, fuera el lugar sagrado del mayor suceso de la historia del mundo.[11] Pero con certeza no lo sabemos. Es mejor que sea así. En cuanto a lo que pasó en la quietud de aquel «establo», las circunstancias de la «Natividad», incluso el momento exacto después de la llegada de María (el período de espera debe haber sido corto), el relato del Evangelio no nos dice nada. Sólo esto se nos dice: entonces, y allí, la Virgen-Madre «dio a luz a su hijo primogénito, lo envolvió en pañales, y lo acostó en un pesebre». Más allá de este anuncio de los hechos escuetos, las Sagradas Escrituras, con propiedad y delicadeza inefables, corren un velo sobre el misterio más sagrado. Nos quedan dos impresiones en la mente: la de la más extrema humildad terrena, en las circunstancias que los rodeaban; y el de una adecuación interna, en el contraste sugerido por ellas. De modo reverente, sentimos que está bien que sea así. Es lo que corresponde al nacimiento del Cristo –si Él es lo que el Nuevo Testamento declara que es.

Por otra parte, las circunstancias acabadas de mencionar nos proporcionan la más fuerte evidencia indirecta de la veracidad del relato. Porque, si fuera el producto de la imaginación judía, ¿cuál sería la base de ella en la expectación de aquellos tiempos? ¿Habría la leyenda judaica presentado a su Mesías naciendo en un establo, al cual la casualidad había consignado a su madre? Toda la corriente de la opinión judaica se opone rotundamente. Los oponentes a la autenticidad de este relato se ven obligados a hacer frente a este hecho. Además, se puede afirmar con toda seguridad que no hay relato apócrifo o legendario de un suceso (legendario) que pudiera estar caracterizado por esta escasez o, mejor todavía, ausencia de detalles. Porque los

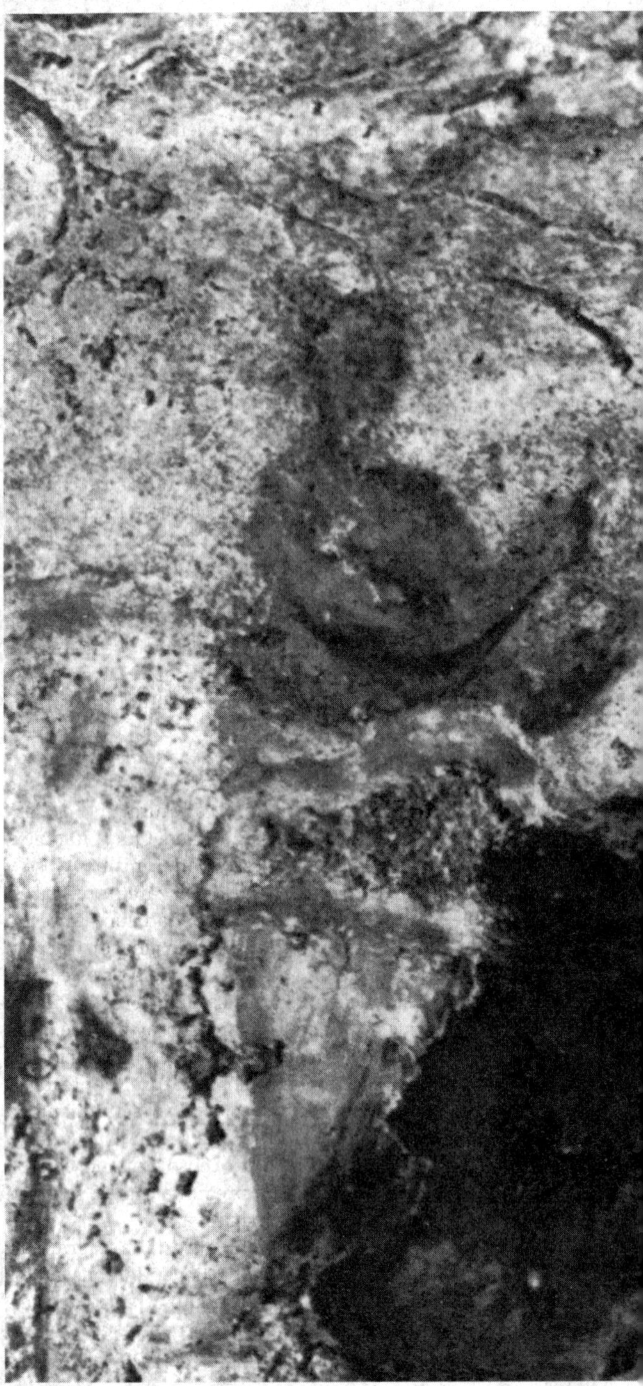

«No sólo la predicción del Antiguo Testamento (Mi. 5:2), sino también el testimonio rabínico, sin vacilar, indicaban que Belén era el lugar del nacimiento del Mesías. Sin embargo, no puede imaginarse nada más directamente contrario a los pensamientos y sentimientos judíos que las circunstancias que, según el relato del Evangelio, dieron como resultado el nacimiento del Mesías en Belén, por lo que no hay la menor probabilidad de que se tratara de una patraña judaica».

Al siglo II se remonta esta curiosa representación de la natividad de Jesús, donde además podemos apreciar la figura del profeta Isaías. (Catacumbas de Santa Priscila en Roma).

---

equivalente de no menos de *cinco* palabras, hebreas, que tienen significados muy diversos. En la Septuaginta, la traducción de Éxodo 4:24 es usada para el hebreo מלון, que ciertamente no puede significar habitación de invitados, sino una posada. Nadie puede imaginarse que, si se hubiera ofrecido hospitalidad particular a la Virgen-Madre, se la hubiera alojado, en sus circunstancias, en un establo. El mismo término ocurre en forma aramea, en los escritos rabínicos, como אטליס o רַמְלוֹן = עַמְלִיז, κατάλυμα, una posada. Delitzsch, en su N.T. hebreo, usa la palabra más común: מלון. Se celebraban también mercados y bazares en estas hosterías; se mataban animales y se vendía la carne allí; también se vendía vino y sidra; de modo que estaban en un lugar mucho más público de lo que uno puede imaginarse al principio. Comp. Herzfeld., *Handelsgesch.*, p. 325.

11. Quizá la más auténtica de todas las tradiciones locales es la que fija en esta cueva el lugar de la Natividad. La evidencia en favor suyo la da el doctor Farrar en su «Life of Christ». El decano Stanley, sin embargo, y otros, lo ponen en duda.

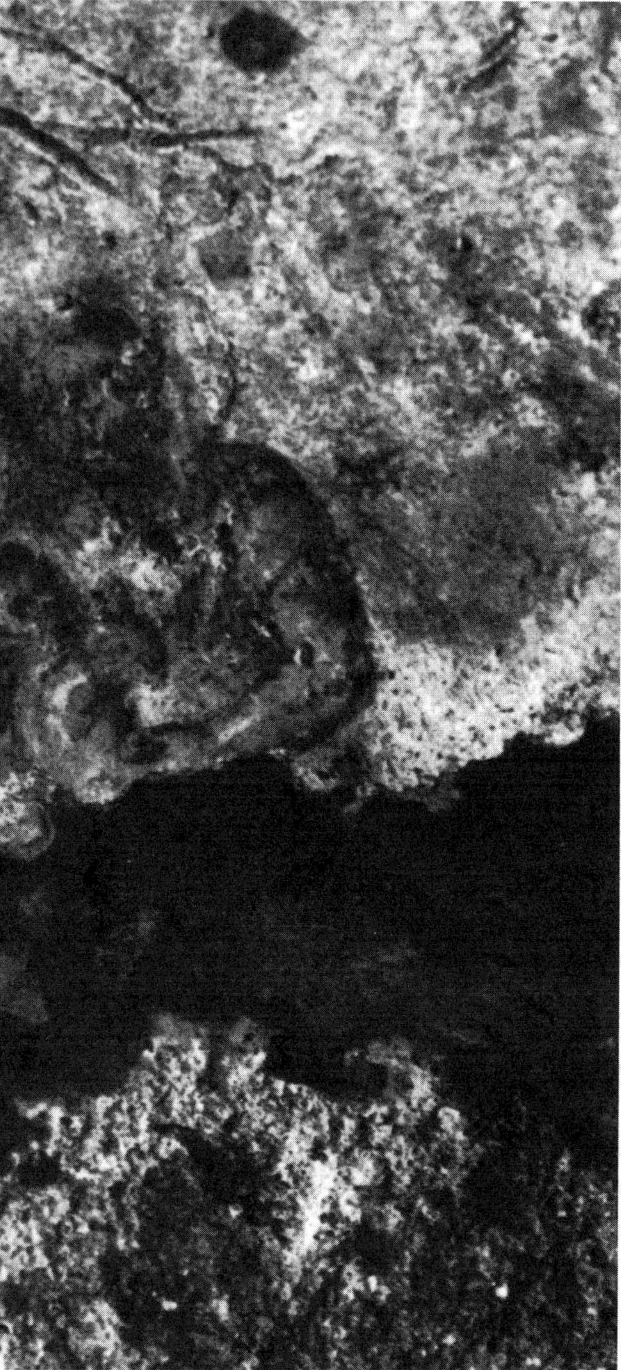

dos rasgos esenciales, tanto de la leyenda como de la tradición, son que procuran rodear a sus héroes de un halo de gloria, e intentan proporcionar detalles que no se pueden obtener de otra forma. Y, en estos dos aspectos, no es posible que se dé un contraste más marcado con esto que en el relato del Evangelio.

Pero al pasar de la penumbra de la cueva al exterior, al aire libre, en plena noche, el cielo resplandece con el fulgor de las estrellas, su soledad es poblada de repente y su silencio hecho sonoro desde arriba. Ahora ya no hay nada que esconder, sino mucho que revelar, aunque la manera de hacerlo sería extrañamente incongruente con el modo de pensar judaico. Y, con todo, la tradición judía puede demostrarse aquí útil e ilustrativa. El que el Mesías había de nacer en Belén[12] era una convicción establecida. Igualmente lo era la creencia de que Él se revelaría desde la *Migdal Eder*, «la torre del ganado» (Targum Pseudo-Jon. sobre Génesis 35:21). Esta *Migdal Eder* no era la torre de vigía para los ganados ordinarios que pastaban por los yermos más allá de Belén, sino los que yacían cerca de la ciudad, junto a la carretera de Jerusalén. Un pasaje en la Mishnah (Sheck. vii. 4) nos lleva a la conclusión de que los ganados que pastaban allí, estaban destinados al sacrificio en el Templo,[13] y, en consecuencia, los pastores que velaban sobre ellos no eran pastores ordinarios. Éstos se encuentran bajo el bando del Rabinismo,[14] a causa de su aislamiento necesario que hacía las observancias legales estrictas muy difíciles, si no absolutamente imposibles. El mismo pasaje de la Mishnah también lleva a inferir que estos ganados pastaban allí «durante todo el año», puesto que se dice que estaban en el campo treinta días antes de la Pascua: esto es, en el mes de febrero, cuando en Palestina cae la lluvia en mayor cantidad.[15] Así, la tradición judía captó, en una forma vaga, la primera revelación del Mesías desde la *Migdal Eder*, donde los pas-

---

12. En la curiosa historia de su nacimiento, referida en el Talmud Jer. (Ber. ii. 3), se dice que había de nacer en «el castillo real de Belén», mientras que en la del relato paralelo en la Midr. sobre Lamentaciones 1:16, ed. Varsov., p. 64 *b*, se usa la expresión algo misteriosa בבירת ערבא. Pero hemos de tener a la vista la afirmación rabínica de que, incluso si un castillo se derrumba, todavía se le llama un castillo (Yalkut, vol. 2, p. 60 *b*).

13. De hecho la Mishnah (Baba K. Vii. 7) prohíbe expresamente guardar ganados por toda la tierra de Israel, excepto en los yermos; y los únicos ganados que podían pastar en otros sitios eran los destinados a los servicios del Templo (Baba K. 80 *a*).

14. Esto elimina la cita poco apta (de Delitzsch) hecha por el doctor Geikie. Nadie puede imaginar que los pasajes talmúdicos en cuestión se pudieran aplicar a pastores así.

15. El promedio de lluvia de las 22 temporadas observadas en Jerusalén, expresado en pulgadas, alcanzó 4.718 pulgadas en diciembre, 5.479 pulgadas en enero, y 5.207 en febrero (véase el interesante artículo por el Dr. Chaplin en Quart. Stat. of Pal. Explor. Fund., Enero de 1883). Para el año 1876-77 tenemos estas cifras sorprendentes: promedio para diciembre, 490; para enero, 1.595; para febrero, 8.750, y de modo similar en otros años. Así, leemos: «Bueno el año en que *Tebheth* (diciembre) no tiene lluvia» (Taan. 6 *b*). Los que han copiado las citas de Lightfoot indicando que los ganados no están fuera durante los meses de invierno, deberían por lo menos haber sabido que la referencia en los pasajes talmúdicos es expresamente para los ganados que pastan en «los yermos» (אלו הן מדבריות). Pero, aun así, la afirmación, como tantas otras de este estilo, no es correcta. Porque en el Talmud se expresan dos opiniones. Según una, los «Midbariyoth», o «animales del yermo», son los que salen al campo, o sea, al aire libre, por la Pascua, y regresan con las primeras lluvias (para noviembre); mientras que, por otra parte, Rabbi sostiene –y, al parecer, con más autoridad– que los rebaños del yermo permanecen al aire libre tanto en los días más calurosos como en la temporada de las lluvias; es decir, todo el año (Bezah iv. 6). Una explicación algo distinta se da en Jer. Bezah 63 *b*.

tores velaban los ganados del Templo todo el año. No hay necesidad de poner énfasis sobre el profundo significado simbólico de una coincidencia así.

Fue, pues, entonces, en aquella «noche de invierno», el 25 de diciembre[16], que los pastores velaban los ganados destinados a los servicios sacrificiales, en el mismo lugar consagrado por la tradición como el punto en que el Mesías tenía que ser revelado por primera vez. De repente llegó el anuncio tanto tiempo demorado, impensadamente. El cielo y la tierra parecieron confundirse cuando de súbito un ángel se presentó ante sus ojos deslumbrados, mientras la gloria del Señor parecía envolverlo todo como en un manto de luz.[17] Sorpresa, temor, asombro, todo ello quedó acallado en calma y expectación cuando se oyó la voz del ángel diciendo que aquello que veían no implicaba el juicio, sino que traía a los que esperaban en Israel el gran gozo de las buenas noticias que él llevaba: que el Salvador, Mesías, Señor, prometido desde hacía tanto tiempo, había nacido en la ciudad de David, y que ellos mismos podían ir a verle y reconocerle por la humildad de las circunstancias que rodeaban su Natividad.

Fue como si los ángeles acompañantes hubieran esperado la señal. Tal como cuando se ponía el sacrificio sobre el altar, y la música del Templo prorrumpía en tres secciones, cada una marcada por el sonido de las trompetas de plata de los sacerdotes, como si cada Salmo hubiera de ser un *Tris-Hagion,*[18] así también, cuando hubo hablado el ángel heraldo, una multitud de los ejércitos celestiales[19] apareció a su lado para acompañar con himnos las buenas noticias que él había dado. Lo que cantaban no era sino el reflejo de lo que había sido anunciado. Proclamaba en el lenguaje de la alabanza el carácter, el significado, el resultado de lo que acababa de tener lugar. Las cielos entonaban el cántico de «gloria»; la tierra se hacía eco como «paz»; y caía en los oídos y corazones de los hombres como «gran gozo»:

> *¡Gloria a Dios en las alturas,*
> *y sobre la tierra paz,*
> *entre los hombres gran gozo!*[20]

Sólo una vez, con anterioridad, habían caído las palabras del himno de los ángeles sobre los oídos de los mortales, cuando, ante la visión extática de Isaías, el alto Templo del cielo se había abierto y la gloria de Jehová había inundado sus patios, casi derribando los postes trémulos que sostenían sus puertas. Ahora la misma gloria había envuelto a los pastores de los llanos de Belén. Entonces el himno de los ángeles había anunciado la venida del Reino; ahora, que el Rey había llegado. Entonces había sido el *Tris-Hagion* de la visión profética anticipada; ahora, el cumplimiento del Evangelio.

El himno había cesado; la luz, desaparecido del cielo; y los pastores habían quedado solos. Pero el mensaje angélico estaba con ellos; y la señal, que había de guiarles al Cristo-niño, iluminó su camino apresurado por la cuesta hacia el punto en que, a la entrada a Belén, la lámpara, oscilando sobre el mesón, los dirigió a los forasteros de la ciudad de David, quienes habían venido de Nazaret. Aunque parece como si en la hora de su máxima necesidad la Virgen-Madre no hubiera sido ministrada por manos amantes,[21] no obstante, lo que había sucedido en el establo pronto sería conocido por todo el mesón. Quizá mujeres amables iban de acá para allá en sus recados de misericordia cuando los pastores llegaron al «establo».[22] Allí hallaron, quizá, no lo que ellos estaban esperando, pero sí lo que se les había dicho. El grupo santo estaba formado únicamente por la humilde Virgen-Madre, el humilde carpintero de Nazaret y el niño que yacía en el pesebre. Lo que pasó después no lo sabemos, excepto que, habiéndolo visto por sí mismos, los pastores dijeron lo que se les había dicho acerca del niño a todos los que les rodeaban:[23] en el «establo», en los campos, probablemente también en el Templo, al cual debían llevar sus ganados, con lo cual prepararían la mente de Simeón, de Ana y de todos aquellos que esperaban la salvación de Israel.[24]

Y ahora la expectación estimulada se apoderó más aún de todos los que habían oído lo que contaron los pastores; esta vez no únicamente en la región montañosa de Judea, sino dentro del círculo más amplio que alcanzaba Belén y la Santa Ciudad. Y, sin embargo, todo parecía tan súbito, tan

16. No hay razón adecuada para poner en duda la exactitud histórica de esta fecha. Las objeciones que se le hacen me parece a mí que no tienen base histórica. El tema ha sido discutido en un artículo por Cassel en Herzog, *Real-Encyc.* 17, pp. 588-594. Pero nos llega una evidencia curiosa de origen judío. En la adición a la Megillath Taanith (ed. Vars., p. 20 *a*) el 9° de Tebheth está marcado como día de ayuno, y se añade que la razón para ello no se especifica. Ahora bien, los cronistas judíos han fijado este día como el del nacimiento de Cristo y es notable que, entre los años 500 y 816 d.C. el 25 de diciembre cayó no menos de doce veces en el 9° de Tebheth. Si el 9° de Tebheth, o 25 de diciembre, era considerado como el día del nacimiento de Cristo, podemos entender el encubrimiento del mismo. Comp. Zunz, *Ritus d. Synag. Gottesd.*, p. 126.

17. Como ilustración podemos citar aquí Shem. R. 2 (ed. Vars., vol. 2, p. 8 *a*), en que se dice que, siempre que aparece Miguel, allí hay también la gloria de la Shekhinah. En la misma sección leemos, con referencia a la aparición en la zarza, que primero vino solamente un ángel, que estaba de pie en la zarza ardiendo, y después vino la Shekhinah y habló a Moisés desde la zarza. (Es una ilustración curiosa de Hch. 9:7 que en la tradición judía se diga que solamente Moisés vio la visión, pero no los hombres que estaban con él). Wetstein da una referencia errónea a la afirmación talmúdica en el sentido de que, al nacimiento de Moisés, la habitación se llenó de una luz celestial. La afirmación se halla realmente en Sotah 12 *a;* Shem. R. 1; Yalkut i. 51 *c*. Esto ha de ser el fundamento de la leyenda cristiana de que la cueva en que nació Cristo estaba llena de luz celestial. De modo similar, la leyenda romana sobre el hecho de que la Virgen-Madre no sintió los dolores de la maternidad, se deriva de la leyenda judía que afirma lo mismo de la madre de Moisés. La misma autoridad sostiene que el nacimiento de Moisés permaneció desconocido durante tres meses porque era sietemesino. Hay otras leyendas sobre la ausencia de pecado en el padre de Moisés y la virginidad de su madre (a los 103 años) que nos recuerdan tradiciones cristianas.

18. Según la tradición, los tres golpes sonoros simbólicamente proclamaban el Reino de Dios, la providencia de Dios y el juicio final.

19. Es curioso que la palabra στρατιά es hebraizada en el mismo sentido מעלה אסטרטיא של. Ver Yalkut sobre Salmo 45 (vol. ii., p. 105 *a,* hacia la mitad).

20. Sin la menor vacilación he retenido las palabras del *textus receptus.* Los argumentos en favor de ello los presenta de modo satisfactorio el Canon Cook en su «Revised Version of the First Three Gospels», pp. 27-32.

21. Esto parece estar implicado en la afirmación enfática de que María –como si lo hubiera hecho ella misma– «envolvió al niño en pañales» (Lc. 2:7, 12). De otro modo, el comentario parece que habría sido innecesario y sin sentido.

22. Parece difícil comprender, si seguimos la teoría del Dr. Geikie, cómo los pastores podían haber hallado al Niño-Salvador, teniendo en cuenta que no podían, evidentemente, haber despertado cada casa de Belén para inquirir el lugar en que había nacido entre los forasteros.

23. El término διαγνωρίζω implica más que «dar a conocer». Wahl lo traduce por *ultra citroquenarro;* Schleusner: *divulgo aliquid ut aliis innotescat, spargo rumorem.*

24. Esto puede que hubiera preparado no sólo a quienes esperaron con alegría a Jesús en su presentación al Templo, sino que llenó a muchos otros de expectación.

extraño. ¡Qué extraño que la salvación del mundo dependiera de un hilo tan delgado como el latido débil de la vida de un niño, sin que hubiera ningún cuidado especial sobre su seguridad, no se le proveyera abrigo mejor que el de un «establo», ni otra cuna que un pesebre! Pero siempre ha seguido siendo así. De qué hilos tan delgados la vida continuada de la Iglesia parece con frecuencia haber pendido; qué latidos tan débiles los de cada hijo de Dios, sin medios de defensa externos para repeler el peligro, sin hogar confortable, sin descanso restaurador. Pero: «He aquí, los hijos son la herencia de Jehová», y: «Así guarda Él a sus amados en *su* sueño».[25]

25. El extracto siguiente, muy notable, es del Targum de Jerusalén sobre Éxodo 12:42. Puede interesar al lector:

«Es una noche digna de ser observada y enaltecida... Hay cuatro noches mencionadas en el Libro de los Recuerdos. Noche primera: cuando el Memra de Jehová se reveló sobre el mundo para su creación; cuando el mundo estaba sin forma y vacío, y la oscuridad se esparcía sobre la faz del abismo, y el Memra de Jehová la iluminó e hizo de ella luz; y Él la llamó la primera noche. Noche segunda: cuando el Memra de Jehová fue revelado a Abraham entre los animales divididos; cuando Abraham tenía 100 años y Sara 90, y para confirmar con ello lo que decía la Escritura; Abraham, de 100 años, ¿puede engendrar?, y Sara, de 90, ¿puede concebir? ¿No tenía nuestro padre Isaac 37 años cuando fue ofrecido sobre el altar? Entonces los cielos se inclinaron, y descendieron; e Isaac vio sus fundamentos, y sus ojos quedaron cegados debido a aquella visión; y Él lo llamó la segunda noche. La tercera noche: cuando el Memra de Jehová fue revelado sobre los egipcios, al dividirse la noche; su diestra mató al primogénito de los egipcios, y su diestra eximió al primogénito de Israel; para cumplir lo que la Escritura había dicho: Israel es mi primogénito y mi hijo amado. Y Él lo llamó la tercera noche. Noche cuarta: cuando el fin del mundo tendrá lugar, para ser disuelto, los lazos de maldad serán destruidos, y el yugo de hierro quebrantado. Moisés salió de en medio del desierto, y el Mesías Rey de en medio de Roma. Éste guiará al frente de una nube, y aquél guiará al frente de una nube; y el Memra de Jehová guiará entre ambos, y vendrán como uno (Cachada)» (ver la explicación en el N.T., Libro IV, cap. I, nota).

Capítulo 7
(Lucas 2:21-38)

La purificación de la Virgen y la presentación en el Templo

La persona más destacada entre los que habían oído lo que contaron los pastores era aquella a la cual más afectaba el hecho, que lo había guardado en lo profundo de su corazón y traía al mismo los tesoros acariciados del recuerdo. Era la madre de Jesús. Durante estos meses todo lo relacionado con el niño apenas podía apartarse de sus pensamientos. Y ahora que era suyo, aunque no suyo –le pertenecía, aunque no parecía pertenecerle–, el niño sería más querido a su corazón de madre, por lo que lo hacía tan cercano, y al mismo tiempo lo apartaba tanto de ella. Y sobre toda su historia parece que se vertía una luz tan maravillosa, que ella sólo podía ver el camino que quedaba atrás, el punto hasta donde había avanzado, mientras que el camino que ahora debía seguir brillaba con una luz tan deslumbradora que ella apenas podía mirar al presente, y no se atrevía a hacerlo hacia el futuro.

Al mismo comienzo de esta historia, y más y más a medida que avanzaba en su curso, hemos de enfrentarnos con la siguiente pregunta: si el mensaje angélico a la Virgen fue una realidad, y su maternidad tan supernatural, ¿cómo podía María haberse mostrado, al parecer, tan ignorante de lo que iba a venir?; es más, ¿cómo podía haberlo entendido tan mal con frecuencia? Parece extraño que ella «ponderara en su corazón» el relato de los pastores; más extraño aún que después se hubiera maravillado de su demora en el Templo entre los maestros de Israel; más extraño todavía que, al mismo comienzo de sus milagros, el orgullo de su corazón de madre pudiera tan bruscamente haberse introducido en la divina melodía de su obra, al dar una nota tan distinta de la nota clave a la vida de Él, que había sido afinada; o que después, en la plenitud de su actividad, sus temores amorosos, si no dudas, la habían impulsado a interrumpir lo que, evidentemente, no había comprendido todavía en la plenitud de su significado. ¿No podríamos haber esperado, más bien, que la Virgen-Madre, desde el comienzo de la vida de este niño, hubiera comprendido que Él era verdaderamente Hijo de Dios? Esta pregunta, como muchas otras, sólo requiere ser formulada claramente para poder tener una respuesta enfática. Porque si hubiera sido así, la historia del niño, su vida humana, cada paso de la cual era de una importancia tan infinita para la humanidad, no habría sido posible. Aparte del hecho de la necesidad profunda, tanto por lo que se refiere a su misión como a la salvación del mundo, de que tuviera un verdadero desarrollo gradual humano tanto en su consciencia como en su vida personal. Cristo no podía, en ningún sentido real, haber estado sujeto a sus padres si ellos hubieran comprendido plenamente que el niño era divino; ni Él podía, en este caso, haber sido vigilado mientras «crecía en sabiduría y en el favor con Dios y los hombres». Un conocimiento así habría roto el lazo de su humanidad con la nuestra, al dividir lo que le unía a Él como niño a su madre. Nosotros no habríamos podido llegar a ser sus hermanos si Él no hubiera sido verdaderamente el Hijo de la Virgen. El misterio de la Encarnación habría sido innecesario e infructuoso si su humanidad no se hubiera sometido a todas sus condiciones apropiadas y corrientes. Y, aplicando el mismo principio de modo más amplio, nosotros podemos de esta manera, hasta cierto punto, comprender por qué el misterio de su Divinidad tenía que seguir velado mientras estaba en la tierra. De otro modo, el pensamiento de su Divinidad se habría demostrado absorbente de forma tan total, que se hubiera hecho imposible el de su humanidad, con todas sus lecciones. El Hijo del Altísimo, a quien ellos adoraban, no podía haber sido nunca el Hombre lleno de amor, con el cual podían tener una conversación íntima. El lazo que unía al Maestro con sus discípulos –el Hijo del Hombre a la humanidad– se habría disuelto; sus enseñanzas como Hombre, la Encarnación y habitar entre los hombres, hacer su Tabernáculo entre ellos, en lugar de la anterior revelación del Antiguo Testamento desde el cielo, habría sido totalmente imposible. En resumen, un elemento de nuestra salvación, y el distintivo del Nuevo Testamento habría sido eliminado. Al principio de su vida Él habría vivido ya con antelación las lecciones de su fin; es más, no sólo las de su muerte, sino las de su Resurrección y Ascensión, y las de la venida del Espíritu Santo.

En todo esto hemos estado considerando sólo el lado subjetivo de la cuestión, no el objetivo; hemos considerado el aspecto terreno de su vida, no el celestial. Este último, aunque muy real, se halla más allá de nuestro horizonte presente. No es así con la cuestión que se refiere al desarrollo del conocimiento espiritual de la Virgen-Madre. Asumiendo que ella había participado, en su sentido más pleno, del punto de vista de la expectación mesiánica judaica, y recordando también que ella había sido tan «altamente favorecida» por parte de Dios, con todo, no había todavía nada, ni podía haberlo durante muchos años, que la llevara más allá de lo que podía ser llamado la cumbre de la creencia judía. Por el contrario, había mucho relacionado con la verdadera humanidad del niño Jesús para frenarla. Por delgada que parezca, a nuestro modo de pensar retrospectivo, la línea de separación entre creencia judía y unión hipostática de las dos naturalezas, el paso de la una a la otra representaba una revolución mental tan tremenda que implicaba la enseñanza directa divina (1 Co. 12:3). Un caso ilustrativo va a demostrar esto mejor que el argumento. Leemos, en un comentario a las palabras iniciales de Génesis 15:18 (Ber. 44, ed. Vars. p. 81 *b*) que cuando Dios hizo el pacto con Abram, Él «le reveló a él tanto esta *Olam* (dispensación) como la *Olam* siguiente», habiendo sido esta última expresión explicada correctamente como refiriéndose a los días del Mesías. La tradición judaica, por tanto, afirma aquí exactamente lo que Jesús afirmó en estas palabras: «Vuestro padre Abraham se regocijó al ver mi día; y lo vio, y se regocijó» (Jn. 8:56). Con todo, sabemos ¡qué tormenta de indignación el decirlo había de causar entre los judíos!

Así que todo suceso relacionado con la manifestación mesiánica de Jesús tenía que llegar a la Virgen-Madre como un descubrimiento nuevo y como una sorpresa. Cada suceso, cuando tenía lugar, estaba aislado en su mente; no como parte de un conjunto que ella podía ver con antelación, no como un eslabón en una cadena, sino como algo aparte en sí mismo. Ella sabía el comienzo, y conocía el fin; pero no conocía el camino que llevaba del uno al otro; y cada paso en el mismo fue una nueva revelación. De aquí que ella fuera tan cuidadosa atesorando en su corazón cada nuevo hecho (Lc. 2:19, 51), poniendo las piezas juntas, hasta que pudo leer en ello el gran misterio de que Aquél cuya Encarnación ella había concebido era verdaderamente el Hijo del Dios vivo. Y, como era natural, también era apropiado que fuera de esta manera. Porque sólo así podía ella verdaderamente –ya que no era consciente– ser otra cosa que una mujer y una madre judía, y cumplir todos los requisitos de la Ley, tanto en lo que se refería a ella como a su Hijo.

El primero de estos deberes era la Circuncisión, que representaba la sujeción voluntaria a las condiciones de la Ley y la aceptación de las obligaciones, pero también los privilegios, del Pacto entre Dios y Abraham y su simiente. Todo intento de mostrar el profundo significado de este rito en el caso de Jesús, sólo conseguiría debilitar la impresión que el hecho en sí transmite. La ceremonia tuvo lugar, como en todas las circunstancias ordinarias, el octavo día, cuando el Niño recibió el nombre dado por el ángel, *Jeshua* (Jesús). Quedaban todavía por observar dos ordenanzas legales más. El primogénito de cada casa, según la Ley, tenía que ser «redimido» del sacerdote al precio de cinco siclos del Santuario (Nm. 18:16). La casuística rabínica aquí añadía muchos detalles innecesarios e incluso repelentes. Lo siguiente, sin embargo, es de interés práctico. El período de presentación era como mínimo a los treinta y un días después del nacimiento, para hacer el mes legal completo. El niño tenía que ser el primogénito de su madre (según algunos escritores, del padre también);[1] ni el padre ni la madre[2] tenían que ser de linaje levítico; y el niño debía estar libre de los defectos físicos que le hubieran descalificado para el sacerdocio, o como se expresa: «el primogénito para el sacerdocio». Era una cosa muy temida que el hijo muriera antes de su redención; pero si su padre moría en el intervalo, el niño tenía que redimirse a sí mismo cuando llegaba a mayor. Como la ley rabínica declara de modo expreso que los siclos tenían que ser de «peso tirio» (Bechor. xiii. 7), el valor del «dinero de redención» equivalía a unos diez a doce chelines. La redención podía ser hecha por cualquier sacerdote y la asistencia al Templo no era requerida. Pero con respecto a la «purificación de la madre» (Lv. 12) la cosa era distinta. La ley rabínica establecía esta purificación a los cuarenta y un días después del nacimiento de un hijo, y ochenta y uno para una hija,[3] para hacer los términos bíblicos del todo completos.[4] Pero podía tener lugar en cualquier momento después, especialmente con ocasión de una de las grandes fiestas que llevaban a una familia a Jerusalén. Así, leemos de casos en que una madre ofrecía varios sacrificios de purificación al mismo tiempo (comp. Kerith. i. 7). Pero, verdaderamente, la madre no tenía por que estar presente personalmente cuando era presentada su ofrenda, o, mejor dicho (como luego veremos) proporcionada, digamos, por los representantes de los legos que diariamente tomaban parte en los servicios en representación de los diversos distritos de los que venían. Esto también está provisto sobre todo en el Talmud (Jer. Sheq. 50 *b*). Pero las madres que residían a una distancia conveniente del Templo, y en especial cuando eran muy devotas, naturalmente, asistirían de forma personal al Templo;[5] y en estos casos, cuando era practicable la redención del primogénito y la purificación de su madre, se combinaban. Este, indudablemente, fue el caso de la Virgen-Madre y su Hijo.

Con este doble propósito la Sagrada Familia subió al Templo cuando se completaron los días prescritos.[6] La ceremonia celebrada para la redención de su primogénito, sin duda, era más simple de la actual. Consistía en la presentación formal del niño al sacerdote, acompañado de dos cortas «bendiciones» –la una para la ley de redención, la otra para el don de un primogénito– después que el dinero de redención había sido pagado.[7] Este rito tiene que haber sido muy solemne, por celebrarse en este lugar, y al recordar el significado simbólico como expresión del derecho de Dios sobre cada familia en Israel.

Por lo que se refiere al rito de la purificación de la madre, la escasez de información ha llevado a graves afirmaciones erróneas. Toda comparación con la «presentación en la iglesia» de nuestras mujeres (como hace, p.ej., el doctor Geikie) es por completo inaplicable, puesto que esta última consiste en una acción de gracias, y la primera era de modo primario una oferta por el pecado a causa de la contaminación levítica simbólicamente adherida al comienzo de la vida, y un holocausto que marcaba la restauración de la comunión con Dios. Además, como ya se ha dicho, el sacrificio para la purificación podía ser traído por otro en ausencia de la madre. Hay equivocaciones similares que prevalecen con respecto a la rúbrica. No es verdad, como se suele decir, que la mujer era rociada con sangre, y luego era pronunciada limpia por el sacerdote, o que se ofrecieran oraciones en aquella ocasión.[8] El servicio consistía simplemente en el sacrificio reglamentario. Éste era lo que, en lenguaje eclesiástico, se llamaba una ofrenda *oleh veyored,* esto es, «ascendiendo y descendiendo», según los medios del que ofrecía. La ofrenda por el pecado era, en todos los casos, una tórtola o un palomino. Pero aunque los más ricos traían un cordero para el holocausto, los pobres podían sustituirlo por una tórtola o un palomino.[9] La rúbrica ordenaba que el cuello de la ofrenda por el pecado tenía que ser fracturado,

1. Según Lundius, *Jüd. Alterth.*, p. 621, y Buxtorf. *Lex. Talmud.*, p. 1.699. Pero tengo que decir que esto parece contrario a los dichos de los rabinos.

2. Esto elimina la idea de que la Virgen-Madre era de linaje directo aarónico o levítico.

3. El archidiácono Farrar está equivocado al suponer que los «treinta y tres días» eran contados «después de la circuncisión». La idea tiene que haber surgido de un malentendido en la versión inglesa del texto de Levítico 12:4. No había conexión entre el tiempo de la circuncisión del niño y el de la purificación de la madre. En ciertas circunstancias podía ser necesaria una demora de días; en caso de enfermedad, hasta la recuperación. Es también un error suponer que una madre judía no podía dejar la casa hasta después de los cuarenta días de su purificación.

4. Comp. Sifra, ed. Weiss., p. 59 *a* y *b;* Maimónides, Yad haChaz. Hal. Mechusré Capp., ed. Amst., vol. iii., p. 255 *a* y *b.*

5. No hay base alguna para la objeción que presenta el rabino Löw (*Lebensalter*, p. 112) contra el relato de Lucas. Los documentos judíos sólo prueban que una madre no necesita asistir personalmente al Templo; no que no deba hacerlo cuando la asistencia era posible. La impresión contraria resulta de varias noticias judías.

6. La expresión τοῦ καθαρισμοῦ αὐτῶν no puede referirse a la Purificación de la Virgen y *su hijo* (Farrar), ni a la Virgen y José (Meyer), porque ni el Niño ni José necesitaban ni estaban incluidos en la purificación. Puede sólo referirse a la purificación de «ellos» los judíos. Pero esto no implica ninguna inferencia catolicorromana (Sepp, *Leben Jesu*, ii. 1, p. 131) en cuanto a la condición sobrehumana y origen de la Bendita Virgen; por el contrario, la ofrenda por el pecado señala la dirección opuesta.

7. Comp. la rúbrica y las oraciones en Maimónides, Yad haChaz. Hilch. Biccur. xi. 5.

8. Así lo dice el doctor Geikie, tomando su informe de Herzog: *Real-Encykl.* El error sobre el rociar a la madre con sangre sacrificial se originó en Lightfoot (Horae Hebr. en Lc. 2:22). Algunos escritores ulteriores han seguido. Tamid v. 6, citado por Lightfoot, se refiere sólo a la limpieza de un leproso. Las «oraciones» que se supone eran pronunciadas, y la declaración de limpio por los sacerdotes, son adornos de escritores posteriores, de los cuales Lightfoot no es responsable.

9. Según Sifra (Par. Tazria, Per. iv. 3): «Siempre que se cambia la ofrenda por el pecado, precede (como en las ocasiones corrientes) al holocausto; pero cuando es cambiado el holocausto (como en esta ocasión), precede a la ofrenda por el pecado».

pero la cabeza no tenía que ser totalmente separada; que parte de la sangre tenía que ser rociada sobre el ángulo suroeste del altar,[10] debajo de la línea roja[11] que había hacia la mitad del altar, y que el resto debía ser derramada en la base del altar. Toda la carne pertenecía a los sacerdotes, y tenía que ser comida dentro del recinto del Santuario. La rúbrica para el holocausto de una tórtola o un palomino era algo más intrincada (Sebach. vi. 5). La sustitución del cordero por la tórtola o el palomino se designaba de modo expreso como «la ofrenda de los pobres». Y con razón, puesto que mientras el cordero probablemente costaba unos tres chelines, el valor promedio de un par de tórtolas, tanto para la ofrenda por el pecado como para el holocausto, sería de unos ocho peniques (comp. Kerith. i. 7), y en alguna ocasión llegó hasta dos peniques. El precio de la carne y bebida para las ofrendas en el Templo era fijado para un mes; y los empleados especiales instruían a los que iban a ofrendar, y les proporcionaban lo que necesitaban (Sheq. iv. 9). Había también un «superintendente especial de tórtolas y palominos» que eran requeridas para ciertas purificaciones, y el que ocupaba este cargo es citado con elogios en la Mishnah (Sheq. v. 1). De su rectitud e integridad dependían ciertamente muchas cosas. Porque, en todo caso, los compradores de tórtolas y palominos, en general, tenían que entrar en tratos con él. En el Patio de las Mujeres había trece arcas en forma de trompa para las contribuciones pecuniarias, llamadas «trompetas».[12] Los que llevaban la ofrenda de los pobres, dejaban caer en la tercera de estas «trompetas» el precio de los sacrificios que eran necesarios para su purificación.[13] Como podemos suponer, el sacerdote superintendente tenía que estar estacionado allí, tanto para informar al oferente del precio de las tórtolas y palominos, como para ver que todo se hacía en orden. Porque el oferente de la ofrenda de los pobres no tenía que tratar directamente con el sacerdote que sacrificaba. A cierta hora del día, esta tercera arca se abría, y la mitad de su contenido se aplicaba a las ofrendas por el pecado y la otra a los holocaustos. Así que los sacrificios eran provistos o realizados para un número correspondiente a los que tenían que ser purificados, sin tener que avergonzar a los pobres o descubrir innecesariamente el carácter de la impureza, o ser causa de trajín, ruido y molestias. Aunque este modo de proceder, como es natural, no era obligatorio, sin duda era el que generalmente se seguía.

Podemos ahora, en la imaginación, seguir a la Virgen-Madre en el Templo.[14] Su hijo ha sido presentado al Señor y le ha sido devuelto. Había entrado en el Patio de las Mujeres, probablemente por la «Puerta de las Mujeres»,[15] en el lado norte, y depositaba el precio de sus sacrificios en la

«La Sagrada Familia subió al Templo cuando se completaron los días prescritos. La ceremonia celebrada para la redención de su primogénito, sin duda, era más simple de la actual. Consistía en la presentación formal del niño al sacerdote, acompañado de dos cortas ´bendiciones´ –la una para la ley de redención, la otra para el don de un primogénito– después que el dinero de redención había sido pagado. Este rito tiene que haber sido muy solemne, por celebrarse en este lugar, y al recordar el significado simbólico como expresión del derecho de Dios sobre cada familia en Israel».

En esta reconstrucción del Templo vemos la parte oriental donde se encontraba una puerta de particular interés, la llamada de Nicanor, que presidía el atrio al que podían entrar también las mujeres.

10. Pero este punto preciso no era cosa de necesidad absoluta (Seb. vi. 2). Se dan indicaciones respecto a la manera en que el sacerdote había de realizar el acto sacrificial.

11. Kinnim i. 1. Si la ofrenda por el pecado era de un animal de cuatro patas, la sangre tenía que ser rociada por encima de la línea roja.

12. Comp. Mateo 6:2. Ver «The Temple and its Services», etc., pp. 26, 27.

13. Comp. Shekal. vi. 5, los Comentarios, y Jer. Shek. 50 *b*.

14. Según el doctor Geikie, «la Puerta Dorada, a la cabeza de la larga hilera de peldaños que llevaban al valle de Cedrón, se abría en el Patio de las Mujeres». El caso es que no había Puerta Dorada, ni había ninguna serie de peldaños hacia el valle de Cedrón, en tanto que entre el Patio de las mujeres y cualquier otra puerta externa (como la que hubiera podido llevar al Cedrón) intervenía el Patio de los gentiles y una columnata.

15. O bien, «la puerta de los primogénitos». Comp., en general, «The Temple, its Ministry and Services».

trompa nº 3, que estaba cerca del pabellón elevado o galería en que adoraban las mujeres, aparte de los hombres. Y ahora el sonido del órgano, que anunciaba por todo el edificio del Templo que iba a ser encendido el incienso en el altar de oro, convocaba a todos los que iban a ser purificados. El jefe de los ministrantes representantes legos de Israel en servicio (el llamado «hombre estacionado») ponía en hilera a los que se presentaban delante del Señor como oferentes de sacrificios especiales, dentro de sus cestos, a cada lado de la gran Puerta Nicanor, arriba de los quince peldaños que subían del Patio de las mujeres al de Israel. Era como si se les llevara lo más cerca posible del Santuario; como si las suyas fueran especialmente las «oraciones» que se levantaban en una nube de incienso del altar de oro; como si los sacrificios en el altar de los holocaustos fueran puestos para ellos especialmente; como si ellos fueran a tener una participación mayor en la bendición que, saliendo de los labios de los sacerdotes, parecía como la respuesta de Jehová a las oraciones del pueblo; suya especialmente la expresión de gozo simbolizada en la ofrenda de bebida, y el himno de alabanza, cuyo *Tris-Hagion* llenaba el Templo. Desde donde estaban podían verlo todo,[16] y participar en ello y regocijarse. Después de esto el servicio general había terminado, y sólo se quedaban los que habían traído sacrificios especiales, o que se demoraban cerca de los que los habían traído, o aquellos que se deleitaban estando siempre en el Templo. El servicio de purificación, con la oración y alabanza interior no pronunciada, que era el fruto de un corazón agradecido,[17] pronto había terminado, y los que habían participado en él estaban levíticamente limpios. Ahora toda mancha había sido quitada, y, como dice la Ley, podían de nuevo participar en las ofrendas sagradas.

Y en una de estas ofrendas sagradas, mejor que en cualquiera de aquellas en que la familia del sacerdote había tomado parte nunca, iba a participar pronto la Virgen-Madre. Se ha observado que junto a cada humillación relacionada con la humanidad del Mesías se hacía manifiesta la gloria de su divinidad. Estas coincidencias no han sido presentadas a propósito por parte de los evangelistas, y de ahí que sean más notables. Así, si había nacido de una humilde doncella de Nazaret, un ángel anunció su nacimiento; si el niño Salvador recibió por cuna un pesebre, la hueste resplandeciente del cielo entonó himnos a su Advenimiento. Y así después, si había pasado hambre y sido tentado en el desierto, hubo ángeles que le servían, tal como un ángel que le fortaleció en la agonía del huerto. Si se sometió al bautismo, la voz y la visión del cielo atestiguaron su filiación; si sus enemigos le amenazaban, Él podía deslizarse milagrosamente en medio de ellos; si los judíos le atacaban, había una voz de Dios que le glorificaba; si era clavado en la cruz, el sol cubría su brillo y la tierra temblaba; si era puesto en la tumba, los ángeles velaban en el recinto, y luego proclamaron su resurrección. Y así, cuando ahora la Madre de Jesús, en su humillación, sólo pudo traer la «ofrenda de los pobres», el testimonio de la grandeza de Aquél a

---

16. Esto no habría sido posible desde la plataforma elevada sobre la cual adoraban corrientemente.

17. Éste, afirman los rabinos, era el objeto de los holocaustos. El objeto sugerido por las ofrendas por el pecado es demasiado ridículo para mencionarlo. El lenguaje usado respecto a los holocaustos nos recuerda la exhortación en el oficio para «la presentación de las mujeres»; «que ella pueda ser estimulada a dar gracias al Todopoderoso, que la ha librado de los dolores y peligros del dar a luz (שהצילה מחבלי יולדה), que son cosas milagrosas» (comp. Hottingerus, *Juris Hebr. Leges*, ed. Tiguri, p. 233).

quien había traído no podía faltar. Fue traída una «ofrenda eucarística» –por así decirlo– cuyo testimonio es más precioso por el hecho de que los escritos rabínicos no hacen alusión al grupo cuyos representantes encontramos aquí. Con todo, eran el verdadero fruto del espíritu del A.T. y, como tal, en este momento, los receptores especiales del «Espíritu» del Antiguo Testamento.

Los «padres» de Jesús le habían traído al Templo para la presentación y la redención, y en este acto fueron recibidos por uno cuya venerable figura tiene que haber sido conocida por todos en la ciudad y en el Santuario. Simeón combinaba las tres características de la piedad del Antiguo Testamento: *Justicia*, por lo que se refería a su relación y valor para Dios y para el hombre;[18] *temor de Dios*,[19] en oposición a la jactancia y justicia propias del fariseísmo; y, por encima de todo, la expectativa persistente del próximo cumplimiento de las grandes promesas, y la de su *importancia espiritual* como «la Consolación de Israel».[20] El Espíritu Santo estaba sobre él; y por este mismo Espíritu[21] le había sido comunicada la respuesta de la misericordia divina al anhelo de su corazón. Y ahora sucedía tal cual le había sido prometido. «Movido por el Espíritu», vino al Templo cuando sus padres estaban presentando al niño Jesús, y lo tomó en sus brazos y prorrumpió en un éxtasis de acción de gracias. Ahora, verdaderamente, Dios había cumplido su palabra. Él no había de gustar la muerte hasta que no hubiera visto a Cristo el Señor. Ahora su Señor «podía despedirle en paz»[22] –dejarle ir[23] en bendito descanso de obra y vigilia–, puesto que él había realmente visto esta salvación que durante tanto tiempo iba siendo preparada para un mundo expectante y cansado: una luz gloriosa que, al ascender y aumentar, iluminaría la oscuridad de los paganos y sería el resplandor deslumbrante de la misión de Israel. Con este niño en sus brazos era como si estuviera en la cumbre de la visión profética, y veía los rayos dorados del amanecer lejano sobre las islas de los gentiles, y luego se juntaban en su pleno resplandor alrededor de su tierra y pueblo queridos. No había nada judaico en lo que él dijo primero (Lc. 2:29-32), sino al contrario: sólo que era del Antiguo Testamento.

Pero su aparición inesperada, y aún más lo inesperado de su acto y palabras, y la forma más inesperada aún en que lo que dijo del niño Cristo se presentó ante sus mentes, llenó de asombro el corazón de sus padres. Y fue como si su asombro silencioso hubiera sido una pregunta no formulada a la cual llegaba ahora la respuesta en palabras de bendición del anciano observador. Parecían místicas sus palabras, mas también eran proféticas. Pero ahora era el aspecto personal, o, mejor dicho, judaico, que en expresiones entrecortadas fue puesto ante la Virgen-Madre, como si toda la historia del Cristo sobre la tierra pasara en rápida sucesión ante los ojos de Simeón. Este niño, que ahora estaba otra vez en los brazos de la Virgen-Madre, había de ser una piedra de encrucijada; una piedra de fundamento y angular (Is. 8:14), para caída y para levantamiento; una señal que iba a ser objeto de disputa; la espada del dolor personal que atravesaría el corazón de la madre; y así hasta el terrible fin, cuando el velo del externalismo que durante tanto tiempo había cubierto los corazones de los líderes de Israel sería rasgado, y el mal profundo de su corazón puesto al descubierto.[24] Ésta, por lo que se refería a Israel, era la historia de Jesús, de su Bautismo a la Cruz; y ésta es todavía la historia de Jesús, presente como siempre en el corazón de los creyentes, la Iglesia que ama.

Y no fue el cántico de Simeón el único himno de alabanza aquel día. Tiene un gran interés la persona que, llegando en aquel mismo momento, respondió en alabanza a Dios[25] por la promesa que veía de la próxima redención. La persona de Ana *(Channah)* va revestida de cierto misterio. Una viuda cuya desolación fue seguida por una larga vida de luto solitario; una de aquellas en cuyo hogar se había preservado la genealogía tribal.[26] Inferimos de esto, y del hecho de que era de una tribu que *no* regresó a Palestina, que la suya era una familia de alguna distinción. Es curioso que la tribu de Aser sola sea celebrada en la tradición por la hermosura de sus mujeres y su aptitud para casarse con Sumos Sacerdotes o reyes (Ber. R. 71, ed. Vars., p. 131 *b*, final; 99, p. 179 *a*, líneas 13 y 12 desde abajo).

Pero Ana tenía un derecho mejor a la distinción que por un linaje de su familia o por el recuerdo fiel de breves goces de familia. Estos muchos años los había pasado en el Santuario,[27] en oración y ayuno, aunque no la clase del tipo de la justicia y satisfacción propias, que eran la esencia de la religión popular. Y tampoco, al revés de los fariseos, era la Sinagoga el punto que amaba y al que recurría; sino el Templo, con su adoración simbólica e inefable, que el Rabinismo seguro de sí mismo y racionalista estaba reemplazando rápidamente, y para cuyos servicios el Rabinismo no podía encontrar base real. Ni tampoco eran para ella la «oración y ayuno» la suma y compendio de la religión, suficientes en sí mismos; suficientes también ante Dios. En lo más profundo de su alma había un esperar anhelante de la «redención prometida», y ahora ciertamente cercana. Para su corazón de viuda la gran esperanza de Israel aparecía no

18. Comp. Josefo, *Ant.* xii.2.5.

19. La expresión εὐλαβής, indudablemente se refiere al «temor de Dios». Comp. Delitzsch, Hebr. Br. pp. 191, 192; y Grimm, Clavis N.T., p. 180 *b*.

20. La expresión נחמה, «consolación», para designar la gran esperanza mesiánica –de donde el título mesiánico de *Menachem*–, ocurre con frecuencia (como en el Targum sobre Isaías y Jeremías y en muchos pasajes rabínicos). Es curioso que en varias ocasiones es puesta en boca de un *Simeón* (Chag. 16 *b*; Macc. 5 *b*; Shev. 34 *a*), aunque, naturalmente, no es el que se cita en Lucas. La sugerencia de que este último era el hijo del gran Hillel y padre de Gamaliel, el maestro de Pablo, aunque no es imposible por lo que se refiere al tiempo, no tiene apoyo en parte alguna, aunque es muy extraño que la Mishnah no tenga nada que decir acerca de él: *«lo niscar bamishnah»*.

21. La mención del «Espíritu Santo» en el acto de hablar a individuos es frecuente en los escritos rabínicos. Esto, naturalmente, no implica su creencia en la Personalidad del Espíritu Santo (comp. Bemidb. R. 15; 20; Midr. sobre Rut 2:9; Yalkut, vol. 1, pp. 221 *b* y 265 *d*).

22. El Talmud (Ber., última pág.) tiene un concepto curioso en el sentido de que, al despedirse de una persona, uno debería decir: «Ve *a* la paz», no «*en* paz» (no בשלום), ya que lo primero había sido dicho por Jetro a Moisés (Éx. 4:18), en lo cual prosperó; lo último, por David a Absalón (2 S. 15:9), con lo que pereció. Por otra parte, al despedirse de un amigo difunto, hemos de decir «Ve *en* paz», según Génesis 15:15, y no «Ve *a* la paz».

23. La expresión ἀπολύειν, *absolvere, liberare, demittere*, es muy gráfica. Corresponde al hebreo פטר que también es usado para la muerte; como con relación a Simeón el Justo, Menach. 109 *b*; comp. Ber. 17 *a*; Targum sobre Cantares 1:7.

24. διαλογισμός, generalmente usado en el sentido de malo.

25. El verbo ἀνθομολογεῖσθαι puede significar alabanza responsiva, o simplemente alabanza (הודה), que en este caso, sin embargo, sería igualmente en «respuesta» a la de Simeón, fuera en forma responsiva o no.

26. Todo el tema de las «genealogías» está tratado brevemente, pero bien, por Hamburger, *Real-Encykl.*, sec. 2, pp. 291ss. Es lástima que Hamburger trate con tanta frecuencia sus temas desde un punto de vista de apologética judía.

27. No vale la pena discutir la curiosa sugerencia de que Ana *vivía* realmente en el Templo. Nadie vivía en el Templo, y menos una mujer, aunque el Sumo Sacerdote tenía habitaciones en él.

tanto como para Simeón, a la luz de la «consolación», sino más bien de la «redención». El exilio, al parecer sin esperanza, de su propia tribu, el estado político de Judea, la condición –social, moral y religiosa– de su propia Jerusalén: todo ello hacía arder en ella como en los que pensaban de la misma forma, el anhelo profundo y sincero de que llegara el tiempo de la «redención» prometida. No había lugar tan apropiado para los tales como el Templo y sus servicios, lo único libre, puro, sin mancha y que señalaba hacia arriba y adelante; ninguna ocupación tan apropiada como «el ayuno y la oración». Y, bendito sea Dios, había otros, quizá muchos, así en Jerusalén. Aunque la tradición rabínica no hacía caso de ellos eran la sal que preservaba la masa de la corrupción pestilente. A ella, como representante, ejemplo, amiga y amonestadora de los tales, le fue concedida como profetisa el reconocer a Aquél cuyo advenimiento había sido el deber de Simeón alabar. Y día tras día a los que esperaban la redención en Jerusalén, ella les hablaría de lo que sus ojos habían visto, aunque tuviera que ser en susurros y a media voz. Porque se hallaban en la ciudad de Herodes, la fortaleza del fariseísmo.

Capítulo 8

(Mateo 2:1-18)

La visita y homenaje de los Magos y la huida a Egipto

Con la presentación del niño Salvador en el Templo, y su reconocimiento –no ciertamente por los dirigentes de Israel, pero sí característicamente por los representantes de los que esperaban su advenimiento, si así puede decirse–, termina el prólogo del tercer Evangelio. Fuera cual fuera la fuente en que se originó la información –quizá, como se ha sugerido, su primera porción de la Virgen-Madre y la segunda de Ana; o bien las dos de la que, con amorosa reverencia y asombro, lo iba atesorando todo en su corazón–, sus maravillosos detalles no podían haber sido contados con mayor simplicidad, ni tampoco con una gracia más exquisitamente delicada.[1] Por otra parte, el prólogo al primer Evangelio, aunque los omita, da cuenta de otros incidentes de la infancia del Salvador. El plan de estos relatos, o de las fuentes de los cuales se originaron, puede explicar las omisiones en uno y otro caso. A primera vista puede parecer raro que el cosmopolita Evangelio de Lucas describa lo que ocurrió en el Templo y el homenaje de los judíos, mientras el Evangelio de Mateo, que era primariamente para los hebreos, registre el homenaje de los gentiles, y las circunstancias que determinaron la huida a Egipto. Pero de estos contrastes aparentes hay muchos en la historia de los Evangelios; discordancias que se resuelven en gloriosa armonía.

La historia del homenaje al niño Salvador por los Magos la cuenta Mateo, en un lenguaje cuya brevedad es su mayor dificultad. Incluso su designación no está libre de ambigüedad. El término *Magos* es usado en la Septuaginta por Filón, Josefo y por escritores seculares, en un mal sentido, por así decirlo, y en un buen sentido;[2] en el primer caso implicándose la práctica de la magia (ver Hch. 8:9; 13:6, 8); en el último, refiriéndose a los sabios-sacerdotes orientales (especialmente caldeos), cuyas investigaciones en gran parte todavía misteriosas y desconocidas para nosotros parece que abarcaban mucho conocimiento profundo, aunque no exento de superstición. Es a estos últimos que pertenecen los Magos de que habla Mateo. Su número –algo que carece de importancia– no puede ser averiguado.[3] Se han hecho varias sugerencias en cuanto al país del «Oriente» del que procedían. En el período de que se trata, la casta sacerdotal de los Medas y Persas estaba dispersada por varias partes del Este (Mill. *u.s.*, p. 303), y la presencia en estas tierras de una *diáspora* judía importante, a través de la cual podían haber obtenido conocimiento de la gran esperanza de Israel,[4] queda suficientemente atestiguada por la historia judía. La opinión más antigua hace venir a los Magos de Arabia, aunque, en parte, sobre una base insuficiente.[5] Y en favor de ello hay, no sólo el estrecho intercambio existente entre Palestina y *Arabia*, sino que desde el año 120 a.C. al siglo VI de nuestra era, los reyes de *Yemen* profesaban la fe judaica.[6] Porque si por un lado parece poco probable que algunos Magos orientales de modo espontáneo relacionaran un fenómeno celestial con el nacimiento de un rey judío, por otro se presentará evidencia que relacionará el significado adscrito a la aparición de «la estrella» en aquel tiempo particular, con la expectación judía del Mesías. Pero no adelantemos las cosas.

Poco después de la presentación del niño Salvador en el Templo, ciertos Magos del Oriente llegaron a Jerusalén con noticias extrañas. Habían visto el «ascenso»[7] de una aparición sidérea,[8] que ellos consideraban como señal del nacimiento del Mesías, rey de los judíos, en el sentido que entonces se daba a esta designación. En consecuencia, habían acudido a Jerusalén para rendirle homenaje,[9] probablemente no porque se imaginaran que tenía que nacer en la capital judía,[10] sino porque de modo natural esperarían obtener

---

1. Apenas es necesario señalar lo evidencial que es esto de la veracidad del relato del Evangelio. En este sentido, los llamados Evangelios apócrifos forman un contraste burdo, y a veces repelente, con sus adornos de leyenda. Me he abstenido a propósito de reproducir ninguna de estas narraciones, en parte porque lo han hecho otros escritores y en parte porque el único objeto que se consigue repitiéndolas –lo cual es un choque para la mente del cristiano– es indicar el contraste entre los Evangelios canónicos y los apócrifos. Pero creo que para hacerla ver basta una sola frase, sin necesidad de páginas de citas.

2. La evidencia en este punto la proporciona J. G. Müller en *Herzog: Real-Encykl.*, vol. 8, p. 682. Todo el tema de la visita de los Magos es tratado con la mayor habilidad y erudición (al revés de Strauss) por el doctor Mill («On the Mythical Interpretation of the Gospels», part. 2, pp. 275ss.).

3. Se mencionan de varias formas, como doce (Aug. Chrysos.) o tres, esto último debido al número de dones. Existen otras leyendas, pero no vale la pena mencionarlas.

4. No hay evidencia histórica de que al tiempo de Cristo hubiera en las naciones gentiles la expectativa generalizada del Advenimiento de un Mesías en Palestina. Donde existía el conocimiento de una esperanza así, tenía que haberse derivado enteramente de fuentes judías. Las alusiones a ella por Tácito (Hist. v. 13) y Suetonio (Vesp. 4) se derivan evidentemente de Josefo, y sin duda se refieren a la dinastía Flavia y a un período de setenta años o más después del Advenimiento de Cristo. «El espléndido vaticinio en la cuarta Égloga de Virgilio», que el archidiácono Farrar considera como una de las «profecías inconscientes del paganismo», él mismo admite que se deriva de la Sibila Cumea, y se basa en los *Oráculos de la Sibila*, libro 3, lín. 784-794 (ed. Friedlieb, p. 86; ver Einl. p. xxxix). Casi todo el libro 3, incluyendo estos versos, es de paternidad judaica, y su fecha, probablemente, cerca del 160 a.C. El archidiácono Farrar sostiene que, *además de las referencias anteriores*, «hay amplia prueba de que tanto en los escritos judíos como paganos, un mundo culpable y cansado estaba vislumbrando el advenimiento de su Libertador». Pero no ofrece evidencia alguna ni de los escritos judíos ni paganos.

5. Comp. Mill, *u.s.* p. 308, nota 66. La base aducida por algunos son referencias como las de Isaías 8:4; Salmo 72:10, y otros; y el carácter de los dones.

6. Compárese el relato de esta monarquía judía en la «History of the Jewish Nation», pp. 67-71; también Remond, *Vers. e. Gesch. d. Ausbreit. d. Judenth.*, pp. 81ss.; y Jost, *Gesch. d. Isr.*, vol. 5, pp. 236ss.

7. Ésta es la traducción correcta, y no «en el oriente», como suele traducirse, ya que la palabra ἀνατολή, usada en el v. 1 está en plural, mientras que es utilizada en singular en los vv. 2 y 9.

8. Schleusner ha demostrado en abundancia que la palabra ἀστήρ, aunque primariamente significa estrella, es utilizada para constelaciones, meteoros y cometas; en resumen, tiene una aplicación muy extensa: «omne designare, quod aliquem splendorem habet et emitit» (*Lex. in N.T.*, t. I, pp. 390, 391).

9. No como en nuestras versiones, «adorarle», que en este estado de la historia habría sido en absoluto incongruente, sino como un equivalente del hebreo השתחוה, como en Génesis 19:1. Con frecuencia en la Septuaginta y en los escritores profanos (comp. Schleusner, *u.s.*, t. ii., pp. 749, 750, y Vortius, *De Hebraismis N.T.*, pp. 637-641).

10. Ésta es la opinión generalmente, pero yo la creo errónea. Todo judío les habría dicho que el Mesías no había de nacer en Jerusalén. Además, la pregunta de los Magos implica su ignorancia respecto al «dónde» del Mesías.

información auténtica respecto a «dónde» podrían hallarle. En su simplicidad de corazón, los Magos se dirigieron en primer lugar al jefe de Estado. El rumor de una encuesta así, por parte de personas semejantes, había de esparcirse rápidamente por toda la ciudad. Pero produjo en el rey Herodes y en la capital una impresión muy diferente de los sentimientos de los Magos. El cruel Herodes, sin el menor escrúpulo como era su costumbre, ante la más leve sospecha de peligro para su reinado –la mera posibilidad del Advenimiento de uno que tenía tales derechos a la lealtad de Israel y que, si era reconocido, evocaría un movimiento intenso en su favor–, debe haber quedado presa de pánico. No que él creyera las noticias, aunque el temor de su posibilidad tenía que introducirse en una naturaleza como la de Herodes, pero el mero pensamiento de que hubiera un Pretendiente con tales derechos, le llenaría de sospecha, aprensión y rabia impotente. No es difícil hacerse cargo de que la ciudad entera debía haber participado en la «turbación» del rey, aunque sobre una base distinta. No era, como algunos han sugerido, por aprensión a los «males» o «calamidades» que, según las nociones populares, iban a acompañar al Advenimiento del Mesías. A lo largo de la historia de Cristo, la ausencia de tales «calamidades» nunca se hizo base de objeción para sus pretensiones mesiánicas; y esto, debido a que las «calamidades» no iban asociadas con el primer advenimiento del Mesías, sino con su manifestación final de poder. Y entre estos dos períodos se suponía que habría un intervalo más o menos largo, durante el cual el Mesías estaría «escondido», fuera en el sentido literal, o quizá en cuanto a su poder, o bien en los dos aspectos.[11] Esto nos permite comprender la pregunta de los discípulos referente a las señales de su venida y el fin del mundo, y la respuesta del Maestro (tal como se informa en Mt. 24:3-29). Pero el pueblo de Jerusalén tenía otra razón para temer. Conocían muy bien el carácter de Herodes y cuáles serían las consecuencias para ellos, o para aquél de quien sospechara, por injusta que fuera la sospecha, de simpatizar con alguien que pretendiera el trono real de David.[12]

Herodes tomó medidas inmediatas, caracterizadas por su astucia usual. Llamó a todos los Sumos Sacerdotes, pasados y presentes, y a todos los rabinos entendidos,[13] y, sin comprometerse él mismo en cuanto al hecho de si el Mesías había ya nacido o sólo se le esperaba,[14] simplemente les propuso la cuestión del lugar de su nacimiento. Esto le mostraría a él hacia dónde la expectación judía esperaba la aparición de su rival, y, con ello, podía observar tanto el lugar como la gente en general, y, al mismo tiempo, posiblemente sacar a la luz los sentimientos de los líderes de Israel. Además, inquirió con diligencia respecto al tiempo preciso en que la aparición sidérea había atraído la atención de los Magos (Mt. 2:7). Esto le permitiría juzgar hasta qué punto en el tiempo tenía que hacer sus propias averiguaciones, puesto que el nacimiento del Pretendiente podía hacerse sincronizar con la primera aparición del fenómeno sideral. En tanto que viviera alguien nacido en Belén en el período comprendido entre la aparición *primera* de esta «estrella» y el tiempo de la llegada de los Magos, él no estaba seguro. La conducta subsiguiente de Herodes (v. 16) muestra que los Magos tienen que haberle dicho que su primera observación del fenómeno sidéreo había tenido lugar dos años antes de su llegada a Jerusalén.

Las autoridades de Israel reunidas sólo podían dar una respuesta a la pregunta de Herodes. Como muestra la traducción del *Targum Jonatán*, la predicción de Miqueas 5:2 era entonces entendida por todos como que indicaba a Belén como lugar de nacimiento del Mesías. Que ésta era la expectativa general se ve en el Talmud (Jer. Ber. ii. 4, p. 5 *a*), en que en una conversación imaginaria entre un árabe y un judío se nombra de modo «oficial» a Belén como lugar del nacimiento del Mesías. Mateo reproduce la declaración profética de Miqueas exactamente tal como estas citas eran hechas de forma popular en aquel tiempo. Se recordará que, como el hebreo era una lengua muerta para el pueblo, las Santas Escrituras tenían que ser traducidas al dialecto popular, y la persona encargada de hacerlo era el *Methurgeman (dragoman)* o intérprete. Estas traducciones, que en tiempos de Mateo no se permitía que fueran escritas, formaron el precedente, si no la misma base, para nuestro Targum ulterior. En resumen, en aquel tiempo cada uno «targumaba» por su cuenta, y estos «targumim» (como muestra el que tenemos sobre los profetas) no eran versiones literales[15] ni paráfrasis, sino algo intermedio, una especie de traducción interpretativa. El que, cuando «targumaban» los escritores del N.T., prefirieran hacer uso de una versión tan bien conocida y popular como la Septuaginta, no necesita explicación. Que ellos no se confinaran a ella, sino que cuando era necesario, literal o «targúmicamente» tradujeran un versículo, se ve por las citas reales que hay en el Nuevo Testamento. Este «targumar» del Antiguo Testamento estaba de completo acuerdo con el método entonces general de poner las Sagradas Escrituras delante de una audiencia popular. No hay que hacer notar que los escritores del Nuevo Testamento «targumaban» como cristianos. Estos comentarios se aplican no sólo al caso que tenemos aquí en consideración (Mt. 2:6), sino de modo general a las citas que hay en el Nuevo Testamento procedentes del Antiguo.[16]

---

11. Los escritores cristianos sobre estos temas han hecho coincidir generalmente las llamadas «calamidades del Mesías» con su primera aparición. Parece que no se les ha ocurrido que si ésta hubiera sido la expectativa judía, se habría hecho una objeción preliminar a Jesús debido a su ausencia.

12. Sus sentimientos sobre esta materia serían representados, *mutatis mutandis*, por las expresiones en el Sanedrín, recogidas por Juan 11:47-50.

13. Tanto Meyer como Weiss han mostrado que ésta no fue una reunión del Sanedrín, si, realmente, este cuerpo tenía algo más que una existencia espectral durante el reinado de Herodes.

14. La pregunta hecha por Herodes (v. 4), «dónde había de nacer el Cristo», no se pone en pasado ni en futuro, sino con carácter intemporal. En otras palabras, les ponía delante un *caso* –un problema teológico–, pero no un *hecho*, pasado o futuro.

15. En realidad, el Talmud establece de modo expreso, que «todo el que "targuma" un versículo en una forma literal (sin la debida consideración a su significado) es un mentiroso» (Kidd. 49 *a*; comp., sobre el tema, Deutsch, «Literary Remains», p. 327).

16. El principio general en conformidad con el cual Mateo tradujo Miqueas 5:2 *targúmicamente*, puede, al parecer, cubrir todas las diferencias entre esta cita y el texto hebreo. Pero puede valer la pena –en este caso por lo menos– examinar las diferencias de detalles. *Dos* de ellas son triviales, por ejemplo: «Belén, tierra de Judá», en vez de «Éfrata»; «príncipes» en vez de «millares», aunque Mateo puede haber indicado באלפי («príncipes») en vez de בְּאַלְפֵי, como en *nuestro* texto hebreo. Quizá tradujera la palabra más correctamente de lo que hacemos nosotros, puesto que אֶלֶף significa no sólo un «millar», sino también una parte de una tribu (Is. 60:22), un clan o *Beth Abh* (Jue. 6:15); comp. también Números 1:16; 10:4, 36; Deuteronomio 33:17; Josué 22:21-30; 1 S. 10:19; 23:23; en cuyo caso la personificación de estos «millares» (= nuestros «centenares») por sus jefes o «príncipes» sería una traducción «targúmica» muy apta. Dos divergencias más son importantes, por ejemplo: «No eres la menor» en vez de «aunque eres pequeña». Pero las palabras hebreas han sido traducidas también de otra manera: en siríaco, *interrogativamente* («¿eres tú pequeña?»), lo cual sugiere la traducción de Mateo; y en árabe tal como Mateo (véase Pocock, *Porta Mosis, Notae*, c. ii.; pero Pocock no da el Targum correctamente). Credner, con ingenio, sugiere que la traducción de Mateo puede

La conducta posterior de Herodes es la que corresponde a sus planes. Llamó a los Magos –por varias razones– *secretamente*. Después de averiguar el tiempo preciso en que habían observado por primera vez la «estrella», los envió a Belén con la indicación de que le informaran cuando hubieran hallado al niño, bajo pretexto de que él igualmente deseaba ir a rendirle homenaje. Cuando ellos partieron de Jerusalén[17] para completar el objetivo de su peregrinaje, con gran sorpresa suya la «estrella» que había atraído su atención con su «ascenso» (según ya vimos), y que según parece en el relato no habían visto últimamente, una vez más apareció en el horizonte, y parece que se movía delante de ellos hasta que «se detuvo encima de donde estaba el niño»; esto es, naturalmente, sobre Belén, no en ninguna casa en especial. Fuera que en una vuelta del camino, cerca de Belén, la perdieran de vista, o porque ya no hicieron caso de su posición, puesto que parecía adelantarles en el camino que ya se les había señalado –porque, sin duda, no necesitaban la estrella para que los guiara a Belén–, o porque el fenómeno celestial ahora desapareció, esto no lo indica el relato del Evangelio y no es importante. Bastó para ellos, y para nosotros, que habían sido dirigidos por las autoridades a Belén; cuando emprendieron el camino en dirección a la misma, el fenómeno sideral había aparecido una vez más; y, según les había parecido, había ido delante de ellos hasta que realmente estuvo sobre Belén. Y como en tiempos antiguos una «guía» tan extraordinaria por una «estrella» era una cosa de creencia y expectativa,[18] los Magos, desde su punto de vista, considerarían que era una confirmación plena de que habían sido rectamente dirigidos a Belén y «se regocijaron con enorme gozo». Una vez en Belén no les sería difícil averiguar dónde se hallaba el niño, con motivo de cuyo nacimiento habían ocurrido estas maravillas. Parece que el abrigo temporal del «establo» había sido cambiado por la Sagrada Familia por una habitación permanente en una «casa» (Mt. 2:11), y allí los Magos hallaron al niño Salvador con su madre. Con exquisito tacto y reverencia el relato no intenta ninguna descripción de la escena. Es como si el escritor sagrado hubiera entrado plenamente en el espíritu de Pablo: «Y aun si conocimos a Cristo según la carne, ya no le conocemos así» (2 Co. 5:16). Y así es como debe ser. Es al gran hecho de la manifestación de Cristo –no lo que le rodea externamente, por precioso o conmovedor que pueda ser en relación con ningún ser terreno ordinario– a lo que hemos de dirigir nuestra mirada. Las cosas externas pueden ciertamente atraer nuestra naturaleza sensorial; pero detraen de la gloria incomparable de la gran realidad suprasensorial.[19] Alrededor de la Persona del Hombre-Dios, en la hora en que el homenaje del mundo pagano le era ofrecido por primera vez, no necesitamos, ni queremos, el tapiz de las circunstancias externas. Esta escena se comprende mejor no por la descripción, sino en silencio, uniéndonos en el homenaje silencioso y en las silenciosas ofrendas de los «magos venidos del Oriente».

Antes de seguir adelante, hemos de hacernos dos preguntas: ¿Qué relación tiene este relato con la expectativa judaica? Y, ¿hay alguna confirmación astronómica de este relato? Además de su interés intrínseco, la respuesta a la primera pregunta va a determinar si hay alguna base legendaria para el relato; mientras que de la segunda dependerá si el relato puede ser acusado verdaderamente de que, por parte de Dios, hubiera un acomodo a las supersticiones y los errores de la astrología. Porque si el conjunto era extranatural y la aparición sideral producida especialmente para acoplarse a los puntos de vista astrológicos de los Magos, no se daría una respuesta suficiente a la dificultad al decir que «las grandes catástrofes y los fenómenos excepcionales de la naturaleza se han sincronizado de una manera notable con los grandes sucesos de la historia humana» (archidiácono Farrar). Por otra parte, si la aparición sidérea no tiene origen sobrenatural y habría ocurrido igualmente de no haber habido Magos para dirigir a Belén, la dificultad queda eliminada del todo; pero el relato nos da otro ejemplo, a la vez, de la condescendencia de Dios al bajo nivel de mira de los Magos y de su sabiduría y bondad en la combinación de las circunstancias.

Por lo que se refiere a la expectativa judía, basta con lo que se ha dicho en las páginas precedentes, para mostrar que el Rabinismo esperaba una clase muy distinta de homenaje mundial al Mesías que el de unos pocos Magos guiados por una estrella al hogar del niño. En realidad, lejos de servir como base histórica para el origen de una leyenda así, apenas podría imaginarse una caricatura más burda de la espera mesiánica judía. Igualmente fútil sería el buscar como fondo para este relato la predicción de Balaam (Nm. 24:17), puesto que es increíble que alguien pudiera haber entendido que se refería a una breve aparición sidérea a unos pocos Magos, a fin de llevarles a ver al Mesías.[20] Ni tampoco se puede representar como un intento de cumplir la profecía de Isaías[21] (Is. 60:6, últimas cláusulas) de que «traerán oro e incienso y proclamarán las alabanzas de Jehová». Porque, suponiendo que este lenguaje figurado hubiera sido literalizado burdamente[22], ¿qué habría sucedido a la otra parte de la profecía[23] que, naturalmente, tiene que ser tratada de la misma manera; sin hablar del hecho de que toda ella se refiere evidentemente no al Mesías (y menos aún en su infancia), sino a Jerusalén en su gloria en un día posterior? Así, fallamos en no percibir base histórica alguna para el origen de la leyenda del relato de Mateo, sea en el Antiguo Testamento o, menos aún, en la tradición

---

haber sido causada por una traducción targúmica del hebreo צעיר por בזעיר; pero no parece haber notado que ésta es la traducción *real* en el Targum Jon. del pasaje. En cuanto a la segunda divergencia más importante en la última parte del versículo, puede ser mejor aquí dar como comparación la traducción del pasaje en el Targum Jonatán: «De ti saldrá delante de mí el Mesías, para ejercer dominio sobre Israel».

17. No tiene que haber sido *necesariamente* de *noche*.

18. La prueba de esto la da E. Wetstein, *Nov. Test.*, t. 1, pp. 247 y 248.

19. En esto parece hallarse la más fuerte condenación de las tendencias romanas y romanizantes, que siempre están procurando presentar –o quizá, más bien, intrusar– las circunstancias externas. No es de este modo que el Evangelio nos presenta más plenamente lo espiritual, ni de esta manera que se hacen las impresiones más profundas y santas. La verdadera religión es siempre *objetivista;* la sensorial, *subjetivista*.

20. Strauss (*Leben Jesu*, 1, pp. 224-249) encuentra una base legendaria para el relato evangélico en Números 24: 17, y también apela a las historias legendarias de escritores profanos sobre estrellas que habían aparecido al nacer grandes hombres.

21. Keim (*Jesu von Nazara*, i. 2, p. 377) abandona la apelación a las leyendas de los escritores profanos, adscribe sólo una influencia secundaria a Números 24:17 y pone énfasis en «la leyenda» de Isaías 60 con el éxito que el lector puede juzgar.

22. ¿Es posible imaginar que alguien haya podido inventar una «leyenda» en base a Isaías 60:6? Por otra parte, si el suceso tuvo realmente lugar, es fácil comprender en qué forma el simbolismo cristiano habría visto –aunque de modo poco crítico– una alumbración de ello en esta profecía.

23. La «multitud de camellos y dromedarios de Madián y de Efá» (v. 6), el «ganado de Cedar y los carneros de Nebayot» (v. 7), y «las islas» y «los navíos de Tarsis» (v. 9).

«Herodes tomó medidas inmediatas, caracterizadas por su astucia usual. Llamó a todos los Sumos Sacerdotes, pasados y presentes, y a todos los rabinos entendidos, y, sin comprometerse él mismo en cuanto al hecho de si el Mesías había ya nacido o sólo se le esperaba, simplemente les propuso la cuestión del lugar de su nacimiento. Esto le mostraría a él hacia dónde la expectación judía esperaba la aparición de su rival, y, con ello, podía observar tanto el lugar como la gente en general, y, al mismo tiempo, posiblemente sacar a la luz los sentimientos de los líderes de Israel. Además, inquirió con diligencia respecto al tiempo preciso en que la aparición sidérea había atraído la atención de los Magos (Mt. 2:7)».

Siendo que las crueldades de Herodes habían echado por tierra su popularidad, trató de recuperar el favor de los judíos reconstruyendo espléndidamente el antiguo templo. Durante el reinado de Herodes, además del Templo, se levantaron el Teatro Romano, el Palacio Real, los Mercados y una serie de importantes obras públicas. Herodes contribuyó mucho por embellecer Jerusalén e hizo lo mismo con Samaria.
En esta pintura mural romana podemos ver a unos obreros trabajando en la construcción de un muro de sillería.

judía. Y tenemos base para preguntar: si el relato no es verdad, ¿qué explicación racional se puede dar de su origen, puesto que la invención del mismo no puede haber sido de ningún judío contemporáneo?

Pero esto no es todo. Parece, realmente, que no hay ninguna conexión lógica entre esta interpretación astrológica de los Magos y alguna supuesta práctica de la astrología entre los judíos. Pero, por extraño que nos parezca, los escritores han insistido mucho en esto.[24] La acusación, por decir lo menos posible, es burdamente exagerada. El que hubiera impostores judíos –u otros orientales– que hicieran ver que tenían conocimientos astrológicos, y que estas investigaciones pueden haber sido llevadas a cabo por ciertos estudiosos judíos, se admite sin dificultad. Pero el lenguaje de desaprobación usado al referirse a estas actividades –tales como que entre los astrólogos no se halla el conocimiento de la Ley (Deb. R. 8)–, y la afirmación enfática de que el que aprendía aunque fuera sólo una cosa de un *Mago* merecía la muerte, muestra cuál era el punto de vista oficial sobre este punto (comp. Shabb. 75 *a*). Naturalmente, los judíos (al menos muchos en realidad), como ocurría entre los antiguos, creían en la influencia de los planetas sobre el destino de los hombres (ver, p.ej., Jos., *Guerra* vi.5.3). Pero era un principio expresado con vigor e ilustrado con frecuencia en el Talmud, que esta influencia planetaria *no* se extendía a Israel (Shabb. 156 *a*). Hay que admitir que no siempre se era consecuente en poner en práctica lo que decían, y había rabinos que computaban el futuro de un hombre según la constelación (la *Mazzal*), fuese del día o la hora, en que el individuo había nacido (Shabb. *u.s.*). Se suponía que algunas personas tenían una estrella propia (Moed K. 16 *a*), y las estrellas (representativas) de todos los prosélitos se decía que habían estado presentes en el monte Sinaí. En consecuencia, ellos también, como Israel, habían perdido la contaminación de la serpiente (pecado) (Shabb. 145 *b;* 146 *a*, comp. Yeb. 103 *b*). Un rabino dijo, incluso, que el éxito, la sabiduría, la duración de la vida y la posteridad dependían de la constelación (Moed K. 28 *a*). Estos modos de ver fueron sostenidos hasta que acabaron fundiéndose en una especie de fatalismo (comp. Baba K. 2 *b;* Shabb. 121 *b*), o bien en la idea de una «afinidad natal», por la cual las personas nacidas bajo las mismas constelaciones se creía que estaban en *afinidad* simpática (Ned. 39 *b*). La afirmación siguiente, que la conjunción de los planetas[25] afectaba a los productos de la tierra (Erub. 56 *a;* Ber. R. 10), ya no es astrológica; ni quizá tampoco el que un eclipse de sol presagiaba mal para las naciones, o un eclipse de luna para Israel, porque las primeras calculaban el tiempo por medio del sol, e Israel por medio de la luna.

Pero hay una declaración judaica ilustrativa que, aunque no astrológica, es de la mayor importancia, aunque parezca haber sido pasada por alto hasta ahora. Desde la aparición del conocido tratado de Münter sobre la estrella de los Magos,[26] los escritores se han esforzado para mostrar que la expectación judía de un Mesías estaba conectada con una conjunción sidérea peculiar, tal como la que ocurrió dos años antes del nacimiento de nuestro Señor (en 747 A.U.C., o 7 a.C.), y esto a base de una cita del bien conocido comentarista judío Abarbanel (o mejor *Abrabanel*) (nacido en 1434, muerto 1508). En su Comentario sobre Daniel este rabino había dicho que la conjunción de Júpiter y Saturno en la constelación Piscis presagiaba no solamente los sucesos más importantes, sino que se referían en especial a Israel (para probar lo cual da cinco razones místicas). Además argumenta que, como esta conjunción había tenido lugar tres años antes del nacimiento de Moisés, lo cual anunciaba la primera liberación de Israel, así también precedería al nacimiento del Mesías, y la liberación final de Israel. Pero el argumento falla no porque los cálculos de Abarbanel son inconcluyentes y aun erróneos,[27] sino porque es evidentemente injusto inferir el estado de la creencia judía al tiempo de Cristo de una idea o concepto casual astrológico de un rabino en el siglo XV. Hay, sin embargo, testimonio que nos parece no sólo de confianza, sino que abarca la tradición judaica más antigua. Está contenido en una de las más pequeñas Midrashim, de las cuales se ha publicado últimamente una colección.[28] Debido a su importancia, debería hacerse de ello por lo menos una cita completa. La llamada Haggadah del Mesías *(Aggadoth Mashiach)* empieza como

---

24. El tema de la astrología judía es tratado bien por el doctor Hamburger, tanto en el primero como en el segundo volumen de su *Real-Encykl.* El mejor sumario, aunque breve, es del doctor Gideon Brecher, «Das Transcendentale im Talmud». Gfrörer es, como de costumbre, unilateral, y no siempre de fiar en sus traducciones. Un curioso folleto por el rabino Thein (Der Talmud, od. das Prinzip d. planet Einfl.) es uno de los intentos más audaces para no hacer caso de los hechos palpables que se oponen al modo de ver propio. Los dichos de Hausrath sobre este tema, como en muchos otros, son afirmaciones sin apoyo de evidencia histórica.

25. La astronomía judaica distingue los siete planetas (las llamadas «estrellas errantes»); los doce signos del Zodíaco, *Mazzaloth* (Aries, Tauro, Géminis, Cáncer, Leo, Virgo, Libra, Escorpio, Sagitario, Capricornio, Acuario, Piscis), ordenados por los astrólogos en cuatro trígonos: el del fuego (1, 5, 9); el de la tierra (2, 6, 10); el del aire (3, 7, 11) y el del agua (4, 8, 12); y las estrellas. El libro cabalístico Raziel (fechado en el siglo XI) los ordena en tres cuaternios: los cometas, que son llamados flechas o «varas estelares», eran los que más dificultades ofrecían a los estudiosos. Los planetas (en su orden) eran: *Shabbathai* (el Sabático, Saturno); *Tsedeq* (justicia, Júpiter); *Maadim* (el rojo, color sangre, Marte); *Chammah* (el Sol); *Nogah* (esplendor, Venus); *Cokhabh* (la estrella, Mercurio); *Lebhanah* (la Luna). Las obras de la Cábala pintan nuestro sistema como un círculo, el arco inferior del cual consiste en Océanos, y el superior está lleno por la esfera de la tierra; luego viene la de la atmósfera circundante; luego, sucesivamente, los siete semicírculos de los planetas, cada uno acomodado al otro –para usar la ilustración cabalística– como las capas sucesivas de una cebolla (ver Sepher Raziel, ed. Lemb., 1873, pp. 9 *b*, 10 *a*). El día y la noche estaban divididos en doce horas (de 6 de la mañana a las 6 de la tarde, y de las 6 de la tarde a las 6 de la mañana). Cada hora estaba bajo la influencia de planetas sucesivos: así, domingo, 7 mañana, el Sol; 8 mañana, Venus; 9 mañana, Mercurio; 10 mañana, Luna; 11 mañana, Saturno; 12 mañana, Júpiter, y así sucesivamente. De modo similar, tenemos para el *lunes*, 7 mañana, la Luna, etc.; para el *martes*, 7 mañana, Marte; para el *miércoles*, 7 mañana, Mercurio; para el *jueves*, 7 mañana, Júpiter; para el *viernes*, 7 mañana, Venus; y para el *sábado*, 7 mañana, Saturno. Los más importantes eran los *Tequphoth*, en que el Sol entraba, respectivamente, en Aries (Tek. *Nisan*, equinoccio de primavera, «cosecha»), Cáncer (Tek. *Tammuz*, solsticio de verano, «caluroso»), Libra (Tek. *Tishri*, equinoccio de otoño, «siembra»), Capricornio (Tek. *Tebheth*, solsticio de invierno, «frío»). Comp. Targ. Pseudo-Jon. sobre Génesis 8:22. De una Tequphah a otra había 91 días, 7 1/2 horas. Por medio de una hermosa figura el polvo del Sol es llamado «limaduras del día» (como la palabra ξύσμα lo que cae de la rueda del Sol cuando éste gira, Yoma 20 *b*).

26. «Der Stern der Weisen», Copenague, 1827. El tratado, aunque es citado con frecuencia, no parece haber sido estudiado de modo suficiente, y muchos escritores al parecer más bien han leído las referencias al mismo en el Handb. d. Math. u. Techn. Chronol. de Ideler. La obra de Münter contiene muchas cosas interesantes e importantes.

27. Para formarse un concepto adecuado de lo falso de un testimonio así, es necesario estudiar la historia de las investigaciones astronómicas y astrológicas de los judíos durante este período, de las cuales se da un magnífico resumen en Steinschneider, *History of Jewish Literature* (Ersch. u. Gruber, Encykl., vol. 27). Comp. también Sachs, *Relig. Poes. d. Juden in Spanien*, pp. 230ss.

28. Por el doctor Jellinek, en una obra en seis partes, titulada «Beth ha-Midrash», Leipz. y Viena, 1853-1878.

sigue: «Saldrá una estrella de Jacob. Hay una Boraita en el nombre de los rabinos: la setena en que viene el Hijo de David –en el primer año no habrá suficiente comida; en el segundo año se lanzarán las flechas del hambre; en el tercero, una gran hambre; en el cuarto, ni hambre ni abundancia; en el quinto, gran abundancia, y la Estrella brillará en el Oriente, y ésta es la Estrella del Mesías. Y brillará en el Este durante quince días, y si se prolonga, será para el bien de Israel; en el sexto, dichos (voces) y anuncios (oídos); en el séptimo, guerras, y al final del séptimo hay que esperar al Mesías». Una declaración similar ocurre al final de una colección de tres Midrashim, tituladas respectivamente: «El libro de Elías», «Capítulos sobre el Mesías» y «Los misterios del rabino Simón, el hijo de Jochai» (Jellinek, Beth ha-Midrash, fasc. iii., p. 8), donde leemos que aparecería una Estrella en el Este dos años antes del nacimiento del Mesías. La afirmación es casi tan notable, tanto si representa una tradición previa al nacimiento de Jesús, como si se originó después de este acontecimiento. Pero dos años antes del nacimiento de Cristo, que como hemos calculado tuvo lugar en diciembre 749 A.U.C., o sea, 5 años antes de la era cristiana, nos trae el año 747 A.U.C., o sea 7 antes de Cristo, en el cual una estrella así debía aparecer en el Este.[29]

¿Apareció, pues, una estrella así, en realidad, en el Oriente siete años antes de la era cristiana? Astronómicamente hablando, y sin ninguna referencia a la controversia, no puede haber duda de que la más notable conjunción de planetas –la de Júpiter y Saturno en la constelación de Piscis, que ocurre solamente una vez cada 800 años– tuvo realmente lugar no menos de tres veces en el año 747 A.U.C. o dos años antes del nacimiento de Cristo (en mayo, octubre y diciembre). Esta conjunción es admitida por todos los astrónomos. No sólo era extraordinario, sino que presentaba el espectáculo más brillante en el firmamento nocturno, de modo que no podía por lo menos de atraer la atención de los que observaban el firmamento sidéreo, pero especialmente de los que se ocupaban de la astrología. El año siguiente, esto es, el año 748 A.U.C., otro planeta, Marte, se unió a esta conjunción. El mérito del descubrimiento de estos hechos, de los cuales no podemos presentar aquí la historia literaria,[30] pertenece al gran Kepler (De Stella Nova, etc. Praga, 1600), el cual colocó la Natividad de Cristo en el año 748 A.U.C. Esta fecha, sin embargo, es prácticamente imposible; pero además se ha mostrado que una conjunción así, por varias razones, no respondería a los requisitos del relato evangélico, en lo que se refiere a la guía a Belén. Pero da plena cuenta de la atención despertada en los Magos, y –aunque ellos no poseyeran el conocimiento de la expectación judaica antes descrita– del hecho que inquirieran de otros, en especial de judíos. Aquí dejamos el dominio de lo *cierto* y entramos en el de lo *probable*. Kepler, que fue llevado al descubrimiento como resultado de una conjunción similar en 1603-1604, notó también que, cuando los tres planetas entraron en conjunción, fue visible entre Júpiter y Saturno una estrella evanescente, brillante, y de color peculiar, y sugirió que una estrella similar había aparecido bajo las mismas circunstancias en la conjunción que precedió a la Natividad. De esto, naturalmente, no hay ni puede haber certeza alguna. Pero, si fue así, esto podría ser «la estrella» de los Magos, «en su aparición». Hay aún otra afirmación notable que también ha de ser asignada sólo al dominio de lo *probable*. En las tablas astronómicas de los chinos, de cuya veracidad y confiabilidad da testimonio una autoridad del calibre de Humboldt (*Cosmos*, vol. 1, p. 92), fue notada la aparición de una estrella evanescente. Pingré y otros la han designado como un cometa, y calcularon su primera aparición en febrero 750 A.U.C., que es exactamente casi el tiempo en que los Magos dejarían Jerusalén por Belén, puesto que esto tiene que haber precedido a la muerte de Herodes, que tuvo lugar en marzo del mismo año. Además, se ha averiguado astronómicamente que una aparición sideral así sería visible a los que partieron de Jerusalén, y que les indicaría –casi parecería ir delante de ellos– la dirección de Belén, y pasaría por encima –según el astrónomo Dr. Goldschmidt– (ver Wieseler, *Chron. Syn.*, p. 72). Esto, presentado de modo imparcial, son los hechos del caso; y aquí hay que dejar el tema en el estado presente de la información que poseemos.[31]

Sólo dos cosas se citan de esta visita de los Magos a Belén: el homenaje más humilde de carácter oriental, y sus ofrendas.[32] Vistos como regalos, el incienso y la mirra habrían sido raramente inapropiados. Pero sus ofrendas fueron evidentemente pensadas como ejemplos de los productos de su país, y su regalo fue, como en nuestros propios días, expresión del homenaje de su país al nuevo Rey hallado. En este sentido, pues, los Magos pueden ser verdaderamente considerados como los representantes del mundo gentil; su homenaje, como el reconocimiento primero, y en tipo, de Cristo, por parte de aquellos que hasta entonces habían estado «alejados»; y sus ofrendas, como simbólicas del tributo del mundo. Este significado más profundo lo captó la antigua Iglesia de modo apropiado, aunque quizás equivocando su base. Este simbolismo, que se entrelaza como el convólvulo, alrededor de la Planta Divina, ha hallado en el oro el emblema de la realeza; en la mirra, el de su humanidad, y esto, en la más plena evidencia de la misma, en su sepultura; y en el incienso, el de su Divinidad.[33]

29. Sería, naturalmente, posible argumentar que el relato evangélico surgió de esta tradición judaica sobre la aparición de una estrella dos años antes del nacimiento del Mesías. Pero, como ya se ha mostrado, la hipótesis de un origen legendario judío es totalmente insostenible. Además, si Mateo 2 se hubiera derivado de esta tradición, el relato habría sido moldeado de modo muy distinto, y, más esencialmente, el intervalo de dos años entre la aparición de la estrella y el advenimiento del Mesías habría sido subrayado, en vez de ser, como ahora, cosa más bien inferida.

30. Los principales escritores sobre el tema han sido: Münter (*u.s.*), Ideler (*u.s.*) y Wieseler (*Chronol. Synopse d. 4 Evang.*, 1843; y también en Herzog, *Real-Enc.*, vol. 21, p. 544, y finalmente en su *Beitr. z. Würd. d. Ev.*, 1869). En nuestro propio país, los escritores, desde la aparición del artículo del profesor Pritchard («Star of the Wise Men») en el *Dicc. de la Biblia* del doctor Smith, vol. 3, generalmente han renunciado al argumento astronómico, sin indicar, sin embargo, con claridad, si consideran la estrella como una guía milagrosa. No creo, naturalmente, poder presumir entrar en una discusión astronómica con el profesor Pritchard; pero como su razonamiento se basa en la idea de que la conjunción planetaria de 747 A.U.C. es considerada como la «Estrella de los Magos», su argumentación no se aplica ni al punto de vista presentado en el texto, ni al de Wieseler. Además, debo abstenerme de aceptar su interpretación del relato de Mateo.

31. Un punto de vista algo diferente es presentado en su trabajada y erudita edición del Nuevo Testamento por M. Brown McClellan (vol. 1, pp. 400-402).

32. Algunas versiones traducen en 5: 11 curiosamente cajas de «tesoros». La expresión es exactamente la misma que en Deuteronomio 28:12, para la cual la Septuaginta usa las mismas palabras que el Evangelista. La expresión es utilizada también en este sentido por los Apócrifos y por los escritores profanos. Comp. Wetstein y May Meyer *ad locum*. La tradición judaica expresa también la expectativa de que las naciones del mundo ofrecerían sus dones al Mesías (comp. Pes. 118 *b;* Ber. R. 78).

33. Así, no sólo los antiguos himnos (por Sedulius, Juvencus y Claudian), sino por los padres y escritores posteriores (comp. Sepp, *Leben Jesu*, ii. 1, pp. 102, 103.)

Como siempre en la historia de Cristo, lo mismo aquí: la gloria y el sufrimiento aparecen en yuxtaposición. Era imposible que estos Magos pasaran a ser instrumentos inocentes de los designios criminales de Herodes; ni que el niño Salvador cayera víctima del tirano. Advertidos por Dios en un sueño, los «magos» regresaron «a su propio país por otro camino»; y la Sagrada Familia, advertida por el ángel del Señor en su sueño, buscó asilo temporalmente en Egipto. Burlado en su esperanza de alcanzar su objeto a través de los Magos, el tirano temerario intentó asegurarse del mismo mediante una matanza indiscriminada de todos los niños de Belén, y área circundante, de menos de dos años. Es verdad que, considerada la población de Belén, su número tenía que ser pequeño, probablemente unos veinte a lo más (según cómputos del archidiácono Farrar). Pero el hecho no por ello fue menos atroz; y estos niños pueden con razón ser considerados como los «protomártires», los primeros testigos de Cristo, «la flor del martirio» (*flores martyrum*, como los llama Prudencio). La matanza estuvo en consonancia con el carácter y anteriores medidas tomadas por Herodes.[34] Ni tampoco hemos de extrañarnos que no fuera registrada por Josefo, porque en otras ocasiones ha omitido sucesos que a nosotros nos parecen importantes.[35] El asesinato de unos pocos niños en una aldea insignificante no tenía por que parecerle digna de ser notada en un reino manchado con tanta sangre. Además, Josefo tenía quizá un motivo especial para su silencio. Josefo suprime siempre cuidadosamente, en cuanto puede, todo lo que se refiere a Cristo[36], probablemente no sólo en concordancia con sus propios puntos de vista religiosos, sino porque la mención de un Cristo podría haber sido peligrosa, y ciertamente inconveniente, en una obra escrita por una persona ambiciosa de su medro, en especial para los lectores de Roma.

En dos pasajes de su propio Antiguo Testamento ve el Evangelista un cumplimiento en estos sucesos. La huida a Egipto es para él el cumplimiento de la expresión de Oseas: «De Egipto he llamado a mi Hijo» (Os. 11:1). En la matanza de los «inocentes» busca el cumplimiento del lamento de Raquel (Jer. 31:15) (que murió y fue enterrada en Ramá)[37] sobre sus hijos, los hombres de Benjamín, cuando los exiliados se reunieron en Ramá (Jer. 40:1), y allí hubo un amargo llanto ante la perspectiva de partir hacia una cautividad sin esperanza, y todavía un lamento más amargo cuando aquellos que podían haber estorbado en la marcha fueron exterminados sin misericordia. Los que han seguido atentamente el curso del pensamiento judío, y notado que la antigua Sinagoga debidamente leía el Antiguo Testamento como una unidad que siempre señala al Mesías como el cumplimiento de la historia de Israel, no se sorprenderán, sino que estarán completamente de acuerdo con la vista retrospectiva de Mateo. Las palabras de Oseas fueron, en su sentido más alto, «cumplidas» en la huida del Salvador a Egipto y su regreso.[38] Para un escritor inspirado, y aun para un verdadero lector judío del A.T., la cuestión referente a una profecía no podía ser: ¿qué quería decir el *profeta*?, sino ¿qué quería decir la *profecía*? Y esto sólo podía ser desplegado en el curso de la historia de Israel. De modo similar, los que han visto alguna vez en el pasado el prototipo del futuro, y han reconocido en los sucesos no sólo el principio, sino los mismos rasgos de lo que había de venir, no pueden por menos que percibir, en el llanto amargo de las madres de Belén por los niños muertos, la realización plena de una descripción profética de la escena que tuvo lugar en los días de Jeremías. ¿No había oído, el mismo profeta, en el lamento de los cautivos a Babilonia, los ecos de la voz de Raquel en el pasado? Ni en uno ni en otro caso las declaraciones de los profetas (Oseas y Jeremías) habían sido *predicciones:* habían sido declaraciones *proféticas*. Ni en el uno ni en el otro caso hubo un «cumplimiento» literal: era escritural, y esto en el sentido más exacto del Antiguo Testamento.

34. Un ejemplo ilustrativo de la destrucción implacable de familias enteras por la sospecha de que su corona estaba en peligro ocurre en *Ant.* xv. 8.4. Pero la sugerencia de que Bagoas había sufrido en manos de Herodes a causa de predicciones mesiánicas, es totalmente una invención de Keim (Schenkel, Bibel Lex., vol. iii., p. 37. Comp. *Ant.* xvii. 2. 4).

35. En la historia que Josefo da de Herodes, hay, además de omisiones, incompatibilidades en el relato, tales como la ejecución de Mariamne (*Ant.* xv.3, 5-9, etc.; comp. *Guerra* i.22.3, 4), y la cronología (comp. *Guerra* i.18.2, comp. v.9.4; *Ant.* xiv.16.2, comp. xv.1.2 y otras).

36. Comp. con el artículo sobre Josefo en Smith y Wace, Dict. of Christian Biogr.

37. Ver la evidencia de ello resumida en «Sketches of Jewish Social Life in the Days of Christ», p. 60.

38. En realidad, la antigua Sinagoga aplicó realmente al Mesías Éxodo 4:22, sobre el cual se basan las palabras de Oseas. Ver la Midrash sobre el Salmo 2:7. La cita se da plenamente completa en nuestras notas sobre el Salmo 2:7 en el Apéndice IX.

Capítulo 9

(Mateo 2:19-23; Lucas 2:39, 40)

La vida del niño en Nazaret

La estancia de la Sagrada Familia en Egipto tiene que haber sido de breve duración. La copa de las maldades de Herodes, y también la de su miseria, estaba a punto de rebosar. Durante la última parte de su vida, el temor de un rival en el trono le perseguía, y tuvo que sacrificar a millares, entre ellos los deudos más cercanos, para apaciguar este espectro.[1] Y, con todo, el tirano no tenía sosiego. Una escena más terrible que la de los últimos días de Herodes no la hallamos en la historia. Atormentado por temores sin nombre; presa de remordimientos inútiles, llamaba, frenético, a su esposa asesinada Mariamne, a la cual amaba con pasión, y a los hijos de ella; incluso intentando quitarse su propia vida; el *delirio* de tiranía, la pasión de sangre, le llevaban al borde de la locura. La enfermedad más asquerosa, tal que apenas puede ser descrita, se había adherido a su cuerpo,[2] y sus sufrimientos eran a veces de agonía. Por consejo de sus médicos, se hizo llevar a Callirhoe (este del Jordán), probando todos los remedios con la desesperación del que quiere evitar que se le escape la vida. Todo fue en vano. Esta horrible enfermedad, que se había apoderado de un anciano de setenta años, no quiso soltar su presa y persistió jugando a la muerte con un vivo. Él sabía que su hora final se acercaba, y se hizo llevar de nuevo a su palacio bajo las palmeras de Jericó. También lo sabían en Jerusalén y, ya antes del último estadio de su enfermedad, dos de los rabinos más honrados y amados –Judas y Matías– se habían puesto a la cabeza de una banda que quería barrer todos los rastros de su régimen idolátrico. Empezaron derribando la inmensa águila dorada que colgaba de la puerta grande del Templo. Los dos cabecillas, y cuarenta de sus seguidores, se dejaron apresar por los guardas de Herodes. Siguió a esto un juicio fraudulento en el teatro de Jericó. Herodes, llevado en una camilla, fue a la vez el acusador y el juez. Los «celotes», que habían dado una respuesta noble al tirano, fueron quemados vivos; y el Sumo Sacerdote, sospechoso de complicidad, depuesto.

Después de esto, el fin vino rápidamente. A su regreso de Callirhoe, sintiendo que se aproximaba su muerte, el rey hizo llamar a los más nobles de Israel por todo el territorio de Jericó y los mandó encerrar en el Hipódromo, con órdenes a su hermana de que cuando él muriera fueran ejecutados inmediatamente, con la cruel esperanza de que el gozo del pueblo por su muerte se cambiara en luto. Cinco días después tuvo el último rayo de gozo en su camilla. Por terrible que sea decirlo, la alegría fue causada por una carta de Augusto que daba permiso a Herodes para ejecutar a su hijo Antipater, el falso acusador y verdadero asesino de sus dos medio hermanos Alejandro y Aristóbulo. La muerte del desgraciado príncipe fue apresurada por su intento de sobornar al carcelero cuando el ruido en el palacio, causado por un intento de suicidio de Herodes, le llevó a suponer que su padre había muerto realmente. Y ahora el terrible drama se apresuró a su fin. El nuevo acceso de rabia acortó una vida que ya se extinguía. Cinco días más, y el terror de Judea yacía cadáver. Había reinado treinta y siete años, treinta y cuatro desde su conquista de Jerusalén. Pronto el poder por el cual había luchado y cometido crímenes sin cuento pasó a sus descendientes. Un siglo más, y toda la raza de Herodes había desaparecido.

Prescindimos del bárbaro y teatral esplendor de su entierro en el castillo de Herodión, cerca de Belén. Los sucesos de las dos últimas semanas son el lívido fondo del asesinato de «los inocentes». Como hemos calculado, la visita de los Magos ocurrió en febrero 750 A.U.C. El día 12 de marzo fueron ejecutados los rabinos y sus adherentes. La próxima noche (o mejor, madrugada) hubo un eclipse de luna; la ejecución de Antipater precedió a la muerte de su padre en cinco días, y esta última ocurrió entre siete y catorce días antes de la Pascua, que en el año 750 tuvo lugar el 12 de abril.[3]

No hay necesidad de decir que Salomé (la hermana de Herodes) y su marido eran demasiado prudentes para llevar a cabo la orden de Herodes con respecto a los nobles judíos encerrados en el Hipódromo. Su liberación, y la muerte de Herodes, fueron señalados por los líderes del pueblo como sucesos gozosos en la llamada *Megillath Taanith*, o Calendario de Ayunos, aunque la fecha no está señalada de modo exacto (Meg. Taan. xi. 1, ed. Vars., p. 16 *a*.). A partir de entonces el día pasó a ser *Yom Tobh*, esto es (día de fiesta) en que se prohibía el luto.[4]

Herodes había cambiado tres veces su testamento. En el primero, Antipater, el calumniador con éxito de Alejandro y Aristóbulo, había sido llamado su sucesor, mientras que los dos últimos habían sido nombrados reyes, pero no sabemos de qué distritos (Jos. *Guerra* i.23.5). Después de la ejecución de los dos hijos de Mariamne, Antipater fue nombrado rey, y, en caso de su muerte, Herodes, el hijo de Mariamne II. Cuando se demostró la traición de Antipater, Herodes hizo un tercer testamento, en el que nombraba como su sucesor a Antipas (el Herodes Antipas del N.T.) (Jos. *Ant.* xvii. 6. 1; *Guerra* i.32.7). Pero unos pocos días antes de su muerte, Arquelao, el hermano mayor de Antipas (los dos hijos de Maltace, una samaritana), fue designado rey;

1. Y, a pesar de esto, Keim habla de su «Hochherzigkeit» y «natürlicher Edelsinn!» (*Leben Jesu*, i. 1, p. 184). Una evaluación más correcta es la de Schürer, *Neutest. Zeitgesch.*, pp. 197, 198.

2. Ver la horrible descripción de su muerte en vida en Josefo, *Ant.* xvii.6.5.

3. Ver el cálculo en Wieseler, *Synopse*, pp. 56 y 444. La «Dissertatio de Herode Magno», por J. A. van der Chijs (Leyden, 1855) es muy clara y precisa. El doctor Geikie adopta la equivocación manifiesta de Caspari de que Herodes murió en enero del 753, y sostiene que la Sagrada Familia pasó tres años en Egipto. La repetida afirmación de Josefo, de que Herodes murió cerca de la Pascua, debería haber bastado para mostrar la imposibilidad de esta hipótesis. En realidad, apenas hay una fecha histórica en la vida de Herodes en la que los escritores competentes estén más de acuerdo que la de su muerte. Ver Schürer, *Neutest. Zeitgesch.*, pp. 222-223.

4. La Megillath Taanith misma, o Calendario de Ayunos, no menciona la muerte de Herodes. Pero el comentarista añade a las fechas 7° *Kislev* (noviembre) y 2° *Shebaht* (enero), las dos evidentemente incorrectas, la noticia de que Herodes había muerto –el día 2° de Shebhat, Jannai también–, al mismo tiempo que cuenta una historia sobre el encarcelamiento y liberación de «setenta ancianos de Israel», evidentemente una modificación del relato de Josefo de lo que había pasado en el hipódromo de Jericó. En consecuencia, Grätz (*Gesch.* vol. 3, p. 427) y Derenbourg (pp. 101, 164) han considerado el 1° de Shebhat como realmente el día de la muerte de Herodes. Pero esto es imposible; y sabemos bastante sobre las inexactitudes históricas de los rabinos para dar importancia seria a sus fechas.

Antipas, tetrarca de Galilea y Perea; y Felipe (el hijo de Cleopatra, de Jerusalén),[5] tetrarca del territorio al este del Jordán (Batanea, Traconitis, Auranitis y Panias). Estos testamentos reflejaban las distintas fases de sospecha y odio familiar por las que pasó Herodes. Aunque el emperador parece que le autorizó a designar su sucesor (Jos. *Guerra* i.23.5), Herodes, con prudencia, hizo que su disposición dependiera de la confirmación del emperador (*Ant.* xvii.8.2). Pero este permiso en modo alguno podía ser considerado como concedido. Arquelao, en realidad, había sido proclamado inmediatamente rey por el ejército; pero con prudencia declinó el título hasta que fuera confirmado por el emperador. La noche de la muerte de su padre y las que siguieron las pasó Arquelao, de modo característico, emborrachándose con sus amigos (*Ant.* xvii.8.4; 9.5). Pero el pueblo de Jerusalén no se conformaba fácilmente. Al principio se calmó al populacho con promesas generosas de amnistía y reformas (*Ant.* xvii.8.4). Pero la indignación provocada por el asesinato reciente de los rabinos pronto estalló en una tormenta de lamentación y luego de rebelión, que Arquelao aplastó con la matanza de no menos de tres mil, y esto dentro de los sagrados recintos del Templo (*Ant.* xvii.9.1-3).

Había otras dificultades más serias aún que le esperaban en Roma, adonde fue en compañía de su madre, su tía Salomé y otros parientes. Éstos, sin embargo, le abandonaron para esposar las pretensiones de Antipas, el cual apareció también delante de Augusto pidiendo la sucesión real que le había sido asignada en un testamento anterior. La familia herodiana, aunque intrigaban y clamaban cada uno por su cuenta por razones que se entienden fácilmente, estaban de acuerdo en que no hubiera ningún rey, sino quedar bajo la soberanía de Roma; aunque, si había necesidad de un rey, preferían a Antipas en vez de Arquelao. Entretanto, nuevos problemas aparecieron en Palestina, que hubo necesidad de sofocar por medio del fuego, la espada y crucifixiones. Y ahora llegaron a la Ciudad Imperial dos nuevas diputaciones. Felipe, el hermanastro de Arquelao, a quien este último había dejado la administración de su reino, llegó para defender sus propios intereses, así como para apoyar a Arquelao (*Ant.* xvii.11.1; *Guerra* ii.6.1). Al mismo tiempo llegó una diputación judía de cincuenta, de Palestina, acompañada por ocho mil judíos romanos, que clamaba por la deposición de toda la raza herodiana, a causa de sus muchos crímenes,[6] y la incorporación de Palestina a Siria, sin duda con la esperanza de la misma semi-independencia, bajo las mismas autoridades, de que gozaban sus correligionarios de las ciudades griegas. Augusto decidió confirmar el último testamento de Herodes, con ligeras modificaciones de las cuales la más importante fue que Arquelao llevaría el título de etnarca, y que, si lo merecía, más adelante le sería cambiado por el de rey. Sus dominios serían Judea, Idumea y Samaria, con una renta de 600 talentos[7] (unas 230.000£). No es necesario entrar en la historia del nuevo etnarca. Empezó su gobierno aplastando toda resistencia con la matanza general de sus oponentes. Dispuso del cargo de Sumo Sacerdote según los métodos de su padre. Pero le sobrepasó en crueldad, opresión, lujo y egoísmo burdo, y la más baja sensualidad, y esto, sin poseer el talento o la energía de Herodes.[8] Su breve reinado cesó en el año 6 de nuestra era, cuando fue desterrado por el emperador a la Galia, a causa de sus crímenes.

Tiene que haber sido poco después del acceso de Arquelao,[9] pero antes de que hubieran llegado en realidad las noticias de ello a José en Egipto, que la Sagrada Familia regresó a Palestina. La primera intención de José había sido establecerse en Belén, donde habían vivido desde el nacimiento de Jesús. Había razones evidentes que le inclinaban a escoger Belén, si fuera posible para evitar Nazaret, como lugar de su residencia. Su oficio, incluso si él no hubiera sido conocido en Belén, habría fácilmente suplido las modestas necesidades de su familia. Mas cuando, al llegar a Palestina, supo que el sucesor de Herodes era Arquelao, y también sin duda la forma en que había empezado su reinado, la prudencia común le llevó a retirarse con el Salvador niño de los dominios de este príncipe. Pero se necesitó dirección divina para decidirle a regresar a Nazaret.[10]

Tenemos muy pocas noticias en los Evangelios de los muchos años transcurridos en Nazaret, durante los cuales Jesús pasó de la infancia a la juventud, y de ésta a ser un hombre. De su *infancia* se nos dice: «Y el niño crecía y se fortalecía, llenándose de sabiduría; y la gracia de Dios estaba sobre él» (Lc. 2:40); de su juventud, además del relato de las preguntas hechas a los rabinos en el Templo, el año antes de haber alcanzado la mayoría de edad judía, que «estaba sumiso a sus padres», y «crecía y se fortalecía; llenándose de sabiduría; y la gracia de Dios estaba sobre él»; y que «seguía progresando en sabiduría, en vigor y en gracia ante Dios y ante los hombres». Considerando el amor y cariño con que era vigilada la infancia entre los judíos, marcando con no menos de ocho designaciones los varios estadios de su desarrollo,[11] y el profundo interés aplicado de modo natural a la vida en sus primeros años del Mesías, este silencio, en contraste con las casi blasfemas necesidades de los Evangelios apócrifos, nos enseña, una vez más y de modo impresionante, que los Evangelios nos proporcionan la historia del Salvador, no la biografía de Jesús de Nazaret.

Mateo, realmente, resume toda la historia externa de la vida de Jesús en Nazaret en una frase. A partir de entonces Jesús se presentaría delante de los judíos de su tiempo –y, como sabemos, de todos los tiempos–[12] con la designación

---

5. Herodes se había casado no menos de diez veces. Ver su tabla genealógica.

6. Ésta puede haber sido la base histórica de la parábola de nuestro Señor en Lucas 19:12-27.

7. Las rentas de Antipas eran 200 talentos, y las de Felipe 100 talentos.

8. Esto lo admite incluso Braun (*Söhne d. Herodes*, p. 8). A pesar de lo pretenciosa, esta obra no es de confianza por ser escrita en un espíritu de partido (judío).

9. Colegimos esto por la expresión: «Pero al oír que Arquelao reinaba en Judea en lugar de Herodes, su padre». Evidentemente, José no había oído quién era el sucesor de Herodes cuando salieron de Egipto. El archidiácono Farrar sugiere que la expresión «reinaba» («como un rey», βασιλεύει, Mateo 2:22) se refiere al período antes de que Augusto hubiera cambiado su título de «rey» a etnarca. Pero no puede dársele mucha importancia a esto, puesto que la palabra se usaba para otros tipos de gobierno además del del rey, no sólo en el Nuevo Testamento y en los Apócrifos, sino también por Josefo, y aun los escritores clásicos.

10. Las palabras de Mateo 2:22, 23 dan la impresión de que tuvo dirección divina expresa de no entrar en el territorio de Judea. En este caso, viajaría a lo largo de la costa hasta llegar a Galilea. La impresión que se tiene es que no era su elección establecerse en Nazaret.

11. *Yeled*, el niño recién nacido, como en Isaías 9:6; *Yoneq*, el niño que mama, Isaías 11:8; *Olel*, el niño que mama cuando empieza a pedir alimento, Lamentaciones 4:4; *Gamul*, el niño destetado, Isaías 28:9; *Taph*, el niño que se agarra a su madre, Jeremías 40:7; *Elem*, un niño que se hace fuerte; *Naar*, el muchacho, literalmente «uno que se suelta libremente»; y *Bachur*, el maduro. (Ver *Sketches of Jewish Social Life*, pp. 103-104.)

12. Ésta es todavía la designación común, casi universal, de Cristo entre los judíos.

«Pronto el poder por el cual había luchado y cometido crímenes sin cuento pasó a sus descendientes. Un siglo más, y toda la raza de Herodes había desaparecido. Prescindimos del bárbaro y teatral esplendor de su entierro en el castillo de Herodión, cerca de Belén. Los sucesos de las dos últimas semanas son el lívido fondo del asesinato de 'los inocentes'».

Herodes construyó el Herodium como un monumento en el lugar donde había conseguido una impresionante victoria sobre los asmoneos y también quería que esta fortaleza fuera su mausoleo. Se encuentra a 12 km de Jerusalén, desde donde es claramente visible. Herodes organizó allí el centro principal de un gran asentamiento.

distintiva: «de Nazaret», נצרי; (*Notsri*), Ναζωραῖος, «el Nazareno». En la mente de un palestino se adheriría una significación especial al sobrenombre Mesías, especialmente en su conexión con la enseñanza general de la Escritura profética. Y aquí hemos de recordar que Mateo de modo primario dirige su Evangelio a los lectores palestinos, y que es la presentación judaica del Mesías, como para satisfacer la expectativa judía. En esto no hay nada detractivo del carácter del Evangelio, no hay acomodación en el sentido de adaptación, puesto que Jesús no era sólo el Salvador del mundo, sino que era de modo especial el Rey de los judíos, y nosotros ahora lo estamos considerando tal como se presentaría ante la mente judía. En un punto estamos todos de acuerdo: su nombre era *Notsri* (de Nazaret). Mateo, a continuación, indica hasta qué punto está esto en conformidad con la Escritura profética, no ya con una predicción específica, sino con todo el lenguaje de los profetas. De esto (comp. cap. 4 de este libro) los judíos derivaron no menos de ocho designaciones o nombres por los cuales había de ser llamado el Mesías. La más prominente entre ellas era la de *Tsemach*, o «Retoño». La llamamos más prominente no sólo por estar basada en el testimonio más claro de la Escritura (según Jer. 23:5; 33:15 y, en especial, Zac. 3:18), sino porque, evidentemente, ocupaba el primer rango en el pensamiento judaico, estando personificada en su porción más antigua de su liturgia diaria: «Haz brotar pronto al Retoño de David, tu Siervo, y exalta su cuerno por medio de tu salvación... Bienaventurado eres tú, Jehová, que haces que brote el cuerno de Salvación» (15ª alabanza). Ahora, lo que se expresa con la palabra *Tsemach* también lo transmite el término *Netser*, «Rama», en pasajes como Isaías 11:1, que se aplicaba también al Mesías (ver Apéndice IX). Así, empezando por Isaías 11:1, siendo *Netser* equivalente de *Tsemach*, Jesús, como *Notsri* o *Ben Netser* (así en Ber. R. 76; comp. Buxtorf, Lexicon Talm. p. 1.383), sería conocido o designado, en el habla popular y con base en la Escritura profética, con el equivalente exacto de la designación más conocida de Mesías.[13] Y lo más significativo de esto es el hecho de que no lo escogió Él mismo, ni fue un nombre dado por los hombres, sino que apareció, en la providencia de Dios, de lo que de otro modo podría haberse llamado el accidente de su residencia. Admitimos que éste es un modo de ver judío; pero este Evangelio es el punto de vista del Mesías judío.

Así, tomando este título judío en su significación judía, tiene también un significado más profundo para todos los hombres. La idea de Cristo como la «Rama» colocada divinamente (simbolizada por su residencia primera designada divinamente), pequeña y despreciada al brotar, o apenas de visible apariencia (como Nazaret y los Nazarenos), pero destinada a crecer como la Rama brotada de la raíz de Isaí, es maravillosamente verdadera de toda la historia del Cristo, tanto de su bosquejo hecho por «los profetas», como de la forma que exhibió en la realidad. Y así para todos, judíos o gentiles, la guía divina a Nazaret y el nombre Nazareno presentan el más verdadero cumplimiento de las profecías de su historia.

No podría imaginarse un mayor contraste que el que hay entre los intrincados estudios escolásticos de los de Judea, y las actividades enérgicas que ocupaban a los hombres en Galilea. Era una expresión común: «Si una persona quiere hacerse rica, que se vaya al Norte; si quiere hacerse sabia, que se vaya al Sur»; y a Judea, en realidad, acudía, del arado y el obrador, cualquiera que quisiera hacerse «entendido en la Ley». En cambio, la misma proximidad del mundo gentil, el contacto con los grandes centros comerciales cercanos, y el constante intercambio con extranjeros que pasaban por Galilea siguiendo una de sus grandes rutas mundiales, hacían que la exclusividad cerrada de los del Sur fuera imposible allí. Galilea era para el Judaísmo «el patio de los gentiles»; las escuelas rabínicas de Judea, su Santuario interior. La disposición natural del pueblo, incluso el suelo y clima de Galilea, no eran favorables a la pasión dominante y absorbente de los estudios rabínicos. En Judea todo parecía invitar a la retrospección y a la introspección; favorecer los hábitos del pensamiento y el estudio solitario, hasta estimular el fanatismo. Milla tras milla, cuando se viajaba hacia el Sur, se acumulaban recuerdos del pasado y se elevarían por dentro pensamientos acerca del futuro. Evitando las grandes ciudades como centros del paganismo aborrecido, el viajero se encontraría con pocos extranjeros, pero en todas partes hallaba a los enjutos representantes de lo que era considerado la excelencia superlativa de su religión. Éstos eran la encarnación de la piedad y el ascetismo religioso judaico, los posesores y expositores de los misterios de su fe, el manantial de su sabiduría, quienes no sólo estaban ellos mismos seguros del cielo, sino que conocían sus secretos, y eran su misma aristocracia; hombres que podían decir todo lo imaginable acerca de su propia religión, avezados en los preceptos más minuciosos, y que podían interpretar cada letra y rasgo de la Ley; es más, los que en realidad podían «soltar y atar», decidir si una acción era legítima o ilegítima, y «remitir o retener pecados» al declarar a un hombre responsable o libre de sacrificios expiatorios, o bien punible en éste o el otro mundo. Ningún fanático hindú se inclinaría más humildemente ante los santos brahmines, ni un devoto romanista veneraría más a los miembros de una fraternidad santa que un judío a sus rabinos.[14] La razón, el deber y el precepto juntos le amarraban a reverenciarlos tal como reverenciaba al Dios del cual ellos eran los intérpretes, representantes, diputados, compañeros íntimos, casi colegas, en el Sanedrín celestial. Y a su alrededor, incluso la misma naturaleza parecía favorecer estas tendencias. Incluso en aquel tiempo Judea estaba relativamente desolada, yerma, gris. Las ciudades de antiguo renombre decaían; el escenario de la región montuosa era solitario; las colinas, desnudas, abruptas; los bancales, rocosos, de los cuales el cultivo asiduo y difícil sacaba un magro rendimiento; las llanuras, amplias, solitarias; los valles, profundos, entre montes; las alturas, de piedra caliza, con la Jerusalén gloriosa a distancia siempre como fondo; todo ello favorecía el pensamiento solitario y la abstracción religiosa.

Las cosas eran muy distintas en Galilea. El paisaje sonriente de la Baja Galilea invitaba al campesino a una labor fácil. Incluso la región montañosa de la Alta Galilea[15] no era,

13. Todo esto se hace más evidente por medio de la ingeniosa sugerencia de Delitzsch (*Zeitschr. für luther. Theol.*, 1876, part. 3, p. 402) de que el significado real, aunque no la traducción literal, de las palabras de Mateo sería כי נצר שמו –«porque Nezer (rama) es su Nombre».

14. Una de las ilustraciones más curiosamente absurdas de esto es la siguiente: «El que se suena la nariz en la presencia de su rabino es digno de muerte» (Erub. 99 *a*, línea 11 desde abajo). El *dictum* es apoyado por una alteración en el texto de Proverbios 8:36.

15. Galilea cubría las antiguas posesiones de Isacar, Zabulón, Neftalí y Aser. «En tiempo de Cristo se extendía hacia el norte a las posesiones de Tiro, por un lado, y de Siria por el otro. Al sur estaba limitada por Samaria; el monte Carmelo al oeste, y el distrito de Escitópolis al oriente; mientras que el Jordán y el lago de Genezaret formaban el límite general oriental». (*Sketches of Jewish Soc. Life*, p. 33). Estaba dividida en Galilea Alta y Baja –la primera empezaba «donde los sicomoros cesaban». La pesca en el lago de Galilea era permitida a todos, sin trabas (Bab. K. 81 *b*).

como la de Judea, sombría, solitaria, deprimente, sino ancha, libre, fresca y vigorizante. Apenas podía imaginarse un terreno más hermoso que el de la Galilea propia: colinas, valles, lagos. Fue aquí que Aser había «mojado su pie en aceite». Según los rabinos, era más fácil cultivar un bosque de olivos en Galilea que un niño en Judea. El trigo se daba en abundancia; el vino, aunque no tan abundante como el aceite, era rico y generoso. Era proverbial que todos los frutos crecían allí a la perfección, y en conjunto el coste de la vida era aproximadamente un quinto del de Judea. Y, además, ¡qué enjambre de población y qué actividad! Dejando a un lado un buen margen para la exageración, no podemos pasar por alto el dato de Josefo de que había unas 240 poblaciones en Galilea, con un promedio de 15.000 habitantes cada una. En los centros de industria se ejercitaban todos los oficios conocidos entonces; el labrador proseguía su feliz tarea en el suelo fecundo, mientras que junto al lago de Genezaret, de hermosura sin rival con sus aldeas ricas y encantadores retiros, los pescadores se dedicaban a sus tareas. Junto a sus aguas, sobre las que se expandía un cielo azul profundo, o tachonado de innumerables estrellas claramente visibles por la noche, un hombre se sentía constreñido por la misma naturaleza a meditar y orar, pero no a dejarse llevar por un fanatismo mórbido.

Con toda seguridad, Galilea, dadas estas condiciones, no era el hogar del Rabinismo, sino el de espíritus generosos, corazones impulsivos y ardientes, de un intenso nacionalismo, de costumbres sencillas y piedad sincera. Naturalmente, habría el reverso de esta pintura. Una raza así era excitable, apasionada, violenta. El Talmud los acusa de pendencieros (קנטרנין, «rencillosos» [?]; Ned. 48 *a*), pero admite que se preocupaban más de su honor que del dinero. El gran maestro ideal de las escuelas palestinas era Akiba, y uno de sus oponentes más destacados, un galileo, el rabino José (Siphré sobre Nm. 10:19, ed. Friedmann, 4 *a;* Chag. 14 *a*). En las observancias religiosas la práctica de los galileos era muy simple; por lo que se refería a la ley canónica, con frecuencia adoptaban puntos de vista independientes, y por lo general seguían interpretaciones que, en oposición a Akiba, se inclinaban por una aplicación moderada y racional, podríamos decir más humana que el tradicionalismo.[16] El Talmud cita varios puntos en que la práctica de los galileos difería de los de Judea, todos ellos en la dirección de una tendencia más práctica[17] o un alivio del rigorismo rabínico.[18] Por otra parte, se les tenía en poca estima porque descuidaban el tradicionalismo, y eran incapaces de elevarse a sus alturas especulativas, y preferían lo atractivo de la Haggadah a las sutilezas lógicas de la Halakhah.[19] Había un desprecio general en los círculos rabínicos por todo lo que era galileo. Aunque el habla de Judea o de Jerusalén distaba mucho de ser pura,[20] se acusaba a la gente de Galilea sobre todo de descuidar el estudio de su lengua, cargada de errores gramaticales y, especialmente, con una pronunciación absurda que a veces llevaba a equivocaciones ridículas.[21] «Galileo, ¡necio!», era una expresión tan común, que una señora culta la utilizó contra un hombre tan grande como el rabino José, de Galilea, porque él había usado dos palabras innecesarias al preguntarle a ella el camino hacia Lida (Erub. 53 *b*),[22] antes de darse cuenta de su talento y su sabiduría.[23]

Entre este pueblo, y en aquel país, pasó Jesús la mayor parte de su vida sobre la tierra. Generalmente, este período puede describirse como el de su verdadero y pleno desarrollo humano –físico, intelectual y espiritual–, de sumisión externa a los hombres y sumisión interna a Dios, con los resultados consiguientes de «sabiduría», «favor» y «gracia». Así pues, este período era necesario si Cristo había de ser un *verdadero Hombre,* y no se puede decir que fuera perdido, incluso en lo que se refiere a su obra como Salvador. Fue más que la preparación para esta obra; fue el comienzo de ella: subjetivamente (y pasivamente), la abnegación personal de la humillación en su sumisión voluntaria; y objetivamente (y activamente), el cumplimiento de toda justicia por medio de él. Pero en este «misterio de la piedad» sólo podemos mirar desde lejos, haciendo notar simplemente que eran casi necesarios para nosotros estos treinta años de Vida Humana, para que el pensamiento sobrecogedor de su Divinidad no pueda oscurecer el de su Humanidad. Pero si Él estuvo sometido a tales condiciones, éstas, en la naturaleza de las cosas, tienen que haber afectado a su desarrollo. No es, pues, presunción el que, sin romper el silencio de la Sagrada Escritura, sigamos los diversos estadios de la vida de Nazaret, ya que cada uno, por así decirlo, está señalado por un sumario breve pero enfático en el tercer Evangelio.

Con respecto a la vida en la infancia leemos: «Y el niño crecía y se fortalecía, llenándose de sabiduría; y la gracia de Dios estaba sobre él» (Lc. 2:40). Esto marca, por así decirlo, el peldaño primero en la escalera. Habiendo entrado en la vida como un infante o niño Divino, empezó como un niño humano, sometido a todas sus condiciones aunque perfecto en ellas.

Estas condiciones eran para aquel tiempo, realmente, las más felices concebibles, y que sólo siglos de formación vital por el Antiguo Testamento podían haber hecho posibles. El mundo gentil aquí presentaba un contraste terrible, tanto por lo que se refería a la relación entre padres e hijos como en el carácter y objeto moral de su crianza. La educación empieza en el hogar, y no había hogares como los de Israel; es impartida por la influencia y el ejemplo, antes de que llegue por la enseñanza; y se adquiere por lo que se ve y se oye, antes de que sea enseñada laboriosamente en los libros; su objeto real pasa a ser sentido de modo espontáneo, antes de que su objetivo sea buscado de modo consciente. Lo que los padres y madres judíos eran y lo que sentían por sus hijos; y la reverencia, afecto y cuidado con que éstos luego les devolvían lo que habían recibido, es conocido por

16. De lo cual, Jochanan, el hijo de Nuri, se puede considerar como el exponente.

17. Como en la relación entre la novia y el novio, el cese del trabajo el día antes de Pascua, etc.

18. Por ejemplo, en cuanto a los animales que era legítimo comer, los votos, etc.

19. Las diferencias doctrinales, o más bien halákhicas, entre Galilea y Judea las hacen notar parcialmente Lightfoot (*Chronogr. Matth. praem.*, 86), y Hamburger (*Real-Enc.* 1, p. 395).

20. Ver Deutsch, *Remains,* 1, p. 395.

21. Las diferencias de pronunciación y vocabulario son indicadas por Lightfoot (*u.s.* 87) y por Deutsch (*u.s.*, pp. 357, 358). Hay varios ejemplos mencionados de equivocaciones ridículas que aparecen por causa de esta pronunciación. Así, una mujer cocinó lentejas (טלפח) para su marido, en vez de dos pies (de un animal, טלפי) como él deseaba (Nedar. 66 *b*). En otra ocasión, una mujer pronunció mal: «Ven, te daré leche», y resultó en vez de ello: «Compañero, la mantequilla te devora» (Emb., 53 *b*). En el mismo sentido hay muchas otras historietas. Comp. también Neubauer, *Géogr. du Talmud*, p. 184; G. de Rossi, *Della lingua prop. di Cristo, Dissert.* 1, *passim.*

22. El rabino había preguntado: «*¿Qué camino lleva a Lida?*», –usando cuatro palabras. La mujer le indicó, puesto que no era legítimo multiplicar las palabras con una mujer, que debía haber preguntado: «*Lida, ¿hacia dónde?*» –en *dos* palabras.

23. De hecho, solamente se mencionan cuatro grandes rabinos galileos. Los galileos se dice que estaban más inclinados hacia cuestiones místicas (¿cabalísticas?).

todo lector del A.T. La relación de padre tiene su sanción más elevada y su personificación en la de Dios hacia Israel; la ternura y el cuidado de una madre, la de la vigilancia, compasión y clemencia del Señor sobre su pueblo. La relación semidivina entre hijos y padres aparece en la colocación del Quinto Mandamiento, que implica mucho más que deberes externos en la forma en que está expresado. No hay castigo más pronto que el de su infracción (Dt. 21:18-21), ni descripción más terriblemente realista que la venganza que recibe este pecado (Pr. 30:17).

Desde los primeros días de su existencia, el niño de padres judíos estaba rodeado por una atmósfera religiosa. Habiendo sido admitido en el número del pueblo escogido de Dios, por el rito profundamente significativo de la circuncisión, cuando su nombre fue pronunciado por primera vez en los acentos de la oración,[24] a partir de entonces estaba separado para Dios. Tanto si aceptaba como si no los privilegios y obligaciones implicados por esta dedicación, le llegaban directamente de Dios, lo mismo que las circunstancias de su nacimiento. El Dios de Abraham, Isaac y Jacob, el Dios de Israel, el Dios de las promesas, le reclamaba, con todas las bendiciones que esto transmitía y la responsabilidad que resultaba de ello. Y el primer deseo que se expresaba para él era que, «tal como había sido unido al pacto», del mismo modo pudiera sucederle en relación a la «Torah» (Ley), la «Chuppah» (el baldaquino matrimonial) y «las buenas obras»; en otras palabras, que pudiera vivir «piadosa, sobria y justamente en este mundo actual», una vida santa, feliz y dedicada a Dios. Y no podía dudar un momento de qué cosa era lo que constituía esto. Poniendo a un lado las interpretaciones rabínicas sobrepuestas, el ideal de la vida era presentado en la mente del judío en cien formas diferentes, y ninguna quizá más popular que en las palabras: «Éstas son las cosas de cuyo fruto goza un hombre en este mundo, pero su posesión continúa en el próximo: el honor a padre y madre, las obras piadosas, el amor a la paz entre los hombres y el estudio de la Ley, que es equivalente a todos ellos» (Peah. i. 1). Esta devoción a la Ley era, sin duda, para el judío el todo en todo, la suma de sus actividades intelectuales, el objetivo de la vida. ¿Qué podía hacer mejor un padre que procurar para su hijo este beneficio inestimable?

La primera educación era por necesidad la de la madre.[25] Incluso el Talmud lo admite, cuando, entre otros dichos de los sabios, recuerda uno de la escuela del rabino Jannai, al efecto de que el conocimiento de la Ley puede ser buscado en aquellos que lo han mamado en el pecho de su madre (Ber. 63 *b*). Y lo que eran las verdaderas madres de Israel lo sabemos no sólo por los ejemplos del Antiguo Testamento, por la alabanza a la mujer en el libro de Proverbios y por los dichos del hijo de Sirac (Eccl. 3),[26] sino también por la mujer judía del Nuevo Testamento.[27] Si, según un principio tradicional algo curioso, las mujeres podían prescindir de las obligaciones positivas que correspondían a ciertos períodos de tiempo (como el ponerse filacterias), otros deberes religiosos caían de modo exclusivo sobre ellas. La comida del sábado, el encender la lámpara el sábado y el poner aparte una porción de la masa del pan de la casa, éstas eran actividades con las que cada «Taph», cuando se agarraba a la falda de su madre, tenía que estar familiarizado. Incluso antes de que pudiera seguirla en estos deberes religiosos caseros, los ojos del niño tenían que verse atraídos por la *Mezuzah* colocada en el poste de la puerta, en que el nombre del Altísimo, en la parte exterior del pequeño pergamino doblado (en el cual estaban inscritos Dt. 6:4-9 y 11:13-21), era tocado con reverencia por cada uno que entraba y salía, y luego besaba los dedos que se habían puesto en contacto con el Nombre Santo (Josefo, *Ant.* iv.8.13; Ber. iii. 3; Megill. i. 8; Moed K. iii). En realidad, el deber de la *Mezuzah* era incumbente a las mujeres también, y uno puede imaginarse que había sido en el hogar pagano de Lois y Eunice, en la dispersión lejana, donde Timoteo aprendería a preguntarse, primero, y luego a comprender su significado. Y ¡qué lecciones del pasado y para el presente no estarían relacionadas con ella! En la opinión popular era el símbolo de la guarda divina sobre los hogares de Israel, el emblema visible de este himno gozoso: «El Señor guardará tu salida y tu entrada, desde ahora y para siempre» (Sal. 121:8).

No podía haber existido historia o leyenda nacional que pudiera compararse con las que una madre judía podía contar para tener a su hijo pendiente de sus labios. Y era su propia historia –la de su tribu, clan, quizá familia–; del pasado, ciertamente, pero también del presente, y más aún del futuro glorioso. Mucho antes de que pudiera ir a la escuela o incluso a la Sinagoga, las oraciones privadas y unidas y los ritos domésticos, fuera en el sábado semanal o las temporadas festivas, se imprimirían de modo indeleble en su mente. A mitad del invierno había la iluminación festiva de cada hogar. En muchas casas, la primera noche se encendía sólo una vela, la siguiente dos, y así sucesivamente hasta el octavo día; y el niño aprendía que esto era simbólico y conmemorativo de la *dedicación del Templo*, su purificación, y la restauración de sus servicios por aquel corazón de león: Judas el Macabeo. Luego venía, al principio de la primavera, el período del jolgorio del *Purim*, la fiesta de Ester y de la liberación de Israel realizada a través de ella, con sus regocijos ruidosos. Aunque la Pascua podía llamar al resto de la familia a Jerusalén, la exclusión rígida de toda levadura durante toda la semana no dejaría de causar su impresión. Luego, después de la Fiesta de las Semanas, venía el verano soleado. Pero su cosecha de oro y sus frutos sazonados le recordarían la primera dedicación de las primicias y de lo mejor al Señor, y de la solemne procesión en la que aquello era llevado a Jerusalén. Cuando el otoño sacudía las hojas, la Fiesta del Nuevo Año hablaba de que el hombre tenía que pasar cuentas en el gran Libro del Juicio, y ser fijado su destino para bien o para mal. Luego seguía la Fiesta del Día de Expiación, con sus tremendas solemnidades, el recuerdo de las cuales nunca podía borrarse de su mente o imaginación; y, finalmente, en la semana de la Fiesta de los Tabernáculos, había las grandes tiendas en las que podía vivir y disfrutar, observando la acción de gracias por la cosecha y pidiendo y deseando la cosecha mejor de un mundo renovado.

Pero no era sólo a través de la vista y el oído que, desde su mismo comienzo, la vida en Israel se hacía religiosa. Había también desde el comienzo enseñanza positiva, de la cual el principio tenía que recaer en la madre por necesidad. La madre no necesitaba alabanzas y encomios, ni promesas por parte de los rabinos para ser estimulada a cumplir este deber. Si era fiel a su linaje, esto le vendría casi de modo natural. La Escritura ponía delante de las madres la sucesión

---

24. Ver la información sobre estos ritos en la circuncisión de Juan el Bautista, en el cap. IV de este libro.

25. Comp. *Sketches of Jewish Social Life*, pp. 86-160, la literatura citada allí: Duschak, Schulgesetzgebung d. alten Isr.; y el doctor Marcus, *Paedagog. d. Isr. Volkes.*

26. La contrapartida se halla en Ecclesiasticus 30.

27. Además de las santas mujeres que se nombran en los Evangelios, quisiéramos referirnos a las madres de los hijos de Zebedeo, a la de Marcos, a Dorcas, Lidia, Lois, Eunice, Priscila, a la «señora elegida» de Juan y a otras.

«El constante intercambio con extranjeros que pasaban por Galilea siguiendo una de sus grandes rutas mundiales, hacían que la exclusividad cerrada de los del Sur fuera imposible allí. Galilea era para el Judaísmo «el patio de los gentiles»; las escuelas rabínicas de Judea, su Santuario interior».

En la misma Judea se infiltraron las costumbres, la lengua y modos de pensar helenistas y griegos, sobre todo en capas elitistas y colaboracionistas de la población. Esta cabeza de la diosa griega Afrodita es de época helénica y fue encontrada en las excavaciones de Dor.

continua de madres hebreas nobles. Lo bien que seguían su ejemplo lo sabemos por el ejemplo de aquella cuyo hijo, de padre gentil, y criado en un país remoto donde ni siquiera había una Sinagoga para sostener su vida religiosa, desde la infancia[28] había conocido las Sagradas Escrituras, y que éstas habían moldeado su vida (2 Ti. 1:5; 3:15). No era realmente jactancia el que los judíos desde los pañales eran enseñados a reconocer a Dios como su Padre y como Hacedor del mundo; que habiendo sido enseñados en el conocimiento (de las leyes) desde su tierna juventud, llevaban en sus almas la imagen de los mandamientos (Filón, *Legat. Ad Cajum.* sec. 16, 31); que «desde sus primeros actos conscientes aprendían las leyes, de modo que las tuvieran grabadas en su alma» (Jos. *Ag. Apion* ii.19); y que eran «criados en el conocimiento», «ejercitados en las leyes», «y familiarizados con los actos de sus predecesores a fin de que los imitaran» (Jos. *Ag. Apion* ii.26; comp. 1.8, 12; ii.27).

Pero si bien la primera enseñanza religiosa venía, por necesidad, de los labios de la madre, era el padre el que tenía «la obligación de enseñar a su hijo» (Kidd. 29 *a*). El impartir al hijo el conocimiento de la Torah le confería una distinción tan grande como si él mismo hubiera recibido la Ley misma en el monte Horeb (Sanh. 99 *b*). Toda otra ocupación, incluso la de la comida necesaria, cedía su lugar a este deber esencial (Kidd. 30 *a*), y no debe olvidarse que, aunque aquí se necesitaba verdadera labor, nunca era sin provecho (Meg. 6 *b*). El hombre que, teniendo hijos, fallaba en criarlos en el conocimiento de la Ley (Sot. 22 *a*), era un hombre profano vulgar (un *Am ha-arets*). Tan pronto como el niño aprendía directamente a hablar, empezaba (Succ. 42 *a)* su instrucción religiosa, sin duda con versículos de las Sagradas Escrituras que componían la parte de la liturgia judía que corresponde a nuestro Credo (la *Shema*). Luego seguían otros pasajes de la Biblia, oraciones cortas y dichos selectos de los sabios. Se daba una especial atención al cultivo de la memoria, puesto que el olvido podía tener consecuencias fatales como la ignorancia o el descuido de la Ley (Ab. iii. 9). Muy pronto el niño tenía que aprender lo que podía llamarse su texto de cumpleaños, un versículo de la Escritura que empezaba, acababa o por lo menos contenía las mismas letras que su nombre hebreo. Esta promesa-guarda el niño la intercalaba en sus oraciones diarias.[29] Los primeros himnos que se le enseñaban eran los Salmos para los días de la semana, o bien los Salmos festivos, tales como los *Hallel* o Salmos Aleluya (Sal. 113-118), o los relacionados con los peregrinajes festivos a Sión.

La instrucción regular comenzaba hacia el quinto o sexto año (según la constitución y fuerza), cuando todo niño era enviado a la escuela (Baba B. 21 *a;* Keth. 50 *a*). No puede haber duda razonable de que en aquel tiempo existían estas escuelas por todo el país. Encontramos referencias a ellas en casi cada período; en realidad, la existencia de escuelas superiores y academias no habría sido posible sin esta instrucción primaria. Dos rabinos de Jerusalén, especialmente distinguidos y queridos a causa de sus labores educativas, fueron víctimas tardías de la crueldad de Herodes (Jos., *Ant.* xvii.6.2). Más tarde, la tradición adscribía a Josué, el hijo de Gamla, la introducción de escuelas en cada ciudad y la educación obligatoria en ellas de todos los niños mayores de seis años (Baba B. 21 *a*). Tan grande se consideró el mérito de esta medida que pareció que borraba su culpa por la compra que su esposa Marta había hecho para él del oficio de Sumo Sacerdote, poco antes del comienzo de la gran guerra judía[30] (Yebam. 61 *a;* Yoma 18 *a*). Para dar idea de la importancia concedida a estas escuelas, según la tradición, la Ciudad cayó a causa del descuido en la educación de los niños (Shabb. 119 *b*). Era incluso considerado ilegal vivir en un lugar en el que no había escuela (Sanh. 17 *b*). Una ciudad así merecía ser destruida o excomunicada (Shabb. *u.s.*).

Nos llevaría demasiado lejos dar detalles acerca del nombramiento y provisión para los maestros, la ordenación de las escuelas, el método de enseñanza y los temas estudiados, cuanto más por el hecho de que muchas de estas disposiciones pertenecen a un período ulterior al que consideramos. Baste decir que en adelante, desde la enseñanza del alfabeto o a escribir, hasta el límite máximo de instrucción en las Academias más avanzadas de los rabinos, todo está marcado con cuidado, sabiduría y precisión extremos, y con un propósito moral y religioso como objetivo último. Durante mucho tiempo no era raro enseñar al aire libre (Shabb. 127 *a;* Moed K. 16 *a*); aunque esto debe haber sido principalmente en relación con discusiones teológicas y la instrucción de los jóvenes. Pero los niños eran reunidos en las Sinagogas o en casas-escuela,[31] donde al principio, o bien estaban de pie alumnos y maestro, o bien sentados en el suelo en un semicírculo, de cara al maestro, como si pusieran en práctica literalmente el dicho profético: «Tus ojos verán a tus maestros» (Is. 30:20). La introducción de bancos y sillas es de fecha posterior; pero el principio era siempre el mismo, o sea, que con respecto a la acomodación no había diferencia entre maestro y alumno.[32] Así, rodeado por sus alumnos como por una corona de gloria (para usar las palabras de Maimónides), el maestro –generalmente el *Chazzan*, u oficial de la Sinagoga (p.ej., Shabb. 11 *a*)– impartía a los niños el precioso conocimiento de la Ley, con una adaptación constante a su capacidad, con paciencia incansable, sinceridad intensa, severidad templada por la bondad, pero, sobre todo, con el objetivo más elevado de su educación siempre a la vista. Para guardar a los niños de todo contacto con el vicio; para acostumbrarlos a la delicadeza, incluso cuando habían recibido una amarga injusticia; para mostrar el pecado en su repulsividad, más bien que para aterrorizarlos con sus consecuencias; el entrenarlos a la más estricta veracidad; el evitar todo lo que podría llevar a pensamientos desagradables o impropios; y a hacer todo esto sin mostrar parcialidad, sin severidad excesiva o laxitud en la disciplina, con incremento juicioso en el estudio y el trabajo, con atención cuidadosa a la integridad en el conocimiento adquirido. Todo esto y más constituía el ideal puesto delante del maestro, y que hacía que este oficio tuviera tan alta estima en Israel.

En una clasificación aproximada de los temas de estudio se decía que, hasta los diez años, la Biblia debía ser el libro de texto exclusivo; de los diez a los quince, la Mishnah, o ley tradicional; después de esta edad, el estudiante debía entrar en las discusiones teológicas que ocupaban el tiempo

---

28. La palabra βρέφος no tiene otro significado que el de niño pequeño, en la infancia.

29. Comp. *Sketches of Jewish Social Life*, pp. 159ss. El modo enigmático de poner palabras y escribir era muy común. Así, el año era marcado con un versículo, generalmente de la Escritura, que contenía las letras que dan el valor numérico del año. Estas letras eran indicadas con marcas encima de ellas.

30. Fue sucedido por Matías, el hijo de Teófilo, bajo cuyo pontificado empezó la guerra contra Roma.

31. Entre los nombres con que eran designadas las escuelas existe el de *Ischoli,* con sus varias derivaciones, evidentemente del griego σχολή, *schola.*

32. Los pasajes de prueba del Talmud son cotejados por el doctor Marcus (*Paedag. d. Isr. Volkes*, 2, pp. 16, 17).

y la atención en las altas academias de los rabinos (Ab. v. 21). No siempre la progresión era la citada. Porque si después de los tres o, a lo más, cinco años de enseñanza –esto es, después de haber entrado ya en los estudios míshnicos– el niño no mostraba aptitud decidida, había poca esperanza para su futuro escolástico. El estudio de la Biblia comenzaba con el del Libro de Levítico.[33] Desde este libro pasaba a las otras partes del Pentateuco; luego a los profetas; y finalmente a los Hagiógrafos. Lo que constituye la Gemara o Talmud era enseñado en las Academias, a las cuales no se conseguía acceso hasta después de los quince. Se evitaba enviar a un niño demasiado pronto a la escuela, o recargarle de trabajo en ella. Por esto las horas de escuela estaban fijadas, y la asistencia era más breve en los meses de verano.

La enseñanza en la escuela, naturalmente, era reforzada por los servicios de la Sinagoga y las influencias más profundas en la vida del hogar. Sabemos que, incluso en los años turbulentos que precedieron al levantamiento de los Macabeos, la posesión de partes o el conjunto del Antiguo Testamento (fuera en el original o en la Septuaginta) era tan común, que durante la gran persecución se hizo una búsqueda sistemática por toda la tierra de todo ejemplar de las Escrituras, y que los que las poseían eran castigados (1 Mac. 1:57; comp. Jos. *Ant.* xii.5.4). Después del triunfo de los Macabeos, estos ejemplares de la Biblia, naturalmente, se multiplicaron. Y aunque quizá solamente los ricos podían comprar un manuscrito de todo el A.T. en hebreo, sin embargo alguna porción o porciones de la Palabra de Dios, en el original, formaría el mayor tesoro de una casa piadosa. Además, había una escuela para el estudio de la Biblia adherida a cada academia (Jer. Meg. iii. 1, p. 73 *a*), en la cual se guardaban ejemplares de las Sagradas Escrituras. Debido al cuidado extremo en preservar la integridad del texto, se consideraba ilegal hacer copias de pequeñas porciones de un libro de las Escrituras. Pero se hacía excepción en el caso de ciertas secciones que eran copiadas para la instrucción de los niños, entre ellas la historia de la Creación hasta el Diluvio; Levítico capítulos del 1 al 9 y Números del 1 al 10 y 35, que son mencionadas específicamente (Sopher. v. 9, p. 25 *b;* Gitt. 60 *a;* Jer. Meg. 74 *a;* Tos. Yad. 2).

Fue en estas circunstancias y bajo estas influencias que pasaron los primeros años de la vida de Jesús. El ir más allá de esto e intentar levantar el velo que cubre la historia de su infancia y niñez sería presunción;[34] es más, nos haría caer en anacronismo. Nos gustaría mucho saber si el niño Jesús había frecuentado la escuela de la Sinagoga; quién fue su maestro y quiénes eran los que se sentaban a su lado en el suelo, mirando, curiosos, el rostro de Aquél que repetía las ordenanzas sacrificiales en el Libro de Levítico, que tenían que ser cumplidas todas en Él. Pero esto es parte del «misterio de la piedad». Ni aun sabemos con certeza si el sistema escolar de aquel tiempo había llegado a Nazaret; ni si el orden y método que hemos venido describiendo eran generalmente observados en aquel tiempo. Con toda probabilidad, sin embargo, existía una escuela así en Nazaret, y, si fue así, el niño Salvador se ajustaría a la práctica general de asistencia. Podemos, pues, siempre con la más profunda reverencia, pensar que Él aprendió también su primera lección terrena del Libro de Levítico. Rabinos entendidos no los había en Nazaret entonces ni después. Asistiría a los servicios de la Sinagoga, en que se leía a Moisés y los profetas, y, como más tarde hizo Él mismo (Lc. 4:16), se daban mensajes ocasionales.[35] Que la suya era una casa eminentemente piadosa en el sentido más elevado de la palabra, parece casi irreverente mencionarlo. Por su íntima familiarización con las Sagradas Escrituras, en cada detalle podemos permitirnos inferir que el hogar de Nazaret, por humilde que fuera, poseía una preciosa copia del Sagrado Volumen completo. En todo caso, sabemos que desde su tierna infancia tiene que haber formado la comida y bebida del Hombre-Dios. Las palabras del Señor mencionadas por Mateo (5:18) y por Lucas (16: 17), implican también que las Sagradas Escrituras que Él leía eran en el original hebreo, y que fueron escritas en los caracteres cuadrados asirios.[36] En realidad, como los fariseos y saduceos siempre apelaban a las Escrituras en el original, Jesús no podía haberles hecho frente en ningún otro terreno, y era esto lo que prestaba su nervio a expostulaciones frecuentes como: «¿No habéis leído?».

Pero sus pensamientos cuando estudiaba las Escrituras eran muy distintos de los de ellos. Cuando comparamos las largas discusiones sobre la letra y la ley de la Escritura de ellos, con las referencias a la Palabra de Dios hechas por Jesús, parece que estamos manejando un libro completamente distinto. Cuando damos una mirada a la gran riqueza de significado que Él nos abre ante los ojos, seguimos el trazo ascendente hacia la vida celestial que nos indica; contemplamos las líneas de símbolo, tipo y predicación que convergen en la gran unidad de aquel Reino que se hizo realidad en Él; o cuando escuchamos alguna pregunta suya que parece rasgar las tinieblas con un rayo de luz fulgurante, o una dulce promesa de antaño que calma una tempestad, una lección breve apacigua las olas bravías en todas estas circunstancias: captamos vistas débiles, lejanas, de cómo debe haber leído las Sagradas Escrituras en su más tierna edad, cuando eran su estudio especial, y qué pensamientos tienen que haber sido estimulados con su luz. Y así, mejor que antes, entendemos que «el niño crecía y se fortalecía, llenándose de sabiduría, y la gracia de Dios estaba sobre él».

---

33. Altingius (*Academic. Dissert.*, p. 335) sugiere de forma curiosa que esto se hacía para enseñar al niño su culpa y su necesidad de justificación. La interpretación rabínica (Vayyik. R. 7) es por lo menos igualmente extremada: que como los niños son puros y los sacrificios son puros, es apropiado que lo puro se ocupe de lo puro. La razón evidente parece ser que Levítico trataba de las ordenanzas con que cada judío debía estar familiarizado.

34. Los ejemplares más penosos de esto son los relatos legendarios de la niñez de Cristo en los Evangelios Apócrifos (cotejados por Keim, i. 2, pp. 413-468, *passim).* Pero, por desgracia, algunos escritores ulteriores no se hallan libres de este cargo.

35. Ver Libro III, capítulo sobre «La Sinagoga de Nazaret».

36. Esto se puede colegir incluso por una expresión como «una iota o un gancho» –no una tilde, como en algunas traducciones.

Capítulo 10
(Lucas 2:41-52)

En la casa de su Padre Celestial y en el hogar del padre terrenal

Solamente una vez se interrumpe el gran silencio que rodea la historia de los primeros años de Cristo. Es el relato de lo que tuvo lugar en su primera visita al Templo. Lo que esto significa, incluso un judío devoto corriente puede fácilmente imaginárselo. Allí y entonces, donde la vida y la religión se entrelazaban tan íntimamente, y ambas en su orgánica conexión con el Templo y el pueblo de Israel, todo israelita reflexivo tiene que haber sentido como si su vida real no se hallara en lo que le rodeaba, sino que ascendía a la gran unidad del pueblo de Dios y estaba rodeada por el halo de su santidad. Para él sería verdad, en el sentido más profundo, que, por así decirlo, cada israelita había nacido en Sión, ya que, sin duda, todas las fuentes originales de su vida procedían de allí (Sal. 87:5-7). Así pues, no fue meramente su avidez natural de ver la Ciudad de su Dios y de sus padres, la gloriosa Jerusalén; ni aun su entusiasmo por la ley, nacional o religioso, que le estimularía al pensar en «poner los pies» en el umbral de aquellas puertas por las cuales habían pasado sacerdotes, profetas y reyes, sino que le alegrarían sentimientos mucho más profundos, como cuando se decía: «Vayamos a la casa de Jehová». No eran ruinas a las cuales se aferraban recuerdos preciosos, ni parecía estar la gran esperanza muy lejos, tras la niebla vespertina. Sino que «grandes cosas se dijeron de Sión, la Ciudad de Dios» –en el pasado y en el futuro próximo «los tronos de David» habían de ser colocados dentro de sus muros, y entre sus palacios (Sal. 122:1-5).

Según la ley estricta, la observancia personal de las ordenanzas, y por ello la asistencia a las fiestas en Jerusalén, correspondía a un joven cuando era mayor de edad, esto es, a los trece años. Entonces pasaba a ser llamado «un hijo del Mandamiento», o «de la Torah» (Ab. v. 21). Pero, en realidad, la edad legal, en lo que se refería a este punto, era avanzada en dos años, o por lo menos uno (Yoma 82 *a*). Fue en conformidad con esta costumbre que,[1] en la primera Pascua, después de haber cumplido Jesús los doce años, sus padres se lo llevaron en la «compañía» de los nazarenos que iban a Jerusalén. El texto parece indicar que acostumbraban a ir al Templo; y notamos que, aunque las mujeres no estaban obligadas a presentarse personalmente (Jer. Kidd. 61 *c*), María se aprovechaba de lo que parece haber sido la indicación de Hillel (seguida también por otras mujeres religiosas, mencionadas en los escritos rabínicos) de ir a los servicios solemnes del Santuario. Los tiempos habían cambiado políticamente. El régimen débil y malvado de Arquelao había durado sólo nueve años (desde 4 a.C. a 6 d.C.), cuando como consecuencia de las acusaciones hechas contra él fue desterrado a la Galia. Judea, Samaria e Idumea ahora estaban incorporados a la provincia romana de Siria, bajo su gobernador o *Legate*. La administración especial de aquella parte de Palestina, sin embargo, estaba confiada a un *Procurator*, cuya residencia era normalmente Cesarea. Se recordará que los judíos habían deseado un arreglo así, en la vana esperanza de que, librados de la tiranía de los herodianos, podrían disfrutar de la semiindependencia de sus hermanos en las ciudades griegas. Pero no lo consiguieron. Estos privilegios no les fueron concedidos; sus sentimientos y prejuicios religiosos eran ultrajados constantemente, aunque quizá no de modo intencional;[2] y su Sanedrín, despojado de todo poder real, aunque los romanos probablemente no interfirieron con lo que podían considerar cuestiones puramente religiosas. En realidad, la misma presencia del poder romano en Jerusalén era una ofensa constante, y por necesidad tenía que terminar en una lucha a muerte. Una de las primeras medidas promulgadas por el nuevo Legate de Siria, P. Sulpicius Quirinius (6-11 [?] d.C.), después de confiscar los bienes mal adquiridos de Arquelao, fue ordenar un censo en Palestina con miras a establecer los tributos del país (Hch. 5:37; Jos. *Ant.* xviii.1.1). La efervescencia popular que causó esto era debida, probablemente, no ya a la oposición al censo en principio,[3] sino a que el censo era considerado como una marca de servitud e incompatible con el carácter teocrático de Israel.[4] Si un censo hubiera sido considerado contrario a la Ley, los rabinos dirigentes nunca se habrían sometido al mismo (como indudablemente lo hicieron); ni la resistencia popular a la medida de Quirinius habría sido pacificada por los razonamientos del Sumo Sacerdote Joazar. Pero aunque por medio de su influencia se llevó a cabo la toma del censo, la agitación popular no fue suprimida. En realidad, este movimiento formó parte de la historia de los tiempos, y no sólo afectó a los partidos políticos y religiosos en el país, sino que debe haber estado presente en la mente de Jesús mismo, puesto que, como se mostrará, había un representante del mismo dentro de su propio círculo familiar.

Este acceso de Herodes, mal llamado el Grande, marcó un período de la historia judía que se cerró con la guerra desesperada contra Roma y las llamas de Jerusalén y el Templo. Dio lugar a la aparición de lo que Josefo, a pesar de haberlo representado mal, llamó con razón un *cuarto* partido –además de fariseos, saduceos y esenios–: el de los *nacionalistas* (*Ant.* xviii.1.6). Una visión más profunda e independiente de la historia de los tiempos quizá nos dejaría ver a todo el país, o bien alineado con este partido, o contra el mismo. Como más tarde expresó en su forma más pura y simple, su lema era, *negativamente*, no llamar a ningún ser humano su señor absoluto (*Ant.* xviii.1.6); *positivamente*, que

1. Comp. también Maimónides, *Hilkh. Chag.*, 2. La afirmación común de que Jesús fue al Templo porque era «un hijo del mandamiento» es evidentemente errónea. Y mucho más notable, por otra parte, el conocimiento preciso de las costumbres judaicas que tenía Lucas, y mucho más antitético a la teoría mítica la circunstancia de que él coloca este suceso en el año doce de la vida de Jesús, y no cuando Él pasó a ser «un hijo de la Ley».

2. Los romanos fueron tolerantes de la religión de todas las naciones sometidas, excepto en Galia y Cartago. Esto por razones que no podemos discutir aquí. Pero lo que hacía a Roma tan detestable para Palestina era el *culto* al emperador, como símbolo y personificación de la Roma Imperial. Sobre este *cultus* Roma insistía en todos los países, no quizá tanto por motivos religiosos como políticos, ya que era la expresión de lealtad al Imperio. Pero en Judea este *cultus* fue recibido con una resistencia a muerte. (Comp. Schneckenburger, *Neutest. Zeitgesch.*, pp. 40-61).

3. Este punto de vista, para el cual no tenemos fundamento histórico, es presentado por aquellos que tienen interés en negar la posibilidad de un censo durante el reinado de Herodes.

4. Que éstos eran los únicos motivos de resistencia al censo se ve en Josefo, *Ant.* xviii.1.1, 6.

sólo Dios tenía que regir como Señor absoluto (*u.s.* y *Guerra Jud.* vii.10.1). Era, de hecho, una revitalización del movimiento Macabeo, quizá más plenamente en su aspecto nacional que religioso, aunque los dos apenas podían separarse en Israel y su lema casi equivale al que, según muchos, proporcionó las letras de las cuales se compone el nombre Macabeo (מכבי), *Mi Camochah Baelim Jehovah*, «¿Quién como Tú entre los dioses, Jehová?» (Éx. 15:11). Es característico de los tiempos y tendencias religiosas que sus seguidores ya no se llamaban como antes *Asideos* o *Chasidim*, «los piadosos», sino *Celotes* (ζηλωται), o según el equivalente hebreo, *Qannaim* (Cananeos). La sede real de este partido no era Judea, ni Jerusalén, sino Galilea.

Tendencias muy diferentes y aun antagónicas prevalecían en la fortaleza de los herodianos, los saduceos y los fariseos. De estos últimos, sólo una pequeña porción tenía alguna simpatía real con el movimiento nacionalista. Cada partido seguía su propia dirección. Los esenios, absorbidos en sus especulaciones teosóficas, no sin mezcla de misticismo oriental, se retiraban de todo contacto con el mundo y practicaban una vida ascética. Entre ellos, no importa lo que los individuos pertenecientes al mismo pudieran haber sentido, no se habría originado un movimiento así; ni tampoco entre los herodianos o boethusianos, que combinaban estrictamente ideas farisaicas con las vistas políticas del partido de los herodianos; ni tampoco entre los saduceos; ni, finalmente, con lo que constituía la gran masa del partido rabinista, la Escuela de Hillel. Pero los bravos montañeros libres de Galilea y de la región del otro lado del glorioso lago parecía que habían heredado el espíritu de Jefté (Jue. 11:3-6), y acariciar como su ideal –¡ay!, captado equivocadamente con frecuencia– al propio Elías cuando, descendiendo vestido de harapos desde los montes de Galaad, presentó batalla al poder de Acab y de Jezabel. Su entusiasmo no se enardecía por las sutilezas lógicas de las escuelas, pero sus corazones ardían dentro de ellos por su Dios, su tierra, su pueblo, su religión y su libertad.

Como consecuencia de ello fue organizada en Galilea una resistencia tan decidida e irregular a Herodes, al principio de su carrera, como podía serle presentada, por parte de guerrillas que atravesaban el país y obedecían a un tal Ezequías como líder. Aunque Josefo los llama «salteadores», en Jerusalén tenían de ellos una evaluación muy distinta, donde, como podremos recordar, el Sanedrín citó a Herodes para responder de la ejecución de Ezequías. Lo que siguió lo cuentan en sustancia del mismo modo, aunque con la diferencia en la forma y a veces los nombres (*Ant.* xiv.9.2-5), Josefa y el Talmud (Sanh. 19 *a*). La historia ya la hemos referido en otro punto. Basta decir que con el acceso de Herodes, el Sanedrín pasó a ser una sombra de sí mismo. Fue llenado de saduceos y sacerdotes nombrados por el rey, de doctores de ley canónica, cuyo objetivo era proseguir en paz sus sutilezas; que no tenían ninguna simpatía con las aspiraciones nacionales, que podían tenerla, porque despreciaban al pueblo, y cuyo Reinado ideal era un régimen milagroso, instituido por el cielo, absoluto, bajo los rabinos. En consecuencia, el movimiento nacional, cuando se desarrolló más adelante, no recibió simpatía ni apoyo de los rabinos dirigentes. Quizá la más burda manifestación de ello fue exhibida, poco antes de la toma de Jerusalén, por el rabino Jochanan ben Saccai, el más renombrado de sus maestros. Casi sin conmoverse había presenciado el portento de que las puertas del Templo fueran abiertas por una mano invisible, lo cual, según la interpretación de Zacarías 11:1, era considerado popularmente como presagio de su próxima destrucción[5] (Yoma 39 *b*). Hay cinismo, así como falta de simpatía, en la historia recogida por la tradición según la cual, cuando Jochanan vio, en las angustias del hambre durante el sitio, que el pueblo comía ávidamente una sopa hecha de paja, descartó la idea de que una guarnición así pudiera resistir a Vespasiano e inmediatamente resolvió abandonar la ciudad (Midr. R. sobre Lm. 1:5; ed. Vars. vol. 3, p. 60 *a*). De hecho, tenemos evidencia clara de que el rabino Jochanan, como líder de la Escuela de Hillel, había usado toda su influencia, aunque en vano, para persuadir al pueblo a que se sometiera a Roma (Ab. del rab. Natán 4).

Podemos entender por que esta escuela tuviera tan poco interés en algo puramente nacional. En general sólo se ha presentado por parte de los escritores un lado del carácter de Hillel, y aun esto en un lenguaje exagerado. Su celebrada bondad, mansedumbre, espíritu pacificador y caridad eran más bien cualidades negativas que positivas. Era un rabino filosófico cuyo interés real se hallaba en una dirección muy distinta de la simpatía con el pueblo, y cuyo lema parecía implicar: «*Nosotros*, los sabios, somos el pueblo de Dios; pero este pueblo, que no conoce la Ley, es maldito» (comp. Ab. ii.5). Un sentimiento mucho más profundo e intenso, aunque una sinceridad mal encauzada, prevalecían en la Escuela de Shammai. Estaba en la minoría, pero simpatizaba con las aspiraciones del pueblo. No era filosófica ni ecléctica, sino eminentemente nacional. Se oponía a cualquier enfoque de solución con extranjeros; trataba con dureza a los prosélitos (Shabb. 31 *a*), aun los más distinguidos (como Akylas u Onkelos, Ber. R. 70); consiguieron aprobar, asesinando primero a determinado número de hillelitas que habían venido a la asamblea deliberativa, dieciocho decretos, el objeto de los cuales era impedir el intercambio con los gentiles;[6] y proporcionó los líderes o defensores del movimiento nacional.

Hemos indicado el crecimiento del partido nacionalista en Galilea al tiempo de la primera aparición en escena de Herodes, y vimos que Herodes procuró suprimirlo de modo implacable: primero, mediante la ejecución de Ezequías y sus adherentes, y después, cuando pasó a ser rey de Judea, mediante la matanza de sanedristas. La consecuencia de esta severidad estricta fue dar al Rabinismo una dirección diferente. La Escuela de Hillel, que a partir de entonces tenía la mayoría, eran hombres sin color político, teóricos teológicos,

5. La designación «Líbano» con frecuencia es aplicada en los escritos talmúdicos al Templo.

6. Esta celebrada asamblea, de la cual sólo nos han llegado noticias escasas e incoherentes (Shabb. i. 7 y, especialmente, en el Jer. Talmud sobre el pasaje, p. 33 *c*; y en Shabb. 17 *a*; Tos. Shabb. 1.2), tuvo lugar en la casa de Chananyah, ben Chizqiyah, ben Garon, un shammaíta famoso. Al llegar, muchos de los hillelitas fueron asesinados en una habitación inferior, y luego la mayoría de shammaítas proclamaron los llamados *dieciocho decretos*. Los primeros doce prohibían la compra de artículos de comida de los gentiles; los cinco siguientes prohibían aprender su lenguaje, declaraban su testimonio inválido, y sus ofrendas ilegítimas, y prohibían todo trato con ellos; mientras que el último se refería a las primicias. Fue a base de estos decretos que fueron prohibidos los holocaustos hasta entonces ofrecidos en favor del emperador lo que era, en realidad, una declaración de guerra contra Roma. La fecha de estos decretos fue probablemente unos cuatro años antes de la destrucción del Templo (ver Gratz, *Gesch. d. Juden*, vol. 3, pp. 494-502). Estos decretos fueron aprobados por la influencia del rabino Eleazar, hijo de Chananyah el Sumo Sacerdote, un hombre muy rico cuyo padre y hermano pertenecían al partido opuesto, o de la paz. Fue por la propuesta de este estricto sham-maíta que fue prohibida la ofrenda para el emperador (Jos. *Guerra*, ii.17.2, 3). Realmente es imposible exagerar la influencia de estos decretos shammaítas en la gran guerra con Roma. Eleazar, aunque opuesto

juristas que iban a lo suyo, vanos más bien que ambiciosos. La minoría, representada por la Escuela de Shammai, eran nacionalistas. Las dos tendencias eran deficientes y aun falsas, pero había más esperanza para el Reino de Dios de los nacionalistas que de los sofistas y juristas. La política de Herodes, naturalmente, era suprimir todas las aspiraciones nacionales. Nadie entendía el significado del nacionalismo judío como él; nadie, jamás, se opuso al mismo de modo tan sistemático. Había una educación interna, por así decirlo, en su intento de matar al Rey de los Judíos entre los niños de Belén. El asesinato de los sanedristas, con la consiguiente tendencia nueva antimesiánica del Rabinismo, fue una medida en esta dirección; los diversos nombramientos que Herodes hizo al Sumo Sacerdote, fueron otra. Y, con todo, no fue fácil, incluso en aquellos tiempos, privar al pontificado de su poder e influencia. El Sumo Sacerdote era todavía el representante de la vida religiosa del pueblo, y actuaba en todas las ocasiones, cuando se discutía algo que no fuera exclusivamente de ley canónica sutil, como Presidente del Sanedrín, en el cual tenían voto, por cierto, los miembros de su familia (Hch. 4:6). Las cuatro familias[7] de las cuales eran escogidos los Sumos Sacerdotes, con pocas excepciones –por más que cambiaran con frecuencia–, absorbían la riqueza y dominaban la influencia de un establecimiento o casta estabilizada favorecida por el Estado. Por ello, era de suma importancia la elección apropiada del Sumo Sacerdote. Con la excepción de la breve tenencia por Aristóbulo, el último de los Macabeos –cuya designación, seguida pronto de su asesinato, fue debida en aquel tiempo a una necesidad–, ninguno de los Sumos Sacerdotes nombrados por Herodes era palestino. No podía habérsele infligido un golpe peor al nacionalismo.

El mismo desprecio para el Sumo Sacerdocio caracterizó el breve etnarcado de Arquelao. En su lecho de muerte, Herodes había designado al pontificado a Joazar, un hijo de Boethos, un sacerdote alejandrino rico, con la hija del cual, Mariamne II, él se había casado. La familia boethosiana, aliada de Herodes, formaba un partido –los herodianos– que combinaba puntos de mira estrictamente farisaicos con devoción a la familia reinante.[8] Joazar tomó el lado popular contra Arquelao con ocasión de su acceso. Por esto fue depuesto de su dignidad en favor de otro hijo de Boethos, por nombre Eleazar. Pero el humor de Arquelao era variable –quizá sospechaba de la familia de Boethos. En todo caso, Eleazar tuvo que dejar su lugar a Jesús, el hijo de Sië, un individuo desconocido excepto por este hecho. Al tiempo de la imposición de impuestos por Quirinius hallamos a Joazar otra vez en el cargo (*Ant.* xviii.1.1), al parecer restaurado al mismo por la multitud, que, habiendo tomado cartas en el asunto al cambiar el gobierno, volvió a llamar al que anteriormente había favorecido las aspiraciones nacionales (*Ant.* xviii.2.1). Así se explica su influencia con el pueblo, al persuadirles que se sometieran a la tributación romana.

Pero si Joazar había tenido éxito con la masa que carecía de propósitos definidos, falló en conciliar a los más avanzados de su propio partido, y, según demostraron los acontecimientos, a las autoridades, cuyo favor había esperado conseguir, tampoco las convenció. Se recordará que el partido nacionalista o «celotes», como luego fueron llamados, apareció primero en aquellas bandas de guerrilleros que cruzaban Galilea capitaneadas por Ezequías, a quien ejecutó Herodes. Pero el partido Nacional no había sido destruido, sólo frenado durante su reinado de hierro. Una vez más fue la familia de Ezequías la que se puso al frente del movimiento. Durante la guerra civil que siguió al acceso de Arquelao, o más bien tuvo lugar mientras él estaba abogando su causa en Roma, el estandarte de los nacionalistas fue levantado de nuevo en Galilea. Judas, el hijo de Ezequías, se apoderó de la ciudad de Séforis y armó a sus seguidores con el arsenal real que había allí. En aquel tiempo, como sabemos, el Sumo Sacerdote Joazar simpatizaba, al menos indirectamente, con los nacionalistas. El levantamiento, que en realidad fue general por toda Palestina, fue suprimido a sangre y fuego, y los hijos de Herodes consiguieron entrar en sus posesiones. Pero cuando, después de la deposición de Arquelao, Joazar persuadió al pueblo a que se sometiera a la tributación de Quirinius, Judas no estaba dispuesto a seguir la dirección del Pontífice, que él consideraba traicionera. En conjunción con un rabino shammaíta, Sadduk, se levantó otra vez el estandarte de la revuelta, aunque una vez más sin éxito (*Ant.* xviii.1.1). En qué forma los hillelitas vieron este movimiento podemos colegirlo por la breve alusión despectiva de Gamaliel (Hch. 5:37). La familia de Ezequías dio otros mártires más a la causa nacional. Los dos hijos de Judas murieron por ella, crucificados en el año 46 d.C. (*Ant.* xx. 5.2). Incluso un tercer hijo, Manahem, que desde el comienzo de la guerra contra Roma fue uno de los dirigentes más fanáticos nacionalistas, los Sicarii –los jacobinos del partido, como se han llamado de modo apto–, murió víctima de indecibles sufrimientos (*Guerra* ii.17.8 y 9), mientras que un cuarto miembro, Eleazar, el líder de la esperanza perdida judía, murió noblemente en Masada, en el drama final de la guerra judía de independencia (*Guerra* vii.7-9). Los «Celotes» judíos estaban hechos de este material. Pero hemos de poner en contacto esta tendencia intensa nacionalista con la historia de Jesús, aunque solamente fuera por el hecho de que por lo menos uno de sus discípulos y miembro de su propia familia había, un tiempo, pertenecido al partido. Sólo que el Reino del cual Jesús era el Rey no pertenecía a este mundo, como Él mismo dijo, y su concepción era muy diferente de aquello por lo que suspiraban los nacionalistas.

Al tiempo en que Jesús subió a la fiesta, Quirinius era, como ya dijimos, gobernador de Siria. La tributación y el levantamiento de Judas eran cosas del pasado; y el gobernador romano, insatisfecho con los arreglos de Joazar y desconfiando de él, había designado en su lugar a Ananos, el hijo de Set, el Anás de infame memoria en el N.T. Con una interrupción breve, él o su hijo se mantuvieron en el pontificado hasta que, bajo Pilato como Procurador, Caifás, el yerno de Anás, entró en esta dignidad. Ya hemos dicho que, sometido a los gobernadores de Siria, el régimen de Palestina había pasado a manos de un Procurador, de los cuales, Coponius fue el primero. De él y sus sucesores inmediatos –Marcus Ambivius (9-12 d.C.), Annius Rufus (12-15 d.C.) y Valerius Gratus (15-26 d.C.)– sabemos muy poco. Fueron, ciertamente, culpables de graves opresiones fiscales, pero parece que respetaron, en cuanto pudieron, los sentimientos religiosos de los judíos. Sabemos que incluso quitaron la imagen del emperador de los estandartes de los soldados romanos antes de que entraran en Jerusalén, para evitar la aparición de un *cultus* a los Césares. Quedó reservado a

al partido extremo, uno de cuyos jefes apresó y mató, era uno de los líderes del partido nacional en la guerra (*Guerra*, ii.17.9, 10). Sin embargo, hay cierta confusión sobre varias personas que llevaban el mismo nombre. Es imposible en este lugar mencionar a los distintos shammaítas que tomaron parte en la última guerra judía. Baste indicar la tendencia de esta escuela.

7. Ver la lista de los Sumos Sacerdotes en el Apéndice VI.

8. Los boethusianos proporcionaron no menos de cuatro Sumos Sacerdotes durante el período entre el reinado de Herodes y el de Agripa I (41 d.C.).

«Tendencias muy diferentes y aun antagónicas prevalecían en la fortaleza de los herodianos, los saduceos y los fariseos. De estos últimos, sólo una pequeña porción tenía alguna simpatía real con el movimiento nacionalista. Cada partido seguía su propia dirección. Los esenios, absorbidos en sus especulaciones teosóficas, no sin mezcla de misticismo oriental, se retiraban de todo contacto con el mundo y practicaban una vida ascética. Entre ellos, no importa lo que los individuos pertenecientes al mismo pudieran haber sentido, no se habría originado un movimiento así; ni tampoco entre los herodianos o boethusianos, que combinaban estrictamente ideas farisaicas con las vistas políticas del partido de los herodianos; ni tampoco entre los saduceos; ni, finalmente, con lo que constituía la gran masa del partido rabinista, la Escuela de Hillel».

Estas tinajas fueros halladas en las cuevas de Qumrán y contenían algunos de los llamados manuscritos del Mar Muerto. Se relaciona de forma casi concluyente a la antigua comunidad de Qumrán con algunos de esos manuscritos, y también con la secta judía de los esenios.

Poncio Pilato forzar este emblema odiado a los judíos y, en otros aspectos, desafiar sus sentimientos más sagrados. Pero podemos notar, incluso en este estadio, con qué momentos tan críticos de la historia judía se sincronizó la aparición pública de Cristo. Su primera visita al Templo siguió a la toma de posesión de Judea por Roma, la tributación, el levantamiento nacional, así como también la institución de Anás en el Sumo Sacerdocio. Y el comienzo de su ministerio público fue simultáneo al acceso de Pilato y la institución de Caifás. Tanto si las miramos de modo subjetivo como objetivo, estas cosas tienen una profunda relación con la historia de Cristo.

El Templo de Jerusalén

Fue, según podemos calcular, en la primavera del año 9 d.C. que Jesús subió a la Fiesta de la Pascua por primera vez, en Jerusalén. Coponius estaría allí como Procurador; y Anás regía en el Templo como Sumo Sacerdote cuando Jesús apareció entre los doctores del mismo. Pero los pensamientos que ocupaban la mente de Cristo estaban muy alejados de la política. En realidad, durante un breve período hubo calma en el país. No había nada que provocara la resistencia activa, y el partido de los celotes, aunque existía y tenía raíces profundas en el corazón del pueblo, de momento era lo que Josefo llamaba el «partido filosófico»: sus mentes estaban ocupadas con un ideal que sus manos no estaban preparadas para transformar en realidad. Así que cuando, según la costumbre antigua (Sal. 42; Is. 30:29), la compañía festiva de Nazaret fue engrosándose con otros grupos festivos, camino a Jerusalén, cantando los «Salmos de Ascenso» (AV «Grados»; Sal. 120-134), con acompañamiento de flauta, se entregaban de modo implícito a los pensamientos espirituales sugeridos por las palabras de los mismos.

Cuando los pies de los peregrinos entraron por las puertas de Jerusalén, no tuvieron dificultad en hallar hospitalidad, por llena que estuviera la Ciudad en tales ocasiones[9] –mucho más a causa de la simplicidad extrema en las necesidades y costumbres orientales, y la abundancia de provisiones que los muchos sacrificios de la temporada proporcionaba. Pero sobre este punto también el relato evangélico guarda silencio. Por más que la vista de Jerusalén tenía que haber parecido gloriosa a un niño que llegaba por primera vez de una aldea apartada de Galilea, hemos de tener en cuenta que el que estaba mirando no era un muchacho corriente. Ni quizá hemos de tener la idea equivocada de que la vista de esta grandeza, como en otra ocasión (Lc. 19:41) se demostró, despertaría en Él no ya sentimientos de admiración exclusivamente que podrían asemejarse al orgullo, sino de tristeza, por más que Él no fuera del todo consciente de su razón profunda. Pero el pensamiento que embargaría su mente sería el del *Templo.* Ésta su primera visita a sus salas parece haber despertado en Él el primer pensamiento de que aquel Templo era la casa de su Padre, y con él, el primer impulso consciente de su misión y su ser. Aquí también sería su significado superior, más bien que la estructura y apariencia del Templo, lo que absorbería su mente. Y, con todo, había bastante, incluso en lo último, para avivar su entusiasmo. Cuando el peregrino ascendía el monte, coronado por este edificio proporcionado de forma simétrica, que podía abarcar dentro de su gigantesco perímetro no menos de 210.000 personas, su asombro aumentaría a cada paso. El monte en sí parecía una isla, irguiéndose abruptamente desde los valles profundos, rodeado por un mar de murallas, palacios, calles y casas, y coronado por una masa de mármol, como nieve y oro reluciente, elevándose terraza tras terraza. En conjunto medía 1.000 pies cada uno de sus cuatro lados, y era cuadrado; para ser exacto, las medidas eran 927 según los rabinos. En su ángulo noroeste, y conectado con él, se veía el ceño adusto del Castillo de Antonia, ocupado por una guarnición romana. En las paredes elevadas se abrían puertas enormes: la puerta no utilizada (*Tedi*), al norte; la puerta Susa, al este, que se abría sobre una carretera con arcos que se dirigía al monte de los Olivos;[10] las dos puertas llamadas «Huldah» (posiblemente «comadreja»), que a través de túneles[11] comunicaban el barrio Ofel con el patio exterior; y, finalmente, cuatro puertas al oeste.

Dentro de las puertas había alrededor del perímetro dos columnatas dobles cubiertas, con bancos aquí y allá para los que acudían allí para la oración o consultas. La más magnífica de ellas era la del sur, o columnata doble, con un espacio ancho en medio; la más venerable, el antiguo «Pórtico de Salomón», o columnata del lado este. Al entrar por el puente de Xystus, y bajo la torre de Juan (Jos. *Guerra* vi.3.2), se pasaba a lo largo de la columnata sur (sobre el túnel de las puertas Huldah) a su extremo oriental, sobre el cual se levantaba otra torre, probablemente el «pináculo» de la historia de la Tentación. Desde esta altura se veía debajo el barranco o valle de Cedrón, unos 450 pies más abajo. Desde este alto pináculo el sacerdote observaba cada mañana y anunciaba los primeros rayos del sol. Pasando por la columnata oriental, o Pórtico de Salomón, si la descripción de los rabinos es de confianza, llegaríamos a la Puerta Susa, en la cual había una representación tallada de esta ciudad, que recordaba la Dispersión *Oriental.* Aquí, se dice, se guardaban las medidas legales del Templo; y aquí también hemos de localizar el primero de los tres Sanedrines, o inferior, que según la Mishnah (Sanh. xi.2) celebraba sus reuniones en el Templo; el segundo, o Tribunal de Apelación intermedio, que estaba localizado en el «Patio de los Sacerdotes» (probablemente cerca de la Puerta de Nicanor); y el más elevado, que era el Gran Sanedrín, que había estado durante un tiempo en la «Sala de las piedras talladas» (*Lishkath ha-Gazith*).

Pasando más allá de estas columnatas o pórticos, se entraba en el «Patio de los Gentiles», o lo que los rabinos llamaban «el Monte de la Casa», que era más ancho en el lado oeste y más estrecho en los lados este, sur y norte, respectivamente. Éste era llamado el *Chol,* o lugar «profano», al cual tenían acceso los gentiles. Aquí tiene que haber estado localizado el mercado para la venta de animales sacrificiales, las mesas de los cambistas y los lugares para la venta de artículos necesarios[12] (Jn. 2:14; Mt. 21:12; Jerus. Chag., p. 78 *a*; comp. Neh. 13:4ss., etc.).

Avanzando por este patio se llegaba a una pared baja, que llegaba hasta el techo, y marcaba el espacio más allá del cual ningún gentil ni persona alguna levíticamente inmunda podía entrar. Había anuncios en forma de tabletas con

9. Parece, sin embargo, que la Fiesta de Pentecostés aun atraía más peregrinos –por lo menos de mayores distancias– a Jerusalén que la de la Pascua (ver Hch. 2:9-11).

10. Esto según los rabinos; Josefo no la menciona. En general, el relato dado aquí es según los rabinos.

11. Estos túneles estaban divididos por columnatas, respectivamente, en tres y en dos; la doble columnata era probablemente usada por los sacerdotes, puesto que su lugar de salida estaba junto a la entrada en el Patio de los Sacerdotes.

12. La cuestión de lo que se vendía en este «mercado» y su relación con «el bazar» de la familia de Anás (el *Chanuyoth beney Chanan)* será discutida más adelante.

inscripciones que lo indicaban. Había trece aberturas que admitían a la parte interior del patio. Luego catorce peldaños por los que se subía a la *Chel* o Terraza, que estaba rodeada por la muralla de los edificios del Tempo en el sentido más estricto. Un tramo de escaleras llevaba a las puertas enormes y espléndidas. Las dos del lado oeste parece que no tenían importancia, por lo que se refería a los que iban a adorar, y posiblemente estaban destinadas al uso de los obreros o empleados. Al norte y sur había cuatro puertas.[13] Pero la más espléndida era la del este, llamada «la Hermosa» (Hch. 3:2).

Entrando por esta puerta se llegaba al Patio de las Mujeres, llamado así porque las mujeres ocupaban en él dos galerías elevadas y separadas que, sin embargo, sólo llenaban parte del Patio. Había quince escalones que llevaban al Patio Superior, que estaba rodeado por una muralla y donde había la famosa Puerta Nicanor, cubierta de bronce de Corinto. Aquí se colocaban los levitas, que dirigían la parte musical del servicio. En el Patio de las Mujeres había el Tesoro y las trece «trompas» o arcas recolectoras, mientras que en las esquinas había cámaras o vestíbulos, destinados a propósitos diversos. De modo similar, más allá de los quince escalones había repositorios para los instrumentos musicales. El Patio Superior estaba dividido en dos partes por una valla –la parte estrecha formando el Patio de Israel, y la más ancha, el de los Sacerdotes, en el cual había el gran altar y el lavatorio.

El Santuario en sí estaba en una terraza más elevada que el Patio de los Sacerdotes. Doce escalones llevaban a su Pórtico, que se extendía más allá y a cada lado (norte y sur). Aquí, en cámaras separadas, se guardaba todo lo necesario para el servicio sacrificial. En dos mesas de mármol, cerca de la entrada, estaban colocados el pan de la proposición viejo que era sacado, y el nuevo que se entraba. El Pórtico estaba adornado por presentes votivos y conspicuos; entre ellos había una parra de oro enorme. Una puerta de dos niveles se abría hacia el Santuario mismo, que se dividía a su vez en dos partes. El Lugar Santo tenía el Candelabro de oro (sur), la Mesa de los panes de la proposición (norte) y el altar de incienso, entre ellos. Un doble velo de tela gruesa y pesada cerraba la entrada al *Lugar Santísimo*, que en el segundo Templo estaba vacío; no había en él nada más que un pedazo de roca, llamada la *Ebhen Shethiyah*, o Piedra del Fundamento, que según la tradición cubría la boca del pozo u hoyo, y sobre la cual se creía estaba fundado el mundo. Pero todo esto aún no da idea adecuada de la inmensidad de los edificios del Templo. Porque alrededor del Santuario y de cada uno de los patios había varias cámaras y cobertizos que servían para propósitos distintos relacionados con los servicios del Templo.[14]

En algunas partes de este Templo, «sentado en medio de los doctores»,[15] y escuchándoles y haciéndoles preguntas, podemos ver al niño Jesús el tercer día y los dos siguientes a la Fiesta en la que había venido a visitar el Santuario por primera vez. Sólo en los dos primeros días de la Fiesta de la Pascua era necesaria la asistencia personal en el Templo. Con el tercer día comenzaban los llamados días de fiesta, en que era legal regresar a la casa propia (según los rabinos en general; comp. Hoffmann, *Abh. ii d. pent. Gest.* pp. 65, 66), una disposición de la que sin duda se aprovechaban muchos. En realidad, no había nada de especial interés para detener a los peregrinos. Porque ya se había comido la Pascua, el sacrificio festivo (o *Chagigah*) había sido ofrecido y la cebada que acababa de madurar había sido segada y llevada al Templo, y presentada como el primer omer de primicias de harina delante del Señor. Por lo que, vista la disposición rabínica, la expresión en el relato del evangelio referente a los «padres» de Jesús, «y después de haber acabado los días» (Lc. 2:43), no tiene por que indicar de modo necesario que José y la madre de Jesús se hubieran quedado en Jerusalén durante toda la semana de la Pascua.[16] Por otra parte, las circunstancias relacionadas con la presencia de Jesús en el Templo hacen esta suposición imposible. Porque Jesús no podía haberse hallado entre los doctores después de terminada la Fiesta. La primera pregunta aquí se refiere a la localización del Templo donde ocurrió la escena. En realidad, se ha supuesto de modo general que había una Sinagoga en el Templo; pero de esto, para decir lo menos, no hay evidencia histórica alguna.[17] Pero, incluso en el caso de que existiera, el culto y mensajes de la Sinagoga no habrían ofrecido ninguna oportunidad para hacer preguntas por parte de Jesús, según implica el relato. Todavía tiene menos base la idea de que había en el Templo algo parecido a una *Beth ha-Midrash*, o academia teológica, sin hablar de la circunstancia de que un niño de doce años en ningún caso habría podido tomar parte en sus discusiones. Pero había ocasiones en que el Templo pasaba a ser virtualmente, si no formalmente, una *Beth ha-Midrash*. Porque leemos en el Talmud (Sanh. 88 *b*) que los miembros del Sanedrín del Templo, que en días ordinarios se sentaban como Tribunal de Apelación, al final del sacrificio de la mañana o de la noche, en los sábados y *días de fiesta* acostumbraban a salir a «la Terraza» del Templo y allí enseñaban. En esta instrucción popular había gran libertad para hacer preguntas. Fue en esta audiencia que se sentó en el suelo, rodeado y mezclado con los doctores, y de ahí que es *durante* –no *después* de la Fiesta– que tenemos que buscar al niño Jesús.

Pero no hemos mostrado todavía que la presencia y preguntas de un niño de esta edad no tenían por que implicar nada tan extraordinario como para dar a los doctores u otros en la audiencia la idea de algo sobrenatural. La tradición judía da otros ejemplos de estudiantes precoces y extrañamente adelantados. Además, no era necesaria enseñanza teológica científica para tomar parte en estas discusiones populares. Si podemos juzgar por los arreglos tardíos, no sólo en Babilonia, sino en Palestina, había dos clases de conferencias públicas y dos clases de estudiantes. La primera, o clase más científica, se designaba *Kallah* (literalmente, «desposada»), y los que asistían a ella, *Beney-Kallah* («hijos de la desposada»). Estas conferencias eran pronunciadas el último mes de verano (Elul), antes de la Fiesta de

13. La cuestión referente a sus nombres y ordenación no carece de dificultades. El tema se trata de modo pleno en «The Temple and its Services». Aunque he seguido en el texto la ordenación de los rabinos, tengo que expresar mis dudas respecto a la validez que pueda tener su información histórica. Me parece que los datos de los rabinos siempre eran *ideales*, no *reales*, según su teoría de lo que debería ser, en vez de lo que era.

14. Para una descripción plena tengo que referirme a «The Temple, its Ministry and Services at the time of Jesus Christ». Hay alguna repetición con capítulos previos, pero ha sido inevitable al describir el Templo.

15. Aunque en aquellos tiempos no vivían realmente grandes autoridades en la Ley Judía Canónica, se pueden dar más de una docena de nombres de rabinos famosos en la literatura judía que podían haber sido contemporáneos de Jesús en un período u otro de su vida.

16. De hecho, la consideración de lo que en el tratado Moed K. (comp. también Chag. 17 *b*) se declara como ocupación legítima durante los medios días de fiesta nos lleva a inferir que una gran proporción ya había regresado a sus casas.

17. Para una discusión plena de esta importante cuestión, ver Apéndice X: «La supuesta Sinagoga del Templo».

Fin de Año, y en el último mes de invierno (Adar), inmediatamente antes de la Fiesta de la Pascua. Implicaban una preparación considerable por parte de los rabinos que las daban, y por lo menos algún conocimiento talmúdico por parte de los asistentes. Por otra parte, había los llamados estudiantes del Patio (*Chatsatsta*, y en Babilonia *Tarbitsa*), que durante las conferencias estaban sentados aparte de los estudiantes regulares, separados por una especie de valla, fuera, como si estuvieran en el Patio, algunos de los cuales parecían haber sido ignorantes incluso de la Biblia. Las conferencias dirigidas a una audiencia general así, naturalmente, tenían un carácter muy distinto (comp. Jer. Ber. iv, p. 7 *d*, y otros pasajes).

Pero si no había nada extraordinario como para hacer que su presencia y preguntas parecieran maravillosas, con todo, los que le oyeron, «quedaron asombrados» ante su «inteligencia»[18] y sus «respuestas».[19] Es prácticamente imposible aventurarse a inquirir sobre qué clase de preguntas les había hecho. Si juzgamos por lo que sabemos de estas discusiones, inferimos que pueden haber estado relacionadas con las solemnidades pascuales. Había serias preguntas pascuales que aparecían. En realidad, el gran Hillel obtuvo su rango como jefe cuando demostró a los doctores reunidos que la Pascua podía ser ofrecida incluso en el día de sábado (Jer. Pes. vi. 1: Pes. 66 *a*). Muchas otras preguntas *podían* aparecer sobre el tema de la Pascua. O bien, ¿dirigió el niño Jesús sus preguntas –como hizo después, en relación con la enseñanza mesiánica (Mt. 22:42:45)– al significado más profundo de las solemnidades pascuales, tal como iba a ser desplegado, cuando Él mismo se ofreció, «el Cordero de Dios que quita el pecado del mundo?».

Hay otras preguntas que casi se imponen, de modo natural, a la mente, sobre todo ésta: si con ocasión de esta primera visita al Templo la Virgen-Madre le había contado a su Hijo la historia de su infancia, y de lo que había sucedido cuando, por primera vez, Él había sido llevado al Templo. Parece casi que fue así, si podemos juzgar por el contraste entre la queja de la Virgen-Madre por la búsqueda de su padre y suya, y el que el niño enfáticamente apelara a los negocios de su Padre. Pero lo más sorprendente, verdaderamente maravilloso, tiene que haberle parecido a José, y aun a la madre de Jesús, el que el niño manso y quieto hubiera sido hallado entre aquella compañía y ocupado en aquello. Tiene que haber sido algo muy distinto de lo que esperaban por su pasado, pues de otro modo no habrían dado por descontado, cuando partieron de Jerusalén, que el niño estaba con otros parientes o conocidos, quizá mezclado con los niños. Además, de no haber algo muy inesperado, después de haberlo echado de menos la primera noche de parada –en Siquem– (Jos. *Ant.* xv.8.5), si siguieron el camino directo por Samaria,[20] o bien en Acraba (según la Mishnah) (Maas. Sh. v. 2), no le habrían buscado tan ansiosamente por el camino y en Jerusalén, ni se habrían quedado «asombrados» cuando le hallaron en la asamblea de los doctores. La respuesta de Jesús al medio reproche, medio alivio de la exclamación de ellos que le habían buscado «apenados» estos tres días[21] deja bien claras las tres cosas que tenemos delante. Jesús había estado tan absorbido por el pensamiento que se despertaba sobre su ser y su misión, cualquiera que fuera la forma en que esto había ocurrido, que no sólo había descuidado, sino que se había olvidado de todo lo que le rodeaba. Es más, incluso le parecía imposible entender cómo podían haberle buscado, y que no supieran dónde se había detenido. En *segundo* lugar: podemos atrevernos a decir que Él ahora se daba cuenta de que ésta era, de modo enfático, la casa de *su* Padre. Y *tercero:* según podemos juzgar, fue entonces y allí que por primera vez sintió el impulso fuerte e irresistible –la necesidad divina de su ser– de estar ocupado «en los asuntos de su Padre».[22] Todos, cuando nos despertamos por primera vez a la consciencia espiritual –o, quizá, cuando por primera vez participamos en la fiesta en la casa del Señor– podemos aprender –y con su ejemplo debemos aprender– a hacer ésta la hora de la decisión en que el corazón y la vida sean totalmente consagrados a los «asuntos» de nuestro Padre. Pero hay mucho más que esto en el comportamiento de Cristo en esta ocasión. Este olvido de su vida de niño era un sacrificio, un sacrificio de sí mismo; la absorción total en los asuntos de su Padre, sin un pensamiento para sí, fuera en la satisfacción de la curiosidad, la adquisición de conocimiento o la ambición personal: una consagración de sí mismo a Dios. Era la primera manifestación de su obediencia pasiva y activa a la voluntad de Dios. Incluso en este estadio, era la primera irrupción del significado íntimo de su vida: «Mi comida es hacer la voluntad de aquél que me envió, y terminar su obra». Y, con todo, este despertar de la consciencia de Cristo en su primera visita al Templo, aunque pueda haber sido parcial y quizá temporal, parece como el despertar de la aurora que observaba desde el pináculo del Templo el sacerdote antes de llamar a sus hermanos que esperaban debajo para ofrecer el sacrificio temprano.

Por lo que ya hemos aprendido de esta historia, no nos asombramos de que la respuesta de Jesús produjera en sus padres una nueva sorpresa. Porque sólo podemos entender lo que percibimos en su totalidad. Pero aquí, cada nueva manifestación venía como algo separado y nuevo –no como parte de un conjunto– y, por tanto, como una sorpresa, el importe y significado de la cual no podían ser entendidos, excepto en su conexión orgánica y como un todo. Y para el verdadero desarrollo humano del Hombre-Dios, lo que era un proceso natural era también necesario, tal como era el mejor modo de aprender para María, y para la recepción futura de su enseñanza. Estas tres razones subsidiarias una vez más pueden ser indicadas aquí en la explicación de la aparente ignorancia por parte de la Virgen-Madre del verdadero carácter de su Hijo: la necesidad de que una revelación así fuera gradual; el desarrollo necesario de su propia

18. La expresión σύνεσις significa originalmente *concursus* y (como indica Schleusner) *intelligentia* en el sentido de *perspicacia qua res probe cognitae subtiliter ac diligenter a se invicem discernuntur.* La Septuaginta traduce con esta palabra no menos de ocho términos diferentes hebreos.

19. El significado primario del verbo del cual se deriva la palabra usada aquí es *secerno, discerno.*

20. Según el Jer. Ab. Z. 44 *d*, el suelo, las fuentes, las casas y las carreteras de Samaria estaban «limpias».

21. El primer día sería el día en que le echaron de menos; el segundo, el día que regresaron, y el tercero, el de la búsqueda de Jerusalén.

22. La expresión ἐν τοῖς τοῦ πατρός puede igualmente traducirse, o mejor suplementarse, por «en la casa de mi Padre» y «en los asuntos de mi Padre». La primera es la forma adoptada por la mayoría de comentaristas modernos. Pero: *a*) no está de acuerdo con la palabra que tiene que suplementar en los dos pasajes análogos en la Septuaginta. Ni en Ester 7:9, ni en Eccl. 42:10 es estrictamente «la *casa*». *b*) Parece inexplicable cómo la palabra «casa» podía haber sido dejada fuera en la traducción griega de las palabras arameas de Cristo; pero habría sido de modo natural si la palabra a suplementar fuera «cosas» o «asuntos». *c*) Una referencia al Templo como la casa de su Padre no puede haber parecido extraña en los labios de Jesús ni, ciertamente, de ningún niño judío, para que pudiera llenar de asombro a José y a María.

consciencia del hecho; y el que Jesús no podía haber estado sometido a sus padres, ni haber tenido una crianza verdadera y propiamente humana si ellos hubieran conocido claramente que Él era el Hijo esencial de Dios.

El retiro en Nazaret

Un paso más, aunque a nosotros nos parece en descenso, fue su regreso quieto, inmediato y sin hacer preguntas, a Nazaret con sus padres y su sumisión voluntaria (implicada en la forma del verbo usado en griego) a ellos. Era un negarse a sí mismo, sacrificio personal, consagración propia a su misión, con todo lo que implicaba. No era exinanición, sino sumisión de sí mismo, tanto más gloriosa en proporción a la grandeza de su Yo. Este contraste constante ante sus ojos sólo profundizaba en el corazón de María la impresión presente de «aquellos asuntos», de los cuales ella era la que más sabía. Estaba aprendiendo a deletrear la palabra «Mesías»; a medida que le era enseñada cada una de «estas cosas» aprendía una nueva letra, y las miraba todas a la luz del sol de Nazaret.

Con su retorno a Nazaret la vida de Jesús empezó la juventud y primera edad adulta, con todo el desarrollo interior y exterior y la aprobación celestial y terrenal que llevaba consigo (Lc. 2:52). Si fue a Jerusalén o no en ocasión de nuevas Fiestas no lo sabemos, y no tenemos por que preguntarlo. Porque sólo una vez durante este período –el de su primera visita al Templo, y al despertar su vida de juventud– podía haber habido una irrupción externa así de su ser y su misión reales. Había otras influencias haciendo su obra en silencio para ensamblar su desarrollo interno y externo y determinar la manera de su propia manifestación más tarde. Asumimos que la educación escolar de Jesús tiene que haber cesado poco después de su regreso a Nazaret. A partir de entonces las influencias de Nazaret en la vida y pensamiento de Jesús pueden agruparse –y progresivamente a medida que avanzaba por la juventud a la edad adulta– bajo estos titulares: *Hogar, Naturaleza, Ideas prevalecientes.*

1) *Hogar.* La vida de un hogar judío, especialmente en el campo, era muy simple. Incluso en la Alejandría lujosa parece haberlo sido, tanto con respecto a los muebles de la casa como a las provisiones en la mesa.[23] Por la mañana y al mediodía la comida era muy sencilla, e incluso la comida de la noche, algo mayor, en el hogar de Nazaret. Sólo el sábado y los festivales, fuera en la casa o en público, se echaba mano de lo mejor que había disponible. Pero Nazaret no era la ciudad de gente rica e influyente, y estas fiestas vespertinas, con recepciones elaboradas y ceremoniosas, ordenando apropiadamente los invitados según su rango, y rico despliegue de alimentos, raramente eran presenciadas en aquellas casas quietas, si es que lo eran alguna vez. La misma simplicidad prevalecía en el vestido y en las costumbres.[24] Pero los lazos que unían a los miembros de la familia y la profunda influencia que ejercían el uno sobre el otro eran íntimos y cariñosos. No podemos discutir aquí la vidriosa cuestión de si «los hermanos y hermanas» de Jesús lo eran en el sentido real, o si eran hermanastros y hermanastras, o primos, aunque nos parece que lo primero no habría sido puesto en duda, de no haber sido por una teoría de falso ascetismo y por la estimación deficiente de la santidad del estado matrimonial.[25] Pero, sea cual fuere la relación de Jesús con estos «hermanos y hermanas», tiene que haber sido íntima, y haber ejercido influencia sobre Él.[26]

Dejando a un lado a Josés o José, de cuya historia no sabemos prácticamente nada, tenemos suficientes materiales para formar algún juicio sobre cuáles deben haber sido las tendencias y pensamientos de dos de sus hermanos, *Jacobo* y *Judas*, antes de que pasaran a ser de corazón y alma seguidores del Mesías, y de su primo *Simón.*[27] Si podemos aventurarnos en una caracterización general, podemos inferir por la Epístola de Santiago (Jacobo), que sus puntos de vista religiosos se originaron en el molde *shammai*. Ciertamente, no hay nada de la dirección hillelita en ello, sino que todo nos recuerda la sinceridad, vigor, derechura y rigor de Shammai. De *Simón* sabemos que pertenecía al partido nacionalista, puesto que se le designa de modo expreso como *celote* (Lc. 6:15 y Hch. 1:13) y *cananeo* (Mr. 3:18). Finalmente, hay en la Epístola de Judas una referencia segura y otra probable a dos de los libros apocalípticos (pseudoepigráficos) que en aquel tiempo marcaban una fase interesante de la perspectiva mesiánica de Israel (Jud. 15:14, 15, el libro de Enoc y, probablemente, 5:9 de la Asunción de Moisés). Tenemos, pues, dentro del círculo íntimo de la vida de familia de Cristo –para no hablar de alguna relación con los hijos de Zebedeo, que probablemente eran también primos suyos–[28] las tres tendencias judías más puras y llenas de esperanza, puestas en contacto con Jesús: en el fariseísmo, la enseñanza de Shammai; luego, el ideal nacionalista; y, finalmente, la esperanza de un futuro mesiánico glorioso. A éstas probablemente habría que añadir, por lo menos, conocimiento de la solitaria preparación de su pariente Juan, que, aunque ciertamente no era un esenio, tenía, por la necesidad de su vocación, mucho en relación con ellos por su comportamiento externo.

Pero nos adelantamos demasiado. De lo que son, por necesidad, sólo sugerencias, nos volvemos a lo que es cierto en conexión con su vida de familia e influencias. De Marcos 6:3 podemos inferir con gran probabilidad, aunque no con absoluta certeza (comp. Mt. 13:55; Jn. 6:42), que Jesús había adoptado el oficio de José. Entre los judíos no existía el desprecio por los trabajos manuales, que era una de las marcas penosas del paganismo. Al contrario, se consideraba un deber religioso, sobre el que se insistía con frecuencia y sinceramente, aprender algún oficio, siempre y cuando no llevara al lujo ni tendiera a desviar de la observancia personal de la Ley (comp. Ab. i. 10; Kidd. 29 *b*).[29] No hay ninguna separación entre ricos y pobres como entre nosotros, y si bien la riqueza podía conferir distinción social, la ausencia de la misma no implicaba inferioridad social. Ni podía ser de otra manera cuando las necesidades eran tan pocas, la vida tan simple, y su objetivo más alto siempre presente en la mente.

Ya hemos hablado de las influencias religiosas en la familia, tan diferentes del descuido, abandono e incluso exterminio de los hijos entre los paganos, o su educación por los esclavos, que corrompían su mente desde cuando se

23. Comp. Filón en *Flacc. ed. Fcf.*, pp. 977ss.

24. Para conocer detalles del vestido, comida y costumbres en Palestina, ver comentarios en otras partes de este libro.

25. Comp. Mateo 1:24; Lucas 2:7; Mateo 12:46; 13:55, 56; Marcos 3:31; 6:3; Hechos 1:14; 1 Corintios 9:5; Gálatas 1:19.

26. La cuestión de la relación real de Cristo con sus «hermanos» ha sido discutida en las varias Enciclopedias, de modo que me parece innecesario aquí entrar en el asunto con detalle. Ver también el doctor Lightfoot, *Dissertation in his Comment. on Galat.*, pp. 282-291.

27. Considero a este Simón (Celote) como el hijo de Clopas (hermano de José, el marido de la Virgen) y de María. Para ver las razones de esta opinión, ver Libro III, cap. xvii, y Libro V, cap. xv.

28. Por el lado materno. Leemos en Juan 19:25 como indicando cuatro mujeres; la hermana de su madre era Salomé (Mr. 15:40).

29. Ver el capítulo sobre «Artesanos y mercaderes» en «Sketches of Jewish Social Life».

abría.[30] El amor de los padres a los hijos se echa de ver aun en el estigma que llevaba consigo la esterilidad; la reverencia hacia los padres, como un deber más elevado que cualquier otra observancia exterior; y el amor de hermanos, que Jesús había aprendido en su casa, formaban, por así decirlo, la base natural de muchas de las enseñanzas de Jesús. Nos dan también una visión penetrante dentro de la vida de familia de Nazaret. Y, con todo, no hay nada sombrío ni moroso en ello; y aun los gozosos juegos de niños, así como las reuniones festivas de familias, hallan su lugar en las palabras y la vida de Cristo. Esto es también característica de su pasado. Y también lo son su profunda simpatía por el dolor y el sufrimiento, y su amor por el círculo de familia, como se evidencia en el hogar de Lázaro. El hecho de que Él hablara hebreo, y usara y citara las Escrituras en el original, ya se ha indicado antes, aunque no hay duda de que entendía griego y posiblemente también latín.

2) *La Naturaleza y la vida cotidiana.* El vistazo más superficial a la enseñanza de Cristo tiene que convencernos de la profunda afinidad que sentía con la Naturaleza, y su aguda observación de los hombres. Aquí no hay contraste entre el amor al campo y los hábitos de la vida urbana; los dos están juntos. En sus paseos solitarios tiene que haber contemplado con placer la hermosura de los lirios del campo, y enseñó sobre ellos; cómo los pájaros reciben su alimento de una mano invisible, y con qué afecto maternal la gallina reúne sus polluelos bajo sus alas. Había observado al sembrador y al viñador cuando salían para su trabajo, y extraído la enseñanza de la cizaña que brotaba entre el trigo. A Él la vocación del pastor tenía que parecerle repleta de sentido cuando guiaba, apacentaba, alimentaba y velaba su rebaño, hablaba con sus ovejas, en una voz que ellas conocían tan bien, las acompañaba al aprisco, o las seguía, y tiernamente las hacía volver si se habían descarriado; siempre estaba listo para defenderlas, incluso al coste de su propia vida. Es más, hasta parece que había observado los hábitos de la zorra en su secreta madriguera. Pero también conocía los goces, tristezas, necesidades y sufrimientos de la multitud asendereada. El juego en el mercado, las comitivas de bodas, los ritos de los entierros, los entuertos de la injusticia y la opresión, la presión implacable de un acreedor, las cadenas y prisiones del deudor, los palacios y lujo de los príncipes y cortesanos, la indulgencia propia y el regalo de los ricos, la avaricia de los codiciosos, las exacciones de los cobradores de contribuciones, y la opresión de las viudas por un juez injusto, todo ello había formado una impresión indeleble en su mente. Y, sin embargo, este mundo malo Él no lo aborrecía, y no se apartaba de él con sus discípulos, aunque muchas veces sentía la necesidad de períodos de retiro para la meditación y la oración. Al contrario, aunque se enfrentaba con el mal del mundo, lo que quería era hacer penetrar en la masa una nueva levadura; no echar fuera, sino renovar. Reconocía el bien y la esperanza incluso en aquellos que parecían perdidos del todo. Él no apagaba el pábilo que todavía humeaba, ni quebraba la caña

30. Comp. este tema en Döllinger, *Heidenthum u. Judenthum*, con referencia a los griegos, p. 692; a los romanos, pp. 716-722; con referencia a la educación y sus abominaciones, pp. 723-726. No hay nada que pueda echar una luz más lívida sobre la necesidad del Cristianismo, si el mundo no había de perecer de podredumbre, que un estudio de la antigua Hellas y Roma, tal como lo presenta Döllinger en su obra admirable.

«Pasando más allá de estas columnatas o pórticos, se entraba en el "Patio de los Gentiles", lo que los rabinos llamaban 'el Monte de la Casa', que era más ancho en el lado oeste y más estrecho en los lados este, sur y norte, respectivamente. Éste era llamado el Chol, o lugar 'profano', al cual tenían acceso los gentiles. Aquí tiene que haber estado localizado el mercado para la venta de animales sacrificiales, las mesas de los cambistas y los lugares para la venta de artículos necesarios (Jn. 2:14; Mt. 21:12; Jerus. Chag., p. 78 a; comp. Neh. 13:4ss., etc). Avanzando por este patio se llegaba a una pared baja, que llegaba hasta el techo, y marcaba el espacio más allá del cual ningún gentil ni persona alguna levíticamente inmunda podía entrar. Había anuncios en forma de tabletas con inscripciones que lo indicaban. Había trece aberturas que admitían a la parte interior del patio. Luego catorce peldaños por los que se subía a la Chel o Terraza, que estaba rodeada por la muralla de los edificios del Tempo en el sentido más estricto. Un tramo de escaleras llevaba a las puertas enormes y espléndidas».

En la parte del Templo llamada «atrio de los gentiles» –separada de la parte superior, desde la cual se llegaba al Templo propiamente dicho, por una parte baja– eran frecuentes las inscripciones en griego o en latín, como la que aquí vemos, que conminaban a los no-hebreos, es decir, a los gentiles, a no rebasar aquella divisoria bajo pena de muerte. (Calco del Museo del Louvre, París)

cascada. No sentía desprecio por el mundo, sino tristeza por él; no condenación para el hombre, sino que se esforzaba por atraerle a su Padre celestial; no despreciaba al pequeño y al pobre, ni exterior ni interiormente, sino que los animaba y favorecía, y mostraba viva y penetrante comprensión de lo real bajo la máscara de lo aparente; o mostraba compasión y ponía a la vista lo que era ruin, mezquino, falso dondequiera que aparecía. Éstos fueron algunos de los resultados recogidos de su vida pasada, según fueron presentados en su enseñanza.

3) Ya hemos presentado algunas de las *ideas prevalecientes* a su alrededor con las que se puso en contacto. Sin duda, la sinceridad de su hermano el shammaíta, si nos podemos atrever a decir que lo era; la idea del Reino sugerida por los nacionalistas, sólo en su forma más pura y más espiritual, como no de este mundo, sino realizando plenamente la soberanía de Dios en el individuo, quienquiera que fuese; incluso los pensamientos soñadores de la literatura profética de aquellos tiempos, que procuraba leer los misterios del Reino venidero; así como el ascetismo tipo profético de su precursor y pariente; todos ellos formaban, por lo menos, muchos puntos de contacto para su enseñanza. Así, Cristo sentía simpatía con todas las tendencias más elevadas de su pueblo y su tiempo. Por encima de todas, había su contacto íntimo con las Escrituras del Antiguo Testamento. Si en la Sinagoga vio mucho que era ostentación y vaciedad, afán de medro, orgullo y literalismo, fomentado por la mera observancia externa de la Ley, Él siempre se apartaba de lo que decían los hombres o demonios, para ir a lo que leía o lo que estaba «escrito». Ni un punto ni un gancho de ella podía caer al suelo, todo tenía que ser establecido y cumplido. La Ley de Moisés en todos sus aspectos, las declaraciones de los profetas –Isaías, Jeremías, Ezequiel, Daniel, Oseas, Miqueas, Zacarías, Malaquías– y las esperanzas y consolaciones de los Salmos, todas eran para Él literalmente verdaderas y arrojaban luz sobre el edificio que Moisés había edificado. Todo ello era una gran unidad; no un agregado de partes distintas, sino el desarrollo de un organismo vivo. Y lo principal era el pensamiento del carácter e impacto mesiánicos de todas las Escrituras a su unidad, la idea del Reino de Dios y el Rey de Sión, que era la vida y luz de todo. Más allá de esto, en el misterio de su conversación interior con Dios, el desarrollo de su receptividad espiritual y su comunicación creciente desde arriba, no nos es dado entrar. Incluso lo que pueda haber sido su apariencia externa, apenas nos lo podemos imaginar.[31] Hay que pensar que su hombre exterior en alguna medida encarnaba a su «ser interior». Sin embargo, preferimos no dedicarnos a la contemplación intelectual de Él en las flores artificiales de la leyenda.[32] Cuál era su modo y estilo de recibir y tratar con los hombres, nos lo podemos imaginar por su vida. Y, así, es mejor quedarse contento con el simple informe del relato evangélico: «Jesús crecía en favor con Dios y el hombre».

31. Incluso la concepción poética del pintor sólo puede proveernos de su propio ideal y el de un humor especial. Hablando como quien no pretende conocimientos de arte, a mí solamente un cuadro de Cristo me ha impresionado de verdad. Es el de un «Ecce Homo», por Carlo Dolci, en la Galería Pitti, en Florencia. Para un informe de las representaciones primitivas pictóricas, comp. Gieseler, *Kirchengesch.* 1, pp. 85, 86.

32. De éstas encontramos, por desgracia, demasiadas. El lector interesado en este asunto hallará un buen sumario en Keim, i. 2, pp. 460-463. Uno de los pocos comentarios que vale la pena registrar es esta descripción de Cristo en la epístola espuria de Léntulo: «A quien nunca le vieron reír, pero sí llorar con frecuencia».

Capítulo 11

(Mateo 3:1-12; Marcos 1:2-28; Lucas 3:1-18)

En el año quince de Tiberio César y bajo el pontificado de Anás y Caifás

Hay algo grande, incluso asombroso, en el silencio casi absoluto que pesa sobre los treinta años entre el nacimiento de Jesús y su primera manifestación mesiánica. En un relato como el de los Evangelios, esto tiene que haber sido hecho a propósito; y si es así, nos ofrece evidencia presuntiva de la autenticidad de lo que sigue, y cuyo propósito es mostrar que lo que precedió afectaba sólo a la historia interior de Jesús y a la preparación del Cristo. Al fin se interrumpe este solemne silencio mediante una aparición, una proclamación, un rito y un ministerio tan sorprendente como había sido el de Elías. En muchos aspectos, realmente, los dos mensajeros y sus tiempos respectivos tienen mucha semejanza. Era a una sociedad segura, próspera y lujosa, y, con todo, en peligro inminente de perecer de una enfermedad escondida, enconada; y para una comunidad religiosa que presentaba muestras de una degeneración sin esperanza, y, con todo, contenía los gérmenes de una regeneración posible, que se presentaron tanto Elías como Juan el Bautista. Los dos aparecen súbitamente para anunciar, amenazando, un terrible juicio, pero también para abrir posibilidades impensadas de bien. Y como si fuera para profundizar todavía más la impresión de este contraste, ambos aparecieron en una forma inesperada, y aun antitética a los hábitos de sus contemporáneos. Juan salió súbitamente del yermo de Judea, como Elías de los yermos de Galaad; Juan tenía la misma extraña apariencia ascética de su predecesor; el mensaje de Juan era la contrapartida del de Elías; su bautismo, el del nuevo rito de Elías en el Carmelo. Y como para hacer más completo el paralelismo, con todo el recuerdo y esperanza que despertaba, incluso los más pequeños detalles que rodeaban la vida de Elías hallaron su contrapartida en la de Juan. Con todo, la historia nunca se repite. Cumple en su desarrollo aquello de lo cual había dado indicación a su comienzo. Así, la historia de Juan el Bautista fue el cumplimiento de la de Elías en «la plenitud de los tiempos».

Porque tanto en el mundo romano como en Palestina los tiempos se habían cumplido; no realmente en el sentido de alguna expectación especial, sino de necesidad absoluta. El reinado de Augusto marca no sólo su cumbre, sino la crisis de la historia de Roma. Todo lo que el mundo antiguo podía tener de bueno o de malo había llegado a su sazón. Por lo que se refiere a la política, la filosofía, la religión y la sociedad, los límites máximos habían sido alcanzados.[1] Más allá de ellos había solamente dos alternativas: ruina o regeneración. Se tenía la impresión de que las fronteras del Imperio ya no se podían dilatar más, y que a partir de entonces su objetivo máximo era preservar lo que se había conquistado. Los destinos de Roma estaban en las manos de un hombre que era al mismo tiempo el general en jefe de un ejército en pie de guerra de unos trescientos cuarenta mil hombres, jefe de un Senado (ahora hundido en un mero escenario para ostentar los triunfos del César) y Sumo Sacerdote de una religión, cuya expresión más elevada era la apoteosis del Estado en la persona del emperador. Así, todo el poder de dentro, de fuera y de arriba se hallaba en sus manos. Dentro de la ciudad, que en un corto reinado se había transmutado de ladrillo en mármol, se hallaban la una al lado de la otra, la miseria más abyecta y el lujo casi ilimitado. De una población de unos dos millones, casi la mitad eran esclavos; y el resto, la mayor parte eran o bien libertos y sus descendientes, o extranjeros. Cada clase contribuía con su parte a la decadencia común. La esclavitud no era incluso lo que nosotros conocemos, sino una masa hedionda de crueldad y opresión, por un lado, y de astucia y corrupción, por otro. Más que ninguna otra causa, ésta contribuyó a la ruina de la sociedad romana. El liberto, que había adquirido muchas veces su libertad por medios poco honrosos y había prosperado en ellos, combinando en forma vergonzosa los vicios de los libres con la mezquindad del esclavo. Los extranjeros –especialmente los griegos y los sirios–, que llenaban la ciudad, envenenaban los manantiales de su vida con la corrupción que traían. Los ciudadanos libres vivían vidas de ocio, disipación, desmoralizadas; sus principales pensamientos eran el teatro y el anfiteatro; y vivían en su mayoría a costa del erario público. En tanto que incluso en los tiempos de Augusto más de doscientas mil personas eran sostenidas así por el Estado, lo que quedaba de la vieja estirpe de Roma estaba decayendo rápidamente, en parte por la corrupción, pero sobre todo por el progresivo desmoronamiento del matrimonio e incalificables abominaciones en lo que quedaba de la vida de familia.

El estado de las provincias era en cada aspecto más favorable. Pero la política establecida por el Imperio era la destrucción de todo nacionalismo que surgía, y lo conseguían, así como la absorción y helenización de todos. La única resistencia real vino de los judíos. Su tenacidad era religiosa, y aun en sus extremos de intolerancia y exclusividad servía como un propósito importante providencial. Y así Roma pasó a ser para todos el centro de atracción, pero también de una corrupción destructiva que se extendía rápidamente. Con todo, esta unidad, y el lazo común del lenguaje griego, servían otro propósito importante providencial. Y lo mismo, en otra dirección, el abatimiento consciente ante toda posibilidad de reforma interna. Esto, en realidad, parecía ser la última palabra en todas las instituciones del mundo romano: ¡No puede hacerse nada! La religión, la filosofía y la sociedad habían pasado por cada uno de los estadios hasta este abatimiento. Sin necesidad de seguir las varias fases del pensamiento antiguo, se puede decir en general que, en Roma por lo menos, la cuestión se debatía entre el estoicismo y el epicureísmo. El uno hinchaba su orgullo, el otro gratificaba su sensualidad; el uno estaba de acuerdo con el carácter nacional originario, el otro, con su decaimiento y corrupción posteriores. Pero, en último término, los dos conducían al ateísmo y al abatimiento: el uno, al dirigir todas las aspiraciones más altas hacia el yo; el otro, al sofocarlas en el goce del momento; el uno, al hacer de su ideal la extinción de todo sentimiento y la deificación del yo; el otro, en la indulgencia de todas las pasiones y la adoración de la materia.

El que bajo estas condiciones toda creencia real en una continuidad personal después de la muerte había cesado entre las clases educadas es algo que no necesita ser demos-

1. En vez de citas detalladas, remito a las obras sobre la historia romana, especialmente a Friedländer, *Sittengeschichte Roms.*, y a Döllinger, *Heidenthum and Judenthum*, un libro exhaustivo.

trado. Si los antiguos estoicos habían sostenido que después de la muerte el alma seguía por algún tiempo una existencia separada –en el caso de los sabios, hasta la destrucción general del mundo por el fuego–, la doctrina de la mayoría de sus sucesores era que, inmediatamente después de la muerte, el alma regresaba al «alma del mundo», de la cual formaba parte. Pero incluso esta esperanza estaba asediada por tantas dudas y recelos que era prácticamente inservible para producir consuelo o influir en nada. Cicerón era el único que, siguiendo a Platón, defendía la inmortalidad del alma, mientras los Peripatéticos negaban la existencia del alma, y los estoicos dirigentes, por lo menos su continuidad después de la muerte. Pero incluso Cicerón escribe como quien se siente abrumado por las dudas. Para sus contemporáneos esta duda llegaba más hondo, hasta el abatimiento absoluto, y el único consuelo se hallaba en la indulgencia presente de las pasiones. Incluso entre los griegos, que eran más tenaces a creer en la no extinción del individuo, el resultado final era el mismo. La tendencia más sana, aunque mezclada con el error, venía de la escuela Neoplatónica, la cual ofrecía un punto de contacto entre la antigua filosofía y la nueva fe.

En estas circunstancias, toda religión real o que lo pareciera era de modo manifiesto imposible. Roma toleraba, y, en realidad, incorporaba todos los ritos nacionales. Pero entre el populacho la religión había degenerado en superstición abyecta. En el Este, gran parte de la misma consistía en ritos viles; mientras que entre los filósofos, todas las religiones eran consideradas igualmente falsas o igualmente verdaderas, producto de la ignorancia, o bien modificaciones de algún pensamiento fundamental. La única religión en que insistía el Estado era la deificación del emperador.[2] Estas apoteosis llegaron a un desarrollo increíble. Pronto no sólo los emperadores, sino sus esposas, amantes, hijos y los objetos de sus más viles deseos o impulsos, eran deificados; es más, cualquier persona privada podía alcanzar esta distinción si sus supervivientes poseían medios suficientes.[3] Mezclado con todo esto había un aumento creciente de la superstición, término por el que algunos entendían el culto a los dioses ajenos y, la mayor parte, la existencia de temor en la religión. La religión de la antigua Roma había cedido su lugar a los ritos extranjeros, que cuanto más misteriosos e ininteligibles, más atrayentes resultaban. Fue así que el Judaísmo hizo conversos en Roma; lo que le recomendaba principalmente a muchos era su contraste con lo antiguo, y las posibilidades desconocidas que sus doctrinas, al parecer increíbles, ofrecían. Entre los síntomas más repulsivos del decaimiento religioso general se pueden contar las oraciones para la muerte de un pariente rico, o incluso para la satisfacción de vicios antinaturales, junto con blasfemias horribles cuando estas oraciones no eran contestadas. Podemos contrastar el espíritu del Antiguo y del Nuevo Testamento con sentimientos como los que se expresan en la tumba de un niño: «A los dioses injustos que me robaron la vida»; o para una joven de veinte: «Levanto las manos contra el dios que se me llevó, siendo inocente como soy».

Sería de mal gusto describir hasta qué punto era llevado el culto a la indecencia; cómo la moral pública estaba corrompida por las representaciones mímicas de todo lo que era vil, incluso con los servicios de un arte corrupto. La personificación de dioses, oráculos, adivinación, sueños, astrología, magia, nigromancia y teúrgia,[4] todo lo cual contribuía a la decadencia general. Se ha dicho con razón que la idea de la conciencia, tal como la entendemos nosotros, era desconocida en el paganismo. El derecho absoluto no existía. La fuerza se salía siempre con la suya. Las relaciones sociales mostraban una corrupción incluso más profunda, si esto era posible. La santidad del matrimonio había dejado de existir. La disipación de las mujeres y lo disoluto de todos había acarreado prácticamente el fin del matrimonio. El aborto, el abandono y exterminio de los niños recién nacidos era común y tolerado; los vicios antinaturales, que practicaban aun los mayores filósofos, no sólo eran defendidos, sino que alcanzaban proporciones indescriptibles.

Pero entre estas señales tristes de los tiempos hay tres que deben ser mencionadas de modo especial: el trato de los esclavos; la actitud hacia los pobres; las diversiones públicas. El esclavo estaba sin protección alguna; hombres y mujeres se veían sometidos a crueldades sin nombre, comparadas a las cuales el ser echado a las fieras o morir luchando en la arena podía considerarse un alivio definitivo. Los enfermos y los esclavos viejos eran echados para que se murieran de hambre. Pero es fácil imaginarse lo que debía haber sido la influencia de los esclavos entre la población libre, y especialmente entre los jóvenes, que solían tener como tutor a un esclavo. La indiferencia total hacia los pobres que llenaban la ciudad es otro rasgo bien conocido de la sociedad de la antigua Roma. Naturalmente, no había hospitales ni provisión para los pobres; la caridad y el amor fraternal en cualquier aspecto son sólo ideas del Nuevo y del Antiguo Testamento. Pero incluso la concesión de la menor limosna a los necesitados era considerada como discutible; era mejor no proporcionarles los medios de prolongar una existencia inútil. Finalmente, el relato que da Séneca de lo que ocupaba y divertía a la muchedumbre ociosa –porque todo trabajo manual, excepto la agricultura, era visto con el mayor desprecio– le dejó horrorizado a él mismo. ¡Y, así, el único escape que le quedaba al filósofo, al hastiado o al miserable parecía ser el poder de autodestrucción! Y, lo que es peor, los espíritus más nobles del tiempo se daban cuenta de que las cosas ya no tenían remedio. La sociedad no podía reformarse a sí misma; la filosofía y la religión no tenían nada que ofrecer: habían sido pesadas y su peso hallado falto. Séneca esperaba alguna mano de fuerza para que los elevara de la ciénaga del abatimiento; Cicerón pintaba el entusiasmo con que sería celebrada la personificación de la verdadera virtud si un día aparecía sobre la tierra; Tácito declaraba que la vida humana era una gran farsa, y expresaba su convicción de que el mundo romano se hallaba bajo alguna maldición terrible. Alrededor sólo había abatimiento, necesidad consciente y anhelo inconsciente. ¿Puede imaginarse un contraste mayor que el de la proclamación de un Reino de Dios venidero a un mundo así, o más clara evidencia de la realidad de este mensaje divino, que había venido a buscar y salvar a los que estaban perdidos? Es

2. La única resistencia firme a este culto vino de la odiada Judea, y podemos añadir de Bretaña (Döllinger, p. 611).

3. Desde el tiempo del César al de Diocleciano se celebraron cincuenta y tres apoteosis, incluyendo las de quince mujeres que pertenecían a las familias imperiales.

4. Una de las más penosas manifestaciones del decaimiento, y para los cristianos casi increíble, era la forma descarada con que los sacerdotes practicaban la impostura con el pueblo. Hay numerosos y terribles ejemplos de ello. La evidencia no sólo se deriva de los Padres, sino de una obra que se ha preservado en la que se dan instrucciones formales de cómo se han de construir templos y altares a fin de producir milagros falsos, y los medios por los que se pueden conseguir imposturas de esta clase (comp. «The Pneumatics of Hero», traducido por B. Woodcroft). Lo peor era que esta clase de impostura sobre el populacho ineducado era probada abiertamente por los más cultos (Döllinger, p. 647).

notable un sincronismo, como ocurre con la Estrella en el Oriente y el nacimiento del Mesías, que reclama la atención reverente del estudioso de la historia. El día 19 de diciembre del año 69 d.C. se incendió el Capitolio romano, con sus antiguos santuarios. Ocho meses más tarde, el 9° de Ab, año 70 d.C., el Templo de Jerusalén fue entregado a las llamas. No es una coincidencia, sino una conjunción, porque sobre las ruinas del paganismo y del judaísmo apóstata se elevó la Iglesia de Cristo.

Un silencio más completo aun que el que se refiere a los primeros años de la vida de Jesús se cierne sobre los treinta años o más que intervienen entre el nacimiento y la manifestación pública de Juan[5] en su carácter de Precursor del Mesías. Sólo se nos indica brevemente (Lc. 1:80) su desarrollo exterior e interior, y el que vivía en «lugares desiertos».[6] Esto último, con toda certeza, no con objeto de aprender de los *esenios*,[7] sino para alcanzar realmente, en compañía con Dios a solas, lo que ellos buscaban externamente. Es característico que mientras Jesús pudo pasar directamente de la estancia en su casa y obrador de Nazaret al Bautismo en el Jordán, su Precursor requirió una preparación larga y peculiar: característico de la diferencia de sus personas y misión, característico también de la grandeza de la obra que se inauguraba. Lucas da noticias precisas del tiempo de la aparición pública del Bautista, no meramente para fijar la cronología exacta, que no habría requerido tantos detalles, sino con un propósito más elevado. Porque indican, más claramente que la discusión más detallada, la adecuación del momento para el advenimiento del «Reino del Cielo».

Por primera vez desde la cautividad de Babilonia, el extranjero, el Jefe del odiado Imperio Romano –según los rabinos, la cuarta bestia de la visión de Daniel (Ab. Zar. 3 *b*)– era el amo absoluto e indisputado de Judea; y el cargo principal religioso, dividido entre dos individuos, los dos indignos de sus funciones. Y merece ser notado, por lo menos, que de los gobernantes mencionados por Lucas, Pilato entró en su cargo (probablemente hacia la Pascua del 26 d.C.) poco después de la aparición pública de Juan, y que todos ellos siguieron hasta después de la crucifixión de Cristo. Hubo, pues, por así decirlo, una continuidad de estas autoridades durante todo el período mesiánico.

Por lo que se refiere a Palestina, el antiguo reino de Herodes ahora estaba dividido en cuatro partes: Judea estaba bajo la administración directa de Roma, otras dos tetrarquías bajo el poder de los hijos de Herodes (Herodes Antipas y Felipe), mientras que el pequeño principado de Abilene era gobernado por Lisanias.[8] De éste no se pueden dar detalles ni son necesarios en esta historia. Por lo que se refiere a los hijos de Herodes, ya es otra cosa, y especialmente el carácter del gobierno de Roma en este tiempo.

Herodes Antipas, cuya autoridad se extendió durante cuarenta y tres años, reinó sobre Galilea y Perea, los distritos que eran, respectivamente, la esfera principal del ministerio de Jesús y de Juan el Bautista. Como su hermano Arquelao, Herodes Antipas poseía en forma agravada la mayoría de los vicios de su padre, sin su cualidad de grandeza. Carecía totalmente de sentimientos o convicciones religiosas, si bien su conciencia ocasionalmente le traicionaba, aunque no bastaba para restringirle. La debilidad inherente de su carácter le dejó bajo el control absoluto de su esposa, lo que le llevó a su ruina. Era codicioso, avaricioso, lujurioso y totalmente disoluto, y con la típica astucia zorruna, no rara en el Oriente, que suele formar el arte del hombre de estado. Como su padre, tenía gran placer en construir, teniendo gran cuidado en propiciarse a Roma, dedicándolo todo al emperador. Su empresa más extensa fue la edificación, en el año 22 a.C., de la ciudad de Tiberias, en la orilla extrema del lago de Galilea. El sitio estaba en entredicho para los judíos, pues había sido un cementerio, lo cual le hacía inmundo, por lo que durante algún tiempo los judíos piadosos se abstenían de establecerse allí. Sin embargo, se levantó en gran magnificencia de entre las cañas que habían cubierto el terreno (el emblema heráldico de la ciudad eran «cañas»). Herodes Antipas estableció allí su residencia y edificó una fortaleza y un palacio de esplendor sin rival. La ciudad, que estaba poblada principalmente por aventureros, era generalmente griega, y estaba adornada con un anfiteatro del cual se pueden hallar todavía las ruinas.

Se puede dar un informe más soleado de Filipo, el hijo de Herodes el Grande y de Cleopatra de Jerusalén. Era, indudablemente, el mejor de los hijos de Herodes. Mostró una sumisión abyecta en realidad, como el resto de la familia, al emperador romano, incluso en los nombres de la ciudad de Cesarea de Filipo que él construyó en las fuentes del Jordán; así como cambió el nombre de Betsaida, una aldea de la que él hizo una ciudad opulenta, a Julias, según la hija de Augusto. Pero era un gobernante justo y moderado, y su reino de treinta y siete años ofrece un contraste favorable con el de sus parientes. El país estaba quieto y próspero, y el pueblo contento y feliz.

Por lo que se refiere al régimen de Roma, las cosas habían cambiado mucho, en el sentido de empeorar, desde el dominio moderado de Augusto, bajo el cual, en palabras de Filón, nadie en el Imperio se habría atrevido a molestar a los judíos (Filón, ed. Frcf., Leg. 1.015). Las únicas innovaciones a las que se había sometido Israel eran los sacrificios diarios en favor del emperador y el pueblo romano, ofrecidos en los días festivos, oraciones para ellos en las Sinagogas y la participación en las alegrías o penas nacionales que permitía su religión (*u.s.* 1.031, 1.041).

Las cosas cambiaron cuando Tiberio le sucedió en el Imperio y Judea pasó a ser una provincia. La administración de Palestina se caracterizó por una dureza implacable; en tanto que el emperador mismo se mostraba acerbamente hostil al Judaísmo y a los judíos. Y esto pese a que, personalmente, no le importaba nada ninguna religión (Suet. Tiber. 69). Bajo su régimen tuvo lugar la persecución de los judíos de Roma, y Palestina sufrió casi hasta el límite de su resistencia. El primer procurador nombrado por Tiberio sobre Judea cambió cuatro veces al titular del Sumo Sacerdocio, hasta que halló en Caifás un instrumento bastante sumiso a la tiranía de Roma. Las exacciones y la indiferencia completa a los sentimientos e intereses judíos puede decirse que

5. Éste parece ser el pleno significado de la palabra en Lucas 1:80. Comp. Hechos 1:24.

6. El plural indica que Juan no siempre estaba en el mismo «desierto». El plural en relación a la «tierra desértica que hay en la tierra de Israel» es común en los escritos rabínicos (comp. Baba K. vii. 7 y las Gemaras con este pasaje). Sobre el cumplimiento por parte del Bautista de Isaías 40:3, ver la discusión de este pasaje en el Apéndice XI.

7. Godet, en unas pocas frases directas, ha trazado lo que se puede llamar no solamente la diferencia, sino el contraste entre la enseñanza y objetivos de los esenios y los de Juan.

8. Hasta hace poco, los que impugnan la veracidad de los Evangelios –Strauss, y aun Keim– señalaron esta noticia de Lisanias como un ejemplo del carácter no histórico del Evangelio de Lucas. Pero ahora se admite por todos que la noticia de Lucas es estrictamente correcta; y que además de Lisanias, otro del mismo nombre había reinado sobre Abilene al tiempo de Cristo. Comp. Wieseler, *Beitr.*, pp. 196-204, y Schürer en Riehm, *Handwörterb*, p. 931.

«Roma toleraba, y, en realidad, incorporaba todos los ritos nacionales. Pero entre el populacho la religión había degenerado en superstición abyecta. En el Este, gran parte de la misma consistía en ritos viles; mientras que entre los filósofos, todas las religiones eran consideradas igualmente falsas o igualmente verdaderas, producto de la ignorancia, o bien modificaciones de algún pensamiento fundamental. La única religión en que insistía el Estado era la deificación del emperador».

El ritual romano prescribía que el oferente se volviera hacia Oriente y cubriera su cabeza con la orla de la toga. En el culto público el oficiante era el magistrado, y en el culto familiar el paterfamilias. Los sacerdotes eran sólo asistentes técnicos que cuidaban del cumplimiento del ritual.
En esta estatua vemos a un romano sacrificante. (Museo Vaticano)

llegaron al extremo, si no hubiera sido seguido por Poncio Pilato, su sucesor. La venalidad, la violencia, el robo, las persecuciones, los insultos maliciosos e innecesarios, los asesinatos judiciales sin la menor formalidad de un proceso legal, y la crueldad, son todo ello acusaciones que se hicieron contra su administración (Filón, *u.s.* 1034). Si los gobernantes anteriores habían respetado hasta cierto punto los escrúpulos religiosos de los judíos, Pilato decidió a propósito desafiarlos, y esto no sólo una vez, sino muchas, en Jerusalén, en Galilea y aun en Samaria (Jos. *Ant.* xviii.3.1, 2; Lc. 13:1; *Ant.* xviii.4.1, 2), hasta que tuvo que intervenir el mismo emperador (Filón, Leg. 1.033).

Una voz en el desierto

Ésta era, pues, la condición política del país cuando Juan apareció para predicar el próximo advenimiento de un Reino con el que Israel asociaba todo lo que era feliz y glorioso, más allá incluso de los sueños del entusiasta religioso. E igualmente recia era la llamada de ayuda con referencia a aquellos que detentaban el poder espiritual sobre el pueblo. Lucas, de modo significativo los une, como la autoridad religiosa más elevada del país, con los nombres de Anás y Caifás.[9] El primero había sido designado por Quirinius. Después de detentar el pontificado durante nueve años, fue depuesto, y le sucedieron otros, de los cuales el cuarto fue su yerno Caifás. El carácter de los Sumos Sacerdotes durante todo este período es descrito en el Talmud (Pes. 57 *a*) en palabras terribles. Y aunque no hay evidencia de que «la casa de Anás»[10] fuera culpable de la indulgencia grosera, la violencia (Jos. *Ant.*, xx.8.8), lujuria y aun pública indecencia (Yoma 35 *b*) de algunos de sus sucesores, están incluidos en los ayes o calamidades pronunciados sobre los líderes corruptos del sacerdocio, ante quienes se presenta al Santuario como pidiendo que se alejen de sus sagrados recintos, pues lo contaminan con su presencia (Pes. *u.s.*). Es digno de hacer notar que el pecado especial de que se acusa a la casa de Anás es «bisbisear» o silbar como las víboras, lo cual parece referirse a la influencia privada sobre los jueces de la administración de justicia, por la que la moral es corrompida, el juicio pervertido y la Shekinah se ha apartado de Israel (Tos. Set. xiv.). Como ilustración de esto recordaremos el terror que impidió a algunos sanedristas ponerse al lado de Jesús (Jn. 7:50-52), y especialmente la violencia que parece haber decidido la acción final del Sanedrín (Jn. 11:47-50), contra el cual no solamente hombres como Nicodemo y José de Arimatea, sino incluso un Gamaliel, se sentían impotentes. Pero aunque la expresión «Sumo Sacerdote» parece, a veces, haber sido usada en un sentido general,[11] como designando los hijos del Sumo Sacerdote, e incluso los miembros principales de su familia (Jos. *Guerra* vi.2.2), sólo podía haber, naturalmente, un Sumo Sacerdote real. La conjunción de los dos nombres de Anás y Caifás[12] probablemente indica que, aunque Anás había sido depuesto del pontificado, todavía seguía presidiendo sobre el Sanedrín; una conclusión no sólo apoyada por Hechos 4:6, en que Anás aparece como su presidente real, y por los términos en que se habla de Caifás como meramente «uno de ellos» (Jn. 11:49), sino por la parte que tomó en la condenación final de Jesús (Jn. 18:13).

Una combinación así de desastres políticos y religiosos, sin duda constituía un período de extrema necesidad para Israel. Con todo, no se hizo ningún intento por parte del pueblo para enderezar las cosas por la fuerza. En estas circunstancias, el clamor de que el Reino del Cielo estaba entre ellos, y la llamada a que se prepararan para el mismo, tiene que haber despertado ecos por todo el país, y sobresaltado a los más descuidados e incrédulos. Fue, de acuerdo con la afirmación exacta de Lucas, en el año quince del reinado de Tiberio –contando, como hacían los de las provincias,[13] desde su corregencia con Augusto (que había comenzado dos años antes su reinado a solas), en el año 26 d.C. (779 A.U.C.). Según nuestro anterior cómputo, Jesús tendría entonces treinta años.[14] El escenario en que apareció por primera vez Juan fue «el desierto de Judea», esto es, el distrito yermo y desolado alrededor de la desembocadura del Jordán. No sabemos si Juan bautizaba en este lugar,[15] ni tampoco cuánto tiempo siguió allí; pero se nos dice de modo expreso que su estancia no estaba confinada a aquella localidad (Lc. 3:3). Poco después lo hallamos en Betábara (Jn. 1:28). La apariencia externa de los hábitos del Precursor corresponden al carácter y objeto de su misión. Ni su vestido ni su alimento eran los de los esenios;[16] y el primero era, por lo menos, como el de Elías (2 Reyes 1:8), cuya misión él venía ahora a «cumplir».

Esto quedaba demostrado por lo que predicaba y por el nuevo rito simbólico, del cual derivó el nombre de «Bautista». Lo esencial de su mensaje era el anuncio de la proximidad del «Reino de los cielos», y la preparación necesaria de sus oyentes para este Reino. Esta preparación se procuraba, de modo positivo, por medio de la admonición; negativamente, por advertencias, si bien dirigía a todos a Aquél que venía, en quien este Reino pasaría a ser, por así decirlo,

9. Los procuradores eran los delegados financieros imperiales, con poder absoluto de gobierno en territorios pequeños. El cargo estaba generalmente en manos de nobles romanos, que consistían en hombres de negocios, banqueros, cobradores de contribuciones, etc. El orden de la nobleza había caído en una condición muy baja, y las exacciones de una autoridad así, especialmente en Judea, es mejor imaginarlas que describirlas. Comp. todo el tema en Friedländer, *Sittengesch. Rom.*, vol. 1, pp. 268ss.

10. Anás, o bien *Chanan* (הנן) o *Chana* o *Channa*, es un nombre común. El profesor Delitzsch ha mostrado con razón que el equivalente hebreo de Caifás no es *Keypha* (כֵּיפָא) = Pedro, sino *Kayapha* (כַּיפָא), o quizá, según la forma Καιφας: (קַיְפָא): *Kaipha* o *Kaiphah*. El nombre ocurre en la Mishnah como *Kayaph* (así, y no *Kuph*, correctamente) (Par. iii. 5). El profesor Delitzsch no se atreve a explicar su significado. ¿No podría hacerse derivar de קפא y el significado sería: «El que está en la cumbre»?

11. Aunque no estoy seguro de que el término «sumos sacerdotes» en este pasaje sea de carácter decisivo. Es uno de los casos en que a Josefo le gusta dar títulos grandiosos a los que se habían juntado con los romanos.

12. Esto solamente en Lucas.

13. Creo que Wieseler ha establecido esto de un modo satisfactorio. Comp. *Beitr.*, pp. 191-194.

14. Lucas habla de Cristo diciendo que «tenía unos treinta años» al tiempo de su bautismo. Si Juan empezó su ministerio público en el otoño, y pasaron algunos meses antes de que Jesús fuera bautizado, nuestro Señor habría pasado ya los treinta cuando apareció en Betábara. Tenemos evidencia positiva de que la expresión «unos» significa, bien un poco más, o un poco menos que el número exacto. Ver Midr. sobre Rut 1:4, ed. Vars., p. 39 *b*.

15. La tradición, aunque erróneamente, localiza aquí el bautismo de Jesús.

16. Con referencia no sólo a este punto, sino en general, recomiendo el ensayo magnífico del obispo Lightfoot sobre los esenios en su Apéndice a su *Comentario sobre los Colosenses* (en especial, aquí, pp. 388, 400). Es una notable confirmación del hecho de que si Juan hubiera sido un esenio su alimento no habría consistido en «langostas», que el Evangelio de los ebionitas (que, como los esenios, se abstienen de alimento animal) omite la mención de las «langostas» de Mateo 3:4 (ver Mr. Nicholson, «The Gospel of the Hebrews», pp. 34, 35). Pero hay prueba positiva, derivada de Jer. Ned. 40 *b*, de que, en caso de voto de abstinencia de la carne, el pescado y las langostas quedan prohibidas.

individualizado. Así eran, desde el principio, las «buenas nuevas del Reino», ante las cuales todo lo demás en la predicación de Juan era subsidiario.

Con respecto a este «Reino de los cielos», que era el gran mensaje de Juan, y la gran obra de Cristo mismo, podemos decir aquí que es todo el Antiguo Testamento sublimado, y todo el Nuevo Testamento realizado. La idea del mismo no estaba escondida en el Antiguo, para ser abierta en el Nuevo Testamento, como ocurrió con el misterio de su realización (Ro. 16:25, 26; Ef. 1:9; Col. 1:26, 27). Pero este gobierno del cielo y Soberanía de Jehová eran la misma sustancia del Antiguo Testamento; el objeto de la vocación y misión de Israel; el significado de todas sus ordenanzas, fueran civiles o religiosas;[17] la idea subyacente en todas sus instituciones.[18] Explicaba igualmente la historia del pueblo, y los tratos de Dios con ellos, y las perspectivas abiertas por los profetas. Sin él, el Antiguo Testamento no se puede entender; dio perpetuidad a su enseñanza y dignidad a sus representaciones. Éste constituía al mismo tiempo el contraste real entre Israel y las naciones de la antigüedad, y el título real de Israel a la distinción. Así, todo el Antiguo Testamento era la presentación preparatoria del Reino del cielo y de la Soberanía de su Señor.

Pero preparatorio no sólo en el sentido de tipo, sino también en el sentido incoativo. Incluso el doble obstáculo –interno y externo– que el «reino» encontró lo indicaba. El primero apareció por la resistencia de Israel a su Rey; el segundo, por la oposición de los reinos circundantes de este mundo. Tan intenso llegó a ser el anhelo a lo largo de los milenios, que estos obstáculos podían haber sido barridos por el advenimiento del Mesías prometido, que estableciera de modo permanente (por medio de su espíritu) la relación recta entre el Rey y su Reino, al traer una justicia sempiterna, y también derribar las barreras existentes, al llamar los reinos de este mundo a que fueran el Reino de su Dios. Esto, realmente, sería el advenimiento del Reino de Dios, tal como había sido la esperanza resplandeciente sostenida por Zacarías (14:9),[19] la gloriosa visión de Daniel (7:13, 14).[20] Este Reino de Dios implicaba especialmente tres ideas: *universalidad, carácter celestial* y *permanencia.* Tan ancho como el dominio de Dios sería su dominio; santo, como el cielo en contraste con la tierra, y Dios con el hombre, sería su carácter; y su continuidad perduraría triunfalmente. Ésta era la enseñanza del Antiguo Testamento y la gran esperanza de Israel. No se necesita abarcarlo mentalmente, sólo con la capacidad moral y espiritual se puede ver su grandeza incomparable, en contraste incluso con las aspiraciones más elevadas del paganismo, y aun las ideas enjalbegadas de la cultura moderna.

Nuestras investigaciones anteriores demuestran de qué modo tan imperfecto entendió Israel este Reino. En realidad, los hombres de este período únicamente poseían el término como si fuera la forma. Lo que explicaba su significado, lo llenaba y lo cumplía vino una vez más del cielo. El Rabinismo y el Alejandrismo mantuvieron viva la idea del mismo; y, a su propia manera, llenaron el alma de su anhelo, tal como el estado calamitoso de la Iglesia y el Estado llevaban la necesidad del mismo a cada corazón de manera angustiosa. Como a lo largo de su historia, la *forma* era de aquel tiempo; la sustancia y el espíritu eran de Aquél cuya venida constituyó el advenimiento de este Reino. Quizá lo que más se acercaba a ello eran las elevadas aspiraciones del partido nacionalista, solamente que éstos buscaban su realización, no espiritualmente, sino en lo externo. El que echa mano de la espada, perecerá por la espada. Y fue a esto probablemente que se referían tanto Pilato como Jesús en aquella memorable pregunta, «Luego, ¿tú eres rey?», a la cual nuestro Señor, desplegando el significado más profundo de su misión, contestó: «Mi reino no es de este mundo; si mi reino fuera de este mundo, mis servidores pelearían para que yo no fuera entregado» (Jn. 18:33-37).

Según el modo de ver rabínico del tiempo, los términos «Reino», «Reino del cielo»[21] y «Reino de Dios» (en el Targum sobre Miqueas 4:7, «Reino de Jehová») eran equivalentes. De hecho, la palabra «cielo» era usada con frecuencia en vez de «Dios» con miras a evitar una familiarización indebida del oído con el Nombre sagrado.[22] Esto explica, probablemente, el hecho del uso exclusivo de la expresión «Reino del cielo» en el Evangelio de San Mateo.[23] Y el término no implicaba un contraste con la tierra, como la expresión «el Reino de Dios» lo hacía con este mundo. La presencia mental de su contraste con la tierra o el mundo era expresada de modo bien claro en los escritos rabínicos (como en Shebhu. 35 *b;* Ber. R. 9, ed. Vars., pp. 19 *b*, 20 *a*.).

Este «Reino del cielo», o «de Dios», tiene que distinguirse, sin embargo, de términos como «el Reinado del Mesías» (*Malkhutha dimeshicha,* como en el Targum sobre Salmo 14:7, y sobre Isaías 53:10), «la edad futura (mundo) del Mesías» (*Alma deathey dimeshicha*, como en el Targum sobre 1 R. 4:33 [5:13]); «los días del Mesías», «la edad futura» *(saeculum futurum*, la *Athid labho,*[24] tanto ésta como la expresión anterior; p.ej., en Ber. R. 88, ed. Vars., p. 157 *a*), «el fin de los días» (Targ. Pseudo-Jon. sobre Éx. 40:9, 11) y «el fin de la extremidad de los días» *(Soph Eqebh Yomaya,* Targ. Jer. sobre Gn. 3:15; Jer. y Targ. Pseudo-Jon. sobre Nm. 24:14). Esto es más importante aún por el hecho de que el «Reino del cielo» se ha confundido con frecuencia con el período de su manifestación triunfante en «dos días», o con «el Reinado del Mesías». Entre el advenimiento y la manifestación final del «Reino», la expectativa judía colocaba un

17. Si es que, en realidad, en la dispensación preliminar éstas dos pueden ser separadas.

18. Confieso que soy incapaz de entender cómo alguien que escribe una Historia de la Iglesia Judía puede, al parecer, eliminar de ella lo que incluso Keim designa como los «treibenden Gedanken des Alten Testamentes», las ideas del Reino y del Rey. Un Reino de Dios sin un Rey; una Teocracia sin la autoridad de Dios; un Reino perpetuamente davídico sin un «Hijo de David» –éstas son las antinomias (pidiéndole prestada la palabra a Kant) de las que ni el Antiguo Testamento, ni los Apócrifos, ni los escritores pseudoepigráficos, ni el Rabinismo fueron culpables.

19. «Y Jehová será rey sobre toda la tierra. En aquel día Jehová será uno, y uno su nombre».

20. «Seguía yo mirando en la visión de la noche, y he aquí, con las nubes del cielo venía uno como un hijo de hombre, que vino hasta el Anciano de muchos días, y le hicieron acercarse delante de él. Y le fue dado dominio, gloria y reino, para que todos los pueblos, naciones y lenguas le sirvieran; su dominio es dominio eterno, que nunca pasará, y su reino, un reino que no será destruido jamás».

21. Ocasionalmente hallamos en vez de *Malkhuth Shamayim* («Reino del cielo») *Malkhutha Direqiya* («Reino del firmamento»), como en Ber. 58 *a,* Shebhu. 35 *b.* Pero en el primer pasaje por lo menos parece aplicarse más bien al gobierno providencial de Dios que a su reino moral.

22. El Talmud (Shebhu. 35 *b)* analiza los diversos pasajes de la Escritura en que se usa en el sentido sagrado y el común.

23. En Mateo la expresión ocurre treinta y dos veces; seis veces la de «el Reino»; cinco veces la de «Reino de Dios».

24. La distinción entre el *Olam habba* (el mundo venidero) y la *Athid labho* (la edad venidera) es importante. Me referiré de modo más pleno a ello más adelante. Entretanto, basta indicar que la *Athid labho* es la designación más específica de los tiempos mesiánicos. Los dos términos se distinguen de modo expreso, por ejemplo en Mechilta (ed. Weiss), p. 74 *a*, líneas 2, 3.

oscurecimiento temporal del Mesías.[25] No su primera aparición, sino su manifestación triunfante era lo que había de ser precedida por los llamados «sufrimientos del Mesías» (los *Chebhley shel Mashiach*), «las tribulaciones de los últimos días».[26]

Un repaso de los muchos pasajes sobre el tema, muestra que en la mente judía la expresión «Reino del Cielo» se refiere, no ya a un período en particular, sino al *Régimen de Dios* en general, como reconocido, manifestado y hecho perfecto eventualmente. Pero con frecuencia es el equivalente del reconocimiento personal de Dios: el tomar uno sobre sí mismo el «yugo» del «Reino», o los mandamientos –lo primero precede y condiciona lo segundo– (así expresamente en Mechilta, p. 75 *a*; Yalkut, vol. ii. p. 14 *a*, última línea). En consecuencia, la Mishnah (Ber. ii. 2) da esto como la razón por la que en la colección de pasajes de la Escritura que forman la oración llamada «Shema»,[27] la confesión (Dt. 6:4, etc.) precede a la admonición (Dt. 11:13, etc.), porque un hombre toma sobre sí primero el yugo del Reino del Cielo, y luego el de los mandamientos. Y, en este sentido, la repetición de esta *Shema*, como reconocimiento personal de la Soberanía de Jehová, es en sí, con frecuencia, designada como «tomar sobre sí el Reino del Cielo».[28] De modo similar, ponerse las filacterias y lavarse las manos son descritos como tomar sobre sí el yugo del Reino de Dios.[29] Para dar otros ejemplos: Israel se dice que tomó sobre sí el yugo del Reino de Dios en el monte Sinaí (comp. Siphré, p. 142 *b*, 143 *b*); los hijos de Jacob en su última entrevista con su padre (Ber. R. 98); e Isaías en su llamada a la vocación profética (Yalkut, vol. ii. p. 43 *a*), donde se hace notar también que esto debe ser hecho de modo voluntario y con alegría. Por otra parte, los hijos de Elí y los hijos de Acab se dice que echaron de sí el Reino del cielo (Midr. sobre 1 S. 2:12; Midr. sobre Eccl. 1:18). Así pues, si el reconocimiento del Gobierno de Dios era considerado en la profesión y en la práctica como el Reino de Dios, su plena manifestación se esperaba sólo en tiempo del Advenimiento del Mesías. Así, en el Targum sobre Isaías 40:9, las palabras «¡He aquí tu Dios!» son parafraseadas: «El Reino de tu Dios es revelado». De una manera similar (en Yalkut ii. p. 178 *a*) leemos: «cuando se acerque el tiempo de que el Reino del Cielo sea manifestado, entonces se cumplirá el que "el Señor será Rey sobre toda la tierra" (Zac. 14:9)».[30] Por otra parte, la incredulidad de Israel se manifestaría en que rechazarían estas tres cosas: el Reino del Cielo, el Reino de la casa de David y la edificación del Templo, según la predicción de Oseas 3:5 (Midr. sobre 1 S. 8:7; comp. también generalmente Midr. sobre Sal. 147:1). Se sigue que, después del período de incredulidad, eran esperadas las liberaciones mesiánicas y las bendiciones de la «Athid Labho», o edad futura. Pero el carácter completo final de todo aún era adscrito al «Olam Habba», o mundo futuro. Y los escritos rabínicos frecuentemente indican que hay una distinción entre el tiempo del Mesías y este «mundo venidero».[31]

Cuando pasamos de las ideas judaicas del tiempo a la enseñanza del Nuevo Testamento, nos damos cuenta de que hay un *cambio completo de espíritu*, si bien la forma en que la idea del Reino del Cielo es presentada es similar en lo esencial. En consecuencia, hemos de descartar la noción de que la expresión se refiera a la Iglesia, ya a la visible (según el punto de vista catolicorromano) o invisible (según ciertos escritores protestantes).[32] «El Reino de Dios», o Gobierno real de Dios, es un *hecho objetivo*. La Iglesia visible sólo puede ser el intento *subjetivo* de su realización externa, de la cual la verdadera contrapartida es la Iglesia invisible. Cuando Cristo dice (Jn. 3:3) que «el que no nace de nuevo no puede ver el Reino de Dios», enseña, en oposición a la representación rabínica de cómo se tomaba «el Reino», que un hombre ni aun puede comprender esta idea gloriosa del Reino de Dios, y hacerse uno de sus súbditos, mediante una entrega personal consciente, a menos que nazca primero de arriba. De modo similar, el significado de la enseñanza ulterior de Cristo sobre el tema (en Jn. 3:5) parece ser que, a menos que un hombre nazca del agua (profesión, con bautismo[33] como su símbolo) y del Espíritu, no puede entrar realmente en la comunión de este Reino.

De hecho, un análisis de 119 pasajes del Nuevo Testamento en que ocurre la expresión «Reino», nos muestra qué significa el gobierno de Dios;[34] que fue *manifestado en Cristo*

---

25. Esto se explicará más adelante plenamente en la secuela. De momento, me refiero sólo al Yalkut, vol. ii., p. 75 *d*, y a la Midr. sobre Rut 2:14.

26. Todo este tema es tratado de lleno en el Libro V, cap. VI.

27. La Shema, que se repetía dos veces al día, era considerada como distintiva de la profesión de ser judío (Ber. iii 3).

28. Por ejemplo, Ber. 13 *b*, 14 *b*; Ber. ii 5; y la conmovedora historia del rabino Akiba, que tomó sobre sí mismo el yugo de la ley en la hora de su martirio, Ber. 61 *b*.

29. En Ber. 14 *b*, última línea, y 15 *a*, primera línea, hay una definición sorprendente de lo que constituye el Reino del Cielo en su forma completa. Lo menciono para dar idea de su error a los que quieren derivar el Cristianismo del Rabinismo, pero tengo que abstenerme de citarlo por su carácter profano y vulgar.

30. El mismo pasaje es aludido en la Midr. sobre Cantares 2:12, en que las palabras «el tiempo para cantar ha llegado» son parafraseadas: «El tiempo del Reino del Cielo que será manifestado, ha llegado» (en el rabino Martini, *Pugio Fidei*, p. 782).

31. Así en Shabb. 63 *a*, en que se citan al menos tres diferencias entre los dos. Porque si bien toda profecía indicaba a los tiempos del Mesías, con respecto al mundo venidero se nos dice (Is. 64:4) que «ojo no ha visto», etc.; en los días del Mesías se llevarán armas, pero no en el mundo venidero; y mientras Isaías 24:21 se aplicaba a los días del Mesías, el pasaje de Isaías 30:26, en apariencia contradictorio, se aplicaba al mundo venidero. En el Targum Pseudo-Jonatán sobre Éxodo 17:16 leemos de tres generaciones: la de este mundo, la del Mesías, y la del mundo venidero (Aram: Alma deathey = *olam habba*). Comp. Ar. 13 *b*, y Midr. sobre Salmo 81:2 (3 en algunas versiones), ed. Vars. p. 63 *a*, en que el arpa del Santuario se describe como de siete cuerdas (según Sal. 119:164); en los días del Mesías es de ocho cuerdas (según inscripción del Sal. 12); y en el mundo venidero (aquí *Athid labho*) como de diez cuerdas (según Sal. 92:3). Las referencias de Gfrörer (Jahrh. d. Heils, vol. 2, p. 213) contienen errores, cosa no infrecuente. Podemos decir que Rhenferdius lleva el argumento sobre el *Olam habba*, distinguiéndolo de los días del Mesías, más allá de lo que creo pueda establecerse. Ver su Disertación en Meuschen, *Nov. Test.*, pp. 1.116ss.

32. Es difícil concebir cómo puede haberse originado la idea de la identidad del Reino de Dios con la Iglesia. Algunas parábolas, como la del Sembrador y la de la red (Mt. 13:3-9; 47, 48), y admoniciones como las de Cristo a sus discípulos en Mateo 19:12; 6:10 y 33, son totalmente incompatibles con ello.

33. El pasaje que a mi parecer explica plenamente la importancia del bautismo, en su aspecto *subjetivo*, es 1 Pedro 3:21, que traduciría así: «lo cual (el agua) también, como el antitipo, ahora nos salva, a saber, el bautismo; no quitando la inmundicia de la carne, sino como respuesta (búsqueda, solicitud) de una buena conciencia hacia Dios, por la resurrección de Jesucristo». Es en este sentido que el bautismo es designado en Tito 3:5 como el «lavamiento» o «baño» de la regeneración, la persona bautizada al salir de las aguas del bautismo con esta nueva búsqueda, expresada bien claro, en buena conciencia hacia Dios; y en este sentido, también este bautismo –no el acto de bautizar, ni tampoco el hecho de ser bautizados– nos salva, pero es por medio de la Resurrección de Cristo. Y esto nos lleva al aspecto *objetivo* del bautismo. Éste consiste en la *promesa* y en el *don* por parte del Salvador Resucitado, el cual, por medio del Espíritu Santo y con Él, está siempre presente en su Iglesia. Estas notas dejan a un lado, naturalmente, la cuestión del bautismo infantil, que descansa en otra base para mí más sólida.

34. En este sentido, la expresión ocurre treinta y cuatro veces, a saber: Mateo 6:33; 12:28; 13:38; 19:24; 21:31; Marcos 1:14; 10:15, 23,

«El escenario en que apareció por primera vez Juan fue 'el desierto de Judea', esto es, el distrito yermo y desolado alrededor de la desembocadura del Jordán. No sabemos si Juan bautizaba en este lugar, ni tampoco cuánto tiempo siguió allí; pero se nos dice de modo expreso que su estancia no estaba confinada a aquella localidad (Lc. 3:3). Poco después lo hallamos en Betábara (Jn. 1:28). La apariencia externa de los hábitos del Precursor corresponden al carácter y objeto de su misión. Ni su vestido ni su alimento eran los de los esenios; y el primero era, por lo menos, como el de Elías (2 Reyes 1:8), cuya misión él venía ahora a 'cumplir'».

Los desiertos de Palestina no son casi nunca de arena, sino de caliza, guijarros y materiales salinos. Aquí vemos el desierto de Judea, una de las zonas más atormentadas de la región. El desierto es la patria de los nómadas, de los ermitaños, el reino de la sed, del hambre y del miedo. Pero como no es un desierto de arena sino de caliza, se convierte en tierra fértil y productiva en cuanto que el hombre le lleva agua.

y a través de Cristo;[35] es *aparente en la Iglesia;*[36] *gradualmente se desarrolla en medio de los obstáculos*[37]; es *triunfante a la segunda venida de Cristo* («el fin»);[38] y finalmente, *perfeccionado en el mundo venidero.*[39] Visto de esta manera, el anuncio hecho por Juan del próximo Advenimiento de este Reino tiene su significado más profundo, aunque, como ocurre con frecuencia en el caso del profetismo, los estadios que intervienen entre el Advenimiento de Cristo y el triunfo de este Reino parece que están escondidos de la vista del predicador. Él vino para llamar a Israel para que se someta al Reino de Dios, que va a ser manifestado en Cristo. Por ello, por un lado, los llama al arrepentimiento, a un «cambio en el modo de pensar», con todo lo que ello implica; y, por otro, indicándoles a Cristo en la exaltación de su persona y cargo. O, mejor, los dos combinados pueden resumirse en la llamada: «Arrepentíos», «Cambiad vuestro modo de pensar», lo cual implica no sólo volver la espalda al pasado, sino acudir a Cristo en novedad de mente.[40] Y, así, la acción simbólica por la cual va acompañada esta predicación puede ser designada como «el bautismo del arrepentimiento».

El relato que nos da Lucas se entiende como un resumen, no del primer mensaje de Juan, sino de toda su predicación (3:18). La misma presencia de sus oyentes a su llamada al arrepentimiento y al bautismo del arrepentimiento daba sentido a sus palabras. ¿Comprendían y temían realmente, aquellos que, pese a sus pecados,[41] vivían en su justicia propia y una seguridad descuidada, las consecuencias finales de su resistencia a la venida del «Reino»? Si era así, el suyo tenía que haber sido un arrepentimiento no sólo en profesión, sino de corazón y mente, tal que había de dar frutos buenos y visibles. ¿O bien se imaginaban que, en conformidad con la noción común del tiempo, las copas de ira iban a ser derramadas sobre los gentiles solamente,[42] mientras que ellos, siendo hijos de Abraham, estaban seguros de poder escapar –en las palabras del Talmud, que «la noche» (Is. 21:12) era «sólo para las naciones del mundo, pero la mañana para Israel»? (Jer. Taan. 64 *a*).

Porque no había principio mejor establecido en la convicción popular que la idea de que todo Israel tenía parte en el mundo venidero (Sanedrín 10:1), y esto, específicamente, a causa de su conexión con Abraham. Esto aparecía no sólo en el Nuevo Testamento (Jn. 8:33, 39, 53), en Filón y Josefo, sino en muchos pasajes rabínicos. «Los méritos de los Padres» es una de las frases más comunes de los rabinos.[43] A Abraham se le representaba como sentado a la puerta de la Gehena, para librar a todo israelita,[44] que de otro modo podía haber sido consignado a sus terrores (Br. R. 48; comp. Midr. sobre Salmo 6:1; Pirqé del R. Eliez. c. 29; Shem. R. 19. Yalk. i. p. 23 *b*). De hecho, por ser linaje de Abraham, todos los hijos de Israel eran nobles (Bab. Mez. 7:1; Bab. K. 91 *a*), infinitamente mejores que cualquiera de los prosélitos. «¿Que», exclama el Talmud, «se hallará algún nacido israelita sobre la tierra y el prosélito irá al cielo?» (Jer. Chag. 76 *a*). De hecho, los barços del mar eran preservados por medio del mérito de Abraham; la lluvia descendía debido a él (Ber. R. 39). Por amor sólo a él se había permitido a Moisés entrar en el cielo y recibir la Ley; por amor a él fue perdonado el pecado del becerro de oro (Shem. R. 44); su justicia en muchas ocasiones había sido el apoyo de la causa de Israel (Vayyik. R. 36). Daniel había sido oído por amor a Abraham (Ber. 7 *b*); es más, su mérito había valido incluso a los malos (Shabb. 55 *a*; comp. Beer. Leben. Abr. p. 88). En su exageración, la Midrash lanza este panegírico a Abraham: «¡Si tus hijos fueran (moralmente) cadáveres, sin vasos sanguíneos o huesos, tus méritos les servirían!» (Ber. R. ed. Vars., p. 80 *b*, pár. 44).

Pero si éstos habían sido los pensamientos internos de sus oyentes, Juan les advierte que Dios podía transformar los guijarros de que estaba llena la ribera del río para levantar hijos a Abraham (quizá con referencia a Is. 2:1, 2);[45] o, volviendo a su ilustración previa de «los frutos dignos de arrepentimiento», que la proclamación del Reino era, al mismo tiempo, como poner el hacha a la raíz de cada árbol que no llevaba fruto. Entonces, haciendo aplicación de ello, responde a preguntas específicas de varias clases, y el predicador les da consejo práctico aplicado a sus bien conocidos pecados pasados,[46] si bien, en esto, no iba tampoco más allá del sentido meramente negativo o elemento preparatorio del «arrepentimiento». El aspecto positivo y básico había de ser presentado por Cristo. Era natural que los oyentes se preguntaran si Juan era el mismo Cristo, puesto que así les instaba al arrepentimiento. Porque esto estaba tan íntimamente relacionado en sus pensamientos con el Advenimiento del Mesías, que se decía: «Si Israel se arrepintiera un solo día, el Hijo de David vendría inmediatamente» (p.ej.,

---

24, 25; 12:34; Lucas 1:33; 4:43; 9:11; 10:9, 11; 11:20; 12:31; 17:20, 21; 18:17, 24, 25, 29; Juan 3:3; Hechos 1:3; 8:12; 20:25; 28:31; Romanos 14:17; 1 Corintios 4:20; Colosenses 4:11; 1 Tesalonicenses 2:12; Apocalipsis 1:9.

35. Como en los siguientes diecisiete pasajes: Mateo 3:2; 4:17, 23; 5:3, 10; 9:35; 10:7; Marcos 1:15; 11:10; Lucas 8:1; 9:2; 16:16; 19:12, 15; Hechos 1:3; 28:23; Apocalipsis 1:9.

36. Como en los siguientes once pasajes: Mateo 11:11; 13:41; 16:19; 18:1; 21:43; 23:13; Lucas 7:28; Juan 3:5; Hechos 1:3; Colosenses 1:13; Apocalipsis 1:9.

37. Como en los siguientes veinticuatro pasajes: Mateo 11:12; 13:11, 19, 24, 31, 33, 44, 45, 47, 52; 18:23; 20:1; 22:2; 25:1, 14; Marcos 4:11, 26, 30; Lucas 8:10; 9:62, 13:18, 20; Hechos 1:3; Apocalipsis 1:9.

38. Como en los siguientes doce pasajes: Mateo 16:28; Marcos 9:1; 15:43; Lucas 9:27; 19:11; 21:31; 22:16, 18; Hechos 1:3; 2 Timoteo 4:1; Hebreos 12:28; Apocalipsis 1:9.

39. Como en los siguientes treinta y un pasajes: Mateo 5:19, 20; 7:21; 8:11; 13:43; 18:3; 25:34; 26:29; Marcos 9:47; 10:14; 14:25; Lucas 6:20; 12:32; 13:28, 29; 14:15; 18:16; 22:29; Hechos 1:3; 14:22; 1 Corintios 6:9, 10; 15:24, 50; Gálatas 5:21; Efesios 5:5; 2 Tesalonicenses 1:5; Santiago 2:5; 2 Pedro 1:11; Apocalipsis 1:9; 12:10.

40. El término «arrepentimiento» incluye la fe en Cristo, como en Lucas 24:47; Hechos 5:31.

41. No puedo, con Schöttgen y otros, considerar la expresión «generación de víboras» como una alusión a la leyenda necia de los hijos de Eva y la serpiente, sino que creo se refiere a pasajes como el Salmo 58:4.

42. Como prueba de que éste era el modo de ver común, me referiré aquí sólo a unos pocos pasajes, y éstos exclusivamente de los Targumim: Jer. Targ. sobre Génesis 49:11; Targ. sobre Isaías 11:4; Targ. sobre Amós 9:11; Targ. sobre Nahúm 1:6; sobre Zacarías 10:3, 4. Ver también Ab. Zar. 2 *b*, Yalkut i, p. 64 *a*; también 56 *b* (en que se muestra qué plagas correspondientes a las de Egipto habían de venir sobre Roma).

43. «Todo viene, en Israel, como resultado de los méritos de los padres» (Siphré sobre Dt., p. 108 *b*). En la misma categoría colocamos los intentos extraordinarios de mostrar que los pecados de personajes bíblicos no eran pecado en modo alguno, como en Shabb. 55 *b*, y la idea de los méritos de Israel como obras de supererogación (como en Bab. B. 10 *a*).

44. No menciono el recurso blasfemo que afirma que todos los judíos malvados o apóstatas en aquel instante serán convertidos en no-judíos o paganos.

45. Lightfoot atinadamente indica un juego de palabras: «hijos» *–banim–*; y «piedras» *–abhanim*. Ambas palabras se derivan de *bana*, edificar, que es también usada por los rabinos en un sentido moral, como nosotros «constructivo», y en el de don o adopción de hijos. No es necesario, y realmente parece detraer de la impresión general, el ver en las piedras una alusión a los gentiles.

46. Así, la idea de que la caridad podía librar de la Gehena era muy común (ver, p.ej., Bab. B. 10 *a*). De modo similar la acusación principal contra los publicanos de que exigían más de lo que se les debía (ver, p.ej., Bab. K. 113 *a*). El griego ὀψώνιον o paga de los soldados, tiene su equivalente rabínico en *Afsanya* (hay una palabra similar también en siríaco).

Jer Taan. 64 *a*). Pero aquí Juan les indicó la diferencia entre él y su obra, y la Persona y misión de Cristo. Con profunda reverencia se declaró a sí mismo indigno de prestarle a Él el servicio de un esclavo o un discípulo.[47] Su bautismo no había de ser del tipo de arrepentimiento preparatorio y con agua, sino el Bautismo divino en[48] el Espíritu Santo y fuego,[49] en el Espíritu que santificaba, y en la Luz divina que purifica,[50] y por tanto clasificado de modo efectivo para el «Reino». Y había todavía otro contraste. El trabajo de Juan era sólo preparatorio, el de Cristo, el de la decisión final; después de ello venía la cosecha. La cosecha era suya, y suyo el granero; suyo también el bieldo, con el cual aventaría el trigo de la paja y el tamo, el uno para ser recogido, los otros, quemados con fuego inextinguido e inextinguible.[51] Así, pronto en la historia del Reino de Dios ya se indicaba que tanto lo que luego se demostraría que era paja inútil como el trigo bueno se hallaban inseparablemente juntos en el campo de la cosecha de Dios, hasta la hora de la cosecha; que ambos le pertenecían a Él y que la separación final sólo se haría al final y por la propia mano de Dios.

Lo que Juan predicaba también lo simbolizaba con un nuevo rito que, aunque no nuevo en sí mismo, sí lo era en su aplicación. Hasta aquí la Ley mandaba que aquellos que habían sido contaminados levíticamente tenían que ser sumergidos antes de ofrecer sacrificio. Además, estaba prescrito que los gentiles que se hacían «prosélitos de la justicia» o «prosélitos del pacto» *(Gerey hatstsedeq* o *Gerey habberith)* tenían que ser admitidos a la plena participación de los privilegios de Israel por medio de los tres ritos de la circuncisión, bautismo[52] y sacrificio, en que la inmersión, como se decía, era el reconocimiento y purificación simbólica de la contaminación moral, correspondiente a la inmundicia levítica. Pero nunca antes se había propuesto que Israel pasara por un «bautismo de arrepentimiento», aunque hay indicaciones de una comprensión más profunda en el significado de los bautismos levíticos.[53] ¿Se quería que los oyentes de Juan dieran esto como evidencia de su arrepentimiento: que, como personas inmundas, ellos buscaban purificación, y como extraños, ellos buscaban admisión entre el pueblo que tomaba sobre sí el Reino Dios? Estas dos ideas, sin duda, lo habían hecho verdaderamente un «bautismo de arrepentimiento». Pero parece difícil que el pueblo hubiera estado preparado para admitir estas cosas; o, por lo menos, que no hubiera ninguna indicación del modo en que se realizaba un cambio tan profundamente espiritual. ¿No se trata, más bien, de que, como cuando fue hecho el Pacto, Moisés fue directamente a preparar a Israel mediante el bautismo simbólico de sus personas (comp. Gn. 35:2) y sus vestidos (Éx. 19:10, 14), así también la iniciación en el nuevo Pacto, por medio del cual el pueblo tenía que entrar en el Reino de Dios, iba precedida por otro bautismo general simbólico de aquellos que eran el verdadero Israel, y recibían, o tomaban sobre sí mismos, la Ley de Dios?[54] En este caso, el rito habría adquirido no sólo un nuevo significado, sino que habría sido la respuesta a la llamada de Juan profunda y verdaderamente. En este caso, también, no habría sido necesaria ninguna explicación especial por parte del Bautista, pero sí una comprensión espiritual por parte del pueblo, que no podemos suponer que poseyera en este estadio. Finalmente, en este caso, nada podría haber sido más apropiado, más solemne, que el hecho de Israel esperando al Mesías y el Reino de Dios, preparándose como sus padres habían hecho al pie del Sinaí.[55]

---

47. Volkmar se equivoca al considerar esto un deber del portero, o amo de la casa, hacia sus invitados. Se cita de modo expreso como uno de los deberes característicos de los esclavos en Pes. 4 *a*; Jer. Kidd. i. 3; Kidd. 22 *b*. En Kethub. 96 *a* se describe también como el deber de un discípulo hacia su maestro. En Mechilta sobre Éxodo 21:2 (ed. Weiss, p. 82 *a*) se considera que sólo es legítimo (no obligatorio) que un maestro emplee así a su discípulo, mientras que en Pesiqta x. se describe como la práctica común.

48. Godet llama la atención al uso de la preposición «en» aquí, cuando, por lo que se refiere al bautismo de agua, no se usa preposición, denotando meramente una instrumentalidad.

49. El mismo escritor indica que la falta de preposición delante de «fuego» muestra que no se puede referir al fuego del juicio, sino que ha de ser ampliación de la palabra «espíritu». Probablemente denota el efecto negativo o purgativo de este bautismo, como la palabra «santo» indica su efecto positivo y santificador.

50. La expresión «bautismo de fuego» no era desconocida para los judíos. En Sanh. 39 *a* (última línea) leemos de una inmersión de Dios en fuego, basada en Isaías 66:15. Una inmersión o bautismo de fuego es mostrada en Números 31:23. Más apta, quizá, como ilustración es esta afirmación de Jer. Sot. 22 *d* respecto a la Torah (Ley): «su pergamino era fuego blanco, la escritura fuego negro, ella misma fuego mezclado con fuego, cincelado en fuego y dado por fuego», según Deuteronomio 33:2.

51. Éste es el significado de ἄσβεστος. La palabra está sólo en Mateo 3:12; Lucas 3:17; Marcos 9:43, 45 (?), pero es frecuente en los clásicos. La cuestión del «castigo eterno» será discutida en otro punto. El símil del bieldo (aventador) y el granero se deriva de la práctica oriental de trillar el trigo al aire libre, por medio de bueyes, después de lo cual la paja (no sólo el tamo) que ha sido pisada será quemada. Este uso de la paja para el fuego es mencionado en la Mishnah, como en Shabb. iii. 1; Par. iv. 3. Pero en este caso el hebreo equivalente para ello es קַשׁ (*Qash*), como en los pasajes anteriores, y no *Tebhen* (Meyer), ni tampoco *como* el profesor Delitzsch lo traduce en su Nuevo Testamento hebreo: *Mots*. Los tres términos se combinan, sin embargo, curiosamente en una parábola ilustrativa (Ber. R. 83) sobre la destrucción de Roma y la preservación de Israel, en que el grano se refiere a la paja, rastrojo y tamo, en su disputa sobre el motivo por el que existe el campo, al tiempo en que el dueño recogerá el trigo en su granero, pero quemará la paja, el rastrojo y el tamo.

52. Para una discusión plena de la cuestión del bautismo de prosélitos, ver Apéndice XII.

---

53. Se puede citar aquí el pasaje siguiente, muy significativo: «Un hombre que es culpable de pecado, y hace confesión, y no se vuelve de él, ¿a qué es comparable? A un hombre que tiene en su mano un reptil inmundo, que, aunque se sumerja en todas las aguas del mundo, su bautismo no le sirve de nada; pero si lo echa de la mano, y se sumerge en sólo cuarenta "seah" de agua, inmediatamente el bautismo le vale». En la misma página del Talmud hay algunos comentarios adecuados y hermosos sobre el tema del arrepentimiento (Taan. 16 *a*, hada el final).

54. Es notable que Maimónides hace llegar la práctica de bautizar prosélitos a Éxodo 19:10, 14. (Hilc. Issurey Biah, xiii. 3; Yad haCh., vol. ii., p. 142 *b*). También da razones para el «bautismo» de Israel antes de entrar en el pacto con Dios. En Kerith 9 *a* «el bautismo» de Israel es demostrado por medio de Éxodo 24:5, puesto que todo rodamiento de sangre se suponía que iba precedido por la inmersión. En Siphré sobre Números (ed. Weiss, p. 30 *b*) se nos dice también de modo claro que el «bautismo» era una de las tres cosas por medio de las cuales Israel fue admitido en el Pacto.

55. Esto puede ayudarnos, incluso en este estadio, a comprender por qué nuestro Señor, en el cumplimiento de toda justicia, se sometió al bautismo. Parece también explicar por qué, después de la llegada de Cristo, el bautismo de Juan perdió su sentido y no era disponible (Hch. 19:3-5). Finalmente, muestra también por qué el que es el menor en el Reino de Dios es realmente mayor que Juan mismo (Lc. 7:28).

Capítulo 12
(Mateo 3:13-17; Marcos 1:7-11; Lucas 3:21-23; Juan 1:32-34)

El bautismo de Jesús: su significado más elevado

Cuanto más pensamos en ello, mejor podemos comprender por qué esa «Voz del que clama en el desierto: ¡Arrepentíos!, porque el Reino de los cielos se ha acercado», despertó ecos por todo el país y trajo extraños oyentes de toda ciudad, pueblo y aldea. Porque, de una vez, toda distinción había quedado nivelada. Fariseo y saduceo, publicano descastado y soldado semipagano, todos se encontraban allí en un terreno común. Su lazo de unión era la común «esperanza de Israel», la única esperanza que quedaba: la del «Reino». El largo invierno del desengaño no la había destruido, ni las tormentas del sufrimiento la habían desarraigado, ni ninguna planta de crecimiento espurio podía ahogarla, pues sus raíces estaban hundidas demasiado profundas en el suelo del corazón de Israel.

Este reino había sido la última palabra del Antiguo Testamento. Cuando el israelita reflexivo, fuera oriental u occidental,[1] consideraba que la parte central de su adoración consistía en sacrificios y recordaba que sus propias Escrituras habían hablado de ellos en términos que indicaban algo más allá de su ofrecimiento,[2] tiene que haber sentido que «la sangre de los toros y de los machos cabríos, y las cenizas de la becerra rociadas sobre el contaminado», sólo podían «santificar para la purificación de la carne»; que, realmente, todo el cuerpo del ceremonial y ordenanzas rituales «no podía hacer perfecto al que los ofrecía en cuanto a la conciencia». Eran solamente «la sombra de las cosas venideras» de un «pacto nuevo y mejor, establecido sobre mejores promesas».[3] El pensamiento respecto al Reino era diferente. Cada eslabón sucesivo de la cadena de profecía enlazaba a Israel de nuevo a esta esperanza, y cada uno parecía trabado al otro de modo más firme. Y cuando la voz de profecía hubo cesado, la dulzura de su melodía todavía tenía al pueblo bajo su hechizo, aun cuando rompieron en las fantasías disparatadas de la literatura apocalíptica. Con todo, «la raíz de Isaí», de donde había de brotar este Reino, estaba enterrada profundamente en el suelo, como los restos de la antigua Jerusalén están ahora bajo las desolaciones de muchas generaciones. Los egipcios, los sirios, los griegos y los romanos los habían pisoteado; los macabeos habían venido y habían desaparecido, pero el reino no estaba en ellos; el reino herodiano se había levantado y caído; el fariseísmo, con su erudición, había hecho sombra a los pensamientos del sacerdocio y el profetismo; pero la esperanza del Reino davídico, de la cual no había quedado ningún rastro o representante, era todavía más fuerte que nunca. Tan íntimamente estaba entrelazado con la misma vida de la nación, que, para todos los israelitas creyentes, esta esperanza ha sido, a lo largo de la larga noche de las edades, como la lámpara eterna que arde en la oscuridad de la Sinagoga frente al grueso velo que guarda el Santuario, que retiene y esconde los preciosos rollos de la Ley y los Profetas.

Esta gran expectación habría creado una tensión extrema durante la opresión de las circunstancias exteriores, más desoladoras que cualquiera de las expresadas con anterioridad; presenciado los intentos repetidos de levantamientos, que sólo podía haber impulsado la desesperación; presenciado también la última guerra terrible contra Roma, y, a pesar de los horrores de su fin, la rebelión de Bar-Kokhabh, el falso Mesías. Y ahora se levantaba de pronto el clamor: «¡El Reino de los cielos se ha acercado!». Se oía en los yermos de Judea, como a unas horas de distancia de Jerusalén. No es de extrañar que los fariseos y saduceos acudieran al lugar. No sabemos[4] cuántos fueron para inquirir, cuántos se quedaron para ser bautizados, o cuántos se marcharon desengañados en sus esperanzas «del Reino». Pero no verían nada en el mensajero que pudiera haber contrariado o encandilado sus expectativas. Su llamada no era a la resistencia armada, sino al arrepentimiento, tal como todos sabían y sentían que debía preceder al Reino. La esperanza que él presentaba no era de posesiones terrenales, sino de pureza. No había nada negativo o controversial en lo que decía; nada que excitara la pasión o el prejuicio. Su apariencia inspiraría respeto, y su carácter estaba en consonancia con su apariencia. Su vestido no era rico, ni farisaico con el amplio *Tsitsith*[5]

---

1. Se puede decir que la tendencia fundamental del Rabinismo era antisacrificial, en lo que se refería al valor de los sacrificios para propiciar al oferente a Dios. Después de la destrucción del Templo, la tarea del Rabinismo fue, naturalmente, mostrar que los sacrificios no tenían importancia intrínseca, y que su lugar lo habían tomado la oración, la penitencia y las buenas obras. Así, contra los objetores sobre la base de Jeremías 33:18 –pero ver la respuesta en Yalkut sobre el pasaje (vol. ii., p. 67 *a*, hacia el fin)–, dogmáticamente dice (Bab. B. 10 *b*; Vayyik. R. 7, ed. Vars., vol. iii., p. 12 *a*) que: «al que hace arrepentimiento, se le imputa como si fuera a Jerusalén, edificara el Templo y el altar, y obrara todos los sacrificios de la Ley», y esto en vista del cese de los sacrificios en la «Athid-labho» (Vayyik., *u.s.*; Tanch. sobre Par. Shemini). Pronto, la oración o el estudio fueron puestos por encima de los sacrificios (Ber. 32 *b*; Menach. 110 *a*) y un maestro aislado llegó a considerar que la introducción del culto sacrificial tuvo meramente por objeto preservar a Israel de que se conformara a los cultos paganos (Vayyik. R. 22, *u.s.*, p. 34 *b*, final). Por otra parte, algunos individuos parece que siguieron ofreciendo sacrificios incluso después de la destrucción del Templo (Eduy. viii. 6; Mechil. sobre Éx. 18:27, ed. Weiss, p. 68 *b*).

2. Comp. 1 Samuel 15:22; Salmos 40:6-8; 51:7, 17; Isaías 1:11-13; Jeremías 7:22, 23; Amós 5:21, 22; Eccl. 7:9; 34:18, 19; 35:1, 7.

3. Hebreos 9:13, 9; 10:1; 8:6, 13. Sobre este tema recomendamos la obra clásica de Riehm (*Lehrbegriff des Hebräerbriefes*, 1867).

4. Los antiguos comentaristas suponían que vinieron por motivos de hostilidad; escritores más tardíos, que los impulsaba la curiosidad. Ninguno de estos puntos de vista es admisible, ni tampoco implica Lucas 7:30 que todos los fariseos que fueron a Juan rechazaran su bautismo.

5. Comp. Mateo 23:5. El *Tsitsith* (plural, *Tsitsiyoth*) o flecos de los mantos, o ribetes adheridos a ellos. La observancia se basaba en Números 15:38-41, y la práctica judía de los mismos se indica no sólo en el N.T. (*u.s.*, comp. también Mt. 9:20; 14:36) sino en los Targumim sobre Números 15:38, 39 (comp. también Targum. Pseudo-Jon. sobre Nm. 16:1, 2, en el que el color peculiar del *Tsitsith* es presentado como la causa de la controversia entre Moisés y Coré. Ver la versión de esta historia en Jer. Sanh. x., p. 27 *d*, final). El *Tsitsith* originalmente tenía que ser de hilos blancos, con un hilo azul oscuro en cada borde. Según la tradición, cada uno de estos flecos blancos había de consistir de ocho hilos, uno de los cuales rodeaba a los otros: primero, *siete veces* con un doble nudo; luego, *ocho veces* con un doble nudo (7 + 8 numéricamente = יה); luego, *once veces* con un doble nudo (11 numéricamente = וה); y, finalmente, *trece veces* (13 numéricamente = אהר); o juntos (יהוה אהר, Jehová uno). Además, se indicaba que como Tsitsith es numéricamente igual a 600 (ציצית), esto, con los ocho hilos y cinco nudos, da el número 613, que es el de los mandamientos. En el presente el *Tsitsith* se lleva como una prenda interior especial (el ארכע כנפות) o sobre el *Tallith*, o manto para la oración, pero antiguamente parece que se había llevado sobre los mismos vestidos externos. En Bemid. R. 17, fin (ed. Vars.,

atado con una faja de muchos colores, o de tipo sacerdotal, sino el vestido raído del antiguo profeta con su cinto de cuero. Ni su vida regalada, sino un humilde pasar.[6] Y, luego, este hombre era todo un hombre, un hombre de veras. «No una caña meneada por el viento», sino enhiesta y firme en sólidas convicciones; ni ambicioso ni buscando medro, sino muy humilde en su propia estimación, descartando toda pretensión, excepto la del servicio más humilde, e indicando a otro distinto que había de venir, a quien ni tan sólo conocía. Por encima de todo había la sinceridad más profunda, no hacía acepción de persona alguna, y tenía la creencia más firme en lo que anunciaba. Para él mismo no buscaba nada; para ellos, sólo tenía un pensamiento que le dominaba: «El Reino se ha acercado, el Rey viene, ¡preparaos!».

Una absorción tan total en su misión que nos deja en la ignorancia respecto a los detalles de su actividad posterior, tiene que haber dado fuerza a su mensaje.[7] Y esta voz, que proclama por todas partes el mismo mensaje, iba subiendo por la ribera del tortuoso Jordán, que hiende la tierra de promisión. Era probablemente el otoño del año 779 (A.U.C.), que, como podemos notar, era un año sabático.[8] Libres de los negocios y las tareas agrícolas, las multitudes se agolpaban desde los pueblos y las aldeas y caseríos, engrosando el número de los que se apresuraban hacia las riberas del sagrado río. Ahora había llegado a lo que parece fue la parte más alejada hacia el norte de su viaje misionero,[9] *Beth-Abara* («la casa del pasaje» o «embarcadero») –y, según la antigua forma, Betania («la casa de embarcar»), uno de los vados mejor conocidos del Jordán en Perea.[10] Aquí Juan bautizaba (Jn. 1:28). El vado estaba a un poco más de veinte millas de Nazaret. Pero mucho antes de que Juan hubiera bautizado en este lugar, tienen que haber llegado noticias de sus palabras y su trabajo incluso al lugar retirado en que Jesús vivía.

Era, según creemos, al principio del invierno del año 780.[11] Jesús había estado esperando todos estos meses. Aunque no parece que Jesús y Juan se conocieran el uno al otro –lo cual no es extraño, pues vivían aparte y sus esferas de actividad eran muy distintas–, cada uno tiene que haber oído y sabido del otro. Treinta años de silencio debilitan la mayoría de las impresiones humanas, o, si son profundas, el entusiasmo que las acompaña se pasa. Sin embargo, cuando los dos se vieron, y quizá tuvieron una breve conversación, cada uno se comportó en conformidad con su historia previa. En cuanto a Juan, era la humildad más profunda, reverente, incluso hasta el borde de entender mal la misión especial y la obra de iniciación y preparación para el Reino. Había oído de Él antes de oír su voz, y ahora, cuando le vio, cuando vio su mirada de dignidad sosegada, con la majestad de la pureza inmaculada del único Hombre no caído y sin pecado, se olvidó incluso de la orden expresa de Dios, que le había enviado desde su soledad a predicar y bautizar, y la misma señal que le había sido dada, por la cual debía reconocer al Mesías (Jn. 1:33).[12] Ante aquella presencia sólo estaba en su mente la idea de que Jesús era más digno, y era él quien debía recibir de Jesús el bautismo.

Pero Jesús, del mismo modo que no se había apresurado, no podía entender las cosas mal. Para Él se trataba del «cumplimiento de toda justicia». Desde las primeras épocas ha sido discutido por qué Jesús fue a Juan para ser bautizado. Los Evangelios heréticos ponen en boca de la Virgen-Madre una invitación para que Él vaya al bautismo, y que Jesús replicó indicando que Él no tenía pecado, excepto en lo que se refiriera a una limitación de conocimiento.[13] En el fondo de las explicaciones ofrecidas por los escritores modernos hay objeciones. Incluyen una negativa audaz del hecho del bautismo de Jesús; la sugerencia profana de colusión entre Juan y Jesús; o suposiciones como la de su pecaminosidad personal, de su venida como representante de una raza culpable, o como portador de los pecados de otros, o de actuar en solidaridad con su pueblo; o bien para separarse de los pecados de Israel; o su entrega personal por medio de él a la muerte por el hombre; de su propósito de honrar el bautismo de Juan; o de dar así una prueba de su mesianidad; o de atarse él mismo a la observancia de la ley; o, en esta manera, comenzar su obra mesiánica; o de consagrarse solemnemente a ella; o, finalmente, de recibir los calificativos espirituales para la misma.[14] A estas y otras ideas similares hay que añadir la última viñeta de *Renan*,[15] que presenta una escena en que Jesús se contenta durante un tiempo con crecer a la sombra de Juan, y se somete a un rito que era evidentemente reconocido por tantos. Pero incluso la más reverente de las explicaciones implica una equivocación doble. Presentan el bautismo de Juan como un bautismo de arrepentimiento, e implican un motivo ulterior a la venida de Cristo a las riberas del Jordán. Pero, como ya hemos mostrado, el bautismo de Juan era en sí mismo sólo una consagración al nuevo Pacto del Reino, y una iniciación preparatoria al mismo. *En cuanto se aplicaba a hombres pecadores* por necesidad era un «bautismo de arrepentimiento»; pero no cuando se aplicaba a Jesús, que no tenía pecado. Si

---

vol. iv., p. 69 *a*), el azul es representado como emblemático del firmamento, y éste como el trono de Dios (Éx. 24:10). De ahí que mirar el Tsitsith era como mirar al trono de gloria (Schürer está equivocado al pensar que el tratado *Tsitsith* en el Septem Libri Talmud. par., pp. 22, 23, contiene mucha información sobre este tema).

6. Éste fue, ciertamente, Juan el Bautista. Era legítimo comer alguna langosta, Levítico 11:22. Comp. Ter. 59 *a*; y, sobre otras especies, Chull. 65.

7. Aunque apreciamos la belleza de los comentarios de Keim sobre el carácter e ideas de Juan, no podemos por menos que estar convencidos de que este hombre no podía haber adoptado su posición pública ni haber hecho una proclamación pública de que el Reino se había acercado sin una vocación directa y objetiva para ello por parte de Dios. El tratamiento de la historia anterior de Juan el Bautista hecho por Keim, carece, naturalmente, de base histórica.

8. El año de *Tishri* (otoño) 779 a *Tishri* 780 era un año sabático. Comp. la evidencia en Wieseler, *Synopse d. Evang.*, pp. 204, 205.

9. Leemos de tres lugares en que bautizaba Juan: «el desierto de Judea», probablemente el sitio tradicional cerca de Jericó; Aenón, cerca de Salim, en el límite entre Samaria y Judea (Conder, *Handbook of the Bible*, p. 320); y Beth-Abara, la moderna Abâra, «uno de los principales vados del Jordán, un poco al norte de Beisán» (*u.s.*).

10. El lugarteniente Conder identificó el sitio de Beth-Abara. La palabra probablemente significa «la casa del pasaje» (vado), pero puede haber significado «la casa de embarcar»; la palabra *Abarah*, en hebreo, significa «barca de pasaje» (2 S. 19:18). La forma Betania, en vez de Betábara, parece, indudablemente, la original, solo que la palabra no debe ser derivada de la provincia Batanea (como dice Mr. Conder, cuyas explicaciones no son a veces aceptables), sino como *Beth-Oniyah*, «la casa de embarcar» (ver Lücke, *Comment. ü. d. Evang. John*, 1, pp. 392, 393).

11. Existen evidencias considerables, ligadas a la escuela filosófica de Basílides, de que el bautismo de nuestro Señor tuvo lugar el 6 o el 10 de enero. (Véase Bp. Ellicott's Histor. *Lect. on the Life of our Lord Jesus Christ*, p. 105, nota 2).

12. La supuesta discrepancia entre Mateo 3:14 y Juan 1:33 ha sido aclarada por completo por el obispo Ellicott (*u.s.*, p. 107, nota).

13. Comp. Nicholson, *Gospel according to the Hebrews*, pp. 38, 92, 93.

14. Ocuparía mucho espacio el dar los nombres de los autores de estas teorías. El modo de ver de Godet se acerca a lo que consideramos la verdadera explicación.

15. Debo expresar mi asombro de que un libro tan frívolo y tan fantástico en su tratamiento de la vida de Jesús, y tan superficial y con frecuencia tan inexacto, haya llamado tanto la atención del público.

«Pero el primer paso para todo ello fue que bajara voluntariamente al Jordán y, en ello, el cumplimiento de toda justicia. Su vida previa había sido la de un israelita ideal perfecto –creyendo sin preguntar, sumiso–, en preparación para eso que, para sus años treinta, había visto que era su misión. El Bautismo de Cristo fue el último acto de su vida privada; y, al salir del agua en oración, sabía cuándo había de comenzar su misión y cómo había de realizarla».

Mientras su padre se queda al servicio sacerdotal, Juan se marcha al desierto para predicar allí el bautismo para el perdón de los pecados. Aquí vemos uno de los nacimientos del río Jordán.

de modo primario hubiera sido un «bautismo de arrepentimiento», Él no se habría sometido al mismo.

Además –y lo más importante–, no hemos de buscar ningún motivo ulterior en el hecho de que Jesús acudiera para su bautismo. *Él no tenía motivo ulterior de ninguna clase:* era un acto de simple y sumisa obediencia por parte del Perfecto –una obediencia sumisa no tiene motivo alguno en sí. No hace preguntas ni inquiere razones; no lleva propósito alguno ulterior. Y, así, era «el cumplimiento de toda justicia». Y estaba en perfecta armonía con toda su vida previa. Nuestra dificultad aquí se halla, si somos incrédulos, en pensar simplemente en la Humanidad del Hombre de Nazaret; y, si somos creyentes, en hacer abstracción de su Divinidad. Pero hasta aquí, por lo menos, todos hemos de conceder que los Evangelios le presentan siempre como el Dios-Hombre, en una unión mística inseparable de las dos naturalezas, y que nos presentan incluso la idea más misteriosa de su autoexinanición, de su oscurecimiento voluntario de su Divinidad, como parte de su humillación. Colocándonos en este punto de vista –que es, en todo caso, el del relato evangélico–, podemos llegar a un modo más correcto de ver este gran suceso. Parece como si, en la autoexinanición divina, aparentemente conectada por necesidad con el desarrollo humano perfecto de Jesús, el motivo de un nuevo avance en la obra y conciencia mesiánica había de ser siempre algún suceso exterior correspondiente. El primer suceso de esta clase había sido su aparición en el Templo. Estas dos cosas, entonces, se presentaron vívidas delante de Él, no en el sentido humano ordinario, sino en el mesiánico: que el Templo era la Casa de su Padre, y que el estar ocupado en esto era la obra de su vida. Luego, Jesús regresó a Nazaret y, en sumisión voluntaria a sus padres, cumplió toda justicia. Y, todavía más, cuando creció en años, en sabiduría y en favor con Dios y con los hombres, este pensamiento –mejor aún, este estado de conciencia– ardía en Él y fue la fuente más interna y recóndita de su vida. Lo *que* eran estos asuntos Él aún no lo sabía y esperaba para poder aprenderlo; el *cómo* y el *cuándo* de la consagración de su vida, Él los había dejado sin hacer preguntas y sin respuestas, en esta fase en que todavía esperaba. Y en esto también vemos al Hombre perfecto y sin pecado.

Cuando le llegaron noticias de Juan, del bautismo de Juan en su casa, no hubo prisa alguna por su parte. Incluso a sabiendas de todo lo que se refería a la relación de Juan con Él, hubo «en el cumplimiento de toda justicia» una espera sosegada. La pregunta para Él era, como dijo más adelante: «El bautismo de Juan, ¿de dónde era?, ¿del cielo o de los hombres?» (Mt. 21:25). Esta pregunta, una vez contestada, no daría más dudas ni vacilaciones. No fue por ningún motivo ulterior, ni por razón alguna distinta del hecho de que era Dios. Fue voluntariamente, porque era así y porque «le convenía», al hacerlo, «cumplir toda justicia». Hay una gran diferencia entre el que fuera a aquel Bautismo y el que fuera después al desierto: en el primer caso, su acto tenía un propósito preconcebido; en el último no era así, sino que fue «llevado» sin propósito suyo previo para tal efecto –bajo el poder constreñidor del «Espíritu», sin premeditación y resolución a ello; sin saber incluso el objeto. En un caso era activo, en el otro, pasivo; en un caso cumplía toda justicia, en el otro, su justicia era puesta a prueba. Pero así como cuando, con ocasión de su primera visita al Templo, este ser consciente del «asunto y propósito de su vida» le vino en la Casa de su Padre, y maduró lenta y plenamente durante aquellos largos años de quieta sumisión y sabiduría y gracia crecientes en Nazaret, así también en su Bautismo, con el descenso acompañante del Espíritu Santo –el que permaneciera en Él– y el testimonio oído de su Padre, le vino el conocimiento, y en este conocimiento, y con él (y este punto debe ser mantenido firmemente), la calificación para ocuparse de los asuntos de la Casa de su Padre. En aquella hora aprendió el *cuándo* y, en parte, el *cómo* del asunto de su vida; este último había de verse un poco más, y desde otro aspecto, en el desierto; luego, en su vida, en su sufrimiento y, finalmente, en su muerte. En el hombre, tanto intelectual como moralmente, siempre están separados lo subjetivo y lo objetivo; en Dios son uno. Lo que Él es, esto es lo que quiere. Y en el Hombre-Dios tampoco hemos de separar lo subjetivo de lo objetivo. El ser consciente del cuándo y el cómo del negocio de su vida se acompañó por necesidad, cuando oraba, del descenso y la permanencia en Él del Espíritu Santo, y por la Voz que testificaba desde el cielo. Su conocimiento interior era una calificación real –el poder que irrumpía–; y fue acompañado inseparablemente por la calificación externa, en lo que tuvo lugar en su Bautismo. Pero el primer paso para todo ello fue que bajara voluntariamente al Jordán y, en ello, el cumplimiento de toda justicia. Su vida previa había sido la de un israelita ideal perfecto –creyendo sin preguntar, sumiso–, en preparación para eso que, para sus años treinta, había visto que era su misión. El Bautismo de Cristo fue el último acto de su vida privada; y, al salir del agua en oración, sabía *cuándo* había de comenzar su misión y *cómo* había de realizarla.

Este pensamiento sobresaliente, pues, «Debo estar en los asuntos de mi Padre», que había sido el principio de su vida en Nazaret, había madurado plenamente cuando se hizo cargo de que el grito «¡El Reino de los cielos se ha acercado!» era de Dios. La primera gran pregunta había sido contestada. Los asuntos de su Padre eran el Reino de los cielos. Solamente le quedaba «el estar en ellos», y con esta decisión fue a someterse al rito iniciatorio del Bautismo. Tenemos evidencia clara, según entendemos –aun cuando no fuera por otras cosas necesario suponerlo–, que «todo el pueblo era bautizado» (Lc. 3:21) cuando Jesús fue a Juan. Los dos se encontraron a solas probablemente por primera vez en la vida. Sobre lo que pasó entre ellos la Sagrada Escritura ha puesto el velo del silencio reverente, excepto con respecto al comienzo y al resultado de este encuentro, que era necesario que nosotros conociéramos. Cuando Jesús fue allí, Juan no le conocía. Aun cuando le hubiera conocido, esto no era bastante. Ni el recuerdo de lo que él había oído o de tratos anteriores, ni el poder sobrecogedor de aquella Pureza inmaculada y Majestad de sumisión voluntaria eran suficientes. Para un testimonio tan grande como el que Juan iba a dar, había de darse una demostración visible, allí mismo, desde el cielo. No que Dios enviara a la Paloma-Espíritu, o el cielo pronunciara su voz con el propósito de dar esta señal a Juan. Estas manifestaciones eran necesarias en sí mismas y, podemos decir, habrían tenido lugar al margen del Bautista. Pero si bien eran necesarias en sí mismas, habían de ser también una señal para Juan. Y esto, quizá, puede explicar por qué un Evangelio (el de Juan) parece describir la escena tal como se desarrolló delante del Bautista, mientras que los otros (Mateo y Marcos) la cuentan como si solamente fuera visible para Jesús.[16] El uno hace referencia al «testimonio del hecho», los otros al hecho más profundo y necesario que subraya el «testimonio». Y, más allá de esto, puede ayudarnos a percibir por lo menos un aspecto de lo que para

16. El relato de Lucas me parece que los incluye a los dos. La objeción común a causa de la supuesta divergencia entre Juan y los Sinópticos queda contestada.

el hombre es milagroso como algo intrínsecamente necesario, con una manifestación casual y secundaria al hombre.

Podemos comprender que lo que él sabía de Jesús, y lo que ahora vio y oyó, tiene que haber abrumado a Juan con el sentimiento de la dignidad trascendentalmente más elevada de Cristo, y le llevó a vacilar sobre la propiedad de administrarle el rito del bautismo a Él, y aun si debía rehusar hacerlo.[17] No porque fuera un «bautismo de arrepentimiento», sino porque él estaba ante la presencia de Aquél a quien «no era digno de desatar la correa de su sandalia». Si no se hubiera sentido así no habría sido genuino psicológicamente; y, si eso no se hubiera escrito, habría habido dificultades serias para que aceptáramos los hechos. Y, con todo, en su «tratar de impedírselo», y aun sugiriendo la conveniencia de su propio bautismo por parte de Jesús, Juan olvidaba su misión y la entendía mal. Juan mismo no había sido bautizado nunca; él solamente mantenía la puerta abierta del nuevo Reino; él mismo no entró en él, y el que era menor en el Reino era mayor que él. Un lugar tan humilde sobre la tierra parece siempre haberse concertado con la mayor obra para Dios. No obstante, este malentendido y sugerencia por parte de Juan podría casi haberse considerado como una tentación para Jesús. No, quizá, la primera, ni tampoco su primera victoria, puesto que la «pena» de sus padres sobre la ausencia de Él cuando estaba en el Templo tiene que haber sido para la sumisión absoluta de Jesús una tentación a desviarse de su camino, aún más por ser sentida en los años tiernos de su vida y la inexperiencia de una primera aparición en público. Entonces Él la venció por medio de una clara conciencia de los asuntos de su vida, que no podían ser contravenidos por una llamada aparente al deber, por plausible que fuera. Y ahora la venció al retroceder al principio claro y simple que le había llevado al Jordán: «Conviene que cumplamos toda la justicia». Así, poniendo a un lado la objeción del Bautista, sin discusiones, siguió la mano que le indicaba hacia la puerta abierta del «Reino».

Jesús salió de las aguas bautismales «orando» (Lc. 3:21). Hay una oración, la única que Jesús enseñó a sus discípulos, que acude a nuestra mente.[18] Aquí tenemos que individualizar y poner énfasis en su aplicación especial en sus frases iniciales: «Padre nuestro que estás en los cielos, santificado sea tu Nombre. ¡Venga a nosotros tu reino! ¡Sea hecha tu voluntad en la tierra como en el cielo!». El primer pensamiento y la primera petición habían sido el resultado consciente de la visita al Templo, madurado durante los años de Nazaret. Los otros eran ahora la expresión plena de su sumisión al Bautismo. Conocía su misión; se había consagrado Él mismo en su Bautismo: «Padre que estás en el cielo, santificado sea tu nombre». La petición ilimitada de hacer la voluntad de Dios en la tierra, en la misma forma absoluta que en el cielo, *era* su propia consagración; la oración de su Bautismo, como la otra, era su confesión. Y el «santificado sea tu nombre», la alabanza, el principio de su vida, madurado y experimental. En *qué* forma tenía que ser hecha esta voluntad, en conexión con «el Reino», y *cuándo*, esto lo había de aprender *después* de su Bautismo. Pero es extraño que la petición que siguió a las que habían estado en los labios de Jesús en aquella hora hubiera de ser el objeto de *la primera tentación* o asalto por el enemigo; es extraño también que las otras dos tentaciones hubieran lanzado la fuerza del asalto sobre las dos grandes experiencias que había obtenido, y que forman la carga de las peticiones: «Venga tu Reino. Santificado sea tu Nombre». ¿Era, pues, que todos los asaltos que Jesús sobrellevó afectaban solamente y ponían a prueba la realidad de una experiencia pasada y ya realizada, excepto las últimas en el Huerto y en la Cruz, que eran «sufrimientos» por medio de los cuales «fue hecho perfecto»?

Pero, como ya hemos visto, este irrumpir interno de la conciencia mesiánica no podía estar separado de la calificación objetiva para ello y del testimonio de ello. Cuando la oración de Jesús se elevó hacia el cielo, su solemne respuesta a la llamada del Reino: «Aquí estoy», «He aquí que he venido para hacer tu voluntad», vino la respuesta, que en aquel tiempo fue también la señal predicha al Bautista. Los cielos parecieron abrirse y, en forma corporal, como de paloma, el Espíritu Santo descendió sobre[19] Jesús y permaneció sobre Él. Era como si, simbólicamente, en las palabras de Pedro (1 P. 3:21) este bautismo hubiera sido un nuevo diluvio, y Él quien ahora saliera de él, el Noé –descanso, el que conforta– que tomó en su arca la paloma con la ramita de olivo, indicativa de una nueva vida. Aquí, en estas aguas, estaba el Reino, en el cual Jesús había entrado en cumplimiento de toda justicia; y de ellas salía como el Rey nombrado por el cielo, calificado por el cielo y proclamado por el cielo. Como tal había recibido la plenitud del Espíritu para su obra mesiánica –una plenitud permaneciente en Él–, para que de ella pudiéramos recibir gracia por gracia. Como tal la voz del cielo lo proclamó, a Él y a Juan: «Tú eres mi Hijo amado, en quien he puesto mi complacencia». La ratificación de la gran promesa davídica, el anuncio del cumplimiento de su elemento predictivo en el Salmo 2,[20] fue la solemne declaración de Dios sobre Jesús como el Mesías, su proclamación pública del mismo y el comienzo de la obra mesiánica de Jesús. Y así lo entendió el Bautista, cuando «dio testimonio» de que Él era «el Hijo de Dios» (Jn. 1:34).

Aunque todo esto es inteligible, es ciertamente milagroso; no ya en el sentido de contravenir las leyes de la naturaleza (por ilógica que sea esta frase), sino en el sentido de que no tenemos nada análogo en nuestro conocimiento y experiencia presentes. Pero, ¿no deberíamos haber esperado que lo supraempírico, lo directamente celestial, estuviera presente en un acontecimiento así, esto es, si el relato en sí es verdadero, y Jesús era lo que los Evangelios dicen que era? El rechazar, pues, el relato porque lo supraempírico lo acompaña, me parece, después de todo, una triste inversión del razonamiento, un dar por sentado lo que está en discusión. Pero, para ir un paso más allá: si no hay realidad en el relato, ¿de dónde viene el invento de la leyenda? Ciertamente no tiene base en la enseñanza contemporánea judaica, e, igualmente cierto, no se le habría ocurrido a la mentalidad judía. No hay nada en los escritos rabínicos que nos dé un indicio de un bautismo del Mesías, ni el descenso sobre Él del Espíritu en forma de paloma. Más bien, estas

17. La expresión διεκώλυεν (Mt. 3:14: «Juan trataba de impedírselo») implica sincera resistencia (comp. Meyer *ad locum*).

18. Me parece que la oración que el Señor enseñó a sus discípulos tiene que haber tenido su raíz, y haber empezado, en su propia vida interior. Al mismo tiempo está adaptada a nuestras necesidades. Hay mucho en esta oración, naturalmente, que no se le aplica a Él, pero es su aplicación de la doctrina del Reino a nuestro estado y necesidades.

19. Tanto si adoptamos como si no la forma εἰς αὐτόν de Marcos 1:10, la *permanencia* del Espíritu Santo sobre Jesús está expresada claramente en Juan 1:32.

20. Aquí el Targum sobre Salmo 2:7 que, evidentemente, está dirigido a debilitar la interpretación mesiánica, nos da una ayuda bienvenida. Parafrasea: «Amado como un hijo para su padre eres Tú para Mí». Keim considera las palabras: «Tú eres mi hijo amado», etc., como una mezcla de Isaías 42:1 y Salmo 2:7. No puedo estar de acuerdo con este modo de ver, aunque esta historia es el cumplimiento de la predicción de Isaías.

ideas le parecen, *a priori,* repugnantes a la mente judía. Se ha hecho un intento, sin embargo, en la dirección de identificar dos rasgos de este relato con noticias rabínicas. La «Voz del cielo» se ha presentado como la *Bath-Qol,* o «Voz-Hija», de la cual leemos en los escritos rabínicos, diciendo que lleva el testimonio o decisión del cielo a dos rabinos perplejos o que perdían una discusión. Y se ha añadido que, entre los judíos, «la paloma» era considerada como el emblema del Espíritu. Al tomar nota de estas afirmaciones, permítaseme algo de calor en el lenguaje.

Con firmeza afirmamos que nadie que haya examinado imparcialmente el asunto[21] puede hallar una analogía real entre la llamada *Bath-Qol* y la «Voz del cielo» de la cual da testimonio el Nuevo Testamento. Por mucho que las opiniones puedan diferir, en algo estamos todos de acuerdo: la *Bath-Qol* vino *después* de que la voz de la profecía y el Espíritu Santo habían cesado (Jer. Sot. ix. 14; Yoma 9 *b;* Sot. 33 *a,* 48 *b;* Sanh. 11 *a*), y, por así decirlo, ocuparon su lugar.[22] *Pero en el caso del bautismo de Jesús el descenso del Espíritu Santo fue acompañado de la voz del cielo.* Incluso sobre esta base, pues, no podría haber sido la rabínica Bath-Qol. Pero, además, esta «Voz-Hija» era considerada más bien como el eco de la Voz de Dios, más que la voz de Dios mismo[23] (Toseph. Sanh. xi. 1). Las ocasiones en que esta «Voz-Hija» se supone que ha sido oída son varias, y algunas veces tan sorprendentes, tanto al sentido común como al moral, que una comparación con los Evangelios está fuera de consideración. Y aquí también hay que hacer notar que las referencias a esta *Bath-Qol* aumentan cuanto más nos alejamos de la era de Cristo.[24]

Hemos reservado para el final la consideración de la afirmación de que entre los judíos el Espíritu Santo era presentado bajo el símbolo de una paloma. Se admite que no hay apoyo para esta idea en el Antiguo Testamento ni en los escritos de Filón (Lücke, *Evang. Joh.,* 1, pp. 425, 426), que, en realidad, este simbolismo animal de lo divino es extraño para el Antiguo Testamento. Pero, a pesar de esto, se apela a los escritos rabínicos. La sugerencia fue hecha, al parecer, por Wetstein (*Nov. Test.* 1, p. 268). Se insiste en ello con mucha confianza por parte de Gfrörer[25] y otros, como evidencia del origen mítico de los Evangelios (Jahrh. des Heils, vol. 2, p. 433); es repetida por Wünsche y aun reproducida por escritores que, si hubieran conocido el estado real de las cosas, no habrían prestado su autoridad a ella. De los *dos* pasajes con los cuales es apoyada esta extraña hipótesis, el del Targum sobre Cantares 2:12 se puede descartar al instante, puesto que su fecha es considerablemente más tardía que la terminación del Talmud. Queda, pues, solamente el pasaje en el Talmud (Chag. 15 *c*), que en general se cita como «El Espíritu de Dios se movía sobre la superficie de las aguas como una paloma» (Farrar, *Life of Christ,* 1, p. 117). Decir que esta cita es incompleta, y que omite la parte más importante de ella, ya es un cargo muy serio. Porque hecha completa, se vería mucho más claramente que es inaplicable. El pasaje (Chag. 15 *a*) trata de la supuesta distancia entre «las aguas superiores y las inferiores», que se dice llega a sólo el grosor de dos o tres dedos. Esto es prueba, por referencia a Génesis 1:2, de que el Espíritu de Dios se dice que se cernía sobre la superficie de las aguas, «tal como una paloma incuba sobre sus pequeños, tocándolos». Se notará que la comparación no es entre el Espíritu y la paloma, sino entre la proximidad de la paloma incubando sobre sus pequeños sin tocarlos, y la supuesta proximidad del Espíritu sobre las aguas inferiores sin tocarlas.[26] Pero si aún queda alguna duda, sería quitada por el hecho de que en un pasaje paralelo (Ber. R. 2) la expresión usada no es «paloma», sino «este pájaro». Así que basta respecto a este pasaje mal citado. Pero vamos a ir más adelante, y afirmaremos que la paloma no era el símbolo del Espíritu Santo, sino de Israel. Como tal, es tan universalmente adoptada que se ha vuelto casi histórica (comp. las largas ilustraciones en la Midr. sobre Cnt. 1:15; Sanh. 95 *a;* Ber. R. 39; Yalk. sobre Sal. 55:7, y otros pasajes). Si se busca, por tanto, la ilustración rabínica del descenso del Espíritu Santo con la apariencia visible de una paloma, se hallará en el reconocimiento de Jesús como el tipo ideal israelita, el representante de su pueblo.

Los detalles prolongados que han sido necesarios para la exposición de la teoría mítica no habrán sido inútiles si llevan a la mente la convicción de que esta historia no tiene base en ninguna creencia judía existente. Su origen, por tanto, no puede ser explicado racionalmente excepto por medio de la respuesta que dio Jesús: «El bautismo de Juan, ¿de dónde era?, ¿del cielo o de los hombres?» (Mt. 21:25).

21. Las notas rabínicas del doctor Wünsche sobre la Bath-Qol (*Neue Beitr.,* pp. 22, 23) son tomadas de Hamburger, *Real-Encykl.* (Abth. ii, pp. 29ss.).

22. Hamburger, realmente, defiende a base de Macc. 23 *b* que ocasionalmente era identificada con el Espíritu Santo. Pero, leyendo cuidadosamente, ni este pasaje ni el otro, en que ocurren la misma traducción y mala interpretación profana de las palabras: «Más justa es ella que yo» (Gn. 38:26) (Jer. Sot. ix. 7), dan apoyo a esta sugerencia. Es del todo insostenible, en vista de las claras afirmaciones de Jer. Sot. ix. 14; Sot. 48 *b;* y Sanh. 11 *a,* que después del cese del Espíritu Santo la Bath-Qol ocupara su lugar.

23. Comp., sobre el tema, Pinner en su *Introducción al tratado Berakhoth.*

24. En el Targum Onkelos no se menciona en absoluto. En el Targum Pseudo-Jon. ocurre cuatro veces (Gn. 38:26; Nm. 21:6; Dt. 28:15; 34:5), y cuatro veces en el Targum sobre los Hagiógrafos (dos veces en Ec., una en Lm. y una en Est.). En Mechilta y Siphra no ocurre en absoluto, y en Siphré solamente una, en la absurda leyenda de que la Bath-Qol fue oída a distancia de doce veces doce millas, proclamando la muerte de Moisés (ed. Friedmann, p. 149 *b*). En la Mishnah es mencionada sólo dos veces (Yeb. 16.6, donde el sonido de una Bath-Qol se cree que fue suficiente atestación de la muerte de un hombre para permitir que su esposa se casara otra vez; y en Abhoth vi. 2, en que es imposible entender el lenguaje de otro modo que figurado). En el Talmud de Jerusalén la Bath-Qol es mencionada veinte veces, y en el Talmud de Babilonia, sesenta y nueve veces. Algunas veces la Bath-Qol da sentencia en favor de un rabino popular, otras intenta decidir controversias o dar testimonio; o bien se dice que proclama cada día: «La hija de éste está destinada para este otro» (Moed Kat. 18 *b;* Sot. 2 *a;* Sanh. 22 *a*). Ocasionalmente, pronuncia interpretaciones de la Escritura curiosas o profanas (como en Yoma 22 *b;* Sot. 10 *b*), o leyendas necias, como en relación con el insecto *Yattush* que había de torturar a Tito (Gitt. 56 *b*), o como aviso contra un lugar en que había caído un hacha en el agua, descendiendo durante siete años sin alcanzar el fondo. En realidad, tan fuerte se hace el sentimiento contra esta superstición, que los rabinos más racionales protestaron contra toda apelación a la Bath-Qol (Bab Mets. 59 *b*).

25. La fuerza de los ataques de Gfrörer contra los Evangelios se halla en los intentos cumulativos de probar que los hechos milagrosos individuales registrados en los Evangelios están basados en nociones judaicas. Por lo tanto, es necesario examinar cada uno de ellos por separado, y un examen así, si se hace cuidadosamente y a conciencia, muestra que sus citas son con frecuencia inválidas, y sus conclusiones, falacias. A pesar de ello, impresionan a los que no conocen bien la literatura rabínica. Las notas talmúdicas y midráshicas de Wünsche sobre el Nuevo Testamento (Göttingen, 1878) también son erróneas con frecuencia.

26. El dicho en Chag. 15 *a* es de Ben Soma, que se describe en la literatura rabínica como tocado por ideas cristianas, y cuya creencia en la posibilidad del nacimiento sobrenatural del Mesías es tan rudamente satirizada en el Talmud. El rabino Löw (*Lebensalter.,* p. 58) sugiere que en la figura de la paloma de Ben Soma puede haber habido alguna reminiscencia cristiana.

PALESTINA BAJO HERODES EL GRANDE

Desde el retorno a Jerusalén de los exilados judíos en Babilonia hasta la rebelión de los Macabeos, el pueblo de Israel vivió 400 años permanentemente sometido a dominio extranjero. A los Macabeos se debe la última gran etapa de independencia y expansión nacional judía, bajo la dinastía Hasmonea, que duró casi cien años (142-63 a.C.). Las luchas internas entre los miembros de la familia Hasmonea y el apoyo que unos u otros brindaron en determinados momentos a las facciones rivales de la guerra civil romana, dio finalmente ocasión a la conquista de Israel por parte del general romano Pompeyo en el año 63 a.C. A partir de ese momento, todo el territorio israelita quedó bajo el control de Roma, el ascendiente poder irresistible en la cuenca del Mediterráneo. Los reyes judíos gobernaron únicamente bajo el título de rey o etnarca vasallo de Roma. Los miembros de la familia Hasmonea siguieron gobernando bajo el beneplácito de Roma, pero en el año 40 a.C., tras otro periodo de luchas intradinásticas, optó por nombrar rey a uno de los gobernadores locales, de origen no judío, el idumeo Herodes, llamado el Grande. A su muerte, en el año 4 a.C., Roma dividió su reino entre tres de sus hijos, a quienes concedió únicamente el título de etnarcas. Roma dividió la tierra de Israel en cinco provincias o distritos, a saber, Judea, Samaria, Idumea, Galilea y Perea.

En un principio, Galilea, junto con Perea, pasó a manos de Herodes Antipas. Judea y Samaria correspondió a su hermano Arquelao, pero tras una década de levantamientos internos, fue depuesto y Roma asumió directamente el gobierno de estas dos regiones, junto con Idumea, a través de prefectos o procuradores romanos cuyos cuarteles generales estaban en Cesarea Marítima. En tiempos de la vida pública de Jesús, el procurador era Poncio Pilato, que dependía del legado de Siria.

La lengua de la mayoría de los judíos de la Diáspora era el griego. Y al griego fueron traducidas las Escrituras sagradas de la religión hebrea, la primera traslación a un idioma pagano. Fue hecha en Alejandría y conocida por Septuaginta (LXX en abreviatura). La redacción definitiva de los textos sagrados del cristianismo también se hizo en esta lengua. En Israel el pueblo usaba el idioma arameo, pero muchos conocían el griego vulgar, el koiné, y algunos el latín. El idioma hebreo sólo era conocido por el estamento sacerdotal.

Galilea estaba rodeada de una serie de ciudades helenísticas paganas, en las que los judíos eran una minoría. Al este las diez ciudades de la Decápolis, al otro lado del Jordán, de población mayoritariamente pagana, gozaban de libertad para autogobernarse en los asuntos internos, aunque en los externos estaban subordinadas a la política imperial de Roma. Al noroeste Tiro, Sidón y Tolemaida. Al oeste, en la costa del mar Mediterráneo, Cesarea, gran puerto e impresionante ciudad pagana donde residía habitualmente el prefecto romano.

Los habitantes de Judea, por contra, se encontraban más libres de la presencia pagana, excepto las cohortes romanas, siempre motivo de conflicto con el pueblo. En Jerusalén se encontraba el Templo, corazón de la religión judía y capital espiritual de todos los judíos, allá donde se encontraran.

Los descubrimientos arqueológicos realizados en Galilea nos hablan de la situación sumamente difícil del campesinado galileo. Pesaban sobre ellos enormes cargas impositivas, con las que los monarcas herodianos financiaban su política de grandes obras públicas; a esto hay que añadir los impuestos exigidos por el Templo de Jerusalén. Las pequeñas propiedades agrícolas familiares no podían hacer frente a tal situación. Consecuentemente se daban un proceso de concentración de la propiedad, de modo que los pequeños propietarios se convertían en jornaleros, a veces incluso en esclavos, y la emigración fuera del país era muy numerosa.

Bibliografía

Joaquin González Echegaray, Pisando tus umbrales, Jerusalén. Ed. Verbo Divino, Estella 2004.
— Arqueología y Evangelios. Ed. Verbo Divino, Estella 1999, 2ª ed.
Thomas A. Idinopulos, Jerusalén. Ed. Andrés Bello, Santiago de Chile 1995.
J. Jeremias, Jerusalén en tiempos de Jesús. Cristiandad, Madrid 1980.
J. Wilkinson, La Jerusalen que Jesús conoció. Destino, Barcelona 1990

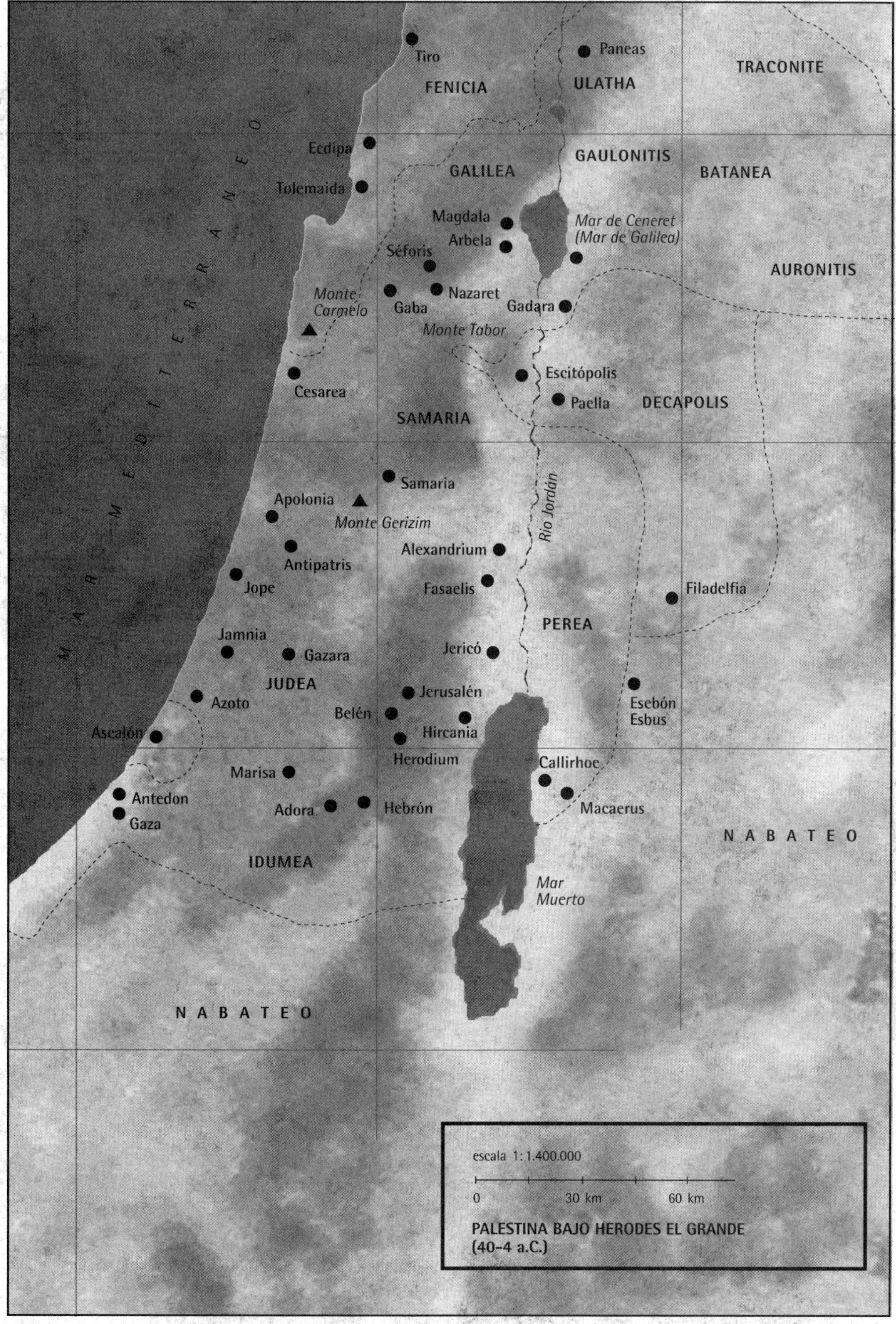
Tiro
Paneas
FENICIA
ULATHA
TRACONITE
MAR MEDITERRÁNEO
Ecdipa
GALILEA
GAULONITIS
BATANEA
Tolemaida
Magdala
Arbela
Mar de Ceneret
(Mar de Galilea)
Séforis
AURONITIS
Monte Carmelo
Gaba
Nazaret
Gadara
Monte Tabor
Escitópolis
Cesarea
Paella
DECAPOLIS
SAMARIA
Samaria
Apolonia
Monte Gerizim
Río Jordán
Alexandrium
Antipatris
Jope
Fasaelis
Filadelfia
PEREA
Jamnia
Gazara
Jericó
JUDEA
Jerusalén
Azoto
Belén
Esebón
Esbus
Ascalón
Hircania
Herodium
Callirhoe
Marisa
Antedon
Macaerus
Adora
Hebrón
Gaza
NABATEO
IDUMEA
Mar Muerto
NABATEO
escala 1: 1.400.000
0
30 km
60 km
PALESTINA BAJO HERODES EL GRANDE
(40-4 a.C.)

Libro 2

Del Jordán al monte de la Transfiguración

כל שאתה מוצא נכורתו של הקכייה אתה מוצא ענוותנותו רכר זה
כתנב בתורה בשנוי בנביאיס ומשולש בכתוכיס

*«En cada pasaje de la Escritura en que halles la Majestad de Dios,
encuentras cerca su Condescendencia (Humildad).
Así está escrito en la Ley –Deuteronomio 10:17, seguido por el versículo 18–,
repetido por los Profetas –Isaías 57:15– y reiterado en los Hagiográfos
–Salmos 68:4, seguido por el versículo 5».*

(Megill. 31 a)

1 Del Jordán al monte de la Transfiguración

Capítulo 1

(Mateo 4:1-11; Marcos 1:12, 13; Lucas 4:1-13)

La tentación de Jesús

La proclamación e inauguración del «Reino de los Cielos» en este tiempo, y bajo tales circunstancias, fue una de las grandes *antítesis* de la historia. Con reverencia se puede decir que sólo Dios habría empezado así su Reino. Una antítesis similar, y aun mayor, fue el comienzo del Ministerio de Cristo. Desde el Jordán al desierto con sus animales salvajes; desde el reconocimiento devoto del Bautista, la consagración y la oración filial de Jesús, el descenso del Espíritu Santo, y el testimonio oído del cielo, el abandono completo, la necesidad y debilidad sentida por Jesús, y los asaltos del Diablo, no se puede concebir un contraste más sorprendente. Y, con todo, cuando pensamos en ello, lo que siguió después del Bautismo, y el hecho de que siguiera, era necesario por lo que respecta a la persona de Jesús, su obra y lo que había de resultar de ella.

Psicológicamente, y con respecto a la obra de Jesús, aun algunos críticos negativos reverentes[1] han percibido su necesidad más elevada. El que con ocasión de su consagración a la Realeza o Soberanía en el Reino, Jesús debía llegar a ser claramente consciente de todo lo que esto implicaba en un mundo de pecado; que el método divino por el cual debía ser restablecido el Reino debía ser presentado claramente y puesta a prueba su realidad; y que el Rey, como representante y fundador del Reino, debía encontrar y derrotar al representante, fundador y mantenedor del poder opuesto, «el príncipe de este mundo», éstos son pensamientos que han de ocurrírsele a todo aquél que cree en una Misión del Cristo. Con todo, esto sólo cuando, después de los sucesos, hemos aprendido a conocer el carácter de esta Misión, no tal como podríamos haberla preconcebido. Podemos entender en qué forma una vida y obra como la de Jesús debían comenzar con «la Tentación», pero no otra que no fuera la suya. El Judaísmo nunca concibió una idea así; porque nunca concibió un Mesías como Jesús. Es del todo verdadero que la enseñanza desde antiguo de la Biblia, e incluso la necesidad psicológica del caso, tiene que haber señalado a la tentación y la victoria como la condición de grandeza espiritual. No podría haber sido de otro modo en un mundo hostil a Dios, ni tampoco en el hombre, cuya elección consciente determina su posición. No hay corona de victoria sin una contienda previa, y ésta, proporcionada a su brillantez; ningún ideal moral sin un logro y prueba personal. Los patriarcas habían sido probados; lo mismo Moisés, y todos los héroes de la fe en Israel. Y la leyenda rabínica, ampliando sobre los relatos bíblicos, tiene mucho que decir de la envidia original de los ángeles; los asaltos de Satanás a Abraham cuando iba a ofrecer a Isaac; de la resistencia intentada por parte de los ángeles a que Israel recibiera la Ley; y el vano esfuerzo final de Satán para llevarse el alma de Moisés.[2] Por necias, repulsivas y aun blasfemas que sean algunas de estas leyendas, de ellas se ve claro que las pruebas espirituales deben preceder a la elevación espiritual. En su propio lenguaje: «El Santo, bendito sea su nombre, no eleva a un hombre a la dignidad hasta que le ha puesto a prueba y escudriñado primero; y si resiste la tentación, luego lo eleva a la dignidad» (Bemid. R. 15, ed. Vars., vol. 4, p. 63 *a*, líneas 5 y 4 desde abajo).

Hasta aquí por lo que se refiere al hombre. Con referencia al Mesías no se indica ninguna tentación o asalto por Satanás. Es de tanta importancia marcar esto claramente al principio de esta historia maravillosa, que hay que ofrecer prueba de ello incluso en este estadio. En cualquier forma que los críticos negativos intenten explicar la introducción de la Tentación de Cristo al comienzo de su Ministerio, no puede haberse derivado de la leyenda judaica. La interpretación «mítica» de los relatos de los Evangelios se derrumba en éste casi de modo más manifiesto que en cualquier otro caso.[3] Al contrario de que se nos ofrezca alguna idea de que Satán había de asaltar al Mesías, en un pasaje bien conocido, que ha sido citado previamente (Yalk. sobre Is. 60:1, vol. ii, p. 56), se presenta al archienemigo abrumado, cayendo sobre su rostro a la vista de Él, y reconociendo su derrota completa.[4] En otro punto de esta historia hallamos la misma inversión del pensamiento corriente en la leyenda judaica. En el Comentario citado (*u.s.* col. *d*), la colocación del Mesías en el pináculo del Templo, lejos de ser una tentación satánica, se dice que marca la hora de la liberación, de la proclamación mesiánica y de la sumisión voluntaria de los gentiles. «Nuestros rabinos dan esta tradición: En la hora en que venga el Rey, se pondrá en pie sobre la cima del Santuario, y hará su proclamación a Israel diciendo: Vosotros pobres (sufrientes), el día de vuestra redención se acerca. Y si creéis, regocijaos en mi Luz, que se ha levantado sobre vosotros..., Isaías 60:1 ... sobre vosotros sólo..., Isaías 60:2 ... En esta hora el Santo, bendito sea su nombre, hará que brille la Luz del Mesías y de Israel; y todos vendrán a la Luz del Rey Mesías y de Israel, como está escrito..., Isaías 60:3 ... Y vendrán y lamerán el polvo bajo los pies del Rey Mesías, como está escrito..., Isaías 49:23 ... Y vendrán y se postrarán ante el Mesías y ante Israel, y dirán: Seremos siervos para Él y para Israel. Y cada uno en Israel tendrá 2.800 siervos[5] como está escrito, Zacarías 8:23». Una cita más, del mismo Comentario (*u.s.*, unas líneas más abajo): «En aquella hora,

---

1. Ningún otro término describiría correctamente el libro de Keim al cual me refiero especialmente. Hasta qué punto difiere, no solamente de las trivialidades de un Renan, sino de los rancios argumentos de Strauss, o de las inexactitudes pintorescas de un Hausrath, no hay necesidad de decírselo a ningún estudioso serio. Quizá por esto precisamente es el más peligroso de todos.

2. Sobre las tentaciones de Abraham ver el Libro de los Jubileos, cap. xvii.; Sanh. 89 *b* (y diferente, pero no menos blasfemo, en Pirqé de R. Eliez. 31, donde hay también la tentación de Satán a Sara, que muere como resultado de sus noticias); Ab. de R. Nath. 33; Ber. R. 32, 56; Yalk., i. c. 98, p. 28 *b*; y Tanchuma, en que la historia es relatada con detalles repulsivos. En cuanto a Moisés, ver, por ejemplo, Shabb. 89 *a*; y especialmente la horrible historia de la muerte de Moisés en Debar R. 11 (ed. Vars., 3, p. 22 *a* y *b*). Pero no conozco ninguna tentación de Moisés por Satanás.

3. Así, Gfrörer expresa solamente esperanza de que se pueda descubrir algún paralelismo judío desconocido todavía (!); mientras que Keim sugiere, naturalmente sin evidencia alguna, que hubo adiciones por parte de los primeros cristianos judíos. Pero, ¿de dónde y por qué estas adiciones imaginarias?

4. Keim (*Jesu von Naz.* 1 *b*, p. 564) parece que no ha mirado bien el pasaje y lo cita de segunda mano, aplicándolo mal. El pasaje (Yalk. sobre Is. 60:1) ha sido dado antes.

5. El número ha sido encontrado así: como hay setenta naciones, y diez de cada una han de echar mano de cada uno de los ángulos del vestido de un judío, tenemos 70 x 10 x 4 = 2.800.

el Santo, bendito sea su Nombre, exaltará al Mesías al cielo de los cielos y esparcirá sobre Él el esplendor de su gloria a causa de las naciones del mundo, a causa de los malvados persas. Ellos le dicen: Efraín, Mesías, nuestra justicia, ejecuta juicio sobre ellos, y hazles lo que tu alma desea».

Estas citas son importantes en otro aspecto. Muestran que estas ideas estaban realmente presentes en la mente judía, pero en un sentido opuesto a los relatos del Evangelio. En otras palabras, eran consideradas como la manifestación justa de la dignidad del Mesías, en tanto que en el Evangelio son presentadas como sugerencias de Satán y la Tentación de Cristo. Así, el Mesías del Judaísmo es el anticristo de los evangelios. Pero si el relato no se puede hacer llegar hasta la leyenda rabínica, ¿no podría ser una adaptación de un relato del Antiguo Testamento, tal como el de los cuarenta días de ayuno de Moisés en el monte o el de Elías en el desierto? Mirando el Antiguo Testamento en su unidad, y el Mesías como el ápex en la columna de su historia, admitimos –o más bien esperamos– por todas partes puntos de correspondencia entre Moisés, Elías y el Mesías. De hecho, éstos pueden ser descritos mirando los tres estadios de la historia del Pacto. Moisés era su dador, Elías su restaurador, el Mesías su renovador y perfeccionador. Y, como tales, todos tenían, en un sentido, una consagración externa similar en su obra. Pero el que ni Moisés ni Elías fueran asaltados por el Diablo no constituye la única diferencia entre el ayuno de Moisés y de Elías, y el de Jesús, aunque la diferencia es vital. Moisés ayunó en medio de su ministerio, Elías al final, Jesús al principio. Moisés ayunó en la Presencia de Dios;[6] Elías solo; Jesús asaltado por el Diablo. Moisés había sido llamado por Dios; Elías había partido amargado en su espíritu; Jesús fue llevado por el Espíritu. Moisés falló después de cuarenta días de ayuno, cuando, indignado, arrojó las Tablas de la Ley; Elías perdió la esperanza acerca de Israel; Jesús venció en favor de Israel.

Y no hemos de olvidar que cada prueba vino no sólo en su capacidad humana, sino en su capacidad representativa: como dador, restaurador o perfeccionador del Pacto. Cuando Moisés y Elías fallaron, fue no sólo como individuos, sino en su capacidad de dar y restaurar el Pacto. Y cuando Jesús venció, fue no sólo como el Hombre no caído y perfecto, sino como el Mesías. Su tentación y victoria tienen, pues, un doble aspecto: el humano en general y el mesiánico, y los dos están íntimamente relacionados. De donde colegimos también esta feliz inferencia: en todo lo que Jesús venció, nosotros podemos vencer. Cada victoria que Él ganó fortifica sus frutos para nosotros que somos sus discípulos (y esto tanto objetiva como subjetivamente). Andamos en sus pisadas; ascendemos por los peldaños labrados en la roca que cortó su agonía. Él es el hombre perfecto; y así como cada tentación marca un asalto humano (asalto sobre la humanidad), así también marca una victoria humana (de la humanidad). Pero Él es también Mesías; y lo mismo el asalto que la victoria fueron del Mesías. Así, cada victoria de la humanidad pasa a ser una victoria *para* la humanidad; y así se cumple, en este aspecto también, este antiguo himno de victoria real: «Tú has ascendido a lo alto; Tú has hecho cautiva a la cautividad; Tú has recibido dones para los hombres; sí, para los rebeldes también, para que Jehová Dios pueda morar entre ellos» (Sal. 68:18).[7]

Pero, incluso siendo así, hay otras consideraciones que son por necesidad preliminares al estudio de una de las partes más importantes de la vida de Cristo. Se refieren a estas dos cuestiones, tan íntimamente relacionadas que no se pueden mantener aparte: ¿ha de ser considerado el relato evangélico como un suceso real y externo? Y, si es así, ¿cómo pudo tener lugar, en qué sentido se puede afirmar que Jesucristo, puesto delante de nosotros como el Hijo de Dios, fue «tentado por el Diablo»? Todas las cuestiones subsidiarias van a parar a estas dos.

Por lo que se refiere a la realidad y exterioridad de la tentación de Jesús, hay varias sugerencias que se pueden poner aparte, como intentos *ex post facto* de eliminar una dificultad que se siente. Apenas merece mención el frívolo intento de Renan de que Jesús fue al desierto para imitar al Bautista y otros, puesto que en esta soledad –se consideraba– había la oportunidad de prepararse para hacer grandes cosas. Asimismo, descartamos como más reverentes, pero no mejor fundadas, sugerencias como las de una entrevista allí con representantes del Sanedrín, o con un sacerdote o fariseo, y que esto formaría la base histórica de la Tentación satánica; o que era una división, un sueño, una reflexión de las ideas del tiempo; o que era una forma de parábola en que Jesús, después, presentó a sus discípulos su concepción del Reino y cómo tenían que predicarlo.[8] De todas estas explicaciones se puede decir que el relato no las admite, y que probablemente nunca habrían sido sugeridas si sus autores hubieran podido aceptar la historia evangélica simplemente. Pero, no siendo así, habría sido mejor rechazar plenamente (como algunos han hecho) la autenticidad del relato, así como toda la historia del comienzo de la vida de Cristo más bien que transformar lo que, si es verdadero, es imposible de expresar en la serie de banalidades modernas que nos son ofrecidas hoy día. Y, con todo (como ha visto Keim), parece imposible negar que un acontecimiento así, al principio del ministerio mesiánico de Cristo, no sólo es digno de crédito, sino que es casi una necesidad; y que un intercambio así tiene que haber asumido la forma de una pugna con Satán. Además, a lo largo de los Evangelios no solamente hay alusiones a este gran conflicto inicial (de modo que no sólo pertenece a la historia inicial de la vida de Cristo), sino referencias constantes al poder de Satán en el mundo, como un reino opuesto al de Dios y del cual el rey es el Diablo.[9] Y la realidad de un reino del mal así, no puede ser puesta en duda, ni es posible pronunciarse *a priori* contra la personalidad de su rey. Razonando *a priori*, su credibilidad descansa en la misma clase de evidencia (aunque quizá más patente, incluso) que la que tenemos de un Autor benéfico de todo bien, de modo que –sea dicho con reverencia–, aparte de la Santa Escritura, y con respecto a un aspecto del argumento, tenemos tanta evidencia para creer en un Satanás personal como en un Dios personal. Ateniéndonos, pues, a la realidad de este trato, y hallando igualmente imposible que sea achacado a una leyenda judía, o explicado con la hipótesis burda de un malentendido, una exageración o equivalentes, se nos presenta esta pregunta: ¿podría ser un suceso puramente interior, o bien presenta el relato algo que fue objetivamente real?

6. Los rabinos dicen que un hombre debe acomodarse a las maneras del lugar en que se halla. Cuando Moisés estaba en el monte vivía del «pan de la Torah» (Shem. R. 47).

7. La cita en Efesios 4:8 parece la traducción del Targum (ver Delitzsch, *Comm. ü. d. Psalter*, vol. 1, p. 503).

8. Nos abstenemos de nombrar escritores individuales que han ofrecido estas hipótesis y otras igualmente indefendibles.

9. Lo primero especialmente en Mateo 12:25-28; Lucas 11:17ss. La importancia de esto, al volver la vista a la historia de las Tentaciones, no ha sido reconocida de modo suficiente. Con respecto a Satán y su poder, hay muchos pasajes, tales como Mateo 6:13; 12:22; 13:19, 25, 39; 26:41; Lucas 10:18; 22:3, 28, 31; Juan 8:44; 12:31; 13:27; 14:30; 16:11.

Al principio, da la impresión de que la distinción no parece de una importancia tan vital como les ha parecido a algunos, que han hablado de ello con palabras enérgicas (obispo Ellicott, *Histor. Lectures*, p. 111). Por otra parte, hay que admitir que el relato, si se interpreta de modo natural, sugiere un suceso externo y real, no algo interno; que no hay otro caso de estado extático o de visión registrado en la vida de Jesús, y que (como ha mostrado el obispo Ellicott, *u.s.*, p. 110, nota 2) las expresiones usadas están todas de acuerdo con el punto de vista natural. A esto añadimos que algunas de las objeciones presentadas, especialmente la de la imposibilidad de mostrar desde un punto todos los reinos de la tierra, no pueden en realidad ser consideradas de valor, porque ninguna interpretación racional podría insistir en la absoluta literalidad de esta afirmación, como tampoco en la posibilidad de que Moisés pudiera ver *toda* la extensión de la tierra de Israel desde el monte Pisga (Dt. 34:1-3).[10] Todos los requerimientos del relato quedarían cubiertos suponiendo que Jesús estaba colocado sobre un monte muy alto, desde el cual se pueden ver, hacia el Sur, la tierra de Judea hasta Edom; al Este, las llanuras hasta el Éufrates; al Norte, el Líbano coronado de nieve; al Oeste, las ciudades de Herodes, la costa de los gentiles y, más allá, el mar con sus velas, con lo cual tendría una perspectiva de los reinos de este mundo. A su mirada escrutadora toda esta grandeza parecería desplegarse y pasar delante de Él como en una escena moviéndose, en la que la hermosura y riqueza deslumbraban los ojos; el brillo de las armas y los ejércitos en marcha, el bullicio de las ciudades y el sonido de muchas voces caía sobre el oído como las olas del mar lejano, en tanto que la armonía y sosiego del pensamiento, o la música, embriagaban los sentidos, y todo parecía verter su plenitud en tributo de homenaje a sus pies, en quien todo es perfecto y al cual pertenece todo.

Pero al decir esto ya hemos indicado que, en tales circunstancias, los límites entre lo externo y lo interno tienen que haber sido estrechos y débiles. En realidad, con respecto a Cristo, es apenas concebible que haya existido un momento así. El pasado, el presente y el futuro tienen que haber pasado delante de sus ojos como un mapa al desenrollarse. ¿Nos aventuraremos a decir que una visión así era sólo interna, y no externa y objetivamente real? En realidad estamos usando términos que no tienen aplicación a Cristo. Si podemos permitirnos una vez más hablar a la manera del Ser divino: para Él, lo que nosotros vemos como polos opuestos de lo subjetivo y objetivo son uno absolutamente. Para ir un paso más allá: muchas de *nuestras propias* tentaciones son sólo (por contraste) interiores. Por estas dos razones: porque tienen su base o su punto de contacto dentro de nosotros, y porque por las limitaciones de nuestra condición corporal no vemos al enemigo, ni podemos tomar parte activa en la escena circundante. Pero en ambos respectos las cosas no eran así con Cristo. Si es así, toda la cuestión parece trivial, y la distinción de *exterior* e *interior* inaplicable al presente caso. O más bien, hemos de conservar estos dos puntos básicos: primero, no fue interior en el sentido de ser meramente subjetivo, sino que fue todo *real:* un asalto real por un Satanás real, realmente bajo estas tres formas, y constituyó una tentación real para Cristo. Segundo, no fue meramente externa en el sentido de ser sólo un asalto presente por Satán, sino que tiene que haber llegado más allá de lo externo e interno, y tenido por objetivo ulterior el de influir en la futura obra de Cristo, tal como se destacaba ante su mente.

Queda todavía una pregunta más difícil y solemne: ¿en qué aspecto podía Jesucristo, el Hombre perfecto y sin pecado, el Hijo de Dios, haber sido tentado por el Diablo? El que fuera tentado es la misma esencia de este relato, confirmado a lo largo de su vida posterior y establecido como un principio fundamental en la enseñanza y la fe de la Iglesia (He. 4:15). Por otra parte, la tentación sin la correspondencia interior de pecado existente no sólo es impensable por lo que afecta al hombre (Stg. 1:14), sino que la tentación sin la posibilidad de pecar parece irreal, una especie de Docetismo.[11] Sin embargo, el mismo pasaje de la Sagrada Escritura en que se expresa la igualdad de Cristo con nosotros con respecto a toda tentación, también exceptúa de ella, de modo enfático, este pecado particular (He. 4:15), no sólo en el sentido de que Cristo realmente no pecó, y no meramente en el hecho de que «nuestra concupiscencia» (Stg. 1:14) no tuvo parte en sus tentaciones, sino enfáticamente en esto también, que la noción de pecado tiene que ser completamente excluida de nuestros pensamientos sobre las tentaciones de Cristo.

Para conseguir, si podemos, una comprensión más clara de este tema hay que tener en cuenta dos puntos. La naturaleza humana de Cristo era real, aunque no caída; y el Cristo humano estaba unido inseparablemente a su Naturaleza divina. No estamos intentando explicar estos misterios ni, al presente, vindicarlos; estamos sólo argumentando desde el punto de vista de los Evangelios y la enseñanza apostólica, que procede en base a estas dos premisas, y a partir de ellas estamos tratando de entender la tentación de Cristo. Ahora bien, es claro que la naturaleza humana, la de Adán antes de su caída, había sido creada sin pecado pero pecable. Si la naturaleza humana de Cristo no era como la nuestra, sino, moralmente, como la de Adán antes de la caída, entonces tiene que haber sido a la vez sin pecado y en sí misma pecable. Decimos en sí misma porque hay una gran diferencia entre la afirmación de que la naturaleza humana, como la que tenían Adán y Cristo, era capaz de pecar, y esta otra, que Cristo (su persona) era pecable. De esta última, la mente del cristiano retrocede de modo instintivo, puesto que es metafísicamente imposible imaginar al Hijo de Dios pecable. Jesús tomó de una forma voluntaria sobre sí mismo la naturaleza humana, con todas sus dolencias y debilidades –pero sin la mancha moral de la Caída: sin pecado. Era una naturaleza humana, en sí capaz de pecar pero sin haber pecado. Si Él era absolutamente sin pecado, no podía haber sido caída. La posición del primer Adán era la de ser capaz de no pecar, no la de ser incapaz de pecar. El segundo Adán tenía también una naturaleza humana capaz de no pecar, e igualmente no incapaz de pecar, y esto explica la posibilidad de la «tentación» o asalto contra Él, tal como Adán podía ser tentado antes de haber en él *consentimiento* interior para pecar.[12] El primer Adán habría sido «perfeccionado» –o pasado de la capacidad de no pecar a la incapacidad de pecar– por medio de la obediencia. Esta «obediencia» o sumisión absoluta a la voluntad de Dios era la gran característica destacada de la obra de Cristo; pero era

10. Según Siphré (ed. Friedmann, p. 149 *a* y *b*), Dios mostró a Moisés Israel en su felicidad, guerras y desgracias; todo el mundo desde el día de la Creación al de la Resurrección; Paraíso y Gehena.

11. La herejía que presenta el Cuerpo de Cristo como sólo aparente, no real.

12. Esto último ya era pecado. Con todo, «tentación» significa más que mero «asalto». Tiene que haber un asentimiento mental condicional sin consentimiento moral, y así hay tentación sin pecado. (Ver, en este mismo capítulo, nota 16).

así porque Él no sólo era el Hombre sin pecado, no caído, sino también porque era el Hijo de Dios. Porque Dios era su Padre, por tanto debía estar en sus asuntos, que eran hacer la voluntad de su Padre. Aunque con una naturaleza pecable humana, Él era impecable; no porque Él obedeciera, sino que, siendo impecable, obedecía así porque su naturaleza humana estaba unida de modo in-separable a su naturaleza divina. El perder de vista esta unión de las dos naturalezas sería nestorianismo.[13] En resumen: el segundo Adán, moralmente no caído, si bien voluntariamente sometido a todas las condiciones de su naturaleza, era, con una naturaleza humana pecable, absolutamente impecable por ser también el Hijo de Dios –naturaleza pecable, pero una persona impecable: el Hombre-Dios, «tentado en todas las cosas de la misma manera que nosotros, pero sin pecado».

Todo esto suena, al fin y al cabo, como un niñito que tartamudea palabras divinas y, no obstante, puede en alguna manera ayudarnos a entender el carácter de la primera gran tentación de Cristo.

Antes de seguir adelante, se requieren dos frases como explicación de las diferencias aparentes del relato evangélico del suceso. La parte histórica del Evangelio de Juan empieza después de la Tentación, esto es, con el ministerio real de Cristo; porque no quedaba dentro del propósito de esta obra detallar su historia anterior. Esto ya lo habían hecho de modo suficiente los Evangelios Sinópticos. Los críticos imparciales y serios admiten que éstos están de acuerdo. Porque si Marcos sólo resume, en su manera breve proporciona la doble noticia de que Jesús fue «llevado» al desierto, «y que estaba con las fieras», lo cual está en pleno acuerdo interno con los relatos detallados de Mateo y Lucas. La única diferencia notable entre estos dos es que Mateo coloca la Tentación del Templo antes que la de los reinos del mundo, y que Lucas invierte el orden, probablemente porque su relato iba dirigido de modo primario a los gentiles, para los cuales esto podía presentarse como verdadera gradación de la tentación. A Mateo debemos la noticia de que después de la Tentación «se le acercaron unos ángeles y le servían»; a Lucas, que el Tentador solamente «se alejó de Él hasta un tiempo oportuno».

Para poner en orden nuestras conclusiones anteriores, Jesús fue a ser bautizado por decisión propia y con propósito firme. Este gran hecho de su vida inicial, que debía estar en los asuntos de su Padre, había hallado su explicación cuando supo que el clamor del Bautista, «el Reino de los cielos se ha acercado», era de Dios. Los asuntos de su Padre, pues, eran «el Reino de los cielos», y a él se consagró para cumplir toda justicia. Pero su «ocuparse» era muy diferente del de los demás israelitas, por devotos que fueran, que acudían al Jordán. Su consagración era no sólo al Reino, sino a ser Cabeza del Reino en la unción y posesión permanente del Espíritu Santo y en su proclamación desde el cielo. Este Reino eran los asuntos de su Padre; el ser su Rey, la manera en que Él debía ocuparse de los asuntos. El paso siguiente no era, como el propósito primero, voluntario y preconcebido. Jesús «fue» al Jordán; pero «fue llevado» por el Espíritu al desierto. No realmente en el sentido de que no quisiera ir[14] o que tuviera otro propósito, tal como el regresar a Galilea, sino en el sentido de que no aplicaba su voluntad o propósito a la cosa, siendo «llevado», inconsciente de su propósito, con una fuerza irresistible por el Espíritu. En este desierto tenía que probar lo que había aprendido y aprender lo que era ser puesto a prueba. Así tendría la plena prueba para su obra del *qué* –su vocación y Realeza–; con lo que vería su «cómo» –el modo de proceder–; así, también, aparecería, ya al principio, el resultado final de su obra.

Además –apartando de nuestra mente todo pensamiento de pecado en relación con la Tentación de Cristo (He. 4:15)–, Él nos es presentado como el Segundo Adán, tanto por lo que afecta a Él mismo como en su relación con el hombre. En estos dos aspectos, en realidad uno, ahora va a ser puesto a prueba. Como el primer Adán, el segundo, también sin pecado, ha de ser tentado pero bajo las condiciones existentes en la caída: en el desierto, no en el Edén; no en el disfrute de todo lo bueno, sino apremiado por la falta de lo necesario para el sostenimiento de la vida, y en la debilidad sentida consiguiente. Porque (al revés del primero) el Segundo Adán, en su tentación, tenía que ser colocado en absoluta igualdad con nosotros, excepto respecto al pecado. Con todo, aun siendo así, debe haber habido algún punto de conexión interior para hacer del asalto externo una tentación. Es aquí que los oponentes (como Strauss y Keim) han errado, extrañamente, sea al objetar que el ayuno de cuarenta días era intrínsecamente innecesario, o que los asaltos de Satanás eran sugerencias burdas, incapaces de ser tentaciones para Jesús. Él fue «llevado» al desierto por el Espíritu para ser tentado.[15] La historia de la humanidad ha sido de nuevo vuelta a tomar en el punto en que fue fundado, al principio, el reino de Satán, sólo que bajo nuevas condiciones. No se trata ahora de una decisión, sino de una pugna, porque Satán es el príncipe de este mundo. Durante los cuarenta días en que Cristo estuvo en el desierto siguió su tentación, aunque sólo alcanzó su punto culminante cuando, después del largo ayuno, se sintió débil, cansado y hambriento. Como el ayuno ocupa solamente un lugar muy subordinado, y aun podríamos decir tolerado, en la enseñanza de Jesús; y como, por lo que sabemos, en ninguna otra ocasión se dedicó a prácticas ascéticas, tenemos que inferir no sólo necesidad interna, sino también externa, dadas las presentes circunstancias. La primera se comprende fácilmente en su ocupación previa; la segunda tiene que haber tenido por objeto reducirle a la máxima debilidad, por el bajo tono de sus poderes vitales. Consideramos como un hecho psicológico que, bajo tales circunstancias, de todas las facultades mentales sólo la memoria es activa, en realidad, casi activa de modo preternatural. Durante los treinta y nueve días precedentes, el plan, o mejor el futuro de la obra a la que se había consagrado, tenía que haber estado siempre delante de Él. A este respecto, pues, Él tiene que haber sido tentado. Es totalmente imposible que Él vacilara un instante en cuanto a los medios por los cuales había de establecer el Reino de Dios. No podía haberse sentido tentado a adoptar métodos carnales, opuestos a la naturaleza de este Reino y a la voluntad de Dios. Las convicciones inmutables que Él ya había alcanzado, tienen que haber estado presentes delante de Él: que los asuntos de su Padre eran el Reino de Dios; que Él estaba equipado para el mismo no con

13. La herejía que separa indebidamente las dos naturalezas.

14. Esto es evidente incluso en los términos usados por Mateo (ἀνήχθη) y Lucas (ἤγετο). No puedo estar de acuerdo con Godet en que Jesús se sentía inclinado a regresar a Galilea para empezar a enseñar. Jesús no tenía inclinación excepto el hacer la voluntad de su Padre. Y, con todo, la expresión «llevado» usada por Marcos parece implicar un cierto retraimiento humano por su parte, por lo menos al principio.

15. El lugar de la tentación no podía, naturalmente, haber sido la tradicional «Quarantania», sino que ha de haber sido cerca de Betábara. Ver también Stanley, *Sinaí y Palestina*, p. 308.

armas externas, sino con la presencia permanente del Espíritu; sobre todo, la absoluta sumisión a la voluntad de Dios era el camino al mismo, es más, el mismo Reino de Dios. Se puede observar que fue sobre estos mismos puntos que estuvo dirigido el ataque final del enemigo en la máxima debilidad de Jesús. Pero, por otra parte, el Tentador no podía haber dejado de asaltarle con consideraciones que Él tiene que haber sentido que eran verdaderas. ¿Cómo podía esperar, solo, y con tales principios, hacer frente a Israel? Sabía cuáles eran sus sentimientos y puntos de vista; y cuando, día tras día, el sentimiento de soledad y abandono total fue incrementándose en Él, en su debilidad creciente, lo abrumador de una tarea como la que Él se había propuesto tiene que haberle parecido insuperable en dificultad.[16] Alternativamente, la tentación al abatimiento, la presunción o el evitar de alguna forma decisiva la contienda debe de habérsele presentado a la mente, o mejor, le sería presentado por el Tentador.

Y esto era, realmente, la esencia de sus tres grandes tentaciones finales, las cuales, como toda la contienda, fueron resueltas en la cuestión de la absoluta sumisión a la voluntad de Dios,[17] que es la suma y sustancia de toda obediencia. Si Él se sometía a esta voluntad, tenía que esperar sufrimiento, y sólo sufrimiento; verse impotente, sin modo de evitarlo, hasta el fin; significaba la extinción de la vida, en las agonías de la cruz, como un malhechor; denunciado, traicionado, rechazado por su propio pueblo; solo y abandonado por Dios. Y cuando se veía acosado por la tentación, sus potencias reducidas a su mínimo, casi desmayando, la memoria le mostraría más vívidamente aún los hechos bien conocidos, no matizados en su mente por el cese de casi toda otra actividad mental:[18] la escena que había tenido lugar antes en las riberas del Jordán, y las dos grandes expectativas de su propio pueblo, la del Mesías que había de capitanear a Israel desde el Santuario del Templo y la de todos los reinos del mundo sometidos a Él. Aquí, pues, se encuentra la base interna de la Tentación de Cristo, en la que el ayuno no era innecesario, ni los asaltos especiales del enemigo eran «burdas sugerencias», ni eran tampoco indignos de Jesús.

Jesús estaba cansado como resultado de la pugna, debilitado por el hambre, solo en este desierto. Su voz no cae en ningún oído simpatizante; no le llega voz alguna excepto la del Tentador. No hay apoyo, corroboración en el desierto desnudo, rocoso –solamente el cuadro de la desolación, la desesperanza. Tiene que someterse de un modo absoluto a la voluntad de Dios, quiere hacerlo. Pero ¿puede ser esto la voluntad de Dios? Una palabra de poder, y la escena habría cambiado. Puede prescindir de los hombres, de todo; Él puede permitírselo. Por medio de su voluntad de Hijo de Dios, le sugiere el Tentador –y no poniendo en duda su Filiación, sino, más bien, empezando a partir de

«Por lo que se refiere a la realidad y exterioridad de la tentación de Jesús, hay varias sugerencias que se pueden poner aparte, como intentos ex post facto de eliminar una dificultad que se siente. Apenas merece mención el frívolo intento de Renan de que Jesús fue al desierto para imitar al Bautista y otros, puesto que en esta soledad –se consideraba– había la oportunidad de prepararse para hacer grandes cosas».

Este es el desierto de Judá cuyas vertientes montañosas se extienden hasta orillas del mar Muerto. Se trata de un largo paisaje de rocas inhabitadas.

16. Sería esto lo que haría del «asalto» una «tentación» al poner de modo vívido delante de su mente la realidad y racionalidad de estas consideraciones –un *asentimiento* mental– sin implicar ningún *consentimiento* interno a la manera en que el enemigo se proponía resolverlas.

17. Todos estos asaltos de Satán fueron realmente dirigidos contra la sumisión absoluta de Cristo a la voluntad de Dios, que era su Perfección. Por ello, en cada una de estas tentaciones, como dice Weiss con respecto a la primera, «rüttelt er an Seiner Vollkommenheit».

18. Considero la memoria como la que proporciona la base de la Tentación. Lo que era tan vívido en la memoria de Cristo en aquel momento, que pasaba delante de Él como un espejo bajo la luz deslumbradora de la tentación.

esta realidad admitida.[19] Él puede cambiar las piedras en pan. ¡Él puede hacer milagros –poner fin a su necesidad y duda presentes– y, evidenciando ser poseedor de un poder absoluto, ya ha llegado a la meta! Pero esto habría sido realmente cambiar la idea del milagro del Antiguo Testamento en el concepto pagano de la magia, que era un poder absoluto inherente en un propósito individual, sin propósito moral. El propósito moral –el gran propósito moral en todo lo que era de Dios– era la sumisión absoluta a la voluntad de Dios. Su Espíritu le había llevado a aquel desierto. Sus circunstancias habían sido dispuestas por Dios; y allí donde Él nos asigna, Él nos apoyará en ellas aunque sea en el fallo del pan, como se demostró con el maná de Israel (Dt. 8:3).[20] Y Jesús se sometió de modo absoluto a la voluntad de Dios al continuar en sus circunstancias presentes. Haberse librado de lo que ellas implicaban habría sido desconfiar de Dios y la rebelión. Él hace más que no sucumbir: vence. La referencia escritural a una vida en un plano más elevado, en la Palabra de Dios, marca más que el fin de la contienda: marca el *vencimiento* de Satanás. Jesús emerge en el otro lado triunfante, con esta expresión de su convicción firme de la suficiencia de Dios.

No puede haber desconfianza: ¡Él no puede emprender su Reino a solas, en el ejercicio de mero poder! Sometiéndose en absoluto a la voluntad de Dios, debe y puede confiar en Él de modo absoluto. Pero si es así, entonces que confíe realmente en Dios y haga un experimento –es más, una demostración pública– de ello. ¡Si no es desconfianza de Dios, que sea *presunción*! Él no hará la obra solo. Así que sostenido por Dios, según su promesa, que el Hijo de Dios, desde aquella altura, súbitamente descienda y se ponga al frente de su pueblo y no en una manera secular, sino en medio del Santuario donde Dios está especialmente cerca, a la vista de los sacerdotes que inciensan y el pueblo que adora. Así también se habrá alcanzado la meta.

El Espíritu de Dios había llevado a Jesús al desierto; el espíritu del Diablo le llevaba ahora a Jerusalén. Jesús está sobre el alto pináculo de la Torre, o del pórtico del Templo,[21] posiblemente aquél en que cada día un sacerdote estaba estacionado para vigilar el momento preciso del amanecer en que la luz pasaba por encima de las colinas de Judea y llegaba al Hebrón, para anunciarlo como señal para la ofrenda del sacrificio matutino. Si podemos dejar libre la imaginación, el momento escogido habría sido cuando el sacerdote había dejado su lugar. La primera tentación en el desierto había sido al rayar el alba, cuando para el tentado las piedras del desierto adoptaban formas de fantasía, como

---

19. El «si eres» de Satán es, más que una duda, un apóstrofe. Satán no podía tampoco poner en duda su capacidad de obrar milagros. La duda, por parte de Jesús, en este punto, ya habría sido una caída.

20. La provisión del maná fue sólo una ejemplificación y aplicación del principio general de que un hombre vive realmente por la Palabra de Dios.

21. No puedo considerar como cierto que el πτερύγιον τοῦ ἱεροῦ era, como los comentaristas suponen en general, la Torre en el ángulo sudeste de los Pórticos del Templo, donde confluyen los pórticos Real (sur) y el de Salomón (este), y de donde la vista hacia el valle de Cedrón debajo es de una profundidad de 450 pies. ¿Podría llamarse a ese ángulo «una ala» (πτερύγιον)? Ni puedo estar de acuerdo con Delitzsch, que era el «tejado» del Santuario, donde en realidad apenas habría habido lugar para estacionarse. Ciertamente formaba parte del puesto de vigía del Sacerdote. Posiblemente era el ángulo extremo del pórtico «que semejaba un ala», o *ulam*, que llevaba al Santuario. Desde allí un sacerdote podía con facilidad comunicarse con sus hermanos en el patio debajo. A esto hay, sin embargo, la objeción de que en este caso habría sido τοῦναοῦ. En el capítulo IV hemos descrito estas localizaciones.

panes para su corazón desmayado. En el intento siguiente Jesús está en el puesto del vigía, que acaba de ser abandonado por el sacerdote vestido de blanco. La luz pasa de rosa a carmín en el horizonte, con ribetes de oro, y se esparce por la tierra. En el Patio de los Sacerdotes, debajo, ha sido ofrecido el sacrificio matutino. Las enormes puertas del Templo se abren lentamente y se oye el sonido de las trompetas que llaman a Israel a empezar el nuevo día y a presentarse ante su Señor. Ahora es el momento en que Él ha de descender, sostenido desde el cielo, en medio de sacerdotes y el pueblo. ¡Qué gritos y aclamaciones produciría su aparición! ¡Qué homenaje de adoración sería el suyo! El objetivo podía ser alcanzado al instante, y se pondría al frente de Israel que creería en Él. Jesús contempla la escena. A su lado está el Tentador, mirando sus facciones que señalan la concentración del espíritu por dentro. Y ahora acaba de susurrarlo. Jesús ha vencido la primera tentación por medio de la confianza absoluta, simple. Éste era el momento y éste el lugar de obrar en aquella confianza, tal como garantizaban las mismas Escrituras a las cuales Jesús había apelado. Pero el haberlo hecho no habría sido confianza, sino *presunción*. El objetivo podía haber sido alcanzado; pero no el objetivo divino, ni con el método de Dios y, como con tanta frecuencia sucede, la misma Escritura explica y guarda la promesa divina por medio de un mandamiento precedente.[22] Y así, una vez más, Jesús no sólo no es vencido, sino que vence por su absoluta sumisión a la voluntad de Dios.

¡Someterse a la voluntad de Dios! Pero, ¿no es esto el reconocer su autoridad, y el orden y disposición que Él ha hecho de todas las cosas? Una vez más cambia la escena. Han vuelto la espalda a Jerusalén y el Templo. Detrás hay también todos los prejuicios populares, los nacionalismos estrechos y las limitaciones. Ya no respiran el aire cargado con el perfume del incienso. Han echado a volar en el ancho mundo de Dios. Se hallan de pie en la cumbre de un monte muy alto. Es a plena luz del sol que contemplan una escena maravillosa. Ante Él surgen, al límite del horizonte, en que se confunden, las nubes y la tierra, formas, figuras, escenas; vienen palabras, sonidos, armonías. El mundo en toda su gloria, hermosura, fuerza, majestad, el velo ha sido descorrido. Su obra, su poder, su grandeza, su arte, su pensamiento, todo aparece claramente ante su vista. Y todavía el horizonte parece que se ensancha cuando mira; y más y más, y detrás hay todavía más y más esplendente. Es un mundo muy distinto de aquel que había vivido y conocido el hijo del hogar retirado de Nazaret, que nunca se había imaginado, y que ahora se abre ante Él con todas sus maravillas. Para nosotros, en tales circunstancias, la tentación, que a primera vista parece burda, habría sido prácticamente irresistible. En la medida en que nuestro intelecto habría sido ampliado, nuestro corazón sintonizado a esta melodía mundial, habríamos puesto los ojos con asombro en esa vista y habríamos apagado la sed de nuestra alma con el trago enloquecedor. Pero aunque tenga que haber aparecido pasivamente sublime al Hombre perfecto, al Hombre-Dios –y para Él mucho más que para nosotros por su apreciación infinitamente más profunda, y su mayor afinidad por lo bueno, lo verdadero, lo hermoso—, Él ya había vencido. No era en realidad «adoración», sino «homenaje» lo que el Maligno reclamaba de Jesús, y esto basado en la afirmación al parecer racional de que, en su estado presente, todo este mundo «le había sido entregado» y él tenía el poder de entregarlo a su vez a quien quisiera. Pero en este mismo hecho se halla la respuesta a la sugerencia. A mayor altura que esta escena emocionante de gloria y hermosura se arqueaba la bóveda azul del cielo de Dios, y más brillante que el sol, que arrojaba su luz sobre la escena en la tierra, se destacaba este hecho: «En los asuntos de mi Padre debo ocuparme»; por encima del estruendo de los sonidos lejanos se alzó la voz: «¡Venga tu Reino!». ¿No estaba el Diablo en la posición de dar estos reinos porque aún no eran el Reino de su Padre, a cuya conquista Jesús se había consagrado? Lo que Satanás procuraba era: «Venga mi reino», una época mesiánica satánica, un Mesías satánico; la realización final de un imperio del cual su posesión presente era sólo temporal, causado por la alienación y apartamiento del hombre de Dios. Destruir todo esto: las obras del Diablo, abolir su reino, dejar en libertad al hombre de su dominio, éste era precisamente el objetivo de la misión de Cristo. Sobre las ruinas del pasado se levantará el nuevo Reino en proporciones de grandeza y hermosura desconocidas hasta entonces, sólo contempladas por los profetas con mirada extática. Había de pasar a ser el Reino de Dios; y la consagración de Cristo al mismo ha de ser la piedra del ángulo de su nuevo Templo. Aquellas escenas se han de transformar en una de adoración más elevada; los sonidos han de mezclarse y armonizar en un cántico de alabanza. Una procesión interminable, multitudes sinnúmero, desde lejos, han de traer sus dones, ofrecer su riqueza, consagrar su sabiduría, dedicar su hermosura, para ponerlo todo en adoración y ofrecimiento humildes a sus pies: un mundo restaurado por Dios, dedicado a Dios, en el cual reina la paz de Dios, sobre el cual se posa la gloria de Dios. El Reino ha de ser la aportación de la adoración, no la coronación de la rebelión. Y, así, la que para Satán es la mayor de las tentaciones, para Cristo es la más burda,[23] que Él echa de sí; y las palabras «Al Señor tu Dios adorarás, y a Él sólo servirás», que ahora reciben su cumplimiento más elevado, marcan no sólo la derrota de Satanás y el triunfo de Cristo, sino el principio básico de su Reino, de toda victoria y todo triunfo.

Burlado, derrotado, el enemigo extiende sus alas hacia su mundo lejano, y lo cubre con sus sombras. El sol ya no brilla con su luz fulgurante; las nieblas se han acumulado en el borde del horizonte y han envuelto la escena que ahora se pierde. Y en el frescor y la sombra que siguió, los ángeles[24] vinieron y ministraron a sus necesidades, tanto del cuerpo como mentales. Él rehusó hacer uso de su poder; no había cedido a la desconfianza y abatimiento; no había querido luchar y vencer solo, en su propia fuerza; y ahora ha recibido poder y refrigerio, y una compañía de los cielos sinnúmero en su ministerio de adoración. No había sucumbido al sueño judío; no había pasado de la desconfianza a la presunción;

---

22. Bengel: «Scriptura per Scripturam interpretanda et conciliandа». Éste es también el canon rabínico. Los rabinos insisten con frecuencia en el deber de no exponerse al peligro, en expectativa presuntuosa de liberación milagrosa. Es un dicho curioso: «No te plantes delante de un buey cuando se dirige al forraje». Satanás salta por entre sus cuernos (Pes. 112 *b*). David había sido presuntuoso en el Salmo 26:2, y falló (Sanh. 107 *a*). Pero la ilustración más apta es ésta: "En una ocasión el rabino Jochanan había pedido al hijo de un rabino que citara un versículo. El niño citó Deuteronomio 14:22, y al mismo tiempo le hizo la pregunta de por qué la segunda cláusula repetía virtualmente la primera. El rabino contestó: «Para enseñarnos que el dar el diezmo nos hace ricos». «¿Cómo lo sabes?», le preguntó el niño. «Por la experiencia», contestó el rabino. «Pero», dijo el niño, «un experimento así no es legítimo, puesto que no hemos de tentar al Señor nuestro Dios»". (Ver el muy curioso libro del rabino So Oweyczgk, *Die Bibel, d. Talm. u. d. Evang.*, p. 132).

23. El pecado siempre se intensifica en lo burdo de sus asaltos.

24. Para las ideas judaicas sobre angelología y demonología, ver Apéndice XIII: «Angelología y Demonología judías».

y he aquí, después de la refriega, no habiendo mirado la recompensa como objetivo, todo era suyo. No tendría a los vasallos de Satán como sus legiones, pero todas las huestes celestiales estaban a su mando. Había sido la victoria; ahora era un cántico de alabanza triunfante. Aquél a quien Dios había ungido con su Espíritu, había vencido por medio del Espíritu; Aquél a quien la voz había proclamado el amado de Dios, en quien Él se complacía, había demostrado que lo era y había satisfecho esta complacencia.

Las tres tentaciones contra la sumisión a la voluntad de Dios, actuales, personales y específicamente mesiánicas, habían sido vencidas. Sin embargo, durante toda su vida se oyeron ecos de las mismas; de la primera, en la sugerencia de sus hermanos a mostrar quién era (Jn. 7:3-5); de la segunda, en el intento popular de hacerle rey, y quizá también en lo que constituyó la idea final de Judas Iscariote; de la tercera, la más claramente satánica, en la pregunta de Pilato: «¿Luego, tú eres rey?».

El enemigo «le dejó», pero «sólo hasta un tiempo oportuno». Mas esta pugna primera y primera victoria de Jesús decidió todas las demás, hasta la última. Estas otras no se refirieron quizá a la forma que había de dar a su plan mesiánico, ni en relación con la expectación judía; sin embargo, eran en sustancia la misma lucha por la obediencia absoluta, la sumisión absoluta a la voluntad de Dios, que constituye el Reino de Dios. Y así también, desde la primera hasta la última, la victoria fue ésta: «No mi voluntad, sino la tuya». Pero así como en las tres primeras peticiones que Él nos ha enseñado, Cristo nos ha cubierto con el manto de su realeza, también Aquél que ha compartido nuestra naturaleza y nuestras tentaciones ha subido al monte de la Tentación con nosotros, necesitados, asediados por el pecado, y tentados en todo, tal como somos, en las cuatro peticiones humanas que siguen a las tres primeras. Y sobre nosotros ha extendido, como los pliegues protectores de su manto, esto como el resultado de su lucha real y su victoria gloriosa: «Porque tuyo es el Reino, el Poder y la Gloria, por los siglos de los siglos».[25]

---

25. Esta cita de la Doxología deja naturalmente sin dilucidar la cuestión crítica, no decidida, de si las palabras formaban parte de la Oración Dominical en su forma original.

Capítulo 2

(Juan 1:19-24)[1]

La delegación de Jerusalén

Aparte de la forma repelente carnal que había tomado, hay algo absolutamente sublime en la continuidad e intensidad de la expectación judía del Mesías. Había sobrevivido no sólo a una demora de largos siglos, sino a las persecuciones y dispersiones del pueblo; continuó, a pesar del desengaño de los Macabeos, bajo el gobierno de un Herodes, la administración de un sacerdocio corrupto y despreciable y, finalmente, el gobierno de Roma, representado por un Pilato; es más, había crecido en intensidad casi en proporción a la improbabilidad de su realización. Éstos son hechos que muestran que la doctrina del Reino, como suma y sustancia de la enseñanza del Antiguo Testamento, era el mismo corazón de la vida religiosa judía, mientras, al mismo tiempo, dan evidencia de una elevación moral que colocaba la convicción religiosa abstracta mucho más allá del alcance de los sucesos efímeros, y se adhería a ella con una tenacidad que nada podía hacer soltar.

Las noticias de lo que había ocurrido en las riberas del Jordán tienen que haber llegado pronto a Jerusalén, y finalmente agitaron las profundidades de su sociedad religiosa, por más que se dejara absorber por cuestiones de ritual o de política. Porque no se trataba de un movimiento ordinario, ni en conexión con ninguno de los partidos políticos o religiosos existentes. Un predicador extraordinario, de apariencia y hábitos extraordinarios, que no tenía como blanco como los otros el celo renovado por las observancias legales, o la creciente pureza levítica, sino que predicaba el arrepentimiento y la renovación moral en preparación para el Reino venidero y sellaba esta nueva doctrina con un rito igualmente nuevo, había atraído de la ciudad y del campo multitudes de todas clases, curiosos, penitentes y novicios. La cuestión básica y candente parecía ser: ¿cuál era su carácter real y su significado?, o mejor, ¿de dónde procedía y adónde se dirigía? Los líderes religiosos del pueblo se propusieron contestarlo instituyendo una encuesta que había de llevar a cabo una delegación de confianza. En el relato de esto, dado por Juan, hay determinados puntos claramente implicados (1:19-28); sobre otros puntos solamente se pueden aventurar sugerencias.

Del contexto puede colegirse que la entrevista referida ocurrió *después* del Bautismo de Jesús.[2] De modo similar, la afirmación de que la delegación que fue a ver a Jesús había sido «enviada de Jerusalén» por «los judíos» implica que procedía de la autoridad, aun cuando no tuviera más que un carácter semioficial. Porque aunque la expresión *judíos* en el cuarto Evangelio generalmente transmite la idea del contraste con los discípulos de Cristo (p.ej., Jn. 7:15), con todo, se refiere al pueblo en su capacidad corporativa, esto es, como representado por sus autoridades religiosas constituidas (comp. Jn. 5:15, 16; 9:18, 22; 18:12, 31). Por otra parte, aunque el término «escribas y ancianos» no ocurre en el Evangelio de Juan,[3] en modo alguno se sigue que «los sacerdotes y levitas» enviados de la capital, o bien representaban a las dos grandes divisiones del Sanedrín, o bien, la delegación era enviada por el mismo Gran Sanedrín. La primera sugerencia es del todo sin base; la segunda es, como mínimo, problemática. Parece ser legítimo inferir que, considerando sus propias tendencias y los peligros que acompañaban a un paso así, el Sanedrín de Jerusalén no habría llegado a la resolución formal de enviar una delegación regular con tal encuesta. Además, una medida como ésta habría quedado por completo fuera del modo de proceder reconocido. El Sanedrín no podía ni originaba acusaciones. Sólo investigaba las que le presentaban. Es del todo verdad que el juicio sobre los falsos profetas y los seductores religiosos le correspondían (Sanh. i. 5), pero el Bautista no había dicho o hecho nada, todavía, que le hiciera vulnerable a una acusación así. No había infringido en modo alguno la Ley de palabra o de hecho, ni había pretendido ser un profeta.[4] Si, a pesar de esto, parece muy probable que «los sacerdotes y levitas» venían del Sanedrín, tenemos que llegar a la conclusión de que su misión no era oficial; más bien determinada de modo privado que público.

Y con esto está de acuerdo el carácter de la delegación. «Sacerdotes y levitas» –colegas de Juan el Sacerdote– habrían sido seleccionados para un encargo así, más bien que las autoridades rabínicas principales. La presencia de estos últimos, sin duda, habría dado al movimiento una importancia que el Sanedrín no deseaba, y quizá hubiera parecido sancionar el movimiento. La otra autoridad que en Jerusalén podría haber enviado una delegación habría sido el llamado «Consejo del Templo», «Judicatura de los Sacerdotes» o «Ancianos del Sacerdocio» (p.ej., Yoma l. 5), que consistía en catorce oficiales principales del Templo. Pero aunque éstos pueden haber tomado su plena responsabilidad más adelante en la condenación de Jesús, de modo ordinario su deber estaba sólo relacionado con los servicios del Santuario, y no con cuestiones criminales o investigaciones doctrinales.[5] Sería demasiado suponer que ellos tomaran la iniciativa en un asunto así a base de que el Bautista era un miembro del sacerdocio. Finalmente, parece del todo natural que una investigación oficial así, puesta en marcha probablemente por los miembros del Sanedrín, fuera confiada exclusivamente al partido farisaico. En modo alguno habría interesado a los saduceos; y lo que los miembros de este partido habían visto en Juan (Mt. 3:7ss.) debe haberles convencido de que sus ideas y objetivos se hallaban del todo fuera de sus horizontes.

Las tres sectas de los fariseos, saduceos y esenios

El origen de los dos grandes partidos de los fariseos y los saduceos ya ha sido presentado (ver Libro 1, cap. VIII).

---

1. Este capitulo contiene, entre otra materia, un examen detallado y crítico de las grandes sectas judaicas, según era necesario en una obra sobre «Los Tiempos» así como «La Vida» de Cristo.

2. Este punto lo discute plenamente Lücke, *Evang. Joh.*, vol. 1, pp. 396-398.

3. Así, el profesor Westcott, en su comentario sobre el pasaje (*Speaker's Comment., N.T.*, vol. 2, p. 18), hace notar que la expresión en Juan 8:3 no es auténtica.

4. El Sanedrín tiene que haber sabido esto perfectamente. Comp. Mateo 3:7; Lucas 3:15, etc.

5. Comp. «The Temple, its Ministry and Services», p. 75. El doctor Geiger (*Urschr. u. Uebersetz. d. Bibel*, pp. 113, 114) adscribe a ellos, sin embargo, una jurisdicción mucho más amplia. Algunas de sus inferencias (como en pp. 115, 116) me parecen indefendibles históricamente.

Indican no sectas, sino direcciones mentales tales que en sus principios son naturales y universales, y, en realidad, aparecen en relación con toda clase de cuestiones metafísicas.[6] Son los diferentes modos en que la mente humana ve los problemas suprasensuales, y que después, cuando son seguidos unilateralmente, se sedimentan en escuelas de pensamiento divergentes. Si los fariseos y los saduceos no eran «sectas» en el sentido de separación de la unidad de la comunidad eclesiástica judaica, tampoco eran sus «herejías» en el sentido convencional, sino sólo en el sentido original de tendencia, dirección o, a lo más, modos de ver que diferían de los que eran comunes.[7] Nuestras fuentes de información son aquí el Nuevo Testamento, Josefo y los escritos rabínicos. El N.T. sólo marca, en amplios perfiles y popularmente, las peculiaridades de cada partido; pero por la ausencia de partidismo se puede considerar con seguridad[8] como la autoridad de más confianza en la materia. Las inferencias que derivamos de las afirmaciones de Josefo,[9] aunque siempre han de ser templadas o verificadas, por su conocido *animus*,[10] o están de acuerdo con las del Nuevo Testamento. Con referencia a los escritos rabínicos hemos de tener en cuenta el carácter no histórico reconocido de la mayoría de sus informes, el fuerte partidismo que colorea casi todas sus afirmaciones respecto a sus oponentes, y su tendencia constante a adscribir prácticas y modos de ver tardíos a tiempos anteriores.

Sin entrar en los principios y prácticas supuestas de la «fraternidad» o «asociación» (*Chebher, Chabhurah, Chabhurta*) de los fariseos, que era relativamente pequeña, ya que contaba sólo unos 6.000 miembros (Josefo, *Ant.* xvii.2.4), son de interés los siguientes particulares. El objeto de la asociación era doble: observar en forma muy estricta y en conformidad con la ley tradicional todas las ordenanzas relativas a la pureza levítica, y ser puntilloso en extremo en todo lo relacionado con los deberes religiosos (diezmos y otros). Una persona podía emprender el cumplimiento de la segunda de estas dos obligaciones sin la primera. En este caso, era simplemente un *Neeman,* un «acreditado» con el cual uno podía entrar libremente en negocios, puesto que se suponía que cumplía todas sus obligaciones. Pero una persona no podía tomar el voto de la pureza levítica sin tomar al mismo tiempo la obligación de todos los deberes religiosos. Si emprendía los dos era un *Chabher,* un «asociado». Aquí había cuatro grados que marcaban una escala ascendente en la pureza levítica, o separación de todo lo que era profano (Chag. ii. 5. 7; comp. Tohar. vii. 5). En oposición a éstos estaban los *Am-ha-arets*, o «personas rurales» (la gente que no sabía o no cuidaba de la Ley, los cuales eran considerados como «malditos»). Pero no debe pensarse que todo *Chabher* era un escriba entendido, o que todo escriba era un *Chabher*. Al contrario, un hombre podía ser un *Chabher* sin ser ni escriba ni anciano (por ej., Kidd. 33 *b*); así que tiene que haber habido sabios, y aun maestros, que no pertenecían a la asociación, puesto que había estipuladas reglas especiales para la recepción de los tales (Bekh. 30). Los candidatos tenían que ser admitidos formalmente en la «fraternidad» en presencia de tres miembros. Pero todo «maestro» público acreditado se suponía que había tomado sobre sí las obligaciones a que nos hemos referido,[11] a menos que se supiera de modo cierto lo contrario. La familia de un *Chabher* pertenecía, como cosa natural, a la comunidad (Bechor. 30); pero esta ordenanza fue alterada después.[12] El *Neeman* emprendía estas cuatro obligaciones: dar diezmos de lo que comía, de lo que vendía, de lo que compraba, y no ser un comensal o invitado de un *Am-ha-arets* (Dem. ii. 2). El pleno *Chabher* se comprometía a no vender a un «Am-ha-arets» ningún líquido o sustancia seca (alimento o fruto), ni comprar del tal ninguna sustancia así, no ser un invitado o comer con él, no aceptarlos como invitados en sus propios vestidos (por la posibilidad de impureza); a lo que una autoridad añade otros particulares, que sin embargo no eran reconocidos por los rabinos como de primaria importancia (Dem. ii. 3).

Estas dos grandes obligaciones del fariseo «oficial» o «asociado» son aludidas directamente por Cristo, las dos con respecto a los *diezmos* (el voto del *Neeman* –Lc. 11:42; 18:12; Mt. 23:33); y con respecto a la pureza levítica (el voto especial del *Chabher* –Lc. 11:39, 41; Mt. 23:25, 26). En ambos casos están asociados a una falta de la correspondiente realidad interior, y con hipocresía. Estas acusaciones no tomarían por sorpresa al pueblo, y por ellas se comprende la circunstancia de que tantos se abstuvieran de entrar en la «asociación» como tal. En realidad, los dichos de algunos de los rabinos con respecto al fariseísmo y el fariseo profesional son más cáusticos que cualquiera de los encontrados en el Nuevo Testamento. No es necesario repetir aquí las bien conocidas descripciones, tanto en el Talmud de Jerusalén como en el de Babilonia, de las siete clases de «fariseos», de las cuales seis (el «sequemita», el «tropezador», el «sangrante», el «mortero», el «quiero saber lo que me corresponde a mí» y «el fariseo del temor») marcan varias clases de irrealidad, y sólo uno es «el fariseo de amor» (Sot. 22 *b*; Jer. Ber. ix. 7). Una expresión como «la plaga del fariseísmo» no es rara; y un necio pietista, un pecador astuto y una mujer farisea son considerados como «las calamidades de la vida» (Sot. iii. 4). «¿Vamos a explicar un versículo según las opiniones de los fariseos?» –pregunta a un rabino, con supremo desprecio por la arrogancia de la fraternidad (Pes. 70 *b*). «Es como una tradición entre los fariseos (Ab. de R. Nath. 5) atormentarse en este mundo, y, con todo, no van a ganar nada con ello en el próximo». Los saduceos tenían algo de razón en su apóstrofe de que «los fariseos poco a poco someterían el mismo globo del sol a sus purificaciones» (Jer. Chag. 79 *d*; Tos. Chag. iii.), tanto más cuanto que sus afirmaciones de pureza a veces estaban combinadas con máximas epicúreas, correspondientes a un estado mental muy diferente, tales como «Apresúrate a comer y beber, porque el mundo que dejamos parece una boda»; o ésta: «Hijo mío, si lo posees todo, goza de ello, porque no hay placer en el

6. Uso el término «metafísico», aquí, en el sentido de que está por encima de lo natural, no meramente lo especulativo, sino lo suprasensual en general.

7. La palabra αἵρεσις ha recibido su presente significado principalmente del adjetivo adherido a ella en 2 Pedro 2:l. En Hechos 24:5, 14 y 28:22 es aplicado de modo vituperativo a algunos cristianos; en 1 Corintios 11:19 y Gálatas 5:20, parece aplicarse a prácticas divergentes de carácter pecaminoso; en Tito 3:10, «herético» parece ser uno que sostiene o enseña opiniones o prácticas divergentes. Además, ocurre en el Nuevo Testamento, una vez para marcar a los saduceos y dos, a los fariseos (Hechos 5:17; 15:5 y 26:5).

8. Quiero decir en lo histórico, no en lo teológico.

9. Me refiero aquí a los pasajes siguientes: *Guerra* ii.8.14; *Ant.* xiii.5.9; 10.5.6; xvii.2.4; xviii.1.2, 3, 4.

10. Para una discusión completa de los escritos y carácter de Josefo, véase el artículo del Diccionario del doctor Smith de Biograf. Crist., vol. III.

11. Abba Saul también habría eximido a todos los estudiantes de esta formalidad.

12. Comp. la sugerencia en cuanto al tiempo significativo en que se introdujo esta alteración, en *Sketches of Jewish Social Life*, pp. 228, 229.

Hades,[13] y la muerte no perdona. Pero si dices: ¿qué es, pues, lo que dejaré a mis hijos e hijas? ¿Te darán gracias en el Hades por lo que les hayas dejado?». Máximas a las cuales, ¡ay!, el gran número de historias y hechos registrados forman un comentario penoso.[14]

Pero sería una burda injusticia el identificar el Fariseísmo con una dirección religiosa, con algunos de sus representantes o incluso con su «fraternidad» oficial. Si bien se puede admitir que la tendencia y secuencia lógica de sus ideas y prácticas eran tales, su sistema, en cuanto a oposición del Saduceísmo, tenía una base seria: dogmático, ritual y legal. Es erróneo, sin embargo, suponer, o bien que su sistema representaba el tradicionalismo en sí, o que los escribas y fariseos eran términos convertibles, y que los saduceos representaban el elemento civil y político. Los fariseos representaban sólo el sistema prevaleciente del tradicionalismo, pero no a éste en sí; mientras que los saduceos también contaban entre ellos a muchos hombres entendidos. Podían entrar en controversias, a veces prolongadas y fogosas, con sus oponentes, y actuaban como miembros en el Sanedrín, aunque ellos tenían tradiciones divergentes propias, e incluso según parece un tiempo y un código completo de ley canónica (Megill. Taan. Per. iv., ed. Varsov, p. 9 *a*). Además, el hecho admitido de que cuando estaban en cargos oficiales los saduceos obraban en conformidad con los principios y prácticas de los fariseos, demuestra por lo menos que tienen que haber estado familiarizados con las ordenanzas del tradicionalismo.[15] Finalmente, había ciertas ordenanzas en las que los dos partidos estaban de acuerdo (Sanh. 33; Horay. 4 *a*). Así, parece que el Saduceísmo era en cierto sentido más bien un sistema más especulativo que práctico, empezando por principios simples y bien definidos, pero ensanchándose en sus posibles consecuencias. Quizá se pueden describir mejor como una reacción general contra los extremos del Fariseísmo, brotando de tendencias moderadas y racionalistas cuyo objeto era asegurar una base dentro de los límites reconocidos del Judaísmo, y procurar defender sus principios por un liberalismo estricto de interpretación y aplicación. De ser así, estas interpretaciones tendrían por objeto propósitos defensivos más que ofensivos, y el gran objetivo del partido sería la libertad racional, o podría ser racionalismo libre. Prácticamente, el partido tendería, como es natural, a avanzar por direcciones amplias y con frecuencia claramente no ortodoxas.

Las diferencias fundamentales *dogmáticas* entre los fariseos y los saduceos se referían a la regla de la fe y la práctica; la realidad después de la muerte; la existencia de ángeles y espíritus; el libre albedrío y la predestinación. Con respecto al primero de estos puntos, ya se ha afirmado que los saduceos no establecían principios de absoluto rechazo de todas las tradiciones como tales, pero que se oponían al tradicionalismo tal como era representado y puesto en práctica por los fariseos. Cuando se les hacía callar por el mero peso de la autoridad, probablemente llevaban la controversia más allá, y contestaban a sus oponentes con una apelación a las Escrituras como contrarias a sus tradiciones; quizá, finalmente, con un ataque contra el tradicionalismo incluso; pero siempre tal como lo representaban los fariseos.[16] Un examen cuidadoso de las afirmaciones de Josefo sobre el tema, mostrará que no dan más que esto.[17] El punto de vista farisaico de este aspecto de la controversia aparece, quizá, del modo más satisfactorio, porque indirectamente, en ciertos dichos de la Mishnah que atribuye todas las calamidades nacionales a aquellas personas que ella adscribe a la perdición eterna, interpretan las Escrituras «no como lo hace la *Halakhah*» o regla farisaica establecida. En este sentido, pues, la idea comúnmente aceptada respecto a los fariseos y saduceos requiere una modificación seria. Por lo que respecta a la *práctica* de los fariseos, como distinguidos de la de los saduceos, podemos tratar sin peligro alguno las afirmaciones de Josefo como las representaciones exageradas de un partidista que desea dar una buena impresión de su partido. En realidad, es cierto que los fariseos «interpretaban las ordenanzas legales con rigor» (Jos. *Guerra* i.5.2),[18] se imponían sobre sí mismos la necesidad de mucha abnegación y renuncia, especialmente con respecto a la comida (Jos. *Ant.* xviii.1.3), pero que su práctica era bajo la guía de la *razón*, como afirma Josefo, es una de las afirmaciones dudosas atrevidas que hay que adscribirle con demasiada frecuencia. La apología de su reverencia especial por la edad y la autoridad (Jos., *Ant.* xviii.1.3) debe referirse a los honores que el partido ofrecía a los «Ancianos», no a los ancianos. Y que había base suficiente para la oposición de los saduceos contra el tradicionalismo farisaico, tanto en principio como en práctica, se ve por la cita siguiente, a la cual añadimos a modo de explicación que el llevar filacterias era considerado por el partido una obligación escritural, y que la filactería para la cabeza consistía (según la tradición) en cuatro compartimentos. «Ir contra las palabras de los escribas es más digno de castigo que ir contra las palabras de la Escritura. El que dice: "No filacterias", con lo que infringe las Escrituras, no es culpable (libre). Si dice: "cinco compartimientos" –o sea, el añadir palabras a los escribas–, sí es culpable» (Sanh. xi.3).[19]

La segunda diferencia doctrinal entre los fariseos y los saduceos se refería a la existencia «después de la muerte». Según el Nuevo Testamento,[20] los saduceos negaban la resurrección de los muertos, mientras que Josefo va más allá y les imputa la negación de recompensas o castigos después de la muerte (*Guerra* ii.8.14), y aun la doctrina de que el alma perece con el cuerpo (*Ant.* xvii.1.4). Esta última afirmación se puede descartar como perteneciente a las inferencias con que los controversistas teológicos disfrutan aplicando a sus

13. Erub. 54 *a*. Doy la última cláusula, no como está en nuestro Talmud, sino según una forma más correcta (Levy, *Neuhebr. Wörterb.*, vol. 2, p. 102).

14. No serviría de nada dar ejemplos. Son fácilmente accesibles a los que tengan el deseo o la curiosidad de leerlas.

15. Incluso libros como el Meg. Taan. no los acusan de ignorancia absoluta, sino solo de ser incapaces de demostrar sus *dicta* por medio de la Escritura (comp. Pereq. x. p. 15 *b*, que puede muy bien marcar los extremos del antisaduceísmo).

16. Alguna explicación tradicional de la Ley de Moisés era absolutamente necesaria si había que aplicarla a las circunstancias existentes. Sería una inexactitud histórica imaginar que los saduceos rechazaban toda la παράδοσις τῶν πρεσβυτέρων (Mt. 15:2) desde Esdras hacia adelante.

17. Éste es el significado de *Ant.* xiii.10.6, y claramente implicado en xviii.1.3, 4, y *Guerra* ii.8.14.

18. M. Derenbourg (*Hist. de la Palest.*, p. 122, nota) hace notar con razón que el equivalente rabínico de la palabra ἀκρίβεια de Josefo es הוּמְבּא, pesadez, y que los fariseos eran מהמירין o «hacedores de lo pesado». ¡Qué comentario éste acerca de las acusaciones de Jesús sobre las «pesadas cargas de los fariseos»! Pablo emplea el mismo término de Josefo para describir el sistema farisaico, en Hechos 22:3. Comp. también Hechos 26:5: κατὰ τὴν ἀκριβεστάτην αἵρεσιν.

19. El tema es discutido en detalle en Jer. Ber. i. 7 (p. 3 *b*), en que se muestra la superioridad del escriba sobre el profeta: *a*) por medio de Miqueas 2:6 (sin las palabras escritas en bastardilla), siendo una clase los profetas («no profetices»), la otra los escribas («profetizad»); *b*) por el hecho de que los profetas necesitaban ser atestiguados por milagros (Dt. 13:2), pero no los escribas (Dt. 17:11).

20. Mateo 22:23 y pasajes paralelos; Hechos 4:1, 2; 23:8.

contrarios. Esto lo muestra el relato de una obra tardía (Ab. de R. Nath. 5), donde dice que, por malentendidos sucesivos de un dicho de Antígono de Socho, que el hombre había de servir a Dios sin consideración a las recompensas, sus discípulos tardíos llegaron a la inferencia de que no había otro mundo –lo cual, sin embargo, solamente podía referirse al «mundo venidero» ideal de los fariseos, no a la negación de la inmortalidad del alma–, y que no hay resurrección de los muertos. Podemos, pues, dar crédito a Josefo por reportar meramente la inferencia común de su partido. Pero otra cosa es lo que se refiere a la negación de la resurrección de los muertos. No sólo es Josefo el que lo afirma, sino el Nuevo Testamento y los escritos rabínicos. La Mishnah afirma de una manera expresa (Ber. ix. 5) que la fórmula «de edad a edad», o más bien, «de mundo a mundo», había sido introducida como una protesta contra la teoría opuesta; mientras que el Talmud, que registra disputas entre Gamaliel y los saduceos[21] sobre el tema de la resurrección, imputa expresamente la negación de esta doctrina a los «escribas de los saduceos». Si se quiere ser imparcial, es propio añadir que en esta discusión los saduceos sólo parece que han negado realmente que haya prueba de esta doctrina en el Pentateuco, y que ellos finalmente profesaron quedar del todo convencidos por el razonamiento de Gamaliel.[22] Con todo, el testimonio concurrente del Nuevo Testamento y el de Josefo no dejan duda de que, en este caso, sus ideas no habían sido mal interpretadas. Apareciera o no su oposición a la doctrina de la Resurrección en primera instancia de sus miras racionalistas, o fuera impulsada por ellas –miras que ellos se esforzaban en apoyar con una apelación a la letra del Pentateuco como fuente del tradicionalismo–, merece noticia el que en su controversia con los saduceos Cristo apeló al Pentateuco en prueba de su enseñanza.[23]

Relacionada con esto estaba la posición igualmente racionalista a la creencia en los ángeles y espíritus. Sólo se menciona en el N.T. (Hch. cap. 23), pero parece seguir casi como corolario. Recordando lo que era la angeología judía, no es difícil maravillarse de que los saduceos le hubieran presentado una oposición extrema.

Las últimas diferencias dogmáticas entre las dos «sectas» se referían al problema que en todo tiempo ha ocupado a los pensadores religiosos: la libre voluntad del hombre, y la preordenación divina, o, mejor dicho, la compatibilidad de las dos. Josefo –o el corrector a quien empleó– realmente usa la expresión puramente pagana «destino» o «hado» (εἱμαρμένη)[24] para designar la idea judía de la preordenación de Dios. Pero, entendida propiamente, la diferencia real entre los fariseos y los saduceos parece haberse reducido a esto: que los primeros acentuaban la preordenación de Dios y los últimos, el libre albedrío del hombre; y que, mientras los fariseos solamente admitían una influencia parcial del elemento humano en lo que sucede –o sea, la cooperación de la voluntad humana con la divina–, los saduceos negaban toda preordenación absoluta, y hacían que la elección del hombre de bien o mal, con sus consecuencias de desgracia o felicidad, dependiera enteramente del ejercicio de la voluntad libre o autodeterminación. Y en esto, como muchos contrarios a la «Predestinación», parecían haber empezado desde el principio de que es imposible que Dios «o bien cometa o prevenga (en el sentido de ordenado con antelación) nada malo». El malentendido mutuo aquí era el común en todas estas clases de controversias. Aunque Josefo (en *Guerra* ii.8.14) escribe como si, según los fariseos, la parte principal en toda buena acción dependiera del hado (preordenación) más bien que del hacer del hombre, con todo, en otro lugar (*Ant.* xviii.1.3) descarta la idea de que los fariseos digan que la voluntad del hombre esté desprovista de actividad espontánea, y habla de un modo algo confuso –porque no es en modo alguno un buen raciocinador– de la «mezcla» de los elementos divinos y humanos, en que la voluntad humana, con su consecuencia de virtud o maldad, está sujeta a la voluntad del hado. Y, sin embargo, en otro lugar, ocurre una modificación nueva de esta afirmación (*Ant.* xviii.5.9) en que se nos dice que, según los fariseos, algunas cosas dependen del hado, y más del hombre mismo. Es evidente, no hay una diferencia muy amplia entre esto y el principio fundamental de los saduceos en lo que podemos suponer era su forma primitiva.

Pero tendremos que decir algo más como ilustrativo de la enseñanza de los fariseos sobre este punto. Nadie que haya entrado en el espíritu del Antiguo Testamento puede dudar de que la respuesta al problema era la *fe*, en su doble aspecto de reconocimiento del gobierno absoluto de Dios y la simple sumisión a la voluntad de Dios. Lo que distingue esto tan ampliamente del fatalismo es lo que puede ser denominado *Jehovaísmo* –esto es, el elemento *moral* en los pensamientos de Dios, y el que Él sea siempre presentado en una *relación paternal* hacia el hombre. Pero los fariseos llevaron esta acentuación de lo divino al borde del fatalismo. Incluso la idea de que Dios haya creado al hombre con dos impulsos, uno para el bien y otro para el mal y que el último sea absolutamente necesario para la continuidad de este mundo, llevaría en alguna forma a adscribir de causación del mal moral al Ser divino. La preordenación absoluta e inalterable de cada suceso, hasta sus detalles más pequeños, es algo sobre lo que se insiste. A Adán se le había mostrado que todas las generaciones tenían que salir de él. Todo incidente de la historia de Israel ha sido preordenado, y los actores en él –para bien o para mal– eran solamente instrumentos para realizar la voluntad divina. ¿Qué es lo que fueron incluso Moisés y Aarón? Dios habría librado a Israel de Egipto, y les habría dado la Ley aunque estas personas no hubieran existido. De modo similar con respecto a Salomón, Ester, Nabucodonosor y otros. Es más, fue debido a que el hombre estaba predestinado a morir que la serpiente consiguió seducir a nuestros primeros padres. Y, por lo que se refiere a la historia de cada individuo, todo lo que afecta a su capacidad mental y física, o lo que le ocurre, estaba

21. Esto es admitido incluso por Geiger (Urschr. u. Uebers. p. 130, nota), aunque en el pasaje antes mencionado corrige: «Escribas de los samaritanos». El pasaje, sin embargo, implica que éstos eran *escribas saduceos*, y que los dos estaban dispuestos y eran capaces de entrar en controversia teológica con sus oponentes.

22. La prueba de Gamaliel fue tomada de Deuteronomio 1:8: «Que Jehová juró a vuestros padres que les daría a ellos». No se dice «a vosotros», sino «a ellos», lo cual implica la resurrección de los muertos. El argumento es afín en carácter, pero inferior en solemnidad y peso, al empleado por nuestro Señor en Mateo 22:32, del cual ha sido sacado, evidentemente (Ver en el Libro 5, cap. IV, las notas sobre este pasaje).

23. Es una circunstancia curiosa en relación con la pregunta de los saduceos, que dio lugar a otro punto en controversia entre los fariseos y los «samaritanos», o, como yo diría, los saduceos, puesto que «dos samaritanos» (¿saduceos?) sólo permitían el casamiento de la mujer desposada, pero no con la realmente casada, en el caso de un hermano muerto sin hijos (Jer. Yebam i. 6, p. 3 *a*). Los saduceos, en el Evangelio, argumentan sobre la teoría farisaica, al parecer con el doble objeto de poner en ridículo la doctrina de la Resurrección y sobre la práctica farisaica de matrimonio con la esposa «casada» de un hermano muerto.

24. La expresión es usada en el sentido pagano (filosófico) de «hado» por Filón, *De Incorrupt. Mundi*, § 10, ed. Mangey, vol. 2, p. 496 (ed. Frcf., p. 947).

«Aparte de la forma repelente carnal que había tomado, hay algo absolutamente sublime en la continuidad e intensidad de la expectación judía del Mesías. Había sobrevivido no sólo a una demora de largos siglos, sino a las persecuciones y dispersiones del pueblo; continuó, a pesar del desengaño de los Macabeos, bajo el gobierno de un Herodes, la administración de un sacerdocio corrupto y despreciable y, finalmente, el gobierno de Roma».

Un gobierno romano representado por Pilato y sustentado por las legiones del ejército de Roma. En esta escultura romanizada de arte etrusco, vemos el gesto de un hombre en actitud de orante con el brazo alzado. Gesto común entre los políticos romanos.

preordenado. Su nombre, lugar, posición, circunstancias, el mismo nombre de aquella con quien ha de casarse, han sido proclamados en el cielo, tal como la hora de su muerte estaba preordenada. Podía haber siete años de pestilencia en la tierra, y ni uno solo moría antes de su tiempo (Sanh. 29 *a*). Incluso si un hombre se hacía un corte en un dedo, podía estar seguro de que esto también estaba preordenado (Chull. 7 *b*). Es más, «allí donde un hombre estaba destinado a morir, allí le llevarían sus pies».[25] Podemos bien entender que los saduceos se opusieran a nociones así, y a todas estas nociones extremas de fatalismo. Y es significativo de la exageración de Josefo[26] que ni el Nuevo Testamento ni los escritores rabínicos acusan de negar la previsión de Dios a los saduceos.

Pero hay también otro aspecto a esta cuestión. Si bien los fariseos sostenían así la doctrina de la preordenación absoluta, al mismo tiempo tenían interés en insistir en la libertad de elección del hombre, su responsabilidad personal y su obligación moral.[27] Aunque cada suceso dependía de Dios, el que un hombre sirviera a Dios o no era algo que dependía por completo de él. Como consecuencia lógica de esto, el hado no tenía influencia por lo que se refería a Israel, ya que todo dependía de oración, arrepentimiento y buenas obras. En realidad, de no ser así, el arrepentimiento sobre el cual los fariseos insistían tanto no habría tenido significado. Además, parece como si se hubiera intentado dar la idea de que, aunque nuestras acciones malas dependían totalmente de nuestra elección, si un hombre procuraba enmendar sus caminos recibía ayuda de Dios (Yoma 38 *b*). Era realmente verdad que Dios había creado el impulso malo en nosotros; pero Él nos había dado también el remedio en la Ley (Bab. B. 16 *a*). Esto es representado en parábola con la figura de un hombre sentado en una encrucijada, que advierte a todos los viandantes que si escogen un camino les va a llevar a un erial lleno de espinos, mientras que siguiendo el otro, después de algunas dificultades van a terminar en un camino llano (gozo) (Siphré sobre Dt. 11:26, § 53, ed. Friedmann, p. 98 *a*). O, poniéndolo en lenguaje del gran Akiba (Ab. iii. 15): «Todo está previsto; al hombre se le concede libre albedrío; y el mundo es juzgado en bondad». Con esta simple yuxtaposición de dos proposiciones igualmente verdaderas, pero imposibles de combinar metafísicamente como son la mayoría de las cosas en que lo cognoscible empíricamente y lo incognoscible está unido, nos contentamos con dejar el asunto.

Las otras diferencias entre los fariseos y los saduceos se pueden resumir fácil y brevemente. Se refieren a cuestiones de ceremonial, ritual y jurídicas. Con respecto a las primeras, la oposición de los saduceos a los escrúpulos excesivos de los fariseos sobre la cuestión de las contami-

25. El caso siguiente, tan curioso, se da como ejemplo. En una ocasión el rey Salomón, cuando le ayudaban sus dos escribas, Elihoreph y Ahiah (los dos se supone que eran etíopes), de repente percibió al Ángel de la muerte. Como su aspecto era muy triste, Salomón se dio cuenta de que la razón era que tenía que entregar a los dos escribas. Entonces Salomón los transportó, por medio de magia, a la tierra de la Luz, donde según la leyenda los hombres nunca mueren. El día siguiente Salomón advirtió de nuevo al Ángel de la muerte, pero esta vez riéndose, porque, como dijo a Salomón, éste había llevado a aquellos dos hombres al mismo lugar al que se le había mandado que los fuera a buscar (Sukk. 53 *a*).

26. Los que entienden el carácter de los escritos de Josefo se dan cuenta de sus razones en esto. Servía a su propósito el hablar con frecuencia del fatalismo de los fariseos y hacer ver que eran una secta filosófica como la de los estoicos. Esto lo dice de modo claro.

27. Para detalles, comp. Hamburger, *Real-Encykl.* 2, pp. 103-106; aunque hay alguna tendencia a dar color aquí, como en otros artículos de la obra.

naciones levíticas llevaba a controversia frecuente. Se mencionan cuatro puntos en disputa, de los cuales, sin embargo, tres parecen más bien comentarios irónicos que divergencias serias. Así, los saduceos hacían burla de sus contrarios por sus muchas lustraciones, incluyendo la del candelabro de oro del Templo.[28] Se mencionan dos ejemplos similares (en Yad. iv. 6. 7). Con miras a guardarse contra la posibilidad de profanación, los fariseos declararon que el contacto con algo sagrado «contaminaba» las manos. Los saduceos, por otra parte, ridiculizaban la idea de que las Sagradas Escrituras «contaminaran» las manos y que no lo hiciera un libro como Homero.[29] En el mismo espíritu, los saduceos preguntaban a los fariseos cómo el agua vertida de un vaso limpio a otro contaminado no perdía su pureza y poder purificador. Si éstas son controversias sin importancia, en otra cuestión ceremonial había una diferencia real, aunque su existencia muestra la forma en que el espíritu partidista podía impulsar a los fariseos. Ninguna ceremonia era guardada con mayor cuidado para impedir la contaminación que la de la preparación de las cenizas de la becerra roja.[30] Lo que parecen ser las ordenanzas originales (Par. iii.; Tos. Par. 3), ordenaban que siete días antes de ser quemada la becerra roja, el sacerdote tenía que ser mantenido en separación en el Templo, rociado con las cenizas de todas las ofrendas por el pecado, y tenía que evitar el contacto con sus hermanos sacerdotes con un rigor mayor aún que el del Sumo Sacerdote, en su preparación para el Día de la Expiación. Los saduceos insistían en que como «hasta la puesta del sol» era la regla de toda purificación, el sacerdote debía mantenerse limpio hasta entonces, antes de quemar la becerra roja. Pero, al parecer, por amor a oponerse y en contravención a sus propios principios, los fariseos en realidad «contaminaban» al sacerdote en su camino al lugar donde debía ser quemada, y luego, inmediatamente, le hacían tomar un baño de purificación que había sido preparado para demostrar que los saduceos estaban equivocados (Parah iii. 7).[31] En el mismo espíritu, los saduceos parece que prohibían el uso de algo hecho de animales que habían sido prohibidos como alimento, o a causa de no haber sido sacrificados propiamente; mientras que los fariseos lo permitían y, en el caso de los animales limpios levíticamente que habían muerto o habían sido desgarrados, incluso sus pieles podían ser usadas para hacer pergamino, que podía ser empleado para propósitos sagrados (Shabb. 108 *a*).

Puede parecer que éstas son distinciones triviales, pero eran suficientes para encender las pasiones. Mayor importancia aún se daba a las diferencias por cuestiones *rituales*, aunque la controversia aquí era puramente teórica. Porque los saduceos, cuando ocupaban cargos, siempre obraban en conformidad con las prácticas prevalecientes farisaicas. Así, los saduceos interpretaban Levítico 23:11, 15, 16 con el significado de que la gavilla (o, mejor aún, el omer) había de ser ofrecida el «día siguiente después del sábado semanal» –esto es, el domingo en la semana de Pascua–, lo que habría llevado la fiesta de Pentecostés siempre a un domingo (vv. 15, 16); en tanto que los fariseos entendían el término «sábado» como el día festivo pascual (Menach. x. 3; 65 *a;* Chag. ii 4).[32] Relacionado con esto estaban las disputas sobre el examen de testigos que testificaban sobre la aparición de la nueva luna, y a los cuales los fariseos acusaban de haber sido sobornados por sus contrarios (Rosh haSh. i. 7; ii. 1; Tos. Rosh haSh., ed. Z, i. 15).

La objeción de los saduceos a derramar el agua de la libación sobre el altar en la Fiesta de los Tabernáculos dio lugar a un motín y represalias sangrientas en la única ocasión en que parece haberse realizado esta práctica (Sukk. 48 *b*; comp. Josefo, *Ant.* xiii.13.5). De modo similar, los saduceos objetaban a percutir las ramas de los sauces después de la procesión, alrededor del altar, en el último día de la Fiesta de los Tabernáculos, si se trataba de un sábado (Sukk. 43 *b*, y en el Talm. Jer. y Tos. Sukk. iii. 1). De nuevo los saduceos querían que el Sumo Sacerdote, en el Día de la Expiación, encendiera el incienso *antes* de entrar en el Lugar Santísimo, mientras los fariseos, después de haber entrado en el Santuario (Jer. Yoma i. 5; Yoma 19 *b*; 53 *a*). Finalmente, los fariseos insistían en que el coste de los sacrificios diarios debía ser pagado del tesoro general del Templo, en tanto que los saduceos querían que fuera pagado con las ofrendas voluntarias. Otras diferencias que no parecen ser bien establecidas, no tienen por que ser discutidas aquí.

Entre las divergencias sobre cuestiones jurídicas, ya se ha hecho referencia a lo que respecta al matrimonio con la «desposada», o bien la ya casada, viuda de un hermano que había muerto sin hijos. Josefo, en realidad, acusa a los saduceos de crueldad extrema en cuestiones de orden criminal (sobre todo *Ant.* xx. 9); pero esto debe referirse a que el ingenio o puntillosidad de los fariseos daba lugar a que muchos ofensores hallaran un agujero por donde escaparse. Por otra parte, los principios jurídicos divergentes de los saduceos, que son atestiguados con autoridad de confianza,[33] parecen estar más de acuerdo con la justicia que los de los fariseos. Se refieren (aparte del matrimonio levirato ya mencionado) principalmente a tres puntos. Según los saduceos, el castigo de los falsos testigos (decretado en Dt. 19:21) sólo debía ser ejecutado si la persona inocente, condenada bajo su testimonio, había sufrido realmente el castigo, mientras que los fariseos sostenían que debía ser aplicado en caso de que la sentencia hubiera sido pronunciada, aunque no se hubiera ejecutado (Makk. i. 6). También, según la ley judía, la propiedad del padre era heredada por el hijo, pero no por la hija. De esto los fariseos argumentaban que si, al tiempo de la muerte del padre, el hijo había muerto dejando solamente una hija, la nieta (como representante del hijo) debía ser la heredera, mientras que la hija debía ser excluida. Por otra parte, los saduceos sostenían que, en este caso, la hija y la nieta debían recibir partes iguales (Bab. B. 115 *b*; Tos. Yad. ii. 20). Finalmente, los saduceos argumentaban que si, según Éxodo 21:28, 29, un hombre era responsable por el daño causado con su ganado, era igualmente responsable, si no más, por el daño causado por su esclavo, mientras que los fariseos rehusaban reconocer res-

---

28. Jer. Chag. iii 8; Tos. Chag. iii, en que el lector hallará suficiente prueba de que los saduceos no estaban equivocados.

29. Los fariseos replicaron preguntando cuál era la base de que los huesos de un Sumo Sacerdote «contaminaran, pero no lo hicieran los de un asno». Cuando los saduceos adscribieron esto al gran valor del primero, para que no fueran profanados los huesos de los padres haciendo cucharas de ellos, los fariseos replicaron que el mismo argumento se aplicaba a las Sagradas Escrituras. En general, parece que los fariseos temían los comentarios irónicos de los saduceos sobre lo que ellos hacían (comp. Par. iii. 3).

30. Comp. «The Temple, its Ministry and Services», pp. 309, 312. Las rúbricas están en el tratado míshnico Par. y en Tos. Par.

31. El pasaje míshnico es difícil, pero creo que he dado el sentido de modo correcto.

32. La diferencia, que es más intrincada de lo que parece a primera vista, requeriría una discusión tan larga que no se puede presentar en este lugar.

33. Otras diferencias, que reposan meramente en la autoridad del Comentario hebreo sobre «El papel de los ayunos», las he dejado a un lado por carecer de evidencia histórica. Tengo que diferir en esto y en otros aspectos de la cuestión del artículo sobre «Los Saduceos», en Kitto, *Bibl. Encycl.*

ponsabilidad alguna en el último caso (Yad. iv. y Tos. Yad.).

Para poder dar datos completos ha sido necesario entrar en detalles que no poseen interés general. Sin embargo, a pesar de esto, se verá que con la excepción de diferencias dogmáticas, la controversia giraba sobre cuestiones de ley canónica. Josefo nos dice que los fariseos dominaban a las masas (*Ant.* xiii.10.6), y especialmente a las mujeres (*Ant.* xvii.2.4), mientras que los saduceos eran seguidos sólo por una minoría, si bien ésta pertenecía a la clase más alta. Los sacerdotes principales en Jerusalén formaban parte de esta clase más alta de la sociedad, naturalmente; y por el Nuevo Testamento y por Josefo sabemos que las familias de los Sumos Sacerdotes pertenecían al partido saduceo (Hch. 5:17; *Ant.* xx.9.1). Pero no sería correcto suponer que los saduceos representaban el aspecto civil y político de la sociedad, y los fariseos el religioso; o que los saduceos eran el partido sacerdotal, en oposición a los fariseos populares y democráticos. Es más, los hechos históricos lo niegan. Porque no pocos de los líderes farisaicos eran realmente sacerdotes (Sheqal. iv. 4; vi. 1; Eduy. viii. 2; Ab. ii. 8ss.), mientras que las ordenanzas farisaicas hacían más amplio el reconocimiento de los privilegios y derechos de los sacerdotes. Esto no habría sido el caso si, como algunos han dicho, saduceos y partido sacerdotal hubieran sido términos convertibles. Incluso por lo que se refiere a la delegación al Bautista, de «sacerdotes y levitas» de Jerusalén, se nos dice de modo expreso que «eran de los fariseos» (Jn. 1:4).

Esta hipótesis atrevida, en realidad parece haber sido inventada por causa de otra aún menos histórica. La derivación del nombre «saduceo» siempre ha sido disputada. Según una leyenda judaica del siglo séptimo, aproximadamente, de nuestra era (en la Ab. del rab. Nat. c. 5), el nombre se deriva de un tal *Tsadoq* (Zadok),[34] un discípulo de Antígono de Socho, cuyo principio de no servir a Dios por recompensas había sido interpretado mal, y gradualmente llevado al Saduceísmo. Pero, aparte de la objeción de que en este caso el partido debería haber tomado el nombre de *Antigonitas*, la historia en sí no recibe apoyo ni de Josefo ni de los escritores judíos primitivos. En consecuencia, los críticos modernos han adoptado otra hipótesis, que parece igualmente insostenible. Suponiendo que los saduceos eran el «partido sacerdotal», se dice que el nombre de la secta se derivó de Zadok *(Tsadoq)*, el Sumo Sacerdote en el tiempo de Salomón. Pero las objeciones a esto son insuperables. Sin hablar de la dificultad lingüística de derivar *Tsadduqim* (Zaddukim, saduceos) de *Tsadoq* (Zadok), ni Josefo ni los rabinos saben nada de una tal conexión entre Tsadoq y los saduceos, *razón* por la cual sería difícil de percibir. Por otra parte, ¿es probable que un partido hubiera ido a buscar su nombre muchos siglos atrás, cuando no había conexión alguna entre el mismo y sus principios distintivos? El nombre de un partido se deriva de su fundador o lugar de origen, o bien de lo que defiende como sus principios distintivos o prácticas (si lo escogen los que lo forman, que no siempre es así). Los contrarios podrían modificar el nombre, o darle una designación, posiblemente detractiva, que expresara su reacción al partido o alguna de sus peculiaridades. Pero ni una ni otra de estas normas puede explicar el origen del nombre de saduceos como derivado de Zadok. Finalmente, en el supuesto mencionado, los saduceos tienen que haber dado el nombre a su partido, puesto que no podemos imaginar que los fariseos hubieran relacionado a sus oponentes con el nombre honroso del Sumo Sacerdote Tsadoq.

Si es altamente improbable que los saduceos, que, naturalmente, profesaban ser los intérpretes correctos de la Escritura, hubieran escogido nombre de partido alguno, con el que se habrían marcado como sectarios, esta derivación del nombre es también contraria a la analogía histórica. Porque incluso el nombre de fariseos, *Perushim*, «separados», no fue tomado por el partido mismo, sino que les fue dado por sus contrarios (Yad. iv. 6ss.).[35] De 1 Macabeos 2: 42; 7:13; 2 Macabeos 14:6 se ve que originalmente habían tomado el nombre sagrado de *Chasidim*, o «los piadosos» (Sal. 30:4; 31:23; 37:28). Esto, sin duda, en base a que ellos eran verdaderamente los que, según las indicaciones de Esdras (6:21; 9:1; 10:11; Neh. 9:2), se habían separado (se habían vuelto *nibhdalim*) «de la suciedad de los paganos» (toda contaminación pagana) ejecutando las ordenanzas tradicionales.[36] De hecho, Esdras marcó el comienzo de las «posteriores», en contradistinción con los «iniciales», o *Chasidim* escriturales (Ber. v. 1; comp. con Vayyik. R. 2, ed. Vars., t. 3, p. 5 *a*). Si vamos por buen camino al suponer que sus oponentes los llamaron los *Perushim*, en lugar de la designación escritural de *Nibhdalim*, se saca la inferencia de que, mientras los «fariseos» se arrogarían a sí mismos el nombre escritural de *Chasidim*, o de «los píos», sus oponentes contestarían que ellos estaban satisfechos con llamarse *Tsaddiqim*,[37] o «justos». Así, el nombre *Tsaddiqim* pasaría a ser el del partido opuesto a los fariseos, o sea, el de los *saduceos*. Hay, ciertamente, una dificultad lingüística en el cambio de sonido *i* a *u* (*Tsaddiqim* a *Tsadduqim*), pero ¿no puede haber ocurrido esto por haberlo usado el pueblo con sorna? Esta manera de dar un apodo a un partido o gobierno no es irracional ni infrecuente.[38] Algún gracioso puede haber sugerido: Leed, no *Tsaddiqim*, los «justos», sino *Tsadduqim* (de *Tsadu*, צָדוּ), «desolación», «destrucción». Tanto si esta sugerencia recibe la aprobación de los críticos como si no, la derivación de saduceos de *Tsaddiqim* es ciertamente la que ofrece mayor probabilidad.

La inseguridad respecto al origen del nombre de un partido lleva casi de modo natural la mención de otro, que, realmente, no podría omitirse en ninguna descripción de esos tiempos. Pero mientras que los fariseos y saduceos eran partidos dentro de la Sinagoga, los esenios ('Εσσηνοί o 'Εσσαῖοι –este último siempre en Filón), aunque eran sectas judaicas estrictas, eran separatistas, y tanto en doctrina como en culto y práctica se hallaban fuera del cuerpo eclesiástico judío. Su número alcanzaba sólo a unos 4.000 (Filón, *Quod omnis probus liber*, § 12, ed. Mang. ii. p. 457; Jos. *Ant.* xviii.1.5). No son citados en el Nuevo Testamento, y sólo de modo muy indirecto en los escritos rabínicos. Si es correcta la conclusión respecto a ellos, que indicaremos luego, apenas podemos extrañarnos de ello. En realidad, su separación completa de todos aquellos que no pertenecían a su secta, los terribles juramentos con que se obligaban a guardar

---

34. Tseduqim y Tsadduqim marcan diferentes transliteraciones del nombre «saduceos».

35. El argumento, como en el caso de la derivación del término «saduceo», valdría también aquí, incluso si cada partido hubiera asumido, no recibido del otro, su nombre característico.

36. Comp., en general, «Sketches of Jewish Social Life», pp. 230, 231.

37. Aquí merece especial mención el que el término *Chasid* del Antiguo Testamento, que los fariseos se arrogaban a sí mismos, es traducido en la Peshito por *Zaddiq*. Así que, como si dijéramos, los rivales del fariseísmo contestarían con el equivalente *Tsaddiq* contra la arrogación farisaica de *Chasid*.

38. Estos apodos, jugando con una palabra, no son raros. Así, en Shem. R. 5 (ed. Varsov., p. 14 *a*, líneas 7 y 8 desde arriba), Faraón acusó a los israelitas de estar נִרְפִּים, «ociosos», que por trasposición de letras pasó a significar que eran, πόρνοι.

secretas sus doctrinas, y que impedían toda discusión religiosa libre, así como el carácter de lo que se sabe de sus ideas, explicaría las escasas noticias que tenemos de ellos. Josefo y Filón,[39] que hablan de ellos con mucha simpatía, sin duda se habían tomado muchas molestias para averiguar todo lo que pudieron sobre ellos. Josefo parece haber tenido oportunidades especiales para conseguirlo.[40] Con todo, lo secreto de sus doctrinas nos hace depender de escritores que, al menos uno (Josefo), es sospechoso de partidismo y exageración. Pero podemos estar seguros de una cosa: ni Juan el Bautista y su Bautismo, ni la enseñanza del Cristianismo tuvieron nada que ver con el Esenismo. Sería faltar a la verdad histórica inferir lo contrario de unos pocos puntos de contacto –éstos solamente de similaridad, no de identidad–, cuando las diferencias entre ellos son tan fundamentales. Decir que era esenio uno que, como Juan, predicaba el arrepentimiento y el Reino de Dios a las multitudes, bautizaba a los no iniciados y daba testimonio supremo de Alguien como Jesús, son afirmaciones tan extravagantes como decir que Uno que se mezclaba con la sociedad y cuya enseñanza, similar a este respecto y en todas sus tendencias, era tan no-esenia, por no decir anti-esenia, hubiera derivado parte alguna de su doctrina del Esenismo. Además, cuando recordamos los puntos de vista de los esenios sobre la purificación, la observancia del sábado, y su negación de la resurrección, sentimos que, aunque haya algunos puntos de parecido que el ingenio de los críticos puede hacer resaltar, la enseñanza del Cristianismo iba en dirección opuesta a la del Esenismo.[41]

No poseemos *datos* para la historia de los orígenes y desarrollo del Esenismo. Podemos admitir una cierta conexión entre Fariseísmo y Esenismo, aunque ha sido muy exagerada por los modernos escritores judíos. Ambas direcciones se originaron en un deseo por la «pureza», aunque parece haber una diferencia fundamental entre ellas, tanto en la idea de lo que constituye pureza como en los medios de alcanzarla. Para el fariseo se trataba de pureza levítica y legal, conseguida por una «valla» de ordenanzas con las que se rodeaban. Para el esenio era la pureza absoluta, en separación de lo «material», que en sí mismo contaminaba. El fariseo alcanzaba de esta manera el mérito distintivo de un santo; el esenio obtenía una comunión más elevada con la pureza «interior», divina, y no sólo libertad de las influencias degradantes, rebajadoras de la materia, sino dominio sobre la materia y la naturaleza. Como resultado de su comunión más alta con lo divino, el adepto poseía el poder de la predicción; como resultado de su libertad de la materia y dominio de la misma, el poder de las curas milagrosas. Sus purificaciones, observancia estricta del sábado y otras prácticas, formaban puntos de contacto con los fariseos, como es natural; y un poco de reflexión mostrará que estas observancias, de modo natural, serían adoptadas por los esenios, pues quedaban dentro de las líneas del Judaísmo aunque separadas de su cuerpo eclesiástico. Por otra parte, su tendencia fundamental era muy distinta de la de los fariseos, y fuertemente teñida de elementos orientales (pársicos). Después de esto, el inquirir la fecha precisa de su origen, y si el Esenismo era un brote de los *Chasidim* o Asideos (antiguos) originales, parece innecesario. Ciertamente, hallamos su primera mención hacia el año 150 a.C. (Jos. *Ant.* xiii.5.9), y encontramos el primer esenio en el reino de Aristóbulo I (105-104 a.C.; *Ant.* xiii.11.2; *Guerra* i.3.5).

Examen de sus doctrinas distintivas

Antes de presentar nuestras conclusiones sobre su relación con el Judaísmo y el significado de su nombre, recogeremos toda la información que pueda derivarse de la secta de los escritos de Josefo, Filón y Plinio.[42] Incluso su organización exterior y el modo de vida tienen que haber dejado una impresión tan profunda (e incluso más profunda considerando los hábitos y circunstancias del tiempo) como la más estricta orden monástica ascética moderna, sin las características poco naturales y repelentes de esta última. No había votos de silencio absoluto, interrumpidos por un cántico extraño de oraciones o «memento mori»; ni penitencias, ni castigos autoinfligidos. Pero la persona que había entrado en la «orden» quedaba separada efectivamente de todo lo exterior, como si viviera en otro mundo. Evitando las grandes ciudades como centros de la inmoralidad (Filón ii. p. 457), escogían para sus establecimientos principalmente aldeas, y una de sus colonias mayores estaba situada en las orillas del mar Muerto (Plinio, *Hist. Nat.* v. 16, 17). Al mismo tiempo tenían también «casas» en la mayoría (si no en todas) de las ciudades de Palestina (Filón, *u.s.* p. 632; Jos. *Guerra* ii.8.4), sobre todo en Jerusalén (*Ant.* xiii.11.2; xv.10.5; xvii.13.3), una de cuyas puertas era, en realidad, llamada por su nombre (*Guerra* v.4.2). En estas «casas» vivían en común (Filón, *u.s.* p. 632), bajo superiores de su propia orden. Los asuntos de «la orden» eran administrados por un tribunal de por lo menos un centenar de miembros (*Guerra* ii.8.9). Llevaban un vestido común, se ocupaban de labores comunes, unidos por oraciones comunes, participaban de comidas comunes y se dedicaban a obras de caridad, para las cuales cada uno tenía libertad de sacar del tesoro común a su propia discreción, excepto en el caso de parientes (*Guerra* ii.8.6). No hay necesidad de mencionar que ofrecían la hospitalidad más plena a los extraños que pertenecían a la orden; de hecho, era designado un encargado especial para este propósito en cada ciudad (*u.s.* § 4). Todo tenía el carácter más sencillo, y su objetivo era la purificación del alma, conseguida evitando en cuanto fuera posible no sólo lo que era pecaminoso, sino lo que era material. Se levantaban con el sol, no usaban palabras ociosas hasta el momento en que habían ofrecido sus oraciones. Éstas eran dirigidas, si bien no al sol naciente, al menos al emblema de la Divina Luz, según ellos explicaban; pero implicaban invocación, si no adoración al Sol.[43] Después eran despedi-

39. Son mencionados también por Plinio (*Hist. Nat.* v. 16).

40. Esto puede inferirse de la *Vida de Josefo*, c. 2.

41. Este punto lo ha descartado de modo concluyente el obispo Lightfoot en la 3ª Disertación añadida a su «Commentary on the Colossians» (pp. 397-419). En general, la magnífica discusión de todo el tema por el obispo Lightfoot, tanto en el cuerpo del «Commentary» como en las tres Disertaciones añadidas, se puede decir que forma una nueva era en el tratamiento de toda la cuestión, y los puntos en que nos atreveríamos a expresar desacuerdo son pocos y sin importancia. El lector que desee ver una discusión de la supuesta analogía entre Esenismo y la enseñanza de Cristo la podrá encontrar en el artículo «Essenes», del doctor Ginsburg, en Smith y Wace: Dictionary of Christian Biography. La misma línea de argumentación ha sido seguida por Frankel y Gärtz. Las razones que apoyan el punto de vista opuesto están expresadas en nuestro texto.

42. Comp. Josefo, *Ant.* xiii.5.9; xv.10.4, 5; xviii.1.5; *Guerra* ii.8. 2-13; Filón, *Quod omnis probus liber*, §§ 12, 13 (ed. Mangey, 2.457-459; ed. Par. and Frcf., pp. 876-879; ed. Richter, vol. 5, pp. 285-288); Plinio, *Hist. Nat.* v. 16, 17. Para referencias en los *Padres* véase obispo Lightfoot sobre «Colossians», pp. 83, 84 (nota). Comp. la literatura allí y en Schürer (*Neutest. Zeitgesch.*, p. 599), a la cual añadiré doctor Ginburg: Art. «Essenes», en Smith y Wace, *Dict. of Chr. Biogr.*, vol. 2.

dos por los «encargados» para dirigirse a su trabajo en común. La comida de la mañana iba precedida por una lustración o baño. Luego se ponían los vestidos de lino «festivos» y entraban purificados en la sala común, como su Santuario. Porque cada comida era sacrificial; de hecho, los únicos sacrificios que reconocían. El «panadero» era realmente su sacerdote –y naturalmente lo era, puesto que preparaba el sacrificio–, ponía delante de cada uno de ellos el pan, y el cocinero, un cocido de verduras. La comida terminaba con oración hecha por el sacerdote que presidía, porque los que presidían en estos «sacrificios» eran también «sacerdotes», aunque en ningún caso, probablemente, de linaje aarónico, sino consagrados por ellos mismos (Josefo, *Guerra* ii.8.5; *Ant.* xviii.1.5). La comida sacrificial concluía con oración, con lo cual se quitaban el vestido sagrado y regresaban a su trabajo. La comida de la noche era exactamente igual, y participaban de los mismo ritos que por la mañana.

Aunque los esenios, que con la excepción de una pequeña parte de ellos repudiaban el matrimonio, adoptaban niños para educarlos en los principios de su secta,[44] con todo, la admisión a la orden sólo era concedida a los adultos, y después de un noviciado que duraba tres años. Al entrar, el novicio recibía los tres símbolos de la pureza: un hacha, o bien una *pala* con la que había de cavar un hoyo, profundo de un pie, para cubrir los excrementos; un delantal, para ceñírselo alrededor de los lomos al bañarse; y un *vestido blanco*, que siempre era ya usado; el vestido festivo de las comidas era de lino. Al fin del primer año el novicio era admitido a las lustraciones. Había entrado ya en el *segundo* año, en el cual permanecía otro año. Después de este período era adelantado al *tercer* grado, pero todavía seguía siendo novicio hasta terminar el tercer año de su probación, en que era admitido al *cuarto* grado: el de miembro pleno, cuando por primera vez era admitido al sacrificio de las comidas comunes. El mero contacto con uno de grado inferior contaminaba al esenio y necesitaba la lustración de un baño. Antes de la admisión a la membresía plena, prestaban un terrible juramento. Como este juramento, entre otras cosas, obligaba al secreto más absoluto, hemos de imaginar que su forma, según nos la da Josefo (*Guerra* ii.8.7), contenía mucho más de lo que generalmente se suponía. Así, la larga lista de obligaciones morales que el esenio emprendía, según la lista que nos da Josefo, probablemente no es nada más que una ampliación retórica de alguna fórmula simple. Más crédito nos merece la supuesta obligación de evitar toda vanidad, falsedad, falta de honradez y ganancias ilícitas. Las últimas partes del juramento solamente indican los votos peculiares de la secta, esto es, hasta el punto en que podían ser conocidas por el mundo exterior, especialmente por las prácticas de los esenios. Se comprometían un miembro al otro a no esconder nada de los de su propia secta, ni, aun en peligro de muerte, dar a conocer sus doctrinas a otros; transmitir sus doctrinas exactamente tal como las habían recibido; abstenerse del robo;[45] y *guardar los libros pertenecientes a la secta, y los nombres de los ángeles*.

Es evidente que, si bien todo lo demás tenía por objeto poner salvaguardas para una secta rigurosa de puristas y con miras a mantenerla de modo estricto, una orden secreta, los particulares mencionados últimamente proporcionan indicaciones significativas de sus doctrinas peculiares. Algunas de éstas pueden ser consideradas sólo del Judaísmo, aunque no de la clase farisaica.[46] Entre ellos contamos la extravagante reverencia por el nombre de su legislador (es de suponer Moisés), blasfemar contra el cual era una ofensa capital; su abstinencia rígida contra todo alimento prohibido; y su observancia exagerada del sábado, en que no sólo no se preparaba alimento ni se movía una vasija, sino que ni aun debía hacer uso de las necesidades naturales.[47] Pero esto último estaba conectado con su idea fundamental de la impureza inherente del cuerpo y, en realidad, de todo lo que es material. De ahí también su ascetismo, su repudiación del matrimonio y sus frecuentes lustraciones en agua limpia, no sólo antes de sus comidas sacrificiales, sino al entrar en contacto incluso con un esenio de grado inferior y después de las necesidades naturales. Su indudable *negación de la resurrección del cuerpo* parece sólo la consecuencia lógica de ello. Si el alma era una sustancia de éter sutilísimo, atraída por alguna especie de seducción o encanto al cuerpo, que era su prisión, el restaurar lo que siendo material era en sí impuro no podía dar lugar a un estado de perfección. Y, realmente, lo que hemos llamado Judaísmo exagerado de la secta –su rígida abstinencia de toda comida prohibida, y peculiar observancia del sábado– puede haber tenido el mismo objeto, o sea, tender hacia un purismo externo, que el legislador divino habría introducido pero que los que estaban orientados hacia la carne no podían recibir. De ahí, pues, la estricta separación de la orden, sus grados, su disciplina rigurosa, así como su abstinencia de vino, carne y toda clase de ungüentos de todo lujo, incluso de los oficios que los habrían estimulado, y de todo vicio. Este objetivo de pureza externa explica muchos de los arreglos externos, tales como que su labor era de la clase más simple, y el que la propiedad en la orden fuera en común; quizá, también, lo que pueden parecer ordenanzas más éticas, tales como la repudiación de la esclavitud, su negativa a tomar un juramento, e incluso su escrupulosa insistencia en la verdad. Los vestidos blancos que siempre llevaban parecen haber sido un símbolo de la pureza que perseguían. Para este propósito se sometían no solamente a un ascetismo estricto, sino a una disciplina que daba a los encargados o superiores autoridad para expulsar a los ofensores, aun cuando al hacerlo virtualmente les condenaban a la muerte por hambre, puesto que los que habían entrado en la orden se habían juramentado de modo terrible a no participar de comida alguna que no hubiera sido preparada por sus «sacerdotes».

En un sistema así *no había lugar*, naturalmente, *para un*

43. La distinción es de Schürer, aunque él está dispuesto a minimizar este punto. Hablaremos de ello otra vez en la secuela.

44. Schürer considera que estos niños formaban la primera de las cuatro «clases» o grados en que se ordenaban los esenios. Pero es contrario a lo que de modo expreso afirma Filón, que sólo eran admitidos los adultos a la orden, y de ahí que sólo éstos podían formar un «grado» o «clase de la comunidad» (comp. ed. Mangey, ii., p. 632, de Eusebius: *Praepar. Evang*. lib. viii., cap. 8). He adoptado el punto de vista del obispo Lightfoot sobre el tema. Incluso la orden de los esenios, que admitía el matrimonio, sin embargo solamente lo admitía bajo grandes restricciones y como un mal necesario (*Guerra, u.s.* § 13). El obispo Lightfoot sugiere que éstos no eran esenios en el sentido estricto, sino sólo «como la tercera orden de los benedictinos o los franciscanos».

45. ¿Puede esto tener alguna conexión en la mente de Josefo con el movimiento nacionalista tardío? Podría parecerlo, por su insistencia sobre su respeto para las autoridades. De otro modo, el énfasis puesto sobre el abstenerse de robar parece extraño en una secta así.

46. Me atrevo a pensar que incluso el obispo Lightfoot pone demasiado énfasis en la afinidad con el Fariseísmo. Puedo descubrir muy pocas huellas de Fariseísmo en el sentido distintivo del término. Incluso sus lavamientos frecuentes tenían un objeto diferente de los de los fariseos.

47. Por una razón similar, y en orden a «no afrontar los rayos de la luz divina» –ya que la luz era un símbolo, si no la emanación de la Divinidad–, se cubrían en estas circunstancias con el manto, que era su vestido ordinario en invierno.

sacerdote aarónico, o sacrificios de sangre. De hecho repudiaban los dos. Sin rechazar de modo formal el Templo y sus servicios, no había lugar en sus sistemas para ordenanzas así. Enviaban ofrendas de acción de gracias al Templo, ciertamente, pero ¿qué parte tenían en sacrificios de sangre y en el ministerio aarónico, que constituían las actividades principales del Templo? Sus «sacerdotes» eran sus panaderos y presidentes; sus sacrificios, los de la comunión; sus comidas, sagradas de pureza. Está en total acuerdo con esta tendencia lo que leemos en Filón, que, en su diligente estudio de las Escrituras, adoptaban principalmente el modo alegórico de interpretación (Ed. Mang. ii. p. 458).

No tenemos por que maravillarnos de que judíos como Josefo y Filón, y paganos como Plinio, se sintieran atraídos por esta secta elevada y apartada del mundo. Aquí había unos 4.000 hombres que a propósito se separaban no sólo de todo lo que hacía la vida agradable, sino de todo lo que les rodeaba; que después de pasar por un noviciado largo y estricto se contentaban viviendo bajo la regla más rígida, obedientes a sus superiores; que renunciaban a todas sus posesiones, así como a sus ingresos de su trabajo cotidiano en los campos, o de sus simples oficios; que tenían todas las cosas en común, hospedaban a los extraños, cuidaban a sus enfermos y cuidaban a sus ancianos como si fueran sus propios padres, y eran caritativos con todos los hombres; que renunciaban a todas las pasiones animales, evitaban la ira, comían y bebían en moderación estricta, no acumulaban riquezas ni posesiones, llevaban los vestidos blancos más simples hasta que estaban gastados; repudiaban la esclavitud, los juramentos, el matrimonio; se abstenían de la carne y el vino, incluso de las unciones comunes orientales con aceite; usaban lustraciones místicas, tenían ritos místicos y oraciones místicas, una literatura y doctrinas esotéricas; cada una de cuyas comidas era un sacrificio y cada acto era de negación a sí mismos; que, además, eran estrictamente honrados, veraces, rectos, virtuosos, castos y caritativos; en resumen, cuya vida significaba, positiva y negativamente, una purificación continua del alma por la mortificación del cuerpo. Para los observadores asombrados, este modo de vida se volvía aun más sagrado por doctrinas, una literatura y un poder mágico conocido sólo por los iniciados. Sus condiciones misteriosas los hacían conocedores de los nombres de los ángeles, por medio de los cuales, sin duda, podían emprender un conocimiento teosófico, comunión con el mundo de los ángeles, y el poder de emplear sus servicios. Sus purificaciones constantes, y el estudio de sus escritos proféticos, les daba el poder de predicción (Josefo, *Guerra* ii.8.12; comp. *Ant.* xiii.11.2; xv.10.5; xvii.13.3). Los mismos escritos místicos revelaban los remedios concretos de las plantas y piedras para la salud del cuerpo,[48] así como de lo que se necesitaba para la curación de las almas.

Merece especial noticia el que este intercambio con los ángeles, esta literatura tradicional secreta y su enseñanza respecto a remedios misteriosos en plantas y piedras, sea citado con cierta frecuencia en la literatura apocalíptica conocida como los «escritos pseudoepigráficos». Limitándonos a los documentos indudablemente judíos y precristianos,[49] sabemos el desarrollo que recibió la doctrina de los ángeles, tanto en el libro de Enoc (a la par en su primera porción y en la última –caps. 31–71) como en el libro de los Jubileos,[50] y que los «videntes» recibieron instrucciones y

«La derivación del nombre Esenios, que expresa de modo estricto el carácter y posición de la secta con relación al ortodoxo judaico, y en realidad es la forma griega del término hebreo para 'extraños', 'los de fuera', puede confirmarse de otras maneras. Ya se ha dicho que no hay afirmación directa referente a los esenios en los escritos rabínicos».

En el marco de los descubrimientos arqueológicos del desierto de Judá, y después de las investigaciones sobre los célebres manuscritos del mar Muerto encontrados en las cuevas de Qumrán, se cree que puedan identificarse estos importantes vestigios con el hábitat de los esenios.

48. No puede haber duda de que estas curas de los esenios eran mágicas, y su conocimiento de remedios, esotérico.

49. El obispo Lightfoot se refiere a una parte de los libros de la *Sibila*, que parece de paternidad cristiana.

revelaciones angélicas. La enseñanza típicamente rabínica sobre estos temas es presentada plenamente en otra parte del libro.[51] Aquí sólo queremos hacer notar especialmente que en el libro de los Jubileos (cap. 10) se representa a los ángeles enseñando a Noé todos «los remedios del herbario para las enfermedades» (comp. también el Sepher Noach en Jellinek: Beth. ha-Midr. part. iii, pp. 155, 156), mientras que en el último Pirqé de R. Eliez. (c. 48) se dice que esta instrucción fue dada a Moisés. Estos dos puntos (relación a los ángeles, y conocimiento del poder medicinal de las plantas, sin hablar de visiones y profecías) parecen relacionar los escritos secretos de los esenios con esta literatura «externa» que en los escritos rabínicos es conocida como *Sepharim haChitsonim*, «escritos externos». El punto es de gran importancia, como se verá a continuación.

No se necesita demostrar que un sistema que parte del desprecio al cuerpo y todo lo que es material; que en alguna manera identifica la manifestación divina con el Sol; niega la resurrección, el sacerdocio del Templo y los sacrificios; predica la abstinencia de carnes y del matrimonio; decreta una separación tan completa de todo lo que le rodeaba, que el mero contacto con ello contaminaba, y sus adherentes preferían perecer de hambre antes que participar en las comidas del mundo exterior; que, además, no contenía ningún rastro de elementos mesiánicos –en realidad, no había lugar para ellos–, no podía tener ninguna conexión con el origen del Cristianismo. Es igualmente cierto que, con respecto a la doctrina, vida y culto, realmente se hallaba *fuera* del Judaísmo, tal como lo representan o bien los fariseos o los saduceos. La cuestión referente al punto del que se derivaron los elementos extraños, que eran sus características distintivas, ha sido discutido de modo tan erudito que sólo podemos hacer constar las conclusiones a que se ha llegado. De las dos teorías, una de las cuales hace llegar el Esenismo a los neo-pitagóricos (Zeller, *Philosophie d. Griechen*, ed. 1881, 3, pp. 277-337), y la otra a orígenes persas,[52] la última parece la mejor establecida, sin negar la posibilidad de influencias neo-pitagóricas. En base a la argumentación en favor del origen oriental del Esenismo,[53] en sus rasgos característicos, se puede añadir esto: que la Angelología judía, que jugó un papel tan importante en el sistema, se derivó de fuentes caldeas y persas, y quizá también la noción curiosa de que el conocimiento de los medicamentos, originalmente derivados por Noé de los ángeles, llegó a los egipcios principalmente a través de los libros de magia de los caldeos[54] (Sepher Noach ap. Jellinek iii. p. 156).

Cuando llegamos a la conclusión de estas investigaciones, estamos preparados para entrar en la cuestión del origen y significado del nombre de los *esenios*, cuestión importante no sólo en sí, sino con referencia a la relación de la secta con el Judaísmo ortodoxo. Las dieciocho o diecinueve explicaciones propuestas de un término, que debemos admitir indudablemente que es de etimología hebrea, proceden a base de la idea de su derivación de algo que implica alabanza a la secta, siendo las dos menos objetables las que explican el nombre como equivalente, o bien de «piadosos», o bien de «silenciosos». Pero contra todas estas derivaciones hay la objeción evidente de que los fariseos, que habían moldeado el lenguaje teológico y que tenían el hábito de dar los nombres más ásperos a los que diferían de ellos, ciertamente no habrían concedido un título que implicara encomio a una secta que, en principio y prácticas, se hallaba enteramente *fuera*, no sólo de su modo de ver, sino incluso de la Sinagoga. Además, si ellos hubieran dado un nombre elogioso a la secta, es de suponer que no habrían guardado, respecto a sus doctrinas y prácticas, un silencio que sólo es interrumpido por alusiones escasas e indirectas. Con todo, cuando lo examinamos, el origen y significado del nombre parecen implicados en su misma posición hacia la Sinagoga. Eran la única *secta* real, aparte de los estrictamente *extraños*, y su nombre *esenios* (᾿Εσσηνοί, ᾿Εσσαῖοι) parece el equivalente griego de los *Chitsonim* (היצונים), «los de fuera». Incluso la circunstancia de que el hacha o la pala (ἀξινάριον) que todo novicio recibía tenía por equivalente rabínico la palabra *Chatsina*, lo cual no carece de significado. Lingüísticamente, las palabras *Essenoi* y *Chitsonim* son equivalentes, según se admite de designaciones similares Chasidim (חֲסִידִים) y Asidaioi (᾿Ασιδαῖοι). Porque al traducir el hebreo al griego, la *ch* (ח) con frecuencia es omitida o representada por un *spiritus lenis* al comienzo, mientras que «con relación a las vocales no se ha establecido ninguna regla clara» (Deutsch, *Remains*, pp. 359, 360). Como bastará con un ejemplo, seleccionamos un caso en que ocurre exactamente la misma transmutación de los dos sonidos vocales: el de la rabínica «Abhginos» (אַבְגִינוּס) para el griego (εὐγενής) Eugenes («bien nacido»).[55]

La derivación del nombre *Esenios*, que expresa de modo estricto el carácter y posición de la secta con relación al ortodoxo judaico, y en realidad es la forma griega del término hebreo para «extraños», «los de fuera», puede confirmarse de otras maneras. Ya se ha dicho que no hay afirmación directa referente a los esenios en los escritos rabínicos. Ni tiene por que sorprendernos cuando recordamos la repugnancia que sentían los rabinos a referirse a sus contrarios, excepto en la controversia real; y que, cuando el tradicionalismo quedó reducido a la escritura, los esenios, una secta judaica, ya habían dejado de existir. Algunos de sus elementos habían pasado a la Sinagoga, influyendo en su enseñanza general (con respecto a la Angelología, magia, etc.), y contribuyeron grandemente a la dirección mística que luego halló expresión en lo que conocemos como la *Cábala*. Pero el movimiento general había pasado más allá de los límites del Judaísmo y aparecía en algunas formas de herejía gnóstica. Mas hay referencias rabínicas a los *Chitsonim* que parecen identificados con la secta de los esenios. Así, en un pasaje (Megill. 24 *b*, lín. 4 y 5 desde abajo) se mencionan juntas ciertas prácticas de los saduceos y de los Chitsonim, y es difícil ver a quién podría referirse de no ser a los esenios. Así, la Mishnah empieza prohibiendo la lectura pública de la Ley por los que no visten un vestido

50. Comp. Lucius, *Essenismus*, p. 109. Este folleto, el último acerca del tema, aunque interesante, añade poco a nuestro conocimiento.

51. Ver Apéndice XIII, sobre Angelología y Demonología judías.

52. Así, el obispo Lightfoot, en su excelente tratamiento de todo el tema en su *Commentary on the Ep. to the Colossians*.

53. Por el obispo Lightfoot, *u.s.* pp. 382-396. En general prefiero en muchos puntos –como la conexión entre el Esenismo y el Gnosticismo, etc.–, simplemente, remitir a los lectores a la obra clásica del obispo Lightfoot.

54. En lo que se refiere a la conexión entre los Esenios y la secta de ascetas conocida como *Therapeutae*, Lucius niega radicalmente la existencia de tal secta así como la paternidad literaria atribuida al filósofo judío Filón de la obra *Vida Contemplativa*. Este punto de vista defiende el diccionario biográfico de *Smith* y Wace en su art. Filón, demostrando que los Therapeutas no eran una «secta», sino únicamente un círculo esotérico de los judíos de Alejandría.

55. Se pueden citar otros ejemplos, como Istagioth (אסטגיות) = στέγη, techo o tejado; Istuli (אסְטוּלִי) = στήλη, un pilar; Dikhsumini (דכסומיני) = δεξαμενή, cisterna.

de color, sino sólo blanco. Además, se hace la curiosa afirmación de que el estilo de los «Chitsonim» era cubrirse las filacterias de oro, una afirmación inexplicada en la Gemara, e inexplicable, a menos que veamos en ella una alusión a la práctica de los esenios de dirigir el rostro hacia el Sol naciente en sus plegarias matutinas.[56] También sabemos con qué acerbidad denunciaban los rabinos el uso de los *escritos externos* (los *Sepharim haChitsonim*), hasta el extremo de excluir de la vida eterna a los que los estudiaban (Sanh. x. 1). Pero uno de los hechos mejor comprobados referente a los esenios es que poseían escrituras sagradas secretas «exteriores» a las propias, que guardaban con especial cuidado. Y aunque no se mantiene que los *Sepharim haChitsonim* fueran escritos exclusivamente esenios,[57] estos otros escritos tienen que haber sido incluidos entre ellos. Ya hemos visto la razón para la creencia de que incluso la llamada literatura pseudoepigráfica, especialmente obras como el Libro de los Jubileos, estaba teñida de ideas esenias; de no ser que, realmente, quizá en otra forma que la presente, parte de la misma fuera efectivamente esenia. Finalmente, hallamos lo que nos parece aún otra alusión indirecta (en Sanh. x. i) a las prácticas esenias, similar a la que ya hemos citado (Meg. 24 *b*). Porque inmediatamente después de consignar a la destrucción a todos los que niegan que había prueba en el Pentateuco para la resurrección (evidentemente los saduceos), a los que negaban que la Ley era del cielo (los *Minim*, o herejes; probablemente los judíos cristianos), y a todos los «epicúreos» materialistas,[58] el mismo castigo es asignado a los que «leen escritos externos» *(Sepharim haChitsonim)* y los que «susurran» (una fórmula mágica) «sobre una herida».[59] Tanto el Talmud de Babilonia como el de Jerusalén (Sanh. 101; Jer. Sanh. p. 28 *b*) ofrecen una explicación extraña de esta práctica; quizá porque no entendían o no querían entender la alusión. Pero a nosotros nos parece por lo menos significativo el que, como en el primer ejemplo citado, la mención de los *Chitsonim* vaya unida a la condenación del uso exclusivo de vestidos blancos en el culto, que sabemos había sido una peculiaridad de los esenios, lo mismo que la condenación del uso de escritos de los Chitsonim con la de curas mágicas.[60] Al mismo tiempo, hemos de insistir en que estas alusiones son esenciales para nuestro argumento, puesto que los que han dado otra derivación distinta de la nuestra del nombre de esenios, dicen que no les es posible hallar en los antiguos escritos judíos ninguna referencia de confianza a la secta.

En un punto, por lo menos, nuestra encuesta de los tres «partidos» no puede dejar duda alguna. Los esenios nunca podrían haberse sentido atraídos, fuera a la persona o a la predicación de Juan el Bautista. De modo similar, los saduceos, una vez conocieron su carácter y objetivo real, habrían vuelto la espalda a un movimiento que no podía despertar simpatía en ellos, y sólo podían mostrar interés si hubiera amenazado poner en peligro su clase al despertar el entusiasmo popular y con ello levantar las sospechas de los romanos. Para los fariseos había implicadas cuestiones de dogma, ritual y aun de importancia nacional, que hacían de la mera posibilidad de lo que Juan anunciaba una cuestión de capital importancia. Y aunque juzgamos que el informe que llevaron a Jerusalén los primeros fariseos que escucharon a Juan (Mt. 3:7) –sin duda detallado y exacto–, y que llevó a despachar a la delegación, les predispondría totalmente contra el Bautista, sin embargo les correspondía, como líderes de la opinión pública, adquirir más datos sobre el mismo, no sólo para determinar de modo preciso su propia relación al movimiento, sino para poder dirigir de modo efectivo la de los demás.

56. La práctica de empezar las oraciones antes de salir el sol, y terminadas cuando acababa de salir, parece que pasó de los esenios a una parte de la misma Sinagoga, y se alude a la misma directamente como una característica de los llamados *Vethikin*, Ber. 9 *b*; 25 *b*; 26 *a*. Pero otra peculiaridad sobre ellos, notada en Rosh haSh. 32 *b* (la repetición de todos los versículos en el Pentateuco que contienen el testimonio de Dios en la llamada *Malkhiyoth*, *Zikhronoth* y *Shophoroth*), muestra que éstos no eran esenios, puesto que estas prácticas rabínicas tienen que haber sido extrañas a su sistema.

57. En Sanh. 100 *b* son explicados como «los escritos de los saduceos», y por otro rabino como «el Libro de Sirac» (Eccl. en los Apócrifos). Hamburger, como en otras ocasiones, hace afirmaciones que no se pueden defender (Real-Wörterb. ii p. 70). Jer. Sanh. 28 *a* explica: «Estos libros de Ben Sirac y de Ben La'nah' –el último aparentemente también un libro apócrifo, tal como la Midr. Kohel (ed. Vars. 3, p. 106 *b*)– consideran el "libro de Ben Tagla"». «La 'nah'» y «Tagla», difícilmente pueden ser nombres simbólicos. Por otra parte, no puedo estar de acuerdo con Fürst (*Kanon d. A.T.*, p. 99), que los identifica con Apolonio de Tiana y Empédocles. El doctor Neubauer sugiere que Ben La'nah' puede ser una corrupción de los Oráculos de la Sibila.

58. Los «epicúreos» o «librepensadores» se dice que son los que hablan de modo despectivo de las Escrituras, o de los rabinos (Jer. Sanh. 27 *d*). En Sanh. 38 *b* se hace una distinción entre «extraños» (paganos) epicúreos y epicúreos israelíticos. Con los últimos no era prudente entrar en discusiones.

59. En el Talm. Jer. y el Talm. Bab. esto va unido con «escupir», que era un modo de curación usual en aquel tiempo. El Talmud prohíbe la fórmula mágica solamente en conexión con este «escupir», y esto por la curiosa razón de que el Nombre divino no es mencionado mientras se «escupe». Pero mientras en el Talm. Bab. la prohibición se aplica contra los que «escupen» antes de pronunciar la fórmula, en el Talm. Jer. es después de pronunciarla.

60. El obispo Lightfoot ha mostrado que las curas de los esenios eran mágicas (*u.s.*, pp. 91ss. y p. 377).

Capítulo 3

(Juan 1:15-21)

Doble testimonio de Juan

Los cuarenta días que habían pasado desde que Jesús había ido a él, tienen que haber sido para el Bautista un período de avivamiento del alma, de desarrollo para su entendimiento y de decisión sazonada. Vemos esto en su testimonio más enfático de Cristo; en su más plena comprensión de aquellas profecías que habían formado la garantía y sustancia de su Misión; pero especialmente en la negación propia más completa, que le había llevado a tomar una posición más humilde aún, y de buena gana reconocer que su tarea de mensajero llegaba a su fin, y que lo que restaba tenía que ser para indicar, a los suyos más cercanos y a aquellos que habían bebido más profundamente de su espíritu, a Aquél que había llegado. Y ¿cómo podía ser de otro modo? En su primer encuentro con Jesús junto al Jordán, había sentido la aparente incongruencia de bautizar a uno de quien era él que tenía necesidad de ser bautizado. Con todo, esto quizá más porque él se había mirado a sí mismo a la luz del resplandor de Cristo que por haber mirado a Cristo mismo. Lo que Juan necesitaba no era ser bautizado, sino aprender que le correspondía a Cristo cumplir toda justicia. Ésta fue la primera lección. La siguiente, y que completaba la anterior, vino cuando después del Bautismo los cielos se abrieron, descendió el Espíritu y la Voz divina del testimonio indicó y explicó la señal prometida (Jn. 1:33). Le dijo que la obra que él había empezado en obediencia de fe había alcanzado la realidad del cumplimiento. La primera era una lección sobre el Reino; la segunda, sobre el Rey. Y entonces Jesús le dejó, y fue llevado por el Espíritu al desierto.

¡Habían pasado cuarenta días, desde entonces, con estos sucesos, la visión, las palabras siempre presentes en su mente! Tuvo que ser un impulso poderosísimo; es más, una llamada directa desde arriba, lo que primero llevó a Juan desde la preparación de su vida de comunión solitaria con Dios a la tarea de preparar a Israel para aquello que él sabía estaba preparándose para ellos. Él había entrado en la tarea, no sólo sin hacerse ilusiones, sino con un olvido tan completo de sí mismo que sólo podía ser obrado por la más profunda convicción de la realidad de lo que anunciaba. Conocía a aquellos a quienes tenía que hablar: los intereses dominantes, el embotamiento espiritual, los pecados de la multitud; la hipocresía, la irrealidad, la impenitencia interna de sus líderes espirituales; lo torcido de su dirección; lo vacío y engañoso de su confianza como descendientes de Abraham. Veía bien claro cuál era su carácter real, y sabía cuál era el fin de todo ello: que el hacha estaba puesta al tronco del árbol infecundo, y que el terrible bieldo aventaría el tamo separándolo del trigo. Y, con todo, predicaba y bautizaba porque en lo profundo de su corazón tenía la convicción de que había un Reino que se iba acercando y un Rey que venía. Cuando juntamos los elementos de esta convicción, los hallamos principalmente en el libro de Isaías. Sus palabras e imágenes, y especialmente la carga de su mensaje, habían sido sacadas de estas profecías.[1] En realidad, su mente parece saturada de ellas; tienen que haber formado su propia formación religiosa; y eran la preparación para su obra. Esta colección de los rayos de luz y gloria del Antiguo Testamento en el crisol de la profecía evangélica había prendido fuego en su alma. No es de extrañar que, retrayéndose igualmente del externalismo de los fariseos y del purismo meramente material de los esenios, predicara una doctrina muy diferente: la del arrepentimiento interior y la renovación de la vida.

Había un cuadro que se reflejaba de modo más brillante en aquellas páginas de Isaías. Era el del Ungido, Mesías, Cristo, el representante israelita, el sacerdote, rey y profeta (Is. 9:6ss.; cap. 11; cap. 42; cap. 52:13ss. [3:1ss.]; 61, etc.), en quien la institución y significado sacramental del Sacerdocio y de los sacrificios hallaba su cumplimiento (Is. cap. 53). En su anuncio del Reino, en su llamada al arrepentimiento interior, incluso en su simbólico Bautismo, esta gran personalidad se hallaba siempre delante de la mente de Juan como una figura que hacía sombra y dominaba todo el fondo. El cuadro de Isaías del «Rey en su hermosura», la visión de «la tierra dilatada» (Is. 33:17),[2] eran para él una realidad de la cual el saduceo y el esenio no tenían concepción, y el fariseo sólo una idea tergiversada. Esto también explica que el mayor nacido de mujer fuera también el más humilde, el más retirado, el que más se negaba a sí mismo. En un cuadro como el que cumplía su visión no había lugar para sí mismo. Junto a una figura así todo lo demás aparecía en su pequeñez real, y verdaderamente parecía, en el mejor de los casos, como las sombras proyectadas por su luz. Tanto más la mera sugerencia por parte de la delegación de Jerusalén, inquiriendo si quizá era el Cristo, tiene que haberle parecido blasfemia, ante la cual, para protegerse, contestó que a él apenas le correspondía cumplir el oficio más vil de esclavo. Él no era Elías. Incluso el hecho de que Jesús, después, en un lenguaje significativo, indicó la posibilidad de que éste viniera a Israel (Mt. 11:14), demuestra que él no pretendía serlo (según señala Keim); que ni aun era un profeta. Él no profesaba tener visiones, revelaciones, mensajes especiales. Todo lo demás quedaba absorbido en el gran hecho, era solamente la voz de uno que clamaba: «¡Preparad el camino!». Visto en especial a la luz de aquellos tiempos de autoglorificación por todas partes, esto no da la impresión del relato ficticio de una misión ficticia; ni fue talla profesión de un impostor, un asociado en un complot o un entusiasta. Había una realidad profunda de convicciones absorbentes que subyacían en una misión tan abnegada.

---

1. Keim insiste sobre esto en su hermoso bosquejo acerca del Bautista. ¡Ojalá Keim hubiera conocido al Maestro en la gloria de su Divinidad, como entendió al precursor en la hermosura de su humanidad! Para mostrar hasta qué punto la enseñanza del Bautista estaba saturada de imágenes y pensamientos de Isaías, comp. no sólo Isaías 40:3 como la carga de su misión, sino de sus imágenes (según Keim): *Generación de víboras*, Isaías 59:5; *plantar por el Señor*, Isaías 5:7; *árboles*, 6:13; 10:15, 18, 33; 40:24; *fuego*, 1:31; 9:18; 10:17; 5:24; 47:14; *suelo y bieldo*, 21:10; 28:27ss.; 30:24; 40:24; 41:15ss.; *pan y vestido para los pobres*, 58:7; *granero*, 21:10. Además de éstas, la referencia a Isaías en su Bautismo (Is. 52:15; 1:16), y la del Cordero de Dios, verdaderamente muchas otras de carácter más indirecto se le ocurrirán al lector. De modo similar, cuando nuestro Señor quiso más adelante instruirle en la hora de su perplejidad (Mt. 11:2), Jesús indica como solución de sus dudas las bien conocidas profecías de Isaías (Is. 35:5, 6; 61:1; 8:14, 15).

2. No puedo estar de acuerdo con Mr. Cheyne (*Prophecies of Is.*, vol. 1, p. 183) de que no hay una referencia mesiánica aquí. Puede no serlo en el sentido más literal «*personalmente* mesiánica»; pero sin duda esta presentación ideal de Israel en la perfección de su reinado y la gloria de su felicidad es uno de los cuadros mesiánicos más plenos (comp. v. 17 hasta el fin).

Y todo esto tiene que haber madurado durante los cuarenta días de solitud probablemente relativa,[3] sólo aliviada por la presencia de aquellos «discípulos» que, compartiendo su misma esperanza, se habrían reunido junto a él. Lo que habían visto y lo que habían oído le devolvían a lo que él había esperado y creído. No sólo lo habían cumplido, sino que lo habían transfigurado. No que ello, probablemente, se mantuviera siempre a la misma altura que había alcanzado. No era en la naturaleza de las cosas que sucediera así. Con frecuencia, cuando empezamos a subir, obtenemos un vistazo que después se esconde de nosotros en nuestro laborioso esfuerzo por ir subiendo, hasta que alcanzamos la cumbre suprema. Mental y espiritualmente podemos alcanzar casi en seguida resultados, muchas veces perdidos luego, hasta que de nuevo los aseguramos mediante larga reflexión, o en el curso de un penoso desarrollo. Esto, en cierta medida explica la plenitud del testimonio de Juan sobre el Cristo como «el Cordero de Dios que quita el pecado del mundo», en que ya al principio nos hallamos casi en la meta de la enseñanza del Nuevo Testamento. Explica también aquella lucha final de dudas y temor, cuando el cansado luchador se echó en busca de refrigerio y fuerza, a la sombra de esas profecías que al comienzo le habían llamado a la pelea. Pero durante estos cuarenta días, y en los primeros encuentros con Jesús que siguieron, todo se hallaba bañado en la luz matutina de aquella visión celestial, y esta divina verdad debilitó en él los ecos de todas aquellas profecías que durante treinta años habían sido cual dulce música para su alma.

Y ahora, al final de aquellos últimos cuarenta días, simultáneamente con la gran tentación final de Jesús,[4] que tiene que haber resumido todo lo que había precedido en los días previos, vino la hora de la tentación de Juan por la delegación de Jerusalén.[5] Se le acercó con suavidad, como la brisa fresca que aviva las brasas y hace subir la llama, no como el huracán asolador que se abatió sobre el Maestro. Para Juan, como para nosotros ahora, se trataba sólo de comunión de sus sufrimientos, que Juan llevó al resguardo de la gran Roca contra la cual ya se había amainado su intensidad. Con todo, era una tentación verdadera en que la provocación venía en forma de grados sucesivamente inferiores de afirmación personal, allí donde lo único que cabía era el negarse a sí mismo de modo total. Cada sugerencia de un papel inferior (como las tentaciones de Cristo) marcaba una medida incrementada de tentación, ya que se iba acercando cada vez más a lo humano en su misión. Y la tentación llegó a su colmo cuando, tras la victoria final, vino el natural desafío a su autoridad por lo que hacía y decía. Ésta fue la pregunta entre todas las demás, que en todo momento, desde el comienzo de su misión hasta el momento de su muerte, tenía que costarle más contestar, puesto que no solamente tocaba su conciencia, sino la misma base de su misión; es más, su vida. Que era la mayor tentación lo evidencia el que, en la hora de su mayor soledad y depresión, formó la lucha final de Juan en la que se detuvo por un tiempo, como Jacob en su lucha con el ángel, aunque, como él, Juan tampoco falló. Porque ¿cuál era el significado de esta pregunta que los discípulos de Juan hicieron a Jesús: «Eres tú aquél que había de venir, o esperaremos a otro», sino la de su propia garantía y autoridad por lo que había dicho y hecho? Como en la primera ocasión de su prueba en Betábara, venció. En la primera tentación, por la humildad de su sinceridad intensa; en la segunda, por la absoluta simplicidad de su propia convicción experimental; la primera por lo que había visto; la segunda, por lo que había oído referente al Cristo en las riberas del Jordán. Y así, aunque quizá «de lejos», tiene que ser para nosotros en tentaciones semejantes.

No obstante, a nuestro modo de ver y no imputando sin necesidad malicia premeditada a la delegación farisaica, sus preguntas parecían naturales. Después de su negativa previa de que era el Mesías, hecha al principio de su predicación (Lc. 3:15), de lo cual en Jerusalén debían tener conocimiento, la sugerencia de su mesianidad –no hecha de modo expreso pero suficientemente implicada para recibir la negativa más enérgica según muestra el lenguaje usado por Juan–,[6] sólo podía tratarse ahora de una tentativa. El mismo resultado obtuvieron con la pregunta de si era «Elías». No obstante, teniendo en cuenta lo que sabemos sobre las expectativas judías acerca de Elías y que su apariencia era siempre fácilmente reconocida,[7] esto también es poco probable que fuera dicho de modo literal, sino más bien como base para seguir preguntando sobre el objetivo y garantía de su misión. De ahí que el que Juan negara estas pretensiones no es aclarado satisfactoriamente por las explicaciones comunes de que negó que era Elías en el sentido de no ser lo que los judíos esperaban como Precursor del Mesías: el Elías real, idéntico al de los días de Acab; o bien, el que negara serlo en el sentido de las esperanzas peculiares judaicas adheridas a su reaparición en los «últimos días». Era verdadero, ciertamente, que como fue predicho en el anuncio angélico (Lc. 1:17) él había sido enviado «en el espíritu y poder de Elías», esto es, con el mismo objetivo y las mismas cualificaciones. De modo similar, es verdad que en su triste mirada retrospectiva al resultado de la misión de Juan, y la perspectiva de su propio fin, el Salvador dijo de él: «Elías en verdad vino», pero «no le reconocieron, sino que hicieron con él todo lo que quisieron» (Mr. 9:13; Mt. 17:12). Pero de este mismo reconocimiento y aceptación por parte de los judíos dependía el que él fuera Elías para ellos, que «volviera los corazones de los padres a los hijos, y a los desobedientes a la sensatez de los justos», y así «restaurara todas las cosas». Entre el Elías del reino de Acab y el de los tiempos mesiánicos se hallaba el abismo de una dispensación completamente distinta. El «espíritu y poder de Elías podía restaurar todas las cosas» porque era la dispensación del Antiguo Testamento, en la cual el resultado era exterior y por medios externos. Pero «el espíritu y poder» del Elías del Nuevo Testamento, que tenía que realizar la restauración interior por medio de la aceptación penitente del Reino de Dios en su realidad, sólo podía realizar este objetivo si «ellos lo recibían» –si «ellos le reconocían». Y según su modo de

3. En un capítulo previo hemos sugerido que el Bautismo de Jesús había tenido lugar en Betábara, esto es, el extremo norte de la actividad del Bautista, y probablemente cerca del final de su ministerio *bautismal*. No es posible en este lugar dar razones de esta opinión. Pero el lector hallará comentarios sobre ello en Keim, i. 2., p. 524.

4. Esto, naturalmente, suponiendo que el Bautismo de Jesús hubiera tenido lugar en Betábara, y desde donde había poca distancia hasta el «desierto», al cual Jesús había sido llevado. Es difícil ver por qué, en cualquier otro caso, Jesús regresó a Betábara, pues evidentemente no fue por amor a ningún intercambio personal con Juan.

5. Esto lo sugiere con palabras hermosas el Canon Westcott en su *Commentary* sobre este pasaje.

6. «Confesó, y no negó» (Jn. 1:20). El Canon Westcott indica que la combinación de un positivo y un negativo tiene por objeto "expresar la plenitud de la verdad", y que "el primer término marca la prontitud de su testimonio, el segundo su carácter de completo".

7. Ver Apéndice VIII: «Tradiciones rabínicas sobre Elías, el precursor del Mesías».

ver y mirando alrededor y hacia adelante, lo mismo en la realidad última, aunque lo era en lo divino, él no era realmente el Elías para Israel –y éste es el significado de las palabras de Jesús: «Y si queréis recibirlo, él es Elías, el que había de venir» (Mt. 11:14).

Más natural todavía parece la tercera pregunta de los fariseos –en realidad, casi verdadera– sobre el Bautista: «¿Eres tú el profeta?». La referencia, aquí, es indudablemente a Deuteronomio 18:15, 18. No que se esperara la reaparición de Moisés el legislador. Pero como la predicción del capítulo 18 del Deuteronomio, especialmente cuando era tomada en conexión con la promesa (Jer. 30:31ss.) de un «nuevo pacto» con «una nueva ley» escrita en los corazones del pueblo, implicaba un cambio a este respecto, era natural que hubiera sido esperado en los días mesiánicos, mediante la intervención de «este profeta».[8] Incluso las diversas opiniones mencionadas en la Mishnah (Eduy. viii. 7) acerca de cuáles habían de ser las funciones reformadoras y legislativas de Elías demuestran que estas expectativas estaban relacionadas con el Precursor del Mesías.

Pero al margen de cuáles hubieran sido las ideas de la embajada judía sobre la abrogación, renovación y cambio de la Ley[9] en los tiempos mesiánicos, el Bautista rechazó la sugerencia de que él era «el profeta» con la misma energía con que había rechazado el ser Cristo o Elías. Y tal como notamos –como resultado de aquellos cuarenta días de comunicación– una humildad y abnegación más profundas por parte del Bautista, también nos damos cuenta de una intensidad y derechura aumentada en el testimonio que da ahora de Cristo ante los emisarios de Jerusalén (Jn. 1:22-28): «Es una voz a la que hay que escuchar, no hacer preguntas»; y es claro e indudable que lo que dice es: «El que ha de venir, ha llegado».[10]

La recompensa por haber vencido la tentación –aunque con ello vino la preparación para un conflicto mucho más arduo (y las dos cosas suelen ir juntas)– la tuvo allí mismo. Después de su pugna victoriosa con el Diablo, los ángeles vinieron para ministrar a Jesús en cuerpo y alma. Pero hubo algo mejor para el fiel testigo Juan que una visión de ángeles como refrigerio. En el mismo día de la tentación del Bautista, Jesús había abandonado el desierto. Al día siguiente, Juan vio a Jesús que se dirigía hacia él, y dijo: «¡He aquí el cordero de Dios, que quita el pecado del mundo!». No podemos dudar que la idea presente aquí en la mente de Juan era la descripción del «Siervo de Jehová» (Is. 52:13), presentada en Isaías 53. Si en todo momento el Bautista había estado lleno de pensamientos sobre el Reino de Isaías, sin duda en los cuarenta días después de haber visto al Rey tiene que haber amanecido una nueva «aurora» sobre ellos (Is. 8:20), y el halo de su gloria resplandeció sobre la tan recordada profecía. Siempre ha sido entendida mesiánicamente (Is. 52:13–53:12); formaba el fundamento del pensamiento mesiánico de los escritores del Nuevo Testamento (comp. Mt. 8:17; Lc. 22:37; Hch. 8:32; 1 P. 2:22), y la Sinagoga lo leía de la misma manera, hasta que las necesidades de la controversia desviaron su aplicación, no ya de los *tiempos*, pero sí de la *Persona* del Mesías.[11] Pero podemos entender cómo en aquellos cuarenta días esta suprema cumbre de la concepción mesiánica de Isaías era la que se destacaba ante su vista. Y lo que él creía, esto es lo que dijo cuando inesperadamente vio a Jesús.

Sin embargo, aun considerando sus palabras como una apelación a la profecía de Isaías, no debemos excluir otras dos referencias de ellas: la del Cordero pascual, y la del sacrificio diario. Éstas son, si no directas, al menos implicadas. Porque el Cordero pascual, en un sentido, era la base de todos los sacrificios del Antiguo Testamento, no sólo por su importancia salvadora para Israel, sino como lo que realmente los hacía «la Iglesia»[12] y pueblo de Dios. De ahí que la institución del Cordero pascual, por así decirlo, era ampliada y aplicada en el sacrificio diario de un cordero, en el cual se mostraba esta doble idea de la redención y la comunión. Finalmente, la profecía de Isaías 53 era la realización completa de estas dos ideas en el Mesías. Y el Cordero pascual, con el sacrificio diario que lo completaba, no podía ser entendido sin esta profecía de Isaías; y esta profecía no podía ser debidamente entendida sin referencia a estos dos grandes tipos. Y aquí es de gran significación un comentario judío con respecto al sacrificio diario (no indicado previamente) que procede del mismo tiempo de Jesús. Este pasaje parece casi una interpretación cristiana del sacrificio. Explica la forma en que los sacrificios de la mañana y de la tarde tenían por objeto expiar, el uno los pecados de la noche, el otro, los del día, a fin de dejar a Israel siempre sin culpa delante de Dios; y de modo expreso los adscribe a la eficacia de un *Paracleto* –ésta es la palabra usada.[13] Sin seguir más allá este comentario rabínico que extiende su mirada sobre los sacrificios hasta el Cordero pascual y, más allá del mismo, al ofrecimiento de Isaac por parte de Abraham, que en el modo de ver rabínico era el substrato de todos los sacrificios (en i. p. 249), volvemos a su enseñanza sobre el cordero del sacrificio diario. Aquí tenemos la afirmación expresa de que tanto la escuela de Shammai como la de Hillel –esta última de modo más pleno– insisten en la importancia simbólica de este sacrificio con referencia al perdón de los pecados. *Kebhasim* (la palabra hebrea para «corderos»), explicaba la escuela de Shammai, «porque, según Miqueas 7:19, suprimen nuestras iniquidades (la palabra hebrea *Kabhash* significa el que suprime)».[14] Todavía más fuerte es la afirmación de la escuela de Hillel, en el sentido de que los corderos sacrificiales fueron denominados *Kebhasim* (de *kabhas*, «lavan») «porque ellos lavan los pecados de Israel» (y esto con especial referencia a Is. 1:18). La cita que hemos hecho gana interés adicional por la circunstancia de que ocurre en una «meditación» (si podemos llamarla así) para la «nueva luna del mes de la Pascua» (Nisán). En vista de un testimonio tan claro del tiempo de Cristo, sería mejor que se expresaran con más cuidado los

8. ¿Puede aplicarse la referencia de Esteban en su discurso (Hch. 7:37) a esta alteración esperada de la Ley? En todo caso, Esteban está enseñando, en su defensa, la abolición de la dispensación del Antiguo Testamento por parte de Jesús. Lo notable es que Esteban no niega el cargo, y que lo que dice es que los judíos obraron mal resistiendo la autoridad de Jesús (vv. 51-53).

9. Para las ideas judaicas sobre la Ley en los tiempos mesiánicos, ver Apéndice XIV, «La Ley en los tiempos mesiánicos».

10. Estas citas son del archidiácono Watkins en su *Commentary on St. John*.

11. De modo manifiesto, cualquier interpretación que se haga de Isaías 52:13–53:12 se aplica a los *tiempos* mesiánicos incluso si el que sufre, como ahora entiende la Sinagoga, es Israel. En todo caso, ver de este tema las discusiones eruditas y exhaustivas del doctor Pusey en su introducción a la «catena» de interpretaciones judaicas de Isaías 53.

12. A los que niegan al pueblo de Dios bajo el Antiguo Testamento la designación «Iglesia», les recordamos el uso de este término por Esteban en Hechos 7:38.

13. Pesiqta, ed. Buber, p. 61 *b*; comp. más plenamente en Yalk., p. 248 *d*.

14. Esto aparece más claro en el hebreo, en que las dos palabras («corderos» y «supresores») se escriben exactamente de la misma manera, כבשים. En la derivación de Hillel se identifica con la raíz כבס = כבש.

que afirman que los sacrificios no tienen nada que ver con el perdón de los pecados, del mismo modo que, en vista de la aplicación que hacen el Bautista y otros escritores del Nuevo Testamento, parece necesaria más modestia en la exégesis por parte de los que niegan las referencias mesiánicas en Isaías.

Si se necesitaran más pruebas de que cuando Juan señalaba a los allí presentes la figura de Jesús que andaba hacia ellos, con las palabras: «He aquí el Cordero de Dios», significaba más que mansedumbre y humildad, proporcionaría la explicación «que quita el pecado del mundo». Preferimos la traducción «quita» a «lleva», porque éste es el sentido en que usa la Septuaginta de modo uniforme el término griego. Naturalmente, tal como lo vemos, quitar presupone llevar sobre sí mismo el pecado del mundo. Pero no es necesario suponer que el Bautista entendiera claramente la manera en que nuestro Salvador lo realizaría, algo que mucho más adelante, y sólo con resistencia por su parte, entendieron los seguidores del Cordero.[15] Que el Bautista entendía la aplicación del ministerio de Jesús para todo el mundo es lo único que podemos esperar de uno que había aprendido de Isaías; y que es cierto, en una forma u otra, la Sinagoga siempre había creído del Mesías. Lo que era distintivo en las palabras del Bautista parece ser su idea del *pecado* como una totalidad, más bien que pecados: implicando el quitar esta gran barrera que hay entre Dios y el hombre, y el triunfo en esta gran lucha indicada en Génesis 3:15, que el Israel según la carne había faltado en percibir. Tampoco hemos de dejar de notar aquí la evidencia, no adrede, del origen hebraico del cuarto Evangelio; pues un Evangelio efesio que data de fines del siglo II no habría colocado en su frontispicio, como el primer testimonio público del Bautista (si realmente lo hubiera presentado en absoluto), una cita de Isaías, y menos aún una referencia sacrificial.

El primer sábado del ministerio de Jesús. El primer domingo

Los motivos que habían hecho regresar a Jesús a Betábara tienen que permanecer en la región indefinida en que los ha dejado la Escritura. Por lo que sabemos, no hubo ninguna entrevista entre Jesús y el Bautista. Jesús no tenía que decirle entonces ni después nada nuevo al Bautista; y, con todo, el día siguiente al día en que Juan había designado ante los presentes a Jesús de esta manera, Jesús estaba allí, y solamente regresó a Galilea al día siguiente. Aquí se nos aparece un objeto definido, por lo menos. Esto no era sólo para llamar a sus primeros discípulos, sino para el necesario descanso del sábado; porque, en este caso, el relato nos proporciona los medios para averiguar los días de la semana en que el suceso tuvo lugar. Solamente hemos de suponer que la boda de Caná de Galilea era la de una doncella, no la de una viuda. Las grandes festividades que la acompañaron eran poco probables, según las ideas judaicas, en el caso de una viuda; de hecho toda la *mise en scène* de la boda lo hace poco probable. Además, si hubiera sido la boda de una viuda, esto (como se verá en seguida) habría implicado que Jesús habría regresado del desierto en sábado, lo cual, como era el día de reposo judío, no puede haber ocurrido. Una costumbre uniforme establecía el día de la boda de una doncella en miércoles, y el de una viuda en jueves.[16] Contando hacia atrás, a partir del día de la boda de Caná, llegamos a los siguientes resultados: la entrevista entre Juan y la delegación del Sanedrín tuvo lugar un *jueves*. «El día siguiente», *viernes*, Jesús regresó del desierto de la Tentación, y Juan dio su testimonio de Él como el «Cordero de Dios». El día siguiente, cuando Jesús apareció por segunda vez a la vista, y cuando los dos primeros discípulos se le unieron, era *sábado*, el día de reposo judío. Fue, pues, sólo el día siguiente, o *domingo* (Jn. 1:43), que Jesús regresó a Galilea,[17] llamando a otros por el camino. «Y al tercer día hubo unas bodas en Caná de Galilea», esto es, el *miércoles*.[18]

Si agrupamos en estos días los sucesos registrados en cada uno de ellos, dan la impresión de intensificarse en significado. El *viernes* en que Juan señaló a Jesús como el Cordero de Dios, que quita el pecado del mundo, nos recuerda aquel otro viernes en que se manifestó el impacto pleno del testimonio. El *sábado* en que por última vez el Bautista vio y dio testimonio de Cristo es simbólico, retrospectivamente, de la antigua dispensación. Parece terminar el ministerio de Juan e inaugurar el de Jesús; es la despedida, por parte de los discípulos de Juan, de lo viejo en busca de lo nuevo. Y luego, el primer *domingo*, el comienzo del ministerio activo de Cristo, la llamada a los primeros discípulos, el primero de la predicación de Jesús.

Los primeros discípulos

Cuando nos lo imaginamos, vemos: en la mañana temprano del día de *sábado*, Juan estaba junto con sus discípulos que más compartían sus pensamientos y sentimientos. Uno de ellos sabemos que era *Andrés* (v. 40); y otro, no nombrado, que no puede ser sino el mismo Juan, el discípulo amado.[19] Éstos habían oído lo que su maestro había dicho de Jesús el día anterior. Pero en aquel momento les había parecido a ellos como una figura pasajera. Para oír más acerca de Él, así como en su simpatía más profunda, los dos se habían reunido con su Maestro aquel sábado por la mañana, mientras que los otros discípulos de Juan probablemente estaban ocupados con las cosas y personas que formaban el ambiente de un sábado judío corriente.[20] Y ahora esta figura una vez más aparece a la vista. No había con el Bautista sino estos dos. No estaba enseñando ahora, sino aprendiendo, cuando lo intenso y penetrante de su mirada (expresado en el original griego) le impulsa a repetir la expresión de adoración del día anterior, corroborándola. No hubo despedida allí por parte de los dos; quizá no tenían intención de abandonar a Juan. Solamente un impulso irresistible, un instinto celestial, que les manda seguir sus pasos. No necesitaron indicación de Juan, ni llamada de Jesús. Pero, mientras le seguían en modesto silencio, en el

15. Esto responde a la objeción de Keim (i. 2, p. 552), que procede de la suposición de que las palabras del Bautista implican que él conocía meramente el hecho de *que* Jesús iba a quitar los pecados del mundo, pero no *cómo*. Mas sus palabras ciertamente no nos obligan a pensar que él tenía la cruz a la vista. Pero, sin duda, es una idea extraña la de Godet de que con ocasión de su Bautismo, Jesús, como los demás, hiciera confesión de pecados; y que, como no tenía ninguno propio, Él puso delante del Bautista el cuadro del pecado de Israel y del mundo; y que esto había llevado a la designación del Bautista: «El Cordero de Dios, que quita el pecado del mundo».

16. Las razones de esto se hallan en «Sketches of Jewish Social Life». p. 151.

17. Esto puede ser considerado como otra de las evidencias no propuestas del origen hebraico del cuarto Evangelio. En realidad, podría casi darse como una evidencia de la verdad de todo el relato.

18. ¡Y, con todo, Renan habla de los primeros capítulos del Evangelio de Juan como noticias esparcidas, sin orden cronológico!

19. Esta reticencia parece ser otra evidencia no propuesta de la paternidad del Evangelio por Juan.

20. El griego dice: «Juan estaba de pie, y había con él dos de sus discípulos».

«Porque el Cordero pascual, en un sentido, era la base de todos los sacrificios del Antiguo Testamento, no sólo por su importancia salvadora para Israel, sino como lo que realmente los hacía 'la Iglesia' y pueblo de Dios. De ahí que la institución del Cordero pascual, por así decirlo, era ampliada y aplicada en el sacrificio diario de un cordero, en el cual se mostraba esta doble idea de la redención y la comunión. Finalmente, la profecía de Isaías era la realización completa de estas dos ideas en el Mesías. Y el Cordero pascual, con el sacrificio diario que lo completaba, no podía ser entendido sin esta profecía de Isaías; y esta profecía no podía ser debidamente entendida sin referencia a estos dos grandes tipos».

El Cordero pascual como base de todos los sacrificios del Antiguo Testamento. Los sacrificios del Antiguo Testamento muestran la base y los medios de acercarse a Dios. En la imagen vemos un semita, temporalmente cercano a los patriarcas, que conduce un toro al sacrificio, representado en un mural del año 1800 a.C. (Mari, Mesopotamia)

alborear de su fe naciente, apenas conscientes del *qué* y del *porqué,* Jesús se vuelve. No fue porque Él no lo sabía que les hizo la pregunta, sino porque sabía cuál era el objetivo real y hasta aquí inconsciente de su búsqueda, y con miras a hacerles dar cuenta de lo *que* buscaban, que les preguntó: «¿Qué buscáis?», pregunta que tuvo una respuesta tan simple, tan real, que lleva consigo su propia evidencia. Él es todavía para ellos el «Rabbí» –el título más honroso que pueden hallar–, indicando todavía el punto de vista estrictamente judío, así como su posición con respecto al «*¿Qué* buscáis?».[21] Deseaban decir cuál era su objeto, y sólo ponerlo en una forma de máxima humildad, sugerente, más bien que expresiva, y, con todo, apenas se atrevían. Hay correspondencia estricta a lo que ellos piensan en las palabras de Jesús. El mismo hebraísmo de «Rabbí» es contestado con otro hebraísmo: «Venid y ved»;[22] su deseo expresado a medias, medio inconsciente por lo que había implicado en la invitación (según el significado más probable «Venid y lo veréis») (ver la nota del canón. Westcott).

Era temprano por la mañana –las diez.[23] Lo que pasó en aquel largo día de sábado no lo sabemos, excepto por lo que vino a continuación. Del mismo salieron, no dos aprendices, sino dos maestros, que difundieron lo que habían visto a sus deudos y queridos. La forma del relato y sus mismas palabras dan idea de que los dos fueron cada uno en busca de su hermano, Andrés en busca de Simón Pedro, y Juan, de Jacobo, aunque aquí también, como al comienzo de su historia, la energía presurosa de los hijos de Jonás sobrepasó la quieta intensidad de Juan (v. 41): «Este (Andrés) halló primero a su hermano Simón».[24] Pero Andrés y Juan, los dos trajeron el mismo anuncio, todavía hebreo en su forma, y, con todo, lleno del nuevo vino, no sólo de convicción, sino de captación gozosa: «Hemos hallado al Mesías».[25] Éste es, pues, el resultado para ellos de aquel día: Él era el Mesías; y éste era el objetivo que tanto habían anhelado alcanzar: «Le hemos encontrado». Mucho más allá de lo que habían oído del Bautista; es más, lo que sólo puede ser llevado al corazón por medio del contacto personal con Jesús.

Y, con todo, este primer día de su primer descubrimiento maravilloso no había terminado. Casi parece como si el «Venid y ved» de Jesús fuera emblemático, no meramente de lo que siguió en su propio ministerio, sino de la manera en que, en todos los tiempos, recibe respuesta el «¿Qué buscáis?» del alma. Era inevitable que Andrés le hubiera hablado a Jesús de su hermano y le hubiera pedido permiso para ir a buscarlo. La mirada penetrante, escrutadora,[26] del Salvador ahora lee en el carácter íntimo de Pedro su vocación y obra futura: «Tú eres Simón, hijo de Jonás; tú serás llamado Cefas[27] (que quiere decir Pedro)».[28]

No hay que pensar, por supuesto, que esto representa todo lo que pasó entre Jesús y Pedro, como tampoco que la expresión referida fue todo lo que Andrés y Juan habían dicho de Jesús a sus hermanos. De la entrevista entre Juan y Jacobo su hermano, el escritor, con su acostumbrada reticencia, se abstiene de hablar. Pero sabemos el resultado; y, conociéndolo, podemos imaginarnos lo que pasó en aquel atardecer santo entre el nuevo Mesías y sus primeros cuatro discípulos: de enseñanza manifestada por su parte, de satisfacción y paz para el corazón de ellos. No obstante, sólo eran seguidores, alumnos, no apóstoles todavía, con todo lo que esto implicaba de renuncia al hogar, familia y otras actividades. Esto, en el curso del desarrollo apropiado, vino luego en otro período. Tanto su conocimiento como su fe, al presente, necesitaban, y sólo podían llevar, la llamada de un afecto y adhesión personales.[29]

Era domingo por la mañana, el primero en la obra misionera de Cristo, el primero de su predicación. Él tenía la intención de regresar a Galilea. Era apropiado que lo hiciera: por amor a sus nuevos discípulos, por lo que Él tenía que hacer en Galilea, por amor a sí mismo. Tenían que prepararse Él y ellos para la primera visita a Jerusalén; y no iría allí hasta el momento oportuno: la Fiesta de la Pascua. Había probablemente una distancia de veinte millas de Betábara a Caná. Al mismo tiempo había que ganar a otros dos discípulos, esta vez no traídos, sino llamados; dónde y bajo qué circunstancias, no lo sabemos. Pero la noticia de que Felipe era de la misma ciudad de Andrés y de Pedro parece implicar que ellos habían intervenido. De modo similar colegimos que, después, Felipe estaba algo más adelante que el resto cuando encontró a su conocido Natanael, y entabló conversación con él cuando Jesús y los otros se acercaban. Pero aquí hemos también de notar, como otro rasgo de Juan, que él, y su hermano con él, parece que se mantenían junto a la persona de Cristo, tal como hizo María después en casa de su hermano. Es este intenso exclusivismo de su compañía con Jesús lo que capacita su mente para trazar la pintura más plena del Hombre-Dios, reflejada en su relato.

La llamada a Felipe de los labios del Salvador, aunque no sabemos en qué circunstancias tuvo lugar, recibió obediencia en una respuesta inmediata. Con todo, aunque no habría obstáculos especiales que vencer, y por ello no se requería una narración especial, tiene que haber implicado

---

21. La expresión implica ansiedad, penetración.

22. La fecha precisa del origen de esta expresión no es conocida claramente. Hallamos en ella un triple desarrollo: *Rab, Rabbí* y *Rabban: amplitudo, amplitudo mea, amplitudo nostra,* que marcan los estadios sucesivos. Como el *último* de estos títulos fue llevado por el nieto de Hillel (años 30-50 d.C.), es razonable suponer que los dos precedentes eran corrientes una generación o más antes de aquella. Además, hemos de distinguir el uso original y primitivo del título, cuando sólo se aplicaba a los *maestros,* y el uso ulterior cuando, como la palabra «*doctor*», se da de modo indiscriminado a los hombres de letras y estudios. Cuando Jesús recibe la apelación, es en el sentido de «mi Maestro». Y no puede haber dudas razonables de que así era corriente, en general, durante el tiempo a que se refieren los Evangelios y el anterior al mismo. Un título todavía más elevado que ninguno de estos tres parece haber sido *Beribbi* o *Berabbi,* por el cual se designa al Rabban Gamaliel en Shabb. 115 *a.* Significa, literalmente, «perteneciente a la casa de un Rabbí», como si dijéramos un Rabbí de Rabbíes. Por otra parte, la expresión «Venid y ved» se halla entre las fórmulas más comunes rabínicas, aunque generalmente relacionada con la adquisición de alguna información especial e importante.

23. La suposición común es que el tiempo debe ser computado conforme al método judaico, en cuyo caso la hora décima representaría las 4 de la tarde. Pero recordando que el día judío terminaba al ponerse el sol, en este caso no es probable que se hubiera dicho «Y se quedaron con él aquel día». La interpretación correcta, por tanto, sería, en éste como en otros pasajes de Juan, que se trataba de la numeración asiática de las horas, que corresponde a la nuestra. Comp. J. B. McLellan: Nuevo Testamento, pp. 740-742.

24. Esto se ve por la palabra «primero», usada aquí como adjetivo en el v. 41 (aunque la interpretación es dudosa), y por la referencia implicada a otro, más tarde.

25. Sobre la interpretación del aramaico *Meshicha* como Mesías, ver Delitzsch en *Luther. Zeitschr. de 1876,* p. 603. Naturalmente, tanto Mesías como Cristo significan «Ungido».

26. La misma palabra usada en el texto con referencia a la manera en que el Bautista miró a Jesús.

27. «Más adelante ganarás el nombre» (Westcott).

28. Así en griego, *Keyph,* o *Keypha,* «una roca».

29. La evidencia de la gran diferencia histórica entre esta llamada al afecto o adhesión personal, y la del apostolado, nos la muestra Godet más allá de toda discusión, y especialmente el canónigo Westcott. A éstos y otros comentaristas debe dirigirse el lector sobre éste y otros muchos puntos que quedan fuera del lugar de discusión en este libro.

mucho para él en lo que aprendió, a juzgar por lo que hizo y lo que dijo a Natanael. Hay algo especial sobre la captación, hecha por Cristo, de Natanael –más bien implicado, quizá, que expresado–, y de lo cual dan indicios significativos las palabras del Señor. Parecen indicar lo que pasó por su mente poco antes de que Felipe le hallara. Tanto la expresión «un israelita de verdad, en quien no hay engaño» (v. 47) –si tenemos en cuenta lo que había dado lugar al cambio del nombre de Jacob en Israel–, como la referencia evidente a la realización plena de la visión de Jacob en Betel (v. 51), pueden ser una indicación de que esta misma visión había ocupado sus pensamientos. Tal como la Sinagoga entendía el relato, su aplicación al estado en que se hallaban entonces Israel y la esperanza mesiánica se sugeriría de modo natural. Poniendo de lado todas las excentricidades del pensamiento de la Sinagoga en relación con ello, el poder creciente de los gentiles concluiría con la preciosa consolación de la seguridad de la restauración final de Israel, en Jeremías 30:11 (Tanch. sobre el pasaje, ed. Vars., p. 38 *a, b*). Natanael (Teodoro, «el don de Dios»), como leemos con frecuencia de los rabinos,[30] se había sentado para oración, meditación y estudio, a la sombra de una higuera,[31] árbol de ramas extensas y frondosas, común en Palestina. La proximidad de la temporada de la Pascua, quizá mezclándose con pensamientos relativos al anuncio de Juan hecho en las riberas del Jordán, es posible que le sugiriera de modo natural la idea de la gran liberación de Israel en «la edad venidera» (así en Tanch.), más aún, tal vez, por el penoso contraste con el presente. Algún versículo como el que en una obra rabínica bien conocida (Pesiqta) pone término a la meditación para la nueva luna de Nisán, el mes de la Pascua: «Feliz es aquél que tiene al Dios de Jacob en su ayuda» (Sal. 146:5; Pesiqta, ed. Buber, p. 62 *a*), volvería una y otra vez a su mente y le llevaría al sugestivo símbolo de la visión de Jacob y su realización en la «edad venidera» (Tanch. *u.s.*).

Esto, naturalmente, son sólo suposiciones; pero podría muy bien ser que Felipe le hubiera hallado cuando estaba ocupado en estos pensamientos. Es posible que el resultado de ellos –y esto en completo acuerdo con la creencia judaica en aquel tiempo– fuera que todo lo necesario para hacer llegar esta feliz «edad venidera» era que Jacob llegara a convertirse de veras en Israel. En este caso, él mismo habría estado maduro para «el Reino» que se había acercado. Tiene que haber sido una respuesta sorprendente a sus pensamientos este anuncio hecho con la frescor de una convicción reciente y gozosa: «Hemos hallado a aquél de quien escribió Moisés en la Ley, así como los profetas: a Jesús, el hijo de José, el de Nazaret». Pero la adición de estas últimas palabras debe de haber sido como un mazazo para Natanael.[32] Era algo tan diferente de todo lo que él había asociado con la gran esperanza de Israel, o con Nazaret–que estaba cerca de su propia ciudad–, que su exclamación, que no tiene por que implicar nada despectivo para la aldea que él conocía tan bien, no sólo parece natural, sino, psicológicamente, profundamente verdadera. Había sólo una respuesta a ello, la que Felipe hizo, y que Jesús había dado a Andrés y Juan, y que a partir de entonces ha sido la mejor respuesta a las preguntas sobre el Cristianismo: «Ven y ve». Y a pesar de su decepción, tiene que haber un poder tan conmovedor en la respuesta que el súbito anuncio de Felipe había dado a sus pensamientos no expresados, que fue con él. Y ahora, como siempre, cuando acudimos en este espíritu, las evidencias irrefragables se multiplicaron a cada paso. Al acercarse a Jesús, oyó que Él decía con sus discípulos palabras referentes a él, que le recordaban realmente lo que había pasado en su alma. Pero ¿podía ser verdaderamente que Jesús lo supiera todo? La pregunta con que trató de averiguarlo le trajo tal prueba que Natanael no pudo por menos de prorrumpir en un reconocimiento pleno e inmediato: «Tú eres el Hijo de Dios», que has leído mi pensamiento más íntimo; «Tú eres el Rey de Israel», que cumples mi anhelo y mi esperanza. Y ¿no es siempre así cuando la fe del corazón brota a los labios, como el agua de la roca hendida al contacto con la vara del don de Dios? No se necesita un largo curso de argumentación, ni una cadena de evidencias intrincada, unida eslabón tras eslabón, cuando los pensamientos más secretos del corazón son puestos al descubierto, y satisfechos los anhelos más íntimos. Entonces, en un momento, ya es de día, y la voz del cántico gozoso saluda su nacimiento.

Y, no obstante, el camino penoso del aprendizaje lento a la convicción permanente tiene que ser transitado, sea en los sufrimientos del corazón o la lucha de la mente. Esto es lo que parece implicado en la pregunta, algo triste, del Maestro,[33] pero con todo, a plena vista del triunfo final («mayores cosas que éstas verás») y de la verdadera realización en él de aquel símbolo glorioso de la visión de Jacob (v. 51).

Y así, Natanael, «el don de Dios», o, como le conocemos en la historia posterior, Bartolomé, «el hijo de Telamion»,[34] fue añadido a los discípulos. Éste fue, aquel domingo, el comienzo pequeño de la gran Iglesia Católica; y éstas las fuentes pequeñas que fueron aumentando su caudal hasta formar el río poderoso que, en su curso, ha enriquecido y ha fertilizado el suelo estéril de las alejadas tierras de los gentiles.

30. Los pasajes corroborativos e ilustrativos son demasiado numerosos, aunque quizá no bastante importantes para ser citados en detalle.

31. Ewald se imagina que esta «higuera» estaba en el huerto de la casa de Natanael en Caná, y el archidiácono Watkins parece adoptar la idea, pero me parece a mí que no tiene base histórica.

32. Esta, podría parecer, es una adición innecesaria (si el relato fuera ficticio), y es de gran valor evidencial. En un Evangelio efesio del final del siglo segundo habría sido prácticamente imposible.

33. Juan 1:50. Compárese con las palabras a Pedro en Juan 13:36, 38; y a los discípulos en Juan 16:31, 32.

34. Esto es lo más probable. Comp. Juan 21:2 y los comentarios sobre el texto de los autores.

Capítulo 4
(Juan 2:1-12)

Las bodas de Caná de Galilea. El milagro que es «una señal»

Al final de su comentario a Natanael –su primer sermón– Jesús había hecho uso de una expresión que recibió su cumplimiento simbólico en su primer acto. Su primer testimonio acerca de sí mismo había sido llamarse el «Hijo del Hombre» (Jn. 1:51).[1] No podemos por menos que creer que esto hacía referencia a la confesión de Natanael: «Tú eres el Hijo de Dios; Tú eres el Rey de Israel». Es como si Él hubiera querido desviar a sus discípulos del pensamiento de que Él era el Hijo de Dios y el Rey de Israel, hacia la humillación voluntaria de su humanidad, como la base necesaria de su obra, ya que sin el conocimiento de ella, el de su Divinidad habría sido una abstracción estéril, especulativa, y el de su Realeza un sueño carnal judío. Pero no era sólo conocimiento de su humillación en su humanidad. Porque como en la historia de Cristo la humillación y la gloria están siempre unidas, la una envuelta en la otra como la flor en el capullo, aquí también su humillación como Hijo del Hombre es la exaltación de la humanidad, la realización de su destino ideal como creada a la semejanza de Dios. Nunca debería olvidarse que esta enseñanza de su exaltación y Realeza por medio de la humillación y representación de la humanidad era necesaria. Era la enseñanza que resultó de la Tentación y su victoria, y la misma enseñanza de toda la historia evangélica. Todo otro conocimiento real de Cristo, como hemos visto, habría sido imposible para los discípulos, tanto mentalmente como en lo referente al fundamento y progresión, y espiritualmente. Un Cristo: Dios, Rey, y no primariamente «el Hijo del Hombre», no habría sido el Cristo de la profecía, ni el Cristo de la humanidad, ni el Cristo de la salvación, ni aun el Cristo de la simpatía, ayuda y ejemplo. Un Cristo, Dios y Rey, que súbitamente se hubiera levantado como el sol ardiente oriental en el mediodía de su resplandor, habría cegado con sus rayos deslumbradores (como hizo con Saulo camino de Damasco), no levantado «con luz amable» para disipar la oscuridad y la niebla, y con creciente calor para dar vida y hermosura a nuestro mundo yermo. Y así, como «le correspondía», para llevar a cabo la obra, que «el capitán de nuestra salvación fuera perfeccionado por medio de padecimientos» (He. 2:10), así era necesario para *ellos* que Él velara de su vista, aun de los que le seguían, la gloria de su Divinidad y el poder de su Realeza, hasta que hubieran aprendido todo lo que implicaba la designación «Hijo del Hombre», como colocado bajo «el Hijo de Dios» y «Rey de Israel».

1. Para una discusión plena de la designación tan importante y significativa, «Hijo del Hombre», comp. Lücke, *u.s.* pp. 459-466; Godet (trad. alem.), pp. 104-108; y especialmente Westcott, pp. 33-35. El punto principal aquí es, primero, averiguar el significado e importancia del título en el Antiguo Testamento, y luego verlo como presente en el pensamiento judaico ulterior en los escritos pseudoepigráficos (Libro de Enoc). Finalmente, su plena comprensión tiene que estudiarse en la historia del Evangelio.

Esta idea de «Hijo del Hombre», aunque en su significado pleno y profético, parece proporcionar la explicación del milagro de las bodas de Caná. Estamos ahora entrando en el ministerio del «Hijo del Hombre», primero y principalmente en su contraste con la llamada preparatoria del Bautista, con el ascetismo simbólico de la misma. Contemplamos ahora a Jesús cuando se mezclaba con la humanidad, compartiendo sus goces y sus actividades, entrando en su vida de familia, sancionando y santificándolo todo con sus presentes y bendiciones; luego, transformando el «agua de la purificación legal» en el vino de la nueva dispensación, y, más que esto, el agua de nuestra necesidad sentida en el vino de su dádiva; y finalmente, como teniendo poder absoluto como «Hijo del Hombre», por ser también «el Hijo de Dios» y «el Rey de Israel». No que el intento principal transmitido en el milagro de Caná fuera exhibir el contraste entre su propio ministerio y el ascetismo del Bautista, aunque es difícil imaginarse nada más opuesto que el desierto y el suplir vino en una fiesta de boda, sino más bien que, como esta diferencia esencial existía realmente, apareció de modo natural al mismo comienzo del ministerio de Cristo.[2] Y lo mismo al considerar el otro significado que esta historia trae a nuestra mente.

Al mismo tiempo, hemos de tener en cuenta que la boda llevaba a los judíos pensamientos mucho más elevados que meramente regocijo y jolgorio. Los piadosos ayunaban antes de ella, confesando sus pecados. Era considerada casi como un Sacramento. La entrada en el estado matrimonial se consideraba que llevaba consigo el perdón de los pecados (Yalk. sobre 1 S. 13:1, vol. 2, p. 16 *d*).[3] Parece casi como si la idea de la relación de Esposo a esposa o novia entre Jehová y su pueblo, sobre la que se insiste tantas veces no sólo en la Biblia, sino en los escritos rabínicos, siempre ha estado presente en el fondo. Así, la pareja nupcial en el día de la boda simbolizaba la unión de Dios con Israel.[4] De ahí que, aunque en parte puede haber sido orgullo nacional, que consideraba el nacimiento de todo israelita casi como sobrepasando al resto del mundo, apenas es posible explicar totalmente la ardiente insistencia sobre el matrimonio, desde la primera oración en el momento de la circuncisión del hijo, en adelante, a través de las muchas y variadas admoniciones al mismo efecto. De modo similar, puede haber sido el sentimiento profundo de la hermandad en Israel el que llevaba a la simpatía en todo lo que conmovía a fondo

2. Podemos notar aquí, sin embargo otra vez, que si este relato hubiera sido ficticio habría sido hecho de modo muy torpe. El introducir al Precursor ayunando y como un asceta, y a Aquél a quien el Precursor había señalado en una fiesta de boda, es algo tan incongruente que ningún escritor de leyenda lo habría perpetrado. Pero el escritor del cuarto Evangelio no parece darse cuenta de ninguna incongruencia, y esto debido a que no tiene ninguna historia ni personajes ideales que presentar. En este sentido se puede decir que la introducción de la historia de las bodas de Caná es en sí misma la mejor prueba de su veracidad y del milagro que relata.

3. Las pruebas bíblicas aducidas para adscribir este beneficio a un sabio, a un novio y a un príncipe al entrar en su nuevo estado son ciertamente peculiares. En el caso de un novio se basan en el nombre de la novia de Esaú, Mahalat (Gn. 28:9), un nombre que se deriva del rabínico «Machal», perdonar. En Jer. Biccur. iii. p. 65 *d*, donde se refiere esto también, se indica que el nombre original de la esposa de Esaú había sido Basemat (Gn. 36:3); el nombre Mahalat, pues, le había sido dado cuando se casó con Esaú.

4. En Yalkut sobre Isaías 61:10 (vol. ii, p. 57 *d*) se dice que Israel ha sido llamado diez veces en la Escritura «novia» o «esposa» (seis veces en Cantares, tres en Isaías y una en Jeremías). Se llama la atención sobre el hecho de los «diez vestidos» con que se atavió sucesivamente el Santo; a la dignidad sacerdotal simbólica del novio, etc.

el corazón, el que daba una calidad sagrada a la participación en el gozo del matrimonio[5] o la tristeza de un entierro. Para usar la atrevida alegoría de aquel tiempo, Dios mismo había pronunciado palabras de bendición sobre la copa en la unión de nuestros primeros padres, en la que Miguel y Gabriel habían actuado como los padrinos de boda (Ber. R. 8) y el coro angélico cantado el himno nupcial (Ab. del R. Nath. iv.). Del mismo modo, había dado el ejemplo de visitar a los enfermos (en el caso de Abraham), consolar a los que estaban de luto (en el caso de Isaac) y enterrar a los muertos (en el de Moisés) (Sot. 14 *a).* Todo el que encontraba una procesión de boda, o un entierro, tenía que levantarse y unirse a ella. Y se refiere especialmente del rey Agripa que había hecho esto, y una curiosa Haggadah establece que cuando Jezabel fue comida por los perros no se le comieron los pies y las manos (2 R. 9:35) porque, a pesar de toda su maldad, había tenido la costumbre de saludar las procesiones de boda aplaudiendo, y acompañar cierta distancia del camino de los que iban a enterrar a alguno (Yalk. sobre 2 R. 9:35, vol. ii. p. 36 *a* y *b*). Y así leemos también que en el entierro del hijo de la viuda de Naín «estaba con ella un grupo considerable de la ciudad» (Lc. 7:12).

En estas circunstancias, deberíamos esperar de modo natural que todo lo relacionado con la boda fuera planeado con cuidado para dar la impresión de santidad, así como presentar un aspecto de alegría.[6] Una formalidad especial, la de los «esponsales» (*Erusin Qiddushin*), precedía a la verdadera boda, durante un período de duración variable, pero que no debía exceder los doce meses en el caso de una doncella.[7] En los esponsales, el novio, personalmente o por medio de un delegado, entregaba a la novia una moneda o una carta, y en cada caso se decía de modo expreso que el hombre, con ello, desposaba con la mujer. A partir de aquel momento los dos se consideraban y eran tratados en la ley (en cuanto a las herencias, adulterio, necesidad de divorcio formal) como si se hubieran casado realmente, excepto respecto al hecho de vivir juntos. Un documento legal (la *Shitré Erusin*) establecía la dote que cada uno había de llevar, las obligaciones mutuas y otros puntos legales.[8] En general la ceremonia de los esponsales acababa con una comida *–pero esto no en Galilea* donde las costumbres eran más simples y puras, y se evitaba lo que a veces terminaba en pecado.

Al atardecer del día del casamiento verdadero (*Nissuin, Chathnuth*) la novia era llevada de la casa paterna a la del marido. Primero venía el sonido de la música alegre; luego se distribuía vino y aceite entre la gente, y frutos secos entre los niños; después la novia, cubierta por el velo nupcial, con el largo cabello flotante, rodeada de sus compañeras y llevada por los «amigos del novio» y los «hijos de la cámara nupcial». Todos iban vestidos de fiesta; algunos llevaban antorchas, o lámparas sobre palos largos; los más cercanos llevaban ramas de mirto y ramilletes de flores. Cada uno se levantaba para saludar a la procesión o se unía a la misma; y era considerado casi un deber religioso el prorrumpir en alabanzas a la hermosura, modestia o virtudes de la novia. Llegados a la nueva casa, la novia era conducida al marido.

Se pronunciaba una fórmula más o menos del siguiente carácter: «Tómala en conformidad a la Ley de Moisés y de Israel» (Jer. Yeb. Md.), y la novia y el novio eran coronados de guirnaldas.[9] Luego se firmaba un documento legal, llamado la *Kethubah* (comp. Tob. Vii. 14), que establecía que el novio se comprometía a trabajar para ella, honrarla, guardarla y cuidarla[10] en la forma en que lo hacían los hombres de Israel; que prometía dar a su esposa-doncella por lo menos doscientos *Zuz*[11] (o quizá más)[12] y aumentar su dote (que en el caso de una pobre huérfana lo proveían las autoridades) por lo menos una mitad más, y que él también se comprometía a emplear en la forma más ventajosa para ella, y de la cual respondía él con sus propias posesiones.[13] Entonces, después de los lavamientos de manos prescritos y la bendición, empezaba la fiesta o cena de la boda –era llenado el vaso y se pronunciaba la bendición nupcial sobre el mismo. Y así es posible que la fiesta durara más de un día, y a la cual cada uno trataba de contribuir; algunas veces de manera ordinaria y vulgar,[14] otras avisada, para la diversión y solaz de todos (comp. Ber. 6 *b*), hasta que al fin «los amigos del novio» llevaban a la pareja de recién casados a la *Cheder* y la *Chuppah,* o sea, la cámara nupcial y la cama. Aquí hay que hacer notar de modo especial, como evidencia notable de que el escritor del cuarto Evangelio no sólo era un hebreo, sino íntimamente familiarizado con los diversos usos prevalecientes en Galilea y en Judea, que en la boda de Caná no se habla de «amigo del novio» ni de «padrino de boda» (*Shoshebheyna*), mientras que se menciona en Juan 3:29, donde las palabras son pronunciadas fuera de los límites de Galilea. Porque entre los galileos más simples y sencillos la práctica de tener «amigos del novio», que con frecuencia ha de haber llevado a actos impropios (comp. Kethub. 12 *a;* Jer. Kethub. i, p. 25 *a*), no existía,[15] aunque todos los invitados llevaban el nombre general de «hijos de la cámara nupcial» (*bené Chuppah* –comp. Mt. 9:15).

La boda tuvo lugar en Caná de Galilea. Todo lo que se relaciona con el relato es estrictamente judío: la fiesta, los invitados, la invitación de un rabino extraño y la aceptación por Jesús. Todo rabino judío habría ido, pero habría hablado y actuado de modo muy diferente al suyo. Pensemos primero en los detalles escénicos de la narración. Es extraño, pero no podemos establecer con certeza el lugar de la pequeña población de Caná.[16] Pero si adoptamos la identificación

5. Todo, incluso un entierro, tenía que dejar paso libre a una procesión matrimonial.

6. Para detalles he de referirme a las Enciclopedias y al artículo en Cassell, «Bible Educator», y los capítulos correspondientes de «Sketches of Jewish Social Life».

7. Pesiqta R. 15 aplica la primera cláusula de Proverbios 13:12 a unos esponsales largos, la segunda, a uno corto.

8. El lector que sienta curiosidad respecto a esto y otros documentos legales *en extenso*, puede verlos en la obra del doctor Sammter, ed. del tratato Bab. Mets. (notas al final, en pp. 144-148).

9. Algunas de estas demostraciones de jolgorio, como el llevar coronas e incluso la música nupcial, fueron prohibidas durante un período después de la destrucción de Jerusalén, como muestra de luto nacional (Sot. ix. 14). Sobre estas coronas, comp. Wagenseil, *Sota*, pp. 965-967.

10. Cito las mismas palabras de la fórmula que, como se puede notar, está de acuerdo estrechamente con las que usamos ahora en nuestro servicio de matrimonio.

11. Si el *Zuz* se cuenta a siete peniques, una cifra superior a cinco libras esterlinas.

12. Esto, naturalmente, representa sólo el *mínimo*. En caso de la hija de un sacerdote, la cantidad mínima legal era doblada.

13. El Talmud (Tos. Kethub.) hace aquí la pregunta no inoportuna: «¿Qué pasa si el novio no tiene bienes raíces, ni bienes muebles?»; pero, en último término, se consuela con el pensamiento de que todo hombre tiene propiedades, aunque sólo sean seis pies de tierra en los cuales ser enterrado.

14. Hay muchos ejemplos de algazara tumultuosa, y aun de bromas de gusto dudoso, citadas incluso por los mayores rabinos, para frenar la cual algunos acostumbraban a adoptar métodos curiosos como romper vasos valiosos, etc.

15. Ésta y otras grandes diferencias en favor de la moralidad y la decencia que distinguían las costumbres de Galilea de las del resto de Palestina son enumeradas en Jer. Kethub. i. 1, p. 25 *a*, hacia la mitad.

16. Se han propuesto dos sitios que, según el dador Robinson, es muy poco probable que representen la antigua «Caná de Galilea».

más probable con la moderna aldea de *Kefr Kenna*,[17] a unas pocas millas al nordeste de Nazaret, en el camino al lago de Galilea, podemos imaginarnos la ladera de una colina, con sus casas encaramándose por ella, mirando hacia el Norte y Oeste a una ancha llanura (la de Battauf) y al Sur a un valle, más allá del cual se levantan las colinas que la separan del monte Tabor y de la llanura de Jezreel. Si nos acercamos a la aldea a través del sonriente valle, llegamos a una fuente de agua excelente, alrededor de la cual se acurrucan los huertos del lugar que producen abundantes granadas, las mejores de Palestina. Aquí vivía Natanael-Bartolomé, y parece probable que Jesús había pasado con él el tiempo entre su llegada y la «boda», a la cual acudió también su madre –la omisión de José ha hecho suponer que ya había muerto para este tiempo. Preguntar qué es lo que había llevado a Jesús a Caná parece del todo innecesario si recordamos lo que había pasado entre Él y Natanael y lo que había de ocurrir en la primera «señal» que había de manifestar su gloria. Es inútil especular si Jesús sabía de antemano que iba a tener lugar la «boda». Pero podemos entender el deseo del «israelita de veras» de tenerle a Él bajo su techo, aunque sólo podemos imaginar lo que el «huésped celestial» ahora iba a enseñarle a él, como a los otros que le acompañaban. Y no hay dificultad en entender que a su llegada le llegarían noticias de estas «bodas» y de la presencia en ella de su madre, en la que parece haber sido la casa de un amigo o quizá un pariente; que Jesús y sus discípulos serían invitados a la fiesta; y que Él decidió no sólo aceptar, sino usar de ella para despedirse de su hogar y sus amigos de modo similar, aunque muy distinto, del de Eliseo cuando entró en su misión profética. No obstante, parece profundamente significativo que el «israelita de veras» fuera honrado siendo el primero que hospedó al «Rey de Israel».

Y, verdaderamente, para Cristo fue una despedida de sus antiguos amigos y de su hogar, una despedida también de su vida pasada. Si una parte del relato –la que se refiere a su madre– tiene algún significado especial, es la de despedirse o, mejor, dejar el hogar y la familia, tal como con esta primera «señal» se despidió de todo el pasado. Cuando regresó de su primera visita al Templo, había sido en la autoexinanición de la humildad voluntaria: para «someterse a sus padres». Este período había cesado ahora y otro nuevo había empezado: el de la consagración activa de toda su vida a los «asuntos de su Padre». Y lo que pasó en la fiesta de la boda marca el comienzo de este período. Nos hallamos en el umbral que, al ser cruzado, nos lleva a lo nuevo desde lo viejo; para usar la figura del Nuevo Testamento: la cena de las bodas del Cordero.

Visto bajo esta luz, lo que pasó en las bodas de Caná parece como recoger el hilo que se había dejado caer en la primera manifestación de su conciencia mesiánica. En el Templo en Jerusalén Él había dicho en respuesta a la pregunta inquieta de su madre: «¿No sabéis que en las cosas de mi Padre me conviene estar?», y ahora, cuando al tomar en la mano estos «asuntos», Él le dice de nuevo y de modo decisivo como respuesta a su sugerencia inquieta lo mismo que antes. Es una verdad que hemos de aprender una y otra vez, y, con todo, siempre somos lentos en aprender en nuestras preguntas y sugerencias, tanto por lo que se refiere a sus tratos con nosotros como a su gobierno de la Iglesia, que el punto más elevado y único verdadero es «los asuntos del Padre», no nuestra relación personal con Cristo. Este hilo, pues, es recogido de nuevo en Caná en el círculo de amigos e inmediatamente después en su manifestación pública en la purificación del Templo. Lo que había dicho primero como un niño, en su primera visita al Templo, lo manifiesta cuando es un hombre, al entrar en su obra activa –de una forma negativa en su respuesta a su madre; de modo positivo en la señal que obró. Todo ello significaba: «¿No sabéis que en las cosas de mi Padre me conviene estar?». Y, positiva y negativamente, su primera aparición en Jerusalén (Jn. 2:13-17 y vv. 18-23) significó lo mismo. Porque hay siempre la unidad y armonía más profunda en la vida más verdadera, la vida de la Vida.

Cuando cruzamos el patio de esta casa de Caná y llegamos a la galería o corredor cubierto al que se abren las distintas habitaciones –en este caso particular la gran sala de recepción– todo está adornado para la fiesta. En la galería se mueven los siervos y hay «tinajas» ordenadas, «conforme al rito de la purificación de los judíos», para lavarse no sólo las manos antes y después de comer, sino para limpiar los utensilios usados (comp. Mr. 7:1-4). Lo minuciosas que eran las ordenanzas rabínicas a estos respectos se mostrará en otro punto. La «purificación» era uno de los puntos principales de la santidad rabínica. Con mucho el mayor y más complicado[18] de los seis libros en que se divide la Mishnah está dedicado exclusivamente a este tema (las *Seder Thoroth*, purificaciones). Sin hablar de referencias en otras partes del Talmud, tenemos dos tratados especiales para instruirnos sobre la purificación de «manos» (*Yadayim*) y «vasos» (*Kelim*). Este último es el más complejo de todos en la Mishnah, y consiste en unos treinta capítulos. Su lectura demuestra, junto con la más estricta exactitud de los relatos evangélicos, la justicia de las denuncias de Cristo contra lo disparatado e hipócrita de esta complicación en las ordenanzas.[19] Y más aún cuando recordamos que era considerado como una calificación especial para ocupar un lugar en el Sanedrín el ser tan preciso y erudito como para poder demostrar que las criaturas que se arrastraban eran limpias (que la Ley declaraba inmundas) (Sanh. 17 *a*). Y la masa del pueblo habría considerado el descuido de las ordenanzas de la purificación como muestra de crasa ignorancia o impiedad atrevida.

En todo caso, esto no se había permitido en una ocasión como la presente; y fuera de la sala de recepción, que Juan con minuciosidad gráfica detalla, había seis grandes tinajas de piedra que, sabemos por los escritos rabínicos,[20] estaban alineadas. Aquí haremos bien añadiendo, contra los objetores, que es imposible indicar con certeza la medida precisa representada por «dos o tres cántaros». Conocemos el término *metretes* como equivalente del hebreo *bath*, pero hay tres diferentes clases de *bath* (Josefo, *Ant.* viii.2.9) utilizados en aquel tiempo en Palestina: el bath común palestino o bath del desierto, el de Jerusalén, y el de Séforis.[21] El bath común

---

17. Comp. el informe sobre el tema por Zeller en el *Quarterly Report of the Palestine Explor. Fund.* (de 1869, n.° 3, y de abril de 1878, por Mr. Hepworth Dixon); y lugarteniente Conder, *Tent-Work in Palestine*, vol. 1, pp. 150-155. Zeller lo pone a cinco millas de Nazaret. Conder sólo a tres millas y algo más.

18. El conjunto de la Mishnah se divide en seis *Sedarim* (órdenes), de los cuales el último es el *Seder Tohoroth*, que trata de las purificaciones. Consiste en doce tratados (*Massikhtoth*), 126 capítulos (*Peraqim*), y contiene no menos de 1.001 diferentes *Mishnayoth* (el *Seder* que sigue en tamaño, Nezigin, contiene 689 Mishnayoth). El primer tratado en este «Orden de Purificaciones» trata de la purificación de vasos (Kelim) y contiene no menos de treinta capítulos; «*Yadayim*» («manos») es el onceavo tratado, y contiene cuatro capítulos.

19. Comp. Marcos 7:2-5; Mateo 23:25, 26; Lucas 11:38, 39.

20. Estas «vasijas de piedra» (*Keley Abhanim*) se mencionan con frecuencia (p.ej., Chel. x. 1). En Yaday. i. 2 son citadas expresamente para la purificación de las manos.

21. Para más detalles ver tablas sobre dinero, pesos y medidas en Palestina en el *Handelsgesch. d. Juden*, de Herzfeld, pp. 171-185.

palestino equivalía a la *ánfora* romana, y contenía unos 25 litros, mientras que el bath de Séforis correspondía al *metretes* ático, y contenía unos 40 litros. En el primer caso, pues, cada una habría tenido capacidad para unos 45 litros; en el segundo, de unos 85 a 125 litros. Razonando que las medidas llamadas de Séforis eran comunes en Galilea, la cantidad mayor parece la más segura. Esto es algo casi trivial en el umbral de una historia así y, con todo, ha dado lugar a preocupación, por lo que debemos recordarnos que no es extraordinario ni el tamaño ni el número de tinajas. Porque en una ocasión así, la familia buscaría o pediría prestadas las tinajas más hermosas disponibles; ni es necesario suponer que estuvieran llenas hasta los bordes; ni hemos de olvidar que, según informes del Talmud (Shabb. 77 *b*; así Lightfoot *in loc.*), parece que había la costumbre de poner aparte algunas de estas vasijas exclusivamente para el uso de la novia y los huéspedes más distinguidos, mientras que el resto eran usadas por la compañía general.

Al entrar en el comedor espacioso, de techo elevado[22] que estaría iluminado brillantemente con lámparas y candeleros, los invitados se disponían alrededor de divanes blandos, con cojines o cubiertos de tela, o sentados en sillas. Con la bendición nupcial ya pronunciada y el vaso nupcial vacío, la fiesta seguía con una comida festiva –no la cena común, que generalmente era tomada hacia las once, según el dicho rabínico (Pes. 18 *b*) de que el que lo aplazaba después de esta hora era como si tragara una piedra. Si hubiera habido disposición a exhibiciones o incitaciones indecorosas y de alegría ligera[23] tales, que incluso los rabinos más sinceros abonaban, no cabe ninguna duda de que la presencia de Jesús habría impedido su manifestación. Y ahora tiene que haber ocurrido una pausa embarazosa, o algo por el estilo, cuando la madre de Jesús le susurró al oído: «No tienen vino». Es posible que nadie osara citar este hecho a su hijo, no meramente porque podía haber ocurrido como resultado de la presencia de Jesús y sus discípulos si no se había hecho provisión para ellos originalmente, sino debido a que el ofrecimiento de vino o aceite en ocasiones así era considerado una obra de caridad meritoria (Bab. B. ix.).

Pero todo esto deja los incidentes principales del relato intactos. ¿Cómo hemos de entender la petición implicada en las palabras de la madre de Jesús? ¿Cómo entender su respuesta? ¿Y cuál es el significado del milagro? Apenas es posible imaginar que, recordando las circunstancias milagrosas del nacimiento de Jesús, e informada de lo que había pasado en el Jordán, María no esperara la manifestación de su realeza mesiánica y con sus palabras la sugiriera.[24] Debo decirlo con reverencia, que un comienzo así de realeza y triunfo habría sido bien reducido; más bien el de un obrador de milagros judío que el del Cristo de los evangelios. Pero deja de serlo si se trata de una «señal» que indica a algo más allá de sí misma. Además, este tipo de expectativa por parte de María parece psicológicamente incorrecta, es decir, falsa respecto a su historia. Ella no podía realmente haber olvidado las circunstancias que habían rodeado su nacimiento; pero cuanto más profundamente «guardaba todas estas cosas en su corazón», más misteriosas tenían que parecerle cuando el tiempo pasaba, en la rutina de la más sencilla y monótona vida en un área rural, y en el cumplimiento de sus deberes cotidianos, sin la menor y más débil aparición de nada más allá de ello. ¡Sólo habían pasado doce años desde su nacimiento, y ya no había entendido sus palabras en el Templo! ¿Cuánto más difícil tenía que ser después de treinta años, cuando el niño se había hecho un joven y un hombre, en tanto que la voz divina permanecía en el mismo silencio? Es difícil creer en un sol radiante después de un día gris y encapotado. Aunque no tenemos la certeza absoluta de ello, tenemos las razones internas más poderosas para creer que Jesús no había obrado milagro alguno en aquellos treinta años en el hogar de Nazaret, sino que vivía una vida de quieta sumisión y espera obediente. Ésta era la parte de su obra que le correspondía entonces. Es posible, ciertamente, que María supiera lo que había pasado en el Jordán; y que cuando le vio que regresaba con sus primeros discípulos que, sin duda, no mantendrían en secreto sus convicciones –al margen de lo que hubieran dicho de ello los demás–, ella sintió que había empezado un nuevo período en la vida de Él. Pero, ¿qué había allí para sugerir un milagro así? Y si hubiera sido sugerido, ¿por qué no pedírselo en términos expresos, si éste había de ser el comienzo ciertamente en circunstancias extrañamente incongruentes de la manifestación de su realeza?

Por otra parte, había una cosa que ella había aprendido, y una cosa que tenía que dejar de pensar después de haberla aprendido, al cabo de aquellos treinta años de vida en Nazaret. Lo que había aprendido –que tenía que haber aprendido– era confianza absoluta en Jesús. Lo que tenía que olvidar era la impresión natural, aunque equivocada, que su mansedumbre, su sumisión casera habían causado en ella como resultado de su relación con la familia. Ésta era una cosa, por lo que sabemos luego de su historia posterior, que le resultó muy difícil, muy penosa y fue muy lenta en aprender;[25] y, con todo, muy necesaria no sólo por sí misma, sino porque era una lección de verdad absoluta. Y así, cuando le dijo que faltaba vino, fue simplemente en absoluta confianza en su hijo, probablemente sin la expectativa consciente de un milagro por su parte.[26] Con todo, no sin un toque de afectación materna, casi orgullo, de que Él, en quien ella podía confiar que haría todo lo que fuera necesario, era su hijo a quien ella podía hacer una petición en la familia amiga, de la cual eran huéspedes; y si no por amor a ella misma, al menos por habérselo pedido ella. Era un modo de ver su relación con Él totalmente terreno, y un modo de ver terreno que ahora tenía que llegar a su fin; el resultado de haber entendido mal su mansedumbre y su sumisión y que, de modo extraño, la Iglesia de Roma pone en primer término como la apelación más poderosa para que Jesús entre en acción. Pero el error fundamental en lo que

22. El *Teraqlin*, al cual se abrían las otras habitaciones de los lados (Jer. Rosh haSh. 59 *b*; Yoma 15 *b*). En Bab. B. vi. 4 leemos que esta habitación tenía por lo menos 15 pies en cada lado y 15 de altura. La altura del techo era característica de las casas de Palestina. Siempre era la mitad de la anchura y longitud juntas. Así, en una casa pequeña: longitud, 12 pies, anchura, 9 pies, la altura habría sido 10 1/2 pies. En una casa grande: longitud 15 pies, anchura 12 pies, la altura habría sido 13 1/2 pies. Del Jer. Kethub. p. 28 *d* sabemos que la novia era considerada como virtualmente casada a partir del momento en que entraba en el *Teraqlin*, antes de que realmente hubiera ido a la *Chuppah*.

23. Así, era costumbre, y considerado meritorio, el cantar y ejecutar una especie de juego con ramas de mirto (Jer. Peah. 15 *d*), aunque un rabino murió de repente por excederse haciéndolo.

24. Éste es el punto de vista de muchos comentaristas, antiguos y modernos.

25. Luthardt con razón lo llama el comienzo de una educación muy penosa, de la cual vemos el próximo estadio en Lucas 8:19 y el último en Juan 19:26.

26. Esto cubre la objeción de Strauss, y otros, de que María no podía haber esperado un milagro. Es apenas concebible que Calvino pudiera haber imaginado que María podía haber deseado que Jesús hiciera un discurso con miras a disuadirles de pensar en la falta de vino; o Bengel, de que quería dar a entender que debía ser disuelta la fiesta.

«Al atardecer del día del casamiento verdadero (Nissuin, Chathnuth) la novia era llevada de la casa paterna a la del marido. Primero venía el sonido de la música alegre; luego se distribuía vino y aceite entre la gente, y frutos secos entre los niños; después la novia, cubierta por el velo nupcial, con el largo cabello flotante, rodeada de sus compañeras y llevada por los 'amigos del novio' y los 'hijos de la cámara nupcial'. Todos iban vestidos de fiesta; algunos llevaban antorchas, o lámparas sobre palos largos; los más cercanos llevaban ramas de mirto y ramilletes de flores. Cada uno se levantaba para saludar a la procesión o se unía a la misma; y era considerado casi un deber religioso el prorrumpir en alabanzas a la hermosura, modestia o virtudes de la novia. Llegados a la nueva casa, la novia era conducida al marido».

Esta fuente y estas dos jarras eran utensilios propios de los regalos nupciales, de los padres y amigos y participantes a los festejos de boda. La ceremonia se celebraba en casa de la novia, donde llegaba el futuro marido con sus amigos y parientes. (Israel Museum, Jerusalén)

ella intentó es precisamente esto, que ella habló como su madre y colocó la relación maternal en conexión con su obra. Y por tanto fue como cuando, habiendo entendido mal lo ocurrido en el Templo, Él le dijo: «¿No sabéis que me conviene estar en las cosas de mi Padre?»; y ahora: «Mujer, ¿qué tengo que ver contigo?». Con esta relación de tipo terreno, aunque hubiera ternura, Él no tenía conexión alguna. Con todo lo demás la tenía, hasta el punto de olvidarse por completo de sí mismo, en las agonías de la cruz, para encomendar a Juan tiernamente que se hiciera cargo de ella; pero con esto no. No, ni ahora ni más adelante. Como en su primera manifestación en el Templo, igualmente en la primera manifestación de su gloria, el dedo que le indicaba «su hora» no era ni podía ser el de su madre terrena, sino el de su Padre del cielo.[27] Había en verdad una relación doble en aquella vida, de la cual nadie excepto el Cristo había podido preservar la armonía.

Éste es un punto principal –casi lo habíamos llamado el negativo–; el otro, el positivo, era el milagro en sí. Todo lo demás es prácticamente accidental o circunstancial. Nadie que conoce el uso preciso de las palabras,[28] o recuerda que cuando Jesús la encomendó a Juan en la Cruz usó la misma clase de expresión (Jn. 19:26), puede imaginar que había nada despectivo para ella, o áspero por su parte, al dirigírsele como «mujer» más que como «madre». Pero las palabras, para nosotros, son significativas de la enseñanza que quieren transmitirnos, y el comienzo de esta enseñanza que siguió luego: «¿Quién es mi madre?, y ¿quiénes son mis hermanos? Y extendiendo su mano hacia sus discípulos, dijo: He aquí mi madre y mis hermanos» (Mt. 12:46-50).

Y María no le entendió, y con todo le entendió, cuando se volvió hacia los siervos con la indicación implícita de que hicieran lo que Él les mandara. Lo que sucedió después es bien conocido: cómo en el exceso de celo llenaron las tinajas hasta el borde, una circunstancia accidental y, con todo, útil, aun cuando parezca accidental, para mostrar que no podía haber engaño o colusión; que, probablemente al sacarla, el agua había pasado a ser vino de calidad, «el agua con modestia vio a su Dios y se sonrojó»; luego la broma proverbial vulgar al que era maestro de ceremonias y aprovisionador de la fiesta (Eccl. 32:1, 2), cuyo objeto, naturalmente, no se aplicaba a la compañía presente, y, con todo, por el hecho de ser accidental, una evidencia de la realidad del milagro; después de lo cual el relato termina abruptamente con un comentario retrospectivo por parte del que lo relata. Lo que dijo el novio si los invitados supieron lo ocurrido, y, si fue así, qué impresión les causó; cuánto tiempo se quedó Jesús allí; cuáles fueron los sentimientos de su madre sobre esto, y mucho más que podríamos preguntar, la Escritura, con la reserva reverente que hemos hecho notar varias veces contrastando con nuestra verbosidad superficial, no dice una palabra más. Y mejor que sea así. Juan quiere hablarnos de lo que no consignaron los Sinópticos, que empezaron su relato con el ministerio ulterior en Galilea,[29] el primero de sus milagros, como una «señal»,[30] indicando con ella lo más profundo y elevado que había de ser revelado, y de la primera manifestación de «su gloria».[31] Esto es todo, y el objetivo había sido alcanzado. Testigo de ello es la mirada tranquila y agradecida retrospectiva sobre el primer día de milagros, resumida en estas palabras simples, pero intensamente conscientes: «Y sus discípulos creyeron en él».

Era una señal, como se indicó antes, cualquiera que sea el punto de vista considerado. Porque, como el diamante que brilla con muchos colores, tiene muchos sentidos; ninguno de ellos planeado, en el sentido vulgar del término, sino todos reales, porque son el resultado de una vida y una historia realmente divinas. Y un milagro verdadero, no solamente histórico, sino visto en sus muchos significados; es el comienzo de todos los demás, que en cierto sentido se despliegan a partir del primero. Un milagro que no puede ser explicado, y que sólo es exaltado por las casi increíbles vulgaridades en que el criticismo negativo ha hundido sus comentarios sobre el mismo,[32] para el cual no pueden hallar base legendaria en la historia del Antiguo Testamento, ni en la expectativa contemporánea judía; que no puede ser sublimado en el idealismo del siglo diecinueve;[33] y menos puede ser concebido como una idea tardía creada por sus discípulos e inventada por un escritor efesio del siglo II.[34] Porque incluso la ilustración alegórica de san Agustín, que nos recuerda que en el racimo, el agua de la lluvia va siendo transformada constantemente en vino, no es del todo correcta excepto si se considera como una simple ilustración, y sólo rebaja nuestra idea del milagro. Porque es un milagro[35] y seguirá siéndolo; no ciertamente por un poder mágico arbitrario, sino con un propósito moral, y de lo más elevado.[36] Y lo creemos porque esta «señal» es el primero de todos los milagros en que el Milagro de Milagros dio «una señal» y manifestó su gloria: la gloria de su persona, la gloria de su propósito y la gloria de su obra.

---

27. Godet dice muy bien: «Su emblema a partir de entonces fue: mi Padre y yo».

28. Comp. los pasajes de los clásicos citados por Wetstein en su Comentario.

29. Sobre la omisión de ciertas partes del relato de Juan por los Sinópticos, y viceversa, y sobre las supuestas diferencias, el mejor tratamiento son las admirables notas del canónigo Westcott, *Introduction to the Study of the Gospels*, pp. 280ss.

30. Según la mejor interpretación, y literalmente: «Esto hizo empezando las señales Jesús en Caná». Una revisión cuidadosa de la expresión rabínica *Simana* (tomada de la palabra griega usada aquí) me parece traducir la idea mejor que la palabra *Oth.* Pero el uso significativo de la palabra «señal» debe ser bien marcado. Ver el canónigo Westcott sobre el pasaje.

31. En esto, el primero de sus milagros, era aún más necesario que Él manifestara su gloria.

32. Así, Schenkel considera la respuesta de Cristo a María como prueba de que no estaba en buenas relaciones con su familia; Paulus sugiere que Jesús había traído el vino y que luego fue mezclado con el agua en las tinajas; Gfrörer, que María lo había traído como regalo, y en la fiesta dio a Jesús la señal apropiada para ponerlo. La glosa de Renan me parece aún más fláccida y más necia.

33. Así, Lange, en su «Vida de Cristo», imagina que la conversación con Jesús había puesto a todos en un alto estado de éxtasis, en el cual Él les dio a beber de la plenitud de sí mismo. Una espiritualización semejante –aunque cada uno la varía a su manera– la han intentado Baur, Keim, Ewald, Hilgenfeld y otros. Pero parece más racional, con Schweitzer y Weisse, negar la exactitud histórica del conjunto que recurrir a estas soluciones.

34. Hilgenfeld, sin embargo, ve en este milagro una evidencia de que el Cristo del cuarto Evangelio proclamó un Dios distinto y más elevado que el Dios del Antiguo Testamento; en resumen, que evidencia del colorido gnóstico del cuarto Evangelio.

35. Meyer nos recuerda muy bien que la «incomprensibilidad física no es idéntica con la absoluta imposibilidad».

36. Si entiendo bien el significado de los comentarios del doctor Abbott sobre los milagros en el cuarto Evangelio (*Encycl. Britan.*, vol. 10, p. 825 *b*), implican que el cambio del agua en vino era una referencia emblemática al vino de la Eucaristía, y que este modo de ver queda apoyado por una referencia a 1 Juan 5:8. Pero, ¿puede esto ser considerado base suficiente para la inferencia de que no hay ninguna realidad histórica en todo el relato? En este caso, ¡habría que sostener que un escritor efesio, a finales del siglo II, había inventado la ficción del cambio milagroso del agua en vino, con el propósito de dar cierta enseñanza eucarística!

Capítulo 5
(Juan 2:13-25)

La purificación del Templo

Se ha dicho que María entendió a Jesús, pero, a pesar de ello, no le entendió. Y parece que tenemos nueva evidencia de ello en la circunstancia de que, inmediatamente después del milagro de Caná, ella y los «hermanos de Jesús» fueron con Él, o le siguieron, a Capernaum, que a partir de entonces pasó a ser su «propia ciudad» (Mt. 4:13; 9:1; Mr. 2:1) durante su estancia junto al lago de Galilea. La cuestión de si primero regresó a Nazaret no parece muy importante. Puede ser que sus hermanos se le hubieran unido allí, mientras sus «hermanas», estando casadas, se quedaron en Nazaret (Mr. 6:3). Hay varias razones que pueden explicar la partida de la familia de Nazaret, dadas las circunstancias peculiares. Y, no obstante, uno tiene la impresión de que el hecho de que siguieran a Jesús y sus discípulos a su nuevo hogar tenía que ver con el que entendieran y, con todo, no entendieran, quién era Él, y algo que había sido característico de su retiro silencioso después de la respuesta que había recibido en la fiesta de Caná, y su significativa instrucción a los siervos de que hicieran implícitamente lo que Él les mandara. También es típica la buena voluntad de Jesús al permitir a su familia que se le uniera, sin avergonzarse de su humildad, como podía haber ocurrido con un Mesías judío, ni mostrarse impaciente por su ignorancia: cercano a ellos con ternura, en todo lo referente a lo humano de sus sentimientos; de modo sublime aparte de ellos, en lo referente a su obra y misión.

Casi es un alivio el dejar la prolongada discusión (a la cual hicimos referencia antes) de si los que eran llamados sus «hermanos» y «hermanas» lo eran en el sentido real, o bien hijos de un matrimonio previo de José, o bien primos, y dejarlo indefinidamente tal como está.[1] Pero el lector que observa ya se habrá dado cuenta probablemente, en relación con esta controversia, que es extraño, por lo menos, que se introduzca a «hermanos» de Jesús sin más explicaciones en el cuarto Evangelio, si éste era una producción de Éfeso, o aun una ficción de tendencias espiritualistas; extraño, también, que sólo el cuarto Evangelio haya registrado el traslado a Capernaum de la «madre y los hermanos» de Jesús, en compañía con Él. Pero esto solamente de paso y con referencia a las controversias recientes sobre la paternidad del cuarto Evangelio.

Si pudiéramos estar del todo seguros –y no meramente tenerlo como muy probable– que el *Tell Hûm* de las exploraciones modernas marca el sitio de la antigua *Capernaum*, *Kephar Nachum* o *Tanchumin* (esta última, quizá, «aldea de la consolación»), ¡con qué solemne interés deambularíamos sobre sus ruinas![2] Conocemos la aldea por la historia del Nuevo Testamento y por los escritos de Josefo (*Guerra* iii.10.8; *Vida* 72). Una noticia rencorosa y ciertas insinuaciones[3] viles de los rabinos (Midr. sobre Eccl. 1:8 y 7:26, ed. Vars., vol. 3, pp. 80 *a* y 97 *a*), relacionándolo con la «herejía» es de suponer que del Cristianismo, parecen también indicar a *Kephar Nachum* como el hogar de Jesús, donde había hecho tantos milagros. En ese tiempo no podía haber sido muy antigua, puesto que su Sinagoga había sido edificada recientemente, por medio de la generosidad amistosa del fiel y sincero centurión (Mt. 8:5ss.). Pero ya su importancia era tal que estaba destacada allí una guarnición, y había una de las casas de aduana más importantes. Su aire suave y claro, por el glorioso lago de Galilea, con el Hermón coronado de nieve a la vista hacia el Norte –a la distancia como el Mont Blanc sobre el lago de Ginebra–; la fertilidad del terreno, especialmente la llanura de Genezaret próxima; y una fuente cercana que, por los peces que poblaban su corriente semejantes a los del Nilo, hacía creer a algunos que brotaba del río de Egipto; esto y más había hecho de Capernaum uno de los lugares más deliciosos en estos «Jardines de Príncipes», como los rabinos interpretaban la palabra «Genezaret» por el lago del mismo nombre, interpretado por otros rabinos como «lago en forma de cítara». La población se hallaba en la orilla nordeste, sólo a dos millas de donde el Jordán entra en el lago. Cuando andamos sobre este campo de ruinas, de una milla y media de longitud y un cuarto de milla de anchura, que con toda probabilidad marca el sitio de la antigua Capernaum, es difícil hacerse cargo que pueda haber tanta desolación en lo que era vida y belleza hace dieciocho siglos. Con todo, la escena es la misma aunque el aliento candente del juicio haya barrido el frescor de su rostro. Aquí yace, en su quietud plácida o agitado por borrascas súbitas, el lago profundo, azul, a unos 600 o 700 pies por debajo del mar Mediterráneo. Podemos mirarlo de arriba abajo en su extensión, unas doce millas; o bien a través, unas seis millas. Al otro lado del punto en que estamos –en algún sitio– está el lugar en que Jesús alimentó milagrosamente a cinco mil. Aquí llegó la barca con la madera crujiente y la quilla y la cubierta chorreantes de espuma en aquella terrible noche de tormenta en que los barqueros no podían con los remos y Él trajo la calma. Dirigieron la barca hacia aquella playa. Aquí, junto a la ribera, se hallaba la Sinagoga, de piedra caliza blanca, con un basamento oscuro de basalto. Al norte de ella, subiendo la suave ladera, se desparramaba la ciudad. Al este y al sur hay el lago, y en sucesión continua pequeñas bahías, de las cuales hay más de diecisiete en un trecho de seis millas, y en una de ellas se resguardaba Capernaum. Todas las casas han desaparecido ahora, apenas queda piedra sobre piedra de ellas: la casa del buen centurión, la de Mateo el publicano (Mr. 2:15; comp. 3:20, 31), la de Simón (Mt. 8:14), el hogar en que por un tiempo se alojaron el Maestro y sus deudos.

1. En apoyo de la interpretación natural de estos términos que (francamente, es mi modo de ver) no sólo son accesibles Mateo 1:25 y Lucas 2:7, sino que se pueden hacer estas dos preguntas sugeridas por el archidiácono Norris (que defiende que eran hijos de José en un matrimonio previo): ¿Cómo podía nuestro Señor haber sido, a través de José, el heredero al trono de David (según las genealogías) si José tenía hijos mayores? Y de nuevo, ¿qué se hizo de los seis hijos sin madre cuando José y la Virgen fueron primero a Belén y luego a Egipto, y por qué los hijos mayores no son mencionados con ocasión de la visita al Templo? (*Commentary on the New Testament*, vol. 1, p. 117).

2. Robinson, Sepp y, según entiendo, el lugarteniente Conder consideran Khan Minyeh (*Tent-Work in Palest.*, vol. 2, pp. 182ss.) como el sitio de Capernaum; pero los escritores más modernos están de acuerdo en que es *Tell Hûm*.

3. La historia es demasiado necia y las insinuaciones demasiado viles para repetirlas aquí. La segunda de las dos noticias se refiere evidentemente a la primera. El Jacob «herético» de que se habla aquí es la *bête noire* de los rabinos. Las acusaciones implicadas contra los cristianos nos recuerdan la descripción de Apocalipsis 2:20-24.

No hay nada reconocible, todo es una masa confusa de ruinas, menos la blanca Sinagoga en que Él había enseñado. De entre sus ruinas aún se pueden medir las dimensiones, y seguir sus columnas caídas; es más, descubrimos sobre el dintel, trazado, el cacharro con el «maná», que debe haber dado ocasión para su enseñanza allí (Jn. 6:49, 59), diferente del trazado del candelabro de siete brazos, o el otro tan significativo del cordero pascual, que parece haber sido tan frecuente en las sinagogas de Galilea.[4]

Y esto es, pues, Capernaum; la casa primera y principal de Jesús cuando entró en su obra activa. Pero en esta ocasión Él «siguió allí muchos días». Porque ya «estaba cerca la pascua de los judíos», y Él tenía necesidad de guardar esta fiesta en Jerusalén. Si nuestros cómputos son correctos –y en este caso es imposible estar cierto en absoluto de las fechas– y Juan empezó su predicación en el otoño del año 779 A.U.C. –o sea, a partir de la fundación de Roma; o en el 26 de nuestra era, cuando Jesús fue bautizado a principios del invierno (año 27 d.C.)–,[5] entonces esta Pascua tiene que haberse celebrado en la primavera (hacia abril) del mismo año. Sin hablar de los reajustes domésticos necesarios para el viaje de los peregrinos a Jerusalén, todo el país parecía estar en estado de preparación. Un mes antes de la fiesta (el 15° de Adar) los puentes y las carreteras eran reparados, los sepulcros enjalbegados, para prevenir contaminación accidental a los peregrinos. Además, algunos seleccionaban esta fiesta entre las tres grandes anuales, para el diezmo de sus ganados y rebaños, y en este caso tenía que hacerse al menos dos semanas antes de la Pascua; mientras otros se preparaban para llegar a Jerusalén antes de la fiesta «para purificarse» (Jn. 11:55), esto es, someterse a la purificación prescrita en caso de contaminación levítica. Pero lo que tiene que haber atraído a la gente en todo el país era la aparición de los «cambistas» (*Shulchanim*), que abrían sus puestos en cada ciudad del país el 15° de Adar (un mes justo antes de la fiesta). Éstos, como es natural, tenían que ser acreditados regularmente y debidamente autorizados. Porque todos los judíos y prosélitos –exceptuando mujeres, esclavos y menores de edad– tenían que pagar el tributo anual del Templo, de medio siclo, según el estándar «sagrado» igual a un siclo común galileo (dos denarios), o sea, algo más de un chelín. De este impuesto se declaraban exentos muchos de los sacerdotes –por más que lo lamentaran los rabinos– mediante la alegación ingeniosa de que, según Levítico 6:23, toda ofrenda de un sacerdote tenía que ser quemada, no comida; mientras que del tributo del Templo se pagaban las tortas y los panes de proposición, que luego eran comidos por los sacerdotes. ¡De ahí que, argumentaban, pagar el tributo del Templo habría sido incompatible con Levítico 6:23!

Volvamos al tributo del Templo que tenía que ser pagado en monedas de medio siclo del Santuario, o en siclos ordinarios galileos. Cuando recordamos que, además de las monedas estrictamente palestinas de plata y, especialmente, de cobre,[6] había monedas persas, tirianas, sirias, egipcias, griegas y romanas que circulaban en el país, se comprenderá la cantidad de trabajo que tendrían estos cambistas. Desde el 15° al 25° de Adar tenían sus puestos en cada ciudad del país. En una fecha posterior, que por lo tanto era considerada como la llegada de los primeros peregrinos a las fiestas de la ciudad, los puestos en las áreas rurales eran cerrados, y los cambistas a partir de entonces se sentaban dentro de los recintos del Templo. Todos los que rehusaban pagar el tributo del Templo, excepto los sacerdotes, podían sufrir la pérdida de sus bienes por embargo. Los cambistas recibían una tarifa establecida de un *Maah*, o sea, de un penique y medio a dos[7] (o de medio maah, según otros), por cada medio siclo que cambiaban. Esto era llamado *qolbon*. Pero si una persona entregaba un *Sela* (una pieza de cuatro denarios, en valor dos medios siclos del Santuario, o dos siclos galileos) tenía que pagar un doble *qolbon;* uno por su medio siclo del dinero del tributo, y otro por el cambio. Aunque no sólo los sacerdotes, sino todos los otros empleados no obligatorios, y los que pagaban por sus hermanos más pobres, estaban exentos de la tarifa del *qolbon*, este recargo tiene que haber producido unos ingresos enormes, puesto que no sólo había muchos palestinos nativos que llegaban sin la moneda estatutoria del tributo, sino que había gran cantidad de judíos extranjeros que se presentaban en tales ocasiones en el Templo. En realidad, si computamos el tributo del Templo anual en unas 75.000£, los beneficios de los banqueros tenían que alcanzar las 8.000 o 9.000£, que era una suma inmensa dadas las circunstancias del país.[8]

Pero incluso estos datos no representan todos los hechos del caso. Ya hemos visto que los cambistas en el Templo daban cambio cuando se les presentaban cantidades superiores a las equivalentes al tributo del Templo. Es una inferencia razonable, es más, casi necesaria, que muchos de los judíos extranjeros al llegar a Jerusalén se aprovecharían de la oportunidad de cambiar en estos puestos su dinero extranjero, y para esto, naturalmente, se hacían pagar nuevos cargos. Porque había una gran cantidad de cosas que comprar dentro del área del Templo, necesarias para la fiesta (en el sentido de los sacrificios y cosas añadidas) o para la purificación, y sería mejor obtener el dinero exacto de los cambistas autorizados que tener disputas con los vendedores. Podemos hacernos cargo de las escenas que tenían lugar en la mesa de un cambista en la época de la Pascua: pesar las monedas, las substracciones por pérdida de peso, las discusiones, regateos, y con todo ello es fácil comprender la terrible verdad de la acusación de nuestro Señor de que habían hecho de la Casa de su Padre un mercado y un lugar de compraventa. Pero, incluso así, los negocios de los cambistas del Templo no quedaban agotados. Por sus manos pasaban las inmensas ofrendas votivas de los judíos extranjeros, de los prosélitos y del Templo; en realidad, probablemente se encargaban de todas las cuestiones de dinero re-

4. Comp. en especial Warren, *Recovery of Jerusalem*, pp. 337-351.

5. Wieseler y la mayoría de autores modernos colocan el Bautismo de Jesús en el verano del 27 d.C., y en consecuencia la primera Pascua en la primavera del 28 d.C. Pero a mí me parece muy poco probable que hubiera un intervalo tan largo como nueve o diez meses entre la primera predicación de Juan y el Bautismo de Jesús. Además, en este caso, ¿cómo vamos a explicar los ocho o nueve meses entre el Bautismo de Jesús y la Pascua? Por lo que sé, la única razón para esta extraña hipótesis es Juan 2:20, que se explicará en su lugar.

6. Simón Macabeo hizo acuñar monedas de cobre; el llamado siclo de cobre, un poco más de un penique y también de medio y un cuarto de siclo. Sus sucesores acuñaron monedas de cobre aun más pequeñas. Durante todo el período desde la muerte de Simón hasta la última guerra judía no se acuñaron monedas de plata en Palestina, sino sólo de cobre. Herzfeld (*Handelsgesch.*, pp. 178, 179) sugiere que había suficientes monedas de plata extranjeras circulando en el país, si bien, como es natural, sólo una pequeña cantidad de monedas de cobre extranjeras llegaban a Palestina.

7. Es en extremo difícil establecer el equivalente exacto. Casel lo calcula a un quinto, Herzfeld a un sexto, Zunz a un tercio, y Winer a un cuarto de denario.

8. Comp. Winer, *Real-Wörterb*. He hecho un cálculo bajo, dentro de los límites moderados. Todas las reglas sobre el *Tributo* y el *Qolbon* son enumeradas en Sheqal. i. No he dado referencias de cada una de las afirmaciones, no por no tenerlas a mano, sino por evitar citas innecesarias.

lacionadas con el Santuario. Es difícil comprender la inmensa acumulación de riqueza en el tesoro del Templo. Pero es posible formarse alguna idea de ello por la circunstancia de que, a pesar de muchas expoliaciones previas, el valor del oro y la plata que Craso (54-53 a.C.) sacó del tesoro del Templo alcanzaba la enorme suma de dos millones y medio de libras esterlinas. No se puede precisar si estos cambistas del Templo entraban en transacciones bancarias de otro tipo –como giros de letras o dinero contante de sus corresponsales–, o recibían y prestaban dinero a interés (cosa común en aquel tiempo).

Los lectores del Nuevo Testamento saben que el ruido y los negocios abigarrados de un cambista oriental no eran los únicos que se llevaban a cabo dentro del sagrado recinto del Templo. Proporcionaba muchas facilidades el que una persona que trajera un sacrificio pudiera averiguar, y más aún, obtener, todas las cosas que necesitaba para las ofrendas de comida y bebida del Templo y de sus empleados. Los precios eran fijados por medio de una tarifa cada mes, y por medio del pago de una cantidad determinada el oferente recibía uno de cuatro comprobantes del pago. Mediante el comprobante, al ser presentado al empleado correspondiente, el oferente se procuraba los complementos prescritos para aquel sacrificio.[9] Los sacerdotes y levitas encargados de ello saldaban sus cuentas cada noche, y estas transacciones (aunque necesarias) debían dejar un considerable margen de beneficio para el Tesoro. Esto pronto dio lugar a otra clase de tráfico. Los oferentes, naturalmente, podían llevar sus animales sacrificiales consigo y, por lo que sabemos, en el monte de los Olivos había cuatro tiendas encargadas especialmente de la venta de palomos y otras cosas requeridas para los propósitos sacrificiales (Jer. Taan. iv. 8).[10] Pero cuando era traído un animal, tenía que ser examinado –por si era apropiado levíticamente– por parte de personas regularmente calificadas y designadas. En ocasiones surgían disputas, fuera por ignorancia del comprador o codicia del examinador. Un examinador calificado era llamado *mumcheh* (uno que es aprobado), y el tiempo preciso dedicado a la adquisición del conocimiento necesario puede deducirse de la circunstancia de que cierto maestro se dice que había pasado dieciocho meses con un ganadero para aprender qué defectos en el animal eran temporales y cuáles permanentes (Sanh. 5 *b*). Ahora, como estamos informados de que un cierto *mumcheh* de primogénitos había recibido autorización para cargar por su inspección de cuatro a seis *Isar* (algo más de un penique a dos), según el animal inspeccionado (Bechor. iv. 5), es razonable suponer que unos honorarios similares podían ser requeridos para examinar los animales sacrificiales ordinarios. Pero se podían evitar toda clase de problemas acudiendo al mercado regular dentro del recinto del Templo, donde se podían comprar los animales sacrificiales que ya habían sido inspeccionados debidamente, y con todos los honorarios pagados, y que se ofrecían a la venta.[11] No es necesario hacer comentarios para mostrar hasta qué punto el Templo quedaría profanado por un tráfico así, y las escenas a que daría lugar. Por los escritos judaicos sabemos que se realizaban las transacciones más impropias, sacándose ventaja de los pobres que acudían para ofrecer sus sacrificios. Así, leemos (Ker. i. 7) que en una ocasión el precio de un par de palomos alcanzó la enorme cifra de un denario de oro (un denario de oro romano, alrededor de 15 chelines), cuando, por medio de la intervención de Simeón, el nieto del gran Hillel, fue rebajado antes de la noche a un cuarto de denario de plata, o sea, a 2 peniques cada uno. Como se nos dice que Simeón introdujo su resolución a este efecto con la invocación «¡por el Templo!», no es injusto inferir que estos precios se habían pagado dentro del recinto del Templo. Probablemente no fue meramente su celo controversial en favor de las enseñanzas peculiares de su maestro Shammai, sino un motivo similar al de Simeón, lo que en otra ocasión indujo a Baba ben Buta (bien conocido por haber dado consejo a Herodes en la reconstrucción del Templo), cuando encontró el patio del Templo vacío de animales para los sacrificios, a causa de la codicia especulativa de los que han «así desolado la Casa de Dios», a que llevara al Templo no menos de tres mil ovejas, para que el pueblo pudiera ofrecer sacrificios (Jer. Chag. 78 *a*).[12]

Esto lleva a otra cuestión, más importante, en relación con el mismo tema. Todo este tráfico –cambio de moneda, venta de palomas y mercado de ovejas y becerros– en sí mismo, y por las circunstancias acompañantes, era una profanación terrible; daba ocasión también a grandes abusos. Pero, ¿había algo en el tiempo de Cristo que lo hiciera en especial irritante y desagradable al pueblo? El sacerdocio tiene que haber sacado grandes beneficios de ello siempre; naturalmente, no los sacerdotes ordinarios, que subían en sus «órdenes» para ministrar en el Templo, sino para los oficiales sacerdotales permanentes, y los líderes residentes del sacerdocio, y sobre todo la familia del Sumo Sacerdote. Esto deja abierta una pregunta muy interesante, íntimamente relacionada, como veremos, con la visita de Cristo al Templo con ocasión de la Pascua. Pero los materiales de que disponemos aquí son inconexos, de forma que el intento de ponerlos juntos sólo puede dar como resultado algo probable, no absolutamente cierto. ¿Qué se hacía de los beneficios de los cambistas, y quiénes eran los verdaderos dueños del mercado del Templo?

La primera de estas preguntas la contesta el Talmud de Jerusalén (Jer. Sheq. i. 7, últimas 4 líneas, p. 46 *b*) con cinco respuestas distintas, mostrando que no había regla fija en cuanto al uso de estos beneficios, o por lo menos que nadie lo sabía ya para este tiempo. Aunque cuatro de las respuestas indican que se usaban para servicios públicos, con todo, lo que parece más probable es que todos los beneficios fueran a parar a los mismos cambistas. Pero, en este caso, apenas se puede dudar de que pagaban un considerable porcentaje a los dirigentes del Templo. Los beneficios de la venta de carne y bebidas iban al tesoro del Templo. Pero es casi imposible creer que ocurriera lo mismo con respecto al mercado del Templo. Por otra parte, no puede haber duda de que este mercado era lo que los escritos rabínicos llaman «los bazares de los hijos de Anás» (*Chanuyoth beney Chanan*),

9. Comp. «The Temple and its Services», etc., pp. 118, 119.

10. M. Derenbourg (*Histoire de Palest.*, p. 467) sostiene que estas tiendas las regentaban los sacerdotes o que, en todo caso, los beneficios eran para ellos. Pero no puedo estar de acuerdo que eran los *Channuyoth*, o tiendas de la familia de Anás, a las cuales se trasladó el Sanedrín cuarenta años antes de la destrucción de Jerusalén. Ver más adelante.

11. Es cierto que este mercado del Templo no podía haber estado situado «a ambos lados de la puerta Shushan, o puerta oriental, hasta el Pórtico de Salomón» (doctor Farrar). Si hubiera estado a ambos lados de esta puerta, tiene que haber estado en el Pórtico de Salomón. Pero esta suposición está descartada. No habría habido lugar para un mercado allí, y constituía el acceso principal al Santuario. El mercado del Templo estaba situado, sin duda, en el «Patio de los Gentiles».

12. Es cierto, sin embargo, que Baba ben Buta no había sido el primero en introducir (doctor Farrar) este tráfico. Una mirada al Jer. Chag. 78 lo muestra de modo suficiente.

los hijos de aquel Sumo Sacerdote Anás, de infame mención en el Nuevo Testamento. Cuando leemos que el Sanedrín, cuarenta años antes de la destrucción de Jerusalén, trasladó su lugar de reunión desde la «Sala de las piedras talladas» (al sur del Patio de los Sacerdotes, y por tanto, en parte, dentro del mismo Santuario) a los «Bazares», y luego otra vez a la ciudad (Rosh. haSh. 31 *a*), se puede sacar claramente la inferencia de que estos bazares eran los de los hijos de Anás el Sumo Sacerdote, y que ocupaban parte del patio del Templo; en resumen, que el mercado del Templo y los bazares de los hijos de Anás son la misma cosa.

Si se admite esta inferencia, que está de acuerdo con la opinión judaica que nos ha llegado, obtenemos mucha luz

con respecto a la purificación del Templo por Jesús, y las palabras que dijo en aquella ocasión. Porque, a continuación, nuestra posición es que, a causa de los abusos en los negocios realizados en estos bazares y la codicia de sus propietarios, el mercado del Templo era en aquel tiempo impopular en extremo. Esto se ve no sólo por la conducta y palabras del patriarca Simeón, y de Baba ben Buta (según hemos citado antes), sino por el hecho de que la indignación popular, tres años antes de la destrucción de Jerusalén, había quitado los bazares de la famila de Anás (Siphré sobre Dt. § 105, fin., ed. Friedmann, p. 95 *b*; Jer. Peach i. 6), y esto, según afirma de modo expreso, como resultado de la codicia pecaminosa que caracterizaba sus tratos. Si todavía se rezagara alguna duda en la mente de alguien, la disiparía, sin duda, la denuncia franca de nuestro Señor del mercado del Templo como una «cueva de ladrones» (Mt. 21:12). De la avaricia y corrupción de la infame familia de Sumos Sacerdotes tanto Josefo como los rabinos nos dan un cuadro terrible. Josefo describe a Anás, hijo del Anás del Nuevo Testamento, como «un gran acaparador de dinero», muy rico y como despojando por medio de franca violencia a los sacerdotes comunes de sus ingresos oficiales (*Ant.* xx.9.2-4). El Talmud refiere igualmente la maldición que un distinguido rabino de Jerusalén (Abba Shaul) pronunció sobre las familias de Sumos Sacerdotes (incluida la de Jonás), que eran «ellos mismos Sumos Sacerdotes, sus hijos tesoreros (Gizbarin), sus yernos tesoreros ayudantes (Ammarkalin), mientras que sus criados apaleaban al pueblo con estacas» (Pes. 57 *a*). ¡Qué comentario a este pasaje ofrece la conducta de Jesús cuando hizo uso del azote para echar a los mismos criados que «apaleaban a la gente con estacas», y desbarató sus negocios profanos! Sería fácil añadir de fuentes rabínicas detalles repelentes de su lujo, molicie, glotonería y disolución general. No es de extrañar que, en el lenguaje figurativo del Talmud, se presentara al Templo clamando contra ellos: «¡Iros de ahí, hijos de Elí, que contamináis el Templo de Jehová!» (Pes. *u.s.*). Estos informes lamentables sobre el estado de cosas en aquel tiempo nos ayudan a entender mejor lo que hizo Cristo, y quiénes eran los que se opusieron a su acto.

«Aquí, junto a la ribera, se hallaba la Sinagoga, de piedra caliza blanca, con un basamento oscuro de basalto. Al norte de ella, subiendo la suave ladera, se desparramaba la ciudad. Al este y al sur hay el lago, y en sucesión continua pequeñas bahías, de las cuales hay más de diecisiete en un trecho de seis millas, y en una de ellas se resguardaba Capernaum».

Éstos son los restos de una impresionante sinagoga en Capernaum, situada en la orilla noroeste del mar de Galilea. Las sinagogas más antiguas tenían la fachada mirando a Jerusalén.

Estos bazares del Templo, que eran propiedad y constituían una de las más importantes fuentes de ingreso de la familia de Anás, fueron la escena de la purificación del Templo por parte de Jesús; y en el sitio privado destinado a estos bazares, en que el Sanedrín celebraba sus reuniones en aquel tiempo, es posible que fuera planeada la condenación final de Jesús, ya de antemano, aunque no pronunciada realmente. Todo esto tiene significación profunda. Pero nosotros ahora podemos también entender por qué los oficiales del Templo, a quienes pertenecían estos bazares, solamente objetaron que Cristo tuviera autoridad para purificar así el Templo. La impopularidad de todo este comercio, si no sus conciencias, les impedía percibir mejor el significado tanto de la acción de Cristo como de la respuesta a su increpación, pronunciada cerca del mismo lugar en que tan pronto había de ser condenado por ellos. Y nos ayuda a entender que el pueblo no ofreciera resistencia a la acción de Jesús, y que aun las recriminaciones de los sacerdotes no fueran directas, sino en la forma de una pregunta implicando duda.

Porque es en la dirección ya indicada, y no otra, que se han levantado objeciones al relato del primer acto público de Jesús en Jerusalén: la purificación del Templo. Los comentaristas han señalado suficientemente las diferencias entre esta purificación y la que tuvo lugar en el Templo al término de su ministerio (Mt. 21:12 y ss.; Mr. 11:11 y ss.; Lc. 19:45 y ss.).[13] En verdad, al compararlas, son tan evidentes que todo lector puede darse cuenta de ellas. Ni tampoco parece difícil entender, más bien parece apropiado, casi lógicamente necesario, que de haber ocurrido un suceso así hubiera sido al principio y al fin del ministerio público de Jesús en el Templo. Ni tampoco hay nada «abrupto» o «falto de tacto» en un comienzo así para su ministerio. No sólo es profano, sino que no es histórico buscar cálculo y astucia en la vida de Jesús. Si hubiera sido así no habría muerto en la Cruz. Y «abrupto» no lo era, ciertamente. Jesús volvió a recoger el hilo que se remontaba a su primera aparición ya relatada en el Templo, cuando había manifestado su asombro de que los que le rodeaban no supieran que a Él le convenía estar en los asuntos de su Padre. Ahora se ocupaba de los asuntos de su Padre, y, como podemos decir, en la forma más elemental. Al poner fin a la profanación de la Casa de su Padre, que a causa de aquellos trueques vergonzosos había sido transformada en un mercado o, peor todavía, «en una cueva de ladrones», todos los que conocían su misión tienen que haber estado convencidos de que era un comienzo muy apropiado y casi necesario de su obra mesiánica.

Y muchos de los presentes tienen que haber conocido a Jesús. El celo de sus primeros discípulos que, cuando le reconocieron, proclamaron el Mesías encontrado, no podía haberse evaporado y cedido su lugar a la indiferencia y el silencio. Los muchos peregrinos de Galilea en el Templo no podrían por menos de esparcir la noticia, y el informe tiene que haber pasado de un patio del Templo a otro cuando entró por primera vez en el sagrado recinto. Le seguirían y observarían lo que hacía. No se quedarían decepcionados. Él inauguró su misión cumpliendo la predicción referente a Aquél que había de ser el «refinador y purificador de Israel» (Mal. 3:1-3). Apenas hubo entrado en el Pórtico del Templo, y andado por el Patio de los Gentiles, ya echó de allí a los que lo contaminaban.[14] Nadie dijo una palabra ni se levantó una mano para arrestarle cuando hizo un azote de cuerdas pequeñas (incluso esto es significativo) y con él echó del Templo tanto a las ovejas como a los bueyes; nadie dijo una palabra, ni se levantó una mano, cuando Él arrojó en los receptáculos el dinero de los cambistas y derribó sus mesas. Su Presencia los dejó atónitos y atemorizados, sus palabras despertaron incluso sus conciencias; sabían muy bien lo ciertas que eran todas sus acusaciones. Y detrás de Él se hallaba la multitud asombrada, que no podía por menos que simpatizar con esta atrevida vindicación

13. Tengo que admitir, sin embargo, que incluso Lutero tenía muchas dudas de si el relato de los Sinópticos y el del cuarto Evangelio no se referían a un mismo suceso. Comp. Meyer, *Komment.* (sobre Juan), p. 142, notas.

14. Y así lo hace siempre, empezando su ministerio purificando, tanto si se refiere al individuo como a la Iglesia.

mesiánica, verdaderamente regia, de la santidad del Templo frente al comercio nefasto de un sacerdocio corrupto y codicioso. Fue una escena digna de ser presenciada por todo verdadero israelita, una protesta y un acto que, incluso entre una gente menos emotiva, habría ganado para Él el respeto, la aprobación y la admiración y que, en todo caso, garantizó su seguridad personal.[15]

Porque cuando «los judíos» –nombre con el que tanto aquí como en otros lugares hemos de entender los dirigentes del pueblo, en este caso los funcionarios del Templo– se atrevieron a presentarse, no osaron echar mano de Él. Aún no había llegado el momento. En presencia de esa multitud no se habrían atrevido, aparte de la conveniencia de mantener la quietud dentro del recinto del Templo, cuando la guarnición romana estaba tan cerca, en la fortaleza Antonia, y vigilaba con celo la aparición de todo tumulto (Hch. 21:31, 32). Todavía es más extraño que ni aun le reprendieron por lo que había hecho, por ser algo impropio o equivocado. Con gran astucia; como apelando a la multitud, solamente le pidieron una «señal, ya que hacía esto», algo que garantizara la abrogación de tal autoridad. Pero esta pregunta de desafío marcaba dos cosas: la oposición esencial entre las autoridades judías y Jesús, y la manera en que se llevaría a cabo la pugna, que a partir de entonces se dirimiría entre Él y los gobernantes del pueblo. Este primer acto de Jesús determinó sus posiciones mutuas; y con este primer conflicto ya se hallaba involucrado el final. El acto de Jesús dirigido contra los gobernantes tenía que desarrollarse en una oposición de vida o muerte; su primer paso contra Él tenía que proseguir hasta el fin en su condenación a la Cruz.

La «señal» que no es una «señal»

Y Jesús se dio cuenta de todo; previó, o, mejor aún, lo vio. Su respuesta lo dice. Fue –como toda su enseñanza, a los que viendo no ven, y oyendo no oyen, cuyo entendimiento ha sido oscurecido y su corazón endurecido– en lenguaje de parábola, que sólo podía quedar claro después de lo sucedido (Mt. 13:11-15; Mr. 4:11, 12). En cuanto a la «señal», entonces y siempre buscada por una «generación mala y adúltera» –mala en sus pensamientos y caminos y adúltera para el Dios de Israel–, Él tenía entonces, como luego (Mt. 12:38-40), una «señal» que darles: «Destruid este Templo, y en tres días lo levantaré». Respondía a su solicitud de una señal con el desafío de una señal: crucificadle, y se levantará; suprimid al Cristo, y triunfará.[16] Una señal ésta que ellos no entendieron, sino que entendieron mal, y dio lugar a su falsa acusación en el juicio posterior, con lo que ellos mismos, sin querer, le dieron cumplimiento.

Y, sin embargo, para todos los tiempos ésta es la señal y la única señal que Cristo ha dado, que todavía da a toda «generación mala y adúltera», a los amadores del pecado y despreciadores de Dios. Ellos destruyen, en cuanto alcanza su poder, al Cristo, le crucifican, desmienten sus palabras, suprimen, barren el Cristianismo, pero no se salen con la suya: Él triunfará. Como en aquel primer día de Pascua, lo mismo ahora, y siempre en la historia, Él levanta el Templo que ellos derribaron. Ésta es la «señal», la evidencia, la única «señal» que el Cristo da a sus enemigos; una señal que, como un hecho histórico, ha sido patente ante todos los hombres, y visto por ellos; que podría haberles dado evidencia, pero que siendo la naturaleza del milagro, y no explicable por agentes naturales, ellos han entendido mal, viendo «el Templo» como meramente un edificio del cual conocen la arquitectura, el estilo y el período de su construcción,[17] pero de cuyo carácter espiritual y edificación ellos no tienen conocimiento ni idea. Y así, tal como se aplica a esta generación, lo mismo a todas las que la siguieron, ésta es la señal todavía, si la entienden; es la única señal, el gran milagro; mas, como ellos calculan solamente a partir de lo visible y averiguado por ellos, estos «menospreciadores contemplan, se asombran y perecen», porque Él obra «una obra en sus días, obra que no creerán, aunque alguien se la cuente» (Hch. 13:41).

---

15. El canónigo Westcott llama la atención al uso de dos términos diferentes para cambistas en los versículos 14 y 15. En el último sólo es κολλυβιστής la forma aramaica del cual es *qolbon*. Es este *qolbon* contra el que la mano de Cristo va especialmente dirigida.

16. No puedo ver en las palabras de Jesús ninguna referencia directa a la abrogación del Templo material y sus servicios, y su sustitución por la Iglesia. Naturalmente, éste era el caso, e implicado en su crucifixión y resurrección, pese a que no se aluda a ello aquí.

17. De la expresión (Jn. 2:20) «cuarenta y seis años tardó en ser edificado este Templo» se ha inferido por la mayoría de escritores que esta Pascua era la del año 781 A.U.C., o 28 d.C., y no, como hemos argumentado, el año 780 A.U.C., o 27 d.C. Pero el cálculo descansa sobre un error. Admitiendo que la construcción del Templo empezó en el otoño del año dieciocho del reino de Herodes (Jos., *Ant.* xv.11.1-6), como el reino de Herodes data de 717 A.U.C. (año desde la fundación de Roma), la construcción del Templo tiene que haber comenzado en el otoño del año 734-35. Pero ya se ha explicado que, en el cómputo judaico, el principio del nuevo año era contado como un año. Así pues, si según la opinión universal (comp. Wieseler, *Chronolog. Synopse*, pp. 165, 166) la edificación del Templo empezó en Kislev de 734, cuarenta y cinco años después nos llevarían al otoño de 779, y la Pascua de 780, o 27 d.C., debería ser considerada «como cuarenta y seis años». Si un judío había calculado el tiempo en la Pascua de 781, *no* habría dicho «cuarenta y seis años», sino «cuarenta y siete», «tardó este templo en ser edificado». La equivocación de los escritores consiste en olvidar que después del otoño empieza un nuevo año, o, en todo caso, con ocasión de la Pascua. De paso puede añadirse que el Templo en realidad no fue completado hasta el 63 d.C.

Capítulo 6

(Juan 3:1-21)

El Maestro venido de Dios y el maestro de Jerusalén

Pero hubo algunos que contemplaron, y escucharon sus palabras, y hasta cierto punto las entendieron. Incluso antes que Jesús hablara a los funcionarios del Templo, sus discípulos, que le contemplaban en silencio, vieron que unas palabras de la antigua Escritura adquirían luz bajo el halo de su gloria. Era la historia del Siervo de Jehová, sufriente, olvidado de sí mismo y dedicado a Dios, cuya figura se destacaba en el firmamento del Antiguo Testamento, realizando en un mundo hostil, como el elemento más profundo de su ser y su vocación, sólo esto: una consagración interior y exterior total a Dios, un holocausto, tal como habría sido Isaac. Brotaban dentro de su mente, sin ser llamadas, como cuando la luz del Urim y el Tumim caía sobre las letras grabadas en las piedras preciosas del pectoral del Sumo Sacerdote, estas palabras antiguas: «Me devora el celo de tu casa» (Sal. 69:9). Así, incluso en aquellos días del comienzo de su aprendizaje, la purificación del Templo por Jesús, a la vista de los gobernantes, fue la realización plena de esta visión que tiene que haber sido profética, puesto que ningún mero hombre ostentó nunca estos dos rasgos: el de un Nazareno ideal, a quien consumía el celo de la casa de Dios. Y luego, mucho después, tras su Pasión y su muerte, después de aquellos días oscuros de soledad y duda, después de la nebulosa aurora de su primer reconocimiento, esta palabra, que Él había pronunciado ante los gobernadores al principio, volvió a ellos con todo el poder convincente de la predicción cumplida por el hecho, como una convicción segura, de que con su mano asía no solamente el pasado, sino el presente, puesto que el presente es siempre el *cumplimiento* del pasado: «Por eso, cuando resucitó de entre los muertos, sus discípulos se acordaron de que había dicho esto; y creyeron la Escritura y la palabra que Jesús había dicho» (Jn. 2:22).

Además, cuando pensamos en el significado de que Jesús les rehusara «una señal» a los gobernantes de Israel, o, mejor, pensamos en la única señal que Él les dio, no vemos nada incompatible con ella en el hecho de que, en la misma fiesta, Él hizo muchas «señales» a la vista del pueblo. Porque eran solamente los gobernantes los que habían entrado en conflicto con Él, y, dado el carácter de los dos contendientes, el principio implicaba el terrible fin como consecuencia lógica. En presencia de un enemigo así sólo podía darse una «señal»: leer lo íntimo de sus corazones, y ver en ellos sus motivos reales y su acción final, y presentarles su propio triunfo final –una descripción predictiva, una «no señal» que era, y es, una señal para todos los tiempos. Pero el pueblo no le había dirigido desafíos ni demandas hostiles de señales. En realidad incluso hasta el final, cuando, incitados por sus gobernantes y siguiéndoles ciegamente, «no sabían lo que hacían». Y fue a ellos a quienes Jesús ahora, en la primera mañana de su obra, hablaba por medio de «señales».

La Fiesta de la Pascua comenzó el 15° Nisán, contando, naturalmente, desde el atardecer precedente. Pero antes de esto, antes de sacrificar el cordero pascual, la tarde del 14° Nisán el visitante del Templo notaría algo peculiar.[1] La noche del 13° Nisán con que comenzaba el día 14°, o «día de la preparación», el cabeza de cada familia encendía una vela y, en solemne silencio, recorría toda la casa en busca de levadura, haciendo preceder a su búsqueda un acto solemne de acción de gracias y llamamiento a Dios, y cerrándolo con una declaración igualmente solemne de que lo había realizado en cuanto él podía averiguar, denegando responsabilidad por lo que no sabía. Y cuando los adoradores iban al Templo, veían expuestas de modo prominente, en el banco, en uno de los pórticos, dos tortas profanadas de alguna ofrenda de gracias, indicando que era todavía legítimo comer de lo que había sido leudado. A las diez, o a más tardar a las once de la noche, era quitada una de aquellas tortas, y sabían que ya no era legítimo comer nada leudado. A las doce era quitada la segunda torta, y esto era la señal para quemar solemnemente toda la levadura que se había recogido. ¿Fue en la víspera del día 14 cuando cada cabeza de familia buscaba y ponía a un lado la levadura, o bien cuando el pueblo observaba las dos tortas, y cómo era quitada la última de ellas, lo que marcaba que toda la levadura había sido «purificada», que Jesús, en el cumplimiento real de su significado nacional, «purificó» el Templo de su levadura?

Sólo podemos sugerir la cuestión. Pero la «purificación del Templo» (Jn. cap. 2) indudablemente precedió a la verdadera semana festiva pascual. Para aquellos que estaban en Jerusalén, era una semana tal como nunca habían visto antes, una semana en que «vieron las señales que Él hacía», y en que agitados por un impulso extraño «creían en su nombre» como que era el Mesías. Era una «fe de leche», como la llama propiamente Lutero, que se alimentaba y requería para su sostén de «señales». Y, como una visión, desaparecía después de vista. No una fe de la cual la señal era sólo el indicador, sino una fe de la cual la señal, no la cosa significada, era la sustancia; una fe que deslumbraba la vista mental pero no llegaba hasta el corazón. Y Jesús, que con mirada que escudriñaba el corazón veía lo que había en el hombre, que no necesitaba que nadie se lo dijera, sino que lo sabía todo de modo inmediato, no puso confianza en ellos. No eran como los primeros discípulos galileos, verdaderos de corazón y en el corazón. El Mesías que aquéllos habían encontrado y el que éstos veían correspondía a dos conceptos distintos. La fe de los admiradores de Jerusalén no podía compaginarse con lo que los galileos experimentaron; era una fe que no habrían entendido ni persistido si Él se hubiera entregado a ellos. Y, con todo, Él, en su maravilloso amor, condescendió a hablarles en el único lenguaje que podían entender, el de las señales. Y no fue todo en vano.

Aunque no se consignan estos milagros –porque las palabras que dijo tampoco quedaban registradas en los corazones de la mayoría–, no sólo fue acá y allá, por este o aquel milagro, que se hizo sentir su poder. Su gran efecto general fue el hacer que los orientados más espiritualmente y más reflexivos se dieran cuenta de que Jesús era verdaderamente «un maestro venido de Dios». Al pensar en los milagros de Jesús y, en general, en lo milagroso en el Nuevo Testamento, somos propensos a pasar por alto algo muy principal en la cuestión. Lo consideramos desde nuestras

---

1. Reservamos para la última Pascua de Jesús dar un relato detallado de la celebración pascual.

circunstancias presentes, no las de los judíos y el pueblo de aquel tiempo; juzgamos desde nuestro punto de vista, no el suyo. Y con todo, lo principal en el asunto se encuentra aquí. A nosotros no podría convencérsenos de la verdad de una religión, ni que nos convirtiéramos a ella, por medio de milagros externos; ni tan sólo los esperaríamos. No hay duda de que si un milagro notable ocurriera, su impresión y efecto serían abrumadores; aunque, a menos que el milagro se sometiera a las pruebas científicas más estrictas, cuando en la naturaleza de las cosas dejaría de ser un milagro, apenas conseguiría que se le diera credibilidad general. Por ello, la verdad es que lo milagroso en el Nuevo Testamento constituye para el pensamiento moderno, no su punto fuerte, sino el más débil; no da evidencia convincente, sino que ofrece un punto de ataque y dificultad. En consecuencia, al tratar de los milagros del Nuevo Testamento, o al considerarlos, es siempre su aspecto moral, no el natural (o sobrenatural), el que tiene su influencia máxima sobre nosotros. Pero ¿qué es esto, sino decir que nuestro pensamiento es *moderno*, no antiguo, y que el poder evidencial de los milagros de Cristo ha dejado paso a la edad y dispensación del Espíritu Santo? Para nosotros, el proceso es inverso a lo que era con los antiguos. Ellos enfocaban lo moral y espiritual a través de lo milagroso; nosotros, lo milagroso a través de lo moral y espiritual. Su Presencia, esta gran Presencia es, verdaderamente, siempre la misma. Pero Dios adapta siempre su enseñanza a nuestro modo de aprender; de lo contrario no sería enseñanza en absoluto, y menos aún enseñanza divina. Sólo que lo que nos presenta ahora a nosotros no es lo mismo que les aportaba a los antiguos: no es ya la indicación de las «señales», sino la indicación o dedo del Espíritu. Para ellos lo milagroso era lo *esperado:* esto milagroso que para nosotros sigue siendo aún verdadero y divinamente milagroso, precisamente porque se aplica a todos los tiempos, puesto que nos proporciona a nosotros el aspecto *moral* del milagro, como a ellos el aspecto *físico*; en cada caso, realidad divina transmitida divinamente. Puede decirse con seguridad, pues, que para el hombre de aquel tiempo ninguna enseñanza de la nueva fe habría sido real sin la evidencia de los milagros.

En aquellos días, cuando la idea de lo milagroso era, por así decirlo, fluida –pasando de lo natural a lo sobrenatural– y los hombres consideraban todo lo que estaba por encima de su punto de vista de la naturaleza como sobrenatural, la idea de lo milagroso, por su repetición constante, se sugería siempre y de modo prominente. Otros maestros también, al menos entre los judíos, afirmaban tener el poder de hacer milagros, y popularmente se les daba crédito. Pero ¡qué contraste evidente entre las «señales» de ellos y las que Jesús hacía! Al pensar en esto, es necesario recordar que tanto el Talmud como el Nuevo Testamento personifican la enseñanza judía en su forma, y se dirigen a los judíos, y –por lo menos en lo que se refiere al tema de los milagros– en períodos no muy distantes, hechos más cercanos todavía por el conservadurismo teológico singular del pueblo. Si, teniendo esto en cuenta, recordamos algunas de las absurdas pretensiones rabínicas a los milagros –como la creación de un ternero por dos rabinos cada víspera de sábado para la comida del sábado (Sanh. 65 *b*), o los relatos repelentes y en parte blasfemos de una serie de prodigios como testimonio de las sutilezas de algún gran rabino (Bab. Mez. 59 *b*)–, nos quedamos casi abrumados por la fuerza evidencial del contraste entre ellos y las «señales» que hizo Jesús. Nos parece hallarnos en un mundo enteramente distinto, y podemos entender la conclusión a la cual toda mente reflexiva y sincera tenía que llegar al presenciarlos de que era, realmente, «un Maestro de Dios».

Un observador de esta clase era Nicodemo (*Naqdimon*),[2] uno de los fariseos y miembro del Sanedrín de Jerusalén. Y, según podemos colegir por su modo de expresión,[3] no sólo él, sino otros con él. Por la historia del Evangelio sabemos que era un hombre precavido por naturaleza y educación, tímido de carácter con todo, como en otros casos, fue lo más ofensivo para su modo de pensar judío, la Cruz, lo que al fin le llevó a la luz de la decisión y al vigor de una confesión atrevida (Jn. 19:39). Y esto, en sí mismo, mostraría el carácter real de su pregunta y el efecto que Jesús había causado sobre él. En todo caso, es precipitado hablar de la manera en que tuvo lugar su primer encuentro con Cristo, como hacen la mayoría de los comentaristas. Apenas podemos hacernos cargo de las dificultades que tenía que vencer. Tiene que haber sido un gran poder de convicción el que pudiera derribar sus prejuicios hasta el punto de poder llevar a este anciano sanedrista a reconocer a un galileo, sin formación en las Escuelas, como Maestro enviado de Dios, e ir a verle en busca de dirección sobre el punto quizá más delicado e importante de la teología judaica. Pero, incluso así, no tenemos que extrañarnos de que deseara velar su primera visita con el mayor secreto posible. Era un paso muy comprometedor para un sanedrista. Con su primer acto atrevido de purificación del Templo se había puesto en movimiento un feudo a muerte entre Jesús y las autoridades judías, cuyo final no podía ser puesto en duda. Estaba involucrado en aquel primer encontronazo en el Templo, y no se necesitaban la experiencia y sabiduría de un anciano sanedrista para predecir su fin.

Jesús y Nicodemo

Pese a ello, Nicodemo se presentó. Si esto es evidencia de una intensa sinceridad, también lo es del carácter divino de Jesús y de la veracidad del relato. Y aunque Jesús no se sentía deprimido por la resistencia de las autoridades, ni por la «fe de leche» de la multitud, tampoco vemos que estuviera entusiasmado por la posibilidad de hacer un convertido así, un miembro del gran Sanedrín. No hay entusiasmo, ni deferencia inapropiada, ni cortesía ansiosa; no hay compromisos, ni intentos de persuadir; ni tan sólo acomodación. No. Ni, por otra parte, vemos que asuma superioridad, ironía o dogmatismo. No hay ni siquiera referencia a los milagros, el poder evidencial de los cuales había obrado en su visitante la convicción inicial de que Él era un maestro venido de Dios. Todo es sosegado, sincero, dignificado –se podría decir de modo reverente–, como correspondía al Hombre-Dios en la humillación de su enseñanza personal. Decir que todo ello no es judío es una mera banalidad: es divino. Ningún relato fabricado podría haber inventado una escena así, ni representar así los actores de la misma.[4]

---

2. Se habla de un tal Nicodemo en el Talmud como uno de los ciudadanos más ricos y distinguidos de Jerusalén (Taan. 20 *a;* Kethub. 66 *b;* Gitt. 56 *a;* Ab. del Rab. Nath. 6 comp. Ber. R. 42. Midr. sobre Ec. 7:12 y sobre Lm. 1:5). Pero este nombre sólo se le dio como resultado de un milagro que sucedió a petición suya; su nombre real era Bunai, el hijo de Gorion. Se menciona un *Bunai* en el Talmud entre los discípulos de Jesús, y se refiere la historia de que su hija, después de haber sido poseedora de una fortuna inmensa, llegó a la pobreza más abyecta. Pero no puede haber duda de que se trata de algún *Naqdimon* legendario, y *no* del Nicodemo del Evangelio.

3. «*Sabemos* que has venido de Dios como maestro».

4. Éste no es, sin embargo, el modo de ver de la Escuela de Tübingen, que considera el conjunto del relato como representación de un desarrollo tardío. El doctor Abbott (*Encycl. Brit. Art. «Gospels»*,

Aunque sea peligroso dar curso a la imaginación, podemos casi figurarnos la escena. El carácter del informe de lo que pasó produce la impresión, más aún que ningún otro relato de los Evangelios, de que fue tomado de notas pergeñadas por uno que estaba presente. Casi podemos poner en la forma de breves notas, por medio de un titular, lo que cada uno dijo, de esta manera: «Nicodemo dijo», o «Jesús dijo». Son simplemente bosquejos de la conversación, que dan, en cada caso, lo realmente esencial y dejan brechas abruptas en medio, tal como ocurre en notas así. Sin embargo, son suficientes para decirnos todo lo que es importante que sepamos. No podemos dudar que fue el narrador, Juan, el testigo que tomó las notas. Sus propias reflexiones sobre el hecho, o más bien al repensarlo a la luz de los hechos posteriores, y bajo la enseñanza del Espíritu Santo, se presentan en los versículos del escritor que siguen a su relato de lo que había pasado entre Jesús y Nicodemo (Jn. 3:16-21). También termina con reflexiones similares (vv. 31-36) la conversación de que se informa entre el Bautista y sus discípulos. En ninguno de los dos casos los versículos a los que nos referimos son parte de lo que dijeron Jesús o Juan en aquel momento, sino lo que, en vista de ello, Juan dice en nombre de la Iglesia del Nuevo Testamento y para ella.[5]

Si de Juan 19:27 podemos inferir que Juan tenía «una casa» en la misma ciudad de Jerusalén, algo que, considerando la simplicidad de la vida de aquel tiempo y el costo de las casas, no nos obliga a considerar que fuera rico, la escena que vamos a describir habría tenido lugar bajo el techo de la casa del que nos da el informe. En todo caso, las circunstancias de la vida en aquel tiempo son bien conocidas, de modo que no tenemos dificultad en imaginarnos el ambiente. Era de noche, una de las noches de aquella semana de Pascua, tan llena de maravillas. Tal vez podríamos permitirnos suponer que, como ocurre con frecuencia en circunstancias análogas, el viento primaveral, soplando vivo por las estrechas calles de la ciudad, había sugerido la comparación hecha por Jesús (Jn. 3:8) tan llena de profunda enseñanza para Nicodemo. Arriba en la *Aliyah*, amueblada de modo austero –la habitación para los invitados sobre el terrado–, la lámpara estaría ardiendo todavía y el huésped celestial ocupado con sus pensamientos. No había necesidad de que Nicodemo pasara por dentro de la casa, porque hay una escalera en el exterior que lleva al aposento alto. Era de noche, cuando la superstición judaica hacía que los hombres se quedaran en casa; una noche de primavera, desapacible, subrayada con ráfagas bruscas, en que habría pocos nocherniegos por las calles; y ninguno le vería, en aquella hora tardía, cuando subía por los escalones hacia la *Aliyah*. Pronto presentó su mensaje: una frase, en que admitía para Jesús la calidad de Maestro divino, encerraba todas las preguntas que quería hacer. Es más, con su misma presencia ya las hacía. O, de otro modo, la respuesta de Jesús las presentaba. En toda la conversación Jesús no descendió nunca al punto de vista de Nicodemo, sino más bien procuró elevarle al suyo propio. Era sobre el «Reino de Dios»,[6] tan estrechamente unido con este Maestro venido de Dios, que Nicodemo quiere inquirir.

Y, no obstante, aunque Cristo nunca descendió al punto de vista de Nicodemo, hemos de tener en cuenta cuáles eran sus ideas como judío si queremos comprender esta entrevista. Jesús le llevó al único punto desde el cual podía verse el Reino de Dios. «El que no nace de arriba no puede ver el Reino de Dios».[7] Muchos comentaristas han pensado que hay aquí una alusión al modo de expresión judío con referencia a los prosélitos, que se consideraban como «nacidos de nuevo». Pero en este caso Nicodemo lo habría entendido, y contestado de modo diferente, o, mejor, no habría expresado su incapacidad de entenderlo. Verdaderamente es cierto que un gentil al hacerse prosélito –aunque no, como se ha sugerido, un penitente ordinario–,[8] era asemejado a un niño acabado de nacer (Yebam. 62 *a*). También es verdad que algunas personas en determinadas circunstancias –el novio en su boda, el Principal de la Academia al recibir su cargo, el rey en su entronización– son asemejadas a los nacidos de nuevo (Yalk. sobre 1 S. cap. 13). La expresión, pues, no sólo era común, sino, por así decirlo, flexible; sólo que cuando era usada era entendida propiamente, tanto ella como lo implicado. En el primer caso era solamente un símil y nunca se le hizo transmitir la idea de una regeneración real («*como* un niño»). Por lo que se refiere a los prosélitos, significaba que, habiendo entrado en una nueva relación con Dios,

p. 821) considera la expresión «nacido del agua y del Espíritu» como una referencia al bautismo cristiano, y esto, a su vez, como evidencia de una paternidad tardía para el cuarto Evangelio. Su razonamiento es que la referencia más antigua a la regeneración la vemos en Mateo 18:3. Luego, supone que una referencia en la *Apología de Justino* (i.61) es un desarrollo posterior de esta doctrina, y niega lo que se considera generalmente como una cita de Juan 3:5 como tal, porque omite la palabra «agua». Un tercer estadio supone que está implicado en 1 Pedro 1:3, 23, con el que se relaciona 1 Pedro 3:21. El cuarto estadio de desarrollo lo considera personificado en las palabras de Juan 3:5. Todas estas hipótesis –porque no son otra cosa– se fundan en el hecho de que Justino omite la palabra «agua», lo cual, como argumenta el doctor Abbott, demuestra que Justino no puede haber conocido el cuarto Evangelio, pues de otro modo sería imposible que, cuando trata expresamente del Bautismo, no lo menciona. Para nosotros, por otra parte, la inferencia legítima es la opuesta. Tratando directamente del Bautismo, sólo era necesario para su argumento –que identificaba la regeneración con el Bautismo–, introducir la referencia al Espíritu. De otro modo la cita es tan exactamente la del cuarto Evangelio, incluyendo incluso la objeción de Nicodemo, que es casi imposible imaginarse que una transcripción tan literaria pudiera haberse originado de otro lugar que del mismo cuarto Evangelio, y que sea el resultado de una supuesta serie de desarrollos en que Justino representaría el segundo estadio, y el cuarto Evangelio el cuarto estadio. Pero, además, el lector atento del capítulo de la Apología de Justino no puede dejar de notar que Justino representa un estadio posterior, no anterior al cuarto Evangelio. Porque para Justino, el Bautismo y la regeneración son, de modo manifiesto, no idénticas con la renovación de nuestra naturaleza, sino con el perdón de los pecados.

5. Para un examen detallado y prueba tengo que remitir al lector al «Commentary» del canón. Westcott.

6. La expresión «Reino de Dios» ocurre sólo en Juan 3:3 y Juan 3:5. De otro modo, la expresión «Mi reino» es empleada en 18:36. Este uso excepcional del término «Reino de Dios» es notable en esta conexión, y no sin importancia con referencia a la cuestión de la paternidad del cuarto Evangelio.

7. A pesar de la gran autoridad del profesor Westcott, estoy convencido que este «de arriba», y no «de nuevo», como traducen varias versiones, es la forma correcta. La palabra ἄνωθεν siempre se ha usado indicando «arriba» en el cuarto Evangelio (cap. 3:3, 7, 31; 19:11, 23); y en otros puntos Juan habla siempre de un «nacimiento» de Dios (Jn. 1:13; 1 Jn. 2:29; 3:9; 4:7; 5:1, 4, 18).

8. Esto es implicado, por lo menos, por Wünsche, y tomado de él por otros. Pero la antigua tradición judaica y el Talmud no hablan de esto. Comp. Yebam. 22 *a*, 62 *a*; 97 *a* y *b*; Bechor. 47 *a*. Los prosélitos siempre eran mencionados como «nuevas criaturas», Ber. R. 39, ed. Vars., p. 72 *a*; Bemid. R. 11. En Vayyikra R. 30, Salmo 102:18: «El pueblo que está por nacer» se explica: «Porque el Santo, bendito sea su nombre, los creará una nueva criatura». En Yalkut sobre Jueces 6:1 (vol. ii. p. 10 *c*, hacia la mitad) esta nueva creación es relacionada con el perdón de los pecados, y se dice que todo aquél que ha recibido un milagro y alaba a Dios por él, tiene sus pecados perdonados y es hecho una nueva criatura. Esto lo ilustra la historia de Israel en el mar Rojo, la de Débora y Barac y la de David. En Shem. R. 3 (ed. Vars., ii p. 11 *a*) las palabras de Éxodo 4:12, «Te enseñaré lo que has de decir», son explicadas como equivalente de «haré de ti una nueva creación».

«El Bautista había señalado el aspecto negativo del arrepentimiento y puesto a un lado lo viejo por medio de su Bautismo del agua; y por lo que se refería a su aspecto positivo, había señalado a Aquél que iba a bautizar con el Espíritu Santo y con fuego. Ésta era la puerta del ser por medio de la cual un hombre tenía que entrar en el Reino, la que era del Mesías, porque era de Dios y el Mesías era de Dios, y en este sentido 'el Maestro venido de Dios'; esto es, habiendo sido enviado por Dios, enseñaba de Dios llevando a Dios. Esto lo habían percibido sólo unos pocos de los que habían ido al Bautista, o en realidad podían percibirlo, porque el Bautista sólo podía transmitir el aspecto negativo de ello en su bautismo, no el positivo».

Aquí vemos una de las representaciones más antiguas del bautismo en el arte cristiano, que se encuentra en un muro de las catacumbas de San Calixto, en Roma.

también entraban en una nueva relación con el hombre, tal como si hubieran nacido de nuevo en aquel momento. Todas las relaciones antiguas habían cesado; padre, hermano, madre, hermana de un hombre ya no eran sus parientes más próximos: era un hombre nuevo y diferente. Luego, y en segundo lugar (como en Yalkut), se implicaba un nuevo estado, cuando todo el pasado de un hombre quedaba atrás, y sus pecados le eran perdonados como pertenecientes a este pasado. Se puede percibir ahora lo imposible que era para Nicodemo entender la enseñanza de Jesús y, con todo, lo importante para él de esta enseñanza. Porque aun cuando él se hubiera imaginado que Jesús indicaba el arrepentimiento como lo que le daría el estado figurativo del «nacido de arriba», o incluso «nacido de nuevo», esto no le habría servido de nada. Porque, primero, este segundo nacimiento era solamente un *símil*. Segundo, según el modo de ver judío, este segundo nacimiento era la *consecuencia* de haber tomado sobre sí «el Reino»; no, como Jesús decía, la *causa* y condición de ello. El prosélito había tomado sobre sí «el Reino», y por tanto había «nacido» de nuevo, mientras Jesús decía que tenía que nacer de nuevo a fin de ver el Reino de Dios. Finalmente, el nacimiento al cual se hacía referencia era un «nacimiento de arriba». El Judaísmo podía entender una nueva relación hacia Dios y el hombre, e incluso el perdón de los pecados. Pero no tenía concepto para una renovación moral, un nacimiento espiritual, como la condición inicial para la reforma, y mucho menos la de ver el Reino de Dios. Y fue porque no tenía idea de un «nacimiento de arriba» así, de su realidad o incluso de su posibilidad, que el Judaísmo no pudo ver el Reino de Dios.

O bien –para considerar otro punto de vista, porque la verdad divina tiene muchas facetas–, quizá algunos dirían –para hacer una aplicación «occidental» de lo que fue dicho primero a un judío–, que en un aspecto Nicodemo y Jesús habían empezado de la misma premisa: *el Reino de Dios*. Pero ¡cuán diferentes eran las concepciones de lo que constituía este Reino y de lo que constituía su puerta de entrada! Lo que Nicodemo había visto de Jesús no sólo había sacudido los cimientos de la confianza que su antiguo modo de ver sobre estos puntos había engendrado en él, sino que había abierto posibilidades poco claras, cuya sola sugerencia le llenaba de inquietud en cuanto al pasado, y de vagas esperanzas en cuanto al futuro. Y esto ocurre siempre con nosotros también, cuando, como Nicodemo, llegamos por primera vez a la convicción de que Jesús es el Maestro venido de Dios. Lo que Él enseña es por completo diferente de lo que Nicodemo, o cualquiera de nosotros, desde cualquier punto de vista distinto del de Jesús, ha aprendido o llegado a conocer respecto al Reino y su entrada en él. La admisión de la misión divina de este Maestro, aparte de cómo se alcance, implica de modo implícito la gran cuestión del Reino. Es abrir la puerta a través de la cual entrará la Gran Presencia. Para un hombre así, como para nosotros cuando, sin necesidad de usar palabras, hacemos estas preguntas, Jesús tiene solamente una respuesta: «El que no nace de nuevo no puede ver el Reino de Dios». El Reino es otro, arriba la entrada es otra, distinta de lo que sabías o pensabas. Lo que es de la carne es carne. El hombre puede elevarse a posibilidades elevadas: mentales, incluso morales; el desarrollo personal, la mejoría propia, el dominio propio, la sumisión a una gran idea, a una ley más elevada, un refinado egoísmo moral, un altruismo moral estético incluso. Pero para ver el *Reino de Dios*, para entender lo que significa la soberanía absoluta de Dios, la gran llamada a nuestra humanidad, por la cual un hombre pasa a ser un hijo de Dios, el percibirlo, no como una mejoría de nuestra condición presente, sino como la sumisión del corazón, la mente y la vida a Él como nuestro Rey divino, una existencia que es y que significa el proclamar al mundo la Realeza de Dios, esto sólo puede aprenderse de Cristo, y requiere incluso para su percepción una afinidad de espíritu –porque lo que es nacido del Espíritu es espíritu. Para verlo se necesita el nacimiento de arriba; para *entrar* en ello, el nacimiento doble bautismal de lo que significaba el bautismo de Juan, y de lo que era el bautismo de Cristo.

Es de comprender que todo esto sonaba muy extraño e ininteligible para Nicodemo. Él podía entender cómo un hombre podía primero *ser* otro a fin de *volverse* otro –más que esto, necesitaba «nacer de arriba», a fin de «ver el Reino de Dios»–; esto iba más allá de su experiencia y de su erudición judaica. Solamente se le ocurría una posibilidad de ser: la que daba la disposición natural o, como lo podía decir un judío, la inocencia original de cuando entró en el mundo. Y esto –así lo decimos nosotros– él lo expresó en voz alta (Jn. 3:4). Pero había otro mundo del ser distinto de aquél en que pensaba Nicodemo. Este mundo era el «Reino de Dios» en contraposición esencial con el reino de este mundo, tanto en el sentido general de la expresión, como en el sentido especial judaísta adscrito al Reino del Mesías. Había sólo una puerta por la que un hombre podía entrar en el Reino de Dios, porque lo que era de la carne había de ser sólo carnal. Aquí un hombre podía esforzarse, como hacían los judíos, por medio de la conformidad externa para *llegar a ser*, pero nunca alcanzaría el *ser*. Pero este «Reino» era *espiritual*, y en él un hombre tenía que *ser* para poder *llegar a ser*. ¿Cómo había él de alcanzar este nuevo ser? El Bautista había señalado el aspecto negativo del arrepentimiento y puesto a un lado lo viejo por medio de su Bautismo del agua; y por lo que se refería a su aspecto positivo, había señalado a Aquél que iba a bautizar con el Espíritu Santo y con fuego. Ésta era la puerta del *ser* por medio de la cual un hombre tenía que entrar en el Reino, la que era del Mesías, porque era de Dios y el Mesías era de Dios, y en *este* sentido «el Maestro venido de Dios»; esto es, habiendo sido enviado por Dios, enseñaba de Dios llevando a Dios. Esto lo habían percibido sólo unos pocos de los que habían ido al Bautista, o en realidad podían percibirlo, porque el Bautista sólo podía transmitir el aspecto negativo de ello en su bautismo, no el positivo. Y se necesitaba este aspecto positivo –ser nacido de arriba– para ver el Reino de Dios. Pero en cuanto al misterio de este *ser* a fin de poder *llegar a ser* –¡ea!–, ¿estaba oyendo el rumor del viento que rodeaba la *Aliyah* al pasar? Nicodemo oía su voz, pero ni sabía de dónde venía ni a dónde iba. Así era, con todo, aquel nacido del Espíritu. Oía la voz del Espíritu que originaba el nuevo ser, pero el origen de este nuevo ser, o su desarrollo ulterior en aquello que podía y llegaba a ser, esto se hallaba más allá de la observación del hombre.

Nicodemo entendió ahora hasta cierto punto lo *que* significaba la entrada en el Reino; pero el *cómo* le parecía implicar un misterio mayor. El que hubiera un misterio así, inimaginado y desconocido para la teología judaica, era una terrible y triste manifestación de lo que era la enseñanza en Israel. No obstante, Juan el Bautista y Jesús ya se lo habían dicho todo en forma de conocimiento personal; es más, si ellos lo hubieran recibido, también lo decía todo el Antiguo Testamento. Nicodemo quería saber el *cómo* de estas cosas antes de creer en ellas. Él no las creía, aunque pasaban en la tierra, porque él no sabía el *cómo*. ¿De qué forma podía creer este *cómo* cuyo agente era invisible y estaba en el cielo?

A esta fuente del ser nadie podía ascender, sino Él que había descendido del cielo,[9] y que, para traernos esta fuente del ser, había aparecido como «el Hijo del Hombre», el Hombre ideal, la encarnación del Reino del Cielo y, así, el único verdadero Maestro venido de Dios. ¿O pensaba Nicodemo en otro maestro –hasta aquí su único maestro, Moisés– de quien la tradición judaica generalmente creía que había ascendido al mismo cielo a fin de traer la enseñanza a los hombres?[10] ¡Que la historia de Moisés les enseñe, pues! Ellos pensaban que comprendían sus enseñanzas, pero había sólo un símbolo en su historia ante el cual la tradición generalmente permanecía muda. Ellos habían oído lo que Moisés les había enseñado; habían visto «las cosas terrenales» de Dios en el maná que había llovido del cielo, y, al verlo y oírlo, no habían creído, sino que habían murmurado y se habían rebelado. Luego vino el juicio de las serpientes ardientes, y, como respuesta a su oración de arrepentimiento, el símbolo de un nuevo ser, una vida restaurada de la muerte, cuando miraban a su muerte ya no viva, sino muerta, levantada delante de ellos. Éste era un símbolo que mostraba dos elementos: negativamente, dejando a un lado el pasado en su muerte muerta (la serpiente ya no está viva, sino que es de bronce); y positivamente, en su mirada de fe y esperanza. Ante este símbolo, como se ha dicho, la tradición permanecía muda. Sólo podía sugerir un significado y sacarse de ella una lección. Las dos eran verdaderas y con todo insuficientes. El significado que la tradición le adscribía era que Israel levantó los ojos, no meramente a la serpiente, sino más bien a su Padre en el Cielo y había contemplado su misericordia. Esto,[11] como muestra Juan más tarde (v. 16), era una interpretación verdadera; pero dejaba totalmente fuera de la vista el Antitipo, al contemplar el cual nuestros corazones son levantados al amor de Dios, que dio a su Hijo unigénito, y nosotros aprendemos a conocer y amar al Padre en su Hijo. Y la lección que la tradición sacó de ello fue que este símbolo enseñaba que los muertos vivirían de nuevo; porque, como se argumentaba (Yalk., vol. i. p. 240 *c*), «he aquí, si Dios hizo que por medio de la semejanza de la serpiente que traía la muerte el morir fuera restaurado a la vida, cuánto más Él, que es vida, restaurará a los muertos a la vida». Y aquí se halla la verdadera interpretación de lo que Jesús enseñaba. Si la serpiente levantada como símbolo daba vida a la mirada creyente fija sobre el amor de Dios perdonador y dadivoso, entonces, en el sentido más cierto, el Hijo del hombre levantado da verdadera vida a todo el que cree, viendo en Él el amor de Dios perdonador y dadivoso, que su Hijo vino a traer, declarar y manifestar. «Porque como Moisés levantó la serpiente en el desierto, así es necesario que el Hijo del Hombre sea levantado, para que todo aquél que crea reciba en Él vida eterna».[12]

Con esta enseñanza final y sublime que contenía todo lo que Nicodemo o, en realidad, toda la Iglesia necesitaba o podía saber, Jesús explicó a él y a nosotros el *cómo* del nuevo nacimiento: tanto la fuente como el flujo de su corriente. A nosotros nos corresponde ahora sólo «creer», allí donde ya no podemos saber más y, mirando al Hijo del Hombre en su obra perfecta, percibir y recibir el don del amor de Dios para nuestra curación. En esta enseñanza se nos muestra simplemente la serpiente y el Hijo del Hombre poniéndolos uno al lado de otro, aunque no podemos por menos que ver la referencia simbólica del uno al otro, sino el hecho de ser levantados uno y otro –la serpiente por el pecado, Cristo debido al pecado del pueblo; los dos a causa de lo mismo–, y vemos la misericordia perdonadora de Dios, la mirada de fe y el alto reconocimiento del amor de Dios en todo ello.

Y así, el relato de esta entrevista cesa de modo abrupto. Lo dice todo, pero no más de lo que la Iglesia necesita saber. De Nicodemo oiremos hablar más adelante, no de modo innecesario ni tampoco para completar una biografía aunque fuera la de Jesús, sino porque es necesario para la comprensión de esta historia. Lo que sigue (Jn. 3:16-21) no son palabras de Cristo, sino de Juan. En ellas, mirando hacia atrás, muchos años después, a la luz de los acontecimientos completados, el apóstol toma su posición, según corresponde a las circunstancias, allí donde Jesús había terminado su enseñanza a Nicodemo: bajo la Cruz. En el don, inefable por lo precioso, él ahora ve al Dador y la fuente de todo (v. 16). Luego, siguiendo esta enseñanza de Jesús hacia atrás, ve lo verdadero que se ha demostrado para el mundo, que «lo que es de la carne, carne es», y lo verdadero que es, también, con respecto a lo que es nacido del Espíritu, y la necesidad que tenemos de «este nacimiento de arriba».

Pero para todos los tiempos, desde esta noche ventiscosa en la primavera de nuestro mundo, resplandece, como la lámpara de aquella *Aliyah* sobre las calles oscuras del silencioso Jerusalén, aquella luz; y se oye, a través de la quietud, la voz del Maestro que vino de Dios, repitiendo este mensaje del Evangelio eterno para nosotros y para todos los hombres: «De tal manera amó Dios al mundo, que ha dado a su Hijo unigénito, para que todo aquél que cree en él, no perezca, sino que tenga vida eterna».

---

9. La cláusula «que está en el cielo» es considerada en el terreno crítico como una *glosa*. Pero incluso si es así, parece casi una glosa necesaria, en vista de las nociones judaicas sobre el ascenso de Moisés al cielo. Aunque parezca extraño, el pasaje referido llevó a Socino al curioso dogma de que antes del comienzo de su ministerio Jesús había sido arrebatado en espíritu al cielo (comp. «The History and Development of Socinianism», en The North. Brit. Rev., mayo 1859).

10. Esto se halla en muchos lugares. Comp., p.ej., Targ. Jer. sobre Deuteronomio 30:12, y la noticia sorprendente en Bemid. R. 19. Otro modo de ver, sin embargo, Sukk. 5 *a*.

11. Así se ve en la Sabiduría de Salomón 16:7; todavía más claro en el Targum Pseudo-Jonatán sobre Números 21:8, 9: «El que levantó su corazón al nombre del Memra de Jehová, vivió»; y en el Targum de Jer. en el pasaje: «Y Moisés hizo una serpiente de metal, y la puso en un lugar elevado (de elevar, *talé*, el mismo término, es curioso, que aplicaron los judíos a Cristo como el "elevado" o "crucificado"). Y ocurría que todo aquél que era mordido por la serpiente, y levantaba su rostro en oración (la palabra implica oración humilde) a su Padre que está en el cielo, y miraba la serpiente de bronce, quedaba curado». De modo similar Rosh haSh iii. 8. Bustorf, en su erudito tratado sobre la Serpiente de metal (*Exercitationes*, pp. 458-492), añade poco a nuestro conocimiento.

12. Ésta parece ser la traducción correcta. Comp. el canón. Wescott, en su nota sobre el pasaje, y en general su criticismo pleno y a fondo de las varias versiones de este capítulo.

Capítulo 7
(Juan 4:1-4)

En Judea y a través de Samaria

No tenemos forma de determinar cuánto tiempo se demoró Jesús en Jerusalén después de los sucesos consignados en los dos capítulos previos. El relato del Evangelio (Jn. 3:22) sólo indica un período de tiempo indefinido que, a juzgar por la probabilidad interna, no puede haber sido largo. Desde la ciudad se retiró con sus discípulos a la «tierra de Judea», o sea, a los distritos rurales. Allí enseñaba y sus discípulos bautizaban (Jn. 6:2).[1] Como resultado de lo que habían visto en Jerusalén, así como por lo que se sabía por el testimonio previo del Bautista acerca de Él, el número de los que profesaron adhesión al nuevo Reino esperado y, como consecuencia eran bautizados, sería tan grande en aquellos territorios como el de los que se habían sometido a la predicación y Bautismo de Juan –quizá aun mayor. Alguien llevó un informe exagerado a las autoridades farisaicas:[2] «Jesús hace y bautiza más discípulos que Juan» (Jn. 4:1). De lo cual inferimos, por lo menos, que la oposición de los dirigentes del partido al Bautista ahora quedaba establecida, y que se extendía a Jesús; y también que vigilaban cuidadosamente el nuevo movimiento.

Pero lo que parece extraño al principio es la doble circunstancia de que Jesús durante algún tiempo se hubiera establecido en la proximidad del Bautista, y que en esta ocasión, y solamente ésta, Él hubiera permitido a sus discípulos que administraran el rito del Bautismo. Que este Bautismo no ha de ser confundido con el bautismo cristiano, que sólo fue introducido después de la muerte de Cristo (Ro. 4:3), o, para decirlo con más precisión, después del derramamiento del Espíritu Santo, no necesita una explicación especial. Pero nuestras dificultades sólo aumentan cuando recordamos la diferencia esencial entre ellos, basada en la de la diferencia entre la misión de Juan y la enseñanza de Jesús. En la primera, el bautismo de la preparación mediante el arrepentimiento para el Reino venidero tiene su significado más profundo; no así en la presencia de su Rey. Pero, aunque fuera de otra manera, la administración del mismo rito por Juan y por los discípulos de Jesús en territorios en apariencia cercanos, parece no sólo innecesaria, sino que podía dar lugar a una mala interpretación por parte de los enemigos, y malentendidos o celos por parte de los discípulos débiles.

Éste fue realmente el caso cuando, en cierta ocasión, surgió una discusión «por parte de los discípulos de Juan con un judío» sobre el tema de la purificación (Jn. 3:25). Desconocemos el punto especial de la disputa, y no tiene mucha importancia, pues estas «cuestiones» se sugerirían de modo natural a cualquier oponente[3] que encontrara a los que administraban el Bautismo. Lo que nos interesa realmente es que, de alguna forma, el objetor judío tiene que haber relacionado lo que decía con una referencia al bautismo de los discípulos de Jesús. Porque, inmediatamente después, los discípulos de Juan, en su celo lastimado por el honor de su maestro, le llevaron las noticias, en un lenguaje que expresaba duda, si no queja, sobre lo que parecía una interferencia con la obra del Bautista y casi presunción por parte de Jesús. Aunque reconocemos su grave error, no podemos por menos que honrar y simpatizar con su afecto y celo por su maestro. La misión penosa del gran asceta estaba acercándose a su fin, y esto sin ningún éxito tangible, por lo menos para los afectados. Con todo, las almas susceptibles a lo más elevado, al verle, tendrían que detenerse; oírle era quedar convencido; conocerle era amarle y venerarle. Nunca antes se había dado un testimonio con tan profunda sinceridad, tanta devoción, con tanta humildad y abnegación, y todo en la gran causa que hacía arder el corazón de cada judío. Y entonces, en el punto más alto de su poder, cuando todos se reunían alrededor de él pendientes de sus labios, cuando todos se preguntaban si se anunciaría él mismo como el Cristo, o por lo menos como su precursor o como uno de los grandes profetas; cuando una palabra suya habría enfervorizado la multitud en un frenesí de entusiasmo, entonces negó que él fuera algo en absoluto y señaló a otro. Pero éste «que había de venir», de quien él había dado testimonio, era una persona muy distinta de su maestro. Y por si fuera poco, las multitudes que antes habían acudido a Juan, ahora se arremolinaban alrededor de Jesús; es más, Él había incluso usurpado la función distintiva que le había quedado a su maestro, a pesar de ser tan humilde. Era evidente que odiado y vigilado por los fariseos; vigilado también por los celos implacables de Herodes; pasado por alto, si no suplantado, por Jesús, la misión de su maestro se acercaba a su fin. Había sido una vida de sufrimiento y abnegación; iba a terminar en soledad y pena. No dicen nada para quejarse de Aquél de quien Juan había dado testimonio, pero le dicen lo que hacía, y que todos acudían a Él.

La respuesta que les dio el Bautista se puede decir que marca el punto más alto de su vida y testimonio. Nunca fue tan tierno, casi se expresa con tristeza; nunca más humilde y abnegado, más sincero y fiel. El sol de su propia vida se ponía ante la salida de otro infinitamente más brillante; el fin de su misión era el comienzo de otra más elevada. En el silencio que ahora le circunda, oyó una sola voz, la del Novio, y se regocijó, aunque tuvo que oírla en la quietud solitaria. Para oírla había esperado y laborado. No había buscado lo suyo, sino esto. Y ahora que había venido, él estaba contento: su «gozo estaba cumplido». «Él tiene que crecer, pero yo menguar». Era el orden recto y bueno. Con estas sus últimas palabras dichas públicamente,[4] este Aarón del Nuevo Testamento se quitó las vestiduras antes de echarse para morir. Sin duda, entre los nacidos de mujer, ninguno fue mayor que Juan el Bautista.

---

1. El bautismo de preparación para el Reino no podía ser administrado por Aquél que abría el Reino del Cielo.

2. El Evangelista informa sobre el mensaje que fue llevado a los fariseos con las mismas palabras en que fue dado.

3. Probablemente la discusión se originó con los discípulos de Juan, siendo el objetor un judío o un discípulo profeso de Cristo, que menospreciaba sus puntos de vista. En uno de los casos serían demasiado bajos, en su opinión; y en el otro, demasiado altos. Tanto en uno como en otro caso, el tema de la discusión no sería los *bautismos*, sino el tema general de las *purificaciones*, tema de amplio alcance en la teología judaica, ya que una de las seis secciones en que se divide la Mishnah o Ley tradicional está dedicado especialmente a ellas.

4. La próxima noticia de Juan es la de su encarcelamiento por Herodes.

El que éstas sean las últimas palabras suyas que fueron registradas públicamente, puede explicarnos, sin embargo, por qué en esta ocasión excepcional Jesús sancionó la administración por sus discípulos del Bautismo de Juan. No era un retroceso de la posición que había tomado en Jerusalén, ni causado por el rechazo de sus pretensiones mesiánicas en el Templo, como han sugerido algunos. No hay retroceso, únicamente progreso en la vida de Jesús. Y, con todo, fue sólo en esta ocasión que el rito se administró con su sanción. Pero las circunstancias eran excepcionales. Era el último testimonio dado por Juan de Jesús, y fue precedido del testimonio por Jesús de Juan. Por divergentes y casi opuestos que hubieran sido sus caminos desde el principio, esta sanción práctica por parte de Jesús del Bautismo de Juan, cuando el Bautista estaba a punto de ser abandonado, traicionado y asesinado, fue el testimonio más elevado que Cristo dio de él. Jesús adoptó su bautismo antes de que sus aguas hubieran cesado de fluir, y de esta manera lo bendijo y lo consagró. Él tomó sobre sí la obra de su precursor y la continuó. El rito bautismal de Juan, administrado con la sanción de Jesús, fue el testimonio más elevado que podía darse de él.

No hay necesidad de suponer que Juan y los discípulos de Jesús bautizaban en el mismo lugar, o muy cerca. Al contrario, una localización cercana de los dos no parece probable por razones muy simples. Jesús estaba dentro de los límites de la provincia de Judea, mientras que Juan bautizaba en Enón (las fuentes), cerca de Salim. Este último sitio no ha sido del todo identificado. Pero la tradición más antigua que lo coloca a pocas millas al sur de Bet-seán (Escitópolis), en el borde de Samaria y Galilea, tiene en favor suyo que localiza la escena de la última obra pública de Juan cerca del trono de Herodes Antipas, en cuyo poder había de ser pronto entregado[5] Juan el Bautista. Pero ya estaban en marcha esfuerzos para apartar tanto a Jesús como a su precursor de sus esferas presentes de actividad. Por lo que se refiere a Cristo, tenemos la afirmación expresa (Jn. 4:1) de que las maquinaciones del partido farisaico en Jerusalén le llevaron a que se retirara a Galilea. Y, por lo que podemos colegir de la noticia de Juan, el Bautista ya estaba implicado en esta hostilidad íntimamente relacionada con Jesús. En realidad, nos atrevemos a sugerir que el encarcelamiento del Bautista, aunque ocasionado por su reprensión explícita a Herodes, en gran parte era debido a las intrigas de los fariseos. De la conexión entre ellos y Herodes Antipas tenemos evidencia directa en un intento similar de eliminar a Jesús de su territorio (Lc. 13:31, 32). No habría de ser difícil levantar sospechas en una naturaleza tan mezquina y celosa como la de Antipas, y esto puede explicar el relato de Josefo (*Ant.* xviii.5.2), que atribuye el encarcelamiento y muerte del Bautista simplemente a sospecha y temor por parte de Herodes a causa de la inmensa influencia que tenía con el pueblo.[6]

Dejando al presente al Bautista, sigamos las pisadas del Maestro. Son seguidas por el discípulo que mejor entendía su dirección, y el único que nos ha dado un relato del comienzo del ministerio de Cristo. Porque Mateo y Marcos indican de modo expreso el encarcelamiento del Bautista como su punto de partida, en la narración de la vida de Cristo (Mr. 1:14; Mt. 4:12), y aunque Lucas no lo dice de modo explícito, de modo característico empieza con la enseñanza pública evangélica en las sinagogas de Galilea. No obstante, el relato de Mateo (ver especialmente Mt. 4:13 hasta el fin) da la impresión de un breve sumario;[7] el de Marcos parece una sucesión rápida de bosquejos; e incluso el de Lucas, aunque con propósito histórico más penetrante que los demás, perfila más bien que cuenta la historia. Sólo Juan no profesa dar un relato en el sentido ordinario, sino que selecciona incidentes que despliegan de modo característico el significado de aquella vida, y recoge discursos que dan luz sobre su enseñanza íntima (Jn. 20:30, 31; 21:25); y sólo él nos habla de su ministerio inicial en Judea y del viaje por Samaria, que precedió la obra de Galilea.

El camino más corto de Judea a Galilea cruzaba Samaria (Jos. *Vida*, 52); y éste, si podemos dar crédito a Josefo (*Ant.* xx.6.1), era generalmente el que tomaban los galileos cuando iban a la capital. Por otra parte, los de Judea parece que preferían hacer una vuelta por Perea, a fin de evitar pasar por Samaria, hostil e impura. No estaba en los planes de nuestro Señor el extender su ministerio personal, especialmente en sus comienzos, más allá de los límites de Israel (ver Mt. 10:5), y la expresión «y tenía que pasar por Samaria» (Jn. 4:4) sólo puede referirse a la conveniencia de tomar la ruta más directa,[8] o bien la de evitar Perea, que era la sede del gobierno de Herodes. Estos prejuicios con respecto a Samaria, que afectaban a los devotos corrientes de Judea, naturalmente no influirían en la conducta de Jesús. Pero, por grandes que fueran, sin duda han sido exagerados en gran manera por los modernos escritores, engañados por citas unilaterales de los escritos rabínicos.

---

5. No menos de cuatro localidades se han identificado con Enón y Salim. Ewald, Hengstenberg, Wieseler y Godet lo buscan en el *borde sur* de Judea (En-rimón, Nehemías 11:29, comp. Josué 15:1, 32). Esto parece tan improbable que apenas merece discusión. El doctor Barclay (*City of the Great King*, pp. 558-571) lo encuentra a pocas millas de Jerusalén en el Wady Fâr'ah, pero admite (p. 565) que hay dudas sobre la pronunciación árabe de este Salim. El lugarteniente Conder (*Tent-Work in Palest.*, vol. 1, pp. 91-93) lo encuentra en el Wady Fâr'ah, que lleva de Samaria al Jordán. Aquí describe de modo gráfico «las fuentes» «en el valle abierto rodeado por colinas desoladas y sin forma», con el pueblo de *Salim*, tres millas al sur del valle, y en el valle de Ainán, cuatro millas al norte de la corriente. Contra esto hay, sin embargo, dos objeciones. Primero, tanto Enón como Salim se hallarían en Samaria. Segundo, en vez de estar cerca el uno del otro, Enón se hallaría a siete millas de Salim.

6. *Ant.* xviii.5.2: «Pero a algunos de los judíos les parecía que la destrucción del ejército de Herodes había venido de Dios y, ciertamente, como justo castigo a causa de lo que había hecho a Juan, por sobrenombre el Bautista. Porque Herodes había ordenado que se le matara, un hombre bueno, a cuyo mandamiento los judíos ejercían la virtud, tanto en cuanto a la justicia del uno hacia el otro como la piedad hacia Dios, y así se iban a él para ser bautizados. Pues el bautismo era aceptable para Dios, si hacían uso del mismo, no para quitar algunos pecados (remisión), sino para la purificación del cuerpo, después de que el alma hubiera sido previamente purificada por la justicia. Y cuando otros habían venido en grupos porque tenían interés extremo en escuchar estas palabras, Herodes, temiendo que esta influencia sobre su pueblo pudiera llevar a alguna rebelión porque ellos parecían estar dispuestos a hacer cualquier cosa bajo su consejo, consideró que era mejor, antes de que sucediera algo por culpa suya, darle muerte, más bien que, cuando ocurriera un cambio en los asuntos, él tuviera que arrepentirse». Comp. también Krebs. *Observationes in Nov. Test. y Fl. Jos.*, pp. 35, 36.

7. Esto me parece tan importante, que no estoy seguro sobre la teoría de Godet de que la llamada de los cuatro apóstoles, registrada por los Sinópticos (Mt. 4:18-22; Mr. 1:16-20; Lc. 5:1-11), hubiera tenido realmente lugar durante la primera estancia de nuestro Señor en Capernaum (Jn. 2:12). En conjunto, sin embargo, las circunstancias relatadas por los Sinópticos parecen indicar un período en el ministerio del Señor más allá del primer estadio en Capernaum.

8. No puedo estar de acuerdo con el archidiácono Watkins, que cree que «tenía que» significa que tenía que ir a «predicar a Samaria, como en Judea, los principios de la verdadera religión y adoración».

Un bosquejo de la historia y teología samaritanas

La historia bíblica de esta parte de Palestina que llevaba el nombre de Samaria no tiene por que ser repetida.[9] Antes de la deportación final de Israel por Salmanasar, o mejor Sargón,[10] la «Samaria» a la cual se extendían sus operaciones tiene que haber disminuido en sus dimensiones no sólo debido a conquistas previas, sino por la circunstancia de que la autoridad de los reyes de Judea ha de haberse extendido a una considerable porción de lo que había sido antes el reino de Israel (2 Cr. 30:1-26; 34:6). Probablemente la Samaria de aquel tiempo incluía poco más que la ciudad de este nombre, junto con algunas ciudades y aldeas adyacentes. Es de considerable interés recordar que los lugares a los cuales fueron transportados los habitantes de Samaria (2 R. 17:6) han sido identificados con tal claridad que no deja lugar a duda razonable de que por lo menos algunos de los descendientes de las diez tribus, fueran mezclados o sin mezclar con los gentiles, han de ser buscados entre los que ahora son conocidos como cristianos Nestorianos.[11] Por otra parte, no es importante para nuestros propósitos averiguar las localidades exactas de donde los nuevos «samaritanos» fueron traídos para ocupar el lugar de los israelitas exiliados (2 R. 17:24-26; comp. Esd. 4:2, 10). Basta decir que una de ellas, quizá la que contribuyó con el mayor número de colonos, fue *Cutah,* lo que originó el nombre de *Cutim,* con el cual los judíos llamaban después a los samaritanos. Le daban un sentido de reproche (Jn. 8:48) para marcar que eran de raza extranjera (Lc. 17:16)[12] y para repudiar toda conexión entre ellos y los judíos. Sin embargo, es imposible creer que, por lo menos en tiempos tardíos, no hubiera tenido lugar una mezcla considerable de elementos israelitas. Es difícil suponer que la deportación original fuera tan completa que no dejara rastros de los habitantes israelitas originales (comp. 2 Cr. 34:6, 9; Jer. 41:5; Am. 5:3). Su número probablemente habría aumentado con fugitivos de Asiria y colonos judíos en los tiempos turbulentos que siguieron. Más tarde, como sabemos, se aumentó su número con los apóstatas y rebeldes contra el orden de cosas establecido por Esdras y Nehemías (Josefo, *Ant.* xi.8.2, 6, 7). De una forma similar, durante el período de luchas internas políticas y religiosas que marcó el período del acceso de los Macabeos, la separación entre judíos y samaritanos apenas podía haberse observado de modo general, más aún por el hecho de que Alejandro el Grande los había colocado en íntima yuxtaposición.[13]

Los primeros colonos extranjeros de Samaria trajeron con ellos sus formas peculiares de idolatría (2 R. 17:30, 31). Pero los juicios de la Providencia, por los cuales fueron visitados, les llevaron a la introducción de un judaísmo espurio que consistía en una mezcla de sus anteriores supersticiones con doctrinas y ritos judaicos (vv. 28-41). Aunque este estado de cosas parecía el que prevalecía en el reino de Israel original, y quizá precisamente por esto, Esdras y Nehemías, cuando reconstruyeron la comunidad judía, insistieron en una separación estricta entre los que habían regresado de Babilonia y los samaritanos, resistiendo igualmente sus ofertas de cooperación y sus intentos de obstaculizar. Esto amargó el sentimiento nacional de celos que ya existía y llevó a esta hostilidad constante entre judíos y samaritanos que ha seguido hasta el día de hoy. La separación religiosa se hizo final cuando (en una fecha que no se puede precisar exactamente)[14] los samaritanos construyeron un templo rival en el monte Gerizim, y Manasés,[15] el hermano de Jadúa, el Sumo Sacerdote judío que se negó a anular su matrimonio con la hija de Sanbalat, se vio obligado a huir y pasó a ser el Sumo Sacerdote del nuevo Santuario. A partir de entonces, mediante una afirmación audaz y falsificada del texto del Pentateuco,[16] Gerizim fue declarado el lugar de adoración legítimo, y las doctrinas y ritos de los samaritanos exhibieron una imitación y adaptación curiosa de los prevalecientes en Judea.

No podemos aquí seguir en detalle la historia de los samaritanos ni explicar los dogmas y prácticas que les eran peculiares. Estas últimas serían más difíciles porque muchas de sus ideas eran simplemente corrupciones de las de los judíos y porque, por la falta de una literatura antigua auténtica,[17] el origen y significado de muchas de ellas han sido olvidados.[18] Basta decir, sin embargo, lo necesario para explicar las relaciones mutuas al tiempo en que el Señor, sentado junto al pozo de Jacob, habló por primera vez a los samaritanos de una adoración mejor «en espíritu y en verdad» y abrió el pozo de agua viva que nunca ha cesado de manar.

La historia política del pueblo se puede contar en pocas frases. Su templo,[19] al cual se ha hecho referencia, fue edificado no en Samaria, sino en Siquem –probablemente como resultado de la posición de esta ciudad en la antigua historia de Israel– y sobre el monte Gerizim, que en el Pentateuco samaritano sustituyó al monte Ebal, en Deuteronomio 27:4. Fue Siquem también con sus sagradas asociaciones de Abraham, Jacob y José, que pasó a ser la capital real de los samaritanos. El destino de la ciudad de Samaria bajo el reino de Alejandro es incierto; un relato habla de la rebelión de la ciudad, el asesinato del gobernador macedonio y la consiguiente destrucción de Samaria y la matanza de parte de sus habitantes y el traslado del resto a Siquem,[20] mientras que Josefo no dice nada de estos sucesos. Cuando después

9. Comp. 1 Reyes 13:32; 16:24 y ss.; Tiglat-pileser, 2 Reyes 15:29; Salmanasar, 2 Reyes 17:3-5; 18:9-11; Sargón, 2 Reyes 17:6ss.

10. Comp. Smith: Bible Dict., Art. Sargon; y Schrader, *Keil-Inschr. u. d. Alte Test.*, pp. 158ss.

11. Naturalmente, no *todas* las diez tribus. Comp. comentarios previos sobre sus migraciones.

12. La expresión no puede forzarse para darle sentido de que los samaritanos eran totalmente de sangre gentil.

13. Comp. Herzfeld, *Gesch. d. Volkes Isr.*, 2, p. 120.

14. Jost cree que existía incluso antes del tiempo de Alejandro. Comp. Nutt, *Samar. Hist.*, p. 16, nota 2.

15. La cuestión difícil de si éste es el Sanbalat del libro de Nehemías, se discute en detalle por Petermann en *Herzog, Real-Enc.*, vol. 13, p. 366.

16. Para la discusión detallada de este Pentateuco, ver Mr. Deutsch, Art. en *Smith's, Bible Dict*.

17. Comp. el bosquejo de ello en Nutt, *Samar. Hist.*, y Petermann, Art.

18. Como ejemplos podemos mencionar los nombres de los ángeles y demonios. Uno de estos últimos es llamado *Yatsara* (יצרע), que Petermann deriva de Deuteronomio 31:21, y Nutt de Éxodo 23:28. Tengo casi la seguridad de que es una corrupción de *Yetser haRa*. Realmente este último y Satanás son identificados de modo expreso en Bab. B. 16 *a*. Muchas de las ideas samaritanas parecen sólo corrupciones y adaptaciones de las corrientes en Palestina, algo que, dadas las circunstancias, ya podría esperarse.

19. Los judíos lo llamaban פלטנים (Ber. R. 81). Frankel ridiculiza la derivación de Reland (de Monte Garis 3, en Ugolini, Thes., vol. 6, pp. 717, 718), que explica el nombre como πελεθοῦ ναός, *stercoreum delubrum,* que corresponde a la designación del Templo de Jerusalén como בית קלקלתא, *aedes stercorea*. Frankel mismo (Paläst. Ex., p. 248) deriva la expresión de πλάτανος con referencia a Génesis 35:4. Pero esto no parece defendible. ¿No puede el término ser un compuesto de פלט, escupir, y *ναός*?

20. Ver. Herzfeld, *u.s.*, 2, p. 120.

de la muerte de Alejandro, Palestina pasó a ser campo de batalla entre los gobernantes de Egipto y Siria, Samaria sufrió aun más que las otras partes del país. En 320 a.C. había pasado del gobierno de Siria al de Egipto (Ptolomeo Lagi). Seis años más tarde (en 314) había pasado de nuevo a ser de Siria (Antígono). Sólo tres años después (311) Ptolomeo la reconquistó y la retuvo durante un breve período. En su retirada destruyó las murallas de Samaria y de otras ciudades. En 301 pasó de nuevo por un tratado a manos de Ptolomeo, pero en 298 fue desolada una vez más por el hijo de Antígono. Después de ello disfrutó de un período de quietud bajo el gobierno de Egipto, hasta el reinado de Antíoco (III) el Grande, en que pasó, temporalmente, y bajo su sucesor, Seleuco IV (Filopátor) (187-175), permanentemente, bajo dominio sirio. En los años turbulentos de Antíoco IV Epífanes (175-164) los samaritanos escaparon al destino de los judíos al repudiar todo contacto con Israel y dedicando su templo a Júpiter.[21] En la lucha entre Siria y los Macabeos que siguió, los samaritanos, como se puede suponer, se pusieron del lado de los primeros. En 130 a.C. Juan Hircano destruyó el Templo del monte Gerizim,[22] que no fue construido de nuevo. La ciudad de Samaria fue tomada varios años después (entre 113 y 105 a.C.)[23] por los hijos de Hircano (Antígono y Aristóbulo) después de un sitio de un año y la derrota siguiente de los ejércitos de Siria y Egipto enviados como socorro. Aunque la ciudad ahora no sólo fue destruida, sino inundada para completar su ruina, fue reconstruida por Gabinio poco antes de nuestra era (*Ant.* xiv.5.3), y muy ampliada y hermoseada por Herodes, que la llamó *Sebaste*, en honor de Augusto, a quien edificó un magnífico templo (*Ant.* xx.8.5; *Guerra* i.21.2). Bajo el dominio romano la ciudad gozó de grandes privilegios –tenía incluso un Senado propio (*Ant.* xviii.4.2). Por una de las coincidencias notables que marcan la Soberanía de Dios en la historia, fue la acusación que contra Pilato presentó el Senado samaritano lo que dio lugar a la deposición del tirano. Junto a Samaria, o Sebaste, ya hemos indicado que hay la antigua Siquem, quizá más importante que la otra, y su capital religiosa a la cual se dio el nombre de Flavia Neápolis, en honor de la familia imperial de Roma, y que ha sobrevivido con el moderno de Nablus. Es interesante notar que los samaritanos también tenían colonias esparcidas, aunque no tantas como los judíos. Entre ellas podemos citar las de Alejandría, Damasco y Babilonia, e incluso algunas a las orillas del mar Rojo.[24]

Judíos y samaritanos

Aunque no solamente en el Nuevo Testamento, sino en 1 Macabeos 10:30 y en los escritos de Josefo (ver esp. *Guerra* iii.3.4, 5) la Palestina occidental estaba dividida en las provincias de Judea, Samaria y Galilea, los rabinos, cuyas ideas eran moldeadas por las observaciones del Judaísmo, no hacían caso de esta división. Para ellos Palestina consistía sólo en Judea, Perea y Galilea (p.ej., Bab. B. iii. 2). Samaria aparece meramente como una franja intermedia entre Judea y Galilea, y era la «tierra de los Cueteos» (p.ej., Jer. Chag. iii. 4). Sin embargo, no era considerada como tierra de paganos, sino declarada limpia. Tanto la Mishnah (Gitt. vii. 7) como Josefo (*Guerra* iii.3.4, 5) marcan *Anuath* (עותנאי כפר) como el límite meridional de Samaria (hacia Judea). Hacia el norte se extiende a Ginae (la antigua En-Ganim), al sur de la llanura de Jezreel; al este estaba limitada por el Jordán; y al oeste por la llanura de Sarón, que se consideraba perteneciente a Judea. Así ocupaba los antiguos territorios de Manasés y Efraín, y se extendía unas cuarenta y cinco millas en dirección norte-sur, y cuarenta este-oeste. En aspecto y clima se asemejaba a Judea, sólo que el paisaje era más hermoso y el suelo más fértil. La enemistad política y la separación religiosa entre los judíos y los samaritanos explica sus celos mutuos. En todas las ocasiones públicas los samaritanos se adherían al lado hostil a los judíos, y aprovechaban toda oportunidad para injuriarlos e insultarlos. Así, en el tiempo de Antíoco III vendieron a muchos judíos como esclavos (*Ant.* xii.4.1). Después procuraban desorientar a los judíos, para quienes conocer el comienzo de cada mes era tan importante (debido a la celebración de actos festivos), encendiendo fogatas y dando señales espurias que confundían las que daban los judíos, para transmitir la fecha, desde Jerusalén (Rosh haSh. ii. 2). Leemos también que procuraban desecar el Templo la víspera de la Pascua (*Ant.* xviii.2.2) y hacían descarriar y mataban a los peregrinos que iban de camino a Jerusalén (*Ant.* xx.6.1). Los judíos se vengaban tratando a los samaritanos con toda clase de desprecios, acusándolos de falsedad, necedad e irreligiosidad y, lo que ellos sentían más a lo vivo, desechando considerarles de la misma raza y religión; y esto en los términos más ofensivos de una supuesta superioridad y un fanatismo pagado de sí mismo.

En vista de estas relaciones, casi podemos maravillarnos de la franqueza y moderación que ocasionalmente se ostenta hacia los samaritanos en los escritos judaicos. Estos conocimientos son de importancia práctica en nuestra historia, puesto que se han hecho intentos para averiguar qué artículos para comer podrían haber comprado los discípulos de Jesús en Samaria, ignorando que casi todos habrían sido legales. Nuestra investigación aquí es, sin embargo, algo complicada debido a la circunstancia de que en los escritos rabínicos, según existían entonces, el término *samaritano* (*Cutim*),[25] era usado para evitar la censura, en vez de otras palabras como «saduceos» o «herejes» (o sea, cristianos). Así, cuando (en Sanh. 90 *b*) se acusa a los samaritanos de negar en sus libros que la resurrección se puede probar en el Pentateuco, la referencia real es a los escritos saduceos o heréticos cristianos.[26] En realidad, los términos samaritanos, saduceos y herejes son utilizados de modo intercambiable, así que es necesaria una investigación cuidadosa para mostrar en cada caso cuál de ellos se quiere indicar realmente.

---

21. Segun Josefo, *Ant.*, xii.5.5, ἐλλύνιος; según 2 Mac., vi. 2.2, ξένιος.

22. Es muy probable que la fecha 25 Marcheshvan (noviembre) en el Megill. Taan. se refiera a la captura de Samaria. Tanto el Talmud (Jer. Sot. ix., 14; Sot. 33 *a*) como Josefo (*Ant.*, xiii.10.7) mencionan un *Bath Qol* anunciando esta victoria a Hircano mientras éste ministraba en el santuario de Jerusalén.

23. Muchos de los sucesos de la vida de Herodes se relacionan con Samaria. Allí se casó con la hermosa y desgraciada Mariamne (*Ant.* xiv.12.1); y allí, treinta años más tarde, fueron estrangulados sus dos hijos por orden del celoso tirano (*Ant.* xvi.11.2-7).

24. Comp. Nutt., *Samar. Hist.*, p. 26, nota, y las autoridades que cita.

25. Una traducción más exacta sería *Kuthim*, pero he escrito Cutim debido a la referencia a 2 Reyes 17:24. En realidad, por varias razones, es imposible adoptar siempre un sistema exacto o uniforme de transliteración.

26. Así en Ber. 57 *b* el término «Cuteo» es usado evidentemente en vez de «idólatra». Un ejemplo del uso del término «Cuteo» en vez de cristiano ocurre en Ber. R. 64, en que se dice que el permiso imperial para reconstruir el Templo de Jerusalén ha sido frustrado por una intriga cutea, si bien el texto aquí se refiere evidentemente a los cristianos, no a los samaritanos, por más que la acusación fuera necia. Ver Joël, *Blicke in d. Relig. Gesch.*, p. 17. Comp. también Frankel, *u.s.*, p. 244; Jost, *Gesch. d. Judenth.*, 1, p. 49, nota 2.

Todavía más frecuente es el uso del término «samaritano» (כנתי) indicando «extraño» (נכרי), con lo cual se indica precisamente esto, extraño, y no de estirpe samaritana.[27] El trueque popular de estos términos proyecta luz sobre la designación de samaritano, traducido como «extraño» o «extranjero» por nuestro Señor en Lucas 17:18 (en algunas versiones).

En general se puede decir que, aunque en determinados puntos la opinión judía permaneció siempre igual, su opinión de los samaritanos, y especialmente los tratos que tuvieron con ellos, varió según los samaritanos mostraban más o menos hostilidad activa hacia los judíos. Así, el Hijo de Sirac expresó correctamente el sentimiento de desagrado y desprecio cuando caracterizó a los samaritanos como «gente necia», que su «corazón aborrecía» (Eccl. 1:25, 26). El mismo sentimiento aparece en los escritos primitivos pseudoepigráficos cristianos y rabínicos. En el llamado «Testamento de los doce patriarcas» (que probablemente data de principios del siglo II), «Siquem» es la ciudad de los necios, de la que se burlan todos los hombres (Test. Levi. vii.). Era algo natural que los judíos prohibieran responder con un *Amén* a la bendición de los samaritanos, en todo caso, hasta que estuvieran seguros que había sido pronunciada correctamente (Ber. viii. 8), puesto que ni en la práctica ni en la teoría los consideraban como de la misma religión (Sheq. i. 5).[28] No obstante, no eran tratados como paganos, y su tierra, sus fuentes, baños, casas y caminos eran declarados limpios (Jer. Abhod. Z. v. 4, p. 44 *d*).

Se discutía la cuestión sobre si debían ser considerados «prosélitos de los leones» (por el temor de los leones) o como convertidos genuinos (Sanh. 85 *b*; Chull. 3 *b*; Kidd. 75 *b*). Y también si debían ser considerados como paganos o no (Jer. Sheq. 46 *b*). Esto, y la circunstancia de que diferentes maestros en tiempos distintos habían dado respuestas opuestas a estas preguntas, demuestra que no había principio fijo sobre ello, sino que las opiniones variaban según el comportamiento nacional de los samaritanos. Así, se nos dice de modo expreso (Jer. Dem. iii. 4) que hubo períodos en que tanto su testimonio como su ortodoxia religiosa recibían más crédito que en otros, y no eran tratados como gentiles, sino colocados al mismo nivel que un judío ignorante. Aquí prevalece una marcada diferencia de opinión. La tradición antigua, tal como la representa Simón, el hijo de Gamaliel, los considera en todos los aspectos como israelitas (comp. también Jer. Dem. vi. 11; Jer. Ber. vii. 1; y Jer. Kethub. 27 *a*), mientras que una autoridad posterior (rabino Jehuda el Santo) los consideraba y trataba como paganos. Además, se afirma de modo expreso en el Talmud de Babilonia (Ber. 47 *b*) que los samaritanos observaban la letra del Pentateuco, mientras que una autoridad añade que en lo que observaban no eran tan estrictos como los mismos judíos (comp. Chull. 4 *a*). Sobre esto hay evidencia, ciertamente, con respecto a varias ordenanzas. Por otra parte, las autoridades posteriores les reprochan falsificación del Pentateuco, acusándoles de adorar a una paloma (Chull. 6 *a*), e incluso cuando después de más pesquisas se les absolvió de esta acusación, adscribe su veneración excesiva al monte Gerizim a la circunstancia de que adoraban a los ídolos que Jacob había enterrado bajo el roble en Siquem. A este mismo aborrecimiento, causado por la persecución nacional, hemos de imputar expresiones como (Sanh. 104 *a*) la que, con su hospitalidad recibe a un extranjero, tiene la culpa de que sus hijos tengan que ir en cautividad.

La expresión «los judíos no tienen tratos con los samaritanos» (Jn. 4:9) tiene su contrapartida en (Megill. 2): «Ojalá no tenga que poner nunca los ojos sobre un samaritano»; o bien: «¡Que nunca me vea puesto en compañía con él!». Un rabino de Cesarea explica, como causa de estos cambios de opinión, que anteriormente los samaritanos habían sido observadores de la Ley y que ya no lo eran; una afirmación repetida en otra forma, en el sentido que su observancia de ella duró tanto como estuvieron en sus propias ciudades (Jer. Ab. Zar. v. 4). Las cosas llegaron a un punto en que fueron excluidos totalmente de fraternización (Chull. 6 *a*). El límite extremo de esta dirección (Shebh. viii. 10), si realmente la declaración se aplica a los samaritanos,[29] es marcado por la declaración que el participar de su pan era igual que comer carne de cerdo. Esto es además ampliado en una obra posterior rabínica (Yalk. ii. p. 36 *d*), que da una historia detallada de cómo los samaritanos habían conspirado contra Esdras y Nehemías y se había puesto un bando sobre ellos, de modo que ahora no só lo quedaba prohibido todo intercambio con ellos, sino que su pan era declarado como carne de cerdo; no se aceptaban prosélitos de ellos; ni tendrían parte en la resurrección de los muertos.[30] Pero hay una gran diferencia entre todas estas exageraciones extravagantes y la opinión prevaleciente al tiempo de Jesús. Incluso en el tratado rabínico sobre los samaritanos (Massecheth Kuthim, en Kirchheim, *Septem Libri parvi Talmudici*, pp. 31-36) se admite que en la mayoría de sus costumbres se asemejan a los israelitas y se les conceden muchos derechos y privilegios, de los cuales un pagano quedaría excluido. Hay que darles crédito en muchos puntos; la carne de Samaria es declarada limpia si un israelita había presenciado cuando se mataba al animal, o un samaritano comía de él (Chull. 3. *b*); su pan, y bajo ciertas circunstancias su vino, era permitido; y se considera la posibilidad de aceptarlos en la Sinagoga cuando hayan renunciado a su fe en el monte Gerizim y reconocido Jerusalén y la resurrección de los muertos. Pero la tolerancia judía fue incluso más allá. Al tiempo de Cristo su comida fue declarada legal (Jer. Ab. Zar. v. 4). Por tanto, no había dificultad por lo que se refiere a la compra de alimentos por parte de los discípulos de Jesús.[31]

Ya se ha afirmado que la mayor parte de las doctrinas de los samaritanos se derivaba de fuentes judías. Como se puede esperar, su tendencia era saducea más bien que farisea.[32] Sin embargo, se habla de sabios samaritanos (Gitt.

27. Frankel cita un ejemplo notable de ello, Ber. viii. 8, y refiere como prueba el Talmud de Jer. sobre esta Mishnah. Pero, por razones que explicaremos, no estoy dispuesto en este caso a aceptar su punto de vista.

28. Como en el caso de los paganos, no se aceptaban de ellos tributos para el Templo ni otras contribuciones, excepto las de buena voluntad y ofrendas votivas.

29. La expresión literalmente se aplica a los idólatras.

30. En Jer. Kil. ix. 4, p. 32 *c* (mitad) se discute la cuestión de la Resurrección, en que se dice que los habitantes samaritanos de Palestina, lejos de gozar de las bendiciones de este período, serían cortados en secciones (o hechos como trapo [?]) y luego quemados.

31. En Jer. Orlah ii. 7 se discute la cuestión de hasta cuánto tiempo después de terminada la Pascua no es lícito usar pan cocinado por un samaritano, lo cual muestra que en condiciones ordinarias era lícito.

32. Las ideas doctrinales, las observancias festivas y la literatura de los samaritanos en un período posterior no se pueden discutir en este lugar. Para más información se pueden ver los artículos en Smith: *Dictionary of the Bible*; en Winer: *Bibl. Real-Wörterb.*; y sobre todo en Herzog: *Real-Encykl.* (por Petermann); Juynboll: *Comment. in Hist. Gentis Samarit.*; Jost: *Gesch. des Judenth.*; Herzfeld: *Gesch. des jüdisch.*; Volkes, *passim*; Frankel: *Einfluss der Paläst. Exeg.*, pp. 237-254; Nutt: *Sketch of Samaritan History*, etc.

«Dejando al presente al Bautista, sigamos las pisadas del Maestro. Son seguidas por el discípulo que mejor entendía su dirección, y el único que nos ha dado un relato del comienzo del ministerio de Cristo. Porque Mateo y Marcos indican de modo expreso el encarcelamiento del Bautista como su punto de partida, en la narración de la vida de Cristo (Mr. 1:14; Mt. 4:12), y aunque Lucas no lo dice de modo explícito, de modo característico empieza con la enseñanza pública evangélica en las sinagogas de Galilea. No obstante, el relato de Mateo (ver especialmente Mt. 4:13 hasta el fin) da la impresión de un breve sumario; el de Marcos parece una sucesión rápida de bosquejos; e incluso el de Lucas, aunque con propósito histórico más penetrante que los demás, perfila más bien que cuenta la historia».

Jesús eligió pronto a Mateo en Capernaum como uno de los doce para que fuera su discípulo, lo obedeció de inmediato y abandonó sus funciones de publicano. Esta es una recreación de la figura de Mateo pintada por el Greco.

10 *b;* Nidd. 33 *b*). Pero es difícil formarse opiniones claras sobre las ideas doctrinales de la secta, en parte por lo relativamente tardío de su literatura, y en parte debido a las acusaciones rabínicas de que no se puede confiar en ellos de modo absoluto. Parece por lo menos dudoso, si es que realmente negaban la Resurrección, como afirmaban los rabinos (Siphré sobre Nm. 15), de los cuales los Padres han copiado la acusación.[33] Ciertamente, al presente creen en esta doctrina. Creían de modo decidido en la unidad de Dios; sostenían la doctrina de los ángeles y los demonios;[34] aceptaban el Pentateuco como la única autoridad divina;[35] consideraban el monte Gerizim como el lugar escogido por Dios, sosteniendo que era el único que no había sido cubierto por el diluvio, lo que los judíos afirmaban respecto al monte Moria; eran muy estrictos y celosos en lo que aceptaban de la Biblia, o la Ley tradicional; y finalmente, y lo más importante de todo, esperaban la venida de un Mesías en quien se cumpliría la promesa de que el Señor Dios levantaría un profeta de en medio de ellos, como Moisés, en el cual habría las palabras de Dios y al cual prestarían atención (Dt. 18:15, 18).[36] Así, aunque en algunos aspectos el acceso a ellos tenía que ser más difícil que a sus propios compatriotas, con todo, en otros hallaría Jesús el suelo mucho mejor preparado para la semilla divina, o por lo menos más limpio de los espinos y cizaña del fanatismo farisaico y del tradicionalismo.

---

33. Epifanio, *Haeres.*, ix., xiv.; Leoncio, *De Sectis*, viii.; Gregorio el Grande, *Moral*, 1, xv. Grimm (*Die Samariter*, etc., pp. 91ss.) no sólo defiende con ahínco la posición de los Padres, sino que acusa a los samaritanos de no creer en la inmortalidad del alma y sostener que el mundo es eterno. La «Crónica Samaritana» data del siglo XIII, pero Grimm sostiene que personifica las ideas primitivas de este pueblo (*u.s.*, p. 107).

34. Esto parece incompatible con el hecho de no creer en la Resurrección, y también proyecta dudas sobre el testimonio patrístico sobre ellos, puesto que Leoncio los acusa falsamente de rechazar la doctrina de los ángeles. Epifanio, por otra parte, dice que creen en los ángeles. Reland sostiene que consideraban a los ángeles como meramente «poderes», una especie de abstracciones impersonales; Grimm cree que había dos sectas de samaritanos, una que creía en los ángeles, otra que no creía.

35. Para ver su horrible deformación de la historia bíblica judía posterior, ver Grimm (*u.s.*), p. 107.

36. Esperaban que este Mesías finalmente convertiría a todas las naciones al samaritanismo (Grimm, p. 99). Pero no hay base histórica para la afirmación de Mr. Nutt (*Sketch of Samar. Hist.*, pp. 40, 69) de que la idea de un Mesías hijo de José, que ocupa un lugar tan importante en la teología posterior rabínica, era de origen samaritano.

Capítulo 8

(Juan 4:1-42)

Jesús en el pozo de Sicar

No hay ningún distrito en la «Tierra de promisión» que presente un paisaje más hermoso o rico que la llanura de Samaria (la moderna *El Mukhna*). Cuando estamos en la cima de una cresta, camino de Silo, el ojo recorre una extensión de más de siete millas hacia el norte, hasta que descansa en las alturas del Gerizim y el Ebal, que protegen el valle de Siquem. Siguiendo por la ruta sombreada de olivos, recta, que viene del sur, hacia donde el espolón del Gerizim, asomando hacia el sudoeste, forma el valle de Siquem, nos hallamos junto al «pozo de Jacob», al cual se unen tantos recuerdos sagrados. Aquí, en «la parcela de tierra» después dada a José[1] que Jacob había comprado de la gente del país, el patriarca había cavado con mucho trabajo y coste un pozo en la piedra caliza. Al presente está lleno parcialmente de escombros y piedras, pero originalmente debía llegar hasta 150 pies.[2] Como todo el distrito abunda en fuentes, el objeto del patriarca tiene que haber sido evitar ocasiones de reyertas con los pastores amorreos de los alrededores. Este pozo marca el límite de la gran llanura, o más bien sus extensiones con otros nombres. A la izquierda (occidente), entre Gerizim (al sur) y Ebal (al norte), se halla el valle poblado de olivos de Siquem, la moderna Nablus, aunque la ciudad no se ve desde el pozo de Sicar. Más arriba, en el mismo valle, las chozas de barro de *Sebastiyeh* marcan el sitio de la antigua Samaria, la magnífica Sebaste de Herodes. Al norte de la entrada al valle de Siquem se levanta el monte Ebal, el cual forma, por así decirlo, la pared occidental de la extensión norte de la Llanura de Samaria. Aquí lleva el nombre de *El 'Askar*, de Askar, la antigua Sicar que se halla al pie del Ebal, a la distancia de unas dos millas de Siquem. De modo similar, la extensión oriental de la llanura lleva el nombre del valle de Salem, por la aldea de este nombre, que probablemente ocupa el sitio de la antigua ciudad ante la cual Jacob plantó sus tiendas cuando regresó a Canaán (Gn. 33:18, 19).

En el «pozo de Jacob», que para nuestro propósito en este momento puede ser considerado como el centro de la escena, se cruzan varias antiguas carreteras romanas que llegan y parten. La que va al sur, a la que ya se ha hecho referencia, pasa cerca de Silo hacia Jerusalén; la que va al oeste, atraviesa el valle de Siquem; la que va al norte nos lleva a la antigua Sicar, sólo a media milla del «pozo». Hacia el este hay dos antiguas carreteras romanas: una tortuosa, hacia el sudeste, hasta que desemboca en la carretera principal; la otra avanza hacia el este y luego desciende en dirección sudeste por el *Wâdy* o torrente *Fârah*, que desemboca en el Jordán. Podemos seguirla cuando cruza las aguas de este Wâdy, y suponemos que en sus cercanías se hallaba el punto en que Jesús enseñaba y sus discípulos bautizaban. Está todavía dentro de Judea y, con todo, bastante apartada de Jerusalén; y el *Wâdy* está tan lleno de fuentes que un lugar cercano lleva realmente el nombre de *Ainûn*, «fuentes», como la antigua *Enón*. Pero desde el lugar que hemos indicado, hay unas veinte millas a través de terreno escabroso hasta el pozo de Jacob. Tenía que haber una buena jornada de camino difícil en un día de verano y podemos entender que, hacia su fin, Jesús descansara de buena gana en el parapeto bajo que circundaba el pozo, mientras sus discípulos iban a comprar las provisiones necesarias en la cercana Sicar.

Y sería, según juzgamos, al atardecer de un día a principios del verano[3] cuando Jesús, acompañado por su grupo de discípulos,[4] entró en la rica Llanura de Samaria. Hasta donde la vista alcanza, «los campos» están «blancos ya para la siega». Han llegado al pozo de Jacob. Allí Jesús espera, mientras los otros van a Sicar para hacer su cometido. Probablemente Juan se quedó con el Maestro. No es probable que le hubieran dejado solo, especialmente en aquel lugar; y el relato produce la impresión de que el que lo narra estuvo presente cuando ocurrió.[5] Más que en ningún otro, quizá el cuarto Evangelio lleva la marca de haber sido escrito por un autor no solamente judío, sino también contemporáneo. Parece totalmente incompatible con la teoría moderna de su origen en Éfeso a fines del siglo II. La localización de la escena, no en Sebaste o Siquem, sino en Sicar,[6] que en el siglo IV por lo menos había ya dejado de ser samaritano, hasta el punto que había sido el hogar de algunos rabinos notables;[7] el conocimiento íntimo de las relaciones entre los samaritanos y los judíos, que en los días de Cristo permitían ir a comprar alimento, pero que no lo habrían permitido dos siglos más tarde; incluso la introducción de una frase como «salvación es de los judíos», totalmente incompatible con la supuesta finalidad de un Evangelio efesio, éstos son hechos que ofrecerán al estudioso del período un testimonio no solicitado sobre la fecha y la nacionalidad del escritor.

Realmente, hay muchos detalles minuciosos en el relato, contado todo con tal encanto de simplicidad, afecto, reverencia y profundidad espiritual como para dar no sólo la convicción de su veracidad, sino casi sugerir espontáneamente que «el discípulo amado» había sido testigo de la

1. La referencia aquí es Génesis 48:22. Wünsche, en realidad objeta que esta aplicación del pasaje es incorrecta y contraria a la tradición rabínica. Pero en esto no es el Evangelio, sino el doctor Wünsche, el que está equivocado. Si el lector consulta Geiger: *Urschr.*, p. 80, hallará prueba de que la traducción del evangelista de Génesis 48:22 estaba de acuerdo con la tradición rabínica, que sólo fue alterada después con propósitos antisamaritanos. Por otra parte, esto puede ser considerado como otra prueba no planeada de la paternidad por Juan del cuarto Evangelio.

2. La profundidad del pozo es de unos setenta y cinco pies. Muchos viajeros han dado informes más o menos gráficos del pozo de Jacob. Nos referimos aquí especialmente al informe de Mr. King: Report (*Quarterly Stat. of the Pal. Explor. Fund, Ap. 1879*), aunque contiene extraños errores, como el que Jesús había salido aquel día de Jerusalén y llegado al pozo de Jacob hacia el mediodía.

3. Para la localización de Sicar y la vindicación del punto de vista de que el suceso tuvo lugar al comienzo de la siega, o hacia mitad de mayo, ver el Apéndice XV. La cuestión tiene bastante importancia.

4. Por el silencio de los Sinópticos y la designación general de discípulos sin nombrarlos, Caspari llega a la conclusión de que sólo Juan, y quizá Natanael, acompañaba a Jesús en este viaje, pero no los demás (*Chronol. Geogr: Einl.*, p. 104).

5. Caspari (*u.s.*, p. 103) cree que Juan sólo refiere aquello de lo que había sido testigo ocular, excepto, quizá, los caps. 18:33 y ss.

6. Es muy característico cuando Schenkel, en su ignorancia del hecho de que Sicar es mencionado por los rabinos, argumenta que el uso del nombre Sicar en vez de Siquem da evidencia de que el cuarto Evangelio es de origen cristiano gentil.

7. Ver Apéndice XV.

escena. Ya se había situado en un lugar más cercano a Jesús y hablaba y veía las cosas como ningún otro de los discípulos. Jesús cansado, y reposando mientras los discípulos iban a comprar alimento, no es algo efesio, sino la verdadera presentación evangélica del Cristo en sus necesidades y debilidades humanas.

Todo lo que le rodeaba habría despertado en el alma afinada divinamente del divino Redentor los pensamientos que pronto hallarían expresión en palabras y hechos. Está sentado en el brocal del pozo de Jacob, el mismo pozo que el antecesor de Israel había cavado y dejado como recuerdo de su posesión primera y simbólica de la tierra. Con todo, éste era también el escenario de la primera rebelión de Israel contra la orden de Dios, contra la línea davídica y el Templo. Y ahora Cristo está aquí, entre los que no son de Israel y que le persiguen. Sin duda, éste sería el lugar entre todos los demás donde el Hijo de David, echado de Jerusalén y del Templo, pensaría en la brecha y lo único que la podía sanar. Él estaba hambriento, y aquellos campos, blancos para la siega; pero mucho más hambriento de la cosecha espiritual, que es el alimento de su alma. Delante de Él se levanta sobre el valle, a una altura de 800 pies, la masa del monte Gerizim con las ruinas del Templo rival samaritano en su cumbre, tal como tras Él queda, con la oscura nube del juicio cerniéndose sobre él, el otro Templo y la Ciudad, que no había conocido el día de su visitación. La mujer que inquiere, y es samaritana, y los pocos discípulos, que sólo parcialmente le comprenden y con muchos malentendidos; su pensamiento interior para la cosecha espiritual se halla sólo al tiempo de la siembra, y aún faltaban «cuatro meses para la siega», mientras que en realidad, como sus ojos podían ver si los levantaba, los campos estaban blancos para la siega; todo esto y mucho más forma el fondo único del cuadro de este relato.

Veamos el cuadro desde otra perspectiva: Jesús cansado y sediento junto al pozo de Jacob, y el agua de vida que había de brotar de aquel pozo, y junto a él, ¡con su provisión infalible y su refrigerio interminable! Lo espiritual en todo esto lleva una analogía simbólica profunda a lo exterior; sin embargo, con estos contrastes también, en que la mujer le da a Cristo agua y Él se la da a ella; ella de modo inconsciente empezando a aprender, Él sin intentarlo (porque aún no había entrado en Sicar) empezando a enseñar, y enseñar lo que todavía no podía enseñar en Judea, y apenas a sus propios discípulos; luego el cambio completo en la mujer, y la aprensión (Jn. 4:33) y poca receptividad de sus discípulos –y sobre todo ello la figura cansada del Jesús Hombre, abriendo como el Cristo divino el pozo de vida eterna, el Hombre-Dios *satisfecho* con la comida de hacer la voluntad y terminar la obra de Aquél que le había enviado: éstos son algunos de los pensamientos que sugiere la escena.

Y aún aparecen otros cuando pensamos en la conexión del relato de Juan de la escena con lo que precede y le sigue. Parece casi como si este Evangelio fuera construido en ciclos, cada uno empezando, o por lo menos relacionado, con Jerusalén y conduciendo a una gran culminación. Así, el primer ciclo (Jn. 2:13–4:54) podría ser llamado el de la *purificación:* primero la del Templo; después, la purificación interna por el bautismo de arriba; luego, el bautismo simbólico del agua; finalmente, el agua de vida real dada por Jesús; y la culminación: Jesús el Restaurador de la vida a los que creen. De modo similar, el segundo ciclo (5:1–6:3) empieza con la idea del agua en su aplicación simbólica al culto real y la vida de Jesús, para llevarnos a un estadio ulterior; y así hacia adelante por todo el Evangelio. Junto a esto podemos notar, como otra peculiaridad del cuarto Evangelio, que parece ordenado según este plan definido de agrupar en cada caso la *obra* de Cristo, que va seguida por la *palabra* ilustradora de Cristo. Así, el cuarto Evangelio podría ser llamado, externa e internamente, de modo preeminente el Evangelio *judío*, caracterizado por un *orden* cíclico, una *conjunción* ilustrativa *de la obra y la palabra*, y llevando de modo progresivo a la gran culminación de los discursos finales de Cristo, y finalmente a su muerte y resurrección, con la enseñanza que fluye de una y otra.

Eran aproximadamente las seis de la tarde[8] cuando los viajeros cansados llegaron a esta «parcela de terreno» que, según la antigua tradición judía, Jacob había dado a su hijo José (ver nota al comienzo de este capítulo). Aquí (como se dijo) junto al «pozo de Jacob» había tres carreteras –la del sur, a Siquem y a Sicar (Askar)– que se reunían y partían; Jesús se sentó, mientras que los discípulos (probablemente con la excepción de Juan) fueron a la población cercana de Sicar a comprar alimentos. Incluso esta circunstancia marca el hecho de que era el atardecer, puesto que el mediodía no era el momento para la venta de provisiones ni para su compra por los viajeros. Una vez más es cuando se pone ante nosotros la verdadera humanidad de Jesús en la debilidad de su hambre y cansancio,[9] que la gloria de su personalidad divina resplandece a través de ella. Esta vez fue una mujer samaritana[10] ignorante, que vino no con propósitos religiosos –en realidad, para ella el pensamiento religioso, excepto en su reducido círculo, era prácticamente ininteligible– y que fue la ocasión para ello. Había venido –como muchos de nosotros, que encontramos la perla en el campo de los quehaceres de la vida cotidiana– para un deber y un trabajo ordinario y humilde. Los hombres lo llaman *común*; pero no hay nada común o inmundo en lo que Dios ha santificado para que lo usemos, o que su presencia y enseñanza pueden transformar en una visión del cielo.

Había otro pozo (el *'Ain 'Askar*) al lado este de la población, y mucho más cercano a Sicar que el «pozo de Jacob»; y es probable que las mujeres de Sicar fueran generalmente a éste. Hay que recordar que en aquellos días este trabajo ya no recaía, como en tiempos anteriores, en las matronas y doncellas de buena posición, sino en mujeres de clase muy humilde. Esta samaritana puede haber escogido el «pozo de Jacob», quizá porque estaba trabajando en unos campos cercanos; o debido a que su casa se hallaba más cerca en aquella dirección –porque la *antigua* Sicar puede haberse extendido hacia el sur–; quizá, si su carácter era lo que parece implicarse en el versículo 18, porque el congregarse con otras mujeres en el pozo del pueblo al atardecer puede no haber sido agradable para ella debido a su pasado.

---

8. Ya hemos expresado la creencia de que en el cuarto Evangelio el tiempo se cuenta, no según el modo judío, sino según el día civil romano, de medianoche a medianoche. Para una discusión y prueba de esto, notándose las objeciones, ver McLellan: *New Test.*, vol. 1, pp. 737-743. Tiene que haber un *lapsus*, cuando en la página 288 (nota *o*) el mismo autor parece asumir lo contrario. Meyer objeta que si hubieran sido las seis de la tarde no habría habido tiempo para los sucesos posteriores referidos. Pero podían hallar fácilmente lugar en el fresco atardecer del verano, y tanto la venida de los samaritanos (poco probable al mediodía) como su invitación de «quedarse» con ellos (v. 40) están en favor de nuestro modo de ver. En realidad, Juan 19:14 hace imposible adoptar el modo judío de contar el tiempo.

9. Godet pregunta con razón, en vista de esto: ¿Qué ocurre con el supuesto docetismo que, según la escuela de Tübingen, es una de las características del cuarto Evangelio?

10. Por samaritana hemos de entender del *país* de Samaria, no la ciudad de Samaria.

En todo caso, podemos marcar aquí la guía providencial en nuestra vida cotidiana a la cual tanto debemos espiritualmente, casi tanto como a la gracia misma; la cual, en realidad, forma parte de la dispensación de la gracia. Quizá deberíamos notar que, aunque inconscientemente para ella (como a menudo para nosotros), la pobreza y el pecado a veces nos llevan al pozo junto al cual Jesús está sentado cansado, cuando regresa de la Judea satisfecha y pagada de sí misma.

Pero éstos son sólo símbolos; los hechos desnudos del relato están de por sí llenos de interés espiritual. Tanto para Jesús como para la mujer, el encuentro fue impensado, providencial en el verdadero sentido de la palabra: traído por Dios. Con reverencia, por lo que se refiere a Cristo, añadiremos que los dos obraron verdaderamente en conformidad a lo que había en ellos. La petición «Dame de beber» era natural por parte del caminante sediento cuando la mujer llegó al pozo para sacar agua y los que le servían estaban lejos (Jn. 4:8). Aun cuando Él no hubiera hablado, la samaritana le habría reconocido como judío por su apariencia[11] y vestido, si, como parece, Él llevaba flecos en el borde de su vestido.[12] Sus palabras, debido a la pronunciación, dejaban su nacionalidad judía fuera de dudas.[13] Toda palabra amable que Él le dirigiera indicando una petición que no fuera absolutamente necesaria, tenía que sorprender a la mujer, porque como añade el Evangelista: «Judíos y samaritanos no se tratan entre sí», o mejor, como implica la expresión, no hay intercambio innecesario amistoso o familiar entre ellos, una afirmación verdadera en todos los tiempos. Además, hemos de recordar que ésta era una samaritana ignorante de clase humilde. En la mente de una persona así se destacarían dos puntos: que los judíos con su orgullo malvado no querían tener tratos con ellos, y que Gerizim, no Jerusalén, como afirmaban los judíos, era el lugar legítimo de adoración. Fue, pues, sorpresa auténtica que ella expresó con la pregunta: «¿Cómo tú, siendo judío, me pides de beber a mí, que soy una mujer samaritana?». Era la primera lección que aprendía, incluso antes de que Él le enseñara. Aquí se encontraba un judío, no como los judíos corrientes, no según ella había pensado que sería; ¿cuál era la causa de la diferencia?

11. Según el testimonio de muchos viajeros, los samaritanos, exceptuada la familia del Sumo Sacerdote, *no* tienen el bien conocido tipo de rostro y aspecto judíos.

12. Los «flecos» sobre el *Tallith* de los samaritanos eran azules, mientras que los que llevaban los judíos, fuera sobre el *Arba Kanphoth* o el *Tallith,* eran blancos. Los samaritanos no parece que llevaran *filacterias* (Menach. 42 *b*) ni, creo yo, tampoco nuestro Señor (comp. Jost, *Gesch. d. Judenth.*, vol. 1, p. 60).

13. Había marcadas diferencias entre la pronunciación de los judíos y los samaritanos. Sin entrar en detalles, se puede decir que las principales se referían a los sonidos vocales; y entre las consonantes, las guturales (que generalmente no son pronunciadas), las aspiradas y la letra ש, que no es, como en hebreo, שׂ (pronunciada s) o שׁ (pronunciada *sh),* sino siempre pronunciada como *sh.* En relación con esto podemos notar uno de los casos en que, por la tradición, una equivocación extraña pasa a ser aceptada comúnmente. Se ha dicho que si Jesús había dicho a la mujer: *Teni li lishtoth* «Dame de beber», un samaritano habría pronunciado *listoth,* pues los samaritanos pronuncian la *sh* como *s.* Pero el hecho es lo contrario a lo indicado. Los samaritanos pronuncian la *s* (*sin*) como *sh* (*shin*), y no la *sh* como *s.* La equivocación surgió por confundir el modo de pronunciar antiguo efraimita (Jue. 12:5, 6) con el samaritano. Parece que el primero que hizo la sugerencia –aunque es muy dudoso– fue Stier (*Reden Jesu*, 4, p. 134). Stier, sin embargo, por lo menos traduce las palabras de Jesús: *Teni li lishtoth.* Godet (*ad loc.*) acepta las sugerencias de Stier, pero traduce las palabras: Teni li lish*ch*oth. Escritores posteriores han repetido esto, sólo que alterando *lishchoth* en lish*k*oth.

Antes de señalar en qué forma la respuesta de Jesús satisfizo esta pregunta, y para indicar el beneficio espiritual que podemos derivar de ello, hay otra reflexión más general que se presenta a la mente. Aunque Jesús no fuera a Sicar con el propósito consciente de lo que siguió, con todo, dado el encuentro con la mujer samaritana, lo que siguió parece casi cosa de necesidad. Porque es cierto que el Cristo, tal como lo describen los Evangelios, no podía haberse puesto en contacto con la ignorancia y la necesidad espiritual, como tampoco con la penuria física, sin ofrecer alivio. Era, por así decirlo, una necesidad, tanto de su misión como de su naturaleza (como Hombre-Dios). En el lenguaje de otro Evangelio, «poder salió de Él»; y esto, tanto si era procurado conscientemente, o sentido sin haberlo buscado; tanto en el extender las manos de los ciegos, como en la mirada hacia arriba de los mudos. El Hijo encarnado de Dios no podía hacer otra cosa que esparcir salud y vida en medio de la enfermedad y la muerte; el Salvador había venido a buscar y salvar lo que se había perdido.

Y así fue que el «¿Cómo es esto?» de la mujer samaritana halló su respuesta, tan pronto y de modo tan pleno. «¿Cómo es esto?». En esto, el que Él le hubiera hablado, no era según ella pensaba y sabía de los judíos. Él era lo que Israel tenía que haber sido para la humanidad; lo que era el objetivo final de Israel. En Él había el don de Dios a la humanidad. Si ella lo hubiera conocido, la relación presente entre ellos se habría cambiado; el pozo de Jacob habría sido un símbolo, aunque sólo un símbolo, del agua viva que ella le habría pedido y Él le habría dado. Como siempre, lo que se ve es para Cristo el emblema de lo invisible y espiritual; en la Naturaleza, en sus varias y diversas formas y colores y a través de ellos, Él siempre ve lo sobrenatural, tal como la luz varía en grados sobre la montaña o resplandece en tonos cambiantes hacia el horizonte. Ésta es una visión de todas las cosas existentes, que el helenismo, incluso en su más sublime y poética concepción de la creación como la impronta de los arquetipos celestiales, ha materializado y reservado. Pero para Jesús todo indica hacia arriba, porque el Dios de la Naturaleza era el Dios de la gracia, el único vivo y verdadero Dios en el cual toda materia y espíritu viven, cuyo mundo es uno en diseño, factura y propósito. Y así la Naturaleza no es sino el eco de la voz oída de Dios, que siempre, para todos y en todo, dice lo mismo, si hay oídos que escuchan. Y, así, Él la hacía hablar en parábolas a los hombres, de modo que para los que ven pudiera ser una escalera de Jacob que los llevara de la tierra al cielo, mientras que para aquellos cuya vista y oído estaban embotados por el sueño del endurecimiento del corazón, viendo no percibieran y oyendo no entendieran.

Con esta mujer ignorante de Sicar ocurrió lo mismo que con el sabio y entendido «Maestro de Israel». Tal como Nicodemo había visto y, con todo, no vio, así esta samaritana. En el nacimiento del cual hablaba Jesús, *él* había fallado en captar el «de arriba» y «del Espíritu»; *ella* ahora dejaba de captar el pensamiento sugerido por el contraste entre el agua de la cisterna en la piedra caliza y el pozo de agua de vida. El «¿Cómo pueden ser estas cosas?» de Nicodemo halla su paralelo en el asombro de la mujer. Jesús no tenía con qué sacar el agua de un pozo profundo. ¿De dónde, pues, el «agua viva»? En lo externo la cosa era una imposibilidad física. Esto era un aspecto de ello. Y, con todo, tal como la pregunta de Nicodemo no sólo señalaba la imposibilidad física, sino que también indicaba una vaga búsqueda de significado más elevado y de realidad espiritual, también la mujer: «¿Acaso eres tú mayor que nuestro padre

Jacob», que con tanto trabajo cavó este pozo, no hallando otro medio que éste para suplir sus propias necesidades y las de sus descendientes? Y tampoco difirió la respuesta de Jesús en espíritu de la que dio al rabino de Jerusalén, aunque no había en ella la reprensión, destinada a mostrarle en qué forma tan completa había fallado el sistema, del cual Nicodemo era un maestro, para llegar a este objetivo más elevado. Pero para esta mujer su respuesta tenía que ser mucho más simple y sencilla que la que dio al rabino. Y, con todo, si es enseñanza divina no puede ser sencilla, sino que ha de contener lo que señala hacia arriba y llevar a nuevas preguntas. Y así explicó el divino Maestro, no sólo la diferencia entre el agua corriente y el agua de que hablaba Él, sino que lo hizo de manera que la llevó al umbral de una verdad más elevada todavía. No era como el agua del pozo de Jacob la que Él daba, sino «agua de vida». En el Antiguo Testamento una *fuente* perenne, en el sentido figurado (Gn. 26:19; Lv. 14:5), había sido designada así en contraste significativo con el agua acumulada en una cisterna (Jer. 2:13). Pero había más que esto: era agua que apagaba la sed para siempre, al cubrir todas las necesidades internas del alma; agua también que, para el que la bebía, pasaba a ser un pozo no meramente para apagar la sed esta vez, sino que «brotaba para vida eterna». No sólo se cubrían las necesidades que se sentían, sino que de ella surgía una nueva vida, y ésta no diferente esencialmente de la del futuro, sino la misma y fundiéndose en ella.

Se ha hecho varias veces la pregunta de a qué se refería Jesús al decir una fuente de agua que salte para vida eterna. De las varias respuestas que se han dado, sin duda la peor es casi la que la aplica a la doctrina de Jesús, apoyando esta explicación con una referencia a los dichos rabínicos en que la doctrina es comparada con el «agua». Éste es uno de los casos infrecuentes en que las referencias rabínicas más bien descarrían que dirigen al punto, por no conocerse bien, entenderse de modo imperfecto y aplicarse mal. Es verdad que en muchos pasajes la enseñanza de los rabinos se compara con el *agua*,[14] pero nunca con una «fuente que salta para vida eterna». La diferencia es muy grande. Porque el rabinismo se jacta de que sus discípulos beben las aguas de sus maestros; el mérito principal se halla en la receptividad, no la espontaneidad, y no se puede dar mayor alabanza que la de ser «una cisterna embadurnada bien (impermeabilizada), que no deja escapar una gota de agua» (Ab. ii. 9), y, en este sentido, «a una fuente cuyas aguas van creciendo siempre». Pero esto es completamente opuesto a lo que enseña nuestro Señor. Porque es bien verdad que lo que el hombre puede dar lo leemos en Eccl. 24:21: «El que bebe de mí tendrá más sed».[15] En relación más estrecha con las palabras de Cristo es lo que leemos (en Bar. iii. 12) de una «fuente de sabiduría», mientras que en el Targum sobre Cantares 4:14 «las palabras de la Ley» son asemejadas a «un pozo de aguas vivas». La misma idea era llevada quizá un poco más lejos cuando en la Fiesta de los Tabernáculos, en medio del regocijo universal, se vertía agua de Siloé de un cántaro de oro sobre el altar, como símbolo del derramamiento del Espíritu Santo.[16] Pero lo que dijo nuestro Señor a la samaritana no se refiere a su enseñanza, ni al Espíritu Santo, ni aun a la fe, sino al don de una nueva vida espiritual en Él de la cual la fe es el resultado.

Si la humilde e ignorante mujer de Samaria no había visto antes que había un significado más elevado en las palabras que Él le decía, había tenido barruntos de ello, ya que parece haber una mezcla de aprensión y fe naciente en su petición de que le diera esta agua para que no tuviera sed jamás, ni tuviera que volver al pozo a sacarla.[17] Ahora ella cree en lo increíble; lo cree, por causa de Él y en Él; cree, también, en una satisfacción, a través de Él, de sus necesidades externas, que alcanza al más allá de esta vida, a la vida eterna. Pero todos estos elementos están en completa confusión. Los que saben lo difícil que es introducir alguna idea nueva en la mente de la gente rústica o ineducada de nuestro propio país, después de todas las ventajas del contacto con la civilización y educación, entenderán lo difícil que tenía que ser para esta samaritana mujer del campo captar lo que Jesús quería darle a entender. Pero Él enseñaba, pero no como nosotros enseñamos. Y así Él llegó a su corazón en aquel anhelo apenas consciente que expresaba, por más que su intelecto fuera incapaz de distinguir la nueva verdad.

Sin duda, es una extraña equivocación el hallar en las palabras de la samaritana (v. 15) «un toque de ironía», mientras que, por otra parte, parece una exageración considerarlas simplemente como el clamor de una necesidad espiritual comprendida. Aunque de mala gana, se nos obliga a una conclusión similar con referencia a la pregunta de Jesús sobre el marido de la mujer, su respuesta y la contestación del Salvador. Es difícil suponer que Cristo preguntara a la mujer sobre su marido con el objeto primario de despertar en ella el sentimiento de pecado. Esto podía seguir luego, pero el texto no lo indica. Ni tampoco hay nada en la respuesta de la mujer que indique este efecto; en realidad, su respuesta (v. 19) y su referencia posterior a ello (v. 29) implican lo contrario. No sabemos tampoco de cierto si los cinco maridos previos habían muerto o se habían divorciado de ella y, si se trataba de este último caso, de quién era la culpa, aunque no sólo el modo peculiar en que nuestro Señor se refiere a ello, sino también la condición presente de la mujer parecen indicar una vida pecaminosa previa. En Judea, un curso como el suyo habría sido casi imposible; pero sabemos demasiado poco de la condición moral y social de Samaria para juzgar lo que se habría tolerado allí. Por otra parte, tenemos evidencia abundante de que cuando el Salvador de modo tan inesperado le abrió su pasado ante sus ojos, que Él sólo podía conocer de modo sobrenatural, se levantó en ella al instante la convicción de que era un profeta, tal como en circunstancias similares había ocurrido a Natanael (Jn. 1:48, 49). Pero el ser un profeta significaba para la samaritana que Él era el Mesías, puesto que ellos no reconocían a ninguno excepto a Moisés. Tanto si el Mesías era conocido o no por la designación samaritana contemporánea de «el Convertidor» o «el Restaurador», es de importancia relativamente pequeña, aunque si estuviéramos ciertos de ello, la influencia de la nueva convicción en la mente de la mujer aparecería de modo más claro. En todo caso era un progreso inmenso, casi inconmensurable, el hecho de que esta mujer samaritana reconociera al Mesías

14. Los que desean ver las bien conocidas referencias pueden hallarlas en Lightfoot y Schöttgen (*ad loc.*).

15. Hay mucho sentimiento espurio que, en contravención a los dichos de nuestro Señor, se deleita en estas expresiones como la de san Bernardo de Clairvaux (seguido por muchos modernos himnologistas):

«Qui Te gustant esuriunt,
Qui bibunt adhuc sitiunt».
(Ap. *Daniel*. Thes. i., p. 223).

16. Ver «The Temple and its Ministry», pp. 241-243.

17. No puedo creer, como dicen algunos comentaristas, que haya una marca extraordinaria de reverencia en el «Señor» de los vv. 11 y 15. Me parece natural según las circunstancias.

«Y así fue que el '¿Cómo es esto?' de la mujer samaritana halló su respuesta, tan pronto y de modo tan pleno. '¿Cómo es esto?'. En esto, el que Él le hubiera hablado, no era según ella pensaba y sabía de los judíos. Él era lo que Israel tenía que haber sido para la humanidad; lo que era el objetivo final de Israel. En Él había el don de Dios a la humanidad. Si ella lo hubiera conocido, la relación presente entre ellos se habría cambiado; el pozo de Jacob habría sido un símbolo, aunque sólo un símbolo, del agua viva que ella le habría pedido y Él le habría dado».

Jesús fatigado por la marcha que ha debido emprender para escapar del odio de los fariseos se encuentra con la samaritana y va desgranado algunos de los puntos más sugestivos de su enseñanza. Esta jarra de terracota y forma de paloma era de uso doméstico y bien podía ser utilizada para contener agua. (Pontificio Instituto Bíblico de Roma)

en el forastero judío, Aquél que por primera vez había despertado en ella pensamientos profundos y le había señalado realidades espirituales y eternas, y esto con la fuerza de la evidencia más poderosamente convincente a una mente como la suya: que le había dicho, súbitamente y de una forma que la sobresaltó, lo que Él no podía saber, a menos que fuera por medios de información superiores a los humanos.

Saber por qué le indicó Jesús que fuera a buscar a su marido ya es otra pregunta, y mucho más difícil. La objeción de que el hacerlo, sabiendo que ella no tenía marido, parece impropia de nuestro Señor, puede sin duda ser contestada por la consideración de que este modo de «poner a prueba» a aquellos que estaban bajo su enseñanza estaba en conformidad con su modo de enseñar, y que elevaba por medio de una serie de preguntas morales (comp. Jn. 6:6). Pero quizá hay una explicación más simple que da una mejor respuesta. Parece que la respuesta del versículo 15 marca el límite máximo de la comprensión de la mujer. Apenas podemos formarnos una noción adecuada de lo estrecho de un horizonte mental como el suyo. Esto explica también, por lo menos en un aspecto, la razón de que Él le hablara sobre su propia mesianidad, y la adoración del futuro, en palabras mucho más patentes que las que usaba con sus propios discípulos. Ella no podía comprender ninguna de las declaraciones más simples suyas; y no es extraño suponer que, habiendo llegado al límite superior de lo que ella era capaz, el Salvador ahora pidiera la presencia del marido, a fin de poder ampliar su horizonte por medio de la introducción de otro tan cercano a ella. Éste es el modo de ver sustancialmente de algunos Padres.[18] Pero si Cristo pedía de modo formal la presencia del marido, sin duda no puede ser irreverente añadir que en aquel momento la relación peculiar entre el hombre y la mujer no estaba presente en la mente de Jesús. Ni hay nada extraño en esto tampoco. El hombre era su marido y no lo era. Ni tampoco podemos estar seguros de que, aunque no casados, la relación implicada fuera en absoluto contraria a la ley; y en todos sentidos el hombre podía ser conocido como su marido. La respuesta de la mujer al instante llama la atención de Cristo a este aspecto de su historia, que inmediatamente se presenta clara y completa ante su conocimiento divino. Al mismo tiempo sus palabras parecen ser una confesión –quizá podríamos decir, una concesión a las exigencias de su propia conciencia más bien que una confesión. Aquí, pues, había la oportunidad requerida para llevar más verdad a su mente, al mostrarle que el que le hablaba era un profeta, y al mismo tiempo para alcanzar su corazón.

Pero tanto si tomamos este punto de vista de la historia como si no, es difícil comprender cómo un intérprete sobrio pueda ver en los cinco maridos de la mujer bien algo simbólico, o mítico, con referencia a las cinco deidades a las que los antecesores de los samaritanos habían adorado (2 R. 17:24ss.), y el servicio espurio a Jehová fuera representado por el marido o no marido. No vale la pena discutir esta extraña sugerencia desde otro punto de vista que el mítico. Los que consideran los incidentes de los relatos del Evangelio como mitos que tienen su origen en ideas judaicas, hallan incluso mayores dificultades por el conjunto de este relato que los que consideran que este Evangelio es de paternidad efesia. Podemos poner a un lado las objeciones generales presentadas por Strauss, puesto que ninguno de sus sucesores se ha aventurado a repetirlas en serio. Es más importante notar de qué modo tan claro el autor de la teoría mítica ha fallado en sugerir ninguna base histórica para este «mito». El hablar de encuentros en el pozo, tales como los de Rebeca o Séfora, es algo tan fuera de lugar como una apelación a la expectativa judaica de un Mesías omnisciente. A partir de estos dos elementos se puede construir casi cualquier historia. Además, el decir que esta historia del éxito de Jesús entre los samaritanos fue inventada con miras a vindicar la actividad posterior de los apóstoles entre este pueblo, es simplemente una *petitio principii.* En estos apuros tan distinguidos un escritor como Keim[19] aventura esta afirmación: «El encuentro con la samaritana, para todo el que tiene vista, es algo con significado simbólico, para el cual no hay hechos históricos». Una afirmación así es quizá refutada mejor por el mero citarla.[20] Por otra parte, de todos los mitos que podrían entrar en la imaginación judía, el menos probable es el que representara al Cristo en una conversación familiar con una mujer, y además samaritana, ofreciéndole una fuente de agua viva saltando para vida eterna, y presentándole ante ella una adoración espiritual de la que Jerusalén no era el centro. Cuando fallan de modo completo tanto la teoría efesia como la mítica, ¿no será mejor volver a la explicación natural, probada por la simplicidad y naturalidad del relato –o sea, que la historia que se nos cuenta aquí es real y verdadera? Y si es así, ¿no haremos mejor agradeciéndola y aceptando sus lecciones?

La convicción que irrumpe, súbita pero firme, de que Aquél que le ha puesto delante su pasado era realmente un profeta, *era ya fe en Él;* y así se ha alcanzado el objetivo, no quizá fe en su mesianidad, sobre lo cual ella sólo podía tener nociones muy vagas, sino en Él. Y la fe en el Cristo, no en algo alrededor de Él, sino en Él, personalmente, *tiene* vida eterna. Una fe así también lleva a nuevas preguntas y conocimiento. Así como ha sido una práctica tradicional el descubrir ironía en este dicho o el otro de la mujer, o el imputarle sentimientos espirituales muy por adelantado de lo que podía ser su experiencia, en cambio su pregunta sobre el lugar apropiado para las adoraciones, Jerusalén o Gerizim, no ha recibido la importancia que merece. Es verdad, ciertamente, que aquellos cuyas conciencias son tocadas por una presentación de su pecado, con frecuencia vuelven la conversación hacia otro cauce más o menos religioso. Pero no hay evidencia de uno u otro en el presente caso. De modo similar, es también verdad que en aquel punto en que son diferentes, los sectarios de miras estrechas concentran toda su religión de modo global y absoluto. Pero en este caso tenemos la impresión de que la mujer no tiene propósitos o ideas ulteriores en lo que pregunta. Toda su vida había oído que Gerizim era el monte en que debía adorar, la colina santa que no habían cubierto nunca las aguas del Diluvio,[21] y que los judíos estaban moralmente

18. Comp. Lücke, Evang. John., vol. 1, p. 588.

19. Las referencias son aquí a Strauss, vol. 1, pp. 510-519, y a Keim, i. 1, p. 116.

20. Meyer, *Komment.*, vol. ii, p. 208, nos llama la atención, con razón, sobre la teoría de Baur, Hilgenfeld, etc. Según ellos, el conjunto de esta historia es sólo un tipo de paganismo receptivo a la fe, en contraste con Nicodemo, el tipo del Judaísmo que se encierra en sí mismo en contra de la fe. Pero, en este caso, ¿por qué hacer que el actor principal sea un samaritano y no un pagano, y por qué atribuirle creencia en un Mesías que era enteramente extraño al paganismo?

21. Es curioso que se refieran varios casos en los escritos rabínicos en que los samaritanos entran en discusiones con rabinos que pasan cerca del monte Gerizim camino a Jerusalén, para convencerles de que Gerizim era el lugar apropiado para adorar. Puede citarse un ejemplo en que un samaritano sostiene que Gerizim era el monte de la bendición, porque no había sido cubierto

equivocados. Pero aquí había indudablemente un profeta, y era un judío. ¿Estaban pues ellos equivocados sobre el lugar legítimo para adorar, o qué tenía que pensar y hacer ella? El hacer a Jesús esta pregunta era ya encontrar la solución correcta, aun cuando la pregunta misma pudiera indicar un nivel poco elevado mental y religiosamente. Nos recuerda la pregunta que hizo Naamán una vez curado a Eliseo sobre el Templo de Rimón, y su petición de la carga de un par de mulas de la tierra del Dios verdadero, con miras a su verdadera adoración.

Una vez más el Señor contesta su pregunta llevándola más allá de ella, más allá de toda controversia: incluso hacia el objetivo de toda su enseñanza. El Señor habla de este modo tan maravilloso al simple de corazón. Es mejor sentarse aquí a los pies de Jesús, y hacerse cargo de la escena, y seguirle cuando su dedo indica hacia adelante y hacia arriba. «Está llegando la hora en que ni en este monte ni en Jerusalén adoraréis al Padre». Palabras de triste advertencia son éstas; palabras de profecía también, que ya indicaban la solución más elevada en la adoración de un Padre común, que sería la adoración no de judíos ni de samaritanos, sino de hijos. Y, con todo, había verdad en las diferencias presentes: «Vosotros adoráis lo que no sabéis; nosotros adoramos lo que sabemos; porque la salvación viene de los judíos».[22] La adoración de los samaritanos era sin sentido, porque carecían del objetivo de todas las instituciones del Antiguo Testamento, aquel Mesías «que había de ser del linaje de David» (Ro. 1:3), porque de los judíos, «en lo referente a la carne», había de venir el Cristo (Ro. 9:5); porque venía la hora, es más, en realidad ya había llegado, cuando los verdaderos adoradores «adorarán al Padre en espíritu y en verdad, porque también el Padre busca tales adoradores que le adoren. Dios es Espíritu»[23] –y solamente los que adoran en espíritu y en verdad pueden ser aceptables a este Dios.

Ya no se podía presentar una enseñanza más elevada o más semejante a Cristo. Y la que escuchaba, hasta aquí la entendió, que en el glorioso cuadro que tenía puesto delante vio la venida del Reino del Mesías. «Sé que va a venir el Mesías.[24] Cuando Él venga, nos aclarará todas las cosas». Fue entonces que, según la necesidad de esta mujer sin letras, Él le dijo claramente lo que en Judea, e incluso entre sus discípulos, habría sido interpretado carnalmente y mal aplicado: que Él era el Mesías. Tan verdad es esto, que «los niños» pueden aceptar lo que ha de permanecer escondido largo tiempo de «los sabios y prudentes».

Fue la lección culminante de aquel día. No se podía decir nada más; no se dijo nada más. Los discípulos habían regresado de Sicar. El que Jesús conversara con una mujer era tan contrario a todas las nociones judaicas de un rabino[25] que todos se maravillaron. Sin embargo, por respeto, no se atrevieron a hacerle preguntas. Entre tanto, la mujer, olvidando el motivo por el que había ido al pozo, y sólo pensando en la nueva fuente de vida que había surgido en ella, dejó el cántaro sin llenar en el pozo y se apresuró hacia «la ciudad». Las nuevas que les dio eran muy extrañas; el mismo modo de su anuncio proporcionaba evidencia de la veracidad: «Venid, ved a un hombre que me ha dicho todo cuanto he hecho. ¿No será éste el Cristo?». Se nos lleva a inferir que estas noticias extrañas se extendieron a su alrededor; que ellos le hicieron preguntas y, cuando averiguaron por medio de ella el hecho indiscutible de su conocimiento sobrehumano, creyeron en Él hasta el punto en que la mujer podía poner a Jesús delante de ellos como objeto de fe (Jn. 4:39, 40). Bajo esta impresión «salieron de la ciudad y comenzaron a venir a Él» (v. 30).[26]

Mientras tanto, los discípulos habían instado al Maestro a que comiera los alimentos que le habían traído. Pero su alma estaba ocupada en otras cosas. Tenía en la mente pensamientos sobre el glorioso futuro, la adoración universal al Padre por aquellos a quienes Él había enseñado, y en los cuales había visto un interés tan sincero como inesperado. Con esto se mezclaban sentimientos de dolor por el embotamiento espiritual de aquellos que le rodeaban, que no veían en la conversación con una mujer de Samaria nada más que una innovación extraña de la costumbre y dignidad rabínicas, y ahora solamente pensaban en el recado inmediato que les había llevado a Sicar. Incluso sus palabras de reprensión les hicieron pensar si, sin saberlo ellos, alguien les había traído comida. No fue éste el único ejemplo de ofuscación ante las realidades espirituales, ni fue el último (Mt. 16:6, 7).

Sin embargo, con paciencia divina lo soportó: «Mi comida es que haga la voluntad del que me envió y que cumpla (lleve a la perfección) su obra». Para los discípulos esta obra aparecía todavía en un futuro distante. A ellos les parecía que aún era el tiempo de la siembra; los tallos verdes sólo estaban brotando; la siega del Reino mesiánico, de la forma en que ellos lo esperaban, tardaría muchos meses en venir. Para corregir su equivocación, el divino Maestro, como tantas otras veces y lo mejor que pudo, se adaptó a sus oyentes y escogió su ilustración de lo que era visible alrededor. Para mostrarles su significado más claramente, me atrevo a invertir el orden de la frase que pronunció Jesús: «He aquí os digo: Levantad vuestros ojos y mirad (con cuidado) los campos, que ya están blancos para la siega. (Pero) ¿no decís vosotros (o sea, en vuestros corazones)[27] que todavía faltan cuatro meses para que venga la cosecha?». Las palabras pueden parecer más sorprendentes si (como el profesor Westcott) tenemos en cuenta que, tal vez en este mismo momento, se hicieron visibles los samaritanos que venían de Sicar.

Pero consideramos también que indican el tiempo en que tuvo lugar esta conversación. Generalmente, las palabras «faltan todavía cuatro meses y luego viene la siega»,

---

por el Diluvio, citando como prueba Ezequiel 22:24. El rabino le contesta que si éste hubiera sido el caso, Dios le habría dicho a Noé que huyera allí, en vez de hacerse un arca. El samaritano contesta que esto fue hecho para probarle. El rabino se queda en silencio, pero el muletero que lo llevaba apela a Génesis 7:19, según el cual todos los montes más elevados bajo los cielos quedaron cubiertos, y con ello hace callar al samaritano (Debar. R. 3; comp. Ber. R. 32). Por otra parte, hay que añadir que en Ber. R. 33 se dice que el Monte de los Olivos no fue cubierto por el Diluvio, y que Ezequiel 22:24 se aplica a esto.

22. Antes le había enseñado el «dónde» y ahora le enseña el «qué» de la verdadera adoración.

23. Es notable que la mayor parte de las alteraciones en el Pentateuco samaritano son con miras a quitar antropomorfismos.

24. Las palabras «que es llamado el Cristo» deberían estar entre paréntesis, y son la explicación del escritor.

25. En el original, Juan 4:31, leemos: «Rabí, come» (no Maestro). Sin duda, dirigirse a Cristo de esta forma es de modo suficiente anti-efesio. Los lectores saben lo diametralmente opuesto que era para las nociones judaicas una conversación innecesaria con una mujer (comp. Ab. i. 5; Ber. 43 *b;* Kidd. 70 *a;* también Erub. 53 *b*). Instruir a una mujer en la Ley estaba prohibido; comp. la historia en Bemid. R. 9.

26. Siguiendo la sugerencia del profesor Westcott, quisiera dar de esta manera el significado real del original. Puede ahorrar innumerables notas el que añada que cuando la traducción que utilizo difiere de otras lo he hecho para hacer resaltar el significado del griego; y que allí donde se omiten palabras es porque son espurias o dudosas.

27. Esto es un hebraísmo.

son consideradas por los comentaristas como un proverbio, o bien que indican que el Señor dijo esto junto al pozo de Jacob cuatro meses antes del tiempo de la siega, esto es, el mes de enero, si se trataba de la cosecha de la cebada, y de febrero, si la del trigo. La sugerencia de que era un proverbio puede ser descontada porque no hay rastros de tal proverbio y, luego, porque para darle el significado más mínimo es necesario añadir: «Entre el tiempo de la siega y el de la cosecha han de pasar cuatro meses», lo cual no es verdad, porque en Palestina hay unos seis meses entre una y otra. Por otra parte, por razones que se explican en otro lugar,[28] llegamos a la conclusión de que no podía ser en enero ni en febrero que Jesús estaba en Sicar. Pero, ¿por qué no invertir la teoría común y ver en la segunda cláusula, introducida por las palabras «He aquí, levantad los ojos y observad», una marca del tiempo y las circunstancias, mientras que la expresión «No decís vosotros: faltan todavía cuatro meses y luego viene la cosecha», hay que entenderla en el sentido de las parábolas? Hay que admitir que una de las dos cláusulas es una marca literal de tiempo y que la otra fue dicha a modo de parábola. Pero no hay razón para que la segunda no sea la que indique el tiempo, cuando por razones independientes hemos de llegar a la conclusión[29] de que Cristo regresó de Judea a Galilea a principios del verano.

Pasando de este punto, notamos que el Señor, más adelante, despliega su propia lección de las operaciones presentes de la siega y su inversión de lo que era sembrar y lo que era segar. «Ya[30] el que siega recibe salario, y recoge fruto para la vida eterna» (que es la recompensa real del Gran Segador: ver el trabajo de su alma); de modo que, en este caso, el sembrador se regocija lo mismo[31] que el segador. Y, a este respecto, el proverbio irónico en otro sentido, que uno era el sembrador y otro el segador de lo sembrado, halla su verdadera aplicación. Y era en realidad así, que los siervos de Cristo eran enviados a segar lo que otros habían sembrado, y entraban en sus labores. Uno había sembrado, otro iba a segar. Y, con todo, sólo en este caso de los samaritanos el sembrador se regocijaría también como el segador; es más, los dos se regocijarían juntos en el fruto recogido para la vida eterna. Y, así, el sembrar con lágrimas en campo espiritual va mezclado con frecuencia con el regocijo de la siega, y, desde el punto de vista espiritual, las dos son realmente una. «Cuatro meses» no es el tiempo entre una y otra; así que, aunque uno puede sembrar y otro segar, con todo, el que siembra ve la cosecha por la cual el segador recibe su salario, y se regocija con él en el fruto que es allegado en el granero eterno.

Fue tal como Cristo había dicho. Los samaritanos, que creyeron «por la palabra (el mensaje) de la mujer (lo que ella había dicho) cuando testificó» del Cristo, «cuando llegaron» al pozo «le pidieron que se quedara con ellos». Y Él se quedó allí dos días. Y muchos más creyeron por la palabra de Él (sus mensajes, discursos) y dijeron a la mujer: «Ya no creemos por tus dichos, porque nosotros hemos oído, y sabemos que Éste es verdaderamente el Salvador del mundo».[32]

No sabemos lo que sucedió en aquellos dos días. Al parecer no fueron obrados milagros, excepto los de su Palabra. Fue la verdad más profunda y pura que aprendieron estos hombres simples, y de fe simple, que no habían aprendido de los hombres, sino sólo escuchando su Palabra. El sembrador, así como el segador, se regocijaron, y se regocijaron juntos. El tiempo de la siembra y el de la siega se mezclaron cuando por su propia cuenta supieron y confesaron que Éste era verdaderamente el Salvador del mundo.

28. Verlas en el Apéndice XV.

29. Comp. Apéndice XV.

30. Seguimos al canón. Westcott, el cual, por razones explicadas por él mismo, une la palabra «ya» al v. 36, omitiendo la partícula «y».

31. Nótese que en el versículo 36, ἵνα ha sido traducido por «de modo que», el καί omitido, y ὁμοῦ traducido «lo mismo que». Lingüísticamente no hay que presentar excusas por esta traducción: «A fin de que el sembrador pueda regocijarse junto con el segador». Pero la traducción del texto parece estar mejor de acuerdo con lo que sigue. Todo el pasaje es quizá uno de los más difíciles, por la concisión y rápida transición de las frases. La única excusa que puedo ofrecer por el hecho de proponer una nueva traducción y una nueva interpretación es que, las que conozco, no han transmitido ningún significado claro o coherente a mi propia mente.

32. Hemos omitido las palabras «el Cristo» en el versículo 42 por ser, al parecer, espurias. En general, el texto ha sido traducido tan fielmente como ha sido posible, a fin de hacer resaltar el verdadero significado.

Capítulo 9

(Mateo 4:12; Marcos 1:14; Lucas 4:14; Juan 4:43-54)

La segunda visita a Caná

La breve cosecha de Samaria era, como Jesús había indicado a sus discípulos, en otro sentido también, en el comienzo del tiempo de la siembra, o por lo menos cuando apareció el tallo verde por primera vez sobre el suelo. Formaba la introducción al ministerio de Galilea, en que «los galileos le recibieron, habiendo visto todas las cosas que había hecho en Jerusalén en la fiesta» (Jn. 4:45). Es más, en algunos aspectos fue el comienzo real de su obra también, que, vista de modo separado y distinto, comenzó cuando el Bautista fue echado en la cárcel.[1] En consecuencia, esta circunstancia es marcada por Mateo (4:12) y por Marcos (1:14), mientras que Lucas, como si quisiera dar mayor énfasis a la misma, relaciona abruptamente este comienzo de la obra de Cristo, única y separada, con la historia de la Tentación (4:14). Todo lo que intervino le parece a él introductorio, este «comienzo» que podría ser resumido con las palabras «en el poder del Espíritu», con el cual describe su retorno a Galilea. De acuerdo con este modo de ver, Cristo se presentó como tomando y siguiendo el mensaje de su precursor (Mt. 4:17), sólo que con mayor alcance, puesto que, en vez de añadir a su anuncio del Reino del Cielo y llamada al arrepentimiento que llevaba al bautismo de preparación, Él llamó a los que le escuchaban a «creer el Evangelio» que Él les traía (Mr. 1:15).

Pero aquí también, como ya hace notar Eusebio,[2] el cuarto Evangelio, en su presentación más abarcativa de Cristo, ya que añade no sólo en la sucesión externa de los sucesos, sino también en su conexión interna, rasgo tras rasgo del retrato del divino Redentor, el cuarto Evangelio, decimos, suple los vacíos de los relatos sinópticos que con frecuencia se leen sólo como resúmenes históricos breves con informes insertados acá y allá de su enseñanza y episodios especiales. Porque Juan no sólo nos habla de su ministerio inicial, que los Sinópticos pasan por alto a propósito, sino que si bien, como ellos, se refiere a la cautividad de Juan como ocasión del apartamiento de Cristo de las maquinaciones del partido farisaico en Judea, une esta partida de Judea con el retorno a Galilea, proporcionando como un eslabón de enlace la breve estancia en Samaria con sus resultados inesperados. Juan, también, es el único que nos proporciona el primer suceso registrado de su ministerio en Galilea (Jn. 4:43-54). Por tanto, seguimos su guía, haciendo notar simplemente que los varios estadios de su residencia en Galilea deben ser agrupados como sigue: Caná (Jn. 4:45-54), Nazaret (Lc. 4:16-30) y Capernaum, con sus recorridos generales desde este centro (Mt. 4:13-17; Mr. 1:14, 15; Lc. 4:31, 32). El período ocupado, por lo que se indica así de modo breve en los Evangelios, va desde principios de verano, digamos principios de junio, hasta la fiesta de los judíos (si bien no se especifica cuál) (Jn. 5:1). Si se objeta que los sucesos parecen pocos para un período de unos tres meses, la respuesta evidente es que durante la mayor parte de este tiempo Jesús estaba sin compañía, puesto que la llamada de los apóstoles (Mt. 4:18-22 y ss.) sólo tuvo lugar después de «la fiesta no especificada»; que ellos probablemente habían regresado a sus ocupaciones ordinarias cuando Jesús fue a Nazaret (Lc. 4:16) y que, por lo tanto, como ellos no habían sido testigos de vista de lo que había ocurrido, se confinaron a dar un resumen general. Al mismo tiempo, Lucas, de modo expreso, hace notar que Jesús enseñó en las diversas sinagogas de Galilea (Lc. 4:15), y también que hizo una larga estancia en Capernaum (Lc. 4:31; comp. Mt. 4:13-16).

Cuando Jesús regresó a Galilea, fue en circunstancias enteramente distintas de cuando había partido. Como dijo Él mismo (Jn. 4:44), había antes, quizá de modo natural, prejuicios relacionados con la humildad de su crianza y la familiaridad engendrada por el hecho de ser conocidos su hogar y su ambiente.[3] Éstos ahora habían sido vencidos, cuando los galileos hubieron sido testigos en la fiesta en Jerusalén de lo que Él había hecho. En consecuencia, ahora estaban preparados para recibirle con la atención reverente que su palabra reclamaba. Podemos conjeturar que fue parcialmente por razones así que dirigió sus pasos primero a Caná. El milagro que había sido obrado allí (Jn. 2:1-11) todavía prepararía más al pueblo para su predicación. Además, éste era el hogar de Natanael, que probablemente le había acompañado a Jerusalén y en cuya casa le esperaría una bienvenida calurosa y honrosa. Fue aquí donde se efectuó el segundo milagro que se registrara de su ministerio en Galilea, con el resultado que puede juzgarse por las expectativas que su fama había levantado incluso en Nazaret, la ciudad en que se había criado (Lc. 4:23).

Al parecer, el hijo de uno de los oficiales de Herodes Antipas, fuera civil o militar,[4] estaba enfermo y a punto de morir. Cuando llegaron a su padre noticias de que el profeta, o más que profeta cuya fama le había precedido a Galilea, había llegado a Caná, decidió, al carecer de recursos, acudir a Él para pedirle la curación de su hijo. No se puede ganar nada para el interés espiritual de este o cualquier otro relato bíblico con la exageración; pero se puede perder mucho cuando las exigencias históricas del caso son pasadas por alto. No es por falta de creencia en la agencia sobrenatural en acción que insistimos en la secuencia natural y racional de los sucesos. Si hacemos esto, podemos marcar más claramente, junto a los elementos naturales en obra, los que son de modo claro más elevados. En consecuencia, no asumimos que este «oficial de la corte» fuera movido por la creencia espiritual en el Hijo de Dios cuando se dirigió a Él en busca de ayuda. Más bien vamos, quizá, al extremo opuesto y consideramos que era impulsado por lo que en aquellas

1. La historia del encarcelamiento del Bautista se dará en la secuela.

2. El origen, paternidad y ocasión de los Evangelios Sinópticos y el de Juan, así como su interrelación, son discutidos en Eusebio, *Hist. Eccles.*, iii.24, y la discusión es más importante por el hecho de que Eusebio, en toda ella, apela para sus afirmaciones al «testimonio de los antiguos».

3. No puedo creer que la expresión «su propio país» se refiera a Judea. Esta explicación no sólo no es natural, sino que va contra el uso de la expresión ἴδιος («su propia»). Comp. Mateo 9:1; y también Juan 7:40-42. Strauss da aquí argumentos (*Leben Jesu*, 1, p. 659) que me parecen concluyentes.

4. Βασιλικός usado por Josefo en el sentido general de oficiales al servicio de Herodes Antipas. Comp. Krebs, *Obs. in N. Test. e Fl. Josepho*, pp. 144, 145, que nota que la expresión ocurre 600 veces en los escritos de Josefo.

circunstancias habrían sido las ideas de un judío devoto. Hay ejemplos registrados en el Talmud que pueden servirnos aquí como guía. Se relatan varios casos en que los que están enfermos de gravedad, y aun a punto de morir, fueron restaurados por las oraciones de rabinos famosos. Un ejemplo es especialmente ilustrativo (Ber. 34 *b*; Jer. Ber. 9 *d*). Leemos que cuando el hijo del Rabban Gamaliel estaba enfermo de modo grave, envió a dos de sus discípulos a un tal Chanina ben Dosa para rogarle que orara en favor de la restauración de su hijo. Se dice que, al saberlo, Chanina subió a la *aliyah* (aposento alto) para orar. Al regresar, aseguró a los mensajeros que el joven estaba restaurado, basando su confianza no en la posesión de ningún don profético, sino en la circunstancia de que sabía que su petición había sido contestada por la libertad que había sentido al orar. Los mensajeros anotaron la hora, y al llegar a la casa de Gamaliel, hallaron que en aquella hora «la fiebre le había dejado y pidió agua». Hasta aquí la historia rabínica. Incluso suponiendo que fuera inventada o matizada en imitación al Nuevo Testamento, muestra al menos lo que un devoto judío podía considerar legítimo esperar de un rabino célebre, que se consideraba que tenía poder en la oración.

Habiendo indicado la parte ilustrada de esta historia, podemos ahora marcar el contraste entre ella y el suceso de los Evangelios. Allí la restauración no es meramente pedida, sino esperada, y esto no como respuesta a la oración, sino por la presencia personal de Cristo. Pero el contraste grande y vital consiste en lo que se pensaba de Aquél que era instrumento en la cura –la ejecutaba– y en los efectos morales que resultaron. La historia citada del Talmud va seguida inmediatamente por otra de importe similar, en que un rabino célebre explica del siguiente modo su capacidad para hacer aquello que había conseguido Chanina: que Chanina era como «un siervo del Rey», que entraba y salía familiarmente y podía pedir favores; mientras que él (el rabino fracasado) era como «un señor delante del Rey», al cual no se concedían favores, sino con quien se discutían asuntos en un pie de igualdad. Esta representación profana de las relaciones entre Dios y sus siervos, el modo de ver totalmente no espiritual que ostenta sobre la oración, y el atrevimiento y enaltecimiento personal del rabino, seguramente son un contraste suficiente en el espíritu del modo de ver judío y el que subyace en el relato evangélico.

Ya hemos dicho bastante para mostrar que la solicitud a Jesús por parte del oficial del rey no se hallaba, en aquellas circunstancias peculiares, de modo absoluto fuera del alcance de las ideas judías. Lo que el oficial de la corte esperaba exactamente que se le hiciera es una cuestión secundaria a la de su estado de receptividad, como se puede llamar, que era la condición moral tanto de la ayuda externa como de la bendición interna que recibió. Sin embargo, hay que notar una cosa importante; no hemos de suponer que, cuando a su petición a Jesús de que descendiera a Capernaum para ejecutar la cura, el Maestro contestó que, a menos que vieran[5] señales y prodigios, de ningún modo creían, Él quería decir con ello que sus oyentes judíos, en oposición a los samaritanos, requerían «señales y prodigios» a fin de creer. Porque la solicitud del «oficial era en sí una expresión de fe, aunque imperfecta». Además, la cura, que era el objeto de la solicitud, no podía ser ejecutada sin un milagro. Lo que el Salvador reprobaba no era la petición de un milagro, que era necesaria, sino el ruego urgente de que fuera con él a Capernaum para este propósito, que el padre repitió después con tanta vehemencia (Jn. 4:49). Esta petición implicaba ignorancia del carácter verdadero del Cristo, como si Él fuera bien un mero rabino dotado de poder especial, o un obrador de milagros. Lo que Él intentaba enseñar a este hombre era que Él, que tenía vida en sí mismo, podía restaurar la vida a distancia tan fácilmente como con su presencia; por la palabra de su poder, tan fácilmente como por su aplicación personal. Una lección, ésta, de la más profunda importancia por lo que se refería a la persona de Cristo; una lección, también, de la más amplia aplicación para nosotros para todas las circunstancias temporales y espirituales. Cuando el oficial de la corte hubo aprendido esta lección, se volvió «obediente a la fe» y «se puso en camino» (Jn. 4:50) inmediatamente, para hallar que su fe había sido coronada y hecha perfecta (Jn. 4:53). Y cuando «él y toda su familia» hubieron aprendido esta lección, nunca más después pensaron del Cristo como pensaban los judíos, que simplemente eran testigos de sus milagros o lo hacían de modo no espiritual. Fue el perfeccionamiento de la enseñanza que había llegado primero a Natanael (Jn. 1:50, 51), el primer creyente de Caná. Así, también, una vez nosotros hemos aprendido esta lección, es cuando llegamos a saber a la vez el significado y la bendición de creer en Jesús.

Realmente, en lo que se refiere a su importe moral, toda la historia gira sobre este punto. Marca también la diferencia fundamental entre ésta y otra historia similar de la curación de un siervo del centurión de Capernaum (Mt. 8:5ss.; Lc. 7:1ss.). Los críticos han notado marcadas divergencias en casi cada detalle de los dos relatos,[6] que algunos –tanto intérpretes ortodoxos como negativos– han considerado de modo extraño como sólo dos presentaciones diferentes de un mismo acontecimiento.[7] Pero, además de estas marcadas diferencias de detalle, hay también una diferencia fundamental en lo sustancial de los relatos y en el espíritu de los dos solicitantes, que hace que el Salvador en un caso reprenda como un requerimiento de la mera vista, que por sí mismo solamente podía producir una fe transitoria, mientras que en el otro se quedó maravillado por la grandeza de fe, tal que Él la había buscado en vano en Israel. El gran punto de la historia del oficial de la corte es la idea equivocada de Israel con respecto a la persona y obra del Cristo. El del relato del centurión es el estado de preparación de una fe simple, sin los estorbos del realismo judaico, aunque el resultado de la enseñanza judaica. El realismo carnal del uno, que busca señales y prodigios, es contrastado con la simplicidad y derechura del otro. Finalmente, el punto en la historia de la mujer sirofenicia, que a veces es confundido con él,[8] es la intensidad de la misma fe, que, a pesar de ser disuadida, es más, a pesar de su improbabilidad aparente, se mantiene firme por la convicción de que su instinto espiritual había captado que este Jesús no sólo tenía que ser el Mesías de los judíos, sino el Salvador del mundo.

---

5. El énfasis se ha de poner en la palabra «ver», pero no exclusivamente. Las objeciones de Lücke a esto (Ev. John. 1, p. 622) no están bien fundadas.

6. Éstas se observan fácilmente al comparar los dos relatos. El archidiácono Watkins (*ad loc.*) las ha agrupado bajo ocho distintos aspectos. Comp. Lücke (Ev. John., 1, p. 626).

7. Así, parcialmente y vacilando, Orígenes, Crisóstomo, y de modo más decidido Teófilo, Eutimio, Ireneo y Eusebio. Todos los críticos modernos negativos defienden este punto de vista; pero Gfrörer considera como relato original el de Juan, mientras que Strauss y Weiss el de Mateo. Y, con todo, Keim se aventura a afirmar: «Ohne allen Zweifel (!) ist das die selbe Geschichte».

8. Strauss y Keim discuten esto con cierto detalle desde el punto de vista de la aparente contradicción entre la recepción al centurión pagano y la primera repulsa a la mujer sirofenicia. El tratamiento de Keim de todo el tema parece inconsecuente en sí mismo.

Podemos también completar aquí nuestras notas críticas, al menos en lo que concierne a los modos de ver que se han propuesto últimamente. La escuela de críticos negativos extrema parece haberse embrollado aquí en una contradicción consigo misma insoluble. Porque si este relato de un cortesano judío es realmente sólo otra recensión de la del centurión pagano, ¿cómo es que el Evangelio «judío» de Mateo hace a un *gentil* el héroe de la historia, mientras que el llamado Evangelio «antijudío», «efesio», de Juan hace a un *judío* el héroe de la historia? Y la teoría «mítica» también se derrumba. Porque hay que admitir que no hay base rabínica para la invención de una historia así; y el que es con mucho el representante más capaz de la escuela negativa,[9] ha mostrado, de modo concluyente, que no puede haberse originado en una imitación del relato del Antiguo Testamento de la cura de Naamán por el profeta Eliseo.[10] Pero si Cristo dijo realmente aquellas palabras al cortesano, como este crítico parece admitir, queda solamente, como dice él, este *trilema:* o bien Él podía realmente hacer el milagro en cuestión; o hablaba como un mero fanático; o si bien era simplemente un impostor. Es un alivio hallar que son descartadas las dos últimas hipótesis. Pero como el criticismo negativo –¿no podemos decir por el mismo espíritu que Jesús reprochó al cortesano?– no está dispuesto a admitir que Jesús obró realmente este milagro, sugiere como explicación de la cura que el niño enfermo, a quien el padre había dicho que iba a ver a Jesús para pedirle su cura, había estado en una condición de gran expectativa, lo cual, cuando el cortesano regresó con la seguridad gozosa de que la petición sería concedida, dio como resultado la recuperación real.[11] A esto se puede dar una respuesta evidente que la explicación necesita como primer requisito que tenga base histórica. No tenemos un punto de evidencia de que el niño esperara la cura; mientras que, por otra parte, el relato expresa bien claro que estaba curado antes de que regresara el padre. Y si el relato puede ser alterado para que se acomode a las necesidades de una hipótesis sin base, es difícil ver si vale la pena retener parte o nada de la misma. No es así que se puede explicar el origen de una fe que ha transformado al mundo. Pero tenemos aquí otra evidencia del hecho: las objeciones que, cuando se consideran como parte de un sistema conectado, parecen tan formidables a algunos, se derrumban cuando cada relato es examinado cuidadosamente en detalle.

Cura del hijo «del noble» en Capernaum

Hay otras circunstancias en esta historia que requieren por lo menos una consideración de paso. De éstas, las principales son el tiempo en que los siervos del oficial le encontraron, en su viaje de regreso, con las noticias gozosas de que su hijo vivía; y relacionado con ello, el momento en que «empezó a mejorar» (Jn. 4:52), y finalmente el tiempo en que el cortesano presentó su petición a Jesús. Los dos últimos sucesos eran evidentemente coincidentes en el tiempo (Jn. 4:53). El momento exacto indicado por los siervos como el comienzo de la mejoría es: «Ayer a la hora séptima». Ahora bien, sea cual fuere la hora que los siervos judíos puedan originalmente haber expresado, parece imposible asumir que Juan pensaba en cualquier otra notación que la romana para el día civil, o sea, que significaba una hora distinta de las 7 de la tarde. El punto de vista opuesto, que marca la notación judía del tiempo, o sea, la 1 de la tarde, está cuajado de dificultades casi insuperables.[12] Porque hay que tener en cuenta que como la distancia entre Capernaum y Caná es de unas veinticinco millas, tenía que ser en extremo difícil, si no imposible, que el cortesano, habiendo salido de su casa aquella mañana, no sólo hubiera llegado a Caná, sino que habría tenido la entrevista con Jesús para la 1 de la tarde. Las dificultades sólo aumentan cuando se nos pide que creamos que después de un viaje así el cortesano se pusiera inmediatamente en camino para regresar. Mas esto es absolutamente necesario para la teoría, puesto que un judío no emprendería un viaje como éste después de la puesta del sol. Pero además, bajo esta suposición, los siervos del oficial de la corte tienen que haber emprendido el camino inmediatamente, o poco después de haber *comenzado* la mejoría. Esto, en sí, es poco probable, y realmente viene indicado lo contrario en los términos de la conversación entre el cortesano y los siervos, que implica que ellos habían esperado hasta tener seguridad de la recuperación, y no se trataba meramente de una mejoría temporal (Jn. 4:52). Además, en la teoría a que nos oponemos, los siervos, al encontrarse con el cortesano, como hemos de suponer, a mitad de camino, si no cerca de Capernaum, habrían dicho: «Ayer a la hora séptima le dejó la fiebre», significando con ello que, como hablaban siendo ya el atardecer o la noche, cuando ya había empezado otro día judío, la fiebre le había dejado por la tarde de aquel mismo día, aunque, según el modo de contar judío, habría sido «ayer», puesto que la 1 de la tarde habría sido contada como el día previo. Pero se puede afirmar con seguridad que ningún judío se habría expresado de este modo. Si, al atardecer de un día, se hubieran referido a lo que había ocurrido cinco o seis horas antes, a la 1 de la tarde, habrían dicho: «A la hora séptima le ha dejado la fiebre», y *no* «*Ayer* a la hora séptima».

No hay necesidad de seguir la cosa más adelante. Podemos comprender que, dejando Capernaum por la mañana, la entrevista con Jesús y la cura simultánea del niño habrían tenido lugar sobre las siete de la tarde de aquel día. El resultado fue no sólo la restauración del niño, sino que el cortesano ya no requería *ver* señales y prodigios: «el hombre creyó la palabra que Jesús le había dicho». En esta seguridad gozosa, que no necesitaba demostración de vista, siguió su camino, o sea, a la casa hospitalaria de un amigo o a alguna posada en el camino, para recibir al día siguiente las gozosas nuevas de que le había sido hecho conforme a su fe. Como se hizo notar ya, toda la *moral* de la historia se encuentra en este mismo punto, y marca la receptividad espiritual del cortesano que, a su vez, fue la condición moral de que se le concediera su deseo. Además, sabemos que, por la misma concesión de su deseo, se cumplió el objetivo espiritual de Cristo en su enseñanza al cortesano: que, bajo ciertas condiciones espirituales en él y sobre él, el beneficio temporal realizó su objetivo espiritual. Y en esto también, como en otros puntos que se le ocurrirán al piadoso lector,

---

9. Keim, *Jesu v. Nazara*, 2.1, pp. 179-185. Me sabe mal tener que decir que el lenguaje de Keim en la p. 181 es de lo más penoso en el libro.

10. Lo mismo Strauss, *Leben Jesu*, vol. 2, pp. 121, 122 (1ª ed.).

11. Por lo menos así entiendo yo a Keim, a menos que signifique que la fe del niño solamente llevó a cabo la cura, en cuyo caso no había necesidad de que el padre hiciera el viaje. Keim pregunta de modo ingenuo qué objeciones puede haber a este modo de ver, a menos que la objeción sea las «palabras usadas por Juan». Pero todo el relato se deriva precisamente de las «palabras».

12. Los siervos judíos pueden haber expresado el tiempo según la notación judía, aunque en una casa de Galilea esto no tiene por que haber sido la práctica usual. Sea como sea, nuestra opinión es que la notación del tiempo en Juan era según el día civil romano, o mejor, según el de Asia Menor.

hay lecciones de enseñanza profunda para nosotros, y para todos los tiempos y circunstancias.

Si este «oficial real» era *Cuzá*, el mayordomo de Herodes, cuya esposa, bajo la impresión permanente de este milagro hecho a su hijo, más tarde, humildemente y en agradecimiento, ministraba a Jesús (Lc. 8:3), es algo que no puede ser determinado. Basta con decir que marca el progreso en el «oficial real» la creencia en el poder de Jesús a la fe en su palabra (Jn. 4:50), y de ésta a la fe absoluta en Él (Jn. 4:53), con el bendito efecto expansivo sobre toda la casa. Y de este modo, por sus beneficios, somos impulsados fiel y efectivamente, aunque de una forma suave, hacia arriba, desde el estadio inferior de la creencia por lo que vemos lo que Él *hace*, al de la fe superior, que es confianza absoluta y sin vista que brota del conocimiento experimental de lo que Él *es*.

Capítulo 10

(Lucas 4:16)

La Sinagoga de Nazaret

Aunque no tenemos medios para determinar cuánto duró la estancia en Caná, podemos suponer que fue sólo de corta duración. Quizá el sábado de la misma semana Jesús ya se hallaba en la Sinagoga de Nazaret. No trataremos de modo irreverente de levantar el velo de sagrado silencio que aquí, como en otras partes, los relatos del Evangelio han puesto sobre el Santuario de su vida interior. Este silencio es en sí *teopnéustico*, de aliento e inspiración divinos; es más elocuente que cualquier elocuencia, una garantía de la veracidad de lo que se dice. Y sobre este silencio, como fondo oscuro, destaca la figura de la luz de la persona de Cristo. Con todo, cuando seguimos a Jesús a la ciudad de su infancia y hogar de su humildad, apenas podemos dejar de pensar en lo que debe haber agitado su alma cuando entró de nuevo en el bien conocido valle y contempló las escenas a las cuales sus recuerdos primeros estaban adheridos.

Hacía sólo pocos meses que había dejado Nazaret, pero ¡cuánto había transcurrido, entretanto, que era totalmente decisivo para Él, para Israel y para el mundo! Cuando las sombras del sol del viernes se iban alargando por el valle tranquilo, oiría el sonido familiar de la trompeta desde el tejado de la casa del ministro de la Sinagoga, que proclamaba el comienzo del día santo (Shabb. 35 *b*). Una vez más resonaba en el quieto aire del verano para decir a todos que había que dejar a un lado todo trabajo (Jer. Shabb. xvii. p. 16 *a*). Sonó por tercera vez, y entonces el «ministro» la puso a un lado, allí mismo, en el punto en que estaba, para no profanar el sábado llevándosela consigo; porque ahora el sábado había comenzado de veras, y la lámpara festiva del sábado ya estaba encendida.

Amaneció el día del sábado, y ya temprano se dirigió Jesús a aquella Sinagoga en que, cuando niño, joven y aun hombre, había adorado con frecuencia en el humilde lugar retirado que correspondía a su rango, sentado no delante, entre los ancianos y las personas honradas, sino muy atrás. Los antiguos rostros conocidos le rodeaban; las bien recordadas palabras y servicios sonaron en sus oídos. Sin embargo, ¡cuán diferentes habían siempre sido para Él como para ellos, con quienes Él se había mezclado en culto común de adoración! Y ahora estaba otra vez con ellos, verdaderamente un extraño entre sus paisanos; esta vez, para que le miraran, le escucharan, le pusieran a prueba, lo probaran, hicieran uso de Él o lo pusieran a un lado, según fuera el caso. Era la primera vez,[1] que sepamos, que enseñaba en una Sinagoga, y ésta era la Sinagoga de su propio Nazaret.

Fue, sin duda, una cadena de circunstancias unidas maravillosamente la que unió la Sinagoga a la Iglesia. Un resultado así no podía haber sido previsto: el que aquello que realmente era la consecuencia de la dispersión de Israel y, por tanto, indirectamente del castigo de su pecado, debiera pasar a ser el medio del cumplimiento de la misión mundial de Israel. Otro ejemplo, éste de cómo el juicio divino siempre lleva en su seno una misericordia mayor; otra ilustración de cómo el morir de Israel es siempre luz para el mundo; otra manifestación del gobierno sobrenatural de Dios, en que todo está ordenado, es decir, es ley y orden, y lo sobrenatural da lugar, en la sucesión ordenada de sucesos, a lo que al principio se habría pensado que era, y realmente es, milagroso. Porque la Sinagoga pasó a ser la cuna de la Iglesia. Sin ella, como en realidad sin la dispersión de Israel, la Iglesia universal habría sido, humanamente hablando, imposible, y la conversión de los gentiles habría requerido una sucesión de milagros mileniales.

Que las Sinagogas se originaron durante la cautividad babilónica o como consecuencia de la misma es algo admitido por todos. El Antiguo Testamento no contiene alusión alguna a su existencia,[2] y los intentos rabínicos de hacerla llegar hasta los tiempos patriarcales[3] no merecen, naturalmente, consideración seria. Podemos comprender fácilmente que durante los largos años de exilio en Babilonia tiene que haberse casi sentido como una necesidad el tener lugares y oportunidades para el culto común los sábados y días festivos. Después del regreso a Palestina, y todavía más entre los «dispersos en el extranjero», estas «casas de reunión» (*Battey Khenesiyoth, domus congregationum, Sinagogas*) se harían prácticamente obligatorias. Aquí, los que desconocían incluso el lenguaje del Antiguo Testamento podían escuchar las Escrituras leídas y «targumadas».[4] Era natural que en el curso del tiempo se añadieran oraciones y, finalmente, mensajes. Así fue apareciendo el servicio regular de la Sinagoga de manera gradual; primero los sábados y días festivos, luego los días corrientes, a las mismas horas y con una especie de correspondencia interna con el servicio del Templo. Los servicios de los lunes y jueves eran especiales, ya que eran los días corrientes de mercado, cuando la gente de las áreas rurales iba a las ciudades y podían aprovechar la oportunidad para traer todos los casos que pudieran requerir decisión legal ante el Sanedrín local, que se reunía en la Sinagoga y estaba formado por sus autoridades. Naturalmente, estos dos días eran utilizados por la gente del campo, que vivía lejos de las Sinagogas, como oportunidades para adorar (Bab. K. 82 *a*); y los servicios de estos días eran un poco más esmerados en su carácter. En consecuen-

1. La nota del «Speaker's Commentary» (Lc.4:16) de que Jesús tenía la costumbre de exponer las Escrituras en Nazaret, no sólo carece de base, sino que es incompatible con el relato. Ver el v. 22. Todavía más extraña es la suposición de que «Jesús se ofreció para leer y explicar, y mostró su intención levantándose, y que esto podía hacerlo cualquier miembro de la congregación». Con toda certeza esto no era así.

2. Esto parece a primera vista incompatible con el Salmo 74:8. Pero el término traducido como «sinagogas» allí nunca ha sido usado en este sentido. La solución de la dificultad nos llega a través de la Septuaginta. Su traducción καταπαύσωμεν (hagamos cesar) muestra que en su manuscrito hebreo decía שבתו. Si es así, entonces la ו probablemente pertenecía a la próxima palabra y el texto diría: שַׁבַּת וְכָל-מוֹעֲדֵי-אֵל, «Suprimamos el sábado y todos los días festivos del país». Comp. Ehrt, *Abfass. Zeit. u. Abschl. d. Psalt.*, pp. 17-19.

3. La introducción de oraciones por la mañana, al mediodía y por la tarde es, respectivamente, atribuida a Abraham, Isaac y Jacob. El Targum de Onkelos y el Targum Pseudo-Jon. Sobre Génesis 25:27 implican su existencia en el tiempo de Jacob. En B. Kama 82 *a* y Jer. Megill. 75 *a*, sus servicios se hacen llegar al tiempo de Moisés. Según Sanh. 94 *b*, las Sinagogas existían en el tiempo de Ezequías. No hay necesidad de seguir el tema más adelante. Aprovechamos la oportunidad presente para añadir que, como las citas rabínicas en este capítulo serían demasiado numerosas, sólo se darán aquellas que se refieran a puntos hasta ahora no notados o de importancia especial.

4. Las expresiones «Targum» y «targumar» han sido explicadas previamente. La primera indicación de este parafrasear en la lengua vernácula se halla en Nehemías 8:7, 8.

cia, lunes y jueves eran los llamados «días de congregación» o «Sinagoga» (*Yom ha-Kenisah*).

En otro punto se ha mostrado lo rápidamente que se difundió la institución de las Sinagogas entre los judíos de la dispersión por todos los países, y los importantes propósitos para los que servían. En Palestina estaban esparcidas por todo el país, aunque es razonable suponer que su número aumentó en gran manera después de la destrucción del Templo, y esto sin tener que aceptar la leyenda judaica de que su número era extraordinario en algunas ciudades, como por ejemplo 480, o 460, en Jerusalén.[5] En la capital, y probablemente en algunas otras grandes ciudades, no sólo había diversas Sinagogas, sino que éstas estaban organizadas por nacionalidades y aun oficios (comp. Megill. 26). Al mismo tiempo merece ser notado que, incluso en un lugar tan importante como Capernaum, parece que no había Sinagoga o que era insignificante, hasta que la necesidad fue suplida por el piadoso centurión gentil (Lc. 7:5). Esto parece descartar la suposición, bastante general, de que la comunidad judía de un lugar que contara con diez cabezas de familia, venía obligada a construir una Sinagoga, y se podía obligar, mediante el sistema de impuesto local, a recoger los fondos necesarios. Esto fue sin duda una ordenanza rabínica tardía (Maimónides, Hilc. Tephill. xi. 1), pero no hay evidencia de que fuera válida en Palestina o en períodos previos.

Como es lógico, de modo general, cada comunidad edificaría su propia Sinagoga, o bien dependían para hacerlo de la ayuda de alguna población vecina o de la munificencia privada. Si esto fallaba, podían reunirse para el culto en una vivienda particular, una especie de «Sinagoga en la casa» (comp. Flm. 2). Porque en los primeros tiempos de la institución sería mucho más simple que en períodos posteriores. En esto, como en otros aspectos, hemos de recordar que la organización posterior de la misma no daba evidencia de que prevalecía cuando existía el Templo, como tampoco las ordenanzas de las principales Academias de Babilonia dan evidencia de las costumbres que existían en Palestina, y, finalmente, que las direcciones rabínicas marcan más bien una línea ideal y no el estado real de las cosas. Así pues –mencionando un ejemplo de gran importancia, porque el error ha venido repitiéndose hasta que ha llegado a ser la creencia general y ha desorientado a los exploradores recientes en Palestina–, no hay evidencia de que se requiriera que las Sinagogas de Palestina fueran edificadas en los puntos más altos de la ciudad, o que por lo menos sobrepasaran las demás casas. A juzgar por un pasaje dudoso[6] del Talmud (Shabb. 11 *a*), parece que esto era lo que ocurría en Persia, y una noticia posterior (Tos. Meg. ed. Z. iv. 23) apela en su apoyo a Proverbios 8:2. Pero incluso allí donde los judíos eran más poderosos y tenían más influencia, la regla no podía ser puesta en vigor en todas partes, aunque más tarde los rabinos la establecieron como un principio (Maimónides, Hilc. Tephill. xi. 2). De ahí que la inferencia de que las Sinagogas galileas excavadas últimamente datan de un período primitivo porque no se hallan en posiciones prominentes es errónea.[7]

Pero se observaban dos reglas, que parece que habían sido puestas en vigor en tiempos primitivos. Una de ellas ordenaba que no debía erigirse una Sinagoga en un lugar que no tuviera diez *Batlanim*,[8] o sea, diez hombres con tiempo libre que pudieran dedicarlo al culto y la administración.[9] Esto se demostraba por la consideración de que el culto común implicaba una congregación que, de acuerdo con la Ley judaica, debía consistir por lo menos de diez hombres.[10] Otra regla, y quizá más importante, indicaba en qué dirección había que construir la Sinagoga, y que los adoradores debían ocupar durante la oración. Aquí hay dos puntos a tener en cuenta: 1) la oración hacia el este era condenada, en base del falso culto hacia el este mencionado en Ezequiel 8:16 (comp. Jer. Ber. iv. 5; Bab. B. 25 *a*); 2) la dirección prevaleciente en Palestina era hacia el oeste, como en el Templo. Así, leemos (Tos. Megill. iii. 3) que la entrada a la Sinagoga era por el este, como la entrada por la Puerta Hermosa en el Santuario. Esto, sin embargo, podía referirse, no a la puerta exterior, sino al pasaje o corredor en el interior del edificio. En otros lugares (Bab. B. 25 *a* y *b;* Jer. Ber. iv. 5) se daba simplemente el consejo de dirigirse hacia Jerusalén, fuera cual fuera la orientación del punto. En general, sin embargo, se consideraba que como la *Shekhinah* estaba en todas partes en Palestina, la dirección no era de una importancia decisiva.

Si combinamos estos datos y tenemos a la vista el deseo general de seguir las disposiciones del Templo, las Sinagogas en ruinas excavadas recientemente en el norte de Galilea parecen, de modo notable, ajustarse a los requisitos talmúdicos. Con la excepción de una (en 'Irbid, que tiene la puerta al este), todas tienen la entrada al sur. Conjeturamos que los adoradores, imitando en esto la práctica en el Templo, hacían un circuito, bien completamente hacia el norte, o bien entraban en la nave en su mitad oriental, donde, en el plano base de la Sinagoga de Capernaum, según parece la ruina mejor preservada, faltan dos columnas en la columnata.[11] La llamada «arca» se hallaría en el sur; los asientos de los ancianos y personas honorables en frente de ella, mirando al pueblo común y con la espalda al arca (Tos. Meg. iii. 3). Aquí faltan dos columnas en la Sinagoga de Capernaum. El atril del lector estaría ubicado en el centro, cerca del punto en que había la entrada en la doble columnata que formaba la Sinagoga, donde, al presente, se marca solamente una columna en el plano de la Sinagoga de Capernaum, mientras que la sección o galería de las mujeres estaba al lado norte, donde se pueden ver las dos columnas y los pilares de forma peculiar (con un ángulo), que probablemente sostenían la galería. Porque es una equivocación suponer que los hombres y las mujeres estaban sentados en partes opuestas de la nave, separados por una pared de mediana altura. Filón hace notar, realmente, esta disposición

---

5. Estos números, sin embargo, parecen haber sido simbólicos. El número 480, según *Gimatreya*, se deduce de la palabra: «Ella estaba llena de» (*meleathi*) en Isaías 1:21. Comp. Yalk., vol. ii., p. 40 *d*, hacia el fin, o bien 480 + 4 + 10 + 12.

6. Ver las notas en Maimónides, Hilc. Tephill. xi. 2, p. 75 *b*.

7. Comp. el artículo del lugarteniente Kitchener sobre las Sinagogas de Galilea (P.E.F. Report, julio 1878, pp. 126 y ss.). La inferencia de que datan del principio del tercer siglo, cuando los judíos estaban bajo el favor del emperador Alejandro Severo, es por completo sin base, más aún por el hecho de que en aquel tiempo, más que nunca, las autoridades judías se habrían adherido estrictamente a las directrices talmúdicas en cuanto a la estructura de las Sinagogas.

8. De *battel*, que aquí parece significar lo mismo que el latín *vacare rei*, tener tiempo libre para una cosa.

9. Esto es declarado de modo expreso en Jer. Megill. i. 6, p. 70 *b*, hacia el fin.

10. Comp. Megill. iv. 3; Sanh. i. 6. El que estos diez constituían una congregación se derivaba de Números 14:27. De modo similar, se creía implicado en el hecho que si hubiera habido diez justos en Sodoma, la ciudad no habría sido destruida. Pero, en el caso de necesidad, el número diez podía ser completado por un varón menor de edad (Ber. R. 91, p. 160 *a* y *b*).

11. En la siguiente página damos un plano de la Sinagoga excavada en Tell Hûm (Capernaum). Es adaptado del plano del capt. Wilson en el *P.E.F. Quarterly Statement*, n.° 2.

con referencia a los Terapeutas (*De Vit. Contempl.* 3 y 9, ed. Mang. 2, pp. 476, 482), pero no hay indicación de que esta práctica prevaleciera en las Sinagogas o en Palestina.

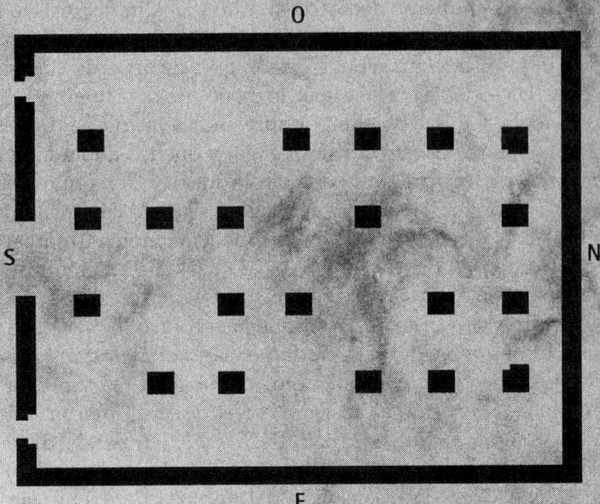

Plano de la Sinagoga de «Tell Hûm»

Con la ayuda de las excavaciones recientes podemos ahora formarnos un concepto de estas antiguas Sinagogas. La Sinagoga es edificada con piedra del país. En los dinteles sobre las puertas hay varios ornamentos: un candelabro de siete brazos, una flor abierta entre dos corderos pascuales u hojas de vid con racimos de uvas; o, como en Capernaum, una vasija de maná entre representaciones de la vara de Aarón. Sólo al mirar las decoraciones internas de las molduras o cornisa, notamos que el plan interior es generalmente el de dos columnatas dobles, que parecen formar el cuerpo de la Sinagoga, con la parte lateral de las naves al este y al oeste, usadas, probablemente, como pasajes o corredores. La distancia entre las columnas es muy pequeña, nunca mayor de 9 1/2 pies.[12] Las «dos columnas de los ángulos en el lado norte de modo invariable tienen las dos caras exterioes cuadradas como pilastras, y las caras interiores con una canal en ángulo recto en la arista en que se tocan». Aquí se supone que estaba colocada la galería de las mujeres. El suelo está formado por losas de piedra caliza blanca;[13] las paredes son sólidas (de 2 hasta 7 pies de grosor) y bien construidas, de piedra, ásperas en el exterior, pero enyesadas en el interior. La Sinagoga tiene un número suficiente de ventanas para dejar entrar la luz. El techo es plano y las columnas están conectadas por bloques de piedra, sobre los cuales descansan enormes vigas.

Entrando por la puerta en el lado sur, y haciendo el circuito al norte, nos situamos frente a la galería de las mujeres. Estas columnatas forman el cuerpo de la Sinagoga.[14] En el lado sur, mirando al norte, se encuentra el «arca» movible, que contenía los sagrados rollos de la Ley y los Profetas. Se llama santo arcón, o arca, *Aron haqqodesh* (el llamarla simplemente *aron* era pecaminoso –Shabb. 32 *a*), pero principalmente el *Tebhah,* arca.[15] Era transportable, de modo que podía ser llevada fuera, como en las ceremonias públicas (Megill. 26 *b;* Taan. 15 *a*). Había generalmente unos peldaños para llegar a la misma (los *Darga* o *Saphsel*). Frente a ella colgaba el *Vilon* o cortina (esto probablemente en un período primitivo). Pero la lámpara sagrada no faltaba nunca, a imitación de la lámpara permanente del Templo (Éx. 27:20). Enfrente del arca, y de cara al pueblo, había los asientos de honor para los dirigentes de la Sinagoga y los personajes de categoría (Mt. 23:6; Tos. Megill. ed. Z. iv. 21). El lugar del que dirigía las devociones del pueblo estaba también frente al arca, o bien elevado o, para indicar humildad, más bajo.[16] En medio de la Sinagoga (en general) está la *Bima,*[17] o elevación, sobre la cual hay el *Luach,* o pupitre (Megill. 32 *a*), desde donde se leía la Ley. Es también llamado *Kurseya,* silla o trono (Megill. 26 *b*), o *Kissé,* y *Pergulah.* Los que han de leer la Ley están de pie, mientras que el que ha de predicar o dar el mensaje está sentado. Junto a ellos se colocaba el *Methurgeman,* bien para interpretar, o para repetir en alta voz lo que se ha dicho.

Hasta aquí la Sinagoga está vacía, y podemos, pues, llamar la atención a lo que hemos de pensar y cómo hemos de comportarnos. El descuidar la asistencia a sus servicios no sólo implicaría culpa para la persona que lo hiciera, sino que acarrearía castigo para todo el distrito. En realidad, para que la oración sea efectiva hay que ofrecerla en la Sinagoga (comp. Ber. 6 *a* y *b;* 8 *a*). Al mismo tiempo, las ordenanzas más estrictas con relación al Templo, tales como el que no podemos entrar llevando un bastón, o con los zapatos puestos, ni aun polvo en los pies, ni con una bolsa, no se aplican a la Sinagoga por ser de santidad relativamente inferior (Ber. 63 *a*). Sin embargo, la Sinagoga no debe ser edificada en una avenida de paso. No podemos comportarnos con ligereza en ella (Tos. Megill. ed. Z. iii. 7). No podemos hacer bromas, reír, comer, hablar, vestirnos, ni acudir a ella como abrigo en caso de lluvia o para resguardamos del sol. Solamente los rabinos y sus discípulos, para los cuales tantas cosas son legítimas y que realmente han de considerar la Sinagoga como si fuera su propio hogar, pueden comer, beber y quizá incluso dormir en ella. Bajo ciertas circunstancias, también los pobres y extranjeros pueden ser alimentados allí (Pes. 101 *a*). Pero, en general, la Sinagoga debe ser considerada como consagrada a Dios. Incluso cuando se edifica una nueva, hay que tener cuidado de no dejar el antiguo edificio hasta que la otra esté terminada. El dinero recogido para el edificio puede ser usado en casos de necesidad para otros propósitos, pero las cosas dedicadas a ella no pueden ser vendidas. Una Sinagoga puede convertirse en una Academia, porque esta última es considerada más sagrada, pero no viceversa. Las Sinagogas de pueblos pueden ser enajenadas bajo la dirección del Sanedrín local, siempre y cuando el lugar (local) no sea luego destinado a propósitos incongruentes, como baños públicos, lavanderías u obradores de curtiduría. Pero las Sinagogas de ciudades no pueden ser vendidas, porque los extranjeros pueden haber contribuido a las mismas; y aun en el caso de que no sea así, tienen derecho a encontrar algún lugar para el culto. Al mismo

12. Comp. *P.E.F. Report, Quarterly Statement,* 2, pp. 42 y ss.

13. Comp. Warren: «Recovery of Jerusalem», pp. 343 y ss.

14. Hay un curioso pasaje en Ber. 8 *a* que afirma que aunque había trece Sinagogas en Tiberias, la costumbre de los rabinos era orar solamente «entre las columnas donde estudiaban». Esto parece implicar que la Academia consistía también en columnatas. Porque habría sido difícil creer que todas las supuestas excavaciones de Sinagogas en Galilea eran Academias.

15. Era llamada también *Argas* y *Qomtar* (Megill. 26 *b*), pero más generalmente arcón.

16. De ahí la expresión «yored liphney hattebhah», y «obhed liphney hattebhah».

17. Parece también que se llamaba «Kathedrah», tal como por nuestro Señor (Mt. 23:2). Comp. Buxtorf, Lexicon, p. 2.164.

«Con la ayuda de las excavaciones recientes podemos ahora formarnos un concepto de estas antiguas Sinagogas. La Sinagoga es edificada con piedra del país. En los dinteles sobre las puertas hay varios ornamentos: un candelabro de siete brazos, una flor abierta entre dos corderos pascuales u hojas de vid con racimos de uvas; o, como en Capernaum, una vasija de maná entre representaciones de la vara de Aarón. Sólo al mirar las decoraciones internas de las molduras o cornisa, notamos que el plan interior es generalmente el de dos columnatas dobles, que parecen formar el cuerpo de la Sinagoga, con la parte lateral de las naves al este y al oeste, usadas, probablemente, como pasajes o corredores».

Al comienzo de su ministerio, procedente de Nazaret, Jesús fue a Capernaum, e hizo de esta ciudad su estancia habitual. Este es uno de los capiteles de la sinagoga de Capernaum, testigo mudo de la primera predicación de Jesús.

tiempo, hemos de recordar que esta regla tiene sus excepciones; sobre todo la de que, en una ocasión, el gremio de caldereros de Jerusalén vendió su Sinagoga (Mengill. 26 *a*).

Culto y disposiciones

Todo esto, al margen de las leyendas rabínicas, muestra con qué reverencia eran consideradas estas «casas de congregación». Y ahora había llegado el sábado semanal, la garantía del pacto entre Israel y Dios. Para recibirlo como una novia o una reina, cada casa estaba adornada el viernes por la noche. La lámpara del sábado estaba iluminada; los vestidos de fiesta, puestos; la mesa, provista con lo mejor que podía permitirse la familia; y la *Qiddush*, o bendición, pronunciada sobre la copa de vino, que, como de costumbre, estaba mezclado con agua.[18] Y al clarear el sábado por la mañana, con pasos rápidos se apresuraban hacia la Sinagoga; porque ésta era la regla rabínica, en tanto que estaba prescrito el regresar con pasos lentos y deliberados. La puntillosidad judía definía cada movimiento y actitud en la oración. Si estas reglas hubieran sido observadas de modo completo, la devoción habría quedado aplastada por su peso. Pero tenemos evidencia de que, al tiempo de nuestro Señor, y aun más tarde, había mucha libertad personal;[19] porque no sólo había mucho en los servicios que dependía de la costumbre de cada lugar, sino que el dirigente de las devociones podía empezar el servicio regular por medio de la oración libre, o insertada entre ciertas partes de la liturgia.

Nos hallamos ahora en la Sinagoga de Nazaret. Los oficiales están todos reunidos. El de rango inferior es el *Chazzan*, o ministro (Lc. 4:20), que con frecuencia actúa también como maestro de escuela. Por esta razón, y por el hecho de que la dirección de los servicios con frecuencia recae sobre él, se pone mucho cuidado en su selección. No sólo tiene que ser irreprochable, sino, si es posible, lo ha de ser su familia también. La humildad, modestia, conocimiento de las Escrituras, claridad y corrección en la pronunciación, simplicidad y limpieza en el vestir y ausencia de arrogancia, son las cualidades que se buscan; y que, en cierta medida, nos recuerdan las más altas cualificaciones sobre las que insiste san Pablo en la elección de diáconos. Luego hay los ancianos (*Zeqenim*), o dirigentes, (ἄρχοντες), cuyo jefe es el *Archisynagogos*, o *Rosh ha-Keneseth*. Éstos son los gobernantes (*Parnasim*) o pastores (ποιμένες). No puede haber duda (según las inscripciones en las tumbas judías de Roma) (comp. Schürer, *Gemeind. Verfass. in Rom.*, pp. 27ss.) de que el *Archisynagogos*[20] era el jefe entre los dirigentes, y esto incluso cuando había localmente, y estaba junto a él, una especie de jefe político de los ancianos o *Gerousiarch*, como lo había en la comunidad de Roma, y probablemente en la dispersión del Oeste (Schürer, *u.s.*, pp. 18-20). Todos los dirigentes de la Sinagoga eran debidamente examinados en cuanto a sus conocimientos y ordenados para su cargo. Formaban el Sanedrín local o tribunal. Pero su elección dependía de toda la congregación; y la ausencia de orgullo, igual que la mansedumbre y humildad, eran mencionadas como calificaciones especiales (Sanh. 92 *a;* Chag. 5 *b*). Algunas veces el cargo era ocupado por maestros regulares (Gitt. 60 *a*).

Si, tal como ocurría en Roma, había ancianos no ordenados *(Gerousia)*, probablemente tenían a su cargo los asuntos exteriores, y actuaban más bien como junta de administración. En realidad, en las Sinagogas extranjeras los dirigentes parecían ser escogidos algunas veces por un período determinado, otras para toda la vida. Pero, aunque hay que admitir que el *Archisynagogos*, o principal de la Sinagoga, era sólo el primero entre sus iguales, no puede haber duda de que el gobierno virtual de la Sinagoga recaía sobre él. El servicio divino estaría a su cargo, y como éste no era dirigido por oficiales o personas con cargos regulares, él determinaría en cada caso quién sería el encargado de leer la Ley y los Profetas, quién dirigiría las oraciones y actuaría como *Sheliach Tsibbur*, o mensajero de la congregación, y quién daría el mensaje –si se daba alguno. Él también vigilaría que no ocurriera nada impropio en la Sinagoga (Lc. 13:14), y que las oraciones fueran dirigidas del modo debido. En resumen, el cuidado final, tanto de los servicios como del edificio, recaía sobre él. A estos cargos regulares tenemos que añadir los que oficiaban durante el servicio el *Sheliach Tsibbur* o delegado de la congregación, que era el portavoz y conducía las devociones; el intérprete o *Methurgeman*, y los que eran llamados para leer en la Ley y los Profetas, o bien a predicar.

Estamos ahora preparados, hasta cierto punto, para seguir el servicio este sábado en Nazaret. A su entrada en la Sinagoga, o quizá antes de esto, el principal pediría a Jesús que actuara aquel sábado como el *Sheliach Tsibbur.* Porque según la Mishnah (Megill. v. 5), la persona que leía en la Sinagoga la porción de los Profetas se esperaba que también dirigiera las devociones, o al menos buena parte de ellas.[21] Si se ponía en vigor esta regla en aquel tiempo, Jesús habría ascendido a la *Bima* y, de pie ante el atril, habría empezado el servicio por medio de dos oraciones que en su forma más antigua, como probablemente se usaba en tiempo de nuestro Señor, eran como sigue:

I. «Bendito seas Tú, oh Señor, Rey del mundo, que formaste la luz y creaste las tinieblas, que haces la paz y que lo creas todo; que, misericordioso, das luz a la tierra y a los que moran en ella, y en tu bondad, día tras día y cada día, renuevas las obras de tu creación. Bendito sea el Señor nuestro Dios por la gloria de sus obras y por las lumbreras que dan luz que has hecho para tu alabanza. *Selah.* Bendito sea el Señor nuestro Dios, que ha formado las lumbreras».

II. «Con gran amor nos has amado, oh Señor nuestro Dios, y con compasión abundante has tenido misericordia de nosotros, Padre nuestro y Rey nuestro. Por amor de nuestros padres que confiaron en Ti, y Tú les enseñaste los estatutos de vida, ten misericordia de nosotros, y enséñanos. Ilumina nuestros ojos en tu Ley; haz que nuestros corazones se adhieran a tus mandamientos; une nuestros corazones para que amen y teman tu nombre, y no sean avergonzados, por los siglos de los siglos. Porque Tú eres un Dios que preparaste salvación, y nos has escogido entre todas las naciones y lenguas, y en tu verdad nos has puesto cerca de tu gran nombre –*Selah*– para que podamos alabarte a Ti y

18. Esto no por razones simbólicas, sino probablemente debido a la potencia del vino. Es necesario dar aquí las reglas referentes al vaso, o incluso la fórmula litúrgica de la *Qiddush.* Comp. Jer. Ber., p. 3 *c, d;* vii. 6, p. 11 *c, d.*

19. Para esto, y la gran libertad en la oración, ver Zunz, *Gottesd. Vortr. d. Jud.*, pp. 368, 369, y notas *a, b* y *d;* y *Ritus des Synag. Gottesd.*, pp. 2 y 3.

20. En Marcos 5:22 se habla, al parecer, de diversos *Archisynagogoi.* Pero la expresión puede sólo significar, como sugiere Weiss, de la orden de los *Archisynagogoi.* El pasaje de Hechos 13:15 es más difícil. Posiblemente dependía de circunstancias locales, pero el término *Archisynagogoi* incluía además los *Archisynagogoi* en el sentido más estricto, igual que los *Gerousiarchs* de las inscripciones romanas.

21. Parte de la *Shema* y todas las Alabanzas.

tu unidad. Bendito sea el Señor, que en amor escogió a su pueblo Israel».

Después de esto seguía lo que se puede designar como el Credo judío, llamado la *Shema,* por la palabra *shema,* u «oír», con la que empieza. Consiste en tres pasajes del Pentateuco (Dt. 6:4-9; 11:13-21; Nm. 15:37-41), ordenados de tal manera, según hace notar la Mishnah (Ber. ii. 2), que el que adora toma sobre sí mismo el yugo del Reino del Cielo, y sólo después de esto el yugo de los mandamientos; y en éstos, a su vez, primero los que se aplican día y noche, y luego los que se aplican sólo durante el día. Es probable que más adelante, y debido al espíritu de hostilidad con que era mirada la herejía del Cristianismo, se estipulaba que como la primera cláusula en la *Shema* que afirmaba la Unidad de Dios era la más importante, había que poner un énfasis especial en ciertas palabras de ella. La recitación de la *Shema* iba seguida de esta oración:

«Es verdad que Tú eres Jehová, nuestro Dios, y el Dios de nuestros padres, nuestro Rey, y el Rey de nuestros padres, nuestro Salvador, y el Salvador de nuestros padres, nuestro Creador, la Roca de nuestra salvación, nuestra ayuda y nuestro libertador. Tu nombre es para siempre, y no hay otro Dios además de Ti. Los que fueron librados a la orilla del mar, cantaron un nuevo cántico a tu nombre; juntos proclamaron todos su alabanza y confesaron que Tú eres Rey, y dijeron: ¡Jehová reinará, por los siglos de los siglos! Bendito sea el Dios que salvó a Israel».

Terminada esta oración, el que presidía ocupó su lugar frente al arca, y allí repitió lo que formaba la oración en el sentido estricto, determinadas alabanzas o bendiciones. Éstas eran dieciocho, o mejor dicho, diecinueve, en número y fecha de períodos diferentes. Pero como los sábados sólo se repetían las tres primeras y las tres últimas, que sin duda alguna eran las más antiguas, y entre ellas se insertaban ciertas oraciones, solamente hemos de presentar aquí estas seis, con las que empezaban y terminaban la serie. La primera de las bendiciones la decía con el cuerpo inclinado. Era como sigue:

I. «Bendito sea el Señor nuestro Dios, y el Dios de nuestros padres, el Dios de Abraham, el Dios de Isaac y el Dios de Jacob; el Dios grande, poderoso y terrible, el Altísimo que muestra misericordia y bondad. Que creó todas las cosas, que recuerda las promesas de gracia a los padres, y nos trae un Salvador a sus hijos, por amor a su nombre, en amor. ¡Oh Rey, Ayudador, Salvador y Escudo! Bendito seas Tú, oh Jehová, el escudo de Abraham».

II. «Tú, oh Señor, eres poderoso para siempre; Tú. El que avivas los muertos y eres poderoso para salvar. En tu misericordia preservas al vivo y avivas al muerto; en tu misericordia abundante sostienes al que cae, y curas al enfermo, y sueltas al que está atado, y cumples tu palabra dada a los que duermen en el polvo. ¿Quién como Tú, Señor de fuerza, y quién puede ser comparado contigo, que matas y haces vivir, y haces que brote la salvación? Y eres fiel, Tú que das vida a los muertos. ¡Bendito seas, Jehová, que vivificas a los muertos!».

III. «Tú eres Santo, y tu nombre es santo. *Selah.* Bendito eres Tú, Jehová, el Santo».

Después de éstas se insertan las oraciones que son apropiadas para el día. Y aquí podemos notar la libertad considerable que se permite. Porque, si bien (según Ber. 34 *a*) no es legítimo insertar ninguna petición entre las tres primeras o las tres últimas Bendiciones, sino sólo en las Bendiciones intermedias, en la práctica esto, sin duda, no era observado. Así, aunque según la rúbrica hay que insertar una oración por la lluvia y el rocío en la temporada de la Pascua en la Bendición novena, con todo, a veces se hace referencia a esto en la segunda Bendición, que está relacionada con el avivamiento de los que están muertos (Ber. 33 *a*). Es más, algunos rabinos llegaron a recomendar un breve sumario de las dieciocho alabanzas, mientras que otro (R. Eliez.) repudiaba toda clase de oraciones fijadas.[22] Pero gradualmente, y de modo especial después de la inserción de la tan conocida oración contra los herejes, o más bien convertidos al Cristianismo (Bendición XI),[23] el orden presente de las dieciocho Alabanzas *(Amidah)* parece que estaba establecido. Tanto el Talmud de Jerusalén como el de Babilonia contenían mucho sobre este tema, que es de muy alto interés.[24]

Siguiendo el orden del servicio, llegamos ahora a las últimas Alabanzas, que eran como sigue:

XVII (XVI). «Complácete, oh Jehová nuestro Dios, en tu pueblo Israel y en sus oraciones, y en amor acepta los holocaustos de Israel, y sus oraciones con tu agrado, y que los servicios de tu pueblo puedan ser aceptados por Ti. Y que nuestros ojos puedan ver cómo Tú te vuelves en tu misericordia a Sión. Bendito seas, oh Jehová, que restauras tu *Shekhinah* a Sión».

XVIII (XVII). Al impartir esta Bendición, que era simplemente de gracias, se ordenaba que todos se inclinaran. Era como sigue: «Te damos gracias, porque Tú eres Jehová, nuestro Dios, y el Dios de nuestros padres, por los siglos de los siglos. La Roca de nuestra vida, el Escudo de nuestra salvación, Tú eres nuestro Dios de generación en generación. Te alabamos, y declaramos tu alabanza. Por nuestras vidas, que están en tu mano; por nuestras almas, que están entregadas a Ti, y por tus maravillas, porque Tú estás con nosotros cada día, y por tus hechos maravillosos y tu bondad, que existen en todas las ocasiones, tarde y mañana y mediodía. Tú eres misericordioso y tus compasiones no tienen fin, Tú el compasivo, porque tus misericordias nunca cesan, para siempre ponemos nuestra confianza en Ti. Y por todo esto, bendecimos y exaltamos tu nombre, nuestro Rey, siempre y por todos los siglos. Y todos los vivientes te bendicen *–Selah–* y alaban tu Nombre en verdad, oh Dios, nuestra salvación y nuestra ayuda. *Selah.* Bendito seas Tú, Jehová. Dios misericordioso, uno es tu nombre, y a Ti es agradable el que te demos alabanza».

Después de esto los sacerdotes, si había alguno en la Sinagoga, pronunciaban la Bendición, elevando sus manos hasta los hombros (Sot. vii. 6) (en el Templo por encima de la cabeza). Esto era llamado la elevación de las manos (comp. 1 Ti. 2:8). En la Sinagoga la Bendición sacerdotal era pronunciada en tres secciones, y el pueblo respondía cada vez con un Amén (Sot. 37 *b*, 38 *a*). Finalmente, en la Sinagoga, la palabra *Adonai* era usada en vez de Jehová (Siphré sobre Nm., pár. 39, p. 12 *a*).[25] Si no había descendientes de

---

22. Hay incluso dudas sobre si las palabras exactas, por lo menos de algunas bendiciones, estaban fijadas en un período primitivo (Ver Zunz, *u.s.*).

23. Originalmente las bendiciones o alabanzas eran dieciocho. La adición de la alabanza contra los herejes aumentó su número a diecinueve. En consecuencia, la Alabanza XV, que oraba por la venida del Retoño de David, fue unida a la previa a fin de preservar el número dieciocho. Comp. Jer. Ber. iv. 3. Es triste que, junto con una maldición sobre los cristianos conversos, la esperanza mesiánica de Israel fuera relegada al fondo de esta manera.

24. Por amor a la brevedad, sólo puedo remitir aquí al lector a los pasajes.

25. Las diferencias mínimas no tienen por que ser detalladas aquí, especialmente por el hecho de que no hay certidumbre acerca de ellas.

Aarón presentes, el que dirigía las devociones repetía la bendición sacerdotal corriente (Nm. 6:23-26). Después de la bendición seguía la última Bendición, o Alabanza, que en su forma abreviada (tal como se utilizaba en el Servicio vespertino) era como sigue:

XIX (XVIII). «Oh, concede a tu pueblo Israel gran paz para siempre. Porque Tú eres Rey y Señor de toda paz. Y es bueno a tus ojos bendecir a tu pueblo Israel en todo tiempo y a cada momento con tu paz. ¡Bendito seas Tú, Jehová, que bendices a tu pueblo Israel con paz!».

Los rabinos principales tenían la costumbre, probablemente procedente de tiempos primitivos, de añadir al final de esta Bendición ciertas oraciones suyas propias, o bien establecidas o libres, de las cuales el Talmud da algunos ejemplos. Desde tiempos muy antiguos también parece haber prevalecido la costumbre de que los descendientes de Aarón se quitaran el calzado antes de pronunciar la Bendición. Durante la Bendición los sacerdotes se volvían hacia el pueblo, mientras que el que dirigía las oraciones comunes estaba de pie, con la espalda al pueblo, mirando hacia el Santuario. La superstición de que era ilegítimo el mirar a los sacerdotes mientras pronunciaban la Bendición (Chag. 10 *a*) tiene que ser considerada como tardía. Según la Mishnah, los que pronunciaban la Bendición no debían tener defecto alguno en las manos, cara o pies, para no atraer la atención; pero esto se supone que se refería a los que oficiaban en el Templo.[26] Es curiosa la afirmación de que los sacerdotes de ciertas ciudades de Galilea no tenían autorización para pronunciar las palabras de la Bendición, porque su pronunciación de las guturales daba lugar a confusiones (Megill. 24). Según el Talmud de Jerusalén (Jer. Gitt. v. 9, p. 47 *b;* comp. Duschak, *Jüd. Kultus*, p. 270), los defectos morales, o incluso el pecado, no eran motivo para descalificar a un sacerdote para pronunciar la Bendición, puesto que en realidad era Dios, y no el hombre, el que impartía la Bendición.[27] Por otra parte, se insistía en una sobriedad absoluta en estas ocasiones. El Judaísmo posterior utilizó la bendición sacerdotal como medio de contrarrestar los efectos de las pesadillas. Las oraciones públicas terminaban con un Amén pronunciado por la congregación.

Una vez completada la parte litúrgica, ciertamente una de las más importantes, empezaba lo que había sido el objeto primario del servicio de la Sinagoga. El *chazzan*, o ministro, se acercaba al arca y sacaba un rollo de la Ley. Era extraído de su estuche o envoltura *(têq, teqah)*, y se quitaban las telas o cubiertas *(mitpachoth)* que lo envolvían. Ahora había llegado el momento de la lectura de la Ley y los Profetas. Los sábados se llamaba por lo menos a siete personas, sucesivamente, para leer las porciones de la Ley, ninguna de las cuales consistía en menos de tres versículos. En los «días de congregación» (lunes y jueves) eran llamadas tres personas; en el día de luna nueva y en los días intermedios de una semana festiva, cuatro; en los días de fiesta, cinco; y en el Día de la Expiación, seis.[28] Sin duda, había incluso en tiempos antiguos un leccionario, aunque ciertamente no el que se usa al presente, que ocupa justo un año.[29] Al contrario, el leccionario de Palestina ocupaba tres años (Meg. 29 *b*) o, según algunos, tres años y medio (Jer. Shabb. xvi. 1; Sopher. xvi. 10), es decir, la mitad de un período sabático. En consecuencia, hallamos que la Massorah divide el Pentateuco en 154 secciones. Respecto al leccionario de tres años y medio, leemos de 175 secciones. Sin embargo, es necesario recordar que como preparación a las fiestas, y en algunas de ellas, la lectura ordinaria era interrumpida y en su lugar se leían porciones que estaban relacionadas con el tema de la fiesta. Es posible que en períodos diferentes hubieran prevalecido ciclos diferentes: para los de tres años y medio, para tres años y hasta para un año (comp. Megill. 31 *b*).[30] Según el Talmud (Gitt. 59 *b*), siempre era llamado primero para la lectura un descendiente de Aarón,[31] o bien un levita, y en último término cinco israelitas corrientes. Como esta práctica, así como la de la Bendición sacerdotal,[32] había sido continua en la Sinagoga de padres a hijos, es posible todavía saber quiénes son los descendientes de Aarón y quiénes levitas. La lectura de la Ley iba precedida y seguida por bendiciones breves.

A la lectura de la Ley seguía una sección de los Profetas,[33] la llamada *Haphtarah*.[34] El origen de esta práctica no es conocido, aunque es evidente que tiene que haber cubierto un requerimiento respecto a los adoradores. Es cierto que el leccionario presente sobre los Profetas no existía en los tiempos primitivos; y no parece probable que la elección del pasaje se dejara al mismo lector. En todo caso, por lo que se refiere a los días de sábado corrientes (Megill. iv. 4), se nos dice que el lector podía omitir uno o más versos, siempre y cuando no hubiera interrupción. Como el hebreo en general no era comprendido, el intérprete, o *Methurgeman*, estaba de pie al lado del lector (comp. 1 Co. 14:27, 28) y traducía al arameo versículo por versículo; y en la sección de los Profetas, o *Hapthtarah*, después de cada tres versículos (Megill. 24 *a*). Pero el *Methurgeman* no podía leer su traducción, para no dar lugar a que el pueblo no acabara considerándolo en posesión de autoridad. Esto nos puede ayudar en cierta manera a comprender el modo popular de las citas del Antiguo Testamento en el Nuevo. En tanto que se diera correctamente la sustancia del texto, el *Methurgeman* podía parafrasear para que el pueblo lo entendiera mejor. Además,

26. Parece también que había sido una regla, que tenían que lavarse las manos antes de pronunciar la bendición (Sot. 39 *a*).

27. Se discutía la cuestión: primero, ¿quién bendecía a los sacerdotes?, y segundo, ¿qué parte tenía Dios en esta bendición? La respuesta se puede hallar fácilmente en Chull. 49 *a*. En Siphré sobre Números, p. 43, se citan las palabras (Nm. 6:27) para mostrar que la bendición venía de Dios y no de los sacerdotes, aunque venía a través de ellos. En Bemid. R. 11, ed. Vars., iv., p. 40 *a*, hay una hermosa oración en que se declara que Israel solamente necesita la bendición de Dios, según Deuteronomio 26:15, a la cual se da la respuesta de que aunque los sacerdotes traen la bendición es Dios el que está allí y bendice a su pueblo. En consecuencia, la bendición de los sacerdotes es sólo el símbolo de la bendición de Dios.

28. Para estos diferentes números hay asignadas razones simbólicas muy curiosas (Megill. 23 *a*).

29. Esta división parece haberse originado en Babilonia. Comp. Zunz, *Gottesd. Vortr.*, pp. 3, 4.

30. Comp. Duschak, *Gesch. des jüd. Kultus*, pp. 251, 258.

31. Algunos de los rabinos dirigentes se oponían a esta práctica y declaraban que un rabino que cedía merecía la muerte (Megill. 28 *a;* comp. Megill. 22 *a*. Ver generalmente Duschak, *u.s.*, p. 255).

32. Cada descendiente de Aarón en la Sinagoga tiene la obligación de unirse al acto de la bendición, bajo castigo de pérdida de la bendición él mismo, según Génesis 12:3. De otra manera, falta a tres mandamientos contenidos en Números 6:27 (Sot. 38 *b*). El modo presente de separar los dedos al pronunciarse la bendición es justificado con una apelación a Cantares 2:19 (Bemid. R. 11), aunque sin duda el inicio de esta práctica es de origen místico.

33. Las razones asignadas comúnmente para ello no son históricas. Comp. «Sketches of Jewish Life», p. 278. El término *Haphtarah*, o más bien *Aphtarah* y *Aphtarta*, se deriva de *patar*, despedir; o bien, como la *Missa* latina, porque termina el servicio general o porque el mensaje valedictorio, llamado *Aphtarah*, estaba conectado con ella.

34. En unos pocos lugares en Babilonia (Shabb. 116 *b*) se leían lecciones de los Hagiógrafos en los servicios de la tarde. Además, en la fiesta de Purim se leía todo el libro de Ester.

es casi natural suponer que el *Methurgeman* se prepararía para su labor por medio de los materiales que tuviera a mano, entre ellos, como es natural, la traducción de la Septuaginta, que pasaría a ocupar un lugar prominente. Esto puede, en parte, explicar el empleo de la Septuaginta y sus modificaciones targúmicas en las citas del Nuevo Testamento.

La lectura de la sección de Profetas (la *Haphtarah)* iba seguida, inmediatamente en tiempos antiguos, por mensaje, discurso o sermón *(Derashah)*, esto es, cuando un rabino capaz de dar tal instrucción o un extraño distinguido estuvieran presentes. Ni el que dirigía las devociones («el delegado de la congregación» en este caso, o *Sheliach Tsibbur*), ni el *Methurgeman*, ni aun el predicador, requerían ordenación.[35] Ésta estaba reservada para la regulación o gobierno de la congregación, fuera en legislación o administración, doctrina o disciplina.

Los únicos puntos requeridos del predicador eran las calificaciones necesarias tanto mentales como morales.[36] Cuando un gran rabino empleaba un *Methurgeman* para explicar al pueblo su sermón, naturalmente le seleccionaba para el propósito. Este intérprete era llamado también *Amora*, o portavoz. Además, el rabino le diría en voz baja las indicaciones, mientras que él las repetiría en voz alta; o bien se dignaría darle sólo unas sugerencias, que el *Amora* luego ampliaría; o le hablaría en hebreo, y el *Amora* lo traduciría en arameo, griego, latín o el lenguaje que fuera, porque el sermón tenía que ser entendido por la gente vulgar. El *Amora* también, al terminar el sermón, contestaría las preguntas o daría respuesta a las objeciones. Si el predicador era un hombre de gran importancia, a veces no condescendía a comunicar directamente con el *Amora*, sino que empleaba uno de sus estudiantes como intermediario. Ésta era también la práctica cuando el predicador estaba en período de luto por algún pariente próximo, porque un cargo tan importante como el suyo no podía ser interrumpido ni aun por la aflicción o las obligaciones religiosas del «período de luto» (Moed K. 21 *a*).

En realidad, la tradición judía usa los términos más extravagantes para exaltar la institución de la predicación. Decía que glorificaba a Dios y devolvía a los hombres a Dios o los acercaba a Él, o que apagaba la sed del alma. Pero esto es poca cosa. Se daba, como símbolo de los beneficios que el predicador confería a sus oyentes, el de una ciudad pequeña, débil, que se hallaba en estado de sitio, y que era librada por el sabio que vivía en ella (Ec. 9:15). El Espíritu divino reposaba sobre él, y su cargo confería tanto mérito sobre él como si él ofreciera sangre o sebo sobre el altar de los holocaustos (Ab. de R. Nath., 4). No es de extrañar que la tradición hiciera llegar la institución hasta Moisés, que había ordenado que en los varios festivales, o previamente a los mismos, se dieran mensajes explicatorios de los ritos, y de cómo ponerlos en vigor, delante del pueblo (Meg. 4 *a*). El Targum Jonatán da por supuesta la práctica en el tiempo de los Jueces (Targum sobre Jue. 5:2, 9); los hombres de la Gran Sinagoga recibían, naturalmente, crédito por ello, y Shemayah y Abhtalyon son designados de modo expreso como «predicadores» (Darshanin, Pes. 70 *b*). No hay necesidad de decir al lector del Nuevo Testamento lo general que era la práctica en los tiempos de Jesús y sus apóstoles, y también dan testimonio de ello Josefo (*Ag. Apion*, ii.18) y Filón (In. Flacc., ed. Frcf., p. 972; *De Vita Mosis*, p. 688; *Leg. Ad Cajum*, pp. 1.014, 1.035). Tanto el Talmud de Jerusalén como el de Babilonia consideran que la práctica es tan común que, en varios pasajes, las expresiones «observancia del sábado» y «sermón del sábado» son identificadas. Mucho antes de Hillel leemos de rabinos que predicaban –en griego o latín– en las Sinagogas judías de Roma (p.ej., Pes. 53 *b*), tal como los apóstoles predicaban en las Sinagogas griegas de la dispersión. El hecho de que esta práctica y la absoluta libertad de enseñanza, sometida a la autoridad del «principal de la Sinagoga», constituyeran enlaces importantes en la cristianización del mundo es otra evidencia de que el gobierno de Dios obra maravillas, logrando resultados sorprendentes de la sucesión ordenada y natural de los sucesos; es más, que ordena estos medios con miras a los resultados últimos.

Pero esto no es todo. Tenemos materiales para trazar un cuadro preciso del predicador, la congregación y el sermón tal como eran aquellos días. Naturalmente, sólo hablamos de los mensajes públicos en las Sinagogas los sábados, no de los que eran pronunciados en otras ocasiones en otros lugares. Supongamos que se sabe que un gran rabino, o famoso predicador, o un forastero distinguido se halla en la ciudad. Como es natural, sería invitado por el principal de la Sinagoga para que pronunciara un discurso. Pero, ¿quién es un gran predicador? Sabemos que esta reputación era muy codiciada, y confería al que la poseía una gran distinción. El predicador popular era un gran poder, y era objeto de homenajes y halagos, como lo es en nuestros días. Muchos rabinos eruditos se quejaban de que sus sustanciosas exposiciones eran descuidadas, mientras que la multitud se empujaba y llenaba la Sinagoga vecina para escuchar las declamaciones de algún haggadista superficial.[37] Y así resulta que muchos cultivaban esta rama de la teología. Cuando se esperaba un predicador popular, los hombres llenaban la nave de la Sinagoga, y las mujeres la galería (Succ. 51 *b*). En estas ocasiones había la satisfacción adicional del sentimiento de que habían hecho algo especialmente meritorio al ir con pasos rápidos a la Sinagoga y llenarla (Ber. 6 *b*). Porque, ¿no era realizar el espíritu de Oseas 6:3; 11:10, al menos tal como lo entendían los rabinos? Incluso rabinos serios se unieron en esta «búsqueda para conocer al Señor», y uno de ellos llega a la conclusión algo cáustica de que «la recompensa de un discurso es la prisa» (Ber. 6 *b*). Sin embargo, motivos de menor valor con frecuencia influían en la audiencia, y un pasaje talmúdico echa la culpa de muchos actos precipitados al encuentro de los dos sexos en ocasiones así.

35. En un período posterior, sin embargo, la ordenación era siempre requerida para la predicación. Por medio de una curiosa exégesis rabínica, la primera cláusula de Proverbios 7:26 era aplicada a los que predicaban sin ordenación, y la segunda a los que eran ordenados y no predicaban (Sot. 22 *a*).

36. Así, tenemos el dicho del primer siglo: «Predicas muy bien, pero no practicas muy bien» (Chag. 14 *b*; Yebam. 63 *b*).

37. En Sot. 40 tenemos un relato de la forma en que un predicador popular consolaba a su hermano teólogo, a quien el público desertaba, con esta parábola: «Dos hombres se encontraron en una ciudad, el uno vendía joyas y cosas preciosas, el otro juguetes, chucherías y cosas banales. Y toda la gente iba a la tienda de este último, porque nadie entendía la mercancía del primero». Un caso curioso del humor popular es el siguiente: «Se esperaba que una persona ordenada recientemente pronunciara un discurso ante el pueblo. Llegó el día, pero el *Methurgeman* inclinaba en vano el oído más y más cerca del predicador. Era evidente qué éste no decía nada. Ante lo cual el *Methurgeman* citó Habacuc 2:19: «¡Ay del que dice al leño: Despiértate; y a la piedra muda: Levántate! ¿Podrá él enseñar? He aquí que está cubierto de oro y plata, pero no hay aliento vital dentro de él» (Sanh. 7 *b*.). Fue probablemente como resultado de escenas así que el Nasi, después de un tiempo, no fue autorizado para ordenar sin el consentimiento del Sanedrín.

El tipo de predicador popular no era muy diferente del que, en nuestros días, presentaría requisitos como los que hoy son comunes en los mismos. Sería de buen parecer (Taan. 16 *a.* Ver Duschak; *u.s.*, p. 285); tendría una expresión agradable, una voz melodiosa (sus palabras tenían que ser «como las de la novia al novio»), ser abundante de palabras «dulces como la miel», «suaves como leche y miel»; «finalmente, cribadas como la harina», una dicción ricamente adornada, «como la novia en el día de la boda»; y suficiente confianza en su propio conocimiento y aplomo para no quedar nunca desconcertado. Por encima de todo tenía que ser conciliatorio y evitar ser demasiado directo o personal. Moisés se había dirigido a Israel llamándoles rebeldes y duros de corazón, y no se le permitió entrar en la tierra de promisión. Elías los había reprendido por haber quebrantado el pacto, y Eliseo fue nombrado inmediatamente como su sucesor. Incluso a Isaías le fue necesario que sus labios fueran tocados con brasas, porque decía que estaba en medio de un pueblo de labios pecaminosos (Yalk. ii., p. 43 *a*, comienzo).[38] En cuanto a las calificaciones mentales, debía conocer bien la Biblia. De la misma forma que una novia sabe cómo hacer uso apropiado de sus veinticuatro ornamentos, así el predicador debe saber hacerlo de los veinticuatro libros de la Biblia. Tiene que preparar el tema cuidadosamente, tiene que «escucharse a sí mismo» antes de que el pueblo le escuche a él. Pero, al margen de todo lo demás, *tiene que ser atractivo.*[39] En los primeros tiempos, el sermón podía haber consistido en una exposición simple de algún pasaje de la Escritura o del libro de Sirac, que más tarde era citado y tratado por algunos de los rabinos casi como si fuera canónico (Comp. Zunz, *Gottesd. Vortr.*, pp. 101-106, 351.). Pero esto, o la discusión plena de un solo texto[40] (קרה, aburrir), probablemente no era tan atractivo como la adaptación de un texto a las circunstancias presentes, o incluso su modificación y alteración para estos propósitos. No existían prácticamente límites a las libertades que se tomaba el predicador. Podía dividir una frase, cortar una o más sílabas de una palabra y unirlas a la próxima, o producir un significado diferente, o dar una nueva interpretación al texto. Quizá el método más extraño era el de introducir palabras y expresiones griegas en el hebreo, y esto no sólo para dar una respuesta ingeniosa (como en Ber. R. 14), sino como ilustración de la Escritura (Shem. R. 15). Es más, hay muchos casos en los que una palabra hebrea, por su sonido similar a otra griega, es traducida como si realmente fuera griega, y con ello se da un significado nuevo al pasaje.[41]

Si se tomaban estas libertades, parece relativamente algo pequeño que una doctrina pudiera ser derivada de una palabra, una partícula e incluso una letra. Pero, como ya se ha dicho, el punto importante era atraer a los oyentes. Se introducía todo lo que podía sobresaltar a la audiencia: parábolas, historias, alegorías, rasgos de humor, palabras extrañas y extranjeras, leyendas absurdas; en resumen, todo lo que diera resultado.[42] En algunas ocasiones el discurso era enteramente haggádico; en otras la Haggadah servía para introducir la Halakhah. Algunas veces el objeto del predicador era puramente homilético; en otras trataba principalmente de la explicación de las Escrituras, o de los ritos y significados de los festivales. Un método favorito era el que se derivaba de enlazar una serie de perlas *(Charaz)*, y ocurría cuando el predicador, habiendo citado un pasaje o sección del Pentateuco, lo engarzaba con otro que sonara igual, o era realmente similar, de los Profetas y los Hagiógrafos. O bien dividía una frase, generalmente bajo tres títulos o clases, y las relacionaba cada una con una doctrina separada, y luego procuraba apoyarlo por medio de la Escritura. Es fácil imaginarse hasta qué extremos podían llegar los predicadores en sus errores de interpretación y representación del texto sencillo de las Sagradas Escrituras. Y, con todo, en una colección de exposiciones breves (la *Pesiqta*), que, aunque no data de este período, puede con justicia ser tomada como que ofrece una buena idea de este método de exposición, ofrece mucho que es nuevo, sincero, útil y devocional. Es interesante saber que, al terminar su mensaje, el predicador generalmente se refería a la gran esperanza mesiánica de Israel. El servicio terminaba con una oración corta, o lo que podría llamarse una «adscripción».

Podemos ahora imaginar la Sinagoga, su culto y sus enseñanzas. Podemos ver al que ha de dirigir las devociones del pueblo (según instrucciones del Talmud), que primero rechaza con falsa modestia el honor que le confiere el principal de la Sinagoga; luego, cuando se le insta, se prepara para ir; y cuando se le insta por tercera vez, sube con pasos lentos y mesurados al atril, y luego delante del arca. Podemos imaginarnos cómo abre y sostiene en la mano una copia de la Ley o de los Profetas, estando de pie frente al pueblo, y luego lee las Sagradas Escrituras, mientras el *Methurgeman* (o *Amora)* va interpretando. Y, finalmente, podemos ver cómo el predicador se sienta y empieza su discurso, sin que nadie le interrumpa con preguntas hasta que ha terminado,

---

38. En conexión con esto, el proverbio citado en el Nuevo Testamento es usado por el rabino Tarfon: «Me pregunto si alguno al presente está dispuesto a aceptar ser reprendido. Si dices: Quita la mota de tu ojo, el otro inmediatamente te contestará: Primero quita la viga del tuyo propio» (Arakh. 16 *b*). ¿No es posible que esto indique lo ampliamente que los dichos de Cristo se habían extendido entre el pueblo?

39. Incluso el famoso rabino Eliezer tuvo la desgracia de que en un festival sus oyentes, uno tras otro, le abandonaron durante el sermón (Bez. 15 *b*). Por otra parte, se dice del rabino Akiba, aunque su éxito como predicador era muy variado, que una vez su aplicación a Israel de los sufrimientos de Job y de su liberación final conmovieron a sus oyentes hasta las lágrimas (Ber. R. 33).

40. Ver Zunz, *Gottesd. Vortr.*, p. 352, nota *b.*

41. Así, en Tanch. sobre Éxodo 22:24 (ed. Vars., p. 105 *a* y *b*, sec. 15, hacia el final), la expresión de Deuteronomio 15:7, «meachikha», de tu hermano, es traducida «μὴ achickha», no tu hermano. De modo similar, en la Pesiqta, la afirmación de Génesis 22:7, 8: «Dios se proveerá un cordero para el holocausto», es parafraseada: «Y si no un *Seh* (cordero), hijo mío, σε (tú) como holocausto». Se añade: «se leolah es griego, que significa tú eres el holocausto». Pero el griego en el primer pasaje es también explicado traduciendo la «achikha» como una forma aramaica de ἔοικα, en cuyo caso targúmicamente significaría: «No retires tu mano del pobre, que es como tú». Comp. el interesante tratado de Brüll (*Fremdspr. Redens.*, p. 21). Un juego sobre palabras griegas se supone también que ocurre en la Midrash sobre Cantares 2:9, en que la palabra «dodi», al omitir la segunda *d* y trasponer la *yod* y la *vav*, pasa a ser la palabra griega διος, divino. Pero admito que no estoy del todo seguro sobre esto, aunque tiene la aprobación de Levy. En la Midrash sobre Cantares 2:15, toda una frase griega es insertada, solamente que es escrita en forma aramaica. Ver también Sachs, *Beitr.*, pp. 19 y ss.

42. Así, cuando en una ocasión los oyentes de Akiba empezaban a dormirse durante su sermón, el rabino gritó: «¿Por qué fue Ester reina de Persia sobre 127 provincias? Respuesta: Era descendiente de Sara, que vivió 127 años» (Ber. R. 58). En una ocasión similar el rabino Jehuda sobresaltó a los que iban a dormirse durante su sermón preguntando: «¿Qué mujer en Egipto dio a luz a 600.000 hombres en un solo parto?». Uno de sus oyentes inmediatamente contestó la pregunta, que era: «Fue Jocabed, que dio a luz a Moisés, el cual era contado igual a los 600.000 de todo Israel» (Midr. Shir. haSh. R., ed. Vars., p. 11 *b*, hacia el final, sobre Cnt. 1:15).

cuando una serie de objeciones, respuestas y preguntas pueden esperar al *Amora,* si el predicador ha empleado su ayuda. Y, en concreto, no se trataba realmente de ayuda en muchos casos, si hemos de juzgar por los comentarios despectivos y cáusticos, no infrecuentes, acerca del estilo, del tono, la vanidad, la arrogancia y la necedad de los *Amora* (Midr. sobre Ec. 7:5; 9:17b),[43] que mientras estaban al lado del rabino pensaban más en atraer la atención y el aplauso sobre sí mismos que en beneficiar a sus oyentes. De ahí que algunos rabinos sólo empleaban intérpretes especiales y de confianza propios, que tuvieran más de cincuenta años (Chag. 14 *a*). En resumen, por lo que se refiere al sermón, la impresión que producía era similar a la que sabemos producían los sermones de los monjes de la Edad Media. Por ello, podemos entender mucho mejor por qué, incluso en su aspecto humano, la enseñanza de Jesús, tanto por lo que se refería a la sustancia como a la forma, al estilo y a la materia, difería de la de los escribas; por qué las multitudes estaban pendientes, arrobadas en su palabra; y por todas partes y en todos la impresión que sentían era abrumadora.

Pero no es de cierto el aspecto humano solamente lo que aquí reclama nuestra atención. La pregunta que les tenía perplejos: «¿De dónde tiene este hombre una sabiduría y un conocimiento así?», ha de tener otra respuesta que la que los hombres de Nazaret podían sugerir, aunque también a los hombres de nuestros días, que niegan su carácter divino, esta pregunta tenía que parecerles imposible de contestar.

43. En ambos pasajes «los necios» se explica que se refiere a los *Methurgeman* o *Amora.*

Capítulo 11

(Mateo 4:13-17; Marcos 1:14, 15; Lucas 4:15-32)

El primer ministerio de Galilea

La visita a Nazaret fue decisiva en muchos aspectos. Presentó con antelación un epítome de la historia del Cristo. Fue a los suyos, y los suyos no le recibieron. La primera vez que enseñaba en la Sinagoga, como la primera vez que enseñó en el Templo, le echaron. En una y otra ocasión ellos pusieron en duda su autoridad y le pidieron una «señal». En ambos casos, el poder que Él pretendía tener, y que ellos ponían en tela de juicio, era realmente poseído por Cristo, pero Él se negó a desplegarlo de la manera que ellos esperaban. La analogía parece extenderse incluso más; y si una representación falsa de lo que hizo Jesús cuando purificó el Templo constituyó la base de la acusación falsa final que lanzaron contra Él (Mt. 26:60, 61), el apóstrofe de los de Nazaret: «¡Médico, cúrate a ti mismo!» halló un eco en el grito de la turba cuando colgaba de la Cruz: «A otros salvó, a sí mismo no se puede salvar» (Mt. 27:40-42).

Es difícil entender cómo, sea sobre una base histórica o después del estudio del carácter de Cristo, puede haber surgido la idea[1] de que Jesús se había ofrecido para enseñar, o había reclamado el derecho de hacerlo, aquel sábado en la Sinagoga de Nazaret. Si Él hubiera intentado lo que, tanto en espíritu como en la forma, era tan contrario a las nociones judaicas, el carácter completo del acto quedaría cambiado. Tal como sucedió, el contraste con aquellos que le rodean es casi tan sorprendente como el papel que Él desarrolló en las escenas. Damos como un hecho que lo que antes había ocurrido en Caná, que sólo dista cuatro millas, o para hablar de modo más preciso, en Capernaum, había llegado a oídos de los de Nazaret. Este suceso llevaba la expectación, el interés y la curiosidad al rojo vivo, ya despertados por los informes que los galileos habían traído de Jerusalén, y por la fama general que se había esparcido acerca de Jesús. Ahora iban a poner a prueba si su paisano estaba a la altura de la ocasión y hacer en su propia ciudad lo que habían oído que Jesús había hecho en Capernaum. Para todo hombre ordinario, el retorno a Nazaret en circunstancias similares tenía que ser una prueba dura. Pero no para Cristo, que, olvidándose por completo de sí mismo, sólo tenía un objetivo en la vida: hacer la voluntad de Aquél que le había enviado. Y, así, su porte y conducta aquel día en la Sinagoga es por sí mismo evidencia de que, aunque vivía en aquel tiempo, no pertenecía al mismo.

Haciéndonos cargo de la escena en ocasiones como ésta, es posible notar el contraste. Como no podía haber una actitud de osadía no judía por parte de Jesús, tampoco habría la falsa humildad para declinar la oferta típica del rabinismo. Si, como parecen haber sido las circunstancias, Jesús comenzó la primera parte del servicio y posteriormente pronunció delante del «arca» las tres bendiciones que eran consideradas, en el sentido estricto, la oración (*Tephillah*), podemos imaginar –aunque difícilmente comprender– la solemnidad reverente, que parecía dar un nuevo significado a cada una de las frases bien conocidas. Y en su boca todo ello *tenía* un nuevo significado. No podemos saber cuáles fueron las peticiones insertadas (si hubo alguna), aunque podemos imaginarnos lo que habría sido su espíritu. Y ahora, uno por uno, sacerdote, levita y, en sucesión, cinco israelitas, habían leído la Ley. No hay ninguna razón para perturbar la idea casi tradicional de que Jesús mismo leyó la porción final de los Profetas, o sea, la llamada *Haphtarah*. Todo el relato da la impresión de que fue así. De modo similar, es muy probable que la *Haphtarah* para aquel día se hallaba en las profecías de Isaías (aunque no tengo certeza absoluta), y que ésta incluía el pasaje (Is. 61:1, 2), citado por el Evangelista como leído por Jesús (Lc. 4:18, 19). Sabemos que los «rollos» en que estaba escrita la Ley eran distintos de los de los Profetas (Bab. B. 13 *b*), y toda probabilidad indica que los Profetas, por lo menos los Mayores, estaban en un rollo separado. En este caso se nos dice de modo expreso que el ministro «le entregó el libro del profeta Isaías», no dudamos que para la *Haphtarah*,[2] y que, cuando desenrolló el volumen, «encontró» el texto a que hace mención el Evangelista.

Cuando hubo desenrollado y sostenía el rollo, debió haber tenido al alcance de los ojos mucho más que el capítulo 61 de Isaías, y es casi seguro que los versículos citados por el Evangelista no formaban toda la *Haphtarah*. Según la regla tradicional (Massech. Soph. 12:7), la *Haphtarah* ordinaria consistía en no menos de veintiún versículos,[3] aunque si el pasaje tenía que ser «targumado» o seguía un sermón, el número podía ser reducido a siete, cinco o incluso tres versículos. Ahora bien, el pasaje citado por Lucas consistía realmente sólo en un versículo (Is. 61:1), junto con una cláusula de Isaías 58:6,[4] y la primera cláusula de Isaías 61:2. Esto no podía haber formado toda la *Haphtarah*. Hay otras razones, además, contra esta suposición. Sin duda, Jesús leyó tanto la *Haphtarah* como pronunció el texto de su discurso en hebreo, y luego lo «targumó» o lo tradujo, mientras que Lucas, como puede esperarse, cita (con dos mínimas alteraciones)[5] de la traducción de la Septuaginta. Pero al investigar se ve que es omitida una cláusula de Isaías 61:1,[6] y que entre el fin de Isaías 61:1 y la cláusula del versículo 2, que es añadida, se inserta una cláusula de la Septuaginta, de

1. Y, con todo, la mayoría de los comentaristas –supongo que siguiendo a Meyer– sostiene que Jesús «se levantó» en el sentido de ofrecerse para leer o reclamando el derecho de hacerlo.

2. Saco de esto la conclusión de que el libro del profeta Isaías le fue entregado por el ministro de la Sinagoga. Desde los días de Bengel ha habido una especie de idea tradicional de que si ésta era la *Haphtarah* para el día, el sermón de Cristo de Nazaret debió de haber tenido lugar el Día de la Expiación, para el cual, en el leccionario moderno, Isaías 58:6 forma parte de la *Haphtarah*. Hay, sin embargo, dos objeciones a este modo de ver: 1) Nuestro leccionario moderno de *Haphtarahs* ciertamente no es el mismo del tiempo de Cristo. 2) Incluso en nuestro leccionario moderno, Isaías 61:1, 2 *no* forma parte de la *Haphtarah* para el Día de la Expiación, ni para ningún otro sábado o día festivo. En nuestro leccionario moderno, la *Haphtarah* para el Día de la Expiación es Isaías 57:14–58:14.

3. Esto simbólicamente: 7 + 3, puesto que cada uno de los siete lectores de la Ley tenía que leer por lo menos tres versículos.

4. «A poner en libertad a los oprimidos». Las palabras son tomadas del versículo –pero con una ligera alteración en el verbo– de la traducción de la Septuaginta de Isaías 58:6. La cláusula de Isaías 61:2 es: «A proclamar un año favorable del Señor».

5. «Predicar» en vez de «proclamar», en Isaías 61:2, y en la forma del verbo en la cláusula de Isaías 58:6. Además, la inserción de la cláusula «sanar a los quebrantados de corazón» es espuria.

6. Todos los mejores manuscritos omiten las palabras «A sanar a los quebrantados de corazón».

Isaías 58:6.[7] Esto es difícil que se hubiera hecho al leer la *Haphtarah*. Pero si, como suponemos, los pasajes citados forman el texto introductorio del discurso de Cristo, una cita y combinación así, no sólo estaban de acuerdo con la costumbre judía, sino que formaban parte del modo predilecto de enseñanza –la *Charaz*–, o ensartar, como perlas, pasaje a pasaje, el uno ilustrando al otro.[8] En el caso presente, la porción del rollo que Jesús había desenrollado puede haber mostrado, muy cerca el uno del otro, los dos pasajes que formaron el texto introductorio (el llamado *Pethichah*). Pero esto es relativamente de poco interés, puesto que tanto la omisión de una cláusula de Isaías 61:1 como la inserción de otra adaptada de Isaías 58:6 son evidentemente intencionales. Podría ser presunción el intentar presentar las razones que pueden haber influido al Salvador a hacer esto y, con todo, algunas de ellas se le ocurrirán de modo espontáneo al lector reflexivo.

Fue, en realidad, «sabiduría divina» –«el Espíritu del Señor» sobre Él– que dirigió a Jesús en la elección de un texto así para su primer sermón mesiánico. Dio la nota clave de todo su ministerio de Galilea. La antigua Sinagoga consideraba Isaías 61:1, 2 como uno de los tres pasajes (los otros dos son Is. 32:14, 15 y Lm. 3:50) en que la mención del Espíritu Santo estaba relacionada con la promesa de la redención.[9] Siendo así, la aplicación que recibió el pasaje en el discurso de nuestro Señor fue peculiarmente apropiada. Porque las palabras en que Lucas informa de lo que siguió a la *Pethichah*, o texto introductorio, parecen más bien un sumario que la introducción o parte del discurso de Cristo. «Hoy se ha cumplido esta Escritura que acabáis de oír». Un sumario que puede haberle servido de guía en toda la predicación. Por lo que se refiere a la forma, sería: presentar la enseñanza de la Santa Escritura, en cuanto sea posible resumirla en una sola frase; por lo que se refiere a su sustancia, el enfoque sería: toda Escritura ha sido cumplida por un Cristo presente. Y esto en el Evangelio que Él aplica a los pobres, la liberación que anuncia a los cautivos, la sanidad que Él ofrece a aquellos a quienes ha cegado el pecado y la libertad que trae a los que han sido oprimidos; y todo, ¡como el trompetazo del jubileo a Dios en este mundo de miseria, pecado y necesidad! Un año empezado así sería verdaderamente glorioso en las bendiciones que daría.

No hay una palabra en todo esto de lo que la expectación judía común habría relacionado con un anuncio de la redención mesiánica, o mejor aún, lo que habría acentuado; ni una sola palabra para levantar esperanzas carnales o halagar el orgullo judío. Verdaderamente era el discurso menos judío imaginable en un Mesías judío de aquellos días, para inaugurar su ministerio. Y con todo, tal era el poder de estas «palabras de gracia», que los oyentes estaban pendientes de ellas. Los ojos de todos estaban fijos en Jesús, con avidez de hambriento. De momento lo olvidaron todo: quién era el que les hablaba, incluso lo extraño del mensaje, en un contraste tan inexpresable con toda la predicación de los rabinos o maestros que habían oído en aquella Sinagoga. En realidad, apenas podemos concebir la impresión que las palabras de Cristo tienen que haber producido, cuando fueron despertadas en ellos promesas y cumplimientos, esperanzas y realidad mezcladas, y necesidades del corazón hasta entonces no realizadas, para ser ahora más que satisfechas. Era otra esfera, otra vida. Verdaderamente, la unción del Espíritu Santo estaba en el Predicador de cuyos labios caían aquellas «palabras de gracia». Y si tal fue el anuncio del año de jubileo de Dios, ¡qué bendiciones tenía que llevar éste en su seno!

Una vez pronunciado el discurso, y después del silencio completo con que según la costumbre judía había sido escuchado,[10] se oyó un murmullo general, corriente en la Sinagoga oriental después del sermón. En un punto todos estaban de acuerdo: las palabras que habían procedido de su boca eran «palabras maravillosas de gracia». Y, con todo, el Predicador esperaba con un anhelo profundo en su alma alguna pregunta que le diera oportunidad para indicar la aplicación espiritual de lo que había dicho. Un anhelo de alma así de profundo es afín a la severidad, y pasa a serlo porque el que anhela es sincero con gran intensidad, en su convicción de la realidad de su mensaje. Así era con Jesús de Nazaret. Ellos estaban verdaderamente haciendo aplicación del sermón al Predicador, pero en una manera diferente de la que había señalado su discurso. No era el cumplimiento de la Escritura en Él, sino la circunstancia de que el que les hubiera hablado tales palabras fuera precisamente el hijo de José, el carpintero del pueblo, lo que les llamaba la atención. No ya como suele entenderse con un espíritu malévolo, sino del todo no espiritual, por lo que se refiere al efecto de las palabras de Cristo, uno y otro, acá y allá, expresaban cada uno su asombro al vecino.

Habían *oído*, y ahora esperaban *ver*. Pero ya se había llenado Jesús de santa indignación, aquél a quien sólo conocían como el hijo de José. El curso de las cosas; su misma admiración y expectativa; sus comentarios vulgares y no espirituales: todo ello era completamente contrario al carácter, la misión y las palabras de Jesús. No hay duda de que ellos esperaban aquí, en su propia ciudad, y más aún por serlo, que Él haría lo que habían oído que realizó en Capernaum. Era el dicho antiguo como el mundo, por más que fuera falso, aunque popular como muchos de estos dichos: «La caridad empieza en uno mismo»; o según el proverbio judío y su aplicación a las circunstancias especiales: «Médico, cúrate a ti mismo».[11] Mientras que si hay algún sentido en la verdad y el principio; si había algún sentido y realidad en la misión de Cristo y en el discurso que había pronunciado, la caridad no empieza en uno mismo; y el «Médico, cúrate a ti mismo» no es del Evangelio para los pobres, ni la predicación del jubileo de Dios, sino del de Pablo, cuyas obras Jesús había venido a destruir. ¿Cómo podía Él en su santa indignación e ira decirlo mejor que repitiendo una vez más, aunque ahora con una aplicación diferente, esta triste experiencia: «Ningún profeta es persona grata en su pueblo», que Él podía esperar que ya había sobrepasado (Jn. 4:44); e indicar los dos ejemplos de ello en el Antiguo Testamento, cuyo nombre y autoridad estaba con más frecuencia en los labios de los judíos? «Los que recibieron los favores más marcados del ministerio de Elías y de Eliseo[12]

---

7. Ver, más arriba, nota 4.

8. Ver los comentarios acerca de este punto en el capítulo precedente. Si entiendo bien el lenguaje algo oscuro de Surenhusius (*Biblos Katallages*, pp. 339-345), éste es también el modo de ver de este erudito escritor. Este método de cita escritural peculiarmente judío, mediante «ensartar juntos», es empleado por Pablo en Romanos 3:10-18.

9. Ver el Apéndice sobre pasajes mesiánicos.

10. Ver el capítulo anterior. La regla universal era escuchar el sermón en silencio perfecto (Pes. 110 *a*; Moed K. *a*). Las preguntas y objeciones se hacían después.

11. El proverbio es realmente: «Médico, cura tu propia cojera» (Ber. R. 23, ed. Vars., p. 45 *b*).

12. La afirmación de que el hambre en tiempo de Elías duró tres años y medio está en conformidad con la tradición general judía. Comp. Yalk. sobre 1 Reyes 16, vol. ii, p. 32 *b*.

no fueron los suyos propios», sino los que les dieron mejor acogida con fe: no Israel, sino los gentiles.

Cuando leemos el informe de las palabras de Jesús, podemos percibir sólo de modo distante el aspecto de ellas que provocó el furor de sus oyentes hasta lo sumo y, con todo, lo comprendemos. Que Él hubiera dirigido de modo tan pleno la luz hacia los gentiles, y proyectado sombras tan grandes sobre ellos; que «el hijo de José» hubiera adoptado esta posición hacia ellos; que hiciera para ellos en su sermón una aplicación espiritual para la muerte, ya que ellos no querían hacerla para la vida; esto les hirió en lo más vivo. Fuera de la ciudad; no podían tolerar más su presencia, ni aun en el sábado santo. Le echaron fuera de la Sinagoga y le empujaron fuera de la ciudad; y así siguieron en dirección al borde escarpado de la colina sobre la que estaba edificada su ciudad, quizá el lado occidental que hoy se señala como el sitio.[13] Su intención no confesada era la de despeñarle por el precipicio[14] que se yergue abruptamente unos cuarenta pies sobre el valle abajo.[15] Si es correcta la localización que indicamos, la carretera se bifurca aquí,[16] y podemos concebir que Jesús, que hasta este momento en el silencio de su tristeza había permitido que le empujaran físicamente sin protestar, aquí, de súbito, se volviera y con su mirada majestuosa, destello de su Ser divino, que una y otra vez había de obrar milagros de sumisión en aquellos que le rodeaban, les obligara a hacer alto, y retrocedieran para que le dejaran el paso libre en medio de ellos.[17] Así el Israel de antaño había pasado por entre las olas hendidas del mar, que la vara de Moisés, que obraba milagros, había convertido en un muro de seguridad. Sin embargo, aunque partió de allí en un acto de juicio, no por ello hemos de creer que Cristo ya no había de poner más los pies en su propio Nazaret.[18]

---

13. Ver Stanley, *Sinaí y Palestina*, p. 363. Pero, sin duda, no podía ser el lado sudoeste (Conder, *Tent-Work*, 1, p. 140; y todos los escritores posteriores).

14. La provisión por la que podía ejecutarse la muerte inmediata, sin un proceso formal, era el caso de una blasfemia o profanación abierta (Sanh. 81 *b*), y no podía aplicarse en este caso. Probablemente, el propósito era que la multitud, apretujándole, le empujara, como accidentalmente, para que cayera por el precipicio.

15. El lugar está encima de la Iglesia Maronita.

16. Ver el plano de Nazaret en Bädeker: *Palestina*, p. 255. El camino a la izquierda sigue al oeste, el que va al norte de la ciudad, hacia Capernaum. Nuestra localización gana en probabilidad si la antigua Sinagoga se hallaba donde la coloca la tradición. En el presente está en manos de los Maronitas.

17. La circunstancia de que los nazarenos no confesaran el propósito de echarle por el precipicio, sino que intentaban disimuladamente empujarle, explica el que, cuando Él se volvió de forma brusca hacia la derecha y pasó por entre la muchedumbre, ellos no le siguieron.

18. Muchos comentaristas, incluso ortodoxos, sostienen que esta historia es la misma referida en Mateo 13:54-58 y Marcos 6:1-6. Pero, por las razones que se dirán aunque con algunas dudas, he llegado a la conclusión de que el relato de Lucas y los de Mateo y Marcos se refieren a sucesos distintos. 1) El relato de Lucas –que llamaremos A– se refiere al comienzo del ministerio de Cristo, mientras que los de Mateo y Marcos –que llamaremos B– están situados en un período posterior, y no parece probable que el Señor hubiera abandonado Nazaret después de un solo rechazo. 2) En el relato A, Cristo está sin discípulos; en el B, acompañado de ellos. 3) En el relato A no se registran milagros –de hecho, sus palabras acerca de Elías y Eliseo excluyen toda idea de ellos–, mientras que en el relato B hay unos pocos, aunque no muchos. 4) En el relato A, Jesús es echado fuera de la ciudad inmediatamente después del sermón, mientras que el relato B implica que siguió durante un tiempo en Nazaret, asombrándose de su incredulidad.

Si se objeta que es difícil que Jesús hubiera regresado a Nazaret después que habían intentado quitarle la vida, hemos de recordar que este propósito no había sido hecho explícito, y que su fama creciente, durante el período intermedio, tiene que haber hecho su retorno no sólo posible, sino aun aconsejable.

«No hay ninguna razón para perturbar la idea casi tradicional de que Jesús mismo leyó la porción final de los Profetas, o sea, la llamada Haphtarah. Todo el relato da la impresión de que fue así. De modo similar, es muy probable que la Haphtarah para aquel día se hallaba en las profecías de Isaías (aunque no tengo certeza absoluta), y que ésta incluía el pasaje (Is. 61:1, 2), citado por el Evangelista como leído por Jesús (Lc. 4:18, 19). Sabemos que los 'rollos' en que estaba escrita la Ley eran distintos de los de los Profetas (Bab. B. 13 b), y toda probabilidad indica que los Profetas, por lo menos los Mayores, estaban en un rollo separado».

Este es un fragmento del libro de Isaías y pertenece a uno de los Rollos del Mar Muerto. El rollo tiene una longitud de siete metros y está compuesto de 17 hojas cosidas de cuero. Data del siglo I a.C. y fue encontrado en el asentamiento arqueológico de Qumran. (Museo de Israel)

Echado de su propia ciudad, Jesús prosiguió su camino solitario hacia Capernaum.[19] Allí por lo menos había amigos fieles y discípulos creyentes que le recibieron con los brazos abiertos. Había también allí una multitud de almas que llenarían su red evangélica. Capernaum iba a ser su hogar en Galilea (Mt. 9:1). Aquí, los sábados predicaría en aquella Sinagoga que había construido el buen centurión (Lc. 7:5) y de la que Jairo era uno de los dirigentes (Mr. 5:22). Estos hombres, y los recuerdos relacionados con ellos, son un comentario suficiente sobre el efecto de su predicación, que demuestra que «su palabra era con poder». Era en Capernaum, también, donde estaba la casa del fiel oficial de la corte, que ahora creía, y a cuyo único hijo Cristo había restaurado a la vida con sólo una palabra a distancia. Aquí también, o en las cercanías, estaba el hogar de sus discípulos primeros y más íntimos, los hermanos Simón y Andrés, y Jacobo y Juan, los hijos de Zebedeo.

Dado el carácter del relato, y todavía más por la llamada posterior de estos cuatro (Mt. 4:18, 22 y paralelos), parece que después del retorno de Jesús desde Judea a Galilea, sus discípulos le habían dejado probablemente en Caná, y regresaron a sus casas y sus tareas ordinarias. Todavía no habían sido llamados a seguirle y abandonarlo todo, no meramente al discipulado, sino ahora a la comunión y al apostolado. Cuando Jesús fue desde Caná a Nazaret, ellos regresaron a Capernaum. Ellos sabían que Él estaba cerca. Al poco se presentó Jesús; y ahora su ministerio fue realizado en su propia Capernaum y territorios circundantes.

Porque Capernaum no era el único lugar en que Él enseñaba. Más bien era el centro para, desde allí, hacer recorridos por el distrito y para predicar en las Sinagogas (Mt. 4:13-17). El verano pasó en medio de este ministerio de «poder» quieto, principalmente a solas, y sin ayuda de sus discípulos. En realidad, fue un verano en la antigua tierra de Zabulón y Neftalí, en la Galilea de los gentiles, donde la luz gloriosa que se había levantado ahuyentó las tinieblas del largo invierno, y los que habían sido los primeros en ir a la cautividad a Asiria fueron los primeros vueltos a la verdadera libertad de Israel, y esto por el Rey Mesías de Israel. Para el escritor del primer Evangelio, cuando años después miraba hacia atrás, a este período en que él había visto la luz por primera vez, que siguió brillando, que «amaneció a los que estaban asentados en la región de sombra y de muerte» (Mt. 4:16), tiene que haber sido un período de recuerdos especialmente placenteros. Con qué frecuencia, cuando se sentaba en la mesa de impuestos, tiene que haber visto pasar a Jesús; con qué frecuencia tiene que haber oído sus palabras, algunas, quizá, dirigidas a él, todo ello cayendo como buena semilla en el campo de su corazón y preparándole para que un día, gozosamente, obedeciera el llamamiento cuando llegó: «*¡Sígueme!*». Y no sólo para él, sino para muchos, iba a ser un período glorioso, un verano celestial en que creció la cosecha.

Había una tradición algo borrosa en la Sinagoga de que esta predicción (Is. 9:2), «El pueblo que andaba en tinieblas ha visto una gran luz», se refería a la nueva luz con que Dios iluminaría los ojos de los que habían penetrado en los misterios de los conocimientos rabínicos, haciéndoles posible percibir lo referente al «atar y soltar», con referencia a lo que era «inmundo y limpio» (Tanch. sobre Gn. 6:9, ed. Vars., p. 11 *b*).[20] Otros lo consideraban como una promesa a los primeros exiliados, que se cumpliría cuando llegara la gran libertad para ellos. A Leví-Mateo le pareció como si estas dos interpretaciones se hubieran cumplido en aquellos días del primer ministerio de Cristo en Galilea. Es más, las vio combinadas en una unidad más elevada, cuando a sus ojos, iluminados por la gran Luz, llegó un nuevo conocimiento de lo que estaba atado y suelto, de lo que era inmundo y limpio, aunque de modo muy diferente de lo que el Judaísmo había declarado que eran; cuando, en aquel sol de oriente, la promesa de libertad al Israel desterrado durante tanto tiempo sería finalmente cumplida. Era, en realidad, más elevado y verdadero que aquella predicción de Isaías[21] en una historia en que todo era profético, cada cumplimiento parcial sólo el abrirse de un capullo, y cada uno simbólico de un nuevo despliegue, hasta que en la plenitud de los tiempos llegara la gran Realidad hacia la que señalaba todo lo que había de profético en la historia y predicciones de Israel. Y así, cuando, ya avanzado en años, Leví-Mateo miró hacia la distante Galilea, el resplandor del sol poniente le pareció que de nuevo reposaba sobre el lago, haciendo del mismo una lámina de oro. Iluminó aquella ciudad, aquellas playas, aquella oficina de impuestos; se extendió hacia lo lejos, a las colinas, a través del Jordán. Verdaderamente, y en el único sentido de las palabras, se había cumplido la promesa: «A los que moraban en tierra de sombra de muerte les ha comenzado a brillar la luz» (Mt. 4:16; Is. 9:2).

Las coincidencias por lo que se refiere a la afirmación de nuestro Señor sobre el profeta, y la objeción de ellos de que era el hijo del carpintero, son del todo naturales, dadas las circunstancias.

19. Probablemente descansó en las cercanías de Nazaret y prosiguió al día siguiente su viaje, terminado el sábado.

20. Ver *Mikraoth Gedoloth* sobre el pasaje.

21. Las palabras «Para que se cumpliera lo que fue dicho por Isaías» no tienen el significado de que esto fue su propósito primario y literal. Representan una forma de cita frecuente entre los escritores judíos, indicando un cumplimiento *real* en el espíritu, aunque no siempre la letra, de una profecía. Sobre este tema ver también Surenhusius, *u.s.*, p. 218, en su admirable exposición de la fórmula judía לקיים מה שנאמר («para que se cumpliera lo que fue dicho»), *u.s.*, pp. 2-4.

Capítulo 12
(Juan 5)

En la Fiesta «desconocida» en Jerusalén y junto al estanque de Betesda

Habían llegado los días más cortos del otoño[1] y el campo estaba esplendoroso en su abundante fruto y hermosura, cuando Jesús fue desde Galilea a Jerusalén para asistir a una fiesta que, por falta de evidencia precisa, tenemos que llamar «desconocida». Sin embargo, parece bastante claro que era, o bien la «Fiesta de la ofrenda de la leña», el 15 de Abh (en agosto), cuando entre demostraciones de algazara la gente de todo el país traía la leña requerida para el servicio del altar, o bien la «Fiesta de las trompetas», el 1° de Tishri (a mediados de septiembre), que marcaba el comienzo del nuevo año civil.[2] El viaje de Cristo a esta fiesta y sus resultados no son citados en los Evangelios sinópticos porque este ministerio realizado en Judea, podríamos decir que constituía el hilo en el que Juan ensarta su relato de lo que el Verbo había dicho, se hallaba en gran medida fuera del punto de vista histórico de ellos. Además, este suceso y otros similares pertenecen realmente a la gran manifestación por parte de Cristo de sí mismo, con el correspondiente incremento en la oposición que siguió a ella, y que el cuarto Evangelio tiene por objeto mostrar de modo principal; pero no dio lugar a resultados permanentes y, así, queda fuera del objetivo de la narración más popular y pragmática que los otros Evangelios tienen a la vista.

Puede haber habido, sin embargo, en este caso otras razones para mantener el silencio. Ya se ha indicado que durante el verano del ministerio primero de Cristo en Galilea, cuando Capernaum era su centro de acción, los discípulos habían regresado a sus casas y ocupaciones, y que Jesús iba de un lado a otro principalmente solo, sin séquito. Esto explica la circunstancia de una segunda llamada a sus seguidores más íntimos y decididos. Está en conformidad también con el desarrollo gradual de la actividad de Cristo, que comenzó con el carácter más particular de la enseñanza del nuevo Predicador de Justicia en los pueblos, junto al lago, o en las Sinagogas, extendiéndose luego al gran público, ante el cual aparece finalmente rodeado de sus discípulos y secundado por el servicio solícito de aquellos a quienes había dado sanidad del cuerpo o del alma, y seguido por una multitud que se agolpaba a su alrededor esperando enseñanza y ayuda.

Esta actividad de carácter más público comenzó con el retorno de Jesús de la «fiesta desconocida» de Jerusalén. Allí, por primera vez, y como respuesta al reto de las autoridades judías, había presentado sus pretensiones mesiánicas en toda su plenitud. Y allí también, por primera vez había encontrado aquella persecución activa, hasta la muerte, de la cual el Gólgota iba a ser el resultado lógico. Esta fiesta, pues, fue una ocasión de decisión crucial. En consecuencia, y como implicaba la separación de un antiguo estado de cosas y el comienzo de otro nuevo, fue seguida inmediatamente por el llamamiento a sus discípulos a un nuevo apostolado. Desde este punto de vista podemos entender mejor la brevedad de las noticias que tenemos de su primer ministerio en Galilea y que, después del regreso de Cristo de esta fiesta, su enseñanza se hiciera más plena y el despliegue de su poder milagroso más constante y público.

Parece también congruente, en conformidad con los grandes pasos decisivos de Aquél cuyas pisadas seguían los discípulos, una vez Él las había marcado prácticamente con su sangre, que subiera a aquella fiesta por su cuenta sin la compañía de ellos. Algunos han llegado a la conclusión de que esto fue así por el hecho de que el relato de la curación del inválido sea tan judaico en sus pormenores que parece haberlo recogido Juan de algún judío en Jerusalén (Wetstein).[3] Otros (entre ellos Gess y Godet) han llegado a la misma conclusión a partir de la escasez de detalles sobre el suceso. Pero parece implicado en el relato mismo, y la marcada y excepcional ausencia de toda referencia a los discípulos señala en la misma dirección, que los discípulos no estaban entonces con el Maestro.

Pero si Jesús estaba solo y sin los discípulos en la fiesta, aparece la cuestión del origen del informe de lo que dijo Él en respuesta al reto de los judíos. Aquí, la respuesta natural es que el Maestro mismo pudo haber comunicado a sus discípulos, en algún período de su vida juntos, después, o bien al discípulo más cercano a Él –quizá en su última estancia en Jerusalén–, los detalles de lo que había sucedido en la primera ocasión en que las autoridades judías habían procurado extinguir en su propia sangre sus pretensiones mesiánicas. Si Jesús les hizo esta comunicación cuando estaba a punto de ser ofrecido, se explicaría también lo que de otro modo aparecería como una dificultad: la misma forma desarrollada de expresión en que se presentan su relación con el Padre y su propio Oficio y Poder. Podemos entender en qué forma, desde el mismo principio, todo esto tiene que haber sido puesto delante de los maestros de Israel. Mas, en vista del desarrollo orgánico de la enseñanza de Cristo, es difícil esperar que fuera expresado en términos tan plenos, hasta cerca del final de su ministerio.[4]

Pero nos estamos adelantando. El relato nos transporta al instante a lo que, en aquel tiempo, parece haber sido una localidad bien conocida en Jerusalén, por más que hayan fallado todos los esfuerzos por identificarla o incluso de explicar su nombre: *Betesda.* Todo lo que sabemos es que se trataba de un estanque junto al mercado de las ovejas, con cinco pórticos, al parecer cerca de la Puerta de las Ovejas (Neh. 3:1, 32; 12:39). La entrada se abría probablemente al barrio del norte, que estaba lleno de mercados, bazares y tiendas, al este de la carretera que conducía hacia el monte de los Olivos y Betania, hasta Jericó.[5] En este caso, podría tratarse con toda probabilidad de un estanque algo hacia el norte del llamado *Birket Israîl.* Al presente está lleno de

1. Tanto Godet como el profesor Westcott (el último de modo más pleno) han indicado la distinción entre μετὰταῦτα (lit.: «después de estas cosas», como en Jn. 5:1) y μετὰ τοῦτο. Lo primero no indica una sucesión inmediata en el tiempo.

2. Para una discusión plena de esta cuestión véase Apéndice XV; para la «Fiesta de la leña», «El Templo y sus servicios», etc., ver Libro 2, cap. X.

3. El lector no tendrá dificultad en hallar muchos puntos en Juan 5 totalmente irreconciliables con la teoría de un Evangelio efesio del s. II. Por falta de espacio nos abstenemos de indicarlos.

4. Incluso Strauss admite que el discurso no contiene nada que no pudiera haber sido dicho por Cristo. Su objeción a la autenticidad del mismo, a base de las analogías con ciertas porciones del cuarto Evangelio y de las Epístolas de Juan, es un caso curioso de argumentación crítica (Leben Jesu, 1, p. 646).

5. Ver especialmente Riehm: *Handwörterb., ad voc.*

cascotes y desechos, pero en el tiempo de las Cruzadas parece que tenía el nombre de Estanque de las Ovejas, y se creyó que podían señalarse los restos de los cinco pórticos. Como sea, llevaba en «hebreo» –o mejor dicho, en arameo– el nombre de *Bethesda*. Sin duda, este nombre era su designación, aunque las explicaciones comunes *Beth Chisda* (según algunos modernos escritores y Watkins), «Casa de Misericordia» (?); *Beth Istebha* (אִסְטְבָא, Delitzsch), «Casa de los Pórticos», y *Beth Zeytha* (Westcott), «Casa del Olivo», parecen todas insatisfactorias. Es más probable que se trate de *Beth Asutha* (Wünsche) o *Beth Asyatha* («Casa de Curación»). Pero como esta derivación nos ofrece algunas dificultades lingüísticas, sugerimos que la segunda parte del nombre *(Beth-Esda)* sea realmente una palabra griega arameizada. He aquí dos derivaciones diferentes posibles. La palabra raíz de *Esda* puede, o bien expresar «ponerse bien» (Beth ἰᾶσθαι), o algo semejante al rabínico *Zit* (זיט = ζῆθι).[6] En este caso, la designación estaría de acuerdo con la forma antigua del nombre *Bethzatha*. O bien, el nombre Betesda podría combinar, en conformidad con la práctica rabínica bastante común, la palabra hebrea *Beth* con alguna forma aramizada de la palabra griega ζέω, «bullir» o «burbujear» (sust., ζέσις), en cuyo caso significaría «la Casa del Burbujeo» (se entiende de agua). Cualquiera de estas tres derivaciones sugeridas, no sólo daría una designación apropiada al estanque, sino que explicaría por qué Juan, en contra de su costumbre, no da el nombre griego equivalente al término hebreo.

Todo esto, no obstante, es de importancia secundaria comparado con los hechos maravillosos del relato en sí. En los cinco pórticos que rodeaban este estanque estaban echados «multitud de enfermos, ciegos, cojos y paralíticos» que esperaban ansiosos una cura milagrosa. Podemos imaginar fácilmente la escena. Las supersticiones populares,[7] que daban lugar a lo que consideraríamos exhibiciones peculiarmente penosas de miseria humana de cuerpo y alma, están estrictamente en conformidad con los tiempos y el pueblo. Incluso ahora los viajeros describen aglomeraciones de pobres inválidos, en sus camillas miserables o en esteras, alrededor de los manantiales de aguas minerales cerca de Tiberias, los cuales llenan el aire con sus lamentos, según la costumbre oriental. En el caso presente habría más motivo para esto que en un manantial de aguas minerales corriente. Porque existía la idea popular de que un ángel descendía en el estanque y agitaba el agua, haciéndola burbujear, y que el *primero* que entraba en el estanque, después del movimiento del agua, quedaba sano de cualquier enfermedad que tuviese. Así que sólo una persona podía beneficiarse, y podemos imaginar los lamentos de los «muchos» que quedaban decepcionados en sus esperanzas. Este burbujear del agua no era debido, naturalmente, a causas sobrenaturales, sino físicas. Las fuentes intermitentes de este tipo no son raras, y hasta el día de hoy presenta este fenómeno la llamada «Fuente de la Virgen» en Jerusalén. No hay que decir que el relato del Evangelio no adscribe esta «agitación de las aguas» a una causa angélica, ni corrobora la creencia de que sólo el primero que entraba después podía ser curado. Esto era evidentemente lo que creía el inválido, como el resto de la multitud (Jn. 5:7).

6. Que se decía cuando una persona estornudaba, como ahora «¡Salud!», o bien «¡Jesús!».

7. En realidad, la creencia en «fuentes sagradas» parece haber sido muy común en los tiempos antiguos. Por las inscripciones cuneiformes parece que habían existido incluso entre los antiguos babilonios.

En otra parte de este libro explicamos en detalle (ver Apéndice XIII sobre «Ángeles») en qué forma la creencia judía de aquel tiempo adscribía esta actividad a los ángeles, y cómo localizaba (por así decirlo) ángeles especiales en manantiales y ríos; y asimismo veremos cuáles eran las nociones populares sobre las curas milagrosas. No obstante, si la creencia acerca de Betesda apareció meramente por las ideas erróneas acerca de la causa de este burbujear del agua, surge de modo natural la pregunta de si habían ocurrido realmente ocasiones como las descritas y, si no, cómo podía haber continuado la superstición. El que curaciones así podían haber ocurrido en algunas circunstancias, nadie puede atreverse a negarlo después de haber leído los relatos de peregrinajes a lugares de curas milagrosas, o que considera la influencia de una expectativa firme en la imaginación, especialmente en casos de enfermedades que tienen su origen en el sistema nervioso. Este modo de ver la cosa está confirmado, y la Escritura queda vindicada más aún de la más leve apariencia de apoyar esta superstición popular al usar el artículo en la expresión «una multitud de inválidos o enfermos» (πλῆθος τῶν ἀσθενούντων), que marca la invalidez como usada en sentido genérico, mientras que las enfermedades especiales, después enumeradas sin el artículo, son puestas bajo el nombre, como ejemplo de los que eran inválidos o estaban enfermos en aquella forma. Un empleo así del término griego, de forma que no se aplique a una enfermedad específica, queda justificado por una referencia a Mateo 8:17 y Marcos 6:56, y por el uso que hace de él el médico Lucas. Naturalmente, no quiere indicarse que las dolencias a las que se da esta designación tengan *todas* ellas su origen en el sistema nervioso; pero consideramos que si el término «inválido» era de uso general, del cual las enfermedades mencionadas en el versículo 3 eran formas específicas –en otras palabras, que si era una «invalidez» de la cual éstas eran las diversas manifestaciones–, puede indicar que todas ellas, en lo que se refiere a su alivio, tenían un origen común y éste, tal como sugerimos, era el sistema nervioso.[8]

Con toda reverencia, podemos, hasta cierto punto, comprender qué sentimientos tienen que haber agitado el corazón de Jesús a la vista de toda esta «gran multitud» que estaba sufriendo y esperando. ¿Por qué fue, en realidad, a aquellos pórticos, puesto que Él no tenía ninguna enfermedad de que curarse, ni le había llegado ninguna petición de ayuda de parte de los que estaban buscando alivio por otros medios? Sin duda alguna, no fue por curiosidad. Pero tal como uno anhela escapar del ambiente sofocante de una escena de pompa mundana, con su oropel y su vanidad, e ir a un lugar donde respirar aire fresco, del mismo modo nuestro Señor puede haber anhelado pasar de la vanidad y oropel de los que tenían el mando en el Templo o que ocupaban la cátedra de Moisés en las Academias, a lo que era la atmósfera de su Vida en la tierra, su obra real entre la multitud ignorante y que sufre, que, en su aflicción, clamaba lastimosamente pidiendo ayuda donde les habían convencido erróneamente de que la había.

Y así, aquí podemos igualmente percibir la conexión profunda e interna entre el milagro de curación por Cristo del «paralítico» y la alocución, mezcla de tristeza y severidad (Jn. 5:17-47), con que después Jesús presentó ante los maestros de Israel la verdad fundamental en todas las cosas.

8. Otro término para «enfermo» en el Nuevo Testamento es ἄῤῥωστος (Mt. 14:14; Mr. 6:5, 13; 16:18) (comp. Eccl. 7:35). Éste corresponde al hebreo חלה, Malaquías 1:8. En 1 Corintios 9:30 las dos palabras son usadas juntas.

Sólo tenemos que invertir el orden y sucesión formal de este discurso para obtener una visión profunda en lo que impulsó a Jesús a ir a Betesda y realizar con su poder este milagro de curación.[9] Él había ido al Templo a la fiesta; necesariamente tenía que haberse puesto en contacto en el Templo con los grandes personajes de Israel. ¡Qué atmósfera tan ahogadora de pompa y vaciedad! ¿Qué tenía Él en común con los que «reciben gloria los unos de los otros, y no buscan la gloria que viene del Dios único»? (Jn. 5:44). ¿Cómo era posible que estos hombres creyeran? El primer sentido y el objeto de su vida y de su obra eran tan diferentes de los objetivos y percepciones de ellos como eran las respectivas fuentes de su ser interior. Ellos se adherían y apelaban a Moisés, del cual decían que eran los sucesores (Jn. 5:45-47). ¡Que fueran, pues, a Moisés! Su afanoso escudriñar y cribar la Ley en la esperanza de que, con un análisis sutil de cada una de sus letras y partículas, y por medio de inferencias sacadas de ella, y trazando una valla prohibitiva a su alrededor, serían posesores de la vida eterna (Jn. 5:39), ¿de qué les aprovechaba? Totalmente engañados y alejados de la verdad, en sus intentos elaborados de mostrar más ingenio que sus rivales, en tanto que rechazaban al Mesías enviado por Dios, acabarían siendo víctimas de un burdo impostor mesiánico (Jn. 5:40-43). E incluso al presente, ¿en qué se basaban? Solamente en la letra, ¡lo exterior! Todas las lecciones de su milagrosa historia pasada se habían perdido por completo para ellos. ¿Qué había habido que fuera meramente externo en sus milagros y revelaciones? (Jn. 5:37). Había sido el testigo del Padre; pero éste era precisamente el elemento que, debido a que sólo manejaban su forma externa, ellos no habían percibido. Es más, no sólo no habían oído la voz del Padre, sino que tampoco habían oído la voz de los Profetas, una voz que podrían haber oído incluso en Juan el Bautista. La oyeron, pero no la percibieron, del mismo modo que tampoco se daban cuenta, en forma progresiva, de las palabras y hechos de Cristo, y del Padre y su testimonio. Y, así, todo se apresuraba a la incredulidad final, la pérdida irreparable, y una condenación que ellos mismos se infligían (Jn. 5:30-38). Todo era por completo equivocado; y, ¡ay!, una perversión total y culpable, en su juego complicado con las cosas más sagradas, mientras que a su alrededor había hombres que sufrían y perecían, extendiendo sus manos secas y paralizadas en el vacío, y cuyos gemidos y lamentos inútiles caían en un silencio eterno.

En tanto que ellos discutían y perfilaban lo que constituía trabajo en el día de sábado, qué cosas infringían su reposo sagrado o lo que constituía una carga, las multitudes que trabajaban y llevaban cargas pesadas eran abandonadas a que perecieran en su ignorancia. ¡Éste era el sábado, y el Dios del sábado del fariseísmo; éste era el reposo, la iluminación, la esperanza para los que trabajaban y estaban fatigados, que anhelaban hallar el verdadero *reposo sabático* pero no sabían dónde! Es más, si el Cristo no hubiera sido el extremo opuesto de todo lo que buscaba este fariseísmo, no habría sido el sol de oriente del sábado eterno. Pero el Dios que había obrado siempre en amor, cuyo reposo daba reposo, cuyo sábado quitaba las cargas, éste era su Padre. Él le conocía; había visto su obra; estaba en comunión de amor, de obra, y poder con Él. Él había venido a librar de todo yugo, a dar vida, a ser vida: Él era la vida; vida en su sentido más pleno. Porque el contacto con Él, en la forma que sea, da vida; a los enfermos, salud; a los muertos espiritualmente, la vida del alma; a los muertos en sus tumbas, la vida de resurrección. Y todo esto era el significado de la Sagrada Escritura cuando señalaba hacia adelante, al Ungido del Señor; y todo esto no era meramente su propia voluntad, sino la del Padre, la misión que Él le había dado, o la obra que Él le había enviado a que hiciera (Jn. 5:19-32).

Tradúzcase esto en hechos, como lo han sido todas sus enseñanzas, lo son y lo serán, y tenemos la cura milagrosa del paralítico, con todas las circunstancias adyacentes. O al revés, tradúzcase esta obra, con sus circunstancias adyacentes, a palabras, y tenemos el discurso de nuestro Señor. Además, todo esto es fundamental para la comprensión más elevada de la historia de nuestro Señor. Y por tanto, entendemos que, muchos años después, el discípulo amado incluyera en su Evangelio este milagro, cuando en plena madurez de su discernimiento espiritual escogió, de entre las «muchas señales» que Jesús había obrado, para dar testimonio de ellas (Jn. 20:30), sólo *cinco* como típicas, como los cinco pórticos del gran Betesda de su ayuda al impotente, o como las cinco divisiones en las que estaba ordenado el Salterio de Alabanza. Cuando mira hacia atrás desde la altura en que se halla al final de su jornada, en su ocaso purpúreo, dorado y glorioso, y contempla las múltiples escenas que ha vivido, ésta se destaca ante su vista como la que puede mostrarnos que «Jesús era el Cristo, el Hijo de Dios, para que creyendo podamos tener vida en su nombre» (Jn. 20:31).

Y así, comprendiendo por lo que Él dijo después a los judíos lo que pensaba y sentía cuando fue allí, estamos mejor preparados para seguir a Cristo a Betesda. En su mente tienen que haber estado presentes simultáneamente dos escenas. Por un lado, una multitud cuyos sufrimientos y falsas expectativas se elevaban como el gemido de un hambriento; y, por otro lado, el Templo próximo, con sus sacerdotes y maestros, que, en su afán de encumbramiento y su juego de externalismos religiosos, ni entendían, ni escuchaban, ni les importaban nada estos gemidos. Si existía un Israel, Príncipe con Dios, y había un Dios del Pacto, esto no podía ser, no debía ser; y Cristo va a Betesda como el Mesías de Israel, la verdad y la vida. Había un sufrimiento doble allí, y era difícil saber cuál de los dos le había de afectar más: el del cuerpo, o la buena fe equivocada en su dirección, que miraba con confianza al cielo en espera de alivio, si bien dentro de unos límites tan estrechos como la casualidad o la suerte de ser empujado primero en las aguas agitadas por el ángel. Pero ésta era precisamente la imagen de su pueblo en su miseria, y en sus ideas encogidas de Dios y de las condiciones de su bendición. Y ahora había llegado por fin el Mesías de Israel. ¿Qué podemos esperar que haga? Sin duda no iba a predicar doctrinas controvertibles de reforma, sino que iba a «hacer» y, al hacer, también hablar. Y así, en esto el relato del Evangelio se demuestra también genuino al decirnos lo que hizo, lo que solamente podría ser verdadero en un Mesías, el Hijo de Dios. Es realmente imposible pensar en la Deidad encarnada –y esto es, recordemos, el postulado fundamental de los Evangelios–, puesta en contacto con la miseria, la enfermedad y la muerte, sin que las elimine. Era absolutamente necesario que si Él era el Hijo de Dios, el Salvador del mundo, saliera poder de Él siempre, en todas partes y para todos. Y así, los milagros, como equivocadamente llamamos al resultado del contacto de Dios con el hombre, del *Emanuel* (Dios con nosotros), no son sólo la escalera áurea que nos lleva *al Milagro*, Dios manifestado en la carne, sino los peldaños por los que Él desciende desde su altura a nuestra bajeza y humildad.

9. Esta inversión lógica parece necesaria al pasar de lo objetivo a lo subjetivo.

Las aguas no habían sido «agitadas» todavía cuando Él se presentó entre la multitud de pacientes y los amigos que estaban con ellos. Fue en estos momentos de intensa expectativa, cuando los ojos de todos estaban clavados en el estanque, que los del Salvador buscaron a la criatura más desgraciada entre ellos. En él, como un caso tipo, ejemplar, podía Jesús enseñar y hacer mejor aquello para lo que había venido. Este paralítico, que venía sufriendo desde hacía treinta y ocho años, sin amigo o compañero (Jn. 5:7) entre aquellos a quienes la desgracia hacía intensamente egoístas –y esto es también el resultado verdadero del pecado (Jn. 5:14), y no meramente en el sentido que los judíos le daban (comp. Jn. 9:3)–, este paralítico parecía ahora el objeto más apropiado para su poder y su gracia. Porque queda claramente destacada en esta historia la completa espontaneidad de la ayuda de nuestro Salvador. Es inútil hablar aquí, sea de la fe o de la receptividad por parte del hombre. La esencia de todo ello consiste en la ausencia total de las dos; en que Cristo levanta a muertos, por así decirlo, y que llama lo que no es, como si fuera algo. Esto, que es la idea fundamental referente a su misión y poder como Cristo, se manifiesta claramente como el fondo histórico del subsiguiente discurso explicatorio de Cristo. La pregunta «¿Quieres quedar sano?» con la que Jesús llama la atención del tullido para que la ponga en Él, era sólo para probar y dar evidencia de su miseria. Y luego vino la palabra de poder, o más bien, el poder irrumpió con la palabra, dejándole sano por completo. ¡Fuera de este estanque! en el que no hay curación; ¡fuera!, porque el Hijo de Dios había llegado a él con la efusión de su poder y compasión y el paralítico quedó sanado. ¡Fuera con su cama!; y no digamos, a pesar de que era el sábado santo, sino precisamente porque era el sábado de santo reposo y santo deleite.

En el ambiente de preocupación circundante, ningún oído, excepto el del paralítico, había oído lo que el Salvador había dicho. Las aguas no habían sido agitadas, y la curación se había realizado de modo invisible. Antes de que el paralítico curado, que apenas se daba cuenta de lo que había pasado, hubiera tenido tiempo de recoger la camilla para seguirle, Jesús había desaparecido (Jn. 5:13). En aquella multitud, en que cada uno pensaba sólo en sus propias penas y necesidades, Jesús había llegado y partido sin ser observado. Pero ahora todos ellos habían visto este milagro de curación, y se daban cuenta de que este paralítico, el más desgraciado de todos ellos, estaba sanado sin que hubiera habido agitación del agua y él se hubiera echado a ella primero. Así que ¡había realmente ayuda en Israel, y ayuda que no se limitaba a estos medios externos! ¿Cómo podía Cristo haber enseñado a la multitud, es más, a todo Jerusalén y al pueblo judío, todo esto, así como mostrarles quién era, sino por medio de lo que hizo? Aquí, pues, nos damos cuenta de otro aspecto de los milagros, tan necesario para aquellos que cansados de las pugnas rabínicas sólo podían, en su estado de parálisis, aprender, por medio de lo que hacía, aquello que decía.

No lo sabemos, pero nos cuesta creer que aquel día ningún enfermo entrara en las aguas burbujeantes de Betesda en busca de curación, y quizá ya no más a partir de entonces. ¿No le preguntarían al paralítico sanado quién era aquél que con su palabra le había sanado? Pero él no sabía quién era. Él había entrado en el aire libre de Dios, había sido hecho un hombre nuevo. Dentro de él había un verdadero sábado, lo mismo que a su alrededor, pero él no pensaba en el día, solamente en el reposo y el alivio que había recibido en aquel día. Era el día de sábado y él llevaba encima su camilla. Si acaso recordaba que era el sábado, en el cual no era lícito llevar una carga, él no se daba cuenta de que fuera una carga o de que él llevara carga alguna; pero sí sabía muy bien que Aquél que le había sanado le había mandado que tomara su camilla y que se fuera. Estas instrucciones estaban encerradas en la misma palabra «Levántate» con que había venido su curación. Esto le bastaba. Y en esto se halla el comienzo y raíz de su curación interior. Ésta era confianza simple, obediencia sin preguntar nada a un Salvador desconocido, invisible, pero real. Porque Él le había creído,[10] y por tanto había confiado en él, que estaba obrando bien; y así, confiando sin hacer pregunta alguna, obedeció.

Los judíos le vieron cuando llevaba la «carga» desde Betesda a su casa. Las cargas que a ellos les preocupaban eran las del tipo que llevaba el que antes era paralítico. Aunque la ley de observancia del sábado se hizo más estricta en el desarrollo ulterior rabínico, en que ni aun habría sido permitido llevar a un enfermo al agua de Betesda a menos que hubiera habido peligro para su vida en aquel momento,[11] con todo, evidentemente, levar la camilla propia era una infracción de la ley sabática, tal como lo interpretaba el tradicionalismo. Lo más característico es que vieran esta infracción externa y nada más; por lo que era a la persona que lo había ordenado a quien querían conocer, y nada más, no a quien había curado al paralítico. No obstante y ser esto del todo natural, quizá no es muy diferente de lo que todavía presenciamos entre nosotros mismos.

Después de esto, no tardaron mucho en encontrarse en el Templo el que antes era paralítico y el que le había curado. Lo que ahora le dijo Jesús completó su curación interna. Sobre la base de lo que le había curado la parálisis, ahora fue hecho sano de modo integral. Tal como había confiado y obedecido a Jesús en su curación externa, ahora confía y obedece en la interna y moral. Aquí vemos también este mirar lo interno a través de lo externo, que es tan característico del discurso que hizo Jesús después, es más, de todos sus discursos y de sus hechos. El paralítico curado ahora sabía a quién debía fe, gratitud y la confianza de la obediencia; y las consecuencias de este conocimiento tienen que haber sido incalculables. Harían de él un discípulo en el sentido más verdadero de la palabra. Y ésta era la única lección adicional que él, como cada uno de nosotros, tenía que aprender de modo individual y personal: que el hombre curado por Cristo se halla en una posición completamente diferente, con respecto a lo que es recto moralmente, de la suya anterior; no sólo antes de su curación, sino incluso antes de sentirse enfermo; de modo que, si volviera al pecado, o mejor aún, como implica el original, «continuara pecando, le sucedería una cosa peor».

Me parece a mí una pregunta innecesaria el tratar de averiguar por qué el paralítico curado les dijo a los judíos que era Jesús el que le había sanado. Creo que es algo muy natural que lo hiciera. Más bien preguntaría: ¿cómo sabía que aquél que le había hablado era *Jesús*? ¿Fue por los rabinos presentes que observaban el hecho con ojo avizor, o por la contradicción de pecadores? De una cosa estamos seguros: fue mucho mejor que Jesús se retirara silenciosa-

10. En conexión con esto ver el versículo 24, en que la expresión «cree al que me envió» (no «cree en el que me envió») queda bien destacada. La una implica dar crédito (creer en), mientras que la otra destaca la confianza resultante (comp. Jn. 6:29, 30; 8:30, 31; 1 Jn. 5:10).

11. Todo el tema de la Ley del sábado será discutido de modo especial en un capítulo posterior. Ver también el Apéndice XVII, sobre «La Ley del Sábado» según la Mishnah y el Talmud.

mente de los pórticos de Betesda, para dar a conocer en el Templo quién era el que había hecho este milagro. Así Él podría predicar la lección del mismo a aquellos que habían estado en Betesda y a todo el pueblo judío.

Y con todo, aún faltaba algo. Él tenía que expresar, en palabras francas y claras, cuál era el sentido interno de este milagro. Como en tantas otras ocasiones, fue el odio acerbo de sus perseguidores que le dio la oportunidad. La primera vivencia de su misión y carácter mesiánico había surgido en aquel Templo, cuando Él comprendió que era la casa de su Padre, y que su vida tenía que consistir en ocuparse de sus asuntos. Nuevamente estos pensamientos acerca de su Padre se habían avivado dentro de Él en aquel Templo, cuando, con ocasión de su primera aparición pública mesiánica, había procurado purificarlo para hacer de él una casa de oración. Y ahora, una vez más en esta casa, fue este estado de conciencia, presente en Él, de Dios como su Padre y del objetivo de su vida como los asuntos de su Padre, lo que le proporcionó la respuesta a las airadas invectivas de los fariseos por su infracción de la Ley del Sábado. El sábado del Padre era el suyo; el Padre había venido trabajando hasta aquí, y Él también trabajaba; el trabajo del Padre y el suyo eran lo mismo; Él era el Hijo del Padre (Ln. 5:17).Y en esto Jesús les enseñó lo que los judíos no entendieron nunca, el verdadero significado de la Ley del Sábado, al poner énfasis en lo que era el pensamiento fundamental del sábado: «Por tanto, el Señor bendijo el día de reposo (sábado) y lo *santificó*»; no el reposo de la inactividad, sino de la bendición y la santificación.

Una vez más los judíos no atendieron a todo el significado de lo que Él les decía, sino sólo a este punto: que Él pretendía ser igual a Dios; esto era lo que les interesaba retener. A mi modo de ver, el discurso que empieza con el versículo 19 no es una continuación de lo que había empezado en el versículo 17, sino que fue pronunciado en otra ocasión, probablemente próxima. Con lo que dijo sobre el trabajo del Padre hasta entonces, y del suyo propio, Jesús había hecho callar a la multitud, que tiene que haberse dado cuenta de que el reposo de Dios era verdaderamente el de hacer bien, no el de estar inactivo. Pero con ello puso en marcha otra cuestión, la de su igualdad con Dios, y esto los maestros de Israel se lo echaron en cara. Era a ellos a quienes Jesús había dirigido este discurso que podríamos decir predicaba su milagro en el estanque de Betesda. No podemos entrar más adelante en sus detalles. Algunos de los razonamientos del discurso proceden de posiciones fundamentales que sostenían en común tanto los sanedristas como Cristo. Otros podemos suponer que eran respuestas a objeciones que no son mencionadas. Esto puede explicar igualmente las transiciones bruscas que se notan en algunos puntos.

Pero lo que más nos impresiona es la grandeza majestuosa de la conciencia que Cristo tiene de sí mismo en presencia de sus enemigos, y a pesar de ello el tono de tristeza compasiva que satura su discurso. El tiempo en que los juzgaría con su silencio no había llegado aún. Y, de momento, la majestad de su comportamiento los dejó sobrecogidos, tal como los atemorizó hasta el fin, y Cristo se alejó de ellos sin que le hubieran causado daño alguno. Y así terminó aquel día en Jerusalén. Y esto es todo lo que nos es necesario saber de su estancia en Jerusalén en una fiesta cuyo nombre desconocemos. Con este apartamiento suyo interno y con la formación de grupos hostiles termina la primera fase del ministerio de Cristo y empieza la segunda.

Capítulo 13

(Mateo 4:18-22; Marcos 1:16-20; Lucas 5:1-11)

Junto al mar de Galilea

Una vez más nos hallamos lejos de la sofocante atmósfera espiritual de la gran ciudad, junto al glorioso lago de Galilea. Estos galileos impulsivos, sinceros, sencillos y honrados, eran hombres muy distintos del enjambre de rabinos sofistas, de corazón endurecido y ambicioso, con cuya primera persecución activa se había encontrado Jesús, y a los que de momento había dejado sobrecogidos con la majestad de su porte y conducta. Su retorno a Capernaum no podía pasar inadvertido. Alrededor de la ciudad, en el campo, había numerosos pueblos y aldeas en los que se movía una multitud activa, próspera y contenta. Durante aquel verano Jesús anduvo a lo largo de este lago, y lo cruzó varias veces, predicando en las varias Sinagogas que había cerca de sus orillas. Y ellos «estaban atónitos de su doctrina, porque sus palabras eran con poder». Por primera vez habían oído lo que consideraban «la Palabra de Dios», y aprendieron a amar su sonido. No podemos, pues, extrañarnos de que, inmediatamente después de su regreso, la gente «se agolpaba a su alrededor para oírle».

Si atendemos a la impresión que produce la narración evangélica cuando cotejamos los diversos relatos,[1] llegamos a la conclusión de que lo que vamos a decir hubiera ocurrido cuando Jesús estaba regresando de Jerusalén. Porque si leemos correctamente Marcos 1:16, nos da como indicación del tiempo: «Mientras pasaba junto al mar de Galilea». Pero quizá, visto en relación con lo que sigue, la impresión puede quedar modificada hasta el punto de que pensemos que ocurrió en la primera mañana después de su regreso. Probablemente la noche anterior había sido de tormenta en el lago. Porque los esfuerzos de los pescadores no habían producido pesca alguna (Lc. 5:5); y «estaban a la orilla del lago dos barcas, y los pescadores habían bajado de ellas y estaban limpiando[2] las redes» de la arena y guijarros de que se habrían llenado durante la brega, o remendando lo rasgado por la violencia de las olas. Era una escena activa; porque, entre las muchas industrias existentes junto al lago de Galilea, la de la pesca era una de las más comunes y lucrativas.

Según la tradición, desde los días de Josué y por una de sus ordenanzas, la pesca en el lago, bajo ciertas restricciones necesarias, era libre para todos.[3] Y como el pescado era uno de los artículos más frecuentes en la comida, tanto en salud como en enfermedad, en los días corrientes y especialmente en la comida del sábado, la pesca daba ocupación a muchos. Los consejos rabínicos sobre las clases de pescado que había que comer en ocasiones diferentes, así como los detalles sobre su preparación, son muy frecuentes, por más que extraños. Los pescados se comían en estado fresco, seco o en conserva (Mt. 7:10; 13:47; 15:36); se hacía con ellos una especie de escabeche o salsa, y también se preparaban sus huevos o freza (Ab. Z. 39 *a*). Se nos dice que los pescados grandes eran llevados al mercado colgando de un aro o un cordel (Bab. Mez. ii. 1), y los pequeños en cestos o cascos. En realidad, los rabinos eran verdaderos expertos en estos requisitos; discuten su tamaño con evidentes exageraciones, dan consejos respecto a las temporadas, disciernen en el sabor peculiar de algunas clases de ellos según procedan de aguas distintas, y nos dicen la manera de prepararlos para que sean más sabrosos, advirtiéndonos que es mejor comerlos acompañados con agua, y si no con cerveza, mejor que con vino. Se trata solamente de una de sus acostumbradas exageraciones cuando leemos que a un gran rabino se le presentaron 300 clases de pescado distinto en un banquete que se le ofreció (Jer. Sheqal. vi. 2, p. 50 *a*); y era un proverbio común, para indicar que algo era abundante, decir que era como «llevar pescado a Acco» (Shem. R. 9). Además, se importaba también pescado en grandes cantidades, especialmente de Egipto y de España (Machsh. vi. 3). Indica la importancia de este tráfico el que una de las puertas de Jerusalén era llamada «la puerta del pescado» (Neh. 3:3). En realidad, hay una leyenda (Ber. 44 *a*) sobre esto según la cual cada semana se proveía a los obreros del rey Janneus de 600.000 cascos de sardinas. Pero, aparte de estas exageraciones, tan considerable era este comercio que, en un período ulterior, uno de los patriarcas del Sanedrín que se dedicaba al mismo fletaba barcos para el transporte de pescado (Jer. Ab. Z. ii. 10, p. 42 *a*).

Estos informes, que podrían multiplicarse, son más que meros datos curiosos. Nos dan una idea más vívida de la vida junto al lago de Galilea, y muestran que los que se ocupaban en este comercio, como Zebedeo y sus hijos (זְבַדְיָה, «el don de Dios», como Teodoro y Dorotea), con frecuencia eran hombres de recursos y posición. Esto, al margen del hecho de que los rabinos ordenaban que todo hombre tuviera un oficio o una ocupación industrial, cualquiera que fuera su estado social. Podemos imaginarnos, en una clara mañana de otoño, después de una noche tormentosa de trabajo sin resultado, la escena ajetreada junto al lago con los pescadores limpiando y remendando sus redes. Absortos en su trabajo, apenas notarían que se había reunido una muchedumbre alrededor. Como sugerimos por Marcos 1:16, se trataba de Cristo, que andaba por la orilla del lago aquella mañana, la primera después de su regreso de Judea. Ocupados en la pesca por la tarde, las últimas horas del día e incluso la noche del día en que Él llegó a Capernaum, los pescadores probablemente ni sabían que estaba allí hasta que Él les dirigió la palabra. Pero Él había venido aquella mañana de modo especial para buscar a cuatro de esos pescadores, para llamarlos a un discipulado permanente. Ahora ya había llegado el momento, y de este modo los haría más aptos para la obra que Él pondría en sus manos.

Las costumbres y modos de pensar judío de aquel tiempo no nos prestan mucha ayuda para comprender su llamada por el Señor, excepto en el hecho de que nos dejan captar lo que las palabras de Jesús significarían para ellos. La

---

1. Los relatos de los tres Evangelios Sinópticos tienen que cotejarse con mucho cuidado. Se verá que sólo así se pueden entender. Los relatos de Mateo y Marcos son casi literalmente el mismo, sólo que añadiendo en Marcos 1:20 una noticia acerca de los «jornaleros» que, evidentemente, procede de Pedro. Lucas parece haber hecho averiguaciones especiales, y si bien adopta este relato de los otros, lo suplementa, por lo que sin el de Lucas sería casi ininteligible.

2. Mateo 4:18ss.; Marcos 1:16ss.; y comp. con Lucas 5:2.

3. A fin de no impedir la navegación, estaba prohibido dejar redes fijas en el lago. Para estas dos ordenanzas, ver Bab. K. 80 *b*, última línea. La referencia a la pesca en el lago está en 81 *b*. Pero ver Tos. Bab. K. viii. 17, 18.

expresión «Sígueme» la entenderían fácilmente como una llamada a hacerse discípulos *permanentes* de un maestro (así en Erub. 30 *a*). De modo similar, no sólo era una práctica de los rabinos, sino que era considerado como uno de los deberes más sagrados de un Maestro el reunir alrededor suyo un círculo de discípulos (Ab. i. 1; Sanh. 91 *b*). Así, ni Pedro ni Andrés, ni los hijos de Zebedeo podían entender mal la llamada de Cristo o considerarla como algo raro. En aquel memorable regreso de su Tentación en el desierto, habían aprendido a conocerle como el Mesías (Jn. 1:37ss.) y le habían seguido. Y ahora que había llegado el momento para reunirse a su alrededor con un discipulado aparte, cuando, después de su visita a la fiesta desconocida la actividad mesiánica de Jesús había pasado a otro estadio, esta llamada no llegaría a sus corazones y mentes como una sorpresa.

La llamada final a los primeros discípulos y la pesca milagrosa

Por lo que se refiere al Maestro, haremos notar tres puntos. Primero, la llamada llegó después de la ruptura abierta y la persecución inicial de las autoridades judías. Por tanto, era una llamada a estar en conformidad con Él en cuanto a sus relaciones peculiares con la Sinagoga. En segundo lugar, requería el abandono de sus ocupaciones anteriores y, realmente, de todos sus lazos terrenos previos (Mt. 4:20, 22). En tercer lugar, desde el principio, y de modo claro, era evidente que se trataba de un tipo de discipulado distinto del de cualquier otro maestro en Israel. No era para aprender más doctrina, ni para seguirle de modo más pleno en una dirección de vida que ya había sido tomada, sino para empezar, para llegar a ser algo completamente nuevo, de lo cual la antigua ocupación suya era precisamente un emblema. Los discípulos de los rabinos, incluso los de Juan el Bautista, «siguieron» con el fin de aprender; ellos, con el propósito de hacer y entrar en comunión con su obra. «Seguidme, y os haré pescadores de hombres». Se trataba, pues, claramente de una llamada nueva, que al mismo tiempo indicaba su objetivo real y sus dificultades imprevisibles. No hubiera sido posible hacerles una llamada así de no haber sido ya discípulos de Jesús, entendiendo su misión y el carácter del Reino de Dios. Pero cuanto más pensamos en ello, más nos damos cuenta de la magnitud de la llamada y de la decisión implícita, porque, sin duda, ellos entendieron lo que implicaba, de modo tan claro, en ciertos aspectos al menos, como lo entendemos nosotros. Y más profundas aún tienen que haber sido su creencia amante en Él y su sincera adhesión, cuando, con esta confianza que no hace preguntas y con la absoluta simplicidad y totalidad de entrega que no requirió ni aun un sí por su parte, abandonaron su barca y su casa y le siguieron. Y así sucesivamente, Simón[4] y Andrés, Juan y Jacobo: los primeros que le habían escuchado fueron también los primeros que siguieron a Jesús. Y siguieron siendo sus más íntimos, después de haber sido los primeros frutos de su ministerio.

No está bien hablar demasiado de la fe de los hombres. A pesar de lo decisivo de la resolución espiritual que implicaba –quizá, hasta ahora, más bien impulso–, es muy probable que no tuvieran un concepto pleno o adecuado de lo que realmente significaba. Este concepto se desarrollaría en el curso de la enseñanza ulterior de Cristo y de su aprendizaje en la mente y en el corazón. Pero incluso así percibimos que en su propia llamada ellos ya habían vivido, hasta cierto punto, el milagro de la milagrosa pesca que estaban a punto de presenciar. Lo que había pasado entre Jesús y los hijos de Jonás, primero, y luego los de Zebedeo, no puede haber ocupado más que unos minutos. Pero ya la gente estaba agolpándose alrededor del Maestro, anhelantes de escuchar su Palabra; porque durante la noche de toda su vida los que eran sus maestros habían estado trabajando y no habían sacado nada con qué alimentarlos. A esta llamada, el Pescador de hombres no podía hacer oídos sordos. La barca de Pedro sería el púlpito; Él la había consagrado al consagrar a su propietario. Alguien empuja algo el bote lago adentro, y pronto sobre las ondulaciones del agua navega la suave melodía de aquella Palabra. No es necesario, realmente, preguntar de qué les había hablado. Sería acerca del Padre, del Reino y de aquellos que entraban en él, como cuando habló en el monte, o a aquellos que estaban fatigados y cargados. Pero transmitiría a sus oyentes la maravillosa hermosura y gloria de aquel Reino que se inauguraba y que, por contraste, les haría notar más la pobreza y necesidad de sus almas. Y Pedro lo oyó todo en el bote, pues estaba sentado allí mismo a la sombra de su Majestad. Así que ésta era la enseñanza de la cual él se había hecho discípulo; ésta era, pues, la red y la pesca a la que había sido llamado. ¡Cuán desgraciado, en cierta manera, tiene que haberse sentido! ¿Podría una persona como él tener esperanza, por más que se esforzara, de poder llegar a ser un pescador de provecho?

Jesús había leído sus pensamientos, y mucho más que leerlos. Así que todo lo que ahora ocurriría era necesario para calificar a Pedro de modo especial, pero también a los otros que habían sido llamados a ser pescadores de hombres. Dentro de poco se haría luz sobre todo ello; no sólo para que quedara claro, sino para que pudiera hacerse visible la lección y la ayuda. Y éste es otro objetivo de los milagros de Cristo para con sus discípulos: dejar claros sus pensamientos y anhelos más íntimos y señalarles su meta correcta. «Bogad mar adentro, y echad vuestras redes para pescar». El que ellos hubieran bregado en vano toda la noche sólo indicaba la necesidad de empezar otra vez. El «puesto que tú lo pides» marca la nueva confianza y la nueva obra que brota de esta confianza. Cuando Cristo está en el bote y nos manda que echemos la red, *tiene que* haber «una gran multitud de peces». Y todo esto está en este milagro simbólico. «La red estaba ya a punto de romperse» cuando hicieron señales a sus compañeros en la otra barca para que acudieran a ayudarles. Y ahora las dos barcas se encontraban cargadas hasta el punto que estaban comenzando a hundirse.

Pero, ¿qué significaba todo esto para Simón Pedro? Había sido llamado al discipulado pleno, y había obedecido la llamada. Había estado en su barca junto al Salvador, y oído lo que había predicado, y había entrado en su corazón. ¡Y ahora este milagro que había presenciado! Que haya un banco de peces así en algún lugar del mar de Galilea no es extraño. Lo milagroso era que el Señor lo hubiera visto a través del agua y les hubiera mandado que echaran allí las redes. Él podía ver a través de las aguas directamente el fondo de aquel mar; Él podía ver, a través de él, hasta el mismo fondo del corazón de Pedro. Él lo había visto –y todo lo que Jesús había dicho hacía un momento lo demostraba,

4. El nombre *Pedro* ocurre también entre los judíos, pero no el de *Pablo*. Así, en Pesiqta (ed. Buber, p. 158 *a*, línea 8 de la base, ver también la nota allí) leemos de un rabino José, hijo de Peytros, y de modo similar en los fragmentos de la Tanchuma, en Jellinek: *Beth ha-Midr.*, vol. 6, p. 95, en que, sin embargo, se le llama *Ben Petio*. En Menor. Hamm. el nombre es cambiado a *Fineas*. Comp. Jellinek, *Beth ha-Midr.*, vol. 6, pref. 11.

y le mostraba lo que había allí. ¿Y podía *él*, pues, ser un pescador de hombres tal, que después de la noche de toda una vida bregando, la red podía salir vacía de su propio corazón, o rasgada y llena de guijarros? Esto es lo que quería decir cuando exclamó: «Apártate de mí, que soy hombre pecador». Y fue por esto que Jesús le dio aliento: «No temas, desde ahora serás pescador de hombres». Y así también, y sólo así, nosotros, cada uno, podemos aprender la lección de nuestra vocación y recibir el verdadero aliento en ella. Y nadie puede llegar a ser un verdadero pescador de hombres de una manera diferente.

La enseñanza y el aliento requeridos no tuvieron que ser repetidos en la vida de Pedro ni en la de los otros que presenciaron y participaron en lo ocurrido. Las verdades que se irradian refulgentes del simbolismo de esta escena en la que fueron llamados los primeros discípulos son muchas. La llamada misma; la barca; la orden de Cristo a pesar de una noche de trabajar en vano; el éxito improbable; la red y el echarla a la orden de Cristo, con la certidumbre absoluta de resultado allí donde Él está y cuando nos lo manda; la instrucción milagrosa en cuanto al lugar; la multitud de peces capturados; la red a punto de rasgarse, pero que no se rasgó; la sorpresa, tan extraña quizá como el propio milagro; y luego, lo último de todo, la lección del conocerse a uno mismo y la humillación: todo esto y mucho más es lo que la Iglesia ha leído verdaderamente en esta historia. Cuando la dejamos, esto se destaca delante de nosotros como su resultado final y su lección: «Y después de dejar las barcas a tierra, lo dejaron todo y le siguieron».[5]

«Jesús había leído sus pensamientos, y mucho más que leerlos. Así que todo lo que ahora ocurriría era necesario para calificar a Pedro de modo especial, pero también a los otros que habían sido llamados a ser pescadores de hombres. Dentro de poco se haría luz sobre todo ello; no sólo para que quedara claro, sino para que pudiera hacerse visible la lección y la ayuda. Y éste es otro objetivo de los milagros de Cristo para con sus discípulos: dejar claros sus pensamientos y anhelos más íntimos y señalarles su meta correcta. 'Bogad mar adentro, y echad vuestras redes para pescar'».

Siendo la mayor parte de los discípulos pescadores de profesión, iban a entender bien la invitación de Jesús a ser pescadores de hombres. En esta pintura románica procedente de San Pedro de Sorpe se representa la escena de la pesca milagrosa. (Museo de Arte de Cataluña)

5. Quisiera llamar la atención de modo especial a la ordenación de este relato. La explicación dada en el texto espero que será suficiente para dar respuesta a las dificultades que se han presentado a algunos comentaristas. Strauss intenta indicar el origen mítico de estos relatos, pero su intento es muy débil. Keim sostiene que el relato es genuino en los dos primeros evangelistas, pero rechaza el del tercero, en base a que ni admite ni requiere examen detallado. La idea última y más curiosa de la escuela de Tubinga ha sido ver en el relato de Lucas una reflexión sobre Pedro como abrumado por doctrinas judaicas, y en su llamada a sus compañeros, la apelación a maestros paulinos.

NDREA
PETRV

Capítulo 14
(Mateo 8:14-17; Marcos 1:21-34; Lucas 4:33-41)

Un sábado en Capernaum

Era en día de sábado, el primero después de que había llamado a su alrededor a sus primeros discípulos permanentes; el primero, también, después de su regreso de la fiesta de Jerusalén. De una y otra cosa y de lo ocurrido esta mañana, mediodía y tarde, podemos seguir indicaciones en el relato que nos proporcionan los evangelistas. El mayor detalle con el que Marcos –que escribió influenciado por Pedro– nos cuenta estos sucesos, muestra el frescor y viveza de la impresión que habían causado en la mente de Pedro aquellos primeros días de su nueva vida. Hacemos notar, como indicación de que lo que se registra aquí tuvo lugar inmediatamente después del regreso de Jesús de Jerusalén, que todavía no había enemigos al acecho esperando entramparle en alguna infracción de la Ley que pudiera proporcionar base para un proceso judicial. Pero de su presencia y actividad poco después (Lc. 5:21; 6:2, 7) deducimos que las autoridades de Jerusalén habían enviado algunos de los suyos para seguir las pisadas de Él en Galilea.

Pero, de momento, todo parece en calma. Estos galileos sencillos y ardorosos se entregaban al poder de sus palabras y obras sin discernir blasfemias escondidas en lo que decía, ni profanación del sábado en sus curaciones el día de reposo. Es de mañana, y Jesús se dirige a la Sinagoga de Capernaum.[1] Ahora solía enseñar allí. Pero la frecuencia no había disminuido el impacto producido. Al describir la influencia de su persona o sus palabras, los evangelistas usan un término que en realidad significa «asombro».[2] Y cuando hallamos la misma palabra para describir la impresión producida por el «Sermón del Monte» (Mt. 7:28), llegamos a la conclusión de modo natural que nos presenta el tipo, si no el resumen del contenido, de algunos de sus discursos en su Sinagoga. No hay necesidad de suponer que lo que dejaba a sus oyentes boquiabiertos por necesidad hiciera efecto en sus corazones y sus vidas. Los hombres pueden extasiarse en un ideal sin intentar hacerlo realidad. Con demasiada frecuencia, incluso, la cosa sucede en proporción inversa; de modo que aquellos que no viven más conforme a la moral se atreven a denunciar los puntos de vista del NT como por debajo de sus conceptos de lo recto y del deber. Pero hay algo en el hombre, evidencia de su origen y destino, que siempre, aunque sea de modo involuntario, responde a la presentación de lo más elevado. Y en este caso no era solamente lo que Él enseñaba, sino el contraste con aquello a que estaban acostumbrados por parte de los escribas, lo que les llenaba de asombro. No había recurso o apelación a autoridad humana, como no fuera a la de la conciencia; ni sutiles distinciones lógicas, ni menudencias legales, ni dichos sagaces. Sus palabras fluían claras, límpidas y cristalinas del manantial de la vida divina que había en Él.

Entre los oyentes en la Sinagoga esa mañana de sábado había una persona de una clase, con respecto a cuya condición, por dificultades que nos cause el tratar de comprenderlo, el lector del NT tiene que formarse una idea definida. El término «posesión demónica o demoníaca» no aparece en el Nuevo Testamento. Se lo debemos a Josefo (comp. Delitzsch, en *Riehm: Handwörterbuch*), del cual ha pasado a nuestro lenguaje eclesiástico. Lo descartamos aún más prontamente porque, a nuestro modo de ver, transmite una impresión equivocada. El NT habla de los que tenían un espíritu, o un demonio, o demonios, o un espíritu inmundo, o el espíritu de un demonio inmundo, pero principalmente de personas que estaban «demonizadas»[3] o endemoniados. De modo similar parece una inexactitud extraña por parte de los comentaristas el excluir del Evangelio de Juan toda noticia sobre «endemoniados». Que el cuarto Evangelio, aunque no informa de ninguna curación de endemoniados, comparte la idea fundamental de los Sinópticos se ve no sólo por Juan 7:20; 8:48, 52, sino sobre todo por 8:49 y 10:20, 21.[4] No podemos aceptar que el escritor del cuarto Evangelio hubiera puesto en la boca de Jesús la respuesta «No soy demonio», o hubiera permitido que sus amigos le describieran como uno que no estaba demonizado, sin ninguna palabra añadida que mostrara que disentía del modo de ver popular, si es que no compartía las ideas de los Sinópticos. Al discutir una cuestión de tanta importancia en el estudio y criticismo de los Evangelios, los hechos precisos del caso deben ser aclarados primero de modo minucioso.

La primera cuestión que se nos presenta aquí es si Cristo mismo compartía los puntos de vista, no ya de sus contemporáneos (porque éstos, como veremos, eran muy diferentes), sino de los evangelistas con respecto a lo que ellos llamaban endemoniado o «demonizado». Esto ha sido negado por la mayoría, presentándose a Cristo como reacio a disuadir los prejuicios populares de modo innecesario, puesto que en aquel tiempo no podía combatirlos de modo eficaz. Pero la teoría requiere más que esto, y puesto que Cristo no sólo toleraba, sino que, al dirigirse a los endemoniados, en realidad adoptaba o parecía adoptar el modo de ver prevaleciente, se ha argumentado que, por amor a aquellos pobres afligidos de esta manera, actuaba como un médico que da la impresión de comulgar con las ideas de su paciente con miras a poder curarle así de modo más efectivo. Este punto de vista, sin embargo, apenas si vale la pena refutarlo, puesto que imputa a Jesús, en un punto tan importante, una conducta indigna de Él e incluso de ningún hombre verdaderamente grande, ya que implica un canon acomodaticio que podría ser aplicado también a sus milagros, o a cualquier cosa que contraviniera las nociones de un intérprete, y así transformar todos los relatos del Evangelio en una serie de leyendas históricamente sin valor. Pero no pondremos énfasis en lo que podría parecer una apelación al prejuicio. Porque vemos que Jesús no sólo no toleraba

---

1. Los relatos de este suceso que nos dan Marcos y Lucas preceden cronológicamente a lo que se relata en Mateo 8:14-17. El lector hará bien siguiendo los relatos bíblicos antes de la lectura de las anotaciones a los mismos en los capítulos de la presente obra, o bien durante esta lectura.

2. Éstos son los pasajes en que se usa el término: Mateo 7:28; 13:54; 19:25; 22:33; Marcos 1:22; 6:2; 7:37; 10:26; 11:18; Lucas 2:48; 4:32; 9:43; Hechos 13:12.

3. La palabra «espíritu» o «espíritus» ocurre *dos* veces en Mateo, *tres* en Marcos y *dos* en Lucas; con la adición de «malo», *dos* veces en Lucas; con la de «inmundo», *una* en Mateo, *once* en Marcos y *cuatro* en Lucas. La palabra δαίμων, en singular o plural, ocurre una vez en cada uno de los Sinópticos; mientras δαιμόνιον, en singular o plural, ocurre nueve veces en Mateo, tres en Marcos, catorce en Lucas y seis en Juan. La expresión «el espíritu de un demonio inmundo» ocurre una sola vez en Lucas, mientras que el verbo «demonizar» ocurre, en una forma u otra, siete veces en Mateo, cuatro en Marcos, una en Lucas y una en Juan. Comp. también el cuidadoso tratado del pastor Nanz, *Die Besessenen im N.T.*, aunque diferimos en cuanto a las conclusiones.

4. Comp. también Weiss, *Leben Jesu*, 1, p. 457.

los «prejuicios» populares, o que Él «lo adoptara con miras a poder de esta manera curar más fácilmente a los afligidos de este modo», sino que Él mismo hizo parte de la comisión a sus discípulos el «echar demonios» (Mt. 10:8), y que cuando los discípulos le dieron después cuenta de sus éxitos en ello, Cristo en realidad hizo del asunto motivo de dar gracias a Dios (Lc. 10:17, 18). El mismo modo de ver se halla tras la reprensión a sus discípulos cuando fallaron en este aspecto de su obra (Mt. 17:21; comp. asimismo 12:43ss., también dicho a los discípulos), mientras que en Lucas 11:19, 24 adopta y defiende este punto de vista contra los fariseos. Visto pues a la luz de la historia, el criticismo imparcial no puede llegar a una conclusión distinta de la de que Jesús de Nazaret compartía los puntos de vista de los evangelistas con respecto a los endemoniados (ésta es la misma conclusión a que llegan Weiss y otros).

Nuestra próxima averiguación hará referencia al carácter del fenómeno designado de esta forma. En vista del hecho de que en Marcos 9:21 el demonizado es un «niño», no es posible adscribirlo simplemente a causas *morales*. De modo similar, la fe personal no parece haber sido un requisito que condicionara la curación. Además, como hay otras enfermedades que no son atribuidas a influencia demoníaca, y no *todos* los que eran mudos, sordos o paralíticos eran calificados de endemoniados, es evidente que no toda afección física, o incluso mental, de la misma clase era atribuida a la misma causa: algunas eran naturales, otras eran demoníacas. Por otra parte, había síntomas más o menos violentos de la enfermedad en cada persona endemoniada, y éstos podían ser agravados seriamente en el último paroxismo, cuando el demonio abandonaba su morada. Por lo tanto, hemos de considerar los fenómenos descritos como causados por la influencia de «espíritus» sobre lo que forma el *nexo* entre el cuerpo y la mente, el sistema nervioso, y como productores de diferentes efectos físicos, según la parte del sistema nervioso afectada. A esto hemos de añadir una cierta impersonalidad de la conciencia, de modo que durante aquel tiempo la conciencia no era la del endemoniado, sino la del demonio, tal como en ciertos estados mesméricos de la conciencia del mesmerizado es realmente la del mesmerizador; sólo que los efectos eran más poderosos y extensos, quizá más duraderos. Pero veamos un punto que suele ser admitido, para el cual no hay, por decir lo mínimo, evidencia alguna, a saber, que debido a que, por lo menos en muchos casos, la enfermedad causada por el demonio era permanente, por tanto los que estaban afectados así estaban de una manera *permanente* o constante bajo el poder del demonio. Ni el Nuevo Testamento ni siquiera la literatura rabínica dan la idea de que la presencia demoníaca sea permanente, idea a la que debe su origen[5] el término «posesión». Al contrario, relatos como los de la escena en la Sinagoga de Capernaum producen la impresión de una influencia súbita, que en la mayoría de los casos parece ocasionada por el efecto espiritual de la persona o las palabras de Cristo. A este bosquejo histórico solamente hemos de añadir que el fenómeno no es mencionado en el Antiguo Testamento,[6] ni en los Apócrifos,[7] ni tampoco en la Mishnah,[8] que, verdaderamente, por el carácter de su contenido, no tendría por que esperar que se citara. Pero lo hallamos mencionado no sólo en el NT, sino en los escritos de Josefo.[9] Las referencias en los escritos paganos o cristianos posteriores a los del AT no corresponden a nuestra investigación presente.[10]

En vista de estos hechos, podemos llegar a algunas conclusiones definidas. Los que defienden que las representaciones de los evangelistas son idénticas a las nociones populares judías del tiempo, están mal informados respecto a las mismas. Lo que eran éstas se explica en otro lugar (ver Apéndice XVI, sobre las ideas judaicas acerca de los demonios y los endemoniados). Basta aquí afirmar que, aunque pueda haber confusión respecto a lo que eran las ideas judías sobre las influencias demónicas, no hay ninguna en cuanto a los medios propuestos para eliminarlas. Éstas pueden ser clasificadas de modo general como: *medios mágicos* para la prevención de estas influencias (tales como evitar determinados lugares, tiempos, números o circunstancias; amuletos, etc.); *medios mágicos* para la curación de enfermedades; y *exorcismo* directo (o bien a través de ciertos medios externos, o bien por medio de fórmulas de encantamiento). Además, aunque el Nuevo Testamento no proporciona datos por medio de los cuales podamos conocer las opiniones de Jesús o de los evangelistas respecto al carácter exacto del fenómeno, proporciona detalles plenos respecto a la forma en que los endemoniados eran puestos en libertad. Ésta era siempre la misma. No consistía en medios mágicos, ni fórmulas y exorcismos, sino siempre en la Palabra de Poder que pronunciaba Jesús, o confiaba a sus discípulos, y que los demonios siempre obedecían. Aquí hay no sólo diferencia, sino contradicción en la comparación con las nociones judías corrientes, y nos lleva a la conclusión de que había el mismo contraste tanto en sus opiniones sobre los endemoniados como en su tratamiento.

La superstición judía respecto al estado demónico, por tanto, no puede afectar a la cuestión de la credibilidad de los relatos de los Evangelios sobre el mismo, como no pueden hacerlo las citas de los paganos o de los escritos cristianos postapostólicos. En realidad, tiene que ser decidida en terreno puramente del Nuevo Testamento; y se resuelve por sí sola en la cuestión más general de la probidad e integridad de los relatos evangélicos y de nuestra estimación de la persona de Cristo. Visto de esta manera, el que ve a Jesús como el Mesías y el Hijo de Dios no puede dudar. Si se nos pide que expliquemos cuál es la causa o *razón* del fenómeno del demonismo o de su cese –si en realidad ha cesado de modo total y completo en todas partes–, podemos simplemente renunciar a intentarlo, porque no tenemos datos suficientes, y esto sin implicar que no ha existido nunca o que, si se conocieran, estos datos no vindicarían totalmente los hechos del asunto. En cualquier caso, no se sigue que estos datos no existen porque no los poseemos; ni hay base para opinar que en caso de existir tendríamos que poseerlos. Porque se admite que el fenómeno fue sólo de carácter temporal.

Y, con todo, al lector reflexivo se le ocurrirán ciertas consideraciones que, si no los explican, al menos le harán dudar de considerar como inexplicables los hechos en cuestión. A nuestro modo de ver, por lo menos, sería un intérprete osado el que adscribiera todos los fenómenos de la

5. Lo que más se le acerca, que yo sepa, ocurre en Pirqé de R. Eliez., c. 13 (ed. Lemberg, pp. 16 *b*, 17 *a*), en que la influencia de Satán sobre la serpiente (en la historia de la caída) es comparada a la de un espíritu malo sobre un hombre cuyos hechos y palabras se hallan bajo la influencia del demonio, de modo que sólo actúa a sus órdenes.

6. Sin duda, Strauss (*Leben Jesu*, 2, 10) no puede haber recordado las expresiones de 1 Samuel 16:14, 15ss. cuando hace un paralelo de posesión demoníaca en el caso de Saúl.

7. Tobías 8:2, 3 no es un caso de éstos.

8. Gfrörer (Jahrh. d. Heils., i., pp. 410, 412) cita a Erub. iv. 1 y Gitt. vii. 1; pero ni uno ni otro de estos pasajes implica nada que se parezca a posesión demoníaca.

9. Ver, p.ej., *Ant.* vi. 8. 2; 11. 3; viii. 2. 5; *Guerras* vii. 6. 3.

10. El lector hallará referencias en las Enciclopedias en Wetstein (N.T. 1, pp. 179-284) y en el tratado de Nanz.

magia pagana a impostura, o bien a causas puramente físicas. Se admite que han cesado, o quizá, como muchas otras cosas, han asumido otras formas, tal como –hasta donde llega la evidencia– ha ocurrido con la influencia demoníaca, por lo menos en la forma presentada en el Nuevo Testamento. Pero el que haya cesado no prueba que nunca haya existido. Si creemos que el Hijo de Dios vino a destruir las obras del Diablo, podemos entender la enemistad presentada al mismo por el reino de las tinieblas; y si consideramos a Cristo como Dios verdadero, que tomó en una forma misteriosa para nosotros estado y condición humana, podemos también darnos cuenta de cómo el Príncipe de las Tinieblas podría, en forma fraudulenta, procurarse a través de los endemoniados una morada temporal en la Humanidad con el propósito de causar daño y destrucción, tal como Cristo lo hizo para sanidad y salvación. En todo caso, sosteniendo que esta influencia demónica no era permanente en los endemoniados, tal como pensamos, la analogía con ciertas influencias mesméricas parece aplicarse de modo exacto. No se hace aquí referencia a otras influencias del espíritu sobrenaturales, de las cuales se habla mucho en nuestros días, y que a pesar de la mentira e impostura relacionada con ellas con mucha probabilidad tienen un fondo de verdad y realidad que, por lo menos en la experiencia del escritor de este libro, no se puede negar de modo absoluto. En la conexión misteriosa entre lo sensorial y lo suprasensorial, el espíritu y la materia, hay muchas cosas que la filosofía vulgar del pan y vino falla cuando intenta explicarla o entenderla. El que sin la intervención de los medios sensoriales la mente pueda afectar, y realmente afecte, a otras mentes; que incluso los animales, en proporción a su sensibilidad, o en circunstancias especiales, son afectados por lo que no se ve, o no se ve todavía, y esto de modo totalmente independiente del hombre; que, en resumen, hay no pocos fenómenos «en el cielo y en la tierra» con los que la filosofía ni aun sueña, éstas son consideraciones que, por más que el científico superficial pueda sonreír ante ellas, ningún investigador serio y sincero se atreverá a descartar con una negativa precipitada. Y la superstición sólo empieza cuando los buscamos, o bien cuando intentamos explicarlos, no en la admisión de su posibilidad.

Pero, según nuestro modo de ver, es de profunda importancia siempre el tener en cuenta que los endemoniados no se hallaban en un estado permanente ni eran posesiones de los poderes de las tinieblas. Porque esto establece un elemento moral, puesto que durante el período de su libertad temporal el demonizado podía librarse del poder que le hacía sombra, o procuraba librarse de él. Así, el estado endemoniado implicaba una responsabilidad personal, aunque fuera la de alguien con la conciencia enferma y perturbada.

En un determinado aspecto los que estaban endemoniados exhibían el mismo fenómeno. Todos ellos reconocían el poder de Jesús. No fue distinto en la Sinagoga de Capernaum aquel sábado por la mañana. Lo que dijo Jesús produjo un efecto inmediato en el endemoniado, aunque no había motivos para esperar que fuera así. Porque es legítimo introducir la palabra «inmediatamente» (Mr. 1:23) después del relato de la predicación de Jesús. Con todo, según pensamos, no hemos de imaginarnos que el demonio habría continuado silencioso, ni tampoco que pudiera haber dicho algo de no ser otra cosa que la verdad en la presencia del Hombre-Dios. Tenía que haber y, con todo, no podía haber resistencia. La misma presencia de Cristo significaba la destrucción de esta obra del Diablo. De modo involuntario, en su incapacidad confesada de disimular o resistir, admite su propia derrota incluso antes de la contienda. «¿Qué tenemos que ver contigo, Jesús de Nazaret? ¡Tú has venido a destruirnos![11] Sé quién eres, el Santo de Dios».[12] Y con todo, parece que en estas palabras ya hay la emergencia de la conciencia del endemoniado, al menos hasta el punto en que ya no hace confusión entre él y el que atormenta, y este último habla en su propio nombre. Uno más fuerte que el demonio ha afectado a las partes más elevadas del endemoniado. Era el Santo de Dios, en cuya presencia los poderes de la destrucción moral no pueden estar en silencio, han de hablar y admitir su sumisión y condenación. Cristo no tiene por que contender: Él es el Cristo, la victoria misma.

Pero esto no fue todo. Él había venido no sólo para destruir las obras del Diablo. Su encarnación significaba esto y más: poner en libertad a los presos. Con voz de mando amordazó las confesiones del demonio, hechas contra su voluntad y, aun así, con intento hostil. No era por medio de gritos que Él quería que fuera proclamada su mesianidad. Un testimonio como éste era totalmente impropio e incongruente; habría sido una discordancia extraña frente al testimonio del Bautista y la Voz que le había proclamado desde el cielo. Y verdaderamente, si la hubiera admitido, habría producido un choque en la vida de Aquél que no necesitaba ni pedía el testimonio mismo de los hombres, sino que apelaba directamente al mismo Dios. Y no podemos dejar de darnos cuenta de que, si lo hubiera permitido, habría dado una base auténtica a lo que los fariseos procuraban asignar como interpretación de su Poder: que por medio del Príncipe de los Demonios echaba los demonios. Y así hay aquí un acuerdo profundo con la idea fundamental de que fue el resultado de su Tentación: que el camino que había de llevarle a la meta no era el que parecía más corto, sino el divino, y que esta meta no era una proclamación como rey, sino la resurrección.

El mismo poder que amordazó la confesión le mandó también al demonio que abandonara su presa. Un paroxismo brusco, y el sufriente quedaba libre para siempre. Pero en los que lo vieron y oyeron cayó el más extremo estupor y la confusión del asombro.[13] Cada uno se volvió a su vecino con la pregunta: «¿Qué es esto? ¡Una nueva doctrina con autoridad! Manda a los espíritus inmundos, y le obedecen».[14] Hacían muy bien en preguntar. Había sido un milagro triple: una nueva doctrina; con autoridad; y obediencia por parte de los espíritus inmundos a su orden. Hay en todo el relato, y especialmente en la expulsión del demonio, una simplicidad tan poco judía, con ausencia total de lo que podría haber sido característico de un exorcista judío; una falta de todo lo que uno habría esperado si el suceso hubiera sido inventado, o coloreado a propósito, o teñido de las nociones contemporáneas; y, con todo, una sublimidad y majestad tales que es difícil entender cómo alguien pueda resistirse a la impresión de su realidad, o que el que habló y obró así fue en realidad el Hijo de Dios.

Desde la Sinagoga seguimos al Salvador, en la compañía de sus llamados discípulos, al hogar de Pedro, que estaba casado. Pero no para una comida festiva, como según la costumbre de los judíos podía esperarse. Un acceso súbito de fiebre violenta,[15] algo que aún es común en aquel distrito,

11. He omitido, por causas de crítica, la cláusula «Déjanos en paz». La expresión «¿Qué hay entre nosotros y Tú, Jesús Nazareno?» contiene un hebraísmo conocido.

12. Ésta parece ser la traducción más correcta.

13. Esto es lo que implica el término griego. Además, su uso en este relato (Mr. 1:27; Lc. 4:36, en el último en forma de sustantivo) ocurre en Marcos 10:24, 32; Hechos 9:6, y como sustantivo en Hechos 3:10.

14. Esta traducción me parece más correcta.

15. Éste es el significado de la palabra griega. Algunos comentaristas traducen «fiebre tifoidea» y, otros, cosas más raras.

había dejado postrada a la suegra de Pedro. Si todavía tuviéramos intención de relacionar las curas mágicas judías con las de Jesús, lo que se nos dice aquí tiene que disiparla. El Talmud da a esta dolencia precisamente el mismo nombre (אשתא צמירתא, *Eshatha Tsemirta)*, «fiebre ardiente», y prescribe para ella un remedio mágico, del cual la parte principal es atar un cuchillo todo de hierro a un espino por medio de un cabello y repetir, en días sucesivos, Éxodo 3:2, 3, luego el versículo 4, y finalmente el 5, tras lo cual hay que cortar el espino mientras se pronuncia una determinada fórmula mágica (Shabb. 67 *a*). ¡Qué diferente de esto, tanto en su sublime simplicidad como en la dignidad y majestad de Aquél que curó, es el relato de la cura de la suegra de Pedro! No hacer caso de este contraste en nuestra evaluación de la veracidad de los Evangelios sería un grave error histórico. «Le hablaron a Jesús» de la enfermedad; le buscan en favor de aquella que ha caído enferma. En su presencia la enfermedad y el dolor no pueden persistir. Inclinándose sobre la paciente, Él «reprendió a la fiebre», tal como Él había «reprendido» al demonio[16] en la Sinagoga, y por la misma razón, puesto que todas las enfermedades a la vista del Sanador Divino son el resultado del pecado. Entonces, levantándola de la mano, la hizo poner de pie, curada, y ella «empezó a servirles». Fue el primer *diaconado*[17] de una mujer en la Iglesia, un diaconado (servicio) a Cristo y a los suyos, el diaconado de una sanada por Cristo; un diaconado que sigue inmediatamente a su curación. La primera de una larga serie de diaconisas para Cristo. Ésta fue la primera que ocupó la posición. La posición verdadera para la mujer. ¡Y qué comida del sábado tiene que haber sido, después de la escena en la Sinagoga y después de la curación en la casa, cuando Jesús era el huésped, los que habían presenciado todo se sentaron a comer con Él, y ella que había sido curada era la *diaconisa*! ¡Quién nos diera que éstas pudieran ser nuestras comidas festivas cristianas!

Era al atardecer. El sol se estaba poniendo y el sábado había terminado. Todo aquel día había ido repitiéndose de casa en casa lo que Jesús había hecho en la Sinagoga; y se había susurrado lo que había pasado en la casa del vecino Simón. Y esta convicción se había afincado en ellos: que «con autoridad» hablaba, con autoridad y poder mandaba incluso a los espíritus inmundos y le obedecían. No hay escena alguna más característica de Cristo que ésta en este atardecer otoñal en Capernaum. Una a una las estrellas habían aparecido sobre el lago tranquilo y la ciudad festiva, alumbrando la oscuridad de la tierra con el suave resplandor del cielo, como si estuvieran allí para dar testimonio de que Dios había cumplido su buena promesa a Abraham (Gn. 22:17, 18). Aquel atardecer nadie en Capernaum pensaba en negocios, placeres o reposo. Tiene que haber habido muchas casas afligidas con penas, tribulaciones y enfermedad, y lo mismo en las aldeas y pueblos vecinos. Para ellos, para todos, se había abierto ahora una puerta a la esperanza. Verdaderamente, se había levantado un nuevo Sol sobre ellos que traía salud en sus alas. Ninguna enfermedad estaba demasiado avanzada, cuando incluso los demonios reconocían la autoridad de su mera reprensión. De todas partes se los trajeron: madres, viudas, esposas, padres, hijos, maridos; todos traían a sus deudos, los tesoros que casi habían perdido; y toda la ciudad se aglomeró –una multitud solemne, sobrecogida, silente, expectante– esperando a la puerta de la casa de Simón. Allí los colocaban, a lo largo de la calle hasta la plaza-mercado, sobre sus camillas; o los traían consigo, con mirada suplicante acompañando a las palabras. ¡Qué símbolo de la miseria, necesidad y esperanza de este mundo; qué símbolo, también, de lo que Cristo es realmente, como el Consolador de los múltiples males del mundo! Nunca, sin duda, fue Él más verdaderamente el Cristo; ni lo es en símbolo más verdaderamente tal para nosotros y para todos los tiempos que cuando en la quietud de aquel atardecer, bajo el cielo estrellado, pasó por entre aquel enjambre de pacientes poniendo sus manos sobre ellos para darles la bendición de la curación y echando fuera muchos demonios. Ningún cuadro del Cristo es más querido para nosotros que éste de la curación ilimitada de toda enfermedad del cuerpo y del alma. En su falta de definición bendita nos transmite su potencial infinito para alivio, cualquiera que sea la desgracia que nos aqueja, cualquiera la cuita o aflicción que nos oprima. Tiene que ser ciego, realmente, el que no ve en este Médico al Sanador divino; en este Cristo, la Luz del mundo; el Restaurador de lo que ha dañado el pecado; el Gozo en la profunda aflicción de nuestro mundo. Nunca se ha cumplido más ciertamente que en aquel atardecer la profecía de Isaías: «Él mismo llevó nuestras enfermedades y soportó nuestras dolencias» (Is. 53:4). Por medio de su encarnación y su venida, al llevar nuestras enfermedades y soportar nuestras dolencias –porque éste es, en su sentido más verdadero y amplio, el significado de la Encarnación de Cristo–, pasó a ser el Sanador, el Consolador de la humanidad, su Salvador en todos los males del tiempo y de todos los males de la eternidad. Éste es el cumplimiento más real que puede ser concebido de la visión extática de Isaías, de quién tenía que ser y de lo que tenía que hacer el Mesías; no, ciertamente, de lo que a veces se llama cumplimiento, o se espera como tal, en una correspondencia literal y verbal con la predicción; un modo de ver totalmente mecánico, externo y no espiritual de esta profecía, en la cual, en un literalismo del todo judaico, el espíritu es aplastado por la letra. Pero, visto en su relación real con la humanidad en todas sus necesidades, Cristo, ese atardecer, fue el cumplimiento real, aunque sólo inicial, de la gran esperanza del mundo, a la cual siglos antes había apuntado el dedo de los profetas dirigido por Dios.[18]

Así terminó aquel sábado en Capernaum: un sábado de curación, gozo y verdadero reposo. Pero por todas partes, en todo lugar del país circundante, por toda la región de Galilea, se esparcieron las noticias, y con ellas la fama de Aquél a quien obedecían los demonios, por más que no se atrevieran a proclamarle Hijo de Dios. Y en los oídos de los hombres cayó su Nombre con una dulzura suave de promesa infinita, «como la lluvia sobre la hierba recién cortada, como las gotas de agua riegan la tierra».

---

16. El término es el mismo en los dos casos.

17. También aquí el término es el mismo. Ver las notas de Volkmar (*Marcus*, pp. 89, 100).

18. Apenas puedo hallar palabras bastante fuertes para expresar mi discrepancia con los que quisieran limitar Isaías 53:4, o bien, por un lado lo espiritual, o por otro las enfermedades físicas. La promesa es la de una liberación futura de ambas, de un Restaurador de todos los males que el pecado había traído. De la misma manera, la expresión «llevó sobre sí mismo» y «soportó» se refiere a Cristo como nuestro libertador, porque es nuestro sustituto. Porque Él llevó sobre sí mismo nuestras enfermedades, soportó nuestras dolencias. Que el punto de vista presentado aquí es el del Nuevo Testamento se echa de ver mediante una comparación de la aplicación del pasaje en Mateo 8:17 con la de Juan 1:29 y 1 Pedro 2:24. Las palabras, tal como las da Mateo, son verdaderamente un Targum del Nuevo Testamento del original. La Septuaginta traduce: «Este hombre lleva nuestros pecados y sufre por nosotros»; Símaco: «Ciertamente Él tomó nuestros pecados y sufrió nuestros trabajos»; el Targum Jon.: «Así, Él, oró por nuestros pecados, y nuestras iniquidades eran perdonadas por amor a Él» (comp. Driver y Neubauer, los intérpretes judíos de Is. 53, vol. 2). Finalmente, es con referencia a este pasaje que el Mesías lleva en el Talmud la designación de «el Leproso» y «el Enfermo» (Sanh. 98 *b*).

Capítulo 15

(Mateo 4:23; 8:2-4; Marcos 1:35-45; Lucas 4:42-44; 5:12-16)

Segundo viaje por Galilea

Un día y un atardecer como el de aquel sábado dedicado a la curación en Capernaum –y digámoslo con reverencia– tiene que haber sido seguido por lo que abre la próxima sección.[1] Para el observador reflexivo hay tal armonía ininterrumpida en la vida de Jesús, tal acuerdo en lo interno y lo externo, que producen convicción espontánea de la verdad de su testimonio. Era, por así decirlo, una necesidad interna que el Hombre-Dios, cuando se ponía en contacto con la enfermedad y la desgracia, tanto por causas físicas como sobrenaturales, las eliminara con su presencia, con su contacto, con su palabra. Era una necesidad externa también, pues ningún otro modo de enseñanza igualmente convincente habría alcanzado a los que estaban acostumbrados a las disputas rabínicas, y que tenían que haber buscado una manifestación así en Aquél que afirmaba poseer tal autoridad. Y con todo, lejos de ser un mero obrador de milagros, como podríamos esperar si la historia de sus milagros hubiera tenido un origen legendario, no hay nada más marcado que el dolor, podríamos casi decir la humillación, que la necesidad de los mismos parece haber llevado a su corazón. «A menos que veáis señales y portentos, no creeréis»; «una generación mala y adúltera que busca señales»; «bienaventurado el que cree sin necesidad de haber visto»; todas ellas son exclamaciones de Aquél que «lanzó un hondo suspiro» cuando abrió los oídos a un sordo (Mr. 7:34), y que mandó a sus apóstoles que buscaran cosas más elevadas y mejores que el poder sobre las enfermedades y los espíritus malos (Lc. 10:17-20). Un Mesías producido por la leyenda judaica no habría hablado u obrado de este modo; ni los que hubieran inventado los milagros se habrían referido a ellos de esta manera.[2]

En realidad, cuando a través de algún hiato en su historia externa podemos captar alguna vista del Ser interior de Cristo, estos milagros vemos que no son más que el resultado de la unión mística de lo divino y lo humano, parte de su misión, parte de su humillación. También pertenecen a este camino que Él ha elegido en su contienda victoriosa con el Tentador en el desierto, cuando prefirió, no el súbito despliegue de poder absoluto para atraerse a su pueblo, sino el método penoso y lento de cubrir sus necesidades y dirigirse con la comprensión y capacidad de aquellos sobre los cuales Él quería reinar. Viéndolo de esta forma, parece que podemos conseguir una nueva comprensión, no sólo de lo acertado de su partida final, en lo que se refiere a la futura enseñanza de sus discípulos por parte del Espíritu Santo, sino de su propio anhelo del Advenimiento del Consolador. En realidad, los dos maestros y los dos modos de enseñanza no podían ir juntos, y la Ascensión de Cristo, como el fin de su humillación, marcó el Advenimiento del Espíritu Santo, que venía a traer otro modo de enseñanza distinto del de los días de su humillación.

Y así, pensando en la escena del atardecer del día anterior, podemos comprender que «de madrugada, cuando estaba aún muy oscuro» (Mr. 1:35), Jesús se levantó y fue a un lugar solitario a orar. El uso de la misma expresión (πρωί) en Marcos 13:35 nos permite establecer el tiempo, que sería la cuarta vela de la noche, o sea, entre las tres y las seis de la mañana. No fue hasta algo más tarde que se levantaron incluso aquellos que recientemente habían sido llamados a la comunión más íntima con Él, y, al echar de menos a Jesús, le siguieron. Jesús había orado en aquella soledad, y la había consagrado. Después de un día así, y con la perspectiva de empezar su segundo viaje por Galilea,[3] esta vez en circunstancias tan distintas, tiene que preceder a la aurora, esperándola en oración. Y por medio de esto nos damos cuenta también de que Jesús no era un mero obrador de milagros, sino que Aquél cuya palabra obedecían los demonios vivía una vida no de poder externo, sino interno, de comunión con su Padre, y bautizaba su obra con oración. Pero hasta aquí, y, en verdad, hasta cierto punto en toda su vida en la tierra, parece que para ellos era difícil comprender esto con bastante claridad. «Todos te buscan», y por tanto ellos quieren que vuelva a Capernaum. Pero ésta era la verdadera razón por la que Él se había retirado antes de amanecer. Él había aparecido ante el público,[4] no para atraer a las multitudes ni para ser proclamado rey, sino para predicar el Reino de Dios. Una vez más decimos: ¡No es así que habla ni obra el héroe de una leyenda judía!

Como afirman de modo concordante los tres Sinópticos, Jesús ahora entró en su segundo viaje por Galilea. No puede haber la menor duda de que la sucesión cronológica de los sucesos está indicada aquí de modo correcto por la narración más circunstancial del Evangelio de Marcos.[5] La ordenación presentada por Lucas parece ser una agrupación histórica, mientras que la de Mateo viene determinada por el plan hebraico de su Evangelio que parece construido según el modelo del Pentateuco,[6] como si el establecimiento del Reino por el Mesías fuera presentado como el cumplimiento de su introducción preparatoria en Israel. Pero en este segundo viaje por Galilea, con el cual los tres Sinópticos establecen relación con su estancia en Capernaum, marca una encrucijada en la obra de Cristo. Como ya hemos indicado, los sucesos ocurridos en la fiesta desconocida[7] en Jerusalén formaron un nuevo punto de partida. Cristo había presentado plenamente sus derechos a los sanedristas, y

---

1. Así, tanto en Marcos (1:35-39) como en Lucas (4:42-44) y, aun en el acuerdo sustancial, incluso con Mateo (4:23).

2. Así, también Pablo, 1 Corintios 12:31; 13:1.

3. Las circunstancias serán mencionadas en la secuela.

4. La expresión de Lucas 4:43 muestra que el «había salido» de Marcos 1:38 no puede limitarse al salir de Capernaum.

5. Las siguientes consideraciones son, brevemente, algunas de las que determinan el orden cronológico adoptado aquí: 1) Este suceso no puede haber tenido lugar después del Sermón del Monte, puesto que entonces ya habían sido llamados los doce discípulos, y tampoco tras la llamada de Mateo. 2) Por los símiles empleados (sobre los lirios del campo, etc.), el Sermón del Monte parece haber tenido lugar en primavera; este suceso, al principio del otoño. Por otra parte, el orden en Marcos está de acuerdo exactamente, y en esto concuerda de modo general con el de Lucas, mientras que, finalmente, registra las persecuciones crecientes de Jerusalén, de las cuales tenemos aquí los primeros indicios.

6. Esto está indicado ingeniosamente por el profesor Delitzsch: *Entsteh. d. Kanon. Evang.*, aunque, a mi modo de ver, la teoría no puede ser llevada hasta el punto de detalle que intenta dar el profesor. Pero una concepción general así del Evangelio de Mateo no sólo es razonable en sí, sino que explica la ordenación peculiar de los sucesos.

7. Para la fecha de esta fiesta ver Apéndice XV.

éstos habían sido rechazados plenamente por los escribas y por el pueblo. A partir de entonces Él se desentendió de esta «generación rebelde»; y también empezó su persecución sistemática por parte de las autoridades, en el sentido de que sus movimientos eran seguidos y observados. Jesús había ido a Jerusalén solo. Esto, también, era apropiado. Lo mismo el que a su regreso llamara a sus discípulos para ser seguidores suyos; y que desde Capernaum entrara, en su compañía, en una nueva fase de su obra.

Es significativo que su obra empezara allí donde terminaba la de los rabinos; casi íbamos a decir los santos del Antiguo Testamento. Los escritos rabínicos pueden indicar toda clase de remedios, médicos, mágicos o psicológicos, para varias clases de enfermedad, pero la lepra no se halla incluida en su catálogo. Dejaron de lado lo que incluso el Antiguo Testamento marcó como muerte moral, al mandar que los que la padecían evitaran todo contacto con los vivos, e incluso que se vistieran de la misma forma que los que estaban de luto. Cuando pasaba el leproso, con sus harapos, y su pelo desgreñado,[8] y la parte inferior de su rostro y el labio superior cubiertos (Lv. 13:45), era como uno que asiste a su entierro y lee su propio servicio funerario, mientras que el gemebundo «¡Inmundo!, ¡inmundo!» que pronunciaba, proclamaba que la suya era a la vez una muerte física y moral. Además el AT, e incluso el Rabinismo, en las medidas que prescribía acerca de la lepra, tomaba un punto de vista, de modo primario moral, o mejor dicho, ritual, y sólo secundariamente sanitario. El aislamiento ya indicado, que proscribía a los leprosos todo intercambio, excepto con los que padecían la misma enfermedad,[9] y les prohibía entrar no sólo en el Templo o en Jerusalén, sino en ninguna ciudad amurallada,[10] no podía haber sido causado meramente por el deseo de prevenir la infección. Porque en todas las leyes con relación a la lepra se declaraba de modo expreso que no tenía aplicación a los paganos, prosélitos antes de su conversión, y aun a los israelitas al tiempo de su nacimiento (Neg. iii. 1; vii. 1; xi. 1; xii. 1). Puede sacarse la misma conclusión de la circunstancia de que el examen sacerdotal y el subsiguiente aislamiento del leproso no debían comenzar durante la semana de la boda, o en días festivos (Neg. iii. 2), a pesar de que, evidentemente, la infección sería más probable que se hubiera extendido en tales circunstancias.[11]

Ya se ha indicado que el Rabinismo se consideraba impotente ante la presencia de esta muerte viva. Aunque, como sugiere acertadamente Michaelis (*Das Mos. Recht*, vol. iv., p. 195), el ritual sacrificial para la limpieza del leproso implica por lo menos la posibilidad de cura, en todos los casos ésta debe considerarse que es por intervención de Dios.[12] De ahí que la teoría mítica, que para ser racional debe mostrar algún precedente para explicar el origen del relato del Evangelio, aquí fracasa una vez más.[13] Keim no puede negar la evidente autenticidad de los relatos evangélicos, y no tiene mejor explicación que ofrecer que la de los antiguos racionalistas –que Strauss mismo había ya refutado plenamente (*u.s.* pp. 53, 54)– de que el pobre paciente sólo pidió a Jesús que le *declarara* limpio, no que le *hiciera* limpio. En realidad, la posibilidad de cura por medio de un agente humano nunca había sido considerada por los judíos. Josefo habla de ella como posiblemente concedida por la oración (*Ant.* iii.11.3), pero de un modo que muestra que su fraseología piadosa no tiene sentido serio. Podemos ir más allá y decir que el Rabinismo no sólo no sugiere nunca la cura de la lepra, sino que su tratamiento de los pacientes que la presentan está en el contraste más marcado con la del Salvador. Y con todo, como si escribiera su propia condenación, uno de los títulos que da al Mesías es el de «el Leproso», y presenta al Mesías Rey sentado a la puerta de Roma, rodeado de toda clase de desgracias y enfermedad y aliviándolas, en cumplimiento de Isaías 53:4 (Sanh. 98 *b*). El pasaje puede verse completo en el Apéndice sobre las profecías mesiánicas.

No tenemos por que enumerar aquí los diversos síntomas por medio de los cuales la Ley rabínica enseñaba a reconocer la verdadera lepra.[14] Todo el que fuera capaz de ello podía hacer la inspección médica, aunque sólo un descendiente de Aarón podía declarar de modo formal a una persona como limpia o inmunda (Neg. iii. 1). Una vez era declarado leproso, el paciente pronto empezaba a sentir la extrema dureza de corazón del Rabinismo. La expulsión del leproso fuera de las ciudades amuralladas (Kel. i. 7) es posible que fuera una necesidad, y quizá se requería para hacerla cumplir la amenaza de cuarenta azotes menos uno (Pes. 67). De modo similar, puede haber sido una provisión correcta, e incluso misericordiosa, el que los leprosos en las Sinagogas tenían que ser los primeros que entraran y los últimos que salieran, y que debían ocupar un recinto separado (*Mechitsah*) de diez palmos de altura y seis pies de anchura (Neg. xiii. 12). Porque, a causa del simbolismo y conexión entre lo físico y lo psíquico,[15] el Antiguo Testamento, en sus ritos e instituciones, pone gran énfasis en el «limpio e inmundo». En resumen, y dejando sin considerar la lepra de los vestidos y casas,[16] según el Antiguo Testamento, la contaminación la transmitía sólo un cuerpo animal, y no se adhería a ningún otro ser vivo que el hombre, ni podía comunicar contaminación otro cuerpo que el del hombre. El Antiguo Testamento menciona once clases principales de contaminación. Éstas, por ser capaces de comunicar ulterior contaminación, se designaban como *Abhoth hattumeoth*, «causante o padre de contaminación», y la contaminación producida por ellas era en sí misma una *Abh hattumeah*, o sea, «hijo de contaminación», e incluso «hija de hija» (הטומאה ולד ולד, ולד). Hallamos en la Escritura treinta y dos *Abhoth hattumeoth*, según son llamadas. A éstas la tradición rabínica añadió otras veintinueve. Además, según la Escritura, estas «contaminaciones padre» afectaban sólo en dos grados; el efecto directo producido por ellas era designado «el comienzo» o «el primer grado», y el propagado luego, «el «segundo» grado. Pero las ordenanzas rabínicas añadían un tercer

8. De esto estaban exceptuadas las mujeres, Sot. iii. 8.

9. No se les permitía tampoco tener relación alguna con personas que tuvieran enfermedades o inmundicia distintas de la lepra. Pes. 67 *a*.

10. Éstas eran consideradas como amuralladas desde los días de Josué, Kel. i. 7, y su santidad igual a la del campamento de Israel y mayor que la de las ciudades no amuralladas.

11. La Mishnah declara que las partes siguientes no quedan afectadas por la lepra: el interior del ojo, la oreja, la nariz y la boca, los pliegues de la piel, especialmente los del cuello, debajo de las mamas de las mujeres, el sobaco, la planta de los pies, las uñas, la cabeza y la barba (Neg. vi. 8).

12. Michaelis ve toda la cuestión principalmente desde el punto de vista de la higiene pública o sanidad.

13. Esta teoría es propuesta, aunque creo, de modo vacilante, por Strauss (vol. 2, pp. 56, 57). Ha sido contestada de modo satisfactorio por Volkmar (Marcus, p. 110).

14. Detallados en Neg. i. 1-4; ii. 1; iii. 3-6; vii. 1; ix. 2, 3.

15. Indudablemente, el tratamiento filosófico más profundo de este tema es el libro –por desgracia incompleto– de Molitor, *Philosophie d. Gesch.* (ver vol. 3, pp. 126ss., y 253ss.). El autor está imbuido probablemente de ideas de la Cábala.

16. Según Tos. Neg. vi, no había ocurrido nunca ningún caso de lepra de casa, pero se citaba en la Escritura sólo para dar ocasión a estudios legales, lo cual procuraba una recompensa divina.

grado de contaminación, y aun un cuarto y quinto.[17] Por ello, así como por lo intrincado de las disposiciones sobre la purificación, la sección míshnica sobre «limpio e inmundo» es al mismo tiempo la más larga y la más enrevesada del código rabínico, en tanto que sus disposiciones afectaban e interferían en todos los departamentos de la vida.

En el complicado código de contaminaciones la lepra no sólo era uno de los «padres o causantes de inmundicia», sino que, después del contacto con los muertos, era el más prominente de ellos. No sólo el contacto real con el leproso, sino incluso su entrada en una habitación contaminaba (Kel. i. 1-4) a todo lo que había en ella, hasta las vigas del techo (Neg. xiii. 11). Pero, aparte de esto, la dureza o temor rabínicos llevaban estas disposiciones hasta sus consecuencias lógicas más inflexibles. Ciertamente es verdad que, tanto en general como de modo especial en este caso, el Rabinismo se inclinaba a buscar el origen de las enfermedades en causas morales. «No hay muerte sin pecado, y no hay dolor sin transgresión» (Shabb. 55 *a*); «el enfermo no está curado hasta que sus pecados son perdonados» (Nedar. 41 *a*). Estos dichos se repetían con frecuencia, pero cuando se examinan de cerca no son tan espirituales como parece. Porque, primero, representan una reacción contra la doctrina del pecado original, en el sentido de que no es la caída del hombre, sino una transgresión específica, la que causa la enfermedad y la muerte, según el dicho: «No es la serpiente la que mata, sino el pecado» (Ber. 33 *a*).[18] Pero su falta total de espiritualidad aparece más claramente cuando recordamos que algunas enfermedades específicas eran adscritas a pecados particulares. Así (Ber. 5 *b*), la esterilidad y la lepra eran adscritas como castigos que proporcionan al paciente perdón de los pecados, pero que, al revés de otros castigos, no pueden ser considerados como resultado de amor ni ser recibidos con amor.[19] E incluso este modo de ver con relación a los sufrimientos (Ber. 5 *a*) va seguido inmediatamente de declaraciones tan cínicas por rabinos así afectados, como que ellos ni amaban el castigo ni su recompensa (Ber. 5 *b*). Y con respecto a la lepra, la tradición dice que como la lepra se pegaba a la casa, el vestido o la persona, estos casos tenían que ser considerados como golpes más fuertes cada vez, que seguían como avisos por haberse desatendido el previo, y se ve una referencia a esto en Proverbios 19:29 (Bemid. R. 13).[20] Se mencionan once pecados como causa de la lepra (Tanch. sobre Hammetsora 4; ed. Lemberg 2, p. 24 *a*), y entre ellos, de modo prominente, los que se originan en la lengua (*u.s.* 2, p. 23 *a*; Arach. 15 *b*; y en muchos pasajes).

Con todo, si éstos habían sido los modos de ver del Rabinismo, uno podría esperar les extendieran la compasión divina a los que llevaban esta pesada carga por sus pecados. En vez de ello, el Rabinismo incrementa sus cargas de modo innecesario. Es verdad que, envuelto en vestidos de luto, el leproso pasaba con su grito de «¡Inmundo!», cuyo objeto era incitar a los otros a que oraran por él, pero también a que le evitaran (Moed. K. 5 *a*). Nadie tenía incluso que saludarle; su cama tenía que ser baja, inclinándose hacia el suelo (*u.s.* 15 *a*). Si apoyaba su cabeza en un lugar, éste se volvía inmundo. Había que conservar una distancia mínima de seis pies (cuatro codos) de un leproso; pero si el viento venía desde su dirección, apenas bastaba con un centenar. El rabino Meir no quiso comer un huevo comprado en una calle en que había un leproso. Otro rabino se jactaba de que les había echado piedras para mantenerlos a distancia, mientras que otros se escondían de ellos[21] o se escapaban corriendo al verlos.[22] Hasta tal extremo llevó el Rabinismo su lógica inhumana al considerar al leproso como una persona en estado de luto que incluso les prohibía que se lavaran la cara (Moed K. 15 *a*).

La curación del leproso

Ahora pues, podemos apreciar, hasta cierto punto, el contraste entre Jesús y sus contemporáneos comparando su comportamiento con relación al leproso. O bien, en otro sentido, podemos juzgar por la curación de este leproso la impresión que el Salvador había causado en el pueblo. El leproso habría huido de un rabino; éste vino a Jesús en la actitud más humilde de ruego. El criticismo no debe mostrar tanto afán en la búsqueda de una explicación del relato. No había ningún precedente en el Antiguo Testamento para ello: ni en el caso de Moisés, ni aun en el de Eliseo, y no había expectativa judía para ello. Pero el haber oído lo que Él enseñaba, el haber visto o sabido que Él curaba toda clase de enfermedades, tiene que haber llevado al corazón de este leproso la convicción de su poder absoluto. Y así se puede entender este acercarse en humilde reverencia, este clamor que tantas veces había procedido de aquellos que desesperaban de recibir otra ayuda: «Si quieres, puedes limpiarme». No es una oración, sino el tono básico de toda oración, la fe en su poder, y la entrega absoluta a Él en nuestra impotencia, en nuestra necesidad sin esperanza. Y Jesús fue movido a compasión y quiso. Casi parece que, en la misma exuberancia de su poder, Jesús, obrando en contravención a la costumbre judaica, tocó al leproso. Era apropiado que Eliseo contrariara la expectativa de Naamán de que el profeta curara su lepra tocándole con la mano. Era más apropiado incluso que Jesús sorprendiera al leproso judío tocándole, antes de haberle curado con su palabra. Y así, la experiencia siempre encuentra que en Cristo lo real está mucho más allá que lo ideal. Podemos entender que, desde su punto de vista, Strauss considerara imposible entender la curación del leproso mediante el contacto y la palabra de Jesús. Su explicación se halla en el hecho de que Él era el Hombre-Dios. Con todo, tal como nuestro interior tiende hacia Dios, y la voz de la conciencia indica que el hombre es capaz de adopción en la familia de Dios, también el poder marcado que la mente tiene en el caso de enfermedad sobre el cuerpo indica una capacidad superior en el Hombre perfecto, el Hombre ideal, el Hombre-Dios, para vencer la enfermedad por medio de su voluntad.

---

17. En esto he seguido, o más bien resumido, a Maimónides. Es naturalmente imposible entrar en detalles.

18. La historia de la cual este dicho es la moraleja, es la de que el gran obrador de milagros Chanina ben Dosa aplastó una serpiente sin que sufriera daño de ello. Pero no puedo por menos que ver aquí un *double entendre;* por una parte, ni aun la serpiente podía causar daño a uno como Chanina y, por otra, la aplicación más amplia a la causa real de la muerte: no nuestro pecado original, sino el pecado específico de cada uno.

19. La Midrash enumera a cuatro en esta categoría: los pobres, los ciegos, los estériles y los leprosos.

20. De Zacarías 14:12 se infiere que esta lepra afectaría a los gentiles incluso en la edad mesiánica (Tanchuma, Tazria, final).

21. Vayyik. R. 16 (la lepra es puesta aquí en relación con la calumnia).

22. Y con todo, el simbolismo judaico vio en los sufrimientos de Israel y la destrucción del Templo el cumplimiento real del castigo de la lepra, con sus ordenanzas correspondientes, mientras que también halló en la curación de esta enfermedad y las disposiciones para declarar curado al leproso una analogía estrecha a lo que sucedería en la restauración de Israel (Vayyik. R. 15, 17; Yalk. i., pp. 551, 563).

«'A menos que veáis señales y portentos, no creeréis'; 'una generación mala y adúltera que busca señales'; 'bienaventurado el que cree sin necesidad de haber visto'; todas ellas son exclamaciones de Aquél que 'lanzó un hondo suspiro', cuando abrió los oídos a un sordo (Mr. 7:34), y que mandó a sus apóstoles que buscaran cosas más elevadas y mejores que el poder sobre las enfermedades y los espíritus malos».

Jesús se enfrenta y vence al demonio, expulsándolo de aquellos que él ha elegido como posesión suya. Esto se quiere representar en este relieve de marfil del siglo XI. (Hessisches Museum)

No es tan fácil, a primera vista, entender por qué Cristo despidió con tanta insistencia, casi vehemencia, al leproso curado, casi podríamos decir «le echó».[23] Ciertamente, no fue porque Él desaprobara su acto de adoración (como sugiere erróneamente Volkmar). Antes bien colegimos, una vez más, que el Hombre-Dios rehusó aceptar la fama relacionada con sus milagros –especialmente éste–, que, como hemos visto, eran más una necesidad externa e interna que un método preferente en su misión. No debía ser así –seguido por una multitud curiosa y apretujado por espectadores o aspirantes a beneficios temporales– que había de ser predicado o fomentado el Reino de los Cielos. Éste habría sido el modo con que habría procedido un Mesías judío, y habría acabado en su proclamación como rey por parte del populacho. Pero, cuando estudiamos el carácter de Cristo, no hallamos contraste al mismo más estridente, y aun penoso, que una escena semejante. Y así leemos que, a pesar de la orden del Salvador al leproso curado, de que guardara silencio –y quizá, como podríamos esperar, debido a ello, el leproso aún lo dio más a conocer, aunque en realidad es difícil concebir que la cosa hubiera quedado en silencio–, el resultado fue que Jesús ya no podía entrar en las ciudades, sino quedarse en lugares apartados, a los que la gente acudía a Él procedente de todas partes. Y en su retiro, Él hablaba, sanaba y «oraba».

Sin embargo, se puede sugerir otro motivo para explicar la conducta de Jesús. La orden de guardar silencio que le dio se combinó con la de presentarse al sacerdote y someterse a los requerimientos rituales de la Ley mosaica en tales casos.[24] No es necesario, prácticamente, refutar la idea de que en esto Cristo fue impulsado por su deseo de ver al antiguo leproso restaurado a la sociedad, o bien por el deseo de que alguno de sus milagros fuera reconocido oficialmente, para poder apelar al mismo más tarde. Sin hablar de cuán diferente es esto del modo de obrar de Cristo, en realidad Él no apeló a ello, y el leproso curado desaparece enteramente de los Evangelios. Y, con todo, su conformidad a la Ley mosaica había de ser «un testimonio a ellos». El Señor no quería que se quebrantara la Ley de Moisés, ciertamente, y ésta habría sido infringida, no sobreseída, si Él mismo hubiera quebrantado sus disposiciones antes que su muerte, ascensión y la venida del Espíritu Santo hubieran dado lugar a su cumplimiento.

Pero hay algo más aquí. El curso de esta historia nos muestra que la ruptura abierta entre Jesús y las autoridades judías había de conducir a consecuencias prácticas. Por parte de las autoridades judías llevó a medidas de hostilidad activa. Las Sinagogas de Galilea ya no fueron escenas sosegadas de su enseñanza y milagros; su palabra y hechos ya no fueron pasados por alto, sino desafiados. Nunca se les habría ocurrido a estos galileos, cuando se rendían de modo implícito al poder de sus palabras, poner en duda su ortodoxia. Pero ahora, inmediatamente después de este suceso, vemos que le acusan de blasfemia (Lc. 5:21). Ellos no habían pensado en la infracción de la Ley de Dios cuando en aquel sábado había curado a algunos en la Sinagoga de Capernaum y en la casa de Pedro; pero después de esto pasó a ser pecaminoso el hacer objeto de un acto de misericordia semejante en sábado al que tenía la mano paralizada (Lc. 6:7). Ellos nunca habían visto nada malo en la condescendencia de su trato con los pobres y los necesitados; pero ahora trataron de minar la fidelidad inicial de sus discípulos acusándole de entrar en relación impropia con publicanos y pecadores (Lc. 5:30), e incitando contra Él incluso los prejuicios y las dudas de los seguidores medio iluminados de su propio precursor (Lc. 5:33). Todos estos nuevos incidentes eran debidos a una sola causa: la presencia y vigilancia hostil de los escribas y fariseos que ahora, por primera vez, aparecen en la escena de su ministerio. Por tanto, ¿es excesivo el inferir que inmediatamente después de la fiesta en Jerusalén las autoridades judías enviaron a algunos correligionarios suyos a Galilea tras Jesús, y que fue la presencia e influencia de esta delegación privada lo que dio lugar a que la oposición a Cristo ahora vaya en aumento? Si es así, entonces no sólo vemos en ello un motivo adicional para la orden que daba Cristo de que guardaran silencio ésos a quienes curaba, sino también para su propio apartamiento de las ciudades y de sus multitudes. Y asimismo, nos ayuda a entender que así como más tarde contestó a quienes Juan le había enviado para que presentaran sus dudas a Cristo, indicándoles que miraran a sus obras, también respondió a la delegación enviada por los escribas de Jerusalén para vigilarle, resistirle y arrestarle, enviándoles su propia embajada a Jerusalén, el leproso curado, para que se sometiera a los requerimientos de la Ley. Era su testimonio a ellos: el suyo, el de uno que era manso y humilde de corazón; y esto estaba de acuerdo con lo que Él había hecho y estaba haciendo. Con toda seguridad, Él, que no quebraba la caña cascada, no clamó ni levantó la voz en las calles pero trajo juicio y verdad. ¡Y en Él confiarán las naciones!

---

23. Esto, como ha mostrado Godet (comp. sobre Lucas), no implica que el suceso ocurriera dentro de una casa o en una ciudad, como suponen muchos comentaristas. Y menos en una Sinagoga, a no ser que se hubieran contravenido todas las ordenanzas y costumbres judías.

24. Las ordenanzas rabínicas sobre el ritual en estos casos se encuentran en Neg. xiv. Ver «The Temple and its Services», pp. 315-317. Había que prestar mucha atención a que el agua con que se rociaba al leproso purificado procediera de una fuente pura y corriente (seis recolecciones o tomas diferentes de agua, apropiadas a diferentes clases de impureza, que son descritas en Miqv. i 1-8). De Parah viii. 10 colegimos que, entre otros ríos, incluso el Jordán no era considerado bastante puro, porque entraba en su corriente agua de arroyos o torrentes que no se consideraban legales para la purificación.

Capítulo 16

(Mateo 9:1-8; Marcos 2:1-12; Lucas 5:17-26)

El regreso a Capernaum

Es un ejemplo notable de la reserva de los relatos de los Evangelios el que del segundo viaje de Jesús por Galilea no se menciona ningún otro suceso especial que la curación del leproso. Y parece también indicar que este milagro fue seleccionado con un propósito especial. Pero si, como hemos sugerido, después de la fiesta desconocida la actividad de Jesús asumió un carácter nuevo, al que por falta de un nombre mejor llamamos antijudaico, podemos percibir la razón de ello. La curación del leproso fue registrada en calidad de tipo. Con esto está de acuerdo todo lo que sigue. Porque el Rabinismo, que se consideraba por confesión propia como impotente frente a la muerte viva de la lepra, tampoco tenía palabra de perdón que decir a la conciencia cargada por el pecado, ni tampoco palabras con las que dar la bienvenida al pecador. Y éste es precisamente el significado esencial de los dos sucesos que la historia del Evangelio coloca después de la curación del leproso: el perdón de los pecados en el caso del paralítico, y la bienvenida al principal de los pecadores, en la llamada a Leví-Mateo.

Estamos aún avanzando bajo la guía de Marcos,[1] tanto por lo que se refiere al orden de los sucesos como a sus detalles. Y aquí es digno de notar que el relato de Marcos confirma el de Juan (Jn. 5) respecto a lo que ocurrió en la fiesta desconocida. No que un evangelista lo derivara del otro. Pero si establecemos la veracidad del relato de Juan 5, que no es confirmado por los Sinópticos, reforzamos no sólo la evidencia en favor del cuarto Evangelio en general, sino la de uno de sus puntos de mayor dificultad, puesto que esta enseñanza tan avanzada por parte de Jesús y esta hostilidad desarrollada por parte de las autoridades judías son cosas que con dificultad se podrían esperar en un estadio tan inicial. Pero cuando comparamos el lenguaje usado por Marcos con el relato de Juan 5, aparecen de modo prominente por lo menos cuatro puntos de contacto.

Sobre el perdón de los pecados

Porque, primero, la acusación tácita de los escribas (Mr. 2:6, 7) de que al perdonar pecados Jesús blasfemaba porque se hacía igual a Dios, tiene su contrapartida exacta en una acusación similar contra Él en Juan 5:18, que encendió en ellos el deseo de matar a Jesús. En segundo lugar, como en aquel caso la respuesta final de Jesús señala a «la autoridad» (ἐξουσία) que el Padre le había dado para la administración de justicia divina en la tierra (Jn. 5:27), así también en la curación del paralítico tenía que mostrar a los escribas que Él tenía la «autoridad» (ἐξουσία) que el Padre le había dado para dispensar en la tierra el perdón de los pecados, que los judíos consideraban rectamente que era una prerrogativa divina. En tercer lugar, las palabras que Jesús dijo al paralítico: «Levántate, toma tu lecho y anda» (Mr. 2:9) son exactamente las mismas que se dice (Jn. 5:8) son usadas por Él cuando cura al inválido en el estanque de Betesda. Finalmente, tanto en las palabras que Jesús dirigió a los escribas cuando curó al paralítico como en las de la fiesta desconocida, hizo una apelación final a sus obras como evidencia de que Él había sido enviado por el Padre, y recibido de Él la «autoridad» que Él estaba reclamando (Jn. 5:36; comp. Mr. 2:10). Sería del todo irracional considerar esto como coincidencias, y no como referencias. Y su fuerza evidencial se refuerza cuando recordamos la ausencia completa de designio por parte de Marcos.[2] Pero esta correspondencia no sólo apoya la veracidad de los dos relatos independientes de Marcos y Juan, sino que también confirma el orden histórico en que hemos escalonado los sucesos, y la sugerencia de que, después del encuentro en la fiesta desconocida, las autoridades de Jerusalén habían enviado representantes para que vigilaran, se opusieran y, si fuera posible, entramparan a Jesús.

En otro sentido, también, el orden de los sucesos, tal como lo hemos trazado, parece confirmar el relato de la curación del paralítico. El segundo viaje de Jesús por Galilea comenzó en el otoño; el regreso a Capernaum tuvo lugar «después de días», que en la fraseología judaica común (לימים, Wetstein *in loc.*) significaba un intervalo considerable. Consideramos, pues, que ocurrió en invierno, lo cual explicaría el retorno de Cristo y su enseñanza en la casa en Capernaum. Porque tan pronto «como oyeron que estaba en la casa» o, como algunos traducen, «que Él estaba en casa», muchos acudieron a la casa de Pedro, que en aquel período sería «la casa» u «hogar» temporal del Salvador, de modo que se llenó hasta los topes el limitado espacio disponible, y la multitud se apiñaba a la puerta y más allá. La impresión general que produce en la mente es que esta audiencia se hallaba más bien en un estado de indecisión que de simpatía con respecto a Jesús. Incluía a «fariseos y doctores de la Ley», que habían venido a propósito de las ciudades de Galilea, de Judea y de Jerusalén. Éstos ocupaban las habitaciones principales, pues estaban «sentados», sin duda, cerca de Jesús. Su influencia tiene que haber sido sentida por el pueblo. Aunque atraídos de modo irresistible por Jesús, se mezclaría un elemento de curiosidad, si no de duda, en sus sentimientos al ver allí a sus dirigentes, a quienes, por una larga costumbre, miraban con veneración supersticiosa. Si se me permite decirlo, era como la reunión de Israel sobre el Carmelo para presenciar la contienda entre Elías y los sacerdotes de Baal.

---

1. Lucas sigue el mismo orden. Por la conexión entre Marcos y Pedro, ya podíamos esperar de modo natural un relato más pleno de este ministerio inicial de Capernaum en el segundo Evangelio.

2. Naturalmente, los críticos negativos no pretenden que el cuarto Evangelio pida prestado material a Marcos. Al contrario, las diferencias supuestas en la forma y espíritu entre los Sinópticos y el cuarto Evangelio forman lo principal de los argumentos en contra de la autenticidad de este último. Con relación al capítulo 5 de Juan, el doctor Abbott escribe (Art. «Gospels», *Encycl. Brit.*, p. 833): «La parte del discurso con el que Cristo se describe a sí mismo en presencia de la multitud, diciendo que ha recibido todo poder para juzgar y para resucitar a los muertos, no tiene semejanza alguna con los relatos sinópticos» –excepto Mateo 11:27; Lucas 10:22–, y «esto fue dicho de modo privado ante sus discípulos». Para completar la ironía del criticismo, el doctor Abbott contrasta la «fe de los Sinópticos», tal como este entusiasmo casi físico de confianza ante la presencia de Jesús, que permite que los miembros del paralizado den la respuesta física debida al choque emocional consiguiente a la palabra «Levántate», de modo que la fuerza de este choque del paralítico es capaz de sacudir la enfermedad de muchos años, con la fe, tal como la presenta el cuarto Evangelio.

Aunque en manera alguna sea necesario para comprender el suceso, al menos es útil procurar hacerse cargo de la escena. Podemos figurarnos al Salvador «explicando la Palabra» a aquella multitud interesada y aun anhelante, que pronto se olvidaría incluso de la presencia de los escribas observadores. Aunque sabemos bastante de la disposición de las casas judías, tenemos dificultad para saber exactamente qué lugar ocupaba el Salvador en esta ocasión. Las reuniones para estudio y discusión religiosa se celebraban con certeza en la *Aliyah* o aposento alto (Shabb. i. 4; Jer. Sanh. 21 *b*; Jer. Pes. 30 *b* y otros). Pero por muchas razones esta localización es totalmente inapropiada a los requerimientos de este relato. Hay que hacer objeciones similares a la idea de que era la sala de delante de una de las casas ocupadas por los pobres. No hay ninguna razón para suponer que la casa ocupada por Pedro era uno de estos edificios bajos que formaban las casas de los muy pobres. En todo caso, tiene que haber constado, además de una sala de familia grande, de habitaciones para Pedro y su esposa, para la suegra de Pedro y para Jesús, que era un huésped honrado. La Mishnah dice que una casa es pequeña cuando tiene 9 pies de largo por 12 de ancho, y es grande cuando tiene 12 de largo por 15 de ancho. Añade que un comedor tiene 15 pies en cuadro, siendo la altura computada siempre como la mitad de la longitud y la anchura (Bab. B. vi. 4). Pero estos informes parecen más bien aplicarse a una sola habitación. Son parte de una discusión legal, en la cual se hace referencia a un edificio que debía ser erigido por un individuo para su hijo al casarse o como habitación para una hija que había enviudado. Otra fuente de información se deriva de lo que sabemos era el precio del alquiler de casa. Leemos (en Jer. Keth iv. 14, p. 29 *b*) de una casa que costaba diez dinars (de oro, naturalmente), lo cual haría el precio 250 dinars de plata, o sea, entre 7£ y 8£ en nuestra moneda. El alquiler de una casa pequeña ha de ser considerado de 7 a 28 chelines al año (Tos. B. Mets. c. iv. 2), mientras el de una casa grande se calculaba en unas 9£ al año (*u.s.*, c. viii. 31, ed. Z.) y el de un patio en unos 14 chelines al año (Bab. Mets. v. 2).

Todo esto tiene cierto interés. Pero lo que sí sabemos es que la casa de Pedro no podía haber sido «pequeña». La consideramos como una de las moradas respetables de la clase media. En este caso, todas las circunstancias están plenamente de acuerdo con los Evangelios. Jesús está presentando la Palabra de pie, en una galería cubierta que procede del patio de esta casa y se abre a las distintas habitaciones. Quizás está de pie dentro de la entrada de la habitación de los invitados, en tanto que los escribas están sentados dentro de esta habitación o junto a Él en el corredor o galería. El patio delante de Él está lleno de gente que llega hasta la calle. Todos están escuchando atentos al Maestro, cuando de repente se acerca un grupo de hombres que traen a un paralítico en unas angarillas. Había acabado siendo una escena común el ver a enfermos llevados así a Jesús, por lo que ya no atraía la atención de modo especial. Sin embargo, es difícil concebir que si la gente hubiera llenado sólo una habitación o se hubiera apiñado alrededor de la puerta, no habría sido posible hacer pasar al enfermo, o que alguno de los que lo traían no habría podido llegar a la vista de Cristo y llamar su atención. Pero con el patio lleno hasta la calle todo esto era imposible. En circunstancias tales, ¿qué podían hacer? El acceso a Jesús era simplemente imposible. ¿Tenían que esperar hasta que se dispersase la multitud, o esperar otra ocasión más conveniente? Solamente podían haber obrado así quienes no tenían idea de lo que era una necesidad verdadera y, por tanto, lo precioso de aquella oportunidad. Los que traían al paralítico estaban convencidos en su corazón de que Jesús podía curarle, y que lo haría. Tienen que haberlo sabido por otros. Han de haberlo presenciado ellos mismos en otros casos. Y el corazón del paralítico estaba lleno de la misma convicción, como podemos deducir de las primeras palabras que Jesús le dijo; pero dentro de él pesaba un terrible temor, nacido de la creencia judaica de que sus pecados podían impedir su curación. Y esto le pondría doblemente ansioso de no perder la oportunidad presente.

Así que rápidamente tomaron una decisión. Si no lograban acercarse a Jesús con su carga, podían hacérsela descender ante sus pies. Fuera de la casa (lo mismo que dentro) hay una escalera que lleva hasta el tejado. Pueden ascender por ella al tejado, o bien llegar al mismo por lo que los rabinos conocían como la «ruta de los tejados» (Jos., *Ant.* xiii.5.3; Bab. Mets. 88 *a*), o sea, saltar de un tejado a otro si las casas son adyacentes en la misma calle. En las casas, el tejado en sí –que en realidad es un terrado– estaba formado por tierra apisonada o cascotes, y pavimentado con ladrillo, piedra u otra sustancia dura, rodeado por una balaustrada que, según la Ley judaica, debía tener al menos tres pies de altura. No es posible imaginar que los portadores del enfermo empezaran a escarbar para abrir un boquete en el terrado, aparte de los inconvenientes y molestias serias que esto habría causado a los que estaban debajo. Pero esta objeción desaparece si consideramos que no se trataba del tejado principal de la casa, sino del de un corredor o galería, y que era allí donde se encontraba Jesús. Esto, como es natural, podía haberse realizado fácilmente desde arriba. En este caso habría sido relativamente fácil sacar las tejas que cubrían el tejado, y entonces, por la abertura y por entre el marco de las vigas y otros soportes de las tejas, hacer descender su carga a los pies de Jesús. Todo esto, si lo hacían cuatro hombres fornidos, podía ser obra de unos pocos minutos. Pero podemos imaginar lo ocurrido: la interrupción en el discurso de Jesús, y la sorpresa que causaría en la multitud ver que se abrían las tejas y asomaba una camilla que descendía ante sus ojos. Pronto habría brazos que se extenderían para sostenerla y acompañarla sin riesgo al suelo. Y en la camilla se hallaba un hombre paralizado, con cara ansiosa y ojos resplandecientes dirigidos a Jesús.

La curación del paralítico

Tiene que haber sido una vista maravillosa, incluso en aquel tiempo y circunstancias en que lo maravilloso se puede decir que había venido a ser el pan de cada día. Esta energía y decisión de fe excedía todo lo que se había visto hasta entonces. Jesús lo vio y habló. Porque hasta ahora los labios pálidos del paciente no habían pronunciado su petición. Creía verdaderamente en el poder de Jesús para curar, con toda la certidumbre que proclamaba no sólo su determinación para hacerse poner a los pies de Jesús, sino sufrir cualquier molestia o circunstancia por nueva o extraña que fuera. Se necesitaba verdadera fe para vencer todos los obstáculos en el caso presente; y todavía más fe tanto para concentrarse así y olvidarlo todo como para ser descendido de un techo, a través de un boquete abierto entre las tejas, en medio de una asamblea. Y el fulgor de su fe brillaba aún más claramente a causa de la cerrazón y nubes de incredulidad que había en la mente de aquellos escribas que habían venido a vigilar y entrampar a Jesús.

Hasta ahora nadie había dicho palabra, porque el silencio de la expectación había caído sobre todos. ¿*Podía* Él ayudarle, y, si podía, *querría* hacerlo, y *qué* era lo que haría? Pero Él, que percibe los pensamientos antes de pasar a palabras, sabía que en el paralítico no sólo había fe, sino temor también. De ahí que sus primeras palabras fueron: «Ten ánimo, hijo» (Mt. 9:2). Jesús había ido más allá del burdo punto de vista judaico, ciertamente, según el cual el sufrimiento sería una expiación del pecado. Se decía entre los rabinos que si la pérdida de un ojo o de un diente libraba a un esclavo de su esclavitud, mucho más los sufrimientos de todo el cuerpo libraban al alma de la culpa; y además, que la misma Escritura indicaba esto por el uso de la palabra «pacto», tanto en conexión con la sal que hacía los sacrificios aptos para el altar (Lv. 2:13) como con los sufrimientos (Dt. 28:69 *b*), que hacían lo mismo para el alma limpiándola de pecado (Ber. 5 *a*). Podemos creer fácilmente que, tal como muestra la experiencia atestiguada de los rabinos (Ber. 5 *b*), estos dichos no procuraban alivio al cuerpo ni consuelo al alma de los que realmente sufrían. Pero había otra idea judaica que estaba todavía más profundamente enraizada, contenía más verdad en sí y podía tener más influencia en el alma, especialmente en presencia de la santidad evidente de Jesús, a saber: que la recuperación no sería concedida al enfermo, a menos que primero le hubieran sido perdonados los pecados (Ned. 41 *a*). Fue a esta necesidad profunda del paciente que tenía delante, por más que él no se diera cuenta de ella de modo claro, a la que se dirigió Jesús cuando con palabras tiernas le dio el perdón del alma, y no ya como algo que ocurriría, sino como un hecho que ha tenido lugar: «Hijo, tus pecados te han sido perdonados».[3] Deberíamos admitir, casi, que Él tenía que decir primero estas palabras antes de curarle: necesarias en el orden de cosas psicológico, necesarias también si la enfermedad interior tenía que ser sanada, y porque la afección interior –o parálisis del alma– en la conciencia de culpa tenía que ser apartada antes de poder ser quitada la exterior.

En otro sentido, también había una mayor necesidad de la palabra que trajera el perdón antes de darle la curación. Aunque no hay que suponer por un momento que en lo que Jesús hizo había una intención primaria con relación a los escribas, sin embargo aquí también, como en todos los actos divinos, la adaptación sin designio y las consecuencias sin designio son tan apropiadas como lo que nosotros llamamos designado. Porque para Dios no hay pasado ni futuro, ni inmediato ni mediato, sino que todo es uno, un presente eterno saturado de Él. Recordemos que Jesús estaba en presencia de aquellos en quienes los escribas tenían intención de producir desconfianza, no en su poder de curar la enfermedad –puesto que éste era patente a todos–, sino en su persona y autoridad; que quizá estas dudas ya habían sido estimuladas. Y aquí merece noticia especial el que, al hablar primero de perdón, Cristo no sólo presentó el aspecto moral más profundo de sus milagros en contra de su adscripción a la magia o a un agente satánico, sino que también estableció exactamente la pretensión respecto a su persona y autoridad que ellos procuraban invalidar. En este perdón de pecados Él presentaba su persona y autoridad como divinas, y lo demostró mediante el milagro de curación que siguió inmediatamente. Si las dos cosas hubieran sido invertidas, habría habido evidencia, realmente, de su poder, pero no de su personalidad divina ni de que tenía autoridad para perdonar pecados; y esto, no el hacer milagros, era el objeto de su enseñanza y misión, de la cual los milagros eran una evidencia secundaria.

Así, el razonamiento interno de los escribas,[4] que era patente y conocido para Jesús que lee todos los pensamientos,[5] dio como resultado precisamente lo opuesto de lo que ellos habían esperado. Lo más impropio, verdaderamente, era el sentimiento de desprecio que podemos notar en sus palabras cuando las leemos: «¿Quién es éste que habla blasfemias?». Y desde su punto de vista tenían razón, porque sólo Dios puede perdonar pecados; y este poder no ha sido delegado nunca a hombre alguno. Pero, ¿era Él un mero hombre, aunque fuera el más honrado de todos los siervos de Dios? Era hombre, verdaderamente; pero «el Hijo del hombre»[6] en el sentido enfático y bien entendido de ser el Hombre representativo que había de traer nueva vida a la humanidad; el segundo Adán, el Señor del cielo. Parecía fácil decir: «Tus pecados han sido perdonados». Pero para Él, que tenía «autoridad» para hacerlo en la tierra, no era más fácil ni más difícil que decir: «Levántate, toma tu lecho, y anda». Con todo, esto último y con toda seguridad demostró lo primero y le dio, a la vista de los hombres, una realidad indiscutible. Y así, fueron los pensamientos de aquellos escribas, que, en cuanto se aplicaban a Cristo, eran «malos» –puesto que le imputaban blasfemias a Él–, los que dieron ocasión para ofrecer una evidencia real de aquello que ellos impugnaban y negaban. De ninguna otra manera podía ser alcanzado el objeto, tanto de los milagros como de este milagro especial, como por medio de los «malos pensamientos» de estos escribas, cuando, milagrosamente puestos a la luz, manifestaron la duda posible más secreta y señalaron la más alta de todas las cuestiones con respecto a Cristo. Y así ocurrió una vez más que la ira del hombre redunda en su alabanza.

«Y el resto de la ira él reprimió». Cuando el paralítico curado se levantó lentamente y, todavía en silencio, enrolló su camilla, se le abrió paso entre la multitud, y todos le seguirían con ojos de asombro. Luego, del mismo modo que el asombro mezclado de temor cayó sobre Israel en el monte Carmelo cuando descendió el fuego del cielo, devoró el sacrificio, lamió el agua del foso, e incluso consumió las piedras del altar, y todos cayeron postrados y retumbó hasta el cielo el clamor de la multitud: «¡Jehová es el Dios! ¡Jehová es el Dios!», así también ocurrió entre ellos ahora a la vista de esta manifestación de la presencia divina. El asombro y el temor cayeron sobre ellos ante su Presencia, y glorificaron a Dios, y dijeron: «¡Hoy hemos visto cosas increíbles!».

3. En conformidad con el mayor número de manuscritos que tienen el verbo en tiempo *perfecto*.

4. La expresión «razonando en sus corazones» corresponde exactamente a la rabínica מהרהר בלבו, Ber. 22 *a*. La palabra הרהר se usa con frecuencia en contraposición a hablar.

5. En Sanh. 93 *b* este leer los pensamientos es considerado un cumplimiento de Isaías 11:3, y era una de las marcas del Mesías que Bar Kokhabh no poseía y por ello fue ejecutado.

6. El que la expresión «Hijo del Hombre» (בנ ארס) era bien entendida como refiriéndose al Mesías, se ve por el siguiente pasaje notable y anticristiano (Jer. Taan. 65 *b*, al fondo): «Si un hombre te dice: Yo soy Dios, miente; si dice: Yo soy el Hijo del Hombre, su fin será el arrepentirse de ello; si dice: Subo al cielo (a esto se aplica Nm. 23:19), lo ha dicho ¿y no lo hará? (o lo ha dicho ¿y no lo cumplirá?)». Realmente todo el pasaje, como se verá, es un intento de adaptar Números 23:19 a la controversia cristiana.

Capítulo 17

(Mateo 9:9-13; 10:2-4; Marcos 2:13-17; 3:13-19; Lucas 5:27-32; 6:12-19)

Vocación de Mateo. El Salvador recibe a los pecadores

Hay dos cosas en las que aparece la diferencia fundamental entre el Cristianismo y todos los demás sistemas religiosos, especialmente el Rabinismo. Y en estas dos cosas, por tanto, se halla la característica principal de la obra de Cristo; o, adoptando un punto de vista más amplio, la idea fundamental de todas las religiones. De modo subjetivo se refieren al *pecado* y al *pecador*; o, poniéndolo de modo objetivo, el perdón del pecado y la recepción al pecador. Pero el Rabinismo y todo otro sistema hasta el moderno humanitarismo –si éste se eleva en su idea de Dios hasta llegar a la del pecado, que es su sombra–, sólo puede de modo general señalar a Dios para el perdón de los pecados. Lo que aquí es meramente una abstracción ha pasado a ser una realidad concreta en Cristo. Él habla de perdón sobre la tierra, porque Él es su personificación. En cuanto a la segunda idea, la recepción del pecador, todos los demás sistemas no saben nada de darles la bienvenida hasta que, por algún medio (interno o externo), el pecador ha cesado de serlo y ha pasado a ser un penitente. Quieren hacer de él un penitente y luego ofrecerle la bienvenida de Dios; Cristo da la bienvenida a Dios en primer lugar, y luego le hace un penitente. El uno exige la vida, el otro la imparte. Y así, Cristo es el médico a quien no necesitan los que gozan de salud, pero sí los que están enfermos. Y así, Cristo no vino para llamar a los justos, sino a los pecadores, no al arrepentimiento, como dicen erróneamente muchas versiones en Mateo 9:13 y Marcos 2:17,[1] sino a Él, al Reino; y éste es el principio del arrepentimiento.

Así que cuando la enseñanza de Jesús se vuelve distintiva de la del Judaísmo, pone estos dos puntos en primer plano: el uno en la cura del paralítico, el otro en la llamada a Leví-Mateo. Y esto, además, explica sus milagros de curación por lo que respecta a la presentación mas elevada de Él como el gran Médico, mientras que da alguna comprensión en la conexión de los dos sucesos siguientes y explica su sucesión cronológica. Era apropiado que desde el mismo comienzo, cuando el Rabinismo siguió y desafió a Jesús con sus intentos hostiles, estos dos hechos espirituales fueran puestos a la luz, y esto no en forma de controversia, sino de manera positiva y práctica. Porque, tal como estas dos cuestiones del pecado y la posible relación del pecador con Dios son las dos grandes cargas para el alma en su esfuerzo ascendente hacia Dios, así la respuesta a ellas forma la sustancia de todas las religiones. En realidad, todas las penosas observancias del Rabinismo –toda la ley– eran sólo un intento de respuesta a la pregunta: ¿Cómo puede el hombre llegar a ser justo para con Dios?

La teología rabínica respecto a la doctrina del perdón, en contraste con el Evangelio de Cristo

Pero como el Rabinismo mantenía silencio y era impotente, por confesión propia, en cuanto al perdón de los pecados, del mismo modo no tenía enfáticamente ninguna palabra de bienvenida o ayuda para el pecador. El mismo término «fariseo», o «separado», implicaba la exclusión de los pecadores. Con ello estaba conforme todo el carácter del Fariseísmo: quizá deberíamos decir el del Rabinismo, puesto que los saduceos en esto estaban de acuerdo con el rabino farisaico. El desprecio y distanciamiento de la gente sin letras, que era tan característico del sistema, apareció no por el mero orgullo de su conocimiento, sino de la idea de que como «la Ley» era la gloria y privilegio de Israel –en realidad, el objeto por el cual el mundo había sido creado y preservado–, la ignorancia de ella era culpable. Así, el hombre ignorante blasfemaba de su Creador y perdía o pervertía su propio destino. Era un principio que «el ignorante no puede ser piadoso». Bajo los principios del Rabinismo todo esto era lógico, y razonable también, aunque tristemente tergiversado. El yugo del «Reino de Dios» era el alto destino de cada verdadero israelita. Sólo que para ellos consistía en una conformidad externa a la Ley de Dios, no interna: «comida y bebida», no «en justicia, paz y gozo en el Espíritu Santo». Es verdad que también se daban cuenta de que los «pecados del pensamiento» y propósito, aunque no fueran cometidos, de hecho eran «más graves incluso que los pecados del acto externo» (Yoma 29 *a*); pero solamente en este sentido la causa de cada pecado podía ser hallada en una negligencia o negación de la Ley: «ninguno peca, a menos que el espíritu del error haya entrado primero en él» (Sot. 3 *a*). Debido a ello, el castigo de la infidelidad o la apostasía en el otro mundo sería interminable, mientras que las transgresiones reales eran de duración limitada (Rosh haSh. 17 *a*. Comp. Sepher Iqqarin iv. 28).

Como la «justicia venía por la Ley», lo mismo Él retornó a la justicia por parte del pecador. De ahí que, aunque el Rabinismo no prestaba una buena recepción al pecador, la llamada al arrepentimiento y la alabanza de sus méritos era incesante. Todos los profetas habían profetizado sólo del arrepentimiento (Ber. 34 *b*). Las últimas páginas del Tratado sobre el Día de la Expiación estaban llenas de alabanzas al arrepentimiento. Y no sólo evitaba el castigo y prolongaba la vida, sino que traía bien, incluso la redención final a Israel y al mundo en general. Sobrepasaba la observancia de todos los mandamientos, y era tan meritorio como si uno hubiera restaurado el Templo y el altar y ofrecido todos los sacrificios (Vayyik. R. 7). Una hora de penitencia y buenas obras pesaba más que todo el mundo venidero. Éstas son unas pocas de las muchas afirmaciones excéntricas con las que el Rabinismo exaltaba el arrepentimiento. Pero cuando se examinan más atentamente, vemos que este arrepentimiento, que precedía a la bienvenida de invitación gratuita al pecador, era sólo otra forma de justificación por medio de las obras. Esto es, en todo caso, uno de los significados[2] del dicho rabínico que unía la Ley y el arrepentimiento y los

1. Las palabras «a arrepentimiento» son ciertamente espurias en Mateo y en Marcos. En Lucas 5:32 sí ocurren las palabras «arrepentimiento», pero, con Godet, considero que se refieren sólo a «los justos», y son usadas, en un sentido, irónicamente.

2. Sería unilateral presentar esto como el único significado, algo que, me parece, ha hecho Weber en su «System d. altsynagog. palaest. Theol.». Esto, y una cierta deficiencia de tratamiento, son fallas que afectan a este trabajo, por otra parte interesante.

presentaba como precediendo a la Creación (Pes. 54 *a*; Ber. R. 1). Otro significado parece derivarse de un modo de ver el pecado de carácter maniqueo. Según este modo de ver, Dios mismo era realmente el autor del *Yetser haRa*, o impulso malo («la ley en nuestros miembros»), de la cual había una necesidad absoluta si se quería que el mundo continuara (Yoma 69 *b;* Ber. R. 9 y otros pasajes). Por lo que el penitente era realmente «grande», puesto que su naturaleza era más fuerte en él que el «impulso malo», y la derrota del mismo por el penitente era realmente de mayor mérito que la abstinencia de pecar (Sanh. 99 *a;* Maimón. Hil. Tesh. Per. 7). Así resultaba que el verdadero penitente ocupaba en realidad un lugar más elevado: «estaba situado donde el que era perfectamente justo no podía estar». Hay, pues, obra y mérito en la penitencia; y podemos entender que «la puerta de la penitencia está abierta incluso cuando la de la oración está cerrada» (Yalk. sobre el Sal. 32, p. 101 *b*). Y que estas dos frases no son sólo consecuentes, sino que casi se cubren la una a la otra: que la liberación mesiánica vendría si todo Israel hiciera justicia (Sanh. 98 *a*), y, además, si todo Israel se arrepintiera durante un solo día (Sanh. 98 *a*; Jer. Taan. 64 *a*); o, poniéndolo de otra forma, si en Israel fueran todos santos o todos pecadores (Sanh. 98 *a*).

Ya hemos tocado el punto en que, por lo que se refiere al arrepentimiento, como antes con respecto al perdón, la enseñanza de Cristo es contraria de modo absoluto y fundamental a la de los rabinos. Según Jesucristo, cuando lo hemos realizado todo, debemos sentirnos sólo como siervos inútiles, pues hemos hecho lo que debíamos hacer (Lc. 17:10). Según los rabinos, como dice Pablo, «la justicia viene por la Ley»; y cuando se pierde, la Ley sola puede restaurar la vida;[3] mientras que según la enseñanza cristiana, sólo trae la muerte. Así había en el mismo fundamento de la vida religiosa una posición antitética entre Jesús y sus contemporáneos. ¿De dónde, pues, si no era del cielo, venía una doctrina tan nueva como la que Jesús presentó como la base de su Reino?

En un aspecto, ciertamente, las ideas rabínicas se derivaban hasta cierto punto del Antiguo Testamento, aunque por medio de una interpretación externa y, por lo tanto, falsa en su enseñanza. En el Antiguo Testamento también «el arrepentimiento» era *Teshubhah* (תשובה), «retorno»; mientras que en el Nuevo Testamento era un «cambio de modo de pensar» (μετανοια). No sería justo, aquí, decir que la expresión común para el arrepentimiento era «hacer penitencia» (עשה תשובה), puesto que junto a ella frecuentemente hallamos esta otra: «retornar en penitencia o como penitente» (בתשובה שוב). Realmente ocurren también otros términos para arrepentimiento. Así, *Tohu* (תהו) significa arrepentimiento en el sentido de lamentar, saberle mal a uno; *Charatah*, quizá, más en el de un cambio de modo de pensar; mientras que *Teyubha* o *Teshubhah* es el retorno en arrepentimiento. Con todo, según la expresión rabínica muy común, hay una «puerta de arrepentimiento» (שער תשובה תיובא) a través de la cual el hombre debe entrar, y aun cuando *Charatah* sea el pesarle a uno, el cambio de actitud mental, a lo máximo es sólo la puerta. Así, después de todo, hay más en el «hacer penitencia» de lo que parece a primera vista. De hecho, el significado pleno del arrepentimiento como *Teshubhah,* o «retorno», sólo se realiza cuando un hombre ha regresado de la negligencia y abandono a la observancia de la Ley. Por tanto, los pecados de propósito se ven como si hubieran sido no intencionales; es más, pasan a ser incluso acciones virtuosas (Yoma 86).

No estamos hablando ahora del perdón de los pecados. En realidad, el Rabinismo no sabía nada de un perdón del pecado, gratuito e incondicional, a menos que fuera en el caso de los que no tenían poder para hacer nada para su expiación. Incluso en el pasaje que exalta más el carácter gratuito y los beneficios del arrepentimiento (las últimas páginas del Tratado sobre el Día de la Expiación) hay la más penosa discusión sobre pecados grandes y pequeños, sobre el arrepentimiento por temor o amor, sobre pecados contra órdenes o contra prohibiciones; y en qué casos el arrepentimiento evitaba, o bien sólo difería, el juicio, dejando la expiación final para ser obrada por otros medios. Éstos eran: los sufrimientos personales (Ber. 5 *a, b;* Kidd. 81 *b*), la muerte (Yoma *u.s.*) o el Día de la Expiación (Yoma *u.s.* y muchos otros pasajes). Además de esto había siempre «los méritos de los padres» (en innumerables pasajes); o quizá alguna buena obra efectuada (Ab. Zar. 5 *a*), o, en todo caso, el breve período de dolor purgatorial que podía abrir la puerta de la misericordia. Éstos son los llamados «abogados» (Peraqlitin, פרקליטין) del pecador penitente. En un pasaje clásico sobre el tema (Mechil. 76 *a*) se considera el arrepentimiento en su relación con cuatro condiciones espirituales[4] que se supone son citadas, respectivamente, en Jeremías 3:22; Levítico 16:30; Isaías 22:14 y el Salmo 89:32. La primera de ellas se refiere a la infracción de una orden, con un clamor persistente e inmediato de perdón, que es concedido al instante. La segunda es la de la infracción de una prohibición, cuando, además del arrepentimiento, es requerido el Día de la Expiación. La tercera es el pecado adrede, que ha sido amenazado con la muerte o el ser desarraigado, en que, además del arrepentimiento y el Día de la Expiación, se requieren sufrimientos; mientras que en el caso de la profanación franca del Nombre de Dios, sólo puede hacer expiación la muerte (ver también Yoma 86ss.).

Pero la naturaleza del arrepentimiento todavía tiene que ser explicada de modo más pleno. Su puerta es la pena y la vergüenza (Ber. 12 *b;* Chag. 5 *a*). En este sentido, el arrepentimiento puede ser obra de un momento, «como un abrir y cerrar de ojos» (Pesiqta, ed. Bub., p. 163 *b*), y una vida de pecado puede obtener misericordia mediante las lágrimas y oraciones de unos pocos minutos de arrepentimiento (Ab. Zar. 17 *a*).[5] A esto se refiere también el hermoso dicho de que todo lo que rinde un sacrificio impropio para el altar, como el que estuviera roto, magullado, «quebrantado», hacía apto al penitente para la aceptación, puesto que «los sacrificios de Dios eran un corazón contrito y quebrantado» (Vayyik. R. 7). Al lado de lo que puede ser llamado contrición, la teología judía coloca la *confesión* (*Viddui*, וידוי). Ésta era considerada una parte integral del arrepentimiento, y a aquellos que estaban a punto de ser ejecutados (Sanh. vi. 2)

3. Esto lo dice el Rabinismo tanto en la Sepher Iqqar. como en Menor. Hammaor.

4. En *Menorath Hammaor* (Ner. v. 1. 1., 2) se consideran estas 7 clases de arrepentimiento o con respecto a diferentes condiciones: arrepentimiento inmediatamente después de la comisión del pecado; después de un curso de pecado, pero cuando aún hay el poder de pecar; cuando ya no hay ocasión de pecar; cuando es causado por la admonición o temor del peligro; cuando es causado por una aflicción real; cuando un hombre es viejo e incapaz de pecar; y, finalmente, arrepentimiento ante la perspectiva de la muerte.

5. Esto se ilustra, entre otras cosas, mediante la historia de un rabino que, al final de su vida disoluta, pasó a ser un convertido por arrepentimiento. La historia de la ocasión del arrepentimiento está llena de detalles realistas no siempre agradables, y las lágrimas con las que un colega pagado de sí mismo vio la beatificación del penitente, ilustran de modo penoso al hermano mayor de la parábola del Hijo Pródigo.

o a punto de morir (Shabb. 32 *a*) se les aconsejaba que la hicieran. Achan, antaño obtuvo el perdón de esta manera (Sanh. *u.s.*). Pero, en el caso de los vivos, todo esto sólo podía ser considerado como arrepentimiento en el sentido de ser su preparación o comienzo. Incluso si había *Charatah*, o pena por el pasado, no sería todavía *Teshubhah*, o retorno a Dios; e incluso si cambiaba un pecado propuesto en no intencional, detenía el juicio y paraba o expulsaba el ángel del mismo, dejaría todavía a un hombre sin aquellas obras que no sólo son su destino real y merecen el cielo, sino que constituyen el verdadero arrepentimiento. Porque así como el pecado es en último término el descuido de la Ley, empezando por dentro, así también el arrepentimiento es, al fin y al cabo, un retorno a la Ley. En este sentido hay una confesión más elevada y meritoria que no sólo confiesa el pecado, sino a Dios, y es por tanto un retorno interno a Dios. Así, Adán, cuando vio la penitencia de Caín, prorrumpió en este Salmo (92): «Buena cosa es confesar al Señor» (Ber. R. 22).[6] Manasés, cuando estaba atribulado, llamó a Dios y fue oído (2 Cr. 33:12, 13), aunque se añade que esto fue sólo para demostrar que la puerta del arrepentimiento estaba abierta a todos. En realidad, los ángeles habían cerrado las ventanas de los cielos contra sus oraciones, pero Dios abrió un lugar para que pudieran entrar bajo su trono de gloria (Debar. R. 2, ed. Vars., p. 7 *a*; comp. Sanh. 102 *b*, últimas líneas, y 103 *a*). De modo similar, incluso Faraón, quien según la tradición judía hizo en el mar Rojo confesión a Dios (Éx. 15:11), fue preservado, pasó a ser rey de Nínive, y así llevó a los ninivitas al genuino arrepentimiento, que realmente consistía no sólo en saco y ayuno, sino en restitución, de modo que cada uno que había robado una viga derribaba todo su palacio para restaurarlo (Taan. 16 *a*).

Pero, después de todo, el arrepentimiento interno únicamente detenía los secretos de la justicia (Rosh. haSh. 17 *b*). Lo que realmente ponía al penitente en la relación recta con Dios eran los *buenos hechos*. El término debe ser tomado aquí en su sentido más amplio. El *ayuno* es meritorio en un triple sentido: como la expresión de humillación (Bab. Mez. 85 *a*); como una ofrenda a Dios, similar al sebo de los sacrificios en el altar, pero mejor (Ber. 17 *a*); y para prevenir nuevos pecados, al disciplinar y abatir el cuerpo. Un punto de vista similar puede ser tomado de las penitencias autoinfligidas (Bab. Mez. 85 *a*).[7] Por otra parte, había restitución a aquellos a quienes se había perjudicado, aunque a veces no se insistía en ello, con miras a estimular a los penitentes. Es más, lo restituido ha de ser incluso más de lo debido en la ley estricta (ver la discusión en Bab. Mez. 37 *a*). A esto hay que añadir el reconocimiento público de los pecados públicos. Si una persona había pecado en una dirección, no sólo tenía que evitarlo en el futuro, sino esforzarse en obrar más aún en la dirección opuesta, o vencer el pecado en las mismas circunstancias de la tentación. Más allá de todo esto había las que eran realmente *buenas obras*,

«Como la 'justicia venía por la Ley', lo mismo Él retornó a la justicia por parte del pecador. De ahí que, aunque el Rabinismo no prestaba una buena recepción al pecador, la llamada al arrepentimiento y la alabanza de sus méritos era incesante. Todos los profetas habían profetizado sólo del arrepentimiento (Ber. 34 b). Las últimas páginas del Tratado sobre el Día de la Expiación estaban llenas de alabanzas al arrepentimiento. Y no sólo evitaba el castigo y prolongaba la vida, sino que traía bien, incluso la redención final a Israel y al mundo en general».

En esta pintura sobre tabla de pintor judío anónimo, se representa el paso del mar Rojo y aparece representado Moisés. Este poético episodio lo mencionan actualmente los fieles en un canto colectivo del sábado judaico. (Museo del arte ritual judaico, Venecia)

6. Otra hermosa alegoría es que cuando Adán estaba atemorizado, al cerrarse la noche sobre su culpa, Dios le dio dos piedras para que las frotara la una con la otra, lo cual produjo la chispa de luz; el frotar dos piedras es simbólico del arrepentimiento (Pes. 54 *a*; Ber. R. 11, 12).

7. Bab. Mez. 84 *b* (citado por Weber) no puede ser considerado un caso. Toda esta parte del Talmud es especialmente repugnante, llena de historias groseras, absurdas y de mal gusto. Como ejemplo, en Bab. Mez. 85, un rabino trata de sentarse sobre el fuego de un horno, para ver si ha pasado a ser inmune al fuego de la Gehena. Durante treinta días todo fue bien, pero después de esto notó que tenía las posaderas chamuscadas, de donde se le llamó «el de las posaderas asadas».

במצותיו וצונו לישב בסכה
ברוך אתה אלהינו מלך העולם שהחיינו וקימנו
והגיענו לזמן הזה

o sea, el ocuparse de la Ley (Vayyik. R. 3, hacia el final) o hechos externos, que constituían el arrepentimiento perfecto. Así leemos (en B. Bab. 10 *a*) que cada vez que Israel daba limosna o hacía algún acto de bondad, causaba gran paz en este mundo, y procuraba grandes paracletos entre Israel y su Padre en el cielo. Más aún, se nos dice (Vayyik. R. 25, comienzo, ed. Vars., p. 38 *a*) lo que debe hacer un pecador si quiere ser perdonado. Si estaba acostumbrado a leer diariamente una columna de la Biblia, que lea dos; si aprendía un capítulo de la Mishnah, que aprenda dos. Pero si no es bastante instruido para hacer ni lo uno ni lo otro, que pase a ser administrador de la congregación, o distribuidor público de limosnas. Es más, hasta tal punto se llevaba la doctrina del mérito externo, que el ser enterrado en la tierra de Israel se suponía que implicaba el perdón de los pecados (Tanch. sobre Gn., cap. 48). Esto puede ilustrarse, finalmente, por un ejemplo que proyecta alguna luz sobre la parábola del Rico y Lázaro. El rabino Simeón ben Lakish, cuando era joven, había estado asociado con los ladrones. Pero se arrepintió, «volvió a su Dios de todo su corazón con ayuno y oración, estaba temprano y tarde delante de Dios y se ocupaba de la Torah (ley) y los mandamientos». Más adelante, tanto él como sus antiguos compañeros murieron, y entonces él se vio en la gloria y ellos en el infierno más profundo. Y cuando los ladrones recordaron a Dios que para Él no había acepción de personas, Él les señaló la penitencia del rabino y la penitencia de ellos. Entonces ellos le pidieron una tregua para que pudieran hacer «buena penitencia», pero se les dijo que no había lugar para arrepentimiento después de la muerte. Esto se corrobora por medio de una parábola en la cual un hombre, que está a punto de ir al desierto, debe procurarse pan y agua mientras se halla en un lugar habitado, para no perecer en el desierto.

Así, en un aspecto u otro, la enseñanza sobre la necesidad de arrepentimiento por los rabinos va paralela a la de la Biblia. Pero la diferencia vital entre el Rabinismo y el Evangelio se halla aquí: que mientras Jesucristo invita gratuitamente a todos los pecadores, sea cual sea su pasado, asegurándoles gracia y buena recepción, la última palabra del Rabinismo es sólo desesperanza y cierta clase de pesimismo. Porque se declara de modo expreso y repetido que en el caso de determinados pecados, y de modo característico el de herejía, incluso si un hombre se arrepiente de modo verdadero y genuino tiene que esperar inmediatamente la muerte; en realidad, su muerte sería la evidencia de que su arrepentimiento era genuino, dado que, aunque un tal pecador podía volverse de su mal, le sería imposible, si viviera, echar mano de lo bueno, retenerlo y hacerlo (Ab. Zar. 17 *a*).

Es a la luz de lo que ya hemos dicho con respecto a los puntos de vista rabínicos sobre el perdón y el arrepentimiento que tenemos que entender la llamada de Leví-Mateo si queremos percibir su pleno significado. No hay necesidad de suponer que tuvo lugar inmediatamente después de la cura del paralítico. Por el contrario, el relato más detallado de Marcos implica que había transcurrido algún tiempo (Mr. 2:13, 14). Si estamos en lo cierto –que era invierno cuando fue curado el paralítico en Capernaum–, podemos suponer que fue al principio de la primavera en este lisonjero distrito cuando «Jesús salió de nuevo a la orilla del mar». Y, como podremos ver, la sucesión de los acontecimientos está en completo acuerdo con esto.

Habría pocos, si es que había alguien, que hubieran tenido mejores oportunidades que Leví-Mateo para escuchar y pensar con calma sobre la enseñanza del profeta de Nazaret. No tiene interés especular cuál de los dos nombres era el original, o si el segundo fue añadido después de su conversión, puesto que en Galilea era común tener dos nombres, uno estrictamente judío, y otro galileo (Gitt. 34 *b*). Y tampoco nos admiramos de que más adelante el primer nombre, puramente judío, de *Leví* fuera abandonado y que sólo se retuviera el de Mateo *(Matti, Mattai, Matteya, Mattithyah)*. Este último es el equivalente de Natanael, o del griego Teodoro (don de Dios), y era muy frecuente, al parecer. Leemos que era el nombre de un antiguo oficial del templo (Sheq. v. 1) y el de varios rabinos (Eduy. ii. 5; Yoma 84 *a*). Quizá es de más interés el que el Talmud (Sanh. 43 *a*) nombre cinco Mateos como discípulos de Jesús, y entre ellos, estos dos a quienes podemos identificar claramente: Mateo y Tadeo.

Vocación de los doce apóstoles

Sentado ante la mesa de impuestos, tal como estaba el día en que le llamó Jesús, Mateo tiene que haber oído frecuentemente cuando Él enseñaba junto a la orilla del mar. Porque éste sería el mejor lugar para su propósito y, por tanto, el que escogería. Allí le podría seguir fácilmente no sólo la multitud de Capernaum, sino que era el lugar en que desembarcaban los muchos barcos que atravesaban el lago o hacían escala, al costear, de ciudad en ciudad. Y esto no sólo para los que tenían negocios en Capernaum o cercanías, sino también para los que después emprenderían la gran ruta del comercio oriental que iba desde Damasco a los puertos de Occidente. Tocaba el lago en aquel punto y luego se volvía hacia el norte y el oeste, para unirse a lo que se llamaba la carretera de la Alta Galilea.

Sabemos mucho, pero en lo que se refiere a detalles quizá muy poco respecto a estas «tarifas de aduanas, impuestos o portazgos» que hacían la administración romana tan penosa, una carga y exacción tan vejatoria para todos los «provinciales», que en Judea el mismo nombre de publicano o cobrador de impuestos era objeto de desprecio y aborrecimiento. Los que albergaban las más graves dudas religiosas respecto a la legitimidad de pagar tributo alguno a César, por el hecho de implicar en principio reconocimiento a una servidumbre a la que de buena gana habrían cerrado los ojos, y la sustitución de la realeza de Jehová por la de un emperador pagano, tienen que haber considerado al publicano como la misma personificación del antinacionalismo. Pero quizá los hombres no siempre actúan bajo el impacto consciente y constante de principios abstractos de este tipo. Sin embargo, las interminables interferencias y vejámenes, las exacciones injustas y crueles, la tiranía ruin y la avaricia ilimitada contra las cuales no había defensa ni apelación, serían casi insoportables. Es a esto que los rabinos se refieren con frecuencia. Si los «publicanos» estaban descalificados para ser jueces o testigos, era, por lo menos en cuanto se refería al hecho de dar testimonio, porque «exigían más de lo debido» (Sanh. 25 *b*). De ahí también, se decía, que el arrepentimiento era especialmente difícil para los cobradores de impuestos y los empleados de las aduanas o tributos públicos (Bab. K. 94 *b*).[8]

Es importante notar que el Talmud distingue dos clases de «publicanos»: el cobrador de impuestos en general *(Gabbai)* y el *Mokhes*, o *Mokhsa*, que era de modo especial el

---

8. Los publicanos eran equiparados en esto a los pastores de ganado, debido a sus frecuentes tentaciones a la falta de honradez, y sus vidas desordenadas, ya que no podían cumplir las ordenanzas legales.

aduanero, o empleado de una aduana. Aunque las dos clases caían bajo el bando rabínico, el aduanero (a los que pertenecía Mateo) era objeto de la máxima execración. Y esto era debido a que sus exacciones eran más vejatorias y tenían más oportunidades para la rapacidad. El *Gabbai*, o recaudador de tributos, cobraba los impuestos regulares que consistían en tributos sobre la tierra, sueldos y capitación. El impuesto sobre la tierra, o básico, consistía en una décima parte de todo el grano y en una quinta parte del vino y fruto recogidos, y se pagaba parte en especie y parte con dinero al contado. El impuesto sobre la renta equivalía al 1%, mientras que la capitación, o dinero personal, era exigida a todas las personas, libres o en servidumbre; en el caso de los hombres, desde la edad de los catorce hasta los sesenta y cinco, y de las mujeres a partir de los doce.

Si esto ofrecía muchas oportunidades para exacciones abusivas e injusticias rapaces, el *Mokhes* podía imponer extracciones mucho más crueles sobre la gente pobre. Había impuestos sobre todos los productos de importación y exportación; sobre todo lo que se compraba y vendía; impuestos sobre el paso por puentes, carreteras, uso del puerto; impuestos locales de los pueblos, etc. El lector de los clásicos está al corriente de la inventiva oficial, que podía crear impuestos y hallar un nombre para toda clase de exacciones, tales como sobre los ejes, ruedas, animales de carga, peatones, carreteras, caminos; la admisión a mercados; transportes, carros, puentes, barcos y muelles; cruzar ríos, diques, o licencias; en resumen, sobre toda clase de objetos, de modo que incluso los eruditos e investigadores modernos no han podido identificar todos los nombres. Sobre los productos, el impuesto *ad valorem* alcanzaba desde el 2 1/2 al 5%, y sobre artículos de lujo incluso el 12 1/2 %. Incluso esto no era nada, comparado con el vejamen de ser detenido constantemente en el camino, y tener que descargar todos los animales de carga, y ver todo paquete y embalaje abierto y su contenido echado por ahí, ver cartas privadas abiertas, y el *Mokhes* que regía supremo sobre toda esta insolencia y rapacidad.

La misma palabra *Mokhes* parece que, en su significado original, estaba asociada con la idea de opresión e injusticia. Era literal y realmente un opresor. El Talmud les acusa de parcialidades burdas, que dejaban pasar libres a aquellos a quienes querían mostrar favor, y demandaban el dinero de los que no eran sus favoritos. Era una raza de delincuentes, a los cuales se aplicaba Levítico 20:5. Se decía que no había una familia en la que hubiera un *Mokhes* cuyos miembros no acabaran siéndolo todos. No obstante, se registran casos en que un publicano religioso hiciera favores a los rabinos, o les advirtiera de modo anticipado para que pudieran resguardarse. Si uno pertenecía a la asociación sagrada (un *Chabher*) y pasaba a ser un *Gabbai* o un *Mokhes*, al instante era expulsado de la misma, aunque podía ser restaurado caso de arrepentirse (Jer. Dem. 23 *a*; comp. Bechor. 31 *a*). Que un rigor así estaba justificado, lo muestra un suceso ocurrido en que un *Mokhes* quitó a una persona sin defensa su asno y le dio otro muy inferior a cambio. Contra opresores tan poco escrupulosos era permitido todo tipo de engaño; se podía declarar que los bienes eran ofrendas votivas (Ned. iii. 4), o una persona hacía pasar a su esclavo como si fuera su hijo (Jer. Kidd. 66 *b*).

El *Mokhes* era llamado «grande» si empleaba sustitutos, y «pequeño», si él mismo estaba al frente en su oficina de impuestos. Hasta los días de César los impuestos eran vendidos globalmente en Roma al mejor postor, generalmente una compañía financiera de una orden de la nobleza, que empleaba publicanos para el cobro individual. Pero por un decreto de César los impuestos de Judea no se vendían así, sino que eran exigidos por los publicanos de Judea y pagados directamente al Gobierno, siendo los oficiales o encargados nombrados por los mismos provinciales (Jos., *Ant.* xiv.10.5). Esto constituía realmente un gran alivio, aunque quizá hacía a los cobradores de impuestos más impopulares, por ser los encargados directos de un poder pagano. Esto explica también el que si la Mishnah prohíbe (B. Kamma x. 1) incluso el cambio de moneda del cofre culpable de un *Mokhes* o aduanero, la Gemara (Bab. K. 113 *a*) añade que esto se aplicaba a los que o bien no se limitaban al impuesto designado por el Gobierno, o en general a cualquier impuesto fijo, y a los que se ofrecían para este cargo voluntariamente con miras a sacar provecho por su propia cuenta. Se refiere, sin embargo, el caso de un *Gabbai*, o cobrador de impuestos, que llegó a ser un rabino famoso, aunque la mancha de su ocupación anterior impedía a sus colegas más estrictos el tener intercambios con él (Bechor. 31 *a*). En los días de fiestas paganas no se cobraba el impuesto a los que acudían al festival (Ab. Zar. 13 *a*). La historia siguiente puede servir como ilustración final sobre las nociones populares tanto de los publicanos como sobre el mérito de las buenas obras. El hijo de un *Mokhes* y el de un hombre muy piadoso murieron. El primero recibió toda clase de honores por parte de sus conciudadanos, con ocasión de su entierro, mientras que el último fue enterrado en una tumba sin inscripción alguna. Esta anomalía fue explicada divinamente por la circunstancia de que el hombre piadoso había cometido una transgresión, y el publicano había hecho una buena obra. Pero unos pocos días después los sobrevivientes tuvieron un sueño-visión en que el piadoso se vio que andaba por jardines junto a corrientes de agua, mientras que el publicano estaba sacando penosamente la lengua, tratando de llegar al río para apagar su sed, sin poder alcanzar el agua refrescante (Jer. Chag. 77 *d*; comp. Jer. Sanh. 23 *c* y Sanh. 44 *b*).

Lo que se ha descrito con tanto detalle va a proyectar una luz peculiar sobre la llamada a Mateo por parte del Salvador de los pecadores. Porque recordemos que Leví-Mateo no sólo era un «publicano», sino que lo era de la peor clase: un *Mokhes* o aduanero; un *Mokhes* pequeño, el cual se sentaba personalmente en su oficina o banco; o sea, era uno de aquellos que, según se decía, tenía muchas dificultades para el arrepentimiento. Y, de estos empleados, los que cobraban los impuestos de los barcos eran quizá los peores si hemos de juzgar por el proverbio: «¡Ay del barco que se hace a la mar sin haber pagado los impuestos!» (Ab. Zar. 10 *b*). Después de todo, es posible que Mateo fuera sólo uno de aquella clase numerosa para quienes la religión es meramente una cosa exterior y aparte de la vida, y que, habiéndose primero extraviado a causa de su ignorancia, se sentían cada vez más rechazados o excluidos por aquellos a quienes consideraban religiosos y piadosos, aunque eran en realidad fanáticos y carecían de toda caridad.

Pero ahora había ocurrido algo en su vida. El profeta de Nazaret no era como los otros grandes rabinos, o sus imitadores pietistas y pagados de sí mismos. Había algo en su persona que no sólo estimulaba la conciencia, sino que penetraba el corazón. Lo que Él decía le abrió a él un nuevo mundo. Su misma apariencia desmentía que fuera duro, distante, satisfecho de su justicia, si no mostraba que era compasivo, incluso amigo de los pecadores. No había entre Él y uno como Mateo el gran abismo, casi infranqueable, del arrepentimiento. El que le había visto y oído en la Sinagoga –y el que había oído sus palabras o presenciado su poder–

no podía olvidarlo. La gente, los gobernantes y aun los malos espíritus reconocían su autoridad. Pero en la Sinagoga Jesús era todavía una figura imponente, muy distante de él; y él, Leví-Mateo, el «pequeño *Mokhes*» de Capernaum, para quien el arrepentimiento, como decían los rabinos, era algo casi imposible. Pero allí fuera, al aire libre junto a la orilla del mar, las cosas eran distintas. Sin ser observado por los otros, él lo observaba todo y podía ceder y entregarse él mismo sin reservas a esta impresión. A veces era una multitud ansiosa que venía de Capernaum; otras, una larga serie de enfermos y tullidos, gente mísera e inválida, a quienes Él concedía alivio inmediato, pleno y generoso, gratuito. Y todavía más llenas de compasión que sus hechos eran sus palabras.

Y así Mateo, sentado en el banco de los tributos públicos, escuchaba y esperaba. Las barcas y otros navíos de blancas velas traían multitud de oyentes; la caravana de la carretera paraba, y los viajeros engrosaban la multitud que escuchaba: querían escuchar la Palabra, ver la Palabra. Sin duda, no era ocasión para comprar o vender, y Leví tenía por ello poco trabajo, y menos afición al mismo en su oficina. Tal vez había presenciado la llamada a los primeros apóstoles: tiene que haber conocido a los pescadores y dueños de barcas de Capernaum. Y ahora, al parecer, era como si Jesús se hubiera acercado a Mateo. Porque los grandes de Israel, «los escribas y fariseos» (ver Mr. 2:16) y sus seguidores pietistas, se habían combinado contra Él y querían excluirle no a causa de pecado, sino de los pecadores. Y, así, creemos que mucho antes de aquel día señalado, que para siempre decidió su vida, Mateo, en su corazón, había pasado a ser discípulo de Jesús. Sólo que no se atrevía a esperar –ni podía– reconocimiento personal, y mucho menos ser llamado para hacerse discípulo de Él. Pero cuando llegó el momento y Jesús fijó sobre él la mirada de amor que escudriñaba lo más profundo del alma, e hizo de Él un verdadero pescador de hombres, Mateo no tuvo que considerarlo ni un instante. Cuando le dijo: «Sígueme», el pasado le pareció que era tragado por el cielo presente de bendición. No dijo una palabra, porque su alma se había quedado sin palabras, sorprendido por el amor y gracia inesperados; sino que se levantó, dejó el banco y le siguió. Hubo gran ganancia aquel día, no sólo para Mateo, sino para todos los pobres y necesitados de Israel; es más: para todos los pecadores, para los cuales se abrió la puerta de los cielos. Y verdaderamente, al lado de Pedro, que es la piedra, colocamos a Leví-Mateo, como tipo de las grandes vigas puestas sobre el fundamento, en el cual se coloca el armazón de la habitación del Señor, que es su Iglesia.

No sería mucho más tarde –posiblemente al cabo de muy poco tiempo– cuando tuvo lugar una reunión memorable en casa de Mateo que dio ocasión para que se manifestara la sofistería de los escribas farisaicos, y que sirvió para acentuar y destacar el significado de la llamada a Leví. Porque la oposición siempre proyecta luz sobre la verdad positiva, mientras que el juicio nunca viene solo, sino siempre unido a una manifestación de misericordia más elevada. Era natural que todos los publicanos de los alrededores, después de la llamada de Mateo, acudieran a su casa a reunirse con Jesús. Incluso desde el punto de vista más humilde, el suceso les pondría en un nuevo punto de referencia en el mundo judío, en relación con el Profeta de Nazaret. Y fue característico que Jesús sacara partido de una oportunidad así. Cuando leemos sobre «pecadores» refiriéndose a la compañía de estos publicanos, no hemos de entender que se trataba de delincuentes burdos y francos, por más que alguno de ellos pudiera serlo. Porque sabemos que éste era un término que en vocabulario farisaico incluía a muchos. También era característico que los rabinistas presentaran sus objeciones a tener tratos con los tales, no al Maestro, sino a los discípulos. Quizá no era sólo, o principalmente por cobardía moral, aunque ellos tenían que saber la respuesta que les daría Jesús. Por otra parte, era prudente, e incluso astuto, presentarla a los discípulos. Éstos eran sólo alumnos iniciales, y la cuestión de que se trataba no era tanto de principio como de buenas costumbres reconocidas entre los judíos. Si conseguían introducir esta preocupación, este reparo en la mente de ellos, habrían hecho vacilar fatalmente la confianza de los discípulos en el Maestro; y si se conseguía que ellos se hicieran atrás, la causa del nuevo Cristo quedaría gravemente dañada, si no destruida. Fue con este mismo objetivo que poco después procuraron reclutar la ayuda de los discípulos de Juan, gente de buena voluntad, pero sólo parcialmente instruidos (Mt. 9:14-17), para que con motivo de la cuestión de los ayunos presentaran una objeción a Cristo en algo que pesaba aún más en el consenso de la opinión judía; y esto tanto más por el hecho de que, en ello, lo que Juan practicaba parecía chocar con lo que hacía Jesús.

Pero para entonces Juan ya estaba en la cárcel y pasaba por una fase de oscuridad temporal, una nube espesa que obstaculizaba su visión de la luz plena. Pero Jesús no podía permitir que los discípulos contestaran por su cuenta. ¿Qué es lo que podían decir en realidad? Y Él siempre habla por nosotros cuando no podemos hacerlo por nuestra cuenta. Desde el punto de vista mismo de los fariseos, es más, con sus propias palabras, Jesús les dio respuesta. Y no sólo hizo callar sus objeciones, sino que puso a la vista, de modo más patente aún, el significado de lo que Él hacía: su mismo propósito y misión. «Los que están sanos y fuertes no tienen necesidad de médico, sino los que están enfermos» (ver Lc. 5:31). Era el mismo principio del Fariseísmo el que Él les presentaba; tanto por lo que se refería al hecho de que ellos se separaban de Él (por ser justos), como a que tuviera tratos con los enfermos (que le necesitaban). Y como añade Mateo, que es el Evangelio más hebraico, aplicando la misma fórmula rabínica usada con tanta frecuencia por ellos, aunque dirigida a una forma de conocimiento superficial, para que se adquiera más información: «¡Ve y aprende!».[9] Aprender ¿qué? Lo que sus propias Escrituras enseñan; lo que estaba implícito en la enseñanza profética ulterior, como correctivo a un literalismo y externalismo unilateral que interpretaban mal la doctrina de los sacrificios; aprender el principio fundamental del significado espiritual de la Ley como explicatorio de su mera letra: «Misericordia quiero, y no sacrificios». No conocían otra misericordia que los sacrificios[10] –con el mérito correspondiente–; Él no conoce otro sacrificio real y aceptable a Dios que no sea misericordia. Y éste también es un principio fundamental del Antiguo Testamento, entendido espiritualmente; y siendo un principio tan fundamental, Él mismo, más tarde aplicó de nuevo este dicho del profeta (Os. 6:6) a su propio modo de ver y tratar la cuestión del sábado (Mt. 12:7).

9. צא ולמד es una fórmula muy común cuando se requiere más pensamiento e instrucción. Tan común es en realidad, que se aplica en el sentido de: «esto o la otra cosa», «venga y te enseñe» (ולימד יצא). Algunas veces la fórmula es algo distinta, como בוא וראה «ven y ve» (Baba Bath. 10 *a*), o bien צאו וראו «ve y ve» (*u.s.*, *b*).

10. Incluso en esta hermosa página del Talmud (Succ. 49 *b*) la justicia y los sacrificios son comparados, y la primera se declara que es la mayor; pero luego la justicia es comparada con las obras de bondad, con limosnas, etc.

Éste era un aspecto de su propósito y misión, que Jesús dejó ver cuando abrió de nuevo el AT, del que su llave de conocimiento sólo había cerrado la puerta. Había otro aún más alto, que explicaba y aplicaba lo mismo este dicho y todo el Antiguo Testamento, y con ello su propia misión. Y éste era el pleno desarrollo y la más alta vindicación de la misma: «Porque yo no he venido a llamar a justos, sino a pecadores».[11] La introducción de las palabras «a arrepentimiento» en algunos manuscritos de Mateo y de Marcos muestra lo pronto que el pleno significado de las palabras de Cristo fue interpretado mal por intentos prosaicos apologéticos que fallaron en sondear su profundidad. Porque Cristo llamó a los pecadores a algo mejor y más elevado que el arrepentimiento, a saber, a sí mismo y su Reino; y el «enmendar» los datos originales introduciendo estas palabras de otro Evangelio (ver nota al principio de este capítulo) marca un propósito que indica retroceso. Y este dicho de Cristo referente al propósito de su Encarnación y su obra: «no para llamar a justos, sino pecadores», marca también el punto de vista de Cristo y la relación que cada uno de nosotros, según como se vea y vea la justicia y el pecado –personal, voluntaria y deliberadamente–, ocupa hacia el Reino y hacia Cristo.

La historia de la llamada de Mateo tiene también otro interés histórico, aunque hasta cierto punto subordinado, porque fue sin duda seguido rápidamente por la vocación de los otros apóstoles (Mt. 10:2-4; Mr. 3:13-19; Lc. 6:12-19). Ésta es la sucesión cronológica en los relatos sinópticos. También proyecta luz sobre la historia de aquellos a quienes el Señor escogió como portadores de su Evangelio. Las dificultades relacionadas con la diferenciación de su linaje o familia, o sea, la relación familiar posible de los apóstoles entre sí, son tan grandes, que tenemos que renunciar a toda esperanza de llegar a alguna conclusión cierta. Sin entrar en detalles, pues, sobre la genealogía de los apóstoles y la ordenación varia de sus nombres en los Evangelios que puede verse en cualquier obra sobre el tema, por más que siempre queda una cierta incertidumbre, veamos algunos puntos que me parecen, al menos, claros. Primero, da la impresión de que sólo se refiere la llamada al apostolado de algunos, que se podría llamar típica; por ejemplo, la de Pedro y Andrés, de Jacobo y Juan, de Felipe y Bartolomé (Bar Telamyon, o Temalyon, que se suele suponer es Natanael) (Vayyik. R. 6; Pesiqta R. 22, ed. Friedm., p. 113 *a*), y de Mateo el publicano. No obstante, y en segundo lugar, hay algo que corresponde a cada uno de los demás. Tomás, que es llamado Dídimo (que significa «gemelo»), está íntimamente relacionado con Mateo, tanto en el Evangelio de Lucas como en el mismo de Mateo. Jacabo es llamado de modo expreso hijo de Alfeo o Cleofás (Jn. 19:25).[12] Este nombre sabemos que también era el del padre de Leví-Mateo. Pero como el nombre era común, no se puede sacar ninguna conclusión de ello y no parece probable que el padre de Mateo fuera también el de Jacobo, Judas y Simón, porque estos tres parece que eran hermanos. Judas es designado por Mateo como Lebeo, del hebreo *lebh*, un corazón, y es también llamado, tanto por él como por Marcos, Tadeo –un término que no obstante no derivaríamos, como suele hacerse, de *thad*, «mama femenina», sino de alabanza, siguiendo el nombre judío *Thodah*.[13] En este caso, tanto Lebeo como Tadeo indicarían la bondad de corazón y agradecimiento del apóstol, y por tanto su carácter. Lucas le designa simplemente como Judas de Jacobo, que significa que era el hermano de Jacobo (Lc. 6:16; comp. Jn. 14:22). Así que su verdadero nombre sería Judas Lebeo, y su sobrenombre Tadeo. Íntimamente relacionado con estos dos tenemos en todos los Evangelios a Simón, de sobrenombre Zelotes, Celotes, o Cananeo, términos que indican su conexión original con el partido Zelote galileo, los «celotes de la Ley» (*Guerra* iv.3.9). Su posición en la lista apostólica y el testimonio de Hegesipo (Euseb. *Hist. Ecle.* iii.11; iv.22) parecen indicar que era hijo de Cleofás y hermano de Jacobo y de Judas Lebeo. Estos tres eran, en un sentido, primos de Cristo, puesto que, según Hegesipo, Cleofás era el hermano de José, mientras que los hijos de Zebedeo eran verdaderos primos suyos, ya que su madre, Salomé, era una hermana de la Virgen.[14] Finalmente, tenemos a Judas Iscariote, o *Ish Kerioth*, «un hombre de Kerioth», una ciudad de Judá (Jos. 15:25). Así, solamente el traidor era originario de Judea, en tanto que todos los demás eran galileos; y esto puede ofrecernos bastante luz sobre su historia posterior.

No se necesitan más datos que los de este breve bosquejo, aunque al comparar queda claro que los nombres en las listas apostólicas de los Evangelios están ordenados en tres grupos, cada uno de los cuales empieza con el mismo nombre, o sea, Simón, el primero; luego, Felipe; y el tercer grupo, Jacobo, hijo de Alfeo. Podemos hacer notar lo reducido que era el círculo apostólico y lo íntimamente relacionados que estaban sus miembros. No obstante, si recordamos la historia de su llamamiento, o las noticias unidas a sus nombres, vemos que era un círculo completamente representativo de los que se reunirían alrededor de Cristo. Y lo más solemne y digno de nota en todo ello fue que, tras una noche de oración solitaria en la ladera de la montaña, al amanecer Jesús «convocó a sus discípulos y escogió de entre ellos doce, a quienes puso también el nombre de apóstoles», «para que estuvieran con Él, y que Él pudiera enviarlos a predicar, y que tuvieran poder para sanar enfermedades y echar fuera demonios».

11. Nótese la ausencia de artículo.
12. O sea, que sería el mismo que «Jacobo el Menor», o «el pequeño», un hijo de María, la cuñada de la Virgen-Madre.
13. Como se hace en la historia rabínica en que Tadeo apela al Salmo 100:1 (superescrito) para salvar su vida, mientras que los rabinos replican apelando al Salmo 1:23: «El que ofrece alabanza (*thodah*) me glorifica» (Sanh. 43 *a*, Chesr. haSh.).

14. En cuanto a la identidad de los nombres Alfeo y Cleofás, comp. Wetzel en Theol. Stud. u. Krit. para 1883, cuaderno iii. Ver también notas sobre los hijos de Cleofás en el comentario sobre Juan 19:25, en el capítulo 15, lib. V.

Capítulo 18
(Mateo 5–7)

El Sermón del Monte. El Reino de Cristo y la enseñanza rabínica[1]

Fue probablemente en alguna de las estribaciones montañosas que se extienden al norte de Capernaum que Jesús pasó en oración solitaria la noche que precedió a la designación de los doce apóstoles. Al clarear aquel día de primavera llamó a los que habían aprendido a seguirle, y de entre ellos escogió a los doce, que iban a ser sus embajadores y representantes (Lc. 6:13).[2] Pero ya la temprana luz del día había guiado a la multitud ansiosa que, de todas partes, había acudido a un terreno llano, al pie del monte, para presentarle sus necesidades de cuerpo y alma. Jesús ahora descendió a ellos con palabras de consuelo y poder para sanar. Pero mejor era todavía lo que tenía que decir y hacer para ellos y para todos nosotros. Cuando se apretaban a su alrededor buscando aquel contacto que tenía la virtud de curarlo todo, Él se retiró unos pasos, a determinada altura,[3] y, al aire claro de un día sonriente de primavera, pronunció lo que se ha conocido a partir de entonces como el «Sermón del Monte»; por el lugar en que estaba sentado, o como del «llano» (Lc. 6:17), por el lugar en que había encontrado primero a la multitud, y en que muchos se quedarían escuchando mientras Él enseñaba.

La primera idea y más natural, aunque quizá también superficial, es el poner en comparación esta enseñanza de Cristo no diremos con la de sus contemporáneos –puesto que no puede decirse que hubiera nadie en los días de Jesús que dijera nada que pudiera compararse con ello–, sino con las mejores palabras de sabiduría y piedad de los sabios judíos, preservados en los escritos rabínicos. Su diferencia esencial con ellos o más bien su oposición diametral, en espíritu y en sustancia, no sólo cuando se la considera en conjunto, sino en casi cada una de sus partes individuales, va a mostrarse brevemente a continuación. De momento sólo expresaremos nuestra profunda convicción de que sería difícil decir qué es lo que produce mayor asombro (aunque en sentido opuesto): una primera lectura del «Sermón del Monte», o la de cualquier sección del Talmud. El lector corriente está aquí en una desventaja doble. Habiéndose criado en un ambiente en que las palabras de Cristo llenaban el aire con su música celestial, no conoce y no puede conocer el sentimiento inefable que inunda un alma receptiva cuando, en el silencio de nuestro yermo moral, oye por primera vez estos sonidos que nunca había percibido antes. ¡Cómo arroban el alma, provocando ecos de aspiraciones íntimas no realizadas, ellas mismas el resultado del Dios nacido y viviendo entre nosotros, que nos apacienta y nos cuida, que nos hace capaces del nuevo nacimiento en el Reino; nos llama, también, a visiones y anhelos de este mundo de cánticos celestiales, tan lejos y, con todo, tan cerca de nosotros; y llena el alma de una delicadeza, expectativa y éxtasis indescriptibles! Es como el caminante cansado de un largo viaje que por fin regresa y ve desde la altura de un risco la primera vista de su hogar en el valle distante todavía, pero a sus pies; como el desterrado en un país lejano que en sus ensueños vuelve a vivir los días de su infancia, todo ello transfigurado; como el pródigo agotado que inclina su cabeza en silencio, meditando y anhelando el descanso que había hallado en las rodillas de su madre. Esto, y mucho más; porque la voz de Dios, que nos habla desde el frescor del atardecer, en medio del Jardín perdido, a nosotros, que avergonzados y afligidos nos escondemos y, con todo, seguimos escuchando, no palabras de juicio, sino de misericordia, que no hacen referencia a un pasado imposible e irrevocable, sino a un futuro posible para nosotros, real, que es como aquel pasado, sólo que mejor, más cercano, más querido, porque ahora lo humano no se ha de elevar a lo divino, sino que lo divino ha descendido a lo humano.

O bien, dejando esto, consideremos una primera lectura en la sabiduría de los padres judíos en su Talmud. Importa poco qué parte se escoge para este propósito. Aquí, también, el lector sufre desventaja, puesto que sus instructores le han presentado con demasiada frecuencia frases interrumpidas, extractos sacados fuera de quicio, palabras muchas veces mal traducidas en cuanto a su significado real, y aplicadas mal en cuanto a su relación con el contexto y el espíritu; o, en el mejor de los casos, sólo frases aisladas. Pongamos esto en su conexión y significado reales, y ¡qué terrible despertar! ¿Quién hay que, habiendo leído media docena de páginas sucesivas de cualquier parte del Talmud, pueda sentir otra cosa que pena, hilaridad, asombro o un choque mental? Hay viveza lógica e ingenio y prontitud, sinceridad y celo, pero junto a ello hay una ordinariez, suciedad, superstición y necedad terribles. Tomado en conjunto, no sólo es algo no espiritual en extremo, sino antiespiritual. No es que el Talmud sea peor de lo que podríamos esperar de escritos así en tales tiempos y circunstancias; quizá en muchos aspectos es mucho mejor, teniendo siempre en cuenta el punto de vista particular de un estrecho nacionalismo, sin el cual el talmudismo en sí no habría existido y que, por tanto, no es un acrecimiento, sino un elemento esencial del mismo. Pero cuando no se toma en citas y frases aisladas, sino en conjunto, es en grado extremo e inexpresable tan distinto del Nuevo Testamento que no es fácil determinar si la ignorancia de los que los ponen uno aliado del otro es mayor que su presunción, o es al revés. Incluso allí donde pulsa vida espiritual, parece propulsada a través de válvulas enfermas, por lo que la sangre vital va regurgitando otra vez al corazón, o entra en arterias anquilosadas que pulsan cuando se las toca. Y para el lector de estas citas rabínicas sueltas hay una nueva fuente de malentendidos y mala comprensión, pues la forma y sonido de las palabras con frecuencia es la misma que la de los dichos de Jesús, por diferente que sea su espíritu. Porque, por necesidad, el vino –sea viejo o nuevo– está hecho en Judea, viene a nosotros en vasijas palestinas. La nueva enseñanza, para ser históricamente genuina, tiene que haber empleado las viejas formas y hablar el viejo lenguaje. Pero las ideas que hay debajo de los términos empleados tanto por Jesús como por los maestros de Israel, son, en todo lo que se refiere a la relación

---

1. Como era imposible citar por separado los distintos versículos del Sermón del Monte, se ruega al lector que tenga una Biblia delante para comparar los versículos a que se refieren las anotaciones en este capítulo.

2. Juntamos Lucas 6:12, 13, 17-19, comparado con Marcos 3:13-15 y Mateo 5:1, 2.

3. Según la tradición, esta montaña era la llamada *Karn Hattin* (Cuernos de Hattin), en la ruta que va de Tiberias a Nazaret, a una hora y media al noroeste de Tiberias. Pero esta tradición solo data del tiempo final de las Cruzadas y, por muchas razones, es inadecuada.

de las almas con Dios, tan absolutamente diferentes que no es posible compararlas. ¿De dónde podría proceder, de no ser así, la enemistad y oposición a Jesús por parte de los primeros, y no sólo después de haber Él pronunciado sus pretensiones divinas? Estas dos enseñanzas, empezando de principios distintos y hostiles, siguen direcciones opuestas y llevan a metas diferentes. El que haya tenido sed y la haya apagado en el divino manantial de la enseñanza de Cristo, nunca puede otra vez agacharse para beber en las cisternas rotas del Rabinismo.

Tomamos como nuestro punto de vista aquí el relato que da Mateo del «Sermón del Monte», y no podemos dudar que el de Lucas es paralelo al mismo (Lc., cap. 6). No es realmente fácil, quizá, ni aun posible, decidir si todo lo que se agrupa en el Sermón del Monte fue pronunciado por Jesús en esta ocasión. Partiendo del plan y estructura del Evangelio de Mateo, puede más bien suponerse que se trata de lo contrario. Porque partes aisladas del mismo son presentadas por Lucas en conexión con otras cosas, quedando allí perfectamente acomodadas.[4] Por otra parte, en conformidad con la caracterización tradicional del relato de Mateo, esperamos en este Evangelio el informe más pleno sobre los discursos de nuestro Señor (ver Euseb. *Hist. Ecle.* iii.39), y notamos también que su ministerio galileo forma el tema principal del primer Evangelio.[5] Y hay una característica en el Sermón del Monte que, verdaderamente, proyecta luz sobre el plan de la obra de Mateo en su aparente inversión cronológica de los sucesos, como por ejemplo colocar el Sermón del Monte antes de la llamada a los apóstoles. No designaremos el Sermón del Monte como la promulgación de la Nueva Ley, puesto que esto sería un modo de verlo demasiado estrecho, si no erróneo. Pero sí ciertamente parece corresponder a la revelación divina en las «Diez Palabras» del monte Sinaí. En consecuencia, parece apropiado que la parte del Evangelio de Mateo que se asemeja al Génesis vaya seguida de la parte correspondiente al Éxodo, en que se coloca en primer plano la nueva Revelación con una aparente alteración del orden histórico, dejando para después una agrupación apropiada de milagros y sucesos, que sabemos que precedió realmente al Sermón del Monte.

El Sermón del Monte tiene muchos aspectos, de modo que los distintos escritores, cada uno viéndolo desde su punto de vista, han bosquejado un perfil general diferente del mismo y, con todo, lo que han transmitido a nuestra mente nos produce el sentimiento de que hasta aquí lo han interpretado correctamente. También podríamos aquí intentar una humilde contribución hacia el mismo fin. Viéndolo a la luz del tiempo, podemos marcar en él un avance respecto al Antiguo Testamento (o más bien, un despliegue de su significado interno, aunque escondido) y un contraste respecto a la enseñanza contemporánea judaica. Y quisiéramos considerar que presenta el perfil completo del hombre de Dios ideal, de la oración y de la justicia, es decir, presenta la manifestación interna y externa del discipulado. O bien, teniendo ante nosotros el punto de vista diferente de sus oyentes, podríamos seguir en el Sermón estos contrastes en las ideas básicas del mismo respecto a: primero, la relación justa entre el hombre y Dios, o la verdadera justicia –qué gracias internas la caracterizan, y qué perspectivas van unidas a ella, en oposición al modo de ver judío del mérito y la recompensa. Segundo, quisiéramos marcar el mismo contraste respecto al pecado (*hamartología*), tentación, etc. Tercero, quisiéramos notarlo con respecto a la salvación (*soteriología*); y, finalmente, con respecto a lo que se puede llamar teología moral: sentimientos personales, relaciones matrimoniales y otras, discipulado y cosas semejantes. Y en este gran contraste destacan dos puntos de modo prominente: la humildad novotestamentaria, en oposición a la judaica (esta última más bien deberíamos llamarla orgullo, pues sólo es una vivencia del fracaso o más bien de una perfección inadecuada, en tanto que la humildad del Nuevo Testamento es en realidad un dejar de confiar en el yo); y, además, la perfección judaica como opuesta a la perfección del Nuevo Testamento (siendo la primera un intento por medios externos o internos de llegar a Dios; la segunda una nueva vida, que brota de Dios y en Dios). O, finalmente, podríamos verlo como una enseñanza *hacia arriba* con respecto a Dios, el *Rey*; y *hacia dentro* respecto al hombre, los *súbditos del Rey*; y *hacia fuera* con respecto a la iglesia y el mundo, *los límites del Reino*.

Esto nos lleva a lo que aquí sólo podemos intentar: un bosquejo general del Sermón del Monte. Su gran tema no es ni la justicia ni la Nueva Ley (si es propia esta designación de lo que no es en sentido real una Ley), sino lo que había por encima de todo, y por dentro de todo, en la mente de Cristo: el Reino de Dios. De modo notable, el Sermón del Monte no contiene ningún sistema doctrinal detallado,[6] ni enseñanza ritual alguna, ni tampoco prescribe la forma de ninguna observancia externa. Esto marca, al menos negativamente, una diferencia en principio de toda otra enseñanza. Cristo vino para fundar un Reino, no una Escuela; para instituir una hermandad o comunión, no para proponer un sistema. Para los primeros discípulos toda enseñanza doctrinal brotó de la comunión con Él. Le vieron, y por ello creyeron; creyeron, y por ello aprendieron las verdades relacionadas con Él y que brotaban de Él. Por así decirlo, la simiente de la verdad que cayó en sus corazones fue llevada allí por la flor de la persona y la vida de Cristo.

Además, así como toda la enseñanza judaica contemporánea difiere de este punto de vista del Sermón del Monte, también es imposible compararlo con ningún otro sistema de moralidad. La diferencia, aquí, no es de grado, ni de clase, sino de punto de vista. Es verdad, realmente, que las palabras de Jesús, entendidas debidamente, marcan el límite extremo de toda posible concepción moral. Pero este punto no entra en discusión. Todo sistema moral es una ruta por la cual, por medio de la negación de uno mismo, la disciplina y el esfuerzo, los hombres procuran alcanzar la meta. Cristo empieza en esta meta y coloca a los discípulos de una vez en la posición en que todos los otros maestros ponen el fin. Éstos obran y trabajan para conseguir la meta de llegar a ser «hijos del Reino»; Cristo hace a los hombres «hijos del Reino», y esto por su gracia, de modo gratuito; y esto es el Reino. Lo que los otros se procuran con la labor, Él lo da.

4. El lector puede hallar estos paralelismos en las notas sobre Mateo 5: 1 del deán Plumptre, en el «Commentary for English Readers», del obispo Ellicott, vol. 1 del N.T., p. 20.

5. Así, Mateo no menciona los sucesos iniciales de la historia del Evangelio que tuvieron lugar en Judea, o incluso las visitas de Jesús a Jerusalén previas a la última Pascua, mientras que dedica no menos de catorce capítulos y medio al medio año de su actividad en Galilea. Si Juan es el Evangelio de Judea, Mateo lo es de Galilea.

6. Sobre este punto me parece que hay cierta confusión en el lenguaje por parte de los controversialistas. Los que sostienen que el Sermón del Monte no contiene elementos doctrinales en absoluto tienen que significar enseñanza sistemática –lo que es llamado comúnmente dogmas–, puesto que además de Mateo 7:22, 23, como ha insistido muy bien el profesor Wace, el amor de Dios y el prójimo marcan, los dos, el punto de partida y el resultado final de toda teología.

Ellos empiezan pidiendo, Él entregando: porque da buenas nuevas de perdón y misericordia. En consecuencia, en el sentido real, no hay ni una nueva ley ni sistema moral aquí, sino la entrada en una nueva vida: «Sed, pues, perfectos, como vuestro Padre que está en los cielos es perfecto».

Pero si el Sermón del Monte no contiene ni un nuevo sistema de moralidad, ni aun ninguno realmente, y se dirige a una nueva condición de cosas, se sigue que las promesas adheridas, por ejemplo, a las llamadas Bienaventuranzas no deben ser consideradas como la *recompensa* del estado espiritual con el cual están conectadas respectivamente, ni aun como su resultado. No es *porque* un hombre es pobre en espíritu que el Reino de los Cielos es suyo, en el sentido de que un estado pasa finalmente al otro, o es su resultado; menos aún es el uno la recompensa del otro.[7] El nexo que los une –por así decirlo, la cópula teológica entre el «estado» y la promesa– es, en cada caso, Cristo mismo: porque Él está entre nuestro presente y nuestro futuro y «ha abierto el Reino de los Cielos a todos los creyentes». Así, la promesa representa el don de la gracia por Cristo en el nuevo Reino, adaptado a cada caso.

Cristo, pues, es el Rey, que está aquí abriendo de par en par las puertas de su Reino. Para estudiarlo de modo más detallado: los tres capítulos bajo los que está agrupado este Sermón del Monte en el primer Evangelio, el Reino de Dios es presentado sucesiva, *progresiva* y *extensivamente*. Seguiremos esto con la ayuda del mismo texto (Mt., caps. 5–7).

En la primera parte del Sermón del Monte (Mateo, cap. 5) se delinea de modo general el Reino de Dios, primero *positivamente*, luego, *negativamente*, marcando de modo especial cómo su justicia es más profunda que la mera letra, incluso, de la Ley del Antiguo Testamento. Empieza con las diez Bienaventuranzas, que son la contrapartida en el NT de los Diez Mandamientos. Éstas nos presentan, no la observancia de la Ley escrita sobre piedra, sino la realización de aquella Ley que, por medio del Espíritu, está escrita en las tablas de carne del corazón (Mt. 5:3-12).

Estos Diez Mandamientos del Pacto antiguo iban precedidos por un prólogo (Éx. 19:3-6). Las diez Bienaventuranzas, de modo característico, no tienen un prólogo, sino un epílogo (Mt. 5:13-16), que corresponde al prólogo del AT. Éste tacaba la primera sección, cuyo objeto era presentar el Reino de Dios en sus rasgos característicos. Pero aquí era necesario, a fin de marcar la continuidad real del Nuevo Testamento con el Antiguo, mostrar la relación del uno al otro. Y éste es el objeto de los versículos 17 al 20, el último de los cuales forma al mismo tiempo un punto culminante y transición al criticismo de la Ley del Antiguo Testamento en su mera aplicación literal, tal como hacían los escribas y los fariseos (vv. 21 al final del cap. 5). Porque, tomando de modo simple la letra de la Ley, entre la justicia del Reino y la presentada por los maestros de Israel no sólo hay progreso, sino casi contraste. En consecuencia, sigue a continuación un criticismo detallado de la Ley, y ésta no interpretada y aplicada por la «tradición», sino en su estricto sentido literal. En esta parte del Sermón del Monte el lector cuidadoso notará una analogía con Éxodo, caps. 21 y 22.

Esto termina la primera parte del Sermón del Monte. La segunda parte se halla contenida en Mateo, cap. 6. En ésta, el criticismo de la Ley es llevado a mayor profundidad. La cuestión ahora no se refiere a la Ley en su literalismo, sino

«Cuando se apretaban a su alrededor buscando aquel contacto que tenía la virtud de curarlo todo, Él se retiró unos pasos, a determinada altura, y, al aire claro de un día sonriente de primavera, pronunció lo que se ha conocido a partir de entonces como el 'Sermón del Monte'; por el lugar en que estaba sentado, o como del 'llano' (Lc. 6:17), por el lugar en que había encontrado primero a la multitud, y en que muchos se quedarían escuchando mientras Él enseñaba».

Esta vista nos muestra la Galilea baja; al fondo pueden verse las montañas de Transjordania y más cerca el valle del Jordán; en el centro la pequeña ciudad de Tiberíades, más o menos poblada que en la época de Jesús. Según la tradición, en la ruta que va de Tiberíades a Nazaret se encontraría el lugar donde Jesús enseñó a la multitud.

7. Para adoptar el lenguaje de Tomás de Aquino, no es ni *meritum ex congruo*, ni tampoco *ex condigno*. Los reformadores no sólo mostraron el error del Romanismo a este respecto, sino que esta distinción teológica era insostenible.

a lo que constituye más que una mera observancia de los mandamientos externos: a la *piedad, espiritualidad, santidad*. Hay tres puntos que destacan de modo especial; es más, destacan hoy todavía, y en todas las edades. De ahí que este criticismo fuera no sólo de aplicación a los judíos, sino que es universal, podríamos casi decir profético. Estos tres puntos básicos son *limosna, oración* y *ayuno*; o, para poner a éste de modo más general, la relación de lo físico a lo espiritual. Estos tres son presentados sucesivamente de modo negativo y positivo (*limosna*, 6:1-4; *oración*, vv. 5-15; *ayuno*, vv. 16-18). Pero incluso así, esto habría sido solamente el aspecto externo de los mismos. El Reino de Dios lo lleva todo otra vez a las grandes ideas básicas. ¿Qué importaba este o aquel modo de dar limosna, a menos que se capte la idea justa de lo que constituye la riqueza y dónde debe ser buscada? Esto está indicado en los versículos 19 a 21. Además, en cuanto a la *oración*, ¿qué importa, aun cuando evitemos el externalismo de los fariseos, o incluso si captamos la forma recta de pre-sentar la Oración Dominical, si no comprendemos qué hay por debajo de la oración? Ésta es abrir por completo nuestro hombre interior a la luz de Dios en simplicidad genuina, sincera, para ser por completo iluminado por Él (vv. 22, 23). Es, además, una dedicación de uno mismo a Dios, absoluta e indivisa (vv. 22-24). Y en esto se halla su relación, tanto con el espíritu que impulsa a *dar limosna* como el que hace *ayunar* de veras. Lo que se halla debajo de este ayuno es una estimación justa de la relación en que el cuerpo está con respecto a Dios –lo temporal a lo espiritual (v. 25 hasta final del cap. 6). Es el espíritu de oración lo que ha de regir tanto la limosna como el ayuno, y saturarlos; el mirar hacia arriba y la dedicación propia a Dios, el buscar el Reino de Dios y su justicia, para que el hombre, el yo y la vida puedan ser bautizados en ello. Ésta es la verdadera limosna, la verdadera oración, el ayuno real del Reino de Dios.

Si hemos captado correctamente el significado de las dos primeras partes del Sermón del Monte, no podemos descarriarnos en la comprensión de su tercera parte, tal como se presenta en el capítulo 7 del Evangelio de Mateo. De modo breve, según fue dirigido a sus contemporáneos, si bien con una aplicación más amplia a los hombres de todos los tiempos: *primero*, el Reino de Dios no pue-de ser *circunscrito*, como vosotros queréis hacerlo (7:1-5). *Segundo*, no puede ser extendido por medios externos, como vosotros queréis hacerlo (v. 6), sino que nos viene de Dios (vv. 7-12), y es introducido por la decisión personal y la separación voluntaria (vv. 13, 14). *Tercero*, no se le *predica*, como con frecuencia se intenta hacer, cuando las ideas sobre el mismo entran meramente sobre lo externo (vv. 15, 16). *Finalmente*, no es *manifestado* en la vida en la forma vista comúnmente entre los meros seguidores de religión, sino que es real, verdadero y bueno en sus efectos (vv. 17-20). Y este Reino, cuando lo recibimos, es como una casa sólida sobre un fundamento sólido, que nada puede sacudir o destruir (vv. 24-27).

El contraste infinito que hemos mostrado entre el Reino tal como lo presentaba Cristo y la enseñanza judaica contemporánea es más agudo por el hecho de que fue expresado en una forma, y vestido con palabras que eran familiares a los oyentes: en formas de expresión corrientes en aquel tiempo. Es esto lo que ha despistado a tantos en sus citas de los paralelos rabínicos al Sermón del Monte. Los tales perciben la semejanza externa, y directamente establecen una identidad de espíritu, no entendiendo que con frecuencia aquellas cosas son más desemejantes en el espíritu de lo que se parecen en la forma. No hay ninguna parte del Nuevo Testamento que tenga una mayor proporción de paralelos rabínicos que el Sermón del Monte; y esto, como podría esperarse, debido a que, como la enseñanza iba dirigida a sus contemporáneos, Jesús de modo natural usaba las formas que les eran familiares. Muchas de estas citas rabínicas, sin embargo, no son en modo alguno semejantes, por más que lo parezca, ya que la similaridad es sólo en la expresión o el giro de palabras.[8] De vez en cuando, el error va aún más lejos y se cita como ilustración de un dicho de Jesús algo que, o bien en sí mismo o en el contexto, implica precisamente lo opuesto. Un análisis detallado nos llevaría demasiado lejos, pero bastarán unos pocos ejemplos para ilustrar lo que queremos decir.

Para empezar con la primera Beatitud, a los pobres en espíritu, puesto que el Reino de los Cielos es suyo, este dicho primitivo judío (Ab. iv. 4) es su mismo opuesto y marca no el optimismo, sino el pesimismo de la vida: «Deja que tu espíritu sea cada vez más bajo, puesto que la expectativa del hombre es llegar a ser alimento de gusanos». Otro contraste a la promesa de gracia de Cristo a los «pobres en espíritu» es presentado en esta expresión de justificación propia (Sanh. 43 *b*) por parte del rabino Josué, que comparó la recompensa (שכר) que se le había dado cuando llevó alguna ofrenda al Templo con la de alguno de mente o espíritu pobre (שפל השרעתו), al cual le es reconocido como si hubiera traído todos los sacrificios. A esto el dicho del gran Hillel (Vayyik. R. 1, ed. Vars., p. 3 *b*) parece exactamente paralelo: «Mi humildad es mi grandeza, y mi grandeza es mi humanidad», que, si se observa, es sacado mediante un ajuste rabínico del Salmo 113:5, 6: «Que se sienta en las alturas, que se humilla a mirar». Es la omisión por parte de los escritores modernos de esta explicación añadida lo que ha dado al dicho de Hillel lo que parece una leve semblanza de la primera Bienaventuranza.

Pero incluso así, ¿qué pasa con la promesa del «Reino de los Cielos»? ¿Cuál es el significado que el Rabinismo da a esta frase?, y ¿habría entrado en la mente de un rabino el prometer lo que Él entendía como el Reino de los Cielos a todos los hombres, gentiles o judíos, que fueran pobres en espíritu? Recordemos aquí el destino de los gentiles en los días mesiánicos, y, para evitar afirmaciones erróneas, resumamos las páginas iniciales de los escritos del tratado talmúdico sobre la idolatría (Abhodah Zarah). La escena es al principio de la era venidera del Reino, y se presenta a Dios abriendo la Torah e invitando a todos los que se han ocupado en ella a venir para recibir su recompensa. Entonces aparece nación tras nación, primero los romanos, insistiendo en que todas las grandes cosas que habían hecho fueron por amor a Israel, a fin de que ellos pudieran ocuparse más de la Torah. Como son reprendidos severamente, vienen luego los persas con pretensiones semejantes, animados por el hecho de que, al revés de los romanos, ellos no habían destruido el Templo. Pero ellos también son expulsados. Entonces todas las naciones gentiles insisten en que no se les había ofrecido la Ley a ellos, lo cual se demuestra que es una alegación vana, puesto que Dios en realidad se la había ofrecido, pero sólo la había aceptado Israel. A esto las naciones replican con una explicación peculiarmente rabínica de Éxodo 19:17, según la cual Dios había realmente levantado el monte Sinaí como un barril y amenazado ponerlo sobre Israel, a menos que aceptaran la Ley: la obediencia de Israel no era pues voluntaria, sino forzada. En consecuencia, el Todopoderoso propone juzgar a los gentiles por los mandamientos de Noé, pero se añade que aunque los hubieran observado éstos no les acarrearían recompensa alguna. Y aunque es un principio que incluso un pagano, si ha estudiado la Ley, ha de ser estimado como un Sumo Sacerdote, con todo, se argumenta con la lógica más perversa que la recompensa de los paganos que observaron la Ley debe ser menor que la de aquellos que lo hicieron porque se les había dado la Ley, puesto que los primeros obraron de modo impulsivo, pero no por obediencia.

Con lo poco que hemos dicho ya se ve que la enseñanza de Jesús forma un contraste tremendo con la rabínica. Unas pocas citas más resumidas van a indicar finalmente la diferencia entre lo amplio del Reino mundial de Cristo y la estrechez del Judaísmo. Por más que haya sido penosa esta exhibición de vulgaridad y arrogancia nacional, era necesaria a fin de refutar la osada afirmación de que la enseñanza de Jesús, o sea, el Sermón del Monte, se deriva de fuentes judaicas. Al mismo tiempo debe llevar a la mente, casi con fuerza irresistible, a preguntarnos de dónde había derivado Jesús su enseñanza si no de Dios, o cómo podía de otra manera diferir tanto no sólo en detalle, sino en principio y dirección, de la de sus contemporáneos.

En los pasajes talmúdicos que ya hemos citado, leemos además que los gentiles quisieron entrar en controversia con el Todopoderoso acerca de Israel. Insistían en que Israel no había observado la Ley. A esto el Todopoderoso propuso que Él mismo daría testimonio por ellos. Pero los gentiles objetaron que un padre no puede dar testimonio en favor de su hijo. De modo similar, objetaron al testimonio del cielo y de la tierra que les fue propuesto, puesto que el interés propio podía impelirles ser parciales. Pues, según el Salmo 76:8, «la tierra temblaba», porque si Israel no hubiera aceptado la Ley habría sido destruida, pero se «quedó quieta» cuando ellos consintieron en aceptarla en el Sinaí. Sobre esto los paganos tuvieron que callar a causa del testimonio de sus propios testigos, como Nimrod, Labán, Potifar, Nabucodonosor, etc. Entonces pidieron que se les entregara la Ley, prometiendo que ellos la observarían. Aunque esto era imposible, ahora, con todo, Dios estuvo dispuesto a ponerlos a prueba dándoles la Fiesta de los Tabernáculos, como quizá la más fácil de todas las observancias. Pero cuando ellos estaban dentro de las tiendas, Dios hizo brillar el sol con toda su fuerza, por lo que ellos salieron de las tiendas con gran indignación, según el Salmo 2:3. ¡Y es de esta forma que el Rabinismo veía el cumplimiento de las palabras del Salmo 2:4: «El que mora en los cielos se reirá; el Señor se burlará de ellos», ya que ésta fue la única ocasión en que Dios se rio! Y si se insistía en que al tiempo del Mesías todas las naciones se volverían judías, esto era realmente verdad, admitían; pero aunque ellos adoptarían las prácticas judaicas, se volverían apóstatas en la guerra de Gog y Magog, cuando de nuevo se cumpliría el Salmo 2:4: «El Señor se reirá de ellos». ¡Y ésta es la enseñanza que algunos escritores comparan con la de Cristo! En vista de tales afirmaciones, sólo podemos preguntar con asombro: ¿qué comunidad de espíritu puede haber entre la enseñanza judaica y la primera Bienaventuranza?

En los paralelos rabínicos a las Bienaventuranzas hallamos la misma triste justicia propia y extrema carnalidad en el punto de mira, por lo que hay un contraste más que una semejanza. Así, la bienaventuranza rabínica de los que lloran consiste en que las muchas desgracias aquí compensan el castigo del más allá (Erub. 41 *b*). No tenemos por que maravillarnos de que no pueda hallarse paralelo para la tercera Bienaventuranza, a menos que recordemos el contraste

8. Eso se ve en las citas de muchos escritores sobre el tema, especialmente las de Wünsche.

que indica en los días mesiánicos la posesión de la tierra por parte de Israel como nación. Ni podríamos esperar ningún paralelo a la cuarta Bienaventuranza para aquellos que tienen hambre y sed de justicia; el Rabinismo habría tenido una idea completamente distinta de la justicia, considerándola como «buenas obras», y principalmente la limosna (designada como *Tsedaqah,* o justicia). A los tales les es prometida una recompensa especial, y esta *ex opere operato* (Bab. B. 10 *a*). De modo similar, el Rabinismo habla del que es perfectamente justo (צדיק גמור) y del perfectamente injusto, o bien del justo y del injusto (según el bien o el mal pesen más en la balanza); y además de éstos, de un estado intermedio. Pero una concepción como la de «hambre» y «sed» de justicia no habría tenido lugar en el sistema. Y para que no quede duda, puede citarse la siguiente cláusula: «El que dice doy esta "sela" como limosna, a fin de que mis hijos puedan vivir, y tener mérito en el mundo venidero, he aquí (בשביל), éste es perfectamente justo» (Bab. B. 10 *b*; comp. Pes. 8 *a*; Rosh haSh. 4 *a*). Junto con afirmaciones semejantes de la justicia de las obras tenemos el principio, que se repite con frecuencia, de que estos méritos se adscriben sólo a Israel, mientras que las buenas obras y misericordia de los gentiles a ellos les son reconocidas en realidad como pecado (B. Bath. *u.s.*), aunque es justo añadir que hay una voz (la de Jochanan ben Zakkai) que se levanta contradiciendo una enseñanza tan horrible.

Parece casi innecesario proseguir este tema; con todo, haremos bien haciendo notar que la misma clase de justicia propia se adscribe a la virtud de la misericordia, tan altamente apreciada entre los judíos, y que se supone no sólo que produce recompensa (B. Bath. 9 *b*), sino que expía pecados (Chag. 27 *a*).[9] Con respecto a la pureza de corazón hay, ciertamente, una discusión entre la escuela de Shammai y la de Hillel; la primera enseña que los pensamientos culpables constituyen pecado, mientras que la última lo confina de modo expreso a los actos culpables (Bab. Mez. 43 *b* y 44 *a*; comp. también Kidd. 42 *b*). La Bienaventuranza que se refiere al pacificador tiene muchas analogías en el Rabinismo; pero éste nunca habría aplicado el nombre de «hijos de Dios» a nadie excepto a Israel (Ab. iii. 1). Un comentario similar puede hacerse del uso de la expresión «Reino del Cielo» en la próxima Bienaventuranza.

Hacer una comparación más completa de la que se ha hecho requeriría casi un tratado aparte. Uno por uno, cuando colocamos los dichos de los rabinos al lado de los de Jesús en este Sermón del Monte, notamos la misma oposición esencial en el espíritu, tanto si se trata de justicia, pecado, arrepentimiento, fe, el Reino, limosna, oración o ayuno. Sólo vamos a seleccionar de modo especial dos puntos, porque son mencionados con gran frecuencia por los escritores como prueba de que los dichos de Jesús no se elevaron por encima de los de las principales autoridades talmúdicas. El primero se refiere a las bien conocidas palabras de nuestro Señor (Mt. 7:12): «Así que, cuanto queráis que los hombres os hagan a vosotros, así también hacedlo vosotros a ellos; porque esto es la Ley y los Profetas». Esto se compara con el siguiente paralelo rabínico (Shabb. 31 *a*), en el que la dulzura de Hillel se contrasta con la disposición opuesta de Shammai. Se dice que el último repulsó duramente a uno que quería hacerse prosélito y que deseaba ser instruido en toda la Ley mientras estaba sosteniéndose con un solo pie, en tanto que Hillel le recibió y le dijo lo siguiente: «Lo que tú aborreces no se lo hagas a otro. Esto es toda la Ley; todo lo demás es solamente una explicación de ello». Pero se puede notar que las palabras en que se resume la Ley son en realidad sólo una cita de Tobías iv. 15, aunque su presentación como la sustancia de la Ley es, naturalmente, original. Pero, aparte de esto, el principiante más neófito en lógica tiene que advertir que hay una inmensa diferencia entre esta orden negativa, o prohibición de hacer a los otros lo que uno aborrece, y la instrucción positiva de hacer a los demás lo que queremos que nos hagan a nosotros.[10] La una no se eleva por encima del punto de vista de la Ley, y se encuentra muy lejos del amor que derramaría en otros el bien que nosotros deseamos, mientras que el dicho cristiano personifica el enfoque más cercano al amor absoluto de que es capaz la naturaleza humana, haciendo que la prueba de nuestra conducta respecto a los otros sea lo que nosotros mismos deseamos poseer. Y obsérvese que el Señor no pone el amor a uno mismo como el principio de nuestra conducta, sino únicamente como su prueba accesible. Además, ha de ser tenida en cuenta la ulterior explicación de Lucas 6:38, como también lo que debe ser considerado como adiciones explicativas en Mateo 5:42-48.

El segundo caso que nos parece apropiado mencionar es la supuesta semejanza entre las peticiones de la Oración Dominical (o Padrenuestro) (Mt. 6:9-13) y las oraciones rabínicas. Aquí podemos hacer notar que ya al principio tanto el espíritu como la forma de la oración son presentados por los rabinos como algo tan externo, y con tantos detalles, que el conjunto es completamente diferente de la oración según nuestro Señor la enseñó a sus discípulos. Esto se ve en el tratado talmúdico dedicado especialmente a este tema (Berakhoth), en que la posición exacta, el grado de inclinación y otras trivialidades a las que Cristo nunca se refiere reciben tanto énfasis que acaban pareciendo de importancia primaria (Ber. 34 *a, b;* 32 *a;* 58 *b*). Y es en extremo penoso el encontrar (Jer. Ber. 8 *b*) esta interpretación de la oración de Ezequías,[11] en la cual vemos al rey apelando al mérito de sus padres detallando su grandeza, en contraste con Rahab o la Sunamita que habían recibido una recompensa a pesar de todo, y terminando con esto: «Señor del mundo, he rebuscado los 248 miembros que me has dado, y no he hallado ninguno con el que te haya provocado a ira; ¡cuánto más deberías prolongar mi vida a causa de ello!». Después de esto ya no es necesario señalar la justicia propia, que en este y en otros aspectos es lo más característico del Rabinismo. El que la advertencia que hace Jesús en contra de las oraciones en las esquinas de las calles no es teórica, sino una realidad de la vida cotidiana, aparece en la bien conocida anécdota (Jer. Ber. 8 *c*) respecto a un tal rabino Jannai, a quien vieron que decía sus oraciones en las calles públicas de Séforis, y luego adelantó cuatro codos para hacer la llamada oración suplementaria. De nuevo, una mirada a algunas de

9. En Jer. B. Kamma 6 *c* tenemos este dicho en nombre del rab. Gamaliel, y por tanto cerca de los tiempos del Cristianismo: «Siempre que tengas misericordia, Dios tendrá misericordia de ti; si no tienes misericordia, Dios tampoco tendrá misericordia de ti»; a cuyo lado, sin embargo, hay que poner este dicho del rabino, que si un hombre ha buscado en vano perdón de su prójimo, ha de buscar toda una serie de hombres que procuren calmar su ira, a lo cual se aplica Job 33:28; la excepción, sin embargo, según el rab. José, es que si uno ha traído un mal nombre (calumniado) a su vecino, nunca obtendrá perdón. Ver también Shab. 151 *b*.

10. Como ya se ha dicho, ocurre en esta forma negativa y no espiritual en Tobías iv. 15, y también se cita en la obra publicada más tarde Αιδαχὴ τῶν δώδεκα ἀποστολων, (ed. Bryennios), cap. 1. Ocurre en la misma forma en Clem. Strom. 2, c. 23.

11. Isaías 38:2. Hay hermosas oraciones en Ber. 16 *b*, 17 *a;* pero los ejemplos más penosos de oraciones ocurren en la *Midrashim,* tales como en Shem. R. 43.

las oraciones de los rabinos (Ber. 29 *b*) nos muestra lo vasto de la diferencia entre ellas y las peticiones que enseñó nuestro Señor. Sin insistir en esto, ni en la circunstancia de que todas las oraciones talmúdicas escritas que poseemos son de fecha muy posterior al tiempo de Jesús, se puede al mismo tiempo admitir francamente que, aquí, la forma y algunas veces el espíritu, se acercan ya mucho a las palabras de nuestro Señor. Por otra parte, sería una locura negar que la Oración Dominical, en su espíritu sublime, su tendencia, combinación y orden de peticiones, es única; y que tales expresiones de la misma como: «Padre nuestro», «el Reino», «perdón», «tentación», y otras, representan en el Rabinismo algo totalmente diferente de aquello en que pensaba nuestro Señor. Pero, además, peticiones como «perdónanos nuestras deudas», como se ha mostrado en un capítulo previo, no tienen paralelo verdadero en la teología judaica.[12]

No entra en nuestro plan el dar más detalles. Baste indicar que dichos como los de Mateo 5:6, 15, 17, 25, 29, 31, 46, 47; 6:8, 12, 18, 22, 24, 32; 7:8-10, 15, 17-19, 22, 23, no tienen paralelo, en ningún sentido, en los escritos judaicos, cuya enseñanza, en realidad, encarna ideas opuestas. Aquí puede ser interesante mostrar, por medio de un ejemplo, qué clase de enseñanza mesiánica habría interesado a un rabino. En un pasaje (Abhod. Zar. 17 *a* y 27 *b*) que describe el gran peligro de tener tratos con cristianos judíos, pues conducen a la herejía, se introduce a un rabino que había encontrado en Séforis a uno de los discípulos de Jesús, llamado Jacob, un «hombre de Kefr Sekanya», considerado como obrador de curas milagrosas en el nombre de su Maestro.[13] Se dice que en un período el rabino sufrió persecución seria como castigo por la satisfacción que había recibido de la lectura de un comentario sobre la Escritura, que Jacob atribuyó a su Maestro. No hay necesidad de decir que toda la historia es fraudulenta; en realidad, la supuesta interpretación cristiana no es apta ni aun para ser reproducida; y, repetimos, sólo se menciona para hacer resaltar el contraste entre lo que el talmudismo se habría deleitado escuchando de su Mesías y lo que dijo Jesús.

Pero en los escritos rabínicos pueden conseguirse puntos de vista que nos ayudan a entender el Sermón del Monte, aunque no su espíritu. Vamos a mencionar algunos a continuación. Así, cuando en Mateo 5:18 leemos que ni una jota ni una tilde pasarán de la Ley, es penosamente interesante hallar en el Talmud la siguiente cita y traducción equivocada de Mateo 5:17: «No he venido a disminuir la Ley de Moisés, ni he venido tampoco a añadir a la Ley de Moisés» (Shabb. 116 *b*.)[14] Pero el Talmud, aquí, de modo significativo, omite la adición hecha por Cristo, de lo cual depende todo: «He venido para cumplirla». La tradición judía menciona que la misma letra *Yod* es imposible de quitar (Jer. Sanh. p. 20 *c*), añadiendo que si todos los hombres del mundo se juntaran para abolir la letra más pequeña de la Ley, no lo conseguirían (Shir. haSh. R. sobre cap. 5:11, ed. Vars., p. 27 *a*). Ni una letra podía ser quitada de la Ley (Shem. R. 6); un dicho ilustrado por esta curiosa expresión conceptuosa: que la *Yod* que fue quitada por Dios del nombre de Sara (Sarai) fue añadida al de Oseas, haciéndolo Joshua (Jehoshua) (Sanh. 107 *a* y otros pasajes). De modo similar (en Vayyik. R. 19), la culpa por cambiar estos pequeños ganchos (tildes) que hacen la distinción entre letras hebreas como ד y ר, ה y ח, כ y ב se declara que es tan grande, que, si se hiciera una cosa así, el mundo sería destruido.[15] Además, la idea del peligro que corren los que quebrantaban el menor mandamiento se expresa con tanta frecuencia en los escritos judaicos que apenas necesita ser mencionado. Sólo que se achaca al hecho de que no sabemos qué recompensas puede acarrear el guardar estos mandamientos. La expresión «a los antiguos» que hallamos en Mateo 5:21 se corresponde del todo con la frecuente apelación rabínica a aquellos que habían precedido, los *Zeqenim* o *Rishonim*. Con relación a Mateo 5:22, recordamos que el término «hermano» se aplica solamente a los judíos, mientras los rabinos usan la designación de ignorante (B. Kamma 50 *b*) para aquellos que no creían exageraciones tales como que en el futuro Dios edificaría las puertas de Jerusalén con joyas de treinta codos de altura y de anchura, como *Reyqa* (Sanh. 100 *a*), con este comentario adicional: que en una ocasión así, ¡la mirada de un rabino hizo de un incrédulo un montón de huesos!

Además, el término de oprobio, «necio», no era, ni mucho menos, raro entre los sabios (Sotah. iii.4; Shabb. 13 *b*), y, con todo, ellos mismos afirman que el apodar a alguien de modo insultante, o ponerle en la vergüenza pública, era una de las tres cosas que merecían la Gehena (Bab. Mez. 58 *b*, al final). El versículo 26 (cap. 5) tiene el siguiente paralelo rabínico interesante: «A uno que había defraudado en la oficina de impuestos se le dijo: "Paga el impuesto". Él contestó: "Tomad todo que tengo conmigo". Pero el cobrador de impuestos le contestó: "¿Crees que sólo te pedimos que pagues el impuesto una vez? No, sino que pagues el impuesto correspondiente a todas las veces que, según acostumbras, has defraudado no pagando"» (Pesiqta, ed. Bub. 164 *b*.) El modo de jurar mencionado en el versículo 35 era muy frecuente, a fin de evitar el pronunciar el nombre divino. En consecuencia, juraban por el pacto, el servicio del Templo o por el Templo. Pero quizá el modo más corriente de jurar, que era atribuido incluso al Todopoderoso, es «por tu vida» (הייך). Finalmente, por lo que respecta a la admonición de nuestro Señor en el capítulo 5:37, se menciona (en Midrash sobre Rut 3:18) como característica de los piadosos, que su sí es sí y su no, no.

Pasando a Mateo, capítulo 6, recordamos, con respecto al versículo 2, que las cajas para las contribuciones en el Templo tenían la forma de trompas, y podemos entender la alusión figurativa de Cristo a la piedad ostentosa. Los paralelismos en el lenguaje entre la Oración Dominical –por lo menos en cuanto a las palabras, no el espíritu– se han mostrado con frecuencia. Si la doxología final: «Tuyo es el Reino, y el poder y la gloria», fuera genuina (v. 13), correspondería

---

12. Para ver algunos paralelos rabínicos interesantes a la Oración Dominical, consúltese la edición del doctor Taylor de *Sayings of the Jewish Fathers*, Excursus V (pp. 138-145). El lector también hallará muy interesante el Excursus IV.

13. Comp. el relato más completo de esta propuesta de Jacob de curar a Eleazar ben Dama, cuando fue mordido por una serpiente, en Jer. Shabb. xiv., final. Kefr Sekanya parece haber sido la misma que Kefr Simai, entre Séforis y Acco (comp. Neubauer, *Geogr.*, p. 234).

14. Delitzsch acepta una interpretación diferente que proporciona este sentido: «sino que he venido a añadir». Este pasaje ocurre en una relación muy curiosa, y con el propósito de mostrar la extrema mendacidad de los cristianos: un filósofo cristiano que defiende primero por motivos interesados que, desde la dispersión de los judíos, la Ley de Moisés está abrogada y que se había dado una nueva Ley; y al día siguiente, habiendo recibido un soborno cuantioso, invierte su opinión anterior y apela a esta traducción de Mateo 5:17 enunciada previamente.

15. Se mencionan los siguientes ejemplos: El cambio de ד en ר en Deuteronomio 6:4; de ר en ד en Éxodo 34:14; de ה en ח Levítico 22:32; de ח en ה en el primer versículo del Salmo 150; de ב en כ en Jeremías 5:12; de כ en ב en 1 Samuel 2:2. Hay que hacer notar que las citas que da Wünsche de estos pasajes (Bibl. Rabb. sobre Shir haSh. R. v. 11) no siempre son correctas.

a la adscripción común judaica, de la cual se deriva con toda probabilidad. Con respecto a los versículos 14 y 15, aunque hay muchos paralelos judíos referentes a la necesidad de perdonar a aquellos que nos han ofendido, o bien de pedir perdón, sabemos lo que entendía el Rabinismo por el perdón de los pecados. De modo similar, no es necesario discutir las ideas judaicas sobre el ayuno. En cuanto a los versículos 25 y 34, podemos hacer notar este paralelo exacto (en Sot. 48 *b*): «Todo aquel que tenga un pan en su cesto y diga: ¿Qué comeré mañana?, es hombre de poca fe». Pero el Cristianismo va más allá de esto. Mientras el dicho rabínico solamente prohíbe preocuparse cuando hay un pan en el cesto, nuestro Señor quiere desterrar la ansiedad incluso cuando no hay pan en el cesto. La expresión del versículo 34 parece ser un proverbio rabínico. Así (Sanh. 100 *b*), leemos: «No pases ansiedad por el día de mañana, porque no sabes lo que el día puede traer. Quizá no existas mañana, y por tanto estarás ansioso por un mundo que no existe para ti». Sólo que aquí también marcamos que Cristo, de modo significativo, no dice lo mismo que los rabinos, sino: «El día de mañana traerá su propia inquietud».

En el capítulo 7, versículo 2, el dicho sobre ser medidos con la misma medida que medimos nosotros, ocurre de modo preciso en la misma forma que en el Talmud (Sot. i. 7), y parece que se trataba de un proverbio. La ilustración de los versículos 3 y 4 sobre la mota y la viga, aparece así en la literatura rabínica (Arach. 16 *b*): «Me pregunto si hay alguno en esta generación que acepte la reprensión. Si uno dice: "Toma la mota de tu ojo", le responderán: "Quita la viga del tuyo propio"». Lo que merece una pregunta adicional es si había alguno en aquella generación que fuera capaz de reprobar a otros. Como también ocurre, con sólo algunas ligeras variaciones, en otros pasajes (B. Bath. 15 *b*; Bechor. 38 *b*; Yalk. sobre Rut), llegamos a la conclusión de que éste era también un proverbio o expresión popular. Lo mismo se puede decir del recoger «uvas de los abrojos» (Pes. 49 *a*). De modo similar, la designación de «perlas» (v. 6), aplicada a los dichos valiosos de los sabios, es común. Hay un paralelo realista del versículo 11 (Ber. R. 33) en que se refiere que en cierto ayuno, como resultado de una sequía, un rabino exhortó a la gente a hacer buenas obras, por lo que un hombre dio una moneda a una mujer de la cual se había divorciado, porque ella tenía necesidad. Este hecho fue usado como mérito en la oración por el rabino, en el sentido de que si un hombre así tenía cuidado de su esposa, que ya no le pertenecía, mucho más debía el Todopoderoso cuidar de los descendientes de Abraham, Isaac y Jacob. Como resultado de esto, se añade, llovió copiosamente. Si hubiera necesidad de hacer resaltar más todavía la diferencia, y aun contraste de espíritu, así como la similaridad de forma, podríamos hallar ejemplo en relación con el versículo 14, que habla del número escaso de los que se salvan, y también el versículo 26, que se refiere a la necesidad absoluta de obrar, como evidencia de la filiación. Comparamos con esto lo que dice el Talmud (Jer. Ber. 13 *d*, hacia el final) del rabino Simeón ben Jochai, cuyo valor personal era tan grande que durante toda su vida no hubo necesidad de ningún arco iris para asegurar inmunidad contra las riadas, y cuyo poder era tal que podía decir a un valle: «Llénate de dinars de oro». El mismo rabino solía decir: «He visto los hijos del mundo venidero, y son pocos. Si hay tres, yo y mi hijo estamos entre ellos; si hay dos, yo y mi hijo somos estos dos». Después de expresiones tales de jactancia y autosatisfacción, tan opuestas al pasaje del Sermón del Monte, que se dice es su paralelo, no podemos maravillarnos al leer que si Abraham hubiera redimido todas las generaciones hasta la del rabino Simón, este último reclamaba la remisión con sus propios méritos a todos los que seguirían hasta el fin del mundo; es más, que si Abraham no estuviera dispuesto, él (Simón) tomaría a Ahijah la silonita con él y ¡reconciliaría a todo el mundo! (en Sukk. 45 *b* propone unirse con su hijo, en vez de Abraham). ¡Y aún se nos pide que veamos en los pasajes rabínicos paralelos a las sublimes enseñanzas de Cristo!

El Sermón del Monte termina con una ilustración en parábola, que, en forma similar, ocurre en los escritos rabínicos. Así (en Ab. iii. 7), el hombre cuya prudencia excede a sus obras es comparado a un árbol cuyas ramas son muchas, pero sus raíces pocas, y que, por ello, es fácilmente derribado por el viento; mientras aquellos cuyas obras exceden a su sabiduría son comparados a un árbol cuyas ramas son pocas y sus raíces muchas, contra el cual los vientos del mundo se esfuerzan en vano. Un paralelo más cercano todavía es éste (Ab. de R. Nath. 24) en que el hombre que tiene buenas obras, y aprende mucho en la Ley, se compara a uno que al edificar su casa pone piedras primero, y luego ladrillos, de modo que cuando viene la riada la casa no es destruida; mientras que el que no tiene buenas obras, pero se ocupa mucho de la Ley, es como uno que pone ladrillos debajo y piedras encima, que son arrastrados por las aguas. O bien el primero es como uno que pone mortero entre los ladrillos, uniéndolos entre sí, y el otro es uno que meramente pone mortero fuera, que la lluvia disuelve y se lo lleva.

Las anteriores comparaciones de dichos rabínicos con los de nuestro Señor no agotan el tema. Con todo, serán suficiente para explicar y vindicar ampliamente el relato del Evangelio en cuanto a la impresión producida en sus oyentes por Jesús. Pero lo que más que ninguna otra cosa debía llenarlos de asombro era que,Aquél que les enseñaba de este modo, afirmaba que era el juez final de todos, designado por Dios, y que el destino final de todos sería decidido no meramente por el hecho de profesar su discipulado, sino por su relación verdadera con Él (Mt. 7:21-23). Y así podemos comprender que, por lo que respecta a su enseñanza y por lo que Él decía ser, la gente se quedaba atónita de su doctrina: porque les enseñaba como quien tiene autoridad, y no como los escribas.[16]

16. He coleccionado un gran número de paralelos rabínicos, supuestos o reales, al Sermón del Monte. Pero, como habrían ocupado demasiado espacio, me he visto obligado a omitirlos, excepto aquellos que ilustran la posición fundamental tomada en este capítulo y, en realidad, en todo este libro: el hecho del antagonismo y contradicción en el espíritu, junto a la similaridad de forma y expresiones, entre la enseñanza de Jesús y la del Rabinismo.

Capítulo 19
(Mateo 8:1, 5-15; Marcos 3:20, 21; Lucas 7:1-10)

El regreso a Capernaum.
La curación del siervo del centurión

Estamos de vuelta a Capernaum. Es notable cuánto hay junto en esta pequeña ciudad pescadora relacionado no sólo con el ministerio de Jesús, sino con su vida interior. Con toda probabilidad, la prosperidad de Capernaum era debida principalmente a la cercana Tiberias, que había edificado Herodes Antipas unos diez años antes.[1] Digno de nota es también ver cuántos de los personajes e incidentes más atractivos de la historia del Evangelio se hallan relacionados con esta Capernaum, que, como ciudad, rechazó su propia gloria real, y, como Israel y por la misma razón, finalmente incurrió en una condenación profética conmensurada a sus privilegios previos (Lc. 10:15).

Pero hasta aquí Capernaum aún estaba «exaltada hasta los cielos». Aquí radicaba el hogar del oficial creyente de la corte, cuyo hijo había sanado Jesús (Jn., cap. 4). Aquí también se hallaba la casa de Pedro; aquí el paralítico encontró, con el perdón de sus pecados, la salud del cuerpo. Sus calles, que miraban al lago azul oscuro, habían sido pobladas de multitudes ansiosas en busca de vida para el cuerpo y para el alma. Aquí Mateo-Leví había escuchado y seguido la llamada de Jesús; y aquí el buen centurión había aprendido a amar quietamente a Israel y a servir al Rey de Israel, y edificó generosamente aquella Sinagoga, la más espléndida de todas las que han sido exhumadas en Galilea, que había sido consagrada por la presencia y enseñanza de Jesús y sus oraciones, en respuesta de las cuales tendría lugar la conversión de Jairo, su dirigente principal. Y ahora, habiendo partido del monte de las Bienaventuranzas, era de nuevo su hogar temporal, al cual Jesús se retiró (Mr. 3:19-21). Pero no a la soledad o al descanso. Porque ahora, muchos de aquella multitud que escuchaba con afán sus palabras, le habían seguido; y pesaba ya una presión tan constante a su alrededor que, en el celo de atender a sus necesidades y súplicas por los que tenían hambre del Pan de Vida, tanto el Maestro como los discípulos no hallaban momento de descanso ni aun para ocuparse del necesario sustento del cuerpo.

Las circunstancias, el trabajo incesante y el celo consumidor que ni aun «sus amigos» podían entender, llevándoles a la aprensión –similar a la que sufren las personas de buena intención de todas las edades, en su ignorancia práctica del carácter absorbente pero sostenedor de los asuntos del Reino– de que el equilibrio legítimo podía trastornarse y la razón de Jesús verse abrumada por la pobreza de nuestra constitución moral. En su brevedad, este relato de lo que sus «amigos» –o mejor, «los suyos» o sus parientes– dijeron e hicieron es muy gráfico. Cuando les llegaron noticias[2] con detalles reiterados, progresivos y quizá exagerados, según costumbre oriental, se apresuraron a salir de su casa, en una calle vecina,[3] para hacerse cargo de Él, considerando que lo necesitaba. No es necesario incluir a la madre de Jesús entre el número de los que fueron verdaderamente. En realidad, la mención expresa ulterior a su madre y hermanos (Mr. 3:31) más bien parece opuesta a esta suposición. Sin embargo, no merece refutación seria la objeción de que un modo de proceder así, al parecer por parte de la Virgen-Madre, sería incompatible con la historia de la Natividad de Jesús. Porque todos tienen que haberse dado cuenta de que «el celo de la casa de Dios» estaba literalmente «consumiéndole»; y el otro modo de verlo, el que estaba devorando no la constitución física, sino la psíquica de su estado de humillación, no parece en modo alguno incompatible con los pensamientos más elevados, por más que aún borrosos, que tuviera la Virgen acerca de su Hijo divino. Por otra parte, esta idea de que Él «estaba fuera de sí» nos proporciona la única explicación de lo que de otra manera les habría parecido prácticamente inexplicable. Para la mente oriental especialmente, este estar «fuera de sí», de no poseerse a sí mismo, indicaría la posesión por otro: Dios o el Diablo. Fue a base de esta suposición que los escribas estaban constantemente acusándole –una acusación que de modo incomprensible era aceptada por el pueblo– de que Jesús estaba loco y que tenía un demonio; no una posesión demoníaca como vimos, sino posesión temporal por el Diablo a causa de la ausencia de una posesión propia. Y por ello nuestro Señor caracterizó esta acusación como realmente una blasfemia contra el Espíritu Santo. Y esto también explica que, aunque incapaces de negar la realidad de sus obras, todavía podían resistir su fuerza evidencial.

No sabemos cuál fue el resultado final de este incidente, pero, en todo caso, no puede haber causado sino una breve interrupción en su obra. Al poco, llegó la petición del centurión pagano y la curación de su siervo, de la que dan testimonio tanto Mateo como Lucas, como un hecho que tiene especial importancia en el despliegue progresivo de la misión de Cristo. De modo notable, estos dos evangelistas; y notable también que presenten variaciones, debidas al punto de vista peculiar de sus relatos. No se encuentran realmente serias dificultades al tratar de armonizar los detalles de estos dos relatos, si es que se considera que esta precisa armonía tiene que darnos cuenta de la razón que explica estas variaciones. Meyer cree que el relato de Lucas es el original, Keim que el de Mateo, y ambos sobre base subjetiva más bien que histórica. Pero podemos notar también que la circunstancia de que el suceso haya sido pasado por alto por Marcos va en contra de la teoría moderna de que los Evangelios se derivan de una tradición original (que es llamada el «Marcos original», *Ur-Marcus*).[4]

Si tenemos en cuenta el objetivo histórico de Mateo, que es dirigirse de modo primario a los judíos, en tanto que Lucas escribe de modo más especial para lectores gentiles, llegamos por lo menos a un resultado notable en las variaciones de sus relatos. Aunque parezca extraño, el Evangelio judaico da una presentación en favor de los gentiles del

---

1. Para una discusión de la fecha precisa de la edificación de Tiberias, ver Schürer, *Neutest. Zeitgesch.*, p. 234, nota 2. Para detalles, comp. Josefo, *Ant.* xviii.2.3; 6.2; xix.8.1; *Guerra* ii.9.1; 21.3, 6, 9; *Vida* 9.12, 17, 66 y muchos otros.

2. Tomo esto como el sentido general, aunque la interpretación que parafrasea el ἔλεγον γάρ («ellos dijeron», v. 21), como refiriéndose al informe que habían recibido οἱ παῤ αὐτοῦ, me parece forzado. Los que sientan curiosidad hallarán toda clase de interpretaciones propuestas en Meyer, *ad loc.*

3. La idea de que se hallaban en Nazaret parece totalmente infundada.

4. Godet hace comentarios excelentes sobre este punto.

suceso, mientras que el narrador gentil se dirige a los judíos. Así, en Mateo se bosqueja toda la historia como un trato personal directo por parte de Cristo, mientras en la narración de Lucas el trato con el pagano es totalmente indirecto, mediante la intervención de judíos y a base de la simpatía espiritual del centurión con Israel. Además, Mateo cita las palabras de Jesús que ponen la fe de los gentiles en una bendita igualdad con Israel en la gran esperanza del futuro, en tanto que aparta a un lado la pretensión de Israel según la carne, y condena a Israel a un juicio cierto. Por otra parte, Lucas omite todo esto. Parece una extraña inversión que el Evangelio judaico contenga lo que omite el relato del gentil, excepto esto, que Mateo discute con sus paisanos la posición real de los gentiles, mientras que Lucas solicita con los gentiles la simpatía y amor a los modos de pensar judaicos. El uno es no sólo una exposición, sino una justificación del suceso contra Israel; el otro, un *Eirenicon,* así como una presentación conmovedora del ruego del hermano joven a su hermano mayor a la puerta de la casa del Padre.

Pero la verdad fundamental en los dos relatos es la misma; no es justo decir que en el relato los gentiles son preferidos a Israel. Lejos de esto, su fe es sólo puesta en igualdad a la del Israel creyente. No es Israel, sino las pretensiones carnales de Israel y su incredulidad que son rechazadas; y la fe de los gentiles no ocupa una nueva posición fuera de Israel, sino que comparte con Abraham, Isaac y Jacob el cumplimiento de la promesa hecha a su fe. Así, tenemos aquí el universalismo más amplio judaico, la verdadera interpretación de la esperanza de Israel; y esto, incluso por la admisión de nuestros oponentes (como Keim) no ya como una adición ulterior, sino formando parte de la enseñanza original de Cristo. Pero si es así, esto vuelve a avivar, sólo que con mayor énfasis, la cuestión: ¿de dónde viene esta diferencia esencial en la enseñanza de Cristo sobre este punto, y la del Rabinismo contemporáneo?

No obstante, se puede conseguir un nuevo punto de las admisiones del criticismo negativo, al menos de parte de sus representantes más reflexivos. Keim se ve obligado a reconocer la autenticidad del relato. No tiene importancia aquí qué «recensión» del mismo se considere como el original. Cristo *dijo* lo que presentan los Evangelios. Pero Strauss ha mostrado que en un caso así toda explicación natural o seminatural de la curación es imposible. En consecuencia, el *trilema* que queda es: o bien Cristo era realmente lo que dicen que era los Evangelios, o era un entusiasta atrevido, o, lo más triste de todo, tiene que ser considerado como un impostor a sabiendas. Si se adopta una de las dos últimas alternativas, en el primer caso será necesario señalar alguna base para la pretensión de un poder así por parte de Jesús. ¿Qué podría haberle impulsado a hacerlo? No había precedente en el Antiguo Testamento. Ciertamente, no es la cura de Naamán por Eliseo, como ha indicado el mismo Keim. Y no hay ningún paralelismo rabínico. Porque, aunque una cura súbita y a distancia se cuenta en relación con un rabino (Ber. 34 *b*), todas las circunstancias son absolutamente diferentes. En la historia judía se apeló ciertamente a un rabino; pero para que presentara a Dios la oración por los enfermos, para que Él lo curara, no para que el mismo rabino ofreciera la curación. Tras orar, el rabino informó a los mensajeros que vinieron a implorar su ayuda que la fiebre había dejado al enfermo. Pero cuando se le preguntó si se consideraba un profeta, repudió expresamente todo conocimiento profético, y mucho más todo poder sobrenatural de curación, y explicó que el sentirse libre en la oración siempre le indicaba que su oración había sido contestada. Toda analogía falla, y la única explicación que queda al criticismo negativo, en vista de la autenticidad admitida del relato, es que la cura fue el resultado de la influencia psíquica de la fe del centurión y la de su siervo. Pero ¿qué haremos, en este caso, de las palabras que, según se admite, dijo Jesús? ¿Podemos, como algunos dicen, explicar racionalmente su uso por la circunstancia de que Jesús había tenido experiencia en las influencias de tipo psíquico sobre la enfermedad? ¿O es que las palabras de Jesús eran, por así decirlo, sólo una afirmación de la fe del centurión, algo intermedio entre un «deseo benedictorio» y un acto? Sin duda, sugerencias de este tipo llevan consigo su propia refutación.

Aparte, pues, de que las explicaciones que ya hemos mostrado son insostenibles, ¿cuál es la impresión que deja en nuestra mente un suceso cuyo testimonio se concede que es auténtico? El centurión pagano es un personaje histórico real. Era el capitán de la tropa destacada en Capernaum, al servicio de Herodes Antipas. Sabemos que estas tropas eran reclutadas principalmente entre los samaritanos y los gentiles de Cesarea (Josefo, *Ant.* xix.9.1, 2). No hay la menor evidencia de que este centurión fuera un «prosélito de la justicia». Los relatos, tanto de Mateo como de Lucas, son incompatibles con esta idea. Un «prosélito de la justicia» no habría tenido razón para no acercarse directamente a Cristo, ni habría hablado de sí mismo como «indigno» de que Cristo entrara bajo su techo. Pero este lenguaje está de acuerdo con las nociones judías de un *gentil,* puesto que las casas de los gentiles se consideraban como inmundas, y los que entraban en ellas quedaban contaminados (Ohal xxviii. 7). Por otra parte, los «prosélitos de la justicia» eran, en todos los sentidos, iguales a los judíos, de modo que las palabras de Cristo respecto a los judíos y gentiles, que reporta Mateo, no podían serles aplicadas. El centurión era simplemente uno de los que habían aprendido a amar a Israel y reverenciar al Dios de Israel; uno que no sólo en su posición oficial, sino por amor y reverencia, había edificado aquella Sinagoga, de la cual, aunque parezca extraño después de dieciocho siglos, los ricos adornos de las cornisas y entablamientos, capiteles y nichos, muestran con qué generosidad había hecho sus ofrendas votivas.

Sabemos demasiado poco de la historia de este hombre para juzgar cuáles habían sido los impulsos anteriores que le condujeron a una reverencia así para el Dios de Israel. Podía haber habido algo que le inclinara a ello en su crianza, quizá en Cesarea; o en sus relaciones familiares; quizá en este mismo siervo (posiblemente un judío), cuya obediencia implícita a su amo parece en parte haberle llevado a él a la fe, en sumisión análoga de todas las cosas, a las órdenes de Cristo (Lc. 7:8, cláusula final). Las circunstancias, el momento, el lugar, el mismo cargo del hombre, hacen estas suposiciones racionales; incluso las sugieren. En este caso, toda su actitud y conducta serían consecuentes con su modo de ser y con lo que sabemos de las ideas y sentimientos del tiempo. En el lugar en que el hijo de su colega, el oficial de la corte de Herodes, había sido curado por la palabra de Jesús, pronunciada a distancia (Jn. 4:46-53), en el Capernaum que era el hogar de Jesús y la escena de muchos de sus milagros, no puede por menos que esperarse que, en un caso así, el centurión se dirigiera a Jesús y le pidiera ayuda. Del todo consecuente con su carácter es lo franco y directo de su expectativa, característicamente ilustrada por su experiencia militar, lo que Bengel designa como la madurez de su fe que brilla preciosa a través de la rudeza del soldado. Cuando él ha llegado a confesar al Dios de Israel y creer en el poder absoluto sin límites de Jesús, ya no quedan dificul-

«El centurión era simplemente uno de los que habían aprendido a amar a Israel y reverenciar al Dios de Israel; uno que no sólo en su posición oficial, sino por amor y reverencia, había edificado aquella Sinagoga, de la cual, aunque parezca extraño después de dieciocho siglos, los ricos adornos de las cornisas y entablamientos, capiteles y nichos, muestran con qué generosidad había hecho sus ofrendas votivas.
Sabemos demasiado poco de la historia de este hombre para juzgar cuáles habían sido los impulsos anteriores que le condujeron a una reverencia así para el Dios de Israel».

Este es el casco de bronce de un soldado romano encontrado en Palestina. Un centurión romano era un oficial a cuyo mando pertenecían 100 o más soldados. Si bien instalados en toda Palestina, también se encontraban en ciudades como Cesarea o Capernaum al servicio de Herodes Antipas.

tades en su mente, y en especial los reparos que se presentaban a la mente de los escribas, e incluso del judío corriente. Y no es necesario suponer que, en su fe ilimitada en Jesús, el centurión tuviera una idea clara de la divinidad esencial de Cristo. En general, es correcto pensar que, a lo largo de la historia evangélica, la creencia en la divinidad de nuestro Señor era el resultado de la experiencia de su persona y obra, no la condición y postulado de ella, como ocurrirá a partir del descenso pentecostal del Espíritu Santo y su revestimiento en la Iglesia.

En vista de estos hechos, la pregunta del centurión no sería: *¿Podría* curar Jesús a su siervo?, sino: *¿Querría* hacerlo? Y, luego, esta otra, específicamente: como por lo que sabemos, ninguna solicitud de quien fuera, en Israel, ni aun de un publicano o pecador, había sufrido una decepción, ¿iba éste, como gentil, a ser excluido de participar en la bendición? ¿Era «indigno», o digno de ella? ¿Era propio que la recibiera, o no? De este modo, la historia del centurión presenta una cuestión crucial, no sólo por lo que se refiere al carácter de la obra de Cristo, sino a la relación de la misma con el mundo gentil. Del todo concordante con esto –es más, su resultado necesario– eran los escrúpulos del centurión a presentar su solicitud a Jesús de modo directo, personal. En la medida en que reverenciaba a Jesús, estos escrúpulos tenían que incrementarse desde su punto de vista. Como las casas de los gentiles eran «inmundas» (Ohal xviii. 7), su entrada en ellas debía contaminar, y aún más el trato familiar. El centurión tenía que saberlo; y cuanto más colocara a Jesús en el pináculo del Judaísmo, más natural era que él se comunicara con Cristo a través de los ancianos de los judíos y no esperara la presencia personal del Maestro, incluso si él creyera que su solicitud diera resultado. Y aquí es importante (para el criticismo de esta historia) hacer notar que, tanto en el modo de ver del centurión como en el de los ancianos judíos que aceptaron la comisión, Jesús todavía ocupaba una posición totalmente judaica.

Considerándolo más de cerca, dejando a un lado toda diferencia verbal en los relatos, no hay ninguna discrepancia real a este respecto entre la presentación judaica del suceso en Mateo y el relato más pleno gentil de Lucas. Los dos relatos nos llevan a inferir que la casa del centurión no se hallaba en el mismo Capernaum, sino en las cercanías, probablemente en la carretera a Tiberias. Y así, en Mateo 8:7 leemos las palabras de nuestro Señor dando su consentimiento: «Yo iré y le sanaré»; mientras que en el relato de Lucas interviene un breve período en el cual se da la impresión de que el centurión envió a sus «amigos» para impedir la llegada de Jesús que se dirigía hacia su casa (Lc. 7:6). Tampoco habla Mateo de ninguna solicitud real por parte del centurión, aunque a primera vista este relato parece implicar una aparición personal (Mt. 8:5). La afirmación general «rogándole» –aunque no precisa en qué manera, con qué palabras, ni de qué modo exacto– debe ser explicada por el relato más detallado de la embajada de los ancianos judíos (sin artículo en el original, pues quizá sólo fueron algunos). Hay otro acuerdo notable en la aparente discrepancia de los dos relatos. En el relato de Lucas, el segundo mensaje del centurión lleva dos expresiones diferentes que algunas versiones traducen por una sola palabra, por desgracia. Debe decir: «No te molestes, porque yo no soy digno (hablando levíticamente) de que entres bajo mi techo». Levíticamente hablando: «Mi casa no es un lugar apropiado para tu entrada; por lo que yo tampoco me considero digno (hablando religiosa, moral y espiritualmente) (ἠξίωσα, *pondus habens, ejusdem ponderis cum aliquo, pretio aequans*) de venir a Ti». Ahora, precisamente, en la presentación que hace Mateo del mismo suceso a los judíos, este último ser «digno» o «adecuado» se omite y sólo tenemos el primer término de Lucas «adecuado» (ἱκανός): «Yo no soy digno de que tú entres bajo mi techo», mi casa no es adecuada para que entres en ella. Esto parece confirmar las razones indicadas previamente sobre las peculiaridades características de los dos relatos.

Pero en sus rasgos principales los dos relatos están enteramente de acuerdo. Hay una súplica sincera en favor de su enfermo, al parecer un siervo que se moría.[5] Además, el centurión, en su sentido pleno, cree en el poder de Jesús para curar en el mismo modo que sabe que sus órdenes como oficial del ejército serán obedecidas implícitamente; porque, sin duda, ningún lector reflexivo hará de modo serio la sugerencia de que el lenguaje militar del centurión sólo significaba que la enfermedad era causada por demonios perversos o poderes nocivos que obedecían a Jesús, como los soldados o siervos lo hacían con respecto a su oficial o su amo. Éste podía haber sido el modo de ver judaico en el caso; mas el que en esto mismo Jesús contrasta la fe del gentil con la de Israel indica que el lenguaje en cuestión debe ser tomado en su sentido obvio. Pero en su «inadecuación» personalmente reconocida se hallaba la «adecuación» real de este buen soldado para la membresía en el verdadero Israel; y en su profundamente sentida «indignidad», el verdadero «ser digno» (el *ejusdem ponderis*) para «el Reino» y sus bendiciones. Fue esta renuncia a presentar ningún derecho, externo o interno, lo que llevó a lo absoluto de esta confianza, que consideraba que todas las cosas eran posibles para Jesús y marcaba la fe real del verdadero Israel. Aquí había uno que se hallaba en el estado descrito en las primeras cláusulas de las Bienaventuranzas, y para el cual venía la promesa de las segundas cláusulas; porque Cristo es el enlace que une las dos, y porque Él lo era de modo consciente para el centurión y, verdaderamente, el único enlace posible entre ellas.

Por eso hacemos notar, en lo que debe ser considerado el punto culminante de esta historia por lo que se refiere a su enseñanza para todos nosotros, y por tanto la razón de que se deje testimonio de ella en el Nuevo Testamento: que esta participación en la bienaventuranza del Reino no depende de ninguna relación externa con el mismo, ni está afectada por nuestra conciencia interna en relación con el mismo, sino que es concedida por el Rey a la fe que en su simplicidad más profunda se adhiere y se mantiene firme en Cristo. Y, con todo, aunque descartando toda pretensión judaica a ellas –o tal vez, en nuestros días, todo lo que es sólo externalmente cristiano–, estas bienaventuranzas no están fuera, y menos más allá de lo que constituía la esperanza del Antiguo Testamento, y en nuestros días la expectativa de la Iglesia, sino que son literalmente su cumplimiento: el sentarse «con Abraham e Isaac y Jacob en el Reino de los cielos». Más arriba de esto, o más allá, no puede llevarnos ni aun la provisión hecha por Cristo.

Pero para una comprensión plena de las palabras de Cristo hay que explicar brevemente los modos de pensar judíos que Él usaba como ilustración. Era creencia común que en el día del Mesías el Israel redimido sería reunido en una gran fiesta, junto con los patriarcas y héroes de la fe judía. Esta noción, que era sólo una aplicación literal burda de figuras proféticas tales como Isaías 25:6, aún tenía quizá

5. Mateo 8:6, literalmente, «mi siervo ha sido postrado (por la enfermedad) en la casa, paralizado». El βέβληται corresponde al hebreo מוטל. La misma palabra se usa en el v. 14, donde se dice que la suegra de Pedro «está postrada y ardiendo por la fiebre».

otro significado más profundo. Así como el sábado semanal había de ser honrado por una fiesta, en la cual se colocaba sobre la mesa lo mejor que podía procurarse la familia, así también el gran Sábado del mundo sería marcado por una fiesta en la que el gran Dueño de la casa, el Rey de Israel, recibiría a todos los deudos y los invitados. En la descripción de esta fiesta con un realismo penoso, según las nociones de los tiempos,[6] no hay por que entrar en detalles. Una cosa, sin embargo, queda clara: los gentiles no podían tomar parte en esta fiesta. De hecho, la vergüenza y la ira de «estos» enemigos al ver la «mesa preparada» para esta fiesta judía era uno de los puntos a notar, en especial como cumplimiento de las predicciones del Salmo 23:5 (Bemid. R. 21, ed. Vars., iv., pp. 85 *a*, 57 *a*). Sobre este punto, pues, las palabras de Jesús con referencia al centurión creyente formaban el máximo contraste posible con la enseñanza judaica.

En otro aspecto también notamos una oposición similar. Cuando nuestro Señor consignó a los incrédulos a las «tinieblas de afuera, donde será el llanto y el crujir de dientes», no hacía más que usar el lenguaje judaico, sólo que con una aplicación opuesta del mismo. La *Gehinnom* (Gehena) –cuya entrada marcada por humo que ascendía permanentemente (Erub. 19 *a*) estaba situada en el valle de Hinom, entre dos palmeras– se hallaba más allá de «las montañas oscuras» (Tam. 32 *b*). Era un lugar de tinieblas (Targ. sobre 1 S. 2:9; Sal. 88:12), al cual, en el día del Señor (Am. 5:20) serían consignados los gentiles (Yalk. ii., p. 42 *c*). Por otra parte, el mérito de la circuncisión en el día del Mesías libraría a los pecadores judíos de Gehinnom (*u.s.*, más arriba). No se ha decidido si la expresión «tinieblas de afuera» (Mt. 8:12)[7] tiene por objeto designar –además de las tinieblas fuera de la casa iluminada del Padre, o incluso más allá de las tinieblas de la Gehena– un lugar de noche interminable, sin esperanza. Asociado con ello está «el llanto y el crujir de dientes». En el pensamiento rabínico el primero estaba relacionado con la aflicción,[8] el último siempre con la ira;[9] no, como generalmente se supone, con la angustia.

Para completar nuestra aprehensión del contraste entre los modos de ver judaicos y la enseñanza de Jesús, debemos tener presente que así como a los gentiles no les era posible participar en la fiesta del Mesías, Israel tenía derecho y título a la misma. Para usar los términos rabínicos, los primeros eran «hijos de Gehinnom», pero Israel «hijos del Reino» (Mt. 8:12), o, en términos estrictamente rabínicos, «hijos de rey» (Shabb. 14:4), «hijos de Dios», «del cielo», «hijos del aposento alto» (la *Aliyah;* Sanh. 97 *b;* Succ. 45 *b*) y del «mundo venidero» (Jer. Ber. 13 *d*, final). De hecho, a su modo de ver, Dios acababa de sentarse en su trono como Rey cuando fue elevado el himno de liberación (Éx. 15:1) por parte de Israel, el pueblo que había tomado sobre sí mismo el yugo de la Ley que las otras naciones del mundo habían rechazado (Pesiqta 16 *b*; Shem. R. 23).

Sin duda, nunca había recibido el Judaísmo, en la persona de sus oyentes, un golpe más rudo que al ver invertidas todas sus creencias más queridas. Había una fiesta de comunión mesiánica, un reconocimiento por parte del Rey a todos sus súbditos fieles, un reunirse gozoso y festivo con los padres de la fe. Pero esta comunión no era exterior, sino de afinidad espiritual. Había «hijos del Reino», y había unas «tinieblas de fuera», con su angustia y desespero. Pero esa filiación del Reino la había abierto Él a todos los creyentes; y estas «tinieblas de fuera» eran para aquellos que sólo tenían méritos externos a presentar, es decir, de ellos mismos. Y así, esta historia del centurión creyente es al mismo tiempo una aplicación del Sermón del Monte –en esto también de modo apropiado sigue el orden en que nos es relatada– y una extensión más avanzada de su enseñanza. De modo negativo diferenciaba el Reino de Israel, mientras que positivamente colocaba la esperanza de Israel y la participación en sus promesas al alcance de todos los fieles, fueran judíos o gentiles. El que enseñaba verdades tan nuevas y extrañas no puede ser llamado un mero reformador del Judaísmo. No puede haber «reforma» allí donde los principios fundamentales son diferentes. Sin duda Él era el Hijo de Dios, el Mesías de los hombres que, en un ambiente así, podía hablar de esta manera, tanto a judíos como a gentiles, de Dios y de su Reino. Y sin duda, también, el que podía traer vida espiritual a los muertos no podía tener dificultades para, con la misma palabra, «en la misma hora», restaurar vida y salud al siervo de aquél cuya fe le había hecho heredero del Reino. El primer árbol injertado del paganismo que había florecido de este modo, no podía desprender fruto no maduro. Si la enseñanza de Cristo era nueva y verdadera, también debía serlo su obra. Y en esto se encuentra la más alta vindicación de este milagro: que Él es el milagro.

---

6. Se puede decir que se ponen a disposición de esta gran fiesta toda clase de animales: leviatán (B. Bath. 75 *a*); behemot (Pirqé d. rab. Eliez. 11); el pájaro gigantesco Bar Jochani (B. Bath. 73 *b*). El vino que se sirve en ella había sido guardado de uvas procedentes de la creación del mundo (Sanh. 99 *a*; Targum sobre Cnt. 8:2); mientras que hay dificultad para decidir quién es digno de dar gracias, cuando por fin este deber lo emprende David, según el Salmo 116:13 (Pes. 119 *b*).

7. Todos los comentaristas consideran esto como un contraste a la luz del palacio; pero que yo sepa, la fiesta mesiánica no se dice que haya de tener lugar en un palacio.

8. En Succ. 52 se dice que en la edad venidera (Athid labho) Dios sacaría el Yetser haRa (impulso malo) y lo mataría delante de los justos y de los injustos. A los unos les aparecería como una gran montaña, a los otros como un hilo pequeño. Ambos llorarían: los justos de gozo, por haber sido posible someter una montaña tan grande; los injustos de pena, porque no habían podido romper un hilo tan delgado.

9. Éste es también el significado de la expresión en el Salmo 112:10. El verbo es utilizado con esta idea en Hechos 7:54, y en la Septuaginta, Job 16:9; Salmo 35:16; 37:12; y en los escritos rabínicos, por ejemplo, Jer. Keth. 35 *b*: Shem. R. 5, etc.

Capítulo 20
(Lucas 7:11-17)

El joven de Naín, resucitado o el encuentro de la vida con la muerte

Aquel período de comienzo de la primavera en Galilea era, sin duda, una realización plena del cuadro del Cantar de los Cantares de Salomón, cuando la tierra se revestía de sus atavíos de hermosura y el aire resonaba con los cánticos de una nueva vida (Cnt. 2:11-13). Parecía como si cada día marcara un círculo más amplio de simpatía profunda y mayor poder por parte de Jesús; y cada día traía también nuevas sorpresas, nuevo gozo; abría posibilidades hasta entonces no pensadas, e indicaba a Israel un horizonte más allá de su estrecha expectativa. Ayer fue la pena del centurión pagano, que despertó un eco en el corazón del Hacedor Supremo de la vida y de la muerte; la fe fue llamada, admitida y colocada en la alta plataforma de los más dignos en Israel. Hoy vemos la misma aflicción de una madre judía, que conmueve el corazón del Hijo de María, apelación para la cual no existen negativas. Ante su presencia, el dolor y la muerte no pueden continuar. Tal como la contaminación de la casa de un pagano no podía afectar a Aquél cuyo contacto cambió al extranjero y gentil en un verdadero israelita, el contacto con la muerte no hacía inmundo a Aquél cuya presencia la vencía y la cambiaba en vida. Jesús no podía entrar en Naín viendo que la gente, allí, hacía pasar delante de Él a un muerto a quien iban a enterrar.

Para nuestro propósito no importa mucho si fue justo el «día después» de la curación del siervo del centurión, o «poco después»,[1] que Jesús dejó Capernaum para ir a Naín. Probablemente fue el día siguiente de este milagro, y el hecho de que «mucha gente» o mejor «una gran multitud» le siguiera parece confirmarlo. El camino era largo –según creemos, más de veinticinco millas–; pero incluso si lo hizo andando, no podía tener dificultad para alcanzar Naín antes del atardecer, que con frecuencia era la hora en que tenían lugar los entierros. Había varias carreteras para ir a Naín;[2] la que se dirige por el lago de Galilea y sube a Capernaum se ve aún claramente marcada. Es difícil entender por qué muchos de los que han visitado el lugar pueden haber imaginado que el sitio en que Cristo se encontró con la comitiva del entierro estuviese enclavado en las tumbas excavadas en la roca, al *oeste* de Naín, hacia Nazaret.[3] Porque desde Capernaum el Señor no podía haber seguido este camino, sino que habría llegado desde el noroeste, por Endor. De ahí que no puede haber duda de que es correcta la identificación del canón. *Tristram* del cementerio sin valla que hay a unos diez minutos de camino al este de Naín, como el punto al que, una tarde de primavera, estaban llevando al hijo de la viuda (*Land of Israel*, pp. 129, 130). En la ruta que lleva al mismo, el Señor de la Vida, por primera vez, abrió de golpe las puertas de la muerte.

Todo está desolado ahora. Unas pocas casas de barro y piedra con entradas muy bajas, esparcidas entre montones de piedra y restos de paredes, son todo lo que queda de lo que, incluso como ruinas, muestra que había sido una ciudad con muros y puertas.[4] Los feraces huertos ya no existen, los árboles frutales tampoco, «y hay un sentimiento penoso de desolación» flotando sobre el lugar, como si el aliento del juicio lo hubiera arrasado todo. Y, no obstante, incluso así podemos entender su antiguo nombre de Naín, «la placentera», que los rabinos consideraban como cumplimiento de parte de la promesa de Isacar: «vio el país que era agradable».[5] Desde la loma sobre la que se hallaba asentada la ciudad miramos hacia el Norte, a través de la ancha llanura, al boscoso Tabor, y a mayor distancia el Hermón, coronado de nieve. A la izquierda (al Oeste) se levantan las colinas que abrigan a Nazaret; a la derecha se halla Endor; al Sur, Sunem, y más allá, el llano de Jezreel. Por este camino, viniendo de Endor, llega Jesús con sus discípulos y una multitud que le sigue. Aquí, cerca de la puerta de la ciudad, en la carretera que lleva hacia el Este, al antiguo cementerio, este gentío que seguía al Príncipe de la Vida encuentra otra «gran muchedumbre» que acompañaba al muerto a su sepultura. ¿Cuál de las dos debe ceder paso a la otra? Sabemos lo que la antigua costumbre judía habría exigido. Porque, de todos los deberes ordenados, ninguno se hace cumplir de modo más estricto, por consideraciones de humanidad y piedad, incluso con el ejemplo de Dios mismo, que el de consolar a los que están de duelo y mostrar respeto a los muertos acompañándoles a su sepultura (Ber. 18 *a*).[6] La idea popular de que el espíritu del muerto se cierne sobre los restos enterrados, tiene que haber dado intensidad a estos sentimientos.

Poniendo de lado supersticiones posteriores, ha cambiado tan poco en los ritos y observancias judaicos sobre los muertos,[7] que en el Talmud, y aun en fuentes anteriores,[8] podemos formarnos un concepto vívido de lo que tuvo lugar en Naín. La ansiedad vigilante; el empleo en vano de los medios entonces conocidos o al alcance de la viuda; el cuidado intenso, el apasionado anhelo de la madre por retener su tesoro, su única esperanza y apoyo; luego, el gradual apagarse de la luz, el adiós, el terrible estallido de pena: todos éstos son rasgos comunes de un cuadro así. Pero aquí tenemos, además, las ideas judaicas sobre la muerte y después de la muerte, o sea, un conocimiento sólo suficiente para asustar, pero no para dar consuelo firme, que haría, incluso al rabino más piadoso, incierto de su futuro (Ber. 28

1. Esto depende de si adoptamos la versión ἐν τῇ ο ἐν τῷ ἑξῆς.

2. No entiendo por qué el decano Stanley dice (*Sinai and Palest.*, p. 352): «Sólo podían haber entrado por un punto». He contado no menos de seis carreteras que llevaban a Naín.

3. Así, el decano Stanley, e incluso el capitán Conder. El canónigo Farrar considera que éste es uno de los sitios más probables. Pero, aun según su propia descripción de la ruta tomada desde Capernaum, es difícil entender cómo podría Jesús haber llegado a estas tumbas en la roca.

4. El capitán Conder (*Tent-Work in Pal*. 1, pp. 121, 122) ha fallado en su intento de descubrir rastros de una muralla. Pero ver la descripción del canón. Tristram (*Land of Israel*, p. 129) que he seguido en mi relato.

5. Ber. R. 98, ed. Vars., p. 175 *b*: נעמה זו נעיסואת הארץ כי

6. Por amor a la brevedad debo referirme aquí a «Sketches of Jewish Social Life», cap. 120, y al artículo en «The Bible Educator», vol. iv., pp. 330-333.

7. Haneberg (*Relig. Alterth.*, pp. 502, 503) da razones adecuadas para explicarlo.

8. El Tratado *Ebhel Rabbathi* («Gran Luto»), eufemísticamente llamado *Massekheth Semachoth*, «Tratado de Gozos». Ya se cita en el Talmud: comp. Zunz, *Gottesd. Vortr.*, p. 90, nota *d*. Está insertado en el vol. ix. del Bab. Talmud., pp. 28 *a* a 31 *b*.

b); y luego los pensamientos desoladores relacionados en la mente judía con la falta de hijos. Por ello podemos comprender muchas cosas: la forma en que se recurriría a remedios reales o mágicos, proporcionados por el ingenio o la ciencia judías; cómo acudirían los vecinos con paso reverente, sintiendo como si la misma *Shekhinah* estuviera invisible a la cabeza de la cama del enfermo en aquella casa humilde (Nedar. 40 *a*, líneas 6 y 7 desde la base); cómo susurrarían dichos sobre la sumisión, que, cuando falta la comprensión del amor de Dios, solamente parece incitar al corazón a rebelarse contra un poder absoluto e implacable; y cómo se solicitarían las oraciones de aquellos que eran considerados piadosos en Naín (Ber. v. 5).

Pero todo había sido en vano. Y, ahora, el bien conocido trompetazo del cuerno había dado las nuevas de que una vez más el Ángel de la Muerte había cumplido su triste tarea (Moed K. 27 *b*). En angustia apasionada, la madre había rasgado la parte superior de su vestido (Jer. Moed K. 83 *d*). Se habían rendido los tristes servicios finales al muerto. El cuerpo había sido colocado sobre el suelo; le habían cortado el cabello y las uñas (Moed K. 8 *b*), y el cuerpo había sido lavado, ungido y envuelto con lo mejor que podía procurar la viuda; porque la ordenanza que disponía que el muerto debía ser enterrado en «envolturas» (sudario, *Takhrikhin*), o como ellos llamaban de modo significativo la «provisión para el viaje» *(Zevadatha)* (Rosh haSh 17 *a* y otros puntos), del lino menos costoso, si se hubiera tratado de una fecha posterior al período que consideramos. Es imposible decir si ya prevalecía la práctica posterior de cubrir el cuerpo con metal, vidrio o sal, y despositarlo fuera sobre tierra o sal (Shabb. 151 *b;* Semach. I).

Y ahora la madre se quedaba *Oneneth* (gimiendo, lamentándose); un término que distingue el duelo hecho antes de la sepultura[9] del de después. Se quedaría sentada en el suelo, sin comer carne ni beber vino. El poco alimento que tomaba, debía ser sin oración, en la casa de un vecino, o en otra habitación, o por lo menos con la espalda hacia el muerto (Jer. Ber. 5 *d*). Los amigos compasivos le prestarían servicios propios de vecinos, o se ocupaban ellos mismos del próximo entierro. Si se consideraba un deber para el judío más pobre, a la muerte de su esposa, el proveer al menos dos flautas y una plañidera (Kethub. iv. 4), podemos estar seguros de que la madre o enviudada no había descuidado lo que, por difícil u oneroso que fuera procurarlo, se consideraba como una de las últimas muestras de afecto. Con toda probabilidad, la costumbre ya existía entonces, aunque en forma modificada, de pronunciar oraciones o pláticas ante la tumba. Porque aun cuando la caridad proveía incluso para un desconocido el entierro más simple, en general se llamaba a plañideras asalariadas para que entonaran sus lamentos quejumbrosos: «¡Ay, el león! ¡Ay, el héroe!» o palabras similares (Mass. Semach. i. 9), mientras que los grandes rabinos tenían la costumbre de encargar de antemano una cálida alocución funeraria (*Hesped* o *Hespeda*).[10] Porque se podía barruntar el destino del hombre en el otro mundo por la oración funeraria (Shabb. 153 *a*); y realmente, «el honor de un sabio consistía en su oración funeraria» (Moed K. 25 *a*). Y en este sentido el Talmud contesta la pregunta de si la oración funeraria tiene por objeto honrar a los sobrevivientes o al muerto (Sanh. 46 b).

Pero en toda esta penosa exhibición no había nada para el corazón de la viuda, desolada y privada de su único hijo. Podemos seguir en espíritu la triste comitiva, que empezaba en la casa mortuoria. Al salir, se volvían al revés las sillas y divanes, o se ponían en el suelo. Fuera, el orador del entierro, si se empleaba alguno, precedía al féretro proclamando las buenas obras del muerto (Shabb. 153 *a*). Inmediatamente delante del muerto iban las mujeres, siendo esto peculiar de Galilea (Shabb. 153 *a*); la Midrash daba la razón de ello: la mujer había introducido la muerte en el mundo (Ber. R., al final). El cuerpo era llevado en un ataúd ordinario de madera *(Aron)*, de preferencia madera de cedro; pero esta costumbre se inició en un período posterior y en él, a veces, se hacían agujeros en el fondo (Ber. 19 *a*). El cuerpo, pues, era puesto sobre un féretro o en un ataúd abierto *(Mittah)*. En tiempos anteriores se había hecho una distinción entre los féretros de los ricos y de los pobres. Los primeros eran llevados en la llamada *Dargash* –equivalente a nuestro «de cuerpo presente»–, mientras los pobres eran llevados en un receptáculo hecho de mimbre (*Kelibha* o *Kelikhah)*, que tenía a veces en su base lo que se llamaba «cuerno», al cual se ataba el cuerpo (Par. xii. 9). Pero la distinción entre ricos y pobres fue abolida por ordenanza rabínica, por lo que después, unos y otros, si se llevaban en un féretro, eran puestos en uno de mimbre (Moed K. 27 *a* y *b*). Comúnmente, aunque esto se suprimió en tiempos posteriores, la cara del difunto estaba descubierta (Semach. c. 8). El cuerpo yacía con el rostro hacia arriba y las manos dobladas sobre el pecho. Podemos añadir que cuando una persona había muerto soltera o sin hijos, era costumbre poner en el ataúd algo distintivo, como una pluma y tinta, o una llave. Sobre los ataúdes de un novio o una novia se ponía un baldaquino o palio. Algunas veces el ataúd era adornado con guirnaldas de mirto (Bez. 6 *a;* Nidd. 37 *a*). En casos excepcionales leemos que se usaba incienso (Moed K. 27 *b;* Ber. 13 *a*), y aun se hacía una especie de libación (Jer. Sheq. ii. 7).

No podemos, pues, equivocarnos al suponer que el cuerpo del hijo de la viuda yacía en una «camilla» *(Mittah)* o en un cesto de mimbre del tipo ya descrito (*Kelibha*, de *Kelubh*).[11] Ni tampoco podemos dudar que los extremos de las asas eran llevados por amigos o vecinos, diferentes clases de portadores todos ellos descalzos, cambiándose los portadores a intervalos frecuentes, de modo que pudieran participar en la buena obra (Ber. iii. 1) tanto como fuera posible. Durante estas pausas había ruidosas lamentaciones; pero esta costumbre no era observada en el entierro de las mujeres. Detrás del féretro marchaban los parientes, amigos, y luego la multitud simpatizante. Porque se consideraba como una burla al propio Creador el no seguir a un muerto a su último lugar de reposo, y esta falta de reverencia (Pr. 17:5) se aplicaba a todos (Ber. 18 *a*). Si a uno le era totalmente imposible unirse a la comitiva, aunque por amor a ella todo trabajo, incluso el estudio debía interrumpirse, uno debía mostrar por lo menos reverencia poniéndose de pie delante del muerto (Jer. Sot. 17 *b*, final). Y así proseguían hasta lo que los hebreos, con hermosa figura, designaban como la «casa de la asamblea» o «de la reunión», el «mesón», el «lugar de reposo» o «de libertad», el «campo de los que lloran», la «casa de la eternidad» o «de la vida».

---

9. El duelo hasta el momento de la sepultura o durante el primer día era llamado *Aninah* (duelo de viudo, gemido, plañido). Jer. Horay. 48 *a*. Los tres, siete o treinta días siguientes (según fuera el caso) eran los de *Ebhel*, «luto». No hay que mencionar otras formas de la misma palabra.

10. Hay numerosos ejemplos de ellas en el Talmud, aunque probablemente solamente su prólogo, o epílogo, o los pensamientos más destacados.

11. Es evidente que el joven no podía haber sido puesto en un «ataúd», o habría sido imposible que se sentara, a la orden de Cristo. Tengo que diferir del erudito Delitzsch, que usa la palabra ארון en su traducción de σορός.

«Desde la loma sobre la que se hallaba asentada la ciudad miramos hacia el Norte, a través de la ancha llanura, al boscoso Tabor, y a mayor distancia el Hermón, coronado de nieve. A la izquierda (al Oeste) se levantan las colinas que abrigan a Nazaret; a la derecha se halla Endor; al Sur, Sunem, y más allá, el llano de Jezreel. Por este camino, viniendo de Endor, llega Jesús con sus discípulos y una multitud que le sigue. Aquí, cerca de la puerta de la ciudad, en la carretera que lleva hacia el Este, al antiguo cementerio, este gentío que seguía al Príncipe de la Vida encuentra otra 'gran muchedumbre' que acompañaba al muerto a su sepultura».

Jesús y sus discípulos se encuentran con el entierro del hijo de la mujer viuda. Esta es la necrópolis judía que subsiste bajo la iglesia del Santo Sepulcro.

Podemos trasladarnos ahora a esta escena. Procediendo de la ciudad cercana venía esta «gran multitud» que seguía al muerto, con lamentaciones y gemidos de las plañideras,[12] acompañadas por flautas y el melancólico reteñir de los címbalos, quizá trompetas también (Keth. 17 *a;* Moed K. 27 *b*), entre expresiones de simpatía general. A lo largo de la carretera de Endor venía una multitud que seguía al «Príncipe de la Vida». Se encontraron aquí la Vida y la Muerte. El eslabón de unión entre ellas era la profunda aflicción de la madre viuda. Él la reconoció por ir ella delante del féretro, precediéndole hacia él camino de la sepultura, la madre, que le había traído a la vida. Ella estaba todavía llorando; incluso después de que Él, habiendo apresurado el paso, se puso delante de sus propios seguidores, ya muy cerca de ella; ésta no le prestaba atención y seguía llorando. Pero, «contemplándola», el Señor[13] «tuvo compasión de ella». Las amargas y silenciosas lágrimas que le cegaban los ojos eran la expresión más fuerte de desespero y extrema necesidad, que nunca apela en vano al corazón de Aquél que ha llevado nuestros dolores. Recordemos, a modo de contraste, la fórmula común en los entierros en Palestina: «¡Llorad con ellos, todos vosotros, los que estáis amargados en el corazón!» (Moed K. 8 *a*, líneas 7 y 8 desde la base). No fue así que Jesús habló a aquellos que la rodeaban, ni a ella, sino que dijo de modo característico: «No llores».[14] Y lo que Él dijo, lo hizo. Tocó el féretro, quizá el mismo cesto de mimbre en que yacía el cuerpo del joven. No temió la peor de todas las contaminaciones: el contacto con un muerto (Kel. 1), que el Rabinismo, en su elaboración de la letra de la Ley, había rodeado de interminables terrores. Su idea de separación era otra que la de los fariseos: no la de sumisión a ordenanzas, sino el vencer lo que las hacía necesarias.

Y cuando tocó el féretro, los que lo llevaban se detuvieron. No podían tener idea de lo que iba a suceder. Pero el temor y el asombro por lo que iba a ocurrir –podríamos decir, la sombra de las puertas de la vida que se abrían– habían caído sobre ellos. Una palabra de orden soberana: «y el que estaba muerto se sentó, y empezó a hablar». No de aquel mundo del cual había tenido una breve visión. Porque así como uno que pasa súbitamente de un sueño o trance al estado de vigilia, en lo abrupto de la transición pierde lo que ha visto, igual el que después del resplandor deslumbrante había sido devuelto a la luz incierta, a la cual su visión había estado acostumbrada, tiene que haberle parecido como si hubiera despertado de un largo sueño. ¿Dónde se hallaba ahora? ¿Quiénes estaban a su alrededor? ¡Qué extraña asamblea! Y ¿quién éste, cuya luz y vida parece que caen sobre él?

Y todavía era Jesús el enlace entre la mujer y el hijo, que se habían encontrado de nuevo. Y así, en el sentido más verdadero, «Él lo devolvió a su madre». ¿Puede alguien dudar que la madre y el hijo, a partir de entonces, confesaron, amaron y confiaron en Él como el verdadero Mesías? Si no había motivo moral para este milagro, aparte de la simpatía de Cristo con el sufrimiento y el desconsuelo intenso de la muerte, ¿no había resultado moral procedente del mismo? Si la madre y el hijo no habían clamado a Él antes del milagro, ¿no lo harían a partir del mismo y para siempre? Y si había, por así decirlo, necesidad interna de que la Vida encarnada venciera a la muerte –necesidad simbólica y de tipo también–, ¿no era todo aquí congruente con el hecho central de esta historia? La simplicidad y la ausencia de todo detalle extravagante; la calma y majestad divinas por parte de Cristo, tan diferentes de la manera con que la leyenda habría coloreado la escena, incluso de la intensa agitación que había caracterizado la conducta de un Elías, Eliseo o Pedro en circunstancias algo similares; y, finalmente, la armonía hermosa donde todo está en conformidad, desde el primer toque de compasión hasta el momento en que, olvidándose de los presentes, sin buscar producir efecto alguno: «Él devuelve el hijo a su madre», ¿no son todos éstos rasgos dignos del suceso, y evidenciales de la verdad del relato?

Pero, después de todo, ¿podemos considerar esta historia como real?; y, si es así, ¿cuáles son sus lecciones?[15] En un punto, por lo menos, todos los críticos serios están de acuerdo ahora. Es imposible adscribirlo a la exageración, o explicarlo a base de fuerzas naturales. La única alternativa es *considerarlo* como verdadero o falso adrede. Recuérdese, además, que no sólo un evangelio, sino *todos*, refieren alguna historia de resurrección de muertos, o sea, la de este joven, la hija de Jairo o la de Lázaro. Relatan también la Resurrección de Cristo, que realmente está en la base de estos otros milagros. Pero si esta historia de la resurrección del joven es falsa, ¿qué motivo puede sugerirse para explicar su invención?; ¿por qué tiene que haber habido alguno? Con toda seguridad, no era parte de la expectativa judía, con respecto al Mesías, que Él ejecutara un milagro así. Y el criticismo negativo ha admitido[16] que las diferencias entre esta historia y la de la resurrección de los muertos por Elías o Eliseo son tan numerosas e importantes, que estos relatos no pueden ser considerados como sugerencias para la resurrección del joven de Naín. Preguntamos de nuevo: ¿de dónde, pues, viene esta historia, si no es verdadera? Es una sugerencia histórica ingeniosa –más bien una admisión por el criticismo negativo (Keim)– que una aldea tan insignificante y, por otra parte, desconocida como Naín no habría quedado marcada como el lugar de este milagro, de no haber ocurrido allí algún gran suceso que hiciera una impresión permanente en la mente de la Iglesia. ¿Cuál fue este suceso? Y ¿no produce la lectura de este relato convicción de su verdad? Las leyendas no se escriben así. Una vez más, el milagro se nos dice que tuvo lugar no en el secreto de una cámara, ni delante de testigos interesados, sino a la vista de una gran multitud que había seguido a Jesús y otra que había salido de Caná. En esta muchedumbre no habría ninguno de quien los enemigos del Cristianismo pudieran haber conseguido que lo desmintiera, si el relato era falso. Más aún, se nos cuenta la historia con tal precisión de detalles, que no es compatible con la teoría de una invención posterior. Finalmente, nadie va a desmentir que la creencia en la realidad de esta «resurrección de los muertos» era un artículo de fe primario en la Iglesia primitiva, por el cual –como un hecho, no una

---

12. A veces el lamento era entonado simplemente en coro; otras, una mujer empezaba y luego las demás se unían en coro. Esto último se llamaba la *Qinah* (Moed K. iii. 9).

13. El término κύριος por «el Señor» es peculiar de Lucas y Juan, una coincidencia significativa. Ocurre solamente una vez en Marcos (16:19).

14. Así, literalmente. Recordemos aquí las amenazas crueles del rab. Huna a una madre desolada que lloraba sin tregua, y su cumplimiento (Moed. K. 27 *b*).

15. Las dificultades menores se pueden descartar de forma rápida. Tales como la pregunta de que por qué este milagro no ha sido relatado por Mateo. Posiblemente Mateo había permanecido un día más en Capernaum. En todo caso, la omisión no puede ser de importancia real por lo que se refiere a la credibilidad de un milagro así, puesto que milagros similares son relatados en todos los Evangelios.

16. Así, Keim, que finalmente llega a la conclusión de que el suceso es ficticio. Su discusión me parece injusta y al mismo tiempo insatisfactoria.

posibilidad– todos estaban dispuestos a dar la vida. Y no debemos olvidar que en una de las apologías más primitivas, dirigida al emperador romano, *Quadratus* apela al hecho de que, de aquellos que habían sido curados o resucitados de los muertos por Cristo, algunos aún vivían, y todos eran bien conocidos (Eusebio, *Hist. Ecles.*, iv.3). Por otra parte, la única base real para rechazar este relato es la incredulidad en lo milagroso, incluyendo, naturalmente, el rechazo del Cristo como el Milagro de los Milagros. Pero ¿no es un razonamiento en círculo vicioso el rechazar lo milagroso porque no tenemos confianza en ello?; y ¿no implica este rechazo mucho más de increíble que la misma fe?

Y, así, con toda la Cristiandad, lo aceptamos con gozo, en la simplicidad de la fe, como un testimonio verdadero de hombres verídicos; y es más, que los que lo contaron sabían que era tan increíble, que no sólo provocaba desprecio (Hch. 17:32; 26:8; 1 Co. 15:12-19), sino que les exponía a ser acusados de inventar fábulas (2 P. 1:16). Pero los que creen ven en esta historia en qué forma el Vencedor divino, en su encuentro accidental con la muerte, con brazo poderoso hizo retroceder la marea, y cómo a través de los portales del cielo, que Él abrió de par en par, salió el primer rayo de un nuevo día que se proyectó sobre nuestro mundo. Y aún podemos aprender otra lección, en algún sentido inferior, en otro prácticamente más elevado. Porque si bien este encuentro de dos comitivas fuera de la puerta de Naín *fue* accidental, sin embargo no lo fue en el sentido convencional. Ni la llegada de Jesús a aquel lugar y en aquel momento, ni lo de la comitiva del entierro procedente de Naín fue preparado, ni tampoco fue milagroso. Ambos resultaron en el curso natural de los sucesos, pero el que concurrieran estos sucesos (συγκυρία),[17] fue *por designio* y directamente causado por Dios. En esta concurrencia causada y planeada por Dios de los sucesos, en sí corrientes y naturales, se halla el misterio de los actos providenciales especiales, los cuales, a quienquiera que le sucedan, puede y debe considerarlos como milagros y respuesta a la oración. Y este principio se extiende mucho más allá: a la oración pidiendo el pan cotidiano y su provisión, es más, a la mayoría de las cosas; de modo que, a los que tienen oídos para oír, todas las cosas alrededor les hablan en parábolas del Reino de los Cielos.

Pero, en cuanto a los que vieron este milagro de Naín, «el temor se apoderó de todos», temor de la presencia divina, y sus almas fueron inundadas por el himno de la alabanza divina: temor, porque un gran Profeta se había levantado entre ellos; alabanza, porque Dios había visitado a su pueblo.[18] Y la ola se extendió más y más –sobre Judea, y más allá, hasta que se deshizo en un breve murmullo contra los muros de la cárcel en que se hallaba el Bautista esperando su martirio. «¿Era Él, pues, el que había de venir?»; y si era así, ¿por qué, o cómo era posible que aquellas paredes retuvieran al mensajero bajo las garras del tirano?[19]

---

17. El término συγκυρία traducido en algunas versiones por «sucedió» o «he aquí» (sin expresar el hecho del encuentro), significa literalmente esto: encontrarse, concurrencia de sucesos.

18. Es significativo que se utilice la misma expresión que en Lucas 1:68.

19. La embajada del Bautista será descrita en relación con el relato de su martirio.

Capítulo 21

(Lucas 7:36-50)

La mujer que era pecadora

La fecha y lugar precisos del próximo suceso que hallamos en este viaje de Cristo por Galilea quedan indeterminados. Es difícil que aconteciera en la quieta aldea de Naín; en realidad, apenas es compatible con la escena que había ocurrido allí. Y con todo, tiene que haber seguido casi inmediatamente a la misma. Llegamos a esta conclusión no sólo por el silencio de Mateo, que en este caso podía ser debido no a una detención temporal del Evangelio en Capernaum, mientras que los otros habían seguido a Cristo a Naín, sino a lo que se puede llamar la escasez de detalle en los relatos de los Evangelios, cada uno de los cuales presenta, más bien, solamente uno en un grupo de sucesos afines.[1] Pero hay otros datos que nos impulsan a pensar así. La embajada de los discípulos del Bautista (que será descrita más adelante) sin duda siguió a la resurrección del joven de Naín. Esta embajada es difícil que hubiera ido a ver a Jesús en Naín. Probablemente llegó a Cristo más adelante en su viaje misionero, de lo cual parece que hay algún indicio en un pasaje del primer Evangelio (Mt. 11:20-30) que sigue al relato de esta embajada. Las palabras exactas registradas allí, en verdad es difícil que hubieran sido pronunciadas en ese tiempo. Pertenecen a otro período de aquel viaje misionero, y marcan una oposición más desarrollada y un rechazo más pleno de Cristo que el de aquellos primeros días. Cronológicamente, hallan su lugar propio en el Evangelio de Lucas (Lc. 10:13-22), donde están en relación con la misión de los setenta que, en parte por lo menos, fue estimulada por la enemistad creciente contra la persona de Jesús. Por otra parte, esta misión de los setenta no es consignada por Mateo. En consecuencia, inserta estas denuncias proféticas, que según el plan de su Evangelio no podían haber sido omitidas, al comienzo de su viaje misionero, porque marcan el inicio de aquella oposición sistemática (Mt. 11:16-19) cuyo pleno desarrollo, como ya dijimos, dio ocasión a la Misión de los Setenta.

Sin embargo, incluso así, nos queda la impresión en Mateo 11:20-30 (que sigue al relato de la embajada del Bautista) de que Jesús estaba de viaje y puede muy bien haber sido que aquellas preciosas palabras de ánimo e invitación, pronunciadas a los cargados y cansados (Mt. 11:28-30), formaran parte, quizá la sustancia, de su predicación en aquel viaje. Verdaderamente, éstas eran buenas nuevas, y no sólo para los que se hallaban abrumados por el peso de pecado consciente o pena profunda, que cansados bregaban hacia la luz de una paz lejana, o los que soñaban en las alturas en que puede ser alcanzada una visión comprensiva de la vida con sus labores y aflicciones. «Buenas nuevas» también para aquellos que de buena gana habrían «aprendido» según su capacidad, pero cuyos maestros habían transformado «el yugo del Reino»[2] en una carga pesada y hecho de la voluntad de Dios para ellos trabajo cansado e imposible de realizar. Pero tanto si lo dijo o no en esta ocasión especial, no podemos por menos que reconocer que era especialmente apropiado a «la pecadora perdonada» en la casa del fariseo (Lc. 7:36) y tiene relación íntima, no externa, con la historia de ella.

Hay otro punto que requiere ser notado. Es el hecho de que, en el desarrollo de su misión hacia el hombre, Cristo se había colocado a sí mismo progresivamente en antagonismo con el pensamiento religioso judaico de su tiempo, del cual Él brotaba históricamente. En esta parte de su curso terrenal apareció realmente el antagonismo, por así decirlo, en una forma positiva más bien que negativa, esto es, más bien en lo que Él afirmaba que en lo que combatía, porque la oposición a Él no se había desarrollado aún plenamente; en tanto que en la segunda parte de su curso era, por una razón similar, más bien negativa que positiva. Desde el principio, este antagonismo estaba en lo que Él enseñaba y hacía; y apareció con claridad creciente en proporción a lo que enseñaba. Hallamos esto en el espíritu e importe de todo lo que Él hizo y dijo en la casa de Capernaum, en la Sinagoga, con el centurión gentil, a la puerta de Naín, y especialmente aquí, en la historia de la mujer que había sido perdonada de mucho porque había pecado mucho. Un rabino judío no podía haber obrado y hablado de esta manera; no habría ni aun entendido a Jesús; es más, un rabino, por compasivo y bondadoso que hubiera sido en palabras y en hechos, habría tomado una dirección precisamente opuesta a la de Cristo.

Como expresa san Gregorio, ésta es quizá una historia más apta para que se llore sobre ella que para comentarla. Porque los comentarios parecen con frecuencia interponerse entre la simple fuerza del relato y nuestros corazones, y pocos sucesos en la historia del Evangelio han sido embotados y desfigurados como esta historia, por medio de controversias verbales y contiendas dogmáticas.

La primera impresión causada en la mente es que la historia en sí es sólo un fragmento. Hemos de procurar averiguar por su estructura dónde y cómo fue interrumpida. Entendemos la delicadeza del hecho de que no se mencione el nombre de aquella cuyo gran amor tiene que ser unido al mucho pecado. Y señalamos como contraste la torpeza con que, sin ninguna razón para afirmarlo, para satisfacer el prurito de la curiosidad mórbida o para adorar santos, han asociado a esta historia el nombre de María Magdalena.[3] Otra equivocación, y quizá más penosa, es el intento de ciertos críticos de identificar esta historia con el relato mucho más tardío de la unción de Jesucristo en Betania (Mt. 26:6ss.), y de determinar cuál de los dos es el más simple y cuál es el más adornado, cuál el más veraz o de dónde, o por qué, cada uno de los evangelistas ha pergeñado su relato específico. Sin embargo, los dos relatos no tienen realmente nada en común, excepto que en cada caso había un «Simón», quizá el más común de los nombres judíos; una mujer que ungía; y que Cristo, y los que estaban presentes, hablaron y obraron en conformidad con otros pasajes en la historia del Evangelio, esto es, en forma verdadera y fiel a sus historias respectivas. Pero esta doble unción –de los pies la primera, al principio de sus obras de misericordia, por

1. Esto es especialmente característico del Evangelio de Lucas.

2. Hecho «el yugo del Reino de los Cielos» (עול מלכוב שמים) igual al «yugo de la Ley» (עול תורה) o al (עול מצות) de «los mandamientos».

3. Lo insostenible de esta extraña hipótesis se ha mostrado en casi todos los comentarios. No hay una pizca de evidencia en favor suyo.

una mujer perdonada, llena de amor, para quien acababa de salir el Sol; y la segunda unción, la de su cabeza, por otra mujer discípula suya, cuando la órbita de este Sol ya declinaba hacia su ocaso y se ponía en sangre, al término de su ministerio– es como la doble purificación del Templo y el comienzo y término de su obra, como el completarse el círculo de su vida.

La invitación de Simón el fariseo a su mesa no indica por necesidad que estaba impresionado por la enseñanza de Jesús, como tampoco la aplicación a él de lo que se llama la «parábola» del deudor que debe mucho y el que debe poco implica que el fariseo había recibido del Salvador beneficio espiritual, grande o pequeño. Si Jesús había enseñado en la «ciudad» y, como siempre, atraído a sí a la multitud de modo irresistible, habría estado en conformidad con las costumbres de la cortesía del tiempo que el fariseo principal invitara al distinguido «Maestro» a su mesa. Como tal indudablemente le trataba (Lc. 7:40). La pregunta que había en la mente de Simón de si era más que «Maestro», incluso «Profeta», y el que esta pregunta se le ocurriera, indica no sólo que Cristo abiertamente pretendía ocupar una posición diferente de la de rabino, y que sus seguidores le consideraban por lo menos como profeta, sino también que dentro del pecho de Simón había una lucha en que el fuerte prejuicio judaico aplastaba la poderosa impresión producida por la presencia de Cristo.

Estaban todos sentados, o mejor dicho, «reclinados». La Mishnah algunas veces lo llama «sentarse y reclinarse» alrededor de la mesa: el cuerpo apoyado sobre el diván, los pies vueltos y en dirección opuesta a la mesa, hacia la pared, mientras que el codo izquierdo descansaba sobre la mesa. Y ahora, desde el patio abierto, en el escalón de la galería, quizá atravesando una antecámara y por la puerta abierta, pasó la figura de una mujer que entró en la sala de recepción y comedor, el *Teraqlin (triclinium)* de los rabinos. ¿Cómo logró entrar? ¿Se mezcló con los criados o había acceso libre para todos, o quizá conocía la casa y a su dueño?[4] Tampoco importa mucho averiguar si «había sido» o era hasta aquel día «una pecadora» en la terrible acepción de la palabra. Pero hemos de tener en cuenta el prejuicio judaico ante cualquier conversación con una mujer, por elevado que fuera su carácter, para comprender plenamente lo incongruente que es por parte de una mujer así que se procurara acceso a la casa de un Rabino a quien muchos consideraban como un profeta enviado por Dios.

Pero esto, también, es evidencia de que estamos mucho más allá del punto de vista judaico. Para esta mujer no era incongruente, porque verdaderamente para ella Jesús había sido el Profeta enviado de Dios. Hemos dicho antes que esta historia es un fragmento; y aquí también, como en la invitación de Simón a Jesús, tenemos evidencia de ello. Ella, sin duda, habría oído sus palabras aquel día. Lo que Él había dicho en sustancia, si no en palabras específicas, habría sido: «Venid a Mí, todos los que estáis fatigados y cargados, y yo os haré descansar… Aprended de Mí, que soy manso y humilde de corazón… y hallaréis descanso para vuestras almas…». Éste *era* para ella el profeta enviado de Dios con las buenas nuevas que abrían incluso para ella el Reino de los Cielos y ponían su yugo sobre ella, no hundiéndola en el mismo infierno, sino un yugo fácil y una carga ligera. Ella sabía que todo era tal como Él había dicho, con respecto a la carga pesada de su pasado; y cuando escuchaba aquellas palabras y contemplaba su presencia, aprendió a creer que era todo lo que Él había prometido a los que estaban cargados pesadamente. Y había observado y le había seguido de lejos hasta la casa del fariseo. O quizá, si se quiere pensar que aquel día ella no había escuchado por sí misma, con todo, el sonido de aquel mensaje le había llegado y despertado ecos en su corazón. Y todavía seguía diciendo: Venid a *Mí*; aprended de *Mí*; os daré descanso. ¿Qué le importaba a ella todo lo demás en el hambre de su alma, que ya había saboreado aquel pan celestial?

La sombra de su figura tiene que haber caído sobre todos los que estaban sentados a la mesa. Pero ninguno habló; ni ella hizo caso de nadie, sino de Uno. Como la misma música del cielo, como cánticos de ángeles que guían al peregrino al hogar, todavía sonaban las palabras de Él en sus oídos. Hay ocasiones en que nos olvidamos de todo y nos concentramos en un pensamiento absorbente; cuando las opiniones de los hombres, es más, nuestros propios sentimientos de vergüenza, son borrados por aquella presencia; cuando el «Venid a *Mí*; aprended de *Mí*; os daré descanso» lo es todo en todos para nosotros. Es entonces que las fuentes del gran abismo de dentro son abiertas por la vara que obra portentos, con la que el Mensajero de Dios –el que es mejor que Moisés– ha golpeado nuestro corazón. Ella había venido aquel día a «aprender» y a «hallar descanso». ¿Qué le importaba quién se hallaba allí o lo que pensaran? Había sólo uno cuya presencia ella no se atrevía a hacer frente, no por temor de Él, sino por el conocimiento que tenía de sí misma. Era a Él a quien había acudido. Y así, «se colocó detrás, junto a sus pies». Había traído consigo un *alabastron* lleno de perfume.[5] Es una idea pobre pensar que este perfume hubiera sido comprado originalmente para un propósito distinto. Sabemos que estos perfumes eran muy buscados y muy usados. Algunos, como el verdadero bálsamo, valían el doble de su peso en plata; otros, como el nardo (fuera en líquido o ungüento, junto con otros ingredientes), aunque no valía tanto, era también precioso. Tenemos evidencia de que los aceites perfumados, especialmente el aceite de rosas (Shebh. vii. 6) o el de la flor de lis, pero principalmente una mezcla conocida en la antigüedad como *foliatum*, eran fabricados y muy usados en Palestina (Jer. Dem. 22 *b*). Las mujeres solían llevar un frasco de este perfume pendiente del cuello, y colgado bajo el pecho (el *Tselochith shel Palyeton*) (Ab. S. 35 *b*). Tan común era su uso que era permitido hasta en sábado (Shabb. vi. 3). Estos frascos (posiblemente la *Chumarta* de Filón de Gitt. 69 *b*) –no siempre eran de cristal, sino de plata u oro, posiblemente también de alabastro– contenían «palyeton» (evidentemente, el *foliatum* de Plinio), y eran usados tanto para endulzar el aliento como para perfumar la persona. Por ello, no es improbable que el «alabastron» que llevaba aquella que amaba mucho fuera el «frasco de foliatum», tan común entre las mujeres judías.[6]

---

4. Lo extraño de la circunstancia sugiere esto, que, ¡ay!, en modo alguno es incompatible con lo que sabemos de la moralidad de alguno de estos rabinos, por más que no vamos a manchar esta página dando referencias detalladas.

5. He traducido la palabra μύρον por perfume. Esta palabra es evidentemente el hebreo y rabínico מור, que, sin embargo, no siempre es equivalente a mirra, sino que parece significar *almizcle*. Era tan común el uso de perfumes, que Ber. vi. 6 menciona un *mugmar*, o una especie de incienso que era quemado comúnmente después de una fiesta. Con respecto a la palabra *alabastron*, este nombre se daba a frascos de perfume en general, aunque el material no fuera alabastro, porque estos frascos se solían hacer con este material.

6. La derivación del término rabínico en Buxtorf –*Lexicon* (p. 1.724)– es ciertamente incorrecta. No tengo duda de que el פלייטון era el *foliatum* de Plinio (*Hist. Nat.* xiii. 1. 2.). En *Guerra*, iv. 9, 10, Josefo parece implicar que las mujeres a veces derramaban ungüentos sobre su persona. Según Kethub. vi. 4, una mujer podía gastar una décima parte de su ajuar en cosas tales como ungüentos

Mientras se hallaba detrás de Él a sus pies, inclinada con reverencia, una lluvia de lágrimas, como caen las gotas en verano refrescando aire y tierra, «regaron» sus pies. Sorprendida o quizá asustada de llamar su atención o de ensuciarle con sus lágrimas, rápidamente se los secó con las largas trenzas de su cabello que, por estar inclinada, ahora caía y tocaba los pies de Jesús. No, no había venido para lavárselos con estas aguas impuras, sino para mostrar la reverencia y amoroso agradecimiento que ella, en su pobreza y en su humildad, podía ofrecerle. Y ahora que su fe se había hecho más osada en su presencia, siguió besando aquellos pies que le habían traído las «buenas nuevas de paz», y los ungió con el perfume del *alabastron* que llevaban en el cuello. Y en todo esto ella no dijo una palabra, ni tampoco Él. Porque, tal como por su parte el silencio parecía la expresión más adecuada, el que Él lo permitiera en silencio era la respuesta más apropiada que podía darle a ella.

Había también otro presente cuyos pensamientos, muy distintos de los de ella y los de Cristo, tampoco eran expresados. Apenas podemos imaginar un contraste más penoso que el del fariseo en esta escena. No insistimos en que la designación «éste» o «este hombre» que da a Cristo en sus pensamientos no expresados, o la manera en que después replica a la pregunta del Salvador con un pretencioso «supongo», indican el estado de su espíritu. Una cosa, por lo menos, parece ahora clara a este fariseo: si «éste», este ídolo popular deambulante y raro, con sus maneras y palabras nuevas, a quien por cortesía él llama Maestro *(Rabbi)*, *fuera* profeta se habría dado cuenta de quién es esta mujer, y si lo hubiera sabido, nunca le habría permitido hacer lo que hace. Asimismo, también, con frecuencia nosotros consideramos lo que Él haría si supiera algo. Pero Él *lo sabe*; y es justo porque Él lo sabe, que hace lo que hace, algo que nosotros, desde nuestro punto de vista más bajo, no podemos entender. Si Él hubiera sido un rabí, ciertamente habría repelido el acto de la mujer, y si hubiera sido meramente un profeta, es probable que también. El primero, si no por su engreimiento, porque no quiere saber nada del pecado y del perdón; el último, porque un homenaje así no era propio para un hombre.[7] Pero Él era más que un profeta: el Salvador de pecadores; así ella podía con calma llorar sobre sus pies, y luego enjugar rápidamente el «rocío» de la «mañana mejor»; y después seguir besándolos y ungiéndolos.

Y, con todo, era profeta, y en un sentido más pleno de lo que Simón podía imaginarse. Porque había leído los pensamientos de Simón. Y enseguida se lo muestra; pero no como habríamos hecho nosotros, con una reprensión directa que le habría avergonzado delante de sus invitados, sino con gran delicadeza hacia su huésped, si bien en forma que era inconfundible. Lo que sigue no es como se supone generalmente una parábola, sino una ilustración. En consecuencia, no se debe insistir en ella demasiado. Con esta explicación desaparecen todas las dificultades pretendidas sobre el que los fariseos, habiendo «perdonado poco», por ello «aman poco». Para convencer a Simón del error de su conclusión, que si hubiera conocido la vida de aquella mujer el profeta

«Tenemos evidencia de que los aceites perfumados, especialmente el aceite de rosas (Shebh. vii. 6) o el de la flor de lis, pero principalmente una mezcla conocida en la antigüedad como foliatum, eran fabricados y muy usados en Palestina (Jer. Dem. 22 b). Las mujeres solían llevar un frasco de este perfume pendiente del cuello, y colgado bajo el pecho (el Tselochith shel Palyeton) (Ab. S. 35 b). Tan común era su uso que era permitido hasta en sábado (Shabb. vi. 3). Estos frascos (posiblemente la Chumarta de Filón de Gitt. 69 b) –no siempre eran de cristal, sino de plata u oro, posiblemente también de alabastro– contenían 'palyeton' (evidentemente, el foliatum de Plinio), y eran usados tanto para endulzar el aliento como para perfumar la persona».

La mujer llora a los pies de Jesús y los unge con el perfume que lleva en un pequeño portaperfumes. Las mujeres guardaban en pocillos de vidrio o de alabastro los perfumes, que eran generalmente densos y por tanto muy persistentes. El vidrio se convirtió en el Mediterráneo oriental en una creciente manufactura y muy codiciado por Roma. Estas piezas de vidrio se encontraron en las excavaciones del barrio judío de Jerusalén.

---

y perfumes. En Kethub. 66 *b* tenemos un relato, exagerado, de una mujer que gastó más de 300 libras en perfumes. Esto, en todo caso, prueba que su uso era común y frecuente.

7. El Talmud, con su exageración usual, lleva esta historia, al comentar sobre la reverencia debida por los hijos a sus padres, que la madre del rabino Ismael se había quejado de que su hijo no le permitía ir a la Academia, para lavarle los pies, y luego beber el agua, y que los sabios se lo hicieron consentir al rabino (Jer. Peah 15 *c*). Además, alguien fue a besar los pies del rabino Jonatán porque había inducido reverencia filial en su hijo (*u.s.* col. *d*).

le habría prohibido el contacto de amor, Jesús entró en el modo de razonar del fariseo. De dos deudores, uno de los cuales debía diez veces más que el otro, ¿cuál amaría más al acreedor que les había perdonado gratuitamente?[8] Aunque ni uno ni otro habrían podido pagar la deuda, y ambos podían amarle igual, con todo, un rabino, en conformidad con las ideas judaicas, contestaría que el que amaría más sería aquél al cual se había perdonado más. Si ésta era, sin duda, la conclusión de la teología judaica –el tanto por otro tanto–, entonces que el fariseo lo aplique al presente caso. Si hubiera mucho beneficio, habría mucho amor; si poco beneficio, poco amor. Y al revés: en un caso con mucho amor se esperaría mucho beneficio; poco amor, poco beneficio. Que aplique, pues, el razonamiento notando esta mujer y contrastando su conducta con la suya propia. El lavar los pies de un invitado, darle el beso de bienvenida y especialmente el ungirle (comp. Jn. 13:4) no eran en realidad atenciones consideradas necesarias en una fiesta. Por lo cual, de existir, indicaban cuidado especial, afecto y respeto.[9] Ninguna de estas muestras de consideración y respeto habían aparecido en la recepción meramente cortés que el fariseo le había hecho a Él. Pero en una culminación doble, de la cual apenas se puede indicar la intensidad,[10] el Salvador a continuación le muestra lo diferente que había sido la conducta de ella, hacia la cual Él se vuelve ahora por primera vez. Por el propio razonamiento de Simón, pues, el mismo Simón debe haber recibido poco beneficio; ella mucho. O para aplicar la ilustración anterior, y ahora a la realidad, anuncia a Simón que «quedan perdonados sus pecados que son muchos», no por ignorarlo, sino sabiendo que son «muchos». Esto, por lo que antes había admitido Simón, explicaría su mucho amor como el efecto del mucho perdón. Por otra parte –aunque con delicadeza el Señor no lo expresa realmente–, esta otra inferencia también sería cierta: que el poco amor de Simón mostraba que «se le había perdonado poco».

Lo que se ha explicado pone a un lado también otra controversia que con poco juicio y menos tacto ha sido azuzada a partir de esta maravillosa historia. No hay que hacer de ello una cuestión como entre Romanistas y Protestantes ni entre dogmáticos rivales, si el amor tiene una parte meritoria en su perdón, o si, como se afirma después, su «fe» le había «salvado». Indudablemente, era su fe que le había salvado. Lo que ella había oído de sus labios, lo que conocía de Él, ella lo había creído. Había creído en «las buenas nuevas de paz» que Él le había traído, en el amor de Dios y su Paternidad de compasión a los más hundidos y necesitados; en Cristo, como el mensajero de reconciliación y paz con Dios; en el Reino del Cielo que Él había de modo tan súbito e inesperado abierto para ella, desde cuyas puertas de oro abiertas había caído luz celestial y voces celestes habían llegado a ella. Ella lo había creído todo; el Padre, el Hijo –Revelador– y el Espíritu Santo –revelando. Y esto la había salvado. Cuando vino (o había venido) a esa fiesta y permanecido detrás con el agradecimiento y reverencia humilde y amante del servicio del corazón, ya estaba salvada. No necesitaba ser perdonada; ya había sido perdonada. Y fue porque había sido perdonada que roció sus pies con la lluvia de verano de su corazón y rápidamente enjugó la riada con sus trenzas, y siguió besándolos y ungiéndolos. Todo esto fue el impulso de su corazón, ya que ella, habiendo ido a Él de corazón, aprendió de Él y encontró descanso para su alma. Y en aquella primavera de su vida nacida de nuevo parecía que, como en la vara de Aarón, hoja, capullo y flor estaban todas juntas en una mezcla confusa de rico frutecer. Ella no había alcanzado orden y claridad todavía; quizá en la plenitud de sus sentimientos no sabía lo grandes que eran sus bendiciones, y no sentía todavía el reposo consciente que se desarrolla de la fe en el perdón que ha obtenido.

Y esto era el don final de Jesús para ella. Tal como antes por primera vez se había vuelto, ahora por primera vez le habló, y una vez más con delicadeza y ternura: «Tus pecados han sido perdonados»[11] –no *son* perdonados, y no ahora–, «que son muchos». Él ni siquiera hace caso de los murmullos a su alrededor, de los que no pueden entender que «éste» pueda perdonar pecados también. Pero a ella, y en verdad, aunque no literalmente, también a ellos, y a nosotros, Él dice como explicación y aplicación de todo ello: «Tu fe te ha salvado: vete en paz». Y así, ella, la primera que había acudido a Él en busca de curación espiritual, la primera de una hueste innumerable, salió a una luz mejor con paz en el corazón, paz de fe y de reposo, y la paz eterna del Reino del Cielo, y del Cielo del reino venidero y por siempre.

---

8. Los puntos de semejanza y diferencia con Mateo 18:23 se echan de ver rápidamente al comparar.

9. Lavar: Génesis 18:4; 19:2; 24:32; Jueces 19:21; 1 Samuel 25:41; besar: Éxodo 18:7; 2 Samuel 15:5; 19:39; ungir: Eclesiastés 9:8; Amós 6:6, así como Salmo 23:5.

10. «No me diste agua para los pies; pero ésta ha regado mis pies con sus lágrimas, y los ha enjugado con sus cabellos. No me diste beso, pero ella no ha dejado de besarme los pies. No ungiste mi cabeza, etc.». Y con todo, *enfáticamente*: «Cuando entré en *tu* casa...».

11. Traducido así propiamente, el Romanismo, arrogando al hombre más de lo que Cristo ha dicho nunca, dice: «*Absolvo te*»; no «tus pecados han sido perdonados», sino «¡yo te absuelvo!».

Capítulo 22

(Lucas 8:1-3; Mateo 9:32-35; 12:46-50 y paralelos; Marcos 3:22 y ss.)

El ministerio de amor, la blasfemia del odio y la equivocación del afecto terrenal

Por más que sea importante y de interés seguir los pasos de nuestro Señor en su viaje por Galilea, y agrupar en orden las noticias que del mismo dan los Evangelios, la tarea parece casi condenada al fracaso. En realidad, como ninguno de los evangelistas tenía el propósito de escribir una «Vida» de Cristo, el orden estricto histórico de los datos que ofrecían no era esencial a su propósito. Su punto de vista era el desarrollo interno de la historia más que el externo. Y así, los acontecimientos afines a su propósito, los discursos referentes al mismo tema, las parábolas que apuntaban al mismo tramo de la verdad, fueron agrupados; o, como en el caso presente, el desarrollo de la enseñanza de Cristo y la oposición creciente de sus enemigos, mostrados uniendo noticias que, quizá, pertenecen a períodos diferentes. Y la lección que debemos sacar de ello es que, tal como el Antiguo Testamento no da ni la historia nacional de Israel ni la biografía de sus héroes, sino una historia del Reino de Dios en su desarrollo progresivo, tampoco los Evangelios presentan una «vida de Cristo», sino la historia del Reino de Dios en su manifestación progresiva.

El retorno a Capernaum

No obstante, aunque hay dificultades relacionadas con los detalles, podemos trazar en perfil el curso sucesivo de los acontecimientos. Llegamos antes a la conclusión de que Cristo ahora regresaba a Capernaum tras el viaje misionero (Lc. 8:1-3; Mt. 9:35) en el que Naín fue el punto más hacia el Sur a que llegó. En su viaje fue asistido no sólo por los Doce, sino por mujeres agradecidas y llenas de amor, que les servían de sus propios bienes. Entre ellas se mencionan tres de modo especial. María, llamada «Magdalena», había recibido de Él el beneficio especial de la salud del cuerpo y del alma.[1] Su designación como Magdalena era probablemente derivada de su ciudad natal, Magdala, tal como de varios rabinos se dice en el Talmud que son «magdalenos» (*Magdelaah* o *Magdelaya*). Magdala, que estaba a un camino de sábado desde Tiberias (Jer. Erub. 22 *d*, final), era conocida por sus industrias de teñir y de telas de lana fina, de las que se mencionan ochenta (Jer. Taan. 69 *a*, línea 15 desde la base). En realidad, todo este distrito parece haberse dedicado a esta industria (Midr. sobre Lm. 2:2). Tenía fama también por su comercio de tórtolas y palomos para purificaciones –la tradición, con su exageración usual en los números, menciona trescientas tiendas de este tipo. En consecuencia, su riqueza era cuantiosa, y se la nombraba entre las tres ciudades cuyas contribuciones eran tan grandes que tenían que ser enviadas a Jerusalén en una carreta o carromato (Jer. Taan. 69 *a*). Pero su corrupción moral era también grande, y a ella atribuyeron los rabinos su destrucción final (Jer. Taan., *u.s.*; Midr. sobre Lm. 2:2, ed. Vars., p. 67 *b* hacia la mitad). Magdala tenía una Sinagoga (Midr. sobre Ec. 10:8, ed. Vars. p. 102 *b*). Su nombre se derivaba probablemente de una torre fuerte que defendía sus cercanías o servía como vigía. Esta sugerencia viene apoyada por la circunstancia de que un barrio que parece haber formado parte de Magdala como suburbio, llevaba los nombres de «Torre del Pescado» y «Torre de los Tintoreros». Al menos una de estas torres, si no las dos, se hallaría cerca del desembarcadero, junto al lago de Galilea. La necesidad de estos lugares de vigía y defensa, que hacían parte de la ciudad una *Magdala*, se incrementaría por la proximidad de la magnífica llanura de Genezaret, de la cual Josefo habla en términos de gran encomio (*Guerra*, iii.10.1). Además, a sólo veinte minutos al norte de Magdala cursaba el llamado «Valle o Torrente de las tórtolas» (Wady Hamâm), por el que pasaba la antigua ruta de caravanas que llevaba por Nazaret a Damasco. El nombre de «Valle de las Tórtolas» ilustra la exactitud sustancial de las descripciones rabínicas de la antigua Magdala. Los viajeros modernos (como el decano *Stanley*, profesor *Robinson*, *Farrar* y otros) han notado la extraña designación «Valle de las Tórtolas» sin haber podido sugerir más explicación de ella que el hecho de su tráfico en tórtolas para propósito de purificación, algo que a uno se le ocurre de modo natural. De las muchas ciudades y pueblos que se hallaban en las orillas del lago de Galilea, todas han desaparecido, excepto Magdala, que todavía está representada por una serie de chozas de barro que llevan el nombre de Mejdel. La antigua torre vigía que daba nombre al lugar está allí todavía, en el mismo sitio probablemente desde el que miraba a Jesús y a la magdalena. Hasta el día de hoy Magdala es conocida por sus fuentes y arroyuelos, lo que la hace muy adecuada para los trabajos de tintorería; mientras que algunos de los mariscos que abundan en aquellas aguas (Baedeker, *Palästina*, pp. 268, 269) proporcionarían algunos de los tintes.[2]

Estos detalles pueden ayudarnos a comprender más claramente el origen, y con ello la crianza y circunstancias de aquella que no sólo ministraba a Jesús en su vida, sino que con angustia observaba «desde lejos» sus últimos momentos (Mt. 27:56) y luego se sentó frente a la tumba nueva de José en la que habían puesto su cuerpo (v. 61). Y las horas terribles que siguieron, ella las pasó con sus amigos, que en Galilea habían servido a Cristo (Lc. 28:55) preparando las «especias y ungüentos» (v. 56) que el Salvador resucitado no requeriría nunca. Porque en aquella mañana de Pascua la tumba de Jesús estaba vacía y sólo era guardada por ángeles mensajeros que anunciaron a la magdalena y a Juana, así como a las otras mujeres (Lc. 24:10), las alegres nuevas de que la anunciada Resurrección había pasado a ser una realidad. Pero, por difíciles que hubieran sido las circunstancias en que la Magdalena había llegado a profesar su fe en Jesús, las de Juana (hebreo *Yochani*, Seb. 62 *b*) tienen que haber sido más atribuladas. Era la esposa

---

1. «De la cual habían salido siete demonios». Los que tengan la curiosidad por ver un intento de hallar una base «racional» de algunas de las leyendas talmúdicas referentes a María Magdalena y otras relacionados con la historia de Cristo, pueden consultar el ensayo de Rösch, en Studien and Kritiken for 1873, pp. 77-115 (Die Jesus-Mythen d. Judenth.).

2. Es notable que el Talmud (Megill. 6 *a*) localiza en el territorio de Zabulón el *Chilzon* (חלזון), tan usado para los tintes de púrpura y escarlata, y tan precioso. Se producían tintes del mismo color artificialmente (comp. Lewysohn, Zool. d. Talm., pp. 281-283).

de *Cuzá*, el mayordomo de Herodes, que es posible, aunque no probable, que fuera el oficial de la corte cuyo hijo había sanado Jesús en Caná (Jn. 4:46-54), a distancia, con su palabra. La ausencia de toda referencia al suceso parece más bien oponerse a esta suposición. En realidad, es incluso dudoso si *Cuzá* era un nombre judío. En los escritos judaicos la designación (בוזא –Yebam. 70 *a*) parece ser usada como apodo (cántaro pequeño) para personas pequeñas o insignificantes, más que como nombre propio. Solamente otra de las mujeres que servían a Jesús es citada por su nombre. Es Susana, el «lirio». Los nombres de las demás no se hallan escritos en las páginas de las historias de la tierra, sino en las del libro de la vida del Cordero. Y éstas «asistían a Jesús de sus bienes». Tan pronto las riquezas eternas aparecen en el atavío de la pobreza; tan pronto el amor a Cristo halló su tesoro consagrándolo a su servicio. Y desde entonces ha sido ésta la Ley de su Reino, para nuestra gran humillación y la mayor exaltación de la comunión con Él.

La cura del mudo demonizado

Fue en este viaje de retorno a Capernaum, probablemente no lejos de este lugar, que fue restaurada la vista a dos ciegos (Mt. 9:27-31). Fue entonces también que ocurrió la curación de un mudo demonizado, que se registra en Mateo 9:32-35, y a la que se alude en Marcos 3:22-30. Este relato, naturalmente, no debe ser confundido con otro similar del que habla Mateo 12:22-32 y Lucas 11:14-26. Este último ocurrió en un período muy posterior de la vida de nuestro Señor, cuando, según muestra todo el contexto, la oposición del partido farisaico había asumido proporciones mucho más grandes y el lenguaje de Jesús denunciaba el carácter y culpa de sus enemigos con mucha más intensidad. Esta acusación de los fariseos, pues, de que Jesús echaba demonios por medio del Príncipe de los demonios (Mt. 9:34), así como su respuesta a ello, será mejor considerarla cuando aparezca en su pleno desarrollo. Y más aún porque creemos, por lo menos, que la mayor parte de la respuesta de nuestro Señor a su acusación blasfema, tal como la da el Evangelio de Marcos (3:23-30), tiene que haber sido dada en un período ulterior.[3]

Fue en su viaje de regreso a Capernaum desde las fronteras más distantes de Galilea cuando por primera vez no fue seguido por los doce apóstoles, sino asistido por el servicio asiduo de los que se lo debían todo a su ministerio, que fue restaurado el mudo demonizado, al ser expulsado el demonio de él. Incluso estas circunstancias muestran que ha empezado un nuevo estadio en el curso mesiánico. Se caracteriza por un despliegue más pleno de la enseñanza y obra de Cristo y, *pari passu*, por una oposición más plenamente desarrollada del partido farisaico. Porque los dos iban juntos, y no pueden ser distinguidos como causa o efecto. Este nuevo estadio, como ya hemos hecho notar, se inauguró a su retorno de la «Fiesta desconocida» en Jerusalén, cuando parece que fue seguido por el partido farisaico. Lo hemos notado ya en una época tan temprana como la de la llamada de los cuatro discípulos en el lago de Galilea. Pero se activó con ocasión de la curación del paralítico en Capernaum, cuando por primera vez notamos la presencia y murmuración de los escribas y, por primera vez también, la declaración específica sobre el perdón de los pecados por parte de Jesús. El mismo elemento doble aparece en la llamada al publicano Mateo, y las objeciones de los fariseos a que Cristo comiera y bebiera con «pecadores», algo posterior. Fue durante el desarrollo posterior de esta separación entre el elemento viejo y nuevo hostil que fueron nombrados los doce apóstoles, y la enseñanza distintiva de Jesús dirigida al pueblo en el Sermón del Monte, que era a la vez una vindicación y un llamamiento. En el viaje por Galilea, que siguió luego, el partido hostil no parece haber seguido a Jesús; pero su oposición, incrementada y ahora más franca, se oye en el discurso de Cristo sobre Juan el Bautista, después de haber despedido a los mensajeros de Juan (Mt. 9:16-19), mientras que su influencia aparece en los pensamientos no expresados de Simón el fariseo.

Acusación farisaica contra Cristo

Pero incluso antes de estos dos acontecimientos ya había ocurrido lo que induciría al partido farisaico a tomar nuevas medidas contra Jesús. Ya se ha sugerido que el partido, como tal, no siguió a Jesús en su viaje por Galilea. Pero se nos dice de modo enfático que habían llegado a Judea (Lc. 7:17) noticias de la resurrección del muerto en Naín. Sin duda habían llegado a Jerusalén. Parece que hay tiempo suficiente entre este suceso y la curación del mudo demonizado en su retorno a Capernaum, para explicar la presencia allí de estos fariseos (Mt. 9:34) que son descritos de modo expreso por Marcos (Mr. 3:32) como «escribas que habían descendido de Jerusalén».

Se explican con ello también otras circunstancias. Cualquiera que fuera la actitud que adoptaran los líderes de Jerusalén sobre la resurrección de Naín, ya no podía negarse que Jesús obraba milagros. Por lo menos, lo que a *nosotros* parecen milagros, pero no para ellos, puesto que, como hemos visto, las «curas milagrosas» y la expulsión de demonios se hallaban dentro de la esfera de su «ordinario extraordinario»: no eran milagros en nuestro sentido, puesto que eran hechos, o decían ser hechos, por sus «propios hijos». Por tanto, el mero hecho de estas curas presentaba una dificultad para ellos. Para *nosotros* un solo milagro bien probado daría una evidencia irrefragable de las pretensiones de Cristo; para *ellos* no. Podían creer en los «milagros» y no en Cristo. Para ellos la cuestión no consistía en si eran milagros o no –éste sería nuestro punto de vista–, sino ¿por medio de qué poder, en cuál nombre Él hacía estos hechos? Desde nuestro punto de vista, su oposición a Cristo, en vista de sus milagros, nos parece no solo malévola, sino racionalmente inexplicable. Pero nuestro punto de vista no es el suyo. Y aquí, además, percibimos que era su enemistad a la *persona* y *enseñanza* de Jesús lo que llevaba a la negación de sus pretensiones. La cuestión ¿por medio de qué poder hacía Jesús estas obras?, ellos la contestaban con la afirmación de que era por el de Satanás o Príncipe de los demonios. Consideraban a Jesús, no sólo poseído por un demonio y no ya temporalmente, sino de modo permanente, esto es, que era un vehículo constante de la influencia satánica. Y este demonio era según ellos no otro que Beelzebú, el Príncipe de los demonios (Mr. 3:22). Así, a su modo de ver, era realmente Satanás el que obraba en Él y por medio de Él; y Jesús, en vez de ser reconocido como el Hijo de Dios, era considerado como una encarnación de Satán; en lugar de ser admitido como el Mesías, era denunciado y tratado como el representante del Reino de las tinieblas. Todo esto porque el Reino que Él había venido a abrir, y que predicaba, era precisamente el opuesto a lo que ellos tenían como el Reino

3. Considero que Marcos 3:23-30 combina el suceso de Mateo 9 (ver Mr. 3:23) con lo que está registrado en Mateo 12 y Lucas 11, y explico esta combinación por la circunstancia de que el último no es relatado en Marcos.

de Dios. Así que era la posición esencialmente contraria del Rabinismo respecto a Cristo lo que constituía el fundamento de su conducta hacia la persona de Cristo. Podemos atrevernos a afirmar que esto explica toda la historia posterior hasta la Cruz.

Mirado de esta manera, la historia de la oposición farisaica se ve no sólo como consecuente, sino, por así decirlo, explicada moralmente. Su culpa consistía en tratar como un agente satánico lo que era del Espíritu Santo; y como ellos eran de su padre el Diablo, y no conocían ni entendían ni amaban la Luz, sus hechos eran malos. No eran hijos de la luz, sino de aquellas tinieblas que no comprenden a Aquél que es la Luz. Y ahora podemos también entender el crecimiento de la oposición activa a Cristo. Una vez llegados a esta conclusión, que los milagros que hacía Cristo eran debidos al poder de Satán, y que Él era el representante del Maligno, su curso había sido decidido racional y moralmente. El ver cada nueva manifestación del poder de Cristo solamente como un desarrollo más pleno del poder de Satán, y oponerse a ella con tesón y hostilidad crecientes, incluso hasta la Cruz: esto fue a partir de aquí el progreso natural de esta historia. Por otra parte, una vez establecido un curso así, no había ni podía haber ningún nuevo razonamiento que pudiera presentar Jesús o que Él pudiera oponer al mismo. A partir de ahora sus discursos y actitud hacia este Judaísmo tienen que ser de clara denuncia, mientras está procurando todavía –tal como debe por una necesidad interna de su naturaleza y la necesidad externa de su misión– salvar al resto de los elegidos de esta «generación rebelde» y echar un amplio fundamento para la Iglesia futura. Pero el viejo Judaísmo hostil, tiene que ser dejado a partir de ahora al juicio de la condenación, excepto en aquellas lágrimas de compasión divina que el Rey de los Judíos y el Mesías judío derramó sobre Jerusalén, que no había conocido el día de su visitación.

Pero todo esto lo veremos cuando el movimiento que ahora empezaba alcanzará sus proporciones plenas (Mt. 12:22ss.; Lc. 11:14ss.). Por el momento, señalamos sólo su aparición. La acusación de ser un agente de Satanás no era, ciertamente, nueva del todo. Se había sugerido que Juan el Bautista estaba bajo influencia demónica, y este pretexto astuto para resistir su mensaje había tenido mucho éxito entre el pueblo (Mt. 11:17, 18; Lc. 7:31, 32). La misma acusación, sólo que en forma mucho más plena, era presentada ahora contra Jesús. Cuando la «multitud maravillada decía que nunca se había visto algo así en Israel», los fariseos, sin negar los hechos, tenían esta explicación de ellos, que luego se desarrollaría en todas sus terribles consecuencias: que, tanto por lo que se refería a echar el demonio de un mudo como a otras obras similares, Jesús las obraba a través del Príncipe de los demonios (Mt. 9:33, 34).[4]

La visita de la madre y hermanos de Cristo

Así que el filo de esta manifestación de poder de Cristo fue embotado y quebrado. Pero no por ello cesó el acoso a Cristo. Es a esto que atribuimos la visita de «la madre y hermanos» de Jesús, que se registra en los tres Evangelios Sinópticos (Mt. 12:46ss.; Mr. 3:31ss.; Lc. 8:19ss.). Incluso esta circunstancia muestra su importancia decisiva. Forma un paralelo a los intentos anteriores de los fariseos de influenciar a los discípulos de Jesús (Mt. 9:11), y luego de crear la hostilidad de los discípulos de Juan (*u.s.* v. 14), siendo estos dos casos registrados por los tres evangelistas. También trae esto luz sobre otro rasgo distintivo de la Misión de Jesús. Colocamos esta visita de la «madre y hermanos» de Jesús inmediatamente después de su retorno a Capernaum, y la atribuimos a la oposición farisaica, que o bien llenaba a estos familiares suyos de ansiedad y temor por su seguridad, o hacía que se preocuparan sinceramente de lo que pasaba. Solamente en el caso que significara alguna clase de interferencia en su misión, fuera causada por el temor o el afecto, Jesús habría repudiado la relación con ellos.

Pero significaba más que esto. Como siempre, el lado positivo iba junto con el negativo. Sin ir tan lejos como algunos de los Padres, que ven orgullo u ostentación en que la Virgen-Madre llamara a Jesús para que saliera fuera de la casa, ya que es posible que ella hubiera querido lo opuesto, no podemos por menos que ver estas palabras de Cristo como la más solemne reprobación de toda Mariolatría, la oración a la Virgen pidiendo intercesión y, aún más, las doctrinas extrañas afirmando que era libre de pecado presente u original, hasta su consecuencia audaz: el dogma de la «Concepción Inmaculada».

Por otra parte, recordamos también la profunda reverencia entre los judíos hacia los padres, que hallaba una expresión incluso exagerada en el Talmud (Jer. Peah. i. 1).[5] Y creemos que entre todo Israel, Él, que era su Rey, no podía haber hablado ni hecho nada que pudiera asemejarse a una falta de respeto a una madre. Tiene que haber habido un sentido más elevado en sus palabras. Este significado podría entenderse mejor después de su Resurrección. Pero aun antes de esto era necesario, en presencia de la interferencia o estorbo de las relaciones terrenales, incluso la más cercana y tierna y quizá todavía más por ello, el señalar a las relaciones espirituales más altas y fuertes. Y más allá de esto, a una verdad aún más elevada. Porque ¿no había entrado Él en parentesco terreno sólo por amor a la relación espiritual más alta que Él estaba a punto de fundar? ¿Y no era verdad, pues, en el sentido más literal, que «los que se hallaban en una relación más íntima con Él» no eran sus parientes en lo terreno, sino los que «estaban sentados en corro a su alrededor», es más, «cualquiera que hace la voluntad de Dios»? Así que no es que Cristo no tuviera mucho aprecio a su madre, sino que no confundía los medios con el fin, ni tampoco sacrificaba al espíritu por la letra de la Ley del amor, cuando, rehusando ser detenido o desviado de su misión ni siquiera un momento,[6] Él escogió hacer la voluntad de su Padre, antes que descuidarla por hacer caso de los deseos de la Virgen-Madre. Como dice Bengel de modo apropiado: «Él no despreciaba a la Madre, sino que coloca primero al Padre».[7] ¡Y ésta es siempre la relación en el Reino del Cielo!

4. Al mismo tiempo, con otras autoridades, tengo fuertes dudas de si Mateo 9:34 debe ser considerado como una interpolación (ver Westcott y Hart). De modo sustancial, la acusación estaba allí; pero parece dudoso si en estas palabras no fue hecha hasta un período ulterior.

5. Un ejemplo ya se ha dado en el capítulo anterior, nota 7. Se mencionan otros ejemplos de reverencia filial, algunos realmente ridículos, otros conmovedores, y acompañados de dichos que algunas veces se elevan a lo sublime.

6. Bengel hace notar sobre Mateo 12:46: «Non plane hic congruebat sensus Mariae cum sensu Filii».

7. «Non spernit Matrem, sed anteponit Patrem».

Capítulo 23

(Mateo 13:1-52; Marcos 4:1-34; Lucas 8:4-18)

Nueva enseñanza en «parábolas». Las parábolas al pueblo junto al lago de Galilea y a los discípulos de Capernaum

Estamos una vez más con Jesús y sus discípulos junto al lago de Galilea. Nos gusta pensar que era al comienzo de la mañana, cuando la luz depositaba sus sombras de oro sobre las aguas tranquilas, y el aire vivo no tocado por el hombre era fragante del sacrificio matutino de la tierra, cuando ninguna voz discordante humana echaba a perder el reposo del sagrado silencio ni interrumpía la alabanza del Salmo de la Naturaleza. Era una mañana de primavera, también, y de una primavera que sólo es así no ya en el Oriente, sino sobre todo junto al lago de Galilea: no con la mezcla de sol y lluvia, calor y tormenta, nubes y resplandor con que la vida se esfuerza por retornar lenta y débilmente a los miembros paralizados de nuestros climas nórdicos, sino con el contacto que la misma pulsa y encabrita las venas de vigor de juventud. Las imágenes del Sermón del Monte indican que la lluvia y tormentas del invierno ya habían pasado (Mt. 7:25). Bajo este cielo, la Naturaleza parecía recibir alborozada la venida de la primavera ataviándose con vestidos más gloriosos que la pompa real de Salomón. Casi de repente las anémonas encarnadas, los alegres tulipanes, los narcisos impecables y los ranúnculos[1] de oro cubren con su abigarrado ropaje la hierba de los campos que, ¡ay!, pronto se marchitará (*u.s.* 6:28-30), mientras que los árboles exhiben su fragante promesa de fruto (7:16-20). Así como las imágenes usadas en el Sermón del Monte confirman la conclusión, que se saca también de otros puntos, de que fue pronunciado en el breve período que sigue a las lluvias invernales, cuando los «lirios» adornan la hierba reciente, la escena descrita en las parábolas pronunciadas junto al lago de Galilea indica una temporada más avanzada, cuando en los campos asoma la cosecha que será recogida a su debido tiempo. Y como sabemos que la cosecha de cebada comienza con la Pascua, no podemos equivocarnos al suponer que la escena tiene lugar unas pocas semanas antes de esta Fiesta.

No faltan otros datos fehacientes de esto. Por los vv. iniciales (Mt. 13:1, 2) colegimos que Jesús había salido de «la casa» con sus discípulos sólo, y que cuando estaba sentado junto a la orilla, la multitud que se congregó le obligó a entrar en una barca, desde donde Él les hablaba de muchas cosas en parábolas. Que esta enseñanza en parábolas no sigue, y menos aún que tampoco fue causada por la plena enemistad de los fariseos (Mt. 12:24ss.),[2] se verá claramente más adelante. Entretanto, debe notarse que la serie primera de parábolas (las pronunciadas junto al lago de Galilea) no llevan referencia clara a la misma. En este aspecto, señalamos una escala ascendente en las tres series de parábolas pronunciadas respectivamente en tres períodos diferentes de la Historia de Cristo, y con referencia a tres estadios diferentes de oposición farisaica y sentimiento popular. La primera serie es aquella presentada cuando la oposición farisaica había acabado de ofrecer la explicación de que sus obras eran de un agente demónico, y cuando un afecto mal dirigido podría haber convertido los lazos de la relación terrena en cadenas para aherrojar a Cristo. A esto hubo sólo una respuesta cuando Cristo extendió su mano hacia aquellos que habían aprendido, al seguirle, a hacer la voluntad de su Padre, y declaró que éstos eran sus parientes más próximos. *Ésta* fue la respuesta real al intento de su madre y hermanos; *aquélla,* la respuesta a la acusación farisaica de ser un agente satánico. Y fue en relación con esto que, primero a la multitud y luego a los discípulos, pronunció la primera serie de parábolas, que exhibe las verdades elementales referentes a la plantación del Reino de Dios, su desarrollo, realidad, valor y vindicación final.

En la segunda serie de parábolas nos hallamos en un estadio diferente. Las quince parábolas de que consta (Lc., caps. 10 al 16 y 18, *passim*) fueron pronunciadas después de la Transfiguración, durante el descenso al valle de la humillación. Se refieren también al Reino de Dios, pero aunque la característica prevaleciente es todavía *parenética,*[3] o más bien evangélica, tienen un aspecto controversial también, como contrario a alguna oposición activa, vital al Reino, principalmente por parte de los fariseos. En consecuencia, aparecen entre los «discursos» de Cristo (Lc., caps. 11 a 14), y están relacionadas con la culminación de la oposición farisaica presentada en la acusación, en su forma más desarrollada, de que Jesús era, por así decirlo, la Encarnación de Satán, el medio constante y el vehículo de su actividad (Lc. 11:14-36; Mt. 12:22-45; Mr. 3:22-30). Esto era la blasfemia contra el Espíritu Santo. Todas las parábolas pronunciadas durante este período hacen referencia más o menos directa a ello, aunque, como ya se ha dicho, todavía en una forma más bien positiva que negativa; y el elemento evangelico en ellas es primario, y el judicial sólo secundario.

El orden se invierte en la tercera serie, que consiste en ocho parábolas (Mt., caps. 18 a 20; caps. 21, 22, 24, 25; Lc., cap. 19). Aquí el aspecto controversial no sólo tiene ascendencia sobre el elemento evangélico, sino que el tono se vuelve enjuiciatorio, y el elemento evangélico aparece simplemente en la forma de ciertas predicciones relacionadas con el fin venidero. El Reino de Dios es presentado en su estado final de recogida, separación, recompensa y pérdida, como realmente podemos esperar en la enseñanza del Señor inmediatamente antes de su rechazo final por Israel y su entrega en manos de los gentiles.

Esta conexión interna entre las parábolas y la historia de Cristo explica mejor su significado. Su agrupación artificial (hecha principalmente por críticos modernos)[4] es demasiado ingeniosa para ser correcta. Hay una cosa común a todas las parábolas, sin embargo, y forma un punto de

---

1. Añade interés a estos lirios semejantes a Salomón que la Mishnah designa una clase de ellos, que crece en campos y viñas, con el nombre de «lirio real» (Kil. v. 8, Bab. Talmud, p. 29 *a*). Al mismo tiempo, el término usado por nuestro Señor no debe confinarse a «lirios» en el sentido estricto. Puede representar toda una variedad de flora en la primavera, principalmente anémonas (comp. Tristram, *Nat. Hist. of the Bible*, pp. 462-465). Una palabra con las mismas letras κρίνος (aunque diferente significado) es el rabínico *Narkes*, el narciso; naturalmente, el דדברא (de los campos), no דגנוביתא (de los jardines).

2. Éste parece ser el punto de vista de Goebel en su *Parabeln Jesu*, un libro al cual, en general, reconozco estar en deuda.

3. Admonitoria, exhortatoria: un término usado en teología, del cual no es fácil dar el equivalente exacto.

4. Incluso Goebel, aunque sigue correctamente el método puramente histórico, ha intentado una agrupación artificial así, en interés del llamado alto criticismo.

conexión entre ellas. Todas son ocasionadas por algún desinterés o repulsa por parte de sus oyentes, y esto, incluso tratándose de oyentes que profesaban ser discípulos. Esto parece indicado en la razón asignada por Cristo a los discípulos para su uso de la enseñanza en parábolas: que a ellos les era dado conocer el misterio del Reino de Dios, «pero a los que están fuera, todas estas cosas se les presentan en parábolas» (Mr. 4:11). Y esto puede llevarnos a los comentarios generales sobre las parábolas que son necesarios para su comprensión.

No se saca mucha información de discutir la etimología de la palabra «parábola».[5] El verbo del cual deriva significa «proyectan»; y el término mismo, «colocar una cosa al lado de la otra». Quizá no hay modo de enseñanza más común entre los judíos que las parábolas.[6] Sólo que en su caso eran casi enteramente ilustraciones de lo que se había dicho o enseñado,[7] mientras que en el caso de Cristo servían como el fundamento de su enseñanza. En un caso, la luz de la tierra era proyectada hacia el cielo; en el otro, la del cielo hacia la tierra; en un caso, el intento era hacer que la enseñanza espiritual se viera judaica y nacional; en el otro, era transmitir enseñanza espiritual en forma adaptada al punto de vista de los oyentes. Esta distinción se hallará que es cierta incluso en casos en que parece que hay el paralelismo más estrecho entre una parábola rabínica y una evangélica. Al examinar con más detalle la diferencia entre ellas se verá que no es meramente de grado, sino de clase, o mejor de punto de vista. Esto puede ser ilustrado por la parábola de la mujer que buscaba ansiosamente una moneda que había perdido (Lc. 15:8-10), a la cual hay un paralelo judío casi literal (en la Midrash sobre Cnt. 1:1). Pero mientras que en la parábola judía la moraleja es que un hombre debería esforzarse en estudiar la Torah más que en la búsqueda de la moneda, puesto que la primera procura una recompensa eterna, mientras que si hallara la moneda le proporcionaría a lo más un goce temporal, la parábola de Cristo tiene por objeto mostrar no el mérito del estudio o de las obras, sino la compasión del Salvador al buscar al perdido y el gozo del cielo ante su recuperación. No se necesita decir mucho para ver que la comparación entre las dos parábolas, por lo que se refiere al espíritu, es prácticamente imposible excepto como contraste.[8]

Pero vayamos atrás. En los escritos judíos una parábola *(Mimshal, Mashal, Mathla)* es introducida por una fórmula de este tipo: «Voy a decirte una parábola» (אמשול לך משתל). «¿A qué se parece la cosa? A una…», etc. Con frecuencia empieza de modo más breve, así: «Una parábola. ¿A qué se parece la cosa?»; o bien, simplemente: «¿A qué se parece la cosa?». Algunas veces incluso se omite esto, y la parábola es indicada por la preposición «a» al comienzo de la historia ilustrativa. Los escritores judíos exaltan las parábolas, pues ponen el significado de la Ley dentro de la comprensión de todos los hombres. El «rey sabio» había introducido este método, cuya utilidad queda ilustrada por la parábola de un gran palacio que tiene muchas puertas, de modo que la gente se perdía en él, hasta que uno ató un ovillo de hilo a la entrada principal, por medio del cual pudieran hallar fácilmente la entrada y la salida (Midr. sobre Cnt. 1:1). Incluso esto ilustrará lo que se ha dicho de la diferencia entre las parábolas rabínicas y las usadas por nuestro Señor.

La distinción general entre una parábola y un proverbio, una fábula y una alegoría no se puede discutir aquí en detalle.[9] Será suficiente verlo por el carácter y características de las parábolas de nuestro Señor. Esta designación, algunas veces, en realidad se aplica a lo que no son parábolas en el sentido estricto, mientras que falta cuando uno podría esperarla. Así, en los Evangelios Sinópticos hay ilustraciones (Mt. 24:32; Mr. 3:23; Lc. 5:36), y aun dichos de tipo de proverbios, como «Médico, cúrate a ti mismo» (Lc. 4:23), o el que se refiere al ciego guiando a otro ciego (Mt. 15:15), que son designados como parábolas. Además, el término «parábola», aunque se usa en algunas versiones, no ocurre en el Evangelio de Juan; y esto, a pesar de que no pocas ilustraciones usadas en este Evangelio podrían, bajo un examen superficial, considerarse que son parábolas. El término, por tanto, tiene que ser restringido a condiciones especiales. La primera de ellas es que todas las parábolas hacen referencia a escenas bien conocidas, tales como las de la vida diaria; o a sucesos, sean reales o tales que podría esperarse tuvieran lugar en circunstancias dadas o estarían en conformidad con nociones prevalecientes. Todo lector de los Evangelios podrá distinguir estas diferentes clases.

Estos cuadros, familiares a la mente popular, están en la parábola relacionados con las realidades espirituales correspondientes. Con todo, aquí también hay lo que distingue la parábola de la mera ilustración. Esta última no transmite más –quizá no tanto, incluso– que lo que se ha ilustrado; mientras que la parábola transmite esto y mucho más aún, a aquellos que pueden seguir sus sombras hasta la luz por medio de la cual ha sido proyectada. En realidad, las parábolas son sombras perfiladas –algo difusas, tal vez, y con luz débil, o a media luz–, como la luz de las cosas celestiales cae sobre escenas bien conocidas, que corresponde a realidades espirituales y tiene su contrapartida más elevada en ellas. Porque la tierra y el cielo son partes gemelas de sus obras. Y prevalece en ellas la misma ley, como también el mismo orden; y forman una gran unidad en su relación con el Dios viviente que reina. Y del mismo modo que sólo hay en último término una ley, una fuerza, una vida, que obra de modo vario, que produce efectos y afecta a todo lo que es fenoménico en el universo material por diverso que parezca, así también sólo hay una Ley y Vida con respecto a lo intelectual, moral, y también lo espiritual. Una Ley, una Fuerza y una Vida, atando lo terreno y lo celestial en una gran Unidad: el resultado de la Unidad divina, de lo cual es la manifestación. Así, las cosas en la tierra y en el cielo son afines, parejas, por lo que pueden pasar a ser para nosotros parábolas la una de la otra. Y así, si el lugar en que descansamos es Betel, pasan a ser la escalera de Jacob, por la cual lo del cielo desciende a la tierra y lo de la tierra asciende al cielo.

Y otra característica de las parábolas, en el sentido más estricto, es que en ellas se usa todo el cuadro o relato como ilustración de alguna enseñanza celestial, y no meramente

5. παραβάλλω, *projicio, admoveo rem rei comparationis causa* (Grimm). Poco se saca de definiciones clásicas de la παραβολλή. Ver arzobispo Trench sobre las parábolas.

6. F. L. Steinmeyer es curioso que haya intentado negarlo. Con todo, cada obra rabínica antigua está literalmente *llena* de parábolas. En Sanh. 38 *b* leemos que los discursos del rabino Meir consistían en una tercera parte de determinaciones legales, un tercio de Haggadah y un tercio de parábolas.

7. Me refiero sólo a la forma, no a la sustancia de estas parábolas judías.

8. Es, en realidad, posible que el esquema de algunas de las parábolas de Cristo fuera adoptado o adaptado por los rabinos posteriores. Nadie que conozca el intercambio primitivo entre los judíos y los cristianos judíos podría negar esto *a priori*.

9. Puedo remitir a los varios diccionarios bíblicos existentes, al profesor Westcott: *Introduction to the Study of the Gospels* (pp. 28, 286), y a las obras del arzobispo Trench y el doctor Goebel.

un aspecto o fase de ella,[10] como en algunas de las ilustraciones y en parábolas y proverbios de los Sinópticos, o los relatos en parábolas del cuarto Evangelio. Así lo vemos en las ilustraciones en parábolas sobre el remiendo de tela nueva sobre un vestido viejo (Lc. 5:36); o el ciego guía del ciego (Lc. 6:39); sobre hojas que brotan de la higuera (Mt. 24:32); o en el proverbio como parábola «Médico, cúrate a ti mismo» (Lc. 4:23); o en algunos relatos en parábola de Juan, como el Buen Pastor (Jn., cap. 10); o de la vid (Jn., cap. 15); en cada caso, sólo una parte es seleccionada como parábola. Por otra parte, incluso en las parábolas más cortas, tales como la de la semilla que crece secretamente (Mr. 4:26-29), la levadura en la harina (Mt. 13:33) y la perla de gran precio (vv. 45, 46), el cuadro es completo y tiene, no sólo en un aspecto, sino en todo su importe, una contrapartida en las realidades espirituales. Pero, como se muestra en la parábola de la semilla que crece secretamente (Mr. 4:26-29), no es necesario que la parábola contenga siempre algún relato, con tal que tenga una aplicación espiritual, no sólo un rasgo, sino toda la cosa relatada.

En vista de lo que se ha explicado, el arreglo de las parábolas en *simbólicas* y de *tipo* (Goebel) sólo puede aplicarse a su forma, no a su sustancia. En la primera de estas clases hay una escena de la naturaleza o de la vida que sirve como base para exhibir la realidad espiritual correspondiente. En la última, lo que se relata sirve como tipo (τύπος) no en el sentido ordinario del término, sino el que no es infrecuente en la Escritura, sea para imitación (Fil. 3:17; 1 Ti. 4:12) o como advertencia (1 Co. 10:6, 11). En las parábolas de tipo la ilustración se halla, por así decirlo, en el exterior; en las simbólicas, en el relato o escena. Las primeras han de ser aplicadas; las últimas han de ser explicadas.

Es aquí donde se halla la diferencia característica entre las diversas clases de oyentes. Todas las parábolas en realidad implican algún fondo de oposición, o bien de falta de receptividad. En el caso de esta primera serie de ellas (Mt., cap. 13), el hecho de que Jesús hablaba en parábolas al pueblo (Mt. 13:3 y paralelos), y *sólo* en parábolas, se hace notar de modo claro. Al parecer, pues, era la primera vez que Él adoptó este modo de enseñanza popular.[11] En consecuencia, los discípulos no solamente expresaron su asombro, sino que inquirieron la razón de este método nuevo (Mt. 13:10 y paralelos). La respuesta del Señor marca una distinción entre aquellos a quienes «es dado a conocer los misterios del Reino», y aquellos para quienes «todas las cosas se hacían en parábolas». Pero, evidentemente, este método de enseñanza no podía haber sido adoptado para el pueblo, en el sentido de contraposición a los discípulos y como una medida judicial, puesto que incluso en la primera serie de parábolas, tres fueron dirigidas a los discípulos después de haber despedido al pueblo (Mt. 13:36, 44-52). Por otra parte, como respuesta a sus discípulos, el Señor marca especialmente esto como la diferencia entre la enseñanza concedida a ellos y las parábolas habladas al pueblo, que el efecto propuesto de estas últimas era judicial o punitivo: completar el endurecimiento que, en su comienzo, había sido causado por su rechazo voluntario de lo que habían oído (Mt. 11:13-17). Pero como no sólo el pueblo, sino también los discí-

«Así, en los Evangelios Sinópticos hay ilustraciones (Mt. 24:32; Mr. 3:23; Lc. 5:36), y aun dichos de tipo de proverbios, como 'Médico, cúrate a ti mismo' (Lc. 4:23), o el que se refiere al ciego guiando a otro ciego (Mt. 15:15), que son designados como parábolas. Además, el término 'parábola', aunque se usa en algunas versiones, no ocurre en el Evangelio de Juan; y esto, a pesar de que no pocas ilustraciones usadas en este Evangelio podrían, bajo un examen superficial, considerarse que son parábolas».

Antiguos instrumentos quirúrgicos representados en una terracota romana. La cirugía se practicaba normalmente en Palestina en las varias ciudades de cultura romana o helenística, mientras que en Jerusalén era poco practicada y sólo en determinados casos.

10. Cremer (*Lex. of N. T. Greek*, p. 124) pone énfasis en la idea de una *comparación* que de modo manifiesto es incorrecta; Goebel, también sin acierto, en la forma narrativa.

11. En el Antiguo Testamento hay descripciones y expresiones en forma de parábola, especialmente en Ezequiel (caps. 15, 16, 17, 19), y una fábula (Jue. 9:7-15), pero sólo dos parábolas: una en forma de *tipo* (2 S. 12:1-6), la otra *simbólica* (Is. 5:1-6).

pulos eran enseñados en parábolas, el efecto de endurecimiento no tiene que ser adscrito al modo de enseñar en parábolas, ahora adoptado por primera vez por Cristo. Ni es una respuesta suficiente a la pregunta de qué era lo que causaba este efecto endurecedor, y, por tanto, influencia endurecedora de la parábola sobre el pueblo, el decir que la primera serie dirigida a la multitud (Mt. 13:1-9, 24-33) consistía en un cúmulo de parábolas sin ninguna indicación de su significado o interpretación. Porque, al margen de otras consideraciones, estas parábolas eran por lo menos tan fáciles de entender como las que fueron relatadas inmediatamente después a los discípulos, sobre las cuales, de modo similar, Jesús no da ningún comentario. Por otra parte, a nosotros por lo menos nos parece claro que la base del efecto diferente de las parábolas sobre la multitud incrédula y sobre los discípulos creyentes no era objetiva, o causada por la sustancia o forma de estas parábolas, sino subjetiva, causada por el punto de vista diferente de las dos clases de oyentes hacia el Reino de Dios.

Esta explicación quita lo que de otro modo sería una dificultad seria. Porque parece imposible creer que Jesús había adoptado un modo especial de enseñanza con el propósito de esconder la verdad, que de otro modo podría haber salvado a aquellos que la escucharan. Sus palabras, realmente, indican que éste *era* el efecto de las parábolas. Pero también indican, con igual claridad al menos, que la causa de este endurecimiento se hallaba no en el método de enseñar por parábolas, sino en el estado de insensibilidad espiritual al que habían llegado previamente, por su propia culpa. A causa de esto, lo que podría haber transmitido instrucción espiritual y en otras circunstancias lo habría hecho, por necesidad pasaba a ser lo que todavía endurecía más y fatalmente, y embotaba sus mentes y corazones. Así, su propio endurecimiento convergía en el juicio de endurecimiento (Mt. 13:13-15).

Ya podemos, hasta cierto punto, entender por qué Cristo ahora por primera vez adopta la enseñanza por parábolas. La razón está en las circunstancias alteradas del caso. Toda su enseñanza anterior había sido sencilla, aunque inicial. En ella, Él había presentado por medio de palabras, y exhibido de hecho (en los milagros), este Reino de Dios que Él había venido a abrir a todos los creyentes. Los oyentes ahora se separaban en dos grandes grupos. Los que, fuera temporal o permanentemente (según mostraría el resultado), habían admitido estas premisas hasta el punto en que las habían entendido, eran sus discípulos profesos. Por otra parte, el partido farisaico ahora había elaborado una teoría firme y sólida, según la cual los actos y por tanto también la enseñanza de Jesús eran de origen satánico. Cristo tenía que predicar aún el Reino; para este propósito había venido al mundo. Sólo que la presentación de este Reino ahora tenía que ser con miras a la *decisión*. Tiene que separar las dos clases, llevando una hacia una comprensión más clara de los misterios del Reino, el cual no sólo parece misterioso, sino que para nuestro pensamiento limitado *es* realmente misterioso; mientras que la otra clase de oyentes consideraría ahora estos misterios como totalmente ininteligibles, increíbles, y que debían ser rechazados. Y la base o causa de esto se hallaba en las posiciones respectivas de estas dos clases hacia el Reino. «A todo el que tenga, le será dado, y tendrá más; pero al que no tiene, aun de lo que tiene le será quitado». Y la manera misteriosa en que eran presentadas en parábolas era igualmente apropiada al carácter de estos «misterios del Reino», mostrados ahora no para instrucción inicial, sino para decisión final. Cuando la luz del cielo cae sobre los objetos terrenos se proyectan sombras. Pero nuestra percepción de ellas, y su manera, depende de la posición que nosotros ocupamos con relación a la luz.

Y así no sólo era bueno, sino misericordioso, que estos misterios de sustancia ahora fueran también presentados como misterios de forma, en parábolas. Aquí cada uno vería según su punto de vista hacia el Reino. Y esto era a su vez determinado por la aceptación o rechazo previo de esta verdad, que antiguamente había sido presentada en una forma sencilla en la enseñanza y obras de Cristo. Así que, aunque a los que tenían ojos abiertos y oídos que oían les sería revelado aquello que los Profetas y justos de antaño habían deseado pero no alcanzaron, a los que voluntariamente habían puesto a un lado lo que tenían, solamente les llegaría, en su ver y oír, el juicio final de endurecimiento. Así sería para cada uno en conformidad con su punto de vista. A uno hubiera venido la gracia de la revelación final, a otro el juicio final que, después de todo, había sido elegido por ellos mismos, pero que, cuando de modo voluntario ocupaban su posición con relación a Cristo, había llegado a formar el cumplimiento de la terrible predicción de Isaías referente al endurecimiento final de Israel (Is. 6:9, 10).

Hasta aquí una explicación general. La primera serie de parábolas contiene tres relatos separados (Mt., cap. 13): el de las parábolas dichas al pueblo; el de la razón para explicar el uso de la enseñanza por parábolas y la explicación de las primeras parábolas (esto dirigido sólo a los discípulos); y, finalmente, otra serie de parábolas dichas a los discípulos. A cada una de ellas nos referiremos brevemente.

En aquella brillante mañana de primavera en que Jesús habló desde la barca a la multitud que se apiñaba en la orilla, Él les explicó estas *cuatro parábolas:* respecto a aquél que siembra o sembrador; referente al trigo y la cizaña; respecto a la simiente de mostaza, y respecto a la levadura. La primera, o quizá las dos primeras, tiene que ser suplementada por lo que podríamos llamar una *quinta parábola,* la de la semilla que crece sin ser observada. Ésta es la única parábola que únicamente Marcos ha preservado (Mr. 4:26-29). Todas estas parábolas se refieren, como se dice de modo expreso, al Reino de Dios; esto es, no a ninguna fase o característica especial, sino al Reino mismo o, en otras palabras, a su historia. En su forma se adaptan y son apropiadas para alocuciones al aire libre, en esta estación del año, en aquella localidad y para aquellos oyentes. Y con todo, hay tal gradación y desarrollo en ellas, que podrían muy bien señalar hacia arriba y hacia adelante.

La primera parábola es la del que siembra. Casi podemos imaginarnos al Salvador sentado en la proa del bote, cuando señala a sus oyentes el fecundo llano que se ve desde la barca, en que el trigo verdea en su primera fase de crecimiento y da promesa para la siega. Como este trigo es el Reino de los Cielos que Él ha venido a proclamar. ¿Como qué? No era todavía como la cosecha, que está aún en el futuro, sino como el campo, allí cerca. El sembrador (no un sembrador) salió a sembrar la buena simiente. Si recordamos un modo de sembrar particular (si no estoy equivocado) de aquellos tiempos, la parábola gana mucho en viveza. Según las autoridades judaicas se podía sembrar por dos métodos, ya que la semilla podía ser echada a mano (יד מפולת) o haciendo uso de animales (buey, asno) (מפולת שוורים) (Arakh. 25 *a,* línea 18 desde la base). En este último caso se llenaba de trigo un saco con agujeros y se ponía sobre el lomo del animal, de modo que al ir éste avanzando, la semilla iba saltando a sacudidas y repartiéndose. Así, podría muy bien resultar que cayera de modo indiscriminado sobre el terreno duro del camino, o en lugares pedregosos pero cubiertos con una capa leve de suelo, o donde los espinos no hubieran sido arrancados, o bien en buena tierra.[12] El resultado en cada caso no tiene por que ser repetido. Pero ¿qué significado transmitiría todo esto a los oyentes judíos de Jesús? ¿En qué forma este sembrar y crecimiento eran semejantes al Reino de Dios? Sin la menor duda, no en el sentido que ellos esperaban. Para ellos había solamente una rica cosecha, cuando Israel daría abundante fruto. Además, ¿qué era la semilla, y quién era el sembrador?, o ¿qué podía significar que hubiera varias clases de terreno y diferencias en la productividad?

A nosotros, tal como el Señor la explica, todo esto nos parece sencillo y llano. Pero a ellos tenía que serles ininteligible y ocasión para malentendidos, a menos que realmente estuvieran en la relación debida con el Reino de Dios. La condición inicial requerida era creer que Jesús era el Sembrador divino, que su Palabra era la semilla del Reino; que no había otro sembrador sino Él, y no había semilla alguna distinta del Reino que no fuera su Palabra. Si se admitía esto, por lo menos había puestas las premisas correctas para entender «este misterio del Reino». Según el modo de ver judío, el Mesías tenía que aparecer en pompa exterior y con ostentación de poder para establecer el Reino. Pero ésta era la misma idea del Reino con que Satán había tentado a Jesús al comienzo de su ministerio. En oposición a ella había ahora este «misterio del Reino», según el cual este Reino consistía en la recepción de la semilla de la Palabra. Esta recepción dependía de la naturaleza del terreno, esto es, de la mente y el corazón de los oyentes. El Reino de Dios estaba *dentro:* no venía con ostentación de poder y, peor aún, el campo sobre el cual era sembrada la semilla no era ya Israel o los oyentes del Evangelio. *Él* había traído el Reino: el Sembrador había salido a sembrar. Esto era la gracia gratuita, el Evangelio. Pero la semilla podía caer junto al camino y perecer sin llegar a brotar. O podía caer en pedregales y allí brotar rápidamente, pero marchitarse antes de dar fruto. O podía caer entre espinos, que crecían más rápidamente que ella; y así, aunque mostraba promesa de fruto, aparecía grano en la espiga, el fruto no llegaba a madurar (se vuelve infructuosa) porque los espinos crecieron más rápidamente y ahogaron el trigo. Finalmente, a estas tres formas deficientes de terreno, en el cual la semilla no había brotado, o sólo brotado, o dando promesa de fruto, o no darlo a perfección, correspondía un triple grado de frutecer en el suelo, según el cual producía a treinta, a sesenta o a ciento por uno, en la medida variable de su capacidad.

Por el hecho de que incluso los discípulos fallaron en la comprensión de todo el importe de este «misterio del Reino», podemos hacernos cargo de lo extraña y no judía que esta parábola del Reino mesiánico tiene que haberles parecido a aquellos a quienes los fariseos ya habían influenciado con su interpretación de la persona y la enseñanza de Cristo. Y con todo, ¡estos mismos oyentes estaban cumpliendo, aunque fuera de modo inconsciente, lo que Jesús estaba diciéndoles en la parábola!

Aunque no sabemos si la parábola que sólo recoge Marcos (4:26-29), del crecimiento de la semilla sin ser observada, fue presentada en particular a los discípulos o, según parece más probable, a ellos y a la gente en la orilla, éste es el lugar más apropiado para insertarla. Si la primera parábola, referente al Sembrador y al campo de siembra, resultaba para todos los que estaban fuera del gremio del

12. Compárense las ligeras variaciones en los tres Evangelios.

discipulado un «misterio», mientras que a los que estaban dentro les daba conocimiento de los mismos misterios del Reino, esto podría decirse aun más plenamente de esta parábola segunda o suplementaria. En ella estamos viendo la porción del campo que en la primera parábola se describe como tierra buena. «El Reino de Dios es como un hombre que echa semilla en la tierra; y ya duerma, ya se levante, de noche y de día, la semilla brota y crece de un modo que él mismo no sabe. La tierra da el fruto por sí misma, primero el tallo, luego la espiga, después grano abundante en la espiga; y cuando el fruto lo admite, enseguida mete la hoz, porque ha llegado la siega». El significado de todo esto parece claro. Tal como el sembrador, después de haber echado la semilla a la tierra, ya no puede hacer más –se va a dormir por la noche, se levanta al hacerse de día, y la semilla entretanto sigue creciendo, aunque el sembrador no sepa cómo, y cesa en sus actividades hasta que llega el momento en que el fruto está maduro, en que inmediatamente mete la hoz–, así es el Reino de Dios. La semilla está sembrada; pero su crecimiento continúa dependiendo de la ley inherente a la semilla y al terreno; dependiendo también de la bendición del cielo, en cuanto a sol y lluvia, hasta el momento de la madurez, cuando llega el tiempo de la siega. Sólo podemos ir ocupándonos de nuestra labor cotidiana, o echarnos a descansar, en tanto que día y noche se van alternando; vemos que crece la semilla, pero no sabemos cómo. No obstante, con toda seguridad va a madurar, y cuando ha llegado este momento, inmediatamente se mete la hoz porque ha llegado la hora de la cosecha. Y lo mismo respecto al Sembrador. Su actividad exterior sobre la tierra tuvo lugar al tiempo de la siembra, y otra vez, al de la cosecha. Lo que yace entre uno y otro pertenece a otra dispensación, la del Espíritu, hasta que otra vez Él envíe a sus segadores al campo. Pero todo esto tiene que haber sido para los de fuera un gran misterio, en modo alguno compatible con las nociones judaicas, mientras que para los de dentro resultó ser una gran ampliación de sus conocimientos y un despliegue muy necesario de los misterios del Reino, con muy amplia aplicación a ellos.

El «misterio» se vuelve aún más misterioso, o, al contrario, es todavía más aclarado en la parábola siguiente referente a la cizaña sembrada entre el trigo. Según el modo de ver común, esta cizaña representa el *Lolium temulentum*, una forma de cañizo o ballico muy venenoso, común en el Oriente, «que se asemeja muchísimo al trigo hasta que aparece la espiga», o bien (según algunos) otra forma de hierba *(Triticum repens)* cuyas raíces, arrastrándose por el suelo, van entrelazándose con las del trigo y las ahogan. Pero la parábola adquiere más sentido si recordamos que, según las ideas antiguas judías (y en realidad aún modernas en el Oriente), la cizaña no es una semilla diferente (Kil. 1. 1), sino solamente una forma degenerada de trigo (Jer. Kil. 26 *d*). Tanto si es leyenda como si es símbolo, el Rabinismo insiste en que la tierra había sido culpable de fornicación antes del juicio del Diluvio, de modo que cuando se sembraba trigo, salía cizaña (Ber. R. 28, ed. Vars., p. 53 *a*, hacia la mitad). Los oyentes judíos de Jesús, por tanto, pensarían que esta cizaña era el trigo degenerado, originado al tiempo del Diluvio, debido a la corrupción del suelo, y que ahora, ¡por desgracia!, estaba brotando en sus campos; totalmente indistinguible del trigo hasta que aparecía el grano: perjudicial, ponzoñosa y que requería ser separada del trigo, si este último no había de quedar inutilizado.

Con estas ideas en mente, procuremos comprender la escena descrita. Una vez más vemos el campo en el cual está creciendo el trigo, no sabemos cómo. El tiempo de la siembra ha pasado. «El Reino de los Cielos es semejante a un hombre que sembró buena semilla en su campo; pero *mientras* dormían los hombres, vino su enemigo y sembró cizaña[13] entre ambos».[14] Hasta aquí el cuadro es lo que vemos en la vida y en la naturaleza, puesto que estos hechos hostiles eran y son todavía comunes en Oriente. Así que nadie se habría dado cuenta de ello; sea lo que sea la cizaña en cuanto a su significado, no había modo de distinguirla del trigo. «Y cuando brotó la hierba y dio fruto, entonces apareció también la cizaña». Lo que sigue es también fiel a los hechos, ya que según el testimonio de algunos viajeros se hacen enormes esfuerzos en el Oriente para arrancar la cizaña. De modo similar, en la parábola, los siervos del dueño de la casa preguntan cuál es el origen de la cizaña; y cuando se les contesta: «Un enemigo ha hecho esto», los siervos preguntan: «¿Quieres, pues, que vayamos inmediatamente, la juntemos y la arranquemos?» (en el original, distinto en algunas versiones). La ausencia de referencia alguna a desarraigar y quemar la cizaña tiene por objeto indicar que el único propósito de los siervos es mantener el trigo puro y sin mezcla para la siega. Pero este su objetivo final quedaría frustrado por el procedimiento que su celo exagerado sugiere. En realidad, sería por completo imposible distinguir la cizaña del trigo, y la parábola sigue bajo esta suposición, que por el fruto se darán a conocer. Pero en el momento presente la separación sería por completo imposible, a menos que también arrancaran el trigo con la cizaña. Porque la cizaña había sido sembrada entre el trigo, no al lado, y sus raíces y hojas estaban entrelazadas. Y así, tienen que crecer juntos hasta la cosecha. Entonces el peligro ya no existe, porque el período del crecimiento había pasado y el trigo tenía que ser recogido en el granero. Éste será el momento de mandar a los segadores que primero recojan la cizaña en manojos para quemarla, para que después el trigo, puro y sin mezcla, pueda ser almacenado en el granero.

Aunque el cuadro sea en conformidad a la vida real, con todo, la parábola era, de todas ellas, quizá disconforme a la mente judaica y, por tanto, misteriosa e ininteligible. De ahí que los discípulos tuvieron que pedir especialmente que ésta y sólo ésta les fuera explicada, cuyo tema principal ha sido designado como la parábola de «la cizaña» (Mt. 13:36). No obstante, ésta era quizá la que ellos necesitaban entender con preferencia. Porque ya «el Reino de los Cielos ha pasado a ser» así, aunque la aparición del fruto no se ha hecho manifiesta, la cizaña ha sido sembrada entre el trigo. Pero ellos tenían que aprenderlo pronto con su propia amarga experiencia y como una penosa tentación (Jn. 6:66-70), y no sólo con respecto a la multitud voluble e impresionable, ni aun al reducido círculo de seguidores profesos de Jesús, sino que, ¡ay!, en medio de ellos mismos había un traidor. Y tenían que aprenderlo más y más en el tiempo venidero, como nosotros tenemos que aprenderlo en todos los tiempos hasta que quede completada la Edad, o *Aeon*.[15] En extremo necesaria, aunque también misteriosa, es también otra lección, como ha mostrado la experiencia de la Iglesia, puesto que casi en cada período de su historia ha habido testimonio, no sólo de haberse repetido la propuesta de dejar el trigo puro cuando está creciendo, recogiendo y arrancando

---

13. El griego ζιζάνιον es representado por el hebreo זוי o זונא.

14. La expresión es de gran importancia. No simplemente sembrado, sino ἐπίσπειρεν *(insuper sero)*, sembrar entre o sobre el trigo.

15. *Aeon*, o «edad», *sin* el artículo en el versículo 40, y lo mismo en el 39.

la cizaña, e incluso haciéndolo con denuedo. Todo esto se ha visto que es inútil, porque el campo es el ancho mundo, no una secta reducida; porque la cizaña ha sido sembrada en medio del trigo y el que lo ha hecho es el enemigo; y porque, si se quisiera arrancarla, se vería que las raíces y hojas de la cizaña y el trigo están entrelazadas y se causaría daño al trigo. Pero ¿por qué tratar de arrancar la cizaña, de no ser por un celo que no discierne? O ¿qué tenemos que ver nosotros, los siervos del dueño, con esta actividad que nos ha sido mandada por el dueño? El «fin de la edad» o del mundo será testigo de la cosecha, cuando no sólo será realizada sin peligro la separación de la cizaña y el trigo, sino que esto será una necesidad. Porque el trigo tiene que ser allegado al granero y la cizaña atada en manojos y quemada. Entonces los segadores serán los ángeles de Cristo, la cizaña recogida, «todo lo que sirve de tropiezo, y los que hacen iniquidad», y la quema de los mismos será «echándolos en el horno del fuego».[16]

Más misteriosa todavía si es posible, e incluso más necesaria, era la instrucción de que el enemigo que había sembrado la cizaña era el Diablo. A los judíos y más aún a nosotros mismos puede parecernos un misterio que en «el reino mesiánico del cielo» hubiera una mezcla de cizaña con el trigo, más misterioso aún porque el Bautista había predicado que el Mesías venidero limpiaría del todo su era. Pero a los que estaban capacitados para aceptarla se les explicó que se debía al hecho de que el Diablo era el «enemigo» de Cristo y de su Reino, y que era él quien había sembrado la cizaña. Ésta sería, al mismo tiempo, la respuesta más efectiva a la acusación farisaica de que Jesús era la encarnación de Satán y el vehículo de su influencia. Y una vez se les hubo enseñado sobre esto, tenían todavía que aprender las lecciones de la fe y la paciencia, relacionadas con el hecho de que la buena semilla del Reino crecía en el campo del mundo; por lo que, debido a las mismas condiciones de su existencia, la separación por la mano del hombre era imposible en tanto que el trigo estuviera creciendo. Sin embargo, la separación tendría sin duda lugar al término de la gran cosecha, que sería un desastre terrible para los hijos del Maligno,[17] y, al revés, como el sol resplandeciente para los justos en el Reino preparado por su Padre.

Las primeras parábolas tenían por objeto presentar los misterios del Reino, ilustrados por la siembra, el crecimiento y la mezcla de la semilla. Las dos parábolas finales presentan otra característica igualmente misteriosa del Reino: la de su desarrollo y poder, contrastando con la pequeñez y debilidad de sus comienzos. En la parábola de la semilla de mostaza esto se muestra en relación con el reino del mundo exterior; en la de la levadura, con referencia al mundo dentro de nosotros. La una exhibe lo *extensivo* de su poder, la otra, lo *intensivo*; en ambos casos, al principio escondido, casi imperceptible, y al parecer por completo inadecuado al resultado final. Una vez más decimos que estas parábolas tienen que haber sido del todo ininteligibles a todos los que no veían el Reino en el humilde y despreciado Nazareno y en su enseñanza. Pero para esos cuyos oídos, ojos y corazones estaban listos para captarlo, no solamente contenían la instrucción más necesaria, sino el aliento y seguridad preciosos. En consecuencia, no hallamos que los apóstoles pidieran o recibieran interpretación de estas parábolas.

Unos comentarios breves van a poner delante de nosotros claramente el significado especial de estas parábolas. Aquí también las ilustraciones empleadas estaban a la mano. Cerca estaban los campos, cubiertos de trigo que crecía verde y lozano, al cual Jesús señalaba; puede que hubiera un huerto en el que crecían hierbas, arbustos y plantas, y la alquería o casa del dueño, cuya esposa en aquel momento estaba a la vista, ocupada en la preparación semanal del pan. En todo caso, es necesario tener en cuenta el carácter *casero* de estas ilustraciones. La misma idea de parábola implica no una exactitud estricta y científica, sino un carácter pictórico popular. Es característico de las mismas el presentar trazos vívidos que apelan a la mente popular, y exhibir analogías de verdades más elevadas que así pueden ser captadas fácilmente por todos. Aquellos a los que se dirigían no tenían por que sopesar cada detalle –bien lógica o científicamente–, pero sí al instante reconocer lo apto de la ilustración presentada a la mente popular. Así, con respecto a la primera de las dos parábolas, la semilla de la planta de mostaza era tenida en el habla popular como la menor de todas las semillas.[18] De hecho, la expresión «pequeño como una semilla de mostaza» había pasado a ser un proverbio, y era usada no sólo por nuestro Señor (Mt. 17:20), sino frecuentemente por los rabinos, para indicar una cantidad muy pequeña, como una sola gota de sangre (Ber. 31 *a*), una contaminación mínima (Nidd. v. 2) o el resto de un destello de sol en el firmamento (Vayyik. R. 31, ed. Vars., vol. iii., p. 48 *a*). Pero cuando ha crecido es mayor que las hortalizas y se hace como un «árbol» o, como Lucas dice, un gran árbol (Lc. 13:18, 19); naturalmente, no en comparación con los otros árboles, sino con los arbustos en los huertos. Este crecimiento de la semilla de mostaza era también un hecho bien conocido en aquel tiempo, en realidad observado todavía en el Oriente.

Éste es el primero y el más importante de los puntos de la parábola. El otro, respecto a los pájaros que son atraídos por sus ramas y se alojan (hacen tiendas)[19] en ellas, o bien bajo su sombra. Este rasgo resultaría muy gráfico, y podemos entender fácilmente que los pájaros fueran atraídos a las ramas o sombra de la planta de mostaza, cuando sabemos que la mostaza en Palestina era mezclada con el alimento para los pichones (Jer. Shabb. 16 *c*), y es de suponer que buscado por otros pájaros. Y el sentido general sería captado muy fácilmente, porque un árbol cuyas ramas extendidas ofrecían alojamiento a los pájaros del cielo, era una figura familiar del Antiguo Testamento para un reinado poderoso que daba abrigo a las naciones (Ez. 31:6, 12; Dn. 4:12, 14, 21, 22). En realidad, era usado de modo específico como una ilustración del Reino mesiánico (Ez. 17:23). Así, la parábola señalaría esto tan lleno de misterio para los judíos pero que explicaba el misterio de modo tan claro a los discípulos: que el Reino de los Cielos, plantado en el campo del mundo como la menor de las semillas, en una forma muy humilde y poco esperanzadora, crecería hasta

16. Con los dos artículos: el bien conocido horno del bien conocido fuego (Gehena).

17. Sin tratar de presentar de antemano aquí lo que pueda haber sido la enseñanza de Cristo acerca del destino final de los malos, no puede dudarse que en este período la doctrina del castigo interminable era la creencia común de los judíos. Me doy cuenta, los dogmas no se pueden fundar sobre enseñanza en parábolas, pero en el presente ejemplo la parábola se habría presentado con un lenguaje diferente si esta enseñanza dogmática no hubiera estado presente en la mente del que hablaba y de sus oyentes.

18. Se trata, naturalmente, de la *Sinapis nigra*, no de la *Salvadora persica*.

19. El canón. Tristram traduce el verbo (*u.s.* p. 473) como meramente posarse o descansar sobre las ramas, lo que no da el verdadero significado. Él mismo ha notado muy bien que los pájaros tienen afición a la semilla de mostaza.

pasar a todas las plantas similares y daría cobijo a todas las naciones bajo el cielo.

A este poder *extensivo* del Reino correspondía su carácter *intensivo*, fuera en el mundo en general o en el individuo. Éste fue el tema de la última de las parábolas, dirigida en esta ocasión al pueblo: la de la levadura. No tenemos por que recurrir a métodos ingeniosos para explicar «las tres medidas», o *seahs*, de harina en las cuales debía ser escondido. Tres seahs eran un efa (Men. vii), cuya exacta capacidad difería en los diferentes distritos. Según la medida antigua original bíblica o del desierto, sería el espacio en que cabrían 432 huevos (Erub. viii. 2, 83 *a*), mientras que el efa de Jerusalén era un quinto de éste, y el de Séforis (o Galilea), dos quintos o, según otros, una mitad mayor.[20] El mezclar tres medidas de harina[21] era común en tiempos bíblicos y también posteriores. No se implica, pues, aquí, nada más que un proceso común en la vida diaria, ordinaria. Y en esto verdaderamente se halla el punto preciso de esta parábola: que el Reino de Dios, cuando se recibe por dentro, es como la levadura escondida pero que gradualmente satura, asimila y transforma el conjunto de una vida común.

Con esta caracterización tan misteriosa y poco judía para la multitud incrédula del Reino del Cielo, el Salvador despidió a la gente. Ya les había dicho bastante, si tenían oídos para oír. Y ahora estaba otra vez a solas con los discípulos «en la casa» en Capernaum, a la cual habían regresado (Mt. 13:36; comp. v. 10 y Mr. 4:10). A los discípulos les habían llegado muchos pensamientos nuevos y profundos sobre el Reino. Pero ¿por qué había hablado Jesús a la multitud de modo tan diferente con respecto no sólo a la forma, sino también a la sustancia de su enseñanza? ¿Y habían entendido del todo su solemne significado ellos mismos? De un modo más especial, ¿quién era el enemigo cuya actividad iba a poner en riesgo la seguridad de la cosecha? De esta cosecha ellos ya habían oído hablar en el camino hacia Samaria (Jn. 4:35). ¿Y qué era aquella «cizaña» que había de continuar en medio de ellos hasta la separación por el juez en el fin del mundo? A estas preguntas dio respuesta Jesús ahora. Su explicación de la razón para adoptar la forma presente de enseñar por parábolas les daría también una mejor comprensión en estos mismos misterios del Reino, cuya presentación había sido el objeto de estas parábolas.[22] Su explicación no solicitada de los detalles de la primera parábola llamaría la atención sobre puntos que podrían de otro modo haber pasado desapercibidos, pero que, como advertencia e instrucción, les convenía tener a la vista.

La comprensión de esta primera parábola parece que les mostró cuánto había escondido en su enseñanza, y estimuló su deseo de entender lo que la presencia y maquinaciones de los fariseos podía, en parte, haberles llevado a percibir de un modo vago. Sin embargo, no era a los fariseos que el Señor se refería. El enemigo era el Diablo; el campo, el mundo; la buena semilla, los hijos del Reino; la cizaña, los hijos del Maligno. Y de modo especial, el Señor, en este caso, no explicó la parábola en sus detalles como en el primer caso, sino sólo para indicar, por así decirlo, los pasos que debían dar para su comprensión. Esto, no sólo para entrenar a los discípulos, sino porque –al revés de la primera parábola– la de la cizaña sólo progresivamente desplegaría su significado en el futuro.

Pero ni aun esto era todo. Los discípulos ahora tenían conocimiento respecto a los misterios del Reino. Pero este Reino no era cuestión de comprensión solamente, sino de aprehensión personal. Esto implicaba el descubrimiento de su valor, adquisición individual del mismo y entrega de todo para su posesión. Y este misterio del Reino fue transmitido a continuación a los discípulos en las parábolas dirigidas especialmente a ellos y adecuadas sólo para ellos.

Por más que sean afines o, mejor, se hallen íntimamente unidas, las diferencias entre las dos parábolas: la del tesoro escondido en el campo y la de la perla de gran precio –que explicó ahora a sus discípulos–, son bastante marcadas. En la primera, alguien que probablemente podemos considerar que intentaba comprar un campo –si no este mismo campo– descubre un tesoro escondido allí y, gozoso, se desprende de todo lo que tiene para adquirirlo,[23] y con ello el tesoro escondido que había encontrado inesperadamente. Se ha expresado alguna dificultad respecto a la moralidad de una transacción así. Como respuesta puede observarse que al menos era en conformidad total con la ley judía (B. Met. 25 *a, b*). Si un hombre encontraba un tesoro en monedas sueltas entre el trigo, era ciertamente suyo si había comprado el trigo. Si lo había hallado en el suelo, igualmente le pertenecía, si podía alegar posesión del suelo, y aun si el campo no fuera suyo, a menos que otro pudiera probar que tenía derecho al mismo. La ley llegaba a adjudicar al comprador de frutos todo lo que se encontraba entre estos frutos. Esto bastará para vindicar una cuestión de detalle que, en todo caso, no es bueno subrayar demasiado en una historia en forma de parábola.

Pero volvamos a nuestro análisis. En la segunda parábola tenemos un comerciante prudente que viaja en busca de perlas, y cuando halla una que excede en valor a todo el resto, va y vende todo lo que tiene a fin de adquirir aquella joya única. El valor supremo del Reino, el deseo consiguiente de apropiárselo y la necesidad de desprenderse de todo lo demás para este propósito son los puntos comunes a esta parábola y la precedente. Pero, en su caso, se hace notar que este tesoro está escondido de la vista común en el campo, y el que lo halla hace un descubrimiento inesperado del mismo, lo que le llena de gozo. En el otro caso, el mercader está ya en busca de perlas pero tiene el acumen suficiente para darse cuenta del valor excepcional de esta gema, y la

20. Comp. Herzfeld, *Handelsgesch. d. Juden*, pp. 183-185.

21. Comp. Génesis 18:6; Jueces 6:19; 1 Samuel 1:24; Jos. *Ant.* ix.4, 5; Bab. B. 9 *a*, etc.

22. Leemos en la Pesiqta, ed. Bub., p. 149 *a* y *b*, sobre Isaías 61:10, la hermosa ilustración siguiente, que puede aplicarse tanto a las palabras de nuestro Señor en Mateo 13:16 como a la exclamación de la mujer en Lucas 11:27: «Hay siete vestidos con los que el Santo, bendito sea su nombre, se viste, desde el momento en que el mundo fue creado a la hora en que Él ejecutará castigo sobre Edom la malvada (Roma). Cuando creó el mundo, Él se vistió de gloria y esplendor (Sal. 104:1); cuando se manifestó en el mar Rojo, se vistió de majestad (Sal. 93:1); cuando dio la Ley, se vistió de fuerza (*ib.*); cuando perdona la iniquidad de Israel, se viste de blanco (Dn. 7:9); cuando ejecuta castigo sobre las naciones del mundo, se viste de venganza (Is. 59:17). El sexto vestido se lo pone en la hora en que será revelado el Mesías. Entonces se vestirá de justicia (*ib.*). El séptimo vestido se lo pone cuando toma venganza de Edom, entonces se vestirá de rojo (Is. 63:2). Y el vestido con que en el futuro Él vestirá al Mesías, resplandecerá de un cabo del mundo al otro, según Isaías 61:10. E Israel gozará su luz, y dirá: "Bendita la hora en que nació el Mesías; bendito el vientre que le llevó; bendita la generación que ve; bendito el ojo que fue tenido por digno de contemplarle, porque la apertura de sus labios es bendición y paz, su habla, reposo para el alma, y seguridad y reposo hay en su Palabra. Y en su lengua perdón; su oración, el incienso de sacrificio aceptado; su solicitud, santidad y pureza. Bendito eres, Israel: ¡cuánto tienes reservado para ti! Tal como está escrito"» (Sal. 31:20, v. 19 en nuestras versiones).

23. El ἔμπορος –en oposición al κάπηλος o vendedor ambulante– es el comerciante al por mayor que viaja de un lugar a otro y ultramar (πόρος) para hacer sus compras.

gran sabiduría mayor de renunciar a toda búsqueda ulterior y adquirirla renunciando a todo lo demás. Así que se ponen delante de los discípulos dos aspectos diferentes del Reino y dos condiciones distintas por parte de los que, por amor a él, se desprenden igualmente de todo.

Y también la parábola final de la red es en gran manera necesaria. Sin duda, debían darse cuenta, y esto ocurrió así más y más, que el mero discipulado –la mera inclusión en la red del Evangelio– no era suficiente. Al echar la red en el mar de este mundo quedaría incluido mucho que, cuando se sacaba la red en la orilla, se vería que era inútil y aun perjudicial. El ser un discípulo, pues, no era bastante. Incluso aquí habría separación. No sólo la cizaña, que el enemigo había sembrado adrede en medio del trigo, sino que aun en la red del Evangelio, echada en el mar una vez llevada a la playa, incluía lo que únicamente servía para ser «echado al horno del fuego, donde será el llanto y el crujir de dientes».

Así termina este día de primavera, de enseñanza por primera vez en parábolas, al pueblo junto al lago, y en la casa de Capernaum a los discípulos. Los perfiles eran borrosos, en sombras que se hacían más débiles en sus rasgos para el pueblo; eran perfiles borrosos que se hacían más brillantes y claros a los que eran discípulos. Enseñanza la más maravillosa de todas, y en todos los aspectos de la misma; que incluso los críticos negativos admiten que realmente formó parte de la instrucción original dada por Cristo. Pero si éste es el caso, tenemos dos preguntas de carácter decisivo que hacer. Sin duda estas parábolas no eran de carácter judío. Esto se ve, no sólo por la comparación con los modos de ver el Reino por los judíos, sino por el hecho de que su significado resultó ininteligible a los oyentes de Jesús y que, por rica que sea la enseñanza judaica en parábolas, no se puede aducir ningún paralelo previo a ellas en absoluto.[24] Nuestra primera pregunta es, por tanto: ¿de dónde le viene esta enseñanza no judía, y aun antijudía, respecto al Reino a Jesús de Nazaret?

Una segunda pregunta va todavía más allá. Porque si Jesús no era un profeta –y si era un profeta, entonces no era Hijo de Dios–, ¿cómo puede comprenderse que pudiera ser concebida una profecía tan extraña e inesperada, minuciosamente exacta en todos sus detalles, referente a su Reino, tal como es la descripción que en parábolas Él da de este Reino? ¿No ha demostrado la Historia, con el extraño e inesperado cumplimiento de aquello que ningún ingenio humano en aquel tiempo habría podido predecir y ninguna pluma escribir con tal cantidad de detalle preciso, que Él es más que un mero hombre, que es Aquél que ha sido enviado de Dios, el Rey divino del Reino divino, en todas las vicisitudes que este Reino divino ha de experimentar una vez establecido sobre la tierra?

---

24. Las llamadas ilustraciones rabínicas son inadecuadas, excepto *per contra.* Así, en Mateo 13:17 se hace notar que en la opinión rabínica la revelación de los misterios de Dios únicamente podía ser concedida a los que eran justos o entendidos. La Midr. sobre Eclesiastés 1:7 contiene la siguiente parábola como ilustración (comp. Dn. 2:21): «Se le pregunta a una matrona a cuál de dos personas que piden dinero se lo prestaría ella, a un rico o a un pobre. A lo que ella responde: ´A un rico, puesto que incluso si lo pierde, podría devolverlo'. Se le contesta que de modo similar Dios no da sabiduría a los necios, que la emplearían en los teatros, baños, etc., sino a los sabios, que hacen uso de ella en las Academias». Una explicación aun más extraña, pero similar, sobre Éxodo 15:26, ocurre en Ber. 40 *a,* donde se muestra que Dios sostiene la vasija llena, no la vacía, como hace el hombre. De ahí que si empezamos a aprender, o repetimos lo que hemos aprendido, aprenderemos más, y al revés. Además, en el versículo 12 notamos que «a uno se le quite lo que tiene» es una expresión proverbial judaica: «lo que está en su mano le será quitado» (Ber. R. 20., ed. Vars., p. 38 *b,* dos últimas líneas). Expresiones similares al versículo 16 son usadas por los rabinos, por ejemplo, Chag. 14 *b.* Con respecto al versículo 17, el rab. Eliezer llegó a la conclusión, por Éxodo 15:2, de que las sirvientas vieron en el mar Rojo lo que ni Ezequiel ni los profetas habían visto, lo que corrobora con Ezequiel 1:1 y Oseas 12:10 (Mechil., ed. Weiss., p. 44 *a*). Otro paralelismo, y mucho más hermoso, se ha dado anteriormente. En el versículo 19 hay que notar que el Maligno no era representado por los rabinos tanto como Enemigo del Reino de Dios, sino de los individuos; verdaderamente, era con frecuencia descrito como idéntico a los malos impulsos. (Yetser, haRa, comp. Chag. 16 *a;* B. Bathr. 16 *a;* Succ. 52 *a*). En el versículo 22 notamos que los rabinos no consideraban que eran las riquezas, sino la pobreza, lo que ahogaba la buena semilla. En el versículo 39 podemos hacer notar una expresión similar en Bab. Mez. 83 *b*: «Que el Señor de la viña venga y quite los espinos». En el versículo 42 la expresión «horno de fuego», por Gehena, es popular entre los judíos (תנור). De modo similar, la expresión «crujir de dientes» que caracteriza principalmente a la ira y envidia de los que están en Gehinnom, ocurre en la Midrash sobre Eclesiastés 1:15. En el versículo 44 remitimos a las notas y comentarios que hemos hecho sobre la parábola. En relación con el versículo 46 recordamos que en Shabb. 119 *a* se cuenta una historia referente a una perla por la cual un hombre había dado toda su fortuna, esperando que con ello impediría que le fuera quitada (comp. Ber. R. 11). Finalmente, en relación con el versículo 47, notamos que la comparación de los hombres con los peces es común entre los judíos (Ab. Zar 3 *b;* 4 *a*).

«¿Y qué era aquella 'cizaña' que había de continuar en medio de ellos hasta la separación por el juez en el fin del mundo? A estas preguntas dio respuesta Jesús ahora. Su explicación de la razón para adoptar la forma presente de enseñar por parábolas les daría también una mejor comprensión en estos mismos misterios del Reino, cuya presentación había sido el objeto de estas parábolas».

Entre las parábolas que se refieren al Reino de Dios, destaca la alegoría de la siega aplicada al momento en que el dueño de la heredad separa la cizaña del trigo. Ésta es la imagen de un segador perteneciente a la decoración románica del baptisterio de la catedral de Parma.

Capítulo 24
(Mateo 8:18, 23-27; Marcos 4:35-41; Lucas 8:22-25)

Cristo calma la tempestad en el lago de Galilea

Era el atardecer de aquel día de enseñanza nueva y una vez más se agolpaban a su alrededor grandes multitudes. ¿Qué más, o realmente qué otra cosa podría decirles a aquellos a quienes Él había hablado por la mañana en parábolas que ellos, escuchándolas, no habían oído o entendido? Fue esto, más que el cansancio después de un largo día de trabajo, lo que le llevó a la decisión de pasar al otro lado. Jesús nunca subordinaba su obra al mero cansancio físico. Por tanto, si éste hubiera sido el motivo, la propuesta de retirarse para descansar habría partido de los discípulos, mientras que ahora fue el mismo Señor el que dio la orden de pasar al otro lado. En realidad, después de la enseñanza de aquel día era mejor, tanto para las multitudes como para los discípulos, que Él se retirara. Y así, «se lo llevaron consigo, tal como estaba», lo cual probablemente significa sin refrigerio de comida, o incluso sin preparación para hacerla durante el trayecto. Esto indica lo rápidamente, mejor aún, lo ávidamente que los discípulos siguieron su indicación.

No es posible determinar si, con la prisa, no hicieron caso de las señales que amenazaban una tempestad inminente; o si tenían el sentimiento secreto de que en la barca y en el mar, por llevar a quien llevaban, estaban seguros frente a una tempestad; o si era una de aquellas tempestades que se levantan súbitamente y barren con tal furia el mar de Galilea. Él estaba en «la barca»[1] –tanto si era de los hijos de Jonás o los de Zebedeo–; era una barca bien conocida, que estaba siempre dispuesta para su servicio, fuera como púlpito, lugar de descanso o medio de transporte. Pero la partida no fue tan rápida que pasara inadvertida; y las barcas de otros que de buena gana le habrían seguido estaban también por allí. En la popa de la barca, en el banco donde a veces descansa el timonel, Jesús descansaba con la cabeza sobre una almohada o cabezal. El cansancio, la debilidad, el hambre, el agotamiento, hicieron sentir su fuerza sobre su verdadera humanidad. Él, de quien el testimonio apostólico más primitivo (Fil. 2:6) proclamó que había sido «en la forma de Dios», se quedó dormido. Incluso esto evidencia la verdad de todo el relato. Si la tradición apostólica había inventado el relato para exhibir su poder divino, ¿por qué presentarle como cansado y dormido en la barca?; y si quería mostrársele como profundamente dormido por el agotamiento, ¿cómo podía adscribírsele el poder de calmar la tempestad a su reprensión? Si fuera leyenda, se habría presentado una u otra de estas cosas, pero no las dos en combinación. Su coincidencia es debida a la incidencia de la verdad. En realidad, es una característica de la historia de Cristo, y tanto más evidencial por el hecho de que no ha sido planeada en la estructura del relato, que cada manifestación más profunda de su humanidad va seguida inmediatamente del despliegue más alto de su divinidad, y esta ostentación especial de su poder divino fue seguida de algunas marcas de su verdadera humanidad. Sin duda, ningún relato podría ser más congruente con la verdad asumida de que Él es el Hombre-Dios.

Visto de esta forma, el cuadro es sublime de modo inefable. Jesús está dormido, vencido por el cansancio y el hambre, en la popa de la barca, con la cabeza sobre el banco de madera, mientras el cielo se encapota, el viento ruge y levanta montañas de agua y espuma, ululando con rabia indomable sobre el mar agitado; las olas se levantan y lanzan la barca a sacudidas de acá para allá, y la espuma ya llega a sus pies. Su humanidad aparece aquí tan verdadera como cuando estaba tendido en el pesebre; su divinidad, como cuando los sabios de Oriente depositan las ofrendas a sus pies. Pero el peligro arrecia –«de modo que la barca ya se estaba llenando» (Mr. 4:37). Ellos lo observaban y se sentían tentados a considerar el sosiego de Jesús no como indicativo de su Majestad divina –o sea, de su sublime conciencia de seguridad absoluta–, porque ellos no se daban cuenta plena de quién era. En un caso así, por tanto, podía más bien significar debilidad absoluta, al no poder, dadas las circunstancias, vencer las exigencias de nuestra naturaleza inferior; indiferencia verdadera, también, ante su suerte –no por falta de simpatía, sino de poder. En resumen, podía llevarles a sacar la conclusión de que el Cristo no era Cristo, y el Reino del cual les había hablado en parábolas no era suyo, si debía ser identificado con su persona.

En todo esto advertimos ya, en parte, la conexión interna entre la enseñanza de aquel día y el milagro de aquella noche. Ambas eran algo nuevo: la enseñanza en parábolas, y luego la ayuda en una parábola. Ambas se fundaban en el Antiguo Testamento: la enseñanza en sus predicciones (Is. 6:9, 10), el milagro en sus proclamaciones de las manifestaciones especiales divinas en el mar (Sal. 106:9; 107:25; Is. 51:10; Nah. 1:4-7; Hab. 3:8); y las dos mostraban que todo dependía del punto de vista tomado respecto a la persona de Cristo. Nos viene más enseñanza de los detalles del relato que sigue. Se ha preguntado con cuál de las palabras registradas en los Sinópticos los discípulos despertaron al Señor: con la súplica de que los salvara (Mateo y Lucas), o con las de impaciencia, pronunciadas quizá por Pedro (Marcos). Pero ¿por qué no pueden los dos relatos representar lo que pasó? De modo semejante, se ha preguntado: ¿qué vino primero, la reprensión del Señor a los discípulos, y después la del viento y el mar (Mateo), o al revés? (Marcos y Lucas). Pero ¿no es posible que cada uno registrara lo que había quedado primero impreso en su mente? Mateo, que había estado en el barco esa noche, la reprensión necesaria a los discípulos; Marcos y Lucas, que lo habían oído de otros (Marcos probablemente de Pedro), la ayuda primero, luego la reprensión.

No obstante, no es fácil entender lo que los discípulos esperaban realmente cuando despertaron a Cristo con su «¡Señor, sálvanos, que perecemos!». Sin la menor duda, no esperaban lo que realmente ocurrió, puesto que cuando lo presenciaron se quedaron llenos no sólo de asombro, sino de terror.[2] Posiblemente su creencia en las posibilidades ilimitadas de Cristo era algo vago, indefinido. Una creencia

1. El artículo definido (Mr. 4:36) indica que era «la» barca, una barca bien conocida que Él siempre usaba.

2. Por el tamaño de aquellas barcas parece improbable que hubiera cabido en ella nadie que no fuera uno de sus seguidores más íntimos. Además, el lenguaje de los que pedían ayuda y la respuesta de Cristo implican lo mismo.

así, nos parece casi natural cuando pensamos que la altura de su divinidad estaba solamente apareciendo como la cima de un monte de entre las nubes y de ella, hasta entonces, sólo les eran visibles los perfiles inciertos. Una creencia así explica también la coexistencia no de incredulidad o fallo en creer, sino la incapacidad de aprehender que, como hemos visto, caracterizaba la conducta de la Virgen-Madre. Y caracterizaba igualmente la de los discípulos hasta la mañana de la resurrección, llevándoles a la tumba vacía y llenándoles de asombro y pavor cuando la hallaron vacía. Así, hemos llegado al estadio en la historia de Cristo en que, en oposición a la acusación ahora formulada por parte de sus enemigos contra su persona, ni su enseñanza ni su obra podían ser plenamente comprendidas a menos que se entendiera su personalidad: que era Dios, el mismo Dios. Y de este modo, estábamos llegando gradualmente al momento en que sería conveniente y necesaria la venida del Espíritu Santo para revelar este misterio de su persona. De forma similar, los dos grandes estadios en la historia del aprendizaje de la Iglesia fueron: primero, la llegada al conocimiento de lo que Él era, por la experiencia de lo que hizo; segundo, llegar a la experiencia de lo que Él hizo y hace, por el conocimiento de lo que es. El primero, que corresponde, en el Antiguo Testamento, a la edad patriarcal, es el del período en que Jesús estaba en la tierra; el segundo, que responde a la historia de Israel, es el del período posterior a su ascensión al cielo y el descenso del Espíritu Santo.

Cuando «fue despertado» (Mr. 4:38) por las voces de sus discípulos, «increpó al viento y al mar», tal como había hecho Jehová antaño (Sal. 106:9; Nah. 1:4), tal como había Él «reprendido» la fiebre (Lc. 4:39) y a los paroxismos del endemoniado (Mr. 9:25). Porque todas son sus criaturas, incluso cuando azotan en el frenesí de un «poder hostil». Y al mar mandó, como si fuera un ser sensible: «¡Calla, enmudece!». E inmediatamente el viento amainó y sobrevino una gran calma sobre el lago. Porque cuando Cristo dormía había tempestad; cuando Él despertó, gran calma. Pero sobre estos hombres que antes le habían despertado con su clamor, ahora entró un asombro y un terror sin límites. Ya no dijeron, como en su primer milagro en Capernaum: «¿*Qué* es esto?», sino «¿*Quién* es éste?». Y así, la gran pregunta que la enemistad de los fariseos había provocado, y que en parte había sido contestada en las parábolas de su enseñanza, fue contestada todavía más plenamente y de modo práctico en lo que, no sólo para los discípulos, sino para todos los tiempos, había de ser una parábola de ayuda. Y Jesús también se maravilló, pero solamente por aquello que podía dar lugar a su asombro: lo mezquino de su fe; ¿dónde estaba su fe?, y ¿cómo era posible que no la tuvieran?

Hasta aquí la historia es relatada por los tres evangelistas casi con las mismas palabras. Por todas partes se admite que el relato forma parte de la tradición primitiva evangélica. Pero si es así, entonces, incluso según la opinión de sus oponentes, tiene que haber habido algún fundamento en un suceso que sobrepasa los hechos ordinarios en la historia de Jesús. En consecuencia, de todos los críticos negativos, sólo dos se aventuran a descartarlo como sin base en los hechos. Pero una suposición como ésta, más bien aumentaría que disminuiría la dificultad. Porque si es una leyenda, su invención e inserción en el testimonio primitivo tienen que ser justificadas por alguna razón histórica. Ésta no se halla en parte alguna, en absoluto. El Antiguo Testamento no contiene ninguna historia análoga que hubieran podido imitar; la expectativa mesiánica judaica no ofrecía base para ella; y no hay absolutamente ningún paralelo rabínico que pudiera ponerse a su lado. Objeciones similares se aplican a la sugerencia de exageración de algún suceso real (Keim). Porque la esencia del relato está en los detalles, cuyo origen y universal aceptación en la primitiva creencia de la Iglesia tienen que ser explicados. Ni se hace más fácil la tarea de los críticos negativos que admiten el fundamento en hecho de esta historia, pero sugieren varias teorías para explicar sus detalles milagrosos. La mayoría de estas explicaciones son tan antinaturales[3] que únicamente señalan el contraste entre la imaginación del siglo XIX y el lenguaje simple y sobrio del relato original. Porque me parece igualmente imposible considerarlo como basado en un malentendido de las palabras de Jesús durante una tempestad (Paulus), o en la fe tranquila de Jesús, aun cuando el timonel temiera por su vida (Schenkel), o presentado como sólo una especie de símbolo de fenómenos mentales análogos (Ammon, Schleiermacher, Hase, Weiszächer, y otros). La misma variedad muestra que ninguna de estas soluciones ha resultado satisfactoria a nadie más que a su inventor. Y de todas se puede decir que no tienen fundamento alguno en el relato en sí. Así que la única alternativa que queda es, o bien aceptar todo el relato, o rechazarlo del todo.

Si nuestro juicio ha de ser decidido por las reglas ordinarias del criticismo histórico, no podemos tener más dudas de cuál es la verdadera de estas proposiciones. Aquí hay un relato que recibe el *consenso* de la opinión de los tres evangelistas; que se admite que forma parte de la tradición evangélica original; no puede hallarse motivo específico para su invención; y que se cuenta con una simplicidad de lenguaje y viveza pictórica de detalle que lleva consigo su propia evidencia. Otros puntos corroborativos, tales como lo improbable de la invención de una situación así para Cristo o del comportamiento de los discípulos, ya han sido indicados. La demostración histórica absoluta del suceso, por supuesto, en la naturaleza de las cosas, es imposible. Pero además de lo congruente de la enseñanza en parábolas que ha precedido al milagro, y la conformidad de la increpación del Salvador con su modo de acallar los elementos hostiles en otras ocasiones, se pueden ofrecer algunas consideraciones más sobre la evidencia al reflexivo lector.

Porque, ante todo, en el hecho de que el mar le obedecía reconocemos no sólo la refutación más completa a la falsedad farisaica sobre la persona de Cristo, sino la realización plena, en el Hombre ideal, del ideal del hombre como destinado al cielo (Sal. 8:4-8) y el cumplimiento inicial de la promesa que este destino implicaba. La «creación», sin duda, «había sido sometida a vanidad» (Ro. 8:20); pero este «mal», que implica no meramente corrupción, sino también rebelión, fue debido directamente a la caída del hombre y será quitado en la «manifestación final de los hijos de Dios». Y Pablo, en esto, hasta tal punto se basa en la teología judaica que también enseña que «aunque todas las cosas fueron creadas perfectas, con todo, cuando pecó el primer Adán, fueron corrompidas» (Ber. R. 12). El dominio de Cristo sobre el mar, pues, era solamente el del Adán segundo y no caído sobre la creación, y la garantía de su restauración y la de nuestro dominio en el futuro. Y esto parece también arrojar nueva luz sobre la increpación de Cristo, fuera a la tempestad, a la enfermedad o a la posesión demónica. Así que el relato es en extremo consecuente por lo que se refiere a la presentación escritural del Cristo.

3. El comentario más extraño quizá es el de Volkmar (*Marcus*, pp. 307-312). Porque no puedo ver ningún paralelismo en la historia de Jonás, ni tampoco referencias a la historia del naufragio de Pablo.

Además, el relato expresa de modo muy marcado que la interposición de Cristo, tanto en sí misma como en la manera en que había sido hecha, fue totalmente inesperada y contraria a la expectativa de los discípulos. Esto también es verdad en lo referente a otras grandes manifestaciones de Cristo, hasta su resurrección de los muertos. Esto, naturalmente, prueba que el relato no se fundaba en ideas judaicas existentes entonces. Pero hay más que esto. La introducción espontánea de rasgos que lejos de glorificarle más bien detraen de un Cristo legendario, mientras que al mismo tiempo proyectan luz sobre los discípulos, que son los presuntos inventores de la leyenda, nos parece totalmente incompatible con la suposición de que el relato sea espurio.

Y no hay que pasar por alto otra circunstancia. Si bien consideramos el relato como el de un acontecimiento histórico –en realidad, y por el hecho que lo hacemos–, no podemos dejar de darnos cuenta del importe permanente simbólico y del tipo del mismo. Sería realmente imposible describir tanto la historia de la Iglesia de Cristo como la experiencia personal de los discípulos con más precisión, o con una capacidad de aplicación más amplia y más profunda que en la parábola de este milagro. Y así es moralmente verdad para todas las épocas; justo porque fue históricamente verdad la primera.[4] Y cuando entramos en este campo de contemplación se nos abren muchas vistas ante los ojos. La verdadera humanidad del Salvador, al lado de su poder divino; Jesús durmiendo y la palabra todopoderosa de increpación y orden a los elementos, que se someten obedientes a sus pies: este contraste agudo resuelto en una unidad más elevada; ¡cuán cierto es esto de todo el pensamiento fundamental de la historia del Evangelio! Luego, este otro contraste del fallo de la fe y la agitación de los discípulos; y la calma del durmiente, y luego la majestad del Cristo una vez despertado. Y finalmente, todavía este tercer contraste de la impotencia y la certidumbre divina de la omnipotencia consciente.

Cuando nosotros comparamos las tareas que tenemos delante con lo que tenemos a disposición conscientemente, nos damos cuenta sólo de dificultades y de la imposibilidad de hacerlas. Él también da una mirada: pero solamente para saber y dar prueba de que para Él no hay dificultad, puesto que todo es suyo –y todo puede ser nuestro, puesto que Él ha venido para ayudarnos y está en la barca. Únicamente se maravilla de una cosa: lo deficiente que es nuestra fe; y una cosa que hace imposible que Él nos ayude: nuestra incredulidad.

4. Un hecho puede ser la base de un símbolo; pero un símbolo no puede ser nunca la base de un hecho. El primero es el principio de la historia divina; el último, de la leyenda humana. Pero, aun así, la leyenda no podría nunca haber aparecido si no fuera por una creencia en la historia divina: es la moneda falsa de la revelación.

Capítulo 25

(Mateo 8:28-34; Marcos 5:1-20; Lucas 8:26-39)

En Gadara. La curación de los endemoniados

Aquel día de portentos no había terminado. Muchos escritores, realmente, sugieren que la curación de los endemoniados en el otro lado del lago tuvo lugar al amanecer del día siguiente al de la tormenta. Pero la distancia es tan corta que, incluso teniendo en cuenta la demora debida a la tempestad, el pasaje del lago no podía haber ocupado toda la noche.[1] Esta suposición quedaría aún más confirmada si el «atardecer» en que Jesús se embarcó era lo que los judíos acostumbraban a llamar «el primer atardecer», esto es, el tiempo en que el sol había empezado a declinar en el cielo (o sea, la tarde), pero antes de que se hubiera puesto realmente, tiempo que se llamaba «segundo atardecer» u ocaso.[2] Porque parece poco probable que las multitudes hubieran acudido a Jesús en Capernaum tras el «segundo atardecer» (o sea, al anochecer), o que los discípulos u otras barcas se hubieran echado al mar después del ocaso. Por otra parte, la escena gana en grandeza –tiene, por así decirlo, un fondo apropiado– si suponemos que el Salvador y sus discípulos habían desembarcado en el otro lado al anochecer, cuando la luna plateada derramaba su luz pálida sobre la extraña escena y proyectaba sus sombras sobre el mar junto al acantilado desde el que se precipitaron los cerdos. Esto también da tiempo, luego, para que los pastores de ganado se escaparan corriendo no sólo hacia la «ciudad», sino también por los campos. En este caso, es natural, habría sido a primeras horas de la madrugada que los gadarenos o gerasenos se presentaron ante Jesús y que Él regresó a Capernaum. Y finalmente, esto habría dado suficiente tiempo para los milagros que tuvieron lugar aquel mismo día en Capernaum, después que Él hubo regresado allí. Así, todas las circunstancias nos inclinan a creer que la curación del endemoniado en Gadara fue una escena nocturna, que tuvo lugar inmediatamente después de la llegada de Cristo de Capernaum y después de haber calmado la tormenta en el lago.

No sólo da vida al relato, sino que lo ilustra en gran manera, el que podamos describir con confianza el lugar exacto en que nuestro Señor y sus discípulos tocaron la otra orilla. Las ruinas que sobre el llano de Genezaret llevan todavía el nombre de *Kersa* o *Gersa*, tienen que representar la antigua Gerasa o Gadara.[3] Ésta es la interpretación correcta de Marcos y probablemente de Lucas, quizá también de Mateo.[4] La localidad entera cubre los requisitos del relato. Más o menos a un cuarto de hora al sur de Gersa hay un precipicio abrupto, que desciende escarpado en una estrecha estribación de la costa. Una piara aterrorizada, bajando corriendo esta cuesta, no podía haberse detenido ante el agua, e inevitablemente los animales serían lanzados abajo, al lago. Por otra parte, todo el terreno circundante está minado de cavernas o cuevas en la roca caliza y excavaciones para tumbas, tales como las que habitaban los endemoniados. En conjunto, la escena forma un fondo adecuado al relato.

Desde estas tumbas, el endemoniado (que es singular en Marcos y Lucas), así como su compañero menos prominente (Mt. 8:28), fueron al encuentro de Jesús. Se ha escrito mucho que es erróneo y desorientador sobre la demonología judaica. Según la común superstición judía, los espíritus malos habitaban especialmente en lugares solos y desolados, y también entre las tumbas.[5] Hemos de recordar lo que se ha dicho previamente sobre la confusión en la conciencia del demonizado entre sus propias nociones y las ideas impuestas en ellos por los demonios. Está por completo de acuerdo con las nociones judaicas sobre los endemoniados el que, según el relato más detallado de Lucas, el demonizado se creyera empujado al desierto, y que se refugiaba en las tumbas, mientras que según Marcos se hallaba «noche y día en las tumbas y en las montañas», el mismo orden en las palabras que indicaba la noción (en la creencia judaica) de que era sobre todo por la noche que los malos espíritus acostumbraban a rondar por los cementerios o sepulturas.

Al llamar la atención sobre este detalle y otros similares, repetimos, hay que tener en cuenta como característica de los demonizados el que les fuera imposible separar su propia conciencia de las ideas producidas por la influencia del demonio: su propia identidad se mezclaba y, hasta cierto punto, se perdía en la de sus atormentadores. En este sentido, el estado demonizado era en sí afín a la locura. El ser consciente de uno mismo, o mejor lo que puede ser llamado *individualización*, esto es, la conciencia de ser una individualidad independiente y distinta, y con ello la vivencia del poder de originación propia en materias de orden mental y oral (que algunos llaman un aspecto de los actos libres de la voluntad), distingue al alma humana del mero espíritu animal. Pero en la enfermedad maníaca este poder está ausente, o es perdido de modo temporal debido a causas físicas tales como enfermedades del cerebro, como medio de

---

1. En la historia relatada en Mateo 14:22ss., el embarque tuvo lugar mucho más tarde (ver la nota siguiente), y se afirma de modo expreso que «el viento era contrario». Pero incluso así, cuando cesó, estaban «inmediatamente» en la orilla (Jn. 6:21), aunque la distancia atravesada antes había sido de menos de las tres cuartas partes del camino (como veinticinco o treinta estadios, según Jn. 6:19). En aquel punto toda la distancia para atravesar el lago habría sido de unas cinco o seis millas. Pero el pasaje desde Capernaum a Gadara no podía ser tan largo.

2. La distinción entre los dos atardeceres parece marcada en Mateo 14:15 cuando se compara con el v. 23. En ambos versículos se usa justo la misma expresión. Pero entre el primer atardecer y el segundo transcurría un intervalo considerable de tiempo.

3. Comp. Tristram, *Land of Israel*, p. 465; Bädeker (Socin), *Palestina*, p. 267. La objeción de Riehm, *Handwörterb.*, p. 454, de que Gerasa no formaba parte de la Decápolis, en modo alguno recibe apoyo de Marcos 5:20. Los dos hechos no son de ninguna manera incompatibles. Todas las otras localizaciones son imposibles, puesto que el texto requiere la proximidad del lago. El profesor Socin describe este acantilado o precipicio diciendo que es escarpado «como en ninguna otra parte del lago».

4. En esto, como en otros casos, solamente puedo indicar los resultados críticos a que he llegado. Para la base sobre la que fundo las conclusiones tengo que recurrir a las obras que se refieren a los temas respectivos.

5. Ver Apéndice XIII, «Angelología y Demonología», y Apéndice XVI, «Opiniones judaicas sobre demonios y demonizados». El archidiácono Farrar ha entendido mal la referencia de Otho (Lex. Rabb. 146). Las dolencias citadas en Jer. Ter. 40 *b* no son tratadas como «todas demónicas»; al contrario, en la mayoría de ellas –en realidad todas, con una excepción– se afirma expresamente que son indicaciones de *enfermedad mental* (comp. también Chag. 3 *b*). Las citas de Gfrörer son, como de costumbre, de muy poca confianza, especialmente cuando se examina el contexto.

comunicación entre la mente y el mundo del sentido; algunas enfermedades del sistema nervioso, por medio del cual las impresiones son transmitidas ordinariamente al sistema *sensorial* y parten de él; o la enfermedad del cerebro y el sistema nervioso a la vez, en que impresiones existentes previamente en el cerebro (en la memoria y por tanto posiblemente en la imaginación) pueden ser estimuladas sin las correspondientes causas externas. Si en estos casos la mente pierde el poder absoluto de la autooriginación o de la autoacción (o sea, originación y acción propias), es posible que los hábitos de pecado y vicio (o enfermedad moral) puedan tener un efecto análogo con respecto a la libertad moral: el poder de la originación y acción moral. En el estado demonizado los dos aparecen combinados, siendo la causa no la enfermedad ni el vicio, sino la presencia de un poder del mal superior. Esta pérdida de la individualización y la sujeción de la propia identidad a la del demonio podría, en tanto duraba, ser llamada «posesión» temporal, en el sentido de que la condición mental y moral de la persona carecía durante aquel período de libertad y originación, puesto que se hallaba bajo el control del demonio que poseía a la persona.

Se puede sacar una conclusión incluso ahora de esta discusión algo abstrusa. El lenguaje y conducta de los endemoniados, aunque pareciera suyo propio, o de los demonios que influían en él, tenía que ser siempre considerado una mezcla de lo humano-judaico (en Judea) con lo demoníaco. El demonizado hablaba y actuaba como un judío bajo el control del demonio. Así, si prefería lugares solitarios de día y tumbas de noche, no es que los demonios prefieran realmente esta morada, sino que los judíos se lo imaginaban, y que los demonios, actuando sobre los estados de conciencia existentes, les llevaban, en conformidad con sus nociones preconcebidas, a seleccionar estos lugares. Aquí también la enfermedad mental ofrece puntos de analogía. Porque el demonizado hablaba y actuaba en conformidad con sus ideas previas (judaicas) demonológicas. No se volvía un hombre nuevo, sino que era el hombre antiguo, sólo que bajo la influencia del demonio, tal como en la manía una persona habla y actúa de modo verdadero y consecuente, aunque bajo impresiones falsas que un cerebro enfermo le transmite. El hecho de que en el estado demonizado la identidad de un hombre no era sobreseída, pero sí controlada, nos permite explicar muchos fenómenos sin confundir el demonio con la manía, ni tampoco imputar a nuestro Señor el que se acomodara a las nociones de los tiempos, cosa no sólo indefendible, sino que es desmentida por el lenguaje del presente relato.

La descripción del endemoniado que sale de las tumbas y va al encuentro de Jesús cuando éste toca la orilla en Gadara es vívida en extremo. Su violencia, la imposibilidad de ser controlado por otros (Mr. 5:3, 4), la ausencia de dominio propio, su frenesí homicida, y aun suicida (ver Lc. 8:27; Mt. 8:28; Mr. 5:5), son descritos de modo preciso. Evidentemente, era un caso que presentaba un grado extremo de estado demonizado. Cristo, a quien habían acusado los fariseos de ser la personificación y el mensajero de Satán, está aquí frente a frente con una manifestación extrema de poder e influencia demónicos. Una vez más, pues, se trata de un milagro en parábola que va a tener lugar. La pregunta que se han hecho algunos enemigos suyos va a ser contestada en una demostración práctica. No negamos que la contienda y la victoria, este milagro –es más, toda la serie de milagros del cual éste forma parte–, es extraordinario, incluso dentro de los milagros de Cristo. Nuestra explicación se basa en que así era y debía ser. La enseñanza por parábolas, los milagros en parábolas que siguen, forman por así decirlo una culminación ascendente, en contraste con la terrible acusación que poco a poco asumiría las proporciones de una blasfemia contra el Espíritu Santo, y terminaría en la entrega y muerte judicial de Jesús. Hay épocas críticas en la historia del Reino de Dios en que el poder del mal, de pie en contraste virulento, desafía la manifestación abrumadora de lo divino como tal para derribar y aplastar lo que se le opone. Períodos de esta clase se caracterizan por la interposición milagrosa de poder, única en la historia bíblica. Un período así fue en el Antiguo Testamento el de Elías y de Eliseo, con su serie excepcional de milagros; y bajo el Nuevo Testamento, el que sigue a la primera acusación formulada por los fariseos contra Cristo.

Con poder irresistible el endemoniado fue atraído a Jesús cuando éste desembarcó en la orilla de Gadara. Como siempre, el primer efecto del contacto fue un nuevo paroxismo,[6] pero en este caso peculiar no fue físico, sino moral. Como siempre también, los demonios conocieron a Jesús, y su presencia pareció constreñirles a confesarse como tales, y por tanto a confesarle a Él. Así como en la naturaleza la introducción de un elemento dominante algunas veces revela la presencia escondida de otros que son o bien atraídos o revelados por aquél, la presencia de Cristo obligó a la manifestación –y, en el caso de los espíritus malos, la autoconfesión– de los poderes del mal. Hasta cierto punto sigue siendo lo mismo. La introducción de la gracia trae a la luz y experiencia un pecado hasta entonces desconocido, y la nueva vida trae el ser consciente del mal, y provoca la lucha con el mismo mal que llevamos dentro, y cuya existencia hasta entonces nos había pasado inadvertida. En el caso presente el efecto inmediato fue un homenaje (Mr. 5:6; Lc. 8:28) que se manifestó en un lenguaje que nunca podríamos haber esperado.

Aquí también hay que recordar que tanto el acto de homenaje como la «adoración» y las palabras dichas, no fueron el resultado ni del endemoniado sólo ni tampoco de los demonios, sino una combinación de los dos; el control de los demonios era absoluto sobre el hombre en la condición en que estaba. El lenguaje *de ellos* llevó a la adoración del endemoniado; los sentimientos y temores *de ellos* aparecieron en el lenguaje de él. Fue la misma autoconfesión de los *demonios* cuando se vieron obligados a acudir a su presencia y rendir homenaje, lo que hizo que este *hombre* se postrara y, en la bien conocida fórmula judaica registrada por los tres evangelistas, dijera: «¿Qué tengo yo que ver contigo?», o mejor: «¿Qué hay entre tú y yo?» –qué tenemos en común *(Mah li valakh)*. De modo similar, aunque era la consciencia de sujeción y temor ante su presencia por parte de los demonios, lo que hay bajo la conjuración a que no se les inflija tormento, con todo, el lenguaje mismo –como muestra el texto–, era el del demonizado, y la forma en que se expresa el temor de ellos era la del modo de pensar de *éste*. Los demonios, que dominaban a su víctima, no podían por menos que confesar su inferioridad y darse cuenta de su derrota y sometimiento, especialmente en una ocasión así, y el judío, cuya conciencia estaba bajo el control de ellos

6. En su esfuerzo por presentar el estado demonizado como una especie de manía que era afectada por la presencia de Cristo, el archidiácono Farrar hace la siguiente afirmación: «La presencia, la mirada, la voz de Cristo, incluso antes de que Él se dirigiera a estos pacientes, parece siempre que los calmaba y los dejaba sobrecogidos». Pero sin duda, los hechos demuestran precisamente lo contrario, y el primer efecto del contacto con Cristo no era la calma, sino un paroxismo.

«Según la común superstición judía, los espíritus malos habitaban especialmente en lugares solos y desolados, y también entre las tumbas. Hemos de recordar lo que se ha dicho previamente sobre la confusión en la conciencia del demonizado entre sus propias nociones y las ideas impuestas en ellos por los demonios».

La figura del demonio es común y abundante en todas las culturas de la antigüedad, si bien bajo formas y funciones distintas. Éste es, por ejemplo, el demonio conocido con el nombre de Pazuzu en la antigua Mesopotamia.

–no unificada, pero sí identificada con ellos–, exclamó: «Te conjuro por Dios que no me atormentes».

Esta extraña mezcla de lo demoníaco con lo humano, o mejor, esta expresión de pensamiento demoníaco subyacente en las formas y modos de pensar de la víctima judía, explica el temor expresado del tormento presente, o como expresa Mateo, que por la brevedad de su relato no da la impresión de haber sido un testigo visual: «Tú has venido a atormentarnos antes de tiempo»; y posiblemente también explica el «conjurar por Dios».[7] Porque como inmediatamente después del homenaje y la protesta del demonizado –«¿Qué tengo que ver contigo, Jesús Hijo del Altísimo?»– Cristo había ordenado al espíritu inmundo que saliera del hombre, es posible que al hacerlo Él hubiera usado el nombre del Dios Altísimo; o bien la «conjuración» misma puede haber sido la forma en que el portavoz (o sea, el endemoniado) judío revistiera su vivencia (o estado de conciencia) de los demonios, con los cuales su propia conciencia se identificaba.

Se puede conjeturar que era, en parte, para romper la identificación, o mejor aún, para mostrar al endemoniado esta identificación, que no era real y que procedía del control que tenían sobre él los demonios, que el Señor le preguntó cuál era su nombre. A esto el hombre responde, todavía en la vivencia de su doble conciencia: «Mi nombre es Legión; porque somos muchos».[8] Éste puede haber sido el motivo subjetivo de la pregunta de Cristo. La razón objetiva puede haber sido mostrar el origen del poder de la posesión demónica en el presente caso, marcándolo como un caso extremo. El recordar que la respuesta se halla en las formas del pensamiento judaico nos facilita evitar la noción extraña (tanto si expresa la opinión de algunos o las dificultades de otros) de que la palabra «legión» transmite la idea de seis mil guerreros armados y fornidos del mal.[9] Porque era una idea común judaica que, bajo ciertas circunstancias, «una legión de espíritus dañosos[10] (naturalmente, no en el sentido de una legión romana) estaban vigilando y espiando a los hombres, diciendo: "¿Cuándo va a caer en las manos de una de estas cosas y ser arrebatado?"» (Ber. 51 *a*).

Esta identificación del Demonio con los demonizados, como consecuencia de la cual él pensaba con la conciencia de ellos, y ellos hablaban no sólo por medio de él, sino en sus formas de pensar, puede asimismo explicar la última parte de este relato y también la más difícil. El principal objeto y deseo de ellos no era ser expulsados del país y la gente, o, como dice Lucas, de nuevo «marcharse al abismo». Procuremos hacernos cargo de la escena. En una estrecha franja de la orilla, entre el precipicio que se levanta al fondo y el lago, se halla Jesús con sus discípulos y el endemoniado. El deseo de los demonios es no ser echados del país, no volver al abismo. Tenemos, por un lado, el precipicio encima (el país); por otro, el lago debajo (el abismo); eso simbólicamente, y para el demonizado, de modo real. Arriba en aquel precipicio había un gran hato de cerdos paciendo; arriba del precipicio, por tanto, es «dentro de los cerdos»; y en esto están de acuerdo las ideas judaicas respecto a la inmundicia. El decir que el Señor les «dio permiso» (según algunas traducciones) no expresa la idea exacta del Evangelio. La palabra que debe traducirse, en los tres Evangelios, es «toleró», o sea, «no les impidió» que, tal como ellos deseaban, entraran en los puercos.[11] Simplemente les dijo: «Id».

Lo que sigue pertenece al fenómeno de las influencias supersensoriales sobre los animales, de las cuales hay tantos ejemplos registrados, aunque su explicación teórica no existe hasta este momento. Cómo podían los espíritus inmundos entrar en los cerdos es una cuestión que no se puede considerar hasta que se sepa más sobre el alma animal de lo que sabemos al presente. Sin embargo, podemos entender esto, que bajo tales circunstancias el pánico se apoderara de la piara y que se lanzara locamente cuesta abajo, en una carrera que no pudieron detener y que acabó en el agua, donde perecieron. Y en esto también podemos percibir cómo consiguieron los demonios su objetivo real; no dejaron el país, y que fue a Cristo a quien le rogaron que se marchara.

La extraña escena sobre la cual la luna derramaba su luz espectral había terminado. Los alaridos aterradores que lanzaba el endemoniado, el pánico que hizo presa de la piara arriba del precipicio, la carrera alocada cuesta abajo, el chapoteo en las aguas a la caída de los desgraciados animales, todo esto pinta un cuadro insuperable en su realismo terrible y vívido. Y después cayó un silencio súbito sobre ellos. Desde arriba los pastores que los apacentaban lo habían visto todo, tanto lo sucedido con el endemoniado como el resultado en la desaparición de su piara. Desde el principio, cuando vieron al endemoniado –por temor del cual «nadie pasaba por allí»– que corría hacia Jesús, tienen que haberlo observado todo con gran interés. En la atmósfera límpida circundante no tenían por que perderse una palabra de lo dicho. Y ahora ellos mismos, aterrorizados, huyeron a todo correr hacia Gadara –y por los alrededores– y contaron lo que había sucedido.

Es de mañana, y están a punto de ser ofrecidos el sacrificio y el Salmo matutinos. El que antes había estado en la posesión de espíritus malos e inmundos –una legión de ellos– y privado de su individualización humana, está ahora «sentado a los pies de Jesús», aprendiendo de Él, «vestido y en su sano juicio». Ha sido llevado a Dios, restaurado a sí mismo, a la razón, a la sociedad humana; y todo esto por Jesús, a cuyos pies, agradecido y humilde, se sienta «como discípulo». ¿No es éste, pues, el mismo Hijo de Dios? Viendo este milagro como un hecho histórico, viéndolo como un milagro en parábolas, viéndolo también como simbólico de lo que ha pasado en todas las edades, ¿no es Él el Hijo del Altísimo? ¿Y no hay ahora en Él, bajo la luz matutina, la misma calma y majestad de poder todopoderoso, consciente, que había al atardecer anterior, cuando increpó a la tempestad y calmó el mar?

Hay otro punto referente a la curación de los endemoniados que merece consideración especial. En contra de lo que solía ocurrir, cuando los espíritus malignos salieron del endemoniado no hubo paroxismo de esfuerzo *físico.* ¿Se trataba, pues, de que cuanto más completa y duradera era la posesión demoníaca, menos eran los síntomas puramente físicos que la acompañaban?

---

7. Tanto en Marcos como en Lucas tenemos: «Jesús, Hijo del Altísimo».

8. Así se expresa en lo sustancial en Lucas y Marcos.

9. Ésta es una de las dificultades mencionadas por el decano Plumptre. El archidiácono Farrar parece pensar que el hombre se imaginaba que había «6.000 demonios que poseían su alma». La afirmación de que era «una creencia totalmente judaica» que los espíritus inmundos debían pasar a los cerdos, tengo que desmentirla. Algunas enfermedades, tal como la *rabia*, eran realmente atribuidas por algunos rabinos a la actividad de los espíritus malos; pero no hay base ni para la afirmación general o la específica declaración del doctor Farrar respecto a esta «creencia judaica».

10. La palabra rabínica común para Legión era, realmente, *Ligyon* o *Ligyona*, pero la expresión (Ber. 51 *a*) אסתַּלְגִּינית (Istalginith) חבלה של מלאכי no puede significar otra cosa que una legión de espíritus dañosos.

11. El verbo ἐπιτρέπω se usa tanto en el sentido activo de permitir como en el de no estorbar. En cuanto al uso posterior de la palabra, véase especialmente Mateo 19:8; Marcos 10:4.

Pero ahora, desde la ciudad y los alrededores, ya habían venido los que fueron sobresaltados por las noticias de los guardadores de los cerdos. Podemos contrastar la escena con la de aquellos pastores de Belén que apacentaban los rebaños y, recibida la gran revelación, fueron a ver al Niño divino echado en el pesebre y le adoraron. Muy distintas fueron las noticias que trajeron estos otros pastores y su efecto. No es necesario suponer que la petición que hicieron a Jesús de que se apartara de sus territorios se debiera sólo a la pérdia de la piara de cerdos.[12] No podía haber duda en su mente de que había en medio de ellos Uno que poseía poder supremo e ilimitado. En hombres supersticiosos y mal dispuestos a someterse por entero al Reino que Cristo había traído, sólo podía haber un efecto como resultado de lo que habían oído, y ahora contemplaban en la persona del endemoniado curado: ¡temor! La exclamación «¡Apártate de mí, que soy hombre pecador!» es la expresión natural de una mente consciente del pecado, cuando entra en contacto con el Ser divino y se da cuenta de que el poder supremo y absoluto del mismo le es hostil. Y este sentimiento sería grandemente incrementado en la medida en que la mente afectada estuviera bajo la influencia de temores supersticiosos.

En tales circunstancias y en un sitio así Jesús no podía haber continuado. Y cuando entró en la barca, el endemoniado curado le pidió humilde y sinceramente que le dejara ir con Él. Le parecería que no podía permitirse perder su nueva felicidad; como si sólo hubiera calma, seguridad y felicidad en su presencia; pero no lejos de Él, no entre aquellas montañas agrestes y aquellos hombres rudos. ¿Por qué tenía que verse apartado de su compañía, él, que había sido tanto tiempo un desecho entre sus paisanos, y por qué tenía que quedarse otra vez solo? Así es posible que razonara y hablara; y así, con mucha frecuencia, razonamos y hablamos nosotros con referencia a nosotros mismos y a aquellos a quienes amamos. Pero no Él, que nos asigna la disciplina y la tarea. El volver ahora curado a los suyos y publicar allí, en la ciudad –es más, por lo ancho del distrito de las diez ciudades confederadas, la Decápolis–, las grandes cosas que Jesús había hecho por él, ésta había de ser a partir de entonces la tarea de su vida. En esto hallaría la seguridad y la felicidad.

«Y todos se admiraban». Y más tarde Jesús mismo volvió a esta Decápolis, donde el endemoniado curado le había preparado el camino.[13]

12. Éste es el modo de ver del archidiácono Farrar. La Gadara de la cual procedieron los poetas Meleager y Filodemus no era, naturalmente, la escena de este milagro.

13. Como esta curación del endemoniado puede ser considerada como un caso de prueba sobre la cuestión de conjunto, he entrado con más detalle en la discusión. Los argumentos a favor del modo de ver general sacados de los endemoniados son presentados tan clara y eficazmente por el arzobispo Trench (sobre «The Miracles»), y en *The Speaker's Commentary* (N.T., vol. 1, p. 44), que me ha parecido innecesario reiterarlos. A mí por lo menos me parece difícil entender en qué forma un lector del relato, que llega al mismo sin opiniones preconcebidas, puede sacar otra conclusión que la de que todo debe ser rechazado como mítico, o bien aceptado como implicando que había estado demonizado, diferente de la locura; que Jesús trató este caso como tal y mandó a los espíritus inmundos que se marcharan, y los expulsó con su palabra. La objeción referente a la moralidad de destruir la piara me parece que no tiene más peso que el sarcasmo de Strauss de que los demonios tienen que haber sido muy estúpidos al destruir inmediatamente su nueva habitación. La cuestión de la moralidad no puede ser presentada, ya que Jesús no mandó a los demonios que entraran en la piara –sólo no se lo estorbó–; y por lo que se refiere a la destrucción de su nueva morada, lejos de haber sido estúpida, ciertamente les aseguró la continuidad ininterrumpida en el país y la partida de Jesús. Todos los intentos de adaptar este milagro a nuestra experiencia moderna, y las ideas basadas en ella, dejando parte o racionalizando uno u otro de los rasgos del relato, son simplemente fracasos. Repetimos: la historia debe ser aceptada tal cual, o rechazada en bloque.

Capítulo 26

(Mateo 9:18-26; Marcos 5:21-43; Lucas 8:40-56)

La curación de la mujer

Parece haber una correspondencia notable entre los dos milagros que Jesús había obrado al partir de Capernaum y los que hizo a su regreso. En un sentido son complementarios entre sí. El calmar la tormenta y la curación del endemoniado eran manifestaciones del poder absoluto inherente en Cristo; la recuperación de la mujer y la resurrección de la hija de Jairo, evidencia de la eficacia absoluta de la fe. Lo improbable del dominio sobre la tormenta, y la orden dada a una legión de demonios, corresponde a la de la recuperación obtenida de esta forma y la restauración cuando la enfermedad ha pasado realmente a la muerte. Incluso las circunstancias parecen corresponderse, aunque en polos opuestos; en un caso, la Palabra hablada a los elementos inconscientes; en el otro, el toque del que Cristo no es consciente; en un caso, la orden absoluta de Cristo sobre un mundo de demonios que se resisten; en el otro, la certeza absoluta de la fe contra el elemento hostil, del hecho consumado. Así, el carácter divino del Salvador aparece en lo absoluto de su omnipotencia y el carácter divino de su misión en la omnipotencia de la fe que origina.

A la orilla, en Capernaum, había muchos congregados aquella mañana después de la tormenta. Puede haber sido que los botes que le acompañaron habían regresado ya al abrigo amistoso, antes de que la tempestad se abatiera sobre el lago con furor, y habían traído nuevas alarmantes de tormenta. Allí estaban ahora congregados en la calma de la mañana amigos que miraban ansiosos en espera del conocido bote que llevaba al Maestro y sus discípulos. Y cuando fue divisado en lontananza, rumbo a Capernaum, la multitud también se reuniría en espera del regreso de Aquél cuyas palabras y hechos eran realmente misterios, pero misterios del Reino. Y rápidamente, cuando Él puso el pie sobre la orilla, le dieron la bienvenida, le rodearon, pronto se agolparon a su alrededor apretujándolo (ver Lc. 8:45; Mr. 5:31), una multitud curiosa, ávida, expectante. Era como si hubieran estado todos «esperándole» y que Él hubiera estado fuera demasiado tiempo para su impaciencia. Las noticias se esparcieron rápidamente, y llegaron a dos casas donde se necesitaba ayuda; donde, realmente, sólo Él podía ser de alguna utilidad. Los dos más directamente afectados salieron a buscar esta ayuda casi al mismo tiempo, impulsados por los mismos sentimientos de esperanza. Tanto Jairo, el principal de la Sinagoga, como la mujer que padecía de continuas hemorragias, tenían fe. Pero la debilidad de un caso procedía del exceso y amenazaba abocar en superstición, mientras que la debilidad del otro era debida a defecto y amenazaba terminar en desesperación. En ambos casos la fe tenía que ser estimulada, probada, purificada y perfeccionada; en ambos lo buscado era humanamente hablando inalcanzable, y los medios empleados, al parecer, impotentes; con todo, en ambos los resultados externos e internos requeridos fueron alcanzados por medio del poder de Cristo y por la disciplina peculiar a la que, en su ordenación omnisciente, fue sometida la fe.

Suena casi como una confesión de derrota absoluta, cuando los críticos negativos (como Keim) tienen que basar sus explicaciones míticas de esta historia en el supuesto significado simbólico de lo que ellos designan como el nombre ficticio del principal de la Sinagoga –*Jair,* «él dará luz» (*Jesu v. Nazar.* ii. 2, p. 472)–, y cuando (Strauss, *Leben Jesu,* 2, p. 135) además apelan a la correspondencia entre la edad de la doncella y los años (doce) durante los cuales la mujer había sufrido estas hemorragias o flujo de sangre. Esta coincidencia en realidad es tan trivial que no merece ser tomada en serio; puesto que no puede haber conexión concebible entre la edad de una niña y la duración de la enfermedad de una mujer, o realmente, entre los dos casos, excepto esto: que los dos acudieron a Jesús. Por lo que se refiere al nombre *Jairo,* el supuesto simbolismo es inadecuado mientras haya razones internas que se opongan a la hipótesis de que sea ficticio. Porque parece muy poco probable que Marcos y Lucas hubieran hecho fácil el descubrimiento de «un mito» al romper sin necesidad el silencio de Mateo, dando el nombre de una persona tan conocida como un principal de la Sinagoga de Capernaum. Y esto más aún por el hecho de que el nombre, aunque ocurre en el Antiguo Testamento y en las filas del partido nacionalista en la última guerra judía (Josefo, *Guerra,* vi.1.8, final), aparentemente no era común.[1] Pero éstas son dificultades relativamente pequeñas en el camino de la interpretación mítica.

Jairo, uno de los principales de la Sinagoga de Capernaum, tenía una hija única,[2] la cual, en el tiempo de este relato, había pasado la infancia y llegado al período en que la Ley judaica declara a una mujer mayor de edad.[3] Aunque Mateo, contrayendo todo el relato a un breve sumario, habla de ella como si ya hubiera muerto cuando ocurrió la súplica de Jairo a Jesús, los otros dos evangelistas, dando detalles más plenos, describen su situación como si estuviera a punto de morir, literalmente «en su último aliento» *(in extremis).* A menos que su enfermedad hubiera sido a la vez súbita y en extremo rápida, lo cual no es probable, es difícil entender por qué su padre no había apelado a Jesús el día previo si su fe era tal como se supone generalmente. Pero si, como muestra todo el tenor de la historia, su fe había sido sólo general y apenas formada, podemos explicar más fácilmente la demora. Sólo en la hora de la necesidad suprema, cuando su única hija yacía moribunda, recurrió a Jesús. Había necesidad de perfeccionar esta fe, por un lado en la perseverancia de la seguridad y por otro en la energía de la confianza. La una fue conseguida por medio de la dilación causada por la solicitud de la mujer, la otra por haber sobrevenido la muerte de la niña durante el intervalo.

No había nada no judaico ni que dejara de ser natural en la solicitud de este dirigente a Jesús. Tenía que haber conocido la curación del hijo del oficial de la corte, y del siervo del centurión, ocurridas allí o en la vecindad inmediata; ocurridas, como se decía, por las meras palabras de Cristo. Porque no había habido imposición de silencio respecto a ellas, ni habría sido posible. No obstante, en ambos casos la recuperación podía ser adscrita por algunos a coincidencia, por otros a la respuesta a su oración. Y quizá esto pueda ayudarnos a entender una de las razones de la

---

1. El nombre, bien conocido en el Antiguo Testamento (Nm. 32:41; Jue. 10:3), no ocurre en la literatura rabínica hasta después de la Edad Media.

2. Los detalles de esta historia tienen que ser reunidos comparando los tres Evangelios.

3. Una chica llegaba a la mayoría de edad a los doce años y un día; los chicos a los trece años y un día.

prohibición de Jesús de decir lo que Él había hecho en algunos casos, mientras que en otros no ordenaba el silencio. Naturalmente, había ocasiones –tales como la resurrección del joven de Naín y de Lázaro– en que el milagro había sido realizado de modo tan público que el resultado de una orden de este tipo habría sido nulo. Pero en otras es posible que la línea de demarcación fuera la siguiente: el silencio no era ordenado cuando el resultado obtenido, según las nociones del tiempo, podía ser atribuido a causas distintas del poder directo divino, mientras que en los otros casos[4] se prohibía la publicidad (siempre que era posible). Y esto por dos razones: que los milagros de Cristo servían para ayudar, no sobreseer la fe; para dirigir hacia la persona y enseñanza de Cristo, que era lo que hacía el beneficio real y divino; no para estimular las expectativas carnales del pueblo judío, sino para llevar en humildad al discipulado a los pies de Jesús. En resumen, si solamente se daban a conocer los que no implicaban por necesidad el Poder Divino (según las nociones judaicas), entonces no sólo se evitarían la distracción y tumulto del entusiasmo popular, sino que en cada caso la fe en la persona de Cristo sería requerida antes de que los milagros fueran recibidos como evidencia de sus pretensiones divinas.[5] Y esta necesidad de la fe era el punto principal.

El que, en vista de la muerte inminente de la niña y que conociendo los «hechos poderosos» comúnmente atribuidos a Jesús, Jairo se hubiera dirigido a Él en solicitud de ayuda, no tiene por que sorprendernos si recordamos con qué frecuencia Jesús tiene que haber hablado en la Sinagoga con el consentimiento y la invitación de este hombre; y ¡qué irresistible impresión tuvieron que causarle sus palabras! No es necesario suponer que Jairo figurase entre los ancianos de los judíos que habían intercedido a Jesús en favor del centurión; la forma de esta petición presente se opone más bien a ello. Después de todo, no había nada en lo que dijo Jairo que un judío de esos días no hubiera dicho a un Rabí, como Jesús tenía que ser considerado en Capernaum por todos los que no creyeron la horrible acusación lanzada por los fariseos de Judea contra Él. Aunque no podemos indicar ningún caso en que la imposición de manos de un gran rabino fuera buscada para la curación, combinada con la oración, sin duda habría estado en completa conformidad con los modos de ver judaicos del tiempo. La confianza en el resultado, expresada por el padre en los relatos de Marcos y Mateo, no es citada por Lucas. Y quizá, siendo el lenguaje de un oriental, no debería ser tomado en su estricta literalidad como indicativo de una convicción real por parte de Jairo de que el hecho de que Jesús impusiera sus manos sobre ella restauraría a la muchacha.

Pero sea como sea, cuando Jesús seguía al dirigente hacia su casa y la multitud se «agolpaba alrededor de Él» en ansiosa curiosidad, otra persona se acercó a Él en aquella muchedumbre cuya historia interior era muy diferente de la de Jairo. La enfermedad que esta mujer padecía desde hacía doce años la convertía levíticamente en «inmunda». No tiene que haber sido rara en Palestina, y allí respondía muy mal al tratamiento, como en nuestros días, cuando es tratada por la ciencia moderna, a juzgar por el número y variedad de remedios prescritos y por su carácter. En una hoja del Talmud (Shabb. 110 *a* y *b*) se dan nada menos que once remedios diferentes, de los cuales sólo seis pueden ser considerados como tónicos astringentes, mientras el resto son meramente producto de la superstición, a la cual se recurre en ausencia del conocimiento.[6] Pero lo que tiene de interés real para nosotros es que, en todos los casos en que se prescribían astringentes o tónicos, se ordenaba que, mientras la mujer tomaba el remedio, había que decir estas palabras: «Levántate *(Qum)* de tu flujo». No es sólo que los medios psíquicos tienen, al parecer, que acompañar a la terapia física de la enfermedad, sino la coincidencia en la orden: «Levántate» *(Qum)*, con las palabras usadas por Cristo al resucitar a la hija de Jairo, lo que es sorprendente. Pero aquí sólo vemos contraste con las curas mágicas de los rabinos. Porque Jesús ni usaba remedios, ni le dijo la palabra *Qum* a ella cuando la mujer «se acercó entre el gentío por detrás» para tocarle «el borde de su manto», en busca de curación.

La apariencia personal de Cristo

Como ésta es casi la única ocasión en que podemos echar un vistazo a la apariencia y atavío externo de Cristo, haremos bien procurando formarnos una concepción precisa del mismo, en cuanto lo permiten los conocimientos que tenemos del vestido entre los antiguos hebreos. Los rabinos habían dispuesto como una regla, que entendidos u hombres de letras debían ser muy cuidadosos en su vestido. Era una vergüenza que un erudito anduviera por la calle con los zapatos rotos o remendados; «llevar vestidos sucios merecía la muerte» (Shabb. 114 *a*), porque «la gloria de Dios era el hombre, y la gloria del hombre su vestido» (Derekh Erets S. 10, hacia el final). Esto se aplicaba sobre todo a los rabinos, cuya apariencia externa podía dar una impresión pobre de su profesión teológica. La regla general era comer y beber por debajo de los medios de uno (a lo más según fueran estos medios), pero el vestir y el alojamiento tenían que ser superiores (Bab. Mez. 52 *a*; Chull. 84 *b*).[7] Porque en estas cuatro cosas podía verse el carácter de un hombre: si se había ido de la mano en las copas tomadas, en cuestiones de dinero, cuando estaba airado y en su vestido de harapos (Erub. 65 *b*). Es más: «El vestido de la mujer de un *Chabher* (asociado erudito) es de mayor importancia que la vida de un ignorante (rústico), por amor a la dignidad de los sabios» (Jer. Horay. 48 *a*, 4 líneas antes del final). Como resultado, los rabinos acostumbraban a llevar vestidos por los que se les pudiera distinguir. En período ulterior parece que con ocasión de su ordenación se ataviaban a veces con un manto dorado (Babha Mez. 85 *a*). Quizá llevaban una prenda distintiva en la cabeza, e incluso los «dirigentes» (los ancianos, זקן) en su ordenación.[8] El *Nasi* palestino, o presidente del Sanedrín, también llevaba un vestido distintivo (Ber. 28 *a*), y el jefe de la comunidad judía de Babilonia, una faja distintiva (Horay. 13 *b*).[9]

---

4. Los siguientes casos son aquellos en que se mandó el silencio: Mateo 8:4 (Mr. 1:44; Lc. 5:14); Mateo 9:30; 12:16; Marcos 3:12; 5:43 (Lc. 8:56); Marcos 7:36; 8:26.

5. Quisiéramos formular una vez más nuestro modo de ver de forma general: *En los días de Cristo los hombres aprendían primero a creer en su persona, y luego en su Palabra; en la dispensación del Espíritu Santo nosotros aprendemos primero a creer en su Palabra, y luego en su persona.*

6. Tales como cenizas de un huevo de avestruz, llevadas en verano en una tela de lino; en invierno, de algodón; o restos de cebada y trigo hallados en el estiércol de una asna blanca, etc.

7. En consecuencia, cuando una persona solicitaba auxilio en alimento, se inquiría acerca de sus medios, aunque no se hacía si solicitaba vestido (Bab. B 9 *a*).

8. Aunque admito que el pasaje (Vayyik. R. 2) no es del todo claro. La *Maaphoreth* citada allí no tiene que haber sido un vestido oficial, sino uno que el hombre había usado y al que tenía mucho afecto, por el recuerdo de haberlo usado el día de su ordenación.

9. En general, tengo que reconocer mi deuda sobre el difícil tema del vestido a Sachs, *Beiträge z. Sprach- u. Alterth.-Forsch.*; a los

Al referirse a las prendas de vestir que podían ser salvadas en día de sábado, de una casa incendiada –no ciertamente llevándolas, sino poniéndoselas encima todas, una tras otra–, se citan no menos de dieciocho artículos (Shabb. 120 *a;* Jer. Shabb. 15 *d*). Si el significado de los términos pudiera ser precisado de modo correcto, sabríamos bastante bien lo que llevaban los judíos del siglo II, y probablemente antes, desde los zapatos y calcetines en los pies, a los guantes en las manos.[10] Por desgracia, muchas de estas designaciones son disputadas. Ni debe pensarse que, porque haya dieciocho nombres, el vestido de un israelita consistía en otras tantas prendas separadas. Varias de ellas se referían a formas o clases de la misma prenda, externa o interna, mientras que la lista indica su número extremo y su variedad más bien que el vestido corriente que se llevaba. Este último consistía, a juzgar por las instrucciones que se dan para desnudarse y vestirse en el baño, en seis, aunque quizá más generalmente seis artículos: los zapatos, lo que cubría la cabeza, el *Tallith* o manto por fuera, la faja, la *Chaluq* o ropa interior, y la *Aphqarsin,* la prenda más interna (Derekh Erets R. 10, p. 33 *d*). Por lo que se refiere a los zapatos, un hombre debía vender lo que fuera de sus posesiones para adquirirlos;[11] y si bien es posible que tuviera que desprenderse de ellos para comprar comida, eso sólo cuando estuviera débil en extremo, como por ejemplo a causa de sangrías (Shabb. 129 *a;* comp. Pes. 112 *a*). Pero no era corriente proveerse de más de un par de zapatos (Jer. Shabb. vi. 2); y a esto puede referirse la indicación de Cristo a los apóstoles (Mt. 10:10) de que no se procuraran zapatos para el viaje, o bien la conocida distinción entre zapatos *(Manalim)* y las sandalias *(Sandalim).* Los primeros, que eran a veces hechos de material burdo, cubrían todo el pie, y tenían por objeto protegerlo en el invierno o tiempo lluvioso; mientras que las sandalias sólo tapaban la suela y lados del pie, y se usaban en verano (B. Bathra 58 *a,* líneas 2 y 3, desde arriba).

Por lo que se refiere a la cobertura de la cabeza, se consideraba como una falta de respeto andar fuera, o pasar una persona, con la cabeza descubierta.[12] Los esclavos se cubrían la cabeza en presencia de sus amos, y el Targum Onkelos indica la libertad de Israel parafraseando la expresión «salió con la vara alta» con «salió con la cabeza descubierta».[13] La cobertura corriente para la cabeza era la llamada *Sudar* (o Sudarium), un pañuelo enrollado en forma de turbante que también podía llevarse alrededor del cuello. Había asimismo en uso una especie de sombrero, o bien de material ligero o de fieltro *(Aphilyon shel rosh,* o *Philyon* –Kel. xxix. 1). El *Sudar* lo enrollaban los rabinos en una forma peculiar, para distinguirse de los demás (Pes. 111 *b*). Leemos, además, de una especie de gorro o capucha unido a algunas clases de prendas exteriores o interiores.

El vestido del cuerpo lo constituían tres o cuatro prendas comúnmente. Primero venía la ropa interior, la *Chaluq* (túnica) o la *Kittuna* –también *Kittanitha* y *Kittunitha*– (la *Kethoneth* bíblica), nombre este último del cual puede haber-

«No es sólo que los medios psíquicos tienen, al parecer, que acompañar a la terapia física de la enfermedad, sino la coincidencia en la orden: 'Levántate' (Qum), con las palabras usadas por Cristo al resucitar a la hija de Jairo, lo que es sorprendente. Pero aquí sólo vemos contraste con las curas mágicas de los rabinos. Porque Jesús ni usaba remedios, ni le dijo la palabra Qum a ella cuando la mujer 'se acercó entre el gentío por detrás' para tocarle el 'borde de su manto', en busca de curación».

Esta representación antiquísima del milagro es del siglo IV y se contempla en las catacumbas romanas.

artículos en el Diccionario de Levy; y especialmente a Brüll, *Trachten d. Juden.* El artículo de Hamburger, *Real-Encykl.,* es prácticamente una repetición del de Brüll.

10. Es con este nombre que Landau traduce una de las palabras en Shabb. 120 *a.* Ni que decir tiene que la traducción es muy dudosa.

11. Brüll considera esto dudoso, y dicho como controversia a las prácticas de los primeros cristianos. Pero confunde las sectas con la Iglesia.

12. Por otra parte, el deambular con los zapatos sueltos era considerado como una marca de orgullo.

13. Esta expresión ocurre en el Targum sobre Jueces 5:9.

se derivado «algodón». La *Chaluq* podía ser de lino o de lana (Jer. Sanh. 20 *c*, final). Los hombres de letras la llevaban hasta los pies. Iba cubierta por una prenda exterior, el *Tallith* (manto), hasta un palmo de su borde inferior aproximadamente. La *Chaluq* estaba en contacto con el cuerpo y no tenía otra abertura que alrededor del cuello y los brazos. Su borde inferior tenía una especie de costura. El poseer sólo una de estas prendas era considerado una marca de pobreza (Moed K. 14 *a*). De ahí que cuando los apóstoles fueron enviados a su misión temporal se les indicó que no tomaran dos «túnicas» (Mt. 10:10). Muy parecido, aunque no idéntico a la *Chaluq*, era el antiguo vestido mencionado en el A.T. como *Kethonet*, que corresponde al griego «chiton» ,χιτών). Como el vestido que llevaba nuestro Señor (Jn. 19:23)[14] y los que mencionó a sus apóstoles son designados por este mismo nombre, llegamos a la conclusión de que son la bien conocida *Kethoneth* o *Kittuna* rabínica. Ésta podía ser de casi cualquier material, incluso de piel, aunque generalmente era de lana o lino. Tenía mangas, se ajustaba bien y se ceñía alrededor de los lomos, o debajo del pecho (comp. Ap. 1:13), por medio de una faja. Una variedad de esta última, la *Pundah* o *Aphundah*,[15] tenía bolsillos u otra clase de receptáculos, y por ello es posible que no fuera llevada por los que iban al Templo (Jer. Ber. 14 *c*, arriba), probablemente para indicar que el que iba a adorar no debía estar ocupado en otras cosas o dar indicación de ello.

De las otras dos prendas mencionadas para los hombres, la *Aphqarsin* o *Aphikarsus* parece que era un artículo de lujo más bien que de necesidad. Su propósito preciso es difícil de aclarar. Una comparación de los pasajes en que ocurre el término produce la impresión de que era un gran pañuelo, usado, en parte, como tocado para la cabeza, y que colgaba de allí y era atado bajo el brazo derecho.[16] Probablemente se llevaba también sobre la parte superior del cuerpo. Pero la circunstancia de que, al revés de otras prendas, no había que rasgarla en caso de luto (Jer. Moed. K. 83 *d*) y que cuando lo llevaban las mujeres era considerada una marca de riqueza (Nidd. 48 *b*), muestra que no era una prenda de vestir necesaria y, por tanto, con toda probabilidad no la llevaba Jesús. Otra cosa ocurre con las *prendas exteriores*. Hay varias formas y clases de ellas que aún se usan, como el más ordinario *Boresin* y *Bardesin* –el moderno «albornoz»– hacia arriba. La *Gelima* era una capa cuyo «borde» o «costura» es mencionado de modo especial (גלימא שיפולי) (Sanh. 102 *b* y otros). La *Gunda* era una prenda peculiar de los fariseos (Sot. 22 *b*). Pero la prenda exterior que llevaba Jesús sería, o bien la llamada *Goltha*, o más probablemente el *Tallith*. Ambas iban provistas de cuatro bordes, con los llamados *Tsitsith*, o flecos (orlas). Éstos estaban cosidos a los cuatro lados del vestido exterior, al parecer en cumplimiento de la orden de Números 15:38-41 y Deuteronomio 22:12. Al principio, esta observancia parece que era relativamente simple. La cuestión del número de filamentos o hilos de estos flecos fue decidida en conformidad con la escuela de Shammai. Cuatro hilos (no tres, como proponían

14. En cuanto al modo de tejer estas prendas, ver la ilustración pictórica en Braunius: Vest. Sacerd. Hebraeor., que es reproducida, con muchos detalles de varias otras obras; en Hartmann: *Hebr. am Putzt.*, vol. 1, con notas explicativas añadidas al comienzo del volumen 3.

15. Era llevada al exterior (Jer. Ber. 14 *c*, arriba). Ésta es la faja que no debía llevarse en el Templo, probablemente porque era la que se llevaba cuando uno se ocupaba de negocios.

16. Kel. xxix. 1; Ber. 23 *b*; 24 *b*. Éste es un pasaje a la vez curioso y difícil. Parece implicar que la *Aphqarsin* era una prenda llevada en verano, atada al cuerpo y que tenía mangas.

los hillelitas), cada uno de la longitud de cuatro dedos (éstos, según la tradición posterior, doblados) y cosidos a los cuatro lados de lo que debía ser una prenda cuadrada estrictamente; por lo menos éstas eran las reglas primitivas sobre ella (Siphré, ed. Friedmann, p. 117 *a*). La Mishnah deja abierta la cuestión de si los filamentos o hilos debían ser azules o blancos (Menach. iv. 1). Pero el Targum pone mucho énfasis en que tenía que haber un hilo de color jacinto entre los cuatro blancos (Targum Sal.–Jn. sobre Nm. 16:2). Parece, incluso, implicar el modo peculiar simbólico de anudarlos (*u.s.* sobre Nm. 15:38). Más detalles simbólicos fueron añadidos en el curso del tiempo.[17] Como estos flecos eran cosidos a los bordes de toda prenda cuadrada, la cuestión de si la prenda superior que llevaba Jesús era la *Goltha* o el *Tallith* es de importancia secundaria. Pero como todo lo que se refiere a su persona sagrada es de profundo interés, podemos inclinarnos, en nuestro estado de conocimientos, en favor del *Tallith.* Ambas prendas son citadas como vestidos distintivos de los maestros, pero la *Goltha* (en cuanto difiere del *Tallith*) parece ser más peculiarmente rabínica.

Podemos formarnos ahora una idea aproximada de la apariencia externa de Jesús esa mañana de primavera entre la multitud en Capernaum. Podemos suponer, con garantías, que iba en el vestido ordinario, no en el más ostentoso, que llevaban los maestros judíos en Galilea. El tocado de la cabeza probablemente sería el *Sudar* (Sudarium) enrollado en forma de turbante, o quizá la *Maaphoreth,*[18] que parece haber servido de cobertura para la cabeza, y haber descendido sobre la nuca y los hombros, algo así como el «pugaree» indio. Llevaría los pies calzados con sandalias. La *Chaluq,* o si se quiere la *Kittuna,* que formaba su vestido interior, tiene que haberle ido muy justa, y le llegaba hasta los pies, puesto que no sólo la llevaban los maestros, sino que se consideraba como absolutamente necesaria para todo el que quisiera leer públicamente o «targumar» las Escrituras, o ejercer alguna función en la Sinagoga (Tos. Megill. iv., p. 45 *b,* líneas 17 y 16 desde la base). Como sabemos, era «una túnica sin costura, de un solo tejido, de arriba abajo» (Jn. 19:23). Hacia la cintura iría ceñida por una *faja.* La faja no se llevaba al exterior, sobre el vestido suelto, como piensan algunos. Sobre esta túnica interior muy probablemente llevaría la prenda cuadrada externa, o *Tallith* (manto), con sus acostumbrados flecos de cuatro hilos blancos con uno de color jacinto anudados en cada uno de los bordes. Hay razones para creer que había tres prendas cuadradas que llevaban estos flecos que, a modo de ostentación, los fariseos hacían especialmente anchos para atraer la atención, tal como hacían anchas las filacterias (Mt. 23:5). Aunque Cristo solamente denunció esta última costumbre, no las filacterias en sí, es imposible creer que Él mismo las llevara, fuera en la frente o el brazo.[19] Las Sagradas Escrituras no dan base de apoyo o justificación para su uso, y sólo el externalismo de los fariseos podía presentar su uso como cumplimiento de lo indicado en Éxodo 13:9, 16 y Deuteronomio 6:8; 11:18. La admisión de que ni los sacerdotes que oficiaban ni los representantes del pueblo las llevaban en el Templo (Zebhach. 19 *a* y *b*) parece indicar que esta práctica no era seguida por todos. Por otra parte, nos negamos a creer que Jesús, cual hacían los fariseos, llevara filacterias cada día, y todo el día o aun gran parte del día. Porque los antiguos las llevaban así, y no meramente, como en tiempos modernos, sólo durante la oración.[20]

Un comentario más antes de dejar el tema. Nuestras averiguaciones sobre esta materia también confirman la exactitud del cuarto Evangelio. Leemos (Jn. 19:23) que los cuatro soldados que crucificaron a Cristo se repartieron los bienes que Él poseía en su pobreza, quedándose cada uno parte de su vestido, mientras que para la túnica, que si la dividían habría sido hecha retazos, echaron suertes. Esta observación incidental da evidencia de la paternidad judaica del Evangelio, por el conocimiento preciso que muestra. Las cuatro prendas de vestido repartidas serían el tocado de la cabeza, las sandalias, la larga faja y el burdo *Tallith:* las cuatro aproximadamente del mismo valor. Y la quinta, indivisa, y relativamente más costosa, «sin costura, de un solo tejido de arriba abajo», probablemente de lana, como correspondía a la temporada del año, era la *Kittuna,* o prenda interior. Puede parecer lamentable que lo que la cristiandad habría considerado de tanto valor, fuera dividido como botín por la soldadesca. Y, con todo, fue mejor para nosotros, puesto que ni siquiera las advertencias más serias nos habrían impedido que la veneración debida a estas prendas hubiera pasado los límites de la mera reverencia con que debía ser considerado lo que llevó Aquél que murió por nosotros en la Cruz.

¿Podemos, pues, maravillarnos de que esta mujer judía, «habiendo oído hablar de Jesús» con su conocimiento imperfecto, y en la debilidad de su fe fuerte, pensara que con sólo tocar su vestido quedaría sanada? No es sino lo que nosotros mismos podríamos pensar si Él estuviera andando todavía por la tierra entre los hombres: es el error que, en una forma u otra, todavía alimentamos cuando, en la debilidad de nuestra fe –la diástole de la misma–, nos parece que el no poder tocar esta ayuda percibida exteriormente, o sea, su presencia, nos deja desgraciados y enfermos, mientras el toque real, aunque sólo fuera de su vestido, nos traería perfecta curación. Y en algún sentido es realmente así. Porque, sin duda, el Señor no puede ser tocado por la enfermedad o la desgracia sin que salga curación de Él, porque es el Hombre-Dios. Y Él es también el Salvador amante y compasivo, que no desdeña ni se vuelve de nuestras debilidades en la manifestación de nuestra fe, como tampoco se volvió de aquella que tocó el borde de su vestido para ser curada.

---

17. El número de nudos e hilos que hay al presente, es debido, naturalmente, a adiciones posteriores. El tratadito *Tsitsith Kirchheim* (Septem Libri Talm. P., pp. 22-24), es meramente un sumario. Las varias autoridades sobre el tema consultadas –y no son pocas– dejan la cuestión confusa.

18. La diferencia entre ésta y la *Aphqarsin* parece ser que la última era llevada y atada dentro del vestido. La *Maaphoreth,* hasta cierto punto, combinaría los usos del *Sudar* y la *Aphqarsin.*

19. Sobre este tema me limito a hacer referencia a las Enciclopedias Bíblicas y a «Sketches of Jewish Social Life», pp. 220-224.

20. Como la cuestión es de considerable importancia práctica, puede ser interesante notar lo siguiente: de Jer. Ber. 4 colegimos: 1) Que hubo un tiempo en que era costumbre llevar las filacterias todo el día, a fin de pasar como piadoso. Esto es denunciado como una marca de hipocresía. 2) Que fue decidido que las filacterias se llevarían durante parte considerable del día, pero no todo el día. (En Ber. 23 *a* a 24 *a* tenemos reglas y discusiones sobre quitarlas durante parte del día, bajo ciertas circunstancias, y donde colocadas durante la noche) 3) Que se objetaba a llevarlas sólo durante la oración. 4) Que algunos rabinos famosos no consideraban necesario llevar las filacterias siempre en la cabeza y el brazo. Esto parece probar que la obligación no era considerada mandatoria. Así, el rab. Jochanan las llevaba en la cabeza únicamente en invierno, pero no en verano, porque no llevaba tocado para la cabeza. Otra ilustración de que las filacterias no eran tenidas como un requisito absoluto es el siguiente pasaje citado de Sanh. xi. 3: «Es más culpable transgredir las palabras de los escribas que las de la Torah. El que dice: "No hay filacterias", infringe la palabra de la Torah, y no ha de ser considerado un rebelde (es decir, queda libre); pero el que dice: "Hay cinco compartimentos (en vez de cuatro) que añadir a las palabras de los escribas", éste es culpable».

Podemos figurarnos la escena mentalmente cuando, mezclada con los demás que se apretujaban alrededor y contra el Señor, ella extendió su mano y «tocó el borde de su manto», muy probablemente[21] la larga *Tsitsith* o uno de los bordes de la *Tallith*. Podemos comprender que la mujer, con una enfermedad que no sólo la hacía inmunda levíticamente y en una época en que una mujer no podía permitirse libertades públicamente, pensando en Aquél cuya palabra, dicha a distancia, había traído curación a otros, procurara de esta forma conseguir lo que deseaba. ¡Qué fe tan fuerte el esperar ayuda donde toda ayuda humana, buscada con ansia y durante mucho tiempo, había fallado del todo! Y ¡qué fe tan fuerte el esperar que incluso el mero contacto con Él, el toque de su manto, haría que pasara a ella tal poder divino que la dejaría curada! Con todo, en esta misma fuerza se halla su debilidad. Ella creía tanto en Él, que sentía que no tenía necesidad de apelarle personalmente; veía tales obstáculos para hacerle su petición, que, creyendo tan fuertemente en Él, consideró suficiente tocarle; y no ya a Él mismo, sino una prenda de ropa que en sí no tenía poder ni valor, aunque se lo daba el contacto con la persona divina. Es aquí donde su fe estaba rodeada de un peligro doble. Su exceso podía degenerar en superstición, como los árboles en su vigor echan brotes que deben ser cortados si se quiere obtener fruto de ellos, pues agotarían, en su exuberancia, sus propias vidas. No eran los vestidos con que Él aparecía entre los hombres y que tocaban su cuerpo sagrado, ni aun este cuerpo, sino Él mismo el que daba curación. Además, existía el peligro de perder de vista lo que, como elemento moral, es necesario en la fe: la petición personal y el contacto personal con Cristo.

Y todo esto es válido para nosotros. Cuando nos damos cuenta del misterio de la Encarnación, su amor hacia los suyos y su presencia con ellos y el poder divino de Cristo, no podemos excedernos, por alto que pensemos, en lo que está o nos pone en contacto con Él. La Iglesia, los Sacramentos, el ministerio apostólico de su institución: en una palabra, la gran Iglesia histórica, que es a la vez su morada, su testigo y su representante en la tierra desde que Él la instituyó, dotada con el don del Espíritu Santo y santificada por la promesa cumplida de su eterna presencia, que es para nosotros lo que el manto que Él llevaba era para aquella que le tocó. Tendremos todo esto y en gran estima en la medida en que le tengamos en gran estima a Él. Su esposa la Iglesia; los Sacramentos, que son la comunión de su cuerpo y su sangre, de su crucifixión y resurrección; el ministerio y embajada suya, entregada a los apóstoles, y desde entonces continuado con su dirección y promesa, todo esto no puede ser de importancia secundaria, tiene que ser muy real y lleno de poder, puesto que están relacionados y nos ponen a nosotros en tal relación con Él: los puntos de contacto físico-espirituales entre Él, que es el Hombre-Dios, y los que, siendo hombres, somos también hijos de Dios. Con todo, en esta fuerza de nuestra fe se halla su peligro, si no su debilidad. A causa de su exceso puede pasar a superstición, que es el adscribir poder a algo distinto del Dios vivo; o bien, al hacernos cargo de nuestra gran enfermedad, la falta de valor puede privar a nuestra fe de su elemento moral en el trato y contacto personales con Cristo.

Es muy significativo para nosotros que, en nuestros juicios necios y nuestras condenaciones inmisericordes de los demás, siempre estamos poniendo en escena la parábola de los dos deudores; el Señor no decepcionó la fe de esta mujer por la debilidad de su manifestación, tal como la pseudo-ortodoxia ordenaría hacerlo. El haber decepcionado su fe, que había nacido de pensamientos tan elevados acerca de Él, habría sido negarse a sí mismo, y Él no puede negarse a sí mismo. Pero es muy significativo también que, aunque no decepcionó su fe, corrigió el error de su dirección y manifestación. Y a esto se dirigió su conducta subsiguiente respecto a ella. Tan pronto como ella hubo tocado el borde de su manto, «ella sintió que su cuerpo había sido curado de su enfermedad». Asimismo, tan pronto como ella hubo tocado su manto Él lo supo: «percatándose en su interior de que había salido de él un poder».

Tomando este relato de modo completamente literal, no hay razón para sobrecargarlo añadiendo lo que no transmite el texto. No hay nada en el lenguaje de Marcos (traducido correctamente), ni en el de Lucas, que nos obligue a llegar a la conclusión de que este poder salido, que Él percibió en sí mismo, había sido mediante un acto de cuyo pleno significado Cristo no se daba cuenta; en otras palabras, que Él no sabía qué persona le había tocado, y por qué razón. En resumen, «la salida del poder de dentro de Él» no era ni inconsciente ni involuntaria por su parte. Era causada por la fe de ella, no por el hecho de haberle tocado. «Tu fe te ha hecho sana». Y la pregunta de Jesús no puede descarriarnos, cuando se nos dice que «inmediatamente», «al instante», Él se volvió entre el gentío, pero no para ver «quién» le había tocado, sino que «continuaba mirando en torno suyo para ver a la que lo había hecho». Y esta mirada sin palabras se fijó al fin sobre ella sola de entre la multitud, que, como Pedro dijo con razón, estaba apretujándole. La mujer, viendo que no podía esconderse (Lc. 8:47), o sea, «que no había pasado inadvertida», se adelantó e hizo plena confesión. Así, aunque en su misericordia Él había sobrellevado su debilidad, y en su fidelidad no había decepcionado su fe, corrigió también su doble error. Ella aprendió que no era del vestido, sino del Salvador, de quien procedía el poder; aprendió también que no era el tocarle, sino la fe en Él, lo que la había curado, y esta fe siempre tiene que proceder de un trato personal con Él. Y así Él le dijo la palabra de doble ayuda y seguridad: «Hija, tu fe te ha sanado, vete en paz»; y ella quedó curada de su aflicción.

Aunque el relato de lo ocurrido es breve, el suceso tiene que haber causado una demora considerable en el progreso hecho por nuestro Señor en su marcha a la casa de Jairo. Porque entretanto, la muchacha, que estaba ya en el último suspiro cuando su padre fue a pedir ayuda a Jesús, no sólo había muerto, sino que la casa estaba en pleno duelo, llena de parientes, plañideras y músicos, y se preparaba el entierro. La demora intencional de Jesús cuando le llamaron para ir a ver a Lázaro (Jn. 11:6) nos lleva a preguntar si un propósito similar no influenciaría su conducta en este caso. Pero, aunque no fuera así, ningún resultado de las disposiciones de Dios depende del azar, sino que es planeado. Las circunstancias que en su concurrencia dan lugar a un acontecimiento, pueden ser todas de ocurrencia natural, pero su conjunción es ordenada divinamente y para un propósito más elevado, y esto es lo que constituye la Providencia divina. Fue en el intervalo de esta dilación que llegaron los mensajeros que informaron a Jairo de la muerte real de su hija. Jesús lo oyó cuando los amigos susurraron a oídos del dirigente que no molestara ya al Maestro, pero Él no hizo caso, excepto en lo que afectaba al padre. Su admonición específica al padre a no temer, sino a creer, nos ayuda a comprender el fallo que amenazaba en la fe del dirigente;

21. De esto, sin embargo, no se desprende que en todo el lenguaje del Nuevo Testamento, *κράσπεδον* parezca tener este significado. Comp. la excelente obra de Braunius, *Vest. Sac. Heb.*, pp. 72, 73; nota de p. 55, así como las notas de Schleusner.

quizá, también, el motivo que había sido causa de la demora de Cristo. La necesidad extrema, que a partir de ahora requeriría una fe extrema por parte de Jairo, había ya llegado. Pero en lo que iba a pasar dentro de la casa no tenían que intervenir extraños. Incluso de entre los apóstoles, sólo pudieron presenciarlo aquellos que ahora por primera vez, y a partir de entonces, formaron su círculo más íntimo.[22] La forma en que Jesús despidió a la multitud, o les mantuvo a raya, y dónde fue que se apartó de todos sus discípulos excepto Pedro, Jacobo y Juan, no se ve de modo claro, y en realidad no es importante. Puede haber dejado a los nueve apóstoles con el gentío, o fuera de la casa, o partido de ellos en el patio de la casa de Jairo, antes de entrar en las habitaciones interiores.

Dentro, «el alboroto» y el llanto, los gemidos de los presentes, afectados por el duelo o contratados, y el triste sonido de las flautas,[23] todo ello preparación luctuosa del complicado y ostentoso entierro oriental, contrastaba con la calma majestuosa de la seguridad de victoria sobre la muerte con que Jesús había entrado en la casa del luto. Pero incluso siendo así, Él les dijo, como en circunstancias semejantes nos dice a nosotros, que la niña no estaba muerta, sino que dormía. Los rabinos también usaban frecuentemente la expresión «dormir» (*demakh*, דמך, o דמוך, cuando el sueño es abrumador y opresivo) en vez de la palabra «morir». Es muy posible que Jesús hiciera uso de esta palabra de doble significado en una forma semejante a ésta: *Talyetha dimkhath* («la niña duerme»). Y ellos lo entendieron bien, a su manera, pero no entendieron lo que Él quería decirles.

Como tantos otros que ahora oyen estas palabras, aquellos a quienes fueron dichas en su vulgar realismo se burlaron de Él. Porque ¿no sabían ellos exactamente que la niña había muerto de veras, incluso antes de enviar a los mensajeros para que no molestaran al Maestro haciéndole venir? Pero aun estas burlas sirvieron para un propósito más elevado. Porque nos muestran dos cosas: que los que estaban en la casa tenían la certeza de que la niña estaba muerta, y que los que escribieron los Evangelios consideraron la resurrección de los muertos, si bien dentro de los límites corrientes de la actividad mesiánica, como algo especial incluso entre los milagros de Cristo. Y esto también es evidencia, por lo menos en cuanto prueba que los escritores no registraron el suceso a la ligera, sino con ideas claras de las demandas que haría sobre nuestra fe.

Lo primero que hizo Cristo fue «echar fuera» a todos los que estaban doliéndose, porque la casa no era una casa de duelo, y porque con su conducta demostraban que no eran aptos para ser testigos de la gran manifestación de Cristo. La impresión que produce el relato es que todo esto tuvo lugar en presencia del padre, que lo miraba estupefacto, pasivo, sin tomar parte en nada. El gran temor que había caído sobre él cuando los mensajeros le comunicaron la muerte de su única hija parece haber dejado su fe entumecida. Siguió a Cristo como un autómata; presenció el alboroto, alaridos, endechas, sin interferir en nada; oyó la mofa con que se contestó a la majestuosa declaración de victoria de Cristo sobre la muerte sin hacer nada para suprimirla. El fuego de su fe se estaba muriendo como «pábilo que humea». Pero Jesús no lo apaga.

«La Chaluq podía ser de lino o de lana (Jer. Sanh. 20 c, final). Los hombres de letras la llevaban hasta los pies. Iba cubierta por una prenda exterior, el Tallith (manto), hasta un palmo de su borde inferior aproximadamente. La Chaluq estaba en contacto con el cuerpo y no tenía otra abertura que alrededor del cuello y los brazos. Su borde inferior tenía una especie de costura».

La túnica 'Chaluq', fuera larga o corta, no evitaba que el hebreo se sintiera desnudo sin el manto, especie de gran paño rectangular que se vestía echado por el hombro. También en Egipto la túnica se llevaba como una camisa y constaba de una pieza sencilla de lino blanco.
La pieza que aquí podemos ver pertenece a la XVIII Dinastía, hacia 1.400 a.C.
(Museo Británico, Londres)

22. Los que creen en la tendencia del Evangelio de Lucas, en «contra de Pedro», tienen dificultades para explicar la prominencia que se le da en este Evangelio.

23. Se las llama de modo especial «flautas de los muertos» (Bab. Mez. vi.1): הלילים למת.

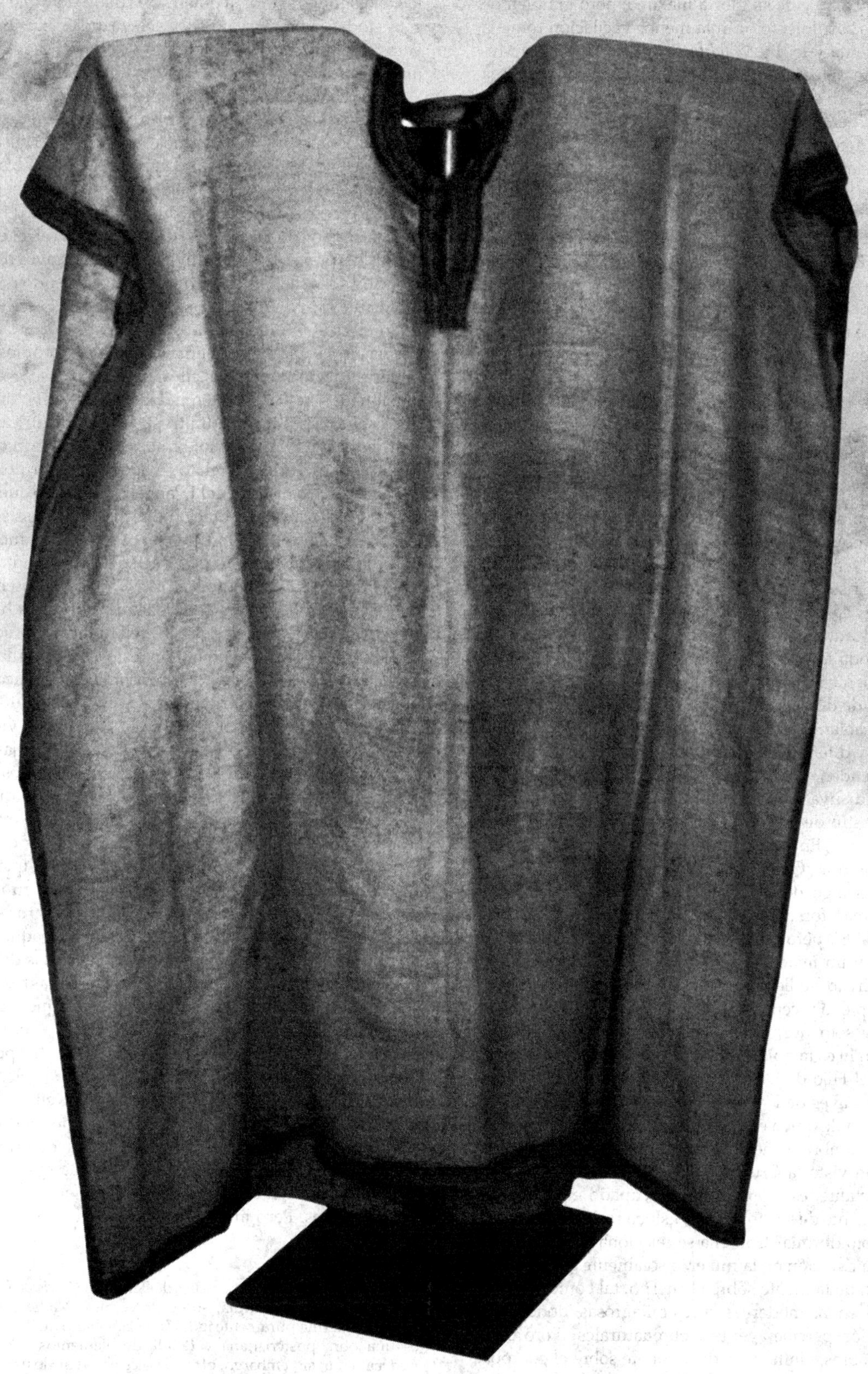

Resurrección de la hija de Jairo

Ahora Jesús lleva al padre y a la madre a la habitación donde yacía muerta la niña, seguido de los tres apóstoles testigos de su acto y de su gloria máxima, pero también de sus máximos sufrimientos. Sin la menor vacilación toma la mano de la niña y le dice: «*Talita cumi*» (טַלְיְתָא קוּם), «¡Muchacha, a ti te digo, levántate!» «y en seguida se levantó la muchacha». Pero el gran asombro que cayó sobre ellos, así como «las órdenes estrictas» de que nadie se enterara de esto, son evidencia ulterior, si se requiere, de lo poco que la fe de ellos estaba preparada para aquello que a pesar de su debilidad les fue concedido. Y así, Jesús, tal como antes había corregido en la mujer la debilidad de la fe que llegó a un exceso, ahora, en el dirigente de la Sinagoga, enmendaba la debilidad que era debida al fracaso. Y, así, «Él hizo todas las cosas bien: hizo oír a los sordos y hablar a los mudos» (Mr. 7:37).

Cómo se marchó Jesús, si por otra puerta o por «la ruta de los tejados», no lo sabemos. Pero, con toda seguridad, tiene que haber evitado a la multitud. Cuando volvemos a verle se halla lejos de Capernaum. Es probable que fuera allí inmediatamente después de haber dejado la casa de Jairo. Pero ¿qué pasó con la multitud? Tiene que haberles llegado la noticia de que la hija del dirigente de la Sinagoga no estaba muerta. Sin embargo, había la orden estricta de que no se informara a nadie respecto a lo que había dado lugar a que viviera. Así pues, ellos debían entendérselas con este misterio que tenían delante. La niña no estaba muerta: esto era cierto. Cristo había dado órdenes de que le llevaran comida antes de salir de la habitación; y esta tarea tiene que haberla realizado uno de los criados, por lo que lo supo de inmediato toda la casa. ¿Se trataba, pues, de que antes no estaba realmente muerta, sino sólo durmiendo? ¿Se referían las palabras de doble sentido de Cristo a un sueño literal y ellos no lo sabían? Aquí, pues, había otra parábola de importe doble y diferente: para aquellos que tienen corazones que no entienden, y para aquellos que entienden. En todo caso, la mofa suya anterior estaba fuera de lugar; en todo caso, el Maestro de Nazaret era muy distinto de todos los demás rabinos. ¿En qué nombre, y con qué poder, había venido y obrado? ¿Quién era realmente? ¡Si ellos hubieran podido saber algo del «*Talita cumi*», y cómo aquellas dos palabras habían forzado a abrirse las puertas de la muerte y del Hades! Sí, pero esto solamente habría terminado en entusiasmo y un malentendido total, con la imposibilidad final para Cristo de llevar a cabo su misión. Porque el conocimiento pleno y verdadero de que Él era el Hijo de Dios podía venir sólo después de su lucha y sufrimiento. Y nuestra fe en Él es también primero en el Salvador sufriente, y luego en el Hijo de Dios. Así era también desde el principio. Fue a través de lo que Él hizo por ellos que llegaron a darse cuenta de quién era. Si hubiera sido de otra manera, el fulgor deslumbrante de la gloria del Sol los habría cegado y no habrían visto la Cruz.

No obstante, esta pregunta ha ocupado en todos los tiempos la mente de los hombres. ¿Estaba realmente muerta la niña, o sólo dormía? Con ella se relaciona esta otra: ¿fue milagrosa la curación de la mujer, o solamente causada por la influencia de la mente sobre el cuerpo, tal como no raramente se ve en las modernas curas milagrosas, donde sólo la superstición percibe agentes sobrenaturales? Pero estas mismas palabras, «influencia de la mente sobre el cuerpo», tan familiares para nosotros, ¿no son, por así decirlo, simbólicas, no son un tipo? ¿No señalan la posibilidad y, más allá de ella, el hecho de la influencia del Hombre-Dios, del dominio que Él tenía sobre el cuerpo? ¿No puede el alma tener dominio sobre el cuerpo, dominio que perdió con el resto de su naturaleza no caída pero que era antes su herencia, y que fue realizada de modo pleno en el Hombre perfecto, el Hombre-Dios, a quien se ha dado dominio absoluto sobre todas las cosas, y que tiene en virtud de su naturaleza? Éstos son barruntos inciertos en busca de verdades posibles más elevadas.

Nadie que lea cuidadosamente esta historia puede dudar que los evangelistas por lo menos vieron esta curación como un milagro real y nos la contaron con esta intención. Incluso, la declaración de Cristo de que había notado que salía poder de Él en el momento que la mujer le tocó el borde de su vestido, hace imposible el punto de vista de ciertos críticos (Keim y otros) de que la cura fue el efecto de causas naturales: la expectativa actuando a través de la imaginación sobre el sistema nervioso y produciendo resultados físicos. Pero aun en este caso, y si bien estos escritores reiteran ciertos antiguos reparos propuestos por Strauss, que deriva de la antigua armería de nuestros propios deístas ingleses (como Woolston), ellos admiten que se sienten impresionados por el carácter «simple», «natural», del relato, que están dispuestos a admitir su verdad histórica. Pero el gran líder del negativismo, Strauss, ha mostrado que toda explicación natural del relato se opone al tenor del mismo, en realidad a la historia del Evangelio; de modo que la alternativa es su simple aceptación o rechazo. Strauss se decide audazmente por lo último, pero al hacerlo tiene que responder a la evidente objeción de que su negativa no descansa sobre ningún fundamento histórico. Podemos entender que una leyenda pueda crearse alrededor de hechos históricos y embellecerlos, pero no que un relato tan sin precedentes en el Antiguo Testamento, y opuesto no sólo a la común expectativa mesiánica, sino al pensamiento judaico, pueda haberse inventado para glorificar a un Mesías judío.

Por lo que se refiere a la restauración a la vida de la hija de Jairo, hay una diferencia de opinión semejante en la escuela negativa (entre Keim y Strauss). Los unos insisten en que la muchacha sólo parecía muerta, pero que no lo estaba: un modo de ver con el que es imposible explicar la resurrección del joven de Naín y de Lázaro. Por otra parte, Strauss lo trata todo como un mito. Está bien que en este caso condescienda al argumento, en apoyo de su modo de ver, que apela a la expectativa creada por milagros semejantes de Elías y Eliseo, y la creencia general en aquel tiempo de que el Mesías resucitaría a muertos. Pero ¡las diferencias admitidas entre las circunstancias de los milagros de Elías y de Eliseo y las de Cristo son tan grandes que otro crítico negativo (Keim) halla prueba de imitación en el hecho de sus contrastes! (*Jesu v. Nazar*. 2, p. 475). Pero la apelación a la creencia judaica a este tiempo habla, si es posible, con más fuerza contra la hipótesis en cuestión (de Keim y Strauss). Es más que dudoso que la teología judía de modo general adscriba al Mesías la resurrección de los muertos.[24] Hay declaraciones aisladas a este efecto, pero la mayoría de las opiniones afirman que Dios mismo sería el que resucitaría a los muertos. Pero incluso los pasajes que se atribuyen al

---

24. El pasaje que cita Strauss de Bertholdt (*Christol. Jud.*, p. 179) es de una Midrash tardía, sobre Proverbios. Nadie pensaría en derivar doctrina puramente judaica de la Sohar o de IV Esdras, que es una obra postcristiana y teñida de elementos cristianos. Se podrían citar, sin embargo, otros pasajes en favor de este punto de vista (comp. Weber, *Altsynag. Theol.*, pp. 351, 352) y, por otra parte, Hamburger: *Real-Encykl.* (II Abth. «Belebung der Todten»). El asunto será discutido más adelante.

Mesías hablan en contra de las afirmaciones de Strauss. Porque la resurrección a la cual se refieren es la de todos los muertos (tanto si es al fin de la edad presente o la del mundo) y no de individuos particulares. A estos últimos no hay la más mínima alusión en los escritos judaicos, y se puede asegurar que un dogma así habría sido extraño y aun incongruente para la teología judaica.

La desagradable tarea de presentar y refutar estas objeciones me pareció necesaria, aunque solamente fuera para mostrar que, como antaño lo mismo ahora, esta historia no puede ser explicada ni descartada. Tiene que ser aceptada o rechazada según lo que pensemos de Cristo. Indudablemente, formaba parte de la tradición y creencia inicial de la Iglesia. Y es consignada con tantos detalles de nombres, circunstancias, tiempo y lugar, que casi puede pensarse que esto se hace para descartar dudas y hacer imposible que se sospeche de fraude. Y es consignada por los tres evangelistas con tantas variaciones o, mejor, adiciones de detalles, que no sólo confirman la credibilidad de los narradores, sino que muestran la independencia de ellos entre sí. Finalmente, encaja en toda la historia de Cristo y en este período especial de ella; y nos pone delante a Cristo y su comportamiento, de tal manera que, de modo espontáneo, lo vemos de acuerdo con lo que sabemos y esperamos. Con toda seguridad, implica un decidido rechazo de las pretensiones de Cristo –y esto sobre base no histórica, sino de opiniones hostiles preconcebidas al Evangelio– el no ver y adorar en ella la manifestación plena del Salvador del mundo divino, que vino a abolir la muerte y a traer la vida y la inmortalidad a la luz por medio del Evangelio (2 Ti. 1:10). Y con esta creencia están inseparablemente conectadas nuestras más altas ideas del potencial para la humanidad, nuestras esperanzas más caras para nosotros mismos y aquellos a quienes amamos.

Capítulo 27

(Mateo 13:54-58; 10:1, 5-42; 11:1; Marcos 6:1-13; Lucas 9:1-6)

Segunda visita de Jesús a Nazaret

Parece casi que la partida de Jesús de Capernaum marcó una crisis en la historia de esta ciudad. A partir de entonces cesa de ser el centro de la actividad de Jesús y sólo de vez en cuando, y de paso, la visita. En realidad, la concentración y creciente poder de la oposición farisaica y la proximidad de la residencia de Herodes en Tiberias habrían hecho imposible una estancia permanente de nuestro Señor allí en esta fase de su historia. A partir de ahora su vida es, realmente, no puramente misionera, pero no tiene morada fija según expresa Él mismo con profundo sentimiento: «No tiene dónde reclinar su cabeza».

La noticia en el Evangelio de Marcos (6:1) de que sus discípulos le siguieron parece relacionar la llegada de Jesús a «su propio país» (Nazaret) con la partida de la casa de Jairo, a la cual había permitido a tres de sus discípulos que le acompañaran. Las circunstancias de la presente visita, así como el tono de sus paisanos en esta ocasión, son enteramente distintas de lo que se nos dice de su primera estancia en Nazaret (Lc. 4:16-31). La tenaz estrechez de miras, y los prejuicios, tan característicos de una pequeña ciudad, con sus partidismos y su mezquino orgullo de familia, todo ello no menos real por el hecho de que pueda ser imperceptible a un extraño, eran, naturalmente, los mismos que en la primera visita de Jesús. Nazaret habría dejado de ser Nazaret si su gente hubiera hablado o pensado de modo distinto que nueve o diez meses antes. El que su fama hubiera crecido en el intervalo sólo podría servir para estimular el orgullo de la población a contribuir, por así decirlo, a que se imaginaran al gran Profeta como formado con sus propios materiales; con esta satisfacción añadida de que Él era totalmente suyo, y de que todavía poseían mejores materiales en su Nazaret. Todo esto es conforme a la realidad de la vida, y tan natural que la repetición sustancial de la primera escena en la Sinagoga, lejos de sorprendernos, nos parece sólo natural. Lo que nos sorprende es aquello de que Él se maravilló: la incredulidad de Nazaret, que yacía en la misma base de su estimación y trato de Jesús.

Y el que mostraran esta incredulidad no tiene la menor justificación. Si alguien tenía los medios de poner a prueba las pretensiones de Jesús, los de Nazaret los poseían. Es verdad, no tenían idea del suceso milagroso de su Encarnación; y ahora podemos darnos cuenta al menos de una de las razones del misterio, que fue permitido que le protegiera, así como el más alto propósito en la Providencia divina de que naciera no en Nazaret, sino en Belén de Judea, y del intervalo de tiempo entre aquel nacimiento y el regreso de sus padres desde Egipto a Nazaret. Aparte de la profecía, era necesario para Nazaret que Cristo hubiera nacido en Belén, pues de otro modo el «misterio de su Encarnación» habría sido conocido. Y, no obstante, no habría podido ser dado a conocer, tanto por amor a los íntimamente afectados como por amor a aquellos que en aquel período de su historia no lo habrían podido entender; a quienes, realmente, habría sido un obstáculo absoluto para creer en Él. Y Él no podría haber regresado a Belén, donde había nacido, para ser criado allí, sin llamar la atención al milagro de su nacimiento. Así pues, si, por razones fáciles de comprender, el misterio de su Encarnación no podía ser divulgado, era necesario que el ser encarnado en Nazaret naciera en Belén, y el niño de Belén fuera criado en Nazaret.

Pero al ser quitado sucesivamente de uno y otro lugar, no había nadie en la tierra que conociera su nacimiento milagroso, excepto la Virgen-Madre, José, Elisabet y, probablemente, Zacarías. La visión y guías concedidas a los pastores aquella noche de diciembre no llegó a revelar el misterio de su Encarnación. Recordando las nociones religiosas suyas, no les habría dejado en ellos la misma impresión que a nosotros. Podría significar mucho, o quizá poco, en aquel entonces; el tiempo lo diría. En aquellos países la arena entierra rápida y profundamente: preservando, sí, pero también escondiendo lo que cubre. Y las arenas de treinta años habían enterrado la historia que los pastores habían traído; los sabios del Oriente habían regresado por otro camino; el entusiasmo que habían causado su llegada a Jerusalén y su objeto ya había sido olvidado. Las expectativas y movimientos mesiánicos se sucedían el uno al otro: la atmósfera religiosa parecía cargada con elementos así; y los cambios políticos y los sucesos del día eran demasiado absorbentes para que se prestara mucha atención a un informe aislado que, después de todo, podía significar muy poca cosa, y que sin duda era de algo pasado. Para mantener la atención tiene que haber comunicación; y esto era lo que faltaba precisamente en este caso. El reinado de Herodes estaba salpicado por muchas sospechas y asesinatos como los de Belén. Luego intervino la muerte de Herodes, mientras que el llevar a Jesús a Egipto y el que no regresara a Belén causó una ruptura completa en la continuidad de su historia. Entre la oscura Belén, al sur y lejos, y la oscura Nazaret, lejos y al norte, no había comunicación tal como la hay en nuestros días entre distintas ciudades, y los que buscaban apoderarse del niño y los que le habían adorado ya habían muerto. Los ancianos padres del Bautista no pueden haber sobrevivido los treinta años entre el nacimiento de Cristo y el comienzo de su ministerio. Ya hemos visto la razón para suponer que José había muerto antes. Ninguno, pues, excepto la Virgen-Madre, lo sabía, y ella lo guardaría en lo profundo de su corazón, más incluso al pasar los años y sentir, cuando pasaban, que tanto en su primera oscuridad como en su ulterior manifestación ella no podía penetrar el significado real de aquel misterio con el cual se sabía tan íntimamente relacionada. Ella no podía entenderlo; ¿cómo podía, pues, atreverse a hablar de él? Ella no podía entenderlo; es más, casi podemos barruntar que ella podía incluso entenderlo mal, no el hecho, pero sí el significado y alcance de lo que había sucedido.

Pero en Nazaret no sabían nada de todo esto; y a Él sólo le conocían como el niño a quien sus padres, José el carpintero y María, habían traído con ellos meses después de haber partido de Nazaret. La ley y la costumbre judaicas hacían posible que ellos hubieran estado casados mucho antes. Y ahora en Nazaret sólo conocían a su humilde familia, que vivía retirada, y que en aquel hogar modesto habían crecido hijos e hijas que todos conocían. De Jesús, ciertamente, ellos tenían que saber que era distinto de los otros, tan distinto en todas maneras, que había crecido en sabiduría y estatura, y en el favor de Dios y del hombre. Luego vino esta extraña demora con ocasión de la primera visita a Jerusalén, cuando sus padres tuvieron que regresar para buscarlo y lo hallaron en el Templo. Esto solamente también era extraño, aunque quizá no tanto en un niño como Jesús; y la explicación que Él dio de ello, tan llena de significado profundo, ellos no la habían oído. Si podemos sacar conclusiones, probables pero no ciertas, después de esto, sólo hay estas tres circunstancias externas en la historia de la familia que podían ser notadas: que Jesús siguió la ocupación de su padre adoptivo (Mr. 6:3); que José había muerto; y que la madre y «hermanos» de Jesús habían dejado Nazaret, aunque «sus hermanas» al parecer seguían allí, quizá casadas con hombres de Nazaret (Mr. 6:3).

Cuando Jesús dejó Nazaret por primera vez para ir a buscar el Bautismo de manos de Juan, el hecho no podía haber atraído mucha atención. No solamente lo hacía «todo el mundo», sino que considerando lo que se sabía de Jesús, lo más probable es que se sorprendieran de que no estuviera a orillas del Jordán, no de que se quedara en Nazaret. Luego vinieron los informes vagos de sus primeros actos, y lo que probablemente apreciaron más sus paisanos fueron los relatos que trajeron los galileos que volvieron de la Fiesta, respecto a lo que Jesús había hecho en Jerusalén. Su fama le había precedido en aquel sábado memorable, cuando todo Nazaret llenaba la Sinagoga, curiosa de oír lo que el hijo de Nazaret tenía que decirles, y aún más ansiosa de ver lo que podía hacer. Del encanto de sus palabras no podía haber duda. Pero lo que dijo, y la forma como lo dijo, era muy distinto de lo que ellos habían oído hasta entonces. La diferencia no era de grado, sino de clase; Él les habló del Reino; pero no para la gloria de Israel, sino de un inefable consuelo para la necesidad más profunda del alma. Era realmente maravilloso, y esto no de modo abstracto, sino por ser parte del «hijo de José». Esto fue todo lo que percibieron. En cambio, no había manifestación alguna de aquello que esperaban ver y oír, ni podía haberla en tanto que ellos midieran al profeta por sus antecedentes externos, olvidándose de que era en la afinidad interna de la fe que unía a Él, que traía la bendición, con los que la recibían.

Pero esta aparente asunción de superioridad por parte del hijo de José era demasiado para las clases superiores de Nazaret. Era intolerable que Él no sólo pretendiera igualdad con Elías o Eliseo, sino que les colocara a ellos, ciudadanos de Nazaret, como si estuvieran fuera del palio de Israel, debajo de los paganos. Y así, si Él no hubiera ejercido su autoridad y poder sin hacer ostentación de ello, de buena gana le habrían empujado para que se cayera de cabeza por el borde del precipicio de la ciudad que había insultado. Y ahora había vuelto, después de nueve o diez meses, en circunstancias totalmente diferentes. Nadie podía ya poner en duda sus pretensiones, para bien o para mal. Cuando aquel sábado una vez se levantó en aquella Sinagoga para enseñar, se quedaron atónitos. Se habría esparcido el rumor de que, a pesar de todo, los suyos propios –probablemente «sus hermanas», a las cuales podría haber parecido a muchos que había venido a visitar– no le reconocían ni le honraban como un Profeta. O bien, ¿lo habrían propagado quizá los mismos de su propia casa, para así desentenderse de lo que pudiera ocurrirle a Él? Pero el asombro con que le oyeron aquel sábado era de incredulidad. ¡La causa era tan evidentemente inadecuada al efecto! Ellos conocían a los que consideraban ser sus padres y a sus hermanos; sus hermanos estaban con ellos y durante todos aquellos años le habían conocido como el carpintero, el hijo del carpintero. ¿De dónde, pues, a «éste» le venían «estas cosas», y «qué sabiduría era ésa que se le había dado», y «estos milagros que se realizan mediante sus manos»? (Mr. 6:2).

Era realmente, más que una dificultad, una imposibilidad el explicarlo, dados sus comienzos. No podía haber engaño ni colusión. En nuestra moderna fraseología hipócrita, las dudas de ellos habrían sido llamadas agnosticismo y duda filosófica. Pero no era ciertamente filosófico, como mucho de lo que hoy pasa por tal porque lleva este nombre; por lo menos si, según el criticismo moderno negativo, lo que es inexplicable tampoco se puede pensar. Ni era realmente agnosticismo, como mucho de lo que pasa por tal hoy en día. Era lo que Cristo llamó incredulidad, puesto que las preguntas podrían haber sido contestadas –es decir, nunca habrían aparecido– si ellos hubieran creído que Él era el Cristo. Y la misma alternativa sigue siendo verdad. Si «éste» es lo que declara que es el criticismo negativo, que es todo lo que puede conocer de Él por fuera: el hijo de María, el hijo del carpintero de Nazaret, y carpintero él mismo, cuya familia ocupaba la más humilde posición entre los galileos, ¿de dónde le viene esta sabiduría que, dígase de ella lo que se quiera, es la base de gran parte del pensamiento moderno, y estas obras poderosas que han modelado toda nuestra historia moderna? ¿De dónde, si sólo es lo que se puede ver desde fuera, vienen esta sabiduría y estos hechos poderosos obrados por sus manos? ¿Es, pues, sólo aquello que dicen y ven, aunque estos resultados no son en modo alguno explicables bajo tales principios? ¿O bien no es Él más que esto, a saber, el Cristo de Dios?

«Y Él se asombró de la incredulidad de ellos». En vista de su razonamiento lo que hacían no era razonable. Y tampoco es razonable la moderna incredulidad. Porque cuanto más reciamente afirma el criticismo negativo su posición respecto a la persona de Cristo, más difíciles de explicar son su enseñanza y los resultados de su obra.

En circunstancias como las de Nazaret, Cristo no podía hacer nada, al contrario de lo que habría ocurrido con un obrador de milagros. Le habría sido imposible renunciar a su propia ciudad de Nazaret sin hacer un nuevo intento y darles una nueva oportunidad de arrepentimiento. Tal como había empezado, así terminó esta parte de su ministerio de Galilea: predicando en su propia Sinagoga de Nazaret. Salvo en el caso de unos pocos que fueron receptivos, en los cuales impuso las manos para curación, su visita allí pasó sin «las obras poderosas» de que habían oído hablar los nazarenos. Él no iba a volver más a Nazaret. A partir de entonces empezará a enviar a sus discípulos, en parte para neutralizar los prejuicios de carácter personal, en parte para esparcir las nuevas del Evangelio más lejos de lo que podría haber hecho Él solo. Porque su corazón se compadecía de los muchos que eran ignorantes y estaban descarriados. Y la siega se acercaba, y la cosecha era muy grande, y era a su cosecha que Él iba a enviar obreros.

Porque aunque, con toda probabilidad, las palabras que acabamos de citar (Mt. 9:36-38) fueron pronunciadas en un tiempo posterior (Lc. 10:2), están tan completamente dentro del espíritu de la presente misión de los Doce, que éstas, o palabras del mismo sentido, es posible que fueran también pronunciadas en la ocasión presente. De estas aparentes repeticiones, cuando las circunstancias eran análogas, aunque algunas veces con aplicación diferente de las mismas palabras que tienen varios sentidos, hay muchos ejemplos, y éste es un hecho que ahora cae bajo nuestra observación (comp. Mt. 10:26 con Lc. 12:1, 2). Es verdad que aquellos a quienes fueron enviados los Doce estaban «extenuados y abatidos, como ovejas que no tienen pastor» (como en Mt. 9:36), y era para librarlas de los riesgos causados por los «lobos rapaces», y para juntar bajo su redil a los que habían sido desparramados, que Jesús envió a los Doce con la comisión especial de que nos ocuparemos ahora. Viéndolo en su forma plena (Mt. 10:5-33), se puede notar:

Primero: que este discurso de Cristo consiste en cinco partes: vv. 5 a 15; vv. 16 a 23; vv. 24 a 33; vv. 34 a 39; vv. 40 hasta el final.

Segundo: que muchos pasajes del mismo ocurren en situaciones diferentes en los otros dos Evangelios Sinópticos, especialmente en Marcos 13 y en Lucas, capítulos 12 y 21. De esto podemos inferir, o bien que Jesús dijo las mismas palabras u otras similares en más de una ocasión (cuando las circunstancias eran análogas), o que Mateo agrupó en un discurso, como relacionados internamente, dichos que habían sido pronunciados en ocasiones diferentes. O bien, y esto parece lo más probable, que las dos inferencias son en parte correctas. Porque:

Tercero: es evidente que el discurso presentado por Mateo va más allá de la misión de los Doce, más allá incluso de la Iglesia primitiva; en realidad, presenta un bosquejo de la historia de la misión de la Iglesia en un mundo hostil hasta «el fin». Al mismo tiempo, es también evidente que las predicciones, advertencias y promesas aplicables a un período posterior de la historia de la Iglesia tienen igual valor, en principio, con referencia a la primera misión de los Doce; y que, de modo inverso, lo que se aplicaba de modo especial a ella sigue siendo válido en principio para la historia subsiguiente de la Iglesia en su relación con un mundo hostil. Así que lo que se dijo de modo especial en esta ocasión a los Doce, ha sido siempre, correctamente, aplicado a la Iglesia, mientras que aquello que se refiere a la Iglesia del futuro, en principio se aplicaría también a los Doce.

En cuarto lugar: esta distinción de aplicación primaria y secundaria a las diferentes partes del discurso, y su unión en los principios generales en que se basan, ha de ser tenida en cuenta si hemos de entender este discurso de Cristo. De donde, también, el presente y el futuro parecen chocar o alternarse entre sí. El horizonte se va ampliando gradualmente durante el discurso, pero no hay cambio en el punto de vista desde el cual se enfoca originalmente; y, así, el presente se mezcla en el futuro y el futuro en el presente. Y esto, realmente, es también la característica de gran parte de la profecía del A.T., y que hace del Profeta siempre un predicador del presente y un anunciador del futuro.

Finalmente: da evidencia de su autenticidad y merece especial noticia el hecho de que este discurso, aunque en espíritu no es judío, lo es más que ningún otro, incluso más que el del Monte, en cuanto a sus formas de pensamiento y modos de expresión.

Con la ayuda de estos principios será más fácil trazar un bosquejo general de este discurso. Su primera parte (Mt. 10:5-15) se aplica enteramente a esta primera misión de los Doce, aunque las palabras finales ya apuntan «al juicio» (v. 15). En consecuencia, tiene sus paralelos, aunque de una forma más breve, en los otros Evangelios (Mr. 6:7-11; Lc. 9:1-5).

Los Doce fueron enviados de dos en dos (Mr. 6:7), provistos de autoridad,[1] o, como expresa Lucas de modo más pleno, de «poder y autoridad», lo mismo sobre todos los demonios que para curar toda clase de enfermedades. Es de importancia secundaria si esto les fue transmitido sólo de palabra, o bien con algún signo sacramental, como el soplar sobre ellos o imponerles las manos. La comisión especial por la cual ellos recibieron este poder fue para proclamar la próxima llegada del Reino y, como evidencia de ello, curar a los enfermos, limpiar a los leprosos y echar demonios.[2] Tenían que proclamar el bien y obrar el bien en el sentido más elevado de la palabra, y esto de forma que a los que escucharan les cayera bien: todo gratuito, tal como ellos lo habían recibido. Además, no tenían que hacer ninguna provisión para el viaje, más allá del presente inmediato absoluto.[3] Ellos eran solamente obreros, y como tales tenían derecho a su sustento. Su amo se lo proporcionaría, y el campo en el que trabajaban sería el origen inmediato del mismo (comp. 1 Ti. 5:18).[4]

En conformidad con esto, se les dieron como órdenes la unicidad de propósito y una negación propia completa, que les llevaría a no hacer provisión alguna «para la carne», sino, como labradores, estar contentos con el sustento diario. Antes de entrar en una ciudad tenían que inquirir –literalmente «averiguar»– quién en ella era «digno», y de éstos pedir hospitalidad; no buscando durante su estancia un cambio para la gratificación de la vanidad o indulgencia personal. Si el informe sobre el que habían hecho su decisión resultaba correcto, entonces el «Paz a vosotros» con el cual habían entrado en la casa pasaría a ser una realidad. Cristo haría que lo fuera. Tal como les había dado «poder y autoridad», así también «honraría» la cuenta a su cargo, debida a la recepción hospitalaria que el «Paz a vosotros» de los apóstoles implicaba.

Pero si la casa resultara «indigna», el Señor, a pesar de ello, honraría las palabras de sus mensajeros y las haría reales; sólo que en este caso la paz regresaría a aquellos que la habían pronunciado. Y aún era posible otro caso. La casa a la que les habían guiado sus pesquisas, o la ciudad en la que habían entrado, podía negarse a recibirlos porque ellos iban allí como embajadores de Cristo. Grande, sin duda, sería la culpa de ellos, peor que la de las ciudades de la llanura (puesto que éstas no conocían el carácter de los huéspedes celestiales a quienes habían rehusado recibir), y más terrible sería su castigo futuro. Así, Cristo vindicaría su propia autoridad y la de los suyos y mostraría la realidad de su comisión; por una parte, haciendo una realidad de la palabra de paz a los que resultaban «dignos», y por otra, por medio del castigo si rehusaban su mensaje. Finalmente, en su misión presente ellos no debían entrar en territorio gentil ni samaritano. Esta instrucción, tan diferente en espíritu de lo que Jesús mismo había dicho y hecho previamente y de su propia comisión final, era, naturalmente, sólo «para la necesidad presente».[5] De momento ellos no estaban preparados ni equipados para ir más allá del circuito indicado. Habría sido una anticipación fatal de su historia interna y

1. Lo mismo en Mateo y Marcos. Pero esta «autoridad» era la fuente del poder que les dio.

2. El decano Plumptre hace notar: «Las palabras («resucitar muertos») son omitidas en los mejores manuscritos».

3. Sandalias, pero no zapatos. Por lo que se refiere a la marcada diferencia sobre «el bastón» (Mt. 10:10; Mr. 6:8), Ebrard (*Evang. Gesch.*, p. 459) indica el acuerdo en el espíritu en los dos Evangelios. No debían tomar nada: tenían que ir como estaban, sin preparación ni provisión. En aquel tiempo algunos llevaban un receptáculo secreto en el extremo del cayado para llevar cosas de valor, o, en el caso de los pobres, agua (Lv. 17:16).

4. Según la Ley judaica, «los obreros» (los פּוֹעֲלִים, por lo menos) tenían asegurada la comida. Sin embargo, los esclavos no siempre la tenían (Gitt. 12 *a*). En general, la Ley rabínica sobre la esclavitud es en extremo dura, mucho más que la del Pentateuco (comp. un extracto de las Leyes sobre la Esclavitud, en Fassel, *Mos.-Rabb. Civil-Recht*, vol. 2, pp. 393-406).

5. Esta instrucción se registra sólo en Mateo. Pero Mateo 28:19 puede demostrar que ésta no era una limitación judaística, si es que es necesario presentarlo.

externa el haberlo intentado, y habría derrotado el objetivo de nuestro Señor de desarmar los prejuicios cuando hacía su apelación a los judíos de Galilea.

La misión de los Doce

Estas consideraciones ya nos llevan a esperar un molde estrictamente judaico en este discurso a los discípulos. La orden de abstenerse de toda comunión religiosa con los gentiles y los samaritanos era una acomodación temporal a los prejuicios de sus discípulos y los judíos en general. Y la distinción entre «camino de gentiles» y «ciudad de samaritanos» es más significativa cuando recordamos que incluso el polvo de un camino pagano se consideraba que contaminaba (Sanh. 15 *b;* Ned. 53 *b*), mientras que las casas, fuentes, caminos y cierto alimento de los samaritanos eran declarados limpios (Jer. Ab. Z. 44 *d*). Al mismo tiempo, religiosamente, y por lo que se refiere a la compañía, los samaritanos eran colocados al mismo nivel que los gentiles (Jer. Sheqal. 1. 5, p. 46 *b*). Y tampoco sonaría extraña a oídos judíos la orden de impartir su mensaje gratuitamente. Era una de las órdenes más vigorosamente puestas en vigor por lo que respecta a la enseñanza de la Ley y las tradiciones, por diferente que hubiera sido la práctica (Ab. i. 13). En realidad, el mismo argumento que tenían que impartir gratuitamente, porque lo habían recibido de balde, es empleado por los rabinos, y se deriva del mismo lenguaje y ejemplo de Moisés en Deuteronomio 4:5 (Ab. iv. 5; Bechor. 29 *a*).[6] Además, las instrucciones de no llevar bastón, zapatos o bolsa para dinero corresponden exactamente a la orden divina de no entrar en el recinto del Templo con bastón, zapatos (nótese bien, no sandalias) ni bolsa de dinero (Ber. ix. 5).[7] Las razones simbólicas subyacentes en esta orden, probablemente serían las mismas en ambos casos: evitar la apariencia de estar ocupados en otros negocios, cuando todo el ser debería estar absorbido en el servicio del Señor. En todo caso, transmitiría a los discípulos la idea de que tenían que considerarse a sí mismos como si entraran en el recinto del Templo, ejecutando así el principio del primer pensamiento de Cristo en el Templo: «¿No sabéis que tengo que ocuparme de los asuntos de mi Padre?» (Lc. 2:49). Ni se puede dudar de la severidad del castigo final, una condenación más terrible que la de Sodoma y Gomorra, puesto que, según la tradición antigua, sus habitantes no tendrían parte en el mundo venidero (Sanh. x. 3). Y lo que causaría más impresión a una mente judía sería la orden simbólica de sacudirse el polvo de los pies como testimonio contra una ciudad o casa tal. La expresión, sin duda, indicaba que el bando del Señor caía sobre ella, y el acto simbólico sería, por así decirlo, como la pronunciación solemne de que «no se pegara a su mano nada de anatema» (Dt. 13:17). En este sentido, algo que se pegara a la persona era llamado metafóricamente «el polvo», como, por ejemplo, «el polvo de una mala lengua» (Jer. Peah. 16 *a*), «el polvo de la usura»; como, por otra parte, «ser polvo a la idolatría» significaba pegarse a ella (Sanh. 64 *a*). Incluso la orden de no cambiar de hospedaje cuando uno había sido recibido, estaba en conformidad con las miras judaicas, citándose el ejemplo de Abraham, que (según Gn. 13:3) «volvió al lugar donde había sido plantada su tienda al principio» (Arakh. 16 *b*, líneas 12 y 11 desde la base).

Estas observaciones muestran lo estrechamente que siguió el Señor, en la primera parte de su encargo a los discípulos (Mt. 10:1-15), las formas de pensar y modos de expresión judíos. No es diferente la segunda (vv. 16-23), aunque la diferencia es aquí muy marcada. Ya no tenemos meramente la comisión original, tal como se da en casi los mismos términos por parte de Marcos y Lucas. Pero el horizonte aquí se ha ampliado, y Mateo informa lo que los otros evangelistas consignan al último estadio del ministerio del Señor. Si el Señor, cuando dio a sus discípulos el encargo de su primera misión, fue llevado gradualmente a ampliar el alcance de su enseñanza para adaptarlo o no a todos los tiempos, esto no tenemos por que discutirlo. Porque Mateo mismo no podía haber intentado confinar las palabras de Cristo a este primer viaje de los apóstoles, puesto que contenían referencias a la división en familias, persecuciones y conflicto con el poder civil (vv. 16-18), cosas que pertenecen a un período muy posterior en la historia de la Iglesia; y, además, contienen también una predicción que no podía ser aplicada a esta primera misión de los apóstoles: «No acabaréis de recorrer todas las ciudades de Israel antes de que venga el Hijo del Hombre» (v. 23).

Sin presentar aquí por adelantado el pleno alcance de la promesa de su inmediato retorno, es importante evitar, ya en este estadio, todo posible malentendido sobre este punto. La expectativa de la Venida del «Hijo del Hombre» se basaba en una profecía de Daniel (Dn. 7:13), en que este advenimiento, o más bien su manifestación, estaba asociado con el juicio. Igual ocurre en este encargo del Señor. Se describe a los discípulos en el ejercicio de su tarea «como ovejas en medio de lobos», frase que la Midrash (sobre Est. 8:2, ed. Vars., p. 120 *b*) aplica a la posición de Israel en medio de un mundo hostil, añadiendo: «¡Cuán grande es el pastor que los libra, y vence a los lobos!». De modo similar, la admonición a ser «prudentes como serpientes e inocentes como palomas» se halla también en la Midrash (sobre Cnt. 2:14), donde se describe Israel como inocente cual paloma hacia Dios, y prudente como las serpientes hacia las naciones hostiles gentiles. Semejante y aun mayor iba a ser la enemistad que los discípulos, como el verdadero Israel, iban a encontrar de parte del Israel según la carne. Iban a ser entregados a los diversos Sanedrines, y se les infligirían castigos según estos tribunales tenían el poder de infligir (Mt. 10:17). Más aún, serían presentados ante los gobernadores y reyes, de modo primario los gobernadores de Roma y los príncipes herodianos (v. 18). Y tan decidida sería esta persecución que rompería los lazos del parentesco más estrecho, hasta el punto de acumular sobre ellos el aborrecimiento de todos los hombres (vv. 21, 22). El único apoyo que tendrían en aquellas terribles circunstancias, aunque sería suficiente, consistía en la seguridad de una ayuda tal desde arriba, que, aunque sin letras y humildes, no tenían que preocuparse, ni preparar su defensa, que les sería dada desde arriba. Y con esto tenían la promesa de que los que hubieran perseverado hasta el fin serían salvos, y la instrucción prudente de que, en cuanto fuera posible, evitaran la persecución retirándose a tiempo, algo tanto más fácil de conseguir por cuanto no habrían completado su circuito de ciudades de Israel antes de que viniera el Hijo del Hombre.

Es de la mayor importancia tener en cuenta que, cualquiera que fuera el período del ministerio de Cristo en que fue pronunciada esta predicción y esta promesa, y tanto si

---

6. Al mismo tiempo, la afirmación en Bechor. 29 *a* de que «si es necesario hay que pagar dinero por la adquisición de conocimiento», sacándolo de Proverbios 23:23 («compra la verdad»), implica que la regla no siempre puede ser observada de modo estricto.

7. La *Pundah* (פּוּנְדָה) o *Aphundah* (אַפּוּנְדָה). Comp., p.ej., Jer. Shabb. 12 *c*.

esto ocurrió una vez como muchas, se refería exclusivamente al estado de cosas *judaico*. Las persecuciones eran exclusivamente de los judíos. Esto se ve claro por el versículo 18, donde se promete a los discípulos que su respuesta será «un testimonio contra ellos», los que los habían entregado, que evidentemente eran judíos, y también contra los «gentiles». Y el circuito evangelístico de los discípulos en su predicación tenía que ser de modo *primario judío*; y no solamente esto, sino también en el tiempo en que todavía hubiera «ciudades de Israel», esto es, previamente a la destrucción final de la comunidad judaica. La referencia, pues, es al período de persecución judaica y de la predicación apostólica en las ciudades de Israel, limitado por la destrucción de Jerusalén. En consecuencia, la «venida del Hijo del Hombre», y «el fin» del cual se habla aquí, ha de tener también la misma aplicación. Era, como hemos visto, según Daniel 7:13, una venida para juicio. A las autoridades perseguidoras judías, que habían rechazado a Cristo a fin de salvar la ciudad y el Templo de las manos de los romanos (Jn. 11:48), según se imaginaban, y a quienes Cristo había testificado que volvería otra vez, este juicio sobre su ciudad y Estado, esta destrucción de su mundo político, *era* «la venida del Hijo del Hombre» en juicio, y la única venida que podían esperar los judíos como Estado o nación, la única apropiada para ellos aun cuando a los que esperan en Él les aparecerá por segunda vez, sin pecado, para salvación.

Se ve claro y de modo indubitable que éste es el único significado natural correspondiente a esta predicción, especialmente cuando la comparamos con expresiones paralelas que se registran en Marcos 13:9-13. Ya es otra cuestión si aquellos a quienes fueron dirigidas estas palabras las entendieron, y hasta qué punto en su pleno importe, por lo menos en aquel momento. Incluso suponiendo que los discípulos que las oyeron primero no distinguieran entre la venida a Israel en juicio y la venida al mundo en juicio y misericordia mezclados, como se les indicó más tarde en la parábola del brotar de la higuera (Lc. 21:29-31), con todo, los primitivos cristianos pronto se dieron cuenta de ello. Porque la distinción es claramente marcada. Por lo que respecta a su manera, la «segunda venida» de Cristo se puede decir que corresponde al estado de aquellos a los que viene. Para los judíos, su primera venida fue *visible*, y en ella presentó sus derechos a ser su Rey. Ellos le pidieron una señal; pero no se les dio señal en aquel tiempo. Ellos le rechazaron y colocaron el curso político y la nación entera en rebelión contra «el Rey». Para los judíos, que habían rechazado así la primera aparición visible de Cristo como su Rey, la segunda aparición sería invisible pero real; la señal que habían pedido les sería dada pero como una señal de juicio, y su venida sería en juicio. Así su autoridad sería vindicada, y Él aparecería no visible, cierto, pero real, tal como había reclamado que era. Que éstos eran la manera y el objeto de su venida a Israel, lo presenta claramente a los discípulos en la parábola de los labradores malvados (Mt. 21:33-46 y paralelos). La venida del Señor de la viña sería la destrucción de los labradores malvados. Y para evitar toda posibilidad de malentendidos se añade inmediatamente la explicación de que el Reino de Dios había de serles quitado y dado a aquellos que producirían frutos dignos del mismo. Sin duda, esto no podía haberse aplicado a la venida de Cristo al fin de la presente edad o dispensación, y esto ni aun a la vista de los discípulos, que habían sido formados según el modelo judío.

Tenemos en cuenta que esta segunda Venida del Hijo del Hombre a los judíos como nación o Estado, exteriormente invisible pero real, sólo podía ser en juicio por su política,

«Parece casi que la partida de Jesús de Capernaum marcó una crisis en la historia de esta ciudad. A partir de entonces cesa de ser el centro de la actividad de Jesús y sólo de vez en cuando, y de paso, la visita. En realidad, la concentración y creciente poder de la oposición farisaica y la proximidad de la residencia de Herodes en Tiberias habrían hecho imposible una estancia permanente de nuestro Señor allí en esta fase de su historia. A partir de ahora su vida es, realmente, no puramente misionera, pero no tiene morada fija según expresa Él mismo con profundo sentimiento: 'No tiene dónde reclinar su cabeza'».

Las ruinas de la magnífica sinagoga descubierta en Capernaum pertenecen a un edificio del siglo II, del que vemos uno de sus aspectos menos conocidos. Hay razones para pensar que ocupan el emplazamiento donde Jesús enseñó a sus oyentes.

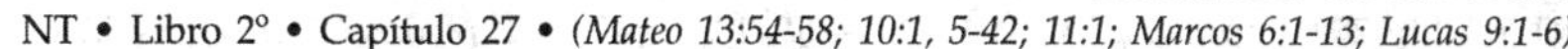

aquella «señal» que antes les fue negada, pero que, cuando apareció, vindicaría las pretensiones y autoridad de Jesús con una claridad irrefragable. Vistos así, los pasajes que se refieren a esta segunda Venida nos ofrecerán su significado natural. Ni la misión de los discípulos ni su viaje por las ciudades de Israel habrían terminado antes de que volviera el Hijo del Hombre. Es más, había de los que estaban allí que no gustarían la muerte hasta que hubieran visto, en la des-trucción de la ciudad y el Estado, la vindicación del derecho al trono real de Jesús, a quien Israel había repudiado (Mt. 16:28 y paralelos). E incluso en los discursos finales en que el horizonte se amplía gradualmente, y esta Venida en juicio a Israel se funde en el mayor juicio a un mundo incrédulo (Mt. 24 y paralelos), aparece claramente marcada esta visita anterior a la nación judía. Los tres evangelistas registran igualmente que «esta generación» no pasará sin que todas estas cosas sean cumplidas (Mt. 24:34; Mr. 13:30; Lc. 21:32). Es prácticamente inadmisible que se hubiera permitido que estos dichos constaran en los tres Evangelios si los discípulos y la Iglesia primitiva hubieran entendido la Venida del Hijo del Hombre en un sentido distinto que una venida a los judíos para la destrucción de su mundo político. Y es de máximo significado que las últimas declaraciones del Señor sobre su Venida fueron hechas como respuesta a preguntas referentes a su predicción de la destrucción del Templo. Ésta, los discípulos primitivos la asociaron con la venida final de Cristo. El haberles explicado más plenamente la distinción entre ellas habría sido imposible, de modo consecuente con el propósito general del Señor respecto a la doctrina de su Venida. Con todo, las parábolas que en los Evangelios –en especial el de Mateo– siguen a estas predicciones (Mt. 25:1-30), y la enseñanza sobre el Advenimiento final del Hijo del Hombre, indican claramente una diferencia y un intervalo entre una y otra.

Los discípulos tienen que haber aplicado esta predicción más fácilmente aún a su Segunda Venida a Palestina, puesto que «los ayes» relacionados con ella se correspondían tan estrechamente con los esperados por los judíos antes del Advenimiento del Mesías (Sot. ix. 15; comp. Sanh. 97 *a* con 99 *a*, passim). Incluso la instrucción a huir de la persecución es repetida por los rabinos en circunstancias similares y establecida por el ejemplo de Jacob (Os. 12:12), de Moisés (Éx. 2:15) y de David (1 S. 19:12; comp. Bemid. R. 23, ed. Vars., p. 86 *b*, y Tanch.).

En la próxima sección de este discurso del Señor, tal como refiere Mateo (10:24-34), el horizonte se amplía. Las afirmaciones son aún aplicables de modo primario a los primeros discípulos, y su predicación entre los judíos y en Palestina. Pero su relación última es ya más amplia, e incluye predicciones y principios válidos para todos los tiempos. En vista del tratamiento que había recibido el Maestro, los discípulos tenían que esperar calumnias y malas palabras. No debía parecerles extraño, ya que incluso el proverbio ra-bínico común lo decía:[8] «Bástale al siervo ser como su amo» (כרבו דיו לעבד שיהא). Cuando lo oímos de los labios de Cristo, recordamos que este dicho después confortó a aquellos que lamentaban la caída de las casas ricas y generosas de Israel, pensando en la mayor calamidad que había caído sobre Jerusalén y el Templo. Y es muy significativa su aplicación por Cristo: «Si al padre de familia llamaron Beelzebul,[9] ¡cuánto más a los de su casa!». Esta acusación, presentada naturalmente por el partido farisaico de Jerusalén, tenía un doble significado. Creemos que la expresión «amo o señor de la casa» indicaba hacia atrás a los derechos que Él había reclamado cuando hizo su primera purificación del Templo. Casi podemos oír el burdo juego de palabras en la palabra *Beelzebul*. Porque la palabra *Zebhul* (זְבוּל) significa en lenguaje rabínico no una morada ordinaria, sino específicamente el Templo[10] (Jer. Ber. 13 *b*), y *Beel-Zebul* sería el «amo del Templo». Por otra parte, *Zibbul* (זִבּוּל) significa[11] «sacrificar a los ídolos» (Ab. Zar. 18 *b* y otros); de donde *Beel-zebul* sería, en este sentido, el equivalente de «señor» o «amo de los sacrificios idólatras»:[12] el peor y principal de los demonios, el que preside sobre la idolatría y la incita. «El Señor del Templo» (que verdaderamente es su Iglesia) era para ellos «el jefe del culto idólatra»; el representante de Dios resultaba ser el del peor de los demonios: ¡Beelzebul era Beelzibbul![13] ¿Qué, pues, podía esperar «su casa» en sus manos?

Pero ellos no tenían por que temer estas calumnias. A su debido tiempo el Señor haría manifiesto su carácter y el de ellos (Mt. 10:26).[14] Y tampoco tenían por que amedrentarse de anunciar de la forma más clara y pública, a plena luz del día y desde los terrados de las casas, lo que se les había dicho en la oscuridad, tal como los maestros judíos comunicaban las doctrinas más profundas y elevadas en secreto a sus discípulos, o como el predicador susurraba su discurso al oído del intérprete. Las verdades más profundas respecto a su persona, y el anuncio de su Reino y su obra, tenían que ser revelados plenamente, proclamados en alta voz. Pero, desde un punto de vista mucho más alto, ¡qué diferente era la enseñanza de Cristo de la de los rabinos! Estos últimos establecían como un principio –que ellos procuraban demostrar por la Escritura (Lv. 18:5)– que, a fin de salvar la propia vida, era legítimo –más aún, un deber–, si fuera necesario, cometer toda clase de pecado excepto idolatría, incesto o asesinato (Sanh. 74 *a*, comp. Yoma 82 *a*). Es más, incluso la idolatría era permitida, con tal de que fuera cometida en secreto, a fin de no profanar el Nombre del Señor, ya que este último era infinitamente preferible a la muerte. Cristo, por otra parte, no sólo no hizo caso de la falsa distinción judaica entre público y privado con respecto a la moralidad, sino que ordenó a sus seguidores que pusieran de lado su seguridad personal, incluso con referencia al deber de predicar el Evangelio. Había un temor mucho más alto que el de los hombres: el de Dios, y este temor debía echar fuera todos los demás que sólo podían matar el cuerpo. Además, ¿por qué temer? La providencia de Dios se extendía incluso sobre las más pequeñas criaturas suyas. ¿No se vendían dos gorriones por un *assarion* (איסר), aproximadamente la tercera parte de un penique?[15] Con todo, ni aun uno de ellos perecería sin el conocimiento de Dios. No hay ninguna ilustración que sea más familiar a la mente

8. Así, Ber. 58 *b;* Siphra sobre Levítico 25:23; Ber. R. 49; Shem. R. 42: Midr. sobre Salmo 27:4.

9. Ésta es sin duda la forma correcta de escribirlo, Beelzebul, y no Beelzebub. Toda mención a Baalzebub o «dios mosca» de 2 Reyes 1:2 parece, racionalmente, fuera de consideración.

10. Zebhul (זְבוּל) es también el nombre del cuarto de los siete cielos en que el misticismo judío localiza su Templo, en cuyo altar ministra Miguel (Chag. 12 *b*).

11. El significado primario es abonar la tierra con estiércol.

12. No podía significar, en modo alguno, como se ha supuesto, «señor del estiércol», puesto que estiércol es זֶבֶל y no זבול.

13. Esto sólo explica el significado de Beelzebul. Ni Beelzebub ni Baalzebul eran nombres que dieran los judíos a ningún demonio, pero Beelzebul, el «señor de los sacrificios a los ídolos», era ciertamente la designación que dan al príncipe de los demonios.

14. Nótese igual significado en la expresión en Lucas 8:17; 12:2.

15. El *Isar* איסר o *assarion*, se expresa repetidamente en los escritos rabínicos que es la veinticuatroava parte de un dinar, de donde resulta que sería alrededor de un tercio de penique. Comp. Herzfeld, *Handelsgeschichte*, pp. 180-182.

judía que la del cuidado vigilante de Dios sobre los gorriones. La hermosa alusión de Amós 3:5 era transmitida algo realísticamente en una leyenda que ocurre en más de un pasaje rabínico.

Se nos dice que cuando este gran obrador de milagros de la leyenda judaica, rab. Simeón ben Jochai, estuvo escondido en una cueva durante trece años para librarse de la persecución, donde era alimentado milagrosamente, observó un día que, cuando el cazador de pájaros ponía su lazo, el pájaro escapaba o era atrapado según una voz del cielo proclamaba «Misericordia» o bien «Destrucción». Ante esto, se dijo que si ni aun un gorrión podía ser atrapado sin permiso del cielo, mucho más segura estaba la vida de un «hijo de hombre» (נפש דבר נש), y salió fuera (Ber. R. 79, ed. Vars., p. 142 *b;* Jer. Shebh. ix. 1: Midr. sobre Ec. 10:8; sobre Est. 1:9 y sobre Sal. 17:14).

Y tampoco podía sorprender a sus discípulos la siguiente promesa adicional de Cristo: «Hasta los cabellos de vuestra cabeza están todos contados». Pero les transmitiría la gozosa confianza de que, al hacer su obra, estaban ejecutando la voluntad de Dios y se hallaban especialmente bajo su cuidado. Y esto les comunicaría confianza –si bien con el consuelo de su aplicación en un sentido muy distinto cuando ellos estuvieran ocupados haciendo la obra y la voluntad de Dios–, confianza que el rabinismo expresaba de una manera realista en los dichos comunes de que, allí donde un hombre tenía que ir, allí le llevarían sus pies; y que un hombre no podía lastimarse un dedo en la tierra, a menos que hubiera sido esto decretado en el cielo (Chull. 7 *b;* comp. también una expresión aún más realista en Shab. 107 *b*). Y, con todo, se abría ante los discípulos una perspectiva aún más elevada. Toda predicación era confesión, y toda confesión era predicar a Cristo; y nuestra confesión o nuestra negación, casi por una ley de la naturaleza, daría por resultado una confesión o negación por parte de Cristo ante su Padre en los cielos. Esto, también, era una aplicación del principio fundamental de que «nada hay encubierto que no haya de ser revelado», y que, realmente, se extendía a los secretos más íntimos del corazón y de la vida.

Lo que sigue en el discurso de nuestro Señor (Mt. 10:34) ensancha todavía más el horizonte. Describe la condición y leyes de su Reino hasta la revelación final de lo que está ahora encubierto y escondido. En tanto que sus derechos sean presentados ante un mundo hostil, sólo podrán provocar guerra.[16] Por otra parte, en el caso de que fuera necesaria una decisión, no podía haber componendas ni compromisos en la preferencia, de modo que había que sacrificar hasta lo más querido, la comodidad, aun la vida misma, ante Cristo. No que, como a veces se dice erróneamente, un *grado* muy elevado de amor a lo más querido en la tierra pueda significar amarlo más que a Cristo. No hay grado de un afecto propio y recto que pueda hacerlo malo, ni disminución del mismo que pueda hacer un afecto falso, bueno. El amor que Cristo condena difiere no únicamente en grado, sino en especie, del afecto recto. Este amor condenado es el que ocupa el lugar del amor a Cristo, no el que es colocado al lado del de Cristo. Porque, visto rectamente, los dos ocupan lugares diferentes. Siempre y cuando los dos afectos entran en comparación, también entran en colisión. Así que las cuestiones sobre no ser digno de Él (y ¿quién puede ser positivamente digno?) y de hallar o perder verdaderamente nuestra vida, tienen que ver con nuestra vida cotidiana y con nuestra profesión.[17]

Pero incluso en este sentido los discípulos, hasta cierto punto, deben estar preparados para aceptar la enseñanza de Cristo. Se esperaba, en general, que habría un período de gran tribulación que precedería al Advenimiento del Mesías. Además, era un axioma rabínico que la causa del Maestro, a quien un hombre debía la vida eterna, debía ser adoptada antes que la del padre propio, al cual se debía sólo la vida de este mundo (Bab. Mets. 33 *a*).[18] Incluso la afirmación sobre tomar la cruz y seguir a Cristo, aunque profética, no podía sonar extraña. La crucifixión no era, indudablemente, un castigo judío, pero los judíos habían tenido que familiarizarse tristemente con ella. El Targum (sobre Rt. 1:17) habla de ella como uno de los cuatro modos de ejecución que Noemí describe a Rut como la costumbre de Palestina, siendo los otros tres: apedreamiento, hoguera y decapitación. En realidad, la expresión «llevar la cruz» indicando aflicción y sufrimiento es tan común que leemos que Abraham llevó la madera para el sacrificio de Isaac «como uno que llevaba la cruz sobre su hombro» (Ber. R. 56, sobre Gn. 22:6).

Y no podían dudar los discípulos sobre el significado de la última parte del mensaje de Cristo (Mt. 10:40-42). Eran antiguas formas de pensamiento judaicas, sólo que llenas con el vino nuevo del Evangelio. Los rabinos enseñaban (y en términos extravagantes y exagerados) el mérito que tenía la hospitalidad a los sabios (comp., p.ej., la larga discusión en Ber. 63 *b*). La misma expresión «en el nombre» de un profeta o un justo es estrictamente judía (לשם), y significa por amor a, o con intención, en consideración a. Nos parece a nosotros que Cristo introdujo su enseñanza distintiva por medio del reconocido principio judío de que la recepción hospitalaria por amor a un profeta, o un justo, o con la intención de hacerlo por ellos, proporcionaría al que lo hiciera una parte de la recompensa correspondiente al profeta o al justo. Así, según la tradición, el Abdías de la corte de Acab (1 R. 18:4) había llegado a ser el profeta de este nombre porque había sustentado a los cien profetas en la cueva (Sanh. 39 *b*). Y se nos asegura repetidamente que el recibir a un sabio, o incluso a un anciano, era como recibir la misma Shekhinah. Pero la promesa final de Cristo con respecto a la recompensa que recibirá, incluso «un vaso de agua fresca» a «uno de estos pequeñuelos» «en el nombre de un discípulo», va más allá de toda concepción de sus contemporáneos. Con todo, incluso la expresión, al menos en lo que se refiere a su forma, quizá tenía un significado más pleno para ellos que para nosotros. Este «pequeñuelos» (קטנים) eran los «niños» que todavía estaban aprendiendo los rudimentos del conocimiento y que llegarían un día a ser «discípulos». Porque, según dice la Midrash, «Allí donde no hay pequeños, no hay discípulos; y donde no hay discípulos, no hay sabios; donde no hay sabios, no hay ancianos; donde no hay ancianos, no hay profetas; y donde no hay profetas, allí (según Isaías 8:16) Dios no hace que repose su Shekhinah» (Ber. R. 42 sobre Gn. 14:1).

Hemos insistido tanto sobre los paralelismos judaicos en este discurso, primero, porque parece importante mostrar que las palabras del Señor no estaban más allá de la

16. El original es muy peculiar: «No penséis que he venido a echar paz sobre la tierra» como un sembrador echa la semilla sobre el suelo.

17. El significado de la expresión perder y hallar uno la vida, aparece más marcado cuando se atiende a los tiempos en el texto: «El que ha hallado su vida, la perderá; y el que ha perdido su vida por amor de mí, la hallará».

18. Especialmente si le enseñaba los conocimientos más elevados de todos, el Talmud, o le explicaba la razón o el significado de lo que contiene.

comprensión de los discípulos. Empezando con formas de pensamiento y expresiones que les eran familiares, les llevó mucho más allá de las ideas y esperanzas judaicas. Pero, en segundo lugar, es precisamente en esta semejanza de forma que demuestra que era de aquel tiempo y para aquel tiempo, así como para nosotros y para todos los tiempos, a fin de que veamos hasta qué punto la enseñanza de Cristo trasciende toda concepción contemporánea.

Pero lo real, lo genuino, lo profundo y fervoroso de la entrega personal que Cristo espera, es correspondido en igual plenitud de reconocimiento por su parte, tanto en el cielo como en la tierra. De hecho, hay una identificación absoluta de Cristo con sus embajadores. Tal como Él es el embajador del Padre, también son ellos embajadores suyos, y como tales también embajadores del Padre. El recibirlos a ellos, pues, no solamente era recibir a Cristo, sino al Padre, el cual reconocería el servicio más pequeño y humilde de amor hecho a uno de éstos que están aprendiendo, «los pequeñuelos». Por ello, es más penoso el contraste que presenta el orgullo y justicia propia judíos, que atribuyen mérito supremo a servir no a Dios, sino al hombre; no por amor a Dios, sino a los hombres, un orgullo que podía expresarse con un dicho así: «Todos los profetas han anunciado salvación sólo a los que dan a sus hijas en matrimonio a los sabios, o les causan beneficio, o les dejan participar de sus bienes. Pero cuál sea la bienaventuranza de los sabios mismos, eso no lo ha visto ningún ojo mortal» (Sanh. 99 *a*).

No fue con expresiones así que Cristo envió a sus discípulos; ni en un espíritu semejante que el mundo ha sido sometido a Él. El renunciar a todo, por íntimo y querido, el llevar la cruz, la pérdida de la misma vida, éstos eran los términos de su discipulado. No obstante habría, sin duda, reconocimiento por su parte; primero, en el sentimiento de su presencia, que estaba asegurado; luego, en la recompensa correspondiente a un profeta, o a un justo, o bien de un discípulo. Pero todo tenía que ser en Él, y por Él, incluso la dádiva de un «vaso de agua fresca» a uno de estos «pequeñuelos». Es más, ni estos «pequeñuelos», los que aprenden, ni el vaso de agua fresca que éstos hubieran recibido, sería pasado por alto y olvidado.

Pero sobre todo ello el «manso y humilde» proyectaba la excelsitud de su humildad.

Capítulo 28

Juan 3:25-30
Mateo 9:14-17; Marcos 2:18-22; Lucas 5:33-39
Mateo 11:2-14; Lucas 7:18-35
Mateo 14:1-12; Marcos 6:14-29; Lucas 9:7-9

La historia de Juan el Bautista, desde su último testimonio sobre Jesús hasta su decapitación en la cárcel

Mientras los apóstoles estaban viajando de dos en dos, cumpliendo su primera misión,[1] Jesús enseñaba y predicaba en las ciudades alrededor de Capernaum (Mt. 11:1). Este período de actividad sin estorbos, sin embargo, parece que fue sólo de breve duración.[2] Que su labor daba gran resultado lo vemos, no sólo por informes directos (Mr. 6:12, 13; Lc. 9:6), sino también por la circunstancia de que por primera vez la persona de Jesús llamó la atención de Herodes Antipas. Suponemos que durante los nueve o diez meses del ministerio galileo de Cristo el tetrarca había residido en sus dominios en Perea (este del Jordán), o bien en Julias o en Machaerus, esta última la fortaleza en que fue decapitado Juan el Bautista. Suponemos que las labores de los apóstoles también se habían extendido hasta aquí, porque atrajeron la atención de Herodes. En la efervescencia popular causada por la decapitación del Bautista, la actividad milagrosa de los mensajeros de Cristo, a quien Juan había anunciado, atraería, naturalmente, mayor interés, mientras que Antipas, bajo la influencia del temor y la superstición, prestaría más atención a la misma. No es probable que nos equivoquemos al pensar que esto influyó en el cese brusco de las labores de los apóstoles y su regreso a Jesús. En todo caso, la llegada de los discípulos de Juan con noticias de la muerte de su maestro, y el retorno de los apóstoles, parecen haber tenido lugar al mismo tiempo (Mt. 14:12, 13; Mr. 6:30). Finalmente, conjeturamos que éste fue uno de los motivos que influyeron para que tanto Cristo como sus apóstoles abandonaran Capernaum. Podemos suponer que entre las razones de la partida de Jesús y sus discípulos, primero a los dominios de Felipe el Tetrarca, al lado este del lago (Jn. 6:1), y después «a los bordes de Tiro y de Sidón» (Mr. 7:24), hubo el deseo de apartarse temporalmente Él mismo y sus discípulos de Herodes, tener una temporada de reposo y más preparación después de la actividad de las últimas semanas, y evitar verse envuelto en los movimientos populares que siguieron a la muerte del Bautista. Así, la suerte del Bautista, como podría haberse esperado, tuvo una influencia decisiva sobre la historia de Cristo y de su Reino. Pero tenemos que seguir todavía los incidentes en la vida de Juan, según los recogen los Evangelios, desde el tiempo de su último contacto con Jesús hasta su ejecución.

1. Fue a finales de la primavera (Jn. 3:22 a 4:3), o quizá a principios del verano del año 27 de nuestra era, que Juan bautizaba en Enón, cerca de Salim. En las cercanías, Jesús y sus discípulos estaban ocupados en una actividad semejante.[3] La presencia y actividad de Jesús en Jerusalén en la Pascua (Jn. 2:13 a 3:21) habían convencido al partido farisaico que debía tomar medidas activas contra Él y su precursor, Juan. Como primer resultado de este plan tenemos las discusiones sobre la cuestión de la «purificación», y el intento de separar a Cristo y al Bautista provocando los celos de este último (Jn. 3:25ss.). Pero el resultado final fue muy distinto. Los discípulos de Juan pueden haber estado influidos, pero Juan mismo era demasiado íntegro y estaba demasiado convencido de la realidad de la misión de Cristo para poder ceder ni un momento a una tentación así. No puede concebirse nada más noble que la abnegación propia del Bautista en circunstancias que no sólo habrían hecho volver la espalda a un impostor o un entusiasta, sino que tenían que poner severamente a prueba la constancia de un hombre de veras. Al fin de una carrera difícil en que se negó de modo constante a sí mismo, parecía, por así decirlo, que los escasos frutos conseguidos le eran arrebatados, y la multitud, que hasta aquí le había seguido, se volvió a otro, de quien él mismo había dado testimonio, pero que desde entonces al parecer no se ocupaba ya de él. ¡Y ahora se veía que él mismo se había apropiado uno de los rasgos distintivos de su predicación! No rebelarse, no murmurar, sino regocijarse en este resultado como lo debido y recto, que él había anhelado como la meta de su obra: esto implica una pureza, sencillez y grandeza de propósito, así como una fuerza de convicción que no han sido sobrepasadas entre los hombres. La altura moral de este testimonio de Juan, y la fuerza evidencial de la introducción de este relato –totalmente inexplicable y aun inteligible bajo la hipótesis de que no es auténtico–, nos parecen una de las evidencias más firmes en favor de la historia del Evangelio.

No era el engrandecimiento de Cristo que resultaba en su propia pérdida lo que podía nublar la luz meridiana de las convicciones del Bautista. En la simple ilustración judaica, él sólo era «el amigo del novio» (el «*Shoshebheyna*»), con todas las asociaciones populares o la superior alegoría judaica unida a esta relación. Él no pretendía que la novia fuera suya. Su gozo era distinto: era escuchar la voz del novio, del cual era el padrino de boda. En el sonido de aquella voz le llegaba el cumplimiento de su misión. Y el evangelista Juan, mirando retrospectivamente a la relación entre el Bautista y Jesús –en la recepción del testimonio del primero y la posición única de amigo del novio–, señala las lecciones de la respuesta del Bautista a sus discípulos (Jn. 3:31-36)[4] como antes señaló las de la conversación con Nicodemo (Jn. 3:16-21).

Esta hora de aparente descenso o abatimiento del Bautista era, en verdad, la de su máxima exaltación, puesto que marcaba el cumplimiento de su misión y, por tanto, de su gozo. Las horas de nubes y tinieblas iban a seguir a continuación.

---

1. Ésta es la única ocasión en que se les designa como apóstoles en el Evangelio de Marcos.
2. La misión de ellos parece haber sido corta, probablemente duró sólo unas dos semanas. Pero no parece posible, teniendo en cuenta los hechos, confinarla a dos días, como propone el obispo Ellicott (*Hist. Lect.*, p. 193).
3. Comp. capítulo VII de este libro. Por amor a la claridad y la continuidad, algunos de los puntos mencionados antes tendrán que ser repetidos aquí.
4. Estos versículos contienen las reflexiones del evangelista, no las palabras del Bautista, tal como antes los vv. 16 a 21 ya no son las palabras de Cristo, sino las de Juan, el que está escribiendo.

2. La escena ha cambiado, y el Bautista ha sido encarcelado por Herodes Antipas. Los dominios de éste abarcaban: al norte, Galilea, oeste del Jordán y el lago de Galilea; y al sur, Perea y este del Jordán. Para comprender mejor los sucesos hemos de recordar que, al cruzar el lago hacia el este, hemos de pasar de las posesiones de Herodes a las de Felipe el Tetrarca, o bien entrar en el territorio de las «Diez ciudades», o Decápolis, una especie de confederación de poblaciones con una constitución y libertades como las de las ciudades de Grecia. En una franja estrecha al norte, Perea se introducía entre Decápolis y Samaria. Es imposible localizar con certeza la población de Enón, cerca de Salim, en que bautizaba Juan. La tradición antigua colocaba la primera a unas pocas millas al sur de Escitópolis, o Bet-sán, al borde de Galilea, o mejor de Decápolis y Samaria. Pero como la parte este de Samaria hacia el Jordán era muy estrecha, podemos creer que el lugar estaba muy cerca, y quizá, en realidad, dentro del ángulo nordeste de la provincia de Judea, donde tocaba a Samaria. Estamos ahora en la orilla occidental del Jordán. La otra orilla del río, u oriental, sería la de la franja estrecha de Perea que formaba parte del territorio de Antipas. Así, unas pocas millas, o meramente el cruce del río, habrían llevado al Bautista a Perea. No puede haber duda de que el Bautista tiene que haber cruzado los dominios de Herodes, o bien que Enón, cerca de Salim, se hallaba en ellos. En una ocasión así Herodes se apoderó de su persona (Jn. 3:24), y Jesús, que estaba todavía en territorio de Judea, se apartó de las intrigas de los fariseos y de la proximidad de Herodes, pasando por Samaria y entrando en Galilea (Jn. 6:1).

Porque, aunque Galilea pertenecía a Herodes Antipas, estaba bastante lejos de la residencia actual del tetrarca en Perea. Tiberias, su residencia en Galilea, con su espléndido palacio real, había sido edificado uno o dos años antes; y es imposible suponer que Herodes no hubiera oído hablar de la fama de Jesús (Mt. 14:1) si su corte hubiera estado en Tiberias, en la vecindad inmediata de Capernaum. Por tanto, nos vemos forzados a la conclusión de que, durante los nueve o diez meses del ministerio de Cristo en Galilea, el tetrarca residía en Perea. Aquí tenía dos palacios, uno en Julias, o Livias, el otro en Machaerus. Este último será descrito inmediatamente como el lugar del encarcelamiento y martirio del Bautista. La Julias, o Livias, de Perea, debe ser distinguida de otra ciudad de este nombre (llamada también Betsaida) en el norte (este del Jordán) y dentro de los dominios de Felipe el Tetrarca. La Julias de Perea representaba la antigua *Beth Haram*, en la tribu de Gad (Nm. 32:36; Jos. 13:2), un nombre que Josefo da como *Betharamphtha*, y los rabinos *Beth Ramthah* (*Ant.* xviii. 2.1; Jerus. Shev. 38 *d*). Todavía sobrevive en la moderna *Beit-harân*. Pero de la fortaleza y del palacio que había edificado Herodes, y llamado según la emperatriz, «todo lo que queda» son «unos pocos rastros de murallas y cimientos».[5]

Suponiendo que Antipas hubiera residido en Perea, en Julias, habría estado muy cerca de la escena de las últimas actividades del Bautista en Enón de que tenemos datos. Podemos ahora entender no sólo en qué forma fue aprisionado Juan por Antipas, sino también la triple motivación que le llevó a ello. Según Josefo (*Ant.* xviii.5.2), el tetrarca temía que su influencia absoluta sobre el pueblo, que parecía dispuesto a realizar lo que él aconsejaba, pudiera llevar a una rebelión. Esta circunstancia se indica también en la observación de Mateo (Mt. 14:5) de que Herodes temía dar muerte al Bautista, por causa de la opinión que el pueblo tenía de él. Por otra parte, la afirmación evangélica (Mt. 14:3, 4; Mr. 6:17, 18) de que Herodes había encarcelado a Juan debido a su declaración de que su matrimonio con Herodías era ilegítimo, en modo alguno es incompatible con la razón señalada por Josefo. No sólo podían los dos motivos haber influenciado a Herodes, sino que hay una conexión evidente entre ellos. Porque la declaración franca de Juan de la ilegitimidad del matrimonio de Herodes como incestuosa y adúltera podía, en vista de la influencia que ejercía el Bautista, haber llevado fácilmente a una rebelión. A nuestro modo de ver, el texto sagrado da indicación todavía de una tercera causa para el encarcelamiento de Juan, y que sin duda tiene que haber pesado decisivamente, añadida a las otras dos. Se había sugerido que Herodes tiene que haberse adherido más a los saduceos que a ningún otro partido religioso, pues un hombre así no podía tener contacto con los fariseos. El razonamiento en modo alguno es concluyente. En el terreno político es muy poco probable que Herodes hubiera prestado apoyo a los saduceos, o partido sacerdotal aristocrático de Jerusalén, mientras que en lo religioso había a la vista demasiados ejemplos de lo que el mismo Talmud llama «pintados», que son «como los fariseos, y que obran como Zimri, pero esperan la recompensa de Finehas» (Sot. 22 *b*). Además, los fariseos pueden haber usado a Antipas como su herramienta y haber manipulado sobre sus lamentables supersticiones para realizar sus propios planes. Y esto es lo que suponemos ocurrió. La referencia al espionaje farisaico y a su comparación entre la influencia de Jesús y Juan (Jn. 4:1, 2) que llevó al apartamiento de Cristo a Galilea, parece implicar que los fariseos tenían algo que ver con la prisión de Juan. Su relación con Herodes aún se ve más claramente en el intento de inducir la partida de Cristo de Galilea bajo pretexto de maquinaciones de Herodes. Se recordará que el Maestro desenmascaró su hipocresía mandándoles que volvieran a Herodes, mostrándoles que Él sabía perfectamente que el peligro real que le amenazaba no era el del tetrarca, sino el de los líderes del partido en Jerusalén (Lc. 13:31-33). Nuestra conclusión es, pues, que la intriga farisaica tuvo una gran parte en poner en marcha el temor que Herodes tenía del Bautista y su reprobación.

3. Suponemos, pues, que Herodes Antipas estaba en Julias, en las cercanías de Enón, al tiempo del encarcelamiento de Juan. Pero, según Josefo, cuyo testimonio no tenemos motivos para poner en duda, el Bautista fue confinado a la fortaleza de Machaerus (*Ant.* xviii.5.2).[6] Si Julias se hallaba en la desembocadura del «Wady» de Heshban en el Jordán, al este del río, y un poco al norte del mar Muerto, Machaerus está directamente al sur de ella, a unas dos horas y media al noroeste de la antigua *Kiriathaim* (la moderna *Kurêiyât)*, el sitio de la victoria de Quedorlaomer (Gn. 14:5). Machaerus (la moderna *M'khaur*) marca el punto extremo al sur de Perea, como Pella el del norte. Siendo la fortaleza de la frontera al Sudeste (hacia Arabia), su seguridad era de máxima importancia, y se hizo todo lo posible para hacer de ella un lugar inexpugnable, que era en extremo fuerte de modo natural. Fue construida por Alejandro Janneus, pero destruida por Gabinio en las guerras de Pompeyo (*Guerra* i.8.5). No sólo fue restaurada por Herodes el Grande, sino que éste la amplió muchísimo, rodeándola de las mejores

---

5. Ver la descripción del sitio en Tristram, *Land of Moab*, p. 348.

6. Un poco antes de esto parece haber pertenecido a Aretas. No sabemos en qué forma pasó a las manos de Antipas, si en realidad había sido cedida plenamente a él por los árabes. Comp. Schürer, *u.s.*, p. 239, y Wieseler, *Chron. Syn.*, p. 244; *Beitr.*, p. 5, etc., cuyas opiniones, sin embargo, no siempre son de confianza.

defensas conocidas en aquel tiempo. De hecho, Herodes el Grande edificó una ciudad en la ladera de la colina y la rodeó de murallas, fortificándola con torreones. Desde esta ciudad había que subir a una altura superior, y allí se hallaba el castillo, rodeado de muros y flanqueado de torres cuya altura era de ciento sesenta codos. Dentro del recinto del castillo, Herodes había edificado un palacio magnífico y un gran número de cisternas, almacenes y arsenales, que contenían toda clase de armas de ataque o defensa, para hacer posible que la guarnición pudiera resistir un sitio prolongado. Josefo describe incluso su posición natural como inexpugnable. El punto más alto del fuerte se hallaba al oeste, desde donde miraba directamente al valle, debajo del precipicio. Al norte y al sur el fuerte estaba también recortado por valles, que no se prestaban a ser ocupados para llevar a cabo un asedio o sitio. Al este se encontraba un valle a cien codos de profundidad, que terminaba en una montaña frente a Machaerus. Éste era, evidentemente, el punto débil del emplazamiento.[7]

Un viajero reciente y digno de crédito[8] ha confirmado la descripción de Josefo como bastante exacta, aunque algo exagerada, y que probablemente no procedía de observación personal. También nos da detalles muy gráficos que nos permiten trasladarnos al torreón del Bautista de un modo tan vívido que, cuando deambulamos por entre este vasto campo de piedras, cimientos fraccionados y murallas, nos parece ver la escena en el lívido ocaso del juicio. Vemos una línea quebrada de piedras cuadradas y trastornadas que son los restos de la antigua carretera romana a Machaerus. Hay unas ruinas, que cubren una milla cuadrada, que marcan el sitio de la antigua ciudad de Machaerus, sobre un grupo de colinas ondulantes. Aunque rodeada por una muralla y torres, se supone que su posición no era defendible estratégicamente. Ahora no son más que una masa de ruinas con restos de un templo al dios Sol sirio, cisternas rotas y desolación alrededor. Cruzando el valle estrecho y profundo de una milla de anchura, subimos a la antigua fortaleza, sobre una loma cónica. El conjunto cubre un risco de más de una milla. La clave de la posición era una ciudadela al extremo este de la fortaleza. Ocupaba la cúspide del cono, estaba aislada, y era prácticamente inexpugnable, pero era muy pequeña. Volveremos a examinarla. Entretanto, descendamos una ladera escarpada, de unas 150 yardas, hacia el este, y alcanzaremos la meseta que formaba la fortaleza y contenía el magnífico palacio de Herodes. Aquí, recogidas cuidadosamente, hay amontonadas las piedras con que estaba edificada la ciudadela. Este montón inmenso produce la impresión del terrible monumento de su sentencia.

Pasemos ahora entre las ruinas. No queda ni rastro del palacio real, como no sean los fundamentos y las enormes piedras esparcidas. Al final de esta larga fortaleza, al oeste, y mirando hacia el sur, hay un fuerte cuadrado. Regresamos, a través de lo que consideramos las ruinas del magnífico castillo-palacio de Herodes, a la parte más alta y más fuerte de las defensas: el torreón oriental o la ciudadela que se yergue sobre el precipicio, a unas 150 yardas. Apenas queda rastro alguno del mismo. Hay un pozo de gran profundidad y una cisterna profunda recubierta de cemento con la bóveda del techo completa todavía –lo que tiene un interés máximo para nosotros–, dos calabozos, uno de ellos más profundo, con los lados casi intactos, en los que «se ven dos pequeños agujeros en la mampostería, con las clavijas de madera y hierro que habían sido fijados a ella». Cuando miramos hacia abajo, a la oscuridad caldeada, nos estremecemos pensando que este terrible calabozo fue durante casi diez meses la prisión de este hijo libre del desierto, el osado heraldo del Reino que se acercaba, el humilde, sincero, abnegado Juan el Bautista. ¿Es éste el hombre cuyo testimonio sobre el Cristo algunos tratan hoy como un fraude?

Retiramos la mirada, renunciando al intento de penetrar las tinieblas y ver entre ellas la figura del predicador vestido de pelo de camello y cinto de cuero, y miramos las ruinas circundantes. Nos hallamos a no menos de 3.800 pies sobre el Mar Muerto. En línea recta no parece a más de 4 o 5 millas, y la carretera que desciende al mismo lo hace por una serie de riscos y desniveles. Podemos ver toda la extensión de este mar del juicio, y sus orillas occidentales de norte a sur. Podemos casi imaginarnos al Bautista, y verlo de pie allí contemplando esta noble perspectiva. Más hacia el sur se extiende el escabroso yermo de Judea, rodeado por las colinas de Hebrón. Aquí se acurruca Belén, allí se encuentra Jerusalén. O bien, dando vuelta, podemos mirar hacia la profunda hendidura del valle del Jordán; este oasis de hermosura es Jericó; más allá, como un hilo plateado, el Jordán culebrea entre una tierra quemada, agostada, hasta que se pierde de vista en la neblina que cubre el horizonte. Cuando el ojo del Bautista se paseaba sobre ella, podía seguir todas las escenas de su vida y labores, desde el hogar de su infancia en la tierra montañosa de Judea, a estos muchos años de soledad y comunión con Dios en el yermo, y luego el primer lugar de su predicación y bautismo, más adelante el lugar en que había hablado por última vez de Cristo, poco antes de su cautividad. Y ahora el calabozo profundo en la ciudadela a un lado, y al otro, bajo la pendiente, el palacio lujoso de Herodes y su esposa, adúltera y homicida, mientras que la algazara de las fiestas disolutas llegaba a sus oídos. ¿Era éste el Reino que él había venido a anunciar como cercano, por el cual había suspirado, orado, bregado, sufrido, y se había negado todo lo que hace la vida agradable y a sí mismo; era ésta la mañana sonrosada que él había saludado con himnos de alabanza? ¿Dónde estaba el Cristo? ¿Era realmente el Cristo? ¿Qué estaba haciendo? ¿Comía y bebía con publicanos y pecadores, en tanto que él, el Bautista, yacía sufriendo en aquel calabozo? ¿Era Él en su persona y obra tan diferente de él? Y, si era así, ¿por qué? ¿Se cernía también la niebla ardiente sobre este hilo de plata en la hondonada desértica y la desolación calcinada de Israel?

4. En estas circunstancias no tenemos por que maravillarnos de los sentimientos de los discípulos de Juan cuando hubieron pasado varios meses de esta monótona cautividad. Inciertos sobre lo que tenían que esperar, parece que oscilaban entre Machaerus y Capernaum. Toda esperanza en la vindicación y libertad de su maestro se hallaba en las posibilidades implicadas en el anuncio que Juan había hecho de Jesús como el Cristo. Y era a Él que el dedo de su maestro les había señalado. En realidad, algunos de los discípulos iniciales de Jesús, los más íntimos, habían procedido de sus filas; y, como ellos mismos habían dicho, la multitud se había vuelto a Jesús incluso antes del encarcelamiento del Bautista (Jn. 3:29). Y, no obstante, ¿podía ser él el Cristo? ¡Cuántas cosas había en Él que parecían extrañas e inexplicables! A su modo de ver, tenía que haber habido un terrible contraste entre el que yacía en el calabozo de Machaerus y Aquél que estaba sentado comiendo y bebiendo en las fiestas de los publicanos.

7. Fue aquí que Bassus hizo su ataque en la última guerra judía (Josefo, *Guerra* vii.6.1-4).

8. Canón. Tristram, *Land of Moab*, pp. 255-265; comp. Baedeker (Socin), *Palästina*, p. 195; y para los distintos pasajes de Josefo referentes a Machaerus, Böttger, *u.s.*, pp. 165-167.

Que recibiera a los publicanos y pecadores, podían entenderlo; su propio maestro no los había rechazado. Pero ¿por qué comer y beber con ellos? ¿Por qué hacer fiestas, y esto en una época en que el ayuno y la oración parecerían especialmente apropiados? Y, con todo, este nuevo Mesías ¡no había enseñado a sus discípulos ni a ayunar ni por que debían orar! Los fariseos, en su afán de separar a Jesús y su precursor, probablemente les habrían dicho esto una y otra vez, haciendo resaltar el contraste.

En todo caso, fue por instigación de los fariseos, y en compañía de ellos,[9] que los discípulos de Juan propusieron a Jesús esta pregunta sobre el ayuno y la oración, inmediatamente después de la fiesta en la casa del convertido Leví-Mateo (Mt. 9: 14-17 y paralelos). Hemos de tener en cuenta que el ayuno y la oración, o bien el ayuno y la limosna, o los tres, siempre se combinaban. El ayuno representaba el elemento negativo; la oración y la limosna, el elemento positivo del perdón de los pecados. El ayuno como autocastigo y mortificación podría evitar la ira de Dios y las calamidades. Se cuentan en las leyendas judías los ejemplos más extraordinarios de los objetivos propuestos ante el ayuno, y de los resultados obtenidos, que (como se recordará) llegaron hasta el extremo de afirmar que un santo judío, por medio del mismo, había sido inmunizado contra el fuego de la Gehena, y que la evidencia de ello consistió en una demostración realista de que su cuerpo estaba a prueba del fuego ordinario (Bab. Mez. 85 *b*, hacia el final).

Incluso aparte de estos disparates, el Rabinismo daba un aspecto totalmente externo del ayuno. Al hacerlo, no sólo desarrollaba hasta sus últimas consecuencias una teología en contra de la que habían protestado los antiguos profetas. Quizá, sin embargo, los judíos no eran los únicos que defendían este concepto erróneo y tergiversado del ayuno. A su modo de ver, era el medio más fácil de evitar una calamidad inminente o amenazadora, como una sequía, pestilencia o un peligro nacional. Así, *ex opere operato*: debido a que el ayuno era castigo propio y mortificación, no porque un ayuno significara duelo (por los pecados o por su castigo), y por ello indicaba humillación, reconocimiento del pecado y arrepentimiento. El segundo y el quinto día de la semana (lunes y jueves)[10] eran los designados para los ayunos públicos, porque se suponía que Moisés había subido al monte para ir a buscar las segundas tablas de la Ley un jueves y había regresado un lunes. El examen de conciencia e introspección del fariseísmo llevó a muchos a ayunar en estos dos días durante todo el año (Taan. 12 *a;* Lc. 18:12), tal como en los tiempos del Templo no pocos presentaban diariamente ofrendas por los pecados propios que les quedaban ocultos. Luego había una minuciosidad penosa en lo externo, en forma de reglas que decían cómo había que lavarse y ungirse cuando se hacía un régimen de ayuno menos estricto; cuando era más estricto quedaba prohibido incluso saludar a otro (Taan. i. 4-7).

Es posible que la fiesta de Leví-Mateo tuviera lugar en uno de estos días semanales de ayuno, y que esto explicara la expresión: «Y los discípulos de Juan y los fariseos estaban ayunando» (Mr. 2:18).[11] Esto daría lugar a la queja de ellos: «Tus discípulos no ayunan». Mirando hacia atrás desde el punto de vista con que veían el ayuno, es fácil darse cuenta de por qué Jesús no podía haber santificado, ni aun tolerado,

«Para comprender mejor los sucesos hemos de recordar que, al cruzar el lago hacia el este, hemos de pasar de las posesiones de Herodes a las de Felipe el Tetrarca, o bien entrar en el territorio de las 'Diez ciudades', o Decápolis, una especie de confederación de poblaciones con una constitución y libertades como las de las ciudades de Grecia».

Las formas helénicas se impregnan en ciertos sectores hebreos, sobre todo en las clases dirigentes. En este fresco pompeyano vemos un matrimonio retratado de forma que podemos reconocer la excepcional libertad que tuvo la mujer romana en el mundo antiguo.

9. Visto de esta manera no hay contradicción, y ni aun variación, entre Mateo 9:14, Marcos 2:18 y Lucas 5:33.

10. Así, un ayuno de tres días sería el segundo, quinto y, de nuevo, el segundo día de la semana.

11. Éste es el énfasis real en el original.

la práctica entre sus discípulos, como tampoco toleró Pablo, entre los cristianos judaizantes, la práctica en sí indiferente de la circuncisión. Pero no era tan fácil explicar esto en aquel tiempo a los discípulos de Juan. Porque el hecho de entenderlo implicaba ya una transformación entera del viejo espíritu al nuevo. Todavía más difícil tenía que haber sido hacerlo de tal forma que, al mismo tiempo, estableciera los principios que regularían todas las cuestiones similares a partir de entonces. Pero nuestro Señor hizo las dos cosas, e incluso esto prueba su misión divina.

El último testimonio registrado del Bautista había señalado a Cristo como el «Novio» (Jn. 3:29). Como se explicó en un capítulo previo, Juan aplicó esto en una forma que apelaba a la costumbre popular. Como Juan indicó, la presencia de Jesús marcaba la semana de boda. Por consentimiento universal y en conformidad con la ley rabínica, éste era un período de festividad total (Ber. 6 *b*). Incluso en el Día de la Expiación se le permitía a una novia relajar una de las ordenanzas del más estricto de los ayunos (Yoma viii. 1). Durante la semana de boda todo duelo tenía que ser suspendido; incluso la obligación de las oraciones diarias cesaba. Se consideraba como un deber religioso alegrar a la novia y al novio. ¿No era, pues, incompatible por parte de los discípulos de Juan esperar que «los hijos de la cámara nupcial» ayunaran en tanto que el Novio estaba con ellos?

Esta apelación de Cristo queda ilustrada más todavía por la ordenanza talmúdica (Jer. Sukk. 53 *a*, cerca de la mitad), que absolvía a «los amigos del novio» y a todos «los hijos de la cámara nupcial», incluso del deber de alojarse en tiendas (en la Fiesta de los Tabernáculos). La expresión «hijos de la cámara nupcial» (בני הופה), que se aplicaba a todos los invitados, tiene más significación cuando recordamos que la unión en pacto entre Dios e Israel no sólo era comparada a un matrimonio, sino que el Tabernáculo y el Templo eran designados como «cámaras nupciales» (הופות: Jer. Megill. 72 *d*).[12] Y como la institución de los «amigos del novio» prevalecía en Judea, pero no en Galilea, esta marcada distinción de los «amigos del novio», en[13] boca de Juan, de Judea, y los «hijos de la cámara nupcial» en la de Jesús, galileo, es en sí evidencia de la precisión histórica así como de la paternidad judaica del cuarto Evangelio.

Pero no hay que pensar que había de ser un período de gozo ininterrumpido para los discípulos de Jesús. Es más, las ideas de los discípulos de Juan con respecto al Reino mesiánico, como de victorias externas irresistibles y de afirmación de poder, estaban por completo equivocadas. El Novio les sería arrebatado con violencia y luego ellos tendrían que estar de luto y ayunar. No que esto implicara por necesidad un ayuno literal, aunque no lo excluye, siempre y cuando los grandes principios, indicados de modo más pleno inmediatamente después, sean mantenidos a la vista. La introspección judaísta, penosamente minuciosa, es contraria al espíritu de la gozosa libertad de los hijos de Dios. Es sólo el sentimiento de pecado y la ausencia sentida de Cristo lo que debería llevar al duelo y al ayuno, aunque no a fin de evitar con ello la ira de Dios o bien una calamidad externa. Además de la fuerza evidencial de este modo de ver el ayuno altamente espiritual y por completo no judaico, notamos algunos otros puntos como confirmación de esto y de la historia del Evangelio en general. Bajo la hipótesis

12. Todas las «cámaras nupciales» se hallaban dentro de las porciones de Benjamín (el Tabernáculo y el Templo). De ahí que Benjamín era llamado «el huésped del Señor».

13. Es extraño que las dos expresiones sean tratadas como idénticas en la mayoría de los Comentarios.

de una invención judía de la historia del Evangelio, o de su embellecimiento por algún judío, la introducción de esta narración sería incomprensible. Además, bajo la teoría de una diferencia fundamental en la enseñanza apostólica, en que Mateo y Marcos representan el origen judaico y Lucas el más libre desarrollo paulino, la existencia de este relato en los dos primeros Evangelios parece inexplicable. O para verlo desde otro punto de mira, en la hipótesis de la paternidad mucho más tardía y no judía (efesia) del cuarto Evangelio, los pequeños toques arqueológicos y la acoplación general de las palabras del Bautista (Jn. 3:29) en el presente relato serían inexplicables. Finalmente, y contra los que niegan y rebajan la misión divina de Jesús, esta temprana visión previa de su eliminación violenta por la muerte, y del consiguiente duelo en la Iglesia, prueba que esta muerte no viene de modo externo, inesperado, algo acaecido, sino que desde el comienzo Él había previsto el fin y proseguido hacia él con propósito firme.

Y aún hay otro punto en evidencia que nos viene de los principios eternos y no judíos implicados en las dos ilustraciones de que Cristo hace uso aquí (Mt. 9:16, 17). En realidad, la enseñanza del Señor es llevada ahora hasta sus últimos principios. Las ligeras variaciones que ocurren aquí en el relato del Evangelio de Lucas, así como las que existen realmente en otros relatos que de los mismos sucesos dan los distintos evangelistas, no deben ser «dadas por explicadas». Porque el crítico sano nunca debería inventarse una explicación por causa de una dificultad supuesta, sino estudiar el texto con sinceridad, como un intérprete, no un apologista. Estas variaciones de detalle no presentan dificultades. Frente a la mera concordancia mecánica, no espiritual, presentan evidencia de ser un testimonio independiente y veraz, y prueba irrefragable de que, contra el criticismo moderno, los tres relatos no son meras recensiones diferentes de un mismo documento original.

En general, las dos ilustraciones empleadas –la de una pieza de tela nueva (o el retazo arrancado de un vestido nuevo) cosida como remiendo a un desgarrón en un vestido viejo, y la del vino nuevo puesto en cueros viejos– no deben ser apuradas en exceso con respecto a su lenguaje. Parecen implicar esto principalmente: «Vosotros me preguntáis: ¿por qué nosotros ayunamos a menudo, pero tus discípulos no ayunan? Estáis equivocados al suponer que el vestido viejo puede ser retenido, y basta meramente remendar sus desgarros poniéndole un retazo de tela de un vestido nuevo. Sin hablar de lo incongruo del acto, el efecto solamente sería hacer mayor el desgarrón. El vestido viejo no se puede remendar con tela nueva». Lo que Cristo quería no era meramente una reforma: todas las cosas tenían que llegar a ser nuevas. O también, tomando el otro modo de verlo, como el vestido viejo no puede ser remendado con el nuevo, tampoco puede el vino nuevo del Reino ser contenido por las formas viejas. Los odres reventarían. El espíritu necesita, ciertamente, tener su forma correspondiente de expresión; pero la forma debe ser adaptada y corresponder a él. No lo viejo con algo de lo nuevo para remendar lo que está desgarrado; sino lo nuevo, y esto no en los viejos odres, sino en una forma que corresponda a la sustancia. Éstos son los dos principios finales,[14] el uno, de modo primario dirigido a los fariseos; el otro, a los discípulos de Juan, por medio de los cuales, la enseñanza ilustrativa referente a la fiesta de boda, con su vestido de novia y vino del banquete, es llevada mucho más allá de la pregunta original de los discípulos de Juan, y recibe una aplicación a todos los tiempos.

5. Nos hallamos en espíritu en el monte de Dios y a punto de presenciar el estallido de una tormenta terrible (Lc. 7:18-35; Mt. 11:2-19). Es una tormenta que arranca de cuajo los árboles añosos y parte las rocas; y nosotros la contemplaremos de modo solemne, atentos, con la cabeza descubierta o, como Elías, con el rostro envuelto en el manto. Han pasado varias semanas y los discípulos de Juan habían regresado y mostrado a su maestro todas estas cosas. Él seguía recluido aún en el calabozo de Machaerus; sin cambio alguno en sus circunstancias, o quizá más desesperadas que antes. Porque Herodes se hallaba en un estado de desazón espiritual; había escuchado al Bautista y estaba muy perplejo, algo fácil de entender, pues le «temía», sabiendo que era justo y santo y, temiéndole, le escuchaba. Era un caso semejante al de Félix, que escuchaba a Pablo con cierta frecuencia, que le hablaba de la justicia y la templanza y el juicio venidero y temblaba a causa de ello. Pero este hecho de que, a pesar de «quedar muy perplejo», todavía «le escuchaba con gusto», era la causa de que no hubiera esperanza en su caso. Pero ¿había obrado bien el Bautista? ¿Constituía parte de su vocación divina no sólo haberle denunciado, sino, al parecer, haberse enfrentado directamente con Herodes sobre su matrimonio adúltero? ¿No había intentado enarbolar el hacha él mismo, que creía que le había resbalado de la mano a Aquél que según el Bautista esperaba y había dicho la pondría a la raíz del árbol?

El Bautista puede haber estado pensando en esto mientras pasaba de su mazmorra a la audiencia de Herodes, y de estas inútiles entrevistas otra vez al torreón. Aunque parezca extraño, era quizá mejor para el Bautista cuando le dejaban solo. Por más que sus discípulos le honraran y le amaran, y sentían celo sinceramente por su causa, era mejor cuando ellos estaban ausentes. Hay ocasiones en que el afecto solamente duele al forzarnos a advertir la imposibilidad de comprensión, que añade a nuestra pena el sentimiento de que por dentro somos extraños a nuestros deudos y a quien más nos aman. Entonces, realmente, un hombre está solo. Y eso le pasaba al Bautista. El estado mental y la experiencia de sus discípulos ya se han visto incluso en las breves noticias dadas respecto a los mismos. En verdad, si le hubieran entendido del todo y no hubieran terminado donde habían empezado –lo cual, ciertamente, es la característica de todas las sectas al cristalizarse o, mejor, dosificarse su verdad–, no habrían seguido siendo sus discípulos; y el darse cuenta de esto tiene que haberle causado dolor profundo. Su mismo afecto por él, y su celo por su honor (como muestra el lenguaje casi vulgar de su pregunta: «Juan el Bautista nos envía para que nos digas: ¿eres Tú el que va a venir, o esperaremos a otro?»), así como su tenacidad a mantenerse estáticos sin progreso, eran todos ellos, por así decirlo, marcas de su fracaso. Y si él había fallado con ellos, ¿había tenido éxito en algo?

Y, con todo, aún surgían preguntas más terribles en aquella oscura mazmorra. Como serpientes que se arrastraran por sus paredes, se enroscaban y erguían sus cabezas con silbidos horribles. ¿Qué, si después de todo, había habido una equivocación terrible por su parte? De cualquier modo, el curso de los acontecimientos estaba contra él. Ahora él era el preso de aquel Herodes, a quien él había hablado con autoridad; estaba bajo el poder de aquella adúltera osada, Herodías. Si él fuera Elías, el gran Tisbita, nunca habría caído en manos de Acab ni de Jezabel. Y el Mesías,

---

14. Lucas 5:39 parece ser una glosa del escritor, o tal vez (aunque es muy dudoso) una interpolación. Hay un paralelo curioso al versículo en Ab. iv. 20.

cuyo Elías era él, no había movido un dedo; no podía o no quería dar un solo paso en favor suyo, sino seguir de fiesta en fiesta con publicanos y pecadores. ¿Era todo aquello real, o –¡qué pensamiento tan horrible!– podía haber sido todo un sueño, brillante pero fugaz, o una percepción no causada por la realidad, sino un reflejo de su propia imaginación? Tiene que haber sido una hora terrible bajo el poder de las tinieblas. Al final de la vida de uno –una vida de abnegación y sufrimiento, y con una conciencia tan viva para Dios que cuando joven había ardido con santo celo en el desierto–, el verse en la necesidad de hacer preguntas como: «¿Eres Tú el que esperamos, o hemos de esperar a otro? ¿Estoy cierto, o equivocado y guiando a otros en el error?», tiene que haber sido espantoso. Podemos creer que ningún otro hombre, ni Pablo cuando yacía abandonado, un preso viejo de Cristo, en un calabozo en Roma; ni Huss, cuando solo hizo frente a todo el Concilio católico y a las llamas, habían pasado por una amargura así; sí, solamente Él, el Hombre-Dios, sobre cuya alma cayó el frío mortal de la gran agonía, cuando, una tras otra, las luces de Dios y de los hombres parecían apagarse y sólo quedaba una ardiendo: su propia fe en el Padre. Que nadie diga que la fe de Juan se desmoronó, al menos hasta que las aguas oscuras hayan pasado por su propia alma. Porque la mayoría hemos pasado por experiencias semejantes; y únicamente nuestro propio corazón y Dios saben lo amargas que son las dudas, sean de la cabeza o del corazón, cuando surge pregunta tras pregunta, que levantan la cabeza como un agudo silbido infernal, en tanto que tierra y cielo siguen silenciosos a nuestro alrededor.

Pero aquí hemos de hacer pausa un momento y preguntarnos esto, que toca a la pregunta de todas las preguntas: sin duda, un hombre como este Bautista, tan desilusionado en esta hora, ¿no podría haber sido un impostor, y su testimonio de Cristo un fraude? Pero el testimonio que nos deja ver por dentro de un hombre fuerte en su debilidad y las dudas del que dio el gran testimonio él mismo no pueden ser una fábula inventada con astucia. No podemos imaginar que se nos mencionara un fallo así si el relato fuera una invención. Y si este relato es genuino, no sólo lo es del presente fallo, sino también del testimonio previo de Juan. Para nosotros por lo menos, la fuerza de la evidencia de este relato es irresistible. El testimonio que da el Bautista de Jesús ofrece la misma clase de evidencia que da el alma humana de Dios: en los dos casos el uno señala al otro, y no puede ser entendido sin el otro.

En este terrible conflicto Juan venció, y todos hemos de vencer. Su misma desesperanza abrió la puerta a la esperanza. La duda impotente, que nadie podía resolver sino Uno, Juan la presentó a Aquél sobre el cual había cuajado. Incluso en esto hay evidencia en favor de Cristo como el que es verdadero de modo invariable. Cuando Juan le hizo la pregunta: ¿Esperaremos a otro?, la luz ya estaba luchando, esforzándose por abrirse paso entre las tinieblas. Era una victoria incipiente aun en la derrota. Cuando Juan envió a sus discípulos con esta pregunta directa a Cristo, ya había vencido; porque una pregunta así dirigida a un Mesías posiblemente falso no tiene sentido. Y así será también para nosotros. La duda es un brote de nuestra enfermedad, enferma la planta de origen. Y con todo, no puede ser puesta a un lado. Puede producirse en las almas peores o ser un problema de las mejores. El crepúsculo puede cerrarse en noche oscura o dar paso al día. La respuesta consiste en esto: si la duda nos llevará *a* Cristo o nos apartará *de* Cristo.

Visto de esta forma, la pregunta: «¿Eres Tú el que había de venir, o esperaremos a otro?» indica fe, tanto en la gran promesa como en Aquél a quien va dirigida. La designación «el que había de venir» *(habba)*, aunque es una expresión verdadera de la expectativa judaica, no era usada corrientemente acerca del Mesías. Pero era empleada de modo invariable con referencia a la edad mesiánica, como la *Athid labho,* o tiempo venidero (literalmente, el preparado para venir) y la *Olam habba,* el mundo venidero o Enón.[15] Pero entonces implicaba el hecho de que el Mesías enderezaba todas las cosas, que asumiera y vindicara su poder. En la boca de Juan, por tanto, podía significar principalmente esto: «¿Eres Tú el que ha de establecer el Reinado mesiánico en su poder exterior, o hemos de esperar a otro?». En este caso, la manera en que el Señor contestó sería mucho más significativa. Los mensajeros llegaron cuando Él estaba ocupado en la curación del alma y del cuerpo (Lc. 7:21). Sin interrumpir su trabajo o prestar más atención a su pregunta, Él les mandó que le dijeran a Juan como respuesta lo que habían visto y oído, y que «los pobres (Mt. 11:5) eran evangelizados». A esto, como la característica más esencial del Reinado mesiánico, Él solamente añadió, no a modo de reprensión, ni siquiera de advertencia: «Bienaventurado es el que no tropieza en mí». Para la fe, pero sólo para la fe, ésta era la respuesta más satisfactoria y completa para la pregunta de Juan. Y esta contemplación de la obra y palabra distintiva de Cristo, con sumisión creyente en la humildad del Evangelio, es la única verdadera respuesta a nuestras preguntas, sean de la cabeza o del corazón.

Pero palabras más duras que éstas dijo el Señor durante el testimonio vehemente que dio de Juan una vez se hubieron marchado los mensajeros. Señaló a los oyentes más allá de su horizonte presente. Hay varios hechos aquí que destacan de modo prominente. Primero, Él, de quien Juan había dado antes testimonio, ahora lo daba sobre Juan, pero cuando el testimonio de éste había vacilado y casi fallado. Esto es lo opuesto de lo que podríamos haber esperado si el relato hubiera sido una ficción, pero es exactamente lo que podemos esperar si es verdadero. Luego, notamos que el testimonio de Cristo está enfocado desde un nivel más elevado. Y es una vindicación plena y como un elogio generoso, explícito, no como durante la audiencia de los mensajeros que tuvieron una recepción más bien fría, sino cuando hubieron partido. La gente no tenía que entender mal, movida por la ordinariez, la profunda agonía del alma que había dado lugar a la pregunta de Juan. No era el resultado de inseguridad o inconstancia, que como una caña meneada por el viento era movida por la opinión popular. Ni era el resultado del temor de consecuencias corporales, tales como el ser que halaga su carne. Que volvieran la vista al tiempo en que –a millares– habían ido al desierto a escuchar su predicación. ¿Qué era lo que les había atraído a él? Sin duda era el hecho de que él era lo opuesto de uno que es movido por la opinión popular, «una caña meneada por el viento». Y cuando ellos habían ido a él, ¿qué habían contemplado? Sin duda, su vestido y el alimento mostraban lo opuesto de los halagos del cuerpo, tal como podían ver en los cortesanos de Herodes. Pero lo que esperaban ver y realmente vieron fue un profeta, y mucho más que un mero profeta: el mismo heraldo de Dios y preparador del camino del Mesías. Y con todo –y esto era realmente una palabra dura y totalmente no judaica–, no fue ni la negación a sí mismo, ni la posición, ni aun el que fuera el Elías del Nuevo Testamento, lo que constituía su grandeza real tal como Jesús

15. La distinción entre las dos expresiones será explicada más adelante.

lo veía, ya que el estar cerca de Él no constituía verdadero parentesco con Él. Para aquellos que buscaban el honor que concede Dios, no los hombres, el ser más pequeño en el Reino de Dios era una grandeza mayor incluso que la del Bautista.

Pero incluso así no debe haber equivocaciones. Como después Pablo argüía con los judíos, que se jactaban en la Ley diciéndoles que esto sólo incrementaba su culpa como infractores de la Ley, también dice esto nuestro Señor. Acudir a Juan y estimarlo (Lc. 7:29, 30)[16] no implicaban la recepción espiritual que correspondía a su misión (Mt. 11: 12-14). Sólo destacaba, haciendo más acusado el contraste, la amplia diferencia interna entre la expectativa del pueblo como conjunto y la realidad espiritual que les presentaban el precursor del Mesías y el Mesías mismo (Mt. 11:14-19). Que no se engañen por el hecho de que grandes multitudes se han sometido al Bautismo de Juan. Desde el momento en que Juan empezó a predicar el Reino, se han venido acumulando obstáculos de todas clases. El vencerlos y entrar en el Reino requería, por así decirlo, violencia, como el entrar en una ciudad cercada por un ejército hostil.[17] Incluso por admisión de los judíos, la Ley «y todos los profetas profetizaron sólo de los días del Mesías» (Sanh. 99 *a;* Ber. 34 *b;* Shabb. 63 *a*). Juan, pues, era el último eslabón; y si ellos le hubieran recibido, él habría sido para ellos el Elías, el restaurador de todas las cosas. *Selah*: «El que tenga oídos, oiga».

Ya, pero no fue así. Los hijos de aquella generación esperaban un Elías diferente, un Cristo diferente, y no creyeron y se quejaron porque el Elías y el Cristo reales no se compaginaban con sus necios pensamientos. Eran como los niños en la plaza, que esperaban que sus compañeros se adaptaran a la música que ellos les tocaban. Era como si hubieran dicho: Esperábamos gloria mesiánica y exaltación nacional, y no habéis respondido («os hemos tocado la flauta,[18] pero no habéis bailado»); hemos buscado liberación de nuestros sufrimientos nacionales, pero esto no nos procuró vuestras simpatías, ni nos trajo ayuda («entonamos canciones de duelo, y no llorasteis»). Es que vosotros pensabais en los días del Mesías como harían los niños, y de nosotros (Juan y el Mesías) como si fuéramos vuestros compañeros, y participáramos en vuestros pensamientos y propósitos. Y así, cuando vino Juan con su ascetismo severo, considerasteis que no era uno de vosotros. Juan se hallaba en un punto situado fuera de vuestra línea fronteriza, y yo, como amigo de pecadores, también, pero en dirección opuesta. El hacha que él empuñaba, vosotros la habéis aplicado al tronco del mundo gentil, y no al de Israel y de su pecado; la bienvenida y amistad que yo os he extendido, vosotros queríais que fuera para los «entendidos» y los «justos», no para los pecadores. Y esto era Israel como un conjunto. Y con todo, había una elección, los elegidos según la gracia: el violento, el que se esfuerza y lucha y se abre camino a través de todo esto, y que arrebata el Reino con fuerza; y la Sabiduría del cielo (en oposición a la locura de los hijos) es vindicada[19] por todos sus hijos.[20] Si fuera necesario algo que mostrara la armonía interna entre los Sinópticos y el cuarto Evangelio, sería esta apelación final, que recuerda estas otras palabras: «Vino a lo que era suyo, y los suyos no le recibieron. Pero a todos los que le recibieron, a los que creen en su nombre, les dio potestad de ser hechos hijos de Dios, los cuales son engendrados... no de voluntad de varón, sino de Dios» (Jn. 1:11-13).

6. La escena cambia otra vez, y nos hallamos de nuevo en Machaerus.[21] Han pasado varias semanas desde el regreso de los mensajeros de Juan. No podemos dudar que en el oscuro calabozo ha entrado de nuevo la luz del sol de la fe, y que la paz de una convicción sosegada ha llenado al mártir de Cristo. Tiene que haber sabido que su fin se acercaba, y estaría preparado para ser ofrecido. Aquellas conversaciones no infrecuentes que dejaban «perplejo» al tirano débil, supersticioso y malvado, pero que «oía con gusto», ya no podían haberle inspirado ni una pasajera sombra de esperanza de libertad. Ni tampoco esperaba ya del Mesías que declarara su poder en favor suyo. Ahora entendía «aquello para lo que había venido»; conocía la libertad, el triunfo y la victoria mejores que Él había traído. Y ¿qué importaba? Había terminado la obra de su vida y ya no le correspondía hacer nada más, ni podía hacer nada más, y el cansado siervo del Señor debía anhelar llegar a su reposo.

Era al principio de la primavera, poco después de la Pascua, el aniversario de la muerte de Herodes el Grande, y el acceso de su hijo Herodes Antipas a la tetrarquía.[22] Un tiempo éste apropiado para una fiesta como la de Belsasar, cuando uno de los Herodes reuniría en un gran banquete a «sus señores» y las autoridades militares, y los hombres principales de Galilea. Es de noche y el castillo-palacio está profusamente iluminado. El ruido de la música y los gritos de algazara le llegan al preso por la pendiente a la ciudadela y caen en el foso donde está esperando. Y ahora la alegría del gran banquete ha llegado a su punto culminante. El rey no tiene ya nada más que ofrecer a sus huéspedes ahítos, ninguna nueva emoción. Así que decide que haya el estímulo sensual de bailes dudosos y, para completarlo, que la danzarina sea la hermosa hija de la esposa del rey, ¡la misma descendiente de los príncipes-sacerdotes asmoneos! El mismo Herodes no había descendido a tanta ordinariez.

La princesa doncella llegó y bailó. Todo decoro en ella había sido trocado en descaro por una madre degenerada, desgraciado descendiente de los nobles macabeos de antaño. Como había triunfado en su exhibición malhadada, y complacido a Herodes y los que estaban sentados a la mesa con él, el rey, para recompensarla, jura que le concederá lo que le pida, aunque sea la mitad de su reino. La muchacha consulta a su madre lo que debe pedir. ¿Puede haber duda alguna en la mente de Herodías? El objeto que su corazón deseaba y había procurado en vano aquellos diez meses era la cabeza de Juan el Bautista. Herodías recuerda muy bien su pasado tempestuoso, disoluto. Hija de Aristóbulo, el hijo desgraciado de la princesa asmonea Mariamne (I), se había

16. Ésta es una especie de nota parentética de Lucas.

17. La interpretación que se suele dar a este versículo me parece a mí especialmente insatisfactoria.

18. La flauta era usada tanto en fiestas como en duelos. Así, la esperanza mesiánica tenía tanto su aspecto gozoso como su aspecto triste.

19. Literalmente: justificado. La expresión es un hebraísmo.

20. No puedo aceptar la versión «obras» de Mateo.

21. Como, según relato de Josefo, Juan fue ejecutado en Machaerus, la escena tiene que haber ocurrido allí y no en Tiberias o en Julias.

22. La expresión γενέσια deja en duda si se trataba del cumpleaños (aniversario del nacimiento) de Herodes o el aniversario de su acceso. Wieseler sostiene que la expresión rabínica equivalente (*Ginuseya* o *Giniseya*) significa el día del acceso; Meyer, el cumpleaños. En realidad, es usada para los dos. Pero en Ab. Zar. 10 *a* (hacia la mitad) el *Yom Ginuseya* muestra de modo expreso que era el día del acceso. Por otra parte, el resto de la evidencia es en favor de ello. El suceso descrito en el texto ciertamente tuvo lugar antes de la Pascua, y éste era el tiempo de la muerte de Herodes y del acceso de Antipas. No es probable que los herodianos hubieran celebrado sus cumpleaños.

casado con su medio tío Herodes Felipe,[23] el hijo de Herodes el Grande y de Mariamne (II), la hija del Sumo Sacerdote Boëthos. Hubo un tiempo en que parecía que Herodes Felipe sería el único heredero de los dominios de su padre. Mas el viejo tirano había cambiado su testamento y Felipe se quedó con grandes riquezas, pero como una persona particular que vivía en Jerusalén. Esto no se avino con la ambición de la mujer. Fue entonces cuando su medio hermano Herodes Antipas fue a visitarle a Jerusalén que empezó una intriga entre el Tetrarca y la esposa de su hermano. Se acordó que, después del retorno de Antipas de su inminente viaje a Roma, él repudiaría a su esposa, la hija de Aretas, rey de Arabia, y se casaría con Herodías. Pero la hija de Aretas se enteró del plan y obtuvo consentimiento de su marido para ir a Machaerus, desde donde huyó a casa de su padre. Esto, naturalmente, llevó a la enemistad entre Antipas y Aretas. Sin embargo, el matrimonio adúltero de Herodías siguió como se había planeado. Puede terminarse la historia en pocas frases. La mujer se demostró una maldición y una ruina para Antipas. Primero vino el asesinato del Bautista, que sobrecogió de horror al pueblo y al cual se atribuyeron todas las desgracias posteriores de Herodes. Luego siguió una guerra con Aretas, en la que el Tetrarca salió llevando la peor parte. Y, finalmente, la ambición de su esposa le llevó a Roma a solicitar el título de Rey, que fue dado más tarde a Agripa, el hermano de Herodías. Antipas no sólo fracasó, sino que se vio privado de sus dominios y desterrado a Lyón, en la Galia. El orgullo de su mujer al rehusar favores del emperador y la fidelidad a su marido en su desgracia son los únicos puntos respetables en su historia. En cuanto a Salomé, estuvo casada primero con su tío Felipe el Tetrarca. La leyenda dice que su muerte fue retributiva, a consecuencia de una caída sobre el hielo.

Ésta era la mujer que había procurado durante estos meses, vengativa cual una Jezabel, librarse de la persona que odiaba, y que en público se había atrevido a denunciar su pasado, y cuyas palabras tenían amedrentado a su débil marido. Ahora había llegado el momento de obtener del vacilante monarca lo que sus ruegos no habían conseguido. Como dice el Evangelio (Mt. 14:8), «instigada» por su madre, la doncella no vaciló. Podemos llenar las pinceladas del bosquejo. A la sugerencia de su madre y aún sofocada por el cansancio del baile, Salomé vuelve a entrar en la sala del banquete. «De prisa», como si no hubiera tiempo que perder, se presentó ante el rey: «Dame aquí en un plato la cabeza de Juan el Bautista». Cayó un gran silencio sobre la asamblea. Una demanda así, de los labios de casi una niña, llenó a todos de horror. Todos sabían que Juan era un hombre justo y santo. Por malvados que fueran, en su superstición, si no religiosidad, pocos de entre ellos se habrían prestado a una cosa así. Sabían que era Herodías, no Salomé, quien lo pedía. ¿Qué iba a hacer Herodes? «El rey se entristeció». Durante meses había tratado de evitar una cosa así. Su conciencia, el temor del pueblo, horror ante el acto, todo le detenía la mano. Pero ahora había jurado a la muchacha que estaba delante reclamando la promesa, y los ojos de la asamblea estaban fijos en él. Infiel a su Dios, a su conciencia, a la verdad y a la justicia; sin temor de ningún crimen o pecado, prefirió ser fiel a un juramento hecho medio borracho, a desdecirse de su palabra ante sus compañeros.

La lucha interior fue brevísima. «Al instante envió el rey a un verdugo».[24] La doncella se había retirado, esperando el resultado con la madre. El guarda había salido ya de la sala. Va al torreón. Al abrirse la puerta entra el guarda con su antorcha y, con él, los ecos de la fiesta. No hay tiempo para preparación alguna, y tampoco es necesario. A los pocos minutos la cabeza sangrienta del Bautista es entregada a la doncella en una bandeja, la cual la entrega apresuradamente a su madre.

¡Todo ha terminado! Cuando la pálida luz del amanecer se desliza dentro del torreón, los fieles discípulos, a quienes alguien había comunicado la noticia, van a recoger la masa informe. Se lo dicen a Jesús, y desde entonces se quedan con Él. Podemos imaginarnos cómo fueron recibidos. Pero el pueblo maldijo después de esto al tirano sin darle tregua, y esperaban aquellos juicios de Dios que pronto habían de descender sobre él. Y el tirano vivió, a partir de entonces, inquieto, desgraciado y lleno de aprehensiones. No podía convencerse de que el Bautista estuviera muerto realmente, y cuando le llegó a los oídos la fama de Jesús, y los que le rodeaban sugirieron que era Elías, un profeta, o «como uno de ellos», la mente de Herodes, en medio de sus extrañas perplejidades, todavía pensaba en el hombre a quien había asesinado. Tal vez era una nueva ansiedad, pero incluso así, una nueva esperanza; así como antes había escuchado con gusto al Bautista, ahora tenía deseos de ver a Jesús (Lc. 9:9). Quería ver a Jesús, pero no fue entonces. En aquella oscura noche de traición, él, que instigado por la hija de una adúltera había asesinado al precursor, habría podido, con la aprobación de un Pilato, haber rescatado a Aquél del cual Juan había dado fiel testimonio. Pero la noche se funde con una noche más oscura todavía. Porque era la hora y el poder del Maligno. Y, con todo, Jehová reina.

---

23. Debido a la circunstancia de que Josefo le llama Herodes y no Felipe, determinada clase de críticos han imputado error a los evangelistas (Schürer, *u.s.*, p. 237). Pero hay que recordar que en este caso los evangelistas serían culpables no de uno, sino de dos graves errores históricos. Habrían confundido: *a)* este Herodes con su medio hermano Felipe el Tetrarca, y *b)* hecho de él el marido de Herodías, en vez de ser su yerno, ya que Felipe el Tetrarca se había casado con Salomé. Estos dos errores juntos son prácticamente inconcebibles en una historia tan conocida, con la que los evangelistas muestran, por otra parte, tal familiaridad. Además, hay razones internas para creer que este Herodes tenía un segundo nombre. Entre los ocho hijos de Herodes el Grande, había tres que llevaban su nombre (Herodes). De uno solamente, Herodes Antipas, sabemos el segundo nombre (Antipas). Pero, como en el caso de la familia Bonaparte, es poco probable que los otros dos llevaran el nombre de Herodes sin un segundo nombre distintivo. De ahí que concluyamos que el nombre Felipe, que ocurre en los Evangelios (en Lc. 3:19 es espurio), era el segundo nombre de aquél a quien Josefo simplemente llama Herodes. Si se objeta que en este caso Herodes habría tenido dos hijos llamados Felipe, contestamos: 1) que tenía dos hijos llamados Antipas, o Antipater; 2) que eran hijos de diferentes madres; y 3) que el nombre completo del uno era Herodes Felipe (primer marido de Herodías), y el del otro simplemente Felipe el Tetrarca (marido de Salomé y yerno de Herodías y de Herodes Felipe, su primer marido). Así pues, con miras a distinguirlos, podríamos llamar al uno simplemente Herodes y al otro, Felipe.

24. Un σπεκουλάτωρ, *especulator,* uno de la guardia que asistía a los césares, ejecutaba sus órdenes, y con alguna frecuencia sus súbitas sentencias de muerte (de *speculor)*. La misma palabra ocurre en el hebreo rabínico como *Sephaqlator* (סְפַּקְלַטּוֹר), o *Isphaqlator* (אִסְפַּקְלַטּוֹר), y se aplica a uno que realiza la sentencia de ejecución (Shabb. 108 *a*).

Capítulo 29

(Mateo 14:13-21; Marcos 6:30-44; Lucas 9:10-17; Juan 6:1-14)

La milagrosa alimentación de los cinco mil

Dadas las circunstancias descritas en el capítulo precedente, Jesús decidió al instante partir de Capernaum; y esto probablemente tanto para la seguridad de sus discípulos, que necesitaban descanso, como por causa del pueblo, que podría haber intentado un levantamiento tras la muerte del Bautista; y temporalmente se retiraron Él y sus seguidores del poder de Herodes. Para este propósito eligió un lugar fuera de los dominios de Antipas, el más cercano a Capernaum. Este lugar fue Betsaida («la casa de pescar», «ciudad de pescadores», como podríamos llamarla), al borde oriental de Galilea (Josefo, *Guerra*, iii.3.5), dentro ya del territorio de Felipe el Tetrarca. Era en sus orígenes una pequeña aldea, pero Felipe la había convertido en una ciudad y la había llamado Julias, según la hija del César. Se hallaba a la orilla oriental del Jordán, cerca del punto en que el río entraba en el lago de Galilea (Josefo, *Ant.* xviii.2.1). Pero no hay que confundirla con otra «ciudad de pescadores» o Betsaida, en la orilla izquierda del lago, que el cuarto Evangelio, evidenciando mediante este conocimiento local su origen judaico o, mejor galileo, distingue de la Betsaida de Galilea u oriental (Jn. 12:21; comp. 1:44; Mr. 6:45).

Más adelante veremos otros puntos de gran interés en el mismo sentido en el curso de este relato. Entretanto, notemos que ésta es la única historia –previa a la última visita de Cristo a Jerusalén– registrada por los cuatro evangelistas; la única serie de sucesos también, en el curso entero del ministerio de Galilea, que comenzó después de su regreso de la «Fiesta desconocida» (Jn., cap. 5) que es relatada en el cuarto Evangelio[1] y que contiene dos noticias claras –referentes al tiempo– que nos permiten encajar el suceso exactamente en el marco general de esta historia. Porque la afirmación del cuarto Evangelio (Jn. 6:4) de que la «Pascua estaba cerca»,[2] es confirmada por la noticia independiente de Marcos (6:39) de que aquellos a quienes el Señor alimentó milagrosamente se acomodaron por grupos «sobre la verde hierba». En aquel clima no habría habido «verde hierba» algo después de la Pascua. Hemos de considerar estas dos noticias como una confirmación no buscada del relato.

Porque el suceso es milagroso y los intentos de explicarlo con métodos racionalistas, sea sublimándolo en una parábola, o dando un significado espiritual a la alimentación, o considerándolo como mítico por el precedente del maná, o el milagro de Eliseo, son fracasos más palpables que los que se han hecho para explicar el milagro de Caná.[3] La otra alternativa es aceptarlo o rechazarlo por completo. En vista del hecho excepcional de que la historia se halla en los cuatro Evangelios, ningún estudioso de la Historia sin prejuicio lo trataría como una simple invención, para la cual no hay base en la realidad. Y tampoco puede ser explicado por alguna expectativa judaica o precedente del Antiguo Testamento. El único modo racional de explicarlo es suponer que es verdad. Este milagro, y el que sigue, marcan el punto culminante de los hechos de nuestro Señor, como la curación de la mujer sirofenicia el alcance más alejado de su actividad, y la Transfiguración el punto más alto con respecto a lo milagroso en su persona. La única razón que se puede asignar para la alimentación de los cinco mil era la de toda su obra: la necesidad del hombre y, en vista de ella, la activación de la compasión y el poder que había en Él. Pero, incluso así, no podemos por menos que notar el contraste que forman el rey Herodes y el banquete que terminó con la muerte del Bautista, y el rey Jesús y el banquete que terminó con su oración a solas en la ladera, la calma de la tempestad en el lago y la liberación de la muerte de sus discípulos.

A tan sólo unas pocas horas de navegación desde Capernaum, y a una distancia más corta por tierra (rodeando el cabo del lago), se halla el distrito de Betsaida-Julias. Era natural que Cristo, deseando evitar la atención pública, fuera allí «en barca», e igualmente que muchos «que le vieron partir, y conociendo» –por la dirección que tomaba la barca– el lugar a donde iba, le siguieran a pie, y que a ellos se juntaran otros de los pueblos vecinos[4] por donde pasaban, pues los de Capernaum pasaban por ellos, y quizá también, al reconocer en el lago la vela bien conocida ahora, avanzando en dirección a la otra orilla. Es una confirmación interesante, aunque incidental, del relato el que la misma noticia sobre el viaje ocurra sin designio en Juan 6:22. Y aún hallamos otra en el hecho de que algunos de los que «corrían a pie» alcanzaron el lugar antes que Jesús y los apóstoles (Mr. 6:33). Sólo algunos, suponemos. La mayor parte llegaron más tarde, y pronto su número hubo aumentado hasta unos 5.000 hombres, sin contar las mujeres y los niños. La circunstancia de que la Pascua estaba cerca, de modo que muchos ya habían empezado su viaje a Jerusalén alrededor del lago y por Perea, explica en parte el que se juntaran allí estas multitudes. Y esto, quizá en conjunción con el efecto causado en el pueblo por el asesinato de Juan, puede explicar también que se congregaran de manera tan pronta y ansiosa alrededor de Cristo, lo que proporciona otra confirmación del relato.

El sitio en que Jesús y los apóstoles tocaron la orilla era muy conocido. Se hallaba a unas pocas millas al sur del lugar en que estaba Gerasa o Gadara, donde Jesús había realizado el gran milagro de la curación del endemoniado (Mr. 5:1-16). Pero más allá de Gadara, los montes y colinas retroceden, y la llanura se extiende en su lugar y alcanza gran extensión en la orilla norte del lago. Las pocas ruinas que marcan el sitio de Betsaida-Julias –la mayoría de las piedras de basalto se han sacado para nuevas construcciones– están al borde de una colina, a tres o cuatro millas al norte del lago. El vado por el cual los que venían de Capernaum cruzaban el Jordán, era sin duda el que todavía se usa, a unas dos millas más arriba de donde el río desemboca en

1. El profesor Westcott hace notar que el relato de Juan no puede haberse derivado del de los Sinópticos ni de ningún original común del cual se habrían originado los relatos.

2. No hay razón válida para dudar de lo genuino de estas palabras, o para darles otro significado que el que tienen en el texto. Comp. Westcott, *ad loc.*

3. Incluso los que sostienen estas ideas las presentan en este caso con vacilación. Parece casi imposible concebir que un relato registrado en los cuatro Evangelios no tuviera base histórica, y la apelación al precedente de Eliseo es aún más inadecuada, porque en el modo de pensar judaico *no* es considerado como especialmente un tipo del Mesías.

4. Éste parece ser el significado de Marcos 6:31-33; comp. con Mateo 14:13.

el lago. A una milla de distancia, sobre la ancha extensión de hierba, tendría lugar la escena del gran milagro. En resumen, la localidad concuerda del todo con los requerimientos del relato de los Evangelios.

Cuando nos lo imaginamos, vemos que nuestro Señor con sus discípulos, y quizá seguido por los que se han adelantado del resto, se ha retirado a una altura y allí descansa, conversando con ellos y enseñándoles (Jn. 6:3). Luego, cuando Él vio a la multitud que se congregaba, «tuvo compasión de ellos» (Mt. 14:14). Ya no había que hablar más de retiro o descanso en vista de ello. Sin duda era la oportunidad que daba Dios, una llamada que le venía de su Padre. Cada una de estas oportunidades era preciosa para Él, que anhelaba allegar a los perdidos bajo sus alas. Era posible que en aquel día se dieran cuenta de lo que afectaba a su paz. ¡Oh, si quisieran aprenderlo! En todo caso, Él tenía que trabajar mientras era de día, antes que llegara la noche del juicio; trabajar con aquella paciencia interminable y compasión intensa que le hacía llorar cuando ya no podía hacer más. Era esta profundidad del anhelo y la intensidad de la compasión que ahora ponían fin al reposo del Salvador y le hacían descender de la colina para ir al encuentro de la multitud congregada en la llanura «desértica», debajo.

Y ¡qué vista encontró su mirada: aquellos miles de hombres, además de las mujeres y los niños!; y ¡qué pensamientos sobre el pasado, presente y futuro produciría la escena! «La Pascua estaba cerca» (Jn. 6:4), con sus recuerdos de la noche pascual, el cordero pascual, la cena pascual y la liberación pascual; y la mayoría de ellos eran peregrinos que iban a celebrar la Pascua a Jerusalén. Estos peregrinos de la Pascua e invitados de Dios ahora llenaban este desierto buscándole; ¡con un Juan asesinado recién enterrado, y sin maestro terreno ni ayuda para ellos! Verdaderamente eran «como ovejas que no tenían pastor» (Mr. 6:34). Los mismos alrededores parecían dar al pensamiento la viveza de una pintura: esta multitud ambulante, fuera de su camino, el país desértico, la misma falta de provisiones. Una Pascua, cierto, pero de la cual Él había de ser el Cordero Pascual, el pan que Él daba, la Cena, y alrededor de la cual Él reuniría a esas ovejas esparcidas sin pastor, en un rebaño de muchas «compañías», a las cuales sus apóstoles traerían el pan que Él había bendecido y partido, para bastar y más que satisfacerles y nutrirles; del cual, en realidad, sobrarían cestos llenos, después que la grey hubiera sido apacentada, para llevarlos a los pobres en lugares distantes del mundo pagano. Y así los pensamientos del pasado, el presente y el futuro tienen que haberse mezclado: pensamientos sobre la Pascua en el pasado, la Última Cena, santa, en el futuro, y sobre el significado profundo y la relación de la una con la otra; pensamientos también sobre este rebaño y el otro que aún no había sido congregado, de lugares remotos, y sobre los apóstoles y su servicio, y la provisión que tenía que llevar con sus manos, una provisión nunca agotada por la necesidad presente, y que siempre deja bastante para llevar algo lejos.

No cabe duda, al menos lo pensamos de este modo, que los pensamientos sobre la Pascua y la Santa Cena, sobre su significado convergente y místico, estaban presentes en el Salvador, y que es bajo esta luz que debe ser considerada la alimentación milagrosa de la multitud, si es que la hemos de entender en medida alguna. Entretanto, el Salvador se movía entre ellos, «empezando a enseñarles muchas cosas» (Mr. 6:34) y «curando a los que tenían necesidad de curación» (Lc. 9:11). No obstante, mientras iba andando y pensando en todo ello, desde el principio «Él sabía lo que iba a hacer» (Jn. 6:6). Y ahora el sol ya ha cruzado su meridiano y las sombras se alargan sobre la multitud ingente. Lleno de los pensamientos sobre la gran Cena –que era simbólicamente el enlace de la Pascua del pasado con la del futuro, y su continuación sacramental para todo el tiempo–, Él se volvió a Felipe y le preguntó: «¿De dónde compraremos panes para que coman éstos?». Era para «probarle» y mostrar en qué forma él veía y atendía lo que, tanto espiritual como temporalmente, ha sido con frecuencia el gran problema. Tal vez había algo en Felipe que hacía apropiado de modo especial dirigirle la pregunta a él (comp. Jn. 14:8, 9). En todo caso, la respuesta de Felipe mostró que había «necesidad» de hacerla. Este «Doscientos denarios de pan no bastarán para que cada uno de ellos tome un poco», es el crudo realismo no de la incredulidad pero sí de una ausencia de fe que, desconociendo por completo posibilidades más elevadas, ni aun tiene la esperanza de un «Tú lo sabes, Señor».

Pero hay evidencia, también, de que la pregunta de Cristo les hizo pensar más a fondo y produjo un mayor bien. Tal como lo entendemos, Felipe lo dijo a Andrés, y éstos a los otros. Mientras Jesús enseñaba y curaba, ellos tienen que haber estado comentando esta extraña pregunta del Maestro. Le conocían bastante para juzgar que implicaba algún propósito por su parte. ¿Tenía Él intención de proveer para toda esa multitud? Los contaron aproximadamente –yendo hacia los bordes y entre la muchedumbre– y calcularon que habría varios miles, además de las mujeres y los niños. Pensaron en todos los medios para alimentar a una multitud así. ¿Cuánto tenían a su disposición? Combinando los distintos relatos, llegamos a la conclusión de que había un muchacho que llevaba las humildes y escasas provisiones del grupo, quizá un muchacho de unos pescadores que había sido traído para este propósito de la barca (comp. Jn. 6:9 con Mt. 14:17; Mr. 6:38 con Lc. 9:13). Se necesitaría lo que Felipe calculó, unos doscientos denarios, si lo que el Maestro quería decir es que fueran y compraran de comer para aquella multitud. Probablemente en la bolsa común –al menos según el cómputo de Judas, que la llevaba– no había tanto dinero. En todo caso, lo más conveniente sería despedir a la multitud para que fueran a las ciudades y aldeas de alrededor y se compraran de comer y buscaran alojamiento. Porque ya el día estaba declinando, y lo que se llamaba «el primer atardecer» había empezado. Porque los judíos contaban dos atardeceres, aunque no es fácil decidir a qué hora empezaban y terminaban. Pero en general, el primer atardecer se puede decir que empezaba al declinar el sol, y duraría hasta la hora novena, o sea, las tres de la tarde (comp. Jos., Ant. xvi.6.2). Entonces empezaba el período llamado «entre los atardeceres», que sería más corto o más largo según la temporada del año, y que terminaba en la «segunda tarde», momento en que aparecía en el firmamento la primera estrella, hasta que era visible la tercera (Orach-Chajim 261). Al empezar la noche comenzaba también el cómputo del día siguiente.

Era el «primer atardecer» cuando los discípulos, cuyo nerviosismo había ido aumentando al avanzar el tiempo, pidieron al Señor que despidiera a la gente. Pero ocurrió lo que ellos habían pensado. ¡Él les daría de comer! ¿Tenían, pues, que ir ellos a comprar doscientos denarios de pan? No; ¡no tenían que ir a comprarlos, sino dárselos de sus propias provisiones! ¿Cuántos panes tenían? Que fueran a mirarlo (Mr. 6:38). Y cuando Andrés fue a ver lo que tenía el muchacho, le trajo las noticias: «Tiene cinco panes de cebada y dos pececillos»; y después de ello añadió con una mezcla de duda y de fe ante la creciente expectativa de la posibilidad imposible: «Pero, ¿qué es esto para tantos?». Es al cuarto Evangelio solamente (Jn. 6:9) que debemos el testimonio de esta observación, lo cual de modo espontáneo nos hace sentir que hay aquí un toque de verdad y de vida. También le debemos otros dos rasgos minuciosos de profundo interés y de la mayor importancia de lo que parece a simple vista.

Cuando leemos que estos cinco panes eran de *cebada*, sabemos que, sin duda, por su misma preferencia, la comida del Señor y de sus seguidores era la más pobre. De hecho, el pan de cebada era casi proverbialmente el más pobre y ordinario. De ahí que, como dice la Mishnah, mientras que todos los otros ofrecimientos de comida eran de trigo, el que trajo la mujer acusada de adulterio era de cebada, porque (como dice R. Gamaliel) «como su acto es el de los animales, también su ofrenda es comida de animales» (Sot. ii. 1). El otro rasgo minucioso en el Evangelio de Juan consiste en el uso de una palabra peculiar para «pescado» (ὀφάριον) *opsarion*, que propiamente significa lo que era comido junto con el pan, y especialmente se refiere a pescados secos o en conserva que se comen con pan, como nuestras sardinas, o arenques salados en Holanda y Alemania, o una peculiar clase de pescado seco que se come con las espinas en el norte de Escocia. Ahora bien, así como todo el que nombra este pescado y dice que es comido con pan demuestra un conocimiento detallado de los hábitos del noroeste de Escocia, que sólo una residencia personal puede darnos, lo mismo con respecto al uso de este término que, nótese, es *peculiar del cuarto Evangelio.* El doctor Westcott sugiere que «tiene que ser una palabra familiar galilea», y su conjetura es correcta, porque *Ophsonin* (אַפְּסנִין) se deriva de la misma palabra griega (ὄφον), que es usada en una forma de diminutivo por Juan, y que significa «plato sabroso», mientras *Aphyan* (אפיאן) o *Aphits* (עפיין) es el término usado para una clase de pescado pequeño, como las sardinas. La importancia de rastrear el conocimiento exacto local en el cuarto Evangelio justifica que prosigamos el tema aún más. El Talmud declara que de toda clase de carne, sólo la del pescado se vuelve más sabrosa al salarlo (Bab. B. 740 *b*), y nombra ciertas especies, especialmente designadas como «pescado menudo», que pueden ser comidas sin ser cocinadas. El pescado menudo era recomendado para la salud (Ber. 40 *a*, cerca de la mitad), y se hacía de él una especie de conserva. Ahora el lago de Galilea era particularmente rico en estos peces, y sabemos que tanto la industria de salazones como la de conservas eran importantes entre sus pescadores. Para este propósito eran seleccionados una clase de peces muy pequeños que llevaban el nombre de *Terith* (טרית). Ahora bien, el diminutivo usado por Juan (ὀφάριον), que suele traducirse por «pececillos», se refiere sin duda a estos peces pequeños que se pescan a millones en el lago y que, una vez secos y salados, forman este «pescado menudo» sabroso, que se come con pan por parte de la población pesquera a lo largo de sus orillas.

Si el cuarto Evangelio, en el uso de este diminutivo, muestra un conocimiento especial del lago, que es evidencia de su origen galileo, puede aún ser mencionado otro rasgo interesante en su uso. Ya se ha dicho que el término es empleado únicamente por Juan, y basta para marcar el lago de Galilea como origen del cuarto Evangelio. Pero sólo una vez más aparece la expresión en el cuarto Evangelio. En la mañana en que el Resucitado se manifestó junto al lago de Galilea a aquellos que habían estado bregando en vano toda la noche, Él les había provisto milagrosamente una comida cuando en «el fuego de carbones» vieron el bien recordado

«'Tiene cinco panes de cebada y dos pececillos'; y después de ello añadió con una mezcla de duda y de fe ante la creciente expectativa de la posibilidad imposible: 'Pero, ¿qué es esto para tantos?'. Es al cuarto Evangelio solamente (Jn. 6:9) que debemos el testimonio de esta observación, lo cual de modo espontáneo nos hace sentir que hay aquí un toque de verdad y de vida. También le debemos otros dos rasgos minuciosos de profundo interés y de la mayor importancia de lo que parece a simple vista».

El pan de los israelitas tenía forma de una galleta plana u hogaza; se hacía de harina de trigo, en tanto que los pobres empleaban harina de cebada.

«pececillo» (*opsarion*), y cuando les mandó que trajeran los «pececillos» *(opsaria)* que habían pescado milagrosamente, Pedro tiró hacia la orilla la red llena, no de *opsaria,* sino de «grandes peces» (ἰχθύων μεγάλων). Y, con todo, no fue alguno de esos «grandes peces» que él les dio para comer, «sino que tomó pan y les dio asimismo el *opsarion*» (Jn. 21:9, 10, 13). Así, en humildad infinita, la comida a la que se sentó el Salvador resucitado con sus discípulos era todavía «pan y pescado menudo», por más que les dio una redada de grandes peces; y, así, en aquella última comida Él les recordó la primera alimentación milagrosa junto al lago de Galilea. Y éste es otro de los rasgos del relato que suelen pasar inadvertidos, que no son planeados adrede y que producen evidencia casi irresistible.

Hay una prueba, al menos, de la fe implícita, o mejor, de la confianza de los discípulos en el Maestro. Le habían dicho que sus provisiones eran muy escasas y, con todo, cuando Él les mandó que hicieran sentar a la gente para comer, ellos no vacilaron y obedecieron. Podemos figurarnos lo que es bosquejado de modo exquisito: la extensión de «hierba» (Mt. 14:19), «verde» y fresca (Mr. 6:39), «mucha hierba» (Jn. 6:10); después el gentío en sus «compañías» (συμπόρια, Mr. 6:39) de cincuenta y de cien, reclinados (κλισίας, Lc. 9:14) de forma que parecieran cuadros de un jardín[5] sobre el césped, con sus vestidos abigarrados. Pero los ojos tienen que haber estado fijos en una figura. A su alrededor estaban sus apóstoles. Ellos habían puesto delante de Él las escasas provisiones que tenían para sus propias necesidades, y que ahora alimentarían a esta gran multitud. Tal como solía hacer en las comidas el padre de la casa, Jesús tomó el pan, lo «bendijo» (Ber. 46 *a*), o, como dice Juan, «dio gracias»,[6] y lo partió. La expresión recuerda la que está relacionada con la Santa Eucaristía, y no deja lugar a dudas que, en el discurso pronunciado en la Sinagoga de Capernaum (Jn. 6:48-59), hay también referencia a la Cena del Señor. Aunque de importancia relativamente secundaria, pero útil para ayudarnos a comprender mejor la escena, recordamos la ordenanza judía de que el cabeza de la familia fuera solamente el que pronunciara la bendición si compartía la comida, pero si los que se sentaban a ella no eran meramente huéspedes sino sus hijos, o los de su casa, entonces él podía decirla aunque él mismo no participara del pan que había partido (Rosh haSh. 29 *b*).

No podemos equivocarnos respecto a las palabras que dijo Jesús al «dar gracias». La Ley judía (Sot. vii. 1) permite que se den las gracias no sólo en hebreo, sino en cualquier lenguaje; el Talmud de Jerusalén hace notar apropiadamente que era idóneo que una persona comprendiera a quién tenía que dar las gracias (למי מברך –Jer. Sot., p. 21 *b*). De modo similar, tenemos información muy precisa respecto a un caso como el presente. Consideramos que el uso de «pescado menudo» con pan es muy común alrededor del lago de Galilea, y la Mishnah establece el principio de que si se come pan y pescado menudo, depende de cuál de los dos considera el artículo principal de la comida el determinar si deben darse las gracias por el uno o por el otro. En todo caso, sólo ha de usarse una bendición para los dos (Ber. 44 *a*). No puede haber duda, pues, que las palabras que dijo Jesús, fuera en arameo, griego o hebreo, eran las bien conocidas: «Bendito seas Tú, Jehová nuestro Dios, Rey del mundo, que haces brotar (הַמּוֹצִיא) pan de la tierra». Sin duda, era este triple pensamiento: la elevación (*sursum corda*), el reconocimiento del acto creador con referencia a cada pedazo de pan que comemos, y la acción de gracias, que era realizada de nuevo en toda su plenitud cuando, al distribuir Él a los discípulos, la provisión se multiplicaba milagrosamente en sus manos. Y todavía seguían llevándolo de compañía en compañía, poniendo delante de cada uno su parte. Cuando todos estuvieron satisfechos, Él, que había provisto la comida, les mandó que recogieran los pedazos que sobraban. Una vez hecho esto, comprobaron que tenían doce cestas llenas de pedazos. Aquí tenemos otro rasgo de sumo interés. Estos «cestos» (κόφινοι), conocidos en los escritos judaicos con un nombre similar (*Kepship, Kephiphah*), confeccionados con mimbre (כְּפִיפָה מִצְרִית), eran de uso común, pero considerados de clase pobre. Hay una sublimidad de contraste que excede toda descripción entre esta fiesta para los cinco mil, más las mujeres y los niños, y la provisión propia de un pobre de pan de cebada y dos peces pequeños; y también la hay entre la cantidad sobrante y los cestos ordinarios de mimbre en que fueron recogidos.

Y no nos olvidemos tampoco de trazar mentalmente el paralelo entre esta fiesta mesiánica y el banquete de «los últimos días» que el Rabinismo describe de modo tan realista. Pero mientras la multitud asombrada observaba cómo los discípulos recogían de compañía en compañía los fragmentos en sus cestas, tiene que haberse elevado este murmullo entre las filas de gente: «Éste es verdaderamente el profeta, el que iba a venir (*habba,* הבא) al mundo». Y, así, la última pregunta del Bautista: «¿Eres Tú el que había de venir?»[7] quedaba contestada plena y públicamente por los mismos judíos.

5. La traducción literal de πρασιά es «cuadro de un jardín». En Marcos 6:40, πρασιαὶ «cuadros de jardín».

6. La expresión es diferente de la usada por los Sinópticos; pero en Mateo 15:36 y en Marcos 8:6 el término es también el de *acción de gracias,* no de *bendición* (εὐχαριστέω, no εὐλογέω).

7. Véase el significado de esta expresión en el capítulo precedente.

Capítulo 30

(Mateo 14:22-36; Marcos 6:45-56; Juan 6:15-21)

La noche de milagros en el lago de Genezaret

La última pregunta del Bautista hecha en público había sido: «¿Eres Tú el que había de venir, o esperaremos a otro?». En parte había sido contestada cuando iban pasando de fila en fila el murmullo: «Verdaderamente, éste es el profeta, el que había de venir». Así pues, ya no tenían por que esperar más, ni esperar a otro. Y este «profeta» era el Mesías esperado tanto tiempo por Israel. Es imposible concebir plenamente lo que esto tenía que implicar para el pueblo, en la intensidad y anhelo de la gran esperanza que durante siglos, es más, desde los tiempos de Esdras, había dominado sus corazones. Aquí, pues, estaba la Gran Realidad por fin, delante de ellos. Aquél de cuya enseñanza se habían quedado prendados era «el Profeta», es más, «el que había de venir». Pero además era mayor que un profeta, era un Rey: el Rey de Israel, el Rey del mundo. Un impulso irresistible se apoderó del pueblo. Querían proclamarle Rey allí mismo, en aquel instante; y como sabían que Él se resistiría, probablemente por sus propias palabras o quizá por haber puesto freno a situaciones semejantes, ellos le obligarían a declararse, o al menos a ser proclamado por ellos. ¿Nos podemos sorprender de esto; o que ideas de un reino mundial mesiánico hubieran llenado, motivado e influido a Judas para que se hiciera discípulo; o que con un representante de su modo de pensar entre los discípulos las olas crecientes de entusiasmo popular se encresparan en un gran oleaje?

«Pero Jesús, conociendo que iban a venir para apoderarse de él y hacerle rey, volvió a retirarse al monte solo»;[1] o, como podría traducirse, aunque no es corriente modernamente la expresión, «se hizo un anacoreta otra vez... él solo». Éste es otro de los contrastes sublimes que hacen casi inconcebible ver esta historia de otro modo que como verdadera y divina. Muy diferente es la manera en que calmó a la multitud y el propósito por el cual se había hecho un anacoreta solitario en la cumbre de la montaña. Él se retiró a orar; y calmó al gentío, y los despidió a sus casas diciéndoles que se retiraba a orar. Y oró hasta muy tarde, «cuando el (segundo) atardecer había llegado» (Mt. 14:23) y brillaban en el cielo las primeras estrellas sobre el lago de Galilea, con las luces lejanas parpadeando en el otro lado. Y con todo, tenemos otro sublime contraste cuando obligó a los discípulos a que entraran en la barca; y esta barca, que llevaba a los que habían participado en el milagro, no podía abrirse paso entre la tormenta y las olas, y fue desviada de su curso. Y todavía otro contraste cuando Él anduvo sobre las olas agitadas y las sometió. Y aún otro, y otro; porque ¿no es toda esta historia un contraste sublime a lo visto y pensado por los hombres, pero a pesar de ello, de modo supremo, verdadera y divina en la sublimidad de estos contrastes?

Porque no nos atrevemos a inquirir, ni aun en nuestra reverencia más profunda, sobre qué y a favor de quién oraba solo en aquella montaña. No obstante, pensamos, en conexión con ello, en la Pascua, el maná, el desierto, las ovejas perdidas, la Santa Cena, el pan que es carne, y los restos en los cestos que habían de ser llevados muy lejos, y luego en el intento de hacerle rey, con toda su falta de realidad espiritual, terminando a sus ojos con la entrega, la negación y el grito: «No tenemos otro rey que César». Y cuando oraba, las estrellas brillaban fieles en el firmamento. Pero allí, en el lago, donde trataba de avanzar la barca que llevaba a sus discípulos a la otra orilla, «se levantó un gran viento, que les era contrario». Y todavía Él seguía «solo en la tierra», pero mirando hacia ellos en la noche, ya que la barca se hallaba «en medio del mar», y ellos seguían remando, y «la barca era azotada por las olas».

Hasta aquí, hasta la necesidad extrema, pero no más allá. El lago tiene unas seis millas de anchura, y ya habían llegado a un poco más de la mitad de la distancia. Ya era «la cuarta vela de la noche». Hay algunas diferencias de opinión entre los judíos sobre si la noche ha de dividirse en tres o (como hacen los romanos) en cuatro velas. La última forma (que contaría la noche como de doce horas en vez de nueve) había sido adoptada por muchos (Ber. 3 *b*). En todo caso, sería lo que diríamos la vela de la madrugada (probablemente de 3 a 6) cuando se vio aquella figura que ellos conocían tan bien y pareció que les pasaba, «andando sobre el mar». No puede haber dudas de que ésta fue la impresión no ya de uno de ellos, sino de todos los que la vieron. Y tampoco puede haber aquí dudas sobre su explicación natural. Una vez más la verdad del suceso tiene que ser admitida o rechazada de modo absoluto.[2] Las dificultades de esta última hipótesis, que corta verdaderamente el nudo gordiano, serían formidables. No sólo sería imposible explicar el origen del relato dado por dos de los Sinópticos y por Juan, ni estaría en conformidad con la expectativa judaica, ni tiene precedente en el Antiguo Testamento, sino que, si es leyenda, parece sin sentido e irracional. Además, hay algo notable en esto, por lo que se refiere a los testimonios de lo milagroso en el Nuevo Testamento: que los escritores en modo alguno disimulan para ellos mismos o para sus lectores las dificultades obvias implicadas. En el presente caso nos dicen que ellos consideraron Su Forma moviéndose sobre el agua como un «espectro», y gritaron atemorizados; y además, que la impresión producida por toda la escena, incluso en los que presenciaron el milagro del atardecer anterior, fue la de asombro abrumador. Este andar sobre el agua, pues, era para ellos algo dentro del dominio de lo verdaderamente milagroso, y afectaba a sus mentes igualmente –tal vez aún más que a las nuestras– por el hecho de que en su modo de ver, tanto que a nosotros nos parece milagroso, se hallaba dentro de la esfera de lo que podían esperar en el curso de una historia así.

Y, por otra parte, este milagro no estaba aislado, sino que forma parte de una serie de manifestaciones similares.

1. Nótese la falta del artículo: ἵνα ποιήσωσιν αὐτόν βασιλέα. Debemos esta noticia al cuarto Evangelio, y no se aviene a la teoría de la paternidad tardía efesia.

2. Incluso la hermosa alegoría con la que Keim la resolvería: que la Iglesia en su necesidad no sabe si su Salvador no va a venir a la última vela de la noche, renuncia por completo a todo el relato. Y ¿por qué tres evangelistas habrían inventado una historia así, a fin de enseñar, o más bien disimular, una doctrina que, por otra parte, es expresada tan claramente por todo el Nuevo Testamento, hasta formar uno de sus principios primarios? Volkmar (*Marcus*, p. 372) ¡considera toda la historia como una alegoría de la actividad de Pablo entre los gentiles! Es extraño, en este caso, que fuera omitida en el Evangelio de Lucas. Pero toda esta sección del libro de Volkmar tiene que ser rechazada por múltiples razones.

Está íntimamente relacionado tanto con el que ocurrió el atardecer anterior como el que sigue después; se nos cuenta con una minuciosidad de detalle y con una ausencia tan marcada de esfuerzo para adornar, arreglar, excusar o glorificar, que da al relato (considerado simplemente como tal) la impronta de la verdad; mientras que, finalmente, contiene mucho que levanta la historia de lo meramente milagroso al dominio de lo sublime y profundamente espiritual. Por lo que se refiere a lo que podríamos llamar su credibilidad, esto se puede decir por lo menos: que ésta y otras situaciones similares de «dominio sobre la criatura» no están más allá del alcance de lo que Dios había asignado originalmente al hombre cuando le hizo algo menor que los ángeles, y le coronó de gloria y de honor, le dio dominio sobre las obras de sus manos y todas las cosas fueron puestas bajo sus pies (Sal. 8:5, 6; comp. He. 2:6-9). Realmente, este «dominio sobre el mar» parece exhibir lo divinamente humano, más bien que lo humanamente divino de su persona,[3] si es que es legítimo hacer una distinción así. De la posibilidad física de un milagro así –sin hablar de la contradicción en sí que esto implica– no hay que intentar dar explicación, como no fuera a base de que estamos en completa ignorancia de las condiciones en que esto tiene lugar.

Merece que se preste atención, sin embargo, al hecho de que hay un marcado punto de diferencia entre el relato de este milagro y lo que suele ser una característica general de los relatos legendarios. En éstos, lo milagroso, por más que sea extraordinario, es lo esperado; no produce sorpresa, y nunca es confundido con algo que podría haber ocurrido en el curso ordinario de los sucesos. Porque es característico de lo mítico que lo milagroso no es solamente introducido en una forma en extremo realista, sino que forma el elemento esencial en la concepción de las cosas. Esto es la misma *raison d'être* del mito o leyenda cuando se adhiere a lo real e históricamente verdadero. Ahora bien, en el relato presente vemos exactamente lo opuesto. Si fuera leyenda o mito, esperaríamos que se dijera que los discípulos habían reconocido de inmediato al Maestro cuando andaba sobre el agua y le habían adorado. En vez de esto se nos dice que están turbados, atemorizados. Suponen que es un espectro (en conformidad con las nociones judaicas) y «gritan aterrorizados». Incluso después, cuando Jesús ya ha entrado en la barca, «ellos estaban asombrados» y que «no entendían», y que los que estaban en la barca (distinguiéndolos de los discípulos) «vinieron y le adoraron». Todo esto es, pues, evidencia de que los discípulos no esperaban el milagro; que no estaban preparados para él; que se lo habían explicado en lo que para ellos parecían causas naturales; y que, incluso cuando se convencieron de su realidad, la impresión de asombro producida era muy profunda. Y esto sigue también como corolario: que cuando dieron testimonio de ello no fue en ignorancia de que lo que estaban escribiendo tenía que parecer extraño en gran manera, y que afectara a los que lo leyeran con un asombro todavía mayor –íbamos a escribir incredulidad– que el de los que lo habían presenciado.

Y que no se olvide que lo que se ha hecho notar sobre este relato es válido también con respecto a otros milagros registrados en el N.T. Así, incluso un artículo de fe tan fundamental como la resurrección de Cristo es descrito diciendo que cayó sobre los discípulos mismos como una sorpresa no sólo totalmente inesperada, sino tan increíble que fueron necesarias evidencias repetidas e indisputables para conseguir pleno reconocimiento. Y no hay nada que sea más sencillo que el hecho de que Pablo mismo no sólo se daba cuenta de la resistencia general que un anuncio de un suceso así produciría (Hch. 26:8), sino que se percataba él mismo de las dificultades de lo que él creía tan firmemente (1 Co. 15:12-19), y que era el fundamento de todo lo que predicaba (Hch. 17:31, 32). En realidad, la elaborada exposición de las bases históricas sobre las que él había llegado a la convicción de la realidad (1 Co. 15: 1-8) nos proporciona una visión profunda de las dificultades mentales que a él mismo se le habían presentado al principio para creerlo. Y una inferencia similar se puede sacar de la referencia de Pedro a las dificultades relativas a las predicciones bíblicas sobre el fin del mundo (2 P. 3:4).[4]

No es necesario proseguir el tema más allá. Su relación con el milagro de que Jesús anduviera por encima del mar de Galilea queda suficientemente claro. Con todo, se puede sacar otra evidencia confirmatoria de un estudio más a fondo de los detalles del relato. Cuando Jesús «obligó a los discípulos a entrar en el bote, y a ir delante de Él al otro lado» (Mt. 14:22), ellos tienen que haber pensado que su propósito era unírseles por tierra, puesto que no había ninguna otra barca allí, únicamente la suya, con la que ellos cruzaban el lago (Jn. 6:22). Y posiblemente ésta había sido su intención hasta que vio su dificultad, si no peligro, a causa del viento contrario. Esto tiene que haberle decidido a prestarles ayuda. Y así este milagro, además, no fue un mero despliegue de poder, sino causado por su necesidad, por lo que tenía un objeto moral. Y cuando alguien le pregunta cómo desde la cumbre del monte junto al lago podía Él ver, de noche, el punto tan lejano donde la barca estaba navegando sobre el lago (Weiss), sin duda olvida que la escena tiene lugar poco antes de la Pascua (15 de Nisán), en que la luna brillaba sobre un cielo sin nubes, de modo más brillante aún que en una noche ventiscosa, e iluminaba la superficie de las aguas.

Podemos casi imaginarnos la escena visualmente. Cristo se halla sobre el monte en conversación solitaria con su Padre: orando y pidiendo este milagroso partimiento del pan, comprendiendo plenamente todo lo que implicaba para Él de entrega, sufrimiento y darse a sí mismo como alimento del mundo, y todo lo que esto supone para nosotros de bendición y nutrimiento; orando también –presente aún en su mente la escena del intento de hacerle Rey incluso a la fuerza– para que lo carnal diera paso a la realidad espiritual (como en símbolo sería el partimiento del pan). Luego, al levantarse de sus rodillas, sabiendo que esto no podía ser y no sería para los más, da una mirada sobre el lago en dirección a los suyos, que personificaban y representaban todo lo que ya existía de su Iglesia, todos los que se alimentarían realmente del pan del cielo y le confesarían como su verdadero Rey. Sin presunción, podemos aventurarnos a decir que tiene que haber sido con pena indescriptible y anhelo en su corazón que su mirada se dirigió hacia la barca. Tal como lo vemos nosotros, parece todo simbólico: la noche, la claridad de la luna, la barca, el viento contrario, y luego el Salvador solitario, después de la oración, mirando hacia donde los remeros se esforzaban por ganar la otra orilla. A la luz clara de la luna hay algo que destaca como plata bruñida con sombras que bailotean: el mástil sin vela que va de un lado para otro, sin poder avanzar. Están en

3. Por otra parte, la alimentación milagrosa de la multitud parece mostrar más bien lo humanamente divino de su persona.

4. Aquí se da por sentada la autenticidad de la segunda Epístola de Pedro, pero el punto del argumento sería el mismo aunque fuera otro su autor.

dificultad, en peligro, y el Salvador no puede proseguir su viaje a pie por tierra; tiene que acudir en su ayuda, aunque sea sobre el agua. Es necesario, por tanto, que él ande *sobre* el agua, y así la tempestad y la brega inútil contra los elementos no serán obstáculo para que lleguen a la otra orilla, sino que les servirán de enseñanza acerca de su poder y de Él mismo, y la gran liberación que recibirán; una enseñanza así, en otro aspecto de la misma, ya la habían recibido en símbolo en la milagrosa provisión de alimento, con todo lo que implicaba (no sólo para ellos, sino para nosotros también) de consuelo precioso y seguridad, y también para preservar siempre a la Iglesia de verse abrumada por el temor en la noche tempestuosa del lago de Galilea, cuando la labor de nuestros remos no nos sirve para abrirnos paso.

Y los que estaban en el bote tienen que haberse sentido agitados por sentimientos peculiares. Contra su voluntad se les había «constreñido» a que se embarcaran y dejaran el lugar anterior: precisamente cuando la multitud, bajo la influencia del gran milagro, estaba rodeando a su Maestro, y con violenta insistencia, para proclamarle el Rey mesiánico de Israel. No sólo un Judas Iscariote, sino todos ellos deben haber sido presa de gran emoción: primero el gran milagro, luego el movimiento popular. Era la crisis en la historia del Mesías y de su Reino. ¿Podemos maravillarnos, pues, de que el Señor en su misma misericordia les mandara abandonar el lugar que podría haberles extraviado a ellos, mientras ellos se resistían (Mt. 14:22), es más, casi tuvo que obligarles? Y, con todo –cuanto más lo consideramos–, ¿no era verdaderamente necesario para ellos que partieran? Pero, por otra parte, en este sentido también, parece que había la necesidad de que Él anduviera sobre las aguas para que pudieran aprender no sólo acerca de su poder omnipotente, y (simbólicamente) que Él tenía soberanía sobre las olas agitadas, sino que, en su desilusión por su negativa a que lo hicieran Rey, ellos pudieran saber que era un Rey, sólo que en un sentido mucho más elevado y verdadero que el sentido en que lo habría proclamado la multitud.

Así que podemos imaginarnos los sentimientos con que habían empujado el bote desde la orilla, y luego mirado hacia atrás para poder ver lo que ocurría allí. Pero pronto las sombras de la noche fueron envolviendo los objetos a distancia, y sólo la luna brillando encima proyectaba su luz delante y detrás de la barca. Y ahora la brisa del otro lado del lago, que apenas era perceptible cuando se habían embarcado en la orilla oriental, se había avivado y era ya un viento que les hacía difícil avanzar. Bogaban con todas sus energías, pero no parecía que adelantaran mucho. Para entonces estarían a la mitad del lago (Mt. 14:24). Cuando parecía que no hacían progreso alguno, de repente, tras ellos apareció una figura. Ésta siguió avanzando y daba la impresión que iba a pasarlos sobre el agua. Era como si la sostuvieran las olas, levantándose con ellas y descendiendo, pero sin desaparecer; y la luna con su luz dejaba una sombra pegada a la figura. Juan usa una expresión[5] que nos muestra, a la luz pálida de la luna, a los que están en el bote con la mirada fija, clavada, atemorizados ante la aparición que iba acercándose cada vez más. Hemos de recordar su entusiasmo previo, así como la presencia y, no hay duda, las sugerencias supersticiosas de los remeros cuando echaron a gritar aterrorizados considerándola un espectro. Y, según ellos, «quería pasarlos de largo» (Mr. 6:48) –tal como Él hace aún a menudo con nosotros–, llevándoles liberación cierta, indicándoles el camino y allanándoselo, pero no dándoles a conocer su presencia si ellos no hubieran gritado. Pero su temor, que casi les hacía vacilar en recibirle en la barca,[6] aunque era el producto del error y la superstición, atrajo la simpatía de Cristo y su consuelo inmediato, con un lenguaje que ha sido usado, en todas las edades, para convertir los temores y aprensiones necias en gozosa y agradecida seguridad: «Soy yo, ¡no temáis!».

Y los discípulos ya no tuvieron miedo, aunque verdaderamente el que Él anduviera sobre las aguas les pareció más asombroso que una «aparición». La tormenta en sus corazones, como la del lago, había sido amainada por su presencia. Nosotros hemos de recordar todavía su entusiasmo anterior, ahora en gran manera incrementado por lo que acababan de presenciar, a fin de comprender la petición de Pedro: «Señor, si eres Tú, mándame ir a ti sobre las aguas». Éstas son las palabras de un hombre que en un momento de entusiasmo se deja llevar más allá de toda reflexión. Y con todo, esta combinación de duda («si eres Tú») con la presunción «(mándame ir a ti sobre las aguas») es peculiarmente característica de Pedro. Es el apóstol de la esperanza, y la esperanza es una combinación de duda y presunción, pero también su transformación. Con reverencia sea dicho, Cristo no podía dejar de conceder esta petición aun cuando fuera el producto sin reconciliar ni transformar de la duda y la presunción. Él no quería negárselo, pues de otro modo la duda no habría sido transformada, sino seguido siéndolo; no podía hacerlo sin al mismo tiempo corregirla, o la presunción habría permanecido siendo presunción no transformada, que sólo es crecimiento hacia arriba, pero sin raíces en la experiencia espiritual interior. Y así le mandó que fuera a Él sobre el agua para transformar su duda, pero dejándole inseguro por fuera sus propios sentimientos cuando veía el viento, para transformar su presunción; en tanto que extendiendo su mano para salvarle de hundirse, y con las palabras de corrección que le dijo, realmente dio lugar a la transformación de la duda y la presunción en esperanza, de la cual Pedro es el representante especial y el predicador en la Iglesia.

Y ahora, cuando los dos entran en la barca, el viento cesa e inmediatamente la barca llega a tierra. Pero «los que estaban en el bote», al parecer distinguiéndolos de los apóstoles, aunque éstos estarían observándolo con reverencia, «le adoraron, diciendo: "Verdaderamente eres el Hijo de Dios"». La primera confesión pública plena del hecho, que viene no de los discípulos, sino de otros. Hecha por los discípulos habría significado algo más profundo. Pero, viniendo de los labios de estos hombres, parece como el eco de lo que ha pasado ante sus ojos en aquella travesía memorable del lago. Ellos también tienen que haberse mezclado en la conversación cuando el bote se había apartado de la orilla el día anterior, al atardecer, cuando hablaban del

---

5. Juan, en distinción de los Sinópticos, usa aquí la expresión θεωρεῖν (Jn. 6:19), que en los Evangelios tiene el significado distintivo de un mirar «fijo, intenso, clavado», especialmente hacia fuera –pero a veces hacia dentro– en el sentido de consideración atenta. El uso de esta palabra, en distinción del mero mirar o ver, es tan importante para comprender bien el Nuevo Testamento que todo lector debe notarla. La siguiente es una lista de los pasajes en que aparece en los Evangelios: Mateo 27:55; 28:1; Marcos 3:11; 5:15, 38; 12:41; 15:40, 47; 16:4; Lucas 10:18; 14:29; 21:6; 23:35, 48; 24:37, 39; Juan 2:23; 4:19; 6:2, 19, 40, 62; 7:3; 8:51; 9:8; 10:12; 12:19, 45; 14:17, 19; 16:10, 16, 17, 19; 17:24; 20:6, 12, 14. Como se verá, la expresión es usada con más frecuencia por Juan que en los otros Evangelios; y también, aquí, el significado distintivo tiene más importancia.

6. Esto parece implicado en la expresión de Juan 6:21: «Quedan, pues, recogerlo en la barca». Algunos críticos negativos han llegado a ver en esta observación gráfica una contradicción a las afirmaciones de los Sinópticos (ver Lücke, *Comment. ü. d. Evang. John.*, 2, pp. 120, 122).

milagro de la alimentación, y luego del intento popular de proclamarle Rey mesiánico, aunque, no sabían cuál había sido el resultado final de aquello, puesto que Él les había obligado a entrar en el bote, en tanto que Él se quedaba atrás. Hablarían de todo lo que Él había hecho y era, y la forma en que los mismos diablos habían proclamado que era el «Hijo de Dios», en la otra orilla, junto al lugar donde ocurrió el milagro de la comida para la multitud. Quizá incluso pasando cerca del lugar habrían recordado el incidente. Y esta designación de «Hijo de Dios», con la adoración consiguiente, habría venido más fácilmente porque era más superficial en su significado para los barqueros que para los discípulos. Pero en éstos, también, la idea iba echando raíces; y pronto, junto al monte de la Transfiguración, la pronunciaría en nombre de todos Pedro no como enseñada por demonios o por hombres, sino enseñada por el Padre de Cristo que está en los Cielos.

Sin embargo, queda todavía una pregunta. Los sucesos de la noche no son registrados por Lucas, quizá porque no encajaban con su punto de vista general; tal vez por reverencia, porque ni él ni su maestro Pablo quedaban dentro del círculo interior con que estaban conectados los sucesos de aquella noche. En todo caso, ni aun el criticismo negativo puede de modo legítimo sacar inferencia alguna adversa de ello, en vista de que se halla el testimonio no sólo en dos de los Sinópticos, sino también en el cuarto Evangelio. Marcos tampoco menciona el incidente referente a Pedro; y esto puede entenderse bien por su relación con este apóstol. De los dos testigos de vista, Juan y Mateo, el primero tampoco dice nada de este incidente. Tómese el punto de vista que se quiera de la paternidad del cuarto Evangelio, no podía ser por ignorancia del hecho, ni por desconocer el testimonio de Mateo. ¿Estaba esto entre las «muchas cosas que Jesús hizo» que no fueron escritas por Juan, puesto que su crónica completa habría hecho imposible el bosquejo simple del Evangelio? O bien, ¿se hallan fuera de la concepción especial de su Evangelio, lo que, por lo que se refiere a detalles, determinó la inserción u omisión de ciertos incidentes? ¿O había alguna razón para esta omisión conectada con la relación especial de Juan y Pedro? Y, finalmente, ¿por qué fue Mateo en este caso el que da más detalles que los otros y lo cuenta todo con tanta precisión? ¿Era que había producido una impresión más profunda en su mente? ¿Tenía él alguna relación personal con el suceso? ¿O creía que esta petición de Pedro de ir a Cristo fuera del barco y sobre el agua tenía alguna analogía con su propia llamada a dejar la casa de tributos y seguir a Cristo? Estas y otras sugerencias que podrían hacerse únicamente se pueden poner en forma de preguntas. Las respuestas nos esperan por la mañana en la otra orilla.

«Él se retiró a orar; y calmó al gentío, y los despidió a sus casas diciéndoles que se retiraba a orar. Y oró hasta muy tarde, cuando el (segundo) atardecer había llegado (Mt. 14:23) y brillaban en el cielo las primeras estrellas sobre el lago de Galilea, con las luces lejanas parpadeando en el otro lado. Y con todo, tenemos otro sublime contraste cuando obligó a los discípulos a que entraran en la barca; y esta barca, que llevaba a los que habían participado en el milagro, no podía abrirse paso entre la tormenta y las olas, y fue desviada de su curso».

Los judíos piadosos oraban tres veces al día, 'a la tarde, a la mañana y al mediodía', pero los evangelios muestran también a Jesús retirándose a horas poco comunes. En esta imagen vemos un atardecer sobre el lago de Galilea.

Capítulo 31

(Mateo 15:1-20; Marcos 7:1-23)

Reparos de los fariseos referentes a la purificación, y enseñanza del Señor respecto a la pureza

A medida que seguimos el relato va apareciendo evidencia confirmatoria de lo que ha precedido, casi a cada paso. Está por completo de acuerdo con la brusca partida de Jesús de Capernaum, y sus motivos, el siguiente hecho: cuando, lejos de hallar descanso y poder estar a solas en Betsaida (este del Jordán), se congregó allí a su alrededor una multitud mayor que nunca que quería proclamarle Rey, Él decidió regresar inmediatamente a la orilla occidental, con miras a encontrar un retiro más sosegado, aunque fuera en «las costas de Tiro y de Sidón» (Mt. 15:21). Según Marcos (6:45), el Maestro había enviado a sus discípulos a la otra Betsaida, o «ciudad de los pescadores», al lado oeste del lago (Jn. 12:21). Recordando lo común que es el nombre correspondiente a Betsaida,[1] incluso en nuestro propio país, y que la pesca era la industria principal a orillas del lago, no tenemos por que sorprendernos de la existencia de más de una Betsaida.[2] Ni tampoco parece extraño que el lugar se haya perdido, pues probablemente, excepto por la pesca, no tendría mucha importancia. Sin embargo, quisiéramos aventurar una conjetura geográfica. Por el hecho de que Marcos (6:45) nombra a Betsaida, y Juan a Capernaum (6:17), como el destino original del bote, podríamos inferir que Betsaida era el barrio pesquero de Capernaum o estaba muy cerca, tal como hallamos en nuestro propio país «Pescaderos» o similares en nuestras grandes ciudades. Con esto estaría de acuerdo la circunstancia de que no hay rastro de ningún antiguo puerto en Tell Hûm, el sitio de Capernaum.[3] Además, explicaría por qué Marcos (1:29) dice que Pedro y Andrés, que según Juan (1:44; 12:21) eran de Betsaida, tenían su casa en Capernaum. También debe notarse que, en lo referente a la casa de Pedro, Marcos, que está tan íntimamente relacionado con él, dice que es Capernaum, mientras Juan –que era conciudadano suyo– dice Betsaida, y que los dos evangelistas dan la dirección en que iba la barca con los nombres al revés uno del otro. Esto sugiere también que, en un sentido –lo que se refería a los pescadores–, los nombres eran intercambiables, o más bien que Betsaida era el «Pescadero» de Capernaum.[4]

Un lector superficial podría objetar que, dadas las circunstancias, difícilmente podríamos esperar que Cristo y sus discípulos hubieran regresado de inmediato a la vecindad de Capernaum, y menos a esta misma ciudad. Pero un conocimiento más a fondo de estas circunstancias, no sólo convertirá la supuesta dificultad en la mayor evidencia confirmatoria, sino que proporcionará algunos detalles de sumo interés. La noticia, al parecer trivial, de que (al menos) la parte final de los discursos (inmediatamente después de su regreso a Capernaum) fue pronunciada por Cristo «en sinagoga» (Jn. 6:59),[5] nos permite no sólo la localización de esta dirección, sino establecer la sucesión exacta de los acontecimientos. Si este discurso fue pronunciado «en sinagoga», tiene que haber sido (como se mostrará) en día de sábado. Contando hacia atrás, llegamos a la conclusión de que Jesús con sus discípulos dejó Capernaum en dirección a Betsaida-Julias un jueves; que la alimentación milagrosa de la multitud tuvo lugar el jueves por la tarde; el pasaje de los discípulos al otro lado, el que Cristo anduviera sobre el mar, así como el fallo en la fe de Pedro, la noche del jueves al viernes; el pasaje de la gente de Capernaum en busca de Jesús (Jn. 6:22-24), el viernes; y, finalmente, los discursos finales de Cristo, el sábado en Capernaum y en la Sinagoga.

De esta ordenación cronológica se pueden sacar dos inferencias. Primero, que cuando nuestro Señor hubo regresado de su travesía desde el lado oriental en busca de reposo y retiro, estaba tan cerca del sábado judío (o sea, el atardecer del viernes) que se vio casi obligado a regresar a Capernaum para pasar el día santo allí, antes de emprender el próximo viaje a las «costas de Tiro y Sidón». Y en el día de sábado no había por que temer peligro alguno, ni de Herodes Antipas ni de los fariseos. Así (como se ha indicado antes), el retorno súbito a Capernaum, lejos de constituir una dificultad, nos sirve como confirmación del relato previo. Además, no podemos sino percibir una correspondencia peculiar de fechas. Nótese aquí: el partimiento milagroso del pan en Betsaida el jueves al atardecer, y el partimiento del pan en la última Cena un jueves por la noche; el intento de proclamarle Rey, y la traición; la atrevida afirmación de fe de Pedro y su fallo consiguiente, los dos la noche de un jueves a un viernes; y, finalmente, que Cristo anduviera sobre las olas airadas, y las calmara, y trajera a salvo a la orilla el bote en que estaban sus discípulos, y su victoria y triunfo sobre la muerte y el que tenía el poder de la muerte.

Sin duda, esto son más que meras coincidencias; y en este sentido puede también decirse que esta historia es simbólica. Tal como lo vemos, Cristo envió a sus discípulos a que se dirigieran a Betsaida, el «Pescadero» de Capernaum. Pero, aparte de esta última sugerencia, llegamos a la conclusión –por las expresiones usadas (Mr. 6:53)– de que el bote que llevaba a los discípulos se había desviado de su curso –probablemente debido al viento– y había tocado tierra no en el punto en que tenían intenciones, sino en Genezaret, donde lo habían amarrado. No puede haber duda que con este nombre se indica «el llano de Genezaret», cuya riqueza y hermosura Josefo (*Guerra*, iii.10.7, 8) y los rabinos (Pes. 8 *b;* Meg. 6 *a;* Ber. R. 98) describen con grandes elogios. Hasta el día de hoy hay evidencia de que era el punto más favorecido de esta región favorecida. Al viajar hacia el Norte por la orilla, partiendo de Tiberias, seguimos durante unas cinco o seis millas una estrecha franja de tierra, protegida por montañas, hasta llegar a Magdala, la ciudad de la magdalena (la moderna *Mejdel*). Opuesta a la misma, en la otra orilla, está *Kersa* (Gerasa o Gadara), la escena del milagro. Al dejar Magdala, las montañas se retiran y se forma una llanura en forma de anfiteatro, de más de una milla de anchura y cuatro o cinco de longitud. Ésta es la tierra de

1. He contado 12 lugares distintos en Inglaterra que llevan nombres que pueden traducirse libremente por «Betsaida», sin contar los suburbios y barrios que llevan estas mismas designaciones.

2. En Jer. Megill. (p. 70 *a*, línea 15 desde la base) leemos de una צײדתה, pero la localización no encaja con nuestra Betsaida.

3. Comp. Bädeker (Socin), *Palästina*, p. 270.

4. Es posible que esta conexión de Capernaum y Betsaida explique la mención de esta última como uno de los lugares que habían sido escenarios de tantas obras portentosas (Mt. 11:21; Lc. 10:13).

5. No hay artículo en el original.

Genezaret *(el Ghuweir).* Cruzamos el «valle de las tórtolas», que hace intersección con ella, hacia una milla al norte de Magdala, y proseguimos nuestro recorrido sobre un llano bien regado, hasta que, al cabo de más de una hora, llegamos al límite norte, un poco más allá de *Khân Minyeh.* Esta última, por tradición, ha sido considerada como Betsaida;[6] pero parece hallarse demasiado lejos del lago y demasiado al sur de Capernaum para ajustarse a los requerimientos.

Tan pronto como la bien conocida barca que llevaba a Jesús y a sus discípulos hubo subido arrastrada por la playa pedregosa aquella madrugada del viernes, su presencia tiene que haber sido reconocida por todo el distrito, tanto más por el hecho de que los barqueros pronto esparcirían la noticia de los sucesos milagrosos ocurridos la noche y el atardecer precedentes. Las noticias se propagarían con rapidez, y desde el país circundante le llevarían enfermos en camillas para poder tocar el borde de su manto. Y este toque, aunque fuera el resultado de una fe imperfecta, no podía ser en vano, porque Aquél cuyo vestido procuraban tocar era el Hombre-Dios, el Vencedor de la muerte, la fuente de toda vida. Y así fue cuando desembarcaron, y durante todo el camino hasta Betsaida y Capernaum (Mt. 14:34-36; Mr. 6:53-56).[7]

En lo que siguió, podemos todavía proseguir la serie de sucesos, aunque hay considerables dificultades en cuanto al orden exacto. Así, se nos dice de modo expreso (Jn. 6:22-25) que los del «otro lado» vinieron a Capernaum «el día siguiente» de la alimentación milagrosa, y que uno de los discursos subsiguientes, del cual se conserva el bosquejo, fue pronunciado «en sinagoga» (v. 59). Como esto sólo podía haber tenido lugar bien un sábado o un día festivo (en este caso, la Pascua) (Jn. 6:4), se sigue que, en todo caso, tiene que haber transcurrido un día entre su llegada a Capernaum y el discurso en la Sinagoga. Además, es casi imposible creer que podía haber sido el día de Pascua (15 de Nisán). Porque no podemos creer que hubiera abandonado sus casas y sus preparaciones festivas una gran multitud en la víspera de la Pascua (14 de Nisán), sin hablar de la circunstancia de que en Galilea, a diferencia de Judea, todo trabajo, incluido naturalmente la travesía del lago, estaba prohibido la víspera de la Pascua (Pes. 55 *a*). De modo similar, es casi imposible creer que se hubieran congregado tantos peregrinos festivos tan tarde en el atardecer precedente al 14 de Nisán, tan lejos de Jerusalén, o sea, en Betsaida-Julias, puesto que habría sido imposible llegar a la ciudad y al Templo a tiempo para la fiesta. Por tanto, sólo queda la posibilidad de considerar el servicio de la Sinagoga en el cual predicó Cristo como un servicio ordinario de sábado, y que la llegada de la multitud tuvo lugar el viernes antes del mediodía.

Además, por el lugar que ocupa el relato en los Evangelios de Mateo y de Marcos, así como por cierta evidencia interna, parece difícil dudar que la reprensión de los fariseos y los escribas sobre la cuestión de las «manos sin limpiar» (Mt. 15:1; Mr. 7:1) no fue administrada inmediatamente después de la alimentación milagrosa y la noche de milagros. No podemos estar igualmente seguros, no obstante, de cuál de las dos cosas precedió a la otra: el discurso de Capernaum (Jn. 6:59) o la reprensión a los fariseos (Mt. 15:1ss.). Sin entrar en una discusión detallada, la simple lectura de las dos secciones nos llevará a la conclusión espontánea de que un discurso así no podía ir seguido por estos reparos y la reprensión, mientras que parece, en el orden propio de las cosas, que la reprensión que causó la «ofensa» a los fariseos, y aparentemente que algunos de ellos se retiraran del círculo exterior de su discipulado (Mt. 15:12-14), precediera a la enseñanza positiva del discurso, el cual a su vez dio como resultado que se hicieran atrás muchos que habían formado parte del círculo íntimo de discípulos (Jn. 6:60-66).

En estas circunstancias nos atrevemos a sugerir lo siguiente como el orden de los sucesos: temprano por la mañana del viernes, la barca que llevaba a Jesús y sus discípulos se deslizó por la playa arenosa del llano de Genezaret. Cuando se esparcieron las noticias de su llegada y de los milagros que habían sido presenciados últimamente, el pueblo de los lugares vecinos, aldeas y ciudades, acudió a Él trayendo a sus enfermos para que los curara. Así pasó la mayor parte de la mañana. Mientras tanto, al tiempo que iban avanzando según permitía el gentío que les estorbaba en el camino, las primeras noticias de todo ello debieron llegar a la vecina Capernaum. Esto trajo inmediatamente a escena a los fariseos y escribas «que habían venido de Jerusalén» con el propósito de observarle y, si fuera posible, precipitar la destrucción de Jesús. Tal como lo concebimos, encontraron al Señor y sus discípulos camino de Capernaum. Posiblemente los alcanzaron cuando estaban descansando junto al camino, y los discípulos, o algunos de ellos, estaban comiendo algo, quizá parte del pan consagrado la tarde anterior. La reprensión de Cristo sería administrada aquí; luego el Señor, no sólo con miras a la enseñanza sino con el propósito que se indicará a continuación, se volvería hacia la multitud (Mt. 15:10; Mr. 7:14, 15); después seguiría el comentario de los discípulos y la réplica del Señor, hecha probablemente cuando ya estaban otra vez en camino (Mt. 15:12-14); y, por último, la explicación final de Cristo después de que ya habían entrado en la casa en Capernaum (Mt. 15:15-20; Mr. 7:17-23). Con toda probabilidad, una parte de lo que narra Juan en 6:24 y ss. ocurrió también por este tiempo; el resto, el sábado que siguió.

Aunque los reparos de los escribas de Jerusalén pueden haber sido ocasionados por el hecho de ver a algunos de los discípulos comiendo sin antes haberse lavado las manos, no podemos eliminar la impresión de que repetía lo ocurrido en la comida provista milagrosamente la tarde anterior, cuando se sentaron a millares a comer sin la previa observancia de la ordenanza rabínica. Ni en este caso ni en el presente se interpuso el Maestro. Por tanto, Él era culpable de participar en la ofensa. Esto es todo lo que estos fariseos y escribas podían ver en el milagro de la alimentación de Cristo por la multitud: ¡que no se había hecho en conformidad con la Ley! Por extraño que parezca, sin embargo, en la historia de la Iglesia en el pasado, y quizá algunas veces también en el presente, ¡esto ha sido lo único que algunos han podido ver en la obra milagrosa de Cristo! Quizá no deberíamos extrañarnos de que el milagro en sí no produjera una impresión más profunda, puesto que incluso los discípulos «no entendieron (por razonamiento) lo de los panes», por más que trataran de explicárselo en una forma que fuera razonable para ellos. Ahora bien, en otro aspecto, la objeción de los escribas no era un mero reparo. En verdad, representaba una de las grandes acusaciones que los fariseos presentaron contra Jesús y que les decidió a que procuraran destruirle.

Se ha mostrado ya que ellos explicaban los milagros de Cristo como la obra del poder de Satán, cuyo representante

6. Bädeker (Socin) ha presentado las razones en contra de la identificación de *Khân Minyeh* con la misma Capernaum.

7. Mr. Brown McClellan (N.T., vol. 1, p. 570) afirma que habían transcurrido tanto la Pascua como Pentecostés; no sé en qué se funda. Al mismo tiempo, las palabras de Marcos 6:56 podrían implicar que esto había sucedido en más de una ocasión.

especial –casi su encarnación– habían declarado que era Jesús. Esto no sólo haría que la fuerza evidencial de aquellas señales se transformara en una queja formal contra Cristo, sino que justificaba la resistencia de los fariseos a sus pretensiones. La segunda acusación contra Jesús era que Él no «era Dios», sino que era «un pecador» (Jn. 9:16-24). Si se podía verificar esto, naturalmente quedaría demostrado que Él no era el Mesías, sino un embaucador que engañaba al pueblo, y a quien el Sanedrín tenía el deber de desenmascarar y arrestar. La forma en que intentaron verificarlo quizá les persuadió de que lo era, y consistía en probar que Él sancionaba en otros infracciones de la ley tradicional, y aunque las cometía Él mismo; lo cual, según sus principios fundamentales, implicaba una culpa mayor que los pecados en contra de la Ley revelada de Moisés. La tercera y última acusación contra Jesús, que finalmente decidió al Consejo a entrar en acción, sólo podía hacerse al final de su carrera. Tenía que formularse de forma que concordara tanto con las miras de los fariseos como con las de los saduceos. Para los primeros tenía que ser presentada como una pretensión blasfema de igualarse a Dios: ser el mismo Hijo del Dios viviente. Para los saduceos debió de presentar el aspecto de un movimiento por parte de un exaltado sumamente peligroso; y si era sincero y engañado, aún más peligroso; uno de los pseudo-Mesías que arrastraban al pueblo ignorante, supersticioso y soliviantable; y que, de no parárseles los pies, acabarían produciendo persecuciones y venganzas terribles por parte de los romanos y la pérdida de los pocos restos que les quedaban de su independencia nacional. Para cada una de estas tres acusaciones, cuya apertura y desarrollo estamos ahora presenciando, había desde el punto de vista de entonces solamente una respuesta: fe en su persona. Y en nuestros tiempos ésta es la respuesta final a todas las dificultades y objeciones. A esta fe Jesús estaba llevando a sus discípulos, hasta que plenamente realizada en la gran confesión de Pedro pasó a ser, y ha sido siempre desde entonces, la Roca sobre la cual está edificada la Iglesia de Cristo, contra la cual las mismas puertas del Hades no pueden prevalecer.

Tradiciones sobre el «lavamiento de manos» y los «votos»

Fue con miras a la confirmación de la segunda de estas acusaciones que los escribas acusaron ahora al Maestro de permitir a sus discípulos que comieran sin haberse lavado las manos previamente, o, como dice Marcos con expresión gráfica, «con manos comunes»,[8] señalando, como veremos, la palabra que había originado la costumbre. Una vez más hemos de hacer constar lo familiares que son para los narradores de los Evangelios la ley judaica y sus prácticas, hasta el menor detalle. Esto se verá mejor mediante un breve informe sobre la «tradición de los ancianos»,[9] más necesaria todavía por el hecho de que existen importantes diferencias aun entre las autoridades eruditas judías, debido probablemente a la circunstancia de que el breve Tratado Míshnico dedicado al tema[10] no tiene Gemara adherida al mismo, y además trata de modo extenso otros asuntos. Al principio tenemos esta confirmación de lo que dice el Evangelio, ya que se admite de modo expreso que esta práctica no tenía su origen en la Ley de Moisés, sino que era «una tradición de los ancianos» (Chull. 105 *a, b*, 106 *b*, principalmente). A pesar de ello, y quizá precisamente por ello, era puesta en vigor de manera estricta, de modo que el descuidarla era equivalente a ser culpable de una contaminación carnal crasa. Su omisión podía llevar a la destrucción temporal (Sot. 4 *b*) o por lo menos a la pobreza (Shabb. 62 *b*). El pan comido con las manos sin lavar era como si hubiera sido basura (Sot. 4 *b*). En realidad, un rabino que había desdeñado esta ordenanza, al morir fue enterrado excomulgado (Eduy. v. 6; Ber. 19 *a*). Así, desde su punto de vista, la acusación de los escribas contra los discípulos, lejos de ser exagerada es presentada por los evangelistas con palabras muy moderadas. De hecho, aunque en aquel tiempo era una de las marcas de los fariseos, en un período ulterior se hizo tan común que el lavarse las manos llegó a considerarse una manera fácil de identificar a un judío (Chull. 106 *a*; Bemid. R. 20, ed. Vars., p. 81 *b*).[11]

Es algo más difícil explicar el origen de la ordenanza. Tal como se ha indicado, parece haber sido ordenada al principio para asegurarse de que las ofrendas sagradas no serían comidas estando contaminado. Cuando pasó a ser una ordenanza de los ancianos, esto era considerado, naturalmente, como base suficiente para la obediencia (Chull. 106 *a*). Luego se procuró obtener apoyo escritural de la costumbre. Algunos la basaron en la ordenanza original de la purificación, en Levítico 15:11 (Chull. 106 *a*), mientras que otros vieron en las palabras «santificaos» (Lv. 11:44) la orden de lavarse antes de comer; en la orden: «Sed santos», la de lavarse después de comer; mientras que la cláusula final, «porque yo soy el Señor tu Dios», la consideraban como la orden de «dar gracias al comer» (Ber. 53 *b*, final). Porque pronto no fue sólo lavarse antes, sino también después de las comidas. Sin embargo, solamente lo primero era considerado como «un mandamiento» *(Mitsvah)*; lo otro, sólo como un «deber» *(Chobhah)*, que algunos realmente explicaban en términos de higiene, ya que podría haber quedado algo en las manos que pudiera lastimar los ojos (Erub. 17 *b*; Chull. 105 *b*). En consecuencia, los soldados, en las prisas de la campaña, podían descuidar el lavarse antes pero debían lavarse cuidadosamente después de comer. Poco a poco los más rigurosos acabaron lavándose también entre los platos o cursos, aunque esto se decía que era puramente voluntario. Este lavarse antes de las comidas algunos consideraban que se mencionaba en los escritos talmúdicos con la expresión «las primeras aguas» *(Mayim rishonim)*, en tanto que lavarse después de las comidas es llamado las «segundas» *(sheniyim)*, o «las otras», o las «aguas posteriores» *(Mayim acharonim)*.

Pero hay otro aspecto aún más importante de la expresión que nos lleva a describir el rito mismo. La designación distintiva de la misma es *Netilath Yadayim*,[12] literalmente,

---

8. La palabra corresponde de pleno al término judío. A pesar de la objeción del obispo Haneberg (Relig. Alterth., p. 475, nota 288), creo que corresponde a la הול o הולא rabínica (o הל hebrea), *profanus* en el sentido «común», «no santificado».

9. El informe pleno de ello al alcance de los lectores corrientes se halla en las Notas a Pocock, *Porta Mosis* (pp. 350-402), aunque es confuso y no muy exacto, y basado principalmente en autoridades judaicas tardías. Spencer (de *Leg. Hebr.*, pp. 1.175-1.179) sólo añade referencias similares a ritos gentiles. La restante información disponible es deficiente. Incluso las referencias en los diccionarios bíblicos es escasa o inexistente, cuando no inexacta.

10. Yadayim, en cuatro capítulos, que, sin embargo, trata de otros temas también, especialmente la canonicidad de ciertas partes del Antiguo Testamento.

11. Se ofrecen muchas historias ilustrativas de su importancia, por una parte, y del peligro de descuidar la práctica, por otra. No vamos a presentar ninguna de estas leyendas.

12. נטילה, algunas veces, aunque raramente טהרת ירים, pero no רחיצת, que se refiere a lavarse en general. En ocasiones se le designa simplemente con el término *Netilah*.

elevar las manos, mientras que el lavarse antes de comer se denomina también *Meshi o Mesha* (משא) (Chull. 107 *a* y *b*), que significa literalmente «fregar» o «frotar». Los dos términos señalan la manera del rito. Lo que había que tener en cuenta aquí era si se tenía que participar del «segundo diezmo», «primicias preparadas» *(Terumah)*, o incluso alimento común *(Chullin)*, o bien alimento «sagrado», esto es, sacrificado. En este último caso se prescribía una inmersión completa de las manos (bautismo, *Tebhilath Yadayim*), y no meramente *Netilath* o «elevación». La última era realmente una afusión. Como las purificaciones eran tan frecuentes, y había que tener cuidado de que el agua no fuera usada para otros quehaceres o cayera en ella algo que la contaminara, se guardaban grandes jarras para este propósito. Éstas podían ser de cualquier material, aunque se cita de modo especial la piedra (ver Jn. 2:6). Era costumbre sacar agua de ellas con lo que se llamaba una *natla, antila* o *antelaya* (ἀντγίον), una medida igual a «una cáscara y media de huevo» (Chull. 107 *a;* Bab. B. 58 *b*, y otros), porque no podía usarse una cantidad menor para una afusión. El agua era derramada sobre las dos manos, que debían estar libres de todo lo que pudiera cubrilas: gravilla, mortero, etc. Las manos debían estar elevadas, de modo que el agua se escurriera hacia las muñecas, a fin de asegurarse que quedaba limpia toda la mano, y que el agua contaminada por la mano no volviera a los dedos. De modo similar, una mano debía frotarse con la otra (el puño), siempre que la mano que frotaba ya estuviera limpia: de otro modo, el frotar podía hacerse contra la cabeza, o incluso contra una pared. Pero había un punto sobre el que se hacía un hincapié especial. En la «primera afusión», que era todo lo que se requería originalmente, cuando las manos estaban «contaminadas» levíticamente, el agua tenía que escurrirse hacia las muñecas[13] (לַפֶּרֶק o עַד הַפֶּרֶק *–lappereq* o *ad happereq*). Si el agua no llegaba a la muñeca *(chuts lappereq)* las manos no estaban limpias (comp. Yad. ii. 3; Chull. 106 *a* y *b*). En consecuencia, las palabras de Marcos (7:3) únicamente pueden indicar que los fariseos «no comen a menos que se laven las manos hasta la muñeca».[14]

Ya se ha hecho alusión a lo que se llamaba las aguas «primeras» y las «segundas». Pero en su significado original estos términos se referían a algo distinto de lavarse antes y después de la comida. Las manos se consideraban capaces de contaminarse levíticamente, lo que en ciertos casos, podía hacer todo el cuerpo «inmundo». Si las manos eran «contaminadas», se requerían dos afusiones: la primera, o «primeras aguas» *(mayim rishonim)*, para quitar la inmundicia, y las «segundas», o «aguas posteriores» *(mayim sheniyim* o *acharonim)*, para eliminar las aguas que se habían contaminado al tocar las manos inmundas. En consecuencia, en la afusión de las primeras aguas, las manos eran elevadas y el agua debía escurrirse a la muñeca, mientras que en las segundas aguas las manos eran bajadas, de manera que el agua pudiera correr por los dedos hasta la punta. Poco a poco se hizo una práctica realizar las dos afusiones siempre que se comía *Terumah* (primicias preparadas), y finalmente incluso cuando se comía alimento ordinario *(Chullin)*. Los judíos modernos hacen tres afusiones, y acompañan el rito con una bendición especial.

Esta idea de la «contaminación de las manos» recibió una aplicación curiosa. Según uno de los dieciocho decretos, que indicaremos pronto y que datan de antes de Cristo, el rollo del Pentateuco en el Templo contaminaba toda la clase de comida que tocara. La razón con que se explicaba era que los sacerdotes acostumbraban a guardar la *Terumah* (primicias reservadas) junto al rollo de la Ley, por lo cual éste a veces sufría daño de los ratones. La ordenanza rabínica tenía por objeto evitar este peligro (Shabb. 14 *a*).[15] Para aumentar la precaución, se estableció como regla que todo lo que hacía inadecuada la *Terumah* también contaminaba las manos (Yad. iii. 2). De ahí que las Santas Escrituras no sólo contaminaban el alimento, sino las manos que las tocaban, y esto no meramente en el Templo, sino en cualquier parte; y además se explicaba que al decir las Sagradas Escrituras se incluía a todos los libros inspirados: la Ley, los Profetas y los Hagiógrafos. Esto dio lugar a interesantes discusiones sobre si había que considerar que los Cantares de Salomón, Eclesiastés o Ester «contaminaban las manos», es decir, si había que entender que pertenecían al Canon. La decisión final fue en favor de estos libros: «todos los escritos sagrados contaminan las manos; Cantar de los Cantares y Eclesiastés contaminan las manos» (Yad. iii. 5). Es más, se llevaban tan lejos las consecuencias que incluso se declaraba que una pequeña porción de las Escrituras contaminaba las manos si contenía ochenta y cinco letras, porque la menor sección *(Parashah)* de la Ley (Nm. 10:35, 36) contenía este número exacto. Incluso las filacterias, debido a que contenían porciones de los sagrados textos, las tiras de piel con que éstos se ataban a la cabeza y el brazo, es más, los márgenes en blanco alrededor del texto de las Escrituras o el comienzo y final de las secciones, se declaró que contaminaban las manos (Yad. iii. 3-5).[16]

De lo expuesto se puede comprender la importancia que los escribas adscribían al rito que los discípulos habían descuidado. Con todo, en un período ulterior el Fariseísmo, con un ingenio característico, encontró la manera de evadir incluso esta obligación, estableciendo lo que denominaríamos el principio papista (o semipapista) de la «intención». Se ordenó que si alguno había ejecutado el rito del lavamiento de manos por la mañana «con intención» de que fuera aplicado a las comidas de todo el día, esto (con las debidas precauciones estipuladas) era válido (Chull. 106 *b*). Pero, al tiempo de que escribimos, la ordenanza original era reciente. Esto toca una de las cuestiones más importantes pero también más intrincadas de la historia de los dogmas judaicos. La tradición judía atribuye, ciertamente, la orden de lavarse las manos antes de la comida –por lo menos las ofrendas sacrificiales– a Salomón (Shabb. 14 *b*, final), en reconocimiento de lo cual «la voz del cielo» *(Bath-Qol)* se oyó que pronunciaba Proverbios 23:15 y 27:11. Pero el indicio

---

13. El lenguaje usado en la Mishnah muestra que la palabra פרק, que tiene un significado tan vago y amplio como πυγμή, que parece una traducción literal del mismo, sólo puede aplicarse a la muñeca.

14. La traducción «lavar con diligencia» no tiene sentido; la traducción «con el puño» no está de acuerdo con la ley judaica, mientras que «hasta el codo» no sólo es contrario a la ley judaica, sino que es, al parecer, debido a una traducción equivocada de la palabra פרק. Esto lo demuestra claramente Wetstein (N.T. 1, p. 585), pero su propia explicación, que πυγμή se refiere a la medida o peso del agua para lavarse, es inadmisible.

15. En Yad. iv. 6 los fariseos, en disputa con los saduceos, indican lo que me parece a mí una razón más probable, que es el deseo de proteger las Escrituras de ser usadas de modo profano.

16. Por una curiosa inversión la ley finalmente pasó a ser que las Escrituras, en todas partes, contaminaban las manos, pero no las de los sacerdotes en el Templo (Kel. xv. 6). Esto a base de que, por disposiciones previas puestas en vigor, habían aprendido a guardar la *Terumah* lejos de los rollos sagrados, pero más bien, según creo, debido a que la Ley, que decía que las manos de los sacerdotes quedaban contaminadas si tocaban un ejemplar de las reglas sagradas, tiene que haberles causado dificultades constantemente y la eliminaron.

más primitivo de esta costumbre aparece en una porción de los Libros de la Sibila, que datan de cerca de 160 a.C. (Or. Sib. iii. 591-593), en que encontramos una alusión a la práctica de lavarse las manos continuamente, en relación con la oración y la acción de gracias.[17] Fue reservado a Hillel y a Shammai, los dos grandes maestros rivales y héroes del tradicionalismo judío inmediatamente antes de Cristo, el fijar la ordenanza rabínica sobre el lavamiento de manos *(Netilath Yadayim)* como se describió anteriormente. Éste fue uno de los pocos puntos en que se pusieron de acuerdo (Shabb. 14 *b*, hacia la mitad), y de ahí que de modo enfático «fuera una tradición de los ancianos», puesto que estos dos maestros llevan cada uno la designación de «anciano» en los escritos rabínicos (הזקן). Luego siguió un período de desarrollo del tradicionalismo y de aborrecimiento por todo lo gentil. La tradición de los ancianos no estaba todavía establecida como un mandamiento absoluto y de obediencia universal, en tanto que las disputas de Hillel y Shammai, que parecen casi al principio haber tomado puntos de vista divergentes acerca de todas las cuestiones, tienen que haber causado perturbación mental en muchos. Tenemos el informe de una reunión tempestuosa entre las dos escuelas, en la que se llegó a la sangre. La historia es tan confusa y contada de modos tan distintos en el Talmud de Jerusalén (Jer. Shabb. p. 3, *c, d*) y en el de Babilonia (Shabb. 13 *b* a 14 *b*), que es difícil formarse una idea clara de lo que realmente ocurrió. Esto parece claro, sin embargo: que los shammaítas tuvieron mayoría de votos y que fueron aprobados «dieciocho decretos» (ויה דברים), en los cuales las dos escuelas estuvieron de acuerdo, mientras que sobre otras dieciocho cuestiones (quizá un número redondo) los shammaítas consiguieron la aprobación por una mayoría, y que otros dieciocho resultaron indecisos. Cada una de las escuelas se refiere a este día según los resultados de su partido. Los shammaítas (como el rabino Eliezer) lo alaban como el día en que había sido colmada la medida de la Ley hasta el borde (Jer. Shabb. 3 *c*), en tanto que los hilleliotas (como el rab. Josué) deploran que en aquel día se hubiera vertido agua en una vasija llena de aceite, por lo que algo del precioso líquido se había derramado. En general, la tendencia de estos dieciocho decretos era del carácter más antigentil, intolerante y exclusivista. Con todo, se le adscribió tal valor que, si bien todos los demás decretos de los sabios podían ser alterados por una asamblea más grave, entendida y con más autoridad, estos dieciocho decretos no podían ser modificados bajo circunstancia alguna (Jer. Shabb. 3 *d*). Pero, además de estos dieciocho decretos, las dos escuelas aquel día (Shabb. 13 *b*; 14 *b*) convinieron solemnemente el acuerdo de volver a poner en vigor «los decretos sobre el Libro (el ejemplar de la Ley) y las manos» (הספר והידים גזירות). El Talmud de Babilonia (Shabb. 14 *b*, hacia el fin) hace notar que este último decreto, aunque hecho por Hillel y Shammai, «los ancianos», no fue practicado universalmente hasta que volvió a ser puesto en vigor por sus colegas. Es importante notar que este «decreto» data de un tiempo anterior reciente, y que fue hecho cumplir, por fin, en los días de Cristo. Esto explica el celo que los escribas mostraron y explica «la extrema minuciosidad de detalles» con que Marcos «llama la atención» a esta práctica farisaica. Porque era un principio rabínico (Ab. Zar. 35 *a*) que si una ordenanza había sido vuelta a promulgar recientemente (גזירה חדשה) no podía ser puesta en discusión o «invalidada» (בה אין מפקפקין).[18] Por ello se verá que el lenguaje empleado por el evangelista proporciona una valiosa confirmación de la genuinidad de su Evangelio no sólo por mostrar familiaridad íntima con las «minucias» de la «tradición judaica», sino al dar prominencia a lo que entonces estaba presente en controversia; y, más aún, porque se requiere un conocimiento íntimo de la Ley incluso para entender plenamente el lenguaje del evangelista.

Después de esta exposición detallada no se necesita más que hacer una referencia breve a otras observancias que el Judaísmo ortodoxo había de «retener». Se relacionan con los dieciocho decretos, cuyo objeto era separar a los judíos de todo contacto con los gentiles. Todo contacto con un gentil, incluso el contacto con el vestido, podía implicar esta contaminación, por lo que al llegar del mercado el judío ortodoxo tenía que empezar las abluciones. Solamente los que conocen los arreglos complicados sobre las contaminaciones de vasijas que se describen en la Mishnah (Tratado *Kelim*), por pequeñas que fueran, pueden formarse una idea adecuada de la increíble minuciosidad con que se atiende cada detalle. Las vasijas de tierra que habían sido contaminadas debían romperse; las de lana, cuerno, vidrio o bronce, inmergidas; mientras que si se compraban vasijas de gentiles tenían que ser, según el caso, inmergidas, puestas en agua hirviendo, purificadas con fuego o por lo menos pulimentadas (Ab. Zar. v. y otros).

Intentemos ahora comprender la actitud de Cristo respecto a estas ordenanzas sobre la purificación, y también la razón de su actitud. El hecho de que nunca –en sus respuestas a las acusaciones de los escribas contra los discípulos– intentara justificar su conducta, ni dar excusas por su infracción de las ordenanzas rabínicas, implicaba por lo menos una actitud de indiferencia hacia el tradicionalismo. Esto es más digno de notar porque, como sabemos, las ordenanzas de los escribas eran declaradas más preciosas (Jer. Chag. 76 *d*)[19] y de mayor fuerza obligatoria que las de las mismas Sagradas Escrituras. Pero, aun en este caso, puede aparecer la pregunta de por qué Cristo había provocado tanta hostilidad al colocarse en antagonismo directo con lo que, después de todo, le era indiferente (Jer. Ber. 3 *b*; Sanh. xi. 3; Erub. 21 *b*). La respuesta a esta pregunta requerirá dar a conocer otro aspecto del Rabinismo que, por ser tan penoso, ha sido evitado hasta ahora. Con todo, es necesario no ya en sí mismo, sino para mostrar la distancia infinita entre Cristo y la enseñanza de la Sinagoga. Ya se ha dicho que el Rabinismo, en su locura de exaltación propia, presentaba a Dios ocupándose Él mismo de día en el estudio de las Escrituras, y de noche en el de la Mishnah (Targum [ed. Ven.] sobre Cnt. 5:10; comp. Ab. Zar. 3 *b*); y que en el Sanedrín celestial, sobre el cual presidía el Todopoderoso, los rabinos se sentaban en orden de importancia, y se discutía la Halakhah, y se tomaban acuerdos en conformidad con la

---

17. Hemos de recordar que fue el libro escrito por un judío egipcio, y no puedo por menos que considerar que el lenguaje tiene cierta semejanza con lo que más tarde pasó a ser una de las prácticas más características de los esenios.

18. Esto es más notable porque la misma expresión se usa con referencia a la oposición o, mejor; «invalidación» por el rab. Eliezer ben Chaokh de la ordenanza de lavarse las manos, por lo que fue excomulgado (שפקפק בטהרת ידים, Eduy. v. 6). El término פקפק, que originalmente significaba parar, como resultado de poner o derramar algo, se usa para despreciar o causar menosprecio, invalidar o desentenderse de un decreto, con la misma significación que זִלְזֵל. Esto se demuestra por el uso de este último sentido en Ab. Zar. 35 *a*, línea 9 desde la base, y 36 *a*, línea 12 desde arriba.

19. En este pasaje hay una discusión regular sobre si lo que está escrito (el Pentateuco) o lo que es oral (la tradición) es lo más precioso y ha de ser más amado (איזה מהן חביבין). La opinión es en favor de lo oral (אותן שבפה).

«No es tan fácil comprender por qué el Señor seleccionó como ilustración de las 'muchas cosas así' la ordenanza rabínica respecto a los votos, que en ciertas circunstancias contravenían el quinto mandamiento. Naturalmente, los 'Diez Mandamientos' eran el Lugar Santísimo de la Ley; y no había obligación alguna más rígidamente observada –en realidad llevada a la práctica casi al borde del absurdo–, según ya se ha hecho notar antes, que la de honrar a los padres».

Moisés portando las tablas de la Ley –pertenece a un fragmento de la obra de Rembrandt– que contienen los preceptos sobre los que se basan las ordenanzas rabínicas.
(Museo Municipal de Berlín)

misma (Bab. Mez. 85 *a*). Aunque esto parezca terrible, no es todo. El antropomorfismo de la clase más grosera es llevado hasta el borde de la blasfemia cuando se presenta a Dios pasando por lo menos tres horas cada día jugando con Leviatán (Ab. Zar. *u.s.*), y se discute que, desde la destrucción de Jerusalén, Dios ya no ríe, sino que llora, y lo hace en un lugar secreto suyo, según Jeremías 13:17 (comp. Chag. 5 *b*). Es más, Jeremías 25:30 es interpretado de modo profano, implicando que, en su dolor por la destrucción del Templo, el Todopoderoso ruge como un león en cada una de las tres vigilias de la noche (Ber. 3 *a*). Las dos lágrimas que deja caer en el mar son la causa de los terremotos; aunque se dan otras explicaciones no menos realistas y ordinarias del fenómeno (Ber. 59 *a*).

Sentimientos de este tipo se presentan en los distintos escritos rabínicos, y no se pueden excusar por ninguna fantasía de interpretación alegórica. Hay otros no menos penosos con respecto a la ira del Todopoderoso, que se enciende hasta tal punto, en especial por la mañana cuando los adoradores del sol ofrecen sus oraciones, que hace incluso peligroso para un israelita el decir ciertas oraciones la mañana del día de Año Nuevo, en el cual el trono está dispuesto para juicio (Ber. 7 *a*; Ab. Zar. 4 *b*). Este antropomorfismo realista, combinado con las ideas exageradas de la realidad celestial y eterna del Rabinismo y las ordenanzas rabínicas, nos ayuda a entender que se representara al Todopoderoso incluso diciendo sus plegarias. Esto se demuestra en Isaías 56:7. Aunque el lenguaje de estas oraciones sea sublime, no podemos por menos que notar que la misericordia acogedora –por lo que se le representa abogando– se extiende sólo a Israel (Ber. 7 *a*). Es todavía más terrible leer que Dios lleva el *Tallith* (Shem. R. 42; comp. Rosh haSh. 17 *b*) y que se pone filacterias (lo cual se deduce de Is. 62:8). Esto está relacionado igualmente con la jactancia vanidosa de Israel que se deja ver por los pasajes que son incluidos en estas filacterias. Sabemos que en las filacterias corrientes son: Éxodo 13:1-10, 10-16; Deuteronomio 6:4-10; 11:13-22. En las filacterias divinas encontramos 1 Crónicas 17:21; Deuteronomio 4:7, 8; 33:29; 4:34; 26:19 (Ber. 6 *a*). Falta únicamente citar un punto más, relacionado con las purificaciones. Así, Dios fue purificado por Aarón cuando se contaminó al descender a Egipto (Shem. R. 15, ed. Vars., p. 22 *a*, línea 13 desde arriba). Esto se deduce de Levítico 16:16. De modo similar, se sumergió en un baño de fuego (Is. 66:15; comp. Nm. 31:23) después de la contaminación de la sepultura de Moisés.

Estos detalles penosos, que damos con repugnancia, no son presentados para azuzar o fortificar los prejuicios ignorantes contra Israel, al cual le ha acaecido verdaderamente «ceguera parcial», ni mucho menos para estimular el malvado espíritu de menosprecio y persecución que es característico de la teología negativa, mas no de la creyente. Pero explicarán el que Jesús no podía haber asumido una actitud de indiferencia hacia el tradicionalismo. Porque incluso siendo verdad que estos excesos fueron expresados en un período ulterior, no son sino el producto de una dirección de la que Jesús era el verdadero polo opuesto y a la cual era antagónico. Pero si Jesús no era enviado de Dios –no era el Mesías–, ¿de dónde viene el contraste maravilloso de su altísima espiritualidad en lo que enseñaba de Dios como nuestro Padre, y de su Reino como el de los corazones de todos los hombres? La actitud de antagonismo al tradicionalismo nunca fue más pronunciada que cuando replicó a la acusación de descuido de la ordenanza sobre el «lavarse las manos». Aquí hay que recordar que era un principio rabínico reconocido que, aunque las ordenanzas de la Escritura no necesitaban confirmación, las de los escribas la necesitaban (Jer. Taan. 66 *a*, hacia la mitad), y que ninguna Halakhah (ley tradicional) podía contradecir las Escrituras.[20] Así pues, cuando Cristo les mostró que en todo punto importante –es decir, en «cosas así»– la Halakhah era totalmente incompatible con las Escrituras y que, verdaderamente, habían «invalidado la Palabra de Dios» con sus tradiciones recibidas (Mt. 15:3, 6; Mr. 7:9, 13), descargó un golpe muy fuerte al tradicionalismo. El Rabinismo quedaba condenado por sí mismo; al mostrarse lo que realmente era, tenía que ser rechazado por ser incompatible con la Palabra de Dios.

No es tan fácil comprender por qué el Señor seleccionó como ilustración de las «muchas cosas así» la ordenanza rabínica respecto a los votos, que en ciertas circunstancias contravenían el quinto mandamiento. Naturalmente, los «Diez Mandamientos» eran el Lugar Santísimo de la Ley; y no había obligación alguna más rígidamente observada –en realidad llevada a la práctica casi al borde del absurdo–, según ya se ha hecho notar antes, que la de honrar a los padres. En ambos aspectos, pues, éste era un punto especialmente vulnerable; y bien podía decirse que si esta Ley entraba en conflicto con las ordenanzas rabínicas por las exigencias de la Palabra de Dios, el antagonismo contradictorio entre ellos era verdaderamente decisivo. No obstante, creemos que esto aún no es todo. ¿Existía algún caso especial en que la ley rabínica sobre las ofrendas votivas había llevado a un abuso así? ¿O se trataba solamente de que en esta temporada festiva los peregrinos galileos llevaban con ellos a Jerusalén sus ofrendas votivas? ¿O podían las ordenanzas rabínicas sobre «la santificación de las manos» *(Yadayim)* haberle recordado al Señor otra aplicación rabínica de la palabra «mano» *(yad)* en conexión con las ofrendas votivas? Es por lo menos curioso hallar mención aquí (y nos dará oportunidad de explicarlo brevemente) lo que a un lector ingenuo puede parecer inexplicable en la práctica legal judaica a que Cristo se refiere.

Al comienzo hay que admitir que el Rabinismo *no* estimulaba la práctica de estos votos promiscuos. Tal como lo vemos, pertenece en todo caso a un punto de vista inferior y legalista. A este respecto, el rabino Akiba aseveró de forma concisa en uno de sus dichos más veraces: «Los votos son una valla a la abstinencia» (Ab. iii. 18). Por otra parte, si consideramos como una especie de compensación o pago por beneficios que se habían recibido, o como una promesa adherida a nuestras oraciones, un voto –a menos que forme parte de nuestra consagración total y absoluta– participa, bien de la justificación por las obras, o hay que verlo como una especie de juego de azar religioso. Y, así, el proverbio judío dice: «En la hora de necesidad, un voto; en tiempo próspero, el exceso» (Ber. R. 81). El oriental, y en especial el judío rabínico, se inclinaba de modo particular hacia ese juego religioso y de justificación por las obras. Pero incluso los rabinos se daban cuenta de que el estimularlo llevaría a la profanación de lo santo, a los votos precipitados, ociosos y equivocados; y al perjurio de la clase más desmoralizadora cuando se hicieran sentir las consecuencias inconvenientes del voto hecho. De entre los muchos dichos que condenan la práctica bastará uno para subrayar el sentimiento general: «El que hace un voto, incluso si lo cumple, merece que se le llame malvado» (Ned. 9 *a*, 22 *a*). Sin embargo, la práctica

20. Se admitía, sin embargo, que la Halakhah a veces iba más allá que el Pentateuco (Sot. 16 *a*).

tiene que haber llegado a proporciones terribles, tanto por lo que se refiere al número de votos como a la ligereza con que eran hechos o las cosas que constituían su objeto. La mayor parte del Tratado Míshnico sobre «votos» *(Nedarim,* en once capítulos) describe qué expresiones deben ser consideradas como votos, y qué cosas legalmente lo invalidaban o anulaban, o bien lo hacían obligatorio, o sea, ataban. Y aquí nos enteramos de que los que eran mayores de edad y no estaban en posición de dependencia como las mujeres, hacían casi toda clase de votos, tales como decir que no se echarían para dormir, ni hablarían a sus esposas o hijos, que no tendrían trato con sus hermanos, y aun cosas más equivocadas y necias, todo lo cual era considerado solemnemente como obligatorio a conciencia. De modo similar, no era necesario usar las palabras expresas de hacer un voto. No sólo la palabra *Qorban (Korban)* –«dado a Dios»–, sino otra expresión similar, como *Qonakh* o *Qonam*[21] (esta última también una expresión fenicia, y probablemente un equivalente de *Qeyam,* «que quede establecido»), era suficiente; la mención de algo puesto sobre el altar (aunque no el altar mismo), tal como la leña o el fuego, constituía un voto (Ned. i. 1-3); es más, la repetición de la fórmula que generalmente seguía al votivo *Qonam* o *Qorban* tenía fuerza de obligación, aunque no fuera precedido por estos términos. Así, si un hombre decía: «Que coma esto, o pruebe esto otro», constituía un voto que le ataba a no comer o probar eso, porque la fórmula común era: «Qorban (o Qonam) que coma (si como) esto o beba (si bebo) aquello», y la omisión de la palabra votiva no invalidaba el voto si había sido expresado por otra parte de modo regular (Jer. Ned. 36 *d,* línea 20 desde arriba).

Es con miras a explicar esta disposición extraña, cuyo objeto era a la vez mantener la solemnidad de los votos y disuadir del uso precipitado de las palabras, que el Talmud (*u.s.*) utiliza la palabra «mano» en una conexión que suponemos podía, por asociación de ideas, haber sugerido a Cristo el contraste entre lo que la Biblia y los rabinos consideraban como «manos santificadas» y, de ahí, entre los mandamientos de Dios y las tradiciones de los ancianos. Porque el Talmud explica que cuando un hombre dice simplemente: «Que coma o pruebe (o si como y bebo) esta cosa», se le imputa como un voto, y no puede comer o probarla «porque la mano está en el Qorban»: משם יד לקרב (Jer. Ned. 36 *d,* línea 22); o sea, que el mero contacto de algo Qorban lo había santificado y puesto más allá de su alcance, tal como si hubiera sido puesto sobre el mismo altar. Aquí tenemos, pues, un contraste. Según los rabinos, el contacto de una «mano común» contaminaba el don bueno de Dios de la comida, mientras que el contacto de una «mano santificada», o sea, palabras precipitadas o malvadas, ¡podía hacer imposible dar algo a un padre (aunque lo necesitara), y por tanto implicaba la más grave infracción del Quinto Mandamiento! Esto era, según la Ley rabínica, el toque «común» y el toque «santificador» de las manos y, por tanto, ¿no hacía este tradicionalismo «inválida la Palabra de Dios»?

Unos pocos detalles más pueden servirnos para poner esto bajo una luz más clara. No debe pensarse que el pronunciar la palabra votiva *Qorban,* aunque significaba «un don» o «dado a Dios», por necesidad dedicaba una cosa al Templo. El significado podía ser simplemente, y era en general, que había de ser considerado como *Qorban;* esto es, que, con respecto a la persona o personas nombradas, el término había de ser considerado como si fuera *Qorban,* puesto sobre el altar, y más allá por completo del alcance. Porque, aunque incluido bajo un solo nombre, había en realidad dos votos distintos: el de la consagración a Dios, y el de una obligación personal,[22] y este último era el más frecuente.

Continuemos. La distinción legal entre un voto, un juramento y la prohibición o interdicción está claramente marcada, tanto con respecto a la razón como a la ley judaica. El juramento era un empeño absoluto, el voto era condicional; su diferencia quedaba marcada incluso por esto: que el lenguaje de un voto era «el que» o «si», «yo hago (u otro hace) esto», «si como» (שאני אוכל); mientras que el del juramento era una simple afirmación o negación (לא אוכל): «no comeré» (Jer. Ned. *u.s.*). Por otra parte, la interdicción o prohibición podía referirse a una de estas tres cosas: las dedicadas al uso del sacerdocio, las dedicadas a Dios, o bien a una frase pronunciada por el Sanedrín (Tos. Arakh. iv.). En todo caso, no era legal la interdicción de toda la propiedad de uno, ni aun una clase entera de propiedad (como todas las ovejas de uno), ni aun lo que no se podía considerar como propio en el sentido más pleno como «la propiedad» de uno, como era un hijo, un esclavo hebreo o un campo comprado, que había que restituir al año del Jubileo; mientras que un campo heredado, si era interdicto, pasaba al uso, a perpetuidad, del sacerdocio. De modo similar, la Ley limitaba los votos. Quedaban declarados nulos los votos que intentaban incitar a un acto (como por parte de uno que vendía una cosa), o por medio de exageración, o en casos de equivocación; y, finalmente, los votos que las circunstancias hacían imposibles. A estas cuatro clases, la Mishnah añadía los votos hechos para escapar de asesinato, robo, o exacciones de los publicanos. Si un voto era considerado precipitado o falso, se procuraba (פיתחן) abrir una puerta para el arrepentimiento (Ned. ix. y otros). La absolución de un voto se podía obtener de un «sabio», o en su ausencia de tres legos (Maimónides, *u.s.* Hilk. Shebh. v. 1), y en estos casos todas las obligaciones quedaban nulas y extinguidas. Al mismo tiempo, la Mishnah (Chag. i. 8) admitía que este poder de absolver de votos era una tradición que colgaba, por así decirlo, en el aire,[23] puesto que recibía muy poco apoyo (o según Maimónides ninguno) de las Escrituras.[24]

No puede haber duda de que las palabras de Cristo se referían a estos votos de obligación personal. Por medio de ellos una persona podía atarse u obligarse con referencia a hombres o cosas, o bien poner lo que era de otro fuera de su propio alcance, o lo que era suyo propio fuera del alcance de otros, y esto de modo tan completo como si la cosa o cosas hubieran sido *Qorban,* o un don presentado a Dios. Así, al decir «Qonam», o «Qorban esto por lo cual yo pueda beneficiarme de ti», una persona podía obligarse a no tocar, probar o tener nada que ver con la persona a que se había dirigido. De modo similar, al decir «Qorban esto, por lo cual tú puedas beneficiarte de mí», impedía a la persona a la cual se dirigía que pudiera sacar ningún beneficio de aquello que le pertenecía. Y tan astringente era la ordenanza que (casi en las palabras de Cristo) expresamente se afirma que

---

21. Según Ned. 10 *a,* los rabinos inventaron esta palabra en vez de «*Qorban* al Señor» (Lv. 1:2), a fin de no tomar el nombre del Señor en vano.

22. Ver Maimónides, Yad haChas., Hilkh. Ned. i. 1, 2.

23. Esto es en conjunto una Mishnah muy curiosa. Añade al comentario citado en el texto otra admisión significativa: que las leyes sobre el sábado, las ofrendas festivas y la malversación de cosas dedicadas a Dios «eran como montañas colgando de un cabello», puesto que la Escritura es escasa sobre estas cosas, mientras que en las leyes tradicionales es abundante.

24. Sobre el tema de los votos ver también «The Temple and its Services», pp. 322-326. El estudioso puede consultar Siphré, *Par. Mattoth,* pp. 55 *b* a 58 *b.*

un voto así era obligatorio aun cuando el voto se hiciera implicando una infracción de la Ley (Ned. ii. 2). No puede negarse que estos votos con respecto a los padres eran también obligatorios y que realmente se hacían con determinada frecuencia.[25] Verdaderamente, se discute en la Mishnah de modo específico la cuestión de si «honrar a padre y madre» (אביו ואמוכבוד) «constituía una base para invalidar un voto, y se decide en sentido negativo con sólo una voz de disentimiento» (Ned. ix. 1). Y por si acaso hubiera dudas todavía, se relata un caso en la Mishnah (Ned. v.) en que un padre fue excluido por el voto de un hijo de todo aquello de que podría haberse beneficiado de él (שֶׁהיה אביו מֻדר הֵימֶנּוּ הַנאה).[26] Así, la acusación presentada por Cristo está en completo acuerdo con los hechos del caso. Más que esto, el modo en que lo presenta Marcos muestra el conocimiento más preciso de las costumbres y la ley judaica. Porque la adición, al parecer inapropiada, a la mención de nuestro Señor del Quinto Mandamiento de las palabras: «Y el que hable mal de su padre o madre, que muera sin remisión» (Éx. 21:17) no sólo queda explicada, sino justificada por el uso común de los rabinos de mencionar, junto con el mandamiento, el castigo correspondiente a su infracción, como para indicar la importancia que le da la Escritura. Por otra parte, las palabras de Marcos: «Cualquier cosa que pudieses beneficiarte de mí es Qorban» –es decir, ofrenda a Dios– son una transcripción exacta en griego de la fórmula para ofrecer un voto, tal como la dan la Mishnah y el Talmud (קָרְבָּן שֶׁאַתָּה נֶהֱנֶה לִי).[27]

Pero Cristo no puso en evidencia meramente la hipocresía del sistema del tradicionalismo al mezclar, en el nombre de la religión, la puntillosidad más extremada con las infracciones más burdas del deber real. Por desgracia, nunca quedó más claramente vindicado el aspecto de la profecía que veía el futuro en el presente que en las palabras de Isaías a Israel que ahora aparecían en su cumplimiento final: «Este pueblo de labios me honra, pero su corazón está lejos de mí. Sin embargo, en vano me adoran, enseñando doctrinas y mandamientos de hombres».[28] Pero al desenmascarar así por primera vez el carácter real del tradicionalismo y ponerse Él mismo en oposición franca a sus principios fundamentales, el Cristo enunciaba también por primera vez el principio fundamental de su propia interpretación de la Ley. Esta Ley no era un sistema de externalismo en el cual las cosas externas afectaban al hombre interior. Era oral y se dirigía al hombre como un ser moral: a su corazón y conciencia. Como la fuente de toda acción moral se hallaba dentro, así el modo en que afectaba tenía que ser interno. No desde fuera a dentro, sino desde dentro a fuera: éste era el principio del nuevo Reino, al presentar la Ley en su cumplimiento y cumpliéndola. «No hay nada fuera del hombre[29] que entrando en él pueda contaminarle, sino que lo que sale del hombre es lo que contamina al hombre».[30] No sólo negativamente, sino también de forma positiva, era éste el principio fundamental de la práctica cristiana, en contraste directo con la del Judaísmo farisaico. Es en esta radical oposición de principios, más bien que en los detalles, que hay la diferencia inexpresable entre Cristo y los maestros de su tiempo. Y esto no es todo. Porque el principio establecido por Cristo respecto a lo que entra de fuera y lo que sale de dentro, cubre en su plena aplicación no sólo el principio de la libertad cristiana con respecto a la Ley mosaica, sino que toca cuestiones más profundas y permanentes, afectando no sólo a los judíos, sino a todos los hombres en todos los tiempos.

Según leemos, la discusión a la cual se ha hecho una referencia tan plena había tenido lugar entre los escribas y el Señor, en tanto que la multitud estaba un poco distante. Pero cuando enunció el gran principio que constituía la verdadera contaminación, leemos: «Y llamando de nuevo a la multitud» (Mt. 15:10; Mr. 7:14). Fue probablemente mientras seguía su camino hacia Capernaum, cuando ya había terminado esta conversación, que después sus discípulos le informaron de que los fariseos se habían ofendido porque había dicho esto a la multitud. Incluso esto implica la debilidad de sus discípulos: que no sólo estaban influidos por la opinión buena o mala de estos dirigentes religiosos del pueblo, sino que en cierta medida simpatizaban con sus puntos de vista. Todo lo cual es muy natural, y nos pone de-lante que eran personas reales, no imaginarias, lo cual presta evidencia en favor del relato. La respuesta que el Señor dio a los discípulos tiene un aspecto doble: el de aviso solemne referente al destino inevitable de toda planta que Dios no ha plantado, y el de aviso referente al carácter y resultado de la enseñanza farisaica, ya que se trata de un ciego que guía a otro ciego,[31] y tiene que terminar en un desastre para los dos.

Pero incluso así las palabras de Cristo, al ser transcritas en el Evangelio, nos producen la impresión de que sonaron extrañas y difíciles para los discípulos; tan veraz y natural es el relato. Pero eran hombres sinceros, genuinos; y cuando llegaron a la casa en Capernaum, Pedro, el más valeroso de todos, tomó la palabra –con el temor mezclado de reverencia que, a pesar de la familiaridad necesaria, parece que siempre subsistió entre el Maestro y sus discípulos. Y la existencia de esta reserva reverencial en tales circunstancias, cuando la consideramos es todavía otra evidencia del carácter divino de Cristo, así como la alusión implicada a la misma en el relato es otra prueba no planeada de su veracidad. Y de este modo, Pedro pidió para sí y para sus compañeros una explicación de lo que le parecía una parábola en las enseñanzas del Maestro. La recibió de modo pleno. Verdaderamente, había una parte en la enseñanza del Señor que estaba en conformidad con las miras elevadas de los rabinos. Los pecados que Cristo pone delante de ellos como pecados del hombre interno y externo,[32] y de lo que los une a los dos: nuestra relación

---

25. No puedo por menos que sorprenderme de que Wünsche exprese dudas sobre ello. Lo admite plenamente Levy, *Targ. Wörterb.* sub קרבן.

26. En este caso, el hijo, deseoso de que su padre participara en las festividades de su boda, se propuso entregar a un amigo el patio en que había de celebrarse el banquete, y éste mismo, pero sólo con el propósito de que su padre pudiera comer y beber con él. La propuesta fue rehusada por implicar pecado, y después el punto fue discutido y confirmado, implicándose que en ninguna circunstancia podía un padre participar de nada perteneciente a su hijo, si había pronunciado un voto así, siendo la única posible atenuación o relajación la de que, en caso de morir realmente de hambre («si no tiene nada que comer»), el hijo puede hacerle un presente a una tercera persona, y el padre puede recibirlo de éste.

27. Se han propuesto otras traducciones, pero la que se da arriba es tomada del Ned. viii. 7, con sólo el cambio de *Qonam* por *Qorban*.

28. Esta cita es un «Targum», que en la última cláusula sigue casi completamente la Septuaginta.

29. Nótese la contracción del artículo definido.

30. Las palabras de Marcos 7:16 son de autenticidad muy dudosa.

31. Parece que estos dos dichos eran proverbios en aquel tiempo, aunque no puedo citar ningún pasaje en los escritos judaicos en que ocurran en la misma forma.

32. En Marcos 7:21 los resultados de los «malos pensamientos» están ordenados en grupos de cuatro, caracterizados como en el texto; mientras que en Mateo 15:19 parece seguirse el orden de los diez mandamientos. El relato de Marcos es más pleno. En ambos relatos, la expresión «blasfemia» (βλασφημία) parece referirse a las calumnias y maledicencias contra el prójimo.

a los demás, eran el resultado de los «malos pensamientos». Y esto por lo menos lo enseñaban los rabinos explicando, con mucho detalle, en qué forma el corazón era a la vez la fuente de fuerza y de debilidad, de pensamientos buenos y malos, amaba y aborrecía, envidiaba, lujuriaba y engañaba, probando cada afirmación con la Escritura (Midr. sobre Ec. 1:16). Pero nunca antes se habían dado cuenta ellos de que nada de lo que entraba desde fuera podía contaminar al hombre. Menos aún podían percibir la inferencia final que Marcos, mucho después, sacó de la enseñanza del Señor: «Esto dijo, haciendo todos los alimentos puros».[33]

Todavía en otra ocasión Pedro tenía que aprender esta lección cuando, resistiéndose a la enseñanza de la visión del lienzo que bajaba del cielo, se le hizo callar con: «Lo que Dios limpió, no lo llames tú común» (Hch. 10:15). No sólo el espíritu del legalismo, sino los mismos términos «común» (con referencia a las manos sin lavar) y «hacer limpio» son los mismos. Y no tenemos por que extrañarnos de esto si la visión de Pedro fue real y no inventada como nos dice el criticismo negativo, para hacer que un Pedro de su imaginación, apóstol de los judíos, hable y actúe como Pablo. Bajo esta hipótesis, la correspondencia de pensamiento y expresión parecería verdaderamente inexplicable; pero de ser real, el Pedro que tuvo la visión está comunicando a través de Marcos la enseñanza que hay debajo de la plática de Jesús, cuando recordaba el suceso y sacaba del mismo la inferencia que no había entendido entonces: «Esto dijo, haciendo todos los alimentos puros».

Una lección muy difícil de aprender para un judío, y para uno como Pedro, y más aún para nosotros. Y todavía, por tercera vez, tiene Pedro que aprenderla cuando, en su temor de los judaizantes de Jerusalén, hizo común lo que Dios había purificado, se preocupaba de las manos no lavadas y se olvidaba de que el Señor había hecho limpios todos los alimentos. Terrible en verdad tiene que haber sido la pugna que siguió entre Pablo y Pedro. Dieciocho siglos más tarde, y esta contienda fatal es todavía el campo de batalla de ataques teológicos contra la verdad.[34] Dieciocho siglos, y dentro de la Iglesia la lucha continúa. Los hermanos forcejean y se apartan uno de otro porque insisten en que es necesario algo en sí indiferente: el no comer con las manos sin limpiar, olvidándose de que Él ha hecho puros todos los alimentos para aquél que está limpio tanto interior como espiritualmente.

33. He aceptado esta traducción de las palabras, propuesta primero por san Crisóstomo, aunque no sin reservas. Pues hay una objeción fuerte a ella de los usos y modos de ver judaicos. La afirmación en Ber. 61 *a*, última línea: «El esófago es causa de que entre o salga toda clase de comida» (ושט מכניס ומוציא כל מיני מאכל) parece implicar que las palabras de Cristo eran una expresión en forma de proverbio. La idea talmúdica está basada en una noción fisiológica curiosa (Midr. sobre Ec. 7:19): que el alimento pasa del esófago, primero, al intestino grueso (Hemses, המסס, quizás = *omasum*), donde se suponía que era triturado como en un molino (Vayyik. R. 4, 18; Midr. sobre Ec. 12:3), y de ahí, a través de varios órganos, al estómago propiamente dicho (Por lo que se refiere al proceso en los animales, ver Lewysohn, *Zool. d. Talm.*, pp. 37-40.). Puede interesar a los estudiosos que la palabra extraña *ἀφεδρών*, del establo, parece corresponder a la rabínica *Aphidra* (אפידרא), que Levy traduce por «suelo del establo formado por excrementos de animales pisoteados y amasados en una masa dura».

34. Naturalmente, es bien conocido que el razonamiento de la escuela de Tubinga y la teología negativa afín se basan en una supuesta oposición de contrariedad entre la dirección de Pedro y la de Pablo, y que ésta se basa principalmente en el suceso ocurrido en Antioquía, mencionado en Gálatas 2:11ss.

Capítulo 32

(Juan 6:22-71)[1]

La gran crisis en el sentimiento popular

La narración vuelve a tratar ahora de los que la noche previa después de la comida milagrosa habían sido «enviados» a sus casas. Recordamos que éste había sido un intento abortivo por parte de ellos de tomar a Jesús por la fuerza y hacerle Mesías-Rey. Podemos entender que la resistencia efectiva de Jesús a sus propósitos no sólo había debilitado, sino en gran medida neutralizado el efecto producido por el milagro en los que lo habían presenciado. De hecho, vemos esta repulsa como el punto en que se inicia el cambio en la marea del entusiasmo popular. Recordemos que ideas y expectativas de carácter totalmente externo habían adherido al Mesías en sus sueños. Por fin, mediante un milagro tan notorio como el de dar el maná en el desierto, el entusiasmo se había caldeado al rojo vivo, y había millares que estaban decididos a renunciar a su peregrinaje para celebrar la Pascua y allí mismo proclamar Rey de Israel al Maestro de Galilea. Si Él era el Mesías, éste era su título legítimo. ¿Por qué, pues, Él les había resistido de modo tan resuelto? En su ignorancia de las ideas de Él respecto a su Realeza, ellos naturalmente habían concluido que tenía que tratarse de temor, de un malentendido, de falta de confianza en sí mismo. En todo caso, Él no podía ser el Mesías si no era al mismo tiempo el Rey de Israel. El entusiasmo de esta clase, una vez ha sido reprimido, ya no puede encandilarse de nuevo. A partir de entonces hubo malentendidos, dudas y defecciones continuas entre sus antiguos adherentes, que se transformaron en oposición y odio hasta la muerte. Incluso para aquellos que no adoptaron esta posición, tanto Jesús como sus palabras y obras, fueron a partir de entonces un misterio permanente.[2] Y así fue que la mañana que siguió a la comida milagrosa, la gran mayoría de los que habían sido alimentados se hallaban en sus casas o de camino a la Pascua de Jerusalén. Sólo relativamente unos pocos regresaron a buscar a Aquél de cuya mano habían comido pan. E incluso para ellos, como muestra la conversación posterior, Jesús era un misterio. No podían dejar de creer, pero tampoco podían creer; y buscaban una «señal» que los guiara, y una explicación que les diera comprensión. Sin embargo, entre ellos había una selección tal de gracia que todos los que el Padre le había dado podían llegar a Él, y todos aquellos que en un acto de fe personal, decidido y querido por determinación de la convicción propia, acudieran, de ninguna manera serían rechazados por Él.

Es solamente esta interpretación del estado mental y moral de aquellos que la mañana después de la comida acudieron a Jesús la que puede explicar las preguntas y respuestas de la entrevista en Capernaum. Tal como leemos: «El día siguiente, la gente que se había quedado al otro lado del mar vio que Jesús no estaba allí, ni sus discípulos» (vv. 22, 24). Pero de dos hechos estaban seguros. Sabían que la tarde anterior sólo había venido una barca, trayendo a Jesús y a sus discípulos; y que Jesús no había regresado con sus discípulos porque los había enviado solos, mientras Jesús se quedaba para despedir al gentío. En estas circunstancias, probablemente se imaginaron que Cristo había regresado a pie por tierra, ya que naturalmente no sabían nada del milagro ocurrido durante la noche. Pero el viento había sido contrario a los discípulos y, por tanto, había empujado a la orilla oriental (de la que habían salido) a un gran número de barcas de pesca de Tiberias (y ésta es una de las confirmaciones no planeadas del relato). Ellos alquilaron estas barcas y fueron a Capernaum, inquiriendo acerca de Jesús. Tanto si le encontraron aquel viernes por la tarde cuando Él regresaba desde Genezaret –lo cual es probable por la expresión usada por Juan 6:25– o le esperaron a que llegara a Capernaum, no es de mucha importancia. De modo similar, es difícil decidir si la conversación y el discurso bosquejado de Cristo tuvo lugar en una ocasión o en varias: el viernes por la tarde, o el sábado por la mañana, o sólo el sábado. Todo lo que sabemos como cierto es que la última parte por lo menos (Jn. 6:53-58) fue pronunciada en la Sinagoga cuando enseñaba en Capernaum (v. 59). Se ha indicado con razón que «hay evidencia de una ruptura después del v. 40 y después del v. 51» (Westcott, *ad loc.*). Probablemente la sucesión de los acontecimientos puede haber sido que parte de lo que Juan relata (6:25-65) tuviera lugar cuando los que habían cruzado el lago encontraron a Jesús (vv. 25-36), parte durante el camino y al entrar en la Sinagoga (vv. 41-52), y parte cuando Él habló en su discurso (vv. 52-59), y luego después de la defección de algunos de sus antiguos discípulos (vv. 61-71). Pero sólo podemos sugerir esta ordenación, puesto que habría sido compatible con la costumbre judaica: que la mayor parte hubiera tenido lugar en la misma Sinagoga, y que las preguntas y objeciones de los judíos sean comentarios irregulares que acompañaran sus palabras, o bien expresiones presentadas durante interrupciones o a la conclusión de su enseñanza.

Los últimos discursos en la Sinagoga de Capernaum

Sin embargo, esto es un requisito primario: que lo que de Cristo se nos presenta como dicho por Cristo tiene que haber sido apropiado a sus oyentes de forma que tuviera interés para ellos según lo que sabían, y también pudieran entenderlo. Hay que tener esto en cuenta, incluso admitiendo que el evangelista escribió su Evangelio a la luz de un conocimiento posterior y más pleno, y para la instrucción de la Iglesia Cristiana, y que puede haber interrupciones y omisiones en lo que se nos informa en comparación con el discurso original que, cuando fue pronunciado completo, sería mucho más fácil de comprender para un judío. Por otra parte, hemos de recordar todas las circunstancias del caso. El discurso a que nos referimos fue pronunciado en la ciudad que había sido escenario de tantos de los grandes milagros de Cristo, y el centro de su enseñanza, en la Sinagoga edificada por el buen centurión y de la que Jairo era el dirigente principal. Aquí tenemos las condiciones externas e internas para incluso la enseñanza más avanzada de Cristo. Además, fue pronunciado bajo una doble condición moral, a la cual podemos esperar que se adaptara el discurso

---

1. Se recomienda de modo especial la lectura de este capítulo juntamente con la del texto de la Escritura.

2. Esto nos recuerda involuntariamente el destino de Elías, en la mañana después del milagro del monte Carmelo. Pero ¡qué diferente fue la conducta de Cristo de la del gran profeta!

de Cristo. Porque primero fue después de aquella alimentación milagrosa que había exaltado el entusiasmo popular a su punto culminante, y también tras el desengaño y contrariedad de sus esperanzas judaicas a causa de la resistencia decisiva de Cristo a su proclamación como Mesías. Ahora habían venido a «buscar a Jesús» en todo el sentido de la palabra. No sabían qué hacer de aquellos hechos contradictorios e irreconciliables; venían porque habían comido pan y pescado, sin ver en ello «señales» (v. 26). Y por tanto, vinieron a buscar una señal que pudieran percibir, y una enseñanza que lo interpretara de modo que lo pudieran comprender. Exteriormente –debido a lo que había acontecido– estaban preparados para la enseñanza más elevada, a la cual los sucesos precedentes habían llevado y, por tanto, tenían que recibirla si la había. Pero no estaban preparados para ella interiormente; no podían, pues, entenderla. En segundo lugar, y en conexión con ello, hemos de recordar que se habían alcanzado dos puntos elevados: por parte del pueblo, que Jesús era el Rey Mesías; y por la compañía de la barca, que Él era el Hijo de Dios. Por imperfecta que hubiera sido la aprehensión de estas verdades, con todo, la enseñanza de Cristo, si había de ser progresiva, tenía que empezar a partir de ellas, y luego señalar más adelante y hacia arriba. En esta expectativa no vamos a ser decepcionados. Y si al lado de todo esto hallamos alusiones a ideas y modos de ver peculiarmente judaicos, éstos no sólo servirán para confirmarnos el relato evangélico, sino que nos proporcionarán evidencia adicional de la paternidad judaica del cuarto Evangelio.

1. La pregunta (Jn. 6:25, 29): «Rabí, ¿cuándo llegaste acá?» con la cual le saludan los de la orilla oriental, parece implicar que estaban perplejos sobre esto, y que algunos tal vez habían oído algún rumor vago del milagro de su regreso a la orilla occidental. Y fue el comienzo de este anhelo que les acuciaba, por lo milagroso, lo que el Señor había de reprender tan severamente. En sus propias palabras: ellos le buscaban «no porque habían visto señales», sino porque «habían comido pan» y, en su búsqueda de lo milagroso, «se habían saciado».[3] Lo que les había traído no era que habían discernido, o bien un mensaje más elevado de aquel milagro, o al Hijo de Dios, sino las expectativas judaicas carnales que les habían llevado a querer proclamarle Rey. Lo que esperaban era el Reino de Dios –no en justicia, gozo y paz en el Espíritu Santo, sino en comida y bebida–, un reino con banquetes milagrosos en el desierto y triunfos milagrosos burdos sobre los gentiles. Sin hablar del banquete fabuloso mesiánico que era esperado con un realismo sensual, o las hazañas que anhelaba, realismo en que cada figura con que los profetas habían revestido el fulgor de aquellos días había sido primero literalizada, y luego exagerada, hasta que las descripciones poéticas más gloriosas se hubieron vuelto caricaturas repulsivamente incongruentes de la expectativa espiritual mesiánica. Los árboles frutales tenían que rendir cada día, o a lo más cada semana, o a semanas alternas, sus frutos; los campos, sus cosechas (Shabb. 20 *b;* Jer. Sheqal. vi. 2); el grano crecería como palmeras, y sería recogido y trillado sin esfuerzo (Kethub. 111 *b*), y cada producto de cada clima sería hallado en Palestina en una abundancia y lozanía como sólo podía concebir la imaginación más desbocada.

Éstos eran los pensamientos carnales acerca del Mesías en su Reino, por parte de aquellos que buscaban a Jesús porque «habían comido y se habían saciado». Qué contraste entre ellos y el Cristo cuando éste les disuadía de la búsqueda de esta comida, invitándoles «a trabajar por la comida que Él les daría», no meramente como Mesías judío, sino como el «Hijo del Hombre». Y con todo, al pronunciar esta extraña verdad, Jesús podía apelar a algo que ellos sabían cuando añadió: «porque a éste acreditó con su sello Dios el Padre». Palabras que parecían casi inexplicables en este contexto, pero que se hacen claras cuando recordamos que ésta era una expresión judía bien conocida. Según los rabinos, «el sello de Dios era la *Verdad (AeMeTH)*», siendo las tres letras de las cuales esta palabra se componía en hebreo (שמת), como se solía indicar de modo significativo, la primera, la de en medio y la última del alfabeto (Jer. Sanh. 18 *a;* Ber. R. 81). Así, las palabras de Cristo transmitirían a sus oyentes la idea de que para la comida verdadera, que permanecería para vida eterna –para el banquete mesiánico, mejor–, tenían que acudir a Él, porque Dios había imprimido sobre Él su propio sello de verdad, y con ello había hecho auténtica su enseñanza y su misión.

De paso hacemos notar que ésta es una alusión judaica que sólo un escritor judío (no un Evangelio efesio) podría haber registrado. Pero no es en modo alguno la única. Casi parece un destello súbito de luz, como si estuvieran poniendo su mano para el Sello divino, cuando ahora le preguntan qué tienen que hacer a fin de poner en práctica las obras de Dios. Sin embargo, este rayo de luz parece extrañamente refractado cuando ellos ponen en conexión las obras de Dios con su propio hacer. Y Cristo les dirige como antes, sólo que más claramente, a Él mismo. Para hacer las obras de Dios no tienen que hacer ninguna otra cosa que creer en Él, a quien Dios había enviado. Su doble error consistía en imaginarse que ellos podían hacer las obras de Dios, y esto por medios suyos propios. Por otra parte, Cristo quería enseñarles que estas obras de Dios eran independientes de las del hombre, y que serían realizadas mediante la fe del hombre en la misión del Cristo.

2. Tenemos la impresión de que lo que sigue ahora (Jn. 6:30-36) tuvo lugar en algún momento diferente, quizá camino de la Sinagoga. Es una circunstancia notable que, entre las ruinas de la Sinagoga de Capernaum, se haya descubierto el dintel de la misma, y que haya en él grabada la vasija de maná, adornada con una orla de pámpanos y racimos de uvas. Aquí, pues, había los emblemas externos que se unirían con la enseñanza del Señor aquel día. La alimentación milagrosa de la multitud en el «lugar desierto» el atardecer anterior, y los pensamientos sobre el Mesías que se juntaban alrededor de la misma, sugerirían de modo natural a la mente de ellos el recuerdo del maná. Este maná, que era el alimento de los ángeles destilado (como ellos imaginaban) de la luz superior, «el rocío de arriba» (Yoma 75 *b*) –alimento milagroso, de sabores variados, y apto para toda edad, según era el deseo o condición del que lo comía (Shem. R. 25), pero amargura para los paladares gentiles–, esperaban que el Mesías lo traería de nuevo del cielo. Porque todo lo que había hecho el primer libertador, Moisés, también lo haría el segundo, el Mesías (Midr. sobre Ec. 1:9). Y aquí, en su Sinagoga, había la vasija de maná, símbolo de lo que Dios había hecho, arras de lo que haría el Mesías: ¡la vasija de maná que estaba ahora entre las cosas escondidas pero que Elías, cuando viniera, restauraría otra vez!

Aquí había, pues, una señal verdadera. A su modo de ver, los sucesos del día anterior tenían que haber llevado a alguna señal así, si tenían algún significado real. Se les había dicho que creyeran en Él por haber sido declarado genuino

3. El canón. Westcott hace notar el realismo intencional de la palabra elegida: «Literalmente, "estaban saciados con la comida como los animales con forraje"» –ἐχορτάσφητε.

por Dios con el sello de la verdad, y era el que les daría a comer la vida eterna. ¿Por medio de qué señal iba a corroborar el Cristo su afirmación, para que pudieran verla y creer? ¿Qué obra haría como prueba de su pretensión? Sus padres habían comido el maná del desierto. Para entender el razonamiento de los judíos, implicado pero no expresado plenamente, como también la respuesta de Jesús, es necesario tener en cuenta que era una opinión expresada con frecuencia y muy antigua (lo que –de paso– es otra prueba de autenticidad del relato), que aunque Dios les había dado a ellos este pan del cielo, con todo, les fue dado por los méritos de Moisés, y cesó con su muerte (Targ. Pseudo-Jon. sobre Dt. 34:8; Taan. 9 *a*). Esto es probablemente lo que estaban pensando los judíos cuando preguntaron: «¿Qué señal haces tú?»; y éste era el significado de la enfática afirmación de Cristo: que «*no* fue Moisés quien os dio el pan del cielo». Entonces, por medio de lo que con toda reverencia puede ser aún designado como un giro del pensamiento judaico –que sólo puede ser plenamente apreciado por los que están familiarizados con la literatura judaica, y que sólo un judío puede haber insertado en su Evangelio–, el Salvador hace una aplicación completamente diferente del maná, pero que para ellos era familiar. Moisés no se lo había dado –sus méritos no lo habían procurado–, sino que era su Padre quien les había dado el pan del cielo. «Porque», como les explicó, «el pan de Dios es el[4] que descendió del cielo y da vida al mundo». Además, la misma tradición rabínica que describía en términos tan gloriosos las maravillas del maná explicaba igualmente el otro significado suyo real, que consistía en esto: si la Sabiduría había dicho: «Come mi pan y bebe mi vino» (Pr. 9:5), esto indicaba que el maná y la provisión milagrosa de agua habían sido la consecuencia de que Israel aceptara la Ley y los mandamientos (Shem. R. 25), porque el verdadero pan del cielo era la Ley (comp. Chag. 14 *a*).[5]

Era una apelación que los judíos entendieron y a la que no podían por menos que responder. Sin embargo, esta actitud duró sólo un instante. Como Jesús, en respuesta a su petición de que Él les diera siempre de este pan, una vez más les dirigió a sí mismo –de las obras de los hombres a las obras de Dios y la fe–, el rayo pasajero de esperanza espiritual quedó apagado, porque ellos le habían visto y, no obstante, «no creían en Él».

Con estas palabras, mezcla de tristeza y juicio, Jesús se apartó de los que le hacían preguntas. Las palabras solemnes que siguen (Jn. 6:37-40) no pudo haberlas dicho a la multitud, puesto que tampoco las habrían entendido. En consecuencia, hallamos que cuando vuelve a introducirse la conversación con los judíos (v. 41) recoge el hilo donde había sido interrumpido, cuando Jesús habla de sí mismo como el Pan que había descendido del cielo. Si ellos hubieran escuchado lo que en nuestra opinión Jesús dijo sólo a sus discípulos, sus objeciones se habrían dirigido más allá meramente de la incongruidad de la pretensión de Cristo de haber descendido del cielo.[6]

4. Debe entenderse «el» o «aquel» en el sentido de «aquel pan», no de «Aquél» (su persona). Esto es importante para entender el versículo y el argumento usado por Jesús. Los judíos podían entender lo primero, pero no habrían admitido lo segundo.

5. En la Midrash sobre Eclesiastés 2:24; 3:12; 8:15 se nos dice que cuando en Eclesiastés leemos sobre comer y beber, siempre se refiere a la Ley y a las buenas obras.

6. Después de haber llegado a esta conclusión, veo que el canón. Westcott ha expresado las mismas ideas, y estoy contento al verme corroborado por una autoridad tan grande.

«La pregunta (Jn. 6:25, 29): 'Rabí, ¿cuándo llegaste acá?' con la cual le saludan los de la orilla oriental, parece implicar que estaban perplejos sobre esto, y que algunos tal vez habían oído algún rumor vago del milagro de su regreso a la orilla occidental. Y fue el comienzo de este anhelo que les acuciaba, por lo milagroso, lo que el Señor había de reprender tan severamente. En sus propias palabras: ellos le buscaban 'no porque habían visto señales', sino porque 'habían comido pan' y, en su búsqueda de lo milagroso, 'se habían saciado'. Lo que les había traído no era que habían discernido, o bien un mensaje más elevado de aquel milagro, o al Hijo de Dios, sino las expectativas judaicas carnales que les habían llevado a querer proclamarle Rey».

Jesús escapa al entusiasmo de las muchedumbres y se retira solo. La pregunta con la que le saludan en la orilla oriental del lago hace ver su perplejidad.
Esta imagen del mar de Galilea pertenece a la parte de la costa oriental.

3. Con referencia a estas palabras de Cristo, pues, que fueron dirigidas a los discípulos, no hay realmente en ellas nada que se halle más allá de su punto de vista, aunque abren nuevas vistas en el horizonte distante. Ellos tenían la experiencia de haber visto la resurrección del joven de Naín, y allí en Capernaum a la hija de Jairo. Además, creyendo que Jesús era el Mesías, no tenía por que ser extraño o nuevo para ellos como judíos –aunque no aceptado comúnmente– que Él, al fin del mundo, resucitaría a los muertos piadosos.[7] En realidad, uno de los nombres dados al Mesías era el de *Yinnon*, según el Salmo 72:17 (Sanh. 98 *b*); ha sido derivado por algunos como procedente de esta expectativa (Midrash sobre el Salmo 93:1. Pirqé de R. Eliez. 32, ed. Lemb., p. 39 *b*). Además, Él dijo que no era la Ley, sino su persona, el pan que descendió del cielo y daba vida no sólo a los judíos, sino a todo el mundo; y ellos le habían visto y no habían creído. Y que el propósito de amor de Dios se realizaría en la totalidad de su verdadero pueblo, y su realidad gloriosa sería experimentada por cada uno de los individuos del mismo: «Todo lo que el Padre me da (el número total, παν ὅ), vendrá a mí, y al que a mí viene, de ningún modo le echaré fuera». Lo que sigue es meramente establecer en todas direcciones y hasta sus más plenas consecuencias este principio fundamental doble. La totalidad de los que Dios le había dado llegaría a Él, a pesar de todos los obstáculos, porque el objeto de su venida era hacer la voluntad de su Padre; y los que irían a Él no los echaría fuera, porque la voluntad de Aquél que le había enviado, y que Él había venido a hacer, era que «todos los que le había dado» Él «no los pierda, sino que los resucite en el día postrero». Una vez más, la totalidad –todos– de los que llegaran a Él, puesto que era la voluntad de Aquél que le había enviado a Él, que «todo aquel, que mira al Hijo y cree en Él tenga vida eterna»; y los que irían a Él no serían echados fuera, puesto que ésta era su misión y promesa como el Cristo con respecto a cada uno: «Y yo le resucitaré en el último día» (Jn. 6:40).

Aunque estas afirmaciones maravillosas llegan mucho más allá del presente horizonte de sus discípulos, e incluso de los extremos últimos de la revelación ulterior y del conocimiento cristiano, no hay nada en ellas que hubiera parecido extraño o ininteligible, en absoluto, a los que las escucharon. Dada la creencia en la mesianidad de Jesús y su misión por el Padre; dada la experiencia de lo que había hecho, y quizá, hasta cierto punto, la expectativa judaica de lo que el Mesías haría en el último día; y todo esto dirigido o corregido por el conocimiento referente a su obra que su enseñanza les había impartido, las palabras eran inteligibles y muy apropiadas, aunque a ellos no les comunicarían todo lo que nos comunican a nosotros. Si pudiera usarse una ilustración, al parecer, tan incongruente, estaban mirando por un telescopio que todavía no había sido enfocado y veían los mismos objetos, aunque diminutos y de otra manera que los vemos nosotros, ya que para nosotros la mano del tiempo ha venido enfocando plenamente aquello que, tanto ellos como nosotros los que creemos, miramos con los ojos fijos en el Hijo.

4. Lo que viene ahora (Jn. 6:41-51) fue dicho a «los judíos», y puede haberlo sido cuando entraban en la Sinagoga. Para los que no habían sido iluminados espiritualmente, el punto de la dificultad parecía ser cómo podía Cristo pretender ser el pan que había descendido del cielo.

---

7. Pero no un muerto aquí y otro allá. En general, se ha discutido ya esta cuestión de la creencia judaica sobre este tema en el capítulo 26 de este libro.

Con la máxima buena voluntad, les era imposible negar que conocían a sus padres y su historia anterior,[8] y esto les prohibía cualquier interpretación literal de sus palabras. Pero esta incapacidad para comprender, hace salir de Cristo su enseñanza más elevada. Notamos el hecho análogo, y una enseñanza análoga, en el caso de Nicodemo (Westcott). Sólo que el suyo era un defecto de comprensión por ignorancia, y el de ellos una resistencia voluntaria a su manifestación; y, así, el tono hacia ellos es muy distinto del que utilizó para el rabino.

Notamos también que lo que dice ahora Jesús a los «judíos» es lo mismo en sustancia, aunque distinto en aplicación, de lo que había dicho a los discípulos. Esto no meramente con relación a la predicción mesiánica de la Resurrección, sino incluso en lo que Él declaró como el juicio de su murmuración. Las palabras «Nadie puede venir a mí, si el Padre que me envió no le atrae» presentan el anverso de lo dicho a los discípulos: «Todo lo que el Padre me da, vendrá a mí; y al que a mí viene, de ningún modo le echaré fuera». Porque, lejos de ser un juicio sobre la incredulidad judaica, habría sido una excusa de ella, y algo totalmente discordante con toda la enseñanza de Cristo, si se consideraba la incapacidad para acudir a Él como si no fuera personal y moral, es decir, que brotaba de su ignorancia y oposición a las cosas espirituales. Nadie puede ir de por sí a Cristo, excepto cuando el Padre «le atrae a Él»; tal es la condición de la mente y el corazón humano, que acudir a Cristo como un discípulo no es ciertamente una imposibilidad externa y física, pero sí lo es interna y moral. Y esta atracción no en el sentido de forzar o constreñir, sino en el de una influencia personal, moral, amorosa, y una revelación a la cual Cristo se refiere después cuando dice: «Y yo, si fuere levantado de la tierra, a todos atraeré a mí mismo» (Jn. 12:32).

Ni tampoco olvidó Jesús, cuando decía estas verdades elevadas enteramente no judaicas, que estaba diciéndolas a los judíos. La apelación a sus propios profetas era mucho más efectiva, porque la tradición judaica también aplicaba estas dos profecías (Is. 54:13; Jer. 31:34) a la enseñanza de Dios en la Edad Mesiánica (Is. 54:13 en Ber. R. 95 sobre Gn. 46:28; Jer. 31:34 en Yalk., vol. ii., p. 66 *d*). Pero la explicación de la manera y resultado de la enseñanza de Dios era nueva: «Así que, todo aquel que oyó al Padre, y aprendió de Él, viene a mí». Y esto, no por medio de algún contacto externo o realista con Dios, tal como ellos consideraban que fue el de Moisés en el pasado o esperaban para ellos mismos en los últimos días; sólo «el que vino de parte de Dios, éste ha visto al Padre». Pero incluso esto podía parecer demasiado general y sin una referencia exclusiva a Cristo. Así, también, podría parecer esta afirmación: «El que cree, tiene vida eterna». (Las palabras «en mí» son espurias). Pero no la aplicación final, en la cual es llevado el tema hasta su último aspecto y todo lo que podría haber parecido general o misterioso es presentado de modo patente. La personalidad de Cristo era el Pan de vida: «Yo soy el pan de la vida» (v. 48). El maná no había sido el pan de vida, porque los que lo comieron ya habían muerto y sus cadáveres habían quedado en el desierto. No ha de ser así con respecto al pan del cielo. El participar de este alimento era tener vida eterna, una vida que el pecado y la muerte de la incredulidad y el juicio no podían cortar como les había ocurrido a aquellos que habían comido el maná y murieron en el desierto. Era otro pan, mejor, que había venido del cielo en Cristo, y otra vida, mejor, inmortal, que estaba relacionada con él: «el pan que yo os daré es mi carne para la vida del mundo» (las palabras «que yo daré» son espurias).

5. Estas palabras tan profundamente significativas para nosotros, puesto que nos indican el verdadero significado de toda su enseñanza, deben sin duda haber sonado en extremo misteriosas para ellos. Con todo, el hecho de que se esforzaran por entender su significado, muestra que tienen que haber captado algún resplandor de comprensión de que se referían a su entrega personal o, como ellos habrían considerado, su martirio. Este último punto de vista se ve en el discurso final (vv. 53-58), que sabemos fue pronunciado en la Sinagoga, fuera antes, durante o después de su mensaje regular del sábado.

Cristo es el pan de vida

No era un mero martirio para la vida del mundo, del que participarían todos los que se beneficiarían del mismo, sino una comunión personal con Él. El comer la Carne y beber la Sangre del Hijo de Dios, ésta era la condición necesaria para asegurar la vida eterna. Es imposible no ver la referencia primaria de estas palabras a nuestra aplicación personal de su vida y pasión a la necesidad más profunda y al hambre de nuestras almas; y muy difícil también resistir el sentimiento que, de modo secundario,[9] se refiere a la Fiesta Santa, que manifiesta la Muerte y Pasión y es para todos los tiempos recuerdo, símbolo, sello y comunión. En esto también la mano de la Historia ha enfocado el telescopio; y cuando miramos por él, cada una de las palabras y frases derrama luz sobre la Cruz, y luz de la Cruz, transmitiéndonos este doble significado: su muerte y su celebración en el gran sacramento cristiano.

6. Pero para los que lo oyeron, e incluso para muchos de sus discípulos, tiene que haber sido una palabra dura. ¿Quién podía oír? Porque era un desengaño completo de todas sus ilusiones judaicas, una vuelta al revés total de todos sus pensamientos mesiánicos, y esto no meramente para aquellos cuyos modos de ver eran groseramente carnales, sino incluso para muchos que hasta aquí habían sido atraídos más cerca de Él. La «comida» y la «bebida» del cielo que tenían el sello divino de la «verdad», según la enseñanza de Cristo, no era «la Ley» ni tampoco los privilegios de Israel, sino la comunión en la persona de Jesús en aquel estado de humildad («el hijo de José», v. 42); es más, el martirio que sus palabras parecían indicar: «Mi carne es verdadera comida» (v. 55) y «mi sangre es verdadera bebida» (v. 56), e incluso lo que esta comunión aseguraba, consistía sólo en permanecer en Él y Él en ellos (v. 56); o, como ellos entenderían, en comunión íntima con Él, y participando de su condición e ideas. Éste era en verdad un Mesías y un Reino mesiánico totalmente diferentes de lo que ellos habían concebido y deseado.

Aunque no lo dijeron en voz alta, ésta era la piedra de ofensa en que tropezaron y cayeron. Y Jesús leía sus pensamientos. ¡Qué poco preparados estaban para recibir todo lo que todavía faltaba en relación con el Cristo, qué poco

8. Esta historia no la narra el cuarto Evangelio; pero, con alusiones como la presente, este Evangelio cubre toda la historia anterior de Jesús, y prueba que sus omisiones de hechos importantes de la historia de Jesús no son debidas a que el escritor del cuarto Evangelio los desconocía, ni al deseo de expresar con su silencio disentimiento de los relatos de los Sinópticos.

9. El canón. Westcott *(ad loc.)* muestra claramente que la referencia a la Santa Cena sólo puede ser secundaria. Nótese aquí en especial que en la última tenemos «el cuerpo», no «la carne» del Señor.

dispuestos para ello! Si tropezaban en esto, ¿qué ocurriría cuando contemplaran[10] los hechos mucho más misteriosos y no judaicos de la crucifixión y la ascensión del Mesías? (v. 62). Verdaderamente, no era de ningún provecho el seguirle exteriormente; sólo contaba la vivificación espiritual e interna, aun en el caso de quienes habían oído las palabras de Cristo, que eran espíritu y vida. Así, se hizo patente y del modo más pleno, que, hablando moralmente, era del todo imposible ir a Él, incluso si se escuchaban sus palabras, de no ser bajo la influencia de la gracia desde arriba (v. 65; comp. vv. 37, 44).

¿Queréis vosotros iros también?

Y así, ésta fue la gran crisis de la historia de Cristo. Hemos seguido el crecimiento y desarrollo gradual del movimiento de la gente hasta que la muerte del Bautista agitó el sentimiento popular hasta lo más profundo. Con su muerte parecía que la esperanza mesiánica, despertada por su predicación y testimonio a Cristo, iba desvaneciéndose. Fue un desengaño terrible, difícil de sobrellevar. Pero ahora faltaba ver si Jesús era realmente el Mesías. Sus palabras, pese a lo que decían los fariseos, parecían demostrarlo. Si era así, que se viera y lo mostrara dando golpe tras golpe, cada vez más efectivos, hasta que resonara el grito de victoria cuyos ecos se oirían por todo el mundo. Y eso parecía que iba a suceder. La alimentación milagrosa –el grito en el desierto de Hosanna al Rey Mesías galileo, de millares de voces galileas–, ¿qué podía ser sino el comienzo? Por ello el desengaño fue terrible: primero, en la represión del movimiento –por así decirlo, la retirada del Mesías, su abdicación voluntaria o, mejor, su derrota–; luego, el próximo día, la incongruencia de que un supuesto rey, cuyos seguidores, sin letras, en su ignorancia y descuido de las ordenanzas judaicas más sagradas, ultrajaron todos los sentimientos judíos, y cuya conducta en realidad fue justificada por su Maestro con un ataque general contra todo tradicionalismo, la base del Judaísmo; y luego, como podía verse ahora, ¡el desprecio de la religión, y, aun de la misma verdad común, al denunciar los votos solemnes! Éste era un Mesías a quien muy pocos –más todavía, prácticamente nadie– estaban dispuestos a reconocer (Mt. 15:12).

Aquí, pues, nos hallamos en una encrucijada de la que parten dos caminos; y precisamente porque era la hora de la decisión, Cristo presentó tan claramente las verdades más elevadas referentes a Él mismo, en oposición a los modos de ver que tenía la multitud sobre el Mesías. El resultado fue que hubo más y más defecciones: «Entonces, muchos de sus discípulos volvieron atrás, y ya no andaban con Él» (Jn. 6:66). Es más, la prueba escudriñadora penetró incluso en los corazones de los Doce. ¿Querían ellos irse también? Era la experiencia anticipada de Getsemaní, la primera de las que vendrían. Pero hubo una cosa que les mantuvo fieles. Y esto fue la experiencia del pasado. Ésta era la base de su fe y su lealtad presentes. Ellos *no querían* regresar a su pasado; tenían que perseverar unidos a Él. Así lo dijo Pedro en el nombre de todos: «Señor, ¿a quién iremos? ¡Tú tienes palabras de vida eterna!». Y más que esto, como el resultado de lo que habían aprendido: «¡Y nosotros hemos creído y conocemos que Tú eres el Santo de Dios!» (vv. 68, 69).[11] Es lo mismo, también, para muchos cuyos pensamientos han sido lanzados de acá para allá, y cuyos cimientos han sido terriblemente sacudidos, que han hallado su primer lugar de reposo seguro, inconmovible, inexpugnable, en la experiencia espiritual del pasado. ¿Adónde podemos ir por palabra de vida eterna si no es a Cristo? Si Él nos falla, no nos queda esperanza de lo eterno. Pero Él *tiene* palabras de vida eterna y nosotros creímos cuando llegaron a nosotros; es más, sabemos que es el Santo de Dios. Y esto comunica todo lo que la fe necesita para seguir aprendiendo. El resto, Él lo mostrará cuando se transfigure ante nuestros ojos.

Pero de estos Doce, Cristo sabía que uno era «un diablo», como aquel ángel caído desde la mayor altura a la mayor profundidad.[12] La apostasía de Judas ya había comenzado en su corazón. Y cuanto mayores habían sido la expectativa popular y el desengaño, mayores la reacción y la enemistad que siguieron. La hora de la decisión ya pertenecía al pasado, y la aguja en la esfera señalaba la hora de su muerte.

10. Nótese aquí el significado especial de θεωρῆτε.

11. Esto es lo que dicen los mejores manuscritos, y no como en la mayoría de las versiones: «el Cristo, el Hijo del Dios viviente». Para ver la historia de las variaciones que trajeron este cambio, ver Westcott, *ad loc.*

12. El versículo 71 dice exactamente: «Judas, el hijo de Simón Iscariot», esto es, «un hombre de Kerioth». Kerioth estaba en Judea (Jos. 15:25), y Judas, como recordaremos, era el único discípulo de Jesús procedente de Judea.

Capítulo 33
(Mateo 15:21-28; Marcos 7:24-30)

Jesús y la mujer sirofenicia

El propósito de Cristo de retirar a sus discípulos de la efervescencia de Galilea, y de lo que podía seguir a la ejecución del Bautista, había sido interrumpido por los sucesos de Betsaida-Julias, pero no había cambiado. Al contrario, tenía que ser intensificado. Este estallido popular disparatado, que quería forzar sobre Él el título de Rey Mesías judío; la discusión con los escribas de Jerusalén sobre el lavamiento de manos el día siguiente; los discursos del sábado, y el contagio de la insatisfacción, defección y oposición que fue su resultado, todo ello indicaba más que nunca la necesidad de una interrupción en la publicidad de su obra, y a que se retirara de esa parte de Galilea. La proximidad del sábado, y la circunstancia de que la barca de Capernaum estaba amarrada en la playa de Betsaida, le obligó, cuando se retiró de aquella vecindad, a regresar a Capernaum. Y allí el sábado había transcurrido de la manera que sabemos. Pero tan pronto como hubo pasado el reposo sagrado volvió a emprender el viaje. Por las razones ya explicadas, se extendió mucho más allá que ningún otro, y llegó a regiones que, nos atrevemos a sugerir, no habrían sido cruzadas de no ser por las circunstancias peculiares del momento.

Un viaje relativamente corto llevaría a Jesús y a sus compañeros de Capernaum «a las partes», o como Marcos dice de modo más específico, «a las cercanías de Tiro». En aquel tiempo, este distrito se extendía, al norte de Galilea (Josefo, *Guerra*, iii.3.1), desde el Mediterráneo al Jordán. Pero el suceso que vamos a relatar, como muestran todas las circunstancias, no ocurrió dentro del territorio de Tiro y de Sidón, sino en los bordes y dentro de los límites de la tierra de Israel. Si pudiera haber alguna duda sobre el objetivo que decidió el viaje de Cristo a aquellos territorios, lo resolvería la circunstancia de que Mateo (15:21) nos dice que se «apartó» allí, mientras que Marcos dice que «entró en una casa, y deseaba que nadie lo supiese». Esta casa en la cual Jesús buscó abrigo y soledad, sería naturalmente una casa judía; y que se hallaba dentro de los límites de Israel lo prueba la noticia de Mateo de que «la mujer cananea» que fue en busca de su ayuda «había salido de aquellos confines», esto es, del distrito de Tiro y Sidón, y había entrado en el territorio de Galilea, donde se hallaba Jesús.

Todas las circunstancias parecen indicar que pasó más de una noche de reposo en aquella casa distante. Es posible que los dos primeros días de la Pascua los pasara allí. Si el Salvador había partido de Capernaum el sábado por la noche, o el domingo por la mañana, habría llegado a esta casa en los límites fronterizos antes de la víspera de la Pascua, y el lunes y el martes[1] pueden haber sido los días festivos pascuales en los cuales había que guardar reposo. Esto daría también un motivo adecuado para la estancia en esta casa, como parece requerir el relato de Marcos. Según este evangelista: «Jesús deseaba que nadie lo supiese, pero no pudo quedar oculto». Evidentemente, esto no podría aplicarse al reposo de una noche en una casa. Según el mismo evangelista, la fama de su presencia se había esparcido en el distrito vecino de Tiro y Sidón y llegado a la madre de una niña demonizada, por lo que esta madre fue desde su casa a Galilea a pedir ayuda a Jesús. Todo esto implica una estancia de dos o tres días. Y con esto está de acuerdo la queja ulterior de los discípulos: «Dile que se vaya, porque viene gritando detrás de nosotros» (Mt. 15:23). Como el Salvador, por lo visto, recibió a la mujer en su casa (Mr. 7:24, 25), parece que la mujer tiene que haber seguido a algunos de los discípulos, rogándoles que intercedieran por ella y pidiéndoles ayuda en una forma que llamaría la atención, lo cual, según Jesús quería, ellos procuraban evitar, antes de que en su desesperación la mujer se atreviera a presentarse ante Cristo, dentro de la casa.

Todo esto resuelve en una armonía más elevada las pequeñas discrepancias aparentes que el criticismo negativo ha intentado magnificar en contradicciones. También da detalles gráficos añadidos a la historia. La que buscaba la ayuda de Jesús era como dice Mateo, desde el punto de vista judío, «una mujer cananea» (Esd. 9:1), término con el cual un judío designaría a un nativo de Fenicia, o como la llama Marcos una mujer sirofenicia (para distinguir su país de Libo-Fenicia), y «griega», esto es, pagana. Pero podemos entender que aquella que como dice Bengel hacía suya la desgracia de su hijita buscara la ayuda de Cristo, al oír hablar de Él y de sus grandes hechos, con la mayor intensidad y, al hacerlo, se acercó a Él con la máxima reverencia, postrándose a sus pies (Mr. 7:25). Pero lo que en estas circunstancias parece peculiar, y que a nuestro modo de ver nos proporciona la explicación de la conducta del Señor hacia esta mujer, es el modo en que se le dirige: «¡Señor, Hijo de David!». Ésta era la apelación más distintivamente judía del Mesías; y con todo, la expresa de modo enfático, ella, que era una mujer pagana. La tradición ha preservado algunos dichos que atribuye a Cristo, entre los cuales, el que citaremos, que es, por lo menos, apropiado y podría ser de Cristo. Se dice que «habiendo visto a un hombre que trabajaba en el día de sábado, Él le dijo: "Oh hombre, si realmente sabes lo que haces, eres bendito; pero si no lo sabes, eres maldito y un transgresor de la Ley"».[2] El mismo principio se aplica a las palabras dirigidas a esta mujer, sólo que, en lo que siguió, Cristo le impartió el conocimiento necesario para hacerla bienaventurada.

Dichas por un pagano, estas palabras eran una apelación no al Mesías de Israel, sino a un Mesías israelita, porque David no había reinado nunca sobre ella ni sobre su pueblo. El título podía ser utilizado de modo legítimo si las promesas de David fueran captadas de modo pleno y espiritual, pero no de otro modo. Si se usaban sin este conocimiento, eran dirigidas por un extranjero al Mesías judío, cuyas obras eran sólo milagros y no señales también y de modo primario. Ahora bien, éste era exactamente el error de los judíos que Jesús había encontrado y combatido, tanto como cuando resistió el intento de ellos de hacerle Rey, en su respuesta a los escribas de Jerusalén y en sus discursos en Capernaum. El haber concedido a esta mujer la ayuda que solicitaba, habría sido, por así decirlo, invertir toda su enseñanza y hacer de sus obras de curación meramente obras de poder

1. O bien la víspera de la Pascua puede haber sido el lunes por la noche.

2. Comp. canón. Westcott, *Introduction to the Study of the Gospels*, Appendix C.

o portentos. Porque no se puede defender que esta mujer pagana tuviera un pleno conocimiento espiritual de la aplicación mundial de las promesas davídicas, o de la amplitud mundial de la designación del Mesías como el Hijo de David. En su boca, pues, significaban algo a lo cual Cristo no podía acceder. Y con todo, Él no podía denegar su petición. Así, primero le enseñó, de una forma que ella pudiera entender, lo que ella necesitaba saber antes de poder acercársele de esta manera: la relación del mundo pagano al mundo judío y la de ambos al Mesías, y luego Él le dio lo que ella pedía.

Estamos convencidos de que esto lo explica todo. No cabe pensar que Él, desde su punto de vista humano, hubiera primero guardado silencio («no le respondía palabra»), porque su profunda ternura y afecto le impedían hablar, mientras la limitación normal de su misión le prohibía actuar en la forma que ella lo solicitaba.[3] Una limitación así no podía existir en su mente; ni podemos suponer una separación tan extrema en su conciencia divina de la humana, en su actividad mesiánica. Nos resistimos a la explicación opuesta que supone que Cristo estaba poniendo a prueba la fe de la mujer, o bien que habló con miras a obtenerla. Nos resistimos a la idea de algo que pareciera una segunda intención, aun para un buen propósito, por parte del Salvador divino. Todas estas segundas intenciones son, a nuestro modo de ver, incompatibles con la rectitud absoluta de su pureza divina. Dios no nos hace buenos por medio de subterfugios o trucos, y éste es un modo de ver muy equivocado de las tribulaciones, o las respuestas diferidas a la oración, que los hombres adoptan a veces. Ni podemos imaginar que el Señor hubiera hecho una prueba cruel a la pobre mujer angustiada, o jugado con sus sentimientos, cuando el resultado habría sido tan terrible que no se puede expresar, si ella hubiera fallado. No hay nada análogo entre el caso de esta pobre pagana que viene a pedir algo y se le dice que no se la puede atender porque pertenecía a los perros y no a los hijos, y la prueba de Abraham, que era un héroe de fe y había andado desde hacía mucho tiempo con Dios. En todo caso, en cualquiera de las interpretaciones combatidas, la palabra de Jesús habría sido de una dureza innecesaria e inconcebible que hiere nuestros sentimientos respecto a Él. El Señor no aflige a sabiendas, ni pone a prueba sin necesidad, ni disimula sus pensamientos y propósitos de amor con miras a obtener un efecto determinado de nosotros. Él no necesita estos medios; y con toda reverencia sea dicho, no podemos creer que los usara nunca.

Pero visto como la enseñanza de Cristo a esta pagana concerniente al Mesías de Israel, todo se vuelve claro, incluso en los breves relatos de los evangelistas, de los cuales el de Mateo produce la impresión de ser narrado por un testigo de vista, mientras que el de Marcos da la impresión de que lo escucha relatado por otro (Pedro). Ella habló, pero Jesús no le contestó palabra. Cuando los discípulos –hasta cierto punto, probablemente, participando en el modo de ver de esta pagana de que Él era un Mesías judío–, sin interceder verdaderamente por ella, le pidieron que la despidiera porque era un estorbo para ellos, Él contestó que su misión era sólo para las ovejas perdidas de la casa de Israel. Esto era absolutamente cierto si consideramos su obra en tanto que estuvo sobre la tierra; y verdadero, en todo sentido, si tenemos a la vista la amplitud mundial del reino y promesas davídicas, y la relación verdadera entre Israel y el mundo. Esto la desconcertó, por así decirlo, y ella ya no dijo más «Hijo de David», sino «Señor, ayúdame». Fue entonces que vino la enseñanza especial de forma que ella la pudiera entender. Si fuera, tal como ella había rogado, «el Hijo de David»; si la mujer pagana había solicitado como tal lo que pedía del Mesías judío, ¿qué eran los paganos desde el punto de vista judío, sino «perros», y qué habría sido el comunicar con ellos, sino «echar a los perros»[4] –perros caseros, por así decirlo– el pan que estaba destinado para los hijos? Y ciertamente no había expresión más común en boca de los judíos que la que designaba a los paganos como perros (Midr. sobre Sal. 4:8; Meg. 7 *b*).[5] Por más que era brutal, como el resultado del orgullo nacional y el engreimiento judío, con todo, en cierto sentido era verdad que los de dentro eran los hijos y los de fuera «los perros» (Ap. 22:15). Solamente que ¿quiénes eran los que estaban dentro y quiénes fuera? ¿Qué es lo que hacía a uno «un hijo» –a quien pertenecía el pan–, y lo que caracterizaba al «perro» –que estaba fuera?

Ella aprendió dos lecciones con aquella rapidez instintiva que la presencia personal de Cristo –y sólo ella–parece haber provocado una y otra vez, tal como el fuego que cayó del cielo y consumió el sacrificio de Elías. «Sí, Señor», es tal como Tú dices: el paganismo se halla en relación al Judaísmo como los perros de la casa a los hijos, y no sería bueno quitar a los hijos el pan para darlo a los perros. Pero tus propias palabras muestran que aquí no se trataría de esto. Si ellos son perros caseros, entonces son del amo, y están bajo su mesa, y cuando Él parte el pan para los hijos, al hacerlo caen migajas de la mesa por necesidad. Como dice Mateo: «Los perrillos comen de las migajas que caen de la mesa de sus amos». Y como dice Marcos: «También los perrillos, debajo de la mesa, comen las migajas de los hijos». Ambas versiones presentan diferentes aspectos de la verdad. El paganismo puede ser como los perrillos cuando se compara con el lugar y privilegios de los hijos; pero Él es su amo todavía, y ellos están bajo su mesa; y cuando Él parte el pan hay bastante y sobra para ellos; aunque están bajo la mesa, comen de las migajas de los hijos.

Pero al decir esto ella ya no estaba «bajo la mesa», sino que se había sentado a la mesa con Abraham, Isaac y Jacob, y era participante del pan de los hijos. Él ya no era para ella el Mesías judío, sino el verdadero «Hijo de David». Ella entendía ahora lo que pedía, y era una hija de Abraham. Y lo que le había enseñado todo esto era fe en su persona y obras, lo cual no sólo bastaba para los judíos, sino que es bastante, y de sobra, para todos: los hijos a la mesa y los perrillos debajo; que en Abraham, Isaac, Jacob y David y, con ellos, todas las naciones de la tierra fueron bendecidas en el Rey y Mesías de Israel. Y así, el Señor le dijo: «Oh mujer, grande es tu fe; hágase contigo como quieres». O como dice Marcos, sin citar las mismas palabras del Señor, sino la impresión que produjeron en Pedro: «Por lo que has dicho, vete; el demonio ha salido de tu hija.[6] Y la hija quedó sana desde aquel momento. Y ella se marchó a su casa, y encontró a la niña echada en la cama, y que el demonio había salido».

3. Este modo de ver es defendido por el decano Plumptre con notable ternura, reverencia y hermosura. Es también el de Meyer y el de Ewald. Este último hace notar que nuestro Señor mostró una doble grandeza. Primero en su limitación sosegada a su misión especial, y luego en su tranquilo acto de sobrepasarla, cuando apareció la oportunidad para hacerlo en un plano más elevado.

4. El término significa «perritos» o «perros caseros».

5. Se podrían citar muchos pasajes con un modo de ver a los gentiles igual, o similar.

6. El canón. Cook (*Speaker's Comm. sobre Mr. 7:26*) considera esto «como uno de los pocos casos en que las palabras de nuestro Señor difieren en dos relatos». Con toda deferencia, me permito insistir que no es así, sino que Marcos da lo que Pedro había recibido como impresión en su mente de las palabras de Cristo.

Para nosotros, en esta historia hay aún más que el interés solemne de la compasión de Cristo y la poderosa obra mesiánica, o las lecciones de su enseñanza. La vemos en conexión con las escenas de los días previos recientes, y vemos de qué modo tan integral está de acuerdo con ellos en espíritu, por lo que reconocemos la profunda unidad interna en las palabras y obras de Cristo en donde quizá menos podríamos haber esperado encontrar armonía. Y de nuevo lo vemos en su relación más profunda, y en sus lecciones para todos los tiempos. A cuántos no sólo de todas las naciones y condiciones, sino en todo estado de corazón y mente, es más, en las mismas profundidades de una culpa consciente y de alienación de Dios, tiene que haberles producido un alivio indecible el consuelo de la verdad y el consuelo de su enseñanza. Que sea así, un perro, un paria; no a la mesa, sino debajo de la mesa. Con todo, estamos a sus pies; es la mesa de nuestro Amo; Él es nuestro Amo, nuestro dueño; y cuando él parte el pan de los hijos, por necesidad hay migajas de los hijos que caen sobre nosotros, bastantes, y aun de sobra. Nunca podemos estar fuera de su alcance, ni de su cuidado misericordioso y de la provisión suficiente para la vida eterna.

Con todo, hemos de aprender también esta lección: que como «paganos» no podemos llamarle «Hijo de David» hasta que sepamos por qué le llamamos así. Si no tiene por que haber desesperanza, no es posible que Él nos eche, no hay una distancia absoluta que irremisiblemente nos separe de su persona y su provisión, no tiene que haber presunción, ni descuido de la relación correcta, ni expectativa de milagros mágicos, ni ver a Cristo como un Mesías judío. Hemos de aprenderlo, y penosamente en primer lugar, con su silencio; luego, sabiendo que Él solamente ha sido enviado a las ovejas perdidas de la casa de Israel, lo que somos y donde estamos, para que podamos ser y estar preparados para la gracia de Dios y el don de gracia. Todos los hombres –judíos y gentiles, «hijos» o «perros»– son indignos delante de Cristo y de Dios de modo igual, unos y otros pecadores, pero los que han caído profundo solamente pueden darse cuenta de que son pecadores aprendiendo que son grandes pecadores, y sólo saborearán el pan de los hijos cuando hayan sentido el «Sí, Señor», «porque aun los perros», «bajo la mesa comen de las migajas de los hijos», «que caen de la mesa de su amo».

«La que buscaba la ayuda de Jesús era como dice Mateo, desde el punto de vista judío, 'una mujer cananea' (Esd. 9:1), término con el cual un judío designaría a un nativo de Fenicia, o como la llama Marcos una mujer sirofenicia (para distinguir su país de Libo-Fenicia), y 'griega', esto es, pagana. Pero podemos entender que aquella que como dice Bengel hacía suya la desgracia de su hijita buscara la ayuda de Cristo, al oír hablar de Él y de sus grandes hechos, con la mayor intensidad y, al hacerlo, se acercó a Él con la máxima reverencia, postrándose a sus pies (Mr. 7:25). Pero lo que en estas circunstancias parece peculiar, y que a nuestro modo de ver nos proporciona la explicación de la conducta del Señor hacia esta mujer, es el modo en que se le dirige: '¡Señor, Hijo de David!'. Ésta era la apelación más distintivamente judía del Mesías; y con todo, la expresa de modo enfático, ella, que era una mujer pagana».

Marcos llama a la mujer «griega» por su carácter pagano. La helenización producida en Medio Oriente tanto por las conquistas griega o romana influye en todos los ordenes sociales. Este fino retrato helénico realizado en mármol blanco nos puede evocar a la mujer que suplica a Jesús.

Capítulo 34

(Mateo 11:27-31; 15:29-31; Marcos 7:31-37; 8:22-26)

Un grupo de milagros entre una población semipagana

Si ni aun la breve estancia de Jesús en aquella casa judía podía quedar oculta, la fama de la curación de la niña sirofenicia pronto haría imposible la soledad y el retiro, que fue el objetivo principal que le había hecho dejar Capernaum. En consecuencia, cuando hubieron terminado los dos días pascuales, Él volvió a emprender su viaje, extendiéndolo más allá de cualquier otro recorrido suyo, quizá más allá de lo que había pensado al emprenderlo. Los límites de la Palestina misma, aunque no de lo que los rabinos consideraban que le pertenecía,[1] ya habían sido traspasados. Haciendo un largo circuito por el territorio de Sidón,[2] Jesús descendió –posiblemente por uno de los pasos o puertos de la cordillera del Hermón– al territorio de Felipe el Tetrarca. Desde allí siguió «a través de los límites de Decápolis», hasta que una vez más llegó a la orilla oriental o meridional del lago de Galilea. Se recordará que la Decápolis, o confederación de las «Diez Ciudades», formaba una cuña entre los territorios o tetrarquías de Felipe y de Antipas. Abarcaba diez ciudades, aunque no siempre fue éste su número; y sus nombres no son siempre los mismos en las listas que poseemos. De estas ciudades, la más al norte era Hippos, en la orilla este del lago, y Filadelfia, la antigua Rabá-Amón, la más al sur. Escitópolis, la antigua Bet-seán, que era su distrito, era la única en la orilla occidental del Jordán. El extenso distrito «Diez Ciudades» era esencialmente un territorio pagano. Sus antiguos monumentos nos muestran que allí se adoraba a Zeus, Astarté y Atenea, o bien Artemisa, Hércules, Dionisio, Demetrio y otras divinidades griegas (ver Schürer, pp. 382, 383). Su constitución política era la de las ciudades-estado griegas. Estaban sometidas sólo al gobernador de Siria, y formaban parte de la Coele-Siria, en contraposición de la Siro-Fenicia. Sus privilegios databan del tiempo de Pompeyo, a partir del cual ellos contaban su era.

Es importante recordar que aunque Jesús se hallaba ahora dentro del territorio del antiguo Israel, el distrito y los alrededores eran esencialmente paganos, aunque se hallaban en estrecha proximidad a territorios puramente judíos y se mezclaban con ellos. Mateo (15:29-31) nos da una descripción general de la actividad de Cristo allí, concluyendo con la noticia sobre la impresión producida en aquellos que presenciaron sus grandes hechos, que los llevaron a glorificar al «Dios de Israel». Esto naturalmente confirma la impresión de que la escena tiene lugar entre una población principalmente pagana, y en conformidad con las noticias más detalladas de la localidad en el Evangelio de Marcos. Un caso especial de curación maravillosa es consignado en el último no sólo por su interés intrínseco, sino quizá también, como típico en muchos aspectos.

1. Entre los que le fueron traídos se hallaba un sordo cuya habla, probablemente a consecuencia de la sordera, había sido afectada de tal forma que prácticamente se vio privado de ella.[3] Esta circunstancia, y el hecho de que no se nos dice que padeciera la sordera desde su nacimiento, nos llevan a inferir que –lo que no suele ser raro– era el resultado de su enfermedad, no congénita. Recordando que tanto el que fue objeto del milagro como los que lo trajeron eran paganos, pero en contacto constante e íntimo con judíos, lo que sigue es verdaderamente vívido y real. El ruego de que «ponga la mano sobre él» es pagano, aunque también medio judío. Es del todo peculiar que el Señor se lo llevara a solas, apartado de la multitud; y luego que, al curarle, «escupiera» y con la saliva le tocara la lengua. Leemos de otra aplicación directa de saliva sólo en el caso de la curación del ciego de Betsaida (Mr. 8:23). Estamos dispuestos a considerar esto como un modo peculiar de curación de los gentiles. Peculiar también es el término expresivo de la carga de su mente, cuando «alzó los ojos al cielo, lanzó un hondo suspiro».[4] Peculiar asimismo es el «meter» (introducir) los dedos en los oídos del mudo y el tocarle la lengua. Solamente la mirada hacia el cielo y la orden *Ephphatha* –«sé abierto»– parecen lo mismo que en sus prodigios de curación cotidianos. Pero notamos que aquí todo parece más complicado que en Israel. La razón de ello, naturalmente, hay que buscarla en la condición moral de la persona curada. Ciertas características sobre el acto del Señor quizá puedan ayudarnos a entenderlo mejor. Hay una acumulación de medios, si bien cada uno y todos ellos son inadecuados para efectuar el propósito, pero todos están relacionados con su persona. Este uso complicado de tales medios eliminaría la idea de lo mágico; llamaría la atención y la haría fijar en Cristo, que utilizaba estos medios, los cuales estaban todos conectados con su propia persona; mientras que, finalmente, el suspiro y la orden absoluta tendrían todo su significado especial.

Imaginemos la escena. Estos paganos han oído que Él es un obrador de milagros en un país tan cercano y, con todo, tan lejos de Israel; y han traído «cojos, ciegos, mudos, mancos y muchos otros» y los ponen a sus pies. ¡Oh, qué maravilla! Todas las enfermedades desaparecen en presencia de la propia Vida del cielo encarnada. Las lenguas pegadas desde hace mucho tiempo se sueltan, los miembros tullidos o encorvados por la enfermedad son restaurados a la vida, y los cojos andan derechos; la película de la enfermedad y la parálisis por impotencia nerviosa desaparecen de los ojos largo tiempo insensibles a la luz. Es una nueva era; Israel conquista el mundo pagano no por la fuerza, sino por el amor; no con medios externos, sino con la manifestación de un poder de vida desde arriba. Verdaderamente, ésta es una conquista y un reino mesiánicos: «y glorificaban al Dios de Israel».

De entre esta masa de desgraciados señalamos a uno y lo seguimos (Mr. 7:31-37), a quien el Salvador se lleva aparte para que no sea meramente el aliento de la primavera del

---

1. Para conocer las ideas rabínicas sobre los límites de Palestina, ver «Sketches of Jewish Social Life», cap. 2.

2. La interpretación correcta de Marcos 7:31 es «por» o «a través». Por esto entiendo no la ciudad de este nombre, lo que habría quedado muy lejos de la ruta del Salvador, sino (con Ewald y Lange) el territorio de Sidón.

3. μογιλάλος o μογγιλάλος no significa mudo de modo absoluto. Es literalmente: *difficulter loquens*. La designación rabínica para una persona así habría sido Cheresh (Ter. i. 2), aunque hay diferentes opiniones respecto a si este término incluye un impedimento del habla (comp. Meg. ii. 4; Gitt. 71 *a*).

4. στενάζω ocurre sólo aquí en los Evangelios. Además, ocurre en Romanos 8:23; 2 Corintios 5:2, 4; Hebreos 13:17; Santiago 5:9; el sustantivo en Hechos 7:34; Romanos 8:26.

cielo que, pasando raudo por encima de todos ellos, los corteja para una nueva vida, sino que a éste con su mano le toca y le palpa y le da la salud del cuerpo y del alma. El sordo está solo con Cristo y los discípulos. No es magia; se usan medios, y medios que no tienen que parecer extraños al hombre. ¡Y varios medios! Le mete los dedos dentro de los oídos obturados como si abriera paso al sonido. Escupe y toca su lengua con la saliva usando un medio de curación aceptado en la opinión popular de judío y gentil.[5] Cada uno de estos medios parece una nueva incitación a la fe, y todos ellos conectados con la persona de Cristo. Hasta aquí no había aliento de vida en absoluto. Pero cuando los ojos del hombre siguieron a los del Salvador al cielo, comprendería de dónde Él esperaba el poder y de dónde le vino; el que le había enviado, y al cual se debía. Y cuando siguió los movimientos de los labios de Cristo, cuando gimió bajo la carga que había venido a quitar, el paciente miraría con expectación. Una vez más los labios del Salvador se abrieron para decir la voz de mando: «Ábrete» (ἐφφαθά = אֶתְפַּתַּח), e inmediatamente el sonido alegre entraría en «su oído», y el lazo que parecía atar su lengua quedó suelto. Se hallaba en un mundo nuevo, en el cual le había puesto Aquél que había dicho la palabra; Él, que se había sentido agobiado por la carga que había levantado a su Padre; a quien señalaban todos los medios que Él había usado, y con cuya persona ellos habían sido puestos en contacto. Era inútil ordenarle que no lo dijera a nadie. La fama no solicitada fue esparciéndose cada vez en círculos más amplios, hasta que se arremolinó en este himno de alabanza que ha quedado para todos los tiempos de nuestra experiencia de Cristo como el Sanador divino: «Todo lo ha hecho bien; lo mismo hace oír a los sordos, que hablar a los mudos». Esta palabra judía, *Ephphata,* dicha a la iglesia gentil por Aquél que alzando los ojos al cielo dio un gran suspiro bajo la carga, mientras estaba levantándola, ha abierto los oídos y soltado los impedimentos del habla. Y aún más significativo, que la palabra fue pronunciada en la lengua de los judíos; y esto también es lo que nos enseña, que Jesús siempre tiene que hablar el lenguaje de los judíos. Porque si en un territorio griego, y a un griego, Él le habló en judío, no se debe considerar que esperara hallarse entre judíos para usar el griego.

2. Otro milagro se consigna en Marcos (Mr. 8:22-26) que hizo Jesús en estos territorios y, según podemos inferir, sobre un pagano.[6] Todas las circunstancias son afines a las que ya hemos relatado. Fue en Betsaida-Julias que le trajeron a este ciego con el ruego de que le tocara, tal como había hecho en el caso del sordomudo. Aquí también el Salvador se lo llevó aparte, «lo sacó fuera de la aldea» y «le escupió en los ojos y le puso las manos sobre él». Hacemos notar no sólo la semejanza en los medios empleados, sino la misma complicación, si no mayor, puesto que se menciona el contacto dos veces antes de que el ciego viera claramente. En cualquier teoría –aun la que considera los relatos del Evangelio como espurios– este rasgo tiene que haber sido realizado para indicar una intención especial, puesto que es el único ejemplo en que se realizó una cura milagrosa de modo gradual, y no de una vez y de modo definitivo. Por lo que podemos juzgar, el objeto fue –por medio de un proceso de curación gradual– eliminar del hombre cualquier idea de una cura mágica, mientras que, al mismo tiempo, el proceso de curación se centraba de modo claro sobre la persona de Jesús. Está también de acuerdo con esto el que, como en el caso del sordomudo, se hizo uso de saliva en la curación. Podemos recordar que el uso de la saliva era un remedio bien conocido judaico para las afecciones de los ojos (Jer. Shabb. xiv. 4; Bab. B. 126 *b*). Fue así como el célebre rabino Meir alivió a una de sus oyentes cuando el marido, en un acceso de ira por haberse ella detenido en exceso a causa del sermón del rabino, le había ordenado que escupiera a la cara del predicador. Haciendo ver que sufría de los ojos, el rabino amañó el que la mujer le escupiera públicamente en los ojos, con lo que le permitió obedecer la orden del marido (Jer. Sot. 16 *d,* hacia la mitad). La anécdota por lo menos prueba que la aplicación de la saliva era considerada como un remedio para las afecciones de los ojos.

Así, también en este caso, como en el del sordomudo, fueron usados medios, medios judaicos, medios insuficientes de modo manifiesto (puesto que su aplicación dio sólo un resultado insatisfactorio y una multiplicidad de medios), aunque todos ellos se centraban y procedían de su persona. Hay aún otras analogías entre los dos casos, entre las que marcamos que la ceguera no parece haber sido congénita (Mr. 8:24), sino consecuencia de una enfermedad, y el silencio que se ordenó sobre su curación (v. 26). Finalmente, lo confuso de la visión adquirida al principio de habérsele restaurado, transmitió una lección y una advertencia espirituales no sólo a él, sino también a nosotros.

3. Queda por considerar todavía un tercer milagro de curación, aunque relatado por Mateo en un contexto completamente distinto (Mt. 9:27-31). Pero conocemos bastante sobre la estructura del primer Evangelio, para saber que el orden de colocación de los sucesos viene determinado por el plan del escritor más que por su sucesión cronológica.[7] La manera en que el Señor curó a los dos ciegos, la orden de que guardaran silencio, y la noticia de que, a pesar de la orden, ellos divulgaron la fama de él por *toda aquella tierra,*[8] parece implicar que no se hallaba en su escenario corriente de labor, en Galilea. Y no podemos dejar de notar una analogía interna entre éste y los otros dos milagros realizados principalmente entre una población griega. Y aunque

5. Wünsche *(ad loc.)* es culpable de una seria equivocación cuando dice que el Talmud condena al castigo eterno a los que emplean este modo de curación. Lo que condena el Talmud es el murmurar fórmulas mágicas sobre una herida (Sanh. 90 *a*), como era la costumbre de algunos magos de escupir *delante* (Sanh. 101 *a*) de otros *después* de pronunciar la fórmula (Jer. Sanh. 28 *b*). No hay analogía alguna entre esto y lo que el Señor hizo, y el uso de saliva para la curación es reconocido universalmente por los rabinos.

6. La mayoría de los comentaristas consideran ésta como la Betsaida oriental, o Betsaida-Julias. La objeción (en el *Speaker's Commentary*) de que el texto habla de una «aldea» (vv. 23, 26) es eliminada por la circunstancia que del mismo modo leemos inmediatamente después (v. 27): «hacia las aldeas de Cesarea de Filipo». En realidad, un conocimiento de la Ley judaica nos permite ver aquí una nueva prueba de lo auténtico de la narración evangélica. Porque –según leemos en Meg. 3 *b*– los pueblos que rodeaban una ciudad se consideraba que pertenecían a la misma, mientras que, por otra parte, una ciudad que no tuviera entre sus habitantes diez *Batlanin* (personas que se dedicaban al culto y asuntos de la Sinagoga) era considerada como una aldea. La Betsaida del v. 22 tiene que referirse a un distrito, en una de las aldeas del cual el ciego encontró a Jesús. No parece que Jesús hubiera obrado milagros en Capernaum ni en la Betsaida occidental, si realmente volvió nunca a este distrito. Finalmente, la escena de este milagro tiene que haber sido la Betsaida oriental (Julias), puesto que inmediatamente después de la continuación de su viaje a Cesarea de Filipo es mencionada sin ninguna noticia de que cruzara el lago.

7. Así, la curación que se consigna después de esta historia, en Mateo 9:32-35, pertenece evidentemente a un período posterior. Comp. Lucas 11:14.

8. Admito que este último argumento no es concluyente, pero apelo al contexto general y a la colocación de esta historia. Es imposible considerar Mateo 9 como un registro cronológico de los sucesos.

parezca extraño, el clamor con que los dos ciegos que le seguían buscando su ayuda: «Hijo de David, ten misericordia de nosotros», viene, como podía esperarse, con más frecuencia de labios gentiles que de judíos. La designación de Mesías era, naturalmente, judía de modo preeminente, la base de todo el pensamiento judío sobre Él. Pero quizá sobre esta misma base expresaría en Israel más bien el homenaje de la convicción popular que, como en este caso, el clamor de ayuda en la enfermedad corporal. Además, Jesús no había sido considerado como el Mesías excepto por sus discípulos más íntimos; y aun por ellos, principalmente, en el gozo de sus logros espirituales más elevados. Él era el Rabí, Maestro, obrador de milagros, Hijo del Hombre, y aun Hijo de Dios; pero la idea de un reino davídico que implicara lo espiritual y lo divino, no de gobierno regio exterior, se hallaba todavía en el último extremo del horizonte, cubierto por la niebla dorada del Sol de Justicia en su orto. Por otra parte, podemos entender que para los gentiles que residían en Palestina, el Mesías de Israel se destacara más que nada como «el Hijo de David». Era la forma más fácil, y al mismo tiempo la más universal, en que podía verse entre ellos la gran esperanza judía. Mostraba a sus mentes el contraste más marcado entre el Israel en su estado caído presente, y el recuerdo de la Edad de Oro del Israel del pasado, como sólo el símbolo de un reino más anchuroso y lleno de gloria, el cumplimiento de lo que para David habían sido solamente promesas.[9]

Peculiar a esta historia es la pregunta que como prueba les hace Cristo para ver si realmente creían lo que implicaba su petición, que Él podía restaurarles la vista; y, luego, la insistencia severa y casi vehemente de que guardaran silencio sobre la forma en que habían obtenido la curación. Tanto en este caso como en el del leproso, fue cuando hubieron expresado la misma fe absoluta en la capacidad de Cristo para curarles, si quería, que Jesús, en una y otra ocasión, les confirió el toque con su mano (Mr. 5:40, 41). En ambos casos es notable que, junto con esta fe firme en los que fueron a Él, hubo una petición más bien implícita que expresada por su parte. El leproso que se arrodilló ante Él solamente dijo: «Señor, si quieres, puedes limpiarme»; y los dos ciegos: «Ten misericordia de nosotros, Hijo de David». Así es la fe más elevada y efectiva, la que se muestra más absoluta en su confianza y más reticente o parca por lo que se refiere a los detalles de su petición.

Pero por lo que se refiere a los dos ciegos (y también al leproso curado), es casi imposible no poner en relación la insistencia peculiar de Cristo en que no lo divulgaran, con su fe avanzada. Le habían confesado como «el Hijo de David», y esto no en el sentido judaico (como lo había hecho la mujer sirofenicia),[10] sino como capaz de hacer todas las cosas, incluso el devolver la vista a un ciego tocándole los ojos. Y les fue hecho, como siempre, según su fe. Pero una profesión de fe de un alcance tan amplio como la suya, y sellada por el logro de que procuraban obtener, por más que apenas se atrevieran a pedirlo, no debe ser proclamada públicamente. Daría como resultado, y en realidad lo dio, que las multitudes acudieran a Él; incapaces de entender espiritualmente el significado de una confesión así, sólo le serían de estorbo, y su presencia y homenaje tenían que ser evitadas tanto o más que la de sus enemigos francos (Mr. 1:45). Porque la confesión con la boca siempre tiene que ser el resultado de la creencia del corazón, y las aclamaciones de una multitud judía entusiasmada eran tan incongruentes con el carácter real de Cristo, y tan obstaculizantes al progreso de su Reino, como el homenaje externo de un mundo que no creía de corazón en su poder ni tenía experiencia en su ánimo de su capacidad y buena voluntad para limpiar al leproso y abrir los ojos del ciego. Con todo, la lepra de Israel y la ceguera de los gentiles son quitadas por igual por el toque de su mano al clamor de la fe. Se ha discutido, de forma innecesaria, la cuestión de si merecían alabanza o reprobación[11] por haber divulgado la fama del Salvador a pesar de su mandato explícito de que no lo hicieran. No sabemos realmente hasta qué punto y cuánto desobedecieron. No podían por menos que hablar de su persona; y su silencio, en todo caso, no era más profundo que el de los que se contentan simplemente con sentarse a sus pies.

---

9. Le *llaman* «Hijo de David», en este pasaje, la mujer sirofenicia (Mt. 15:22) y los ciegos cerca de Jericó (Mt. 20:30, 31; Mr. 10:47, 48; Lc. 18:38, 39), y es *proclamado* como tal por el pueblo en Mateo 12:23; 21:9, 15.

10. Debe recordarse que el país, ambiente, etc., coloca a estos hombres en una categoría totalmente diferente de la mujer sirofenicia.

11. Los escritores catolicorromanos en general dicen alabanza; los protestantes, reprobación.

Capítulo 35

(Mateo 12:1-21; Marcos 2:23-3:6; Lucas 6:1-11)

Las dos controversias sobre el sábado

Al agrupar los tres milagros de curación descritos en el capítulo precedente, no intentamos dar la idea de que tuvieron lugar precisamente en este orden. Ni estamos seguros de que precedieran a lo que vamos a relatar ahora. No poseyendo datos exactos, el orden de los sucesos y su localización tienen que ser cuestión de combinaciones. Por su posición en los relatos evangélicos y la manera en que hablan y actúan todos los afectados, sacamos la conclusión de que tuvieron lugar en este período particular y al este del Jordán, en la Decápolis, o bien en el territorio de Felipe. Difieren de los sucesos de que vamos a hablar por la ausencia de los escribas de Jerusalén, que seguían las pisadas de Jesús. Cuando el Salvador se detenía en los confines de Tiro, y de ellos pasó a través del territorio de Sidón a la Decápolis y a la orilla sur y este del lago de Galilea, los escribas se hallaban en Jerusalén para la Pascua. Pero después de los dos días festivos, que requerirían su asistencia al Templo, parece que volvieron a su tarea detestable. No les sería difícil descubrir la escena de obras tan poderosas como las suyas. En consecuencia, los hallamos ahora una vez más enfrentándose con Cristo. Y los sucesos que ahora vamos a relatar se distinguen cronológicamente de los precedentes por esta presencia y oposición del partido farisaico. La pugna ahora se vuelve más decidida y aguda, y nos estamos acercando rápidamente al período en que Él, que hasta ahora había venido de modo principal predicando el Reino y curando enfermos de cuerpo y alma, entrara –a causa de la hostilidad de los dirigentes de Israel– en el segundo estadio o fase de su obra, de modo prevalente negativo, en el que, según la descripción profética, le rodeaban «como abejas», pero «son apagados como el fuego de espinos y abrojos».

Habiendo una contradicción tan radical y directa entre los principios fundamentales, no fue necesario esperar mucho para que se presentara ocasión de conflicto. En realidad, todo lo que Jesús enseñaba tenía que parecerles a estos fariseos no judío de modo extraño, tanto en molde como dirección, cuando no en su forma y sus palabras. Pero lo sería de modo especial en el caso que afectaba a aquello que, por encima de todo, los fariseos hacían cumplir con el mayor énfasis: la observancia del sábado. En ningún otro tema es la enseñanza rabínica más minuciosa y más incongruente de modo manifiesto con el objeto a que se refiere. Porque si captamos de modo correcto lo que hay debajo de las leyes y reglas complicadas e intolerablemente pesadas de la observancia farisaica del sábado, vemos que era para asegurar negativamente que habría en él un reposo absoluto de toda labor, y positivamente para hacer del sábado un deleite. La Mishnah incluye la profanación del sábado entre los crímenes más horribles por los que un hombre había de ser apedreado (Sanh. vii. 4). Su objetivo principal era éste: por medio de una serie complicada de ordenanzas, hacer imposible la infracción del reposo del sábado. Hasta qué punto se llegaba en esto, vamos a verlo a continuación. El objetivo próximo era hacer del sábado un deleite, todo ello de una manera externa y semejante a lo anterior. Un vestido especial de sábado, el mejor que se podía conseguir; alimento escogido, aun cuando el hombre tuviera que trabajar para conseguirlo, toda la semana, o la caridad pública tuviera que proporcionarlo (Peah. viii. 7); éstos eran algunos de los medios por los cuales había que honrar el día y hallar placer en los hombres. Se cuentan historias extrañas, como por ejemplo que con la compra de los platos más caros los pobres que eran piadosos habían ganado mérito indescriptible y obtenido, incluso en la tierra, la recompensa manifiesta del cielo. Y con todo, al lado de estos extravíos de la piedad y otros similares vemos también algo que es conmovedor, hermoso y aun espiritual. En el día de sábado no tiene que haber duelos, porque este dicho se aplica al sábado (Pr. 10:22): «La bendición del Señor enriquece, y no añade tristeza con ella». Entre las medidas del tiempo, el sábado era algo único. Todos los demás días eran equivalentes, pero no el sábado. Y así, cualquier festival, incluso el Día de la Expiación, podía ser transferido a otro día; pero no la observancia del sábado. Es más, cuando el sábado se quejó ante Dios de que de todos los demás días él era el único que estaba solo, solitario, Dios lo había maridado a Israel; y esta santa unión Dios mandó a su pueblo (Éx. 20:8) que la recordara cuando se hallaba ante el Monte. Incluso las torturas de la Gehena eran interrumpidas en este día feliz y santo (comp. Ber. R. 11 sobre Gn. 2:3).

Las ideas terriblemente exageradas sobre el sábado que tenían los rabinos, y las interminables reglas pesadas que obstaculizaban todo lo que se refería a su santidad, serán expuestas de modo completo en otro lugar.[1] La Ley judaica, tal como se resume allí, explicará de modo suficiente las controversias que el partido farisaico emprende ahora con Jesús. De éstas, la primera, cuando atravesando los campos de trigo en sábado, los discípulos empezaron a arrancar y comer espigas de trigo. Realmente, no es que ésta fuera la primera controversia sobre el sábado en que Cristo se vio envuelto (Jn. 5:9, 16). Pero era la primera vez que Jesús permitió, y después hizo Él mismo en presencia de los fariseos, lo que era contrario a las ideas judaicas, y que, en términos inconfundibles y expresos, justificó su posición con respecto al sábado. Esto también indica que ahora había llegado a un estadio más avanzado en la historia de la enseñanza del Señor.

Sin embargo, ésta no es la única razón para colocar este suceso tan tarde en la historia personal de Cristo. Mateo lo inserta en un período distinto del de los otros dos Sinópticos; y aunque Marcos y Lucas lo introducen entre las mismas circunstancias ambientales, el contexto en que se cuenta en los tres Evangelios muestra que se halla colocado fuera del orden histórico con miras a agrupar lo que mostraría cuál era la relación de Cristo con los fariseos y la enseñanza de éstos. En consecuencia, esta primera controversia sobre el sábado va seguida de modo inmediato por la relacionada con la curación del hombre de la mano seca. Puede parecer en Mateo y Marcos, realmente, que ésta había ocurrido en el mismo día en que los discípulos arrancaron las espigas, pero Lucas corrige toda posible equivocación al contarnos que había ocurrido «otro sábado», quizá el siguiente al de la caminata por los sembrados.

Una vez descartada la idea de que podemos deducir el momento preciso en que ocurrieron estos dos sucesos por

---

1. Ver Apéndice XVII: «Las ordenanzas y la ley del sábado».

«Él era el Rabí, Maestro, obrador de milagros, Hijo del Hombre, y aun Hijo de Dios; pero la idea de un reino davídico que implicara lo espiritual y lo divino, no de gobierno regio exterior, se hallaba todavía en el último extremo del horizonte, cubierto por la niebla dorada del Sol de Justicia en su orto. Por otra parte, podemos entender que para los gentiles que residían en Palestina, el Mesías de Israel se destacara más que nada como 'el Hijo de David'».

La curación milagrosa utiliza en la tradición rabínica, al menos aparentemente, la saliva para hacer sanar las enfermedades de los ojos. De esta forma se intenta dar explicación «racional» al milagro, pues la curación es progresiva, rasgo típico de las curaciones naturales. Jesús sana a los enfermos sólo con su palabra, pero también en muchas ocasiones de forma progresiva. Aquí vemos el fragmento de un fresco de la escuela de Casino del siglo XI que representa uno de los milagros de Jesús donde ordena que el enfermo se lave los ojos con agua.

su lugar en el relato del Evangelio, no tenemos muchas dificultades en hallar los datos históricos necesarios para nuestra investigación presente. Lo primero y más obvio es que la cosecha ya estaba a la vista, fuera de cebada o de trigo. La primera empezaba inmediatamente después de la Pascua; la última, después de la Fiesta de Pentecostés; la presentación del omer de cebada era la señal del comienzo de la primera, y la de los dos panes, de la otra (ver «The Temple and its Services», pp. 222, 226, 230, 231). Aquí tenemos otra noticia histórica que nos ayuda. Lucas describe el sábado en que ocurrió esto como el «segundo-primero», una expresión tan peculiar que no puede ser considerada como una interpolación,[2] sino que es escogida de modo expreso por el evangelista para indicar algo bien comprendido en la Palestina de entonces. Si recordamos el limitado número de sábados que hay entre el comienzo de la cebada y el fin de la cosecha de trigo, nuestra pesquisa se va limitando. En los escritos rabínicos el término «segundo-primero» no se aplica a ningún sábado. Pero cuando sabemos que los cincuenta días entre la Fiesta de la Pascua y la de Pentecostés se contaban a partir de la presentación del omer en el segundo día pascual, o sea, el día primero, segundo y tercero, etc., después del omer, el sábado «primero-segundo» podía ser, o bien «el primer sábado después del segundo día» (que era el de la presentación del omer), o bien el segundo sábado después del primer día en que se empezaba a contar, o «Sefirah», como se llamaba (ספירת העמר). A nosotros nos parece que la primera de estas fechas está más de acuerdo con la manera en que Lucas describiría a los lectores gentiles el sábado, que era el primer día después del segundo (o sea, el día de Sefirah).[3]

Asumiendo, pues, que el día en que los discípulos arrancaron las espigas de trigo era probablemente el primer sábado (posiblemente el segundo) después del día en que empieza la «cuenta», o segundo día pascual; tenemos todavía que averiguar si era la primera o la segunda Pascua del ministerio de Cristo.[4] Las razones contra la idea de colocarlo entre la primera de estas Pascuas y Pentecostés son sustanciales. Sin hablar de la circunstancia de que una enseñanza tan avanzada por parte de Cristo y un conocimiento tan avanzado por parte de sus discípulos indican un período ulterior, nuestro Señor no llamó a sus doce apóstoles hasta mucho después de la Fiesta de Pentecostés, a saber, después de su retorno de la llamada «fiesta desconocida» (Jn. 5), que, como mostramos en otro lugar (comp. Apéndice XV), tiene que haber sido la de «la recogida de la leña», al fin del verano, o bien la del Día del Año Nuevo, al principio del otoño. Así que como por «discípulos» hemos de entender, en su primer lugar, «los apóstoles», el suceso no puede haber ocurrido entre la primera Pascua y Pentecostés del ministerio del Señor.

El mismo resultado se consigue mediante otro proceso de razonamiento. Después de la primera Pascua (Jn. 2:13) de nuestro Señor con los discípulos que ya se habían reunido junto a Él, se detuvo durante un tiempo en Judea, sin duda varias semanas (Jn. 3:22; 5:1-3). El trigo estaba maduro para la siega cuando Él pasó por Samaria (Jn. 4:35). A su regreso a Galilea, sus discípulos parece que fueron a sus hogares y ocupaciones, puesto que fue algún tiempo después que sus discípulos más íntimos –Pedro, Andrés, Jacobo y Juan– fueron llamados por segunda vez (Mt. 4:18-22). Cronológicamente, pues, no hay lugar para este suceso entre la primera Pascua y Pentecostés.[5] Finalmente, hemos de tener en cuenta que en su primera aparición en Galilea los fariseos aún no habían adoptado esta actitud de hostilidad decidida contra Él. Por otra parte, todo está de acuerdo con la circunstancia de que la hostilidad activa de los fariseos y el apartarse Cristo de las ordenanzas de la Sinagoga comenzaron con ocasión de su visita a Jerusalén a principios del otoño de aquel año (Jn. 2:13). Si, por tanto, colocamos este arrancamiento de espigas de trigo después de la Fiesta mencionada en Juan 5, algo de lo que apenas cabe dudar, tiene que haber ocurrido no entre la primera Pascua y Pentecostés, en el ministerio público de Jesús, sino entre la segunda Pascua y Pentecostés.

Hay otro punto que merece consideración. La colocación distinta (hablando cronológicamente) en que los tres Evangelios sitúan el suceso que vamos a relatar, ilustra que el objeto de los evangelistas era presentar los sucesos de la historia de Cristo en su sucesión no de tiempo, sino en la forma que afecta a los resultados finales. Esto, porque no intentan hacer una biografía de Jesús, que desde su punto de vista había sido casi como una blasfemia, sino una historia del Reino que Él había traído; y porque la escribieron, por así decirlo, no por medio de adjetivos (que expresan cualidades), ni de adverbios,[6] sino por medio de sustantivos. Finalmente se notará que los tres evangelistas relatan el suceso que vamos a considerar (como muchos otros), no variaciones, ciertamente,[7] sino con diferencias de detalle, mostrando la independencia de los relatos que, como se verá, se suplementan realmente el uno al otro.

Los discípulos arrancan espigas de trigo

Estamos ahora en una posición adecuada para examinar el relato en sí. Era el sábado después del segundo día pascual que Cristo y sus discípulos pasaron[8] –probablemente por un camino– por entre campos de trigo, cuando sus discípulos, sintiendo hambre (Mateo), mientras andaban

2. La gran mayoría de críticos están de acuerdo sobre su autenticidad.

3. El punto de vista que he adoptado es el de Scaliger y Lightfoot; la alternativa que se ha citado es la de Delitzsch. Con respecto a muchas otras explicaciones propuestas, quisiera dejar establecida esta norma: no puede haber explicación satisfactoria si no descansa en algún hecho determinado en la vida judaica, y no es satisfactorio cuando el hecho se «supone» meramente a causa de la explicación que se quiera dar. Así, no hay el menor apoyo en los hechos en favor de la idea de que el primer sábado del segundo mes era llamado así (Wetstein, *Speaker's Commentary*), o el primer sábado del segundo año de un ciclo de siete años, o el sábado del año de Nisán (sagrado), en contradistinción al de Tishri, o año secular, que empezaba en otoño. De estas interpretaciones y otras similares basta decir que el hecho en cuestión se «supone» por amor a una «supuesta» explicación; en otras palabras, implica una hipótesis basada en otra hipótesis.

4. Hubo sólo tres fiestas pascuales durante el ministerio público de Cristo. Cualquier otro cómputo reposa sobre la idea de que la fiesta desconocida era la Pascua, o incluso la Fiesta de Ester.

5. Pocos estarían dispuestos a colocar Mateo 12 antes de Mateo 4.

6. Los adverbios contestan a las preguntas de cómo, cuándo, por qué, dónde.

7. Meyer insiste en que ὁδὸν, ποιεῖν, o, más correctamente, ὁδοποιεῖν (Mr. 2:23), debería ser traducido, literalmente, que los discípulos empezaron a abrirse camino arrancando espigas de trigo. En consecuencia, dice, hay una diferencia esencial con el relato de Marcos y los otros dos evangelistas, que atribuyen el arrancar las espigas al hambre. El canón. Cook (*Speaker's Commentary, New Testament*, 1, p. 216) ha mostrado, a mi parecer, de modo concluyente, lo insostenible del punto de Meyer. Compara la expresión de Marcos a la latina *iter facere*. Yo sugiero el francés *chemin faisant*. Godet indica lo absurdo de arrancar espigas para abrirse paso por entre el trigo.

8. En Mateo es mejor leer διαπορεύεσθαι.

(Marcos) arrancaron espigas de trigo y se las comieron, frotándolas para sacar las cáscaras entre las manos (Lucas). En un día ordinario esto habría sido legítimo (Dt. 23:25), pero en sábado implicaba, según los estatutos rabínicos, por lo menos dos pecados. Porque, según el Talmud, lo que realmente era un trabajo, si se componía de varias acciones, sería equivalente a varios actos de trabajo, y cada uno de ellos implicaba pecado, castigo y ofrenda por el pecado (Shabb. 70 *a*).[9] Esta llamada «división» de trabajo se aplicaba solamente a la infracción del reposo del sábado, no a la de los días festivos (Macc. 21 *b*). Ahora, en este caso, al menos había dos de estos actos implicados: el de arrancar las espigas de trigo, que quedaba bajo el pecado de cosechar o segar, y el de frotarlas, que podría equipararse a cribar, trillar, moler o aventar. El siguiente pasaje talmúdico se refiere a esto: «En el caso de una mujer que aplasta con un rodillo trigo para quitar la cáscara, se considera como cribar o cerner; si frota las espigas, se considera trillar; si limpia las adherencias laterales es cribar fruto; si aplasta las espigas, es moler; si las lanza hacia arriba con la mano es aventar» (Jer. Shabb. p. 10 *a*, líneas 28 a 26 desde la base). Bastará un ejemplo para mostrar la externalidad de todas estas ordenanzas. Si un hombre deseaba trasladar una gavilla en su campo, lo cual naturalmente implicaba labor, lo que tenía que hacer era colocar encima de ella una cuchara en uso, con lo que para quitar la cuchara podía también llevarse la gavilla sobre la cual estaba colocada la cuchara (Shabb. 142 *b*, línea 6 desde la base). Y, no obstante, ¡estaba prohibido tapar con un poco de cera el agujero en una cuba de la cual estaba saliéndose el líquido (Shabb. 146 *a*), o limpiar una herida!

Teniendo ideas así, los fariseos que presenciaron la conducta de los discípulos los condenarían, como es natural, con severidad, porque para ellos era una grave profanación del sábado. No obstante, no era claramente una infracción de la ley biblíca, sino sólo de la rabínica. El Señor decidió darles una respuesta que no sólo les mostrara su error, sino que estableciera principios que se aplicaran para siempre a esta difícil cuestión. A diferencia de los otros Diez Mandamientos, la ley del sábado contiene dos elementos: el moral y el ceremonial; el eterno, y el que está sometido al tiempo y al lugar; el interno y espiritual, y el externo (el uno como el modo de realizar el otro). En la distinción y separación de los dos se encuentra la dificultad del tema. En su elemento espiritual y eterno, la ley del sábado encarnaba los dos pensamientos de reposo para la adoración, y la adoración que indicaba el reposo. El guardar el día séptimo, y el modo judaico de su observancia, eran la forma temporal y externa en que se presentaban estos principios eternos. Incluso el Rabinismo, hasta cierto punto, se daba cuenta de esto. Era un principio que el peligro para la vida pasaba por encima de la ley del sábado[10] y, realmente, todas las demás obligaciones.[11] Entre los curiosos argumentos escriturales y de otro tipo por medio de los cuales se defiende este principio, el que probablemente tendría más apelación al sentido común se derivaba de Levítico 18:5. Se decía que el hombre que guardaba todos los mandamientos lo hacía para poder vivir; ciertamente, no debía guardarlos para poder morir (Jer. Shabb. xiv. 4, pp. 14 *d*, 15 *a*). En otras palabras, el modo externo de observación estaba subordinado al objeto de la observancia. Con todo, este otro principio fue establecido por el Rabinismo, así como otros afines; es decir, todo mandamiento positivo pasaba por encima del reposo del sábado. Eso era la justificación final del trabajo en el Templo, aunque ciertamente no su explicación. Finalmente, debemos incluir en esto el importante canon establecido por los rabinos: «una prohibición singular rabínica no debe ser tenida en cuenta cuando hay un asunto más grave implicado» (Jer. Shabb. xvi. 1).

Todos estos puntos deben ser recordados para la comprensión debida de las palabras de Cristo a los escribas. Porque, aunque van más allá del tiempo y las nociones de sus interrogadores, los razonamientos de Cristo tienen que haber quedado dentro de su comprensión. De ahí que el primer argumento de nuestro Señor, según lo registran todos los Sinópticos, se saca de la historia bíblica. Cuando, en su huida de Saúl, David había comido «los panes de la proposición cuando estaba hambriento», y los había dado a comer a los suyos[12] aunque, según la letra de la ley levítica (Lv. 24:5-9) únicamente podían comerlos los sacerdotes, la tradición judía justificó su conducta con la alegación de que «el peligro de muerte sobreseía la ley del sábado, así como todas las leyes relacionadas con ella»,[13] mientras que para mostrar el celo de David por la ley del sábado fue añadida la leyenda de que reprendió a los sacerdotes de Nob, que habían estado cociendo el pan de la proposición en sábado (Yalk. ii, par. 130, p. 18 *d*). Al primer argumento de Cristo, Mateo añade éste como segundo: que los sacerdotes, en sus servicios en el Templo, por necesidad quebrantaban la ley del sábado sin incurrir por ello en culpa alguna. Es curioso que el Talmud discuta este mismo punto, y que a modo de ilustración introduzca un argumento de Levítico 22:10: «Ningún extraño comerá cosa sagrada». Esto, naturalmente, implica el principio que subyace en la prohibición de los panes de la proposición a todo el que no fuera sacerdote (Jer. Shabb. ii. 5, p. 5 *a*). Sin entrar en ella, la discusión muestra por lo menos que los rabinos no tenían ideas claras sobre la explicación del trabajo en el día de sábado en el Templo.

En realidad, la razón por la que David era inocente al comer los panes de la proposición era la misma que hacía la labor del sábado legal para los sacerdotes. La ley del sábado no era de mero reposo, sino de reposo para la adoración. El servicio del Señor era el objetivo a la vista. Los sacerdotes trabajaban en sábado porque este servicio era el objetivo del sábado; y a David se le permitió comer los panes de la proposición no porque estuviera a punto de morir de hambre, sino porque había alegado que estaba al servicio del Señor y necesitaba esta provisión. Los discípulos, cuando siguieron al Señor, estaban de modo similar al servicio del Señor; ministrar para Él era más que ministrar en el Templo, porque Él era mayor que el Templo. Si los fariseos le hubieran creído esto, no habrían puesto en tela de juicio su conducta; ni, al hacerlo, hubieran ellos mismos infringido esa ley más elevada que manda misericordia, no sacrificios.

---

9. Así (Shabb. 74 *b*, líneas 12, 11 desde la base), si una persona tenía que arrancar una pluma del ala de un pájaro, cortar la punta y luego arrancar el plumón debajo, esto implicaría tres trabajos y tres ofrendas por el pecado.

10. Pero sólo cuando era la vida de un israelita, no de un pagano o un samaritano, la que estuviera en peligro (Yoma 84 *b*).

11. Maimónides, Hilkh. Shabb. ii. 1 (Yad haCh., vol. i, part. iii., p. 141 *a*). «El sábado es puesto a un lado en caso de peligro para la vida, y lo mismo todas las demás ordenanzas (המצות כשאר כל)».

12. Según 1 Samuel 22:9, Abimelec (o Ahías) era el Sumo Sacerdote. Inferimos de ello que Abiatar había sido unido a su padre en el sacerdocio (comp. la *Bible-History*, vol. 4, p. 111).

13. La cuestión que se discute en el Talmud es si, en el caso de que un israelita corriente ejerciera funciones sacerdotales en el día de sábado en el Templo, cometería dos pecados (un servicio ilegal y la profanación del sábado), o bien un solo pecado (un servicio ilegal).

A esto Marcos añade el corolario: «El sábado fue instituido para el hombre, no el hombre para el sábado». Es notable que los rabinos usaran un argumento semejante. Se dice, insistiendo que la ley del sábado debe ser puesta a un lado para evitar un peligro para la vida: «El sábado te es entregado; no eres tú entregado al sábado» (Mechil. sobre Éx. 31:13, ed. Weiss, p. 190 *b*). Finalmente, los tres evangelistas dan como el resultado final de su enseñanza sobre este tema el hecho de que «el Hijo del Hombre es señor del sábado también». El servicio de Dios y el servicio del Templo, por consentimiento universal, dejan sin efecto la ley del sábado. Pero Cristo era mayor que el Templo, y su servicio más verdaderamente de Dios y más elevado que el del Templo exterior, y el sábado fue destinado al hombre para servir a Dios; por lo tanto, Cristo y su servicio eran superiores a la ley del sábado. Todo esto sería inteligible a estos fariseos, aunque no lo aceptarían, porque ellos no creían en Él como enviado de Dios.[14]

Pero para nosotros las palabras significan más que esto. No sólo predican que el servicio de Cristo es el de Dios, sino que, aun más que en el Templo, toda obra y toda libertad que requieren este servicio son legítimas. Somos libres cuando hacemos algo para Cristo; Dios ama la misericordia y no exige sacrificios; su sacrificio es el servicio de Cristo en el corazón, la vida y la obra. No somos libres de hacer todo lo que nos place; pero somos libres de hacer todo lo necesario o útil, en tanto que lo hagamos en el servicio a Cristo. Él es el Señor del sábado, a quien servimos en el sábado y por medio de él. E incluso esto es significativo, que cuando se designaba a sí mismo Señor del sábado era como «el Hijo del Hombre». Muestra que la forma estrecha judaísta de mirar el día y la manera de observancia son ensanchadas a la ley más amplia, que se aplica a toda la humanidad. Bajo el Nuevo Testamento, el sábado, como la Iglesia, han pasado a ser *católicos*, y su Señor es Cristo como el Hijo del Hombre, a quien el cuerpo católico ofrece el servicio aceptable de corazón y vida.

Curación del hombre con la mano seca

La cuestión que se dirimía entre Cristo y los fariseos no termina aquí, sin embargo. «Otro sábado» –probablemente el siguiente– Él estaba en la Sinagoga de ellos. Tanto si «el hombre de la mano seca» había sido traído allí a propósito como si no, y colocado allí en una posición conspicua, o la cuestión empezó de otra forma, lo cierto es que su objetivo secreto era comprometer a Cristo a que hiciera algún acto o dijera alguna palabra que le hiciera vulnerable a la acusación capital de quebrantar la ley del sábado. No se ve si el hombre de la mano seca era una herramienta consciente o inconsciente de ellos. Pero en esto juzgaban rectamente: que Cristo no sería testigo de la enfermedad sin quitarla, o, como podríamos expresarlo, que la enfermedad no *podía* continuar en la presencia de Aquél que era la vida. Jesús leyó sus malos pensamientos interiores y, con todo, siguió adelante haciendo el bien que se había propuesto. Así Dios, en su grandeza majestuosa, ejecuta el propósito que ha determinado –que nosotros llamamos la ley de la naturaleza– sea quien sea o lo que sea que se interponga en su camino; y así Dios, en su bondad soberana, lo adapta al bien de sus criaturas, a pesar de sus malos pensamientos.

Hay tanta confusión respecto a los modos de ver judaicos sobre la curación en sábado, que parece ser necesaria alguna información sobre el tema. Ya hemos visto que en su opinión sólo el peligro real para la vida justificaba el quebrantamiento de la ley del sábado, pero esto abría un amplio campo para la discusión. Así, según algunos, la enfermedad del oído (Debar. R. 10) y, según otros, algunas de la garganta (Yoma viii. 6), como una angina (Yoma 84 *a*), implicaban peligro y sobreseían la ley del sábado. Toda aplicación al exterior del cuerpo era prohibida en sábado. Por lo que se refiere a remedios internos –tales como sustancias usadas en salud, pero que tenían un efecto salutífero–, se podían tomar (Shabb. xiv. 3), aunque aquí también había manera de evadir la ley.[15] Una persona que tenía dolor de muelas no podía hacer gárgaras de vinagre, pero podía usar cepillo de dientes corriente y mojado en vinagre (*u.s.* 4). La Gemara añade aquí que gargarizar era legal si se tragaba a continuación la sustancia. Explica además que las afecciones que se extendían desde los labios, o bien de la garganta, hacia dentro, podían cuidarse por considerarse las peligrosas. Se enumera un cierto número de ellas, mostrando que o bien los rabinos eran muy laxos al aplicar su canon sobre la enfermedad mortal, o bien que consideraban como tales un buen número que nosotros no incluiríamos.[16] Las lesiones externas también se consideraban de cuidado si implicaban peligro para la vida.[17] De modo similar, se podía llamar al médico si una persona se había tragado un trozo de vidrio; se podía sacar una astilla del ojo, o incluso una espina del cuerpo (comp. Jer. Shabb. 14 *d*).

Pero aunque el hombre de la mano seca no podía clasificarse entre los enfermos en peligro, sin dificultad se podía hacer callar a los rabinos con sus propios dichos. Claramente, su principio implicaba de modo claro que era legítimo en sábado hacer todo lo que podía salvar la vida o prevenir la muerte. Enseñar otra cosa habría implicado virtualmente un asesinato. Pero si era así, ¿no era también estrictamente lógico, no quedaba implicado este principio más amplio, que era legítimo hacer el bien en sábado? Porque, evidentemente, la omisión de este bien habría implicado hacer mal. ¿Podía ser esto la observancia propia y recta del día santo de Dios? No había respuesta a un argumento así; Marcos, de modo expreso, escribe que ellos no intentaron contestar a su argumento (Mr. 3:4). Por otra parte Mateo, aunque alude a este desafío tan vívido (Mt. 12:12), hace constar todavía otro argumento de carácter personal. Parece que Cristo apeló públicamente a ellos: «Si un pobre entre ellos, que tiene una oveja, estuviera en peligro de perderla porque había caído a un hoyo, ¿no la sacaría?». Sin duda, la ley rabínica ordenaba que debía bajársele comida y bebida, o que debía proveerse algún medio que la sostuviera en vida en el hoyo o había que sacarla de él (Shabb. 128 *b*). Pero

---

14. Tenemos que afirmar aquí otra vez que el Cód. D tiene esto después de Lucas 6:4: «El mismo día, habiendo contemplado a un hombre trabajando en sábado, Él le dijo: "Hombre, si supieses lo que haces, bienaventurado serías; pero si no lo sabes, eres maldito y un transgresor de la Ley"» (Nicholson, *Evangelio según los Hebreos*, p. 151). No es necesario decir que estas palabras colocadas en Lucas son una adición espuria, aunque, como infiere con razón el canón. Westcott, «el dicho (probablemente) reposa sobre algún incidente real» (*Introd. to the Study of the Gospels*, p. 454, nota).

15. Así, cuando le consultaron a un rabino si un hombre en sábado podía tomar determinada bebida de efecto purgante, contestó: «Para obtener placer es legítimo; si es para curarse, queda prohibido» (Jer. Shabb. 14 *c*).

16. Así, uno de los rabinos consideraba el mal aliento como posiblemente peligroso (*u.s.* 14 *d*).

17. Dislocación del hueso frontal, enfermedades de los nervios que fueran de la oreja a la mandíbula, un ojo que salía de su órbita, inflamaciones severas y heridas hinchadas; todas son mencionadas, así como otras.

incluso el Talmud discute casos en que era legítimo sacar a un animal de un hoyo en sábado (Shabb. 117 *b,* hacia la mitad). No puede haber duda, en todo caso de que, incluso si la ley era en tiempo de Cristo tan estricta como en el Talmud, un hombre habría hallado algún medio por el cual recobrar la oveja solitaria que constituía su posesión. ¿ Y no era la vida de un ser humano más digna de consideración? Sin duda, pues, en el día de sábado era legítimo hacer bien. Sí, poder hacer bien y omitirlo, habría sido hacer mal. Es más, según sus propias palabras, ¿no debía un hombre salvar una vida en sábado, o bien debía, al omitirlo, matar?

Podemos ahora imaginar la escena en aquella Sinagoga. El lugar está lleno de gente. Cristo ocupa probablemente una posición prominente dirigiendo las oraciones o la enseñanza; una posición desde la cual podía Él ver a todos y ser visto de todos. Allí, ansiosas, inclinándose hacia adelante, están las hoscas caras de los fariseos, expresando curiosidad, malicia, astucia. Están mirando hacia el hombre que tiene la mano derecha seca (Lc. 6:6), quizá empujándolo hacia adelante, llamándole la atención, bisbiseando alto: «¿Es legítimo curar en sábado?». El Señor acepta su desafío. Manda al hombre que extienda la mano, allí en medio de ellos, para que puedan verlo y oírlo. Por medio de una de estas sorprendentes apelaciones, que van directamente a la conciencia, pone el caso análogo de un pobre que está en peligro de perder su única oveja en sábado; ¿no la rescataría?; y ¿no era un hombre mejor que una oveja? Es más, ¿no mandaban ellos mismos que se podía quebrantar la ley del sábado para salvar una vida humana? Entonces, ¿no debía hacerlo Él también? ¿No podía hacer Él bien en vez de mal?

Se quedaron estupefactos. Pero una mezcla extraña de sentimientos estaba presente en el corazón del Salvador; extraña para nosotros, aunque no es sino lo que la Santa Escritura nos dice siempre acerca de la manera en que Dios ve el pecado y al pecador, empleando términos que, en su combinación, parecen inmensamente incompatibles: «y después de echarles una mirada alrededor con ira, entristecido por la dureza de sus corazones». Fue sólo un momento y luego, con su poder dador de vida, mandó al hombre que extendiera la mano. Ya no estaba seca después que Él hubo dicho la palabra, y una nueva savia, una vida nueva se había introducido en ella como si hubiera seguido el ojo y la palabra del Salvador, y él la extendió lentamente. Y al extenderla la mano estaba curada.[18] El Salvador había quebrantado su ley del sábado y, con todo, no la había quebrantado, porque no le había curado mediante un remedio, ni tocándole, ni con ninguna aplicación externa. Había quebrantado el reposo del sábado como Dios lo quebranta cuando envía vida, la sostiene o la restaura, o hace bien; sin ser visto ni oído, sin tocar ni aplicar nada externamente, sino por la Palabra de su poder, por la presencia de su vida.

Pero, ¿quién después de esto dirá que fue Pablo quien introdujo primero en la Iglesia la idea de que la ley del sábado en su forma judía no era obligatoria, sin ver que las formas angostas del judaísmo ya habían sido reventadas por el vino nuevo de este Reino, que es el del Hijo del Hombre?

Todos habían visto este milagro de la casi nueva creación. Cuando Él lo hacía, estaba lleno de tristeza; cuando ellos lo vieron hecho, «se llenaron de furor». Tan duros eran sus corazones. No podían contradecirles, pero se fueron y comenzaron en seguida a tramar con los herodianos qué podían hacer para destruir a Jesús. Es de suponer, pues, que Él se hallaba dentro, o muy cerca, de los dominios de Herodes, al este del Jordán. Y el Señor se retiró una vez más, según nos parece, a territorio gentil, probablemente al de Decápolis. Porque cuando iba de un lado a otro sanando a todos los que lo necesitaban en la gran multitud que seguía sus pasos, aunque Él les mandaba que se callasen, se veía de modo refulgente el cumplimiento de esta profecía de Isaías: «He aquí mi siervo, yo le sostendré; mi escogido, en quien mi alma tiene contentamiento; he puesto sobre él mi Espíritu; él dictará justicia a las naciones. No gritará, ni alzará su voz, ni la hará oír en las calles. No quebrará la caña cascada, ni apagará el pabilo que humea; de acuerdo con la verdad, hará justicia. No se cansará ni desmayará, hasta que establezca en la tierra justicia; y las islas (los gentiles) esperarán sus enseñanzas» (Is. 42:1-4).

Y en su nombre confiaban los gentiles. A lo lejos, en el silencio de aquellas solitarias colinas y de la región montuosa del mundo gentil, llegó la llamada que no fue oída y a la que no se hizo caso en Israel. Él tenía otras ovejas que no eran de aquel redil. Y bajo aquellas colinas, en tierras distantes, el sonido de las campanas, que se va acercando, dice que las otras ovejas que no eran de este redil van siendo congregadas por la llamada del Buen Pastor; y a lo largo de estos siglos, sonando cada vez más recio y vario, se va acercando este sonido de campanas, hasta que todos sean congregados en un rebaño, un aprisco y un Pastor.

---

18. Los tiempos verbales indican que ya estaba restaurada cuando él la extendió. Y esto es significativo espiritualmente. Según san Jerónimo (Comment. sobre Mt. 12:13), en el Evangelio de los nazarenos y ebionitas se describe que este hombre era un albañil y que había buscado a Jesús para que le restaurara, para que no tuviera que mendigar el pan que comía.

Capítulo 36

(Mateo 15:32-16:12; Marcos 8:1-21)

La alimentación de los cuatro mil

Hacían bien en congregarse alrededor de Jesús a millares, con sus necesidades del cuerpo y el alma, estas ovejas desparramadas sin pastor; porque su ministerio en este distrito, como el anterior en Galilea, estaba llegando a su fin. Y aquí es notable que cada vez que su estancia y su ministerio se prolongaban en un distrito, llegaban a su fin con alguna cena, por así decirlo, con algún agasajo festivo de su parte. El ministerio de Galilea había terminado con la alimentación de los cinco mil, en que los invitados eran sobre todo de Capernaum y ciudades cercanas, hasta de Betsaida (Julias), muchos de los cuales se hallaban probablemente camino de Jerusalén para la fiesta de la Pascua (ver cap. XXIX de este libro). Pero ahora, en la segunda provisión para cuatro mil con la que terminó su ministerio en Decápolis, los invitados no eran estrictamente judíos, sino los habitantes medio gentiles de aquel distrito y territorio adyacentes. Finalmente, su ministerio en Judea terminó con la Última Cena. En la primera «Cena» los invitados judíos de buena gana le habrían proclamado Rey-Mesías; en la segunda, como «el Hijo del Hombre», Él alimentó a estas multitudes gentiles, que, habiendo estado con Él aquellos días y agotado sus provisiones durante la estancia con Él, no podía despedirlos ayunos para que se desmayaran por el camino. Y en la última ocasión, como el verdadero Sacerdote y Sacrificio, Él los alimentó con la verdadera Fiesta Pascual, antes de despedirlos, enviándolos al desierto. Así, estas tres «Cenas» parecen relacionadas, llevando cada una sucesivamente a las otras, por así decirlo.

En todo caso, no puede haber dudas de que esta segunda alimentación de la multitud tuvo lugar en la Decápolis gentil, y que los que se sentaron a comer eran principalmente los habitantes de aquel distrito.[1] Si es legítimo apartarse de la historia estricta para estudiar el simbolismo de este suceso, comparándolo con la alimentación previa de los cinco mil que eran judíos, se presentan a la mente algunas diferencias algo singulares. En la primera ocasión había cinco mil que fueron alimentados con cinco panes, y sobraron doce cestos de pedazos. En la segunda ocasión fueron cuatro mil los alimentados con siete panes, y siete cestos de pedazos los recogidos. Es curioso, por lo menos, que el número cinco en la provisión para los gentiles es el del Pentateuco, mientras que el número doce corresponde al de las tribus y al de los apóstoles. Y, por otra parte, en la alimentación de los gentiles notamos el número doce, que es la marca o sigla del mundo, y siete, que es la del Santuario. No quisiéramos en modo alguno poner énfasis en esto, como si fuera algo importante en el relato, coincidencias planeadas; pero por el hecho de no haber designio en ello le damos valor, sintiendo que hay más simbolismo espontáneo en todas las manifestaciones de Dios, en la naturaleza, en la historia y en la gracia, de lo que se ve a primera vista en la observación de lo que es mero fenómeno. Es más, ¿no parece, casi, que todas las cosas fueron echadas en el molde de las realidades espirituales, y todos los panes de la proposición de la tierra en el de su presencia?

En todos los puntos generales los relatos de las dos alimentaciones milagrosas siguen tan paralelos que no es necesario considerar este suceso en detalle. Pero las circunstancias acompañantes son tan diferentes que sólo el criticismo negativo más temerario puede insistir en que se trata de un solo suceso presentado por los evangelistas como dos ocasiones separadas.[2] Los trazos generales de diferencia en cuanto al número de personas y la provisión y la cantidad de pedazos sobrantes no se pueden pasar por alto. Además, en la primera ocasión, la comida fue provista al atardecer para aquellos que habían seguido a Cristo y le habían escuchado durante el día, pero que, en su prisa anhelante, habían ido a Él sin vituallas, y Él no quiso despedirlos desmayados y hambrientos, porque habiendo estado ocupados con el Pan de Vida, se habían olvidado del de la tierra. Pero en esta segunda ocasión –la alimentación de los gentiles– éstos habían estado tres días con Él, y las provisiones que habían traído tienen que haberse agotado; por lo que, en su compasión, el Salvador no quiso enviarlos a sus casas en ayunas, para que no desmayaran por el camino. Esto no podía haber sucedido a aquellos gentiles que habían acudido a Cristo para alimentar sus almas. Y hay que tener en cuenta que Cristo los despidió, no como antes, porque querían hacerle Rey, sino porque Él mismo estaba a punto de partir de aquel lugar; y que, mandándolos a sus casas, no podía enviarlos para que desmayaran por el camino. Con todo, hay otra diferencia marcada incluso en la designación de «los cestos» en que fueron recogidos los pedazos. En la primera alimentación había los pequeños cestos de mimbre, según la palabra griega usada, en que se llevaban provisiones, especialmente pan.[3] Porque en la primera ocasión, cuando pasaron al territorio israelita pensando que dejaban su casa para un período corto, no había la misma necesidad de hacer provisiones de alimento como en la segunda, cuando sabían que iban a un viaje largo, y bastantes pasaron a través de territorio gentil y se detuvieron en él.

Pero nos parece que la diferencia más notable es que en la primera ocasión, los que habían sido alimentados fueron judíos, y en la segunda, mayormente gentiles. Hay un exquisito detalle en el relato que nos proporciona una sorprendente confirmación del mismo, aunque no es planeada en absoluto. Con referencia a la bendición que Jesús pronunció sobre la primera comida, se hizo notar (ver cap. XXIX) que, en estricto acuerdo con la costumbre judía, Él sólo dio gracias una vez, acerca de la comida. Pero esta costumbre ya no regía en su conducta cuando suministró el alimento a los gentiles; y, ciertamente, si sólo hubiera bendecido el pan, quedando en silencio al distribuirse el pescado, probablemente habría dado lugar a malentendidos. En

---

1. Esto se ve por todo el contexto (comp. obispo Ellicott, *Histor. Lect.*, pp. 220, 221 y notas).

2. Para un sumario de las grandes diferencias entre los dos milagros, comp. obispo Ellicott, *u.s.*, pp. 221, 222. Las afirmaciones de Meyer, *ad loc.*, son insatisfactorias.

3. La κόφινος (Mt. 14:20) era un cesto de mano pequeño (v. cap. XXIX), mientras que la σπυρίς (el término utilizado en la alimentación de los cuatro mil) es la banasta o cuévano de mayor capacidad, como aquella en que Pablo fue descendido del muro de Damasco (Hch. 9:25). Lo que hace la cosa más notable es que la distinción de las dos palabras es mantenida en la referencia a los dos milagros (Mt. 16:9, 10).

consecuencia, hallamos que se afirma de modo expreso que no sólo dio gracias por el pan, sino que dio la bendición por los peces también (Mr. 8:6, 7). Y tampoco deberíamos omitir notar, cuando indicamos estas evidencias no planeadas, que en la primera ocasión que tuvo lugar inmediatamente antes de la Pascua los invitados –según nos dicen los evangelistas– fueron distribuidos en filas sobre «la hierba» (Mt. 14:19; Mr. 6:39; Jn. 6:10), mientras que en la ocasión presente, que tiene que haber ocurrido varias semanas después cuando en el Oriente la hierba ya había sido quemada, nos dicen los dos evangelistas que «se recostaron sobre el suelo» (o sea, la tierra). Incluso la dificultad presentada por algunos, respecto a la extraña petición de la respuesta de los discípulos, el resultado, en parte, de no esperar la cosa, y de ahí la incredulidad, pero que en parte es una duda que ya tiende a la fe: «¿De dónde podrá alguien, en este despoblado, sacar suficiente pan para satisfacer a éstos?», nos parece sólo confirmatorio de la narración, por ser psicológicamente tan genuino. No hay necesidad de la ingeniosa apología (de Bleek) de que en el recuerdo y tradición de la primera y segunda alimentación la semejanza de los dos sucesos había llevado a una mayor similaridad en el relato de ellas que las circunstancias reales quizá habrían permitido. Aquí nos sugiere ideas interesantes la observación (decano Plumptre, *ad loc.*) de que no es fácil transportarnos a la posición y sentimientos de aquellos que habían presenciado un milagro tal como el de la primera alimentación de la multitud. «Pensamos en el Poder como inherente y, por tanto, permanente. A ellos tiene que haberles parecido intermitente, un don que viene y se va». Y esto parece confirmarse por el hecho de que, desde entonces, sus necesidades habían sido provistas en forma ordinaria; incluso en aquella primera ocasión se les había indicado que recogieran los pedazos sobrantes de la comida proporcionada por el cielo.

Pero debemos decir algo más que esto. En primer lugar, hemos de recordar que la provisión anterior era para judíos, y los discípulos desde su punto de vista podían muy bien dudar, o por lo menos no dar por sentado, que supliría la necesidad de los gentiles con el mismo milagro, y que a la misma «mesa» se juntarían judío y gentil. Pero además, la repetición de la misma pregunta por parte de los discípulos indicaría en realidad solamente un sentido de su propia incapacidad, y no una duda sobre el poder del Salvador para suplir, puesto que en esta ocasión no fue acompañada, como en la primera, de una indicación por parte de ellos de que despidiera a la multitud. Así, la misma repetición de la pregunta podría ser una humilde referencia al pasado que ellos, dadas las circunstancias, no se atrevían a pedir que repitiera.

No obstante, si fuera de otro modo, el olvido extraño del último milagro de Cristo por parte de los discípulos, y la extraña repetición de una pregunta idéntica a la que ya antes (y a nosotros nos parece, para siempre) había sido contestada con un hecho tan portentoso, no deben sorprendernos. A ellos lo milagroso por parte de Cristo tiene que haberles sido siempre lo nuevo, o bien hubiera cesado de ser lo milagroso. Ni lo comprendieron plenamente hasta que después de su Resurrección lo entendieron y le adoraron como Dios encarnado. Y es sólo la realización de una fe así, que tenía que desarrollarse gradualmente durante el ministerio de Cristo en la tierra, que nos permite captar la ayuda divina como, por así decirlo, encarnada y presente siempre de modo real en Cristo. Y, aun siendo así, con qué frecuencia los que hemos creído en Él nos olvidamos de la provisión divina que nos había llegado la última vez, y repetimos, aunque quizá no con la misma duda, por lo menos con la misma falta de seguridad, las preguntas con las cuales nosotros habíamos primero contestado al reto que el Salvador había presentado a nuestra fe. Y hasta el fin contestamos como el profeta, a la vista de lo aparentemente imposible, con un: «Señor, Tú lo sabes» (Ez. 37:3). Por desgracia, lo más corriente y más frecuente es que se le conteste con falta de fe, de creencia y con duda, engendrada por una comprensión deficiente o el olvido de lo que la experiencia pasada y el conocimiento de Él tendrían ya que haber dejado inscritos de modo indeleble en nuestra mente.

A Dalmanuta

En la ocasión a que se refiere el relato presente, los que habían tramado contra Jesús –fariseos y herodianos, o, para decirlo de otro modo, fariseos y saduceos– no estaban presentes. Puesto que los que políticamente hablando eran «herodianos» podían también (aunque quizá no hablando religiosamente, sí desde el punto de vista judío de Mateo) ser designados como saduceos, o incluyéndolos.[4] Pero pronto iban a aparecer de nuevo en escena cuando Jesús se acercó al territorio judío de Herodes. Suponemos que la alimentación de la multitud había tenido lugar en la Decápolis, y probablemente cerca o en la orilla este del lago de Galilea. Cuando Jesús despidió a la multitud a quienes había alimentado, se embarcaron con sus discípulos y «vino a los confines de Magadán» (Mt. 15:39)[5] o, como dice Marcos, «la región de Dalmanuta». «Los confines de Magadán» tiene que referirse evidentemente al mismo distrito que «las partes de Dalmanuta». El uno puede marcar la punta extrema del distrito hacia el sur, la otra hacia el norte –o bien los puntos oeste[6] y este– en la localidad en que desembarcaron Él y sus discípulos. Esto naturalmente sólo es una sugerencia, puesto que ni «Magadán» ni «Dalmanuta» han sido identificados. Sólo podemos inferir que el lugar se hallaba cerca, pero no dentro, del territorio estrictamente judío, puesto que a su llegada allí se dice que los fariseos (Mr. 8:11) «salieron»: una palabra que implica que habían residido en otra parte, aunque naturalmente en la vecindad. En consecuencia, deberíamos buscar Magadán al sur del lago de Tiberias y cerca de los bordes de Galilea, pero dentro de la Decápolis. Hay varios lugares que en el presente llevan nombres similares. Con referencia al nombre extraño y no judío de *Dalmanuta*, se han hecho conjeturas muy improbables basadas en la etimología. Si quitamos de *Dalmanuta* la terminación aramaica *-uta* y consideramos el *de* inicial como un prefijo, tenemos la palabra *Laman, Limino,* o *Limina* (למן, למין, למינה = λιμήν), que en hebreo rabínico significa una pequeña bahía. Posiblemente era el nombre dado a la bahía cercana a la antigua *Tarichaea*, la moderna *Kerak*; un lugar famoso por una batalla naval, o, mejor, por la horrible carnicería de pobres fugitivos cuando Tarichaea fue tomada por los romanos en la guerra grande judía. Cerca de allí el lago forma una bahía *(Laman)*, y si, como afirma un escritor moderno,[7] la fortaleza de Tarichaea estaba rodeada por un foso alimentado por el Jordán

4. Compárese, no obstante, con Libro 2, capítulo 10 y Libro 5, capítulo 3. Cuándo y dónde dominaba el elemento político la distinción religiosa no quedaba tan claramente marcado.

5. No hay necesidad de decir que lo que debe leerse es Magadán, no Magdala.

6. Se ha sugerido que Magadán podría representar a Meguido, siendo una forma intermedia entre el hebreo Megiddon y el asirio Magadú.

7. Sepp, en Böttger, *Topogr. Lex. zu Fl. Josephus*, p. 240.

y el lago de manera que la fortaleza podía convertirse en una isla, vemos una razón adicional para la designación de *Lamanuta*.[8]

Fue desde el territorio cercano de Galilea que los fariseos salieron ahora «con los saduceos» para tentar a Jesús con preguntas, y reclamando de Él «una señal del cielo» que fuera el árbitro final de sus pretensiones. Podemos entender bien un reto así por parte de los saduceos, que no creerían en la misión celestial de Cristo, o, para usar un término moderno, en conexión alguna sobrenatural entre el cielo y la tierra. Pero en la boca de los fariseos esto tenía un significado especial. Ellos habían presenciado ciertos milagros supuestos, realizados por Cristo, o habían recibido noticias de ellos por otros testigos. A su modo de ver, como Cristo había presentado pretensiones que ellos consideraban incompatibles con la doctrina aceptada en Israel y predicaba un Reino muy distinto de la expectativa judía –estaba en conflicto con las costumbres judías y, más que esto, quebrantaba la Ley en sus mandamientos más importantes, según ellos lo entendían–, se seguía que, según Deuteronomio 13, Él era un profeta falso al cual no había que escuchar. Por tanto, los milagros que había obrado tenían que haber sido hechos por el poder de Beelzebú, «el señor del culto idólatra», el mismo príncipe de los demonios. Pero ¿habían sido verdaderas señales, o había sido todo una ilusión? ¡Que les mostrara una «señal»,[9] y que esta señal viniera directamente del cielo!

La señal del cielo

La demanda de los fariseos estaba en conformidad con sus nociones y prácticas, según podemos ver en dos ejemplos sorprendentes de la literatura rabínica. Leemos que un cierto rabino a quien sus discípulos preguntaron cuál era el tiempo de la venida del Mesías contestó: «Mucho me temo que también vais a pedirme una señal». Cuando ellos le prometieron que no lo harían, él les dijo que la puerta de Roma caería, y sería reconstruida, y caería otra vez, y que no habría tiempo para restaurarla porque antes vendría el Hijo de David. Entonces ellos le instaron, a pesar de sus quejas, a que les diera «una señal», y que se les dio ésta: «que las aguas que salían de la caverna de Pamias se volverían sangre» (Sanh. 98 *a*, últimas 4 líneas).[10] Además, por lo que respecta a «la señal del cielo», se dice que el rabino Eliezer, cuando se puso en duda su enseñanza, apeló sucesivamente a determinadas «señales». Primero, una acacia se desplazó cien codos a su orden y, según otros, cuatrocientos codos. Después una corriente de agua empezó a fluir en dirección contraria; luego, las paredes de la Academia se inclinaron hacia adelante y solamente se detuvieron cuando lo ordenó otro rabino. Finalmente, Eliezer exclamó: «¡Si la Ley es como yo enseño, que lo pruebe el cielo!», a lo que se oyó una voz desde arriba (la *Bath Qol*): «¿Qué tenéis que ver con el rabino Eliezer, porque la Halakhah es tal como él la enseña?» (Bab. Mez. 59 *b*, línea 4 desde arriba y ss.).

No era, pues, extraño que los fariseos pidieran a Jesús «una señal del cielo» que atestiguara sus pretensiones y su enseñanza. La respuesta que Él les dio fue una de las más solemnes que los líderes de Israel hayan escuchado jamás, y Él la pronunció con profunda pena en su espíritu (Mr. 8:12). Ellos le habían pedido virtualmente algún signo de su mesianidad; alguna justificación notoria por el cielo de sus pretensiones. Él se la daría muy pronto. Hemos visto (cap. XXVII) que habría una venida de Cristo en su Reino, una vindicación de su pretensión real delante de sus súbditos rebeldes y apóstatas, cuando los que no habían querido que Él reinara sobre ellos, sino que lo habían traicionado y crucificado, verían destruida su comunidad y su ciudad, su Estado y el Templo. A la luz vívida de las llamas de Jerusalén y el Santuario leerían las palabras de la inscripción de la Cruz nuevamente. Dios les daría prueba de las pretensiones de Cristo aplastando el orgullo de su rebelión. El incendio de Jerusalén fue la respuesta de Dios al grito de los judíos: «¡Fuera!, no tenemos más rey que César»; los millares de cruces en que los romanos clavaron a sus cautivos, la contrapartida terrible de la Cruz del Gólgota.

Fue a esto que Jesús se refirió en su respuesta a los fariseos y herodianos «saduceos». ¡Qué extraño! Los hombres pueden discernir por la apariencia del cielo si el día será claro o tempestuoso.[11] ¡Y, sin embargo, cuando todas las señales de la tempestad que se aproximaba y que destruiría su ciudad y su pueblo eran claramente visibles, ellos, los líderes del pueblo, fallaron en advertirlas! Israel pedía una «señal». No se daría otra señal a la tierra y la ciudad condenadas que la que se dio a Nínive: «la señal de Jonás». La única señal a Nínive fue la solemne advertencia de Jonás del juicio inminente y su llamada al arrepentimiento; y la única señal que se les daría ahora (o como Mr. 8:12: «a esta generación ninguna señal») era el clamor del juicio y la llamada al arrepentimiento, hechos a modo de advertencia y con amor (Lc. 19:41-44).

Viaje a Cesarea de Filipo

Era natural, casi necesario, que Él, «dejándolos, se fue». Una vez más la barca que le llevaba a Él y a sus discípulos, izando las velas, se dirigió a la costa de Betsaida-Julias. Estaba camino al límite extremo de la tierra, a Cesarea de Filipo, con miras a demorar el conflicto final. Porque la gran crisis tenía que empezar y acabar en Jerusalén y en la Fiesta; empezaría en la Fiesta de los Tabernáculos (Jn. 7) y no terminaría hasta la Pascua siguiente. Pero por el camino los mismos discípulos que hacía tanto que seguían a Jesús y estaban tan cerca de Él, dieron muestras de lo poco que habían comprendido su enseñanza y lo inclinados que estaban, por su embotamiento espiritual, a entenderle mal. No obstante, la cosa no era tan burda y totalmente incomprensible como podría parecer por la lectura común de lo ocurrido.

Cuando el Señor llegó a la otra orilla, su mente y su corazón estaban todavía llenos de la escena de lo que había pasado últimamente. Porque en verdad, de su demanda de una señal dependía al parecer el futuro de Israel. Quizá no es presuntuoso suponer que el viaje a través del lago fue hecho en silencio por su parte; tan profundamente estaban su mente y corazón absortos en el destino de su propia ciudad real. Y ahora, cuando desembarcaron, ellos trajeron

---

8. Recordando que Tarichaea era un centro principal para la salazón de pescado con fines a la exportación, los discípulos pueden haber tenido contactos previos con el lugar.

9. La palabra usada aquí implicaría, a juzgar por casos análogos, אות *(Oth)* y no סימן *(Siman)* como Wünsche sugiere, aunque la palabra está formada del griego σημεῖον. Pero el *Siman* rabínico me parece a mí que tiene un significado algo distinto.

10. No obstante esto (y también la siguiente Haggadah), pueden haber sido presentadas en sentido alegórico o parabólico, aunque no hay indicio de ello.

11. Aunque algunos de los mejores manuscritos omiten Mateo 16:2, empezando: «Cuando llega el atardecer...», hasta el fin del v. 3, la mayoría de críticos están de acuerdo en que debe ser retenido.

a la orilla las escasas cestas de provisiones; porque como nota Marcos, con su atención usual para los detalles, sólo habían traído un pan. De hecho, con la premura y nerviosismo se habían olvidado de traer pan. Es posible que algo llamara la atención de Jesús sobre este punto, o, incluso sin ello, Jesús al fin rompió el silencio, diciendo lo que embargaba su espíritu.

¿Qué es la levadura de los fariseos y los saduceos?

Les advirtió, porque lo necesitaban mucho, contra la levadura con que los fariseos y los saduceos, cada uno a su manera, leudaban y corrompían[12] el pan santo de la verdad de la Escritura. Los discípulos, que sabían que con las prisas se habían olvidado el pan, entendieron mal estas palabras de Cristo, aunque no en el sentido incomprensible de algunos comentaristas, que supusieron que era «una precaución contra el que se procuraran pan de sus enemigos». Es casi imposible que los discípulos pudieran haber comprendido que el aviso de Cristo significara una cosa así, al margen de la consideración de que una prohibición de comprar pan de los fariseos o saduceos habría implicado una imposibilidad. El malentendido de los discípulos, si no es justificado, por lo menos es racional. Creyeron que las palabras de Cristo significaban que Él suponía que ellos no habían traído el pan por haberlo olvidado, sino que lo habían hecho a propósito, a fin de conseguir una «señal» de su mesianidad divina, como los fariseos y saduceos, y obligarle, al mostrarlo, a que proveyera a su necesidad presente. La mera sospecha mostraba lo que había en sus mentes e indicaba el peligro. Esto explica que, como respuesta, Jesús les reprendió, no por una falta total de discernimiento, sino sólo por su «poca fe». Había sido su falta de fe –la misma levadura de los fariseos y saduceos– lo que había sugerido una idea así. Además, si la experiencia del pasado –su propia pregunta repetida por segunda vez, y la respuesta práctica que habían recibido en la provisión milagrosa, con la que tuvieron no sólo bastante, sino de sobra– les había enseñado algo, debía haber sido a creer que la provisión necesaria de lo que necesitaban por Cristo no era una «señal» –tal como los fariseos habían pedido–, sino lo que la fe podía siempre esperar de Cristo cuando se le seguía o se esperaba en Él. Entonces ellos entendieron verdaderamente que no era de la levadura del pan que les había mandado que se guardaran, que sus palabras misteriosas no hacían referencia al pan, ni a su supuesta omisión de traerlo con el propósito de obtener una señal de Él, sino que indicaba que había un peligro mucho más serio en «la enseñanza de los fariseos y los saduceos», la cual les había llevado a su demanda de una señal del cielo.

Aquí, como siempre, Cristo más bien sugiere la interpretación de su significado, en vez de detallarla. Y esto es la ley de su enseñanza. Nuestros modernos fariseos y saduceos también, con demasiada frecuencia, piden una señal del cielo como evidencia de sus pretensiones. Y nosotros también, con demasiada frecuencia, interpretamos mal las advertencias que nos da referentes a la levadura de ellos. Viendo la escasa provisión en nuestra cesta, nuestra pequeña fe se ocupa en pensamientos sobre posibles señales consistentes en la multiplicación del pan que tenemos, olvidando que donde está Cristo la fe siempre tiene que esperar la provisión de lo necesario, y que nuestro cuidado debería consistir únicamente en procurar guardarnos de enseñanza que podría leudar o corromper aquella de la que se alimenta nuestra alma.

«Era natural, casi necesario, que Él, 'dejándolos, se fue'. Una vez más la barca que le llevaba a Él y a sus discípulos, izando las velas, se dirigió a la costa de Betsaida-Julias. Estaba camino al límite extremo de la tierra, a Cesarea de Filipo, con miras a demorar el conflicto final. Porque la gran crisis tenía que empezar y acabar en Jerusalén y en la Fiesta; empezaría en la Fiesta de los Tabernáculos (Jn. 7) y no terminaría hasta la Pascua siguiente».

Retirado a tierra pagana, en Cesarea de Filipo, Jesús pone a prueba la fe de sus discípulos. Aquí podemos ver un aspecto del lugar.

12. El significado figurativo de la levadura como algo que corrompe moralmente les era familiar a los judíos. Así, la palabra שאור *(Seor)* se utiliza en el sentido de «levadura moral», estorbando lo bueno, en Ber. 17 *a*, mientras el verbo הרמץ *(chamets)*, «ser leudado», se emplea para indicar más deterioro, en Rosh haSh. 3 *b*, 4 *a*.

Capítulo 37

(Mateo 16:13-28; Marcos 8:27-9:1; Lucas 9:18-27)

La gran confesión

Si es correcta nuestra identificación de la pequeña bahía –Dalmanuta– con la vecindad de Tarichaea, hay todavía otro eslabón que, por extraña coincidencia, une la advertencia profética pronunciada allí con su cumplimiento. Desde Dalmanuta nuestro Señor pasó a través del lago a Cesarea de Filipo. Desde Cesarea de Filipo, pasando por Tiberias, Vespasiano fue a Tarichaea, donde la ciudad y la gente fueron destruidas y la sangre de los fugitivos enrojeció el lago y sus cuerpos rellenaron sus aguas. Aun entre los horrores de la última guerra judía, hay pocos espectáculos tan espeluznantes como el furioso asedio a Tarichaea, que terminó con la matanza de 6.500 hombres en tierra y mar; y finalmente, la vil traición por la cual, aquellos que por medio de la promesa de misericordia habían sido atraídos al circo de Tiberias, cuando los viejos y los débiles, en número de unos 1.200, fueron exterminados, y el resto –hasta 30.400– fueron vendidos como esclavos (Josefo, *Guerra* iii.10).[1] Bien podía Aquél que previó y predijo este fin terrible, de pie en este lugar, conmovido, suspirar profundamente en espíritu cuando contestó a los que le pedían «una señal», y podía ver lo que ningún discernimiento corriente, por agudo que fuera, podría haber percibido en el firmamento amenazante y enrojecido sobre su cabeza.

Desde Dalmanuta, al otro lado del lago, luego por la llanura donde recientemente habían sido alimentados cinco mil, y cerca de Betsaida, la ruta de Cristo y sus discípulos les llevó a la capital del tetrarca Felipe, la antigua Paneas o, como se llamaba ahora, Cesarea de Filipo, la moderna Banias. Bastaban dos días de viaje para cubrir toda la distancia. No habría entonces necesidad de tomar el camino que se sigue ahora por Safed. Directamente al noroeste del lago de Galilea, llevaba la carretera a la parte superior del Jordán y del lago, que ahora se llama *Huleh*, la antigua Merom,[2] una distancia de unas diez millas. Cuando ascendemos desde las orillas de Genezaret, vemos que el lago y el valle del Jordán más allá se van alejando. Delante de nosotros se levantan colinas; por encima de ellas, al oeste, se ven las alturas de Safed; más allá encontramos una llanura ondulante, entre las cordilleras del Anti-Líbano; lejos está el Hermón con su pico doble coronado de nieve («los Hermones») y, ya en la lejanía, el majestuoso Líbano. Es poco probable que Jesús y sus discípulos ladearan la casi impenetrable ciénaga del lago Merom. Fue allí que Josué peleó la batalla final y decisiva contra Jabín y sus confederados, por la que Israel ganó la parte norte de Palestina (Jos. 11:1-5). Nos desviamos hacia el norte del lago, y al oeste de Cades, la Cades de Neftalí de la Biblia, el hogar de Barac. Ahora hemos pasado de la piedra caliza de la Palestina central a formaciones de basalto oscuro. ¡Qué espléndida se veía la antigua ciudad sacerdotal de refugio! En la rica heredad de Neftalí (Dt. 33:23) Cades era uno de sus lugares más hermosos. Cuando subimos la escarpada colina más allá de las ciénagas del Merom, tenemos delante de nosotros una llanura riquísima, de unos dos mil acres. Luego pasamos por plantaciones de olivos y subimos una cuesta suave. Sobre la loma, delante de nosotros, al pie de la cual brota una copiosa fuente, se halla la antigua Cades.

El escenario es muy similar cuando seguimos en dirección hacia Cesarea de Filipo. Sobre una hora y media después, encontramos la antigua carretera romana. Estamos ahora entre vides y moreras. Pasamos por un valle feraz y estrecho, ascendemos a una área agreste de colinas rocosas, en que la madreselva se arrima al tronco de los plátanos silvestres. Desde lo alto de la loma tenemos una maravillosa vista del lago Merom y del valle del Jordán; hacia delante, de los nevados picos del Hermón; al este, de alturas sucesivas, y al oeste, de crestas sobre las cuales se divisan ruinas. Seguimos a lo largo de esta altura y descendemos una escarpada pendiente que nos lleva, a nuestra izquierda, a la moderna Abil, la antigua Abel Beth Maachach (2 S. 20:14). Después de una hora nos hallamos en una llanura en que se unen las aguas del Jordán. La vista desde aquí es espléndida y el suelo muy fértil, y en él la cosecha del trigo ya está madura a principios de mayo. Al cabo de media hora cruzamos un puente sobre las aguas azul brillante del Jordán, o más bien del Hasbany, que bajo la espesura de madreselvas, adelfas, clemátides y rosales silvestres, se precipitan entre enormes cantos rodados y rocas de basalto. Pasamos, al este, al cabo de media hora, a la antigua Dan (la moderna Tell-Kady), aún más gloriosa en su hermosura y riqueza que todo lo que hemos visto hasta ahora. Dan se halla sobre una colina que domina la llanura. Al oeste de la misma, en medio de adelfas y otros arbustos y árboles variados, entre masas ingentes de rocas basálticas, surgen lo que se llaman «las fuentes inferiores» del Jordán, que manan como corriente de un estanque de unos sesenta pasos de anchura, y de un manantial más pequeño cercano. Las «fuentes inferiores» proporcionan la mayor parte del agua del Jordán. Y, desde Dan, las plantaciones de olivos y los bosquecillos de robles cubren las laderas hasta Banias, o sea, Cesarea de Filipo.

La situación de la antigua Cesarea de Filipo (a 1.147 pies por encima del mar) es realmente magnífica. Extendida entre tres valles sobre un terreno llano en un ángulo del Hermón, queda casi escondida por riscos y bosques. «Por todas partes hay mescolanza de cascadas, moreras, higueras, torrentes impetuosos, vides, manantiales burbujeantes, cañas y ruinas, entre gorjeos de pájaros y el murmullo de agua corriente» (Tristram, *Land of Israel*, p. 586). La lozanía de la vegetación circundante es extraordinaria. El pueblo moderno de Banias se halla dentro de las paredes de antiguas fortificaciones, y las ruinas muestran que antiguamente se habían extendido hacia el sur. Pero los puntos más notables aún no se han descrito. El lado occcidental de un escarpado monte, coronado por las ruinas de un antiguo castillo, forma una pared abrupta de roca. Aquí, de una inmensa caverna irrumpe un riachuelo. Se trata de las «fuentes superiores» del Jordán. Esta caverna, un antiguo santuario de Pan, dio su primer nombre –Paneas– a la ciudad. Aquí Herodes, cuando recibió la tetrarquía de Augusto, edificó un templo en su honor. En la pared rocosa cercana hay nichos

---

1. Aunque no hubiera otras razones para execrar al exgeneral de los galileos, Josefo –que nos cuenta en esta historia la forma en que lo hace–, ya le haría acreedor a ello.

2. Para los detalles geográficos he de remitir a las obras de Stanley y Tristram, y a Bädeker, *Palästina*. No considero necesario hacer una cita especial para indicar la autoridad usada en cada caso.

votivos que todavía se pueden ver, uno de ellos con la inscripción griega «Sacerdote de Pan». Cuando su hijo Felipe recibió la tetrarquía, amplió y en gran manera hermoseó la antigua Paneas, y la llamó Cesarea de Filipo en honor del emperador. El castillo (a unos 1.000 pies por encima de Banias) es una de las ruinas mejor preservadas, con su estructura inmensa chaflanada semejante a los antiguos fuertes de Jerusalén, ya en pobre estado de conservación. Seguía las irregularidades de la montaña, y tenía unos 1.000 pies de longitud y 200 de anchura. La parte oriental, más alta, formaba como en Machaerus una ciudadela dentro del castillo. En algunas partes la roca se levanta a mayor altura que los muros. Las vistas del valle que se ofrecen desde esta altura son magníficas.

Aunque haya sido larga la descripción del escenario a lo largo del itinerario del viaje, y el aspecto y situación de Cesarea, creo que vale la pena cuando recordamos la importancia de los sucesos desarrollados allí o en su vecindad inmediata. Fue en este distrito principalmente gentil donde el Señor se retiró ahora con sus discípulos, después del altercado final y decisivo con los fariseos. Fue aquí donde su pregunta, como una nueva vara de Moisés, golpeó sus corazones e hizo saltar de los labios de Pedro el agua viva de su confesión que se esparce para vida. Es posible que el muro de roca debajo del castillo, a cuyo pie brota el Jordán, o la peña sobre la cual se asienta el castillo, proporcionaran una sugerencia material para las palabras de Cristo: «Tú eres Pedro, y sobre esta roca edificaré mi Iglesia».[3] En Cesarea, o en las cercanías,[4] el Señor pasó junto con sus discípulos seis días después de esta confesión; y aquí cerca, en una de las alturas del nevado Hermón, tuvo lugar la escena de la Transfiguración, la luz de la cual resplandeció para siempre en los corazones de los discípulos en su camino oscuro y difícil (2 P. 1:17); mucho más allá –más allá de la vida y la muerte–, más allá de la tumba y el juicio, para fundirse en el fulgor esplendoroso del día de la Resurrección.

Cuando pensamos en ello no nos parece que sea extraño, sino sabio y misericordioso en alto grado, que estos sucesos hubieran ocurrido fuera de Galilea y de Israel, en la solitaria grandeza de las sombras del Hermón, y aun entre una población principalmente gentil. Ni en Judea, ni siquiera en Galilea –sino muy lejos del Templo, la Sinagoga, los Sacerdotes, fariseos y escribas– se hizo la primera confesión de la Iglesia, y sobre esta confesión fue puesto su primer fundamento. Incluso esto habló, en términos del juicio y sentencia próximos, para lo que había sido un tiempo la congregación escogida de Dios. Y todo esto sucedió, aunque divinamente guiado en cuanto a su fin, en una sucesión natural y ordenada de los acontecimientos. Recordemos brevemente las circunstancias que hemos detallado en los capítulos previos.

Había sido necesario dejar Capernaum. El ministerio galileo de Cristo había terminado, y tanto las persecuciones activas de los fariseos de Jerusalén como las pesquisas de Herodes, cuyas manos manchadas de la sangre del Bautista buscaban temblorosas a un sucesor mayor aún, y también la indecisión creciente y la inadecuación del pueblo –así como el estado de los discípulos–, indicaban la necesidad de dejar Galilea. Entonces vino «la última Cena» para Israel en la orilla oriental del lago de Genezaret, donde querían hacerle Rey. Tuvo que retirarse lejos, fuera de los límites de Israel. Entonces vino el viaje nocturno milagroso, la breve estancia un sábado en Capernaum, el viaje por territorio de Tiro y Sidón, y alrededor de la Decápolis, la enseñanza y curaciones allí, la gran reunión de la multitud, con aquella «Cena» con que termina su ministerio allí, y finalmente su retirada a Tarichaea, donde sus discípulos, como pescadores del lago, pueden haber tenido conexiones de negocios, puesto que el lugar era el gran depósito central para la preparación y venta de pescado para la exportación.

En este rincón oscuro y distante, en la línea fronteriza entre lo judío y lo gentil, tuvo lugar la mayor de las crisis de la historia del mundo, que selló el destino y la ruina de Israel, y su lugar fue ocupado por los gentiles como ciudadanos del Reino. Y en este sentido, también es de máxima significación que la confesión de la Iglesia, del mismo modo, tuviera lugar en territorio ocupado principalmente por gentiles, y la Transfiguración en el monte Hermón. Esta crisis había sido el reto público de los fariseos y saduceos a que Jesús demostrara la legitimidad de sus pretensiones como Mesías mediante una señal del cielo. No es exagerado afirmar que ni sus interrogadores, ni aun sus discípulos, comprendieron la respuesta de Jesús, ni aun se dieron cuenta del significado de su «señal». A los fariseos les parecería que Jesús había quedado derrotado y convicto, por sí mismo, de haber alegado pretensiones divinas que cuando se le retó a demostrarlas no pudo sustanciar. Hasta aquí (según juzgarían los que no entendían su enseñanza) había intentado demostrarse a sí mismo como Mesías mediante los milagros que hacía, pero ahora se había negado a aceptar su reto públicamente, o cuando menos lo había evadido. Había fallado de modo conspicuo –y prácticamente lo había confesado–, les parecería a los que no podían entender su respuesta y su «señal». Notamos que el Sumo Sacerdote dirigió a Jesús un reto final similar cuando le conjuró a que le dijera si Él era lo que decía ser. Su respuesta entonces fue una afirmación, no una demostración; y faltando ésta, según parecía, sus interrogadores la consideraron como una blasfemia.

Pero ¿qué diremos de los discípulos, los cuales (como hemos visto) probablemente entendían «la señal» de Cristo poco mejor que los fariseos? Lo que podía parecer como el fracaso de Cristo, al no atreverse a responder al reto de sus interrogadores, tiene que haber dejado alguna impresión en ellos, lo cual es sólo natural y aun parece verse que fue así en la advertencia de Cristo sobre la levadura de los fariseos, esto es, la enseñanza de los fariseos y saduceos. En realidad, el que este reto no fuera contestado, y la virtual derrota de Jesús, produjo una impresión duradera y muy profunda en contra suya, lo cual es evidente por la sugerencia posterior de sus propios parientes de que fuera a encontrar a los fariseos en su cuartel general de Judea y allí les mostrara abiertamente si podía, por medio de sus obras, que Él era el Mesías (Jn. 7:1-5). El modo en que Cristo trató a sus discípulos, su exigencia sobre su fe y la formación de la misma, son en extremo notables. Hay que recordar que sus últimas palabras duras en Capernaum habían llevado a la defección de muchos que dejaron de ser sus discípulos (Jn. 6:60-66; comp. Mt. 15:12). Indudablemente, esto ya había afectado su fe, según se ve por la pregunta de Cristo: «¿Queréis vosotros iros también?». Fue esta forma prudente y misericordiosa usada con ellos, el poner este desengaño de la duda, engendrado por lo que ellos no podían entender,

---

3. Así el decano Stanley, con su lenguaje usualmente encantador, aunque topográficamente no del todo correcto (*Sinaí y Palestina*, p. 395).

4. No hay nada de lo anterior que nos fuerce a inferir que las palabras de la confesión de Pedro fueran pronunciadas en la misma Cesarea. El lugar puede haber estado a la vista de ella o haberla recordado.

en contraposición a su experiencia pasada total al seguirlo, lo que hizo posible que ellos vencieran. Y es también esta experiencia la que nos permite a nosotros vencer la duda, quizá engendrada por nuestra incapacidad para entender las palabras de Jesús duras y al parecer ininteligibles, como la de dar a sus discípulos su carne para comer, o de ser el pan de vida del cielo. Y cuando se les presentó esta alternativa, después de su experiencia, ¿querían ellos irse también?; ellos vencieron, tal como nosotros vencemos por medio de lo que casi suena como un grito de desesperación, si bien es un grito de victoria: «Señor, ¿a quién iremos? Tú tienes palabras de vida eterna».

Y todo lo que siguió renovó y profundizó la prueba de la fe, que había comenzado en Capernaum. Quizá comprenderemos mejor lo que continuó cuando sigamos el proceso de esta prueba en aquel que, al fin, naufragó en su fe: Judas Iscariote. Sin intentar sondear el abismo misterioso del elemento satánico de su apostasía, podemos rastrear el curso que siguió en su desarrollo psicológico. No hemos de considerar a Judas como un monstruo, sino uno que tenía pasiones semejantes a las nuestras. Es verdad, padecía de una terrible pasión dominante en su alma: la codicia; pero esto era sólo el aspecto inferior hacia abajo de lo que parece haber sido, y realmente es para muchos, lo que les lleva a hacerse mejores y más altos: la ambición. Los pensamientos que habían encandilado su imaginación y que le indujeron a seguir al Mesías habían sido referentes al Rey de Israel. Gradualmente, de modo progresivo entró en él el desengaño. Este Reino de Cristo era otro distinto; la realeza que hacía brillar los ojos de Judas era otra. Este sentimiento fue profundizando a medida que los sucesos fueron desgranándose. Su confianza tiene que haber sido vapuleada terriblemente cuando fue decapitado Juan el Bautista. ¡Qué contraste con los días en que su voz hacía doblar las rodillas a millares en Israel, como un viento impetuoso dobla las ramas de los árboles! Así que aquello no había sido nada, y el Bautista tenía que ser descartado no ya como algo a favor, sino realmente contra Cristo. El próximo desengaño vino cuando Jesús impidió que le hicieran Rey. ¿Por qué no, si era Rey? Y, así, fue descendiendo escalón tras escalón, hasta que llegó a la hondura final en que Jesús no quiso o no pudo –¿qué era lo cierto?– hacer frente al desafío público de los fariseos. Consideramos que fue entonces que la levadura penetró y leudó el corazón y el alma de Judas.

Repetimos, lo que había penetrado en Judas de modo permanente (como muestra el aviso de Cristo) no podía haber dejado sin afectar en lo más mínimo a los otros. La misma presencia de Judas entre ellos tenía que ejercer su influencia. ¿Y qué hizo Cristo sobre ello? Hubo primero la travesía silenciosa del lago, y luego la advertencia que los puso en guardia de que una pequeña cantidad de levadura echaría a perder el pan del Santuario, del cual habían aprendido a vivir. La pequeñez de su fe debía ser corregida; tenía que crecer y hacerse fuerte. Y así podemos entender lo que sigue. Fue después de una oración a solas –sin duda en favor de ellos (Lc. 9:18)– que, con referencia al reto de los fariseos –«la levadura» que los amenazaba–, Él juntó ahora toda la experiencia del pasado, haciéndoles la pregunta de qué decía la gente que había observado sus obras y oído sus palabras, respecto a Él. «¿Quién dice la gente que soy yo?». Incluso en éstos tenía que haber sido obrada alguna convicción al observar al Maestro. Éstos le marcaban (según dijeron los discípulos) como distinto de todos los que estaban alrededor, es más, de todos los mortales ordinarios: como el Bautista o Elías, o como si alguno de los antiguos profetas viviera otra vez. Pero si aun la multitud había llegado a un conocimiento así de Él, entonces ¿cuál era su propia experiencia habiendo estado ellos siempre con Él? Contestó el que de modo más genuino representaba a la Iglesia, porque se combinaba en él la experiencia más avanzada de los tres discípulos más íntimos con la mayor osadía de confesión: «¡Tú eres el Cristo!».

¡Y así, en parte, la «levadura» de los fariseos quedaba limpiada! Sin embargo, no del todo. Porque fue entonces que Cristo les habló de sus sufrimientos y su muerte, y la resistencia que presentó Pedro a ello mostró lo profundamente que había penetrado aquella levadura. Y luego siguió el gran contraste presentado por Cristo entre el pensar en las cosas de los hombres y las de Dios, con el aviso que implicaba, la admonición referente a la necesidad de llevar la cruz del desprecio, y la llamada absoluta a hacerlo, dirigida a todos aquellos que querían ser sus discípulos. Aquí pues, la pugna acerca de «la señal», o mejor dicho el reto sobre su mesianidad, fue llevado de la esfera mental a la moral, y quedó decidido. Seis días más de espera quieta y de crecimiento de fe, y ésta fue correspondida, recompensada, coronada y perfeccionada por la visión del monte de la Transfiguración, aunque, incluso así, solamente percibida a través del sopor del sueño.

Hasta aquí hemos visto la ordenación general de estos sucesos. Veamos ahora, una vez preparados, cómo entender los detalles. No fue, sin duda, por razones personales, sino para llamar la atención a sus discípulos sobre la impresión hecha hasta aquí en la mente popular para corregir sus defectos, y para elevar la mente de los apóstoles a pensamientos mucho más elevados, que Jesús les preguntó cuál era la opinión de los hombres respecto a Él. Las diferencias en la respuesta no sólo mostraban la incompetencia del pueblo para verlo correctamente, sino también las múltiples facetas que presentaba la enseñanza de Cristo. Probablemente no erramos al suponer que la opinión popular no señalaba de modo literal a Cristo como el Bautista, Elías, Jeremías o uno de los profetas muertos desde hacía muchos años. Porque aunque se esperaba la reaparición literal de Elías, y probablemente también de Jeremías,[5] los fariseos no lo enseñaban, ni tampoco creían los judíos en la transmigración de las almas. Además, nadie esperaba el retorno de ninguno de los otros profetas antiguos, ni nadie podía imaginarse seriamente que Jesús era, literalmente, Juan el Bautista, puesto que todos los conocían, ya que habían sido contemporáneos.[6] Más bien significaría que algunos veían

---

5. Tengo que confesar, sin embargo, graves dudas sobre este punto. Las leyendas de que Jeremías escondió el tabernáculo, el arca y el altar del incienso en el monte Nebo, ciertamente iban combinadas con una expectativa de que aquellas posesiones preciosas serían restauradas en los tiempos mesiánicos (2 Mac. 2:1-7), pero se decía de modo expreso en el v. 8 que «el Señor» mismo, y no el profeta, mostraría el escondrijo en que se hallaban. La afirmación del decano Plumptre de que los fariseos enseñaban y los judíos creían en la doctrina de la transmigración de las almas, tiene que haber surgido de no haber comprendido bien lo que dijo Josefo, a lo cual ya se ha hecho referencia en el capítulo sobre los fariseos, los saduceos y los esenios. La primera mención clara de la reaparición de Jeremías, junto con Elías, la restauración del arca, etc., se halla en Josippon ben Gorion (lib. i. c. 21), pero aquí solamente en el Cód. Munster., no en el usado por Breithaupt. La época de la obra de Josippon es disputada; probablemente data del siglo X de nuestra era. Sólo hay otro testimonio distinto sobre la reaparición de Jeremías en 4 Esdras (2 Esd. 2:18), y ninguno más. Pero el libro es postcristiano y, en esta sección especialmente, muestra imitación evidente de las Escrituras Cristianas.

6. Sobre los vagos temores de Herodes, ver con anterioridad el capítulo XXVIII.

en Él la continuación de la obra de Juan, como anunciando y preparando el camino del Mesías, o bien, si no creían en Juan, la de Elías; mientras que a otros les parecía un segundo Jeremías, anunciando calamidades sobre Israel[7] y llamando a un arrepentimiento tardío; o bien uno de estos antiguos profetas que habían hablado o del próximo juicio o de la gloria venidera. Pero por más que difirieran los hombres sobre estos puntos, en uno concordaban todos: en considerarle no como un maestro o un hombre corriente, sino que su misión venía directa del cielo; y, ¡ay!, en esto tampoco veían en Él al Mesías. Hasta aquí, pues, había ya un retroceso en la opinión popular, y en esto los fariseos habían tenido éxito.

Hay un énfasis significativo en las palabras con que Jesús se vuelve desde la opinión de las «multitudes» para obtener la expresión de la fe de sus discípulos: «Pero vosotros, ¿quién decís que soy *Yo*?». Esto es más notable porque la pregunta anterior va también subrayada por el uso del pronombre (en el original): «¿Quién dicen los hombres que soy Yo?» (Mr. 8:27, 29). En aquel momento saltó de los labios de Pedro la respuesta: «Tú eres el Cristo (el Mesías), el Hijo del Dios viviente» (Mt. 16:16). San Crisóstomo ha designado a Pedro como «la boca de los apóstoles»; y recordamos, en relación con esto, las palabras de Pablo que proyectan luz sobre el carácter representativo de la confesión de Pedro respecto a la Iglesia, y por ello sobre el significado de la respuesta de Cristo, y su aplicación igualmente representativa: «Con la boca se confiesa para salvación» (Ro. 10:10). Las palabras de la confesión las dan de forma algo distinta los tres evangelistas. Desde nuestro punto de vista, la más breve –la de Marcos–: «Tú eres el Cristo», significa tanto como la más plena –la de Mateo–: «Tú eres el Cristo, el Hijo del Dios viviente». Podemos así entender que esta última pueda adoptarse verdaderamente, y en realidad sea la más fiel, exacta y apropiada para un Evangelio dirigido de modo primario a los judíos. Y aquí notamos que la forma más exacta de las palabras parece ser la del Evangelio de Lucas: «El Cristo de Dios».

Al decir esto no debilitamos esta confesión gloriosa, sino que la corroboramos en su importe. Porque, primero, hemos de tener en cuenta que la confesión «Tú eres el Mesías» es, también, «Tú eres el Hijo del Dios viviente». Si, según los Evangelios, creemos que Jesús era el verdadero Mesías, prometido a los padres –«el Mesías de Dios»–, no podemos por menos que creer que Él es «el Hijo del Dios viviente». La Escritura y la razón llevan igualmente a esta conclusión desde las premisas. Pero más adelante hemos de ver esta confesión, aunque hecha en el poder de Dios, en su conexión histórica. Las palabras tienen que haber sido tales que Pedro las hubiera podido pronunciar en aquel tiempo, y que los discípulos pudieran concordar con ellas. Además, deben marcar una conexión clara con el pasado y, con todo, ser un progreso sobre el mismo. Todas estas condiciones se cumplen en el modo de ver que adoptamos aquí. El conocimiento pleno, en el sentido de entender verdaderamente que Él era el Hijo del Dios viviente, los discípulos solamente lo alcanzaron después de la Resurrección (comp. Ro. 1:4). Con anterioridad a la confesión de Pedro, los tripulantes de la barca, que habían presenciado que Jesús andaba sobre el agua, habían admitido: «En verdad Tú eres el Hijo de Dios» (Mt. 14:33), pero no en el sentido en que un judío creyente bien informado habría aclamado en Él al Mesías, el «Hijo del Dios viviente», designación de su cargo y su naturaleza, y estos dos en forma combinada. Además, Pedro mismo había hecho una confesión de Cristo cuando, después de su discurso en Capernaum, tantos discípulos de Jesús le habían abandonado. Había dicho: «Nosotros hemos creído y sabemos que eres el Santo de Dios» (Jn. 6:69) (ésta es la lectura correcta). La mera mención de estas palabras nos muestra la conexión interna con las de su confesión última y suprema: «Tú eres el Cristo de Dios», y el progreso inmenso realizado.

Cuanto más de cerca lo miramos, más exaltada vemos la altura de esta confesión. Pensamos en ella como un avance de Pedro sobre el pasado; pensamos en ella en su contraste recordado con el último reto de los fariseos, y el que tan pronto cayera en el peligro de su levadura. Y pensamos en ella, también, en la distancia casi inconmensurable desde la opinión apreciativa de los mejor dispuestos entre la gente. En las palabras de esta confesión Pedro había alcanzado de modo consciente el terreno firme del reconocimiento mesiánico. Todo lo demás queda implicado en esto y se seguiría de esto. Es la primera confesión real de la Iglesia. Podemos entender que siguiera a la oración a solas de Cristo (Lc. 9:18); apenas podemos dudarlo, por esta misma revelación por parte del Padre, que Él gozosamente reconoció después en las palabras de Pedro.

La respuesta del Salvador solamente la registra Mateo. Su omisión por Marcos podría explicarse en base de que Pedro mismo era el que daba la información. Pero su ausencia en Marcos y también en el Evangelio de Lucas[8] demuestra (como hace notar Beza) que nunca podía haber habido intención de que fuera el fundamento de una doctrina tan importante como la de la supremacía permanente de Pedro. Pero incluso si fuera así, no podría seguirse que esta supremacía pasaría a los sucesores de Pedro, ni que el Papa de Roma fuera el sucesor de Pedro; ni hay evidencia sólida aun de que Pedro fuera nunca el obispo de Roma. Las inferencias dogmáticas de cierta interpretación de las palabras de Cristo a Pedro son, pues, totalmente insostenibles, y podemos, sin temor a parcialidad, examinar su contenido. Toda la forma aquí es hebraísta. El «Bienaventurado eres» es en espíritu y forma judaico; la designación «Simon bar Jona» demuestra que el Señor hablaba en arameo. Realmente un Mesías judío respondiendo, en la hora de su reconocimiento mesiánico, en griego a un judío que le confesaba sería por completo incongruente. Finalmente, la expresión «carne y sangre», como contrastada con Dios, no sólo se da en el Apócrifo de estricta paternidad judaica, «La Sabiduría del Hijo de Sirac» (Ecclo. 14:18; 17:31) y en las cartas de Pablo (1 Co. 15:50; Gá. 1:16; Ef. 6:12), sino en casi innumerables pasajes de escritos judaicos, denotando al hombre en contraste con Dios; mientras que la revelación de una verdad así por «el Padre que está en los cielos» representa no sólo la enseñanza del Antiguo Testamento y del Nuevo, sino que va revestida del lenguaje familiar a los oídos judíos (אָבִינוּ שֶׁבַּשָּׁמַיִם).

La gran Comisión

No menos judías en su forma son las palabras siguientes de Cristo: «Tú eres Pedro *(Petros)*, y sobre esta roca *(Petra)* edificaré mi Iglesia». Notamos en el original el cambio del masculino, «Pedro» (Petros), al femenino, «Petra» («Roca»), lo cual se ve que es más significativo, porque *Petros* es usado

7. Una visión de Jeremías en un sueño se suponía que era señal de castigos (Ber. 57 *e*, línea 7 desde arriba).

8. No puede haber habido tendencia antipetrina en ello, ya que la omite igualmente el Evangelio petrino de Marcos.

en griego para «piedra» y también para «roca», mientras que *Petra* siempre es «roca». El cambio de género, pues, ha de tener un objetivo definido que a continuación explicaremos con más detalle. Mientras, recordemos que cuando Pedro fue primero a Cristo el Señor le había dicho: «Tú serás llamado Cefas, que es, interpretándolo, Pedro» [*Petros*, una piedra, o bien una roca] (Jn. 1:42); la palabra aramea *Kepha* (כֵּיפָא o כיפה) significa, como Pedro, tanto «piedra» como «roca». Pero tanto el griego Petros como Petra han pasado al lenguaje rabínico (como ya hemos indicado). Así, el nombre *Pedro*, o mejor *Petros*, es judío, y ocurre por ejemplo como el del padre de un cierto rabino (José bar Petros) (Pesiqta, ed. Buber, p. 158 *a*, línea 8 desde la base). Cuando el Señor dio a Simón el nombre Cefas, proféticamente es posible que con este término Él diera sólo una interpretación profética a lo que había sido su nombre previo de Pedro (פיטרס). Esto parece más probable, puesto que, como hemos visto previamente, la práctica en Galilea era tener dos nombres (ver caps. XV y XVII sobre Mateo-Leví), especialmente cuando el nombre estrictamente judío, como Simón, no tenía equivalente entre los gentiles.[9] De nuevo, el nombre griego *Petra* –Roca– («sobre esta *Petra* [Roca] edificaré mi Iglesia») era usado en el mismo sentido en el lenguaje rabínico. Ocurre dos veces en un pasaje, lo cual ilustra tan plenamente el uso judaico no sólo de la palabra, sino de toda la figura, que merece un lugar aquí. En conformidad con las ideas judaicas, el mundo no pudo haber sido creado, a menos que descansara, por así decirlo, sobre algún fundamento sólido de piedad y aceptación de la Ley de Dios; en otras palabras, requería un fundamento moral, antes de recibirlo físico. El Rabinismo, aquí, contrasta el mundo gentil con Israel. Según el comentario, es como si un rey fuera a edificar una ciudad. Se prueba un sitio y otro para dar con un fundamento, pero al cavar siempre encuentran agua. Al fin dan con *una Roca (Petra,* פטרא). Así, cuando Dios iba a edificar su mundo, no podía levantarlo sobre la generación de Enoc, ni la del diluvio, que llevaron la destrucción al mundo, sino que «cuando Él contempló que Abraham se levantaría en el futuro, dijo: «He aquí he hallado una Roca (Petra, פטרא) para edificarlo, y fundar al mundo», de donde Abraham es llamado una Roca *(Tsur,* צור*)*, como se dice (Is. 51:1): «Mirad a la piedra de donde fuisteis cortados» (Yalk. sobre Números 23:9, vol. i., p. 243, *b*, 6 últimas líneas, y c, primeras tres líneas).[10] El paralelo entre Abraham y Pedro podría llevarse más adelante. Si del hecho de haber entendido mal la promesa del Señor a Pedro la leyenda cristiana posterior ha presentado al apóstol como sentado a la puerta del cielo, la leyenda judía presenta a Abraham sentado a la puerta de la Gehena, a fin de impedir que todo aquel que tiene el sello de la circuncisión caiga en el abismo (Erub. 19 *a*; Ber. R. 48).[11] Para completar este bosquejo, en la curiosa leyenda judaica sobre el apóstol Pedro, que se presenta en el Apéndice XVIII de este libro, el apóstol Pedro siempre es designado como *Simon Kepha* (ortografiado קיפא), habiendo, sin embargo, cierta reminiscencia de significado adherida a su nombre en la afirmación que se hace de que después de su muerte edificaron una iglesia y una torre, y la llamaron *Pedro* (פיטר), «que es el nombre usado para piedra, porque él estuvo sobre una piedra hasta su muerte» (שישב שם על האבן).[12]

Pero volvamos atrás. Creyendo que Jesús habló a Pedro en aramaico, podemos entender que las palabras *Petros* y *Petra* fueran usadas a propósito por Cristo para indicar la diferencia que su uso escogido sugeriría. Quizá podría ser expresado en esta paráfrasis algo torpe: «Tú eres Pedro (Petros) –una piedra o roca– y sobre esta Petra –la roca, lo petrino– fundaré mi Iglesia». Si, por tanto, no queremos limitar enteramente la referencia a las palabras de la confesión de Pedro, podríamos ciertamente aplicarlas a lo que había de petrino en Pedro: la fe dada por el cielo que se manifestó en su confesión.[13] Y podemos entender más aún que, tal como los contemporáneos de Cristo pueden haber considerado el mundo como edificado sobre la roca del fiel Abraham, también Cristo prometiera que Él edificaría su Iglesia sobre lo petrino en Pedro: sobre su fe y confesión. Y tampoco el término «Iglesia» debía sonar extraño a los oídos judíos. La misma palabra griega (ἐκκλησια), como el equivalente de la hebrea *Qahal*, «convocatoria», «los llamados»,[14] ocurre en la traducción Septuaginta del A.T. y en el «Libro de la Sabiduría del Hijo de Sirac» (Eccl. 24:2), y era, al parecer, de uso familiar en aquel tiempo (comp. Hch. 7:38, y aun Mt. 18:17). En el uso hebreo se refería a Israel no en su unidad nacional, sino religiosa. Tal como se emplea aquí, transmitiría la profecía de que sus discípulos en el futuro se congregarían en una unidad religiosa; que esta unidad religiosa o «Iglesia» sería un edificio en que Cristo era el Constructor, y que sería fundada sobre lo «petrino» de la fe y confesión enseñada por el cielo; y que esta unidad religiosa, esta Iglesia, no iba a ser algo ordenado para el tiempo como una escuela de pensamiento, sino que duraría más allá de la muerte y el estado desencarnado: que, tanto por lo que se refería a Cristo como a su Iglesia, «las puertas del Hades»[15] no prevalecerían contra ella.

La gran instrucción

Si consideramos a «la Iglesia» como fundada sobre lo «petrino»[16] no vemos una variación, sino que lleva más adelante a la misma metáfora: el que Cristo prometió darle al que había hablado como representante de los apóstoles («los mayordomos de los misterios de Dios») «las llaves del Reino de los Cielos». Porque así como la unidad religiosa de los discípulos, o sea, la Iglesia, representaba «el gobierno regio del cielo», así también, figurativamente, la entrada por las puertas de este edificio, la sumisión al gobierno de Dios, a este Reino del cual Cristo era el Rey. Y recordamos que, de modo especial, esta promesa le fue cumplida a Pedro. Tal

---

9. Así, por ejemplo, Andrés era a la vez Ἀνδρέας y אַנְדְּרַאי (Anderai) = «varonil», «valeroso». Se menciona una familia Anderai en Jer. Kethub. 33 *a*.

10. Lo mismo ocurre en Shem. R. 15, aunque aquí no es sólo Abraham, sino «los padres» que son «las Rocas» (la palabra usada aquí no es *Petra* sino *Tsur*), sobre las cuales está fundado el mundo.

11. Hay una idea extraña sobre los niños judíos que mueren incircuncisos y los pecadores en Israel intercambiando su posición con referencia a la circuncisión. ¿Podría esto, aunque entendiéndolo y aplicándolo sólo espiritualmente, haber estado presente en la mente de Pablo cuando escribió las últimas cláusulas de Romanos 2:25, 26?

12. El lector no tendrá dificultad en reconocer una referencia a la Sede de Pedro, quizá «la cátedra de san Pedro», mezclada con el significado del nombre de Pedro.

13. Otros modos de ver las palabras son: *a)* Cristo se señaló a sí mismo como la Roca, *b)* o a Pedro como una persona, *c)* o a la confesión de Pedro.

14. La otra palabra es *Edah*. Comp. *Bible Hist.*, vol. 2, p. 117, nota.

15. Es importante notar que la palabra es *Hades*, y no *Gehena*. El decano Plumptre llama la atención al carácter maravilloso de una profecía así en el tiempo en que todo alrededor parecía presagiar sólo fracaso.

16. Los que aplican las palabras «sobre esta Roca», etc., a Pedro o a Cristo deben darse cuenta de que introducen una transición abrupta y poco elegante de una figura a otra.

como había sido el primero en la confesión de la Iglesia, también lo fue en el privilegio de abrir las puertas hasta ahora cerradas a los gentiles, cuando Dios le escogió para que, por su boca, los gentiles oyeran por primera vez las palabras del Evangelio (Hch. 15:7) y por orden suya fueran bautizados (Hch. 10:48).

Si hasta aquí ha aparecido que lo dicho por Cristo a Pedro, aunque trascendiendo infinitamente las ideas judaicas, era con todo –en su expresión y aun molde del pensamiento– algo que podía ser del todo inteligible a las mentes judías; es más, les era familiar y, como por pasos bien marcados habían podido ir ascendiendo al Santuario más elevado, las palabras difíciles con que nuestro Señor concluyó deben ser leídas bajo la misma luz. Porque sin duda, al interpretar este dicho de Cristo a Pedro, nuestra primera pregunta ha de ser: ¿qué es lo que transmitiría a la persona a la cual se dirigía la promesa? Y aquí recordamos que no hay otros términos de uso más constante en la Ley del Canon Rabínico que estos «atar» y «soltar». Las palabras son una traducción literal de los equivalentes hebreos *Asar* (אסַר), que significa «atar» en el sentido de prohibir, y *Hittir* (התִּיר, de שְׁתַר), que significa «soltar» en el sentido de permitir. Para este último sentido se usaba también el término *Shera* o *Sheri* (שְׁרא, o שְׁרי). Pero esta expresión, tanto en dicción targúmica como talmúdica, no es meramente el equivalente de permitir, sino que pasa al de remitir o perdonar. Por otra parte, «atar» y «soltar» se refieren simplemente a cosas o actos que «se permiten» o «se prohíben», declarándolos legítimos o ilegítimos. Éste era uno de los poderes reclamados por los rabinos. Por lo que se refiere a sus leyes (no decisiones referentes a cosas o actos), era un principio que mientras en las Escrituras había algunas que ataban y algunas que soltaban, todas las leyes de los rabinos se referían a «atar» (Jer. Ber. 3 *b;* Jer. Meg. 71 *a;* Jer. Sanh. 30 *a*). Si esto, pues, representaba el aspecto o poder *legislativo,* otra pretensión de los rabinos era el declarar «libres», o bien «debidos», esto es, «culpables» (*Patur* o *Chayyabh*), lo cual expresaba su pretensión al poder *judicial.* Por medio de los primeros «ataban» o «soltaban» actos o cosas; por lo segundo eran «remitidos» o «retenidos», declarando a una persona libre de castigo o sometida a él, a la compensación o al sacrificio. Estos dos poderes –el legislativo y el judicial– que pertenecían al oficio rabínico, Cristo ahora los transfiere, no ya en su pretensión, sino en su realidad, a sus apóstoles: el primero, aquí, a Pedro, como representante de ellos; el segundo, después de su resurrección, a la Iglesia (Jn. 20:23),

Sobre el segundo de estos poderes no vamos a hablar ahora. El de «atar» y «soltar» incluía todas las funciones legislativas de la nueva Iglesia. Y era una realidad. Según el modo de ver de los rabinos, el cielo era como la tierra, y las cuestiones eran discutidas y resueltas por un Sanedrín celestial. Ahora bien, por lo que se refería a algunos de sus decretos terrenales, acostumbraban a decir que «el Sanedrín de arriba» había confirmado lo que había hecho «el Sanedrín de abajo». Pero las palabras de Cristo, como evitaban el necio engreimiento de sus contemporáneos, no dejaron duda alguna, sino que transmitían la seguridad de que gracias a la guía del Espíritu Santo todo lo que ataran o soltaran en la tierra sería atado o soltado en el cielo.

La gran tentación

Pero todo esto que había pasado entre ellos no podía ser una cuestión de palabras, menos aún en aquella crisis de su historia y en aquella localidad. En consecuencia, los tres evangelistas dan testimonio –cada uno con un énfasis distinto–[17] de que la confesión abierta de su mesianidad, que era virtualmente su proclamación, no debía hacerse pública. En manos del pueblo podía haber llevado a resultados opuestos a los deseados. Lo poco preparado que estaba incluso aquel apóstol que había hecho la proclamación del Mesías, porque esto es lo que implicaba su confesión, y la ignorancia que sufría respecto al real significado del Mesías de Israel, se verán muy pronto. Porque su proclamación impuso sobre el Señor, por así decirlo, la necesidad de establecer el modo de su lucha y victoria: la cruz y la corona. Una enseñanza así era la continuación necesaria de la confesión de Pedro; necesaria no sólo para la corrección del malentendido, sino para su guía y dirección. Y con todo, de modo significativo sólo se nos dice que «Él empezó» a enseñarles estas cosas, sin duda por lo que respecta a la *manera,* así como el momento de esta enseñanza. Los evangelistas dejan bien claro, en palabras inequívocas, lo plenamente que les enseñó la experiencia posterior que Él había de ser rechazado por los líderes de Israel, muerto y que se levantaría otra vez al tercer día. Y no podía haber duda de que el lenguaje de Cristo (cuando luego ellos lo consideraron) tiene que haber implicado esto claramente, por más que ellos no lo entendieron del todo.[18] Él usaba de modo tan constante lenguaje simbólico, y sólo hacía poco que los había reprendido por haber tomado lo de la «levadura» en un sentido literal cuando Él lo había dicho en sentido figurado, que era natural que ellos consideraran bajo la misma luz anuncios que en su estricta literalidad eran prácticamente increíbles. Ellos podían muy bien entender que los escribas le rechazaran –una especie de muerte figurativa–, o la supresión violenta de sus pretensiones y sus doctrinas; y luego, después de un período muy breve, su resurrección, como si dijéramos, pero no estos horribles detalles de modo pleno y literal.

Pero incluso así, había un realismo bastante terrible en las palabras de Jesús como para alarmar a Pedro. Su mismo afecto, intensamente humano, a la personalidad humana de su Maestro le hizo descarriar. Que Él –que Pedro creía verdaderamente que era el Mesías, a quien amaba con toda la intensidad de su natural intenso– tuviera que pasar por una prueba así, ¡no!, ¡eso nunca! Lo dijo en el lenguaje más recio posible, aunque el evangelista da solamente una traducción literal de la expresión rabínica:[19] Dios no lo permita; «Dios tenga misericordia de Ti» (lit. en griego); ¡no, esto no podía acontecer a Cristo! Era una apelación a lo humano en Cristo, tal como Satanás en la gran tentación después de los cuarenta días de ayuno había apelado a lo puramente humano en Cristo. Tentaciones éstas con las que no podemos razonar, sino que deben ser puestas detrás de nosotros, como pasadas, o bien serán una piedra de tropiezo delante de nosotros; tentaciones que nos vienen por el amor e interés hacia los demás, Satanás transformándose en forma de ángel de luz; tentaciones tanto más peligrosas porque apelan al elemento

17. La palabra empleada por Mateo (διεστείλατο) significa «cargado»; la de Marcos (ἐπετίμησεν) implica reprensión; mientras que la expresión usada por Lucas (ἐπιτιμήσας αὐτοῖς παρήγγειλε) transmite a la vez reprensión y orden.

18. De otro modo ellos no podrían haber sido presa de tales dudas respecto a su muerte y resurrección.

19. Es muy notable que la expresión ἵλεώς σοι, literalmente: «Dios tenga misericordia de ti», sea la transcripción exacta de la expresión rabínica *Chas lecha* (הס לךָ). Ver Levy, *Neuhebr. Wörterb.,* vol. 2, p. 85. La expresión más común es *Chas ve Shalom,* «misericordia y paz», es decir, «sea a ti», y el significado es «Dios no lo permita», o «Dios lo evite» (que una cosa sea o continúe).

puramente humano, no pecaminoso, pero que surgen de la circunstancia de que los que así pasan a ser nuestra piedra de tropiezo, en tanto que se hallan delante de nosotros, son guiados por el afecto que considera lo puramente humano y, en su intensidad unilateral humana, piensan en las cosas del hombre, no en las de Dios.

La gran decisión

Con todo, las palabras de Pedro tenían que ser útiles, al proporcionar al Maestro la oportunidad de corregir lo que andaba mal en los corazones de todos sus discípulos y enseñarles principios generales sobre su Reino, y sobre lo que implicaba el verdadero discipulado, que, si eran aceptados en el corazón, les capacitarían a su debido tiempo para soportar las pruebas relacionadas con el rechazo y la muerte de Cristo, que en aquel tiempo ni aun podían entender. No un Reino mesiánico con gloria para los heraldos y capitanes, sino la negación de uno mismo y el llevar voluntariamente aquella cruz a la que los poderes de este mundo clavarían a los seguidores de Cristo. Ellos conocían las torturas que sus amos –el poder del mundo– los romanos acostumbraban infligir; esto es lo que ellos, y también nosotros, tenían que estar preparados para soportar,[20] y, al hacerlo, empezar por negarse a sí mismos. En una contienda así, el perder la vida sería ganarla, y ganarla sería perderla. Y si el resultado se hallaba entre los dos, ¿quién podía vacilar en escoger, aun cuando tuviéramos oportunidad de ganar o perder el mundo entero? Porque tras de todo ello había una realidad –un triunfo y un reino mesiánicos– no ciertamente tal como ellos la habían imaginado, sino mucho más elevada, más santa: la venida del Hijo del Hombre en la gloria de su Padre, y con Él sus ángeles, y luego la ganancia o pérdida eterna, según su conducta (Mt. 16:24-27).

Pero ¿por qué hablar de lo futuro y a distancia? Una «señal» –una terrible señal de ello «del cielo», una vindicación de las pretensiones «rechazadas» de Cristo, una vindicación del Cristo, a quien ellos habían matado, invocando su sangre sobre su ciudad y nación, una vindicación tal como la que sólo aquellos hombres podían entender, de la realidad de su Resurrección y Ascensión– se hallaba en el futuro próximo. Las llamas de la ciudad y el Templo serían la luz en aquella nación de tinieblas, bajo la cual leerían la inscripción en la Cruz. Todo esto no estaba muy lejos. Algunos de los que estaban allí no «gustarían la muerte»[21] hasta que en estos juicios pudieran ver al Hijo del Hombre viniendo en su Reino (Mt. 16:28).

Entonces, y solamente entonces, ¡cuando la quema de la ciudad! ¿Por qué no ahora, visible e inmediatamente después de su terrible pecado? Porque Dios no muestra «señales del cielo» cuando el hombre las busca; porque su longanimidad espera mucho; porque, aunque no se note, el dedo se mueve en la esfera del tiempo hasta que suena la hora; porque hay grandeza y majestad divinas en la marcha lenta, inaudible, inexorable en la noche de los sucesos hacia la dirección marcada por Él. Dios espera, puede esperar, porque Él reina; el hombre debe estar contento esperando, porque él cree.

---

20. En aquellos días el sufrimiento extremo que un hombre podía esperar del poder hostil (los romanos) era, de modo literal, la cruz; en los nuestros, el sufrimiento no menos agudo y el mayor que puede infligirnos el poder hostil de modo real, aunque no literal, es una cruz.

21. Ésta es la traducción exacta de la frase טעם מיתה, que aparece con tanta frecuencia en los escritos rabínicos. Ver nuestras observaciones sobre Juan 8:52 en el libro IV, cap. VIII.

PALESTINA DURANTE EL MINISTERIO DE JESÚS

Jesús nació en Belén, dentro de los límites de Judea, lugar de origen de sus antepasados antes de partir para Galilea. En Betania, también en Judea, estaba la casa de Lázaro, Marta y María, remanso de paz para Jesús.

El judaísmo era común a los judíos y los galileos, pero los primeros tenían el orgullo de considerarse los más puros de todos y consideraban a los galileos gente ignorante y no del todo puros. Pertenecían a una especie de judaísmo marginal, en los márgenes de la tierra santa. Por eso, cuando se dice irreflexivamente que Jesús fue un judío fiel, hay que precisar su origen galileo, que es clave para situarle debidamente.

Se ha calculado que en tiempos de Jesús la población judía de todo Israel era aproximadamente un millón de personas. Repartidos por todo el mundo conocido, en Diáspora, vivía otro millón de judíos, concentrados principalmente en Alejandría, Babilonia y la parte oriental del Mediterráneo. Estos estaban más expuestos a influencia de la cultura griega, de esa concepción general del mundo conocida por helenismo. Grecia tenía una fuerte influencia en lo intelectual, y la conservación de las tradiciones y la pureza racial era dificultada por la mezcla de pueblos. La lengua de la mayoría de los judíos de la Diáspora era el griego. Y al griego fueron traducidas las Escrituras sagradas de la religión hebrea, la primera traslación a un idioma pagano. Fue hecha en Alejandría y conocida por Septuaginta (LXX en abreviatura). La redacción definitiva de los textos sagrados del cristianismo también se hizo en esta lengua. En Israel el pueblo usaba el idioma arameo, pero muchos conocían el griego vulgar, el koiné, y algunos el latín. El idioma hebreo sólo era conocido por el estamento sacerdotal.

Galilea estaba rodeada de una serie de ciudades helenísticas paganas, en las que los judíos eran una minoría. Al este las diez ciudades de la Decápolis, al otro lado del Jordán, de población mayoritariamente pagana, gozaban de libertad para autogobernarse en los asuntos internos, aunque en los externos estaban subordinadas a la política imperial de Roma. Al noroeste Tiro, Sidón y Tolemaida. Al oeste, en la costa del mar Mediterráneo, Cesarea, gran puerto e impresionante ciudad pagana donde residía habitualmente el prefecto romano.

Los habitantes de Judea, por contra, se encontraban más libres de la presencia pagana, excepto las cohortes romanas, siempre motivo de conflicto con el pueblo. En Jerusalén se encontraba el Templo, corazón de la religión judía y capital espiritual de todos los judíos, allá donde se encontraran. Jesús nació en Belén, dentro de los límites de Judea, lugar de origen de sus antepasados antes de partir para Galilea. En Betania, también en Judea, estaba la casa de Lázaro, Marta y María, remanso de paz para Jesús.

El judaísmo era común a los judíos y los galileos, pero los primeros tenían el orgullo de considerarse los más puros de todos y consideraban a los galileos gente ignorante y no del todo puros. Pertenecían a una especie de judaísmo marginal, en los márgenes de la tierra santa. Por eso, cuando se dice irreflexivamente que Jesús fue un judío fiel, hay que precisar su origen galileo, que es clave para situarle debidamente. La investigación histórica y arqueológica sobre Galilea está actualmente en pleno desarrollo y muchas de las cosas que los arqueólogos han descubierto nos ayudan a conocer mejor el mundo de Jesús. Pero todavía falta mucho por hacer. Los estudiosos más importantes de nuestros días no se ponen de acuerdo, y mientras unos pintan una Galilea pacífica y con pocas diferencias religiosas respecto a Judea (en Séforis no se han encontrado restos paganos del siglo I), otros la ven muy convulsionada por las dificultades económicas y por el proceso de urbanización, entendida simultáneamente como un proceso de helenización. Aunque durante el reinado de Antipas no hay signos de paganización en el territorio, la frecuencia de contactos entre judíos y gentiles pudo favorecer entre los galileos una mayor tolerancia o apertura religiosa hacia los paganos que la permitida por el judaísmo jerosolimitano.

Los galileos eran muy celosos de su judaísmo, y en todo ortodoxos, pero el mismo Nuevo Testamento registra el menosprecio y desdén del que eran objeto por sus hermanos de Judea (Mt. 26:73; Mc. 14:70, Jn. 7:41,52). El Talmud recoge la fórmula despectiva "galileo estúpido" y a veces también simplemente "aldeano", aplicada comúnmente a los judíos de aquella región. Yohanan ben Zakkai les reprochaba que aborrecían la Ley, y todo porque la generalidad de galileos no se lavaban las manos antes de comer ni observaban otras prescripciones de pureza ritual, lo que provocó la reacción airada de los judíos jerosolimitanos contra los discípulos de Jesús, en su mayoría galileos (Mt. 15:1-2; Mc. 7:5).

Bibliografía

Joaquin González Echegaray, Pisando tus umbrales, Jerusalén. Ed. Verbo Divino, Estella 2004.
— Arqueología y Evangelios. Ed. Verbo Divino, Estella 1999, 2ª ed.
Thomas A. Idinopulos, Jerusalén. Ed. Andrés Bello, Santiago de Chile 1995.
J. Jeremias, Jerusalén en tiempos de Jesús. Cristiandad, Madrid 1980.
J. Wilkinson, La Jerusalen que Jesús conoció. Destino, Barcelona 1990

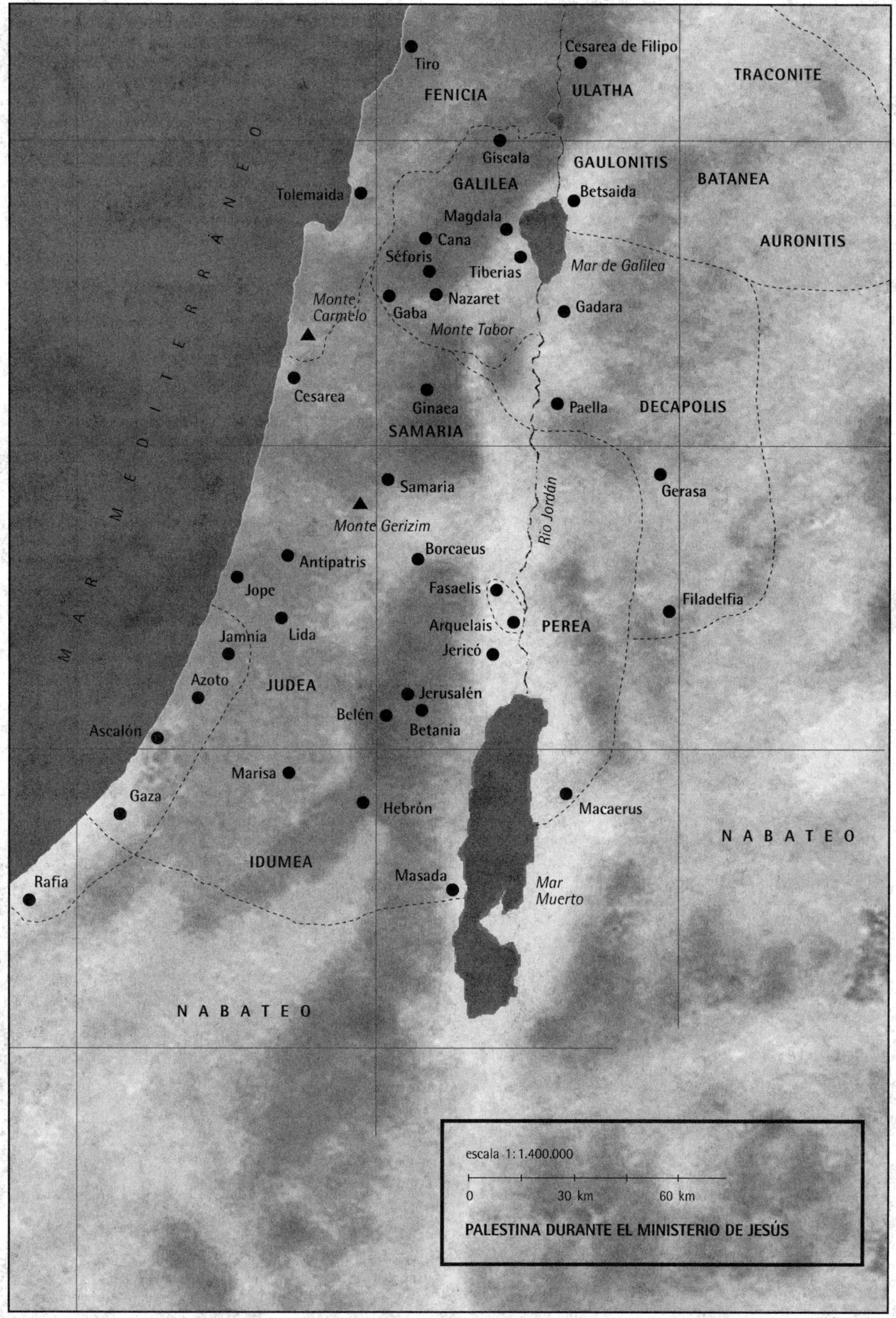
Tiro
Cesarea de Filipo
FENICIA
ULATHA
TRACONITE
MAR MEDITERRÁNEO
Giscala
GAULONITIS
GALILEA
BATANEA
Tolemaida
Betsaida
Magdala
Cana
AURONITIS
Séforis
Tiberias
Mar de Galilea
Monte Carmelo
Gaba
Nazaret
Gadara
Monte Tabor
Cesarea
Ginaea
Paella
DECAPOLIS
SAMARIA
Samaria
Gerasa
Monte Gerizim
Río Jordán
Antípatris
Borcaeus
Jope
Fasaelis
Filadelfia
Lida
Arquelais
PEREA
Jamnia
Jericó
Azoto
JUDEA
Jerusalén
Belén
Betania
Ascalón
Marisa
Gaza
Hebrón
Macaerus
NABATEO
IDUMEA
Masada
Rafia
Mar Muerto
NABATEO
escala 1: 1.400.000
0
30 km
60 km
PALESTINA DURANTE EL MINISTERIO DE JESÚS

Libro 3

Desde el monte de la Transfiguración al valle de la humillación y de la muerte

«Mas Dios nos libre de que el hombre crea
solamente lo que contempla con sus ojos;
Comete un error quien piensa que es mentira
una cosa que él no toca o hace.
Pues algo no deja de ser cierto
porque uno no haya podido verlo»

Chaucer
Prólogo a la
Leyenda de las Mujeres Buenas

1

Desde el monte de la Transfiguración al valle de la humillación y de la muerte

Capítulo 1

(Mateo 17:1-18; Marcos 9:2-8; Lucas 9:28-36)

La Transfiguración

La gran confesión de Pedro, como apóstol representativo, había puesto el fundamento de la Iglesia como tal. A diferencia de las opiniones variadas que habían dado incluso los que estaban mejor dispuestos hacia Cristo, Pedro declaró, abierta y francamente, que Jesús era el mismo Cristo de Dios, el cumplimiento de toda la profecía del Antiguo Testamento, el heredero de la promesa del A.T., la realización de la esperanza para Israel del A.T. y, a través de Israel, para toda la humanidad. Sin esta confesión, los cristianos podrían haber sido una secta judía, un partido religioso, una escuela filosófica, y Jesús un maestro, un rabino, un reformador, un guía de hombres. Pero la confesión que marcó a Jesús como el Cristo, también marcó a sus seguidores como la Iglesia. Los separaba a ellos, como le separaba a Él, de todos los que les rodeaban; los congregaba en uno, a saber, Cristo; y señalaba los cimientos sobre los cuales había de ser erigido el edificio no hecho de manos. Nunca había sido una respuesta ilustrativa tan exacta como ésta: «Sobre esta Roca» –osada, destacada, bien definida, inamovible– «edificaré mi Iglesia».

Sin duda alguna, esta confesión también marcaba el punto culminante de la fe de los apóstoles. Nunca llegó a un punto más alto, después de este momento, hasta que vino su resurrección. Es más, la historia que sigue parece más bien un retroceso de ella: empezando con una acusada renuencia a aceptar el anuncio de su muerte, y terminando con una clara aversión a compartir sus sufrimientos o a creer en su Resurrección. Y si nos hacemos cargo de las circunstancias entenderemos, por lo menos, sus dificultades iniciales. El punto más alto de su fe había precedido al desengaño más aplastante; la confesión de que Él era el Cristo, antecede al anuncio de sus sufrimientos y muerte inminente en Jerusalén. A la proclamación de que Él era el Mesías divino no habían seguido promesas de una gloria próxima en el Reino mesiánico, sino –al contrario– el anuncio de un rechazo público cierto, y lo que parecía una terrible derrota. Estas posibilidades nunca habían entrado seriamente en la idea que se habían formado del Mesías; y la declaración de lo peor, y esto en el futuro próximo, hecha en aquel momento, tiene que haber sido un golpe que haría tambalear todas sus esperanzas. Era como si hubieran alcanzado la cumbre máxima, solo para ser lanzados desde allí a la sima más profunda.

Por otra parte, era necesario que en este estadio de la historia de Cristo, e inmediatamente después de su proclamación, se vieran enfrentados de modo franco con los sufrimientos y el rechazo del Mesías. Era necesario para los apóstoles, como lo muestra la reprensión de Pedro al cabo de poco; y, sea dicho con reverencia, era necesario para el mismo Señor, como parecen indicar las mismas palabras que dice a Pedro: «Quítate de delante de mí, Satanás; me eres tropiezo». Porque –como hemos dicho– ¿no fue la reprensión al discípulo, hasta cierto punto, una revalidación de la gran tentación inicial de Satanás, después de los cuarenta días de ayuno en el desierto? Y en vista de todo ello, y de lo que siguió a continuación, nos atrevemos a decir que era apropiado que hubiera un intervalo de «seis» días o, como dice Lucas, incluyendo el día de la confesión de Pedro y la noche de la Transfiguración de Cristo, «unos ocho días». La crónica de lo que hizo Jesús estos días es significativa que quede en blanco en los Evangelios, pero no podemos dudar de que estuvieron llenos de pensamientos y enseñanzas referentes a su muerte, terminando con la revelación del monte de la Transfiguración.

Hay otros blancos en el relato, además de éste al cual nos hemos referido. Procuraremos rellenarlos lo mejor que podamos. Quizá fuera un sábado el día en que Pedro hizo la confesión; y los «seis días» de Mateo y de Marcos pasan a ser «unos ocho días» para Lucas, cuando contamos a partir de este sábado hasta el término del otro, y suponemos que fue al anochecer cuando el Salvador ascendió al monte de la Transfiguración con los tres apóstoles: Pedro, Santiago y Juan. Apenas puede caber duda alguna de que Cristo y sus discípulos no habían abandonado las cercanías de Cesarea[1] y, por ello, que la «montaña» tiene que haber sido una de las laderas del gigantesco y nevado Hermón. En este retiro semigentil de Cesarea de Filipos Él podía enseñarles mejor y ellos, sin interrupción o tentación por parte de los fariseos y escribas, aprender este misterio terrible de su sufrimiento. Y en aquella ingente barrera montañosa que dividía las tierras judías y las de los gentiles, y mientras contemplaban como había hecho Moisés antaño la tierra que había de ser ocupada en toda su extensión, en medio de la solemne soledad y la grandeza majestuosa del Hermón, parece sumamente apropiado que se hiciera, como hecho anticipado y con palabra declamatoria, la atestación divina de la proclamación de que Él era el Mesías, y también de que en un mundo que estaba en poder del pecado y de Satanás el Elegido de Dios había de sufrir, para que, mediante su rescate, Él pudiera conquistarlo para Dios. Pero ¡qué fondo, aquí, para la Transfiguración, qué ambiente para la visión, qué ecos para la voz del cielo!

Era al atardecer[2] y, como hemos sugerido, el atardecer después del sábado, cuando el Maestro y los tres discípulos, que estaban más íntimamente unidos con Él en el corazón y el pensamiento, ascendieron por el camino que se dirigía a una de las alturas del Hermón. En todos los sucesos más solemnes de la historia de la tierra ha habido la selección y separación de unos pocos que han presenciado los grandes actos de Dios. Solo, aparte de su hijo –que era el sacrificio destinado– subió Abraham al Moria; solo contempló Moisés –en la tremenda extensión del desierto– la zarza ardiente, y solo –en la cumbre del Sinaí– estuvo en comunión con Dios; solo estaba Elías en Horeb, y sin otro compañero a la vista que Eliseo fue llevado al cielo. Pero Jesús, el Salvador de su pueblo, no podía estar solo del todo, excepto en los intercambios más íntimos de su alma, en la gran contienda de su primera tentación y en la comunión solitaria de su

---

1. Según una antigua tradición, Cristo había dejado Cesarea de Filipos, y la escena de la Transfiguración fue el monte Tabor. Pero: 1) no hay noticia alguna de su partida, datos que suele dar Marcos; 2) al contrario, Marcos menciona la partida después de la Transfiguración (9:30); 3) el monte Tabor estaba coronado en aquel tiempo por una ciudad fortificada, lo cual habría hecho del mismo un lugar poco apropiado para la Transfiguración.

2. Esto queda implicado no sólo en el hecho de que los discípulos estaban cargados de sueño, sino también en la escena matutina que sigue (Lc. 9:37).

corazón con Dios. Éstos son misterios que las alas extendidas de los ángeles, que reverentemente esconden sus rostros, ocultan de la visión de la tierra y aun de los cielos. Pero por otra parte, en la encrucijada más solemne de esta historia, Jesús no podía estar solo, y, con todo, estaba a solas con estos tres escogidos suyos –los más afines a Él– y que representaban mejor su Iglesia. Lo mismo ocurrió en la casa de Jairo, en el monte de la Transfiguración y en el huerto de Getsemaní.

Como nos informa Lucas, y sólo él, fue para «orar» que Jesús se los llevó aparte, arriba en el monte. «Orar», sin duda, en relación con «aquellas palabras» (9:2), puesto que su recepción requería la enseñanza directa del Padre Celestial, como había ocurrido con la confesión de Pedro reciente, de la cual la transfiguración era verdaderamente el complemento, el otro aspecto, el pináculo gemelo. Y la transfiguración, con el ministerio glorificado y la voz del cielo presentes, fue la respuesta de Dios a esta oración.

Lo que ya se ha afirmado nos convence de que no podía haber sido a uno de los picos más altos del Hermón que Jesús llevó a sus compañeros, como afirman algunos escritores modernos. Hay tres picos elevados: los del norte y el sur, de una altura equivalente (9.400 pies sobre el nivel del mar y casi 11.000 sobre el valle del Jordán), a unos 500 pasos el uno del otro, y un tercer pico más al oeste (unos 100 pies más bajo), separado de los otros por un valle estrecho. Ahora bien, subir a la cumbre del Hermón, incluso desde el punto más cercano, es un ascenso pesado y fatigoso digno de un alpinista que les habría ocupado todo un día (una seis horas para el ascenso y cuatro para el descenso), y habría requerido provisiones de alimento y agua; en tanto que lo vivo del aire habría hecho imposible pasar la noche allí arriba.[3] Y no hay alusión alguna en el texto, ni la más leve indicación de estas dificultades o preparaciones, que sin duda habrían sido necesarias. En realidad, uno tiene, al leer, la impresión contraria.

«Y los llevó aparte a un monte alto», «a orar». Ya se había puesto el sol del sábado, y el aire era deliciosamente fresco para el verano, cuando Jesús y los tres discípulos empezaron el ascenso. Desde cualquier parte del país, incluso desde Jerusalén o Tiro, podía verse el Hermón coronado de nieve. Y ahora se alzaba ingente delante de ellos, como ante un viajero en el oeste, el Monte Rosa o el Mont Blanc[4] a la hora gloriosa del ocaso: primero de color rosa, luego ensombreciéndose a rojo; después, «la palidez de la muerte y la oscuridad impedían ver la nieve, en rápida sucesión» (Tristram, *u.s.*, p. 607). Desde allí arriba, como describe otro viajero (Conder, *u.s.*, vol. i, p. 264), «sobre la escena se extendió el rojo profundo del rubí, y fueron añadiéndose sombras de púrpura. El mar de Galilea quedó iluminado con un delicado matiz amarillo verdoso, entre los oscuros precipicios de las colinas circundantes. El tono fue desapareciendo a los pocos minutos, seguido de una coloración pálida, un gris de acero... Una larga sombra piramidal fue deslizándose por la ladera de levante del Hermón y alargándose por la gran llanura; Damasco quedó tragado por ella; y finalmente el extremo de esta sombra contrastaba claramente con el cielo, en forma de cono oscuro contra el resplandor del crepúsculo. Era la sombra de la misma montaña, que se extendía a más de setenta millas por la llanura: la sombra más maravillosa que he podido contemplar en parte alguna. El sol pasó por cambios extraños en su forma, visto a través de los espesos vapores –a veces parecía casi cuadrado, otras era como la cúpula del Templo–, hasta que al fin se hundió en el mar y desapareció como una chispa azul». Y por encima, en el cielo, aquel día de verano fueron asomando una tras otra las estrellas con fulgor oriental. No sabemos exactamente la dirección que siguieron los caminantes, ni hasta qué punto llegaron en su camino. Pero sólo hay un camino que lleva de Cesarea de Filipos al Hermón, y no podemos equivocamos si lo seguimos. Primero transcurre entre colinas cubiertas de vides punteadas de moreras, albaricoqueros e higueras; luego, a través de trigales, en que los perales sustituyen a las higueras; luego, por un bosquecillo de robles, y entre barrancos rocosos, en que el suelo está cubierto por arbustos enanos. Y cuando vamos subiendo, la cuesta se vuelve cada vez más empinada hasta que se cruzan las primeras acumulaciones de nieve, después de las cuales se ven laderas en que alternan hierba, grava y anchas pinceladas de nieve. La cumbre del Hermón en verano –y solo se puede subir en verano o en otoño– está libre de nieve, pero por doquier aparecen retazos de nieve en zonas umbrías. La cumbre misma está cubierta de tierra, que, hasta unos 500 pies más abajo, da vida a numerosas plantas, herbáceas y matorrales.[5]

A medida que ascendieron aquel atardecer de sábado, el aire fresco debe haber dado ánimos a los caminantes, y la vista y el olor de la nieve –que su lengua seca sentiría deseos de saborear (Pr. 25:13)– debe de haberlos refrescado. No sabemos qué parte del glorioso panorama que se ve desde el Hermón se encontraba ante sus ojos. Desde allí se ve gran parte de Siria, desde el mar hasta Damasco, desde el Líbano y el barranco de la Letanía a las montañas de Moab; o abajo por el valle del Jordán hasta el mar Muerto; o sobre Galilea y Samaria hasta Jerusalén a lo lejos. Pero, entretanto, todo ha quedado cubierto por la oscuridad de la noche. Y ahora la luna resplandece en deslumbrante esplendor, proyectando luengas sombras sobre la montaña e iluminando la nieve, que reflejaba este brillo sobre los objetos circundantes.

Fueron a un monte alto «a orar». Aunque el texto no lo afirma de modo explícito, apenas podemos dudar de que Él oró con ellos, y menos aún de que Él oro por ellos, como hizo el profeta por su siervo cuando la ciudad estaba rodeada de jinetes sirios: para que sus ojos fueran abiertos y pudieran contemplar las huestes del cielo, pues «eran muchos más los que estaban con ellos que con los otros» (2 R. 6:16, 17). Y, sea dicho con profunda reverencia, Jesús oró también en su favor. Porque tal como la pálida luz de la luna brillaba sobre la nieve acumulada en los barrancos del Hermón, la luz de la noche inminente brillaba sobre el frío lustre de la muerte en el futuro. Necesitaba oración para que pudiera reinar perfecta calma en su corazón, en el sosiego de su propia entrega, la serenidad absoluta de su fe y la victoria de su obediencia sacrificial. Y necesitaba oración, también, como una introducción y preparación para su transfiguración. Verdaderamente, se hallaba sobre el Hermón. Era el ascenso más elevado, la perspectiva más dilatada en el pasado, presente y futuro de su vida terrenal. Con todo, era de noche en el Hermón. Y ésta es la visión humana, o mejor, teantrópica, de esta oración y sus consecuencias.

---

3. El canón. Tristram escribe: «Nos causa molestias lo rarificado de la atmósfera». En general, nuestra descripción se deriva del canón. Tristram: *Land of Israel*; del capitán Conder: *Tent-Work in Palestine*, y Bädeker-Socin: *Palästina*, p. 354.

4. Uno de sus nombres, Shenir (Dt. 3:9; Cnt. 4:8; Ez. 27:5), significa Monte Blanco. En los escritos rabínicos es designado como la «montaña nevada».

5. Nuestra descripción está basada en el relato gráfico del ascenso del canón. Tristram (*u.s.*, pp. 609-613).

Según lo entendemos, la oración con ellos ya había cesado, o se había fundido y pasado a una oración silenciosa para cada uno, o Jesús ahora oraba solo, aparte, cuando ocurrió lo que da a esta escena un aspecto tan verídico y verdaderamente humano. Era natural que estos hombres de hábitos simples, por la noche –y después de un largo ascenso y azotados por el aire vivo de la montaña– se sintieran adormilados. Y sabemos también como un hecho psicológico que, en viva reacción después de la influencia abrumadora de una emoción intensa, este sopor puede extenderse sobre los miembros y los sentidos. «Estaban rendidos de sueño», o sus ojos estaban cargados, como vemos después en Getsemaní (Mt. 26:43; Mr. 14:40).[6] Con todo, lucharon con el sueño, y es conforme a la experiencia el que siguieran un buen rato en este estado de semisopor durante la conversación entre Moisés y Elías y Cristo, y que se hallaran «plenamente despiertos» «para ver su gloria y los dos hombres que había con Él». En todo caso, este rasgo descriptivo, lejos de ser –como han señalado algunos críticos negativos– un «embellecimiento posterior», sólo podía formar parte del texto primitivo, puesto que no es posible concebir un motivo racional para añadirlo posteriormente.[7]

Lo que vieron fue a su Señor que, mientras oraba, «se había transformado».[8] La «forma de Dios» resplandecía a través de la «forma de siervo»; «el aspecto de su faz era otro» –Lucas–,[9] «brillaba como el sol» –Mateo–.[10] Es más, toda la figura parecía bañada en la luz, los mismos vestidos eran más blancos que la nieve sobre la que brillaba la luna: «cuales ningún lavador de este mundo puede emblanquecerlas así» –Marcos–, «resplandecientes» –Lucas–, «blancos como la luz». Y vieron y oyeron más que esto. Vieron «con Él a dos hombres» –Lucas–, a quienes en su sensibilidad altamente aguzada para los fenómenos espirituales no tuvieron dificultad alguna en reconocer, considerando lo que habían oído de su conversación, como Moisés y Elías.[11] La columna quedaba completada: la base era la Ley; el fuste, el profetismo del cual Elías era el mayor representante –en su primera misión, como cumplimiento del primer objetivo de los profetas: llamar a Israel para que regresara a Dios; y en su segunda misión, este otro aspecto a la obra de los profetas: preparar el camino para el Reino de Dios–; y el capitel, Cristo mismo –unidad que encajaba en todas sus partes–. Y oyeron también que hablaban de «su éxodo –partida– que estaba a punto de tener lugar en Jerusalén» –Lucas–. Aunque el término «éxodo», «partida», ocurre para otros sentidos que la «muerte»,[12] hemos de tener presente su significado en contraste con lo que el mismo evangelista designa como el Nacimiento de Cristo, como su «venida» εἴσοδος (Hch. 13:24). En realidad, implica no únicamente su muerte, sino la forma de ella, incluso su resurrección y ascensión. En este sentido podemos comprender mejor lo puesto en labios de Moisés y Elías acerca del *cumplimiento* de su partida o éxodo; cumplimiento que había de tener lugar en toda su plenitud y así completar la Ley y la Profecía, el tipo y la predicción.

Y, con todo esto, aquella noche de gloria no había terminado aún. Se ha notado una peculiaridad extraña respecto al Hermón por «la extrema rapidez con que se forman nubes en su cumbre. En pocos minutos se forma una densa capa en la cumbre de la montaña, y rápidamente desaparece» (Conder, *u.s.*, vol. i, p. 265). Casi parece como si esto, así como la posición natural del mismo Hermón, hubieran de servir, por así decirlo, como fondo de la escena que iba a tener lugar. De repente pasó una nube sobre el lugar en que estaban –no una nube corriente, sino «una nube luminosa», una nube iluminada, llena de luz–. Al colocarse entre Jesús y los dos representantes del Antiguo Testamento, se dividió y los envolvió. Lo más significativo es que fuera una nube, aunque luminosa, y esto indicaba la presencia de Dios a la cual revelaba y al mismo tiempo velaba. Y esta nube no envolvía a los discípulos; la luz de la misma caía sobre ellos. Un terror indescriptible se apoderó de los discípulos. De buena gana habrían retenido lo que les daba la impresión que se les escapaba de las manos. Una visión así no había sido concedida nunca a un mortal, y ellos la contemplaban; ya habían oído la conversación del cielo; habían saboreado el alimento de los ángeles, el pan de su presencia. ¿No podía perpetuarse la visión, o por lo menos prolongarse? En la confusión de su terror, no sabían sino expresarlo con un anhelo extático de que continuara aquello que tenían, en su sincero deseo de hacer todo lo que pudieran para retenerlo –hacer tiendas para los visitantes celestiales–[13], y ellos mismos esperar y atender, en humilde servicio y reverente atención, lo que su cansancio y embotamiento les había impedido gozar de modo pleno. Lo sabían y lo sentían: «Señor», «Rabbi», «Maestro»; «bueno es que nos estemos aquí»; y anhelaban estar allí; pero no podían ver, en su temor, cómo podían conseguirlo, excepto en el lenguaje de la ignorancia y la confusión semiinconsciente. «No sabiendo lo que decían.» En la presencia de la nube luminosa que envolvía a aquellos santos glorificados, ellos hablaban desde fuera, desde la oscuridad que los circundaba.

Y ahora la nube luminosa se extendía; ya su borde los alcanzaba.[14] El temor del cielo había caído sobre ellos; porque el contacto con lo celestial distiende, casi hasta la ruptura, el vínculo que une el cuerpo y el alma. «Y una voz vino desde la nube, que decía: Éste es mi Hijo amado [o elegido]; a él oíd.» Faltaba solamente otro testimonio para sellarlo todo; otra voz para dar sentido y música a lo que había sido el tema de las palabras de Moisés y Elías. Esta voz había llegado ahora; el testimonio no a ningún hecho, sino a una

---

6. La palabra usada es la misma. También ocurre, en sentido figurado, en 2 Corintios 1:8; 5:4; 1 Timoteo 5:16.

7. Meyer está en un error al suponer que la tradición, sobre la cual se funda el relato de Lucas, amplifica los relatos de Mateo y Marcos. Con el canón. Cook me inclino a pensar con Resch que, a juzgar por el estilo y otras cosas, Lucas derivó esta noticia del mismo origen que los materiales para la mayor parte comprendida desde el capítulo 9:51 al 18:17.

8. Sobre el peculiar sentido de la palabra μορφή, comp. obispo Lightfoot, en *Filipenses*, pp. 127-133.

9. Esta expresión de Lucas, lejos de indicar un embellecimiento sobre los otros relatos, en todo caso marcaría un retroceso.

10. Apenas se puede decir que haya a esto un paralelo rabínico –y mucho menos una ilustración– en el hecho de que en los escritos rabínicos se diga que el rostro de Moisés, antes de su muerte, también brillaba como el sol, puesto que la comparación en realidad es bíblica. Este lenguaje, naturalmente, tenía que ser familiar a Mateo.

11. Godet señala el significado enfático de ὅιτινες en Lucas 9:30 = *quippe qui:* los cuales no eran otros que.

12. En algunos de los Apócrifos y en Josefo, así como en 2 Pedro 1:15.

13. Wünsche (*ad loc.*) cita lo que me parece a mí inapropiado, la idea realista rabínica del cumplimiento de Isaías 4:5, 6, que Dios haría para cada uno de los justos siete tiendas, según fueran sus méritos (Bab. B. 75 *a*), o bien, una tienda para cada uno (Bemid. R. 21, ed. Vars., p. 85). Sin duda, no puede haber semejanza entre esto y las palabras de Pedro.

14. La comparación de los relatos nos deja la impresión que los discípulos fueron tocados también por la nube. No puedo estar de acuerdo con Godet de que la cuestión depende de si adoptamos en Lucas 9:34 la versión de T. R. ἐκείνους o la del Alej. αὐτούς.

persona: la de Jesús como su «Hijo amado»,[15] y la indicación de gracia para ellos. Ellos la oyeron, y cayeron sobre sus rostros llenos de pavor y adoraron.

Cuánto duró el silencio y cuándo desaparecieron los últimos rayos de la nube no lo sabemos. De pronto un leve toque les despertó. Era la mano de Jesús que con palabras de consuelo les confortaba: «Levantaos, no temáis.» Cuando ellos, sobresaltados,[16] miraron alrededor, no vieron más que a Jesús. Los visitantes celestiales se habían ido; el último fulgor de la nube de luz se había difuminado, y los ecos de la voz celestial habían desaparecido. Era de noche y se hallaban con Jesús, a solas con Él.

¿Fue verdadera o falsa, fue realidad o visión, o parte de las dos, esta escena de la transfiguración en el monte Hermón? Por lo menos una cosa parece evidente; si es un relato veraz, no es posible que describa meramente una visión subjetiva sin una realidad objetiva. Pero en este caso, no sólo sería difícil, sino imposible, separar una parte del relato –la aparición de Moisés y Elías– de la otra –la transfiguración del Señor– y asignar luego una realidad objetiva a esta última,[17] en tanto que se considera la primera como una mera visión. Pero ¿es verídico el relato? Con toda certeza representa la tradición primitiva, puesto que no sólo se cuenta en los tres Evangelios, sino que es mencionado en 2 Pedro 1:16-18[18] y está implicado en las palabras de Juan, tanto en su Evangelio (Jn. 1:14) como al comienzo de su primera Epístola. Son pocos, si es que hay alguno, los que se atreverían a afirmar que toda la historia ha sido inventada por los tres apóstoles que dieron fe de haber sido testigos de ella. Ni puede darse un motivo más adecuado para imaginar su invención. No podría haberse escrito para preparar a los judíos para la crucifixión del Mesías, puesto que había de ser mantenida en secreto hasta su resurrección; y después del suceso no habría sido necesaria para la seguridad de los que habrían creído en la resurrección, en tanto que para los demás no tendría mucha importancia. Además, los rasgos especiales de esta historia son incompatibles con la teoría de su invención. En una leyenda, el testigo de un suceso así no se habría permitido representarse a sí mismo como medio dormido y que no sabía lo que se decía. De modo manifiesto, el resultado habría sido dar la impresión opuesta a la que se buscaba. Finalmente, hay que repetir que, en vista del testimonio variado de los evangelistas, ampliamente confirmado en sus puntos esenciales por las Epístolas –predicado, vivido y sellado por la sangre por parte de la Iglesia primitiva, y transmitido como una tradición primitiva–, la teoría que menos se puede defender es la de un fraude intencional en los relatos, o, para decirlo de otra manera, incredulidad por parte de los mismos narradores sobre lo que refieren.

Pero, ¿podemos suponer que, si no es fraude, hay una equivocación por parte de estos testigos, de modo que un suceso que se podría explicar de modo natural –debido a su ignorancia o exceso de imaginación– asumiera las proporciones de este relato? Investigar la hipótesis será facilitado por el hecho de que los tres evangelistas están enteramente de acuerdo en los rasgos principales del relato. En vez de examinar en detalle los distintos intentos racionalistas de explicar esta historia sobre bases naturales, nos parece suficiente como refutación pedir al lector inteligente que intente imaginarse algún suceso natural que pudiera haber sido confundido con lo relatado por los testigos oculares y narrado por los evangelistas.

Todavía queda la teoría explicativa mítica que, si pudiera defenderse, sería la más atractiva entre las de carácter negativo. Pero no podemos imaginar una leyenda sin algún motivo histórico o base de origen. La leyenda tiene que ser apropiada en cuanto a su carácter, esto es, congruente con las ideas y expectativas a que se refiere. Una historia como la de la transfiguración no podría ser una pura invención; pero si hubiera habido expectativas así o similares acerca del Mesías, entonces esta leyenda podía haber dado lugar, sin fraude intencional, a que se hubieran ido añadiendo datos variados atribuidos a la persona considerada como Cristo. Y ésta es la explicación *racional* de la llamada *teoría mítica.* Pero todas estas ideas se desvanecen al contacto con los hechos. No había la menor expectativa judaica que pudiera haber sido el cuerpo o foco para una historia como la de la transfiguración.

Para empezar con lo accesorio: la idea de que la venida de Moisés había de estar relacionada con la del Mesías, se basa no sólo en una exageración, sino en un pasaje dudoso y difícil en el Targum de Jerusalén sobre Éxodo 12.[19] Es verdad que el rostro de Moisés resplandeció cuando descendió del monte; pero si esto ha de ser considerado como la base de la transfiguración de Jesús, la presencia de Elías estaría fuera de lugar. Por otra parte –pasando por alto otras inconsecuencias–, ¡no hay nada menos judío que imaginarse a un Mesías crucificado, o que Moisés y Elías aparecieran para conversar con Él sobre su muerte! Si se sugiere que el propósito era representar la Ley y los Profetas como dando testimonio de la muerte del Mesías, estaremos completamente de acuerdo. Ciertamente, ésta es la verdadera idea del Nuevo Testamento con referencia a Cristo; pero igualmente

---

15. Mateo añade: «En el cual tengo contentamiento». La razón para este relato más pleno no es difícil de entender.

16. Marcos lo indica con las palabras «Y, de repente, miraron a su alrededor».

17. Esta parte del argumento ha sido bien elaborada por Meyer, pero sus argumentos para considerar la aparición de Moisés y Elías como una mera visión, porque el primero, por lo menos, no tiene un cuerpo resurrecto, son muy débiles. ¿Estamos seguros de que los espíritus desencarnados no tienen ninguna clase de corporeidad y que no pueden asumir una apariencia visible?

18. Puesto que, incluso en el caso de que esta Epístola no fuera de Pedro, aún representaría una tradición muy antigua.

19. Moisés y el Mesías son colocados uno al lado de otro, el uno viniendo del desierto, el otro de Roma. «Éste dirigirá desde la cabeza de una nube, y aquél dirigirá desde la cabeza de una nube, y la Memra de Jehová dirigirá entre los dos, y serán "como uno"» *(Ve-innun mehalkhin kachada),* según creo, y que otros traducen «andarán juntos». La cuestión surge, aquí, de si esto debe ser entendido meramente como lenguaje figurado, o bien se habla de modo literal. Si es literal, ¿se refiere el Targum a una clase de visión celestial, o bien a algo que ha de tener lugar realmente, una especie de realismo como el que Filón había visto con antelación? (ver Libro 1). Es posible que fuera en este sentido que Fr. Tayler tradujera las palabras como *«in culmine nubes equitabit».* Pero con una consideración cuidadosa: las muchas y evidentes incongruencias implicadas en ello parece que obligan a descartar la interpretación literal como prácticamente imposible. Pero todo ello se ve no sólo como claro, sino concordante con otras enseñanzas rabínicas, si se considera dicho pasaje como indicativo solamente de una clase de paralelismo entre el primer liberador y el segundo y las liberaciones obradas por los dos. Además, aunque con frecuencia se saca el paralelo en los escritos rabínicos entre Moisés y Elías, sólo conozco un pasaje, y éste dudoso, en que son puestos conjuntamente en los días del Mesías. Ocurre en Deb. R. 3 (siete líneas antes del final), y su sentido es que debido a que Moisés había dado su vida en este mundo por el pueblo de Israel, en la edad venidera cuando Dios enviaría a Elías el profeta, los dos vendrían *(keachath)* «juntos» o «como uno», dándose como prueba el pasaje de Nahum 1:3, en que el torbellino es Moisés, y «la tempestad» es Elías. Sin duda, nadie podría hallar base en esto para un mito judaico origen de la transfiguración.

«'Y los llevó aparte a un monte alto', 'a orar'. Ya se había puesto el sol del sábado, y el aire era deliciosamente fresco para el verano, cuando Jesús y los tres discípulos empezaron el ascenso. Desde cualquier parte del país, incluso desde Jerusalén o Tiro, podía verse el Hermón coronado de nieve. Y ahora se alzaba ingente delante de ellos, como ante un viajero en el oeste, el Monte Rosa o el Mont Blanc a la hora gloriosa del ocaso: primero de color rosa, luego ensombreciéndose a rojo; después, 'la palidez de la muerte y la oscuridad impedían ver la nieve, en rápida sucesión' (Tristram, u.s., p. 607).»

No sabemos exactamente donde ocurrió la transfiguración. Los evangelistas sólo nos dicen que sucedió en una «montaña» y que era «muy alta», el monte Hermón según Hedersheim y muchos otros estudiosos. Pero sí nos indican quienes fueron los apóstoles que Jesús eligió para acompañarle. En este retrato de El Greco vemos una recreación de la figura de Juan, uno de elegidos.

cierto es que no era, ni es, la idea de los judíos con referencia al Mesías.[20]

Es imposible considerar este relato como un fraude; es inútil intentar explicarlo como un suceso natural; es por completo inexplicable cuando se ve en relación con el pensamiento o las expectativas contemporáneas; en resumen, si fallan todas las teorías negativas, veamos si la suposición de su realidad encaja y, si lo hace, en qué forma, con la historia narrada en general. Para empezar: si nuestras investigaciones previas nos han llevado al resultado de que Jesús era el mismo Cristo de Dios, entonces este suceso apenas puede ser descrito como milagroso –por lo menos en una historia así–. Aun si no lo esperábamos, es, con todo, lo que podíamos esperar. Porque, primero, fue (en este período particular) un paso necesario en la historia del Señor, visto a la luz en que lo presentan los Evangelios. En segundo lugar, era necesario para su propio fortalecimiento, como ocurre con la ministración de los ángeles después de la Tentación. Tercero, era «bueno» para los tres discípulos que estaban allí: no solo para su futuro testimonio, sino para su ayuda presente; y lo mismo con especial referencia a la resistencia de Pedro contra el mensaje de Cristo de que había de morir. Finalmente, la voz del cielo que oyeron los discípulos es de la máxima importancia. Viniendo después del anuncio de su muerte y pasión, selló este testimonio y, a la vista del mismo, le proclamó como el profeta a quien Moisés había mandado que prestaran atención (Dt. 18:15), al mismo tiempo que repetía las palabras que se habían oído respecto a Él en su bautismo (Mt. 3:17).

Pero para todos nosotros el interés de esta historia se halla no solo en el pasado, sino también en el presente y en el futuro. Para todas las edades es como la visión de la zarza ardiente, en la cual había la presencia de Dios. Y nos señala hacia adelante, a la transformación, de la cual Cristo había de ser la garantía, cuando «esto corruptible será vestido de incorrupción». Como las antiguas hogueras encendidas de colina en colina, que anunciaban a distancia desde Jerusalén el advenimiento de una fiesta solemne, así la gloria que ilumina el monte de la Transfiguración resplandece a través de las tinieblas del mundo y nos habla del día de la Resurrección.

En el Hermón, el Señor y sus discípulos se elevaron al punto más alto de esta historia. ¡A partir de ahora viene el descenso al valle de la humillación y la muerte!

20. Godet, con razón, indica que la orden de guardar silencio dada a los discípulos sobre el suceso es incompatible con la teoría mítica. Solamente podía señalar un suceso real, no un mito.

Capítulo 2

(Mateo 17:9-21; Marcos 9:9-29; Lucas 9:37-43)

El día siguiente de la Transfiguración

Cuando el Maestro y sus discípulos pusieron sus pies de nuevo en la llanura era al amanecer de un nuevo día de verano. Los discípulos habían visto su gloria; habían presenciado el testimonio más solemne que podían tener como judíos; y habían conseguido un nuevo conocimiento sobre el Antiguo Testamento. Todo ello hacía referencia al Cristo, y hablaba de su muerte. Quizás en aquella mañana, mejor que la noche anterior, comprendieron la visión que habían visto y sintieron su tranquila felicidad. Era para sus almas como el aire matutino que respiraban en aquella montaña.

Habría sido natural que sus pensamientos hubieran vagado hacia sus compañeros y condiscípulos, a quienes habían dejado abajo en el valle al atardecer del día anterior. ¡Cuánto podrían contarles, y cuán contentos estarían con las grandes noticias que escucharían! Aquella noche habían recibido una respuesta definitiva a muchas preguntas acerca de ésta, la más difícil de todas sus palabras: la que se refería a su rechazo y su muerte violenta en Jerusalén; y, ¡se había vertido una luz celestial en su oscuridad terrible! Ellos –al menos estos tres– se habían sometido ya a las palabras de Cristo porque eran suyas, sin comprenderlas; pero ahora habían aprendido a verlas bajo una luz muy distinta. ¡Cómo tienen que haber ansiado comunicar esta luz a aquellos cuyas dificultades eran idénticas, si no mayores, y que quizá no se habían recobrado aún del mazazo que había aplastado sus esperanzas mesiánicas recientemente! Pensamos sobre todo aquí en aquellos que, por lo que se refiere a su modo de pensar individual, podemos designar como los tres más representativos, y la contrapartida de estos tres apóstoles escogidos: Felipe, que siempre estaba buscando una base firme para su fe; Tomás, que quería evidencia para poder creer, y Judas, cuyo ardiente celo por un Mesías judaico ya había empezado a consumir su propia alma, pues el viento había empujado sobre él la llama que había sido encendida. Toda pregunta de Felipe, toda duda de Tomás, todo apasionamiento y desespero en Judas, sería absorbido por lo que ahora ellos les dirían.

Pero no iba a ser así. Evidentemente, lo ocurrido no tenía que ser contado a la gente en general, ni aun al cuerpo global de los seguidores. Éstos no habrían comprendido su significado real; lo habrían entendido mal y, en su ignorancia, podrían aplicar erróneamente a propósitos carnales judaicos sus lecciones celestiales. Pero incluso el resto de los apóstoles no debía saberlo, porque no estaban calificados para dar testimonio del hecho, como lo demuestra el que no estaban preparados ni siquiera para escucharlo. No podemos imaginar que hubiera favoritismo en la selección de ciertos apóstoles para compartir aquello que otros no podían presenciar. No se trataba de que fueran más amados, sino debido a que estaban mejor preparados[1] –eran más receptivos, más sumisos, más entregados–. Con demasiada frecuencia erramos al pensar en ellos exclusivamente como apóstoles, no como discípulos; como nuestros maestros, no como sus alumnos, con todos los fallos humanos, los prejuicios de los judíos y la incredulidad natural a todos nosotros, pero que asume en cada persona sus formas particulares y aparece como debilidades características.

Y así ocurrió que, durante el descenso, aquella mañana el Maestro les dio la orden de no hablar a nadie de la visión hasta que el Hijo del Hombre hubiera resucitado. Esta orden de silencio, tan misteriosa, nos ofrece otra presunta evidencia contra la invención o las explicaciones racionalistas o el origen mítico del relato. Nos enseña, también, dos lecciones más. El silencio así mandado era el primer paso en el valle de la humillación. Era, asimismo, una prueba de si habían entendido la enseñanza espiritual de la visión. Y la obediencia estricta, sin ni tan solo preguntar el porqué de la orden, demuestra que la habían aprendido. Tan completa era en realidad su sumisión, que ni aun se atrevieron a preguntar al Maestro sobre un misterio nuevo y aun mayor del cual no habían oído antes: el significado del hecho de que el Hijo del Hombre se levantaría de los muertos (Mr. 9:10). ¿Se refería a la Resurrección general?; ¿había de ser el Mesías el primero en levantarse de los muertos y despertar a los otros que dormían, o bien era solo una expresión figurativa de su triunfo y vindicación? Evidentemente, no sabían aún nada de la resurrección personal de Cristo, como algo aparte de la de los demás, y al tercer día después de su muerte. Y, con todo, ¡estaba tan cerca! Tal era su ignorancia, y tal su falta de preparación. Y no se atrevieron a preguntar al Maestro nada sobre ello. Por lo menos ya habían aprendido esto: no hacer preguntas referentes a los misterios futuros, sino simplemente aceptarlos. Pero en lo más íntimo de sus corazones conservaron este dicho –como la Virgen-Madre había guardado muchos dichos similares–, llevándolo consigo como un germen vivo y precioso que brotaría un día para dar fruto precioso, o que iba a dar luz y ahuyentar todas las tinieblas. Pero entre ellos, entonces, y muchas veces más adelante, en conversación secreta, se preguntaban lo que podía significar este levantamiento de nuevo de entre los muertos (Mr. 9:10).

Había otra pregunta, y ésta podían hacerla a Jesús, puesto que no se refería a los misterios del futuro, sino a las lecciones del pasado. Pensando en esta visión, en la aparición de Elías y hablando de la muerte del Mesías, ¿por qué decían los escribas que Elías vendría primero –y ésta era una enseñanza general–, con el propósito de restaurar todas las cosas? Si, como ellos mismos habían visto, Elías había venido –aunque sólo durante un rato, no para quedarse, junto con Moisés, como ellos de buena gana habrían deseado–; si ellos no habían venido para dirigirse al pueblo, sino a Cristo, solamente a la vista de tres –y ellos ni siquiera podían decirlo–; y si no habían venido para una restauración espiritual, sino para hablar precisamente de lo opuesto: el rechazo y la muerte violenta del Mesías, entonces, ¿tenían razón los escribas al enseñar esto, y cuál era su significado real? La pregunta ofrecía la oportunidad de presentar a los discípulos no sólo una solución de sus dificultades, sino una comprensión profunda en la necesidad de su rechazo y de su muerte. Ellos habían fallado en distinguir entre la venida de Elías y su secuencia alternativa. Verdaderamente, «Elías viene primero» –y Elías ya «había venido» en la persona de Juan el Bautista–. El objetivo divino de la venida de Elías *era* el «restaurar todas las cosas». Esto, naturalmente, implicaba un elemento moral en la sumisión del pueblo de Dios,

---

1. Al escribir esto tenemos en cuenta plenamente el título de Juan como «aquel a quien Jesús amaba» de modo especial, incluso en este círculo más íntimo.

y su buena voluntad para aceptar el mensaje. De otra manera, había esta alternativa en la profecía de Malaquías: «Para que no venga y hiera la tierra con maldición completa» (*Cherem*) (Mal. 4:6). Elías había venido; si el pueblo hubiera recibido su mensaje, habría habido la prometida restauración de todas las cosas. Como el Señor había dicho en una ocasión anterior (Mt. 11:14): «y si queréis recibirlo, Él es Elías, el que había de venir». De modo similar, si Israel hubiera recibido a Cristo, Él los habría juntado como la gallina recoge a sus polluelos para protegerlos; no sólo habría sido su Rey, sinó que habría aparecido visiblemente como tal. Pero Israel no reconoció a su Elías, *y* le hicieron lo que se les antojó, y, así, como consecuencia lógica, el Hijo del Hombre también iba a sufrir de ellos. Y así, también, se cumplió la otra parte de la profecía de Malaquías: «La tierra de Israel fue herida con una maldición completa».[2]

En el transcurso de esta conversación fue realizado el descenso de la montaña. Finalmente se hallaron a la vista de una escena que demuestra de modo palpable lo poco preparados que estaban los discípulos para la visión celestial de la noche precedente, a lo cual ya hemos aludido. Porque en medio de la divergencia de detalles entre los relatos de Mateo y de Marcos, y aun el de Lucas, el punto en que todos ellos están de acuerdo de modo literal y enfático es que el Señor les habla en palabras que expresan un amargo desengaño, como una generación cuya falta de fe, pese a todo lo que habían visto y aprendido, Él tenía que soportar todavía, y de modo expreso atribuye su fracaso para restaurar al lunático (Mateo y Marcos) a su «incredulidad».[3]

Había, en realidad, un terrible contraste entre la escena en el valle y la visión de Moisés y Elías, en que éstos habían hablado del éxodo de Cristo, y la voz divina, que había dado testimonio de Cristo desde la nube luminosa. Un grupo de gente acalorada –entre ellos, una vez más, «escribas», que habían seguido al Señor y confrontado a los discípulos más débiles en la hora de su mayor debilidad– se había congregado alrededor de un padre que había llevado en vano a su hijo lunático para que lo curaran. El hombre responde a las preguntas de la multitud probablemente no de muy buen grado; o bien, según parece por Mateo (v. 14), ha dejado ya a la multitud y a los discípulos, a quienes había pedido ayuda sin obtenerla. Ésta era la hora del triunfo para los escribas. El Maestro había rehusado aceptar el reto en Dalmanuta, y los discípulos, aceptándolo, habían fallado estrepitosamente. Allí estaban «haciéndoles preguntas» ruidosamente, discutiendo este fenómeno y otros similares, pero principalmente el poder, autoridad y genuinidad del Maestro. Nos recuerda la tentación de Israel en el desierto, y no tenemos de qué asombramos si ellos habían puesto en duda el mismo regreso de Jesús, como otros en tiempos de Moisés habían hecho con respecto al caudillo.

En este mismo momento aparece Jesús con los tres discípulos. No debe sorprendemos que «cuando le vieron se quedaron asombrados,[4] y corrían a saludarle» –Marcos–. Él llegó –como suele hacer, inesperadamente– en el momento oportuno y para resolver la cuestión sobre la que altercaban. Hubo una calma inmediata, precursora de la victoria. Antes de que pudieran contestar la pregunta del Maestro sobre la causa de la viva discusión, se adelantó el que había dado ocasión a la misma. Con un gesto de humildad extrema («arrodillándose ante Él» –Mateo), se dirigió a Jesús. Al fin le había encontrado.

Era a Él a quien había venido a ver, y caso de haber alguna posibilidad de ayuda, ¡oh!, que le fuera concedida. Describe los síntomas de la dolencia de su hijo, que eran los de epilepsia y manía –aunque, con razón, tanto el padre como Jesús atribuyen la enfermedad a la influencia del demonio–, y le dice que había venido en busca de Él, el Maestro, pero sólo había hallado a los nueve discípulos y que éstos, aunque con presunción habían intentado curar al hijo, habían fracasado.

¿Por qué habían fracasado? Por la misma razón por la que no habían podido subir al monte de la Transfiguración: debido a que eran infieles, a su «incredulidad». Tenían la fe exterior del *«probatum est»* («queda demostrado»); creían porque habían visto y lo que habían visto; y habían sido atraídos más cerca de Cristo –por lo menos casi todos ellos, aunque en grado diverso– por ser Él el único que hablaba «palabras de vida eterna», que con poder maravilloso había arrebatado sus almas o les había dado un reposo celestial. Pero la fe más profunda, más auténtica, que consistía en la visión espiritual de lo que era invisible en Cristo, y del poder más alto que fluye de la captación de esta visión, ésta no la tenían. Según la fe que tenían hablaban, repetían fórmulas de exorcismo, trataban de imitar a su Maestro. Pero habían fallado estrepitosamente, como fracasaron los siete hijos del sacerdote judío en Éfeso. Y tenían que fallar, para que ellos y nosotros viéramos el contraste entre el significado más alto de la fe con el mero poder, lo interior contrastado con la mera calificación exterior. En esta hora de crisis, en la presencia de los escribas que interrogaban y una multitud expectante, y en la ausencia de Cristo, únicamente un poder podía prevalecer: el de la fe espiritual; y «esta clase» «no podía venir sino de la oración».[5]

La explicación de toda la historia la proporciona esta lección, vista en conexión orgánica con todo lo que había ocurrido desde la gran tentación de Dalmanuta. Por un instante podemos dar aquí una mirada rápida al alma del Salvador: la pena aguda del desengaño ante la incredulidad de «la generación infiel y perversa»,[6] que Él había soportado durante tanto tiempo; la paciencia y condescendencia infinita, el divino «es menester» de tener Él que soportar incluso a los suyos, junto con la profunda humillación y vivo dolor que implicaba; y la nostalgia del alma por su hogar, como ha dicho Godet. Éstos son misterios que hemos de adorar. En el momento siguiente se dirige al padre. A su orden traen al muchacho lunático. En presencia de Jesús, y a la vista de la inminente pugna entre la luz y las tinieblas, sigue uno de estos paroxismos de actividad demónica, semejante a los que hemos presenciado en ocasiones similares. Jesús permitió que tuviera lugar a la vista de todos. Y tanto esto como la pregunta respecto al tiempo que hacía que padecía el lunático, así como la respuesta y la descripción de los peligros en que incurría, todo ello, es evidente, tenía por objeto

2. La cuestión de si ha de haber una reaparición literal de Elías antes del segundo Advenimiento de Cristo no creemos que se pueda contestar mediante el presente pasaje. Quizá se deja sin contestar a propósito.

3. La versión «poca fe» en vez de incredulidad, aunque bien atestiguada, parece ser sólo una corrección temprana. Por motivos internos puede que la expresión «poca fe» sea una corrección, hecha por un apologeta más adelante, que sustituye a «incredulidad». Esta última también corresponde a «generación infiel».

4. No hay indicación alguna en el texto de que el asombro fuera debido a que su faz resplandeciera.

5. La adición de la palabra «ayuno» en Marcos es probablemente espuria. Parece una glosa ulterior. No sería raro que Mateo 17:21 fuera meramente una inserción espuria partiendo de Marcos. Sin embargo, ver a Meyer en este punto.

6. La expresión «generación», aunque abarca en su reprensión a todo el pueblo, va dirigida especialmente a los discípulos.

señalar la necesidad de una mayor fe. Al padre, sin embargo, que no conocía el modo de tratamiento del Médico celestial, le parecieron las preguntas de un sanador terreno, que tiene que considerar los síntomas antes de poder intentar la cura: «Si puedes, ten compasión de nosotros y ayúdanos».

Era natural que lo dijera; y, con todo, fue el punto decisivo de toda esta historia, tanto por lo que se refiere a la curación del lúnático, la mejor orientación de su padre, la enseñanza de los discípulos y la de la multitud y los escribas. Vemos aquí la majestad tranquila y consciente de su divinidad sin la menor ostentación personal cuando Jesús, sin hacer caso del «Si puedes», se dirige al padre y le dice que, aunque con la intervención divina la ayuda es posible, está condicionada por una posibilidad en nosotros, por la receptividad del hombre, por su fe. No se trata de si Cristo puede hacer algo, si lo puede hacer todo, sino de: «Si puedes creer,[7] todo es posible para el que cree».[8] La pregunta no puede hacerse como la hace el padre, por lo que no puede ser contestada; hay que pasarla por alto. No se trata de lo que *Él* puede hacer, sino de lo que podemos hacer *nosotros*. Cuando se derrama la infinita plenitud, como siempre en Cristo, no es el aceite el que se agota, sino la tinaja que tiene más cabida. Él nos da con abundancia, de modo inagotable, pero no mecánicamente; hay una sola condición que es moral: la presencia de una fe absoluta; nuestra receptividad. Y, así, estas palabras han sido en todos los tiempos la guía para todo individuo que se esfuerza por lograr una vida más elevada, y para la Iglesia en conjunto –*«in hoc sîgno vinces»*–[9] sobre la cruz, la victoria que vence al mundo, nuestra fe.

Fue una lección cuya realidad quedó atestiguada por el hecho de que se apoderó de toda la naturaleza de aquel hombre. Aunque de un gran salto su alma se mostró ávida de echar mano de este hecho que tenía delante, sintió aún más el negro abismo de incredulidad que tenía detrás, y por ello se aferró también a este Cristo cuya enseñanza le había mostrado, junto con la posibilidad de la fe, la fuente de la misma. Así, a través de la incredulidad de fe que sentía, consiguió la fe verdadera agarrándose al Divino Salvador, cuando exclamó: «Señor, creo; ven en ayuda de mi incredulidad». Estas palabras verdaderamente históricas, marcan toda fe verdadera que, aun siendo fe, es consciente de incredulidad y aun la implica, pero la presenta a Cristo para conseguir su ayuda. El salto más atrevido de la fe y el tímido posarse a sus pies, el primer principio y el último término de la fe, tienen los dos estas palabras como santo y seña.

Un grito así no puede permanecer sin ser escuchado, y es escuchado. Fue influencia demónica real la que, asediando a este muchacho desde la infancia, había prácticamente aplastado toda individualidad moral en él. En sus muchos intervalos lúcidos durante estos años en que había crecido desde niño a joven, nunca había procurado sacudirse el yugo y recobrar su individualidad moral, ni lo habría hecho si su padre no le hubiera traído. Este relato nos muestra la idea o criterio adoptado por los Evangelios, y que Jesús adoptó, respecto a lo que se describe como el «endemoniado». Era realidad de veras, no un acomodarse a las ideas judaicas, el hecho de que al ver Jesús «que la multitud se agolpaba rápidamente, reprendió al espíritu inmundo diciendo: Espíritu mudo y sordo, yo te ordeno, sal de él y no entres más en él».

Hubo aún un nuevo paroxismo, más violento que los anteriores, por lo que los presentes consideraron que había quedado muerto. Pero el espíritu inmundo había salido de él. Y con su mano fuerte y dulce el Salvador lo levantó y con gesto amoroso lo entregó a su padre.

Todas las cosas habían sido posibles para la fe; no para la fe o creencia externa de los discípulos, que habían fallado en alcanzar a «esta clase»,[10] y siempre falla en alcanzar a esta clase, pero había sido posible para la verdadera fe espiritual en Él. Y así es para cada uno de nosotros individualmente, y para la Iglesia, en todos los tiempos. «Esta clase» –sea de pecado, de concupiscencia, del mundo o de la falsamente llamada ciencia, de la tentación o del materialismo– no sale con fórmulas rutinarias o dogmas muertos. No son vencidas la carne y el demonio; ni tampoco el mundo. Sólo salen por medio de la fe: «Señor, ven en ayuda de mi incredulidad». Entonces, aunque nuestra fe fuera solamente la que en el lenguaje popular se describe como la más pequeña –«como un grano de mostaza»–, y el resultado a conseguir el mayor, el más difícil, al parecer trascendiendo toda capacidad humana para alcanzarlo –lo que el lenguaje popular designa como «mover montañas»[11]–, nada será imposible para nosotros. Y estos dieciocho siglos de sufrimiento en Cristo, y liberación por Cristo, y obra para Cristo, lo han demostrado. Porque todas las cosas son nuestras si Cristo es nuestro.

7. El peso de la evidencia de los manuscritos aceptados por la mayoría de los críticos más modernos es en favor de la versión: «¡Si puedes! Todas las cosas», etc. Pero me parece a mí que este tipo de respuesta por parte de Cristo no sólo no tiene precedente o paralelo en los Evangelios, sinó que es demasiado artificial, podría decirse demasiado occidental, si puedo usar la expresión. Aunque la edad de los manuscritos es, naturalmente, uno de los puntos externos en que han de basarse los críticos, confieso que, como la edad y la pureza no son cosas idénticas, el intérprete debe sopesar toda esta evidencia a la luz de las razones internas en favor o en contra de la aceptación. Además, en este caso, me parece que hay alguna dificultad acerca del τό si se elimina el πιστεῦσαι y que esto no puede explicarse fácilmente, como sugiere Meyer.

8. «Omnipotentiae Divinae se fides hominis, quasi organon, accommodat ad recipiendum, vel etiam ad agendum» (Bengel).

9. «En este signo vencerás» era la inscripción en la supuesta visión de la cruz que tuvo el emperador Constantino antes de su gran victoria y conversión al Cristianismo.

10. Es una aplicación demasiado general, cuando Euthymius Zygabenus (uno de los grandes teólogos bizantinos del siglo XII), y otros después de él, interpreta «la clase de todos los demonios».

11. El uso rabínico de la expresión «grano de mostaza» ya se ha hecho notar. La expresión «arrancar» o «quitar» o «mover» «montañas» era también proverbial entre los rabinos. Así, un gran rabino podía ser designado como uno que «arrancaba montañas» (Ber., última página, línea 5 desde arriba; y Horay 14 *a*), o bien uno que las pulverizaba (Sanh. 24 *a*). La expresión es usada también para indicar cosas, al parecer, imposibles, como las que un gobierno pagano puede ordenar a un hombre que haga (Bab. B. 3 *b*).

Capítulo 3
(Mateo 17:22–18:22; Marcos 9:30-50; Lucas 9:43-50)

Los últimos sucesos en Galilea, el dinero del tributo, la disputa por el camino, la prohibición al que no seguía con los discípulos, y la consiguiente enseñanza de Cristo

Ahora, cuando los escribas ya sabían adonde se había retirado el Señor, a los distritos más alejados del país en Cesarea de Filipos, y la multitud se congregaba alrededor de Él y le seguía, ya no había interés alguno en continuar este retiro. En realidad, se acercaba el momento en que debía hacer frente a aquello para lo que había estado preparando, y aún preparaba, la mente de sus discípulos: su muerte en Jerusalén. Así pues, le hallamos una vez más con sus discípulos en Galilea; no con la intención de ir a residir allí,[1] no para cruzarla como antes en sus anteriores recorridos, sinó como preparación para su viaje a la fiesta de los Tabernáculos. Los pocos sucesos acontecidos en esta breve estancia, y la enseñanza relacionada con ellos, pueden resumirse de la siguiente manera:

1. De modo prominente, quizá como sumario de todo ello, tenemos ahora la repetición clara y enfática de la predicción de su muerte y resurrección. Aunque procuraba mantener su estancia en Galilea tan en privado como fuera posible –Marcos–, iba insistiendo en esta idea para que se hincara en la mente de sus discípulos y se adhiriera a sus oídos y memoria. Porque, realmente, era de suma necesidad para ellos en vista del futuro inmediato. Con todo, su solo anuncio llenó sus corazones amantes de extrema ansiedad y pena no lo comprendían; es más, tenían miedo de preguntarle nada sobre ello, lo cual no deja de ser natural. Recordemos que incluso los tres que habían estado con Jesús en el monte no entendían lo que significaba «levantarse de los muertos» y que, siguiendo órdenes del Maestro, habían guardado el secreto de la visión sin decirlo a sus condiscípulos; así que, pensando en todo esto, apenas podemos sorprendernos de que, desde su punto de vista, estaba escondido de ellos de modo que no podían percibirlo.

2. El incidente sobre el dinero del tributo podemos adscribirlo a la depresión causada por su insistencia en los terribles sucesos futuros, la constante aprensión de un peligro inminente y el consiguiente deseo de no «ofender», o sea, no provocar a ésos en cuyas manos, según Cristo les había dicho, Él iba a sufrir. Es difícil creer que Pedro hubiera contestado de la forma en que lo hizo, sin el permiso previo de su Maestro, si no hubiera sido a causa de estos pensamientos y temores. Era otro modo de decir: «En modo alguno esto te acontezca»; o mejor, tratar de mantener la cosa tan lejos como pudiera de Cristo. En realidad, creemos que hubo cierto secreto por parte de Pedro, como si barruntara que Jesús no habría querido que él lo hiciera, y de buena gana habría mantenido a su Maestro a oscuras respecto a lo que él había hecho.

Es bien conocido que, en base a la orden de Éxodo 30:13 y ss., todo varón en Israel, desde los veinte años en adelante, debía contribuir anualmente al Tesoro del Templo la suma de medio siclo[2] al Santuario (ver 2 R. 12:4; 2 Cr. 24:6; Neh. 10:32); esto es, un siclo común, o dos dracmas áticas, equivalente a un chelín y dos peniques aproximadamente de nuestro dinero. Tanto si la ordenanza bíblica original implica o no una contribución regular anual obligatoria, los judíos de la Dispersión probablemente la considerarían bajo la luz de un acto patriótico así como religioso.

Pueden añadirse unos pocos datos más a los que se han dado acerca de este tema. La familia del jefe del Sanedrín (Gamaliel) parece haber gozado de la curiosa distinción de llevar sus propias contribuciones al Tesoro del Templo, no como los demás, sino echando el dinero delante del que abría el arca del Tesoro,[3] y esta ofrenda era inmediatamente colocada en la caja, de la cual, sin dilación, eran provistos sacrificios (Sheq. iii. 3). Además, los comentaristas explican cierto pasaje de la Mishnah (Sheq. iii. 4) y del Talmud (Yoma 64 *a*) implicando que, aunque los judíos de Palestina tenían que pagar el dinero del tributo antes de la Pascua, los de los territorios circundantes podían traerlo antes de la Fiesta de las Semanas, y los de los países remotos, como Babilonia y Media, hasta que llegara la Fiesta de los Tabernáculos. Finalmente, aunque la Mishnah establece que los bienes de los que no habían pagado el tributo del Templo para el 26 de Adar podían ser embargados, no es creíble que esta práctica prevaleciera en el tiempo de Cristo,[4] y menos aún en Galilea. En realidad, esto parece venir implicado en las afirmaciones de la Mishnah (Sheqal. vi. 5) y el Talmud (Yoma 55 *b*), que una de las «trece trompetas o arcas» del Templo, en las cuales eran echadas las contribuciones, estaba destinada para los siclos del año corriente, y otra parte para los del año precedente. Finalmente, estas contribuciones al Templo eran dedicadas, en primer lugar, a la compra de todos los sacrificios públicos, esto es, los que eran ofrecidos en el nombre de toda la congregación de Israel, tales como los sacrificios matutinos y vespertinos. Se recordará que éste era uno de los puntos más arduos disputados entre los fariseos y los saduceos, y que los primeros perpetuaron su triunfo marcando su aniversario como día festivo en su calendario. Parece una terrible ironía de juicio (Sal. 2:4) cuando Vespasiano ordenó, tras la destrucción del Templo, que este tributo a partir de entonces fuera pagado para la reconstrucción del Templo de Júpiter Capitolino (Josefo, *Guerra* vii.6.6).

Se recordará que, poco después de la Pascua anterior, Jesús había partido con sus discípulos de Capernaum (ver Libro 3, cap. XXXI), y que habían regresado a esta ciudad sólo durante un sábado y que, como indicamos, pasaron los primeros días de la Pascua en los alrededores de Tiro. No tenemos realmente forma de saber dónde se había detenido el Maestro los diez días entre el 15 y el 25 de Adar, suponiendo que las disposiciones míshnicas hubieran sido puestas en vigor en Capernaum. Con toda seguridad no estaba en Capernaum, y tiene que haberse sabido que no había subido a Jerusalén para la Pascua. En consecuencia, cuando

1. La expresión de Mateo 17:22 no implica una estancia permanente, sino temporal, un ir de un lado a otro.

2. Según Nehemías 10:32, inmediatamente tras el retorno de Babilonia la contribución era de medio siclo, probablemente debido a la pobreza del pueblo.

3. ¿Podría haber habido aquí una ironía, intencional o no, cuando Judas, más tarde, echó las monedas de plata en el Templo (Mt. 27:5)?

4. La pena de embargo sólo había sido ejecutada aproximadamente un siglo antes (hacia el año 78 a.C.) durante el reinado de la reina Salomé-Alexandra, que estaba enteramente en manos de los fariseos.

se dijo en Capernaum que el rabino de Nazaret había vuelto a lo que parecía haber sido su hogar en Galilea, no tiene nada de particular que los cobradores del tributo del Templo requirieran su pago. Es muy posible que el requerimiento hubiera sido impulsado, si no estimulado, por el deseo de implicarle en la infracción de alguna obligación conocida, o bien por una curiosidad hostil. ¿Admitiría Jesús, que había adoptado unas ideas tan extrañas con referencia a las observancias judaicas y que había manifestado pretensiones tan extraordinarias, el pago del tributo del Templo? ¿Era debido a su ausencia, o bien a sus principios, que Él no había pagado la última temporada de la Pascua? La pregunta que le hacen a Pedro implica al menos esta duda.

Ya hemos visto qué motivos impulsaron a Pedro a que diera su pronta respuesta. Es posible que en su precipitación hubiera dado una respuesta afirmativa a la pregunta, sin antes consultar con el Maestro. Porque no parece haber duda que Jesús en ocasiones anteriores había cumplido con la costumbre judía. Pero las cosas ahora habían cambiado por completo. Desde la última Pascua, que había señalado su primera aparición en el Templo de Jerusalén, Él había afirmado –y últimamente en términos bien explícitos– que Él era el Cristo, el Hijo de Dios. El pagar ahora el tributo del Templo, sin ninguna explicación, podría haber implicado un serio malentendido. En vista de todo esto, la historia que tenemos nos parece simple y natural. No hay pretexto para la elaboración artificial de algunos comentaristas, como tampoco es válida la sugerencia de que fue la pobreza del Maestro y sus discípulos lo que obligó a Jesús a obtener milagrosamente la pequeña cantidad necesaria para pagar el tributo del Templo.

Nosotros nos lo imaginamos así: Los cobradores del dinero del tributo se acercaron a Pedro, o quizá le encontraron en un patio u otro lugar, y le preguntaron: «¿No paga vuestro Maestro las dos dracmas?». Aunque Pedro había contestado apresuradamente de modo afirmativo y entró en la casa para procurarse el dinero, o bien para informar de lo que había pasado, Jesús, que había estado en otra parte de la casa, pero sabía lo que había acontecido, se le anticipó. Dirigiéndose a Pedro en tono amable y llamándole Simón, le explicó el estado real de las cosas por medio de una ilustración, que naturalmente no ha de entenderse demasiado literalmente, cuyo significado era: ¿A quién hace pagar impuestos un rey para sostener su palacio y personal? Sin duda, no es a su familia, sino a los extraños. La inferencia de esto, con referencia al tributo del Templo, era evidente. En todas las enseñanzas a base de parábolas judías sólo se indicaba el principio general: «Entonces los hijos están libres». Pero incluso así, que sea como Pedro ha dicho, aunque no por el mismo motivo. No hay que infligir una ofensa innecesaria; porque sin la menor duda, los cobradores no habrían entendido el principio en base al cual Cristo se negaba a pagar el dinero del tributo,[5] y todo malentendido ahora por parte de Pedro era imposible. Con todo, Cristo quiso aún vindicar más su título real. Él va a pagar también por Pedro y paga, como Rey del cielo, con un *estáter*, o una moneda de cuatro dracmas obtenida milagrosamente.

Vista la cosa de esta manera, consideramos que hay un propósito moral e instrucción espiritual en la provisión del estáter en la boca del pez. La explicación racionalista del mismo no tiene que ser considerada seriamente; no hay la más mínima base de apoyo para la interpretación mítica en algún precedente o expectativa judaica. Pero el relato, en su forma literal, tiene un significado verdadero y elevado. Y si deseamos marcar la diferencia entre su sobria simplicidad y las extravagancias de la leyenda, recordaríamos no sólo la bien conocida historia del anillo de Policrates, sino también dos haggadahs judías similares. Las dos tienen por intento glorificar el modo judío de observancia del sábado. Una de ellas dice que un tal José, conocido como «el que honra» el sábado, tenía un vecino pagano muy rico a quien los caldeos habían profetizado que todas sus riquezas irían a parar a José. Para hacer imposible que esto ocurriera, el rico convirtió toda su propiedad en una gema magnífica, que escondió cuidadosamente en el tocado que llevaba en la cabeza. Luego se embarcó, para evitar la peligrosa proximidad de un judío. Pero soplando el viento, se llevó su tocado al mar, y la gema fue tragada por un pez. Y he aquí que durante la temporada santa trajeron al mercado un magnífico pescado. El que lo compró fue José, porque nadie le aventajaba en la preparación de la comida para aquel día. Al abrirlo, halló la gema dentro. Moraleja: «El que pide prestado para el sábado, el sábado le pagará con creces» (Shabb. 119 *a*, línea 20ss. desde arriba).

La otra leyenda es similar. Era en Roma (en el mundo cristiano) que un pobre sastre fue al mercado para comprar un pescado para una comida festiva. Sólo quedaba uno por vender, y para conseguirlo hubo una pugna entre el criado de un príncipe y el judío; y este último, al final, lo compró por doce dinares. En el banquete el príncipe inquirió de sus siervos por qué no se servía pescado. Cuando averiguó la causa, envió recado hostil al judío para que contestara cómo podía un pobre sastre permitirse pagar doce dinares por un pescado. «Señor», replicó el judío, «hay un día en que todos los pecados nos son remitidos, ¿no deberíamos honrarlo?» La respuesta satisfizo al príncipe. Pero Dios recompensó al judío, porque cuando abrió el pescado halló una preciosa gema en él, que vendió y de cuyo producto pudo vivir el resto de su vida (Ber. R. 11 sobre Gn. 2:3).

El lector no puede equivocarse al juzgar de la absoluta diferencia incluso entre las leyendas judías más hermosas y los rasgos de la historia evangélica.

3. El suceso siguiente registrado en los Evangelios tuvo lugar, en parte camino desde el monte de la Transfiguración a Capernaum, y en parte en el mismo Capernaum, inmediatamente tras la escena del dinero del tributo. Lo registran los tres evangelistas, y lleva a explicaciones y admoniciones que nos dan Marcos y Lucas pero especialmente Mateo. Esta circunstancia parece indicar que él mismo fue el actor principal en lo que ocasionó esta enseñanza especial de Cristo, y que debió haber quedado muy grabada en su corazón.

Cuando la consideramos a la luz del estado mental y espiritual de los apóstoles, no tal como quizá lo vemos nosotros, lo que sucedió no es difícil de entender. Según lo presenta Marcos (9:34), por el camino habían venido disputando sobre cuál de ellos sería el mayor –como explica Mateo (18:1)– en el Reino mesiánico del cielo. Ahora podían con confianza esperar su cercano advenimiento por el misterioso anuncio de la resurrección en el tercer día (Mt. 17:23; Mr. 9:31) –que probablemente ellos relacionaron con el Juicio final–, después de la muerte violenta del Mesías. Tenemos evidencia de que se trató de una disputa seria, incluso violenta, entre los discípulos, por la exhortación del Señor, cifrada, según indica Marcos (9:42-50), en la instrucción de cómo tratar con un hermano ofendido, y al contestar a la pregunta de Pedro (Mt. 18:15, 21). Y tampoco podemos dejar de darnos cuenta de lo que la ocasionó. La distinción concedida a los tres de subir con Jesús al monte tiene que haber despertado celos en los demás; quizá también engreimiento

5. En Sukk. 30 *a* leemos la parábola de un rey que pagó tributo o peazgo, y al preguntársele la razón, contestó que los viajeros tenían que aprender de su ejemplo y no procurar escaparse de pagar lo que debían.

en los tres favorecidos. Tanto el espíritu de que da muestra Juan en su áspera prohibición a un hombre que no seguía con los discípulos (Mr. 9:38) como el egocéntrico regateo de Pedro sobre el número de veces, supuesto o real, que debía perdonarlas ofensas a un hermano (Mt. 18:21), dan evidencia de un estado mental muy distinto del que podría haberse esperado después de la visión en el monte.

En realidad, por más que pueda parecernos inexplicable cuando miramos la cosa a la luz del día de la Resurrección –más aún, prácticamente increíble–, es evidente que los apóstoles estaban todavía, en su mayor parte, bajo la influencia del viejo espíritu. Era un modo de ver común judío que habría distinciones de rango en el Reino de los cielos. Apenas es necesario demostrar esto por medio de citas rabínicas, puesto que todo el sistema del Rabinismo y Fariseísmo, con su separación entre el vulgar y el ignorante, reposa sobre esta idea. Pero incluso dentro del círculo encantado del Rabinismo habría distinciones, debidas a los conocimientos, méritos y aun favoritismo. En este mundo habría favoritos especiales que podrían conseguir lo que quisieran de la mano de Dios, para usar la ilustración rabínica, como un niño mimado de su padre (Taan. iii. 8; comp. especialmente Jer. Taan. 67 *a*).[6] Y en la época mesiánica, Dios asignaría a cada uno tiendas distintas según su rango (Bab. B. 75 *a*). Por otra parte, se pueden citar muchos pasajes referentes al deber de la humildad y humillación propias. Pero el énfasis puesto sobre el mérito que va adherido a esto me muestra claramente que era el orgullo imitando a la humildad. Un ejemplo (Ber. 34 *b*), al que ya nos hemos referido antes, será suficiente como ilustración. Cuando el hijo del gran rabino Jochanan ben Zakkai estaba gravemente enfermo, fue restaurado por la oración de un tal Chanina ben Dosa. Por ello, el padre del niño dijo a su esposa: «Si el hijo de Zakkai [esto es, él mismo] hubiera mantenido todo el día la cabeza entre las rodillas, nadie le habría prestado atención». «¿Por qué?», le preguntó su esposa; «¿es Chanina mayor que tú?» «No», fue la respuesta; «él es como un siervo ante el Rey, mientras que yo soy como un príncipe ante el Rey» (él está siempre allí, y tiene oportunidades que yo, como señor, no tengo).

Hasta qué punto estaban arraigados estos pensamientos y sentimientos se ve no sólo por la disputa de los discípulos por el camino, sino también por la petición que hizo la madre de los hijos de Zebedeo junto con sus hijos en un período posterior, en terrible contraste con la próxima Pasión de nuestro Señor (Mt. 20:20). En realidad, nos viene como una sorpresa dolorosa y como tristemente incongruente esta constante intrusión del yo, este engreimiento y afirmación propia, este carnal procurar para uno mismo; este jugueteo judaístico frente a la extrema abnegación propia y sacrificio personal del Hijo del Hombre. Sin duda, el contraste entre Cristo y sus discípulos parece, a veces, casi tan grande como entre Él y los demás judíos. Si quisiéramos medir su estatura o comprender la distancia infinita entre sus objetivos y enseñanza y la de sus contemporáneos, podríamos hacerlo mediante la comparación incluso con los mejores de sus discípulos. Tiene que haber sido parte de su humillación y de su exinanición propia el soportarlos. ¿Y no sigue siendo lo mismo, en un sentido, con respecto a cada uno de nosotros?

Ya hemos visto que había oportunidad y material suficiente para una disputa así durante el camino recorrido desde el monte de la Transfiguración a Capernaum. Suponemos que Pedro, al principio, en la disputa, había estado con los demás. A juzgar por su pregunta posterior, acerca de cuántas veces debía uno perdonar al hermano que ha pecado contra él, hemos de creer que se sintió tan herido que dejó a los otros discípulos y se apresuró a ir con el Maestro; el cual, precisamente, se hospedaba en su propia casa. Porque ni él ni Cristo parece que estaban presentes cuando Juan y los otros prohibieron al hombre, que no andaba con ellos, que echara demonios en el nombre de Cristo. Además, los otros discípulos llegaron a Capernaum y entraron en la casa cuando Pedro había ido a buscar el estáter con el que pagar el tributo del Templo para el Maestro y para él mismo. Y si se puede permitir la especulación, podríamos sugerir que el hermano cuyas ofensas Pedro hallaba tan difícil perdonar puede haber sido Judas. En esta disputa, de paso, Judas –con sus ideas judaizantes– habría tomado un interés especial; quizá fue él mismo el instigador principal; sin duda, él, cuyo carácter natural a pesar de que presentaba tantos contrastes con el de Pedro también tenía puntos de semejanza, sentiría celos de él por varias causas, y le sería francamente antagónico.

Es muy natural, teniendo a la vista la disputa que tuvo lugar por el camino, otro incidente ocurrido durante el trayecto, que referimos después (Mr. 9:38; Lc. 9:49). Parece que Juan fue el actor principal en el mismo; estando ausente Pedro, tal vez reclamaba el primer lugar. Habían encontrado a uno que echaba demonios en el nombre de Cristo; no se nos dice si tenía éxito o no. Hasta tal punto se había extendido la fe en el Poder de Jesús; tan viva era la creencia en la sumisión de los demonios a Él; tan reverente era el reconocimiento de su persona. Un hombre que dejando a un lado los métodos de los exorcistas judíos reconocía el nombre de Jesús ante el mundo judío, no podía estar muy lejos del Reino del cielo; en todo caso, no podía hablar mal de Él. Juan, en nombre de los discípulos, le había prohibido que usara este nombre porque no había echado su suerte con la de ellos. Esto estaba en consonancia con sus ideas sobre el Reino mesiánico y la disputa sobre la importancia que habían de tener en él sus seguidores inmediatos. Y con todo, es posible que se engañaran respecto a los móviles de su propia conducta. Si no hubiera de parecer impertinente, diríamos que había una sabiduría y una bondad infinitas en la respuesta que les dio el Señor cuando ellos le hablaron de este tema. El prohibir esto a aquel hombre, en tales circunstancias, era impulsado por el espíritu de la disputa por el camino; o bien había de basarse en la evidencia de que era su motivo, o bien el efecto de sus actos resultaría (como en el caso de los hijos de Esceva) en llevar a los hombres a «hablar mal» de Cristo o estorbar la obra de sus discípulos. Con toda seguridad, no podía darse este caso en uno que invocaba su nombre y que quizás experimentaba la eficacia del mismo. Más que esto –y aquí tenemos un principio eterno: «El que no está contra nosotros, por nosotros está»; el que no se opone a los discípulos, está realmente en favor de ellos–; y que queda todavía más claro cuando adoptamos la versión de Lucas: «El que no está contra vosotros, está de vuestra parte»[7] (Lc. 9:50).

6. No es única la historia blasfema de la forma en que Choni, u Onías, «el que traza círculos», dibujó un círculo a su alrededor y se negó a salir de él hasta que Dios hubiera enviado lluvia; y que luego objetó porque había caído demasiado poca, y después demasiada. Jer. Taan. 67 *a* nos da algunos lamentables detalles sobre su poder incluso para alterar los decretos de Dios.

7. ¡Los lectores de juicio sensato formarán su opinión del moderno criticismo negativo cuando digamos que han descubierto en este hombre que no seguía con los discípulos una alusión al «Cristianismo paulino», que Marcos ve con ojos más favorables que Mateo! De esta manera no es difícil tergiversar todo aquello que se quiera.

Estas palabras eran de reprensión, así como instrucción, y eran por completo consecuentes con otras, al parecer diferentes (Mt. 12:30): «El que no está conmigo, está contra mí». La distinción entre los dos es doble. En un caso es «no contra», en el otro es «no con»; pero principalmente consiste en esto: en un caso no está contra los discípulos en su obra, mientras que en el otro no está con Cristo. Un hombre que hacía lo que podía mediante el conocimiento que poseía de Cristo, aunque no les siguiera de modo absoluto, no «estaba contra» ellos. Esta persona debía ser considerada, pues, hasta aquí, con ellos; en todo caso, había que dejarla sola con Aquel que sabe todas las cosas. Un hombre así no hablaría a la ligera mal de Cristo; y esto era todo lo que les interesaba a los discípulos, a menos que ellos estuvieran realmente procurando para sí mismos. Muy distinto era lo que afectaba a la relación de una persona con Cristo mismo. Allí la neutralidad era imposible, y el que no estaba con Cristo, por este mismo hecho estaba contra Él. La lección es de un carácter muy profundo, y la distinción, ¡ay!, suele pasarse por alto, quizá porque nuestro espíritu es con frecuencia el de los que caminaban hacia Capernaum. No es que no sea importante andar con los discípulos, pero no nos corresponde prohibir a nadie su trabajo, por imperfecto que sea, cuando se hace en su Nombre, y solo es realmente vital esta cuestión si el hombre está o no en favor de Cristo.

Éstos fueron los incidentes por el camino. Y ahora, sin decir una palabra a Cristo de su disputa y, realmente, sin mencionar nada que pueda parecer personal, los discípulos al entrar en la casa en que Él se alojaba en Capernaum le dirigieron esta pregunta (que está insertada al comienzo de la narración de Mateo): «¿Quien es, entonces, mayor en el Reino de los cielos?». Era una pregunta general, pero Jesús se daba cuenta del pensamiento de sus corazones (Lc.); Él sabía sobre qué habían disputado por el camino (Mr. 9:33), y ahora se lo preguntó. El relato de Marcos es el más gráfico. Casi vemos la escena. Remordiéndoles la conciencia, «pero ellos se callaban». Cuando leemos un poco más adelante (v. 35): «Entonces se sentó», parece como si el Maestro hubiera ido primero a dar la bienvenida a los discípulos a su llegada, y ellos, «llenos de la disputa», hubieran formulado inmediatamente la pregunta en el patio o la antecámara, allí donde le encontraron cuando –leyendo sus pensamientos– Él había hecho una contrapregunta escudriñadora sobre cuál había sido el tema de su disputa. Entonces, haciéndoles entrar en la casa, «se sentó» no sólo para contestar su pregunta, que no lo era realmente, sino para enseñarles lo que tenían necesidad de aprender. Llamó a un niño pequeño –quizás el hijo pequeño de Pedro– y lo puso en medio de ellos. La condición para entrar en el Reino de los cielos no era el esforzarse por ser el mayor, sino dejar de pensar en uno mismo, como un niño; es decir, ser transformado, cambiar por completo de mentalidad, convertirse. Además, en cuanto a la pregunta de la grandeza en el Reino, era en realidad una grandeza de servicio, y el servicio mayor era el que implicaba negarse más a uno mismo. Acoplando la acción con la enseñanza, el bendito Salvador tomó al niño contento en sus brazos. Así, el mayor servicio no era enseñar, predicar, hacer milagros o realizar grandes cosas, sino prestar el servicio más humilde por amor a Cristo, con amor, celo, totalmente olvidándose de uno mismo, simplemente por Cristo. Esto era recibir a Cristo y también al Padre. Y el servicio más pequeño, como podía parecer que era el dar un vaso de agua a uno que tiene sed, en este espíritu, no perdería su recompensa. Bienaventurada enseñanza ésta para los discípulos y para nosotros; bienaventurada lección, que, en estos muchos siglos de calor abrasador, ha sido un inefable refrigerio para el que ha dado este vaso de agua en el

«Finalmente, estas contribuciones al Templo eran dedicadas, en primer lugar, a la compra de todos los sacrificios públicos, esto es, los que eran ofrecidos en el nombre de toda la congregación de Israel, tales como los sacrificios matutinos y vespertinos.
Se recordará que éste era uno de los puntos más arduos disputados entre los fariseos y los saduceos, y que los primeros perpetuaron su triunfo marcando su aniversario como día festivo en su calendario. Parece una terrible ironía de juicio (Sal. 2:4) cuando Vespasiano ordenó, tras la destrucción del Templo, que este tributo a partir de entonces fuera pagado para la reconstrucción del Templo de Júpiter Capitolino (Josefo, Guerra vii.6.6).»

Cuando se inició la segunda diáspora del pueblo judío en el año 70 provocada por la conquista de Judea y destrucción del templo por Roma, Vespasiano mando acuñar una moneda donde aparece la Judea vencida representada como una mujer con la cabeza inclinada.

nombre de Cristo, en el amor de Cristo, y por causa de Cristo, y lo mismo para el que lo ha recibido.[8]

Estas palabras sobre recibir a Cristo, y «recibir en el nombre de Cristo», habían agitado la memoria y la conciencia de Juan, y le habían hecho preguntarse y temer a la vez si lo protagonizado por el camino, al prohibir al hombre que hiciera lo que hacía en el nombre de Cristo, había sido recto. Así que se lo dijo y recibió la enseñanza más adelantada y superior sobre el tema. Y más aún: Marcos, y más plenamente Mateo, dan testimonio de alguna enseñanza más respecto a esto, a la cual se refiere Lucas, de forma ligeramente diferente en un período algo posterior (Lc. 17:1-7). Pero parece tan apropiado a la ocasión anterior que llegamos a la conclusión de que fue dicho entonces, aunque, como otros dichos (comp., p.ej., Mr. 9:50 con Mt. 5:13), pueden haberse repetido en circunstancias similares.[9] Ciertamente, no puede haber continuación y aplicación más efectivas a la mente judía de la enseñanza de nuestro Señor que lo que sigue. Porque el amor de Cristo va más profundo que la condescendencia a recibir a un niño, algo totalmente atípico de los fariseos y los rabinos (Mt. 18:2-6 y paralelos). Tener consideración a la debilidad de un niño así –su ignorancia mental y moral y su ausencia de responsabilidad, adaptarnos a ello, restringir nuestro conocimiento pleno y prescindir de nuestra libertad con tal de no «ofender»–, no dar ocasión de tropiezo a «uno de estos pequeñitos» a fin de que mediante nuestro conocimiento el hermano débil por quién Cristo murió no haya de perecer, ésta es una lección que llega aún más profundo que la pregunta de cuál es la condición para entrar en el Reino, o qué servicio constituye grandeza real en él. Un hombre puede entrar en el Reino y servir; con todo, si lo hace prescindiendo de la ley del amor a los pequeños, sería mucho mejor que esta obra fuera cancelada de forma abrupta; es más, ¡aún sería mejor que se le atara al cuello una piedra de molino enorme, que hace girar un asno, y que colgando del cuello se le echara al mar! Hacemos una pausa, una vez más, para notar el fondo judaico, y por tanto evidencial, del relato evangélico. El Talmud habla de dos clases de piedras de molino; la una que se hace girar con la mano (רתיים רירא) (Kethub. 59 *b*, línea 18 desde la base), que se menciona en Lucas 17:35; y la otra a la que hace dar vueltas un asno (μύλος ὀνιλός), tal como el Talmud habla también de «el asno de la piedra de molino» (תמדי רריתיא) (Moed K. 10 *b*, primera línea). De modo similar, la figura de una piedra de molino colgada del cuello ocurre también en el Talmud, aunque allí en representación de dificultades que son casi insuperables (Kidd. 29 *b*, líneas 10 y 9 desde la base). Asimismo, la expresión «mejor le fuera» es una expresión bien conocida rabínica (*Mutabh hayah lo*) (Vayyik. R. 26). Finalmente, según san Jerónimo, el castigo a que parecen aludir las palabras de Cristo –y que sabemos había sido infligido por Augusto– fue en realidad practicado por los romanos en Galilea en algunos de los líderes de la insurrección bajo Judas de Galilea.

Y con todo, ¡aún podría incurrirse en una mayor culpa! ¡Ay del mundo! (Mt. 18:8, 9; Mr. 9:43-48). Habrá ocasiones de tropiezo y ofensa, sin duda, pero ¡ay del hombre por el cual vienen! ¿Cuál es la alternativa? Si se trata de hacer equivalente la ofensa y un miembro del cuerpo, una parte de uno mismo, por útil que sea –la mano, el pie, el ojo–, es mejor mutilar el cuerpo por doloroso que sea o por grande

8. Se podrían citar fácilmente paralelos *verbales* a esto, y de modo natural, puesto que Jesús habló como judío a otros judíos, pero no paralelos *reales*. En realidad, el punto de la historia consiste en ser tan completamente ajena a la mentalidad judía.

9. O bien Lucas puede haber recogido en discursos conectados lo que puede haberse dicho en ocasiones diferentes.

que sea la pérdida. Esto no puede ser tan terrible como el que todo el ser sea echado en el fuego eterno en la Gehena, donde el gusano no muere y el fuego no se apaga.[10] Sea la mano, el pie o el ojo es decir, la práctica, el curso o la búsqueda que conscientemente nos lleva a ocasiones de tropiezo, debe ser apartada a un lado con decisión al considerar la inconmensurablemente mayor pérdida del remordimiento y la angustia eternos.

Aquí Marcos interrumpe abruptamente el relato con unas palabras en que el Salvador hace una aplicación general, si bien es continuado más adelante por Mateo. Las palabras registradas por Marcos son tan notables, tan breves –casi podríamos decir truncadas– como para requerir una consideración especial (Mr. 9:49, 50). Parece que, volviendo a este pensamiento de que incluso algunos miembros que puedan prestar servicio útil, en ciertas circunstancias hayan de ser sacrificados para evitar mayor pérdida, el Señor dio a sus discípulos esto como sumario final y explicación de todo: «Porque todos serán salados para el fuego»;[11] o como una glosa muy primitiva, que de un modo extraño se ha introducido en el texto,[12] lo parafraseaba y explicaba: «Cada sacrificio ha de ser salado con sal» (estas palabras son espurias). Nada o nadie es apto para el fuego sacrificial, ni uno mismo ser ni puede ofrecer nada como sacrificio, a menos que conforme a la ley levítica haya sido cubierto de sal, simbólica de lo incorruptible. «La sal es buena; pero si la sal», con la cual el sacrificio espiritual ha de ser salado para el fuego, «ha perdido su sabor, ¿con qué será sazonado?». De ahí, «tened sal en vosotros mismos», pero no dejéis que la sal se corrompa dando ocasión de ofensa a otros o entre vosotros, como en la disputa por el camino o en la disposición de la mente que llevó a ella, o al prohibir a otros que trabajen si no siguen con vosotros, sino «tened paz los unos con los otros».

A esta explicación de las palabras de Cristo quizá pueda añadirse que, por su forma, tienen que haber transmitido un significado especial a los discípulos. Es una ley bien conocida que cada sacrificio que ha de ser quemado en el altar ha de ser salado con sal (Lv. 2:13). En realidad, según el Talmud, no sólo cada sacrificio, sino incluso la madera que había de quemar el sacrificio era espolvoreada con sal (Menach. 20 *b*). La sal simbolizaba, para los judíos de aquel tiempo, lo incorruptible y lo más alto. Así, el alma era comparada a la sal, y se decía con referencia a los muertos: «Sacude la sal, y echa la carne a los perros» (Nidd. 31 *a*). La Biblia era comparada a la sal; lo mismo la agudeza del intelecto (Kidd. 29 *b*). Finalmente, la pregunta «Si la sal pierde su sabor, ¿con qué vais a sazonarla?», parece haber sido un proverbio, y ocurre exactamente en las mismas palabras en el Talmud al parecer para denotar una cosa que es imposible (Bechor. 8 *b*, líneas 14 y 13 desde la base).[13]

10. Marcos 9:44 –la última parte del versículo–, como 45 y 46 parecen ser espurios. Pero el versículo 48 (excepto las palabras τοῦ πυρός, que deben decir simplemente: «a la Gehena»), así como la expresión «fuego que nunca se apaga», y en Mateo «fuego eterno», son admitidos por todos como genuinos. La cuestión del «castigo eterno», desde el punto de vista de la teología judía, será tratada más adelante.

11. La traducción «salado por el fuego» ha sido traducida también «salado para el fuego» –es decir, como un sacrificio– por algunos críticos.

12. Podemos entender fácilmente en qué forma esta cláusula, que era una de las explicaciones más antiguas, quizá una glosa marginal al texto «Cada uno será salado con fuego», se introdujo en el texto cuando su significado ya no era entendido.

13. מילחא כי סרי במאי מלחי לה «La sal, cuando adquiere mal sabor, ¿con qué será sazonada?» El pasaje ocurre en una haggadah muy curiosa, y la objeción de que la sal no va a adquirir mal sabor no puede aplicarse al proverbio en la forma indicada por Cristo.

Lo que Mateo informa va mucho más allá en la dirección antifarisaica y antirrabínica que todo esto. Nos parece ver a Jesús, sosteniendo todavía al niño y con evidente referencia al desprecio judío por todo lo que era pequeño, señalarles y aplicar –en una forma totalmente distinta a la que ellos habían oído– la enseñanza rabínica sobre los ángeles. Según el modo de ver judío,[14] sólo el principal de los ángeles estaba delante de la faz de Dios dentro del velo, o *Pargod*, en tanto que los otros ángeles, ordenados en varios rangos, estaban fuera y esperaban sus órdenes (Chag. 12 *b*; Pirqé de R. Eliez. 4). La distinción de que gozaba el primero era contemplar siempre la faz de Dios, y escuchar y conocer directamente los consejos y órdenes divinas. Esta distinción era, pues, la de conocimiento; Cristo enseñó que la más alta era la de amor. No el más exaltado en conocimiento, mérito o valor, sino el más simple, el que menos pensara en sí mismo, el más receptivo y adherido, más cercano a Dios. Mirad hacia arriba, desde la tierra al cielo: los ángeles más representativos –digamos los guardianes–, los más cercanos a Dios no son los que tienen el conocimiento más profundo del consejo y las órdenes de Dios, sino los de gracia y fe simples y humildes; y así, ¡aprended no sólo a no despreciar a uno de estos pequeñitos, sino también que es el mayor en el Reino de los cielos!

Visto bajo esta luz, no hay nada incongruente en la transición: «Porque el Hijo del Hombre ha venido a salvar lo que se había perdido» (Mt. 18:11). Esto, su mayor condescendencia cuando se hizo el niñito de Belén, es asimismo su mayor exaltación. El que está más cerca del Padre y el que en el sentido más especial y único contempla siempre su faz es Él, que se hizo un niño, y, como el Hijo del Hombre, se inclinó más abajo para salvar lo que se había perdido. Las palabras son consideradas como espurias por muchos críticos, es verdad, porque ciertos manuscritos principales las omiten y se suponen que fueron importadas de Lucas 19:10. Pero una transferencia así desde un contexto totalmente desconectado con esta sección[15] parece inexplicable; en tanto que, por otra parte, el versículo en cuestión forma una transición a la parábola de la oveja perdida, no sólo apta, sino casi necesaria. Parece pues difícil eliminarla sin también eliminar esta parábola; y, no obstante, encaja a la perfección con todo el contexto. Basta, de momento, con esto. La parábola en sí es repetida más plenamente en otra conexión (Lc. 15:3-7), en la cual creemos preferible considerarla.

Sin embargo, queda por mostrar una profundidad aún mayor en el amor cristiano que, olvidándose por completo de sí mismo, no busca lo suyo, sino lo de los demás. Esto también está relacionado con las circunstancias del tiempo, y la disputa entre los discípulos, pero va mucho más allá y establece principios eternos. Hasta aquí se ha hablado de no procurar para el yo; no buscar grandes cosas, sino ser como Cristo, ser como Dios, ser condescendiente con los pequeños. ¿Qué pasa si se ha cometido algo que es malo, si se ha ofendido al «hermano»? (Mt. 18:15). En este caso también el principio del Reino –que negativamente es el de olvidarse de uno mismo; positivamente, el servicio de amor– lo primero que hace es procurar el bien del hermano ofendido. Hacemos notar aquí el contraste con el Rabinismo, según el cual los primeros pasos deben ser dados por el ofensor, no el ofendido (Yoma viii. 9); hasta prescribe que esto se ha de hacer en presencia de numerosos testigos y, si es necesario, repetirlo tres veces (Yoma 87 *a*). Por lo que se refiere al deber

14. Ver el Apéndice XIII sobre «Angelología y demonología».

15. Excepto que la historia de Zaqueo, en que ocurre la palabra, es realmente una aplicación a la vida real de la parábola de la oveja perdida.

de mostrar al hermano su falta, y la ternura delicada de hacerlo en privado, a fin de no ser causa de vergüenza para él, el Rabinismo habla de la misma forma que el Maestro de Galilea (Shabb. 119 *b;* Tamid 28 *a;* Arakh. 16 *b*). De hecho, según la ley criminal judía, el castigo no podía ser infligido a menos que el ofensor (incluso la mujer sospechosa de adulterio) hubiera sido advertido varias veces delante de testigos. Con todo, en la práctica, las cosas eran muy diferentes; y ni podía hallarse a los que aceptaran la reprimenda, ni a los que eran dignos de administrarla (Arakh. *u.s.*).

Muy distintas eran las cosas en el Reino de Cristo, en que la teoría se dejaba sin mucha definición, pero la práctica era claramente delimitada. Aquí, tratar–por amor– de convencer de haber obrado mal al que lo había hecho no era humillación ni pérdida de dignidad o derecho, sino una ganancia real; la ganancia de nuestro hermano para nosotros y, finalmente, la de Cristo mismo. Pero incluso si se fallara en esto, el ofendido no debía desistir de su servicio de amor, sino, juntamente con otros, procurar dar más peso y autoridad a las quejas y reprobación para mostrar que no son el resultado de sentimientos o prejuicios personales; quizá, también, con los testigos delante del tribunal divino. Si fallaba esto, la iglesia en conjunto hacía una apelación final que, naturalmente, sólo podía hacerse por medio de sus representantes y dirigentes a quienes había sido encomendada la autoridad divina. Y si ésta era rechazada, de ofrenda de amor se pasaba, como siempre en el Evangelio, al riesgo del juicio. No ciertamente, que éste fuera ejecutado por el hombre, sino que el ofensor, después de la primera y la segunda admoniciones, había de ser rechazado (Tit. 3:10). Había de ser tratado como era costumbre con respecto a los paganos o publicanos no persiguiéndolos, despreciándolos o evitándolos, sino no aceptándolos en la comunión de la iglesia (un pagano), no admitiéndolos en el intercambio íntimo familiar (un publicano). Y esto, como entendemos, marca el modo en lo que se llama la disciplina general de la iglesia, y específicamente lo que se refiere a los delitos u ofensas cometidas por el hermano. La disciplina ejercida de esta manera (que ojalá Dios nos la restaurara) tiene la más alta sanción divina, y la más sincera realidad se aplica a la misma. Porque, en virtud de la autoridad que Cristo ha dado a la iglesia en las personas de sus gobernantes y representantes,[16] lo que ellos atan o sueltan –declaran obligatorio o no obligatorio– era ratificado en el cielo. Ni tampoco había que extrañarse de esto. La encarnación de Cristo era el enlace que unía la tierra con el cielo; por medio de ella, todo lo que acordaban en la comunión de Cristo, como algo que habían de pedir, les sería hecho para ellos por su Padre que estaba en el cielo (Mt. 18:19, 20). Así, el poder de la iglesia llegaba hasta el cielo por medio del poder de la oración en su nombre, que hizo de Dios nuestro Padre. Y así, más allá del ejercicio de la disciplina y la autoridad, había la omnipotencia de la oración: «si dos o tres se ponen de acuerdo... respecto a algo... les será hecho»; y, con ello, igualmente la infinita posibilidad de un servicio de amor más alto. Porque en la más pequeña congregación en el nombre de Cristo, su presencia estaría allí,[17] y con ella la certidumbre de la proximidad y la aceptación de Dios (Mt. 18:19, 20).

Es un gran desengaño que, después de esta enseñanza, nada menos que Pedro pudiera ir al Maestro con la pregunta sobre el perdón, tanto si fue inmediatamente después o quizás una vez hubo tenido tiempo para pensar sobre ella y aplicarla. ¿Cuántas veces había de perdonar a un hermano que le había ofendido, imaginándose que él ya había más que satisfecho los nuevos requerimientos si lo extendía a siete veces? (Mt. 18:21). Estos rasgos muestran mejor que una compleja discusión la necesidad de la misión y la renovación del Espíritu Santo. Y con todo, hay algo conmovedor en la simplicidad y sinceridad con que Pedro va al Maestro con una comprensión tan errónea de su enseñanza, si es que había entrado plenamente en su espíritu. Sin duda, el vino nuevo estaba reventando los cueros viejos. Era un principio rabínico que, aun cuando el ofensor hubiera hecho plena restauración, no quedaba perdonado hasta que se lo pedía a aquel a quien había ofendido, pero que era una crueldad rehusar el perdón en circunstancias así (Bab. K. viii. 7). El Talmud de Jerusalén (Jer. Bab. K. 6 *c*) añade esta hermosa nota: «Que esto sea una muestra para tu mano; cada vez que muestres misericordia, Dios va a mostrarte misericordia a ti». Y sin embargo era una regla establecida que el perdón no debía extenderse a más de tres veces (Yoma 86 *b*). Incluso así, lo que se hacía en la práctica era muy diferente. El Talmud refiere, sin culparle, la conducta de un rabino que no quería perdonar una ofensa mínima a su dignidad, aunque el ofensor se lo pidió trece años consecutivos, y esto en el Día de la Expiación, y la razón era que el rabino ofendido había visto en un sueño que su hermano ofendido alcanzaría la dignidad más alta, por lo que se mostraba irreconciliable para forzar al otro a emigrar de Palestina a Babilonia, y así, sin la envidia del otro, ¡él podría ocupar el lugar principal! (Yoma 87).

Así que tiene que haberle parecido a Pedro, en su ignorancia, que extendía la caridad mucho trecho si hacía llegar el perdón a siete, en vez de a tres ofensas. No se le ocurría que el mismo acto de numerar las ofensas indicaba un externalismo que nunca había entrado en el espíritu de Cristo, ni lo comprendía. ¿Hasta siete veces? Es más, ¡hasta setenta veces siete![18] El propósito evidente de estas palabras era el de borrar toda clase de limitación. Pedro todavía tenía que aprender lo que nosotros, ¡ay!, olvidamos con demasiada frecuencia: que el perdón del cristiano, como el de Cristo, no se puede calcular con números. Es *cualitativo,* no *cuantitativo*: Cristo perdona el pecado, no los pecados, y el que lo ha experimentado, sigue sus pisadas.[19]

---

16. Es curioso e interesante ver que la cuestión de si los sacerdotes ejercían sus funciones como «enviados por Dios» o «enviados por la congregación», esto es, tenían su cargo directamente recibido de Dios o sólo como representantes del pueblo, ya se discute en el Talmud (Yoma 18 *b* y ss; Nedar. 35 *b*). El Talmud contesta que, como es imposible delegar lo que uno no posee, y como los legos no pueden ofrecer sacrificios ni hacer otro servicio equivalente, los sacerdotes no pueden haber sido los delegados de la iglesia, sino que han de serlo de Dios (ver el ensayo por Delitzsch, en *Zeitschr. für Luther. Theol. para 1854*, pp. 446-449).

17. La Mishnah (Ab. iii. 2) y el Talmud (Ber. 6 *a*) infieren de Malaquías 3:16 que, cuando dos están juntos y se ocupan de la Ley, la Shekhinah está entre ellos. De modo similar se dice de Lamentaciones 3:28 y Éxodo 20:21 que, incluso si es uno solo el que está ocupado en esta actividad, Dios está con él y le bendice.

18. No implica diferencia alguna en el argumento si traducimos setenta veces siete, o bien setenta veces y siete.

19. La parábola con que termina el relato de Mateo será explicada con ocasión de la segunda serie de parábolas.

Capítulo 4

(Juan 7:1-16; Lucas 9:1-56; 57-62; Mateo 8:19-22)

El viaje a Jerusalén

La parte de la historia evangélica a la que hemos llegado ahora, tiene la peculiaridad y la dificultad de que los sucesos son registrados sólo por uno de los evangelistas. La sección del Evangelio de Lucas que va desde el capítulo 9:51 al capítulo 18:14 es absolutamente exclusiva. Debido a la circunstancia que Lucas omite totalmente en su narración toda indicación de tiempo o lugar, se hace muy difícil ordenar la sucesión cronológica de los sucesos, de modo que lo que sugerimos es lo que consideramos como probable, sin estar seguros de los detalles. Por fortuna, el período abarcado es corto, en tanto que al mismo tiempo la narración de Lucas encaja de modo notable en la de Juan. Éste menciona tres apariciones de Cristo en Jerusalén durante este período: en la Fiesta de los Tabernáculos (Jn., caps. 7 a 10), en el día de la Dedicación (10:22-42), y su entrada final, que es relatada por todos los demás evangelistas (Mt. 20:17ss.; Mr. 10:32ss.; Lc. 17:11ss.). Pero en tanto que la narración de Juan se limita exclusivamente a lo que sucedió en Jerusalén o sus cercanías, también menciona o da suficiente indicación de que en dos de estas tres ocasiones Jesús dejó Jerusalén para ir al país al este del Jordán (Jn. 10:19-21; 39-43, en que las palabras del versículo 39 –«y le buscaban para arrestarle»– señalan un intento similar previo y su huida). Además de esto, Juan también registra un viaje a Betania –aunque no a Jerusalén– para resucitar a Lázaro (Jn., cap. 11), y después de esto un concilio contra Cristo en Jerusalén, como consecuencia del cual se retiró del territorio de Judea a un distrito cerca del «desierto» (Jn. 11:54), el cual suponemos que es el del norte, donde Juan había bautizado y Cristo había sido tentado, y adonde se retiró después (Lc. 4:1; 5:16; 7:24). Consideramos este «desierto» como la orilla occidental del Jordán, que se extiende hacia el norte en dirección a la orilla oriental del lago de Galilea (Lc. 8:29).

Orden cronológico de la última parte de los relatos del Evangelio

Si Juan relata tres visitas de Jesús, durante este tiempo, a Jerusalén, Lucas registra tres viajes a Jerusalén (9:51; 13:22; 18:31), el último de los cuales está de acuerdo, por lo que se refiere al punto de partida, con las noticias ofrecidas por los otros evangelistas (Mt. 19:1; Mr. 10:1), suponiendo siempre que hemos indicado correctamente la localidad del «desierto» hacia el cual, según Juan 11:54, Jesús se retiró previamente a su último viaje a Jerusalén. En cuanto a esto, aunque con la información de que se dispone al presente es imposible localizar la «ciudad de Efraín» (ver sugerencias en Neubauer, *Geograf. de Talm.*, p. 15), la afirmación de que se hallaba «cerca del desierto» da una idea bastante general de su situación. Porque el Nuevo Testamento habla sólo de dos «desiertos»: el de Judea, muy al sur, y el que hay al norte de Perea, o quizá en la Decápolis, a la cual Lucas refiere la escena de la predicación del Bautista, donde Jesús fue tentado y adonde más tarde se retiró. Así pues, no puede haber dudas que Juan se refiere (Jn. 11:54) a este distrito. Y esto está enteramente de acuerdo con la noticia que dan los otros evangelistas del último viaje de Cristo a Jerusalén, indicando que pasó por los contornos de Galilea y de Samaria, y luego cruzó el Jordán, y fue por Betania a Jerusalén.

Se sigue (como se ha indicado antes) que el relato de Lucas de los tres viajes a Jerusalén encaja en el de las tres visitas de Cristo a Jerusalén que describe Juan. *Y la sección única y especial que consideramos de Lucas* (Lc. 9:51-18:14) *proporciona el informe de lo que tuvo lugar antes, durante y después de estos viajes, el resultado final de los cuales nos lo cuenta Juan.* Esto se ve bien claro: la sucesión cronológica exacta tiene que ser, por lo menos en parte, cuestión de sugerencia. Pero ahora tenemos una idea en el plan del Evangelio de Lucas, comparado con el de los otros. Vemos que Lucas forma una especie de transición; es una especie de enlace que relaciona los otros dos sinópticos (Mateo y Marcos) y Juan. Esto lo admiten incluso los críticos negativos (ver Renan, *Les Evangiles*, p. 266). El Evangelio de Mateo tiene por objeto principal los discursos o enseñanza del Señor, y la historia se agrupa alrededor de los mismos. Su intento es el de demostrar, dirigido primariamente a los judíos, y en una forma apropiada para ellos, que Jesús era el Mesías, el Hijo del Dios viviente. El Evangelio de Marcos es un resumen rápido de la historia de Cristo como tal. *Trata principalmente del ministerio en Galilea.* El Evangelio de Juan, que da la visión más elevada y reflexiva del Hijo eterno como el Verbo, *trata casi exclusivamente del ministerio de Jerusalén.* Y el Evangelio de Lucas complementa los relatos de los otros dos Evangelios (Mateo y Marcos) y los suplementa *siguiendo el ministerio de Perea: algo que no hacen los otros.* Así que también forma una transición al Evangelio de Juan con su ministerio de Judea. Si osamos dar un paso más: el Evangelio de Marcos da la idea general de Cristo; el de Mateo, la judaica; Lucas, la gentil, y el de Juan, la idea de la iglesia. La imaginación podría, sin duda, ir más lejos aún, y notar la marca del número *cinco:* el del Pentateuco y el Libro de los Salmos, en el primer Evangelio; el número *cuatro* (el del mundo), en el segundo Evangelio (4 x 4 = 16 capítulos); el del *tres*, en el tercero (8 x 3 = 24 capítulos); y el del *siete*, el número sagrado de la iglesia, en el cuarto Evangelio (7 x 3 = 21 capítulos). Y quizá podríamos, incluso, conseguir ordenar los Evangelios en secciones correspondientes.[1] Pero esto nos llevaría más allá de nuestra tarea presente y, desde la región sólida de la historia y la exégesis, al mundo de la especulación.

El tema que tenemos delante, pues, es de modo primario el viaje de Jesús a Jerusalén. En esta visión más amplia que Lucas toma de toda su historia, combina lo que realmente eran tres viajes separados como *uno:* el viaje hacia el gran fin. En su meta y su objeto consciente todos forman, en el sentido más alto, sólo un viaje que va desde el momento en que dejó finalmente Galilea hasta su entrada final en Jerusalén. Y esto Lucas lo designa a su modo peculiar. Tal como (Lc. 9:31) había hablado no de la muerte de Cristo, sino de su «éxodo», o salida, que incluía su resurrección y ascensión, ahora nos dice: «cuando los días de su recogida arriba se habían cumplido» –indicando y señalando su ascensión–, «él afirmó su rostro para ir a Jerusalén».

---

1. Naturalmente, poniendo de lado la cuestión de la ordenación en capítulos, el lector puede beneficiarse de llevar a cabo el experimento de ordenar los Evangelios en partes y secciones, y no podría tener mejor guía para ello que la Introducción del canon. Westcott al estudio de los Evangelios.

Juan va realmente más hacia atrás y habla de las circunstancias que precedieron a su viaje a Jerusalén. Hay un intervalo o, como podríamos llamarlo, un espacio en blanco, de más de medio año entre el último relato del Evangelio de Juan y éste. Porque los sucesos relatados en el capítulo 6 de Juan tienen lugar inmediatamente antes de la Pascua (Jn. 6:4), que era el 15 del primer mes eclesiástico *(Nísan),* en tanto que la Fiesta de los Tabernáculos (Jn. 7:2) empezaba en el mismo día del séptimo mes eclesiástico *(Tishri).* Pero, excepto con referencia al comienzo del ministerio de Cristo, este capítulo 6 es el único en el Evangelio de Juan que se refiere al ministerio de Cristo en Galilea. Quisiéramos sugerir que lo que allí se dice tiene por intención[2] mostrar, junto a la enseñanza plenamente desarrollada de Cristo, la enemistad también plenamente desarrollada de los escribas de Jerusalén, y que llevó a la deserción de muchos discípulos iniciales. Así, el capítulo 6 sería un eslabón de enlace (tanto por lo que se refiere a la enseñanza de Cristo como de la oposición a Él) entre el capítulo 5 –que nos habla de su visita a la «Fiesta desconocida»– y el capítulo 7 –que registra la de la Fiesta de los Tabernáculos–. Los seis o siete meses entre la Fiesta de la Pascua (Jn. 6) y la de los Tabernáculos (Jn. 7), y todo lo que pasó durante ellos, quedan cubiertos por esta breve noticia: «Después de estas cosas Jesús anduvo por Galilea; porque no quería andar por Judea, a causa de los judíos [los líderes del pueblo][3] que procuraban matarle».

Pero ahora la Fiesta de los Tabernáculos estaba ya muy cerca. Los peregrinos probablemente llegarían a Jerusalén antes del día de apertura del festival. Porque, además de las preparaciones necesarias –que requerirían tiempo, especialmente en esta fiesta, en que había que erigir las tiendas en que vivirían toda la semana festiva–, era una práctica común (como recordaremos) el ofrecer sacrificios, que eran debidos en cualquiera de las grandes fiestas a las que el pueblo acostumbraba acudir.[4] Recordando que habían pasado cinco meses desde la última gran fiesta (la de las Semanas), se debían muchos de estos sacrificios. Por tanto, las compañías ordinarias de peregrinos que iban a las fiestas, que viajaban lentamente, tienen que haber partido de Galilea algún tiempo antes del comienzo de la fiesta. Estas circunstancias explican plenamente los detalles de la narración. También nos ofrecen una ilustración penosa de la soledad de Cristo en su obra. Sus discípulos no habían llegado a entenderle, y la comprensión que tenían de la enseñanza de Jesús era deformada. Cuando la muerte ya era inminente, daban aún muestras de la más crasa ignorancia y disputaban sobre su rango futuro. Y sus propios «hermanos» ni aun creían en Él. Todo el curso de los sucesos últimos, especialmente el reto de los escribas –que Él no contestó– de que mostrara «una señal del cielo», había causado un serio impacto en ellos. ¿Cuál era el propósito de «obrar» si se hacía en la intimidad del círculo de los apóstoles de Cristo, en una casa, en un distrito remoto, incluso delante de una multitud ignorante? Si, al reclamar el derecho de ser tenido por el Mesías, lo que quería era ser francamente[5] reconocido como tal, tenía que usar otros medios. Si Él hacía realmente estas cosas, que se manifestara delante del mundo: en Jerusalén, la capital de su mundo, y delante de aquellos que podían poner a prueba la realidad de sus obras. Que se adelantara, en una de las grandes fiestas de Israel, en el Templo, y especialmente en esta fiesta de ahora que señalaba la congregación mesiánica de todas las naciones. Que subiera ahora con ellos en la compañía festiva a Judea, de modo que sus discípulos –no los galileos solamente, sino todos– tuvieran la oportunidad de contemplar sus obras.

Como el reto no era nuevo,[6] desde el punto de vista del mundo no se podía por menos que considerarlo razonable. Es de hecho el mismo, en principio, bajo el cual el mundo ahora quisiera someter las pretensiones del Cristianismo para ser aceptado por los hombres. Solamente falla en un punto: que no tiene en cuenta la enemistad del mundo a Cristo. El discipulado no es el resultado de alguna manifestación externa por «evidencia» o demostración. Requiere la conversión al espíritu de un niño. ¡Que se manifestara a sí mismo! Esto verdaderamente lo haría, pero no a la manera de ellos. Porque su tiempo o «sazón» (καιρός) aún no había llegado, aunque iba a llegar pronto. El tiempo o sazón de ellos siempre estaba presto, o sea, para ver las manifestaciones mesiánicas que ellos esperaban. Y esto porque «el mundo» no podía «aborrecerlos» a ellos; ellos y las demostraciones que querían estaban en completo acuerdo con el mundo y sus modos de ver. Pero, con respecto a Él, el mundo sentía sólo odio personal, debido a lo contrario de sus principios respectivos, porque Cristo había sido manifestado no para restaurar un reino terrenal a Israel, sino para traer un Reino celestial a la tierra: «para destruir las obras del Diablo». Por tanto, Él tenía que provocar la enemistad de este mundo que era dominado por el Maligno. Él haría otra manifestación distinta de la que ellos buscaban, cuando su «tiempo hubiera llegado»; pronto, empezando en esta misma fiesta, continuándola en la siguiente y completándola en la última Pascua; una manifestación así de sí mismo como el Cristo, que únicamente podía hacerse a la vista de la enemistad esencial entre Él y el mundo (Jn. 7:1-9).

Y así les dejó subir con la compañía festiva, mientras que Él se demoraba. Cuando el ruido y la publicidad (que Él quería evitar) ya no eran apreciables, Él fue también pero privadamente,[7] no públicamente como ellos le había sugerido. Aquí es donde empieza el relato de Lucas. Se lee casi como un comentario de lo que el Señor ya había dicho a sus hermanos sobre la enemistad del mundo y su modo de manifestación: quién le recibiría y quién no le recibiría, y por qué. «Él vino a lo suyo, pero los suyos no le recibieron. Pero a cuantos le recibieron les dio poder de ser hechos hijos de Dios... nacidos... de Dios».

El primer propósito de Cristo parece haber sido el de seguir el camino directo a Jerusalén, pasando por Samaria, y no seguir los grupos festivos de peregrinos, que caminaban hacia Jerusalén pasando por Perea, para evitar los grupos de sus rivales aborrecidos. Pero esta intención quedó pronto frustrada. En la primera aldea samaritana a la cual Cristo envió mensajeros para hacer preparativos para Él y

2. Hay otras razones más profundas que serán sugeridas por sí mismas, y que han sido insinuadas al tratar de este suceso.

3. Juan usa el término «judíos» generalmente en este sentido.

4. Según Bab. K. 113 *a,* empezaban conferencias festivas regulares en las academias treinta días antes de cada una de las grandes fiestas. Los que asistían a ellas eran llamados *Beney Rigla,* a diferencia de los *Beney Khallah,* que asistían a las conferencias regulares de los sábados.

5. El mismo término פרהסיא *(Parhesya)* aparece en el lenguaje rabínico.

6. Ver especialmente la ocurrencia y expresiones análogas en la fiesta de las bodas de Caná.

7. Godet infiere de la palabra «secretamente» que el viaje de Lucas 9:51 no puede haber sido el que refiere Juan. Pero la expresión atenuada «como si fuera en secreto» da la idea sólo de contraste con el peregrinaje público, en grupos o compañías, que era el acostumbrado para ir a las fiestas, publicidad que sus «hermanos» deseaban de modo especial en esta ocasión. Además, el «en secreto» de Juan podía referirse no tanto al viaje como a la aparición de Cristo en la fiesta (comp. Jn. 7:11, 14).

su compañía,[8] éstos recibieron la respuesta de que su Rabí no sería bien recibido; no estaban dispuestos a dar hospitalidad ni trato amistoso a uno que subía a Jerusalén para la fiesta. Los mensajeros que regresaron con esta respuesta tan poco oriental, volvieron a encontrar al Maestro y sus seguidores en el camino. No sólo era un ultraje a los modales más rudimentarios, sino un acto de hostilidad abierta a Israel, así como a Cristo, y los «hijos del trueno», cuyos sentimientos por su Maestro fueron acrecentándose a medida que aumentaba la oposición contra Él, propusieron vindicar la causa, tanto de Israel como de su Mesías-Rey, mediante un juicio divino patente, haciendo descender fuego del cielo para que destruyera aquella aldea. ¿Pensaban Juan y Jacobo, en relación con esto, en la visión de Elías ministrando a Cristo en el monte de la Transfiguración, y era esto una aplicación práctica de ello? Verdaderamente «no sabían de qué espíritu eran» para poder ser hijos y mensajeros. Él, que había venido no para destruir, sino para salvar, se volvió y los reprendió, y, dejando Samaria, volvió a entrar en territorio judío para proseguir su viaje.[9] Quizás en realidad había pasado por Samaria solamente para enseñar a sus discípulos esta lección necesaria. El modo de interpretar este suceso que hemos presentado parece confirmado por la circunstancia de que Mateo pone la escena que sigue inmediatamente «al otro lado», esto es, en la Decápolis (Mt. 8:18).

Primeros incidentes junto al camino

Fue un viaje del mayor interés e importancia. Porque fue decisivo no sólo por lo que se refería al Maestro, sino para los que le seguían. A partir de ahora, ya no tiene que ser como en tiempos anteriores, sino sólo y exclusivamente con miras al sufrimiento y a la muerte. Es así que vemos los tres incidentes que siguen. Dos de ellos, además, hallan lugar en el Evangelio de Mateo (8:19-22), aunque en una conexión diferente, según el plan de este Evangelio, que agrupa las enseñanzas de Cristo, pero presta sólo atención secundaria a la sucesión cronológica.

Parece como si, después del desaire de estos samaritanos, y cuando «iban» hacia otra aldea –ésta judía–, «uno» de la compañía –y según nos dice Mateo, «un escriba»–, en el entusiasmo generoso del momento –quizá estimulado por el ultraje de los samaritanos, quizá tocado por el amor con que había reprendido el celo de sus discípulos–, sin decir una palabra de acusación por la falta de hospitalidad de los otros, irrumpió en una espontánea declaración, diciendo que estaba dispuesto a seguirle en absoluto y adondequiera que fuera (Lc. 9:57). Como la bendición de la mujer que le había oído (Lc. 11:27), fue una de las explosiones de entusiasmo que su presencia despertaba en los corazones susceptibles. Pero había una posibilidad con la que este escriba, y todos los que mostraban un entusiasmo parecido, no había contado: el hecho irreductible de que Cristo no tenía hogar en este mundo; y esto, no debido a circunstancias accidentales, sino a que Él era «el Hijo del Hombre».[10] Y hay también material para más profundas consideraciones en el hecho de que este hombre era «un escriba» y, con todo, no había ido a la fiesta, sino que se había detenido con Cristo; ¡era «uno» de los que le seguían ahora, y era capaz de estos sentimientos![11] ¿Cuántos *hay* a quienes *nosotros* consideramos como escribas, que se hallan en relación análoga con Cristo y, no obstante, cuántas hermosas promesas han fallado en madurar a la realidad debido al hecho de que Cristo no tiene techo que le cobije, ni el Cristianismo tiene hogar en este mundo, o sea, la alienación y sufrimiento que implica para los que hayan de seguirle, no un trecho, sino de modo absoluto, adonde sea?

La intensidad del negarse a uno mismo implicada en el seguir a Cristo, y su oposición a todo lo que era comúnmente aceptado entre los hombres, son presentadas de modo más claro aún, a propósito, inmediatamente. Este escriba había expresado su deseo de seguir a Jesús. Otro de los discípulos había *pedido* poder seguirle, y esto en circunstancias de prueba peculiar y difícil (Lc. 9:59). La expresión «seguir» a un maestro, en aquellos días, la entendían todos como implicando discipulado. Por otra parte, no había deber considerado más sagrado que el de enterrar a un muerto para aquél a quien correspondía esta obligación de modo natural. Ante este deber, todo tenía que ceder, incluso la oración y el estudio de la Ley (Ber. iii. 1; 17 *b* y otros pasajes, en especial Megill. 3). Por último, consideramos moralmente cierto que, cuando Cristo dijo a este discípulo que le siguiera, se daba perfecta cuenta de que en aquel momento su padre yacía muerto. Así que no únicamente le enfrentó con la ausencia, el anhelo insatisfecho del hogar –pues para esto es probable que habría estado preparado–, sino a dejar de cumplir un sentimiento natural y lo que la Ley judía parecía imponerle como su deber más sagrado. En esta respuesta al parecer tan extraña que Cristo hizo su petición de permiso para ir a enterrar a su padre, pasamos por alto la consideración de que, según la Ley judía, el entierro y el duelo para un padre muerto, y la subsiguiente purificación, ocuparían muchos días, de modo que le sería difícil si no imposible volver a alcanzar a Cristo. Preferimos limitarnos a las simples palabras de Cristo. Nos enseña esta lección solemne y escrutadora que hay deberes más elevados que los de la Ley judía, o que la reverencia natural, y una vocación o llamada más elevada que la del hombre. Sin duda, Cristo tenía a la vista aquí la próxima vocación de los Setenta –en la cual este discípulo había de participar– para «ir a predicar el Reino de Dios». Cuando llega la llamada directa de Cristo para una obra dada, esto es, si estamos *seguros* de ella por sus propias palabras y no (como por desgracia sucede a menudo) sólo la inferimos por medio de nuestro propio razonamiento sobre sus palabras, entonces toda otra llamada tiene que ceder. Porque los deberes no pueden entrar nunca en conflicto, y este deber sobre los vivos y la vida precede al deber sobre la muerte y los muertos. Ni hemos de vacilar, porque no sabemos en qué forma va a venir esta obra de Cristo. ¡Hay momentos decisivos en nuestra historia interna cuando el aplazar la llamada inmediata es realmente rechazada;

---

8. No se sigue por necesidad que la compañía, al principio, fuera muy grande. Pero no quisieron alojarlos en Samaria. Para averiguar si querían había enviado a los mensajeros.

9. Al mismo tiempo, según los mejores manuscritos, las palabras (Lc. 9:54) «como hizo Elías», y las de los versículos 55 y 56, desde «los reprendió» hasta «para salvarlas», son interpoladas. Son una glosa, pero una glosa correcta.

10. Hacemos notar que la designación «Hijo del Hombre» es aplicada aquí por primera vez por Mateo (8:20). ¿Es posible que la historia fuera insertada en el primer Evangelio en esta relación particular con el propósito de señalar este contraste en el tratamiento del Hijo del Hombre o por los hijos de los hombres; es decir, captar el significado del título representativo: el Hijo del Hombre, en un mundo de hombres que no querían recibirle? Es más notable que precede de modo inmediato a la primera ocasión en que los hombres dieron el título «Hijo de Dios» a Cristo en este Evangelio (Mt. 8:29).

11. No es necesario entrar en la discusión de la sugerencia de que los otros dos discípulos mencionados en este relato de Mateo eran o bien Bartolomé y Felipe, o bien Judas Iscariote y Tomás.

cuando el ir y enterrar a los muertos –aunque sea un padre– es morir nosotros mismos!

Había que hacer frente todavía a otro obstáculo para seguir a Cristo. Otro en la compañía que seguía a Cristo quería ir con Él, pero pidió primero permiso para ir y despedirse de aquellos a quienes había dejado en su casa. Casi parece que esta petición fue una de aquellas preguntas «tentadoras» dirigidas a Cristo. Pero, incluso si se trataba de otra cosa, la despedida propuesta no era como la de Eliseo, ni como la cena de Leví-Mateo. Era más bien como el año en que la hija de Jefté quería pasar con sus compañeras, antes de cumplir el voto. Muestra que el seguir a Cristo era considerado como un *deber*, y que el dejar a los deudos terrenales en la casa era una *prueba*; y refleja no meramente doble ánimo, sino que no se es apto para el Reino de Dios. Porque ¿cómo podemos arar un surco derecho en que echar la semilla si, poniendo la mano en el arado, empezamos a mirar hacia atrás?

Así que éstas son las tres condiciones vitales de seguir a Cristo: la negación propia absoluta y la carencia de hogar en este mundo; la entrega de uno mismo de modo inmediato y total a Cristo y a su obra; y un corazón y afectos simples, indivisos y puestos sobre Cristo y su obra, para el cual no hay otra prueba en el tener que partir como no sea el partir de Él, no hay gozo más elevado que el de seguirle. ¡Es en este espíritu que tenían que seguir a Cristo en su último viaje para, posteriormente, ir a la obra que Él les designara!

Capítulo 5

(Lucas 10:1-16; Mateo 9:36-38; 11:20-24; Lucas 10:17-24; Mateo 11:25-30; 13:16; Lucas 10:25; 38-42)

Más incidentes en el camino a Jerusalén

Aunque, por las razones ya explicadas en el capítulo previo, no se puede determinar la exacta sucesión de los eventos, parece muy probable que fue en su progreso en dirección sur, para este tiempo, que Jesús «designó» a «otros setenta» que habían de anunciar su llegada a cada aldea y ciudad. Incluso las circunstancias de que las instrucciones que les daba eran similares a las que había dado antes a los doce, aunque no iguales, parecen indicar que es a estos doce a quienes hemos de considerar como los «otros» mencionados aquí. Consideramos que fueron enviados para este tiempo, primero, por el Evangelio de Lucas, en que toda esta sección aparece como una historia separada y distinta, es de suponer ordenada cronológicamente; segundo, por lo apropiado de una misión así en este momento particular, en que Jesús hizo su último progreso misionero hacia Jerusalén; y, en tercer lugar, de lo improbable, si no imposible, de dar este paso público después de la persecución que se desencadenó *posteriormente* a su aparición en Jerusalén en la Fiesta de los Tabernáculos. En todo caso, no podía haber tenido lugar en el período entre la Fiesta de los Tabernáculos y la de la Dedicación del Templo, puesto que después de ésta Jesús «ya no anduvo más abiertamente entre los judíos» (Jn. 11:54).

Con toda su similaridad, hay notables diferencias entre la misión de los Doce y ésta, «la de los Setenta». Notemos que la primera es registrada por los tres evangelistas, de modo que no podría haber confusión por parte de Lucas (Mt. 10:5 y ss.; Mr. 6:7 y ss.; Lc. 9:1 y ss.). Pero la misión de los doce ocurrió con ocasión de su nombramiento para el apostolado; fue evangelística y misionera; y fue en confirmación y manifestación del «poder y autoridad» que les había dado. La consideramos, pues, simbólica del apostolado acabado de instituir, con su obra y autoridad. Por otra parte, ningún poder o autoridad fue conferido formalmente a los Setenta, y su misión fue sólo temporal y, en realidad, para un propósito definido; su primer objetivo era preparar la llegada del Maestro a los lugares a los que fueron enviados; y su selección fue dentro de un círculo más amplio de discípulos, ya que su número fue setenta en lugar de doce. Incluso estos dos números, así como las diferencias en las funciones de los dos tipos de mensajeros, parecen indicar que los doce simbolizaban los príncipes de las tribus de Israel, en tanto que los setenta eran los representantes simbólicos de estas tribus, como los setenta ancianos designados para ayudar a Moisés (Nm. 11:16).[1]

1. En Bemid. R. 15, ed. Vars., p. 64 *b*, se describe el modo de elegir a estos setenta. Moisés escogió seis de cada tribu, y luego puso en una urna setenta y dos suertes, de las cuales setenta tenían la palabra *Zaqen* (anciano) inscrita en ellas, en tanto que dos quedaban en blanco. Estas últimas se supone que fueron sacadas por Eldad y Medad.

«Juan va realmente más hacia atrás y habla de las circunstancias que precedieron a su viaje a Jerusalén. Hay un intervalo o, como podríamos llamarlo, un espacio en blanco, de más de medio año, entre el último relato del Evangelio de Juan y éste. Porque los sucesos relatados en el capítulo 6 de Juan tienen lugar inmediatamente antes de la Pascua (Jn. 6:4), que era el 15 del primer mes eclesiástico (Nísan), en tanto que la Fiesta de los Tabernáculos (Jn. 7:2) empezaba en el mismo día del séptimo mes eclesiástico (Tishri). Pero, excepto con referencia al comienzo del ministerio de Cristo, este capítulo 6 es el único en el Evangelio de Juan que se refiere al ministerio de Cristo en Galilea. Quisiéramos sugerir que lo que allí se dice tiene por intención mostrar, junto a la enseñanza plenamente desarrollada de Cristo, la enemistad también plenamente desarrollada de los escribas de Jerusalén, y que llevó a la deserción de muchos discípulos iniciales.»

El exagerado sentido en la observación vacía de la Ley por parte de los escribas, es frecuentemente expuesto por Jesús. El trabajo de los escribas consistía en copiar y explicar las escrituras. Son numerosos los tinteros descubiertos, pues su uso es muy frecuente en Israel. Estos encontrados en Qumran contienen restos de una tinta vegetal.
(Departamento Israelita de Antigüedades de Jerusalén)

Hubo algo muy significativo en esta aparición de los mensajeros de Cristo de dos en dos en cada lugar que Él iba a visitar. Como Juan el Bautista, al principio, había proclamado la venida de Cristo, lo mismo ahora los dos heraldos aparecían para anunciar solemnemente su advenimiento al término de su ministerio; como Juan había procurado, en calidad de representante de la iglesia del Antiguo Testamento, preparar su camino, lo mismo ellos, como representantes de la iglesia del Nuevo Testamento. En ambos casos la preparación buscada era moral. Era la citación nacional a abrir las puertas al Rey legítimo y aceptar su régimen. Sólo que la necesidad era ahora mayor a causa del fracaso de la misión de Juan, debido a la mala comprensión e incredulidad de la nación (Mt. 11:7-19). Esta conjunción con Juan el Bautista y el fallo de su misión, por lo que se refiere a los resultados *nacionales*, explica el hecho de la inserción en el Evangelio de Mateo de parte del discurso pronunciado a la misión de los Setenta, inmediatamente después de referir la reprobación hecha por Cristo del rechazo nacional del Bautista (Mt. 11:20-24; comp. Lc. 10:12-16). Mateo, que (como Marcos) no registra la misión de los Setenta –simplemente porque (como ya se ha explicado antes) toda la sección, de la cual la misión forma parte, es peculiar al Evangelio de Lucas–, da informe de «los discursos» respecto a la misión en otras relaciones congruentes a los mismos.

Hacemos notar que lo que podríamos llamar «el Prefacio» a la misión de los Setenta lo da Mateo (en una forma bastante más plena), así como el del nombramiento y misión de los doce apóstoles (Mt. 9:36-38); y es posible que las dos misiones fueran precedidas por palabras similares. Por lo menos en parte, las expresiones registradas en Lucas 10:2 han sido empleadas antes (Jn. 4:35). Las «multitudes», por todo Israel –y más aún, los que «no son de este rebaño»–, aparecían ante sus ojos como ovejas sin el cuidado de un pastor, «abatidas y postradas», y su muda y miserable condición y su anhelo, sólo en parte consciente, apelaban a la divina compasión de modo efectivo. Esto constituía, en último término, la base para la misión de los apóstoles y, ahora, la de los Setenta: una cosecha que era verdaderamente inmensa. Comparado con la extensión del campo y la urgencia de la tarea, ¡cuán pocos eran los obreros! No obstante, como el campo era de Dios, por ello solamente Él podía «enviar obreros a su mies» que estuvieran dispuestos y fueran capaces de hacer su obra, en tanto que a nosotros nos corresponde orar para que Él se complazca en hacerlo.

A estas palabras introductorias (Lc. 10:2), que siempre han formado «la súplica-mandato» de la iglesia en su obra en favor de Cristo, siguen la comisión e instrucciones especiales a las treinta y cinco parejas de discípulos que fueron como sus embajadores. En casi cada particular son las mismas que las que se dieron antes a los Doce (ver Libro 3, cap. XXVII). Notamos, no obstante, que tanto las palabras introductorias como las finales dirigidas a los apóstoles carecen de lo que se dijo a los Setenta. No fue necesario advertirles que no fueran a los samaritanos, puesto que la dirección en que iban los Setenta era a las ciudades de Perea y Judea, camino de Jerusalén, por la cual había de pasar Cristo. Ni tampoco iban equipados de los mismos poderes sobrenaturales de los Doce (Mt. 10:7, 8; Lc. 10:9). Como es natural, las instrucciones personales en cuanto a su conducta en lo esencial eran iguales en los dos casos. Hacemos notar sólo tres peculiaridades en las que se dieron a los Setenta. La instrucción de «no saludar a nadie en el camino» era apropiada a su misión temporal y rápida, que podía haber sido tristemente interrumpida al trabar amistades o renovar las antiguas. Tanto la Mishnah (Ber. 30 *b*) como el Talmud (*u.s.* 32 *b*) establecen que la oración no ha de ser interrumpida para saludar ni aun a un rey, es más, ni para librarse de una serpiente que se haya enrollado por el pie de uno.[2] Por otra parte, los rabinos discutían la cuestión de si la lectura de la *Shema* y de la porción de los Salmos llamados *Hallel* podía ser interrumpida al terminar un párrafo, por respeto a una persona, o interrumpida a la mitad, a causa del temor (Ber. 14 *a*). Todos estaban de acuerdo en que inmediatamente antes de la oración uno no debía ser saludado, para evitar distraerle, y se aconsejaba resumir o interrumpir algo, para no estorbar la oración, aunque esto último era admisible en casos de absoluta necesidad (Ber. 14 *a*, 32 *b*). Sin embargo, el Señor no parece haber pensado en ninguna de estas disposiciones. Si hay algún paralelo hay que buscarlo en la instrucción de Eliseo a Gehazi cuando fue a poner el báculo del profeta sobre el niño muerto de la sunamita.

Las otras dos peculiaridades en las instrucciones a los Setenta parecen más bien verbales que reales. La expresión (Lc. 10:6) «si hubiese allí algún hijo de paz» es un hebraísmo equivalente a «si la casa es digna» (Mt. 10:13), y se refiere al carácter del cabeza de la casa y al tono de la misma.[3] Finalmente, la instrucción de comer y beber lo que se les pusiera delante (Lc. 10:7, 8) no es nada más que una explicación posterior de la orden de hospedarse en la casa en que les habían recibido, sin buscar nuevo alojamiento.[4] Por otra parte, todo el final del discurso a los Doce –que en realidad forma, con mucho, la mayor parte del mismo (Mt. 11:16-42)– falta en la comisión a los Setenta, con lo que se señala su carácter meramente temporal.

En el Evangelio de Lucas, al discurso a los Setenta le sigue una denuncia a Corazín y Betsaida (Lc. 10:13-16). Esto evidentemente está en su lugar apropiado aquí, después que el ministerio de Cristo en Galilea había sido completado y rechazado de modo definitivo. En el Evangelio de Mateo (por la razón ya indicada) se halla inmediatamente después de la reprensión del Señor a Israel por el rechazo popular del Bautista (Mt. 11:20-24). El ¡ay! pronunciado sobre estas ciudades, en las cuales «se habían realizado sus obras más poderosas», está en proporción a la grandeza de sus privilegios. La denuncia de Corazín y Betsaida es más notable por el hecho de que Corazín no se cita en ninguna otra parte en los Evangelios, ni se registra que se hubiera realizado milagro alguno en Betsaida. De esto pueden hacerse dos inferencias. Primera, esta historia debe ser real. Si el conjunto fuera legendario, no se nos diría que Jesús está seleccionando los nombres de lugares, que el escritor no hubiera conectado con la leyenda. Y segunda, no hay datos preservados en los Evangelios de buen número de los milagros de Cristo; sólo se narran los que son necesarios para presentar a Jesús como el Cristo, en conformidad con los planes respectivos de cada uno de los Evangelios (Jn. 21:25).

Como ya se ha afirmado, las denuncias estaban en proporción a los privilegios, y por ello a la culpa, de las ciudades incrédulas. Corazín y Betsaida son comparadas a Tiro y a Sidón, que bajo admoniciones similares se habrían arrepentido,[5] en tanto que Capernaum, «que fuiste levantada hasta los cielos», es comparada a Sodoma. Y tal culpa implicaba un mayor castigo. El emplazamiento de Betsaida y de Corazín no se puede determinar con certeza. La primera de ellas probablemente representa el barrio pesquero de Capernaum (ver Libro 3, cap. XXXI); la última parece que ha desaparecido por completo de la orilla del lago. San Jerónimo coloca Betsaida a dos millas de Capernaum. Si es así, sería la moderna Kerâzeh, algo al noroeste de Capernaum. El sitio correspondería con el nombre. Porque *Kerâzeh* es al presente «una fuente con una ruina insignificante junto a ella», y el nombre de Corazín puede muy bien derivarse de *Keroz* (כרוז), jarra de agua; Cherozin, o Corazín, las jarras de agua. Si es así, podemos fácilmente entender que el barrio pesquero, o Betsaida, al lado sur de Capernaum, y las fuentes bien conocidas, «Corazín», al otro lado de ella, pueden haber sido la escena frecuente de los milagros de Cristo. Esto explica también por qué los milagros obrados allí no fueran relatados como hechos en la misma Capernaum. En el Talmud se hace mención de un Corazín, o más bien Corzim, celebrado por su trigo (Menach. 85 *a;* comp. Neubauer, p. 220). Pero, por lo que se refiere a la misma Capernaum, hoy un vasto campo de ruinas y piedras revueltas que marcan el sitio del moderno *Tell Hûm*, creemos que no podría darse una descripción más gráfica de ella que la que usó Cristo proféticamente, asemejándola en su caída y desolación de muerte con el «Hades».

Misión y regreso de los Setenta

Tanto si los Setenta regresaron o no a Jesús antes de la Fiesta de los Tabernáculos (ver Lc. 10:17), nos conviene considerar en este punto el resultado de su misión. A ellos les había llenado del gozo de la certidumbre; es más, el resultado había excedido sus expectativas tal como su fe había ido, más allá de la mera letra de sus palabras, al espíritu de las mismas. Según ellos le informaron, incluso los demonios se les habían sujetado en su nombre. En esto se habían excedido de la letra de la comisión de Cristo; pero cuando lo experimentaron su fe había crecido, y ellos habían aplicado su orden de «sanar a los enfermos» a los que más sufrían –los atormentados gravemente por los demonios– y, como siempre, su fe no les había dejado decepcionados. Y no podía ser de otra manera. La gran pugna ya había sido decidida hacía mucho tiempo; sólo quedaba que por la fe la iglesia empezara a recoger los frutos de esta victoria. El Príncipe de luz y de vida había vencido al príncipe de las tinieblas y la muerte. El príncipe de este mundo tenía que ser expulsado (Jn. 12:31). En espíritu, Cristo había visto a «Satanás que caía como un rayo desde el cielo». Como alguien ha parafraseado apropiadamente: «Mientras vosotros expulsabais a sus súbditos, yo vi al mismo príncipe que caía» (Godet). Alguien ha preguntado si las palabras de Cristo se referían a algún suceso particular, tal como su victoria en la tentación.[6] Pero toda limitación aquí significaría un grave

2. Pero sí podía ser interrumpida por un escorpión, Ber. 33 *a*. Comp. con la nota nº 7 tres páginas más adelante.

3. Compárese Job 21:9, tanto en el original como en el Targum.

4. El canón. Cook *(ad loc.)* considera esto como evidencia de que los Setenta fueron también enviados a los samaritanos; y que implica el permiso de comer y beber su comida y bebida, lo cual era considerado prohibido por los judíos. Para mí, lo que indica es lo opuesto, ya que una alteración fundamental no habría sido introducida de forma tan indirecta. Además, la indicación no es de no comer su comida, sino ninguna clase de comida. Finalmente, si Cristo hubiera introducido un cambio tan vital, la dificultad posterior de Pedro y su visión sobre el tema no serían inteligibles.

5. El ayuno «en saco y en ceniza» era la práctica de la humillación pública (Taan. ii. 1).

6. Lejos de ver aquí, con Wünsche *(ad loc.)*, nociones judías acerca de Satanás, considero que en la satanalogía del N.T., quizá más que en ninguna otra parte, tenemos no ya diferencias, sino *oposiciones* con los puntos de vista judíos.

malentendido del conjunto. Por así decirlo, Satanás empieza su caída en el pozo *sin fondo*, que persiste hasta el triunfo final de Cristo. Tal como le ve el Señor, cae del cielo –del lugar del poder y la adoración–, porque su dominio ha sido desmenuzado por el que es más fuerte que él. Y él ha caído como un rayo, en su rapidez, fulgurante esplendor y destructividad (Ap. 12:7-12). Tal como hemos visto, los demonios son expulsados en el nombre de Cristo. Porque esta lucha y visión todavía continúan, y en todas las edades de la presente dispensación. Cada vez que la fe de la iglesia expulsa demonios –sea porque, como antes o como ahora, agravian y perjudican a los hombres, sea en el combate por la posesión del cuerpo, o en la lucha más encarnizada por la posesión del alma– según lo ve Cristo, es siempre el Satanás caído. Porque Él ve el trabajo y aflicción de su alma, y está satisfecho. Y también hay gozo en el cielo por cada pecador que se arrepiente.

La autoridad y el poder sobre «los demonios» que había alcanzado la fe no habían de desaparecer con la ocasión que los había traído. Los Setenta eran los representantes de la iglesia en su obra de preparar el advenimiento de Cristo. Como se ha indicado antes, la vista de Satanás caído del cielo es la historia continua de la iglesia. Lo que había alcanzado la fe de los Setenta había pasado a ser permanente para la iglesia, de la cual ellos eran representantes. Porque las palabras con que Cristo ahora dio autoridad y poder para hollar serpientes y escorpiones, y sobre todo el poder del enemigo y la promesa de que nada les perjudicaría, no podrían haber sido dirigidas a los Setenta para una misión que ahora había llegado a su fin, sino en cuanto ellos representaban a la Iglesia universal. Es casi innecesario añadir que aquellas «serpientes y escorpiones» no han de ser entendidos literalmente, sino simbólicamente (ver Sal. 91:13; Mr. 16:18).[7] Con todo, no es este poder o autoridad lo que ha de ser el gozo principal de la iglesia o del individuo, sino el hecho de que nuestros nombres estén escritos en los cielos.[8] Y así, Cristo nos lleva a su gran enseñanza sobre la necesidad de volvernos como niños, y que en ello se halla el secreto de la verdadera grandeza en el Reino. Nos alegra el corazón cuando leemos que el gozo de los discípulos fue correspondido por el del Maestro, y que la enseñanza dada en aquellos momentos se fundió en una oración de acción de gracias. A lo largo de los acontecimientos desde la Transfiguración, hemos notado un antagonismo creciente por parte de Jesús a la enseñanza de los rabinos. Pero alcanzó casi su punto culminante en esta acción de gracias, diciendo que el Padre en el cielo había escondido estas cosas de los sabios y de los entendidos y las había revelado a los niños. Cuando lo miramos a la luz de aquellos tiempos, sabemos que «los sabios y entendidos» –el rabino y el escriba– no podían, desde su punto de vista, haberlas percibido; es más, que nos impulsa a un agradecimiento sin fin el que aquello que el Padre Celestial había revelado no era lo que entendían ellos, sino lo que entendían los niños, y no podía ser de otra manera. Incluso temblamos al pensar lo que les habría acontecido a los niños si «los sabios y los entendidos» hubieran tenido parte con ellos en el conocimiento revelado. Y así tiene que ser siempre, no sólo la ley del Reino y el principio fundamental de la revelación divina, sino la materia para la acción de gracias que no sean los «sabios y entendidos», sino los niños –como «convertidos», «como niños»– los que podamos participar en este conocimiento que nos hace sabios para salvación. Y esto es verdaderamente el evangelio y lo que agrada al Padre (Lc. 10:21).[9]

Las palabras (Lc. 10:22) de Cristo que siguen a este mensaje a los Setenta y a la acción de gracias a Dios parecen casi la respuesta del Padre a la oración del Hijo. Se refieren y explican la autoridad que Jesús había concedido a su iglesia: «Todas las cosas me fueron entregadas por mi Padre»,[10] y dan la mejor explicación racional del hecho de que estas cosas hubieran sido escondidas de los sabios y reveladas a los niños. Porque del hecho de que ningún hombre, únicamente el Padre, podía tener pleno conocimiento del Hijo, y, viceversa, ningún hombre, solo el Hijo, podía tener verdadero conocimiento del Padre, se seguía que este conocimiento venía a nosotros no de sabiduría o entendimiento, sino sólo a través de la revelación de Cristo: «Nadie conoce quién es el Hijo, sino el Padre; ni quién es el Padre, sino el Hijo, y aquél a quien el Hijo lo quiera revelar».

Mateo, que también narra esto –aunque en una relación distinta, justo después de la increpación a Corazín, Betsaida y Capernaum por su incredulidad–, concluye esta sección con palabras que desde entonces han sido el gran texto de los que, siguiendo las huellas de los Setenta, han sido embajadores de Cristo (Mt. 11:28-30). Por otra parte, Lucas concluye esta parte de su relato aduciendo palabras igualmente pertinentes a la ocasión (Lc. 10:23, 24), las cuales verdaderamente no son nuevas en boca del Señor (comp. Mt. 13:16). Las dos conclusiones son tan apropiadas a lo precedente que no podemos dudar que tanto lo que informa Mateo como Lucas fue dicho en esta ocasión. Debido a que el conocimiento del Padre viene solamente a través del Hijo, y como estas cosas han sido escondidas de los sabios y reveladas a los niños, el Señor misericordioso extendió los brazos y llamó a todos[11] los fatigados y cargados que acudieran a Él. Éstas eran las ovejas afligidas y postradas; y para recogerlas, para poder darles descanso, Él envió a los Setenta a la obra, por la cual Él había orado al Padre que enviara obreros y que Él ha confiado, a partir de entonces, a la fe y el servicio y amor de la iglesia. Y la verdadera sabiduría, que califica para el Reino, era tomar su yugo que se vería es fácil, y su carga ligera, no como el yugo insoportable de las exigencias rabínicas (Hch. 15:10), y el verdadero conocimiento debía ser buscado aprendiendo de Él. En esta sabiduría de entrar en el Reino tomando su yugo, y en este conocimiento que venía de aprender de Él, Cristo era Él mismo a la vez la lección y el Maestro: porque Él es manso y humilde de corazón. Él practicaba lo que enseñaba y enseñaba lo que practicaba; y al acudir a Él, se hallaría el verdadero descanso para el alma.

Estas palabras, citadas por Mateo –el evangelista de los judíos–, tienen que haberse hundido profundamente en los corazones de los oyentes judíos de Cristo, porque les llegaban en una forma propia antigua muy familiar, si bien con un espíritu totalmente distinto. Una de las expresiones figurativas más comunes de aquel tiempo era la del «yugo» (עול),

7. Supongo que en el mismo sentido simbólico ha de ser entendida la haggadah sobre un gran santo rabínico a quien mordió una serpiente sin causarle daño y luego murió súbitamente. El rabino lo presentó a sus discípulos con estas palabras: No es la serpiente que mata, sino el pecado (Ber. 33 *a*).

8. La figura es corriente en las Escrituras (comp. Éx. 32:32; Is. 4:3; Dn. 12:1). Pero los rabinos lo entendieron en una forma burdamente literal y hablaban de tres libros abiertos cada día de Año Nuevo: los de los píos, los malvados y los intermedios (Rosh haSh. 16 *b*).

9. Ésta es la fórmula judaica común: לפניך רצון.

10. Nótese el tiempo verbal.

11. Melanchthon escribe: «En este "todos" tú estás incluido, y no creas que tú no perteneces a ellos; Dios no tiene listas de privilegiados ni listas negras».

para indicar sumisión a una ocupación u obligación. Así, leemos no sólo del «yugo de la Ley», sino del yugo de los «gobiernos terrenales», y de las «obligaciones civiles» corrientes (Ab. iii. 5). Muy instructivo para la comprensión de la figura es esta paráfrasis de Cantares 1:10: «Qué hermoso es el cuello de los que llevan el yugo de tus estatutos; y será sobre ellos como el yugo en la cerviz del buey que ara en el campo, y provee alimento para sí mismo y para su dueño» (Targum, *ad loc.*).[12] Uno podía librarse de este yugo, como las diez tribus se habían sacudido el yugo «de Dios», y de esta manera habían ido a parar en el exilio (Shemoth R. 30). Por otra parte, el «tomar el yugo sobre uno mismo» (קבל עול) significaba someterse a él para la libre elección y la resolución deliberada. Así, en el alegorismo de la Midrash, en la inscripción de Proverbios 30:1, concerniente a «Agur, el hijo de Jaqué» –considerado como una designación simbólica de Salomón–, la palabra *Massa*, traducida como «profecía», es explicada así con referencia a Salomón: «*Massa*, porque él mismo se puso sobre sí mismo *(Nasa)* el yugo del Santo, bienaventurado sea Él» (Midr. Shoch. Tobh., ed. Lemb., p. 20 *a*). Y de Isaías se decía que había sido privilegiado para profetizar muchas bendiciones, «porque había tomado sobre sí mismo el yugo del Reino de los cielos con gozo» (Yalk. ii., p. 43 *a*, § 275, líneas 10ss. desde la base).[13] Como se ha dicho con anterioridad, se afirmaba que en el *Shema*, o Credo –que se repetía cada día–, las palabras de Deuteronomio 6:4-9 eran recitadas delante de las de 11:13-21, a fin de que primero, en general, «tomara sobre nosotros el yugo del Reino de los cielos y solo después el de los mandamientos» (Ber. ii. 2). Y este yugo, todo Israel lo había tomado sobre sí mismo, con lo que había ganado el mérito que para siempre se les había de imputar.

Sin embargo, prácticamente, «el yugo del Reino» para los judíos no era otra cosa que «el de la Ley» y «de los mandamientos»; un yugo de ejecuciones laboriosas y de justicia propia imposible. Era «intolerable», no «el fácil» y ligero yugo de Cristo, en el cual el Reino de Dios era de fe, no de obras. Y como si ellos mismos dieran testimonio de esto, tenemos este dicho suyo, terriblemente significativo, en este sentido: «¡No como los de antes (los primeros) que hicieron para ellos mismos el yugo de la Ley fácil y ligero, sino como los de después (los posteriores) que hicieron el yugo de la Ley pesado para ellos mismos!» (Sanh. 94 *b*, hacia la mitad). Y en verdad, este hacerse el yugo tan pesado como fuera posible, voluntariamente, tomar sobre sí mismos tantas obligaciones como pudieran, era el ideal de la piedad rabínica. Había, pues, una enseñanza y un consuelo peculiar en las palabras de Cristo, y bien podía añadir, como informa Lucas (Lc. 10:23, 24): «Bienaventurados los ojos que ven lo que vosotros veis, y oír lo que oís»,[14] porque el Reino mesiánico, que había sido objeto de trances y visiones y anhelo sincero de profetas y reyes antiguos, ahora había pasado a ser una realidad.[15]

En esta historia abundan los contrastes, por lo que no parece impropio que la escena que Lucas consigna a continuación (Lc. 10:25ss.) ocurriese aquí. Se trata de una pregunta por parte de «cierto intérprete de la Ley», respecto a cómo había de heredar la vida eterna, junto con la parábola sobre el buen samaritano y, es evidente, las dos enseñanzas armonizan con las previas de Cristo sobre entrar en el Reino de los cielos. Es posible que el intérprete de la Ley hubiera entendido las palabras del Maestro acerca de que estas cosas estaban escondidas de los sabios, y la necesidad de tomar el yugo del Reino, en el sentido de las ideas de algunos maestros rabínicos que ponían más énfasis en las buenas obras que en el estudio. Quizás él mismo pertenecía a esta minoría, aunque la intención de la pregunta era «tentarle» –tratar de averiguar si el Maestro pasaría la prueba rabínica, moral y dialécticamente–. Y sin entrar al presente en la parábola que da la respuesta final de Cristo (que será mejor considerar con las otras que pertenecen a este período), se verá lo peculiarmente ajustada que fue la contestación de Cristo al estado mental que acabamos de suponer.

El hogar de Betania

Dejando esta interrupción, que de no haber sido por la enseñanza de Cristo conectada con ella, habría formado una terrible discordancia en la armonía celestial de este viaje, nos dirigimos a una escena muy distinta. Sigue en el curso del relato de Lucas, y no tenemos razón para creer que está fuera de su lugar propio. Si es así, ha de señalar el término del viaje de Cristo a la Fiesta de los Tabernáculos, puesto que el hogar de Marta y María al cual nos introduce se hallaba en Betania, cerca de Jerusalén, casi en sus aledaños. No nos faltan indicaciones confirmatorias de esta nota del tiempo. Así, la historia que sigue del hogar de Betania, en que uno de sus discípulos le pide que les enseñe a orar como el Bautista había enseñado a sus seguidores, parece indicar que estaban entonces en la escena de las antiguas labores de Juan –al nordeste de Betania– y, por tanto, que ocurrió al retorno de Cristo desde Jerusalén. Además, por el relato de la recepción de Cristo en la casa de Marta, colegimos que Jesús había llegado a Betania con sus discípulos, pero que Él solo era el que se hospedaba en la casa de las dos hermanas (Lc. 10:38). Inferimos que Cristo había despedido a sus discípulos para que fueran a la ciudad para la fiesta, en tanto que Él se detenía en Betania. Finalmente, con todo esto concuerda la noticia, en Juan 7:14, de que no era al principio que «Jesús subió al Templo», sino «hacia la mitad de la fiesta». Aunque el viajar en los dos primeros días festivos no era en realidad ilegal, sin embargo, apenas podemos concebir que Jesús lo hubiera hecho, sobre todo en la Fiesta de los Tabernáculos; lo cual sugiere lógicamente que Jesús se había detenido en algún lugar cercano, y, como sabemos, se trataba de la casa de Marta y María en Betania.[16]

Hay otras cosas que se explican por sí mismas también, sobre todo la ausencia del hermano de Marta y María, que probablemente pasaba los días festivos en la ciudad misma. Era al comienzo de la Fiesta de los Tabernáculos, y la escena descrita por Lucas (10:38-42) tendría lugar en la tienda de

12. De modo similar leemos del «yugo del arrepentimiento» (Moed K. 16 *b*), del «del hombre» o, mejor, «de carne y sangre» (Ab. de R. Nath. 20), etc.

13. Esto es mencionado en una respuesta dada en la gran Academia de Jerusalén por Elías el profeta a una pregunta que le hizo un estudiante.

14. En una extática descripción de la gloria mesiánica (Pesiqta, ed. Buber, 149 *a*, final) leemos que Israel exultaría en su gloria, diciendo: «Bienaventurada la hora en que el Mesías fue creado; bienaventurado el vientre que le llevó; bienaventurado el ojo que le ve; bienaventurado el ojo que es considerado digno de contemplarle, porque el abrirse sus labios es bendición y paz, etc.» Es una extraña coincidencia que este pasaje ocurra en una «lectura» sobre la porción de los profetas (Is. 61:10) que al presente se lee en las Sinagogas un sábado cerca de la Fiesta de los Tabernáculos.

15. Las mismas palabras fueron pronunciadas en una ocasión previa (Mt. 13:16), después de la parábola del sembrador.

16. Nadie que lea Juan 11 de modo imparcial puede dudar que las personas de este relato son la Marta y María que nos encontramos aquí y, por tanto, que su casa se hallaba en Betania.

ramas y follaje que servía de sala de estar durante la semana festiva. Porque, según la Ley, era un deber en el transcurso de la semana festiva comer, dormir, orar, estudiar –prácticamente vivir– en una de estas tiendas que habían de ser construidas con las ramas de árboles vivos.[17] Y aunque esto no era absolutamente obligatorio para las mujeres (Sukk. ii. 8), con todo, la regla que mandaba que «la tienda ha de ser el lugar de alojamiento principal, y la casa sólo el secundario» (*u.s.* 9), les induciría a hacer de esta tienda de ramas por lo menos la sala de estar, tanto de los hombres como de las mujeres. Y ciertamente, ¡en estos días de otoño era un verdadero placer alojarse en estos retiros frescos y deleitosos, recuerdo de los días del peregrinaje de Israel! El techo de las mismas era alto, aunque no demasiado; la entrada solía ser por delante; bien entretejidas las ramas para producir sombra, pero no demasiado para no excluir la luz del día y el aire. Una sala así sería el lugar en que pasó lo narrado; y si añadimos que esta tienda estaba plantada probablemente en el patio, podemos figurarnos a Marta yendo ajetreada de acá para allá y viendo, al pasar una y otra vez, a María todavía sentada en el suelo escuchando a Jesús, arrobada, sin hacer el menor caso de lo que sucedía a su alrededor; sabemos que, finalmente, la hermana mayor no pudo por menos que entrar –como implica el versículo 40– en la tienda, y presentó su queja al Maestro.

Marta y María

Para entender esta historia hemos de poner a un lado en nuestra mente ideas preconcebidas, por más que sean atractivas. No hay evidencia de que la casa de Betania hubiera antes pertenecido al círculo de los discípulos profesos de Cristo. Como muestra toda la historia, era una casa rica. Vivían dos hermanas –la mayor, *Marta* (un nombre judío frecuente, que era el femenino de *Mar*[18] y equivalente al nuestro de ama, dueña o señora); *María*, más joven–, y el hermano, *Lázaro* o *Laazar*.[19] Aunque no sabemos las causas de ello, la casa pertenecía a Marta, y en ella recibió a Jesús a su llegada a Betania. No habría sido raro en Israel que una señora rica y piadosa recibiera a un gran rabino en su casa. Pero el caso presente no era un arreglo corriente. Marta tenía que haber oído de Él, por más que no le hubiera visto. Pero en verdad, todo el relato implica (comp. Lc. 10:38) que Jesús había ido a Betania con miras a aceptar la hospitalidad de Marta, que probablemente le habría sido ofrecida cuando alguno de los «Setenta» hospedado en la casa acomodada de Betania había anunciado la llegada próxima del Maestro. No obstante, su comportamiento sólo ofrece indicación de sentirse atraída a Cristo; a lo más, un sincero deseo de conocer las buenas nuevas, no un verdadero discipulado.

Y así fue que llegó Jesús, y con Él y en Él la propia luz y paz del cielo. Jesús había de alojarse en una de las tiendas, las dos hermanas en la casa, y la gran tienda en medio del patio sería el recinto para la vida en común de todos. No tardarían mucho las hermanas en darse cuenta que habían recibido la visita de más que un ángel, sin saberlo. Las dos pensaban sólo en cómo hacerle los mejores honores. Para Marta, la manera de hacerlo sería desvivirse para mostrarle toda su hospitalidad. Y ciertamente, esta temporada festiva era un período muy ocupado para la dueña de una casa acomodada, especialmente en la proximidad cercana de Jerusalén, adonde su hermano había ido y de donde después de pasar un par de días de las fiestas podía volver, en cualquier momento, con huéspedes honrados de la ciudad. A estos cuidados se añadía ahora el honrar de modo suficiente a este Huésped, porque ella también sentía en lo profundo su grandeza. Y por esto cruzaba el patio apresurada, «preocupada en sus muchos quehaceres» y «acongojada con muchas cosas sobre el servicio» (περιεσπᾶτο).

Su hermana menor, asimismo, quería honrarle tanto como le fuera posible; pero no como Marta. Su homenaje consistía en olvidarlo todo lo que no fuera Él, un hombre que hablaba como ella no había oído hablar a ningún otro. Igual que la verdadera cortesía afectuosa no consiste en demostraciones, sino en ser absorbido en el objeto de la misma hasta el punto de olvidar demostrarla, así le ocurrió a María en la presencia de Cristo. Y entonces otra luz y otro día amanecieron para ella; una vida nueva que brotó de su alma: «Estaba sentada a los pies del Señor,[20] y escuchaba su Palabra». No nos atrevemos a preguntar, por más que lo sepamos, de qué hablaban. Y así, una y otra vez, quizá varias horas, Marta al pasar los veía sentados, ella escuchando y viviendo. Por fin, la hermana, que en su impaciencia no podía imaginar que una mujer pudiera cumplir su deber de esta manera, o mostrar ningún beneficio religioso, interrumpió con lo que parece una queja: «Señor, ¿no te importa que mi hermana me deje servir sola?». María había venido sirviendo con ella, pero ahora la había dejado que ella hiciera todo el trabajo. ¿Iba el Señor a mandarle que reasumiera la labor descuidada? Pero con un tono de delicada reprensión y admonición, cuyo afecto se transparenta en la repetición de su nombre: «Marta, Marta» –de modo similar a como en una ocasión posterior dijo a Pedro: «Simón, Simón»–, Jesús le enseñó en palabras que, por más que fueran sencillas en su significado primario, rebosan de intención y que desde entonces han venido sirviendo para innumerables aplicaciones: «Estás preocupada y acongojada con muchas cosas; pero una cosa es necesaria; y María ha escogido la parte buena, la cual no le será quitada».

Suponemos que se trataba del primer día de la fiesta, o quizá la preparación para la fiesta. Jesús se detuvo más de una vez en el hogar de Betania. Si Lázaro llegó a tiempo para verle, y aún más, lo que Marta y María aprendieron entonces o después, no podemos saberlo. Basta con decir que, aunque la disposición natural de las dos hermanas siguió siendo lo que había sido, a partir de entonces «Jesús amaba a Marta y a su hermana».

17. Ver «El Templo y sus servicios».

18. Marta ocurre, sin embargo, como un nombre masculino, en aramaico.

19. El nombre Laazar (לעזר) o Lazar ocurre con frecuencia en los escritos talmúdicos como una forma abreviada de *Elazar* o Eleazar (אֶלְעָזָר).

20. Así habría que traducirlo, no «Jesús» como suele hacerse.

Capítulo 6

(Juan 7:11-36)

En la Fiesta de los Tabernáculos

Era *Chol ha Moed*, como se llamaban los días medio santos, la parte no sagrada de la semana festiva.[1] Jerusalén, la ciudad de las solemnidades, la ciudad de los palacios, la ciudad de hermosura y gloria, presentaba un aspecto muy distinto del corriente; distinto, incluso, del que ofrecía cuando sus calles estaban atestadas de peregrinos festivos durante la semana de Pascua o de Pentencostés. Porque ésta era de modo primordial la fiesta de los peregrinos extranjeros, que venían de países lejanos, cuyas contribuciones al Templo eran aceptadas y contadas. Pese a las raras costumbres de Media, Arabia, Persia o India, y aún más lejos; o del habla occidental y el comportamiento occidental de los peregrinos de Italia, España, la moderna Crimea y las orillas del Danubio, si no de países más extraños y bárbaros, no sería difícil reconocer los rasgos del judío ni percibir que el cambiar de clima no significaba cambiar la mentalidad. Cuando el jerosolimitano miraba con cierto orgullo personal, con indicios de bondadosa condescendencia, a los extranjeros de tez morena, por más que fueran de su misma raza, o a los galileos, de ojos ávidos y curiosos, los peregrinos a su vez devolvían la mirada con respeto y asombro ante la escena nueva para ellos. Aquí veían la realización de sus sueños dorados que ya habían empezado en la infancia, el hogar y venero de sus pensamientos más santos y sus mejores esperanzas; lo que daba victoria interna a los vencidos y convertía la persecución en un triunfo anticipado.

Podían venir en esta temporada del año; no durante el invierno para la Pascua, ni estaban tampoco preparados para el calor del verano en Pentecostés. Pero ahora, en la frescor deleitosa del otoño temprano, cuando ya habían terminado las tareas de la cosecha, la recogida del fruto lozano y la vendimia, y las primeras manchas de oro teñían el follaje, los extranjeros de lejanos climas y los paisanos de Judea, Perea y Galilea se entremezclaban todos en las calles de Jerusalén bajo la sombra del glorioso Santuario de mármol, cedro y oro, allí arriba el alto Moria, símbolo de la infinitamente más gloriosa Presencia que les hacía sombra y daba protección: el Santo en medio de Israel. ¡Todo el día, hasta que las estrellas iluminaban el azur profundo sobre sus cabezas, el humo de los holocaustos se elevaba en columnas que progresivamente se ensanchaban, y se mecía sobre el monte de los Olivos y Sion; el canto de los levitas y las respuestas solemnes del *Hallel* eran transportados por la brisa, y el sonido vibrante de las trompetas argénteas de los sacerdotes parecía despertar ecos en las colinas lejanas! y luego, por la noche, los vastos edificios del Templo eran iluminados por los grandes candelabros que ardían en el Patio de las Mujeres, y por el resplandor de las antorchas, en tanto que el sonido de himnos y danzas místicas flotaba por la oscuridad circundante. Verdaderamente, bien podía Israel designar la Fiesta de los Tabernáculos como «*la* Fiesta» *(haChag)*, y el historiador judío la describe «como la mayor y la más santa» (Jos., *Ant.* viii.4.1).

Temprano en el 14° de Tishri (que correspondía a nuestro septiembre o primeros de octubre), ya habían llegado todos los peregrinos festivos. Entonces era verdaderamente una escena de bullicio y actividad. Había que procurarse hospitalidad; los huéspedes eran bienvenidos y bien tratados; todas las cosas requeridas para la fiesta tenían que estar preparadas. Sobre todo, se erigían tiendas por todas partes –en los patios y en los terrados, en las calles y en las plazas– para alojar a una multitud tan vasta; alojamientos de ramaje por todas partes que recordaban el viaje por el desierto y luego de la tierra prometida. Sólo el adusto castillo de Antonia, que fruncía su ceño sobre el Templo, no tenía decoración apropiada a este espíritu primaveral festivo que había irrumpido en el país. Para los judíos tenía que ser una vista aborrecible aquella fortaleza que guardaba y dominaba su propia ciudad y el Templo; una vista y sonidos detestables los de la guarnición romana con su lengua y modales extranjeros, paganos, insultantes. Con todo ello, Israel no podía leer en el cielo nublado las señales de los tiempos, ni conocía el día de su misericordiosa visitación. Y este festival de los Tabernáculos, más que ningún otro, había de señalar claramente el futuro para ellos.

En verdad, todo el simbolismo de la fiesta, empezando con la cosecha recogida y completa de la cual era una acción de gracias, señalaba al futuro. Los mismos rabinos lo admitían. El número extraño de becerros sacrificiales –setenta en conjunto– era considerado como refiriéndose a «las setenta naciones» del paganismo (Sukk. 55 *b;* Pesiqta, ed. Buber, p. 17 *a*; 194 *a*; Shabb. 88 *b*). La ceremonia del derramamiento de agua, que era considerada de vital importancia hasta el punto de dar a todo el festival el nombre de «Casa del derramamiento» (Sukk. v. 1), era simbólica del derramamiento del Espíritu Santo (Jer. Sukk. v. 1, p. 55 *a*). Cuando se cerraba la breve noche de la gran iluminación del Templo, tenía lugar el más solemne testimonio hecho delante de Jehová contra el paganismo. Tiene que haber sido una escena emocionante, cuando de entre las masas de levitas, con sus instrumentos musicales que llenaban los quince escalones que llevaban al Patio de las Mujeres desde el Patio de Israel, salían dos sacerdotes con sus trompetas de plata. Cuando los primeros cantos del gallo introducían el alba, daban tres sonoros trompetazos; otro al llegar al décimo escalón, y todavía tres más cuando entraban en el Patio de las Mujeres. Y cuando aún resonaba por el aire el sonido de las trompetas, seguían su marcha hacia la Puerta Hermosa a través del Patio de las Mujeres. Aquí, dando media vuelta, y de cara a poniente –al Lugar Santo–, repetían: «Nuestros padres, que estaban en este lugar, volvieron la espalda al Santuario de Jehová, con el rostro hacia levante, porque adoraban al sol en su orto; pero nuestros ojos se dirigen a Jehová» (Sukk. v. 4). Es más, ¡todo en la escena de aquellas noches y de la mañana era simbólico: la iluminación del Templo, la luz que había de brillar partiendo del Templo en la noche oscura del paganismo; luego, al primer albor de la mañana los trompetazos de los sacerdotes –el ejército de Dios– como sus avanzadillas, con el festivo sonido y la llamada de la trompeta para despertar a los durmientes, siguiendo la marcha hasta los límites extremos del Santuario, a la Puerta Hermosa que se abría al Patio de los Gentiles; y después, otra vez, la media vuelta para pronunciar la protesta solemne contra el paganismo y hacer la solemne confesión de Jehová!

Pero Jesús no apareció en el Templo durante los dos primeros días festivos. Los peregrinos que habían llegado de todas partes del país –incluso algunos de afuera–, le

1. También *Cholo shel Moed* y *Moed Qaton.*

habían esperado allí, porque ahora todo el mundo hablaba de Él; «no abiertamente» en Jerusalén, por miedo de los gobernantes. Era arriesgado hablar de Él sin reservas. Pero le buscaban, e inquirían sobre Él; y hablaban de Él, pero era sólo un murmullo; una discusión en voz baja, confusa, del *pro* y el *contra,* en esta gran controversia entre las «multitudes»[2] o compañías festivas procedentes de puntos diversos. Algunos decían: «Es un buen hombre», mientras otros declaraban que sólo descarriaba al pueblo común e ignorante. Y ahora, de repente, en la *Chol ha Moed,* Jesús mismo apareció en el Templo y enseñaba. Sabemos que en una ocasión posterior (Jn. 10:23) Él anduvo y enseñó en «el pórtico de Salomón» y, por la circunstancia de que los primitivos discípulos hicieron de este lugar su punto común de reunión (Hch. 5:12), podemos sacar la conclusión de que fue aquí que el pueblo le encontró ahora. Aunque ni Josefo ni la Mishnah mencionan este «pórtico» por su nombre,[3] tenemos buenas razones para creer que era la columnata oriental, que daba al monte de los Olivos y miraba a la «Puerta Hermosa», que formaba la entrada principal del «Patio de las Mujeres» y por ello al Santuario. Porque a lo largo del interior del gran muro que formaba el circuito del Templo había una columnata doble, cada columna un monolito de mármol blanco de 25 codos de altura, cubierta con vigas de cedro. El del lado sur (que llevaba desde la entrada occidental al Pórtico de Salomón), conocido como el «Pórtico Real», era una columnata triple, coronada por capiteles corintios. Podemos considerar que el lado oriental era el «Pórtico de Salomón» por la circunstancia de que era la única reliquia que quedaba del Templo de Salomón (Jos., *Ant.* xv.11.5; xx.9.7). Estas columnatas o peristilos, que proveían un ancho espacio, formaban a modo de plazas donde podía reunirse un buen número de personas o se podía hablar tranquilamente; había bancos en ellas y, habiendo libertad para hablar y enseñar en Israel, Jesús podía allí dirigirse al pueblo delante mismo de sus enemigos.

Primer discurso en el Templo

No sabemos cuál fue el tema de la enseñanza de Cristo en esa ocasión. Pero el efecto en el pueblo fue de asombro general. Conocían a los hombres de negocios de Galilea, gente común y sin letras; pero *éste,* ¿de dónde venía? (Jn. 7:15). ¿Cómo podía haber adquirido este conocimiento (letras, literatura) (comp. Hch. 26:24) si nunca había estudiado? Para los judíos sólo había una clase de conocimiento: el de la teología; y sólo una manera de conseguirlo: las escuelas de los rabinos. La premisa *mayor* era correcta, pero la *menor* era falsa; y Jesús se apresuró a enmendar su error. Él había realmente estudiado, pero en una escuela muy distinta de las que ellos reconocían. Con todo, según ellos podían ver, reclamaba la más absoluta sumisión. Entre los judíos, la enseñanza de un rabino derivaba su autoridad del hecho de estar de acuerdo con la tradición, que era representar de modo correcto lo que había recibido de un gran maestro previo, y así sucesivamente, hasta llegar a Moisés y al mismo Dios. Sobre este terreno Cristo reclamaba la más alta autoridad. Su doctrina no era de su propia invención: era la enseñanza de Aquél que le había enviado. La doctrina era recibida de Dios, y Cristo había sido enviado directamente por Dios para traerla. Él era el mensajero de Dios para ellos (Jn. 7:16, 17). Había una evidencia doble de esta doble pretensión. ¿Afirmaba Él que su enseñanza la había recibido de Dios? Que hicieran la prueba. Todo aquél que en su alma se siente atraído hacia Dios; todo aquél que realmente «desea hacer su voluntad», conocerá «si la enseñanza es de Dios» o si es de los hombres (Jn. 7:17). Era esta influencia sentida, aunque no comprendida, la que había atraído a todos los hombres hacia Él, de modo que estaban pendientes de sus labios. Era esta atracción e influencia la que había llevado a Pedro en la hora de la mayor tentación y la mayor dificultad a que, en nombre de los demás, pusiera fin a su pugna dolorosa interior echando mano de este hecho: «Señor, ¿a quién iremos? Tú tienes palabras de vida eterna. y nosotros hemos creído y conocemos que tú eres el Cristo, el Hijo del Dios viviente» (Jn. 6:68, 69). Notemos, de paso, que la íntima relación entre esta enseñanza (Jn. 7:17) y el hecho reconocido por Pedro con la ocasión presente, puede ser la razón profunda por la cual, en el Evangelio de Juan, estos relatos siguen inmediatamente el uno al otro; pero además, hacemos una pausa para decir que su realidad se ha demostrado en todas las edades y todos los estadios de la enseñanza cristiana: que es el *corazón* el que hace al que es verdaderamente enseñado por Dios *(«pectus facit Theologum»),* y que esta aspiración interna, verdadera, hacia lo divino prepara alojo para contemplar la realidad divina en el Cristo. Y, si es así, ¿no hay evidencia aquí de que Él es el enviado de Dios, que Él es el verdadero y real embajador de Dios? Si la enseñanza de Jesús cubre y satisface nuestra naturaleza moral, si eleva hacia Dios, ¿no es Él el Cristo?

Y esto nos lleva a la segunda afirmación que hizo Cristo: la de ser enviado por Dios. Hay todavía otro enlace lógico en su razonamiento. Cristo dijo: «Conocerá por la enseñanza [doctrina] si es de Dios o si hablo de mí mismo». ¿De mí mismo? Porque hay esta otra prueba a hacer: «El que habla de sí mismo, busca su propia gloria –no puede haber duda alguna de esto; pero ¿busco yo mi gloria?–. Pero el que busca la gloria del que le envió, éste es verdadero [es un mensajero fiel], y no hay en él injusticia» (Jn. 7:18). ¡De esta manera alegó Cristo y demostró que: «Mi doctrina es de Dios, y yo soy enviado de Dios»!

¡Enviado de Dios, no hay injusticia en Él! Y con todo, en aquel mismo momento pendía sobre Él la acusación de desafiar la Ley de Moisés, es más, la de Dios, en franco quebrantamiento del mandamiento del sábado; allí, en aquella misma ciudad, la última vez que había estado en Jerusalén; por esto, así como por sus pretensiones de ser divino, los mismos judíos estaban buscándole «para matarle» (Jn. 5:18). Y esto forma la transición a lo que se puede llamar la segunda parte del discurso de Cristo. Si en la primera parte la forma judaica de raciocinio era ya evidente, parece casi imposible para el que esté familiarizado con estas formas el comprender cómo puede haberse pasado lo que sigue.[4] Es exactamente la manera en que un judío habría discutido con otros judíos, aunque la sustancia del razonamiento sea para todos los tiempos y personas. Cristo está defendiéndose contra una acusación que surge de modo natural cuando Él reclama que su enseñanza era de Dios, y que Él mismo era un mensajero real y fiel de Dios. En su respuesta, los dos hilos del argumento anterior han sido

2. En el plural la expresión ocurre solo en este lugar en Juan, y una vez en Marcos (6:33), pero dieciséis veces en Lucas, y aún con más frecuencia en Mateo.

3. Esto, que muestra conocimiento local por parte del cuarto evangelista, debe ser tomado como una evidencia adicional de la paternidad del Evangelio por Juan, así como la mención de este pórtico en el libro de Hechos señala una fuente de información del mismo Jerusalén.

4. Considero esto como una evidencia abrumadora contra la teoría de una autoridad efesia para el cuarto Evangelio. Incluso la doble pregunta del versículo 19 es aquí significativa.

considerados. El hacer es la condición del conocimiento: y ¡un mensajero había sido enviado de Dios! Todos reconocían que Moisés lo era y, sin embargo, cada uno de ellos quebrantaba la Ley que él les había dado; porque ¿no estaban buscándole para matarle sin derecho ni justicia? Esto, puesto en la forma de una doble pregunta (Jn. 7:19, 20), representa un modo peculiarmente judío de argumentar, tras el cual se halla la terrible verdad de que aquellos cuyos corazones sentían tan pocos deseos de hacer la voluntad de Dios; no sólo habían de permanecer en la ignorancia de sus enseñanzas como procedentes de Dios, sino que también habían rechazado las de Moisés.

Aquí hubo un coro denegativo por parte de los oyentes: «Demonio tienes; ¿quién procura matarte?», desmintiendo a Jesús. Pero Él no hizo caso de la interrupción, y continuó: «Una obra hice, y todos os maravilláis a causa de la misma», refiriéndose a la curación en sábado y a su incapacidad para comprender el modo en que obraba. Bien, pues Moisés fue un mensajero de Dios, y yo soy enviado de Dios. Moisés dio la ley de la circuncisión –no que, en realidad, fuera por medio de su autoridad, ya que con mucha anterioridad había sido dada a los padres por Dios–, y para observar esta ley nadie vacila en quebrantar el sábado,[5] puesto que, según el principio rabínico, una ordenanza positiva se sobrepone a una negativa. ¡Y con todo, cuando Cristo como enviado de Dios curó a un hombre, es decir, lo hizo entero, en sábado, se llenaron de ira contra Él! (vv. 21-24). Todo argumento que pudiera haberse presentado en favor del aplazamiento de la curación por Cristo a un día de entre semana, se podía aplicar también al aplazamiento de la circuncisión, en tanto que toda razón que podía presentarse en favor de la circuncisión en sábado, hablaría cien veces más en favor del acto de Cristo. Así pues, que no juzgaran por las meras apariencias externas, sino que «juzgaran con juicio justo». Y realmente, ¿no fue para redargüirles de su externalismo, de sus modos de ver, que Jesús había abierto en aquel sábado la gran controversia entre la letra que mata y el espíritu que da vida, cuando mandó al paralítico que se llevara a su casa la cama en que había estado echado?

Si cupiera aún alguna duda respecto a la precisión con que Jesús había calibrado el estado de cosas existente, cuando puso en contraste la buena voluntad para hacer la voluntad de Dios, como preparación necesaria para la recepción de su enseñanza enviada de Dios, con las intenciones homicidas de ellos, que brotaban de su ciego literalismo y su ignorancia del espíritu de su Ley, bastarán para convencernos de ello los comentarios de algunos de los habitantes de Jerusalén que había entre la muchedumbre (Jn. 7:25-27). El hecho era que a Él, aunque le buscaban para matarle, se le permitía hablar abiertamente, algo que les parece incomprensible. Se preguntaban si habría la posibilidad de que las autoridades hubieran empezado a vacilar en su opinión anterior acerca de Él y ahora le consideraran como el Mesías. Pero no era posible. Era una creencia popular establecida, y, en cierto sentido, no del todo infundada, que la aparición del Mesías sería súbita e inesperada. Era posible que estuviera allí y no fuera conocido; o podría venir y estar escondido durante un tiempo (comp. también Sanh. 97 *a;* Midr. sobre Cnt. 1:10.) Tal como decían, cuando viniera el Mesías, nadie sabría de dónde vendría; pero ellos «sabían de dónde era éste». Y con este argumento cortado en el más burdo

5. Éste era un principio rabínico bien reconocido. Compárese, por ejemplo, Shabb. 132 *a*, en que se argumenta que si la circuncisión, que se aplica a uno de los 248 miembros de que se compone el cuerpo humano, según los rabinos, puede sobreseer al sábado, cuánto más la preservación de todo el cuerpo.

«Era Chol ha Moed, como se llamaban los días medio santos, la parte no sagrada de la semana festiva. Jerusalén, la ciudad de las solemnidades, la ciudad de los palacios, la ciudad de hermosura y gloria, presentaba un aspecto muy distinto del corriente; distinto, incluso, del que ofrecía cuando sus calles estaban atestadas de peregrinos festivos durante la semana de Pascua o de Pentencostés. Porque ésta era de modo primordial la fiesta de los peregrinos extranjeros, que venían de países lejanos, cuyas contribuciones al Templo eran aceptadas y contadas. Pese a las raras costumbres de Media, Arabia, Persia o India, y aun más lejos; o del habla occidental y el comportamiento occidental de los peregrinos de Italia, España, la moderna Crimea y las orillas del Danubio, si no de países más extraños y bárbaros, no sería difícil reconocer los rasgos del judío ni percibir que el cambiar de clima no significaba cambiar la mentalidad.»

En los barrios más ricos de la Jerusalén de Herodes las antiguas casitas tradicionales encaladas, con minúsculas ventanas al norte, evolucionaron considerablemente según modelos griegos y romanos. Pero la mayoría de la población siguió viviendo en pequeñas habitaciones heredadas de sus padres, tal como podemos evocar en esta representación artesanal.

realismo, como hacen muchos hoy día entre nosotros, zanjaron al punto la gran cuestión de una vez para siempre. Pero Jesús no podía permitir que la cosa quedara aquí, aunque sólo fuera por amor a sus pobres y débiles discípulos. «Por tanto», levantó la voz para poder ser oído por la multitud que iba y venía. Sí, ellos pensaban que sabían de dónde era Él. Pero Él había sido enviado, y Aquél que le había enviado «era real»;[6] su misión era real, y a Aquél que le había enviado, ellos no le conocían. Y así, con una reafirmación de sus dos pretensiones, acabó su discurso (Jn. 7:29). Pero ellos habían entendido sus alusiones, y, en su ira, de buena gana habrían echado mano de Él; pero su hora no había llegado. Con todo, otros se habían sentido profundamente movidos a la fe. Cuando partían, hablaban entre sí, y lo que decían era: «El Cristo, cuando venga, ¿acaso hará más milagros (señales) que los que éste hace?»

Así terminó la primera predicación de aquel día en el Templo. Y cuando el pueblo se dispersó, los líderes de los fariseos –que sin duda sabían que el Cristo estaba en el Templo pero no estaban dispuestos a ser contados en el número de sus oyentes– observaron el efecto de su enseñanza –a escondidas escucharon los comentarios en voz baja, furtivos, de la gente que le rodeaba–. Entonces confirieron con los principales de los sacerdotes y con los encargados principales del Templo. Aunque no hubo reunión ni decreto del Sanedrín sobre ello, ni en realidad podía haberlo,[7] dieron órdenes a los alguaciles para que lo prendiesen a la primera oportunidad. Jesús se dio cuenta, y cuando aquel día u otro después andaba por el Templo, seguido por los espías de los gobernantes y por una multitud de discípulos y enemigos, sintió profunda tristeza en su corazón. «Jesús entonces dijo» –sin duda a sus discípulos, aunque todos podían oírle–: «Todavía estaré con vosotros un poco de tiempo, y me iré al que me envió. Me buscaréis, y no me hallaréis; y adonde yo voy, vosotros no podéis venir» (vv. 33, 34). Palabras dolorosas que pronto habían de ser realizadas. Pero los que las oyeron de modo natural no pudieron comprender su sentido. Se decían: «¿Está a punto de partir de Palestina e ir a la diáspora de los griegos, entre los que están dispersos en países paganos, para predicarles? ¿Cuál podía ser su significado?». Mas nosotros, que las escuchamos después de estos siglos, consideramos que sus preguntas, como la conocida sugerencia del Sumo Sacerdote en un período posterior, es más, como muchas sugerencias de los hombres, habían predicho el futuro aunque fuera de modo inconsciente.

---

6. La palabra ἀληθινός no tiene una exacta traducción en nuestras lenguas. Es una palabra predilecta de Juan, la usa ocho veces en su Evangelio, y aun nueve si se admite 8:16. Son: 1:9; 4:23, 37; 6:32; 7:28; 8:16; 15:1; 17:3; 19:35; y cuatro veces en su Primera Epístola (2:8) y tres veces en 5:20. Su sentido, en Juan, se ve quizá mejor cuando está en yuxtaposición con ἀληθής (p.ej., en 1 Jn. 2:8). *Pero en el libro del Apocalipsis,* donde ocurre diez veces (3:7, 14; 6:10; 15:3; 16:7; 19:2, 9, 11; 21:5; 22:6), *tiene otro significado* y apenas se puede distinguir de nuestro «verdadero». Es usado, en este mismo sentido del Evangelio y Epístola de Juan, en Lucas 16:11, en 1 Tesalonicenses 1:9, y tres veces en la Epístola a los Hebreos (8:2; 9:24; 10:22). Podemos, pues, considerarla como una palabra a la cual un griego, no un judío, da diferentes significados. A nuestro modo de ver, se refiere a lo verdadero como real y a lo real que ha pasado a ser exteriormente verdadero. No acabo de entender –y en cuanto lo entiendo estoy en desacuerdo con la idea de Cremer (*Bibl. Theol. Lex.*, Engl. ed., p. 85)– que «ἀληθινός está relacionado con ἀληθής en el sentido de contenido o sustancia». La distinción entre el significado griego y el judío no solamente lo muestra el libro del Apocalipsis (que la usa en el sentido judío), sino Eccl. 42:2, 11. En la Septuaginta representa a no menos de doce palabras hebreas.

7. Solamente quienes no conocen el procedimiento judicial del Sanedrín pueden imaginar que hubo una reunión regular y un decreto de este tribunal. Esto habría requerido una acusación formal, testigos, examen, etc.

Capítulo 7

(Juan 7:37–8:11)

En el último día, el gran Día de la fiesta

«En el último y gran día de la fiesta», Jesús estaba otra vez en el Templo. Es prácticamente seguro que era el día final de la fiesta y no, como algunos escritores modernos suponen, el octavo, el cual en lenguaje rabínico era considerado como «un festival en sí mismo» (comp. Yoma 3 *a* y otros).[1] Pero el interés solemne de la fiesta es tal, y a las ceremonias del último día, que hemos de procurar entender la escena. Tenemos aquí el único tipo del A.T. no cumplido todavía; el único festival judío que no tiene contrapartida en el ciclo del año cristiano,[2] precisamente porque señala hacia adelante, a la gran esperanza de la iglesia todavía no cumplida: la reunión de las naciones de la tierra para Cristo.

La celebración de la fiesta correspondía a su gran significado. No sólo ministraban todas las familias sacerdotales durante esta semana, sino que se ha calculado que no menos de 446 sacerdotes, con sus correspondiente levitas como es natural, eran requeridos para el culto sacrificial. En general, los servicios eran los mismos cada día, excepto que el número de becerros ofrecido decrecía, de trece el primer día, a siete el séptimo día. Sólo durante los dos primeros días y el último día festivo (así como el octavo de la fiesta) era de rigor el estricto descanso del sábado. En los días de media fiesta intermedios *(Chol haMoed)* aunque se podían llevar a cabo las tareas caseras corrientes y ordinarias no podía emprenderse ninguna nueva labor, a menos que fuera en servicio del público, y todo lo que se hacía, había de ser para la temporada festiva. Pero «el último, el gran día de la fiesta», venía marcado por observancias especiales.

Supongamos que formamos parte del número de fieles que en «el último, el gran día de la fiesta», están saliendo de sus «tiendas», al empezar el día, para tomar parte en el servicio llamado la *Lulabh* (*Lulabha* y *Luleybha* a veces), el cual, aunque propiamente significa «una rama» o «palma», consiste en una rama de mirto y una de sauce atadas con una palma en medio de ellas. Esto se consideraba el cumplimiento de la orden de Levítico 23:40. «El fruto (ramas) de árboles hermosos», citados en el mismo versículo de la Escritura, se suponía que eran el *Ethrog*, el llamado manzano del Paraíso (según Ber. R. 15, el fruto del árbol prohibido), una especie de fruto cítrico (Targ. Onkelos y Pseudo-Jon., y Jerus. sobre Lv. 23:40; Jos., *Ant.* xiii.13.5). Este *Ethrog* era llevado por cada participante en la mano izquierda. Apenas es necesario añadir que esta interpretación de Levítico 23:40 era dada por los rabinos (Vayyik. R. 30, hacia el fin, ed. Vars., p. 47 *a*); quizá sea más interesante saber que éste era uno de los puntos de controversia entre fariseos y saduceos.

Empuñando cada uno la *Lulabh* en la mano derecha y el *Ethrog* en la izquierda, la multitud se dividía en tres comitivas. Algunos se quedaban en el Templo para asistir a la preparación del sacrificio matutino. Otro grupo seguía en procesión, «Jerusalén abajo» (Sukk. iv. 5), a un lugar llamado Moza, la «Kolonia» del Talmud de Jerusalén (Jer. Sukk. iv. 3, p. 54 *b*), que algunos han intentado identificar con Emaús, el de la noche de la resurrección (trataremos esto más adelante). En Moza cortaban ramas de sauce, con las cuales, en medio del sonido de las trompetas de los sacerdotes, adornaban el altar, formando un dosel de hojas a su alrededor. Pero una tercera compañía tomaba parte en un servicio más interesante. Acompañados de música, empezaba una procesión que partía del Templo. Seguía a un sacerdote que llevaba un cántaro de oro, en que cabían unas tres *log* (menos de un litro). Seguía adelante, probablemente, a través del barrio de Ofel, que recientes investigaciones han mostrado que había estado cubierto de edificios hasta el mismo límite de Siloam (Siloé), abajo en el borde del valle Tyropoeon, en que se funde con el Cedrón. Hasta este día hay terrazas que señalan dónde estaban los jardines o huertos, regados por un manantial vivo, que se extendía desde los Jardines del Rey por la fuente Rogel hasta la entrada en el Tyropoeon. Aquí había la llamada «Puerta de la Fuente» y, todavía dentro de los muros de la ciudad, «el estanque de Siloam», que cuando rebosaba alimentaba a otro estanque a un nivel inferior. Como ya se ha dicho, estaba en el punto en que se unía el Tyropoeon con el valle del Cedrón en el ángulo sudeste de Jerusalén. El estanque de Siloam era alimentado por una fuente situada más arriba en la parte más estrecha del valle de Cedrón, que al presente lleva el nombre de «la fuente de la Virgen», pero representa la antigua En-Rogel y Gihon. En realidad, el mismo acueducto que comunicaba la una con la otra, con la inscripción de los obreros en ella, ha sido excavado recientemente.[3] Aunque sea principalmente de interés histórico, se puede añadir una frase. El estanque de Siloam es el mismo que el «estanque del Rey» de Nehemías 2:14 (ver Neh. 3:15). Fue hecho por el rey Ezequías a fin de impedir a un ejército, que había puesto cerco a Jerusalén, el acceso a la fuente de Gihon, que no podía ser llevada dentro del muro de la ciudad y, sin embargo, conducir las aguas de la fuente dentro de la ciudad mediante un acueducto (2 Cr. 32:30; 2 R. 20:20). Esto explica el origen del nombre *Siloam*, «enviado» –un conducto– (Jn. 9:7), o «Siloé», como dice Josefo. Finalmente, recordemos que era abajo en el valle de Gihon (o En-Rogel) que Salomón fue proclamado rey (1 R. 1:33, 38), en tanto que la facción opuesta estaba en medio de gran algazara, a punto de proclamar rey a Adonías, en la peña de *Zoheleth* (la moderna *Zahweileh*), a poca distancia (1 R. 1:9), desde donde naturalmente podían oír el sonido de las trompetas y los alaridos del pueblo que proclamaban rey a Salomón (v. 41).

Volvamos a nuestro punto. Cuando la procesión del Templo llegaba al estanque de Siloam, el sacerdote llenaba el cántaro de oro de agua del estanque.[4] Luego regresaban al Templo, calculando el tiempo de modo que llegaran cuando estaban poniendo los pedazos del sacrificio sobre el gran altar de los holocaustos (Tos. Sukk. iii. 8), hacia el fin del servicio del sacrificio matutino ordinario. Con tres trompetazos de los sacerdotes se daba la bienvenida al sacerdote con el

---

1. De ahí que la bendición que se pronuncia al comienzo de cada fiesta, en el caso de la de los Tabernáculos, no sólo se dice el primero, también en su octavo día (Sukk. 48 *a*). Los sacrificios para esta ocasión eran completamente diferentes de los de los «Tabernáculos»; las «tiendas» eran quitadas; y los ritos peculiares de la Fiesta de los Tabernáculos ya no se observaban. Esto se afirma de modo claro en Sukk. iv. 1, y la opinión divergente de R. Jehuda debe ser rehusada. Para los seis puntos de diferencia entre la Fiesta de los Tabernáculos y su octavo día véase el final del capítulo siguiente (VIII).

2. El obispo Haneberg habla de los aniversarios de los mártires como cumplimiento parcial de este significado típico de la fiesta.

3. Es curioso en este pasaje que la fuente del río es designada por la palabra *Moza*.

4. Excepto el sábado y en el primer día de la fiesta. En estos casos el agua había sido provista el día anterior.

agua, cuando entraba por la «Puerta del Agua»[5] –la cual tenía su nombre a causa de esta ceremonia–, y el sacerdote pasaba directamente al Patio de los Sacerdotes. Aquí se le unía otro sacerdote que llevaba el vino para la ofrenda de bebida. Los dos sacerdotes ascendían la «subida» del altar y se dirigían a la izquierda. Había dos embudos de plata allí, con la abertura estrecha dirigida hacia la base del altar. Se vertía el vino en el del este, que era algo mayor, y al mismo tiempo el agua, en el del oeste, con una abertura algo más estrecha, en tanto que el pueblo vitoreaba al sacerdote para que levantara la mano, que era la señal de que había vertido toda el agua en el embudo. Porque aunque se consideraba que derramar el agua era una ordenanza instituida por Moisés, «una Halakhah de Moisés desde el Sinaí», éste era otro de los puntos disputados por los saduceos.[6] Y ciertamente, para mostrar de modo práctico sus puntos de vista, un sumo sacerdote, Alejandro Janneus, en una ocasión lo había derramado al suelo. Alejandro fue casi asesinado, y en el motín que siguió murieron seis mil personas en el Templo (Sukk. iv. 9; Jos., *Ant.* xiii.13.5).

Inmediatamente después del «derramamiento del agua» venía el gran «Hallel», constituido por los Salmos 113 a 118 (inclusive), que era cantado antifonalmente, o sea, con respuestas acompañadas por la flauta. Cuando los levitas entonaban la primera línea de cada Salmo, el pueblo la repetía, en tanto que a cada una de las otras líneas respondían con un *Hallelu Yah* («Alabado sea el Señor»). Pero en el Salmo 118 el pueblo repetía no sólo la primera línea: «Oh, dad gracias al Señor», sino también éstas: «Oh, pues, sálvanos ahora, Jehová» (Sal. 118:25); «Señor, envíanos ahora prosperidad» (v. 25); y luego, al final del Salmo: «Oh, dad gracias al Señor». Cuando repetían estas líneas agitaban la *Lulabh* que tenían en las manos hacia el altar, como si con esta muestra del pasado expresaran la realidad y causa de su alabanza y recordaran a Dios sus promesas. Es este momento el que hay que recordar de modo especial.

El servicio matutino festivo iba seguido por la ofrenda de los sacrificios especiales para el día, con las ofrendas de bebida y el Salmo del día, que en «el último y gran día de la fiesta» era el Salmo 82, desde el versículo 5 (Sukk. 55 *a;* Maimónides, Yad haChas. Hilkh. Temid. uMos. x. 11 (vol. iii, p. 204 *a*). El Salmo, naturalmente, se cantaba como siempre acompañado de instrumentos musicales, y al final de cada una de las tres secciones los sacerdotes hacían sonar sus trompetas tres veces, en tanto que el pueblo se inclinaba en adoración. Como un ulterior símbolo de esta fiesta que indicaba la congregación de las naciones gentiles, los servicios públicos terminaban con una procesión de los sacerdotes alrededor del altar, que cantaban: «Oh Jehová, sálvanos ahora, te ruego; te ruego, Jehová, que nos hagas prosperar ahora» (Sal. 118:25). Pero en «el último, el gran día de la fiesta», esta procesión de sacerdotes alrededor del circuito del altar se hacía no una vez, sino siete veces, como si estuvieran dando vueltas, ahora con oración, al Jericó pagano que les había atajado el paso a la posesión de la tierra prometida. De ahí que el séptimo o último día de la fiesta fuera llamado el del «Gran Hosanna». Cuando el pueblo salía del Templo, saludaban el altar con palabras de gracias (Sukk. iv. 3), y en el último día de la fiesta sacudían las hojas de las ramas de sauce alrededor del altar y despedazaban las palmas a golpes (*u.s.* 1 y 6). Esa misma tarde desmantelaban las tiendas, y la fiesta había terminado (*u.s.* 8).

No ha de ser difícil determinar en qué parte de los servicios del «último, el gran día de la fiesta», Jesús clamó de pie: «¡Si alguno tiene sed, venga a mí y beba!». Tiene que haber sido con referencia especial a la ceremonia del derramamiento del agua, que como hemos visto era considerada parte central del servicio. Además, todos entenderían que sus palabras tenían que referirse al Espíritu Santo, puesto que el rito era reconocido universalmente como simbólico de su derramamiento. Verter el agua iba seguido inmediatamente del cántico de la *Hallel.* Pero después de esto tiene que haber habido una corta pausa para la preparación de los sacrificios festivos (la *Musaph).* Era entonces –justo después del rito simbólico del derramamiento del agua, inmediatamente después que el pueblo había respondido repitiendo aquellas líneas del Salmo 118, dado gracias y orado que Jehová les enviara salvación y prosperidad, y habían sacudido sus *Lulabh* hacia el altar, dando con ello gracias «de corazón, boca y manos», y luego, cuando había caído silencio sobre ellos– que Jesús se levantó y, alzando la voz para ser oído por todo el Templo, empezó a clamar. No interrumpió los servicios porque ya habían cesado: los interpretó y los cumplió.

Tanto si lo vemos en conexión con los ritos profundamente conmovedores que acababan de terminar y el cántico de alabanza que apenas habían dejado de oírse, o pensamos en ello como un gran paso hacia adelante en la historia de la manifestación de Cristo, la escena es igualmente asombrosa. Pero el día anterior habían estado divididos sobre Él, y las autoridades habían dado instrucciones de que lo prendieran; hoy no sólo está en el Templo, ¡sino que al final de los ritos más solemnes de la fiesta afirma, de modo que todos lo pudieran oír, su pretensión de ser considerado como el cumplimiento de todo aquello y el verdadero Mesías! Y con todo, ni hay aspereza en su voz de autoridad ni amenazas de violencia en su proclamación. Es el Rey, manso, humilde, amoroso; el Mesías que no va a quebrar la caña cascada, que no va a levantar su voz en tono de ira, sino hablar con acentos de compasión, condescendencia y amor, que nos manda a todos los que estamos sedientos que vayamos a Él y bebamos. Y así, las palabras han permanecido en todos los tiempos como la llamada de Cristo a todos los que tienen sed, sea cual sea su necesidad o anhelo del alma. Pero cuando escuchamos estas palabras como fueron dichas originalmente, sentimos que marcan que la hora de Cristo había llegado; la preparación había pasado; la manifestación era presente, inconfundible, urgente y amante; y el conflicto final estaba a la vista.

De los que le escucharon, muy pocos pueden haber entendido que si la invitación era verdaderamente real, y Cristo el cumplimiento de todo, entonces la promesa también había de tener su significado más profundo; que el que creía en Él no sólo iba a recibir la plenitud prometida del Espíritu, sino a su vez entregarla para la fertilización del yermo estéril alrededor. Era verdaderamente el cumplimiento de la promesa de la Escritura y no de una, sino de todas: que en los tiempos mesiánicos, el *Nabhi,* «profeta», literalmente el que derramaba –se entiende– lo divino, no sería un individuo selecto, sino que Él derramaría sobre las criadas y sirvientes su Espíritu Santo, y así el desierto moral de este mundo cambiaría en un fructífero vergel. En verdad, esto se expresa taxativamente en el Targum que parafrasea de este modo a Isaías 44:3: «He aquí, como las aguas son derramadas sobre el suelo árido y esparcidas por el suelo seco, así voy a derramar el Espíritu de mi Santidad sobre tus hijos, y mi bendición sobre los hijos de tus hijos». Lo que era nuevo para ellos era que todo esto estaba atesorado en Cristo, a fin de que de su plenitud pudiéramos recibir los

5. Una de las puertas que se abría desde «la terraza» en el lado sur del Templo.

6. Por otro lado, el rab. Akiba sostenía que «verter el agua» estaba prescrito en la Ley *escrita.*

hombres, y gracia por gracia. Y con todo, ni siquiera esto era nuevo del todo. Porque ¿acaso no era el cumplimiento del antiguo clamor profético: «El Espíritu del Señor Jehová es sobre mí; por tanto, Él me ha ungido para predicar buenas nuevas a los pobres»? Así que no era nada nuevo, solamente el feliz cumplimiento de lo viejo, cuando Él hablaba de esta manera del Espíritu Santo –que recibirían todos los que creyeran en Él–, no entonces, sino al tiempo de su exaltación mesiánica.

Así, no tenemos por qué maravillarnos de que muchos, al oírle dijeran, aunque no con aquella convicción del corazón que les habría llevado a la entrega personal, que Él era el profeta prometido de antiguo, es decir, el Cristo, en tanto que otros a su lado viéndole que era galileo, el hijo de José, levantaban la objeción ignorante de que no podía ser el Mesías, puesto que éste tenía que ser de la descendencia de David y venir de Jerusalén. Es más, tal era la ira de algunos en contra de aquel que consideraban un peligroso seductor de la gente humilde, que de muy buena gana habrían echado mano violentamente de Él. Pero, entre todo esto, el testimonio más fuerte acerca de su persona y su misión aún quedaba por decir. Vino, como con tanta frecuencia, del punto donde menos podía esperarse. Los dirigentes de los alguaciles del Templo, a quienes las autoridades habían encargado que estuvieran vigilando la oportunidad de apoderarse de Jesús, regresaron sin haber cumplido lo que se les había mandado, y esto cuando, era evidente, la escena en el Templo tenía que haberles proporcionado un motivo suficiente para aprisionarle. A la pregunta de los fariseos sólo pudieron contestar lo que desde entonces ha permanecido indiscutiblemente un hecho de la historia, admitido por todos, amigo y enemigo: «Jamás hombre alguno ha hablado como este hombre». Porque como todo anhelo espiritual y toda aspiración hacia arriba no solo de los hombres, sino también de los sistemas, consciente o inconscientemente tiende hacia Cristo (Jn. 7:17), así nosotros podemos medir y juzgar todos los sistemas por éste, que ningún estudiante serio de la historia puede contradecir, que ningún hombre o sistema habló nunca como Él.

No era esto lo que los fariseos contradecían ahora, sino más bien la inferencia obvia, y podríamos añadir lógica, a sacar de ello. La escena que siguió es tan completamente judía, que ella sola bastaría para demostrar que el autor del cuarto Evangelio es un judío, o sea, Juan. El sarcasmo despectivo, «¿También vosotros habéis sido engañados?», va seguido de la indicación de la autoridad de los grandes y los entendidos, los que estaban de común acuerdo en rechazar a Jesús. «Mas esta gente que no conoce la ley, son unos malditos.» Esta gente del pueblo *(Am ha-arez)*, ignorante, la canalla, sin letras. En otras partes previas de este libro se ha dicho bastante para explicar tanto la pretensión de autoridad de los fariseos como su desprecio indescriptible para la gente sencilla y sin letras. En cuanto a esto último, llegaba hasta el punto que rehusaban no sólo toda conexión de familia o amistad (Sal. 49 *b*), sino aun el pan de caridad, a los ignorantes (Baba B. 8 *b*); es más, en teoría por lo menos, habrían considerado su asesinato como si no fuera un pecado (Pes. 49 *d*) y aun les habrían eliminado de la esperanza de la Resurrección (Kethub. 111 *b*).[7] Pero, ¿no es verdad que incluso en nuestros días este doble sarcasmo de los fariseos, puesto que no es un argumento, es la principal razón de la incredulidad de muchos? ¿Cuál de los entendidos cree en Él? Pero la multitud ignorante es llevada por la superstición a su ruina.

7. Para más detalles, el lector puede acudir a Wagenseil, *Sota*, pp. 516-519.

Se levantó uno de entre las autoridades del Templo, a quien una conciencia intranquila no permitía quedar en silencio. Era el miembro del Sanedrín Nicodemo, un discípulo nocturno, incluso al sol del mediodía. No podía callar, pero no se atrevía a hablar en favor de Cristo. Así que hizo una componenda de los dos, adoptando la actitud de un sanedrista rígido, justiciero: «¿Juzga acaso nuestra Ley a un hombre si primero no le oye, y conoce lo que está haciendo?». Desde el punto de vista rabínico no podría haberse pronunciado una sentencia más sana judicialmente. Sin embargo, estos lugares comunes no ejercen mucho efecto sobre nadie y no sirven propósito alguno. No sirvió de ninguna ayuda a la causa de Jesús, y al mismo tiempo no disimuló la defensa de Nicodemo. Sabemos lo que se pensaba de Galilea en el mundo rabínico. «¿Acaso eres tú también galileo? Escudriña y ve que de Galilea nunca ha surgido ningún profeta.»

Y así termina este incidente que podría haber dado tanto fruto para bien para todos los afectados. Una vez más Nicodemo quedó solo, como todo el que se ha atrevido y no se ha atrevido a dar un paso para Cristo a base de estos compromisos inútiles; solo, con el corazón dolorido, la conciencia oprimida y un gran anhelo insatisfecho.[8]

8. El lector se habrá dado cuenta que el relato de la mujer sorprendida en adulterio, como el versículo previo (Jn. 7:53– 8:11), han sido dejados fuera de esta historia, aunque no de buen grado. Al decir esto no se intenta caracterizar esta sección como apócrifa, ni tampoco pronunciar opinión respecto a la realidad de que ocurriera el suceso. Porque contiene mucho que de modo instintivo sentimos es conforme al Maestro, tanto en lo que se dice que Cristo dijo como en lo que hizo. Todo lo que de mal grado tenemos que decir es que el relato, en su forma presente, *no* se hallaba en el Evangelio que escribió Juan, y, en realidad, no *podía* haber existido. Para un sumario de la evidencia externa en contra de la paternidad de Juan para este pasaje, me referiré al canón. Westcott; nota, *ad loc.*, en el *Speaker's Commentary*. Pero hay también una evidencia interna, y para mí al menos muy congruente, en contra de su autenticidad; en todo caso, en su forma presente. Desde el principio al final es totalmente no judía. En consecuencia, los críticos imparciales que conocen o bien el procedimiento legal judaico, o los hábitos y modos de ver de la gente de aquel tiempo, se verían obligados a rechazarlo, aun cuando la evidencia externa fuera tan fuerte en su favor como lo es para el rechazo. El archidiácono Farrar, ciertamente, ha dedicado a la ilustración de este relato algunas de sus páginas más gráficas. Pero, con toda su capacidad y elocuencia, sus referencias a la Ley y observancias judías no son tales que satisfagan los requerimientos del criticismo. A esta objeción general a su corrección he de añadir una protesta contra las ideas o interpretaciones que presenta del estado moral de la sociedad judía de aquel tiempo. Por otra parte, desde cualquier punto de vista que consideremos el relato –acusadores, testigos, examen público, traer a la mujer a Jesús o el castigo reclamado– presenta dificultades insuperables. El que hubieran llevado a Jesús una mujer sorprendida en acto de adulterio (y al parecer sin los testigos de su crimen); que un procedimiento en absoluto no judío, así como ilegal, hubiera sido perpetrado por «los escribas y los fariseos»; que esta infracción de la Ley, y de lo que el Judaísmo consideraría como decencia, hubiera sido cometida para «tentarle», o que los escribas hubieran sido tan ignorantes como para sustituir la estrangulación por el apedreamiento como castigo del adulterio; finalmente, que esta escena pudiera haber tenido lugar en el Templo, presenta un colmo de imposibilidades. Sólo puedo expresar sorpresa de que el archid. Farrar pueda haber sugerido que «la Fiesta de los Tabernáculos pasó a ser una especie de festival de la vendimia, que habría dado lugar con frecuencia a actos de libertinaje e inmoralidad», o que las vidas de los religiosos de Israel «hubieran sido manchadas con estos pecados». La primera afirmación carece de base; en cuanto a la segunda, no recuerdo un sólo caso en que se acusara de adulterio a un rabino de este período. Las citas de Sepp, en *Leben Jesu* (vol. 5, p. 183), que aduce Farrar, no tienen nada que ver con el caso presente, por mucho que como cristianos reprobemos la conducta de los rabinos citados en ellas.

Capítulo 8

(Juan 8:12-59)

La enseñanza en el Templo en el octavo día de la Fiesta de los Tabernáculos.

La sorprendente enseñanza en «el último, el gran día de la fiesta» no fue la única impartida en aquella oportunidad. La impresión que uno tiene es que después de haber hecho callar, según pensaban, a Nicodemo, los líderes de los fariseos se habían dispersado.[1] Los mensajes o discursos de Jesús que siguen, por tanto, tienen que haber sido pronunciados más tarde aquel mismo día; o, lo que en todos sentidos parece más probable, todos o su mayor parte, el día siguiente,[2] el octavo de la fiesta, cuando el Templo se hallaría más lleno de fieles.

En esta ocasión hallamos a Cristo, primero en el lugar de las ofrendas (Jn. 8:20) o Tesorería, y luego (v. 21) en un lugar no nombrado del edificio sagrado, probablemente en uno de los «pórticos». Allí se gozaba de mayor libertad, puesto que estos «pórticos» que circundaban el Patio de los Gentiles no formaban parte del Santuario en el sentido estricto. Allí podía haber discusiones en que la gente en general podía proponer preguntas, responder o asentir, no como en la Tesorería o lugar de las ofrendas, donde sólo podían participar los fariseos (v. 13). Por lo que se refiere a los particulares del presente relato, como los pórticos se abrían sobre el patio, los judíos podían recoger piedras para echárselas (lo que no habrían podido hacer en ninguna parte del Santuario), en tanto que, finalmente, Jesús podía fácilmente salir del Templo entre la multitud que se movía a través de los pórticos, a las puertas exteriores.[3]

Pero el relato nos lleva primero a la «Tesorería», donde sólo «los fariseos» –o líderes– se habrían atrevido a hablar. Hay que notar bien que si no arrestaron a Jesús cuando se atrevió a enseñar en su recinto sagrado, y una doctrina para ellos tan desagradable, su inmunidad hay que adscribirla a un motivo más elevado, el decreto de Dios: «porque su hora aún no había llegado» (v. 20). Se puede formular aquí una pregunta de carácter arqueológico referente a la exacta localización de «la Tesorería» si los receptáculos para las contribuciones de beneficencia –la llamada *Shopharoth*, o «trompetas» (Sheqal. vi. 5)– estaban en la columnata alrededor del «Patio de las Mujeres», o bien en una de las dos «cámaras» en que se depositaban (Sheqal, v. 6), respectivamente, los dones sagrados[4] y las ofrendas votivas.[5] Lo primero parece lo más probable. En todo caso, sería dentro del «Patio de las Mujeres», el lugar de reunión común de los fieles y, como se ha dicho, la parte generalmente más frecuentada del Santuario.[6] Aquí, oyéndolo los líderes del pueblo, tuvo lugar el primer diálogo entre Cristo y los fariseos.

Este diálogo se abrió con lo que probablemente era una alusión tanto a las grandes ceremonias de la Fiesta de los Tabernáculos como a su significado simbólico y a la expresa expectativa mesiánica de los rabinos. Como afirma la Mishnah: «En la primera noche (Sukk. v. 2), o, según dice el Talmud (Jer. Sukk. 55 *b;* Sukk. 53 *a*), en cada noche[7] de la semana festiva, «el Patio de las Mujeres» estaba profusamente iluminado, y la noche se pasaba en las demostraciones que ya se han descrito. Esto se llamaba «el gozo de la fiesta». Este «gozo festivo», cuyo origen es oscuro, sin duda estaba relacionado con la esperanza de la cosecha de gozo de la tierra en la conversión del mundo pagano, y por ello señalaba «a los días del Mesías». En relación con esto indicamos que el término «luz» era especialmente aplicado al Mesías. En un pasaje muy interesante de la Midrash (Bemid. R. 15, ed. Vars., p. 62 *a, b*) se nos dice que en general se hacían ventanas anchas dentro y estrechas fuera; en el Templo de Salomón ocurría lo contrario, puesto que la luz salía del Santuario para iluminar lo que había fuera. Esto nos recuerda el lenguaje del anciano y devoto Siméon, con referencia al Mesías (Lc. 2:32), que era una «luz para iluminar a los gentiles y la gloria de su pueblo Israel». La Midrash explica, además, que si la luz del Santuario estaba ardiendo siempre ante Jehová, la razón era no que Él necesitara esta luz, sino que Él honraba a Israel con esta orden simbólica. En tiempos mesiánicos, Dios, en cumplimiento del significado profético de este rito, «encendería para ellos la Gran Luz» y las naciones del mundo les señalarían a ellos, que habían encendido la luz para Aquél que iluminaba a todo el mundo. Pero incluso esto no es todo. Los rabinos hablan de la luz original de la que Dios se había envuelto a sí mismo como con una vestidura (Ber. R. 3), y que no podía brillar de día porque habría oscurecido la luz del sol. De esta luz había prendido la del sol, luna y estrellas (Bemid. R. 15). Ahora quedaba reservada bajo el trono de Dios para el Mesías (Yalk. sobre Is. 60), en cuyos días iluminaría una vez más. Finalmente, deberíamos mencionar un pasaje de otra Midrash (sobre Lm. 1:16, ed. Vars., p. 64 *a, b*), en que después de una discusión notable acerca de algunos nombres del Mesías como «el Señor nuestra Justicia», «la Rama», «el Consolador», «Siloh», «Compasión», se relaciona su nacimiento con la destrucción del Templo[8] y su retorno con la restauración del

1. Esto, aunque haya que rechazar Juan 7:53 por ser espurio. Pero todo el contexto parece implicar que para este tiempo el auditorio de Jesús se había dispersado.

2. Sin embargo, no es improbable que el primer discurso (vv. 12-19) pudiera haber sido pronunciado por la tarde del «último día de la fiesta», cuando el cese de los preparativos para la iluminación del Templo podía haber dado la ocasión externa para las palabras: «Yo soy la luz del mundo». El παλιν de los versículos 12 y 21 parece indicar en cada caso un nuevo período de tiempo. Además, es difícil suponer que todo lo que va de 7:37 a 8:59 hubiera tenido lugar en el mismo día. Sobre éste y otros argumentos acerca de este punto, ver Lücke, vol. 2, pp. 279-281.

3. Las tres últimas frases del versículo 59, «y salió del Templo atravesando por en medio de ellos, y así pasó», deben omitirse como espurias.

4. Llamada «cámara de los silenciosos» *(Chashaim)*, Sheqal. v. 6.

5. La «cámara de los vasos» *(Kelim)*. Aquí posiblemente colgó Agripa la cadena de oro recuerdo de su cautividad (Jos., *Ant.* xix.6.1).

6. El «Patio de las Mujeres» (γυναικωνῖς Jos., *Guerra* v.5.3; comp. también v.5.2) era llamado así porque las mujeres no podían penetrar más adelante. Era el verdadero patio del Santuario. Aquí enseñó Jeremías (19:14; 26:2). Pero no es correcto afirmar (Westcott) que la Cámara del Concilio del Sanedrín (Gazith) estaba «entre el Patio de las Mujeres y el patio interior». Estaba en el ángulo sudeste del Patio de los Sacerdotes, y por tanto a bastante distancia del Patio de las Mujeres. Pero sin hablar de la circunstancia de que el Sane-drín ya no se reunía en esta Cámara –incluso si ésta hubiera estado más cerca–, la predicación de Cristo en la Tesorería no podía (en ningún período) «haber sido a oídas del Sanedrín», puesto que no había sido convocado aquel día.

7. Aunque el rabino Josué dice (en el Talmud) que durante ninguna de las noches de la semana festiva «probaban el sueño», éste es difícilmente creíble, y la afirmación de la Mishnah es más racional. Maimónides, sin embargo, adopta el punto de vista del Talmud (Hilch. Lul. viii. 12).

8. El pasaje es de gran importancia por lo que se refiere a las ideas mesiánicas de los rabinos. Ver Apéndice IX.

mismo. Pero en dicho pasaje el Mesías es también designado de modo especial como el «Iluminador», y las palabras «la luz habita en Él» (Dn. 2:22) le son aplicadas.

Lo que se acaba de afirmar muestra que la esperanza mesiánica del anciano Simeón (Lc. 2:32) expresaba verdadera y fielmente los pensamientos mesiánicos de la época. Y demuestra que los fariseos no podían haberse equivocado en cuanto al significado mesiánico en las palabras de Jesús respecto a la festividad pasada: «Yo soy la luz del mundo». Esta circunstancia es en sí misma evidencial en lo que se refiere a este discurso de Cristo de la verdad de este relato, y también la paternidad judía del cuarto Evangelio. Pero realmente, todo el discurso, la discusión que sigue con los fariseos, así como el discurso siguiente a los judíos y la discusión con ellos, son peculiarmente judíos en su forma de razonar. En lo sustancial, estos discursos son una continuación de los que habían sido pronunciados anteriormente en esta fiesta. Pero llevan el argumento un paso importante hacia atrás y otro hacia adelante. La situación ahora se había aclarado, y ni uno ni otro tenían interés en esconder nada. Lo que Jesús había comunicado gradualmente a los discípulos –que estaban tan poco dispuestos a recibir–, ahora había pasado a ser un hecho reconocido. Ya no era un secreto que los líderes de Israel y Jerusalén estaban procurando la muerte de Jesús. Esto se trasluce tras todas sus palabras. Y Él procuraba, a su vez, desviarlos de su propósito no apelando a su compasión u otro motivo alguno inferior, sino reclamando como su derecho aquello por lo que querían condenarle. Él *era* el Enviado de Dios, el Mesías; aunque para conocerle y conocer su misión era necesaria una afinidad moral con Él y con Aquél que le había enviado. Pero esto llevaba a la verdadera raíz del asunto. Se necesitaba afinidad moral con Dios; ¿la poseía Israel como tal? *No la poseía;* es más, ningún hombre la poseía hasta que Dios se la daba. Esto no era exactamente nuevo en estos discursos de Cristo, pero ahora se afirmaba y desarrollaba de modo mucho más claro y en este sentido nuevo.

Tenemos, asimismo, tendencia a pasar por alto esta enseñanza de Cristo. Quizá ya lo hayamos hecho. Se refiere a la corrupción de toda nuestra naturaleza por el pecado, y de ahí la necesidad de la enseñanza de Dios, si hemos de recibir a Cristo o entender su doctrina. Lo que es nacido de la carne, es carne; lo que es nacido del Espíritu, es Espíritu; por tanto, «no os maravilléis de que os haya dicho: Os es necesario nacer de nuevo». Ésta había sido la doctrina inicial enseñada a Nicodemo y pasó, con su énfasis creciente, su enseñanza final a los maestros de Israel. No es Pablo el que primero establece la doctrina de nuestra ruina moral completa; Pablo la había aprendido de Cristo. Forma la verdadera base del Cristianismo; es la razón última de la necesidad de un Redentor, y la *explicación* de la obra que Cristo vino a llevar a cabo. El sacerdocio y la obra sacrificial de Cristo, así como el aspecto más alto de su misión profética y el verdadero significado de su realeza no de este mundo, están basados todos ellos en lo mismo. De modo bien marcado constituye el punto de partida en la divergencia fundamental entre los líderes de la Sinagoga y Cristo y, podríamos decir, en todos los tiempos entre los cristianos y los no cristianos. Los maestros de Israel no sabían, no creían en la corrupción total del hombre –judío o gentil–, y por tanto no sentían la necesidad de un Salvador. No podían comprender que, «a menos que un hombre» –y menos un judío– haya «nacido de arriba», no puede entrar ni aun ver el Reino de Dios. No entendían su propia Biblia: la historia de la caída; no entendían a Moisés y los profetas; ¿cómo podían entender a Cristo? No creían en ellos; ¿cómo podían creer, pues, en Él? Y con todo, desde este punto de vista, aunque sólo

«Los mensajes o discursos de Jesús que siguen, por tanto, tienen que haber sido pronunciados más tarde aquel mismo día; o, lo que en todos sentidos parece más probable, todos o su mayor parte, el día siguiente, el octavo de la fiesta, cuando el Templo se hallaría más lleno de fieles.
En esta ocasión hallamos a Cristo, primero en el lugar de las ofrendas (Jn. 8:20) o Tesorería, y luego (v. 21) en un lugar no nombrado del edificio sagrado, probablemente en uno de los 'pórticos'. Allí se gozaba de mayor libertad, puesto que estos 'pórticos' que circundaban el Patio de los Gentiles no formaban parte del Santuario en el sentido estricto.»

Estas monedas son «leptos», las perras que utilizaba la gente pobre en sus ofrendas y sus escasas compras, pequeñas monedas que nos hablan de una economía sencilla y de un mundo de humildes. Con los romanos llegaron a Palestina tambien sus monedas. Su unidad era el denario, constituido por 16 ases en tiempos de Jesús. Cada as vale cuatro cuadrantes. Cada cuadrante dos leptos, o perras. (Jerusalén, Museo de la flagelación)

desde éste, todo parece claro: la encarnación, la historia de la tentación y la victoria en el desierto, y aun la Cruz. Sólo el que hasta cierto punto ha sentido la agonía del primer jardín, puede entender *la del segundo*. Si hubieran entendido, mediante esta experiencia personal que todos hemos de tener de él, el protoevangelio de la gran lucha y la gran victoria por el sufrimiento, habrían seguido sus líneas hasta el objetivo final en el Cristo como cumplimiento de todo. Y así, también aquí eran verdaderas las palabras de Cristo, que es necesaria enseñanza celestial, y afinidad a lo divino, para entender su doctrina.

Esto está en la base, y es el objeto principal de estos discursos de Cristo. Como corolario, Él enseñó que Satanás no es un ser meramente malicioso, travieso, al que gusta causar daño por fuera, sino que es un poder moral del mal que nos retiene a todos; no al mundo gentil solamente, sino incluso a los más favorecidos, entendidos y exaltados entre los judíos. De este poder Satanás era la concentración y la personificación; el príncipe del poder de las «tinieblas». Esto hace patente el razonamiento de Cristo, tanto lo expresado como lo implicado. Él se presentó a ellos como el Mesías, y por tanto, como la Luz del mundo. De ello resultó que, sólo al seguirle, el hombre podría «no andar en las tinieblas» (nótese el artículo definido), sino que tendría luz; y nótese bien, no la luz del conocimiento, sino la de la vida (Jn. 8:12). Por otra parte, se seguía que todos los que no estaban dentro de esta luz estaban en tinieblas y en muerte.

Era una apelación a lo moral en sus oyentes. Los fariseos procuraban desviarlo en una llamada a lo externo y visible. Le pidieron testigos, o evidencia palpable, de lo que ellos decían era su propio testimonio sobre sí mismo (v. 13), sabiendo bien que esto sólo podía realizarse mediante alguna manifestación externa, visible, milagrosa, tal como antes le habían pedido una señal del cielo. La Biblia, y especialmente la historia evangélica, está llena de lo que los hombres corrientemente, y muchas veces sin pensarlo, llaman milagroso. Pero en este caso lo milagroso habría pasado a ser mágico, y esto nunca lo es. Si Cristo hubiera cedido a su apelación y transferido la cuestión de lo moral a la esfera burdamente externa, habría cesado de ser el Mesías de la encarnación, tentación y cruz, el Mesías Salvador. Habría sido un «no Mesías», el Mesías del evangelio sólo para unos pocos, en otra forma, una repetición de la tentación. Un milagro o señal habría sido en esta ocasión un anacronismo moral, lo mismo que sería hoy un milagro en estos días[9] cuando el Cristo hace su apelación a lo moral y se le contesta con una demanda relativa a que dé evidencia externa y material de su testimonio.

La interrupción de los fariseos (Jn. 8: 13) era del todo judía, y lo mismo su objeción. Tenía que ser contestada y esto en la forma judía en que había sido presentada, en tanto que Cristo tenía al mismo tiempo que continuar dándoles su enseñanza anterior con respecto a Dios y la distancia a que ellos estaban de Él. Su objeción había seguido este principio fundamental judicial: «Una persona no puede acreditarse o dar garantía de sí misma» (Kethub. ii. 9). Aunque este principio era a veces duro e injusto,[10] es evidente que sólo se

9. Es, en lo sustancial, la misma evidencia que requieren hoy los físicos negativistas de nuestros días. ¡No puedo imaginar una interpretación más a fondo falsa del carácter y enseñanza del Cristianismo que, pongamos por caso, la proposición de poner a prueba la eficacia de la oración pidiendo la recuperación de los que se hallan en la sala de un hospital! Esto representaría paganismo, no Cristianismo.

10. Así, el testimonio de alguien que daba fe de que durante la ocupación pagana de Jerusalén su esposa nunca le había dejado no fue admitido, y se privó al marido de su esposa (Kethub. ii. 9).

aplicaba a casos *judiciales,* y por ello implicaba que estos fariseos estaban juzgándole como sospechoso y le acusaban de ser culpable. La respuesta de Jesús fue clara. Aun dándose el caso de que su testimonio acerca de sí mismo no era apoyado, seguiría siendo verdad, y Él era competente para darlo, porque Él sabía en realidad de dónde procedía y adónde iba –su propia parte en esta misión y su objetivo, así como el de Dios–, en tanto que ellos no conocían ni el uno ni el otro (Jn. 8:14). Pero más que esto: su demanda de un testimonio procedía de la suposición de que eran los jueces, y Él el acusado –una relación que sólo surgía del ser juzgado según la carne–. El juicio espiritual sobre lo que hay dentro le pertenecía sólo a Él, que escudriñaba todos los secretos. Cristo, mientras estaba en la tierra, no juzgaba a los hombres; e incluso si lo hiciera, hay que recordar que Él no lo hacía solo, sino con el Padre, y como representante suyo. De ahí que este juicio sería verdadero (vv. 15, 16). Pero en cuanto a la acusación principal, ¿era, en realidad, verdadera o buena según la ley? Según la Ley de Dios, había dos testimonios del hecho de su misión: el suyo propio y la atestación que se había evidenciado con frecuencia de su Padre. Y si se objetara que un hombre no podía dar testimonio en su propia causa, el mismo canon rabínico establecía que esto solamente se aplicaba si el testimonio no iba acompañado de otro. Pero si era corroborado (incluso en la cuestión más delicada),[11] aunque fuera un esclavo masculino o femenino –que normalmente no eran aptos para dar testimonio–, era considerado válido.

El razonamiento de Cristo, sin abandonar ni un momento el nivel elevado de su enseñanza, era por completo incontrovertible desde el punto de vista judío. Los fariseos se dieron cuenta de ello, y aunque vieron claramente a quién se refería procuraron evadirlo mediante una burla sarcástica: «¿Dónde está –no quién es– tu Padre?». Esto dio ocasión a Cristo para volver al tema principal de su discurso, que la razón de su ignorancia de Él era que ellos no conocían al Padre y, como resultado, que sólo el reconocerle a Él les daría el verdadero reconocimiento de su Padre (Jn. 8:19).

Esta clase de respuesta únicamente podía dar por resultado el madurar en sus corazones los intentos criminales de librarse de Jesús. Sin embargo, ¡*su* hora, la de Dios, no la de ellos, todavía no había llegado! Así pues, de nuevo le hallamos, ahora en uno de los pórticos –probablemente el de Salomón, enseñando, esta vez, «a los judíos». Imaginamos que eran principalmente, si no todos, judíos de Judea –quizás oriundos del mismo Jerusalén, que se daban cuenta de la intención de sus líderes de eliminar a Jesús–; no eran sus propios galileos a quien Él se dirigía. Era como una continuación de lo anterior, semejante a lo que Él les había dicho respecto a los sentimientos de ellos acerca de Él. Las palabras son de extrema tristeza; la despedida de Cristo a su pueblo rebelde, sus palabras y lágrimas sobre el Israel perdido; abruptas también, como si fueran frases rasgadas, o bien titulares de discursos especiales: «Yo me voy»; «Me buscaréis, pero moriréis en vuestro pecado»; «Adonde yo voy, vosotros no podéis venir». Y ¿no es esto totalmente cierto? Estos muchos siglos han visto a Israel buscando a su Cristo, y han perecido en su gran pecado de rechazarle; y allí donde se dirigieron Cristo y su Reino, la Sinagoga y el Judaísmo nunca han ido. Ellos creían que Él hablaba de su muerte, y no de lo que venía después de ella, que era lo que hacía. Pero ¿cómo podía su muerte establecer una separación tal entre ellos? Ésta fue la próxima pregunta que surgió en su mente (Jn. 8:22). ¿Habría algo peculiar acerca de su muerte, o significaba el *irse* el propósito de tomar su propia vida?[12]

Fue este malentendido de los fariseos que Jesús de modo breve pero enfático corrigió al decirles que la base de su separación era la diferencia de su naturaleza: ellos eran de abajo, Él era de arriba; ellos eran de este mundo, Él no era de este mundo. Por esta causa, ellos no podían ir a donde Él iba, puesto que tenían que morir en su pecado, según Él les había dicho: «si no creéis que yo soy» (Jn. 8:23, 24).

Las palabras habían sido dichas intencionalmente de modo misterioso, para una audiencia judía. ¡No creemos que Tú eres! Pero «¿quién eres Tú?» Tanto si estas palabras eran pronunciadas con desprecio como si no, su pregunta les condena. En su frase interrumpida Jesús les había puesto a prueba para ver en qué forma la completarían. ¡Así que era de esta manera! A pesar de todo este tiempo, ¡ellos no se habían dado cuenta todavía de quién era Él; no tenían aún una convicción sobre este punto, ni a favor suyo ni en contra suya, sino que estaban dispuestos a ser arrastrados por sus líderes! «¿Quién soy yo?»; ¿no os lo estoy diciendo desde el principio?; ¿ha variado mi testimonio, de palabra o de hecho, un solo punto acerca de quién soy? Yo soy el que en todo momento, desde el principio, os estoy diciendo que soy.[13] Entonces, dejando a un lado esta interrupción, volvió a su argumento (vv. 25, 26). Tenía aún que decirles muchas otras cosas, y tenía que juzgarles respecto a ellas, además de la amarga verdad de que iban a perecer si no creían quién era Él; pero el que le había enviado a Él era verdadero, y Él tenía que seguir dando al mundo el mensaje que había recibido. Cuando Cristo se refería al mensaje como lo que «Él [Jesús] había recibido de él» (v. 26), evidentemente deseaba con ello poner énfasis sobre el hecho de que su misión, siendo de Dios, constituía su derecho a que ellos le obedecieran por fe. Pero éste era el mismo punto que, incluso en este mismo momento, ellos no entendían (v. 27). Y ellos iban a entenderlo no por medio de sus palabras, sino por los hechos, cuando ellos le habrían «levantado», como ellos creían, a la cruz, pero en realidad a su camino a su gloria (v. 28).[14] Entonces ellos percibirían el significado de

11. Kethub. ii. 9. Este testimonio solitario era válido solamente cuando era favorable, no cuando era adverso. En la ley del testimonio en general, comp. Saalschütz, Mos. Recht, pp. 604, 605.

12. En general, esto se entiende como referencia a la supuesta creencia judía de que los suicidas ocupan el lugar inferior en la Gehena. Pero si miramos al contexto nos convenceremos que los judíos no podían haber entendido que Cristo indicara esto, que Él estaría separado de ellos por el hecho de ser enviado a la parte más baja de la Gehena. Además, este supuesto castigo de los suicidas sólo se deriva de un pasaje retórico de Josefo (*Guerra* iii.8.5), que no es apoyado por ninguna afirmación de los rabinos. La definición rabínica –o más bien limitación– de lo que constituye el suicidio es notable. Así, ni Saúl, ni Ahitofel, ni Zimri son considerados como suicidas, ya que lo hicieron para evitar caer en las manos de sus enemigos. El castigo del suicidio real, premeditado, se deja a Dios. Hay que hacer alguna diferencia en el entierro de los tales, pero no tal que sea causa de vergüenza para los supervivientes.

13. Sería imposible entrar aquí en un análisis o vindicación crítica de la traducción que hemos adoptado de este pasaje tan controvertido. El método seguido ha sido volverlo a traducir literalmente al hebreo: אליכם מתחילה הוא שגם דכרתי. Esto podría producir: «Para empezar, el que yo también os digo»; o: «Desde el principio, el que yo os digo». Prefiero el último, y su significado el corriente en la traducción: «En primer lugar, el que os estoy diciendo que soy».

14. Como indica rectamente el canón. Westcott (Jn. 12:32), el término «levantar» incluye a la vez la muerte y la gloria. Si nos preguntamos qué palabra hebrea incluye el *sensus malus* así como el *sensus bonus*, se nos ocurre que habría sido usado el verbo *Nasa* (נשׂה) (comp. Gn. 40:19 con v. 13). Porque suponemos que la palabra usada por Cristo en esta primera parte de su ministerio no podría haber implicado por necesidad una predicción de su crucifixión, y que los que la oyeron imaginaron más bien que se refería a su

la designación que Él se había dado a sí mismo el derecho reclamado fundado en ella (v. 28, comp. v. 24). «Entonces conoceréis que yo soy.» Entretanto: «No hago nada por mí mismo, sino que según me enseñó el Padre, así hablo. Y el que me envió, está conmigo; no me ha dejado solo el Padre, porque yo hago siempre lo que le agrada».

Si los judíos no llegaron a entender la expresión «levantado» que puede significar su exaltación, aunque significaba en primer lugar su cruz, había por lo menos en la apelación de Jesús a sus propias palabras y hechos, como testimonio de su misión y prueba de la ayuda y la presencia de Dios en ellas, tal sinceridad y genuinidad que se abrió camino en los corazones de muchos. De modo espontáneo sintieron y creyeron que su misión tenía que ser divina. Tanto si esto era expresado de modo claro como si no, Jesús se dirigía ahora a aquellos que hasta este punto –al menos durante un momento– creyeron en Él. Se hallaban en la crisis de su historia espiritual y Él debía dejar impreso en ellos lo que procuraba enseñar desde el principio. Por su naturaleza alejados de Él, eran esclavos. Sólo si *permanecían* en su Palabra llegarían a conocer la verdad, y la verdad les haría libres. El resultado de este conocimiento sería moral, y por ello este conocimiento no consistía meramente en creer en Él, sino en hacer de su Palabra y su enseñanza parte de ellos mismos, permaneciendo en ella (vv. 30-32). Pero era esta misma aplicación moral la que ellos resistían. En esto Jesús también había usado sus propias formas de pensar y enseñar, sólo que en un sentido mucho más elevado. Pues según su tradición sólo era libre el que laboraba en el estudio de la Ley (Ab. Baraitha vi. 2, 23 *b;* Erub. 54 *a*, línea 13 desde la base). No obstante, la libertad de la cual hablaba Él no venía a través del estudio de la Ley,[15] sino de permanecer en la palabra de Jesús. Pero era precisamente a esto que se resistían. No hicieron caso de la aplicación espiritual de las palabras de Jesús y recayeron en la aplicación nacional. Así como esto es una evidencia más de la paternidad judía del Evangelio, lo es también la típica jactancia judía de que como hijos de Abraham nunca habían estado bajo servidumbre ni podían estarlo. Se necesitaría mucho tiempo para enumerar los supuestos beneficios derivados del hecho de descender de Abraham. Basta aquí citar el principio casi fundamental: «Todos los de Israel son hijos de reyes» (Shabb. 67 *a;* 128 *a*), y su aplicación a la vida común, que como «hijos de Abraham, Isaac y Jacob, ni aun las fiestas de Salomón podrían ser bastante buenas para ellos» (Bab. Mez. vii. 1).

Pero el Señor no se lo dejó pasar. Les indicó que había una servidumbre que ellos no conocían (Jn. 8:34), la del pecado, y entrando al mismo tiempo en la ideas de ellos les dijo que la continuación en esta servidumbre acabaría en servidumbre y rechazo nacional: «Porque el esclavo no queda en la casa para siempre». Por otra parte, el Hijo permanece para siempre; aquél a quien Él hizo libre por adopción en su familia, éste sería libre en realidad y esencialmente (v. 35). Entonces, debido a su propio embotamiento, Jesús volvió a hablar de su idea favorita: la de ser del linaje de Abraham. Aquí había ciertamente un sentido evidente de que, en cuanto a su descendencia natural, lo eran. Pero había también una descendencia moral, y ésta era la única de valor. Ésta es una nueva enseñanza celestial desconocida por ellos, y nuestro Señor ahora la aplica en una forma que ellos no podían dejar de entender ni podían contradecir, y que estaba conectada al mismo tiempo con el tono general de su enseñanza. ¿Linaje de Abraham? Pero ellos estaban pensando en matarle, y esto por el hecho de que la Palabra de Cristo no tenía curso libre en ellos, no podía penetrar en ellos. Su Palabra era lo que Él había *visto* (no oído) cerca del Padre, porque su presencia allí era eterna. Los actos de ellos eran lo que habían *oído* de su propio padre. Y así les mostró –como respuesta a su interpelación– que su padre no podía haber sido Abraham por lo que se refería al linaje espiritual (vv. 37, 40). Ahora empezaban a darse cuenta de lo que significaba, pero sólo para aplicarlo mal, según su prejuicio judío. Su linaje espiritual –insistieron ellos– tenía que ser de Dios, puesto que descendían legítimamente de Abraham (v. 41). Pero el Señor disipó incluso esta idea al mostrarles que si ellos descendieran espiritualmente de Dios, no habrían rechazado su mensaje, ni intentarían matarle, sino que le reconocerían y le amarían (v. 42).

Pero ¿por qué no comprendían su lenguaje? (vv. 43, 47). Porque eran moralmente incapaces de oírlo; y esto debido a lo pecaminoso de su naturaleza, un elemento que el Judaísmo no ha tenido nunca en cuenta. Y así, con infinita sabiduría, Cristo, una vez más, dirigió de nuevo su discurso a lo que Él quería enseñarles referente a la necesidad del hombre, tanto si se trataba de un judío o un gentil, de un Salvador y de la renovación por el Espíritu Santo. Si los judíos eran moralmente incapaces de escuchar sus palabras y acariciaban intentos criminales, era debido a que hablando moralmente su linaje era el del Diablo. Él hablaba de modo muy diferente, de las ideas judaicas (ver Libro 2, cap. V) con respecto al mal moral de Satanás, tanto en calidad de homicida como de mentiroso; un homicida desde el principio de la historia de nuestra raza, y uno que «no permanecía en la verdad, porque la verdad no estaba en él». Por lo que «cuando habla mentira» –tanto si es a nuestros primeros padres o ahora respecto a Cristo–, «de lo suyo habla, porque es mentiroso, y el padre de la mentira (del que dice o cree mentiras)». ¿Cuál de ellos podría redargüirle de pecado? Por tanto, si decía verdad y ellos no le creían era debido a que no eran de Dios, sino, como Él les había mostrado, de su padre el Diablo.

El argumento es incontrovertible, y les pareció que sólo había una manera de rechazarlo: un judío *Tu quoque*, una adaptación del «Médico, cúrate a ti mismo»: «¿No decimos bien nosotros, que Tú eres samaritano, y que tienes demonio?». Es extraño que la primera cláusula de este reproche haya sido entendida tan mal y, con todo, su explicación directa está en la superficie. Basta con que la traduzcamos al lenguaje que los judíos habían usado. En modo alguno es posible interpretar la designación «samaritano» con que los judíos increpan a Jesús como indicando nacionalidad. Incluso en la misma fiesta habían objetado a sus pretensiones mesiánicas por el hecho de que era (según ellos suponían) galileo (Jn. 7:52). Ni había venido a Jerusalén desde Samaria (Lc. 9:53); ni podían llamarle así (como sugieren algunos comentaristas) porque era «un enemigo» de Israel, o un «infractor de la Ley», o «no apto para dar testimonio», por-

---

exaltación. Hay un pasaje curiosamente ilustrativo aquí (en Pesiqta R. 10) en que un rey, habiendo dado órdenes de que la cabeza de su hijo fuera «levantada» (שאו את ראשו), que debía ser colgado (תלו את ראשו), es exhortado por su tutor a que exima, al que era su «moneginos» (unigénito). Al contestar el rey que él estaba obligado a hacer valer la palabra que ya había dado, el tutor le contesta indicándole que el verbo *Nasa* significa levantar en el sentido de exaltar como en el de ejecutar. Pero además del verbo *Nasa* hay también el verbo *Zeqaph* (אְקַף), que en aramaico y en siríaco son usados para levantar y para colgar, sobre todo para crucifixión; y, finalmente, el verbo *Tela* (תְּלָא o תְּלָה), que significa primero elevar y, secundariamente, colgar o crucificar (ver Levy, *Targum, Wörterb.* 2, p. 539 *a* y *b*). Si fuera usado este último verbo, entonces la expresión judía *Taluy* que se da a modo de oprobio a Jesús, después de todo representaría la designación original por la cual Él describe su propia muerte como «el que es levantado».

15. Con referencia a Éxodo 32:16, un juego de palabras en que la palabra *Charuth* (grabado) era interpretada *Cheyruth* (libertad).

que ninguna de estas circunstancias habría llevado a los judíos a llamarle con el término «samaritano». «Pero en el lenguaje en que ellos hablaban, lo que se traduce en griego como "samaritano" habría sido *Kuthi* (כותי), que aunque significa literalmente samaritano (de *Kuth* o *Kutha;* comp. 2 R. 17:24, 30), es casi siempre usado en el sentido de "hereje", o bien *Shomroni* (שמרוני). Esta última palabra merece una atención especial.[16] Literalmente significa también "samaritano"; pero el nombre *Shomron* (quizá por su conexión con Samaria) es, asimismo, usado a veces como el equivalente de *Ashmedai*, el Príncipe de los demonios.[17] Según los cabalistas, *Shomron* era el padre de Ashmedai, y, por ello, lo mismo que *Sammael*, o Satanás. Ésta era una creencia judía muy extendida, según se ve en la circunstancia de que en el Corán (que en estas cuestiones reproduciría la tradición popular judía) se dice que Israel fue seducido a la idolatría por *Shomron* (*L'Alcoran*, trad. por Sieur du Ryer, p. 247), en tanto que en la tradición judía esto es atribuido a Sammael (Pirqé de R. Eliez. 45, ed. Lemb., p. 59 *b*, línea 10 desde la base). Si, por tanto, el término aplicado por los judíos a Jesús era *Shomroni* –y no *Kuthi*, "hereje"–, se traduciría literalmente "hijo del diablo".»

Esto explicaría también por qué Cristo sólo replicó a la acusación de tener un demonio, puesto que las dos acusaciones serían una sola: «Tú eres un hijo del demonio y tienes un demonio». Con incomprensible paciencia y misericordia Él casi lo pasó por alto, insistiendo más bien para su enseñanza en el hecho de que cuando ellos le deshonraban, Él, en cambio, honraba a su Padre. No rebatió sus acusaciones. Lo que le interesaba era la gloria de su Padre; la vindicación de su propio honor Él la dejaba a su Padre; aunque ¡ay de aquellos que deshonraban de tal forma al Enviado de Dios el día del juicio! (Jn. 8:50). Luego, como deteniéndose en profunda compasión sobre esta terrible cuestión, una vez más insistió sobre el gran tema de su discurso: que sólo «si un hombre guarda su Palabra (tanto en el sentido de tener la consideración como de observarla) no mirará directamente a la muerte [no tendrá que fijar sus ojos en ella][18] en la eternidad»: nunca llegará cerca a la terrible visión de lo que es realmente la muerte, de los que pasaron a ser como Adán en la hora de su caída.

Era de esta muerte, como se ha hecho notar varias veces como consecuencia de la caída, que los judíos no sabían nada. Y así, una vez más entendieron que se trataba de la muerte física,[19] y como Abraham y los profetas ya habían muerto, consideraban que Cristo presentaba pretensiones superiores a las de ellos (vv. 52, 53). El discurso contenía todo lo que Él había deseado presentar delante de ellos, y sus objeciones estaban degenerando en una controversia. Era hora de terminarlo con una aplicación general. La cuestión, añadió Jesús, no era lo que *Él* había dicho, sino lo que Dios decía de Él; ese Dios a quien ellos reclamaban como suyo, y a quien no conocían todavía, pero a quien Él conocía y cuya palabra Él «guardaba».[20] Pero en cuanto a Abraham, se había «regocijado» de que había de ver el día de la venida de Cristo, y viendo su gloria se regocijó. Incluso la tradición judía no podía contradecir esto, puesto que había dos partidos en la Sinagoga, de los cuales, el uno creía que cuando este horror de la gran oscuridad cayó sobre él (Gn. 15:17), a Abraham en visión se le mostró no sólo esto, sino el mundo venidero; y no sólo los sucesos de la «edad» presente, sino los de los tiempos mesiánicos (Ber. R. 44, ed. Vars., p. 81 *b*, líneas 8, 7, 6 desde la base).[21] Y ahora no se trataba de un malentendido por parte de ellos, sino de una interpretación voluntariamente falsa. Jesús había hablado de Abraham como viendo su día; ellos lo interpretaron como si Jesús hubiera visto el día de Abraham, y le echaron en cara que esto era inadmisible. Tanto si con ello intentaban o no sacar de Él una declaración de su duración eterna, y por consiguiente de su divinidad, ya no había por qué esperar más tiempo para hacer una declaración plena de ello; así que con énfasis divino se lo dijo con palabras que ellos no podían confundir: «De cierto, de cierto os digo: Antes que Abraham naciese, YO SOY».

Fue como si hubieran estado esperando estas palabras. Con furia salieron del pórtico al Patio de los Gentiles –había un significado simbólico incluso en esto– para recoger piedras con miras a arrojárselas. Pero una vez más su hora no había llegado todavía, y su furia fue impotente. Se escondió de ellos en un momento –algo que podía hacer fácilmente– en alguna de las muchas cámaras, pasajes y puertas del Templo, y desapareció.

Ésta había sido la primera revelación y admisión clara y simple de su divinidad, y tuvo lugar «en medio de sus enemigos» y cuando más desprecio arrojaban sobre Él. Ahora esta confesión sería renovada de palabra y de hecho; porque «el fin» de la misericordia y el juicio no había llegado todavía, pero se estaba acercando de modo terrible.

---

16. Comp. Kohut, *Jüd. Angelol.*, p. 95.

17. Ber. R. 36, ed. Vars., p. 65 *b*, línea 5 desde la base; Yalk. sobre Job 21, vol. ii., p. 150, línea 16 desde la base.

18. Esta palabra tiene un sentido peculiar y notable, θεώρεω, mirar fijamente, con intención, que ya hemos mencionado.

19. Jesús hablaba de «ver»; ellos, de «gustar» la muerte (vv. 51, 52). La palabra טעם «gustar», es usada precisamente en este sentido por los rabinos. Así, en el Jer. Targum sobre Deuteronomio 32:1. En Ber. R. 9 se nos dice que originalmente había sido destinado que el primer hombre nunca gustara la muerte. De nuevo: «Elías no gustó la muerte» (Ber. R. 21). Y, trópicamente, en un pasaje como éste: «Si alguno gustara un gusto (o sea, tiene un anticipo o presentimiento) de la muerte, que no se quite los zapatos cuando va a dormir» (Yoma 78). Se usa también de sueño, como: «Durante todos los días del gozo de la Fiesta de los Tabernáculos no gustamos el sabor del sueño» (Succ. 53 *a*). No hay que añadir otras citas.

20. Sobre la expresión «guardar» (τηρεῖν) su Palabra, Bengel observa, con hermosas palabras: *doctrinam Jesu, credendo; promissa, sperando; facienda, obediendo.*

21. En el Targum de Jerusalén sobre Génesis 15 parece implicarse que Abraham vio en visión todo lo que había de acontecer a sus hijos en el futuro, y también la Gehena y sus tormentos. Hasta donde puedo colegir, solamente lo último parece implicado en el Targum Pseudo-Jonatán, pero no lo primero.

Nota sobre las diferencias entre la Fiesta de los Tabernáculos y la del Octavo día (ver nota 1 del cap. VII).

Los seis puntos de diferencia que marcan el octavo día como una fiesta separada son indicados por las palabras y letras recordatorias פזר קשב, y son como sigue: 1) Durante los siete días de los Tabernáculos oficiaban los sacerdotes de todos los «cursos», mientras que en el octavo los servicios sacrificiales eran designados, como se acostumbraba, por *suertes* (פיים); 2) La bendición al *comienzo* de la *fiesta* era pronunciada de nuevo en el octavo día (זמן); 3) El octavo día era designado en oración y por ordenanzas especiales como una *fiesta* separada (רגל); 4) La diferencia en los *sacrificios* (קרבן); 5) La diferencia en los *Salmos;* en el octavo (Soph. xix. 2), probablemente Salmo 12 (שיר); 6) Según 1 Reyes 8:66, la diferencia en cuanto a la *bendición* (ברכה).

Capítulo 9
(Juan 9)

La curación del ciego de nacimiento

Después de la escena en el Templo que hemos descrito en el capítulo anterior, y haberse apartado Cristo de sus enemigos, podríamos suponer que no ocurriría ningún gran suceso en aquel día, dentro o cerca de los precintos del Santuario. Y no obstante, por la conexión íntima de los relatos, llegamos a la conclusión de que no habría transcurrido mucho tiempo hasta que tuvo lugar la curación del ciego de nacimiento.[1] Probablemente ocurrió el día después de los sucesos antes mencionados. Sabemos que era un sábado (Jn. 9:14), y esta marca reciente del tiempo, así como la multiplicidad de las cosas hechas y todo el estilo del relato, nos hacen pensar que no fue al atardecer del día que había hablado a ellos primero en la Tesorería y después en el pórtico.

Hay una suposición muy bien fundada en otros dos puntos, aunque no podemos ofrecer certeza. Recordemos que la entrada del Templo y los patios era entonces –como ahora las iglesias en el continente europeo– el lugar preferido por los que solicitan limosnas, como caridad (Hch. 3:2); recordando también lo rápidamente que se difundió el conocimiento del hecho de su curación, y asimismo lo pronto que sus padres y el ciego curado aparecieron ante los fariseos, posiblemente en el Templo; por último, lo fácilmente que el Salvador sabía dónde le encontraría (Jn. 9:35), podemos conjeturar que el milagro tuvo lugar a la entrada del Templo o en el monte del Templo. Segundo: tanto el hecho como en especial las palabras de Cristo parecen estar tan juntas con lo que había precedido que no creemos equivocarnos cuando consideramos que forman una continuación de ello.

No es difícil hacerse cargo de la escena ni entender los comentarios de todos los que tomaron parte en ella. Era un sábado –el día después del octavo de la fiesta–, y Cristo con sus discípulos estaba pasando; es de suponer que en dirección hacia el Templo, donde este mendigo ciego probablemente se sentaría y solicitaría la limosna en términos iguales o semejantes a éstos, que eran comunes en aquel tiempo: «Ganad mérito por medio de mí»; o: «Tú, de tierno corazón, gana mérito por mí para tu propio beneficio».

Pero naturalmente, en el día de sábado no pediría ni recibiría limosnas, por más que su presencia en el sitio acostumbrado le aseguraría que lo notaran y quizá llevaría a donativos privados. Verdaderamente, los ciegos tenían especial derecho a la caridad (Peah. viii. 9); y el Talmud de Jerusalén (Jer. Peah. viii. 9, p. 21 *b*) refiere algunos ejemplos conmovedores de ternura que fueron mostrados a ciegos. Cuando el Maestro y sus discípulos pasaron, Jesús «vio» al mendigo con aquella mirada que los que le seguían sabían que estaba llena de sentido. Con todo, tan completamente judaizados estaban por su contacto con los fariseos que ninguna idea de misericordia les vino a la mente, sino que sólo le hicieron una pregunta típica y verdaderamente judía: «Rabí, ¿quién pecó, éste o sus padres, para que haya nacido ciego?».

La pregunta era completamente judaica. Se podrían aducir muchos ejemplos en que se dice que algún pecado ha sido castigado de inmediato con un ataque, una enfermedad y aun la muerte; y hallamos constantemente rabinos que cuando encuentran a estas personas desgraciadas, les preguntan cómo o por qué pecado les ha ocurrido esto. Pero como este hombre era «ciego de nacimiento», cabría la posibilidad de que se tratara de algún pecado real antes del nacimiento, y al menos podía considerarse en forma especulativa, ya que el «impulso malo» (Yetser haRa) podía entrar en actividad incluso entonces (Sanh. 91 *b;* Ber. R. 34). Al mismo tiempo, tanto el Talmud como la acusación ulterior de los fariseos, «En pecado naciste», implican que en estos casos la explicación alternativa sería considerada, y que la ceguera podía ser causada por el pecado de sus padres.[2] Era una opinión judía común que los méritos y deméritos de los padres aparecerían en los hijos. De hecho, hasta los trece años de edad un niño era considerado, por así decirlo, parte de su padre, y que sufría por su culpa (Shabb. 32 *b;* 105 *b;* Yalk. sobre Rut, vol. ii., par. 600, p. 163 *c*). Más que esto: los pensamientos de una madre podían afectar al estado moral del hijo no nacido y la terrible apostasía de uno de los más grandes rabinos, en la creencia popular, había sido causada por el deleite pecaminoso experimentado por su madre al pasar por un bosquecillo de ídolos (Midr. sobre Rut 3:13). Finalmente, ciertos pecados especiales en los padres resultaban en enfermedades específicas a su descendencia, y una de las mencionadas (Ned. 20 *a*) era causar ceguera en los hijos. Pero la impresión que queda en nuestra mente es que los discípulos no estaban seguros de ninguna de estas dos soluciones de la dificultad. Les parecía un misterio inexplicable bajo la suposición de la infinita bondad de Dios y al cual ellos procuraban aplicar la solución común judía. Muchos misterios similares nos hacen frente en la administración de la providencia de Dios, preguntas que parecen imposibles de contestar, pero a las cuales procuramos dar respuestas, quizá no mucho más sabias que las que sugerían los discípulos.

Pero, ¿por qué buscar la respuesta en absoluto de estos misterios, puesto que no poseemos todos los *datos,* y quizá sólo unos pocos, de los que son necesarios para obtenerla? Hay un aspecto de la adversidad, sin embargo, y una extraña dispensación del mal en los cuales la luz de las palabras de Cristo brilla aquí como una nueva aurora. Hay una razón física, natural, de estas adversidades. Dios no las ha enviado de modo especial, en el sentido de ser debidas a su intervención o causación primaria, aunque Él las ha enviado en el sentido de ser con su conocimiento, voluntad y dominio. Han venido en el curso ordinario de las cosas, y su origen puede buscarse en causas que si las conociéramos se vería que son la continuidad o secuela de las leyes que Dios ha impuesto en su creación, y que son necesarias para su continuidad ordenada. Y, además, todas estas consecuencias malas de la operación de las leyes de Dios son, en último ejemplo, la maldición que el pecado ha traído sobre el

---

1. Godet supone que tuvo lugar por la noche del octavo día de la fiesta. Por otra parte, el canón. Westcott lo relegaría, tanto el cap. 9 como el 10, a la Fiesta de la Dedicación. Pero no me convence su interpretación.

2. Esta opinión, sin embargo, no tiene nada que ver con la «transmigración de las almas», una doctrina que equivocadamente se ha supuesto que Josefo imputaba a los fariseos. El malentendido de *Guerra* ii.8.14 debería corregirse con *Ant.* xviii.1.3.

hombre y la tierra. Con éstas sus leyes, y con sus malas consecuencias para nosotros a través de la maldición del pecado, Dios *no* interfiere en el curso ordinario de su Providencia; aunque erraría el que se atreviera a negar la posibilidad de lo que pueda parecer interferencia, si bien no lo es, puesto que las causas naturales que llevan a estas malas consecuencias pueden ser afectadas de modo fácil, natural y racional. Pero hay otro aspecto, más alto, en esto, puesto que Cristo ha venido y es en realidad el Sanador de toda enfermedad y mal, al ser el que quita su causa moral última. Esto está indicado en sus palabras cuando, poniendo a un lado la burda alternativa sugerida por los discípulos, Él les dijo que era así a fin de que «se manifestasen en él las poderosas obras de Dios». Ellos querían saber el «porqué», Él les dijo el «para qué» de la calamidad del hombre; ellos querían entender su razón en cuanto al origen, Él les dijo lo razonable de ella al considerar el propósito para que éste y todo sufrimiento similar serviría, por el hecho de que Cristo vino, el Sanador del mal, porque es el Salvador del pecado. Así, Él transfirió la cuestión desde el terreno intelectual al del propósito moral de que sufrir puede ser útil. Y esto no es en sí mismo ni a causa de algún destino o designio, sino porque la venida y obra de Cristo lo ha hecho posible para todos. El pecado y sus consecuencias son todavía los mismos, porque «el mundo está establecido de modo que no se puede mover». Pero, por encima de todo, se ha levantado el Sol de Justicia que en sus alas trae curación; y si nos abrimos a su influencia, estos males pueden servir a su propósito y así tener esto por su razón no por lo que se refiere a su génesis, sino a su continuidad: «que las obras de Dios puedan ser manifestadas».

El hacer esto una realidad para nosotros era la «obra del que le envió», y para hacerla fue Él enviado. Y rápidamente ahora Él tiene que hacerla, para ejemplo perpetuo, durante las pocas horas que todavía le quedan de su breve día de trabajo (Jn. 9:4, 5). Esta figura era familiar a los judíos (Ab. ii 15), aunque es posible que al poner énfasis sobre la brevedad del tiempo, Él puede haber prevenido toda objeción sobre el hecho de que le curara en día de sábado. Pero es de mayor importancia aún notar en qué forma los dos pensamientos centrales del discurso del día previo ahora eran tomados de nuevo y destacados en el milagro que sigue. Estos pensamientos eran que Él hacía la obra que Dios le había enviado a hacer (Jn. 8:28, 29; comp. 9:4), y que Él era la luz del mundo (8:12; comp. 9:5). Él no podía dejar de brillar como su luz en tanto que Él estuviera en el mundo. Y esto, al presente, es lo que simbolizaba (y ¿no es cada milagro un símbolo?) en la curación del ciego.

Notamos una vez más que en sus hechos, como en sus palabras, el Señor adoptaba las formas conocidas y usadas por sus contemporáneos, en tanto que Él las llenaba de una sustancia distinta. Ya se ha dicho (Libro 3, cap. XXXIV) que la saliva era considerada comúnmente como remedio para las enfermedades del ojo, aunque, como es natural, no para curar la ceguera. Con esto hizo barro, que usó, y añadió a ello la instrucción de ir a lavarse en el estanque de Siloé, un término que literalmente significa «enviado». Un simbolismo, éste, del que fue Enviado por el Padre. Porque todo es aquí simbólico: la cura y los medios. Si nos preguntamos por qué fueron empleados medios en este caso, sólo podemos sugerir que fueron usados, en parte, por amor a aquél que había de ser curado, y, en parte, por aquellos que luego habían de oírlo. Porque el ciego parece no haber tenido idea del carácter del que le curaba (Jn. 9:11), y necesitaba el uso de algunos medios para hacerle receptivo, podríamos decir.

«La vista fue restaurada por medio de la arcilla, hecha con tierra y la saliva de Aquél cuyo aliento había inspirado, al principio, vida en la arcilla; y esto fue luego lavado en el estanque de Siloé, de cuyas aguas habían sido sacadas las que fueron vertidas en la Fiesta de los Tabernáculos que simbolizaban el derramamiento de la nueva vida del Espíritu. Finalmente, si se pregunta por qué un milagro así había de hacerse a uno que no tenía fe previamente, que ni aun al parecer sabía nada de Cristo, sólo podemos repetir que el hombre mismo había de ser un símbolo: 'para que las obras de Dios fueran manifestadas en él'. Y así, lo que los fariseos habían buscado en vano, les era ofrecido cuando lo necesitaban.»

Aquí vemos la piscina de Siloé tal como se encuentra en nuestros días. Recibía el agua del Guijón gracias al canal construido por Ezequías. La palabra griega Siloám es transcripción del término hebreo Shiloah, que significa canal.

Por otro lado, no sólo el uso del medio, sino su inadecuación al resultado, tiene que haber impresionado a todos. Simbólicos eran, también, estos medios. La vista fue restaurada por medio de la arcilla, hecha con tierra y la saliva de Aquél cuyo aliento había inspirado, al principio, vida en la arcilla; y esto fue luego lavado en el estanque de Siloé, de cuyas aguas habían sido sacadas las que fueron vertidas en la Fiesta de los Tabernáculos que simbolizaban el derramamiento de la nueva vida del Espíritu. Finalmente, si se pregunta por qué un milagro así había de hacerse a uno que no tenía fe previamente, que ni aun al parecer sabía nada de Cristo, sólo podemos repetir que el hombre mismo había de ser un símbolo: «para que las obras de Dios fueran manifestadas en él».

Y así, lo que los fariseos habían buscado en vano, les era ofrecido cuando lo necesitaban. Con inimitable simplicidad, garantía de que no está relatando una leyenda, se registra la obediencia y la curación del ciego. Luego va al estanque a lavarse. Hemos de creer que el primer impulso del ciego, una vez curado, había de ser buscar a Jesús, naturalmente, allí donde le había encontrado por primera vez. En su camino, probablemente pasó por su propia casa para decírselo a sus padres, y luego siguió hacia el lugar donde se había sentado durante tanto tiempo mendigando, donde todos los que le conocían notaron el gran cambio que había tenido lugar en él. Tan maravillosa aparecía la cosa en verdad, que mientras parte de la multitud que se congregaría naturalmente reconocía su identidad, otros decían: «No lo es, pero se le parece»; pensando, en su suspicacia, que se trataba de alguna impostura. Porque no puede haber duda de que yendo por su camino el hombre había averiguado algo sobre Jesús, además de su nombre (v. 17), y a su vez había comunicado a los que le informaban la historia de su curación. De modo similar, la pregunta formal que ahora le hicieron los judíos fue más que nada una encuesta preparatoria, el resultado del deseo de conocer las circunstancias de su curación. Y así notamos en su respuesta un deseo de precaución para no decir nada que pudiera incriminar a su benefactor. Cuenta los hechos verídicamente, con sencillez; acentúa los medios por los que había «recobrado» la vista; pero, por otra parte, no da ninguna pista por la que pudieran descubrir o incriminar a Jesús (v. 22).

Entonces le llevaron a los fariseos no para que tomaran nota de su curación, sino para ver de hallar en él alguna acusación contra Cristo. Éste tiene que haber sido su motivo, puesto que era conocido por todos que los líderes del pueblo se habían puesto de acuerdo en tomar las medidas más estrictas contra Cristo –no de modo oficial, sin embargo–, y no sólo contra Él, sino contra cualquiera que profesara ser su discípulo (v. 22). La base sobre la cual presentaría la acusación contra Jesús era clara: la curación implicaba una múltiple infracción de la ley del sábado. En primer lugar, el que hubiera hecho barro (Shabb. xxiv. 3). Luego, era dudoso si se podía aplicar algún remedio en el día santo. Esto podía ser hecho solamente en enfermedades de los órganos internos (desde el cuello para abajo), excepto cuando se trataba de peligro para la vida o la pérdida de algún órgano (Jer. Shabb. 14 *d*). Era declarado legal, ciertamente, aplicar por ejemplo vino en el exterior de un párpado, en base a que esto podía ser considerado como un lavamiento; pero era pecaminoso aplicarlo en el interior del ojo. Por lo que se refiere a la saliva, su aplicación al ojo estaba prohibida de modo expreso, en base a que era, evidentemente, hecho como remedio (Jer. Shabb. *u.s.*).

Había, pues, abundante base legal para una acusación delictiva. Y aunque en el día de sábado el Sanedrín no se reuniría para una sesión oficial, e incluso aunque lo hubiera hecho el testimonio de un hombre no habría sido suficiente, con todo, «los fariseos» empezaron la encuesta de modo regular. Primero, como si no estuvieran satisfechos del informe de los que habían traído al hombre, le hicieron repetir lo ocurrido a él (Jn. 9:15). La simplicidad del lenguaje del ciego curado no deja lugar para pensar en evasión o subterfugio. El Rabinismo, aquí, era sometido a la prueba. El hecho maravilloso no podía ser negado ni explicado, y la única base para resistir la legítima inferencia respecto al carácter de la persona que lo había efectuado era la de incompatibilidad con su ley tradicional. La alternativa era: si su ley tradicional respecto a la observancia del sábado era divina, o bien lo era aquél que había hecho estos milagros. ¿Dejaba Jesús de ser de Dios por el hecho de que no guardaba el sábado a la manera de ellos? Pero, luego ¿podía un transgresor patente de la Ley de Dios obrar tales milagros? En este dilema, se volvieron al hombre sencillo que tenían delante. «Siendo así que Él te abrió los ojos, ¿qué dices tú de Él? ¿Cuál es tu impresión de Él, tú que tienes la mejor oportunidad para juzgar?» (v. 17ss.)

Hay algo muy peculiar aquí, y en un sentido muy instructivo, respecto a la opinión general que tenían incluso los mejor dispuestos, a los cuales no había sido enseñada la verdad más alta, en la respuesta que da el ciego; tan simple y solemne, tan comprensiva en sus consecuencias y con todo tan inadecuada en sí misma: «Que es un profeta». Quedaba solamente una posibilidad. Después de todo, el hombre es posible que no hubiera sido realmente ciego, y ellos podían, examinando a los padres, averiguar algo acerca de su condición original que explicara la pretendida cura. Pero en este punto tan importante los padres, por temor a la ira de los fariseos, se mantuvieron inconmovibles. El hijo *había* nacido ciego; pero respecto a la manera de la curación no podían ofrecer opinión alguna. Así que, como ocurre con frecuencia, las maquinaciones de los enemigos de Cristo llevaron a resultados opuestos a los que buscaban. Porque el valor evidencial de su atestación de la ceguera del hijo era manifiestamente proporcional a su temor de propasarse y dar testimonio en favor de Cristo, sabiendo bien cuál iba a ser el resultado.

Pues para personas de una pobreza tan extrema como para permitir que su hijo se ganara la vida mendigando,[3] la consecuencia de ser «echados fuera de la sinagoga» o expulsados de la congregación[4] –pues éste iba a ser el castigo de todo el que confesara que Jesús era el Mesías–, habría sido terrible. Los escritos talmúdicos hablan de dos, o, mejor diríamos, de tres clases de «excomunión», de las cuales las dos primeras son principalmente disciplinarias, en tanto que la tercera era realmente un «echar fuera» de la Sinagoga, un «cortar de la congregación».[5] La designación general[6] para la «excomunión» era *Shammatta*, aunque, según su significado literal, el término se aplicaría solamente a la forma más severa de ellas.[7] El primer grado, y el más leve, era el llamado *Neziphah* o *Neziphutha*; propiamente una reprensión. En general, su duración se extendía a más de siete días; pero si era pronunciada por el Nasi, o jefe del Sanedrín, duraba treinta días. En tiempos posteriores, sin embargo, sólo permanecía durante un día sobre la persona culpable (Moed K. 16 *a* y *b*). Quizá Pablo se refería a esta «reprensión» en la expresión que usa para un anciano que falta (1 Ti. 5:1). Sin duda, adoptó la práctica de Palestina,[8] cuando dijo que no quería que un anciano fuera «reprendido», sino que se le exhortara. En Palestina la orden era que un rabino que faltaba debía ser azotado en vez de excomulgado (Moed K. 17 *a;* Nedar. 7 *b;* Pes. 52 *a*). No obstante, otra instrucción dada por Pablo evidentemente se derivó de esta reglamentación de la Sinagoga, aunque aplicada en un espíritu muy diferente. Cuando el apóstol escribió: «A un hereje después de la primera y la segunda advertencia recházalo», tiene que haber pensado en el *segundo grado* de excomunión judía, la llamada *Niddui* (del verbo echar, expulsar). Ésta duraba treinta días por lo menos, aunque entre los babilonios duraba solo siete días (Moed K. 16 *a*). Al término de este período había una «segunda admonición», que duraba otros treinta días. Si aún no se había arrepentido, era pronunciada la tercera excomunión, o sea la real, que era llamada *Cherem* o bando y cuya duración era indefinida. La sentencia menor la podían pronunciar tres personas, o incluso una con la debida autoridad. La gran excomunión *(Niddui)* –que por suerte solamente podía ser pronunciada en una asamblea de diez– tiene que haber sido terrible, acompañada de maldiciones (Moed K. 16 *a;* Shebh. 36 *a;* Bab. Mez. 59 *b*);[9] y en un período posterior, algunas veces proclamada con el sonido de un cuerno (Shebh. 36 *a;* Sanh. 107 *b.* Chesronoth haShas, p. 25 *b*). Si la persona sobre la que recaía ocupaba una posición honrosa, era costumbre intimar la sentencia de una forma eufemística como: «Me parece a mí que tus compañeros se separarán de ti». Aquél a quien se dirigían, de este modo u otro similar, entendería muy bien lo que se le decía. A partir de entonces se sentaría en el suelo, y su conducta sería la de uno en solemne duelo. Se dejaría crecer la barba y el pelo de forma desgreñada; no se bañaría ni se ungiría; no sería admitido a una asamblea de diez hombres, ni a oraciones públicas, ni a la Academia; aunque podía enseñar o ser enseñado si se trataba de un sólo individuo. Es más, como si fuera un leproso, la gente se mantendría a una distancia de cuatro codos de él. Si moría, se echaban piedras sobre su ataúd y no se le permitía el honor de un entierro corriente ni se podía hacer duelo por él. Aún más terrible que la *Niddui* era la excomunión final, o *Cherem,* en que se colocaba un bando de duración indefinida sobre un hombre. A partir de entonces era como muerto. No se le permitía estudiar con otros, ni tener relación alguna con los demás, ni siquiera se le indicaba la dirección para ir a un sitio. Podía comprar lo necesario para vivir, pero estaba prohibido comer o beber con esta persona (comp. 1 Co. 5:11).

Podemos comprender hasta qué punto todo el mundo temería estar bajo un anatema semejante. Pero cuando recordamos lo que significaba para personas del nivel de vida pobres en extremo como eran los padres de este ciego, no

3. Nos llevaría demasiado lejos entrar en detalles. La abstención de pedir limosnas estaba en proporción al deber de darla. Sólo una necesidad extrema justificaba el mendigar, y el solicitarlo sin necesidad o simular una enfermedad a este propósito, habría dado lugar a un castigo merecido del culpable.

4. ἀποσυνάγωγος γίνεσθαι.Ver también Juan 12:42; 16:2.

5. En Jer. Moed K. 81 *d,* línea 20 desde arriba: יבדל מקהל הוא.

6. Tanto Buxtorf como Levy han dejado esto bien claro, pero hay autoridades judías que consideran que ésta es la peor clase de bando o excomunión.

7. Levy lo deriva de שמר, destruir, desarraigar. Las derivaciones rabínicas en Moed K. 17 *a* no son nada más que un juego sobre la palabra.

8. Hubo ciertamente muchas excepciones de esta regla, inclusive en Palestina. Entre los judíos de Babilonia la regla no existía.

9. Buxtorf nos recuerda aquí 1 Corintios 5:5.

nos sorprendemos de que evitaran contestar a la pregunta del Sanedrín. Y si nos preguntamos bajo qué base se podía infligir un castigo tan terrible, en todo tiempo y en todo lugar –porque una vez pronunciado se aplicaba en todas partes–, simplemente por la confesión de Jesús como el Cristo, la respuesta no es difícil. Los rabinistas enumeran veinticuatro motivos para la excomunión, de los cuales, más de uno eran útiles para los fariseos. Pero en general, el resistir la autoridad de los escribas, o alguno de sus decretos, o descarriar a otros de los «mandamientos», o lo que era considerado como la profanación del Nombre divino, era suficiente para incurrir en el bando. Hay que tener presente que la excomunión hecha por el presidente del Sanedrín se extendía a toda clase de lugares y personas (Jer. Moed K. 81 *d,* hacia la mitad).

Como no se podía sacar nada de los padres, el que había sido ciego fue citado ante los fariseos. Ya no era posible inquirir sobre la realidad de la supuesta ceguera ni preguntarle acerca de la cura, sino simplemente exigirle una retractación, aunque ésta fue puesta de una forma especiosa. Tú has sido curado; confiesa que fue sólo por la mano misericordiosa de Dios que te fue extendida,[10] y que «este hombre» no tiene nada que ver con ella, excepto el que la coincidencia haya sido permitida para poner a prueba la fe de Israel. No podía haber sido obra de Jesús, por el hecho de que sabían que aquel hombre era «un pecador». De las dos alternativas prefirieron la de la absoluta corrección de sus propias tradiciones sabáticas, contra la evidencia de los milagros de Él. Virtualmente pues, esto era la condenación de Cristo y la apoteosis del tradicionalismo. Y con todo, aunque la conclusión sea falsa, había algo de verdad en sus premisas, ya que juzgaban los milagros por la evidencia moral con respecto a Aquél a quien consideraban que los había hecho.

Pero el que había sido curado de su ceguera no estaba dispuesto a traicionar con una repulsa así a aquel que había sido su gran Médico. La simplicidad y sinceridad de sus convicciones le permitieron incluso ganar una victoria lógica. Fue él ahora el que hizo la pregunta sobre la cuestión que ellos habían iniciado; y nos admiramos tanto más cuando recordamos las consecuencias en que incurría este pobre hombre al desafiar así a los fariseos. Frente a su opinión sobre Jesús, respecto a la cual ni él ni otros tenían un conocimiento directo,[11] estaba el hecho indiscutible de su curación sobre la cual él *tenía* conocimiento personal. La encuesta renovada ahora por los fariseos, respecto a la manera en que Jesús le había sanado (Jn. 9:26), tendría por objeto inducir al hombre a una confesión positiva o a sacarle algo demónico en el modo de la cura. El ciego, ahora, tenía toda la ventaja. Ya les había dicho todo lo que tenía por decir, ¿para qué empezar otra vez? Como dice él con algo de su ironía: ¿Era porque se daban cuenta de lo falso de su posición, y que querían hacerse sus discípulos? Heridos en lo vivo, perdieron el aplomo, y con ello su derrota moral se hizo completa. «Tú eres discípulo de ése, pero nosotros (según su frase favorita) somos discípulos de Moisés.» La divina misión de Moisés la reconocían, pero de la misión de Jesús no sabían nada (v. 29). Ahora el hombre sin letras tenía una clara ventaja en la controversia. «Eso era lo asombroso», que los líderes de Israel se confesaran ignorantes de la autoridad de uno que tenía poder para abrir los ojos de los ciegos, «una maravilla» que nunca antes había sido presenciada. Si Él tenía este poder, ¿de *dónde* lo había obtenido, y *por qué?* Únicamente podía venirle de Dios. Ellos decían que era pecador; y, con todo, no había principio repetido con más frecuencia por los rabinos (Ber. 6 *b;* Taan. iii. 8; Sukk. 14 *a*; Yoma 29 *a*) que el que afirmaba que las respuestas a la oración dependían de que un hombre fuera «devoto» en hacer la voluntad de Dios. Sólo cabía llegar a una conclusión: Si Jesús no tenía autoridad divina, no podía haber tenido poder divino.

Este argumento no lo podían contestar, y en el hecho de que era incontestable se nos muestra no ya el propósito, sino la fuerza evidencial de los milagros de Cristo. En un sentido los milagros no tenían propósito o, mejor dicho, su propósito eran ellos mismos, ya que declaraban el irrumpir de su poder y la manifestación de su ser y misión, de la cual formaban parte en cuanto aplicada a las cosas físicas. Pero el verdadero razonamiento de este hombre sin letras que confundió la sagacidad de los sabios, muestra el efecto de estas manifestaciones en aquellos corazones que estaban abiertos a la verdad. Los fariseos no tenían nada que contestarle y, como no es infrecuente en casos análogos, sólo podían lanzarle, en su furor, acerbos reproches. ¿Iba él a enseñarles –él, cuya misma enfermedad mostraba que había sido concebido y nacido en pecado, y que desde su nacimiento había vivido entre pecadores ignorantes– que descuidaban la Ley?

Pero había otro que observaba y le conocía: Aquél a quien él se había atrevido a confesar, en cuanto le conocía, y por quien estaba contento de sufrir. Ahora va a tener la recompensa de su fe, es más, su cumplimiento; y así será manifestado en todos los tiempos, que cuando seguimos y procuramos acercarnos a la mejor luz, ésta surge ante nosotros en todo su esplendor, y aquella fidelidad en lo poco rinde grandes servicios y mayordomía. Jesús le busca con ternura allí donde se halla (Jn. 9:35); y al hallarle le pregunta si la convicción de su experiencia estaba ya creciendo y haciéndose una fe mayor que aceptara lo no visto todavía: «¿Crees tú en el Hijo de Dios?». Él había tenido una experiencia personal de Él; ¿no era de las que llevan a una fe más elevada? Y ¿no es siempre así, que la fe más elevada se basa en la convicción de la experiencia personal: que creemos en Él como el Hijo de Dios porque le experimentamos como enviado de Dios, que tiene poder divino y que ha abierto los ojos de los que han nacido ciegos, y el que ha hecho por nosotros lo que no había sido hecho por nadie más en el mundo? Así que la fe es siempre hija de la experiencia y, al propio tiempo, el origen de la misma; la fe no es sin experiencia y, con todo, va más allá de la experiencia; la fe no es sobreseída por la experiencia, pero es hecha razonable por la misma.

A una fe así sólo le faltaba la palabra de Cristo para dirigirla. «¿Quién es, Señor, para que crea en Él?» (Jn. 9:36). Parece como si la pregunta de Jesús hubiera estimulado en él la convicción de cuál era la respuesta debida. Casi como de un manantial de aguas vivas, las palabras brotan alegres de lo más íntimo del corazón, y la mirada se dirige expectante a Jesús. A esta disposición para la fe solamente cabía una respuesta. Jesús le contestó en el lenguaje más sencillo que Él había usado nunca, y con una inmediata confesión de fe implícita el hombre le adoró humildemente.[12] Y así

10. La idea común (Meyer, Watkins, Westcott) es que la expresión «Da gloria a Dios» era meramente una fórmula de solemne conjuración como Josué 7:19. Aun así, como hace notar el canón. Westcott, implica: «Esta curación fue debida directamente a Dios».

11. En el original: «Si es un pecador, yo no lo sé. Una *cosa* sí sé, que antes era ciego y ahora veo».

12. προσεκύνησεν. La palabra no la usa nunca Juan como mero respeto para el hombre, sino siempre implica adoración divina. En el Evangelio ocurre en 4:20-24; 9:38; 12:20; y veintitrés veces en el libro del Apocalipsis, pero siempre en el sentido de adoración.

ocurrió que la primera vez que vio a su Liberador fue para adorarle. Era el estadio más elevado que había alcanzado. ¡Qué contraste esta fe y adoración del pobre hombre sin letras, un tiempo ciego y ahora viendo en todos sentidos, con la ceguera en el juicio que había caído sobre aquellos que eran los líderes de Israel! (v. 39). La causa, tanto de lo uno como de lo otro, era la persona de Cristo. Porque nuestra relación con Él determina la visión o la ceguera cuando, o bien aceptamos la evidencia de lo que Él es por lo que indudablemente hace, o la rechazamos porque tenemos conceptos falsos de Dios y de cuál es su voluntad para nosotros. Y así, del contacto con Cristo resulta el «juicio» (v. 39).

Había algunos que todavía le seguían –no convencidos por Él, pero tampoco decididos contra Él–: fariseos que habían entendido muy bien el sentido y aplicación de sus palabras. De modo formal había sido una lucha entre el tradicionalismo y la obra de Cristo. Éstos eran igualmente tradicionalistas; ¿estaban también ciegos? Sí, le habían entendido mal al dejar fuera el elemento *moral,* mostrando así que ellos también eran ciegos. Suya era la calamidad de la ceguera; pero además, una ceguera de la cual eran culpables y responsables (v. 41), pues era el resultado de una elección suya deliberada: por tanto, ¡su pecado –no sólo su ceguera– permanecía en ellos!

Capítulo 10
(Juan 10:1-21)

El «Buen Pastor» y su «rebaño único». Último discurso en la Fiesta de los Tabernáculos

Las últimas palabras que Jesús había dicho a estos fariseos que le seguían respiran la tristeza del inevitable juicio próximo, más que la desesperanza de la increpación. Y el discurso que siguió, antes de abandonar una vez más Jerusalén, es del mismo carácter. Parece como si Jesús no pudiera partir de la ciudad en santa indignación, sino siempre y sin excepción entre lágrimas. Todos los tópicos de sus primeros discursos son ahora resumidos y aplicados. No son ablandados o modificados en forma alguna, sino pronunciados en acentos de tristeza amorosa más bien que de admonición reprobatoria. Esta relación con el pasado muestra que el discurso fue pronunciado inmediatamente después y en conexión con los sucesos registrados en los capítulos precedentes. Al mismo tiempo, el tono adoptado por Cristo nos prepara para su ministerio en Perea, que puede ser descrito como el último y la más plena expresión de su intensa compasión. Ésta, en contraste con lo que exhibían los gobernantes de Israel y que pronto iba a traer un terrible juicio sobre ellos. Pues si estas cosas se hacían al «árbol verde» del Mesías-Rey de Israel, ¿cuál sería el fin de la madera seca de la comunidad y de las instituciones de Israel?

Estaba en consonancia con el carácter del discurso que ahora tenemos bajo consideración que Jesús lo dijera, no ciertamente en parábolas en el sentido estricto (porque el cuarto Evangelio no registra ninguna), sino en forma de una alegoría,[1] en forma de parábola (Jn. 10:6), escondiendo las verdades más elevadas de aquellos que teniendo ojos no habían visto, pero revelándolas a aquellos cuyos ojos habían sido abiertos. Si las escenas de los pocos días finales habían aclarado algo, se trataba de la total falta de aptitud de los maestros de Israel para la obra que profesaban hacer de alimentar el rebaño de Israel. Los rabinistas también llamaban a sus líderes espirituales «alimentadores», *Parnasin* (פרנסין), un término por medio del cual el Targum traduce algunas de las referencias a los «pastores» de Ezequiel 34 y Zacarías 11.[2] El término comprendía las dos ideas de «dirigir» y «alimentar», sobre las que de modo separado se insiste en la alegoría del Señor. Cuando pensamos en ella, no hallamos mejor ilustración ni podría haber ninguna más apta para aquellos a quienes ha sido confiado «el rebaño de Dios». No había, pues, necesidad de que hubiera un pastor a la vista, como dicen algunos, para explicar la forma de mensaje de Cristo (Jn. 10:1-5). Solo se requería recordar el lenguaje del Antiguo Testamento sobre el pastorear de Dios, y el de los malos pastores, para hacer la aplicación a lo que había sucedido recientemente. Sin la menor duda, no eran pastores los que echaban al ciego de nacimiento curado, o que juzgaban del mismo modo a Cristo y habrían echado a todos sus discípulos. Habían entrado en el aprisco de Dios, pero no por la puerta por la cual el dueño, Dios, había hecho entrar al rebaño en el redil. Para éste, la entrada había sido su amor generoso y libre, su provisión de gracia, sus pensamientos de perdón, su propósito de misericordia salvadora. Ésta era la puerta del Antiguo Testamento de Dios a su redil. Los gobernantes de Israel no habían entrado por esta puerta como se había visto recientemente. Éstos tenían que haber subido por otra parte y ocupado su lugar en el redil con el mismo derecho o el mismo entuerto que lo hace un ladrón o un salteador. Se habían apoderado injustamente de lo que no les pertenecía, con astucia y sigilosamente, como los ladrones; se lo habían apropiado usurpándolo con violencia, como un salteador. ¿Qué descripción más exacta podía darse de los medios por los cuales los fariseos y saduceos habían conseguido el gobierno del rebaño del Señor y se lo habían apropiado? Y lo que era la verdad respecto a ellos lo era también de todos aquellos que, como ellos, entran «por alguna otra Puerta».

¡Qué diferente es en Él, que viene y nos guía a través de la puerta divina de la misericordia del pacto y de la promesa del Evangelio: la puerta por la cual Dios ha hecho entrar –y siempre lo hace– a su rebaño dentro de su redil! Éste era el verdadero pastor. La alegoría, sin embargo, no puede aplicarse demasiado en detalle; pero cuando recordamos la forma en que en Oriente los rebaños son llevados por la noche a un gran redil y se hace cargo del mismo un pastor encargado, podemos comprender que, cuando un pastor llega por la mañana, «el portero» o «guardián» de la puerta[3] le abre. Al interpretar la alegoría no hay que poner demasiado énfasis en ninguna frase en particular, sea el «portero», la «puerta» o «la apertura», sino en el conjunto. Si el pastor llega a la puerta, el portero se apresura a abrirle desde dentro para que pueda hacerse cargo de su rebaño; y cuando un verdadero pastor espiritual llega a la verdadera puerta espiritual, el guardián se la abre desde dentro, esto es, halla el acceso libre al instante. Es igualmente gráfico el progreso de la alegoría. Habiendo llegado hasta su rebaño no ha sido para robarlo, sino que el pastor conoce a cada una y la llama por su nombre y se las lleva fuera. Notemos que en la expresión «cuando ha *sacado* todas las suyas»[4] la palabra es muy fuerte. Porque tienen que salir una tras otra, y tal vez no están dispuestas a salir cada una por sí sola, o incluso a salir de aquel redil, por lo que Él «las saca» o hace salir, y «hace salir a todas las que son suyas». Entonces el pastor oriental se coloca delante del rebaño y va delante de ellas, guiándolas, asegurándose de que le siguen simplemente por medio de su voz que ellas conocen. Así sigue a Cristo su rebaño, porque conoce su voz, y es en vano que los extraños traten de descarriarlas tal como intentaban los fariseos. No era la voz conocida de su propio pastor, y ellas no los seguirían (Jn. 10:4, 5).

No tenemos por qué maravillarnos de que los que oyeron esta alegoría no la entendieran, porque no eran de su rebaño y no conocían su voz. Pero los suyos la conocían y la conocerían para siempre. «Por tanto» (v. 7), así por amor tanto a las unas como a las otras, Jesús continuó, dividiendo ahora para mayor claridad las dos ideas principales de su alegoría y aplicándolas cada una por separado para mayor

1. La palabra no es parábola, sino παροιμία, proverbio o alegoría. Sobre las características esenciales de las parábolas, ver Libro 3, cap. XXIII.

2. La figura de un pastor es familiar en la literatura rabínica y también en la bíblica. Comp. Bemid. R. 23; Yalk. i., p. 68 *a*.

3. Ésta es la manera exacta de traducirlo: el que cierra la puerta por dentro y la guarda.

4. Ésta es la traducción literal.

«Si el pastor llega a la puerta, el portero se apresura a abrirle desde dentro para que pueda hacerse cargo de su rebaño; y cuando un verdadero pastor espiritual llega a la verdadera puerta espiritual, el guardián se la abre desde dentro, esto es, halla el acceso libre al instante.»

En esta representación del Buen Pastor podemos reconocer el arte paleocristiano característico de finales del Imperio. Se encuentra en el Museo Pio Cristiano y fue esculpida con probabilidad en el siglo IV.

conveniencia. Estas dos ideas eran: *entrada* por la *puerta*, y las características del *buen pastor;* dando con ello una doble prueba por la que pudieran distinguir lo verdadero de lo falso.

1. *La puerta.* Cristo era la puerta (vv. 7-9). La entrada en el redil de Dios y en el rebaño de Dios era sólo por medio de aquello, de lo que Cristo era la realidad. Y siempre ha sido así. Todas las instituciones del Antiguo Testamento, profecías y promesas por lo que se refería al acceso al redil de Dios, hallaban su significado en Cristo. Y todos los que fueron antes que Él –fueran fariseos, saduceos o nacionalistas–, éstos eran sólo ladrones y salteadores: ésta no era la puerta de entrada en el Reino de Dios. Y las ovejas, el rebaño de Dios, no les oyeron; porque aunque ellos hacían ver que guiaban al rebaño, su voz era la de extraños. La transición ahora a otra aplicación de la idea alegórica de la «puerta» era natural y casi necesaria, aunque parece un poco abrupta. Incluso en esto es peculiarmente judía. Hemos de entender esta transición como sigue: Yo soy la puerta; aquellos que profesan otra cosa para ganar acceso al redil han subido por algún otro camino. Pero si yo soy el único, soy verdaderamente la puerta. Y dejando esta figura, si alguno entra por Mí será salvo, podrá entrar y salir seguro (no hay que apurar demasiado las figuras), en el sentido de tener libertad y encontrar pastos.

2. Esto forma también la transición a la segunda idea básica de la alegoría: el *Verdadero y Buen Pastor.* Aquí notamos un cuádruple progreso del pensamiento, que nos recuerda la poesía del libro de los Salmos. Hay el pensamiento expresado en una línea o un pareado que es llevado adelante y desarrollado en el próximo, formando lo que se llaman los Salmos de Ascenso o «de Grados». Y en el discurso de Cristo también el pensamiento final de cada par de versículos es llevado adelante, o más bien hacia arriba en el texto. Así, tenemos aquí un Salmo de grados referente al Buen Pastor y su rebaño y, al mismo tiempo, una versión novotestamentaria del Salmo 23. En consecuencia, su análisis podría formularse de la siguiente manera:

1) *Cristo, el Buen Pastor, en contraste con los otros que pretenden ser los pastores, falsamente* (v. 10). Éstos sólo pensaban en ellos mismos, y procuraban su bienestar incluso a costa de las ovejas, de su vida y seguridad. Él «vino» para ellas, para darles, no quitarles, «para que tengan vida y abundancia».[5]

«*Vida*»; es decir, para que puedan tenerla, yo «*pongo*» *la mía*. Así que se ve que «yo soy el Buen[6] Pastor».[7]

2) *¡El Buen Pastor que pone su vida por sus ovejas!* Qué contraste con el mero asalariado, al cual no pertenecen las ovejas, y que huye a la vista del lobo (peligro), «y el lobo las arrebata y las dispersa (al rebaño); (él huye) porque es un asalariado y no tiene cuidado de las ovejas». El símil del lobo no debe esperarse que sea preciso, pero tomado en sentido general, señala el contraste con Aquél que «pone su vida por sus ovejas».[8]

Verdaderamente Él es –se ve que es– «el Buen Pastor», del cual son las ovejas, y como tal, dice: «*Yo conozco a las mías*, y las mías me conocen, como el Padre me conoce y yo conozco al Padre. Y *pongo mi vida por las ovejas*».

3) *¡Por las ovejas que son mías, a las cuales yo conozco, y para las cuales pongo mi vida!* Pero estas ovejas no son sólo las «de este redil», no todas son del «redil» judío, sino también las hay esparcidas entre los gentiles. Éstas tienen todas las características del rebaño: son suyas, oyen su voz, pero hasta aquí se hallan fuera del redil. A éstas el Buen Pastor «debe guiar», y, como evidencia de que son suyas, cuando Él las llama y Él va delante de ellas, ellas oirán su voz y de este modo, ¡oh gloriosa consumación!, «habrá un solo rebaño y un solo pastor».

Y así se ha logrado el gran objetivo del Antiguo Testamento, y «las buenas nuevas de gran gozo», que proceden de Israel, «son para todo el pueblo». El Reino de David, que es el Reino de Dios, es establecido sobre la tierra y abierto a todos los creyentes. No podemos por menos que tomar nota –aunque parece casi detraer de ello– de lo diferente de las ideas judías que es este reinado con el Rey-Pastor, que conoce y que pone su vida por las ovejas, y que guía a los gentiles no a la sumisión ni a la inferioridad, sino a una igualdad de fe y de privilegios, quitando a los judíos de su redil especial y guiando a los gentiles, y haciendo de ambos «un solo rebaño». ¿De dónde sacó Jesús de Nazaret estos pensamientos y modos de ver, tan por encima de todos sus contemporáneos?

Pero, por otra parte, son pensamientos que tampoco son gentiles en absoluto, si por el término «gentil» significamos las «iglesias gentiles» en antagonismo a los cristianos judíos como cierta escuela de críticos quisiera presentarlos, que achaca el origen de este Evangelio a esta separación. Un Evangelio escrito en este espíritu nunca habría hablado de esta manera de la relación mutua de judíos y gentiles hacia Cristo y la iglesia. Las sublimes palabras de Jesús son solo compatibles con una suposición: que verdaderamente es el Cristo de Dios. Es más, aunque los hombres han estudiado y dado vueltas a estas palabras durante dieciocho siglos y medio, todavía no han llegado a esto: «Habrá un rebaño y un pastor».

4) Al llegar al paso final del «ascenso» (Jn. 10:17, 18), las ideas-guía de todo el discurso son recogidas y llevadas a este pensamiento último y más elevado. ¡*El Buen Pastor que congrega este rebaño*! Sí, al poner su vida, pero también al tomarla otra vez. Las dos cosas son necesarias para la obra del Buen Pastor; es más, la vida es ofrecida en sacrificio para que pueda ser vuelta a tomar, y más plenamente aún, en el poder de la resurrección. Y por tanto su Padre le ama como el Mesías-Pastor, que tan plenamente hace la obra que se le ha encomendado y que tan completamente se entrega a sí mismo.

Su muerte, su resurrección; ¡que nadie se imagine que son impuestas desde fuera! Son su propio acto. Él tiene «poder» con respecto a una y otra, y las dos son suyas, actos divinos, voluntarios y soberanos.

Y esto, todo esto, a fin de ser el Pastor-Salvador: para morir y resucitar por su rebaño, y de este modo recogerlos a todos –judíos y gentiles– en un rebaño, y para ser su Pastor. Ésta era la misión, ni más ni menos, que Dios le había

5. Como indica el canón. Westcott, «esto señala a algo más que a vida».

6. Literalmente «hermoso». Como expresa el canón. Westcott, «no solo bueno interiormente (ἀγαθός) sino también bueno al percibirlo (καλός)».

7. Esto había de parecer aún más sorprendente por el hecho de que, según la ley rabínica, un pastor no es llamado a exponer su propia vida por la seguridad del rebaño, ni es responsable en un caso así. El punto de vista opuesto depende de haber entendido mal una frase citada por Bab. Mez. 93 *b.* Como indica el contexto, si un pastor deja su rebaño, y en su ausencia viene el lobo, el pastor es responsable, pero sólo porque no debería haber dejado el rebaño y tenía que estar a su lado e impedir el accidente. Pero en caso de ataque por una *fuerza superior, no* es responsable de su rebaño.

8. Ver la *NOTA* importante al final de este capítulo.

encomendado; éste era «el *mandamiento*» que había recibido directamente de su Padre: *lo que Dios le había dado para hacer* (Jn. 10:18).

Era un noble final a una serie de discursos en el Templo que tuvo por objeto mostrar que Él era verdaderamente enviado de Dios.

Y hasta cierto punto, alcanzaron este objetivo. A algunos, ciertamente, les parecieron ininteligibles, incoherentes, locura; y volvieron a emplear su explicación predilecta para este extraño drama: ¡Demonio tiene! Pero otros deseamos que hubieran sido muchos, que no eran sus discípulos todavía, cuyos corazones fueran rectificados por estas palabras. Y ¿cómo podían resistirse a la impresión? «Estas palabras no son de endemoniado»; y, luego, acordándose: «¿Puede el demonio abrir los ojos de los ciegos?».

Y así, una vez más, la luz de sus palabras y su persona cayó sobre sus obras y, como siempre, reveló su carácter y las dejó claras.

NOTA. Parece bien, aquí, una especie de *Postscriptum* para llamar la atención a lo que no habría sido posible insertar en el texto sin romper su unidad; y, con todo, es demasiado importante para relegarlo a una ordinaria nota al pie. En Yoma 66 *b*, líneas 18 a 24 desde arriba, tenemos una serie de preguntas dirigidas al rabino Eliezer ben Hircanos, cuyo objeto –según me parece– era poner a prueba sus ideas acerca de Jesús y su relación con la nueva doctrina. El rabino Eliezer, uno de los mayores rabinos, era el cuñado de Gamaliel II, el hijo de aquel Gamaliel a cuyos pies se había sentado Pablo. Por tanto, puede muy bien haber conocido al apóstol. Y tenemos indudable evidencia de que tuvo relación con cristianos judíos, y se complació en enseñarles; y además era acusado de favorecer al Cristianismo. Bajo estas circunstancias, la serie de preguntas encubiertas, enigmáticas que se nos cita, como dirigidas a él, consiguen nuevo interés. Sólo puedo repetir que las considero como referentes a la persona y palabras de Cristo. Una de estas preguntas dice: «¿Es un deber recto y apropiado que el pastor salve a un cordero de un león?». A esto el rabino da (como siempre en esta serie de preguntas) una respuesta evasiva, como sigue: «Me habéis preguntado sólo sobre el cordero». A continuación viene la siguiente pregunta, supongo que con miras a forzar una respuesta expresa: «¿Es recto y apropiado salvar al pastor del león?»; y a ello el rabino contesta una vez más: «Me habéis preguntado sólo sobre el pastor». Así como las palabras de Cristo, a las cuales se hace referencia velada, tienen únicamente significado cuando las dos ideas de la oveja y el pastor son combinadas, el rabino, al dividirlas, astutamente evita dar una respuesta a los que le interrogan. Pero se nos ocurren estas inferencias, todas ellas de gran importancia:

1) Considero que las preguntas citadas antes, contienen una referencia clara a las palabras de Cristo en Juan 10:11. Verdaderamente, toda la serie de preguntas a la cual pertenecen las anteriores se refiere a Cristo y sus obras.

2) Proyecta una luz peculiar, no sólo sobre la historia personal de este gran rabino, el cuñado del patriarca Gamaliel II, sino una luz colateral sobre la historia de Nicodemo. Naturalmente, estas respuestas evasivas son del todo indignas de un discípulo de Cristo y por completo incompatibles con la atrevida confesión que debe caracterizar a los tales. Pero surge la cuestión, discutida ahora con frecuencia seriamente por los escritores judíos: cuántos rabinos y legos pueden haber estado cerca en su creencia de Cristo, y, con todo –por lo menos en demasiados casos–, se quedaron cortos del discipulado; y también la cuestión referente a la relación entre la iglesia primitiva y los judíos, sobre la cual podrían decirse no pocas cosas de gran interés, aunque no en este momento.

3) Críticamente también, la cita es de la más profunda importancia. Porque ¿no *proporciona una referencia* –y ésta en los labios de judíos– *respecto al cuarto Evangelio, y que está hacia el fin del primer siglo?* Hay aquí algo que los oponentes a su genuinidad y autenticidad tendrían que contestar.

Hay otra serie de preguntas alegóricas similares en relación con el rab. Josué b. Chananya, registradas en Bechor. 8 *a y b*, pero contestadas por el rabino en un sentido *anticristiano*. Véase Mandelstamm, *Talmud. Stud.*, 1. Pero Mandelstamm va demasiado lejos en su modo de ver el significado puramente alegórico, sobre todo en la parte introductoria.

Capítulo 11

(Mateo 12:22-45; Lucas 11:14-36)

Los primeros discursos en Perea

Fue bueno que Jesús, de momento, hubiera partido de Jerusalén con las palabras que hemos comentado. Resonarían en los oídos de sus oyentes como huele el olor del incienso que se ha desparramado por el ambiente. Incluso «el cisma» que había tenido lugar entre ellos (Jn. 10:19) respecto a su persona le hizo posible no sólo continuar su enseñanza, sino regresar a la ciudad una vez más antes de su entrada final. Porque su ministerio en Perea, que se extendió desde la Fiesta de los Tabernáculos a la semana que precedió a la última Pascua, fue, por así decido, partido en dos por la breve visita de Jesús a Jerusalén en la Fiesta de la Dedicación (Jn. 10:22-39). Así, cada una de las dos partes del ministerio de Perea duraría unos tres meses; la primera, desde el fin de septiembre al mes de diciembre (año 28 d.C.); la segunda, desde este período al principio de abril (año 29 d.C.). De estos seis meses no tenemos otro relato que el provisto por Lucas (11:14 a 17:11, excepto la información solitaria de Mt. 12:22-45),[1] si bien, como es costumbre, los incidentes de Jerusalén y Judea del mismo son descritos por Juan (10:22-42; 11:1-45; 11:46-54). Después de esto tenemos que dar cuenta de su viaje en la última Pascua, que es mencionado con más o menos detalle en los tres Sinópticos.

Se notará que esta sección carece, de modo peculiar, de *incidentes*. Consiste casi exclusivamente en discursos y parábolas, con algunos relatos cortos intercalados. Y esto no sólo a causa de la temporada del año tiene que haber hecho difícil ir de un lado al otro, y por ello obstaculizado la introducción de escenas y personas nuevas, sino, principalmente, debido al carácter de su ministerio en Perea. Recordamos que, de modo similar, el comienzo del ministerio de Cristo en Galilea había estado caracterizado sobre todo por discursos y parábolas. Además, después de lo que había pasado y ahora debía de ser bien conocido, los hechos ilustrativos no tenían tanta importancia para ser requeridos en Perea. De hecho, su ministerio en Perea fue en lo esencial emprender de nuevo su primitivo ministerio en Galilea, sólo que modificado e influido por el conocimiento mucho más pleno que el pueblo tenía de Cristo, y la enemistad más desarrollada de los líderes. Esto explica la repetición, aunque en forma más plena, o por lo menos modificada, de muchas cosas registradas en la parte anterior de esta historia. Así, para empezar, podemos comprender que Él quisiera repetir, en este estadio inicial de su ministerio en Perea como en el de Galilea, cuando se le pidió instrucción respecto a la oración, las palabras sagradas conocidas desde entonces como la Oración Dominical o Padrenuestro. Las variaciones son tan ligeras que se pueden explicar fácilmente por la individualidad del que informa.[2] Proporcionan, sin embargo, la ocasión para hacer notar dos diferencias principales. En Lucas, la oración es para el perdón de los «pecados», en tanto que Mateo usa el término hebraico «deudas», que ha pasado incluso a la liturgia judía y denota nuestra culpa como «deuda» (מהוק כל שמרי הובותינו). Además, el «cada día» de Lucas, que aclara la petición del pan, común en ambos (Mateo y Lucas), puede ser ilustrado por la hermosa enseñanza rabínica de que el maná caía sólo para cada día, a fin de que la idea de la dependencia diaria pudiera estimular una fe constante en nuestro «Padre que está en los cielos» (Yoma 76 *a*, líneas 14-16 desde arriba). Otros dichos rabínicos colocan (Sal. 136:24, 25) nuestra nutrición en el mismo nivel que nuestra redención, en lo que se refiere a dar gracias a Dios y por el hecho de que éstas tienen lugar cada día (Ber. R. 20, ed. Vars., p. 39 *b*, última línea). Con todo, un tercer dicho rabínico (Ber. R. 97) nota el modo peculiar en que tanto la nutrición como la redención son siempre citadas en la Escritura (en expresiones reduplicadas), y que en tanto que la redención tuvo lugar mediante un ángel (Gn. 48:16), la nutrición es atribuida directamente a Dios (Sal. 145:16).

Pero volvamos a nuestro punto. Desde la expresión introductoria: «Cuando (o siempre que) oréis, decid», nos atrevemos a inferir que esta oración tenía por objeto, no sólo ser un modelo, sino proporcionar las palabras para el uso futuro de la Iglesia. No obstante, puede hacerse otra clase de sugerencia. La petición: «Señor, enséñanos a orar, como también Juan enseñó a sus discípulos» (Lc. 11:1), parece indicar cuál era este «cierto lugar» que, consagrado ahora por la oración de nuestro Señor, pasó a ser la escuela para la nuestra. Parece, por lo menos, probable que la alusión de los discípulos al Bautista puede haber sido debida a la circunstancia de que la localidad en que se encontraban hubiera sido la escena de las labores de Juan, naturalmente en Perea. La nota sobre el lugar es más interesante por el hecho de que Lucas raramente indica localidades. En realidad, nos deja en la ignorancia incluso de cuál fue el lugar central del ministerio de Cristo en Perea, aunque tiene que haber habido uno. Por lo general, hay que pensar que los sucesos en Lucas son narrados en orden cronológico. Pero sus discursos y parábolas e incidentes están todos mezclados, por lo que será mejor, en una obra como la presente, por amor a la claridad y la brevedad, separarlos y agruparlos en cuanto sea posible. En consecuencia, este capítulo estará dedicado a dar un breve sumario de los discursos del Señor en Perea, previos a su retorno a Jerusalén para la Fiesta de la Dedicación del Templo.

1. El primero de los sucesos fue la ocasión en que echó fuera a un demonio (Lc. 11:14) y el restaurar el habla al endemoniado; o si, como parece probable, la cura es la misma que se registra en Mateo 12:22, el habla y también la vista que probablemente habían sido paralizadas. Éste es uno de los casos en que es difícil decidir si los relatos de diferentes Evangelios, con ligeras variaciones de detalles, representan sucesos distintos o bien diferentes modos de narrarlos. No se necesitan argumentos para demostrar que en lo sustancial un suceso como la curación de un ciego o mudo endemoniado puede, con muchas probabilidades, haber ocurrido en más de una ocasión, y que cuando ocurrió daría lugar a comentarios muy similares por parte de los presentes, y las mismas acusaciones contra Cristo de ser un agente superior demónico, que los fariseos habían formulado ya claramente (ver Libro 3, cap. XXII). Además, cuando ocurrieron sucesos similares, los evangelistas los relatarían naturalmente de manera muy semejante. De ahí que no se sigue que dos relatos similares en Evangelios distintos siempre represen-

1. Las razones de su inserción en esta parte han buscarse en el carácter de este discurso y el contexto del Evangelio de Mateo.

2. La doxología final debería ser omitida en el informe que da Mateo sobre la oración.

ten el mismo suceso. Pero en este caso parece probable. El que ocupe lugar anterior en el Evangelio de Mateo se puede explicar por su posición en un grupo de denuncias contra los fariseos; y la noticia allí de la acusación de ellos de que Jesús era un instrumento de Satanás, probablemente indica el resultado del concilio que habían celebrado para ver cómo destruirle (Mt. 12:14).[3]

A los fariseos respecto a los dos Reinos y su lucha

Es esta acusación de los fariseos la que forma el tema principal del discurso de Cristo, cuyo modo de expresarse es ahora mucho más explícito que antes (Mr. 3:22), ya que la oposición de los fariseos había madurado plenamente. Con respecto a la ligera diferencia en los relatos de Mateo y de Lucas, hacemos notar que como siempre las palabras del Señor son presentadas de modo más pleno por Mateo, en tanto que Lucas suple algunos toques vívidos y gráficos (ver, p.ej., Lc. 11:22, 23). Los siguientes son los rasgos principales de la respuesta de Cristo a la acusación de los fariseos: Primero, no era razonable (Mt. 12:25) y era incompatible con sus propias premisas (vv. 27-30), mostrando que su afirmación de que Cristo era un agente satánico, por lo que hacía, sólo era impulsada por la hostilidad de ellos a su persona. Este modo de devolver el argumento contra el argumentador era peculiarmente hebreo y no implica aserción alguna por parte de Cristo con respecto a si los discípulos de los fariseos expulsaban demonios o no. Mentalmente, podemos añadir: «Según lo que profesáis, vuestros discípulos expulsan demonios. Si es así, ¿por quién los echan?».

2. Pero, en segundo lugar, debajo de esta argumentación lógica se halla una vena más profunda de instrucción espiritual, íntimamente relacionada con la última enseñanza durante los días festivos en Jerusalén. Va dirigida contra los modos de ver endebles, supersticiosos y no espirituales defendidos por Israel, tanto sobre el Reino del mal como el de Dios. Porque si ignoramos el aspecto moral de Satanás y su reino, todo degenera en absurdidades y supersticiones del modo de ver judío con respecto a los demonios y Satanás, y que se describen en detalle en otro lugar.[4] Por otra parte, introduce las ideas del mal moral, de la concentración de su poder en un reino del cual Satanás es el representante y soberano, y de nuestra pecaminosidad inherente que nos hace objetos suyos; y todo se vuelve claro. Entonces, verdaderamente Satanás no puede expulsar a Satanás, pues de otro modo su reino no podría subsistir; luego, también, hay el expulsar a Satán no sólo por «el Espíritu de Dios», o «Dedo»; y esto *es* el Reino de Dios (Mt. 12:25-28). Es más, por su propia admisión, echar fuera a Satanás era parte de la obra del Mesías (Yalk. sobre Is. 9).[5] Así pues, el Reino de Dios les había llegado verdaderamente, porque esto era el Reino de Dios; y Él era el Mesías enviado por Dios, venido no para la gloria de Israel ni para algo externo o intelectual, sino para entablar combate mortal con el mal moral, del cual Satanás era y es el representante. En esta lucha, Cristo como el más fuerte ata al «forzudo», despoja su casa (divide despojos) y le quita la armadura en que se halla su fuerza («él confía»), al eliminar el poder del pecado (Mt. 12:29). Ésta es la obra del Mesías; y por tanto, nadie puede ser indiferente hacia Él, porque teniendo todos por naturaleza una relación determinada con Satanás, como el Mesías ya ha comenzado su obra, debemos también ocupar una relación definida hacia Cristo en su combate con Satanás[6] (v. 30).

Se sigue que la obra de Cristo es una lucha moral que tiene lugar por medio del Espíritu de Dios en que, desde su posición, cada cual tiene que tomar parte. Pero es concebible que un hombre no sólo trate de permanecer pasivo, sino incluso ser activo en el lado del enemigo, y esto no ya porque hable contra Cristo, lo cual podría ser el resultado de la ignorancia o la incredulidad, sino calificando como satánico el objeto de su venida (vv. 31, 32). Una tergiversación tal de lo que es más elevado y más santo, una oposición tal y una denuncia del Espíritu Santo como si fuera la manifestación de Satanás, representan el pecado en su máxima absolutez, y para este pecado por desgracia no puede haber perdón, puesto que el estado mental del cual el pecado es el resultado no admite ni la posibilidad de arrepentimiento, porque su esencia consiste en esto: llamar satánico a lo que es el mismo objeto de arrepentimiento. Sería impropio intentar sacar de las palabras de Cristo inferencias tales como que los pecados no perdonados en este mundo pueden o no pueden ser perdonados en el venidero, puesto que de modo manifiesto no era la intención de Cristo enseñar sobre este tema. Por otra parte, sus palabras parecen implicar que, al menos respecto a este pecado, no hay lugar para arrepentimiento en el otro mundo. Porque la expresión no es «la edad venidera» (עתיד לבוא), sino «el mundo venidero» (עולם הבא o עלמא דאתי), el cual, como sabemos, no se refiere de modo estricto a los tiempos mesiánicos, sino al mundo futuro y eterno, distinguiéndolo tanto de este mundo (עולם הזה) como de «los días del Mesías» (ימות המשיח). (Ver Libro 2, cap. XI.)

Lo que califica al discípulo para el Reino de Dios, y cómo se iba sometiendo al Reino del mal

3. Pero este reconocimiento de lo espiritual, que era lo opuesto al pecado contra el Espíritu Santo según Cristo había explicado recientemente en Jerusalén, sólo podía ser alcanzado por medio de una afinidad espiritual con ello (Mt. 12:33-37). El árbol ha de ser hecho bueno para que el fruto sea bueno; árbol y fruto se corresponden. ¿Cómo podían, pues, estos fariseos «decir buenas cosas», si el estado del corazón determina tanto el habla como la acción? De donde el hombre deberá dar cuenta de cada una de sus palabras ociosas pues, por triviales que puedan parecer a otros o a uno mismo, son realmente el resultado o fruto «del corazón» y muestran el estado interior. Y así, en realidad, el futuro del hombre en el juicio va a ser determinado por sus palabras; una conclusión mucho más solemne, si recordamos la relación que esto tiene sobre lo que sus discípulos por un lado y los fariseos por otro, decían referente al Cristo y al Espíritu de Dios.

4. Tanto lógica como moralmente, las palabras de Cristo eran irrebatibles; y los fariseos volvieron a recurrir al antiguo método de retarle a que diera prueba de su misión divina por medio de algún signo visible (Mt. 12:38). Pero esto era esquivar la apelación al elemento moral que el Señor había hecho; era un intento de esquivar el argumento en lo moral y dirigirlo a lo físico. Era la moral lo que era deficiente

---

3. Señala el lugar cronológico de este milagro el que parezca apropiado para venir después de la acusación prevaleciente contra Jesús, expresada en Juan 8:48 y 10:20.

4. Ver el apéndice sobre «Angelología y demonología».

5. Ver Libro 2, cap. V, y el apéndice al mismo donde se da el pasaje de modo pleno.

6. La razón de la diferencia entre este pasaje y algunos similares (Lc. 9:50) es que allí la relación es a los *discípulos*, aquí a la persona del Cristo.

o, mejor, lo que faltaba; y ninguna cantidad de evidencia física o demostración de este tipo podía sustituirla. Todas las señales que podían haberse dado del cielo no habrían proporcionado el sentido de pecado profundo y de la necesidad de una liberación espiritual poderosa (v. 39), que era lo único que podía llevar a la recepción del *Salvador* Cristo. De ahí que, como bajo circunstancias similares previas (Mt. 16:1-4), Él les ofrecía sólo una señal: la de Jonás el profeta. Pero en tanto que en la ocasión anterior Cristo se refería principalmente a la *predicación* de Jonás (de arrepentimiento), señalaba ésta más bien a la *historia* alegórica de Jonás como el testimonio divino de su misión. Cuando apareció en Nínive, Jonás fue él mismo «una señal para los ninivitas» (Lc. 11:30); el hecho de que hubiera estado tres días y noches en el vientre de la ballena y que después, por así decirlo, hubiera sido enviado vivo a predicar a Nínive, era una evidencia para ellos de que había sido enviado por Dios. Y lo mismo ocurriría otra vez. Después de tres días y tres noches «en el corazón de la tierra» –que es un hebraísmo para «en la tierra»–, su resurrección sería un testimonio divino de su misión. Los ninivitas no pusieron en duda este testimonio de Jonás, sino que lo aceptaron; es más, un informe auténtico de la sabiduría de Salomón había sido suficiente para llevar a la reina de Sebá desde su lejano país; en el primer caso era debido a que ellos sentían su pecado; en el otro, porque ella sentía la necesidad de una sabiduría mejor que la que poseía. Pero éstos eran los mismos elementos de que carecían los hombres de su generación; y así, tanto Nínive como la reina de Sebá, se levantarían, no sólo como testigos mudos, sino para condenarlos. Porque la gran realidad de la cual predicaba Jonás había sido solamente de tipo, y la sabiduría de Salomón había sido solo una preparación para ella, y ahora les era presentada por fin en Cristo (Mt. 12:39-42).

5. Así que, habiendo puesto a un lado esta objeción, Jesús volvió a su anterior predicación (vv. 43-45), referente al reino de Satanás y al poder del mal; sólo que ahora con una aplicación, no como antes, al individuo, sino, impulsado por la vista de la resistencia incrédula de Israel, a la comunidad judía como conjunto. Aquí también, hemos de recordar que como las palabras usadas por nuestro Señor eran alegóricas e ilustrativas; no hemos de intentar sacar demasiado de ellas. Cuando la comparamos con otras naciones del mundo, Israel era como una casa de la cual se había marchado el demonio de la idolatría con todos sus servidores: realmente el «Beel-Zibbul» que ellos tanto temían. Y entonces la casa había sido barrida de toda inmundicia de idolatría y adornada con toda clase de adornos farisaicos. No obstante, con todo ello la casa había quedado en realidad vacía; Dios no se hallaba en ella; el Forzudo, el único que podía resistir al fuerte, no tenía su dominio sobre ella. Y por tanto, el demonio volvió, y halló la casa de la cual había salido, barrida y adornada verdaderamente, pero vacía y sin defensa. La locura de Israel consistía en esto: que había pensado sólo en un demonio –el de la idolatría– Beel-Zibbul, con toda su inmundicia. Éste era muy repulsivo y cuidadosamente lo habían quitado. Pero no sabían que los demonios eran sólo manifestaciones del poder demónico, y que había un Reino del *mal*. Así que esta casa, barrida de la suciedad del paganismo y adornada con toda la justicia propia del fariseísmo pero vacía de Dios, sólo pasaría a ser una morada segura y conveniente para Satanás; porque a causa de la limpieza y hermosura, su presencia allí como un espíritu maligno no sería sospechada. Así, para continuar el lenguaje ilustrativo de Cristo, regresó «con otros siete espíritus peores que él» –orgullo, justicia propia, incredulidad, y otros semejantes, ya que el número siete es general–, y de esta manera el último estado –Israel sin la suciedad de la idolatría burda y adornada con los ornamentos de la devoción farisaica al estudio y práctica de la Ley– era peor de lo que era antes, con toda su franca repulsividad.

6. Una vez más el discurso queda interrumpido, esta vez por un incidente típicamente judío. Una mujer en la multitud prorrumpe en exclamaciones sobre la bienaventuranza de la madre que había llevado y amamantado a un Hijo así (Lc. 11:27). La fraseología no parece haber sido rara, puesto que la aplican igualmente los rabinos a Moisés (Shem. R. 45), y aun a un gran rabino (Chag. 14 *b*). Más sorprendente es, quizás, otro pasaje rabínico (citado anteriormente) en que se describe a Israel como pronunciando estas palabras al contemplar al Mesías: «Bienaventurada la hora en que el Mesías fue creado; bienaventurado el vientre del que salió; bienaventurada la generación que le ve; bienaventurados los ojos que son dignos de contemplarle» (Pesiqta, ed. Buber, p. 149 *a*, última línea).[7]

Y, con todo, esta alabanza tiene que haber sido francamente desagradable a Cristo, ya que era solamente la exaltación de su excelencia humana personal, intelectual o moral. Miraba en dirección opuesta a lo que Él quería presentar: su obra y su misión como Salvador. De ahí que, aunque desde una dirección opuesta, era un malentendido tan grande como el desprecio personal de los fariseos. O para usar otra ilustración, esta alabanza de Cristo a través de su Madre-Virgen era tan inaceptable e impropia como la devaluación de Cristo que, realmente aunque de modo inconsciente, se hallaba debajo del amor y cuidado amoroso de la misma Madre-Virgen cuando quería que su Hijo cesara en su obra,[8] y que (quizá por la misma razón) Mateo refiere en esta misma ocasión (Mt. 12:46, 47). Por tanto, la respuesta en los dos casos es en sustancia la misma: señalar en dirección distinta de la personalidad meramente humana y a su obra y misión; en un caso: «Todo el que hace la voluntad de mi Padre que está en los cielos, ése es mi hermano, mi hermana, y mi madre». Y en el otro: «Bienaventurados más bien los que oyen la Palabra de Dios, y la hacen».[9]

7. Y ahora el discurso se acerca a su fin (Lc. 11:33-36) con una nueva aplicación de lo que, en alguna otra forma o conexión, Cristo había enseñado al principio de su ministerio público en el «Sermón del Monte» (Mt. 5:15; 6:22, 23). Para entender bien su conexión presente, hemos de pasar por alto las varias interrupciones del discurso de Cristo y unir esto que queda como la conclusión de la parte previa, que contenía el tema principal. Este tema era que el conocimiento espiritual presupone afinidad espiritual (ver antes cap. IX de este Libro 4). Aquí, como corresponde al final de un discurso, se aplica prácticamente la misma verdad en una forma más popular y sencilla, uno podría decir casi realista. Según se expresa aquí, la receptividad espiritual es siempre la condición para la recepción espiritual. ¿Cuál era el objeto o propósito de iluminar una lámpara? Sin duda, que diera luz. Pero nadie la pondría en un sitio oculto, o debajo de un almud, sino en el candelero. ¿Hemos de esperar, pues, que Dios quiera iluminar la lámpara espiritual si nosotros la ponemos en un lugar oscuro? O, para dar otra ilustración

7. Para una cita completa ver Libro 2, cap. V, y la referencia a ello en el Apéndice IX.

8. Ver Libro 3, cap. XXII.

9. En vista de esta enseñanza, es realmente difícil entender el *cultus* de la Virgen, y aun gran parte de este tributo exclusivamente humano en Cristo que es tan característico del Romanismo.

de ello por medio del ojo, que, por lo que respecta al cuerpo, sirve el mismo propósito que la lámpara en una casa. ¿No depende del estado del ojo el que tengamos la sensación, gozo y beneficio de la luz? Por tanto, tengamos cuidado en no colocar la lámpara en una cripta, porque la luz en nosotros será sólo tinieblas.[10] Por otra parte, si por medio de un ojo bueno se transmite la luz por todo el sistema –si no ha sido vuelta en tinieblas, como una lámpara que se pone debajo de una cripta o un almud, en vez de ponerla en el candelero para que alumbre a toda la casa–, entonces nosotros estaremos llenos de luz. Y esto, finalmente, explica la recepción o rechazo de Cristo: cómo, en las palabras de un apóstol, el mismo Evangelio puede ser tanto sabor de vida para vida como de muerte para muerte.

Era una lección bendita con la que termina el discurso, lleno de luz, y siempre y cuando no hubiera puesto la lámpara en la cripta de sus corazones oscurecidos. Así pues, brillaría y daría luz a todos aquellos cuyos ojos estuvieran abiertos para recibirla; porque, según la regla divina y el orden espiritual, al que tiene le será dado, y al que no tiene, aun lo que tiene le será quitado.

10. En cierta medida es como el demonio que regresa para hallar su casa desocupada, barrida y adornada.

«Tanto lógica como moralmente, las palabras de Cristo eran irrebatibles; y los fariseos volvieron a recurrir al antiguo método de retarle a que diera prueba de su misión divina por medio de algún signo visible (Mt. 12:38). Pero esto era esquivar la apelación al elemento moral que el Señor había hecho; era un intento de esquivar el argumento en lo moral y dirigirlo a lo físico.»

Algunas de las curaciones obradas por Jesús en la piscina Probática le indispusieron definitivamente con los fariseos que seguían sus pasos de forma escrupulosa.

Capítulo 12
(Lucas 11:37-54)

La comida en la casa del fariseo

Aunque la enemistad del partido fariseo contra Jesús era muy acerba, sin embargo, no se había extendido todavía ni había pasado a ser tan abierta que en todo lugar eliminara las reglas ordinarias de la cortesía. Es así que se explica esta invitación de un fariseo para una comida matutina, que dio ocasión para el segundo discurso de Cristo que se registra en Perea. Tanto en sustancia como en tono, es una continuación de su primer discurso dirigido a los fariseos. Y se inserta aquí, probablemente, a fin de marcar el desarrollo posterior de la enseñanza antifarisaica de Cristo. Es el último discurso a los fariseos que se menciona en el Evangelio de Lucas.[1] Una apelación similar y final se registra en una porción muy posterior del Evangelio de Mateo (Mt. cap. 23), sólo que Lucas informa del que pronunció en Perea; Mateo, del que hizo en Jerusalén. Esto puede también explicar en parte la similaridad de lenguaje de los dos discursos. No sólo son paralelas las circunstancias, sino el lenguaje usado en el discurso final (Mt., cap. 23) puede haber sido recordado por el escritor al informar sobre el último discurso controversial de Perea. Así que puede haber ocurrido muy bien que Cristo dijera sustancialmente las mismas cosas en las dos ocasiones y, con todo, que al informar de ellas, algunos de los modos de expresión de la última ocasión pueden haber sido transferidos a la primera. Y debido a que estos dos últimos representan y presentan el discurso antifarisaico más completo del Salvador, será mejor aplazar nuestro análisis hasta que lleguemos a este período de su vida.[2]

Aquí se pueden hacer notar, sin embargo, algunos puntos distintivos. Los comentarios anteriores dan idea de que había de haber transcurrido algún tiempo entre éste y el primer discurso, y que la expresión «Luego que hubo hablado» (Lc. 11:37) no debe ser tomada al pie de la letra (como refiriéndose al discurso inmediatamente precedente), sino más bien como una indicación de las circunstancias bajo las cuales un fariseo le había invitado a la comida.[3] En realidad, es difícil imaginarse que inmediatamente después de una acusación así por los fariseos –de que Jesús actuaba como representante de Beelzebul, y de una respuesta tal por parte de Jesús–, un fariseo le invitara a una comida amistosa, o que hubiera «abogados», o, usando otro término, «canonistas» (intérpretes de la Ley), presentes en la comida. Cuán diferentes tenían que ser sus sentimientos luego de haber oído sus imprecaciones se ve por la acerbidad con que muchos, después, procuraron provocarle a que dijera algo utilizable como una acusación criminal (Lc. 11:53, 54). Y no hay la menor evidencia en absoluto de que, como sugieren algunos comentaristas, la invitación del fariseo fuera dada en forma hipócrita con el propósito de obtener material de que acusar a Jesús. Más que esto, parece por completo incompatible cuando leemos que el fariseo se quedó atónito, y lo dijo cuando vio que Jesús se sentaba a comer sin lavarse las manos. Hasta este momento, pues, parece que le estaba considerando como un rabino famoso, aunque quizás enseñaba algunas cosas raras.

Pero lo que hace casi cierto que pasó algún tiempo entre la invitación y el discurso previo (o mejor aún, que los dos sucesos ocurrieron en lugares distintos) es que la invitación del fariseo fue a una comida «matutina».[4] Sabemos que la comida matutina (llámese desayuno o almuerzo) se hacía temprano, inmediatamente después de regresar de las oraciones de la mañana en la Sinagoga.[5] Por consiguiente, es difícil concebir que todo el primer discurso tuviera lugar antes de la primera comida. Por otra parte, es posible que lo que pasó en la mesa del fariseo pueda haber estado en conexión con algo ocurrido poco antes en la Sinagoga, porque conjeturamos que esto sucedió un sábado. Inferimos esto de la circunstancia de que la invitación *no* fuera a la comida principal, ya que en el día de sábado «los intérpretes de la Ley» (y, en realidad, todos los padres de familia) la habrían celebrado, ordinariamente, en sus propias casas. Podemos imaginarnos la escena. La comida familiar un día entre semana era muy sencilla, tanto si se trataba del almuerzo como de la comida –la última al atardecer, aunque algunas veces también al mediodía, pero siempre antes de que estuviera oscuro, a fin de que, según se decía, la vista de los platos a la luz del día pudiera estimular el apetito (Yoma 74 *b*)–. Los judíos de Babilonia estaban contentos con una comida sin carne; pero no los de Palestina (Bezeh 16 *a*). Para éstos el alimento favorito era carne tierna: cabra, cordero, ternera. El buey no era usado con frecuencia; y menos aún las aves. El pan era considerado como el sostén de la vida,[6] sin el cual no se concebía una comida. En realidad, en cierto sentido constituía la comida. Porque la bendición se pronunciaba sobre el pan, y ésta se consideraba que cubría el resto del alimento que se servía, tal como la carne, el pescado o los vegetales; en resumen, todo lo que constituía la comida, pero no los postres. De modo similar, la bendición pronunciada sobre el vino incluía todas las demás clases de bebida (Ber. 41 *b*). De otra manera, habría sido necesario bendecir por separado cada uno de los diferentes artículos comidos o bebidos. El que descuidaba las bendiciones prescritas se consideraba como si hubiera comido cosas dedicadas a Dios (Ber. 35 *a*), puesto que está escrito: «La tierra es de Jehová y cuanto hay en ella» (Sal. 24:1).[7] Aunque el principio era hermoso, degeneró en minuciosas cuestiones casuísticas. Así, si una clase de alimento era añadida a otra, se estipulaba que la bendición debía decirse sólo sobre la clase principal. Además, había disputas complicadas respecto a lo que debía

1. Ni aun Lucas 20:45-47 es una excepción. Cristo, realmente, con frecuencia después contestó sus preguntas, pero éste es el último discurso formal a los fariseos.

2. Ver comentarios sobre Lucas 11:39-52 en nuestro análisis de Mateo 23, en el capítulo IV del Libro 5.

3. La expresión «uno de los intérpretes de la Ley» (v. 45) da la impresión de que había varios en la mesa.

4. La traducción «comida» tiene que matizarse. Aunque en griego tardío la palabra ἄριστον fue usada como *prandium* (comida del mediodía), el significado original era «almuerzo», según parece quedar claro por Lucas 14:12: ἄριστον ἤ δεῖπνον.

5. פת שהרית la traducción de lo cual es literalmente «pan de la mañana». El tomar la primera comida más tarde durante el día era considerado como muy poco sano.

6. Como siempre en el Oriente, había muchas clases de pan o pastas cocidas al horno: desde el pan de cebada ordinario, a tortas de arroz u otras clases de pasteles y hojaldres delicados. Incluso leemos que se importaba de la India una especie de bizcocho (el *Teritha,* Ber. 37 *b*).

7. Tan rígido era esto, que se consideraba un deber pronunciar la bendición sobre un vaso de agua si uno tenía sed (Ber. vi. 8).

considerarse fruta y tener la correspondiente bendición, y cómo, por ejemplo, una bendición debía pronunciarse sobre las hojas y las flores, y otras sobre las bayas de las alcaparras (Ber. 36 *a*). En realidad, este arbusto daba lugar a una controversia seria entre las escuelas de Hillel y de Shammai. Hubo una serie de complejas discusiones sobre qué bendición debía usarse cuando un plato consistía en varios ingredientes, algunos el producto de la tierra, otros, como la miel, derivados del mundo animal. Estas discrepancias y otras similares daban lugar a interminables discusiones que ocupaban la mente de los fariseos y los escribas.

Vamos a suponer ya a los invitados reunidos. Para una comida matutina así no se habría llamado a los esclavos, ni serían recibidos los invitados en un estilo solemne, como en las fiestas. Primero, cada uno observaría como un rito religioso «el lavamiento de manos». Luego, el jefe de la casa cortaría una rebanada de un pan entero –el sábado había dos panes– y daría la bendición.[8] Pero esto sólo si la compañía se reclinaba a la mesa, como para la comida. Si se *sentaban,* como probablemente harían en una comida temprana, cada uno diría la bendición por su cuenta (Ber. vi. 6). La misma regla se aplicaría con respecto al vino. La casuística judía estipulaba que esta bendición bastaba para el vino que se consideraba como parte de la comida. Si se traía otro vino durante la comida, cada uno debía bendecirlo de nuevo; si después de la comida (como solía hacerse los sábados y días festivos, para prolongar la fiesta bebiendo algo), uno de la compañía decía la bendición por todos.

En la comida de este fariseo, el Señor omitió el «lavamiento de manos» prescrito, como era costumbre, antes de la comida. Pero como este rito era en sí indiferente, Jesús tiene que haber tenido algún objetivo definido al hacerlo, según explicaremos a continuación. El externalismo de todas estas prácticas se ve por el relato que el Talmud da de «una fiesta» (Ber. 43 *a*). Cuando entran los invitados se sientan en sillas y se les trae agua con la cual se lavan una mano. Después de haber retirado la vasija, cada uno dice la bendición sobre el vino que se participaba antes de comer. Después se reclinan a la mesa. Se trae agua otra vez con la cual se lavan ahora las dos manos, preparatorio para la comida, y entonces la persona principal en la fiesta, o la que es seleccionada a modo de distinción, pronuncia la bendición sobre el pan y luego sobre la copa. La compañía responde con un *Amén,* siempre suponiendo que la bendición ha sido pronunciada por un israelita, no un pagano, un esclavo o un infractor de la ley. Y tampoco es legal que la diga un hombre sin letras, aunque puede decirla un cuteo (Ber. 47 *b*) –hereje, o bien samaritano–, que sea un hombre de letras. Después de la comida las migajas, si hay algunas, son recogidas cuidadosamente; se lavan las manos otra vez, y el que lo ha hecho primero dirige en la oración de acción de gracias. La fórmula por la que ha de llamar al resto para que se unan a él, repitiendo las oraciones después de él, es prescrita y difiere según el número de personas presentes. La bendición y la acción de gracias se pueden decir no solamente en hebreo, sino en otro lenguaje (Ber. 40 *b*).

Con respecto a la posición de los invitados, sabemos que los sitios más importantes eran ocupados por los rabinos. El Talmud lo formula (Ber. 46 *b*) de esta manera: El que es más digno se reclina primero sobre el lado izquierdo, con los pies extendidos hacia atrás. Si hay dos «cojines» (divanes), el que le sigue en dignidad se reclina más arriba, a su izquierda; si hay tres divanes o cojines, el tercero se reclina debajo del que se reclinó primero (a su derecha), de modo que la persona principal esté en medio (entre el invitado más digno a su izquierda y el menos digno a su derecha). Se entrega el agua antes de comer primero al que es más digno, y lo mismo para lavarse después de la comida. Pero si hay un gran número de personas presentes, se empieza después de la comida por el menos digno, hasta llegar a los últimos cinco, en que el más digno en la compañía se lava las manos, y los otros cuatro después de él.[9] Dispuestos así los invitados, el cabeza de la casa o la persona principal alrededor de la mesa dice la bendición[10] y luego corta el pan. Algunos no consideraban de etiqueta el empezar a comer hasta que el que ha dicho la oración lo ha hecho, pero ésta no parece haber sido la regla entre los judíos de Palestina. Luego, en general, se introduce el pan dentro de sal o algo salado, y la etiqueta exige que si hay dos, el uno ha de esperar al otro, pero si hay tres o más no es necesario.

Comidas y fiestas entre los judíos

No hay espacio para indicar una lista de *menús* corrientes en las mesas judías. En tiempos antiguos la comida era, sin duda, muy simple. La cosa cambió cuando hubo intercambio con Roma, Grecia y la gente del Oriente se familiarizó con el lujo extranjero, a un tiempo en que el comercio proporcionaba lo requerido. Sería imposible prácticamente enumerar los numerosos artículos que se importaban de países distintos, algunos muy lejanos.

Al empezar, el vino se mezclaba con agua, y en realidad algunos pensaban que no debía pronunciarse la bendición hasta que se había añadido agua al vino (Ber. vii. 5). Según unos, dos partes (Nidd. ii. 7) de agua por una de vino; según otros (Pes. 108 *b*), tres. Se mencionan varios tipos, entre ellos, vino rojo de Sarón, y vino negro. El vino con especias se hacía con miel y pimienta. Otra mezcla, usada principalmente para inválidos, era vino añejo, agua y bálsamo; otra, «vino de mirra» (Mr. 15:23); leemos, también, de vino en que se habían empapado alcaparras. A éstos hemos de añadir el vino con especias, sea con pimienta o ajenjo; o lo que se describe como agraz, una bebida refrescante hecha de uvas no maduradas o de heces del vino. Además, había vino de palma. Bebidas extranjeras: vino de Amón, y de la provincia asiática, una especie de mosto hervido. Vino en hielo venía del Líbano; una especie de agraz, de Idumea; cerveza de Media y Babilonia; vino de cebada (*sythos*), de Egipto. Finalmente, hemos de mencionar la sidra de manzanas, de Palestina (Terum xi. 2), y el zumo de otros frutos. Según algunos, había licores variados.

Aunque el catálogo es largo, el de los varios artículos de comida, fuese del país o importada, ocuparía un espacio mucho más largo. Basta decir que por lo que se refiere a las varias clases de grano, carne, pescado y frutos, sea en estado natural o preservado, quedaba incluido prácticamente todo lo conocido por el mundo antiguo. En las fiestas había un plato introductorio o entremés que consistía en carne salada o algún plato ligero. Esto iba seguido de la comida en sí, que terminaba con un postre (*Aphiqomon* o *terugima*) consistente

8. También esto era cuestión de controversia; pero los rabinos decidieron que primero había que cortar la rebanada y luego pronunciar la bendición (Ber. 39 *b*).

9. Según Ber. 46 *b*, el orden en Persia es algo diferente. El arreglo indicado en el texto es de importancia con respecto a los lugares ocupados en la Última Cena, en que hubo una disputa entre los discípulos sobre el orden en que tenían que sentarse.

10. La tradición adscribe esta bendición a Moisés con ocasión del primer maná que cayó.

en olivas en salmuera, rábanos o lechuga y frutas, entre las cuales había incluso jengibre de la India (comp. Ber. 40-44, *passim*). Se han hecho las afirmaciones más diversas y raras sobre lo saludable (o lo contrario) de ciertos artículos de la comida, sobre todo vegetales. El pescado era el plato favorito, y nunca faltaba en la comida del sábado. Había un dicho: que tanto la sal como el agua debían ser usadas en cada comida si se quería preservar la salud. Los condimentos como mostaza o pimienta se usaban con mucha moderación. Había diferentes comidas para los pobres. Langostas o saltamontes –fritas en harina o miel, o preservadas–, que no requerían bendición según el Talmud, puesto que este animal era realmente una de las plagas del país. Los huevos eran un artículo alimenticio corriente. Luego había un plato con leche en el que la gente mojaba el pan. Otros, con mejor pasar, comían sopa de vegetales –en especial cebolla– y carne, en tanto que los muy pobres tenían que satisfacer el hambre con pan y queso, o pan y fruta, o algunos vegetales como pepinos, lentejas, habichuelas, guisantes o cebollas.

En las comidas se observaban demodo estricto las reglas de etiqueta, especialmente por lo que se refería a los hombres de letras. En realidad, se añadieron dos tratados al Talmud: el uno describe la etiqueta general, el otro la de los «sabios» y cuyo título puede traducirse por «El camino del mundo» (*Derekh Erets*), y era una especie de código de buenos modales. Según algunos, no se mostraba buena educación al hablar mientras se comía. Los entendidos y los más honrados no sólo ocupaban los mejores lugares, sino que a veces se les distinguía con una porción doble. Según la etiqueta judía, un invitado debía conformarse con todo lo que su huésped le daba, aunque no le gustara. Si bien la hospitalidad era la virtud mayor y más ensalzada, que para usar una expresión rabínica hacía de la casa un santuario y de la mesa un altar, un huésped no invitado o un huésped que traía a otro huésped era muy mal mirado. Algunas veces, como una autojustificación, se invitaba a los pobres y se les daba la mejor parte de la comida por ostentación. En las comidas corrientes, la gente se servía ella misma. No estaba considerado como buenos modales el beber tan pronto como se le requería a uno, sino que debía sostener el vaso en la mano durante un rato. Pero habría sido el colmo de la ordinariez limpiar el plato con pan, o recoger las migajas, como si no hubiera habido suficiente comida en el plato, o bien dejarlo caer o causar molestias al vecino. Si uno sacaba algún trozo de la fuente no debía volverlo a poner en ella; menos aún ofrecer del plato propio o del vaso a un vecino. Debido al valor casi religioso que se atribuía al pan, no tenemos por qué sorprendemos de estas reglas: no tirar ningún pedazo de pan, no apoyar un vaso o plato sobre pan, y después de la comida recoger todo el pan sobrante cuidadosamente. En caso contrario –se creía–, los demonios se posarían sobre él. «El camino del mundo» para los sabios (Derekh Erets Suta v. y vii) dictamina esto como las marcas de un rabino: que no coma de pie; que no se chupe los dedos; que se siente sólo entre sus iguales –de hecho, muchos consideraban que era malo sentarse a comer con gente sin letras–; que empiece a cortar el pan por donde está mejor cocido, y que no lo rompa con la mano; y que, cuando beba, vuelva la cara de la compañía. Otro dicho era que el sabio se conocía por cuatro cosas: en la copa, en cuestiones de dinero, cuando estaba airado, y en sus bromas (Erub. 65 *b*). A continuación de la comida, después que las formalidades de lavarse las manos y la oración ya descritas habían terminado, se quemaban especias aromáticas, sobre las cuales se pronunciaba una bendición especial. Únicamente nos falta añadir que los sábados era considerado un deber religioso comer tres comidas, y procurar lo mejor que se podía adquirir en el mercado, aunque uno tuviera que ahorrar y ayunar el resto de la semana. Finalmente, se consideraba como una obligación especial y un honor invitar a los sabios.

No tenemos dificultades para entender ahora qué pasó en la mesa del fariseo. Cuando fue presentada a Jesús el agua de la purificación, o la rehusó, o bien –si como parece más probable se trataba de una comida por la mañana– cada invitado se dirigió por sí mismo para hacer la purificación prescrita adonde estaba el agua, pero Él no lo hizo, y se sentó directamente a la mesa sin cumplir esta formalidad. Nadie que conozca el énfasis que el fariseísmo ponía sobre este ritual podría defender que Jesús podía haberse acomodado y conformar su conducta a la práctica.[11] En realidad, la controversia entre las escuelas de Shammai y de Hillel sobre un punto como el de si había que lavarse las manos *antes* de que la copa fuera llenada de vino o *después*, y dónde había que depositar la toalla, fue muy larga y enconada. Con estas cosas cada uno de los lados relacionaba inferencias rituales muy serias (Ber. 51 *b* a 52 *b*). Una religión que dedicaba tal energía a cosas tan triviales, tiene que haber rebajado por necesidad su tono moral. Por ello insistía Jesús con tanto énfasis en la sustancia de su enseñanza: que era la corrupción de nuestra naturaleza, que el Judaísmo desconocía, y en la purificación espiritual, que era necesaria para la recepción de su doctrina, y ponía a un lado tanto más pública y abiertamente las ordenanzas de los hombres que distraían el pensamiento de la pureza para centrarlo en cuestiones del carácter más pueril. Por otra parte, también podemos entender la decepción que había de llenar la mente del fariseo que tenía a Jesús como invitado, al observar el desinterés con que descuidaba su acariciado rito. Era un insulto para él, un reto a la Ley judaica, una rebelión contra las tradiciones más caras a la Sinagoga. Recordando que un fariseo no debía sentarse a la mesa con una persona así, pensaría que hubiera sido mejor no haber invitado a Jesús. Todo esto, así como el terrible contraste entre la puntillosidad del Fariseísmo en las purificaciones externas y la contaminación interna, que nunca procuraba quitar, debía hallarse patente delante de Aquél que leía los secretos más íntimos del corazón e inflamaría su santa ira. Probablemente, apoyándose en algo que habría sucedido antes (como hemos sugerido), Jesús habló con el tono incisivo y el fervor que exigía una última apelación al fariseísmo.

Última advertencia de Cristo en Perea respecto al fariseísmo

Lo que nuestro Señor dijo en esta ocasión va a ser considerado en detalle en otro punto.[12] Basta aquí hacer notar que expuso primero el mero externalismo de la ley farisaica de la purificación, al mismo tiempo que pasaba por alto por completo la necesidad más superior de la pureza interior, que estaba en la base de todo (Lc. 11:39). Si el origen primario de la ordenanza era prevenir el comer las ofrendas sagradas en estado de contaminación,[13] ¿no eran estas ofrendas un símbolo del sacrificio interior, y no había una contaminación interior así como una exterior? (v. 40). El hecho

---

11. Para ver un relato más completo sobre las leyes de lavarse las manos y las ideas sobre este rito, ver Libro 3, cap. XXI.

12. En relación con Mateo capítulo 23.

13. Sobre el origen y significado de la ordenanza, ver Libro 3, cap. XXXI.

de consagrar a Dios lo que poseemos en la persona de los pobres, en lugar de gozar de ello con egoísmo, no sería, en realidad, una purificación de ellos (porque no había necesidad de purificación), pero sería, en el sentido más puro, comer las ofrendas de Dios en estado de limpieza (v. 41). Notamos aquí un progreso y un desarrollo, comparado con la ocasión anterior en que Jesús había hablado públicamente sobre el mismo tema (Mt. 15:1-9). Antes, Él había tratado las ordenanzas de los ancianos como una cosa no obligatoria; ahora mostraba en qué forma su externalismo militaba en contra de los pensamientos de lo interno y espiritual. Antes había mostrado en qué forma el tradicionalismo entraba en conflicto con la Ley de Dios escrita; ahora, cómo sobreseía los primeros principios que se hallaban en la base de esta Ley. Antes, Él había establecido el principio de que la contaminación no venía de fuera adentro, sino de dentro afuera (Mt. 15:10, 11); ahora, desplegaba este principio más alto de que la consagración más elevada impartía pureza.

El mismo principio, en realidad, se podía aplicar a otras cosas como la ley rabínica de los diezmos. Al mismo tiempo es posible que, como ya se ha sugerido, hubiera pasado algo previamente o que el tema de la conversación alrededor de la mesa hubiera dado ocasión para estos comentarios añadidos por Cristo (Lc. 11:42). Así que el fariseo puede haber deseado transmitir una reprensión suya a Cristo refiriéndose al tema del diezmo. Y esta forma encubierta de reprender era común entre los judíos. Se consideraba causa de grave contaminación comer con alguien que no hubiese pagado el diezmo. En realidad, las tres distinciones de un fariseo eran:[14] no hacer uso ni participar de nada que no se hubiese diezmado; observar las leyes de la purificación y, como consecuencia de estos dos, abstenerse del trato familiar con los que no eran fariseos. Esta separación formaba la base de su pretensión a la distinción (v. 43). Se notará que es justo a estas tres cosas que nuestro Señor se refiere; así que estos dichos suyos no están como podría suponerse desconectados, sino que tienen la relación interna más estricta. Nuestro Señor muestra que el fariseísmo, por lo que se refiere al hombre exterior, está conectado con la tendencia opuesta por lo que se refiere al hombre interior; por la purificación externa, prescindiendo de la necesidad de pureza interna, que consistía en la consagración a Dios, y con el descuido de ésta; severidad estricta en cuanto al diezmo externo, no haciendo caso y descuidando el principio que estaba debajo de esto, o sea, el reconocimiento del derecho de Dios sobre la mente y el corazón (juicio y amor de Dios); en tanto que, finalmente, la pretensión farisaica de separación y consiguiente afirmación de su distinción, daba como resultado solo orgullo y autosatisfacción. Así, puesto a prueba en sus propios criterios, el Fariseísmo[15] fallaba terriblemente. Era hipocresía, aunque la palabra no fue citada sino más tarde (Lc. 12:1); y esto negativa y positivamente: el esconder lo que era y el hacer ver lo que no era. Y el fariseísmo, que ostentaba una pureza elevadísima, era en realidad la mayor de las impurezas: ¡la contaminación de las tumbas, sólo tapadas para que no fueran vistas de los hombres!

Fue en este punto que uno de los «intérpretes de la Ley» que estaba a la mesa metió baza. Recordando el desprecio que algunos de los entendidos tenían por el fanatismo de los fariseos, podemos entender que puede haber estado escuchando con alegría disimulada las denuncias de su «locura». Como decía el dicho común: «el necio pietista», «una mujer farisea», y los (autoinfligidos) «golpes del fariseísmo», eran parte de las plagas de la vida (Sot. iii 4). Y no podemos por menos que creer que hay un toque de humor disimulado en los relatos que los rabinos dan de los encuentros entre los fariseos y sus rivales. Pero como hizo notar correctamente el escriba, al atacar no meramente su práctica, sino sus principios, quedaba condenado todo el sistema del tradicionalismo que ellos representaban (Lc. 11:45). Y esto era, precisamente, lo que el Señor quería hacer. Los «escribas» eran los exponentes de la ley tradicional; los que ataban y soltaban en Israel. Ellos ataban pesadas cargas, pero nunca soltaban una; todas aquellas penosas cargas del tradicionalismo ellos las ponían sobre el pueblo pobre, pero no hacían el menor esfuerzo por quitar una de ellas (v. 46). La tradición, ¡sí!; el hecho de profesarla daba testimonio contra ellos. La tradición, las ordenanzas que habían establecido; ellos no querían reformar ni poner nada a un lado, sino que reclamaban y proclamaban todo lo que había llegado a ellos de los padres como una sagrada herencia a la que tenían que aferrarse. ¡Muy bien! Sean, pues, juzgados por sus propias palabras. Los padres habían dado muerte a los profetas y ellos edificaban sus sepulcros; lo cual también era una tradición: la de la culpa que sería vengada. La tradición, el conocimiento, el exclusivismo, ¡ay!, eran sólo quitar de los pobres la llave del conocimiento; y aunque ellos mismos no entraban por la «puerta» en el Reino, impedían que entraran cuantos querían hacerlo. Y verdaderamente habían demostrado que eran suyas la herencia, la «tradición» de culpa, al estorbar y descartar la enseñanza divina antigua y al dar muerte a los mensajeros divinos (vv. 47-52).

Había una verdad y solemnidad terribles en lo que dijo Jesús y en los males que denunciaba contra ellos. La historia de los siguientes meses daría testimonio de cuán de veras habían acumulado sobre ellos esta tradición de culpa; y toda la historia posterior de Israel muestra lo plenamente que este mal había recaído sobre ellos. Pero después de estas denuncias, la comida y la conversación sobre la mesa en casa del fariseo deben haberse terminado. El Cristo hablaba terriblemente en serio, doliéndose en extremo por aquellos a quienes impedían entrar en el Reino, demasiado para que pudiera tolerar estas trivialidades. Con estos sentimientos ellos se levantaron de la mesa, según podemos ver:

«Diciéndoles Él estas cosas, los escribas y los fariseos comenzaron a acosarle en gran manera, y a provocarle a que hablase de muchas cosas; acechándole, y procurando cazar alguna palabra de su boca para acusarle» (Lc. 11:53, 54).

---

14. Sobre «los fariseos, saduceos y esenios», ver Libro 3, cap. II. De hecho, la fraternidad de los fariseos estaba obligada por estos dos votos: el del diezmo y el de observar las purificaciones.

15. Lucas 11:44. Las palabras «Escribas y fariseos, hipócritas», son una interpolación.

Capítulo 13
(Lucas 12:1-13:17)

A los discípulos

El testimonio de la última advertencia de Cristo a los fariseos, y de los sentimientos de odio homicida que despertaron, va seguido por un sumario de la enseñanza de Cristo a sus discípulos. El tono es todavía de advertencia, pero enteramente diferente del que usa con los fariseos. Es una advertencia contra el pecado que amenaza, no de un *juicio* que se aproxima; era como prevención, no como denuncia. Que estas advertencias estaban en sazón no cuesta mucho probarlo. Eran motivadas por las circunstancias que les rodeaban. La misma enseñanza había sido ya entregada en otras ocasiones, porque se derivaba de las mismas causas. Sin embargo, hay divergencias notables, aunque, al parecer, ligeras, que se explican por la diferencia de los escritores o por las circunstancias, y que marcan la independencia de los relatos.

1. El primero de estos discursos (Lc. 12:1-12) está relacionado, naturalmente, con lo que había pasado en la mesa del fariseo, ya que las noticias de ello sin duda se habrían esparcido pronto. Aunque podemos ver que el Señor se dirigió en el mismo lenguaje ya a los doce cuando los envió a su primera misión (Mt. cap. 10),[1] vamos a hacer notar aquí algunas variaciones características. El discurso –o por lo menos lo que del mismo se nos informa, probablemente sólo un sumario— es introducido por la siguiente noticia de la circunstancia: «En esto, juntándose por miles y miles la multitud, tanto que unos a otros se pisaban, comenzó a decir a sus discípulos: Primeramente, guardaos de la levadura de los fariseos, que es la hipocresía». No hay necesidad de señalar la relación entre esta advertencia y la denuncia del fariseísmo y el tradicionalismo a la mesa del fariseo. Pese a que la palabra «hipocresía» no había sido pronunciada allí, era la suma y sustancia de su argumentación que el fariseísmo, aunque hacía ver lo que no era, disimulaba lo que era. Y era esto lo que, como la «levadura», invadía todo el sistema del fariseísmo. No es que como individuos fueran todos ellos hipócritas, sino que el sistema era hipócrita. Y aquí está la característica del fariseísmo: que el hebreo rabínico ni aun tenía una palabra equivalente para el término «hipocresía». La única expresión usada se refiere, o bien a «halagos», o «hacer ver ante los hombres»,[2] no para esta hipocresía inconsciente hacia Dios, que nuestro Señor describe verdaderamente como «la levadura» que invadía todo lo que los fariseos decían y hacían. Es contra esto que Él advirtió a sus discípulos; y en esto, más que en el engaño consciente –el hacer ver o los halagos–, se halla el peligro de la iglesia. Nuestro término común «insincero» sólo lo describe parcialmente. Su significado pleno solamente puede obtenerse de la enseñanza de Cristo. Pero qué término preciso habría usado Él es imposible sugerirlo.[3]

Después de todo, la hipocresía era sólo autoengaño (Lc. 12:2). «Pero no hay nada encubierto, que no haya de descubrirse; ni oculto, que no haya de ser revelado». Por tanto, lo que ellos habían dicho en las tinieblas sería revelado, y lo que habían hablado en las habitaciones privadas se proclamaría en las azoteas. Y no debían dejarse influenciar por el temor (v. 4). Temor, ¿de quién? El hombre solamente podía matar el cuerpo, pero Dios tenía poder sobre el cuerpo y alma. Y aparte de que el temor era necio, era también insensato en vista de la maravillosa Providencia que velaba sobre las más humildes de las criaturas de Dios (vv. 6, 7). Más bien, en la inminente lucha con los poderes de este mundo, debían elevarse hasta el punto de ser conscientes de su plena importancia, puesto que las voces de la tierra hallarían eco en el cielo. Y además, ¿en qué consistía esta contienda? No sólo oposición a Cristo, sino, en su última esencia, blasfemia contra el Espíritu Santo. Por tanto, sucumbir en esta contienda implicaba el más profundo peligro espiritual (vv. 8-10). Sí, pero no tenían por que tener miedo; su reconocimiento no sólo tendría lugar en el futuro; ya ahora, en la hora del peligro, el Espíritu Santo les ayudaría y les daría la respuesta delante de sus acusadores y jueces, quienesquiera que fuesen, judíos o gentiles. Así que si pasaban a ser víctimas, sería con el conocimiento de su Padre, no por indiferencia suya; acá, allá, por todas partes, en sus propios corazones, ante los ángeles, ante los hombres, Él daría testimonio en favor de aquellos que eran sus testigos (vv. 11, 12).

Antes de pasar adelante marcamos brevemente las diferencias entre este mensaje de Cristo y el otro previo, cuando envió a los apóstoles a su misión (Mt. cap. 10). Allí (después de ciertas instrucciones personales) el discurso *empezó* (Mt. 10:18-20) con lo que aquí *termina*. Allí era en forma de advertencia predictiva, aquí como seguridad confortante; allí era cerca del principio, aquí cerca del final de su ministerio. Además, el mensaje dirigido a los doce en su misión fue seguido de instrucciones y consolaciones personales (Mt. 10:21-25), y entonces hubo una transición a la admonición de que descartaran el temor y proclamaran públicamente lo que se les había dicho en privado. En cambio, cuando se dirige a sus discípulos en Perea, aunque les hace la misma admonición, y en parte sobre la misma base, con todo, como dicha a discípulos más bien que a predicadores, la referencia a la semejanza de su destino con el de Cristo es omitida, mientras que, para mostrar el carácter real de la lucha, se añade una admonición, que en su ministerio de Galilea fue dada en relación con otra cosa (comp. Lc. 12:10 con Mt. 12:31, 32). Finalmente, en tanto que se advirtió a los doce que no temieran, y por ello que dijeran lo que habían aprendido en privado, a los discípulos de Perea se les advierte de antemano que, aunque lo que ellos habían dicho juntos en secreto sería expuesto a la luz de la mayor publicidad, sin embargo no debían temer las consecuencias posibles para ellos.

2. El segundo discurso registrado en conexión con esto fue ocasionado por una solicitud a Cristo de intervención en una disputa de carácter judicial. A esto contestó Él con una parábola (Lc. 12:16-21), la llamada del rico insensato, que será explicada en relación con las otras parábolas de este período. El resultado de esta parábola, con respecto a la incertidumbre de esta vida, y la locura consiguiente de afanarse en exceso por las cosas de este mundo descuidando a Dios, le llevó a hacerles una aplicación de advertencia a

---

1. Comparar Lucas 12:2-9 con Mateo 10:26-33; Lucas 12:10 con Mateo 12:31, 32; y Lucas 12:11, 12 con Mateo 10:18-20.

2. Wünsche llega incluso a decir que הנפ y הנופף son usados sólo en el sentido de halago.

3. La Peshito usa una paráfrasis.

sus discípulos de Perea (Lc. 12:22-34). Sólo que aquí el mandato negativo que antes había precedido a la parábola «guardaos de la avaricia», ahora, cuando va dirigido a «los discípulos», es llevado a su principio positivo subyacente, a descartar la ansiedad, incluso para las cosas necesarias de la vida, aprendiendo de los pájaros y las flores a tener fe y confianza absoluta en Dios y a trabajar únicamente por una cosa: el Reino de Dios. Pero incluso en esto no debían estar afanosos, sino tener fe y confianza absoluta en su Padre, «al cual ha placido daros el reino» (Lc. 12:32).

Con sólo unas ligeras variaciones el Señor había usado el mismo lenguaje, incluso había sido necesaria la misma admonición, al principio de su ministerio de Galilea, en el Sermón del Monte (Mt. 6:25-33). Quizá aquí también podemos considerar la alusión a las flores que brotan como una marca del tiempo. Sólo que, mientras en Galilea esto significaba el principio de la primavera, en el clima más favorable de ciertas partes de Perea indicaría los comienzos de diciembre, más o menos el tiempo de la Fiesta de la Dedicación del Templo.

De la máxima importancia es la consolación final para descartar todo cuidado y ansiedad, puesto que al Padre le ha placido dar el Reino a esta «manada pequeña». La expresión «redil» está en conformidad con el lenguaje que Jesús había usado antes de partir de Jerusalén (Jn. cap. 10). A partir de entonces esta designación marcaría a su pueblo. Incluso el hecho de que ocurra esta distinción establece que este discurso no es una repetición de lo que Mateo había informado previamente, sino de que fue pronunciado después de su visita a Jerusalén. Designa al pueblo de Cristo, a distinción de su organización eclesiástica (o externa) en un «redil», y marca a la vez su individualidad y su conjunción, su necesidad y su dependencia, y su relación con Él como el «Buen Pastor». Aunque pequeña y despreciada a los ojos de los hombres, «la manada pequeña» es de modo inefable noble y rica en el don del Padre.

Estas admoniciones, tanto contra la avaricia como a tener absoluta confianza y entrega a Dios, que lo considera todo como una pérdida por amor al Reino, finalmente son presentadas, tanto por lo que se refiere a su aplicación presente como en forma de principio definitivo y permanente, en lo que creemos es la parte final de este discurso (Lc. 12:33, 34). En su primera frase, «Vended lo que poseéis, y dad limosna», que solamente lo transcribe Lucas, indica no un principio general, sino su aplicación a este período particular, cuando se requiere al discípulo fiel que siga a su Señor sin el estorbo de los cuidados y posesiones de este mundo (comp. con Mt. 19:21). El principio general subyacente es el expresado por Pablo (1 Co. 7:30, 31), y finalmente se reduce a esto: que el cristiano debe poseer como si no poseyese, y usar lo que tiene no para sí ni para el pecado, sino para las necesidades. Esta conclusión del discurso de Cristo confirma también la hipótesis de que fuera pronunciado cerca del tiempo terrible del fin. Muy apropiada sería aquí la repetición –aunque en un lenguaje ligeramente diferente– de una admonición, dada al principio del ministerio de Cristo en Galilea (Mt. 6:19-21), de proveerse de tesoro en el cielo que no puede echarse a perder ni ser quitado, porque, con toda seguridad, donde está el tesoro, allí está también el corazón.

3. Estrechamente relacionado con ello, si bien distante del discurso previo, es lo que se refiere a la actitud de espera de los discípulos respecto a su Maestro. Sus corazones deben estar totalmente despegados de las cosas de la tierra, puestos en el Reino, y sólo una cosa debe parecerles digna de atención y ocupar todos sus pensamientos y energías: ¡su Maestro! Él se hallaba lejos, en una fiesta gozosa, y la incertidumbre de la hora de su retorno no debe llevar a los siervos a permitirse hartarse de comida o bebida, ni tumbarse en la ociosidad, sino ser fieles a la confianza puesta en ellos, alerta esperando la llegada de su Maestro. El discurso en sí consiste en tres partes y una aplicación práctica.

(1) *Los discípulos como siervos en la ausencia de su señor* (Lc. 12:35-38); *su deber y su recompensa*. Esa parte, que contiene lo que era tan necesario para estos discípulos de Perea, es peculiar de Lucas. El señor se supone que está ausente, ha ido a una boda –una figura que no debe apurarse demasiado ni es parte esencial de la parábola. A lo más, señala una ocasión para gozo, y su mención puede indicar principalmente que una fiesta así podía prolongarse de modo que los siervos en la casa no sabían el tiempo exacto en que regresaría el señor. En estas circunstancias, debían hallarse en todo momento preparados para que, viniera a la hora que viniera, pudieran salir a abrir la puerta al primer aldabonazo. Una devoción y un afán tales en el servicio, como es natural, serían recompensados, y el señor a su vez tendría en cuenta el bienestar de los que no se habían permitido ponerse a cenar o irse a la cama, sino velar esperando su regreso. Hambrientos y cansados como se hallaban debido a su celo por Él, Él ahora a su vez ministraría lo apropiado para su bienestar personal. Y esto aplicado a los siervos que habían velado, no importa el tiempo, fuera la segunda o la tercera vigilia de la noche.[4]

La «parábola» ahora pasa a otro aspecto del caso, que de nuevo se refiere al último de los discursos de Cristo (Mt. 24:43, 44). Supongamos el caso opuesto, de gente que duerme: un ladrón puede entrar en la casa y desvalijarla. Naturalmente, si uno supiera a qué hora ha de venir el ladrón, no estaría durmiendo en aquel momento; pero es justo esta incertidumbre y lo súbito del suceso –y la referencia es a la venida de Cristo en su Reino, que será igualmente súbita– lo que exige que la gente de la casa esté velando, «porque a la hora que no penséis, el Hijo del Hombre vendrá» (Lc. 12:39, 40).

Fue en este punto particular que Pedro interrumpió el discurso de Cristo con una pregunta. ¿A quién se aplicaba esta «parábola» sobre el «buen hombre» y «los siervos» que tenían que velar? ¿A los apóstoles, o a todos? Por lo implicado, porque la respuesta no es explícita, inferimos que Pedro esperaba alguna diferencia entre los apóstoles y el resto de los discípulos, ya fuera con respecto a la actitud de los siervos que esperaban como con la recompensa. Por las palabras de Cristo, lo primero puede considerarse como más probable. Podemos comprender que Pedro pudiera albergar la idea judía de que los apóstoles regresarían con el Señor de la fiesta de las bodas, más bien que esperarían su regreso, y trabajarían en tanto que esperaban. Es a esto que se refiere la respuesta de Cristo. Si los apóstoles u otros tienen alguna potestad, es sólo como *mayordomos*, y su recompensa de mayordomía fiel y prudente sería un ascenso en su tarea administrativa. Pero como mayordomos eran servidores –servidores de Cristo y siervos ministrantes con respecto a los otros siervos generales. Lo que les corresponde en su doble capacidad de fidelidad al Señor, ausente aunque cercano, y a su obra, es evitar por un lado la actitud dominante

4. La primera vigilia no se menciona porque era demasiado temprano, ni tampoco la cuarta porque no podía demorarse tanto. Antiguamente, los hebreos contaban *tres* vigilias en la noche, pero después –y probablemente para el tiempo de Cristo– dividían la noche en *cuatro* vigilias (ver la discusión en Ber. 3 *a*). La última disposición fue probablemente introducida por los romanos.

de orgullo y desabrimiento; y por otro, la autodegradación de adoptar malas maneras, ya que una y otra implicaban un castigo súbito y apropiado en el momento de pasar cuentas que a su aparición tendría lugar de modo inmediato y justo. La parábola, pues, tanto por lo que se refiere al esperar como al pasar cuentas, se aplica a la obra *hecha* para Cristo, así como a la *relación personal* con Él.

Hasta aquí esta advertencia solemne sería repetida, naturalmente, después en los últimos discursos de Jesús en Judea, ya que era igualmente necesaria en vista de su próxima partida (Lc. 12:42-46; comp. Mt. 24:45-51). Pero en este discurso de Perea, tal como lo registra Lucas, ahora sigue no ya lo que debe ser considerado una respuesta más avanzada a la pregunta de Pedro, sino lo que se refiere específicamente a la cuestión general de la relación entre la obra especial y el discipulado en general, que había sido puesta sobre el tapete. Porque, en un sentido, todos los discípulos eran siervos, no sólo para esperar, sino para trabajar. Por lo que se refiere a los que, como los mayordomos o los obreros profesos, sabían cuál era su obra, pero ni «estuvieron preparados» ni hicieron conforme a su voluntad, su castigo y pérdida (en que la figura ilustrativa de recibir muchos o pocos azotes no debe ser apurada demasiado) serían, naturalmente, mayores que los de aquellos que no conocían la voluntad de su Señor, respecto al trabajo, aunque éstos también reciben castigo. Esto, en conformidad con un principio bien entendido, de modo universal y casi instintivo, que es válido entre los hombres (Lc. 12:47, 48).

(2) ¡En la ausencia de su Maestro! *Éste es un período de trabajo*, así como de espera; un período de prueba también (Lc. 12:49-53). Aquí, también, los dos versículos iniciales, en su conexión evidente con el tema del apartado anterior pero especialmente con las frases finales sobre el trabajo para el Señor, son peculiares al relato de Lucas y encajan solamente en éste. La iglesia tenía trabajo que hacer durante esta ausencia –la obra para la cual Él había venido. Él había venido «para echar fuego en la tierra», este fuego que fue encendido cuando el Salvador resucitado envió el Espíritu Santo, y del cual las lenguas de fuego eran el símbolo.[5] ¡Oh, cuánto anhelaba Él que ya estuviera encendido! Pero entre Él y este fuego se hallaba la corriente helada de su Pasión, esta terrible Pasión en la cual Él había de ser bautizado. ¡Oh, cómo sentía la carga de aquella agonía que se avecinaba! (vv. 49, 50). Este fuego tenía que extenderse: ésta era la obra en que como discípulos cada uno de ellos debía tomar parte. Además, ellos también debían estar preparados para participar en esta agonía bautismal suya. Era *fuego*: ardiente, así como purificador e iluminador. Y aquí había oportunidad para repetir a sus discípulos de Perea la predicción ya dirigida a los doce cuando iban a partir para su misión (Mt. 10:34, 36), respecto a ciertas pruebas necesarias relativas a llevar «el fuego» que Cristo había echado sobre la tierra, a saber, el quemar los lazos más íntimos de asociación y de parentesco (Lc. 12:51-53).

(3) Hasta aquí para los discípulos. Y ahora su aplicación a las «multitudes» (v. 54), aunque aquí también sólo podía repetir lo que en una ocasión anterior había dicho a los fariseos (Mt. 16:2, 3). Que no pensaran que todo esto sólo afectaba a los discípulos. No; era una cuestión entre Israel y su Mesías, y la lucha implicaría las consecuencias más amplias tanto para el pueblo como para el Santuario. ¿Tan

«El testimonio de la última advertencia de Cristo a los fariseos, y de los sentimientos de odio homicida que despertaron, va seguido por un sumario de la enseñanza de Cristo a sus discípulos. El tono es todavía de advertencia, pero enteramente diferente del que usa con los fariseos. Es una advertencia contra el pecado que amenaza, no de un juicio que se aproxima; era como prevención, no como denuncia».

Creyeron ellos haber elegido al Maestro, y, en realidad fue Él quien les eligió. Aun siendo casi todos del mismo oficio, los apóstoles iban a protagonizar junto a Jesús papeles bien distintos. (Fragmento de una Tabla de Duccio Buoninsegna, Museo de la catedral de Siena)

5. Esta cláusula es muy importante para la interpretación de la precedente, ya que muestra que no se puede tomar *in sensu malo*. Por tanto, no puede ser «el fuego del juicio».

ciegos eran como para no «saber interpretar el tiempo?» (Lc. 12:56). ¿No podían leer sus señales, ellos, que no tenían dificultad en interpretarlas cuando sale una nube del poniente sobre el mar, o cuando sopla el siroco del sur?[6] ¿Por qué, pues, no podían juzgar por sí mismos, dadas las circunstancias, lo que era apropiado y necesario considerando la tempestad que se avecinaba? Lucas es también aquí el único que cita estos puntos. ¿Qué era lo necesario y apropiado? Lo mismo que les había dicho en Galilea antes (Mt. 5:25, 26), pues las circunstancias eran las mismas. Lo que el sentido común y la prudencia dictarían a todo aquél a quien su acusador o su acreedor llevara ante el magistrado: procurar ponerse de acuerdo con su adversario antes de que sea demasiado tarde, antes de que la sentencia fuera pronunciada y ejecutada (Lc. 12:58, 59). Aunque tampoco puede apurarse la ilustración en cuanto a los detalles, su sentido general sería entendido mucho más fácilmente por el hecho de que había un proverbio similar rabínico,[7] aunque con una aplicación muy diferente.

Dos sucesos y su moraleja

(4) Además de estos discursos se registran dos sucesos antes de la partida de Cristo a la Fiesta de la Dedicación. Cada uno llevó a un breve discurso que acaba en parábola.

El primero se refiere a dos circunstancias no mencionadas por el historiador judío Josefo[8] ni en ninguna otra noticia contemporánea, sea rabínica o de otros escritores. Esto muestra, por un lado, lo comunes que tienen que haber sido estos sucesos cuando podían ser simplemente omitidos del largo catálogo de atrocidades cometidas por Pilato entre los judíos. Y, por otro, da evidencia también de que el relato de Lucas deriva de fuentes independientes, auténticas –en otras palabras, el carácter histórico de su relato–, cuando puede referir como hecho bien conocido lo que no se menciona en los anales de aquel tiempo; y finalmente, que no tenemos la seguridad de poder rechazar una noticia simplemente porque no hallamos otra mención de ella que las páginas del tercer Evangelio.

Al parecer, pues, entonces o poco antes, algunas personas hablaron a Cristo acerca de cierto número de paisanos suyos a quienes Pilato por lo visto había dado órdenes de ejecutar en el Templo en tanto estaban ocupados en ofrecer sacrificios (Lc. 13:1-5); de modo que, en el lenguaje pictórico del Oriente, su sangre se había mezclado con los sacrificios. Indudablemente, su relato de este suceso tiene que ser puesto en relación con el discurso precedente de Jesús. Él había preguntado si ellos no podían discernir las señales de la terrible tempestad nacional que se avecinaba. Y fue con referencia a esto, según juzgamos, que ellos repitieron esta historia. Para entender su objeto hemos de prestar atención a la respuesta de Cristo. Tiene la intención de refutar la idea de que estos galileos habían sido visitados por este castigo especial por algún pecado especial contra Dios. Aquí siguen dos preguntas. Como entre la visita de Cristo a Jerusalén cuando la Fiesta de los Tabernáculos y la de la Dedicación

---

6. El lector observador notará qué característica es esta pequeña diferencia. El siroco *no* podía esperarse en Galilea, pero sí en Perea, y aquí había flores mucho antes que en Galilea.

7. Sanh. 95 *b*. Su sentido se puede explicar así: *«Prépare ta vengeance, sans que ton ennemi puisse s'en douter»* (Schuhl, *Sent. et Prov., d. Talm.*, p. 3).

8. Esta omisión prueba lo endeble de la acusación de Renan de que los escritos de Josefo han sido en gran parte falsificados por los copistas cristianos.

del Templo no había festival alguno, es posible que este suceso tuviera lugar *antes* de la visita de Cristo a Jerusalén. Pero en este caso parece muy probable –casi cierto– que Cristo ya lo hubiera oído. Si es así, o en todo caso si no era un suceso bastante reciente, ¿por qué tenían que decírselo a Cristo en aquel preciso momento? Además, parece extraño que, aunque los judíos relacionaban pecados especiales con castigos especiales, consideraran como un castigo divino de un pecado especial el sufrir martirio a manos de Pilato en el Templo cuando estaban ofreciendo sacrificios.

Todo esto se vuelve claro si consideramos a estos que dan la información como intentando probar que la advertencia de Jesús cortaba en sentido inverso, una especie de argumento del tipo «*Tu quoque*». Muy probablemente estos galileos fueron asesinados implacablemente debido a que estaban en contacto, real o sospechado, con el movimiento nacionalista, del cual Galilea era el foco. Es como si estos judíos hubieran dicho a Jesús: «¡Sí, señales de los tiempos y de la tempestad inminente! Estos galileos, tus propios paisanos, implicados en una especie de movimiento pseudomesiánico, una especie de levantamiento del tipo "señales de los tiempos", algo parecido a lo que tú quieres que consideremos. ¿No fue su muerte un castigo merecido?». Esta última inferencia no se expresa en palabras, pero queda implicada en su relato del hecho. Pero el Señor leyó sus pensamientos y refutó su razonamiento. Para este propósito adujo otro caso (Lc. 13:4) en que una torre, en el estanque de Siloé, había caído sobre dieciocho personas aplastándolas; todo ello quizá en relación con la construcción de un acueducto en Jerusalén por Pilato, que dio lugar por parte de los judíos a una oposición violenta que Pilato vengó con saña. ¡Como judíos, probablemente pensarían que la caída de la torre, que había enterrado en sus ruinas a dieciocho personas que quizá estaban ocupadas en la edificación de aquella maldita estructura, era un juicio justo de Dios! Porque Pilato había usado para construirla el dinero sagrado que había sido dedicado a los propósitos del Templo (el *Qorban* –Jos., *Guerra* ii.9.4), y hubo muchos que perecieron en el tumulto causado por la resistencia judía a este acto de profanación. Pero Cristo argumentó que era erróneo inferir que el juicio divino había alcanzado a sus paisanos galileos, como lo sería juzgar que la torre de Siloé había caído para castigar a estos jerosolimitanos. No tenía la culpa ser de un partido ni del otro; ni la supuesta tendencia mesiánica (en forma de levantamiento nacional), ni por otro lado la dirección opuesta de sumisión absoluta a la dominación romana. Toda la nación era culpable; y la tempestad que se avecinaba, a las señales de la cual Él indicaba, destruiría a todos a menos que tuviera lugar un arrepentimiento espiritual por parte de la nación. Y más amplio aún que esto, y aplicable a todos los tiempos, se hallaba el principio subyacente de que cuando cae una calamidad sobre un distrito o un conjunto de individuos no debemos enjuiciarlo por nuestra cuenta respecto a su causa especial, sino pensar espiritualmente en su aplicación general; no ya para buscar el rastro de la forma en que se relaciona con un distrito o individuo dado, sino para aprender sus lecciones y para verlo como un llamamiento dirigido a todos. Y, al revés, también esto es válido por lo que se refiere a las liberaciones.

Habiendo pues contestado la objeción implicada, el Señor mostró a continuación, en la parábola de la higuera (Lc. 13:6-9), la necesidad y urgencia de un arrepentimiento nacional.[9]

9. Veremos la exposición de esta parábola más adelante.

El segundo acontecimiento registrado por Lucas en estas circunstancias (Lc. 13:10-17) recuerda los incidentes del primer ministerio en Judea (Jn. 5:16) y en Galilea (Mt. 12:9-13). Observamos los mismos puntos de vista estrechos y el externalismo de antes con respecto al sábado por parte de las autoridades judías y, por parte de Cristo, los mismos principios y aplicación espiritual amplios. Si estuviéramos buscando evidencia de la misión divina de Jesús, la hallaríamos en esta oposición de contrarios en un punto tan fundamental, puesto que ningún maestro ni reformador de Israel de aquel tiempo –ni el más avanzado saduceo– habría defendido, ni mucho menos originado, las ideas que Cristo propugnaba con respecto al sábado. Además, si estuviéramos en busca de evidencia de la veracidad histórica de los relatos de los Evangelios, la hallaríamos en una comparación de las historias de las tres controversias sobre el sábado: en Jerusalén, en Galilea y en Perea. En todas ellas el espíritu es el mismo. Y aunque las diferencias entre ellas pueden parecer ligeras, son características, y marcan como si las señalaran con el dedo la localidad y las circunstancias en que tuvieron lugar. En Jerusalén no hay razonamiento ni reprensión por parte de los judíos, sólo persecución absoluta. Allí también el Señor entra en su exposición más elevada de su acción, motivos y misión (Jn. 5:16, 17ss.). En Galilea hay preguntas, y una intriga astuta contra Él por parte de los judíos que le seguían los pasos. Pero aunque no hay acción violenta intentada contra Él, el pueblo no se atreve a ponerse de su lado abiertamente (Mt. 12:1-21). Pero en Perea nos encontramos con el torpe celo de un archisinagogo local (el dirigente o principal de una sinagoga), el cual está muy enojado y se comporta de modo poco prudente; admite que Cristo tiene poder para sanar y no osa atacarle directamente, pero en cambio reprende no a Cristo ni aun a la mujer que había sido curada, sino al pueblo que lo había presenciado, y al mismo tiempo les dice que vengan a buscar la curación otros días, sin darse cuenta, en su estrechez de miras y fanatismo, de lo que implicaba su admisión. Este jerarca local no tenía la astucia ni aun el valor de los fariseos judíos en Galilea, a quienes el Señor había hecho callar. Le dijo bastante, sin embargo, para mostrar a estos partidarios del fariseísmo en Perea su necedad, y esto por propia admisión suya (Lc. 13:15, 16). Y aquí no sólo quedaron sus adversarios avergonzados, en tanto que en Galilea se fueron para maquinar contra Él (Mt. 12:14), sino que el pueblo no estaba asustado, como los galileos en presencia de sus gobernantes, y abiertamente se regocijaban en la obra gloriosa de Cristo.

No se requiere añadir mucho más sobre este incidente en «una de las sinagogas» de Perea. Recordemos brevemente la escena. Entre los que estaban presentes en esta Sinagoga había una pobre mujer que durante dieciocho años había sufrido, según se nos dice por causa de un agente demónico, un espíritu de enfermedad. Es verdad que muchas, si no todas, de estas enfermedades estaban relacionadas con perturbación moral, puesto que la posesión demónica no era permanente y podría haberse hecho resistencia a intervalos si hubiera habido salud moral. Pero no hay base para considerar el «espíritu de enfermedad» como lo moral y psíquico, y el no poderse enderezar como lo físico, ni tampoco para describir lo último como una curvatura permanente de la columna vertebral. La palabra griega aquí traducida como «enfermedad» ha pasado al lenguaje rabínico (*Isteniseyah*, איסתניסיה), y allí significa tendencia a estar enfermo, debilidad, pero no una enfermedad en particular. De hecho, esta mujer estaba física y moralmente no enferma pero sí enfermiza, y ciertamente el suyo era un «espíritu de enfermedad», de modo que «andaba encorvada y en ninguna manera se podía enderezar». Porque notamos que no se trataba de una posesión demónica en absoluto; y con todo, aunque ella no había cedido, no había resistido efectivamente, y por ello estaba «atada» por un «espíritu de enfermedad» tanto en el cuerpo como en el alma.

Reconocemos el mismo «espíritu de enfermedad» en las circunstancias de su curación. Cuando Cristo al verla la llamó –probablemente un símbolo apropiado de la gente de Perea en esta Sinagoga–, ella acudió; cuando Él le dijo: «Mujer, quedas libre de tu enfermedad», ella quedó desligada, y sin embargo, en su debilidad, no contestó ni se enderezó hasta que Jesús «puso sus manos sobre ella», y entonces fortaleció de tal manera su cuerpo y alma que «se enderezó al instante, y glorificaba a Dios».

En lo que se refiere al archisinagogo, como ya hemos sugerido, tenemos un retrato tan característico de él que casi podemos verle: confuso, inseguro, perplejo y enojado, avanzó y reprendió a la gente que no había hecho nada pero sin atreverse a hacer callar a la mujer, que ya no estaba enferma; ni mucho menos al gran rabino, que había hecho una cosa tan extraordinaria y «gloriosa», pero hablándole a través de los que habían presenciado el hecho estupefactos. Resultó muy fácil hacerle callar y poner en la picota a todos aquellos que simpatizaban con él. «¡Hipócritas! –le dijo el Señor–, por lo que acabas de admitir, tu práctica y tu Ley condenan tus palabras. Todos desatáis el buey o el asno del pesebre en sábado, y los lleváis a beber». La ley rabínica permitía esto de modo expreso, e incluso el acercar el agua, con tal de que no se llevara la vasija al animal (Erub. 17 *b*, 20 *b*). «Si, como admites, yo tengo el poder de "desatar" de las ligaduras de Satanás, y ella había estado atada estos dieciocho años, ¿no debía esta hija de Abraham merecer un trato igual por lo menos que una de vuestras bestias de carga?».

La respuesta era incontestable e irresistible; dio el resultado que se esperaba: cubrió a los adversarios de vergüenza. Y los de Perea, en esta Sinagoga sintieron también, por lo menos esta vez, la bendita libertad que había llegado a la mujer. Se unieron a los ecos de su himno de alabanza, y «se regocijaron por todas las cosas gloriosas hechas por Él». Y Él contestó su gozo dirigiéndolo en el sentido apropiado, poniéndoles delante «el Reino» que Él había venido a predicar y a traer con toda su libertad, realidad, poder y energía, como se ve en las dos parábolas del grano de mostaza y de la levadura narradas ya antes en Galilea. Las dos fueron repetidas por adaptarse especialmente a las circunstancias: primero, al milagro que habían presenciado; luego, al altercado que había tenido lugar; y finalmente, a su propio estado de sentimiento. Y la aplicación práctica de estas parábolas tiene que haber sido evidente a todos.

Capítulo 14

(Lucas 13:22; Juan 10:22-42)

En la Fiesta de la Dedicación del Templo

Habían pasado dos meses desde que Jesús había dejado Jerusalén después de la Fiesta de los Tabernáculos. Pese a que no debemos poner demasiado énfasis en estos cálculos, podemos mencionar aquí la computación que identifica el primer día de la Fiesta de los Tabernáculos, de aquel año (29 d.C.), como el jueves 23 de septiembre; el último día, «el gran día de la fiesta», con el viernes, el 29; el octavo día de la fiesta, con el 30 de septiembre; y el sábado, cuando el ciego de nacimiento fue curado, con el día 2 de octubre (Wieseler, *Chronolog. Synopse*, pp. 482, 483). En este caso, «la Fiesta de la Dedicación del Templo» que comenzaba el 25 de Quisleu y duraba ocho días, empezaría el miércoles día 1 y terminaría el miércoles día 8, los dos de diciembre. Pero es posible que fuera una semana o dos más tarde. En esta fiesta, o sea, después de unos dos meses de haber partido de la ciudad, hallamos a Cristo otra vez en Jerusalén y en el Templo. Su viaje a Jerusalén parece indicado en el tercer Evangelio (Lc. 13:22), y por lo menos está implicado en las palabras con que Juan empieza su relato de lo que ocurrió en aquella ocasión (Jn. 10:22). Sin embargo, no todo el mundo está de acuerdo en esto.

Creemos que hay una adecuación especial –que señalaremos aquí– en que Cristo pasara lo que nosotros consideramos el último aniversario de su nacimiento, o cumpleaños, en el Templo, en aquella fiesta. No era de origen bíblico, sino que había sido instituida por Judas Macabeo en 164 a.C., cuando el Templo, que había sido profanado por Antíoco Epífanes, fue purificado de nuevo y vuelto a dedicar al servicio de Jehová (1 Mac. 6:52-59). En consonancia, fue designada como «la Dedicación del Altar» (*u.s.*, 6:56-59). Josefo (*Ant.* xii.7.7) lo llama «Las Luces», debido a una de las observancias principales de la fiesta, aunque habla en términos vacilantes del origen del festival como relacionado con esta observancia –probablemente porque conocía la leyenda relacionada con ella, aunque se avergonzaba de confesarlo, si bien tampoco podía desmentida. Los judíos la llamaban *Chanukkah*, «dedicación» o «consagración», y, en un sentido casi igual, *Enkainia* en el griego de la Septuaginta (Esd. 6:16, 17; Neh. 12:27; Dn. 3:2)[1] y en el Nuevo Testamento. Durante los ocho días de la fiesta se cantaba en el Templo la serie de salmos conocida como la *Hallel* (Sal. 113 a 118), canto en que participaba el pueblo, como en la Fiesta de los Tabernáculos (ver cap. VII). Había otros ritos que parecían los de esta última fiesta. Así, originalmente, el pueblo aparecía con palmas (2 Mac. 10:7). Esto, sin embargo, no era observado en un período más tardío, en tanto que otro rito, no mencionado en el libro de los Macabeos, el de la iluminación del Templo y de casas particulares, pasó a ser característico de la fiesta. Así los dos festivales, que eran en realidad puestos en yuxtaposición en 2 Macabeos, parecen haber estado conectados en lo externo e interno. La Fiesta de la «Dedicación» o de las «Luces» había sacado de la de los Tabernáculos su duración de ocho días, el canto de la *Hallel* y la práctica de llevar palmas. Por otra parte, el rito de la iluminación del Templo puede haber pasado de la Fiesta de la Dedicación a ser una de las observancias en la de los Tabernáculos. Según la tradición, cuando fueron restaurados los servicios del Templo por Judas Macabeo, se halló que el aceite había sido profanado. Entonces se descubrió un frasco que era puro, sellado con el mismo sello del sumo sacerdote. Su contenido fue suficiente para alimentar el candelabro sagrado, pero, por un milagro, el frasco fue hallado lleno durante ocho días de modo continuo, hasta que pudo recibirse una nueva provisión de Thekoah. Como recuerdo de este hecho, se ordenó el año siguiente que el Templo fuese iluminado durante ocho días en el aniversario de su «Dedicación» (Shabb. 21 *b*, líneas 11 a 8 desde la base). Las escuelas de Hillel y de Shammai diferían con respecto a esta observancia, como sobre a otras muchas. La de Hillel quería empezar la primera noche con un pequeño número de luces e ir aumentándolas cada noche hasta la octava, en que había de ser ocho veces mayor que la primera. La escuela de Shammai, por otra parte, quería empezar con el mayor número y disminuirlas hasta que en el octavo día quedara sólo una octava parte de la primera. Cada partido tenía sus propias razones y sus propios adherentes (Shabb. 21 *b*, hacia la mitad). Pero las «Luces» en honor de la fiesta no eran encendidas sólo en el Templo, sino en cada casa. Habría sido suficiente con una en cada casa la primera noche, pero los cabezas de familia piadosos encendían una luz por cada uno que vivía en ella, de modo que si había diez luces al principio, habría ochenta en la última noche del festival. Según el Talmud, la luz podía ser colocada a la entrada de la casa o en una habitación; o, según las circunstancias, en la ventana o incluso sobre la mesa. Hoy día la luz es colocada a la izquierda al entrar en la habitación (la Mezuzah es a la derecha). Se pronunciaban ciertas bendiciones al encender estas luces, se cesaba en todo trabajo, y el día se pasaba en diversiones. La primera noche se recordaba la memoria de Judit, que se suponía había dado muerte a Holofernes, y se participaba de queso, el alimento que según la leyenda[2] ella le dio en gran abundancia para incitarle a que bebiera y a la embriaguez.[3] Finalmente, durante este festival se prohibía todo ayuno y duelo público, aunque se permitían algunos actos menores de duelo privado (Moed K. iii. 9; Shabb. 21 *b*).

Más interesante, quizá, que esta descripción de observancias externas es el significado de este festival en su relación con la Fiesta de los Tabernáculos, a la cual se ha hecho ya referencia. Como la Fiesta de los Tabernáculos, conmemoraba una victoria divina, que de nuevo había dado a Israel su buena tierra después de haber sufrido una aflicción como la del desierto; era otra fiesta de la cosecha, y señalaba en dirección a otro recogimiento. Así como la luz un tiempo

---

1. De modo semejante, las palabras afines ἐγκαίνισις y ἐγκαινισμος, así como el verbo (ἐγκαινίζω), son usadas las dos en la Septuaginta y los Apócrifos. El verbo ocurre también en Hebreos 9:18; 10:20.

2. Con referencia a la leyenda judía tardía, el lector hallará citas completas (así como en general mucha información sobre la «Fiesta de la Dedicación») en Selden, *de Synedriis* (ed. Frcf. 1696), p. 1.213, y en general desde pp. 1.207 a 1.214.

3. El lector hallará muchas cosas curiosas en estas cuatro Midrashim (en Jellinek, *Beth haMidr*. 1. pp. 130-146): Maaseh Jehudith, 2 Midr. para Chanukkah y Megillath Antiochos. Ver también el Megillath Taanith (ed. Vars. 1874), pp. 14 *a* hasta 15 *b*.

extinguida fue iluminada otra vez en el Templo –y, según el tipo de imágenes escriturales, ¿no significaba la Luz de Israel, la Lámpara de David?–, ahora aumentaba día tras día en brillo, hasta que resplandecía fuera, a las tinieblas de los paganos que habían intentado apagarla. El hecho de que el que había purificado el Templo –que era la verdadera luz y había traído la gran liberación– pasara el último aniversario de su nacimiento (como se ha señalado) en esta fiesta en el Santuario, brillando en su oscuridad, parece muy apropiado especialmente cuando recordamos la leyenda judía según la cual, en su construcción, el Tabernáculo había sido completado el 25 de Quisleu, aunque las partes no fueron puestas juntas hasta el 1 de Nisán (el mes pascual) (Bemidb. R. 13, ed. Vars. p. 49 *a*, línea 15 desde arriba).

Las ideas sobre el significado de esta fiesta y de lo que estaba asociado con ella, serán útiles cuando escuchemos las palabras que Jesús dijo al pueblo en el «pórtico de Salomón». Hay una viveza gráfica en la descripción de las circunstancias que marca al testigo presencial. Es invierno, y Cristo está andando por el pórtico cubierto, frente a la «Puerta Hermosa» que formaba la entrada principal al «Patio de las Mujeres». Mientras andaba de un lado a otro, el pueblo le estaba cerrando literalmente el paso, «rodeándole». Dadas las circunstancias, no podemos dudar que la pregunta que le hicieron, «¿Hasta cuándo nos vas a tener en vilo?», no contenía el menor asomo de sinceridad. Su deseo, el que les dijera «claramente» que era el Cristo, no tenía otro motivo que el de obtener base para una acusación. Cuanto más claramente nos damos cuenta de esto, más maravillosa nos parece la paciencia y tolerancia de Cristo y la sabiduría de su respuesta. Prescinde de su hipocresía. ¿Qué necesidad hay de más palabras? Ya se lo ha dicho y no creen. De las palabras apela al testimonio mudo, pero indiscutible, de los hechos: las obras que Él hace en nombre de su Padre. Su incredulidad, en presencia de estos hechos, es debida a que no son sus ovejas. Como ya les había dicho antes, era característico de sus ovejas (como en general en cada rebaño con respecto a su propio pastor) el reconocer la voz suya y seguirle. Notemos en las palabras de Cristo un terceto de paralelismos dobles, respecto a las ovejas y el Pastor, en culminación ascendente (Jn. 10:27, 28), como sigue:

Mis ovejas oyen mi voz,	Y yo las conozco,
Y me siguen,	Y yo les doy vida eterna;
Y no perecerán jamás,	Y nadie las arrebatará de mi mano.

Un paralelismo cuádruple, con una culminación descendente y ascendente, pero de carácter antitético, se puede notar (Bengel) en el primer discurso de Cristo en el Templo (Jn. 10:13-15):

El asalariado	Yo
Es un asalariado,	Soy el buen Pastor,
Deja las ovejas,	Conozco las ovejas,
Huye.	Pongo mi vida.

No puede darse una seguridad más consoladora que la anterior. Pero hay que hacer notar aquí algo especial. Los dos primeros paralelismos siempre unen la promesa de Cristo a la actitud de las ovejas; no tal vez de manera condicional, ni en la forma de «porque-pues», o incluso de «si-entonces», sino como una cosa de consecuencia y de hecho. Pero en el tercer paralelismo no hay referencia a nada por parte de la oveja; todo es promesa, y la segunda cláusula sólo explica e intensifica lo que se expresa en la primera. Si indica ataque de una clase intensa, y por enemigos astutos y fuertes, sean hombres o demonios, también marca la vigilancia y absoluta superioridad de Aquél que los tiene, por así decirlo, en su mano –quizá un hebraísmo para indicar «poder»–, y de ahí su absoluta seguridad. Y como si quisiera dar una seguridad doble de ello, Él recuerda a sus oyentes que como *su* obra es «el mandamiento del Padre» es realmente la obra del Padre, que ha dado a Cristo para que la haga, y que nadie puede arrebatarlos de la mano del Padre. Es una preocupación inútil tratar de limitar estas seguridades tratando de captarlas y comprenderlas dentro de nuestra lógica humana. ¿Transmiten lo que comúnmente se llama «la doctrina de la perseverancia»? No, pero nos enseñan no sobre *nuestra* fe, sino sobre *su* fidelidad, y nos transmiten su seguridad referente a Él más que referente a nosotros; y éste es el único aspecto en que «la doctrina de la perseverancia» es segura, verdadera o escritural.

Pero es inevitable una consecuencia lógica. Entendiéndolo debidamente, no sólo es el anuncio último y el más alto, sino que contiene e implica todo lo demás. Si la obra de Cristo es realmente la del Padre, y si su obrar también es el del Padre, entonces se sigue que Él «y el Padre son uno» («uno» está en neutro). Esta identidad de obra (y propósito) implica identidad de naturaleza (esencia); la de obrar, identidad de poder.[4] Y así evidentemente lo entendieron los judíos, ya que una vez más tomaron piedras con la intención de apedrearle, sin duda porque expresaba en términos aún más claros lo que ellos consideraban como una blasfemia. Una vez más el Señor apeló, prescindiendo de sus propias palabras –de las que dudaban–, a sus obras que eran indubitables. Y esto es lo que hace siempre. Su misión divina es evidencia de su divinidad. Y si su misión divina es puesta en duda, apela a las «muchas obras excelentes» (καλὰ ἔργα) que Él había mostrado del Padre», cualquiera de las cuales podía servir como evidencia de su misión y, en el caso de muchos, había dado precisamente este resultado. Y cuando los judíos prescindieron de esta línea de evidencia, como hacen muchos en nuestros días, e insistieron en que era culpable de blasfemia, puesto que siendo un hombre se había hecho Dios, el Señor les replicó en una forma que nos llama la atención. Por el modo peculiar hebraístico de designar una cita de los Salmos (Sal. 82:6) como «escrito en la Ley»,[5] llegamos a la conclusión de que aquí tenemos una transcripción literal de las mismas palabras de nuestro Señor.[6] Pero lo que deseamos de modo especial es negar toda interpretación de ellas que pudiera parecer la implicación de que Cristo hubiera deseado evadir la inferencia de ellos –que Él afirmaba ser uno con el Padre– y transmitirles que no se implicaba aquí nada más que lo que era legítimamente aplicable a un hombre ordinario. No se trata de esto en modo alguno. Él acababa de afirmar que era uno con el Padre en obras y en el obrar; de lo cual, naturalmente, la inferencia necesaria era que Él era también uno con Él en

4. San Agustín hace notar que la palabra «uno» habla contra el arrianismo, y el plural «son» contra el sabelianismo. ¿Y no hablan también contra toda herejía?

5. En los escritos rabínicos la palabra para designar Ley (*Torah* u *Oreya* u *Oreyan*) es usada con frecuencia para denotar no sólo la Ley, sino toda la Biblia. Baste un ejemplo: «Bienaventurado sea el Misericordioso que nos ha dado la triple *Ley* אוריאן (Pentateuco, Profetas y Hagiógrafos) a un pueblo triple (sacerdotes, levitas, legos) por la mano de un tercero (Moisés era el tercer hijo de sus padres) en el tercer día (después de la preparación) del tercer mes (Siván)» (Shabb. 88 *a*).

6. Aparte de la evidencia que proporciona de la paternidad judía del cuarto Evangelio.

naturaleza y poder. Veamos si esta pretensión era extraña. En el Salmo 82:6 los títulos «Dios» *(Elohim)* e «Hijos del Altísimo» *(Beney Elyon)* han sido aplicados a los jueces como representantes y vicerregentes de Dios, ejerciendo su autoridad delegada, puesto que a ellos les ha llegado su palabra de autorización. Pero aquí había una autoridad no transmitida por «palabra», sino por una consagración directa y personal, y una misión personal y directa por parte de Dios. La comparación hecha no era con profetas, puesto que éstos sólo decían la palabra y el mensaje de Dios, sino con jueces que como tales hacían el mismo *acto* de Dios. Si éstos que, al obrar así, habían recibido una comisión indirecta eran «dioses», los verdaderos representantes de Dios,[7] ¿podía ser blasfemia el que Él reclamara ser Hijo de Dios, Él, que había recibido su autoridad, no mediante una palabra transmitida a través de largos siglos, sino por orden personal directa, para hacer la obra del Padre; había sido directa y personalmente consagrado por el Padre, y directa y personalmente le representaba, no para decir, sino para hacer la obra del Padre? ¿No era, más bien, la inferencia verdadera y necesaria de sus premisas?

Todo dependería de esto, naturalmente, si Cristo hacía realmente las obras del Padre (Jn. 10:37). Ésta era la prueba o *test;* y esto, como percibimos instintivamente, tanto de modo racional como real. Pero si Él hacía las obras de su Padre, entonces que crean si no las palabras al menos las obras, y de este modo llegarán al conocimiento, «y entenderán» –distinguiendo aquí entre el acto y el estado– que «el Padre está en mí y yo en el Padre». En otras palabras, reconociendo la obra como la del Padre, ellos llegarían a comprender que el Padre obraba en Él, y que la raíz de su obra estaba en el Padre.

Las piedras que habían tomado no se las echaron porque las palabras de Cristo hacían imposible la acusación de blasfemia explícita, que era la única que según la ley rabínica autorizaba para esta venganza sumaria. Pero «procuraron otra vez prenderle» a fin de llevarle ante su tribunal. Su tiempo, sin embargo, no había llegado «y él se salió de sus manos», no sabemos cómo.

Una vez más el Jordán se deslizaba entre Él y sus acerbos perseguidores. Más hacia el norte cerca de Galilea, en el lugar de la primera obra de Juan, probablemente junto al sitio donde Jesús mismo había sido bautizado, ésta fue la escena de su última labor. Y los que se acordaban tan bien del Bautista y del testimonio que había sido dado del Cristo, lo recordaron todo cuando escucharon sus palabras y vieron sus obras. Cuando se agolparon alrededor de Él, la diferencia y el acuerdo entre Juan y Jesús llenó de convicción su mente. El Bautista no había hecho señal alguna,[8] tal como las que Jesús había obrado; pero ellos consideraron que eran verdad las cosas que Juan había hablado de Él. Y sin preocuparse de los reproches e intrigas de fariseos y escribas, muchos de estos hombres sencillos y sinceros de corazón, lejos de Jerusalén, creyeron en Él. Para adaptar el dicho de Bengel: eran los hijos póstumos del Bautista. Así él, muerto ya, todavía hablaba. Y así hará todo lo que es sembrado para Cristo, aunque yazca sepultado y olvidado por los hombres. Brotará y madurará, como en un solo día, para el gozo profundo externo y agradecido de todos los que trabajaron con fe y reposaron en esperanza.

---

7. Quisiéramos llamar la atención hacia las palabras «la Escritura no puede ser quebrantada» (v. 35) como evidencia de la idea de que Jesús adoptó de la autoridad del Antiguo Testamento, así como de su inspiración.

8. La circunstancia de que, según los Evangelios, Juan no hiciera ningún milagro, no sólo es evidencia de la veracidad de su informe sobre los milagros del Señor, sino que, en otro sentido, es profundamente significativa. Muestra que no hay anhelo de lo milagroso, que existe en los relatos legendarios y apócrifos, y muestra que los relatos de los Evangelios no estaban hechos en el molde de la expectativa contemporánea judía, que ciertamente habría asignado el otro *papel* en calidad de Elías a Juan, como el Precursor del Mesías, distinto del testimonio solitario, primero, luego del olvido, y finalmente del asesinato cruel y no vengado a manos de un herodiano. Verdaderamente la historia de Jesús no es la del Mesías de concepción judaica.

«Creemos que hay una adecuación especial –que señalaremos aquí– en que Cristo pasara lo que nosotros consideramos el último aniversario de su nacimiento, o cumpleaños, en el Templo, en aquella fiesta. No era de origen bíblico, sino que había sido instituida por Judas Macabeo en 164 a.C., cuando el Templo, que había sido profanado por Antíoco Epífanes, fue purificado de nuevo y vuelto a dedicar al servicio de Jehová (1 Mac. 6:52-59)».

El patio del templo de Herodes tenía en sus ángulos cuatro construcciones diferentes, cada una con su propio patio interior y cada una destinada a una finalidad particular. Aquí podemos ver el impresionante enlosado de la explanada del templo.

Capítulo 15
(Lucas 10:25-37; 11:5-13)

La segunda serie de parábolas

El período entre el retorno de Jesús de la Fiesta de la Dedicación y su última entrada en Jerusalén se puede dividir en dos partes, con la visita a Betania para resucitar a Lázaro de los muertos en medio. Incluso si fuera posible ordenar cronológicamente los sucesos de cada uno de estos dos períodos con alguna certidumbre, la variedad y brevedad de lo que contienen impediría que los siguiéramos de cerca en esta narración. En consecuencia, preferimos agruparlos juntos como: parábolas de este período, discursos y sucesos. Y el dato de la resurrección de Lázaro puede servirnos como divisoria entre nuestro sumario de las parábolas y el de los discursos y sucesos que precedieron a la aparición final de Jesús en Jerusalén.

Estas últimas palabras nos ayudan a comprender la diferencia necesaria entre las parábolas de este período, las del precedente y las del período que sigue al presente. Las parábolas de este período intermedio miran hacia el pasado, y hacia adelante, al futuro. Las que pronunció junto al lago de Galilea eran puramente simbólicas. Presentaban realidades celestiales invisibles bajo emblemas que requerían ser traducidos al lenguaje terrenal. Era fácil hacerlo si se poseía la clave para los misterios celestiales; de otro modo, eran oscuras y misteriosas. Por así decirlo, eran leídas fácilmente de arriba abajo. Vistas de abajo arriba, sólo se podían percibir de modo impreciso los perfiles que se mezclaban entre sí. Es muy distinto lo que vemos en la segunda serie de parábolas. Éstas pueden ser entendidas por todos. No requieren traducción. No son simbólicas, sino típicas, usando la palabra «tipo» no en el sentido de implicar un elemento predictivo (como en Ro. 5:14), sino indicando un ejemplo o, quizá más correctamente, una ejemplificación.[1] En consecuencia, las parábolas de esta serie son intensamente prácticas. Finalmente, el carácter que prevalece en ellas no es descriptivo, sino exhortativo; y presentan el Evangelio, en el sentido de buenas nuevas para los perdidos, más cerca y de modo más conmovedor a los corazones de los que las escuchan. Son señales o signos en palabras, como los milagros son señales en obras, de lo que Cristo ha venido a hacer y a enseñar. La mayoría de ellas ostenta este carácter de modo abierto; y aun las que no, sino que parecen más bien de advertencia, tienen un fondo de amor, como si la compasión divina demorara en piedad sobre aquellos a quienes amenaza, por si el daño puede ser evitado.

De las parábolas de la tercera serie bastará decir, de momento, que no son simbólicas ni típicas, sino que su rasgo principal es el profético. Como corresponde a su lugar histórico en la enseñanza de Cristo, señalan hacia el futuro próximo. Son las últimas sombras que caen, ya alargándose, sobre los sucesos que son inminentes.

Las parábolas de la segunda serie (o de Perea), que son típicas y exhortativas, y «evangélicas» en carácter, son trece, y con la excepción de la última son peculiares del Evangelio de Lucas, o bien registradas de modo más completo en él.

1. Como en 1 Corintios 10:6, 11; Filipenses 3:17; 1 Tesalonicenses 1:7; 2 Tesalonicenses 3:9; 1 Timoteo 4:12; Tito 2:7; 1 Pedro 5:3.

Las dos parábolas de quién es nuestro prójimo: 1) Respecto al amor que, sin que se le pida, nos da en nuestra necesidad

1. *La parábola del buen samaritano* (Lc. 10:25-37). Esta parábola está relacionada con una pregunta dirigida a Jesús por un «intérprete» de la Ley –no uno de los escribas o maestros de Jerusalén, sino probablemente un experto en la ley canónica judía,[2] que puede ser que actuara en aquel distrito de modo profesional, aunque probablemente no para ganarse la vida. En consecuencia, no hallamos aquí el rencor o malicia que caracteriza a sus colegas de Judea. En un capítulo previo se ha mostrado que este relato posiblemente se halla en su lugar propio en el Evangelio de Lucas (ver cap. V). Hemos insinuado también que las palabras de este intérprete de la Ley sugieren o bien que él mismo pertenecía, o bien aludía al pequeño grupo de rabinistas que, por lo menos en teoría, atribuían mayor valor a las buenas obras que al estudio. En todo caso, no hay ocasión para imputarle directamente motivos aviesos. Conociendo los hábitos de su clase, no vacilamos en poner su pregunta como para «tentar» –pero en el sentido de probar, poner a prueba– al gran rabino de Nazaret. Hay muchos casos similares en los escritos rabínicos de encuentros entre grandes maestros, cada uno intentando implicar al otro en dificultades dialécticas y disputas sutiles. En realidad, esto era parte del Rabinismo, y llevó a una trivialización penosa y fatal de la verdad en que todo pasaba a ser cuestión de sutileza dialéctica, y no había nada realmente sagrado. Lo que se requiere mantener a la vista es que, para este intérprete, la pregunta que hizo era sólo teórica, no de interés práctico ni de intensa preocupación personal, al revés de la del joven rico que no mucho después hizo una pregunta similar al Señor (Lc. 18:18-23).

Parece que estamos abriendo los testimonios de una pugna regular rabínica cuando escuchamos este problema especulativo: «Maestro, ¿qué he de hacer para heredar la vida eterna?». En la base de esto está la noción de que la vida eterna era una recompensa al mérito, a las obras; la única cuestión era: ¿cuáles eran estas obras? La idea de culpa no había entrado en su mente; no tenía concepto de pecado de ninguna clase. Era el antiguo Judaísmo de la justicia propia hablando sin disfraz; que fue el terreno definitivo sobre el que se rechazó a Cristo y se le crucificó. Ciertamente, había una manera en que un hombre podía heredar la vida eterna, no verdaderamente que tuviera un derecho absoluto a ella, pero (como los escolásticos habrían dicho: *de congruo*) como resultado del pacto de Dios en Sinaí. Y así nuestro Señor, usando la expresión rabínica común, «¿cómo lees?» (מאי קראת), señaló las Escrituras del Antiguo Testamento.

La respuesta del «intérprete» es notable, no sólo por sí sola, sino porque en la sustancia, y aun literalmente, era la misma dada en otras dos ocasiones por el mismo Señor (Mt. 19:16-22; 22:34-40). Aparece pues la pregunta respecto al punto de dónde había derivado su respuesta, ya que no hemos de esperar que tuviera comprensión espiritual. Por lo que se refiere al deber del amor absoluto a Dios, indicado por la cita de Deuteronomio 6:5, no podía haber naturalmente vacilación alguna en la mente de un judío. La obligación primaria de éste es mencionada con frecuencia –y en reali-

2. No existe una distinción entre los escribas de modo que algunos se dedicaran al estudio de la Ley, y otros al de la Ley y al de los profetas inclusive.

dad dada por sentada– en los escritos rabínicos. La repetición de esta orden, que en el Talmud recibe la interpretación más complicada y extraña,[3] formaba parte de las oraciones diarias. Cuando Jesús remitió al intérprete de la Ley a la Escritura, éste no podía por menos que mencionar esta obligación principal. De modo similar, habló como un intérprete rabínico cuando se refirió en segundo lugar a nuestro prójimo, tal como manda Levítico 19:18. El Rabinismo nunca se cansaba de citar como uno de los dichos característicos de su gran maestro Hillel (el cual como se sabe vivió antes de este tiempo), que él había resumido la Ley en la breve extensión de estas palabras: «No hagas a otro lo que tú aborreces. Ésta es toda la Ley; el resto es su explicación» (Shabb. 31 *a*, sobre la mitad). De modo similar, el rabino Akiba enseñaba que Levítico 19:18 era la regla principal, podríamos casi decir, el sumario principal de la Ley (בתורה כלל גדול) (Yalkut i. 174 *a*, final; Siphra sobre el pasaje, ed. Weiss, p. 89; también Ber. R. 24, final). Con todo, los dos principios acabados de mencionar no son enunciados en conjunción por el Rabinismo ni propuestos seriamente en el sentido de que contengan toda la Ley o garanticen el cielo. Están sujetos, como veremos pronto, a serias modificaciones. Una de éstas, por lo que se refiere a la forma negativa en la que lo puso Hillel en tanto que Cristo la puso positivamente (Mt. 7:12),[4] ya se ha hecho notar antes. La existencia de estas modificaciones rabínicas, y la circunstancia ya mencionada de que en otras dos ocasiones la respuesta de Cristo mismo a una pregunta similar fue precisamente la de este intérprete de la Ley, sugieren que esta pregunta puede haber sido ocasionada por alguna enseñanza de Cristo que él había escuchado, y que la réplica del intérprete puede haber sido estimulada por lo que Jesús había predicado respecto a la Ley.

Si se pregunta por qué Cristo parece darle su asentimiento a la respuesta del intérprete, como si realmente indicara la solución correcta de la gran cuestión, replicamos: ninguna otra respuesta podía habérsele dado. En el terreno de las obras –si esto hubiera sido defendible– éste era el camino del cielo. Para entender cualquier otra respuesta se habría requerido un sentido de pecado; y éste no podía serle impartido por medio de razonamientos, tenía que ser experimentado. Es la predicación de la Ley la que despierta en la mente un sentimiento de pecado (Ro. cap. 7). Además, si no moralmente, al menos mentalmente, la dificultad de este «camino» pronto se sugeriría por sí misma a un judío. Éste, por lo menos, es un aspecto de la contrapregunta con que «el intérprete» ahora procuró replicar a Jesús.

Es posible que haya aquí una complejidad de motivos –porque no conocemos las circunstancias–, y puede que la conducta del intérprete, o su corazón, estuviera especialmente afectada por lo que había ocurrido hacía poco, si bien no hay duda alguna acerca del objeto principal de la pregunta: «Pero ¿quién es mi prójimo?».El intérprete deseaba «justificarse a sí mismo» en el sentido de vindicar su pregunta original y mostrar que no era tan fácil de establecer como parecía implicar la respuesta de Jesús. Y aquí Cristo podía mostrar en una «parábola» a qué distancia se hallaba el Judaísmo ortodoxo de una observancia tan perfecta de esta Ley que le hubiera capacitado para ganar el cielo. Así podía llevar a este hombre a sentir sus pecados y deficiencias y despertarle a un sentimiento de su gran necesidad. Esto naturalmente sería el aspecto negativo de esta parábola; el positivo es para todos los tiempos y para todos los hombres.

La pregunta «¿Quién es mi prójimo?» ha sido siempre el resultado del Judaísmo (que hay que distinguir de la religión del Antiguo Testamento) y también su maldición. Sobre este punto es un deber hablar con franqueza, especialmente ante las malvadas persecuciones a que los judíos se han visto sometidos y expuestos a causa de ella. Diga lo que diga el Judaísmo moderno en sentido contrario, hay un fundamento de verdad en la antigua acusación pagana contra los judíos de *odium generis humani* (odio a la humanidad). Dios había separado a Israel para sí mismo mediante la purificación y la renovación, y éste es el sentido original de las palabras «santo» y «santificar» en el hebreo (קדש). Ellos se separaron a sí mismos en justicia propia y engreimiento –y éste es el significado original de las palabras «fariseo» y «fariseísmo» (פרוש). Al decir esto no echamos la culpa sobre los individuos; es el sistema el que falla. La pregunta «¿Quién es mi prójimo?» ocupa frecuentemente al Rabinismo. La respuesta a la misma es demasiado clara. ¿Cómo es posible conciliar un pasaje rabínico como el que hallamos en Ab. Zar. 26 *a*, que instruye directamente a que los idólatras no han de ser librados de un peligro inminente en tanto que los herejes y los apóstatas incluso han de ser guiados al mismo, con Éxodo 23:5. Por si hubiera dudas, otro pasaje (Bab. Mez. 32 *b*) lo discute de tal forma que, a la luz del mismo, no hay manera de exculpar la afirmación anterior a pesar de los malabarismos críticos que se hagan. Se nos dice en esta última discusión que, ¡excepto en los casos en que se hace con miras a evitar actos de hostilidad!, no hay que descargar al animal que ha caído y está bajo su carga en el caso de que pertenezca a un gentil; por lo cual, la expresión (Éx. 23:5) «el asno del que te aborrece» ha de ser entendida en el sentido de que esta persona es judía, pero no, repetimos, si este enemigo es gentil (ישראל ולא שונא איזה שונא) (Bab. Mez. 32 *b*, línea 3 desde la base).

No hay necesidad de proseguir este tema. Pero no es posible imaginar una reprobación más completa de la estrechez de miras judía, y una enseñanza universal más plena, generosa y espiritual que la de la parábola de Cristo. El escenario y el colorido son puramente locales. Y aquí hemos de recordar que, si bien admitimos la legitimidad de la aplicación más amplia de los detalles con propósitos homiléticos, hemos de tener cuidado en no insistir buscando a los mismos una interpretación estrictamente exegética.[5]

Alguien ha salido de la Ciudad Santa, la metrópolis del Judaísmo, y va por la carretera solitaria del desierto, cuyas veintiuna millas hasta Jericó son un trayecto notorio por lo arriesgado; esta persona «cae en manos de ladrones, que le despojan; e hiriéndole, le dejan medio muerto». Ésta es la primera escena. La segunda se abre con una expresión que, teológica y exegéticamente, es del máximo interés. La palabra traducida por «coincidió» o «azar» (συγκυρία) sólo ocurre en este lugar, porque la Escritura en general ve las cosas

3. Así: «Con todo tu corazón» –con tus impulsos, hacia el bien y hacia el mal–; con toda tu alma –incluso si lo quitas de tu alma–; con toda tu fuerza; «con todo tu dinero». Otra interpretación: «Con toda tu fuerza» –con respecto a cada medida con la cual Él te mide estás obligado a alabarle– (hay aquí un juego de palabras que no se puede traducir) (Ber. 54 *a*, sobre la mitad).

4. Hamburger (*Real Encykl.*, Abth. ii, p. 411) hace la interesante admisión de que la forma negativa fue escogida para hacer la orden «posible» y «práctica». No cabe duda de que Cristo no amoldó la Ley divina a nuestra pecaminosidad. Ver notas previas sobre esta Ley en el Libro 3, cap. XVIII.

5. En cuanto a estas alegorizaciones, Calvino observa con razón: «Scripturae major habenda est reverentia, quam ut germanum ejus sensum hac licentia transfigurare liceat». En general, ver Goebel, *u.s.*

con relación a agentes más bien que a los resultados. Como ya se ha notado (Libro 3, cap. XX, hacia el final), el significado real de la palabra es «concurrir», muy semejante a la palabra hebrea (פקרה). Y una mejor definición no puede darse, ciertamente, de la «Providencia», que es una abstracción pagana para la cual la Biblia no tiene equivalente, sino para la realidad concreta de que Dios lo provee. *Él* provee mediante la concurrencia de circunstancias, todas naturales, y en la sucesión de la causación ordinaria (y esto lo distingue del milagro), pero la «concurrencia» de lo que es dirigido y rectificado por Él. Y esto nos ayuda a poner a un lado las pruebas burdas de la realidad de la oración y el gobierno directo de Dios que los hombres proponen en ocasiones. Estos barcos gigantescos no pueden navegar en unas aguas tan someras.

Fue por una de estas «concurrencias» que primero un sacerdote y luego un levita descendieron por el camino, y cada uno, sucesivamente, «cuando le vio, pasó por el otro lado». Fue el principio del preguntar «¿Quién es mi prójimo?» el que llevó a ambos, sacerdote y levita, a esta conducta despiadada. ¿Quién sabe quién era este herido, y cómo había llegado allí en aquel estado?; ¿se les llamaba a ellos que ignoraban todo esto para que cargaran con la molestia, quizá a riesgo de su propia vida, que habría implicado el cuidarle? Este Judaísmo (en las personas de sus dos representantes principales), por su atención exclusiva a la letra, había llegado a destruir el espíritu de la Ley. Por suerte, pasó otro por aquel camino, no sólo un extranjero, sino un samaritano, despreciado y medio pagano. Éste no se preguntó quién sería el hombre, sino qué necesidad tenía. Prescindiendo de los sentimientos del judío herido en otras circunstancias, el samaritano demostró que era un verdadero «prójimo». «Vino cerca de él y, viéndole, fue movido a compasión; y acercándose, le vendó sus heridas, echándoles aceite y vino; y poniéndole sobre sus propia cabalgadura, lo llevó a un mesón», un lugar de hospedaje y descanso, cuya designación (πανδοχεῖον) ha pasado al lenguaje rabínico (פונדקא). Estos mesones u hospederías, a la vera de las rutas poco frecuentadas, ofrecían posada gratis al viajero. Pero en general también ofrecían provisiones, en cuyo caso, naturalmente, el huésped, que solía ser una persona no israelita, cobraba lo provisto o el cuidado proporcionado. En el presente caso el samaritano parece que cuidó él mismo al herido aquella noche. Pero este cuidado no era suficiente. La mañana siguiente, antes de emprender de nuevo el viaje, dio al mesonero dos denarios (un chelín y dos peniques para nosotros), que era el jornal de dos días (Mt. 20:2), como si dijéramos el salario de dos días de trabajo para cuidarlo; en el bien entendido de que si hubiera más gastos, fuera porque el herido no se hubiera recobrado bastante para viajar o porque tenía que darle algo más, el buen samaritano lo pagaría cuando volviera a pasar por allí.

Hasta aquí la parábola cuya lección había de anunciar el mismo intérprete de la Ley: «¿Cuál de estos tres te parece que fue el prójimo del que cayó en manos de ladrones?». Aunque evitando poner el nombre samaritano en su labios, especialmente dado el sentido de la parábola y su implicación antirrabínica, el intérprete contestó: «El que usó de misericordia con él»; a lo que el Salvador replicó: «Ve, y haz tú lo mismo».

Se pueden sacar aún más lecciones. La parábola no implica una mera ampliación de las ideas judaicas, sino un cambio completo de las mismas. Es verdaderamente una parábola del Evangelio, porque el conjunto de la antigua relación de mero deber es cambiado en el de amor. Así, las cosas son colocadas en un plano enteramente distinto del plano del Judaísmo. La pregunta no es ahora «¿Quién es mi prójimo?», sino «¿De quién soy yo el prójimo?». El Evangelio responde la pregunta del deber señalándonos el amor. ¿Quieres saber quién es tu prójimo? Hazte un prójimo de todos mediante el máximo servicio que puedas hacerles en su necesidad. Y así el Evangelio no iba a abolir la enemistad entre los hombres, pero pondría un puente sobre su separación. Así que la parábola es verdaderamente cristiana y, más que esto, señala a Aquél que en nuestra gran necesidad se hizo prójimo para nosotros, incluso a un coste muy elevado. Y de Él, así como por medio de su Palabra, hemos de aprender nuestra lección del amor.

2) Respecto al amor que se muestra cuando pedimos en nuestra necesidad

2. La parábola que sigue en la narración de Lucas (11:5-13) parece íntimamente relacionada con la que acabamos de comentar. Es, asimismo, la historia de un buen vecino que también nos da en nuestra necesidad, pero que presenta otro aspecto de la verdad distinto del que ha señalado la parábola del buen samaritano. El amor se inclina hacia nuestra necesidad: ésta es la manifestación objetiva del Evangelio. La necesidad mira al amor, y con su clamor obtiene el remedio que solicita. Y ésta es la experiencia subjetiva del Evangelio. Lo primero es la base de la historia del samaritano; lo segundo, la base de la segunda parábola.

En realidad, gran parte de la conexión interna entre las dos parábolas parece indicada ya por la manera suelta en que es hilvanada esta segunda parábola a la petición de algunos discípulos de que se les enseñara a orar (v. 1). Como la parábola del buen samaritano, es típica, y su aplicación se sentiría más en que no sólo señala a una ejemplificación, sino que apela a la conciencia de todo hombre respecto a lo que él haría dadas ciertas circunstancias. La historia es como sigue: un hombre tiene un amigo, el cual, pasada la medianoche, llama a su casa después de un viaje. El hombre no tiene nada en la casa, así que ha de proveer para su necesidad, según exige la hospitalidad. En consecuencia, aunque es tan tarde, va a casa de un amigo y vecino suyo a pedirle tres panes, explicándole el caso. Pero este vecino rehúsa, puesto que a estas horas ya se ha retirado a la cama con sus hijos, y el conceder su petición implicaría no sólo inconvenientes para él, sino que perturbaría toda la casa. Las circunstancias principales son, pues: una necesidad súbita, impensada, más bien imperativa, que, una vez presentada, ofrece dificultades y no es cumplimentada. Por tanto, no es a la oración ordinaria a la que se alude aquí, sino, por así decirlo, a la oración extraordinaria.

Para volver a la parábola, la pregunta (interrumpida abruptamente al comienzo de la parábola en el v. 5) es: ¿qué es lo que haría cada uno de nosotros en las circunstancias detalladas? La respuesta va implicada en lo que sigue (v. 8). Se pone énfasis en la importunidad continuada, que finalmente recibiría respuesta: «Os digo, que aunque no se levante a dárselos por ser su amigo, sin embargo por su importunidad se levantará y le dará todo lo que necesite». Esta traducción literal espero que va a quitar algunas de las dificultades aparentes de esta parábola. Es un gran disparate el describirla como si presentara un modo de ver *mecánico* de la oración: como si se implicara que, o bien Dios no está dispuesto a contestar, o bien que la oración es contestada meramente por la importunidad, pues de otro modo no recibiría respuesta. Recordemos que el que está dentro es un amigo, y que bajo circunstancias ordinarias habría cumplimentado la petición al instante. Pero en este caso hay algunas dificultades especiales que se muestran como muy grandes: es medianoche, se ha retirado a la cama, con sus niños; la puerta está cerrada. Y la lección es que cuando por algunas razones hay, al parecer, dificultades especiales para la respuesta a nuestras oraciones (es muy tarde, la puerta ya está cerrada, los niños ya se han recogido), la importunidad resultante del sentimiento de nuestra necesidad absoluta, y el conocimiento de que Él es nuestro amigo, y que Él tiene pan, van a prevalecer al final. La dificultad no está en el dar, sino en el dar *entonces:* «levantarse», y esto es vencido por la perseverancia, de modo que (para regresar a la parábola) si él no se levanta porque es su amigo, por lo menos se levantará debido a su importunidad, y no sólo le dará «tres» panes, sino, en general, «cuantos necesite».

Tan importante es la enseñanza de esta parábola que Cristo hace una aplicación detallada de ella. En las circunstancias descritas un hombre perseveraría ante su amigo y al fin obtendría el resultado. De modo semejante, el Señor nos manda que «pidamos», y que lo hagamos con tesón y creyendo; «buscad», y esto de modo enérgico e inmediato; «llamad», y esto con intención y bien alto. Pedid: Él es un amigo, y nosotros «recibiremos»; «buscad»: está allí, y «hallaremos»; «llamad»: nuestra necesidad es absoluta, y se nos abrirá. Pero el énfasis de la parábola y su lección están en la palabra «todo aquél» (πᾶς). No solo éste o aquél, sino *«todo aquél»* va a experimentarlo así. La palabra señala dificultades especiales que pueden obstruir el camino de la respuesta a la oración –las dificultades del «levantarse», que se han indicado previamente en la parábola. Éstas han de ser resueltas con perseverancia, lo cual indica la realidad de nuestra necesidad («pedid»), la realidad de nuestra creencia que la provisión está allí («buscad»), y la intensidad y energía de nuestro anhelo espiritual («llamad»). Esta importunidad se aplica a *«todo aquél»*, quienquiera que sea y cualesquiera que sean las circunstancias especialmente difíciles de contestar que podrían parecer rendir esta oración. Aunque cree que no tiene y que necesita, «pide»; aunque haya perdido –tiempo, oportunidades, misericordia–, «busca»; aunque la puerta esté cerrada, «llama». Así el Señor ayuda a «todos»; pero, en cuanto a nosotros, aprendamos la lección de lo que nosotros haríamos en circunstancias análogas.

Es más, más que todo esto: Dios no va a engañarnos aparentando lo que no es realidad. Él nos dará incluso el mayor de los dones. La relación considerada en la parábola es ahora no la de los amigos, sino la de padre e hijo. Si el hijo pide pan, ¿le dará el padre lo que lo parece, pero es sólo una piedra? Si pide pescado, ¿le entregará algo que lo parece, pero es una serpiente? Si busca un huevo, ¿le dará un escorpión? La necesidad, el hambre del hijo, no va a recibir como respuesta a su oración de las manos del Padre aquello que parece dar, sino lo que da en realidad satisfacción; lo que sólo parece, es venenoso. Saquemos la inferencia. Si ésta es nuestra conducta, ¿cuánto más dará nuestro Padre celestial su Espíritu Santo a los que se lo pidan? Este don no va a decepcionarnos con la apariencia de lo que no es realidad; no va a engañarnos con la promesa de lo que no da, o no nos dará lo que sería fatal para nosotros. Cuando seguimos la enseñanza de Cristo, pedimos el Espíritu Santo; y el Espíritu Santo, al guiarnos a Él, nos lleva a toda verdad, a toda vida y a lo que satisface toda necesidad.

Capítulo 16

(Lucas 12:13-21; 13:6-9; 14:16-24)

Las tres parábolas de advertencia: al individuo, a la nación y a la teocracia

Las tres parábolas que siguen a continuación en el Evangelio de Lucas pueden ser designadas con el término general de ser de «advertencia». Esto es así de modo especial en el caso de las dos primeras, que se refieren a la trayectoria política civil y eclesiástica de Israel. Cada una de las tres parábolas es puesta en un marco histórico, ya que fueron explicadas en las circunstancias que dieron ocasión para esta ilustración.

El rico insensato

1. *La parábola del rico insensato* (Lc. 12:13-21). Parece que alguien que había escuchado a Jesús concibió la idea de que la autoridad del gran rabino de Nazaret podría serle útil para sus propios propósitos egoístas. Éste es todo el beneficio que había sacado, la idea de la posibilidad de ganancia, estimulando su avaricia. Pero nosotros podemos sacar de aquí otras conclusiones. Es evidente que Cristo tiene que haber atraído y conmovido profundamente a las multitudes, pues de otro modo no se habría solicitado su intervención; y es también evidente que lo que Él predicaba había causado esta impresión en aquel hombre, ya que pensaba reclutarle como su campeón. La evidencia presuntiva que esto proporciona con referencia al efecto y contenido de la predicación de Cristo es sumamente interesante. Por otra parte, Cristo no sólo no tenía autoridad legal para intervenir, sino que la ley judía de las herencias estaba definida de modo tan claro y –podemos añadir– tan justo, que si esta persona tenía un motivo justo o bueno, no tenía necesidad de hacer apelación a Jesús. Por ello, tienen que haber sido motivos de «avaricia» en el sentido más estricto los que le impulsaron, quizá el deseo de tener, además de su parte como hermano menor, la mitad de la parte adicional que, por la ley, iba al hijo mayor de la familia (Bechor. viii. 2; Bab. B. viii.).[1] Un intento como el de hacer uso de una predicación del amor puro y no egoísta, con miras avariciosas, y derivar provecho de la influencia espiritual de Cristo, explica la severidad con que Cristo rechazó su petición, aunque según juzgamos en cualquier otra circunstancia habría rehusado intervenir en disputas puramente civiles, que podían resolver de modo satisfactorio los tribunales establecidos.

Todo esto explica la referencia inmediata de nuestro Señor a la *codicia*, la locura de la cual Él mostró con un principio evidente por sí mismo, que se olvida con demasiada frecuencia: que «la vida no consiste en la abundancia de cosas que uno tiene a causa de sus posesiones». En otras palabras, la parte de las cosas que uno posee y por las que se sostiene la vida, no consiste en el exceso de la abundancia; la vida se sostiene con lo que se necesita y se usa; el resto, lo superabundante, no forma parte de esta vida y no tiene por que serle útil. ¿Por qué, pues, ser codicioso o anhelar más de lo que tenemos? Y esta locura implica también peligro. Porque el amor a estas cosas va a embotar la mente y el corazón, y el cuidado de ellas va a eliminar los pensamientos y objetivos superiores. La moraleja por lo que se refiere al Reino de Dios, y la advertencia a no perderlo por la preocupación de que «perece con el uso», se ven de una forma evidente.

La parábola se refiere a todos estos puntos. Consiste en dos partes, la primera de las cuales muestra la locura, la segunda el pecado y el peligro del afán por lo que está más allá de nuestra necesidad presente, que es la característica de la codicia. El rico está contemplando sus tierras, que han producido una cosecha abundante –evidentemente mayor que la del año anterior, puesto que los graneros que tiene para almacenar el trigo ya no son suficientes. Parece implicado –al menos puede barruntarse– que esto no sólo era debido a la labor y cuidado legítimos del dueño, sino que había dedicado a ello todo su esfuerzo y energía. Más que esto, parece que en los cálculos que hacía ahora pensaba en el futuro y veía venir nuevos y progresivos aumentos en su riqueza. Hasta ahora la cosecha no había sido recogida; pero ya estaba considerando lo que tenía que hacer, contando con todas las riquezas como si ya fueran suyas. Así pues, resolvió derribar los antiguos graneros y construir otros nuevos para guardar sus frutos y sus bienes. Desde un punto de vista no era ningún error ser prevenido; su gran locura consistía en pensar, hablar y hacer planes como si ya fuera suyo lo que quizá no le llegaría nunca, lo que todavía no se había cosechado y podía ser recogido mucho tiempo después de su muerte. Su vida no era sostenida por la parte de sus riquezas que consideramos «superabundantes». Pero a esta locura se añadía el pecado. Porque Dios no estaba en absoluto en sus pensamientos. En todos sus planes para el futuro –y su locura era hacerlo de modo absoluto– no pensaba en Dios. Todo su corazón estaba abocado a la adquisición de riquezas terrenales, descuidando el servicio de Dios. No recordaba su responsabilidad; todo lo que tenía era para sí mismo, por lo que decía: «Alma, muchos bienes tienes almacenados para muchos años; descansa, come, bebe, diviértete». Ni tan sólo recordaba que hay Dios y que éste podía acortar sus días.

Así hablaba en su corazón: orgulloso, egoísta, satisfecho de sí mismo, indulgente consigo mismo, olvidadizo de Dios, que consideraba como propio lo que aún no lo era. Y ahora viene el contraste rápido, cortante, que a propósito se introduce abruptamente: «Pero Dios le dijo» –no por medio de revelaciones ni mediante un presentimiento interno, sino súbitamente, en las palabras inexpresadas del hecho que no pueden ser replicadas o contradichas–: «Necio, esta noche vienen a pedirte tu alma; y lo que has provisto, ¿para quién será?». La parábola, al presentar la evidencia de la *locura* de su estado mental, termina bruscamente. La *pecaminosidad* del necio, y más todavía la sensatez justa de hacerse un buen tesoro que no pueda ser quitado, aparece en el comentario final de Cristo: «Así es el que atesora para sí mismo, y no es rico en Dios».

---

1. Sin embargo, podía haber casos en que la reclamación fuera dudosa y en que la herencia sería dividida (Bab. B. ix. 2). La parte doble de un hermano mayor era computada de la siguiente manera: si quedaban cinco hijos, la propiedad era dividida en seis partes, y al hermano mayor le correspondían dos partes, o sea, un tercio de la propiedad. Si había nueve hijos, la propiedad se dividía en diez partes, y el hermano mayor tenía dos partes, o sea, un quinto de la propiedad. Pero había importantes limitaciones. Así, la ley no se aplicaba a un hijo póstumo, ni tampoco con relación a la propiedad de la madre, ni a un incremento o ganancia que hubiera tenido lugar desde la muerte del padre. Para un sumario breve, ver Saalschütz, *Mos. Recht*, p. 820 y ss.

Era un dardo agudo, podríamos decir, de la aljaba judía, pero dirigido por la mano del Señor. Porque leemos en el Talmud (Shabb. 153 *a*, línea 16 y ss. desde arriba) que un rabino dijo a sus discípulos: «Arrepentíos el día antes de la muerte»; y cuando los discípulos le preguntaron: «¿Puede un hombre saber cuál es el día de su muerte?», él replicó que precisamente por ello debían arrepentirse aquel mismo día, para estar seguros en caso de que murieran el día siguiente. Y, así, todos los días son el día del arrepentimiento. Además, el Hijo de Sirac escribió (Eccl. 11:18, 19): «Hay el que se enriquece con esfuerzo y tacañería, y ésta es la porción de su recompensa; en tanto que dice: He hallado descanso, y ahora voy a comer cada día de mis bienes; y no sabe qué tiempos van a caer sobre él, y que tiene que dejar todas estas cosas a otros y morir». Pero echamos de menos en todo esto la aplicación espiritual que hizo Cristo. De modo similar el Talmud (Jer. Shabb. 14 *c*, arriba), en un juego de palabras, en la última (הלד) –en el primer versículo del Salmo 49– compara el hombre a una comadreja, que laboriosamente recoge y acumula sin saber para quién; en tanto que la Midrash (Debar. R. 9, ed. Vars., p. 19, línea 6 desde arriba) cuenta la historia de un rabino que cuando regresó de una fiesta en que el anfitrión había hecho planes para almacenar su vino para una ocasión futura, el ángel de la muerte se le apareció advirtiéndole con el ejemplo del hombre: «Puesto que tú –le dijo– le dices que harás esto y aquello en el futuro, en tanto que nadie sabe la prontitud con que será llamado para morir», como sería el caso del anfitrión de esa noche que iba a morir a los treinta días. Pero una vez más preguntamos: ¿dónde está la aplicación espiritual, tal como la que hizo Cristo? ¡Todo lo contrario, pues la Midrash añade que cuando el rabino retó al ángel a que le mostrara el tiempo de su propia muerte, recibió la respuesta de que él no tenía dominio sobre los hombres de su clase porque Dios se complacía en sus buenas obras, y las añadía a sus días!

La higuera estéril

2. La advertencia especial que había de ser transmitida por la parábola de *la higuera estéril* (Lc. 13:6-9) se ve de modo claro por el contexto. Como se explicó en un capítulo anterior (cap. XIII de este Libro), el Señor no sólo corrigió la interpretación errónea que los judíos daban de ciertos acontecimientos que habían ocurrido en su nación, sino que les señaló la enseñanza moral que se podía derivar de ellos: que, a menos que hubiera un arrepentimiento de la nación antes de poco, todo el pueblo perecería. Esta parábola ofrece no una mera ejemplificación de esta predicación general de Cristo, sino que pone delante de nosotros lo que hay debajo de ella: Israel en su relación con Dios; la necesidad de arrepentimiento; el peligro de Israel; la naturaleza del arrepentimiento y lo urgente que era; la relación de Cristo con Israel; el Evangelio y el juicio final por impenitencia.

Por lo que se refiere a los detalles de esta parábola, hacemos notar que la higuera había sido plantada especialmente por el dueño en su viña, en una situación escogida. Esto, como sabemos, no era raro. Las higueras, así como las palmeras y los olivos, eran consideradas tan valiosas que el cortarlas, si no rendían la más mínima cantidad de fruto, era juzgado popularmente como merecedor de la muerte por la mano de Dios (Bab. K. 91 *b*). Los antiguos judíos dan interesantes detalles de este árbol y su cultivo. Según Josefo, en localidades favorables el fruto maduro colgaba del árbol durante diez meses del año (*Guerra* iii.10.8), siendo los dos meses sin fruto probablemente abril y mayo, antes que la primera de las tres cosechas hubiera madurado. Los primeros higos (*Phaggim*. Shebh. iv. 7) maduraban hacia fines de junio o algo antes. La segunda cosecha, que eran los que se secaban y exportaban, maduraba en agosto; la tercera, que eran pequeños y relativamente de poco valor, en septiembre, y con frecuencia colgaban todo el invierno de los árboles. Una especie (la *Benoth Shuach*) se dice que daba fruto que tardaba tres años en madurar (Shebh. v. 1). La higuera era considerada el árbol más fructífero de todos los árboles (Shebh. i. 3). Debido a sus repetidas cosechas, no estaba sometido a la ordenanza que mandaba que debía dejarse fruto en las ramas extremas para los pobres (Peah. i. 4). La fertilización artificial de la higuera era conocida (Shebh. ii. 5). La práctica mencionada en la parábola de cavar alrededor del árbol (מעדרין) y poner estiércol (מזבלין) se menciona con frecuencia en los escritos rabínicos, y con los mismos nombres. Es curioso que Maimónides menciona que el límite máximo de tiempo que debe esperarse para que un árbol dé fruto en la tierra de Israel (Moreh Nebhukh. iii. 37) es de tres años. Finalmente, como se consideraba que sus raíces socavaban y deterioraban el suelo (Bab. B. 19 *b*), un árbol estéril tenía tres desventajas: no daba fruto; ocupaba un espacio valioso, que podía destinarse a otro árbol fecundo; y deterioraba el suelo sin necesidad. En consecuencia, aunque estaba prohibido destruir árboles que daban fruto (Dt. 20:19; Bab. K. 91 *a*; 92 *b*), por las razones antes ya citadas era un deber cortar un árbol «estéril» o «vacío» (*Ilan seraq*) (Kil. vi. 5).

Estos detalles nos permitirán entender más plenamente las particularidades de la parábola. Alegóricamente, las higueras servían en el Antiguo Testamento como el emblema de la nación judía (Jl. 1:7) –en el Talmud, no ya en el folklore de Israel– y por ello, de sus líderes y personas piadosas (Ber. 57 *a*; Mikr. sobre Cnt. 1:1). Así pues, la parábola puede ser traducida de esta manera: Dios llamó a Israel como nación, y la plantó en un lugar escogido, como una higuera en la viña de su propio Reinado. «Y vino a buscar fruto en ella», como tenía derecho a hacerlo, «y no lo halló». Era el tercer año que había buscado fruto inútilmente, por lo que se volvió al viñador –el Mesías, a cuyo cargo estaba la viña como su Rey– y le dijo: «Córtala; ¿para qué inutilizar también la tierra?». Es estéril, aunque está en una buena situación; como higuera debía dar frutos, y en este caso, de la mejor clase; llena el espacio que podría ocupar otro buen árbol; y además echa a perder el suelo (lit. מהליד את הקרקע). Y su esterilidad de tres años (según vimos) ha establecido de modo cierto que ya no vale esperar más. Entonces el Viñador divino, lleno de compasión infinita, ruega con mucha mayor eficacia que Abraham o Moisés podían haberlo hecho por la higuera que Él mismo había plantado y cuidado, para poderla eximir «este año también», «hasta que la haya cavado alrededor y estercolado», hasta que la trabaje un poco más que antes, incluso en su propia presencia y palabras, y poniendo en sus raíces su sangre preciosísima. «Y si da fruto» –aquí el texto se interrumpe bruscamente como implicando que si lo da, entonces está bien, podrá continuar–; «y si no, la cortarás después». La parábola no necesita ningún comentario más.[2] Entre el hacha y el

2. Plumptre considera la higuera como el símbolo de un alma que hace una profesión que no produce fruto; la viña, como Israel. Para propósitos homiléticos o para una aplicación práctica, esto es, naturalmente, apropiado, pero no lo es en estricta exégesis. Aparte de otras objeciones, esto sería introducir ideas cristianas modernas, que habrían sido totalmente ininteligibles a los oyentes de Cristo.

árbol no hay nada más que la intercesión del hortelano, que quiere hacer un último esfuerzo, y aun su petición se aplica sólo durante un período de tiempo corto y definido, y en caso de no dar resultado, entonces, «córtala». Lo rápido y terrible que fue el resultado de la advertencia lo saben no sólo los estudiosos de la historia, sino todos los hombres, y en todas las edades. De lo legítimo que es aplicar esta parábola a todas las circunstancias de la nación, comunidad, familia, e incluso a individuos, no es necesario hablar.

La gran cena

3. La tercera parábola de advertencia –la de la *gran cena* (Lc. 14:16-24)– no se refiere a la situación política de Israel, sino a su *estado* eclesiástico y a su continuidad como poseedores y representantes del Reino de Dios. Fue narrada después del regreso de Jesús de la Fiesta de la Dedicación, y por tanto nos lleva más allá del punto en esta historia que hemos alcanzado hasta ahora. En consecuencia, las circunstancias y detalles concomitantes van a ser explicados a continuación. Por lo que se refiere a éstas, haremos notar aquí lo apropiado que era esta advertencia sobre el peligro espiritual de Israel como consecuencia de la dureza de su corazón, tergiversación y falsificación de la verdad de Dios, puesto que se hallaban en una comida un día de sábado con los fariseos, y éstos «le acechaban atentamente», y Él les echó en cara su externalización del día y de la Ley de Dios, hasta subvertir su significado real, y luego rebatió la satisfacción propia, el orgullo y falta de caridad de los líderes de Israel.

Lo que llevó a la parábola de la gran cena sucedió después de estas cosas: luego de curar al hombre con hidropesía, a la vista de ellos, en el día de sábado, después de su reprobación de su tergiversación de la ley del sábado y de las características marcadas del fariseísmo, que mostraba lo lejos que se hallaban de dar frutos dignos del Reino, y cómo, en vez de representar debidamente el Reino, lo desfiguraban y estaban totalmente incapacitados de obrar de otra forma (Lc. 14:1-11). El Señor había hablado de hacer una fiesta, no para los parientes de uno ni para los ricos (entendidos en el sentido externo, o mental y espiritualmente según el punto de vista de los fariseos), sino para los pobres y los afligidos. El hacer esto implicaría verdadera espiritualidad, porque esta comunión de dar, que desciende a otros para poder levantarlos como hermanos, no lo hace por condescendencia, a fin de ser tenido por ellos como maestro y como superior (vv. 12, 13). Y Él había concluido con estas palabras: «y serás dichoso; porque ellos no te pueden recompensar, pero te será recompensado en la resurrección de los justos» (Lc. 14:14).

Fue esta última cláusula –aunque, en verdadero espíritu farisaico, aislada de lo que había precedido y que indicaba su motivo– sobre la cual, uno de los que estaban presentes, comentó ahora, probablemente con una intención encubierta quizá provocativa, con referencia a lo que había formado el tema de la enseñanza constante de Cristo: «Bienaventurados los que comerán pan en el Reino del cielo». Una expresión como ésta significaba para el fariseo la expectativa común judía de una gran fiesta[3] al principio del Reino mesiánico. Hasta aquí él había entendido correctamente, y con todo había interpretado mal, totalmente, las palabras de Cristo. Jesús, en verdad, se había referido a la retribución futura *de* actos de amor (no *por* los actos de amor) entre los cuales Él había nombrado, como un ejemplo sugerido por las circunstancias, una fiesta para los pobres y gente que sufría, o mejor dicho, una compañía fraternal y de amor con ellos. Pero aunque el fariseo se refería al Día Mesiánico, sus palabras mostraban que él no aceptaba a Jesús como el Mesías. Tanto si éste fue o no fue el objeto de su exclamación, como hoy día hay que interpretar en ocasiones algunos lugares comunes religiosos o expresiones de rutina para interrumpir el curso de las reprensiones de Cristo, o bien como se ha sugerido antes provocarle a algunas palabras incautas, no se puede decidir. Lo que se ve bien claro es que este fariseo separaba lo que Cristo había dicho sobre las bendiciones de la primera resurrección, de aquello con lo que Él lo había relacionado –no decimos si es como su condición, aunque sí como su antecedente moral lógico; a saber, el amor, en oposición a la búsqueda y afirmación de lo propio, el fomento de la propia persona. Las palabras del fariseo implican que, como los de su clase, él en todo caso esperaba plenamente participar en estas bendiciones, como cosa natural, por el hecho de que era un fariseo. Así, dejar las palabras anteriores de Cristo no sólo era ponerlas a un lado, sino además tergiversar lo que había dicho y colocar la bendición del futuro en una base precisamente opuesta de aquella en que Cristo la había colocado. En consecuencia, esta parábola fue dirigida a este hombre personalmente (v. 16).

No puede haber dificultad para comprender las ideas principales que forman la base de la parábola. El hombre que hizo la «gran cena»[4] era Aquél que en el Antiguo Testamento preparó «un banquete de manjares suculentos» (Is. 25:6). El «convidó a muchos» precedió al anuncio formal del día y la hora de la fiesta. Entendemos por ello una noticia preliminar de que se preparaba la fiesta, y una invitación general a los invitados que eran las personas principales de la ciudad; porque, como vamos a ver pronto, la escena tiene lugar en la ciudad. Este anuncio general fue hecho en las instituciones y profecías del A.T., y los huéspedes invitados eran los de la ciudad, sus hombres más importantes –no los ignorantes, y los pobres, sino los hombres que eran entendidos, que leían y explicaban estas profecías. Cuando quedaron terminados los preparativos, y el padre de familia envió a su siervo, no representa a nadie en particular –como Juan el Bautista–, sino que se refiere a todo aquél a quien Él emplea en su servicio para este propósito. Fue para dar a conocer a las personas antes invitadas que todo estaba preparado. Fue entonces que, en realidad, todos ellos, unánimemente, declinaron acudir a la fiesta, aunque las diferentes personas ofrecieron excusas con más o menos cortesía. La fiesta, cuyo anuncio habían recibido con antelación y a la cual al parecer habían estado de acuerdo en asistir (por lo menos esto está implicado), finalmente fue anunciada como ya preparada, pero no era lo que ellos habían esperado. En todo caso, no era una fiesta que ellos creyeran más deseable que las otras actividades que tenían planeadas y a las que habían de renunciar para poder estar presentes en la fiesta. Porque el acudir a esta fiesta –y éste era uno de los puntos principales de la parábola– para entrar en el Reino, implicaba renunciar a algo que parece, si no necesario por lo menos en extremo deseable, y cuyo disfrute parece del todo razonable. Tanto si las tres excusas que dan son posesiones, negocios o placer (Stier), o bien el sacerdocio, la magistratura y el pueblo en general (san Agustín), o el

3. La expresión «comer pan» es un bien conocido hebraísmo, usado tanto en el Antiguo Testamento como en los escritos rabínicos, para indicar «tomar parte en una comida».

4. Más bien la *comida principal,* que se efectuaba hacia el atardecer.

«El hombre que hizo la 'gran cena' era Aquél que en el Antiguo Testamento preparó 'un banquete de manjares suculentos' (Is. 25:6). El 'convidó a muchos' precedió al anuncio formal del día y la hora de la fiesta. Entendemos por ello una noticia preliminar de que se preparaba la fiesta, y una invitación general a los invitados que eran las personas principales de la ciudad; porque, como vamos a ver pronto, la escena tiene lugar en la ciudad. Este anuncio general fue hecho en las instituciones y profecías del A.T., y los huéspedes invitados eran los de la ciudad, sus hombres más importantes –no los ignorantes, y los pobres, sino los hombres que eran entendidos, que leían y explicaban estas profecías».

Jesús dirige la tercera parábola personalmente al fariseo que le increpa. Las excavaciones realizadas en mansiones herodianas demuestran el alto nivel social en que se vivía en la Jerusalén de Jesús por parte de las clases influyentes y ricas. Estas piezas de orfebrería romana, producto de la importación de artículos de lujo, así lo demuestran.

sacerdocio, los fariseos y los escribas, o bien los fariseos, los escribas y el justo envuelto en su justicia propia, el punto principal es que cuando llegó el momento cada uno rehusó acudir a ella poniendo alguna excusa válida y razonable. Pero, en último término, la base definitiva de su renuncia fue que no sentían deseo real y no veían nada atractivo en una fiesta así; no tenían reverencia real hacia el dueño que los invitaba; en resumen, que para ellos no era una fiesta en modo alguno, sino algo mucho menos deseable que lo que ya tenían, y que habrían tenido que abandonar si hubieran aceptado y acudido a la invitación.

Entonces la decisión del padre de familia es que la fiesta –que había sido preparada por su bondad y generosidad– sea para aquellos que estaban en necesidad de ella, y para los cuales sería una verdadera fiesta: los pobres y los afligidos, los mancos, los cojos y los ciegos, aquellos a quienes los ciudadanos importantes que habían sido invitados primero miraban con desprecio. Esto, con referencia a lo que Cristo había dicho antes sobre el invitar a nuestras fiestas de hermandad y amor (Lc. 14:13), y también en un sentido de explicación espiritual más elevado. En consecuencia, el siervo recibe ahora instrucciones de «ir inmediatamente por las plazas y las calles de la ciudad» –un rasgo que prueba que la escena tiene lugar en la «ciudad», la habitación que profesa Dios ser la suya. La importancia de esta circunstancia es evidente. No sólo explica quiénes son los ciudadanos importantes invitados primero, sino también que estos pobres eran los ignorantes y despreciados, los mancos, cojos y ciegos, es decir, los publicanos y los pecadores. Éstos se hallan por las «plazas» y por las «calles»; y el siervo recibe órdenes no sólo de invitarlos, sino de «traerlos», puesto que como es natural se sentirían reacios a acudir a una fiesta semejante. Pero, incluso con ellos, «todavía hay lugar», porque el gran señor de la casa, en su gran generosidad, había preparado una gran fiesta para muchos. Y así el siervo es enviado una vez más, para que la casa pueda llenarse. Pero ahora se le dice que «vaya afuera» de la ciudad, afuera de la teocracia, «a los caminos y a los vallados», a los que andan por las grandes rutas del mundo o que se han dejado caer, cansados, para descansar junto a las vallas y setos; al mundo pagano, ajetreado y bullicioso. Esta referencia al mundo pagano es más aparente por el hecho de que, según el Talmud (B. Bathr. 4 *a*, líneas 8, 10 desde la base), no había vallas alrededor de los campos de los judíos. Y esta vez la orden al siervo no es con respecto a los que de modo natural serían tímidos y modestos, desechados y proscritos de la ciudad –que no se atreverían a acercarse a la gran mansión–, que los «forzara a entrar», es decir, no que aplicara fuerza para vencer su resistencia,[5] sino presión moral, la invitación sincera, apremiante, unida a la seguridad de la realidad de la fiesta y de que serán bienvenidos a ella. Porque estos vagabundos por las sendas del mundo, antes de que el siervo fuera a ellos, no habían conocido nada de la casa del señor, y para ellos todo era nuevo e inesperado. El que fueran invitados por un señor a quien no conocían –quizá nunca habían oído nada de él– a una ciudad en la cual iban a ser forasteros, y a una fiesta para la que estaban totalmente impreparados –siendo, como eran, caminantes errabundos echados junto a los vallados, o bien trabajando al otro lado de los mismos–, requería una urgencia especial, «un ser constreñido» para que pudieran creerlo, o bien el ir a la fiesta desde el lugar en que los mensajeros los había encontrado, y esto sin preparación para ello, fuera en el vestido o en otra cosa. ¡Y así la casa se llenaría!

Aquí la parábola termina de modo abrupto. Lo que sigue son las palabras de nuestro Señor como explicación y aplicación de la parábola a la compañía presente: «Porque os digo que ninguno de aquellos hombres que fueron convidados gustará mi cena». Y ésta fue la respuesta final a este fariseo, a quienes estaban con él alrededor de esta mesa, y a todos cuantos hayan tergiversado las palabras de Dios y hayan aplicado mal sus promesas como habían hecho ellos.

---

5. Es muy triste, y parece casi increíble, que este «forzar a entrar» haya sido entendido por algunos como una justificación para la persecución religiosa.

Capítulo 17
(Lucas 15)

Las tres parábolas del Evangelio sobre la recuperación de lo perdido: la oveja perdida, la dracma perdida, el hijo perdido

Una simple mirada a las tres parábolas, agrupadas en el capítulo 15 del Evangelio de Lucas, nos convencerá de su conexión. Aunque tratan del «arrepentimiento», difícilmente las podemos llamar «parábolas del arrepentimiento»; porque, excepto la última de ellas, el aspecto del arrepentimiento queda subordinado al de la restauración, que es el efecto moral del arrepentimiento. Son más bien palabras evangélicas, de modo peculiar, de la «recuperación de lo perdido»; en el primer caso, mediante la labor diligente; en el segundo, mediante el cuidado y afán del dueño; en la tercera parábola, mediante el amor incansable del Padre.

Para entender debidamente estas parábolas es necesario tener a la vista la circunstancia que dio ocasión para las mismas. Cuando Jesús predicaba el evangelio como una llamada de Dios, no a aquellos que según ellos imaginaban se habían preparado para el Reino por medio del estudio y las buenas obras, sino como una llamada a una puerta abierta, a la que todos eran bienvenidos, «todos los publicanos y pecadores estaban (constantemente) acercándose a Él». Se ha mostrado antes (Libro 3, cap. XVII) que la enseñanza judía respecto al arrepentimiento era muy distinta de la de Cristo; más aún, era contraria. La de ellos era a «hacer penitencia», y entonces la misericordia divina, o mejor la justicia divina, daría su recompensa al penitente. El Evangelio de Cristo era para los perdidos como tales. Les hablaba de perdón, de lo que el Salvador estaba haciendo, y el propósito y sentimiento del Padre hacia ellos; y esto no en el futuro y como una recompensa para su penitencia, sino ahora en el presente inmediato. Por lo que sabemos de los fariseos, apenas podemos sorprendemos que «estuvieran murmurando» contra Él, diciendo: este hombre recibe a los «pecadores», y come con ellos. Tanto si lo hacía ahora como si no, lo había hecho en otras ocasiones (Mt. 9:10, 11), juntándose a comer con estas personas –lo cual, naturalmente, a los ojos de los fariseos habría sido una circunstancia agravante a su delito–; su acusación, hasta aquí, era verdad: que «éste», en contradicción con los principios y prácticas del Rabinismo, «recibía a los pecadores» como tales, y tenía tratos con ellos. Es más, aún había más de qué acusarle: no sólo los recibía cuando ellos le buscaban, sino que Él los buscaba a ellos para allegarlos a su lado; no ya para que siguieran siendo «pecadores», sino para que, buscándolos y hallándolos, pudiera restaurarlos al Reino y pudiera haber gozo en el cielo sobre ellos. Y así, éstas son verdaderas parábolas del Evangelio, aunque presentando sólo algunos aspectos del mismo.

Además de sus temas, estas tres parábolas tienen algunos puntos en común. Hay dos cosas aquí que son de interés principal. Todas ellas se basan en la idea de que la obra del Padre y la de Cristo, por lo que se refiere «al Reino», es la misma; que Cristo estaba haciendo la obra del Padre y que los que conocían a Cristo conocían al Padre también. Esta obra era la restauración de los perdidos; Cristo había venido para hacerla, y era el anhelo del Padre el dar la bienvenida otra vez al hogar a los perdidos. Además –y esto es sólo segundo en importancia–, los perdidos eran todavía la propiedad de Dios; y el que se había descarriado más era aún hijo del Padre, y considerado como tal. Y aunque esto, en un sentido amplio, pueda implicar la propiedad general de Cristo sobre todos los hombres y la paternidad universal de Dios, recordando que esta parábola fue explicada a los judíos, nosotros, a quienes llegan estas parábolas, apenas podemos equivocarnos al pensar cuando las leemos, con agradecimiento especial por nuestros privilegios cristianos, que por el bautismo somos contados como ovejas pertenecientes a su rebaño, el tesoro de sus posesiones, y los hijos de su hogar.[1]

Hay diferencias, sin embargo, en otros particulares, tanto más marcados cuanto son matizados con fineza. Éstos se refieren a los perdidos, su restauración y sus resultados.

1. *Parábola de la oveja perdida.* Al principio hacemos notar que esta parábola y la siguiente, la de la dracma perdida, tienen por intención contestar a los fariseos. De ahí que vayan dirigidas a ellos: «¿Cuál de vosotros?» (Lc. 15:4), o «¿Qué mujer?» (v. 8), tal como su última reprensión a ellos sobre el tema de su preocupación por el sábado había sido velada: «¿Cuál de vosotros que tenga un asno o un buey que ha caído en un pozo?» (Lc. 14:5). No así la parábola del hijo perdido, en la que Él pasa de la defensa, o mejor, la explicación de su conducta, a su razón más elevada, mostrando que Él estaba haciendo la obra del Padre. Por lo que, en tanto que el elemento de comparación (con lo que no se había perdido) aparece en forma más detallada en la primera parábola, se generaliza en la segunda y es omitido en la tercera.

Hay que notar otras diferencias en las parábolas en sí. En la primera parábola (la de la *oveja perdida*), el interés principal se centra en lo *perdido;* en la segunda (la de la *dracma perdida*), en la *búsqueda;* en la tercera, en la *restauración.* Y aunque en la tercera parábola no se dirige a los fariseos, hay en ella la mayor aplicación personal a ellos en las palabras que el padre dice al hijo mayor; una aplicación no ya de advertencia, sino de corrección amante y de súplica, que parece implicar lo que de otra manera transmiten estas parábolas: que por lo menos estos fariseos habían «murmurado» no ya por hostilidad acerba a Cristo, sino debido a su ignorancia y mala comprensión espirituales.

Además, estas parábolas, especialmente la de la oveja perdida, no están evidentemente conectadas con la serie precedente, la de las «advertencias». La última de éstas mostraba que los pobres, los ciegos, los cojos y los mancos –y más aún, los caminantes por las carreteras esparcidas por el mundo– habían de ser los invitados a la fiesta celestial. Y esto no ya en el futuro solamente y después de una larga y laboriosa preparación, sino ahora mediante la obra del Salvador. Como se ha afirmado previamente, el Rabinismo colocaba la aceptación al final del arrepentimiento y hacía de ella el salario. Y esto debido a que no sabían ni sentían el poder del pecado, ni tampoco la gracia gratuita de Dios. El Evangelio coloca la aceptación al comienzo del arrepentimiento, como el don gratuito del amor de Dios. Y esto

---

1. La única alternativa que queda sería reducir las ideas que hay en su base, en un sentido de estricta predestinación. Pero esto parece no sólo incompatible con la tercera parábola, en que todo se hace depender de la resolución personal, sino que va en contra de todo el espíritu de estas parábolas que no es de exclusión de nadie, sino de la más amplia inclusión.

debido a que no sólo conoce el poder del pecado, sino que señala al Salvador, provisto por Dios.

La oveja perdida es solamente una entre un centenar; no es una pérdida muy grande. Sin embargo, ¿cuál entre nosotros, aunque sólo fuera por el motivo común de ser propiedad nuestra, no dejaría las otras noventa y nueve e iría tras ella, más aún por el hecho de que se ha extraviado en el desierto? Y así, para llevar a estos fariseos a su propio terreno,[2] ¿no debía Cristo haber hecho lo mismo por las ovejas extraviadas y casi perdidas de su propio rebaño? De un modo general, y en todos los tiempos, ¿no es ésta la misma obra del «Buen Pastor», y no podemos cada uno de nosotros sacar de ello un precioso consuelo? Cuando pensamos en ello, podemos recordar que es natural que las ovejas necias se descarríen y se pierdan. Y pensamos no sólo en aquellas ovejas que el orgullo y altivez judíos habían dejado que se perdieran, sino en nuestra propia tendencia a divagar de un lado a otro. Y nos acordamos de las palabras de Pedro, el cual sin duda recordaba esta palabra: «Porque erais como ovejas descarriadas, pero ahora os habéis vuelto al pastor y guardián de vuestras almas» (1 P. 2:25). No es difícil seguir en la imaginación la imagen de la parábola: cómo en su locura e ignorancia la oveja se descarrió más y más, y al fin se perdió en el yermo y entre lugares pedregosos; cómo el pastor la siguió y la halló, cansado y dolorido en los pies; y luego el cuidado y ternura con que se la puso sobre sus hombros y se la llevó a su casa, contento de haberla hallado. Y no sólo esto, sino que cuando después de la larga ausencia regresa al hogar con la oveja perdida, que ahora se acurruca junto a su salvador, él llama a sus amigos y les dice que se regocijen con él por la oveja que antes estaba perdida y ahora ha sido hallada.

No es necesario –y únicamente disminuiría la emoción de esta exquisita parábola– intentar interpretar los detalles. Se aplican a aquello y allí donde se pueden aplicar. Pensamos en estas tres cosas: en la *oveja perdida;* en el *buen pastor,* buscando, hallando, llevando, regocijándose; y en la *simpatía* de los que son sus verdaderos amigos, que piensan como Él. Éstos, por tanto, son los emblemas de las cosas celestiales. En el cielo –¡oh, qué diferente es el sentimiento del fariseísmo!– mira «el rebaño» como lo ven los fariseos, y divide los que necesitan arrepentimiento y los que no lo necesitan, los «pecadores» y los «justos», por lo que se refiere a la aplicación de la Ley. ¿Acaso no nos enseña esta parábola que en el cielo habrá gozo sobre el «pecador que se arrepiente», más que sobre los «noventa y nueve» justos que «no necesitan arrepentimiento»? Y para hacer notar el terrible contraste entre la enseñanza de Cristo y la de los fariseos; para notar, también, de qué modo tan claro venía del cielo el mensaje de Jesús, y cómo los pobres pecadores tienen que haberlo sentido, transcribimos en toda su desnudez el mensaje que el fariseísmo traía a los perdidos. Cristo les decía: «Hay gozo en el cielo por un pecador que se arrepiente». El fariseísmo dice –y citamos literalmente–: «Hay gozo delante de Dios cuando los que le provocan perecen en el mundo» (Siphré, ed. Friedmann, p. 37 *a*, línea 13 desde arriba).

2. Entrando en la segunda parábola, la de *la dracma perdida*, hemos de tener presente que en la primera el peligro de haberse perdido procedía de la *tendencia natural* de la oveja a vagar.[3] En la segunda parábola ya no es nuestra tendencia natural a la que hay que atribuir nuestra pérdida. La dracma (unos 7 peniques y medio en nuestro dinero) se ha perdido cuando la mujer, su dueña, estaba usando o contando el dinero. La pérdida aquí es más sensible, puesto que es una entre diez, las únicas que posee la mujer. Pero la dracma *está todavía en la casa* –no como la oveja que se ha extraviado–, sólo que está cubierta por el polvo que se va acumulando sobre ella debido a la actividad que tiene lugar alrededor. Y así, es más y más probable que esté enterrada bajo el polvo, o haya sido barrida con desperdicios a un rincón, y cuanto más tiempo pasa menos probable es que se encuentre. Pero la mujer enciende una lámpara, barre la casa y busca diligentemente hasta que la encuentra. Y entonces llama a los que están a su alrededor y les dice que se regocijen con ella por el hallazgo de la dracma perdida, ahora hallada. Y así hay gozo en la presencia de los ángeles por un pecador que se arrepiente. No se hace ahora comparación con los demás, porque en tanto que antes la oveja se había extraviado –debido a la característica de haber sido díscola, o lo díscolo de su naturaleza–, aquí la moneda había caído simplemente, y el polvo se había acumulado sobre ella; en realidad, ya no era dinero y no servía para nada; cubierta, escondida y en peligro de perderse de vista para siempre, no servía para aquello que se había tenido la intención que sirviera.

Repetimos, el interés de esta parábola se centra en la *búsqueda,* y la pérdida es causada no por la tendencia natural, sino por las circunstancias accidentales que cubren a la moneda, la esconden y dan por resultado que es como si el dueño no la tuviera.

3. Si ya se ha visto que las dos primeras parábolas no son una mera repetición, en diferente forma, de una misma idea, sino que representan dos aspectos distintos y causas del haberse perdido, la diferencia esencial entre ellas aparece con más claridad aún en la tercera parábola, la del *hijo perdido.* Antes de explicarla con detalle, podemos hacer resaltar la semejanza en la forma y el contraste en el espíritu con otras parábolas análogas rabínicas. El lector reflexivo habrá notado esto incluso en la parábola paralela judía a la primera parábola, en que la razón por la que el dueño siguió al animal extraviado era el temor y desconfianza farisaicos de que el vino judío que llevaba el animal se pudiera mezclar con el de los gentiles. Sin embargo, quizá sería un paralelo más apto el de la Midrash (sobre Éx. 3:1), que refiere que cuando Moisés apacentaba las ovejas de Jetro en el desierto y se perdió un cabrito, fue a buscarlo y lo encontró bebiendo en un manantial. Como pensó que podía estar cansado, se lo echó sobre los hombros y regresó con él, cuando Dios le dijo que, como había mostrado compasión de las ovejas de un hombre, Él le daría sus propias ovejas, Israel, para que las apacentara (Shem. R. 2, ed. Vars., p. 7, hacia la mitad). Como paralelo a la segunda parábola se puede citar como similar en la forma aunque muy diferente en el espíritu, la historia que un rabino hace notar (sobre Pr. 2:4), que si un hombre ha perdido una *Sela* (dracma) o algo de valor en su casa, va a encender muchas luces (כמה נרות כמה פתילות מרליק) hasta que encuentra lo que sólo provee para una hora en este mundo. ¡Cuánto más, pues, debería buscar, como un tesoro escondido, las palabras de la Ley, de

2. Hasta cierto punto, hay una parábola paralela rabínica (Ber. R. 86, ed. Vars., p. 154 *b,* hacia la mitad) en que uno que conduce a doce animales cargados de vino deja a los once y sigue al doceavo a la tienda de un gentil, por temor de que el vino que lleva pueda mezclarse allí.

3. En Mateo 18:12-14 se usa la misma parábola, pero con una aplicación diferente; no como aquí para los perdidos, sino para que los hombres consideren la pequeñez de la pérdida, con referencia especial a la orden del v. 10 (el v. 11 es espurio).

las que depende la vida de este mundo y del venidero! (Midr. sobre Cnt. 1:1, ed. Vars., p. 3 *a*, hacia la mitad). Y con referencia al alto lugar que Cristo asignó al pecador que se arrepiente, podemos notar que, según los rabinos dirigentes, los penitentes estarían más cerca de Dios que los «perfectamente justos» (גמורים צדיקים), puesto que en Isaías 57:19 se ofrece primero la paz al que está lejos, y luego al que está cerca. Esta opinión, sin embargo, no es compartida por todos, y un rabino sostenía (Ber. 34 *b*, hacia la mitad) que en tanto que todos los profetas solamente habían profetizado con referencia a los penitentes (éste había sido el único objetivo de su misión), sin embargo, por lo que respecta a los «perfectamente justos», «ojo no ha visto, oh Dios, fuera de ti lo que has preparado» para ellos (Is. 64:4). Finalmente, puede hacerse notar, quizá, que la expresión «hay gozo delante de Él» (שמחה לפניו היתה) no es rara en los escritos judíos con referencia a sucesos que tienen lugar en la tierra.

Para completar estas notas, puede añadirse que, además de las ilustraciones –a las cuales se hará referencia más adelante–, la tradición rabínica proporciona un paralelismo, por lo menos en parte, a la tercera parábola, la del hijo perdido. Nos dice que si bien la oración puede, algunas veces, hallar la puerta de acceso cerrada, nunca está cerrada contra el arrepentimiento, e introduce una parábola en la que un rey envía al tutor a buscar a su hijo, que, en su maldad, había abandonado el palacio, con el mensaje: «¡Regresa, hijo mío!». Al recibirlo, el hijo pregunta: «¿Con qué rostro puedo regresar? ¡Estoy avergonzado!». A lo cual el padre envía este mensaje: «Hijo mío, ¿hay un hijo que pueda estar avergonzado de regresar a su padre, y no vas a regresar a tu padre? Has de regresar». Así que –continúa la Midrash– Dios envió a Jeremías a buscar a Israel, en la hora de su pecado, con el mensaje de que regresara (Jer. 3:12) y las palabra consoladoras de que es su Padre.[4]

En la parábola del *hijo perdido,* el interés principal se centra en su *restauración.* No se trata ahora de la tendencia natural ni del trabajo y el polvo de la casa a los que hay que atribuir la pérdida, sino a la libre decisión, personal, de un individuo. El hijo no se pierde y se extravía; no cae y se pierde de vista, sino que se marcha voluntariamente, y bajo circunstancias agravantes. Es el hijo menor de un padre que ama igualmente a los dos, y es amable incluso con sus siervos asalariados, cuyo hogar, además, no sólo es de abundancia, sino de opulenta riqueza. El requerimiento de que le dé «la porción de la herencia que le corresponde», hecho por el hijo, se halla en la ley judaica de la herencia. Es de suponer que el padre tenía estos dos hijos solamente. El mayor recibiría dos porciones, el más joven la tercera parte de la propiedad mueble. El padre no podía haber desheredado al hijo menor; sin embargo, si hubiera habido varios hijos más jóvenes, podía haber dividido la propiedad que les correspondiera según él quisiera, siempre y cuando expresara su disposición y no añadiera que éste u otro de los hijos había de tener una porción menor o ninguna. Por otra parte, un hombre podía disponer de toda su propiedad por medio de una donación, durante su vida, según quisiera, aunque ello fuera en desventaja y aun la pérdida total del primogénito o de cualquier otro de los hijos; incluso podía darlo todo a extraños.[5] En estos casos, como en realidad con respecto a disposiciones de este tipo, se daba más libertad al donante si se le consideraba como muy enfermo que si contaba con buena salud. En el último caso se requería una formalidad legal del tipo de una incautación para que se considerara legal. Con referencia a las dos posibilidades citadas –disminuir o quitar la porción de hijos menores, y el derecho de donación—, el Talmud habla de testamentos[6] que llevan el nombre de *Diyatiqi,* como en el Nuevo Testamento (Bab. B. viii. 6; Moed K. iii. 3). Estas disposiciones podían hacerse por escrito u oralmente. Pero si la parte del hijo menor tenía que ser disminuida o quitada, la disposición tenía que ser hecha por una persona a quien se considerara cercana a la muerte (*Shekhibh mera*). Nadie con buena salud (*Bari*) podía disminuir (excepto por donación) la porción legal de un hijo menor.[7]

Se ve, pues, que el hijo menor estaba plenamente autorizado por la ley a su parte de la herencia, aunque naturalmente, no tenía derecho a reclamarla durante la vida de su padre. El que lo hiciera, puede haber sido debido al sentimiento de que, después de todo, tenía que abrirse paso en el mundo; a su aversión al orden y disciplina en la casa; a alienación con respecto al hermano mayor; o, más probablemente, al deseo de libertad y diversión, en la creencia personal de que las cosas le irían bastante bien si se le dejara por su cuenta. En todo caso, su conducta, fueran los que fueran los motivos, era en extremo despiadada con respecto a su padre, y pecaminosa delante de Dios. Una disposición así no podía prosperar. El padre cedió a su demanda, y el hijo menor, para verse libre lo antes posible de control y restricciones, partió a un país lejano. Allí, el curso natural de las cosas dio pronto al traste con todos sus recursos; vivía una vida disoluta. Con referencia a la demanda de su herencia, que es sólo un rasgo secundario de la parábola, designado por un lado a acumular más claramente la culpa sobre el hijo, y por otro la bondad, y después el perdón del padre, apenas podemos tener dudas de que por el hijo menor hemos de entender a «los publicanos y pecadores», sobre cuya recepción y trato frecuente y cordial con Cristo habían murmurado los fariseos.

La escena siguiente en la historia se entiende mal cuando se hace la objeción de que el miserable estado en que cayó el hijo menor es debido al resultado de circunstancias providenciales más bien que a sus propios desaguisados. Para empezar, no habría llegado a estos apuros de hambre si no hubiera malgastado su herencia viviendo perdidamente. Además, el objeto que hay que mostrar especialmente es que la libertad absoluta y la indulgencia en sus deseos y pasiones pecaminosas sólo desembocaron en su infelicidad y su desdicha. La providencia de Dios tuvo una parte importante en esto. La locura y el pecado son castigados con mucha mayor frecuencia en el curso ordinario de la Providencia que mediante juicios especiales. En realidad, es contrario a la enseñanza de Cristo (Lc. 13:2, 3), y llevaría a una clase de vida inmoral si consideráramos que estas intervenciones directas son necesarias, o al intentar reemplazar con ellas el gobierno ordinario de Dios. De modo similar, por nuestro despertamiento estamos a menudo en deuda con lo que llamamos la Providencia, pero es realmente el múltiple obrar conjunto de la gracia de Dios. Y, así, hallamos un significado especial en la ocurrencia de esta hambre. El que,

4. Debar. R. 2 sobre Dt. 3:25, que en general contiene varias referencias al arrepentimiento; ed. Vars., p. 7 *b,* hacia la mitad.

5. Pero con respecto a desheredar a los hijos, incluso si se portaban mal, se dice que el Espíritu de Sabiduría no descansaba sobre el que hacía una disposición así (Bab. B. viii. 5).

6. Puede ser interesante mencionar aquí, en relación con la interpretación de Hebreos 7:18; 8:7-13, el siguiente principio rabínico: «Un testamento anula un testamento previo» (Jer. Bab. B. 16 *b,* abajo).

7. La presente ley judía de la herencia se da plenamente en Fussel, *Mos. Rabb. Civil Recht,* vol. 1, pp. 274-412.

en su necesidad, «se allegara[8] (ἐκολλήθη) a uno de los ciudadanos de aquel país», parece indicar que el hombre no estaba dispuesto a dar ocupación a este joven extranjero disoluto, y que sólo cedió ante su desesperada importunidad. Esto explica también el que le empleara en el servicio más humilde: apacentar cerdos. Para un judío había más que degradación en esto, puesto que el guardar cerdos (aunque quizá en realidad la posesión, más que el apacentarlos) estaba prohibido para los israelitas, bajo una maldición (Bab. K. 82, y la referencia a la Midrash sobre Ec. 8:1). Incluso en esta ocupación tan despreciable se le trataba tan mal que el hambre le hacía desear poder «llenar su vientre de las algarrobas que comían los cerdos, pero nadie se las daba». Aquí esta misma aspereza que le había postergado a esta ocupación; ni aun este alimento le daban. Lo que quizá da significado especial a esta descripción es el dicho judío: «Cuando Israel se ve reducido al algarrobo, entonces se arrepiente» (Vayyik. R. 35, ed. Vars., pp. 53 *b*, 54 *a*).[9]

Fue esta presión de la necesidad extrema lo que le mostró primero al hijo joven el contraste entre el país y las circunstancias a las cuales su pecado le había llevado, y la provisión abundante del hogar que había abandonado, y la bondad que proveía de pan abundante y aun de sobra para los jornaleros. Faltaba sólo un paso entre lo que dijo, «una vez hubo vuelto en sí», y su resolución de regresar, aunque se nota la dificultad en la expresión «Me levantaré e iré». No podía volver con la esperanza de ser restaurado a su posición como hijo, puesto que ya había recibido y había malgastado en pecado su porción del patrimonio. Todo lo que pensaba era que se le hiciera un jornalero. Y tanto debido a su verdadero sentimiento como para mostrar que esto era todo lo que esperaba, una vez decidido a regresar, iba a introducir su petición con la confesión de que había pecado «contra el cielo» –un hebraísmo frecuente para «contra Dios»[10]– y con respecto a su padre, y por ello no tenía derecho a reclamar el título de hijo. La provisión correspondiente al hijo, como hemos dicho, ya la había dilapidado, así que no le correspondía el nombre. Sólo este favor buscaría: que se le aceptara como un jornalero en la casa de su padre para no tener que sufrir en aquella tierra extranjera de hambre y desabrimiento.

Pero el resultado fue muy distinto del que esperaba. Cuando leemos que: «Y cuando aún estaba lejos, lo vio su padre», da a entender que el padre había estado esperándole, una impresión corroborada más tarde por la orden que da a los siervos de «traer el becerro, el engordado» (Lc. 15:23), como si hubiera habido uno especialmente engordado para su retorno. Cuando le vio, «fue movido a misericordia y corrió, y se echó sobre su cuello, y le besó efusivamente». Una recepción así hacía que la petición pensada, la de que le aceptaran como uno de los jornaleros de la casa, fuera imposible; y la inserción de la misma en el texto de algunos manuscritos importantes sólo da una triste evidencia de la pobreza de tacto espiritual y visión de los primeros copistas. El amor del padre se había anticipado a su confesión, e hizo que la frase medio pronunciada de condenación fuera imposible. «El amor perfecto echa fuera el temor», y los pensamientos duros referentes a uno mismo y los merecimientos del pecador que regresa son descartados por el amor del padre. Y así, la única confesión que hizo fue la de su pecado y error –no como prefacio a su petición de ser recibido como siervo, sino como resultado de un corazón humillado, agradecido y verdaderamente penitente. A aquél a quien la necesidad había humillado, aunque el pensamiento le había hecho volver en sí mismo y la mezcla de necesidad y de esperanza le impulsó como a un siervo suplicante, el amor de un padre que había esperado de antemano su confesión, y ni aun pronunció las palabras de perdón, le venció; y así, moralmente, le engendró por segunda vez. Aquí merece especial noticia, ya que marca el contraste absoluto entre la enseñanza de Cristo y el Rabinismo, el que tengamos, en una de las obras más antiguas (Siphré, ed. Friedm., p. 35 *a*) rabínicas, una parábola exactamente opuesta a ésta, en que el hijo de un amigo es redimido de la servidumbre no como hijo, sino como esclavo, para que de esta forma le sea exigida obediencia. La inferencia a sacar es que la obediencia del redimido no es el amor filial del perdonado, sino la puesta en vigor de la reclamación de un dueño. ¡Qué diferentes son la parábola y la enseñanza de Cristo!

Pero incluso así la historia de amor no ha llegado a su final. Han llegado a la casa. Y ahora el padre no sólo quiere restaurar al hijo, sino que le da evidencia de ello y quiere hacerlo delante de los siervos. Han de serle ofrecidas las tres clases de riqueza y posición: «Sacad» deprisa la prenda de vestir superior, la «stola» que corresponde a las clases más elevadas, y «el primero», el mejor, en vez de los harapos de pastor de cerdos. Asimismo, el anillo para su mano, y calzado para sus pies descalzos, lo cual indica que es el hijo de la casa. Y para hacer resaltar esto más todavía, los siervos no sólo han de traer estas prendas, sino que han de ponérselas, puesto que él es el amo. Y luego ha de ser sacrificado el becerro engordado para esta ocasión, y tiene que haber una gran fiesta, porque «este» hijo suyo «estaba muerto, y ha revivido; se había perdido, y ha sido hallado».[11]

Hasta aquí la recepción de «los publicanos y pecadores», y de todo aquél a quien pueda referirse, en todos los tiempos. Ahora bien, veamos el otro aspecto de la historia. En tanto que esto tenía lugar, según la parábola, el hijo mayor estaba en el campo. A su regreso al hogar inquirió de un siervo la razón de las festividades que se oían en la casa. Informado de que había regresado su hermano menor y que se había sacrificado en su honor el becerro engordado preparado para una fiesta, porque su padre había recobrado al hijo «sano y salvo», se enojó, y no quería entrar, y aun rehusó hacerlo al ser requerido a ello por su padre que salió para este propósito. Las duras palabras de reproche con que presentó sus agravios sólo pueden tener un significado: su padre nunca le había recompensado por sus servicios. Por otra parte, tan pronto «este» «su hijo» –a quien se niega a llamar hermano– ha vuelto, a pesar de su comportamiento, el padre celebra una fiesta de gozo por tenerlo en casa.

8. Literalmente «se pegara». La traducción de la Septuaginta del término hebreo דבק (adherirse, pegarse) es ésta.

9. El fruto del algarrobo es considerado en la literatura judía y pagana como el más pobre, en realidad sólo adecuado para los animales. Ver Wetstein, *ad loc.* Según las ideas judías, el algarrobo tarda setenta años en dar fruto (Bechor. 8 *a*). Es dudoso si el árbol se menciona en el Antiguo Testamento (el בכא de 2 S. 5:23, 24). En la Mishnah es mencionado con frecuencia (Peah i. 5; Shabb. xxiv. 2; Bab. B. ii. 7). Su fruto parece haber sido el alimento de los ascetas, como Chanina b. Dosa, y otros (Ber. 17 *b*), y Simeón b. Jochai (Sabb. 33 *b*), y aun el de Juan el Bautista. Sus hojas parecen, a veces, haber sido usadas como material para escribir (Tos. Gitt. 2).

10. Hay otros términos que pueden utilizarse (como «Poder», «Misericordia», etc.) con miras a evitar una mención innecesaria de la Deidad.

11. Esto es lo que dice el texto. Me parece a mí que las palabras, en primer lugar, no indican el cambio moral. Es indudable que, dogmáticamente, es necesario entenderlo en este sentido; sin embargo, tal como indica Goebel, es dudoso que estas palabras fueran dichas en este sentido a los siervos.

En esto mismo vemos el error del hijo mayor y –para aplicarlo– la equivocación fatal del fariseísmo. El hijo mayor veía todo en términos de mérito y recompensa, como trabajo y salario. Pero no es así. Notamos, primero, que la misma ternura con que el padre había recibido al hijo que regresa, la prodiga ahora al mayor. Habla a este hombre enojado no en los términos del reproche merecido, sino dirigiéndose a él amorosamente como «hijo» y razonando con él. Y luego, cuando le ha mostrado su error, procura atraerle a sentimientos mejores hablándole del otro como su «hermano» (Lc. 15:32). Pero el punto principal es éste. No puede ponerse ni a discusión la cuestión de merecimientos. En tanto que el hijo está en la casa de su Padre, Él da, por su gran bondad, a su hijo todo lo que es del Padre. Pero este pobre perdido –aún hijo y hermano– no ha recibido ninguna recompensa, sólo ha vuelto a recibir el amor de su Padre cuando ha vuelto a Él en la profunda desgracia de su necesidad. Este hijo, o más bien como el otro debería mirarle, su «hermano», estaba muerto, y ha vuelto a la vida; estaba perdido, y ha sido hallado. Y sobre esto «es bueno que hagamos fiesta y nos regocijemos», no que murmuremos. Estas murmuraciones vienen de la idea del trabajo y la paga –errada en sí misma, y extraña a la idea propia de padre e hijo–; este gozo viene del corazón de un Padre. Los pensamientos del hijo mayor eran los pensamientos de un jornalero:[12] de servicio y paga; la recepción concedida al hermano menor fue la bienvenida dada a un hijo a su misericordia y su amor eterno como Padre. ¡Y así es para nosotros, y en todos los tiempos!

---

12. Puede que valga la pena mencionar una parábola similar en Bemid. R. 15 (ed. Vars., p. 62 *b*, cerca del comienzo). Se hace referencia al hecho de que, según Números 7, todas las doce tribus trajeron dones, excepto Leví. A esto sigue, en Números 8, la consagración de los levitas para el servicio del Señor. La Midrash lo asemeja a una fiesta que un rey ha hecho para todo su pueblo, pero a la cual no ha invitado a su amigo especial. Y cuando éste parece temer que su exclusión implique reprobación, el rey da una fiesta especial para este amigo solamente, y le muestra que en tanto que la comida común era para todos, la fiesta especial era sólo para los que él amaba especialmente.

Capítulo 18
(Lucas 16)

El mayordomo injusto. Dives y Lázaro

Aunque difiera ampliamente en su objeto y enseñanza, el último grupo de parábolas narradas por Jesús en esta parte de su ministerio está conectado, al menos externamente, por un pensamiento común. La palabra con que podríamos unirlas todas es *Justicia.* Hay tres parábolas sobre lo injusto: el mayordomo injusto, el propietario injusto, y el juez injusto. Y éstas van seguidas por dos parábolas más, las de la justicia propia: justicia propia en su ignorancia, y los peligros por lo que se refiere a uno mismo; y justicia propia en su desabrimiento, y los peligros con respecto a los otros. Pero cuando se ha hecho notar esta conexión externa, ya hemos llegado hasta el extremo. Mucho más cercana es la conexión interna entre algunas de ellas.

Lo notamos primero, y de modo principal, entre las dos primeras parábolas. Registradas en el mismo capítulo (Lc. cap. 16), y la misma conexión, son dirigidas al mismo auditorio. Es verdad, la parábola del *mayordomo injusto* fue narrada de modo primario «a los discípulos» (v. 1), la de *Dives* (el rico) *y Lázaro* a los fariseos (v. 15). Pero la audiencia de Cristo en aquella ocasión consistía en discípulos y fariseos. Y estas dos clases de auditorio estaban en una relación peculiar la una con la otra, que es exactamente cubierta en estas dos parábolas, de modo que puede decirse que una ha salido de la otra. Porque los «discípulos» a quienes fue dirigida la primera parábola no eran principalmente los apóstoles, sino esos «publicanos y pecadores» a quienes Jesús había recibido, algo que los fariseos veían con gran desagrado (Lc. 15:1, 2). Entonces Él impartió a los publicanos enseñanza respecto al «Mamon» de injusticia, o sea, las riquezas de injusticia o injustas.[1] Y cuando los fariseos se burlaron de esta enseñanza dada a los publicanos, Él la utilizó contra ellos mostrándoles su propio pecado: bajo la capa de la justificación propia (Lc. 16:15), que les hacía olvidar que ahora el Reino de Dios estaba abierto a todos (v. 16), e imaginarse que ellos eran los únicos vindicadores de una Ley (v. 17) que en su práctica cotidiana ellos mismos quebrantaban, había un pecado tan profundo y una alienación de Dios tan grande como la de los mismos pecadores que ellos despreciaban. Su pecado, el de los fariseos, es posible que ni siquiera fuese el Mamon *de* las riquezas injustas, pero quizá era ya el Mamon *para* las riquezas injustas; y si bien ellos se burlaron de la idea que Él había expresado acerca de hombres que se hacían amigos mediante este Mamon, para que estos amigos les recibieran en las moradas eternas cuando ellos tuvieran que dejar las riquezas, Cristo advirtió a los fariseos que ellos iban a experimentar al final un terrible reajuste en su relación con respecto a Dios, debido a su descuido en usar para Dios –y en cambio emplear sólo para ellos– este Mamon, o riquezas; a lo cual se añadía otro descuido: el desprecio, desabrido y altanero, con que ellos consideraban a los que yacían abandonados y muertos de hambre a su propia puerta como un Lázaro desgraciado y cubierto de llagas.

Se habrá observado que ponemos una vez más énfasis especial en la conexión histórica y en el significado primario de las parábolas. Deberíamos leerlas a la luz de las circunstancias en las cuales fueron narradas, como dirigidas a cierta clase de oyentes y como refiriéndose a lo que acababa de pasar. Una vez se ha descubierto la aplicación histórica, entonces podemos aplicar en un ámbito mucho más amplio las lecciones generales. Este punto de vista histórico nos ayudará a entender la introducción, conexión y significado de las dos parábolas que se han descrito como las más difíciles: la del *siervo injusto,* y la de *Dives* (el rico) *y Lázaro.*

Al principio tenemos que recordar que iban dirigidas a dos clases diferentes, en la misma audiencia. En ambas el tema es la *injusticia.* En la primera, dirigida a los publicanos y pecadores convertidos recientemente, es el mayordomo injusto, que hace un uso injusto de lo que le había sido encomendado para que lo administrara por su amo; en la segunda parábola, que va dirigida a los fariseos burlones llenos de justificación propia, es el posesor injusto que usa solamente para sí mismo y para el momento lo que tiene, en tanto que deja a Lázaro, que según él lo ve es un desgraciado cubierto de llagas, que se muera de hambre, sin hacer el menor caso de él, a su misma puerta. En consonancia con su objeto y como convenía a la parte de audiencia a la que se dirigía, la primera parábola señala una lección en tanto que la segunda proporciona una advertencia. En la primera parábola se nos dice que el pecador, cuando se convierte, debería aprender de su vida previa de pecado; en la segunda, lo que debería aprender el orgulloso fariseo, que se engañaba a sí mismo, con referencia a la vida que a él le parecía tan justa, pero que en realidad estaba exenta de Dios y de amor. Se sigue –y esto es de la máxima importancia, especialmente en la interpretación de la primera parábola– que no hemos de hallar equivalentes espirituales para cada una de las personas o incidentes introducidos. En cada caso, la parábola en sí forma sólo una ilustración de las lecciones, expresadas o implicadas, que Cristo quería transmitir a una y otra clase entre sus oyentes.

I. *La parábola del mayordomo injusto.* En conformidad con el canon de interpretación que hemos establecido, distinguimos: 1) La parábola ilustrativa (Lc. 16:1-8). 2) Su moraleja (v. 9). 3) Su aplicación en la combinación de la moraleja con algunos de los rasgos de la parábola (vv. 10-13).

1. La parábola ilustrativa (vv. 1-8). Ésta se puede decir que converge en el punto destacado en el versículo final (v. 8): la prudencia que caracteriza los tratos de los hijos de este mundo en relación con los de su propia generación, o, para traducir las formas judaicas de expresión a nuestra propia fraseología, la sabiduría con que los que no se preocupan del mundo venidero escogen los medios más efectivos para alcanzar sus objetivos en este mundo. Es esta prudencia lo que hace que sus objetivos sean conseguidos de modo efectivo, *y eso únicamente* es lo que se pone delante de «los hijos de luz», para que lo aprendan. Y la lección es tanto más práctica por el hecho de que los primeros que la escucharon de los labios de Cristo habían sido hasta entonces, precisamente, estos hombres de mundo. Que aprendieran pues de la serpiente su sabiduría, y de la paloma su inocencia; de los hijos de este mundo su prudencia con respecto a su generación, en tanto que, como hijos de la nueva luz, debían

1. La expresión «Mamon» debe entenderse como la personificación imaginaria de las riquezas, o el dios o ídolo de las riquezas. (*N. del T.*).

«Su pecado, el de los fariseos, es posible que ni siquiera fuese el Mamon de las riquezas injustas, pero quizá era ya el Mamon para las riquezas injustas; y si bien ellos se burlaron de la idea que Él había expresado acerca de hombres que se hacían amigos mediante este Mamon, para que estos amigos les recibieran en las moradas eternas cuando ellos tuvieran que dejar las riquezas, Cristo advirtió a los fariseos que ellos iban a experimentar al final un terrible reajuste en su relación con respecto a Dios, debido a su descuido en usar para Dios –y en cambio emplear sólo para ellos– este Mamon, o riquezas; a lo cual se añadía otro descuido: el desprecio, desabrido y altanero, con que ellos consideraban a los que yacían abandonados y muertos de hambre a su propia puerta como un Lázaro desgraciado y cubierto de llagas».

Jesús se dirige a los fariseos con la parábola de Díves y Lázaro y de ella se desprende una clara advertencia. Esta escultura de Afrodita encontrada en el Monte Carmelo nos ilustra la influencia generalizada de la cultura helenística en las clases acomodadas y ricas de Palestina.

recordar el objetivo más alto para el cual debían emplear esta prudencia. De esta forma, este Mamon o riquezas que son «de injusticia» y que ciertamente «fallan», pasarían a ser para nosotros un tesoro en el mundo venidero: nos darían la bienvenida allí; y así, lejos de «fallar», se demostrarían permanentes; nos darían la bienvenida en las moradas eternas. De esta manera también, hemos de hacernos amigos de las «riquezas de injusticia, o injustas», y éstas, que por su naturaleza han de fallar, pasarán a ser una eterna ganancia; o para traducirlo en la fraseología talmúdica, estas riquezas serán cosas de cuyo interés disfruta el hombre en este mundo, en tanto que el capital permanece para el venidero.

No tiene por que ser difícil ahora entender la parábola. Su objeto es simplemente mostrar de la manera más sorprendente la prudencia de un hombre del mundo, que no está limitada por ninguna otra consideración que la de alcanzar su objetivo. Al mismo tiempo, con sabiduría singular, la ilustración es escogida de modo que, en lo referente a su *materia*, «el Mamon de la injusticia» (las riquezas injustas) pueda servir para indicar una lección de vida práctica para aquellos nuevos publicanos y pecadores convertidos, que antiguamente lo habían sacrificado todo por el amor o por el goce de estas riquezas injustas. Todo lo demás, como la cuestión de quién es el amo y quién es el mayordomo, y otras semejantes, tenemos que descartarlo, puesto que la parábola sólo tiene por objeto ser una ilustración de la lección que será enseñada luego.

La conexión entre esta parábola y lo que el Señor había explicado previamente con respecto a los pecadores que habían vuelto, a lo cual ya hemos aludido, queda evidenciado además por el término «disipar» (διασκορπίζων) que se usa en la acusación contra el mayordomo, exactamente como el hijo pródigo había «disipado» (διεσκόρπισε) sus bienes (Lc. 15:13). Sólo que en el caso presente la propiedad había sido confiada a su administración. Con respecto al propietario, su designación como «rico» parece que tiene por objetivo hacer notar lo grandes que eran los bienes confiados al mayordomo. El «mayordomo» no era, como en Lucas 12:42-46, un esclavo, sino un empleado para la administración de los asuntos del hombre rico, y podía despedirle (Lc. 16:2, 3). Fue acusado –en términos que implican mala intención, pero no con una falsa acusación– no de fraude, sino de disipar, probablemente viviendo opíparamente y descuidado, los bienes de su amo. Y su amo parece estar convencido de que la acusación era legítima, puesto que al instante le despide. Este despido es absoluto y no se hace depender de «las cuentas de la mayordomía», lo único que se le pide, naturalmente como algo indispensable, cuando abandona su cargo. Tampoco niega el mayordomo la acusación ni presenta circunstancias atenuantes. Su gran preocupación es, más bien, durante el tiempo que le queda en su mayordomía, antes de rendir cuentas, procurarse el sostén para el día de mañana. La única alternativa que le queda para el futuro es cavar o mendigar. Para lo primero no tiene fuerza; lo segundo lo impide la propia vergüenza.

Entonces su «prudencia» le sugiere un ardid por medio del cual, después del despido y sin tener que mendigar, pueda ser recibido en la casa de aquellos con quienes ha hecho amistad.[2] Hay que tener en cuenta que todavía es el mayordomo, y como tal tiene plenos poderes de disponer de los negocios de su amo. Cuando envía a buscar a los deudores de su amo, uno tras otro, y les dice que alteren la suma en el documento de la deuda, no sugiere falsificación o fraude, sino la remisión de parte de la deuda –tanto si se trataba de géneros o el precio del producto–; el mayordomo obra estrictamente dentro del derecho o poder que poseía, por más que al hacerlo obrara injustamente. Así, ni el mayordomo ni los deudores pueden ser acusados de un acto delictivo, y el amo tiene que haber quedado sorprendido por la astucia de un hombre que de esta forma se aseguraba su provisión futura haciéndose amigos en tanto estaban en su mano los medios de hacerlo (antes de que sus riquezas injustas fallasen).

La interpretación de los detalles puede recibir luz de unos pocos datos arqueológicos. Por el contexto parece que los documentos o escritos de estos deudores eran reconocimientos de deuda escritos y no, como algunos han supuesto, contratos de arriendo de fincas. Las deudas sobre las cuales el mayordomo tomaba decisiones, con miras a ganar más o menos favor, eran considerables. En el primer caso se dice «cien barriles (*bath*) de aceite», en el segundo «cien medidas (*cor*) de trigo». Con respecto a estas cantidades tenemos alguna dificultad preliminar, por el hecho de que había tres clases de medidas en aquel tiempo en Palestina: las del «desierto», o las originales del período mosaico; las de «Jerusalén», que eran un quinto mayores; y las de Séforis, probablemente el sistema de medidas común en Galilea, que a su vez eran un quinto mayores que las medidas de Jerusalén. Para ser más precisos, una medida de Galilea era equivalente a 3/2 de las medidas del «desierto». Asumiendo que las medidas hubieran sido las de Galilea, un *bath* (bato)[3] hubiera sido igual a un *Metrêtês* ático, o sea, unos 39 litros. Por otra parte, las llamadas «medidas del desierto» corresponderían a las medidas romanas, y en este caso el «bato» sería igual a la «ánfora», o sea, un poco menos de 23 litros.[4] Esta última es la medida adoptada por Josefo. En la parábola, el primer deudor debía 100 batos, o sea, unos 3.900 litros de aceite según la medida galilea. Con respecto al valor del bato de aceite, se puede obtener poca información de Josefo, puesto que sólo menciona precios en circunstancias singulares, sea en años de cosechas excepcionales, o bien en tiempos de guerra o sitios de ciudades (*Guerra* ii.21). Por medio de cálculos comparativos con los datos de que se dispone, se puede llegar a la conclusión de que el valor de los 100 batos de aceite sería alrededor de unas 10£ en nuestros días, y la remisión ordenada por el mayordomo, de unas 5£.

El segundo deudor debía «cien "coros" de trigo», esto es, una medida de áridos diez veces más que el aceite del primer deudor. Respecto al precio del trigo, sabemos que como promedio cuatro «seas» (el «coro» tenía treinta «seas») producían un «coro», o sea, siete veces y media la cantidad original; y que un campo de 1.500 codos de longitud y 50 de anchura producía un promedio de un «coro». El precio medio de un «coro» de trigo era de unos 25 dinares, o sea,

2. Hay una parábola algo semejante en Vayyik. R. 5 (hacia el final) que trata de un labrador «prudente». Cuando las cosas van mal en su labranza, se viste lo mejor que puede y se presenta con cara alegre ante su señor. Con respuestas bien elaboradas y halagadoras a las preguntas del dueño sobre el ganado y las cosechas, se hace suyo el favor del amo, de modo que cuando éste le pregunta qué desea, y él solicita un préstamo, recibe el doble de la suma pedida.

3. Hay mucha confusión en las afirmaciones de los escritores sobre las medidas. En las computaciones del texto he seguido fuentes *judías*.

4. Esta diferencia explica las dificultades presentadas por algunos sobre la capacidad de la pila de bronce del Templo de Salomón (1 R. 7:23, 26). El *bath* o bato calculado allí no era el galileo, sino el del desierto.

unos 15 chelines de hoy. Podemos considerar que cien «coros» de trigo equivalían a una deuda de unas 100 a 125£, y que la remisión ofrecida por el mayordomo era (20 «coros») de unas 20 a 25£. Aunque estas cantidades puedan parecernos relativamente pequeñas, son en realidad muy grandes si recordamos cuál era el valor del dinero en Palestina, que computándolo por lo bajo equivalía por lo menos a cinco veces el corriente en nuestro país hoy día.[5] Estos dos deudores son los mencionados, pero el mayordomo injusto fácilmente conseguiría hacerse más amigos por medio del «Mamon de la injusticia». Hay que hacer notar que el término *Mamon*[6] se deriva del sirio y la palabra rabínica de la misma clase (ממון, de מון = מני, מנה, prorratear).[7]

Otro punto sobre el cual se arroja luz con el conocimiento de las costumbres y hábitos de aquellos tiempos es la forma en que los deudores podían fácilmente alterar la suma mencionada en sus respectivos documentos de deuda. Porque el texto implica que esto es lo que se tenía que hacer, no el escribir un nuevo documento, puesto que en este caso no habría sido necesario volver a presentar el antiguo para ser cambiado. Nos es imposible, dentro de los límites presentes, entrar plenamente en el tema tan interesante del arte de escribir, materiales para escribir y documentos escritos entre los judíos.[8] Basta aquí dar unas breves noticias.

Notas sobre la agricultura judaica; precio de los productos; escrituras y documentos legales

Los materiales sobre los cuales escribían los judíos eran de clases muy diversas: hojas de olivo, palmera, algarrobo, etc.; la corteza de granadas, la cáscara de nueces, etc.; las pieles preparadas de animales (piel y pergamino); el producto de papiros, usado mucho antes del tiempo de Alejandro el Grande para la manufactura de papel, y conocido en los escritos talmúdicos con el mismo nombre, *Papir* (Sot. 49 *b*) o *Apipeir* (Kel. xxiv. 7), pero con más frecuencia por el de *Nayyar* –probablemente de las fibras (*Nirin*) de la planta de que se hacía–. Pero lo que nos interesa más, cuando recordamos la «tableta» (πινακίδιον) sobre la cual Zacarías escribió el nombre del futuro Bautista (Lc. 1:63), es la circunstancia de que lleva no sólo el mismo nombre, *Pinaqes* o *Pinqesa*, sino que parece haber sido de uso común en Palestina.[9] Consistía en placas de madera delgadas (el *Luach*) unidas o atadas. La Mishnah (Kel. xxiv. 7) enumera tres clases: Las que tenían la madera recubierta de papiro, las que estaban cubiertas de cera, y las que tenían la madera simplemente para escribir sobre ella con tinta. Esta última era de diferentes clases. La tinta negra se preparaba de hollín (la *Deyo*) o de sustancias vegetales o minerales.[10] La goma arábiga y egipcia (*Qumos* y *Quma*) y el vitriolo (*Qanqanthos*) parecen haberse usado para escribir (Shabb. xii. 4). Es curioso leer sobre escritura en colores y con tinta roja o *Siqra* (*u.s.*), e incluso una cierta clase de tinta simpática, hecha de corteza de fresno y que se hacía aparecer con una mezcla de vitriolo y resina (Jer. Shabb. 13 *d*, hacia la mitad). Leemos también de tinta dorada, como aquella en que se copiaba la Ley, que, según la leyenda, el Sumo Sacerdote había enviado a Ptolomeo Filadelfo para usarla en la traducción al griego de la Septuaginta (Jos., *Ant.* xii.2.10). Pero el Talmud prohíbe hacer copias de la Ley en letras doradas,[11] o más probablemente copias en que el nombre divino fuera escrito en letra de oro (Shabb. 103; Sopher. i. 9).[12] Para escribir se usaba una pluma (*Qolemos*) hecha de caña (*Qaneh*) (Shabb. viii. 5), y la referencia en la epístola apostólica (3 Jn. 13) a escribir «con tinta y pluma» (διὰ μέλανος καὶ καλάμου) halla su contrapartida verbal en la Midrash, en que se habla de *Milanin* y *Qolemin* (tinta y plumas). Realmente, el «escribiente» público –un oficio muy común en el Oriente–[13] iba con una *Qolemos*, pluma de caña tras la oreja, como signo o emblema de su empleo (Shabb. i. 3).[14] Con la pluma de caña deberíamos mencionar sus utensilios acompañantes: el cortaplumas (ya mencionado en Jeremías 36:23 y en la Mishnah llamada Olar); el tintero (que cuando era doble, para tinta negra y roja, se hacía, en ocasiones, de arcilla, *Qalamarim*) (Kel. ii. 7); y la regla (Kel. xii. 8), ya que era considerado por los más estrictos como ilegal escribir palabra alguna de la Sagrada Escritura en material sin líneas, sin duda para asegurarse de que se escribiera y leyera de modo correcto. Las cartas y otros documentos eran sellados con una especie de arcilla roja (Meg. 16 *b*).

En todo esto no hemos hecho referencia a la práctica de escribir sobre piel, especialmente preparada con sal y harina (Meg. 17 *a*), ni al *Qelaph* o pergamino en el sentido estricto (Shabb. viii. 3). Porque aquí estamos principalmente interesados en el sistema común de escribir, el que se hacía sobre la *Pinaqes* tableta, y en especial sobre la que se cubría con cera. En realidad, se unía a ella un pequeño vaso que contenía cera (*Pinaqes sheyesh bo beth Qibbul shaavah*, Kel.

5. El cálculo se hace a partir del coste de vida, salarios, etc.

6. La palabra debe escribirse con una *m* y no con dos como es frecuente. Ver Grimm, s.v.

7. Grimm (según Drusius) lo deriva de אמן pero esto es muy poco probable. La derivación de Lagarde (ap. Kautzsch, p. 173) parece muy improbable. Buxtorf (s.v.) discute la etimología de modo extenso, pero no de modo satisfactorio. El punto de vista de nuestro texto tiene la sanción de Levy.

8. Tengo que referirme, en general, a la monografía de Löw (*Graphische Requis, u. Erzeugn.*, 2 vols.). Sus afirmaciones, sin embargo, a veces requieren ser rectificadas. Ver también Herzfeld, *Handelsgesch.*, p. 113ss. y nota 17.

9. Desde tiempos antiguos nos llega la noticia del *Gillayon* (Is. 8:1) –una tableta lisa de madera, metal o piedra– y el *Cheret*, o estilo (Is. 8:1), y el *Et*, que probablemente era no sólo un «estilo», sino también un «calamus» (Sal. 45:2; Jer. 8:8).

10. La *Deyo* parece haber sido una sustancia seca con la cual se hacía tinta negra. La tinta de agallas de roble parece ser de invención más tardía.

11. Pero el erudito Relandus afirma que había en su país estos textos escritos en letras de oro, y de ahí que la prohibición talmúdica sólo podía aplicarse a las copias usadas en las Sinagogas (Havercamp, ed. de Josefo, vol. 1, p. 593, nota *e*).

12. Para no hacer una distinción entre las porciones de la Escritura, y también de la idea curiosa cabalística de que de alguna forma cada palabra de la Biblia contenía el nombre divino.

13. Leemos de uno, Ben Qamtsar, que escribía cuatro letras (el Tetragrama) a la vez, sosteniendo al mismo tiempo cuatro plumas (*Qolemosin*) entre los cuatro dedos (Yoma 38 *b*). El gran rab. Meir era célebre como copista, especialmente de la Biblia, en cuyo trabajo se dice que ganaba unos ocho chelines a la semana, de lo cual, también se dice, gastaba un tercio para vivir, un tercio para vestir y un tercio para beneficencia a los rabinos (Midr. sobre Ec. 2:18, ed. Vars., p. 83 *b*, las dos últimas líneas). Los códices del rab. Meir parecen haber personificado algunas variaciones del texto común. Así, en los Salmos escribió *Aleluya* en una palabra, como si hubiera sido una interjección, y no en la forma ortodoxa, con dos palabras: *Hallelu Yah* (Jer. Meg. 72 *a*). Sus códices, al parecer, tenían también notas marginales. Así, en las palabras «muy bueno» (טוב מאד) de Génesis 1:31 había escrito «la muerte es buena» (טוב מות), una especie de juego de palabras para apoyar su idea de que la muerte era originalmente de Dios y creada por Él –una necesidad natural, más que un castigo (Ber. R. 9). De modo similar, en Génesis 3:21 alteró, al margen, la עור, «piel», del texto, en אור, «luz» , por lo que tradujo «vestiduras de luz» (*u.s.* 20). Además, en Génesis 46:23 eliminó la י de ובני, traduciéndolo: «Y el *hijo* de Dan era Chushim» (*u.s.* 94). De modo similar alteró las palabras de Isaías 21:11: דומה משא, «la carga de *Dumah*» en *Roma*, רומי (Jer. Taan., p. 64 *a*, línea 10 desde arriba).

14. De modo semejante, el carpintero llevaba una pequeña regla de madera tras la oreja.

xvii. 17). Sobre una tableta así escribían, naturalmente, no con una pluma de caña, sino con un *estilo*, sobre todo de hierro. Este instrumento consistía en dos partes, que podían separarse una de otra: la que tenía punta o «escritor» (*Kothebh*), y el «borrador» (*Mocheq*), que era plano y grueso, para borrar las letras y palabras que se habían escrito, o mejor, grabado, en la cera (Kel. xiii. 2). No puede haber duda de que el reconocimiento de la deuda y otras transacciones eran escritas comúnmente en estas tabletas cubiertas de cera; porque no sólo se hace referencia directa a ellas (Ab. iii. 16), sino que hay unas provisiones especiales con respecto a documentos en que había estas tachaduras, o sea, en que había borraduras. Así, se debía hacer constar en el documento (Bab. B. 161 *b*) bajo qué condiciones se habían hecho; los testigos debían poner en estos casos sus firmas (Bab. 163 *a*, *b*; 164 *a*), y hay órdenes particulares para los casos en que los testigos no podían escribir sobre cómo habían de poner su marca.

Pero aunque hemos averiguado así que los documentos de la parábola tenían que haber sido escritos con cera –o quizá sobre pergamino–, en que el *Mocheq*, o borrador, podía fácilmente borrar los números, también tenemos evidencia de que no estaban escritos en tabletas (las *Pinaques*). Porque el término griego por el cual estos documentos o escritos son designados en la parábola (γράμματα, Lc. 16:17) es el mismo usado, a veces, en los escritos rabínicos (*Gerammation*) para el reconocimiento de una deuda;[15] la palabra griega hebraizada corresponde al término siríaco usado más comúnmente de *Shitre (Shetar)*, que denota de modo primario «escritos», y es usado de modo más específico para estos reconocimientos. De ellos había dos clases. El *Shetar*, más formal, no era firmado por el deudor, sino sólo por los testigos, que habían de escribir sus nombres (o marcas) inmediatamente (no más de dos líneas) debajo del texto del documento, para prevenir fraudes. De otro modo, el documento no poseía valor legal. En general, era, además, atestado por el Sanedrían de tres, que firmaba de tal forma que no quedara ninguna línea vacía (Bab. B. 163, *a*, *b*). Este documento llevaba los nombres del acreedor y el deudor, la cantidad debida, la fecha, junto con la cláusula que afectaba a la propiedad del deudor. De hecho, era una especie de escritura o hipoteca; toda venta de propiedades debía ser sometida a una escritura de este tipo, que llevaba la palabra *Acharayuth*, probablemente «garantía». Cuando se pagaba la deuda, el documento legal era simplemente devuelto al deudor; si era pagada en parte, o bien se escribía un nuevo documento o se daba un recibo, que se llamaba *Shobher* o *Tebhara*, porque «rompía» la deuda (Bab. M. 7).

Pero en muchos aspectos eran diferentes los documentos que reconocían una deuda hecha por una compra, como suponemos era el caso mencionado en la parábola. En estos casos no era infrecuente prescindir totalmente de testigos, y el documento era firmado por el mismo deudor. En documentos de esta clase, el acreedor no tenía el beneficio de una escritura en el caso de venta. Hemos expresado nuestra creencia de que la parábola se refiere a estos documentos, y nos lo confirma la circunstancia de que no sólo llevan un nombre diferente de los documentos más formales (el *Shitre)*, sino un nombre que es, quizá, la traducción más exacta del término griego (כתב ידי –Bab. B. x. 8–, un «escrito a mano», o «nota de mano»).

15. Para un conocimiento más detallado de los diversos documentos legales, remitimos al lector a la nota IX de la edición de Sammter de Bab. Mez., pp. 144-148. Se enumeran hasta 38 clases distintas de documentos. Al parecer, había ciertas clases que llevaban espacios en blanco para ser rellenados.

2. De esta digresión, más bien larga, volvemos para considerar la lección *moral* de la parábola (Lc. 16:9). Se puede poner en dos palabras: «Haceos amigos por medio de las riquezas injustas, para que cuando tengáis que dejarlas (cuando os fallen) os reciban en las moradas eternas». Por lo que se ha dicho con anterioridad, el significado de estas palabras ofrece poca dificultad. De nuevo recordamos las circunstancias de que eran dirigidas principalmente a los publicanos y pecadores convertidos, para los que la expresión Mamon o «riquezas injustas» –de la cual había ciertas analogías e incluso una exacta transcripción en el Targum (sobre Hab. 2:9, ממון דרשע)– tendría un significado inequívoco. También entre nosotros hay no pocos que pueden pensar que se les aplica, y para todos es una advertencia necesaria. Además, la adición del artículo definido no deja lugar a duda: «las moradas eternas» significan la bien conocida morada celestial. Pero en conjunto como ya se ha indicado antes, la consideramos como una adaptación de la parábola del bien conocido dicho rabínico de que había ciertas gracias de las cuales un hombre goza el beneficio aquí, en tanto que el capital, por así decirlo, permanece en el mundo venidero. Y si se quiere una interpretación más literal, no podemos por menos que considerar el deber que corresponde a estos publicanos convertidos –y, en un sentido, a todos nosotros– de procurar hacer para nosotros de este Mamon –sea del dinero, del conocimiento, de la fuerza o de la oportunidad, lo que sea, y que para todos puede transformarse fácilmente en una fuente de «injusticia»– una aplicación tan duradera y espiritual: ganar amigos por medio de él para que «cuando falle», porque ha de fallar cuando muramos, no todo sea perdido, sino que nos encuentre en el cielo. Así, cada acto hecho para Dios con este Mamon pasaría a ser un amigo para recibirnos cuando entremos en el mundo eterno.

3. Lo apropiado, tanto de esta parábola como de su aplicación a la audiencia de Cristo, se ve por la semejanza de lo que ocurre en los escritos judíos. Así, el razonamiento de que la Ley no podía haber sido dada a las naciones del mundo, puesto que éstas no observaban los siete mandamientos de Noé (que el Rabinismo supone fueron dados a los gentiles), queda ilustrado por una parábola en la que se ve a un rey que emplea dos administradores (*Apiterophin*); uno sobre el oro y la plata, y el otro sobre la paja. Este último se hizo sospechoso, y –sigue la parábola– cuando se quejó de que no se le hubiera encargado de la plata y el oro, le dijeron: «Necio, si has dado lugar a sospechas con respecto a la paja, ¿vamos a entregarte el tesoro de oro y plata?» (Yalk. vol. i., p. 81 *a*, líneas 19ss. desde arriba). Y a nosotros casi nos parece oír las mismas palabras de Cristo, «El que es fiel en lo poco, es fiel en lo mucho», en éstas de la Midrash: «El Santo, bendito sea su nombre, no da grandes cosas al hombre hasta que ha sido puesto a prueba en las cosas pequeñas»; lo cual está ilustrado por la historia de Moisés y de David, los cuales fueron los dos llamados a gobernar por haber guiado fielmente a las ovejas (Shem. R., ed. Vars., p. 7, hacia la mitad).

Considerando que la mente judía estaría familiarizada con estos métodos de ilustración, no podía haber ningún malentendido en las palabras de Cristo. Estos publicanos convertidos podían pensar –y lo mismo algunos de nosotros– que su esfera de servicio era muy estrecha, sin mucha importancia; o bien que, como los fariseos y como muchos entre nosotros, esta fiel administración de las cosas de este mundo («el Mamon de la injusticia») no tenía nada que ver con la posesión de las verdaderas riquezas en el mundo venidero. Como respuesta a la primera dificultad, Cristo indica que el principio del servicio es el mismo, tanto si se aplica a lo mucho como a lo poco; que el uno era verdaderamente una preparación apropiada y, en realidad, una prueba para el otro (Lc. 16:10). «El que es fiel» –o parafraseando la palabra πιστός, el que se ha demostrado a sí mismo, el que se ha acreditado –en lo poco, «es también fiel (acreditado) en lo mucho; y el que en lo poco es injusto, es también injusto en lo mucho». Por tanto, si un hombre falla en el servicio fiel a Dios en las cosas de este mundo –en el lenguaje de la parábola, si no es fiel en el Mamon de la injusticia–, ¿podría esperar el verdadero Mamon o riquezas del mundo venidero? ¿No implicaría su infidelidad en la mayordomía menor una falta de aptitud para la mayor? Y –aún en el lenguaje de la parábola– si no hubieran sido aprobados, hallados fieles, en la mera mayordomía, «en lo que es de otro», ¿podían esperar que serían exaltados de la mayordomía a la posesión personal? Y la última aplicación de todo esto: que era imposible que hubiera divisiones, compartimientos, en el servicio de Dios (v. 13). Es imposible que el discípulo separe las cosas espirituales de las materiales, e intente servir a Dios en unas y a Mamon en otras. No hay distinción así en el discípulo, y nuestro uso común de las palabras *secular* y *espiritual* se deriva de un terrible malentendido y una equivocación. Para la persona secular, nada es espiritual; para el espiritual, nada es secular. Ningún siervo *puede* servir a dos señores; no puede servir a Dios y a Mamon.

II. La parábola del *rico y Lázaro* (Lc. 16:14-31). Aunque narrada de modo primario a los fariseos, y no *a* los discípulos, no obstante, como se verá, fue dicha *para* los discípulos. Las palabras anteriores de Cristo habían tocado más de un punto muy doloroso en los corazones de los fariseos. Esta consagración de todo a Dios, que es la condición necesaria del servicio espiritual elevado, y luego del estado o nivel espiritual elevado –como si fuera en «propiedad»–, según ellos reclamaban, eran palabras muy duras. Tocaba en lo vivo a su codicia. Ellos habrían estado bien dispuestos a escuchar. En realidad, creían que el «verdadero» tesoro había sido puesto bajo su custodia. Pero que esta condición fuera que ellos debían demostrar que estaban dedicados a Dios incluso en el «Mamon injusto», en las «riquezas injustas», fieles en el empleo de ellas en aquello para lo que se les había confiado su mayordomía, esto no podían tolerarlo. Ni tampoco que la perspectiva de esta posibilidad pudiera ser ofrecida a los publicanos y pecadores, en tanto que les era negada a ellos que eran los custodios de la Ley y de los Profetas. Pero, ¿eran de veras fieles a la Ley? Y en cuanto a su pretensión de ser los «propietarios», o sea, tener «posesión», la parábola del rico, Dives, que «poseía», y su conducta, les demostraría lo infieles que eran tanto en lo «mucho» como en lo «poco» en aquello en que ellos reclamaban tener en posesión, así como en su mayordomía; y esto es por lo que ellos mismos exhibían en sus relaciones con los publicanos y los pecadores los Lázaros que se hallaban a sus puertas.

Vista de esta forma, los versículos que introducen la segunda parábola (la del *rico y Lázaro*) aparecen no como «palabras aisladas», como algún comentarista nos ha dicho, sino como conectadas estrechamente con la parábola a la que sirven de prefacio. Sólo que aquí, sobre todo, hemos de recordar que nosotros únicamente tenemos notas del discurso de Cristo, hechas muchos años antes por uno que las había oído, y que sólo constituían el esquema estricto como si fueran puntos de apoyo, piedras de una pasadera, del argumento a medida que fue desarrollándose. Procuremos seguirlo. Cuando los fariseos oyeron lo que decía Cristo, se sintieron tocados en su codicia (avaricia). Se nos dice además que se burlaron de Él, literalmente «le volvieron las narices» (Lc. 16:14). Estos gestos de burla con los cuales ellos señalaban a los discípulos publicanos de Jesús, irían acompañados de palabras de burla, en las que ensalzarían y compararían favorablemente sus propias pretensiones y situación con las de aquellos nuevos discípulos de Cristo. El objeto del discurso de Cristo y la parábola no fue sólo para refutar, sino para confutar, para redargüir y, si fuera posible, para convencerlos. Cristo fue examinando una por una sus alegaciones y les mostró que eran por completo insostenibles. Había personas que en su justicia y pretensiones externas procuraban aparecer como justos ante los hombres, pero Dios conocía sus corazones; y lo que era exaltado entre los hombres, su carácter de fariseos y su porte distante y altivo, era una abominación para Dios (v. 15). Estos dos puntos forman el tema principal de la parábola. Su *primer* objetivo era mostrar la gran diferencia entre el «delante de Dios» y el «delante de los hombres»; entre el rico tal como aparece en este mundo, y tal como es delante de Dios y será en el mundo venidero. Luego, el *segundo* objetivo principal de la parábola era ilustrar que su carácter y actitud de fariseos, distante y altiva, el modo de comportarse del rico con referencia a Lázaro –la gloria del fariseísmo delante de los hombres– era una abominación delante de Dios. Con todo, había un *tercer* objetivo de la parábola con referencia a su avaricia, el uso egoísta que hacían de sus posesiones: su Mamon. Pero un uso egoísta era un uso injusto; y como tal recibiría una retribución más penosa que la recibida por el siervo infiel (parábola anterior).

Pero dejamos por el momento el análisis comparativo de la parábola para regresar a las palabras introductorias de Cristo. Después de haber mostrado que las pretensiones de los fariseos y su porte distante respecto a los pobres pecadores eran una abominación delante de Dios, Cristo combate la base de su comportamiento, o sea, que ellos fueran los custodios y observadores de la Ley y de los Profetas, en tanto que los pobres pecadores no tuvieran derecho alguno al Reino de Dios. Sí, pero la Ley y los Profetas habían tenido su *terminus ad quem* en Juan el Bautista, que «trajo las buenas nuevas del Reino de Dios». Desde entonces, «todos» tenían que entrar en él por la resolución personal y por la «fuerza» (comp. Mt. 11:12 y nuestras notas en este pasaje). Sí, era verdad que la Ley no podía fallar en una tilde (Lc. 16:16, 17). Pero era notorio en la vida de cada día que los fariseos que hablaban de esta manera de la Ley y apelaban a ella eran infractores de la misma de modo constante y patente. Podía darse testimonio aquí de su enseñanza y práctica concerniente al divorcio, que realmente implicaba una infracción del séptimo mandamiento (v. 18).

Así, cuando recordamos que como se ha dicho previamente aquí sólo tenemos «líneas directrices» o «puntos de apoyo» del argumento de Cristo –sacados de notas de un oyente en aquella ocasión, las cuales fueron entregadas luego a Lucas–, percibimos de modo claro lo íntimamente relacionadas que están estas frases, al parecer mal hilvanadas y discordantes, que son el prefacio de la parábola pero que de modo apto la introducen. La parábola en sí es estrictamente de los fariseos y sus relaciones con los «publicanos y pecadores» a quienes ellos despreciaban y a cuya mayordomía ellos oponían pensamientos de su propia posesión en propiedad. Con infinita sabiduría y profundidad la parábola nos habla en dos direcciones: con respecto a su uso egoísta de las riquezas literales –su avaricia– y con respecto a su uso egoísta de las riquezas figurativas: su justicia farisaica, que dejaba al pobre Lázaro –que estaba echado a su puerta– a los perros y al hambre, sin hacerle llegar nada de sus supuestos banquetes festivos y opulentos.

Por otra parte, será necesario en la interpretación de esta parábola tener en cuenta que los detalles de la misma no deben ser explotados, ni derivar de ella doctrinas de ninguna clase, sea con respecto al carácter del otro mundo, a la cuestión de la duración de los castigos futuros, o a la posible mejoría moral de aquellos que están en *Gehinnom.* Todas estas cosas son extrañas a la parábola, que solamente tiene por intención ser un tipo, o ejemplificación e ilustración, de lo que se quiere enseñar. Y si se necesita prueba, sería bastante sin duda el recordarnos que esta parábola va dirigida a los fariseos, a quienes Cristo es muy dudoso que hubiera querido comunicar detalles sobre el otro mundo, sobre los cuales era tan reticente en la enseñanza a sus propios discípulos. La parábola, de modo natural, cae en tres partes.

1. *El rico y Lázaro antes y después de su muerte* (vv. 16-22), o el contraste entre «ante los hombres» y «ante Dios»; el uso injusto de las riquezas –literal y figurativo–; y las relaciones del rico fariseo con el Lázaro publicano, ante los hombres y delante de Dios; el ser «exaltado ante los hombres» y la «abominación delante de Dios». Y la aplicación de la parábola es aquí más significativa, puesto que la limosna era tenida en gran estima entre los fariseos; y este fariseo típico puesto así delante de ellos como un espectáculo de ellos mismos era un pecador típico.

Púrpura y lino fino

La parábola empieza presentándonos a un «hombre rico», «vestido de púrpura y de lino fino, gozando cada día de fiestas espléndidas». Todo esto es característico. Su vestido es de lo más delicado y costoso; la púrpura y el lino fino eran telas costosísimas, solamente inferiores a la seda, que si era auténtica –se citan tres clases de ella en los escritos judíos– valía su peso en oro. El lino fino y la púrpura eran manufacturados en Palestina, pero el mejor lino venía de la India y Egipto. Los vestidos blancos que llevaba el Sumo Sacerdote en el Día de la Expiación eran de lino fino (Yoma iii. 6, 7). Se decía que el vestido costaba unas 36£; el de la noche, 24£. Naturalmente, el lino local, hecho en Galilea o Judea, sería más barato. La púrpura se obtenía de las costas de Tiro (Shabb. 26 *a*), y la lana teñida de púrpura era vendida a unas tres libras (de coste) por libra de peso romana, lo cual era un precio muy elevado.

En conformidad con su lujo –por desgracia no raro entre los judíos encumbrados, puesto que el Talmud (probablemente exagerando) habla del vestido de un Sumo Sacerdote que costó 300£– había los banquetes diarios, cuya descripción sugiere la idea de tener *compañía, fiesta* y *esplendor*. Todo esto, naturalmente, tiene por objeto hacer resaltar el uso egoísta que este rico hacía de su riqueza, y señalar el contraste de su comportamiento respecto a Lázaro. Aquí también cada detalle sirve para señalar lo lamentable del caso, tal como tenía que aparecer delante del rico. El mismo nombre –que no es mencionado con frecuencia, y sólo en esta parábola– lo dice: *Lazarus, Laazar,* una abreviación común de *Elazar*, como si fuera «¡Dios le ayude!». Luego leemos que estaba echado a su puerta («era echado», en el original), como para indicar que los que lo llevaban lo

«El lino fino y la púrpura eran manufacturados en Palestina, pero el mejor lino venía de la India y Egipto. Los vestidos blancos que llevaba el Sumo Sacerdote en el Día de la Expiación eran de lino fino (Yoma iii. 6, 7). Se decía que el vestido costaba unas 36£; el de la noche, 24£. Naturalmente, el lino local, hecho en Galilea o Judea, sería más barato. La púrpura se obtenía de las costas de Tiro (Shabb. 26 a), y la lana teñida de púrpura era vendida a unas tres libras (de coste) por libra de peso romana, lo cual era un precio muy elevado».

Este retrato masculino sobre tela, fechado tres siglos d.C., nos evoca al «hombre rico» de la narración de Jesús. Se trata de una imagen de uso funerario y proviene de la romana Antínoe. Las modas romanas calaban entre la clase alta judía a pesar de las prohibiciones religiosas de la Palestina de Jesús.

dejaban allí como echando una carga inútil. Puesto allí, y a plena vista del fariseo cuando entraba y salía o se sentaba en el patio. Y al mirarlo, le veía cubierto de llagas asquerosas; y al escucharlo oía sus tristes lamentos pidiendo recibir algo de la mesa del rico. Pero no recibía nada que aliviara su miseria corporal y, como indica la palabra «deseando» (ἐπιθυμῶν), su ansia de «migajas» quedaba insatisfecha. Tan egoísta era el uso que hacía el rico de su riqueza, tan desgraciado Lázaro a su vista; tan satisfecho de sí mismo e inmisericorde el fariseo, tan desgraciado, a su vista, y tan necesitado el publicano y pecador. «Aun los perros venían y le lamían las llagas»; porque esto no ha de entenderse como un alivio, sino como un agravamiento de sus males, que los perros se le allegaran y le tocaran, porque en la Escritura son representados siempre como animales inmundos.

Así eran las cosas delante de los hombres. Pero ¿qué pasaba delante de Dios? Allí la relación era invertida. El mendigo murió, no más mendigó aquí. Pero los ángeles «le llevaron al seno de Abraham». Dejando a un lado por el momento la enseñanza judía respecto al «después de la muerte», nos quedamos asombrados de la sublime simplicidad del lenguaje usado por Cristo, al compararlo con las fantasías sensuales y disparatadas de la enseñanza tardía rabínica sobre el tema. Es verdad, realmente, que no hemos de buscar en el lenguaje de la parábola la enseñanza de Cristo sobre el tema de después de la muerte. Por otra parte, en tanto que Él no diría nada que fuera esencialmente divergente de las ideas más puras sobre este tema en aquel tiempo –ya que de otro modo el objeto de la ilustración en forma de parábola se habría perdido–, con todo, dijera lo que dijera, cuando se eliminan los detalles de la parábola debe estar en consonancia con los hechos. Así, el que los ángeles lleven el alma de los justos está ciertamente de acuerdo con la enseñanza judía, aunque despojada de todos los detalles legendarios, tales como el número y salutaciones de los ángeles.[16] Pero está también plenamente de acuerdo con el pensamiento cristiano sobre el ministerio de los ángeles. Además, por lo que se refiere a la expresión «seno de Abraham», ocurre, aunque no con frecuencia, en los escritos judíos (4 Mac. 13:16; Kidd. 72 *b*, 1ª línea). Por otra parte, la apelación a Abraham como nuestro padre es tan frecuente que su presencia y méritos son invocados de una manera constante; con énfasis, es designado expresamente como el que recibe (מקבל) al penitente en el Paraíso (Erub. 19 *a*); para que podamos ver lo congruente que es especialmente con la enseñanza judía superior, tiene que haber sido la frase «seno de Abraham» que trata no en descripciones sensoriales del *Gan Eden*, o Paraíso. Ni ha de ser necesario el reivindicar el acuerdo con la enseñanza cristiana de una expresión figurativa, que nos asemeja a niños reclinados amorosamente en el seno de Abraham como nuestro padre espiritual.

Ideas judías sobre el Hades

2. *El rico y Lázaro, los dos después de la muerte* (Lc. 16:23-26). El «gran contraste» realizado plenamente, y cómo entrar en el Reino. Aquí también el interés principal se centra en Dives, o sea, el rico. Él también ha muerto y ha sido sepultado. Así termina el encumbramiento entre los hombres. La escena siguiente tiene lugar en el *Hades* o *Seol*, el lugar de los espíritus desencarnados antes del Juicio final. Consiste en dos divisiones: la una de consolación, con todos los fieles reunidos junto a Abraham como su padre; la otra en tormento de fuego. Hasta aquí está todo en consonancia con la enseñanza general del N.T. Por lo que se refiere a los detalles, evidentemente representan las ideas corrientes en aquel tiempo entre los judíos. Según ellos, el jardín del Edén y el Árbol de la Vida eran las habitaciones de los bienaventurados (Jer. Targ. sobre Gn. 3:24). Es más, en la creencia común, las palabras de Génesis 2:10: «un río salía del Edén para el huerto», indicaban que este Edén era distinto y superior al jardín en que había sido colocado Adán originalmente (Ber. 34 *b*). Con referencia a esto, leemos que los justos en *Gan Eden* ven a los malvados en *Gehinnom*, y se regocijan (Vayyik. R. 32, comienzo); de modo similar, los malvados de *Gehinnom* ven a los justos sentados beatificados en el *Gan Eden*, y sus almas son turbadas (*u.s.*, p. 48 *b*, líneas 8 y 9 desde arriba). Todavía es más marcado el paralelismo en una leyenda (Midr. sobre Ec. 1:15, ed. Vars., p. 81 *a*, hacia la mitad) sobre dos compañeros malvados, uno de los cuales murió impenitente, mientras que el otro, al verlo, se arrepintió. Después de la muerte el impenitente en Gehinnom vio la felicidad de su antiguo compañero y murmuró. Cuando se le dijo que la diferencia de destino era debida a la penitencia del otro, deseó tener oportunidad asignada para ello; pero se le informó que esta vida (la víspera del sábado) era el tiempo de hacer provisión para el día siguiente (el sábado). Además, está en consonancia con lo que eran las ideas de los judíos que pudieran sostenerse conversaciones entre las personas muertas, de las cuales hay varios ejemplos legendarios en el Talmud (Ber. 18 *b*). El tormento, especialmente la sed, de los malvados se menciona repetidamente en los escritos judíos. Así, en un lugar (Jer. Chag. 77 *d*) se repite la fábula de *Tántalo*. El justo se ve junto a fuentes deleitosas, y los malvados con la lengua seca a la orilla de un río, cuyas aguas retroceden constantemente de él (comp. también Jer. Sanh. 23 *c*, sobre la mitad). Pero ¡hay un contraste muy marcado y característico, que en la leyenda judaica el beatificado es un fariseo, en tanto que el atormentado por la sed es un publicano! Por encima de todo y como marcando la vasta diferencia entre las ideas judaicas y la enseñanza de Cristo, notamos que no hay analogía en los escritos rabínicos a la afirmación en la parábola de que hay un abismo o sima amplia e infranqueable entre el Paraíso y la Gehena.

Volvamos a la parábola. Cuando leemos que el rico en los tormentos «levantó sus ojos» fue sin duda pidiendo ayuda, o por lo menos alivio. Entonces percibió y reconoció la relación invertida. El texto repite enfáticamente aquí: «y él» –literalmente, éste (καὶ αὐτος), como si ahora por primera vez se diera cuenta, aunque sólo para entenderlo y aplicarlo mal, lo fácil que era para la superabundancia prestar alivio a la necesidad extrema–, «dando voces (es decir, invocando), dijo: "Padre Abraham, ten compasión de mí, y envía a Lázaro"». La invocación de Abraham como en posesión del poder, y de Abraham como «Padre» era natural por parte de un judío. Y nuestro Señor no expresa aquí lo que era realmente, sino que sólo introduce a judíos que hablan en conformidad con las nociones populares. En consecuencia, no se implica de modo alguno que por parte del rico haya ni la glorificación del linaje carnal (*gloriatio carnis*, como dice Bengel) ni una idea latente de que podía disponer todavía de Lázaro. Un judío habría apelado al «Padre Abraham» bajo semejantes circunstancias, y se podrían citar muchas afirmaciones análogas como prueba. Pero es más significativo que el rico contemplara ahora en el seno de Abraham –de quien él había afirmado de modo especial que era hijo–, con sus propios ojos, al pobre Lázaro,

16. Kethub. 104 *a*; Bemid. R. 11, ed. Vars., p. 42 *a*; Targ. sobre Cantares 4:12.

antes cubierto de llagas morales y religiosamente hablando echado fuera a su puerta, no sólo no admitido para participar en su banquete religioso, sino ni aun alimentado por las migajas que caían de su mesa, y que era dejado a los perros. Y el colmo del contraste era que él, ahora, tenía que invocar su ayuda a través de la mediación de Abraham, y aun esto era en vano. Y aquí recordamos también la parábola previa sobre hacerse amigos por medio de las riquezas injustas, antes que fallen, para que puedan recibirnos en las moradas eternas.

Hay que recordar que el rico ahora se limita en su petición a lo mínimo, pidiendo sólo que Lázaro sea enviado para mojar la punta de su dedo en agua y así proporcionarle un pequeño alivio. A esto Abraham replica, aunque en tono de compasión: «Hijo», si bien decidido; y le muestra primero la justicia de la situación presente de las cosas; y segundo, la imposibilidad de hacer alteración alguna, tal como él le había pedido. El rico, en su vida, había recibido sus buenas cosas; éstas habían sido *sus* cosas, las que había escogido como su parte, y las había usado para sí, sin dejar participar a otros. Y Lázaro había recibido cosas malas. Ahora Lázaro era consolado y él, Dives, estaba en el tormento. Era el orden recto; no que Lázaro fuera consolado porque en este mundo había sufrido, ni que el rico estuviera en tormento porque en este mundo había poseído riquezas. Sino que Lázaro recibía allí el consuelo que se le había rehusado en la tierra, y el hombre que había hecho de este mundo su bien y obtenido allí su porción, de la cual había rehusado aun las migajas a los más necesitados, ahora recibía la justa recompensa por su falta de compasión, de amor y su vida egoísta. Pero después de todo esto, que era en sí justo y propio, el rico había pedido algo que era imposible: no podía haber ningún intercambio entre el Paraíso y la Gehena, y por esto (el original es: a fin de que haya una gran sima) hay una gran sima entre los dos, de modo que si ellos quieren pasar del cielo al infierno o del infierno al cielo, no pueden. Y aunque no se pueden sacar declaraciones doctrinales de estas ilustraciones en forma de parábolas, quisiéramos sugerir que, por lo menos hasta el punto a que llega esta parábola, parece quedar excluida la esperanza de un cambio gradual o transición después de una vida perdida en el servicio del pecado y del yo.

3. *Aplicación de la parábola* (Lc. 16:27-31), mostrando que la Ley y los Profetas no pueden fallar, y que nosotros hemos de avanzar ahora en el Reino. Parece una concepción extraña y errónea por parte de algunos comentaristas decir que la próxima petición del rico indique el comienzo de un cambio de mentalidad por su parte. En primer lugar, esta parte de la parábola sólo tiene por objeto ilustrar la necesidad y el único medio de conversión a Dios: la apelación a la Ley y los Profetas, según palabras de Abraham, precisamente aquello de que se jactaban los fariseos; y el rechazar la intervención de algún medio milagroso: el que alguno vaya a los hermanos, de entre los muertos, es más enfático precisamente porque los fariseos habían venido pidiendo una «señal del cielo». Además, ¡se requeriría más que la caridad corriente para descubrir un cambio moral en el deseo de que los hermanos no ya se conviertan, sino que no tengan que ir a aquel lugar de tormento!

Desechada, pues, esta idea, vemos ahora al rico que pide que Lázaro pueda ser enviado a sus hermanos, que según colegimos se hallaban en la misma disposición y vida en que él había estado, para «testificarles»; y la palabra implica más que el testimonio corriente, aunque sea sincero. Es de suponer que aquello de que el rico quiere que Lázaro dé testimonio es del tormento; y el efecto deseado no del testimonio, sino de la misión de Lázaro (v. 30), a quien se supone que han conocido, era el que estos hermanos no vayan a parar al mismo lugar. Al propio tiempo, la petición parece implicar un intento de autojustificación, como si durante su vida él no hubiera tenido suficiente advertencia. En consecuencia, la respuesta de Abraham ya no viene velada en un tono de compasión, sino que implica una severa reprensión al rico. Ellos no tienen necesidad de que les den testimonio: tienen a Moisés y a los Profetas, que los oigan. Si se necesita testimonio, ya han dado ellos el suyo, y es suficiente; una respuesta que tendría especial atractivo para los fariseos. Y cuando Dives ahora –quizá tanto por justificación propia como pensando en el mensaje a sus hermanos– insiste que aunque no hayan aceptado este testimonio, «si va a ellos alguno de entre los muertos» se arrepentirán, el final, y, ¡ay!, la respuesta final y verdadera, como ha mostrado por desgracia la historia desde la Resurrección de Cristo, es que «si no oyen a Moisés y a los Profetas, tampoco se persuadirán aunque alguno se levante de los muertos».[17]

Y aquí termina abruptamente la parábola y la advertencia a los fariseos. Cuando volvemos a oír la voz del Maestro (cap. 17) es en amorosa aplicación a los discípulos de algunas de las lecciones que estaban implicadas en lo que había dicho a los fariseos.

17. (Ni su intelecto será influido para creer, ni su voluntad para arrepentirse).

Capítulo 19

(Lucas 18:1-14; Mateo 18:23-35)

Las tres últimas parábolas de la serie de Perea

Si buscáramos confirmación a la sugerencia de que estas tres últimas parábolas y las dos precedentes están agrupadas bajo algún punto de vista común, tal como el de la justicia, la proporcionaría el carácter y posición de las parábolas que ahora vamos a examinar. Porque en tanto que la parábola del juez injusto, evidentemente, está en estrecha relación con las que preceden –especialmente a la del que persiste en su petición de pan (Lc. 11:5ss.)–, ésta, al revés de la otra, no se refiere a la necesidad presente del hombre, sino a la Segunda Venida de Cristo. La oración, la perseverancia, la demora y la respuesta final del que habla, están todas ellas relacionadas con esta venida (comp. Lc. 18:7, 8). En realidad, sigue a lo que se había dicho sobre este tema inmediatamente antes, primero entre los fariseos y Cristo (17:20, 21), y luego entre Cristo y los discípulos (vv. 22-37).

De nuevo hemos de recordar que entre la parábola del *rico y Lázaro* y la del *juez injusto* ha pasado no sólo bastante tiempo, sino también acaecido sucesos de fenomenal importancia. Éstos fueron: la visita de Jesús a Betania, la resurrección de Lázaro, el concilio de Jerusalén contra Cristo, la huida a Efraín (Jn. 11), una breve estancia y predicación allí, y el comienzo de su último viaje a Jerusalén (Lc. 17:11). Durante este último y lento viaje desde los confines de Galilea hacia Jerusalén, suponemos que fueron pronunciados los discursos (Lc. 17) y la parábola sobre la venida del Hijo del Hombre. Y aunque estas declaraciones será mejor considerarlas en conexión con los discursos últimos y más completos de Cristo sobre «las postrimerías», fácilmente percibimos, aun en este estadio, que cuando Él afirmó su rostro para ir hacia Jerusalén para ser sacrificado, los pensamientos y las palabras referentes al «fin» pueden haber entrado en toda su enseñanza, y así han dado ocasión a las preguntas de los fariseos y los discípulos y a las respuestas de Cristo, tanto en discursos como en parábolas.

La equivocación más común y plausible, aunque la más seria, con referencia a la parábola del juez injusto, es considerar que implique que, tal como la pobre viuda insistía en su petición y se le hizo justicia debido a su insistencia, del mismo modo los discípulos deben persistir en la oración y van a ser oídos a causa de su persistencia. Pero esta interpretación es totalmente falsa. Cuando tratamos de la parábola del siervo o mayordomo injusto, insistimos en descartar toda clase de ideas meramente mecánicas sobre la oración, como si Dios nos escuchara por nuestras muchas repeticiones. Este error tiene que ser evitado aquí cuidadosamente. La inferencia a sacar de la parábola no es que la iglesia va a ser vindicada últimamente porque persevera en la oración, sino que persevera porque Dios con toda seguridad va a enderezar su causa; no es que la insistencia en la oración sea la causa de su respuesta, sino que la certeza de obtener lo que se pide debe impulsar a la continuidad en la oración, incluso cuando alrededor todo parezca excluir la esperanza de que hay respuesta.

Ésta es la lección que hay que aprender de una comparación del juez injusto con el Dios santo y justo en sus tratos con los suyos. Si la viuda persevera, sabiendo que aunque no haya ninguna otra consideración, humana o divina, que pueda influir en el juez injusto, con todo, su insistencia va a asegurarle la obtención de su objetivo, mucho más deberíamos nosotros «no desmayar», sino continuar en oración, que estamos apelando a Dios, el cual tiene a su pueblo y la causa de ellos en su corazón aun cuando Él se demore, recordando también que incluso esto es por amor a los que oran. Y esto se expresa plenamente en las palabras introductorias. «Les dijo también otra parábola sobre[1] la necesidad que tenían de orar siempre y no desmayar».

Los comentarios que acabamos de hacer van a eliminar lo que de otro modo podría parecer una nueva dificultad seria. Si se pregunta en qué forma la conducta del juez injusto podría servir como ilustración de lo que puede esperarse de Dios, contestaremos que la lección en la parábola no está en la semejanza, sino en el contraste entre el juez injusto humano y el Juez justo divino. «Oíd lo que dijo el juez injusto. ¿Y acaso Dios no hará justicia a sus escogidos que claman a él día y noche?». En realidad, este tipo de argumentación es, quizá, el más común en las parábolas judías, y ocurre en casi cada página de los comentarios rabínicos antiguos. Se llama el *Qal vaChomer,* «ligero y fuerte», y responde a nuestro razonamiento *a fortiori* o *de minore ad majus* (de lo menor a lo mayor).[2] Según los rabinos, hay *diez* casos en el mismo Antiguo Testamento[3] (Ber. R. 92, ed. Vars., p. 164 *b,* hacia la mitad). Generalmente este razonamiento va introducido por las palabras *Qal vaChomer;* con frecuencia tiene un prefacio: *Al achath Kammah veKammah* («si uno tanto, el otro cuanto», esto es, «cuánto más»). Así, se dice que «si un rey de carne y sangre» hizo esto y aquello, ¿no va el Rey de reyes, etc.?; o si el pecador recibió esto y aquello, ¿no va el justo, etc.? En la parábola presente el razonamiento sería: «Si el juez injusto dice que vindicaría, ¿no va el Juez de toda justicia a hacer juicio en favor de sus elegidos? De hecho, tenemos un paralelo rabínico exacto al pensamiento subyacente en esta parábola y la lección derivada de ella. Cuando, describiendo la forma en que, por la predicación de Jonás, Nínive se arrepintió y clamó a Dios, la respuesta de Dios al clamor persistente e intenso del pueblo se explica así: «El atrevido vence incluso a un malvado (para que éste le conceda su petición); ¡cuánto más Aquél que es el sumo bien del mundo!» (Pesquita, ed. Buber, p. 161 *a,* líneas 3 y 2 desde la base).

El juez injusto

1. La parábola empieza presentando como un principio general la necesidad y deber de los discípulos de orar siempre –el significado preciso es definido por lo opuesto, o la cláusula limitada: «no desmayar» es no «cansarse»[4]. La palabra «siempre» no debe ser entendida con relación al tiempo, como si quisiera decir continuamente, sino en todo tiempo, en el sentido de bajo todas circunstancias, por adversas que parezcan, cuando puede parecer que no va a

---

1. Incluso esto muestra que su intención es marcar una diferencia esencial entre esta parábola y las precedentes.

2. Algunas veces es aplicado en la dirección opuesta, de mayor a menor.

3. Estos diez pasajes son: Génesis 44:8; Éxodo 6:9, 12; Números 12:14; Deuteronomio 31:27; dos casos en Jeremías 12:5; 1 Samuel 23:3; Proverbios 11:31; Ester 9:12 y Ezequiel 15:5.

4. El verbo es usado en el mismo sentido siempre que ocurre en el Nuevo Testamento, a saber: Lucas 18:1; 2 Corintios 4:1, 16; Gálatas 6:9; Efesios 3:13; y 2 Tesalonicenses 3:13. Es, pues, peculiar a Lucas y a Pablo.

venir una respuesta y, por tanto, nos hallamos en peligro de «desmayar», cansarnos. Esta regla se aplica aquí de modo primario al «cansancio», que puede llevar al cese de la oración por la Venida del Señor, o a la expectación de la misma durante el largo período en que parece que se demora su retorno; es más, como si a medida que se avanza haya menos probabilidad de ello. Pero puede también aplicarse a todas las circunstancias semejantes, en que la oración parece que tarda mucho en ser contestada y amenaza imponérsenos el cansancio en orar. Así, se dice, incluso en los escritos judaicos, que un hombre nunca debería cesar o desanimarse de orar, y la ilustración por medio del *Qal vaChomer* es el caso de Moisés, que sabía que había sido decretado que no entraría en la tierra de promisión, y sin embargo siguió orando sobre ello (Siphré, ed. Friedm., p. 50 *b*, línea 7 desde arriba).

La parábola nos presenta a un juez en una ciudad, y a una viuda. Excepto cuando un caso era sometido voluntariamente a arbitraje más bien que a juicio, o se buscaba el consejo judicial de un entendido, *un* hombre no podía haber formado un tribunal judío. Además, este modo de hablar y de actuar es incompatible con el caso supuesto antes. Por tanto, tiene que haber sido uno de los jueces, o autoridades municipales nombradas por Herodes o los romanos, quizá un juez, pero no un juez *judío*. Posiblemente puede haber sido un magistrado policía, o uno que tenía alguna función de esta clase delegada. Sabemos que, al menos en Jerusalén, había dos magistrados estipendiarios (*Dayyaney Gezeroth*, Kethub. 104 *b*), cuyo deber era hacer que se cumplieran todas las regulaciones policíacas y la prevención del crimen. Al revés de los jueces regulares que sólo asistían al tribunal en ciertos y días y horas (Shabb. 10 *a*) y no eran pagados, estos magistrados, por así decirlo, siempre estaban de servicio y, por tanto, no podían dedicarse a ninguna otra ocupación. Era probable, por esta razón, que fueran pagados del Tesoro del Templo (Jer. Sheq. 48 *a*), y recibieran un salario tan importante como 225£, o si fuera necesario incluso más (Keth. 105 *a*; Jer. Keth. xiii. 1). A causa de esto, quizá también a causa de sus exacciones injustas, el humor judío los designaba, con un juego de palabras, como *Dayyaney Gezeloth* –jueces ladrones–, en lugar de su nombre real *Dayyaney Gezeroth* –jueces de prohibiciones, o bien de castigos. Es posible que hubiera magistrados judíos de este tipo en otras partes también. Josefo habla de magistraturas locales (*Ant.* iv.8.14). En todo caso, había en cada localidad oficiales de policía que vigilaban sobre el orden y el cumplimiento de la ley. El Talmud habla en tono despectivo de estos «jueces de pueblo» (*Dayyaney deMegista*), en oposición a los tribunales de las ciudades (*Bey Davar*), y los acusa de ignorancia, arbitrariedad y codicia, que por un plato de carne tergiversarían la justicia (Bab. K. 114 *a*). Se mencionan ejemplos frecuentes de grandes injusticias y sobornos en Palestina con respecto a los jueces no judíos.

Es a un juez de esta clase que se refiere la parábola, un juez que de modo consciente, patente y admitido (Lc. 18:4) prescindía del motivo más alto, el temor de Dios, y ni aun era restringido por la consideración inferior del respeto a la opinión pública. Es un caso extremo que se presenta para ilustrar la improbabilidad de que juzgara con justicia. Por la misma razón, a la que busca justicia de sus manos se la describe como una viuda pobre, sin protección. Pero hemos de recordar también, al interpretar esta parábola, que la iglesia a la cual representa es también viuda en ausencia de su Señor. Esta viuda «venía» al juez injusto (se usa el tiempo imperfecto en el original, indicando que había ido a ver al juez en repetidas ocasiones) con la petición urgente de ser reivindicada de su adversario, esto es, que el juez hiciera la encuesta legal y luego decidiera, estableciendo su derecho contra aquél de cuyas manos ella estaba sufriendo injusticia. Por razones suyas propias, él no quería hacerlo; y esto continuó durante un tiempo. Por fin, no ya por principios elevados, ni tampoco por consideración a la opinión pública –una y otra él mismo admitía que no contaban para nada en su opinión–, dio satisfacción a sus deseos, pues según dice el texto: «Sin embargo (ver Lc. 11:8), porque esta viuda me es molesta, le haré justicia, no sea que viniendo de continuo me agote la paciencia». (El original sugiere la idea de violencia física sobre el juez: «Me muela, me ataque personalmente debido a su estado de exasperación). Luego sigue la gran inferencia de ello: si el juez injusto habla de este modo, ¿no hará justicia –Dios– el Juez justo, a sus escogidos (mediante su venida a juicio, y con ello rectificando las injusticias hechas a su iglesia), «que claman a Él día y noche, por más que ahora tenga paciencia, por causa de ellos»; es decir, demore su intervención final de juicio y misericordia, y esto, no como el juez injusto, sino por amor a ellos, a fin de que el número de los elegidos pueda ser recogido, y ellos estén plenamente preparados?

Hay que admitir que la traducción de esta última cláusula es difícil, pero nuestra interpretación de ella parece confirmada por la aplicación final de esta parábola (Lc. 18:8). Tomando el versículo previo con ella, tenemos este doble paralelismo: «Pero Dios ¿no va a vindicar (a hacer justicia) a sus elegidos?» (v. 7). «Os digo que él les hará justicia pronto». (No rápidamente, sino pronto). Éste sería el primer paralelismo; el segundo es: «Aunque Él está esperando con paciencia (demora su intervención) en cuanto a ellos (o a causa de ellos) mismos» (v. 7); a lo cual se añade la segunda cláusula del versículo 8 que corresponde, ofreciendo la explicación y la vindicación: «Pero cuando venga el Hijo del Hombre, ¿hallará fe en la tierra?». Ésta es una pregunta muy triste, tal como la hace Él, que es el Cristo: después de esta demora paciente, ¿hallará fe en la tierra?; creencia intelectual por parte de una clase, y por parte de la iglesia, la fe del corazón que confía, anhela y ora, debido a que espera y ansía su venida; todo ello no perturbado por la incredulidad prevaleciente alrededor, sino más bien avivado por ello a una oración más intensa. ¿La encontrará Cristo? ¡Que la historia de la iglesia, mejor aún, que el corazón de cada hombre dé la respuesta!

El fariseo pagado de sí mismo y el publicano

2. *La parábola del fariseo y el publicano*, que sigue (Lc. 18:9-14), está conectada internamente con la del «juez injusto». No es sobre injusticia, sino sobre justicia propia, esto es, tanto en el sentido positivo como negativo; confianza en el estado de uno mismo, y desprecio para los otros. Asimismo, tiene también esta relación con la parábola anterior: que en tanto que el juez injusto señalaba a la persistencia, perseverancia en la oración, ésta lo hace a la humildad en ella.

La cláusula introductoria muestra que no tiene, en cuanto al tiempo, relación alguna con la que precede, aunque el intervalo entre las dos, naturalmente, puede haber sido muy corto. Probablemente tuvo lugar algo que no es consignado, que daría ocasión a esta parábola, la cual, si no directamente dirigida a los fariseos, lo es a todos los que tienen el espíritu farisaico. Nos presenta a dos hombres que suben al Templo –sea a «la hora de la oración» o a otra hora, esto no se indica. Recordando que –exceptuando los Salmos del día y del intervalo para cierta oración prescrita–, el servicio en el Templo era enteramente sacrificial, estamos agradecidos por estas oportunidades que se nos ofrecen, que muestran que a la hora del servicio público –y más aún en otras ocasiones– el Templo era un lugar de oración privada (comp. Lc. 2:27, 37; Hch. 2:46; 5:12, 42). En la ocasión presente los dos hombres, que pasaron la puerta del Templo juntos, representan los dos extremos religiosos de la sociedad judía. A la entrada del Templo, pero no más lejos, el fariseo y el publicano van juntos. Dentro del sagrado recinto, ante Dios, empezó su separación, precisamente allí donde no debería existir. «El fariseo se puso él mismo aparte,[5] y oraba de esta manera: Dios, te doy gracias porque no soy como los demás hombres, ladrones, injustos, adúlteros, ni tampoco como este publicano (allí)». Quizá nunca se hayan pronunciado palabras de acción de gracias con menos agradecimiento que éstas. Porque el agradecimiento implica el reconocimiento de un don; es decir, el reconocer que nosotros no teníamos lo que hemos recibido, o sea, un sentido de nuestra necesidad personal, o humildad. Pero el mismo primer acto de este fariseo había sido apartarse del resto de los que adoraban, y especialmente de este publicano, a quien, como muestran las palabras, él había notado y despreciaba. Su acción de gracias se refería no a lo que había recibido, sino a los pecados de los otros por los cuales ellos estaban separados de él, y a sus propios actos meritorios por los cuales él estaba separado de ellos. Así que sus palabras expresaban lo que indicaba su actitud; y las dos eran expresión no de agradecimiento, sino de engreimiento y jactancia. Su actitud y porte en la fiesta y en los lugares públicos eran los mismos; lo mismo su desprecio y condenación de «los demás hombres», especialmente «los publicanos»; y lo mismo aquello que implicaba su designación: «fariseos», «separados». Los «demás hombres» podían ser, o bien los gentiles, o, más probablemente, el pueblo común sin letras, el *Am haArets*, a quienes él acusaba de todo pecado posible, o por lo menos lo sospechaba según su principio fundamental: «El hombre sin letras no puede ser piadoso». Y, en su sentido de la palabra, tenía razón –y en esto consistía la condenación de su justicia. Y aunque sea más penoso, recordando la sinceridad y celo de estos hombres, hay que añadir que cuando leemos la liturgia de la Sinagoga encontramos una y otra vez este tipo de acción de gracias: que ellos «no son como el resto de los hombres».[6]

Pero esto no era todo. Después de despreciar a los demás hombres, el fariseo empezaba a mirarse a sí mismo. Aquí los escritos talmúdicos ofrecen penosos paralelismos. Están llenos de referencias a los méritos del justo, a «los méritos y justicia de los padres», o bien de Israel al aceptar a su cargo la Ley. Y por amor a estos méritos y a esta justicia, Israel, como nación, espera aceptación, perdón y beneficios temporales en general,[7] porque todos los beneficios *espirituales* que Israel posee ya como nación, y los que son piadosos en Israel poseen individualmente, no tienen necesidad de recibirlos del cielo, puesto que ellos mismos pueden obtenerlos y los obtienen por sí mismos. Y aquí el fariseo, en la parábola, de modo significativo abandona incluso la forma de acción de gracias. Los méritos religiosos que enumera son los que marcan al fariseo entre los fariseos: «Ayuno dos veces a la semana, doy diezmos de todo lo que gano». El primero de estos dos era con miras a la observación de la costumbre de algunos «más justos que los demás», que, como se ha explicado previamente, ayunaban el segundo y el quinto día de la semana (lunes y jueves, Taan. 12 *a*). Pero quizá no deberíamos olvidar que éstos eran también los días regulares de mercado, cuando la gente de los pueblos acudía a la ciudad y había servicios especiales en la Sinagoga, y se reunía el Sanedrín local, de modo que estos santos en Israel, al mismo tiempo, atraerían y recibirían especial noticia de sus ayunos. En cuanto a la jactancia de que daba diezmos de todo lo que adquiría –no meramente de su tierra, frutos, etc.–, ya se ha explicado (ver Libro 3, cap. II) que ésta era una de las características distintivas de la «secta de los fariseos». Su práctica a este respecto puede resumirse en las palabras de la Mishnah (Dem. ii. 2): «Diezma todo lo que come, lo que vende, lo que compra, y no es huésped en casa de una persona ignorante (*Am haArets*, de modo que no participa de nada que no haya sido sometido al diezmo)».

Aunque puede que no sea necesario, un par de citas todavía nos ayudarán a mostrar el modo exacto en que el cuadro de este fariseo era una reproducción de la vida real. Así, se registra la siguiente oración de un rabino: «Te doy gracias, Señor, Dios mío, porque has puesto mi parte con los que se sientan en la Academia, y no con los que se sientan en las esquinas (cambistas y comerciantes). Porque me levanto temprano, y ellos se levantan temprano; yo me levanto temprano a las palabras de la Ley, y ellos a sus cosas vanas. Yo trabajo, y ellos trabajan. Yo corro, y ellos corren; yo corro a la vida del mundo venidero, y ellos a la fosa de destrucción» (Ber. 28 *b*). Incluso es un acto de acción de gracias más paralelo el que un rabino pone en boca de Israel: «Señor del mundo, no me juzgues como los que viven en grandes ciudades (como Roma); entre los cuales hay robo, e inmundicia, y vanidad, y perjurio» (Erub. 21 *b*, líneas 12 y 11 desde la base). Finalmente, por lo que se refiere al espíritu jactancioso del Rabinismo, recordamos dichos tan lamentables como los del rabino Simeón ben Jochai, a los cuales ya se ha hecho referencia (Libro 3, cap. XVIII, hacia el final), especialmente éste: que si hubiera sólo dos hombres justos en el mundo, ¡serían él y su hijo; y si sólo hubiera uno, sería él! (Ber. R. 35, ed. Vars., p. 64 *b*, final).

El segundo cuadro o escena en la parábola pone delante de nosotros el estado inverso en cuanto a los sentimientos del fariseo, sólo que hemos de tener presente que así como el fariseo no es acusado por el hecho de dar gracias de este modo, ni por sus buenas obras reales o imaginarias, del mismo modo la oración del publicano no es contestada por el hecho de que fuera un pecador. De modo que el que la oración de uno y del otro sean rechazadas o aceptadas es por el hecho de que sea *oración* o no lo sea. El fariseo se queda con lo que había reclamado para sí mismo, tenga el valor que tenga; y el publicano recibe la justificación que pide; los dos tienen lo que desean delante de Dios. Si el

---

5. Para la reivindicación filológica de esta traducción, ver Goebel, *Parabeln* (1, p. 327). Los argumentos en favor suyo son éstos: 1) Corresponde a la descripción de la posición del publicano, que se hallaba también aparte, «a bastante distancia». 2) Por otra parte, la mención de que el fariseo «estaba de pie» parece innecesaria por completo. No *podía* estar sentado. 3) La traducción «oraba consigo mismo» no es correcta. Las palabras significan «*a* sí mismo», y en este sentido no significarían nada. Pero incluso si traducimos «consigo mismo» en el sentido de oración silenciosa, la introducción de un comentario como el que oraba en silencio sería innecesario y sin objeto. Pero lo que decide la cuestión es el paralelismo con el informe sobre la posición del publicano.

6. A este espíritu pertenecen alabanzas como las siguientes en la oración matutina ordinaria: «Bendito seas Tú, Señor, Dios nuestro, Rey del mundo, que no me has hecho un extranjero (un gentil)… un siervo… una mujer».

7. El mérito o *Zekhuth*. Sobre este tema hemos de remitir al lector, por ser demasiado largo para citas, al informe detallado de obras como las de Weber, *System d. altsynag. Theol.*, pp. 280ss. Realmente, no hay límite a exageraciones semejantes. El mundo mismo ha sido creado debido a los méritos de Israel, y es sostenido por ello, e incluso todas las demás naciones sólo continúan por razón de ellos (Shem. R. 15, 28; Bemid. R. 2). Un informe realmente extraordinario lo da Bemid. R. 20 de los cuatro méritos por causa de los cuales Israel fue liberado de Egipto: no cambiaron sus nombres; ni su lenguaje; ni revelaron sus secretos; ni eran disolutos.

fariseo «se puso aparte, solo», a distancia de los demás, lo mismo el publicano: «a distancia» del fariseo –o sea, muy hacia atrás, como correspondía a uno que se tenía como indigno de mezclarse con el pueblo de Dios. En consecuencia: «No quería ni siquiera alzar los ojos al cielo», como hacen generalmente los hombres en la oración, «sino que se golpeaba el pecho», como hacen aún los judíos en el Día de la Expiación diciendo: «Dios, sé propicio a mí el pecador». El artículo definido es utilizado para indicar que él se sentía como si fuera el único pecador. No sólo, como ha manifestado muy bien Bengel, «no piensa en nadie más» (*de nemine alio homine cogitat*), en tanto que el fariseo había pensado en todos los demás, sino que como no se había situado delante sino detrás de todos los demás, así también, en contraste con el fariseo que consideraba a todos los demás, con excepción a él mismo, como un pecador, el publicano consideraba a los demás justos comparados con él «el pecador». Y en tanto que el fariseo no sentía ninguna necesidad y no hacía petición alguna, el publicano sólo sentía necesidad y pronunciaba únicamente una petición. El uno apelaba para sí a la justicia, el otro apelaba a la de Dios pidiendo misericordia.

Es imposible imaginar un contraste más completo. Y una vez más, en la diferencia entre el fariseo y el publicano, vemos la que hay entre lo aparente y lo real, entre lo que ve el hombre y lo que ve Dios; y una vez más, también, es presentada la lección que Cristo había señalado con tanta frecuencia, no sólo con referencia a los sentimientos que tenían los fariseos, sino también a las alegres nuevas de perdón para los perdidos: «Os digo que éste descendió a su casa justificado más bien que aquél». En otras palabras, la sentencia de justificación ante Dios con la que el publicano se volvió a su casa fue, con mucho, superior a la sentencia de justificación que el fariseo pronunció sobre sí mismo y con la cual regresó a su casa. Estas palabras proyectan también luz sobre comparaciones como las del «hermano mayor justo» y el hijo pródigo perdonado, o los noventa y nueve que «no necesitaban arrepentimiento», y el perdido que ha sido hallado, o con expresiones como: «A menos que vuestra justicia sea mayor que la justicia de los escribas y fariseos, en modo alguno entraréis en el Reino de los cielos» (Mt. 5:20). Y así, la parábola termina con el principio general tan anunciado: «Porque cualquiera que se enaltece será humillado; y el que se humilla será enaltecido». Y con esta enseñanza general de la parábola está plenamente de acuerdo la instrucción de Cristo a los discípulos respecto a la recepción de los niños pequeños, que sigue de inmediato (Lc. 18:15-17).

El siervo sin misericordia

3. La parábola con que termina la serie, la del *siervo inmisericorde*, o de los dos deudores (Mt. 18:23-35), puede ser tratada más brevemente, puesto que las circunstancias que llevan a ella ya han sido explicadas en el capítulo III de este Libro. Estamos ahora llegando al punto en que la narración exclusiva de Lucas vuelve a unirse a la de los otros evangelistas. Esta parábola fue narrada antes del viaje *final* de Cristo a Jerusalén, y esto se ve en el Evangelio de Mateo (Mt. 19:1). Por otra parte, cuando comparamos lo que sigue en el Evangelio de Lucas a la parábola del fariseo y el publicano (Lc. 18:15-17) con las circunstancias en que es introducida la parábola de los dos deudores, no podemos por menos que percibir la conexión interna entre los relatos de los dos evangelistas, confirmando la conclusión a que hemos llegado, por otras razones, de que la parábola del siervo inmisericorde pertenece a la serie de Perea, y la termina.

Su conexión con la parábola del fariseo y el publicano está en que esta justificación propia farisaica y su desprecio a los demás puede llevar fácilmente a la falta de perdón y de misericordia, que es totalmente incompatible con el sentido de nuestra propia necesidad de misericordia divina y perdón. Y así, en el Evangelio de Mateo esta parábola sigue a la exhibición de justificación propia, espíritu exento de misericordia que considera el número de veces que debe perdonar, olvidando la propia necesidad de perdón absoluto e ilimitado de las manos de Dios (Mt. 18:15-22) –un espíritu, además de desabrimiento, que mira con desprecio a los «pequeños» de Cristo, olvidándose de su propia necesidad quizá de cortarse la mano derecha o el pie para poder entrar en el Reino de los Cielos (Mt. 18:1-14).

Al estudiar esta parábola, una vez más hemos de recordar el criterio general de la necesidad de distinguir entre lo que es *esencial* en una parábola, como refiriéndose directamente a sus lecciones, y lo que es introducido meramente por causa de la misma parábola para dar base a su enseñanza principal. En el caso presente, ningún intérprete sobrio consideraría como esencial la orden del rey de vender como esclavo al primer deudor, junto con su esposa e hijos. Es simplemente un rasgo histórico que introduce lo que en circunstancias análogas puede haber ocurrido en la vida real, a fin de señalar la lección de que el merecimiento estricto de un hombre ante Dios es ruina y pérdida definitivas, sin esperanza y eternas. De modo semejante, cuando se nos dice que la promesa del deudor es: «Ten paciencia conmigo, y te lo pagaré todo», sólo puede ser para completar de modo natural la primera parte de la historia de la parábola y para preparar la segunda, en que el consiervo pide paciencia al otro siervo para que espere a cobrar el dinero que le debe. Finalmente, de la misma manera, la cancelación por parte del Rey del perdón original al gran deudor sólo puede tener por objeto destacar la incompatibilidad total de una crueldad como la cometida por el deudor hacia un hermano, cuando a él se le había perdonado su gran deuda.

Así que, dejando separado lo esencial de la parábola de lo accidental, tenemos tres escenas distintas, o partes, en esta historia. En la *primera*, los nuevos sentimientos que tenemos hacia nuestros hermanos se muestra que proceden de nuestra nueva relación hacia Dios, como origen apropiado de todo nuestro pensar, hablar y obrar. En especial, con referencia al perdón, hemos de recordar el Reino de Dios: «Por lo cual, el Reino de los cielos es semejante» –«por tanto»: a fin de que con ello podamos aprender el deber del perdón absoluto, ilimitado– no al de «siete», sino al de «setenta veces siete». Y ahora esta semejanza del Reino de los cielos es presentada en la parábola de «un hombre, un rey» (como los rabinos habrían expresado: «un rey de carne y sangre»), que quiso «ajustar cuentas» (συναιρειν) «con sus siervos» –ciertamente no sus esclavos, sino probablemente los gobernadores de las provincias, o los que estaban a cargo de los impuestos y las finanzas. Pero después de haber empezado a ajustar cuentas» –no tiene que ser al principio– «le fue presentado uno que le debía diez mil talentos». Considerándolo sólo talentos áticos (1 talento = 60 minas = 6.000 dinares), esto equivaldría a la enorme suma de dos millones y un cuarto de libras esterlinas. No es de extrañar que uno que durante su administración hubiera sido culpable de este despilfarro, o negligencia culpable, tuviera que serle «llevado a él», implicando que se resistiría a presentarse ante el rey. La parábola implica además que él admitía la deuda; y por ello, en el curso del procedimiento judicial ordinario –según la Ley de Moisés (Éx. 22:3; Lv. 25:39, 47) y el código universal de la antigüedad–, se ordenó que este «siervo», con su familia y toda su propiedad, fuera vendido, y que el producto pasara al tesoro.

Naturalmente, no se sugiere que el «pago» hecho de esta forma satisficiera la deuda. Esto mismo, si fuera necesario, confirmaría la idea expresada con anterioridad, de que este rasgo no pertenece a los puntos esenciales de la parábola, sino a los detalles de la narración. Así, lo mismo la promesa que hace el «siervo» aterrorizado, echándose a los pies del rey, como apoyo a su súplica de paciencia: «Te lo pagaré todo». En realidad, el relato no hace caso de esto, sino que, por otro lado, añade: «Pero el señor de aquel siervo, movido a compasión, le soltó (le eximió del decreto de esclavitud, que virtualmente se aplicó con la sentencia), y le perdonó la deuda». (En el original en posición enfática: «y la deuda, se la perdono»). Es imposible hacer una representación más exacta de nuestra relación con Dios. Somos deudores a nuestro Padre celestial que nos ha confiado la administración de lo que es suyo y que nosotros hemos esquilmado o usado mal, incurriendo en una deuda inmensa que nunca podemos pagar, y que, en el curso de la justicia, acabará en esclavitud; miseria y ruina extremas siguiendo el curso natural. Pero si en humilde arrepentimiento nos postramos a sus pies, Él está dispuesto en su compasión infinita no sólo a dejar sin efecto el castigo merecido, sino –¡oh bienaventurada revelación del Evangelio!– a perdonarnos la deuda.

Es en esta nueva relación con Dios que hemos de poner el fundamento y la regla de nuestra nueva relación hacia nuestros consiervos. Y esto nos lleva a la *segunda* parte o escena de esta parábola. Aquí el siervo que acaba de ser perdonado encuentra a un consiervo suyo que le debe 100 denarios, unas 4£ y 10 chelines. Nótese ahora el agudo contraste con que se destaca esto en la parábola. En el primer caso, el siervo tuvo que ser llevado a pasar *cuentas* ante el *rey;* aquí es un *consiervo,* y lo *encuentra;* en el primer caso debía talentos, en el segundo denarios (una fracción de uno a seis mil); en el primer caso, diez mil talentos, en el segundo, cien denarios. De nuevo, en el primer caso solamente se exige el pago, en el segundo el hombre agarra al deudor por el cuello –una crueldad no rara entre los acreedores romanos– y dice: «Págame lo que me debes». Y finalmente, las palabras del segundo deudor son casi las mismas[8] que las del primer deudor –aunque no idénticas–; pero no se le muestra misericordia, sino que es «echado» (con violencia) a la cárcel hasta que pagase la deuda.[9]

No hay necesidad de mostrar lo inconsecuente y culpable de esta conducta. Pero esto corresponde a la *tercera* parte o escena de la parábola. Aquí, de nuevo por amor a hacerlo gráfico, los otros siervos se dice que se entristecieron sobremanera, sin duda por la suerte de su consiervo en la cárcel, especialmente dadas las circunstancias del caso. Luego acudieron a su señor y «le refirieron claramente» lo que había pasado, ante lo cual el siervo inmisericorde es emplazado ante el rey y se le califica de «siervo malvado» no sólo por no haber seguido el ejemplo de su señor, sino porque después de haber recibido un favor tan inmenso como la

«Probablemente tuvo lugar algo que no es consignado, que daría ocasión a esta parábola, la cual, si no directamente dirigida a los fariseos, lo es a todos los que tienen el espíritu farisaico. Nos presenta a dos hombres que suben al Templo –sea a 'la hora de la oración' o a otra hora, esto no se indica. Recordando que –exceptuando los Salmos del día y del intervalo para cierta oración prescrita–, el servicio en el Templo era enteramente sacrificial, estamos agradecidos por estas oportunidades que se nos ofrecen, que muestran que a la hora del servicio público –y más aún en otras ocasiones– el Templo era un lugar de oración privada (comp. Lc. 2:27, 37; Hch. 2:46; 5:12, 42). En la ocasión presente los dos hombres, que pasaron la puerta del Templo juntos, representan los dos extremos religiosos de la sociedad judía. A la entrada del Templo, pero no más lejos, el fariseo y el publicano van juntos».

La separación entre el fariseo y el publicano se produce justo cuando no debía producirse: al entrar en el templo. Los dos hombres que describe Jesús hubieran podido cruzar juntos por esta escalera que conduce al patio del templo. La piedra que impide el paso ha permanecido durante siglos en el mismo lugar donde cayó desde lo alto de la muralla cuando los soldados de Tito iniciaron la destrucción de la ciudad.

---

8. El original omite aquí el «todo», siendo la omisión significativa. El siervo que prometió pagarlo «todo» prometió más de lo que podía pagar; en tanto que el otro que prometió lo que era razonable y podía hacerlo, *no* dijo «todo».

9. La ley rabínica era mucho más clemente que esta aparente cruel administración de la misma (por los romanos o herodianos). Decía que cuando una persona debía cierta cantidad o propiedad al Santuario, sus bienes podían ser embargados, pero había que deducir o dejar a la persona, o dárselo, lo que fuera necesario para su sostenimiento, según acordaran acreedor y deudor. Si un acreedor embargaba los bienes de su deudor, tenía la obligación de dejar al deudor, si había sido rico, un sofá (para reclinarse a la mesa) y un reclinatorio y cojines; si el deudor había sido pobre, un sofá y reclinatorio con una estera de enea (Bab. Mez. 113 *a* y *b*). Además, había que devolverle determinadas herramientas para que pudiera usarlas, y ni el alguacil ni el acreedor podían entrar en la casa para hacer el embargo. (Con respecto a los votos para el embargo, ver Arach. 23 *b*, 24 *a*).

entera remisión de su deuda ante sus súplicas, ha rehusado remitir la deuda del consiervo, una pequeña suma, o incluso darle un nuevo plazo de demora, lo cual demostraba que carecía de toda misericordia y estaba lleno de maldad positiva. Y las palabras van seguidas de la manifestación de la ira justa del rey. Lo que él ha hecho al otro, ahora se le hará a él; y ésta es la aplicación final de la parábola (Mt. 18:35). Es entregado a los «verdugos» no en el sentido de que le atormentarán (lo cual no sería justo), sino a los que se hacían cargo de los criminales que lo merecían; es decir, a los que le retendrán en la cárcel más estricta hasta que pague su deuda, lo cual, dadas las circunstancias, es para siempre. Y aquí hemos de hacer notar otra vez, sin sacar inferencias dogmáticas de ninguna clase, el lenguaje de la parábola que parece basarse en estas dos consideraciones: que el sufrimiento no expía la culpa ni en sí enmienda al culpable; y que como el pecado ha incurrido en una deuda que nunca puede pagar, el destierro, o más bien la pérdida y desgracia causada por el mismo, será interminable.

Nos detenemos para notar lo cerca que el Rabinismo ha llegado de esta parábola y, con todo, lo lejos que se halla de su sublime enseñanza. Al principio recordamos que el perdón ilimitado –o realmente más del límite extremo de tres veces– no era la doctrina del Rabinismo. Sin embargo, enseñaba lo gratuita y generosamente que Dios perdonaría a Israel, e introduce una parábola similar de un deudor que apela a su acreedor y recibe misericordia plena y gratuita (p.ej., Shem. R. 31), y también saca de ello la moraleja de que el hombre debería igualmente mostrar misericordia; pero no es la misericordia del corazón, sino el perdón de deudas de dinero a los pobres (*u.s.*), o de varias heridas o lesiones (Bemid. R. 19, ed. Vars., p. 77 *b*), y la misericordia de la benevolencia y beneficencia a los desgraciados (comp. Shem R. 31). Pero aunque el Rabinismo a veces habla con hermosas palabras sobre el tema, la concepción de perdón del Evangelio, y la de misericordia, sólo podía venir de la bienaventurada experiencia del perdón infinitamente superior, y de la misericordia incomparablemente mayor que el pecador perdonado ha recibido en Cristo de nuestro Padre celestial.

Pero para todos nosotros hay una profunda solemnidad en la advertencia contra la falta de misericordia; y esto, incluso si recordamos que el caso que se refiere aquí es el de la mala voluntad para perdonar de corazón a un hermano ofensor que en realidad lo pide. Con todo, si no el pecado al menos la tentación al mismo, es muy real en todos nosotros; quizá, más bien, de modo inconsciente que consciente. Porque ¿con qué frecuencia nuestro perdón del corazón, así como en el corazón, es reducido por limitaciones y lleno de condiciones?; y ¿no es la misma esencia del sectarismo condenar sin misericordia a aquél que no está a la altura de nuestras exigencias, ¡ay!, y que no llega a ellas hasta que ha pagado el último centavo de la deuda?

Capítulo 20

(Lucas 13:23-30, 31-35; 14:1-11, 25-35; 17:1-10)

Los discursos de Cristo en Perea

Dejando las parábolas, veamos los discursos del Señor que pertenecen a este período de su ministerio. El tiempo y espacio dedicados a considerarlos pueden ser tanto más breves cuanto que en todas partes de los mismos hallamos puntos de correspondencia con las porciones últimas de su enseñanza que acabamos de considerar.

1. Así, el *primero* de estos discursos, del cual tenemos un esquema (Lc. 13:23-30), nos recuerda algunos pasajes del Sermón del Monte (v. 24; comp. Mt. 7:13, 14; vv. 25-27; comp. Mt. 8:21-23), así como lo que nuestro Señor había dicho con ocasión de la curación del siervo del centurión (vv. 28, 29; comp. Mt. 8:11, 12). Pero para tomar el primero de estos paralelismos, las diferencias son sólo más marcadas por la semejanza de la forma. Éstas prueban, de modo indudable, no sólo la independencia de los dos evangelistas –Mateo y Lucas– en sus relatos, sino, junto con una unidad subyacente más profunda de pensamiento en la enseñanza de Cristo, su aplicación diferente a distintas circunstancias y personas. Notemos esto en el discurso esquematizado por Lucas, y con ello conseguiremos una nueva confirmación evidencial de lo dignos de confianza que son los relatos evangélicos.

Las palabras del Señor, según vemos en Lucas (13:23 y ss.), no son pronunciadas como en «el Sermón del Monte» en relación con su enseñanza a sus discípulos, sino en respuesta a una pregunta que le dirige alguien –probablemente un representante de los fariseos (ver también v. 31)–: «Señor, ¿son pocos los que se salvan?». Visto en relación con la enseñanza de Cristo que precede de modo inmediato sobre el Reino de Dios, en su extensión amplia y profunda como el gran árbol de mostaza de una semilla minúscula y con la levadura escondida que saturó tres medidas de harina, apenas podemos dudar de que la palabra «salvan» hacía referencia no al estado eterno del alma, sino a la admisión en los beneficios del Reino de Dios –el Reino mesiánico, con sus privilegios y juicios tal como lo entendían los fariseos. La pregunta de si son «pocos» los que se salvan, los fariseos no podrían haberla hecho si la entendemos en el sentido de la salvación personal; en tanto que si se toma en el sentido de tener parte en el Reino mesiánico que se esperaba, tiene su paralelo claro en la afirmación rabínica de que, por lo que se refiere a los días del Mesías (su reinado), sería similar a lo que había ocurrido a la entrada en la tierra de promisión, cuando sólo dos (Josué y Caleb) de toda una generación habían podido entrar y tener parte en él (Sanh. 111 *a*). Además, sólo cuando se entienden la pregunta de este fariseo y la respuesta de nuestro Señor como aplicadas al Reino del Mesías –aunque cada uno viendo «el Reino» desde su propio punto de vista– podemos entender las palabras de la respuesta de Cristo en sentido natural y franco, sin forzarlas o añadir una glosa dogmática, puesto que no habrían podido entenderlas los oyentes de Jesús en aquel tiempo.[1]

Vista la cosa de esta manera, podemos marcar diferencias características entre este discurso y los paralelos en el «Sermón del Monte», y comprender la razón de las mismas. Por lo que se refiere a la entrada en el reinado mesiánico, a este fariseo y a quienes él representa se les dice que este reinado no era suyo, como algo que viene de modo natural –su pregunta, con respecto al resto del mundo, era, simplemente, si serían muchos o pocos los que participarían en él–, sino algo para lo que todos han de «esforzarse[2] (agonizar) para entrar en él por la puerta angosta». Cuando recordamos que en el Sermón del Monte la llamada era sólo a «entrar», nos damos cuenta que ahora hemos llegado a un período en que el acceso a la «puerta angosta» ha sido obstruido por la enemistad de muchos, y cuando es necesaria la «violencia» para poder pasar, y «tomar el Reino» «por la fuerza» (Mt. 11:12). Este abrirse paso personalmente por entre la multitud que se opone, a fin de entrar a través de la puerta angosta, era en oposición a los muchos –los fariseos y judíos en general– que estaban procurando entrar a su manera sin poner nunca en duda el éxito, pero que iban a descubrir su terrible equivocación. Luego, «después de que el padre de familia se haya levantado» para recibir a sus invitados al banquete y haya cerrado la puerta, en tanto que ellos quedándose fuera en vano van a suplicar que se les admita, y él replica: «No sé de dónde sois», ellos empezarían a recordarle los privilegios del pacto, en los cuales, como Israel según la carne, ellos habían confiado («hemos comido y bebido, y en nuestras plazas enseñaste»). A esto Él contestaría con una repetición de sus palabras anteriores, que ahora se ve que implican un repudio de todos los meros privilegios posteriores, como si éstos constituyeran un derecho para entrar en el Reino, basando igualmente su repudio y su negativa a abrir en la contrariedad interna de ellos al Rey y a su reinado: «Apartaos de mí todos vosotros, hacedores de maldad». Era un banquete a los amigos del Rey: la inauguración de su reinado. Cuando ellos hallaron la puerta cerrada, indudablemente llamarían con la expectativa confiada de que sus reclamaciones serían atendidas y, luego, admitidas. Y cuando el Señor de la casa no les reconoció según ellos esperaban, y ellos le recordaron su conexión externa, Él únicamente repitió las mismas palabras de antes, puesto que no era la relación externa la que calificaba a los invitados, sino la interna, y su relación con Él no era de amistad, sino de antagonismo. Su sorpresa, pena y angustia serían terribles cuando verían a sus propios patriarcas («nosotros hemos comido y bebido en tu presencia») y a sus propios profetas («tú has enseñado en nuestras calles») dentro, y sin embargo ellos quedaban excluidos de lo que era peculiarmente suyo, en tanto que de todas partes del mundo gentil llegarían invitados a la gozosa fiesta a la que se les daba la bienvenida. Y aquí, de modo preeminente, sería cierto el dicho, en oposición a las reclamaciones y justificación propia de los fariseos: «Hay últimos que serán primeros, y primeros que serán últimos» (comp. también Mt. 19:30; 20:16).

Como una característica diferencia ulterior entre el pasaje paralelo en el Sermón del Monte, notamos que allí la referencia no parece ser a ningún privilegio especial en

1. Así, el canón. Cook hace esta distinción: «Los que se dicen que buscan (esto es, desean y quieren), buscan y nada más. No se esfuerzan para ser admitidos». Pero ¿sería rehusada la entrada a uno que *buscara* en el sentido de desear o querer?

2. La palabra implica un combate verdadero para conseguir entrar por la puerta estrecha, no «una gran multitud… esforzándose para la admisión». El verbo lo encontramos, además, en estos pasajes: Juan 18:36; 1 Corintios 9:25; Colosenses 1:29; 4:12; 1 Timoteo 6:12; 2 Timoteo 4:7.

co-nexión con el Reino mesiánico, tal como esperaban los fariseos, sino admisión al Reino del Cielo en general (Mt. 7:21, 22). Con respecto a este último, también las pretensiones externas más altas serían igualmente inútiles; pero la expectativa de admisión estaba basada más en lo que se *hacía* que en la mera ciudadanía y sus privilegios. Y aquí merece notarse de modo especial que en el Evangelio de Lucas, en que la reclamación es la ciudadanía («el comer y beber en tu presencia, y el que hayas enseñado en nuestras calles»), se da la respuesta: «No sé de dónde sois»; en tanto que en el Sermón del Monte, en que se hace la reclamación de lo que ellos han hecho en su Nombre, se les dice: «Nunca os conocí». En ambos casos el repudio se aplica enfáticamente a la alegación que ellos han presentado. Con ésta se puede hacer otra diferencia, por más que sea leve. Tanto en el Sermón del Monte (Mt. 7:23) como en el Evangelio de Lucas (Lc. 13:27) se les manda que se aparten, designándoles como «hacedores de iniquidad». Pero en tanto que en el Evangelio de Mateo el término (ἀνομία) significa realmente «sin ley», el término usado en Lucas es (ἀδικία) «injusticia». Así, una clase es excluida a pesar de los hechos que alegan por su *verdadera contrariedad a la Ley de Dios,* en tanto que la otra a pesar de la alegación de privilegios y ciudadanía por su *injusticia* (Ro. cap. 2). Y aquí podemos notar también una última diferencia entre los dos evangelios: que en la predicción de la futura bienaventuranza de la que ellos quedarían excluidos, el Evangelio de Lucas que ha presentado la alegación de que Él ha «enseñado» en sus calles, añade como si fuera en respuesta, a los nombres de los patriarcas (Mt. 8:11) la mención «todos los profetas».

2. El siguiente discurso es consignado por Lucas (13:31-35) como el último. Fue ocasionado por la supuesta advertencia de «ciertos fariseos» a que se alejara de Perea, que con Galilea era el territorio de Herodes Antipas, pues el Tetrarca «quería matarle». Hemos mostrado previamente (Libro 3, cap. XXVIII) razones para suponer intrigas secretas entre el partido farisaico y Herodes, y atribuido el encarcelamiento final del Bautista, por lo menos en parte, a sus maquinaciones. Recordamos también que la conciencia del Tetrarca relacionaba a Cristo con el Precursor suyo asesinado y con razón, puesto que, al menos en cuanto los fariseos hurgaban en estos miedos y celos intensos de un príncipe sospechoso, la prisión de Juan fue debida tanto a su anuncio del Mesías como a la enemistad de Herodías. Sobre este terreno podemos entender fácilmente que Herodes hubiera deseado ver a Jesús (Lc. 9:9) no sólo para satisfacer su curiosidad, o en obediencia a impulsos supersticiosos, sino para convencerse él mismo de si Él era realmente lo que otros decían que era, y también para tenerlo bajo su poder. Probablemente, pues, el peligro del cual hablaban estos fariseos podía haber sido real de veras, y ellos tenían buenas razones para saberlo. Pero su sugerencia de que Jesús partiera, sólo podía venir de una estratagema de sacárselo de Perea, donde, evidentemente, sus obras de curación (Lc. 13:32) atraían e influían a gran número de personas.

Pero si nuestro Señor no había sido disuadido por los temores de sus discípulos de ir a Judea (Jn. 11:8), por la consideración de que cada uno tiene su jornada designada, a la luz de la cual estaba seguro y durante la breve duración de la misma tenía que «andar», mucho menos iba a retroceder delante de sus enemigos. Indicando sus intrigas secretas, les mandó, si les acomodaba, que volvieran a «aquel zorro» y dieran a su astucia rastrera y a todos los intentos semejantes de estorbar o detener su ministerio lo que había de ser una respuesta decisiva, puesto que desplegaba lo que Él veía claramente previsto en el futuro cercano. «¿Partir?». «Sí, "partir"; id, y decidle a este zorro que todavía tengo un período de tiempo breve designado hoy y mañana, y al tercer día –naturalmente, hay que tomar estas palabras en sentido figurado– termino mi obra. Sé que la meta de ello es la muerte, pero no en las manos de Herodes, sino en Jeru-salén, el matadero de aquellos que "enseñan en sus calles"».

Y así, recordando que este mensaje a Herodes lo daba en el mismo día –quizá en la misma hora en que Él había declarado lo falsamente que «los obreros de iniquidad» habían reclamado admisión al Reino a causa de que se «enseñara en sus calles», y que ellos serían excluidos de la compañía, no solamente de los padres, sino también de «todos los profetas», a quienes ellos llamaban suyos propios–, vemos el significado peculiar de esta referencia a Jerusalén como el lugar en que perecían todos los profetas.[3] Él, que en modo alguno se había hecho ilusiones, sino que sabía que tenía un período designado durante el cual haría su obra y al final del cual «perecería», y el lugar en que perecería, no podía ser estorbado por las intrigas de los fariseos ni por las ideas de lo que Herodes podía intentar –no hacer, ya que esto se hallaba en otras manos. Pero la idea de Jerusalén –de lo que era y lo que había sido, y lo que vendría de ella– puede muy bien haber sacado de los labios de Jesús, que había llorado sobre ella, un grito de angustia, amor y advertencia mezclados (vv. 34, 35). Es cierto que estas mismas palabras son citadas por Mateo (23:37-39) en otra circunstancia, sin duda más apropiada aún, pero aquí son citadas por Lucas porque expresan plenamente el pensamiento al cual Cristo dio ya aquí primero expresión bien clara. Pero unas palabras así, apenas podemos dudarlo, Él las dijo ahora también, cuando señalaba su próxima muerte en Jerusalén. (Estas palabras serán consideradas con el otro pasaje).

3. Sigue en el orden de los discursos registrados por Lucas (14:1-11) el que hace de prefacio a la parábola de «la gran cena», narrada en el capítulo XVI. Las ideas rabínicas sobre la ley del sábado ya han sido explicadas en detalle, y sólo precisará aquí un breve comentario. Al parecer, el Señor había condescendido en aceptar la invitación a una comida de sábado en casa de uno de «los principales de los fariseos», quizá de los principales de la Sinagoga, en la cual ellos acababan de adorar y donde Cristo puede haber enseñado. Sin discutir aquí los motivos para esta invitación, su aceptación fue aprovechada para «vigilarle». Y el hombre hidrópico, había sido introducido sin duda con propósitos alevosos, aunque no es necesario suponer que él mismo estuviera enterado de ello. Por otra parte, es característico de la bondad del Señor que, con pleno conocimiento de su propósito, se sentó con estos compañeros de mesa e hizo su obra de poder y amor sin ser estorbado por los malos pensamientos de ellos. Pero incluso así, ha de haber tenido en cuenta su maldad en todo momento. Sin embargo, notamos que primero envió al hombre curado de la hidropesía, antes de reprender a los sacerdotes (Lc. 14:4). Fue mejor así, por amor a los invitados, y para el mismo hidrópico curado, cuya mente quedaría renovada y llena de pensamientos benditos sobre el sábado, y todo ello habría sido echado a perder por una controversia.

---

3. Incluso la muerte de Juan el Bautista, como se ha indicado, es posible que fuera resultado de intrigas en Jerusalén.

Y después de su partida, el Señor les habló a ellos, como acostumbraba, sobre su aplicación falsa de la ley del sábado, a la cual realmente su propia práctica daba vida. Ellos consideraban ilegal «curar» en el día de sábado, aunque cuando leyó sus pensamientos y propósitos contra Él, ellos no contestaron su pregunta sobre el punto (vv. 3, 4). Y con todo, si «un hijo, o incluso un buey» de alguno de ellos hubiera «caído en un hoyo», ¿no encontrarían alguna razón válida para sacarlo? Entonces, referente a su fiesta del sábado, y su invitación a causa de ella, ellos querían arrastrarle a algún mal; verdaderamente, la hospitalidad de la que se jactaban, todo era característico de estos fariseos; sólo era un espectáculo exterior, sin que hubiera en ello amor real alguno; sólo engreimiento, orgullo y justificación propia, junto con desprecio para todos aquellos a los que consideraban religiosamente o intelectualmente inferiores a ellos, principalmente «los sencillos» y «pecadores», la gente de las calles de la ciudad, a quienes consideraban como «pobres, mancos, cojos y ciegos» (v. 21). Incluso entre ellos mismos había disensiones sobre «los primeros lugares», como quizá Cristo había presenciado en aquella ocasión (vv. 7-11), en medio de una profesión falsa de humildad, cuando tal vez el dueño de la casa, en típico estilo farisaico, había empezado a reordenar sus invitados conforme a su supuesta dignidad. Esto, a pesar de que aun los rabinos habían dado consejo en el mismo sentido que lo daba Cristo (v. 10); y esto es lo que sus palabras parecen recordarles.[4]

Pero además –dirigiéndose a los que con intenciones traidoras le habían invitado a Él a esta fiesta–, Cristo les mostró que el principio del Fariseísmo consistía en procurar por uno mismo, con una exclusión inevitable de todo amor verdadero. Remitiendo al lector, para la plena explicación de su significado (vv. 12-14), a un capítulo anterior (XIV), nos contentaremos aquí haciendo notar que este procurar por uno mismo y esta justificación propia aparecían incluso en lo que quizá era su mayor excusa para jactarse: la hospitalidad. Porque si en una expresión más antigua judía leemos las hermosas palabras «Que tu casa esté abierta hacia la calle, y deja que los pobres sean los hijos de tu casa» (Ab. i. 5), tenemos también este comentario posterior sobre ellos (Ab. de R. Nath. 7): que Job había tenido su casa abierta a los cuatro vientos del mundo para los pobres, y que cuando cayeron las calamidades sobre él se quejó de ello a Dios en base a sus méritos a este respecto, a lo cual se le respondió que en este asunto de méritos él se había quedado muy corto de los de Abraham. Hasta este punto se había vuelto introspectivo y egocéntrico el Rabinismo, y tan contrario era su resultado al espíritu de Cristo, el significado más íntimo de cuya obra, así como de sus palabras, era un olvido completo del yo y la entrega de uno mismo en amor.

4. En el cuarto discurso registrado por Lucas (14:25-35) pasamos del relato parentético de la comida en casa del «principal de los fariseos» otra vez al relato de la amenaza de Herodes insinuada por los fariseos, y la respuesta que Jesús les había dado (13:31-35). Y si se requiere prueba de la gran influencia ejercida por Jesús, que como hemos sugerido llevó al intento de los fariseos de inducir a Cristo a abandonar Perea, se hallará en la noticia inicial (v. 25), así como en el discurso que Él pronunció. Cristo partió verdaderamente de aquel lugar, aunque no todavía de Perea; pero con Él «fueron grandes multitudes». Y en vista de la adhesión profesada, era necesario, y ahora más enfáticamente que nunca, poner claro delante de todos lo que implicaba el discipulado, tanto en coste como en fuerza; los dos últimos puntos son ilustrados por parábolas breves (en el sentido amplio de la palabra). De modo sustancial, fue solamente lo que Cristo dijo a los doce cuando Él los envió a su primera misión (Mt. 10:37, 38). Sólo que ahora estaban moldeadas de forma más recia como correspondía a las circunstancias alternas, en la inminente proximidad de la condenación de Cristo, con todo lo que esto implicaría para sus seguidores.

Para empezar, hacemos notar que aquí no se nos dice lo que constituía al verdadero discípulo, sino lo que impediría a un hombre hacerse discípulo. De nuevo, ya no se trataba (como en la primera alocución a los doce) de que el que amaba a su pariente más próximo y querido más que a Cristo –y por ello se adhería al tal más que a Él– no era digno de Él; no que el que no tomara su cruz y le siguiera a Él no era digno de Cristo. Desde entonces la enemistad había madurado, y el discipulado había pasado a ser casi imposible sin una renuncia real de los parientes más cercanos y, más que esto, de la vida misma (Lc. 14:26). Naturalmente, el término «aborrecimiento» no implica odiar a los padres o parientes, o a la vida en el sentido ordinario. Pero indica esto que como la separación *externa*, consiguiente al antagonismo de los hombres a Cristo, estaba delante de ellos en el futuro próximo, igualmente, al presente, era absolutamente necesaria la separación interna, una renuncia de mente y corazón, preparatoria para la externa. Y esta llamada inmediata quedaba ilustrada de forma doble. Un hombre que estaba a punto de empezar a edificar una torre debía contar el coste de su empresa (vv. 28-30). No bastaba con que estuviera dispuesto a pagar los gastos de los cimientos; debía mirar el coste del conjunto. Así ellos, al hacerse sus discípulos, debían mirar no lo que implicaba al presente seguir a Cristo, sino recordar el coste del reconocimiento final de Cristo. Además, si un rey iba a la guerra, la prudencia común le llevaría a considerar si sus fuerzas eran capaces de hacer frente a la contienda que tenía delante; de otro modo sería mejor retirarse a tiempo, aun cuando implicara una humillación, de lo que, en vista de su debilidad, acabaría en una derrota lamentable (vv. 31, 32). Por ello, y con mayor razón, el que tenía intención de hacerse su discípulo debía hacer entrega completa interior de todo, contando cuidadosamente el coste y, a la vista de la prueba que se avecinaba, mirar si tenía fuerza interior suficiente –la fuerza de amar a Cristo– para vencer. Y así el discipulado, entonces, y hasta cierto punto en todos los tiempos, implica la necesidad de una entrega interior completa de todo por amor a Cristo, de modo que si viene el tiempo de prueba, o cuando venga, exteriormente, pueda estar preparado para vencer en la lucha (v. 33). El que lucha bien es el que primero ha luchado y se ha vencido a sí mismo.

O bien –y aquí Cristo usa de nuevo un proverbio judío lleno de jugo que, de modo tan apto, se aplica a sus discípulos–: «La sal es buena; mas si la sal se vuelve insípida, ¿con qué será salada?» (vv. 34, 35). Hemos preferido citarlo en su forma judía[5] para mostrar su origen popular (Bechor. 8 *b*, líneas 14, 13 desde la base). La sal en esta condición ni es apta para mejorar la tierra ni, por otra parte, se puede mezclar con el estiércol. El discípulo que ha perdido sus rasgos característicos, ni es de beneficio a la tierra ni aun es apto para el estercolero, y tiene que ser echado. Y así, ¡el que tenga oídos para oír, oiga la advertencia!

4. Casi hallamos los mismos dichos en Ab. de R. Natán 25, y Vayyik. R. 1.

5. En el Talmud: במאי מלחי לה (tiene mal olor, está echada a perder) מילתא כי סרי.

5. Hemos de considerar todavía los últimos discursos de Cristo antes de la resurrección de Lázaro (Lc. 17:1-10). Como van dirigidos a los discípulos (17:1), hemos de relacionarlos con el discurso que acabamos de comentar. De hecho, parte de estas admoniciones ya se han pronunciado en una ocasión previa y más plenamente a los discípulos en Galilea (vv. 1-4, comp. Mt. 18:6-35; v. 6, comp. Mt. 17:20). Sólo que hemos de recordar la diferencia en las circunstancias. Aquí preceden inmediatamente a la resurrección de Lázaro (Jn. 11) y forman el final del ministerio público de Cristo en Perea. Por lo que nos llegan como admoniciones de despedida de Cristo a sus seguidores de Perea.

Vistos de esta manera, tienen por objeto imprimir en la mente de sus nuevos discípulos estas cuatro cosas: tener cuidado en no ofender (Lc. 17:1, 2), ser cuidadoso en no ofenderse (vv. 3, 4), ser simple y sincero en la fe, y en absoluto confiar en su poder que prevalece sobre todo (v. 6); y con todo, cuando ellos lo hubieran experimentado, no debían estar contentos con ello, sino recordar su relación con el Maestro, que todo era en su servicio y que, después de haber hecho todo lo que se les había ordenado, eran siervos inútiles (vv. 7-10). Dicho en otras palabras, instaba a la santidad, amor, fe y servicio de la entrega personal y la humildad a sus discípulos.

La mayoría de estos puntos ya se han considerado al explicar las admoniciones similares de Cristo en Galilea (Libro 4, cap. III). Las cuatro partes de este discurso quedan interrumpidas por la petición de los discípulos que antes habían expresado su dificultad con respecto a estos requerimientos (Mt. 18:1-6). Fue con relación a esto que el Señor les habló para su consuelo del poder absoluto incluso de la fe más pequeña (Lc. 17:6), y del servicio y humildad de la fe (vv. 7-10). Esto último estaba velado en forma de parábola, bien calculado para impresionarles sobre los sentimientos que los mantendrían humildes. No eran nada más que siervos; y aunque hicieran el trabajo, el Maestro esperaba que le sirvieran a Él antes de sentarse para su propia comida y reposo. Con todo, habría comida y reposo al final. Sólo que no debía haber satisfacción propia, cansancio, ni impaciencia, sino que el Maestro y su servicio lo fuera todo en todos. No hay duda, si hubo una protesta enfática contra la idea fundamental del fariseísmo, con sus reclamaciones de mérito y recompensa, fue en la admonición final del ministerio público de Cristo en Perea: «Así también vosotros, cuando hayáis hecho todo lo que os ha sido ordenado, decid: Siervos inútiles somos, pues hemos hecho lo que debíamos hacer».

Y con estas palabras de despedida Cristo, del modo más efectivo y para siempre, se separó en corazón y en espíritu de la iglesia de la Sinagoga.

Capítulo 21
(Juan 11:1-54)

La muerte y la resurrección de Lázaro

Después de escuchar la enseñanza de Cristo, volvemos de nuevo a seguir su obra. Recordaremos que la visita a Betania divide en dos partes el período que va de la Fiesta de la Dedicación a la última semana pascual. Forma parte también del preludio y preparación de los terribles sucesos del final. Porque fue aquí que los miembros del Sanedrín, de modo formal, resolvieron matarle. Ahora sólo quedaba por decidir los planes para hacerlo, y llevarlos a cabo.

Éste es un aspecto de ello. Hay otro, más solemne aún. La resurrección de Lázaro marca el punto más alto (no de su manifestación, pero sí del ministerio de nuestro Señor); es la culminación en una historia en que todo es milagroso: la persona, la vida, las palabras y la obra. Por lo que se refiere a Él mismo, tenemos aquí la evidencia más plena tanto de su divinidad como de su humanidad; por lo que se refiere a los que lo presenciaron, la manifestación más alta de la fe y de la incredulidad. A esta altura, se cruzan los dos caminos. Y desde este punto elevado –no sólo por la resolución de los miembros del Sanedrín, sino por la resurrección de Lázaro– tenemos nuestra primera visión clara de la muerte y resurrección de Cristo, de la cual la resurrección de Lázaro era el preludio en tipo. Desde esta altura también tenemos una perspectiva de la reunión de la Iglesia en su tumba vacía, donde las preciosas palabras pronunciadas en la tumba de Lázaro recibieron su significado pleno: la muerte ya no será más. Pero sobre todo pensamos ahora en ellos como el milagro de los milagros en la historia de Cristo. Cristo había resucitado muertos antes de resucitar a éste; pero había sido en la remota Galilea y en circunstancias esencialmente diferentes. Ahora iba a tratarse de una persona tan bien conocida como Lázaro, en las mismas puertas de Jerusalén, a la vista de todos y en medio de un ambiente que no permitía error ni duda. Si este milagro es verdadero, nosotros instintivamente sentimos que todo es verdadero; y el gran Spinoza tenía razón cuando dijo[1] que si él pudiera creer en la resurrección de Lázaro haría trizas su sistema y aceptaría humildemente el credo de los cristianos.

Pero ¿es verdadero? Hemos llegado a un punto en esta historia en que una pregunta así, siempre en extremo penosa, puede parecer impropia. Porque, de forma gradual y con creciente claridad, hemos ido viendo lo veraz y digno de confianza de los relatos evangélicos; y a medida que los hemos seguido, esta convicción ha ido profundizándose en una seguridad gozosa de que Él, que habló, vivió y obró como nadie más lo ha hecho, es verdaderamente el Cristo de Dios. Y con todo nos hacemos aquí de nuevo esta pregunta, debido a lo absoluto e infinito de su importancia; porque éste podemos considerarlo como el momento más elevado y decisivo de esta historia; pues, en verdad, es a la fe histórica de la Iglesia lo que fue la gran confesión de Pedro para los discípulos. Y aunque una pregunta así pueda parecer una horrenda disonancia en nuestra melodía celestial, persistimos haciéndola, sintiendo que al obrar así no estamos discutiendo lo que es dudoso, sino más bien estableciendo la evidencia de lo que es cierto, para la confirmación de la fe de nuestros corazones y, humildemente confiamos, el establecimiento de la fe que está arraigada en Jesús.

Al comienzo, aunque sea brevemente, hemos de comentar la dificultad preliminar con referencia a los milagros, de los cuales el de Lázaro es, no diremos el mayor –no es posible la comparación en un punto así– pero sí el más notable. Sin duda, un milagro va en contra no sólo de nuestra experiencia, sino también de los hechos en que se funda nuestra experiencia; y sólo puede ser explicado por intervención directa divina, que también va en contra de nuestra experiencia, aunque no se puede decir lógicamente que vaya en contra de los hechos en que esta experiencia está fundada. Más allá de esto es imposible ir, puesto que el argumento fundado en una base distinta de la experiencia –sea en el sentido de lo observable (fenomenal, o sea, observación e información histórica), sea real (conocimiento de leyes y principios)– requeriría el conocimiento de todas las leyes de la Naturaleza, así como de todos los secretos de los cielos.

Por otra parte (como se indicó anteriormente), discutir este punto solamente en el terreno de la experiencia (fenomenal o real) no sólo sería un razonar *a priori*, sino un círculo vicioso. Implicaría realmente esto: una cosa no ha sido porque no puede ser; y no puede ser porque, hasta el punto que yo sé, no es y no ha sido. Pero el negar en un juicio previo, *a priori*, la posibilidad de los milagros, implica en último término una negación de un Dios que vive y que reina. Porque la existencia de un Dios implica por lo menos la posibilidad, y en ciertas circunstancias quizá la necesidad racional, de los milagros. Y la misma base de experiencia que nos habla en contra de la ocurrencia de un milagro, del mismo modo hablaría en contra de la creencia en un Dios. Tenemos tan poca base en la experiencia (de carácter físico) para lo uno como para lo otro. Esto no se dice para atajar la búsqueda o pregunta, sino por causa de nuestro argumento. Porque confiadamente afirmamos y retamos a experimentar que el abstenerse de creer en Dios, o Materialismo, implica infinitamente más dificultades, y en todo nivel y en consideración a todas las cosas, que la fe del cristiano.

Pero instintivamente sentimos que un milagro tal como la resurrección de Lázaro exige más que meras fórmulas lógicas. El corazón y la mente suspiran por cuestiones más elevadas que las de si algo es lógicamente posible o imposible. Queremos, por así decirlo, evidencia viva, y la tenemos. La tenemos primero en la persona del Dios encarnado, que no sólo vino a abolir la muerte, sino en cuya presencia era imposible la continuidad de la enfermedad y la muerte. Y la tenemos también en el relato del suceso mismo. Sería evidentemente un absurdo exigir que *demostráramos* un milagro, puesto que el hacerlo mostraría que no era tal milagro. Pero se nos pueden pedir racionalmente tres cosas: primera, mostrar que no hay otra explicación racionalmente posible que la que procede del terreno de ser un milagro; segunda, mostrar que un punto de vista así es consecuente consigo mismo y con los detalles del relato; y tercera, que es armonioso con lo que precede y sigue al relato. Los argumentos segundo y tercero van a ser el resultado del estudio posterior de la historia del suceso; el primero, que no hay otra explicación del relato posible racionalmente, vamos a intentarlo ahora brevemente.

Podemos descartar aquí –lo que ninguna persona familiarizada con investigaciones históricas aceptaría– la idea

1. Citado por Godet (*ad loc.*).

«Desde esta altura también tenemos una perspectiva de la reunión de la Iglesia en su tumba vacía, donde las preciosas palabras pronunciadas en la tumba de Lázaro recibieron su significado pleno: la muerte ya no será más. Pero sobre todo pensamos ahora en ellos como el milagro de los milagros en la historia de Cristo. Cristo había resucitado muertos antes de resucitar a éste; pero había sido en la remota Galilea y en circunstancias esencialmente diferentes».

Jesús muestra a todos que es un hombre, presa del dolor y capaz de experimentar afecto, compasión y repugnancia ante la muerte. Éste es un amuleto funerario judeo-crsitiano (s.IV) en lengua desconocida. (Museo de Montserrat)

de que un relato así es una invención absoluta, sin base alguna en los hechos. De nuevo podemos descartar, al menos como repugnante para el sentido común, la teoría de que el relato es compatible con la idea de que Lázaro no estaba muerto de veras (así los racionalistas). Ni nadie que tuviera la menor simpatía con el punto de vista moral de los Evangelios aceptaría la idea de M. Renan (en las primeras ediciones de su *Vie de Jésus*) de que todo ello era un «fraude piadoso» en que se habían confabulado todos los participantes, Lázaro mismo vestido como un cadáver, y puesto por la familia en la tumba. Poco menos irracional es la sugerencia posterior de Renan de que todo ello se debía a un malentendido: Marta y María habían comunicado a Jesús el deseo de algunos amigos de que Él hiciera algún milagro notable para convencer a los judíos, y le sugirieron que creerían si alguno resucitara de los muertos, a lo que Jesús contestó que los judíos no creerían ni aunque Lázaro resucitara de la tumba, y que ¡la tradición había transformado esta conversación en un suceso real! Ni tampoco el sentido común hallaría creíble que todo el relato sea una composición ideal para ilustrar lo que ha de ser considerado como una afirmación metafísica: «Yo soy la resurrección y la vida». Así que para nosotros, naturalmente, no es necesaria la refutación de estos modos de ver y otros similares.

Tampoco requieren discusión prolongada otras teorías que se han presentado. La explicación mítica de Strauss es que como en el Antiguo Testamento se han registrado varios casos de resurrección de muertos, la tradición cristiana necesitaba adscribir lo mismo al Mesías. A esto (sin repetir la refutación detallada hecha por Renan y Baur) basta replicar: la historia previa de Cristo ya había ofrecido casos semejantes, ¿por qué la necesidad de multiplicarlos? Además, si había sido «una leyenda», no habrían sido introducidos estos detalles plenos y precisos, y aunque el elemento humano no habría sido suprimido el milagroso habría sido acentuado en gran manera. Sólo hay otra teoría sobre el tema que valga la pena mencionar: que el escritor del cuarto Evangelio, o, mejor, la tradición primitiva, había transformado la parábola del rico y Lázaro en una resurrección real de Lázaro. Como respuesta basta decir: primero, que (como se ha mostrado previamente) no hay conexión entre el Lázaro de la parábola y el de Betania; segundo, que si hubiera sido una parábola transformada, los personajes elegidos no habrían sido personas reales, y que lo eran es evidente por la mención de la familia en circunstancias diferentes en los tres Evangelios sinópticos (Lc. 10:38; Mt. 26:6; Mr. 14:3), de lo cual el escritor del cuarto Evangelio tenía pleno conocimiento (Jn. 11:2). Finalmente, como dice Godet, en tanto que la *parábola* del rico y Lázaro termina declarando que los judíos no querrían creer aun si alguien se levantara de los muertos, la *narración* termina de esta manera: «Entonces muchos de los judíos que habían venido para acompañar a María, y vieron lo que hizo Jesús, creyeron en Él» (Jn. 11:45).

En vista de estas explicaciones, apelamos al lector imparcial, por si alguno explica racionalmente el origen y existencia de esta historia en la tradición apostólica. Por otra parte, todo es claro y congruente en la suposición de la veracidad histórica del relato: la minuciosidad de los detalles; lo vívido y pictórico del relato; la forma característica en que Tomás, Marta y María hablan y actúan, en conformidad con lo que leemos de ellos en los otros Evangelios o en otras partes de este Evangelio; el afecto humano de Cristo; la sublime simplicidad y majestad de la forma del milagro; y los efectos del mismo sobre amigo y enemigo. Hay ciertamente una dificultad (no objeción), y es que el suceso no es mencionado en los Evangelios sinópticos. Pero sabemos demasiado poco del plan sobre el cual los Evangelios, considerados como vidas de Cristo, fueron construidos, para que podamos sacar ninguna inferencia del silencio de los Sinópticos, en tanto que sabemos que el ministerio de Cristo en Judea y Jerusalén, excepto en cuanto era absolutamente necesario referirse al mismo, se halla fuera del plan de los Evangelios sinópticos y forma el tema especial del de Juan. Finalmente, deberíamos recordar que, en el estado del pensamiento de entonces, la introducción de otro relato sobre resurrección de muertos no podría haberles parecido de tanta importancia como nos parece al presente en nuestras controversias –más especialmente puesto que pronto fue seguido por otra resurrección, que en importancia y valor evidencial hizo una sombra total a un suceso como la resurrección de Lázaro. Sus lectores galileos tenían la historia de la resurrección de la viuda de Naín, y de la hija de Jairo en Capernaum; y el mundo romano no sólo tenía éstos, sino la predicación de la *resurrección*, y del perdón y vida en el nombre del Resucitado, junto con la demostración ocular del poder milagroso de los que lo predicaban. Quedaba para el discípulo amado, el único que estuvo presente bajo la Cruz, el encaramarse a la altura desde la cual tuvo una perspectiva plena e intensa sobre su muerte, y la vida que brotaba de ella e inundó al mundo.

Sin el estorbo de las objeciones preliminares, de las que ya hemos dado cuenta, entreguémonos a la sublimidad y solemnidad de este relato. Quizá cuanto más brevemente lo comentemos mejor.

Era mientras estaban en Perea que de súbito llegó al Maestro este mensaje procedente del bien recordado hogar de Betania, «la aldea de María» –la cual, aunque la más joven por razones evidentes, es citada primero en esta historia– «y su hermana Marta», con respecto a su hermano más joven, Lázaro: «¡Señor, mira, el que amas está enfermo!». Éstas son al parecer las mismas palabras que «las hermanas» dieron como recado al mensajero. Notamos como un hecho importante a recordar que Lázaro, que no había sido mencionado aún en el único relato preservado hasta nosotros de una visita previa de Cristo a Betania (Lc. 10:38ss.), es descrito como «aquél a quien Cristo amaba». ¡Qué sima de sucesos no contados ha de haber entre las dos visitas de Cristo a Betania; y qué modestia debería enseñarnos esto con respecto a sacar inferencias de la circunstancia de que determinados sucesos no estén registrados en los Evangelios! El mensajero fue despedido por Cristo con esta respuesta: «Esta enfermedad no es para muerte, sino para la gloria de Dios, para que el Hijo de Dios sea glorificado por medio de ella». Hemos de tener en mente que esta respuesta fue oída por todos los apóstoles que estaban presentes en esa escena.[2] Ellos, naturalmente, llegarían a la conclusión de que Lázaro no moriría, que su restauración glorificaría a Cristo, o bien por haberlo predicho u orado por ella, o por haberse efectuado por su voluntad. Con todo, su verdadero significado –incluso, como vemos ahora, su interpretación literal– era que las consecuencias finales no serían la muerte de Lázaro, sino que iban a ser para la gloria de Dios, a fin de que Cristo como Hijo de Dios pudiera ser manifestado. Y nos damos cuenta también de cuánto más plenas son las palabras de Cristo de lo que con frecuencia nos parecen; y que de modo verdadero, e incluso literal, pueden llevar un significado por completo distinto del que nos parece a nuestra sincera

---

2. Por el hecho de no citar a Pedro, y la prominencia de Tomás, parece al menos dudoso que estuvieran todos los apóstoles.

interpretación errónea de ellas: un significado que sólo va a desplegar el suceso en el futuro.

Y, es posible, en el mismo momento en que el mensajero recibía la respuesta y antes de que pudieran recibirla las dos hermanas, ¡Lázaro ya estaba muerto! Y –nótese bien este punto– esto no despertó dudas en la mente de las hermanas. Nos parece oír las mismas palabras que se dirían en aquel momento la una a la otra cuando cada una de ellas las repitió después al Señor: «Señor, si hubieses estado aquí, mi hermano no habría muerto». Probablemente pensaban que el mensaje habría llegado demasiado tarde a Jesús, que Lázaro habría vivido si ellas hubieran apelado a Cristo a tiempo, o que Él no había podido venir. En todo caso, si Él hubiera estado allí... Incluso en su gran angustia no había el menor fallo en la confianza, no había duda, no tenían que vigilar las palabras; sólo la confianza del amor. Sin embargo, durante todo el tiempo Cristo sabía que Lázaro había muerto, y aún permaneció dos días más donde estaba, terminando su obra. Y no obstante –y esto se hace constar significativamente antes que nada, tanto con respecto a su demora como a su conducta posterior–, Cristo «amaba a Marta, a su hermana, y a Lázaro». Si no hubiera ocurrido nada más después, o nosotros no lo supiéramos, o bien antes de haberlo sabido, podía haber parecido que no era así –y en circunstancias semejantes a menudo nos parece así. Y de nuevo, ¡qué calma majestuosa, qué moderación en los afectos humanos y qué conciencia del poder sublime hay en esta demora: es como cuando Cristo estaba durmiendo, en tanto que los discípulos estaban desesperados viendo que el agua entraba en la barca durante la borrasca! Cristo nunca tiene prisa; y menos que nunca en sus recados de amor. Y no tiene prisa porque siempre tiene seguridad en lo que hace.

Sólo al cabo de dos días rompió Cristo el silencio respecto a sus propósitos y a Lázaro. Aunque los discípulos tendrían a Lázaro presente en su mente, ninguno se atrevió a preguntarle nada, aunque no por sospechas ni por temor. También era debido a su fe y a su confianza. Al fin, cuando hubo terminado su obra en esa parte, empezó a hablar de partir, pero no ya precisamente a Betania, sino a Judea. Pues, en efecto, su obra en Betania era no sólo geográficamente, sino en realidad parte de su obra en Judea; y Él comunicó a sus discípulos el propósito, pues conocía sus temores y quería enseñarles no sólo para esta ocasión, sino para el futuro, cuál era el principio que debían aplicar ellos. Porque cuando en su cuidado y afecto ellos le recordaron: «Rabí» –y la expresión casi nos causa un sobresalto–, «los judíos procuraban hace poco apedrearte, ¿y otra vez vas allá?», Él replicó diciéndoles, en lenguaje figurado, que cada uno tiene su jornada de trabajo asignada por Dios, y que en tanto que dura, ningún enemigo puede acortar o interrumpir nuestra obra. El día tiene 12 horas, y durante ellas ningún contratiempo puede ocurrir al que anda de día (no tropieza, porque ve la luz de este mundo). Era distinto cuando el día había pasado y uno andaba de noche. Cuando el día que nos ha dado nuestro Dios se ha puesto –y con él ha sido retirada la luz que hasta ahora nos había impedido tropezar–, entonces, si un hombre seguía en su propio camino y a su propio tiempo, algo podía sucederle; «porque» figurativamente en cuanto a la luz en la noche, y en la realidad en cuanto a la guía y dirección del camino, «la luz no está en él».

Pero esto era sólo parte de lo que Jesús dijo a sus discípulos en preparación para un viaje que resultaría en consecuencias tan tremendas. Luego habló de Lázaro, su «amigo», diciendo que «dormía» –en el sentido figurativo judío (y lo mismo cristiano)–, y que iba allí para despertarle del sueño. Los discípulos, naturalmente, relacionarían esta mención de que iba a Lázaro con su propósito de visitar Judea y, en su afán de evitar lo último, insistieron en que no había necesidad de ir a ver a Lázaro si dormía, porque el sueño, según las ideas judías, era uno de los seis (o cinco según otros) síntomas o crisis en la recuperación de una enfermedad peligrosa. Y cuando el Señor afirmó claramente que Lázaro había muerto añadiendo lo que les llamaría la atención, que por amor a ellos Él no había ido a Betania antes de este suceso, porque lo que ocurriría ahora obraría fe en ellos, y propuso que partieran para ir a ver a Lázaro muerto, incluso entonces toda su atención estaba absorbida en la certidumbre del peligro que corría su amado Maestro, por lo que Tomás solamente pensó en una cosa: si esto era lo que Jesús quería, mejor que fueran todos y murieran con Jesús. ¡Tan poco habían entendido el lenguaje figurativo sobre las doce horas en que brilla el sol de Dios para alumbrarnos en el camino; tanto necesitaban la lección de fe que les había de ser enseñada en la resurrección de Lázaro!

Ya conocemos el hogar tranquilo y feliz de Betania (cap. V de este Libro). Cuando Jesús llegó allí, «halló –es posible que se lo dijeran los que encontró en el camino (comp. Jn. 11:20)– que Lázaro ya hacía cuatro días que estaba en la tumba». Según la costumbre, sería enterrado el mismo día en que había muerto (Moed K. 28 *a*; comp. Sanh. 46 *b*). Suponiendo que su muerte hubiera tenido lugar cuando fue entregado el mensaje pidiendo ayuda, como Jesús se quedó después de esto dos días más en el lugar en que se hallaba, sobra un día para su viaje de Perea a Betania. No sabemos en realidad el lugar exacto en que estaba; pero tiene que haber sido en algún centro bien conocido de Perea, puesto que las hermanas de Betania no tuvieron dificultad alguna en enviar al mensajero. Al mismo tiempo, inferimos que al menos durante este período, tiene que haber existido alguna clase de comunicación entre Cristo y sus amigos y discípulos más íntimos –como la familia de Betania– por la cual seguirían informados de los planes generales de sus viajes misioneros, y algún punto central de su estancia temporal. Si Cristo ocupaba un puesto o estación central de este tipo en aquel tiempo, podemos entender más fácilmente que algunos de sus discípulos de Galilea pueden haber estado ausentes durante algún tiempo, de visita a sus hogares en Galilea por ejemplo, cuando llegaron las noticias de Lázaro. Su ausencia puede explicar la posición prominente ocupada por Tomás; quizá igualmente explique, en parte, la omisión de este relato de los Evangelios sinópticos.

Queda todavía otro punto que es de interés. Suponiendo que el viaje a Betania hubiera ocupado un día, sugeriríamos lo siguiente como orden de los sucesos. El mensajero de las hermanas partió de Betania el domingo (no podía haber sido en sábado) y alcanzó a Jesús el lunes. Cristo siguió en Perea dos días más, hasta el miércoles, y llegó a Betania el jueves. El viernes tuvo lugar la reunión de los miembros del Sanedrín contra Cristo, en tanto que Él descansaba en Betania el viernes –y naturalmente el sábado–, y regresó a Perea y «Efraín» el domingo.

Éste puede ser un lugar apropiado para añadir a la explicación ya dada en conexión con el entierro del hijo de la viuda de Naín (Libro 3, cap. XX), particulares de los ritos y observancias que pueden aplicarse a esta historia. Refiriéndonos a la descripción previa, resumimos, en la imaginación, nuestra presencia en el punto en que Cristo encontró el ataúd en Naín y allí dio vida al muerto. Pero recordamos que las personas llamadas plañideras (en realidad mujeres y hombres) en Judea seguirían al cuerpo, no lo precederían como en Galilea.[3] Del relato sacamos la conclusión de que el entierro de Lázaro no tuvo lugar en el terreno común del cementerio que estaba a cierta distancia (Bab. B. 25 *a*) de una población, eligiéndose para ello lugares secos y pedregosos. Aquí las tumbas tenían que estar por lo menos a un pie y medio de distancia. Se consideraba una deshonra para el muerto el ponerse de pie o andar por encima del césped de una tumba. Parece que se plantaban rosas y otras flores sobre las sepulturas (ver Perles, *u.s.*, p. 25). Pero los cementerios, o lugares de entierro comunes, al parecer en los tiempos antiguos se usaban sólo para los pobres (2 R. 23:6; Jer. 26:23) o para los extranjeros (Mt. 27:7; Hch. 1:19). En Jerusalén había también dos lugares donde eran enterrados los criminales ejecutados (Sanh. vi. 5). No hay que decir que todos estos lugares se hallaban fuera de la ciudad. Pero hay abundante evidencia de que no había un cementerio propio en cada pueblo, y no era raro que hubiera que transportar los cuerpos. En realidad, no se menciona ningún cementerio entre los diez requisitos para una comunidad judía plenamente organizada.[4] Los nombres dados a las tumbas, así como al cementerio en sí, son de interés. Por lo que se refiere a las primeras, mencionamos nombres como «la casa del silencio» (Targ. sobre Sal. 115:17), «la casa de piedra» (Moed K. 9 *b*), «la hostería», o sea, «el lugar donde se pasa la noche», «el lugar de descanso», «el valle de la multitud» o «de los muertos». El cementerio era llamado «la casa de las tumbas» (Erub. iii. 1; Tohar. iii. 7) o «el patio de entierros», y «la casa de eternidad». Como eufemismo, «morir» era designado como «ir al descanso», «ser completado»; «ser reunido al mundo» o «a la casa de luz»; «ser retirado» o «escondido». El entierro sin ataúd parecía haber continuado durante bastante tiempo, y se dan reglas de cómo había que cavar una fosa del tamaño del cuerpo, y había que rodearla de una pared de piedras sueltas para impedir que cayera tierra en ella. Cuando, más adelante, los entierros bajo tierra tuvieron que ser defendidos contra la idea parsi de la incineración, los teólogos judíos discuten con más detalle la cuestión del entierro y describen la entrega del cuerpo a la tierra como una especie de expiación (Sanh. 46). Era una costumbre curiosa la práctica de que los niños que habían muerto unos pocos días después del nacimiento debían ser circuncidados en sus tumbas. Los niños que no llegaban a un mes al morir, eran enterrados sin ataúd o duelo, y, como algunos han pensado, en un lugar especial (Keth. 20). En relación con una controversia reciente, es interesante saber que por amor a la paz, tal como los niños de los gentiles pobres y enfermos tenían que ser alimentados y cuidados como los de los judíos, igualmente sus muertos debían ser enterrados con los de los judíos, pero no en sus sepulturas (Gitt. 61 *a*). Por otra parte, una persona malvada no debía ser enterrada junto a una reputada como entendida (Sanh. 47 *a*). Los suicidas no recibían todos los honores de los que habían muerto de muerte natural, y los cuerpos de los criminales ejecutados eran puestos en un lugar especial, de donde sus parientes, más adelante, podían retirar sus huesos (*u.s.* 46 *a*). El entierro terminaba echando tierra sobre la tumba.

Pero, como ya se ha dicho, Lázaro, como correspondía a su posición, no fue enterrado en un cementerio, sino en su tumba particular en una cueva, probablemente en un huerto, el lugar favorito de entierro. Aunque en términos de amistad íntima con Jesús, no era considerado, evidentemente, como un apóstata de la Sinagoga. Porque se hacía toda clase de insultos en el entierro de un apóstata; la gente tenía incluso que vestirse con atavíos festivos para demostrar su gozo (Semach. ii.). Aquí, al contrario, podemos colegir por lo que sigue que fue objeto de toda señal de simpatía, respeto y pena que podía mostrar la gente del distrito y amigos de la vecina Jerusalén. En un caso así sería considerado un privilegio obedecer las instrucciones rabínicas de acompañar al muerto, para hacerle honor al que había partido y mostrar amabilidad hacia los que quedaban. Como las hermanas de Betania eran «discípulas», podemos creer que algunas de las demostraciones de aflicción más exageradas fueron suprimidas, o al menos modificadas. Apenas es posible creer que los acompañantes alquilados en el duelo alternaran en prodigar alabanzas extraordinarias sobre el muerto, y solicitaban a los presentes que se lamentaran (Semach. i. 6), o que como era costumbre se golpearan el pecho, batieran las manos, dieran saltos con los pies (Moed K. 27 *b*) o prorrumpieran en gemidos y cantos fúnebres, solos o en coro (*u.s.* 28 *b*, en que se ven ejemplos de lamentos). Con toda probabilidad, sin embargo, la oración fúnebre fue pronunciada –como en el caso de personas distinguidas (Jer. Moed. K i. 5)–, o bien en la casa (Bab. B. 100 *b*), o en los puntos de parada en que los portadores del ataúd eran cambiados, o en el lugar del entierro; quizá, si pasaban por ella, en la Sinagoga (Meg. 28 *a*, *b*). Se ha hecho notar antes la importancia extraordinaria que se daba a estas oraciones o discursos, indicándose la vida del hombre en la tierra y su lugar en el cielo (Shabb. 153 *a*). Se suponía que el muerto estaba presente, escuchando las palabras del orador y observando la expresión en el rostro de los oyentes. No tiene interés dar ejemplos de estos discursos (pueden verse en Moed K. 25). Su carácter queda indicado por los comentarios anteriores.[5]

Al hablar de estas tumbas en huertos no podemos por menos que pensar en aquella que durante tres días retuvo al Señor de la vida, lo que hace los detalles profundamente interesantes. Es mejor tal vez dar aquí, mejor que después, estos puntos, para no interrumpir nuestros solemnes pensamientos en la presencia del Cristo crucificado. No sólo los ricos, sino también los de posición moderada, tenían tumbas propias que probablemente adquirían y preparaban mucho antes de que fueran necesitadas, y eran cuidadas y heredadas como propiedad privada y personal (Bab. B. 100 *b*). En estas cuevas, o tumbas cavadas en la roca, yacían los cuerpos después de haber sido ungidos con muchas especias (Ber. 53 *a*), con mirra (Bez. 6 *a*), áloes, y en períodos posteriores con hisopo, aceite de rosas y agua de rosas. El cuerpo era vestido, y en un período posterior envuelto, si era posible, en tela usada en que se había colocado originalmente un rollo de la Ley (Meg. 26 *b*). Las tumbas eran excavadas o eran cuevas naturales, o bien era una bóveda (*Mearta*. Bab. Mez. 85 *b*; Bab. B. 58 *a*) con paredes y nichos en los lados. Una cueva o bóveda así, de unos 6 pies de ancho, 9 de largo y 6 de alto, contenía nichos para ocho cuerpos, tres en cada uno de los lados y dos en la parte opuesta a la entrada. Cada nicho era de 6 pies de longitud, y una altura de siete palmos y anchura de 6 palmos. Todos estos nichos eran llamados *Kukhin*. Estos números, naturalmente, son los requeridos por la Ley en

---

3. Shabb. 153 *a*; comp. también, por lo que se refiere a Jerusalén (donde prevalecía la costumbre de Galilea), Semach. iii. 6.

4. Éstos eran: un tribunal de justicia, provisión para los pobres, una sinagoga, baños públicos, un *secessus*, un doctor, un cirujano, un escriba, un carnicero y un maestro.

5. Ver Zunz, *Zur. Gesch. u. Liter.*, pp. 304 a 458. En Moed K. 35 *b* tenemos una enumeración de portentos ocurridos en la muerte de grandes rabinos: columnas que lloraban, columnas que caían, sangre que manaba, aparición de estrellas, árboles arrancados de cuajo, arcos doblados, etc.

los contratos. Cuando una persona se hacía construir una para sí mismo, naturalmente las dimensiones de las paredes y el número de *Kukhin* podían variar. A la entrada de la bóveda había un patio de 9 pies en cuadro para poner el ataúd y con sitio para los portadores. Algunas veces se abrían dos cuevas en un patio así. Es difícil decidir si la segunda cueva de que hablamos servía como osario (*ossarium*). Lo que es seguro es que después de algún tiempo los huesos eran recogidos y puestos en una caja o ataúd, habiendo sido primero ungidos con vino y aceite, y luego eran juntados con tela o sábanas (Jer. Moed K. i. 5; Semach. 12 y 13). Esta circunstancia explica la existencia de arcas mortuorias, u *osteophagi*, que se hallan con frecuencia en las tumbas de Palestina en las exploraciones recientes, sin que se haya podido explicar su significado. Esta incertidumbre es de lamentar cuando leemos (p.ej.) que se ha encontrado una arca así en una cueva cerca de Betania (*Recovery of Jerusalem*, p. 494). Uno de los exploradores ha descubierto en ella fragmentos de inscripciones hebreas. Hasta el presente sólo se han descubierto en Palestina pocas inscripciones funerarias hebreas. Las más interesantes son las de Jerusalén, o cercanías, cuyas fechas se consideran entre el siglo I a.C. y el I d.C. Hay también muchas inscripciones halladas en tumbas judías *fuera de Palestina* (en Roma y otros lugares), escritas en mal griego o latín, que contienen tal vez una palabra hebrea, y generalmente terminan con *shalom* (paz), adornadas con símbolos judíos, como el candelabro de siete brazos, el arca, los emblemas festivos de la Fiesta de los Tabernáculos, y otros. En general, el consejo a no leer estas inscripciones (Horay. 13 *b*), puesto que afectaría a la vista, parece implicar la práctica común de tener las inscripciones funerarias escritas en hebreo. Parece que fueron grabadas o bien en la tapa del arca mortuoria, o en el *Golel* o gran piedra (que se hacía rodar) con que se cerraba la bóveda o la entrada a la bóveda, o patio que llevaba a ella, o bien en las paredes interiores o alguna otra parte erigida sobre las bóvedas de los ricos (esto se dice de modo expreso en Moed K. 8 *b*, líneas 7-9), y se consideraba que completaban la sepultura o *Qebher*.

Estos edificios pequeños se hallaban por encima de las tumbas y pueden haber servido de cobijo a los que las visitaban. Servían, también, de «monumentos»,[6] de los que leemos en la Biblia, en los apócrifos (1º Macc. 13:27-29) y en Josefo (*Ant*. xvi.7.1).[7] En los escritos rabínicos hay menciones frecuentes a ellos, principalmente con el nombre *Nephesh*, «alma», «persona» –transferido en el sentido de monumento (Erub. v. 1; Sheq. ii. 5)–, o con el nombre más escritural de *bamah* (Ez. 43:7), o en greco-aramaico (דימוס), o la designación hebrea para un edificio en general. Pero las piedras o losas de tumbas con inscripciones no se hallan mencionadas en las obras talmúdicas. Al mismo tiempo, el lugar en que había una bóveda o una tumba era marcado con una piedra, que se mantenía enjalbegada para evitar desecración por los transeúntes (Mt. 23:27; Moed K. 6 *a*).

Estamos ahora capacitados para comprender plenamente todas las circunstancias y ambientes relacionados con la sepultura y resurrección de Lázaro.

6. Debido a la pobreza de algunos sabios, se declaró que necesitaban monumentos; sus hechos eran sus monumentos (Jer. Sheqal. ii. 7, p. 47 *a*).

7. El primero da una descripción exagerada del gran monumento erigido por Simón Macabeo en honor a su padre y hermanos; el segundo se refiere al monumento erigido por Herodes sobre la tumba de David.

Jesús había llegado a Betania. Pero en la casa de duelo no lo sabían. Como Betania estaba sólo a unos 3 km de Jerusalén, muchos de la ciudad que tenían amistad con la familia, evidentemente distinguida, habían ido en obediencia a una de las instrucciones rabínicas más imperativas: consolar a los deudos. En la comitiva del entierro los sexos habían sido separados, y la práctica de que las mujeres regresaran solas de la tumba probablemente prevalecía incluso en aquel tiempo. Esto puede explicar por qué después las mujeres fueron y regresaron solas de la tumba de nuestro Señor. En el duelo, que había empezado antes del entierro, tomaron parte los amigos que se sentaban en silencio en el suelo, o estaban ocupados preparando la comida del duelo. Cuando la compañía abandonaba al muerto, cada uno se despedía de él con un «¡Vete en paz!» (Moed K. 29 *a*). Luego se ponían en filas, a través de las cuales los deudos del finado pasaban entre expresiones de simpatía, repetidas (por lo menos siete veces) cuando la comitiva hacía un alto al regreso a la casa mortuoria (Bab. B. 100 *b*). Entonces empezaba el duelo en la casa, que en realidad duraba 30 días, de los cuales los más importantes eran los tres primeros; los otros, durante siete días, eran la semana especial de aflicción o duelo menos intenso. Pero en el sábado, o día santo de Dios, todo duelo estaba prohibido; y así «reposaban en el sábado, según el mandamiento».

En las casas de los que eran discípulos este duelo no habría asumido formas tan extremas, como leemos del caso de mujeres que se arrancaban el cabello (Jer. Kidd. i. 8), o de un rabino que se azotó públicamente (Ab. de R. Nath. 25). Pero sabemos cómo se hablaba de los muertos. En la muerte los dos mundos se decía que se reunían y se besaban (Jer. Yeban. 4 *d*). Y ahora ellos se habían ido, contemplados por Dios (Siphré, hacia el fin). Estaban reposando. Para ellos eran apropiados hermosos pasajes, como Salmos 112:6; Proverbios 10:7; Isaías 11; 10, última cláusula, e Isaías 57:2. Es más, a los muertos santos se les llamaba «vivos». En realidad, los muertos sabían acerca de nosotros, e invisibles aún nos rodeaban (Ber. 18 *b*, 19 *a*; comp. He. 12:1). Y no debían ser mencionados nunca sin añadir una bendición en recuerdo suyo (Yoma 38 *b*, Taan. 28 *a*).

En este espíritu, no podemos dudar que los judíos estaban ahora «consolando» a las hermanas. Pueden haberles repetido palabras como las citadas en la conclusión de este discurso consolatorio: «¡Que el Señor de consolaciones (בעל נחמות) te conforte! ¡Bienaventurado el que conforta a los que están en duelo!». Pero poco podían imaginar lo literalmente que su deseo estaba a punto de ser cumplido. Porque había llegado a Marta el mensaje –que estaba probablemente en una de las habitaciones exteriores de la casa–: ¡la noticia de que Jesús estaba llegando! Marta se apresuró a ir a recibir al Maestro. No oímos ni una palabra de queja; ni un murmullo ni una duda escaparon de sus labios; sólo que durante aquellos cuatro amargos días estas dos hermanas tienen que haber estado diciendo la una a la otra con frecuencia, cuando podían estar solas, que si Jesús hubiera estado allí su hermano no habría muerto. Incluso ahora –cuando ya era demasiado tarde, cuando no habían recibido aquello que habían pedido de Él por medio del mensajero– Marta pensaba que tenía que haber sido porque Él no había pedido que no muriera, aunque Él había dicho que la enfermedad no era para muerte; o bien, quizá, Él había demorado hacer algo sobre ello hasta que llegara allí. Y Marta todavía sostenía que «todo lo que pidas a Dios, Dios te lo dará». ¿Podemos pensar que estas palabras significaban algo más? ¿Eran una profecía inconsciente, una visión de cosas celestiales como a veces se apodera de nosotros en nuestra aflicción, o bien cuando los pensamientos alados de la fe van más allá de la vista? No podían haber sido la expresión de ninguna expectativa real del milagro que iba a tener lugar, pues de otro modo Marta no habría procurado detenerle cuando Él mandó que quitaran la piedra que obturaba la entrada del sepulcro. Y con todo, ¿no ocurre, incluso, que cuando nos llega aquello que nuestra fe se ha atrevido a sugerir, no ya la esperanza, sentimos como si fuera demasiado grande e imposible: que un «no puede ser», físico, nos separa de ello?

Cuando el Señor le dijo a Marta que su hermano resucitaría, lo decía en sentido literal, aunque ella entendió sus palabras como referidas a la resurrección en el último día. Como respuesta, Cristo le señaló la relación entre Él y la resurrección; y lo que Él dijo, lo hizo cuando resucitó a Lázaro de la tumba. La resurrección y la vida no son dones especiales ni de la Iglesia ni de la humanidad, sino que están relacionados con Cristo, la obra de Él mismo. La resurrección de los justos y la resurrección general son la consecuencia de la relación en que la Iglesia y la humanidad en general están con respecto a Cristo. Sin el Cristo no habría resurrección. De modo literal Él *es* la resurrección y la vida; y ésta, la nueva enseñanza sobre la resurrección, fue el objeto y el significado de la resurrección de Lázaro. Y así esta resurrección de Lázaro es también la perspectiva de su propia resurrección, que es «las primicias de los muertos».

Y aunque la aplicación especial entonces presente, o más bien la manifestación de ella, sería la resurrección de Lázaro, con todo, la enseñanza que la acompañó es para «todos los creyentes»: «El que cree en mí, aunque esté muerto, vivirá; y todo el que vive y cree en mí, no morirá para siempre»,[8] por los siglos de los siglos. Sólo cuando pensamos en el significado de las palabras previas de Cristo como implicando que la resurrección y la vida son el producto u obra de Él mismo, y que viene a nosotros sólo por medio de Él y en Él, podemos comprender la respuesta de Marta a su pregunta: «¿Crees esto?». «Sí, Señor, yo he creído que tú eres el Cristo, el Hijo de Dios (con referencia al mensaje original de Cristo [Jn. 11:4]), el que has venido al mundo» («Aquél que viene al mundo»[9] = el prometido, esperado, venido, Salvador del mundo).

Sólo podemos barruntar lo que pasó entre los dos por el contexto. Parece que el Maestro «preguntó» por María. Este mensaje Marta se apresura ahora a transmitir, aunque «en secreto». María estaba sentada probablemente en la cámara del duelo, con las sillas y sofás en desorden, y otras muestras de tristeza del duelo, según costumbre; rodeada por muchos que habían venido a consolarlas, ella misma estaría, sin duda, silenciosa, y sus pensamientos vagarían remotos por el mundo, del cual el Maestro era para ella «el Camino, la Verdad y la Vida». Cuando María supo que Él había llegado, se levantó «deprisa», y entonces los judíos que estaban con ella la siguieron, bajo la impresión de que iba a visitar y a llorar a la tumba de su hermano. Porque era costumbre visitar la tumba, especialmente durante los tres primeros días (Semach. 8; Taan. 16). Cuando María se encontró con Jesús, que la esperaba de pie en las cercanías de Betania, lo olvidó todo. A su vista no pudo retener más la marea incontenible de sus sentimientos. Sólo pudo arrojarse a sus pies y repetir las pobres palabras con que ella y su hermana habían procurado velar su aflicción; pobres palabras de consolación, y pobres palabras de fe, si bien María, al revés de su hermana, no agregó otras, sino que añadió la pobreza de su esperanza a la de la fe, la pobreza del futuro a la del pasado y el presente. Para Marta esto había sido un *máximo* en su fe; para María un *mínimo;* así pues no dijo una palabra más, sino que simplemente, a sus pies, adoró.

Tiene que haber sido una escena profundamente conmovedora: el derramamiento de su aflicción, lo absoluto de su fe, la apelación muda de sus lágrimas. Y los judíos que habían sido testigos de ella se sintieron conmovidos como ella y lloraron con ella. Lo que sigue es difícil de entender, pero más todavía de explicar; no sólo por el lenguaje especial –peculiarmente difícil–, sino porque su dificultad brota de la mayor dificultad todavía de expresar lo que se intenta describir. La expresión «gimió en su espíritu» no puede significar que Cristo «se sintió movido de indignación en el espíritu», ya que esto no podía ser la consecuencia de presenciar las lágrimas de María y lo que –estamos seguros– era la emoción genuina de los judíos. De las varias interpretaciones que nos parecen apropiadas, creemos que la mejor es la siguiente: «Él, conmovido vehementemente en su Espíritu, y turbado en sí mismo». Westcott, cuya visión sobre estas cuestiones es peculiarmente penetrante, nos recuerda que «los milagros del Señor no fueron obrados por la simple palabra de poder, sino que en una manera misteriosa el elemento de simpatía entraba en ellos. Él quitó los sufrimientos y enfermedades de los hombres en cierto sentido, tomándolos sobre sí mismo». Si con esta manera justa de ver su condescendencia hacia la humanidad, y su unión con ella como su Sanador, al tomar sobre sí mismo sus enfermedades, combinamos la afirmación hecha anteriormente sobre la resurrección no como un don, sino como un producto o resultado de sí mismo, podemos de algún modo si no entender, al menos dar una mirada a la profundidad sin fondo de este su sufrimiento teantrópico afín, que era a la vez sustitutivo y redentor y que, antes que pasara a ser la resurrección para Lázaro, conmovió todo su ser íntimo, cuando, en las palabras de Juan: «De modo vehemente conmovió su Espíritu y se turbó Él mismo».

Y ahora todos los rasgos están en consonancia. «¿Dónde le habéis puesto?». Tan verdaderamente humano, como si Él, que estaba a punto de resucitar al muerto, necesitara la información de dónde le había puesto; tan verdaderamente humano, también, en la ternura subyacente en la pregunta personal, y en la absorción de toda la energía teantrópica en la gran carga que estaba a punto de alzar y quitar de en medio. Así, también, cuando le dijeron que fuera con ellos para verlo, las lágrimas que cayeron de su rostro (ἐδάκρυσεν) no eran de lamentación violenta (ἔκλαυσεν) como las que brotaron de sus ojos ante la vista y visión profética de la Jerusalén sentenciada (Lc. 19:41). No obstante, no podemos por menos que pensar que ellos no lo interpretaron correctamente, cuando las adscribieron sólo a su amor a Lázaro. Y sin duda, no hay ni un toque de malevolencia o de ironía, solamente lo que sentimos que es tan natural en las circunstancias, cuando algunos de ellos se preguntaron en voz alta: «¿No podía éste, que abrió los ojos del ciego, haber hecho también que Lázaro no muriese?». No podemos decir que fuera incredulidad. Habían presenciado últimamente en Jerusalén aquel milagro, tal como «no se había oído» desde el comienzo del mundo (Jn. 9:32); que parecía difícil entender cómo, viendo que existía la voluntad (en su afecto por

---

8. Ésta es la traducción literal, aparte del paralelismo con el miembro anterior de la cláusula («aunque esté muerto, vivirá»), en que la palabra «vida» no se refiere a la espiritual ni a la eterna, sino a la vida en sí, en oposición a la muerte física.

9. Posiblemente debería ser: «El que había de venir», o debería venir, como הַבָּא o דְאתֵי, en cuyo caso se trataría de otra evidencia de hebraísmo en el cuarto Evangelio.

Lázaro), no había el poder –no de levantarle de los muertos, puesto que eso ni podía ocurrírseles, sino de impedir que muriera. ¿Había, pues, una barrera en la muerte? Y era esto, y no indignación, lo que una vez más hizo que este teantrópico efluvio estremeciera su ser, cuando otra vez «se conmovió vehementemente en su espíritu».

Y ahora se hallaban ya frente a la cueva que era la tumba de Lázaro. Él les mandó que apartaran la gran piedra que cubría la entrada. En el profundo silencio que siguió antes de la obediencia sólo se levantó una voz. Era la de Marta. Jesús no había dicho nada de resucitar a Lázaro. ¿Qué es lo que iba a hacer? ¿Pensó Marta que Jesús deseaba contemplar una vez más el rostro del muerto? Algo indescriptible se apoderó de ella. No se atrevía a creer, no se atrevía a dejar de creer. ¿No es posible que temiera un fracaso, pero, sin embargo, tendría reparos o dudas al pensar en Cristo en presencia de la corrupción que ya empezaba, delante de estos judíos... y, con todo, como nos ocurre con frecuencia, aún le amaba a pesar de su falta de fe? Era una idea común entre los judíos que la corrupción comenzaba en el cuarto día; que la gota de hiel, que había caído de la espada del ángel y causado la muerte, estaba haciendo su efecto, y que cuando la cara cambiaba, el alma se despedía del lugar de descanso del cuerpo (Ab. Zar. 20 *b;* B. 100; Vayyik. R. 18). Jesús dijo sólo una frase de suave reprensión, recordándole lo que le había dicho antes y el mensaje que Él le había enviado por el mensajero que le había traído la noticia de la enfermedad de Lázaro (Jn. 11:4), pero llena de calma majestuosa y la conciencia de su divino poder. Y ahora la piedra es empujada a un lado. En estos momentos lo único apropiado es la oración: acción de gracias al Padre por haberle «oído» no ya con respecto a la resurrección de Lázaro, que iba a ser su propia obra, sino por la ordenación de todas las circunstancias. La petición y la acción de gracias de Jesús tienen por objeto los que estaban presentes, porque Él sabía que el Padre siempre le oía; para que muchos pudieran creer que el Padre le había enviado. ¡Enviado por el Padre –no venido por su propia cuenta, no enviado por Satanás–, y enviado para hacer su voluntad!

Y al hacer su voluntad, *era* la resurrección y la vida. En el silencio se oye de repente una orden; un clamor resuena en los oídos del durmiente; un fulgor de la propia luz de Dios en la oscuridad, y las ruedas de la vida se mueven de nuevo al salir de Él Vida. Y aún con pies y manos atados por las vendas y el rostro cubierto por el sudario, Lázaro salió fuera, estremecido y silencioso, a la fría luz del día en la tierra. Y en esa multitud, ahora más pálida y estremecida que el hombre atado en sus vendas, el único que mantenía una calma majestuosa era Él, que antes se había estremecido y sentido turbado, y que ahora les manda: «Desatadle, y dejadlo ir».

No sabemos nada más. La Santa Escritura muestra en esto también su paternidad divina y la realidad de lo que está registrado en ella. Levantado el velo momentáneamente, cae de nuevo sobre la oscuridad del Lugar Santísimo, en el cual sólo hay el arca de la presencia y el vaho del incienso de nuestra adoración. Lo que sucedió luego –cómo le desataron, qué dijeron todos, qué gracias, alabanza y adoración pronunciaron las hermanas, o cuáles fueron las primeras palabras de Lázaro– no lo sabemos. Y mejor así. ¿Recordó Lázaro algo del pasado reciente, o bien al rasgarse la tumba se rasgó también el pasado: el despertar tan súbito, la transición tan grande, que nada permaneció de la visión esplendorosa, como en la maravillosa leyenda judía que nos dice que antes de entrar en este mundo el alma de un niño ha visto todo el cielo y el infierno, el pasado, el presente y el futuro, pero que cuando el ángel le toca en la boca para despertarle a este mundo, todo lo visto desaparece de su mente? Una vez más decimos: no lo sabemos, y es mejor así.

La cuestión de los milagros y de este milagro de milagros

Y con esto se interrumpe abruptamente el relato. Algunos de los que habían visto creyeron en Él; otros se fueron corriendo a Jerusalén para decirlo a los fariseos. Entonces con toda premura se reunieron los miembros del Sanedrín[10] no para juzgar a Jesús, sino para deliberar qué debían hacer. Ellos no ponían en duda que Él estaba realmente haciendo estos milagros. De modo similar, todos, excepto uno o dos, no tenían duda alguna sobre el origen de estos milagros que eran reales, pero[11] eran realizados por medio de la actividad satánica –y tanto más tremendos cuanto más cierto era este hecho. Pero tanto si eran realmente poder satánico o meramente un acto ilusorio de Satanás, había por lo menos una cosa evidente: que si se dejaba la cosa así todos los hombres creerían en Él.

Ideas del misticismo negativo sobre esta historia. Ritos de los judíos para sepultar y sus sepulturas

Por ello, si Él capitaneaba el movimiento mesiánico de los judíos como nación, tanto la ciudad como el Templo judío, e Israel como nación, perecerían en la lucha contra Roma. Pero ¿qué había que hacer? No tenían valor, aunque tuvieran el deseo, para cometer un asesinato judicial, hasta que el que era Sumo Sacerdote, Caifás, les recordó el bien conocido adagio judío: «Es mejor que un hombre perezca, que no que perezca toda la nación» (Ber. R. 94; comp. también 91 y la Midr. sobre Ec. 9:18). Incluso así, el que hablaba era el Sumo Sacerdote; y por última vez, si bien al pronunciar la sentencia habló para siempre contra sí mismo y el cargo que ostentaba; habló a través de él la voz de Dios no con respecto al consejo de homicidio, sino esto: que su muerte sería por «toda la nación»; es más –añade Juan– no sólo por la nación, sino para congregar en uno a los hijos de Dios que estaban dispersos.

Ésta fue la última profecía en Israel; con la sentencia de muerte del verdadero Sumo Sacerdote de Israel murió la profecía en Israel, murió el Sumo Sacerdocio en Israel. Había pronunciado su misma sentencia.

Éste fue el primer viernes de la tenebrosa decisión. A partir de entonces sólo quedaba concertar los planes para realizarla. Alguien, quizá Nicodemo, envió palabra a Jesús de la reunión secreta y la decisión de los sanedristas. Aquel viernes y el sábado siguiente descansó en Betania con la misma calma majestuosa que había mostrado en la tumba de Lázaro. Luego se retiró lejos, a los límites oscuros de Perea y Galilea, a una ciudad cuya misma localización es ahora desconocida.[12] Y allí siguió con sus discípulos, apartado de los judíos, hasta que hizo su entrada final en Jerusalén.

---

10. Sobre el Sanedrín, ver más adelante en el Libro 4.

11. La duda respecto a su realidad procedería, naturalmente, de los saduceos en el Sanedrín. Se recordará que tanto Caifás como los principales sacerdotes pertenecían a este partido.

12. La «ciudad» llamada Efraín no ha sido localizada. Muchos escritores modernos la identifican con la Efraín o Efrón (2 Cr. 13:19), en las cercanías de Betel, y cerca del desierto de Bet-avén. Pero el texto parece requerir un lugar en Perea y cerca de Galilea.

Capítulo 22
(Mateo 19:1, 2; Marcos 10:1; Lucas 17:11; Lucas 17:12-19; Mateo 19:3-12; Marcos 10:2-12; Mateo 19:13-15; Marcos 10:13-16; Lucas 18:15-17)

El viaje a Jerusalén. Partida de Efraín por el camino de Samaria y Galilea

El breve período de reposo y conversación tranquila con sus discípulos en el retiro de Efraín había terminado, y el Salvador de los hombres preparó su último viaje a Jerusalén. Los tres Evangelios sinópticos lo señalan, aunque con detalles variados (Mt. 19:1, 2; Mr. 10:1; Lc. 17:11). Por la mención de Galilea por Mateo, y por Lucas de Samaria y Galilea –o, más correctamente, «entre (a lo largo de las fronteras de) Samaria y Galilea»– podemos barruntar que Cristo al partir de Efraín hizo un breve rodeo a lo largo de la frontera norte a algún lugar en el borde sur de Galilea –quizá para encontrarse en algún punto con los que tenían que acompañarle en su viaje final a Jerusalén. Esta sugerencia, porque no es más que esto, no es en sí improbable, puesto que algunos de los seguidores inmediatos de Cristo podían como es natural hacer una breve visita a sus amigos de Galilea antes de subir a Jerusalén. Y esto es confirmado más adelante, además, por la noticia de Marcos (Mr. 15:40, 41) de que entre los que habían seguido a Cristo había «muchas mujeres que subieron con Él a Jerusalén». Porque podemos estar prácticamente seguros de que estas «muchas mujeres» no habían ido con Él en el otoño previo de Galilea a la Fiesta de los Tabernáculos, ni estuvieron con Él en la Fiesta de la Dedicación, ni habían estado con Él en Betania.[1] Todas estas dificultades quedan explicadas si, como sugerimos, suponemos que Cristo había salido de Efraín, a lo largo del borde de Samaria, e ido a un lugar en Galilea, y hubiera encontrado allí a los discípulos suyos que habían de subir con Él a Jerusalén. Todos juntos formarían una de las compañías festivas que viajaban a la Fiesta Pascual; ni habría nada de extraño o excepcional en la aparición de un grupo así, en este caso bajo la dirección de Jesús.

Otra noticia muy importante la proporcionan Mateo y Marcos, es decir, que durante este viaje por Perea «grandes multitudes» salían y le seguían, y que «Él los curaba» (Mateo) y «los enseñaba» (Marcos). Esto explica los incidentes y discursos por el camino, y también que, entre los muchos sucesos, los evangelistas hayan seleccionado para su testimonio los que les parecieron más importantes o interesantes, o bien más en consonancia con los planes de sus respectivas narraciones.[2]

1. Así, para empezar, Lucas solamente refiere el primer incidente por el camino (Lc. 17:12-19), y su primer discurso (vv. 20-37). No es difícil comprender la razón de ello. Para uno que, como Mateo, había seguido a Cristo en su ministerio en Galilea, o que, como Marcos, había sido el amanuense de Pedro, no habría habido nada tan peculiar o interesante en la curación de los leprosos como para introducirlo en el cuadro tan repleto de estos últimos días. Verdaderamente, los dos ya habían registrado lo que puede ser considerado una curación *típica* de leprosos (Mt. 8:2-4; Mr. 1:40-45). Pero Lucas no había registrado esta clase de curación antes; y la restauración de los *diez* al mismo tiempo parecería al «médico amado» algo no sólo nuevo en su narración, sino de la mayor importancia. Además, ya hemos visto que la historia de todo el ministerio al este del Jordán es peculiar de Lucas; y no podemos por menos que pensar que fue el fruto de toda una serie de pesquisas personales hechas por el evangelista en el lugar en que ocurrieron, a fin de suplementar lo que le parecería a él un vacío en los Evangelios de Mateo y de Marcos. Esto explicaría la plenitud de riqueza de detalle por lo que se refiere a incidentes, y por ejemplo la introducción de la historia de Zaqueo, que Marcos, o mejor Pedro, pero en especial Mateo (él mismo, un tiempo publicano), podía pensar que era tan semejante a lo que ya habían presenciado y referido con tanta frecuencia que no valía la pena volverlo a repetir. En la misma forma explicamos que Lucas registre el discurso predictivo de Cristo del advenimiento del Reino mesiánico (Lc. 17:20-37). Este discurso está evidentemente en su lugar al comienzo del último viaje de Cristo a Jerusalén. Pero los otros dos evangelistas funden en él la información de otras explicaciones sobre el mismo tema que Jesús hizo durante sus últimos días sobre la tierra (Mt. 24; Mr. 13).

Curación de los diez leprosos

Es una nueva confirmación de nuestra sugerencia sobre el camino que siguió Jesús el hecho de que de los diez leprosos que encontraron al comienzo de su viaje, cuando entraban en una aldea, uno de ellos fuera samaritano. Es posible que el distrito estuviera infestado de lepra; o que estos leprosos, al oír las noticias de que Jesús se acercaba, se hubieran reunido allí a toda prisa. Había disposiciones estrictas en la Ley judía, como se ha explicado en otro lugar (Libro 3, cap. XV), de que los leprosos tenían que permanecer fuera de la aldea, y por tanto se hallaban lejos de Aquél a quien ellos ahora clamaban misericordia. Y sin tocarles, o incluso mandar que fueran curados, Cristo les ordenó que fueran y se mostraran curados a los sacerdotes. Para esto, como se recordará, no era necesario ir a Jerusalén. Todo sacerdote podía declarar «inmundo» o «limpio», siempre y cuando los solicitantes se presentaran uno a uno, y no en compañía,[3] para la inspección (Neg. iii. 1). ¡Y éstos se pusieron en camino por orden de Cristo incluso antes de que realmente hubieran experimentado la curación! Tan grande era su fe, y, no podríamos casi decir, la creencia general por todo el distrito, en el poder del «Maestro». Y tan pronto fueron a ver al sacerdote, la nueva vida comenzó a circular por sus venas. Empezaron a sentir la salud restaurada, como siempre ocurre, no antes, ni aun después de creer, sino en el acto de obediencia de una fe que no ha experimentado todavía la bendición.

1. En realidad, todo viaje prolongado y con un propósito indefinido habría sido del todo contrario a las costumbres judías. No así, por supuesto, el viaje de las compañías festivas a la Fiesta Pascual.

2. Esto se verá más claramente cuando estudiemos la historia de Zaqueo y la cura del ciego de Jericó.

3. Como hacemos notar en Lucas 17:14, la instrucción para que se mostraran es «a los sacerdotes» (en plural), lo cual es otro punto de evidencia impensada sobre la autenticidad del relato.

Pero ahora aparece la diferencia característica entre estos hombres. De los diez, todos ellos receptores del beneficio, los nueve judíos siguieron su camino –se supone que para ir a ver a los sacerdotes–, en tanto que el samaritano volvió hacia atrás, dando gracias a Dios por la curación. Todo este suceso no tiene por que haber requerido más que unos minutos y Jesús, con sus seguidores, es posible que aún estuvieran en el mismo lugar en que ordenaron a los diez leprosos que se mostraran a los sacerdotes. Es posible que les siguiera con los ojos cuando, sólo a unos pasos en el camino de la fe, la salud entró en ellos, y el samaritano agradecido –con grandes gritos de alabanza– se apresuró a regresar hacia su Sanador. Ahora ya no se quedó a distancia, sino que en humilde reverencia se postró a los pies de Aquél a quien había dado gracias. Este samaritano había recibido más que vida nueva y salud para el cuerpo: había hallado vida y curación espiritual.

Ahora bien, ¿por qué no regresaron los nueve judíos? Con toda seguridad, tienen que haber mantenido la misma fe cuando buscaron primero la ayuda de Cristo, y todavía más cuando emprendieron el camino hacia los sacerdotes antes de haber experimentado la curación. Pero quizá, si se considera desde nuestro punto de vista, es posible que estimemos en exceso la fe de estos hombres. Si recordamos las ideas de los judíos en aquel tiempo y la sucesión constante de curas milagrosas –sin un solo fracaso– que habían sido presenciadas aquellos años, no puede parecer extraño que estos leprosos acudieran a Jesús. Ni tampoco implicaba una fe mucho mayor, dadas las circunstancias, el que fueran a los sacerdotes por orden suya, entendiéndose, naturalmente, que estuvieran o que iban a estar curados. Pero era muy diferente volver y caer de rodillas a los pies de Él en adoración y acción de gracias humilde. Esto hizo del hombre un discípulo.

Aquí surgen muchas preguntas: ¿se separaron estos nueve judíos del samaritano cuando estuvieron curados, cuando la calamidad que los unía como hermanos había sido quitada? La historia de la Iglesia y los individuos cristianos proporciona por desgracia muchos casos análogos. ¿O bien fueron a los sacerdotes estos nueve judíos, en su nuevo legalismo y obediencia a la letra, olvidando que al obedecer la letra violaban el espíritu de la orden de Cristo? De esto también hay muchos casos paralelos que vienen a la memoria. ¿O bien fue el orgullo judío, que consideraba que tenía derecho a las bendiciones, y las atribuía no a la misericordia de Cristo, sino a Dios, es decir, a su propia relación como Israel a Dios? O lo que parece más probable, ¿era simplemente ingratitud judía y descuido de la bendita oportunidad que ahora estaba a su alcance –un estado mental demasiado característico de aquellos que no conocieron «el tiempo de su visitación»– y que llevó al descuido, rechazo y, finalmente, pérdida de Cristo? Ciertamente, el Señor puso énfasis en el tremendo contraste en esto entre los hijos de la casa y los extranjeros.[4] Y aquí tenemos otra lección importante con respecto a lo milagroso en los Evangelios. Esta historia muestra el poco valor o eficacia espiritual que dan a los milagros, y lo esencialmente diferente a este respecto de su tendencia que vemos en las historias legendarias. La lección que sacamos de este caso es que podemos esperar, y aun experimentar, milagros sin ninguna fe real en el Cristo; creyendo ciertamente en su poder, pero sin entrega y rendición a su soberanía. Según los Evangelios, uno podía o buscar beneficio de Cristo, o recibir a Cristo por medio de este beneficio. En un caso, el beneficio buscado era el objeto; en el otro, el medio; en el uno era el objetivo; en el otro, la ruta del mismo; en el uno traía curación; en el otro, salvación; en el uno, al final se apartaba; en el otro, llevaba a Cristo y al discipulado. Y así, Cristo dijo ahora a este samaritano: «Levántate, y prosigue tu camino; tu fe te ha sanado». Pero para todos los tiempos hay aquí lecciones para la Iglesia que deben ser distinguidas muy bien.

Discurso profético del Reino venidero

2. El discurso acerca de la venida del Reino, que es referido por Lucas inmediatamente después de la curación de los diez leprosos (Lc. 17:20-37), será considerado mejor en relación con la afirmación más plena de las mismas verdades al término del ministerio de nuestro Señor (Mt. 24). Fue pronunciado probablemente un día o dos después de la curación de los leprosos, y marca un nuevo estadio en el viaje desde Perea hacia Jerusalén. Porque aquí encontramos una vez más a los fariseos haciendo preguntas (Lc. 17:20). Esta circunstancia, como se verá al punto, es de gran importancia, ya que nos conduce a la última mención de una interpelación por los fariseos (Lc. 16:14).

3. Esto nos lleva a lo que consideramos, en cuanto al tiempo, el próximo discurso de Cristo en este viaje, registrado por Mateo y por Marcos, éste en forma más breve (Mt. 19:3-12; Mr. 10:2-12). Estos evangelistas lo colocan inmediatamente después de su noticia del comienzo de este viaje (Mt. 19:1, 2; Mr. 10:1). Por razones previamente indicadas, Lucas inserta la curación de los leprosos y el discurso profético, en tanto que los otros dos evangelistas los omiten. Por otra parte, Lucas omite el discurso presentado aquí por Mateo y Marcos; porque, como podremos ver fácilmente, este tema, desde el punto de vista de su Evangelio, no parece de tanta importancia como para requerir inserción en un relato de sucesos seleccionados.

Sobre el divorcio: ideas judaicas acerca del mismo

El tema de este discurso –una respuesta a las preguntas de los fariseos– es una exposición de la enseñanza de Cristo con respecto a la Ley judía y la práctica del divorcio. La introducción de este tema en los relatos de Mateo y Marcos parece, quedándonos cortos, bastante abrupta. Pero se elimina por completo la dificultad y, más aún, se cambia en evidencia no planeada, cuando lo enmarcamos con la historia general. Cristo ha avanzado más adelante en su viaje, y ahora empieza a encontrar fariseos hostiles. Se recordará que Él los había encontrado antes en la misma porción del país (Lc. 16:14) (ver cap. XVIII de este Libro) y había contestado a sus burlas y objeciones, entre otras cosas, acusándoles de quebrantar en espíritu esta Ley de la cual profesaban ser los exponentes y representantes. Y Él lo había demostrado con referencia a sus ideas y enseñanzas sobre el tema del divorcio (Lc. 16:17, 18). Esta «herida» parece haberse enconado en su mente. Probablemente ellos también imaginaban que sería fácil mostrar sobre este punto una diferencia marcada entre la enseñanza de Jesús y la de Moisés y los rabinos, y de este modo fomentar el sentimiento popular contra Él. En consecuencia, cuando estos fariseos

4. El equivalente de esta palabra sería נִכְרִי. Esto, como se puede mostrar mediante muchos pasajes, significa no ya extranjero, sino no judío. Así, las expresiones *Nokhri* e *Yisrael* son utilizadas constantemente para contrastar no judíos de judíos. Al mismo tiempo, hay que admitir que en Demai iii. 4, el *Nokhri* es también distinguido del *Cuthean* o samaritano. Pero esto verlo en la nota explicatoria de Maimónides, referida por Surenhusius, vol. 1, p. 87.

«El discurso acerca de la venida del Reino, que es referido por Lucas inmediatamente después de la curación de los diez leprosos (Lc. 17:20-37), será considerado mejor en relación con la afirmación más plena de las mismas verdades al término del ministerio de nuestro Señor (Mt. 24). Fue pronunciado probablemente un día o dos después de la curación de los leprosos, y marca un nuevo estadio en el viaje desde Perea hacia Jerusalén».

«Os digo que en aquella noche estarán dos en la cama, el uno será tomado, y el otro será dejado» (Lc.17:34).
El juez soberano no se fija en las apariencias en las que se basa la estima de los hombres. Lo que para éstos es una igualdad (la de dos amigos en un mismo triclino, o dos esposos en una misma cama), para él cada uno será juzgado individualmente, según sus pensamientos y actos.
(Monumento funerario de dos esposos, en el Museo Etrusco de Roma)

encontraron una vez más a Jesús, ahora en su viaje a Judea, volvieron al tema, precisamente donde lo habían interrumpido cuando habían estado con Él la última vez, ahora con el único propósito de «tentarle». Quizá tenían también la esperanza de que si conseguían que Cristo se declarara contra el divorcio en Perea –el territorio de Herodes– podrían conseguir azuzar el odio implacable de Herodías contra Él, como habían hecho antes con el Bautista (Meyer y otros).

Pero su objetivo principal, evidentemente, era implicar a Cristo en una controversia con algunas de las escuelas rabínicas. Esto se ve por la forma en que le hicieron la pregunta: si era lícito que un hombre repudiara a su mujer «por cualquier causa» (Mt. 19:3). Marcos, que sólo da un informe condensado, omite esta cláusula; pero en los círculos judíos toda la controversia entre los diferentes maestros se centraba sobre este punto. Todos admitían que el divorcio era legal, y la única cuestión era sobre qué base. No vamos a entrar aquí en la cuestión de mal gusto sobre el «divorcio» entre los judíos, a la cual el Talmud dedica un tratado especial (Gitt.). No puede haber, sin embargo, la menor duda de que la práctica era desaconsejada por muchos de los mejores rabinos, tanto de palabra[5] como con el ejemplo;[6] y tampoco del hecho de que la Ley judía era muy cuidadosa con los intereses de la mujer. De hecho, si aparecía alguna duda en cuanto a la validez de la carta de divorcio, la Ley siempre se pronunciaba contra el divorcio. Al mismo tiempo, en la práctica popular, el divorcio tiene que haber sido muy frecuente, en tanto que los principios que forman la base de la legislación judía sobre el tema son muy objetables.[7] Éstos eran, a su vez, debidos a la estima relativamente baja de la mujer y a la idea no espiritual de la relación matrimonial. El Cristianismo ha sido el primero en elevar a la mujer a su posición propia, no dándole una nueva, sino restaurando y desarrollando la que se le había asignado en el Antiguo Testamento. De modo similar, por lo que se refiere al matrimonio, el Nuevo Testamento, que quisiera hacernos en un sentido «eunucos para el Reino de Dios», también ha restaurado y finalmente desarrollado lo que el A.T. había implicado ya. Y esto es parte de la lección enseñada en este discurso, tanto a los fariseos como a los discípulos.

Para empezar, el divorcio (en el sentido legal) era considerado como un privilegio concedido no sólo a Israel, sino a los gentiles (Jer. Kidd. 58 *c*; Ber. R. 18). Sobre la pregunta: ¿qué constituía motivo para el divorcio?, las escuelas se hallaban divididas. Partiendo de la sola base para el divorcio mencionada en Deuteronomio 24:1: «una cuestión de vergüenza (literalmente desnudez)», la Escuela de Shammai aplicaba la expresión sólo a transgresiones morales (Gitt. ix. 10), y, ciertamente, de modo exclusivo a la falta de castidad (Bemid. R. 9, ed. Vars., p. 29, hacia la mitad). Se ha declarado que si una mujer era tan intrigante como la mujer de Acab, o (según la tradición) la mujer de Coré, sería bueno que el marido no se divorciara de ella excepto en el caso de adulterio (Gitt. 90 *a;* Sanh. 22 *a* y *b*). Al mismo tiempo, esto no debe ser considerado como un principio legal fijo, sino más bien como una opinión y buen consejo para la conducta. Los mismos pasajes de los cuales se sacan las citas anteriores, dan también lamentable evidencia de la laxitud de miras y de prácticas corriente. Y la Ley judía indudablemente permitía el divorcio por casi todos los motivos; la diferencia radicaba no respecto a lo que era legal, sino sobre qué terreno un hombre debía poner la Ley en movimiento y hacer uso de la absoluta libertad de lo que se le concedía. De ahí que es una seria equivocación por parte de los comentaristas poner la enseñanza de Cristo sobre este tema como si estuviera en el lado de Shammai.

Pero la Escuela de Hillel adoptaba principios diferentes. Tomaba las palabras «cosa de vergüenza» en el sentido más amplio posible, y declaraba que había base para el divorcio si una mujer echaba a perder la cena de su marido (Gitt. 90 *c*).[8] El rabino Akiba pensaba que las palabras (Dt. 24:1) «si no encuentra favor en tus ojos» implicaban que era suficiente que un hombre encontrara a otra mujer más atractiva que su esposa. Todos están de acuerdo en que la falta moral grave hace del divorcio un deber (Yebam. 63; Gitt. 90 *a, b*), y que en estos casos no podía volverse a tomar a la mujer (Gitt. iv. 7). Según la Mishnah (Keth. vii. 9), las mujeres no sólo podían ser divorciadas, sino que perdían su dote si transgredían contra la Ley de Moisés o de Israel. Lo primero es explicado como implicando una infracción de las leyes del diezmo, de poner aparte las primicias de la masa o de la purificación. Lo último es explicado como refiriéndose a ofensas tales como presentarse en público con la cabeza descubierta, pasar el tiempo charlando por las calles, hablar con hombres, a lo cual se añade el de altercar y reñir, o hablar con desprecio a los padres del marido en su presencia. Una mujer pendenciera (Erub. 41 *b*) podía ser ciertamente repudiada (Yebam. 63 *b*); la mala fama y la esterilidad (diez años) eran consideradas motivos válidos para el divorcio (Gitt. iv. 7, 8).

Aunque estos principios difieren de modo incomparable con la enseñanza de Cristo, podemos repetir que no hay comparación real posible entre Cristo y el más estricto de los rabinos, puesto que ninguno de ellos como Jesús *prohibía* realmente el divorcio (excepto en caso de adulterio), ni tampoco había establecido los principios elevados y eternos que Jesús había enunciado. Pero podemos comprender cómo, desde el punto de vista judío, para ponerle a prueba le harían la pregunta de si era legítimo divorciarse de la esposa «por cualquier causa». Evitando estas sofisterías, el Señor apeló directamente a la autoridad más alta: la instauración por Dios de la institución del matrimonio.

Él, que al principio (desde el principio, originalmente, מרישא) los hizo varón y hembra, en la relación matrimonial «los había unido», interrumpiendo toda otra relación, incluso la más próxima, para que fuera «una carne» –esto es, una unión que era una unidad. Éste fue el hecho ordenado por

5. Así, el tratado talmúdico sobre el «Divorcio», pese a insistir en que era un deber en caso de pecado, termina con las siguientes palabras: «El que se divorcia de su primera mujer, el mismo altar derrama lágrimas sobre él» (Gitt. 90 *b*, últimas líneas; comp. Mal. 2:13-16).

6. El ejemplo de uno que se negó a divorciarse, incluso de una mujer muy desagradable y quisquillosa, es el del rab. Chiya, citado en Yebam. 63 *a*, hacia el fin.

7. Hay dos ejemplos despreciables de rabinos que hicieron proclamación de su deseo de casarse por un día (en un extraño lugar, y luego divorciarse). Son citados en Yoma 18 *b*.

8. Se ha hecho un intento extraordinario para explicar la expresión (הקריחה חבשילו, «quema su comida») en el sentido de «es causa de deshonra para él». Pero en dos pasajes citados como refiriéndose a este significado (Ber. 17 *b*, Sanh. 103 *a*, segunda línea desde la base) la expresión no es el equivalente preciso de «traer deshonor», sino que en los dos casos la adición de las palabras «en público» (ברבים) marca el sentido figurativo usado. El significado real de la expresión en los dos pasajes referidos es: a uno que trae deshonra sobre aquello que le ha sido enseñado y ha aprendido. Pero en Gitt. ix. 10; 90 *a;* Bemid. R. 9 no hay indicación de ningún uso figurativo de la expresión, y los comentaristas lo explican como quemar un plato, «sea con el fuego o con sal»; en tanto que la expresión va seguida de un sorprendente permiso a divorciarse si se encuentra una mujer más agradable.

Dios. Se sigue que *eran* uno –y lo que Dios había querido que fuera uno, el hombre no lo debía separar. Luego viene la objeción natural rabínica de por qué, en este caso, Moisés había mandado dar carta de divorcio y repudiarla. Nuestro Señor replicó indicando que Moisés no había ordenado el divorcio, sino que lo había tolerado a causa de la dureza de su corazón, y que en este caso había ordenado que se diera una carta de divorcio para protección de la mujer. Y este argumento apelaría más vigorosamente a ellos, por cuanto los mismos rabinos enseñaban que una concesión algo similar había sido hecha por Moisés (Dt. 21:11) con respecto a las mujeres cautivas de guerra, como dice el Talmud, «a causa de los malos impulsos» (Kidd. 21 *b*). Pero esta separación –continuó el Señor– no había sido provista en la institución original, que era una unión para la unidad. Sólo una cosa podía poner fin a esta unidad: su absoluta ruptura. De ahí que el divorciarse de la esposa (o del marido) en tanto que esta unidad duraba, y casarse con otra, era adulterio, porque, como el divorcio era nulo delante de Dios, aún subsistía el matrimonio original, y en este caso la Ley rabínica también lo habría prohibido. La Ley judía, que considera el matrimonio con una mujer divorciada desaconsejable bajo todas las circunstancias (Pes. 112 *a*), prohibía en absoluto el del adúltero con la adúltera (Sot. v. 1).

Dígase lo que se diga con relación a la «dureza del corazón» en la sociedad moderna, en favor de la relajación de la ley del divorcio de Cristo, que confina la disolución del matrimonio a un motivo (el adulterio), porque entonces la unidad de lo hecho por Dios ha sido quebrantada por el pecado, un retroceso así no estaba en la intención de Cristo, ni puede ser considerado legítimo por la Iglesia ni por los discípulos individuales. Pero que los fariseos habían juzgado rectamente cuando «le pusieron a prueba» sobre cuál sería el sentimiento popular sobre el tema, se puede ver por lo que «sus discípulos» (no precisamente los apóstoles) le dijeron después. Esperaron a expresar su disentimiento hasta que estuvieran a solas con Él, «en la casa» (Mr. 10: 10), y entonces hicieron constar que si las cosas eran como enseñaba Cristo sería mejor no casarse. A lo cual el Señor replicó (Mt. 19:10-12) que este «dicho» de los discípulos,[9] «no es bueno casarse», no puede ser aceptado por todos los hombres, sino sólo por aquellos para quienes ha sido dado. Porque hay tres casos en que puede considerarse la abstinencia del matrimonio legítimamente. En dos de estos casos la cosa era natural; y donde no lo era, un hombre podía «por causa del Reino de los cielos» –esto es, en el servicio de Dios y de Cristo– tener todos sus pensamientos, sentimientos e impulsos tan ocupados en este servicio que no había otros. Porque hemos de estar alerta aquí de un posible doble malentendido. No se trata de una mera abstinencia del matrimonio, junto quizá con lo que los reformadores alemanes llamaba *immunda continentia* (continencia no casta), la que aquí es elogiada, sino una preocupación interior con el Reino de Dios tal que quitaría todos los demás pensamientos y deseos.[10] Es esto lo que requiere que sea «dado» por Dios; y que «el que es capaz de comprender (o aceptar) esta doctrina» –el que tiene capacidad moral para ello– es llamado para que lo reciba. Además, no hay que imaginarse que esto implica ninguna orden de celibato; sólo habla de los que en el servicio activo del Reino sienten que todos sus pensamientos están ocupados en la obra, de tal forma que los deseos e impulsos de entrar en matrimonio no existen para ellos (comp. 1 Co. 7:1, 25-40).

La bendición de los niños

4. El nuevo suceso es registrado por los tres evangelistas (Mt. 19:13-15; Mr. 10:13-16; Lc. 18:15-17). Probablemente ocurrió en la misma casa donde los discípulos habían hecho preguntas a Cristo acerca de su enseñanza sobre la relación divinamente sagrada del matrimonio. Y el relato de la bendición de los «niños» sigue de modo apropiado a la enseñanza anterior. Es una escena de gran dulzura y ternura, en que todo es como debía esperarse –¡ay!, incluso la conducta de los apóstoles, cuando recordamos su incapacidad reciente para sentir afinidad y simpatía con la enseñanza del Maestro. Y es totalmente distinto de lo que la leyenda judía habría inventado para su Mesías. Podemos comprender que, cuando uno que hablaba y obraba así descansaba en la casa, las madres judías le hubieran traído algunos «niños pequeños» para que «Él los tocara, y poniéndoles las manos sobre ellos, orara». ¡Qué poder de santidad tienen que haber creído estas madres que había en su contacto y oración; qué vida había en Él y venía de Él; qué bondad y ternura tienen que haber sido las suyas cuando las madres se atrevieron a llevarle estos niños pequeños! Porque cuán contrario es esto a todas las nociones judaicas, y qué incompatible con la supuesta dignidad de un rabino, según se puede ver por la repulsa de los discípulos. Era una ocasión y un acto en que, como nos informa el relato más pleno y pictórico de Marcos, Jesús «se indignó», la única vez que se usa esta palabra para nuestro Señor,[11] y les dijo: «Dejad a los niños, y no les impidáis que vengan a mí, porque de los tales es el Reino de los cielos». Luego les hizo notar a sus discípulos su grave error, repitiéndoles lo que al parecer habían olvidado (Mt. 18:3): que para entrar en el Reino de Dios hay que ser aceptado como por un niño pequeño; que aquí no se trataba de calificaciones intelectuales ni distinciones debidas a un gran rabino, sino sólo de humildad, receptividad, mansedumbre, y un simple acudir y confiar en Cristo. Y así, tomando en sus brazos a los niños pequeños, los bendijo, y con ello consagró para siempre esta vida infantil que el amor y la fe de los padres le habían llevado; bendita también por la imposición de sus manos, como si dijéramos, «ordenada», como plenamente creemos para siempre, «fuerza a causa de sus enemigos».

---

9. Éste es el punto de vista tomado por la mayoría. Pero «el dicho» o doctrina puede sin dificultad referirse también a lo dicho por Cristo.

10. Porque no es meramente practicar la continencia externa, sino pasar a ser en la mente y en el corazón un eunuco.

11. Los otros lugares en que se utiliza el verbo son: Mateo 20:24; 21:15; 26:8; Marcos 10:41; 14:4; Lucas 13:14; el sustantivo en 2 Corintios 12:11.

Capítulo 23

(Mateo 19:16-22; Marcos 10:17-22; Lucas 18:18-23; Mateo 19:23-30; Marcos 10:23-31; Lucas 18:24-30; Mateo 20:17-19; Marcos 10:32-34; Lucas 18:31-34; Mateo 20:20-28; Marcos 10:35-45)

Los últimos incidentes de Perea

A medida que nos acercamos a la meta, la historia maravillosa parece aumentar en ternura y emoción. Es como si toda la condescendencia amante del Maestro estuviera ocupada en estos días; toda la necesidad apremiante y la debilidad humana de sus discípulos. Y con igual compasión mira las dificultades de los que procuran en verdad ir a Él, y las que, brotando desde fuera, o aun del yo y del pecado, asedian a los que ya han acudido. Tratemos reverentemente de seguir sus pasos y aprender de sus palabras.

El joven rico que se marchó triste

«Cuando salía Jesús para ponerse en camino» (Marcos), posiblemente temprano por la mañana, dejando la casa en que él había tomado en sus brazos a los niños y los había bendecido, tuvo que detenerse. Había «un joven», probablemente un miembro de la Sinagoga local, que había venido con gran prisa, «corriendo», y con un gesto humilde (arrodillándose) le preguntó lo que para él, y para todos, es muy importante. Recordando que debemos a Marcos los trazos o pinceladas más gráficos, Mateo nos da sin embargo un informe más completo de las palabras que se dijeron, por lo que seguiremos a Mateo (19:16). No sólo hay más detalle en el relato, sino que elimina algunas de las dificultades de la exposición. El original en Mateo omite la palabra «bueno» después de «Maestro», con lo que con su versión se eliminaría la evidente dificultad de que en ningún caso que se registre se llama a un rabino judío «maestro bueno», y con ello la respuesta de Jesús «¿Por qué me llamas bueno?, etc.». Sin embargo, no cabe la menor duda que Marcos y Lucas están de acuerdo con el «Maestro bueno», y esto explicaría la extrañeza causada por esta expresión que daría lugar a que Jesús contestara al instante: «¿Por qué me llamas bueno? Ninguno hay bueno sino uno: Dios». En todo caso, la designación de Dios como el único «bueno» está de acuerdo con uno de los títulos dados a Él en los escritos judíos: «El único bueno del mundo» (טובי של עולם) (Pesiqta, ed. Buber, p. 161 *a*, últimas líneas).

La pregunta básica que hace el joven rabino la encontramos con frecuencia en los escritos judíos, presentada por un rabino a sus discípulos. Entre las diferentes respuestas que se dan no tenemos por que extrañarnos que también se indique la observancia de la Ley (Ber. 5 *a*, hacia la mitad; Ab. Zar. 19 *b*). Pero aquí, de nuevo, la semejanza es sólo de forma, no de sustancia. Porque como se puede notar en el relato más completo de Mateo, Cristo lleva al joven hacia arriba, a través de la tabla de las *prohibiciones* de actos, al primer mandamiento positivo de acto, y luego, en una rápida transición, a la sustitución del décimo mandamiento en su forma negativa por la forma más amplia y abarcativa «Amarás a tu prójimo como a ti mismo» (Lv. 19:18). Todo judío que perteneciera a los gobernantes, o gente principal –y especialmente uno tan sincero y deseoso de cumplir–, habría contestado al instante a la pregunta sobre los cuatro primeros mandamientos con un «Sí», y esto no por autojustificación, sino de veras, aunque ignorando su verdadera profundidad. Y aquí no había tiempo para pararse en una discusión detenida y dar instrucción; sólo para despertarle rápidamente y llevarle, si fuera posible, de ser un corazón sincero atraído hacia el Maestro, al verdadero discipulado. Es mejor aquí empezar por lo que se admitía como obligatorio –los diez mandamientos– y llevarle, desde el que era menos probable que fuera quebrantado, paso a paso, hacia arriba, al que era más probable que despertara conciencia de pecado.

Y el joven gobernante no contestó como aquel otro fariseo intentando entrar en una disputa rabínica sobre «¿Quién es mi prójimo?» (Lc. 10:29), sino que con la sinceridad de un corazón veraz contestó: «He guardado todas estas cosas desde mi juventud»; se entiende en cuanto le era posible recordar. En esto Mateo le hace preguntar: «¿Qué me falta todavía?». Incluso si no hubiera hecho la pregunta que no se halla en los otros dos evangelistas podría haberse entendido por lo que sigue. Hay un anhelo elevado, intenso, sincero, genuino, generoso, entusiasta, en el alma juvenil cuando la juventud no ha sido emponzoñada por el aliento del mundo o deteriorada por la podredumbre del vicio. El alma suspira por lo verdadero, lo elevado, lo mejor, e incluso si la fuerza falla en conseguirlo, todavía deseamos con anhelo buscando la forma de subir hacia arriba. Éste debe haber sido el caso con un joven *judío* de aquellos días; y más aún uno como este joven, al cual la abundancia le permitía dar libre curso a sus sentimientos más delicados, y la riqueza se unía a la religiosidad y el servicio de la Sinagoga. No había en él la soberbia de las riquezas ni la autosuficiencia que éstas engendran con tanta frecuencia; ni el orgullo de la pureza moral consciente, ni afán de justificación propia ante Dios y los hombres; ni el orgullo de ser fariseo o dirigente de la Sinagoga. Lo que parece haber oído de Cristo había avivado con mayor intensidad su anhelo de Dios y del cielo, y le había llevado, en esta sinceridad moral suprema, a postrarse reverente y humilde ante Aquél en quien había toda perfección y del cual toda perfección procedía. No había sido atraído primero a Cristo y luego a lo puro, como era el caso de los publicanos y pecadores, sino, como otros muchos –aun Pedro cuando en esa hora de agonía exclamó: «¿A quién iremos? Tú tienes palabras de vida eterna»–, él había sido atraído a lo puro y más elevado, y por ello a Cristo. Para algunos, el camino a Cristo es hacia el monte de la Transfiguración, entre los Seres resplandecientes del otro mundo; para otros es cruzar el oscuro Cedrón, hacia el profundo huerto de Getsemaní con su agonía. ¿Qué importa, si lleva igualmente a Él, y trae asimismo el sentido de necesidad y experiencia de perdón al que busca lo mejor, y el sentido de necesidad y la experiencia de santidad al que busca perdón?

Y Jesús lo vio todo –en su mirada intensa hacia arriba; y por dentro, por medio de la pregunta «¿Qué me falta todavía?»– más profundamente que lo que el mismo joven había visto en su propio corazón, incluso lo profundo de la debilidad y necesidad que él no había explorado y que debían ser llenadas si había de entrar en el Reino de los cielos. Jesús vio lo que le faltaba; y lo que vio se lo mostró.

Porque, «mirándole» en su gran sinceridad, «sintió afecto por él», como amaba a aquellos que eran suyos. Una cosa le faltaba a este joven: que no sólo pasara a ser su discípulo, sino que, al hacerlo, «viniera y le siguiera». Podemos hacernos cargo de que, para uno como este joven, el ir a Cristo y seguirle implicaba que fuera de modo completo y absoluto. Y para hacerlo, en aquellas circunstancias, era necesario para el joven y también para Cristo que se separara de todo lo que tenía. Y lo que era una necesidad *exterior,* según vemos, era también una necesidad *interior;* y así, como siempre, la Providencia y la gracia obrarían juntas. Porque en verdad para muchos, un paso externo es con frecuencia no sólo el medio hacia una decisión espiritual, sino absolutamente necesario. Para algunos es la primera confesión abierta de Cristo; para otros, el primer acto de negarse a sí mismos, o el primer «No» claro y distinto; para algunos es la primera oración, o bien el primer acto de consagración propia. Con todo, parece como si fuera no sólo necesaria la palabra de Dios, sino también un golpe de la vara de Moisés para que salte agua de la roca. Y con ello este joven rico habría sido perfecto; y lo que habría dado a los pobres habría pasado a ser no como mérito, ni modo de recompensa, sino realmente «tesoro en el cielo».[1]

Lo que le faltaba era la pobreza en la tierra y la riqueza en el cielo; un corazón decidido a seguir a Jesús; y esto sólo podía venir mediante una entrega total. Esto era para él el medio, la prueba y la necesidad. Para él era esto; para nosotros puede ser algo muy distinto. Con todo, cada uno tiene una falta: algo profundo en el corazón, que quizá no sepamos aún y que tiene que ser sabido y entregado si queremos seguir a Cristo. Y sin abandonarlo no le podemos seguir. Ésta es la ley del Reino; y es así porque nosotros somos pecadores, porque el pecado no es únicamente la pérdida de lo bueno, sino la posesión de algo distinto en su lugar.

Hay algo patético en la forma con que Marcos describe la historia: «él se puso triste», en que la palabra pinta la melancolía que ensombreció el semblante del joven. ¿Creía, pues, que esto no le faltaba? Apenas tenemos que recordar el lenguaje extraordinario con que el Rabinismo describe las miserias de la pobreza,[2] para poder entender sus sentimientos ante la idea de carecer de esto que se le indicaba que había de abandonar. Una posibilidad así no había entrado nunca en su mente: la idea sola era aterrorizante. ¡Que tuviera que presentarse y seguir a Jesús allí mismo y, para poder hacerlo, que tuviera que ir y darlo todo a los pobres, y él, un pobre también, un mendigo, de esta forma se hiciera tesoro en el cielo; y que esto se lo exigiera como una condición indispensable este Maestro en quien él creía, y de cuyos labios quería aprender lo que le faltaba, y que hasta hacía un momento lo había sido todo para él! Ésta era una sorpresa aniquiladora, una sentencia de muerte a su vida, y de vida a su muerte. ¡Y esto venía de *sus* labios, a cuyos pies había venido a postrarse, y que le enseñaba, para entregárselas, las llaves de la vida eterna! El Rabinismo nunca había pedido una cosa semejante; si requería limosnas, en medio de ostentación;[3] y aun se declaraba ilegal el renunciar a todas las posesiones de uno (Arakh. viii. 4); a lo máximo podía dedicarse a limosnas una quinta parte de las mismas (Kethub. 50 *a*).

Y así, con faz ensombrecida, miró lo que le faltaba, por dentro; y miró a Cristo: lo que necesitaba. Y aunque no volvemos a oír más de él, y regresó a su casa muy pobre porque lo hizo «muy apesadumbrado», no podemos por menos de creer que aquél a quien Jesús había amado todavía halló en la pobreza de la tierra el tesoro en el cielo.

Y no fue sólo esto. La profunda compasión de Cristo por él, el joven que había ido a verle aquel día, se echa de ver también en su advertencia a sus discípulos (Mr. 10:23). Pero, sin duda, éstas no son sólo riquezas en el sentido literal que hacen difícil para un hombre el entrar en el Reino del cielo;[4] tan difícil, casi hasta el punto de ser una imposibilidad, que era expresada por un proverbio corriente judío de que un hombre ni aun en sus sueños había visto a un elefante pasar por el ojo de una aguja (Ber. 55 *b*, última línea; comp. también Bab. Mez. 38 *b*). Pero cuando, en su perplejidad, los discípulos le hicieron la pregunta: «Entonces, ¿quién puede ser salvo?», Él les señaló hacia adelante, hacia arriba, y también hacia adentro, enseñándoles que lo que era imposible conseguir por parte del hombre con sus propias fuerzas, Dios podía obrarlo con su gracia omnipotente.

El dejarlo todo por Cristo

Casi causa una horrible disonancia en nuestros oídos, y nos prepara para cosas más tristes venideras, el que Pedro, quizá portavoz del resto, parece recordar al Señor que ellos lo habían abandonado todo para seguirle. Mateo registra también una pregunta especial que Simón añadió: «¿Qué, pues, tendremos?»; y de ahí que su Evangelio solamente haga mención a la respuesta del Señor, en cuanto se aplicaba solamente a los apóstoles. Porque esta respuesta en realidad se refiere a dos puntos: a la recompensa que los que lo dejan todo para seguir a Cristo van a obtener (Mt. 19:29; Mr. 10:26, 30; Lc. 18:29, 30), y al reconocimiento especial que esperaba a los apóstoles de Cristo (Mt. 19:28). Con respecto al primero es doble. Los que lo han abandonado todo «por amor a Él» (Mateo y Marcos), «y del Evangelio» (Marcos), «por causa del Reino de Dios» –y estas tres expresiones se explican y suplementan la una a la otra–, recibirían «en este tiempo» «muchas veces más» relaciones nuevas y mejores, y más íntimas de naturaleza espiritual que las que se habían abandonado, aunque, como añade Marcos de modo significativo, para impedir toda equivocación, «con persecuciones». Pero junto a eso destaca, sin nubes, la brillante promesa para «el mundo venidero» de la «vida eterna». Con respecto a los apóstoles personalmente, hay algo de misterio sobre su promesa.[5] Podemos entender que la distinción de gobernar o juzgar concedida a ellos podría haber sido revestida con un lenguaje tomado de la expectativa de los tiempos, a fin de hacer la promesa inteligible a ellos. Pero por desgracia, no tenemos ninguna información explicativa que ofrecer. Los rabinos, realmente, hablaban de una renovación o regeneración del mundo (סהדש את עולמו) que tendría lugar des-

1. La expresión en Marcos 10:21 «tomando tu cruz» es espuria, añadida por algún copista poco acertado y torpe.

2. Se podrían citar muchos dichos. Era peor que todas las plagas de Egipto juntas (Bab. B. 116 *a*), que todas las demás desgracias (Bets. 32 *b*); la peor aflicción que podía acaecer al hombre (Shem. R. 31).

3. Ver una historia de jactancia en Wünsche, *ad loc.* El hacer mérito de dar todas las riquezas para Cristo es, sin duda, la caricatura satánica del significado de esta enseñanza.

4. Las palabras de Marcos 10:24 «a los que confían en las riquezas» son muy probablemente una glosa espuria.

5. Naturalmente, la expresión «doce tronos» (Mt. 19:28) no debe ser apurada hasta un literalismo completo, o podría preguntarse si Pablo o Matías ocuparían el lugar de Judas. Por otro lado, tampoco debe ser tenida como baladí, como si la «regeneración» se refiriera únicamente a la dispensación cristiana y a las relaciones espirituales bajo la misma.

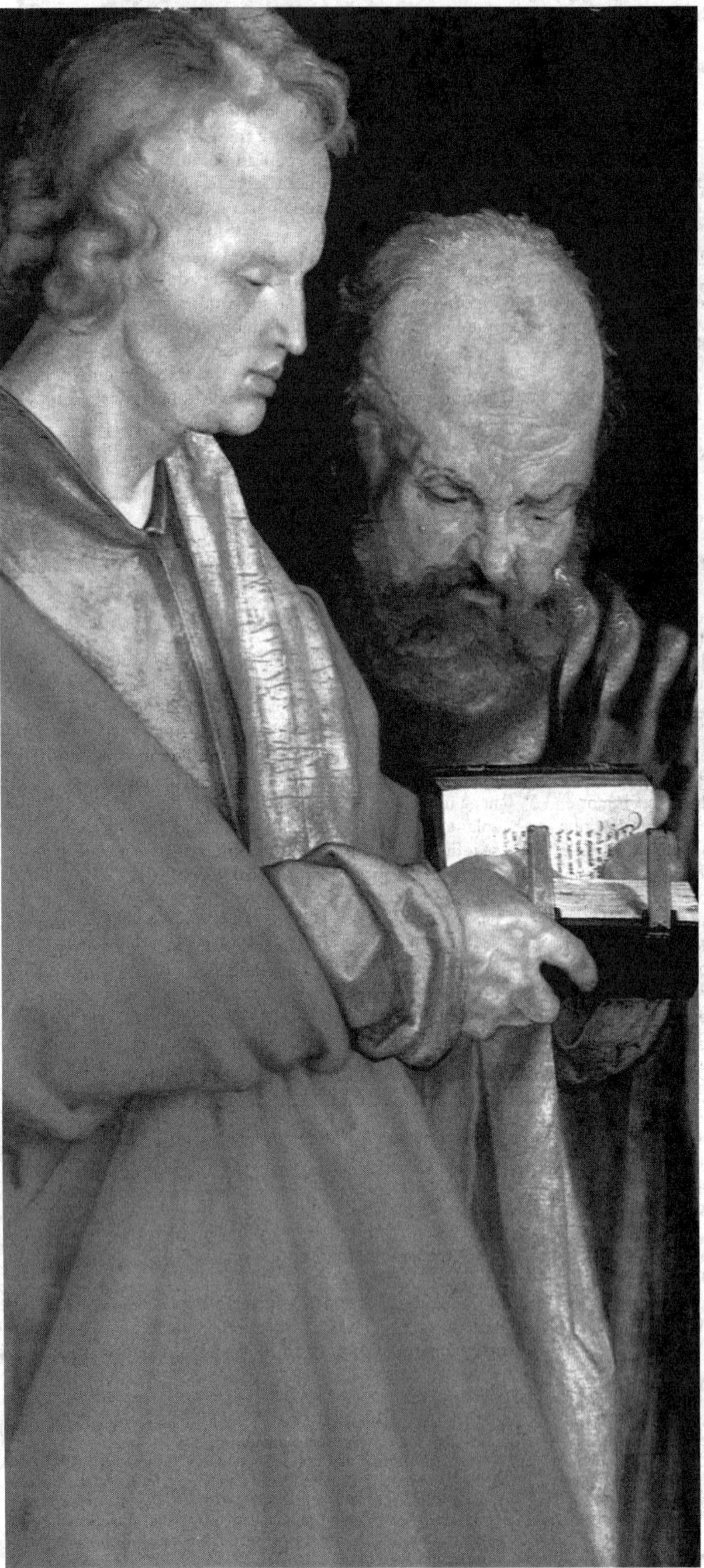

«Parece casi como si la ráfaga impetuosa de la tentación, el mismo aliento del destructor, estuviera ya abatiéndose sobre la manada pequeña como si el crepúsculo de la noche de su traición y deserción estuviera ya echándoseles encima. ¡Y ahora ha caído sobre los dos discípulos escogidos, Jacobo y Juan, 'los hijos del trueno', y uno de ellos 'el discípulo amado'! Pedro, el tercero en aquel grupo en cuanto a su íntima unión con Cristo, ya había tenido su tentación (Mt. 16:23), y tendría otras peores aún hasta ser descuajado del todo en su vida si el gran Sumo Sacerdote no hubiera intercedido especialmente por él».

A la Pinacoteca Antigua de Nunich pertenece este retrato conjunto de Pedro y Juan (fragmento) realizado por Alberto Durero en el año 1526. Junto a la venerable ancianidad de uno, destaca la serena juventud del otro.

pués de 7.000 años, o bien 5.000 años del reinado mesiánico (Sanh. 97 *b*). Una renovación de todas las cosas no sólo es predicha por los profetas (p.ej., Is. 34:4; 51:6; 65:17), y se halla en los últimos escritos judíos,[6] sino también en la literatura rabínica.[7] Pero, por lo que se refiere a un gobierno especial, o «juicio» de los apóstoles, o embajadores del Mesías, no tenemos –y naturalmente no podemos esperar– ningún paralelo en los escritos judaicos. Que la promesa de un gobierno y juicio así a los apóstoles no es peculiar del llamado Evangelio judaico de Mateo aparece por su renovación en un período posterior, según se ve en Lucas.[8] Finalmente, que está de acuerdo con la promesa del Antiguo Testamento, lo veremos por la referencia a Daniel 7:9, 10, 14, 27; y hay pocas referencias en el Nuevo Testamento a la bienaventurada consumación de todas las cosas en que no se mencione esta renovación del mundo,[9] e incluso el gobierno y juicio de los representantes de Cristo (1 Co. 6:2, 3; Ap. 20:4; 21:14).

Por misteriosos que sean sus detalles, sin embargo, estas cosas parecen claras y pueden ser consideradas, sin curiosidad o presunción indebida, como enseñanza de nuestro Señor: la renovación de la tierra; la participación en su gobierno y juicio que Él dará en el futuro a sus santos; la distinción especial que Él otorgará a sus apóstoles correspondiendo a sus dones, privilegios, y gobierno especial que Él les concederá sobre la tierra, y a la cercanía a Él y sacrificios y obra para Él; y finalmente, podemos añadir la preservación de Israel como una nación bien clara, posiblemente tribal (comp. también Hch. 26:7). En cuanto al resto, como tantas otras cosas, se encuentra «tras el velo», y aun cuando sabemos que está allí, es mejor para la Iglesia que el velo no haya sido quitado.

La referencia al futuro bienaventurado con sus recompensas fue seguida de una parábola, registrada, como todas las de la serie, con una excepción, por Mateo solamente. Será mejor considerarla en relación con la última serie de parábolas de Cristo (ver Libro 4). Pero fue acompañada por lo que, dadas las circunstancias, era también una advertencia muy necesaria (Mt. 20:17-19). Los pensamientos sobre el futuro Reino mesiánico, su gloria, y su propia parte en él podían haber amortiguado la mente de sus discípulos de modo que les hubiera hecho olvidar el terrible momento que tenían delante. En un caso así no sólo podrían caer en el error fatal judío de pensar en un Mesías Rey que no era un Salvador –la cruz sin la corona–, sino que sufrirían un naufragio en su fe cuando la tormenta se abatiría sobre ellos en el día de su condenación y crucifixión. Si hubiera sido necesario siempre, lo era más aún en este momento de euforia el recordarles y volverles a advertir de lo que les esperaba en el futuro inmediato. Lo cierto de la necesidad de esta preparación se ve por el mismo relato.

Había algo tristemente misterioso en las palabras con que Cristo terminó su parábola: que los últimos serían los primeros, y los primeros los últimos[10] (Mt. 20:16; Mr. 10:31), y llenaron de oscuros presentimientos a los que las escucharon. ¡Y ahora todo parecía tan extraño! Sin embargo, los discípulos no podían haberse hecho ilusiones. Sus propias palabras, al menos en dos ocasiones previas (Mt. 16:21; 17:22, 23), por más que fueran entendidas mal o sólo parcialmente, tienen que haberles llevado a esperar como mínimo una seria oposición y tribulaciones en Jerusalén, y su esfuerzo por disuadir a Cristo de ir a Betania para resucitar a Lázaro muestra que se daban buena cuenta del peligro que amenazaba al Maestro en Judea (Jn. 11:8, 16). No obstante, no sólo «Él iba ahora a Jerusalén», sino que su comportamiento era algo distinto de lo corriente. Como escribe Marcos, Él andaba «delante de ellos», de lo que podemos suponer que iba solo, como Uno, ocupado en sus pensamientos absorbentes, que va a cumplir su gran obra y consumarla. «Iban de camino, subiendo a Jerusalén, y Jesús iba delante de ellos; y ellos estaban atónitos; y los que le seguían tenían miedo».

La profecía de su pasión

Fue entonces que Jesús tomó a los apóstoles aparte y, en palabras más precisas que la vez anterior, les dijo que «se cumplirían todas las cosas que estaban escritas por los profetas acerca del Hijo del Hombre» (Lc. 18:31); no meramente que se cumpliría todo lo que habían escrito sobre el Hijo del Hombre, sino una verdad mucho más profunda, totalmente inclusiva con respecto al A.T.: que toda su profecía verdadera abocaba a los sufrimientos de Cristo. Tal como lo relatan los tres evangelistas, el Señor les dio plenos detalles de su traición, crucifixión y resurrección. Y con todo podemos sin irreverencia dudar de si en aquella ocasión Él entró realmente en todos estos particulares. En un caso así parece difícil explicar cómo, según informa Lucas, «ellos nada comprendieron de estas cosas, y estas palabras les quedaban ocultas, y no entendían lo que se les decía»; y de nuevo cómo después los sucesos reales y su resurrección podrían haberles cogido por sorpresa completamente. Más bien pensamos que los evangelistas informan de lo que Jesús había dicho entonces a la luz que tenían de los sucesos una vez hubieron ocurrido. Él les habló de su traición por parte de los dirigentes de Israel, y su entrega a manos de los gentiles; de su muerte y resurrección al tercer día; sin embargo, en lenguaje que ellos no podían entender en aquel entonces, ni lo entendieron realmente, pero que cuando se miraba a la luz de lo que había sucedido en realidad era percibido por ellos como la predicción real de aquellos días terribles en Jerusalén y de la mañana de la resurrección. En aquel tiempo es posible que hubieran pensado que sólo señalaba su rechazo por los judíos y los gentiles, los sufrimientos y muerte, y luego la resurrección, o bien de su misión o de alguna reaparición del Mesías, después de su desaparición temporal, tal como esperaba el Judaísmo.

Pero durante todo este tiempo, con creciente intensidad, había pensamientos terribles luchando en el pecho de Judas; y bajo la trampa de aquella lucha sólo había una leve capa de tierra para esconderla y evitar que irrumpiera el fuego infernal de la pasión dominante que había dentro.

La petición de Salomé, y de Jacobo y Juan

Hubo otro incidente, más extraño y triste que ninguno de los que habían precedido, y con ello terminó para siempre su estancia en Perea. Parece casi como si la ráfaga impetuosa de la tentación, el mismo aliento del destructor, estuviera ya abatiéndose sobre la manada pequeña como si el crepúsculo de la noche de su traición y deserción estuviera ya echándoseles encima. ¡Y ahora ha caído sobre los dos

---

6. Libro de Enoc 91:16, 17; 4 Esdras 7:28.
7. Targum Onkelos sobre Deuteronomio 32:12; Targum Jerus. sobre Deuteronomio 32:1; Targ. Jon. sobre Habacuc 3:2; Ber. R. 12, ed. Vars., p. 24 *b*, cerca del fin; Pirqé de R. Eliezer 51.
8. Este tema lo trataremos más adelante.
9. Hechos 3:21; Romanos 8:19-21; 2 Pedro 3:13; Apocalipsis 21:1.
10. Las palabras «porque muchos serán llamados, mas pocos escogidos» parecen espurias en este lugar.

discípulos escogidos, Jacobo y Juan, «los hijos del trueno», y uno de ellos «el discípulo amado»! Pedro, el tercero en aquel grupo en cuanto a su íntima unión con Cristo, ya había tenido su tentación (Mt. 16:23), y tendría otras peores aún hasta ser descuajado del todo en su vida si el gran Sumo Sacerdote no hubiera intercedido especialmente por él. Y, por lo que se refiere a los dos hijos de Zebedeo y de Salomé (Mt. 27:56; comp. Mr. 15:40), sabemos que la tentación ya les había asediado, que Juan había prohibido a uno que echaba demonios, porque no iba con ellos (Mr. 9:38), y que tanto él como su hermano Jacobo querían hacer descender fuego del cielo para que consumiera a unos samaritanos que se habían negado a recibir a Cristo (Lc. 9:54). Era esencialmente el mismo espíritu el que les impulsaba a la petición que presentó su madre Salomé,[11] no solamente con la aprobación plena de ellos, sino como se nos dice de modo expreso (Mr. 10:35) con su participación activa. Hay la misma fe en Cristo, la misma lealtad a Él, pero también el mismo afán no santo y el mismo malentendido –y añadamos la misma exaltación personal latente–, como en los dos casos previos, en cuanto a esta petición de ser los huéspedes más honrados suyos y también los más cercanos a Él, de modo que ocuparan su mano derecha y su izquierda en el Reino (Mt. 20:20-28; Mr. 10:35-45). Es terriblemente incongruente, como toda aparición de afán de engrandecimiento personal, sobre todo en aquel momento y con la perspectiva que tenían delante, pero no podemos por menos que notar la intensidad de la fe y lo absoluto de un amor casi sublime, cuando la madre da un paso adelante entre los que siguen a Cristo a su sufrimiento y muerte, para presentar una petición así para sus hijos, junto con ellos.

Y así parece haberlo visto el Salvador. Con inefable paciencia y ternura, Él, cuya alma estaba llena de la terrible lucha que tenía delante, sobrelleva con paciencia la debilidad y egoísmo que pudiera haber en estos pensamientos y ambiciones, incluso en aquel momento. Para corregirlas, señala a la perspectiva inminente en que lo alto sería hecho bajo. «¡No sabéis lo que pedís!». El Rey ha de ser Rey a través del sufrimiento –¿se dan cuenta de la ruta que lleva a esta meta?. Los que están más cerca del Rey de aflicciones tienen que alcanzar el lugar más cercano a Él por la misma ruta. ¿Están preparados para ello, preparados para beber la misma copa de agonía del alma que el Padre le va a entregar a Él –a someterse a descender al bautismo de consagración, cuando la avenida de aguas va a cubrirle a Él?.[12] En su ignorancia, y prestando atención sólo a los impulsos de su corazón, se imaginan que pueden. Es más, en cierta medida sería así; con todo, y para corregir su error, les dice Jesús que el que se sienten a su derecha y a su izquierda, éstos no son favores que Él pueda conceder; en sus propias palabras: «no es mío darlo, sino a aquellos para quienes está preparado por mi Padre».

Pero en cuanto a los otros diez, cuando oyeron esto, sólo pensaron en la preeminencia que a su vista Jacobo y Juan habían procurado obtener adelantándoseles a ellos, lo cual les llenó de envidia, celos e indignación (Mt. 20:24; Mr. 10:41). Y así, en aquella hora de tremenda solemnidad, se enzarzó el fuego de la disputa entre ellos, cuando debían estar más íntimamente unidos; los celos y la ambición llenaron a los que debían ser más humildes, y las pasiones ardientes, nacidas del yo, el mundo y Satanás, les distraían, cuando debían estar llenos del gran amor y sacrificio. Era una tempestad encrespada en el mar, oyéndose el fragor de las olas airadas, a las que Él devolvió la calma cuando les habló del gran contraste entre los príncipes de los gentiles, que «se enseñoreaban sobre ellos», o de los «grandes entre los gentiles» que los «dominaban», y que todo aquél que quisiera ser grande entre los discípulos, debía buscar la grandeza en el servicio –no la grandeza mediante el servicio, sino la grandeza del servicio–; y que todo el que quisiera ser el «primero» entre ellos debía serlo en el servicio. Y ¿no había sido así, lo era y lo sería en cuanto al Hijo del Hombre –y *debe* serlo en aquellos que quieran estar junto a Él, incluso sus apóstoles y discípulos?. El Hijo del Hombre –podían verlo mirando hacia atrás y hacia delante– no había venido para ser servido, sino para servir. Y luego, abriéndose paso por la reserva que hasta entonces había mantenido, y revelándoles los pensamientos más íntimos en que había venido ocupándose cuando iba delante de ellos a solas por el camino, les habló por primera vez de modo pleno de cuál era el significado más profundo de su vida, su misión y su muerte: «para dar su vida en rescate por muchos» (Mt. 20:28; Mr. 10:45); para pagar con su sangre el precio de su redención, para entregar su vida por ellos: en su lugar y para su salvación.

Estas palabras tienen que haberse hundido en su corazón, por lo menos en el de uno de la compañía. Vuelven a repetirse unos pocos días más tarde, y el discípulo amado nos habla de este ministerio de amor, en la Santa Cena (Jn. cap. 13); y siempre, después, en sus escritos o en su vida, parece llevarlas consigo y hacerse eco de ellas. Desde entonces han permanecido en la verdad fundacional, sobre la cual se ha edificado la Iglesia: el tema de su predicación y el objeto de su experiencia.[13]

---

11. Es notable que en Mateo 20:20 se le dé este título especial: «la madre de los hijos de Zebedeo» (comp. también la mención de Zebedeo, Mr. 10:35). Evidentemente, el énfasis era que la distinción no se pedía en base a su parentesco terrenal a través de Salomé, que era tía de Jesús.

12. La cláusula en Mateo «y ser bautizados con el bautismo con que yo soy bautizado» es probablemente espuria, habiendo sido añadida más tarde, sacada del de Marcos.

13. Romanos 3:24; 1 Corintios 6:20; 1 Timoteo 2:6; 1 Pedro 1:19; 1 Juan 4:10.

Capítulo 24
(Lucas 19:1-10; Mateo 20:29-34; Marcos 10:46-52; Lucas 18:35-43; Juan 11:55–12:1; Mateo 26:6-13; Marcos 14:3-9; Juan 12:2-11)

En Jericó y en Betania

Una vez más, y ahora por última vez, pasaron los vados del Jordán, y Cristo se halla en el suelo de la Judea propiamente dicha. Tras Él quedan Perea y Galilea; tras Él, el ministerio del Evangelio de palabra y de obra; delante de Él, el acto final de su vida hacia el cual se dirigía con plena consciencia de lo que hacía. Rechazado como Mesías por su pueblo no sólo en su persona, sino en lo que se refería al Reino de Dios, que en cumplimiento de la profecía y del misericordioso consejo de Dios Él había venido a establecer, estaba resuelto a dirigirse a Jerusalén y a realizar su último acto: «dar su vida en rescate por muchos». Y Él iba no como en la Fiesta de los Tabernáculos, de modo privado, sino abiertamente, a la cabeza de sus apóstoles y seguido de muchos discípulos –una compañía festiva que se dirigía a la Fiesta Pascual, de la cual Él mismo había de ser «el Cordero» del sacrificio.

Jericó. Invitado en casa de Zaqueo

La primera estación que alcanzaron fue Jericó, la ciudad de las palmas, a una distancia de unas seis horas de Jerusalén. La antigua ciudad no ocupaba el lugar de la presente aldea miserable, sino que se hallaba a una media hora al nordeste de la misma, en la llamada fuente de Eliseo. Había una segunda fuente a una hora de distancia, al nordeste. El agua de estas fuentes, distribuida por medio de acueductos, bajo el sol tropical, daba una fertilidad insuperable al suelo fecundo a lo largo de la «llanura» de Jericó, que medía unas doce o catorce millas de anchura. La historia en el Antiguo Testamento de la «ciudad de las palmas» es bien conocida. Fue aquí también que el rey Sedequías, en su huida, fue capturado por los caldeos (2 R. 25:5), y allí regresó una compañía de 345 hombres bajo Zorobabel (Esd. 2:34). En la guerra de liberación bajo los Macabeos los sirios habían intentado fortificar Jericó (1º Macc. 9:50). Estos fuertes fueron destruidos después por Pompeyo en su campaña. Herodes el Grande la había saqueado primero, pero luego la reconstruyó parcialmente, la fortificó y la adornó. Fue allí que murió (Jos., *Ant.* xvii.6.5). Su hijo Arquelao construyó también un palacio en ella. Al tiempo en que nos encontramos en este relato, estaba naturalmente bajo el dominio romano. Mucho después había recobrado su antigua fama por su fecundidad y prosperidad. Josefo la describe como la parte más rica del país, y la llama un pequeño Paraíso. Antonio había concedido las rentas de sus plantaciones de bálsamo, como un regalo imperial, a Cleopatra, la cual a su vez las vendió a Herodes. Aquí crecían palmeras de varias clases, sicomoros, cipreses (Cnt. 1:14), mirobálsamo, que producía un aceite exquisito, y de modo especial balsameras. Si a estas ventajas de clima, suelo y producciones añadimos que era, por así decirlo, la clave de Judea hacia el Este, que por ella pasaba la ruta de caravanas de Damasco y Arabia, que era un gran centro comercial y militar y, finalmente, su proximidad a Jerusalén de la cual formaba la última «estación» en la ruta de los peregrinos festivos que venían e iban de Galilea y Perea, no será difícil comprender su importancia y prosperidad.

Podemos imaginarnos la escena cuando nuestro Señor la contempló en aquella tarde de principios de primavera. Allí era ya por cierto verano, porque, como dice Josefo (*Guerra* iv.9.3), aun en invierno sus habitantes sólo pueden llevar vestidos ligeros de lino. Nos acercamos a ella desde el Jordán. Está protegida por murallas, flanqueada por cuatro fuertes. Estas murallas, el teatro y el anfiteatro habían sido construidas por Herodes; el nuevo palacio y sus espléndidos jardines eran obra de Arquelao. Alrededor se extendían jardines de rosas, especialmente las plantaciones fragantes de las balsameras –la mayor detrás de los jardines reales desde la cual el perfume era llevado por el viento casi hasta el mar, y que puede haber dado el nombre a la ciudad (Jericó «la perfumada»). Es el Edén de Palestina, la tierra de las hadas del mundo antiguo. ¡Y de qué modo tan extraño está engastada esta joya! En lo profundo de un valle, a través del cual se desliza serpenteando el tortuoso Jordán, para perder sus aguas en la masa cenagosa del mar del Juicio. El río y el mar Muerto se hallaban a una distancia equidistante de la ciudad, unas seis millas. Al otro lado del río se levantan los montes de Moab, que adquieren matices hacia el púrpura y el violeta. Cerca de Jerusalén, y al Norte, se extienden las colinas de piedra caliza desnudas, escondrijo de salteadores y bandidos a lo largo de la desolada carretera que va hacia la ciudad. Allí, en el yermo vecino de Judea, se hallan también las moradas solitarias de los anacoretas; y en toda esta escena extrañamente variada se ha extendido el manto coloreado de un verano perpetuo. Y en las calles de Jericó, una multitud abigarrada: peregrinos de Galilea y Perea; sacerdotes que tenían una «estación» allí; comerciantes de todos los países que habían venido a comprar o a vender, o transitaban por la gran ruta de caravanas desde Arabia y Damasco –ladrones y anacoretas, fanáticos, extremistas, soldados, cortesanos y publicanos ocupados–, porque Jericó era la estación central para el pago de los impuestos y aduanas, tanto sobre los productos nativos como por los traídos del otro lado del Jordán. Y con todo, éste era un lugar para soñar también, bajo este glorioso cielo de verano y las plantaciones de arbustos fragantes, cuando estas figuras de lejanas tierras y esta multitud de sacerdotes, que llegaban en número según la tradición a la mitad de los de Jerusalén (Jer. Taan. iv. 2), parecían pasar como en una visión fugaz, y (según la leyenda judía) el sonido de la música del Templo llegaba desde el Moria, trasportada en volandas, en débiles ecos, por la brisa, como el sonido de muchas aguas en la lejanía (Jer. Sukk. v. 3).

Habiendo entrado Jesús en Jericó, iba pasando por la ciudad (Lc. 19:1-10). Las noticias de que se acercaba la compañía festiva –formada por sus discípulos y apóstoles– dirigida por el mismo Maestro, tenían que haberles precedido desde seis millas antes, desde los vados del Jordán. Su nombre, sus obras, su enseñanza –quizá Él mismo–, tenían que ser conocidos por la gente de Jericó tal como tenían que haber conocido los sentimientos de los líderes del pueblo, quizá incluso que se acercaba la gran pugna entre ellos y el profeta de Nazaret. ¿Era un buen hombre?, ¿había hecho grandes milagros en el poder de Dios, o por influencia satánica?, ¿era el Mesías, o el Anticristo?, ¿traería salvación al mundo, o bien la ruina de su propia nación? ¿Vencería, o sería destruido? ¿Era sólo uno más en la larga lista de ilusiones y engaños, o bien la mañana celestial tanto tiempo prometida del día del Señor está en su albor? Cerca se hallaba Betania, de donde tenían que haber llegado las noticias increíbles de la resurrección de Lázaro, bien conocido en todas las cercanías. Y sin embargo, el Sanedrín –era bien conocido– había decidido darle muerte. En todo caso, no se podía esconder nada acerca de Él; y aquí, delante de todos y acompañado por sus seguidores –gente humilde y sin letras, había que admitirlo, pero completamente convencida de las pretensiones de su caudillo y adherida a Él–, ¡Jesús iba a Jerusalén a medirse con sus enemigos!

Era la costumbre que cuando pasaba una compañía festiva por un lugar los habitantes se reunían por las calles para dar la bienvenida a sus hermanos. Y esa tarde, sin duda, apenas hubo una persona en Jericó que no saliera a ver a la compañía de peregrinos. Hombres –curiosos, indiferentes, medio convencidos–; mujeres con niños en los brazos para recibir una bendición de los que pasaban, o empujando delante a los niños para que años después pudieran decir que habían visto al profeta de Nazaret; comerciantes, soldados –una pared de curiosos entre los cuales, por el camino, Jesús «estaba pasando». ¿Iba a pasar por la población, o iba a ser el huésped de alguno de los sacerdotes principales de Jericó?; ¿iba a enseñar, a hacer algún milagro, o silenciosamente seguir su camino hacia Betania? Había uno en aquella multitud que parecía no ser visto con simpatía por nadie; iba solo y estaba fuera de su lugar. Era un jefe de los publicanos o cobradores de contribuciones, probablemente el director del departamento. Como muestra su nombre, era un judío; pero, no obstante, este mismo nombre Zaqueo –«Zakkai», «el justo» o «puro»– sonaba como una mofa. Sabemos la mala reputación que se achacaba a los publicanos, y las muchas oportunidades que tenían para mal obrar y oprimir al pueblo. Y, según la confesión posterior del mismo Zaqueo, no había perdido el tiempo. Y había conseguido aquello por lo que había renunciado a su propia nación y a su alma: «era rico». Si, como Cristo había enseñado, era más difícil que un rico entrara en el Reino de los cielos que un camello pasara por el ojo de una aguja, ¿qué cabía decir de uno que había conseguido sus riquezas por estos medios?

Y con todo, Zaqueo estaba entre la multitud que había venido a ver a Jesús. ¿Qué era lo que le había traído? Ciertamente no sólo la curiosidad. ¿Era un proceso que ya de tiempo venía trabajando en su conciencia, o una esperanza apenas confesada de algo mejor, o había oído hablar de Él antes, o bien había oído decir que Él era distinto de aquellos desabridos líderes y maestros de Israel, que rehusaban toda esperanza en la tierra y en el cielo a los que eran como él, y que Jesús había recibido –es más, llamaba– a sí a publicanos y pecadores? ¿O bien era sólo una atracción innominada, profunda, irresistible, interna del Espíritu Santo, que quizá puede habernos llevado a nosotros como ha llevado a muchos no sabemos por qué o cómo, al lugar y hora de la decisión eterna para Dios y para la infinita gracia de nuestras almas? Ciertamente en circunstancias semejantes, como suele ocurrir, Zaqueo encontraba sólo obstáculos que parecían hacer su propósito prácticamente imposible. El relato es en alto grado pictórico y detallado. Zaqueo, tratando de abrirse paso para ponerse delante y así ver a Jesús; Zaqueo era pequeño de estatura, y por tanto no podía mirar por encima de los hombros de los demás; parece como una historia simbólica de uno que está procurando «ver a Jesús» pero no puede abrirse camino entre la multitud, que parece atajarle el paso para llegar al Salvador, y no quieren dejarle espacio para que pueda verle, porque como hemos dicho era «bajo de estatura».

Es innecesario hacer preguntas sobre la importancia del deseo de Zaqueo de «ver quién era Jesús». Era precisamente por esta vaguedad de deseo que Zaqueo mismo no entendía lo que es característico. Y como no puede conseguir lo que se propone, se sube a uno de aquellos sicomoros de ramas extendidas en un huerto, quizá el suyo propio, a la vera de la única carretera por la que Jesús puede pasar, «para verle». Ahora la compañía se está acercando en medio de la doble pared viva; en primer lugar el Salvador, mirando a la multitud, cuyos pensamientos eran tan diferentes de los de Él, rodeado de sus apóstoles, cada uno expresando en su rostro sus sentimientos predominantes; conspicuo entre ellos el que llevaba la bolsa, de mirada furtiva e incierta. Tras ellos los discípulos, hombres y mujeres, que iban con Él a la fiesta. De todas las personas en la multitud, la que menos pudo acercarse a Jesús –sin embargo, la que más interés tenía en ello– era el jefe de los publicanos. Siempre es así; éste es el orden del Evangelio, los últimos son los primeros. Con todo, Zaqueo nunca había pensado menos en él que en aquel momento en que Jesús estaba pasando por aquel camino entre huertos, con la muchedumbre apretándose a su espalda. Sólo había un pensamiento en Zaqueo. El presente lo dominaba: aquellos ojos maravillosos, de los que parecía que el cielo miraba la tierra, se volvieron hacia arriba, y aquella faz de infinita gracia que nunca más olvidaría le miraba expresando reconocimiento, y pronunció las palabras en que se invitaba a sí mismo a la casa de Zaqueo, Él, el verdadero Huésped. ¿Conocía Jesús a Zaqueo de antes, o bien todo estaba abierto a sus ojos cuando «mirando hacia arriba, le vio»? Esto último parece ser indicado por el «es menester» o «tengo que» hospedarme en tu casa; como si su Padre se lo hubiera indicado, y Jesús hubiera venido para este propósito. Y aquí, también, esta historia parece espiritualmente simbólica.

Al oír la orden, Zaqueo «descendió aprisa». Bajo la influencia de la gracia del Espíritu Santo «le recibió gozoso». No había nada todavía claro para él, y no obstante ya había gozo en su alma. Y en este incierto crepúsculo de un nuevo día y ante esta nueva creación, cantaron los ángeles y los hijos de Dios juntos, y todo fue melodía y armonía en el corazón de Zaqueo. Unos pasos y ya se hallaban en la casa del jefe de los publicanos. Extraño hospedaje éste para el Señor; con todo, no más extraño en esta vida de contrastes absolutos que el de su primer hospedaje –el mismo incluso en cuanto al nombre con que lo designa el Evangelio[1] cuando el pesebre le sirvió de cuna; no tan extraño como el de la fiesta del sábado en casa de los fariseos principales de la Sinagoga. Pero ahora el murmullo de desengaño y enojo se extendió entre la multitud acompañante –quizá porque no habían oído lo que había pasado entre Jesús y el publicano, ciertamente no lo habían entendido, o bien no creían que tuviera sentido– porque iba a ser el invitado de un hombre que era un pecador. ¡Oh, terrible y fatal incomprensión de lo que era la misión de Cristo!; ¡oh, fatal ceguera y celos! Pero fue este choque súbito de oposición lo que despertó a Zaqueo a la plena conciencia. Las manos que se habían extendido amenazadoras fueron el tirón que rasgó el velo de sus ojos. A veces se necesita este choque súbito de oposición para despertar a un nuevo convertido a que sea ple-

1. La palabra usada aquí es καταλύω y el hospedaje de Belén (Lc. 2:7) es κατάλυμα.

namente consciente, para poner delante de él en perfil claro tanto el pasado como el presente. En este momento Zaqueo lo vio todo: vio lo que había sido su pasado, lo que era el presente y lo que debía ser el futuro. De pie no ya delante de la muchedumbre, sino ante el Señor, sin avergonzarse, apenas dándose cuenta de lo que implicaba –hasta tal punto es la pena del pasado en el verdadero arrepentimiento absorbida por el gozo del presente–, Zaqueo prometió una cuádruple restauración, como un ladrón (Éx. 22:1), de lo que había pasado a ser suyo por falsas acusaciones,[2] así como dar la mitad de todos sus bienes a los pobres. Y así toda la corriente de su vida seguiría en dirección opuesta; había cambiado de dirección en aquellos breves momentos a causa de su gozosa recepción de Cristo, el Salvador de los pecadores; y Zaqueo, un ladrón público rico jefe de los publicanos, había pasado a generoso proveedor de limosnas.

Fue cuando todo lo hecho hubo terminado en silencio, como ocurre en la mayoría de las grandes obras de Dios, que Jesús le habló para su interminable consuelo, y a oídos de todos para su enseñanza y la nuestra le dijo: «Hoy ha venido la salvación a esta casa», por cuanto, verdadera y espiritualmente, «también él es hijo de Abraham». Y por lo que se refiere a este hombre, en tanto que perdure el tiempo: «El Hijo del Hombre vino a buscar y a salvar lo que se había perdido».

El relato del evangelista deja en silencio lo que pasó esa noche en la casa de Zaqueo. No forma parte de la historia pública del Reino de Dios, sino del gozo en el cual el extraño no tiene que intervenir. Era de mañana cuando Jesús volvió a emprender el camino con sus discípulos. Fue entonces que tuvo lugar el siguiente incidente público de la curación del ciego junto al camino (Mt. 20:29-34; Mr. 10:46-52; Lc. 18:35-43). Las pequeñas divergencias en los relatos de los tres evangelistas son bien conocidas. Conforme que Mateo relate que hubo *dos* ciegos sentados junto al camino, y que Lucas y Marcos citen sólo uno –este último llamado «Bar Timeo», que era el que llevaba la voz cantante. Pero con referencia a la otra divergencia por más que parezca banal, que Lucas coloca el incidente a la llegada y los otros dos evangelistas a la partida de Jesús de Jericó, es mejor admitir que no podemos conciliar estas diferencias de tiempo, sino sólo hacer intentos torpes para armonizarlas. Podemos creer fácilmente que haya circunstancias desconocidas para nosotros que podrían mostrar que estas afirmaciones no son, en realidad, divergentes. Y si fuera de otra forma, en modo alguno se afectaría el relato en sí. La información histórica sólo podía derivarse de fuentes locales; y ya hemos visto razones para inferir que Lucas la había recogido mediante investigación personal en el lugar. Y es posible que, o bien no fuera notado el tiempo, o fuera apuntado mal, o que este milagro, siendo el único realizado en Jericó, pueda haber sido narrado a Lucas antes de que se le hiciera mención de la recepción de Zaqueo. En todo caso, muestra la independencia del relato de Lucas del de los otros dos evangelistas.

No es necesario decir mucho del suceso en sí: es muy semejante al de los otros hechos de su vida. Por así decirlo, quedó en Jericó como el comentario práctico, y el sello sobre lo que Cristo había dicho y hecho la noche anterior con respecto a Zaqueo. Una vez más la multitud seguía a Jesús cuando por la mañana reemprendió el viaje con sus discípulos. Y allí junto al camino, , había un ciego mendigando en el momento que pasaba Jesús. Cuando el ciego oyó las pisadas de tantos pies y el sonido de tantas voces, preguntó y se enteró de que era Jesús de Nazaret el que pasaba. Todo ello es profundamente conmovedor, y también simbólico. Pero cuál ha de haber sido su fe cuando allí en Jericó no sólo le confesó como el verdadero Mesías, sino que gritó –en el profundo significado de este modo especial de dirigirse a Él, procedente de labios judíos–: «¡Jesús, hijo de David, ten compasión de mí!».[3] Estaba por completo en consonancia con lo que casi podía haberse esperado, dado el estado de ánimo de la gente de Jericó, según sabemos por lo ocurrido la noche anterior, que «muchos» en la «multitud», «los que iban delante», le mandaran se callara, como una intrusión injustificada y una interrupción, si no una súplica sin sentido e innecesaria. Pero el ciego siguió gritando más aún, pues se daba cuenta de que podía perdérsele para siempre una oportunidad única de ser curado. En cuanto a Jesús, que escucha todo grito pidiendo socorro, le oyó también.

La curación del ciego Bartimeo

Se detuvo y mandó que trajeran el ciego a su presencia. Entonces fue que la simpatía de la súbita esperanza se apoderó de la «multitud»; la maravilla que iban a presenciar, por así decirlo, en su influencia celestial sobre ellos, les impulsó a animar al ciego en su desespero con estas palabras: «¡Ánimo, levántate, que te llama!» (Mr. 10:49). Y otra vez debemos a Marcos el rasgo vivo que describe el hecho con precisión. Casi podemos ver a Bartimeo que, al recibir la orden de Cristo, tira a un lado la prenda que le cubría los hombros y procura avanzar hacia Jesús. La pregunta de Jesús: «¿Qué quería que le hiciera?» tiene que haber sido para los que estaban presenciando la escena más que para el ciego. El grito al hijo de David había sido solamente pidiendo misericordia. Podría haber estado pidiendo limosna –aunque en este caso la limosna habría sido dada en términos regios: «según el orden de David». Pero nuestro clamor de misericordia tiene que ser siempre detallado cuando acudimos a la presencia de Cristo. Y la fe del ciego se elevó hasta la plena altura de las posibilidades divinas que se le abrían delante. Sus ojos internos habían recibido capacidad para la luz antes que los de la tierra iluminaran su prolongada noche. En el lenguaje de Mateo: «Jesús tuvo compasión de él y le tocó los ojos». Esto es un aspecto. El otro nos lo ofrecen Marcos y Lucas registrando las palabras con las que se acompañó la curación: «Vete, tu fe te ha salvado».

Y éstos fueron los resultados: «todo el pueblo, cuando lo vio, dio alabanza a Dios»; y en cuanto a Bartimeo, aunque Jesús le había dicho «Vete», inmediatamente recibió la vista, y «seguía a Jesús, glorificando a Dios» (Lucas). Y esto era una desobediencia divina, o mejor, la obediencia del espíritu en contra de la observancia de la letra.[4]

2. Literal: «si he *sonsacado* a alguien». Deberíamos remarcar, para hacer comprender mejor esta restauración de Zaqueo, que esto es lo que se le ocurriría inmediatamente a un penitente judío. En el Talmud hay una larga discusión referente a la restauración por parte de los penitentes en los casos en que la aprobación indebida fuera dudosa; en estos casos el Talmud establece el principio de que si uno desea escapar al castigo divino tiene que restaurar incluso aquello que, en estricta justicia legal, no está obligado a renunciar (Bab. Mez. 37 *a*).

3. Ver los comentarios sobre este punto en el Libro 3, p. 789.

4. La parábola de las diez minas será explicada en relación con la última serie de parábolas.

El complot en Jerusalén

La llegada de la compañía pascual de Galilea y de Perea no se adelantaba a otras muchas. En realidad, muchos peregrinos que venían de lejos, llegarían probablemente a la Ciudad Santa algunos días antes de la fiesta, por causa de la purificación en el Templo, puesto que aquellos que por alguna razón la necesitaban –y habría familias que no la requerían–, generalmente la diferían hasta que la temporada festiva les llevara a Jerusalén. Debemos esta noticia, como las que siguen, a Juan (Jn. 11:55-57), y en esto de nuevo reconocemos al escritor judío en el cuarto Evangelio. Era natural que estos peregrinos buscaran a Jesús, y cuando no le hallaron, discutieron entre sí la probabilidad de que Jesús acudiera a la fiesta. Su ausencia, después de la obra que había hecho durante esos tres años, los derechos que había afirmado tener, y la negativa desafiante de ellos (el sacerdocio y el Sanedrín), habría sido considerada como una declaración de rendición virtual ante el enemigo. Hubo un tiempo en que Él no tenía necesidad de aparecer en la fiesta, cuando, según consideramos, era mejor que no se presentara. Pero este tiempo había pasado. Los principales sacerdotes y los fariseos también lo sabían, y ellos «habían dado orden de que si alguno supiera dónde estaba se lo dijera, para prenderle». Sería mejor averiguar dónde se alojaba, y apoderarse de Él antes que se presentara en público, en el Templo.

Pero no ocurrió como ellos se habían imaginado. Sin disimulo Cristo fue a Betania, donde vivía Lázaro a quien había levantado de los muertos. Llegó seis días antes de la Pascua –y con todo, su venida fue tal que no podían prenderle (Jn. 12:1). Sería, quizá, mejor arrestarle en el Templo; más fácil aún. Porque tan pronto se supo que se hallaba en Betania, «gran multitud de los judíos» fueron a Betania no sólo para verle a Él, sino también a Lázaro, a quien había resucitado de los muertos. Y de los que iban, muchos «se apartaban y creían en Jesús». ¿Cómo podía ser de otra manera? Así que sus planes se vieron frustrados, y el mal parecía hacerse peor. El Sanedrín, quizá, no podía avanzar hasta un ultraje tan flagrante de toda la Ley judía; pero «los principales sacerdotes», que no tenían estos escrúpulos, hicieron consulta sobre la forma en que podían dar muerte también a Lázaro (Jn. 12:10, 11).

En Betania y en la casa de Simón el leproso

A pesar de todo, hasta que hubiera llegado su hora los hombres no podían hacer nada contra Cristo o sus discípulos. Y en contraste con esta escena de intriga, prisa y sigilo, notemos la majestuosa calma de Aquél que sabía lo que tenía delante. Jesús había llegado a Betania seis días antes de la Pascua, esto es, el viernes.[5] El día después era el sábado, y le «hicieron una cena» (Jn. 12:1). Era la comida festiva especial del sábado. Las palabras de Juan parecen indicar que la comida fue pública, como si el pueblo de Betania se hubiera reunido para hacerle este honor, y así compartieron el privilegio de asistir a la fiesta. En realidad, sabemos por Mateo y Marcos que tuvo lugar «en la casa de Simón el Leproso» –naturalmente, no un leproso entonces, sino uno que lo había sido. Quizá era la sala de invitados mayor de Betania; quizá la casa estaba más cerca de la Sinagoga; o puede haber habido otras razones para ello, desconocidas por nosotros; la más improbable es la sugerencia de que Simón fuera el marido de Marta, o su padre. Pero todo ocurrió como podríamos desear. Entre los invitados estaba Lázaro; prominente en el servicio, Marta; y María (que es la mujer no nombrada en los otros dos Evangelios, que tampoco mencionan la casa por el nombre) está también, y hace lo que podríamos esperar en ella.[6] Tenía a mano «una litra» (ליטרא o ליטרתא), que equivalía a una «libra romana», cuyo valor no sena inferior a 10£. Recordando el precio del nardo (Kerith. 6 *a*), que nos da Plinio (*Hist. Nat.* xii. 12, 26), y que el sirio era solamente inferior en valor al de la India, que Plinio considera como el mejor ungüento, el precio no nos parece excesivo.

Podemos ofrecer aquí sólo conjeturas. Pero al menos no deja de ser razonable –recordando la afición de las mujeres judías por estos perfumes– que María hubiera guardado este «alabastro» de costoso ungüento desde hacía mucho tiempo, mucho antes de haber conocido a Cristo y esperar servirle. Entonces, cuando acabó haciéndose cargo de que Su muerte estaba cercana, en palabras del mismo Jesús, decidió «reservarlo para el día de su entierro». Y ahora había llegado la hora decisiva. Jesús puede haberle dicho, como había dicho a sus discípulos, lo que le esperaba en Jerusalén en la fiesta, y ella comprendería mucho mejor que ellos cuán grande era el peligro que se cernía sobre Él a causa del Sanedrín. Y es esta aprensión del misterio de su muerte, y esta preparación en su profundo amor a Él –esta mezcla de aflicción, fe y devoción–, que hace su acto tan precioso que, en cualquier parte en que se ha predicado en el futuro el evangelio, este acto ha sido recordado en memoria de ella (Mt. 26:13). Y cuanto más pensamos en ello, tanto mejor lo entendemos: que en la fiesta última de su amistad y comunión, cuando los otros invitados no comprendían –ni aun sus discípulos– lo cerca que estaba del fin, ella se adelantó y, según dijo Jesús mismo, «ha hecho lo que ha podido; se ha anticipado a ungir mi cuerpo para el sepelio» (Mateo y Marcos). Su fe hizo que fuera una doble unción: la del invitado principal en la última fiesta, y la preparación para la sepultura. Y en la más profunda humildad ofreció lo que el sincero amor había provisto, y la fe intensa, en vista de lo que se avecinaba, estaba aplicando. Y así derramó el precioso ungüento sobre su cabeza y sobre sus pies (Juan),[7] y luego enjugó los pies con sus cabellos, no sólo en evidencia de un servicio de amor, sino en comunión con su muerte. «Y la casa se llenó del olor del perfume».

Es siempre la luz la que hace resaltar las sombras de los objetos –y este acto de fe y de amor ahora hace perfilar los rasgos de Judas como una masa de sombra sobre la escena. Judas conocía la proximidad de la traición a Cristo, y por ello su odio era mayor; ella conocía la cercanía de su

5. Sobre las fechas precisas, ver los comentarios escritos. Ha sido imposible, aquí, entrar en detalle en cada dificultad minúscula. Narramos los sucesos según el orden en que consideramos tuvieron lugar. Ver Nebe, Leidengesch. i, pp. 12, 14.

6. Los que identifican esta María con la magdalena, si es que los hay, y consideran la unción de Lucas 7:36 como idéntica a la de Betania, pueden leer una refutación detallada en Nebe, *Leidengesch.*, vol. 1, pp. 21ss.

7. No hay contradicción alguna aquí en la divergencia entre los evangelistas. María derramó primero el nardo sobre la cabeza, y luego sobre los pies (Godet lo ve implicado en el κατέχεεν αὐτοῦ de Marcos). Juan nota la unción de los pies, no solamente como el acto de mayor humildad y marca de más profunda veneración, sino por su carácter excepcional, en tanto que la unción de la cabeza no resultaba rara. Recordamos la imagen ideal de Aarón cuando fue ungido para el sacerdocio (Sal. 133:2), para marcar aquí el cumplimiento del tipo cuando el gran Sumo Sacerdote fue ungido para su propio sacrificio. Ella, que tantas veces se había sentado a sus pies, ahora los unge, y al mismo tiempo con amor, reverencia y comunión con sus sacrificios, los enjuga con sus propios cabellos.

preciosa muerte, y por ello amaba más. No era porque él se preocupara de los pobres que, poniéndose la máscara de la caridad, simuló indignación de que un ungüento tan costoso no hubiera sido vendido y el dinero repartido a los pobres. Porque en lo esencial era un «ladrón», insincero y codicioso; éstas eran las pasiones dominantes de su alma. El dinero reclamado para los pobres pensaba que podía haber sido para él. Sin embargo, tal era su pretensión de justicia, tal su influencia como «hombre prudente» entre los discípulos, que incluso esta triste debilidad fue bien interpretada por algunos (Mr. 14:4), que se preguntaban la necesidad de aquel «derroche» en perfume. Hay algo inexplicable en la paciencia, delicadeza y ternura de las palabras de Cristo: «Dejadla, ¿por qué la molestáis?». Sin duda, ¡no podía ser un derroche cualquier ministerio de amor hacia Él! Es emocionante oír sus palabras, cuando su sepultura estaba ya prácticamente a la vista. El que aquél que era uno de los pobres, y se codeaba con ellos, quien por amor a nosotros se hizo pobre para poder hacernos ricos con su pobreza tenga que intervenir aprobando este último servicio de amor a Él, defendiendo a María, contra Judas, es ciertamente la profundidad suma de la humillación propia. Con todo, incluso así, este ruego falso en favor de los pobres se transforma en un ruego verdadero, puesto que Él nos ha dejado como si fuera su último encargo, y con su propia muerte, que tenemos siempre a los pobres con nosotros. Y así, incluso las palabras inspiradas por la codicia y la falsedad han pasado a ser, transformadas por Él, un mandamiento de amor; y el aliento del infierno es transmutado en el calor del verano del servicio constante de la Iglesia a Cristo en el ministerio de los pobres, que son de Cristo.

LA GALILEA DE JESÚS

Jesús pasó la mayor parte de su vida en el pequeño reino de Galilea. Era una región relativamente próspera, pero sometida a enormes presiones económicas y sociales. Fue una región muy escasamente poblada hasta la conquista de los reyes Hasmoneos (102 a.C.), que la repoblaron con familias de colonos judíos. Galilea es una zona montañosa del norte de Israel situada entre el mar Mediterráneo, el lago de Genesaret y el Valle de Jezreel. Es una tierra rica en llanuras fértiles y áridas montañas, con un gran lago de agua dulce, el lago de Genesaret o mar de Tiberíades, abundante en pescado. La pesca, junto con la agricultura, eran las principales actividades económicas de sus habitantes. Gracias a su clima subtropical, lluvioso y húmedo allí crecían según Flavio Josefo, palmeras, datileras, higueras, olivos, nogales, etc. Se cultivaba trigo, vid y lino. En este contexto nacen de labios de Jesús las parábolas relacionadas con el campo y el mar y las labores de sus conciudadanos relacionadas con estos espacios. Cafarnaúm, aldea pesquera, que vivió un breve período de auge comercial para luego desaparecer por completo, fue su centro de operaciones en Galilea, desde donde salía en sus frecuentes excursiones por la región.

Los Evangelios mencionan varias ciudades o villas galileas, a saber, Nazaret, Caná, Cafarnaúm, Magdala, Naín, Corozaín, Betsaida. A 6 km de Nazaret, a una hora de camino, estaba Séforis, ciudad reedificada por Herodes Antipas, que la convirtió en capital de Galilea. Es bastante probable que Jesús trabajara en Séforis, donde tendría oportunidad de conocer y, quizá, asimilar algunos aspectos del estilo de vida y de la subcultura urbana. Séforis era una ciudad helenística, con un magnífico teatro que podía albergar a más de 5.000 personas, grandes casas de estilo romano, y avenidas y tiendas como las de cualquier otra ciudad del oriente romano. Los evangelistas no nombran nunca a Séforis y sólo de forma muy superficial a Tiberíades, las dos únicas ciudades de Galilea.

El entorno físico, geográfico, la tierra de uno, marca indeleblemente la persona y determina y condiciona en gran medida el carácter y las ideas. Instituciones, religión y política llevan la marca del suelo donde arraigan. Sólo modernamente se ha prestado atención al "lugar" físico donde Jesús nació y desarrolló su ministerio público. La experiencia y la identidad de Jesús salen esclarecidas cuando son estudiadas en su contexto geopolítico, con sus elecciones voluntarias y también con sus rupturas y rechazo. Este era quizá uno de los últimos reductos "docetas" que había que vencer en cristología. Los datos históricos y sociales que últimamente están saliendo a la luz, con la ayuda de la arqueología, nos ayudan a situar y comprender mejor la vida y el mensaje de Jesús.

La investigación histórica y arqueológica sobre Galilea está actualmente en pleno desarrollo y muchas de las cosas que los arqueólogos han descubierto nos ayudan a conocer mejor el mundo de Jesús. Pero todavía falta mucho por hacer. Los estudiosos más importantes de nuestros días no se ponen de acuerdo, y mientras unos pintan una Galilea pacífica y con pocas diferencias religiosas respecto a Judea (en Séforis no se han encontrado restos paganos del siglo I), otros la ven muy convulsionada por las dificultades económicas y por el proceso de urbanización, entendida simultáneamente como un proceso de helenización. Aunque durante el reinado de Antipas no hay signos de paganización en el territorio, la frecuencia de contactos entre judíos y gentiles pudo favorecer entre los galileos una mayor tolerancia o apertura religiosa hacia los paganos que la permitida por el judaísmo jerosolimitano.

Una clase dirigente urbana minoritaria, un 5 por ciento de la población, vivía en abundancia a costa de la miseria del resto de la población, que cuando no podía vivir de su trabajo se dedicaba a la mendicidad y a la prostitución de supervivencia. Los Evangelios nos ofrecen la imagen de un Jesús rodeado preferentemente por los marginados del poder religioso y económico: temporeros sin trabajo, prostitutas, minusválidos, leprosos. Jesús siempre se pone al lado de ellos, y ellos están a gusto al lado de Jesús.

En el ánimo de Jesús debieron influir las tensiones entre judíos y paganos, entre el campo y la ciudad, entre ricos y pobres, entre puros e impuros ceremonialmente. Lo cual explica sobradamente que el apóstol Pablo, otro judío celoso de la Ley, pero habitante de los márgenes del judaísmo puro de Judea, comprendiera con una intuición insobornable la intención y el alcance único, liberador y universal del mensaje de Jesús, abierto a los paganos desde una concepción dispensacional de la Ley que se cumple en Cristo, como víctima propiciatoria de las exigencias de la Ley, a la vez que se abre a una nueva comprensión basada en el amor en el cual desaparecen las barreras y los muros que mantienen separados y enfrentados a los hombres.

Bibliografía

Joaquín González Echegaray, Pisando tus umbrales, Jerusalén. Ed. Verbo Divino, Estella 2004.
— Arqueología y Evangelios. Ed. Verbo Divino, Estella 1999, 2ª ed.
Thomas A. Idinopulos, Jerusalén. Ed. Andrés Bello, Santiago de Chile 1995.
J. Jeremias, Jerusalén en tiempos de Jesús. Cristiandad, Madrid 1980.
J. Wilkinson, La Jerusalen que Jesús conoció. Destino, Barcelona 1990

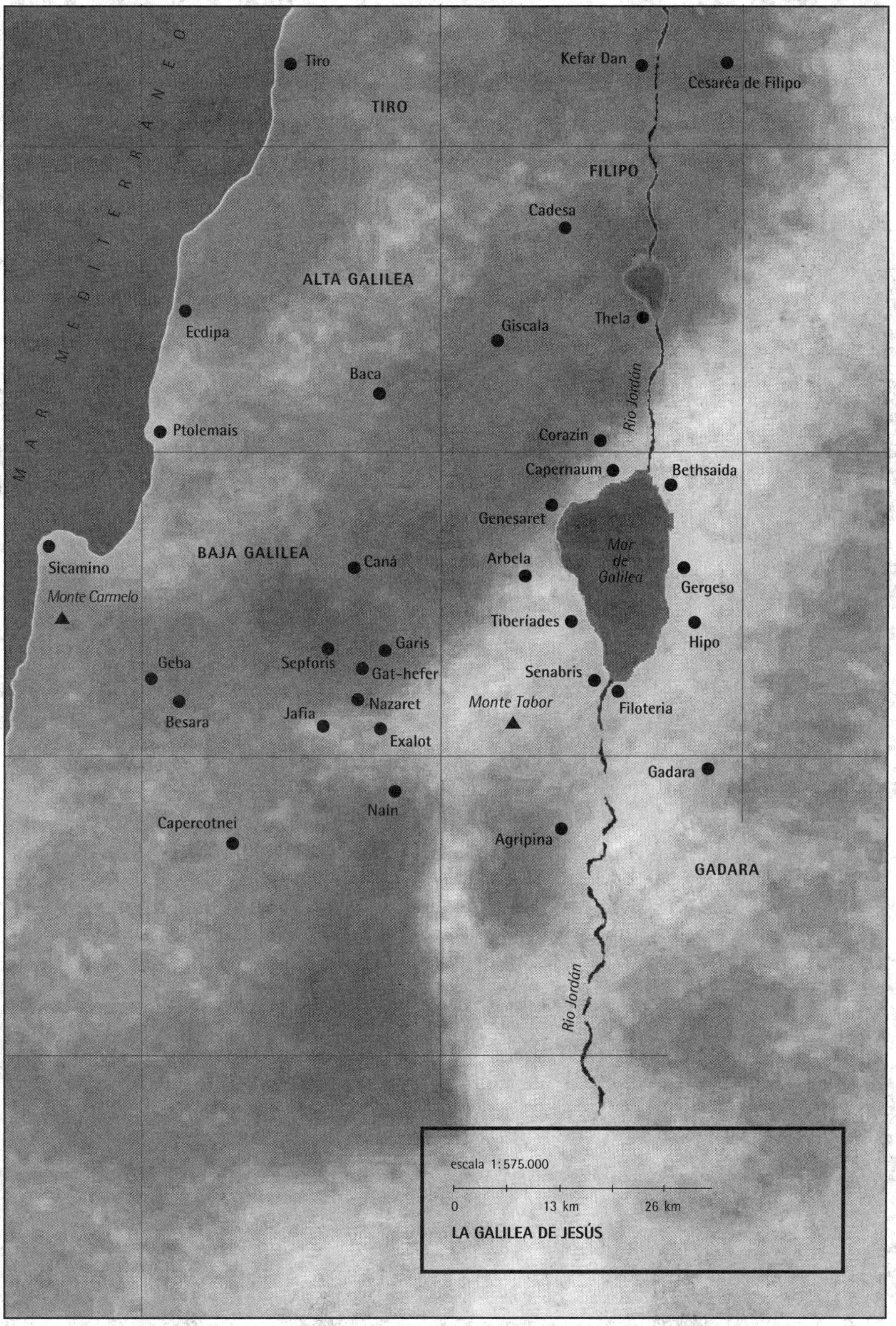
MAR MEDITERRANEO
Tiro
TIRO
Kefar Dan
Cesaréa de Filipo
FILIPO
Cadesa
ALTA GALILEA
Ecdipa
Giscala
Thela
Baca
Río Jordán
Ptolemais
Corazin
Capernaum
Bethsaida
Genesaret
Sicamino
BAJA GALILEA
Caná
Arbela
Mar de Galilea
Gergeso
Monte Carmelo
Tiberíades
Hipo
Garis
Geba
Sepforis
Gat-hefer
Senabris
Besara
Nazaret
Monte Tabor
Filoteria
Jafia
Exalot
Gadara
Naín
Capercotnei
Agripina
GADARA
Río Jordán
escala 1:575.000
0
13 km
26 km
LA GALILEA DE JESÚS

Libro 4

La cruz y la corona

«Ave, Scala peccatorum,
Qua ascendit rex coelorum,
Ut ad choros Angelorum
Homo sic ascenderet;
In te vitam reparavit
Auctor vitae, proles David,
Et sic se humiliavit.
Ut mundum redimeret».

Ap. DANIEL,
Thes. Hymnol., *vol v., p. 183*

«La bendición que la nube derrama,
Es un maravilloso doble nacimiento;
Jesús es de la tierra y es también del cielo;
Es vuestro, huestes celestiales, pero también es nuestro.
¡Hosanna al Hijo de David, Ganada es ya la lid!

La nueva bendición nos llega de la nube,
Y al mismo tiempo se la lleva al cielo.
Él se va al cielo, y manda al Paracleto,
Con lo que está también aquí, y aun más cerca.
¡Hosanna al Hijo de David, Ganada es ya la lid!».

1 La cruz y la corona

Capítulo 1

(Mateo 21:1-11; Marcos 11:1-11; Lucas 19:29-44; Juan 12:12-19)

El primer día de la semana de Pasión

Había ya llegado el tiempo del fin. Jesús estaba a punto de hacer su entrada en Jerusalén como Rey: Rey de los judíos, heredero de la línea real de David, con todos los atributos simbólicos, de tipo y proféticos adscritos a la misma. Con todo, el Hijo de David, que había de hacer su entrada triunfal, no venía, como esperaba Israel, según la carne, sino en una forma tan profunda y significativamente expresiva de su misión y obra como la que el vidente extasiado de antaño había contemplado de lejos en el perfil de la imagen del Mesías-Rey: no en pompa, triunfo y conquistas de guerra, sino en un mandato humilde de paz.

Sin duda es una de las equivocaciones más extrañas del criticismo moderno el considerar esta entrada de Cristo en Jerusalén como implicando que, inflamado de entusiasmo, durante un momento había esperado que el pueblo le recibiría como el Mesías. Y es poco mejor, si lo es, decir que su entrada fue «una aparente concesión a las expectativas enfervorizadas de sus discípulos y de la multitud...» la solemne y triste acomodación a los pensamientos diferentes de los suyos propios, a los cuales el Maestro de nuevas verdades se ve obligado a recurrir cuando se ve mal interpretado por esos que le rodean en un nivel inferior (decano Plumptre, sobre Mt. 21:5). Las «apologías» o defensas son el punto débil de la «Apologética»; y ninguna teoría «acomodaticia» puede tener lugar en la historia de Cristo. Al contrario, consideramos su entrada real al Jerusalén de la profecía y de la crucifixión como una parte integral de la historia de Cristo, que no sería completa ni del todo consecuente sin ella. Le correspondía entrar así en Jerusalén porque Él era un rey; y como rey, entrar de esta manera, porque Él era esta clase de rey –y lo uno y lo otro estaban concordes con la profecía del pasado.

Era un día sonriente de principios de la primavera del año 29 cuando la compañía festiva se puso en marcha desde el hogar de Betania. No puede haber dudas sobre la localización de la aldea (la moderna *El-'Azarîye*, «de Lázaro»), posada sobre un montículo truncado rocoso al otro lado del Olivete. Es ya más difícil identificar Betfagé, que está asociada con ella, puesto que el lugar no es mencionado en el Antiguo Testamento, aunque sí repetidas veces en los escritos judaicos. Pero incluso así hay una curiosa contradicción, puesto que se habla a veces de Betfagé como distinto de Jerusalén (Siphré, ed. Friedm., p. 55 *a*, últimas líneas; Sot. 45 *a*; Tos. Pes. viii. 8), en tanto que otras se describe, para propósitos eclesiásticos, como parte de la ciudad misma (Pes. 63 *b*). Quizá el nombre Betfagé –«casa de higos»– lo recibía el distrito en general, y también alguna aldea cercana a Jerusalén, donde empezaba el distrito. Y esto puede explicar la referencia peculiar, en los Evangelios sinópticos, a Betfagé (Mateo) y de nuevo a «Betfagé y Betania» (Marcos y Lucas). Porque Mateo y Marcos refieren una breve estancia de Cristo en Betania y su unción por María, pero no en orden cronológico,[1] sino que lo introducen en un período posterior, como si dijéramos en contraste con la traición de Judas (Mt. 26:6-13; Mr. 14:3-9). En consecuencia, pasan de Jericó inmediatamente a la entrada triunfal en Jerusalén, de Jericó a Betfagé, o más exactamente a Betfagé y Betania, dejando de momento sin mencionar lo que había ocurrido en Betania.

Aunque los cuatro evangelistas refieren la entrada de Cristo en Jerusalén, parecen hacerlo desde distintos puntos de vista. Los Sinópticos le acompañan desde Betania, en tanto que Juan, en conformidad con el plan general de su relato, parece seguir desde Jerusalén a la multitud que, al oír las noticias de su llegada, se apresuró a ir a recibirle. Incluso esta circunstancia, en cuanto a la escasez de sucesos registrados en este día, demuestra que no podía haber sido temprano por la mañana que Jesús dejó Betania. Recordando que era la última mañana de descanso antes de la gran pugna, podemos pensar con reverencia en lo mucho que puede haber pasado en el alma de Jesús y en el hogar de Betania. Y ahora había dejado este asilo de tranquilo reposo. Es probable que, poco después de su salida, Él envió a «dos de sus discípulos», posiblemente Pedro y Juan (comp. Lc. 22:8). «Id a la aldea que está enfrente de vosotros» –se ha de suponer Betfagé (Mt. 21:2). Allí hallarían al lado del camino un asna atada y un pollino con ella, en el cual nadie se había sentado. Indicamos el significativo simbolismo de esto último, en conexión con las condiciones generales de consagración a Jehová (Nm. 19:2; Dt. 21:3), y notemos en él, como también en la misión de los apóstoles, que esto tenía por objeto, según Cristo, que fuera su entrada como Rey y Mesías. Asna y pollino tenían que traérselos (Mateo).

Domingo de Ramos

Los discípulos hallaron lo que Él les había dicho. Al llegar a Betfagé, vieron junto a la puerta, afuera en plena calle, un asna atada y un pollino. Cuando ellos los soltaron, los dueños y ciertos hombres que estaban con ellos (Marcos; comp. también Mateo) les preguntaron: «¿Qué hacéis desatando el pollino?», a lo cual ellos contestaron, según instrucciones del Maestro: «El Señor [el Maestro, Cristo] tiene necesidad de él», y entonces les dejaron marchar. La explicación de esto no requiere recurrir a milagrosas influencias, ni siquiera hay que suponer que los dueños del pollino eran ellos mismos «discípulos». El que les hicieran la pregunta a «los dos», y el mero «permiso» para llevárselo, parece hacer descartar esta idea. Ni es necesaria esta explicación. Por medio de la compañía de peregrinos que había acompañado a Jesús desde Galiela y Perea, y que le precedieron a Jerusalén, por los invitados de la fiesta del sábado en Betania y por la gente que había ido a ver a Jesús y a Lázaro, tenían que haber llegado noticias de la proximidad de Jesús y su inminente llegada a la ciudad. Quizá aquella misma mañana algunos habían llegado de Betania y lo habían dicho en el Templo, entre las compañías festivas –en especial entre sus propios galileos, y en general en Jerusalén–, que en aquel mismo día –a las pocas horas– Jesús iba a llegar a la ciudad. Éste tiene que haber sido el caso, puesto que, según el

1. Según dice Agustín: «recapitulando dixerunt».

relato de Juan, «una gran multitud» «salió a recibirle». No podemos tener muchas dudas de que estos últimos no eran ciudadanos de Jerusalén, ya que la enemistad de éstos era decidida, sino de los que «habían ido a la fiesta» (Jn. 12:12). Con ellos fueron también cierto número de fariseos, con los corazones llenos de malicia, aborrecimiento y celos (Lc. 19:39; Jn. 12:19). Y como veremos pronto, es de la mayor importancia recordar que ésta era la composición de «la multitud».

Si éstas eran las circunstancias, todo lo que viene a continuación es natural. Podemos entender que gran número de curiosos se reunirían alrededor de los propietarios del pollino (Marcos), allí en la encrucijada de Betfagé, a poca distancia de Jerusalén; y que tan pronto como por el comportamiento y las palabras peculiares de los discípulos entendieron su propósito, los propietarios del asna y el pollino concedieron que lo usara para su solemne entrada en la ciudad el Maestro de Nazaret,[2] a quien la multitud estaba esperando con tanta ansiedad; y finalmente, cuando desde las puertas de Jerusalén se esparcieron las noticias de lo que había pasado en Betfagé, la multitud se agolpó para ir a recibir a Jesús.

Entretanto, Cristo y los que le seguían desde Betania habían ido acercándose poco a poco[3] por la bien conocida ruta de caravanas que va de Jericó a Jerusalén. De las tres que convergen cerca de Jerusalén, es la más hacia el sur, quizá en el mismo lugar en que el pollino había estado atado. «La carretera pronto pierde de vista a Betania. Ahora está en mal estado pero todavía es ancha y está bien definida como camino de montaña, avanzando sinuoso sobre rocas y piedras sueltas; hay un abrupto desnivel a la izquierda; la ladera del Olivete encima, a la derecha; higueras abajo y arriba, aquí y allá, que salen del suelo pedregoso» (Stanley, *Sinai and Palestine*, p. 189). En algún punto de este trayecto los discípulos que traían el pollino tienen que haber encontrado al Señor. Iban acompañados por muchos, y de inmediato los siguieron muchos más. Porque, como ya hemos indicado, Betfagé –suponemos una aldea– formaba casi parte de Jerusalén, y durante la semana de Pascua tiene que haber estado repleta de peregrinos que no podían encontrar alojamiento dentro de las murallas de la ciudad. Y el anuncio de que los discípulos de Jesús habían ido a buscar una cabalgadura en la que Jesús estaba a punto de entrar en Jerusalén, tiene que haberse esparcido rápidamente entre las multitudes que pululaban por el Templo y la ciudad.

Cuando los dos discípulos, acompañados o seguidos inmediatamente por una multitud, trajeron el pollino a Cristo, se reunieron dos comitivas, la que venía de la ciudad, y la que venía de Betania. La impresión que deja esto en nuestra mente es que lo que sigue fue inesperado para los que acompañaban a Cristo, o sea, que les cogió por sorpresa. Los discípulos no entendieron (Jn. 12:16) –hasta que la luz de la gloria de la Resurrección iluminó su mente– el significado de «estas cosas»; incluso después de que hubieron ocurrido no parecen haber barruntado que era el propósito decidido de Jesús el de hacer su entrada como Rey en Jerusalén. Su entusiasmo parece sólo haberse enfervorizado cuando vieron la procesión que salía de la ciudad para recibir a Jesús con palmas, cortándolas por el camino y recibiéndole con gritos de hosanna y bienvenida. Luego esparcieron sus vestidos sobre el pollino y pusieron a Jesús encima: «Traen el pollino y echan sobre él sus mantos; y se sentó sobre él». «Y muchos extendieron sus mantos por el camino». Luego, a su vez, cortaron ramas de los árboles y los huertos junto a los que pasaban, o entrelazaban las palmas y las depositaban en el suelo como una alfombra, gritando, a pleno pulmón, hosannas de bienvenida (Lc. 19:37, 38). Ni tampoco hay que extrañarse de su ignorancia sobre el significado de todo esto, en lo cual ellos eran los actores principales. Nosotros también es probable que lo juzguemos desde nuestro punto de vista, veinte siglos después, e interpretemos a nuestro modo el significado del suceso. Estos hombres andaban en la procesión casi como en un sueño, deslumbrados por el fulgor radiante que los rodeaba, como impelidos por una necesidad y llevados de suceso en suceso, que caían sobre ellos en una serie de sorpresas que sólo parcialmente entendían.

La entrada del Rey en Jerusalén

Ahora se habían puesto en orden; la multitud que venía de la ciudad iba delante, la que había venido con Él desde Betania siguiendo el triunfante progreso del Rey de Israel, «manso y sentado sobre un asno, un pollino hijo de un asna». «Gradualmente la larga comitiva fue avanzando hacia arriba y llegado a la cumbre desde donde empieza "el descenso del monte de los Olivos" hacia Jerusalén. En este punto captamos la primera vista del ángulo sudeste de la ciudad. El Templo y las porciones más al norte están escondidas por la ladera del Olivete a la derecha; lo que se ve es sólo el monte de Sion, ahora en su mayor parte un terreno desolado». Pero en aquel tiempo se levantaba, terraza tras terraza, desde el palacio de los Macabeos y el del Sumo Sacerdote, una verdadera ciudad de palacios, hasta que el ojo descansaba en la cima de aquel palacio, castillo y ciudad, con sus torres ceñudas y sus magníficos jardines, la residencia real de Herodes que se suponía ocupaba el mismo sitio del palacio de David. Habían venido recibiendo a Jesús con hosannas. Pero el entusiasmo es infeccioso, especialmente en casos así. Eran en su mayoría peregrinos extranjeros que habían ido desde la ciudad, principalmente porque habían oído hablar de la resurrección de Lázaro (Jn. 12:18). Y ahora tienen que haber preguntado a los que venían de Betania y que, a su vez, referían aquello que habían visto con sus propios ojos (v. 17). Podemos imaginárnoslo todo, en qué forma el fuego saltaría de corazón en corazón. ¡Así que éste era el prometido Hijo de David, y el Reino estaba en su mano! Puede haber sido precisamente en el punto en que llegaron a la carretera en que «la ciudad de David» se hizo visible súbitamente, «al empezar a descender del monte de los Olivos», «que toda la multitud de los discípulos comenzó a regocijarse y a alabar a Dios en alta voz por todas las maravillas que había visto» (Lc. 19:37). Cuando las ardientes palabras de gozo y alabanza –el relato de lo que habían visto– pasaron de boca en boca y contemplaron ante su vista «la ciudad de David», adornada como una novia para dar la bienvenida al Rey, la alabanza davídica al gran Hijo de David despertó ecos de los antiguos salmos davídicos en la luz de la mañana del día de su cumplimiento. «¡Hosanna al Hijo de David! Bendito el rey que viene en el nombre del Señor, paz en el cielo y gloria en las alturas».

---

2. Sin duda es uno de los ejemplos en que no debiera seguirse la supuesta autoridad de los manuscritos, cuando vemos en Marcos 11:3 una frase, presente en algunas versiones, que nos parece una glosa muy pobre y sosa: «y en seguida lo envía de nuevo acá»; o sea, que los apóstoles obtuvieron el permiso prometiendo que el Maestro lo restauraría inmediatamente. La glosa es más inadecuada aún por no ocurrir en el pasaje paralelo en Mateo y Lucas.

3. Es posible que esperaran en Betania el regreso de los dos apóstoles, pero el orden seguido en el texto me parece a mí el más probable.

Eran exclamaciones interrumpidas, en parte basadas en el Salmo 118, sacadas del «Hosanna»[4] o el «Sálvanos ahora» y «Bendito el que viene en el Nombre del Señor» (Sal. 118:26), que formaban parte de las respuestas del pueblo cuando este salmo era cantado en ciertos festivales.[5] Con toda verdad, pues, interpretaban y aplicaban el salmo, alabanza antigua y nueva davídica que se mezclaba con sus aclamaciones. Al mismo tiempo hay que recordar que, según la tradición judía (Sal. 118:25-28), también se cantaba antifonalmente por el pueblo de Jerusalén cuando iban a dar la bienvenida a los peregrinos festivos a su llegada, y estos últimos siempre respondían con la segunda cláusula de cada versículo, hasta que se llegaba al último versículo del salmo (v. 29) en que los dos grupos cantaban al unísono, y se añadía el versículo 17 del Salmo 103, que era la conclusión (Mid. sobre Sal. 118, ed. Vars., p. 85 *b,* últimas tres líneas, y p. 86 *a*). Pero cuando los gritos resonaban por toda la ingente comitiva, como evidencia de que daban a Jesús una recepción extraordinaria como peregrino, los fariseos que se habían mezclado con la muchedumbre se miraron unos a otros frunciendo el ceño: «¡Mirad, ved cómo no sirve de nada! ¡Todo el mundo se va tras él!». Siempre es así que, en el desengaño de la malicia, los hombres vuelven su rabia impotente unos contra otros, en reproches y acusaciones. Luego, verdadero también psicológicamente que hicieran una apelación final al mismo Maestro, a quien tanto odiaban, de que frenara el celo de sus discípulos. Él, que hasta entonces había permanecido en silencio –el único no afectado, o solamente conmovido por dentro– en medio de la muchedumbre entusiasta. No podía permanecer silencioso por más tiempo y, con un punto de súbita y justa indignación, señaló a las piedras y les dijo a aquellos líderes de Israel que si la gente callara, clamarían las piedras (Lucas).[6] Habría sido así en aquel día de la entrada de Cristo en Jerusalén. Y ha sido así desde entonces. El silencio ha caído durante todos estos siglos sobre Israel; pero las mismas piedras de la ruina y desolación de Jerusalén han clamado que Él, a quien rechazaron en su silencio, ha pasado a ser el Rey en el nombre del Señor.

«De nuevo se puso en marcha la procesión. La ruta desciende suavemente, y la vista de la ciudad desaparece detrás del monte Olivete que se interpone. Unos pocos momentos y la ruta asciende otra vez, ahora más empinada, hasta que alcanza un saliente de roca lisa, y en un instante toda la ciudad irrumpe a la vista. Y como hoy día la cúpula de la mezquita El-Aksa se levanta como un fantasma de la tierra delante del viajero que lo contempla todo desde el saliente, igualmente entonces tiene que haberse levantado la torre del Templo; como ahora el recinto vasto del santuario musulmán, entonces se esparcirían los patios del Templo; como ahora la ciudad gris sobre colinas dispersas, también entonces la magnífica ciudad, con su fondo –que ya ha desaparecido desde hace siglos– de jardines y barrios adyacentes en la meseta occidental al final. Inmediatamente delante había el valle de Cedrón, visto desde aquí en su mayor profundidad cuando se funde con el valle de Hinom, lo que da su pleno efecto a la gran peculiaridad de Jerusalén, vista sólo desde su lado oriental: su situación como una ciudad que se levanta sobre un abismo profundo. Apenas es posible dudar de que este saliente y recodo del camino –este promontorio rocoso– fue el punto exacto en que la multitud hizo pausa de nuevo, y "Él, cuando contempló la ciudad, lloró sobre ella"». No con el llanto reposado (ἐδάκρυσεν) con que lloró ante la tumba de Lázaro, sino con el lamento explícito y profundo (ἔκλαυσεν). El contraste era realmente terrible entre la Jerusalén que se levantaba ante Él en toda su hermosura, gloria y seguridad, y la Jerusalén que Él veía en visión apenas perceptible en el horizonte con el campamento del enemigo alrededor por todos lados, estrechándola más y más cerca en su abrazo mortal, y con la misma «estacada» que las legiones romanas edificaron a su alrededor (Jos., *Guerras* v.6.2; 12); luego otra escena en el cambiante panorama, y la ciudad yacía en ruinas por el suelo, las piedras mezcladas con los cuerpos ensangrentados de sus hijos; y aún otra escena: el silencio y la desolación de muerte por la mano de Dios; ¡ni una piedra dejada encima de otra! Conocemos demasiado bien lo literalmente que esta visión pasó a la realidad; y con todo, aunque pronunciada como profecía por Cristo, y con su razón claramente enunciada, Israel en aquel día no comprendió las cosas que pertenecían a su paz, y las piedras desparramadas de su dispersión están clamando en testimonio contra él. Pero hasta este día también las lágrimas de Cristo ruegan a la Iglesia en favor de Israel, y sus palabras llevan dentro de ellas la preciosa semilla de la promesa.

Volvamos ahora a la escena antes descrita. Porque no era una escena de pompa y espectáculo; y la entrada pública de Cristo en Jerusalén parece completamente diferente, diríamos casi incompatible, con la forma en que antes se había presentado ante la ciudad. Evidentemente, los tiempos de silencio mantenido durante tanto tiempo habían pasado, y había llegado el momento de la declaración pública. Y esto era, ciertamente, su entrada ahora.

Desde el instante en que envió a los dos discípulos hasta su aceptación del homenaje de la multitud, y su reprensión del intento de los fariseos de detenerle, todo debe ser considerado como planeado o aprobado por Él; no sólo como una afirmación pública de su Mesianidad, sino como una reclamación de su reconocimiento nacional. No obstante, aun en este caso no tenía que ser la concepción que se había hecho Israel del Mesías, sino que debía ser un cuadro profético: «justo y victorioso, humilde y cabalgando sobre un asno» (Zac. 9:9). Es extraño, y ajeno a nuestro propósito en este momento, discutir cuestiones generales sobre esta profecía, o incluso reivindicar su aplicación al Mesías.

Pero cuando ponemos a un lado toda polémica y toma y daca sobre las palabras que constituye gran parte del criticismo moderno, que, en su afán sobre la letra, con frecuencia pierde el espíritu, no puede haber duda que esta profecía tenía por objeto introducir, en contraste con triunfos de reyes y campañas de guerras terrenales, otro Reino en que el Rey sería el Príncipe de Paz, que era humilde y manso en su advenimiento, que hablaría en términos de paz a los gentiles y cuyo dominio se extendería a los últimos confines de la tierra.

Esto puede decirse: que si hubo alguna vez un cuadro del Mesías-Rey y de su Reino, es éste; y que si Israel tuvo alguna vez un Mesías o el mundo un Salvador, tiene que ser como el descrito en esta profecía, no meramente en la letra pero sí en el espíritu de la misma. Y como se ha indicado con frecuencia, no fue la letra, sino el espíritu de la profecía –y de toda profecía– lo que la antigua Sinagoga, y esto con

4. No puede haber duda de que Ὡσαννά representa הושיעה נא, pero probablemente en una forma abreviada de pronunciación (comp. Siegfried en *Hilgenfeld, Zeitsch. f. wissensch. Theol. para 1884,* p. 385).

5. Como se recordará, formaba el último Salmo de lo que se llamaba la *Hallel* (Salmos 113 a 118).

6. La expresión «las piedras dan testimonio», cuando se ha cometido algún pecado, se halla con bastante frecuencia en los escritos judíos. Ver Taan. 11 *a*; Chag. 16 *a*.

razón, veía cumplido en el Mesías y su Reino. En consecuencia, con singular unanimidad el Talmud y las antiguas autoridades rabínicas han aplicado esta profecía al Cristo.[7] Y tampoco fue citado por Mateo o Juan con el carácter rígido y mortal de la letra. Al contrario (como tantas veces en los escritos judaicos), dos profetas –Isaías 62:11 y Zacarías 9:9– proyectan su luz unida sobre esta entrada de Cristo, al exhibir la realidad, de la cual la visión profética había sido el reflejo. Ni tampoco son las palabras de los profetas literalmente dadas –como el criticismo moderno quisiera sopesarlas en sus balanzas críticas–, sea del texto hebreo o de la traducción Septuaginta, sino que su significado real es dado y son «targumadas» por los sagrados escritores según su inclinación. Con todo, el que coloca el cuadro profético al lado de la realidad –las descripciones al lado de la realidad de la entrada de Cristo en Jerusalén– ¿puede fallar en reconocer en la una el cumplimiento de la otra?

Otro punto que consideramos requiere comentario. Hemos visto razones para considerar el comportamiento de los discípulos como si quedaran sorprendidos, y que en todas estas últimas escenas parecen haberse apresurado de un suceso a otro. Pero el entusiasmo del pueblo –su bienvenida regia a Cristo– ¿cómo ha de ser explicada, y cómo ha de ser reconciliada con la rápida y terrible reacción de su traición y su crucifixión? No obstante, no es tan difícil de entender; y si mantenemos la mente limpia de exageraciones inconscientes, ganaremos en verdad y razonabilidad lo que perdemos en efecto dramático. Ya se ha sugerido que la multitud que fue a encontrar a Jesús tiene que haber consistido principalmente en peregrinos extranjeros. La inmensa mayoría de los ciudadanos de Jerusalén eran hostiles a Cristo de modo acerbo y franco. Pero sabemos que, incluso así, los fariseos temían dar los pasos finales contra Cristo ante la presencia de estos peregrinos durante la fiesta, pues notaban un movimiento a favor suyo (Mt. 26:3-6; Mr. 14:2; Lc. 22:2). Se vio ciertamente que no había razón para ello; porque esta gente rural no estaba bien informada; no se atrevía a resistir la autoridad combinada de su propio Sanedrín y la de los romanos. Además, los prejuicios del populacho –y especialmente del populacho oriental– son suscitados fácilmente, y con prontitud oscilan de un extremo al opuesto. Finalmente, lo súbito y completo del golpe que asestaron las autoridades judías habría dejado atontados incluso a aquellos que hubieran tenido un conocimiento más profundo, más cohesión y mayor independencia que la mayoría de los que aquel Domingo de Ramos habían salido de la ciudad.

Además, por lo que se refiere a la bienvenida a Cristo, aunque sea profundamente significativa tal como fue, no hemos de adscribirle un sentido más profundo del que posee. Los escritores modernos han visto principalmente en las demostraciones de la Fiesta de los Tabernáculos[8] como si el homenaje de sus servicios hubiera sido ofrecido a Cristo. Habría sido, en realidad, simbólico de mucho acerca de Israel si hubieran confundido de esta manera el segundo advenimiento de Cristo con el primero, el Sacrificio de la Pascua con el gozo de la Fiesta de la Reunión. Pero en realidad su conducta no admite esta interpretación. Es verdad que estas respuestas del Salmo 118, que forman parte de lo que era conocido como la *Hallel* (Sal. 113-118), eran cantadas por el pueblo en la Fiesta de los Tabernáculos también, pero la Hallel era cantada igualmente como respuesta durante la ofrenda de la Pascua, en la Cena pascual y en las Fiestas de Pentecostés y de la Dedicación del Templo. El agitar palmas era la bienvenida dada a los visitantes o a los reyes (incluso hasta nuestros días), y no distintivo de la Fiesta de los Tabernáculos. En esta última los adoradores llevaban no simplemente palmas, sino la *Lulabh*, que consistía en palmas, ramas de mirto y sauce entrelazadas. Finalmente, las palabras de bienvenida del Salmo 118 eran (como ya se ha dicho) aquellas con las que, en ocasiones solemnes, el pueblo también saludaba la llegada de peregrinos festivos,[9] aunque siendo ofrecido a Cristo, y sólo a Él, y acompañado de tales demostraciones, puede haberse implicado que le saludaban como el Rey prometido, y habían convertido su entrada en un triunfo en que el pueblo le rendía homenaje. Y si se requiere prueba del punto de vista sobrio y –no tenemos por que añadir– racional defendido aquí, se podría encontrar en esto: que no fue hasta después de su resurrección que incluso sus propios discípulos entendieron el significado de toda la escena que ellos habían presenciado, y en la cual habían jugado un papel tan importante.

La ira y los celos de los fariseos lo entendían mejor, y estaban acechando la oportunidad para vengarse. Pero de momento, en aquel día soleado de primavera, el populacho, débil, excitable y voluble, pasaba a oleadas por las puertas de la ciudad, por las calles estrechas, hacia el Templo. Por todas partes el resonar de sus pasos y el grito de las aclamaciones atraían a los hombres, mujeres y niños a las calles y los terrados. La ciudad estaba conmovida, y de boca en boca pasaba la pregunta entre la ansiosa multitud de curiosos presentes: «¿Quién es?». Y la multitud no contestaba «Es el Rey-Mesías de Israel», sino «Éste es Jesús, el profeta de Nazaret de Galilea». ¡E iba subiendo al Templo!

Él sólo permanecía en silencio y triste entre la multitud entusiasmada. Las huellas de las lágrimas que había vertido sobre Jerusalén estaban todavía en sus mejillas. No es así que un Rey terrenal entra en su ciudad en triunfo; no es así que el Mesías de la expectativa de Israel habría ido a su Templo. No decía nada, sino que sólo miraba alrededor todas las cosas, como si quisiera ver bien el campo en que había de sufrir y morir. Y ahora las sombras del atardecer se van extendiendo; y triste y apesadumbrado, Jesús, una vez más, regresó a Betania con los doce discípulos para hallar cobijo y descansar.

---

7. Ber. 56 *b;* Sanh. 98 *a;* Pirqé de R. Eliez. 31; Ber. R. 75, 98, 99; Deb. R. 4; Midr. sobre Cantares 1:4; Midr. sobre Eclesiastés 1:9; Midr. Shemuel 14.

8. Esto, según Lightfoot. Wünsche (*Erläut. d. Evang.*, p. 241) llega hasta el punto de poner esta alternativa: ¡o bien los evangelistas confundieron la Pascua con la Fiesta de los Tabernáculos, o transfirieron a propósito a la Pascua una ceremonia de la Fiesta de los Tabernáculos!

9. Me doy cuenta de que el prof. Delitzsch, con su gran autoridad, pone esto en duda (Zeitschr. für Luther. Theol. para 1855, p. 653). Pero el testimonio de la Midrash está contra él. Delitzsch considera que es el grito de la Fiesta de los Tabernáculos. Pero ¿cómo puede haber sido pronunciado antes de la Fiesta de la Pascua? Además, no parece razonable suponer que la multitud había proclamado de modo plenamente consciente a Jesús como el Mesías, e intentaba celebrar allí mismo el cumplimiento del significado del tipo de la Fiesta de los Tabernáculos.

Capítulo 2

(*Mateo 21:12-22; Marcos 11:15-26; Lucas 19:45-48*)

El segundo día de la semana de Pasión

Podemos inferir, quizá, con reverencia, cómo pasó la noche después de su entrada triunfal en su ciudad y el Templo el Rey de Israel. Su banquete real sería su compañía y comunión con los discípulos. Sabemos con qué frecuencia había pasado las noches en oración solitaria (Mr. 1:35; Lc. 5:16; Mt. 14:23; Lc. 6:12; 9:28), y sin duda no es demasiado atrevido asociar estos pensamientos con la primera noche de la semana de Pasión. Así, también, podemos más fácilmente explicar el cansancio, agotamiento y el hambre que le hizo buscar fruta en la higuera, camino de la ciudad.

Era muy temprano (de madrugada)[1] por la mañana del segundo día de la semana de Pasión (lunes) cuando Jesús partió de Betania con sus discípulos. En el aire fresco de la primavera, después del cansancio de aquella noche, «tuvo hambre». Junto al camino, como ocurre con frecuencia en Oriente, había un árbol solitario que crecía en un terreno pedregoso. Tiene que haber crecido en un promontorio, en que recibía sol y calor, porque Él lo vio «desde lejos» (Marcos), y aunque no hacía mucho que la primavera había vuelto a vestir los árboles con su follaje, se destacaba contra el cielo.

La higuera estéril

«No era la temporada de los higos», pero el árbol, frondoso, atrajo la atención de Jesús. Quizá colgaría algo de fruto desde todo el invierno, o bien habría ya algunos higos primerizos, porque es bien sabido que en Palestina «el fruto aparece antes que las hojas», y que esta higuera era evidentemente precoz, como lo atestigua el hecho de que hubiera hojas, algo excepcional para este tiempo en el monte de los Olivos. El fruto de la temporada pasada habría sido comestible, naturalmente, y el nuevo, aunque no maduro, era comido –según la Mishnah y confirma el Talmud (Shebh. iv. 7; Jer. Shebh. 35 *b;* últimas líneas)– tan pronto como asomaba el color rojizo –según se expresa «en el campo, con pan», o como lo entendemos, por parte de aquellos que empezaban a tener hambre cuando se hallaban en los campos, trabajando o viajando. Pero en el caso presente no había fruto antiguo ni nuevo, «sólo hojas». Era, evidentemente, una higuera estéril que ocupaba terreno y que había que cortar. Nuestra mente, de modo casi instintivo, vuelve a la parábola de la higuera estéril, de la cual había hablado hacía tan poco (Lc. 13:6-9). Para Él, que solo el día anterior había llorado sobre Jerusalén, que no había conocido el día de su visitación, y sobre la cual el hacha del juicio ya estaba levantada, esta higuera con sus hojas frondosas tiene que haberle recordado, con viveza pictórica, la escena del día anterior. Israel era aquella higuera estéril; y las hojas sólo cubrían su desnudez, como lo habían hecho para nuestros primeros padres después de la caída. Y el juicio, pronunciado simbólicamente en la parábola, tiene que ser ejecutado de forma simbólica en esta higuera frondosa, estéril cuando el Maestro buscaba fruto en ella. Parece casi una necesidad interior, no sólo simbólica sino real, el que la palabra de Cristo la hubiera abatido. No podemos concebir que nadie pudiera haber co-

1. La palabra πρωί se usa para la última vela de la noche en Marcos 1:35.

mido de ella después que el Cristo hambriento hubiera buscado en vano fruto en ella. No podemos concebir que nadie pueda resistir a Cristo, y no ser eliminado. No podemos concebir que la realidad de lo que Él había enseñado, cuando llegara la ocasión, no pasara a ser visible a los ojos de sus discípulos. Finalmente, nos parece sentir (con Bengel) que, como siempre, la manifestación de su verdadera humanidad, en el hambre, debería ir acompañada de su divinidad, en el poder de su palabra de sentencia (comp. Jn. 11:35-44).

Con Mateo, que por amor a la continuidad relata este incidente después de los sucesos de aquel día (lunes) e inmediatamente antes de los del día siguiente (Mt. 21:18, 22), esperamos con antelación lo que vieron los discípulos el día siguiente (Mr. 11:20). Como dice Mateo: «Al instante se secó la higuera». Pero según el relato más detallado de Marcos, fue sólo al día siguiente, cuando volvieron a pasar, que notaron que la higuera se había secado desde las raíces. El espectáculo atrajo su atención, y de modo vívido recordaron las palabras de Cristo, a las cuales el día previo ellos, quizá, apenas habían dado importancia. Y fue lo súbito y completo del juicio que había sido pronunciado lo que ahora llamó la atención de Pedro, más que su significado simbólico. Fue, más bien, el milagro que su importancia espiritual y moral –la tempestad y el terremoto, más que el silbo delicado y apacible– lo que impresionó a los discípulos. Además, las palabras de Pedro al menos pueden ser interpretadas de esta manera: que la higuera se había secado como consecuencia de las palabras de Cristo, más que por medio de ellas. Pero Él siempre dirige a los suyos a que se aparten de la maravilla de lo milagroso para ascender a lo más elevado (Bengel). Su respuesta, ahora, combina todo lo que han de aprender. Señala la lección-tipo de lo que había ocurrido: la necesidad de tener fe, la fe simple, la ausencia de la cual era la causa de la esterilidad frondosa de Israel, y que de haber estado presente y sido activa podría haberlo realizado todo, por imposible que pudiera haber parecido, considerados los medios externos.[2] Y, con todo, era sólo «tener fe en Dios»; una fe como corresponde a todos los que conocen a Dios; una fe en Dios que no busca y no tiene su fundamento en nada externo, sino que descansa solamente en Él. A uno que «no tiene duda en su corazón, sino que cree que lo que dice le pasará». Y este principio general del Reino, que para el creyente devoto y reverente no requiere explicación ni limitación, recibió su aplicación posterior especialmente para los apóstoles en su necesidad futura: «Por tanto os digo que todo lo que pidáis en oración, creyendo, lo recibiréis».

Se siguen estas dos cosas: la fe da un poder absoluto a la oración, pero es también su condición moral. No hay nada, a menos que sea esto, que sea fe; y nada más que la fe –absoluta, simple, confiada– da gloria a Dios, o tiene la

«Y cuando aquellos traficantes fueron expulsados del Templo y Él hablaba, se congregaron a Él de los pórticos y del monte del Templo los desgraciados, los ciegos y los cojos para ser curados en su cuerpo y su alma. Era verdaderamente un tiempo de primavera en aquel Templo, y cuando los muchachos junto con sus padres contemplaron las facciones divinas de Cristo, arrebatados por el asombro y el entusiasmo, prorrumpieron en "Hosanna al Hijo de David", un eco de la bienvenida que se le había hecho al entrar en Jerusalén».

La turbación y perplejidad que se apoderó de los muchos mercaderes que populaban por los atrios del templo ante el gesto autoritario de Jesús, ha sido recogida por Bassano. (Museo del Prado)

2. Recordamos al lector que la expresión «descuajar montañas» se usa comúnmente por los rabinos como una hipérbole para «hacer lo imposible o lo increíble». Para lo primero, véase Bab. B. 3 *b* (צקר טורי); para lo último (צוקר הריס), Ber. 64 *a*; Sanh. 24 *a*; Horay. 14 *a*.

promesa. Esto es, por así decirlo, la aplicación por el Nuevo Testamento de la primera Tabla de la Ley, resumida en el «Amarás al Señor tu Dios». Pero hay otra condición moral de la oración íntimamente relacionada con la primera: una aplicación del Nuevo Testamento a la segunda tabla de la Ley, resumida en el «Amarás a tu prójimo como a ti mismo». Si la primera condición moral era hacia Dios, la segunda es hacia el hombre; si la primera nos vinculaba a la fe, la segunda nos vincula a la caridad, con esperanza; la expectativa de la oración contestada es el enlace que une a las dos. La oración, ilimitada en sus posibilidades, se halla a mitad del camino entre la tierra y el cielo; con una mano toca al cielo, con la otra a la tierra; en ella, la fe prepara para recibir lo que la caridad está dispuesta a dispensar. El que ora así, cree en Dios y ama al hombre; una oración así no es egoísta, no se busca a sí misma, no piensa en sí misma; y, menos que nada, no es compatible con el recordar los agravios y el espíritu no perdonador. Ésta es pues la segunda condición de la oración, y no sólo de la oración que prevalece a todo, sino incluso de la aceptación personal en la oración. No podemos pues tener dudas de que Marcos informa de modo correcto a este respecto como la condición que el Señor pone a la aceptación: que previamente desechemos toda falta de caridad (Mr. 11:25).[3] Recordamos que la promesa tenía una aplicación especial a los apóstoles y a los primeros discípulos; recordamos, también, lo difícil que era para ellos el aprender el pleno perdón a los ofensores y perseguidores (Mt. 18:21, 22); y, además, lo grande que era la tentación a vengar los agravios y usar el poder milagroso en la reivindicación de su autoridad (Lc. 9:52-56). En estas circunstancias Pedro y sus condiscípulos, cuando se les hubo asegurado del poder ilimitado de la oración de fe, necesitaban más aún que se les recordara y advirtiera de esta segunda condición moral: la necesidad de un corazón perdonador, si tenían algo contra alguien.

La limpieza del Templo

De esta digresión volvemos a los sucesos del segundo día de la semana de Pasión (el lunes), que empezó con un juicio simbólico sobre la higuera frondosa, pero estéril. El mismo simbolismo de juicio había de ser inmediatamente establecido aunque más claramente, y esto en el Templo mismo. En la tarde anterior, cuando Cristo había llegado allí, es probable que los servicios ya hubieran terminado y el Santuario estuviera relativamente vacío de adoradores y de los que hacían allí sus negocios. Cuando hablamos de la primera purificación del Templo al comienzo del ministerio de Cristo, ya explicamos bastante con respecto al carácter y forma de este tráfico lamentable, los beneficios del cual iban a los dirigentes del sacerdocio, así como la indignación popular que causaban este tráfico y los traficantes. No tenemos que recordar las palabras de Cristo; las autoridades mismas judías describen en términos aún más vigorosos esta transformación de la «casa de oración» en «una cueva de ladrones» (ver informe en Libro 3, cap. V). Si cuando empezó a ocuparse de los «asuntos» de su Padre, y se presentó por primera vez en público con sus pretensiones mesiánicas, era apropiado que se arrogara esta autoridad y primero «limpiara el Templo» de intrusos que, con la excusa de ser sacerdotes de Dios, hacían de su casa un negocio, mucho más apropiado era ahora al término de su obra cuando, como Rey, había entrado en su ciudad que reclamara esta autoridad públicamente. Al principio había sido para enseñanza y advertencia; ahora era un juicio simbólico; lo que había empezado entonces, ahora lo había de terminar. En consecuencia, cuando comparamos las palabras e incluso los mismos actos de la primera «limpieza», con los que acompañan y explican la segunda, encontramos que esta última es no diremos ya mucho más severa, sino que tiene un carácter diferente: el de una sentencia judicial final.[4]

Y tampoco las autoridades del Templo procuraron ahora azuzar al populacho contra Él, o discutieron su autoridad exigiéndole una señal en garantía, como habían hecho en la ocasión anterior. La pugna había alcanzado otro estadio. Ellos oyeron lo que Él decía en su condenación, y con odio acerbo en sus corazones procuraron por otros medios destruirle. Por temor al pueblo restringieron su violencia. Porque el poder que Él tenía era realmente maravilloso. El pueblo estaba pendiente de sus labios, arrobado (Lucas), «atónito» ante aquellas verdades nuevas y benditas que les prodigaba. ¡Todo era tan distinto de lo que había sido! Con su autoridad el Templo fue limpiado de inmundicia, del latrocinio fomentado por un sacerdocio corrupto y, de momento, restaurado al solemne servicio de Dios; y esta Casa purificada ahora pasó a ser la escena de la enseñanza de Cristo, cuando Él les dijo estas palabras de verdad y consuelo respecto al Padre –realizando de este modo la promesa profética de «una casa de oración para todas las naciones» (Marcos). Y cuando aquellos traficantes fueron expulsados del Templo y Él hablaba, se congregaron a Él de los pórticos y del monte del Templo los desgraciados, los ciegos y los cojos para ser curados en su cuerpo y su alma. Era verdaderamente un tiempo de primavera en aquel Templo, y cuando los muchachos junto con sus padres contemplaron las facciones divinas de Cristo, arrebatados por el asombro y el entusiasmo, prorrumpieron en «Hosanna al Hijo de David», un eco de la bienvenida que se le había hecho al entrar en Jerusalén.

El hosanna de los niños

Este hosanna de los niños resonó por todos los patios y pórticos del Templo. Lo oyeron los sacerdotes, los cuales, impasibles ante lo que había dicho y hecho, lejos de ser movidos al arrepentimiento y la fe se llenaron de indignación. Una vez más en su ira impotente procuraron, como

3. El versículo 26 es con toda probabilidad una adición espuria.

4. Los motivos por los que esta segunda limpieza del Templo ha de ser distinguida de la primera, que se registra sólo en Juan 2:13-23, han sido explicados en la primera ocasión. Los presentan la mayoría de los comentarios, aunque no siempre de modo satisfactorio. El lector no tendrá dificultad en juntarlos él mismo. La dificultad no se halla en las dos purificaciones ni en el silencio de los Sinópticos sobre la primera, puesto que el ministerio inicial en Jerusalén no quedaba dentro del alcance de sus relatos, sino en el silencio del cuarto Evangelio con respecto a la *segunda* purificación. Pero aquí quisiéramos hacer notar que el cuarto Evangelio no es una narración sucesiva, aún menos que los Sinópticos, que tampoco lo son; podríamos decir que es Dogmática histórica: el *Logos* en la manifestación histórica de su persona y obra. Si es así, los primeros evangelistas incluyeron la segunda purificación del Templo. Además, el haberla introducido, o la maldición de la higuera, habría sido interrumpir el curso y echar a perder la simetría del relato (Jn. cap. 12), que presenta en matices sucesivos y que se intensifican en el testimonio final del Cristo: la cena en Betania, su entrada en Jerusalén, delante de los griegos en el Templo, por una voz del cielo delante de sus contradictores y a sus propios discípulos.

habían hecho los fariseos el día de su entrada, apelar hipócritamente a su reverencia a Dios, no sólo para desorientar y para utilizar el mismo amor de la verdad contra la verdad, sino para inducirle a que hiciera callar las voces de los niños. Pero el espejo terso del alma de Cristo reflejaba solamente la luz.[5] Estas voces de niños eran los ecos de las voces de los ángeles, ecos de alabanzas distantes celestiales que las almas de los niños habían captado y cuyos labios expresaban. No de los grandes, de los sabios o de los entendidos, sino «de la boca de los pequeños y de los niños de pecho te preparaste perfecta alabanza».[6] Y ésta es, también, la música del evangelio.

5. Podemos notar aquí, una vez por todas, que la manera de contestar empleada por Cristo –la de hacer una nueva pregunta como respuesta en la cual había la respuesta con una fuerza irresistible– era muy común entre los judíos (משיב דבר מתוך דבר). Otro modo era con una alegoría, fuera de palabra o de acción.

6. Así en la Septuaginta, dando el sentido exacto; en el original es «fuerza». Es quizá uno de los contrastes más grandes de los que hallamos en los Salmos: Dios oponiéndose y calmando a sus enemigos no mediante un despliegue de fuerza, tal como ellos lo entendían, sino por la boca de los niños y de los que mamaban. Jehová de los Ejércitos tiene a estos escuderos, y no necesita otros. La antigua Sinagoga, con bastante realismo aunque con una base de verdad más elevada, declara (en la Haggadah) que en el mar Rojo los niños pequeños, incluso los que todavía no habían nacido, se unieron al cántico de triunfo de Israel, dando con ello cumplimiento a este dicho del salmista.

Capítulo 3

(Mateo 21:23-27; Marcos 11:27-33; Lucas 20:1-8; Mateo 22:15-22; Marcos 12:13-17; Lucas 20:20-26; Mateo 22:41-46; Lucas 21:1-4; Juan 12:20-50)

El tercer día de la semana de Pasión

Los sucesos ocurridos en este tercer día y reportados son numerosos; los actores introducidos en escena son muchos; lo sucedido, variado; y las transiciones tan rápidas que es aún más difícil que de costumbre poner todo esto en orden cronológico. Y no tenemos que extrañarnos de esto cuando recordamos que era, por así decirlo, el último día de trabajo de Cristo: el último de su misión pública a Israel, por lo que se refiere a la parte activa; el último día en el Templo; el último de enseñanza y advertencia a fariseos y a saduceos; el último en su llamada al arrepentimiento nacional.

Se ve que lo que sigue debe incluirse en un día, por la circunstancia de que su comienzo es mencionado de modo expreso por Marcos (11:20) en relación con la noticia de haberse secado la higuera, en tanto que su término no sólo queda indicado en las últimas palabras de los discursos de Cristo, según son consignados por los Sinópticos (Mt. 25:46; Mr. 13:37; Lc. 21:36-38), sino que el comienzo de otro día queda después marcado igualmente de modo claro (Mt. 26:1; Mr. 14:1; Lc. 22:1). Considerando la multiplicidad de acontecimientos, será mejor agruparlos, antes que seguir el orden exacto de su sucesión. Y por ello, este capítulo está dedicado a los sucesos del tercer día de la semana de Pasión.

Los sucesos de este día

1. Como de costumbre, el día comenzó (Mateo) con su enseñanza en el Templo (Lucas). Lo vemos por la expresión «estaba andando» (Marcos), o sea, en uno de los pórticos donde, ya se sabe, había considerable libertad para reunirse, conversar y aun enseñar. Se recordará que en el día previo las autoridades habían vacilado y decidido no interferir con Él. En silencio habían presenciado con rabia impotente la expulsión de los traficantes; en silencio habían escuchado su predicación y visto sus milagros. No fue hasta el hosanna de los niños –quizá niños de los levitas que actuaban como miembros del coro en el Templo– que se despertaron del estupor de sus temores, y se atrevieron a una débil reprobación, en la improbable esperanza de que tal vez Él se vería inducido a conciliarlos. Pero con la noche y la mañana vinieron otras ideas y consejos. Además, las circunstancias eran ahora diferentes. Era temprano por la mañana, los oyentes eran nuevos, y la maravillosa influencia de sus palabras no los había ablandado todavía a su voluntad. Por el hecho de que de una manera más seria y oficial son presentados los principales sacerdotes, los escribas y los ancianos (Marcos), y por la circunstancia de que fueron al encuentro de Cristo tan pronto como Él entró en el Templo, apenas podemos dudar de que había habido una reunión, aunque ésta fuera privada,[1] de las autoridades para coordinar medidas en contra del peligro creciente. Con todo, los pasos que dan van marcados no sólo por la cobardía, sino también por la astucia. No se atreven a oponerse a Él directamente pero se esfuerzan, atacándole en el único punto en que parecía exponerse Él mismo, arrogándose así la apariencia de la más estricta legalidad, y de este modo hacer volver el favor popular contra Él.

Porque no había ningún principio más firmemente establecido por el consentimiento de todos que el siguiente: la enseñanza con *autoridad*[2] requería autorización previa. En realidad, esto se desprendía del principio del Rabinismo. Toda enseñanza tenía que ser con autoridad, puesto que era tradicional, aprobada por la autoridad y dispensada desde el maestro al discípulo. El honor más elevado de un entendido o erudito era el ser como una cisterna bien enyesada, de la cual no goteaba nada de lo vertido en ella. La apelación definitiva en los casos de discusión era siempre a alguna gran autoridad, fuera un maestro individual o un decreto del Sanedrín. De esta manera el gran Hillel había reivindicado, al principio, sus derechos a ser el maestro de su tiempo y decidir las disputas entonces pendientes. Y el decidir de modo distinto de la autoridad era, o bien una marca de presunción ignorante, o el resultado de una rebelión atrevida, y en este caso se requería hacerle frente con el «bando». Y éste era por lo menos uno de los aspectos de la controversia entre las autoridades y Jesús. A nadie se le habría ocurrido interferir con un mero Haggadista –el expositor popular, predicador o recitador de leyendas. Pero enseñar con autoridad, esto ya requería otras garantías. De hecho, había una ordenación regular (*Semikhah*) al oficio o cargo de rabino, anciano y juez, porque las tres funciones se combinaban en una. Según la Mishnah, los «discípulos» se sentaban ante el Sanedrín en tres filas, y los miembros del Sanedrín eran reclutados sucesivamente de la primera fila de los eruditos (Sanh. iv. 4). Al principio se dice que la costumbre de cada rabino había sido acreditar a sus propios discípulos. Pero después este derecho fue transferido al Sanedrín, con la provisión de que este cuerpo no podía ordenar sin el consentimiento de su jefe, aunque el último no podía hacerlo sin el consentimiento del Sanedrín (Jer. Sanh. 19 *a;* líneas 29ss. desde la base). Pero este privilegio fue retirado más adelante a causa de abusos. Aunque no tenemos ninguna descripción de los procedimientos de ordenación iniciales, el mismo nombre –*Semikhah*– implica la imposición de manos. Además, en los datos más antiguos, que llegan sin duda al tiempo de Cristo, para la ordenación era requerida por lo menos la presencia de tres personas ordenadas (Sanh. i. 3).

En un período posterior era considerada suficiente (Sanh. 7 *b*) la presencia de un rabino ordenado, con la asesoría de otros dos, aunque éstos no fueran ordenados. En el curso del tiempo se añadieron ciertas formalidades. La persona que había de ser ordenada tenía que pronunciar un discurso; se recitaban himnos y poemas; el título «rabino» era concedido formalmente sobre el candidato, y se le daba autoridad para enseñar y actuar como juez (para atar y desatar, para declarar culpable o libre). Es más, parece que

1. No hay evidencia de una reunión oficial del Sanedrín, ni hay posibilidad, según la Ley judía, de que hubiera tenido lugar.

2. Aparte de esto, había la máxima libertad de expresión para los que estaban calificados para enseñar.

había habido órdenes diferentes, según la autoridad concedida a la persona ordenada. La fórmula al conceder órdenes *plenas* era: «¡Que enseñe; que enseñe; que juzgue; que decida sobre cuestiones de primogenitura;[3] que decida; que juzgue!». Hubo un tiempo en que se mantenía que estas ordenaciones sólo podían tener lugar en la Tierra Santa. Los que iban al extranjero llevaban consigo sus «cartas de órdenes».[4]

La pregunta sobre la autoridad de Cristo

Dejando a un lado la discusión del período en que pudieran haber sido introducidas estas prácticas, lo cierto es que al tiempo de nuestro Señor nadie se habría aventurado a enseñar con autoridad sin la autorización rabínica apropiada. Por tanto, la pregunta que le hicieron las autoridades judías a Cristo cuando enseñaba tenía un significado genuino, y apelaba a los hábitos y sentimientos del pueblo que le escuchaba. Por otra parte, era presentada de modo astuto. Porque no le retaba meramente sobre si podía enseñar, sino que le preguntaba cuál era la autoridad con que hacía lo que *hacía*; refiriéndose no sólo a su obra en general, sino quizá especialmente a lo que había ocurrido el día anterior. Ellos no estaban allí para oponérsele; pero cuando un hombre obraba como había obrado Él en el Templo, ellos tenían el deber de comprobar sus credenciales. Finalmente, la pregunta alternativa consignada por Marcos: «o» –si tú no tienes la comisión debida rabínica– «¿quién te dio autoridad para hacer estas cosas?», parece claramente señalar a su opinión de que el poder que Jesús mostraba le había sido delegado ni más ni menos que por Beelzebul.

Los comentaristas (Mt. 21:23-27; Mr. 11:27-33; Lc. 20:1-8) parecen haber pasado por alto el punto en la respuesta de nuestro Señor. Tal como se entienden generalmente sus palabras, habrían tenido por objeto hacer callar a sus interrogadores, y esto en una forma que en circunstancias ordinarias apenas podía ser considerado como apropiado o sincero. Habría sido meramente devolver la pregunta, usándola contra ellos, y de esta forma maniobrar con el prejuicio popular a la vista. Pero las palabras del Señor tenían un significado muy distinto. Él contestó su pregunta, aunque al mismo tiempo expuso la astucia y cobardía que la habían instigado. Al desafío con respecto a su autoridad, y a la insinuación velada sobre el agente satánico, Él contestó con una apelación al Bautista. El Bautista había dado pleno testimonio de la misión de Cristo como procedente del Padre, y «todos los hombres consideraban a Juan como verdaderamente un profeta». ¿Estaban satisfechos? ¿Cuál era su idea del Bautista respecto a la preparación de la venida de Cristo? ¡Ellos no quisieron o no pudieron contestar! Si decían que el Bautista era un profeta, esto implicaba no sólo una autorización de la misión de Jesús, sino la genuinidad de su llamada a que creyeran en Él. Por otra parte, ¡tenían miedo de desautorizar públicamente a Juan! Y así, su astucia y cobardía fueron la causa de su propia condenación cuando alegaron ignorancia; una alegación tan clara y plenamente insincera que Cristo, habiéndoles dado lo que todos tienen que haber considerado una respuesta completa, se negó a seguir discutiendo este punto con ellos.

2. Fracasados en su empeño de implicarle con las autoridades religiosas, el nuevo intento que realizaron era mucho más peligroso: hacerle entrar en colisión con las autoridades civiles. Recordando el ojo siempre vigilante de Roma, la tiranía implacable de Pilato y las artimañas viles de Herodes que se hallaba en aquel momento en Jerusalén (Lc. 23:7), sintieron instintivamente que incluso el más leve compromiso por parte de Jesús en consideración a la autoridad del César sería fatal de modo absoluto. Podía ser demostrable, con testimonio indiscutible, que Jesús se había declarado del lado del llamado partido «nacionalista», y aun lo había estimulado, por lo que habría perecido rápidamente, como Judas de Galilea (Hch. 5:37; Jos., *Ant.* xviii.1.1; xx.5.2). Los líderes judíos de esta forma habrían conseguido su objetivo fácilmente, y la impopularidad del objetivo habría recaído sobre el odiado poder de Roma. Cuán grande era el peligro que amenazaba a Jesús puede colegirse de esto: que a pesar de su clara respuesta, la acusación de que pervertía a la nación prohibiendo dar tributo a César fue, en realidad, presentada contra Él ante Pilato (Lc. 23:2).

El complot –ya que en realidad se trataba de esto– (Mt. 22:15-22; Mr. 12:13-17; Lc. 20:19-26) había sido preparado astutamente. Para este propósito no fueron los viejos fariseos los que se presentaron ante Jesús, puesto que Él los conocía bien y desconfiaba de ellos, sino algunos de los discípulos de ellos, al parecer celosos, sinceros, concienzudos. Con ellos se habían combinado algunos de los «herodianos» –naturalmente no una secta o una escuela religiosa, sino un partido político contemporáneo. No sabemos mucho de estos movimientos políticos más profundos en Judea, solamente lo que Josefo tuvo a bien dar testimonio. Pero no podemos errar mucho si consideramos a los herodianos como un partido que de modo franco aceptaba la casa de Herodes como ocupante del trono judío. Diferían de la sección extrema de los fariseos, que odiaban a Herodes, y de los «nacionalistas», y podía haber sido un partido moderado o intermedio, semirromano y seminacionalista. Sabemos que la ambición de Herodes Antipas era reunir bajo su mando toda Palestina; pero no sabemos qué intrigas pueden haberse llevado a cabo con este propósito, tanto con los fariseos como con los romanos. Ni es la primera vez en esta historia que hallamos juntos a los fariseos y los herodianos (p.ej., Mr. 3:6). Herodes, ciertamente, es posible que no tuviera interés en incurrir en la impopularidad que habría significado el adoptar medidas personales contra el gran profeta de Nazaret, sobre todo cuando tenía que recordar lo que le había costado el asesinato de Juan. Quizá de buena gana habría hecho uso de Él, utilizándolo como baza en el juego contra los líderes populares. Pero, tal como estaban las cosas, tiene que haber sentido deseos de librarse de lo que podía ser un rival formidable, ya que, al mismo tiempo, su partido se unía de buena gana con los fariseos en lo que podía asegurarles su gratitud y lealtad. Estos motivos, u otros similares, pueden haber sido lo que efectuó esta extraña alianza entre fariseos y herodianos.

La pregunta del tributo a César

Fingiéndose hombres independientes, se acercaron a Jesús con palabras melifluas, intentando no sólo desarmar su suspicacia, sino también apelar a su osadía y singularidad de propósito moral, para inducirle a comprometerse sin reserva. ¿Era lícito que ellos dieran tributo a César o no?, ¿habían de pagar el impuesto por capitación (Jos., *Guerra* ii.16.4) –o sea una dracma– o debían oponerse a ello? Ya

---

3. Éstas implicaban puntos especialmente difíciles en ley canónica.

4. Comp. Hamburger, *Real-Encycl.*, 2, pp. 883-886. Pero añade poco a lo dicho por Selden, *De Synedriis*, ed. Frcf., pp. 681-713. En qué forma apareció la idea de que en tiempos primitivos se entregaba una llave en la ordenación es difícil decirlo, pero parece ser un malentendido de las palabras de Lucas 11:52.

sabemos la forma en que el Judaísmo había de contestar más adelante esta pregunta. Establece el principio de que el derecho de acuñar moneda implica la autoridad de imponer impuestos, y realmente constituye tal evidencia de gobierno *de facto* que hace un deber absoluto el someterse al mismo.[5] Esto era lo que se consideraba, hasta el punto que los Macabeos, y en la última guerra judía Bar Kokhabh, el falso Mesías, emitieron moneda fechada en la liberación de Jerusalén. No podemos pues dudar que este principio sobre acuñación, impuestos y gobierno era adoptado generalmente en Judea. Por otra parte, había un partido fuerte en el país, con el cual simpatizaban los espíritus más nobles no sólo política, sino religiosamente, que defendía que pagar tributo de moneda a César era virtualmente reconocer su autoridad real, y por tanto desvirtuaba la de Jehová, que era el único Rey de Israel. Afirmaban en sus argumentos que todas las desgracias de la tierra y el pueblo eran debidas a su infidelidad nacional. En realidad, éste era el principio fundamental del movimiento nacionalista. La Historia ha registrado muchos movimientos similares en los cuales los sentimientos políticos fuertes han ido mezclados con el fanatismo religioso, y que han nombrado en sus filas, junto con partidistas sin escrúpulos, no pocos que eran patriotas sinceros o gente religiosa seria. Se ha sugerido antes en este libro que el movimiento nacionalista puede haber tenido una relación preparatoria sobre algunos de los seguidores iniciales de Jesús, quizá al comienzo de sus pesquisas, tal como en el Occidente la filosofía alejandrina resultó ser una preparación, para muchos, para el Cristianismo (ver Libro 2, cap. X). En todo caso, el escrúpulo expresado por estas personas, si era genuino, tenía que estimular simpatía hacia ellos. Algunos pueden haber tenido incluso escrúpulos religiosos en manejar la moneda del César. Un caso así se menciona en Ab. Zar. 6 *b*, en que a un rabino se le aconseja echarla en el agua y hacer ver que se le había caído accidentalmente. Pero probablemente este caso se refiere a la idea de evitar toda posibilidad de ser considerado como participante en festividades idolátricas. Pero ¿cuál era la alternativa que se le presentaba aquí a Cristo? El haber dicho *NO* habría sido equivalente a ordenar la rebelión; el haber dicho simplemente *SÍ* habría sido un choque penoso para el sentimiento profundo, y, en cierto sentido, a los ojos del pueblo, ¡negar su propia pretensión a ser el Rey-Mesías de Israel!

Pero el Señor escapó de esta «tentación» porque para Él, «siendo veraz», no era una tentación real. Su marrullería e hipocresía Él las percibió al instante y las expuso, respondiendo también con ello su apelación a que era «veraz». Una vez más hemos de rechazar enfáticamente la idea de que se trataba aquí, por parte de Cristo, de una mera evasión de la pregunta, sino que afirmamos que era una respuesta. Era una respuesta verdadera el que, señalando la inscripción y la imagen de la moneda[6] sobre la que le habían preguntado, contestara: «Lo que *es* de César, devolvédselo a César, y lo de Dios, a Dios» (Mr. 12:17). Hizo mucho más que rechazar su hipocresía y presunción; no sólo contestó la pregunta que le habían hecho ellos, sino que la contestó para que todos los hombres sinceros de todos los tiempos la tuvieran presente en su mente, ya que ofrece para todos los tiempos y todas las circunstancias el principio subyacente en la cuestión. El Reino de Cristo no era de este mundo; una verdadera teocracia no sólo era incompatible con la sumisión al poder secular en cosas que eran realmente suyas propias; la política y la religión ni se incluyen ni se excluyen la una a la otra, sino que, una al lado de la otra, tienen sus dominios diferentes. El Estado es sancionado divinamente, y la religión es sancionada divinamente, y ambos son igualmente ordenados por Dios. Sobre este principio la autoridad de los apóstoles regula las relaciones entre la Iglesia y el Estado, incluso cuando este último era pagano. La cuestión sobre los límites de cada una de estas provincias ha sido discutida acaloradamente por los sectarios de uno y otro lado, que reclaman el dicho de Cristo en apoyo de los dos extremos opuestos, que ellos defienden. Y con todo, para el investigador simple del deber, no parece difícil ver la distinción, con tal de que consigamos purgarla de los refinamientos lógicos y de las inferencias forzadas.

Fue una respuesta no sólo veraz, sino de maravillosa hermosura y profundidad. Elevaba la controversia a una esfera distinta, en que ya no había conflicto entre lo debido a Dios y al hombre –ciertamente ningún conflicto, sino armonía y paz divinas. Ni hablaba en contra de las aspiraciones nacionalistas ni en favor de la causa de Roma. No decía si el régimen de Roma era justo o debía ser permanente, sino sólo que todos tienen que haber quedado convencidos que era divino. Y así, los que habían venido con el propósito de «atraparle» se marcharon, admirados en extremo (original ἐξεθαύμαζον de Marcos), aunque no quedaran convertidos ni convencidos.

La blanca de la viuda

3. Dejando de momento las objeciones de los saduceos y las contradicciones de los escribas, llegamos inesperadamente a uno de los cuadros suaves e íntimos –una miniatura histórica, tal como nos es presentada– que nos proporciona solaz a los ojos en medio de toda esta luz despiadada y ofensiva alrededor (Mr. 13:41-44; Lc. 21:1-4). De la malicia de sus enemigos y el juicio predicho de ellos, volvemos al culto silencioso de aquella que dio todo lo que tenía, en las palabras con que lo comentó Jesús, sin saberlo. Es aún más bien recibido porque nos muestra en hechos lo que Cristo había dicho a aquellos hipócritas que había discutido si dar tributo a César era o no robar a Dios lo que era suyo. ¡Verdaderamente, aquí había una mujer que en la simplicidad de su humilde adoración daba al Señor todo lo que le correspondía!

Cansado de estas discusiones, el Maestro había dejado a aquellos con quienes había hablado en los pórticos, y, aunque la muchedumbre no se ponía de acuerdo sobre sus palabras y su persona, había ascendido el tramo de escalones que llevaban desde «la terraza» al edificio del Templo. Desde estos escalones –tanto si eran los que llevaban a la «Puerta Hermosa» o a una de las puertas laterales– podía conseguir una vista completa del «Patio de las Mujeres», al cual abocaba. Se sentó en estos escalones, o dentro de la puerta (porque en otros lugares era ilegal), y contemplaba a la multitud. Había pasado el tiempo del sacrificio, y los que todavía estaban por allí se habían quedado para sus devociones privadas, para sacrificios privados o para pagar

5. Bab. K. 113 *a*, y el ejemplo de Abigail alegando a David el hecho de que la moneda de Saúl estaba todavía en circulación. Jer. Sanh. 20 *b*.

6. Por una extraña coincidencia, la moneda que ellos presentaron a Cristo llevaba «la imagen» del emperador. Tiene pues que haber sido o bien una moneda extranjera (romana), o bien una de las que Felipe el Tetrarca había acuñado excepcionalmente con la imagen de Tiberio (comp. Schürer, *N.T. Zeitgesch.*, p. 231). Ni Herodes ni Herodes Antipas tenían «imagen» alguna en sus monedas, sino solamente los «detalles» del período macabro. Y las monedas que los emperadores romanos acuñaban especialmente para Palestina no llevaban imagen alguna hasta el tiempo de Vespasiano, con el intento de acomodarse a los prejuicios judaicos.

sus votos y ofrendas. Aunque la topografía del Templo –en especial de esta parte– no deja de tener dificultades, sabemos que bajo las columnatas que rodeaban el «Patio de las Mujeres» había oportunidad para donativos religiosos y caritativos. A lo largo de las columnas había las trece arcas en forma de trompeta (*Shopharoth*); hemos de localizar aquí dos cámaras (Sheqal. vi. 5; v. 6): la de los «silenciosos», para los donativos que habían de ser distribuidos en secreto a los hijos de los pobres piadosos, y la que correspondía a los votos. Quizá había también una cámara especial para las ofrendas (Midd. i. 1). Estas «trompetas» llevaban inscripciones en que se indicaba el objeto de la colecta, fuera a causa de descuidos u olvidos anteriores, para pagar ciertos sacrificios, para comprar incienso, madera u otros donativos.

Cuando pasaron junto a esta arca del tesoro, se fijaron en los donantes, un estudio que debía ser de especial interés en aquel día. Algunos vendrían con aspecto de satisfacción, ostentosos; algunos alegremente, ejecutando un deber. «Muchos que eran ricos echaban mucho» –sí, mucho, puesto que como hemos dicho hubo necesidad de promulgar una ley prohibiendo entregar al Templo más de una cierta proporción de las posesiones de uno. Y el total de estos donativos puede inferirse recordando que en tiempo de Pompeyo y Craso el tesoro del Templo, después de haber pagado de sobra todos los gastos, contenía en dinero cerca de medio millón, y vasos preciosos por valor de dos millones de libras esterlinas de hoy (Josefo, *Ant.* xiv.4.4; 7.1).

Y mientras Jesús estaba sentado en estos escalones mirando el panorama siempre cambiante sus ojos se fijaron en una figura solitaria. Marcos la bosqueja en breves palabras: «una viuda pobre». Podemos verla acercándose, como avergonzada en medio de los generosos donantes ricos; quizá avergonzada de que se viera su ofrenda; avergonzada de llevarla; una «viuda» en el atavío de la persona que llevaba luto; su condición, apariencia y porte eran las de ser un «pobre». Jesús la observó con atención. Llevaba en la mano sólo dos moneditas, las más pequeñas, «dos perutas» –y hay que advertir que la ley prohibía un donativo inferior (Bab. B. 10 *b*). Dos perutas equivalían a un *guadrans*, que era la noventa y seisava parte de un *denario*, el cual sólo equivalía a unos siete peniques. Pero era «todo su sustento», quizá todo lo que había podido ahorrar en su frugal pasar; más probable: todo lo que tenía para subsistir aquel día, hasta que trabajara y ganara más. Y de ello la viuda hizo humilde ofrenda a Dios. Jesús no le dijo palabra alguna de ánimo, porque ella andaba por fe; no le ofreció promesas a cambio, porque su recompensa sería en el cielo. Ella no sabía que Él le había visto. No le dijo nada: cualquier comentario habría echado a perder el incienso de su sacrificio que ya ascendía al cielo.[7] Pero para todos los tiempos ha permanecido en la Iglesia, como el perfume del alabastro de María que llenó la casa, este acto de sacrificio abnegado. Mucho más que los grandes sacrificios de lo «superfluo» que echaban los ricos, fue, y es en todos los tiempos, el don de entrega personal y sacrificio absoluto ofrecido por el desconocido solitario. Y aunque él no le dijo nada, el calor y resplandor de sus palabras tienen que haber penetrado en su corazón desolado; y aunque quizá ella no sabía el porqué, aquel día tiene que haber habido un rico banquete en su corazón luego que ella había entregado «todo su sustento» a Dios. Y así es quizá, con todo sacrificio para Dios, tanto más bendecido cuando no conocemos la bendición que nos proporciona.

4. Falta por referir otro suceso solemne que queda registrado aquel día (Jn. 12:20-50). Pero está tan íntimamente relacionado con lo que el Señor dijo que no es posible separar los dos. Solamente lo refiere Juan, el cual, como se ha indicado, nos lo presenta como en una serie de progresivas manifestaciones de Cristo: primero en su entrada en la ciudad, luego en el Templo; y así sucesivamente, a los griegos, por la voz del cielo, y ante el pueblo.

Los griegos que procuraron ver a Jesús

Aunque cada una de sus partes y cada versículo aquí tomados por sí mismos sean preciosos, hay alguna dificultad en combinarlos y en mostrar su conexión y su significado. Pero aquí no deberíamos olvidar que tenemos, en el relato del Evangelio, sólo un informe brevísimo, como si dijéramos solamente los titulares, sumarios, perfiles; sólo una condensación. Ni tampoco conocemos las circunstancias que lo rodean. Las palabras que dijo Cristo como resultado de la petición de los griegos a que se les admitiera en su presencia, pueden hacer alguna referencia especial también al estado de los discípulos, y su poca preparación para entrar y compartir sus sufrimientos predichos. Y esto puede a su vez estar relacionado con la predicción de Cristo y el discurso sobre las «postrimerías» (Mt. cap. 24). Por la posición del relato en el Evangelio de Juan parece implicar que fue el último suceso de aquel día –es más, la conclusión del ministerio público de Cristo. Si es así, palabras y admoniciones, que por otra parte son algo misteriosas en su relación mutua, adquirirían un nuevo significado.

Fue aquél, según suponemos, el atardecer de un día penoso y prolongado de enseñanzas. Cuando el sol se apresuraba a su ocaso, tiñendo el cielo de rojo, les habló de otra puesta de sol, con el firmamento incandescente –el día del juicio, y las tinieblas que iban a seguirle–, pero también de la mejor luz que se levantaría aquel día. Y en esos pórticos del Templo estos hombres de lenguas extrañas le habían visto haciendo sus obras milagrosas el día anterior y oído sus palabras maravillosas aquel día. Eran prosélitos, griegos de nacimiento, que habían buscado a tientas su camino al pórtico del Judaísmo, cuando los primeros destellos de luz habían sido visibles en su altar. Tienen que haberse sentido conmovidos en lo más profundo; sentirían que era esto precisamente lo que estaban buscando, y era para ellos que Él hablaba; que esto era lo que ellos había previsto, barruntado en el A.T., si no lo hubieran visto: su gran fe, su mayor esperanza, su realidad máxima. No iban a acercarse a la puerta uno a uno como a escondidas, pero los portales tenían que ser abiertos de par en par, y cuando la luz que salía a raudales iluminó el camino, Él estaba allí de pie, su personalidad resplandeciente divina, Él que no sólo era el Hijo de David, sino el Hijo del Hombre, para invitarlos a todos ellos al Reino, ya que era el deseo del Padre.

Y así al atardecer, cuando ya oscurecía en los patios del Templo y los pórticos, los griegos expresaron su deseo de «verle» no a distancia, sino de cerca, de hablarle. Habían

---

7. La tradición judía, aunque lamentablemente siempre pone en primera fila la *recompensa*, tiene algunas leyendas hermosas, alegorías y dichos sobre los dones de los pobres. Basta una cita (Bemidb. R. 14). Es así: si uno que es pobre hace una ofrenda, Dios le dice: «Éste se me adelanta. Ha guardado mis mandamientos antes de que le hayan llegado». En Vayyik. R. 3 leemos de una mujer cuya ofrenda de un puñado de harina fue despreciada por el sacerdote, y que Dios le advirtió a él, en un sueño, que el valor de aquel don era tan grande como si se hubiera ofrecido a sí misma. Aún otra cita de la Mishnah. El tratado Menachot termina con estas palabras: «Tanto en lo que se refiere a los holocaustos de animales como los de las aves [los de los pobres] y los ofrecimientos de carne, hallamos la expresión "olor suave", para enseñarnos que el ofrecer mucho o el ofrecer poco es lo mismo, siempre y cuando la persona dirija la mente y el corazón hacia Dios».

pasado a ser «prosélitos de la justicia», querían ser discípulos del «Señor nuestra justicia»; como prosélitos habían venido a Jerusalén «para adorar», y querían aprender a alabar. No obstante, en la modestia espontánea de su infancia religiosa, no se atrevieron a ir a Jesús directamente, sino que hicieron la petición a Felipe de Betsaida.[8] No sabemos por qué a *él:* fuera por haber alguna relación familiar, o que por su educación o circunstancias previas hubiera relación entre Felipe y estos «griegos», es imposible averiguarlo. Y él a su vez –tal era la ignorancia de los apóstoles del significado interno de lo que decía y hacía su Maestro– no se atrevió a ir a Jesús directamente, fue a su paisano que había sido su condiscípulo y amigo y que ahora estaba tan cerca de la persona del Maestro: a Andrés, el hermano de Simón Pedro. Los dos fueron a Jesús; según parece, Andrés primero. La respuesta de Jesús implica lo que en todo caso, habríamos esperado: que la petición de estos gentiles convertidos fue concedida, aunque no se dice de modo expreso, y es en extremo difícil decidir si lo que se consigna fue dicho a los griegos o a los judíos, o si parte a unos y parte a otros. Quizá deberíamos considerar las palabras iniciales como una referencia a la petición de los griegos, y después de esto como dirigidas a los discípulos (Jn. 12:23), mas también como sirviendo de introducción a las palabras que siguen, que fueron dichas de modo primario a los griegos (vv. 24-26), pero secundariamente también a los discípulos, y que se refieren a este terrible misterio de su muerte, y su bautismo en ella, que cada vez estaba un poco más cercano.

Cuando vemos que estos «griegos» se acercan, parece ser reactivado el comienzo de la historia de Cristo a su final. Ahora no en el establo de Belén, sino en el Templo, donde vemos a los «sabios» que representan al mundo gentil ofreciendo su homenaje al Mesías. Pero la vida que había empezado entonces quedaba ahora detrás –aunque en cierto sentido delante de Él. Estaba a punto de sonar la hora de la decisión. No meramente como el Mesías de Israel, sino en su importancia mundial como «el Hijo del Hombre», y estaba a punto de ser glorificado al recibir el homenaje del mundo gentil, del cual vemos ahora delante de Él el símbolo y las primicias. Pero solamente podía ser glorificado de una manera: muriendo para la salvación del mundo, abriendo con ello el Reino de los cielos a todos los creyentes. La gloriosa cosecha había de ondear al sol dorado sobre mil colinas; pero el grano de trigo que cae en el suelo, al caer tiene que morir, romper su envoltura e irrumpir a una vida múltiple y variada. De otro modo se quedaría solo. Ésta es la gran paradoja del Reino de Dios, una paradoja que tiene su símbolo y analogía en la naturaleza, y que casi ha pasado a ser la ley del progreso en la Historia; esta vida que no ha brotado de la muerte se queda sola, y es en realidad muerte, y esa muerte es vida. Una paradoja así, que tiene su razón última en esto: que el pecado ha entrado en el mundo.

Y tal como el Maestro, el Príncipe de vida, lo mismo los discípulos, como portadores de la vida. Si en este mundo de pecado Él ha de caer como el grano de trigo en el suelo y morir para que muchos puedan brotar de Él, también ellos han de aborrecer su vida para que puedan guardarla para vida eterna. Sirviendo así, van a seguirle para que donde Él está también puedan estar ellos, porque el Padre va a honrar a los que honran al Hijo.

«Era una respuesta verdadera el que, señalando la inscripción y la imagen de la moneda sobre la que le habían preguntado, contestara: 'Lo que es de César, devolvédselo a César, y lo de Dios, a Dios' (Mr. 12:17). Hizo mucho más que rechazar su hipocresía y presunción; no sólo contestó la pregunta que le habían hecho ellos, sino que la contestó para que todos los hombres sinceros de todos los tiempos la tuvieran presente en su mente, ya que ofrece para todos los tiempos y todas las circunstancias el principio subyacente en la cuestión».

Esta imagen de un insidioso fariseo acercándose a Jesús con una moneda es de una obra de Tiziano pintada en 1514. (Galería de Dresden)

8. Notemos aquí la simplicidad y ausencia de embellecimientos legendarios. «Prosélitos de la justicia», es decir, se habían sometido a la circuncisión y se les admitía a la comunión en el culto regular.

Es bastante claro ahora para nosotros que nuestro Señor hablaba de modo primario a estos griegos y secundariamente a sus discípulos sobre el significado de su muerte inminente, de la necesidad de serle fieles en ella y de la bendición adscrita a la misma. Con todo, Él no deja de pensar en las terribles realidades que esto implicaba (vv. 27, 28). Él era un hombre verdadero, y su alma humana estaba turbada a la vista de ella.[9] Como verdadero hombre, pues, la sentía; como verdadero hombre, pues, hablaba de ella y así empatizaba con ellos en la lucha que se avecinaba. Como hombre verdadero también, pero a la vez más que hombre y por ello, a la vez, el deseo expresado y al mismo tiempo la victoria sobre este deseo: «¿Qué diré?».[10] «¿Padre, sálvame de esta hora? Mas ¡para esto he llegado a esta hora!». Y la aparente discordancia queda resuelta cuando lo humano y lo divino en el Hijo –la fe y la vista– se unen en un glorioso acorde: «¡Padre, glorifica tu nombre!».

Esta llamada y esta oración, hechas en tales circunstancias, no podían pasar sin ser reconocidas si Él era el Mesías, el Hijo de Dios. Como en su Bautismo, así en este bautismo de su autohumillación y su sumisión absoluta al sufrimiento, vino una voz del cielo audible de todos pero cuyas palabras sólo fueron inteligibles para Él: «*Lo* he glorificado, y *lo* glorificaré otra vez» (Jn. 12:28*b*-33). Palabras éstas que llevaban el sello divino de confirmación de la obra pasada de Cristo y la aseguraban para lo que tenía que venir. Las palabras de confirmación sólo podían ser para Él; la «voz», para todos. ¿Qué más daba que algunos dijeran que era un trueno en un atardecer de primavera, en tanto que otros con más razón pensaran que eran voces de ángeles? Para Él era la seguridad –que a lo largo de todo había sido la base de sus pretensiones, así como era el consuelo en sus sufrimientos– de que como Dios en el pasado se había glorificado a sí mismo en el Hijo, sería lo mismo en el futuro, en el perfeccionamiento de la obra que le había dado. Y esto es lo que Él dijo cuando, mirando a aquellos griegos como emblema y primicias de la obra consumada en su Pasión, Jesús vio el fruto de la aflicción de su alma y quedó satisfecho. De ambas cosas habló Él en el presente profético. A sus ojos el juicio de este mundo ya había empezado, pues se hallaba en poder del Maligno, y su príncipe era echado fuera de su reino presente. Y en lugar de él, el Cristo crucificado era «levantado de la tierra» –en su doble sentido– como resultado de su obra, e iba a atraer a «todos» a sí mismo con poder soberano y conquistador.

Los judíos que lo oyeron, en cuanto lo entendieron, pensaron que sus palabras se referían a ser quitado de la tierra, a su muerte, puesto que era una expresión común judía (מן העולם סלק) (Jn. 12:34-36).[11] Pero fallaron en entender la referencia especial a la forma de la misma. Y, con todo, en vista de la muerte tan peculiarmente vergonzosa de la cruz, era de suma importancia que Él indicara esto también. Pero incluso en el caso de que lo entendieran tenían otra dificultad. Ellos entendieron que implicaba que sería quitado de la tierra; y sin embargo, ellos siempre habían sido enseñados por las Escrituras[12] que el Mesías, cuando fuera plenamente manifestado, había de permanecer para siempre (v. 34), según decían los rabinos que su reino iba a seguir hasta la resurrección. ¿O quizá se refería a otra persona con la expresión «Hijo del Hombre»? En la parte controversial de la pregunta Jesús no entró; ni habría sido apropiado que lo hiciera en esta «hora». Pero a su pregunta Él contestó plenamente, y esto con amonestación amorosa y sincera, como correspondía a sus últimas palabras pronunciadas en el Templo. ¡Sí; así era! Pero por un poco la luz estaría entre ellos.[13] Que se apresuraran a hacer uso de ella,[14] para que no les sorprendieran las tinieblas –porque el que anda en tinieblas no sabe adónde va. ¡Oh, si su amor pudiera haberles hecho desistir y detenerse! «Entretanto que tenían luz, habían de creer en la luz, para ser hijos de la luz».

Éstas fueron las últimas palabras que les dijo antes de retirarse de ellos para pasar su sábado del alma antes de la gran lucha (Jn. 12:36*b*). Y el escritor del cuarto Evangelio recoge a manera de epílogo el gran contraste entre Israel y Cristo (Jn. 12:37-43). Aunque Él había hecho tan grandes señales, no creían en Él, y con su incredulidad voluntaria estaban dando cumplimiento a la profecía de Isaías referente al Mesías (Is. 53:1). Por otra parte, su incredulidad voluntaria era también el juicio de Dios en conformidad con la profecía (Is. cap. 6). Aquellos que han seguido el curso de esta historia tienen que haberse dado cuenta de esto de un modo especial: que el rechazo de Cristo por los judíos no fue un hecho aislado, sino «el resultado directo de todo su desarrollo religioso previo». A la vista de la evidencia más clara, ellos no creyeron porque no quisieron creer. El largo curso de su resistencia al mensaje profético, y su tergiversación del mismo, eran en sí un endurecimiento de sus corazones, aunque al mismo tiempo eran una sentencia decretada por Dios sobre su resistencia.[15] Porque no querían creer –a causa de este oscurecimiento mental que cayó sobre ellos en juicio divino, aunque en el curso natural de su desarrollo religioso decidido por ellos–, pues, a pesar de toda evidencia, ellos no creyeron cuando Él llegó e hizo tales milagros delante de ellos. Y todo esto en conformidad con la profecía, cuando Isaías vio en visión lejana la gloria esplendorosa[16] del Mesías y habló de Él. Hasta aquí Israel como nación. «Con todo eso, aun de los gobernantes, muchos creyeron en Él; pero por causa de los fariseos no lo confesaban, para no ser expulsados de la Sinagoga», y con ello hacer frente a las terribles consecuencias que esto implicaba. Porque éstos no estaban preparados para esta renuncia a todo; su intelecto podía estar convencido pero su corazón no estaba convertido, porque «amaban más la gloria de los hombres que la gloria de Dios».

Esto en cuanto a Israel. Por otra parte, ¿cuál era el sumario de la actividad de Cristo? Su testimonio ahora fue pronunciado en voz tan alta que todos podían oírle –«Jesús clamó» (Jn. 12:44). Desde el principio hasta el fin este tes-

---

9. Concurrebat horror mortis et ardor obedientiae (Bengel).

10. Quid dicam?; non, quid eligam? (Bengel).

11. Ésta es otra evidencia de la educación aramaica del escritor del cuarto Evangelio. Otra es el uso peculiar judaico de la palabra שעה «hora», en el versículo 27. Pero la idea de «príncipe de este mundo» no tiene ninguna análoga en el שר העולם (o Metraton) del Rabinismo, al cual se aplica la designación נער (en Zac. 2:4; Bab. B. 75 *b*, y en Sal. 37:25, Yebam. 16 *b*). Y esto es, por otra parte, tan característico del Evangelio, que en las formas judías tiene un espíritu totalmente contrario.

12. Otra marca de paternidad judía del Evangelio es el uso de la palabra «Ley» para denotar las Escrituras.

13. Lux ipsa manet; sed non semper *in vobis*.

14. Ambulandum, non disceptandum. Fides non est deses, sed agilis in luce.

15. De ahí que el efecto que en Isaías capítulo 6 es adscrito al profeta es asignado aquí a Dios. Decimos «decretado», pero no decretado con anterioridad, prescindiendo de su conducta. El pasaje no es citado del hebreo ni de la Septuaginta, sino targumado.

16. La paráfrasis de este pasaje en el Targum Jonatán (ver el Apéndice II) es ciertamente muy interesante; pero la *Yeqara*, o resplandor deslumbrante de Jehová, no es a lo que se refiere aquí el evangelista.

timonio había señalado desde Él al Padre. La sustancia del mismo era la realidad y la realización de lo que el Antiguo Testamento había incluido y gradualmente desplegado en los tratos con Israel, y a través de Israel al mundo: la paternidad de Dios. Creer en Él no era ya fe en Él, sino fe en el que le había enviado. Un paso más arriba: contemplar a Cristo era contemplar a Aquél que le había enviado (vv. 45-48). Para combinar estas dos cosas: Cristo había venido, una luz al mundo; Dios le había enviado como el Sol de justicia para que creyendo en Él como enviado de Dios, los hombres pudieran alcanzar visión moral y ya no «permanecieran en las tinieblas», sino en la luz brillante espiritual que se había levantado. Pero en cuanto a los demás, allí estaban los que le habían oído y no guardaban sus palabras, y los que le rechazaban y no recibían sus palabras. Ni en un caso ni en el otro había necesidad de controversia entre sus palabras y los hombres. Por los primeros, Él había venido al mundo con la Palabra de salvación, no con la espada del juicio. Con respecto a sus enemigos abiertos, Él dejaba la cuestión hasta que la evidencia de su palabra aparecería en el terrible juicio del último día.

Y una vez más –y de modo más enfático que nunca– esta última apelación al hecho de que en su misión había sido enviado por el Padre (vv. 49, 50). Desde el principio al fin no había sido su obra; de lo que Él decía y lo que hablaba, el Padre mismo le había dado mandamiento. Es más, este mandamiento y lo que decía en él no era mera enseñanza, no era ley: era vida eterna. Y así es, y siempre será; gracias eternas al amor de Aquél que le envió, y a la gracia del que vino: que las cosas que hablara, Él las dijera como el Padre le había dicho a Él.

Sumario y retrospección del ministerio público de Cristo

Estas dos cosas, pues, son el sumario final hecho por el apóstol de la historia de Cristo en su actividad pública. Por un lado nos muestra cómo Israel, endurecido en el curso que había decidido en su desarrollo religioso, no podía creer a pesar de la evidencia más clara, y no creyó. Y por otra parte, pone delante de nosotros al Cristo entregándose de modo absoluto para hacer la voluntad y la obra del Padre; que de Él da testimonio el Padre; que Él revela al Padre; viniendo como la Luz del mundo para echar las tinieblas morales; hablando a todos los hombres, llevándoles salvación, no juicio, y dejando la reivindicación de su Palabra a su manifestación en el último día; y finalmente, cómo el Cristo, cuyo mensaje es totalmente mandado por Dios y cuyos mandamientos son todos vida eterna, por lo que lo que habla, lo habla tal como el Padre le había dicho.

Estas dos cosas: con respecto a la historia de Israel y su incredulidad necesaria, y con respecto a Cristo como enviado de Dios, testificado por Dios, revelando a Dios, trayendo luz y vida como don y mandamiento del Padre –el Cristo como entrega absoluta de sí mismo a su misión y personificándola– son la suma de los relatos de los Evangelios. Explican su significado y presentan su objetivo y sus lecciones.

Capítulo 4

(Mateo 22:23-33; Marcos 12:18-27; Lucas 20:27-39; Mateo 22:34-40; Marcos 12:28-34; Mateo 22:41-46; Marcos 12:35-40; Lucas 20:40-47; Mateo 23)

El tercer día de la semana de Pasión

1. El último día de Jesús en el Templo no iba a transcurrir sin otra «tentación» que la de los sacerdotes cuando pusieron en duda su autoridad, o de los fariseos cuando con astucia intentaron atraparle en sus palabras. Verdaderamente, Cristo en esta ocasión había adoptado una posición diferente; reclamaba autoridad suprema, y por ello desafiaba a los líderes de Israel. Por esta razón, y debido a que al final esperamos asaltos de todos sus enemigos, estamos preparados para las controversias de este día.

Las últimas controversias y discursos

Recordamos que durante toda la historia previa sólo en una ocasión Cristo había entrado en conflicto público con los saduceos, cuando de modo característico ellos le habían pedido «una señal del cielo» (Mt. 16:1). Su racionalismo les llevaba a tratar todo el movimiento como indigno de ser tenido en cuenta, el resultado del fanatismo ignorante. No obstante, cuando Jesús asumió una posición así en el Templo, y era evidente que hasta este punto estaba arrastrando a la gente, les correspondía, aunque sólo fuera para guardar su posición, no mantenerse neutrales. Posiblemente la derrota e impotencia de los fariseos puede haber tenido su influencia en ello. En todo caso, la impresión que tenemos es que aquellos de los suyos que ahora fueron para ver a Cristo eran como delegados, y que la pregunta que le hicieron había sido bien planeada.[1]

Su objeto no era ciertamente un argumento serio, sino usar el arma mucho más peligrosa del ridículo. El populacho podría haber resentido la persecución; todos habrían estado preparados para la oposición abierta; pero ir con calma filosófica y cortesía glacial, y una pregunta bien planeada para hacer callar al famoso Maestro de Galilea y mostrarle lo absurdo de su enseñanza, habría infligido a su causa un daño irreparable. Hasta este día estas apelaciones al sentido común han sido las armas tradicionales de esta incredulidad burda que, no haciendo caso de las exigencias del pensamiento elevado y los hechos de la historia, apela –por desgracia muchas veces de modo efectivo– al intelecto no sofisticado de la multitud y –por que no decirlo– a lo bajo y ordinario que hay en todos nosotros. Además, si los saduceos hubieran tenido éxito, al mismo tiempo habrían ganado un gran triunfo para sus principios, y conjuntamente habrían derrotado al Maestro galileo y a sus propios oponentes farisaicos. El tema del ataque había de ser el de la resurrección,[2] el mismo que es todavía el tema favorito para la apelación a las formas más burdas de la incredulidad al «sentido común» de las masas.

Los saduceos y la resurrección

Teniendo en cuenta las diferencias de las circunstancias, casi podríamos imaginarnos estar escuchando a uno de los oradores modernos del materialismo. Y en aquellos días la defensa de la creencia en la resurrección se movía bajo una doble dificultad. Era todavía una cuestión de esperanza, no de fe: algo a ver en el futuro, no a mirar en el pasado. Los sucesos aislados registrados en el Antiguo Testamento, y los milagros de Cristo –suponiendo que los admitieran–, eran casos de «reavivamiento», de «volver en sí», más bien que de resurrección. El gran hecho de la historia, ninguno con más testimonio fidedigno a su favor –la resurrección de Cristo–, no había tenido lugar todavía, y no lo tenía en su perspectiva prácticamente ninguno de sus discípulos. Además, las palabras del Antiguo Testamento sobre el tema del «más allá» estaban, como correspondía tanto al estado de la revelación como a la comprensión de aquellos a quienes se dirigían, lejos de ser claras. Y a la luz del Nuevo Testamento se destaca en proporciones más perfiladas, si bien como una mole alpina ingente, aunque a distancia; pero entonces esta luz no había caído aún sobre ella.

Además, los saduceos no iban a permitir apelación al elevado lenguaje poético de los profetas, a quienes en todo caso ellos adscribían menos autoridad, sino que exigían prueba de aquella letra clara y precisa de la Ley, cada una de cuyas tildes y jotas los fariseos explotaban para sus inferencias doctrinales, y de las cuales, de modo exclusivo, ellos se derivaban. Aquí, también había la Nemesis del fariseísmo, que los postulados de su sistema se hallaban abiertos al ataque. En vano apelaban los fariseos a Isaías, a Ezequiel, a Daniel o a los Salmos en favor de la resurrección. A este argumento procedente de palabras como «esta gente se levantará» (Dt. 31:16), los saduceos replicaban correctamente que el contexto impedía su aplicación a la resurrección; a la cita de Isaías 26:19 contestaban que esta promesa había de ser entendida espiritualmente, como la visión de los huesos secos en Ezequiel; que una referencia como «haciendo que hablaran los labios de los adormecidos» (Cnt. 7:9) no podía considerarse que requiriera una refutación seria (véase Sanh. 90 *b*, hacia la mitad). De carácter similar era el argumento por el empleo de una palabra especial, como «retorno» en Génesis 3:19 (Ber. R. 20), o el de la doble mención de la palabra «cortado» en Números 15:31, como implicando castigo en la dispensación presente y en la futura (Sanh. 90 *b*, líneas 9ss., desde la base). Apenas era más convincente una apelación a pasajes como Deuteronomio 32:39: «Yo hago morir y yo hago vivir», o la afirmación de que siempre que ocurre una promesa en la forma que en hebreo representa el tiempo futuro,[3] indica una referencia a la resurrección. Quizá más satisfactorio para un saduceo, que insistía de una forma especial en prueba por medio de la Ley (Sanh. 90 *b*,

---

1. Parece haber referencia a esta pregunta que hicieron a Cristo en lo que nosotros consideramos referencias veladas al Cristianismo de cierto pasaje misterioso del Talmud (Yoma 66 *b*), al que nos hemos referido previamente (pp. 116, 117). Compárese la interesante disertación de Töttermann sobre el R. Eliezer ben Hyrcanos (pp. 16-18).

2. Con respecto a la negación de la resurrección por los saduceos y sus ideas en general, nos referimos al bosquejo de las tres sectas en el Libro III, cap. II.

3. Es bien conocido que el hebreo no tiene tiempo *futuro* en el sentido estricto.

líneas 10 y 9 desde la base), podía ser una apelación a pasajes tales como Daniel 12:2, 13 (Sanh. 92 *a*), o la restauración de la vida por algunos de los profetas, con el criterio superañadido de que Dios, en un sentido prefigurativo, ya había realizado por medio de los profetas todo aquello que Él quería restaurar plenamente en el futuro.

Si la argumentación presentada por los fariseos había fracasado en su intento de convencer a los saduceos en terreno bíblico, sería difícil imaginar que, incluso en el estado del conocimiento científico de entonces, una persona que inquiriera pudiera realmente creer que hubiera un huesecito en la columna vertebral que fuera indestructible y del cual surgiría el nuevo hombre;[4] o que existiera una especie de ratones, o quizá de caracoles, que se desarrollaron de modo gradual y visible de la tierra (Sanh. 90 *b*). Se han registrado muchos dichos sagaces de los fariseos aparecidos sin duda en sus controversias y, como en la mayoría de temas, por medio de los cuales era posible hacer callar a un oponente judío. Pero aquí especialmente tiene que haberse sentido que una «réplica» no tenía siempre que ser una «respuesta», y que hacer callar a un oponente no era lo mismo que ofrecer una prueba de la afirmación de uno. Y las adiciones que los fariseos habían acumulado sobre la doctrina de la resurrección no sólo la rodeaban de dificultades extra, sino que privaban el hecho simple de su grandeza y majestad. Así, era un punto en discusión si una persona se levantaría con sus vestidos, que un rabino intentó establecer por una referencia al grano de trigo, que era enterrado «desnudo» pero se levantaba vestido (Sanh. 90 *b*). Realmente, algunos rabinos defendían que un hombre se levantaría exactamente con los mismos vestidos con que había sido enterrado, en tanto que otros lo negaban (Jer. Keth. 35 *a*). Por otra parte, se defendía que el cuerpo y el alma tenían que ser juzgados los dos juntos, de modo que, en la pugna sobre a cuál de los dos eran debidos los pecados del hombre, se pudiera hacer justicia a uno y otro –o bien a los dos en su combinación, pues en su combinación habían pecado.[5] Se suponía además, por la aparición de Samuel (1 S. 28:14), que los resucitados tendrían el mismo aspecto que tenían en la vida –los mismos defectos incluso, como cojera, ceguera o sordera. Se decía que después iban a ser curados, para que los enemigos no pudieran decir que Dios no los había curado cuando estaban vivos pero que lo había hecho cuando estaban muertos, y que quizá no eran las mismas personas (Ber. R. 95, comienzo). En algunos aspectos aún era más extraña la opinión de que, a fin de asegurar que todas la personas piadosas de Israel resucitarían en el suelo sagrado de Palestina (Is. 42:5) aunque hubieran sido enterradas fuera de ella, había cavidades subterráneas en que el cuerpo seguiría rodando hasta llegar a la Tierra Santa para levantarse allí a novedad de vida (Ber. R. 96, hacia el fin).

Pero tenemos que admirar aún más la tenacidad con que los fariseos se mantenían adheridos a esta doctrina por el hecho de que era controvertida con tanta asiduidad por los paganos, los saduceos y los herejes. La esperanza del mundo de la resurrección aparece en casi cada expresión religiosa de Israel. Es el capullo del árbol en la primavera, despojado durante el largo invierno de desengaño y persecución. Esta esperanza pone su música en la oración matutina que todo judío tiene el deber de decir al despertar (Ber. 60 *b*); derrama su aliento cálido sobre la más antigua de las oraciones cotidianas cuyo origen es de antes del tiempo de nuestro Señor;[6] con la fórmula «por los siglos de los siglos» forma, por así decirlo, el fondo o retaguardia de cada oración, defendiéndola del ataque de los saduceos;[7] es uno de los pocos dogmas cuya negativa implica, según la Mishnah, la pérdida de la vida eterna; el Talmud explica –casi en las palabras de Cristo– que en la retribución de Dios esto es sólo una «medida conforme a la medida» (Sanh. 90 *a*, línea 4 desde la base); más aún, es venerable incluso en su exageración, que sólo nuestra ignorancia falla en percibirla en cada sección de la Biblia, y de escucharla en cada mandamiento de la Ley.

Pero a la vista del Cristo la resurrección ocuparía por necesidad un lugar diferente de éste. Era el santuario más íntimo del Templo de su misión, hacia el cual todo tendía de modo firme; era también, al mismo tiempo, la piedra del ángulo viva de la Iglesia que Él había edificado, y su aguja, como un dedo erguido, señalando siempre a los hombres hacia el cielo. Pero de estos pensamientos conectados con su resurrección Jesús no podía haber hablado a los saduceos; habrían sido ininteligibles entonces incluso a sus discípulos. Él contestó la objeción de los saduceos, con calma, seria y solemnemente, con palabras elevadas y espirituales, no obstante, hasta el punto en que podían entender, y que si ellos los hubieran aceptado les habrían llevado hacia adelante y hacia arriba, mucho más allá del punto de vista de los fariseos. Ésta es una buena lección para nosotros en nuestras controversias.

La pregunta bajo la cual los saduceos transmitieron su sarcasmo tenía por objeto, encubiertamente, herir a sus oponentes farisaicos. La antigua ordenanza del matrimonio que ordena a un hermano que se case con la viuda de su propio hermano sin hijos (Dt. 25:5),[8] había caído más y más en desuso y descrédito puesto que el motivo original había cesado de tener influencia. Se había ido añadiendo una gran cantidad de limitaciones que estrechaban el número de aquellos sobre los cuales recaía esta obligación. La Mishnah estableció que en tiempos antiguos, cuando la ordenanza de este matrimonio era obedecida en el espíritu de la Ley, su obligación tenía precedencia sobre el permiso de dispensación, pero después esta relación fue invertida (Bechor. i. 7). Las autoridades posteriores fueron más adelante. Algunos declararon que una unión así, si era por belleza, salud o algún otro motivo, excepto los religiosos, era incestuosa (Yebam. 39 *b*), e incluso un rabino llegó a prohibirla de modo absoluto aunque las opiniones seguían divididas sobre el tema. Pero lo que nos interesa más aquí es que los que el Talmud llama samaritanos –mas, tal como juzgamos, eran los saduceos– sostenían la opinión de que la orden de casarse con la viuda de un hermano sólo se aplicaba a la esposa bajo el contrato de esponsales, pero no si se había casado realmente.[9] Esto da lugar a la pregunta de controversia dirigida a Jesús.

Un caso como el que ellos presentaron, en que una mujer había estado casada con siete hermanos sucesivamente, según la Ley judía podía haber tenido lugar. La ironía en la pregunta era ésta: ¿de quién iba a ser esposa en la resurrección? Esto naturalmente en la suposición burdamente

---

4. Por ello se le llamaba *sacrum* (ver más adelante).

5. Esto era ilustrado con una parábola muy apropiada (ver Sanh. 91 *a* y *b*).

6. Forma la segunda de las dieciocho Alabanzas.

7. Se afirma de modo expreso en Ber. ix. 5 que la fórmula fue introducida con este propósito.

8. El Talmud dice que la mujer no ha de tener ningún hijo ni hija, no meramente varones.

9. Jer. Yebam. i. 6. Esto parece haber sido el punto de vista de la escuela de Shammai.

materialista de las ideas de los fariseos. En esto la objeción saducea, en un sentido, presentaba por adelantado ciertas objeciones del materialismo moderno. Procedía de la suposición de que las relaciones del tiempo se aplicarían a la eternidad, y que las condiciones de las cosas vistas son válidas con respecto a las cosas no vistas. Pero tal vez es de otra manera, y el futuro puede revelarnos lo que en el presente no vemos. El razonamiento de los tales puede ser impecable; pero ¡quizá en el futuro haya de ser insertado algo en la premisa *mayor* o en la *menor*, con lo cual la conclusión es muy otra! A todas estas objeciones quisiéramos contestar con la doble apelación que presenta Cristo a la Palabra[10] y al poder de Dios –cómo se ha manifestado Dios y cómo Él va a manifestarse–, y que lo uno fluye de lo otro.

En este argumento contra los saduceos, Cristo apeló al poder de Dios (Mt. 22:29, 30 y paralelos). Lo que Dios haría sería algo muy distinto de lo que ellos se imaginaban; no un mero despertar, sino una transformación. El mundo venidero no había de ser una reproducción del que había pasado –de otro modo, por qué tenía que haber pasado–, sino una regeneración y una renovación; y el cuerpo con el cual hemos de ser vestidos será como el que llevan los ángeles. Así pues, lo que en nuestras relaciones presentes es de la tierra, y de nuestro cuerpo de pecado y corrupción presente, va a cesar; lo que es eterno en ellos va a continuar. Pero el poder de Dios va a transformarlo todo: el presente terrestre, en el futuro celestial; el cuerpo de humillación, en uno de exaltación. Esto será el perfeccionamiento de todas las cosas mediante este poder omnipotente por el cual Él someterá todas las cosas a sí mismo en el día de su poder, cuando la muerte será absorbida en victoria. Y en ello también consiste la dignidad del hombre, en virtud de la redención introducida y, por así decirlo, empezada en su caída que el hombre es capaz de una renovación y perfección así; y en ello también está «el poder de Dios», que Él nos ha avivado juntamente con Cristo, de modo que aquí ya la Iglesia recibe en el bautismo en Cristo el germen de la resurrección, lo que después será nutrido y alimentado por la fe por medio de la participación del creyente en el sacramento de la comunión con su cuerpo y su sangre.[11] Y no tienen por qué aparecer dudas aquí, similares a nubes oscuras, como la de la perpetuidad de las relaciones que en la tierra son no sólo preciosas para nosotros, sino también santas. Con toda seguridad van a permanecer, como todo lo que es de Dios y es bueno; sólo que en ellas lo terreno va a cesar, o más bien será transformado con el cuerpo. Además, nosotros vamos a reconocernos unos a otros, no sólo por la comunión del alma, sino que así como ahora la mente imprime su estampa en nuestros rasgos, lo mismo entonces cuando todo será del todo verdadero, el alma, por así decirlo, se formará un cuerpo, imprimiendo plenamente en él el aspecto externo, y por primera vez podremos entonces reconocer plenamente a aquellos a quienes conocemos ahora: con todo lo que es de la tierra que habrá quedado en ellos, y todo lo que es de Dios y bueno plenamente desarrollado y madurado en la perfección de la belleza.

Pero no bastaba con descartar esta endeble objeción como apartándola con la mano, que sólo tenía sentido en el supuesto de ideas burdamente materialistas de la resurrección. Nuestro Señor no se limitó a replicar; quería contestar a los saduceos; y nunca ha sido ofrecida una evidencia de la resurrección mayor y más noble que la que Él dio. Naturalmente, al hablar con los saduceos, Él permaneció en el terreno del Pentateuco; y con todo, no era solamente a la Ley, sino a toda la Biblia a la que apelaba; es más, a lo que hay por debajo de la misma Revelación: la relación entre Dios y el hombre. No usaba este pasaje aislado, ni otro por sí mismo para probar la resurrección; Él, que no sólo históricamente, sino en el sentido más pleno se llama a sí mismo el Dios de Abraham, de Isaac y de Jacob, no podía dejarlos muertos. La revelación implica no meramente un hecho del pasado –como es la noción del tradicionalismo adherida al mismo–, una letra muerta; significa una relación viva. «Él no es un Dios de muertos, sino de vivos».

Los saduceos quedaron reducidos al silencio, la multitud estaba asombrada, e incluso de algunos de los mismos escribas llegó la inesperada admisión: «Maestro, bien has dicho». Hay un punto, sin embargo, que todavía reclama nuestra atención. Es curioso que, por lo que se refiere a estos argumentos de Cristo, el Rabinismo ofrece afirmaciones muy parecidas. Así, se registra como uno de los dichos frecuentes de un rabino posterior que en el mundo venidero no habría comida ni bebida, cosechas ni aumento, negocios ni envidia, odio ni pugnas, sino que cada uno estaría sentado con coronas en las cabezas y festejando el esplendor de la Shekhinah (Ber. 17 *a*, hacia el final). Esto produce la impresión de una adaptación de las palabras de Cristo. Por lo que se refiere a otro punto, el Talmud informa de una discusión sobre la resurrección entre los «saduceos», o quizá herejes judíos (herejes judeocristianos), en la que el rabino Gamaliel II, al fin hace callar a sus oponentes mediante una apelación a la promesa (Dt. 11:9) «para que se prolonguen vuestros días en la tierra que el Señor juró a vuestros padres que les daría» –«a *ellos*», enfatiza el rabino, no «a vosotros» (es decir, la tierra *es* de ellos).[12] Aunque esto casi carece por completo del sentido espiritual transmitido por el razonamiento de Cristo, es imposible no ver su origen cristiano. Gamaliel II vivió después de Cristo, pero en un período en que había un intercambio vivo entre judíos y cristianos judíos; cuando finalmente hay abundante evidencia de que el rabino estaba familiarizado con los dichos de Cristo, y tomaba parte en la controversia con la Iglesia.[13] Por otra parte, los cristianos en su día –a menos que fueran sectas heréticas– ni negaban esta resurrección ni habrían dis-cutido así con un patriarca judío, en tanto que los saduceos ya no existían como un partido ocupado en controversias activas. Pero podemos percibir fácilmente que el intercambio habría sido más probable entre judíos y una secta herética cristiano-judía que pudiera mantener que la resurrección era pasada, y únicamente espiritual. El punto es en extremo interesante. Y da lugar a otras preguntas como las siguientes: en el intercambio constante entre judeocristianos y judíos, ¿qué aprendieron éstos?; y ¿no puede haber mucho en el Talmud

10. La reprobación «Erráis, por no saber las Escrituras» ocurre casi en la misma forma en las discusiones de la resurrección entre los fariseos y los saduceos que son registradas en el Talmud.

11. Por medio de la resurrección de Cristo, ésta ha pasado a ser el don de la humanidad universal. Pero más allá de este don a la humanidad, creemos que recibimos en el bautismo, al pasar a estar en contacto con Cristo, el germen interno del cuerpo de resurrección glorioso. Su nutrición (o lo que sea) depende de nuestra relación personal hacia Cristo por fe, y es llevada adelante por medio del sacramento de su cuerpo y sangre.

12. La referencia similar a Éxodo 6:4 («mi pacto con ellos») por un rabino posterior parece una adaptación del argumento de Gamaliel II (Ver ambos en Sanh. 90 *b*.).

13. Recordamos que Gamaliel II era el cuñado de aquel Eliezer Ben Hyrcanos, que era con justicia sospechoso de inclinación hacia el Cristianismo (ver Libro 2, cap. XII). Esto podría abrir un campo de investigación muy interesante.

que es sólo una apropiación y adaptación de lo que ellos derivaron del Nuevo Testamento?

2. La respuesta de nuestro Señor no quedó sin resultados ulteriores. Tal como lo concebimos, en medio de los que escucharon el pasaje, breve pero decisivo, entre Jesús y los saduceos había algunos «escribas» –*sopherim,* o como ellos también se designaban «intérpretes de la Ley», expertos, expositores, profesionales que practicaban la Ley judía, abogados. Uno de ellos, quizá el que exclamó: «¡Bien has hablado, maestro!», se apresuró a ir al grupo de fariseos, a quienes podemos fácilmente imaginarnos reunidos en el Templo aquel día, y observando, inquietos y maliciosos, todos los movimientos del Salvador. Cuando el escriba llegó a ellos, les relataría en qué forma Jesús había literalmente «amordazado»[14] a los saduceos, tal como, según la voluntad de Dios, «hacemos bien en amordazar la falta de conocimiento del insensato». No puede haber duda de que la noticia daría lugar a emociones contrapuestas, de las cuales la prevaleciente sería que, aunque Jesús podía haber derrotado a los saduceos, no podría contestar otras preguntas con tal que fueran propuestas por la sabiduría de los fariseos. Y así podemos comprender que uno de ellos –quizá el mismo escriba– se ofreció para emprender la tarea,[15] y que su pregunta fuera, como informa Mateo, en el sentido de «tentar» a Jesús.

El escriba y el gran mandamiento

Son bien conocidas las distinciones de «pesado» y «ligero» respecto a los mandamientos, hechas por los rabinos, pero la pregunta formulada por el escriba no se refiere a esto. El Rabinismo declaraba que los «ligeros» eran tan obligatorios como los «pesados» (Ab. ii. 1; iv. 2); los de los escribas más «pesados» (u obligatorios) que los de la Escritura (Sanh. xi. 3), y que un mandamiento no debía considerarse que daba mucha más recompensa y, por tanto, que no debía ser observado más cuidadosamente que otro (Debar. R. 6). Que estos pensamientos no estaban en la mente del interrogador, sino que pensaba más bien en el gran problema general de los mandamientos y su importancia –al margen de como él lo hubiera contestado–, parece verse por la forma de su pregunta: «¿Cuál es el gran mandamiento –"el primer", Marcos 12:28– de la Ley?». Ante esta pregunta, el Señor no podía tener vacilación alguna. No para hacerle callar, sino para decir la verdad absoluta, citó las bien recordadas palabras que todo judío tenía obligación de repetir en sus devociones, y que habían de estar siempre en sus labios, viviendo o muriendo, como la expresión más íntima de su fe: «Oye, Israel, el Señor tu Dios uno es». Y luego, a continuación, repitió el mandamiento referente a amar a Dios que es el resultado de la confesión anterior. Pero el haber parado aquí habría sido proponer una abstracción teórica sin una realidad concreta, un mero culto farisaico a la letra. Como Dios es amor –su naturaleza manifiesta–, así el amar a Dios es también «amar al prójimo».[16] Y, por ello, este segundo es «como» o «semejante» al primer y gran mandamiento. Era una respuesta plena al escriba cuando Cristo dijo: «No hay ningún mandamiento mayor que éstos».

Pero fue más que una respuesta, incluso una enseñanza muy profunda, cuando Mateo informa que añadió: «De estos dos mandamientos depende toda la Ley y los Profetas» (Mt. 22:40). No importa mucho para nuestra intención hasta qué punto los judíos en aquel momento entendieron e interpretaron estos dos mandamientos.[17] Ellos entendían lo que quería decir que la Ley y los Profetas «dependían» de ellos, porque era una expresión judía (תלוין). Cristo les enseñó no que un mandamiento sea mayor que el otro, más pesado o ligero que otro, que podía ser puesto a un lado o descuidado, sino que todos dependían de estos dos y tenían su raíz y principio, y estaban en conexión viva con ellos. Era una enseñanza similar a la de la que se refería a la resurrección; que lo que ocurría con las promesas, ocurría con los mandamientos: toda revelación estaba conectada como un conjunto; no separada en ordenanzas de las cuales había que sopesar la letra, sino una vida brotando del amor a Dios y del amor al hombre. Tan noble respuesta inflamó el generoso entusiasmo del escriba, que había quedado impresionado favorablemente por la respuesta de Jesús a los saduceos. De momento, en todo caso, el tradicionalismo perdió su dominio; y como Cristo había indicado, el escriba vio la hermosura moral extrema de la Ley. No estaba lejos del Reino de Dios (Mr. 12:33, 34). Si el escriba entró en él o no, está escrito en una página de la historia que todavía no ha sido leída.

Pregunta de los fariseos sobre el Hijo y el Señor de David

3. El escriba había venido originalmente a hacer su pregunta con motivos mixtos, parcialmente inclinado hacia Él por su respuesta a los saduceos, y con todo, intentando someterle a la prueba rabínica. El efecto obrado ahora sobre él, y el silencio que a partir de aquel instante cayó sobre todos los supuestos interrogadores, indujo a Cristo a proseguir la impresión que había hecho. Sin dirigirse a nadie en particular, les presentó el tema que era probablemente más conocido de su teología: el del linaje del Mesías. ¿De quién era Hijo el Mesías? Y cuando ellos replicaron: «El Hijo de David», les hizo volver a las palabras iniciales del Salmo 110, en que David llama al Mesías «Señor». El argumento procedía naturalmente del doble supuesto que el salmo fuera davídico y mesiánico. Ninguna de estas dos afirmaciones era puesta en duda por la antigua Sinagoga. Pero no podemos quedar satisfechos con la explicación de que esto era suficiente para el propósito del argumento de Cristo, si es que el fundamento sobre el cual descansaba puede ser puesto seriamente en duda. Éste no era el caso, sin embargo. Aplicar el Salmo 110 versículo por versículo, y de modo consecuente, a uno cualquiera de los Macabeos, sería emprender una tarea crítica que sólo una serie de explicaciones no naturales del lenguaje haría posible. Sería extraño, también, que una interpretación así de lo que al tiempo de Cristo habría sido relativamente reciente hubiera sido por completo desconocida tanto por los saduceos como por los fariseos. Por nuestra parte, estamos contentos con reposar sobre la interpretación mesiánica para el significado obvio y natural de las palabras tomadas en conexión con la enseñanza general del Antiguo Testamento sobre el Mesías, y la

14. ἐφίμωσε (Mt. 22:34). La palabra ocurre también en Mateo 22:12; Marcos 1:25; 4:39; Lucas 4:35; 1 Corintios 9:9; 1 Timoteo 5:18; 1 Pedro 2:15.

15. Comp. los relatos de Mateo 22:34-40 y Marcos 12:28-34.

16. Meyer hace notar con razón el uso de ἀγαπήσεις aquí, implicando estimación moral alta y conducta correspondiente, y no φιλεῖν, que se refiere a un amor como *afecto*. Este último no podía ser mandado, aparte de que este φιλία del mundo es prohibido (Stg. 4:4), en tanto que el φιλεῖν de la propia ψυχή (Jn. 12:25) y el μὴ φιλεῖν τὸν κύριο (1 Co. 16:22) son estigmatizados.

17. Las ideas judías sobre estos mandamientos han sido explicadas previamente.

interpretación indudable de la antigua Sinagoga judía (ver Apéndice IX) sobre la autoridad de Cristo y el testimonio de la historia.

Comparada con ésta, la otra pregunta referente a la paternidad del salmo es de importancia secundaria. El carácter de superioridad infinita, es más, divina, sobre todo otro gobernante terrestre –y naturalmente a David– que el salmo presenta con relación al Mesías, sería apoyo suficiente del argumento de Cristo. Pero además, ¿qué importa si el salmo fue compuesto por David o sólo se pone en boca de David (davídico o de David), lo cual en la suposición de su aplicación mesiánica es la única alternativa racional?

Pero cometeríamos un grave error si pensáramos que, al llamar la atención de sus oyentes acerca de la aparente contradicción sobre el Cristo, el Señor intentara solamente mostrar la completa incompetencia de los fariseos para enseñar las altas verdades del Antiguo Testamento. Éste era sin duda el caso, y ellos mismos se dieron cuenta en su presencia (Mt. 22:46). Pero mucho más allá de esto, como en la prueba que les dio sobre la resurrección y en la manera en que Él presentó el gran mandamiento, el Señor quería poner énfasis en la grande y armoniosa unidad de la revelación. Vistas estas dos afirmaciones por separado, que el Mesías era el Hijo de David y que David le reconocía como Señor, parecerían incompatibles. Pero en su combinación en la Persona del Cristo, ¡qué armoniosas y llenas de enseñanza –para el Israel antiguo y para todos los hombres– referente a la naturaleza del Reino de Cristo y su obra!

Sólo había un paso desde esta demostración de incompetencia de los maestros de Israel para la posición que ellos reclamaban para sí, a una solemne advertencia sobre este tema. Y esto constituye una despedida apropiada de Cristo al Templo, a las autoridades y a Israel. Como podría haberse esperado, hallamos el informe de ello en el Evangelio de Mateo (Mt. cap. 23). Buena parte de lo que dice ya ha sido dicho antes, pero en relación con otras cosas y por tanto con una aplicación diferente. Notamos esto cuando comparamos este discurso con el Sermón del Monte y, todavía más, con lo que Cristo había dicho con ocasión de la comida en la casa del fariseo de Perea (Lc. 11:37-54). Pero aquí Mateo presenta una serie regular de acusaciones contra los representantes del Judaísmo, formulada en una forma lógica, cubriendo sucesivamente un punto tras otro y cerrando con la expresión de la compasión y pena más profundas por esta Jerusalén, cuyos hijos Él de buena gana habría reunido bajo su protección de la tempestad del juicio divino.

Para empezar, Cristo quería que entendieran que, al advertirlos de la incompetencia de los maestros de Israel para la posición que ellos ocupaban, Él no quería para Él ni para sus discípulos el lugar de autoridad que ellos detentaban, ni quería incitar al pueblo a la resistencia a los mismos. Por el contrario, en tanto que ellos retuvieran el lugar de autoridad tenían que ser considerados –en el lenguaje de la Mishnah (Rosh haSh. ii. 9)– como instituidos por el mismo Moisés, como sentados en la cátedra de Moisés, y tenían que ser obedecidos por lo que se refería a las meras observancias exteriores. Consideramos esta indicación no como de aplicación meramente temporal, sino implicando un principio importante. Recordamos también que las ordenanzas a las cuales hacía referencia Cristo eran las de la ley canónica judía, y no implicaban nada que pudiera afectar a la conciencia –excepto la de los fariseos antiguos o los nuestros, modernos. Pero mientras ellos obedecían de este modo sus instrucciones o directrices externas, al mismo tiempo debían evitar el espíritu que caracterizaba sus observancias.[18] A este respecto hace una doble acusación contra ellos: falta de sin-ceridad y amor espiritual (Mt. 23:3, 4), y mero externalismo, vanidad y ambición personal (vv. 5-7). Y aquí Cristo interrumpió su discurso para advertir a sus discípulos en contra de los comienzos de lo que había de llevar a consecuencias tan terribles, y señalarles un camino mejor (vv. 8-12).

Esto constituye la primera parte de la acusación de Cristo. Antes de seguir con lo que viene después, podemos dar algunas explicaciones ilustrativas. Sobre la acusación inicial acerca de atar (verdaderamente en servidumbre: δεσμεύω, cargas pesadas y onerosas para ser llevadas, y ponerlas sobre los hombros de los demás), apenas puede ser necesario dar prueba. Como se ha mostrado con frecuencia, el Rabinismo colocaba las ordenanzas de la tradición por encima de las de la Ley (ver en especial Jer. Ber. i. 7, 3 *b*), y esto por una necesidad del sistema, puesto que eran, de modo explícito, la exposición con autoridad y el suplemento de la Ley escrita (Ab. iii. 11). Y aunque era una regla general que no debía establecerse ninguna ordenanza más pesada de lo que pudiera sobrellevar la congregación (B. Kama. 79 *b*), con todo (como se ha dicho antes) era admitido que, en tanto que las palabras de la Ley contenían lo que «hacía ligero» y lo que «hacía pesado», las palabras de los escribas

18. Incluso la acusación literal de enseñar y no practicar es presentada en los escritos judaicos (ver, p.ej., Ber. R. 34).

contenían solamente lo que «hacía pesado» (Jer. Sanh. 30 *a*, a la base). Había además otro principio: que cuando hubiera sido introducida una «agravación» o aumento de la carga, ésta debía seguir siendo observada (Nidd. 66 *a*). De esta manera la carga se hacía intolerable. Y la culpa era igualmente de la dos escuelas rabínicas. Porque aunque la escuela de Hillel se suponía, en general, que hacía el yugo más ligero, y la de Shammai más pesado, con todo, no sólo estaban en desacuerdo sobre muchos puntos,[19] sino que la escuela de Hillel no raras veces era aun más estricta que la escuela rival. En realidad, sus diferencias parecen con frecuencia impulsadas por un espíritu de oposición, de modo que las cuestiones serias de la religión pasaron a ser en sus manos cosas de autoridad rival y meras pugnas entre ellos.[20]

No es fácil entender la segunda parte de la acusación de Cristo. Había en realidad muchos hipócritas entre ellos que podían, en el lenguaje del Talmud, aliviar las cargas para ellos y hacerlas más pesadas para otros (Sot. 21 *b*). Sin embargo, la acusación de no mover ellos el dedo apenas se puede aplicar a los fariseos como partido –ni aun en el sentido de que el ingenio rabínico hallaba medios de evadir lo que les era desagradable. Pero, como se ha explicado previamente (Libro 1, cap.VIII), deberíamos entender la palabra «mover» como significando «poner en movimiento» o «apartar», en el sentido de que ellos no «aliviaban» lo que podían haber aliviado, o bien como referencia a su principio admitido de que sus ordenanzas siempre hacían más pesado, no más ligero –siempre imponían cargas más pesadas, y nunca ni aun con el dedo las apartaban.

Con esta acusación de falta de sentido de la realidad y falta de amor estaban conectadas íntimamente las de externalismo, vanidad y ambición personal. Aquí podemos

«'¿Cuál es el gran mandamiento –"el primer", Marcos 12:28– de la Ley?'. Ante esta pregunta, el Señor no podía tener vacilación alguna. No para hacerle callar, sino para decir la verdad absoluta, citó las bien recordadas palabras que todo judío tenía obligación de repetir en sus devociones, y que habían de estar siempre en sus labios, viviendo o muriendo, como la expresión más íntima de su fe: 'Oye, Israel, el Señor tu Dios uno es'. Y luego, a continuación, repitió el mandamiento referente a amar a Dios que es el resultado de la confesión anterior. Pero el haber parado aquí habría sido proponer una abstracción teórica sin una realidad concreta, un mero culto farisaico a la letra».

Los escribas, que el Evangelio menciona a menudo junto con los fariseos, intervenían en la administración civil y religiosa, pero no constituían una secta; lo más que se puede decir es que eran funcionarios que en otro tiempo habían gozado de gran consideración. Aquí vemos los últimos pasajes del rollo de Isaías, material hallado en Qumran. (Israel Museum, Jerusalén)

19. De un modo notable en los bien conocidos «dieciocho puntos» יח דבר (Ab. Sar. 36 *a.*).

20. Algunas discrepancias parecen banales y aun absurdas, disputas acrobáticas entre teólogos; otras son profanas e incompatibles con la religión. Las dos escuelas disputaban si era legítimo matar un piojo en sábado, por ejemplo (Schabb. 12 *a*; 107 *b*).

hacer sólo una selección de la abundante evidencia a disposición para probarlo. Por medio de una interpretación meramente externa de Éxodo 13:9, 16, y Deuteronomio 6:8; 11:18, fue introducida la práctica de las filacterias, o como ellos las llamaban, *Tephillin*, «cintas o ribetes» de plegarias. Éstas, como se recordará, eran cuatro cápsulas, cubiertas de cuero, que contenían fragmentos de pergamino de las cuatro secciones de la Ley: Éxodo 13:1-10; 11-16; Deuteronomio 6:4-9; 11:13-21. Las filacterias se ataban con cintas de piel a la frente y alrededor del brazo izquierdo, cerca del corazón. Se les daba una reverencia supersticiosa, y en los últimos tiempos eran usadas incluso como amuletos. Sin embargo, el mismo Talmud da confirmación de que la práctica de llevar constantemente filacterias –o como se podría decir hacerlas anchas y ampliando los ribetes de los vestidos– fue hecha sólo *para que lo vieran los hombres*. Así se nos dice de cierto individuo que lo había hecho para cubrir sus prácticas fraudulentas, al apropiarse de lo que le habían confiado para que lo guardara (Jer. Ber. 4 *c*, líneas 7 y 8 desde la base). Es más, los rabinos decían claramente que las filacterias no debían ser llevadas como exhibición (Menach. 37 *b*).

No se requiere prueba detallada de la acusación de vanidad y ambición personal al reclamar honores externos, como los lugares principales en las fiestas y en la Sinagoga, saludos respetuosos en el mercado, y la repetición ostentosa del título de «Rabí» o «Abba» (maestro o padre), o en la distinción de ser reconocidos como los mayores (Makk. 24 *a*). El mismo énfasis con que el Talmud advierte a veces contra el uso de estos motivos para el estudio o para la piedad lo muestra de modo claro. Pero en realidad, los escritos rabínicos dictan complejas disposiciones respecto al lugar que debe asignarse a los rabinos según su rango, y a los discípulos (Horay. 13 *b*), y que en el colegio los más eruditos han de ocupar los lugares superiores, y en las fiestas han de hacerlo los más ancianos (Bab. B. 120 *a*). Tanto peso tenía el deber del saludo respetuoso con el título Rabí, que el descuido en hacerlo implicaba el castigo más pesado (Ber. 27 *b*). Se describe a dos grandes rabinos que se quejan literalmente de que se les ha perdido el respeto a su sabiduría, puesto que en el mercado sólo han sido saludados con «Que sea grande vuestra paz» sin la adición de «maestros míos» (Jer. Ber. 9 *a*, hacia la mitad. Comp. Levy, *Neuhebr. Wörterb.* ii 10 *a*).

Se pueden dar unas pocas ilustraciones más de las pretensiones de los rabinos que pueden arrojar luz sobre las palabras de Cristo. Da la impresión de leerse una pobre imitación del N.T. cuando se dice que el gobernador pagano de Cesarea se levantó ante los rabinos porque contempló «los rostros como si fueran de ángeles», o bien la adaptación de la bien conocida historia sobre Constantino el Grande, cuando el gobernador de Antioquía ofrece una muestra similar de respeto a los rabinos, ya que él había visto sus rostros, y con ellos había vencido en batalla (Jer. Ber. 9 *a*, hacia la mitad). Se dice que salían rayos de luz realmente visibles de otro rabino (*u.s*). Facilitar a un sabio o entendido los medios de ganar dinero en el comercio proporcionaría un lugar elevado en el cielo (Pes. 53 *b*). Se dice, según Proverbios 8:15, que los sabios debían ser saludados como reyes (Gitt. 62 *a*); es más, en algunos aspectos eran superiores; porque si hubiera que elegir entre rescatar de la cautividad a un sabio o a un rey, había que dar la preferencia al primero, porque cada israelita era apto para ser rey, pero la pérdida de un rabino no podía ser reemplazada fácilmente (Horay. 13 *a*). Pero esto no es todo. La maldición de un rabino, incluso sin motivo para ello, era natural que aconteciera (Sanh. 90 *b*, línea 3 desde arriba). Sería penoso repetir algunos de los milagros que se decía habían sido hechos en ocasiones semejantes por los rabinos para protegerse de una mentira; o las disputas sobre quién era el mayor, o cómo establecieron sus respectivas pretensiones (ver, p.ej., Bab. Mets. 85 *b* y 86 *a*). Es más, su propia afirmación se extendía más allá de esta vida, y un rabino llegó a decir que debía ser enterrado vestido de blanco, para mostrar que era digno de aparecer ante su Hacedor (Ber. R. 96, hasta el final). Quizá el colmo de la ostentación pretenciosa blasfema se halla en la historia de que en la discusión entre Dios y la Academia celestial, en una cuestión halákhica sobre la pureza, a cierto rabino que se hallaba en la tierra –considerado el más entendido sobre el tema– se le indicó que decidiera el punto. Cuando su alma salió de su cuerpo había exclamado «Puro, puro», que la voz del cielo aplicó al estado del alma del rabino; inmediatamente después cayó una carta del cielo para informar a los sabios del propósito para el cual el rabino había sido emplazado para presentarse a la asamblea celestial, y luego vino otra ordenando una semana de luto universal por él, bajo pena de excomunión (Bab. Mets. 86 *a*).

Estas procacidades tienen que haber aplastado toda religión espiritual y reducirla a una mera exhibición intelectual, en la que el rabino era siempre el jefe, aquí y después. Por repugnantes que sean estas leyendas, van a ayudarnos a entender lo que de otro modo podría parecer que son denuncias excesivamente duras contra el Rabinismo. A la vista de todo esto, no tenemos necesidad de discutir las advertencias rabínicas contra el orgullo y la ambición personal cuando éstas van conectadas con el estudio, ni sus admoniciones a la humildad.[21] Porque la cuestión aquí es lo que el Rabinismo consideraba como orgullo, humildad y generosidad. Y no todos eran igualmente culpables en esto, y lo que ocurría, en general puede haber llevado a los más sinceros a advertir a los demás. Pero no hay ingeniosidad capaz de desvirtuar con explicaciones los hechos que hemos mencionado, y cuando prevalecían estos modos de ver, habría sido casi sobrehumano evitar lo que nuestro Señor denunció como característico del fariseísmo. Y en este sentido, no con el literalismo penoso de farisaico, sino como opuesto al comportamiento rabínico, hemos de entender la advertencia de nuestro Señor a los suyos a no reclamar entre los hermanos el ser un «Rabino» o «Abba» o «guía»[22] (Mr. 9:35; Lc. 14:11; 18:14). La Ley del Reino era lo opuesto. Sus objetivos habían de ser buscar la grandeza en el servicio; y en cuanto al reconocimiento que debía venir de Dios, sería la exaltación del humillarse.

Advertencia final al pueblo: los ocho «ayes»

No fue una interrupción del discurso, sino una intensificación del mismo, el que Cristo ahora empiece a hacer una denuncia final del fariseísmo en su pecado e hipocresía (Mt. 23:13-33). Correspondiendo a las ocho Bienaventuranzas en el Sermón del Monte, con las que empezó su ministerio público, Jesús lo terminó ahora con ocho denuncias llamadas del ¡Ay! Éstas son el rebosamiento de su santa ira, el testimonio último y más pleno contra aquellos cuya culpa implicaría a Jerusalén en un pecado y un juicio comunes. Paso a paso, con continuidad lógica y emoción intensificada, va avanzando claramente cada acusación, y con ella es anunciado el ¡ay! de la ira divina.

---

21. Ver citas al efecto en Schöttgen, Wetstein y Wünsche. *ad loc.*
22. Hac clausula (v. 11) ostendit, se non sophistice litigasse de *vocibus*, sed *rem* potius spectasse (Calvin).

El primer ¡ay! contra el fariseísmo consistía en el hecho de cerrar la entrada al Reino de Dios a causa de su oposición a Cristo. Todos sabían lo exclusivos que eran en sus pretensiones de confinar la piedad a la posesión del conocimiento, y que declaraban que era imposible que una persona ignorante fuera piadosa. Si hubieran enseñado a los hombres las Escrituras y les hubieran mostrado el camino recto, habrían cumplido en su cargo debidamente; pero ¡ay de aquellos que, en su posición de líderes, se habían vuelto de espaldas a la puerta del Reino e impedían la entrada a los demás!

El segundo ¡ay! era sobre la codicia y la hipocresía. Hacían oraciones largas (Ber. 32 *b*; Yoma 29 *a*), pero con qué frecuencia era sólo para cubrir el más vil egoísmo, incluso llegando a «devorar» las casas de las viudas. Apenas podemos esperar que el Talmud nos proporcione ejemplos ilustrativos; no obstante, por lo menos se registra uno (Sot. 21 *b;* comp. Jer. Sot. 19 *a*); y recordaremos con qué frecuencia las filacterias anchas cubrían mentes fraudulentas.

El tercer ¡ay! era sobre el proselitismo, que resultaba en hacer sólo a los convertidos dos veces más hijos del infierno que ellos mismos. Contra esta acusación, debidamente entendida, el Judaísmo ha procurado en vano defenderse. Es verdad, sin duda, que en su orgullo y exclusivismo el Judaísmo parecía denunciar el proselitismo, estipulando reglas estrictas para poner a prueba la sinceridad de los convertidos, y hablaban de ellos con desprecio general (Horay. 13 *a*) como «una plaga de lepra» (Yeb. 47 *a, b*; Nidd. 13 *b*). Sin embargo, la queja amarga de los escritores clásicos (Tácito, *Hist*. v. 5; Séneca, en *Augusto, De Civit. Dei*. vi. 11), las afirmaciones de Josefo,[23] las alusiones frecuentes en el Nuevo Testamento y aun las admisiones de los rabinos, prueban su celo por hacer prosélitos, lo cual realmente, excepto por sus consecuencias morales, no habría merecido ni originado la denuncia de un ¡ay! Así, la Midrash, comentando sobre las palabras (Gn. 12:5) «las almas que habían conseguido en Harán», se refiere a los convertidos que Abraham había hecho, añadiendo que cada prosélito tenía que ser considerado como un alma que había sido vuelta a crear (Ber. R. 39, ed. Vars., p. 72 *a*, y Vayyik. R. 1).[24] A esto podemos añadir el orgullo con el que el Judaísmo ha mirado siempre a los 150.000 convertidos gibeonitas, que se dice fueron hechos cuando David hubo vengado el pecado de Saúl (2 S. 21:1ss.; Yebam 79 *a*); la satisfacción con que ha esperado los tiempos del Mesías como los de conversión espontánea a la Sinagoga (Ab. Zar. 24 *a*), y a los casos no raros en que un espíritu favorable al proselitismo aparece en los escritos judaicos,[25] como también un dicho como lo siguiente: que cuando Israel sea obediente a la voluntad de Dios, Él va a traer como convertidos al Judaísmo a todos los justos de las naciones, tales como Jetro, Rahab, Rut, y otros (Midr. sobre Ec. 5:11). Pero después de todo, ¿no puede haberse referido el Señor, no al Judaísmo en general, sino al proselitismo de la secta de los fariseos, que indudablemente buscaban un prosélito por mar y tierra?

El cuarto ¡ay! es una denuncia a la ceguera moral de estos guías, más bien que a su hipocresía. Dada la naturaleza de las cosas, no es fácil entender la alusión precisa de Cristo. Es verdad que el Talmud hace la más extraña distinción entre un juramento o una conjuración tales como «por el cielo» o «por la tierra», que se considera que no es obligatoria, y la que se hace por medio de algunas letras de las que componen el nombre divino, o por medio de algunos atributos del Ser divino, en que el juramento se considera obligatorio (Shebh. iv. 13 y 35 *b*, 36 *a*). Pero parece más probable que nuestro Señor se refiere a juramentos o conjuraciones en relación con votos, en que la casuística de los fariseos era extremadamente complicada. En general, el Señor condena aquí la arbitrariedad de distinciones judías tales como las de que por adscribir excesivo valor a la letra de un juramento o voto, realmente tienden a disminuir su santidad. Todas estas distinciones implicaban locura o ceguera moral.

El quinto ¡ay! se refiere a una de las más conocidas y más extrañas ordenanzas judaicas, que extiende a la ley mosaica del diezmo, a cosas tan minuciosas como los menores productos del suelo como el eneldo y el comino (Maas. i. 1). De éstos, según algunos, no sólo debe darse el diezmo de las semillas, sino en ciertos casos de las hojas y los tallos (Maas. iv. 5). Y esto, junto con la omisión más flagrante de las cosas importantes de la Ley: el juicio, la misericordia y la fe. Verdaderamente, esto era «colar el mosquito y tragarse el camello». Recordamos que el pundonor en el diezmo constituía una de las características de los fariseos; pero ¡apenas estamos preparados para un caso como el que nos asegura el Talmud seriamente, en que el asno de cierto rabino había sido tan bien entrenado que rehusaba comer cebada cuando no se había pagado el diezmo de la misma! (Jer. Dem. 21 *d*). Y la experiencia no sólo del pasado, sino del presente, ha mostrado con demasiada claridad que un celo religioso que se dedica a estas menudencias no tiene fuerza para las cosas serias de la Ley.

De los diezmos a la *purificación* la transición era natural.[26] Ésta constituía la segunda gran característica de la piedad farisaica. Hemos visto el puntillo aplicado a la discusión de las cuestiones de pureza externa de los vasos. Pero ¡ay! de la hipocresía que, cuidando lo externo, no hacía caso de lo que llenaba la copa o plato que había sido obtenido por medio de la extorsión o era usado para excesos. Y ¡ay de la ceguera que no percibía que la pureza interna era la condición real de lo que había fuera!

¡Ay!, de modo similar, a otra especie de hipocresía que realmente era el origen de la precedente: la de la apariencia externa de justicia, en tanto que el corazón y la mente estaban llenos de iniquidad –tal como sus sepulcros enjalbegados cada año, que parecían tan hermosos por fuera pero que por dentro estaban llenos de huesos de muertos y de toda clase de suciedad. ¡Ay!, finalmente, de la hipocresía que edificaba y decoraba sepulcros de profetas y justos, y al hacerlo procuraba cobijo para su propia participación culpable en la causa de su muerte. No era arrepentimiento espiritual el que actuaba de esta manera, sino orgullo nacional, el mismo espíritu de autosuficiencia, orgullo e impenitencia que había llevado a sus padres a cometer los asesinatos. Y ¿no estaban a punto de manchar sus propias manos con la sangre de Aquél a quien todos los profetas habían

23. *Ant*. xviii.3.5; xx.2.4; *Guerras* ii.17.10ss.; 20:2; *Vida*, 23.

24. Todo el que quiera ver el ingenio que se puede desplegar con el propósito de tergiversar las palabras de Cristo, para forzar el significado incluso de documentos judíos en formas por completo inimaginables, debe leer los comentarios del erudito Jellinek sobre Mateo 23:15, en Bets. ha Midr., vol. 5, pp. 46, 47, y su traducción de la cita de Ber. R. 28.

25. El erudito Danzius ha coleccionado todo lo que se puede decir sobre este tema en Meuschen, *Nov. Test. ex. Talm. illustr*., pp. 649-666, por más que a veces exagera.

26. Keim, con mucha penetración, caracteriza el ¡ay! que contrasta su celo proselitista con su resistencia al progreso del Reino; luego, el tercero y cuarto, que denuncian su falsa enseñanza; el quinto y el sexto, sus falsos intentos de pureza, en tanto que el último sus relaciones con los precursores de Cristo, cuyas tumbas habían edificado.

señalado? Rápidamente estaban llenando el juicio divino hasta la medida de sus propios padres.

Y cada vez más espesa cayó sobre ellos la granizada de sus denuncias, al predecirles la condenación que les esperaba a causa de su impenitencia nacional (vv. 34-36). Los profetas, los sabios y los escribas que Él les enviaría; y a unos matarían, a otros crucificarían, a otros azotarían, persiguiéndoles de todas formas, sin dar aceptación a su mensaje ni a sus advertencias. Y así pasarían a ser los herederos de toda la sangre de los santos martirizados, desde la que registra las Escrituras como el primero, hasta la del último mártir de la incredulidad judía de quien hablaba la tradición judía en tales términos: Zacarías,[27] apedreado por orden del rey, dentro del patio del Templo (2 Cr. 24:20-22), cuya sangre según la leyenda no se secó durante dos siglos y medio, sino que aún burbujeaba en el pavimento cuando Nabuzaradán entró en el Templo y la vengó (Sanh. 96; Gitt. 57 *b*; también en la Midr. sobre Ec. 3:16; 10:4, y sobre Lm. 2:2; 4:14).

Y con todo, no habría sido Jesús si al denunciar juicios ciertos sobre quienes al continuar y completar los crímenes de sus padres, a causa de la misma incredulidad, se habían hecho herederos de toda su incredulidad; Él, decimos, no hubiera añadido su emocionante lamento de un amor que, aunque despreciado, seguía lamentándose sobre lo perdido (vv. 37-39). Todos ellos conocían la ilustración común de la gallina procurando recoger bajo sus alas a sus polluelos para darles cobijo (Vayyik. R. 25), y conocían igualmente lo que la protección, la bendición y el reposo divinos implicaban cuando les habló de ser reunidos bajo las alas de la Shekhinah. De buena gana habría dado Jesús a Israel cobijo, reposo, protección y bendición, pero ellos no quisieron.

Despedida

Echando una mirada a los edificios del Templo dijo: ¡esa casa quedará desierta! Y salió de sus patios con estas palabras: que ellos, Israel, no volverían a verle hasta que la noche de su incredulidad hubiera pasado, y le recibirían a su regreso con un hosanna mucho mejor que el que le había recibido en su entrada triunfal tres días antes. Y ésta fue la «despedida» del Mesías de Israel, de Israel y su Templo. Con todo, ¡una despedida que prometía un regreso; una partida que implicaba una bienvenida en el futuro, por parte de un pueblo creyente, a un Rey misericordioso y perdonador!

---

27. Apenas es necesario recordar al lector que este Zacarías era el hijo de Joiada. La diferencia en el texto de Mateo (dice hijo de Baraquías) puede deberse a circunstancias familiares desconocidas para nosotros, que hacen admisible también la expresión «el hijo de Baraquías» (la versión es, indudablemente, correcta), o un error que se introdujo en el texto. Se ha introducido la idea extraña de que Mateo 23:35 se refiere a *Zacarías, el hijo de Baruc*, ocurrida en el Templo durante el último sitio (Jos., *Guerras* iv.5.4). A esto ofrecemos estas cuatro objeciones: 1) Baruc y Baraquías son nombres diferentes. 2) El lugar en que fue muerto era distinto, el uno «entre el pórtico y el altar», el otro en «medio del Templo». 3) El asesinato del Zacarías referido en Mateo era tenido como el máximo crimen nacional, y hay repetidas referencias al mismo en leyendas, etc. 4). No hay que buscar los hechos en Josefo (el que informa del asesinato del Zacarías hijo de Baraquías), repetimos, un hecho aún no ocurrido en tiempo de Jesús. Un error así (si es que lo es) lo encontramos precisamente en el Targum sobre Lamentaciones 2:20, en que Zacarías es designado como «el hijo (nieto) de Iddo», comp. Esdras 5:1 y Zacarías 1:1, 7. Para la forma correcta («hijo de Joiada») en el *Evangelio de los Hebreos*, comp. Nicholson, p. 59.

Capítulo 5

(Mateo 19:30-20:16; Mateo 21:28-32; Mateo 21:33-46; Marcos 12:1-12; Lucas 20:9-19; Mateo 22:1-14)

El tercer día de la semana de Pasión

Aunque no sea posible señalar su sucesión exacta, será conveniente aquí agrupar la última serie de parábolas. La mayoría, si no todas ellas, fueron explicadas en el tercer día de la semana de Pasión: las cuatro primeras a una audiencia general; las otras tres (que serán tratadas en otro capítulo) a los discípulos, cuando en la víspera del tercer día en el Monte de los Olivos (Mt. 24:1; Lc. 21:37) les habló de las «postrimerías». Son las parábolas del juicio, y en una u otra forma tratan del «fin».

La última serie de parábolas: a los fariseos y al pueblo

1. *La parábola de los labradores en la viña* (Mt. 19:30–20: 16). Como trata del «fin», esta parábola, evidentemente, pertenece a la última serie, aunque puede haber sido explicada antes de la semana de Pasión, quizá en el viaje misionero en Perea, en relación con el cual es registrada por Mateo. En todo caso, se halla en relación interna con lo que pasó en aquella ocasión, y por esto debe ser estudiada con referencia a ello.

Recordamos que con ocasión del fracaso del joven rico para entrar en el Reino, al cual se había acercado tanto, Cristo pronunció una seria advertencia sobre el peligro de las «riquezas» (Mt. 19:23, 24). Con el bajo estado espiritual que los apóstoles tenían todavía, era quizá natural que Pedro, como portavoz de los demás, tuviera una especie de afán espiritual avivado por la recompensa prometida, y que en tono de autojustificación recordara a Cristo los sacrificios que ellos habían hecho. Era lamentablemente incongruente, aunque era parte de lo que Él, el Señor, tenía que sobrellevar y toleraba con paciencia y amor, a causa de su ignorancia y fracaso en entenderle a Él y a su obra. Y esta carencia de verdadera afinidad, este luchar constante con el embotamiento moral de los que estaban más próximos a Él, tiene que haber sido parte de su gran humillación y aflicción, un elemento en la terrible soledad de su vida que le hacía sentir que, en el verdadero sentido, «el Hijo del Hombre no tenía dónde reclinar su cabeza». Y con todo, también notamos la maravillosa generosidad divina que, aun en los momentos de mayor desazón, comprendía que no se le ofreciera sin condiciones lo que debía serle ofrecido en el servicio alegre de un amor agradecido. Sólo que cabía aquí el peligro para los discípulos de caer en sentimientos semejantes a los que mostraban los fariseos cuando Él perdonaba a los publicanos, o el hijo mayor de la parábola a su hermano pródigo: el peligro de entender mal las relaciones y con ello el mismo carácter del Reino y de su obra. Es a esto que se refiere la parábola de los labradores de la viña.

El principio que establece Cristo es que, aunque nada de lo que se hace por Él queda sin recompensa, sin embargo, por una u otra razón, no se puede predecir ni hacer inferencias de justicia propia sobre ello. No se sigue en modo alguno que cuando se hace más trabajo –al menos según nosotros vemos y juzgamos– se haya de conseguir una mayor recompensa. Al contrario, «muchos primeros serán últimos; y últimos, primeros». No *todos*, ni aún siempre y por necesidad, pero «muchos». Y en estos casos no se ha hecho in-justicia alguna; no hay nada que reclamar, incluso en vista de la promesa de reconocimiento debida a la obra. El orgullo espiritual, la presunción o afirmación propia sólo pueden ser el resultado, o bien de haber entendido mal la relación de Dios con nosotros, o bien el estado falso de la mente ha-cia los demás (Mt. 20:15); esto es, indica falta de madurez mental o moral. De esto es una *ilustración* la parábola de los labradores. No enseña nada más allá de esto.[1] Pero ilustra cómo es posible que algunos de los que eran primeros sean «postreros», y lo completamente equivocada que es la idea de que tienen que recibir por necesidad más que otros que al parecer han hecho menos; cómo, en suma, el trabajar para Cristo no es una cantidad ponderable, tanto por cuanto, ni tampoco somos los jueces respecto a cuándo y por qué ha venido un obrero; también transmite mucho que es nuevo y en muchos aspectos muy consolador.

Notamos, primero, la actitud del «padre de familia que salió de madrugada (ἅμα πρωῒ) a contratar obreros para su viña». Notemos que no envió a su mayordomo, sino que fue él mismo (Mt. 20:1), y que fue de madrugada; estas dos cosas muestran que había mucho que hacer, y el afán del padre de familia de que quedara hecho. Este padre de familia es Dios, y la viña es el Reino; los labradores a quienes busca de madrugada en la plaza de la vida ocupada son sus siervos. Concierta con ellos que van a recibir *un denario* por día, que era el jornal ordinario para un día de labor,[2] y así los envió a la viña. En otras palabras, les dice que les pagará la recompensa debida a los jornaleros. Así pasaron las primeras horas de la mañana. Unas tres horas después (el día de trabajo judío se contaba de sol a sol) –esto es, probablemente al final de la mañana– fue otra vez, y vio a otros ociosos en la plaza y les dijo: «Id vosotros también a la viña». Había mucho trabajo en la viña; bastante para todos. Es posible que no hubieran estado en la plaza a primera hora, y por tanto no era culpa suya el estar ociosos. Esta vez, sin embargo, no les hizo ninguna promesa de salario. Éstos, dadas las circunstancias, no consideraron que tenían derecho a pedir nada en particular; pero implícitamente aceptaron su palabra y confiaron en su justicia y su bondad. Y así sucedió, de nuevo, a la hora sexta, a la novena. Repetimos, en ninguno de estos casos había falta por parte de los labradores –mala voluntad o negativa a trabajar– por el hecho de que no hubieran ido a trabajar antes. Pero tan pronto como se les requirió a ello fueron, aunque, naturalmente, la pérdida de tiempo implicaba una menor cantidad de trabajo hecho. En ninguno de estos casos el propietario hizo promesa alguna ni ellos pidieron nada.

Hay cuatro cosas, pues, que se destacan claramente en la parábola: la abundancia de trabajo que había que hacer

---

1. En vez de discutir las explicaciones de otros, prefiero simplemente expresar lo que yo propongo. Las dificultades de las interpretaciones usuales son tan grandes que parecería necesario un nuevo estudio. Nuestra interpretación gira sobre esto: que la parábola es sólo una *ilustración* de lo que se dice en Mateo 19:30.

2. En Roma, en tiempos de Cicerón, el jornal era de 12 ases (unos 6 peniques), esto es, menos que en Judea (comp. Marquardt, *Röm. Alterth.*, vol. 5, p. 52).

en la viña; el afán y ansiedad del padre de familia de conseguir obreros; la circunstancia de que no por su culpa, sino por no haber estado disponibles, habían empezado a trabajar más tarde; y el que, cuando hubieron llegado, estaban dispuestos a trabajar sin promesa de recompensa definida, simplemente confianza en la veracidad y bondad de aquél que les había enviado. Estamos pensando en estos «últimos» –los gentiles del este, oeste, norte y sur (Lc. 13:29); los publicanos y pecadores convertidos; aquellos que una gran parte de sus vidas ha sido pasada en otro sitio, y que han llegado sólo a última hora a la plaza; es más, esos también cuyas oportunidades, capacidad, fuerza o tiempo han sido muy limitadas– y damos gracias a Dios por la enseñanza de esta parábola. Y si dudáramos todavía, estas dudas tienen que ser eliminadas por las frases finales de esta parte de la parábola, en las cuales el padre de familia se dice que sale a última hora, halla a otros y les pregunta por qué están allí todo el día desocupados, a lo que contestan que nadie les había contratado. Éstos también son enviados a la viña, aunque aparentemente sin ninguna promesa expresa. Así que, al parecer, en proporción a lo tarde que ha ido cada uno al trabajo, había la falta de alegación posible por parte de los labradores, y el simple fiar en el propietario.

Y ahora ya cae el día. Ha cesado el trabajo y el Señor de la viña manda a su mayordomo (Cristo) que pague a los trabajadores. Pero aquí les espera la primera sorpresa. El orden de pago es inverso a la hora en que empezó la labor: «empezando por los postreros hasta los primeros». Esto es casi una parte necesaria de la parábola. Porque si los primeros hubieran sido pagados primero, se habrían ido sin saber lo que recibían los últimos, o bien, de haberse quejado, habría sido en evidente mala voluntad contra sus compañeros. Después de haber recibido su jornal, no podían objetar no recibir bastante, sino que los otros habían recibido demasiado. Pero la intención de la parábola no es acusar de mala voluntad consciente a los que esperaban una recompensa superior o se consideraban justificados para recibirla. Es más, notamos, como indicando la disposición de los últimos trabajadores, que los de la tercera hora no murmuraron por no haber recibido más que los de la hora undécima. Esto no sólo está en conformidad con no haber hecho ningún trato al principio, sino también en haber confiado enteramente en el propietario. Pero los de la primera hora sintieron su codicia estimulada. Viendo lo que habían recibido los demás, esperaron que a ellos les correspondería más. Cuando ellos recibieron igualmente *un denario*, murmuraron como si se les hubiera hecho una injusticia. Y como parece las más de las veces en circunstancias semejantes, la verdad y la justicia parecen estar de su lado. Porque, poniendo como ejemplo el caso de los de la hora undécima, ¿no habían éstos trabajado una sola hora, cuando ellos «habían soportado el peso del día y el calor abrasador»? Por justificado que parezca el razonamiento, no tenían derecho a reclamar nada en justicia o equidad, porque habían sido concertados por *un denario*. No ya que éste era el jornal justo de aquel tiempo, sino que había un trato expreso. Ésta era la suma estipulada por la que fueron a trabajar. Apelaban a la justicia, pero se les había hecho justicia completa. Esto por lo que se refiere al principio del «tanto por cuanto» de la reclamación, ley, trabajo y paga.

Pero hay todavía otro aspecto aparte del de la mera justicia. Estos otros labradores que consideraban que debido a ser tan tardío el comienzo de su trabajo no tenían nada que reclamar –y ¿quién es que no ha de lamentar lo tarde que ha llegado, y por ello lo poco que ha hecho?–, no habían hecho ningún trato, sino que confiaron en el Dueño. Y tal como ellos habían creído así les sucedió. No que ellos tuvieran nada que reclamar o reclamaran. En «Quiero dar a este último como a ti» –la palabra «quiero» (θέλω) es puesta de modo enfático primero para indicar su buena voluntad, su placer en hacer de su misericordia la base de su acción. Un Dueño así no podía dar menos a los que habían acudido cuando fueron llamados no por el trabajo o por la deuda, sino por la gracia (Ro. 4:4-6; 11:6). De paso, podemos hacer notar, pensando en estos objetores, el profundo acuerdo que hay entre lo que los críticos negativos llamarían «verdadero Evangelio judaico» de Mateo y lo que constituye la misma esencia de «la enseñanza antijudaica» de Pablo, y les pedimos que procuren reconciliar en su teoría lo que sólo puede ser explicado en base a que Pablo, como Mateo, eran verdaderos discípulos del Maestro verdadero: Jesucristo.

En el camino a Jerusalén: la parábola de los labradores en la viña

Pero si todo esto ha de ser colocado en el nuevo terreno de la *gracia*, con lo cual verdaderamente todo lo que se refiere a los labradores que llegan tarde está de acuerdo, entonces (como muestra también Pablo) los labradores que murmuraron eran culpables, o bien de ignorancia en percibir la soberanía de la gracia –esto es, que está en su poder el hacer con lo suyo lo que quiere (Ro. cap. 11)–, o bien de malevolencia, cuando en vez de estar agradecidos lo miraban con malos ojos –y esto en proporción a la bondad del Dueño. Pero un estado mental así podía ser igualmente el de los judíos (Ro. 2; 3:28-31; 9:18-24) y el de los gentiles (Ro. 11:11-18). Y así, en este caso ilustrativo de la parábola, «los primeros serán postreros, y los postreros primeros» (Mt. 19:30).[3] Pero Él es el Dios soberano en gracia, en cuya viña hay trabajo para todos, por limitado que sea el tiempo, el poder o la oportunidad; cuyos labradores somos nosotros, si somos hijos suyos; el cual, en su deseo de que se haga el trabajo, en condescendencia y paciencia hacia los obreros, va a la plaza incluso a la hora undécima, y, con sólo una leve represión por no haber ido a trabajar más temprano y haber estado desocupados todo el día, aún les dice que vayan; que promete lo que es justo, y da más de lo debido a aquellos que confían simplemente en Él; el Dios no de los judíos ni de los gentiles solamente, sino nuestro Padre; el Dios que no sólo paga, sino que da generosa y libremente de lo suyo, y en cuya sabiduría y por cuya gracia es posible que, por más que los primeros sean cual los postreros, los postreros sean cual los primeros.

Queda por notar un punto todavía. Más que en ningún otro lugar es en estas parábolas, dirigidas al público, que esperamos hallar formas de enseñanza y estilo con las cuales los oyentes estén familiarizados, es decir, otras parábolas paralelas judaicas. Pero igualmente esperamos que la enseñanza de Cristo, aunque transmitida bajo ilustraciones con las que los judíos estén familiarizados, sean enteramente diferentes en espíritu. Y esto es lo que hallamos de modo notable en el caso presente. Para empezar y según la Ley judía, si un hombre empleaba a un obrero sin un trato definido, pero con la afirmación de que le pagaría como a cualquier otro de los trabajadores en el lugar de trabajo, según unos, estaba obligado a pagarle sólo el jornal mínimo del lugar; pero según la mayoría, el promedio entre el más

3. La cláusula que sigue es espuria.

bajo y el más alto (Bab. Mets. 87 *a*, hacia el fin). Además, por lo que se refiere a la letra de la misma parábola, tenemos un paralelo notable en una oración fúnebre de un rabino que murió a la temprana edad de veintiocho años. El texto escogido fue: «Dulce es el sueño del trabajador» (Ec. 5:12), y esto fue ilustrado por la parábola de un rey que tenía una viña y empleaba a muchos trabajadores en ella. Uno de ellos era más distinguido que el resto, por su habilidad. Así, el rey le tomó de la mano y andaba paseando con él arriba y abajo. Al atardecer, cuando eran pagados los obreros, éste recibió el mismo salario que los demás, como si hubiera trabajado todo el día. Entonces los otros murmuraron porque él sólo había trabajado dos horas y recibía igual que ellos que habían trabajado todo el día, a lo que el rey contestó: «¿Por qué murmuráis? Este obrero ha hecho más en dos horas que vosotros durante todo el día» (Midr. sobre Ec. 5:11; Jer. Ber. ii. 8). Esto con referencia a los grandes méritos del rabino muerto.

Pero puede observarse que, a pesar de toda la semejanza de forma, la enseñanza a derivar de la parábola judía es exactamente opuesta en su dirección a la de la parábola de Cristo. El mismo espíritu de trabajo y paga se halla en otra parábola cuyo objeto es ilustrar la idea de que Dios no había revelado la recompensa correspondiente a cada mandamiento, a fin de que los hombres no descuidaran los que dan menos recompensa. Un rey –según esta parábola– tenía un jardín, para el cual había asalariado obreros sin decirles lo que sería su jornal. Por la noche los llamó y, después de averiguar de cada uno bajo qué árbol había estado trabajando, les pagó según el valor de los árboles en los cuales se habían ocupado. Y cuando ellos le dijeron al rey que debía haberles indicado qué árboles producirían mejor paga, el rey les replicó que de esta forma habría una parte del huerto que quedaría sin cultivo. De la misma manera, Dios sólo había revelado la recompensa del mayor de los mandamientos, el de honrar padre y madre (Éx. 20:12), y el del menor de ellos, sobre dejar ir al ave madre, tomando los pollos para sí (Dt. 22:7), adscribiendo a los dos precisamente la misma recompensa (Debar. R. 6 sobre Dt. 22:6).

A estas ilustraciones, si fuera necesario, se podrían añadir otras de este ajustar cuentas después del trabajo –o sea, sobre los sufrimientos y las recompensas– que caracteriza a la teología judaica, así como a los labradores de la parábola (ver, por ej., Ber 5 *a* y *b*, especialmente 7 *a*).

En el Templo: la parábola del «no» y el «sí» de los dos hijos

2. La segunda parábola de esta serie –o quizá, más bien, ilustración– fue narrada dentro del Templo. El Salvador había contestado la pregunta de los fariseos sobre su autoridad mediante una apelación al testimonio del Bautista. Esto le llevó a referirse a la doble recepción de este testimonio: por un lado, por los publicanos y rameras; y por otro, por los fariseos.

La parábola (Mt. 21:28-32) que sigue, introduce a un hombre que tiene dos hijos. Va al primero, y en palabras afectuosas (τέκνον) le dice que vaya a trabajar a su viña. El hijo se niega clara y simplemente, pero luego cambia de parecer[4] y va. Entretanto, el padre, cuando el primer hijo rehusó ir, fue al segundo con la misma petición. El contraste es aquí marcado. El tono es muy delicado, y la respuesta del hijo no sólo contiene una promesa, sino que casi le vemos en camino. «Sí, señor, voy». Y no fue. La aplicación es fácil. El primer hijo representa a los publicanos y rameras, cuya respuesta ruda al Padre queda implicada en su vida de pecado y disolución. Pero después cambian de parecer y van a la viña del Padre. El otro hijo, con su tono cortés y su promesa fácil, pero completa indiferencia a las obligaciones aceptadas, representa a los fariseos con su profesión de devoción hipócrita y vacía. Y Cristo les obligó a ellos mismos a llevar a cabo la aplicación de la parábola. Cuando el Señor les preguntó cuál de los dos hijos había hecho la voluntad de su padre, no podían evitar la respuesta. Entonces, también en lenguaje severo y cierto, les señaló la moraleja. El Bautista había venido predicando justicia, y en tanto que los fariseos satisfechos de sí mismos no habían creído, estos pecadores lo habían hecho. Y con todo aun cuando los fariseos vieron el efecto sobre estos primeros pecadores, no cambiaron de parecer, a fin de creer. Por lo tanto, los publicanos y las rameras irían y entrarían en el Reino de los cielos antes que ellos.

La parábola de los labradores

3. Íntimamente conectada con las dos parábolas precedentes, y en realidad con todo el tenor de los dichos de Cristo por este tiempo, es la parábola de los labradores malvados y la viña (Mt. 21:33ss. y paralelos). Como en la parábola sobre los labradores buscados por el Dueño en diferentes horas del día, el objeto aquí es presentar la paciencia y bondad del dueño, incluso hacia el malvado. Y como en la parábola de los dos hijos, se hace referencia al rechazo práctico del testimonio del Bautista por parte de los judíos, y su consiguiente exclusión, causada por ellos mismos, del Reino, de modo que en esto hay alusión al hecho de que Juan era el mayor de los profetas (v. 36), y a la exclusión de Israel como pueblo de su posición en el Reino (v. 43), y a su castigo como individuos (v. 44). Sólo que aquí marcamos una progresión terrible. El descuido e incredulidad que habían aparecido en la primera parábola ahora han madurado hasta una rebelión, decidida, agravada y realizada hasta sus últimas consecuencias con el asesinato del hijo único y amado del Rey. De modo similar, lo que antiguamente aparecía como su pérdida, en que los pecadores iban al Reino de Dios antes que ellos, ahora se presenta como su culpa y su sentencia, tanto nacional como individual.

La parábola empieza como la de Isaías (cap. 5), con una descripción de las mejoras hechas por el Dueño de la viña,[5] para mostrar que se había hecho todo lo posible para asegurar una buena cosecha de fruto, y el derecho que tenía el propietario a esperar que tendría su parte en ella. En la parábola, como en la profecía, la viña representa la teocracia, aunque en el Antiguo Testamento, por necesidad, es identificada con la *nación* de Israel (Is. 5:7), en tanto que en la parábola las dos son distinguidas, y la nación es representada por los labradores a quienes la viña estaba arrendada. En realidad, toda la estructura de la parábola muestra que los labradores son Israel como nación, aunque va dirigida y trata de las personas que los representaban como líderes.

4. La palabra no es la misma que la de «arrepentirse» de Mateo 3:2. La última se refiere a un cambio de corazón y significa algo espiritual. La palabra usada en el texto significa sólo un cambio de opinión y de propósito. Ocurre, además, en Mateo 27:3; 2 Corintios 7:8; Hebreos 7:21.

5. «Un vallado» contra los animales y caminantes amigos de lo ajeno; un «lagar» y «una torre» para los guardas. Podemos notar las diferencias en el relato de esta parábola en los tres Evangelios, aunque son demasiado pequeñas para discutirlas aquí. La principal (en Mt. 21:40, 41), comp. con los paralelos, se verá en el texto.

Y así fue dicha «al pueblo» (Lc. 20:9), y, con todo, «los principales sacerdotes y los fariseos» con razón «entendieron que se refería a ellos» (Mt. 21:45).

Esta viña había sido arrendada por el propietario a unos labradores, en tanto que él «viajaba» o «se había ausentado del país» y, como Lucas añade, «para mucho tiempo». Por el lenguaje es evidente que los labradores tenían a su cargo el cuidado de la viña. Recordemos que había tres clases de tratos referentes a la tierra. Según uno de éstos (*Arisuth*), «los labradores» empleados recibían cierta porción de los frutos, pongamos por caso un tercio o un cuarto de lo producido (Jer. Bikk. 64 *b*). En estos casos parece, por lo menos algunas veces, había la costumbre de, además de darles una porción del producto, proporcionarles la semilla (para un campo) o pagar jornal a los labradores (Shem. R. 41, ed. Vars., p. 54, última línea). Los otros dos modos de tratos sobre la tierra eran, o bien que el arrendador pagara dinero al arrendatario (propietario) (Tos. Demai vi.), o bien que accedía a dar al propietario una cantidad definida de producto, tanto si la cosecha era buena como si era mala (Bab. Mets. 104 *a*). Estos arriendos eran válidos para un año o para toda la vida; a veces el arriendo era incluso hereditario, pasando de padre a hijo (Jer. Biccur. 64 *b*). Apenas puede haber duda que es a esta última clase de arriendo (*Chakhranutha*, de חָכַר)a que se refiere la parábola, en que los arrendatarios tenían la obligación de dar al propietario cierta cantidad de fruto a su sazón.

En consecuencia, «cuando se acercó el tiempo de los frutos», envió a sus siervos para recoger la parte de los mismos que le pertenecía, o bien, como Marcos y Lucas dicen, «de los frutos de la viña». Colegimos de ello que hubo una sucesión de siervos enviados que fueron recibiendo tratos cada vez peores de estos labradores malvados. Podríamos esperar que el propietario, a estas alturas, hubiera tomado medidas severas; pero en vez de ello envió, en su paciencia y buena voluntad, a «otros siervos» (Mt. 21:36), pero no en «mayor número», lo cual no habría tenido mucho sentido, sino «mayores que el primero», sin duda con la idea de que con su mayor autoridad les tendrían más respeto. Y cuando éstos recibieron el mismo tratamiento, hemos de considerar que esto implicaba no sólo una culpa adicional sino *incrementada* por parte de los labradores. Una vez más, y con mayor fuerza, aparece la pregunta de qué medidas iba a tomar ahora el propietario. Pero una vez más tenemos una nueva manifestación de paciencia por parte del dueño, que se negaba a admitir que estos labradores fueran tan malvados. Pero como Marcos dice de modo patético, indicando no sólo la bondad del propietario, sino el espíritu de rebelión y maldad decidida por parte de los labradores: «Todavía tenía uno, un hijo amado; se lo envió el último, diciéndose: Respetarán a mi hijo». La aparición del heredero legal les hizo temer por el arriendo de la viña. Prácticamente la villa ya era suya; matando al heredero, el único que podía reclamar la viña habría sido eliminado, y pasaría a ser suya. Porque los labradores se imaginaron que, estando el propietario en el «extranjero» durante largo tiempo, no iba a interferir personalmente –una impresión corroborada por la circunstancia de que no había vengado los malos tratos a los siervos, sino sólo enviado a otros con la esperanza de influirlos a portarse mejor. Así que los labradores, «tomándole, le echaron fuera de la viña y lo mataron» –la primera acción señalando que fue haciendo uso de violencia que le echaron de su propiedad, antes de matarle a sangre fría.

El significado de la parábola es bien claro. El propietario de la viña, Dios, había arrendado su viña –la teocracia–

a su antiguo pueblo. Una vez instituido el pacto, se retiró, por así decido; la antigua comunicación directa entre Él e Israel había cesado. Luego, a su debido tiempo envió a «sus siervos», los profetas, a recoger *sus* frutos –ellos habían tenido los suyos en todas las ventajas temporales y espirituales del pacto. Pero, en vez de entregar los frutos propios de arrepentimiento, sólo maltrataron a sus mensajeros y finalmente acabaron matándolos. En su longanimidad envió finalmente con el mismo encargo a «otro mayor» que los primeros –a Juan el Bautista (Lc. 7:26). Y cuando éste recibió el mismo tratamiento, Él les envió a su propio hijo, Jesucristo. Su aparición les hizo sentir que habían entrado ahora en una lucha decisiva por la viña, así que a fin de conseguir su posesión completa, ¡echaron fuera al heredero legítimo de su propia posesión, y luego lo mataron!

Y ellos tienen que haber entendido el significado de su parábola, puesto que habían pasado a ser herederos de sus padres en la muerte de todos los profetas (Mt. 23:34-36), que habían sido redargüidos del rechazo del mensaje del Bautista, y cuyos corazones estaban llenos de pensamientos homicidas contra el legítimo heredero de la viña. Pero incluso así, ellos mismos tuvieron que pronunciar su propio juicio. Como respuesta a su reto sobre qué creían que haría el dueño de la viña a aquellos labradores malvados, los principales sacerdotes y los fariseos sólo pudieron contestar: «A esos malvados les dará un fin miserable, y arrendará la viña a otros labradores que le paguen el fruto a su tiempo» (Mt. 21:41).

La aplicación era evidente y fue hecha por Cristo, primero, como siempre, mediante una referencia al testimonio profético, mostrando no sólo la unidad de toda la enseñanza de Dios, sino también la continuidad del Israel del presente con la del antiguo en su resistencia y rechazo al consejo y mensajeros de Dios. La cita –y era imposible imaginar una más apropiada– fue del Salmo 118:22, 23, y se hace en el griego del Evangelio de Mateo –no por necesidad dicho así por Cristo– de la Septuaginta. La única diferencia casi verbal entre ésta y la original es que, en tanto que en la primera la adopción de la piedra rechazada por los edificadores como cabeza de ángulo («ésta», *hoc*, זאת) es adscrita a Jehová, en la Septuaginta esta designación original (ἄυτη) como cabeza del ángulo (previa a la acción de los edificadores) es adscrita al Señor. Y entonces sigue, en un lenguaje claro e inconfundible, la predicción terrible, primero nacionalmente, de que el Reino de Dios sería quitado de ellos, y «dado a una nación que dé los frutos de él»; y luego individualmente, que todo aquél que tropiece sobre ella en ofensa u hostilidad personal y caiga, será quebrantado; y aquél[6] que se entrometa en su camino, o resista su progreso, y sobre el cual caiga la piedra, será «desmenuzado». Una vez más se sintieron provocados a ira, pero también experimentaron temor. Sabían que hablaba de ellos, y de buena gana habrían echado mano sobre Él; pero temían al pueblo, que en aquellos días le consideraba como un profeta. Y así, de momento, le dejaron y se fueron.

«El texto escogido fue: 'Dulce es el sueño del trabajador' (Ec. 5:12), y esto fue ilustrado por la parábola de un rey que tenía una viña y empleaba a muchos trabajadores en ella. Uno de ellos era más distinguido que el resto, por su habilidad. Así, el rey le tomó de la mano y andaba paseando con él arriba y abajo. Al atardecer, cuando eran pagados los obreros, éste recibió el mismo salario que los demás, como si hubiera trabajado todo el día».

Las tradiciones judías insisten en la noble naturaleza del trabajo. A estas antiquísimas herramientas usadas en Palestina por los beduinos, se les ha reconstruido la parte de madera de acuerdo con la forma tradicional del instrumento; no obstante la parte de hierro es auténtica. (Pontificio Instituto Bíblico, Roma)

La parábola de las bodas del hijo del rey y la del vestido de boda

4. Si los escritos rabínicos ofrecen pocos paralelos, o ninguno, a la parábola precedente, la de la fiesta de boda

6. El único paralelo judío que conozco, en cuanto a la forma, se halla en Vayyik. R. 11 (ed. Vars., p. 18 *a*, cerca del comienzo), donde leemos de un rey que envió a su tesorero a cobrar tributos, y que la gente de aquella tierra le había dado muerte y saqueado.

del hijo del rey y del vestido de boda (Mt. 22:1-14) parece casi reproducida de la tradición judía. En su forma más antigua (Shabb. 153 *a* y 152 *b*) es adscrita a Jochanan ben Zakkai, que floreció hacia el tiempo de la composición del Evangelio de Mateo y aparece con una variedad de detalles adicionales en los comentarios judaicos (Midr. sobre Ec. 9:8; Midr. sobre Pr. 16:11). Pero mientras que la parábola de nuestro Señor solamente consiste en *dos partes* (Mt. 22:1-9 y 10-14), formando una sola enseñanza, el Talmud la divide en dos parábolas separadas, una de las cuales intenta mostrar la necesidad de estar preparado para el otro mundo – estar preparado para la fiesta del rey (Shabb. 153 *a*)–, en tanto que la otra[7] tiene por objeto enseñar que deberíamos poder presentar nuestra alma a Dios en el mismo estado de pureza en el cual (según las nociones rabínicas) la recibimos originalmente (Shabb. 152 *b*). Aun así, muestra la infinita diferencia entre la parábola del Señor y el uso rabínico de ella.[8] En la parábola judía se presenta a un rey que invita a una fiesta, aunque sin fijar la fecha de la boda. Los prudentes se atavían a tiempo, y están sentados a la puerta del palacio, para estar dispuestos, ya que según ellos dicen no se necesitan muchas preparaciones para una fiesta en un palacio; en tanto que los insensatos se van a trabajar diciendo que ya hay tiempo, puesto que no puede haber fiesta sin preparación (La Midrash dice que cuando había invitado a los participantes, el rey les había dicho: «Vestíos, ungíos y ataviaos con los vestidos de boda»; y que los necios, diciendo que cuando se hicieran los preparativos para la comida y se ordenaran los asientos ya podrían saber cuándo iba a empezar la fiesta, se habían ido, el albañil a su montón de cal, el alfarero a su arcilla, el herrero a su horno, el lavandero a su lavadero). De súbito el rey llamó a todos a la fiesta, y con ello los prudentes aparecieron ataviados festivamente, y el rey se regocijó sobre ellos, y los hizo sentar, comer y beber; en tanto que estaba indignado con los necios, que aparecían vestidos de cualquier forma y recibieron órdenes de quedarse de pie mirando, angustiados, hambrientos y sedientos.

La otra parábola judía (Shabb. 152 *b*) es la de un rey que entregó a sus siervos los vestidos regios. Los prudentes los pusieron cuidadosamente a un lado, en tanto que los insensatos se los pusieron y con ellos fueron haciendo su trabajo. Cuando al cabo de un tiempo el rey pidió los vestidos otra vez, los prudentes pudieron restaurarlos limpios, en tanto que los insensatos los tenían sucios. Entonces el rey se regocijó sobre los prudentes, y cuando sus ropas fueron guardadas en la tesorería, ellos pudieron ir a su casa en paz. «Pero a los insensatos les mandó que entregaran sus ropas a los lavanderos y que ellos fueran metidos en la cárcel». Podemos fácilmente entender el significado de esta parábola: que un hombre debe preservar su alma perfectamente pura, y así entrar en la paz, en tanto que los descuidados, que habían perdido su pureza original (no hay pecado original aquí) en el otro mundo, sufrirían y expiarían su culpa y purificarían sus almas.

Cuando de las tergiversaciones de los rabinos volvemos a la parábola de nuestro Señor, el significado no es difícil de entender. El rey hace una fiesta de boda para su hijo, y envía a sus siervos a llamar a los que habían de ser invitados a la boda. Evidentemente, como en la parábola judía, y como antes en la de los invitados a la gran cena (Lc. 14:16, 17), hubo una invitación preliminar general, y luego el anuncio de que todo estaba dispuesto. En realidad, en la Midrash sobre Lamentaciones 4:2 (ed. Vars., p. 73 *b*) se menciona de modo expreso, entre otras características de los habitantes de Jerusalén, que ninguno de ellos iba a una fiesta hasta que la invitación había sido dada y repetida. Pero en la parábola los invitados no querían ir. Cuando a continuación en esta parábola se nos dice que el rey envió a otros mensajeros a decir a todos que acudieran, porque él había preparado ya su banquete, esto recuerda la parábola de los labradores de la viña, a los cuales hubo que enviar repetidos mensajeros en busca de los frutos debidos. Estos repetidos esfuerzos para llamar, para advertir, para invitar, forman un rasgo característico de estas parábolas, mostrando que era uno de los objetos centrales de la enseñanza de nuestro Señor el dar evidencia de la bondad de Dios. En vez de prestar atención a estas llamadas repetidas y acuciantes, vemos en las palabras de la parábola: «Mas ellos, sin hacer caso, se fueron, uno a su labranza, otro a sus negocios».

Esto, por lo que se refiere a una clase; otros no se limitaron a despreciar la invitación, sino que obraron aun peor que los primeros. «Otros, echando mano a los siervos, los maltrataron y los mataron». Esto hemos de entenderlo en el sentido de que cuando los siervos fueron con el mensaje más sólido y acuciante, una clase mostró su desprecio al rey, y la boda de su hijo, y la fiesta y su preferencia y preocupación con sus posesiones o adquisiciones –su propiedad o su oficio, sus goces y sus objetivos y deseos. Y cuando éstos hubieron desaparecido, y probablemente los siervos todavía se quedaban para presentar el mensaje de su señor a otros, éstos «los maltrataron y los mataron», de modo que de mero desprecio, falta de interés y preocupación con sus propios intereses, pasaron más allá, al odio y al asesinato. El pecado era más grave por el hecho de que él era su *rey*, y los mensajeros los habían invitado a una fiesta a la que todos y cada uno de los súbditos leales debía regocijarse en poder asistir. Lo que habían hecho, pues, no sólo era un homicidio, sino una rebelión en contra de su soberano. Entonces el rey, en su ira, envió a sus ejércitos y –el relato aquí, en cuanto al tiempo, anticipa el suceso– destruyó a aquellos homicidas y quemó su ciudad.[9]

Pero el castigo apropiado de estos rebeldes solamente forma una parte de la parábola. Porque todavía la fiesta queda sin invitados para compartir el gozo del rey y participar en la fiesta. Y así, la narración sigue (Mt. 22:8, 9): «Entonces» –una vez que el rey hubo dado la orden de que sus ejércitos partieran– «dijo a sus siervos: "El banquete está a punto; mas los que fueron invitados no son dignos. Id pues a las encrucijadas de los caminos, y llamad a las bodas a cuantos halléis"». Recordamos que la parábola, aquí, sigue paralela a otra en que, primero los desgraciados de las calles de la ciudad, y luego los vagabundos de las carreteras del mundo, son llevados a llenar el lugar de los que habían sido invitados (Lc. 14:21-24). A primera vista parece que no hay conexión entre la declaración de que aquellos que habían sido invitados se habían demostrado indignos, y la orden de ir por las encrucijadas de los caminos y recoger a cuantos pudieran hallar, puesto que estos últimos podían naturalmente ser considerados menos dignos. Con todo, éste es uno

7. Esta parábola se encuentra sólo en el Talmud en esta conexión, no en la Midrashim.

8. El lector puede hallar estas dos parábolas traducidas en *Sketches of Jewish Social Life*, p. 179.

9. Se hace referencia sólo a aquellos que eran homicidas. No dice que los otros escaparon al sufrimiento o pérdida, puesto que según el plan de la parábola esto no se menciona. Cuando leemos de «su ciudad» es posible que haya aquí una referencia a la comunidad o nación.

de los muchos puntos de la parábola. La primera invitación había sido remitida a unos invitados especiales, seleccionados –los judíos–, que se podía esperar eran «dignos», pero que se habían demostrado indignos; la siguiente invitación fue dada no a una nación o ciudad escogida, sino a todo el que viajaba en cualquier dirección por los caminos del mundo, alcanzándolos allí donde los caminos de la vida se encuentran y se separan.

Ya hemos visto con antelación la interpretación de esta parábola. «El Reino» es aquí, como tantas veces en el Antiguo y el Nuevo Testamento, hecho semejante a una fiesta, y más específicamente una fiesta de boda. Pero notamos como distintivo que el Rey la hace *para su hijo*. Así que Cristo, como Hijo y Heredero del Reino, forma la figura central en la parábola. Esto es lo primero que hemos de tener presente. Lo siguiente es que los invitados escogidos eran el antiguo pueblo del pacto: Israel. A ellos había llamado Dios primero bajo el A.T. Y aunque ellos no habían prestado atención a su llamada, con todo, fue enviada una segunda serie de mensajeros bajo el N.T. Y el mensaje de estos últimos era que «el banquete» estaba preparado (la primera venida de Cristo); y que todas las preparaciones habían sido hechas para la gran cena (el Reinado de Cristo). Otra verdad prominente es hacer resaltar el repetido mensaje del Rey, que señala la bondad y paciencia de Dios. Luego, nuestra atención es atraída al rechazo de Israel, que se ve, por un lado, en un descuido culpable y despectivo y una preocupación por sus cosas propias, y por el aborrecimiento, resistencia y homicidio, por el otro. Después sigue en rápida sucesión la orden de juicio sobre la nación, y el incendio de la ciudad –el ejército de Dios, siendo en este caso los romanos–, y, finalmente, la orden de ir por los caminos a invitar a todos, judíos y gentiles.

En el versículo 10 empieza la segunda parte de la parábola. Los «siervos» –esto es, los mensajeros del Nuevo Testamento– habían cumplido su comisión; habían traído a cuantos hallaron, buenos y malos –esto es, con respecto a su historia previa, su estado moral y religioso después de la llamada–; y «el banquete estaba lleno de invitados». Pero si hemos de aprender de alguna forma que no podemos esperar una Iglesia perfecta en la tierra –ni aun en la mesa del banquete de boda del hijo del rey–, sin duda lo aprenderemos por lo siguiente. El rey había entrado para ver a sus invitados y se dio cuenta de que, entre ellos, uno iba sin vestido de boda. Evidentemente, la rapidez de la invitación y la falta de preparación de los invitados no les impedía procurarse un vestido así. Como los invitados habían viajado, y como la fiesta se celebraba en el palacio del rey, no podemos equivocarnos al suponer que este vestido era proporcionado en el palacio a todos los que lo buscaban. Y con esto está de acuerdo la circunstancia de que el hombre a quien se dirigió el rey «enmudeció», se quedó sin palabra. Su conducta muestra una falta de sensibilidad total para aquello a que había sido llamado: ignorancia de lo que era debido al rey y de lo que convenía a una fiesta así. Porque aunque no se requería ningún estado previo de preparación de los invitados, todos eran invitados por igual, fueran buenos o malos; sin embargo era necesario que, si habían de tomar parte en la fiesta, se pusieran un vestido apropiado para la ocasión. Todos son invitados a la fiesta del Evangelio; pero todos los que han de participar del mismo han de ponerse el vestido de boda de la santidad evangélica. Y si bien se dice en esta parábola que solamente hubo uno a quien se vio sin este vestido, esto tiene por objeto enseñar que el Rey no va a echar un vistazo general sobre sus invitados, sino que va a mirar a cada uno por separado, y que ninguno –no, ni un solo individuo– podrá escapar de ser descubierto entre la masa de gente si no lleva el «vestido de boda». En resumen, en este día de prueba no se trata de un escrutinio de iglesias, sino de individuos en la Iglesia. Y así el rey ordena a sus siervos (διακόνοις) –no los mismos que habían llevado a cabo la invitación (δούλοις), sino otros, evidentemente ángeles, sus «ministros»– que le aten de pies y manos, y le «echen a las tinieblas de fuera» –esto es, incapaz de ofrecer resistencia y como un cautivo castigado, había de ser echado a las tinieblas que estaban fuera de la sala brillantemente iluminada del Rey. Y más adelante aún, para marcar la oscuridad de fuera, se añade que éste es el bien conocido lugar de sufrimiento y angustia: «allí será el llanto y el rechinar de dientes».

Y aquí termina la parábola con una afirmación general, aplicable tanto a la primera parte de la parábola –a los invitados primeros, Israel– como a la segunda –los invitados del todo el mundo–: «Porque» (éste es el significado de toda la parábola) «muchos son llamados, y pocos los escogidos» (Mt. 22:14). Para entender estas palabras hemos de tener en cuenta que, lógicamente, las dos cláusulas han de ser suplementadas por las mismas palabras. Así que este versículo debería decir: muchos son llamados *del mundo* por Dios para participar en la fiesta del Evangelio, pero pocos *del mundo –no* de los llamados– son escogidos por Dios para participar en ella. La llamada a la fiesta y el ser escogido para la fiesta no son lo mismo. La llamada es a todos; pero uno puede ser aceptado exteriormente, y un hombre puede sentarse a la fiesta, y, con todo, puede no ser escogido para participar en la fiesta debido a que no tiene el vestido de boda de la gracia que convierte y santifica. Y así uno puede ser echado de la fiesta de bodas a las tinieblas de afuera, con su llanto y su angustia.

Así tenemos una al lado de otra, pero muy separadas, estas dos: la llamada de Dios y la elección de Dios. El eslabón que las une es el tomar el vestido de boda, gratuitamente entregado en el palacio. No obstante hemos de buscarlo, pedirlo y ponérnoslo. Y así aquí también hemos visto, uno al lado del otro, el don de Dios y la actividad del hombre. Y todavía, para todos los hombres en todos los tiempos, es válida igualmente su advertencia, enseñanza y bendición: «¡Muchos son llamados, y pocos escogidos!».

Capítulo 6
(Mateo 24; Marcos 13; Lucas 21:5-38; 12:35-48)

El atardecer del tercer día de Pasión

Jesús acababa de pronunciar su última y más solemne denuncia contra Jerusalén, y la predicación de su juicio final y más terrible sobre el Templo, y ahora hacía que a las palabras le siguieran los hechos. Era como si se sacudiera el polvo de las sandalias contra «la Casa» que había de quedar desolada. Así que dejó para siempre el Templo y los que oficiaban en él.

Habían dejado el Santuario y la ciudad, habían cruzado el oscuro Cedrón y subían lentamente el monte de los Olivos. Un recodo rápido en el camino, y el edificio sagrado quedó una vez más a la vista. Precisamente entonces el sol, en el ocaso, estaba derramando sus rayos dorados sobre los claustros de mármol y los patios escalonados, y brillaba sobre las agujas del techo del Lugar Santo. En el sol del ocaso, más que en el del orto, las vastas proporciones del Templo, su simetría y las relucientes masas de oro y mármol blanco como la nieve destacaban gloriosamente. Y al otro lado del valle oscuro, y por las laderas del Olivete, se extendían las sombras negras de aquellas gigantescas paredes edificadas con piedras inmensas, algunas de ellas de casi veinticuatro pies de longitud. Incluso los rabinos, a pesar de su odio a Herodes, se entusiasmaban y soñaban que las mismas paredes del Templo debían ser cubiertas de oro, si su mármol veteado, que semejaba las olas del mar, no hubiera parecido más hermoso (Bab. B. 4 *a*; Sukk. 51 *b*). Era probablemente mientras miraban sobre toda esta grandeza y fuerza, que interrumpieron el silencio impuesto sobre ellos por los pensamientos sombríos de la próxima desolación de esta casa, que el Señor había predicho (Mt. 23:37-39).

Algunos de ellos le indicaron al Señor aquellas piedras enormes y los espléndidos edificios, o hablaban de las ricas ofrendas con que estaba adornado el Templo (Mt. 24:1). Era natural que el contraste entre esto y la destrucción predicha les hubiera causado impresión; natural, también, que se refirieran a ello, no como cuestión de duda, sino más bien de pregunta (Mt. 24:3). Entonces Jesús, probablemente dirigiéndose a uno –quizá al primero o bien al principal– de sus interrogadores (Mr. 13:1), habló con claridad de aquel contraste terrible entre el presente y el futuro cercano, cuando, cumplido casi con increíble literalidad,[1] ni una piedra quedaría que no hubiera sido derribada.

Prosiguieron su camino en silencio. Una vez llegados a cierta altura en el monte, se sentaron, frente por frente del Templo. No sabemos si los otros habían ido más adelante o si Cristo se sentó aparte con los cuatro: Pedro y Jacobo y Juan y Andrés (Mr. 13:3), los cuales ahora siguen preguntando sobre lo que pesaba tan gravemente en su corazón. No era pura curiosidad, si bien la pregunta sobre un tema así, aunque fuera meramente por amor a la información, apenas podía extrañarse en un judío. Pero les afectaba de forma personal, porque ¿no había puesto juntas el Señor la desolación de aquella «Casa» con su propia ausencia? Él había explicado lo primero en el sentido de la ruina de la ciudad, y la destrucción total del Templo. Pero a su predicción había añadido estas palabras: «No me veréis más a partir de ahora, hasta que digáis: Bendito el que viene en el nombre del Señor». Ante sus ojos, esto sólo podía referirse a su Segunda Venida, y al fin del mundo relacionado con ella. Esto explica la doble pregunta que ahora los cuatro dirigieron a Cristo: «Dinos, ¿cuándo serán estas cosas, y qué señal habrá de tu venida, y del final de la época?».[2]

Prescindiendo de otros dichos en que se hace una distinción clara entre estos dos sucesos, apenas es posible creer que los discípulos pudieran haber unido la desolación del Templo con el Advenimiento inmediato de Cristo y el fin del mundo. Porque en el mismo dicho que dio lugar a la pregunta, Cristo había colocado un período indefinido entre los dos. Entre la desolación de la Casa y su nueva bienvenida iba a intervenir un período de duración indefinido, durante el cual ellos no le verían más. Los discípulos no podían haber pasado esto por alto; y, por ello, ni su pregunta ni el discurso de nuestro Señor pueden haber intentado unir a los dos. Es necesario recordar esto cuando se estudian las palabras de Cristo; y toda impresión diferente ha de ser debida a la comprensión extrema del lenguaje de Mateo, y al hecho de que Cristo, a propósito, dejaría un intervalo indefinido entre «la desolación de la casa» y su nuevo retorno.

Hay otro punto de considerable importancia que hay que notar. Cuando el Señor al salir del Templo dijo: «No me veréis más a partir de ahora», tiene que haberse referido a Israel en su capacidad *nacional*: a la política judía seguida por la Iglesia y el Estado. Y así, el propósito en el texto de la reaparición visible tiene que haberse aplicado también a la comunidad judía, al Israel en su capacidad nacional. En consecuencia, se sugiere que en el presente pasaje Cristo se refiere a su Adviento no desde el punto de vista general cósmico de la historia universal, sino desde el punto de vista judío de la historia judía, de la cual la destrucción de Jerusalén y la aparición de falsos Cristos son los últimos sucesos de la historia nacional, para ser seguidos por el silencio vacío y persistente de muchos siglos de «dispensación gentil», interrumpidos por los sucesos que introducirán su venida (Lc. 21:24ss.).

Teniendo en mente, pues, que los discípulos no podían haber unido la desolación del Templo con el advenimiento inmediato del Cristo en su Reino y el fin del mundo, su pregunta a Cristo era doble: *¿cuándo* serían estas cosas, y cuáles serían las *señales* de su venida como Rey y la consumación de la «época»? Sobre la primera el Señor no dio

1. Según Josefo (*Guerra* vii.1.1), la ciudad fue tan trastornada y cavada que era difícil creer que hubiera sido habitada. En un período posterior Turnus Rufus hizo que se arara el terreno. Y con respecto a los muros del Templo, pese a lo enorme de sus piedras, con la excepción de alguna esquina o porción de pared –que parecía dejado para mostrar lo grande que era la ruina y la desolación–, «apenas hay nada que esté ahora *in situ*» (capt. Wilson en el *Ordnance Survey*).

2. τῆς συντελείας τοῦ αἰῶνος, Godet afirma que el relato en el Evangelio de Mateo contiene, como en otras partes de este Evangelio, los informes combinados de discursos pronunciados en ocasiones distintas. Es posible que sea así, pero la inferencia de Godet es ciertamente incorrecta: que ni la pregunta de los discípulos ni el discurso de nuestro Señor sobre esta ocasión se referían primariamente a la Segunda Venida (la παρουσία). Cuando este escritor dice que solamente Mateo (pero no Marcos ni Lucas) se refiere a esta pregunta hecha por los discípulos, tiene que haber pasado por alto que no sólo está implicado el «todas estas cosas» de Marcos y el «estas cosas» de Lucas –lo cual sin duda se refiere a más de una cosa–, sino que la pregunta de los discípulos acerca del Advenimiento toma una parte distintiva en lo que Cristo había dicho al salir del Templo, según informa Mateo 23:39.

información; a la última iba dirigido el discurso del Monte de los Olivos. En un punto la afirmación del Señor había sido tan nueva que casi justificaba la pregunta. Los escritos judíos hablan con mucha frecuencia de los llamados «dolores [del tiempo] del Mesías» (*Chebhley shel Mashiach*) (Shabb. 118 *a*).[3] Éstos eran en parte los del Mesías, y en parte –quizá principalmente– los que acaecerían sobre Israel y el mundo previamente a la venida del Mesías y en relación con ella. No tiene interés aquí el describirlos en detalle, puesto que los detalles mencionados varían mucho y las descripciones son algo fantásticas. Pero en general pueden caracterizarse como marcando un período de corrupción interna (fin del tratado míshnico Sotah) y de aflicción externa, sobre todo de hambre y de guerra, la escena de los cuales había de ser Palestina y el pueblo de Israel el que más sufriría (comp. Sanh. 98 *a* y *b*). Como los datos rabínicos que poseemos son todos de después de la destrucción de Jerusalén, es por completo imposible hacer ninguna afirmación absoluta sobre este punto; pero, de hecho, ninguno de ellos se refiere a la desolación de la ciudad y el Templo como uno de los «signos» o «dolores» del Mesías. Es verdad que algunas voces aisladas proclamaban este destino del Santuario, pero sin ninguna conexión con el triunfante Advenimiento del Mesías;[4] y si hemos de juzgar por las esperanzas que tenían los fanáticos durante el último sitio de Jerusalén, más bien esperaban una intervención divina, no mesiánica, para salvar la ciudad y el Templo, incluso hasta el último momento (comp. Jos. *Guerr.* ii.13.4; y espec. vi.5.2). Cuando Cristo, pues, proclamó la desolación de «la casa», e incluso la colocó en una conexión indirecta con su Advenimiento, Él enseñaba tanto lo que debía haber sido nuevo como lo inesperado.

Esto puede ser el lugar apropiado para explicar la expectativa judaica con relación al Advenimiento del Mesías. Aquí tenemos primero que poner a un lado, como perteneciente a un período ulterior, la ficción rabínica de los dos Mesías: uno, el primario y reinante, el Hijo de David; otro, el secundario y guerrero, el Hijo de Efraín o de Manasés. La referencia talmúdica más primitiva a este segundo Mesías (Sukk. 52 *a* y *b*) data del siglo III de nuestra era, y contiene noticias extrañas y casi blasfemas de que la profecía de Zacarías (12:12) con referencia al duelo por aquél que habían traspasado se refería al Mesías, el Hijo de José, el cual sería muerto en la guerra de Gog y Magog; y que cuando el Mesías el Hijo de David lo vio, «pidió vida» de Dios, el cual se la dio a Él, tal como está escrito en el Salmo 2: «Pídeme, y te daré» (v. 8), por lo que Dios informó al Mesías que su padre David ya se lo había pedido y obtenido para Él, según el Salmo 21:4. En general, el Mesías, el Hijo de José, está relacionado con la reunión y restauración de las diez tribus. Los escritos rabínicos posteriores relacionan todos los sufrimientos del Mesías por el pecado con este Hijo de José (ver sobre todo Yalk. sobre Is. 60, vol. ii, par. 359, citado en detalle en el Apéndice IX). La guerra en la que sucumbió «el Hijo de José» finalmente traería la terminación victoriosa por el Hijo de David, cuando sería restaurada la supremacía de Israel, y las naciones andarían en su luz.

No tenemos por que sorprendernos de que las varias noticias sobre el Mesías, Hijo de José, sean confusas y algunas veces incompatibles, considerando las circunstancias en las cuales se originó este dogma. La razón primaria era sin duda de carácter controversial. Cuando se veían apurados por argumentos cristianos sobre las profecías del Antiguo Testamento acerca de los sufrimientos del Mesías, la ficción del Hijo de José, a distinción del Hijo de David, ofrecería una escapatoria útil.[5] Además, cuando en la rebelión judía (132-135 d.C.) bajo el falso Mesías «Bar-Kokhba» («el Hijo de una estrella») (Nm. 24:17) este último sucumbió ante los romanos que le dieron muerte, la Sinagoga creyó necesario reanimar la esperanza de Israel que había sido aplastada en sangre, con el cuadro de los dos Mesías, el primero de los cuales cayó en batalla, en tanto que el segundo, el Hijo de David, llevaría la lucha a un resultado triunfante.[6]

En general, hemos de recordar aquí que hay una diferencia entre los tres términos usados en los escritos judíos para designar lo que ha de venir después de la «presente dispensación» o «mundo» (*Olam hazzeh*), aunque la distinción no siempre es llevada a cabo de modo consecuente. Este período feliz empezaría con «los días del Mesías» (ימות המשיח). Éstos se prolongarían en la «época venidera» (*Athid labho*), y terminarían con el «mundo venidero» (*Olam habba*), aunque el último, algunas veces, se hace que incluya todo este período.[7] Se expresan las opiniones más divergentes sobre la duración del período mesiánico. Parece un número redondo cuando se nos dice que duraría tres generaciones (Siphré, ed. Friedman, p. 134 *a*, hacia la mitad). En la discusión más plena sobre el tema (Tanchuma, p. 105) se citan las opiniones de diferentes rabinos, que establecen de modo vario el período desde cuarenta años hasta mil, dos mil y aun siete mil años, según analogías caprichosas.[8]

Cuando las afirmaciones reposan sobre consideraciones tan caprichosas, apenas se les puede conceder ningún valor, y menos esperar acuerdo. Este comentario es válido igualmente con respecto a la mayoría de otros puntos afectados. Basta decir que, según la opinión general, el nacimiento del Mesías sería desconocido para sus contemporáneos;[9] que aparecería, realizaría su obra y desaparecería –es posible que durante cuarenta y cinco días–; luego aparecería de nuevo y destruiría a las potencias hostiles del mundo, especialmente Edom, Armilos, el poder de Roma –el cuarto y último imperio (a veces se decía: por medio de Ismael). Una vez rescatado Israel, ahora sería reunido milagrosamente

3. Si éstos son computados como de nueve meses de duración, tiene que haber sido por una especie de analogía fantástica con los «dolores» de una mujer.

4. Al usar la expresión «Advenimiento» en este sentido, nos referimos al Advenimiento del Mesías para reinar a su manifestación mesiánica, no a su nacimiento.

5. Comp. J. M. Glaesener, *De Gemino Jud. Mess.*, p. 145ss. Schöttgen, *Horae Heb.*, 2, pp. 360-366.

6. Así, tanto Levy (*Neuhebr. Wörterb.*, vol. 3, p. 271 *a*) como Hamburger (*Real. Encykl. f. Bib. u. Talm., Abtheil.* 2, p. 768). Aquí debo expresar sorpresa de que un escritor tan enterado e independiente como Castelli (Il *Messiah*, pp. 224-236) haya discutido que la teoría de un Mesías, hijo de José, perteneciera a las más antiguas *tradiciones* judías, y no se levantara como se explica en el texto. La única razón que Castelli presenta contra un modo de ver que él mismo admite probable, es que ciertas afirmaciones rabínicas hablan también del Hijo de David como sufriente. Incluso si fuera así, tales inconsecuencias no demostrarían nada, puesto que hay muchos casos de ellas en los escritos rabínicos. Pero, realmente, el único pasaje que por su edad merece atención seria es Sanh. 98 *a* y *b*. En Yalkut, el Mesías sufriente es designado expresamente como el Hijo de Efraín.

7. En Bemid. R. 15 (ed. Vars., p. 63 *a*, líneas 9 y 8 desde la base), los «días del Mesías» son distinguidos de modo especial de la «Athid labho», *saeculum futurum*. En Tanchuma (Eqebh, ed. Vars., 2, p. 105 *a*, hacia la mitad) se dice: «y después de los días del Mesías viene el "Olam habba"»; de modo que el tiempo mesiánico aquí se hace que incluya el *saeculum futurum*. Además, en Pes. 68 *a* y Sanh. 91 *b*, «los días del Mesías» se distinguen del «Olam habba», y, finalmente (para no multiplicar los ejemplos), en Shabb. 113 *b*, del *Athid labho*.

8. 40 años = los años de peregrinaje en el desierto; 1.000 años = 1 día (Sal. 90:4); 2.000 años = «el día de venganza y el año de salvación» (Is. 63:4); 7.000 años = la semana de bodas (Is. 62:5), en que un día son 1.000 años.

9. Esto confirma Juan 7:26, y al mismo tiempo da nueva evidencia de que su autor era un judío, conocedor a fondo de las creencias judaicas.

desde los cuatro extremos de la tierra, y traído de nuevo a su propio país, y las diez tribus participarían en su restauración, pero esto sólo bajo la condición de que se hubieran arrepentido de sus pecados anteriores.[10] Según la Midrash (Yalk.sobre Is., vol. ii, p. 42 *c*; Siphra, ed. Weiss, 112 *b*), todo el Israel circuncidado sería dejado en libertad de la Gehena, y los muertos resucitarían –según algunas autoridades, por medio del Mesías, al cual Dios daría «la clave de la resurrección de los muertos» (Sanh. 113 *a*). Esta resurrección tendría lugar en la tierra de Israel, y aquellos de Israel que hubieran sido enterrados en otras partes tendrían que ir dando tumbos bajo tierra –no sin sufrir dolor (Kethub. 111 *a*)– hasta que llegaran al suelo sagrado. Probablemente la razón de esta extraña idea, que era apoyada por una apelación a la orden de Jacob y de José en cuanto a su lugar de reposo al morir, había de inducir a los judíos, después de la desolación final de su país, a no abandonar Palestina. Esta resurrección, que se supone que tendría lugar, en formas diversas, al comienzo o durante el curso de la manifestación mesiánica, sería anunciada con el sonido de una gran trompeta (4º Esd. vi. 23ss.). Sería difícil decir cuántas de estas ideas extrañas y confusas prevalecían en los tiempos de Cristo,[11] cuáles eran considerados dogmas aceptados por todos, o de qué fuentes se habían originado. Probablemente muchas de ellas eran creídas de modo popular y después se desarrollaron, según creemos, con elementos deformados de procedencia cristiana.

Hemos llegado ahora al período de la «edad venidera» (la *Athid labho*, o *sæculum futurum*). Toda resistencia a Dios sería concentrada en la gran guerra de Gog y Magog, y con ella se unirían todas las fuerzas del mal. Y la situación sería apurada en extremo para Israel. Tres veces el enemigo procuraría asaltar la Ciudad Santa. Pero cada vez sería repelido el asalto, y en el último la destrucción del enemigo sería completa. La Ciudad sagrada sería ahora reedificada totalmente y habitada. Pero, ¡oh, qué diferente sería de la antigua! Dentro de sus límites (distancia a recorrer en un sábado) sería empedrada con piedras preciosas y perlas. La ciudad en sí se elevaría a una altura de unas nueve millas –es más, con la aplicación realista de Isaías 49:20 ¡alcanzaría hasta el trono de Dios, en tanto que se extendería desde Jope hasta la puertas de Damasco! Porque Jerusalén había de ser la residencia de Israel, y el lugar al que acudirían todas las naciones. Pero más glorioso en Jerusalén sería el nuevo Templo que el Mesías edificaría, y al cual serían restauradas estas cinco cosas que habían faltado en el Santuario anterior: el candelabro de oro, el arca, el altar encendido con fuego del cielo, el Espíritu Santo y el querubín. Y la tierra de Israel sería entonces tan amplia como había sido bosquejado en la promesa que Dios había dado a Abraham, y que nunca llegó a cumplirse, puesto que la extensión máxima del dominio de Israel había sido sólo sobre siete naciones, en tanto que la promesa divina se extendía a diez, si no a toda la tierra.

Por extrañamente exageradas por la imaginación oriental y materialistas que parezcan estas esperanzas, hay conectado con ellas un punto de profundo interés, sobre el cual, como se explica en otro lugar,[12] prevalecen notables divergencias de opinión. Se refiere a los servicios del Templo reconstruido, y a la observancia de la Ley en los días mesiánicos. Unos insistían, aquí, en la restauración de todos los antiguos servicios, y en la observancia estricta de la Ley mosaica y rabínica –es más, en su imposición plena a las naciones gentiles. Pero este punto de vista tiene que haber sido por lo menos modificado por la expectativa de que el Mesías daría una nueva Ley (Midr. sobre Cnt. 2:13 [ex rec. R. Martini, Pugio Fidei, pp. 782, 783]; Yalk. ii, par. 296). Pero esta nueva Ley ¿se había de aplicar a los gentiles solamente o también a Israel? Aquí, de nuevo, tenemos divergencias de opinión. Según algunos, esta Ley sería obligatoria sobre Israel, pero no para los gentiles, o bien estos últimos tendrían una serie de ordenanzas modificadas o condensadas (a lo más, treinta mandamientos). Pero el punto de vista más liberal y, como suponemos, el más aceptable a los ilustrados, era que en el futuro sólo habría dos temporadas festivas a observar: el Día de la Expiación y la Fiesta de Ester (o bien la de los Tabernáculos), y que de todos los sacrificios sólo continuarían las ofrendas de gracias (Vayyik. R. 9, 27; sobre Sal. 56; 100). Es más, había opiniones aún más avanzadas, y muchos decían que en los días mesiánicos las distinciones entre puro e impuro, legítimo e ilegítimo, en lo referente a la comida, serían abolidas (Midr. sobre Sal. 146; Vayyik. R. 13; Tanch., Shemini 7 y 8). Apenas puede haber duda de que estos modos de ver diferentes existían en los días de nuestro Señor y en los tiempos apostólicos, y esto explica la extrema acerbidad con que el partido extremo farisaico en la ciudad de Jerusalén defendía que los convertidos gentiles tenían que ser circuncidados, y que había de caer sobre sus cuellos todo el peso de la Ley. Y con respecto a esta nueva Ley que Dios daría a su mundo mediante el Mesías, los rabinos dividían todo el tiempo en tres períodos: el primitivo, el período bajo la Ley y el del Mesías (Yalk. sobre Is. 26; Sanh. 97 *a*; Ab. Z. 9 *a*).

Sólo queda por describir de forma breve la bienaventuranza de Israel, tanto física como moral, en esos días, el estado de las naciones y, finalmente, el fin de aquella «edad» y su fusión con «el mundo venidero» (*Olam habba*). Moralmente, éste sería un período de santidad, de perdón y de paz. No habría ya enemigos ni opresores exteriores. Y dentro de la ciudad y la tierra prevalecería un estado más que paradisíaco, que es presentado en formas realistas (detalle material) típicamente orientales. Para esta nueva Jerusalén (no en el cielo, sino en la Palestina literal) los ángeles cortarían joyas de 45 pies de longitud y amplitud, y las colocarían en sus puertas (Bab. B. 75 *a*); las ventanas y puertas serían de piedras preciosas, las paredes de plata, oro y joyas, en tanto que toda clase de joyas andarían desparramadas, y que todo israelita las podría recoger libremente. Jerusalén sería tan grande como es ahora todo Palestina, y Palestina como es todo el mundo (Yalk. ii, p. 57 *b*, par. 363, línea 3). Correspondiendo a esta milagrosa extensión habría una elevación milagrosa de Jerusalén en el aire (Bab. B. 75 *b*). Y una de las más raras mezclas de realismo y justicia propia, con pensamientos más profundos y espirituales, la tenemos cuando los rabinos prueban, por medio de referencias de las Escrituras proféticas, que cada suceso y milagro de la historia de Israel hallaría su contrapartida, o incluso un cumplimiento mayor, en los días mesiánicos. Así, lo que se registra de Abraham (Gn. 18:4, 5) sería a causa de su mérito, hallado, cláusula por cláusula, en su contrapartida en el futuro: «Ir a buscar un poco de agua», en lo que se predice en Zacarías 14:8; «lavarse los pies», en lo que se predice en Isaías 4:5; «descansar bajo el árbol», en lo que se dice en Isaías 4:4; y «preparar un bocado de pan», en la promesa del Salmo 72:16 (Ber. R. 48).

Pero junto a esto hallamos mucho realismo burdo y ordinario. La tierra produciría espontáneamente los mejores vestidos y pasteles (Shabb. 36 *b*); el trigo crecería como palmeras, es más, como montañas, en tanto que el viento

---

10. Pero aquí se dividían las opiniones; algunos sostenían que nunca sería restaurado. Ver las dos opiniones en Sanh. 110 *b*.

11. He ofrecido un extracto muy condensado. Es imposible llenar estas páginas de referencias rabínicas, puesto que serían innumerables.

12. Ver Libro III, cap. 3, y Apéndice XIV.

milagrosamente convertiría el grano en harina, y lo desparramaría por los valles. Cada árbol daría fruto (Kethub. 111 *b*), es más, producirían y darían fruto cada día (Shabb. 30 *a, b*); cada mujer daría a luz un hijo diariamente, de modo que al final cada familia israelita sería tan numerosa como todo Israel en los tiempos del Éxodo (Midr. sobre Sal. 45). Toda enfermedad será eliminada, y todo lo que pudiera dañar. Por lo que se refiere a la muerte, la promesa de su abolición final (Is. 25:8), se aplicaba con típica ingeniosidad a Israel, en tanto que la afirmación de que un niño moriría de cien años (Is. 65:20) se entendía como referente a los gentiles, en el sentido de que, aunque morirían, su vida sería en gran modo prolongada de modo que un centenario sería considerado sólo un niño. Finalmente, toda pérdida física y externa, según el Rabinismo consideraba como consecuencia de la caída (Ber. R. 12), sería restaurada al hombre (Bemid. R. 13).

Sería fácil multiplicar las citas, aún más realistas que éstas, si pudiera ser de alguna utilidad. El mismo literalismo se veía con respecto al Reino del Mesías sobre las naciones del mundo. No sólo se aplicó en el modo más externo el lenguaje figurado de los profetas, sino que son añadidos detalles del mismo carácter. Jerusalén, como residencia del Mesías, pasaría a ser la capital del mundo, e Israel ocuparía el lugar de la cuarta monarquía universal, el Imperio Romano. Después del Imperio Romano no se levantaría otro, porque iría seguido inmediatamente del reinado del Mesías (Vayyik. R. 13, final). Pero este día, o mejor, el de la caída de las (diez) naciones gentiles que inauguraría el Imperio del Mesías, era una de las siete cosas desconocidas al hombre (Ber. R. 65). Es más, Dios había conjurado a Israel a que no comunicara a los gentiles el misterio de la computación de los tiempos (Kethub. 111 *a*). Pero el mismo origen del malvado imperio mundial había sido causado por el pecado de Israel. Había sido fundado (idealmente) cuando Salomón hizo una alianza con la hija de Faraón, en tanto que Rómulo y Remo se levantaron cuando Jeroboam estableció el culto a los dos becerros. Así, lo que habría pasado a ser el Reino Davídico universal, a causa del pecado de Israel, había cambiado en la sujeción a los gentiles. No se ve claro si estos gentiles en el futuro mesiánico pasarían a ser prosélitos. A veces se afirma (Ab. Z. 24 *a*); otras se dice que no serían aceptados prosélitos (Ab. Z. 3 *b*), y por esta buena razón, que en la guerra y rebelión final estos prosélitos por temor rechazarían el yugo del Judaísmo y se unirían a los enemigos.

Esta guerra que parece una continuación de la de Gog y Magog, terminaría la era mesiánica. Las naciones que hasta entonces habrían dado tributo al Mesías se rebelarían contra Él, por lo que Él las destruiría con el aliento de su boca, de modo que Israel quedaría solo sobre la faz de la tierra (Tanch., ed. Vars. ii p. 115 *a*, arriba). La duración de este período de rebelión se dice que sería de siete años. Parece dudoso, por lo menos, si se esperaba una segunda resurrección de carácter general; lo más probable era que hubiera sólo una resurrección, según los más, y que sería sólo la de Israel (Taan. 7 *a*), o, en todo caso, sólo la de los entendidos y los píos (Kethub. 111 *b*), y que ésta tendría lugar al comienzo del reinado mesiánico. Si los gentiles se levantaban, en todo caso morirían inmediatamente (Pirqé de R. Eliez. 34).[13]

Entonces empezaría el Juicio final. Hemos de hacer aquí, una vez más, la distinción entre Israel y los gentiles; con los gentiles había que contar –aunque su castigo sería aún mayor que el de ellos– a los pecadores extremos, los herejes y todos los apóstatas. Por lo que se refiere a Israel, la Gehena –a la cual habían sido consignados todos al morir, excepto los más perfectamente justos– había resultado ser una especie de purgatorio, desde la cual eran finalmente librados por Abraham (Erub. 19 *a*), o, según algunos de las últimas Midrashim, por el Mesías, aunque esta liberación no era para los pecadores de Israel, sino sólo para los paganos (Moed K. 27 *a*). La cuestión de si los tormentos de fuego que sufrían (y que son descritos con detalle) durarían hasta que terminaran con una aniquilación, es algo que recibió diferentes respuestas en tiempos distintos, y será explicado en otro lugar (ver Apéndice XIX). Al tiempo de Cristo el castigo de los impíos era considerado de duración eterna. El rabino José, un maestro del siglo II y un representante de la escuela más racionalista, dice de modo expreso: «El fuego de la Gehena nunca se apaga» (Pes. 54 *a*). Y aun el pasaje, tantas veces citado (aunque parcialmente), en el sentido de que los tormentos finales de la Gehena durarían doce meses, después de los cuales el cuerpo y el alma quedarían aniquilados, excepto para un cierto número de pecadores judíos, mencionados de modo especial, como herejes, epicúreos, apóstatas y perseguidores, a los que se designa como «hijos de la Gehena» (*ledorey doroth*, para «los siglos de los siglos») (Rosh haSh. 17 *a*). Y con estas otras afirmaciones están de acuerdo (Sanh. x. 3; 106 *b*), de modo que hay que entender que aunque la aniquilación sería para los menos culpables, los más culpables tendrían reservado un castigo eterno.

Éste es, pues, el Juicio final, que se ha de celebrar en el valle de Josafat, ante Dios, a la cabeza del Sanedrín celestial, compuesto por los ancianos de Israel (Tanch. *u.s.*, i. p. 71 *a, b*). La descripción es realista, pero el colmo lo hallamos en un pasaje (Ab. Zar. 2 *a* a 3) en el cual las alegaciones pidiendo misericordia de varias naciones son rehusadas cuando, después de una extraña disputa entre Dios y los gentiles –de mal gusto y aun blasfema– sobre la parcialidad que Él había mostrado a Israel, los gentiles son enviados al castigo. Todo esto en una forma repugnante para toda persona con sentimientos de reverencia. Y el contraste entre el cuadro judío del Juicio final y el que perfila el Evangelio es tan notable como para reivindicar (si fuera necesario) la parte escatológica del Nuevo Testamento y probar que hay una distancia infinita entre la enseñanza de Cristo y la teología de la Sinagoga.

Después del Juicio final hemos de ver la renovación del cielo y la tierra. En esta última no prevalecería la oscuridad física (Ber. R. 91) ni la moral, puesto que el *Yetser haRa*, o «impulso malo», sería destruido (Yalk. i, p. 45 *c*) (No se ve claro si hay que tomarlo en sentido figurado y espiritual). Y la tierra renovada lo devolvería todo sin defecto y en perfección paradisíaca, en tanto que todo mal, así físico como moral, ha cesado. Luego empieza el *Olam habba*, o «mundo venidero». La cuestión de si habrá funciones y goces para el cuerpo es contestada de varias formas. La respuesta del Señor a la pregunta de los saduceos sobre el matrimonio en el otro mundo, parece implicar que en aquel tiempo la gente tenía ideas de carácter materialista. Muchos pasajes rabínicos, como los de la gran fiesta sobre Leviatán y Behemot, preparada para los justos en los últimos días (Bab. B. 74 *b*), confirman sólo la impresión penosa de burdas expectativas materialistas.[14] Por otra parte, se pueden citar pasajes en que se insiste con lenguaje muy enfático (Yalk. vol. i, p. 32 *d*, y

13. No se niega, naturalmente, que se asignarían voces individuales a algunos de los piadosos entre los gentiles. Pero, incluso en este caso, ¿qué significa esto exactamente?

14. Hay que añadir que muchas citas de escritores cristianos cuya intención es mostrar el materialismo de las ideas judaicas, son injustas y falsas. Sería fácil hacer una lista de ellas. Ver, como ejemplo, Weber, *Altsynag. Theol.*, p. 384.

«Jesús acababa de pronunciar su última y más solemne denuncia contra Jerusalén, y la predicación de su juicio final y más terrible sobre el Templo, y ahora hacía que a las palabras le siguieran los hechos. Era como si se sacudiera el polvo de las sandalias contra 'la Casa' que había de quedar desolada. Así que dejó para siempre el Templo y los que oficiaban en él. Habían dejado el Santuario y la ciudad, habían cruzado el oscuro Cedrón y subían lentamente el monte de los Olivos. Un recodo rápido en el camino, y el edificio sagrado quedó una vez más a la vista. Precisamente entonces el sol, en el ocaso, estaba derramando sus rayos dorados sobre los claustros de mármol y los patios escalonados, y brillaba sobre las agujas del techo del Lugar Santo».

Herodes el Grande había convertido el modesto templo del retorno en un edificio que tal vez igualase en esplendor al de Salomón. Es esta admirable construcción la que contemplan los discípulos. En nuestros días podemos ver, adosado a lo que queda del gran edificio herodiano, el comienzo de un arco del puente que unía el pórtico meridional del templo con la parte alta de la ciudad.

en especial Ber. 17 *a*) sobre el carácter no material del «mundo venidero». En realidad, existen aquí las mismas divergencias fundamentales que hay en otros puntos, tales como la morada de los beatificados, la gloria visible, o bien, invisible, que cada uno disfrutaría, y aun la nueva Jerusalén. Por lo que respecta a esta última,[15] como en todo lo que hace referencia a las bienaventuranzas del mundo venidero, parece al menos dudoso si los rabinos no tenían intención de describir, más que los días mesiánicos, el término final de todas las cosas.

Para completar este bosquejo de opiniones judaicas es necesario referirse aunque sea de modo breve, a los escritos pseudoepigráficos (ver Apéndice I) que, como se recordará, expresan las expectativas apocalípticas de los judíos al tiempo de Cristo. Pero aquí hemos de tener siempre en cuenta esta dificultad doble: que el lenguaje usado en obras de esta clase es de carácter altamente figurativo, y por tanto no puede ser tomado nunca de modo literal por completo; y que más de uno de ellos, especialmente 4 Esdras, data de tiempos postcristianos, y, por consiguiente, en muchos aspectos recibió influencia de la enseñanza cristiana. Pero, en lo principal, el cuadro de los tiempos mesiánicos en estos escritos es el mismo presentado por los rabinos. De modo breve, el punto de vista pseudoepigráfico puede bosquejarse así: sobre las llamadas *Guerras del Mesías* ya había existido una especie de prefiguración en los días de Antíoco Epífanes, cuando se había visto a soldados armados que llevaban la guerra desde el aire (2° Macc. 5:2, 3). Este signo es mencionado en los Libros de la Sibila (Orác. Sibila iii., 795-806) como indicando el fin inmediato, junto con la vista de espadas, a la luz de las estrellas, por la noche, polvo caído del cielo, la extinción de la luz del sol y la aparición de la luna de día, y el gotear de sangre de las rocas. Y algo similar, aunque aún más realista, el cuadro es presentado en conexión con el sonido de la tercera trompeta en 4 (2) Esdras (5:1-12). Sólo que allí el elemento de juicio moral se introduce más claramente. Esto aparece aún más plenamente en otro pasaje del mismo libro (6:18-28), en que, al parecer en conexión con el Juicio, se puede seguir más claramente la influencia de la enseñanza cristiana, aunque en forma más exteriorizada. Quizá hay una descripción más detallada de la maldad, sufrimiento y desolación física sobre la tierra en aquel tiempo en el Libro de los Jubileos (cap. 23).

Finalmente, cuando estas aflicciones han alcanzado su máximo, cuando hay señales en el cielo, ruina sobre la tierra, y los cuerpos insepultos cubren el suelo y son devorados por aves de rapiña y animales salvajes, o bien tragados por la tierra (Orác. Sibila iii., 633-652), entonces Dios enviará «al Rey», el cual pondrá fin a la injusticia. Entonces seguirá la última guerra contra Jerusalén, en la cual Dios luchará desde el cielo con las naciones, cuando ellas se someterán y le confesarán (*u.s.*, 653-697; comp. con Libro de Enoc 90:16ss.). Pero en tanto que en el Libro de Enoc y en otro libro de la misma clase (*Ass. Mos*. x., 2-10) el juicio es adscrito a Dios, y el Mesías es representado apareciendo sólo después (Libro de Enoc 90:37),[16] en la mayoría de estas obras el juicio o su ejecución es asignado al Mesías.

En la tierra así restaurada a Israel, y bajo el régimen del Rey Mesías, la nueva Jerusalén sería la capital, purificada de paganos (Orác. Sibila iii., 652, 656; y otros), aumentada, es decir, totalmente transformada. Esta Jerusalén había sido mostrada a Adán antes de la caída, pero después de la misma tanto esta visión como el paraíso les fue retirado. Había sido mostrada otra vez a Abraham (Ap. de Baruc 4:3-6), a Moisés y a Esdras (4 Esd. 10:44ss.). El esplendor de esta nueva Jerusalén se describe en lenguaje brillante (Tobías 13:16-18 y otros). Del glorioso Reino así instituido, el Rey sería el Mesías (Orác. Sibila iii. 47-50; Psalterio Salomón cap. 17), aunque bajo la supremacía de Dios. Su reino se extendería sobre las naciones paganas. El carácter de su sumisión era visto de modo muy distinto según el punto de vista más o menos judaico de los escritores. Así, en el Libro de los Jubileos (cap. 32) la simiente de Jacob recibe la promesa de posesión de toda la tierra; ellos «reinarían sobre todas las naciones según quisieran; y después se allegarían toda la tierra a sí mismos y la heredarían para siempre». En la *Assumptio Mosis* (Orác. Sibila x., 8) este ascendente de Israel parece ir conjunto con la idea de venganza sobre Roma,[17] aunque el lenguaje empleado es altamente figurativo (ver v. 9). Por otra parte, en los libros de la Sibila (*Ass. Mos*. iii., 715-726) se representa a las naciones teniendo a la vista las bendiciones gozadas por Israel, por lo que vuelven sus ojos al conocimiento de Dios y entonces prevalecerá, bajo el reinado, iluminación mental perfecta y absoluta justicia así como bienestar físico, siendo los profetas jueces sobre ellos (de modo literal o figurado) (*u.s.*, 766-783). La idea más «helenizada» del Reino es, naturalmente, la expresada por Filón. Éste ve con antelación que la condición moral feliz del hombre acabaría afectando aun a los animales salvajes, las fieras, que abandonarían sus hábitos solitarios y se volverían gregarios; entonces, imitando a los animales domésticos, gradualmente irían respetando al hombre como su señor, y se volverían tan afectuosos como perros falderos. Entre los hombres, los piadosos y virtuosos gobernarían, y su dignidad inspiraría respeto, su temor sería terror, y su benevolencia produciría buena voluntad (*De Praem. et Poen.*, ed. Mang., ii, 422-424; ed. Fref., 923-925). Probablemente a mitad de distancia entre la concepción extrema helenizada y la judaica del Milenio, tenemos expresiones que adscriben el reconocimiento universal del Mesías al reconocimiento de que Dios le había investido de gloria y de poder, y que su reino era un reino de bienaventuranza (Libro de Enoc 48:4, 5; 90:37; Ps. de Salom. 17:34, 35, 38-40).

Hay que hacer notar que las diferencias entre la enseñanza apocalíptica de los pseudoepigráficos y la del Nuevo Testamento es tan marcada como la que hay entre éste y la de los rabinos. Otro punto de divergencia es que los pseudoepígrafos representan de modo uniforme el reino del Mesías como eterno, sin interrupción de ninguna clase por rebeliones o apostasías.[18] Entonces la tierra sería renovada (Libro de Enoc 45:4, 5), y esto iría seguido, finalmente, por la resurrección. En el Apocalipsis de Baruc (1, 2, 3), como en los rabinos, se dice que los hombres resucitarían exactamente en la misma condición en que habían nacido en la vida, de modo que, al ser reconocidos, la realidad de la resurrección quedaría atestiguada, en tanto que en la nueva unión entre el cuerpo y el alma cada uno recibiría lo debido por los pecados cometidos en su estado de combinación mientras estaban en la tierra (Sanh. 91 *a* y *b*). Pero después de esto tendría lugar una transformación, en que los justos pasarían al esplendor angélico de su gloria, en tanto –a la

15. Ésta es la Jerusalén edificada de zafiro, que tiene que descender del cielo, y en el santuario central de la cual (al revés de la adoración del libro del Apocalipsis) Aarón ha de oficiar y recibir los dones sacerdotales (Taan. 5 *a*; Bab. B. 75 *b*).

16. En la *Assumptio Mosis* no hay referencia alguna al Mesías.

17. «Et ascendes supra cervices et alas aquilæ».

18. Esto se expresa en el lenguaje más claro en cada uno de estos libros. A la vista de esto, el mantener lo opuesto a base de palabras aisladas como Baruc (40:3) parece una confusión. Nos hacemos cargo que Gfrörer quiera proponer esta idea para mostrar que la enseñanza del Nuevo Testamento es sólo un reflejo de la del Judaísmo posterior; pero no puede defenderse el argumento.

vista de esto– los malos desaparecerían (*u.s.*, 51:1-6). Josefo afirma que los fariseos enseñaban sólo la resurrección de los justos (*Ant.* xviii.1.3; *Guerra* ii.8.14). Como sabemos, no era así, por lo que consideramos que Josefo trataba de presentar la doctrina farisaica en la forma más atractiva posible a la mente racional. De modo similar, la idea moderna de que algunos de los escritos pseudoepigráficos proponían la misma idea sobre la resurrección de los justos, es contraria a la evidencia (ver Libro de Enoc y Ap. de Baruc). No puede haber duda de que, según los pseudoepigráficos, en el Juicio general que había de seguir a la resurrección universal la recompensa y castigo asignados son presentados como de duración eterna, en tanto queda abierta la cuestión con respecto a la enseñanza rabínica de si los que habían sido pecadores sufrirían tormento final e interminable.

En el Monte de los Olivos: discurso a los discípulos referente a las postrimerías

Los muchos intentos que se han hecho, a pesar de las inconsecuencias implicadas, para presentar la enseñanza de Cristo con respecto a las postrimerías sólo como un reflejo de las ideas judaicas contemporáneas, nos han impulsado a dar cuenta detallada de la evidencia que hay en sentido contrario. Cuando con la información que hemos resumido nos volvemos a las preguntas que le dirigieron los discípulos, recordamos que (como se ha mostrado previamente) no podían haber unido, o más bien confundido, el «cuando» de «aquellas cosas» –esto es, de la destrucción de Jerusalén y del Templo– con el «cuando» de su Segunda Venida y el fin de la «edad». Recordamos, también, la sugerencia de que Cristo se refería a su Advenimiento, así como a su desaparición, desde el punto de vista de la historia judaica, más bien que desde el punto de vista cósmico general de la historia universal.

Por lo que se refiere a la respuesta del Señor a las dos preguntas de sus discípulos, se puede decir que la primera parte de su discurso (Mt. 24:4-35 y paralelos) tiene por objeto proporcionar información sobre los dos hechos del futuro: la destrucción del Templo, y su Segunda Venida y el fin de la «edad», poniéndoles delante los signos indicativos del acercamiento o comienzo de estos sucesos. Pero incluso aquí el período exacto de cada uno no es definido, y la enseñanza dada es simplemente con miras de carácter puramente práctico. En la segunda parte de su discurso (Mt. 24:36 hasta el final, y paralelos) el Señor nos dice de modo claro lo que no han de conocer, y por qué; y que todo lo que les ha comunicado era sólo para prepararlos para una vigilancia constante, que ha sido el resultado propio, para la Iglesia de todos los tiempos, de la enseñanza de Cristo sobre este tema. Esto, pues, es lo que hemos de tomar como guía en nuestro estudio: que las palabras de Cristo no contienen nada más allá de lo necesario para advertirnos y enseñar a los discípulos y a la Iglesia.

1. La *primera* parte del discurso de Cristo (vv. 4-35) consta de cuatro secciones (vv. 4-8; 9-14; 15-28; 29-35), la primera de las cuales describe «el comienzo de los ayes del nacimiento»[19] (Mt. 24:8; Mr. 13:8) de la nueva «Edad» que está a punto de aparecer. La expresión «no es todavía el fin» (Mt. 24:6) indica claramente que marca sólo el primer período del comienzo –el *terminus a quo* más alejado de los «ayes de nacimiento».[20] Otra consideración general que parece importante es que los Evangelios sinópticos dan esta parte del discurso del Señor en lenguaje casi idéntico. Si la inferencia a sacar de esto parece ser que estos relatos se derivan de una fuente común –digamos, el informe de Pedro–, con todo, esta repetición casi sin variaciones produce también la impresión de que los evangelistas mismos puedan no haber entendido plenamente el sentido de lo que están informando. Esto parece explicar las transiciones rápidas y desconectadas de tema en tema. Al mismo tiempo, se nos impone el deber de estudiar el lenguaje de nuevo, prescindiendo de todo plan de interpretación. Esto solo puede decirse: que las dificultades evidentes de criticismo negativo son aquí igualmente grandes tanto si suponemos que los relatos fueron escritos antes como después de la destrucción de Jerusalén.

1) El carácter puramente práctico del discurso aparece desde sus primeras palabras (v. 4). Contienen una advertencia, dirigida a los discípulos en su capacidad individual, no corporativa, en contra del dejarse «descarriar». Esto de modo más particular con respecto a las seducciones judaicas que los dirigían hacia falsos Cristos. Aunque en la multitud de impostores que en los tiempos turbulentos entre el régimen de Pilato y la destrucción de Jerusalén prometieron liberación mesiánica a Israel se han registrado pocos nombres y pretensiones de esta clase de modo especial, con todo, las indicaciones en el N.T. (Hch. 5:36; 8:9; 21:38), y las referencias, por más que veladas, del historiador judío (*Guerr.* ii.13.4, 5; *Ant.* xx.5.1; 8.10) implican la aparición de muchos seductores de este tipo. Y su influencia no sólo sobre judíos, sino sobre cristianos judíos, que podía ser más peligrosa porque estos últimos, de modo natural, considerarían «los ayes o dolores» como dando ocasión a estas pretensiones, como los juicios que introducirían la Venida del Señor. Contra esta seducción tenían que guardarse de modo peculiar. Hasta aquí en lo referente a las «cosas» relacionadas con la destrucción de Jerusalén y el derrocamiento de la comunidad judía. Pero tomando un punto de vista más amplio y cósmico, podían también descarriarles los rumores de guerras lejanas, o la misma guerra,[21] de modo que creyeran que la disolución del Imperio Romano, y con ello la del Advenimiento de Cristo, era inminente (Mt. 24:6-8).[22] Esto también sería un malentendido que podía muy bien descarriarles y, por tanto, del que habían de guardarse cuidadosamente.

Aunque de modo primario se aplicaba a los tiempos de los apóstoles, sin embargo, tanto la peculiaridad judaica –o podría ser incluso los cristianos– como las fuentes cósmicas generales de captación errónea respecto a la proximidad del Advenimiento de Cristo no deben limitarse a estos tiempos apostólicos. Éstos, más bien, indican las dos bases de malentendidos que en todos los tiempos han engañado a los cristianos hacia una expectativa errónea del Advenimiento inmediato de Cristo: las seducciones de falsos Mesías –o, es posible, maestros–, y los trastornos violentos en el mundo político. Por lo que se refiere a Israel, éstos alcanzaron su culminación en la gran rebelión contra Roma bajo el falso Mesías, Bar Kokhba, en los tiempos de Adriano (132-135 d.C.), aunque una y otra vez se han levantado en Israel ecos de semejantes pretensiones falsas o esperanzas

---

19. ἀρχὴ ὠδίνων (Mt. 24:8), y esto según las mejores versiones originales, y también en Marcos.

20. En general, éstos son considerados los «ayes o dolores de nacimiento» del «final». Pero esto no sólo implica una imposibilidad lógica (los dolores de nacimiento del fin), sino que hay que recordar que estos «dolores de parto» son los juicios de Jerusalén, o bien del mundo, que han de introducir lo nuevo –preceder a su nacimiento.

21. De estas guerras y rumores de guerras tienen mucho que decir respecto a este período no sólo Josefo, sino los historiadores romanos. Ver los Comentarios.

22. Sabemos con qué persistencia Nerón ha sido identificado con el Anticristo, y que la Iglesia, entonces, esperaba el retorno inmediato de Cristo; es más, en todas las edades «el fin» ha sido asociado con tribulaciones en «el Imperio Romano».

de ellas, durante la noche de estos siglos, en breves momentos de despertar sobresaltado. Y por lo que se refiere a los signos más cósmicos generales, ¿no han considerado los cristianos de edades primitivas no sólo las guerras de las fronteras del Imperio, sino la condición del estado en la época de Nerón, los levantamientos, tumultos e insurrecciones –y así sucesivamente, hasta las últimas generaciones–, y aun nuestro propio período, como muestras del Advenimiento inmediato de Cristo, en vez de ver en ellos sólo el comienzo de los dolores de nacimiento de la nueva «edad»?

2) De la advertencia a los cristianos como *individuos* el Señor pasa a dar admonición a la *Iglesia* en su capacidad corporativa. Aquí notamos que hay que considerar que los sucesos que ahora se describen (Mt. 24:9-14 y paralelos) no siguen con estricta precisión cronológica a los indicados en los versículos precedentes. Más bien se intenta indicar un *nexus* general con ellos, de modo que estos sucesos empiezan, en parte antes, en parte durante, y en parte después de los predichos antes. Forman, de hecho, la continuación de los «dolores de parto». Esto se ve incluso en el lenguaje usado. Así, mientras Mateo escribe: «Entonces» (τότε, en aquel tiempo) «os entregarán», Lucas coloca las persecuciones «delante de todas estas cosas» (Lc. 21:12), en tanto que Marcos, que informa de esta parte del discurso de modo más pleno, omite toda nota respecto al tiempo y sólo pone énfasis en la admonición que el hecho transmite (Mr. 13:9). Por lo que se refiere a la admonición en sí, expresada en esta parte del discurso del Señor (Mt. 24:9-14 y paralelos), notamos que, como antes a los individuos, también ahora a la Iglesia se le señalaban dos fuentes de peligros: *internos*, de herejías (falsos profetas) y decaimiento de la fe (Mt. 24:10-13), y *externos*, de las persecuciones, sean judaicas y de los propios compatriotas suyos o de las potencias seculares por todo el mundo. Pero junto con estos dos peligros hay dos hechos consoladores que se indican también. Por lo que se refiere a las persecuciones en perspectiva, se promete a los cristianos plena ayuda divina, tanto para los individuos como para la Iglesia. De este modo se descarta toda preocupación y temor; su testimonio no será silenciado, ni la Iglesia será suprimida o extinguida; sino que el gozo interno, y la perseverancia externa, y el triunfo final, estarán asegurados por la presencia del Salvador resucitado, junto con el revestimiento sentido del Espíritu Santo en su Iglesia. Y en cuanto al otro hecho consolador: a pesar de la persecución de los judíos y los gentiles, antes que venga el fin, «este evangelio del Reino será predicado en todo el mundo habitado, para testimonio a todas las naciones» (Mt. 24:14). Éste es, pues, realmente el único signo del «fin» en la «edad» presente.

3) De las predicciones generales el Señor pasa a la tercera parte de su discurso (Mt. 24:15-28 y paralelos; nótese en especial el lenguaje de Lucas), en que advierte a los discípulos del gran hecho histórico que tienen delante, y de los peligros que pueden proceder del mismo. En realidad, tenemos aquí su respuesta a la pregunta de ellos: «¿Cuándo pasarán estas cosas?» (Mt. 24:3); no con respecto al *cuándo*, ciertamente, pero sí con respecto al *qué*. Y con esto une la presente aplicación de su advertencia general con respecto a los falsos Cristos, dada en la primera parte de este discurso (vv. 4, 5). El hecho sobre el cual les advierte aquí, en esta tercera parte del discurso, es la destrucción de Jerusalén. Su doble peligro sería: exteriormente, las dificultades y peligros que en aquel entonces acosarían a los hombres, y sobre todo a los miembros de la naciente Iglesia; y religiosamente, las pretensiones de los falsos Cristos o profetas en un período en que todo el pensamiento y expectativa judaicos llevarían a los hombres a esperar la proximidad del Advenimiento del Mesías. No puede haber duda de que la advertencia del Señor libró a la Iglesia de estos dos peligros. Tal como Él les había indicado, los miembros de la Iglesia cristiana huyeron en un período inicial del sitio[23] de Jerusalén a Pella, en tanto que las palabras en las cuales Él les había dicho que su venida no sería en secreto, sino con resplandor de un relámpago que cruzaría el cielo, les evitó no sólo ser engañados, sino, quizá, la aparición de muchos que podrían haberlos engañado. Por lo que se refiere a Jerusalén, la visión profética inicialmente cumplida en los días de Antíoco (2° Mac. 6:1-9) una vez más, y ahora plenamente, pasó a ser realidad, y la abominación de la desolación[24] quedó plantada en el Lugar Santo. Esto, junto con la tribulación para Israel, sin paralelo en el terrible pasado de su historia, e inigualado en su sangriento futuro. Es más, tan terrible sería la persecución que, si la misericordia divina no se hubiera interpuesto por amor a los seguidores de Cristo, toda la raza judía que habitaba la tierra habría sido barrida (Mt. 24:22). Pero después de esto no hubo un mañana en que apareciera un nuevo Macabeo, ni vino Cristo, como Israel ansiaba, sino que sobre los cadáveres se juntaron los buitres (v. 28); y así durante toda la edad de los gentiles, hasta que el convertido Israel se levante proclamando: «¡Bendito el que viene en el nombre del Señor!».

4) La edad de los gentiles (vv. 29-31), «el fin de la edad», y con él la nueva lealtad de su pueblo Israel ahora penitente; «la señal del Hijo del Hombre en el cielo», percibida por ellos; la conversión de todo el mundo, la Venida de Cristo, la final trompeta, la resurrección de los muertos –en rápida sucesión, un bosquejo que el Señor a grandes trazos dibuja de su venida y del fin del mundo.

Recuérdese que ésta había sido la segunda pregunta de los discípulos (Mt. 24:3). Recordamos de nuevo que los discípulos no habían relacionado –en realidad no podían– como sucesos inmediatamente subsiguientes la destrucción de Jerusalén y su Segunda Venida, puesto que Él había colocado a propósito entre ellos el período –según parece prolongado– de su ausencia (23:38, 39) con los muchos sucesos que habían de acontecer en él, de modo notable la predicación del evangelio por todo el mundo habitado (24:14). Hasta aquí el Señor, en su discurso, había insistido en detalle únicamente en esos sucesos que serían cumplidos antes de que hubiera pasado aquella generación (v. 34). Había sido como admonición y advertencia que les había hablado, no para satisfacer su curiosidad. Había sido una predicción del futuro inmediato con propósitos prácticos, con una indicación velada y general del futuro más distante de la Iglesia, puesto que era absolutamente necesario marcar su posición en el mundo, que iba a ser de persecución, con promesa sin embargo de su presencia y ayuda; con la indicación también de su obra en el mundo, hasta su *terminus ad quem*: la predicación del evangelio del Reino a todas las naciones de la tierra.

No podía decírseles más con respecto al futuro de la Iglesia sin haber invalidado el mismo propósito de la admonición y advertencia que Cristo tenía exclusivamente a la vista al contestar la pregunta de los discípulos. En consecuencia, lo que sigue en el versículo 29 describe la historia

---

23. Así lo dice Eusebio (*Hist. Ecl.* iii.5) al referir que los cristianos de Judea huyeron a Pella, al límite norte de Perea, en el año 68 d.C. Comp. también Josefo, *Guerras* iv.9.1; v.10.1.

24. La cita de Daniel 9:27 no es una traducción literal del original ni una reproducción de la Septuaginta. La primera sería: «y sobre el ala [o esquina] de las abominaciones el destructor». Nuestro Señor toma una bien conocida expresión bíblica en el sentido general en que lo tomaban los judíos: que el poder pagano (Roma, la abominable) traería desolación –dejaría destruidos el Templo y la ciudad.

no de la Iglesia –y mucho menos ningún signo físico visible en los cielos literales–, sino, en imágenes proféticas, la historia de las potencias hostiles del mundo, con sus lecciones. Una sucesión constante de imperios y dinastías sería la característica política –y es sólo el aspecto político el que aquí nos afecta– del período conjunto después de la extinción del Estado judío (Mt. 24:30). Inmediatamente después de esto seguiría la aparición a Israel del «signo» del Hijo del Hombre en el cielo, y con él la conversión de todas las naciones (como se había indicado previamente) (v. 14), la Venida de Cristo (v. 30) y, por último, el sonido de la final trompeta y la resurrección (v. 31).

5) Dejando este rápido bosquejo del futuro, el Señor, una vez más, vuelve a hacer aplicación presente a los discípulos; es más, aplicación también a todos los tiempos. De la higuera bajo la cual, en esa tarde de primavera posiblemente habían estado descansando en el Monte de los Olivos, podían aprender una «parábola» (vv. 32, 33). Podemos imaginar a Cristo tomando uno de sus brotes cuando irrumpían las hojas de las ramas. Sin duda, esto significaba que el verano estaba cerca, no que ya hubiera llegado. La distinción es importante. Porque parece demostrar que «todas estas cosas» que les había indicado como cercanas, que «esto»[25] que estaba cerca, a las puertas, y que había de ser cumplido antes que hubiera pasado aquella generación, no podía referirse a los últimos signos relacionados con el Advenimiento inmediato de Cristo (vv. 29-31), sino que había de aplicarlo a la predicción previa de la destrucción de Jerusalén y de la nación judía. Al mismo tiempo admitimos de nuevo que el lenguaje de los sinópticos parece indicar que no habían entendido claramente las palabras que había dicho el Señor, y que en su mente habían asociado los «últimos signos» y el Advenimiento de Cristo con la caída de la ciudad. Así es posible que hubieran llegado a esperar el bienaventurado Advenimiento incluso en sus propios días.

2. Queda todavía como pregunta el saber si el Señor, aunque indicando de modo claro estos hechos, tenía la intención de quitar la duda y la incertidumbre de su sucesión de la mente de sus discípulos. Para hacerla habría sido necesario que lo que había expresamente declarado en la frase inicial de la segunda división de este discurso (Mt. 24:36, al fin) estuviese más allá de su conocimiento. El *cuándo* –el día y la hora de su venida–, esto permanecía escondido de los ángeles y de los hombres (Mt. 24:36). Es más, ni aun el mismo Hijo –cuando ellos lo miraban y Él les hablaba– lo sabía.[26] No formaba parte de su misión mesiánica presente ni era tema de su enseñanza mesiánica. Si lo hubiera hecho, toda la enseñanza que sigue referente a la necesidad de constante vigilancia, y el deber apremiante de trabajar por Cristo en fe, esperanza y amor –con pureza, abnegación y resistencia–, todo esto se habría perdido. La actitud peculiar de la Iglesia: con los lomos ceñidos para el trabajo, puesto que el tiempo era corto y el Señor podía venir en cualquier momento; con las manos ocupadas; con la mente fiel; con su porte de negarse a sí mismo y de devoción; el corazón lleno de expectativa amorosa; la faz vuelta hacia el Sol que pronto iba a amanecer; y el oído esforzándose por captar las primeras notas del canto de triunfo celestial, todo esto se habría perdido. Lo que ha sostenido a la Iglesia durante la noche de aflicción de estos muchos siglos; lo que ha prestado nervio para su coraje en la batalla, firmeza en la resistencia, amor en la obra, paciencia y gozo en los desengaños, ¡todo esto se habría perdido! La Iglesia no habría sido la del Nuevo Testamento si hubiera conocido el misterio de aquel día y hora, y no habría esperado constantemente la inmediata venida de su Señor y Esposo.

Y lo que la Iglesia del Nuevo Testamento ha sido, y es, esto es lo que su Señor y Maestro la hizo, y por ningún agente más efectivo que el dejarle impreciso el tiempo de su retorno. Para el mundo esto daría ocasión, sin duda, a descuido y a incredulidad práctica respecto al Juicio futuro (vv. 37-40). Como en los días de Noé el largo plazo del juicio que amenazaba había llevado a dejarse absorber en los negocios ordinarios de la vida y a la completa incredulidad de lo que Noé había predicado, lo mismo ocurriría en el futuro. Pero este día iba a llegar de modo inesperado, con la súbita separación de los que estaban ocupados en los mismos asuntos cotidianos de la vida, de modo que el uno sería tomado (παραλαμβάνεται, «recibido»), el otro sería dejado para la destrucción del Juicio venidero (vv. 40, 41).

Pero esta misma mezcla de la Iglesia con el mundo en las ocupaciones ordinarias de la vida indicaba un gran peligro. Como en todos estos casos, el remedio que el Señor pondría ante nosotros no es negativo en el sentido de evitar ciertas cosas, sino positivo (vv. 42-51). Tendremos más el mayor éxito no saliendo del mundo, sino vigilando en él y manteniendo fresco en nuestros corazones, y en nuestra mente, el hecho de que Él es nuestro Señor, y que nosotros estamos mirando y anhelando su retorno, y esto con el máximo amor. De otra manera podría venir sobre nosotros un daño doble. Al no esperar la llegada del Señor en la hora nocturna (que es la hora en que menos le esperaríamos) podemos dormirnos, y el enemigo, sacando ventaja de ello, robarnos nuestro tesoro peculiar (Mt. 24:43, 44). Así la Iglesia, no esperando a su Señor, podría hacerse tan pobre como el mundo. Esto sería una pérdida. Pero podría ser incluso peor. Según ha designado el Señor, cada uno, durante la ausencia de Cristo, tiene trabajo para hacer y la recompensa de la gracia, pues de lo contrario el castigo del descuido es inevitable. El mayordomo fiel, a quien el Señor ha confiado el cuidado de su casa, ha de proveer a sus siervos de lo que necesitan para su sustento y trabajo. Si es hallado fiel, será recompensado con un ascenso y una tarea con más responsabilidades. Por otra parte, la creencia en la demora del retorno del Señor llevaría al descuido de la obra del Maestro, a la infidelidad, la tiranía, el libertinaje y el pecado (v. 45, final). Y cuando el Señor venga de súbito, como ciertamente vendrá, no sólo habrá pérdida, sino daño, dolor, y el castigo que aguarda a los hipócritas. De ahí que la Iglesia debe estar siempre velando (v. 42), y siempre preparada (v. 44). Y lo terribles que son las consecuencias morales de no estar preparado, y el castigo amenazado, que ha sido la consecuencia, lo muestra tristemente con demasiada frecuencia la historia de la Iglesia durante estos dieciocho siglos.[27]

25. No «él», como traducen muchas versiones. No puede suponerse que Cristo hablara de sí mismo en tercera persona. El tema es evidentemente «el verano» (no como Meyer traduce: «cosecha»). En Lucas 21:31 es parafraseado «el Reino de Dios».

26. La expresión, como es natural, no se refería a Cristo en su divinidad, sino al Cristo tal como ellos le veían en su capacidad y oficio mesiánico.

27. La parábola de Lucas 12:35-48 es un paralelo muy próximo a esto, por lo que no parece necesario entrar en detalles.

Capítulo 7

(Mateo 25:1-13; Mateo 25:14-30; Lucas 19:11-28)

Atardecer del tercer día de la semana de Pasión. Últimas parábolas a los discípulos referentes a las postrimerías

1. Como podía esperarse, las parábolas referentes a las postrimerías están íntimamente relacionadas con el discurso sobre éstas que el Señor había acabado de hacer a sus discípulos. De hecho, la de las diez vírgenes, que parece la más plena y de más aspectos, es en su objeto principal sólo una ilustración de la última parte del discurso de Cristo (Mt. 24:36-51). Sus lecciones prácticas han sido: lo inesperado de la venida del Señor; las consecuencias que hay que sacar de su demora; la necesidad de una preparación personal constante. De modo similar, la parábola de las diez vírgenes puede, en su perfil, ser resumida así: estad personalmente preparados para el tiempo que sea necesario; estad preparados para ir a Él directamente.

Antes de seguir adelante, haremos notar que esta parábola también está relacionada con las que habían precedido. Pero notamos no sólo conexión, sino progreso. En realidad, sería hondamente interesante, tanto históricamente como para una mejor comprensión de la enseñanza de Cristo, pero en especial para mostrar su unidad y desarrollo interno y lo creíble de los relatos de los Evangelios, seguir de modo general esta conexión y progreso. Y esto no meramente en las tres series de parábolas que marcan los tres estadios de su historia –las parábolas de la fundación del Reino, de su carácter y de su consumación–, sino por lo que se refiere a las parábolas mismas, de modo que la primera pueda ser unida a la última como una sarta de perlas celestiales. Pero esto es una tarea que no nos incumbe realizar aquí. En cambio, sí haremos notar la marca de conexión entre la parábola de las diez vírgenes y la del invitado sin el vestido de boda.

Como la parábola de las diez vírgenes, esta otra indicaba al futuro. Si la exclusión y el castigo del invitado no preparado no se refería de modo primario al último día, o al retorno de Cristo, sino quizá más bien a lo que sucede al morir, indicaba, por lo menos de modo secundario, a la consumación final. Por otra parte, en la parábola de las diez vírgenes esta consumación final es el punto primario. Hasta aquí, pues, hay los dos: conexión y progreso. De nuevo, por la apariencia y destino del invitado no preparado vemos que no todo el que siguiendo la llamada del evangelio acude a la fiesta del evangelio podrá participar en ella, sino que Dios escudriñará y pondrá a prueba a cada uno individualmente. Hay, es cierto, una sociedad de invitados: la Iglesia; pero no hemos de esperar, o bien que la Iglesia, en tanto que está en la tierra, sea totalmente pura, o que su purificación sea conseguida por el hombre. Cada invitado puede acudir verdaderamente a la sala del banquete, pero el juicio final respecto a quién es digno de ello pertenece a Dios. Finalmente, la parábola también enseña la lección opuesta, no menos importante: que cada individuo es personalmente responsable; que no podemos resguardarnos en la comunidad de la Iglesia, sino que para participar de la fiesta se requiere preparación personal e individual. Para expresarlo en terminología moderna: enseña el valor de la Iglesia frente al individualismo unilateral, y el individualismo espiritual en contra de una filiación muerta a la Iglesia. Todas estas lecciones importantes son llevadas más adelante en la parábola de las diez vírgenes. Si la unión de las diez vírgenes para el propósito de salir a recibir al Esposo, y sus pretensiones *a priori* de entrar en ella con Él –que son por así decirlo los datos históricos y las premisas necesarias en la parábola– indican a la Iglesia, las lecciones principales de la parábola son la necesidad de una preparación individual, personal y espiritual. Solamente los tales van a resistir la prueba de la larga demora de la venida de Cristo; sólo esos tales van a estar de pie y a punto para una llamada súbita de reunirse con Cristo.

La parábola de las diez vírgenes

Es tarde, bastante tarde –el largo día del mundo parece ya pasado, y la venida del Esposo ha de estar cerca. El día y la hora no lo sabemos, porque el Esposo viene de lejos. Sólo sabemos esto: que es la noche de las bodas que ha establecido el Esposo, y que su palabra de promesa es algo en que podemos confiar. Por ello, todo ha sido preparado en la casa nupcial, y está esperando allí, y por tanto las vírgenes se preparan para salir a recibirle a su llegada. La parábola sigue bajo el supuesto de que el Esposo no está en la ciudad, sino algo lejos; de modo que no se puede saber en qué momento preciso va a llegar. Pero se sabe que vendrá aquella noche; y las vírgenes que han de recibirle están juntas, es de suponer en la casa en que ha de tener lugar la boda, esperando la llamada para salir y darle la bienvenida al Esposo. La equivocación común, el decir que las vírgenes, según el v. 1, han salido *al camino* para recibir al Esposo, no sólo es irracional –puesto que hace increíble que se durmieran en el camino con las lámparas en las manos–, sino que es incompatible con la circunstancia (Mt. 25:6) de que a medianoche se oiga súbitamente que han de salir a recibirle. En estas circunstancias no se puede derivar ningún paralelo preciso de las comitivas de bodas corrientes judías, en que el novio, junto con el amigo del novio y otros amigos, van a la casa de la novia, y desde allí conducen a la novia, con su acompañamiento de doncellas y amigos, a su propia casa o a la casa de los padres del novio. Pero en la parábola el Esposo viene de cierta distancia y va a la casa nupcial. En consecuencia, la comitiva de la novia ha de recibirle a su llegada y ha de acompañarle al lugar de las bodas. No se hace mención a la novia en esta parábola ni en la de las bodas del Hijo del Rey. Esto, por razones relacionadas con su aplicación, puesto que en un caso los invitados a las bodas y en el otro las vírgenes son los que ocupan el lugar de la novia. Y aquí hemos de recordarnos del criterio general de que en la interpretación de una parábola los detalles no deben ser apurados demasiado. Las parábolas ilustran los dichos de Cristo, como los milagros sus hechos; y tanto las parábolas como los milagros presentan solamente uno u otro, pero no todos los aspectos de la verdad.

Otra pesquisa arqueológica quizá va a sernos más útil en la comprensión de la parábola. Las lámparas –y no las antorchas– que llevaban las diez vírgenes eran de características bien conocidas. Son llamadas comúnmente en los escritos talmúdicos *Lappid*, pero la forma arameizada de la palabra en el N.T. es también *Lampad* y *Lampadas* (Jer. Yoma 41 *a*, línea 24 desde arriba). Estas lámparas consistían en un receptáculo redondo, para poner en él el aceite o brea para la mecha. Ésta era colocada en un pequeño receptáculo o plato profundo –el *Beth Shiqqua* (Kel. ii. 8)–, que era fijado con un gancho a un palo de madera, con el cual era levantada. Según las autoridades judaicas (ver el Arukh, *ad voc.*), era costumbre en el Oriente llevar unas diez lámparas en una comitiva nupcial. Tenemos motivos para creer que éste era el caso en Palestina, puesto que, según la rúbrica ceremonial, diez era el número requerido para que estuvieran presentes en algún acto, tal como las bendiciones que acompañaban a los ritos matrimoniales. Y en las circunstancias peculiares supuestas en la parábola, las diez vírgenes se supone que iban a encontrar al Esposo, cada una llevando su lámpara.

El primer punto que queremos hacer resaltar es que las diez vírgenes llevaban cada una su propia lámpara, presumiblemente a la casa nupcial. Hay que poner énfasis en ello. Todo esto era su preparación *personal* en el conjunto. Pero mientras las cinco que eran prudentes llevaban también «aceite en las vasijas» (es de suponer los receptáculos o platos huecos en los que se colocaban las lámparas), las cinco vírgenes insensatas descuidaron hacerlo, sin duda esperando que podrían llenar sus lámparas del aceite que habría en la casa. En el texto las vírgenes insensatas son mencionadas antes que las prudentes (en el v. 2, según los originales de más confianza) porque la parábola gira sobre ello. No puede escapársenos el significado de este punto. El Esposo que está lejos es Cristo, el cual viene a la fiesta de boda de «un país lejano» –la morada de arriba– ciertamente esa noche, pero no se sabe a qué hora. Las diez acompañantes designadas para la boda que han de salir a recibirle son sus discípulos profesos, y se reúnen en la casa de la novia en preparación para la llegada del Esposo. Es de noche, y se trata de una comitiva de boda; por tanto, tienen que ir con sus lámparas. Todas ellas han traído sus propias lámparas, todas ellas tienen la profesión cristiana, o sea, pertenecen a la Iglesia: la lámpara en el receptáculo vacío en la punta del palo. Pero sólo las vírgenes prudentes tienen más que esto: el aceite en las vasijas, sin el cual las lámparas no pueden dar luz. La profesión de cristiano o pertenecer a la Iglesia no es más que una vasija vacía arriba de un palo, si no hay aceite en las vasijas. Hemos de recordar las palabras de Cristo: «Que vuestra luz alumbre delante de los hombres, de tal modo que vean vuestras buenas obras, y glorifiquen a vuestro Padre que está en los cielos» (Mt. 5:16). La necedad de las vírgenes consiste en que no habían traído su aceite, según indica el texto: «Las insensatas [αἵτινες] (cada una de ellas: *quaecunque, eae omnes quae*), cuando trajeron sus propias lámparas, no trajeron su propio aceite». Esto (como ya se ha explicado), probablemente no por olvido –porque es difícil que se olvidaran de la necesidad de aceite–, sino por descuido o negligencia, al creer que habría aceite bastante en la casa del cual podrían abastecerse, o que habría tiempo suficiente para suplir su necesidad después del anuncio de que el Esposo estaba llegando. No tenían idea de ninguna obligación personal en este asunto, ni de que la llamada vendría súbitamente, ni aun de que habría un intervalo tan corto entre la llegada del Esposo y el «cerrarse la puerta». Y así no consideraron que fuera necesario emprender lo que tiene que haberles parecido preocupación y molestias: el llevar su propio aceite en las vasijas o receptáculos a los que estaban fijadas las lámparas.

Hemos insistido en la suposición de que el aceite no era llevado en vasijas separadas, sino en las vasijas a las que iban unidas las lámparas. Es muy poco probable que estas lámparas hubieran estado encendidas en tanto que esperaban en la casa de la novia, donde las vírgenes se hallaban reunidas, y que sin duda estaba iluminada para la fiesta. Hay objeciones prácticas a la idea de que esto hubiera ocurrido. La necedad de las cinco vírgenes, pues, consistía *no* (como se supone comúnmente) *en su falta de perseverancia* –como si el aceite se hubiera consumido antes de que llegara el Esposo, y que ellas no se hubieran provisto de una cantidad suficiente extra–, sino en *la ausencia total de preparación personal*, por no haber llevado aceite suyo propio en sus lámparas. Esto corresponde a la conducta de los que, perteneciendo a la Iglesia –teniendo la «profesión»: siendo acompañantes nupciales provistos de lámparas, a punto de salir, y esperando participar en la fiesta de boda–, no se preocupan y descuidan la preparación de gracia, la conducta personal y la santidad, confiando que en la hora de necesidad les será proporcionado el aceite del acervo común. Pero no saben o no atienden al hecho de que cada uno debe prepararse personalmente para recibir al Esposo, que la llamada será súbita, que la provisión de aceite no es común, y que el tiempo entre su llegada y el cerrarse la puerta será sumamente corto.

Porque –y aquí empieza la segunda escena de la parábola– el intervalo entre el juntarse las vírgenes en su preparación para recibirle y la llegada del Esposo es un período mucho más largo de lo previsto. Y así sucede que tanto las prudentes como las insensatas «cabecearon y se durmieron». Es evidente que esto es un rasgo secundario de la parábola, que tiene por objeto principalmente acentuar la sorpresa del anuncio súbito del Esposo. Las vírgenes insensatas no fallaron, pues, debido a su sueño, ni tampoco fueron reprendidas las prudentes por ello. Es verdad, esto evidenciaba su debilidad, pero después de todo era la noche; todo el mundo estaba dormido; y su propia somnolencia podía ser proporcional a su nerviosismo y excitación anteriores. Lo que sigue tiene por objeto poner en prominencia lo súbito en extremo de la venida del Esposo. Es medianoche –cuando el sueño es más profundo–, y de repente «se oyó un grito: ¡Aquí viene el Esposo; salid a recibirle! Entonces todas aquellas vírgenes se levantaron, y arreglaron sus lámparas». Esto no en el sentido de aumentar la llama baja de sus lámparas, sino en el de apresuradamente sacar la mecha y encenderla cuando, no habiendo aceite en los receptáculos, naturalmente la mecha se apagó al instante. «Entonces las insensatas dijeron a las prudentes: Dadnos de vuestro aceite; porque nuestras lámparas se apagan». Pero las prudentes respondieron diciendo: «En modo alguno.[1] Nunca será bastante.[2] No sea que no haya suficiente para nosotras ni para vosotras; más bien, id a los que venden y comprad para vosotras mismas».

Este consejo no debe considerarse como dado irónicamente. Este rasgo es introducido para señalar la fuente adecuada de provisión, poner énfasis en que el aceite debe ser de cada *uno propio*, y también para preparar para lo que sigue. «Pero mientras ellas iban a comprar, vino el Esposo, y las que estaban preparadas entraron con él a las bodas; y se cerró la puerta». El grito súbito a medianoche «¡Aquí viene el Esposo!» había sorprendido a las dos, a prudentes

---

1. Μήποτε. Ver Grimm, *ad voc.* Pero es imposible dar la fuerza plena de la palabra.

2. El mejor original dice οὐ μή, que es una doble negación: «Nunca será bastante».

y a insensatas; a las unas las había atrapado por sorpresa solamente, pero a las otras, además, sin preparación. Su esperanza de compartir o pedir prestado el aceite de las vírgenes prudentes quedó frustrada y por ello, naturalmente, no pudieron recibir al Esposo. Y aunque fueron a toda prisa a los vendedores de aceite, las que estaban preparadas no sólo recibieron al Esposo, sino que entraron con Él en la casa nupcial, y se cerró la puerta. No tiene importancia aquí si las vírgenes insensatas consiguieron aceite o no –aunque parece poco probable a aquellas horas de la noche, puesto que ya no les servía de nada, dado que su objeto era servir en la comitiva festiva, que ya había tenido lugar. Sin embargo, cuando la puerta estaba cerrada, estas vírgenes insensatas llegaron, y pidieron al Esposo que les abriera la puerta. Pero habían fallado en lo que ellas podían presentar como un derecho a la admisión. Diciendo ser acompañantes de boda, no habían estado en la comitiva nupcial; así que, en verdad y justicia, sólo podían recibir una respuesta desde dentro: «De cierto os digo que no os conozco». Esto no ya como castigo, sino en el orden apropiado de las cosas.

La aplicación personal de esta parábola a los discípulos, que hace el mismo Señor, se sigue casi por necesidad. «Velad, pues, porque no sabéis el día ni la hora».[3] No basta estar esperando con la Iglesia; su venida será a altas horas de la noche; será súbita; será todo rápido: ¡estad preparados, pues, siempre, y personalmente preparados! Cristo vendrá cuando menos se le espera –a medianoche–, y cuando la Iglesia, que se ha acostumbrado a su larga demora, se haya dormido. Tan súbita será su llegada que tras el grito del anuncio no habrá tiempo para más que para salir a recibirle; y tan rápido vendrá el fin que, a menos que las vírgenes insensatas hayan tenido tiempo de regresar, la puerta ya estará cerrada para siempre. Para presentar todo esto en una forma dramática, la parábola adopta la forma de un diálogo primero entre las vírgenes insensatas y las prudentes, en que las últimas sólo afirman la verdad desnuda, cuando dicen que cada una tiene sólo aceite suficiente para lo que se necesita cuando se unan a la comitiva de boda, y no tiene nada de superfluo. Finalmente hemos de aprender, por el diálogo entre las vírgenes insensatas y el Esposo, que es imposible en el día de la venida de Cristo compensar el descuido de la preparación previa, y que los que han fallado en recibirle, aun cuando sean «vírgenes» para las bodas, serán finalmente excluidos como desconocidos para el Esposo.

La parábola de los talentos

2. *La parábola de los talentos* –su uso y abuso (Mt. 25:14-30)– sigue de cerca en la admonición a velar, en vista del retorno súbito y cierto de Cristo, y de la recompensa o castigo que se administrarán entonces. Sólo que mientras en la parábola de las diez vírgenes la referencia era al *estado personal*, en la de los talentos es a la *obra personal* de los discípulos. En el primer caso se les representa como doncellas en una boda que han de dar la bienvenida a Cristo a su retorno; en la de los talentos, como los siervos que han de dar cuenta de su mayordomía o administración.

Por la relación íntima con la que precede, la parábola empieza casi abruptamente con las palabras: «porque [es] como un hombre que, al irse de viaje, llamó a sus siervos y les encomendó sus bienes». El énfasis está pues en que eran sus propios *siervos* y debían obrar en interés de Él. Les fue entregada la propiedad no para que la vigilaran, sino para que hicieran lo mejor que pudieran con ella en interés de su Señor. Esto se ve inmediatamente por lo siguiente: «A uno dio cinco talentos (más de 1.000£), a otro dos, y a otro uno, a cada uno conforme a su capacidad»; esto es, dio a cada uno en proporción a lo que consideró estaba calificado para una administración mayor o menor. «Y en seguida se ausentó del país». Habiendo confiado la administración de sus asuntos a sus siervos, según la capacidad de cada uno, inmediatamente partió.

Hasta aquí no podemos tener dificultad alguna en entender el significado de la parábola. Nuestro Señor, que nos ha dejado para ir a la casa del Padre, es el que ha ido a un viaje al extranjero, y ha confiado a sus propios siervos no para su custodia, sino para que los usen durante el tiempo entre su partida y su regreso, lo que Él considera son sus propios «bienes». No hemos de limitar esto a la administración de su Palabra, ni al santo ministerio, aunque éstos haya que tenerlos a la vista de modo preeminente. Se refiere, en general, a todo lo que un hombre tiene y con lo que puede servir a Cristo; porque todo lo que tiene el cristiano –su tiempo, dinero, oportunidades, talento o conocimientos (y no sólo «la Palabra»)– es de Cristo, y nos ha sido confiado no para que lo custodiemos, sino para comerciar con ello para el Señor ausente: para impulsar el progreso de su Reino. Y a cada uno Él da conforme a su capacidad para trabajar –mental, moral y aun física–, a uno cinco, a otro dos, y a otro un talento. Esta capacidad para el trabajo no depende de nuestro propio poder, pero está en nuestro poder el usar para Cristo todo lo que tenemos.

Y aquí aparece la diferencia característica. «El que había recibido cinco talentos, fue y negoció con ellos, y ganó otros cinco talentos. Asimismo el que había recibido dos, ganó también otros dos». Como cada uno recibió conforme a su capacidad, cada uno trabajó conforme a su poder, como siervos buenos y fieles de su Señor. Si el resultado obtenido fue diferente, su labor, devoción y fidelidad eran iguales. Fue distinto lo que ocurrió con el que había recibido menos y tenía menos que hacer para su Maestro. Éste «fue, y cavó un hoyo en la tierra, y escondió el dinero de su Señor». El hecho prominente aquí es que no lo empleó para su Señor, como buen siervo, sino que esquivó tanto la labor como la responsabilidad, y actuó como si hubiera sido de un extraño, y no propiedad de su Señor. Al obrar así no sólo fue infiel a su confianza, sino que prácticamente se descalificó como siervo de su Señor. Así pues, en contraste con el siervo que había recibido mucho, son introducidos otros dos en la parábola, los cuales habían recibido relativamente poco –uno de los cuales fue fiel, en tanto que el otro, por egoísmo y ociosidad, escondió el dinero, sin hacer caso de que era de su Señor. Así, en tanto que el segundo siervo aunque hubiera recibido poco fue un siervo fiel y concienzudo, tanto como el que había recibido mucho, y ambos con sus ganancias habían aumentado las posesiones de su Señor, el tercero con su conducta había hecho que el dinero de su Señor fuera algo muerto, inútil, enterrado.

Y ahora viene la segunda escena. «Después de mucho tiempo, volvió el Señor de aquellos siervos y ajustó cuentas con ellos». La noticia de la larga ausencia del Señor no sólo relaciona esta parábola con la de las diez vírgenes, sino que intenta mostrar que la demora podría haber hecho descuidados a los siervos que negociaron más, en tanto que aumentó la culpa de aquel que durante todo este tiempo no había hecho nada con el dinero de su Señor. Y ahora el primero de los siervos, sin decir nada de su labor al negociar

3. La frase «en que el Hijo del Hombre, etc.» es una glosa primitiva introducida en el texto.

o su mérito al «hacer» dinero, responde con simple gozo: «Señor, me entregaste cinco talentos; mira, he ganado otros cinco talentos sobre ellos». Casi podemos ver su rostro honrado resplandeciente de gozo cuando enseña a su Señor la posesión incrementada. Su aprobación era todo lo que buscaba el siervo fiel, por la cual había trabajado durante toda su larga ausencia. Y podemos entender que el Señor le diera la bienvenida y le reconociera como buen siervo y le concediera la recompensa apropiada. Esta última fue doble. Habiendo demostrado su fidelidad y capacidad en una esfera relativamente limitada, le fue asignada una mayor. Porque hacer el trabajo e incrementar la riqueza de su Señor habían sido evidentemente un gozo y privilegio para él, así como un deber. De donde también la segunda parte de su recompensa –la de entrar en el gozo de su Señor– no tiene que ser confinada a compartir un banquete a su retorno, y menos el ascenso de la posición de siervo a la de amigo que comparte el señorío de su Señor. Implica mucho más que esto, a saber: simpatía y afecto satisfecho con los objetivos y ganancias de su Señor, y participación en ellos, con todo lo que esto supone.

Un resultado similar siguió al pasar cuentas con el siervo a quien habían sido confiados dos talentos. Notemos que, aunque no podía hablar más que de dos talentos ganados, se presentó ante su Señor con la misma alegría franca del que había ganado cinco. Porque había sido tan fiel y trabajado con tanto interés como el otro a quien se había confiado más. Y lo que es más importante, la primera diferencia entre los dos siervos, dependiente de una capacidad mayor o menor para el trabajo, ahora cesó, y el segundo siervo recibió precisamente la misma bienvenida y exactamente la misma recompensa y en los mismos términos que el primero. Y una verdad más profunda, y en cierto sentido misteriosa, nos viene en relación con las palabras: «Sobre poco has sido fiel, sobre mucho te pondré». Sin duda, pues, tiene que haber trabajo que hacer por Cristo, si no después de su muerte, en aquella otra «dispensación», cuya preparación tiene lugar en esta vida por medio de la fiel aplicación para Él de lo que se nos ha confiado, sea mucho o poco. Esto da un significado completamente nuevo y bendito a la vida que vivimos ahora como cierta y verdadera, y en todos sus aspectos parte de aquella en la cual ha de desplegarse. No, no; ni la parte más mínima de los «talentos» se pierde, con tal de que sean usados fielmente para Cristo no meramente en el sentido de que Él lo reconozca, sino también en cuanto a su empleo ulterior y más amplio. Y ¿no podemos sugerir que esto puede, si no explicar, al menos proyectar el halo de su propósito y presencia en lo que con tanta frecuencia parece misterioso: el hecho de que nos sean quitados aquellos que habían alcanzado y mantenían pleno uso y utilidad, y aún más, que desaparecen de nuestro lado en la aurora de su juventud y hermosura? El Señor es posible que «tenga necesidad» de ellos –no sabemos dónde ni cómo, y más allá de este día de trabajo y este mundo de trabajo hay «mucho» sobre lo cual el siervo fiel puede ser «puesto», para que pueda hacer con oportunidades y capacidades ampliadas la obra de Cristo a quien tanto amaba, mientras que al mismo tiempo comparte el gozo de su Señor.

Sólo nos falta referirnos al tercer siervo, cuya triste infidelidad y fracaso en el servicio ya entendemos hasta cierto punto. Llamado a rendir cuentas, devolvió su talento con esta sola explicación: sabiendo que su amo era hombre duro, que siega donde no sembró y recoge donde no esparció, había tenido miedo de incurrir en responsabilidad, y de ahí que lo escondió en la tierra y ahora lo restauraba. No

«'A uno dio cinco talentos (más de 1.000£), a otro dos, y a otro uno, a cada uno conforme a su capacidad'; esto es, dio a cada uno en proporción a lo que consideró estaba calificado para una administración mayor o menor. 'Y en seguida se ausentó del país.' Habiendo confiado la administración de sus asuntos a sus siervos, según la capacidad de cada uno, inmediatamente partió. Hasta aquí no podemos tener dificultad alguna en entender el significado de la parábola. Nuestro Señor, que nos ha dejado para ir a la casa del Padre, es el que ha ido a un viaje al extranjero, y ha confiado a sus propios siervos no para su custodia, sino para que los usen durante el tiempo entre su partida y su regreso, lo que Él considera son sus propios 'bienes'».

El talento no era una moneda en el estricto sentido, sino una unidad de medida monetaria en la antigüedad. Aquí vemos, en la moneda superior, un denario romano con la imagen del emperador Tiberio. Con los romanos llegaron a Palestina también sus monedas. Su unidad era el denario, constituido por 16 ases. Cada as vale cuatro cuadrantes. Cada cuadrante dos leptos o perras. La moneda inferior es un siclo de plata de Tiro, la moneda más apreciada en la Palestina de Jesús. El talento cananeo consistía en 3.000 siclos.

se necesita comentario para mostrar que sus propias palabras, aunque eran francas y con miras a justificarse, admitían negligencia en su obra y deber como siervo, y un malentendido, así como un distanciamiento en el corazón de su Señor. No le había servido y no le conocía; no le amaba y no simpatizaba con Él. Pero además su respuesta era también un insulto y un pretexto mendaz. Había holgazaneado y se había negado a trabajar por su Señor. Si había de trabajar, había de ser para él mismo. Él no incurriría en dificultades, abnegación, quizá reproches, conectados con la obra de su Señor. Reconocemos aquí a quienes, aunque son sus siervos, con todo, por complacencia propia y mundanalidad, no hacen la obra de Cristo con el talento que se les ha confiado –esto es, aun cuando la responsabilidad y lo que se les pide sea mínima–; y que consideran bastante esconderlo en el suelo –para no perderlo– o preservarlo, como se imaginan, de ser usado para el mal, sin usarlo para negociar para Cristo. La falsedad de la excusa de que tenía miedo de hacer nada con el talento –excusa repetida con demasiada frecuencia en nuestros días– para que no resultara que hiciera más mal que bien, su Señor le mostró que no era válida. Evidentemente, procedía de una falta de conocimiento de Él, como si fuera un amo exigente, duro, no uno que cuenta el menor servicio como si fuera hecho a Él personalmente; de entender mal también lo que es la obra de Cristo, en la que no puede perderse nunca nada ni fracasar; y finalmente, de la falta de simpatía gozosa con ella. Y así el Señor puso a un lado sus pretextos endebles. Se le dirigió como «siervo malo y negligente», señalando que, por su propia admisión, si había tenido temor de incurrir en responsabilidad podía haber entregado el dinero a los banqueros para que Él, al volver, hubiera recibido lo suyo con intereses. Así habría podido, sin incurrir en responsabilidad o mucho trabajo, al menos en un sentido limitado, ser fiel a su deber y confianza como siervo.

La referencia a la práctica de prestar dinero a interés, a través de los banqueros, presenta cuestiones demasiado numerosas y prolongadas para discutirlas en este lugar. La Ley judía distingue entre «interés» y «aumento» (*neshekh* y *tarbith*), y entra en muchos detalles intrincados sobre este tema (Bab. Mets. iv. y v., espec. v. 6). Estas transacciones estaban prohibidas con israelitas, pero permitidas con gentiles. Como en Roma, el negocio de «cambista» (*argentarii, nummularii*) y el de «banqueros» (*collectarii, mensularii*) parece haberse confundido en parte. Los banqueros judíos llevan precisamente el mismo nombre (*Shulchani, mensularius,* τραπεζίτης). En Roma parece haberse cargado un interés muy alto en los tiempos antiguos; poco a poco fue rebajado, hasta que quedó fijado, primero en el 8 1/2, y finalmente en el 4 1/2. Pero estas leyes no eran de duración permanente. Prácticamente la usura era ilimitada. Pronto pasa a establecerse la costumbre de cargar el 1% mensual. No obstante, había tiempos prósperos, como al final de la República, en que el porcentaje de interés era tan bajo como el 4%; durante el principio del Imperio estuvo alrededor del 8%. Esto, naturalmente, en lo que podemos llamar transacciones de negocios honradas. Más allá de esto, en los casos de lujo y despilfarro de algunos personajes históricos, se cargaban intereses usurarios (sobre todo en las provincias), y esto por personas de elevada posición (Brutus en Chipre y Séneca en Bretaña). Se prestaba dinero al 12, 24, e incluso el 48%; las facturas se contaban con el interés añadido al capital, de modo que deuda e interés crecían juntos. En Grecia había bancos de Estado regulares, mientras que en Roma esta provisión sólo se hacía bajo circunstancias excepcionales.

Podemos, pues, entender la alusión a «los banqueros», a los cuales el siervo malo y negligente podía haber entregado el dinero de su señor, si hubiera sido veraz en su excusa. El objetivo principal de esta parábola es el desenmascarar su falsa pretensión. En consecuencia, aunque no se puede poner demasiado énfasis sobre ello, con todo, está en el espíritu de la parábola el aplicar la expresión del empleo *indirecto* del dinero en el servicio de Cristo, el dado para beneficencia, etc. Pero la gran lección aquí es que todo siervo bueno y fiel de Cristo, bajo cualquier circunstancia, debe usar personal y directamente los talentos que posea para obtener ganancia para Cristo. Sometidos a esta prueba, ¡cuán pocos son los que han entendido su relación con Cristo, y qué frío se ha vuelto el amor de Cristo en la Iglesia en la larga ausencia del Señor!

Pero, por lo que se refiere al siervo inútil de la parábola, le espera el castigo bien conocido que había sido aplicado al invitado que se presentó a la fiesta de las bodas sin el vestido apropiado, mientras que el talento que había fallado en emplear para su amo será confiado a aquél que se había mostrado más capaz en el trabajo. No hemos de buscar una interpretación complicada a esto. Señala el principio, igualmente verdadero en cada administración de Dios, que «al que tiene, le será dado, y tendrá en abundancia; pero al que no tiene, aun lo que tiene le será quitado». No es una regla cínica, como el mundo en su egocentrismo y culto al éxito caricaturiza; ni tampoco el culto de la fuerza superior; sino esto: que el uso fiel para el Señor de toda capacidad nuestra dará lugar a que se abran nuevas oportunidades, en proporción a las viejas que hayan sido utilizadas, en tanto que la inutilidad espiritual ha de terminar en una terrible pérdida incluso para aquél que, por más que sea de modo humilde, podría haber sido usado en un tiempo u otro para Dios y para hacer bien.

Parábola suplementaria de las minas y de pasar cuentas del rey con sus siervos y ciudadanos rebeldes

3. A estas parábolas podemos añadir como un suplemento la del Rey que a su regreso pasa cuentas con sus siervos y sus enemigos, o también la parábola de las minas. Se relata sólo en Lucas, y es colocada por él en alguna conexión, aunque suelta, con la conversión de Zaqueo (Lc. 19:11-28). Un vistazo, aunque sea superficial, nos mostrará la indudable semejanza con la parábola de los talentos, de modo que el lector pensará de modo natural en su identidad. Por otra parte, hay notables divergencias en detalle, algunas de las cuales parecen implicar un punto de vista diferente desde el cual se ve la misma verdad. También tenemos ahora el rasgo añadido del mensaje de odio por parte de los ciudadanos, y su destino como consecuencia. Es posible que Cristo narrara las dos parábolas en dos ocasiones diferentes, mencionadas respectivamente por Lucas y Mateo –la una en el viaje a Jerusalén, la otra en el monte de los Olivos. Y sin embargo, parece difícil creer que Él, al cabo de pocos días de haber contado la parábola registrada por Lucas, la hubiera repetido casi en las mismas palabras a sus discípulos, que tienen que haberla oído en Jericó. Esta objeción no sería muy seria si la parábola dirigida en primer término a los discípulos (la de los talentos) hubiera sido repetida después (en el relato de Lucas) en un círculo *más amplio,* y no lo opuesto, según los Sinópticos. No obstante, si hemos de considerar las dos parábolas de los talentos y la de las minas como sustancialmente idénticas, podemos estar dispuestos a considerar la recensión de Mateo como la original siendo más homogénea y compacta, en tanto que Lucas parecería combinarla con esta otra parábola, la de los ciudadanos rebeldes. Quizá sea más seguro suponer que en su viaje a Jerusalén, cuando sus adherentes (no meramente los discípulos) de modo natural esperarían que Él inaugurara su Reino mesiánico, Cristo tiene que haberles narrado la última parábola para enseñarles la relación en que Jerusalén se hallaba hacia Él, y que su destino era completamente diferente del que ellos se imaginaban, y que su entrada en la ciudad y el Advenimiento de su Reino estarían separados por una larga distancia en el tiempo. De ahí que la perspectiva que tenían delante era la de trabajar, no de reinar; después de esto se ajustarían cuentas, cuando el obrero fiel pasaría a ser el gobernante de confianza. Estos puntos estaban relacionados íntimamente con las lecciones de la parábola de los talentos y, con la idea de presentar el tema como un conjunto, Lucas puede haber pedido prestados algunos detalles de esta parábola y suplementado su enseñanza presentando otro aspecto de la misma.

Hay que admitir que si Lucas hubiera realmente tenido estas dos parábolas a la vista (la del Rey o de las minas, y la de los talentos) y deseado combinarlas en nueva enseñanza, las habría unido de modo admirable una con otra. Porque así como el Noble que está a punto de confiar dinero a sus siervos va al extranjero a recibir un Reino, era posible también representarle en relación con los ciudadanos rebeldes y sus propios siervos, y el conectar su recompensa con su «Reino». Y así, las dos parábolas están unidas al derivar la ilustración de la vida política en vez de la social. Se ha supuesto que la parábola contiene una alusión a lo que había sucedido después de la muerte de Herodes el Grande, cuando Arquelao su hijo se apresuró a ir a Roma para obtener confirmación del testamento de su padre, en tanto que una comisión judía siguió oponiéndose a su designación, un acto de rebeldía que Arquelao vengó más tarde con la sangre de sus enemigos. La circunstancia puede haber estado fresca en el recuerdo popular aunque hubieran pasado más de treinta años. Pero si es de otra manera, las solicitudes a Roma para la instalación al gobierno, y la oposición popular al mismo, eran de una ocurrencia tan frecuente entre las intrigas y luchas de los herodianos que no puede haber dificultad en entender las alusiones de la parábola.

Un breve análisis bastará para señalar las lecciones especiales de esta parábola. Introduce a «cierto Noble», que tiene derechos al trono, pero que no ha recibido todavía el nombramiento formal de su poder soberano. Como parte del país para recibirlo, hasta aquí sólo tiene tratos con sus siervos. Su objetivo, al parecer, es poner a prueba su actitud, devoción y fidelidad; y así entrega –no a cada uno según su capacidad, sino a *todos por igual*– una suma que no es muy grande (como los talentos), sino pequeña: una mina a cada uno (unas 4£). El comerciar con una suma tan pequeña habría sido naturalmente muy difícil, y el éxito dependería de poseer mucha habilidad, aunque se requiriera una labor constante. Aquí tenemos algunos rasgos en los que esto difiere de la parábola de los talentos. La misma suma es confiada a todos, a fin de mostrar cuáles de ellos son capaces y serios y por lo cual deberían ser nombrados para un cargo más importante, y con ello hacer gran honor al Reino. En tanto que «el Noble» estaba en la corte de su soberano, llegó una comisión de sus conciudadanos para presentar su resolución: «No queremos que éste reine sobre nosotros». Era simplemente una expresión de aborrecimiento; no da ninguna razón, y sólo instaba a la oposición personal, aunque fuera enfrentándose con el deseo personal del soberano que designaba a aquél como rey.

En la última escena, el Rey –ahora nombrado de forma debida– ha regresado a su país. Primero pasa cuentas con sus siervos, y todos menos uno han sido fieles a su confianza, aunque con éxito variable (la *mina* de uno ha crecido a diez, la de otro a cinco, y así sucesivamente). En estricta correspondencia con el éxito se les designa ahora a *gobernar* –trabajo, aquí, corresponde a gobierno que sin embargo, como sabemos por la parábola de los talentos, es también la obra de Cristo: un gobierno que es trabajo, y un trabajo que es gobierno. Al mismo tiempo, el reconocimiento es el mismo para todos los siervos fieles. De modo similar, los motivos, los razonamientos y el destino del siervo infiel son los mismos que en la parábola de los talentos. Por lo que se refiere a sus «enemigos», los que no querían que aquél reinara sobre ellos –de modo manifiesto Jerusalén y el pueblo de Israel–, que, aun después de que Él había ido a recibir el Reino, siguieron en la hostilidad personal del «No queremos que éste reine sobre nosotros», las cenizas del Templo, las ruinas de la ciudad, la sangre de los padres y el peregrinaje errabundo sin hogar de sus hijos, con la marca de maldición en su frente visible para todos los hombres, testifican que el Rey tiene muchos ministros que ejecutan este juicio que la rebelión obstinada tiene que causar, si ha de ser vindicada su autoridad y se ha de obtener sumisión a su régimen.

Capítulo 8
(Mateo 26:1-5, 14-16; Marcos 14:1, 2, 10, 11; Lucas 22:1-6)

El cuarto día de la semana de Pasión

Del relato de los dichos y hechos de Cristo provisto por Mateo, volvemos una vez más al de los sucesos públicos, tal como en uno u otro aspecto son referidos por los evangelistas. Con los discursos en el Templo había llegado a su fin la enseñanza pública de Cristo; con lo dicho en el Monte de los Olivos, y su aplicación en las parábolas de las vírgenes y de los talentos, había concluido la instrucción a sus discípulos. Lo que sigue en su intercambio con los suyos ahora es *parenético,* más bien que enseñanza: exhortación, consejo y consolación; quizá los tres combinados.

Último descanso sabático de Jesús antes de su agonía, y los sanedristas en su inquietud

Habían pasado tres de los días ajetreados de la semana de Pasión. La víspera del día en que se mataba al cordero pascual, con todo lo que seguía, era un día de reposo, un sábado para su alma antes de su gran agonía. Iba a ser un refrigerio para Él, un recogerse en sí para el terrible conflicto que tenía delante. Y así lo hizo como el Cordero de Dios: sometiéndose en humildad a sí mismo a la voluntad y la mano de su Padre, y con ello cumpliendo todos los tipos, desde el sacrificio de Isaac en el monte Moria al cordero pascual en el Templo; y trayendo realidad a toda profecía, desde la de la simiente de la mujer que aplastaría la cabeza de la serpiente a la del Reino de Dios en su plenitud, cuando las puertas doradas se abrirían de par en par a todos los hombres y la misma luz del cielo saldría a raudales para derramarse sobre todos los que buscaban su camino de paz. Sólo faltaban dos días, según los judíos –aquel miércoles y jueves– y al atardecer ¡la cena pascual! Y Jesús lo sabía bien, y pasó aquel día de reposo y preparación en retiro tranquilo con sus discípulos –quizá en algún pequeño valle o rincón del monte de los Olivos, quizá en el hogar de Betania–, hablando con ellos de su crucifixión en la Pascua siguiente. Ellos estaban en profunda necesidad de sus palabras; más que Él, necesitaban ser preparados para lo que había de venir. Pero ¡qué calma divina, qué obediencia voluntaria y también qué generoso amor para ellos, con plena conciencia de lo que tenía delante: el pensar y hablar de esto solamente en aquel día! Un Mesías de concepción judaica no habría obrado de esta manera; es más, no se habría colocado en circunstancias semejantes. Un Mesías de objetivos ambiciosos o de aspiraciones nacionalistas no habría actuado de esta manera; habría hecho lo que el Sanedrín temía y habría levantado «un tumulto del pueblo», preparada como estaba para ello la multitud que hacía tan poco había levantado un grito de hosanna en las calles y en el Templo. Un entusiasta desilusionado no habría actuado de este modo; se habría retirado de un destino inminente así. Pero Jesús lo sabía todo, mucho más que la agonía del oprobio y el sufrimiento, incluso la insondable agonía de su alma. Y entretanto, Él solamente pensaba en ellos en todas estas cosas. Este pensamiento y esta habla no son los de un hombre; son los del Hijo de Dios encarnado, el Cristo de los Evangelios.

Ya había procurado gradualmente, antes de esto, prepararlos para lo que había de ocurrir aquella noche. Lo había indicado en una figura velada, al mismo comienzo de su ministerio, en la primera ocasión que había enseñado en el Templo (Jn. 2:19), así como a Nicodemo (3:14). Había insinuado, cuando habló del profundo dolor luego que el Esposo sería quitado de ellos (Mt. 9:15), la necesidad de tomar su cruz (10:38), del cumplimiento en Él del tipo de Jonás (Mt. 12:40), de su carne, que Él daría su vida por el mundo (Jn. 6:51), así como en lo que podría haber parecido enseñanza en parábolas sobre el Buen Pastor, que Él ponía su vida por las ovejas (Jn. 10:11, 15), y del heredero a quien los labradores malvados habían echado y dado muerte (Mt. 21:38). Pero les había hablado también directamente, y esto –hay que notarlo de modo especial– siempre cuando se había alcanzado algún punto elevado en su carrera, y los discípulos podían haberse dejado arrastrar a las expectativas mesiánicas de una exaltación sin humillación, un triunfo sin sacrificio. Recordamos que la primera ocasión en que Él habló así claramente fue inmediatamente después de la confesión de Pedro, que puso el fundamento de la Iglesia contra la cual las puertas del infierno no podrían prevalecer (Mt. 16:21); luego, tras descender del monte de la Transfiguración (Mt. 17:22); y finalmente, al prepararse para hacer su entrada mesiánica triunfal en Jerusalén (Mt. 20:17-19). Las alusiones veladas y los dichos en las parábolas podían haber sido entendidos mal. Incluso con respecto a la predicción clara de su muerte podían haberse introducido aquí ideas preconcebidas. La veneración profunda, que no podía asociarse con una predicción así, y un amor que no podía sobrellevar el pensamiento de ella después que el primer choque de las palabras había pasado y no se veía su cumplimiento inmediato, sugerían la posibilidad de alguna explicación diferente. Pero en aquel viernes era imposible entenderle mal; ya no era posible dudar de que Jesús estaba hablando de su inmediata crucifixión.[1] Si aún se hacían alguna ilusión, los dos últimos días tienen que haberla disipado rudamente. Los hosannas triunfales de su entrada en la ciudad y las aclamaciones en el Templo habían sido sus-

1. Sobre la fuerza evidencial del relato de la crucifixión, debo referirme al razonamiento lúcido y poderoso del Dr. Wace en su obra sobre *El Evangelio y sus Testigos* (Londres, 1883, Lect. VI). Se refiere primero a la circunstancia de que en los relatos de la crucifixión escritos por los apóstoles, o por amigos de los apóstoles, «los escritores no se retraen de describir su propia conducta, o la de su Maestro», con una veracidad que refleja terriblemente sobre su constancia, valor y aun comportamiento como hombres. El segundo argumento del Dr. Wace está expuesto con tal claridad que voy a transcribirlo en sus propias palabras. «El Cristo crucificado era, nos dice Pablo, "para los judíos piedra de tropiezo, y para los griegos locura". Era un reproche constante para los cristianos decirles que adoraban a un hombre que había sido crucificado como malhechor. El hecho principal, naturalmente, no podía ser disimulado. Pero el que los escritores de los Evangelios hubieran preservado con tal diligencia lo que de otro modo podía haber sido olvidado –todas las circunstancias minúsculas de la humillación de su Maestro, la misma debilidad de su carne, el que se retrajera en el jardín por un momento de la copa que tenía que beber, todas estas marcas, de hecho, de su debilidad humana que fueron obliteradas por su resurrección–, esto es un ejemplo de veracidad que parece al menos incompatible con cualquier origen legendario de los relatos, en un tiempo en que nuestro Señor se consideraba en la gloria de su ascensión, y sentado a la diestra de Dios. Pero cualquier impresión de veracidad, y de la intensa realidad en el detalle, así creada por la historia de la Pasión, debe ser reflejada en justicia sobre toda la historia precedente». El argumento se aplica luego a lo que los escritores dijeron de sí mismos, y respecto al destino sufrido por Cristo.

tituidos por las objeciones de los fariseos, saduceos y escribas, y con un ¡ay! de conminación y compasión por parte de Jesús, el Maestro había abandonado el Santuario de Israel. Y mucho mejor que aquellos gobernantes a quienes la conciencia hacía cobardes, los discípulos sabían qué poca confianza se podía colocar en la adhesión de la «multitud». Y ahora el Maestro se lo estaba diciendo en palabras bien claras; estaba contemplándolo con serenidad, y esto no en un futuro indefinido, sino en el presente inmediato en aquella misma Pascua de la cual les separaban escasamente dos días. Por más que nos sorprendamos del hecho de que todos se desparramaran cuando tuvo lugar su detención y condenación, estos humildes discípulos tienen que haberle amado mucho para seguir sentados a su alrededor en el silencio luctuoso cuando les estaba hablando de estas cosas, y para seguirle hasta el momento de su muerte.

Pero para uno de ellos, en cuyo corazón se estaban acumulando las tinieblas, éste era el momento decisivo. La predicción de Cristo –que Judas, así como los demás, tienen que haber considerado que era cierta– extinguió el último destello de toda luz de Cristo que su alma hubiera sido capaz de recibir. En lugar de esto brotó una lívida llama del infierno. Por la puerta abierta por la que había echado al Cristo sufriente, «Satanás entró en Judas» (Lc. 22:3). Con todo, no entró de modo permanente (Jn. 13:2 y 27). Es posible incluso dudar de si, como Dios está en Cristo, puede haberse dado un caso de permanencia definitiva en alguna alma humana, por lo menos a este lado de la eternidad. Desde que la noche de nuestro mundo fue iluminada por la promesa en el paraíso, el leve albor del amanecer ha sido visible en el horizonte, que ha ido haciéndose más intenso en claridad hasta que ha llegado a pleno día, un resplandor de mediodía y la gloria del atardecer. Desde que la voz de Dios despertó la tierra con su primer himno de Navidad, nunca ha sido noche completa, ni puede ser noche completa en ninguna alma humana.[2]

Pero es un estudio en la negrura de la noche el del alma de Judas. Nos parece avanzar pisando bocanadas sueltas de lava ardiente cuando nos asomamos al borde del cráter y temblando echamos una mirada a sus profundidades. Y con todo, allí muy cerca, nos hemos hallado no sólo Pedro en la noche de su negativa, sino muchos de nosotros, excepto aquellos cuyos ángeles han estado siempre mirando la faz de nuestro Padre en el cielo. Y con todo en nuestra debilidad, ¡nosotros hemos llorado sobre ellos! Allí muy cerca, hemos estado nosotros no en las horas de nuestra debilidad, sino en las de nuestra acerba tentación, cuando la ráfaga de la duda casi ha apagado el pábilo que vacilante aún humeaba, o la borrasca de la pasión o de la voluntad propia casi ha quebrado la caña cascada. Pero Él ha orado por nosotros, y a través de la noche vino al páramo desolado y a la altura pedregosa la luz de su presencia, y por encima de la tormenta enfurecida se hizo oír la voz de Aquél que ha venido a buscar y a salvar a los que se habían perdido. Sin embargo, cerca de nosotros, allí mismo estaba el negro abismo, y nunca podemos olvidar que nuestro pie ya se estaba deslizando hacia la sima.

La traición. Judas: su carácter, su apostasía y su fin

Un terrible estudio de la negrura de la noche el de Judas, y mejor hacerlo aquí de una vez, desde el principio al fin. Sin duda captaremos algún vistazo del mismo otra vez, cuando la luz de las antorchas se proyecte sobre el rostro del traidor en Getsemaní; y una vez más cuando oigamos su voz en la asamblea de los arrogantes y sarcásticos consejeros de Israel, cuando se oigan sus pisadas sobre el pavimento de mármol de los patios del Templo y el sonido de las treinta malditas piezas de plata despierten ecos, y la endecha de desesperación de su alma, y él huya de la noche de su alma a la noche que para siempre le circunda y le encierra. Pero esto tan rápidamente como podamos, después de este estudio presente aunque breve de su carácter y su historia.

Recordamos que «Judas, el hombre de Keriot» era, por lo que sabemos, el único discípulo de Jesús procedente de la provincia de Judea. Esta circunstancia –el que llevara la bolsa, es decir, fuera el tesorero y administrador de los reducidos bienes materiales de Cristo y sus discípulos–, y el que fuera a la vez un hipócrita y un ladrón (Jn. 12:5, 6), esto es todo lo que sabemos de cierto de su historia. Por la circunstancia de que había sido designado a este cargo de confianza en la comunidad apostólica, podemos colegir que tiene que haber sido visto por los demás como un hombre prudente y un buen administrador. Y probablemente no hay razón para dudar de que poseía el don natural de la administración o del «gobierno» (κυβέρνησις –l Co. 12:8). La pregunta de por qué Jesús le dejó «la bolsa» cuando sabía que era un ladrón –lo que, según creemos, no había sido desde el principio y sólo pasó a serlo en el curso del tiempo y en el progreso de su desengaño–, queda mejor contestada con otra: ¿por qué desde el principio Jesús le permitió que la llevara? No es sólo porque era el más apto –posiblemente apto en absoluto– para esta obra, sino también por compasión hacia él en vista de su carácter. Ocupar a un hombre en aquello en que es más provechoso significa apartarle de las cavilaciones, insatisfacción, alienación y, eventualmente, apostasía. Por otra parte, hay que admitir que, como la mayoría de las tentaciones de nuestra vida nos vienen de aquello por lo que tenemos más aptitud, cuando Judas se sintió alienado e infiel en su corazón, esto mismo pasó a ser su mayor tentación, y ciertamente apresuró su ruina. Pero sólo *después* que él había fallado interiormente. Y así, como siempre ocurre en circunstancias similares, las mismas cosas que podrían haber sido la máxima bendición pasaron a ser su mayor maldición, y el juicio de endurecimiento se cumple por medio de aquello que en sí mismo es bueno. Ni podía quitársele más tarde la «bolsa» sin hacer patente el caso a los demás y precipitar su destrucción moral. Y así hubo que dejar que el proceso de maduración interna siguiera hasta que estuvo listo para la siega.

Este mismo don de «gobierno» en Judas puede ayudarnos a comprender en qué forma puede haber sido atraído a Jesús, y por medio de este proceso, cuando se sintió separado llegó a terminar en este terrible pecado que él mismo se había preparado. El «don de gobierno», en su aspecto activo, implicaría el *deseo* de tenerlo. A partir de aquí sólo hay un paso a la *ambición* en su peor aspecto, el *egoísmo*, apenas uno, solamente que bajo diferentes premisas morales. Judas fue atraído a Jesús como el Mesías *judío*, y creyó en Él como tal posiblemente con sinceridad y ardor, pero esperaba para Jesús el éxito, el resultado y los triunfos del Mesías judío, y también esperaba participar en los mismos de modo personal y pleno. Lo arraigados que estaban estos sentimientos incluso en los discípulos más generosos, mejores y más puros de Jesús, lo vemos en la petición de la madre de Juan y Jacobo en favor de sus hijos, y la pregunta de Pedro: «¿Qué tendremos nosotros?». Tiene que haber sido muy triste la soledad moral y la humillación para Aquél

2. Esto, dejando aparte la cuestión del pecado excepcional contra el Espíritu Santo.

que se encarnó y vivió y murió vaciándose a sí mismo, al estar asociado con discípulos, incluso los más íntimos, que en este sentido no podían velar con Él ni una hora, y esto al final de su ministerio. Y en Judas todo esto tiene que haber sido cien veces más que en aquellos que estaban en el verdadero corazón de Cristo.

Judas, en la convicción que hemos descrito, se unió al movimiento desde su mismo comienzo. Entonces las multitudes en Galilea seguían sus pasos y observaban cada una de sus apariciones; estaban pendientes de sus labios en la Sinagoga o en el monte; acudían a Él de las ciudades y aldeas; le llevaban sus enfermos y presenciaban atónitos cómo vencía a los demonios, que luego daban testimonio de su poder divino. Era la primavera del movimiento y todo era promesa, tierra, gente, discípulos. El Bautista, que se había inclinado ante Él y que daba testimonio de Él, aún elevaba su voz y proclamaba la proximidad del Reino. Pero el pueblo se había vuelto tras Jesús, y Él los había ganado. Y ¡qué poder había en su rostro y en su obra, en su mirada y sus hechos! Y Judas también había sido uno de ellos; en su primera misión habían recibido poder de sujetar a los demonios. Pero paso a paso había entrado el desengaño. Juan fue decapitado, sin ser vengado; por el contrario, Jesús mismo se retiró. Este constante retirarse, fuera del alcance de los enemigos o del éxito –casi en constante huida– incluso cuando querían hacerle rey; su negativa a mostrarse abiertamente, fuera en Jerusalén, como le habían dicho sus mismos hermanos, o en otra parte; esta constante repetición de palabras desalentadoras a sus discípulos cuando ellos iban a Él entusiasmados y esperanzados por algún éxito; esta enemistad creciente de los líderes de Israel, y el que rehusara mostrar una señal del cielo a los fariseos, a lo que éstos le habían retado tantas veces, algo que algunos incluso consideraban un fracaso por su parte; finalmente, y por encima de todo, su constante y creciente referencia a la vergüenza, desastre y muerte, ¿qué significaba todo aquello sino el desengaño de todas las esperanzas y expectativas que habían hecho de Judas un discípulo de Jesús al principio?

Él, que conocía a Jesús no sólo en sus palabras y hechos, sino incluso en sus pensamientos íntimos, incluso su comunión noches enteras con Dios en la ladera de las montañas, no podía creer seriamente, como explicación de todo, en la burda acusación farisaica de que era un agente satánico. No obstante, desde el punto de vista judío, apenas podía hallar otra explicación plausible a su poder milagroso. Pero a medida que el aspecto moral y espiritual del Reino de Cristo fue haciéndose más aparente, incluso al intelecto más romo, el amargo desengaño de sus pensamientos y esperanzas mesiánicas debe haber seguido aumentando en proporción al proceso de alienación moral, inevitablemente conectado con su resistencia a sus manifestaciones espirituales, continuado e incrementado. Y así el apartamiento y alienación mental y moral fueron avanzando juntos, afectando el uno a la otra. Y si tuviéramos que dar el momento definido en que empezó el proceso de desintegración, al menos de modo sensible, señalaríamos la mañana del sábado en Capernaum, cuando Cristo había predicado sobre su carne como comida del mundo, y tantos de sus adherentes dejaron de seguirle; es más, cuando la levadura había trabajado incluso en sus discípulos, y Él se dirigió a ellos con la pregunta: «¿Intentáis también iros vosotros?». Pedro venció al captar el elemento moral, porque era afín a él y a los otros verdaderos discípulos: «¿A quién iremos? Tú tienes palabras de vida eterna». Pero este elemento moral era el mismo arrecife en que naufragó Judas. Después de esto, todo fue de mal en peor. Vemos desilusión en su rostro cuando no sube al monte de la Transfiguración, y desilusión en el fracaso en curar al muchacho lunático. En las disputas por el camino, en las pugnas por quién sería el mayor entre ellos, en las miserias de los malentendidos y la locura realista de sus preguntas o respuestas, nos parece oír el eco de su voz para ver el resultado de su influencia, la levadura de su presencia. Y en todo ello notamos el descenso apresurado de su curso, incluso en el momento en que, en contraste con el profundo amor de María, pone delante de nosotros sin máscara, sin corazón, hipócrita y lleno de odio, su frustrada ambición rondando al egoísmo, y éste deslizándose a la codicia, incluso hasta el crimen de robar lo destinado a los pobres.

Porque cuando una ambición que sólo reposa sobre el egoísmo cede, hay allí cerca el deseo burdo de la codicia, como la pasión más cercana, una expresión más baja aún de aquella otra forma de egoísmo. Cuando la fe mesiánica de Judas cedió al desengaño completo, el carácter moral y espiritual de la enseñanza de Cristo le afectaría en sentido negativo, no positivo; en antipatía, no simpatía. Así, lo que debiera haber abierto la puerta de su corazón, sólo la cerró más a piedra y lodo. Su adhesión a la persona de Jesús habría pasado a ser odio verdadero, aunque solamente de un carácter temporal; y la intensidad exorbitada de una naturaleza oriental lo habría prendido todo en llamas. Así, cuando Judas perdió su precario punto de apoyo, fue deslizándose hacia el abismo sin fondo. El único agarradero donde podría haberse sostenido habría sido la pasión de su alma. Cuando echó mano de ella, cedió, cayó con él en la profundidad insondable. Todos tenemos alguna pasión dominante; y si perdemos pie –¡que Dios no lo permita!–, nos agarraríamos a esta pasión, y si cediera, nos hundiríamos con ella en la oscuridad eterna.

En aquel día primaveral, en el reposo tranquilo de Betania, cuando el Maestro se había despedido con tristeza y solemnidad del cielo y de la tierra, de los amigos y discípulos, y les dijo lo que había de suceder sólo dos días más tarde, en la Pascua, todo quedó decidido en el alma de Judas. «Satanás entró en él». Cristo sería crucificado; esto era algo cierto. En el cataclismo general, Judas estaba decidido a sacar algo por lo menos. Y así, en aquella misma tarde, los dejó allí, buscando la compañía no de los que estaban reunidos en lugar corriente y vulgar, sino en el palacio del Sumo Sacerdote. Incluso esto indica que era una reunión no oficial, consultiva más que judicial. Porque era uno de los principios de la Ley judía que en casos criminales la sentencia debía ser pronunciada en el lugar regular de reunión del Sanedrín (Ab. Zar. 8 *b*, línea penúltima). Se puede sacar la misma conclusión por la circunstancia de que el capitán de la guardia del Templo y sus inmediatos subordinados parecen haber sido parte de aquel concilio (Lc. 22:4), sin duda para acordar las medidas de la detención real de Jesús. Había habido una reunión y consulta similar previa cuando las noticias de la resurrección de Lázaro habían llegado a las autoridades de Jerusalén (Jn. 11:47, 48). La resolución práctica adoptada en aquella reunión, al parecer había sido que a partir de entonces debía vigilarse atentamente cada uno de los movimientos de Cristo, y que cada uno de ellos, así como los nombres de sus amigos y los lugares de sus retiros secretos, debían ser comunicados a las autoridades con miras a su detención en el momento apropiado (Jn. 11:57).

Fue probablemente en obediencia a estas instrucciones que el traidor se presentó aquella tarde en el palacio del Sumo Sacerdote Caifás. Los reunidos allí eran los «principales» de los sacerdotes –sin duda, los oficiales del Templo, jefes de los cursos de los sacerdotes, y otros relacionados con la familia del Sumo Sacerdote, que constituían lo que tanto

«La víspera del día en que se mataba al cordero pascual, con todo lo que seguía, era un día de reposo, un sábado para su alma antes de su gran agonía. Iba a ser un refrigerio para Él, un recogerse en sí para el terrible conflicto que tenía delante. Y así lo hizo como el Cordero de Dios: sometiéndose en humildad a sí mismo a la voluntad y la mano de su Padre, y con ello cumpliendo todos los tipos, desde el sacrificio de Isaac en el monte Moria al cordero pascual en el Templo; y trayendo realidad a toda profecía, desde la de la simiente de la mujer que aplastaría la cabeza de la serpiente a la del Reino de Dios en su plenitud, cuando las puertas doradas se abrirían de par en par a todos los hombres y la misma luz del cielo saldría a raudales para derramarse sobre todos los que buscaban su camino de paz».

Sacrificio de Isaac, escultura de Donatello. Abraham sacrifica a Isaac. Dios sustituyó al muchacho por un cordero. (Museo dell'Opera de Duomo)

Josefo como el Talmud designan como el Consejo Sacerdotal. Todo lo relacionado con el Templo –su ritual, administración, orden y leyes– estaría en sus manos. Además, era natural que el Sumo Sacerdote y su concilio fueran el medio regular oficial entre las autoridades romanas y el pueblo. En cuestiones que les afectaran –no meros delitos comunes, sino crímenes políticos (tales como el que deseaban hacer ver era el movimiento de Jesús)– o que afectaban al *status* de la religión establecida, los sacerdotes oficiales, naturalmente, serían las personas que apelarían, en conjunción con los miembros del Sanedrín, a las autoridades seculares. Esto, al margen de la cuestión –a la cual nos referiremos luego– de qué lugar tenían los principales sacerdotes en el Sanedrín. Pero en aquella reunión en el palacio de Caifás, además de estos principales sacerdotes, también estaban reunidos los principales miembros del Sanedrín (escribas y ancianos). Estaban deliberando en qué forma podía ser arrestado Jesús con sagacidad y dársele muerte. Es probable que todavía no hubieran establecido ningún plan definido. Sólo habían llegado a la conclusión –probablemente como resultado de las aclamaciones populares de su entrada en Jerusalén y de lo que había sucecido desde entonces– de que no debía hacerse nada durante la fiesta, por temor a algún tumulto popular. Conocían muy bien el carácter de Pilato, y que en un tumulto así todos los afectados –tanto los líderes como los dirigidos–, podían ser objeto de una venganza terrible.

Tiene que haber sido un gran alivio ver al traidor que se presentaba ante ellos con sus proposiciones, a pesar de su perplejidad. Sin embargo, la recepción que se le hizo no fue quizá lo que Judas esperaba. Probablemente creería que le tratarían como a un poderoso aliado. Ellos en realidad estaban «contentos, y acordaron darle dinero» cuando él prometió seguir sus pasos y observar cuándo se presentaba la oportunidad que ellos buscaban. En realidad, la oferta del traidor cambió todo el aspecto de la cosa. Lo que antes temían intentar, ahora parecía fácil y seguro. No debían dejar perder una oportunidad así. Es más, podría parecerles ver, en la defección de Judas, como si la insatisfacción y el desengaño hubieran empezado a extenderse en el círculo más íntimo de los discípulos de Cristo. No obstante, trataron a Judas no como a un asociado honorable, sino como a un delator vulgar y un traidor despreciable. Esto no sólo era natural, sino que, dadas las circunstancias, era la política más prudente, tanto para salvar su propia dignidad como para mantener al traidor seguro bajo sus manos. Y después de todo, se podía decir, como para minimizar sus servicios, que Judas no podía hacer mucho realmente por ellos: sólo mostrarles cómo podían capturarle sin que se diera cuenta la multitud, y evitar un posible tumulto en el momento de su detención. ¡Tan poco entendían a Cristo! Y Judas tuvo que decirlo claramente, con lo que se vendió a sí mismo además de al Maestro. «¿Qué me daréis?». Era en cumplimiento literal de la profecía (Zac. 11:12) que ellos «pesaron» para él[3] del mismo tesoro del Templo las treinta monedas de plata (unas 4£). Y aquí podemos señalar que hay siempre un terrible literalismo en las profecías del juicio, en tanto que las de bendición exceden con mucho las palabras de la predicción. Y, con todo, era seguramente tanto en desprecio al traidor como de Aquél a quien él había vendido que ellos pagaron el precio legal de un esclavo. ¿O bien significaba esto alguna clase de ficción legal, de modo que al comprar la persona de Jesús al precio de un esclavo pudieran, después, entregarlo a las autoridades seculares? Estas ficciones para salvar la conciencia con una disquisición lógica no eran raras, y el caso de los inquisidores que entregaban a los condenados herejes a las autoridades seculares será recordado fácilmente. Pero en verdad, Judas no podía ahora escapar de sus redes. Aunque le hubieran ofrecido cinco o diez, estaba en sus manos. Como sea, permanece el hecho de que el Señor fue pagado con dinero del Templo que estaba destinado a la compra de los sacrificios, y que Él, que había tomado la forma de siervo (Fil. 2:7), fue vendido y comprado por el precio legal de un esclavo (Éx. 21:32). Y esto tiene valor simbólico.

A pesar de todo, Satanás tenía que entrar una vez más en el corazón de Judas en aquella cena, antes que pudiera realizar finalmente su acto (Jn. 13:27). Pero incluso en este caso creemos que sólo fue de modo temporal, no de modo definitivo, porque después de todo era un ser humano como somos todos a este lado de la eternidad, y su conciencia todavía trabajaba en él. Con este elemento él no había contado en su trato en el palacio del Sumo Sacerdote. Al ser Jesús condenado al día siguiente, esto exigiría una cuenta terrible. Aquella noche en Getsemaní no se borró nunca más de su alma. En las tinieblas que le iban rodeando, cada vez más espesas, el único resplandor que las penetrara tiene que haber sido el rostro pálido, a la luz de las antorchas, del divino Maestro. En la quietud terrible antes de la tormenta tiene que haber oído únicamente estas palabras: «¿Con un beso entregas al Hijo del Hombre?» (Lc. 22:48). Judas no odiaba a Jesús entonces –no odiaba nada; lo odiaba todo. Desesperado, la tormenta se abatió sobre su alma desengañada y lo aniquiló. No había nadie a quién apelar ni en el cielo ni en la tierra; nadie, ángel u hombre, estuvo a su lado. Ni los sacerdotes que le habían pagado el precio de la sangre quisieron saber nada de él, ni aun de las treinta piezas de plata, el dinero de sangre de su Maestro y de su propia alma; incluso como la moderna Sinagoga, que aprueba lo que se hizo, pero de aquel acto ¡no quiere saber nada de él! Con su «A nosotros, ¿qué? ¡Allá tú!» le despidieron otra vez a sus tinieblas. Pero la conciencia no callaba. Cada vez con más insistencia resonaba en sus oídos el sonido que hicieron aquellas monedas al caer sobre el pavimento del Templo, junto con sus propias palabras: «He pecado entregando sangre inocente».

La tormenta arreciaba en su furia. Al rasgarse una nube le pareció ver la figura pálida de Cristo, sereno, plácido, como lo había visto aquella noche dormido en el bote en el lago de Galilea. Jesús entonces se levantó y ordenó que los elementos enfurecidos se calmaran. ¡Paz! ¿Qué paz había para él ahora, en el cielo o en la tierra? Y otra vez vio a Cristo, coronado de espinas, con sus manos y sus pies horadados. ¡Y esto lo había hecho él, Judas, a su propio Maestro! Y una vez más se desvaneció la visión, para reaparecer esta vez con la figura de Jesús envuelta en su sudario, mecida por las olas; y a ellas se lanzó Judas. Las aguas se cerraron tras él en un silencio eterno.

. . . .

En la mañana lívida que iluminaba la otra orilla adonde le arrojó el oleaje se encontró con los ojos amantes de Jesús interrogándole. ¡Aquella mirada que él conocía tan bien! Ahora tenía que dar cuenta de sus hechos en la carne.

. . . .

Y ¿puede haber compasión eterna para el hombre que entregó a Cristo?

---

3. Probablemente ésta era la costumbre en los pagos públicos.

Capítulo 9
(Mateo 26:17-19; Marcos 14:12-16; Lucas 22:7-13; Juan 13:1)

El quinto día de la semana de Pasión. «¡Preparadnos la Pascua!»

Cuando el traidor regresó de Jerusalén el miércoles por la tarde, la Pascua, en el sentido popular y canónico, aunque no en el sentido bíblico, estaba allí mismo. Empezaba el 14 de Nisán, esto es, al aparecer las primeras tres estrellas al anochecer del miércoles (el anochecer de lo que había sido el 13), y terminaba con las primeras tres estrellas del jueves por la noche (el atardecer de lo que había sido el 14 de Nisán). Como éste es un punto en extremo importante, es bueno que aquí citemos el lenguaje preciso del Talmud de Jerusalén (Jer. Pes. 27 *d*, línea penúltima): «¿Cuándo es la *Pesach* (Pascua)?[1] En el 14 de Nisán» (*Ba-Pesach* = inicio de la Pascua). Y así Josefo describe la fiesta como de ocho días (*Ant*. ii.15.1), evidentemente contando el 14, y su término al final del 21 de Nisán. La ausencia, pues, del traidor en estos momentos tan cercanos a la fiesta sería menos notada por los demás. Podían hacerse las preparaciones necesarias, aun en el caso de que hubieran de ser huéspedes en alguna casa, ellos no sabían cuál. Esto, naturalmente, afectaría a Judas. Además, por las conversaciones previas, es posible que consideraran que «el hombre de Keriot» de buena gana evitaría oír lo que el Señor les había estado diciendo aquel día y que ahora llenaba sus mentes y corazones.

Todo Israel estaba pensando en la fiesta. Durante el mes anterior había sido tema de discusión en las Academias, y, por lo menos los dos sábados previos, el tema de la predicación en las Sinagogas (Jer. Pes. 27 *b*, hacia el fin). Todo el mundo iba a Jerusalén, o tenía algunos de sus deudos allí, o por lo menos observaba las comitivas festivas que iban a la metrópolis del Judaísmo. Era una reunión del Israel cosmopolita, el recordatorio de la noche de nacimiento de la nación, y de su éxodo, en que se encontraría a los amigos alejados y se hacían nuevos amigos; en que se traían las ofrendas debidas desde hacía tiempo y se obtenía la purificación; y todos adoraban en aquel Templo grande y glorioso, con su ritual espléndido. Los sentimientos nacionales y religiosos eran agitados en relación con la primera liberación y, con miras al futuro, la liberación final. En este día un judío podía muy bien gloriarse de ser judío. Pero no hemos de insistir en estos pensamientos ni intentar una descripción general de la fiesta. Más bien intentaremos seguir de cerca las pisadas de Cristo y sus discípulos, y ver o saber lo que hacían y veían en aquel día.

Para cuestiones eclesiásticas parece que Betfagé y Betania quedaban incluidos en Jerusalén. Pero Jesús tenía que celebrar la fiesta en la misma ciudad, aunque, si su propósito no hubiera sido interrumpido, habría pasado la noche fuera de los muros.[2] Las primeras preparaciones para la fiesta comenzarían poco después del regreso del traidor. Porque en el atardecer (del 13) comenzaba el día 14 de Nisán, con una búsqueda solemne hecha con una vela por toda la casa, para hallar cualquier rastro de levadura que pudiera haber quedado escondida o caído de modo accidental. Si se encontraba, era puesta en un lugar seguro, y después destruida con el resto. En Galilea había la costumbre de abstenerse totalmente de trabajar; en Judea, el día se dividía, y el trabajo real cesaba solamente al mediodía, aunque no se emprendía nada nuevo ya en la mañana. Esta división del día para propósitos festivos era una adición rabínica; y como modo de circunvenirla se fijaba una hora antes del mediodía, después de la cual no se podía comer nada con levadura. Los más estrictos se abstenían de ello incluso una hora antes (las diez), para estar seguros de que no pasarían por alto y cruzarían la línea de prohibición del mediodía. Pero había poco peligro real de esto, ya que, a modo de notificación pública, se ponían dos tortas de ofrenda de acción de gracias profanadas sobre un banco en el Templo, y cuando se quitaba una se indicaba que había pasado el tiempo en que se podía comer algo leudado; al quitar la otra, había llegado el momento de destruir toda levadura.[3]

Fue probablemente después de la primera comida, y cuando había cesado el comer algo leudado, que Jesús empezó las preparaciones para la Cena pascual. Juan, que en vista de los detalles de los otros Evangelios resume y en cierto sentido casi pasa por alto los sucesos externos para que el relato no nos distraiga de las enseñanzas más importantes que él solo registra, nos dice simplemente, a modo de prefacio y explicación –tanto de la «Última Cena» como de lo que siguió–, que Jesús, «sabiendo que su hora había llegado y que debía partir de este mundo para ir al Padre…[4] habiendo amado a los suyos que estaban en el mundo, los amó hasta el fin».[5] Pero el relato de Lucas de lo que sucedió realmente, siendo en algunos puntos el más explícito, requiere ser estudiado cuidadosamente, y esto sin pensar en las posibles consecuencias con respecto a la armonía de los Evangelios. Es casi imposible imaginar nada más evidente que el hecho de que Lucas quiere que entendamos que Jesús estaba a punto de celebrar la cena pascual judía corriente. «Llegó el día de los panes sin levadura, en el cual se debía sacrificar el cordero de la pascua» (Lc. 22:7). La designación es exactamente la del comienzo de la Pascua, que como hemos visto era el 14 de Nisán, y la descripción, la de sacrificar el cordero pascual. Lo que sigue está exactamente en consonancia con ello: «y Jesús envió a Pedro y a Juan, diciendo: Id, preparadnos la pascua para que la comamos». Luego ocurren estas tres noticias en el mismo relato: «y prepararon la pascua» (v. 13). «Cuando llegó la hora, se

---

1. La pregunta es puesta en conexión con Pes. i. 8.

2. Comp. Mateo 26:30, 36; Marcos 14:26, 32; Lucas 22:39; Juan 18:1.

3. El Talmud de Jerusalén da los detalles más minuciosos de los lugares en que debía hacerse la búsqueda. ¡Un rabino proponía que debía repetirse varias veces! Si se había omitido en el atardecer del 13, debía hacerse antes del mediodía del 14.

4. Estas frases ocurren frecuentemente en los escritos judíos sobre la muerte: «la hora había llegado», «partir de este mundo». Así en el Targum sobre Cantares 1:7: «cuando había llegado la hora en que Moisés había de partir de este mundo»; Shem. R. 33: «hora en que el tiempo llegó para nuestro padre Jacob en que debía partir de este mundo».

5. Estas palabras pueden también ser traducidas «los amó hasta lo sumo». Pero parece más natural entender que «habiéndolos amado» se refiere a los dichos y hechos previos de Cristo –como si dijéramos, el resumen de todo el pasado, como Mateo 26:1: «cuando Jesús hubo terminado todos estos dichos»–, y la otra cláusula («los amó hasta el fin») se refiere a la manifestación final y máxima de su amor; el uno siendo el *terminus zquo*, el otro, el *terminus ad quem*.

reclinó a la mesa (como era costumbre en la cena pascual), y con él los apóstoles» (v. 14); y finalmente estas palabras suyas: «¡Cuánto he deseado comer con vosotros esta pascua!» (v. 15). Y con esto está plenamente de acuerdo el lenguaje de los otros dos sinópticos, Mateo 26:17-20 y Marcos 14:12-17. No hay posibilidad de explicar estos hechos de otra manera. La sugerencia de que en aquel año el Sanedrín había aplazado la cena pascual del jueves por la noche (el 14-15 de Nisán) al viernes por la noche (15-16 de Nisán), para evitar que el sábado siguiera al primer día de la fiesta –y que el cordero pascual, por tanto, había sido comido aquel año el viernes, la noche del día en que Jesús fue crucificado–, es una suposición que no tiene apoyo ninguno en la historia de la tradición judía. Igualmente insostenible es que Cristo hubiera celebrado la cena pascual un día adelantado del resto del mundo judío, una suposición que es incompatible con las palabras claras de los Sinópticos, y además imposible, puesto que el cordero pascual no podía haber sido ofrecido en el Templo, y por tanto no se habría celebrado una cena pascual fuera del tiempo regular. Pero quizá el intento más extraño de reconciliar la afirmación de los Sinópticos con lo que se supone incompatible con ella en el relato de Juan (18:28) (ver explicación en cap. XIV) es que cuando el resto de Jerusalén, incluido Cristo y sus apóstoles, participó de la cena pascual, los principales sacerdotes habían sido interrumpidos o impedidos de hacerlo por los procedimientos legales contra Jesús; y que de hecho no la habían tocado cuando no quisieron entrar en la sala de juicio de Pilato (Jn. 18:28); y que después de esto fueron a comerla, «haciendo de la cena un desayuno».[6] Aparte de otras objeciones a esta extraordinaria hipótesis, bastará decir que esto habría sido absolutamente contrario a una de las instrucciones más claras de la rúbrica, que es: «La pascua sólo se puede comer durante la noche, y no más tarde de medianoche» (Sebach. v. 8).

Fue, pues, con la intención de preparar la cena pascual ordinaria que el Señor envió ahora a Pedro y a Juan (Lc. 22:8). Por primera vez los vemos aquí juntados por el Señor, estos dos que después habían de estar unidos, el uno con los sentimientos más profundos y el otro con la acción más rápida. Y su pregunta sobre *dónde* quería Él que prepararan la comida pascual, nos da un breve vislumbre en las relaciones mutuas entre el Maestro y sus discípulos; que Él era todavía el Maestro, incluso en su conversación más íntima, y les decía exactamente lo que necesitaba que se hiciera; y ellos no se atrevieron a hacer ninguna pregunta de antemano (mucho menos proponer nada o interferir), sino que tenían simple confianza y absoluta sumisión con respecto a todas las cosas. La orden que les dio el Señor, aunque evidenciando una vez más a ellos como a nosotros el conocimiento previo de Cristo, tenía también su profundo significado humano. Evidentemente, ni la casa en que se celebró la Pascua ni el dueño de la misma tenían que mencionarse de forma que lo oyera Judas. Esa última comida, con su institución de la Santa Cena, no debía ser interrumpida, ni su último retiro traicionado, hasta que todo hubiera sido dicho y hecho, hasta la última oración en la agonía de Getsemaní. No es probable que nos equivoquemos si vemos en esta combinación de presciencia con prudencia la expresión de lo divino y lo humano: las «dos naturalezas en una persona». El signo que Jesús dio a los dos apóstoles nos recuerda el que Samuel había usado para transmitir certidumbre e instrucciones a Saúl (1 S. 10:3). Al entrar en Jerusalén encontrarían a un hombre –evidentemente un siervo– que llevaría un cántaro de agua. Sin decirle palabra, tenían que seguirle y, al llegar a la casa, dar su mensaje al propietario:[7] «El Maestro dice: Mi tiempo ha llegado; en tu casa voy a celebrar la pascua con mis discípulos. ¿Dónde está el aposento en que pueda comer la pascua con mis discípulos?» (Lucas).

Hay dos cosas aquí que merecen atención. Los discípulos no recibieron instrucciones de pedir el «aposento alto» o principal, sino por lo que se puede traducir por falta de una palabra mejor por «sala» –κατάλυμα, el lugar de la casa en que eran descargadas las bestias de carga, y se colocaban calzado y báculos, vestidos llenos de polvo y cargas–, si bien un aposento, sin duda uno común, ciertamente no el mejor. Excepto en este lugar (Mr. 14:14; Lc. 22:11), la palabra solamente ocurre como la designación del «albergue» u «hostería» (κατάλυμα) en Belén, donde la Virgen-Madre dio a luz a su primogénito y lo pusieron en un pesebre (Lc. 2:7). Había nacido en una «hostería» –*Katalyma*–, y estaba contento con pedir para su última comida una *Katalyma*. Sólo que –y esto debe hacerse notar de modo secundario–: «Mi *Katalyma*». Era una práctica común que más de un grupo participara de la cena pascual en el mismo apartamento[8] (Pes. vii. 13). En la multitud de los que se sentarían a la cena pascual esto era inevitable, porque todos participaban, incluido las mujeres y los niños (Pes. viii. 1), con la excepción de los que eran levíticamente inmundos. Y aunque un grupo no podía consistir de menos de diez, no era mayor de lo que pudiera permitir por lo menos el recibir una porción pequeña del cordero pascual (Pes. viii. 2) –y sabemos lo pequeños que son los corderos en el Oriente. Pero aunque Él sólo pidió poder celebrar su última comida en la *Katalyma* –alguna sala abierta al patio abierto–, Cristo quería tener la suya propia –para sí, para comer la pascua a solas con sus apóstoles. Ni aun una compañía de discípulos –a los cuales, sin duda, pertenecía el propietario–, ni tampoco –déjese bien claro– la Virgen-Madre podían estar presentes, ser testigos de lo que pasaba, escuchar lo que se decía o estar presentes en la primera institución de su Santa Cena. Para nosotros esto también nos recuerda las palabras de Pablo: «He recibido del Señor lo que yo os entrego a vosotros» (1 Co. 11:23).

No puede haber duda, dentro de lo razonable, de que, como ya se ha indicado, el propietario de la casa era un discípulo, aunque en las temporadas festivas se extendía ilimitada hospitalidad a los extranjeros en general, y ningún hombre en Jerusalén consideraba su casa como estrictamente propia, y menos aún la habría alquilado (Yoma 12 *a;* Megill. 26 *a*). Pero ningún extraño, como respuesta a un mensaje tan misterioso, habría renunciado sin hacer más preguntas a su mejor aposento. No sabemos si conocía a Pedro y a Juan; o si reconoció a Aquél que le enviaba el mensaje por el anuncio de que era «el Señor»; o bien por las palabras a las cuales su enseñanza había dado este significado: «que su hora había llegado»; o bien por el énfasis peculiar de su orden: «En tu casa [contigo] he de celebrar la pascua con mis discípulos» (comp. Mr. 5:41 y 10:18). No importa mucho cómo sucedió el caso, pero en realidad produce la impresión de que el propietario de la casa, si bien

6. Archidiácono Watkins (en Excursus *F,* en obispo Ellicott: *Commentary on the N.T., Evangelio de San Juan*).

7. Mateo le llama «cierto hombre» (τὸν δεῖνα). Los detalles hay que buscarlos en Marcos y Lucas, y recogerlos de estos Evangelios.

8. La Mishnah explica ciertas regulaciones para estos casos. Según el Targum Pseudo-Jon., un grupo no debía consistir de menos de diez personas; según Josefo (*Guerras* vi.9.3) de no más de veinte.

no había esperado la llamada, se consideró preparado para ella. Era la última petición del Maestro, y ¿cómo podía rehusarla? Pero hizo más que cumplir lo requerido. El Maestro sólo pedía el «albergue», o sea, una «sala». Pero el discípulo de nombre desconocido le asignó «el aposento alto», la mejor habitación, la más honrada, la más retirada y quieta, la *Aliyah,* a la que se llegaba por unas escaleras exteriores y de la que se podía partir sin pasar por la casa. Y «el aposento alto» era «grande», «amueblado y listo» (Marcos). De fuentes judías sabemos que el comedor promedio tenía unos quince pies en cuadro (Bab. B. vi. 4); la expresión «amueblado», se refiere sin duda al arreglo de sofás o canapés alrededor de la mesa, excepto el extremo; era una norma que había que participar de esta cena en una postura *reclinada* –incluso los más pobres–, para indicar reposo, seguridad y libertad,[9] en tanto que el término «listo» o «preparado» parece indicar que había provisión de todo lo requerido para la fiesta. En este caso, todo lo que los discípulos tenían que preparar era el cordero pascual, y quizá la primera *Chagigah,* o sacrificio festivo (ver cap. XIV) que, si el cordero pascual mismo no fuera suficiente para la cena, se añadía a ella. Y aquí hemos de recordar que era indicado el ayunar hasta la cena pascual –según explica el Talmud de Jerusalén (Pes. x. 1)–, para que se disfrutara mejor de la cena.

Quizá no sea prudente intentar apartar el velo que cubre a este «cierto hombre» innominado que tuvo el privilegio de ser el último anfitrión del Señor y el primer anfitrión de su Iglesia, reunido dentro del nuevo lazo de comunión de su cuerpo y sangre. Y con todo es difícil abstenerse de especular. A nosotros por lo menos nos parece probable que era la casa del padre de Marcos (entonces todavía vivo), una casa grande, según vemos en Hechos 12:13. Porque la explicación más evidente de la introducción por Marcos solamente de un incidente así como el del joven que acompañaba a Cristo cuando fue arrestado, y que al huir de los que echaron mano sobre él dejó en sus manos la *sindoné* o vestido interior que se había echado encima cuando, despertado del sueño, había ido corriendo a Getsemaní, es que no era otro que Marcos mismo. Si es así, podemos entenderlo todo: cómo el traidor puede haber traído primero los guardas del Templo que habían acudido a arrestar a Cristo a la casa del padre de Marcos donde se había celebrado la cena, y que, hallando que ya habían partido, le siguieron a Getsemaní, pues «Judas conocía el lugar, porque Jesús iba allí con frecuencia con sus discípulos» (Jn. 18:1, 2); y que Marcos, sobresaltado en su sueño por la aparición de hombres armados, se habría puesto rápidamente la *sindoné* o túnica suelta y echado a correr tras ellos; luego, tras la huida de los discípulos, habría acompañado a Cristo; pero, ante el intento de ellos de arrestarle también, se escapó dejando la túnica en manos de los guardas.

Si el punto de vista expresado es correcto, que el propietario de la casa había provisto todo lo que se necesitaba para la cena, Pedro y Juan hallarían allí el vino para las cuatro copas, las tortas de pan sin levadura, y posiblemente también «las hierbas amargas». De estas últimas había cinco clases (Pes. ii. 3), que eran mojadas una vez en agua salada o vinagre, y otra vez en una mezcla llamada *Charoseth* (un compuesto hecho de nueces, pasas, manzanas, almendras, etc.)[10] –aunque este *Charoseth* no era obligatorio. El vino era el corriente del país, sólo rojo; se mezclaba con agua, generalmente en la proporción de una parte de vino y dos de agua.[11] La copa pascual se describe (según la rúbrica) con sus medidas específicas, aunque no siempre se observaba. Estando todo preparado, como suponemos, en el aposento alto amueblado, sólo faltaría que Pedro y Juan trajeran el cordero pascual y lo demás que se requiriera para la cena, y posiblemente también lo que se hubiera ofrecido como *Chagigah,* o sacrificio festivo, que podía ser comido en la cena. Si habían de traer este último, como es natural, los discípulos tenían que haber acudido a un servicio anterior en el Templo. En cuanto al cordero del que había que proveerse, su coste era muy reducido. Se cita como de unos tres peniques (Chag. i. 2). Sin embargo, el coste corriente es más probable que fuera una *Sela* o tres *Selaim,* es decir, unos dos chelines y medio (Menach. xiii. 8).

Si no nos equivocamos, estas compras ya habían sido hechas la tarde anterior por Judas. No es probable que ellos hubieran esperado hasta el último momento; ni que Él, que tan recientemente había condenado el tráfico en los patios del Templo, hubiera enviado a sus discípulos allí para comprar el cordero pascual, que habría sido necesario que pasara una inspección levítica, y en el día de la Pascua no habría habido tiempo para someterlo a este examen. Por otra parte, si Judas había hecho esta compra, vemos fácilmente el pretexto con el que pudo haber ido la tarde anterior a Jerusalén, y también que cuando caminó al mercado de ovejas hacia el Templo para que le inspeccionaran el cordero, podría haberse enterado de que los principales sacerdotes y los sanedristas estaban precisamente entonces en sesión en el palacio del Sumo Sacerdote, que estaba cerca.[12]

En el supuesto anterior, la tarea de Pedro y Juan habría sido ciertamente muy simple. Dejaron la casa de Marcos con el corazón apesadumbrado y lleno de preguntas. Una vez más tenían evidencia de que la mirada del divino Maestro escudriñaba el futuro con todos sus detalles. Habían hallado al siervo con el cántaro de agua, habían entregado el mensaje al dueño de la casa, y habían visto el gran aposento alto amueblado y listo. Pero esta presciencia de Cristo proporcionaba sólo una evidencia más de que lo que Él había predicho de su crucifixión inminente iba a ser cierto. Y ahora era la hora para el servicio y sacrificio ordinario de la tarde. Solía empezar hacia las 2.30 –el sacrificio diario de la tarde era, en realidad, ofrecido hasta una hora más tarde; pero en esta ocasión, a causa de la fiesta, el servicio era una hora antes.[13] Hacia la una y media los dos apóstoles ascendieron al monte con el corazón acongojado, en medio de una multitud abigarrada de peregrinos que charlaban y cantaban alegremente. A ellos las sombras de la muerte ya los rodeaban. ¡Cuán pocos habría en esa multitud que hubieran simpatizado con ellos; cuántos enemigos! Los patios del Templo estaban llenos de fieles de todas las naciones y partes del país. En el Patio de los Sacerdotes había gran número de sacerdotes y levitas vestidos de blanco, porque en aquel día los veinticuatro cursos estaban de servicio y

---

9. El Talmud dice que los esclavos solían tomar sus comidas de pie, y que este reclinarse indicaba, más bien, que Israel había pasado de la esclavitud a la libertad.

10. Como es simbólico de la arcilla con que los hijos de Israel trabajaban en Egipto, la rúbrica requiere que sea espeso (Pes. 116 *a*).

11. La idea de que se trataba de vino *no fermentado* no hay ni que considerarla seriamente, aunque en la costumbre *moderna* no hay inconveniente en usarlo.

12. Pero puede haber sido todo distinto; quizá el cordero ya había sido provisto por el propietario del «aposento alto», puesto que podía ser ofrecido por otro. Con todo, creemos que el relato dado en el texto se ajusta mejor con los relatos que hallamos en los Evangelios.

13. Si hubiera sido el anochecer del viernes al sábado, en vez de ser del jueves al viernes, habría sido dos horas más temprano. Ver la rúbrica en Pes. v. 1.

todos podían ser llamados, aunque sólo el curso de aquella semana se encargaría aquella tarde del servicio ordinario que precedía al de la fiesta. Casi de modo mecánico estarían presentes en las diversas partes del bien recordado ceremonial. Tiene que haber habido un significado peculiar para ellos –un significado triste– en las palabras del Salmo 81, cuando los levitas lo cantaron aquella tarde en tres secciones, interrumpiéndolo tres veces con el sonido agudo de las trompetas de plata de los sacerdotes.

Antes de que fuera quemado el incienso para el sacrificio de la tarde, o fueran despabiladas las lámparas del candelabro de oro para la noche, eran sacrificados los corderos de la pascua. Los fieles eran admitidos en tres divisiones dentro del Patio de los Sacerdotes. Cuando entraba la primera compañía, las inmensas Puertas Nicanor –que llevaban del Patio de las Mujeres al de Israel–, y las otras puertas laterales en el Patio de los Sacerdotes, eran cerradas. El triple trompetazo de los sacerdotes daba a entender que los corderos habían sido sacrificados. Esta tarea la hacía cada israelita por su cuenta. No podemos equivocarnos al suponer que Pedro y Juan estarían en la primera de las tres compañías en que los oferentes eran divididos; porque debían estar ansiosos de partir y volver a reunirse con el Maestro y sus hermanos en aquel aposento alto. El cordero de Pedro y Juan[14] había sido sacrificado. Los sacerdotes que oficiaban se hallaban de pie en dos filas, cerca del gran altar de los holocaustos. Cuando uno de ellos había recogido la sangre del cordero moribundo en un cuenco de oro, lo entregaba a su colega, recibiendo a su vez de él otro cuenco vacío, y de esta manera la sangre era pasada al gran altar, donde era lanzada de un chorro a la base del altar.[15] En tanto que esto tenía lugar, los levitas iban cantando la *Hallel* (Sal. 113 al 118). Recordemos que únicamente era repetida por los fieles la primera línea de cada salmo; en tanto que a cada dos líneas respondían con un *Aleluya,* hasta el Salmo 118, en que además de la primera línea repetían igualmente estas tres líneas:

Oh Jehová, sálvanos ahora, te ruego;
Te ruego, oh Jehová, que nos hagas prosperar ahora.
Bendito el que viene en el nombre de Jehová.

Cuando Pedro y Juan repitieron estas líneas aquella tarde, las palabras tienen que haberles parecido profundamente significativas. Pero en su mente tiene que haber vuelto a resurgir aquella entrada triunfal en la ciudad unos pocos días antes, cuando Israel había saludado con estas palabras el Advenimiento de su Rey. Y ahora, ¿no era como si sólo hubiera sido una anticipación del himno, cuando la sangre del cordero pascual era derramada?

Ya no quedaba nada más que hacer. El sacrificio fue colocado en las tablas que descansaban sobre los hombros de Pedro y Juan, despellejado, limpiado, y las partes que habían de ser quemadas en el altar quitadas y preparadas para el holocausto. La segunda compañía de oferentes no habría avanzado mucho en el servicio cuando los dos apóstoles portadores del cordero se dirigían de vuelta al hogar de Marcos para hacer las preparaciones finales para la cena. El cordero sería asado en un asador de madera de granado, que atravesaba al cordero, ensartado por la boca, debiéndose tener cuidado en que mientras se asaba no tocara el horno. Todo lo demás tenía que ser preparado, naturalmente: la *Chagigah* (si era usada), las tortas no leudadas, las hierbas amargas, el plato de vinagre, y esto, con el *Charoseth*, sería colocado sobre una mesita que sería llevada y desplazada a voluntad; finalmente, había que preparar las lámparas festivas.

«Sería probablemente cuando el sol empezaba a declinar en el horizonte que Jesús y los otros diez discípulos descendieron una vez más del monte de los Olivos hacia la ciudad santa. Ante ellos yacía Jerusalén en su festivo atavío. Por todas partes había peregrinos que andaban apresurados. Tiendas blancas tachonaban el césped, avivado por las flores brillantes de la primavera temprana, o bien éstas se veían por los jardines entre el verde plateado de los olivos. De entre los espléndidos edificios del Templo, blancos como la nieve con manchas de oro que reflejaban los oblicuos rayos del sol, se elevaba el humo del altar de los holocaustos. Sus patios estaban llenos a rebosar de fieles que estaban ofreciendo en su sentido real sus corderos pascuales. Las calles estaban henchidas de forasteros, y los terrados cubiertos de personas que miraban, absorbiendo las vistas de la sagrada ciudad que tanto habían anhelado ver. Fue la última vista, durante el día, que el Señor libre y sin trabas captó de la santa ciudad, hasta después de su resurrección. Una vez más, al acercarse la noche en que había de ser entregado, la miraría cuando ya asomaba la luna llena con su luz pálida, incierta. Iba a morir en Jerusalén; para cumplir tipos y profecías, a ofrecerse Él mismo como el verdadero Cordero de Pascua: "el Cordero de Dios, que quita el pecado del mundo". Los que le seguían estaban ocupados con muchos pensamientos. Sabían que les aguardaban sucesos terribles, y poco antes les habían dicho que aquellos majestuosos edificios del Templo iban a quedar desolados, ni una piedra quedaría sobre otra piedra. Entre ellos, dando vueltas a sus planes siniestros azuzado por el gran enemigo, se movía el traidor. Y finalmente, ya se hallaban dentro de la ciudad. Su Templo, su puente regio, sus palacios espléndidos, sus mercados bulliciosos, sus calles con enjambres de peregrinos, todo ello lo conocían y lo observaban cuando se dirigían a la casa en que se había preparado el aposento alto. Entretanto, la multitud descendía del monte del Templo, cada uno llevando sobre sus hombros el cordero del sacrificio preparado para la cena pascual».[16]

---

14. Aunque esto no tenga importancia práctica aquí, deberíamos recordar que Juan era un sacerdote.

15. Si suponemos que había una doble fila de sacerdotes para entregar la sangre, y varios para rociarla, o bien que la sangre de una de las filas de sacrificios era entregada a los sacerdotes de la fila opuesta, vemos que no podía haber dificultad en ofrecer el número de corderos suficientes para todas las «compañías», que consistían de diez a veinte personas.

16. *The Temple and its Services*, pp. 194, 195.

Capítulo 10

(Mateo 26:17-19; Marcos 14:12-16; Lucas 22:7-13; Juan 13:1; Mateo 26:20; Marcos 14:17; Lucas 22:14-16; Lucas 22:24-30; Lucas 22:17, 18; Juan 13:2-20; Mateo 26:21-24; Marcos 14:18-21; Lucas 22:21-23; Juan 13:21-26; Mateo 26:25; Juan 13:26-38; Mateo 26:26-29; Marcos 14:22-25; Lucas 22:19, 20)

La cena pascual. La institución de la Cena del Señor

El período designado como «entre las dos tardes» (Éx. 12:6; Lv. 23:5; Nm. 9:3, 5), en que había de ser sacrificado el cordero de pascua, había pasado. No puede haber duda de que en el tiempo de Cristo se entendía como el intervalo entre el comienzo de la declinación del sol y lo que se consideraba la hora de su desaparición final (hacia las 6 de la tarde). Las primeras tres estrellas ya eran visibles, y el triple trompetazo de las trompetas de plata desde el monte del Templo había resonado por todo Jerusalén y cercanías, y había comenzado otra Pascua. En el «aposento alto» festivamente iluminado de la casa de Marcos, el Maestro y los doce se hallaban todos reunidos ahora. ¿Fue en esta casa que tuvo lugar el último convite de Cristo y el primero de la Iglesia; en que fue instituida la Santa Cena con los apóstoles, de la que luego había de participar toda la Iglesia; el aposento en que platicó con ellos por última vez antes de su muerte, y aquél en que se apareció a ellos por primera vez después de su resurrección; en que fue derramado el Espíritu Santo, y en el que la Iglesia acostumbraba al principio a reunirse para orar en común? (Hch. 12:12, 25). No sabemos si éste fue el lugar, y sólo podemos sugerirlo, aunque estos pensamientos nos conmuevan hasta el fondo del alma por lo que va asociado con ellos.

Según parece, o según podemos inferir, esta Pascua fue el único sacrificio que Jesús ofreció Él mismo. Recordamos ciertamente el primer sacrificio de la Virgen-Madre en su Purificación. Pero éste era el de *ella*. Si Cristo estuvo en Jerusalén en alguna Pascua antes de que empezara su ministerio público, naturalmente sería un invitado en alguna mesa, no el jefe de una compañía (que debía consistir por lo menos en diez personas). Por ello, Él no habría sido el oferente del cordero pascual. Y de las tres pascuas desde que había empezado su ministerio público, en la primera sus doce discípulos no habían sido aún congregados (Jn. 2:13), de modo que Él no podía haber sido el jefe de una compañía; en tanto que en la segunda no estaba en Jerusalén, sino en los confines remotos de Galilea, en la frontera de Tiro y de Sidón, donde como es natural no podía ofrecerse ningún sacrificio (Mt. 15:21ss.). Así, el primer sacrificio y el último, el único que ofreció Jesús, fue éste en el que, simbólicamente, se ofrecía a *sí* mismo. Además, el único sacrificio que Él presentó es el relacionado con la institución de su Santa Cena; y también la única purificación a la cual Él se sometió ocurrió con ocasión de su Bautismo: Él «santificó el agua del lavamiento místico del pecado». Pero qué significado adicional da esto a las palabras que Él dijo a los doce cuando se sentó con ellos a la Cena: «¡Cuánto he deseado comer esta pascua con vosotros antes de mis padecimientos!».

Y en verdad, cuando pensamos en ello, podemos entender no sólo por qué el Señor no pudo haber ofrecido ningún otro sacrificio, sino que era muy apropiado que Él ofreciera esta Pascua participando de su Cena conmemorativa, y relacionara su propia institución nueva con aquella que había venido señalando. Esta unión de lo antiguo con lo nuevo, el sacrificio simbólico que Él ofreció con el sacrificio real, la fiesta sobre el sacrificio con la otra fiesta sobre el único sacrificio, parece proyectar luz sobre las palabras con las que continuó después de la expresión de su anhelo de comer aquella pascua con ellos. «Porque os digo que no la comeré ya más hasta que se cumpla en el Reino de Dios». ¿Y no ha sido así que esta su última Pascua está relacionada con aquella otra fiesta en la que Él estará siempre presente con su Iglesia no sólo como su alimento, sino como el Huésped, siendo a la vez la Pascua y el que la dispensa? Con un sacramento empezó Jesús su ministerio: el de la separación y consagración en el Bautismo. Con un segundo sacramento terminó su ministerio: el de la reunión y comunión en la Cena del Señor. Ambos estaban en su muerte; con todo, no como algo que tenía poder sobre Él, sino como una muerte que fue seguida por la resurrección. Porque si en el Bautismo somos sepultados con Él, también resucitaremos con Él; y si en la Santa Cena recordamos su muerte, es la de Aquél que ha resucitado otra vez; y si mostramos esta muerte, es hasta que Él vuelva otra vez. Y así, esta Cena también señala hacia la Gran Cena al final de la consumación de su Reino.

Solamente ofreció un sacrificio el Señor. No estamos pensando ahora en la significativa leyenda judía, que relaciona casi cada gran suceso y liberación en Israel con la noche de la Pascua. Sino que la Pascua era realmente un sacrificio, pero distinto de todos los demás. No era de la Ley, porque fue instituido antes de que la Ley fuera dada o el Pacto ratificado por la sangre; es más, en un sentido era la causa y fundamento de todos los sacrificios levíticos y del mismo Pacto. Y no podía ser clasificada con ninguna de las diversas clases de sacrificios, sino más bien combinada con todos ellos, aunque distinta de todos. Tal como el sacerdocio de Cristo era real, aunque no según el orden de Aarón, así también el sacrificio de Cristo es real, aunque no según el orden de los sacrificios levíticos, sino según el de la Pascua. Y así como en la cena pascual todo Israel estaba reunido alrededor del cordero pascual en conmemoración del pasado, en celebración del presente, en anticipación del futuro y en la comunión en el Cordero, también la Iglesia ha estado desde entonces reunida alrededor de su supremo cumplimiento en el Reino de Dios.

Es difícil decir hasta qué punto no sólo del presente ceremonial, sino incluso el de la rúbrica para la cena pascual, tal como está contenido en los más antiguos documentos judíos, puede haber sido obligatorio en el tiempo de Cristo. El ceremonialismo se desarrolla rápidamente, demasiadas veces en proporción a la ausencia de vida espiritual. Probablemente en los primeros días, así como las ceremonias eran más simples, también había más laxitud en su observancia, siempre y cuando los puntos principales del ritual fueran tenidos a la vista. Suponemos que, tal como estaba prescrito, todos aparecían en la cena pascual con atavío festivo. Sabemos también que, como requería la Ley judía, se reclinaban sobre almohadas alrededor de una mesa baja, cada uno reposando sobre su mano izquierda, para dejar la derecha libre. Pero el antiguo uso judío proyecta una luz extraña sobre la penosa escena con la cual había de empezar la cena. Aunque sea humillante tener que leerlo, y aun casi increíble, aquella cena empezó con «una disputa entre ellos sobre cuál debía ser considerado el mayor». No podemos tener duda de que esta ocasión fue referente al orden de qué asientos les correspondía ocupar a la mesa. Sabemos que éste era un tema de disputa entre los fariseos, y que reclamaban el derecho a sentarse según su rango.[1] Un sentimiento similar aparece ahora por desgracia en el círculo de los discípulos, y esto con ocasión de la Santa Cena del Señor. Aun cuando no tuviéramos otras indicaciones de ellos, deberíamos asociar, de modo instintivo, esta pugna con la presencia de Judas. Juan parece referirse a ello cuando, al menos de modo indirecto, empieza su relato con la noticia: «y cuando cenaban, el diablo ya había puesto en el corazón de Judas Iscariote, hijo de Simón, que le entregase» (Jn. 13:2). Porque aunque las palabras forman una introducción general a lo que sigue, y refieren la entrada de Satanás en el corazón de Judas la tarde previa, cuando él vendió a su Maestro a los miembros del Sanedrín, no dejan de tener su significación especial cuando se colocan en conexión con la Cena. Pero no nos hemos quedado con una conjetura general con respecto a la influencia de Judas en esta pugna. Creemos que hay amplia evidencia de que no sólo reclamó, sino que en realidad obtuvo el sitio principal en la mesa al lado del Señor. Éste, según se ha explicado previamente, no estaba como se ha creído en general a la derecha, sino a la izquierda de Cristo, no en dirección hacia abajo, sino hacia arriba respecto a Él, en los reclinatorios o almohadas en que se reclinaban.

Por los relatos de los Evangelios colegimos que Juan tiene que haberse reclinado junto a Jesús, a su derecha, puesto que de otro modo no habría podido reclinar su cabeza sobre el pecho de Él. Esto, como vamos a mostrar, sería en un extremo de la mesa, la cabeza de la mesa, o para ser más preciso el extremo de los reclinatorios. Porque, dejando a un lado todas las ideas convencionales, hemos de pensar que la mesa era oriental y, por tanto, baja. En el Talmud (Bab. B. 57 *b*) se describe la mesa de los discípulos de los sabios como cubierta por un mantel en dos terceras partes, con la otra tercera parte sin cubrir para depositar los platos. Hay evidencia de que esta parte de la mesa está fuera del círculo de los que están alineados a su alrededor. A veces se fijaba un anillo a la mesa, de modo que quedaba suspendida sobre el suelo, con lo que se preservaba de toda posible contaminación levítica. Durante la cena pascual era costumbre quitar de la mesa una parte del servicio; o si se considera esto un arreglo tardío, los platos por lo menos eran quitados y puestos otra vez. Esto haría necesario que el extremo de la mesa sobresaliera más allá de la línea de invitados que se reclinaban a su alrededor. Porque como ya se ha dicho antes, se reclinaban a la mesa en el lado izquierdo, apoyados en la mano izquierda, los pies extendidos hacia atrás y hacia el suelo, y cada invitado ocupaba un diván o almohada separada. Por tanto, habría sido imposible colocar o quitar nada de la mesa desde detrás de los invitados. Por ello, era una necesidad que estuviera libre un extremo de la mesa, que no se cubría con el mantel y que sobresalía más allá de la línea de los que estaban reclinados a su alrededor. Podemos considerar una imagen de este arreglo. Alrededor de una mesa baja oriental, oval o bien elongada, dos partes estaban cubiertas por el mantel, de pie, o bien suspendida, con los divanes o almohadas ordenados en forma de una herradura prolongada, dejando libre un extremo de la mesa.

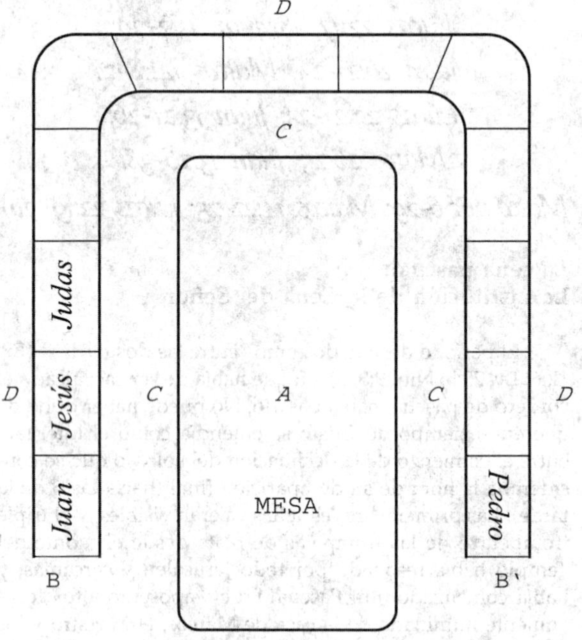

Aquí A representa la mesa, B, B′, respectivamente, los extremos de los dos renglones de divanes individuales donde los invitados se reclinaban sobre el lado izquierdo, con la cabeza (C) cerca de la mesa y los pies (D) extendidos hacia atrás y hacia el suelo.

Esto por lo que se refiere a la disposición de la mesa. Los documentos judíos son igualmente explícitos en lo que hace referencia a los invitados. Parece que había una regla bien establecida (Ber. 46 *b*; Tos. Ber. v.; Jer. Taan. 68 *a*, hacia la base), que en una compañía de más de dos, digamos de tres, el personaje principal o jefe –en este caso, naturalmente, Cristo– se reclinaba en el diván de en medio. Sabemos por los Evangelios que Juan se hallaba a su derecha y al extremo de los divanes –según nosotros llamaríamos– a la cabeza de la mesa. Pero el lugar principal junto al del Maestro sería el de su izquierda, o sea arriba del mismo. En la contienda de los discípulos sobre cuál de ellos debía considerarse el mayor habían reclamado este lugar, y creemos que en realidad fue ocupado por Judas. Esto explica que, cuando Cristo susurró a Juan la señal con que reconocería al traidor (Jn. 13:26), ninguno de los otros discípulos lo oyó. Y también explica que Cristo primero entregara a Judas el pan mojado, que formaba parte del ritual pascual, empezando con él como invitado principal a la mesa, sin que esto llamara la atención. Finalmente explica, por la circunstancia de que Judas, deseoso de averiguar si se había descubierto su traición, se atrevió a preguntar si era él, y recibió la respuesta afirmativa (Mt. 26:25), que nadie en la mesa supo lo que

1. Wünsche (sobre Jn. 13:2) se refiere a Pes. 108 *a*, y afirma de modo general que no se preservaba ningún rango en la mesa pascual. Pero el pasaje que cita no implica esto, sino que, sin distinción de rango, todos se sentaban a la misma mesa, pero no que el orden bien establecido de sentarse fuera infringido. El Talmud de Jerusalén no dice nada sobre el tema. El relato del Evangelio, naturalmente, de modo expreso afirma que hubo una disputa acerca del rango entre los discípulos.

había pasado. Pero esto no habría sido posible si Judas no hubiera ocupado el lugar junto a Cristo; en este caso, por necesidad el de su izquierda, el lugar de honor. Con respecto a Pedro, podemos entender que cuando el Señor le reprendió con palabras bondadosas por su ambición personal y le enseñó la grandeza de la humildad cristiana, en la impetuosidad de su vergüenza, tiene que haber ido inmediatamente a sentarse al otro extremo de la mesa, el lugar inferior.[2] Finalmente, ahora podemos entender cómo Pedro podía hacer señales a Juan, que estaba sentado al extremo opuesto de la mesa frente a frente, y preguntarle quién era el traidor (Jn. 13:24). El resto de los discípulos ocuparía lugares que fueran apropiados en su relación entre sí.

Las palabras que dijo el Maestro para aplacar su contienda impropia parecen haberles tocado en lo vivo. Primero les mostró, no ya en el lenguaje que era de reprensión suave como para enseñar, la diferencia entre el honor del mundo y la distinción en la Iglesia de Cristo. En el mundo los reyes tenían supremacía y se enseñoreaban, y el título de benefactor acompañaba al poder y al dominio. Pero en la Iglesia el «mayor» no ejercería señorío, sino que debía ser como el más joven (esto último se refería al hecho de que la edad, después de la erudición, era considerada entre los judíos como un derecho a la distinción y los lugares principales); en tanto que, invirtiendo los términos usuales en el mundo en que los que tenían autoridad eran llamados benefactores, el que sirviera sería el principal. La humildad que se olvida de sí misma en vez de la gloria del mundo; el servicio en vez del dominio: éste había de ser el título a la grandeza y la autoridad en la Iglesia (Lc. 22:25, 26). Habiéndoles pues mostrado el carácter y el título a la grandeza en el Reino, que estaba en perspectiva para ellos, Jesús se puso a sí mismo como ejemplo de ello. La referencia, aquí, es naturalmente no al acto simbólico de lavarles los pies, que Lucas no refiere –aunque si lo contara, como viene inmediatamente después de las palabras de Jesús, sería un buen ejemplo–, sino al tenor de toda su vida y al objeto de su misión, como el que servía, no que era servido. Finalmente, les despertó para que se dieran plena cuenta de su propia vocación. Sin duda, no perderían su recompensa; pero no aquí ni ahora. Ellos habían compartido, y aún compartirían sus «pruebas» –ser reducido a nada, despreciado, perseguido– pero también compartirían su gloria. Como el Padre había establecido pacto con Él, así Él hacía un pacto y les dejaba un Reino, a fin de que ellos pudieran tener una comunión de reposo y gozo con Él. Lo que para *ellos* debían haber sido «tentaciones» (pruebas no en el sentido de asaltos desde dentro, sino desde fuera), y en este respecto también para Cristo, ellos las habían sufrido; en vez de gloria mesiánica, según ellos habían pensado al principio, sólo habían presenciado y sufrido contradicción, negativas y oprobio, y ellos habían continuado con Él. Pero había un Reino que venía. Cuando su gloria fuera manifestada, también vendría su reconocimiento. Aquí Israel había rechazado al Rey y a sus mensajeros, pero entonces este mismo Israel sería juzgado por la palabra de ellos. Una dignidad regia ésta, ciertamente, pero no una dignidad de servicio; un reconocimiento pleno de soberanía, pero de trabajo a la vez. En este sentido habían de ser entendidas por ellos las esperanzas mesiánicas de Israel. Si había algo más que había de ser entendido también, y en aquel día en que Él de nuevo reúna a los expatriados de Israel habrá algún juicio y dominio especial para sus apóstoles fieles, no podemos decidirlo. Nos basta con las palabras de Cristo en su significado primario.[3]

Hablando de esta forma, el Señor dio comienzo a aquella Cena que en sí misma era un símbolo y promesa de lo que había dicho y prometido. La cena pascual empezaba, como siempre (Pes. x. 2), tomando el jefe de la compañía la *primera copa* y diciendo sobre ella la «acción de gracias». La forma que se usa al presente consiste en realidad en dos bendiciones, la primera sobre el vino, la segunda por el retorno de este día festivo con todo lo que implica, y por haber sido preservados una vez más para dar testimonio de ella. Ateniéndonos a los Evangelios, las palabras que siguen a la bendición por parte de Cristo (Lc. 22:17, 18) parecen implicar que Jesús, en todo caso, había hecho uso de la acción de gracias ordinaria para pronunciar estas dos bendiciones. Sabemos en realidad que estaban en uso antes de su tiempo, puesto que había una disputa entre las escuelas de Hillel y de Shammai sobre si debía tener precedencia la que se daba sobre el vino o sobre el día. La que se daba sobre el vino era muy simple: «¡Bendito seas Tú, Jehová nuestro Dios, que creaste el fruto de la vid!». La fórmula era usada con frecuencia al bendecir la copa, y era tan simple que no podemos tener duda de que éstas fueron las mismas palabras pronunciadas por nuestro Señor. La bendición «sobre el día» no sólo es más compleja, sino que contiene palabras expresivas del orgullo nacional y justicia propia de Israel tales que nunca habrían sido pronunciadas por nuestro Señor. Con esta excepción sin embargo, eran sin duda idénticas en contenido con la fórmula presente. Esto podemos inferirlo de lo que el Señor añadió al pasar la copa alrededor del círculo de los discípulos.[4] Ya no iba a pronunciar más la bendición sobre el fruto de la vid, ni tampoco pronunciar la acción de gracias «sobre el día» porque habían sido «preservados vivos, sostenidos y traídos a aquella sazón». Otro vino y otra fiesta le esperaban ahora: la del futuro, cuando vendría el Reino. Iba a ser la última de las antiguas Pascuas, la primera, o el símbolo y promesa de la nueva. Y así, por primera y última vez, pronunció la doble bendición al comienzo de la Cena.

La copa en la cual, según el testimonio expreso rabínico (Bab. B. 97 *b*, líneas 11 y 12 desde arriba), el vino había sido mezclado con agua antes de ser «bendecido» y pasado alrededor. La segunda parte del ceremonial implicaba que el jefe de la compañía se levantara y se «lavara las manos». Es esta parte del ritual que Juan (cap. 13) registra en la adaptación y transformación por parte de Cristo. El lavamiento de pies de los discípulos evidentemente estaba relacionado con el ritual del lavamiento de manos. Ahora bien, esto se hacía *dos veces* durante la cena pascual (Pes. x. 4); la primera vez el jefe de la compañía solamente, al instante después de la primera copa; la segunda vez, por todos los presentes, en una parte posterior del servicio, inmediatamente antes de la verdadera comida (del cordero, etc.). Si el lavado de los pies hubiera tenido lugar en esta última ocasión, es natural suponer que cuando el Señor se levantó los discípulos hubie-

2. Parece casi incomprensible que algunos comentaristas hayan atribuido la disputa a Pedro y Juan por tener celos el primero del lugar de honor que «el discípulo amado» había obtenido.

3. Sentarse con él a la mesa en una fiesta es evidentemente una promesa de gozo, recompensa y comunión. Sentarse en tronos y juzgar a Israel debe entenderse, en contraste con las «pruebas» o «tentación» de la contradicción de Cristo y su mensaje apostólico, como una reivindicación contra la presente contradicción de Israel.

4. He expresado a menudo mi convicción de que en los servicios antiguos había considerable elasticidad y libertad para el individuo. Al presente se llena una copa para cada persona, pero Cristo parece haber pasado una copa para todos.

ran seguido su ejemplo, y con ello el lavamiento de pies habría sido imposible. Además, el lavar los pies, que tenía la intención de ser una lección y un ejemplo de humildad y servicio (Jn. 13:12-16), estaba sin duda relacionado con la disputa «sobre cuál de ellos debía de ser considerado el mayor». Si es así, el acto simbólico de nuestro Señor tiene que haber seguido a la contienda de los discípulos y a la enseñanza de nuestro Señor sobre lo que en la Iglesia constituye el dominio y la grandeza. De donde el acto tiene que haber estado relacionado con el primer lavamiento de manos –el del jefe de la compañía– inmediatamente después de la primera copa, y no en el último período, en que habrían tenido lugar más cosas.

Todo lo demás encaja bien con esto. Por amor a la claridad, vamos a recapitular el informe que da Juan (cap. 13). Las palabras iniciales se refieren al amor de Cristo hacia los suyos hasta el fin, y forman la introducción general.[5] Luego sigue el relato de lo que sucedió «durante la Cena» (v. 2), sin decir nada sobre la cena en sí, empezando, a modo de explicación de lo que se dice sobre Judas, con esto: «El diablo ya había puesto en el corazón de Judas Iscariote, hijo de Simón, que le entregara». Aunque esta noticia sea general, contiene mucho que requiere atención especial. Nos sentimos agradecidos de que el corazón del hombre no fuera capaz de originar la traición de Cristo; la humanidad cayó, había caído, pero no tan bajo. Fue el Diablo que la introdujo en el corazón de Judas con fuerza y potencia abrumadoras. Luego, notamos la plena descripción del nombre y parentesco del traidor. Se lee como el de una acusación formal. Y aunque sólo parece una introducción explicatoria, también indica el contraste entre el amor de Cristo que persevera hasta el fin (Jn. 13:1), aun cuando el infierno mismo ha abierto sus fauces para tragárselo; el contraste también entre lo que iba a hacer Jesús y lo que iba a hacer Judas, y entre la tempestad de maldad que rugía en el corazón del traidor y la serenidad de amor y paz que reinaba en el del Salvador.

Si lo que Satán había puesto en el corazón de Judas explica su conducta, lo mismo el conocimiento que Jesús poseía de lo que estaba a punto de hacer explica la de Él (Jn. cap. 11). Aunque son muchos los pensamientos sugeridos por las palabras «sabiendo que el Padre le había dado todas las cosas en las manos, y que había salido de Dios y a Dios iba», con todo, por su conexión evidente, han de ser aplicadas en primer lugar al lavamiento de los pies, del cual son por así decirlo el antecedente lógico. Fue su mayor acto de humillación y servicio y, no obstante, Él nunca perdió en el mismo durante un momento nada de la majestad o conciencia de su dignidad divina; porque lo hizo con el pleno conocimiento y afirmación de que todas las cosas estaban en sus manos, y que Él había salido y volvía a Dios –y podía hacerlo, porque sabía esto. Aquí están la humillación y la exaltación del Hombre-Dios no una al lado de la otra, sino en combinación. Y, así, «durante la Cena», que había empezado con la primera copa, «Él se levantó de la Cena». Los discípulos no se sorprenderían, excepto por el hecho de que Él debiera conformarse a la práctica del lavamiento de manos que como Él había explicado con frecuencia era una observancia ceremonial, sin valor para los que no estaban limpios interiormente, e innecesaria y sin sentido para aquellos cuyo corazón y vida habían sido purificados. Pero tie-

«En el 'aposento alto' festivamente iluminado de la casa de Marcos, el Maestro y los doce se hallaban todos reunidos ahora. ¿Fue en esta casa que tuvo lugar el último convite de Cristo y el primero de la Iglesia; en que fue instituida la Santa Cena con los apóstoles, de la que luego había de participar toda la Iglesia; el aposento en que platicó con ellos por última vez antes de su muerte, y aquél en que se apareció a ellos por primera vez después de su resurrección; en que fue derramado el Espíritu Santo, y en el que la Iglesia acostumbraba al principio a reunirse para orar en común? (Hch. 12:12, 25)».

La «fracción del pan» es el signo que simboliza la comunión entre los cristianos. Aquí la vemos representada en una de las más antiguas pinturas cristianas, en este fresco de fines del siglo II hallado en la catacumba de Priscila. (Roma)

5. Godet, que considera el versículo 1 como una introducción general, y el 2 como otra especial al lavamiento de los pies, llama la atención al hecho de que estas introducciones no son raras en el cuarto Evangelio.

nen que haberse maravillado cuando le vieron que se quitaba el vestido externo, se ceñía con una toalla y vertía agua en un lebrillo como un esclavo que estaba a punto de ejecutar el servicio más humilde de todos.

Por la posición que, como ya hemos visto, Pedro ocupaba al extremo de la mesa, era natural que el Señor empezara por él aquel acto del lavamiento de pies.[6] Además, si Él se hubiera dirigido primero a otros, Pedro tendría que haber protestado antes, o bien esta última reconvención habría sido tardía y más bien un acto de justicia propia o de innecesaria humildad voluntaria. Como fuera, la sorpresa con que él y los demás habían presenciado la preparación del Señor prorrumpió en su característico estilo cuando Jesús se acercó a él para lavarle los pies: «Señor, ¿Tú me lavas los pies a mí?». Era la expresión de más profunda reverencia para el Maestro, y con todo, un malentendido total del significado de su acción, quizá incluso de su obra. Jesús estaba haciendo ahora lo que antes Él mismo había dicho. El acto de externalismo y de justicia propia representado por el lavamiento de manos, y por el cual Él, que era jefe de la compañía, había de distinguirse de todos los demás y ser consagrado, Él lo había cambiado en un lavamiento de pies en el cual el Señor y Maestro iba a ser distinguido, ciertamente, de los otros, pero por medio del servicio más humilde de amor y en el cual Él mostraba con su ejemplo lo que caracterizaba la grandeza en el Reino, y qué servicio era la evidencia de gobierno y poder. Y como casi siempre en cada símbolo, había algo real también en este acto del Señor. Porque al compartir por afinidad este acto de amor y servicio por parte del Señor, los que habían sido limpiados, que a su vez habían sido limpiados previamente en el corazón y en el espíritu, ahora recibían también la limpieza de los «pies» del andar diario y activo que venía de la verdadera humildad del corazón, en oposición al orgullo, y consistía en el servicio que el amor está dispuesto a rendir hasta lo sumo.

Pero Pedro no había entendido nada de estas cosas. Él sólo se daba cuenta de lo incongruentes de las posiciones relativas. Y así el Señor, en parte también con el deseo de llevar con ello su impetuosidad a la sumisión absoluta de la fe, en parte para indicar la verdad más profunda que iba a aprender en el futuro, solamente le dijo que aunque él no entendía ahora lo que el Señor estaba haciendo, lo comprendería después. Sí, después, cuando como resultado de la terrible caída de aquella noche él aprendería junto al lago de Galilea lo que realmente significaba apacentar a los corderos y cuidar las ovejas de Cristo; sí, después, cuando ya sería viejo y no podría ceñirse e ir donde quisiera. Pero ni aun así podía contentarse Pedro con la predicción de que en el futuro entendería lo que Cristo estaba haciendo al lavarle los pies. Nunca, declaró, iba a permitirlo. Los mismos sentimientos que le impulsaron a intentar apartar al Señor del camino de la humillación y el sufrimiento (Mt. 15:22), ahora se volvían a presentar otra vez. Era afecto personal, cierto; pero era también mala voluntad a someterse a la humillación de la Cruz. Y así el Señor le dijo que si Él no le lavaba no tendría parte con Él. No es que el mero acto de lavarle diera parte con Cristo, sino que el negarse a someterse a ello le privaría de esta parte; y que el participar en este lavamiento, por así decirlo, era el camino para participar en el servicio de amor de Cristo, para entrar en él y compartirlo.

6. San Crisóstomo y otros ponen un énfasis indebido en las palabras (v. 6) «Llegó, pues, a Simón». Fue a él no después de los demás, sino desde el lugar donde se hallaba el lebrillo y el agua para la purificación.

Sin embargo Pedro no lo entendió. Pero como en esa mañana en el lago de Galilea, se vio que, cuando había perdido todo lo demás aún retenía el amor, así que el amor a Cristo ahora le dio la victoria –y una vez más, con característica impetuosidad, le habría presentado no ya los pies para que se los lavara, sino las manos y la cabeza. Con todo, aquí también había un malentendido. Había un significado profundamente simbólico no sólo en el hecho de que Cristo hiciera *lo que* hacía, sino también en *lo que* hacía. La sumisión a su acto significaba simbólicamente compartir y participar en Él: participar en su obra. *Lo que* hizo significaba trabajo y servicio de amor. No era una ceremonia sin sentido de humillación por parte de Cristo, o en que la sumisión hasta lo sumo era lo requerido; sino que el acto era simbólico y significaba que el discípulo que había sido lavado y limpiado en el corazón y el espíritu necesitaba sólo esto: lavar sus pies en la consagración espiritual al servicio de amor que Cristo había aquí mostrado en un acto simbólico. Y así sus palabras se referían no –como se ha supuesto a veces– al perdón de sus pecados diarios –la introducción a lo cual había sido totalmente abrupta y desconectada con el contexto–, sino, en contraste con toda ambición personal, a la consagración diaria de nuestra vida al servicio de amor según el ejemplo de Cristo.

Y todavía estas palabras nos llegan en aplicación múltiple y variada. En la comprensión errónea de nuestro amor a Él, con demasiada frecuencia nos imaginamos que Cristo no puede querer o hacer lo que a nosotros nos parece incongruente para Él, o mejor, incongruente con lo que nosotros pensamos sobre Él. Nosotros no lo entendemos ahora, pero lo entenderemos después. Y todavía persistimos en nuestra resistencia, hasta que nos damos cuenta de que estamos a punto de perder nuestra parte en Él y con Él. Sin embargo, Él no nos pide mucho comparándolo con lo que nos da. El que nos ha lavado por completo, solamente quiere que nosotros limpiemos nuestros pies como servicio de amor, tal como Él nos dio el ejemplo.

Los discípulos estaban limpios, pero no todos. Porque Él sabía que entre ellos había el «que le había de entregar» o, literalmente, «el que le estaba entregando». Él lo sabía pero no con el conocimiento de un hado inevitable que caía sobre él, menos aún como un decreto absoluto, sino con ese conocimiento que una y otra vez hablaría en advertencia, si por algún medio podía ser salvado.

Lo que podría haber ocurrido si Judas se hubiera arrepentido es una pregunta ociosa como lo sería la siguiente: ¿qué habría pasado si Israel como nación se hubiera arrepentido y aceptado a Cristo? Porque desde el punto de vista humano sólo podemos ver el aspecto humano de las cosas, el que mira hacia la tierra; y aquí cada acción no está aislada, sino que siempre es el resultado de un desarrollo y una historia previos, de modo que un hombre siempre actúa libremente por más que sea como consecuencia de una necesidad interna.

El solemne servicio de Cristo prosiguió ahora en un silencio reverente (Jn. 13:12-17). Ninguno preguntó nada ni se resistió. Jesús terminó y se puso otra vez el manto y ocupó su lugar en la mesa. Ahora iba a continuar el acto simbólico por medio de palabras ilustrativas, y explicar la aplicación práctica de lo que acaba de hacer. No lo entendamos mal. Ellos estaban acostumbrados a llamarle con dos nombres elevados: Maestro y Señor, y estas designaciones le pertenecían por derecho. Por primera vez Él aceptó plenamente y admitió el alto homenaje. ¡Cuánto más, pues, debía su servicio de amor, que era de su Maestro y Señor, servir de ejemplo[7] de lo que era debido por cada uno a sus condiscípulos o consiervos! Él, que era realmente Señor y Maestro, había ejecutado este servicio, el más humilde, a todos, como ejemplo para que como Él había hecho así lo hicieran ellos. No hay principio más conocido, casi proverbial en Israel que éste: un siervo no debe reclamar un honor mayor que el de su amo, ni el mensajero que el del que lo había enviado. Ellos lo sabían, y ahora también el significado del acto simbólico del lavamiento de pies; y si ellos lo ponían en práctica sería suya la «Bienaventuranza» prometida.

Esta referencia a lo que era una de las expresiones familiares entre los judíos, especialmente notable en el Evangelio de Juan, nos lleva a suplementar unas pocas notas ilustrativas del mismo origen. La palabra griega usada para representar la «toalla» que nuestro Señor se ciñó, ocurre también en los escritos rabínicos para denotar la toalla usada para lavarse y en los baños (*Luntith* y *Aluntith*). Este ceñirse era la marca común para los esclavos, que eran los que ejecutaban ordinariamente el servicio de lavar los pies. Y en un pasaje muy interesante, la Midrash (Shem. R. 20) contrasta lo que a este respecto es el método del hombre comparado con el que Dios había dado a Israel. Porque el profeta (Ez. 16:9) describe a Dios ejecutando este servicio del lavamiento para ellos, y otros que generalmente los ejecutaban los esclavos (comp. Ez. 16:10; Éx. 19:4; 13:21). Además, la combinación de estas dos designaciones, «Rabino y Señor», o «Rabí, Padre y Señor», estaba entre las más comunes por parte de los discípulos. La idea de que si un hombre conoce (p.ej. la Ley) y no la hace le sería mejor que no hubiera sido creado (comp. Jn. 13:17), es expresada con frecuencia. Pero la referencia más interesante es con respecto a la relación entre el que envía y el enviado, y un siervo y su amo. Con respecto al primero, se dice proverbialmente que mientras el que es enviado se halla en el mismo nivel que el que le envía (Kidd. 42 *a*), con todo, ha de esperar menos honor (Ber. R. 78). Y por lo que se refiere a la afirmación de Cristo de que «el siervo no es mayor que su señor», hay un pasaje en el que leemos esto, *en conexión con los sufrimientos del Mesías:* «Basta para el siervo el ser como su Señor» (Yalk. sobre Is. 60, vol. 2, p. 56 *d*, líneas 12, 13 desde arriba).

Pero volvamos al punto en que nos hallábamos. El lavamiento de los pies por parte de Cristo en el cual Judas participó, junto con las palabras explicativas que siguieron, casi requería en realidad esta limitación: «No hablo de todos vosotros». Porque aquélla sería una noche de terrible cribado moral para todos. Era necesaria una solemne advertencia para todos los discípulos. Pero además, la traición de uno de los suyos podía haber llevado a todos a dudar de si Cristo tenía realmente conocimiento divino. Por otra parte, esta predicción clara de ello no sólo les confirmaría su fe en Él, sino que les mostraría que había algún significado más profundo en la presencia de un Judas entre ellos (Jn. 13:18, 19). Llegamos aquí a una de estas palabras de profundidad misteriosa: «Yo sé a quiénes he elegido, mas para que se cumpla la Escritura: El que come pan conmigo, levantó contra mí su calcañar» (Sal. 41:9). Sería imposible casi creer, incluso si no lo prohibiera el contexto, que este conocimiento de que hablaba Cristo se refería a una presciencia eterna; todavía más, qué significaba que Judas hubiera sido escogido con este conocimiento previo a fin de que esta terrible

7. ὑποδειγμα. El significado distintivo de la palabra se entiende mejor por medio de otros pasajes en el N.T.: Hebreos 4:11; 8:5; 9:23; Santiago 5:10; 2 Pedro 2:6. Porque la imitación externa literal de este acto de Cristo en la ceremonia del lavamiento de pies es practicada todavía en la Iglesia catolicorromana.

Escritura pudiera cumplirse en él. Una presciencia y predestinación así sería pecar, e implicaría el concebir ideas producidas por la dureza implacable de nuestra lógica humana en su fatal sistematización. Más bien hemos de entender que significan que Jesús, desde el principio, conocía los pensamientos íntimos de aquellos a quienes había escogido para ser sus apóstoles; pero que por la traición de uno de ellos, la terrible predicción de la peor enemistad, la de la ingratitud, verdadera en todas las épocas de la Iglesia, recibiría su cumplimiento completo.[8] La locución *para que* –en el original: «para que la Escritura se cumpla»– no parece ser «a fin de que», o «con el propósito de»; nunca significa esto en esta conexión;[9] y sería totalmente irracional suponer que un suceso ocurría *para que* una predicción especial se cumpliera. Más bien indica la conexión interna más elevada en la sucesión de sucesos, cuando un suceso ha tenido lugar en la libre determinación de sus agentes, *por el cual,* sin saberlo ellos y sin pensarlo los demás, inesperadamente sucede lo que había sido predicho divinamente. Y aquí aparece este carácter divino de la profecía que es siempre al mismo tiempo el anuncio y advertencia previa; esto es, tiene, además de su elemento predictivo, un elemento moral: el que, aunque el hombre puede actuar libremente, cada desarrollo tiende al objetivo previsto y predestinado divinamente. Así, la locución «para que» marca no la conexión entre la causa y el efecto, sino entre el antecedente divino y el consecuente humano.

Hay ciertamente tras esto una cuestión mucho más profunda, a la cual ya se ha hecho antes una breve referencia: ¿conocía Cristo desde el principio que Judas le iba a traicionar, y sin embargo sabiéndolo le escogió para que fuera uno de los doce? Aquí sólo podemos contestar indicando esto como un criterio en el estudio de la vida sobre la tierra del Hombre-Dios, que era parte de su autoexinanición (*kenosis*) –de este vaciamiento de sí mismo y tomar sobre sí la forma de siervo (Fil. 2:5-7)– prescindir voluntariamente de su conocimiento divino en la decisión de sus acciones humanas. Sólo así podía, como Hombre perfecto, haber obedecido perfectamente la Ley divina. Porque si lo divino hubiera determinado en Él la decisión en sus acciones, no podía haber habido mérito adherido a su obediencia, ni podía haberse dicho que como Hombre perfecto había tomado nuestro lugar, y obedecido la Ley en nuestro lugar y como nuestro representante, ni tampoco ser nuestro ejemplo. Pero si su conocimiento divino no guiaba la elección o decisión de sus acciones, podemos ver –y ya lo hemos indicado– razones por las que el discipulado y servicio de Judas fuera aceptado, considerando que era un hombre oriundo de Judea, que en muchos aspectos era apto para este oficio y el representante de una de las varias direcciones que tendían hacia la recepción del Mesías.

No estamos capacitados para juzgar si Cristo dijo todas estas cosas, una a continuación de otra, después de haberse sentado y una vez hubo lavado los pies a los discípulos. Lo más probable es que fuera en las diferentes partes de la comida. Esto explicaría lo aparentemente abrupto de esta frase final: «El que recibe al que yo envíe, me recibe a mí» (Jn. 13:20). Y no obstante, la conexión interna de pensamientos parece clara. La apostasía y pérdida de uno de los apóstoles era conocida por Cristo. ¿Significaría esto finalmente la disolución del lazo que unía a todo el colegio de los apóstoles, y con ello invalidaría su misión divina (el apostolado) y su autoridad? Las palabras de Cristo transmiten una seguridad que sería muy consoladora para el futuro: que una ruptura así no sería duradera, sino temporal, y que a este respecto también «el fundamento de Dios permanecería firme».

Entretanto, la cena pascual seguía adelante. Notemos este punto importante del tiempo en las palabras de Mateo: «Mientras estaban comiendo» (Mt. 26:21), o como dice Marcos: «mientras estaban reclinados y comiendo» (Mr. 14:18). Según la rúbrica, después del «lavamiento» eran traídos inmediatamente los platos a la mesa. Cuando el jefe de la compañía mojaba algunas de las hierbas amargas en el agua con sal o vinagre, decía una bendición y participaba de ellas, las entregaba a cada uno del grupo. Luego, partiría una de las tartas sin levadura (según el ritual presente la de en medio de las tres), la mitad de la cual era puesta a un lado para después de la cena. Esto se llamaba el *Aphiqomon,* o plato posterior, y como creemos que el pan de la Santa Eucaristía fue el *Aphiqomon*, es conveniente dar aquí algunos detalles. El plato en que se ponía la tarta partida (no la *Aphiqomon*) es elevado, y se dicen estas palabras: «Éste es el pan de miseria que nuestros padres comieron en la tierra de Egipto. Todos los que estén hambrientos, vengan y coman; todos los que estén necesitados, venid y guardad la Pascua». En el ritual más moderno se añaden las palabras: «¡Este año aquí, el año próximo en la tierra de Israel; este año esclavos, el próximo libres!». Entonces se llena la segunda copa, y el más joven del grupo recibe órdenes de inquirir formalmente respecto al significado de todas las observancias de aquella noche (Pes. x. 4), en que la liturgia da plena respuesta por lo que se refiere al festival, su ocasión y el ritual. El Talmud añade que hay que quitar previamente la mesa, a fin de estimular una mayor curiosidad (Pes. 115 *b*). No creemos que ni aun el primer ritual representara las observancias exactas al tiempo de Cristo o que, incluso si las representa, fueran seguidas exactamente en aquella mesa pascual del Señor. Pero se pone tanto énfasis en los escritos judíos en el deber de repetir plenamente en la cena pascual las circunstancias de la primera Pascua, y la liberación relacionada con ella, que no podemos dudar de que lo que la Mishnah declara como tan esencial formara parte de los servicios de aquella noche. Según se desprende del comentario de nuestro Señor sobre la Pascua y la liberación de Israel, las palabras pronunciadas cuando fue partida la torta sin levadura han vuelto a nosotros con un significado más profundo adherido a las mismas.

Después de esto es elevada la copa, y luego el servicio prosigue de modo algo prolijo; la copa es elevada por segunda vez y se pronuncian ciertas oraciones. Esta parte del servicio concluye con los dos primeros salmos de la serie de «la Hallel» (Sal. 113 a 118), y entonces la copa es levantada por tercera vez, se pronuncia una oración y se bebe de la copa. Así acaba la primera parte del servicio. Y ahora empieza la comida pascual al lavarse todos las manos, parte del ritual que se duda que fuera observada por Cristo. Según creemos, fue durante esta prolija exposición y servicio que

8. Al mismo tiempo hay también un literalismo terrible en esta referencia profética a uno que comía su pan con Él, cuando recordamos que Judas, como el resto, vivía de lo que era suplido a Cristo, y en aquel mismo momento se sentaba a su mesa. Sobre el Salmo 41 ver los comentarios.

9. ἵνα frequenter ἐκβατικῶς; *i.e.* de *eventu* usurpari dicitur, ut sit *eo eventu, ut; eo successu, ut, ita ut* (Grimm, ad verb.); «de modo que». Y Grimm, con razón, indica que ἵνα es utilizado *siempre* en este sentido, marcando la conexión interna en la sucesión de los sucesos –ἐκβατικῶς *no* τελικῶς–, en que ocurre la frase «para que se cumpliera». Este criterio es de la máxima importancia, y de amplísima aplicación siempre que ἵνα está relacionado con el agente divino en el cual, desde nuestro punto de vista humano, hemos de distinguir entre el decreto de Dios y el consejo de Dios.

pasó sobre el alma del Hombre-Dios la «turbación de Espíritu» de que habla Juan (13:21). Es casi presunción inquirir en la causa inmediata, pero no podemos sino pensar que se refería más a ellos que a Él. Su alma no podía por menos que sentirse turbada ciertamente, puesto que con plena conciencia de todo lo que sería para Él –infinitamente más que el mero sufrimiento humano– dio una mirada al abismo que estaba a punto de abrirse a sus pies. Pero vio más que esto. Vio a Judas a punto de dar el paso fatal, y su alma se conmovió de compasión por él. El mismo bocado que Él iba a pasarle al poco, aunque fue una señal a Juan para que le reconociera, era una apelación final a todo lo que era humano en Judas. Y además de esto, Jesús vio también, aunque desconocida para los demás, la terrible tempestad de tentación devastadora que iba abatirse sobre ellos; que casi iba a descuajarlos de sus raíces y los esparciría a todos. Era el comienzo de la hora de la soledad suprema de Cristo, que culminó en Getsemaní. Y en la turbación de su Espíritu les dio solemnemente «testimonio» de la traición inmediata. No nos extrañamos que todos se sintieran en extremo apenados, y que cada uno preguntara: «Señor, ¿soy yo?». Esta pregunta por parte de los once discípulos que eran conscientes de su inocencia de todo propósito de traición, y conscientes también de su profundo amor al Maestro, da una visión clara como un relámpago de la historia interior de esta noche de terror, en la cual, por así decirlo, para ellos Israel pasó a ser Egipto. Podemos entender mejor ahora su sueño pesado en Getsemaní; que le abandonaran y huyeran; incluso la negación de Pedro. Todo tiene que haber parecido a estos hombres que se hundía; todo quedaría envuelto en las tinieblas exteriores cuando cada uno se preguntó si él era el traidor.

La respuesta de Cristo no precisó específicamente la persona, en tanto que de nuevo repetía la terrible predicción –insistimos, el más solemne aviso– de que era uno de los que participaba en la Cena. En este punto Juan reemprende el hilo de la narración (Jn. 13:22). Tal como lo describe, los discípulos estaban mirándose uno al otro, dudando de quien hablaba. En este suspenso agónico, Pedro hizo señales desde el otro lado de la mesa a Juan, cuya cabeza, en vez de estar reclinada sobre su mano, reposaba, en absoluta entrega de amor e intimidad nacidos de la aflicción, en el pecho de su Maestro. Pedro quería que Juan preguntara a Jesús de quién hablaba.[10] Y a la pregunta susurrada por Juan, «que se recostó sobre el pecho de Jesús», el Señor le dio la señal de que era a quien daría el pan que estaba mojando. Es posible que incluso esto no quedara claro para Juan, puesto que cada uno por turno recibió «el pan mojado».

Al presente, empezó la Cena, comiendo primero un trozo de la torta sin levadura, luego las hierbas amargas mojadas en la *Charoseth*, y finalmente dos pequeños trozos de torta sin levadura entre los cuales se había colocado un pedazo de rábano amargo. Pero tenemos testimonio directo de que, para el tiempo de Cristo,[11] «el pan mojado»,[12] que era entregado alrededor, consistía en varias cosas envueltas juntas: la carne del cordero pascual, un pedazo de pan sin levadura y hierbas amargas (Jer. Chall. 57 *b*). Esto, creemos, era «el pan mojado» que Jesús, habiéndolo mojado en el plato, entregó primero a Judas, pues éste ocupaba el primer lugar en la mesa. Pero antes de hacerlo –probablemente cuando Él mojaba el pan en el plato–, Judas, que no podía por menos que temer que su propósito fuera conocido, reclinado a la izquierda de Cristo, le murmuró al oído: «¿Soy yo, Rabí?». Tiene que haber sido murmurado, porque nadie en la mesa pudo oír la pregunta de Judas ni la respuesta afirmativa de Cristo (Jn. 13:28). Era el último intento de amor compasivo de Cristo respecto al traidor. Viniendo después la terrible advertencia y ¡ay! sobre el traidor (Mt. 26:24; Mr. 14:21), tiene que ser considerado como el último aviso y también el intento final de rescatarle por parte del Salvador. Fue con pleno conocimiento de todo, incluso del hecho de que su traición era conocida, aunque él pudo haberlo atribuido no a la penetración divina, sino a alguna comunicación secreta, que Judas prosiguió por el camino de la destrucción. Tenemos demasiada tendencia a atribuir algunos crímenes a la locura; pero, de cierto, hay una manía moral, así como mental, y tiene que haber sido un paroxismo de la misma, cuando todo sentimiento se vuelve pedernal y el autoengaño se combinó con la perversión moral, que Judas «tomó» el bocado de la mano de Jesús. Fue para descender vivo a la tumba, cuya losa cayó con un sordo golpe y se cerró la boca de la fosa. En aquel momento Satanás entró otra vez en su corazón. Pero el hecho ya estaba virtualmente cometido; y Jesús, anhelando disponer de un momento de quieta comunión con los suyos, los que le seguían, le ordenó que hiciera rápidamente lo que iba a hacer.

Pero incluso así quedan aún preguntas relacionadas con los motivos humanos por los que obró Judas, sobre los cuales no podemos contestar con otra cosa que barruntos. ¿Consideró Judas la denuncia del ¡ay! sobre el traidor no como una predicción sino como un intento de frenarle –tal vez en lenguaje oriental exagerado–, o bien lo consideró una predicción pero no creyó en ella? Además, cuando después de la clara intimación de Cristo y sus palabras de hacer rápidamente lo que iba a hacer, Judas todavía siguió adelante en su traición, ¿podía haber tenido la idea –más bien procurando engañarse a sí mismo– de que Jesús creía que Él no podía escaparse de sus enemigos, o quizá de que más bien deseaba terminarlo todo de una vez? ¿O bien sus sentimientos anteriores hacia Jesús se habían vuelto, aunque fuera de modo temporal, verdadero odio, que cada palabra y advertencia de Cristo solamente conseguía intensificar? Pero por encima de todo y en todo lo que tenemos, sobre ello, pensemos en el carácter peculiarmente judaico de su adherencia inicial a Cristo; de su desencanto gradual, y al final decisivo y fatal, de sus esperanzas; y de su fracaso completo moral, y por tanto espiritual; del cambio de todo lo que tenía en cuanto a posibilidades para el bien en la realidad del mal; y por otra parte, en la actividad directa de Satanás en el corazón de Judas, que su naufragio moral y espiritual hacía posible.

Apenas había comenzado la comida Judas salió precipitadamente a la noche afuera. Incluso esto tiene un significado simbólico. Ninguno de ellos tenía idea de por qué aquella prisa extraña, a menos que fuera en obediencia a algo que el Maestro le había mandado.[13] Incluso Juan es posible que no hubiera entendido bien el signo que Jesús le había dado para conocer al traidor. Algunos de ellos pensarían que Jesús con aquellas palabras le había enviado a comprar algo necesario para la fiesta; otros, que le había mandado que fuera y diera algo a los pobres. Se ha presen-

10. Sobre la circunstancia de que Juan no se nombra a sí mismo en el versículo 23, Bengel hace notar con hermosas palabras: «Optabilius est, amari ab Jesu, quam nomine proprio celebrari».

11. La afirmación es con referencia a Hillel, en tanto que el Templo estaba de pie.

12. Nótese el artículo definido: no «un», sino «el pan mojado».

13. A un judío podía parecerle que con el «bocado» que contuviera un trozo del cordero pascual, quedaba completa la parte principal de la cena de la Pascua.

tado la objeción gratuita de que esto indica que según el cuarto Evangelio esta comida no había tenido lugar en la noche pascual, puesto que después del comienzo de la fiesta (el 15 de Nisán) no habría sido legal hacer compra alguna. Pero esto no es cierto. Basta con decir aquí que la provisión y preparación de la comida necesaria estaba permitida el 15 de Nisán; esto era especialmente necesario cuando, como en este caso, el primer día festivo, o 15 de Nisán,[14] era seguido de un sábado en el cual no se permitiría ningún trabajo. Es más, la mención de estas dos sugerencias hechas por los discípulos parece casi implicar por necesidad que el escritor del cuarto Evangelio había colocado esta comida en la noche pascual. Si hubiera sido en la noche anterior, nadie podría haberse imaginado que Judas había salido durante la noche para comprar provisiones, cuando había un día entero para hacerlo, ni habría sido probable que un hombre en un día ordinario hubiera ido a una hora así a buscar pobres. Pero en la noche pascual, cuando las grandes puertas del Templo estaban abiertas a medianoche para empezar temprano los preparativos para la ofrenda de la *Chagigah*, o sacrificio festivo –no voluntario, sino obligatorio–, y el resto del cual era comido después en una comida festiva, estos preparativos habrían sido por completo naturales. Igualmente, los pobres que se reunían alrededor del Templo, podían entonces procurar conseguir ayuda de alguien caritativo.

La partida del traidor parece que aclaró la atmósfera. Había partido para hacer su obra; pero no se piense que era la necesidad de aquella traición lo que había causado el sufrimiento del alma de Cristo. Él se ofrecía voluntariamente, y aunque la traición de Judas era un instrumento en ello, con todo, era Jesús mismo el que libremente se presentaba a sí mismo como sacrificio en cumplimiento de la obra que el Padre le había dado. Y tanto más realizaba y expresaba esto mediante la partida de Judas. En tanto que él estaba allí, su amor compasivo todavía procuraba evitar que diera el paso fatal. Pero cuando el traidor se hubo marchado, el otro aspecto de su propia obra emergió claramente a la vista de Cristo. Y este aspecto sacrificial voluntario queda más claramente indicado por su selección de términos «Hijo del Hombre» y «Dios» en lugar de «Hijo» y «Padre» (Juan). «Ahora es glorificado el Hijo del Hombre, y Dios es glorificado en él.[15] Y Dios también le glorificará en sí mismo, y en seguida le glorificará». Si la primera de estas frases expresa el significado de lo que había de tener lugar en el sentido de exhibir la gloria suma del Hijo del Hombre en el triunfo de la obediencia a su sacrificio voluntario, la segunda frase indica su reconocimiento por Dios: la exaltación que siguió a la humillación, la recompensa[16] como la secuela necesaria de la obra, la corona después de la Cruz.

Hasta aquí con respecto a un aspecto de lo que iba a suceder. En cuanto al otro, el que afectaba a los discípulos, solamente estaría con ellos muy corto tiempo. Luego vendría el momento de perplejidad triste y dolorosa cuando ellos le buscarían, pero no podrían ir adonde Él iba –durante las horas terribles entre su crucifixión y su resurrección manifiesta. Con referencia a este período especialmente, pero en general a todo el tiempo de su separación de la Iglesia sobre la tierra, el gran mandamiento, el único lazo que podía mantenerlos unidos, era el del amor del uno al otro, y un amor tal como el que Él les había mostrado a ellos. Y esto –¡para nuestra vergüenza al escribirlo!– había de ser la marca de todos los hombres de su discipulado (Jn. 13:31-35). Según lo registra Juan, las palabras del Señor fueron seguidas de una pregunta de Pedro que indicaba perplejidad sobre el significado primario y directo de la partida de Cristo. A esto siguió la respuesta de Cristo sobre la imposibilidad de que Pedro compartiera el camino de Pasión del Señor, y como respuesta a la garantía impetuosa de Pedro, que estaba preparado para seguir al Maestro no sólo en el peligro, sino incluso de poner su vida por Él, viene la indicación del Señor a Pedro sobre su falta de preparación presente y la predicción de su inminente negación. Puede que todo esto ocurriera en el aposento alto y en el tiempo señalado por Juan. Pero esto lo consignan también los Sinópticos como ocurrido en el camino a Getsemaní, y en lo que podríamos llamar un contexto más natural. Su consideración, pues, será mejor reservarla para cuando lleguemos a este estadio de la historia.

Nos acercamos ahora a lo más solemne de esta noche: la institución de la Cena del Señor. Sería de modo manifiesto ir más allá de nuestro objetivo, pues alargaría de manera excesiva la presente obra, discutir las muchas cuestiones y controversias que, ¡ay!, se han ido acumulando alrededor de las palabras de la institución. Por otra parte, no sería ser fiel el pasarlo totalmente por alto. Sobre ciertos puntos, realmente, no tenemos vacilación alguna. La institución de la Cena del Señor es registrada por los Sinópticos, aunque sin referencia a aquellas partes de la cena pascual y sus servicios con las que cada uno de sus actos tiene que estar relacionado. De hecho, aunque el nexo histórico con la cena pascual es evidente, casi parece como si los evangelistas, con su silencio afectado con respecto a la fiesta judía, hubieran intentado indicar que con esta celebración y la nueva institución de la Cena del Señor la Pascua judía había cesado para siempre. Por otra parte, el cuarto Evangelio no da cuenta de la nueva institución –puede haber sido por haberla registrado tan plenamente los demás, o por razones relacionadas con la estructura de este Evangelio, o bien puede explicarse sobre otras bases.[17] Pero sea cual sea la explicación, el silencio del cuarto Evangelio ha de suponer una espinosa dificultad para los que lo consideran un producto efesio de tendencia simbólica sacramental, de fecha del siglo II.

La ausencia del relato en Juan es compensada por la narración de Pablo en 1 Corintios 11:23-26, a la cual hay que añadir como suplemento una referencia en 1 Corintios 10:16 a «la copa de bendición que bendecimos» como «comunión de la sangre de Cristo, y «el pan que partimos» como «comunión del cuerpo de Cristo». Tenemos, pues, cuatro relatos que se pueden dividir en dos grupos: Mateo y Marcos, y Lucas y Pablo. Ninguno de ellos da las mismas palabras de Cristo, puesto que éstas fueron pronunciadas en arameo. En las traducciones que tenemos de ellas, una serie puede describirse como más literal y abrupta, la otra como más

14. La Mishnah permite de modo expreso procurarse lo que es necesario para la pascua incluso en el día de sábado, y la Ley del descanso en sábado era mucho más estricta que la de los días de fiesta. Ver esto en el Apéndice XVII.

15. La primera cláusula del versículo 32 en nuestra versión parece espuria, aunque indica el nexo lógico de los hechos.

16. Posiblemente la palabra «recompensa» está mal escogida, porque considero la exaltación de Cristo después de la victoria de su obediencia más como una secuela necesaria que como una recompensa de su obra.

17. ¿Podría haber un *hiato* en nuestro Evangelio presente? No hay la menor evidencia externa a este efecto y, con todo, se profundiza la impresión al considerarlo. Me he atrevido a presentar algunas sugerencias sobre este tema en *The Temple and its Services*, Apéndice al final.

libre y parafrástica. Las diferencias entre ellas, naturalmente, son en extremo minúsculas; pero existen. Por lo que se refiere al texto en que se basa nuestra versión, no tienen importancia práctica.[18]

Si nos preguntamos ahora en qué parte de la cena pascual fue hecha la nueva institución, no podemos dudar que fue antes de que hubiera terminado por completo la cena (Mt. 26:26; Mr. 14:22). Hemos visto que Judas había dejado la mesa al comienzo de la cena. La comida continuó hasta su fin, en medio de la conversación que ya hemos notado. Según el ritual judío, *la tercera copa* era llenada al final de la cena. Ésta era llamada, como por Pablo (1 Co. 10:10), la «copa de bendición», en parte porque se pronunciaba una «bendición» especial sobre ella. Se describe como uno de los diez ritos esenciales de la cena pascual. Luego se decían las «gracias después de la carne». Pero en esto no tenemos por que insistir, ni tampoco en el «lavamiento de manos» que siguió. Este último no sería observado por Jesús como una ceremonia religiosa, en tanto que, con respecto al primero, el carácter complejo de esta parte de la liturgia pascual proporciona evidencia externa de que no había estado en uso al tiempo de Cristo. Pero no podemos tener dudas de que la institución de la copa fue en relación con esta tercera «copa de bendición». Si se nos pregunta qué parte del servicio pascual corresponde al «partimiento del pan», contestaremos que siendo ésta realmente la última Pascua, y el cese de la misma, nuestro Señor presentaba por anticipado este último rito, introducido cuando, con la destrucción del Templo, los sacrificios pascuales, así como todos los demás, hubieron cesado. Mientras se ofrecía el cordero pascual, la Ley era que, después de participar de su carne, no se debía comer nada más. Pero como el cordero pascual ha cesado, la costumbre es, después de la comida, partir y participar del *Aphikomon,* o plato posterior, o aquella mitad de la torta sin levadura que, como se recordará, había sido partida y puesta a un lado al comienzo de la cena. Como el sacrificio pascual ha cesado ahora realmente, y de modo consciente para todos los discípulos de Cristo, Él lo tuvo en cuenta con antelación y conectó con el partimiento de la torta sin levadura, al final de la comida, la institución del partimiento del pan en la Santa Eucaristía.

¿Qué significaba realmente la institución, y qué significa en realidad para nosotros? No podemos creer que su intención fuera la de un mero signo para recordar su muerte. Este recuerdo es con frecuencia igualmente vívido en actos corrientes de fe y de oración; y parece difícil, si no se hubiera intentado nada más que esto, explicar la institución de un sacramento especial –y esto con tanta solemnidad– como el segundo gran rito de la Iglesia: el de la nutrición. Además, si fuera sólo una muestra de recuerdo, ¿por qué la copa además del pan? Ni tampoco podemos creer que la cópula *es* –que, ciertamente, no ocurrió en las palabras pronunciadas por Cristo mismo– pueda ser equivalente a *significa.* Tampoco puede referirse a ningún cambio de sustancia, sea en lo que se llama Transustanciación o Consustanciación. Si podemos atrevemos a dar una explicación, sería que «esto» recibido en la Eucaristía transmite al alma, con respecto al cuerpo y la sangre del Señor, el mismo efecto que el pan y el vino al cuerpo; recibir el pan y la copa en la Santa Comunión es, realmente aunque en lo espiritual, para el alma lo que son los elementos externos para el cuerpo: que son a la vez el símbolo y el vehículo de la alimentación verdadera, interior, espiritual, en el mismo cuerpo y sangre de Cristo. Así que esta copa que nosotros bendecimos es comunión en su sangre, y el pan que partimos de su cuerpo comunión con Aquél que murió con nosotros, y en su muerte; comunión, también, en Él los unos con los otros, que nos juntamos en esto: que su cuerpo fue dado por nosotros, y su preciosa sangre fue derramada para la remisión de nuestros pecados.[19]

Estas palabras son muy misteriosas, pero son el misterio bendito de la alimentación en Cristo, espiritualmente y en fe. Misteriosas, pero «el que nos quita el misterio, nos quita el sacramento» (J. Duncan). Y desde entonces esta bendita institución ha sido como la luz dorada del amanecer incluso en la noche más sombría de la Iglesia; no sólo el sello de su presencia y su garantía, sino también la promesa del día esplendoroso de su venida. «Porque cuantas veces comáis de este pan y bebáis de esta copa, la muerte del Señor anunciáis» –para la vida del mundo, que será ciertamente manifestada– «hasta que él venga». «Así sea. Amén. Ven, Señor Jesús. ¡Ven pronto!».

18. La más importante de ellas, quizá, es la traducción de «pacto» por «testamento». En Mateo, la palabra «Nuevo» antes de «pacto» debería ser quitada; esto también en Marcos, así como la palabra «comed» después de «tomad».

19. Quisiera referirme aquí a las admirables notas críticas sobre 1 Corintios 10 y 11 por el profesor Evans en *The Speaker's Commentary.*

«El acto de externalismo y de justicia propia representado por el lavamiento de manos, y por el cual Él, que era jefe de la compañía, había de distinguirse de todos los demás y ser consagrado, Él lo había cambiado en un lavamiento de pies en el cual el Señor y Maestro iba a ser distinguido, ciertamente, de los otros, pero por medio del servicio más humilde de amor y en el cual Él mostraba con su ejemplo lo que caracterizaba la grandeza en el Reino, y qué servicio era la evidencia de gobierno y poder».

Era normal lavar los pies a los huéspedes de categoría antes de la comida, pero era algo tan humillante que ni siquiera un esclavo judío accedería a hacer. Este jarrón de vidrio pertenece a las excavaciones del barrio judío de Jerusalén y podemos considerarlo como un objeto de uso doméstico en el Mediterráneo oriental, del primer siglo d.C., y bien podía utilizarse para contener agua en los lavamientos.

Capítulo 11
(Juan 14; 15; 16; 17)

Los últimos discursos de Cristo. La oración de consagración[1]

La nueva institución de la Cena del Señor no puso fin a lo que ocurrió alrededor de aquella mesa pascual. Según el ritual judío, la copa es llenada por cuarta vez, y se repite lo que falta de la *Hallel* (Sal. 115-118). Luego sigue, además del Salmo 136, determinado número de oraciones e himnos, los cuales son de origen relativamente reciente. Lo mismo puede decirse, incluso más, de lo que sigue después de la cuarta copa. Pero por lo que podemos juzgar, la institución de la Santa Cena fue seguida por el discurso registrado en Juan 14. Luego fueron cantados los Salmos finales de la *Hallel* (Mt. 26:30; Mr. 14:26), después de lo cual el Maestro abandonó el aposento alto. El discurso de Cristo registrado de Juan 16, y su oración (Jn. 17), con toda certeza fueron pronunciados después de que se hubo levantado de la cena, pero antes de haber cruzado el torrente Cedrón (Jn. 18:1). Con toda probabilidad fueron pronunciados antes de que el Salvador hubiera partido de la casa. Es difícil imaginar que un discurso así pueda pronunciarse atravesando las calles estrechas de Jerusalén, y menos, camino del Cedrón, y menos aún que lo fuera la oración.

1. En todo caso, no puede haber duda de que el primer discurso (se halla en Juan 14) fue pronunciado cuando todavía estaban alrededor de la mesa. Se relaciona íntimamente con la afirmación que les había causado tanta pena y perplejidad, que allí donde Él iba, ellos no podían seguirle (Jn. 13:33). Si es así, el discurso puede ordenarse bajo cuatro puntos: *explicatorio y correctivo* (vv. 1-4); *explicatorio y de enseñanza* (vv. 5-14); *exhortatorio y de promesa* (vv. 15-24); *de promesa y de consolación* (vv. 24-31). Así hay un progreso constante y conectado, siendo los dos grandes elementos del discurso la enseñanza y la consolación.

Al principio, quizá, deberíamos recordar la idea muy común judía de que los que están en la gloria ocupan lugares diferentes, en correspondencia con su rango (Bab. Mets. 83 *b*, línea 13 desde arriba, y otros pasajes). Si las palabras de Cristo acerca del lugar adonde ellos no podrían seguirle habían despertado en ellos estos pensamientos, la explicación que ahora les dio debía desvanecerlos de modo efectivo. Que no se turbaran sus corazones ante esta perspectiva. Así como ellos creían en Dios, que confiaran también en Él. Era en la casa de su Padre que ellos estaban pensando, y aunque había en ella «muchas mansiones», o más bien «estaciones» –la elección de la palabra puede enseñarnos algo– no obstante, todos ellos estaban en una misma casa. ¿No podían ellos confiar en Él sobre esto? Sin duda, si la cosa fuera distinta, Él se lo habría dicho y no les dejaría amargamente desengañados al final. En realidad, el objeto de su partida era precisamente lo opuesto de lo que ellos temían: era para preparar, mediante su muerte y resurrección, un lugar para ellos. Que no pensaran que esta partida suya implicaba una separación permanente por el hecho de que Él les había dicho que ellos no podían seguirle allí. Más bien, Él se iba no para dejarlos, sino para preparar un lugar para ellos, en el bien entendido que Él volvería otra vez, primero con respecto a los individuos a su muerte, y luego con respecto a la Iglesia –para poder recibirles en sí mismo, para que pudieran estar juntos. Así que su partida no significaba una separación final, sino una reunión, al final, de ellos con Él. «Y sabéis adónde voy, y sabéis el camino» (Jn. 14:1-4).

Jesús se había referido a su partida a la casa del Padre, e implicado que ellos sabían el camino que los llevaría allí también. Pero sus palabras les habían dejado de lo más perplejos, por lo menos a algunos. Si cuando hablaba de que ellos no podían ir adonde iba Él no se había referido a una separación entre ellos en aquel país lejano, ¿a dónde iba, pues? Y en su ignorancia de esto, ¿cómo podían ellos encontrar su camino allá? Si había algunas ideas de la desaparición y la manifestación final del Mesías asomando tras la pregunta de Tomás, la respuesta del Señor dejaría las cosas bien claras. Él había hablado de la casa del Padre, de muchas «estaciones», pero sólo había un modo de llegar. Ellos debían conocerlo: era el de la aprehensión personal de Cristo en la vida, mente y corazón. El camino al Padre era Cristo; la plena manifestación de toda verdad espiritual y el verdadero resorte de la vida interior verdadera estaban igualmente en Él. A menos que fuera por medio de Él, ningún hombre podía conscientemente ir al Padre. Tomás había hecho la doble pregunta así: ¿cuál es la meta? ¿Cómo podemos ir allá? (v. 5). En su respuesta, Cristo invirtió de modo significativo este orden y les dijo primero cuál era el camino: Él mismo; y luego, cuál era la meta. Si ellos le habían conocido espiritualmente como el camino, también conocerían la meta, el Padre; y ahora, teniendo señalado claramente el camino, debían también conocer la meta, Dios; es más, Él era, por así decirlo, quien estaba delante de ellos visible; y, mirándole a Él, podían ver el camino rutilante hacia el cielo, la escala de Jacob, en cuyo extremo –arriba– se hallaba el Padre (Jn. 14:7).

Pero una vez más apareció en las palabras de Felipe este carnal literalismo que toma las palabras de Cristo sólo en su sentido externo (v. 8). Palabras así nos ayudan a percibir la absoluta necesidad de otro Maestro: el Espíritu Santo. Felipe entendió las palabras de Cristo como si Él les presentara la posibilidad de una visión real del Padre, y esto, según ellos se imaginaban, pondría fin para siempre a todas sus dudas y temores. Con frecuencia nosotros también aceptaríamos de buena gana una solución así a nuestras dudas, si no por medio de una visión real, al menos una comunicación directa desde arriba. En su respuesta, Jesús volvió una vez más, y de modo enfático, a esta verdad: que la visión, que era la de fe solamente, era espiritual y en modo alguno externa; y que esta manifestación había estado y estaba plenamente, aunque espiritual y de fe, en Él. O bien, ¿no creía Felipe que el Padre era manifestado realmente en Cristo, porque Felipe no estaba realmente contemplándolo? Estas palabras suyas que los habían atraído y les habían hecho sentir que el cielo estaba tan cerca no eran las suyas propias, sino que eran el mensaje que Él había recibido del Padre; las obras que Él había hecho eran la manifestación del Padre que estaba en Él. Así que debían creer en esta unión vital entre el Padre y Él; y si su fe no podía elevarse de modo absoluto a esta altura, que por lo menos reposara en el nivel inferior de la evidencia de sus obras. Y así, Él

1. Como este capítulo es realmente un comentario sobre Juan 14, 15, 16, 17, el lector hará bien leyéndolo con una Biblia a mano para consulta. Sin ella es difícil que pueda seguirlo de modo provechoso.

todavía los llevaría más arriba, de la experiencia de lo que Él hacía al conocimiento de lo que Él era. Sí, y si alguna vez se sentían tentados a dudar de sus obras, la fe podía tener evidencia de ellas en la experiencia personal. De modo primario sin duda, las palabras (v. 12) acerca de las mayores obras que los que creían en Él harían, porque Él iba al Padre, se referían a la predicación y actividad apostólica en sus mayores resultados después del derramamiento del Espíritu Santo. A esto había de referirse de modo primario también la promesa de una respuesta ilimitada a la oración en su nombre (vv. 13, 14). Pero en un sentido secundario, aunque cierto y bendito, las dos promesas se han aplicado, después de la ascensión de Cristo y en todo momento, tanto a la Iglesia como a los cristianos individuales.

Una doble promesa, tan amplia como ésta, requería no ya limitación, sino calificación, como se puede comprender –o si se quiere definición–, por lo que se refiere a la indicación de sus condiciones necesarias. El poder ilimitado de obrar por fe y la oración de fe es calificado por la obediencia a sus mandamientos, tal como es el resultado del amor personal a Él (v. 15). Y para esta fe, que alcanza todas las cosas en la obediencia de amor a Cristo, y puede obtenerlo todo por la oración de fe en su nombre, habrá una necesidad de la presencia divina siempre con ellos (v. 16). Mientras Él había estado con ellos, ellos habían tenido un *Paracleto*,[2] o Abogado, que había defendido respecto a ellos la causa de Dios, explicando y abogando por la verdad, guardándoles y guiándoles. Ahora que su presencia exterior iba a ser retirada de la tierra y Él iba a ser su Paracleto o Abogado en el cielo con el Padre (1 Jn. 2:1), Él, en su primer acto de abogacía o defensa, iba a rogar al Padre que les enviara otro Paracleto o Abogado que continuara con ellos para siempre. Ellos podrían confiar implícitamente en la guía y defensa de este Abogado porque era «el Espíritu de la verdad». El mundo, realmente, no iba a escuchar sus súplicas y advertencias ni le aceptaría como su guía, porque la única evidencia por la que juzgaba era la de la vista exterior y los resultados materiales. Pero para ellos sería diferente: una experiencia no hacia lo externo, sino a lo interno y espiritual. Ellos conocerían la realidad de su existencia y la verdad de sus ruegos mediante la presencia continua con ellos, como un cuerpo, de este Paracleto, y residiendo en ellos individualmente, revistiéndoles.

Aquí (como hace notar Bengel con razón) empieza la diferencia esencial entre los creyentes y el mundo. El Hijo fue enviado al *mundo*, pero el Espíritu Santo no. Además, el mundo no recibiría al Espíritu Santo porque no le conoce; los discípulos le conocerían porque lo poseerían. Por ello, «el haber conocido» y «el tener» van conjuntos, de modo que no conocer es la causa de no tener, y tener es la causa de conocer (v. 17). En vista de este prometido advenimiento de otro Abogado, Cristo podía decir a los discípulos que Él no les dejaría «huérfanos» en el mundo. Es más, en este Abogado, Cristo mismo iría a ellos. Es cierto que el mundo, que solamente veía y conocía lo que caía bajo el alcance de lo sensorial y externo (v. 17), no podría verle, pero *ellos* le verían porque Él vivía, y ellos también vivirían –y de ahí que habría comunión de la vida espiritual entre ellos. En el día del Advenimiento de su Espíritu Santo ellos tendrían pleno conocimiento, a causa de su experiencia, del retorno de Cristo al Padre, de que ellos estaban en Cristo, y de que Él estaba con ellos. Y por lo que se refiere a esta triple relación, había que tener esto en cuenta: estar en Cristo significaba amarle, y esto suponía tener y guardar sus mandamientos; el que Cristo estuviera en el Padre implicaba que los que estaban en Cristo o le amaban serían amados también por su Padre; y finalmente, el que Cristo estuviera en ellos implicaba que Él los amaría y que se manifestaría a ellos (Jn. 14:20, 21).

Un hecho nuevo, destacado aquí, llama la atención de los discípulos. Era contrario a todas sus ideas judaicas sobre la futura manifestación del Mesías, y llevó a la pregunta de uno de su número, Judas –no el Iscariote–: «Señor, ¿cómo es que te manifestarás a nosotros, y no al mundo?». De nuevo ellos pensaban en lo externo, en tanto que Él hablaba de la manifestación espiritual e interna. Era de esta venida del Hijo y del Padre con el propósito de hacer «estación» con ellos[3] que Él hablaba; la condición era el amor a Cristo, manifestado en el guardar su Palabra, y lo que aseguraba el amor del Padre también. Por otra parte, no guardar su Palabra era no amarle, con todo lo que esto implicaba, no sólo con respecto al Hijo, sino también al Padre, puesto que la Palabra que ellos habían oído era la del Padre (vv. 22-24).

Esto por lo que se refiere a la manifestación interna, que brota de la vida de comunión con Cristo, rica en poder espiritual ilimitado de fe, y fragante con la obediencia del amor. Todo esto podía decirles Él ahora en el nombre del Padre, como el primer representante, abogado o Paracleto. Pero ¿qué pasaría cuando Él ya no estuviera presente con ellos? Para esto Él había provisto «otro Paracleto» o Abogado. Este «Paracleto era el Espíritu Santo, a quien el Padre enviará en mi nombre; él os enseñará todas las cosas, y os recordará todo lo que yo os he dicho». Es bien evidente que la interpretación del término Paracleto como «el Consolador» no cubre la descripción dada aquí de su doble función respecto a enseñar y recordar todo lo que Cristo mismo les había dicho. Ni servirá tampoco la otra interpretación de «Abogado» para los requerimientos si consideramos al Abogado como uno que presenta *nuestras* alegaciones. Pero si consideramos al Paracleto o Abogado como el representante de Cristo y abogando, por así decirlo, por *Él*, la causa de Cristo, todo se vuelve armonioso. Cristo vino en el nombre del Padre como el primer Paracleto, como su representante; el Espíritu viene en el nombre de Cristo como el segundo Paracleto, el representante de Cristo, que está en el Padre. Como tal, el segundo Paracleto es enviado por el Padre en el nombre del primer Paracleto, y Él completaría en ellos y les recordaría su causa.

Y, así, al fin de su discurso el Señor volvió de nuevo, y ahora con un significado más pleno, a su comienzo. Entonces Él les había dicho: «No se turbe vuestro corazón; creéis en Dios, creed también en Mí». Ahora, después de la comunicación más plena de su propósito y de su relación con Él, les transmitía la seguridad de la paz, su propia paz, como su don en el presente y su legación para el futuro (Jn. 14:27). Al hecho de que Él se iba, que les había llenado de tanta pena y temor, ahora se había unido el de su venida a ellos. Sí, como Él lo había explicado, su partida al Padre era el antecedente necesario y la condición de su venida a ellos en la presencia permanente del otro Paracleto: el Espíritu

2. Sin entrar en la discusión de lo que ha llamado tanto la atención, debo contentarme con indicar aquí el resultado a que he llegado. Es decir, simplemente quedarse con el significado real y natural de la palabra, tal como el griego y los rabinos la usaban. Esto es: no Consolador, sino Abogado; o si se quiere, según las circunstancias, Defensor, Representante, Consejero.

3. καὶ μονὴν παρ' αὐτῷ ποιησόμεθα. Naturalmente, la palabra «estación» hace referencia sólo al estado de los creyentes en tanto que están en la tierra.

Santo. Este Paracleto, sin embargo, en la economía de la gracia, sería enviado por el Padre solo. En la dispensación de la gracia, la fuente final de la cual todo procedía, el que enviaba a los dos –al Hijo y al Espíritu Santo– es Dios el Padre. El Hijo es enviado por el Padre, y el Espíritu Santo también, aunque procedente del Padre y del Hijo, es enviado por el Padre en el nombre de Cristo. En la economía de la gracia, pues, el Padre es mayor que el Hijo. Y el retorno del Hijo al Padre marca asimismo el término y fin de la obra de Cristo, y su perfección, en la misión del Espíritu Santo, con todo lo que implica su advenimiento. Por tanto, si descartando sus propios pensamientos ellos daban oportunidad para los sentimientos de amor verdadero a Él, en vez de lamentarse se regocijarían por el hecho de que Él iba al Padre, con todo lo que esto implicaba no sólo de reposo y triunfo para Él, sino de perfeccionamiento de su obra, puesto que ésta era la condición de esta misión del Espíritu Santo por el Padre, que envió a los dos, al Hijo y al Espíritu Santo. Y en este sentido también ellos debían regocijarse, porque por medio de la presencia del Espíritu Santo en ellos, como enviado por el Padre en su obra «mayor», en lugar de este gozo presente egoísta de tener a Cristo en su presencia personal tendrían más poder para mostrar su amor a Él al captar su verdad, obedecer sus mandamientos, hacer sus obras y participar en su vida.[4] No es que Cristo esperara que ellos entendieran plenamente el significado de todas estas palabras. Pero después, cuando todas estas cosas hubieran sucedido, entonces lo entenderían (v. 29).

Con el significado y resultado de la gran lucha sobre la cual Él estaba a punto de entrar de modo tan claro delante de Él, iba ahora adelante para hacer frente al último asalto del príncipe de este mundo (v. 30). Pero ¿por qué esta lucha encarnizada si en Cristo «él no tenía nada»? Para mostrar «al mundo» el amor perfecto que Él tenía al Padre; que hasta la suma autoexinanición, obediencia, sumisión y sufrimiento Él estaba haciendo según el mandamiento que le había dado el Padre cuando le envió para la redención del mundo. En la ejecución de esta misión Él sufriría hasta el último asalto y lucha por parte del enemigo; y, resistiéndolo, vencería en nuestro lugar. Y así el mundo podría ser conquistado de su príncipe por la plena manifestación de Cristo, en su infinita obediencia y justicia, haciendo la voluntad del Padre y la obra que Él le había dado; y, en su infinito amor, haciendo la obra de nuestra salvación (v. 31).

2. ¡La obra de nuestra salvación! A este aspecto del tema se dirige Cristo ahora cuando se levanta de la mesa de la cena. Si en el discurso registrado en el capítulo 14 del Evangelio de Juan se explica el aspecto hacia Dios de la inminente partida de Cristo, en el del capítulo 15 se presenta la nueva relación que había de subsistir entre Él y su Iglesia. Y esto –aunque las expresiones o dichos epigramáticos con frecuencia resultan falaces– puede resumirse en tres palabras: Unión, Comunión, Desunión. La *unión* entre Cristo y su Iglesia es *corporativa, vital* y *efectiva,* tanto respecto a los resultados como a las bendiciones (Juan- 15:1-8). Esta unión resulta en *comunión* –de Cristo con sus discípulos, de sus discípulos con Él, y de sus discípulos entre ellos. El principio de todos ellos es el amor: el amor de Cristo a los discípulos, el amor de los discípulos a Cristo y el amor en Cristo de los discípulos los unos a los otros (vv. 9-17). Finalmente, esta unión y comunión tiene como contrapartida necesaria: *desunión, separación* del mundo. El mundo los repudia por su unión con Cristo y su comunión. Pero a pesar de ello, hay algo que debe impedirles que vayan al mundo. Tienen una misión en él, iniciada y llevada a cabo en el poder del Espíritu: la de poner en alto el testimonio de Cristo (vv. 18-27).

Por lo que se refiere a la relación de la Iglesia con el Cristo que está a punto de partir hacia el Padre y volver a ellos en el Espíritu Santo como su representante, ha de ser una *unión: corporativa, vital* y *efectiva.* Dada la naturaleza de la misma, una verdad así sólo podía ser presentada con una ilustración. Cuando Cristo dice: «Yo soy la vid verdadera, y mi Padre es el labrador»; o bien: «Vosotros sois los sarmientos o las ramas» –recordando que, como hablaba en arameo, las cópulas «soy», «es» y «son» serían omitidas–, no quería decir que Él *significara* la vid o que ésta era su *signo,* ni que el Padre era el labrador, ni tampoco los discípulos eran las ramas. Lo que quería decir era que Él, el Padre y los discípulos estaban exactamente en la misma relación como la vid, el labrador y las ramas. Esta relación era la de una unión corporativa de las ramas con la vid para la producción de fruto para el labrador, el cual podaba las ramas para este propósito. Ni podemos olvidar en este sentido que en el Antiguo Testamento, y parcialmente en el pensamiento judío,[5] la vid era el símbolo de Israel no en su capacidad nacional, sino como Iglesia. Cristo, con sus discípulos como las ramas, *es* «la vid verdadera» –la realidad de todos los tipos, el cumplimiento de todas las promesas. Ellos son muchas ramas; con todo, una gran unidad en esta vid; hay una Iglesia de la cual Él es la cabeza, la raíz, el sostenimiento, la vida. Y en esta vid será realizado el objetivo por el que fue plantada: llevar fruto para Dios.

No obstante, aunque sea una vid, la Iglesia tiene que llevar fruto no sólo en su capacidad corporativa, sino individualmente en cada una de las ramas. Parece notable que leamos de ramas en Él que no llevan fruto. Esto al parecer ha de referirse a los que han sido insertados en la vid por el bautismo pero permanecen sin dar fruto, puesto que una mera profesión externa de cristiano no se puede describir como ser «una rama en» Él. Por otra parte, toda rama que lleva fruto el labrador la limpia no podándola de modo necesario o exclusivo, sino de la manera que se requiera, para que pueda producir la mayor cantidad de fruto posible. En cuanto a ellos, el proceso de limpieza ya había sido realizado por medio de la Palabra que Él les había hablado. Si esta condición de dar fruto existía ahora en ellos como consecuencia de haberse imprimido en ellos su Palabra, se seguía, como una condición correspondiente que ellos debían permanecer en Él, y Él en ellos. Es más, ésta era una condición vital del dar fruto, que surgía del hecho fundamental de que Él era la vid y ellos las ramas. La condición propia y normal de cada rama en esta vid era la de llevar mucho fruto, naturalmente en proporción a su tamaño y vigor. Pero, tanto de modo figurado como real, la condición de esto era permanecer en Él, ya que, «aparte» de Él, ellos

4. La gran dificultad para entender la última parte del versículo 28 se halla no en alguna de las cláusulas ni en la combinación de dos, sino en la combinación de tres de ellas. Podríamos entender que si ellos le amaran se regocijarían de que Él fuera al Padre, lo cual marcaría el término y perfección de su obra; y también que ellos se regocijaran en que Él fuera al Padre, que era mayor, y les enviaría al Espíritu Santo, lo que implicaría beneficio para ellos. Pero la dificultad de combinar todas ellas de modo que el amor a Cristo debiera inducir un deseo de que Él fuera al Padre, porque Él era mayor, parece una dificultad para la cual sólo puedo ver una solución natural en la interpretación que me he atrevido a sugerir.

5. En él los dos difícilmente podían ser separados. De ahí que la vid sea el símbolo de Israel; los sabios eran los racimos maduros (Chull. 92 *a*).

no podían hacer nada. No era como una fuerza que, una vez puesta en movimiento, después continuaría por sí misma. Era una vida, y la condición de su permanencia era una unión continuada con Cristo, del cual sólo podía proceder.

Y ahora, por lo que se refería a las dos alternativas, el que no permanecía en Él era la rama «echada fuera» y que se secaba, la cual, cuando estaba lista para ello, los hombres la echaban en el fuego –con todo el significado simbólico por lo que se refiere a los que las recogen y la quema que implica la ilustración. Por otra parte, si la unión corporativa y vital era efectiva, si ellos permanecían en Él, y en consecuencia sus palabras permanecían en ellos, entonces: «Pedid todo lo que queráis, y os será hecho». Es digno de observar que lo ilimitado de la oración queda limitado –o más bien condicionado– por nuestro permanecer en Cristo y sus palabras en nosotros,[6] tal como en Juan 14:12-14 está condicionado por la comunión con Él, y en Juan 15:16 por el hecho de dar fruto de modo permanente.[7] Porque sería el fanatismo más peligroso, y enteramente opuesto a la enseñanza de Cristo, imaginarse que la promesa de Cristo implica este poder absoluto –como si la oración fuera mágica– que una persona podría pedir lo que fuera, no importa el qué, en la seguridad de obtener su petición.[8] En toda relación moral, los deberes y privilegios son ideas correlativas, y en nuestra relación con Cristo la inmanencia consciente en Él y de su Palabra en nosotros, la unión y la comunión con Él y la obediencia del amor, son las condiciones indispensables de nuestros privilegios. Cierto que el creyente puede pedirlo todo, porque siempre y de modo absoluto puede ir a Dios; pero la certeza de respuestas especiales a la oración es proporcionada al grado de unión y comunión con Cristo. Y una libertad ilimitada de oración está conectada con nuestro llevar mucho fruto, porque por medio de ello el Padre es glorificado y nuestro discipulado puesto en evidencia (Jn. 15:7, 8).[9]

Esta unión, siendo interna y moral, por necesidad se despliega en *comunión*, el principio de la cual es el *amor*. «Así como el Padre me ha amado, también yo os he amado. Permaneced en mi amor. Si guardáis mis mandamientos, permaneceréis en mi amor». Marcamos la *continuidad* en la escala del amor: el Padre hacia el Hijo, y el Hijo hacia nosotros; y ahora, todo lo que los discípulos tenían que hacer era *permanecer* en él. Esto no está conectado con el sentimiento, ni aun con la fe, sino con la obediencia.[10] Las nuevas provisiones son obtenidas por la fe, pero la continuidad en el amor de Cristo es la manifestación y el resultado de la obediencia. Fue así incluso con el mismo Señor en su relación con el Padre. Y el Señor inmediatamente explicó (v. 11) que su objeto consistía en decir esto. En esto también ellos habían de tener *comunión* con Él: comunión en aquel gozo que era suyo como consecuencia de su perfecta obediencia. «Estas cosas os he hablado, para que mi gozo esté en vosotros, y vuestro gozo sea cumplido».

Ahora bien, ¿qué diremos de estos mandamientos a los cuales se adscribe tanta importancia? Ahora que ya estaban limpios por medio de las palabras que Él había hablado, se destacaba un gran mandamiento como especialmente suyo, consagrado por su propio ejemplo y que debía ser medido por la observancia del mismo por Él. Desde cualquier punto de vista que lo miremos, sea como requerido especialmente por las necesidades apremiantes de la Iglesia, o como presentando una notable evidencia del poder del Cristianismo; por su contraste con lo que exhibía el paganismo,[11] o bien, por otra parte, como tan congruente con todos los pensamientos fundamentales del Reino –el amor del Padre al enviar a su Hijo al hombre, la obra del Hijo al buscar y salvar a los perdidos al precio de su propia vida, y el nuevo lazo que en Cristo une a todos en la comunión de una llamada común, una misión común, unos intereses y esperanzas comunes–, el amor de los hermanos entre ellos fue una de las órdenes más destacadas de Cristo en su despedida (vv. 12-14). Y el guardar sus mandamientos era ser su amigo. Y ellos eran sus amigos. Ya no les llamaba siervos, porque el siervo no sabía lo que hacía su señor. Él les había dado ahora un nuevo nombre, y con buenas razones: «Os he llamado amigos, porque todas las cosas que le oí a mi Padre os las he dado a conocer». Y aún descendió a algo más profundo al señalarles el ejemplo y medida de su amor como el estándar del amor de ellos el uno hacia el otro. Y con esta enseñanza combinó lo que Él había dicho antes, de llevar fruto y del privilegio de la comunión con Él. Eran sus amigos; Él había demostrado esto al tratarlos como tales al abrir ahora ante ellos todo el consejo de Dios. Y esta amistad: «No me elegisteis vosotros a Mí, sino yo os elegí a vosotros» –el objeto de su «elegir» (aquello a lo que habían sido designados) era que cuando fueran al mundo dieran fruto, y que su fruto fuera permanente, y que poseyeran el pleno privilegio de este poder ilimitado para orar, del cual Él les había hablado antes (15:16). Todas estas cosas iban unidas a la obediencia a sus mandamientos, el más destacado de los cuales era el de «amarse los unos a los otros» (v. 17).

Pero esta misma elección por su parte, y su unión de amor en Él y entre unos y otros, implicaba también no sólo *separación* del mundo, sino repudiación del mismo (v. 18). Debían estar preparados para ello. Le había ocurrido a Él, y sería la evidencia de su elección del discipulado. El aborrecimiento del mundo mostraba la diferencia esencial y el antagonismo entre el principio de vida del mundo y el de ellos. Para bien o para mal, debían esperar el mismo tratamiento que su Maestro. Es más, ¿no era un privilegio para ellos darse cuenta de que todo esto les ocurría por amor a Él?; y ¿no debían también recordar que la base última para el odio del mundo era no saber nada de aquél que había enviado a Cristo? (vv. 19-21). Con todo, aunque esto debería eliminar todo pensamiento de resentimiento personal, la culpa de los que le habían rechazado era verdaderamente terrible. Hablando a Israel y en Israel, no había excusa para su pecado –el más terrible que podía concebirse, puesto que verdaderamente: «El que me aborrece a Mí, aborrece también a mi Padre». Porque Cristo era el enviado de Dios, y Dios manifiesto. Era ésta una acusación terrible, contra el antiguo pueblo de Dios, Israel. Sin embargo, además de la evidencia de las palabras estaba la de las obras (vv. 22-24). Si ellos no podían captar las primeras, con todo, con respecto a las segundas, por comparación con las obras de otros hombres, podían ver que eran únicas. Ellos las habían visto, pero sólo le aborrecían a Él y a su Padre, adscribiéndolo todo

6. El canón. Westcott observa con hermosas palabras: «La oración de ellos es solamente algún fragmento de su enseñanza transformado en una súplica, y por tanto será oído por necesidad».

7. Todo lector sin prejuicios verá que Mateo 18:19, 20, *en cuanto no pertenece a una esfera completamente diferente*, está sometido a condiciones similares.

8. Algunos de los más horribles ejemplos –al menos para mí– de esta supuesta licencia absoluta en la oración han aparecido en cierta clase de literatura religiosa norteamericana, que últimamente ha encontrado amplia circulación entre nosotros.

9. Preces ipsae sunt fructus, et fructum augent (Bengel).

10. Y aquí de buena gana corregiríamos otra extravagancia religiosa moderna.

11. «El pagano está acostumbrado a exclamar con asombro: ¡Mirad cómo estos cristianos se aman los unos a los otros!» (Tertuliano, en Westcott).

al poder y actividad de Beelzebul. Y así la antigua profecía había sido cumplida ahora: «Me aborrecieron sin motivo» (Sal. 35:19; 69:4). Pero esto no era todo ni era el fin; tampoco su obra por medio del otro Abogado, ni la de ellos en el mundo. «Cuando venga el Abogado, a quien yo os enviaré del Padre –el Espíritu de verdad– el cual procede del Padre, él dará testimonio acerca de Mí. Y vosotros daréis testimonio también,[12] porque estáis conmigo desde el principio».

3. El último de los discursos de despedida de Cristo, en el capítulo 16 de Juan, fue interrumpido realmente por varias preguntas de los discípulos. Pero éstas, siendo afines al tema, lo llevan sólo hacia adelante. En general, los temas tratados en el mismo son: las nuevas relaciones que surgen de la partida de Cristo y de la venida del otro Abogado. Así, el último punto necesario sería ahora suplido: capítulo 14, dando el consuelo y la enseñanza en vista de su partida; capítulo 15, describiendo las relaciones personales de los discípulos hacia Cristo, y del uno al otro, y con el mundo; y capítulo 16, fijando las nuevas relaciones que han de ser establecidas.

El capítulo empieza de modo apropiado reflexionando sobre la predicha enemistad del mundo (Jn. cap. 16). Cristo lo había predicho claramente, para que no resultara una piedra de tropiezo para ellos. Es más, para que supieran claramente que no sólo los echarían de la Sinagoga, sino que aquel que les matara consideraría que «ofrecía un servicio religioso a Dios». Ése era sin duda el pensamiento de Saulo de Tarso, y el de muchos otros que, por desgracia, nunca se hicieron cristianos. En realidad, según la Ley judía, «un celote» podía haber dado muerte sin un proceso formal a aquellos a quienes atrapara en flagrante rebelión contra Dios –o en lo que podía ser considerado como tal–, y la Sinagoga habría considerado el acto tan meritorio como el de Fineas (Sanh. 81 *b;* Bemid. R. 21). Era una lástima –y, con todo, también un consuelo– el saber que este espíritu de enemistad surgía del hecho de no conocer al Padre y a Cristo. Aunque ellos en general habían sido preparados para ello antes, sin embargo Él no se lo dijo todo de modo definido y conectado desde el comienzo, porque Él aún estaba con ellos (Jn. 16:1-4). Pero ahora que Él se iba, era absolutamente necesario hacerlo. Porque incluso la mención de ello les había dejado en plena confusión y apenados de tal forma que ni aun el punto principal, *adónde* iba, había aparecido ante sus ojos.[13] Los sentimientos personales los habían confundido hasta el punto del olvido de sus propios intereses superiores. Él iba al Padre, y esto era la condición, así como el antecedente de que les enviara el Paracleto.

Pero el Advenimiento del «Abogado» no marcaría una nueva era por lo que se refería a la Iglesia (Jn. 16:7) y el mundo. Su misión era ir adelante al mundo y predicar a Cristo. Este otro Abogado, como representante de Cristo, iría al mundo y lo redargüiría de los tres puntos cardinales en los que giraba su predicación. Estos tres puntos en los cuales consistiría toda actividad misionera eran: pecado, justicia y juicio. Y de éstos el nuevo Abogado redargüiría al mundo. Recordando que el término «redargüir» es usado de modo uniforme en los Evangelios[14] para «establecer con claridad» o «hacer comprender la culpa»,[15] tenemos aquí tres hechos separados que se nos presentan delante. Como representante de Cristo, el Espíritu Santo hará comprender al mundo, establecerá el hecho de su culpa con respecto al *pecado* –sobre la base de que el mundo no cree en Cristo. Además, como el representante de Cristo, va a hacer que el mundo comprenda el hecho de su culpa con respecto a la *justicia* –sobre la base de que Cristo ha ascendido al Padre y, por tanto, está apartado de la vista del hombre. Finalmente, como representante de Cristo, establecerá el hecho de la culpa del mundo, debido a esto: que su príncipe, Satanás, ya ha sido juzgado por Cristo –un juicio establecido en su asiento a la diestra de Dios, y que será reivindicado a su segunda venida. Haciendo uso de los tres grandes hechos de la historia de Cristo: su primera venida para salvación, su resurrección y ascensión, y el que esté sentado a la diestra de Dios, de lo cual la segunda venida en juicio es el resultado final, este Abogado de Cristo en cada caso va a redargüir al mundo de culpa; con respecto a lo primero –referente al pecado–, porque no creen en Él a quien Dios ha enviado; con respecto a lo segundo –en cuanto a la justicia–, porque Cristo *está* a la diestra del Padre; y con respecto a lo tercero –en lo que se refiere al juicio–, porque el príncipe a quien el mundo confiesa o reconoce todavía ya ha sido juzgado por el hecho de que Cristo está sentado a la diestra de Dios, y por su Reino, que ha de ser completado en su segunda venida a la tierra.

Tal era la causa de Cristo que el Espíritu Santo como Abogado presentaría al mundo, obrando convicción de pecado como en un acusado culpable. Muy diferente era la causa de Cristo que, como su Abogado, alegaría respecto a sus discípulos, y muy distinto en su caso el efecto de su abogacía. Tenemos, incluso en la ocasión presente, marcado con qué frecuencia el Señor era estorbado así como contristado por los malentendidos y la incredulidad del hombre. Ahora la ley autoimpuesta de su misión, el resultado de su victoria en la tentación en el desierto, era que Él no conseguiría su misión mediante el ejercicio del poder divino, sino por el camino ordinario de la humanidad. Ésta era la limitación que Él se había impuesto –un aspecto de su propia exinanición. Pero de esto tiene que haber procedido su constante tristeza, a la vista de la incredulidad de aquellos que le rodeaban más cerca. Era pues no sólo conveniente, sino incluso necesario para ellos, puesto que al presente no podían sobrellevar más, que la presencia de Cristo fuera retirada, y su representante ocupara su lugar, y abriera su causa a ellos. Y ésta había de ser su obra especial ante la Iglesia. Como Abogado, no hablando por su propia cuenta, sino hablando todo cuanto oiga –como si dijéramos, hablando según el *dossier* celestial que tenía– Él los guiaría a toda la verdad. Y aquí su primera «declaración» sería sobre «las cosas que han de venir». Todo un nuevo orden de cosas es colocado ante los apóstoles: la abolición de lo judaico, el establecimiento de la dispensación cristiana y la relación de lo nuevo y lo viejo, junto con muchas cuestiones emparentadas. Como representante de Cristo, y no hablando por su propia cuenta, el Espíritu Santo estaría con ellos no permitiendo que se descarriaran en el error, sino que los

---

12. Para el cumplimiento de este doble testimonio predicho ver Hechos 5:32.

13. La pregunta de Tomás (Jn. 14:5) se refería al camino, más bien que a la meta; la de Pedro (13:36) parecía fundada, o bien en la idea judía de que el Mesías iba a desaparecer, o bien se refería al hecho de que Cristo estuviera entre enemigos y en peligro, adonde Pedro pensaba que podía seguirle. Pero ninguna de las preguntas consideraba el retorno mesiánico del Hijo al Padre con miras al envío del Espíritu Santo.

14. Ocurre, además de aquí, en Mateo 18:15; Lucas 3:19; Juan 3:20; 8(9):46.

15. De modo similar al uso del verbo ἐλέγχω en Santiago 2:9 y en Apocalipsis 3:19. Esto puede ser llamado el *usus* hebraico de la palabra. En las Epístolas de Pablo es más general; en el de los Hebreos (12:5) parece significar castigo.

guiaría a toda la verdad. Además, como el Hijo glorificaba al Padre, así el Espíritu glorificaría al Hijo, y de modo análogo –debido a que Él «tomará de lo suyo y se lo declarará a ellos». Esto sería la segunda línea, como si fuera, en las «declaraciones» del Abogado, representante de Cristo. Y esta obra del Espíritu Santo, enviado por el Padre, en su declaración sobre Cristo, quedaba explicada por la circunstancia de la unión y comunicación entre el Padre y Cristo (Jn. 16:8-15). Y así, para resumir todo lo que Él les había dicho en una breve despedida: tardarían un poco en que no le observarían (οὐκέτι θεωρεῖτέ με), y luego otro poco y «le verían» (ὄψεσθέ με), aunque de una manera diferente, como muestra el uso de diferentes verbos (v. 16).[16]

Si hubiéramos tenido dudas sobre la verdad de las palabras previas del Señor, de que al estar tan absorbidos por el presente los discípulos no habían pensado en el «*adónde*» al cual se dirigía Cristo, y que les era necesario que Él partiera y viniera el otro Abogado (vv. 5-7), tendríamos que quedar convencidos de ello por las preguntas de los apóstoles entre sí, llenas de perplejidad, con referencia al significado del doble «un poco», y todo lo que dijo acerca de que iba al Padre. De buena gana habrían preguntado, mas no se atrevían. Pero Él conocía sus pensamientos y les contestó. El primer «un poco» comprendía aquellos días terribles de su muerte y sepultura, cuando ellos llorarían y se lamentarían, pero el mundo se regocijaría. Con todo, su breve aflicción se transformaría en gozo. Era como el breve dolor de dar a luz –después ya no lo recuerda la madre, por el gozo de haber traído al mundo un nuevo ser. De esta manera sería cuando su aflicción presente sería transformada en el gozo de la resurrección, un gozo que nadie podría ya quitarles. Él quería que pensaran en aquel día de gozo mientras duraba la noche presente de aflicción. Éste sería, realmente, un día de alegría, en que no habría ya necesidad de hacer más preguntas de Él (ἐμὲ οὐκ ἐρωτήσετε) (Jn. 16:23; comp. v. 19). Todo quedaría claro a la nueva luz de la resurrección. Un día, éste, en que la promesa se realizaría, y todo lo que pidieran al Padre (αἰτήσητε), Él se lo daría en el nombre de Cristo. Hasta aquí ellos no habían pedido en su nombre; que pidieran, y recibirían, para que su gozo fuera completo. ¡Ah!, aquel día glorioso. Hasta aquí Él les había hablado, por así decirlo, en parábolas y alegorías, pero entonces Él les «declararía» con claridad acerca del Padre. Y así como Él podría hablarles directamente entonces acerca del Padre, ellos también podrían hablar directamente al Padre –como lo expresa la epístola a los Hebreos, allegarse confiada o directos al trono de la gracia.[17] Pedirían directamente en el nombre de Cristo; y ya no sería necesario, como al presente, ir primero a Él para que «inquiriera» del Padre «sobre» ellos (ἐρωτήσω περὶ υμῶν). Porque Dios los amaba, porque ellos le amaban a Él, y habían reconocido que había venido de Dios.[18] Y así era: Él había salido del Padre cuando vino al mundo, y ahora Él lo dejaba e iba de nuevo al Padre.

Los discípulos imaginaron que al menos entendían esto. Cristo había leído sus pensamientos, y no había necesidad de que nadie hiciera más preguntas (Jn. 16:30). Él conocía todas las cosas, y por esto creían –les había proporcionado la evidencia– que Él había salido de Dios.[19] Pero ¡qué poco conocían ellos mismos sus corazones! Había llegado la hora en que todos se esparcirían, cada uno por su lado, y le dejarían solo; con todo, verdaderamente, Él no estaría solo, porque el Padre estaría con Él (Jn. 16:32). Pese a todo, incluso así, su último pensamiento era para ellos como lo había sido el primero (Jn. 14:1); y les mandó que durante la noche del esparcimiento pensaran en el mañana de gozo. Porque la batalla no era de ellos, ni era tampoco dudosa la victoria: «Yo (enfáticamente) he vencido al mundo» (Jn. 16:33).

Entramos ahora con la máxima reverencia en lo que puede ser llamado el Santuario más íntimo, el lugar santísimo (Jn. cap. 17). Por primera vez se nos permite escuchar lo que era realmente «la oración del Señor»,[20] y, cuando lo oímos, humildemente adoramos. Esta plegaria era la gran preparación para su agonía, cruz y pasión; y también la perspectiva de la corona más allá. En sus tres partes (vv. 1-5; 6-19; 20-26) casi parece que refleje sobre la enseñanza de los tres capítulos precedentes[21] y los convierta en oración. Vemos al gran Sumo Sacerdote ofreciéndose primero solemnemente a sí mismo, y luego la consagración e intercesión en favor de su Iglesia y su obra.

La primera parte de esta oración (vv. 1-5) es la consagración de sí mismo hecha por el gran Sumo Sacerdote. Ha llegado la hora final. Al pedir que el Padre glorifique al Hijo, Cristo no está pidiendo realmente nada para sí mismo, sino que «el Hijo» pueda[22] «glorificar» al Padre. Porque glorificar al Hijo –su apoyo, y luego su resurrección– era realmente un cumplimiento y término de su obra que el Padre le había dado a hacer, así como su evidencia. Estaba en real consonancia («así como») con la potestad que el Padre le había dado sobre «toda carne» cuando puso todas las cosas bajo sus pies como el Mesías –siendo el objeto de esta potestad suya «el que dé vida eterna a todos los que Él le había dado». El punto culminante del nombramiento mesiánico –el objeto de su potestad sobre toda carne– era el don del Padre a Cristo de la Iglesia como una totalidad y una unidad; y en esta Iglesia, Cristo da vida eterna a cada uno individualmente. Lo que sigue (v. 3) parece una cláusula intercalada, como lo muestra incluso el uso de la partícula «y» con la que se introduce la trascendental definición de lo que es «vida eterna», y por las últimas palabras en el versículo. Y ¿qué es lo que constituye «la vida eterna»? No lo que solemos pensar, confundiendo la cosa con sus efectos o bien sus resultados. Se refiere no al futuro, sino al presente. Es la realización de lo que Cristo les había dicho en estas palabras: «Creéis en Dios, creed también en Mí». Es el puro sol del alma que da por resultado el conocimiento de Jehová o bien lo refleja; el Dios personal, vivo, verdadero, y Aquél a quien ha enviado, Jesucristo. Estas dos ramas de conocimiento no tienen que ser consideradas ni aun como coordinadas, sino más bien como inseparables. Volviendo de esta explicación de la «vida eterna» que los que están bañados en la luz poseen incluso ahora y aquí, el gran Sumo Sacerdote ofreció primero al Padre aquella parte de su obra que estaba en la tierra y que Él había completado. Y entonces, tanto como la consumación y la secuela de la misma, Él reclamó lo que había al fin de su misión: su retorno a aquella comunión de gloria esencial, que Él poseía junto con el Padre antes de que el mundo fuese (vv. 4, 5).

16. Las palabras «porque yo voy al Padre» son espurias en el versículo 16.

17. La misma palabra (παῤῥησία) es utilizada en el hablar «claramente» de Cristo sobre el Padre (v. 25), y de nuestra libertad en la oración en Hebreos 4:16; comp. también 10:19. Para ver el uso que hace Juan de la palabra, comparar Juan 7:4, 13, 26; 10:24; 11:14, 54; 16:25, 29; 18:20; 1ª Juan 2:28; 3:21; 4:17; 5:14.

18. ἐκ τοῦ πατρός. Sin duda, si las palabras tienen algún sentido, esto enseña la unidad de la esencia del Hijo y del Padre.

19. Es significativo que no usaran ni παρά ni ἐκ, sino ἀπό.

20. La de Mateo 11:25-27 era una breve acción de gracias.

21. Compárese cada capítulo con la correspondiente sección de versículos en el capítulo 17.

22. La palabra «también» debería ser eliminada.

El don de su consagración no podía ser colocado en un altar más glorioso. Una cruz así tenía que ser seguida por esa corona (Fil. 2:8, 11). Y ahora otra vez su primer pensamiento era sobre aquellos por amor a los cuales se había consagrado a sí mismo. *A éstos los presenta ahora solemnemente al Padre* (Jn. 17:6-10). Los presenta como (individuos) a quienes el Padre le ha dado especialmente a Él fuera del mundo. Como tales eran realmente del Padre, y entregados a Cristo –y Él ahora los presentaba como habiendo guardado la palabra del Padre. Ahora ellos sabían que todas las cosas que el Padre había dado al Hijo eran del Padre. Éste era pues el resultado de toda su enseñanza, y la suma total de lo que ellos habían aprendido: confianza perfecta en la persona de Cristo, como en su vida, enseñanza y obra, enviado no ya de Dios, sino del Padre. Su «conocimiento» no representaba ni más ni menos que esto. Todo lo demás que salía de ello, no lo habían aprendido ellos aún. Pero era bastante, porque lo implicaba todo; principalmente estas tres cosas: que ellos *recibían* las palabras que Él les había dado como procedentes del Padre; que ellos *realmente sabían* que Cristo había salido del Padre; y que ellos *creían* que el Padre le había enviado. Y realmente, éstas son las tres características esenciales de los que son de Cristo: recepción de la Palabra de Cristo, conocimiento de su naturaleza esencial y fe en su misión.

Y ahora Él los presentó en *oración* ante el Padre (Jn. 17:9-12). Él estaba intercediendo no por el «mundo», que era suyo por derecho de su mesianidad, sino por esos a quienes el Padre le había dado especialmente. Eran del Padre en el sentido especial de la misericordia del pacto, y todo lo que en este sentido era del Padre era del Hijo, y todo lo que era del Hijo era del Padre. Por tanto, aunque todo el mundo era del Hijo, Él no oraba ahora por él; y aunque todo en la tierra y el cielo estaba en la mano del Padre, Él no procuraba obtener ahora su bendición sobre el mundo, sino sobre aquellos que, mientras Él estaba en el mundo, Él había guiado y protegido. Habían quedado solos en un mundo de pecado, maldad, tentación y aflicción, y Él iba al Padre. Y ésta era su oración: «Padre Santo, a los que me has dado, guárdalos en tu nombre a fin de que sean uno, así como *nosotros*». Esta apelación peculiar: «Padre Santo», muestra que el Salvador una vez más se refería al guardar en santidad, y lo que es de igual importancia, que «la unidad» que buscaba para la Iglesia era primariamente de carácter espiritual y no una combinación meramente externa. La unidad en la santidad y de naturaleza, como era la del Padre y el Hijo, era el gran objetivo buscado, aunque una unión así, debidamente realizada, también resultaría en unidad exterior. Pero en tanto que la unión moral, más bien que la unidad exterior, estaba a su vista, nuestras «desgraciadas divisiones» presentes, resultantes con tanta frecuencia de la voluntariedad y la negativa a sobrellevar pequeñas diferencias entre nosotros –las cargas los unos a los otros–, son tan completamente contrarias al espíritu cristiano y aun judío, que sólo podemos ir a buscar su origen en el elemento pagano en la Iglesia.

En tanto que Él «estaba con ellos», Él los «guardaba» en el nombre del Padre. A los que el Padre le había dado, Él los guardaba (ἐφύλαξα) por medio de la atracción efectiva de su gracia dentro de ellos, y ninguno de ellos se había perdido excepto el hijo de perdición –y esto según la profecía. Pero antes de ir al Padre, Él oraba de esta manera por ellos, que en esta unidad de la santidad realizada el gozo que era suyo[23] (τὴν χαρὰν τὴν ἐμήν) (v. 13) pudiera ser «completado» en ellos. Y había más necesidad de ello, pues quedaban detrás sin otra cosa que su Palabra, en un mundo que los odiaba, porque como Cristo ellos tampoco eran del mundo («de» él, ἐκ). Ni tampoco pedía Cristo con miras a que fueran sacados de este mundo, sino a fin de que el Padre «los guardara (preservara, τηρήσης) del Maligno».[24] Y esto más enfáticamente por el hecho de que, tal como Él no era de este mundo, tampoco lo eran ellos, el mundo estaba en manos del Maligno. Y la preservación que Él buscaba para ellos no era exterior, sino interior, la misma que cuando Él había estado con ellos (17:12), sólo que ahora vendría directamente del Padre. Era santificación «en la verdad» (no «por tu verdad»), con esta significativa adición: «Tu palabra es verdad» (vv. 12-17).

En su última parte esta oración intercesora del gran Sumo Sacerdote se refería a la obra de los discípulos y sus frutos. Como el Padre había enviado al Hijo, también el Hijo enviaba a los discípulos al mundo –de la misma manera, y con la misma misión. Y por amor a Él ahora solemnemente se ofrecía a sí mismo, se «consagraba» o se «santificaba» para que ellos pudieran «en verdad» –verdaderamente– ser consagrados. Y en vista de ésta su obra, a la cual eran consagrados, Cristo oraba no sólo por ellos, sino también para aquellos que por medio de la palabra de ellos creerían en Él, «a fin de que todos pudieran ser uno, formar una unidad». Cristo, como enviado por el Padre, reunía a los que formaban la primera unidad; ellos, como enviados por Él y consagrados por su consagración, habían de reunir a otros, pero todos ellos habían de formar una gran unidad por medio de la comunicación espiritual común. «Como Tú, oh Padre, en Mí, y yo en Ti, que también ellos sean uno en nosotros; para que el mundo crea que Tú me enviaste». «Y la gloria que me diste les he dado», refiriéndose a su misión en el mundo, y el haberlos puesto aparte y autorizándolos para ello: «y yo les he dado la gloria que me diste, para que sean uno, así como nosotros somos uno.[25] Yo en ellos, y Tú en Mí, para que el mundo conozca que Tú me enviaste».

Después de esta inefablemente sublime consagración de su Iglesia, y comunicación a la misma de su gloria, así como de su obra, no podemos maravillarnos de lo que sigue y concluye «la oración del Señor» (vv. 24-26). Recordamos la unidad de la Iglesia –una unidad en Él, y como la que hay entre el Padre y el Hijo– cuando escuchamos esto: «Aquellos que me has dado, quiero que donde yo estoy también ellos estén conmigo, para que vean mi gloria que me has dado (compartan conmigo la gloria mesiánica); porque me has amado desde antes de la fundación del mundo».

Y todos, de buena gana, nos cobijamos bajo esta consagración final de Él mismo y de su Iglesia hecha por el gran Sumo Sacerdote, que es a la vez una apelación, la expresión de un derecho, y una oración: «Oh Padre justo, el mundo no te ha conocido, pero yo te he conocido, y éstos han conocido que Tú me enviaste. Y les he dado a conocer tu nombre, y lo daré a conocer de este modo, para que el amor con que me has amado esté en ellos y yo en ellos». Ésta es la Carta Magna de la Iglesia: su posesión y su gozo; su fe, su esperanza también, y su amor; y en esto se mantiene firme, ora, y obra.

23. Compárese aquí Juan 15:11.

24. Esta interpretación depende de 1 Juan 5:18, 19; y si es así, parece, a su vez, concordar con la petición: «Líbranos del Maligno».

25. No es necesario decir que con la expresión «uno» o «unidad» nos referimos no a la unidad de persona, sino a la de naturaleza, carácter y obra.

Capítulo 12
(Mateo 26:30-56; Marcos 14:26-52; Lucas 22:31-53; Juan 18:1-11)

Getsemaní

Volvamos de nuevo a seguir las pisadas de Cristo, ahora ya las últimas suyas sobre la tierra. Habían ya cantado el «himno» con el que terminaba la cena pascual. Probablemente hemos de entender que se trataba de la segunda porción de la *Hallel* (Sal. 115 a 118), cantada algunas veces después de la tercera copa, o bien el Salmo 136, que en el ritual presente se halla cerca del final del servicio. Los últimos discursos habían sido pronunciados; la última oración, la de la consagración, había sido ofrecida, y Jesús estaba preparado para salir de la ciudad, hacia el Monte de los Olivos. No se puede decir que las calles estuvieran desiertas, porque en muchas casas brillaba una lámpara festiva, y muchos grupos estaban todavía reunidos; por todas partes se notaba bullicio y trajín en preparación para subir al Templo cuyas puertas estaban abiertas desde la medianoche.

Saliendo por la puerta norte del Templo, descendemos a una parte solitaria del valle del oscuro del Cedrón, que en esta estación iba de crecida y era un torrente invernal. Al cruzarlo, nos desviamos un poco hacia la izquierda donde el camino lleva hacia el Olivete. No muchos pasos más allá (pasado el lugar en que hoy está situada la iglesia del Santo Sepulcro o de la Virgen) nos desviamos del camino, seguimos hacia la derecha y llegamos a lo que la tradición desde los tiempos más remotos ha designado –probablemente con razón– como Getsemaní o «prensa del aceite». Era una pequeña propiedad vallada (χωρίον), «un huerto» en el sentido oriental en el que, posiblemente entre árboles frutales varios y arbustos, había un lugar quieto y tranquilo relacionado con la «prensa del aceite», o cercano a la misma. El Getsemaní presente mide sólo unos 70 pasos en cuadro, y aunque sus viejos y retorcidos olivos no pueden ser los del tiempo de Jesús (si los había), puesto que todos los árboles de aquel valle fueron cortados por los romanos –y por tanto también esos bajo los que Jesús acostumbraba cobijarse–, pueden haber retoñado de las viejas raíces o vuelto a crecer por otros medios. Pero nos gusta pensar que este «huerto» era el lugar en que Jesús «con frecuencia» –no meramente en esta ocasión, sino quizá en visitas previas a Jerusalén– se reunía con sus discípulos. Era un lugar tranquilo, un retiro para orar o dormir, para estar a solas con los doce y también con otros que acompañarían al Maestro. Y como este lugar era conocido por Judas, hacia allí dirigió la compañía armada cuando vieron que Jesús y sus discípulos ya no estaban en el aposento alto. Si Jesús tenía la intención de pasar allí parte de la noche antes de regresar al Templo, no lo sabemos. Tampoco sabemos de quién era este huerto vallado –este otro Edén– en que el segundo Adán, el Señor del cielo, llevó el castigo del primero y obedeciendo ganó la vida –y quizá no tenemos por que inquirir. Tal vez era del padre de Marcos. Si perteneciera a otro, Jesús tenía discípulos devotos incluso en Jerusalén, y nos gozamos pensando que no sólo tenía un lugar en Betania, y en el aposento alto, sino un retiro sosegado para los suyos en el seno del Olivete, a la sombra del huerto de la «prensa del aceite».

La luz lívida de la luna caía sobre ellos al cruzar el Cedrón. Suponemos que fue aquí, después de dejar atrás la ciudad, que el Señor se dirigió por primera vez a los discípulos de modo general. Apenas podemos decir que fuera una predicción o una advertencia. Lo que les dice nos parece natural, incluso necesario, cuando pensamos en lo ocurrido en la cena, en el tránsito por las calles hacia el huerto y, en especial, en lo que tenía delante. Así que les dice que para ellos –sí, para todos ellos– Él iba a ser esa noche una piedra de tropiezo. Y que esto había sido predicho desde antaño (Zac. 13:7): que herirían al pastor, y las ovejas se dispersarían. ¿Estaba la mente del Salvador llena de esta profecía sobre su sufrimiento, en su perfil general, cuando se dirigía a su Pasión? Estos pensamientos del A.T. estaban presentes en todo caso en Él cuando, no de modo inconsciente ni por necesidad, sino como el Cordero de Dios, se dirigía hacia su sacrificio. Hay un significado especial que corresponde a su predicción de que, después de resucitar, Él iría antes que ellos a Galilea (Mt. 26:32; Mr. 14:28). Porque al desparramarse ante su muerte, nos parece que el círculo o colegio apostólico como tal quedó durante un tiempo fraccionado. Ellos siguieron reuniéndose juntos como discípulos individualmente, sin duda, pero el lazo apostólico quedó disuelto de modo temporal. Esto explica muchas cosas: la ausencia de Tomás al principio, y su posición peculiar el segundo domingo; la incertidumbre de los discípulos, que se evidencia por las palabras de los que iban a Emaús; así como los movimientos, al parecer extraños, de los apóstoles, todo lo cual cambia cuando el lazo apostólico es restablecido. De modo similar, notamos que sólo había siete de ellos junto al lago de Galilea (Jn. 21:2), y que sólo después los once estuvieron con Él en el monte adonde Él les había indicado que fueran (Mt. 28:16). Fue aquí que el círculo o colegio apostólico fue formado de nuevo, y la comisión apostólica renovada (Mt. 28:18-20), y desde allí regresaron a Jerusalén, enviados una vez más desde Galilea, para esperar los sucesos finales de su ascensión y de la venida del Espíritu Santo.

Pero aquella noche ellos no entendieron ninguna de estas cosas. Mientras todos se tambaleaban bajo el golpe de su predicho esparcimiento, el Señor parece haberse dirigido a Pedro individualmente. Lo que dijo, y cómo lo dijo, requiere igualmente nuestra atención: «Simón, Simón» –usando el antiguo nombre, para referirse al viejo hombre en él–, «Satanás ha solicitado poder para zarandearos como a trigo. Pero yo he rogado por ti, que tu fe no falle» (Lc. 22:31). Estas palabras nos dejan vislumbrar dos misterios del cielo. En aquella noche parece estar prevaleciendo «el poder de las tinieblas» cuando, abandonado por Dios, Cristo tuvo que enfrentarse con el asalto pleno del infierno, y vencer con su propia fuerza como el sustituto o representante del hombre. Es un gran misterio; pero por completo consecuente consigo mismo. A diferencia de otros, no vemos aquí ninguna analogía con el permiso concedido a Satanás en los capítulos iniciales del libro de Job, suponiendo siempre que esto signifique una historia real, no una alegoría. Pero esta noche el viento borrascoso del infierno obtuvo permiso para lanzarse sin freno sobre el Salvador, e incluso para hacer llegar su furia sobre aquellos que hallaban en Él su cobijo. Satanás había pedido y obtenido lo que quería, pero no para destruir ni para derribar, sino para «cribar», zarandear como trigo,[1] para quitar de él lo que no es grano. Hasta aquí –pero no

1. Probablemente la base de la figura es Amós 9:9.

más allá– llegaba el permiso obtenido por Satanás. En aquella noche de la agonía y suprema soledad de Cristo, del conflicto máximo entre Cristo y Satán, esto parece ser un elemento casi necesario.

Éste es, pues, el primer misterio que ocurrió. Y este zarandeo afectaría a Pedro más que a los otros. Judas, que no amaba a Jesús en absoluto, ya había caído; Pedro, que le amaba –quizá no muy intensamente, pero si se nos permite la expresión el que le amaba más extensamente–, es el más próximo a Judas en cuanto a peligro. En realidad, aunque corriendo luego en direcciones opuestas, las fuentes de la vida interior de los dos brotaban muy cercanas la una de la otra. Había la misma facilidad para entusiasmarse, el mismo deseo de tener la pública opinión con ellos, el mismo retraimiento de la Cruz y la misma incapacidad o poca voluntad y moral para mantenerse firmes, tanto en el uno como en el otro. Pedro tenía abundante valor para avanzar, seguir en movimiento, pero no para detenerse y mantenerse firme. Visto en sus elementos primarios (no en su desarrollo), el carácter de Pedro era el que más se asemejaba al de Judas, entre el de los discípulos. Si esto muestra lo que Judas podría haber sido, también explica el que Pedro estuviera en el máximo peligro esa noche; y ciertamente, la paja y el tamo en Pedro fueron echadas de la criba en su negación de Cristo. Pero lo que distinguía a Pedro de Judas era su «fe» de espíritu, alma y corazón; de espíritu, cuando captó el elemento espiritual en Cristo (Jn. 6:68); de alma, cuando le confesó como el Cristo (Mt. 16:16); y de corazón, cuando pudo pedirle a Cristo que sondeara las profundidades de su ser para encontrar allí su amor personal y real hacia Él (Jn. 21:15-17).

El segundo misterio de aquella noche fue la súplica de Cristo en favor de Pedro. No nos atrevemos a decir que fue como Sumo Sacerdote, y no sabemos cuándo o dónde fue ofrecida. Pero la expresión es muy fuerte, como la de uno que necesita una cosa.[2] Y aquello que había motivado la súplica era la fe de Pedro, para que no fallara. Esto, y no que se le diera a Pedro algo nuevo o que fuera eximido de la prueba. Notemos que la divina gracia presupone la libertad humana; su objeto no es suspenderla o sobreseerla. Y esto explica por qué Jesús rogó así en favor de Pedro, pero no de Judas. En el primer caso había *fe,* que sólo requería ser reforzada contra el fracaso, una posibilidad que era posible sin la intercesión de Cristo. A estas palabras suyas, Cristo añadió esta comisión significativa: «y cuando te hayas vuelto, fortalece a tus hermanos».[3] Y hasta qué punto lo hizo, tanto en el círculo apostólico como en la Iglesia, lo cuenta la Historia. Así, aunque estas cosas pueden ocurrir en el curso moral regular de los sucesos, Satanás no tiene ni aun el poder de «zarandear», sin el permiso de Dios; y, así, el Padre vela en un zarandeamiento tan terrible sobre aquellos por los cuales Cristo ha orado. Éste es el primer cumplimiento de la oración de Cristo: que el Padre «los guardará del Maligno» (Jn. 17:15). No por medio de un proceso desde fuera, sino por la preservación de su fe. Y de esta manera podemos también saber, para nuestro consuelo grande e inefable, que no todo pecado –ni siquiera consciente o voluntario– implica el fallo de nuestra fe, por más que se acerque mucho a ello; todavía menos nuestro rechazo final. Por el contrario, así como la caída de Simón fue el resultado de los elementos naturales en él, también daría por resultado que estos elementos fueran puestos a la luz y quitados, con lo cual estaría en condiciones mucho mejores para poder confirmar a sus hermanos. Y así la luz saldría de las tinieblas. Desde nuestro punto de vista humano podemos interpretar esta enseñanza como necesidad; en el orden divino es sólo el consecuente divino a un antecedente humano.

Podemos comprender la vehemencia y sinceridad con que Pedro protestó contra la posibilidad de un fracaso por su parte. Solemos considerar que estamos a una máxima distancia de los pecados que precisamente están más cerca de nosotros; pues de otro modo, la mayor parte del poder de su tentación desaparecería, y la tentación cambiaría en conflicto. Las cosas que menos esperamos son las causas de nuestras caídas. Con toda sinceridad –y sin pretender elevarse por encima de los demás–, Pedro dijo que aun si todos los demás se escandalizaran de Cristo él nunca se escandalizaría, sino que estaba dispuesto a ir con Él a la cárcel y a la muerte. Y cuando para corroborar la advertencia Cristo predijo que antes de que el gallo[4] hubiera cantado aquella noche[5] Pedro habría negado tres veces que le conocía a Él, Pedro no sólo persistió en sus afirmaciones, sino que los demás se le unieron a coro. Empero –y esto parece ser el significado u objeto de las palabras de Cristo que siguen–, ellos no se daban cuenta de lo terrible que era el cambio sufrido en sus relaciones de antes, y la situación, y que ellos habrían de sufrir en consecuencia (Lc. 22:35-38). Cuando antes les había enviado sin provisión ni defensa, ¿les había faltado algo? ¡No!, contestaron ellos. Pero ahora no había nadie que les extendiera la mano para ayudarles; es más, lo que según las apariencias iban a necesitar más que nada sería «una espada» –o sea, defensa contra los ataques–, porque al término de su historia Él era contado con los transgresores. El Maestro un malhechor; ¿qué podían esperar sus seguidores? Lo que quería expresar Jesús era la hostilidad en el ambiente. Pero una vez más ellos sólo le entendieron en una forma burdamente realista. Estos galileos, según la costumbre de sus paisanos (Jos., *Guerras* iii.3.2), a veces iban provistos de espadas cortas que llevaban escondidas bajo el manto. Era natural para hombres de su disposición, que entendían tan mal la enseñanza del Maestro, que hubieran tomado las precauciones necesarias al ir a Jerusalén. Por lo menos dos de ellos –entre ellos Pedro– sacaron y mostraron una espada.[6] Pero éste no era el momento de

2. Éste incluso filológicamente, y en todos los pasajes en que se usa la palabra. Excepto en Mateo 9:38, sólo ocurre en los escritos de Lucas y de Pablo.

3. Es curioso que los escritores catolicorromanos ven en la predicción de esta caída, por implicación, una afirmación de la supremacía de Pedro. Esto, porque consideran a Pedro como el representante y cabeza de los demás.

4. Este canto del gallo ha suscitado una controversia curiosa, puesto que según la ley rabínica estaba prohibido tener aves de corral en Jerusalén, debido a la posible contaminación levítica por medio de ellas (Bab. K. vii. 7). Reland ha escrito una disertación especial sobre el tema, de la cual Schöttgen ha dado un extracto breve. No tenemos que reproducir los argumentos, pero Reland insiste en que, incluso si esta ordenanza hubiera estado en vigor en tiempo de Cristo (algo que es muy dudoso), Pedro podría haber oído el canto del gallo desde la fortaleza Antonia, ocupada por los romanos, o bien podía haber llegado a él, a través del aire tranquilo de la noche, desde fuera de las murallas. Pero es más que dudoso que hubiera una ordenanza así en aquel tiempo. Hay menciones repetidas al canto del gallo en relación con las vigilias del Templo, y en Jer. Erub. x. 1 (p. 26 *a*, hacia la mitad) tenemos una historia en que un gallo causó la muerte de un niño en Jerusalén, por lo que tenía que haber aves allí.

5. Mateo habla de «esa noche»; Marcos y Lucas, de «hoy» –o sea, este día–, demostrando, si es que hubiera necesidad de ello, que el día era contado desde el atardecer al atardecer del día siguiente.

6. Se ha presentado la objeción de que, según la Mishnah (Shabb. vi. 4), no era legal llevar espadas el sábado. Pero incluso esta Mishnah parece indicar que había divergencia de opinión sobre este tema, incluso por lo que se refería al sábado, y mucho más en un día de fiesta.

«El Getsemaní presente mide sólo unos 70 pasos en cuadro, y aunque sus viejos y retorcidos olivos no pueden ser los del tiempo de Jesús (si los había), puesto que todos los árboles de aquel valle fueron cortados por los romanos –y por tanto también esos bajo los que Jesús acostumbraba cobijarse–, pueden haber retoñado de las viejas raíces o vuelto a crecer por otros medios. Pero nos gusta pensar que este 'huerto' era el lugar en que Jesús 'con frecuencia' –no meramente en esta ocasión, sino quizá en visitas previas a Jerusalén– se reunía con sus discípulos».

Los antiquísimos olivos del huerto de Getsemaní –en la imagen– no tienen dos mil años, pero en el s.XV ya se les consideraba muy viejos; según dice la tradición, podemos considerarlos «descendientes» de aquellos en que Jesús gustaba refugiarse.

razonar con ellos. Y el Señor se limitó a decirles: ¡Basta! Solo podían aprender por los hechos.

Ahora habían llegado a la entrada de Getsemaní. Es posible que pasaran por delante del edificio de la prensa de aceite y que los ocho apóstoles, que no habían de acercarse más a la «zarza ardiente que no se consumía», fueran dejados allí. O bien pueden haber llegado hasta la entrada del huerto y obedeciendo las instrucciones de Jesús se quedaron allí, en tanto que, con un gesto de la mano, Jesús les indicó que Él iba un poco más allá (Mt. 26:36). Según Lucas, al dejarlos les hizo la advertencia de que oraran para no entrar en tentación.

Los que se quedaron allí fueron ocho. Los otros tres (Pedro, Jacobo y Juan) compañeros de su gloria, tanto cuando Él resucitó a la hija de Jairo (Mr. 5:37) como en el monte de la Transfiguración (Mt. 17:1), Jesús se los llevó un poco más adelante. Tanto si en esta última lucha su alma humana anhelaba la presencia de aquellos que estaban más cerca de Él y le amaban más como si quería que fueran bautizados con su bautismo y beber de su copa, éstos fueron los tres que Él escogió. Y ahora de súbito, cayó sobre Él como una avalancha de hielo. En estos pocos momentos había pasado de la calma de una victoria segura a la angustia de la lucha. Cada vez más, a cada paso que dio adelante fue sintiendo tristeza, desolación y gran angustia.[7] Les habló de la profunda aflicción de su alma, «abrumada de una tristeza mortal» hasta la muerte, y les mandó que se quedaran allí y velaran con Él. Él siguió un poco más adelante para entrar en la lucha con oración. Ellos vieron sólo los primeros momentos de la lucha, solamente oyeron las primeras palabras de esa hora de agonía. Porque como ocurre a veces en nuestro presente estado en las emociones más profundas de la muerte, y como había sido el caso en el momento de la Transfiguración, un sueño irresistible se apoderó de ellos. Pero podemos preguntar con reverencia: ¿cuál era la causa de esta tristeza hasta la muerte del Señor Jesucristo? No el temor ni el sufrimiento corporal o mental, sino la muerte. La naturaleza del hombre, creada inmortal por Dios, se retrae (por una ley de su naturaleza) de la disolución del lazo que une el cuerpo al alma. Con todo, para el hombre caído, la muerte no es en modo alguno plenamente muerte, porque nace con el regusto de la misma en su alma. Pero con Cristo no era así. Era el Hombre no caído que moría; era Aquél que no tenía experiencia de ella que había de gustar la muerte, y esto no por sí mismo, sino por todos los hombres, vaciando las heces más amargas de la copa. Era el Cristo sufriendo la muerte por el hombre y para el hombre; el Dios encarnado, el Hombre-Dios, sometiéndose de modo sustitutivo a la humillación más profunda y pagando la máxima pena: muerte, toda muerte. Nadie como Él podía saber lo que era la muerte (no el morir, lo que los hombres temen, que esto Cristo no lo temía); nadie podía probar su amargura como Él. El hecho de que Él se enfrentara con la muerte fue su conflicto final con Satanás en favor del hombre. Al someterse a ella arrancó el poder de la muerte; desarmó a la muerte, enterrando su dardo en su propio corazón. Y más allá de esto se halla el misterio inexpresable de Cristo llevando la pena debido a nuestro pecado, llevando nuestra muerte, el castigo de la Ley quebrantada, la culpa acumulada de la Humanidad y la ira santa del Juez justo sobre ella. Y ante este misterio se cierran nuestros ojos bajo el peso del sopor que obnubila nuestra capacidad de comprensión.

Solo, como en el primer conflicto con el Maligno en la tentación en el desierto, el Salvador tiene que entrar en la lucha final. Con qué agonía del alma tomó sobre sí, en este momento y lugar, los pecados del mundo, y al tomarlos los expió, podemos verlo por el relato de lo que pasó cuando, con clamor y lágrimas a Aquél que podía salvarle de la muerte, «ofreció oraciones y súplicas» (He. 5:7). Y –como ya indicamos antes– con estos resultados: que fue oído; que aprendió obediencia por las cosas que sufrió; que fue hecho perfecto; y que pasó a ser para nosotros el autor de la salvación eterna, y ante Dios, el Sumo Sacerdote según el orden de Melquisedec. Solo –y aun este «apartarse de ellos» (ἀπεσπάσθη) implicaba aflicción (Lc. 22:41; comp. Hch. cap. 21). Y ahora «de rodillas», postrado en el suelo, postrado sobre su rostro, empezó su agonía. Sus mismas palabras dan testimonio de ello. Es el único momento –al menos registrado en los Evangelios– en que se dirige a Dios con el posesivo «Padre mío» (Mt. 26:39, 42). El objeto de esta oración era que, «si era posible, pasase de Él esta copa» (Mr. 14:36). El tema de la oración (según registran los tres Evangelios) era que la copa misma debía pasar, pero siempre con la limitación de que debía hacerse la voluntad del Padre, no la suya propia. La petición de Cristo, pues, se sometía no sólo a la voluntad del Padre, sino a su propia voluntad de que era la voluntad del Padre la que debía hacerse.[8] Estamos aquí a plena vista del misterio más profundo de nuestra fe: las dos naturalezas en una persona. Las dos naturalezas hablaron aquí, y el «si es posible» de Mateo es el «si quieres» de Marcos y de Lucas. En todo caso, la «posibilidad» no es física –porque para Dios todas las cosas son posibles– sino moral: de adecuación interna. ¿Había pues algún pensamiento en Él de «una posibilidad» de que la obra del Cristo pudiera ser realizada sin aquella hora y aquella copa? ¿O marca solamente el límite sumo de su capacidad de resistencia y su sumisión? No podemos dar respuesta alguna; sólo seguimos con reverencia lo que está consignado.

Fue en esta ocasión extrema del alma hasta la muerte que el Ángel se le apareció (como en la tentación en el desierto) para «fortalecerle» y apoyar su cuerpo y su alma. Y así continuó el conflicto, con creciente fervor en la oración, toda aquella hora terrible (Mt. 26:40). Porque la aparición del Ángel tiene que haberle dado a entender que la copa no podía pasar de Él (Bengel: *Signum bibendi calicis*). Y al final de aquella hora –como podemos inferir por el hecho de que los discípulos tienen que haber visto todavía en su frente las marcas del sudor de sangre–,[9] «su sudor era como grandes gotas de sangre engrumecidas que caían sobre la tierra». Y cuando el Salvador, con esta marca de su agonía en su frente, regresó al lugar en que estaban los tres, halló que el sueño se había apoderado de ellos. En tanto que Él postrado oraba, ellos yacían dormidos. Sus palabras, dirigidas a «Simón», los despertaron aunque no lo suficiente para hacer llegar a sus corazones la reprensión cariñosa, la admonición de «Velad y orad» en vista de la tentación que se avecinaba o la advertencia oportuna sobre la debilidad de la carne, incluso cuando el espíritu estaba dispuesto, a punto y ardiente (πρόθυμον).

El conflicto había sido virtualmente decidido, aunque no de modo final, cuando el Salvador regresó al lugar en que

---

7. Notamos aquí un punto culminante. La última palabra (ἀδημονεῖν), empleada tanto por Mateo como por Marcos, parece indicar una completa soledad, deserción, desolación.

8. Esto explica el ἀπὸ τῆς εὐλαβείας de Hebreos 5:7.

9. El fenómeno patológico de sangre extravasada en sudor sanguinolento, como consecuencia de la agonía, ha sido testificado médicamente. Véanse los Comentarios.

estaban los tres discípulos que dormían. Y otra vez regresó para completarlo, aunque tanto la actitud en que oraba (ya no postrado) como las palabras de su oración –sólo ligeramente alteradas– indicaban que se hallaba cerca de la victoria perfecta. Y una vez más, a su retorno a ellos, los halló durmiendo y apenas sabían lo que tenían que contestarle. No obstante, aún los dejó otra vez para orar como antes. Y ahora regresó victorioso. Después de los tres asaltos el Tentador le había dejado en el desierto; después del triple conflicto en el huerto estaba derrotado. Y Él, Cristo, salió triunfante. Ya no mandó a los discípulos que velaran. Si querían podían dormir y descansar; es más, debían hacerlo –ante los sucesos terribles de su traición–, porque había llegado la hora en que el Hijo del Hombre iba a ser entregado en manos de pecadores.

El período de reposo fue muy breve,[10] pronto interrumpido por la llamada de Jesús a levantarse y regresar al lugar en que habían dejado a los otros ocho, a la entrada del huerto, y de allí a encontrarse con la partida que se acercaba bajo la guía del traidor. Y mientras Él todavía estaba hablando, se oyeron pisadas de muchos hombres y se vio la luz de linternas que indicaba la proximidad de Judas y su patrulla. Durante las horas transcurridas había sido preparado todo. Cuando, en conformidad con lo acordado, Judas apareció en el palacio del Sumo Sacerdote –o más probablemente en el de Anás, que parece haberse hecho cargo de la dirección de las actividades–, los líderes judíos habían comunicado con la guarnición romana. Por su propia admisión ellos ya no poseían poder para pronunciar una sentencia capital (Sanh. 41). Esto cuarenta años antes de la destrucción de Jerusalén. Es difícil entender que el Sanedrín se hubiera congregado en una sesión regular para imponer a Jesús una sentencia que ellos no podían ejecutar, según su propia admisión (un hecho confirmado plenamente en el Nuevo Testamento), pero a pesar de ello, son muchos los que lo afirman. Y tampoco, cuando le presentaron ante Pilato, no alegaron que habían pronunciado una sentencia de muerte, sino sólo que ellos tenían una ley según la cual Jesús debía morir (Jn. 18:31; 19:7). La cosa era distinta en lo que se refería a causas civiles o a ofensas incluso menores. El Sanedrín, no poseyendo el poder de la espada, no tenía soldados, por supuesto, ni personal armado a su mando. La «guardia del Templo» bajo sus oficiales servía meramente para propósitos policíacos, y de hecho, ni iban regularmente armados ni recibían entrenamiento (Jos., *Guerras* iv.4.6). Y los romanos tampoco habrían tolerado una fuerza judía armada regular en Jerusalén.

Podemos ahora entender el curso de los sucesos. En la fortaleza de Antonia, cerca del Templo y conectado con el mismo por medio de dos escaleras (Jos., *Guerras* v.5.8), se hallaba la guarnición romana. Pero durante la fiesta del Templo era vigilado por una cohorte armada, que consistía en unos 400 a 600 hombres, a fin de prevenir o sofocar cualquier tumulto que pudiera producirse entre los peregrinos (Jos., *Ant.* xxv.5.3). Sería al capitán de esta cohorte que los principales sacerdotes y líderes de los fariseos le solicitaron en primer lugar una guardia armada para efectuar el arresto de Jesús, dando como motivo el que podía dirigir un tumulto popular. Esto sin tener que presentar la acusación que iba a ser formulada contra Él, la cual podía haber llevado a otras complicaciones. A pesar de que Juan habla de una «banda» o «compañía» de soldados con una palabra (σπεῖρα), que siempre designaba una cohorte –en este caso, «la» cohorte, en que el artículo definido marca que se trataba de la que correspondía al Templo–, con todo, no hay razón alguna para creer que fuera enviada toda una cohorte. Es más, es dudoso que su jefe hubiera enviado un destacamento fuera del Templo –y en lo que podía parecer que llevaría a una algarada seria–, sin primero dar cuenta de ello en consulta al procurador, Poncio Pilato. Además, si se requiere más evidencia de esto, la tenemos en que la partida no estaba dirigida por un centurión (Jn. 18:12), sino un «ciliarca», que, como no había grados intermedios en el ejército romano, tiene que representar uno de los seis tribunos adscritos a cada legión. Esto explica asimismo no sólo la aparente preparación de Pilato para estar sentado en juicio el día siguiente por la mañana, sino también el que la esposa de Pilato fuera afectada por los sueños acerca de Jesús que la habían asustado.

Este destacamento romano, armado con espadas y «palos» –con estos últimos había dado orden Pilato en otras ocasiones a sus soldados que atacaran a los que participaran en un tumulto (Jos., *Guerras* ii.9.4)–, iba acompañado por siervos del palacio del Sumo Sacerdote y otros alguaciles judíos para dirigir el arresto de Jesús. Llevaban antorchas y lámparas, colocadas en el extremo de palos, para evitar que pudiera esconderse de ellos (Jn. 18:3).

Que fuera «una gran multitud», según dicen Mateo y Marcos, o una banda engrosada por voluntarios y curiosos, no tiene mucha importancia. Habiendo recibido esta patrulla, Judas se dirigió a realizar su cometido. Según creemos, su primer movimiento fue ir a la casa donde se había celebrado la Cena. Viendo que Jesús había partido con sus discípulos –quizá dos o tres horas antes–, Judas, entonces, dirigió la banda al lugar que él conocía tan bien: Getsemaní. Tratándose de un grupo tan grande, era prácticamente necesario que Judas les diera una señal para reconocer a Jesús, impidiendo, con ella, caso de que hubiera resistencia, escapar a su aprehensión. Esta señal, por terrible que parezca, fue nada menos que un beso. Tan pronto como él hubiera indicado quién era Jesús, la guardia lo había de arrestar y llevárselo.

Combinando los datos de los cuatro Evangelios, presentamos así el orden de los sucesos. Cuando la patrulla hubo llegado al huerto, Judas, algo adelantado de los demás (Lucas), se acercó a donde estaba Jesús, que hacía poco había despertado a los tres y se preparaba para ir a encontrar a sus captores. Judas le saludó, «Salve, Rabí», a fin de que lo oyera el resto, y no sólo le besó, sino que le besó repetidamente y con efusión (κατεφιλησεν). El Salvador se sometió a esta indignidad sin impedírselo, y diciéndole sólo: «Amigo, ¡a lo que vienes!»[11] (Mt. 26:49; comp. Mr. 14:45); y luego, quizá como respuesta a su gesto de sorpresa: «Judas, ¿con un beso entregas al Hijo del Hombre?» (Lc. 22:48). Si Judas hubiera sólo intentado obrar hipócritamente y engañar a Jesús y sus discípulos adelantándose al grupo y saludando al Maestro con un beso, afectando que no había venido con una banda armada, y quizá lo que quería era advertirle de que se acercaban, estas palabras del Señor tienen que haber entrado en lo más profundo de su ser. En realidad, era el primer dardo mortal en el alma de Judas. La otra vez que

10. Se notará que colocamos un intervalo de tiempo, por breve que sea, entre Mateo 26:45 (y de modo similar Marcos 14:41) y el versículo siguiente. Ya lo hizo san Agustín.

11. No podemos tomar estas palabras en sentido interrogativo, como hacen muchos intérpretes. Creo que Cristo dijo tanto lo que consignan Mateo y Lucas como Juan. Los dos testimonios llevan marcas internas de autenticidad.

le vemos –la última antes de ir directamente a su propia destrucción– se halla resguardándose entre el grupo armado (Jn. 18:5).

Suponemos que es en este punto que corresponden los datos del Evangelio de Juan (18:4-9). Dejando al traidor, y sin hacer caso de la señal que les había dado, Jesús se adelanta a la patrulla y les pregunta: «¿A quién buscáis?». A la expresión breve y quizá despectiva: «A Jesús nazareno», Él contestó con serenidad tranquila: «Yo soy». El efecto inmediato de estas palabras no diremos que fuera mágico, sino divino. Ellos no estaban preparados para una cosa así; o suponían que habría temor o resistencia. Pero la apariencia, majestad y calma de Cristo –el cielo en su mirada y la paz en sus labios– fueron abrumadoras en sus efectos sobre la soldadesca, que quizá tenía algunas dudas acerca del trabajo que llevaba entre manos. El jefe de ellos retrocedió y cayó al suelo. Pero la hora de Cristo había llegado. Y una vez más Él les hizo la misma pregunta, y al repetirse la respuesta, contestó: «Os he dicho que yo soy; así pues, si me buscáis a Mí, dejad ir a éstos», en que el evangelista ve, por su cuidado vigilante sobre los suyos, el cumplimiento inicial de las palabras que el Señor había hablado previamente respecto a su seguridad y preservación no sólo en el sentido de preservación externa (Jn. 17:12), sino en el de haber sido guardados de tentaciones que en aquellas circunstancias no podrían haber resistido.

Las palabras de Cristo acerca de los que estaban con Él parecen haber vuelto a los líderes de la guardia a la plena conciencia de la situación, quizá habían despertado en ellos temores de una posible incitación a sus adherentes. En consecuencia, aquí insertamos la noticia de Mateo (26:50 *b*) y de Marcos (14:46) de que echaron mano de Jesús y le prendieron. Entonces fue que Pedro (Jn. 18:11, 26), viendo lo que iba a suceder, sacó la espada que llevaba y haciendo la pregunta a Jesús: «Señor, ¿heriremos a espada?» (Lucas) y sin esperar respuesta, atacó a Malco,[12] el siervo[13] del Sumo Sacerdote –quizá el jefe judío de la banda–, y le cortó la oreja. Pero Jesús paró esta violencia y reprendió toda venganza propia por la violencia externa –más aún, todo celo meramente externo–, indicando el hecho de lo fácil que sería para Él disponer de doce legiones de ángeles[14] contra la patrulla (Mateo). Había recibido de su Padre aquella copa (Juan)[15] para que fuera bebida, y las Escrituras tenían que ser cumplidas. Y diciendo esto, tocó la oreja de Malco, y le sanó (Lucas).

Pero esta débil muestra de resistencia fue bastante para la guarda. Sus jefes ahora ataron a Jesús (Juan). Fue a esta última indignidad no necesaria que Jesús replicó preguntándoles por qué habían ido a Él como un ladrón. ¿No había estado Él toda la semana diariamente en el Templo, enseñando? ¿Por qué tenían que prenderle? Pero ésta su «hora», la de ellos, había llegado, y«el poder de las tinieblas» –¡esto también había sido predicho por las Escrituras!

Y cuando los soldados ahora rodearon de cerca a Jesús atado, nadie se atrevió a estar junto a Él para no ser también amarrado por resistir a la autoridad. Así que todos le abandonaron y huyeron. Pero había uno que no se dio a la fuga, sino que permaneció, un observador profundamente interesado. Cuando los soldados fueron a buscar a Jesús en el aposento alto en su casa, Marcos se despertó del sueño, se puso rápidamente una «sábana»[16] que se hallaba junto a la cama, y siguió a la banda armada, para ver dónde iría a parar aquello. Ahora iba siguiéndoles cuando se llevaban a Jesús, sin pensar que iban a echar mano de él también, pues él sabía que no había estado con los discípulos ni tampoco en el huerto. Pero ellos intentaron agarrarle también, por lo que, desprendiéndose de sus manos, echó a correr y se escapó, dejando en su huida el vestido en sus manos.

Así terminó la primera escena del terrible drama de aquella noche.

---

12. El nombre Malco ocurre también en Josefo (*Ant.* i.15.1 y otros puntos). Su equivalente hebreo es, al parecer, *Malluch* (consejero), nombre que ocurre en el Antiguo Testamento y en la Septuaginta (1 Cr. y otros), y luego también en el Talmud. Frankel y Freudenthal dicen que no era un nombre judío, pero era común entre sirios, fenicios, árabes y samaritanos. Probablemente, pues, Malco era extranjero de nacimiento.

13. El artículo definido marca que era, en un sentido especial, el siervo del Sumo Sacerdote, su guarda personal.

14. Una legión tenía diez cohortes.

15. Esta referencia de Juan a la «copa que el Padre le había dado para beber» implica toda la historia de la agonía en Getsemaní, que no es consignada en el cuarto Evangelio. Y esto es, desde muchos puntos de vista, muy instructivo.

16. *σινδών*. Esto sin duda corresponde a la *Sadin* o *Sedina*, que en los escritos rabínicos significa un vestido de lino, o un manto de lino suelto, aunque posiblemente también una bata de noche (ver Levy, ad *voc.*).

Capítulo 13

(Juan 18:12-14; Mateo 26:57, 58; Marcos 14:53, 54; Lucas 22:54, 55; Juan 18:24, 15-18; Juan 18:19-23; Mateo 26:69, 70; Marcos 14:66-68; Lucas 22:56, 57; Juan 18:17, 18; Mateo 26:71, 72; Marcos 14:69,70; Lucas 22:58; Juan 18:25; Mateo 26:59-68; Marcos 14:55-65; Lucas 22:67-71, 63-65; Mateo 26:73-75; Marcos 14:70-72; Lucas 22:59-62; Juan 18:26, 27)

Jueves por la noche

El trayecto por el que tenían que llevar a Jesús amarrado no era muy largo. Probablemente pasaron por la misma puerta por la que habían salido con sus discípulos después de la cena pascual, hasta el lugar en que en la ladera, entre la ciudad alta y el Tyropoeon, se hallaba el bien conocido palacio de Anás. No había transeúntes ociosos a estas horas por las calles de Jerusalén, y la gente probablemente estaba demasiado acostumbrada a oír las recias pisadas de la guardia romana para sobresaltar a los que dormían, o para llevar a nadie a inquirir qué significaban las antorchas y quién era el preso que llevaban en aquella noche santa los soldados romanos y los siervos del Sumo Sacerdote.

1. Si no fuera de supremo interés cada uno de los incidentes de aquella noche, podríamos poner a un lado por tener poca importancia la cuestión de por qué llevaron a Jesús a la casa de Anás, puesto que no era en aquel tiempo el Sumo Sacerdote. Este cargo lo tenía Caifás su yerno, el cual, según el Evangelista nos recuerda (Jn. 18:14), había sido el primero en anunciar en palabras claras y simples que le parecía una necesidad política el asesinato judicial de Cristo (Jn. 11:50). Ni se tomó la molestia de hacer ver que hablaba por motivos religiosos o celo divino; de modo cínico había arrollado los escrúpulos de los viejos sanedristas, manipulando sus temores. De qué servía discutir sobre formas de la Ley o sobre aquel hombre, había que hacerlo; tanto los posibles amigos de Jesús en el Concilio como los observadores puntillosos de la Ley debían considerar que su muerte era el menor de dos males. Habló como lo que era: osado, sin escrúpulos, implacable; un saduceo de corazón más que de convicción; un digno yerno de Anás.

No hay figura mejor conocida en la historia judía contemporánea que la de Anás; ninguna persona era considerada con mayor fortuna o triunfante que el último Sumo Sacerdote, pero tampoco había ninguna más execrada que él. Había ocupado el pontificado solamente durante seis o siete años; pero lo llenó de no menos que cinco de sus hijos, su yerno Caifás y un nieto. Y en aquellos días, al menos para una persona de la disposición de Anás, era mejor haber sido Sumo Sacerdote que serlo. Disfrutaba de toda la dignidad del cargo, y toda su influencia también, puesto que podía fomentar los intereses de aquellos que estaban íntimamente relacionados con él. Y aunque ellos obraban públicamente, él dirigía realmente los asuntos, sin tener la responsabilidad o las restricciones que impone el cargo. Su influencia entre los romanos la debía a las ideas religiosas que profesaba, a su partidismo por lo extranjero y a su inmensa riqueza. El saduceo Anás era un hombre de iglesia de confianza absoluta, sin verse trabado por convicciones especiales de ninguna clase o por fanatismo religioso; un hombre útil y agradable, que podía proporcionar a sus amigos en el Pretorio grandes cantidades de dinero. Hemos visto qué inmensas eran las riquezas de la familia de Anás, que se derivaban de las cajas del Templo, y lo nefando que era su tráfico y cuán impopular. Los nombres de los descendientes de Aarón, libertinos, degenerados y sin escrúpulos, eran pronunciados con maldiciones susurradas (Pes. 57 *a*). Sin referimos a la interferencia de Cristo en este tráfico del Templo, que naturalmente si su autoridad hubiera prevalecido habría sido fatal para él mismo, podemos comprender la hostilidad que debía sentir una persona como Anás con respecto a un Mesías, y más aún un Mesías cual Jesús. Estaba tan convencido de que Jesús debía morir, como su yerno, aunque con su astucia y frialdad características, no de modo brusco e impetuoso como Caifás. El hecho de llevar a Jesús ante Anás y no ante el Sumo Pontífice real, es posible que se debiera al deseo de que Anás llevara la tramitación del asunto, o a la parte activa y dirigente que tenía Anás en él; quizá, incluso, por razones más prosaicas y prácticas, como el hecho de que el palacio de Anás estaba más cerca del lugar en que había sido arrestado Jesús, y deseaban librarse de los soldados romanos lo más pronto posible.

Ante Anás y Caifás

En cualquier caso, el arreglo era sumamente apropiado, tanto por lo que se refería al carácter de Anás como a la posición oficial de Caifás. Los soldados romanos tenían, evidentemente, órdenes de llevar a Jesús al anterior Sumo Pontífice. Esto se ve por el hecho de que fueran directamente a él, y de que al parecer regresaron a sus cuarteles inmediatamente después de entregar a su preso.[1] Y no podemos adscribir esto a ninguna posición oficial de Anás en el Sanedrín, primero, porque el texto implica que no habían ido a su casa debido a esta causa,[2] y segundo, porque como se verá al punto los procedimientos contra Cristo *no* fueron los de las reuniones ordinarias y regulares del Sanedrín.

No se da ningún informe de lo que tuvo lugar ante Anás. Incluso el hecho de que Cristo fuera llevado ante él es mencionado sólo en el cuarto Evangelio. Como los discípulos ya le habían abandonado y huido todos, podemos entender que no sabían realmente lo que había pasado hasta que volvieron a reunirse, por lo menos hasta que Pedro y «otro discípulo» –evidentemente Juan– «siguieron a Jesús al palacio del Sumo Sacerdote» –esto es, al palacio de Caifás, no de Anás. Porque como, según los tres evangelios sinópticos, el palacio del Sumo Sacerdote Caifás fue la escena de la negación de Pedro, el informe del mismo en el cuarto Evangelio (Jn. 18:15-18)[3] debe referirse al mismo lugar y no al palacio de Anás, en tanto que la sugerencia de que Anás y Caifás ocupaban el mismo edificio no sólo es improbable en sí, sino que parece incompatible con el evidente significado de la noticia (v. 24): «Anás entonces le

1. No hay ninguna referencia posterior a la guarda romana.
2. Leemos (Jn. 18:13): «Porque era el suegro de Caifás».
3. Y, por tanto, también el informe de los dos discípulos que siguieron a Cristo.

envió atado a Caifás, el sumo sacerdote». Pero si la negación de Pedro, según está consignada por Juan, es la misma a que se refieren los Sinópticos y tuvo lugar en la casa de Caifás, entonces el informe del examen por el Sumo Sacerdote (Jn. 18:19-23), que sigue a la noticia sobre Pedro, tiene que referirse también al de Caifás, no de Anás.[4] Así pues, no sabemos absolutamente nada de lo que pasó en la casa de Anás –si es que pasó algo realmente– excepto que Anás envió a Jesús atado a Caifás.[5]

De lo que ocurrió en el palacio de Caifás tenemos dos relatos. El de Juan (18:19-23) parece referirse a una entrevista más privada entre el Sumo Sacerdote y Cristo, en la cual al parecer sólo estaban presentes algunos asistentes de Caifás, de uno de los cuales el apóstol puede haber derivado su información.[6] El segundo relato es de los Sinópticos, y se refiere al examen de Jesús en la madrugada (Lc. 22:66) por los dirigentes que habían sido citados para este propósito.

Suena casi presuntuoso decir que, en su primera entrevista con Caifás, Jesús se comportó con la majestad del Hijo de Dios, que sabía lo que tenía delante, y pasó por ello camino al cumplimiento de su misión. Las preguntas de Caifás se refieren a dos puntos: los discípulos de Jesús y su enseñanza –lo primero para incriminar a los seguidores de Cristo; lo segundo para incriminar al Maestro. A la primera pregunta era natural que Él ni condescendiera a dar respuesta. A la segunda, la respuesta fue de carácter público y abierto como había sido todo lo que Él había dicho (Jn. 18:20).[7] Si Caifás quería hacer una investigación justa e imparcial, no tenía que intentar extraer confesiones a las que no tenía derecho, ni entramparle cuando el propósito era evidentemente homicida. Si él quería realmente información, no habría dificultad en procurársela de testigos que se lo dijeran: todos los judíos le conocían. Su doctrina no era secreta («no he dicho nada en secreto»). Siempre había hablado «en la Sinagoga y en el Templo, lugares en donde se reúnen todos los judíos, y nada he hablado oculto». Si la investigación había de ser justa, el juez debía actuar judicialmente y preguntárselo no a Él, sino a los que le habían oído.

Hay que admitir que la respuesta no suena como las que suelen dar los acusados, que procuran, o bien excusarse, o se esfuerzan con cuidado en defenderse. Y había este tono de superioridad que incluso la inocencia humana agraviada debería tener derecho a adoptar ante un juez malvado que procura hacer caer en el lazo a su víctima, no obtener la verdad. Fue esto lo que envalentonó a uno de los asistentes serviles, para que con la brutalidad de un celo desplazado diera al Señor una terrible bofetada. ¿Hemos de suponer que era un pagano el que levantó su mano contra Cristo? El texto lo deja en duda. La Humanidad misma parece tambalearse ante este golpe. En consonancia con su sumisión humana, el divino Señor, sin murmurar ni quejarse y sin afirmar su poder, le contestó en el tono de una paciente protesta que debía dejar al hombre sin palabras, o le haría ver que había obrado mal. ¿Puede ser que este malhechor, compungido en su corazón por la mirada de Cristo, fuera el mismo que más adelante confesara al apóstol Juan lo ocurrido en esa escena?

2. El apóstol, en todo caso, no era un extraño en el palacio de Caifás. Ya hemos visto que después del primer pánico de la súbita prisión de Cristo y de su propia huida dos de ellos por lo menos –Pedro y Juan– parecen haberse recobrado rápidamente. Combinando las noticias de los Sinópticos (Mt. 26:58; Mr. 14:54; Lc. 22:54, 55) con los detalles más plenos, a este respecto, del cuarto Evangelio (Jn. 18:15-18), sacamos la impresión de que Pedro, hasta ahora, según la palabra que había dado, había sido el primero en detenerse en su huida y seguir «de lejos».

Si es que fue al palacio de Anás a tiempo, por lo menos no entró; pero probablemente esperaría fuera durante el breve espacio que precedió a la transferencia de Jesús al palacio de Caifás. Ahora ya se había juntado con Juan, y los dos siguieron la triste comitiva que escoltaba a Jesús a casa del Sumo Sacerdote. Juan parece haber entrado en «el patio», junto con la guarda (Jn. 18:15), en tanto que Pedro se quedó fuera hasta que su compañero, que aparentemente era bien conocido en la casa del Sumo Sacerdote, hubiera hablado con la criada que guardaba la puerta –ya que los criados se hallarían todos reunidos en el patio–[8] y hubiera conseguido su admisión.

Recordando que el palacio del Sumo Sacerdote estaba edificado en la ladera de la colina, y que había un patio exterior, y que de éste se pasaba a otro patio interior por medio de una puerta, podemos imaginar la escena hasta cierto punto. Como se ha dicho antes, Pedro había llegado hasta esta puerta interior, en tanto que Juan había entrado con la guardia. Cuando Juan vio que su condiscípulo no había entrado, sino que se había quedado fuera de esta puerta interior, «salió», y habiendo probablemente hablado con la criada que hacía de portera, diciéndole que Pedro era un amigo suyo, conseguiría que se le admitiera. En tanto que Juan se apresuraría a entrar en el palacio para estar tan cerca de Cristo como pudiera, Pedro se adelantó hacia la mitad

4. En este argumento ponemos poco énfasis en la designación «Sumo Sacerdote» que Juan (v. 19) da al que examina a Cristo, si bien es digno de destacar que él distingue cuidadosamente entre Anás y Caifás, haciendo notar que este último es el «Sumo Sacerdote» (vv. 13, 24).

5. Según nuestro argumento, Juan 18:24 es una noticia intercalada que se refiere a lo que se había registrado antes (vv. 15-23). A esto se han presentado dos objeciones críticas. Se dice que como ἀπέστειλεν es un aoristo, no un pluscuamperfecto, la traducción ha de ser: «Anás envió», no «había enviado». Pero a esto hay que decir que a veces el aoristo es usado en lugar del pluscuamperfecto. Segundo, se insiste que, según la mejor versión, οὐν debería insertarse después de ἀπέστειλεν que el canón. Westcott traduce: «Así pues, Anás le envió». Pero a pesar de la gran autoridad del canón. Westcott, debemos repetir la nota crítica de Meyer de que hay «testigos importantes», tanto para la inserción del οὐν como en contra, en tanto que la inserción de otras partículas en otros códices parece implicar que la inserción aquí de la partícula que sea fue una adición tardía.

Por otra parte, hay lo que me parece a mí dos argumentos irrefragables en favor de la aplicación retrospectiva del versículo 24. Primero, la referencia precedente de la negación de Pedro debe ser localizada en la casa de Caifás. Segundo, si los vv. 19-23 se refieren al examen de Anás, entonces Juan no nos ha dejado absolutamente referencia alguna de lo que pasó en casa de Caifás, lo que en vista de la narración de los Sinópticos parece casi increíble.

6. El canón. Westcott supone que el mismo apóstol estaba presente en la cámara de audiencia. Pero aunque estamos dispuestos a admitir que Juan entró en la casa y se quedó tan cerca como pudo de Cristo, hay muchas razones por las que no parece posible que Juan pudiera estar presente cuando Caifás inquirió sobre los discípulos y la enseñanza de Jesús.

7. No creo que la expresión τῶ κόσμω –«al mundo»– en el versículo 20 pueda implicar referencia al gran mundo en oposición a los judíos (como dicen muchos intérpretes). La expresión «al mundo» en el sentido de «a todos» es común en cada lenguaje. Cristo prueba que Él no tenía ninguna doctrina «secreta» sobre la que pudiera interrogársele, por tres hechos: 1) Había hablado παρρησία «sin reserva». 2) Había hablado τῶ κόσμω, a todos, sin limitarse a una audiencia selecta. 3) Había enseñado en los lugares más públicos –en la Sinagoga y en el Templo, lugares a los que acudían todos los judíos.

8. La circunstancia de que Josefo (*Ant*. vii.2.1), a base de 2ª Samuel 4:6 (Septuaginta), habla de un portero femenino, y que Roda abriera la puerta de la casa de la madre viuda de Juan Marcos (Hch. 12:13), no me convence de que en el palacio del Sumo Sacerdote fuera una mujer la que ocupara regularmente este oficio.

del patio, donde, debido al fresco de la noche, habían encendido una hoguera. Al resplandor de las llamas, las caras de los allí reunidos serían bien visibles; estaban hablando de los sucesos de aquella noche. La luz oscilante de las llamas proyectaría las sombras de estos hombres a través del patio, y hacia las paredes de la galería que lo rodeaba, donde las lámparas y luces de dentro harían visibles a las personas que se movían por las habitaciones y corredores; allí donde, en una cámara de audiencia interior, el preso se veía confrontado por su enemigo, acusador y juez.

Pedro y Jesús

¡Qué contraste ofrecía todo aquello con la purificación del Templo, solamente unos días antes, cuando el mismo Jesús había volcado las mesas de tráfico del Sumo Sacerdote; ahora de pie, amarrado delante de él, a merced de cualquier criado que quisiera hacer méritos insultándole! Era una noche fría. Pedro estaba debajo (Mr. 14:66) mirando hacia las ventanas iluminadas. Allí, entre los criados del patio, estaba en todos sentidos «fuera» (Mt. 26:69). Se acercó al grupo alrededor del fuego. Oiría lo que decían; además no podía quedarse aparte; podrían reconocerle como uno de los que se habían escapado del huerto. Hacía frío, no sólo fuera en el cuerpo, sino dentro en su alma. ¿Había hecho bien acudiendo a aquel sitio? Algunos comentaristas lo han discutido como implicando descuido de la advertencia de Cristo. ¡Como si el amor de uno que era y pensaba como Pedro pudiera haber hecho caso de la posibilidad de aquello de que se le había advertido; y suponiendo que hubiera hecho caso, una vez pasado el pánico inicial hubiera recordado la advertencia, o calculando fríamente habría actuado con miras a evitar todo riesgo! Pensar que pudiera haberse ido a su casa y cerrado la puerta, para hacer imposible que pudiera negar que conocía a Cristo, es no conocer a Pedro ni a ningún discípulo verdadero. Es más, habría sido una negación aun más cobarde que ésa de que se hizo culpable. Pedro siguió de lejos, pensando solamente en su Maestro aprisionado y que él había de ver lo que ocurría fuera lo que fuera. Pero ahora hacía frío, y Pedro lo recordó todo; no la advertencia, sino aquello de que había sido advertido. ¿De qué beneficio había de ser su confesión? Quizá lo que podía hacer era mucho daño. Y ¿por qué estaba allí?

Pedro estaba muy inquieto, y, con todo, quería aparentar estar tranquilo. Se sentó entre los siervos (Evangelios sinópticos); luego estuvo de pie entre ellos (Juan). Fue su inquietud y nerviosismo de indiferencia afectada lo que atraería la atención de la criada que le había admitido al principio. Cuando a la luz incierta examinó las facciones del extraño, le acusó osadamente (Juan), aunque todavía en un tono de pregunta, de ser uno de los discípulos del preso que se hallaba arriba ante el Sumo Sacerdote para ser interrogado. Pedro negó que le conociera; es más, dijo que no sabía a qué se refería la criada. Había dicho demasiado para no llamar la atención y no precipitar una nueva acusación. No tiene mucho interés saber cuál de las ligeras variantes en los informes de los Evangelios representa las palabras exactas de la mujer y la respuesta real de Pedro. Quizá ninguna; ciertamente, ella dijo todo esto y, sin duda, él contestó todo aquello; aunque ni una ni otro confinarían sus palabras a las breves frases consignadas por los evangelistas.

¿Qué era lo que él tenía que hacer allí? Y ¿por qué había de incriminarse a sí mismo, o quizá a Cristo, con una confesión innecesaria a quienes no tenían ni el derecho legal ni el moral para requerírsela? Esto era todo lo que recordaba y pensaba; nada sobre negar a Cristo. Y así, cuando probablemente aún estaban cambiando palabras, Pedro se retiró. No podemos juzgar sobre el tiempo que había pasado, pero podemos decir que las palabras de la mujer no habían causado impresión en el grupo o les había dejado satisfechos la recia negativa de Pedro. Al poco, Pedro estaba andando por el pórtico –Mateo– que rodeaba el patio y se abría al patio exterior –Marcos. No estaría pensando en nada más que en el frío que hacía, y que había hecho bien en no dejarse entrampar por aquella mujer. Así que no hizo caso cuando, mientras sus pisadas resonaban por el pavimento de mármol del pórtico, «cantó el gallo». Pero nadie dormía esa noche en el palacio del Sumo Sacerdote. Mientras andaba por el pórtico hacia el patio exterior, otra criada le vio; y entonces, cuando regresó del patio exterior, se encontró con la antigua acusadora, la portera; y al cruzar el patio interior para volver a unirse al grupo alrededor del fuego, donde había hallado seguridad antes, se le acercó un hombre, y luego todos los que había alrededor del fuego se volvieron hacia él; y todos y cada uno tenía lo mismo que decirle, la misma acusación: que él era también uno de los discípulos de Jesús de Nazaret. Pero Pedro había tomado su decisión; a cada uno y a todos les dio la misma negativa, más breve ahora por ser más pensada y decidida, pero más enfática, con un juramente incluso (Mateo). Y una vez más acalló las sospechas durante un tiempo. O quizá la atención de todos fue atraída por otra cosa.

3. Porque ya se oían pasos apresurados por pórticos y corredores, y la criada que aquella noche abría la puerta estaba ocupada en su puesto. Eran los sacerdotes dirigentes, los ancianos y miembros del Sanedrín,[9] que habían sido llamados a toda prisa al palacio del Sumo Sacerdote, y que acudían cuando asomaban los primeros rayos de la luz del día en el firmamento. El examen privado de Caifás lo colocamos (como en el Evangelio de Juan) entre la primera negación de Pedro y la segunda; la primera llegada de los sanedristas, inmediatamente después de la segunda negación. El interrogatorio privado de Caifás no había producido nada; y en realidad sólo era preliminar. Los miembros principales del Sanedrín tenían que haber sido advertidos que se intentaría la captura de Jesús esa noche, y que estuvieran preparados cuando fueran llamados por el Sumo Sacerdote. Esto no sólo está de acuerdo con todas las circunstancias previas y posteriores del relato, sino que en un procedimiento de tal importancia habría justificado la presencia, para un propósito así, de estos líderes religiosos en una noche santa de Pascua.

Pero sea cual sea el punto de vista adoptado, esto es por lo menos cierto: que no era una reunión regular y oficial del Sanedrín. Ponemos a un lado, como un razonamiento *a priori*, tales consideraciones como las que habría habido protestas no sólo por parte de los amigos de Jesús, sino incluso de otros que (a pesar de su odio a Cristo) no habrían admitido la posibilidad de una violación tan grande de la justicia y de la ley. Pero todo el orden y ley judíos habrían sido infringidos en casi cada detalle si hubiera

9. La expresión «todo consejo» debe tomarse en sentido general, no literal. Nadie puede creer, por ejemplo, que Nicodemo o Gamaliel estuvieran presentes. Sin embargo, no hay que dar mucha importancia a esto. La referencia a los «ancianos» (en Mateo) es espuria.

habido una reunión formal oficial del Sanedrín.[10] Conocemos cuáles eran sus formas y procedimientos, aunque mucho de lo que se nos dice sea más ideal que real –lo que los rabinos imaginaban que debía ser, mas no lo que era– o bien los datos pueden ser de fecha posterior. Según el testimonio rabínico, había tres tribunales. En las ciudades con menos de 120 habitantes varones había únicamente el tribunal inferior, que consistía en tres jueces. Su jurisdicción era limitada, y en especial no podía extenderse a causas punibles con la pena capital. La autoridad del tribunal de la próxima instancia –el de veintitrés–[11] era también limitada, aunque competente en causas capitales. El tribunal más alto era el de setenta y dos, el Gran Sanedrín, que se reunía primeramente en una de las cámaras del Templo, la llamada *Lishkath haGazith* –o cámara de las piedras talladas–, y al tiempo de que escribimos, «en las tiendas de los hijos de Anás».[12] Los jueces de estos tribunales eran establecidos por ordenación (*Semikhah*), originalmente la de imposición de manos. La ordenación era conferida por *tres* maestros, uno de los cuales por lo menos tenía que haber sido ordenado él mismo, y capaz de seguir su ordenación a través de Josué hasta Moisés (Sanh. 2 *a;* Maim. Sanh. iv. 1-3). Esto, naturalmente, en el supuesto de que hubiera habido una sucesión regular de maestros ordenados, no sólo hasta Esdras, sino más allá hasta Josué y Moisés. Los miembros de los tribunales de veintitrés eran designados por el Gran Sanedrín (Sanh. 2 *a;* 15 *b*). Los miembros de los tribunales de tres eran asimismo designados por el Gran Sanedrín, que nombraba a hombres especialmente dignos y acreditados, cuyo deber era viajar por las ciudades de Palestina, y nombraba y ordenaba en ellas a los hombres más aptos para el cargo (Sanh. 88 *b;* Maim. *u.s.*, cap. ii. 7, 8). Las calificaciones mencionadas para el cargo nos recuerdan las que Pablo indica como requisito para ser un anciano cristiano (1 Ti. 3; Tit. 1).

Se pueden hacer aquí algunas inferencias que arrojan luz importante sobre las primeras ordenaciones apostólicas, creyendo, como creemos, que la *forma* externa de la Iglesia se derivó en gran extensión de la Sinagoga. Primero, notamos que había una ordenación regular y, por lo menos al principio, mediante la imposición de manos. Además, esta ordenación *no* era un requisito para poder pronunciar mensajes o dirigir la liturgia en la Sinagoga, sino para la enseñanza con *autoridad*, y especialmente las funciones judiciales, a las cuales correspondería en la Iglesia cristiana el poder de las llaves: la administración de la disciplina y los sacramentos que admitían y permitían continuar en la comunión de la Iglesia. Luego, la ordenación sólo podía ser conferida por aquellos que habían sido ellos mismos debidamente ordenados y que podían por tanto, mediante los previamente ordenados, seguir su ordenación hacia arriba. Además, cada uno de estos «colegios de presbíteros» tenía su jefe o presidente. Finalmente, los hombres a quienes se confiaba la autoridad apostólica suprema eran enviados a las diferentes ciudades «para designar ancianos en cada ciudad» (Tit. 1:5).

El nombramiento al tribunal más alto, o Gran Sanedrín, lo hacía el mismo tribunal, fuera ascendiendo a miembros de los tribunales inferiores, o bien a uno de los más prominentes de las tres primeras filas en que «los discípulos» o estudiantes se sentaban frente a los jueces. Estos últimos se sentaban en un semicírculo bajo la presidencia del *Nasi* (príncipe) y el vicepresidente del *Ab-beth-din* («padre del Tribunal de la Ley»). Se requerían al menos veinte miembros para formar un *quorum* (Bemid. R. 1). Tenemos detalles minuciosos de todas las regulaciones y procedimientos de este tribunal que en gran manera confirman nuestra impresión del carácter ideal, principalmente, de algunos de los datos rabínicos. Frente al semicírculo de jueces, se nos dice, había dos taquígrafos para anotar, respectivamente, los discursos a favor y en contra del acusado. Cada uno de los estudiantes conocía y se sentaba en el lugar que le correspondía. En las causas capitales eran presentados los argumentos en defensa, y después incriminatorios, del acusado. Si uno había de hablar a favor no podía hablar otra vez contra él. Los estudiantes podían hablar a favor pero no en contra. El acusado podía ser declarado «inocente» en el mismo día de la vista del caso; pero la sentencia de «culpable» sólo podía ser pronunciada el día siguiente. Parece dudoso, sin embargo, si en el caso de profanación del nombre divino (*Chillul haShem*) el juicio no era ejecutado inmediatamente (Kidd. 40 *a*). Finalmente, la votación empezaba por los más jóvenes para que los «juniors» no pudieran ser influidos por los «seniors» (los jóvenes por los ancianos); y una mera mayoría no era suficiente para la condenación.

Éstas son sólo algunas de las reglas establecidas en los escritos rabínicos. Es de gran importancia inquirir hasta qué punto esto era tenido en cuenta bajo el régimen férreo de Herodes y el de los procuradores romanos. Aquí nos hallamos en medio de conjeturas. Podemos creer que ni Herodes ni los procuradores quisieran *abolir* el Sanedrín, pero le dejarían al mismo la administración de justicia en los casos que estaban relacionados exclusivamente con cuestiones puramente religiosas. Del mismo modo podemos entender que ambos privarían al Sanedrín del poder de la espada y de la decisión de cuestiones políticas o de importancia suprema. Herodes se reservaría para sí mismo la disposición final en todos los casos si veía apropiado el interferir, y lo mismo harían los procuradores; especialmente no tolerarían ningún intento de jurisdicción sobre un ciudadano romano. En resumen, se concedería al Sanedrín plena jurisdicción en cuestiones menores y religiosas, con gran ostentación y pompa, pero con una autoridad real mínima. Finalmente, tanto Herodes como los procuradores trataban al Sumo Sacerdote –que en realidad ellos mismos habían nombrado– como el jefe y representante de los judíos; y como su política tendería a limitar el poder de los rabinos independientes y fanáticos, podemos entender que en las grandes causas criminales o en las investigaciones importantes siempre presidiría el Sumo Sacerdote –la presidencia del *Nasi* quedaría reservada para las cuestiones legales y rituales y las discusiones. Tanto Josefo como el Nuevo Testamento están conformes con estas conclusiones.

10. Ésta es la conclusión del historiador judío más imparcial, mi amigo el Dr. Jost (*Gesch. d. Judenth.*, pp. 402-409). Él designa como «asesinato privado (*Privat-Mord*) el cometido por enemigos acerbos, no la sentencia de un Sanedrín constituido regularmente. Los hombres más prominentes que representaban la Ley, como Gamaliel, Jochanan b. Zakkai y otros, no estaban presentes». La defensa de los actos como un procedimiento legal de derecho por parte del Sanedrín, según Salvador (*Gesch. d. Mos. Instit.* [traducción alemana] vol. 2, pp. 67-79), es desde el punto de vista crítico tan insatisfactoria que sólo puedo maravillarme de que el erudito Saalschütz, aunque sea bajo la influencia del prejuicio judío, le haya dispensado su protección (*Mos. Recht.*, pp. 623-626). Cohen: *Les Déicides* es un libro de partido, sin importancia. Grätz (*Gesch. d. Judenth.*, 3, p. 244) evade la cuestión.

11. En Jerusalén se decía que había dos de estos tribunales: uno que se reunía a la entrada del patio del Templo; el otro en el patio interior o de los Sacerdotes.

12. Es un error identificar estas tiendas con las cuatro tiendas del monte de los Olivos. Eran las tiendas del Templo ya descritas.

«Los soldados romanos tenían, evidentemente, órdenes de llevar a Jesús al anterior Sumo Pontífice. Esto se ve por el hecho de que fueran directamente a él, y de que al parecer regresaron a sus cuarteles inmediatamente después de entregar a su preso. Y no podemos adscribir esto a ninguna posición oficial de Anás en el Sanedrín, primero, porque el texto implica que no habían ido a su casa debido a esta causa, y segundo, porque como se verá al punto los procedimientos contra Cristo no fueron los de las reuniones ordinarias y regulares del Sanedrín».

Los soldados de las legiones imponían el orden público durante las fiestas y procedían a las ejecuciones decretadas por el Sanedrín, tras la imprescindible ratificación por el magistrado romano. Éstas son las indumentarias de un legionario romano halladas en Jerusalén conjuntamente con un sello de la Legio X Fretensis.

Incluso este breve sumario sobre el Sanedrín sería innecesario si se tratara simplemente de una cuestión de aplicar sus reglas de procedimiento al proceso de Jesús. Porque tanto la evidencia judía como cristiana establecen el hecho de que Jesús no fue procesado, juzgado y sentenciado oficialmente por el Sanedrín. Todos admiten que cuarenta años antes de la destrucción del Templo el Sanedrín había cesado de pronunciar sentencias capitales. Esto solo sería suficiente. Pero además, el proceso y sentencia de Jesús en el palacio de Caifás, como ya se ha indicado, habría ultrajado todo principio de la ley criminal y el procedimiento judío. Estas causas sólo podían ser juzgadas, así como la sentencia capital pronunciada, en el lugar de reunión regular del Sanedrín (Ab. Zar. 8 *b*),[13] no como en este caso, en el palacio del Sumo Sacerdote; ningún proceso –y menos uno tan importante– podía ser empezado de noche, ni aun por la tarde (Shabb. 9 *b*),[14] aunque, si la discusión había durado todo el día, la sentencia podía ser pronunciada de noche (Sanh. 32 *a*). Además, ningún proceso podía tener lugar en sábado o día de fiesta (Bets. 36), incluso en la víspera de una (Bab. K. 113 *a*),[15] aunque esto no habría anulado los procedimientos. Por otra parte, podría discutirse que un proceso contra uno que había seducido al pueblo debía realizarse, y la sentencia ejecutarse, de preferencia en una gran fiesta pública (Sanh. xi. 4; Tos. Sanh. xi. 6) para ejemplo de todos. Finalmente, en causas capitales había un complejo sistema de advertencias y avisos a los testigos,[16] aunque se puede afirmar con seguridad que en un juicio regular por jueces judíos, por influenciados que estuvieran, no habrían actuado como los miembros del Sanedrín y Caifás obraron en esta ocasión.

Pero cuando examinamos esto más de cerca, percibimos que los relatos del Evangelio no hablan de un juicio y sentencia formal por parte del Sanedrín. Las referencias al «Sanedrín» (concilio), o a «todo el Sanedrín», deben ser tomadas en un sentido amplio que será examinado a continuación. Por otra parte, los cuatro Evangelios indican que todos los procedimientos de aquella noche fueron realizados en el palacio de Caifás, y que durante aquella noche no se pronunció oficialmente ninguna sentencia de muerte. Juan, ciertamente, no informa de ningún procedimiento; Mateo (26:66) sólo registra la pregunta de Caifás y la respuesta de los miembros del Sanedrín; e incluso el lenguaje de Marcos *no* transmite la idea de una sentencia formal (Mr. 14:64: «condenado como reo de muerte»). Y cuando por la mañana, como resultado de una nueva consulta, también en el palacio de Caifás, llevaron a Jesús al Pretorio, no fue como un preso condenado a muerte cuya ejecución pedían (Jn. 18:29, 30), sino como uno contra quien había ciertas acusaciones dignas de muerte, en tanto que cuando Pilato les mandó que le juzgaran conforme a la Ley judía, ellos replicaron no que ya lo habían hecho, sino que ellos no eran competentes para juzgar causas capitales (Jn. 18:31).

4. Pero aunque Cristo no fue juzgado y sentenciado en una reunión oficial del Sanedrín, no puede haber duda de que su condenación a muerte era la obra, si no del Sanedrín, de los miembros del mismo, de todo el conjunto de ellos («todo el concilio»), en el sentido de que expresaban lo que era el juicio y propósito del Supremo Concilio y líderes de Israel, con sólo unas pocas excepciones. Recordemos que la resolución de sacrificar a Cristo se había tomado ya con antelación. Aunque los procedimientos de esa noche fueran terribles, parecen incluso ofrecer una especie de concesión –como si los miembros del Sanedrín tuvieran deseos de hallar alguna justificación, legal o moral, para lo que ya habían decidido hacer. Primero buscaron «testigos», o como designa con razón Mateo «falsos testigos», contra Cristo.[17] Como esto era por completo una investigación privada, los testigos sólo se podían buscar de entre ellos mismos. El odio, el fanatismo y la exageración menos escrupulosa podían tergiversar ciertas palabras de Cristo, o imputarle falsamente otras. Pero era todo demasiado apresurado y excitado en aquella asamblea y los testigos se contradecían de burdamente, o el testimonio era inaceptable, de forma que de pura vergüenza tuvieron que abandonar este sistema. Y a esto debe haber contribuido la calma majestuosa del silencio de Cristo. Ante testimonio falso y contradictorio, lo mejor era dejar que se destruyeran los falsos testigos mutuamente.

Abandonando esta línea de testimonio, los sacerdotes trajeron probablemente algunos de su propia orden que habían presenciado cuando Cristo, al contestar al reto de un «signo» como evidencia de su autoridad, les había dado el misterioso «signo» de la destrucción y edificación del templo de su cuerpo (Jn. 2:18, 19).[18] Ellos le habían entendido mal entonces, y repetirlo como base de una acusación criminal contra Jesús tiene que ser debido directamente a Caifás y a Anás. Recordemos que ésta fue la primera vez que Jesús chocó no sólo con las autoridades del Templo, sino con la avaricia de la familia de Anás. Podemos imaginar la indignación del Sumo Sacerdote contra los oficiales del Templo, y que en respuesta ellos le contestarían lo que habían intentado, y la conducta de Jesús respecto a ellos. Quizá era la única investigación real que un hombre como Caifás tendría interés en hacer sobre lo que Jesús había dicho. ¡Y aquí, en una forma seriamente deformada y con más que la exageración del partidismo oriental, fue presentada realmente como una acusación criminal!

Manipulado con sagacidad, el testimonio de estos testigos podía dar lugar a dos acusaciones. Mostraría lo peligroso que era Cristo como seductor del pueblo, cuyas pretensiones podían llevar a aquellos que creían en Él a poner las manos con violencia sobre el Templo, en tanto que la supuesta afirmación de que Él (Marcos, Mateo)

---

13. No hay la menor evidencia para asumir, como hacen algunos comentaristas, que Cristo fue llevado del palacio de Caifás a la cámara del concilio. Todos los procedimientos tuvieron lugar en el primero y desde él fue llevado Cristo a Pilato (Jn. 18:28).

14. Las horas regulares del tribunal eran desde media mañana hasta la hora de la comida (Shabb. 10 *a*).

15. En casos civiles, por lo menos, no se seguía ningún proceso en los meses de Nisán y Tishrí (comp. Bloch, *Civil Process-Ordnung*).

16. Los detalles de estos puntos se dan en muchos comentarios (comp. el Tratado Sanedrín y el Gemara sobre este punto). En una causa capital no sólo habría advertencias formales y muy solemnes contra el testimonio falso a los testigos, sino que estos últimos serían probados por el triple proceso conocido como *Chaqiroth, Derishoth* y *Bediqoth;* los dos primeros referentes a preguntas sobre los puntos principales, el tercero sobre puntos secundarios en la evidencia.

17. La Ley farisaica de los testigos era muy peculiar. Los testigos que se contradecían el uno al otro *no* eran considerados en la Ley rabínica como falsos testigos en el sentido de ser punibles. Ni lo serían, incluso, si se pudiera probar una justificación o excusa para el acusado; sólo si la excusa de los testigos era probada. Así, la «Historia de Susana» es mala en la Ley judía, a menos que –como supone Geiger– personifique un método antiguo de procedimiento en la jurisprudencia criminal judía.

18. Críticamente esto es también de interés. La primera purificación del Templo no es referida por los Sinópticos, pero aquí confirman el relato que dio Juan de ella. Por otra parte, el relato de Juan de la purificación del Templo confirma el de los Sinópticos, que Juan no relata. Y la evidencia es más fuerte porque los dos relatos son evidentemente independientes el uno del otro, y el del cuarto Evangelio más reciente que el de los Sinópticos.

podría reconstruir el Templo en tres días, o simplemente lo haría, podía ser presentada como implicación de pretensiones mágicas o divinas.[19] Cierta clase de escritores ha ridiculizado esta parte del complot de los miembros del Sanedrín contra Jesús. Es verdad en realidad que, visto como una acusación judía, podría parecer difícil si no imposible el confabular un crimen capital a base de acusaciones así, aunque en todo caso de este modo podía levantarse un fuerte prejuicio popular contra Jesús –y esto, sin duda, era uno de los objetivos que Caifás tenía a la vista. Pero se ha olvidado, y es extraño, que el propósito del Sumo Sacerdote no era formular una acusación capital de la Ley *judía*, puesto que los miembros del Sanedrín reunidos no tenían intención de hacer juicio a Jesús, sino la de formular una acusación que hiciera efecto ante el procurador romano. Y aquí no había ninguna más efectiva que la de ser un seductor fanático del populacho ignorante que podía llevarlos a tumultos y desmanes. Se pueden recordar fácilmente dos ejemplos similares en los cuales los romanos habían aplastado el fanatismo judío en la sangre de los pretendientes y sus seguidores engañados.[20] En todo caso, Caifás, naturalmente, procuraría basar su acusación de Jesús ante Pilato con algo distinto de sus pretensiones mesiánicas y la herencia de David. Habría sido una ironía cruel que un Sumo Sacerdote judío tuviera que exponer la esperanza más alta y santa de Israel a la burla de un Pilato; y podía resultar un procedimiento peligroso, tanto por lo que se refería al gobernador romano como a los sentimientos del pueblo judío.

Pero esta acusación de ser un seductor del pueblo también se desmoronó, debido al desacuerdo de los dos testigos que requería la Ley mosaica (Dt. 17:6), los cuales, según la ordenanza rabínica, tenían que ser interrogados por separado (Rosh haSh. ii. 6). Pero la divergencia de su testimonio no aparece exactamente en las diferencias de los relatos de Mateo y Marcos. Si se cree necesario armonizar estos dos relatos, sería preferible considerar los dos como refiriendo el testimonio de estos dos testigos. Lo que dice Marcos puede haber sido seguido por lo que dice Mateo, o viceversa, siendo el uno, por así decirlo, la base del otro. Pero en todo momento Jesús mantuvo un silencio majestuoso como antes, de modo que ni aun la impaciencia de Caifás, que se levantó de su asiento para confrontar al preso y si fuera posible intimidarlo, consiguió extraerle una respuesta.

Quedaba sólo una cosa por hacer. Jesús lo sabía bien, y también Caifás. Era hacerle una pregunta que Jesús no pudiera rehusar contestar, y que una vez contestada llevara, o bien a su reconocimiento de culpa, o a su condenación. En el breve sumario histórico que provee Lucas hay una inversión en el orden de los sucesos, la cual podría inducir a pensar si lo que se dice había tenido lugar en una reunión de los miembros del Sanedrín[21] por la mañana más tarde. Pero un análisis cuidadoso de lo que pasó allí nos obliga a considerar el informe de Lucas como refiriéndose a la reunión de la noche descrita por Mateo y Marcos. El motivo de la inversión del orden de los sucesos parece haber sido[22] que Lucas deseaba agrupar en un relato continuo la triple negación de Pedro, la tercera de las cuales ocurrió *después* de la sesión del Sanedrín por la noche, en la cual la conjuración de Caifás dio lugar a la respuesta que registra Lucas, así como la de otros dos evangelistas. Sea como sea, debemos a Lucas otro rasgo en el drama de esta noche. Como suponemos, primero fue dirigida a Jesús la simple pregunta de «si era el Mesías», a lo cual Él contestó refiriéndose a lo innecesario de una pregunta así, puesto que ellos ya habían decidido no dar crédito a sus pretensiones; es más, sólo unos pocos días antes en el Templo había rehusado (Mt. 22:41-46) discutirlo con ellos (Lc. 22:67, 68; la cláusula «ni me soltaréis» es espuria). Ante esto, el Sumo Sacerdote, en la forma más solemne, le conjuró por el Dios viviente que les dijera si era el Cristo, el Hijo de Dios; si era el Mesías y era divino –los dos considerándose unidos no en la creencia judía, sino en las palabras expresas de Jesús. Aquí no podía existir vacilación ni duda. Ahora sus palabras, como antes había sido su silencio, fueron solemnes, enfáticas, sosegadas, majestuosas. Y su afirmación de que lo era fue unida a la de que Dios les mostraría que lo era, en su resurrección, en su sentarse a la diestra del Padre, y lo que ellos también verían: que vendría en las nubes del cielo que traerían sobre la ciudad y el Estado su tempestad final de juicio.

Ya lo habían oído todos –tal como la Ley ordenaba cuando se decía una blasfemia, el Sumo Sacerdote se rasgó las vestiduras externas e internas, con un desgarro que nunca pudiera ser reparado (Sanh. vii 5; Moed. K. 26 *a*). Pero el objetivo había sido alcanzado. Cristo no quiso explicar, modificar ni retractar sus pretensiones. Todos ellos lo habían oído; qué necesidad había de testigos. Él había dicho una *Giddupha*, «blasfemia». Entonces, volviéndose a los reunidos, el Sumo Sacerdote les hizo la pregunta usual que precedía[23] a la sentencia de muerte. Tal como la da el original rabínico es:[24] "¿Qué os parece?". Y podían contestar: "¡Para vida!" o "¡Para muerte!"» (Tanchuma Piqqudey, ed. Vars., 1, p. 132 *b*). En este caso contestaron: «Es reo de muerte» (Mateo). Pero la sentencia oficial de muerte, que si hubiera sido una reunión regular del Sanedrín tenía que ser pronunciada por el presidente (Sanh. iii 7), no fue pronunciada (Jer. Yoma 44 *c*).[25]

Hay un dicho judío interesante: que en el Día de la Expiación la cinta de oro de la mitra del Sumo Sacerdote, con las palabras grabadas «Santidad a Jehová», expiaba la culpa de aquello que habían blasfemado (Jer. Yoma 44 *c*). Se

19. Al mismo tiempo, ni ésta ni la acusación ulterior de «blasfemia» habrían hecho de Jesús lo que técnicamente se llamaba un *Massith*, o un *Maddiach*. El primero es descrito como un *individuo* que *privadamente* seduce a individuos privados a la idolatría (Sanh. vii. 10; Jer. Yeb. 15 *d*), añadiéndose que habla en voz alta (en alabanza a algún dios falso) y usa el lenguaje santo (hebreo) (Jer. Sanh. 25 *d*). Por otra parte, el *Maddiach* era uno que públicamente seducía al pueblo a la idolatría usando, como se añade, el lenguaje hablado comúnmente por el pueblo. Las dos historias talmúdicas, que algunos testigos habían sido colocados para vigilar e informar de las expresiones de Cristo (Sanh. 67 *a*), y que cuarenta días antes de su ejecución los heraldos habían solicitado la presentación de toda evidencia exculpatoria en favor suyo (Sanh. 43 *a*), pueden descartarse sin hacer comentarios.

20. Además de otros movimientos, referimos aquí en especial el que fue capitaneado por Teudas, que dirigía unas 400 personas, bajo promesa de dividir el Jordán, cuando ellos y sus adherentes fueron exterminados por los romanos (Jos., *Ant.* xx.5.1). Algo después un judío egipcio reunió a tres o cuatro mil en el monte de los Olivos, prometiéndoles derribar los muros de Jerusalén con el aliento de su boca (*u.s.* xx.8.6). Otro impostor de este calibre fue Simón de Chipre (*u.s.* xx.7.2) y, naturalmente, Bar Kokhabh.

21. Parece extraño, por no decir más, el explicar la expresión «le llevaron a su συνέδριον» como si se refiriera a la *cámara* regular del consejo (Lc. 22:66).

22. Al mismo tiempo, no considera que sea muy importante un acuerdo de los *detalles* y *circunstancias* cuando, evidentemente, los *hechos* están concordes; es decir, en este caso, el acuerdo de los hechos sería aún más sorprendente.

23. Pero esto no me parece a mí que fuera la sentencia real. Con relación a esta última, véase las formalidades detalladas en Sanh. iii. 7.

24. סברי מרנו ודהס אומריס אס לתייס
לתייס ואס למיתה למתה

25. El presidente de los jueces dice: «Éste, fulano de tal…, es reo de muerte» (Sanh. iii. 7).

ve aquí un terrible contraste en la figura de Caifás en aquella noche terrible. ¿O bien era la mitra invisible sobre la frente del verdadero y eterno Sumo Sacerdote, que marcaba la consagración de su humillación a Jehová, la que rogaba por quienes en esa noche estaban reunidos allí, los ciegos guías de ciegos? Con todo, entre tantos pensamientos solemnes, hay algunos que surgen prominentes. En aquella noche de terror, cuando toda la hostilidad del hombre y el poder del infierno fueron desencadenados, incluso la falsedad de la malevolencia no podía achacar ningún crimen al acusado, ni aun pudo presentarse alguna acusación contra Él, excepto una interpretación falsa de sus palabras simbólicas. ¡Qué testimonio de Él este testimonio tergiversado y mal acordado! Además: «Todos ellos le condenaron como digno de muerte». El mismo Judaísmo no se haría hoy día eco de esta sentencia de los miembros del Sanedrín. Y, después de todo, ¿no es verdad que Él era, o bien el Cristo, el Hijo de Dios, o bien un blasfemo? Este Hombre, solo y en calma entre esos jueces falsos apasionados y los falsos testigos; majestuoso en su silencio, majestuoso en su hablar; impasible ante las amenazas a que hablara, indiferente a las amenazas cuando habló; que lo vio todo –el fin desde el principio–; el Juez entre sus jueces, el Testigo ante sus testigos: ¿quién era, el Cristo o un impostor blasfemo? Que la historia decida; que el corazón y la conciencia de la Humanidad den la respuesta. Si Él hubiera sido lo que decía Israel, merecía la muerte en la cruz; si era lo que proclaman las campanas de Navidad de las iglesias y los cánticos de la mañana de Resurrección, entonces con razón le adoramos como el Hijo del Dios viviente, el Cristo, el Salvador de los hombres.

5. Fue una vez esta reunión de los miembros del Sanedrín se hubo desbandado que, según sabemos por el Evangelio de Lucas, fueron perpetrados en Él por los guardias y los sirvientes de Caifás toda clase de insultos repugnantes y ultrajes. Ahora todos se levantaron en rebelión combinada contra el Hombre perfecto: el servilismo abyecto que se deleitaba en insultos a uno que no podía ser vencido, y a quien no se habrían atrevido a atacar; la vulgaridad innata que se regodea en pisotear la grandeza caída y se adorna a su modo con un triunfo donde no ha sido ganada ninguna victoria; la brutalidad peor que la de los animales en el hombre (puesto que no está bajo la guía del instinto divino), y que cuando se desencadena parece intensificarse en ordinariez y ferocidad. Y estos insultos, imprecaciones y golpes que caen sobre la solitaria víctima, no sin defensa, pero que no se defiende; no vencida, pero que no contraataca; no inerme, sino sumisa voluntariamente para un propósito de amor, no hacen más que exhibir la maldición de la Humanidad, pero al mismo tiempo la quitan al permitir que caiga sobre Él: el hombre perfecto, el Cristo, el Hijo de Dios. Y a partir de entonces toda víctima de corazón noble ha podido, en este día extrañamente nublado, mirar hacia arriba y seguir lo que, cuando toca la tierra, es una sombra oscura y brumosa hasta donde, iluminada por la luz desde atrás, pasa a ser luz dorada –un manto de oscuridad que nos envuelve, fundiéndose en luz arriba, donde sus pliegues parecen sostenidos por una mano desde el cielo.

Ésta es *nuestra* víctima: el Cristo o un blasfemo; y en esta alternativa ¿cuál de nosotros no escogería la parte del acusado y no la de sus jueces? Por lo que sabemos, no salió una palabra de sus labios; ni una queja, ni un murmullo; ni expresión de indignada reprensión, ni el grito de la naturaleza afligida y dolorida. Bebía lentamente, con la consciencia de su entrega voluntaria, la copa que su Padre le había dado. Y todavía su Padre –y esto también de modo especial en su relación mesiánica con el hombre.

Hemos visto que cuando Caifás y los miembros del Sanedrín abandonaron la cámara de la audiencia, Jesús quedó abandonado al libertinaje sin restricciones de los sirvientes. Incluso la Ley judía decía que no podía infligirse «una muerte prolongada» (*Mithah Arikhta*), y que aquél que había sido condenado a muerte no debía ser azotado previamente a su ejecución (Keth. 37 *b*, arriba). Al fin se cansaron de insultarle y golpearle y le dejaron solo, quizá en la galería cubierta, o en una de las ventanas que miraban al patio, debajo. Había pasado sobre una hora (Lucas) desde la segunda negación de Pedro, que había sido interrumpida por así decirlo por los miembros del Sanedrín. A partir de entonces la excitación de la parodia de juicio con testigos entrando y saliendo, y sin duda a la manera oriental, repitiendo lo que había pasado a los que estaban en el patio alrededor del fuego; luego la partida de los miembros del Sanedrín, y después los insultos y los golpes infligidos a Cristo, habían distraído la atención de ellos. Ahora, otra vez se ocuparon de Pedro, y dadas las circunstancias con más intensidad que antes. El hablar nervioso de Pedro, a quien la conciencia acusándole le impulsaba a decir algo, le traicionó. «¡Éste también estaba con Jesús Nazareno; verdaderamente, es uno de ellos, porque es también galileo!». Así decían los presentes; en tanto que, según Juan, un consiervo y pariente de aquel Malco a quien Pedro había cortado la oreja en Getsemaní afirmó que le reconocía realmente. A todas las declaraciones Pedro volvió a repetir con más vehemencia su negativa, acompañándola esta vez con juramentos invocando a Dios y con imprecaciones sobre sí mismo.

El eco de sus palabras apenas había muerto cuando sonó el segundo canto del gallo. Aquel sonido agudo había despertado su memoria. Ahora recordó las palabras de la predicción en que el Señor le advirtió de lo que iba a hacer. Miró hacia arriba y, al mirar, vio allí, precisamente en aquel instante que el Señor volvió los ojos[26] y le miró; ¡sí, de entre toda la asamblea miró a Pedro! Sus ojos hablaban; es más, mucho más, habían escudriñado lo más profundo del corazón de Pedro y lo habían partido por completo. Habían penetrado a través de su engaño, su vergüenza, su temor; habían alcanzado al hombre, al discípulo que amaba a Jesús. De sus ojos brotaron las aguas del arrepentimiento, la verdadera vergüenza, la aflicción, las agonías de la autocondenación; lloró amargamente, bajo aquella mirada ardiente que había fundido el hielo de muerte y quemado su corazón, fuera de aquel lugar maldito de la traición de Israel ejecutada por el Sumo Sacerdote; de allí salió el discípulo representativo.

Salió fuera, a la noche. Con todo, una noche iluminada por las estrellas de la promesa, la principal de las cuales era ésta: que el Cristo allí arriba –la víctima vencedora– había orado por él. Dios nos conceda en la noche de nuestra autocondenación consciente la misma luz estelar de su promesa, la misma seguridad de la intercesión de Cristo, de modo que como dice Lutero la precisión y detalle del relato de la negación de Pedro, comparadas con la brevedad de lo que se nos dice de los sufrimientos de Cristo, pueden traer a nuestros corazones esta lección: «El fruto y valor de los sufrimientos de Cristo es éste: que en ellos tenemos el perdón de nuestros pecados».

---

26. No hay ninguna indicación en el texto de que, según suponen muchos comentaristas, Cristo pasaba en aquel momento atado por el patio; ni tampoco de que fuera sacado antes de la mañana del lugar en que había sido examinado o cerca del mismo.

Capítulo 14

(Mateo 27:1, 2, 11-14; Marcos 15:1-5; Lucas 23:1-5; Juan 18:28-38; Lucas 23:6-12; Mateo 27:3-10; Mateo 27:15-18; Marcos 15:6-10; Lucas 23:13-17; Juan 18:39, 40; Mateo 27:19; Mateo 27:20-31; Marcos 15:11-20; Lucas 23:18-25; Juan 19:1-16)

La mañana del Viernes Santo

La pálida luz gris de la madrugada había pasado a la de la mañana temprano, cuando los miembros del Sanedrín se reunieron una vez más en el palacio de Caifás. Una comparación de los términos en que se describe a los que formaron la reunión de la noche previa y los de la presente, produce la impresión de que el número de los asistentes había aumentado, y que los que llegaron esta vez pertenecían a los miembros más prudentes e influyentes del concilio. Es razonable suponer que algunos que no habían tomado parte en las deliberaciones, que habían terminado virtualmente en un asesinato judicial, haciendo uso de la casuística judía podían sentirse absueltos de aconsejar ahora, una vez adoptada la resolución, sobre la mejor manera de llevar a efecto la sentencia no oficial previa. El tema de la deliberación aquella mañana temprano era éste y no el decidir la culpa de Cristo.

El resultado fue que habían de «atar» a Jesús y entregarlo como un malhechor a Pilato, con la decisión si fuera posible de no formular ninguna acusación concreta (Jn. 18:29, 30); pero si esto fuera necesario, poner énfasis esencialmente en el aspecto puramente político, no el religioso, de las pretensiones de Jesús (Lc. 23:2).[1]

Nos puede parecer extraño que los que habían cometido una injusticia tan enorme –por decir lo mínimo–, y ahora proseguían en un curso de acción tan cruel y sanguinario, pudieran sentirse imposibilitados por escrúpulos religiosos de entrar en el Pretorio. Y sin embargo, el que estudie la casuística judía lo entenderá; es más, por desgracia la Historia y aun la observación común, le harán ver numerosísimos ejemplos de escrupulosidad sin escrúpulos y acciones realizadas a conciencia penosamente injustas. La conciencia y la religiosidad son sólo tendencias morales naturales en el hombre; hacia dónde tienden, tiene que ser decidido por consideraciones exteriores a sí mismas: por la iluminación y la verdad.[2] El Pretorio, al cual los líderes judíos –o por lo menos los que los representaban, porque ni Anás ni Caifás parece que estuvieron presentes– llevaron atado a Cristo, se hallaba en las premisas ocupadas por el gobernador romano, como sucedía siempre en las provincias. En Cesarea era el palacio de Herodes, y allí fue llevado prisionero Pablo más adelante. Pero en Jerusalén había dos recintos o cuarteles: la fortaleza Antonia y el magnífico palacio de Herodes en el ángulo noroeste de la Ciudad Alta. Aunque es imposible decirlo con certeza, lo más probable es que cuando Pilato se hallaba en Jerusalén con su esposa ocupara el edificio verdaderamente regio de Herodes, y no los cuarteles fortificados de Antonia.[3] Desde la ladera en su ángulo este, opuesto al monte del Templo en que se hallaba el palacio de Caifás, subiendo por las calles de la Ciudad Alta, la triste comitiva se dirigió hacia los portales del gran palacio de Herodes. Se nos dice que los que le llevaban no quisieron pasar los portales del palacio «para no contaminarse, y así pudieron comer la pascua».

Hay pocas expresiones que hayan dado lugar a una controversia más acalorada que ésta. De dos cosas podemos hablar con certeza. La entrada en una casa pagana hacía levíticamente impuro aquel día –o sea, hasta el anochecer. El hecho de esta contaminación queda claramente atestiguado tanto en el Nuevo Testamento (Hch. 10:28) como en la Mishnah, aunque sus razones pueden ser varias (Ohol. xviii. 7; Tohar. vii. 3). Una persona que había pasado a ser levíticamente impura era llamada técnicamente *Tebhul Yom* («bañado del día»). El otro punto es que el haber pasado a ser «impuro» para el día *no* habría descalificado para comer el cordero pascual, puesto que se participaba de la comida *después* del atardecer cuando ya había empezado un nuevo día. De hecho, queda bien claro (Pes. 92 *a*) que el «bañado del día» –esto es, el que había sido considerado impuro para el día, y se había bañado por la tarde– participaba de la cena pascual, y se refiere un ejemplo (Jer. Pes. 36 *b*, líneas 14 y 15 desde la base) en que algunos soldados que habían guardado las puertas de Jerusalén «se inmergieron» y comieron el cordero pascual. Se sigue que dichos miembros del Sanedrín no podían haberse abstenido de entrar en el palacio de Pilato por el hecho de que el hacerlo les habría descalificado para comer la cena pascual.

El punto es de importancia, porque muchos escritores han interpretado la expresión «la pascua» como refiriéndose a la cena pascual, y han argumentado que según el cuarto Evangelio nuestro Señor no había participado del cordero pascual en la noche previa, o bien en este aspecto el relato del cuarto Evangelio no está de acuerdo con el de los Sinópticos. Pero como por la razón que se ha presentado es imposible que la expresión «la pascua» se refiera a la cena pascual, sólo tenemos que inquirir si el término no se aplica también a otras ofrendas. Y aquí, tanto el Antiguo Testamento (Dt. 16:1-3; 2 Cr. 35:1, 2, 6, 18) como los escritos judíos[4] muestran que el término *Pesach*, o «Pascua», era aplicado no sólo al cordero pascual, sino a todos los sacrificios de la Pascua, especialmente al que se llamaba la *Chagigah* u ofrenda festiva (de *Chag* o *Chagag*, traer sacrificio festivo corriente en cada una de las tres grandes fiestas). Según la regla específica (Chag. i. 3), la *Chagigah* era traída el primer día

---

1. Compárese Mateo 27:1 con 26:59, en que las palabras «y ancianos» han de ser eliminadas; y Marcos 15:1 con 14:55.

2. Éstas son el *Urim* y el *Thummim* del «anima naturaliter christiana».

3. Éste, naturalmente, no es el sitio tradicional ni el que ha sido más favorecido. Pero como el palacio de Herodes había pasado, como todas las residencias regias, a ser propiedad del Estado, y tenemos bastante evidencia de que los procuradores romanos residían allí, y se sentaban delante del palacio sobre un pavimento elevado, para pronunciar juicio (Josefo, *Guerr.* ii. 14, 8; comp. Filón, ad Cajum § 38), es natural la inferencia de que Pilato, especialmente estando acompañado de su esposa, residía allí también.

4. El tema ha sido plenamente discutido en Wieseler, Beitr., y en Kirchner, Jüd. Passahfeier, sin citar a muchos otros, de modo que parece innecesario entrar más en la cuestión. Ningún arqueólogo competente judío se atrevería a negar que «Pesach» *puede* referirse a la «Chagigah», mientras que el motivo asignado por Juan a los miembros del Sanedrín implica que en este caso ha de referirse a esto y no al cordero pascual.

pascual festivo.[5] Era ofrecido justo después del servicio matutino, y comido aquel mismo día –posiblemente algo antes del atardecer, cuando, como veremos luego, había otra ceremonia que requería la atención pública. Podemos, pues, entender del todo que no fue en la víspera de la Pascua, sino en el primer día pascual que los miembros del Sanedrín no quisieron incurrir en el inconveniente de la contaminación levítica del primer día festivo, que les habría impedido ofrecer en aquel día la pascua, el sacrificio festivo, o sea, la *Chagigah.* Porque tenemos estas dos reglas específicas: que una persona no podía ofrecer la *Chagigah* si estaba contaminada levíticamente; y que la *Chagigah* no podía ser ofrecida por otra persona que ocupara el lugar de uno (Jer. Chag. 76 *a,* líneas 16 a 14 desde la base). Estas consideraciones y criterios nos parecen decisivos respecto a las ideas expresadas. No habría razón para temer «contaminación» en la mañana del sacrificio pascual; pero la entrada en el Pretorio por la mañana del primer día de Pascua les habría hecho imposible ofrecer la *Chagigah*, que es también designada con el término *Pesach.*

Sería hacia las siete de la mañana –quizá a una hora más temprana– cuando Pilato se presentó ante los que le habían citado para que administrara justicia. La pregunta que les hizo parece haberlos dejado sobresaltados y desconcertados. Su procedimiento había sido privado; la misma esencia de los procedimientos de la Ley romana era que fueran en público. Además, el procedimiento ante los miembros del Sanedrín había sido en la forma de una investigación criminal, en tanto que era esencial en el procedimiento romano entrar sólo en acusaciones definidas.[6] Como resultado, la primera pregunta de Pilato fue qué acusación traían contra Jesús. La pregunta les cogería más desprevenidos por el hecho de que Pilato tenía que haber consentido la noche anterior en el uso de la guardia romana para arrestar a Jesús. La respuesta que le dieron indica que se sentían humillados, de mal humor, y que querían evadir la cuestión. ¡Si no hubiera sido «un malhechor», no se lo habrían «entregado»![7] A una acusación tan vaga, Pilato, que muestra en todo el proceso una rara resistencia a complacerles en lo que solicitaban –quizá por malevolencia general hacia los judíos, tal vez por el deseo de molestarles en sus sentimientos religiosos en un punto vulnerable, quizá por restricción de una mano superior–, se negó a continuar los procedimientos. Propuso que el Sanedrín juzgara a Jesús en conformidad con la Ley judía. Éste es otro rasgo importante, pues queda implicado que Pilato estaba hasta cierto punto al corriente de las pretensiones de Jesús, y que la acción de las autoridades judías había sido determinada por la «envidia» (Mt. 27:18). Pero en circunstancias ordinarias Pilato *no* habría querido dar a una persona acusada de un delito tan grave como el de presentar reclamaciones mesiánicas a las autoridades judías, para intentar excusarse como que se trataba de una mera cuestión religiosa (Hch. 22:30; 23:28, 29; 24:9, 18-20). Poniendo esto en relación con el otro hecho –al parecer no consecuente con él– de que la noche anterior el gobernador les había dado una guardia romana para arrestar al prisionero, y con este otro hecho del sueño y advertencia de la esposa de Pilato, todo ello nos causa una impresión peculiar. Podemos entenderlo todo si en la noche previa, tras haberles concedido la guardia romana, Pilato había hablado de ello con su esposa, fuera porque él conocía su interés en esta cuestión, o que podría interesarle. La tradición nos ha dado su nombre como *Prócula* (Nicéforo, *H.E.* i. 30); un evangelio apócrifo la describe como una conversa al Judaísmo (Evangelio según. Nicod., cap. 2), mientras la Iglesia griega la ha colocado realmente en su catálogo de santos. Es posible que *Prócula* no hubiera sido sólo una prosélita, como era la esposa de un gobernador romano previo –Saturninus (Jos., *Ant.* xviii.3.5)–, pero que supiera quién era Jesús y le hubiera hablado de Él a Pilato aquella noche. Esto explicaría mejor la resistencia de Pilato a condenar a Jesús, así como el sueño que ella había tenido.

Como las autoridades judías tenían que declinar la oferta del gobernador de juzgar a Jesús en su propio tribunal, dando como razón el que ellos no podían pronunciar una sentencia de muerte,[8] no tenían más solución que formular una acusación capital. Esto lo consigna únicamente Lucas (22:2, 3). Era que Jesús había dicho que Él era el Cristo, un rey. Como se notará, al decir esto ellos imputaban falsamente a Jesús sus propias expectativas políticas con respecto al Mesías. Pero aun hicieron más. Pusieron como prefacio la alegación de que había pervertido a la nación, y que prohibía pagar tributo al César. Esta última acusación carecía totalmente de base, por lo que sólo podemos considerar que era una conclusión que ellos habían sacado de la premisa de que pretendía ser rey. Y como esto era lo más grave contra Él, lo presentaron como lo primero y principal, tratando la inferencia como si fuera un hecho –una práctica en extremo común en controversias, tanto políticas y religiosas como privadas.

Esta acusación de los miembros del Sanedrín explica lo que según todos los evangelistas ocurrió en el Pretorio. Suponemos que Cristo estaba dentro, probablemente bajo la vigilancia del algunos guardias. Las palabras de los miembros del Sanedrín le dieron ideas peculiares a Pilato. Ahora llamó a Jesús y le preguntó: «¿Eres tú el Rey de los judíos?». Hay en esta pregunta una mezcla de desprecio, cinismo y temor respetuoso que marca todas las acciones y palabras de Pilato. Era como si hubiera dos poderes que estuvieran luchando para dominar su corazón. Junto al desprecio uniforme de todo lo que era judío, y el cinismo general que no podía creer en la existencia de nada elevado, hallamos un sentimiento de temor reverencial con respecto a Cristo, aunque el sentimiento puede haber sido parcialmente de superstición. De todo lo que habían dicho los sanedristas, Pilato solamente recogió esto: que Jesús pretendía ser un Rey. Cristo, que no había oído la acusación presentada por los acusadores, no hizo el menor caso de ella, en su deseo de hacer llegar la salvación incluso a Pilato. Sin hacer caso de la ironía implicada, le preguntó a Pilato si esta pregunta –fuera una acusación criminal o una investigación– era suya propia o meramente la repetición de lo que sus acusadores judíos le habían dicho a Pilato de Él. El gobernador descartó rápidamente toda investigación personal. ¿Cómo podía

5. יום טוב הראשון של פסח. Pero se hacían concesiones a los que habían descuidado en el primer día traerlo durante la semana festiva, que en la Fiesta de los Tabernáculos se extendía a la *Octava*, y en la de las Semanas (que sólo duraba un día) sobre toda una semana (ver Chag. 9 *a;* Jer. Chag. 76 *c*). La *Chagigah* no se podía ofrecer por una persona en vez de otra, pero el cordero pascual sí.

6. Nocens, nisi accusatus fuerit, condemnari non potest. Con respecto al hecho de que el procedimiento romano era público, comp. Hechos 16:19; 17:6; 18:12; 25:6; Josefo, *Guerras* ii.9.3; 14, 8; «maxima frequentia amplissimorum ac sapientissimorum civium adstante» (Cicerón).

7. Es interesante hacer notar que la palabra es la misma usada para la *traición* de Judas.

8. Esta extraña afirmación de Juan 18:32 nos proporciona otra confirmación no intencional de la paternidad judaica del cuarto Evangelio. Al parecer, implica que el Sanedrín podía hallar un modo de dar muerte a Jesús de la misma forma no oficial en que fue muerto Esteban, y también procuraron destruir a Pablo. La Ley judía reconocía un modo de procedimiento, mejor dicho, una falta de procedimiento, en que cuando una persona era sorprendida *in flagrante delicto* de blasfemia podía ser ejecutada sin más investigación.

hacerse tal pregunta? Él no era un judío, y el tema no tenía interés general. La propia nación de Jesús y sus dirigentes se lo habían entregado como un criminal: ¿qué es lo que había hecho?

La respuesta de Pilato no dejó otra opción para Aquél que incluso en aquella hora suprema pensaba únicamente en los demás –no en sí mismo– que presentar al romano directamente la verdad para la cual sus palabras habían abierto la oportunidad. No era, como Pilato había implicado, una pregunta o una cuestión *judaica;* era una cuestión de verdad absoluta; afectaba a todos los hombres. El Reino de Cristo no era de este mundo en absoluto, fuera judío o gentil. Si hubiera sido de otra manera, Él habría llevado a sus seguidores a que lucharan por sus pretensiones y objetivos, y no se hallaría preso en manos de los judíos. En todo esto sólo le llamó la atención a Pilato una palabra: «Luego ¿tú eres un rey?». Era incapaz de captar el pensamiento y la verdad más elevados. Notamos en sus palabras la misma mezcla de mofa y de recelo. Pilato ahora no tenía la menor duda en cuanto a la naturaleza de su *Reino;* su exclamación y pregunta se aplicaban a la realeza. Cristo quiere poner énfasis sobre este hecho ahora en la gloria de su humillación. Aceptó lo que Pilato decía; adoptó sus palabras. Pero añadió a ellas una alegación, o mejor dicho una explicación de sus pretensiones, tal que un pagano como era Pilato no podía entenderla. Su Reino no era de este mundo, sino de aquel otro mundo que Él había venido a revelar y a abrir para todos los creyentes. ¡Aquí estaba *la* verdad! Su nacimiento o encarnación, como enviado del Padre, y su propia venida voluntaria a este mundo –porque sus palabras se referían a los dos (Jn. 18:37)– tenían esto por objeto: dar testimonio de la verdad con respecto al otro mundo, al cual pertenecía su Reino. Éste no era un Reino judío mesiánico, sino un Reino que afectaba a todos los hombres. Y todos los que tenían afinidad moral a «la verdad» escucharían su testimonio, y con ello le reconocerían como «Rey».

Pero estas palabras resonaron huecas para Pilato. No era meramente cinismo, sino una renuncia total de todo lo que es más elevado –un suicidio moral–, lo que aparece en su pregunta: «¿Qué es verdad?». Había entendido a Cristo, pero era incapaz de responder a su apelación. Él, cuyo corazón y vida tenían tan poco en común con la «verdad», no podía simpatizar con el gran objetivo de la vida y obra de Jesús, en cuanto de modo vago podía percibirlo. Pero incluso la pregunta de Pilato da la impresión de admitir un homenaje por implicación a Cristo. Con toda seguridad, él no habría abierto su ser interior a uno de los acusadores sacerdotales de Jesús.

¡Este hombre no era un rebelde, no era un criminal! Ellos se lo habían traído impulsados por las pasiones más bajas. Y así se lo dijo cuando salió fuera: no había hallado falta alguna en Él. Entonces vino de los miembros reunidos del Sanedrín una gran tempestad cerrada de acusaciones. Cuando tratamos de imaginarnos el cuadro, vemos a Jesús de pie, probablemente detrás de Pilato, junto a las puertas del Pretorio. Y a todo este clamor de acusaciones Él no dio respuesta alguna. Era como si el oleaje embistiera con furia desmedida un arrecife, el cual incólume seguía irguiendo su cabeza a los cielos. Pero en tanto que Jesús estaba de pie en el silencio sereno de una Majestad, Pilato seguía haciéndose preguntas a sí mismo. ¿No temía este hombre a la muerte; tan consciente era de su inocencia, de ser infinitamente superior a los que estaban allí haciendo alegaciones contra Él, o de haber vencido a la muerte, para que no quisiera condescender a contestarles? Y si era así, ¿por qué le había hablado a él de su reinado y de la verdad?

De buena gana se habría zafado de todo aquello; no es que le hubiera causado la menor mella la verdad absoluta o la inocencia personal del acusado, pero había algo en el Cristo que quizá por primera vez en su vida le hacía sentirse reacio a cometer una injusticia. Y así, cuando en medio de la gritería y confusión pudo captar la palabra Galilea como la escena de la actividad de Jesús, echó mano de la oportunidad para hacer caer la responsabilidad de todo aquello en otro. Jesús era galileo, pertenecía pues a la jurisdicción del rey Herodes. Como Herodes había venido a Jerusalén para la fiesta, y se hallaba en el antiguo palacio Macabeo cerca del Sumo Sacerdote, Jesús fue enviado allá (Lc. 23:6-12).[9]

Lucas sólo nos da el relato de lo que pasó allí, tal como nos da muchos otros rasgos de esta escena final del terrible drama. La oportunidad que se le ofrecía fue del agrado de Herodes. Era una marca de reconciliación entre él y el romano (o por lo menos podía ser considerada de esta forma), y en cierto sentido halagadora para él, puesto que el primer paso lo había dado el gobernador, y esto con un reconocimiento patente de los derechos del Tetrarca, probablemente una salida para su antiguo feudo. Además, Herodes hacía mucho tiempo que deseaba ver a Jesús, de quien había oído decir tantas cosas (Lc. 9:7-9). En aquel momento, el único sentimiento que movía al Tetrarca era la curiosidad más torpe: la esperanza de presenciar algún acto mágico. Pero fue en vano que hiciera una pregunta tras otra a Cristo. Él permaneció en silencio como antes a las virulentas acusaciones de los miembros del Sanedrín. Pero un Cristo que no quería hacer señales ni aun indignarse y hacer las mismas denuncias del Bautista, era para el realismo burdo de Antipas sólo una figura inerme, a la cual podía insultar y hacer burla, como hicieron en realidad él y sus soldados.[10] Y así Jesús fue devuelto al Pretorio.

En el intervalo durante el cual Jesús estuvo delante de Herodes –o quizá poco después– hemos de situar la extraña escena, la última en la vida de Judas de la que da cuenta Mateo (27:3-10). Colegimos esto de la circunstancia de que al retorno de Jesús del palacio de Herodes los miembros del Sanedrín no parecen haber estado presentes, puesto que Pilato tuvo que llamarlos del punto en que estaban juntos, es de suponer que el Templo (Lc. 23:13; comp. Mt. 27:17). Y aquí recordamos que el Templo estaba cerca del palacio Macabeo. Finalmente, queda la impresión en la mente que a partir de ahora la parte principal de lo sucedido ante Pilato fue representada por el «pueblo», en tanto que los sacerdotes y los escribas les estaban instigando, de modo que ellos mismos presentaron el caso contra Jesús. Por tanto, puede muy bien haber ocurrido que cuando los miembros del Sanedrín fueron al Templo desde el palacio Macabeo, como podía haberse esperado en aquel día, sólo una parte de ellos regresaron al Pretorio al ser emplazados por Pilato.

Pero, por la razón que fuera, ya había ocurrido bastante hasta aquel momento para convencer a Judas de cuál sería el fin. En realidad, es difícil creer que él pudiera haberse engañado a sí mismo sobre este punto desde el principio, por más que fallara en comprender la terrible importancia de su hecho hasta después de haberlo cometido. Las palabras que Jesús le había dicho en el huerto tienen que haber seguido ardiendo en su alma. Él se hallaba entre los soldados que habían caído de espaldas ante la mirada de Jesús. Desde entonces Jesús había sido llevado a Anás, a Caifás, al Pretorio, a Herodes. Incluso en el caso de que Judas no hubiera estado presente en estas ocasiones –y suponemos que su conciencia no se lo habría permitido–, todo Jerusalén

9. ἀνέπεμψεν. Meyer hace notar que éste es el término técnico para entregar a un criminal a la autoridad judicial apropiada.

10. Es imposible decir si «la ropa espléndida» con que ataviaron a Cristo era púrpura o blanca. No era, como algunos sugieren, el antiguo ropaje de algún Sumo Sacerdote.

«Pero estas palabras resonaron huecas para Pilato. No era meramente cinismo, sino una renuncia total de todo lo que es más elevado –un suicidio moral–, lo que aparece en su pregunta: '¿Qué es verdad?'. Había entendido a Cristo, pero era incapaz de responder a su apelación. Él, cuyo corazón y vida tenían tan poco en común con la 'verdad', no podía simpatizar con el gran objetivo de la vida y obra de Jesús, en cuanto de modo vago podía percibirlo. Pero incluso la pregunta de Pilato da la impresión de admitir un homenaje por implicación a Cristo».

Jesús es llevado ante Pilato, cuyo famoso gesto ha pasado al lenguaje común. Esta piedra colocada en un templo de Cesarea por el gobernador romano de Judea, Poncio Pilato (26-36 d.C.) en honor del emperador romano Tiberio, nos advierte de que un funcionario con ese nombre podría haber presidido el juicio contra Jesús.

a estas horas tiene que haber estado lleno de las noticias, probablemente en forma exagerada. Había una cosa que él veía clara: que Jesús sería condenado. Judas no se «arrepintió» en el sentido escritural; pero «tuvo un cambio de opinión y de sentimiento».[11] Aun en el caso de que Jesús hubiera sido un hombre corriente, y las relaciones de Él con Judas ordinarias por completo, podríamos comprender sus sentimientos, en especial considerando su temperamento fogoso. El momento antes y después del pecado representa la diferencia entre el sentimiento como se retrata en la historia de la caída de nuestros primeros padres. Con la comisión del pecado, toda la influencia intoxicante que lo había incitado había desaparecido; y sólo quedaba el hecho desnudo. Todo el atractivo se había disipado; quedaba la realidad. Es probable que muchos que han cometido crímenes darían todo lo que tienen, incluso la vida, si pudieran con ello deshacer lo hecho, o despertar para encontrar que todo había sido una pesadilla. No obstante, esto no es «arrepentimiento», o por lo menos sólo Dios sabe si lo es; puede ser –y en el caso de Judas solamente era– «un cambio de opinión y de sentimiento» hacia Jesús. Si esto podría haber pasado a ser arrepentimiento; si de haberse postrado a los pies de Jesús, como indudablemente de haberlo hecho lo habría sido, no tiene sentido el preguntarlo aquí. La mente y los sentimientos de Judas, por lo que afectaba al hecho realizado, por lo que afectaba a Jesús, eran ahora muy distintos; y este cambio se hacía sentir con intensidad creciente. Las calles, los caminos, el rostro de la gente, todo parecía dar testimonio contra él y en favor de Jesús. Lo leía por todas partes; lo sentía constantemente, lo imaginaba, todo su ser ardía en llamas. ¡Lo que había sido; lo que era; lo que sería! El cielo y la tierra retrocedían ante él; había voces en el aire y dolores en su alma; y no había escapatoria, ayuda, consejo o esperanza por parte alguna.

Era una situación desesperada, y desesperada fue su resolución. Tenía que desprenderse de aquellas treinta piezas de plata que, como treinta serpientes, se enrollaban en su alma con silbidos de muerte. Por lo menos así su acto no le parecería egoísta: sólo un error terrible, una equivocación a la cual había sido incitado por estos miembros del Sanedrín. Tenía que ir a devolverles las monedas. Y allí se dirigió, abriéndose paso entre la gente que sin duda se apartaría al paso de aquel hombre de ojos desorbitados; cuyo crimen le había hecho envejecer en unas horas, hasta que llegó ante aquel grupo de sacerdotes y sanedristas que en aquel momento es posible que estuvieran hablando de todo aquello. Su intrusión tiene que haberles parecido aborrecible, una figura necesaria pero odiosa y que pertenecía al pasado, y que mejor sería que quedara en la oscuridad. Pero él quería que le escucharan; es más, sus palabras iban a echar sobre ellos parte de su culpa para que la compartieran, y con voz ronca gritó: «¡He pecado, entregando sangre inocente!». Ellos apartaron de él los ojos con impaciencia, con desprecio, como suele hacer el seductor respecto al seducido; y, que Dios tenga misericordia de ellos, con la misma culpa del infierno contestaron: «A nosotros, ¿qué? ¡Viéraslo tú!». Y prosiguieron su conversación sin hacer más caso de él. De momento, Judas se quedó mirando desconcertado, con las treinta monedas de plata que ellos le habían pesado en la mano. Pero sólo estuvo indeciso un momento, y luego se adelantó hacia el mismo Santuario,[12] probablemente hacia el lugar en que el Patio de Israel tocaba al de los Sacerdotes, donde los penitentes solían esperar en tanto que en el Patio de los Sacerdotes eran ofrecidos sacrificios para ellos. Inclinándose hacia adelante y con furor lanzó aquellas monedas, que rodaron por el pavimento de mármol.

Salió apresuradamente del Templo, de Jerusalén, a un lugar solitario (ἀνεχώρησε). ¿Adónde? Hacia la terrible soledad del valle de Hinom, el Tófet antiguo, con sus recuerdos espectrales, la Gehena del futuro y sus horribles asociaciones. Pero no estaba solo; a su alrededor se movían figuras, rostros, y le azuzaban ruidos discordantes. ¡A través del valle, arriba, por la ladera del monte! Nos hallamos ahora en el «campo del alfarero», de Jeremías, hacia el oeste, algo más arriba del punto en que convergen los valles del Cedrón y del Hinom. Es un terreno blando, arcilloso, húmedo, en que se desliza el pie o se hunde y queda pegado al suelo. Acá y acullá rocas que asoman y se levantan perpendicularmente; quizá algún resto arbóreo, un tronco seco o matorrales enanos. Se encarama hacia la cima de unas breñas. Se saca el propio cinturón o faja, el mismo en que había llevado las treinta monedas, y lo va desenrollando. Ahora prosigue con calma la ejecución de su propósito. Ata la cuerda a la rama de un árbol cercano, del cual se va a ahorcar.[13] Una vez se ha pasado la cuerda alrededor del cuello se lanza desde aquella altura.

Ya lo ha hecho; pero inconsciente ya, aunque vivo, va oscilando colgado de la rama; el cinturón cede, o quizá el nudo que había hecho con manos temblorosas se deshace, y Judas cae pesadamente de cabeza contra las rocas debajo, y perece en la forma que Pedro recuerda a los otros discípulos unos días después de Pentecostés (Hch. 1:18, 19).[14] Pero en el Templo los sacerdotes no quieren saber nada de las treinta monedas de plata. Su escrupulosidad sin escrúpulos se lo impide. En estos casos la Ley judía dispone que el dinero debe ser restaurado al donante, y si él insiste en darlo, hay que inducirle a que lo dedique a algo para el beneficio público. Esto explica la aparente discrepancia entre los relatos del libro de los Hechos y el de Mateo. Por una ficción de la Ley el dinero es considerado perteneciente a Judas, y debe ser aplicado a él (Hch. 1:18) para la compra del bien conocido «campo del alfarero», con el propósito benéfico de enterrar allí a los extranjeros (Mt. 27:7). Pero a partir de entonces el nombre antiguo de «campo del alfarero» será cambiado entre el pueblo por el de «campo de sangre» (*Haqal Dema*). Y con todo, era un acto de Israel realizado por medio de sus líderes: «y tomaron las treinta piezas de plata, el precio del que fue tasado, según precio puesto por los hijos de Israel; y las dieron para el campo del alfarero». Era suyo, aunque de buena gana lo habrían hecho de Judas: la evaluación, la venta y la compra. Y «el campo del alfarero», el mismo lugar en que Jeremías había recibido instrucciones divinas de profetizar contra Jerusalén y contra Israel (Jer. cap. 19); ¡cómo se había cumplido ahora todo ello a la luz del pecado y la apostasía completa del pueblo, tal como había descrito proféticamente Zacarías! ¡Este Tófet de Jeremías, ahora que ellos habían evaluado y vendido por treinta siclos de plata al Mesías-Pastor de Israel, verdaderamente un Tófet, y había pasado a ser un campo de sangre! Sin duda no fue una coincidencia accidental, ésta que debiera ser el lugar del anuncio del juicio de Jeremías; ¡no era

11. El verbo que designa el arrepentimiento escritura el μετανοέω; el que se usa aquí es μεταμέλομαι, como en Mateo 21:29, 32; 2 Corintios 7:8; Hebreos 7:21.

12. La expresión ναός se usa siempre en el Nuevo Testamento para el mismo Santuario, y no los patios exteriores; pero podía incluir el Patio de los Sacerdotes, donde se ofrecían los sacrificios.

13. Esto lo hace sin la idea de que su muerte pueda expiar su pecado. Esta idea no existe en conjunción con el suicidio entre los judíos.

14. Como lo presenta este texto, no hay ninguna divergencia real entre los relatos de Mateo y el del libro de los Hechos. Keim ha formulado las supuestas diferencias en cinco particulares, discutidos uno tras otro por Nebe, *Leidensgesch.*, vol. 2, pp. 12ss.

accidental, sino verdaderamente un cumplimiento de su profecía! Y así Mateo, targumando esta profecía en forma[15] y en espíritu, y de manera verdaderamente judía, encuadrando en ellas la descripción profética proporcionada por Zacarías, pone el suceso delante de nosotros como el cumplimiento de la profecía de Jeremías.[16]

Una vez más nos hallamos ante el Pretorio, al cual Pilato había citado a los miembros del Sanedrín que estaban en el Templo y al pueblo. La multitud está aumentando por momentos procedente de la ciudad.[17] No sólo era para ver lo que iba a suceder, sino para presenciar otro espectáculo: que se soltara a otro preso. Porque parece que había la costumbre de que, con ocasión de la Pascua,[18] el gobernador romano daba libertad a algún preso notable condenado a muerte para complacer al populacho judío. Una costumbre reconocida, puesto que ahora ellos empiezan a reclamar que se les suelte. Puede haber ocurrido esto por incitación de algún sanedrista mezclado entre ellos. Porque si la corriente de simpatía popular podía desviarse a Bar-Abbas, quedaría más asegurada la condenación de Jesús. En la ocasión presente podía ser más fácil influir en el pueblo, puesto que Bar-Abbas pertenecía a la clase –no rara en aquel tiempo– que cometía robos y otros crímenes bajo la excusa de darles un matiz de aspiraciones políticas. Pero estos movimientos tenían siempre simpatías arraigadas entre el pueblo. Un nombre y una figura extraña la de Bar-Abbas. Es difícil que éste hubiera sido su verdadero nombre. Significa «Hijo del Padre». ¿Era un Anticristo político? Y ¿por qué, si no hubiera habido alguna conjunción entre ellos, había de proponer Pilato la alternativa de Jesús y de Bar-Abbas, y no más bien de uno de los dos malhechores que en realidad fueron crucificados con Jesús?

Pero cuando el gobernador, esperando reclutar alguna simpatía popular, les presentó esta alternativa –es más, insistió en ella a base de que ni él ni Herodes habían hallado ningún crimen en Él, e incluso para apaciguarles propuso someter a Jesús al cruel castigo de los azotes–, todo resultó en vano. Fue entonces que Pilato se sentó en el tribunal. Pero antes de que pudiera continuar el procedimiento judicial, recibió recado de su esposa acerca de un sueño que ella había tenido, encareciéndole que no tuviera que ver nada «con aquel justo». Un presagio del tipo del sueño y una apelación relacionada con él, especialmente dadas las circunstancias de aquel proceso, tenían que impresionar poderosamente al romano. Y durante unos momentos parece que la apelación al sentimiento popular en favor de Jesús podía dar resultado (Mr. 15:11). Pero una vez más los sanedristas prevalecieron. Al parecer, todos los que fueron seguidores de Jesús se habían desparramado. No había ninguno allí y si se hallaba alguno, aunque su débil voz podría haberse levantado en favor suyo, si lo hizo, fue acallada por el temor de los miembros del Sanedrín. Era en favor de Bar-Abbas que el sacerdocio incitó al populacho, que ahora clamaba en favor suyo con vehemencia creciente. A la pregunta –medio irónica, medio en mofa– de qué querían que hiciera con Aquél a quien sus propios líderes habían acusado llamándole «Rey de los judíos», respondió el clamor cada vez más potente de «¡Crucifícalo!». Que un grito así pudiera ser pronunciado –y pronunciado por judíos–, y ante un romano y contra Jesús, es un hecho inconcebible, y durante dieciocho siglos la Historia ha venido repitiendo su eco terrible. Fue en vano que Pilato razonara, increpara, apelara. El frenesí popular aumentaba en vez de calmarse a medida que se les oponía.

Habiendo fallado todo razonamiento, Pilato tenía recurso a un expediente más, que en circunstancias ordinarias habría sido efectivo (Mt. 27:24, 25). Cuando un juez, después de haber declarado la inocencia de un acusado, se levanta realmente del asiento del tribunal y, mediante un acto simbólico, declara de modo solemne que la ejecución del acusado es un asesinato judicial, y que él no quiere tener la menor participación en el mismo, no hay jurado o fiscal que persista en seguir pidiendo la pena de muerte. Pero en el caso presente hubo aun más. Aunque hallamos alusiones a una costumbre así entre los paganos,[19] lo que tuvo lugar aquí era esencialmente un rito judío que tiene que haber apelado más vivamente a los judíos por el hecho de hacerlo Pilato. Y no sólo el rito, sino las mismas palabras eran judías.[20] Recuerdan no meramente el rito prescrito en Deuteronomio 21:6ss., para marcar la ausencia de culpa de los ancianos de una ciudad cuando se ha cometido un asesinato no aclarado, sino las mismas palabras de las expresiones del Antiguo Testamento, como en 2 Samuel 3:28 y Salmos 26:6; 73:13 (en la Septuaginta), y, en los tiempos posteriores, en Sus. v. 46. La Mishnah da testimonio también de que este rito era continuado (Sot. ix. 6). Como administrador de justicia en Israel, Pilato tiene que haber conocido bien este rito.[21] No afecta a la cuestión si el juez podía librarse de culpa mediante el rito, sobre todo dadas las circunstancias del presente caso. Es bien claro que no podía; pero esta conducta por parte de Pilato es tan excepcional, así como ciertamente todo su comportamiento con referencia a Cristo, que sólo podemos explicarla por la profunda impresión que Jesús tiene que haber causado en él. Todo esto hace más terrible la culpa de la resistencia judía. Hay algo tremendo en las palabras de Pilato «allá vosotros», como réplica a los miembros del Sanedrín. Y en las mismas «¡viéraslo tú!», que fueron la contestación dada a Judas. Parece casi como si la escena de imputación mutua de culpa del Jardín del Edén se estuviera representando otra vez. La Mishnah nos dice que después del solemne lavamiento de manos de los ancianos y de su proclamación de inocencia, los sacerdotes respondían con estas palabras: «¡Perdónalo a tu pueblo Israel, a quien Tú has redimido, oh Señor, y no pongas sangre inocente sobre tu pueblo Israel!». Pero aquí, en respuesta a las palabras de Pilato, se oyó como respuesta el ronco grito: «¡Su sangre sea sobre nosotros, y sobre nuestros hijos!». Unos treinta años más tarde, y en aquel mismo lugar, se pronunció juicio contra algunos de los hombres mejores de Jerusalén; y entre las 3.600 víctimas de la furia del gobernador, de los cuales no pocos fueron azotados y crucificados allí mismo frente al Pretorio, había muchos de los ciudadanos más nobles de Israel (Jos., *Guerras* xiv.8.9). Unos pocos años más tarde, centenares de cruces exponían cuerpos ensangrentados judíos a la vista de Jerusalén. Y aún parece que estos expatriados ambulantes llevan, de siglo en siglo, de país en país, la

15. Las alteraciones en las palabras citadas son, como se ha explicado previamente, una «targumación» de las mismas.

16. Muchos comentaristas, sin embargo, han considerado la palabra «Jeremías» como un lapso de memoria o un error del evangelista, o bien como un error muy primitivo de transcripción. Hay otras explicaciones más o menos satisfactorias en los comentarios. Böhl (*Alttest. Cit.*, p. 78), siguiendo a Valckenar, cree que la equivocación procede de confundir Ζριου (escrito abreviado) con Ιριου. Pero todo el asunto carece de importancia.

17. Según la mejor interpretación de Marcos 15:8: «la multitud estaba aumentando».

18. ¿Cómo pueden explicar –para los que creen que Cristo, según Juan, fue crucificado la mañana *antes* de la Pascua– las palabras de Juan: «Tenéis una costumbre de que os suelte a uno *en la Pascua*»? (18:39).

19. Ver las citas de Wetstein, *ad loc.*, y Nebe, *u.s.*, p. 104.

20. ἀθῶος ἀπὸ τοῦ αἵματος es un hebraísmo = נקי מדם.

21. El evangelista pone lo que dijo en las bien recordadas palabras del Antiguo Testamento.

carga de aquella sangre; y todavía parece que pesa «sobre nosotros y sobre nuestros hijos».

El evangelista ha pasado tan rápido como ha podido sobre las últimas escenas de indignidades y horror, y le estamos agradecidos por ello. Bar-Abbas fue puesto en libertad al instante. Jesús fue entregado a la soldadesca para ser azotado y crucificado, aunque el juicio final y formal no había sido pronunciado todavía (Jn. 19:1). En realidad, Pilato parece que aún tenía esperanza de que los horrores de los azotes podían hacer desistir al pueblo de sus feroces gritos pidiendo la cruz para Jesús (Jn. 19:4ss.). Por la misma razón, quizá, los azotes no fueron infligidos con igual ferocidad que en el caso de los mártires cristianos, cuando, a fin de conseguir que incriminaran a otros o se retractaran, a las tiras de cuero de los azotes se añadían pedacitos de plomo o clavos y huesos que laceraban la espalda, el pecho y la cara, hasta que la víctima caía ante el juez hecha una piltrafa de carne ensangrentada. Pero por más que fuera modificado, y sin repetir el horroroso realismo de que da cuenta Cicerón, los azotes eran la terrible introducción a la crucifixión –«la muerte intermedia». Despojado de sus vestidos, con las manos atadas y la espalda inclinada, se ataba a la víctima a una columna o una estaca enfrente del Pretorio. Una vez terminados los azotes, los soldados le echaron encima apresuradamente los vestidos y lo introdujeron de nuevo en el Pretorio. Aquí llamaron a toda la cohorte; y la víctima, silenciosa, exánime, fue objeto de burlas y denuestos. Le arrancaron los vestidos de su cuerpo sangrante, y como burla le vistieron de un manto escarlata o púrpura.[22] Como corona entretejieron espinas, y por cetro le pusieron en las manos una caña. Luego, alternándose, en son de mofa le saludaban como Rey o le adoraban como Dios, y le golpeaban, o bien le hacían objeto de otros vilipendios.[23]

Un espectáculo así podía haber desarmado la hostilidad y suprimido todo temor hacia la persona. Y esto era lo que Pilato esperaba cuando, siguiendo sus órdenes, Jesús fue llevado delante del Pretorio en estas condiciones vestido como un rey de burla, y el gobernador le presentó al populacho con las palabras que la Iglesia ha atesorado: «¡He aquí el Hombre!». Pero lejos de apaciguarlos, la vista solamente incitó la furia de los «principales sacerdotes» y sus subordinados. ¡Este Hombre que se encontraba delante ellos, fue ocasión para que, en aquel día de Pascua, un pagano se atreviera a desafiarles, en el mismo Jerusalén, insultando sus esperanzas mesiánicas más acariciadas! «¡Crucifícalo! ¡Crucifícalo!», volvió a resonar el clamor por todas partes. Una vez más Pilato apeló a ellos cuando de modo imprevisto el pueblo clamó que Jesús había afirmado que era el Hijo de Dios.

La forma en que Jesús había soportado las torturas e insultos, y todo su comportamiento, añadido a esta afirmación de los judíos, llenó a Pilato de temor y le indujo a hablar otra vez con Jesús dentro del Pretorio. La impresión inicial se había ido profundizando, y ahora pasó al terror de la superstición. Su primera pregunta a Jesús fue: ¿de dónde era? Y cuando de forma apropiada Jesús no contestó –pues no podía haberle entendido–, los sentimientos del romano se hicieron más intensos. ¿No iba a hablarle a él? ¿No sabía que él tenía poder absoluto «para soltarle, o crucificarle»? (en este orden). No, él no tenía poder absoluto –fue la respuesta–; todo poder venía de arriba; pero la culpa y el abuso de poder eran más grandes por parte del Israel apóstata y de sus líderes, que sabían de dónde venía el poder, y ante quien eran responsables por el modo en que lo ejercían.

Ésta no era la forma de hablar de un impostor; así no hablaba un hombre ordinario –después de tales sufrimientos y en tales circunstancias– a uno que, fuera de donde fuera que lo había obtenido, *tenía* poder de vida o muerte sobre Él. Y Pilato lo vio –de modo más claro, por su cinismo y su incredulidad en todo lo que era elevado. E incluso con más interés procuró ahora soltarle. Pero de modo proporcional iba aumentando el clamor de los judíos pidiendo su sangre, y amenazándole implicar en la acusación de rebelión contra el César al mismo gobernador si persistía en su misericordia que ellos no querían.

Pilato no estaba dispuesto a correr este riesgo. Se sentó una vez más en el tribunal, fuera del Pretorio, en el lugar llamado «Enlosado», y «Gabata» en hebreo (altura redondeada). Tan solemne es lo que va a ocurrir que el evangelista nos dice la hora del día –es decir, la hora en que había comenzado el proceso. Había sido el viernes de la semana de Pascua,[24] entre las seis y las siete de la mañana.[25] Y a su término, Pilato, una vez más en plan de mofa, les presentó a Jesús: «¡He aquí vuestro rey!».[26] Una vez más ellos reclamaron su crucifixión; y cuando Pilato les desafió otra vez, los principales sacerdotes prorrumpieron con el grito que precedió a la sentencia final de Pilato y a la ejecución de Jesús: «¡No tenemos más rey que César!».

Con este grito el Judaísmo, en la persona de sus representantes, es culpable de negar a Dios, de blasfemia y de apostasía. Fue un suicidio; y desde entonces su cadáver ha sido arrastrado y mostrado de país en país, de siglo en siglo; ¡muerto –y persistiendo muerto hasta que venga por segunda vez– Aquél que es la resurrección y la vida!

22. El *Sagum* era un manto militar de lana, escarlata o púrpura (los dos colores son confundidos a veces, comp. Wetstein, *ad loc.*), que se sujetaba con un prendedor en el hombro derecho. Era llevado también por los generales romanos, y a veces (más valioso en formas y material) presentado como obsequio a reyes extranjeros.

23. Orígenes hace notar ya que esto era una infracción notable de la disciplina militar. Keim (*Jesu von Naz.* iii.2, pp. 393ss.) da un relato realista y terriblemente gráfico de toda la escena. Los soldados, en las provincias, eran en su mayor parte ellos mismos provinciales –en este caso, probablemente, sirios. Eran sumamente hostiles a los judíos (Jos. *Ant.* xix. 9, 1; *Guerras* ii. 12, 1, 2). Solían hacer burlas en las ejecuciones. Una ilustración extraña de la escena nos presenta lo que ocurrió unos pocos años después en Alejandría, cuando el pueblo, burlándose del rey Agripa I, atavió a un bien conocido loco (Karabas) con una alfombra, le pusieron una corona de papiro en la cabeza y una caña en la mano y le saludaban como señor «Maris» (Filón, En Flacc., ed. Mang. ii. 522; Wetstein, N.T., 1, p. 535). Todas las ilustraciones clásicas y procedimientos detallados pueden verse en Wetstein, *ad loc.*

24. He traducido παρασκευὴ τοῦ πάσχα por viernes de la semana de Pascua. La evidencia con respecto a παρασκευή en los Evangelios, como *terminus technicus* para viernes, ha sido explicada con frecuencia. Ver Kirchner, *D. Jud. Passahf.*, pp. 47ss.

25. La hora («hacia la sexta») evidentemente sólo puede referirse al momento en que empezó el proceso.

26. He de mencionar que algunos han interpretado el verbo ἐκάθισεν de Juan 19:13 en sentido transitivo: «Pilato… trajo a Jesús fuera y le sentó en el tribunal», implicando que era un acto de homenaje en burla a Jesús como su rey. La sugerencia no puede admitirse, aun cuando tenga cierta base de apoyo, por no estar de acuerdo con el tenor general del relato.

Capítulo 15

(Mateo 27:31-43; Marcos 15:20-32; Lucas 23:26-38; Juan 19:16-24; Mateo 28:44; Marcos 15:32; Lucas 23:39-43; Juan 19:25-27; Mateo 27:45-56; Marcos 15:33-41; Lucas 23:44-49; Juan 19:28-30; Juan 19:31-37; Mateo 27:57-61; Marcos 15:42-47; Lucas 23:50-56; Juan 19:38-42; Mateo 27:62-66)

«Crucificado, muerto y sepultado»

No importa mucho, por lo que se refiere a su culpa, si del lenguaje de Juan (19:16) interpretamos que Pilato entregó a Jesús a los judíos para que lo crucificaran, o si como entendemos nosotros lo entregó a sus soldados. Ésta era la práctica común, y está en conformidad con la previa increpación a los judíos (v. 6) y con las noticias posteriores de los Sinópticos. Aquellos a quienes fue entregado «se lo llevaron para ser crucificado»; y por el camino, los que lo hacían, «obligaron» a un tal Simón Cireneo a llevar la cruz. Nos es difícil imaginar que fueran judíos –y menos los miembros del Sanedrín– los que hicieran esto. Pero tanto si lo hicieron materialmente como si no, el terrible crimen de dar muerte a su Mesías-Rey con manos culpables descansa de modo indudable sobre Israel.

Una vez más le desnudaron y volvieron a vestir. El manto de púrpura fue arrancado del cuerpo herido, y la corona de espinas quitada de su frente que sangraba. Le pusieron los suyos propios, ahora manchados de sangre, y se lo llevaron al lugar de la ejecución. Habían pasado sólo dos horas y media (Mr. 15:25) desde el momento en que se había presentado delante de Pilato (a las seis y media –Jn. 19:25) hasta que la triste procesión llegó al Gólgota (a las nueve de la mañana). En Roma acostumbraban dejar un período de unos dos días entre la sentencia y la ejecución; pero esta regla al parecer no se aplicaba en las provincias,[1] si es que en realidad se siguieron las reglas formales del procedimiento romano en absoluto.

Los terribles preparativos ya estaban hechos: los clavos, el martillo, la cruz, la comida para los soldados que habían de vigilar bajo la cruz.[2] Había cuatro soldados al pie de cada cruz, que se hallaban bajo el mando de un centurión. Como siempre, la cruz era llevada al lugar de la ejecución por aquél que había de sufrirla, quizá con los brazos amarrados a la misma con una cuerda. Pero no hay evidencia en este caso –sino más bien indicaciones en contra– que, según la antigua costumbre, el cuello de la víctima fuera amarrado con el *patibulum*, dos piezas horizontales de madera, atadas en un cabo al cual se sujetaban las manos. Lo corriente era que hubiera un centurión a la cabeza de la comitiva,[3] o más bien uno que iba proclamando la naturaleza del crimen,[4] mediante una placa de madera blanca, en la cual se hallaba escrita la índole del crimen. Acostumbraban seguir el camino más largo al lugar de ejecución, cruzando las calles más concurridas con el fin de atraer la máxima atención del público. Pero es probable que en este caso, tanto el heraldo como el circuito largo, no fueran puestos en vigor. No hay señal en el texto de ello, y parece incompatible con la temporada festiva y otras circunstancias de la historia.

Descartando los adornos legendarios,[5] que solamente estorban, procuraremos hacernos cargo de la escena tal y como está descrita en los Evangelios. Bajo el mando del centurión –acompañado o no por el que llevaba la placa con la inscripción, o sólo rodeado por los cuatro soldados, uno de los cuales podía llevar la placa–, Jesús salió llevando la cruz. Iba seguido por dos malhechores (ladrones) –probablemente de la clase entonces tan numerosa que cubría sus crímenes con pretensiones de carácter político. Estos dos también llevarían cada uno su cruz, y probablemente irían con sus cuatro soldados. La crucifixión no era un modo judío de castigo, aunque el rey macabeo Janeo había olvidado hasta tal punto los derechos de la Humanidad y de la religión que en una ocasión crucificó a no menos de 800 personas en Jerusalén (Jos., *Ant.* xiii.14.2; *Guerras* i.4.6). Pero incluso Herodes, con toda su crueldad, no recurrió a este modo de ejecución. Ni era empleado por los romanos hasta después del tiempo del César, cuando con el rápido incremento de crueldad en los castigos pasó a ser la práctica lastimosamente común en las provincias. Especialmente parece que caracterizó la dominación de Roma en Judea bajo cada uno de los gobernadores. Durante el último sitio de Jerusalén eran levantadas diariamente centenares de cruces, hasta que parecía que no había lugar suficiente para todas ellas, y la soldadesca diversificó esta horrible diversión con nuevos métodos de crucifixión. Así que la pasada apelación de los judíos a Roma para que fuera crucificado el Rey de Israel encontró su respuesta en ecos repetidos a ciento por uno. Pero mucho mejor que esta retribución, la cruz del Hombre-Dios llegó a poner fin al castigo de la cruz e hizo de ella el símbolo de la Humanidad, civilización, progreso, paz y amor.

Como buena parte de las abominaciones del mundo antiguo, fuera en la religión o en la vida, la crucifixión fue originada en Fenicia, aunque Roma la adoptó y la mejoró. Los modos de ejecución entre los judíos eran: estrangulación, decapitación, hoguera y apedreamiento. En circunstancias ordinarias los rabinos se resistían a pronunciar una sentencia de muerte. Esto se ve por la orden de que los jueces tenían que ayunar el día de una sentencia así (con aplicación de Lv. 19:26, Sanh. 63 *a*). En realidad, dicen dos de los rabinos principales que este tipo de sentencia no se había pronunciado nunca en el Sanedrín del que habían sido miembros. La indignidad del ahorcamiento –y esto sólo después que el criminal había sido ejecutado de otra forma– era reservada a los crímenes de idolatría y blasfemia (Sanh. vi. 4). El lugar en que eran apedreados los criminales (*Beth haSeqilah*) era una elevación de unos once

---

1. La evidencia es recogida por Nebe, *u.s.*, vol. ii., pp. 166, 167.

2. Keim considera que no fue toda una cohorte, sino un *manípulo* –unos 120 hombres–, o una *centuria* –unos 60–, lo que acompañó la procesión. No hay evidencia, y todo hace pensar en contra de esto.

3. La tradición le llama Longinus.

4. Ésta era la práctica judaica también (Sanh. vi. 2). Al mismo tiempo, hay que recordar que esto era principalmente para estimular testimonio en favor del criminal, lo cual daría lugar a arrestos inmediatos. Como cuando se escribieron estos arreglos hacía siglos que el Sanedrín no tenía poder de vida y muerte, todo ello parece ser más «ideal» que «real». Parece que la práctica era usada por los romanos.

5. Como lo referente a Verónica y la conducta de la Virgen-Madre (ver Acta Pilati, vii. x.; Mors Pilati [Tischendorf], 433).

pies de altura, de la cual el criminal era echado por el primero de los testigos. Si no moría de la caída, el segundo testigo le echaba una gran piedra sobre el corazón allí donde estaba echado. Si aún continuaba con vida, entonces todo el pueblo le apedreaba.[6] Se desnudaba al criminal, dejándole sólo cubierto según la más mínima exigencia de la decencia (Sanh. vi.3, 4).[7] En el caso de Jesús tenemos razones para creer que, aunque el modo de castigo a que había de ser sometido no era judío, se le harían las concesiones de la costumbre judaica y le fueron ahorradas más indignidades.[8]

Había tres clases de cruz en uso: la llamada cruz de san Andrés (X, la *Cruz decussata*), la cruz en forma de T (*Crux commissa*) y la cruz latina ordinaria (+, *Crux immissa*). Creemos que Jesús llevaba esta última. Ésta admitiría más fácilmente la placa con la inscripción triple que sabemos llevaba su cruz. Además, el testimonio universal de los que vivieron más cerca de su tiempo (Justino Mártir, Ireneo y otros) –y que, ¡ay!, tenían buenas oportunidades para saber lo que significaba la crucifixión– favorecen esta opinión. Esta cruz, como expresa Juan, la llevó Jesús mismo al principio. Y así la procesión se movía avanzando hacia el Gólgota. No sólo la localización, sino incluso el nombre que tanto conmueve al corazón cristiano está envuelto en controversia. El nombre no puede haberse derivado de que hubiera cráneos echados por el suelo, ya que esto estaba prohibido, sino que ha de ser más bien por la forma del lugar, que parecería la de un cráneo. En consecuencia, el nombre es explicado como la forma griega de la palabra aramea *Gulgalta*, o de la hebrea *Gulgolet*, que significa un cráneo.

Esta descripción correspondería plenamente no sólo a los requisitos del relato, sino al aspecto del lugar que, por lo que podemos juzgar, suponemos es el Gólgota. No podemos explicar aquí las diversas razones por las que ha de ser abandonado el lugar tradicional. Es cierto que el Gólgota estaba «fuera de la puerta» y «cerca de la ciudad» (He. 13:12; Jn. 19:20). Con toda probabilidad era el lugar corriente de ejecución. Finalmente, sabemos que estaba situado cerca de huertos en que había tumbas, y cerca de un camino principal o carretera. Estas tres condiciones últimas señalan al norte de Jerusalén. Hay que recordar que la tercera muralla, que luego rodeó a Jerusalén, no fue construida hasta pasados varios años después de la crucifixión. El nuevo suburbio de Bezeta se extendía en aquel tiempo más allá de la segunda muralla. Aquí pasaba la gran carretera en dirección al nordeste, cerca de la cual había casas de campo y huertos; y aquí se han descubierto sepulcros cavados en la roca que datan de este período. Pero esto no es todo. La puerta de Damasco actual –al norte de la ciudad– parece que en la tradición más antigua había llevado el nombre de la puerta de San Esteban por creerse que el protomártir había cruzado esta puerta hacia su apedreamiento. Cerca de allí, pues, tiene que haber estado el lugar de ejecución. Y por lo menos hay una tradición judía que establece este mismo lugar, cerca de lo que se conoce como la gruta de Jeremías, como el antiguo «lugar del apedreamiento» (*Beth haSeqilah*). Y la descripción de la localidad responde a todos los requisitos. Es un lugar aislado, solitario, a unos dos o tres minutos de distancia de la carretera, con una pequeña prominencia rocosa redondeada en forma de cráneo, y una depresión súbita o concavidad en ella, como si se hubieran abierto las mandíbulas del cráneo. Si la «tumba del período herodiano en el montículo al oeste de la gruta de Jeremías» fue el lugar más sagrado de la tierra –el «sepulcro en el huerto»– no nos atrevemos a afirmarlo, aunque hay muchas probabilidades de ello.[9]

Éste es el punto, pues, al que se dirigió esta triste procesión, entre las ocho y las nueve de la mañana, aquel viernes de la semana de Pascua. Partiendo del antiguo palacio de Herodes, descendía –y probablemente pasaba por la puerta de la primera muralla– hacia el interior del activo barrio de Acra. Al avanzar, aumentaría el número de personas que le seguían desde el Templo. Tiendas, bazares y mercados estaban cerrados en aquel día de fiesta santa. Pero habría filas de gente por las calles y algunos seguirían; especialmente mujeres, que, dejando los preparativos festivos, lanzarían lamentos y gemidos no en reconocimiento de los derechos espirituales de Cristo, sino como muestras de simpatía y compasión (Lucas). Y ¿quién podía contemplar inmutable el espectáculo, a menos que fuera un fanático en cuyo pecho ardía un odio inhumano? Desde la comida pascual Jesús no había probado alimento o bebida. Después de la profunda emoción de aquella fiesta, con la institución más santa incluida en ella; después de la prevista traición de Judas, y después de la despedida a sus discípulos, había pasado a Getsemaní. Allí durante varias horas, solo –en la proximidad de discípulos que no podían velar con Él una hora–, las aguas profundas de la muerte habían pasado por su alma. Las había bebido, se había sumergido, casi había perecido en ellas. Allí había habido la agonía de un conflic-to mortal hasta que gruesas gotas de sangre salieron de su frente. Luego fue llevado a la casa de Anás, de Caifás, de Pilato; a la de Herodes, luego otra vez a la de Pilato; toda la noche sin descanso había sido empujado entre indignidades, vilipendios y torturas. En todo momento se había comportado con una majestad divina, que había despertado los sentimientos del mismo Pilato y enfurecido aún más a los judíos. Pero si su divinidad daba verdadero sentido a su humanidad, esta humanidad daba su verdadero sentido a su sacrificio voluntario. Hasta aquí, pues, lejos de esconder sus manifestaciones, los evangelistas las han presentado no sin necesidad, pero sí sin vacilación. Sin refrigerio de alimento o sueño, después de los terribles sucesos de aquella noche, con las marcas de sangre en la pálida frente, resultantes de las espinas, y los azotes en sus carnes, el cuerpo magullado era incapaz de llevar el peso de la cruz. No es de extrañar que las mujeres de Jerusalén se sintieran conmovidas. Pero nosotros no sólo compadecemos, sino que adoramos. Le adoramos al verlo. Porque bajo su debilidad humana se hallaba la fortaleza divina que le llevó a este sacrificio voluntario y a esta autoexinanición. Era la fuerza de la compasión y amor divinos que surgían a través de su debilidad humana.

Jesús llevó su cruz hasta la última puerta que conducía al «suburbio» hacia el lugar de ejecución. Como podemos suponer, sus fuerzas cedían. Iba un hombre en dirección

6. Esto explica que «los testigos» en el apedreamiento de Esteban pusieran sus vestidos a los pies de Saulo de Tarso.

7. Esta opinión no es compartida sin embargo por la mayoría de los rabinos, si bien estas noticias no son de mucha confianza, como ya hemos indicado.

8. Según los rabinos, cuando leemos en las Escrituras de sentencias de muerte, en general se refiere a las más livianas como la estrangulación (Sanh. 52 *b*). Otro modo de ejecución parece algo semejante al emparedamiento en vida o el dejar morir de hambre (Sanh. 81 *b*), algo parecido a la forma en que se dejaba morir de hambre en la Edad Media.

9. Hay numerosas publicaciones sobre este punto. Ver «Quart. Statement of Pal. Explor. Fund.», oct. 1881, pp. 317-319; y Conder, *Handbook to the Bible*, pp. 355, 356.

opuesta, uno de la gran colonia de judíos que como sabemos se había establecido en Cirene (ver Libro 1, cap. V). Era fácil de notar porque pocos, en un día festivo y en aquella hora, llegarían «del campo» (o de fuera del país, según otros), aunque esto no era contrario a la Ley. Se ha hablado mucho de esto, pero hay que insistir que viajar, que estaba prohibido los sábados, podía hacerse en los días festivos.[10] Además, el lugar de donde venía –quizá su propia casa– podía haber sido dentro de los límites del Jerusalén eclesiástico. En todo caso, parece que era bien conocido, al menos después, en la Iglesia –y sus hijos Alejandro y Rufo más que él (Mr. 15:21). Sólo esto podemos decir con certeza: el identificarlo con personas del mismo nombre mencionado en otras partes del Nuevo Testamento es solamente cosa de especulación (Hch. 13:1; Ro. 16:13). Pero nos cuesta reprimir la idea de que este Simón el Cireneo no había sido un discípulo antes de este día; sólo aprendió a seguir a Cristo cuando en aquel día los soldados echaron mano de él y, contra su voluntad, le obligaron a llevar la cruz de Cristo. Hay otra indicación de la necesidad de esta ayuda en Marcos (15:22), en que se usa una expresión (φέρουσιν) que transmite la idea de que tuvieron que apoyar a Jesús (aunque no tuvieran que llevarle) desde el lugar en que encontró a Simón hasta el Gólgota.

Aquí donde, si bien el Salvador no se desplomó realmente bajo la carga que llevaba, fue necesario por lo menos que la pusieran sobre los hombros del Cireneo, en tanto que Él requirió a partir de entonces apoyo corporal, colocamos el próximo incidente de esta historia (Lc. 23:27-31). Cuando colocaban la cruz sobre Simón de Cirene para que la llevara tras Jesús, las mujeres que habían seguido con el populacho se acercaron a Jesús y prorrumpieron en lamentaciones. A su entrada en Jerusalén (ver Lucas también) Jesús había llorado sobre las hijas de Jerusalén; cuando lo dejó por última vez, fueron ellas las que lloraron sobre Él. Pero eran muy diferentes las razones de sus lágrimas de las de Jesús, ya que las de las mujeres eran de mera compasión. Y si faltara prueba de su firmeza divina, incluso en la extrema profundidad de su debilidad humana –en que vencido, era vencedor–, sin duda la podríamos hallar en las palabras con que les mandó que sintieran compasión de sí mismas y de sus hijos, a causa del próximo juicio sobre Jerusalén. Llegaba el momento en que la maldición de la desolación del Antiguo Testamento (Os. 9:14) sería codiciada como una bendición. Para mostrar el cumplimiento de este lamento profético de Jesús, no es necesario recordar los espeluznantes detalles registrados por Josefo (*Guerras* vi.3.4), en que una madre asaba a su propio hijo, y en la locura de su desesperación reservó la mitad de la horrible comida para los malhechores que entraron a robarle lo poco que le había quedado; ni otros incidentes demasiado repugnantes para repetirlos que registra el historiador del último sitio de Jerusalén. Pero ¡con qué frecuencia, en estos muchos siglos, las mujeres de Israel tienen que haber sentido el anhelo de no haber tenido hijos, y con qué frecuencia ha de haber salido de los labios de las víctimas de Israel una plegaria pidiendo en desespero una muerte rápida, sepultadas por las montañas, más bien que una prolongada tortura! (Os. 10:8). Y con todo, ¡incluso estas palabras eran proféticas de un futuro todavía más terrible! (Ap. 6:10). Porque si Israel había puesto esta llama a su «árbol verde», ¡cuán terrible había de ser el juicio divino al quemar la madera seca de un pueblo apóstata y rebelde que había entregado a su Rey divino, y pronunciado sentencia sobre sí mismo al pronunciarla sobre Él!

Y pese a que las lágrimas de las «hijas de Jerusalén» eran naturales y en ciertos aspectos genuinas, el mero simpatizar con Cristo casi siempre implica culpa, ya que significa un modo de verle que es esencialmente opuesto a lo que Él exige. Esas lágrimas eran el emblema del sentimiento moderno sobre el Cristo que, en su efusividad, ofrece insulto más que homenaje, e implica rechazo más que reconocimiento de Él. Nos retraemos con horror de asumir un punto de vista más elevado, «comprensivo», que va implicado en gran parte del llamado moderno criticismo sobre el Cristo. Pero, incluso aparte de esto, todo mero sentimentalismo es aquí el producto de un estado de inconsciencia respecto a nuestra condición real. Cuando se ha despertado un sentido de pecado en nosotros, lamentamos no lo que Cristo ha sufrido, sino que lo haya sufrido por nosotros. La efusividad del mero sentimiento es impertinencia y locura; impertinencia, si Él era el Hijo de Dios; locura, si era mero hombre. Y aun así, desde un punto de vista por completo distinto, hay una lección que aprender. Es peculiar del Romanismo presentar siempre a Cristo en su humana debilidad. En el extremo opuesto, otros le ven sólo en su divinidad. Lo que nos corresponde es tenerle siempre presente y adorarle, recordando que es el Cristo, el Salvador Hombre-Dios.

Eran las nueve cuando la melancólica comitiva llegó al Gólgota y empezaron los preparativos, más melancólicos aún, de la crucifixión. Hay que admitir que este castigo fue inventado para hacer la muerte tan penosa y prolongada como el poder de la resistencia humana. Primero se plantaba la madera en el suelo. No era muy alta, y probablemente los pies de la víctima no se hallaban a más de uno o dos pies del suelo. Por ello era posible la comunicación descrita en los Evangelios entre Él y los demás; y que los labios sagrados fueran mojados con una esponja atada a un palo o tronco de hisopo. Luego era colocado el tramo transversal (*antenna*) sobre el suelo, y se ponía sobre él a la víctima con los brazos extendidos, que eran amarrados. Entonces se atravesaba primero la mano derecha con un clavo agudo y recio, y luego se hacía lo mismo con la mano izquierda (los *clavi trabales*). Después la víctima era elevada por medio de cuerdas, quizá escaleras de mano;[11] el tramo transversal era entonces amarrado o clavado al palo erecto, y un soporte o descanso para el cuerpo (el *cornu* o *sedile*) era atado al palo. Finalmente eran extendidos los pies, y o bien se clavaba un clavo en cada uno, o un gran clavo a través de los dos. Y el crucificado podía quedar allí colgando horas enteras, quizá días, en medio de un sufrimiento y angustia indescriptibles, hasta que perdía el conocimiento.

Era una práctica misericordiosa judaica el dar a aquellos que eran llevados a la ejecución un trago de vino fuerte mezclado con mirra, para amortiguar el estado de conciencia (Mass. Sem. ii. 9; Bemid. R. 10). Este acto de caridad era ejecutado –o al menos pagado– por una asociación de mujeres de Jerusalén (Sanh. 43 *a*). Este trago fue ofrecido a Jesús cuando llegaron al Gólgota.[12] Pero, habiéndolo probado, y conociendo su carácter y objeto, no quiso beberlo. Era como

---

10. Esto lo muestra Tosaph. en Chag. 17 *b*, y también lo admiten todos los escritores rabínicos (ver Hoffmann, *Abh. ü.d. Pentat. Ges.*, p. 66.)

11. Pero Nebe niega el uso de escaleras y en general prueba, por medio de numerosas citas, que se erigía primero toda la cruz y después la víctima era elevada a la misma, y sólo entonces se le clavaban las manos y los pies. Aunque parezca extraño, esta cuestión no ha podido ser dilucidada de modo satisfactorio.

12. Las dos discrepancias sobre este punto alegadas entre Mateo y Marcos, que si lo son apenas vale la pena mencionar,

rehusar antes la compasión de las «hijas de Jerusalén». Ningún hombre podía quitarle la vida; Él tenía poder para entregarla y para volverla a tomar. Y no quería aquí ceder a la debilidad ordinaria de nuestra humana naturaleza; ni sufrir y morir como si hubiera sido una necesidad, no una entrega propia voluntaria. Quería hacer frente a la muerte, incluso en su forma más temible y espantosa, y vencerla sometiéndose a ella plenamente. Una lección ésta también –aunque difícil– para el cristiano que sufre.

Y así fue clavado a su cruz, que fue colocada probablemente un poco más alta que la de los dos malhechores que fueron crucificados con Él.[13] Sólo faltaba una cosa: fijar a la cruz la «inscripción» (*titulus*), sobre la cual había escrita la acusación por la que se le había condenado. Como ya se ha indicado, era costumbre llevar esta placa delante del preso, y no hay por que pensar que se había hecho una excepción en este caso. En realidad, parece implicado en la circunstancia de que el «título» había sido, evidentemente, redactado por orden de Pilato. Era trilingüe –en latín, griego y arameo– como podía esperarse, y esto lo hacía aún más significativo.[14] Podemos imaginar que fue escrito en este orden, y que las palabras eran las registradas por los evangelistas (excepto Lucas,[15] que parece dar una modificación del texto original o arameo). La inscripción dada por Mateo se corresponde exactamente con la que Eusebio (*Hist. Ecl.* v.1) da del «título» latino de uno de los primeros mártires. Por tanto, llegamos a la conclusión de que representa las palabras latinas. Además, parece natural que la descripción más plena, y la más ofensiva para los judíos, fuera la que estaba escrita en arameo, que ellos podían leer. Es significativo que sea la que da Juan. Se sigue que la inscripción que da Marcos ha de representar la escrita en griego. Pese a ser más comprensiva, tiene el mismo número de palabras, y justo el mismo número de letras, que la que da Juan en arameo.[16]

Parece probable que los miembros del Sanedrín se hubieran enterado, por alguno de los que vieron pasar la procesión en su camino al Gólgota, de la inscripción que había puesto Pilato en el *titulus*, en parte como venganza personal y en parte para burlarse de los judíos. No es probable que le pidieran a Pilato que lo cambiara una vez estaba clavado el título en la cruz; y es poco creíble que hubieran estado esperando fuera del Pretorio hasta que la comitiva comenzase la marcha. Suponemos que, tras la condenación de Jesús, los miembros del Sanedrín habían ido desde el Pretorio al Templo para tomar parte en sus servicios. Tan pronto como recibieron la información de la inscripción ofensiva, se apresuraron a ir al Pretorio para inducir a Pilato a que no la clavara. Esto explica la inversión en el orden del relato en el Evangelio de Juan (19:21, 22), o más bien su colocación en este relato en relación inmediata con la noticia de que los miembros del Sanedrín temían que los judíos que pasaran pudieran ser influidos por la inscripción. Imaginamos que los miembros del Sanedrín no tenían intención de contemplar los sufrimientos de un crucificado, y menos burlarse de su agonía –es decir, que no tenían intención alguna de ir al Gólgota en absoluto. Pero al ver que Pilato se negaba a hacerles caso, algunos de ellos fueron al lugar de la crucifixión y, mezclándose con la multitud, procuraron incitarlos a burlarse, a fin de prevenir toda impresión profunda que pudiera producir en ellos el letrero.[17]

Antes de clavar a Jesús a la cruz, los soldados dividieron entre sí los pocos bienes mundanos que poseía su vestido.[18] Sobre este punto hay ligeras diferencias[19] entre las noticias de los Sinópticos y el informe más detallado del cuarto Evangelio. Estas diferencias, si son reales, proporcionarían sólo nueva evidencia de la validez y veracidad del relato. Porque recordemos que, de todos los discípulos, sólo Juan fue el que presenció las últimas escenas, y que, por tanto, los otros relatos que estaban en circulación en la Iglesia primitiva tienen que haberse derivado, por así decirlo, de fuentes secundarias. Esto explica, quizá, por qué el mayor número de aparentes discrepancias en los Evangelios ocurre en el relato de estas últimas horas de la vida de Cristo, y que, al contrario de lo que podría parecer, el más detallado, así como el más preciso de los relatos, nos venga de Juan. En el caso presente estas ligeras diferencias pueden ser explicadas de la siguiente manera: afirma Juan que tuvo lugar una división en cuatro partes de los vestidos del Señor que eran aproximadamente del mismo valor –una para cada uno de los soldados. Estas partes eran la cobertura de la cabeza, el manto exterior, la faja y las sandalias, y diferirían poco en cuanto al valor. Pero la cuestión de qué parte correspondería a qué soldado, naturalmente, sería decidida, como afirman los Sinópticos, por suertes.

Además, aparte de estas cuatro prendas de vestir, había la túnica sin costura,[20] con mucho la más valiosa, y que no podía ser dividida sin destruirla, por lo que sobre ella echaron suertes aparte (como informa Juan). No hay nada en este mundo que pueda ocurrir por azar, puesto que Dios no está lejos de cada uno de nosotros. Pero en la historia de Cristo el propósito divino, que forma el tema de toda profecía, tiene que haber sido realizado de modo constante; es más, esto tiene que haberse impuesto en la mente del observador –y de la forma más irresistible– cuando, como en el presente

---

pueden ser explicadas así: 1) Si Mateo escribió «vinagre» (aunque los mejores manuscritos dicen «vino»), sin duda tradujo literalmente la palabra *Chomets* (הוּמֶץ), que significa literalmente «vinagre», pero que se refiere a un vino inferior que era, a veces, mezclado (comp. Pes. 42 *b*). 2). Si nuestro texto griego de Mateo habla de «ajenjo» (como en la Septuaginta), y Marcos de mirra, hay que recordar que ambos se consideraban como estupefacientes –tal vez los dos eran usados–, y posiblemente la equivocación puede proceder de la semejanza de las palabras y sus formas escritas: *Lebhonah* (mirra); *Laanah* (ajenjo), en que לבונה había pasado a לענה –la בו a ע.

13. *Sepp*, vol. 6., p. 336, recuerda la ejecución de Savonarola entre fray Silvestro y fray Domenico, y la increpación de sus enemigos: «¡Ahora, hermano!».

14. El profesor Westcott hace notar: «Estas tres lenguas reunían entre sí el resultado de la preparación religiosa, social e intelectual para Cristo, y en cada una de ellas se dio testimonio de su cargo y misión».

15. La mejor versión, o sea: ὁ βασιλεὺς τῶν Ἰουδαίων οὗτος.

16. Probablemente diría: *Jeshu han-Notsri malka dihudaey* (ישׁו הנוצרי מַלְכָּא דיהודאי– o bien ישוע הנצרי). Las dos tienen cuatro palabras y, en conjunto, veinte letras. La inscripción latina (Mateo) sería: *Hic est Jesus Rex Judaeorum*, cinco palabras y veintidós letras. Se verá, sin embargo, que cada una forma una línea aproximadamente de la misma longitud. La nota en los tres lenguajes en Lucas es espuria. Retenemos el *textus receptus* de Juan 19:19, puesto que en todo caso es muy improbable que Pilato hubiera colocado la inscripción en latín en medio y no arriba. La aramea sería la última.

17. Comparar aquí el relato de Mateo (27:39-43) y el de los otros Sinópticos.

18. Generalmente se afirma que ésta era la costumbre corriente romana. Pero no hay evidencia de ello, y en tiempos posteriores estaba prohibido de modo expreso (Ulpianus, *Digest.* xlviii. 20, 6). No puedo comprender que precisamente de este hecho Keim y Nebe deduzcan que antes la ley era lo opuesto.

19. Por más que me parezca extraño, es posible que fueran una fuente de ansiedad para san Agustín, que procuraba hallar su verdadera conciliación.

20. Es profundamente significativo que el vestido de los sacerdotes no estaba cosido, sino tejido (Zehbach. 88 *a*), y especialmente el del Sumo Sacerdote (Yoma 72 *b*). Según la tradición, durante los siete días de la consagración Moisés ministró con un vestido sin costura, tejido de arriba abajo (Taan. 11 *b*).

«Antes de clavar a Jesús a la cruz, los soldados dividieron entre sí los pocos bienes mundanos que poseía su vestido. Sobre este punto hay ligeras diferencias entre las noticias de los Sinópticos y el informe más detallado del cuarto Evangelio».

Los vestidos de Jesús eran, según lo describe Juan, una túnica inconsútil «de un solo tejido de arriba abajo» y el manto. Al menos el manto había sido quitado durante la burla de los soldados. Éstos son soldados de la guardia personal creada por Augusto.

caso, las circunstancias externas eran, al parecer, tan discrepantes con la realidad más elevada. Para Juan –el discípulo amado y que amaba– apenas podía existir mayor contraste que la partición burda por suerte entre los soldados y el carácter y pretensiones de Aquél cuyos vestidos ellos se repartían, como si hubiera sido una víctima inerme en sus manos. Sólo podía sugerirse aquí una explicación; que había un significado divino especial en el permiso de que ocurriera un suceso así: el del cumplimiento de la antigua profecía. Cuando miraba esta escena terrible, las palabras del Salmo 22:18 que describen la deserción, los sufrimientos y el desprecio hasta la muerte del Siervo del Señor, se destacaban a la roja luz del Sol en su ocaso de sangre; pasaron como un relámpago por su mente –por primera vez las comprendió–;[21] y las llamas que jugaban alrededor de la víctima eran vistas como el fuego sacrificial que consumía el sacrificio que había sido ofrecido. Que esta cita la haga sólo el cuarto Evangelio, prueba que el que lo escribió era un testigo visual; el que se halle en el cuarto Evangelio en absoluto prueba que era judío, profundamente imbuido en los modos de pensar religiosos judaicos. Y estas dos evidencias se confirman cuando recordamos la rareza relativa y el carácter peculiarmente judaico de las citas del Antiguo Testamento en el cuarto Evangelio.[22]

Fue cuando clavaron a Jesús a la cruz, y se repartieron sus vestidos, que dijo la primera de las llamadas «Siete Palabras»: «Padre, perdónalos, porque no saben lo que hacen». La autenticidad de estas palabras se ha puesto en duda.[23] Incluso la referencia en su oración a «lo que hacen» (no en el pasado ni en el futuro), indica a los soldados como el principal objeto de la oración del Salvador, aunque ciertamente no el único (comp. Hch. 3:17; 1 Co. 2:8). En el momento de la más profunda humillación de la naturaleza humana de Cristo, lo divino irrumpe del modo más claro. Es como si el Salvador descartara todo lo que es meramente humano en sus sufrimientos, tal como antes había descartado la copa de vino estupefaciente. Estos soldados no eran otra cosa que instrumentos inconscientes: la forma no era nada; la lucha era entre el Reino de Dios y el de las tinieblas, entre Cristo y Satanás, y estos sufrimientos no eran sino el camino necesario de la obediencia, y a la victoria y la gloria. Cuando es más humano (en el momento en que es clavado a la cruz), entonces es más divino, en el supremo descartar los elementos humanos de la instrumentalidad humana y el sufrimiento humano. Entonces, también, en el olvido sumo de sí mismo del Hombre-Dios –que es uno de los aspectos de la Encarnación–, sólo Él recuerda la misericordia divina, y ruega en favor de los que le crucifican; y así, también, el Vencedor vence verdaderamente a los que le someten, pidiendo para ellos lo que su acto hace que pierdan. Y finalmente, en el hecho de que ésta, como la última de sus «palabras», empieza con «Padre», muestra, al no haber interrupción de su fe y su comunión, la victoria espiritual que Él ha ganado. Y Él la ha ganado no sólo para los mártires que aprendieron a orar como Él oraba, sino para todos aquellos que, en medio de lo que se opone a ello, pueden levantarse más allá del mero olvido de lo que les rodea a la fe activa y la comunión viva con Dios como «Padre»; éstos, a través de la cortina de nubes más espesa pueden discernir el cielo despejado y sentir una confianza inconmovible, si no de gozo intacto, de confianza absoluta.

Ésta fue la primera palabra de la cruz: con respecto a ellos, con respecto a sí mismo, con respecto a Dios. De este modo no había sufrido hombre alguno. ¿Fue contestada la oración de Cristo? No nos atrevemos a dudar de ello; es más, lo percibimos hasta cierto punto en las gotas de bendición que han caído sobre los paganos, y han dejado a Israel también, incluso en su ignorancia, un remanente conforme a la elección de la gracia.[24]

Y ahora empieza la agonía real de la cruz –física, mental y espiritual. Era la espera, sin alivio, monótona, de que las tinieblas fueran espesándose gradualmente alrededor. Antes de sentarse para cumplir su triste guardia sobre el crucificado (Lc. 23:36), los soldados quisieron tener un refrigerio después del esfuerzo de levantarle a la cruz y clavarlo, y entre tragos del vino ordinario, se burlaban con brutalidad de Él y se lo ofrecían. Sus burlas iban dirigidas, no contra Jesús personalmente, sino a su capacidad representativa, y por ello contra los despreciados judíos, a cuyo Rey ahora desafiaban a que se salvara a sí mismo (v. 37). Pero incluso así parece que tiene un profundo significado el que le trataran de este modo y se burlaran de Él en su capacidad representativa, y como el Rey de los judíos. Es el testimonio no planeado de la historia, tanto por lo que se refiere al carácter de Jesús como al futuro de Israel. Pero lo que casi desde todo punto de vista hallamos tan difícil de entender es la vileza indescriptible de los líderes de Israel –su suicidio moral por lo que respecta a la esperanza de Israel y la existencia espiritual. Allí estaba en aquella cruz, colgando, el que personificaba la gran esperanza de la nación; que, incluso como ellos veían, sufría hasta el extremo por aquella idea; y con todo no renunciaba a ella, sino que se adhería a la misma en una confianza inconmovible; Uno a cuya vida y aun enseñanza no se podía presentar objeción alguna, salvo la de aquella gran idea. Y sin embargo, la repugnante mofa de los soldados paganos no evocaba en ellos pensamientos más elevados, sino que en indescriptible bajeza se unían al jolgorio y vilipendio de la gran esperanza de Israel, y dirigían el coro del populacho en la misma.

Porque no podemos poner en duda que –quizá también para desviar el punto de la burla contra Israel– ellos se unieron a la misma, tratando de dirigirla contra Jesús; y esto arrastró a la plebe ignorante en sus intentos lamentables de burla. ¿Y no sentía ninguno de los que insultaban así a Jesús en todos los aspectos principales de su obra que, como Judas había vendido al Maestro por nada y se había suicidado, ellos estaban haciendo lo mismo con respecto a la esperanza mesiánica? Porque sus burlas echaban desprecio sobre los cuatro grandes hechos de la vida y obra de Jesús, que eran también las ideas centrales de su Reinado mesiánico: la nueva relación con la religión de Israel y el Templo («Tú que destruyes el Templo, y lo vuelves a edificar en tres días»); la nueva relación con el Padre a través del Mesías, el Hijo de Dios («Si Tú eres el Hijo de Dios»); la nueva ayuda del todo suficiente para el cuerpo y el alma en la salvación («A otros salvó»); y finalmente la nueva relación con Israel en

21. La cita de la Escritura en la relación de Mateo –y con toda probabilidad la de Marcos– es espuria.

22. Hay en conjunto quince citas de este tipo en el cuarto Evangelio. De éstas, a lo más, hay dos (Jn. 6:31 y 7:38) que son alejandrinas en carácter, el resto son verdaderamente judaicas.

23. Se ha puesto en duda la genuinidad de estas palabras. Pero tanto la evidencia externa como la interna exigen que sean retenidas.

24. Con referencia a esto, san Agustín escribe: «Sanguinem Christi, quem sævientes fuderunt, credentes biberunt». La pregunta de por qué no los perdonó Cristo mismo, sino que apeló al Padre, se contesta mejor al considerar que era realmente un *crimen læsæ majestatis* contra el *Padre*, y que la vindicación del Hijo está a cargo de Dios el Padre.

el cumplimiento y perfeccionamiento de su misión a través de su Rey («Si eres el Rey de Israel»). Sobre todos éstos, la increpación desafiante de los miembros del Sanedrín de que descendiera de la cruz y se elevara a sí mismo si quería reclamar que ellos pusieran fe en Él, implica la «blasfemia» de la duda; y Mateo y Marcos lo caracterizan con esta misma palabra. Podemos comparar con estos relatos el de Lucas y el de Juan. El de Lucas da la impresión de ser un informe de lo que pasó, dado por uno que había estado muy cerca durante el mismo, que quizá tomaría parte en la crucifixión,[25] un relato que casi podríamos aventurarnos a creer fue provisto por el mismo centurión.[26] El relato de Juan es decididamente el de un testigo presencial y un judío. Y si comparamos tanto el molde judío como las citas del Antiguo Testamento del relato con las otras partes del cuarto Evangelio, tenemos la impresión de que, bajo la influencia de la fuerte emoción, al escribirlo se había borrado de la mente de Juan su modo peculiar de pensar y expresarse, que era el resultado de su desarrollo posterior durante tantos años, y había vuelto a recaer en los modos de concepción y habla peculiares y familiares de los días de su juventud. Finalmente, el relato de Mateo parece escrito desde el punto de vista sacerdotal, como si hubiera sido proporcionado por uno de los sacerdotes o miembros del Sanedrín, presentes allí.

Y aún podemos sacar otras conclusiones. Primero, hay una relación notable entre lo que cita Lucas como dicho por los soldados: «Si eres el Rey de los judíos, sálvate a ti mismo», y el informe de las palabras en Mateo (27:42): «A otros salvó, a sí mismo no puede salvarse. ¡Él es el Rey de Israel! ¡Descienda ahora de la cruz, y creeremos en Él!».[27] Éstas son las palabras de los miembros del Sanedrín, y parecen responder a las de los soldados, según informa Lucas, y llevarlas más allá. El «si» de los soldados: «Si eres el Rey de los judíos», ahora parece volverse un desafío blasfemo directo. Al pensar en él, nos parece que son un eco –y ahora la risa del triunfo infernal– del primer desafío judío para que diera un signo infalible, externo, para demostrar su mesianidad. Pero también se hacen eco y recogen lo que Satanás había propuesto delante de Jesús en la tentación en el desierto. Al principio de su obra el tentador había sugerido a Cristo que consiguiera una victoria absoluta por medio de un acto de presuntuosa afirmación propia, por completo opuesto al espíritu de Cristo, pero que Satanás hacía ver que era un acto de confianza en Dios, que sin duda Él tenía que admitir. Y ahora, al final de la obra mesiánica, el tentador le sugiere, en el desafío de los miembros del Sanedrín, que Jesús había sufrido una derrota absoluta, y que Dios le había desahuciado públicamente de la confianza que Cristo había puesto en Él. «Confió en Dios; líbrele ahora Él si le quiere». Aquí, como en la tentación en el desierto, las palabras mal aplicadas eran las de la Escritura, en el primer caso las del Salmo 22:8. Y la cita que hacen los sanedristas es más notable aún porque en contra de lo que afirman, en general, los escritores, este salmo (22) era aplicado mesiánicamente por la antigua Sinagoga (ver Apéndice IX). Más especialmente era este versículo (Sal. 22:7) –el que precede a la cita burlona de los miembros del Sanedrín– aplicado de modo expreso a los sufrimientos y burla que el Mesías estaba sufriendo de sus enemigos: «Todos los que me ven me escarnecen; tuercen los labios, menean la cabeza» (Yalk. de Isaías 60, vol. 2, p. 56 *d*, línea 12ss. desde la base).[28]

La burla de los miembros del Sanedrín bajo la cruz, como se ha indicado previamente, no era enteramente espontánea, sino que tenía un motivo especial. El lugar de la crucifixión estaba muy cercano a una ruta pública que llevaba desde el Norte a Jerusalén. En aquel día de fiesta, en que no había límite al trayecto a recorrer, a diferencia del sábado, muchos pasarían yendo y saliendo de la ciudad, y se detendrían a presenciar el espectáculo de las tres cruces. El *titulus* sobre la cruz de Cristo tenía que sorprenderles. Las palabras «el Rey de los judíos» describiendo a la víctima tenían que relacionarlas con aquel Jesús que había dado lugar a controversias tan peligrosas. Y los sanedristas intentaban impedir que la mente popular se desviara en direcciones impropias. Este tipo de burla sería visto con agrado por el burdo realismo del pueblo, llamado sentido común tanta veces. Lucas adscribe la burla de Jesús solamente a los gobernantes, y repetimos que los viandantes, según señalan Mateo y Marcos, eran estimulados por ellos. Así que aquí la culpa principal está en los líderes del pueblo.[29]

Hay otro rasgo que nos llega de Lucas, que confirma nuestra impresión de que su relato se deriva de uno que había estado muy cerca de la cruz, probablemente tomando parte oficial en la misma. Mateo y Marcos hacen notar meramente, en general, que a la burla de los sanedristas y el pueblo se unían los dos ladrones en la cruz.[30] Un rasgo, éste, que consideramos verdadero psicológicamente, pues toda simpatía o alivio de sus sufrimientos sólo podían conseguirla uniéndose a los líderes, que concentraban la indignación popular contra Jesús. Pero Lucas registra una diferencia básica entre los dos ladrones en la cruz. El impenitente se une a los sanedristas: «¿No eres el Cristo? ¡Sálvate a ti mismo y a nosotros!». Las palabras son más significativas tanto por el porte y compasión mostrados por el Salvador en la cruz, y por la exclamación del «ladrón penitente», como por el hecho de que –aunque parezca extraño– puede haber sido un terrible fenómeno, notado por los historiadores, que los que eran crucificados acostumbraban a pronunciar terribles insultos e imprecaciones contra los presentes. Pero no podía ser así cuando el corazón era tocado por el verdadero arrepentimiento.

En un estudio más detallado de las palabras del «ladrón arrepentido», parece que disminuye la plenitud de significado que la idea tradicional le concede, pero ganan

25. Las peculiaridades del mismo son (además del *titulus*): lo que pasó en la comitiva hacia el Gólgota (Lc. 23:27-31), la oración cuando fue clavado a la cruz (v. 34 *a*); el comportamiento de los soldados (vv. 36, 37); la conversión del ladrón penitente; y las últimas palabras en la cruz (v. 46).

26. No hay evidencia de que el centurión estuviera presente todavía cuando el soldado «vino» a horadar el costado del Salvador (Jn. 19:31-37).

27. La palabra «si» (si Él) es espuria.

28. Meyer, en realidad, afirma que estas palabras –Salmo 22– no eran aplicadas mesiánicamente por los judíos. Otros escritores le siguen. La objeción de que los miembros del Sanedrín no podrían haber citado este versículo, pues les habría marcado a ellos mismos como las personas malvadas descritas en el salmo, no tiene valor cuando recordamos la forma suelta en que los judíos tenían costumbre de citar las Escrituras.

29. Marcos introduce las expresiones de burla (15:29) con la partícula οὐᾶ (¡ah!), que ocurre sólo aquí en el Nuevo Testamento. Evidentemente, es la partícula latina *«Vah»*, una exclamación de admiración irónica (ver Bengel y Nebe, *ad loc.*). Las palabras eran literalmente: «¡Ah! el que derriba el Templo y lo vuelve a edificar en tres días, sálvate a ti mismo». Excepto la partícula introductoria y el orden de las palabras, éstas son las mismas en Mateo. El ὁ καταλύων utilizado en el mismo sentido de un sustantivo (comp. Winer, *Gram.*, p. 122, y especialmente p. 316).

30. El lenguaje de Mateo y Marcos es más bien general, y se refiere a «los ladrones»; el de Lucas es preciso y detallado. El ladrón llamado arrepentido no tiene por que haberse unido a su compañero en sus burlas a Cristo, antes del arrepentimiento. Aunque podía haberse dado el cambio, no parece que la idea encaje bien en el texto.

más cuando percibimos su realidad histórica. Sus primeras palabras son de reproche a su compañero. En aquella hora terrible, en medio de las torturas de una muerte lenta, ¿no temía a Dios, al menos para abstenerse de las burlas que lanzaba, junto con los demás, contra la víctima en su agonía? Y esto, más aún consideradas las circunstancias peculiares. Los tres estaban allí como víctimas; pero ellos dos sufrían justamente, en tanto que Aquél a quien insultaba no había hecho mal alguno. A partir de la base de los hechos, el penitente se levantó rápido a la altura de la fe. Esto no es raro cuando la mente está aprendiendo las lecciones de la fe en la escuela de la gracia. Sólo que destaca más, con mayor contraste, debido al negro fondo contra el cual se traza en un perfil brillante. La hora de la humillación más profunda de Cristo fue marcada, como todos los momentos de su mayor humillación, con una manifestación de su gloria y su carácter divino –por así decirlo, si no por el testimonio de Dios respecto a Él en la historia, con la voz de Dios desde el cielo. Y, por lo que se refiere al mismo «penitente», notamos la progresión en su alma. Nadie podía desconocer –y menos aún los que estaban crucificados con Él– que Jesús no sufría por ningún crimen ni por ningún movimiento político, sino porque había afirmado que personificaba la gran esperanza de Israel, y era rechazado por los líderes. Y si alguno no lo sabía, el «título» puesto sobre su cruz y la enemistad acerba de los miembros del Sanedrín, que le insultaban y se burlaban de Él a pesar de que la más simple humanidad, y más aún el sentimiento judío, imponía silencio, si no piedad, tienen que haber mostrado cuáles habían sido los motivos de la «condenación» de Jesús. Pero una vez la mente estuvo abierta a la percepción de todos estos hechos, el progreso tenía que ser rápido. En las horas extremas un hombre puede engañarse y tomar fatalmente como el temor de Dios lo que es simplemente temor, y el recuerdo de cierto conocimiento externo como una experiencia espiritual. Pero si un hombre realmente aprende en estas ocasiones, la enseñanza de años puede comprimirse en momentos, y el ladrón moribundo en la cruz puede haber ganado en distancia al conocimiento obtenido por los apóstoles en los tres años que habían seguido a Cristo.

Había una cosa clara en la mente del «ladrón penitente»: que en aquella hora *tenía* temor de Dios. Jesús no había hecho nada malo. Y esto circundado por el halo de gloria moral de la inscripción en la cruz, mucho antes de que sus palabras adquirieran un nuevo significado. Pero ¿cómo podía este inocente sobrellevar Él mismo el sufrimiento? De modo majestuoso –no en el sentido terreno, sino en el de que sólo Él podía reclamar el Reino. Había hablado así a las mujeres que se lamentaban por Él cuando su cuerpo exánime ya no podía sostener el peso de la cruz; y había rehusado beber la bebida que habría amortiguado su conciencia y sensibilidad. Luego, cuando había sido extendido en el tablón de madera y el cruel golpe hizo pasar por su carne el clavo y en la agonía indescriptible que siguió a los primeros momentos de la crucifixión, sólo había salido de sus labios una oración por aquellos que en su ignorancia eran los instrumentos de su tortura. Y con todo, quien tan cruelmente sufría era inocente. Todo lo que siguió tiene que haber profundizado la impresión. ¡Con qué calma en el sufrimiento y majestad en el silencio llevaba los insultos y burlas de quienes, incluso con un ojo sin mucha luz espiritual, tienen que haber visto que estaban infinitamente por debajo de Él! El hombre sintió el «temor» de Dios, y aprendió la nueva lección de que el temor de Dios era el principio verdadero de la sabiduría. Y una vez dio lugar al elemento moral, cuando bajo el temor de Dios reprendió a su compañero, esta nueva decisión moral significó para él, como sucede con frecuencia, el comienzo de la vida espiritual. Rápidamente pasó ahora a la luz y exclamó: «¡Señor, acuérdate de mí cuando vengas en tu Reino!».

Éstas son las palabras familiares –«Cuando vengas en tu reino»– que a nosotros nos hacen ver la petición como más espiritual de lo que es en realidad. No podemos creer que en aquel momento implicaban, o bien que Cristo iba entonces a su Reino o que el ladrón arrepentido se dirigía a Cristo en busca de admisión en el Reino celestial. Las palabras son fieles respecto al punto de vista judío del hombre. Había reconocido y confesaba a Jesús como el Mesías, y al hacerlo, mediante un arranque maravilloso de fe, incluso la suma humillación de Cristo. Y esto pasaba inmediatamente más allá del punto de vista judío, porque esperaba que Jesús pronto regresaría en su poder regio, y él quería que Él le recordara con misericordia. Y aquí hemos de tener en cuenta que durante la vida de Cristo sobre la tierra y, ciertamente, antes del derramamiento del Espíritu Santo, los hombres siempre habían aprendido a creer en la persona del Cristo, y luego a reconocer su enseñanza y su misión en el perdón de los pecados. Era igualmente así en aquel caso. Si el «ladrón arrepentido» había aprendido a conocer a Cristo y a pedir reconocimiento misericordioso cuando volviera en su Reino, la seguridad de la respuesta del Señor le transmitió no sólo el consuelo de que su petición había sido contestada, sino la enseñanza de las cosas espirituales que él no conocía todavía, y que tanto necesitaba conocer. El «penitente» había hablado del futuro, Cristo le hablaba de «hoy»; el penitente había pedido acerca del Reino mesiánico que había de venir, Cristo le aseguraba con respecto al estado de su espíritu desencarnado, y le transmitió la promesa de que él se hallaría en la mansión de los bienaventurados –«el paraíso»–, y por medio de Él mismo como Mesías: «Amén, digo, sí, hoy estarás conmigo en el paraíso». Así Cristo le dio este conocimiento *espiritual* que no poseía aún: la enseñanza respecto al hoy, la necesidad de la admisión misericordiosa en el paraíso, y esto con Él y por medio de Él; en otras palabras, con referencia al perdón de los pecados y la apertura del Reino de los cielos a todos los creyentes.

Esto, como el credo primero y fundacional del alma, era el hecho primero y fundacional con respecto al Mesías. Ésta fue la segunda «palabra» de la cruz. La primera había sido de olvido completo de sí mismo; la segunda la enseñanza más profunda, sabia y misericordiosa de carácter espiritual. Y aunque no hubiera dicho otra alguna, con éstas ya habría demostrado que era el Hijo de Dios.[31]

31. Para comprenderlo plenamente hemos de hacernos cargo de cuáles serían las ideas judaicas del ladrón arrepentido, y cuál su comprensión de las palabras de Cristo. Hablando de modo amplio, podríamos decir que un judío esperaría que su «muerte sería la expiación de sus pecados». Las ideas de la necesidad del perdón por medio del Mesías no podían ocurrírsele. Pero las palabras de Cristo tienen que haber suplido todo esto. Además, cuando Cristo habló del «paraíso», su oyente tiene que haber entendido, naturalmente, esa parte del Hades en que los espíritus de los justos moraban hasta la Resurrección. Sobre ambos puntos hay muchos pasajes en los escritos rabínicos que no es necesario citar (ver, p.ej., Wetstein, *ad loc.*, y nuestros comentarios sobre la parábola de Lázaro y el rico). Realmente, la oración «que mi muerte sea la expiación de mis pecados» se halla todavía en el ritual judío para los muertos, y el dogma subyacente está firmemente enraizado en la creencia rabínica. Las palabras de nuestro Señor, lejos de animarle en esta creencia, le enseñarían que la admisión en el paraíso le era concedida por Cristo. No hay necesidad de añadir que las palabras de Cristo en modo alguno estimulan las concepciones realistas que el Judaísmo ha adherido al paraíso (פרדס). En el hebreo bíblico la

No había necesidad de decirle nada más al ladrón penitente en la cruz. Los sucesos que siguen, y las palabras que Jesús tenía que decir, le enseñarían más plenamente lo que le faltaba aprender. Habrían pasado, quizá, unas dos horas desde que Jesús había sido clavado a la cruz. Nos preguntamos cómo ocurrió que Juan, que nos cuenta algunos de los incidentes con tanta minuciosidad y los refiere con la comprensión vivida de un testigo presencial vivamente interesado, puede mantenerse en silencio respecto a otros –en especial respecto a estas horas de burla, así como a la conversión del ladrón arrepentido. Su silencio parece ser debido a su ausencia de la escena. Le dejamos después de su relato detallado de la última escena ante Pilato (Jn. 19:2-16). Una vez se hubo pronunciado la sentencia, suponemos que salió rápidamente hacia la ciudad, y que debe haber contado lo ocurrido a todos los discípulos que pudo encontrar –pero sobre todo a las mujeres fieles y a la Virgen-Madre–, con las terribles escenas de la noche previa. Desde allí regresó al Gólgota a tiempo para presenciar la crucifixión, que de nuevo describe con plenitud de detalles (vv. 17-24). Cuando el Salvador fue clavado a la cruz, Juan parece haber regresado otra vez a la ciudad –en esta ocasión para volver con las mujeres, en compañía de las cuales lo encontramos ahora de pie junto a la cruz. Un servicio más amoroso, delicado y tierno no podía hacerse. Solamente –el único de los discípulos– él se hallaba allí, sin temor de estar cerca de Cristo, en el palacio del Sumo Sacerdote, ante Pilato, y ahora bajo la cruz. Y únicamente él rinde a Cristo este tierno servicio de traer a las mujeres y a María a la cruz, y darles a ellas protección, guía y compañía. Él amaba a Jesús de veras; y era apropiado que el privilegio inefable de la peligrosa herencia de Cristo[32] fuera confiado a su afecto y valor.

El relato (Jn. 19:25-27) nos deja la impresión de que estas cuatro mujeres se hallaban de pie junto a la cruz con el discípulo amado: la madre de Jesús, la hermana de su madre, María la mujer de Cleofás y María de Magdala. Una comparación con lo que nos refiere Mateo (27:55) y Marcos (15:40, 41) nos añade algunos detalles importantes. Leemos que sólo había tres mujeres; el nombre de la madre de nuestro Señor es omitido. Pero luego hemos de recordar que esto se refiere a un momento posterior en la historia de la crucifixión. Parece que Juan cumplió a la letra la orden del Señor: «He ahí tu madre», y literalmente «a partir de aquella hora» él la tomó en su propia casa. Si esta suposición es correcta, pues, en la ausencia de Juan –que se había llevado a la Virgen-Madre de aquella escena de horror– las otras tres mujeres se habrían retirado a cierta distancia, donde las encontramos al final, no «junto a la cruz», como en Juan 19:25, sino «contemplándolo desde lejos», y ahora se han unido otras a ellas que amaban y habían seguido a Cristo.

Notamos además que, omitido el nombre de la Virgen-Madre, el de las otras tres es el mismo mencionado por Juan, sólo que María de Cleofás es descrita como «la madre de Jacobo y José»,[33] y «la hermana de la madre de Cristo» como «Salomé» (Marcos) y «la madre de los hijos de Zebedeo» (Mateo). Así, Salomé, la esposa de Zebedeo y la madre de Juan, era la hermana de la Virgen, y el discípulo amado (por el lado materno) era primo de Jesús y sobrino de la Virgen. Esto nos ayuda a explicar que la Madre fuera confiada a Juan. Y la misma María, la esposa de Cleofás, también estaba relacionada con Jesús. Tenemos buenas razones para considerar de confianza el relato (Hegesipo, en Eusebio. *Hist. Ecl.* iii.11 y iv.22) que describe a Cleofás como el hermano de José, el esposo de la Virgen. Así, no sólo Salomé como la hermana de la Virgen, sino María también como esposa de Cleofás, en cierto sentido habría sido su tía, y sus hijos los primos de Cristo. Y así notamos entre los doce apóstoles cinco primos del Señor: los dos hijos de Salomé y Zebedeo, y los tres hijos de Alfeo o Cleofás[34] y María: Jacobo, Judas por sobrenombre Lebeo y Tadeo, y Simón por sobrenombre Zelotes o Cananeo.

Ahora podemos comprender los sucesos hasta cierto punto. Cuando Juan hubo visto al Salvador clavado en la cruz, se había ido a la ciudad y había traído con él, al regresar, a la Virgen-Madre para una despedida final con los más allegados a ella, que, naturalmente, estarían acompañándola: su propia hermana Salomé, la cuñada de José y esposa de Cleofás (o quizá viuda), y aquella que más que ninguna había experimentado su bendición y poder para salvar, María de Magdala. Una vez más notemos la calma y olvido de sí mismo de Cristo y su reflexión y cuidado humano para con los otros. Cuando ellos se hallaban bajo la cruz, Jesús encomendó a su madre al discípulo a quien amaba, y estableció una nueva relación humana entre él y ella, que era la más cercana a Él mismo. Y con calma y devoción el discípulo se hace responsable inmediatamente de lo encargado y la lleva lejos –a ésa cuyo corazón había sido atravesado por la espada– de aquella escena de horror indescriptible y la pone al resguardo de su hogar.[35] Y esta ausencia temporal de la cruz por parte de Juan puede explicar la falta de todo detalle en su relato hasta prácticamente la escena final (Jn. 19:28).

Ahora, por fin, todo lo que se refería al aspecto terreno de su misión –en cuanto podía ser hecho en la cruz– había terminado. Él había orado por los que le crucificaban no sabiendo lo que hacían; había dado consuelo y seguridad al ladrón arrepentido, que había reconocido y confesado su gloria y su humillación; y había hecho el último encargo de amor con respecto a sus deudos más íntimos. Por así decirlo, sus relaciones en cuanto a su humanidad –lo que tocaba a su naturaleza humana en toda dirección– habían sido resueltas y cumplidas. Había terminado el aspecto humano de su obra en la tierra. Y, de modo apropiado, la naturaleza pareció ahora despedirse con tristeza de Él, y lamentar la

---

palabra es usada para un jardín escogido: en Eclesiastés 2:5; Cantares 4:13 y Nehemías 2:8. Pero en la Septuaginta y en los Apócrifos la palabra ya es usada en nuestro sentido de paraíso. Finalmente, no hay nada, en lo que nuestro Señor le dijo al «ladrón penitente» con respecto al «hoy» estarás conmigo en el paraíso, que sea incompatible con la doctrina del descenso al Hades, sino que más bien lo confirma.

32. La primera impresión que nos queda es, naturalmente, que los «hermanos» de Jesús no eran creyentes todavía, por lo menos en el sentido pleno. Pero esto no ha de ser así en modo alguno por necesidad, puesto que tanto la presencia de Juan bajo la cruz como las circunstancias externas suyas pudieran señalarle como el custodio más apropiado para la Virgen-Madre. Al mismo tiempo, parece la suposición más probable que los hermanos de Jesús se convirtieron con motivo de la aparición del Resucitado a Jacobo (1 Co. 15:7).

33. Naturalmente, hay la dificultad de que Judas (Lebeo) y Simón Zelotes no son mencionados como sus hijos. Pero pueden haber sido hijos adoptivos, o puede haber otras razones para la omisión. «Judas de Jacobo» difícilmente podría haber sido el hijo de Jacobo, y Simón es mencionado expresamente por Hegesipo como el hijo de Cleofás.

34. Alfeo y Cleofás son el mismo nombre. El primero ocurre en el Talmud de Babilonia como *Ilphai* o *Ilpha* (אילפא), como en R. haSh. 17 *b*, y con frecuencia; el otro en el Talmud de Jerusalén como *Chilphai* (הילפיי), como, por ejemplo, en Jer. B. Kama 7 *a*.

35. No se sabe realmente nada más de la historia posterior de la bendita Virgen.

partida de su Señor que, por medio de su conexión personal de Jesús con ella, había sido levantada del abatimiento de la caída a la región de lo divino, y convertido en morada para la justicia, el vehículo de la manifestación y el mensajero obediente de lo divino.

Porque hacía tres horas que el Salvador colgaba de la cruz. Era el mediodía. Y ahora el sol se cubrió de tinieblas desde la hora sexta hasta la novena. No va a servir de nada que intentemos seguir y hallar la fuente de esta oscuridad. No podía haber sido un eclipse, porque era el tiempo de la luna llena; ni podemos prestar confianza a los informes tardíos sobre este tema de los escritores eclesiásticos.[36] Sólo parece conforme al relato evangélico considerar la ocurrencia como un suceso sobrenatural, en tanto que el suceso mismo puede haber sido causado por causas naturales; y entre ellas podemos dirigir la atención al terremoto en que terminó la oscuridad (Mt. 27:51). Porque es un fenómeno bien conocido que estos períodos de oscuridad no son raros precediendo a terremotos. Por otra parte, hay que admitir francamente que el lenguaje de los evangelistas parece indicar que la oscuridad se extendió, no sobre toda la tierra de Israel, sino sobre toda la tierra habitada. La expresión, naturalmente, no debe entenderse en sentido plenamente literal, sino significando que se extendió más allá de Judea y a otros países. No puede presentarse ninguna objeción razonable por el hecho de que el terremoto y la oscuridad precedente no son mencionados por ningún escrito profano cuyas obras hayan sido preservadas, ya que no puede esperarse, como es natural, que se hayan preservado testimonios de todos los terremotos que han ocurrido y de los períodos de oscuridad que los han precedido.[37] Pero el argumento más torcido es el que trata de establecer el carácter no histórico del relato mediante una apelación a lo que se describe como los dichos judíos que expresan una expectativa similar. Es cierto que en la profecía del A.T. –sea de modo figurativo o real– la oscuridad –aunque no sólo del sol, *sino también de la luna y las estrellas*– está relacionada a veces no con la venida del Mesías, y menos con su muerte, sino con el Juicio final. Pero la tradición judía nunca habla de un suceso así en conexión con el Mesías o incluso los juicios mesiánicos, y las citas de los rabinos hechas por los críticos negativos no sólo han de caracterizarse como inaplicables sino incluso injustas.

Pero volvamos a nuestro tema después de esta penosa digresión. Las tres horas de oscuridad no sólo habían afectado a la Naturaleza; Jesús también había entrado en la oscuridad: cuerpo, alma y espíritu. No era ahora, como antes, una lucha, sino sufrimiento. En este tema –la profundidad insondable del misterio de sus sufrimientos– no osamos penetrar ni, en realidad, podríamos hacerlo. Eran del cuerpo; pero no solamente del cuerpo, sino de la vida física. Y eran del alma y el espíritu; pero no de ellos sólo, sino de su relación consciente con el hombre y con Dios. Y no era sólo de lo humano en Cristo, sino de su conexión indisoluble con lo divino; de lo humano, en que alcanzaba el límite sumo de humillación al cuerpo, alma y espíritu; y en ello lo divino, hasta la suma autoexinanición. La agonía espantosa, creciente en intensidad, de la crucifixión[38] profundizaba hasta la amargura de la muerte. Todo lo natural se retrae de la muerte, y hay un horror físico de la separación entre cuerpo y alma que, como un fenómeno puramente natural, sólo es *vencido* en cada caso, y esto por un principio más alto solamente. Y concebimos que cuanto más puro el ser, mayor ha de ser la violencia del acto de rasgarse el lazo con que el Dios Todopoderoso originalmente unió el cuerpo y el alma. En el Hombre perfecto esto debe haber alcanzado el grado sumo. Lo mismo habían hecho en aquellas horas oscuras el sentimiento de abandono por parte de los hombres y su propio aislamiento del hombre; y lo mismo el silencio intenso de Dios, el abandono por Dios, el sentimiento de ser abandonado por su Dios y la soledad absoluta. No nos atrevemos aquí a hablar de sufrimiento punitivo, sino de abandono y soledad. Y no obstante, cuando nos preguntamos cómo podemos pensar que el abandono pueda haber sido tan completo en vista de su conciencia divina, que no podía haberse extinguido del todo ni aun por su autoexinanición, nos damos cuenta de que hay que considerar todavía otro elemento. Cristo en la cruz sufrió *en lugar* del hombre; Él se ofreció a sí mismo como sacrificio; murió por nuestros pecados; esto es, como la muerte era la paga del pecado, murió como el representante de los hombres, por los hombres y en lugar de los hombres; obtuvo para el hombre la «redención eterna» (αἰωνίαν λύτρωσιν, He. 9:12); habiendo dado su vida «como rescate» (λύτρον, Mt. 20:28) por muchos. Porque los hombres fueron «redimidos» con la «preciosa sangre de Cristo, como de un Cordero sin mancha ni contaminación» (1 P. 1:19); y Cristo «se dio a sí mismo por nosotros, para que pudiéramos ser "redimidos" de toda iniquidad» (Tit. 2:14); Él «se dio a sí mismo "como rescate" por todos» (ἀντίλυτρον ὑπὲρ πάντων, 1 Ti. 2:6); Cristo «murió por todos» (ὑπὲρ πάντων, 2 Co. 5:15); Él, que no conoció pecado, Dios «lo hizo pecado por nosotros»; «Cristo nos redimió de la maldición de la Ley, hecho por nosotros maldición» –y esto, con referencia expresa a la crucifixión (Gá. 3:13). Este carácter sacrificial, sustitutivo, expiatorio y redentor de su muerte, si bien no nos lo explica, con todo, nos ayuda a entender el sentido del abandono por Dios de Cristo en el momento supremo de la cruz; quizá se podría decir de esta manera: el carácter pasivo de su actividad por medio del carácter activo de su pasividad.

Esta combinación de la idea de sacrificio del Antiguo Testamento con el ideal de sufrimiento voluntario como Siervo de Jehová, del Antiguo Testamento, era cumplida ahora en Cristo, que halla su plena expresión en el lenguaje del Salmo 22. Era apropiado –más aún, era debido– que el sufrimiento voluntario del verdadero Sacrificio encontrase ahora expresión en sus palabras iniciales: «Dios mío, Dios mío, ¿por qué me has abandonado?». (*Eli, Eli, lema sabachthanei?*).[39] Estas palabras, que fueron pronunciadas en

36. No creo que el testimonio de Flegon, citado por Eusebio, esté disponible para consulta (véase la discusión en Wieseler: *Synopse*, p. 387, nota 1). Con todo, si los cálculos astronómicos de Ideler y Wurm son correctos, «el eclipse» que registra Flegon (sea eclipse en el sentido *científico* u «oscuridad») tendría lugar en el mismo año de la muerte de nuestro Señor, el 29 d.C., pero ocurrió en noviembre del 24. No tengo capacidad para hacer cálculos de este tipo, pero este «eclipse» descrito, en ningún caso podía ser la causa. Lucas usa el término (23:45) en un sentido general, como «oscuridad». Nebe discute *–u.s.*, p. 299– los testimonios de Orígenes, Tertuliano y la Acta Pilati, todo ello de muy poco valor.

37. Hay noticias frecuentes en escritores clásicos de eclipses que precedieron a sucesos desastrosos, o a la muerte de grandes hombres, como la del César (Nebe, *u.s.*, p. 300). Pero éstos eran referidos –si lo eran correctamente– como eclipses en el verdadero sentido, y, como tales, sucesos naturales, no habiendo en ello ninguna relación sobrenatural, y, por tanto, en ningún sentido análogos a esta «oscuridad» en el momento de la crucifixión.

38. Descrita con terrible realismo por Keim.

39. Así en Mateo, según las mejores versiones. En Marcos, *Eloi, Eloi* (al parecer en forma siríaca), *lema sabachthanei?* ¿Podría ser que Mateo representara el dialecto de Judea o de Galilea, y Marcos el de Siria, y que esto proyecte luz también sobre los dialectos en

alta voz[40] al final del período de agonía extrema,[41] marcaron la culminación y el fin del sufrimiento de Cristo, del cual el punto máximo fue el abandono de Dios y el sentimiento de soledad del Sufriente. Pero los que se hallaban junto a la cruz interpretaron mal el sentido y, confundiendo las palabras iniciales por el nombre Elías, se imaginaron que Cristo había llamado a Elías. No podemos dudar de que éstos eran los soldados que se hallaban al pie de la cruz. No tenían por que ser romanos; antes al contrario, ya vimos que solían ser legiones reclutadas en las provincias. Por otra parte, ningún judío podía confundir el nombre *Elí* por Elías, ni menos aún la cita del Salmo 22:1 por una llamada al profeta. Y hay que recordar que estas palabras no fueron susurradas, sino clamadas a gran voz. Pero todo está enteramente de acuerdo con la interpretación equivocada de los soldados no judíos, los cuales, como muestra todo el relato, habían recibido de los acusadores y el populacho enfurecido una historia deformada de Cristo.

Y aquí el Sufriente emergió en el otro lado. No puede haber habido más de un minuto o dos desde que el grito del Salmo 22 marcó el punto culminante de su agonía, cuando las palabras «Tengo sed» (Jn. 19:28) nos parecen indicar que prevalece el aspecto meramente humano de su sufrimiento, y que el otro aspecto más terrible de llevar el pecado y ser abandonado por Dios había pasado. Para nosotros, pues, esto parece el principio, si no de la victoria, al menos del reposo y del fin. Juan sólo consigna esta «palabra», que introduce con un prefacio distintivo, de que Jesús se había entregado al sentimiento humano, buscando alivio para el cuerpo expresando su sed: «sabiendo Jesús que ya todo estaba consumado, dijo para que la Escritura se cumpliese: Tengo sed».[42] En otras palabras, la culminación del sufrimiento teantrópico en su sentimiento de abandono por parte de Dios que había llevado a la exclamación del Salmo 22:1, ahora era, para su conciencia, el fin de todo lo que en conformidad con la predicción de las Escrituras Él tenía que sobrellevar. Ahora podía entregarse a las meras demandas de su cuerpo, y lo hizo.

Parece como si Juan, habiendo llegado quizá recientemente a la escena, y hallándose a distancia con las mujeres contemplando estas cosas (Lc. 23:49), se hubiera adelantado al oír el grito del Salmo 22 (tanto si hubiera oído las palabras del grito como si no las hubiera oído), y le oyera expresar la sensación de sed, que siguió de inmediato. Y así solamente Juan nos da el enlace entre el grito y el movimiento por parte de los soldados, que consignan Mateo y Marcos también, con Juan. Porque sería imposible comprender por qué, ante lo que los soldados consideraron como una llamada a Elías, uno de ellos se hubiera apresurado a aliviar su sed, de no ser por la «palabra» registrada en el cuarto Evangelio. Pero podemos comprenderlo bien si la palabra «Tengo sed» sigue inmediatamente al grito previo.

Uno de los soldados –quizá uno que ya había aprendido por medio de esta crucifixión, o estaba a punto de hacerlo, a confesar a Cristo como su Señor–, movido a simpatía corrió a ofrecerle algún refrigerio al Sufriente, llenando una esponja con el vino áspero de los soldados y poniéndolo a los labios de Cristo, habiéndola atado primero a un tallo de hisopo (que crece hasta tres pies de altura). Pero incluso así, este acto de humanidad no pasó sin las burlas de los otros que le decían que dejase que fuera Elías, a quien Él había invocado, el que le aliviara la sed. Sin embargo, Marcos (15:36) indica claramente que el mismo formaba parte de los que se burlaban de Cristo, en medio de este acto humanitario.

Al aceptar el refrigerio físico que se le ofrecía, el Señor una vez más indicó el cumplimiento de la obra de su Pasión. Porque así como no quiso entrar en la misma con los sentidos y la conciencia física amortiguada por el vino narcotizado, tampoco quería terminarla con los sentidos y la conciencia física amortiguados por el fallo absoluto de su poder de vida. Así pues, aceptó lo que de momento restauró el equilibrio físico, necesario para pensar y hablar. Y por ello, inmediatamente pasó a «gustar la muerte para todo hombre». Porque las dos últimas «palabras» del Salvador se suceden ahora rápidamente; primero, la que en alta voz expresó que la obra que le había sido encomendada, por lo que se refería a su Pasión, había sido «consumada» (Juan), y luego las palabras del Salmo 31:5, en que encomendó su espíritu a las manos del Padre (Lucas). Los intentos de hacer comentarios sólo podrían debilitar los pensamientos solemnes que despiertan las palabras. Con todo, deben hacerse notar algunos puntos para nuestra enseñanza. Su último grito «en alta voz» no fue como el de un moribundo. Marcos hace notar que este «gran grito» hizo una impresión profunda en el centurión (Mr. 15:39). En el lenguaje de un himno cristiano primitivo no fue la muerte la que se acercó a Cristo, sino Cristo a la muerte.[43] Cristo fue al encuentro de la muerte no como vencido, sino como vencedor. Y esto era también parte de su obra, y para nosotros ahora el comienzo de su triunfo. Y con esto está de acuerdo la peculiar expresión de Juan: que Él, «habiendo inclinado la cabeza, entregó su espíritu» (τὸ πνεῦμα).

Y no deberíamos dejar de notar las peculiaridades de su última «palabra». El «Dios mío» de la cuarta palabra había pasado a ser el «Padre» de la comunión consciente. Y con todo, ni en el original hebreo de este salmo ni en la traducción griega de la Septuaginta aparece la palabra «Padre». Además, en la traducción de la Septuaginta del texto hebreo esta palabra expresiva de entregar –encomendar– está en tiempo futuro; y en los labios de nuestro Señor está en tiempo presente (en los mejores manuscritos). Y la palabra, en su sentido del Nuevo Testamento, significa no meramente encomendar: es depositar, entregar para que sea guardado.[44] El que al morir –o más bien, al ir al encuentro de la muerte– Él escogiera y adaptara estas palabras, es algo por lo que la Iglesia debe estarle profundamente agradecida.

Palestina en los tiempos de Cristo y aun, hasta cierto punto, en la composición de los Evangelios y la tierra en que fueron escritos? El Targum presenta el Salmo 22:2: *Eli, Eli, metul mah shebhaqtani?* («¿A causa de qué me has abandonado?»).

40. Esto debido a la agonía extrema del alma, no como marca de su divinidad.

41. «Hacia la hora novena». No puedo discutir aquí las citas que se dicen análogas del Salmo 22:1 en los escritos rabínicos. La comparación es a la vez inepta e irreverente.

42. Las palabras últimas citadas pueden ser relacionadas –y lo son por muchos escritores– con el cumplimiento del Salmo 69:21. Pero la estructura de la frase más bien lleva a la puntuación adoptada aquí, en tanto que tengo grandes dificultades para aplicar el Salmo 69:21 en la forma propuesta, y aún más graves objeciones a la idea de que Cristo pronunció las palabras a fin de cumplir el salmo, aunque el término «para que», «a fin de que», como se ha mostrado previamente, puede ser tomado en el sentido de finalidad. Hay, naturalmente, un *tertium quid*, y el evangelista puede haber supuesto que había expresado sólo su propio sentido de que la Escritura había sido cumplida cuando vio la sed del Salvador apagada en el «vinagre» de los soldados. Pero en este caso deberíamos esperar las palabras «para que la Escritura pudiera ser cumplida», colocadas *después* del «Tengo sed».

43. «... En pessima, non tu pervenis ad Christum, sed Christus pervenit ad te, cui licuit sine morte mori» (Sedulius).

44. Compárese el uso del verbo παρατίθημι con pasajes como Lucas 12:48; Hechos 14:23; 20:32; 1 Timoteo 1:18; 2 Timoteo 2:2.

Él las dijo *para* su pueblo en un doble sentido: a favor suyo, a fin de que ellos pudieran decirlas; y para ellos, para que ellos pudieran también repetirlas después de Él. ¡Cuántos son los que han reposado su cabeza en esta almohada al ir al descanso eterno! Fueron las últimas palabras de Policarpo, de Bernardo, de Huss, de Lutero y de Melanchthon. Y son también para nosotros las palabras de despedida más dulces posibles. Y en «el Espíritu» que Él había encomendado a Dios, Él desciende ahora al Hades y «predica a los espíritus encarcelados» (1 P. 3:18, 19). Pero tras este gran misterio se cerraron las dobles puertas de bronce que sólo podía abrir la mano del Vencedor.

Y ahora la Naturaleza entera se estremeció, pues su Sol se había puesto. No podemos hacer más que seguir el rápido perfil del relato evangélico. Lo primero que se nos dice es que el velo del Templo se rasgó en dos, de arriba abajo; lo segundo, el terremoto de la tierra, tal que las rocas se partieron y se abrieron los sepulcros. Aunque muchos escritores han considerado esto como una indicación de sucesión cronológica estricta, no hay nada en el texto que nos obligue a sacar esta conclusión. Así, en tanto que el rasgarse el velo es consignado primero, siendo la prueba más significativa para Israel, el hecho puede haber estado en relación con el terremoto, aunque éste solo es dudoso que pudiera haber sido causa de que se rasgara un velo tan grueso de arriba abajo. Incluso esta última circunstancia tiene su significación. Que alguna gran catástrofe, presagiando la destrucción inminente del Templo, había ocurrido para este tiempo lo confirman no menos de cuatro testimonios independientes entre sí: Tácito (*Hist.* v. 13), Josefo (*Guerr. Jud.* vi.5.3) y el Talmud (Jer. Yoma 43 *c;* Yoma 39 *b*), así como la tradición cristiana más primitiva.[45] Los más importantes son los del Talmud y Josefo. Este último habla de la misteriosa extinción de la luz del centro y principal del candelero de oro, cuarenta años antes de la destrucción del Templo; y tanto él como el Talmud refieren la apertura sobrenatural espontánea de las grandes puertas del Templo que habían sido previamente cerradas, lo cual fue considerado como un portento presagiando la inminente destrucción del Templo. No podemos dudar de que algún hecho histórico tiene que hallarse al fondo de una tradición tan peculiar y extendida, y nos parece que tenemos aquí una versión desfigurada del hecho de que se rasgara el velo del Templo (o de su informe) en el momento de la crucifixión de Cristo.[46]

Pero incluso si el desgarro del velo del Templo hubiera comenzado con el terremoto, según el Evangelio a los Hebreos, al romperse el dintel no bastaría esto para explicar el hecho. Según la tradición judaica, había en realidad dos velos a la entrada del Lugar Santísimo (Yoma v. 1). El Talmud explica esto a base de que no se sabía si en el Templo anterior el velo había sido colgado dentro o fuera de la entrada, y si la porción de espacio correspondiente a la pared se hallaba en el Lugar Santo o el Santísimo (Yoma 51 *b*). Así pues, según *Maimónides* (Hilkh. Beth haBech, iv. 2, ed. *Amst.*, vol. 3, p. 149 *b*), no había ninguna pared entre el Lugar Santo y el Santísimo, sino que el espacio de un codo, asignado al mismo en el primer Templo, se hallaba desocupado, y colgaba un velo en el lado del Lugar Santo y otro en el del Lugar Santísimo. Según un relato que data de los tiempos del Templo, se hacían dos velos nuevos cada año (Yoma 54 *a;* Kethub. 106 *a;* Sheqal. viii. 5). Los velos ante el Lugar Santísimo tenían enormes dimensiones y grosor, y requerían hasta 300 sacerdotes para manejarlos, todo lo cual es evidentemente exagerado. Si el velo tiene el tamaño presentado por el Talmud, y está formado por retazos cuadrados unidos como se afirma en el mismo, puede explicarse que el terremoto haya contribuido a iniciar su desgarro.

En realidad, todo parece indicar que aunque el terremoto puede proporcionar la base física el velo fue rasgado –sea dicho con reverencia– por la mano de Dios. Según consideramos, puede haber sido al tiempo en que a la hora del sacrificio de la tarde los sacerdotes que oficiaban entraron en el Lugar Santo, o bien para quemar incienso, o hacer otro servicio sagrado. El que hubiera ante ellos no un ángel (Gabriel), como había visto el anciano Zacarías al comienzo de esta historia, sino el velo del Lugar Santísimo rasgado de arriba abajo –más allá del cual no se podía ver nada– y colgando en dos de sus ataduras, tenía que considerarse un terrible presagio que pronto sería conocido de modo público, y que tiene que haber sido preservado de una forma u otra por la tradición. Y tienen que haber entendido que significaba que la propia mano de Dios había rasgado el velo, y con esto dejado desierto y abierto de par en par el Lugar Santísimo, en que había residido durante tanto tiempo en las tinieblas misteriosas iluminadas sólo una vez al año por el resplandor del incensario del que hacía expiación por los pecados del pueblo.[47]

Hubo aún otras señales. En el terremoto las rocas se partieron y las tumbas se abrieron. Esto ocurrió cuando Cristo descendió al Hades. Y cuando Él ascendió al tercer día fue con los santos victoriosos que habían abandonado aquellas tumbas abiertas. A muchos en la Santa Ciudad, en aquel día memorable para siempre y en la semana que siguió, se les aparecieron los cuerpos de aquellos santos que habían caído en el sueño en la dulce esperanza de aquello que ahora había pasado a ser realidad.[48]

Pero en aquellos que estaban bajo la cruz o cerca de ella, todo lo que presenciaron produjo la impresión más profunda y duradera. Entre ellos podemos hacer notar especialmente el centurión a cuyo mando estaban los soldados. Solamente podía haber llegado a una conclusión en su mente. No podemos dudar que fue el resultado de la impresión que había causado en su corazón y Su conciencia que Jesús no era lo que habían descrito sus enemigos enfurecidos, los judíos. Era lo que Él mismo había dicho, lo que su comportamiento en la cruz y su muerte atestiguaban: «justo», y por tanto «el Hijo de Dios». De esto falta sólo un paso a la lealtad personal a Él y, como se ha sugerido previamente, es posible

---

45. Así en el Evangelio según los Hebreos, del que cita Jerónimo (en Mt. 27:51, en una carta a Hedibia) en el sentido de que el enorme dintel del Templo se partió y cayó. Jerónimo relaciona el hecho de rasgarse el velo con esto, lo cual es una inferencia plausible.

46. Hay una historia referida en la tradición judaica (Gitt. 56 *b*, hacia la mitad; Ber. R. 10; Vayyik. R. 22 y en otros lugares) que habla, entre otras atrocidades, de que «Tito el malvado» había penetrado en el Santuario y rasgado el velo del Lugar Santísimo con su espada, y que del velo manó sangre. Menciono la leyenda para expresar mi protesta del uso que han hecho de la misma varios escritores judíos, adaptándola con fines controversiales.

47. Este fenómeno es posible que explique la conversión temprana de tantos sacerdotes, según se registra en Hechos 6:7.

48. Es difícil expresarse dogmáticamente sobre el carácter preciso de Mateo 27:52, 53. ¿Significa que en realidad estaban vestidos con el cuerpo de resurrección, o bien con el cuerpo que habían tenido previamente, o bien que muchos santos del Hades se habían aparecido a ésos que los amaban, y con ellos habían esperado el Reino, en las formas que los habían conocido? Sabemos demasiado poco a estos respectos, entre el otro mundo y el presente, y el modo en que los que han partido pueden comunicarse con los que están aquí, para aventurarnos a una afirmación precisa, en especial si tenemos en cuenta las circunstancias únicas de aquella ocasión.

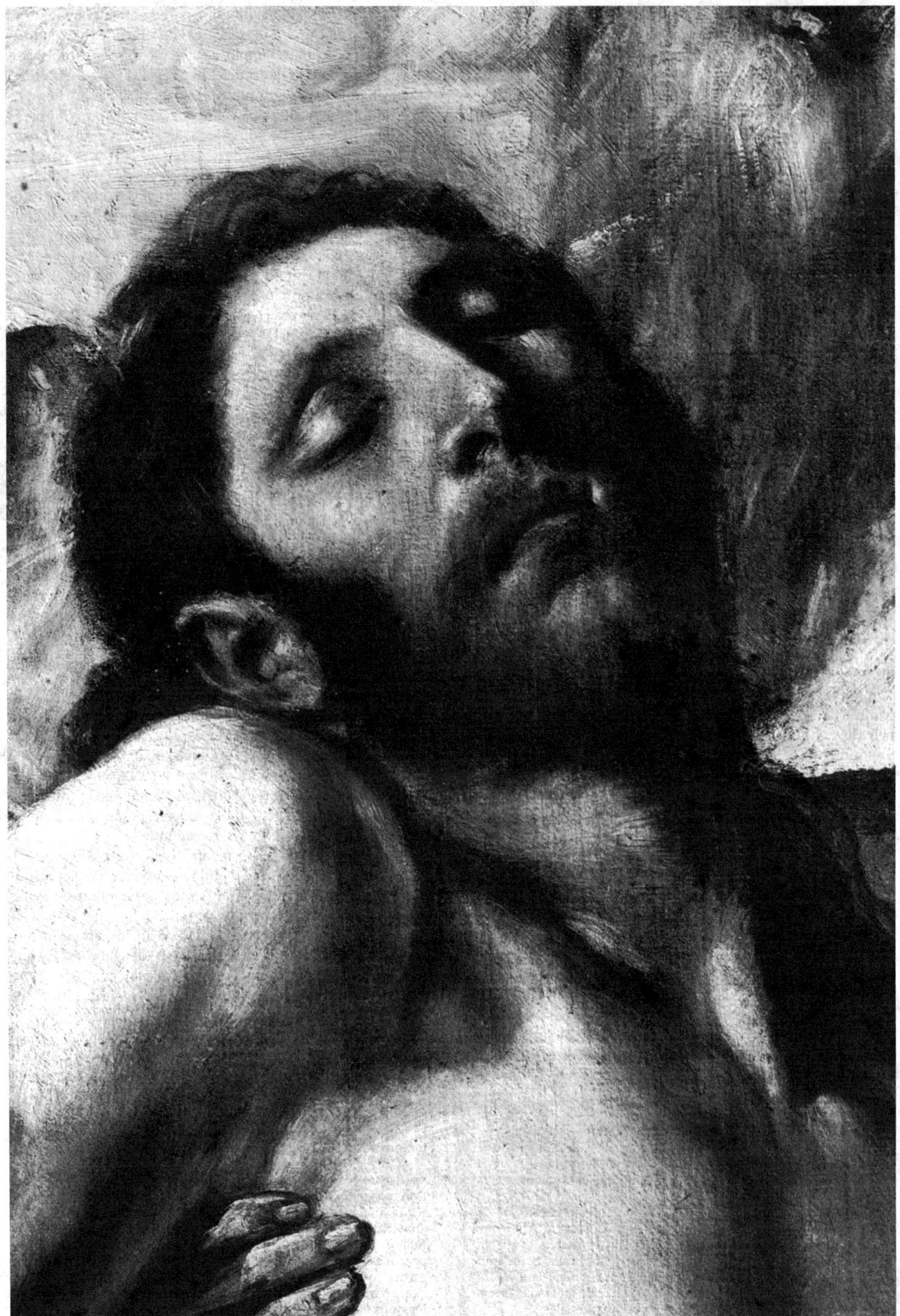

«Y ahora la Naturaleza entera se estremeció, pues su Sol se había puesto. No podemos hacer más que seguir el rápido perfil del relato evangélico. Lo primero que se nos dice es que el velo del Templo se rasgó en dos, de arriba abajo; lo segundo, el terremoto de la tierra, tal que las rocas se partieron y se abrieron los sepulcros. Aunque muchos escritores han considerado esto como una indicación de sucesión cronológica estricta, no hay nada en el texto que nos obligue a sacar esta conclusión».

Ningún evangelista da detalles sobre la técnica de la crucifixión. Pero Jesús mostrará a los discípulos las llagas de las manos y los pies (Lc 24,20). Los clavos fijados en el carpo y en el tobillo eran, efectivamente, lo que se solía utilizar, tal como muestra el descubrimiento de restos pertenecientes a crucificados palestinos del siglo primero. Aquí vemos una recreación (fragmento) de Jesús crucificado pintado por El Greco. (Museo del Prado)

que le debamos algunos de los detalles que sólo ha preservado Lucas.

Para la Pascua el día no era muy largo aún y ahora ya abocaba a la «tarde del sábado». En general, la Ley ordenaba que el cuerpo de un criminal no debía dejarse colgando sin enterrar toda la noche (Dt. 21:23; comp. Jos., *Guerr.* iv.5.2). Quizá en circunstancias ordinarias los judíos no habrían apelado con tanta confianza a Pilato como para pedirle[49] que acortara los sufrimientos de los que estaban en la cruz, puesto que a veces el castigo de crucifixión no duraba horas, sino días, hasta que llegaba la muerte. Pero aquí había una razón especial. El sábado que estaba llegando era un «gran día» –era a la vez sábado y el segundo día pascual, lo que le hacía en todos los aspectos tan sagrado como el primero; es más, hasta más sagrado aún, ya que las llamadas ofrendas de las gavillas eran ofrecidas al Señor. Y lo que los judíos propusieron a Pilato fue, realmente, un acortamiento, pero no en el sentido de una mitigación del castigo. Algunas veces se añadía al castigo de la crucifixión el de fractura de huesos (*crurifragium*, σκελοκοπία) por medio de un garrote o martillo. Esto, de por sí, no habría causado la muerte, pero a la rotura de los huesos siempre se añadía un *golpe de gracia* con una espada o lanza, golpe (*perforatio* o *percussio sub alas*) que inmediatamente ponía fin a lo que quedaba de vida.[50] Así el «quebrantamiento de los huesos» era una especie de castigo añadido a modo de compensación por el acortamiento debido al golpe final que seguía.

Sería injusto suponer que, en su ansiedad por cumplir al pie de la letra la Ley sobre el entierro en la víspera del gran sábado, los judíos habían procurado intensificar los sufrimientos de Jesús. El texto no lo indica; y sólo podían haberlo pedido para el golpe final que era infligido de modo regular después de la fractura. La ironía de su puntillo por cumplir la letra de la Ley sobre el entierro y el gran sábado, por parte de los que habían traicionado y crucificado a su Mesías, en el primer día de la Pascua ya es suficiente sin tener que añadir elementos ficticios. Juan, que quizá dejó la cruz inmediatamente después de la muerte de Cristo, nos informa de la circunstancia. Tal vez fue cuando habló con José de Arimatea, con Nicodemo o con las dos Marías, respecto a las medidas para enterrar al Cristo, que se enteró de la delegación judía enviada a Pilato, la siguió al Pretorio y luego observó lo que ocurría en el Gólgota. Nos informa que Pilato accedió a la petición judía, y dio instrucciones para el *crurifragium*, y permiso para que se quitaran los cuerpos muertos que de otro modo habrían colgado hasta su putrefacción y destrucción por las aves de presa. Pero Juan nos cuenta también lo que él evidentemente consideró como un gran prodigio, de modo que empeña su palabra en la afirmación de la veracidad de lo que dice, que él presenció como testigo ocular, fundando en ello la apelación a la fe de aquellos a los que va dirigido su Evangelio. Esto es, que ciertas «cosas sucedieron para que la Escritura se cumpliese», o, puesto de otra manera, por medio de las cuales fue cumplida la Escritura. Estas cosas son dos en número, a las cuales hay que añadir un tercer fenómeno no menos notable. Porque, primero, cuando en el *crurifragium* los soldados habían quebrado los huesos de los dos malhechores, y luego fueron a la cruz de Jesús, hallaron que Él ya había muerto, de modo que «no le quebraron» las piernas, o sea, «no se le quebró ningún hueso». Si hubiera sido de otra manera, la Escritura respecto al cordero pascual (Éx. 12:46; Nm. 9:12),

49. ἠρώτησαν, le «pidieron» (Jn. 19:31).
50. Comp. Friedlieb, *Archaeol. d. Leidensgesch.*, pp. 163-168; pero especialmente Nebe, *u.s.*, 2, pp. 394, 395.

así como la que se refiere al Siervo sufrido y justo de Jehová (Sal. 34:20), no se habría cumplido. En Cristo solamente se combinan estas dos ideas del cordero pascual y el Siervo sufrido y justo de Jehová en una unidad y se cumplen en su sentido más elevado. Y cuando por la extraña concurrencia de las circunstancias «sucedió» que, contra lo que podría haberse esperado, «ningún hueso suyo fue quebrado», este hecho externo sirvió como dedo indicador de que las predicciones fueron cumplidas en Él.

No menos notable es el segundo hecho. Si se habían presentado en la cruz de Cristo estas dos ideas fundamentales en la descripción profética de la obra del Mesías: el cumplimiento del sacrificio pascual, que, como el del Pacto, se hallaba en la base de todos los sacrificios, y el cumplimiento del ideal de Siervo justo de Dios, sufriendo en un modo que odiaba a Dios y, con todo, proclamando y realizando su Reino, queda una tercera verdad para ser mostrada. No era en relación con el carácter, sino con los efectos, de la obra de Cristo: su recepción tanto en el presente como en el futuro. Esto había sido indicado en las profecías de Zacarías (12:10), que predijo que, en el día de la liberación final y conversión nacional de Israel, Dios derramaría el espíritu de gracia y de suplicación, y cuando «ellos mirarían al que habían atravesado» les sería concedido el espíritu de verdadero arrepentimiento, tanto nacional como individualmente. La aplicación de esto a Cristo es tanto más sorprendente porque incluso el Talmud refiere esta profecía al Mesías (Sukk. 52 *a*). Y tal como las dos ideas mencionadas realmente se aplicaban a Cristo, tanto en su rechazo como en su retorno futuro (Ap. 1:7), también otra extraña ocurrencia histórica en su crucifixión una vez más la señala como el cumplimiento de la profecía de la Escritura. Porque aunque los soldados, al hallar a Cristo muerto, no le rompieron ningún hueso, sin embargo, como era necesario asegurarse de su muerte, uno de ellos atravesó con una lanza su costado, causándole una herida tan profunda que Tomás pudo después meter su mano en el costado (Jn. 20:27).

Y con estos dos fenómenos antes mencionados (ningún hueso quebrantado y costado abierto por la lanza) cumpliendo las Escrituras, se asoció todavía un tercero, simbólico de los dos anteriores. Cuando el soldado abrió el costado del Cristo fallecido, «salió al instante sangre y agua». Algunos han pensado[51] que había una causa física para ello, y que Cristo había muerto literalmente con el corazón partido, por lo que cuando la lanza atravesó primero el pulmón lleno de sangre, y luego el pericardio lleno de líquido seroso, fluyó de la herida esta doble corriente. En estos casos, la lección sería que «el escarnio había quebrantado su corazón» (Sal. 69:20).[52] Pero no podemos creer que Juan pudiera haber deseado transmitir esto sin presentarlo de modo bien claro, asumiendo que sus lectores tendrían idea de un fenómeno oscuro y científicamente dudoso. En consecuencia, más bien creemos que para Juan, como para la mayoría de nosotros, el significado del hecho se halla en que del cuerpo de Jesús, una vez muerto salió sangre y agua, o sea, que la corrupción *no* había empezado en Él. Así habría el significado simbólico transmitido por el agua (del pericardio) y la sangre (del corazón); un simbolismo cierto si la corrupción no tenía potestad sobre Él, si en la muerte no era muerto, si había vencido a la muerte y la corrupción y en este sentido había cumplido el ideal profético de no ver corrupción (Sal. 16:10). Es en este significado simbólico del fluir agua y san-gre de su costado abierto sobre el cual el evangelista insiste en su Epístola (1 Jn. 5:6), y el cristiano reflexivo debe ver su expresión eterna en el simbolismo de los dos sacramentos. Porque los dos sacramentos significan que Cristo ha venido; que la muerte y la corrupción no tenían poder sobre aquél que había sido crucificado por nosotros y nos había amado hasta la muerte con su corazón quebrantado; y que vivía por nosotros con el poder perdonador y purificador de su sacrificio ofrecido.

Con todo, queda aún por consignar otra escena. Tanto si fue antes de la delegación judaica al gobernador romano o después, se le hizo a Pilato otra extraña súplica. Era de alguien al parecer bien conocido, un hombre no sólo de riqueza y reputación (Mateo), sino cuyo porte noble (εὐσχήμων, Mr. 15:43) correspondía a su condición social, y conocido como un hombre justo y bueno (Lucas). José de Arimatea era un miembro del Sanedrín[53] que no había consentido el consejo ni el acto de sus colegas. Tuvo que haber sido conocido en general como uno de los que «esperaban el Reino de Dios». Pero había avanzado más allá de lo que indica esta expresión. Aunque en secreto, por miedo de los judíos (Juan), era un discípulo de Jesús. Es en contraste con este «temor» que Marcos nos diga que «habiéndose armado de valor», τολμήσας, «fue a Pilato y le pidió el cuerpo de Jesús». Así, bajo circunstancias en extremo improbables y desfavorables, su temor se convirtió en osadía y él, que por miedo de los judíos se abstuvo de hacer confesión abierta y franca de su discipulado durante la vida de Jesús, no sólo profesó serlo del Cristo crucificado,[54] sino que dio el paso osado y decidido ante los judíos y los gentiles en relación con ello. Así la prueba da lugar a la fe, y el viento que apaga una llama débil expuesta fuera, levanta una hoguera ardiente dentro, aunque no se ve durante un tiempo. José de Arimatea, un discípulo que ya no era secreto, sino atrevido en la confesión de su amor reverente, mostraría al cuerpo muerto de su Maestro toda veneración. Y la concurrencia de circunstancias ordenadas divinamente no sólo ayudó a su piadoso propósito, sino que le dio una significación simbólica más profunda. Era el viernes por la tarde, y el sábado se estaba acercando.[55] No se podía perder tiempo si había que hacer los honores debidos al cuerpo sagrado. Pilato se lo dio a José de Arimatea. Esto estaba dentro de su autoridad, y era un favor concedido a veces en circunstancias equivalentes.[56] Pero hay dos cosas que han de haber causado una poderosa impresión en el gobernador romano y profundizado sus pensamientos anteriores sobre Jesús: primero, que la muerte

51. Así, con varias modificaciones que no hemos de detallar, Gruner (*Comment. Antiq. Med. de Jesu Christi Morte, Hal.* 1805), que consideraba a Jesús como no muerto del todo cuando se le abrió el costado con la lanza, y otros intérpretes (Stroud, etc.).

52. La explicación científica más satisfactoria la da el Rev. S. Haughton M. D., reproducida en el *Speaker's Commentary* sobre 1 Juan, pp. 349, 350. Demuestra que este fenómeno ocurriría, pero sólo si una persona que hubiera sido crucificada muriera por una ruptura del corazón.

53. Tomado en relación con Lucas 23:51, éste es probablemente el significado de βουλευτής. De otro modo lo habríamos considerado más bien como miembro del «Consejo de los Sacerdotes» (*Beth Din shel Kohanim*, Kethub. i. 5), que se reunía en lo que antiguamente se llamaba la *Lishkath Bulvatin* (Cámara de los Consejeros) en el Templo (Jer. Yoma 38 *c*; Yoma 8 *b*). La palabra griega ha pasado al lenguaje rabínico como *Bulyutos*, y en otras modificaciones de la palabra.

54. Al mismo tiempo, creo que esto podía haber sido interpretado por los judíos, no en el sentido de su importancia real, sino más bien como un acto de *pietas* hacia el rabino de Nazaret, no ya de homenaje a la mesianidad de Jesús.

55. El ἡμέρα παρασκευῆς, en conexión con «el sábado» (Lc. 23:54), muestra que la expresión anterior se refiere «a la preparación» para el *sábado*, o sea, el viernes.

56. Ver la prueba en Wetstein, *ad loc.*

en la cruz hubiera tenido lugar tan rápidamente, una circunstancia sobre la cual él había interrogado personalmente al centurión (Marcos), y luego la osada petición de un hombre como José de Arimatea.[57] ¿O bien el centurión había expresado al gobernador algunos de sus sentimientos como el que halla expresión en sus palabras bajo la cruz: «Verdaderamente este hombre era el Hijo de Dios»?

La proximidad del sábado sagrado y la consiguiente necesidad de darse prisa, pueden haber sugerido o determinado la propuesta de José de dejar el cuerpo de Jesús en su propia tumba cavada en la roca,[58] en que nadie había sido puesto. El significado simbólico de esto es más marcado por no haber sido intencional el mostrarlo. Estos sepulcros excavados en la roca, y el modo en que se ponía el cadáver en ellos, han sido descritos plenamente en relación con el entierro de Lázaro (Libro 4, cap. XXI). Por tanto, podemos limitarnos a los pensamientos sagrados sobre lo que nos rodea. La cruz había sido bajada y colocada sobre el suelo; los clavos arrancados, y se habían soltado las cuerdas. José, con los que le ayudaban, «envolvió» el sagrado cuerpo «en un lienzo limpio de lino» y rápidamente lo llevó a la tumba excavada en la roca en un huerto cercano. Esta tumba o cueva (*Meartha*) tenía nichos (*Kukhin*), donde se ponía a los muertos. Se recordará que a la entrada de la «tumba» –y dentro de la roca– había un pequeño patio de unos 9 pies en cuadro, en que corrientemente se ponía el féretro, y sus portadores se reunían para pronunciar el último oficio de los muertos. Allí se supone que José había llevado el cuerpo sagrado, y luego tuvo lugar la última escena. Porque ahora otro, cuya historia, posición y espíritu eran semejantes a las de José, hace su aparición. La misma ley espiritual que había traído a José a la confesión abierta, ahora constriñó la confesión de otro miembro del Sanedrín: Nicodemo. Y recordemos que al principio, temiendo ser descubierto, Nicodemo había acudido a Jesús de noche y, trepidando, había hecho una sugerencia ante sus colegas no ya en favor de Cristo, sino subrayando que incluso en su caso había que cumplir la ley y hacer justicia (Jn. 7:50). Ahora viene trayendo un «compuesto de mirra y de áloe» (Jn. 19:39), mezcla fragante bien conocida entre los judíos, usada para ungir o enterrar.

Era en el «patio» de la tumba que tuvo lugar este embalsamamiento apresurado, si se le puede llamar así. No parece haber tomado parte en él ninguno de los antiguos discípulos de Cristo. Juan puede haber ido a dar las nuevas y a consolar a la Virgen-Madre; los otros también, que lo habían «mirado todo de lejos», parece que se habían ido. Sólo unos pocos fieles (según Lucas), entre ellos de modo notable María Magdalena y la otra María, la madre de José, se hallaban cerca de la tumba observando desde cierta distancia dónde y cómo ponían el cuerpo de Jesús. No habría sido en conformidad con las costumbres judías que estas mujeres se hubieran mezclado con los dos miembros del Sanedrín y sus ayudantes. Desde el lugar en que se hallaban sólo podían tener una idea vaga de lo que estaba pasando dentro del patio, y esto puede explicar el que, a su regreso, ellas «prepararon especias y ungüentos» (Lucas) para hacer honores más plenos al muerto, lo cual esperaban realizar una vez hubiera pasado el sábado.[59] Porque –y esto es de la mayor importancia que lo recordemos– la prisa caracterizó todo lo que se hizo. Parece que el «sudario limpio de lino» con el que fue envuelto el cuerpo, ahora fue rasgado en «tiras», y que los miembros del cadáver uno a uno fueron envueltos con ellas,[60] sin duda entre capas de mirra y áloe, mientras la cabeza fue envuelta con sudario. Y así le dejaron en reposo en el nicho de la tumba nueva excavada en la roca. Y cuando fueron, corrieron la «gran piedra» como era costumbre –la *Golel*–, que cerraba la entrada de la tumba (Sanh. 47 *b*), posiblemente apoyando contra ella como refuerzo otra piedra más pequeña, la llamada *Dopheq* (Ohai. ii. 4). Sería en el punto en que una piedra era arrimada a la otra que el día siguiente, el sábado –a pesar de serlo–, las autoridades judías pusieron su sello para que se hiciera aparente todo posible intento de perturbar la situación y estado de la tumba.[61]

. . . .

«Es probable que durante este tiempo una muchedumbre ruidosa se estuviera preparando para seguir a los delegados del Sanedrín a la ceremonia de cortar la gavilla de la Pascua. La Ley decía que "había que traer una gavilla (literalmente el Omer) con las primicias de la cosecha al sacerdote, y él tenía que agitar la gavilla delante de Jehová para que fuera aceptada". Esta gavilla de Pascua era recogida en público la tarde anterior al día que era ofrecida, y era para presenciar esta ceremonia que la muchedumbre se reunía alrededor de los ancianos. Ya había sido señalado en el día 14 de Nisán el lugar en que había de ser recogida esta gavilla, atando los manojos cuando aún estaban *in situ*; la cebada había de ser cortada, según costumbre, en el soleado valle de Ashes, al otro lado del Cedrón. Cuando llegaba el momento de cortar la gavilla, esto es, al atardecer del 15 de Nisán, aunque fuera sábado al ponerse el sol, tres hombres, cada uno con una hoz y un cesto, emprendían la tarea. Para

57. La Arimatea de José es probablemente la moderna Er-Ram, a dos horas al norte de Jerusalén, en una colina cónica, algo al este de la carretera que lleva de Jerusalén a Nablus (Jos. *Ant.* viii. 12,3) –la Armathaim de la Septuaginta. La objeción de Keim (es imposible entrar en detalles) no tiene aplicación (comp. su *Jesu von Naz.* 3, p. 516). Es una de las evidencias no buscadas de Lucas el que describa la ciudad como perteneciente a Judea. Porque si bien Ramá en el monte Efraín originalmente había pertenecido a Samaria, después fue separada de ella y unida a la provincia de Judea (comp. 1 Mac. 10:38; 11:28, 34).

58. Meyer considera la afirmación de Mateo en este sentido (27:60) como incompatible con los datos de Juan 19:42. No veo incompatibilidad ni me parece fatal esta omisión para el hecho de que la tumba era de José. El relato de Juan se concentra en el acto de la sepultura, no en los accesorios. El prof. Westcott cree que Juan 19:41 implica que «el sepulcro en que el Señor fue puesto no había sido escogido como su lugar de descanso definitivo». Pero no veo evidencia de esto tampoco.

59. Juan calcula que habría unas 100 *litras*. Esto se referiría con toda probabilidad a libras romanas, lo cual es una gran cantidad, pero no objetable por ser razonable. Un siervo podía llevarla, y no se dice que había que usarla toda en una sepultura. Pero puede entenderse también la expresión (λίτρας) considerando que las *litras* indicaban no peso, sino una *moneda*. En este sentido la palabra *litra* equivale a unos 100 denarios, en cuyo caso serían unas 250 libras esterlinas; pero a veces se refiere a 4 dracmas, y entonces serían unas doce libras (comp. Herzfeld, *Handelsgesch.*, p. 181). Pero la dificultad lingüística es grande y la objeción al peso de las especias no es importante. En lo que se refiere a las especias usadas, ver Libro 4, cap. XXI (entierro de Lázaro). En tiempos más tardíos había una rúbrica regular y oraciones con simbolismo cabalístico (ver Perles, *Leichenfeierlichk.*, p. 11, nota 12). Sin duda las heridas de nuestro Señor serían previamente lavadas de sangre y coágulos.

60. Los Sinópticos registran que el cuerpo de Jesús fue «envuelto» en un «lienzo de lino»; Juan nos dice que fue «envuelto en lienzos con especias aromáticas», las que Nicodemo había traído; indudablemente, los lienzos o tiras que fueron hallados en la tumba vacía, y al lado «el sudario» (*soudarion*) para la cabeza. He procurado combinar el relato de los Sinópticos y el de Juan en un relato continuo.

61. Debo hacer constar que hay dificultades sobre este punto. Véase más adelante y en el capítulo siguiente.

destacar claramente lo distintivo de la ceremonia, hacían primero a los presentes, tres veces, cada una de estas preguntas: "¿Se ha puesto el sol?". "¿Con esta hoz?". "¿En el cesto?". "¿Este sábado? (o primer día de Pascua)". Y, finalmente, "¿Voy a segar?". Habiendo recibido cada vez una respuesta afirmativa, cortaban cebada hasta la cantidad de un efa. Éste no es el lugar para seguir describiendo la ceremonia: cómo se trillaba el grano, se secaba, molía, y un omer de harina, mezclado con aceite e incienso, era agitado delante del Señor en el Templo en el segundo día de Pascua (o sea, el 16 de Nisán). Pero cuando empezaba esta comitiva festiva en medio de ruidosas demostraciones, unos pocos amigos regresaban de una tumba en que habían dejado a su Maestro reposando. El contraste es vívido y sugestivo. Y con todo, no era en el Templo, en las manos del sacerdote, sino en el silencio de esta tumba, en un huerto, que era presentado al Señor el primer omer de la nueva harina pascual».

. . . .

«Al día siguiente, que es después de la Preparación, se reunieron los principales sacerdotes y los fariseos ante Pilato diciendo: Señor, nos acordamos que aquel engañador dijo, viviendo aún: Después de tres días resucitaré. Manda por lo tanto que se asegure el sepulcro hasta el tercer día, no sea que vengan sus discípulos, y lo hurten, y digan al pueblo: Resucitó de entre los muertos. Y el último engaño será peor que el primero. Y Pilato les dijo: Ahí tenéis una guardia; id, aseguradlo como sabéis. Entonces ellos fueron y aseguraron el sepulcro, sellando la piedra, estando la guardia con ellos».

. . . .

Pero ¿había realmente necesidad de ello? Los que habían pasado lo que quedaba de la luz del día preparando especias con que ungir el cuerpo de Cristo, ¿estaban esperando que alguien quitaría el cuerpo, o bien en su pena se acordaban incluso de su palabra: «Resucitaré»? Pero en aquel sábado santo, cuando los miembros del Sanedrín estaban pensando en la forma de tener seguro el cuerpo muerto de Cristo, ¿cuáles eran los pensamientos de José de Arimatea y de Nicodemo, de Pedro y Juan, de los otros discípulos y especialmente de las mujeres que le amaban y que esperaban los primeros rayos del alba del domingo de Pascua para hacerle su último servicio de amor? ¿Cuáles eran los pensamientos que ellos tenían acerca de Dios –sobre Cristo–; qué pensaban acerca de las palabras que Él había dicho, los hechos que había obrado, la salvación que había venido a traer y el Reino de los cielos que había de abrir para todos los creyentes?

Tras Él se habían cerrado las puertas del Hades; pero era sobre ellos, más que sobre Él, que habían caído las sombras de muerte. Con todo, le amaban todavía, y el amor es más fuerte que la muerte.

Capítulo 16

Estudio Preliminar

Sobre la resurrección de Cristo de entre los muertos

La historia de la vida de Cristo sobre la tierra termina con un milagro tan grande como su comienzo. Se puede decir que el uno proyecta luz sobre el otro. Si Él era lo que los Evangelios dicen que era, tiene que haber nacido de una virgen sin pecado y ha de haber resucitado de los muertos. Si la historia de su nacimiento es cierta, podemos creer la de su resurrección; si la de su resurrección es verdadera, podemos creer la de su nacimiento. Dada la naturaleza de las cosas, para la de este último no se podía dar una prueba histórica, estricta; y dada la naturaleza de las cosas, su resurrección exigía y era capaz de recibir la evidencia histórica más plena. Si ésta existe, es la piedra clave del arco; el nacimiento milagroso pasa a ser prácticamente un postulado necesario, y Jesús es el Cristo en el pleno sentido de los Evangelios. Y no obstante, hacemos notar –como otro paralelo entre el relato del nacimiento milagroso y el de la resurrección– la ausencia total de detalles con respecto a los sucesos en sí. Si esta circunstancia puede tomarse como una evidencia indirecta de que no fueron legendarios, también nos impone el deber de observar el silencio reverente, tan apropiado al caso, y no hacer intrusión más allá del sendero que el evangelio ha abierto para que andemos por él.

Este sendero es bastante estrecho y en algunos puntos escabroso; no ciertamente en cuanto al gran acontecimiento en sí, ni en cuanto a sus rasgos sobresalientes, sino en cuanto a los detalles pequeños. Y aquí, de nuevo aparecen nuestras dificultades no ya como resultado de desacuerdos reales, sino por la ausencia de una identidad completa entre ellos. Gran parte de ello es debido al carácter del suceso narrado, en parte a lo incompleto de la información que poseían los narradores –de los cuales sólo uno fue estrictamente un testigo presencial–, pero principalmente a que en el punto central del interés de los diferentes narradores se hallaban aspectos distintos de las circunstancias relacionadas con la resurrección. Tanto Mateo como Lucas (Westcott) comprimen el relato hasta el punto que la «distinción de puntos de referencia en cuanto al tiempo» queda prácticamente borrada. Lucas parece introducir dentro de lo ocurrido en la noche del domingo lo que él mismo nos dice que sucedió en cuarenta días (Hch. 1:3). Su relato o informe es de modo preeminente el de la evidencia de la resurrección centrada en Jerusalén; el de Mateo, de modo preeminente en Galilea. Con todo, cada uno implica y corrobora los hechos del otro.[1] En general, hemos de recordar que los evangelistas –y después san Pablo– no se interesan tanto en narrar toda la *historia* de la resurrección como en proporcionar la evidencia de la misma. Y aquí lo que es distintivo de cada uno es característico también de su punto de vista especial. Mateo describe la impresión de la plena evidencia de aquella mañana de Pascua sobre amigo y enemigo, y luego nos lleva deprisa, desde el Jerusalén tinto con la sangre de Cristo, otra vez al dulce lago y al bendito monte donde Él habló antes. Es como si anhelara verificar al Cristo resucitado en las escenas en que había aprendido a conocerle. Marcos, que es mucho más breve, no sólo da un mero sumario,[2] sino que, si uno pudiera usar la expresión, lo cuenta desde el seno de la familia de Jerusalén, desde el hogar de su madre María (Hch. 12:12). Lucas parece haber hecho una investigación más plena de todos los hechos de la resurrección, y su relato podría muy bien inscribirse como «Día de Pascua en Jerusalén». Juan pinta las escenas que –durante los cuarenta días, fuera en Jerusalén o en Galilea– eran más significativas y provechosas en enseñanza en la triple lección de su Evangelio: que Jesús era el Cristo; que era el Hijo de Dios, y que creyendo tenemos vida en su nombre. Finalmente, Pablo –uno nacido fuera de tiempo– muestra el testimonio de los testigos principales del hecho, una especie de culminación ascendente (1 Co. 15:4-8). Y esto, de modo más efectivo, porque él se da cuenta bien clara de las dificultades e importancia de la cuestión, y se ha esforzado por conocer bien todos los hechos del caso.

La cuestión es de tal importancia, tanto en sí como con respecto a toda esta historia, que parece necesaria una discusión preliminar a la consideración de los relatos de los Evangelios, por breve e imperfecta que sea.

¿Qué pensamientos referentes al Cristo muerto llenan la mente de José de Arimatea, de Nicodemo y de los otros discípulos de Jesús, así como de los apóstoles y de las mujeres piadosas? Todos ellos creían que estaba muerto y que no había que esperar que se levantara otra vez de entre los muertos –al menos en el sentido en que aceptamos la palabra nosotros. De esto había abundante evidencia a partir del momento de su muerte, en las especias para el entierro traídas por Nicodemo, en las preparadas por las mujeres (unas y otras con objeto de retrasar la corrupción), en la pena de las mujeres en la tumba vacía, en su suposición de que el cuerpo había sido quitado, en la perplejidad y comportamiento de los apóstoles, en las dudas de tantos y en especial en la afirmación expresa de Jesús: «Porque aún no habían entendido la Escritura, que era menester que él resucitase de los muertos» (Jn. 20:9). Y la noticia en el Evangelio de Mateo (27:62-66) de que los miembros del Sanedrín habían adoptado precauciones contra la posibilidad de que intentaran robar el cuerpo, de modo que pudiera parecer que se había cumplido la predicción de Jesús de que resucitaría a los tres días[3] –que por tanto ellos conocían esta predicción, y la tomaron en el sentido literal–, hace resaltar más el comportamiento en sentido opuesto de los discípulos y su manifiesta falta de expectativa en una resurrección literal. Lo que los discípulos esperaban –quizá deseaban– no

1. El lector que desee estudiar este punto con mayor detalle puede hacerlo en el admirable análisis del canón. Westcott en sus notas del prefacio a Juan cap. 20. Al mismo tiempo, expreso respetuosamente mi desacuerdo con algunas de sus ordenaciones de los sucesos relacionados con la resurrección (*u.s.*, p. 288 *a*).

2. Puedo afirmar aquí que acepto que la porción final de Marcos (16:9-20) es genuina. Si en su base interna hay que admitir que da la impresión de un postscriptum, por otra parte, sin la sección queda como un documento mutilado. No es el punto apropiado aquí para una discusión sobre la autenticidad de estos versículos. El lector puede leer la *Revised Version of the first three Gospels*, del canón. Cook, pp. 120-125, y en especial la obra maestra del decano Burgon sobre *The last twelve verses of the Gospel according to St. Mark*. Se trata de un problema difícil.

3. Tenemos que admitir que hay fuerza en algunas –aunque no todas– de las objeciones que presenta Meyer contra este incidente y otros. Pero hay que añadir que esto no invalida en modo alguno la verdad del relato. No podemos entrar de manera más profunda en la cuestión (ver más adelante, p. 1.252).

era un retorno en corporeidad glorificada de Cristo, sino su Segunda Venida en gloria a su Reino.

Pero si ellos le consideraban como realmente muerto y que no había de resucitar en el sentido literal, esto es evidente, no tenía ningún efecto práctico no sólo por lo que se refería a sus sentimientos anteriores hacia Él, pero tampoco a su fe en Él como el Mesías prometido.[4] Esto se ve por la conducta de José y Nicodemo, por el modo de hablar de las mujeres y el comportamiento en general de los apóstoles y los discípulos. Todo esto habría sido muy diferente si ellos hubieran considerado la muerte de Cristo, incluso en la cruz, como un hecho que desmintiera sus pretensiones mesiánicas.[5] Por el contrario, nos queda la impresión en la mente de que, aunque se hallaban en extremo afligidos por la pérdida de su Maestro y el triunfo aparente de sus enemigos (Mr. 16:10), sin embargo su muerte no les había atrapado inesperadamente, sino más bien la consideraban una necesidad interna y como un cumplimiento de su predicción tantas veces repetida. Y no podemos maravillarnos de esto, puesto que Él, a partir de la Transfiguración se había esforzado, contra toda clase de resistencia suya, en imprimir en su mente el hecho de su traición y muerte. Él se había referido ciertamente a su resurrección, aunque en modo alguno con tanta frecuencia o claridad. Pero de esto, según sus ideas judaicas, podrían haberse formado una concepción muy diferente de la de una resurrección literal del cuerpo crucificado en un estado glorificado y, con todo, capaz de un intercambio terrestre como el que el Cristo resucitado tuvo luego con ellos. Y si se objeta a esto que en un caso así Cristo tendría que haberles enseñado claramente todo esto, basta contestar que no había necesidad de una enseñanza clara sobre este punto en aquel tiempo, que el suceso mismo pronto iba a enseñárselo, y mejor; que habría sido imposible enseñárselo realmente, excepto por medio del suceso; y que todo intento de hacerlo habría implicado una comunicación mucho más plena sobre este tema misterioso de la que, a juzgar por lo que nos cuenta la Escritura, estaba en el propósito de Cristo impartir en nuestro estado presente de fe y de expectativa. En consecuencia, desde su punto de vista, la predicción de Cristo había de referirse a la continuidad de su obra, su vindicación o alguna aparición suya, fuera desde el cielo o en la tierra –tal como la de los santos en Jerusalén después de la resurrección, o la de Elías en la creencia judía–, pero sobre todo en su retorno en gloria; de cierto, no a la resurrección tal como realmente ocurrió. El hecho en sí era por completo ajeno a las ideas judaicas, que abarcaban la continuidad del alma después de la muerte y la resurrección final del cuerpo, pero no un estado de corporeidad espiritual, mucho menos bajo las condiciones como las que nos describen los Evangelios.[6] Elías, que es introducido constantemente en la tradición judía, nunca es representado como participando en comidas u ofreciendo su cuerpo para que lo toquen; es más, los ángeles que visitaron a Abraham se describen como haciendo ver que comen, pero que no comen en realidad.[7] Queda claro que los apóstoles no habían aprendido lo referente a la resurrección de Cristo ni de la Escritura –y esto prueba que los relatos no intentan mostrar el cumplimiento de una expectativa previa– ni de alguna predicción de Cristo a este efecto; aunque sin la una –y especialmente sin la otra– la tumba vacía no podría por sí sola haber obrado en ellos la convicción segura de la resurrección de Cristo.

Esto nos lleva a la cuestión real que tenemos entre manos. Como los apóstoles y otros creían, evidentemente, que Cristo estaba muerto y no esperaban su resurrección, y como el hecho de su muerte no era para ellos una objeción formidable a su carácter mesiánico –si es que lo era– en absoluto –tal que pudiera haberles inducido a inventar o imaginar una resurrección–, ¿cómo vamos a explicar la historia de la resurrección con todos sus detalles en los cuatro Evangelios y en Pablo? Los detalles o «señales» tienen claramente por intención el ser *evidencias* para todos de la realidad de la resurrección, sin las cuales no habría sido creída; y por tanto, su multiplicación y variedad tienen que ser consideradas como una indicación de que sin ellos habría habido dificultades numerosas e insuperables para creer en ella. De modo similar, el lenguaje de Pablo (Gá. 1:18) implica una investigación cuidadosa y minuciosa por su parte,[8] más racional por el hecho de que, además de las dificultades intrínsecas y las preconcepciones judaicas contra la misma, tienen que habérsele echado en cara objeciones frecuentes y tenaces a ella, haciendo ver lo ridícula que era a los ojos de los filósofos eruditos y estudiosos griegos, que se burlaban de su predicación (Hch. 17:32).

De ahí que la pregunta que hemos de hacernos es ésta: considerando su estado mental previo y la ausencia de motivos, ¿cómo explicar el cambio que tuvo lugar en la mentalidad de los discípulos con respecto a la resurrección? No puede haber la menor duda, ellos creían con una certidumbre absoluta que la resurrección era un hecho histórico; más aún, que formaba la base y sustancia de toda su predicación del Reino; ni se puede dudar de que Pablo –hasta su conversión, enemigo acerbo de Cristo– estaba después plenamente persuadido de ella; ni tampoco –para dar un paso atrás– que el mismo Jesús la esperaba. Realmente, el mundo no habría sido convertido a un Cristo judío muerto, por más que sus discípulos íntimos hubieran continuado amando su recuerdo. Pero ¡ellos predicaban por todas partes, primero y por encima de todo, la resurrección de los muertos! En el lenguaje de Pablo: «Si Cristo no ha resucitado, vana es nuestra predicación, vana es también vuestra fe. Y somos hallados falsos testigos de Dios… y aún estáis en vuestros pecados» (1 Co. 15:14, 15, 17). Hay que desechar lo que posiblemente es causa de la objeción principal a la resurrección: su carácter milagroso. La objeción a los milagros en sí procede de un falso sobrenaturalismo que busca el milagro en el *fiat* inmediato del Todopoderoso sin ningún enlace intermedio;[9]

4. La afirmación de los dos en el camino a Emaús (Lc. 24:21): «Pero nosotros esperábamos que Él era el que había de redimir a Israel», se refiere sólo al desengaño de sus esperanzas judaicas de un Reinado mesiánico presente.

5. No se puede suponer que el conjunto de sus ideas sobre su mesianidad en esas pocas horas hubiera sufrido un cambio completo y en una dirección filosófico-racionalista, ya que esto habría sido total y absolutamente ajeno a sus mentes y su historial.

6. Pero aun si la creencia en su resurrección hubiera sido un requisito en su fe –como con razón hace notar Keim–, esta demostración realista de ella no era lo que habrían buscado. Herodes Antipas no fue a investigar la tumba del Bautista cuando creyó que había resucitado de los muertos; cuánto más los discípulos de Cristo se habrían quedado satisfechos con la evidencia –de mucho– menos realista y frecuente que la descrita en los Evangelios. Esta consideración muestra que no había motivo para inventar los detalles relacionados con la historia de la Resurrección.

7. Así Josefo (*Ant.* xi.1.2), y para mostrar que éste no era un punto de vista racionalista, Bab. Mets. 65 b; Ber. R. 48. Una tradición más tardía (Tos. a B. Mets.; Bemid. R. 10), en realidad parece admitir el comer literal, pero como viajeros representativos y en reconocimiento a la hospitalidad de Abraham. Onkelos simplemente lo traduce de modo literal, pero el Targum Pseudo-Jon. parece dejar el punto impreciso.

8. Esto lo transmite el uso del verbo ἱστορέω.

9. Todo el tema de los milagros requiere un tratamiento más pleno y claro del que ha recibido hasta ahora.

y como ya se ha mostrado esto implica un círculo vicioso, una *petitio principii.* Pero después de todo, lo milagroso es sólo aquello que para nosotros carece de precedentes y es incognoscible –un criterio muy estrecho sobre el que rehusar la investigación histórica. Y el historiador *tiene* que dar cuenta del hecho indudable de que la resurrección fue la convicción personal fundamental de los apóstoles y los discípulos, la base de su predicación y el apoyo final de su martirio. ¿Qué explicación, pues, podemos ofrecer a esto?

1. Podemos poner a un lado dos hipótesis, ahora prácticamente descartadas por todos, incluso en Alemania, y que probablemente nunca han sido consideradas seriamente en este país. Son, una, la de que fue un gran fraude por parte de los discípulos, que robaron el cuerpo de Jesús –respecto a la cual, como hace notar incluso Strauss, su falsedad es totalmente incompatible con su vida posterior de heroísmo y martirio–; y luego, otra, que Cristo no estaba realmente muerto cuando fue descendido de la cruz, y que luego fue reavivado gradualmente. Sin mencionar los muchos absurdos que implica esta teoría,[10] lo que hace realmente –si es que exoneramos a los discípulos de complicidad– es achacar el fraude al mismo Cristo.

2. La otra única explicación digna de atención es la llamada «hipótesis de la visión»: que los apóstoles realmente creían en la resurrección, pero que eran meras visiones de Cristo lo que había inculcado en ellos esta creencia. Esta hipótesis ha sido modificada en varias formas. Según algunas, estas visiones eran el resultado de una imaginación excitada o de un estado mórbido del sistema nervioso. A esto, naturalmente, se puede hacer la objeción preliminar de que estas visiones presuponen una expectativa previa del suceso, algo que como hemos visto es lo opuesto a los hechos. Además, estas «hipótesis de la visión» en modo alguno están de acuerdo con los muchos detalles y circunstancias narrados en conexión con el Resucitado, al cual se describe como habiéndose aparecido no sólo a personas aisladas o en el retiro de una habitación, sino a muchos y en variadas circunstancias y formas, por lo que la idea de una mera visión se hace imposible. Además, las visiones de una imaginación exaltada no perdurarían ni llevarían a tales resultados; lo más probable es que pronto hubieran dado lugar a trastornos mentales o a depresión.

La «hipótesis de la visión» no mejora mucho si consideramos la supuesta visión como el resultado de la reflexión que los discípulos, convencidos de que el Mesías no podía permanecer muerto (y esto ya es contrario a los hechos), hubieran cavilado sobre ello hasta el punto de haberse persuadido de que tenía que resucitar y luego empezado a tener visiones del Resucitado.[11] Y tampoco se recomienda esta hipótesis a nuestra mente si tuviéramos que asumir que estas visiones habían sido enviadas directamente por Dios mismo,[12] para atestiguar el hecho de que Cristo vivía. Porque tenemos que tratar aquí con una serie de hechos que no pueden ser explicados de esta forma, tales como el que mostrara sus heridas; el que se ofreciera para que las tocaran; la orden de palparlo, para convencerles de su corporeidad real; el comer con los discípulos; la aparición junto al lago de Galilea y otras. Además, la «hipótesis de la visión» tiene que explicar los sucesos de la mañana de Pascua, y especialmente la tumba vacía, de la cual se había hecho rodar la gran piedra, y en la cual estaban las mismas prendas que había llevado en la muerte y que vieron los que entraron en ella. De hecho, un relato como el que es consignado por Lucas (24:38-43) por sí solo hace imposible la «hipótesis de la visión». Se nos dice de modo expreso que la aparición del Cristo resucitado, en vez de ser esperada por los reunidos, los atemorizó, y que ellos creían que era espectral, ante lo cual Cristo tuvo que ganar su confianza y ordenarles que le tocaran, porque «un espíritu no tiene carne y huesos, como veis que yo tengo» (Lc. 24:39). Finalmente, ¿quién quitó el cuerpo de Cristo de la tumba? Seis semanas después, Pedro predicó la resurrección de Cristo en Jerusalén. Si los enemigos de Cristo hubieran quitado el cuerpo, podían fácilmente hacer callar a Pedro; si habían sido sus amigos, los culpables del fraude eran ellos, algo que ni siquiera Strauss considera posible dadas las circunstancias. Las teorías del engaño, la idea delirante[13] y la visión son

10. Por ejemplo, la de cómo podría haber ido a Emaús con los pies con una gran herida, y otras.

11. Este argumento podría ser trabajado de varias formas, y el relato de los Evangelios se podría considerar que representa la forma posterior que tomó la creencia en la Iglesia. Pero: *a*) el conjunto de la «hipótesis de la visión» es vago e irreal, y los escritores sagrados mismos muestran que conocían la diferencia entre visiones y apariciones reales; *b*) es imposible reconciliarlo con sucesos como los de Lucas 24:38-43 y Juan 21:13; y, si fuera posible más aún, el poner todos estos detalles a un lado como de una tradición posterior para la cual no hay otra base que el deseo de reivindicar una visión; *c*) es incompatible con el estudio cuidadoso de Pablo, el cual, como en muchas otras ocasiones, es aquí un importantísimo testigo; *d*) la teoría implica un manejo altamente arbitrario de los relatos de los Evangelios, como el decir que los apóstoles habrían regresado *inmediatamente* a Galilea, donde la vista de las escenas familiares habría encandilado en ellos este entusiasmo; que todas las noticias sobre el «tercer día» han de ser rechazadas, y así sucesivamente; *e*) lo que era una creencia tan fundamental como la resurrección no podía tener origen en una visión ilusoria. Esto, como ha mostrado Keim, sería incompatible con la claridad y calma de la convicción y propósito firme de acción que fue su resultado. Además, ¿hemos de creer que el entusiasmo se había apoderado primero de las mujeres, luego de los apóstoles y así en adelante? Pero ¿cómo en este caso pueden creerlo los 500 de que habla Pablo? Es difícil que todos se hubieran contagiado de la misma manía; *f*) una mera visión es impensable bajo tales circunstancias como una caminata a Emaús, la conversación con Tomás, con Pedro, etc. Además, es incompatible con el dar promesas tan definidas por parte del Cristo resucitado como la de que les enviaría el Espíritu Santo, y con tales instrucciones como las de ir a evangelizar el mundo; *g*) finalmente, como señala Keim, es incompatible con el hecho de que estas manifestaciones cesaran con la ascensión. ¡Tenemos ocho –a lo más nueve– de estas manifestaciones en el curso de seis semanas; y luego, de repente, cesan de modo permanente! Esto no estaría de acuerdo con la teoría de visiones por parte de entusiastas exaltados. Pero ¿lo eran los apóstoles? ¿No nos damos cuenta, al leer los Evangelios, de que dejan en la mente de un lector imparcial exactamente la impresión opuesta?

12. Estos dos modos de explicar el relato de la resurrección –por medio de un fraude, y el de que Cristo en realidad no estaba muerto– ya fueron intentados por Celso hace 1.700 años, y el primero por los judíos, antes de esto incluso. Keim los ha sometido, modificados por diferentes defensores, a una crítica estricta, y con aguda ironía exhibe su completo absurdo. Con respecto a la suposición de fraude dice: «muestra que ni la más remota idea de la santa convicción de los apóstoles y los primeros cristianos ha penetrado en estos espíritus endurecidos». La objeción de que el Resucitado sólo se había manifestado a sus *amigos*, pero no ante enemigos, es también tan antigua como Celso. Prescinde del hecho, en conjunto, de que la revelación de Cristo no sustituye o pasa por alto la fe, sino que la implica; que no hay tal cosa en el Cristianismo como una convicción forzada, en vez de una fe obtenida; y que el propósito de las manifestaciones del Cristo resucitado era el confirmar, consolar y enseñar a los discípulos. En cuanto a sus enemigos, el Señor había declarado de modo expreso que ellos no le verían de nuevo hasta el día del juicio.

13. El estudio más profundamente penoso –pero también el más interesante– es la conclusión a que llega el mismo Keim al final (Gesch. *Jesu v. Naz.* 3, pp. 600-605). Ya se ha dicho con qué ironía comenta las teorías del fraude y de la falsedad de la muerte, así como los argumentos de Strauss. La «hipótesis de la visión» le

pues imposibles, y la objeción *a priori* al hecho, por implicar un milagro, queda descartada por ser una *petitio principii*, por lo que el estudiante de historia se ve forzado a aceptar simplemente el relato. Ya hemos indicado antes que a esta conclusión, con certidumbre infalible,[14] apuntan la falta de preparación de los discípulos, sus opiniones previas, su nuevo testimonio hasta el martirio, la fundación de la Iglesia cristiana, el testimonio de tantos, solos y en compañía, y la serie de manifestaciones registradas durante cuarenta días en circunstancias tan diferentes. E incluso si se pudieran hallar algunas discrepancias leves, detalles no estrictamente históricos –producto de la tradición más primitiva de la Iglesia apostólica– en relatos que no eran de testigos oculares, con toda seguridad no podrían invalidar el gran hecho de la Resurrección en sí, que *puede ser afirmado sin vacilación como el mejor establecido en la Historia.* Al mismo tiempo, nos abstendríamos cuidadosamente de afirmar que las fallas hipotéticas señaladas existan realmente en los relatos, que se pueden ordenar del modo más satisfactorio a menos que sea bajo la presión del hipercriticismo.

La importancia de todo esto no puede ser expresada de forma adecuada en palabras. Un Cristo muerto podría haber sido un maestro, un gran obrador de milagros y recordado y amado como tal. Pero únicamente un Cristo resucitado y vivo podía ser el Salvador, la Vida y el dador de la vida, y como tal predicado a todos los hombres. Y de esta verdad tan bendita tenemos la evidencia más plena e indiscutible. Por lo tanto, podemos implícitamente entregarnos a la impresión que nos producen estos relatos, y más aún, a la realización de este hecho, el más sagrado y bendito. Este hecho es el fundamento de la Iglesia, la inscripción en la bandera de sus ejércitos, la fuerza y consuelo de todo corazón cristiano y la gran esperanza de la Humanidad:

«El Señor ha resucitado verdaderamente».[15]

---

parece al principio defendible, y lo hace con ingenio y poder retórico. ¡Y lo consigue tanto más fácilmente cuanto que para ello ha de renunciar –aunque de modo arbitrario– casi a cada detalle histórico del relato de la resurrección! Y ¿cuál es el resultado a que llega al final? ¡Muestra –quizá de modo más concluyente que ninguno– que la «hipótesis de la visión» es también imposible! Habiéndolo hecho, admite virtualmente que no puede ofrecer ninguna otra explicación sobre el «misterioso final» de la vida de Jesús. Probablemente las visiones del Cristo resucitado fueron concedidas directamente por Dios mismo y por el Cristo glorificado (p. 602). «Es más, incluso la aparición corporal misma puede ser concedida a los que sin ella temen perderlo todo» (p. 603). Pero de esto hay sólo un pequeño paso a la enseñanza de la Iglesia. En todo caso, el mayor de los críticos negativos, por su propia admisión de ser incapaz de explicar la resurrección de modo natural, ha dado la más plena confirmación al artículo fundamental de nuestra fe cristiana.

14. Reuss (*Hist. Evang.* p. 698) hace notar que si este dogma fundamental de la Iglesia hubiera sido el producto de una invención, se habría tenido cuidado en que los relatos de la misma estuvieran en el acuerdo más literal y estricto.

15. Godet concluye de modo apropiado su sólida discusión sobre el tema observando que si Strauss admite que la Iglesia nunca habría surgido si los apóstoles no hubieran tenido una fe inconmovible en la realidad de la resurrección de Cristo, nosotros podemos añadir que esta fe de los apóstoles nunca habría surgido a menos que la resurrección hubiera sido un hecho verdaderamente histórico.

Capítulo 17

(Mateo 28:1-10; Marcos 16:1-11; Lucas 24:1-12; Juan 20:1-18; Mateo 28:11-15; Marcos 16:12, 13; Lucas 24:13-35, 1 Corintios 15:5; Marcos 16:14; Lucas 24:36-43; Juan 20:19-25; Juan 20:26-29; Mateo 28:16; Juan 21:1-24; Mateo 28:17-20; Marcos 16:15-18; 1 Corintios 15:6; Lucas 24:44-53; Marcos 16:19, 20; Hechos 1:3-12)

«El tercer día resucitó de los muertos; subió a los cielos»

1. Se divisaba algo de luz en el horizonte cuando las que con tanto amor habían observado el entierro de Jesús caminaban por el solitario sendero hacia la tumba excavada en la roca del huerto.[1] Aunque hay considerables dificultades para armonizar los detalles de modo exacto en los diversos relatos –si es que en realidad hay que dar importancia a estos intentos–, estamos agradecidos al saber que toda vacilación se refiere al orden de detalles minúsculos,[2] y no a los grandes hechos del caso. Y aun estos detalles pequeños, como tendremos ocasión de mostrar, serían armoniosos si pudiéramos conocer todas las circunstancias.

La diferencia –si se puede llamar así– en los nombres de las mujeres que acudieron a la tumba a primeras horas de la mañana apenas requiere discusión. Puede haber habido dos grupos que empezaran en lugares distintos para reunirse en la tumba, y esto también explicaría la ligera diferencia en los detalles de lo que vieron y oyeron en la tumba. En todo caso, la mención de las dos Marías y Juana es suplementada por Lucas (Lc. 24:10) por la de «otras mujeres que estaban con ellas», en tanto que si Juan habla sólo de María Magdalena (Jn. 20:1), el informe de ésta a Pedro y Juan, «No sabemos dónde le han puesto», implica que no había ido sola a la tumba. Era el primer día de la semana,[3] según el modo judío de contar el tercer día a partir de su muerte: viernes, sábado y domingo. El relato deja la impresión de que el sábado de descanso había demorado su visita a la tumba; pero no deja de ser una curiosa coincidencia que los parientes y amigos del difunto tenían la costumbre de ir a la tumba hasta el tercer día (cuando se consideraba que empezaba la corrupción), de modo que así se aseguraban que estaba realmente muerto (Mass. Semach. viii., p. 29 *d*). Comentando que Abraham divisó el monte Moria el tercer día (Gn. 22:4), los rabinos insistían en la importancia del «tercer día» en varios sucesos relacionados con Israel, y especialmente hablaban de él en conexión con la resurrección de los muertos, dando como prueba Oseas 6:2 (Ber. R. 56, ed. Vars., p. 102 *b*, arriba). En otro lugar, apelando al mismo dicho profético, infieren de Génesis 42:17 que Dios nunca deja al justo más de tres días en angustia (Ber. R. 91). En el duelo también el tercer día formaba una especie de período, porque se creía que el alma revoloteaba alrededor del cuerpo hasta el tercer día, cuando finalmente partía de su tabernáculo terrestre (Moed K. 28 *b*; Ber. R. 100).

Aunque estas cosas se mencionan aquí, no tenemos que decir que ninguno de estos pensamientos estaba presente entre los amigos y parientes en duelo que aquella madrugada de domingo[4] iban a la tumba. Tanto si había dos grupos de mujeres como si había uno, se hallaban todas en la tumba y la figura más prominente entre ellas era María Magdalena[5] –tan importante entre las mujeres piadosas como Pedro entre los apóstoles. Parece que ella llegó primero a la tumba, y viendo que la gran piedra que había obturado la entrada había sido removida, juzgaron precipitadamente que alguien había quitado el cuerpo del Señor. Sin hacer más investigaciones, María corrió hacia la ciudad para informar a Pedro y a Juan del hecho. El evangelista explica aquí que había habido un gran terremoto, y que el ángel del Señor, que aparecía a la vista humana como un relámpago y vestido de blanco como la nieve, había hecho correr la piedra y estaba sentado sobre ella, en tanto que los guardias, atemorizados por lo que habían oído y visto y especialmente ante el aspecto y actitud de poder celestial del ángel, se habían quedado afectados por un desmayo mortal. Recordando los sucesos relacionados con la crucifixión, de los que se habría hablado sin duda entre los soldados, y teniendo la impresión de una vista así en su mente, podemos comprender fácilmente el efecto en los dos centinelas que habían guardado la tumba solitaria toda la noche. El suceso en sí (nos referimos al hecho de que la piedra hubiera sido apartada) suponemos que debe haber tenido lugar después de la resurrección de Cristo, temprano por la mañana, cuando las santas mujeres iban camino a la tumba. El terremoto no puede haberlo sido en el sentido ordinario, sino un temblor en el lugar, cuando el Señor de la Vida abrió súbitamente las puertas del Hades que retenían su cuerpo glorificado, y el ángel de aspecto refulgente descendió del cielo para apartar la piedra. El haberla dejado puesta cuando la tumba estaba vacía, habría producido la impresión de algo que no era ya verdad. Pero hay una sublime ironía en el contraste entre las precauciones minuciosas del hombre y la facilidad con que la mano divina puede barrerlas a un lado, y que, como ocurre a lo largo de la historia de Cristo y de su Iglesia, recuerda la declaración profética: «El que está sentado en los cielos se reirá de ellos».

En tanto que la magdalena se apresuraba –quizá por otro camino– hacia la casa de Pedro y de Juan, las otras mujeres habían llegado también a la tumba, o bien en un grupo o quizá en dos. Se habían preguntado y temían no

1. Tengo que seguir en la incertidumbre respecto a si el ὄψὲ σαββάτων se refiere al sábado avanzada la noche o a la madrugada del domingo.

2. El lector que desee comparar los modos de ver diferentes sobre estas pequeñas discrepancias, aparentes o reales, puede dirigirse a los diversos Comentarios. Completamente ortodoxo y el intento más elaborado y erudito para conciliarlos es el realizado por McClellan (*New Test. Harmony of the Four Gospels*, pp. 508-538), aunque el plan final del orden me parece algo complejo.

3. μιασαββάτων, una expresión que corresponde exactamente a la rabínica אחר בשבת.

4. No puedo creer que Mateo 28:1 se refiera a una visita de las dos Marías el sábado por la noche, ni Marcos 16:1 a la compra de especias a esta hora.

5. Los relatos implican que las mujeres no sabían nada del sello de piedra ni de la guardia puesta sobre la tumba. Esto puede tenerse como evidencia de que Mateo no podía haber significado que las dos Marías habían visitado la tumba la noche previa (Mt. 28:1). En un caso así tendrían que haber visto la guardia. En este caso no habrían tenido dudas sobre quién les haría correr la piedra.

poder realizar su piadoso propósito, porque ¿quién iba a apartarles la piedra? Pero como ocurre muchas veces la dificultad temida ya no existía. Tal vez pensaban que María Magdalena, ahora ausente, había conseguido ayuda para ello. En todo caso, ellas entraron ahora en el vestíbulo del sepulcro. Aquí la vista y aspecto del ángel las llenó de terror. Pero el mensajero celestial les mandó que dejaran de temer; les dijo que Cristo no estaba allí, que ya no estaba muerto, sino que había resucitado, como ciertamente Él había predicho en Galilea a sus discípulos; finalmente, les mandó que se apresuraran a ir a dar el anuncio a los discípulos con este mensaje: que –como Cristo les había mandado antes– fueran a encontrarse con Él en Galilea. No fue sólo que esto relacionaba, por así decirlo, el presente maravilloso con el pasado familiar, y les ayudaba a comprender que era su mismo Maestro; ni tampoco que en el retiro quieto y seguro de Galilea habría mejor oportunidad para una manifestación más plena, como la que hubo para los quinientos, y para conversaciones e instrucciones definitivas; la razón principal para dar en este momento la orden de encontrarse con Él en Galilea, que de otro modo parecía tener una prominencia extraña y casi exclusiva, era la que ya se ha dado en un capítulo anterior (cap. XII). Al esparcirse los once en Getsemaní la noche de la traición de Cristo, el colegio apostólico había quedado disuelto temporalmente. Ellos seguían reuniéndose como discípulos individuales, sin duda; pero el lazo del apostolado de momento estaba disuelto. Y el círculo apostólico tenía que ser vuelto a formar –y la comisión apostólica renovada y ampliada– en Galilea; no ciertamente junto al lago, donde sólo estuvieron presentes siete de los once (Jn. 21:2), sino en el monte donde Él les mandó que se encontraran con Él (Mt. 28:16). Así el final iba a ser como el principio. Donde Él los había llamado primero y les había enviado a su obra, allí Él los llamaría de nuevo, les daría plenas instrucciones y les concedería de nuevo amplios y nuevos poderes. Estas apariciones en Jerusalén tenían por objeto prepararlos para todo esto, al asegurarles completa y gozosamente del hecho de su Resurrección –la plena enseñanza de la cual tendría lugar en Galilea. Y cuando las mujeres, perplejas y apenas conscientes, obedecieron la orden de entrar y examinar por su cuenta la tumba con el nicho ahora vacío, vieron a dos ángeles[6] –probablemente como los vio más tarde María Magdalena–, uno a la cabeza y otro a los pies del lugar en que había estado echado el cuerpo de Jesús. Ellas no esperaron más, sino que se apresuraron, sin decir nada a nadie por el camino, para llevar a los discípulos las nuevas de lo que no podían aún comprender en su plena importancia.[7]

«Tanto si había dos grupos de mujeres como si había uno, se hallaban todas en la tumba y la figura más prominente entre ellas era María Magdalena –tan importante entre las mujeres piadosas como Pedro entre los apóstoles. Parece que ella llegó primero a la tumba, y viendo que la gran piedra que había obturado la entrada había sido removida, juzgaron precipitadamente que alguien había quitado el cuerpo del Señor. Sin hacer más investigaciones, María corrió hacia la ciudad para informar a Pedro y a Juan del hecho. El evangelista explica aquí que había habido un gran terremoto, y que el ángel del Señor, que aparecía a la vista humana como un relámpago y vestido de blanco como la nieve, había hecho correr la piedra y estaba sentado sobre ella, en tanto que los guardias, atemorizados por lo que habían oído y visto y especialmente ante el aspecto y actitud de poder celestial del ángel, se habían quedado afectados por un desmayo mortal».

Como todos los sepulcros de los judíos ricos, el de José está compuesto por una antecámara que comunica, sin ninguna puerta, con la cámara funeraria y que se cierra haciendo rodar una piedra semejante a una rueda de molino. Ésta es la tumba de Herodes el Grande, por lo que se trata de una tumba de tiempos de Jesús.

---

6. Es posible, sin embargo, que la aparición de un ángel fuera a uno de los grupos de mujeres, y la de dos ángeles al otro.

7. Aunque no puedo por menos que vacilar al hablar sobre este tema, tengo la impresión como si los evangelistas hubieran comprimido todos los sucesos de la mañana en un solo relato: «Las mujeres en el sepulcro». Es esta compresión lo que produce la apariencia de más sucesos de los que realmente ocurrieron, debido a la apariencia de ser divididos en escenas, y a la circunstancia de que los distintos escritores dan prominencia a diferentes personas, o bien a diversos detalles de lo que en realidad es una sola escena. Es más, estoy dispuesto –aunque insisto en mi vacilación– a considerar la aparición de Jesús «a las mujeres» (Mateo 28:9) como la misma que tuvo María Magdalena, registrada en Juan 20:11-17, y referida en Marcos 16:9; más aún por cuanto las palabras de Mateo 28:9: «y mientras ellas iban a dar las nuevas a los discípulos» son espurias, habiendo sido añadidas, probablemente, para armonizar las historias. No puedo decir que esté seguro, pero esto simplificaría los detalles, de otro modo muy intrincados.

2. Pero aunque los detalles no estén claros con respecto a los relatos de los Sinópticos, debido a su gran compresión, todo es luminoso cuando seguimos los pasos de la magdalena acompañados del cuarto Evangelio. A toda prisa correría desde la tumba a las casas de Pedro y de Juan –la repetición de la preposición «de» probablemente indica que los dos ocupaban un alojamiento distinto aunque fuera cercano. Las sorprendentes nuevas que traía indujeron a los dos a ir al sepulcro instantáneamente: «y fueron corriendo al sepulcro». «Empezaron a correr los dos juntos» –y posiblemente siguieron así hasta que se hallaron fuera de la ciudad y se acercaban al huerto. Juan, sin embargo, era más joven y corrió más aprisa que Pedro.[8] Habiendo llegado antes al sepulcro, se agachó un poco para mirar dentro y vio los lienzos pero no el sudario que se hallaba en otra parte. Si la reverencia y el temor impidieron a Juan entrar en el sepulcro, su impulsivo compañero, que llegó al cabo de unos segundos, no pensó en nada más que aclarar al punto todo el misterio. Entró en el sepulcro y «miró (fijamente)» (βλέπει), viendo los lienzos colocados en el suelo, pero el sudario, que había estado sobre la cabeza de Jesús aparte de los lienzos, enrollado en un lugar aparte. No había señal alguna de haber sido hecho con prisa, todo estaba en orden y daba la impresión de que el que había estado allí se había quitado aquellas prendas que ya no le pertenecían. Al punto, «el otro discípulo» siguió a Pedro. El efecto de lo que vio fue que ahora él creyó en su corazón que el Maestro había resucitado –porque hasta entonces ellos no habían deducido todavía de la Santa Escritura el conocimiento de que Él había de resucitar. Y esto también es muy instructivo. No fue la creencia previa, derivada de las Escrituras, de que Cristo había de resucitar de los muertos lo que les llevó a la expectativa del hecho, sino que la evidencia de que había resucitado les recordó el conocimiento que la Escritura enseñaba sobre este punto.

3. Sin embargo, sea cual fuera la luz que se hubiera levantado en el santuario interno del corazón de Juan, no habló de sus pensamientos a María Magdalena, tanto si ella llegó al sepulcro antes que los dos partieran, o que se hubieran encontrado por el camino. Los dos apóstoles regresaron a su casa, bien porque pensaran que ya no había nada más que averiguar en la tumba, o que esperaran más guía e instrucción. O quizá puede haberse debido en parte al deseo de no atraer atención innecesaria a la tumba vacía. Pero el amor de la Magdalena no podía quedar satisfecho en tanto que se mecía en la duda de lo acaecido al cuerpo sagrado. Hay que recordar que ella sabía sólo que la tumba estaba vacía. Durante un tiempo cedió a la agonía de su aflicción; luego, al enjugarse las lágrimas, se inclinó una vez más para dar una mirada a la tumba, que ella creía vacía, cuando al mirar fijamente la tumba no le pareció vacía. A la cabeza y a los pies del lugar en que había estado el cuerpo sagrado vio sentados a dos ángeles vestidos de blanco. La pregunta de ellos, tan profundamente cierta respecto a su conocimiento de que Cristo había resucitado, «Mujer, ¿por qué lloras?», parece haber caído sobre María con una rapidez sobrecogedora, de modo que, sin llegar a comprender –quizá por la semioscuridad– quién era el que se lo preguntaba, procuró obtener la información que buscaba: «Porque se han llevado el cuerpo de mi Señor, y no sé dónde lo han puesto». Lo mismo nos ocurre con frecuencia cuando, llorando, hacemos una pregunta de duda o temor que nunca habría salido de nuestros labios si tuviéramos un conocimiento superior; es más, el mismo «¿por qué?» del cielo deja de causarnos impresión, aunque la propia voz de sus mensajeros nos recuerda el error de nuestra impaciencia.

Pero María estaba a punto de recibir otra respuesta. Mientras hablaba se dio cuenta de que otra Presencia se les estaba acercando. Volviéndose rápidamente, «miró» y vio a Uno a quien no reconoció pero a quien consideró como el hortelano, por su presencia y por su pregunta: «Mujer, ¿por qué lloras? ¿A quién buscas?». La esperanza de que ahora podría saber lo que buscaba dio alas a sus palabras –intensidad y emoción. Si el hortelano había llevado a otro lugar el cuerpo sagrado, ella iría a buscarlo, con tal de que supiera dónde lo había puesto. La profundidad y agonía del amor, que hicieron olvidar a la magdalena las restricciones habituales para una mujer judía en sus tratos con un extraño, fueron la clave que abrió los labios de Jesús. Un momento de pausa, y Él pronunció su nombre con aquel acento tan recordado que la había librado un tiempo del séptuple poder demónico que la atormentaba y le había dado una nueva vida. Ella no le había reconocido por su apariencia, tal como otros no le conocían al principio; tan distinto –y al mismo tiempo tan semejante– era el cuerpo glorificado de aquél que habían conocido. Pero ella no podía confundir la voz, especialmente cuando le hablaba a ella y decía su nombre. Así hacemos nosotros, que fallamos en reconocer al Señor cuando viene a nosotros «en otra forma» (Mr. 16:12) de la que conocemos. Pero no podemos por menos que reconocerle cuando nos habla y nos llama por nuestro nombre.

Quizá nos podemos permitir una pausa aquí, y, partiendo del fallo por parte de María en reconocer al Señor resucitado hasta que Él le habló, podemos hacernos esta pregunta: ¿con qué cuerpo resucitaremos? ¿Como el que teníamos en el pasado, o diferente? Con toda seguridad, muy semejante. Nuestros cuerpos entonces serán *auténticos;* porque el alma va a darles forma; se hará un cuerpo para sí en conformidad con su historia pasada –no sólo se imprimirá en él, como ahora en los rasgos, sino que se expresará en él–, de modo que un hombre podrá ser conocido por lo que es y como es. En este sentido también, la Resurrección tiene un aspecto moral, y es el cumplimiento y término de la historia de la Humanidad y de cada hombre. Y el Cristo también tiene que haber llevado en su cuerpo glorificado todo lo que Él era, todo lo que incluso sus discípulos más íntimos no habían conocido ni entendido en tanto que Él estaba con ellos, pues ahora ellos no llegaban a reconocer al verle, pero le conocían al punto cuando Él les hablaba.

Fue justamente esto lo que impulsó la acción de María –e impulsó también y nos explica la respuesta del Señor. Cuando al oír su nombre ella le reconoció, los sentimientos se agolparon como una avalancha e hicieron salir de sus labios el familiar «¡Rabboni!»[9] –«Maestro mío»–, y echó mano de Él. ¿Fue un impulso inconsciente poner la mano sobre aquel tesoro precioso que ella pensaba haber perdido para siempre; un intento inconsciente de asegurarse de que no era meramente una aparición celestial, sino el Cristo real en su corporeidad sobre la tierra; un gesto de veneración y el

8. Como idea de lo que pueden considerar «siniestros motivos de los evangelistas», según los críticos «avanzados», señalemos que esta «leyenda» implica la lucha entre el cristianismo judío y el gentil (Pedro y Juan), ¡en que el más joven gana la carrera! Igualmente, ¡el ladrón arrepentido en la cruz son los gentiles; el indiferente los judíos! Todo esto representa luchas y tendencias en la Iglesia primitiva entre unos y otros: ¡los petrinos y los jacobinos contra los juaninos y los paulinos!

9. Ésta puede representar la forma de expresión *galilea,* y por tanto, sería aún más evidencial.

principio de los actos de adoración a que su corazón le impulsaba? Es posible que fuera todo esto; y no obstante, probablemente ella no tenía consciencia clara y precisa de ninguno de estos sentimientos. Pero para ellos hubo una respuesta, y en una dirección más elevada, dada por las palabras del Señor: «No me toques, porque aún no he subido a mi Padre». No era un Jesús que aparecía del cielo, porque aún no había ascendido al Padre; tampoco era válida la relación anterior, no ya el antiguo homenaje y veneración. Había todavía un cumplimiento futuro ante Él en la ascensión, del cual María no sabía nada. Entre este futuro a cumplir y el pasado de obrar se abría la brecha del presente: perteneciente en parte al pasado, y en parte al futuro. El pasado no podía ser traído, el futuro no podía ser traído con antelación. El presente era de reafirmación, consolación, preparación y enseñanza. Que María vaya y hable a sus «hermanos» de la ascensión. Así ella podría decirles mejor verdaderamente que le había visto; así también ellos aprenderían mejor cómo su Resurrección unía el pasado de la pasada obra de amor hecha para ellos al futuro: «Asciendo a mi Padre, y a vuestro Padre, a mi Dios y a vuestro Dios». Así, la plena enseñanza del pasado, la más clara manifestación del presente y la más brillante enseñanza del futuro –todo ello reunido en la Resurrección– llegó a los apóstoles a través de la boca de amor de ella, de la cual Él había expulsado siete demonios.

4. Mateo refiere todavía otra escena en aquella mañana de Pascua, como explicación de la forma en que se inició la bien conocida calumnia judía de que los discípulos habían robado el cuerpo de Jesús. Nos cuenta en qué forma la guardia había informado a los principales sacerdotes de lo que había ocurrido, y cómo ellos a su vez habían sobornado a esta guardia para que esparciera este rumor, al mismo tiempo que le prometía que si el informe ficticio de haberse dormido en tanto que los discípulos robaban el sepulcro llegaba a Pilato, ellos intercederían en favor suyo. Dígase lo que se diga sobre ello, sabemos que desde el tiempo de Justino Mártir ésta ha sido la explicación judía (Dial. c. Trif. xvii.; cviii.). Últimamente, sin embargo, entre los escritores judíos reflexivos ha sido sustituida por la «hipótesis de la visión», a la cual ya se ha hecho referencia.

5. Era a primeras horas de la tarde de aquel día de primavera –quizá poco después de la primera comida– cuando dos hombres del círculo de los discípulos abandonaron la ciudad. Su relato nos proporciona interesantes vistas sobre el círculo de la Iglesia en aquellos primeros días. La impresión que nos transmiten es la de absoluta consternación, en la cual solamente destacan algunas cosas de modo firme y seguro: el amor a la persona de Jesús; el amor a los hermanos; la confianza mutua y camaradería; junto con la vaga esperanza de algo que había de venir: si no Cristo en su Reino, con todo, alguna manifestación del mismo, o su acercamiento. El colegio apostólico parece haber quedado desmenuzado; había pasado a ser una suma de unidades; incluso los dos apóstoles principales, Pedro y Juan, eran sólo «algunos de los que estaban con nosotros». Y no es de extrañar; porque ya no eran «apóstoles», enviados. ¿Quién había de enviarles? ¡No el Cristo muerto! Y ¿cuál había de ser su comisión, y a quién, y adónde? Y por encima de todo se posaba una nube de total incertidumbre y perplejidad. Jesús *era* un profeta poderoso en palabras y hechos delante de Dios y de todo el pueblo. Pero sus gobernantes le habían crucificado. ¿Cuál había de ser su nueva relación con Jesús; cuál con sus gobernantes? ¿Y qué decir de la gran esperanza del Reino, que ellos habían identificado con Él?

Así que ellos estaban inciertos, en aquel mismo día de Pascua, respecto a su misión y obra, inciertos respecto a su pasado, presente y futuro. ¡Qué necesidad tenían de la Resurrección y de la enseñanza que sólo podía dar el Resucitado! Aquellos dos hombres habían estado aquel mismo día en comunicación con Pedro y Juan. Y nos queda la impresión de que, en medio de la confusión general, todos habían traído las noticias que tenían, o habían venido a escucharlas, y habían procurado no fallar, aclararlo, ponerlo en orden para ver la luz sobre todo ello. «Las mujeres» han venido y nos han dicho que la tumba estaba vacía y habían tenido una visión de ángeles, y que Él estaba vivo. Pero hasta aquí los apóstoles no han ofrecido ninguna explicación. Pedro y Juan han ido a verlo ellos mismos. Han vuelto confirmando el informe de que la tumba estaba vacía, pero ellos no han visto a ningún ángel ni a Aquél de quien se les dijo que estaba vivo. Y aunque era evidente que estos dos habían dejado el círculo de los discípulos –si no Jerusalén– antes que hubiera regresado la magdalena, sabemos que el informe que ella dio no había merecido crédito por parte de los que lo habían escuchado (Mr. 16:11).

Conocemos el nombre de uno de los dos que aquella tarde habían salido juntos de la ciudad, y se llamaba Cleofás. El otro, cuyo nombre se calla por esta misma razón y por el hecho de que el relato produce la impresión de un recuerdo personal por lo vívido, ha sido identificado con el mismo Lucas. Si es así, como se ha hecho notar de modo delicado,[10] cada uno de los Evangelios tendría un cuadro en alguno de cuyos rincones permitiría identificar a su autor: el primero, el del «publicano»; el de Marcos, el del joven que la noche de la traición huyó de sus captores; el de Lucas, el compañero de Cleofás; y el de Juan, el discípulo a quien Jesús amaba. Hay una incertidumbre casi total respecto a la identificación del lugar Emaús, a pesar de que se ha intentado hacerlo con varias localidades, ninguna satisfactoria. Pero aunque no sabemos el lugar exacto, hay gran probabilidad respecto al valle, de modo que en la imaginación podemos seguir a los dos compañeros en su viaje.

Dejamos la ciudad por la puerta del Poniente. Si avanzamos rápidamente, en unos veinticinco minutos hemos llegado al borde de la meseta. La ciudad manchada de sangre y el lugar donde Jesús acostumbraba ir con los suyos quedan detrás, y estando encapotado el cielo por espesas nubes no lo vemos; a cada paso adelante y hacia arriba el aire parece más libre y limpio; es aire libre; huele a monte, e incluso llega la brisa del mar. Otros veinticinco o treinta minutos –quizá un poco más– y después de pasar unas casas de campo esparcidas, hacemos pausa para mirar hacia atrás, y podemos ver hasta Belén. Proseguimos el camino. Dejamos ahora la región rocosa, solitaria, y entramos en un valle. A nuestra derecha está el lugar placentero que marca la antigua Neftoá (Josué cap. 15), al borde de Judá, ocupada ahora por la aldea de Liftá. Un cuarto de hora más y hemos dejado a la izquierda la bien pavimentada vía romana y nos encaminamos a un hermoso valle. El camino asciende en dirección Nordeste, con la altura en que se halla Emaús directamente delante de nosotros. A igual distancia de Liftá y de Kolonieh, la antigua colonia militar de que habla Josefo; la primera a la derecha, la segunda a la izquierda. Los caminos desde estas dos describen casi un semicírculo (el uno hacia el Nordeste, el otro hacia el Noroeste) y se reúnen a un cuarto de milla al sur de Emaús (Hammoza, Beit Mizza). ¡Qué oasis es esta región de colinas! A lo largo de la corriente

10. Por Godet.

que desciende burbujeante, y en el valle cruzado por un puente, se hallan huertos de naranjos y limoneros, grupos de olivos, árboles frutales, vallados, rincones umbríos, casas soleadas y, en la altura, Emaús. Un lugar ideal para pasear una tarde de primavera,[11] un lugar apropiado para reunirse en compañía y para recibir enseñanza como la de aquel día de Pascua.

Puede que fuera allí donde los dos caminos de Liftá y de Kolonieh se encuentran, que aquel forastero misterioso –a quien no conocían, pues sus ojos estaban velados– se unió a los dos amigos. Con todo, estas 6 o 7 millas (unos sesenta estadios) habían venido conversando sobre Él, y sus facciones daban evidencia de su tristeza a causa de los sucesos de que habían venido hablando: esperanzas que habían resultado en decepciones, tanto más amargas por las noticias desconcertantes sobre la tumba vacía cuanto por el hecho de que el cuerpo de Cristo no se encontraba. Cristo está cerca de nosotros con frecuencia, pero nuestros ojos están velados y no le conocemos; y así la ignorancia y la incredulidad llenan nuestro corazón de tristeza, cuando deberíamos estar gozosos. A la pregunta del forastero sobre el tópico de una conversación que de modo tan visible los afectaba, ellos contestaron de forma que mostraba que estaban tan absortos en sus pensamientos que no podían comprender que, incluso tratándose de un peregrino que había ido a las fiestas, aunque fuera un forastero en Jerusalén, pudiera dejar de percibir la suprema importancia de los sucesos. Aun cuando la pregunta podía sólo interpretarse como mera cortesía, había algo en su apariencia que les abrió el corazón. Le hablaron francamente de sus pensamientos sobre este Jesús; le contaron que había mostrado que era un profeta poderoso en palabras y hechos delante de Dios y todo el pueblo; y que luego sus gobernantes le habían crucificado; y finalmente, las noticias traídas por las mujeres, y que Pedro y Juan habían confirmado hasta aquí, pero que no podían explicar. Sus palabras eran de una simplicidad infantil, profundamente veraces, con una emoción y sinceridad que mostraban el anhelo de ser guiados y consolados en lo profundo del corazón. A almas como éstas el Salvador resucitado iba a dar su primera enseñanza. La reprensión con que empezó a hablar debía darles consuelo y corroboración. También nos acongojamos cuando se nos presentan dificultades que en ese momento nos parecen insuperables, con respecto a alguna de las grandes verdades de nuestra fe; y tal vez sintiéndonos igualmente débiles, somos consolados y fortalecidos cuando «alguien» las pone a un lado y confiesa, incluso ante ellas, que él es un discípulo firme de Cristo. ¡Como si un enano pudiera llegar a la altura de los misterios del cielo, o un niño apoyar con sus manos el edificio que Dios ha construido sobre la gran piedra angular! Pero la reprensión de Cristo no era de esta clase. Su pena procedía de su locura en mirar solamente las cosas que se ven, y esto, de su torpeza en creer lo que los profetas habían hablado. Si hubieran hecho caso de ello en vez de dejarse absorber por lo externo, lo habrían entendido todo. ¿No enseñaban las Escrituras con voz única esta doble verdad acerca del Mesías: que había de sufrir y entrar en su gloria? Entonces, ¿por qué maravillarse; por qué esperar que sufriera y que los ángeles le proclamaran vivo otra vez?

Esto dijo, y una nueva esperanza brotó de su corazón, nuevos pensamientos surgieron en su mente. Su mirada anhelante se fijó en Él, y Él ahora fue abriéndoles uno a uno los pasajes de las Escrituras que hablaban del Mesías, desde Moisés y todos los profetas, recordándoselos e interpretándolos. Los momentos pasaron raudos. Habían recorrido el corto trecho hasta Emaús, y el forastero pareció seguir adelante a otra aldea –no que lo hiciera ver, sino de veras, porque Cristo sólo habita con nosotros si nuestro anhelo y nuestro amor le constriñen. Pero ellos no podían dejarle partir. «Le constriñeron diciendo: Quédate con nosotros». El amor avivó su ingenio: «Atardece, y el día ya ha declinado». Cómo se agolpan en nuestro interior los pensamientos y los sentimientos cuando pensamos en ello e intentamos recordar los instantes, escenas y circunstancias que en nuestra experiencia presentan semejanzas a estos momentos.

El Maestro consintió en quedarse con ellos. Entró para ser su huésped, según creían ellos, por aquella noche. Pusieron sobre la mesa la sencilla comida. Se sentaron. Y ahora ya no era un forastero: era el Maestro. Nadie hizo una pregunta; Él tomó el pan, lo partió y lo bendijo. Luego se lo dio. Pero en aquel momento una mano invisible apartó el velo de sus ojos; abrieron los párpados, y su visión era perfecta. Le conocieron, y Él desapareció de su vista, porque aquello que había venido a realizar había sido concluido. Ahora eran indescriptiblemente ricos y felices. Pero entonces recordaron una cosa: que aun cuando sus ojos habían estado velados, sus corazones ardían dentro de ellos mientras Él les hablaba y les abría las Escrituras. Así pues, aprendieron de modo pleno la lección de la Resurrección: no sólo que había resucitado verdaderamente, sino que no se necesitaba su presencia corporal visible para que Él pudiera abrirles el corazón y hacer comprender todas las Escrituras concernientes a Él. Y esto, con respecto a «contemplarle» o «tocarle», acerca de conversar y tener comunión con Él como Resucitado, fue también la lección enseñada a María Magdalena cuando Él no le permitió que pusiera sobre Él su mano amorosa, la mano que cerciora con los sentidos, sino que le señaló la ascensión próxima que tenía delante. Ésta es la gran lección referente al Resucitado, que la Iglesia aprendió plenamente el día de Pentecostés.

6. Aquella misma tarde, en circunstancias y forma que son desconocidas para nosotros, el Señor se apareció a Pedro (1 Co. 15:5). Podemos sugerir, quizá, que fue *después* de su manifestación en Emaús. Esto completaría el ciclo de misericordia: primero, la escena amorosa con la mujer; a continuación, la perplejidad amorosa de los discípulos; luego, el corazón ansioso del pobre Pedro; finalmente, en el círculo de los apóstoles, en que había de ser reconfortado y reunido de nuevo por el hecho seguro de su resurrección.

7. Los dos discípulos de Emaús no guardaron las buenas noticias para sí mismos. Incluso si no hubieran recordado la pena y perplejidad en que habían dejado a los otros discípulos en Jerusalén aquella mañana, no las habrían retenido para sí mismos quedándose en Emaús, sino que debían ir a decírselo a sus hermanos en la ciudad. Así que dejándolo todo, «en aquella misma hora» volvieron a emprender el camino que habían seguido con el corazón apesadumbrado, acompañados por el forastero; pero ahora en dirección contraria, con pasos ligeros y el corazón aliviado.

Sabían muy bien dónde habían de encontrar a los «doce» –o mejor, los «once»–, y ni aun así este círculo quedaba completo, porque como hemos dicho había quedado desparramado; por lo menos Tomás no estaba con los demás en aquella noche de Pascua del primer «día del Señor». Pero como nos informa cuidadosamente Lucas (24:33), «hallaron a los once reunidos, y a los que estaban con ellos». Esto es importante en extremo, pues deja claro que las palabras que

11. Hasta hoy parece ser un sitio frecuentado por los habitantes de Jerusalén (ver Conder, *Tent-Work in Palestine,* 1, pp. 25-27).

el Cristo resucitado dijo en aquella ocasión no fueron dirigidas a los apóstoles como tales –una idea que queda corroborada por la ausencia de Tomás–, sino a la Iglesia, aunque puede ser personificada y representada por aquellos de los «doce» u «once» que estaban presentes en la ocasión. Cuando llegaron los dos de Emaús, hallaron al grupo como ovejas resguardándose de la tormenta en el aprisco. Fuera que por el hecho de ser discípulos debían esperar persecución, o porque, habiéndose esparcido las noticias de la tumba vacía, y llegado a las autoridades había que temer la ira de los miembros del Sanedrín, era conveniente adoptar medidas de precaución. Las puertas exteriores y las de la sala estaban cerradas, tanto para que no transpirara nada de la reunión como para evitar sorpresas. Pero los reunidos allí estaban seguros al menos de una cosa: Cristo *había* resucitado. Y cuando llegaron los de Emaús con la estupenda historia, los otros sólo pudieron repetir al unísono que sí había resucitado, que se había aparecido no sólo a María Magdalena, sino también a Pedro. Y parece que todavía no habían entendido su resurrección, pues la consideraban como una ascensión al cielo, desde el cual había hecho manifestaciones, más que como una reaparición en su corporeidad, real, por más que glorificada.

Estaban sentados a la mesa para comer (Mr. 16:14), discutiendo la importancia real de estas apariciones de Cristo, no sin considerables dudas y recelos, si podemos inferirlo por la noticia de Marcos y por lo que sucedió inmediatamente. Lo ocurrido a la magdalena, al parecer prefirieron descartarlo –al menos no se cita–; y, aun con respecto a los otros, parece que habían considerado –cuando menos algunos– que se trataba más bien de apariciones espectrales. Pero de repente, Jesús estaba en medio de ellos. La salutación común –en sus labios no común, sino una realidad– cayó sobre sus corazones al principio con más terror que gozo. Habían estado hablando de apariciones espectrales y ahora creían que estaban «contemplando» a «un espíritu». Esto lo corrigió el Salvador al instante y para siempre, mostrándoles las marcas glorificadas de sus sagradas heridas y mandándoles que le tocaran para convencerse de que tenía un cuerpo real, y que lo que veían no era un espíritu desencarnado. La incredulidad de la duda ahora cedió a la de no atreverse a creer lo que todo aquello significaba, de puro contento, y preguntándose si podría haber ahora todavía comunión o algún lazo común entre este Cristo resucitado y ellos en sus cuerpos. Fue para eliminar esto que, aunque desde otro aspecto era incredulidad igualmente, el Salvador participó ahora de su comida de pescado asado,[12] teniendo pues con ellos una comunión verdaderamente humana como antes.[13]

Fue esta lección de continuidad –en el sentido más estricto– con el pasado lo que se requería a fin de que la Iglesia pudiera, por así decirlo, ser ahora reconstituida en el nombre, poder y espíritu del Resucitado que había vivido *y* había muerto. Una vez más les dijo el «¡paz a vosotros!», y esto ya no era para ellos motivo de dudas o temor, sino la bien conocida salutación de su antiguo Señor y Maestro. Fue seguida por la reunión y constitución de la Iglesia como Iglesia de Jesucristo el Resucitado, la cual había de ser el embajador de Cristo, como Él había sido el delegado del Padre. «Los apóstoles fueron (digamos mejor, "la Iglesia fue") comisionados a llevar a cabo la obra de Cristo, y no a empezar una nueva» (Westcott). «Como me envió el Padre (en el pasado, porque su misión había sido completada), así también yo os envío[14] (en el presente constante, hasta su Segunda Venida)». Esto marca la triple relación de la Iglesia con respecto al Hijo, al Padre y al mundo, y su posición en él. De igual manera, con el mismo propósito –es decir, en cuanto es posible, con la misma calificación y la misma autoridad como el Padre había enviado a Cristo–, ahora Él comisiona a su Iglesia. Y así fue que Él hizo una comisión muy real cuando sopló sobre ellos, no individualmente sino como una asamblea, y dijo: «Recibid el[15] Espíritu Santo»; y esto, de modo manifiesto, no en el sentido absoluto, puesto que el Espíritu Santo no había sido enviado todavía,[16] sino como un eslabón de conexión con la autoridad concedida a la Iglesia, y como calificación para ella. O bien, para presentar otro aspecto de ello mediante una ligera inversión en el orden de las palabras: Tanto la misión de la Iglesia como su autoridad para perdonar o retener pecados están conectadas con una calificación personal: «Recibid el Espíritu Santo», en la cual la palabra «recibid» debería ser notada también. Ésta es la autoridad que posee la Iglesia, no *ex opere operato*, sino por estar conectada con el recibir y ser revestido por el Espíritu Santo en la Iglesia.

Todavía queda por explicar, en cuanto nos es posible, estos dos puntos: en qué consiste este poder para perdonar y retener pecados, y en qué manera reside en la Iglesia. Con relación a lo primero, hemos de inquirir antes qué idea transmitiría a quienes dijo Cristo estas palabras. Ya se ha explicado (Libro 3, cap. XXXVII) que el poder de «atar» y «desatar» se refería a la autoridad legislativa reclamada y concedida al Colegio Rabínico. De modo similar, como se dijo antes, el que se menciona aquí se aplica al poder jurídico o judicial, según el cual ellos declaraban que una persona quedaba *Zakkai*, inocente o «libre»; «absuelta», *Patur*; o bien «responsable», «culpable», *Chayyabh* (fuera responsable de castigo o de sacrificio). En el verdadero sentido, por tanto, éste es un poder más bien administrativo, disciplinario, «el poder de las llaves» –tal como Pablo quería que se pusiera en vigor en la iglesia de Corinto–, el poder de admisión y de exclusión, de la declaración con autoridad del perdón de los pecados, en el ejercicio de cuyo poder (según le parece al presente escritor) está implicada la autoridad para la administración de los santos Sacramentos. Y con todo, no es, como a veces se representa, «la absolución del pecado» que pertenece exclusivamente a Dios y a Cristo como Cabeza de

---

12. Las palabras «y un panal de miel» parecen espurias.

13. Éste me parece que es el significado de que comiera con ellos; renunciamos a todo intento de explicarlo, ya que desconocemos las condiciones de un cuerpo glorificado, lo mismo que el discutir cómo apareció súbitamente en una habitación estando las puertas cerradas. Pero no puedo creer, por lo menos, que su cuerpo entonces estuviera en un «estado de transición»: ni perfeccionado ni del todo glorificado hasta su ascensión.

14. Las palabras en las dos cláusulas son diferentes con respecto al envío de Cristo (ἀπέσταλκέν με) y al de la Iglesia (πέμπω ὑμᾶς). Sin duda, tiene que haber un significado profundo en esta distinción, pero las dos se usan en Cristo y en los discípulos. Puede que, como parece indicar Cremer (*Bibl. Theol. Lex. sobre el N.T.*, p. 529), ἀποστέλλω, del cual se deriva «apóstol» y «apostolado», se refiera a la misión con una comisión definida, o más bien para un propósito definido, en tanto que πέμπω es enviar en sentido general. Ver la nota del canón. Westcott (*Comm. sobre S. Juan*, p. 298).

15. En el original se omite el artículo definido. Pero esto, aunque es significativo, en modo alguno se puede suponer que prueba que la expresión es equivalente a «un don del Espíritu Santo». Porque, como ha indicado Meyer, la palabra es usada en otros pasajes según el artículo en que se menciona el Espíritu Santo (comp. Jn. 1:33; 7:39; Hch. 1:2, 5).

16. Esto solo bastaría para mostrar que se hace una interpretación falsa cuando, amigo y enemigo, usan estas palabras en el Ordinal de la Iglesia anglicana.

la Iglesia: «A quien perdonéis los pecados, les serán perdonados». Estas palabras también nos enseñan lo que reclamaban los rabinos en virtud de su cargo, y que el Señor había concedido a su Iglesia en virtud de haber recibido y estar revestida por el Espíritu Santo.

Como respuesta a la segunda pregunta presentada, hemos de tener en cuenta un punto importante. El poder de «atar» y «desatar» había sido entregado de modo primario a los apóstoles (Mt. 16:19; 18:18), y el ejercicio del mismo estaba en conexión con la Iglesia (Hch. 15:22, 23). Por otra parte, perdonar y retener pecados, en el sentido explicado, era concedido de modo primario a la Iglesia, y ejercido por ella por medio de sus representantes, los apóstoles, y aquellos a quienes ellos concedían potestad (1 Co. 5:4, 5, 12, 13; 2 Co. 2:6, 10). Aunque el Señor, por tanto, en aquella noche entregó este poder a su Iglesia, fue en la persona de sus representantes y dirigentes. Los apóstoles solamente podían ejercer funciones legislativas,[17] pero la Iglesia tiene hasta el fin de los tiempos «el poder de las llaves».

8. Tomás, uno de los apóstoles, estaba ausente aquella noche del círculo de los discípulos. Aun cuando le contaron los sucesos maravillosos ocurridos en aquella reunión, rehusó creerlos, a menos que él personalmente tuviera evidencia sensorial de la veracidad del informe. Es difícil considerar que Tomás no creyera en el hecho de que el cuerpo de Cristo había sido quitado de la tumba, o de que Él hubiera aparecido realmente. Además se mantenía firme en lo que podríamos llamar la hipótesis de la visión, o en este caso más bien en la teoría espectral. Pero hasta que este apóstol hubiera también llegado a la convicción de la resurrección en el mismo sentido real –de la corporeidad idéntica aunque glorificada del Señor, y por ello en la continuidad del pasado con el presente y el futuro–, era imposible volver a formar el círculo apostólico o renovar la comisión apostólica, puesto que el mensaje primario era testimonio referente al Resucitado. Ésta parece haber sido la razón, si podemos sugerirlo, de que los apóstoles hubieran permanecido todavía en Jerusalén, en vez de ir a encontrarse con el Maestro en Galilea, como eran las instrucciones recibidas.

Había pasado una semana tranquila, y esto puede haber sido también para que nosotros aprendiéramos algo: los apóstoles no habían excluido a Tomás,[18] ni tampoco se había apartado Tomás de los apóstoles. Una vez más venía el día de días, el octavo de la fiesta. A partir de aquel día de Pascua en adelante, la Iglesia, sin necesidad de una institución especial, tiene que haber celebrado el recordatorio semanal recurrente de su resurrección, tal como cuando Él había soplado sobre la Iglesia el aliento de una nueva vida y la consagró para que fuera representante suyo. Así, no era sólo un recordatorio de su resurrección, sino el aniversario o cumpleaños de la Iglesia, como el día de Pentecostés fue el día de su bautismo. En el octavo día, pues, los discípulos estaban de nuevo reunidos, bajo circunstancias similares a las del domingo de Pascua, pero ahora Tomás estaba también con ellos. Una vez más –y esto hay que notarlo de modo especial: «las puertas estaban cerradas»–[19] el Salvador resucitado apareció en medio de los discípulos con la bien conocida salutación. Ahora ofreció a Tomás la evidencia que había requerido, pero ya no era necesaria. Tomás sintió que la convicción se apoderaba de él como un torrente avasallador de sentimientos, y que, una vez bien definidos, tenían que transformarse en un acto de adoración: «¡Señor mío y Dios mío!». Había hecho la confesión más plena hasta esos momentos, que abarca todo el resultado de la nueva convicción en lo referente a la realidad de la resurrección de Cristo. Recordamos cómo en circunstancias similares Natanael había sido el primero en pronunciar la plena confesión (Jn. 1:45-51). Asimismo recordamos la respuesta análoga del Salvador. Como entonces, también ahora señaló más arriba: a la fe que no era el resultado de la vista, y por tanto limitada y circunscrita por la vista, sea de los sentidos o de la percepción por medio del intelecto. Como ha hecho notar sutilmente el canón. Westcott: «Esta última y mayor de las Bienaventuranzas es la herencia peculiar de la Iglesia posterior», y por ello viene de modo apropiado como el don de consagración de esta Iglesia.

9. La siguiente escena que se nos presenta tiene lugar en el lago de Galilea. Con la manifestación a Tomás y con la restauración de la unidad del círculo apostólico había terminado originalmente el Evangelio de Juan (20:30, 31). Pero el informe que se había esparcido por la Iglesia primitiva de que el discípulo a quien Jesús amaba no había de morir le impulsó a añadir a su Evangelio, a modo de apéndice, un relato de los sucesos con que estaba relacionada aquella expectativa. Es altamente instructivo para el crítico –cuando insiste a cada paso en averiguar el porqué este suceso o el otro no es mencionado o sólo mencionado en un Evangelio dado– el hallar que, de no ser por la corrección de un posible malentendido con respecto al anciano apóstol, el cuarto Evangelio no habría contenido referencia alguna a la manifestación de Cristo en Galilea; es más, ni a la presencia de los discípulos allí después de la ascensión. Sin embargo, a pesar de esto, Juan la recordaba muy bien. Y ¿no deberíamos aprender de esto que lo que parecen extrañas omisiones –que cuando son puestas al lado de los otros Evangelios parecen implicar discrepancias– pueden recibir las explicaciones más satisfactorias siempre y cuando conozcamos todas las circunstancias?

La misma historia en sí lanza los destellos de una gema en su engaste propio y peculiar. Se trata del lago azul en la verde Galilea, y recuerda días y escenas anteriores de esta historia. Según Mateo (28:16), «los once discípulos habían ido a Galilea», con toda probabilidad inmediatamente después de la octava de Pascua.[20] No podemos tener dudas de que habían dado a conocer a todos no solamente el hecho de la resurrección, sino también la cita para un encuentro que el Resucitado había tenido con ellos, quizá en la montaña en que había pronunciado su primer sermón. Y el resultado fue que «algunos dudaban» (Mt. 28:17), y que Él se apareció después a los quinientos a la vez (1 Co. 15:6). Pero aquella mañana había junto al lago de Tiberias solamente siete de los discípulos. Se nos da el nombre de cinco. Eran los que habían tenido una compañía más íntima con Él, quizá los que vivían más cerca del lago.

La escena es introducida por la proposición que hace Pedro de ir a pescar. Parece como si los antiguos hábitos hubieran reaparecido con las antiguas asociaciones. Los com-

17. Los decretos de los primeros Concilios deberían ser considerados no como legislativos, sino como disciplinarios, o bien explicatorios de la enseñanza y legislación apostólicas.

18. Recuérdese que Tomás no negó que Cristo había resucitado, excepto en cuanto al sentido peculiar de su resurrección. De haberlo negado, es difícil que hubiera continuado en la compañía de los apóstoles.

19. Nótese que la expresión «por temor a los judíos» no la encontramos aquí. Aquella aprensión había desaparecido en el momento presente.

20. El relato de Lucas (24:44-48) es un relato condensado –sin distinción de tiempo o lugar– de lo que ocurrió durante aquellos cuarenta días.

pañeros de Pedro se ofrecieron de modo natural a unírsele. Pasaron toda la noche, clara y quieta, en el lago, pero no pescaron nada. ¿No nos recuerda esto aquel primer suceso en que Jacobo y Juan, Pedro y Andrés fueron llamados para ser apóstoles, y no recordaría especialmente a Pedro aquella búsqueda escudriñadora en su corazón la mañana siguiente? (Lc. 5:1, 11). Pero su mente estaba muy lejos de pensar en aquello, y, añadamos, tan lejos como está la historia de mostrar trazas de algún designio de leyenda[21] que refleje la menor indicación de que lo recordaran. A primeras horas de la mañana, los nacientes rayos del alba hicieron visible en la playa de guijarros la figura de uno a quien no reconocieron ni siquiera cuando Él les dirigió la palabra. Pero sus palabras tenían por objeto avivar en su mente el reconocimiento. Al ser obedecida la indicación que les hizo, de que echaran las redes al lado derecho de la barca, dio por resultado abundante pesca, cuando antes habían bregado en vano. Más aún, había tantos peces que no podían tirar de la red y meterla en la barca. Esto fue bastante para «el discípulo a quien Jesús amaba», cuyo corazón puede haberle hecho antes ya presentir algo. Susurró a Pedro: «Es el Señor». Y Simón, ciñéndose la ropa rápidamente, se echó al agua en dirección a la playa. No parece que Pedro ganara mucho con su prisa. Los otros dejaron la barca y, pasando a un bote pequeño que estaría unido a la barca, le siguieron, remando la corta distancia de unos doscientos codos, arrastrando la red que no habían podido meter en la barca.

Pusieron pie en la playa, saludados por su Presencia, en silencio, como si entraran en la iglesia o en el Templo. Ni aun se atrevían a disponer de la redada de peces que habían arrastrado a la orilla, hasta que Él les diera instrucciones de lo que tenían que hacer. Esto solo notaron: que alguna mano invisible había preparado la comida matutina, pues cuando Él se lo había preguntado, ellos habían contestado que no llevaban consigo. Y ahora Jesús les indicó que trajeran el pescado que tenían en la red. Cuando Pedro fue a la red, halló que estaba repleta, ya que había no menos de ciento cincuenta y tres peces grandes. No hay necesidad de dar valor simbólico alguno a este número, como los Padres y escritores posteriores hicieron. Podemos entender –es más, parece casi natural– que, dadas las peculiares circunstancias, ellos contaran los peces grandes de esta pesca milagrosa, que, no obstante, había dejado la red sin desgarros.[22] Puede haber ocurrido que se les dijera que contaran los peces, en parte, para mostrarles la realidad de lo que había sucedido. Pero en el fuego de carbones parece ser que sólo había un pescado, y a su lado solamente un pan.[23] Jesús les mandó que participaran de la comida, puesto que parecen haber vacilado en adelantarse, y que, en su temor reverencial, ni se atrevían a preguntar quién era, pues sabían muy bien que era el Señor. Ésta, como hace notar Juan, era la tercera aparición de Cristo a los discípulos como un cuerpo.[24]

10. Y todavía no había acabado aquella mañana de bendición. La comida frugal había terminado, con toda su enseñanza significativa de la provisión suficiente para sus siervos, y un abundante abastecimiento en la red sin desgarrar, para más adelante. Pero faltaba alguna enseñanza especial –más incluso que la de Tomás– para aquél cuya obra había de ser tan prominente entre los apóstoles, y cuyo amor era tan ardiente que en sí mismo era un peligro para él. Porque nuestros peligros surgen no sólo de nuestras deficiencias, sino que pueden proceder del exceso de sentimiento, cuando éste no es conmensurado con la fuerza interior. ¿No había afirmado con toda sinceridad que su amor a Cristo resistiría incluso una prueba que pudiera dispersar a los demás, y a pesar de toda su sinceridad la realidad había demostrado que se equivocaba? (Mt. 26:33; Jn. 13:37). Y ¿no le había dicho casi inmediatamente después Jesús que negaría tres veces a su Señor? Ciertamente Jesús, a partir de entonces, se había aparecido a Pedro de modo especial como Resucitado. Pero esta triple negativa, como si dijéramos, quedaba sin cancelar delante de los otros discípulos, es más, ante Pedro mismo. Fue a esto que se refería ahora la triple pregunta del Señor resucitado. Volviéndose a Pedro con una alusión suave pero directa, al peligro de la confianza en uno mismo –una confianza que sólo brotaba de un sentido de afecto personal, por más que fuera genuino–, le preguntó: «Simón, hijo de Jonás» –como para hacer plena referencia a lo que era de modo natural–, «¿me amas más que éstos?». Pedro lo comprendió todo. Ya no tenía confianza en sí mismo y, evitando la referencia anterior a los demás, y aun con un marcado cambio en la elección de una palabra diferente, para expresar su afecto,[25] de la que había usado el Salvador en la pregunta, replicó apelando más a su Señor que a su propia conciencia: «Sí, Señor, Tú sabes que te amo». Y aun aquí la respuesta de Cristo es característica. Fue la de ponerle en la tarea más humilde, que era la que requería más cuidado, ternura y paciencia: «Alimenta (provee alimento) mis corderos».

Vino por segunda vez la misma pregunta, aunque ahora sin la referencia a los otros, y con la misma respuesta de Pedro; el encargo fue ahora variado y aumentado: «Apacienta (pastorea, ποίμαινε) mis ovejas». Aún repitió Jesús por tercera vez la misma pregunta, adoptando ahora la misma palabra que Pedro había usado para expresar su afecto. Pedro quedó entristecido por esta triple repetición. Le recordaba su negación demasiado amarga repetida tres veces. Y con todo, el Señor no tenía dudas sobre el amor de Pedro, porque cada vez hizo seguir a la pregunta una nueva comisión apostólica; pero ahora que se la había hecho por tercera vez, la sonda llegó hasta las últimas profundidades del corazón de Pedro: «Señor, Tú sabes todas las cosas; Tú sabes que te amo». Y ahora el Señor le dijo: «Alimenta (provee alimento para) mis ovejas». ¡SUS corderos, sus ovejas, tienen que ser alimentadas, tienen que ser apacentadas como tales! Y esto sólo puede hacerlo el amor.

Sí, y Pedro amaba al Señor Jesús. Él le había amado cuando dijo que seguiría al Maestro hasta la muerte, sólo que con demasiada confianza en la fuerza de sus sentimientos. Y Jesús lo vio todo, sí; y que este amor de un temperamento ardiente que le había hecho andar suelto y descarriar, sería transformado en un amor paciente en el trabajo, y sería coronado con aquel martirio que, cuando Juan estaba relatando este incidente, ya era una cosa del pasado. Y la misma muerte por la que había de glorificar a Dios quedaba indicada en las palabras de Jesús.

Al decirlas Él, añadió la descripción simbólica de la muerte a su «Sígueme». Esta orden, y el estímulo de que en

21. Con todo, Juan tiene que haber conocido este relato, que registran los tres Sinópticos.

22. El canón. Westcott nos da, de san Agustín, los puntos de diferencia entre esta pesca milagrosa y la de la primera ocasión (Lucas 5). Éstos son muy interesantes. Pero no tiene valor el significado simbólico del número 153.

23. Esto parece implicado por la ausencia del artículo en Juan 21:9.

24. Juan no puede haber significado que era la tercera aparición en general, puesto que él mismo ya había registrado tres apariciones previas.

25. Cristo había preguntado: ἀγαπᾷς με y Pedro contesta: σὺ οἶδας ὅτι φιλῶ σε.

su muerte Pedro sería igual a Él –siguiéndole–, fueron la mejor fuerza de Pedro. Éste obedeció, pero al volverse vio a otro que les seguía. Como dice el mismo Juan, parece casi transmitir la idea de que él anhelaba compartir la vocación de Pedro con todo lo que implicaba. Porque Juan habla de sí mismo como el discípulo a quien amaba Jesús, y nos recuerda que en aquella noche de la traición había compartido especialmente con Pedro la pregunta que éste le había sugerido y él hizo. ¿Era impaciencia, era un rasgo del antiguo Pedro, o era simplemente una curiosidad o interés fraternal lo que le impulsó a hacer la pregunta cuando señaló a Juan: «Señor, y éste, ¿qué?»? Fuera el que fuera el motivo de Pedro, o el nuestro cuando hacemos esta misma pregunta al estar perplejos con respecto a esos que parecen seguir al Señor –algunas veces con estrechez de miras, otras por ignorancia, necedad o celos–, ésta es la respuesta: «¿Qué te va a ti? Tú sígueme». Porque Juan tenía en su vida la obra de Cristo preparada para él. Juan tenía que «esperar» en tanto que Él volvía[26] –esperar todos aquellos años en paciente labor, mientras Cristo volvía.

Pero ¿qué es lo que quería decir? Se extendió el dicho entre los hermanos de que Juan no había de morir, sino que había de esperar hasta que Jesús volviera para reinar, cuando la muerte sería absorbida en victoria. Pero Jesús había dicho solamente: «Si quiero que espere hasta que yo venga». Lo que este «venga» significaba no lo había dicho Jesús, y Juan no lo sabía. Así pues, hay cosas –y conectadas con su venida– sobre las cuales Jesús ha dejado un velo, que sólo puede ser levantado por su propia mano –que Él no quiere que nosotros sepamos al presente, y que debemos estar contentos dejándolas tal cual están.

11. Más allá de estos relatos tenemos sólo noticias muy breves: de Pablo, que se manifestó Él mismo a Jacobo, el cual finalmente se decidió en favor de Cristo, y de su manifestación a los quinientos a la vez; de Mateo, sobre los once que se reunieron con Él en un monte, donde les había dicho que fueran; de Lucas, sobre la enseñanza de las Escrituras durante los cuarenta días de comunicación entre el Cristo resucitado y los discípulos.

Pero este testimonio doble nos viene de Mateo y Marcos: que una vez más los discípulos fieles fueron constituidos en el círculo apostólico –apóstoles, ahora, del Cristo resucitado. Y ésta era la garantía de su nueva comisión: «Toda potestad me es dada en el cielo y en la tierra». Y ésta era la nueva comisión: «Id, pues, y haced discípulos de todas las naciones, bautizándoles en el nombre del Padre, y del Hijo, y del Espíritu Santo». Y ésta había de ser la obra: «Enseñándoles a observar todas las cosas que os he mandado». Y ésta la promesa final y segura: «He aquí estoy con vosotros siempre, hasta el fin del mundo».

12. Estamos una vez más en Jerusalén, adonde Él les había ordenado que fueran para esperar el cumplimiento de su gran promesa. Pentecostés se estaba acercando. Y en ese último día –el de su ascensión– Él les llevó a la bien recordada Betania. Desde allí había hecho Jesús su última entrada triunfal en Jerusalén antes de su crucifixión, y haría también su entrada triunfal visiblemente en el cielo. Una vez más le preguntaron sobre lo que les parecía a ellos la consumación final –la restauración del Reino a Israel. Pero estas preguntas no les correspondía hacerlas. A ellos les correspondía trabajar, no reposar; sufrir, no triunfar. La gran promesa ante ellos era de poder espiritual, no externo: del Espíritu Santo; y de su llamada no a reinar con Él, sino a dar testimonio en favor de Él. Y, en tanto que estaba hablándoles, levantó las manos bendiciéndoles, y fue arrebatado visiblemente a lo alto donde le recibió una nube. Y mientras ellos estaban aún mirando con el rostro vuelto hacia arriba, a aquella nube luminosa que le había recibido, dos ángeles les dieron este último mensaje suyo: que Él volvería del mismo modo, tal como ellos le habían visto subir al cielo.

Y con ello la última pregunta que le hicieron antes de partir quedó contestada, y con una seguridad bienaventurada. Con reverencia le adoraron; luego, con gran gozo, regresaron a Jerusalén. Así que todo era verdad, todo real; y Cristo, «¡sentado a la diestra de Dios!». A partir de entonces ya no dudaron más, ni sintieron vergüenza, ni temor, sino que estaban «continuamente en el Templo, bendiciendo a Dios». «Y salieron y predicaron en todas partes, trabajando el Señor con ellos, y confirmando la palabra por medio de las señales que la acompañaban. Amén».

¡Amén! Así sea. ¡Repicad, campanas de los cielos; cantad la bienvenida angélica de adoración; llevadla hasta los últimos confines de la tierra! ¡Brilla, Señor, desde Betania, Tú, Sol de Justicia, y ahuyenta la niebla y la oscuridad de la tierra, porque ha amanecido el día dorado celestial!

. . . .

Mañana de Pascua, 1883. Ha terminado la tarea, y adoramos y miramos hacia arriba. Y volvemos a mirar a este mundo hostil para amar, y vivir, y trabajar para el Cristo resucitado. Pero cuando la luz del día en la tierra vaya menguando y las tinieblas acrecentándose, y el cielo se encapote y la tormenta arrecie, echemos al vuelo las campanas, como se hacía antaño en todos los campanarios para que las oyeran los marinos que se acercaban a una costa de arrecifes y rompientes; echemos al vuelo nuestras campanas de Pascua para que dominen el mar embravecido y guíen a los que llegan tarde, más allá de los escollos, al puerto deseado. ¡Que resuenen, oh tierra, todas tus campanas de Pascua; traed ofrendas todos; adorad con fe, ya que «Este mismo Jesús, que ha sido tomado de vosotros al cielo, vendrá así, tal como le habéis visto ir al cielo»! «Así sea. ¡Señor Jesús, ven pronto!».

---

26. Así traduce el canón. Westcott el significado. El «venir» podía referirse a la Segunda Venida, a la destrucción de Jerusalén o incluso al establecimiento firme de la Iglesia. La tradición de que sólo Juan dormía en su tumba en Éfeso es mencionada incluso por san Agustín.

JERUSALÉN EN TIEMPOS DE JESÚS

La Jerusalén de los tiempos de Jesús es la ciudad creada por el rey Herodes el Grande, empeñado desde un par de décadas antes del nacimiento de Cristo, en la construcción de grandiosos edificios, nuevas ciudades y la reforma de las antiguas. La Jerusalén de Herodes era de mayor extensión, de edificios más deslumbrantes, y de un trazado más planificado que en épocas previas. Nuevas torres y plazas fueron levantadas, así como hermosos jardines. En la colina oriental de la ciudad levantó un edificio con altas torres al cual denominó Antonia, en honor de Marco Antonio. Un batallón de soldados romanos al mando de un tribuno militar vigilaba desde lo alto de la Torre Antonia la situación política de la ciudad, dispuesto a intervenir ante cualquier tumulto de carácter más o menos nacionalista.

Herodes agrandó el área del templo y lo reconstruyó en proporciones dobles a las anteriores. Pocos edificios podían competir con la grandiosidad de este templo entre las demás ciudades del imperio romano. Construyó a su alrededor un muro con bloques enormes. El «muro de las lamentaciones» es lo que queda de esa obra. Al morir Herodes, Jerusalén tenía dos murallas que la rodeaban, totalmente o en parte, en tanto que en la época de Salomón sólo había tenido una. Herodes Agripa comenzó una tercera línea de murallas, hacia el año 42 ó 43 d.C. Su objetivo fue tanto reforzar el peligroso norte de la ciudad, como dar cabida en su interior a otro barrio que ya se había formado más allá del segundo muro. En la época de Jesús, hacia el año 30, no existía, esta tercera muralla, aunque ya abundaban las casas en algunas zonas extramuros de la primera muralla.

En esta época gozaba Jerusalén de una relativa *pax* romana. Había prosperidad y trabajo para sus artesanos y comerciantes, que formaban la mayoría de la población activa. Destacan entre ellos los gremios de albañiles y canteros que tenían trabajo asegurado en la construcción del templo, murallas, edificios suntuosos, y casas y mercados de los comerciantes. Los escultores eran considerados como artistas al tallar capiteles y demás elementos decorativos del templo y palacios. También se conoce a quien perforaba pozos, como cita el Talmud. Son de destacar los obreros que conservaban los servicios públicos, como el canal de Ezequías, los acueductos posteriores y los alcantarillados. La elaboración del aceite en pequeñas almazaras, de tipo familiar, era la única industria artesanal de transformación de alimentos y, lógicamente, era próspera. Había también tejedores y alfareros, carpinteros, herreros, etc. Entre la clase dirigente de Jerusalén destacaban los funcionarios del palacio y los sacerdotes. Tanto en una como en otra clase había diversas clasificaciones, pero todos influían sobre el ambiente general de la ciudad. También había en Jerusalén esclavos, paganos o israelitas, dedicados a oficios más o menos ignominiosos. Pero solían ser tratados con respeto, de acuerdo con la Ley.

En el año 66 d.C. estalló la guerra judía contra los romanos, que causó muchos problemas al imperio. En el año 70, después de un prolongado asedio, los soldados romanos conducidos por Tito ocuparon Jerusalén, teniendo que conquistar calle a calle y barrio a barrio enfrentados a una resistencia encarnizada. La ciudad ardió casi por completo, así como el magnífico templo. Tito ordenó demoler las murallas, excepto una parte de la línea occidental, y las tres torres llamadas Hipico, Fasael y Mariamne (Josefo, Guerras 7,1,1).

Bibliografía

Joaquín González Echegaray, Pisando tus umbrales, Jerusalén. Ed. Verbo Divino, Estella 2004.
— Arqueología y Evangelios. Ed. Verbo Divino, Estella 1999, 2ª ed.
Thomas A. Idinopulos, Jerusalén. Ed. Andrés Bello, Santiago de Chile 1995.
J. Jeremias, Jerusalén en tiempos de Jesús. Cristiandad, Madrid 1980.
J. Wilkinson, La Jerusalen que Jesús conoció. Destino, Barcelona 1990

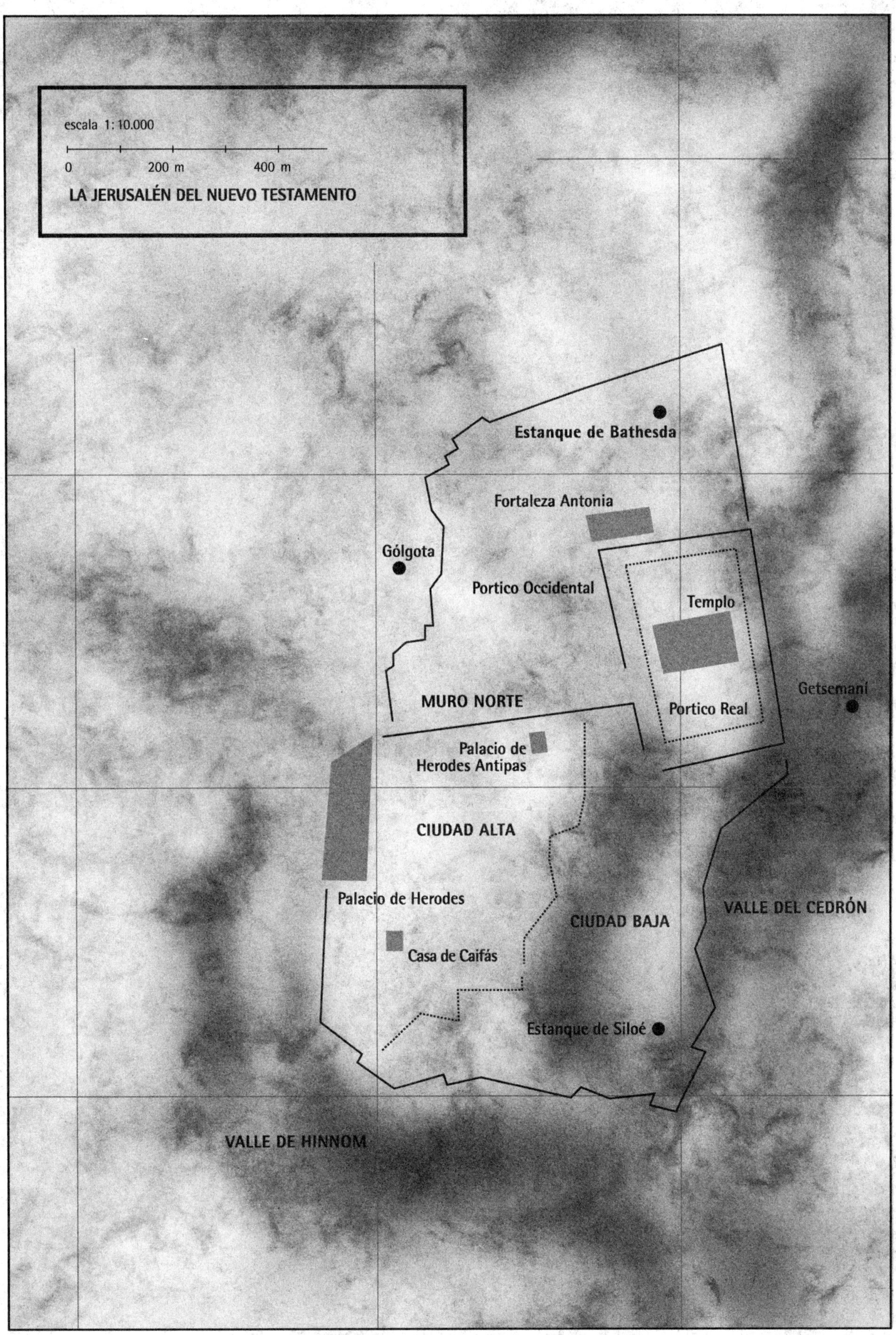
escala 1: 10.000
0
200 m
400 m
LA JERUSALÉN DEL NUEVO TESTAMENTO
Estanque de Bathesda
Fortaleza Antonia
Gólgota
Portico Occidental
Templo
Getsemaní
MURO NORTE
Portico Real
Palacio de
Herodes Antipas
CIUDAD ALTA
Palacio de Herodes
VALLE DEL CEDRÓN
CIUDAD BAJA
Casa de Caifás
Estanque de Siloé
VALLE DE HINNOM

Apéndices

Apéndice 1
(Libro 1, capítulo 3)

Escritos pseudoepigráficos

Sólo se puede presentar aquí un breve sumario; casi nada más que su enumeración.

I. *El Libro de Enoc.* Como el contenido y la literatura de este libro notable, que cita Judas (vv. 14 y 15), ya han sido descritos en el Diccionario de Smith y Wace, de *Biografía Cristiana* (vol 2, pp. 124-218), podemos referirnos a él de modo breve.

Nos llega de Palestina, pero únicamente se ha preservado en una traducción etiópica (publicada por el arzobispo Laurence [Oxford, 1838; en trad. inglesa, 3ª edic., 1821-1838] y en cinco diferentes manuscritos por el prof. Dillmann [Leipzig, 1851; trad. alemana. Leipzig, 1853]). Pero incluso la traducción etiópica no es del hebreo o aramaico original, sino de una versión griega, de la cual se ha descubierto un pequeño fragmento (cap. lxxxix. 42-49; publicado por el cardenal Mai. Compárese también Gildemeister, Zeitschr. d. D. Morg. Ges. para 1855, pp. 621-624, y Gebhardt, Merx' Arch. 2, 1872, p. 243).

Por lo que se refiere al contenido de la obra: una introducción de cinco breves capítulos, y el libro (que sin embargo contiene no pocos pasajes espurios) consiste en cinco partes, seguido de un epílogo apropiado. Las porciones más interesantes son las que hablan de la caída de los ángeles y de sus consecuencias, de los viajes arrobadores de Enoc por el cielo y por la tierra, y de lo que vio y oyó (caps. vi-xxxvi); las porciones apocalípticas sobre el Reino del Cielo y el Advenimiento del Mesías (lxxxii-xci); y, finalmente, discursos exhortatorios (xci-cv). Cuando añadimos que se halla saturado de un tono de intensa fe y sinceridad sobre el Mesías, las «postrimerías» y otras doctrinas especialmente destacadas en el Nuevo Testamento, se comprenderá fácilmente su importancia. En conjunto el Libro de Enoc contiene 108 capítulos.

Desde el punto de vista literario ha sido ordenado (por Schürer y otros) en *tres partes:* 1. *La obra original*, caps. i-xxxvi; lxxii-cv. Esta porción se supone que data de unos 175 a.C. 2. *Las Parábolas*, caps. xxxviiliv 6. lv 3-xlix; lxi-lxiv; lxix 26-lxxi. Esta parte es también de fecha anterior al nacimiento de Cristo, quizá del tiempo de Herodes el Grande. 3. *Las llamadas Secciones de Noé*, caps. liv 7-lv 2; lx.; lxv-lxix 25. A éstas hay que añadir los caps. cvi, cvii, y la conclusión posterior en el cap. cviii. Las fechas de estas porciones es imposible fijadas de modo definitivo.

II. Aún tiene más interés, aunque distinto, el libro de los *Oráculos de la Sibila*, escrito en hexámetros griegos. En su forma presente consiste en doce libros, junto con varios fragmentos. Pasando por alto dos grandes fragmentos, que parecen haber formado originalmente la parte principal de la introducción al Libro III, tenemos: 1) los dos primeros libros. Éstos contienen parte de una antigua Sibila judía helenista y más antigua, así como de un poema por el pseudo-Focilides, judío, en que se funden de modo curioso, con ideas del Antiguo Testamento, antiguos mitos paganos referentes a las primeras edades del hombre. El resto de estos dos libros fue compuesto y juntado todo, no antes del final del segundo siglo, quizá por un cristiano judío. 2) El tercer libro es con mucho el más interesante. Además de los fragmentos a que nos hemos referido, los vv. 97-807 son obra de un judío helenista profundamente influido por la esperanza mesiánica. Esta parte data aproximadamente del 160 a.C., en tanto que los vv. 49-96 parecen pertenecer al año 31 a.C. El resto (vv. 1-45, 818-828) data de un período posterior. Hemos de limitar nuestra atención a la porción más antigua del libro. Para nuestro propósito lo ordenamos en tres partes. En la primera, se funde la antigua teogonía pagana en un molde judaico: Urano pasa a Noé; Sem, Cam y Jafet son Saturno, Titán y Jafeto, en tanto que la edificación de la torre de Babel es la rebelión de los Titanes. Luego se relata la historia del mundo, y el Reino de Israel y el rey David forman el centro de todo. Lo que hemos llamado la segunda parte, es la más curiosa de esta obra. Personifica a los antiguos oráculos paganos, por así decidrlo, en una recensión judaica, y entrelazados con elementos judíos. La tercera parte se puede describir de modo general como antipagana, polémica y apocalíptica. La Sibila es completamente helénica en espíritu. En sus apelaciones es vehemente y sincera, atrevida y retadora en el tono de orgullo judío, consciente y triunfante de lo que espera. Pero la circunstancia más notable es que esta Sibila judaizante y judía parece haber pasado, como los oráculos de la antigua Sibila eritrea –aunque posiblemente sólo en algunas partes–, que había predicho a los griegos la caída de Troya y los de la Sibila de Cuma, que, en la infancia de Roma, Tarquino el Soberbio había depositado en el Capitol, y que como tal es citado por Virgilio (en su 4ª Égloga) en su descripción de la Edad de Oro.

De los otros libros de la Sibila no hay que decir mucho. Los libros IV, IX y XII fueron escritos por judíos egipcios en fechas que varían desde el año 80 al siglo III de nuestra era. El libro VI es de origen cristiano, la obra de un cristiano judaizante, sobre la segunda mitad del siglo II. El libro VIII, que incluye porciones judías, es también de paternidad cristiana, y lo mismo los libros X y XI.

III. La colección de dieciocho himnos, que en su versión griega llevan el nombre del *Salterio de Salomón,* tienen que haber sido escritos originalmente en hebreo y en fechas de más de medio siglo antes de nuestra era. Son el producto de un alma intensamente sincera, aunque hallamos con cierta frecuencia expresiones de engolamiento y justicia propia farisaicas (p.ej., ix 7, 9). El poeta canta en un período de tristeza nacional, y casi parece que estos salmos intentaban recoger algunos de los pensamientos principales de los correspondientes salmos davídicos y aplicarlos, como si dijéramos, a las circunstancias entonces existentes. Esto se puede comprobar leyendo los unos y los otros atentamente (compárense, por ej., los tres primeros con los tres primeros en cada colección). Aunque algo helenísticos en su molde, la colección alienta una expectativa ardiente mesiánica y una fe firme en la resurrección y en la recompensa y castigo eternos (iii 16; xiii 9, 10; xiv 2, 6, 7; xv 11 hasta el final).

IV. Otro libro de esta clase –*El pequeño Génesis*, o *El libro de los Jubileos*– ha sido preservado en su traducción etiópica (aunque últimamente se ha descubierto una versión latina de parte del mismo) y es un comentario haggádico sobre el Génesis. Afirmando ser una revelación a Moisés durante los cuarenta años en el monte Sinaí, procura rellenar las *lacunae* en la historia sagrada, sobre todo en lo que se refiere a la cronología. Su carácter es exhortatorio y de advertencia, y alienta un fuerte espíritu antirromano. Fue escrito por un palestino, en hebreo, o más bien arameo, probablemente hacia el tiempo de Cristo. El nombre «Libro de los Jubileos» se deriva de la circunstancia de que la cronología de la Escritura está ordenada según los períodos de jubileo de cuarenta y nueve años, de los cuales se habían contado cincuenta (o sea, 2.450 años) desde la Creación a la entrada en Canaán.

V. Entre los escritos pseudoepigráficos incluimos también el 4° *Libro de Esdras*, que aparece entre nuestros apócrifos como 2° Esdras, caps. iii-xiv (los dos primeros capítulos y los dos últimos son adiciones espurias). La obra fue escrita originalmente en griego, y sólo se ha preservado en traducción en 5 lenguas distintas (latín, arábigo, siríaco, etiópico y armenio). Fue compuesto probablemente hacia el final del primer siglo después de Cristo. Por esta circunstancia y la influencia del Cristianismo en la mente del escritor –que sin embargo es un sincero judío–, su interés e importancia son extraordinarios. El nombre de Esdras probablemente es asumido porque el escritor deseaba tratar principalmente del misterio de la caída de Israel y su restauración.

Los otros escritos pseudoepigráficos son:

VI. La *Ascensión* (caps. i-v) y *Visión de Isaías* (caps. vi-xi), que describen el martirio del profeta (con una interpolación cristiana [caps. iii 14-iv 22], adscribiendo su muerte a la profecía de Cristo, y conteniendo porciones apocalípticas), y luego lo que vio en el cielo. El libro posiblemente se basa en un relato judío más antiguo, pero es principalmente de paternidad cristiana herética. Existe sólo en traducciones, de las cuales la etiópica ha sido editada por el arzobispo Laurence (con traducciones latina e inglesa).

VII. *La Asunción de Moisés* (probablemente citado en Judas v. 9) también existe sólo en traducción, y es realmente un fragmento. Consiste en doce capítulos. Después de una introducción (cap. i), que contiene una alocución de Moisés a Josué, el primero dice que presenta ante Josué el futuro de Israel en el tiempo de Varo. Esto va seguido de una porción apocalíptica que empieza en el cap. vii y termina en el x. Los dos capítulos finales son diálogos entre Josué y Moisés. El libro data probablemente de los alrededores del año 2 a.C., o poco después. Además de las porciones apocalípticas, su interés consiste en el hecho de que el escritor parece pertenecer al partido Nacionalista, y conseguimos por ello algunos vistazos sobre las esperanzas e ideas apocalípticas –la tendencia más elevada espiritual– de este movimiento tan interesante. Es notable que por lo menos este libro sea claramente antifarisaico, sobre todo en su oposición a las purificaciones (cap. vii). Especialmente queremos hacer notar una semejanza notable con 2 Timoteo 3:1-5 y esto en la *Assumpt. Mos.* vii. 3-10: 3) «Et regnabunt de his homines pestilentiosi et impii, dicentes se esse iustos, 4) et hi suscitabunt iram animorum suorum, qui erunt homines dolosi, sibi placentes, ficti in omnibus suis et omni hora diei amantes convivia, devoratores gulae 5) … 6) [paupe] rum bonorum comestores, dicentes se haec facere propter misericordiam eorum, 7) sed et exterminatores, queruli et fallaces, celantes se ne possint cognosci, impii in scelere, pleni et iniquitate ab oriente usque ad occidentem, 8) dicentes: habebimus discubitiones et luxuriam edentes et bibentes, et potabimus nos, tamquam principes erimus. 9) Et manus eorum et dentes inmunda tractabunt, et os eorum loquetur ingentia, et superdicent: 10) noli [tu me] tangere, ne inquines me…». Pero es muy significativo que, en vez de la denuncia de los fariseos en los vv. 9, 10 de la *Assumptio*, tenemos en 2 Timoteo 3:15 las palabras «teniendo la forma de piedad, pero negando su poder».

VIII. *El Apocalipsis de Baruc*. Éste también existe sólo en traducción siríaca, y al parecer es fragmentario, puesto que la visión prometida en el cap. lxxvi 3 no se refiere; en tanto que la Epístola de Baruc a las dos tribus y media en Babilonia, referida en lxxvii 19, falta también. El libro ha sido dividido en siete secciones (i-xii; xiii-xx; xxi-xxxiv; xxxv-xlvi; xlvii-lii; liii-lxxvi; lxxvii-lxxxvii). El conjunto tiene forma de revelación a Baruc, y sus respuestas y preguntas, o noticias sobre sus actividades, ayunos, oraciones, etc. Las partes más interesantes son las secciones 5 y 6. En la primera notamos (cap. xlviii 31-41) la referencia a la consecuencia del pecado en nuestros primeros padres (v. 42; comp. también xvii 3; xxiii 4; liv 15, 19), y en el cap. xlix la discusión e información sobre en qué cuerpo y en qué forma resucitaremos, que es contestada, no como por Pablo en 1 Corintios 15 –aunque la pregunta que se hace (1 Co. 15:35) es precisamente la misma–, sino en la forma estrictamente rabínica, descrita por nosotros en el Libro 3, cap. VII. En la sección 6 notamos en especial (caps. lxix-lxxiv) las descripciones apocalípticas de los últimos días y la del Reinado y Juicio del Mesías. En general, el lenguaje figurativo de este libro es instructivo con respecto a la fraseología usada en las porciones apocalípticas del N.T. Finalmente, notamos que las ideas sobre las consecuencias de la caída son mucho más limitadas que las expresadas por 4° Esdras. En realidad, no van más allá de la muerte física como consecuencia del pecado en nuestros primeros padres (ver en especial cap. liv 19: Non est ergo Adam causa, nisi animae suae tantum; nos vero unusquisque fuit animae suae Adam). Al mismo tiempo, nos parece como si quizá el razonamiento, más que el lenguaje del escritor, indicara vacilación por su parte (liv 14-19; compárese también con la primera cláusula de xlviii 43). Casi parece como si liv 14-19 tuviera la intención de desmentir el razonamiento de Pablo, Romanos 5:12, al final. A este respecto el pasaje en Baruc es muy interesante, no sólo por sí mismo (ver, por ej., v. 16: Certo enim qui credit recipiet mercedem), sino con referencia a la enseñanza de 4° Esdras que, por lo que se refiere al pecado original, toma una dirección distinta de la de Baruc. Pero tengo muy pocas dudas de que ambos aluden a la enseñanza de Pablo sobre esta doctrina, que para ellos es nueva. Finalmente, por lo que se refiere a la cuestión de cuándo fue escrita esta obra notable, colocaríamos su composición *después* de la destrucción de Jerusalén. La mayoría de los escritores la datan antes de la publicación de 4° Esdras. Incluso la aparición de un Pseudo-Baruc y un Pseudo-Esdras es significativa de las circunstancias políticas y las esperanzas religiosas de la nación.

Para criticismo y fragmentos de los otros pseudoepígrafos del Antiguo Testamento, comparar Fabricius, *Codex Pseudepigraphus Vet. Test.*, 2 vols. (ed. 2, 1722). *El Salterio de Salomón*, *IV Esdras* (o, como él dice, 4° y 5° Esdras), el *Apocalipsis de Baruc* y la *Asunción de Moisés* han sido editados por Fritzsche (Lips. 1871); otros pseudoepígrafos judíos (hebreos) del A.T. –aunque de fecha posterior– se hallan en Jellinek, *Beth haMidrash* (6 vols.), *passim*. Una crítica de la literatura sobre este tema no es oportuna aquí.

Apéndice 2

(Libro 1, capítulo 4)

Filón de Alejandría y la teología rabínica

1. (Ad. cap. IV, nota 1). Al comparar los cánones alegóricos de Filón con los del tradicionalismo judío, pensamos ante todo en los siete cánones exegéticos que se asocian con Hillel. Éstos llevan principalmente el carácter de deducciones lógicas, y como tales se aplican principalmente a la Halakhah. Estos siete cánones fueron luego ampliados por el rab. Ismael (en el siglo I) a trece, por medio del análisis de uno de ellos (el 5°) en seis, y la adición de esta sana regla exegética de que donde dos versículos parecen contradictorios, su reconciliación debe buscarse en un tercer pasaje. Las reglas reales de la Haggadah –si lo eran– eran los treinta y dos cánones del rab. José el Galileo (en el siglo II). Es aquí que hemos de hallar tanto que es afín en la forma a los cánones alegóricos de Filón[1], sólo que no racionalizan y son más claros en su aplicación. Se pueden hallar resultados sorprendentes –por lo menos para ciertas mentes– buscando en cada consonante de una palabra la letra inicial de otra (*Notariqon*). Así, la palabra *MiSBeaCH* (altar) fue resuelta en estas cuatro palabras, que empiezan, respectivamente, en M, S, B, CH: Perdón, Mérito, Bendición, Vida. Luego había la *Gematria*, por la que cada letra de una palabra se resolvía en su equivalente aritmético. Así, las dos palabras Gog y Magog = 70, que era el número supuesto de todas las naciones paganas. Además, en *Athbash* las letras del alfabeto hebreo serán traspuestas (la primera por la última del alfabeto, y así sucesivamente, de modo que SHeSHaKH (Jeremías 25:26; 51:41) pasaba a ser *BaBeL,* mientras que en *Albam* las veintidós letras hebreas eran divididas en dos renglones que podían ser intercambiables (L por A, M por B, etc.).

En otros aspectos también los palestinos tenían la ventaja del modo de interpretación alejandrino. Había por lo menos ingenio, si no siempre verdad, en la explicación de una palabra resolviéndola en otras dos, o bien al discutir la importancia de partículas exclusivas (tales como «sólo», «pero», «de») e inclusivas (tales como «también», «con», «todo»), o bien en descubrir matices de significación de los derivados de una palabra, como en los ocho sinónimos de «pobre» –de los cuales uno (*Ani*) indicaba simplemente «el pobre»; otro (*Ebhyon,* de *abhah*), uno que sentía necesidad y deseo; un tercero (*misken*), uno humillado; un cuarto (*rash,* de *rush*), uno que había sido privado de su propiedad; un quinto (*dal*), uno cuya propiedad se había agotado; un sexto (*dakh*), uno que se sentía arruinado; un séptimo (*makh*), uno que había venido a menos; y un octavo (*chelekh*), uno que era un desgraciado–, o al discutir tales diferencias entre *amar*, hablar suavemente, y *dabhar*, hablar fuertemente; y muchos otros. Aquí el conocimiento íntimo del lenguaje y la tradición puede ser muy útil. En otras ocasiones se sugieren pensamientos sorprendentes, como cuando se indica que toda la Humanidad fue hecha brotar de un hombre, a fin de mostrar el poder de Dios, puesto que todas las monedas acuñadas que salen de la misma máquina son exactamente las mismas, en tanto que en el hombre, sea cual sea la semejanza, siempre hay una diferencia en cada uno.

2. (Ad. cap. IV, nota 3). La distinción entre el Dios inaccesible y el Dios como manifiesto y manifestándose a sí mismo, que está en la base de tantos puntos de la teología de Filón en referencia a los «seres intermedios» –«potencias»– y el Logos, ocurre igualmente en la teología rabínica,[2] aunque probablemente se deriva de otra fuente. En realidad, consideramos esto como explicativo de que se evite de modo marcado toda clase de antropomorfismos en los Targumim. Explica también la designación de Dios en dos clases de términos de los cuales, a nuestro modo de ver, el primero expresa la idea de Dios como revelado, el otro la de Dios como revelándose a sí mismo; o, para decirlo de otra manera, indica, el uno, un estado; el otro, un acto por parte de Dios. La primera de estas clases de designaciones abarca dos términos: *Yeqara*, la gloria excelente, y *Shekhinah* o Sequiná, la presencia permanente.[3] Por otra parte Dios, como en el acto de revelarse a sí mismo, es descrito por el término *Memra,* el «Logos», «el Verbo». Hay una distinción de ideas también entre los términos *Yeqara* y *Shekhinah.* El primero indica, según pensamos, los aspectos del Dios revelado que se dirigen hacia dentro y hacia arriba; el último, los que se dirigen hacia fuera y hacia abajo. Esta distinción aparece al comparar la utilización de las dos palabras en los Targumim, y aún al considerar los pasajes en que las dos palabras están colocadas la una al lado de la otra (como p.ej. en el Targum Onkelos sobre Éx. 17:16; Nm. 14:14; en el PseudoJonatán, Gn. 16:13, 14; en el Targum de Jerusalén, Éx. 19:18; y en el Targum Jonatán, Is. 6:1, 3; Hag. 1:8). Así, también, la alusión en 2 Pedro 1:17 a «la voz de la excelente gloria» (τῆς μεγαλοπρεποῦς δόξης) tiene que haber sido la *Yeqara.* El uso variado de los términos *Shekihnah* y *Yeqara,* y luego *Memra*, en el Targum de Isaías 6, es extraordinario. En el versículo 1 es la *Yeqara* y su manto –la gloria hacia el cielo– la que llenaba el Templo celestial. En el versículo 3 oímos el *Trisagio* en conexión con la permanencia de su *Shekhinah,* en tanto que el esplendor (*Ziv*) de su *Yeqara* llena la tierra, como si estuviera flotando hacia abajo. En el versículo 5, el profeta teme porque ha visto la *Yeqara* de la Shekhinah, en tanto que en el versículo 6 se toma el carbón de delante de la Shekhinah (la cual está) sobre el trono de la Yeqara (una expresión notable que ocurre con frecuencia; de modo especial en Éx. 17:16). Finalmente, en el versículo 8 el profeta oye la voz de la *Memra* de Jehová, diciéndole las palabras de los versículos 9, 10. Es de sumo interés observar que en

---

1. El lector que analice el bosquejo de las ideas de Filón y las compare con las «XXV Theses de modis et formulis quibus pr. Hebr. doctores SS. interpretari etc., soliti fuerunt» (en Surenhusius Βίβλος Καταλλαγῆς, pp. 57 a 88), se convencerá de la verdad de lo que decimos.

2. Además de las designaciones de Dios a las cuales se hace referencia en el texto, Filón le aplica la de τόπος «lugar», precisamente de la misma manera que los rabinos tardíos (y en especial la Cábala) usan la palabra מקום. Para Filón implica que Dios es extramundano. Ve esto enseñado en Génesis 22:3, 4, en que Abraham fue «al lugar que Dios le había dicho»; pero cuando «levantó los ojos», «vio el lugar desde lejos». De modo similar, los rabinos, cuando comentan sobre Génesis 28:11, asignan esto como la razón por la que Dios es designado מקום, que es extramundano; la discusión es sobre si Dios es el lugar de su mundo o al revés, y la decisión en favor de lo primero –Génesis 28:11– es explicada por Éxodo 33:21, y Deuteronomio 33:27 por Salmo 90:1 (Ber. R. 68, ed. Vars., p. 125 *b*).

3. Creo que es Köster (*Trinitätslehre vor Christo*) que distingue las dos como la presencia de Dios, dentro y fuera de la congregación. En general este *tratadito* tiene poco valor.

Juan 12:40 estas palabras son aplicadas proféticamente en relación con Cristo. Así, Juan aplica al Logos lo que el Targum entiende de la *Memra* de Jehová.

Pero, teológicamente, el punto más interesante e importante no sólo con referencia al Logos de Filón, sino al término *Logos* tal como lo usa el cuarto Evangelio, es averiguar el valor preciso de la expresión equivalente, *Memra,* en los Targumim. Como se indica en el texto del libro (cap. IV), el término *Memra,* en cuanto se aplica a Dios, ocurre 176 veces en el Targum Onkelos, 99 veces en el Targum de Jerusalén y 321 veces en el Targum Pseudo-Jonatán. Incluimos una lista de pasajes, ordenados en tres clases. Los de la *clase I* marcan dónde el término no se aplica a esto, o dónde, por lo menos, es dudoso; los de la *clase II*, dónde se muestra una interpretación probable de un pasaje; y la *clase III*, en que es indudable que la expresión *Memra* se refiere a Dios como revelándose a sí mismo, esto es, el Logos.

Lista clasificada de todos los pasajes en que ocurre el término «Memra» en el Targum Onkelos

(El término ocurre 176 veces. La clase III, que consiste en los pasajes en que el término *Memra* tiene una aplicación *indudable* a la Persona Divina revelándose a sí misma, comprende 79 pasajes).

CLASE I. *Inaplicable o dudoso*: Génesis 24:5; Éxodo 2:25; 5:2; 6:8; 15:8, 10, 26; 16:8; 17:1; 23:21, 22; 25:22; 32:13; Levítico 18:30; 22:9; 26:14, 18, 21, 27; Números 3:39, 51; 4:37, 41, 45, 49; 9:18 (bis), 19, 20 (bis), 23 (cuatr.); 10:13; 13:3; 14:11, 22, 30, 35; 20:12, 24; 23:19; 24:4, 16; 27:14; 33:2, 38; 36:5; Deuteronomio 1:26; 4:30; 8:3, 20; 13:5, 19 (nuestra versión 4, 18); 15:5; 26:15, 18; 27:10; 28:1, 2, 15, 45, 62; 30:2, 8, 10, 20.

Un examen de estos pasajes mostrará que, por precaución, algunas veces hemos puesto como «inaplicable» o «dudoso» lo que, visto en conexión con otros pasajes en que se ha usado la palabra, no se ve como realmente dudoso. Ocuparía demasiado espacio explicar por qué algunos de los pasajes son puestos en la clase siguiente, aunque el término *Memra* «parece» haber sido usado en una forma paralela al de la clase I. Finalmente, la razón por la que algunos pasajes aparecen en la clase III, cuando otros, algo similares, son colocados en la clase II, debe buscarse en el contexto y conexión de un versículo. Hemos de pedir al lector que crea que cada pasaje ha sido estudiado cuidadosamente de por sí, y que nuestras conclusiones han sido decididas mediante una consideración cuidadosa, y por un significado imparcial puesto en el lenguaje del Onkelos.

CLASE II. *Probable*: Génesis 7:16; 20:3; 31:3, 24; Éxodo 19:5; Levítico 8:35; 26:23; Números 11:20, 23; 14:41; 22:9, 18, 20; 23:3, 4, 16; 27:21; 36:2; Deuteronomio 1:32; 4:24, 33, 36; 5:24, 25, 26; 9:23 (bis); 31:23; 34:5.

CLASE III. *Indudable:* Génesis 3:8, 10; 6:6 (bis), 7; 8:21; 9:12, 13, 15, 16, 17; 15:1, 6; 17:2, 7, 10, 11; 21:20, 22, 23; 22:16; 24:3; 26:3, 24, 28; 28:15, 20, 21; 31:49, 50; 35:3; 39:2, 3, 21, 23; 48:21; 49:24, 25; Éxodo 3:12; 4:12, 15; 10:10; 14:31; 15:2; 18:19; 19:17; 29:42, 43; 30:6; 31:13, 17; 33:22; Levítico 20:23; 24:12; 26:9, 11, 30, 46; Números 14:9 (bis), 43; 17:19 (en nuestra versión 5:4); 21:5; 23:21; Deuteronomio 1:30; 2:7; 3:22; 4:37; 5:5; 9:3; 18:16, 19; 20:1; 23:15; 31:6, 8; 32:51; 33:3, 27.

De especial interés es la versión del Onkelos de Deuteronomio 33:27, en que en vez de «Y acá abajo los brazos eternos», Onkelos dice: «y con su Memra fue hecho el mundo», exactamente como en Juan 1:10. Esta divergencia del Onkelos del texto hebreo es totalmente inexplicable, y no hay quien haya intentado dar alguna explicación, que yo sepa. Winer, cuya disertación inaugural «De Onkeloso ejusque Paraphrasi Chaldaica» (Lips., 1820) ha seguido simplemente a la mayoría de escritores modernos (con algunas amplificaciones, principalmente del «Philoxenus» de Luzzato), no hace referencia a este pasaje, ni tampoco sus sucesores, que yo sepa. Es curioso que, como nuestro texto hebreo tiene tres palabras, también las tiene la versión de Onkelos, y que ambas terminen con la misma palabra.

Al clasificar los pasajes en que ocurre la palabra *Memra* en el Targum de Jerusalén y en el Targum Pseudo-Jonatán, hemos invertido el orden previo, y la Clase I representa los pasajes en que el término *indudablemente* se aplica a la manifestación personal de Dios; la Clase II, en que esta interpretación es *probable;* y la Clase III, en que esta aplicación es *dudosa.*

Pasajes clasificados (según el plan mencionado) en que el término «Memra» ocurre en el Targum Jerushalmi en el Pentateuco

CLASE I. De aplicación *indudable* a una manifestación personal de Dios: Génesis 1:27; 3:9, 22; 5:24; 6:3; 7:16; 15:1; 16:3; 19:24; 21:33; 22:8, 14; 28:10; 30:22 (bis); 31:9; 35:9 (cuatr.); 38:25; 40:23; Éxodo 3:14; 6:3; 12:42 (cuatr.); 13:18; 14:15, 24, 25; 15:12, 25 (bis); 19:5, 7, 8, 9 (bis); 20:1, 24; Levítico 1:1; Números 9:8; 10:35, 36; 14:20; 21:6; 23:8 (bis); 24:6, 23; 25:4; 27:16; Deuteronomio 1:1; 3:2; 4:34; 26:3, 14, 17, 18; 28:27, 68; 32:15, 39, 51; 33:2, 7; 34:9, 10, 11.

CLASE II. Tenemos aquí la aplicación de *probable:* Génesis 5:24; 21:33; Éxodo 6:3; 15:1; Levítico 1:1; Números 23:15, 21; 24:4, 16; Deuteronomio 32:1, 40.

CLASE III. En que esta aplicación es *dudosa*: Génesis 6:6; 18:1, 17; 22:14 (bis); 30:22; 40:23; 49:18; Éxodo 13:19; 15:2, 26; 17:16; 19:3; Deuteronomio 1:1; 32:18; 34:4, 5.

Lista clasificada de los pasajes en que el término «Memra» ocurre en el Targum Pseudo-Jonatán en el Pentateuco

CLASE I. *Indudable:* Génesis 2:8; 3:8, 10, 24; 4:26; 5:2; 7:16; 9:12, 13, 15, 16, 17; 11:8; 12:17; 15:1; 17:2, 7, 10, 11; 18:5; 19:24 (bis); 20:6, 18; 21:20, 22, 23, 33; 22:1; 24:1, 3; 26:3, 24, 28; 27:28, 31; 28:10, 15, 20; 29:12; 31:3, 50; 35:3, 9; 39:2, 3, 21, 23; 41:1; 46:4; 48:9, 21; 49:25; 50:20; Éxodo 1:21; 2:5; 3:12; 7:25; 10:10; 12:23, 29; 13:8, 15, 17; 14:25, 31; 15:25; 17:13, 15, 16 (bis); 18:19; 20:7; 26:28; 29:42, 43; 30:6, 36; 31:13, 17; 32:35; 33:9, 19; 34:5; 36:33; Levítico 1:1 (bis); 6:2; 8:35; 9:23; 20:23; 24:12 (bis); 26:11, 12, 30, 44, 46; Números 3:16, 39, 51; 4:37, 41, 45, 49; 9:18 (bis), 19, 20 (bis), 23 (ter.); 10:13, 35, 36; 14:9, 41, 43; 16:11, 26; 17:4; 21:5, 6, 8, 9, 34; 22:18, 19, 28; 23:3, 4, 8 (bis), 16, 20, 21; 24:13; 27:16; 31:8; 33:4; Deuteronomio 1:10, 30, 43; 2:7, 21; 3:22; 4:3, 7 (bis), 20, 24, 33, 36; 5:5 (bis), 11, 22, 23, 24 (bis), 25, 26; 6:13, 21, 22; 9:3; 11:23; 12:5, 11; 18:19; 20:1; 21:20; 24:18, 19; 26:5, 14, 18; 28:7,9, 11, 13, 20, 21, 22, 25, 27, 28, 35, 48, 49, 59, 61, 63, 68; 29:2, 4; 30:3, 4, 5, 7; 31:5, 8, 23; 32:6, 9, 12, 36; 33:29; 34:1, 5, 10, 11.

CLASE II. *Probable*: Génesis 5:24; 15:6; 16:1, 13; 18:17; 22:16; 29:31; 30:22; 46:4; Éxodo 2:23; 3:8, 17, 19; 4:12; 6:8; 12:27; 13:5, 17; 32:13; 33:12, 22; Levítico 26:44; Números 14:30; 20:12, 21; 22:9, 20; 24:4, 16, 23; Deuteronomio 8:3; 11:12; 29:23; 31:2, 7; 32:18, 23, 26, 38, 39, 43, 48, 50, 51; 33:3, 27; 34:6.

CLASE III. *Dudoso*: Génesis 6:3, 6 (bis), 7 (bis); 8:1, 21; 22:18; 26:5 (bis); Éxodo 4:15; 5:2; 9:20, 21; 10:29; 14:7; 15:2, 8; 16:3, 8; 19:5; 25:22; Levítico 18:30; 22:9; 26:40; Números 6:27;

9:8; 12:6; 14:11, 22, 35; 15:34; 20:24; 23:19; 27:14; 33:2, 38; 36:5; Deuteronomio 1:26, 32; 4:30; 5:5; 8:20; 9:23; 11:1; 13:18; 15:5; 19:15; 25:18; 26:17; 27:10; 28:1, 15, 45, 62; 30:2, 8, 9, 10; 31:12; 33:9.

3. (Ad. Libro 1, cap. IV). Sólo se puede dar una ilustración del método peculiar de Filón para interpretar el Antiguo Testamento. Al mismo tiempo, mostrará cómo halló confirmación para sus especulaciones filosóficas en el Antiguo Testamento, y dará luz sobre su sistema de teología moral en su punto más interesante, pero también el más difícil. La cuestión de que se trata es cómo el alma puede pasar de su estado de sensualidad (estado sensorial) y pecado a otro de devoción a la razón, que era religión y justicia. Se notará que el cambio de un estado al otro se dijo que se realiza de una de estas tres maneras: por el *estudio*, por la *práctica* o por medio de la *disposición natural* (μάθησιη ἄ σκησις ευφυΐα), justo lo mismo que dijo Aristóteles. Pero Filón halló un símbolo para cada uno, y para un estadio preparatorio en cada uno, en las Escrituras. Los tres patriarcas representaron este triple modo de alcanzar lo supersensible: Abraham, estudio; Jacob, práctica; Isaac, una buena disposición; en tanto que Enós, Enoc y Noé representan los estadios preparatorios respectivos. *Enós* (esperanza), el primer antecesor real de nuestra raza, representa la mente despertándose a la existencia de una vida mejor. *Abraham* (estudio) recibió la orden de dejar «la tierra» (sensualidad, sensorio). Pero todo estudio fue triple. Fue, primero, *físico* –Abram en la tierra de Ur contemplando el cielo estrellado, pero no conociendo a Dios. Luego viene el estudio «intermedio» (μέση), que abarca el «ciclo de conocimiento» (ἐγκύλιος παιδεία) ordinario. Esto fue Abram después de abandonar Arán, y este conocimiento fue simbolizado por su unión con Agar, que se detuvo (de modo intermedio) entre Cades y Bered. Pero este estadio era también insuficiente, y el alma debía alcanzar el estadio tercero y más elevado, el de la filosofía divina (verdaderamente, el amor a la sabiduría, φιλοσοφία), en que la verdad eterna era el tema de la contemplación. En consecuencia, Abram dejó a Lot, pasó a ser Abraham y se unió verdaderamente a Sara, que ya no era Sarai. A partir de entonces, hacia adelante y hacia arriba, el alma se eleva ahora al conocimiento de la virtud, de las realidades celestiales y, más aún, de la naturaleza de Dios mismo.

Pero había otro método distinto del «estudio» por el cual el alma podía elevarse –el de la *askesis*, disciplina, práctica–, del cual las Escrituras hablan en Enoc y Jacob. Enoc –a quien «Dios tomó, y desapareció» (Gn. 5:24)– significa que el alma se vuelve de lo inferior a lo superior, de modo que ya no se la encuentra en primer lugar del mal. De Enoc, como estadio preparatorio, llegamos a Jacob, que primero huyó meramente de sus embrollos sensoriales con Labán, luego emprende la lucha contra sus afectos, desprendiéndose de cinco de las setenta y cinco almas con que había entrado en Egipto (Dt. 10:22; comp. con Gn. 46:27), a veces casi descarriado por los sofistas (Dina y Hamor), con frecuencia casi cayendo y desmayando en el conflicto (la lucha de Jacob con el ángel), pero ayudado por Dios, y finalmente victorioso cuando Jacob pasa a ser Israel.

Sin embargo, la más elevada de todas era la vida espiritual, que llegaba no por el estudio ni la disciplina, sino por medio de una buena disposición natural. Aquí tenemos, primero, *Noé*, que simboliza sólo el comienzo de la virtud, puesto que no leemos de ninguna virtud especial en él. Más bien, él es *descanso* –como su nombre implica–, bueno con relación a los que le rodean. Fue de un modo diferente con *Isaac*, que era perfecto antes de su nacimiento (y, por tanto, escogido), así como *Rebeca* significaba constancia en la virtud. En este estado, el alma disfruta un verdadero descanso (el sábado, Jerusalén) y gozo, que va implicado en el nombre de Isaac. Pero la verdadera virtud, que era también la verdadera sabiduría, era el Paraíso, de donde salió una corriente (bondad) que se dividía a su vez en cuatro brazos (las cuatro virtudes estoicas): *Pison*, «prudencia» (φρόνησις); *Gihon*, «fortaleza» (ἀνδρία); *Tigris*, «deseo» (ἐπιθυμία), y *Eufrates*, «justicia» (δικαιοσύνη). Y, con todo, aunque éstas sean las virtudes estoicas, todas ellas brotan del Paraíso, el Jardín de Dios; y todo lo que es bueno, y todo lo que lleva al mismo, nos viene en último término de Dios mismo, y es en Dios.

Apéndice 3
(Libro 1, capítulo 7, nota 7)

Ideas rabínicas respecto a la legitimidad de las imágenes, representaciones pictóricas en monedas, etc.

En este punto –especialmente con respecto a las imágenes, estatuas y monedas– las ideas de los rabinos sufrieron cambios y modificaciones (como se indica en el texto) debido a las circunstancias externas del pueblo. Las opiniones primeras y más estrictas, que prohibían en absoluto toda representación, fueron relajadas en la Mishnah, y todavía más en el Talmud. Al seguir este desarrollo notamos, como un primer estadio, que había una distancia entre *tener* estas representaciones pictóricas y *hacer uso de ellas*, en el sentido de vender o hacer trueques con ellas; además, entre *hacerlas* y *hallarlas*. La Mishnah prohíbe sólo representaciones de seres humanos que llevan en su mano algún símbolo de poder, como un cayado, un pájaro, un globo, o bien, como añade el Talmud, una espada o incluso un sello (Ab. Z. iii. 1). Los Comentarios explican que esto ha de referirse a hacer uso de ellos, puesto que su posesión estaba, en todo caso, prohibida. El Talmud añade (Ab. Z. 40 *b*, 41 *a*) que éstas eran generalmente representaciones de reyes, y que eran usadas para los propósitos de culto, y que su prohibición se aplicaba sólo a las aldeas y pueblos, no a las ciudades, donde eran usadas como ornamento. De modo similar, la Mishnah indica que todo lo que lleva una representación del sol o de la luna, o de un dragón, debe ser echado al mar Muerto (Ab. Z. iii. 3). Por otra parte, el Talmud cita (Ab. Z. 42 *b*) una proposición (*Boraita*) en el sentido de que todas las representaciones de los planetas eran permitidas excepto las del sol y de la luna,[1] así como todas las estatuas excepto las de hombres, y todas las pinturas excepto las de un dragón, llevando la discusión a la conclusión de que en dos casos –si no en todos los citados– las instrucciones talmúdicas se referían a hallarlas, no a hacerlas. Tan estricta era la ley respecto a los anillos de sellos, que estaba prohibido que hubiera relieve en ellos, y únicamente eran permitidas las figuras que se *hundían* debajo de la superficie (bajorrelieve), aunque incluso éstas no debían ser usadas para sellar (Ab. Z. 43 *b*). Pero esto ya marca una concesión, hecha aparentemente a un célebre rabino que tenía un sello así. Aún más allá en la misma dirección está la excusa, formulada en un período posterior, para los rabinos que adoraban en una Sinagoga que tuviera una estatua de un rey, en el sentido de que no se podía sospechar que ellos fueran idólatras, puesto que el lugar –y por tanto su conducta– estaba bajo la inspección de todos los hombres. Esta tendencia más liberal había aparecido ciertamente en un período muy anterior, en el caso del Nasi Gamaliel II, que hizo uso de un baño público en Acco, en que había una estatua de Afrodita. La Mishnah (Ab. Z. iii. 4) pone esta doble alegación en su boca: que no había ido al dominio del ídolo, sino que el ídolo había ido al suyo, y que la estatua estaba allí como ornamento y no para ofrecerle culto. El Talmud apoya en realidad este argumento, pero en una forma que muestra que la conducta del gran Gamaliel no era realmente aprobada (Ab. Z. 44 *b*). Pero ¡una estatua utilizada para propósitos idolátricos no sólo debía ser pulverizada, sino que el polvo debía ser desparramado al viento o echado al mar, para que no sirviera ni de abono para el suelo! (Ab. Z. iii. 3). Esto puede dar la explicación de por qué Josefo se atreve incluso a incriminar al rey Salomón por las figuras en el mar de bronce, y en su trono (*Ant.* viii.7,5), y que pudiera excitar a una turba fanática en Tiberias para que destruyera el palacio de Herodes Antipas porque contenía «figuras de seres vivientes» (*Vida* 12).[2]

1. El Nasi R. Gamaliel hizo uso de representaciones de la luna al interrogar a testigos ignorantes con miras a establecer (por la nueva luna) los comienzos del mes. Pero esto ha de ser considerado como una excepción de la regla míshnica.

2. Schürer indica que el que no se acuñaran monedas con la imagen de Herodes era una concesión a los prejuicios judíos y afirma que las monedas de los emperadores acuñadas en Palestina no llevaban efigies. Sin embargo, esta afirmación no es apoyada por los hechos, según puede verse en Mateo 22:20, en que había una imagen del César en monedas que circulaban. Wieseler (Beitr., pp. 83-87) ha mostrado que el que no hubiera monedas con la efigie de Herodes demuestra su posición inferior con respecto a Roma, y que esto tiene bastante importancia respecto a la cuestión de un censo romano durante su reino. El Talmud (Bab. K. 97 *b*) habla de monedas que llevaban en un lado la efigie de David y de Salomón, o bien el nombre de estos reyes, y en el otro lado: «Jerusalén, la santa ciudad». Pero si bien es dudoso que existieran estas monedas con la efigie de David o Salomón, no puede haber duda de que había monedas adscritas en Ber. R. (Par. 39, ed. Vars., p. 71 *b*) a Abraham, Josué, David y Mardoqueo –la de Abraham se describe como mostrando, en un lado, las figuras de un anciano y una anciana (Abraham y Sara), y en el otro a un joven y una joven (Isaac y Rebeca). Las monedas de Josué se dice que llevaban en un lado un becerro, en el otro un carnero, según Deuteronomio 33:17. Por tanto, no podía haber este horror de tales monedas, y si lo había, Herodes no era hombre que hubiera hecho mucho caso. Sobre estas supuestas monedas de David, etc., véanse las notas curiosas de Wagenseil, *Sota*, p. 574ss. La información más plena y precisa con todo lo relacionado con las monedas de los judíos se halla en un trabajo erudito de Mr. Madden, *Coins of the Jews* (vol. 2 de «The International Numismata Orientalia», 1881). Compárese también con la Revista de este libro en el *Journal of the Royal Archaeological Inst.* para 1882, vol xxxix., pp. 203, 206.

Apéndice 4
(Libro 1, capítulo 8)

Resumen de la historia judía desde el reinado de Alejandro el Grande hasta el acceso al trono de Herodes

La conexión política de Israel con el mundo griego –y con ello el conflicto con el Helenismo– se puede decir que comienza con el progreso victorioso de Alejandro Magno por todo el mundo entonces conocido (333 a.C.).[1] No sólo fue la destrucción del Imperio Persa lo que puso fin al fácil y pacífico vasallaje que Judea había reconocido a Persia durante dos siglos, sino que el establecimiento de un imperio tan vasto helénico, según era el objetivo de Alejandro, introduciría un nuevo elemento en el antiguo mundo de Asia. Por todas partes la antigua civilización cedió a la nueva. Ya a comienzos del siglo II antes de Cristo, Palestina estaba rodeada, norte, este y oeste, por un cinturón de ciudades helénicas, en tanto que en el interior de la tierra el mismo Helenismo había puesto el pie en Galilea y dominaba en Samaria. Pero esto no era todo. Después de seguir siendo el frecuente objeto de disputa entre las potencias de Egipto y Siria, Palestina, finalmente, pasó de la dominación egipcia a la siria, durante el reinado de Seleuco IV (187-175 a.C.). Su sucesor fue Antíoco IV, Epífanes (175-164), cuya implacable decisión de exterminar el Judaísmo y sustituirlo por el Helenismo dio lugar al levantamiento macabeo. Aunque este intento había de parecer locura, no habría podido ser concebido de no haber habido en Palestina misma un partido que favoreciera sus planes. En realidad, el grecianismo, en su peor forma, se había introducido lenta pero firmemente entre los niveles más elevados. Para poder comprender esta historia debe ser detallado un poco su progreso.

Después de la muerte de Alejandro, Palestina había pasado primero a la dominación egipcia. Aunque los Ptolomeos eran en general favorables a los judíos (por lo menos en su propio país), los de Palestina a veces sintieron la mano férrea del vencedor (Jos., *Ant.* xii.1,1). Luego siguieron las pugnas entre Siria y Egipto por la posesión de Palestina, con lo que el país sufrió severamente. Como hace notar bien Josefo (*Ant.* xii.3,3), ganara quien ganara, Palestina era «como un barco al cual la tempestad embiste con sus olas por los dos lados». Aparte de esto fue un período bastante tranquilo, en que se disfrutaba de una relativa independencia. El poder secular y el espiritual estaban investidos en los Sumos Sacerdotes hereditarios, que pagaban por su designación (probablemente con carácter anual) la suma de veinte talentos (es de suponer sirios), que equivalían a unos cinco talentos ordinarios, o sea, menos de 1.200£. Además de este tributo personal, los impuestos eran vendidos al mejor postor. La suma obtenida en Judea se consideraba que era de unas 81.000£ (350 talentos ordinarios). Aunque este tributo no parezca excesivo, teniendo en cuenta que más tarde los impuestos del distrito del bálsamo, alrededor de Jericó, alcanzaban a más de 46.000£ (200 talentos), había la dificultad de que eran recolectados por los extranjeros, de modo injusto y muchas veces cruel, y en los abusos por las personas encargadas de recolectarlos. Esto dio lugar a quejas, que fueron aliviadas pero de modo que se dio lugar a conflictos más serios.

La sucesión de los Sumos Sacerdotes, según hallamos en Nehemías 12:10, 11, 22, proporciona los siguientes nombres: Josué, Joaquín, Eliashib, Joyada, Juan, Jonatán y Jaddua, que era el contemporáneo de Alejandro el Grande. Después de la muerte de Jaddua, tenemos la siguiente lista: Onías I, Simón II el Justo, Eleazar, Manasés, Onías II, Onías III, Jasón, Menelao y Alcimo (Los nombres proceden de Josefo). Con Alcimo llegamos al período de los Macabeos. La paz interior y el bienestar terminaron con la muerte de Simón el Justo (al comienzo del siglo III a.C.), uno de los últimos eslabones de la misteriosa cadena de personajes con que la tradición ha dado el nombre de la «Gran Asamblea» o «la Gran Sinagoga».

La leyenda judía tiene mucho que decir que es milagroso con respecto a Simón el Justo, y lo relaciona con sucesos anteriores y posteriores a su pontificado. Muchas de estas tradiciones producen la impresión de recuerdos tiernos y añorados, de un pasado que nunca va a volver. Esta forma venerable no volvería a verse en el Santuario (Eccl. 50:1-4), ni se atribuirían milagros a ningún otro sacerdote (Yoma 39 *a* y *b*, Jer. Yoma v. 2; vi. 3).[2] Todo esto parece indicar el término de un período en que el sumo sacerdocio era puramente judío en espíritu, tal como las insinuaciones de disensiones entre sus hijos (Jer. Yoma 43 *d*, arriba) producen la impresión de recuerdos débiles de la familia, y problemas públicos que siguieron. En realidad no le sucedió su hijo Onías (forma helenizada; Chonyi y otras variantes en el Talmud), que era menor de edad, sino el hermano de Onías, Eleazar, y éste, luego de un pontificado de veinte años, fue sucedido por su hermano Manasés. Fue sólo después de veintisiete años, tras la muerte de Manasés, que Onías II pasó a ser sacerdote. Si Eleazar y especialmente Manasés debían su posición al hecho de ser favoritos de Egipto (o por lo menos esto reforzó su posición), era casi natural que Onías hubiera tomado la parte opuesta o siria. Se negó a pagar el tributo del Sumo Sacerdote a Egipto, lo cual no puede pensarse que se debiera totalmente a avaricia, como sugiere Josefo. La ira y amenazas del rey fueron apaciguadas por el sobrino del Sumo Sacerdote, José, el cual afirmaba descender del linaje de David. José supo congraciarse con la corte de Alejandría, y obtuvo el arrendamiento de los impuestos de la Coele-Siria (que incluía a Judea) ofreciendo el doble de la suma que se pagaba previamente. Los judíos vieron con agrado que se eliminara a un cobrador de impuestos extranjero, pero la autoridad conseguida por José pasó a ser una nueva fuente de peligro, especialmente en manos de su ambicioso hijo Hircano. Con ello señalamos la existencia de tres partidos: el egipcio, el sirio y el de los «hijos de Tobías» (*Ant.* xii.5,1), como se llamaban los adherentes de José, según el nombre de su padre. Si el partido egipcio cesó de existir cuando Palestina pasó a

---

1. No entramos en la discusión de la cuestión de si Alejandro entró realmente en Jerusalén. La leyenda judía tiene mucho que decir sobre él, e informa de preguntas y discusiones entre él y los rabinos, lo cual prueba por lo menos la profunda impresión que su aparición había hecho, y los resultados permanentes de ella.

2. Merece notarse que en estos mismos pasajes talmúdicos se hace referencia también a que el cese total de milagros indicaba la futura destrucción del Templo.

manos de Siria en el reino de Antíoco III el Grande (223-187 a.C.), y finalmente pasó a depender totalmente de la misma bajo Seleuco IV (187-173), el partido sirio y, especialmente, el partido de Tobías ya se habían helenizado. En realidad, la pugna ahora era por el poder y la riqueza, en que cada uno procuraba superar al otro mediante sobornos y lealtad al extranjero. En cuanto a la sumisión del pueblo, sólo podía conseguirse con la extinción práctica del Judaísmo, y este objetivo lo tuvo en cuenta el sacerdocio degenerado.

La tormenta no estalló realmente bajo el pontificado de Simón II, el hijo y sucesor de Onías II, pero los tiempos se volvían más y más turbulentos. Aunque los gobernantes sirios de vez en cuando mostraban favor a los judíos, Palestina ahora estaba cubierta por una red de funcionarios sirios, a cuyas manos había pasado prácticamente el poder. Los impuestos habían aumentado notablemente, y, además del dinero de la Corona –consistente en un impuesto por cabeza, la tercera parte de las cosechas, la mitad del producto de los árboles–, había un monopolio real sobre la sal y los bosques, e incluso sobre los diezmos levíticos y todos los impuestos del Templo. Las cosas parece que empeoraron bajo el pontificado de Onías III, el hijo y sucesor de Simón II. Una disputa que tuvo lugar entre él y un tal Simón –un sacerdote y capitán de la guardia del Templo, al parecer provocada por la codicia sin límites de este último– indujo a Simón a apelar a la codicia de los sirios refiriéndoles que había tesoros increíbles depositados en el Templo. Su motivo puede haber sido en parte la venganza, y en parte la esperanza de alcanzar el cargo de Onías. Se dijo que fue una aparición sobrenatural (pero probablemente fue sólo superstición) lo que detuvo al general sirio en aquel momento. Pero tanto judíos como gentiles habían aprendido una peligrosa lección.

Seleuco IV sucedió a su hermano Antíoco IV, llamado Epífanes (175-164). Al margen de las explicaciones psicológicas que se den por su conducta –fuera un loco o un déspota intoxicado por su indiferencia a toda consideración excepto su capricho y poder sin control alguno–, la crueldad y la insensatez de su tiranía fueron sus características más prominentes, y lo mismo su sed de venganza; era supersticioso sin límites. Bajo un reino así, el precedente que había dejado Simón, el capitán del Templo, fue imitado por nada menos que la persona del hermano del mismo Sumo Sacerdote: Josué, Jesús o Jasón (como se hacía llamar con el nombre helenizado), el cual compró el pontificado que ostentaba su hermano Onías III, que fue depuesto, con la promesa de un incremento de 360 talentos en los impuestos del país, además de pagar 80 talentos de otra fuente (2 Mac. 4:8, 9). Fue la primera deposición de un Sumo Sacerdote en la historia judía. Pero esto no fue todo. Las necesidades, si no las inclinaciones del nuevo Sumo Sacerdote y sus relaciones con el rey sirio, prescribieron una política helenizante en el país. ¡Parece casi increíble –y con todo está de acuerdo con las circunstancias– que Jasón tuviera que pagar a Antíoco 150 talentos por el permiso para erigir un gimnasio en Jerusalén, que pusiera en las listas de ciudadanos de Jerusalén a algunos que lo eran de Antioquía, y que en cierta ocasión llegara a enviar una delegación, para asistir a los juegos de Tiro, con dinero para comprar ofrendas a Hércules! Y en Jerusalén, y por todo el país, había un partido fuerte y creciente que apoyaba a Jasón en sus planes, y seguía su dirección (2 Mac. 4:9, 19). Así que el Helenismo ya había barrido el país, no sólo con la introducción de las ideas, costumbres e instituciones por completo incompatibles con la religión del A.T., sino con la abolición de la marca corporal que distinguía a los fieles del Judaísmo (1 Mac. 1:15; Jos., *Ant.* xii.5,1).

Pero el favor que Antíoco había mostrado a Jasón no duró mucho. Uno menos escrupuloso que él, Menelao (o, según su nombre judío, Onías), el hermano de aquel Simón que había excitado la codicia siria sobre el tesoro del Templo, sobrepujó a Jasón con la promesa de 300 talentos añadidos al tributo que había pagado Jasón. En consecuencia, Menelao fue designado Sumo Sacerdote. En el lenguaje expresivo de aquel tiempo: «vino sin nada propio de un Sumo Sacerdote, sino con la furia de un tirano cruel y el furor de una fiera» (2 Mac. 4:25). En el conflicto por el pontificado que se estableció, Menelao ganó con la ayuda de los sirios. Siguió un período terrible de desgobierno interior y conflictos exteriores. Menelao y sus asociados echaron por la borda toda moderación, incluso saquearon el Templo de algunos de sus vasos preciosos. Antíoco, que había considerado la resistencia a su delegado como una rebelión contra él mismo, realizó una terrible venganza mediante una matanza de habitantes de Jerusalén y el saqueo del Templo. Pero esto no fue todo. Cuando fue frenado en su avance hacia Egipto por orden perentoria de Roma, Antíoco compensó esta decepción con una expedición contra Judea, cuyo objetivo admitido era aplastar al pueblo y eliminar el Judaísmo. Los horrores que siguieron ahora son registrados en los libros de los Macabeos, por Josefo y por la tradición judía. Todos los sacrificios, el servicio del Templo y la observancia del sábado y las fiestas quedaron prohibidos; el Templo de Jerusalén fue dedicado a Júpiter Olímpico; las Sagradas Escrituras fueron perseguidas y destruidas donde se hallaban; los judíos se vieron forzados a tomar parte en ritos paganos; se elevó un pequeño altar pagano sobre el gran altar de los holocaustos; en suma, fue acumulado todo posible insulto sobre la religión de los judíos, de modo que no quedara rastro alguno de ella. La fecha de la profanación final del Templo fue el 25 de *Chislev* (correspondiente a nuestro diciembre), el mismo día en que, tras su purificación por Judas Macabeo,[3] fueron restaurados los servicios, el mismo en que la Iglesia cristiana celebra su dedicación a un mejor Templo: el del Espíritu Santo en la Encarnación de Jesucristo.

Pero la persecución implacable, que buscaba sus víctimas por todas partes del país, también hizo surgir un liberador en la persona de Matatías. La historia del glorioso alzamiento y la liberación final del país bajo los Macabeos o Asmoneos –como siempre son llamados en los escritos judíos– es bien conocida.[4] Sólo daremos aquí un breve resumen. Matatías murió realmente antes de haber entrado en hostilidades abiertas con los sirios, pero su hijo, Judas el Macabeo, consiguió sobre ellos victoria tras victoria, hasta que finalmente el Templo pudo ser purificado y restaurados sus servicios, exactamente tres años después de su profanación (25 Chislev, 165 a.C.). El régimen del héroe judío duró otros cinco años, aunque con dificultad puede considerarse que hubiera muchos éxitos en su administración. Los primeros dos años fueron ocupados en la fortificación de las posiciones y el castigo de las tribus fronterizas paganas que hostigaban a Judea. Hacia finales del año 164 murió Antíoco Epífanes. Pero su sucesor, o más bien Lisias, que administró

3. La designación «Macabeo» fue dada originalmente a Judas (1 Mac. 2:4, 66; 3:1; 5:24, 34). El nombre era, como el de Charles Martel, probablemente derivado de מקב o del caldeo מקבא, un martillo. Compárese Josippon ben Gorion, iii. 9, 7 (ed. Breithaupt, p. 200); sólo que éste escribe el nombre con una ב y no con una ק.

4. השמנאים. Josefo (*Ant.* xii.6,1) hace derivar la palabra de *Asmonaeus*, el bisabuelo de Matatías. Otros, de la palabra השמנים («príncipes», de Sal. 68:31).

el reino durante su minoría, no estaba resignado a ceder Palestina sin una nueva lucha. No había posibilidad de que los actos de heroísmo, por grandes que fueran, pudieran compensar la inferioridad de las fuerzas bajo el mando de Judas.[5] Las perspectivas eran poco esperanzadoras cuando, debido a dificultades interiores en Siria, el ejército fue reclamado a su punto de origen, y el resultado fue un tratado de paz en el que los judíos reconocieron la supremacía siria, pero se les garantizó la libertad de conciencia y de cultos.

Mas esta tregua fue de corta duración. Como hemos visto, ya había en Palestina dos partidos: el partido que por su carácter y objetivos puede ser designado en general como el helénico, y el de los *Chasidim* (Asideos). No puede haber duda de que este último nombre se origina de la palabra *Chasidim,* aplicada a los píos, en Israel, en pasajes como Salmos 30:5; 31:23; 37:28. La tradición judía distinguía entre los primeros Chasidim y los últimos (Ber. v. 1 y 32 *b;* Men. 40 *b*). Las descripciones de los primeros son tan tardías que las características que dan del partido están en conformidad con las ideas y prácticas que pertenecen a un tiempo muy posterior de desarrollo de la piedad rabínica. Sus ideas fundamentales, sin embargo, pueden colegirse de las cuatro primeras frases del tratado míshnico «Abhoth»,[6] de las cuales, las últimas son adscritas a José el hijo de Joezer, y José el hijo de Jochanan, que, como sabemos, todavía pertenecían a los primeros Chasidim. Éstos florecieron hacia el año 140 a.C. y más tarde. Esta fecha arroja luz considerable sobre la relación entre los primeros Chasidim y los últimos, y el origen de las sectas de los fariseos y los saduceos. Comparando las frases de los primeros Chasidim (Ab. i. 2-4) que éstos siguen, notamos una marcada simplicidad en ellas, mientras que las otras, o bien indican un rápido desarrollo del Rabinismo, o son ecos de relaciones políticas subsistentes, o bien aluden a dificultades o controversias de aquel entonces. Inferimos que los «primeros» Chasidim representan a los «píos» en Israel –naturalmente, desde el punto de vista de entonces–, que, en oposición al partido helenizante, se agruparon en torno a Judas Macabeo y su sucesor Jonatán. El que Jonatán el Macabeo asumiera la posición de Sumo Sacerdote, por el nombramiento del rey sirio (hacia 152), fue un paso que el partido ultraortodoxo nunca perdonó a los asmoneos. Desde este período, pues, datamos la alienación de los Chasidim, o más bien el cese de los primeros Chasidim. A partir de entonces el partido como tal degeneró o –para decirlo más correctamente– entró en puntos de vista religiosos extremos, que hicieron de ellos la sección más avanzada de los fariseos.[7] Estos últimos y los saduceos representan a partir de entonces al pueblo en su doble dirección religiosa. Con este modo de ver las cosas está de acuerdo la afirmación de Josefo (*Ant.* xiii.5,9), que menciona primero la existencia de los fariseos y saduceos en el tiempo de Jonatán, y aun la noticia confusa en «Abhoth» del rabino Natán 5, que adscribe el origen de los saduceos a la primera generación de los discípulos de Zadoc, él mismo discípulo de Antígono de Socho, lo cual traería la fecha a casi el mismo tiempo que el de Josefo.

Dejando esta digresión, necesaria para entender debidamente las relaciones internas en Judea, regresamos a la historia política. Hubo otro cambio en el trono de Siria. Demetrio, el nuevo rey, de buena gana escuchó las quejas de una delegación judía, y designó al líder de ellos, Alcimo (Jakim o Eliakim), como Sumo Sacerdote. Al principio los Chasidim estaban dispuestos a apoyarle, puesto que había ocupado un alto cargo en el sacerdocio, y, como sobrino de José el hijo de Jazer, uno de sus líderes. Pero sufrieron terriblemente a causa de su precipitación. Ayudado por los sirios, Alcimo se apoderó del pontificado. Pero Judas, una vez más, levantó el estándar nacional contra el intruso y sus aliados. La primera victoria pareció inclinarse al lado nacional, y el día de la derrota y matanza final del ejército sirio y su general, Nicanor, fue inscrito en el calendario judío como un día en que estaba prohibido el ayuno y el luto (el 13 de Adar, o marzo). Con todo, la perspectiva no era muy tranquilizadora, más aún porque habían aparecido divisiones en las filas de los judíos. En estas circunstancias Judas dirigió sus ojos hacia la nueva potencia occidental que empezaba a proyectar su sombra sobre Oriente. Fue un paso fatal –el comienzo de todas las tribulaciones futuras– y, aun políticamente, una grave equivocación el entrar en una alianza defensiva y ofensiva con Roma. Pero antes, incluso, de que pudieran derivarse ventajas de esta medida, Judas el Macabeo ya había sucumbido ante las fuerzas sirias, superiores en número, y caído heroicamente en una batalla.

La guerra de liberación duró siete años y, no obstante, cuando el pequeño remanente del partido asmoneo escogió a Jonatán, el hermano menor de Judas como su sucesor, su causa pareció aún más desesperanzada que en cualquier período previo. El partido helenizante dominaba en Judea, los ejércitos sirios ocupaban el país, y Jonatán y sus adherentes se vieron obligados a retirarse al otro lado del Jordán. La única esperanza –si se puede llamar así– consistía en la circunstancia de que después de la muerte de Alcimo el pontificado no había sido llenado por otro candidato sirio, sino que permaneció vacante durante dos años. En este intervalo de tiempo los nacionalistas tienen que haber recobrado sus fuerzas, puesto que el partido helenista, una vez más, procuró y obtuvo de Siria ayuda contra ellos. Pero la resistencia, casi sólo pasiva, que Jonatán ofreció con éxito a los sirios, cansó a su general y llevó a un tratado de paz (1 Mac. 9:58-73). En el período que siguió, el partido asmoneo fue incrementando sus fuerzas, de modo que cuando un rey rival reclamó la corona siria, ambos pretendientes solicitaron el apoyo de Jonatán. Éste se inclinó por el nuevo monarca, Alejandro Balas, el cual le envió una corona de oro y un manto de púrpura y le nombró Sumo Sacerdote, dignidad que Jonatán aceptó al punto.[8] El pontífice judío fue fiel a su soberano, incluso en contra de un nuevo pretendiente a la corona siria. Y tal era su influencia que éste, al conseguir la posesión del trono, no sólo perdonó la resistencia de Jonatán, sino que le confirmó en el pontificado, y aun le remitió los impuestos de Palestina en la cantidad de 300 talentos (probablemente anual). Pero la infidelidad e ingratitud del rey sirio llevaron a Jonatán, poco después, a tomar

---

5. Se dice que las fuerzas sirias alcanzaban los 100.000 soldados de infantería, 20.000 de caballería y 32 elefantes de guerra (1 Mac. 5:30).

6. Consideramos la cláusula inicial de «Abhoth» como que indica los principios y objetivos generales de la así llamada «Gran Asamblea».

7. Un cambio algo análogo –por lo menos en las opiniones teológicas– distingue a los últimos «puritanos» de los primeros. Las escuelas teológicas, que eran en parte políticas en su historia primera o primitiva, con frecuencia degeneraron, bien en partidismo político, o bien en sectarismo extremo, cuando cesa una u otra de sus *rationes vivendi.*

8. Los fariseos nunca se lo perdonaron. Es verdad que la alegación de ellos como causa de su oposición a los asmoneos es consignada por primera vez en un reinado posterior –el de Juan Hircano I–, y se basaba, de modo ostensible, en que la madre de Hircano había sido una prisionera de guerra. Pero ver nuestras notas sobre este punto más adelante.

el lado de otro pretendiente sirio, cuyas pretensiones eran defendidas aparentemente por su general Trifo. Y, al fin, la resistencia de Jonatán a las intrigas de Trifo para obtener la corona para sí mismo llevaron al asesinato a traición del Sumo Pontífice judío.

El gobierno de Judea, en estos tiempos tan difíciles, no podía haber caído en manos más aptas que las de Simón, un hermano mayor de Judas Macabeo. Su padre, al morir, ya le había designado como «el hombre del consejo» de entre sus hermanos (1 Mac. 2:65) en sus disposiciones. La política de Simón consistía principalmente en aprovecharse de las disputas en Siria y consolidar el régimen y gobierno que había adquirido (143-135 a.C.). Después del asesinato de su hermano por Trifo, se puso de lado del pretendiente sirio (Demetrio), a quien se había opuesto Trifo. Demetrio remitió de buena gana toda clase de impuestos sobre Palestina en el futuro. Éste fue el primer gran éxito, y los judíos perpetuaron su recuerdo haciendo constar su aniversario (el 27 de Iyar, o mayo) en su calendario. Y aún más importante como fecha –tanto en el calendario (Meg. Taan. Per. 2) como en la historia judía (1 Mac. 13:51)– fue el 23 de Iyar, en que se completó la obra de limpiar el país de extranjeros mediante la ocupación de Acra, la fortaleza de Jerusalén, hasta aquí ocupada por el ejército sirio. Las próximas medidas de Simón se dirigieron a la supresión del partido helenista en Judea y al establecimiento de paz y seguridad para sus propios adherentes. A la mente popular, esta «Edad de Oro» –descrita en términos brillantes en 1 Macabeos 14:8-14– le pareció que culminaba en un suceso que llenaba la vanidad nacional de satisfacción y garantizaba la seguridad nacional del país. Se trata de la llegada de la embajada de Roma a Judea para renovar la liga que había sido hecha por Judas Macabeo y por Jonatán. Simón contestó enviando una embajada a Roma que llevaba un valioso escudo de oro como muestra de gratitud. En su intoxicación, los judíos aprobaron un decreto y lo grabaron en tablas de bronce, haciendo de Simón «su Sumo Sacerdote y gobernador para siempre, hasta que se levantara un profeta fiel»; en otros términos, le designaron para el doble cargo de jefe espiritual y secular, y declararon su cargo hereditario (1 Mac. 14:41-45). El hecho de que le hubieran nombrado para cargos que tanto él como su predecesor ya habían tenido, y que los cargos que en sí eran hereditarios fueran declarados hereditarios en la familia de Simón, así como la significativa limitación «hasta que se levante un profeta fiel», indican con suficiencia que había disensiones en el pueblo y oposición a los asmoneos. En realidad, como los Chasidim habían sido enajenados e indispuestos, había un partido creciente entre los fariseos, sus sucesores, cuya hostilidad hacia los asmoneos fue incrementándose hasta desarrollarse en un aborrecimiento positivo. Este antagonismo, sin embargo, no se fundaba en su posesión del cargo secular, sino en que ocuparan el pontificado; quizá en su combinación de los dos cargos. Hasta qué punto llegó su hostilidad se verá a continuación. Durante un tiempo fue reprimida por la situación crítica del país. Porque la pugna con los sirios se había renovado una vez más, y aunque Simón –o más bien sus hijos– obtuvo la victoria, el anciano Sumo Pontífice y dos de sus hijos, Matatías y Judas, cayeron por la traición de Ptolomeo, el yerno de Simón.

El pontificado y el gobierno ahora pasaron al único hijo de Simón que quedaba, conocido como Juan Hircano I (135-105 a.C.). Su primer deseo fue naturalmente poner en libertad a su madre, que aún estaba en poder de Ptolomeo, y castigar a éste por sus crímenes. Pero en esto fracasó. Ptolomeo compró su inmunidad al amenazar matar a su prisionera, y luego la mató a traición. Poco después un ejército sirio sitió Jerusalén. La ciudad se vio en gran apuro. Pero cuando con ocasión de la Fiesta de los Tabernáculos el rey sirio no sólo dió una tregua a los sitiados, sino que les proveyó de lo necesario para los servicios en el Templo, Hircano procuró y obtuvo la paz, aunque los consejeros sirios insistieron a su rey que usara la oportunidad para exterminar el Judaísmo.

Las condiciones eran razonables dadas las circunstancias. Pero aparecieron nuevos problemas en Siria, lo que dio un giro más favorable a los asuntos en Judea. Primero, Hircano sometió a Samaria, y después conquistó Idumea, cuyos habitantes fueron hechos prosélitos al darles la alternativa de la circuncisión o el exilio. Luego fue renovado el tratado con los romanos, y finalmente Hircano se valió del rápido decaimiento de la monarquía siria para rechazar su lealtad al extranjero. El exclusivismo judío se vio gratificado con la total destrucción de Samaria, por la cual fue insertado un día como recordatorio (el 25 Marcheshvan, o noviembre) en el calendario festivo (Meg. Taan. Per. 8).[9] Y no fue ésta la única fecha que sus sucesores añadieron al calendario de fiestas nacionales.[10]

Pero su reino es de la mayor importancia en nuestra historia por marcar la primera pugna pública entre los dos grandes partidos –los fariseos y los saduceos–, y también por marcar el punto decisivo en la historia de los Macabeos. Incluso las monedas de este período son instructivas. Llevan la inscripción: «Jochanan, Sumo Sacerdote, Jefe y *Chebher* de los judíos». El término *Chebher*, que ocurre en las monedas sólo en conexión con el Sumo Sacerdote, sin duda se refiere no al pueblo judío de modo general, sino a ellos en su *organización* eclesiástica, y señala pues el reconocimiento de una junta de «ancianos», o cuerpo eclesiástico representativo, que presidía sobre los sucesos junto con el cargo de Sumo Sacerdote como «Jefe» y bajo el mismo. En este sentido, la presencia o ausencia de la palabra *Chebher*, o incluso de mención a los judíos, puede proporcionar indicación en cuanto a la relación de un jefe macabeo con los líderes eclesiásticos del pueblo. Ya se ha explicado que los Chasidim, considerados como el partido nacional, habían cesado, y que los líderes se dividían ahora en fariseos y saduceos. Por tradición y necesidad Hircano pertenecía a los primeros; por tendencia y probablemente por inclinación, a los últimos. Su interferencia en los asuntos religiosos no era en modo alguno del agrado de los fariseos, menos todavía el de sus sectarios extremos los Chasidim. La tradición adscribe a Hircano no menos de *nueve* innovaciones, de las cuales sólo *cinco* fueron continuadas después como ordenanzas legales. *Primero*, el pago de diezmos (tanto los levíticos como los llamados «diezmos del pobre») fue declarado no obligatorio para el *vendedor*, si era uno de los *Am ha-Arets*, o gente pobre, sino para el comprador. Se habían presentado ya quejas contra este impuesto que no era pagado por la mayoría del pueblo común, y se consideraba mejor hacer caer la responsabilidad en el comprador, a menos que el vendedor fuera lo que se llamaba *neeman*, de confianza; esto es, uno que solemnemente se obligaba a pagar los diezmos. En conexión con esto, en *segundo lugar*, la declaración ordenada en

9. Según Jer. Sot. ix. 13, y Sot. 33 *a*, una *«Bath Qol»*, o voz celestial originada en el Lugar Santísimo, había anunciado a Hircano, mientras oficiaba en el Templo, la victoria de sus hijos en Samaria. Josefo (*Ant*. xiii.10,7) asigna, con motivo de esto, el don profético a Hircano, así como su título sacerdotal y real.

10. Éstas son el 15 y 16 Sivan, el 16 de Adar y el 7 de Iyar. Comp. el Meg. Taan.

Deuteronomio 26:3-10 fue abrogada como no aplicable. En *tercer lugar*, toda obra que causara ruido quedaba prohibida en los días intermedios entre el primero y el último de los grandes días festivos de la Pascua y la Fiesta de los Tabernáculos. En *cuarto lugar*, la fórmula «Despierta, tú que duermes, oh Señor» (Sal. 44:23) con que había comenzado desde los tiempos de la persecución siria el servicio matutino en el Templo fue abolida. *Quinto*, la cruel costumbre de golpear en la cabeza a los animales de los sacrificios fue prohibida y se fijaron anillos en el suelo a los que se ataban los animales (Jer. Maas. Sh. v. 9; Jer. Sot. ix. 11; Tos. Sot. 13; Sot. 48 *a*). Las *cuatro* ordenanzas de Hircano que fueron abolidas se refieren a la introducción en los documentos oficiales, después del título de Sumo Sacerdote, de la expresión «El Elyon», el Dios Altísimo; al intento de declarar que las ciudades sirias y samaritanas debían pagar tributo (implicando su incorporación de hecho), cuando, según un viejo principio, esta obligación únicamente se aplicaba si se podía llegar a un lugar desde Judea sin pasar por territorio pagano; a la abrogación por Hircano de la primera disposición por José ben Joezer respecto a disuadir de la emigración, al declarar todo el suelo pagano como contaminado, y que hacía el intercambio social con los gentiles imposible, al declarar que los vasos de vidrio podían contraer contaminación levítica (Jer. Shabb. i. 4; Shabb. 14 *b*), y que volvió a ser puesta en vigor; y finalmente, a los términos fáciles con que el rey había admitido a los idumeos en la comunidad judía.

Por todo esto no es difícil formarse una idea de las relaciones entre Hircano y los fariseos. Pero por si no se hubiera conocido la creciente aversión que sentía Hircano hacia los fariseos, un amigo y consejero saduceo le informaba, aprovechándolo para influir en favor de su partido. La historia de la brecha pública entre Hircano y los fariseos la cuentan Josefo (*Ant*. xiii.10.5, 6) y el Talmud (Kidd. 66 *a*) con toda clase de nombres y detalles. Fuera a causa de algún reto presentado a los fariseos (según el Talmud) o como respuesta a algún requerimiento extraño de Hircano para señalar que alguna parte de su conducta no estaba de acuerdo con la ley (según Josefo), uno de la sección extrema de los fariseos (llamado Eleazar, según Josefo), en una fiesta dada por el partido, declaró que Hircano debía contentarse con el poder secular y dimitir del pontificado, debido a que estaba descalificado para el mismo por haber sido su madre prisionera de guerra. Incluso el Talmud admite que este informe era una calumnia, y que era un insulto gratuito a la memoria de una mujer heroica y realmente noble; más aún por el hecho de que el pontificado había sido hecho hereditario, por decreto público, en la familia de Simón, el cual era el padre de Hircano, por lo que la acusación no podía haber sido más que un pretexto para cubrir la hostilidad de los Chasidim. Esta acusación fue vengada en todo el partido. En la opinión de Hircano, todos ellos se hicieron sus cómplices cuando al ser interrogados declararon que el ofensor era sólo culpable de «azotes y prisión». Hircano se unió ahora a los saduceos, y no puede haber duda de que los fariseos fueron expuestos a persecución y eliminados del poder, aunque es incorrecta la información del Talmud sobre una matanza de dirigentes fariseos. El Talmud añade esto que es significativo, aunque cronológicamente incorrecto: «Jochanan, el Sumo Sacerdote, sirvió en el pontificado ochenta años, y al término de ellos se hizo un saduceo». Pero esto fue sólo el comienzo de las tribulaciones para el partido fariseo, que se vengó con un odio a muerte, y fue el comienzo también de la declinación de los Macabeos.

Hircano dejó 5 hijos. El mayor, Aristóbulo (en hebreo Jehudah), recibió el pontificado, pero Hircano designó a su propia viuda para que le sucediera en el gobierno secular. Además, Aristóbulo echó a su madre a la cárcel donde al poco, según la historia, pereció de hambre. El único de sus hermanos que dejó en libertad –y que en realidad era su favorito– pronto cayó víctima de sospechas y celos. Por fortuna, su reinado sólo duró un año (105-104). Se le describe como favoreciendo abiertamente al partido helenista, aunque al conquistar Ituraea –un distrito al este del lago de Galilea– obligó a los habitantes a someterse a la circuncisión.

A la muerte de Aristóbulo I, su viuda Alejandra Salomé dejó en libertad a los hermanos de su marido. Al parecer se casó con el mayor de ellos, Alejandro Janneo (en hebreo Jonatán), el cual pasó a ocupar tanto el pontificado como el gobierno secular. Los tres períodos de su reino (104-78) parecen estar indicados en las inscripciones distintas de sus monedas. El primer período que duró de unos ocho a diez años, se caracterizó por las guerras de conquista, en que Janneo añadió ciudades a la costa marítima de sus posesiones. Durante este período Salomé parece haberse encargado de los asuntos internos. Como ella era devota del partido farisaico –en realidad uno de sus líderes, Simeón ben Shetach, se dice que era su hermano (Ber. 48 *a*)–, éste fue un período de ascenso de los mismos. En consecuencia, las monedas de este período llevan la inscripción «Jonatán el Sumo Sacerdote y *Chebher* de los judíos». Pero a su retorno a Jerusalén encontró la arrogancia del partido fariseo poco acorde con sus propios modos de ver y sus gustos. El rey, ahora, se unió a los saduceos, y Simeón ben Shetach tuvo que huir para salvar la vida (Jer. Ber. vii. 2, p. 11 *b*). Pero otros de su partido no corrieron su misma suerte. Tuvo lugar una terrible tragedia en el mismo Templo. En la Fiesta de los Tabernáculos, mientras Janneo estaba oficiando como Sumo Sacerdote, estableció la costumbre a modo de reto de derramar el agua del vaso sagrado sobre el suelo en lugar de hacerlo en el altar. Una ruptura tan flagrante contra el respeto fue considerada como un sacrilegio, y exacerbó los ánimos de los fieles a un alto grado de frenesí. Le apedrearon con los frutos cítricos (*Ethrogs*) que tenían en las manos y le increparon por descender de «una prisionera». El rey llamó a sus mercenarios extranjeros y perecieron bajo espada no menos de 6.000 personas. Esto fue un agravio que no podía ser perdonado ni aminorado por sus conquistas. Una insurrección siguió a la otra, y se dice que cayeron 5.000 del pueblo en estas luchas. Cansado de tanta agitación, Janneo pidió al partido farisaico que indicara cuáles eran sus condiciones de paz, a lo cual contestaron cáusticamente: «Tu muerte» (Jos., *Ant*. xiii. 13, 5). En realidad, tal era su aborrecimiento que llegaron a llamar a los sirios y se juntaron con ellos contra él. Pero el éxito de los extranjeros produjo una revulsión popular en su favor, lo cual aprovechó Janneo para tomar una terrible venganza de sus enemigos. No menos de 800 de ellos fueron crucificados, y sus sufrimientos intensificados al ver que sus mujeres e hijos eran degollados ante sus propios ojos, en tanto que el degenerado pontífice estaba festejando con mujeres abandonadas. A esto siguió una huida general de los fariseos. Y así termina el segundo período de su reinado, marcado en las monedas con la significativa ausencia de las palabras «*Chebher* de los judíos», habiendo en un lado, en hebreo, «Jonatán el rey», y en el otro, en griego, «Alejandro el rey».

El tercer período queda señalado por monedas que llevan la inscripción «Jehonatán el Sumo Sacerdote y los judíos». Fue un período de éxitos militares externos, y de reconciliación con los fariseos, o por lo menos fueron llamados de nuevo –entre ellos, Simeón ben Shetach, y luego sus amigos–, probablemente por instigación de la reina (Ber. 48 *a*; Jer. Ber. vii. 2). Janneo murió a los cincuenta años, después de un reinado de veintisiete años, dejando el gobierno a su esposa Salomé. En su lecho de muerte se dice que le había aconsejado favorecer a los fariseos, o por lo menos a aquellos que no hacían de su religiosidad un mero pretexto para la intriga: «No tengas miedo de los fariseos, ni de los que no son fariseos, pero guárdate de los falsos, de los que son como Zimri, y que buscan la recompensa de Fineas» (Sot. 22 *b*). Pero de más interés para nosotros es que este período en el que se volvió a llamar a los fariseos marca un gran cambio interno, indicado por las monedas. Por primera vez hallamos la designación «Sanedrín». El *Chebher*, o junta de ancianos, había cesado como un poder gobernante y había sido transformado en un Sanedrín, o autoridad eclesiástica, aunque este último procuró con más o menos éxito arrogarse él mismo la jurisdicción civil, por lo menos en cuestiones eclesiásticas.[11]

Los nueve años de la reina Alejandra (en hebreo Salomé) fueron la Edad de Oro de los fariseos, en que el cielo mismo parecía sonreír sobre un país que estaba totalmente sometido al dominio religioso. En el lenguaje extravagante del Talmud (Taan. 23 *a*, segunda línea desde arriba): «En los días de Simeón ben Shetach, la lluvia caía en la noche de cada día cuarto, y en las de los sábados, de modo que los granos de trigo eran como habichuelas, y los de cebada como huesos de olivas, y las lentejas como dinares de oro, y preservaron un ejemplar de ellos para futuras generaciones, para mostrarles qué resultados tan desastrosos pueden acaecer al pecado». Este período de bendición milagrosa era comparado con la dispensación del cielo igualmente maravillosa durante el tiempo en que se edificaba el Templo de Herodes, en que la lluvia sólo caía de noche, en tanto que por la mañana venía viento y calor y lo secaba todo, de modo que los edificadores podían seguir su trabajo sin dilación. La reina Salomé había nombrado a su hijo mayor, Hircano II –un príncipe débil–, para el pontificado. Pero, como dice Josefo (*Ant.* xiii.16,2), aunque Salomé ostentaba el título, los fariseos tenían en sus manos el gobierno real del país y lo administraban con la insolencia, dureza y temeridad de un partido religioso fanático que de repente consigue poder ilimitado. La dirección estaba naturalmente en manos de Simeón ben Shetach, a quien incluso el Talmud caracteriza con la expresión de que tenía las «manos calientes» (Jer. Sanh. vi. 5, p. 23 *b*). Primero, todos los que eran sospechosos de inclinaciones saduceas fueron eliminados del Sanedrín por medio de intrigas o violencia. Luego, las ordenanzas previas que diferían de las ideas farisaicas fueron abrogadas, y en su lugar se aprobaron otras que respiraban su espíritu. Tan radicales fueron los cambios que los saduceos nunca se recobraron del golpe y, al margen de lo que enseñaran los que tenían cargos, se veían obligados en todo a conformarse a las prácticas farisaicas (Josefo, *Ant.* xviii.1,4; Tos. Yoma i. 8).

Pero el partido farisaico no estaba contento con sus victorias dogmáticas, aunque las celebraban todas insertando en el calendario un día de fiesta conmemorativo. En parte para «desalentar a los saduceos», en parte por la supuesta «necesidad del tiempo y para enseñar a los otros» (para dar ejemplo; Siphré sobre Dt.), ponían en práctica sus principios más allá de lo sensato, y eran culpables de tales injusticias y crueldades que, según la tradición, Simeón incluso condenó a su propio inocente hijo a muerte, para ser consecuente (ver Sanh. 46 *a*). Por otra parte, el partido farisaico sabía cómo halagar a la reina, e introdujo una serie de ordenanzas que protegían los derechos de las mujeres casadas y hacían el divorcio más difícil. Las únicas ordenanzas de Simeón ben Shetach que merecen ser consignadas de modo permanente son las de que mandó la asistencia regular a la escuela de todos los niños, aunque puede haberse intentado de modo primario para colocar la enseñanza del país en manos de los fariseos. El descontento general causado por la tiranía de los fariseos tiene que haber impulsado a todas las clases superiores a unirse al partido de los saduceos. Llevó, al fin, a quejas ante la reina, y fue probablemente la primera ocasión de la revuelta de Aristóbulo, el hijo menor de Salomé, que oscureció los últimos días de su reinado.

Salomé murió (a comienzos del 69 a.C.). Aunque Hircano II ahora estaba unido al cargo real con el pontificado, sus derechos fueron disputados por su hermano Aristóbulo II, que venció a su hermano y le obligó a abdicar en su favor la doble dignidad. Para cimentar su reconciliación, el hijo de Aristóbulo se casó con Alejandra, hija de Hircano. Poco pensaban lo fatal que iba a ser aquella unión. Porque ya había otro poder que estaba intrigando para interponerse en los asuntos judíos, con el cual iban a ser identificados a partir de entonces. Alejandro Janneo había designado a un Antipas, o Antipater –de cuyo origen se dan informes muy divergentes–,[12] como gobernador de Idumea. Éste tuvo como sucesor a un hijo suyo de igual nombre. La disensión entre los dos asmoneos parece que le dio la oportunidad de realizar sus planes ambiciosos. Naturalmente, tomó el partido del débil Hircano contra el batallador Aristóbulo, y persuadió al primero de que su vida estaba en peligro. Acabó convenciéndole de que fuese a Aretas, rey de Arabia, el cual, en consideración a promesas generosas, emprendió la tarea de instalar de nuevo a Hircano en el gobierno. El ejército árabe tuvo éxito, y a él se unió una buena proporción de las tropas de Aristóbulo, que no se hallaba encerrado dentro de los edificios fortificados del Templo. Para añadir a los horrores de la guerra, hubo un hambre prolongada que desoló el país. Fue durante ella que Onías, reputado por su omnipotencia en la oración, recibió el nombre de *hammeaggel* –el «que dibuja círculos».[13] Cuando su oración pidiendo lluvia no fue contestada, dibujó un círculo a su alrededor declarando su decisión de no salir de él hasta que el Todopoderoso diera lluvias, y que a continuación cayeron lluvias copiosas pero fructíferas, no ya unas gotas ni en forma de torrente avasallador. No sería de ninguna utilidad reproducir la manera realista en que este supuesto poder del rabino ante Dios se describe en Taan. 23 *a*. Pero sería difícil decir si esto es más repugnante para los sentimientos de reverencia que la historia de que Simeón ben Shetach se abstuvo de pronunciar el bando sobre él porque Onías era como un niño mimado que podía pedir lo que quisiera a su padre y lo obtenía. Además, este supues-

11. La tradición judía, naturalmente, ¡vindica un origen muy anterior para el Sanedrín, y asume la existencia del mismo no sólo en tiempo de Moisés, David y Salomón, sino incluso en el de Mardoqueo! (comp. Buxtorf, *Lex. Chald. Talmud*, col. 1514.).

12. Según algunos (*Ant.* xiv.1,3) era de linaje noble judío, según otros descendiente de un pagano y una esclava. La verdad se halla probablemente entre estos extremos.

13. Esta historia es casi una repetición repugnante judía de la del círculo que Popilio Laenas dibujó alrededor de Antíoco Epífanes, diciéndole que decidiera, antes de salir del mismo, si quería dar cumplimiento o no a la demanda de los romanos.

to poder en realidad fue fatal para Onías durante el sitio de Jerusalén por Hircano y Aretas. Rehusando interceder en favor del uno o del otro de los hermanos rivales, acabó muriendo apedreado (*Ant.* xiv.2,1).

Pero ya había aparecido otro poder en la escena. Pompeyo pasaba en su victoriosa marcha a través de Asia, cuando los dos partidos solicitaron su ayuda. Scaurus, a quien Pompeyo había enviado a Siria, fue comprado en realidad por Aristóbulo, y Aretas recibió órdenes de levantar el sitio de Jerusalén. Pero Pompeyo descubrió pronto que Hircano, bajo la tutela del astuto idumeo Antipater, era un instrumento mejor para servir sus propósitos ulteriores que Aristóbulo. Ante Pompeyo, en Damasco, se presentaron tres delegaciones –las de los dos hermanos y una independiente de ambos, que solicitaba la abolición del gobierno asmoneo y la restauración del antiguo modo de gobierno, tal como lo entendemos, por el *Chebher* o junta de ancianos, bajo la presidencia del Sumo Sacerdote. No hay que decir que una demanda así no hallaría respuesta. Pompeyo aplazó la consideración de las pretensiones rivales de los asmoneos. La conducta de Aristóbulo no sólo confirmó la desfavorable impresión que la insolente actitud de sus delegados había hecho en Pompeyo, sino que selló su propio destino y el del pueblo judío. Pompeyo puso sitio a Jerusalén. Los partidarios de Hircano entregaron la ciudad, pero los de Aristóbulo se retiraron al Templo. Al fin el recinto sagrado fue asaltado en medio de una matanza espantosa. Los sacerdotes que estaban ocupados en sus sagradas funciones, y que continuaron haciéndolas durante esta terrible escena, fueron descuartizados ante el altar. No menos de 12.000 judíos se dice que perecieron.

Con la toma de Jerusalén por Pompeyo (63 a.C.) la historia de los Macabeos como familia reinante llegó a su fin y, en realidad, la independencia real de Palestina. Hasta tal punto la tradición judía se dio cuenta de esto, que no nos ha dejado la más pequeña noticia de esta captura de Jerusalén o de los tristes sucesos subsiguientes hasta el tiempo de Herodes. Es como si su silencio significara que para ellos la Judea que había sido su Estado ya no hubiera de tener más historia. Con todo, el conquistador romano hasta aquí no había obrado con extrema dureza en su víctima postrada. Pompeyo, que en realidad penetró hasta el Lugar Santísimo en ultraje y desprecio de los sentimientos más sagrados de Israel, dejó los tesoros del Templo intactos, y aun hizo provisión para que continuaran sus servicios. Los que habían dado lugar a la resistencia de Jerusalén fueron ejecutados, y el país fue hecho tributario de Roma. Pero Judea no sólo pasó a estar sometida al gobernador romano de Siria, sino que sus fronteras fueron reducidas. Todas las ciudades griegas vieron restaurada su independencia; Samaria fue librada de la supremacía judía; y los distritos comprendidos dentro de la llamada Decápolis (o diez ciudades) recobraron gobierno propio o autónomo. Fue una disminución marcada del territorio sobre el que se dejó de gobernador a Hircano II, como Sumo Sacerdote, sin permitírsele llevar la diadema (*Ant.* xx.10). Aristóbulo II fue llevado como cautivo a Roma, y figuró en la entrada triunfal del conquistador.[14]

El gobierno civil de Hircano como etnarca tiene que haber sido muy limitado desde el principio. Fue reducido todavía más durante el proconsulado de Gabinio (57-55).[15] Alejandro, un hijo de Aristóbulo que había escapado de la cautividad, intentó obtener para sí el gobierno de Judea (*Ant.* xiv.5,2-4). El cargo de Hircano estaba ahora limitado al Templo; y el territorio judío, dividido en cinco distritos, fue adscrito a cinco ciudades principales gobernadas por un consejo de notables locales (ἄριστοι). Así, durante algún tiempo, el régimen monárquico cedió al gobierno aristocrático de Palestina. Los intentos renovados de Aristóbulo o de su familia para recobrar el poder solamente causaron nuevos problemas que fueron tristemente aprovechados por la rapacidad y severidad de los romanos. El triunviro Craso, que sucedió a Gabinio (55-53), saqueó el Templo no sólo de sus tesoros sino de sus vasos preciosos. Un período nuevo, pero no mucho más feliz, empezó con Julio César. Si Aristóbulo y su hijo Alejandro no hubieran caído víctimas del partido de Pompeyo, las perspectivas de Hircano y Antipater habrían sido ahora muy poco favorables. Pero la muerte de aquellos y la de Pompeyo (a quien habían apoyado) cambió el aspecto de las cosas. Antipater no sólo se unió a la causa del vencedor de Farsalia, sino que él mismo se hizo altamente útil a César. En recompensa, Hircano fue confirmado como pontífice y etnarca de Judea, y Antipater fue hecho ciudadano romano y nombrado *Epitrophos*, o administrador (romano) del país. Naturalmente, el poder real estaba en manos del idumeo, que consiguió detentarlo a pesar de los intentos de Antígono, el único hijo sobreviviente de Aristóbulo. Y a partir de entonces César hizo parte de su política el favorecer a los judíos (comp. los decretos en favor de ellos, *Ant.* xiv.10).

Entretanto, Antipater, persiguiendo sus ambiciosos planes, nombró a su hijo Fasael gobernador de Jerusalén, y a Herodes gobernador de Galilea. Este último, aunque tenía sólo veinticinco años, pronto desplegó el vigor y firmeza que caracterizaron más adelante su carrera. Sofocó lo que era probablemente un alzamiento «nacionalista» en Galilea, con la sangre de Ezequías, su líder, y la de sus principales asociados. Esto sin duda le aseguró el favor de Sexto César, el gobernador de Siria, un pariente del gran emperador. Pero en Jerusalén, y entre el partido radical farisaico, dio lugar a una indignación extrema. Vieron llegar el advenimiento de un enemigo más peligroso a sus intereses y libertad, y en vano procuraron librarse de él. Se dijo que el gobierno del país estaba en manos del Sumo Sacerdote y que Herodes, como gobernador de Galilea designado por un administrador extranjero, no tenía derecho a pronunciar la pena capital sin una sentencia del Sanedrín. Hircano cedió al clamor; pero Herodes apareció ante el Sanedrín no como criminal, sino ataviado en púrpura, rodeado por su guardia personal y apoyado por la orden expresa de Sexto César de que fuera declarado inocente. La historia que se relata, aunque en una versión diferente y con nombres distintos en el Talmud (Sanh. 19 *a*) y por Josefo (*Ant.* xiv.9,3-5), presenta un cuadro vívido de lo que pasó en el Sanedrín. La presencia de Herodes había dejado tan aterrorizado a aquel cuerpo erudito que nadie se atrevió a hablar, hasta que su presidente Shemajah (Sameas), con un discurso atrevido, los reanimó. Con toda seguridad predijo el destino que les acontecería cuando diez años más tarde Herodes gobernaba la Santa Ciudad. Pero Hircano aplazó la reunión del Sanedrín y persuadió a Herodes a retirarse de Jerusalén. Esto fue sólo, sin embargo, una humillación temporal. Sexto César nombró a Herodes gobernador de Coele-Siria, y pronto Herodes apareció ante Jerusalén para vengarse de Hircano y del Sanedrín. Los ruegos de su padre y hermano le indujeron no obstante a desistir durante un tiempo, pero diez años más

14. Los cautivos llevados a Roma y vendidos como esclavos fueron el núcleo de la comunidad judía en la ciudad imperial.

15. Comp. con el magnífico repaso del estado de cosas en Siria y Judea, en Marquardt, *Handb. d. Röm. Alterth.*, vol 4, pp. 247-260.

tarde, tanto Hircano como los miembros del Sanedrín cayeron víctimas de su venganza.

Las cosas parecía que iban a seguir otro curso cuando César cayó bajo la daga de los conspiradores (15 de marzo del 44), y Casio ocupó Siria. Pero Antipater y Herodes demostraron que estaban dispuestos y eran capaces de servirle a él como antes a César. Antipater en realidad pereció durante un complot en la corte –quizá nacionalista–, pero sus asesinos pronto experimentaron el mismo destino en manos de aquellos a quienes Herodes había alquilado para este propósito. Y todavía la estrella de Herodes parecía seguir en ascenso. No sólo rechazó las incursiones que intentó Antígono, sino que cuando Antonio y Octavio (en el año 42 a.C.) ocuparon el lugar de Bruto y Casio, él consiguió una vez congraciarse con Antonio, el cual le confirmó en el gobierno de Asia. Las acusaciones hechas por las delegaciones judías no causaron la menor mella en Antonio. En realidad fue más allá que sus predecesores, nombrando a Fasael y a Herodes tetrarcas de Judea. Así el poder civil quedó ahora nominalmente también bajo sus manos. Pero el inquieto Antígono no estaba dispuesto a aceptarle. Cuando el poder de Antonio menguó rápidamente como consecuencia de su abandono e indulgencia personal, Antígono aprovechó la oportunidad de la incursión de los partos en el Asia Menor para intentar el gran objetivo de su ambición. En Jerusalén, los adherentes a los dos partidos estaban ocupados en conflictos constantes, cuando apareció una división parta. Mediante traición, Fasael e Hircano fueron atraídos al campo parto y finalmente entregados a manos de Antígono. Herodes, advertido a tiempo, escapó de Jerusalén con su familia y sus partidarios armados. De los otros oponentes ya se cuidó Antígono. Para hacer a Hircano inapto para el pontificado le cortó las orejas, en tanto que Fasael se mató él mismo en la cárcel. Antígono ahora quedó como Sumo Sacerdote y rey indiscutible. Su breve reinado de tres años (40-37 a.C.) queda marcado por monedas que llevan la inscripción hebrea: «Matthatjah el Sumo Sacerdote», y en griego: «Rey Antígono».

La única esperanza para Herodes era la ayuda de Roma. Halló a Antonio en Roma. Las dificultades que había las eliminó por medio de oro, y cuando Octavio le dio su consentimiento, un decreto del Senado declaró a Antígono enemigo de Roma y nombró a Herodes rey de Judea (40 a.C.). A principios del año 39 Herodes se hallaba en Palestina dispuesto a conquistar su nuevo reino con la ayuda de los romanos. Pero la ayuda de ellos fue al principio tardía y escasa, y no fue hasta el 38 –y más probablemente el 37– que Herodes pudo conseguir posesión de Jerusalén. Antes tuvo que casarse con la hermosa y desgraciada Mariamne –la hija de Alejandro y nieta de Hircano–, que desde hacía cinco años era su prometida esposa. La capital que conquistó estaba prácticamente desolada, y la población empobrecida por los tributos y extorsiones. Pero Herodes había logrado el objetivo de su ambición. Eliminó toda oposición e hizo imposible que nadie se presentara como rival. Antígono fue decapitado, según deseaba Herodes; el débil y anciano Hircano estaba descalificado de modo permanente para el pontificado; y todos los descendientes jóvenes de los Macabeos se hallaban absolutamente en manos del conquistador. La larga lucha por el poder había terminado; la familia asmonea prácticamente desaparecida. Su dominio había durado unos 130 años.

Mirando hacia atrás al rápido levantamiento y declive de los Macabeos, su pronta degeneración, los actos de crueldad que manchan su historia, el egoísmo y ambición desmedida que los caracteriza, y especialmente la tendencia profundamente antinacionalista y antifarisaica –casi podríamos decir antijudía– que había determinado su dominio, podemos entender el odio acerbo con que la tradición judía ha perpetuado su memoria. La mención de ellos es muy escasa. No hay aclamación general que glorifique ni aun los hechos de Judas el Macabeo; no hay tratado talmúdico dedicado a la «Fiesta de la Dedicación» que celebrase su purificación del Templo y la restauración del culto judío. De hecho, tal era el sentimiento que el curso sacerdotal de Joiarib –al que pertenecían los Asmoneos– se dice que estaba en servicio cuando fue destruido el Templo la primera y la segunda vez, porque «la culpa había de ser castigada en el culpable». Más que esto, «el rab. Leví dice: *Yehoyaribh* ("Jehová va a contender") con el hombre ("el nombre del hombre o familia") *Meron* ("rebelión", un juego de palabras sobre Modin, el lugar de nacimiento de los Macabeos), la ciudad; *Mesarbey* ("los rebeldes", evidentemente un juego de palabras sobre Makkabey) (*masar beitha*), Él ha entregado el Templo a los enemigos». El rabino Berachjah dijo: «*Yah heribh* (Jehoiarib), Dios lucha con sus hijos, porque se rebelaron contra Él» (Jer. Taan. iv. 8, p. 68 *d*, línea 35 desde abajo). Realmente, la designación digna de oprobio de rebelión, y *Sarbaney El*, rebelarse contra Dios, llegó con el tiempo a ser identificada con los Macabeos, de modo que se usó cuando su significado ya no era entendido. Así, Orígenes (Euseb. *Hist. Eccl.* vi. 25) habla de los libros apócrifos de los Macabeos como «inscritos Sarbeth Sarbane El» (= סרבת סרבני אל), la desobediencia, o rebelión (resistencia) del desobediente o rebeldes contra Dios.[16] Tan completamente llegaron a identificarse estos términos en el habla popular que incluso la tiranía y crueldad de un Herodes no llegó a ablandar el severo juicio sobre el dominio de los Asmoneos.

---

16. Comp. Geiger, *u.s.*, p. 205, nota. Hamburger, *u.s.*, p. 367. Se han dado varias explicaciones extrañas e insatisfactorias de estas palabras misteriosas, que, al ser consideradas, parecen ser fáciles de entender.

Apéndice 5
(Libro 1, capítulo 8)

Teología y literatura rabínicas

1. *La Ley tradicional.* El breve informe que se da en el Libro 1, cap. VIII, del carácter y autoridad reclamados por la ley tradicional se puede suplementar aquí por medio de una ordenación cronológica de la *Halakhoth* con respecto a su supuesta introducción o promulgación.

En la *primera* clase, o «Halakhoth de Moisés del Sinaí», la tradición enumera cincuenta y cinco[1] ordenanzas, que se pueden designar como: cuatro *religioso-agrarias;* veintitrés *rituales,* incluyendo cuestiones sobre «limpio e inmundo»; tres referentes a las *mujeres* y relación entre los sexos;[2] dieciocho referentes a las *formalidades* que han de observarse al hacer copias de la Ley, fijadas, y de las filacterias; cuatro de carácter *exegético;*[3] una puramente supersticiosa;[4] dos que *no se incluyen en otros puntos.*[5] Se adscriben a Josué *dieciocho* ordenanzas, de las cuales sólo una es ritual; las otras diecisiete son agrarias y de regulación policíaca.[6] Las otras tradiciones sólo pueden ser notadas brevemente. Boaz, o bien «el tribunal de Samuel», estableció que Deuteronomio 23:3 no se aplicaba a los casamientos con *mujeres* moabitas o amonitas. Se adscriben dos ordenanzas a David, dos a Salomón, una a Josafat y una a Jeoiada. El período de Isaías y de Ezequías se describe como de inmensa actividad rabínica. A los profetas de Jerusalén se adscriben tres ordenanzas rituales. Daniel se dice que prohibió el pan, el vino y el aceite de los gentiles (Dn. 1:5). Se adscriben dos determinaciones rituales a los profetas en el exilio.

Después del regreso de Babilonia el tradicionalismo se extendió rápidamente, y su carácter peculiar fue desarrollándose más y más claramente. Se siguen no menos de doce tradiciones hasta los tres profetas que florecieron en este período, en tanto que otras cuatro determinaciones importantes legales son atribuidas al profeta Hageo individualmente. Se comprenderá fácilmente que Esdras ocupaba un gran lugar en la tradición. Se le adscriben quince ordenanzas, de las cuales algunas son sobre el ritual. Tres de sus supuestas ordenanzas tienen un interés general. Ordenan la educación general de los niños y la exclusión de los samaritanos de la admisión en la Sinagoga y del intercambio social. Sólo se asigna una determinación legal a Nehemías: «los hombres de la Gran Sinagoga» reciben crédito por quince, de las cuales seis se refieren a puntos importantes, críticos y exegéticos, relacionados con el texto de las Escrituras; las otras, principalmente sobre cuestiones relacionadas con el ritual y el culto. Entre los «pares» (*Zugoth*) que sucedieron a la Gran Sinagoga hay tres ordenanzas que «alivian» (de un carácter muy puntilloso), adscritas a José, el hijo de Joezer, y dos que tenían por objeto hacer imposible todo contacto con los paganos para él y para su colega. Bajo los Macabeos fue introducida la fiesta de la Dedicación del Templo. A Josué, el hijo de Perachya, se adscribe una determinación legal puntillosa. Ya hemos hablado de los decretos del Sumo Sacerdote macabeo Jochanan en otro lugar; de modo similar, de los de Simón el hijo de Shetach, y de su colega erudito. Se mencionan cuatro determinaciones legales de sus sucesores Shemayah y Abhtalion. Luego viene en orden la prohibición del griego durante la guerra entre los hermanos macabeos Hircano y Aristóbulo. Esto nos hace llegar al tiempo de Hillel y de Shammai, esto es, al período de Jesús, a lo cual se hará referencia en otro lugar.

2. *El Canon de la Escritura.* Se ha hecho referencia en el texto (Libro 1, cap. VIII) a la posición tomada por el tradicionalismo con referencia a la revelación escrita en comparación de lo que se consideraba la oral. Con todo, de modo nominal, las Escrituras eran apeladas por los palestinos como la autoridad suprema. Las ideas que Josefo expresa sobre este punto, aunque de forma popular y helenizada, fueron sustancialmente las que tenían los rabinos y sus compatriotas en general (comp. Ag. Apion, i. 7, 8). Se hacía una clara distinción entre los libros canónicos y los no canónicos. La prueba de los primeros era la inspiración, que había cesado al tiempo de Artajerjes, esto es, con el profeta Malaquías. En consecuencia, la obra del primer Jesús el hijo de Sirac (Josué ben Sira, ben Eliezer) fue excluida del Canon, aunque no es raro referirse a él, por las autoridades rabínicas, en términos que sólo se usan cuando se introducen citas de la Biblia.[7] Según las ideas expresadas por Josefo, no sólo eran inspiradas las mismas palabras con que un profeta pronunciaba una predicción, sino que éstos eran inconscientes y vehículos pasivos del mensaje divino (*Ant.* iv. 6, 5; comp., generalmente, *Ant.* ii.8,1; vi.8,2; viii.13,3; ix.3,2; 8, 6; x.2,2; 4,3). Aunque se asignaba preeminencia a Moisés en este respecto (*Ant.* iv.8,49), con todo, la autoridad divina quedaba igualmente adscrita a los dichos de los profetas, e incluso –aunque quizá en un grado todavía inferior– a los «Himnos», como se solía llamar a los hagiógrafos, debido a la circunstancia de que el Salterio se hallaba a la cabeza de ellos (comp. Filón, *De Vita contempl.*, ed. Mangey, vol. 2, p. 475; Lc. 24:44). Así, la división de la Biblia en tres secciones –Ley, Profetas y otros «Escritos»–, que ya ocurre en el prólogo de la obra de Jesús el hijo de Sirac, parece que era corriente en aquel tiempo. Y aquí es de gran interés, en relación con las controversias modernas, que Josefo parece

---

1. El número lo da Maimónides en su prefacio a la Mishnah, y su ordenación es algo diferente, pero prefiero la enumeración más crítica de Herfeld. Son también enumeradas en Peiser, *Nachlath Shimoni,* Parte I pp. 47-49 *b.*

2. Erub. 4 *a;* Nidd. 72 *b;* Ker. 6 *b;* Ab. de R. Nath. 19, 25; Tos. Chall. i. 6, etc. De éstas, las más interesantes para el lector cristiano son las que se refieren a los once ingredientes del incienso (Ker. 6 *b*); dieciocho sobre las veintiséis clases de trabajo prohibido el sábado (Shabb. 70 *a*); que el padre, pero no la madre, podía dedicar al hijo menor de edad como nazareno (Naz. 28 *b*); las siete reglas para matar animales; y ciertas determinaciones sobre la Fiesta de los Tabernáculos, como la de derramar el agua, etc.

3. Ned. 37 *b.* Estas cuatro Halakhoth se refieren: a la pronunciación debida de ciertas palabras de la Biblia; en cuanto a la corrección sintáctica y estilística de varios pasajes; sobre las palabras que se han de leer pero no se escriben en el texto; y las que se escriben pero no se han de leer en el texto.

4. Pes. 110 *b.* No comer dos pedazos (incluso números) de un huevo, una nuez, etc.

5. Eduy. viii. 7; Tanch. 60 *a.* La primera de estas Halakhoth habla de la actividad de Elías en la preparación para la venida del Mesías (Mal. 3:23, 24) en cuanto a restaurar los de puro linaje israelita que han sido excluidos impropiamente, y excluir a los que han sido admitidos impropiamente.

6. Bab. K. 81 *a;* Tos. Bab. M. 11; Jer. Bab. K. iii. 2. Entre las regulaciones policíacas hay ésta curiosa: todos podían pescar en el lago de Galilea, mas no echar redes, para no impedir la navegación.

7. Comp. Zunz, *Gottesd. Vortr.*, pp. 101, 102, y C. Seligmann, *d. Buch d. Weish d. Jesus Sirach.* Las citas talmúdicas de la obra del primer Jesús han sido cotejadas repetidamente. Puedo permitirme aludir a mi colección y traducción de las mismas en el Apéndice II de la «Historia de la nación judía».

adscribir especial importancia a las profecías de Daniel en el sentido de que se esperaba todavía su cumplimiento (*Ant.* x.10,4; 11,7).

Que los rabinos tenían las mismas ideas sobre la inspiración, se ve no sólo por el nombre distintivo de «Escritos Sagrados» que daban a las Escrituras, sino también por las instrucciones de que el tocarlas contaminaba las manos,[8] y que era un deber en el día de sábado, en caso de conflagración, salvarlas, y recogerlas si se desparramaban de modo accidental, y que no era legal para los herederos de un rollo sagrado el dividirlo (comp. Shabb. xvi. 1; Erub. x. 3; Kel. xv. 6; Yad. iii. 2-5; iv. 5 [en que se hace referencia especial a Daniel], 6). De lo que sabemos sobre el estado del sentimiento, podemos inferir incluso si no existiera evidencia directa de ello, que se adscribía a los Libros de Moisés un lugar superior y distintivo. De hecho, los otros libros de la Escritura –lo mismo los profetas que los hagiógrafos–[9] eran sólo designados como *Qabbalah* («recibidos», entregados, tradición), que es el nombre que se da a la tradición oral.[10] Se decía que la *Torah* fue entregada a Moisés (Jer. Sheq. vi. 1) «en (letras de) fuego blanco grabadas sobre fuego negro», aunque era cuestión de disputa si las recibió volumen por volumen o completas como un conjunto (Gitt. 60 *a*). Pero en la cuestión de su inspiración no se toleraba la menor duda. Así, el admitir generalmente que «la Torah como un conjunto era del cielo, excepto este versículo (uno determinado) que el Señor, bendito sea, no había dicho, sino que lo había dicho Moisés mismo», era ser un infiel y un blasfemo (Sanh. 99 *a*). Incluso los versículos finales en Deuteronomio habían sido dictados por Dios a Moisés, y él los había escrito no repitiéndolos, sin embargo como antes, sino llorando mientras los escribía. Se comprenderá fácilmente en qué términos extravagantes se hablaba de Moisés. Se le aplicaba no sólo la expresión «hombre de Dios» –que en sí implicaba que, en tanto que considerado en la parte inferior de su naturaleza era un hombre, considerado en la superior era divino–, sino que su glorificación y exaltación equivalían a una blasfemia.[11] En cuanto a la inspiración o «revelación», se decía que Moisés «vio como a través de un cristal limpio, los profetas a través de uno oscurecido» –o, dicho de otra manera: «vio a través de un cristal, ellos a través de siete». Realmente, aunque las palabras iniciales del Salmo 75 mostraban que los Salmos eran una revelación como lo era la Ley, con todo, «si Israel no hubiera pecado, sólo habría recibido el Pentateuco y el libro de Josué»; y en el futuro, de toda la Escritura, sólo el Pentateuco retendría su lugar. Se hacía notar de modo algo altanero que los profetas no pronunciaron nada en lo referente a la práctica que no hubiera sido dicho ya en el Pentateuco (Taan. 9 *a*). Era natural que el Rabinismo declarara que sólo la Ley explicaba plenamente su significado (al menos según su interpretación de la misma), en tanto que los profetas dejaban mucho en la oscuridad. Para hacer notar la distinción, estaba prohibido poner la Ley en la misma envoltura con los Profetas, a fin de que no se colocara a éstos encima de aquélla (Tos. Meg. iv. 20). Entre los mismos profetas había considerables diferencias no sólo en el estilo y formación, sino aun en la sustancia (Sanh. 89 *a*), aunque todos ellos tenían ciertas calificaciones comunes (comp. Ab. de R. Nath. 37). De todos los profetas, Isaías era el mayor, y venía después de Moisés. Ezequiel vio todo lo que había visto Zacarías, pero el primero era como un aldeano y el último era un hombre de la ciudad que veía al rey (Chag. 13 *b*). Jeremías y Amós eran, por así decirlo, ásperos, debido a la violencia de su temperamento, en tanto que Isaías era el libro de la consolación, especialmente en respuesta a Jeremías.

Los hagiógrafos o «Kethubhim» también llevan en el Talmud la designación general de «Chokhmah», sabiduría. Se ha afirmado que, como los libros proféticos, también los hagiógrafos se distinguían en anteriores (Salmos, Proverbios, Job) y posteriores, o bien en grandes y pequeños. Pero la afirmación descansa sobre evidencia insuficiente.[12] Es cierto, sin embargo, que los hagiógrafos, tal como los poseemos, formaban parte del Canon en el tiempo de Jesús el hijo de Sirac, esto es, incluso en el cálculo más tardío de su paternidad, hacia el año 130 a.C. Incluso así, no sería fácil vindicar, sobre una base histórica, la llamada paternidad macabea del libro de Daniel, cuya fecha se fijaría hacia el año 105 a.C. Porque si no interfieren otras consideraciones, pocos estudiosos de la historia judía estarían dispuestos a afirmar que un libro que data del año 105 a.C. pudiera haber hallado un lugar en el canon judío. Pero como se explica en el Libro 1, cap. II, nosotros le asignaríamos una fecha muy anterior al libro de Sirac. Toda la cuestión de su relación con el Nuevo Testamento es tan importante que se nos puede permitir algún comentario más. Dejando aparte las objeciones críticas más serias, y el hecho indudable de que no hay manera humana de conciliar la aplicación macabea de Daniel 9:24-27 con la cronología de aquel período, en tanto que la interpretación mesiánica encaja bien con ella, hay otras dificultades al parecer insuperables frente a la teoría impugnada. Implica que el libro de Daniel no solamente era un apócrifo, sino una obra pseudoepigráfica; que de todas estas obras es la única que nos ha llegado en su original hebreo o caldeo; que una obra pseudoepigráfica, casi contemporánea con la porción más antigua del libro de Enoc, no debería ser tan diferente de ella, pero había de hallar admisión en el Canon, en tanto que Enoc fue excluido; que un pseudoepígrafo más reciente que Jesús el hijo de Sirac habría sido uno de los Kethubhim; y finalmente, que debería haber pasado varias revisiones de diferentes «colegios» rabínicos –y esto en tiempos de considerable actividad

8. La afirmación general de que este decreto tenía por objeto prevenir el uso común o profano de la Escritura no explica su origen, que parece haber sido como sigue: al principio, los sacerdotes en el Templo acostumbraban depositar la *Terumah* cerca de la copia de la Ley que guardaban (Shabb. 14 *a*). Pero como ésta atraía a los ratones, que causaban daño a los sagrados rollos en el Templo, se ordenó que toda carne que los tocara quedara impura. Este decreto dio lugar a otro, a modo de ulterior precaución: que incluso las manos que tocaban los rollos sagrados, o cualquier parte de la Biblia, se volvían impuras (de modo que, habiendo tocado éstos, no podían tocar la *Terumah*). Luego siguió (en el curso del desarrollo) un tercer decreto: que este contacto contaminaba sólo fuera del Templo. Finalmente, el primer decreto fue modificado en el sentido de que el rollo sagrado del Templo no contaminaba las manos, en tanto que las demás Escrituras (en otras partes) contaminaban.

9. La diferencia en el grado de inspiración entre los libros proféticos y los hagiográficos no está definida con precisión. Los teólogos judíos posteriores más bien esquivan la cuestión describiendo a los primeros como dados por «el espíritu de profecía», y los últimos «por el Espíritu Santo». Sin embargo, hay que admitir que en los escritos judíos «el Espíritu Santo» *no* es una personalidad, sino una influencia, muy inferior a lo que nosotros asociamos con la designación.

10. Los pasajes de prueba son citados en Zunz, *u.s.*, p. 44, nota; también en J. Delitzsch, *De Inspir. Script. S.* pp. 7, 8.

11. Un ejemplo repugnante lo hallamos en Debar. R. 11, cuyas partes peores se reproducen en Yalk. 304 *a*, *b*, *c*.

12. Fürst, *u.s.*, pp. 57-59, cita Ber. 57 *b* y Sot. 7 *b*, Ab. de R. Nath. 40. Pero ninguno que lee Ber. 57 *b*, o Ab. de R. Nath. 40 puede sentirse inclinado a sacar de pasajes tan extraños y repelentes una inferencia así, en tanto que Sot. 7 *b* es demasiado vago para servir como base. En general, éste es uno de los muchos ejemplos en que Fürst, como muchos escritores modernos judíos, propone como hechos indudables cosas que al ser examinadas críticamente no tienen base alguna, o por lo menos no la tienen histórica.

teológica– sin que se levantara la menor sospecha de que su paternidad procediera de un período tan tardío como un siglo y medio antes de Cristo. Y tenemos evidencia de que desde el exilio babilónico tuvieron lugar por lo menos *cuatro* revisiones del Canon en períodos suficientemente distantes el uno del otro.

La cuestión que hemos discutido hasta aquí ha sido exclusivamente la *fecha* de composición del libro de Daniel, sin hacer referencia a quién puede haber sido su autor, a si su forma presente es exactamente la misma original, y finalmente si perteneció alguna vez a aquellos libros cuyo derecho a la canonicidad, aunque no su edad, estaba en controversia; esto es, si pertenecían, por así decirlo, al Antiguo Testamento: ἀντιλεγόμενα. Como éste no es el lugar para una discusión detallada de la canonicidad del libro de Daniel –incluso de ningún otro del canon del Antiguo Testamento–, sólo añadiremos para evitar malentendidos que no se ha expresado aquí ninguna opinión respecto a las interpolaciones posibles, mayores o menores, en el libro de Daniel o en cualquier otra parte del Antiguo Testamento. Hemos de tener presente que el punto de vista moral que se toma de estas interpolaciones, como quisiéramos llamarlas, era totalmente distinto en aquellos tiempos al de los nuestros; y quizá puede considerarse como una proposición no carente de base histórica y críticamente, que estas interpolaciones eran más bien frecuentes en los documentos antiguos, hablando con moderación. En cada caso la cuestión debe ser examinada críticamente por separado a la luz de la evidencia interna y (si es posible) la externa. Pero sería muy distinto sugerir que puede haber una interpolación –o quizá una reorganización– de un documento (aunque al presente no hacemos afirmación sobre este punto) y pronunciar todo un documento una falsificación que data de un período muy posterior. Lo uno por lo menos sería dentro del espíritu de los tiempos; lo otro implicaría, además de dificultades críticas insuperables, un fraude religioso deliberado, y ningún estudioso imparcial podría seriamente considerar que fuera *análogo* a un llamado pseudoepígrafo.

Pero por lo que se refiere al libro de Daniel, es un hecho importante que el derecho del libro de Daniel a la canonicidad nunca se ha puesto en discusión en la antigua Sinagoga. El hecho de que fuera distinguido de las otras «profecías» como «visiones» (*Chezyonoth*) no tiene que ver con la cuestión, como tampoco la circunstancia de que el rabinismo tardío, que como es natural no podía orientarse en las profecías mesiánicas del libro, declarara que incluso Daniel estaba equivocado, y no podían sacar nada de las predicciones respecto a «los últimos días» (Ber. R. 98).[13] Por otra parte, Daniel fue elevado casi al mismo pináculo de Moisés, y se decía que comparado con los sabios paganos si todos ellos fueran colocados en un plato de una balanza y Daniel en el otro, él habría pesado más que todos ellos. Podemos entender fácilmente que en tiempos de aflicción o tribulación nacional estas profecías eran leídas con avidez, como indicando un futuro glorioso.

Pero aunque el libro de Daniel no se hallaba entre los *Antilegomena*, aparecieron dudas no ya sobre su edad, sino sobre el derecho a la canonicidad de ciertas otras porciones de la Biblia. Así, determinadas expresiones de las profecías de Ezequiel fueron consideradas como aparentemente incompatibles con las afirmaciones del Pentateuco[14] (Men. 45 *a*), y aunque el célebre rabino Chananyah, el hijo de Chizkiyah, el hijo de Garon (para el tiempo de Cristo), con inmensa labor procuró reconciliarlas, y con ello preservar el libro de Ezequiel (o al menos parte de él) de ser relegado entre los Apócrifos, se considero más seguro dejar la exposición final del significado de Ezequiel «hasta que venga Elías», como el restaurador de todas las cosas.

Las otras objeciones a la canonicidad se aplicaban exclusivamente a la tercera división del A.T., los *Kethubhim* o Hagiógrafos. Aquí, incluso el libro de los Proverbios parece que alguna vez fue puesto en duda (Ab. de R. Natán 1), en parte a base de su contenido secular, y en parte por contener «afirmaciones al parecer contradictorias»[15] (Shabb. 30 *b*). Surgieron fuertes dudas sobre el libro de Eclesiastés (Yad. iii. 5; Eduy. v. 3), primero, a base de su contradicción de algunos Salmos[16] (Shabb. 30 *a*); segundo, a causa de puntos incompatibles[17] (Shabb. 30 *b*); y tercero, debido a que parece considerar la negación de la otra vida y, como en Eclesiastés 9:1, 3, 9, otras ideas heréticas (Vayyik. R. 28, al comienzo).[18] Pero estas objeciones fueron contestadas con gran ingenio, en tanto que una apelación a Eclesiastés 12:12, 13 fue considerada que eliminaba la dificultad acerca de la otra vida y las recompensas y castigos futuros. Y como las supuestas contradicciones del Eclesiastés habían sido conciliadas, se podía esperar que un estudio más profundo podría igualmente eliminar las del libro de Proverbios (Shabb. 30 *b*). Con todo, la controversia sobre la canonicidad del Eclesiastés continuó hasta el siglo II de nuestra era (comp. Yad. iii. 5). Que había graves dudas también sobre el libro de Salomón se ve por los términos en que se insiste sobre su canonicidad (Yad. *u.s.*), sin hablar de las afirmaciones expresadas en oposición al mismo (Ab. de R. Nath. 1). Incluso cuando mediante una interpretación alegórica se mostraba que era la «sabiduría de toda la sabiduría», la gema más preciosa, el lugar santísimo, la tradición todavía adscribía su composición a los años *primeros* de Salomón (Shir haSh. R. 1). Había sido su primer libro que fue seguido por Proverbios y, finalmente, Eclesiastés.[19] Pero quizá las mayores objeciones son las que se presentan al libro de Ester (Meg. 7 *a*). Excitaba la enemistad de las otras naciones contra Israel, y estaba fuera del Canon. Prevalecieron graves dudas sobre si era canónico o inspirado por el Espíritu Santo (Meg. *u.s.*; Yoma 29 *a*). Los libros de Esdras y Nehemías antiguamente eran considerados uno solo –el nombre del último autor era suprimido debido a su tendencia a la exaltación propia (Sanh. 93 *b*). Finalmente, las partes genealógicas del libro de Crónicas fueron sometidas a un comentario secreto complicado (Pes. 62 *b*).

---

13. Y con todo, hay indicaciones frecuentes de que el Rabinismo buscaba guía sobre estos temas en las profecías de Daniel. Así, en el Pirqé de R. Eliez. hay repetidas referencias a las cuatro monarquías –la persa, la media, la macedonia y la romana–, cuando en el tiempo de la quinta monarquía –la de los hijos de Ismael–, tras una terrible guerra contra Roma, vendría el Mesías (comp. Pirqé de R. Eliez. 19, y especialmente 28, 30 y 48).

14. Entre ellas se pueden mencionar éstas: Ezequiel 4:14ss. (Chull. 37 *b*) y Ezequiel 44:31 (Men.45 *a*) se consideró que sugerían que las prohibiciones citadas se aplicaban sólo a los *sacerdotes*; Ezequiel 44:19 (Moed. K. 5 *a*) parecía implicar que un israelita ordinario podía ejecutar servicio sacrificial, mientras que Ezequiel 45:18 parecía ordenar un sacrificio que no se menciona en parte alguna del Pentateuco.

15. Por ejemplo, Proverbios 26:4, 5.

16. Como p. ej. Salmos 115:17 comparado con Eclesiastés 4:2 y 9:4.

17. Por ejemplo, Eclesiastés 2:2 comp. con 7:3; y luego 8:15, o 4:2, comp. con 9:4.

18. La escuela de Shammai estaba en contra, y la de Hillel a favor de la canonicidad de Eclesiastés (Eduy. v. 3). En Tos. Yad. ii. se dice que Eclesiastés no es inspirado y que contiene sólo la sabiduría de Salomón.

19. Las opiniones sobre este punto varían en gran manera (ver Shir haSh. R. 1, ed. Vars., pp. 3 *b* y 4 *a*); el único punto en que todos están de acuerdo es que escribió finalmente Eclesiastés, haciendo notar el rabino Jonatán con irreverencia que cuando un hombre es viejo dice *dibhré habhalim*, ¡palabras vanas!

Hay dos puntos que aún requieren una breve mención. Al comparar la Septuaginta con nuestro texto hebreo, se hace evidente que hubo en ella no sólo muchas variaciones, sino que se suprimieron algunas adiciones espurias (como en Daniel). Esta actividad crítica que comenzó con Esdras, cuya copia del Pentateuco fue colocada en el Templo, según la tradición, para que el pueblo pudiera corregir sus copias según ésta, tiene que haber seguido durante muchos siglos.[20] Hay abundante evidencia de divergencias frecuentes –tal vez mínimas–, y si bien más tarde el Rabinismo estableció las instrucciones más estrictas y minuciosas sobre el modo de escribir y copiar los rollos de la Ley, hay tal discrepancia aun donde menos podría esperarse,[21] que nos muestra que la purificación del texto en modo alguno había sido establecida. Considerando la falta de conocimiento exegético y sentido de responsabilidad histórico, y recordando con qué frecuencia los rabinos con propósitos haggádicos alteraban las letras y de esta manera cambiaban las palabras, podemos muy bien dudar del carácter satisfactorio de sus labores críticas. Finalmente, como se hicieron ciertas omisiones, y como el Canon sufrió repetidas revisiones (como se verá), puede haberse dado el caso de que cier-tas porciones se añadieran, así como otras se dejaran fuera, y que se cambiaran palabras cuando fueron restaurados.

Porque la tradición antigua adscribe una actividad peculiar a determinados «colegios» –según los llamaban– con respecto al Canon. En general, la bien conocida *Baraita* (Bab. B. 14 *b*, 15 *a*) dice que Moisés escribió el Pentateuco, el libro (¿profecías?) de Balaam, y Job; Josué, la obra que lleva su nombre, y los últimos ocho versículos del Deuteronomio;[22] Samuel, los libros correspondientes, Jueces y Rut; David con los «diez ancianos» –Adán, Melquisedec, Abraham, Moisés, Hemán, Jedutún, Asaf y los tres hijos de Coré–, el Salterio; Jeremías escribió sus profecías, Lamentaciones y Reyes; el rey Ezequías y su Sanedrín compilaron o editaron las profecías de Isaías, Proverbios, el Cantar de los Cantares y Eclesiastés; los hombres de la «Gran Sinagoga», las profecías de Ezequiel, de los doce profetas menores, y los libros de Daniel y Ester; Esdras escribió su propio libro y Crónicas, y la obra fue completada por Nehemías, el hijo de Hacalías. El último versículo de Josué fue escrito por Eleazar y Fineas; los últimos capítulos de Samuel, por Gad y Natán.

Aunque estas afirmaciones puedan parecer sueltas y poco críticas, nos ayudan en nuestras investigaciones para mostrarnos que, según la tradición, ciertas porciones de las Escrituras fueron compiladas o editadas por uno u otro de los colegios rabínicos, y que hubo varios colegios que sucesivamente se ocuparon de la codificación y revisión del Canon. Pero al decir colegios no entendemos reuniones de ciertos miembros, que discutían y decidían una cuestión en una o más sesiones. Más bien indica la actividad erudita de las autoridades durante cierto período, que son designadas respectivamente por los nombres genéricos de «el Sanedrín de Ezequías», «los hombres de la Sinagoga», el «tribunal legal de los Macabeos» y, finalmente, «Chananyah y su colegio». Tenemos así un terreno histórico algo firme. Si en Proverbios 25:1 leemos sobre la actividad acerca del Canon de «los hombres de Ezequías», y recordamos el relato escritural del avivamiento religioso durante aquel reino (p.ej., 2 Cr. 29:25-30; 2 Cr. 30:1), no es prácticamente necesaria la glorificación frecuente y elaborada de la tradición para llevarnos a inferir que si la colección del Libro de Proverbios fue debida a su actividad, tienen que haber sido igualmente cotejadas las otras porciones de la Escritura que existían entonces, y fijado el Canon según aquella época. Además, si hemos de dar crédito a la afirmación de que fueron ellos los que recogieron y editaron las profecías de Isaías, nos vemos obligados a inferir que la continuidad de este colegio no se limitó a la vida de Ezequías, puesto que este último murió antes de Isaías (Tos. Bab. B.; Yeb. 49 *b*).

Lo que hemos indicado queda plenamente confirmado por lo que sabemos de la actividad de Esdras (Esd. 7:6, 10) y de sus sucesores en la Gran Sinagoga. Si damos crédito a la noticia de 2 Macabeos 2:13,[23] señala hacia esta actividad literaria, como indica la tradición. Que esta revisión y determinación del Canon tiene que haber sido una de las principales ocupaciones de Esdras y de sus sucesores de la «Gran Sinagoga», es algo que no parece requerir ser probado, sea cual sea el significado que se dé a esta institución. El mismo comentario se aplica a otro período de reforma religiosa: el del llamado colegio Asmoneo. Incluso si no tuviéramos la evidencia de su exclusión de libros tales como los de Ben Sirac y otros, no podría haber duda racional de que en su tiempo el Canon, tal como existe ahora, estaba fijo de modo firme y que ninguna obra de fecha relativamente tardía hubiera podido hallar admisión en él. El período de su actividad es bien conocido, y demasiado cerca de lo que podríamos llamar los tiempos históricos del Rabinismo, para que pudiera haber habido ningún intento en esta dirección sin dejar rastro. Finalmente, llegamos a las indicaciones de una revisión crítica del texto por «Chananyah y su colegio» (Shabb. 13 *b*; Chag. 13 *a*; Men. 45 *a*), poco antes del tiempo de nuestro Señor. Tenemos pues, en conjunto, datos de cuatro revisiones críticas del Canon hasta el tiempo de Cristo.

3. Todo intento de establecer en este lugar una exposición detallada de los *Cánones Exegéticos de los Rabinos*, o de su aplicación, sería evidentemente imposible. Requeriría casi un tratado por sí mismo; y un repaso superficial no sería satisfactorio para el escritor ni instructivo para el lector general. Además, en todos los temas relacionados con la exégesis rabínica hay un buen número de tratados eruditos, que son fácilmente accesibles a los estudiosos, en tanto que el lector general sólo puede interesarse en los resultados generales que ya hemos venido indicando en este libro. Finalmente, el tratamiento de ciertas ramas del tema, tales como el criticismo de los *Targumim*, realmente pertenece a lo que se llama la ciencia de la «Introducción», sea del Antiguo Testamento o del Nuevo, en cuyos manuales, así como en tratados especiales, se discuten plenamente todos estos temas. Además de éstos, el estudioso puede acudir para un sumario general a las labores del Dr. Hamburger (*Real-Encycl.*). Es imposible nombrar aquí las obras especiales sobre las diversas ramas del tema, puesto que esto implicaría un análisis y una disquisición crítica. Pero para un conocimiento de las afirmaciones rabínicas con respecto a los *códices* y al texto del A.T., se puede hacer referencia aquí

20. En Jer. Taan. 68 *a* leemos de tres códices del Pentateuco, llamados respectivamente según una palabra de cada códice, la lectura de los cuales era o bien rechazada o adoptada en comparación con los otros.

21. Así, tenemos distintas noticias sobre número de versículos en la Biblia, orden de los Salmos, la letra medial y la palabra medial en el Pentateuco, y número de sus secciones y capítulos (Kidd. 30 *a*; Yalkut i., p. 855). Pero la suma total de versículos de la Biblia (23.199) difiere en 99 de la de nuestro texto actual. De modo similar, uno de los críticos rabínicos más eruditos del siglo III declara que no sabe cuál es la letra medial exacta (o la palabra o el versículo) del Pentateuco, en tanto que en Palestina el Pentateuco parece haberse ordenado en 1.085 capítulos, y en Babilonia en 378 capítulos (comp. Fürst, *Kultur-u. Liter. Gesch.*, p. 62).

22. Compárese, sin embargo, con la opinión citada previamente, sobre los últimos versículos del Deuteronomio.

23. La expresión «las epístolas de los reyes referentes a los dones sagrados» tiene que aludir a los documentos oficiales persas relacionados con los dones al Templo, etc.

a un análisis breve, pero magistral, del profesor Strack (prolegómena Crítica), en el cual son discutidos primero los varios códices del Antiguo Testamento, y luego el texto tal como existía en los tiempos talmúdicos, y la literatura sobre el tema es enumerada de modo pleno y crítico. Se mencionan en él los diversos pasajes en que las citas bíblicas de la Mishnah y la Gemara difieren de nuestro texto presente. La mayoría de ellas, sin embargo, no son de importancia exegética. Sobre la exégesis de los rabinos en general, prefiero referirme al bosquejo que se da en mi obra *History of the Jewish Nation*, cap. XI, y especialmente en el Apéndice V, sobre «Exégesis rabínica», donde son enumerados todos los cánones. Se hallarán algunas breves noticias relacionadas con los Comentarios rabínicos citados en este libro, a su comienzo, en el vol. I.

4. Se pueden hacer observaciones algo similares con respecto a la teología mística de la Sinagoga, la llamada *Cábala*. Su comienzo tiene que buscarse en los tiempos descritos en estos volúmenes, y aun antes. Para una discusión de su origen y doctrinas, una vez más he de permitirme hacer referencia del informe que se da sobre el tema en la *History of the Jewish Nation* (pp. 435ss.). El conjunto de la literatura moderna sobre el tema, además de mucha materia ilustrativa, se halla en el texto italiano adjunto a la edición que hace David Castelli del Comentario hebreo de Sabbatai Donnolo sobre el libro *Yetsirah*, o Libro de la Creación. Porque la Cábala se ocupa de estos dos temas: la historia de la Creación (*Yetsirah*, propiamente «formación» más que «creación»), y la *Merkabhah*, o aparición divina según se describe en Ezequiel. Las dos se refieren a la gran cuestión, que subraya toda especulación teosófica: la de la relación de Dios con sus criaturas. Tratan del misterio de la Naturaleza y la Providencia, con relación especial a la revelación; y se intenta contestar la cuestión de cómo puede un Dios infinito tener relación o intercambio con criaturas finitas. De los dos puntos citados, el de la Creación es naturalmente el primero en el orden del pensar, así como del tiempo, y el libro *Yetsirah* es el documento más antiguo de la Cábala.

«El *Sepher Yetsirah* es propiamente un monólogo por parte de Abraham, en el cual, mediante la contemplación de todo lo que le rodea, llega finalmente a la convicción de la unidad de Dios».

«Distinguimos la sustancia y la forma de la creación; lo que es, y el modo en que es. Ya hemos indicado que el origen de todo lo que existe es divino. Primero, tenemos a Dios; segundo, Dios manifestado, o lo divino entrando en la forma; tercero, lo divino en su forma, de la cual se derivan después todas las realidades originales. En el *Sepher Yetsirah*, estas realidades divinas (la sustancia) son representadas por los diez números, y su forma por las veintidós letras que constituyen el alfabeto hebreo –el lenguaje es considerado como el medio de conexión entre lo espiritual y lo material; como en la forma en que aparece lo espiritual. Al mismo tiempo, el número y el lenguaje indican también la ordenación y el modo de la creación, y en general sus límites. "Por medio de treinta y dos caminos maravillosos" –así empieza el *Sepher Yetsirah*–, "el Eterno, el Señor de los Ejércitos, el Dios de Israel, el Dios vivo, el Rey del mundo, el Dios misericordioso y clemente, el glorioso, el que habita en la eternidad, cuyo nombre es alto y santo, ha creado el mundo". Pero estos diez números son, en realidad, los diez *Sephiroth*, o emanaciones divinas, ordenadas en tríadas, y cada tríada consiste en dos opuestos (que fluyen o emanan de una tríada superior, hasta que se alcanza la unidad divina), y es reconciliada en un punto medio de conexión. Estos diez *Sephiroth*, en el orden antes citado, recurren por todas partes y el número sagrado diez es el de la perfección. Cada uno de estos *Sephiroth* fluye de su predecesor, y de esta manera se desenvuelve lo divino. Esta emanación de los diez *Sephiroth* constituye pues la sustancia del mundo; podemos añadir que constituye todo lo demás. En Dios, en el mundo, en el hombre, por todas partes encontramos estos diez *Sephiroth*, en cabeza de los cuales está Dios manifestado, o el *Memra* (*Logos*, el Verbo). Si los diez *Sephiroth* dan la sustancia, las veintidós letras son la forma de la creación y de la revelación. "Al darles forma y figura, y al intercambiarlos, Dios ha hecho el alma de todo lo que ha sido hecho o será hecho". "Sobre estas letras, también el Santo, cuyo nombre será alabado, ha fundado su santo y glorioso nombre". Estas letras luego son subdivididas, y su aplicación se ve en todos los departamentos de la Naturaleza. En la creación de la unidad se encuentra la tríada mundo, tiempo y hombre. Por encima de ellos está el Señor. Éste es un bosquejo muy breve de la exposición racional de la Creación, intentada por el *Sepher Yetsirah*».

A continuación damos una traducción del libro *Yetsirah*, añadiendo únicamente que está en controversia no sólo el significado de las expresiones, sino incluso su traducción. Por ello, en más de un punto, nuestra traducción tiene que ser considerada más bien nuestra interpretación del original misterioso.

El libro YETSIRAH
Pereq I

Mishnah 1. *En treinta y dos caminos maravillosos de sabiduría, Jah, Jehová Sabaot, el Dios de Israel, el Dios vivo, el Rey del mundo, Dios misericordioso y clemente, alto y elevado, que reside en la eternidad, alto y santo es su nombre, ha ordenado* (¿establecido, creado?) (el mundo) *mediante tres Sepharim* (libros): *por medio de Sepher* (la palabra escrita), *Sephar* (número, numeral) *y Sippur* (la palabra hablada). Otros señalan las palabras de modo diferente, traduciendo estos términos misteriosos: Número, Palabra, Escrito; otros, Número, Numerador, Numerado; en tanto que otros ven en ello una referencia a la triple división de las letras del alfabeto hebreo, sobre lo cual indicaremos algo más adelante.

Mishnah 2. *Diez Sephiroth* (emanaciones) *belimah*[24] (sin nada antes de ellas, los únicos elementos de los cuales se derivó todo lo demás), *veintidós letras de fundamento* (éstas constituyen el alfabeto hebreo, y el significado parece ser que las *Sephiroth* se manifiestan en lo que es pronunciado): *tres madres* (*Aleph*, la primera letra de *Avveyr*, aire; *Men*, la primera letra de *Mayim*, agua; y *Shin*, la última letra de *Esh*, fuego –aunque esto puede representar sólo un aspecto místico del significado de las tres «madres» aplicado a las tres letras), *siete dobles* (pronunciado «blando» o «duro», a saber, Beth, Gimel, Daleth, Kaph, Pe, Resh, Tau, que son, o eran, en hebreo capaces de modificación por un Dagesh –pero esto tiene que ser entendido también místicamente) *y doce simples*[25] (las letras simples del alfabeto hebreo).

Mishnah 3. *Diez Sephiroth belimah* (la analogía sigue trazándose ahora en Dios y en el hombre), *el número de los diez dedos, cinco contra cinco, y el pacto del Uno solo* (Dios) *colocado entre ellos* (con la relación de pacto en medio de Dios y el hombre, tal como se simboliza en la persona del hombre que está entre los diez dedos) *por la palabra de la lengua* (la relación hacia Dios) *y por la palabra de sexualidad (nuditas)* (la relación hacia la tierra –uno que ha pasado a ser dual).

---

24. La expresión ocurre solamente en Job 26:7.

25. Nótese igualmente el significado simbólico de los números 3, 7, 12 como la manifestación de Dios, el arquetipo de todo lo demás.

Mishnah 4. *Diez Sephiroth belimah –diez y no nueve, diez y no once. Sé informado en sabiduría y sé sabio en información; examina en ellos, busca de entre ellos y pon la cosa en su realidad* (¿certidumbre, estado propio?), *y coloca de nuevo al Creador en su lugar.*

Mishnah 5. *Diez Sephiroth belimah. Su medida diez, que no tienen fin* (limitación): *medida de comienzo* (pasado) *y medida de término* (futuro), *medida de bien y medida de mal, medida de altura y medida de profundidad* (o arriba y abajo), *medida de este y medida de oeste, medida de norte y medida de sur –un solo Señor Dios, el verdadero* (aprobado) *Rey, que reina sobre todo desde su santa morada y por toda la eternidad.*

Mishnah 6. *Diez Sephiroth belimah. Su aparición como el resplandor del relámpago* (referencia aquí a Ez. 1:14), *y sus salidas* (objetivos) *que no tienen fin, su palabra está en ellos* (el Logos manifestado en las Sephiroth) *yendo y volviendo, y a su palabra como el viento de la tempestad prosiguen* (siguen) *y se inclinan* (en adoración) *delante de su trono.*

Mishnah 7. *Diez Sephiroth belimah. Su fin se une a su comienzo, como la llama que se levanta de la brasa, porque el Señor es uno, y no hay otro como Él, y ante el Uno, ¿qué vales tú?*

Mishnah 8. *Diez Sephiroth belimah. Cierra la boca, y no hables, y tu corazón, para no pensar, y si tu corazón se escapa, tráelo de nuevo a su sitio, porque a causa de ellos se dijo* (Ez. 1:14) *«corrían y volvían», y bajo esta condición se ha hecho el pacto.*

Mishnah 9 y 10. *Diez Sephiroth belimah. Uno: el Espíritu del Dios vivo, bendito, y otra vez bendito sea el nombre de Aquél que vive para siempre –Voz y Espíritu y Verbo, y éste es el Espíritu Santo. Dos: Viento* (¿aire, espíritu?) *del* (procedente del) *Espíritu; por tanto, ordenado y sacado de las veintidós letras de fundamento, tres madres, y 7 dobles, y 12 simples, y un Espíritu entre ellas. Tres: Agua del aliento* (viento), *Él diseñó y sacó de ellas tohu vavohu, barro y estiércol; las diseñó como un cuadro o bancal en un huerto, las formó como una pared, las cubrió como un pavimento. Cuatro: Fuego del agua, Él la diseñó y formó en ella el trono de gloria, los ofanines y los serafines, los seres vivientes sagrados, y los ángeles de servicio, y de estos tres Él fundó su residencia, cuando dijo: Hace sus ángeles alientos* (vientos), *y sus ministros llama de fuego.*

Mishnah 11. *Cinco: Tres letras de las simples; Él selló espíritu en las tres, y puso en ellas su gran Nombre* יהו (Jehová, del cual estas tres son la abreviación; lo que sigue, muestra cómo la permutación de las tres letras marca la relación variada de Dios a la creación en el tiempo y el espacio, y al mismo tiempo, por así decirlo, la inmanencia de su manifestación en él). *Y Él selló con ellos seis salidas* (fines, términos): *Se volvió hacia arriba y lo selló con* יהו. *Seis: Él selló abajo, se volvió hacia abajo, y lo selló con* יוה. *Siete: Selló hacia el este, se volvió enfrente de Él, y lo selló con* היו. *Ocho: Selló hacia el oeste, se volvió hacia atrás, y lo selló con* הוי. *Nueve: Selló hacia el sur, se volvió hacia su derecha, y lo selló con* ויה. *Diez: Selló hacia el norte, se volvió hacia su izquierda, y lo selló con* והי.

Mishnah 12. *Éstas son las Sephiroth belimah —uno: Espíritu del Dios vivo y viento* (¿aire, espíritu?; la palabra *ruach* significa todo esto), *agua y fuego; y altura hacia arriba y hacia abajo, este y oeste, norte y sur.*

Pereq II

Mishnah 1. *Veintidós letras de fundamento: estas madres, siete dobles, y doce simples –tres madres* אמש *su fundamento, la escala de mérito y la escala de culpa, y la lengua del estatuto temblando* (decidiendo) *entre ellas* (Esto, para ser realizado místicamente en su desarrollo y aplicación a todas las cosas: los elementos, hombre, etc.).

Mishnah 2. *Veintidós letras de fundamento: Él las diseñó, las formó, las pesó, las intercambió, las fundió juntas* (mostrando cómo de la permutación de las letras proceden las palabras –vistas místicamente como la designación de las cosas), *Él formó con ellas las nephesh de todo lo que ha sido formado* (creado) *y las nephesh de todo lo que ha de ser formado* (creado).

Mishnah 3. *Veintidós letras de fundamento: diseñadas en la voz, formadas en el viento* (¿aire, espíritu?), *pegadas a la boca en cinco lugares:* אחהע (las guturales entre las letras hebreas), בומף (las labiales), ניכק (las palatales), רטלנת (las linguales), זסשרץ (las dentales).

Mishnah 4. *Veintidós letras de fundamento, unidas en un círculo en 231 puertas* (marcando cómo estas letras eran capaces de formar, por la permutación de dos de ellas, en conjunto 231 permutaciones); *y el círculo gira hacia adelante y hacia atrás, y esto es la indicación de la materia: con respecto a lo que es bueno, no hay nada más elevado que* צנג (oneg), *«deleite», y nada inferior a* נגה (negah), *«plaga»* (golpe). *De esta manera Él las sopesó y las combinó,* א *con todas ellas, y ellas todas con* א ב *con todas ellas, y ellas todas con* ב, *y así el resto, de modo que se halla que todo lo que es formado y todo aquello de que se habla procede de un Nombre* (el nombre de Dios, que es, como si dijéramos, el origen fundamental de todo).

Mishnah 5. *Él formó de Tohu lo que tiene sustancia, e hizo de lo que no es, lo que es, y formó de grandes pilares del aire lo que se puede tocar; y esto es la indicación: Él, contemplando y hablando, hizo todo lo que está formado y todas las palabras por medio de un Nombre; y la indicación de la materia: veintidós números y un cuerpo.*

Pereq III

Mishnah 1. *Tres madres –*אמש*–; su fundamento, la escala de culpa y la escala de mérito, y la lengua del estatuto que tiembla* (decide) *entre ellas.*

Mishnah 2. *Tres madres –*אמש*–; un gran misterio, maravilloso y escondido, y sellado con seis sellos, y de ellos sale fuego y agua, y los divide en varón y hembra, masculino y femenino. Tres madres,* אמש *tres fundamentos, y de ellos nacieron los padres* (rerum naturae semina), *de los cuales es creado todo* (el fuego es considerado como el principio masculino, el agua como el principio femenino, y el aire como combinación de los dos: א es la primera letra de la palabra aire, מ la de agua, ש la última letra de la palabra fuego).

Mishnah 3. *Tres letras –*אמש*– en el mundo: aire, agua, fuego; los cielos fueron creados al principio del fuego, y la tierra fue creada del agua, y el aire tiembla* (la misma palabra con respecto a la lengüeta o fiel entre los platillos de la balanza, indicando lo intermedio, que inclina al uno o al otro lado) *entre el fuego y el agua.*

Mishnah 4. *Tres madres –*אמש*– en el año: fuego y agua y viento. El calor es creado del fuego, el frío del agua, y la forma moderada del viento* (aire), *que es intermedia entre las dos. Tres madres* אמש *en el nephesh: fuego, agua y viento. La cabeza fue creada del fuego, y el vientre del agua, y el cuerpo del viento, que es intermedio entre los dos.*

Mishnah 5. *Tres madres –*אמש*–. Él los diseñó, los formó y los fundió juntos, y los selló con las tres madres en el mundo, las tres madres en el año, y las tres madres en el nephesh –varón y hembra.*

(Ahora sigue un desarrollo místico ulterior y su aplicación) *La letra* א *Él la hizo Rey en el Espíritu, y puso sobre ella la corona* (esto se refiere a otros signos místicos indicados en la figura cabalística de la p. 438 de la *History of the Jewish Nation*), *y los fundió uno con el otro, y los selló: en el mundo, el aire; en el alma, la vida; en el nephesh* (el ser vivo), *el cuerpo –el varón con* אמש, *la hembra con* אשם. La letra מ *la hizo Rey en las aguas, y puso sobre él la corona, y los fundió uno con el otro, y los selló: en el mundo, tierra; en el año, frío; y en el nephesh, el vientre –varón y hembra, varón en* מאש *y hembra en* משא. *La letra* ש *Él la hizo Rey en el fuego, y puso sobre ella la corona, y los fundió uno con el otro, y los selló: en el mundo superior, los cielos; en el año, el calor; en el nephesh, la cabeza –varón y hembra.*

Pereq IV

Mishnah 1. *Siete letras dobles,* בגד כפרת (se puede notar que ahora vamos del nº 3 al otro nº místico 7), *acostumbradas* (habituadas, adaptadas, aptas) *para dos lenguajes* (correlación de ideas); *vida y paz, y sabiduría y riqueza, gracia y simiente y gobierno* (el número místico 7 se puede notar aquí), *y acostumbradas* (adaptadas) *a dos lenguas* (modos de pronunciación), גג' דד' ככ' פפ' רר' תת' בב': *la formación de blando y duro, la formación de fuerte y débil* (el principio dual se puede observar aquí); *dobles, porque son opuestos: los opuestos vida y muerte; los opuestos paz y mal; los opuestos sabiduría y necedad; los opuestos riquezas y pobreza; los opuestos gracia y fealdad; los opuestos fertilidad y desolación; los opuestos regla y servitud.*

Mishnah 2. *Siete letras dobles,* בגד כפרת; *correspondientes a las siete salidas; de ellas siete salidas: arriba y abajo, este y oeste, norte y sur, y el Santo Templo en medio, y sostiene el conjunto.*

Mishnah 3. *Siete dobles,* בגד כפרת; *Él las diseñó, y las formó, y las fundió, y formó de ellas, en el mundo, las estrellas* (los planetas); *en el año, los días; en el nephesh, las salidas, y con ellas diseñó siete firmamentos y siete tierras, y siete sábados, por lo que Él ama el siete bajo todos los cielos.*

Mishnah 4. *Dos letras edifican dos casas* (aquí se indica el número de permutaciones posibles). *Tres letras edifican 6 casas; cuatro, veinticuatro casas; cinco, 120 casas; seis, 720 casas; y a partir de aquí sigue y piensa lo que la boca no es capaz de decir, y el oído no es capaz de oír. Y éstas son las estrellas en el mundo –siete–: el Sol, Venus, Mercurio, la Luna, Saturno, Júpiter, Marte. Y éstos son los días del año; los siete días de la creación; y las siete puertas de salida del nephesh: dos ojos, dos oídos, una boca y dos narices. Y con ellos fueron diseñados los firmamentos y las siete tierras, y los siete tiempos; por tanto, Él ama el siete por encima de todo lo que es de deleite bajo los cielos.*

Pereq V

Mishnah 1. Las *propiedades de las doce letras simples* (o sus atributos) –הוזחטי לנ סעצק–; *su fundamento: vista, oído, olfato, habla, comida, concúbitos, trabajo, andar, ira, risa, pensar, dormir. Sus medidas, doce límites en la hipotenusa* (puntos en líneas transversales); *el límite NE., el límite SE., el límite E. hacia arriba, el límite E. hacia abajo, el límite N. hacia arriba, el límite N. hacia abajo, el límite SO., el límite NO., el límite O. hacia arriba, el límite O. hacia abajo, el límite S. hacia arriba, el límite S. hacia abajo, y éstos se extienden y siguen hasta lo eterno* (el espacio ilimitado) *y son los brazos del mundo.*

Mishnah 2. *Doce letras simples,* הוז חטי לן סע צק; *Él las diseñó, y las fundió y formó de ellas las doce constelaciones del mundo* (los signos del Zodiaco): *Aries, Tauro, Géminis, Cáncer, Leo, Virgo, Libra, Escorpión, Sagitario, Capricornio, Acuario, Piscis* (éstos se expresan en el original de forma abreviada). *Éstos son los doce meses del año: Nisan, Iyar, Sivan, Tammuz, Abh, Elul, Tishri, Marcheshvan, Kislev, Tebheth, Shebhat, Adar* (así el número doce queda marcado, primero en las funciones del hombre, luego en los puntos de la brújula, luego en el firmamento estrellado, y luego en el año). *Y éstos son los doce líderes en los nephesh* (seres vivos): *dos manos, y dos pies, y dos riñones, el bazo, el hígado, la vesícula biliar, el intestino, el estómago superior, el estómago inferior* (quizá esófago, estómago e intestino; en todo caso, tres órganos relacionados con la deglución y la digestión). *Los hizo como un país* (provincia) *y los puso en orden como para la guerra, y también –esto contra aquello– lo ordenó Dios. Tres madres, que son tres padres, porque de ellas salen fuego, viento y agua. Tres madres, y siete dobles, y siete simples.*

Mishnah 3. *Ésas son las veintidós letras con que el Santo lo ha fundado* (todo), *bendito sea Él, Jah, Jehová, Jehová Sabaot, el Dios vivo, el Dios de Israel, alto y elevado, residiendo eternamente, y santo es su Nombre, y exaltado y santo es Él.*

Pereq VI

Mishnah 1. *Tres padres y sus generaciones, siete seguidores y sus huestes* (¿planetas?), *siete límites de hipotenusa –y la prueba de la materia: fieles testigos son el mundo, el año y el nephesh. La Ley* (estatuto, orden establecido) *de los doce, y de los siete, y de los tres, y ellos son designados sobre el dragón celestial, y el ciclo y el corazón. Tres: fuego, y agua, y viento (aire); el fuego arriba, el agua abajo, y el viento* (aire) *el estatuto intermedio entre los dos. Y la demostración de la materia: el fuego sostiene al agua,* מ *es silencioso,* ש *silba, y* א *es el estatuto intermedio entre ellos* (todos éstos tienen nuevo significado y aplicaciones místicas en relación con las palabras y las ideas).

Mishnah 2. *El dragón es en el mundo como un rey en su trono; el ciclo es en el año como un rey en su país; el corazón es en el nephesh como un rey en guerra. También en todo lo que se sigue, Dios ha hecho lo uno contra lo otro* (polos opuestos y su reconciliación): *el bien contra el mal; el bien del bien, y el mal del mal; lo bueno probando lo malo, y lo malo probando lo bueno; lo bueno guardado para lo bueno, y lo malo guardado para lo malo.*

Mishnah 3. *Tres son uno, que está solo; siete están divididos, tres contra tres, y el estatuto intermedio entre ellos. Doce están en guerra: tres se aman, tres se odian, tres dan vida, tres dan muerte. Los tres que aman: el corazón, los oídos y la boca; los tres que odian: el hígado, la vesícula biliar y la lengua; y Dios un rey fiel que reina sobre todo: uno* (está) *sobre los tres, los tres sobre los siete, los siete sobre los doce, y todos ellos están juntos, el uno con el otro.*

Mishnah 4. *Y cuando Abraham nuestro padre hubo contemplado y considerado, y visto, y diseñado, y formado, y sacado todo esto, entonces el Señor de todo se le reveló a él, y le llamó su amigo, e hizo un pacto con él y con su simiente; y él creyó en Jehová, y esto le fue imputado por justicia. E hizo con él un pacto entre los diez dedos de sus pies, y esto es la circuncisión; entre los diez dedos de su mano y esto es la lengua; y Él le ató las veintidós letras a su lengua, y le mostró su fundamento. Ellas diseñó con agua, y las encendió con fuego, y les dio aliento con viento* (aire); *las quemó en siete; Él las derramó en las doce constelaciones.*

Las ideas expresadas en el libro *Yetsirah* son mencionadas con frecuencia en la Mishnah y en los otros escritos más antiguos judaicos. Representan, como se ha indicado al principio, una dirección muy anterior a la Mishnah, y de la cual los comienzos y principios últimos son del más profundo interés para el estudioso cristiano. El lector que desee ver la aplicación de la Cábala a la metafísica y teología cristianas, de la cual el *Yetsirah* no es sino la primera palabra, puede consultar una obra profunda e interesante que, por extraño que parezca, es casi desconocida para nuestros eruditos: Molitor, *Philosophie d. Gesch. oder über d. Tradition* (4 vols.). Los lectores ingleses hallarán mucho que les interesará en el libro ahora más bien raro del Rev. John Oxley, *The Christian Doctrine of the Trinity and Incarnation* (Londres, 1815, 2 vols.).

Los principios establecidos en el libro *Yetsirah* son llevados más adelante y reciben un desarrollo y aplicación más plenos (a veces notable en sumo grado) en el libro Zohar (*Splendour* –la edición que hemos usado es la 8º, Amsterdam, 1905, en 3 vols., con la ed. en Amsterdan de la Tikkuné Zohar–; otros libros cabalísticos que hemos usado no tenemos por que mencionarlos). La porción principal del Zohar está en la forma de un Comentario al Pentateuco, pero hay otros tratados intercalados a lo largo de los volúmenes.

5. *Teología Dogmática.* Esto es tratado plenamente en el texto de estos volúmenes.

6. *Teología Histórica.* Describir y criticar las varias obras que entran bajo esta designación requeriría la expansión de este Apéndice en un Tratado. Algunas de estas composiciones han sido mencionadas en el texto de estos volúmenes. Para ver un informe y crítica de ellas he de referirme de nuevo a la *History of the Jewish Nation* (ver, en especial, los capítulos sobre «The progress of Arts and Sciences among the Jews», y «Theological Science and Religious Belief in Palestine»). Para un informe crítico e histórico de los libros históricos rabínicos, el estudioso puede consultar a Zunz, *Gottesd. Vortr. d. Juden*, cap. 8. La única cosa que intentaremos aquí es dar una traducción de la llamada *Megillath Taanith*, o «Rollo de Ayunos»; más bien un calendario de los días en que estaban prohibidos los ayunos y el luto. La parte más antigua de este documento (que se cita en la Mishnah, Taan. ii. 8) data de comienzos del siglo II de nuestra era, y contiene elementos mucho más antiguos. Esto es lo que nos ha llegado y que traducimos a continuación:[26]

Megillath Taanith, o rollo de ayunos

Éstos son los días en que no es legítimo ayunar y durante los cuales debe ser interrumpido el luto.

I. Nisan

1. Desde el día del mes Nisan hasta el 8 del mismo estaba establecido el sacrificio diario (que debía ser pagado al Tesoro del Templo); el luto está prohibido.

2. Y desde el 8 hasta el fin de la fiesta (el 27) era restablecida la fiesta de las Semanas; el luto está prohibido.

II. Iyar

1. En el 7 de Iyar, la dedicación del muro de Jerusalén; el luto está prohibido.

2. En el 14 es el día del sacrificio de la pequeña Pascua (la segunda); el luto está prohibido.

3. En el 23 los hijos de Acra salieron de Jerusalén.

4. En el 27 fueron suprimidos los impuestos de Judea y Jerusalén.

III. Sivan

1. En el 17 de Sivan fue tomada la torre de Zur.

2. En el 15 y 17 los hombres de Bet-sean y de la llanura fueron exiliados.

3. En el 25 los cobradores de contribuciones fueron expulsados de Judá y de Jerusalén.

IV. Tammuz

1. En el 14 de Tammuz se abrogó el Libro de las Decisiones («ordenanzas agravantes»); el luto queda prohibido.

V. Abh

1. En el 15 de Abh la temporada de las ofrendas de leña (para uso en el Templo) por los sacerdotes; luto prohibido.

2. En el 24 regresamos a nuestra Ley.

VI. Elul

1. En el 7 de Elul, día de la Dedicación de Jerusalén, luto prohibido.

2. En el 17 los romanos se retiraron de Judea y Jerusalén.

3. En el 22 regresamos para matar a los apóstatas.

VII. Tishri

1. En el 3 de Tishri es quitada la mención del nombre divino de las escrituras públicas.

VIII. Marcheshvan

1. En el 23 Marcheshvan, la *Sorigah* (pared separadora en el Templo, que se supone erigieron los paganos, comp. 1 Mac. 4:43-46) fue quitada del patio del Templo.

2. En el 25 fue tomada la muralla de Samaria.

3. En el 27 es traída al altar otra vez la ofrenda de carne.

IX. Kislev

1. En el 3 fue quitada la *Simavatha* (otra estructura pagana) del patio del Templo.

2. El 7 es día festivo.

3. El 21 es el día del monte Gerizim; luto prohibido.

4. El 25 empiezan los ocho días de la Fiesta de las Luces (*Chanukan*); luto prohibido.

X. Tebheth

1. El 28 la congregación fue restablecida según la Ley. (Esto parece referirse a la restauración del Sanedrín después que los miembros saduceos fueron eliminados, por orden de la reina Salomé. Ver notas históricas en el Apéndice IV).

XI. Shebhat

1. El 2 es una fiesta (probablemente la muerte de Herodes); luto prohibido.

2. El 22 fue destruida la estructura que el enemigo había dicho que debía estar en el Templo; luto prohibido. (Parece que esto se refiere a la estatua de Calígula que, por resistencia de los judíos, no fue permitida en el Templo).

3. El 28, Antíoco fue echado de Jerusalén (se supone que se trata del día de la muerte de Antíoco, hijo de Antíoco Epífanes, en su expedición contra los partos).

XII. Adar

1. En el 8 y en el 9, días de gozo debido a la lluvia.

2. El 12 es el día de Trajano.

3. El 13 es el día de Nicanor (su derrota).

4. El 14 y el 15 son los días de Purim (Fiesta de Ester); luto prohibido.

5. El 16 empezó la edificación del muro de Jerusalén; luto prohibido.

6. El 17 se levantaron los paganos contra el resto de los escribas en el país de Calcis y de los Zabedeos, e Israel fue librado.

7. El 20 el pueblo ayunó pidiendo lluvia y se le dio.

8. El 28 los judíos recibieron buenas noticias de que no serían molestados por los dichos de la Ley; luto prohibido.

En estos días, todo el que ha hecho un voto de ayuno ha de dedicarse a la oración.

---

26. Todas las glosas en el texto han sido omitidas. La edición del Tratado en su forma usada por nosotros es la de Vars., 1874, y consiste (con comentarios) en 20 páginas en octavo dobles. Para una crítica de la obra, ver, especialmente, Grütz, *Gesch. d. Juden.*, vol. 3, pp. 415-428, y Derenbourg, Hist. de la Palest., pp. 439-446. Un tratado especial sobre el tema es la disertación inaugural de Schmilg, Leipzig, 1874. Apenas hay que insistir en que estos autores tienen ideas distintas sobre las fechas históricas conmemoradas en la Megillath Taanith, y los sucesos a que se refieren. Comp. también Wolfius, *Biblioth. Rabb.*, vol. 1, p. 385; vol. 2, p. 1325; vol. 3, p. 1196. Mi edición de Wolfius tiene la gran ventaja de notas y correcciones marginales hechas por el gran historiador judío Dr. Jost, que hace muchos años me dio este ejemplar.

Apéndice 6
(Libro 2, capítulo 2)

Lista de los Macabeos, de la familia de Herodes y de los Sumos Sacerdotes, los procuradores romanos de Judea y los gobernadores romanos de Siria

I. La familia macabea

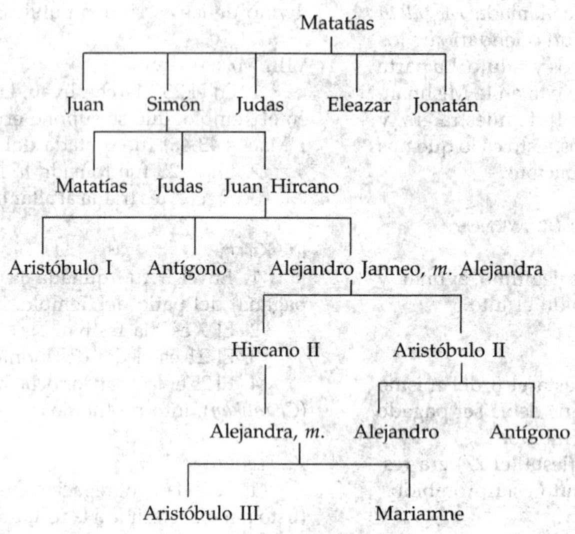

II. Familia de los herodianos

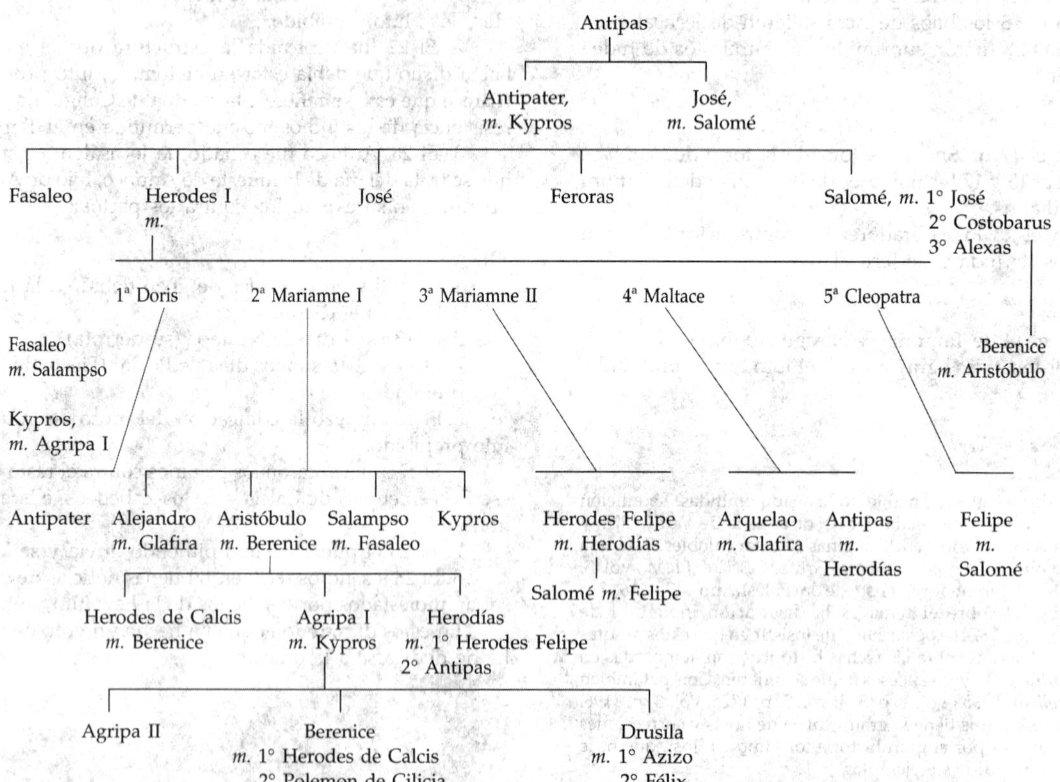

III. Lista de sumos sacerdotes desde el acceso de Herodes el Grande a la destrucción de Jerusalén

Nombrados por	
Herodes el Grande	1. Ananel.
	2. Aristóbulo.
	3. Jesús, hijo de Fabes.
	4. Simón, hijo de Boetos.
	5. Matías, hijo de Teófilo.
	6. Joazar, hijo de Boetos.
Arquealo	7. Eleazar, hijo de Boetos.
	8. Jesús, hijo de Sié.
Quirino	9. Ananos (Anás).
Valerio Grato	10. Ismael, hijo de Fabi.
	11. Eleazar, hijo de Anás.
	12. Simón, hijo de Camitos.
	13. José (Caifás).
Vitelio	14. Jonatán, hijo de Anás.
	15. Teófilo, hijo de Anás.
Agripa I	16. Simón Canteras, hijo de Boetos.
	17. Matías, hijo de Anás.
	18. Elionaio, hijo de Canteras.
Herodes de Calcis	19. José, hijo de Camitos.
	20. Ananías, hijo de Nedebaios.
Agripa II	21. Ismael, hijo de Fabi.
	22. José Cabi, hijo de Simón.
	23. Anás, hijo de Anás.
	24. Jesús, hijo de Damnaios.
	25. Jesús, hijo de Gamaliel.
	26. Matías, hijo de Teófilos.
El pueblo durante la ...... última guerra	27. Fanías, hijo de Samuel.

IV. Lista de procuradores de Judea

3 a.C. hasta 66 d.C.

1. Etnarca Arquelao.
2. Coponio.
3. M. Ambivio.
4. Anio Rufo.
5. Valerio Grato.
6. Poncio Pilato.
7. Marcelo.
8. Rey Agripa.
9. Cuspio Fado.
10. Tiberio Alejandro.
11. Ventidio Cumano.
12. Antonio Félix.
13. Porcio Festo.
14. Albino.
15. Gesio Floro.

V. Lista de gobernadores romanos de Siria

6 a.C. hasta 69 d.C.

1. P. Quintilio Varo.
2. M. Lolio.
3. C. Marcio Censorino (?).
4. L. Volusio Saturnino.
5. P. Sulpicio Quirinio.
6. Qu. Cecilia Cretico Silano.
7. Cn. Calpurn. Pisón.
8. Cn. Sent. Saturnino (?).
9. Aelio Lamia.
10. L. Pomponio Flaco.
11. L. Vitelio.
12. P. Petronio.
13. C. Vibio Marso.
14. C. Cas. Longino.
15. C. U. Quadrato.
16. Domicio Corbulo.
17. C. Itio (conjuntamente).
18. Cestio Gallo.
19. C. Lic. Muciano.

Apéndice 7
(Libro 2, capítulo 3 y otros pasajes)

Sobre la fecha de la Natividad de nuestro Señor

Se ha escrito tanto recientemente sobre este tema (y lo escrito es, en general, accesible), y existe un acuerdo tal en la cuestión en *general*, que sólo será necesaria una breve discusión en este lugar, y reservaremos el espacio disponible para otros temas que han sido poco tratados, o que por otras causas hacen más deseable una nueva investigación.

Al principio hay que admitir que es imposible una certeza absoluta sobre la fecha exacta de la Natividad de Cristo: el año preciso –y menos aún el mes y el día. Pero, con respecto al año, poseemos *datos* a los que podemos conceder tanta probabilidad que es casi certidumbre.

1. La fecha primera y la más cierta es la de la muerte de Herodes el Grande. Nuestro Señor nació antes de la muerte de Herodes, y, como podemos juzgar por la historia del Evangelio, poco antes de este suceso. Ahora bien, el año de la muerte de Herodes ha sido averiguado, y podemos casi decir, con absoluta certeza, que fue un poco antes de la Pascua del año 750 A.U.C. (año fundación Roma), que corresponde al 12 de abril del año 4 a.C., en conformidad con nuestras cuentas. En especial, poco antes de la muerte de Herodes hubo un eclipse lunar (Jos., *Ant.* xvii.6,4), que se ha averiguado astronómicamente ocurrió en la noche del 12 al 13 de marzo del 4 a.C. Así que la muerte de Herodes tiene que haber ocurrido entre el 12 de marzo y el 12 de abril, o sea, hacia el fin de marzo (comp. *Ant.* xvii.8,1). Además, la historia del Evangelio requiere un intervalo de por lo menos entre siete y ocho semanas antes de la fecha del nacimiento de Cristo (hemos de insertar la purificación de la Virgen –a lo más pronto, seis semanas después del nacimiento–, la visita de los Magos y la matanza de los niños de Belén y, en todo caso, algunos días más antes de la muerte de Herodes). Así, el nacimiento de Cristo no podría haber ocurrido después del comienzo de febrero 4 a.C., y más probablemente ocurrió unas semanas antes. Esto nos lleva cerca de la fecha eclesiástica, el 25 de diciembre, en confirmación de la cual nos referimos a lo que hemos afirmado en el Libro 2, cap. VI hacia el final. En todo caso, la objeción muy superficial tantas veces repetida de la imposibilidad de que los pastores apacentaran sus ganados en aquella temporada, puede desecharse, no sólo por las razones presentadas en el Libro 2 que acabamos de citar, sino también por esto: que si la cuestión ha de ser decidida en base a la temporada de la lluvia, las probabilidades son más bien en favor de diciembre que febrero, más tarde de lo cual es imposible colocar el nacimiento de Cristo.

2. No puede sacarse ninguna inferencia cierta, naturalmente, de la aparición de la «estrella» que guiaba a los Magos. Eso, y el sentido en que nuestras investigaciones confirman la fecha de la Natividad, según lo dicho antes, ha sido explicado plenamente en el Libro 2, cap. VIII (hacia el final).

3. Sobre el censo de Quirinio, ver Libro 2, cap. VI (en su primera página).

4. El próximo *dato* histórico según los Evangelios es el del comienzo del ministerio de Juan el Bautista, que según Lucas fue el año 15 de Tiberio, y cuando Jesús «tenía unos treinta años de edad» (Lc. 3:23). Que esto está en conformidad con nuestro cálculo de la fecha de la Natividad se ha visto en el Libro 2, cap. XI (hacia la mitad).

5. Puede alcanzarse una conclusión similar siguiendo la indicación algo vaga y general dada por Juan 2:20.

6. Finalmente, llegamos a la misma meta si seguimos la guía, algo incierta históricamente, de la fecha del nacimiento del Bautista, como la proporciona la noticia (Lc. 1:5) de que con ocasión de su anunciación a su padre, Zacarías oficiaba en el Templo como sacerdote del «curso de Abías» (ver aquí Libro 1, cap. III). En Taan. 29 *a* tenemos la noticia, con la que está de acuerdo Josefo (*Guerras* vi.4,1, 5), de que al tiempo de la destrucción del Templo estaba de servicio «el curso de Jehoiarib», que era el primero de los cursos sacerdotales. Esto era en el 9-10 *Ab* del año 823 A.U.C., o el 5 de agosto del año 70 de nuestra era. Si el cálculo es correcto (de lo que no se puede estar por completo seguro), contando «los cursos» de sacerdotes hacia atrás, el curso de Abías estaría de servicio en el año 748 A.U.C. (el año antes del nacimiento de Cristo), desde el 2 al 9 de octubre. Esto también colocaría el nacimiento de Cristo hacia el fin de diciembre del año siguiente (749), tomando la expresión «sexto mes» de Lucas 1:26, 36 en el sentido del mes en curso (desde el 5° al 6° mes de Lucas 1:24). Pero repetimos, no puede ponerse confianza absoluta sobre estos cálculos, por lo menos respecto al mes y al día. (Comp. aquí, generalmente, Wieseler, *Synopse*, y su *Beiträge*).

Apéndice 8
(Libro 2, capítulo 3)

Tradiciones rabínicas sobre Elías, el precursor del Mesías

Para completar la evidencia presentada en el texto en lo que se refiere a la diferencia esencial entre la enseñanza de la antigua Sinagoga sobre «el Precursor del Mesías» y la historia y misión de Juan el Bautista tal como se describen en el Nuevo Testamento, añadiremos un informe pleno sobre Elías, aunque condensado, de las tradiciones rabínicas primitivas.

Las opiniones respecto al linaje y lugar de origen de Elías difieren. Según algunos, era de la tierra de Gilead (Bemid. R. 14) y de la tribu de Gad (Tanch. sobre Génesis 49:19). Otros le describen como un benjaminita, de Jerusalén, uno de los que «se sentaban en la Sala de las Piedras labradas» (Tanch. sobre Éx. 31:2), o bien se dice que paternalmente descendía de Gad y por el lado materno de Benjamín. Y aun una tercera opinión, al parecer de mucho peso, le presenta como un levita, y un sacerdote; es más: el Sumo Sacerdote de los días mesiánicos. Esto se afirma de modo expreso en el Targum Pseudo-Jon. sobre Éxodo 40:10, en que también parece implicado que había de ungir al Mesías con el aceite sagrado, cuya composición era una de las cosas desconocidas en el segundo Templo, pero que fue restaurada por Elías (Tanch. sobre Éx. 23:20, ed. Vars., p. 91 *a*, líneas 4 y 5 desde arriba). Otra tradición curiosa identifica a Elías con Fineas (Targum Pseudo-Jon. sobre Éx. 6:18). La misma expresión que hay en el Targum («Fineas, esto es Elías») ocurre en el gran acopio de la tradición rabínica, Yalk. (vol. i, p. 245 *b*, las últimas dos líneas, col. *c*). De la manera precisa en que se refiere al paralelismo entre el celo de Fineas y el de Elías, y entre su obra en reconciliar a Dios e Israel, trayendo a éste al arrepentimiento, podemos colegir el origen de esta tradición y su significado más profundo.

Porque (como se ha explicado plenamente en el Libro 2, cap. V), uno de los principios más frecuentemente expresados en la antigua Sinagoga, en su percepción más profunda de la unidad e importancia del Antiguo Testamento, es que los sucesos milagrosos y las intervenciones divinas en la primera historia primitiva de Israel se repetirían, sólo que con una aplicación más amplia, en los días mesiánicos. Si esta idea se halla bajo el paralelismo entre Fineas y Elías, se lleva todavía más plenamente a cabo en el paralelismo entre Elías y Moisés. Al comparar el relato de la Escritura entre estos dos mensajeros de Dios, vemos al punto la correspondencia estrecha que hay entre los detalles de su historia. La Sinagoga tiene cuidado en seguir esta analogía paso a paso (Yalk. vol. ii, p. 32 *d*) hasta la liberación final de Israel, notando que, así como la de Moisés había librado para siempre a su pueblo de la dominación de Egipto, también la liberación final de Elías libraría para siempre de todo yugo extranjero. La alusión aquí es a la parte que se esperaba que Elías, en el futuro, tomaría en las «guerras futuras entre Gog y Magog» (Seder Olam R. c. xvii.). En realidad, este paralelismo es llevado hasta el punto en que, según la tradición, cuando Moisés fue comisionado por Dios para ir a Faraón, le rogó a Dios que en vez de enviarle a él enviara a aquel que estaba destinado a introducir la liberación mucho mayor en los últimos días. A esto se le contestó que la misión de Elías sería a Israel, en tanto que la suya (la de Moisés) era la de ir a Faraón (Pirqé de R. Eliez. 40). De modo similar, se afirma que la cueva desde la cual Moisés contempló la presencia divina pasando delante de él (Éx. 33:22) era la misma en la cual se hallaba Elías bajo circunstancias similares; que la cueva había sido creada no con el resto del mundo, sino de modo especial en la vigilia del primer sábado del mundo (Siphré sobre Deuteronomio, ed. Friedmann, p. 147 *a*, última línea). Considerando este paralelismo entre ellas, la ocurrencia de la expresión algo difícil, no nos sorprenderá que, en los días del Mesías, Moisés y Elías vinieron juntos «como uno» (Debar. R. 3, al final).[1]

Pasamos por alto intencionadamente la actividad de Elías en conexión con Israel, y en especial sus rabinos y sus santos, durante el intervalo entre la muerte del profeta y su retorno como el Precursor del Mesías, tal como lo describe la leyenda judía. No serviría de nada repetir lo que con frecuencia suena no solo necio y supersticioso en la leyenda, sino incluso profano. En la leyenda judía, Elías *siempre* es presentado como el guardián de los intereses de Israel, sea teológica o personalmente; como si fuera un *medio* vivo constante entre Dios y su pueblo, el eslabón que une al Israel del presente –con sus afanes, necesidades, dificultades e intereses– con el futuro brillante mesiánico del cual él es el heraldo. Ésta es, probablemente, la idea que hay debajo de tantas leyendas sobre sus hechos y dichos, con frecuencia de carácter grotesco. A veces se le representa, en su celo, yendo hasta el punto de dar falso testimonio para librar a rabinos de peligro y dificultad (Ber. 58 *a*). En general, siempre está dispuesto a instruir, consolar, sanar, condescendiendo a una enfermedad tan leve como un dolor de muelas (Ber. R. 96, fin). Pero con más frecuencia es el consejero y amigo de los rabinos, en cuyas reuniones y estudios se deleita. Así, concurría con frecuencia a la Academia de Rabh, y su indiscreción en divulgar a sus amigos los secretos del cielo una vez dio por resultado, en el cielo, que se le administraran varios azotes enérgicos como castigo (Bab. Mets. 85 *b*). Pero es inútil insistir sobre esto. Nuestro objeto es describir la actividad de Elías en relación con la venida del Mesías.

Cuando al fin llega el tiempo de la redención de Israel, entonces vuelve Elías. En relación con ello, estamos seguros respecto a dos cosas. No se dirá: «Vino ayer», esto es, será revelado en el mismo día en que venga; y segundo, no vendrá la víspera de sábado o de día festivo, a fin de no interrumpir el descanso festivo o quebrantar las leyes festivas (Erub. 43 *b*, Shabb. 33 *a*). Si viene un día (Er. 43 *b*) o tres días antes de Cristo (Yalk. vol. ii, p. 53 *c*, hacia la mitad), su advenimiento será *cercano* al del Mesías (Yalk. vol. i, p. 310 *a*, línea 21 desde la base). El relato dado de los tres días entre el advenimiento de Elías y el del Mesías es peculiar (Yalk. vol. ii, p. 53 *c*). Comentando sobre Isaías 52:7, se explica que en el primero de estos tres días Elías se hallará sobre los montes de Israel lamentando la desolación del país, y su voz se oirá desde un extremo del mundo al otro, después de lo cual proclamará: ¡«Paz» ha venido al mundo;

---

1. Se ha presentado la cuestión de si Jeremías (o incluso Isaías) había de aparecer también en los días mesiánicos. A favor de este punto de vista, 2 Mac. 2:1-8 y 15:14-16 permiten, por lo menos, una evidencia presuntiva. No nos referimos a 4 Esdras 2:18 debido a que los dos últimos capítulos y los primeros de este libro en nuestros Apócrifos (2 Esd.) son espurios, y mucho más tardíos, posiblemente de paternidad cristiana.

«paz» viene al mundo! De modo similar, en el segundo día, proclamará: ¡«Bien» viene al mundo; «bien» viene al mundo! Finalmente, en el tercer día, de la misma manera que en los dos días previos, proclama: «*Jeshuah*[2] (salvación) viene al mundo; *Jeshuah* (salvación) viene al mundo», lo cual, a fin de hacer diferencia entre Israel y los gentiles, se explica más adelante con esta adición: «Diciendo a Sion: ¡Tu rey viene!».

El período del advenimiento de Elías, según una opinión (Pirqé de R. Eliez. 43), será un tiempo de arrepentimiento genuino de Israel, aunque no se afirma que este cambio haya de ser traído por su ministerio. Por otra parte, esta actividad peculiar consistiría en resolver cuestiones ceremoniales y rituales, dudas y dificultades, hacer la paz, restaurar a los que han sido excluidos injustamente de la congregación y excluir a aquellos que por medio de violencia han sido injustamente introducidos (Bab. Mets. i. 8; ii 8; iii 4, 5; Eduy. vii 7). Restauraría igualmente a Israel las tres cosas que habrá perdido: la vasija de oro del maná (Éx. 16:33), la vasija que contiene el aceite de la unción, y la de las aguas de la purificación; según algunos otros, también la vara de Aarón que floreció y dio fruto.[3] Además, su actividad es hecha semejante a la del ángel a quien Dios había enviado a Israel para echar y vencer a las naciones hostiles (Tanch. sobre Éx. 23:20, § 18 hacia el final; ed. Vars., p. 106 *b*). Porque Elías había de aparecer, luego desaparecer y aparecer otra vez en las guerras de Gog y Magog[4] (Seder Olam R. xvii). Pero después de este tiempo prevalecerán paz y felicidad generales, cuando Elías haya cumplido sus funciones peculiares. Finalmente, algunos adscriben al ministerio de Elías el de levantar a los muertos (Sot. ix. 15, palabras finales).[5]

Éste es un sumario de la tradición antigua judía sobre Elías como el precursor del Mesías. Comparándola con la descripción que da el Nuevo Testamento de Juan el Bautista, por lo menos se tendrá que admitir que, sea cual sea la fuente del bosquejo de su actividad y misión, no puede en modo alguno haber sido el ideal de la antigua Sinagoga, ni tampoco las ideas corrientes populares judaicas. Y realmente, ¿podría haber más contraste entre el precursor judío del Mesías y el precursor que encontramos en el Nuevo Testamento?

---

2. Naturalmente, ésta es la palabra hebrea usada en Isaías 52:7 («publica *salvación*»). No menos significativo, sin embargo en esta relación es el hecho de que la palabra es pronunciada como el nombre de Jesús.

3. El lector hallará en nuestros comentarios sobre el Salmo 110:2, en el Apéndice IX, las curiosas tradiciones sobre esta vara de Aarón, que se hallan en Bemid. R. 18 y Yalk. sobre Salmo 110:2. La historia de la vara que hizo milagros la cuenta algo distinta el Targum Pseudo-Jon. en Éxodo 2:20, 21 y 4:20; y de nuevo, con otras variaciones, en Pirqé de R. Eliez. 40. En el último pasaje se nos dice que esta vara había pasado de la posesión de José (después de su muerte) al palacio de Faraón. De donde Jetro, que era uno de los magos de Egipto, la quitó y se la llevó a su casa. La habilidad de Moisés de leer el escrito en la vara –según las otras tradiciones, el arrancarla del jardín– indicó a Jetro que Moisés era el futuro liberador de Israel, y le decidió a darle a Séfora como su esposa (en preferencia a otros pretendientes). Según otras tradiciones, Moisés había estado encarcelado durante muchos años, y fue servido y cuidado por Séfora, que le amaba. Se puede añadir que, según una tradición muy antigua, la vara de Aarón fue una de las cosas creadas en la víspera del primer sábado (Siphré, ed. Friedmann, p. 147 *a*, última línea).

4. A propósito hemos omitido toda referencia a la relación entre Elías y el «segundo» Mesías, el hijo de Efraín, debido a que la línea de tradición pertenece a un período posterior al de Cristo.

5. Las ideas de los Apócrifos sobre la misión de Elías se pueden colegir de Eccl. xlviii. 1-12. Algunas noticias talmúdicas adicionales sobre Elías se hallan al final del Apéndice IX. La *Sepher Eliyahu* (Apocalipsis de Elías), publicada en Jellinek Beth ha-Midr., part. 2, pp. 65-68, no añade nada a nuestro conocimiento. Dice ser una revelación por el ángel Miguel a Elías sobre el final y los últimos días, al término de la cuarta monarquía. Es simplemente un relato apocalíptico de los sucesos de aquellos días, y no puede dársele lugar aquí. A propósito he omitido la historia abominable sobre Elías que se halla en Yoma 19 *b*, últimas líneas.

Apéndice 9

(Libro 2, capítulo 5)

Lista de los pasajes del Antiguo Testamento aplicados mesiánicamente en los escritos antiguos rabínicos

La lista que sigue contiene los pasajes del Antiguo Testamento aplicados al Mesías o a los tiempos mesiánicos en los escritos judíos más antiguos. Contiene en conjunto 456, distribuidos de esta forma: 75 del Pentateuco, 243 de los Profetas y 138 de los Hagiógrafos, y van apoyados por más de 558 citas separadas de los escritos rabínicos. A pesar de todo nuestro cuidado y labor, no podemos afirmar que la lista sea completa, aunque esperamos que no haya sido omitido ningún pasaje importante. Las referencias rabínicas podrían haberse aumentado considerablemente, pero nos ha parecido inútil citar la misma aplicación de un pasaje en muchos libros diferentes. De modo similar, por falta de espacio, sólo se han traducido en extenso las citas rabínicas más importantes. Las obras rabínicas de las cuales se han hecho las citas son: los *Targumim*, los dos *Talmuds*, las *Midrashim más antiguas*, pero no han sido incluidos el *Zohar* (por estar en disputa la fecha de su composición), ni ningún otro libro cabalístico, ni las recientes Midrashim, ni los rabinos recientes. Sin embargo, con frecuencia he citado de la obra bien conocida *Yalkut*, porque, aunque de fecha relativamente reciente, es, como su nombre implica, una colección y selección de más de cincuenta escritos antiguos y acreditados, y presenta pasajes que no son accesibles desde otros puntos. Y lo he utilizado porque me he visto forzado a la conclusión de que incluso las *Midrashim* preservadas han sido de vez en cuando manipuladas con propósitos de controversia. He citado de la mejor edición del *Yalkut* (Frankfort a.M., 1687), pero en el caso de las otras Midrashim me he visto obligado a contentarme con impresiones más recientes que poseo, en vez de ir a las ediciones más antiguas y caras. Al citar de las Midrashim, me he referido no sólo a la Parashah, sino especialmente al folio, la página y, con frecuencia, incluso las líneas. Finalmente, sólo me falta reconocer en general que en cuanto me ha sido posible me he aprovechado de las labores de mis predecesores, especialmente las de Schöttgen. No obstante, incluso siendo así, en un sentido puedo reclamar que estas referencias también son el resultado de mis propias labores, puesto que no he usado simplemente las citas sin compararlas con las obras de las que se sacan, en cuyo proceso hubo necesidad de rechazar no pocos pasajes. Y si algún estudioso llega a una conclusión diferente de la mía con respecto a algún pasaje citado, puedo asegurarle por lo menos que el mío es el resultado del estudio más cuidadoso y sincero a que pude llegar con respecto a cada uno de los pasajes. Con estas notas preliminares doy a continuación la lista de pasajes del Antiguo Testamento aplicados mesiánicamente en los antiguos escritos rabínicos.

En *Génesis 1:2*, la expresión «Espíritu de Dios» es explicada del «Espíritu del Rey Mesías», con referencia a *Isaías 11:2*, y «el movimiento de la superficie de las aguas», respecto al «arrepentimiento», según *Lamentaciones* 2:19. Así en Ber. R. 2 y, con respecto al primer punto, también en Ber. R. 8, en Vayyik. R. 14 Y en otros lugares.

Génesis 2:4: «Éstas son las genealogías –תולדות– de los cielos y de la tierra», tomado en relación con *Génesis 3:15* y *Rut 4:18*.Aquí notamos una de las interpretaciones mesiánicas más curiosas en Ber. R. 12 (ed. Vars., p. 24 *b*). Se nota que la palabra «genealogías» (תולדות) siempre está escrita en la Biblia sin la ו que es el equivalente del número 6, excepto en Génesis 2:4 y en Rut 4:18. Esto, para indicar que después de Génesis 2:4 tuvo lugar la caída, en la cual Adán perdió ו –seis– cosas: su hermosa piel o tez (Job 14:20); vida (Gn. 3:19); su estatura (Gn. 3:8 –o bien 100, 200 o aun 900 codos de ella); el fruto de la tierra; los frutos de los árboles (Gn. 3:17) y las luces celestiales. Hemos visto ahora por qué en Génesis 2:4 –esto es, previo a la Caída– la ו está todavía en תולדות, puesto que en aquel tiempo las seis cosas no se habían perdido. Pero la ו reaparece en la palabra תולדות en Rut 4:18, porque estas seis cosas han de ser restauradas al hombre por «el hijo de Pharez», o el Mesías (compárese con cada una de estas seis cosas: Jue. 5:31 *b*; Is. 68:22; Lv. 26:13; Zac. 8: 12; Is. 30:26). Se añade que aunque –en conformidad con la traducción literal de Salmo 49:12 (en hebreo, v. 13)– el hombre no quedó sin caer una sola noche, con todo, por amor al sábado, las luces celestiales no fueron extinguidas hasta después de terminado el sábado. Cuando Adán vio la oscuridad –se añade–, se asustó en gran manera, diciendo: Quizá aquél de quien está escrito: «aplastará tu cabeza, y le herirás el talón», vendrá a molestarme y atacarme, y dijo: «Sin duda la oscuridad me cubrirá». Este curioso extracto por lo menos muestra en qué contexto la Sinagoga aplicaba Génesis 3:15. Lo mismo ocurre, en lo básico, en Shem. R. 30.

Génesis 3:15. Este bien conocido pasaje es parafraseado, con referencia expresa al Mesías, en el Targum Pseudo-Jonatán y en el llamado Targum de Jerusalén. Schöttgen conjetura que la designación talmúdica de «talones del Mesías» (Sot. 49 *b*, línea 2 desde arriba) con referencia al próximo Advenimiento del Mesías en la descripción de las tribulaciones de aquellos días (comp. Mt. 10:35, 36) puede haber sido escogida parcialmente en vista a este pasaje.

Génesis 4:25. Las palabras usadas por Eva al nacer Set: «otra simiente», se dice que significan «simiente que viene de otro lugar», y se refiere al Mesías en Ber. R. 23 (ed. Vars., p. 45 *b*, líneas 8, 7 desde la base). La misma explicación ocurre dos veces en la Midrash sobre Rut 4:19 (en la genealogía de David, ed. Vars., p. 46 *b),* la segunda vez en conexión con Salmos 40:7 («en el rollo del libro está escrito de mí» *–bim'gillath sepher–*, y Rut pertenece a la clase מגלה).

En relación con *Génesis 5:1* se hace notar en Ber. R. 24 que el Rey Mesías no vendrá hasta que todas las almas predestinadas para ello hayan aparecido en cuerpos humanos en la tierra.

En *Génesis 8:11*, el Targum Pseudo-Jonatán nota que la hoja de olivo traída por la paloma fue sacada del monte del Mesías.

Génesis 9:27. La promesa de que Jafet residiría en las tiendas de Sem es parafraseada en el Targum Pseudo-Jonatán con el significado de que sus descendientes pasarían a ser prosélitos y residirían en las escuelas de Sem, que parecen referirse a los tiempos mesiánicos.

En relación con *Génesis 14:1*, se nos recuerda en Ber. R. 42 que cuando veamos las naciones en guerra, podemos esperar la venida del Mesías.

La promesa de *Génesis 15:18* se espera que será cumplida finalmente en el tiempo del Mesías, en Ber. R. 44.

En relación con *Génesis 18:4, 5*, se hace notar (Ber. R. 48, ed. Vars., p. 87 *b*) que las palabras de Abraham a sus invitados angélicos iban a ser devueltas en bendición a los descendientes de Abraham, en el desierto, en la tierra de Canaán y en los últimos días mesiánicos. Refiriéndonos solamente a este último punto, las palabras «traed un poco de agua» se hacen paralelas con las «aguas vivas» de Zacarías 14:8; «lavaos los pies», con Isaías 4:4 (el lavamiento de la suciedad de las hijas de Sion); «descansad bajo el árbol», con Isaías 4:6, «habrá un tabernáculo para sombra durante el calor del día»; «Os traeré un bocado de pan», con la provisión del Salmo 72:16; «Habrá un puñado de trigo en la tierra», etc. Así, también, las palabras «Abraham corrió al rebaño» son hechas paralelas con Isaías 7:21 (lo cual es muy significativo que sea aplicado a los tiempos mesiánicos); y finalmente, las palabras «se quedó a su lado», con Miqueas 2:13: «y un rey pasará delante de ellos». La misma interpretación ocurre en Bemid. R. 14 (ed. Vars., p. 55 *a*), y las referencias a los días mesiánicos son allí a Isaías 14:2; 30:25; 41:18; 4:4 y 4:6.

La última cláusula de *Génesis 19:32* es interpretada (Ber. R. 51, ed. Vars., p. 95 *a*) como que se refiere, al igual que las palabras de Eva sobre Set, al Mesías; el pecado de las hijas de Lot es explicado en base a que creían que toda la Humanidad había sido destruida en el juicio que había caído sobre Sodoma.

La promesa de *Génesis 22:18* se explica mesiánicamente en Bemid. R. 2 (ed. Vars., p. 5 *b*) en conexión con Números 2:32, donde se muestra de modo curioso en qué sentido Israel ha de ser como la arena del mar.

Génesis 33:1. La Midrash une esto con Isaías 66:7, y hace notar que, antes que hubiera nacido el primer opresor, ya había nacido el último Redentor.

En *Génesis 35:21*, el Targum Pseudo-Jonatán parafrasea «la torre de Eder» (en Belén) como el lugar en que sería revelado el Mesías.

Sobre *Génesis 38: 1, 2* hay un comentario notable, referente al Mesías, en Ber. R. 85.

Génesis 49:1. El Targum Pseudo-Jonatán hace notar que el fin para el que vendría el Mesías no fue revelado a Jacob. Una afirmación similar se halla en la Midrash, en el pasaje (Ber. R. 98, ed. Vars., p. 173 *a*) en que se dice que Jacob y Daniel vieron el fin, y sin embargo, que después fue escondido de ellos. El pasaje citado en el caso de Daniel es Daniel 12:4.

Génesis 49:9. La expresión «cachorro de león» se explica en Yalk. 160 (vol. i, p. 49 *c*) como del Mesías no menos de cinco veces, en tanto que el término «se encorvó» se refiere al Mesías en Ber. R. 98.

Génesis 49:10. Esta bien conocida predicción (sobre la cual, ver la interesante discusión en Raym. Martini, *Pugio Fidei*) se halla en Yalk., *u.s.*, aplicada al Mesías, con una cita del Salmo 2:9. La expresión «Shiloh» se aplica también al Mesías, con la adición curiosa de que en los últimos tiempos todas las naciones le llevarían dones. Lo mismo el Targum Onkelos, el Pseudo-Jonatán y el de Jerusalén, que Sanh. 98 *b*, la Midrash sobre el pasaje y la de Proverbios 19:21 y Lamentaciones 1:16, en que se escribe *shelo*, «de quien es», refieren la expresión «Shiloh», y, en realidad, todo el pasaje, al Mesías; la Midrash Ber. R. (99, ed. Vars., p. 178 *b*) con referencia especial a Isaías 11:10, en tanto que la promesa con referencia al pollino es puesta en relación con Zacarías 9:9; el cumplimiento de esta profecía es esperado junto con el de Ezequías 36:25 («Rociaré con agua limpia»). Otra notable afirmación ocurre en la Midrash sobre el pasaje (Ber. R. 98, ed. Vars., p. 174 *b*), que aplica el versículo a la venida de Aquél de quien está escrito, Zacarías 9:9. Entonces Él lavaría su vestido en el vino (Gn. 49:11), lo cual es explicado como que significa la enseñanza de la Ley a Israel; y sus vestidos en la sangre de las uvas, lo cual es explicado como significando que Él los hará retractar de sus errores. Uno de los rabinos, sin embargo, hace notar que Israel no había de ser enseñado por el Mesías Rey en aquellos últimos días, puesto que estaba escrito (Is. 11:10): «a él buscarán los gentiles». Si fuera así, ¿por qué habría de venir el Mesías, y qué haría la congregación de Israel? Él va a redimir a Israel y les dará treinta mandamientos, según Zacarías 11:12. El Targum Pseudo-Jonatán y el de Jerusalén también aplican el versículo 11 al Mesías. Realmente, esta interpretación era tan general, que –según la opinión popular– ver una palmera en sueños era ver los días del Mesías (Ber. 57 *a*).

Génesis 49:12 se aplica también al Mesías en el Targum Pseudo-Jonatán y en el de Jerusalén. Ver, también, el versículo 18, aunque no en las palabras expresas.

En *Génesis 49:17*, última cláusula, en su conexión con el versículo 18, la Midrash (Ber. R. 98) ve una referencia a la decepción que sufre Jacob al confundir a Sansón con el Mesías.

En la profecía de Gad en *Génesis 49:19* hay una alusión a los días mesiánicos, pues Elías era de la tribu de Gad (Ber. R. 99, ed. Vars., p. 179 *a*). Sin embargo, hay en Ber. R. 71, hacia el final, una disputa sobre si era de la tribu de Gad o de la tribu de Benjamín, y al final aparece Elías y zanja la disputa de forma sumaria.

En *Génesis 50:10* la Midrash, al final de Ber. R., hace notar que como ellos habían llevado luto, así también en los días del Mesías Dios haría que su luto se volviera en gozo, citando a Jeremías 31:13 e Isaías 51:3.

Éxodo 4:22 se refiere al Mesías en la Midrash de Salmos 2:7.

En *Éxodo 12:2*, «que sea el comienzo de meses», se hace notar en Shem. R. 15 (ed. Vars., p. 24 *b*) que Dios haría diez cosas nuevas en los últimos días, y éstas se hallan marcadas en los siguientes pasajes: Isaías 60:19; Ezequiel 47:9; Ezequiel 47:12; Ezequiel 16:55; Isaías 54:11; Isaías 11:7; Oseas 2:20; Isaías 65:19; Isaías 25:8; Isaías 35:10. De modo similar en Números 12:1 tenemos, en Shem. R. 51, un paralelismo entre los tiempos del Antiguo Testamento y sus instituciones y las de los últimos tiempos, a las cuales se supone que se aplican Isaías 49:12 y 60:8.

En *Éxodo 12:42*, el Targum de Jerusalén hace notar que hay 4 noches notables: la de la creación, la del pacto con Abraham, la de la primera Pascua y la de la redención del mundo; y que como Moisés salió del desierto, así también el Mesías vendría de Roma.

Éxodo 15:1. Se hace notar en Mechilta (ed. Weiss, p. 41 *a*) que este canto sería adoptado en los días mesiánicos, sólo que con mucho más alcance, tal como se explica en Isaías 60:5; 58:8; 35:5, 6; Jeremías 31:13; y Salmos 126:2.

Éxodo 16:25 se aplica al Mesías, diciéndose que si Israel llegara a guardar un solo Sábado según el mandamiento, el Mesías vendría inmediatamente (Jer. Taan. 64 *a*).

Éxodo 16:33. Este maná –se hace notar en Mechil., ed. Weiss, p. 59 *b*– iba a ser preservado para los días del Mesías. Isaías 30:15 se explica de modo similar en Jer. Taan. i. 1.

Éxodo 17:16 hace referir el Targum Pseudo-Jonatán a los tiempos del Mesías.

Éxodo 21:1. Shem. R. 30, ed. Vars., p. 44 *b*, 45 *a*, hace notar en la palabra «juicios» un número de cosas relacionadas con el juicio, mostrando que Balaam no podía haber deseado el advenimiento de la liberación futura (Nm. 24:17), puesto que había de perecer en él; pero que Israel debía adherirse a la gran esperanza mencionada en Génesis 49:18; Isaías 56:1; 59:16 y, especialmente, Zacarías 9:9, de la cual se propone una nueva versión.

Sobre *Éxodo 40:9*, 11 hay en el Targum Pseudo-Jonatán una referencia clara al Rey Mesías, para el cual se había de usar el aceite de la unción.

La promesa (*Levítico 26:12*) se refiere también a los días últimos, o mesiánicos, en Yalk. 62 (vol. i, p. 17 *b*).

Levítico 26:13 es aplicado a los tiempos mesiánicos. Ver nuestros comentarios sobre Génesis 2:4.

La promesa de paz en la bendición aarónica de *Números 6:26* se refiere a la paz del reino de David, conforme a Isaías 9:7 (Siphré sobre Nm. par. 42, ed. Friedmann, p. 12 *b*).

Números 7:12. En relación con esto se hace notar que las seis bendiciones que se perdieron en la Caída han de ser restauradas por el hijo de Naasón, esto es, el Mesías (Bemid. R. 13, ed. Vars., p. 51 *a*).

En el Targum de Jerusalén sobre *Números 11:26*, la profecía de Eldad y Medad se supone que ha sido en relación con las guerras de los últimos días contra Jerusalén, y para la derrota de Gog y Magog por el Mesías.

En *Números 23:21* el término «Rey» es referido expresamente al Mesías en el Targum Pseudo-Jon. Así también *Números 24:7* en el Targum de Jerusalén.

En *Números 24:17* la predicción de Balaam sobre la estrella y el cetro se refiere al Mesías en el Targum Onkelos y el Targum Pseudo-Jonatán, así como en el Jer. Taan. iv. 8; Debar. R. 1; Midrash sobre Lamentaciones 2:2. De modo similar, los versículos 20 y 24 de esta profecía son adscritos en el Targum Pseudo-Jonatán al Mesías.

Números 27:16. En conexión con este versículo se hace notar que su Espíritu vale mucho más que todos los demás espíritus, según Isaías 11:1 (Yalk. vol. i, p. 247 *a*).

Deuteronomio 1:8 se aplica a los días del Mesías en Siphré, 67 *a*.

En los comentarios de Tanchuma sobre *Deuteronomio 8:1* (ed. Vars., p. 104 *b*, 105 *a*) hay varias alusiones a los días mesiánicos.

Deuteronomio 11:21 se aplica en Siphré, Par. 47 (ed. Friedm., p. 83 *a*) a los días del Mesías.

En *Deuteronomio 16:3* el relato de la liberación de Egipto se entiende que es llevado a los días del Mesías, en Siphré, Par. 130 (ed. Friedm., p. 101 *a*). Ver también Ber. i. 5.

En *Deuteronomio 19:8, 9* se hace notar, en Siphré sobre Deuteronomio, Par. 185 (ed. Friedm., p. 108 *b*), que como tres de estas ciudades estaban en territorio que Israel nunca poseyó, esto iba a cumplirse en los tiempos mesiánicos. Ver también Jer. Macc. ii. 7.

En Tanchuma sobre *Deuteronomio 20:10* (par. 19, ed. Vars., p. 114 *b*) la oferta de paz a una ciudad hostil se aplica a la acción futura del Mesías a los gentiles, conforme a Zacarías 9:10, Isaías 2:4 y Salmos 68:32, en tanto que la resistencia de una ciudad a la oferta de paz es comparada a la rebelión contra el Mesías, y el juicio consiguiente, según Isaías 11:4.

Deuteronomio 23:11 se aplica de modo típico al atardecer del tiempo, en que Dios iba a lavar la suciedad de las hijas de Sion (Is. 4:4); y las palabras «cuando el sol se ponga», a cuando el Rey Mesías vendría (Tanch. sobre Par. Ki Thetse 3, ed. Vars., p. 115 *b*).

Deuteronomio 25:19 y *Deuteronomio 30:4* se refieren en el Targum Pseudo-Jon. a los tiempos mesiánicos. En el último pasaje se habla del recogimiento del Israel disperso que hace Elías, y de su vuelta acaudillados por el Mesías. Compárese Bem. R., últimas tres líneas.

Sobre *Deuteronomio 32:7*, Siphré (par. 210, ed. Friedm., p. 134 *a*) hace la hermosa observación de que todas las aflicciones de Israel habían de recordarles las cosas buenas y consoladoras que Dios les había prometido para el mundo futuro, y en relación con esto hay una referencia especial al tiempo del Mesías.

Sobre *Deuteronomio 32:30*, Siphré (p. 138 *a*) hace notar su cumplimiento en los días del Mesías.

Sobre *Deuteronomio 33:5*, el Targum de Jer. habla de un rey a quien las tribus de Israel van a obedecer, el cual es, evidentemente, el Rey Mesías.

Deuteronomio 33:17. Tanchuma sobre Génesis 1, Par. 1 (ed. Vars., p. 4 *a*) aplica esto al Mesías. También en Bemid. R. 14.

Deuteronomio 33:12. La expresión «él cubrirá» se refiere a este mundo; «todo el día», a los días del Mesías; y «entre sus hombros morará», al mundo venidero (Sebach. 118 *b*).

Jueces 5:31: «los que te aman sean como el sol cuando nace en todo su fulgor», se aplica a los tiempos mesiánicos en Ber. R. 12. Ver nuestras notas sobre Génesis 2:4.

Sobre *Rut 2:14*: «Ven acá, come del pan», la Midr. R. Rut 5 (ed. Vars., p. 43 *a* y *b*) tiene una interpretación notable. Además de la aplicación de la palabra «come», como más allá del tiempo presente, a los días del Mesías y de nuevo al mundo venidero, que ha de seguir a aquellos días, la Midrash aplica el conjunto místicamente al Mesías, a saber: «Ven acá», esto es, acércate al reino; «y come del pan», esto es, el pan de la realeza; «y moja el bocado en el vinagre»; esto son los sufrimientos, como está escrito en Isaías 53:5: «Mas él, herido fue por nuestras transgresiones». «Y ella se sentó junto a los segadores», porque su reino sería en el futuro puesto junto al suyo, durante un tiempo breve, según Zacarías 14:2; «y él le dio del potaje», porque Él va a restaurarle a Él, según Isaías 11:4. El rab. Berachiah, en nombre del rab. Leví, añade que el segundo Redentor sería como el primero. Como el primer Redentor (Moisés) apareció y desapareció y volvió a aparecer a los tres meses, así también el segundo Redentor aparecería y desaparecería y volvería a ser manifestado, Daniel 12:11, 12, siendo puesto en relación con ello. Compárese Midrash sobre Cantares 2:9; Pesiqta 49 *a*, *b*. También las palabras «comió hasta que se sació, y le sobró» se interpretaron en Shabb. 113 *b*: comió –en este mundo–, y se sació –en los días del Mesías–, y le sobró –para el mundo venidero.

Además, el Targum sobre *Rut 1:1* habla del Mesías; y de nuevo en *Rut 3:15* parafrasea seis medidas de cebada refiriéndose a seis justos, de los que el último era el Mesías, y cada cual tenía que poseer seis bendiciones especiales.

Rut 4:18. El Mesías es llamado «el hijo de Pharez», el que restaura lo que la Humanidad había perdido por la caída de Adán. Ver nuestros comentarios sobre Génesis 2:4.

La interpretación mesiánica de *Rut 4:20* ya se ha dado bajo Génesis 4:25.

1 Samuel 2:10. La última cláusula de esta promesa la entiende el Targum (y también algunas Midrashim) como aplicada al Reino del Mesías.

2 Samuel 22:28. En un pasaje talmúdico (Sanh. 98 *a*, línea 19ss. desde el fondo) que contiene muchas referencias a la venida del Mesías, se predice su advenimiento en conexión con este pasaje.

2 Samuel 23:1 es aplicado por el Targum a la profecía de David referente a los tiempos mesiánicos.

2 Samuel 23:3. El «gobernar en el temor de Dios» se refiere en el Targum a la aparición futura del Mesías.

En *2 Samuel 23:4* la luz matutina al salir el sol es explicada en la Midrash en el pasaje (par. 29, ed. Lemberg, p. 56

b, líneas 7-9 desde arriba) como que se aplica a la aparición del Mesías.

La expresión de *1 Reyes 4:33*, que Salomón aplica a los árboles, se refiere en el Targum a su profecía referente a reyes que habían de reinar en este tiempo y en el del Mesías.

En el nombre «Ananí», en *1 Crónicas 3:24*, el Targum hace notar que es el Mesías, y la interpretación es que la palabra Ananí está relacionada con la palabra escrita de modo similar (no puntuada) en Daniel 7:13, y allí traducida como «nubes», de la cual se da la explicación en Tanchuma (Par. Toledoth 14, p. 37 *b*).

El *Salmo 2*, como se puede esperar, es tratado como lleno de referencias mesiánicas. Para empezar, *Salmos 2:1* se aplica a las guerras de Gog y Magog en el Talmud (Berach. 7 *b* y Abhod. Zarah 3 *b*), y en la Midrash sobre Salmos 2. De modo similar, el versículo se aplica al Mesías en Abhod. Zarah, *u.s.*, en la Midrash sobre Salmos 92:11 (ed. Vars., p. 70, lin. 8 desde arriba); en Pirqé de R. Eliez. c. 28 (ed. Lemberg., p. 33 *b*, línea 9 desde arriba). En Yalk. (vol. ii., par. 620, p. 90 *a*, línea 12 desde abajo) tenemos el siguiente símil notable en las palabras «contra Dios, y su Mesías», haciendo a los que lo dicen semejantes a un ladrón que está desafiante tras el palacio de un rey, y dice que si halla al hijo del rey, echará mano de él y lo crucificará, y le matará con una muerte cruel. Pero el Espíritu Santo se burla de él: «El que está sentado en los cielos se reirá». En el mismo versículo, la Midrash (sobre Sal. 2) tiene una expresión curiosa cuya intención es mostrar que cada uno que se levanta contra Dios y su pueblo piensa que es más sabio que el que le precedió. Si Caín había matado a su hermano en tanto que su padre estaba vivo, olvidándose que habría otros hijos, Esaú se propuso esperar hasta la muerte de su padre. Faraón, de nuevo, culpó a Esaú por su locura en olvidar que entretanto Jacob tendría hijos, y por ello se propuso matar a todos los hijos varones, mientras que Amán, ridiculizando la locura del Faraón al olvidar que había hijas, se propuso él mismo destruir a todo el pueblo; y a su vez, Gog y Magog, ridiculizando la cortedad de visión de todos los que les habían precedido, al tomar consejo contra Israel en tanto que tenía un defensor en el cielo, decidió primero atacar a su Defensor celestial y luego a Israel. A lo cual se aplican las palabras «contra el Señor, y contra su ungido».

Pero volvamos a nuestras citas. *Salmos 2:4* es aplicado mesiánicamente en el Talmud (Abhod. Z., *u.s.*). *Salmos 2:6* es aplicado al Mesías en la Midrash sobre 1 Samuel 16:1 (par. 19, ed. Lemberg, p. 45 *a* y *b*), donde se dice que de las tres medidas de sufrimientos una va al Rey Mesías, del cual está escrito (Is. 53): «Él fue herido por nuestras transgresiones». Dicen al Rey Mesías: ¿dónde procuras Tú residir? Él responde: ¿es esta pregunta también necesaria? En Sion, mi santo monte (Sal. 2:6). (Comp. también Yalkut ii., p. 53 *c*).

Salmos 2:7 se cita como mesiánico en el Talmud entre un número de otras citas mesiánicas (Sukk. 52 *a*). Hay un pasaje muy notable en la Midrash sobre Salmos 2:7 (ed. Vars., p. 5 *a*), en que en una visión profética se indica claramente lo que parece la unidad de Israel y su Mesías. Siguiendo el «decreto» a través de la Ley, los Profetas y los hagiógrafos, el primer pasaje citado es Éxodo 4:22: «Israel es mi primogénito»; el segundo, de los Profetas, Isaías 52:13: «He aquí mi siervo obrará con prudencia»; e Isaías 42:1: «He aquí mi siervo, yo le sostendré»; el tercero, de los hagiógrafos, Salmos 90:1: «El Señor dijo a mi Señor»; y además Salmos 2:7: «He aquí, uno como el Hijo del Hombre vino con las nubes del cielo». Cinco líneas más abajo, la misma Midrash, en referencia a las palabras «Tú eres mi siervo», observa que cuando esta hora haya llegado Dios hablará para hacer un nuevo pacto, y dirá: «Hoy te he engendrado» –ésta es la hora en que has pasado a ser mi Hijo.

Salmos 2:8 se aplica, en Ber. R. 44 (ed. Vars., p. 80 *a*) y en la Midrash sobre el pasaje, al Mesías, con la nota curiosa de que había tres a quienes se dijo «Pídeme»: Salomón, Acaz y el Mesías. En el Talmud (Sukk. 52 *a*) el mismo pasaje se aplica de modo muy curioso, sugiriéndose que cuando el Mesías el Hijo de David vio que se daba muerte al Mesías el hijo de José, dijo al Todopoderoso: No busco nada de Ti excepto la vida. A lo cual se le dio la respuesta: Vida antes que hayas hablado, como David tu padre la profetizó de ti (Sal. 21:4).

Salmos 2:9 se comenta en nuestras notas acerca del Salmo 120.

Salmos 16:5 se discute en Ber. R. 88 en relación con la copa que el copero de Faraón vio en su sueño. A partir de esto la Midrash sigue hablando de cuatro copas designadas para la noche de Pascua, y explica su significado de varias formas, entre otras, contrastando las cuatro copas de furor que Dios haría beber a las naciones con las cuatro copas de salvación que Él daría a Israel en los últimos días, a saber: Salmos 16:5; Salmos 116:13; Salmos 23:5. La expresión (Sal. 116:13) «la copa de salvaciones» en el original, se explica como implicando una para los días del Mesías y la otra para los días de Gog.

En el *versículo 9*, la Midrash sobre el pasaje dice: «Mi gloria se gozará en el Rey Mesías, el cual en el futuro vendrá de mí, como está escrito en Isaías 4:5: "sobre toda gloria habrá un dosel"». Y la Midrash continúa: «mi carne también morará en seguridad», es decir, tras la muerte, para enseñarnos que la corrupción y el gusano no regirán sobre ella.

Salmos 18:31 (en el hebreo, v. 32). El Targum explica esto en referencia a las obras y milagros del Mesías.

Salmos 18:50 se refiere, en el Talmud de Jer. (Ber. ii. 4, p. 5 *a*, línea 11 desde arriba) y en la Midr. sobre Lamentaciones 1:16, al Mesías, con este comentario curioso, que implica duda respecto a si está vivo o muerto: «El Rey Mesías, tanto si pertenece al mundo de los vivos como de los muertos, su nombre ha de ser David, según el *Salmo 18:50*».

Salmos 21:1 (2 en el hebreo). El Targum explica que el Rey de que se habla aquí es el Rey Mesías. La Midrash sobre el pasaje le identifica con Isaías 11:10, a lo cual el rab. Chanina añade que el objeto del Mesías es dar ciertos mandamientos a los gentiles (no a Israel, que ha de aprender de Dios mismo), según el pasaje citado en Isaías, añadiendo que las palabras «su reposo será glorioso» significan que Dios dará al Rey Mesías gloria de arriba, como está dicho: «En tu fuerza se regocijará el rey», fuerza que es explicada un poco más allá como el Reino (ed. vars., p. 30 *a* y *b*).

El *versículo 3* se aplica mesiánicamente en la Midrash.

Salmos 21:3 (4 en el hebreo). Sólo unas pocas líneas más abajo, en la misma Midrash, entre notables aplicaciones mesiánicas, hay la de este versículo al Mesías, en que también las expresiones «Jehová es un varón de guerra» y «Jehová Zidkenu» son aplicadas al Mesías.[1] Compárese también Shemoth R. 8, donde se hace notar que Dios va a coronarle con su propia corona.

El *versículo 4* se aplica mesiánicamente en Sukk. 52 *a*.

Salmos 21:5 (6 en el hebreo). La primera cláusula de este versículo en Yalk. sobre Números 27:20 (vol. i., p. 248 *a*, línea 10 desde abajo) la aplica a la gloria del Rey Mesías, citando

1. En este pasaje parece hallarse también la idea de una conexión orgánica entre Israel y el Mesías.

R, ed. Vars., p. 15 *a*, sobre la mitad; Pesiqta, ed. Buber, p. 47 *b*). *Cantares 2:9* es aplicado mesiánicamente en Pesiqta, ed. Buber, p. 49 *a* y *b*.

Lo mismo se puede decir del *versículo 10*, en tanto que en relación con el *versículo 12* se cita Isaías 52:7, en una aplicación semejante.

En relación con el *versículo 13*, en la misma Midrash (p. 17 *a*), el rab. Chija bar Abba habla de algo importante que sucede hacia el final de los días del Mesías, a saber, que los malvados serán destruidos, citando respecto a ello Isaías 4:3.

Cantares 3:11, «el día de tus esponsales». En Yalk. sobre el pasaje (vol. ii., p. 178 *d*) esto es explicado como «el día del Mesías, porque el Santo, bendito sea su Nombre, es hecho semejante a un esposo; "como el esposo se regocija sobre la esposa"»; y «el día del regocijo de su corazón», como el día en que el Santuario se edifica otra vez, y se redime Jerusalén.

Sobre *Cantares 4:5* el Targum introduce de nuevo el doble Mesías, el que es hijo de David y el que es hijo de Efraín.

Cantares 4:16. Según una opinión en la Midrash (p. 25 *b*, línea 13 desde abajo), esto se aplica al Mesías, que viene del norte, y edifica el Templo, que está en el sur. Ver también R. 13, p. 48 *b*.

Sobre *Cantares 5:10*, Yalkut hace notar que Él es blanco para Israel y rojo para los gentiles, según Isaías 63:2.

Cantares 6:10, Yalk. (vol. ii., p. 184 *b*) tiene observaciones hermosas, primero al comparar a Israel en el desierto, y los poderosos hechos que Dios hace allí, a la mañana; y luego añade que, según otro modo de ver, esta luz matutina es la redención del Mesías: porque como al levantarse la aurora, la oscuridad huye de ella, así la oscuridad caerá de los reinos de este mundo cuando venga el Mesías. Y con todo, además, cuando el sol y la luna aparecen, así el Reino del Mesías también aparece –y sigue haciendo más ilustraciones.

Cantares 7:6. La Midrash comenta así sobre ello (entre otras explicaciones): ¡Qué hermoso será el mundo venidero, qué agradables los días del Mesías!

En *Cantares 7:13* el Targum dice: «Cuando Dios se complazca en librar a su pueblo de la cautividad, entonces dirá al Mesías: El tiempo de la cautividad ha pasado, y el mérito del justo será dulce delante de mí como el olor del bálsamo».

De modo similar, en *Cantares 8:1* el Targum dice: «y en aquel tiempo el Rey Mesías será revelado a la congregación de Israel, y los hijos de Israel le dirán: Ven y sé como un hermano para nosotros, y subamos a Jerusalén, y alimentémonos contigo del significado de la Ley, como un niño se alimenta del pecho de su madre».

Sobre *Cantares 8:2* el Targum dice: «Te llevaré conmigo, oh Rey Mesías, y te haré subir a mi Templo; allí tú me enseñarás a temer delante del Señor y a andar en sus caminos. Allí celebraremos la fiesta del leviatán, y beberemos vino añejo, que ha sido guardado en las uvas desde el día en que fue creado el mundo, y las granadas y los frutos que son preparados para los justos en el jardín del Edén».

En el *versículo 4* el Targum dice: «El Rey Mesías dirá: Te conjuro, pueblo mío, casa de Israel; ¿por qué has de levantarte contra los gentiles para ir en cautividad, y por qué has de rebelarte contra el poder de Gog y Magog? Espera un poco, hasta que estas naciones que subieron a luchar contra Jerusalén sean consumidas, y entonces el Señor del mundo te recordará, y se complacerá en ponerte en libertad».

El *capítulo 8:11* se aplica mesiánicamente en el Talmud (Shebhu. 35 *b*), y así también el *versículo 12* en el Targum. (Debería recordarse, sin embargo, que hay muchas otras referencias mesiánicas en los comentarios sobre los Cantares de Salomón).

Isaías 1:25, 26 es explicado así en el Talmud (Sanh. 98 *a*): «El Hijo de David no vendrá hasta que todos los jueces y gobernantes en Israel hayan cesado».

De modo similar, *Isaías 2:4* es interpretado mesiánicamente en Shabb. 63 *a*.

Isaías 4:2 lo aplica en el Targum de modo claro a los días del Mesías.

Isaías 4:4 ha sido ya comentado en nuestras notas sobre Génesis 18:4, 5, y de nuevo en Deuteronomio 23:11.

Los *versículos 5 y 6* son puestos en relación con el antiguo servicio contribuido por Israel de hacer el Tabernáculo en el desierto, y se hace notar que en los últimos días Dios va a volver a ellos, cubriéndolos con una nube de gloria. Esto, en Yalk. (vol. i., p. 99 *c*) y en la Midrash sobre el Salmo 13, como también en el Salmo 16:9.

Isaías 6:13 es referido en el Talmud (Keth. 112 *b*) a los tiempos mesiánicos.

La referencia de *Isaías 7:21* a los tiempos mesiánicos ya ha sido discutida en las notas sobre Génesis 18:7.

Isaías 8:14 es referido mesiánicamente en el Talmud (Sanh. 38 *a*).

Isaías 9:6 es aplicado de modo expreso al Mesías en el Targum, y hay un comentario muy curioso en Debar. R. 1 (ed. Vars., p. 4 *a*), en conexión con una discusión haggádica sobre Génesis 43:14, en que, por más que contenga mucha fantasía, hace una aplicación mesiánica de este pasaje, también en Bemid. R. 11.

Versículo 7. «Del aumento de su gobierno y de su paz no habrá fin» se ha mencionado ya en nuestros comentarios sobre Números 6:26.

Isaías 10:27 es aplicado en el Targum a la destrucción de los gentiles ante el Mesías. *Isaías 10:34* se cita en la Midrash sobre Lamentaciones 1:16 como evidencia de que de alguna forma el nacimiento del Mesías será relacionado con la destrucción del Templo.

Isaías 11, como se puede comprender fácilmente, es interpretado mesiánicamente en los escritos judíos. Así para empezar, en el Targum sobre los *versículos 1* y *6*, en el Talmud (Jer. Berach. 5 *a* y Sanh. 93 *b*) y en cierto número de pasajes en las Midrashim. Así, *versículo 1* en Ber. R. 85 sobre Génesis 38:18, en que también se cita Salmos 110:2, y en Ber. R. 99, ed. Vars., p. 178 *b*. En Yalk. (vol. i., p. 247 *d*, arriba del todo), en que se describe cómo Dios ha mostrado a Moisés todos los espíritus de los gobernantes y profetas de Israel, desde aquel tiempo en adelante hasta la Resurrección, se dice que todos ellos tenían un conocimiento y un espíritu, pero que el Mesías tenía un espíritu que era igual al de todos los demás puestos juntos, según *Isaías 11:1*.

Sobre el *versículo 2* ver nuestras notas en Génesis 1:2, en tanto que en Yalk. sobre Proverbios 3:19, 20 (vol. ii., p. 133 *a*) el versículo es citado en relación con los tiempos mesiánicos, cuando con sabiduría, entendimiento y conocimiento volverá a ser edificado de nuevo el Templo. Sobre este versículo ver también Pirqé de R. Eliez. 3.

Sobre *Isaías 11:3* el Talmud (Sanh. 93 *b*, líneas 21ss. desde arriba) tiene una explicación curiosa. Después de citar el cap. 11:2 como mesiánico, hace un juego sobre las palabras «de entendimiento rápido» u «olfato», como si quisiera sugerir que esta palabra והריחו tiene por objeto enseñarnos que Dios le ha cargado con los mandamientos y sufrimientos como *piedras de molino* (כריחיים). Inmediatamente después, de la expresión «No juzgará según las apariencias, ni decidirá por lo que sepa de oídas, sino que juzgará con justicia a los pobres, y decidirá con equidad en favor de los mansos de la tierra», se infiere que el Mesías conoce los pensamientos del corazón, y se añade que como Bar Kokhabh era incapaz de hacer esto, se le dio muerte.

El *versículo 4*: «herirá la tierra con la vara de su boca», es aplicado mesiánicamente en la Midrash sobre Salmo 2:2 y en la de Rut 2:14; también en Yalk. sobre Isaías 60.

El *versículo 7* ya ha sido comentado en relación con Éxodo 12:2.

Sobre el *versículo 10*, ver nuestros comentarios sobre Génesis 49:10 y Salmo 21:1.

El *versículo 11* es aplicado mesiánicamente en Yalk. (vol. i., p. 31 *b*, y vol. ii., p. 38 *a*), como también en la Midrash sobre Salmo 107:2.

El *versículo 12* es aplicado mesiánicamente en este curioso pasaje de la Midrash sobre Lamentaciones 1:2, en que se indica que como los hijos de Israel pecaron de א a ת, así Dios en los últimos días les confortará desde א a ת (es decir, a lo largo de todo el alfabeto); los pasajes de la Escritura apropiados son citados en cada caso.

La aplicación mesiánica de *Isaías 12:3* queda establecida por la práctica simbólica de derramar agua en la Fiesta de los Tabernáculos.

En relación con *Isaías 12:5*, la Midrash sobre *Salmos 118:23* primero habla de la maravilla de los egipcios cuando vieron el cambio en Israel desde la esclavitud a la gloria de su Éxodo, y luego añade que había la intención, por parte del Espíritu Santo, de que las palabras fueran aplicadas a las maravillas de los últimos días (ed. Vars., p. 85 *b*).

En cuanto a *Isaías 14:2*, ver nuestros comentarios sobre Génesis 18:4, 5.

Isaías 14:29, *15:2*, *16:1* y *16:5* son aplicados mesiánicamente en el Talmud.

Isaías 18:5 es aplicado de modo similar en el Talmud (Sanh. 98 *a*), e *Isaías 23:15* en Sanh 99 *a*.

Isaías 21:11, *12* es aplicado en Jer. Taan. 64 *a*, y en Shem. R. 18 a la manifestación del Mesías.

En *Isaías 23:8*, la Midrash sobre Eclesiastés 1:7 ve una referencia curiosa al retorno a la riqueza del mundo a Israel en los días mesiánicos.

Isaías 23:15 es aplicado mesiánicamente en el Talmud (Sanh. 99 *a*), en que la expresión «un rey» es explicada como refiriéndose al Mesías.

Isaías 24:23 es aplicado mesiánicamente en el curioso pasaje en Bemid. R. citado bajo Génesis 22:18; también en Bemid. R. 13 (ed. Vars., p. 51 *a*).

La notable promesa de *Isaías 25:8* se aplica a los tiempos del Mesías en el Talmud (Moed Q. 28 *b*), y en este comentario tan antiguo de Siphra (Yalk. i., p. 190 *d*, lo aplica al mundo venidero). Pero la interpretación más notable está en relación con Isaías 60:1 (Yalk. ii., 56 *c*, línea 16 desde la base), en que el pasaje –*Isaías 25:8*–, tras una increpación por parte de Satanás al Mesías, es aplicado al castigo en la Gehena de Satanás y de los gentiles. Ver también nuestros comentarios sobre Éxodo 12:2. En Debar. R. 2, *Isaías 25:8* es aplicado a la destrucción del *Jetser Ha-Ra* y a la abolición de la muerte en los días mesiánicos; en Shem. R. 30, al tiempo del Mesías.

Versículo 9. Tanchuma sobre Deuteronomio empieza con un relato de cómo Dios va a obrar otra vez todos los milagros que había mostrado en el desierto, en un sentido más pleno en los últimos días, y el pasaje final citado en esta sección es *Isaías 25:9* (Tanchuma sobre Deuteronomio, ed. Vars., p. 99 *a*, línea 5 desde abajo).

De *Isaías 26:19* hay una aplicación mesiánica en la Midrash sobre Eclesiastés 1:7.

Sobre *Isaías 27:10*, Shem. R. 1 y Tanchuma sobre Éxodo 2:5 (ed. Vars., p. 64 *b*) hacen notar que el Mesías que ha de librar a los suyos de los adoradores de dioses falsos debe ser criado con estos últimos en el país.

El *versículo 13* se cita en el Talmud (Rosh haSh 11 *b*) en conexión con la liberación futura. También en Yalk. i., p. 217 *d*, y Pirqé de R. Eliez. c. 31.

Isaías 28:5 es parafraseado así en el Targum: «En aquel tiempo el Mesías del Señor de los Ejércitos será una corona de gozo».

Isaías 28:16 el Targum, al parecer, lo aplica al Mesías. Por lo menos Rashi (en el pasaje) lo entiende así.

Isaías 30:18 es aplicado mesiánicamente en Sanh. 97 *b*; *versículo 15* en Jer. Taan. i. 1.

La expresión en *Isaías 30:19*: «Tendrá misericordia de ti», es aplicada a los méritos del Mesías en Yalk. sobre Sofonías 3:8 (p. 84 *c*).

En el *versículo 25*, ver nuestros comentarios sobre 18:4.

El *versículo 26* es aplicado a los tiempos mesiánicos en el Talmud (Pes. 68 *a*, y Sanh. 91 *b*), y de modo similar en Pirqé de R. Eliez. 51, y Shemoth R. 50. También en Ber. R. 12. Ver nuestros comentarios sobre Génesis 2:4.

Isaías 32:14, *15*. Respecto a este pasaje, la Midrash sobre Lamentaciones 3:49 de modo significativo hace notar que es uno de los tres en que se cita al Espíritu Santo después de mencionar la redención; los otros dos pasajes son Isaías 60:22, seguido por 61:1, y Lamentaciones 3:49.

Isaías 32:20. La primera cláusula la explica Tanchuma (par. 1, ed. Vars., p. 4 *a*, primeras tres líneas) diciendo que se aplica al estudio de la Ley, y la segunda a los dos Mesías; el hijo de José es hecho semejante al buey, y el hijo de David al asno, según Zacarías 9:9; de modo similar, el versículo es referido mesiánicamente en Debar. R. 6 (ed. Vars., vol. iii., p. 15 *b*), en un curioso juego sobre las palabras de Deuteronomio 22:6, 7, en que la observancia del mandamiento se entiende que apresura la venida del Mesías.

Isaías 35:1. Éste es uno de los pasajes mencionado en Tanchuma sobre Deuteronomio 1:1 (ed. Vars., p. 99 *a*) como los milagros que Dios va a hacer a la Sion redimida en los últimos días. Ver también el *versículo 2* en este capítulo.

Isaías 35:5, *6* se aplica repetidamente a los tiempos mesiánicos. Así, en Yalk. i. 78 *c* y 157 *a*, en Ber. R. 95 y en la Midrash sobre Salmo 146:8.

El *versículo 10* se aplica igualmente a los tiempos mesiánicos en la Midrash sobre el Salmo 107:1, mientras al mismo tiempo se hace notar que esta liberación será realizada por Dios mismo, y no Elías ni el Rey Mesías.[2] Una referencia similar ocurre en Yalk. (vol. ii., p. 162 *d*) al final del Comentario sobre Crónicas, en que se hace notar que en este mundo la liberación de Israel fue realizada por el hombre, y siguieron nuevas cautividades, pero en los tiempos mesiánicos su liberación será realizada por Dios, y no irá seguida de más cautividad. Ver, también, Shemoth R. 15 y 23.

Isaías 40:1 es uno de los pasajes a que nos hemos referido en la nota sobre Isaías 11:12, y también sobre Isaías 35:1.

Lo mismo se aplica a los *versículos* 2 y 3.

El *versículo 5* es también aplicado mesiánicamente en Vayyik. R. 1; Yalk. ii. 77 *b* hacia la mitad.

Del *versículo 10*, Yalk., al discutir Éxodo 32:6 (vol. i., p. 108 *c*), da la opinión de que en los días del Mesías Israel tendría una doble recompensa como resultado de las calamidades que había sufrido, citando *Isaías 40:10*.

2. Signor Castelli hace notar en su erudito tratado *Il Messia* (p. 164) que la redención es adscrita siempre a Dios y no al Mesías. Pero la distinción no es importante, ya que es realmente la obra de Dios, realizada por el Mesías; y por otra parte, los escritos rabínicos suelen referir la liberación de Israel a las actividades del Mesías.

Isaías 41:18 ha sido ya notado en nuestros comentarios sobre Génesis 18:4, 5.

El *versículo 25* es aplicado mesiánicamente en Bemid. R. 13, p. 48 *b*.

En el *cap. 41:27*, la expresión «El primero» se aplica generalmente al Mesías en el Targum (según Rashi), en Ber. R. 63, en Vayyik. R. 30 y en el Talmud (pes. 5 *a*); también en Pesiqta (ed. Buber), p. 185 *b*.

Isaías 42:1 es aplicado en el Targum al Mesías, así como en la Midrash sobre Salmo 2, y en Yalk. ii., p. 104 *d*. Ver, también, nuestros comentarios sobre Salmo 2:7.

Sobre *Isaías 43:10*, el Targum explica «Mi siervo» por «mi siervo el Mesías».

La promesa de *Isaías 45:22* está entre las cosas futuras citadas en la Midrash sobre Lamentaciones, a las cuales nos hemos referido en nuestros comentarios sobre Isaías 11:12.

Isaías 49:8. Hay un notable comentario en Yalk. sobre el pasaje, en el sentido de que el Mesías sufre en toda edad por los pecados de esa generación, pero que Dios lo reparará todo en el día de la redención (Yalk. ii., p. 52 *b*).

Isaías 49:9 se cita como las palabras del Mesías en Yalk. (vol. ii., p. 52 *a*).

El *versículo 10* es uno de los pasajes a que se refiere la Midrash sobre Lamentaciones, citado en conexión con Isaías 11:12.

El *versículo 12* ya ha sido notado en nuestros comentarios sobre Éxodo 12:2.

De la expresión «consuelo», en el *versículo 13*, se deriva el título mesiánico «Menachem». Comp. la Midrash sobre Proverbios 19:21.

El *versículo 14* es aplicado mesiánicamente en Yalk. ii., p. 52 *c*.

El *versículo 21* es también uno de los pasajes a que se refiere la Midrash sobre Lamentaciones, mencionado bajo Salmos 11:12.

En el *versículo 23* se hace notar en Vayyik. R. 27 (ed. Vars., p. 42 *a*) que las bendiciones mesiánicas se prefiguraron en general por sucesos similares, como por ejemplo el pasaje citado aquí en el caso de Nabucodonosor y Daniel.

Una aplicación mesiánica del mismo pasaje ocurre también en Par. 33 y 36, como contraste al desprecio que Israel experimenta en este mundo.

La 2ª cláusula del *versículo 23* es aplicada al Mesías en la Midrash sobre Salmos 2:2 como cumplida cuando los gentiles verán los terribles juicios.

El *versículo 26* es aplicado de modo similar a la destrucción de los gentiles en Vayyik. R. 33 (fin).

Isaías 51:12 es uno de los pasajes referidos en la Midrash sobre Lamentaciones, citado en nuestros comentarios sobre Isaías 11:12.

Isaías 51:12 y *17* son algunos de los pasajes a que nos hemos referido en Isaías 25:9.

Isaías 52:3 es aplicado mesiánicamente en el Talmud (Sanh. 97 *b*), en tanto que la última cláusula del *versículo 2* es uno de los pasajes citados en la Midrash sobre Lamentaciones (ver Is. 11:12).

La bien conocida declaración evangélica de *Isaías 52:7* es comentada así en Yalk. (vol. ii., p. 53 *c*): «En la hora en que el Santo, bendito sea su nombre, redima a Israel, tres días antes del Mesías, vendrá Elías; y de pie sobre los montes de Israel, llora y se lamenta por causa de ellos, y les dice: Contemplad la tierra de Israel, ¿cuánto tiempo seguirá desolada y desierta? Y su voz es oída desde un extremo del mundo al otro; y después de esto les dice: Paz ha venido al mundo, paz ha venido al mundo, como ha sido anunciado: Cuán hermosos son sobre los montes, etc. Y cuando los malvados lo oigan, se regocijarán y dirán uno a otro: Nos ha llegado la paz. Y el segundo día, de pie sobre los montes de Israel, dirá: Bien ha llegado al mundo, bien ha llegado al mundo, como está escrito: Trae buenas nuevas de bien. Y el tercer día vendrá, y estando sobre los montes de Israel, dirá: Salvación ha llegado al mundo, salvación ha llegado al mundo, como está escrito: El que publica salvación».

De modo similar, este pasaje es citado en Yalkut sobre Salmos 121:1. Véanse los comentarios sobre Cantares 2:13.

El *versículo 8* es uno de los pasajes a que se refiere la Midrash sobre Lamentaciones citado antes –y con frecuencia en otros lugares– como mesiánico.

El *versículo 12* es aplicado mesiánicamente en Shemoth R. 15 y 19.

El *versículo 13* es aplicado expresamente al Mesías en el Targum. Sobre las palabras «Será engrandecido y exaltado» leemos en Yalk. ii. (par. 338, p. 53 *c*, línea 7ss. desde la base): Él será más alto que Abraham, a quien se aplica Génesis 14:22; más alto que Moisés, de quien se predice Números 11:12; más alto que los ángeles ministradores, de quienes se dice Ezequiel 1:18. Pero ¿a quién se aplica esto de Zacarías 4:7: «¿Quién eres tú, oh alta montaña?», ¿«Mas él fue herido por nuestras transgresiones, molido por nuestros pecados, y el castigo de nuestra paz fue sobre él, y por sus llagas fuimos nosotros curados»? El rab. Huna dice, en nombre del rab. Acha: todos los sufrimientos están divididos en tres partes; una parte va a David y los patriarcas, otra a la generación de la rebelión (rebelde Israel), y la tercera al Rey Mesías, como está escrito (Sal. 2:6): «Yo mismo he ungido a mi rey sobre Sion, mi santo monte». Luego sigue una curiosa cita en la Midrash sobre Samuel, en la que el Mesías indica que su estancia es en el monte Sion, y que la culpa está relacionada con la destrucción de sus murallas.

Con respecto a *Isaías 53*, recordemos que el nombre mesiánico de «leproso» (Sanh. 98 *b*) se basa de modo expreso sobre él. *Isaías 53:10* se aplica en el Targum sobre el pasaje al reinado del Mesías.

El *versículo 5* es interpretado mesiánicamente en la Midrash sobre Samuel (ed. Lemberg, p. 45 *a*, última línea), en que se dice que todos los sufrimientos están divididos en tres partes, una de las cuales llevó el Mesías –un comentario que es puesto en relación con Rut 2:14– (ver nuestros comentarios sobre el pasaje).

Isaías 54:2 se espera que sea cumplido en los tiempos mesiánicos (Vayyik. R. 10).

Isaías 54:5. En Shemoth R. 15 se aplica expresamente a los tiempos mesiánicos.

Isaías 54:11 se aplica repetidamente a la gloria mesiánica, como por ejemplo en Shemoth R. 15 (ver nuestros comentarios sobre Éxodo 12:2).

Lo mismo en el *versículo 13*, como en el Yalk. (vol. i., p. 78 *c*), en la Midrash sobre Salmo 21:1, y en otros pasajes.

Isaías 55:12 se refiere a los tiempos mesiánicos en la Midrash sobre el Salmo 13.

Isaías 56:1. Ver nuestros comentarios sobre Éxodo 21:1.

El *versículo 7* es uno de los pasajes de la Midrash sobre Lamentaciones que hemos citado bajo Isaías 11:12.

Sobre *Isaías 57:14*, Bemid. R. 15 (ed. Vars., p. 64 *a*) expresa una idea curiosa sobre la piedra de tropiezo, como la mala inclinación místicamente, y añade que la promesa se aplica a que Dios la quitará en el mundo venidero, o bien, quizá, en los días mesiánicos.

El *versículo 16* recibe en el Talmud (Yeb. 62 *a* y 63 *b*) y en la Midrash sobre Eclesiastés 1:6 este curioso comentario:

«El Hijo de David no vendrá hasta que sean completas todas las almas que están en el Guph» (esto es, enseña la preexistencia de las almas, y que son guardadas en el cielo hasta que una después de otra aparecen en forma humana, y que el Mesías es retenido hasta que todas ellas hayan aparecido), prueba de lo cual la derivan de *Isaías 57:16*.

De modo similar, el *cap. 59:15* se aplica a los tiempos mesiánicos en Sanh. 97 *a* y Midrash sobre Cantares 2:13; y el *versículo 19* en Sanh. 98 *a*.

El *versículo 17* se aplica a los tiempos mesiánicos en Pesiqta, ed. Buber, p. 149 *a*.

El *versículo 20* es uno de los pasajes mencionados en la Midrash, sobre Lamentaciones citado más arriba (ver Is. 11:12).

Isaías 59:19, 20 se aplica a los tiempos mesiánicos en Sanh. 98 *a*. En Pesiqta 166 *b* se aplica de modo similar la forma peculiar (*plene*) como es escrita la palabra *Goel* (Redentor), indicando al Mesías como Redentor en su sentido pleno.

Isaías 60:1. Este versículo se aplica en el Targum a los tiempos mesiánicos. De modo similar se explica en Ber. R. i. con referencia a Daniel 2:2; en Ber. R. ii.; y también en Bemid. R. 15 y 21. En Yalk. tenemos algunos comentarios interesantes sobre el tema. Así (vol. i., Par. 363, p. 99 *c*), comentando sobre Éxodo 15:3ss., en una descripción curiosa de cómo Dios en el mundo venidero devolvería a Israel las varias cosas que ellos habrían ofrecido en el Tabernáculo, el aceite es puesto en conexión con el Mesías, con referencia al Salmo 132:17 e *Isaías 60:1*. Además, en p. 215 *c* (al comienzo de la Parashah Behaalothekha) tenemos, primero, una comparación muy curiosa entre la obra del Tabernáculo y la de los seis días de la Creación, después de la cual se hace la pregunta: ¿por qué hizo Moisés siete luces, y Salomón setenta? A esto se da la respuesta de que Moisés desarraigó siete naciones delante de Israel, en tanto que Salomón reinó sobre todas las setenta naciones que según las ideas judías constituyen el mundo. Sobre esto se añade que Dios había prometido que como Israel había alumbrado para su gloria las lámparas en el Santuario, también Él en los últimos días llenaría a Jerusalén con su gloria, según la promesa en *Isaías 60:1*, y también pondría en medio de él luces, según Sofonías 1:12. Aún más clara es la interpretación mesiánica de *Isaías 60*, presentada en los comentarios en el Yalkut sobre este capítulo. Una parte de los mismos es tan curiosa que puede hallar lugar aquí. Después de explicar que esta luz que busca Israel es la luz del Mesías, y que Génesis 1:4 realmente se refiere a ella, se añade que esto ha de enseñarnos que Dios espera la edad del Mesías y sus obras desde antes de la creación del mundo, y que Él ha escondido esta luz para el Mesías y su generación bajo su trono de gloria. Al preguntarle Satanás para quién estaba destinada esta luz, se le dio la respuesta: para Aquél que en los últimos días te vencerá a ti y cubrirá tu rostro de vergüenza. A lo cual Satanás pide verle y, cuando le ve, cae sobre su rostro y dice: confieso que éste es el Mesías que en los últimos días va a echarme a mí y a todos los gentiles en la Gehena, según Isaías 25:8. En esa hora todas las naciones temblarán y dirán delante de Dios: ¿quién es éste ante cuya mano caeremos, cuál es su nombre, y cuál es su propósito? A lo cual Dios contesta: «Éste es Efraín, el Mesías (el segundo Mesías, el hijo de José); mi justicia es su nombre». Y así sigue el comentario que toca sobre Salmos 89:23, 24 y 26, en una forma en gran manera interesante, pero que es imposible presentar aquí (Yalk. vol. ii., Par. 359, p. 56 *c*). En la col. *d* hay discusiones aún más notables sobre el Mesías, en relación con las guerras en los días en que el Mesías será revelado, y sobre la seguridad final de Israel. Pero el pasaje más notable de todos, que nos recuerda casi la historia de la Tentación, es el que dice lo siguiente (línea 22 y ss. desde arriba): Es una tradición entre nuestros rabinos que en la hora en que vendrá el Rey Mesías, de pie sobre la cúpula del Templo les proclamará que ha llegado la hora de su liberación, y que si creen se regocijarán en la luz que se ha levantado sobre ellos, como está escrito (*Is. 60:1*): «Levántate, resplandece; porque tu luz ha llegado». Esta luz sería para ellos solos, tal como está escrito (*v.* 2): «Porque he aquí que tinieblas cubrirán la tierra». En esta hora también Dios tomará la luz del Mesías y de Israel, y todos deben andar a la luz del Mesías y de Israel, como está escrito (*v.* 3): «y andarán las naciones a tu luz, y los reyes al resplandor de tu amanecer». Y los reyes de las naciones lamerán el polvo bajo los pies del Mesías, y se postrarán sobre sus rostros delante de Él y delante de Israel, y dirán: Seamos siervos de Él, y de Israel. Y así el pasaje sigue describiendo la gloria de los últimos días. Realmente, todo el capítulo está lleno de interpretaciones mesiánicas.

Después de esto apenas es necesario decir que los *vv. 2, 3* y *4* son aplicados de modo similar en las Midrashim. Pero es interesante notar que el *versículo 2* es aplicado de modo específico a los tiempos mesiánicos en el Talmud (Sanh. 99 *a*) como respuesta a la pregunta de cuándo va a venir el Mesías.

En el *versículo 4*, la Midrash sobre Cantares 1:4, respecto a las palabras «nos gozaremos y nos regocijaremos en ti», tiene esta hermosa aplicación: «Se presenta a una reina cuyo marido, hijos y yernos van a un país distante. Le llegan noticias de ellos: Han regresado tus hijos. Ella dice: Tengo motivos de estar contenta, mis nueras se regocijarán. Luego le llegan noticias de que han regresado sus yernos, y ella está contenta de que sus hijas se regocijen. Finalmente le llegan noticias: El rey, tu esposo, ha regresado. A lo cual contesta: Estas noticias son perfecto gozo, gozo sobre gozo». Así que en los últimos días los profetas vendrán y dirán a Jerusalén: «Han venido tus hijos de lejos» (*v.* 4), y ella dirá: ¡Qué contento es para mí!; «y tus hijas son llevadas en brazos», y ella dirá: ¡Qué contento es esto para mí! Pero cuando le dicen (Zac. 9:9): «He aquí tu rey viene a ti, justo y victorioso, y trae salvación», entonces Sion dirá: Esto es perfecto gozo, tal como está escrito (Zac. 9:9): «Regocíjate en gran manera, oh hija de Sion»; y también (Zac. 2:10): «Canta y gózate, oh hija de Sion». En esa hora ella dirá (Is. 61:10): «En gran manera me gozaré en Jehová, mi alma se alegrará en mi Dios».

El *versículo 7* se aplica mesiánicamente en el Talmud (Ab. Zar. 24 *a*).

El *versículo 8* se aplica mesiánicamente en la Midrash sobre Salmos 48:13.

En relación con el *versículo 19* leemos en Yalk. (vol. i., p. 103 *b*) que Dios dijo a Israel: En esta palabra te ocuparás con la luz del Santuario, pero en el mundo venidero, por el mérito de esta luz, Yo enviaré a ti el Rey Mesías, el cual es asemejado a la luz, según Salmos 132:17 e *Isaías 60:19*: «el Señor te será por luz perpetua».

Al *versículo 21* se alude en el Talmud (Sanh. 98 *a*) con estas palabras: «El rabino Jochanan dijo: El Hijo de David no vendrá hasta que todo sea justo o todo injusto»; lo primero según *Isaías 60:21*, y lo último según *Isaías 59:16*.

El *versículo 22* es también aplicado mesiánicamente en el pasaje del Talmud citado antes.

Isaías 61:1 ya se ha mencionado en nuestros comentarios sobre Isaías 32:14, 15.

En el *versículo 5* hay una curiosa historia (Yalk. vol. i., Par. 212, p. 64 *a*, líneas 23-17 desde abajo) en la cual, como respuesta a la pregunta de qué había de ocurrir a las naciones en los días del Mesías, se da la respuesta de que cada nación y reino que han sido perseguidos y se han burlado de Israel lo verían, y serían confundidos y no tendrían parte en la vida; pero que cada nación y reino que no habían tratado así a Israel vendrían y serían los labradores y los viñadores de Israel en los días del Mesías. En la Midrash sobre Eclesiastés 2:7 se halla una afirmación semejante.

El *versículo 9* se aplica también a los tiempos mesiánicos.

El *versículo 10* es uno de los pasajes a que se refiere la Tanchuma sobre Deuteronomio 1:1, citado bajo Isaías 25:9. En Pesiqta, ed. Buber, p. 149 *a*, se explica el versículo como aplicado a la gloria de la aparición del Mesías.

Isaías 62:10 ya se ha mencionado en los comentarios sobre Isaías 57:14.

Isaías 63 se aplica al Mesías, que viene al país después de haber visto la destrucción de los gentiles, en Pirqé de R. Eliez. c. 30.

Isaías 63:2 ha sido citado en nuestros comentarios sobre Cantares 5:10. Se ha mencionado también con referencia a los días mesiánicos en Pesiqta, ed. Buber, p. 149 *a*.

Isaías 63:4 se explica en el sentido de que señala los días del Mesías, que se supone son 365 años, según el número de los días solares (Sanh. 99 *a*), en tanto que en otros pasajes de las Midrashim la destrucción de Roma y la venida del Mesías van juntas con el día de la venganza. Ver también la Midrash sobre Eclesiastés 12:10.

Isaías 64:4 (3 en hebreo). En Yalk. sobre Isaías 60 (vol. ii., p. 56 *d*, línea 6ss. desde la base) se hace la aplicación mesiánica a este pasaje en un relato legendario de los siete tabernáculos que Dios haría para el Mesías, de cada uno de los cuales saldría una corriente, una de vino, otra de leche, otra de miel y otra de bálsamo puro. Luego se dice que Dios habla de los sufrimientos que padecería el Mesías, después de los cuales se cita el versículo en cuestión.

Isaías 65:17 se cita en la Midrash sobre Lamentaciones, y nos referimos a ello en nuestros comentarios a Isaías 11:12.

El *versículo 19* es uno de los pasajes a que se refiere Tanchuma sobre Deuteronomio 1:1. Ver Isaías 25:9.

Tenemos esta curiosa referencia ilustrativa al *versículo 25* en Ber. R. 20 (ed. Vars., p. 38 *b*, línea 6 desde la base) en conexión con la Caída: En los últimos días todo será sanado de nuevo (restaurado otra vez) excepto la serpiente (Is. 65:25) y los gibeonitas (Ez. 48:19). Pero hay una aplicación más extraña todavía del versículo en la misma Midrash (par. 95, ed. Vars., p. 170 *a*), en que las cláusulas iniciales se citan con este comentario: Ven y ve que todo lo que el Santo, bendito sea su nombre, ha destruido en este mundo, Él va a restaurarlo en los últimos días. A esto sigue una curiosa disquisición para demostrar que todo hombre aparecerá después de la muerte tal como había sido en la vida, fuera ciego, mudo o cojo; es más, en el mismo vestido, como en el caso de Samuel cuando Saúl le vio, pero que después Dios curaría lo enfermo.

En *Isaías 66:7* se aplica a los tiempos mesiánicos en Vayyik. R. 14 (última línea), y lo mismo los siguientes versículos en las Midrashim, notablemente en Génesis 33:1.

Isaías 68:22 se aplica a los tiempos mesiánicos en Ber. R. 12. Ver nuestros comentarios sobre Génesis 2:4.

Jeremías 3:17 se aplica a los días mesiánicos en Yalk. sobre Josué 3:9ss. (vol. ii., p. 3 *c*, línea 17 desde arriba), y lo mismo el *versículo 18* en el comentario sobre las palabras de Cantares 1:16: «Nuestro lecho es verde», entendiéndose la expresión como que se habla de las diez tribus que habían sido llevadas cautivas más allá del río Sabation; pero cuando vino la liberación de Judá, éste y Benjamín irían a ellas y las harían regresar, para que ellas pudieran ser dignas de los días del Mesías (vol. ii., p. 176 *d*, línea 9ss. desde abajo).

Jeremías 5:19 es mencionado en la introducción a Ech. R. como uno de los pasajes por los que hay que inferir, de la apostasía de Israel, el próximo advenimiento del Mesías.

La expresión «ave de muchos colores» de *Jeremías 12:9* es aplicada al Mesías en Pirqé de R. Eliez. c. 28.

La última palabra en *Jeremías 16:13* es hecha la base del nombre *Chaninah*, dado al Mesías en el Talmud (Sanh. 98 *b*) y en la Midrash sobre Lamentaciones 1:16.

Sobre el *versículo 14*, Mechilta dice que en los últimos días el éxodo no sería mencionado más a causa de las mayores maravillas que se experimentarían entonces.

En *Jeremías 23:5, 6*, el Targum dice: «y levantaré para David el Mesías el Justo». Éste es uno de los pasajes de los cuales se deriva, según las ideas rabínicas, uno de los nombres del Mesías, a saber: Jehová nuestra Justicia. Así en el Talmud (Bab. Bath. 75 *b*), en la Midrash sobre el Salmo 21:1, Proverbios 19:21, y en la de Lamentaciones 1:16.

En cuanto al *versículo 7*, ver nuestros comentarios sobre Jeremías 16:14. En el Talmud (Ber. 12 *b*), este versículo se aplica de modo claro a los días mesiánicos.

Jeremías 30:9 es aplicado mesiánicamente en el Targum sobre el pasaje.

Jeremías 30:21 es aplicado al Mesías en el Targum, y también en la Midrash sobre el Salmo 21:7.

Sobre *Jeremías 31:8, cláusula 3ª*, Yalkut tiene una interpretación mesiánica, aunque es muy remota. En general, los versículos siguientes son interpretados mesiánicamente en las Midrashim.

El *versículo 20* es aplicado mesiánicamente en Yalkut (ii., p. 66 *c*, final), que se supone se refiere al Mesías cuando fue encarcelado, cuando todas las naciones se burlan y menean la cabeza ante Él. Una interpretación más notable aún ocurre en el pasaje sobre Isaías 60:1, a la cual ya nos hemos referido. Pueden ser de interés algunos extractos más de ella. Así, cuando los enemigos del Mesías huyen de delante de Él, se dice que Dios hace un acuerdo con el Mesías a este efecto: Los pecados de los que estén escondidos contigo harán que seas puesto bajo un yugo de hierro, y ellos harán contigo como con su becerro, cuyos ojos son cubiertos, y ellos sofocarán tu espíritu bajo su yugo, y a causa de sus pecados tu lengua se pegará a tu paladar. Ante lo cual el Mesías inquiere: Señor del mundo, con alegría y gozo del corazón tomaré esto sobre mí, con tal que ninguno de Israel perezca, y que no sólo ellos sean salvos, los que vivan en mis días, sino también todos los que están escondidos en el polvo; y que no sólo sean salvos los muertos que mueran durante mis días, sino todos los que han muerto desde los días del primer Adán hasta ahora; y no sólo éstos, sino todos esos que hayan nacido prematuramente. Y no sólo éstos, sino esos que haya entrado en tu conocimiento crearlos, pero que aún no han sido creados. Siendo así, estoy de acuerdo, y tomaré esto sobre mí. En el septenio en que el Hijo de David venga, ellos traerán barras de hierro, y harán un yugo para su cuello, hasta que se ponga encorvado. Pero Él clama y llora, y levanta su voz a lo alto, y dice delante de Él: Señor del mundo, ¿qué es mi fuerza, mi espíritu, y mi alma, y mis miembros? ¿No soy yo carne y sangre? En esta hora David (el Hijo de David) llora, y dice: «Mi fuerza se ha secado como un trozo de tiesto». En esta hora el Santo, bendito sea su nombre, dice: Efraín el Mesías, mi justo, tú ya has tomado esto sobre ti ante los seis días del mundo, ahora tu angustia será como mi angustia; pues desde el tiempo que Nabucodonosor el malvado vino y destruyó mi casa, y quemó mi Santuario, y yo he enviado a la cautividad a mis hijos entre los hijos de los gentiles, por mi vida y la vida de tu cabeza, no me he sentado en mi trono. Y si tú no me crees, mira el rocío que hay sobre mi cabeza, como dice Cantares 5:2: «Mi cabeza está llena de rocío». En esa hora el Mesías le contesta: Señor del mundo, ahora estoy tranquilo, porque es bastante que el siervo sea como su amo (esto recuerda las palabras del Señor en Mt. 10:25). El rab. Isaac hace notar luego que en el año en que el Rey Mesías será revelado, las naciones se levantarán la una contra la otra (como ya hemos citado en otro lugar, así como el hecho de que el Mesías estará de pie sobre la cúpula del Templo). Luego sigue esto, como una tradición de los rabinos: En los últimos días los padres se levantarán en el mes de Nisán, y le dirán: Efraín el Mesías, nuestra justicia, aunque nosotros somos tus padres, con todo, tú eres mejor que nosotros porque tú has llevado todos los pecados de nuestros hijos, y una medida dura y difícil ha pasado sobre ti, tal como no había pasado sobre los que habían sido antes y después. Y tú has sido motivo de risa y escarnio de las naciones por amor a Israel, y tú has residido en la oscuridad y la niebla, y tus ojos no han visto la luz, y tu luz está adherida sólo a ti, y tu cuerpo está seco como la madera, y tus ojos son oscurecidos a causa del ayuno, y tu fuerza se ha secado como un trozo de tiesto roto. Y todo esto a causa de los pecados de nuestros hijos. ¿Te complaces tú en que nuestros hijos gocen de las cosas buenas que Dios ha desplegado para Israel? ¿O quizá a causa de la angustia que tú has sufrido por ellos, porque te han amarrado en la cárcel, no vas tú a hacerles responsables de ello? Él les dice: Padres del mundo, todo lo que he hecho lo hice por amor a vosotros, y por amor a vuestros hijos, para que puedan gozar de la bondad que el Santo, bendito sea, ha desplegado ante Israel. Entonces le dirán los padres del mundo: Efraín el Mesías, nuestra justicia, se ha reconciliado con nosotros porque tú has reconciliado a tu Hacedor con nosotros. El rab. Simeón, el hijo de Pasi, dijo: En esta hora el Santo, bendito sea su nombre, exalta al Mesías a los cielos de los cielos, y esparce sobre él el esplendor de su gloria a causa de las naciones del mundo, y a causa de los malvados persas. Luego los padres del mundo le dirán: Efraín el Mesías, nuestra justicia, sé tú nuestro juez y hazles conforme al deseo de tu alma. Porque a menos que las misericordias hubieran sido multiplicadas en ti, hace ya mucho que te habrían exterminado del mundo súbitamente, como está escrito (*Jer. 31:20*): «¿Es Efraín mi hijo predilecto?». Y por eso la expresión «Sin duda tendré de él misericordia» es duplicada en el hebreo: «Teniendo misericordia, tendré de él misericordia», porque la primera expresión «misericordia» se refiere a la hora en que Él estaba atado en la prisión, cuando ellos día tras día crujían los dientes, y pestañeaban con los ojos e inclinaban la cabeza, y abrían de par en par la boca, como está escrito en Salmos 22:7 (8 en hebreo); en tanto que la segunda expresión «Tendré misericordia» se refiere a la hora en que Él salió de la prisión, cuando se levantaron contra Él no sólo un reino ni dos, sino 140 reinos le rodearon, y el Santo, bendito sea su nombre, le dijo: Efraín el Mesías, mi justo, no temas, porque todos éstos perecerán por el aliento de tu boca, como está escrito (Is. 11:4). Aunque esta cita haya sido larga, su interés autoriza su inserción.

Jeremías 31:31, 33 y *34* se aplica a los tiempos mesiánicos en Yalk. (vol. i., p. 196 *c*; 78 *c*; y vol. ii., p. 54 *b* y p. 66 *d*).

Jeremías 33:13. El final del versículo lo parafrasea así el Targum: «El pueblo aprenderá de las manos del Mesías», en tanto que Yalk. (vol. i., p. 105 *d*) hace mención a la décuple reunión conjunta de Israel, la última –en conexión con este versículo– en los últimos días.

Sobre *Lamentaciones 1:16* hay en la Midrash R. (ed. Vars., p. 64 *b*) la nota curiosa del nacimiento del Mesías en el palacio real de Belén, que ocurre también en el Talmud de Jer.

Lamentaciones 2:22, primera cláusula. El Targum aquí hace notar: Tú proclamarás libertad a tu pueblo, la casa de Israel, por la mano del Mesías.

Lamentaciones 4:22, primera cláusula. El Targum aquí hace notar: Y después de estas cosas tu iniquidad cesará, y tú serás puesto en libertad por las manos del Mesías y por las manos de Elías el profeta.

Ezequiel 11:19 es aplicado al gran cambio espiritual que ha tenido lugar en los días mesiánicos, cuando el mal deseo habrá sido extirpado del corazón (Deb. R. 6, al final; y también en otros pasajes midráshicos).

Ezequiel 16:55 se refiere, entre otras diez cosas que Dios renovará en los días mesiánicos, a la reedificación de las ciudades derruidas incluyendo Sodoma y Gomorra, que son la cuarta (Shem. R. 15, ed. Vars., p. 24 *b*).

Ezequiel 17:22 y *23* es aplicado de modo claro y hermoso al Mesías en el Targum.

Ezequiel 25:14 es aplicado a la destrucción de todas las naciones por Israel en los días del Mesías en Bemid. R. sobre Números 2:32 (par. 2, ed. Vars., p. 5 *b*).

Ezequiel 29:21 está entre los pasajes aplicados al tiempo en que vendrá el Mesías, en Sanh. 98 *a*.

Lo mismo *Ezequiel 32:14.*

Ezequiel 39:2 es aplicado mesiánicamente en Bemidbar R. 13, ed. Vars., p. 48 *b*.

Ezequiel 47:9 y *12* es citado como la segunda y la tercera cosas que Dios renovará en los últimos días (Shem. R. 15); la segunda: las aguas vivas que brotarán de Jerusalén; y la tercera: los árboles darán fruto cada mes, y los enfermos serán sanados por medio de ellos.

Sobre *Ezequiel 48:19*, el Talmud (Bab. B. 122 *a*) tiene el siguiente comentario curioso: que la tierra de Israel será dividida en trece tribus, y la tercera pertenece al príncipe, y este versículo es citado como prueba.

Daniel 2:22 es aplicado mesiánicamente en Ber. R. 1 y en la Midrash sobre Lamentaciones 1:16, en que da lugar a otro nombre del Señor: el dador de luz.

El *versículo 35* se aplica de modo similar en la Pirqé de R. Eliez. c. 11, y *versículo 44* en c. 30.

Daniel 7:9. Este pasaje es interpretado por el rab. Akiba como implicando que se establecerá un trono para Dios y otro para el Mesías (Chag. 14 *a*).

Daniel 7:13 se explica curiosamente en el Talmud (Sanh. 98 *a*), en que se dice que si Israel se hubiera comportado dignamente, el Mesías habría venido en las nubes del cielo; en caso contrario, humilde y cabalgando sobre un asno.

Daniel 7:27 es aplicado a los tiempos mesiánicos en Bem. R. 11.

Daniel 8:13, 14: mediante una combinación curiosa estos versículos son puestos en contacto con Génesis 3:22 («el hombre ha pasado a ser como uno de nosotros»), y se dice que en los días mesiánicos la inocencia primitiva del hombre y su gloria serán restauradas, y que será como uno de los seres celestiales (Ber. R. 21, ed. Vars., p. 41 *a*).

Daniel 9:24. En Naz. 32 *b* se hace referir al tiempo en que será destruido el segundo Templo. Así en Yalk. vol. ii., p. 79 *d*, líneas 16ss. desde la base.

Daniel 12:3 es aplicado a los tiempos mesiánicos en un hermoso pasaje en Shem. R. 15 (al final).

Daniel 12:11, 12. Estos dos versículos reciben una peculiar interpretación mesiánica, y esto por la autoridad de los rabinos. Porque se dice que, como Moisés, el primer Redentor apareció, y desapareció luego durante un tiempo, después volvió a aparecer, así sería con el segundo Redentor; y el intervalo entre su desaparición y reaparición se calculaba en 45 días, al que se llegaba deduciendo los 1.290 días del cese del sacrificio (Dn. 12:11) de los 1.335 días de Daniel 12:122 (Midr. sobre Rut 2:14, ed. Vars., p. 43 *b*).

Oseas 2:2 es explicado en la Midrash sobre Salmo 45:1 como implicando que la redención de Israel tendría lugar cuando estuvieran más hundidos.

Oseas 2:13 es uno de los tres pasajes a que se refiere Jeremías 5:19.

Oseas 2:18 se cita en Shem. R. 15 (sobre Éx. 12:2) como la séptima de las diez cosas que Dios hará nuevas en los días mesiánicos.

Oseas 3:5 es aplicado al Mesías en el Targum, y de él deriva el Talmud de Jer. (Ber. 5 *a*) el nombre David como uno de los que recibe el Mesías.

Oseas 6:2 es aplicado mesiánicamente en el Targum.

Oseas 13:14 es aplicado a la liberación por el Mesías de quienes, formando parte de Israel, se hallan en la Gehena, a quienes Él pone en libertad; el término Sion se entiende como el Paraíso. Ver Yalk. sobre Isaías, Par. 269; comp. Maas. del rab. Josué en Jellinek, Beth ha-Midr. Ii., p. 50.

Oseas 14:7 es aplicado mesiánicamente en el Targum.

Joel 2:28 es explicado en las Midrashim como que se refiere a los últimos días, cuando todos en Israel serán profetas (Bemid. R. 15; Yalkut i., p. 220 *c*, y otros lugares).

Joel 3:18 se aplica también al Mesías en las Midrashim, como en la del Salmo 13, y otras. Las últimas cláusulas de este versículo son explicadas en la Midrash sobre Eclesiastés 1:9 como implicando que el Mesías hará que brote una fuente milagrosamente, como hizo Moisés en el desierto.

Amós 4:7 es aplicado en la Midrash sobre Cantares 2:13 a los primeros siete años antes de la venida del Mesías.

Amós 5:18 es uno de los pasajes aducidos en el Talmud (Sanh. 98 *b*) para explicar por qué ciertos rabinos no deseaban ver el día del Mesías.

Amós 8:11 se aplica a los tiempos mesiánicos en Ber. R. 25.

Amós 9:11 es un notable pasaje mesiánico. Así, en el Talmud (Sanh. 96 *b*), en que el Mesías es llamado «Hijo de los caídos», el nombre se explica como referencia a este pasaje. Además, en Ber. R. 88, las últimas tres líneas (ed. Vars., p. 157 *a*), después de enumerar las liberaciones inesperadas que Israel había experimentado anteriormente, se añade: ¿Quién podría haber esperado que el tabernáculo caído de David fuera levantado por Dios, como está escrito (*Am. 9:11*), y quién hubiera esperado que todo el mundo fuera reunido en una gavilla (reunido en una Iglesia)? Con todo, está escrito en Sofonías 3:9. Comp. también la larga discusión en Yalk. sobre este pasaje (vol. ii., p. 80 *a* y *b*).

Abdías, versículos 18 y *21*, es aplicado al Reino y tiempos del Mesías en Deb. R. 1.

Miqueas 2:13. Ver nuestros comentarios sobre Génesis 18:4, 5. El pasaje es citado también mesiánicamente en la Midrash sobre Proverbios 6 (ed. Lemberg, p. 5 *a*, primeras dos líneas).

La promesa en *Miqueas 4:3* es aplicada a los tiempos del Mesías en el Talmud (Shabb. 63 *a*).

Lo mismo la predicción del *versículo 5* en Shemoth R. 15, en tanto que el *versículo 8* es comentado así en el Targum: «Y tú Mesías de Israel, que estarás escondido a causa de los pecados de Sion, a ti vendrá el Reino».

El bien conocido pasaje *Miqueas 5:2* es considerado como mesiánico. Lo mismo en el Targum, en el Pirqé de R. Eliez. c. 3, que en los rabinos posteriores.

El *versículo 3* se aplica en el Talmud al hecho de que el Mesías no había de venir hasta que el reino hostil se hubiera extendido durante nueve meses sobre todo el mundo (Yoma 10 *a*), o bien sobre toda la tierra de Israel (Sanh. 98 *b*).

De modo similar, *Miqueas 7:6* se aplica a los tiempos mesiánicos en Sanh. 97 *a*, y en Sot. 49 *b*; asimismo en la Midr. sobre Cantares 2:13. Y también el *versículo 15* en Yalk. (vol. ii., p. 112 *b*).

En *Miqueas 7:8*, la expresión Jehová será mi luz se refiere a los días del Mesías en Deb. R. 11, ed. Vars., vol. v., p. 22 *a*.

Nahum 2:1. Ver nuestros comentarios en Isaías 52:7.

Habacuc 2:3. Esto se aplica a los tiempos mesiánicos en un notable pasaje en Sanh. 97 *b* que será citado de lleno al final de este Apéndice; también en Yalk. ii., p. 83 *b*.

Habacuc 3:18 es aplicado a los tiempos mesiánicos en el Targum.

Sofonías 3:8. Las palabras traducidas como «esperadme, dice Jehová, hasta el día que me levante para juzgaros» son traducidas «para testimonio» y aplicadas al testimonio que da Dios del Mesías (Yalk. ii., p. 84 *c*, línea 6 desde arriba).

El *versículo 9* se aplica a la conversión voluntaria de los gentiles en los días del Mesías en el Talmud (Ab. Zar. 24 *a*) y en Ber. R. 88; y el *versículo 11* en Sanh. 98 *a*.

Hageo 2:6 es aplicado de modo expreso a la redención venidera en Deb. R. 1 (ed. Vars., p. 4 *b*, línea 15 desde arriba).

Zacarías 1:20. Los cuatro carpinteros de que se habla aquí son interpretados de formas variadas en el Talmud (Sukk. 52 *b*) y en la Midrash (Bemid. R. 14). Pero los dos están de acuerdo en que se refieren al Mesías.

Zacarías 2:10 es uno de los pasajes mesiánicos a los que nos hemos referido en nuestros comentarios sobre Isaías 60:4. También tiene un carácter mesiánico en el Targum.

Zacarías 3:8. La designación «Rama» o «Retoño» es aplicada de modo expreso al Mesías en el Targum. En realidad, éste es uno de los nombres peculiares del Mesías.

El *versículo 10* se cita en la Midrash sobre el Salmo 72 (ed. Vars., p. 56 *a*, arriba) en una descripción del tiempo futuro de paz universal.

Zacarías 4:7 es aplicado generalmente al Mesías de modo expreso en el Targum, y también en varias Midrashim. Así, por lo que se refiere a las dos cláusulas del mismo, en Tanchuma (par. Toledoth 14, ed. Vars., p. 37 *b* y 38 *a*).

El *versículo 10* es explicado mesiánicamente en Tanchuma (*u.s.*).

Zacarías 6:12 es admitido universalmente como mesiánico. Lo mismo en el Targum, el Talmud de Jer. (Ber. 5 *a*) que en el Pirqé de R. Eliez. c. 48, y en las Midrashim.

Zacarías 7:13 es uno de los tres pasajes que se suponen marcan la proximidad del advenimiento del Mesías. Ver nuestros comentarios sobre Jeremías 5:19.

Zacarías 8:12 se aplica a los tiempos mesiánicos en Ber. R. 12. Ver nuestras notas sobre Génesis 2:4.

Zacarías 8:23 es una de las predicciones que se espera se cumplan en los días mesiánicos; nótese, sin embargo, que se refiere a la instrucción en la Ley en este notable pasaje sobre Isaías 60:1 en Yalk. ii., p. 56 *d*, al cual ya nos hemos referido.

En *Zacarías 9:1* el nombre «Chadrakh» es separado místicamente en «Chad», fuerte, y «rakh», suave, siendo el Mesías lo uno para los gentiles y lo otro para los judíos (Siphré sobre Dt., p. 65 *a*; Yalk. i., p. 258 *b*).

El *versículo 9*. La aplicación mesiánica de este versículo en todas sus partes ya ha sido indicada varias veces. Podemos añadir aquí que hay muchas tradiciones respecto a este asno sobre el cual ha de cabalgar el Mesías; y tan firme era la creencia en ello, que –según el Talmud– «si alguno veía un asno en sus sueños, veía la salvación» (Ber. 56 *b*). El versículo es también citado mesiánicamente en Sanh. 98 *a*, en Pirqé de R. Eliez. c. 31, y en varias Midrashim.

Acerca del *versículo 10*, véanse nuestras notas sobre Deuteronomio 20:10.

Zacarías 10:4 es aplicado mesiánicamente en el Targum.

Zacarías 11:12 es explicado mesiánicamente en Ber. R. 98, pero con este comentario: las 30 piezas de plata se aplicaban a los 30 preceptos que el Mesías había de dar a Israel.

Zacarías 12:10 se aplica al Mesías el hijo de José en el Talmud (Sukk. 52 *a*), y asimismo el *versículo 12*, habiendo sin embargo la diferencia de opinión de si el luto es causado por la muerte del Mesías el hijo de José o bien debido a la mala concupiscencia (Yetser haRa).

Zacarías 14:2 se entiende fácilmente que se haya aplicado a las guerras de los tiempos mesiánicos y esté en muchos pasajes de las Midrashim, como se indica en los *versículos 3, 4, 5* y *6*.

Versículo 7. La siguiente nota interesante ocurre en Yalk. sobre Salmos 139:16, 17 (vol. ii., p. 129 *d*) respecto a las palabras «ninguno de ellos». Este mundo ha de durar 6.000 años; 2.000 años estuvo desolado y desértico, 2.000 años marcan el período bajo la Ley, 2.000 años bajo el Mesías. Y como nuestros pecados han aumentado, se han prolongado. Como se han prolongado, y como nosotros hacemos un año sabático de cada 7, así Dios en los últimos días hará de un día un año sabático, que son 1.000 años; a lo cual se aplica el versículo de Zacarías citado. Ver Pirqé de R. Eliez. c. 28.

El *versículo 8* es aplicado mesiánicamente en Ber. R. 48. Ver nuestras notas sobre Génesis 18:4, 5.

El *versículo 9* es aplicado, naturalmente, a los tiempos mesiánicos, como en Yalk. i., p. 76 *c*, 266 *a*, y vol. ii., p. 33 *c*, Midrash sobre Cantares 2:13, y en otros pasajes.

Malaquías 3:1 se aplica a Elías como precursor del Mesías en el Pirqé de R. Eliez. c. 29.

Versículo 4. En Bemid. R. 17, un poco antes del final (ed. Vars., p. 69 *a*), este versículo parece aplicarse a los sacrificios aceptables en los días mesiánicos.

Sobre el *versículo 16*, Vayyik. R. 34 (ed. Vars., p. 51 *b*, línea 4 desde abajo) tiene la siguiente nota curiosa: Si alguno en los tiempos antiguos cumplió el mandamiento, los profetas lo consignaron. Pero ahora, cuando un hombre observa el mandamiento, ¿quién lo escribe? Elías y el Rey Mesías y el Santo, bendito sea su nombre, lo sellan en sus manos, y se escribe un libro recordatorio, como se escribió *Malaquías 3:16*.

La promesa del *versículo 17* se extiende a los días del Mesías en Shem. R. 18.

Sobre *Malaquías 4:1* (en hebreo 3:19) ocurre el siguiente comentario curioso en Ber. R. 6 (p. 14 *b*, línea 15ss. desde la base): «El globo del sol está enfundado, como se dice: Hizo un tabernáculo para el sol (Sal. 19). Y hay un estanque de agua delante del mismo. Cuando el sol sale, Dios enfría su calor en el agua para que no queme al mundo. Pero en los últimos días el Espíritu Santo quitará su funda, y con ello hará arder a los malvados, tal como vemos escrito en Malaquías 4:1».

El *versículo 2* (3:20 en hebreo) es citado en Shem. R. 31 en relación con Éxodo 22:26, y explicado «hasta que venga el Mesías».

El *versículo 5*, naturalmente, es aplicado al precursor del Mesías. Esto en muchos lugares, como en el Pirqé de R. Eliez. c. 40; Debar. R. 3; en la Midrash sobre Cantares 1:1; en el Talmud, y en Yalk. repetidas veces.[3]

A los pasajes anteriores añadiremos algunos de los libros Apócrifos, en parte como indicación de las ideas referentes al Mesías que los judíos habían derivado del Antiguo Testamento, y en parte debido a su concordancia con el tradicionalismo judío que ya hemos expuesto. Estos pasajes, por lo tanto, deben ser juzgados en conexión con las ideas rabínicas del Mesías y de los días mesiánicos. Es en este sentido que leemos, por ejemplo, el mensaje a Jerusalén, *Tobías xiii. 9 hasta el final*. Compárense aquí, por ejemplo, nuestras citas sobre Amós 9:11.

De modo similar, *Tobías xiv. 5-7* puede ser comparado con nuestras citas sobre Salmos 90, Isaías 60:3, y en especial sobre Zacarías 8:23; también sobre Génesis 49:11.

Sabiduría de Salomón iii. 7, 8 puede ser comparado con nuestras notas sobre Isaías 61:1.

Ecclesiásticus xlviii. 10, 11. Ver los comentarios sobre Isaías 52:7, y también nuestras referencias sobre Malaquías 3:1 y 4:5; Deuteronomio 25:19 y 30:4; Lamentaciones 2:22. En Sot. ix. 15 se presenta a Elías como resucitando muertos.

Baruc ii. 34, 35; iv. 29ss., y *cap. v.*, están completamente de acuerdo con las ideas rabínicas, y por tanto escriturales; de modo que resulta casi imposible enumerar las referencias especiales.

Lo mismo se puede decir de *1 Macabeos ii. 57*; en tanto que pasajes como *iv. 46* y *xiv. 41* indican hacia adelante al ministerio de Elías, resolviendo dudas, pues esto se describe con frecuencia en el Talmud (Sheqa. ii. 5; Men. 45 *a*; Pes. 13 *a*, y en otros lugares).

Finalmente, *2 Macabeos ii. 18* es plenamente ampliado en las descripciones rabínicas del recogimiento conjunto de Israel.

Quizá se pueda añadir aquí la discusión mesiánica en el Talmud, a la cual se ha hecho referencia (Sanh., empezando en las dos últimas líneas de p. 96 *b* y terminando en p. 99 *a*). La primera pregunta es la que hace un rabino al otro sobre si sabe cuándo va a venir el Hijo del Caído. A lo cual sigue una explicación de esta designación, basada en Amós 9:11, después de lo cual se añade que sería una generación en la que los discípulos de los sabios serían disminuidos y el resto de los hombres consumiría sus ojos en la tristeza, y desgracias terribles se sucederían una a otra, de modo que no habría cesado una que ya empezaría otra. Luego se da una descripción de lo que acontecería durante el septenio en que vendría el Hijo de David. En el primer año sería en conformidad con Amós 4:7; en el segundo habría hambres locales; en el tercero, hambre general terrible y gran mortalidad, como consecuencia de la cual la Ley sería olvidada por los que la estudiaban. En el cuarto año habría abundancia, y, con todo, no habría abundancia; en el quinto habría gran abundancia y gran alegría, y se volvería a estudiar la Ley; en el sexto año habría voces (anuncios); en el séptimo, guerras, y hacia el fin del séptimo vendría el Hijo de David. Luego sigue algo de discusión sobre el orden del sexto y séptimo años, y se hace referencia a Salmos 89:51. Luego viene una descripción del estado general durante esos años. Los lugares sagrados (Academias) serían usados para los

3. De la recensión de los pasajes del A.T. se ha omitido toda referencia a los sacrificios, porque aunque la Sinagoga sostenía la doctrina de la sustitución y del carácter sustitutivo y expiatorio de los sacrificios, no hay mención del Mesías en conexión con ellos.

propósitos más viles, Galilea quedaría desolada, Gablán quedaría desierto, y los hombres de Gebul vagarían de una ciudad a la otra sin hallar compasión. Y la sabiduría de los escribas sería corrompida, y los que temen el pecado serían aborrecidos, y la cara de esta generación sería como la de un perro, y la verdad fallaría, según Isaías 59:15 (Aquí se hace un apartado). El Talmud sigue luego –más o menos en los mismos términos– describiendo la edad mesiánica, diciendo que en ella los hijos se rebelarían contra los padres, y habría un libertinaje general, en que prevalecería por todas partes el saduceísmo, aumentaría la apostasía, disminuiría el estudio de la Ley; y, en general, habría una pobreza y abatimiento universales sin esperanza de redención –el desinterés creciente respecto a la Ley sería una indicación especial de los últimos días. El rab. Kattina dice: El mundo ha de durar 6.000 años, y durante un milenio ha de quedar desolado, según Isaías 2:17. El rab. Abayi sostiene que este estado durará 2.000 años, según Oseas 6:2. La opinión del rab. Kattina, sin embargo, se consideraba era apoyada por la idea de que en este período de siete hay un año sabático –el día, aquí = 1.000 años de desolación y descanso, apelándose a Isaías 2:17; Salmo 92:1 y 90:4. Según otra tradición, el mundo había de durar 6.000 años: 2.000 en estado de caos, 2.000 bajo la Ley y 2.000 bajo la edad mesiánica. Pero a causa de los pecados de Israel tenían que ser deducidos de los años que ya habían pasado. Bajo la autoridad de Elías se afirmaba que el mundo no duraría menos de ochenta y cinco jubileos, y que en el último jubileo vendría el Hijo de David. Cuando se le preguntó a Elías si al principio o al fin del mismo, contestó que no lo sabía. Ha-biéndole preguntado de nuevo si terminaría primero todo el período o no, de modo similar contestó lo que se interpretó indicaba que hasta su término no había que esperar el Advenimiento del Mesías, pero después de aquel término había que esperarlo. Se refiere la historia de un hombre a quien se encontró cuando tenía en las manos un escrito en caracteres hebreos cuadrados, y en hebreo, el cual dijo que lo había obtenido de los archivos persas, y en el cual estaba escrito que después de 4.290 años desde su Creación el mundo llegaría a su término. Y entonces habría las guerras de los grandes monstruos del mar, y las de Gog y Magog, y el resto del tiempo serían los tiempos del Mesías, y el Santo, bendito sea su nombre, sólo renovaría su mundo des-pués de los 7.000 años; a lo cual, sin embargo, objeta un rabino, haciéndolo 5.000 años. El rabino Natán habla de Habacuc 2:3 como un pasaje tan profundo como el descender al abismo, reprobando la opinión de los rabinos que procuraban hallar el significado de Daniel 7:25, y el rabino Samlai, el cual de modo similar se ocupaba del Salmo 80:5, y el rabino Akiba, que insistía sobre Hageo 2:6. Pero el primer reino (¿Babilonia?) había de durar setenta años; el segundo (¿Asmoneo?), cincuenta y dos años; y el gobierno del hijo de Kozebhah (Bar Kokhabh, el falso Mesías) dos años y medio. Según el rab. Samuel, hablando en nombre del rab. Jonatán: «Que sean quebrantados los huesos de los que calculan el fin, porque dicen: Ha llegado el fin, y el Mesías no ha venido; por tanto, no va a venir ya. Pero esperadle todavía, como se dice en Habacuc 2:3: "Aunque tarde, espéralo". Quizá quisieras decir: Le esperamos, pero Él no nos espera. Sobre este punto leed Isaías 30:18. Pero si es así, ¿qué le estorba? La calidad del juicio. Mas, en este caso, ¿por qué hemos de esperar? A fin de recibir la recompensa, según la última cláusula de Isaías 30:18». A lo cual sigue más discusión. Una vez más el rabino insiste en que todos los límites del tiempo con respecto al Mesías han pasado y que sólo depende del arrepentimiento y de las buenas obras la fecha en que volverá. A esto el rab. Samuel objeta, pero la idea de Rabh es apoyada por el rab. Eliezer, el cual dice que si Israel se arrepintiera ellos serían redimidos, pero que si no, no serán redimidos. A lo cual el rab. Josué añade que en este último caso Dios levantaría sobre ellos un Rey cuyos decretos serían tan duros como los de Amán, y entonces Israel se arrepentiría. La opinión del rab. Eliezer fue luego apoyada con Jeremías 3:22, a lo cual el rab. Josué objeta citando Isaías 52:3, que parece implicar que la redención de Israel no depende de su arrepentimiento y buenas obras. A esto el rab. Eliezer contesta citando Malaquías 3:7, a lo cual una vez más el rab. Josué replica citando Jeremías 3:14, y el rab. Eliezer cita Isaías 30:15. A esto el rab. Josué replica con Isaías 49:7. El rab. Eliezer, entonces, arguye Jeremías 4:1, a lo cual el rab. Josué contesta con Daniel 12:7, y así se hace callar finalmente al rab. Eliezer. En esto el rab. Abba propone que no había una marca más clara del término mesiánico que la de Isaías 36:8. A lo cual el rab. Eliezer añade Zacarías 8:10. Sobre esto se presenta la cuestión del significado de las palabras «ni hubo paz para el que salía ni para el que entraba». A esto Rabh dio respuesta que se aplicaba a los discípulos de los sabios, según el Salmo 119:165. A lo cual el rab. Samuel replica que a este tiempo todas las entradas serán iguales (esto es, que habrá la misma base de peligro). El rab. Chanina hace notar que el Hijo de David no vendrá hasta que, habiéndose buscado pescado para los enfermos, no se haya hallado, según Ezequiel 32:14 en conexión con Ezequiel 29:21. El rab. Chamma, hijo del rab. Chanina, dijo que el Hijo de David no vendría hasta que el dominio vil hubiera cesado sobre Israel, apelando a Isaías 18:5, 7. El rab. Seira dijo que el rabino Chanina había dicho: El Hijo de David no vendrá hasta que no haya gente orgullosa en Israel, según Sofonías 3:11, 12. El rab. Samlai, en nombre del rab. Eliezer, hijo del rab. Simeón, dijo que el Hijo de David no vendría hasta que todos los jueces y gobernadores hubieran cesado en Israel, según Isaías 1:26. Ula dijo: Jerusalén no será redimida excepto por la justicia, según Isaías 1:27. Pasamos por alto los comentarios del rab. Papa que no añaden al tema. El rab. Jochanan dijo: Si tú ves una generación que va disminuyendo progresivamente, espérale, según 2 Samuel 22:28. Añade también: Si ves una generación sobre la cual caen las aflicciones como un torrente, espérale, según Isaías 59:19, 20. Añade luego: el Hijo de David no viene, a menos que sea en una generación en que todos sean justos o todos culpables; lo primero basado en Isaías 60:21, lo segundo sobre Isaías 59:16 y 58:11. El rab. Alejandro dijo que el rab. Josué, hijo de Leví, se refería a la contradicción en Isaías 60:22 entre las palabras «en su tiempo» y luego «lo apresuraré», explicando esto de la siguiente manera: Si son dignos, me apresuraré, y si no, en su tiempo. Otra contradicción similar entre Daniel 7:13 y Zacarías 9:9 es reconciliada de esta manera: Si Israel lo merece, Él vendrá en las nubes del cielo; si no lo merece, vendrá pobre y cabalgando sobre un asno. Sobre esto se hace notar que Sabor, el rey, se burló de Samuel diciendo: Tú dices que el Mesías ha de venir sobre un asno; yo le enviaré mi magnífico caballo. A lo cual el rabino replicó: ¿Es de cien colores, como un asno? El rab. Josué, el hijo de Leví, vio a Elías, que estaba a la puerta del Paraíso. Le preguntó: ¿Cuándo va a venir el Mesías? Elías contestó: Cuando este Señor venga (significando a Dios). El rab. Josué, el hijo de Leví, dijo: Vi a dos (a él y a Elías), y oí la voz de tres (además de los otros dos, la voz de Dios). De nuevo encontró a Elías de pie a la puerta de la cueva del rab. Simón, el hijo de Jochai, y preguntó: ¿Alcanzaré el mundo venidero? Elías contestó: Si esto agrada al Señor. A lo cual sigue el mismo comentario: He visto a dos, pero he oído la voz de tres. Entonces el rabino pregunta a Elías: ¿Cuándo vendrá el Mesías? A lo cual la respuesta es: Ve y pregúntaselo tú mismo. ¿Y dónde habita? A la puerta de la ciudad (Roma). ¿Y cuál es la señal? Habita entre los pobres, los enfermos, los desvalidos. Y todos desatan y vendan de nuevo las heridas al mismo tiempo, pero Él quita las vendas y las pone de nuevo..., de modo que si ellos le llaman no le hallan ocupado.[4] Fue a verle y le dijo: Paz a Ti, Rabino mío y Señor mío. Él contestó: Paz a ti, tú eres hijo de Leví. Él dijo al Señor: ¿Cuándo vendrás, Señor mío? Él replicó: Hoy. Luego se volvió a Elías, que le dijo: ¿Qué te ha dicho? Él me dijo: Hijo de Leví, paz a ti. Elías le dijo: Te ha asegurado a ti y a tu padre sobre el mundo venidero. Él le dijo: Pero Él me ha engañado en que me ha dicho: Vengo hoy, y Él no ha venido. Él le dijo que la palabra «hoy» quería decir: Hoy, si queréis oír mi voz (Sal. 95:7). Al rabino José le preguntaron sus discípulos: ¿Cuándo va a venir el Hijo de David? A lo cual él contestó: Me temo que me pediréis también una señal. Ante lo cual ellos le aseguraron que no. A esto él replicó: Cuando esta puerta (a saber, la de Roma) caiga, y sea reedificada, y vuelva a caer, y ellos no tengan tiempo de reedificar hasta que venga el Hijo de David. Ellos le dijeron: Rabí, danos una señal. Él les dijo: ¿No me habéis prometido que no me pediríais una señal? No importa, contestaron ellos. Él les dijo: Si es así, las aguas de la cueva de Pamias (una de las fuentes del Jordán) serán cambiadas en sangre. En aquel momento se cambiaron en sangre. Entonces el rabino siguió prediciendo que el país sería conquistado por enemigos y cada establo estaría lleno con los caballos de ellos. Rabh dijo que el Hijo de David no vendría hasta que el reino (esto es, la dominación extranjera) se extendiera sobre Israel durante nueve meses, según Miqueas 5:3. Ula dijo: Que venga, pero que yo no le vea, y lo mismo dijo Raba. El rab. José dijo: Que venga, y yo pueda ser hallado digno de estar a la sombra del estiércol de su asno (según otros: de la cola de su asno). Abayi dijo a Raba: ¿Cuál es el significado y causa de tus palabras? Si, a causa de las aflicciones del Mesías, tenemos la tradición de que al rab. Eliezer le preguntaron sus discípulos qué debía hacer un hombre para librar al Mesías de las aflicciones; a lo cual se les contestó: Ocupaos de la Torah, y de buenas obras. Y tú eres un maestro de la Torah, y tienes buenas obras. Él contestó: Quizá el pecado puede llevar a la ocasión de peligro. A esto se dan respuestas consoladoras en la Biblia, como Génesis 28:15 y otros pasajes, algunos de los cuales han sido comentados en detalle.

El rab. Jochanan expresó un desagrado similar de ver los días del Mesías, a lo cual Resh Lakish sugirió que podría ser a causa de Amós 5:19, o quizá de Jeremías 30:6. A esto, un temor de Dios así es explicado por la consideración de que lo que se llama servicio arriba no es como lo que se llama servicio abajo (la familia de arriba no es como la familia de abajo), de modo que una clase puede sobrepujar a la otra. El rab. Giddel dijo que Rabh decía que Israel se regocijaría en los años del Mesías. El rab. José dijo: Sin duda, ¿quién más podría regocijarse en ellos? ¿Chillak y Billak? (dos nombres imaginarios que significan nadie). Esto excluye las palabras del rabino Hillel, que dijo: Ya no hay Mesías para Israel, puesto que lo tuvieron en el tiempo de Ezequías. Rabh dijo: El mundo fue solamente creado para David; Samuel , para Moisés; el rab. Jochanan, para el Mesías. ¿Cuál es su nombre? La escuela del rab. Shila dijo: Shiloh es su nombre, según Génesis 49:10. La escuela del rab. Jannai dijo: Jinnon, según Salmo 72:17. La escuela del rab. Chanina dijo: Chaninah, según Jeremías 16:13. Y algunos dicen: Menachem, el hijo de Ezequías, según Lamentaciones 1:16. Y nuestros rabinos dicen: El Leproso es su nombre, como está escrito en Isaías 53:4. El rab. Nachman dijo: Si Él está entre los vivos, es como yo, según Jeremías 30:21. Rabh dijo: Si está entre los vivos, es como el rab. Jehuda el Santo, y si entre los muertos es como Daniel, el hombre muy amado. El rab. Jehuda dijo que Rabh dijo: Dios les levantará otro David, según Jeremías 30:9, un pasaje que evidentemente señala al futuro. El rab. Papa dijo a Abaji: Pero hay esta otra Escritura, Ezequiel 37:25, y los dos términos (Mesías y David) están relacionados como Augusto y César. El rab. Samlai ilustró Amós 5:18 con una parábola de un gallo y un murciélago que buscaban la luz. El gallo dijo al murciélago: Yo busco la luz, pero ¿de qué te sirve a ti? Esto le sucedió a un saduceo que dijo al rab. Abahu: ¿Cuándo vendrá el Mesías? Él contestó: Cuando las tinieblas cubran este pueblo. Él le contestó: ¿Intentas maldecirme? Él replicó: Lo dice en la Escritura de Isaías 60:2. El rab. Eliezer enseñó: Los días del Mesías son cuarenta años, según el Salmo 95:10. El rab. Eleazar, hijo de Asariah, dijo: Setenta años, según Isaías 23:15, «según los días de un rey», siendo el Rey de que se habla, el único rey, el Mesías. El rabino dijo: Tres generaciones, según el Salmo 72:5. El rab. Hillel dijo: Israel ya no tendrá un Mesías, porque lo tuvo en los días de Ezequías. El rab. José dijo: Que Dios perdone al rab. Hillel; ¿cuándo vivió Ezequías? Durante el primer Templo. Y Zacarías profetizó durante el segundo Templo, y dijo Zacarías 9:9. Tenemos la tradición de que el rab. Eliezer dijo: Los días del Mesías son cuarenta años. Está escrito en Deuteronomio 8:3, 4 y también en Salmo 90:15 (mostrando que los días de regocijo tienen que ser como los de aflicción en el desierto). El rab. Dosa dijo: Cuatrocientos años, citando Génesis 15:13 en conexión con el mismo Salmo. Rabh pensaba que eran 365 años, según el año solar, citando a Isaías 63:4. Preguntó el significado de las palabras «El día de la venganza está en mi corazón», y el rab. Jochanan explicó: Yo he manifestado esto a mi corazón, pero no a mis miembros, y el rab. Simón ben Lakish: A mi corazón, y no a los ángeles ministradores. Abimi enseñó que los días del Mesías habían de durar para Israel 7.000 años (una semana divina de boda), según Isaías 62:5. El rab. Jehuda dijo que el rab. Samuel dijo que los días del Mesías habían de ser como desde el día en que fue creado el mundo hasta ahora, según Deuteronomio 11:21. El rab. Nachman dijo: Desde los días de Noé hasta ahora, según Isaías 54:9. El rab. Chija dijo que el rab. Jochanan dijo: Todos los profetas han profetizado sólo con respecto a los días del Mesías; pero con referencia al mundo venidero, ojo no ha visto, oh Dios, además de Ti, que has preparado para el que espera en Ti (Is. 64:4). Y esto se opone a lo que dijo el rab. Samuel: que no había diferencia entre este mundo y los días del Mesías, excepto que la dominación extranjera llegaría a su fin. Ante lo cual el Talmud termina el discurso sobre el arrepentimiento y su relación con la justicia perfecta.

El extracto ha sido largo, pero al menos mostrará la diferencia infinita entre la expectativa rabínica del Mesías y el cuadro del mismo que presenta el Nuevo Testamento. ¡Sin duda, la idea mesiánica, según se realiza en Cristo, no puede haberse derivado de las ideas corrientes en esos tiempos!

4. La edición de Viena del Talmud tiene varias lagunas en esta página (98 *a*).

Apéndice 10

(Libro 2, capítulo 10)

Sobre la supuesta Sinagoga del Templo

Poniendo a un lado, como insostenible, la idea de una *Beth ha-Midrash* regular en el Templo (aunque la haya defendido incluso Wünsche), hemos de inquirir si hay alguna evidencia histórica que se pueda aducir en favor de la existencia de una Sinagoga dentro de los límites de los edificios del Templo. La noticia (Sot. vii. 8) de que cada año sabático se hacía lectura de ciertas porciones a la gente en el «Patio», y que se dirigía un servicio durante los ayunos públicos a causa del tiempo seco (Taan. ii. 5), no puede ser aducida naturalmente como prueba de la existencia de una Sinagoga regular en el Templo.

Por otra parte, se dice de modo expreso en Sanh. 88 *b*, líneas 19, 20 desde arriba, que en los sábados y días festivos los miembros del Sanedrín salían a la *Chel* o terraza del Templo, donde se les hacían preguntas y ellos las contestaban. Es del todo cierto que en Tos. Sanh. vii. (p. 158, col. *d*) tenemos una afirmación inexacta sobre el segundo Sanedrín del Templo, afirmándose que se sentaba en la *Chel* (en vez de hacerlo en la entrada del Patio de los Sacerdotes, como en Sanh. 88 *b*), y que allí, el sábado y los días festivos, los discursos eran de modo vago designados como una «Beth ha-Midrash», que era como un «monte del Templo».[1] Pero como se nos da la misma descripción exacta de lo que tenía lugar –en realidad, las mismas palabras– en la Tosephta como en el mismo Talmud, aquélla debe ser corregida por éste, o mejor, el término «Beth ha-Midrash» debe ser entendido en el sentido más amplio y general como el «lugar de exposición rabínica», y no como indicación de una Academia permanente. Pero incluso si las palabras de la Tosephta hubieran de tener preferencia sobre las del Talmud mismo, *no contienen mención de una Sinagoga del Templo.*

1. Ver, también, Maimónides, Yad ha-Chas., vol. iv., p. 241 *a* (Hilc. Sanh. c. iii).

También son inapropiados los otros argumentos en favor de esta supuesta Sinagoga del Templo. La primera de ellas se derivaba de una noticia en Tos. Sukkah. iv. 4, en que el rabino Josué explica que la primera noche de la Fiesta de los Tabernáculos los píos nunca «dormían», sino que iban primero «al sacrificio matutino, de allí a la Sinagoga, luego a la Beth ha-Midrash, de ésta a los sacrificios festivos, después a comer y beber, de ahí otra vez a la Beth ha-Midrash, de ahí al sacrificio de la tarde, y luego al "gozo de la casa del derramamiento de agua"» (la fiesta de la noche y los servicios en los patios del Templo). El otro argumento es el de la Yoma vii. 1, 2, donde leemos que mientras se quemaba el becerro y el macho cabrío, el Sumo Sacerdote leía al pueblo ciertas porciones de la Ley, el rollo de la cual era entregado por el *Chazzan* de la Sinagoga (no se dice de qué Sinagoga) al jefe de la Sinagoga, de éste al Sagan, y del Sagan al Sumo Sacerdote.[2] No es necesario señalar lo deficientes que son estas inferencias a partir de tales noticias. Más que esto: la existencia de una Sinagoga en el Templo parece del todo incompatible con el comentario en Yoma vii. 2, pues es imposible que nadie que estuviera presente en la lectura del Sumo Sacerdote pudiera presenciar el becerro y el macho cabrío mientras ardían; y esto no porque lo primero tenía lugar en una Sinagoga del Templo regular, sino «porque un sitio estaba lejos del otro, y los dos servicios tenían lugar al mismo tiempo». Así, que yo sepa, éstos son todos los pasajes talmúdicos que se dice hacen referencia a la existencia de una Sinagoga regular en el Templo, y se ve bien hasta qué punto la cosa es posible, pudiendo juzgar de ello el lector.

Es fácil, en realidad, entender que el Rabinismo y el Judaísmo tardío deseen localizar una Sinagoga y una Beth ha-Midrash dentro de los recintos sagrados del mismo Templo. Pero es difícil aceptarlo por la circunstancia de que algunos eruditos cristianos como Reland, Carpzov y Lightfoot se hayan contentado con repetir la afirmación sin someterla a un examen personal. Vitringa (Synap., p. 30) casi se indigna ante la posibilidad de la duda –y esto, aunque él mismo cita pasajes de Maimónides en el sentido de que *la lectura de la Ley por parte del Sumo Sacerdote en el Día de la Expiación tenía lugar en el Patio de las Mujeres*, y, por tanto, no en ninguna supuesta Sinagoga. Con todo, ¡los comentaristas en general, y los escritores sobre la vida de Cristo, han localizado el asiento de nuestro Señor entre los doctores en el Templo en esta supuesta Sinagoga del Templo![3]

2. Una ordenación similar se describe en Sot. vii. 8 como unida con la lectura de la Ley por los reyes de Israel al pueblo, según Deuteronomio 31:10. ¿Se diría a causa de esto que había una Sinagoga en el Templo en los primeros días de los reyes?

3. En un libro anterior mío (*Sketches of Jewis Life in the Time of our Lord*) expresé dudas sobre este tema. Éstas (según se explica en el texto), un estudio más pleno las ha convertido en certidumbre absoluta en contra de la hipótesis popularmente aceptada. Y ¿cuál, en realidad, podría haber sido el significado de una Sinagoga –que, después de todo, persistió como sustituto del Templo y sus servicios– dentro del recinto del Templo?; o ¿cómo podían los servicios respectivos ser ordenados de modo que no chocaran?; y finalmente, ¿no ocuparon las oraciones de la Sinagoga, según se admite, el lugar de los servicios y sacrificios del Templo?

Apéndice 11

(Libro 2)

Sobre la profecía de Isaías 40:3

Según los Evangelios sinópticos, la aparición y predicación públicas de Juan fueron el cumplimiento de la predicción con que empieza la segunda parte de las profecías de Isaías, llamada por los rabinos «el libro de las consolaciones». Después de un breve prefacio general (Is. 40:1, 2), vienen las palabras que citan Mateo y Marcos (Is. 40:3), y más plenamente Lucas (Is. 40:3-5). Apenas se puede concebir un comienzo más apropiado para el «libro de las consolaciones».

La cita de Isaías 40:3 se hace según la Septuaginta, y la única diferencia es el cambio de «los caminos de nuestro Dios» en «sus caminos». Las divergencias entre la Septuaginta y nuestro texto hebreo de Isaías 40:4, 5 son algo más numerosas, pero en todo caso de poca importancia, siendo la principal diferencia del original hebreo la de que, en vez de traducir «toda carne juntamente la verá», tenemos en la Septuaginta y el Nuevo Testamento: «Toda carne verá la salvación de Dios». Como es difícil suponer que la Septuaginta diga ישעו en lugar de יהוה, hemos de considerar que la traducción es targúmica. Finalmente, aunque según los acentos de la Biblia hebrea debería decir: «La voz de uno que clama: Preparad en el desierto», etc., con todo, en conformidad con la Septuaginta, el Targum y los Sinópticos que traducen «La voz de uno que clama en el desierto: Preparad», su testimonio debe ser considerado como que sobrepasa la autoridad de los acentos, que son de tiempo mucho más tardío.

Pero la cuestión principal es si Isaías 40:3ss. se refiere a los tiempos mesiánicos o no. Los intérpretes más modernos consideran que se aplica al retorno de los exiliados de Babilonia. No es éste el lugar para entrar en una discusión crítica del pasaje; pero se puede hacer notar que la inserción de la palabra «salvación» en el versículo 5 por la Septuaginta parece implicar que tenían a la vista al Mesías. En todo caso, es cierto que los Sinópticos entienden así la traducción de la Septuaginta. Pero esto no es todo. La cita de Isaías 40 debe ser considerada por los evangelistas como cumplida cuando Juan el Bautista anunció el venidero Reino de Dios. Tenemos prueba positiva de que, considerando que el anuncio hecho por Juan fuera correcto, sólo adoptaron el punto de vista de sus contemporáneos aplicando Isaías 40:3 y ss. a la predicación del Bautista. La evidencia, aquí, parece ser indiscutible, porque *el Targum traduce el final del versículo* 9 («decid a las ciudades de Judá: ¡He aquí vuestro Dios!») *con las palabras: «Decid a las ciudades de la casa de Judá, el reino de vuestro Dios se ha manifestado»*.

De hecho, según el Targum, «las buenas nuevas» *no* son traídas *por* Sion ni *por* Jerusalén, sino *a* Sion y *a* Jerusalén.

Apéndice 12
(Libro 2, capítulo 11)

Sobre el bautismo de los prosélitos

Solamente los que han estudiado el tema pueden tener idea de lo importante –y a veces desconcertante– que puede ser la literatura sobre el tema de los prosélitos judíos y su bautismo. Nuestras notas presentes se limitarán al tema del bautismo de los prosélitos.

1. En general, por lo que se refiere a los prosélitos (*Gerim*), hemos de distinguir entre los *Ger ha-Shaar* (prosélito de la puerta) y *Ger Toshabh* (residente, establecido en Israel), y también el *Ger hatstsedeq* (prosélito de justicia) y *Ger habberith* (prosélito del pacto). El primero es mencionado por Josefo (*Ant.* xiv.7,2), y con frecuencia en el Nuevo Testamento y en nuestras versiones, como los que «temen a Dios», (Hch. 13:16, 26); son «religiosos» (Hch. 18:43); «devotos», (Hch. 13:50; 17:4, 17); «adoran a Dios» (Hch. 16:14; 18:7). Tanto si las expresiones «devoto» y «temeroso de Dios», en Hechos 10:2, 7, se refieren a los prosélitos de la puerta como si no, es dudoso. Como los «prosélitos de la puerta» sólo profesaban su fe en el Dios de Israel, y meramente se obligaban a la observancia de los llamados siete mandamientos de Noé (de los que hablamos en otro lugar), la cuestión del «bautismo» no tiene que ser discutida en conexión con ellos, puesto que ni aun eran circuncidados.

2. La cosa era distinta respecto a los «prosélitos de la justicia», que pasaban a ser «hijos del pacto», «perfectos israelitas», israelitas en todos los aspectos, tanto por lo que se refiere a los deberes como a los privilegios. Todos los escritores están de acuerdo en que eran requeridas tres cosas para la admisión de estos prosélitos: *circuncisión (Milah), bautismo (Tebhilah)* y un *sacrificio* (*Qorban*, en el caso de la mujer: bautismo y sacrificio), consistiendo este último en el holocausto de una becerra o de un par de tórtolas o dos palominos (Maimónides, Hilkh. Iss. Biah xiii. 5). Después de la destrucción del Templo había que dar promesa de hacer estos sacrificios cuando fuera restaurado el Santuario. Acerca de esto y las ordenanzas sobre la circuncisión no es necesario entrar más adelante. Este *bautismo* era absolutamente necesario para hacer un prosélito, y esto se afirma con tanta frecuencia que no hay que entrar en discusión de ello (ver Maimónides, *u.s.*; el tratato *Massekhteh Gerim* en Kirchheim, Septem Libri Talm. Parvi, pp. 38-44, y muchos otros). Había realmente una diferencia entre los rabinos Josué y Eliezer; el primero defendía que el bautismo solo, sin la circuncisión, bastaba para hacer un prosélito, en tanto que el otro defendía la circuncisión sin el bautismo; pero los sabios decidieron en favor de la necesidad de los dos ritos (Yebam. 46 *a* y *b*). El bautismo era realizado en la presencia de tres testigos, ordinariamente miembros del Sanedrín (Yebam. 47 *b*), pero en caso de necesidad podían actuar otros. A la persona que había de ser bautizada se le cortaban el pelo y las uñas, se desnudaba completamente, hacía una nueva profesión de su fe ante los que se designaban «los padres del bautismo» (nuestros padrinos, Kethub. 11 *a*; Erub. 15 *a*), y luego se la inmergía por completo, de modo que toda parte de su cuerpo fuera tocada por el agua. El rito, naturalmente, iba acompañado de exhortaciones y bendiciones (Maimónides, Hilkh. Milah iii. 4; Hilkh. Iss. Biah xiv. 6). El bautismo no era administrado por la noche ni en sábado o día festivo (Yebam. 46 *b*). Las mujeres eran atendidas por las de su propio sexo, los rabinos se quedaban en la puerta fuera. Con todo, los hijos no nacidos no requerían ser bautizados, porque nacían «en santidad» (Yebam. 78 *a*). Con respecto al niño pequeño de los prosélitos había opiniones distintas. Una persona menor de edad era realmente recibida, pero no era considerada propiamente como un israelita hasta que alcanzaba la mayoría de edad. El bautismo secreto, en que sólo la madre traía al niño, no era reconocido. En general, las afirmaciones de un prosélito sobre su bautismo requerían ser atestadas por testigos. Pero los hijos de una judía o una prosélita eran considerados como judíos incluso si el bautismo del padre fuera dudoso.

Era realmente algo importante cuando, en palabras de Maimónides, un extranjero buscaba abrigo bajo las alas de la Shekhinah, y los cambios de condición que tenían lugar se consideraban completos. Las aguas del bautismo eran para él un «baño de la regeneración» (Tit. 3:5), aunque en sentido muy distinto del cristiano. Cuando salía de estas aguas era considerado como «nacido de nuevo» –en lenguaje de los rabinos, como si fuera «un niño recién nacido» (Yeb. 22 *a*; 48 *b*; 97 *b*), como «un niño de un día» (Mass. Ger. c. ii.). Pero este nuevo nacimiento no era «un nacimiento de arriba» en el sentido de renovación moral o espiritual, sino que sólo implicaba una nueva relación con Dios, con Israel y con su propio pasado, presente y futuro. Se ordenaba de modo expreso que le fueran presentadas todas las dificultades de su nueva ciudadanía, y si después de todo esto tomaba sobre sí el yugo de la ley, debía decírsele en qué forma todas estas aflicciones y persecuciones tenían por objeto producirle una mayor bendición, y que todos estos mandamientos redundaban en un mayor mérito. De modo más especial, había de ser considerado como un nuevo hombre con referencia a su pasado. Las costumbres de su patria y sus relaciones tenían que cambiar todas. El pasado, con todo lo que pertenecía al mismo, era pasado, y él era un nuevo hombre –el viejo, con sus contaminaciones, era sepultado en las aguas del bautismo. Esto era realizado con una lógica tan implacable que no sólo decidía cuestiones tales como las de herencia, sino que se declaraba que, excepto por no causar desprecio hacia el proselitismo, un prosélito podía casarse incluso con su propia madre o hermana (comp. Yeb. 22 *a*; Sanh. 58 *b*), y el Talmud cita al menos a tres celebrados doctores que eran fruto de uniones así (comp. Derenbourg, *Hist. de la Palest.*, p. 223, nota 2). Se cantan las alabanzas de los prosélitos y el proselitismo en Vayyik. R. 1.

Si hubiera necesidad de algo que exaltara más el valor de un proselitismo así, sería su supuesta antigüedad. La tradición la hace llegar hasta Abraham y Sara, y la expresión (Gn. 12:5) «las almas que habían adquirido» se explicaba como referidas a los prosélitos, puesto que «todo el que hace un prosélito es como si lo creara» (Ber. R. 39; comp. también los Targums Pseudo-Jon. y Jerus. y Midrash sobre Cnt. 1:3). El Talmud difiere en esto de los Targumim, y halla en Éxodo 2:5 una referencia al bautismo de la hija de Faraón (Sot. 12 *b*, línea 3; Megill. 13 *a*, línea 11). En Shem. R. 27 se demuestra que Jetro era un convertido, por la circunstancia de que su nombre original había sido Jeter (Éx. 4:18), y, como en el caso de Abraham, se había añadido un letra adicional (Jetro) a su nombre cuando pasó a ser un prosélito. Hay otros ejemplos, como Rut (Targum sobre Rut 1:10, 15) y Nabuzaradán, a quien se describe también como un prosélito (Sanh. 96 *b*, línea 19 desde abajo). Pero se dice que en los días de David y Salomón no se admitían prosélitos en el Sanedrín porque se sospechaba de sus motivos (Yeb. 76 *a*), o por lo menos eran vigilados de cerca.

Pero aunque el bautismo de prosélitos parece hasta aquí fuera de duda, los teólogos cristianos han discutido la cuestión de si el rito era practicado al tiempo de Cristo, o solamente fue introducido después de la destrucción del Templo y sus servicios para ocupar el lugar del sacrificio ofrecido previamente. La controversia, que tuvo su origen principalmente por los prejuicios dogmáticos de los luteranos, calvinistas y bautistas, se ha continuado sobre base histórica o casi histórica. El silencio de Josefo y Filón no se puede citar como en favor del origen tardío de este rito. Por otra parte, se puede insistir en que, como el bautismo no ocupó el lugar de los sacrificios en ningún otro caso, sería difícil explicar el origen de un rito así en conexión con la admisión de los prosélitos.

Además, si un judío que había sido contaminado levíticamente requería la inmersión, es difícil suponer que un pagano hubiera sido admitido a todos los servicios del Santuario sin una purificación similar. Pero tenemos también testimonio positivo (con las objeciones de Winer, Keil y Leyrer, pero que en mi opinión no lo invalidan) de que el bautismo de prosélitos existía en tiempo de Hillel y de Shammai. Porque si bien se dice que la escuela de Shammai había permitido a un prosélito que era circuncidado en la víspera de la Pascua que participara de ésta[1] después del bautismo, la escuela de Hillel lo prohibía. Esta controversia tiene que considerarse que es la demostración de que en aquel tiempo (antes de Cristo) el bautismo de prosélitos era acostumbrado[2] (pes. viii. 8, Eduy. v. 2).

1. Sin embargo, el caso supuesto por la escuela de Shammai habría sido imposible, puesto que, según las instrucciones rabínicas, tenía que transcurrir cierto tiempo después de la circuncisión para recibir el bautismo.

2. La siguiente noticia de Josefo (*Ant.* xviii.5,2) no sólo es interesante en sí misma, sino por la idea que presenta del bautismo. Muestra la actitud o punto de vista que los judíos racionalistas adoptaban sobre la obra del Bautista, y lo poco que eran capaces de entender el significado real del bautismo. «Pero a algunos de los judíos les parecía que la destrucción del ejército de Herodes fue causada por Dios, y en realidad fue un castigo justo, debido a lo que había hecho a Juan, a quien se llamaba el Bautista. Porque Herodes había dado orden de darle muerte pese a ser un hombre bueno, y que mandaba a los judíos que ejercieran la virtud, así como justicia de los unos hacia los otros, y piedad hacia Dios, y que acudieran al bautismo. Porque el bautizarse sería agradable a Él si ellos hacían uso del mismo no para remitir o eliminar algunos pecados, sino para la purificación del cuerpo después que el alma había sido previamente limpiada por la justicia. Y cuando muchos hubieron acudido a él por haber sido conmovidos en gran manera al oír estas palabras, Herodes, temiendo que la influencia de Juan sobre el pueblo pudiera dar lugar a alguna rebelión, porque ellos parecían estar dispuestos a hacer cualquier cosa bajo su consejo, consideró que sería mejor darle muerte antes que no ocurriera algo a causa de él, más bien que si, esperando, hubiera un cambio en los asuntos por esta causa, él tuviera luego que arrepentirse», etc. Sobre la credibilidad de este testimonio ver el artículo sobre Josefo en Smith, *Dictionary of Christian Biography*, vol. 3, pp. 441-460 (sobre todo pp. 458, 459).

Apéndice 13
(Libro 3, capítulo 1)

Angelología y demonología judías. Caída de los ángeles

Sin entrar en la discusión de la doctrina de los ángeles y los demonios que presentan la Santa Escritura, los Apócrifos y los Pseudoepígrafos, se puede admitir que se ha hecho considerable progreso desde los últimos libros canónicos a los apócrifos, y de éstos a los escritos pseudoepigráficos. El mismo comentario se aplica con mayor intensidad aun a la comparación de los últimos con la literatura rabínica. Aquí encontramos relativamente poco que sea bíblico en su pureza. Pero añadido a lo mismo hallamos mucho que es el resultado de la mente oriental, el prurito de la imaginación, orgullo nacional, superstición ignorante y elementos extraños, especialmente persas. En este último sentido es verdad –no ciertamente por lo que respecta a la doctrina de los ángeles buenos y malos, pero sí de gran parte de su elaboración rabínica– que los «nombres de los ángeles (y de los meses) fueron traídos de Babilonia» (Jer. Rosh haSh. 56 *d*; Ber. R. 48), y, con los «nombres», no poco de las nociones respecto a éstos. Al mismo tiempo, sería injusto negar que gran parte del simbolismo que intenta transmitir es hermosa de modo singular.

I. Angelología

1. *Creación, número, duración y localización de los ángeles.* Estamos considerando ahora no los ángeles principales, sino la innumerable «hueste» generalmente designada como «los ángeles ministradores» (מלאכי השרת). Las opiniones difieren (Ber. R. 3) sobre si fueron creados en el segundo día como «espíritus», «vientos» (Sal. 104:4), o bien en el *quinto* día (Is. 6:2) en conformidad con las obras de la Creación en aquellos días. Visto en referencia al servicio y alabanza de Dios, son «una llama de fuego»; con respecto a su oficio o misión, mensajeros alados (Pirqé de R. Elez. 4). Pero no sólo esto: cada día son creados ángeles ministradores, cuyo destino aparente es sóolo dar alabanza a Dios, después que han desaparecido en la corriente de fuego (*Nahar de-Nur*) de donde se habían originado[1] (Chag. 14 *a*; Ber. R. 78). Más que esto, un nuevo ángel es creado para ejecutar toda orden de Dios, y después de esto desaparece (Chag. *u.s.*). Esta creación nueva y continua de ángeles, que es en sí una hermosa alegoría, tiene en parte sabor de la doctrina de la «emanación», apoyada bíblicamente con apelación a Lamentaciones 3:23. Así, se puede decir que diariamente es creada una *Kath* o compañía de ángeles para el servicio diario de Dios, y que cada palabra que procede de su boca pasa a ser un «ángel (mensajero –marca aquí la unidad ideal de la palabra y el hecho–) (Chag. 14 *a*).

El número inmenso de la hueste angélica –y por consiguiente la seguridad de Israel– frente a sus enemigos fue descrito en el lenguaje más hiperbólico. Había 12 *Mazzaloth* (signos del Zodíaco), cada uno de los cuales tenía 30 jefes de ejércitos, cada uno con 30 legiones, cada legión con 30 líderes, y cada líder con 30 capitanes, y cada capitán con 30 bajo él, y cada uno de éstos con 365.000 estrellas; y ¡todos fueron creados por amor a Israel! (Ber. 32 *b*). De modo similar, cuando Nabucodonosor se propuso ascender al cielo, y exaltar su trono por encima de las estrellas, y ser como el Altísimo, el Bath Qol replicó a este nieto de Nimrod que la edad del hombre era 70, a lo más 80 años, en tanto que el camino desde el cielo al firmamento ocupaba 500 años (en Jer. Ber. 2 *c* son 50 años), el espesor del firmamento era 500 años, desde un firmamento al otro se tardaban otros 500 años, la extensión en que había los pies de los seres vivientes era igual a todo lo que había precedido, y las coyunturas de sus pies igual a todo lo que había precedido, y así sucesivamente con respecto a cada uno de sus miembros, hasta que al fin venía el trono de gloria (Chag. 13 *a*). En conexión con esto leemos en Chag 12 *b* que había siete cielos: el *Vilon*, en el cual había el sol; *Reqia*, en el cual brillan el sol, la luna, las estrellas, y los planetas están fijos; *Shechaqim*, en que hay las piedras de molino para hacer el maná de los piadosos; *Zebhul*, en el cual están la Jerusalén celestial y el Templo y el altar, y en el cual ofrecen sacrificios Miguel y los príncipes angélicos más importantes; *Maon*, en el cual hay los ángeles ministradores, que cantan de noche y están silenciosos de día por amor al honor de Israel (que ahora disponen de sus servicios); *Machon*, en el cual hay los tesoros de la nieve, granizo y las cámaras de los rocíos perjudiciales y los receptáculos de agua, la cámara del viento y la cueva de la niebla, cuyas puertas son de fuego; finalmente, *Araboth*, en que hay la justicia, el juicio y la equidad, los tesoros de la vida, la paz y la bendición, las almas de los justos, y los espíritus y las almas de aquellos que han de nacer en el futuro, y el rocío por el cual han de ser levantados los muertos. Hay también los ofanines, los serafines, y los seres vivientes, y los ángeles minisradores, y el trono de gloria, y sobre ellos en su trono el gran Rey. (Para una descripción de este Trono y la apariencia de su Rey, ver Pirqé de R. Eliez). Por otra parte, a veces, todo poder y fenómeno en la Naturaleza son hipostatizados en un ángel, fenómenos como granizo, lluvia, viento, mar, etc.; de modo similar, todo suceso, como la vida, la muerte, la nutrición, la pobreza, tal como se expresa: «ni una brizna de hierba sobre la tierra deja de tener su ángel en el cielo» (Ber. R. 10). Esto parece, aproximadamente, el conjunto de ideas del misticismo alejandrino. Así también, quizá, la idea de que ciertos héroes bíblicos pasaron después de la muerte a ser ángeles. Pero como esto se puede considerar que implica su servicio como mensajeros de Dios, vamos a dejarlo de momento.

2. *Los príncipes angélicos, su localización, nombres y oficios.* Las limitaciones –en cuanto a la duración o lo que sea– de los ángeles ministradores no se aplican a los ofanines (o ángeles ruedas), a los serafines, a los Chayot (o seres vivientes) ni a los príncipes angélicos (Ber. R 78). La palabra se explica como compuesta de otras dos cuyo significado es silencio y habla; y se dice que guardan silencio cuando la palabra procede de la boca de Dios, y hablan cuando Él ha cesado. Sería difícil decir exactamente cuál es el número de los príncipes angélicos. Las 70 naciones –de las que está compuesto el mundo– tienen cada una su príncipe angélico (Targ. Jer. sobre Gn. 11:7, 8; comp. Ber. R 56; Shem. R 21; Vayyik. R. 29; Ruth R. ed. Vars., p. 36 *b*) que defiende su causa ante Dios. De ahí que estos ángeles sean realmente hostiles a Israel y no puedan ser considerados del todo como ángeles buenos, y son postergados cuando la nación que representan es destruida. Puede haber sido como una reflexión sobre la enseñanza cristiana que Israel se describió

1. Esta corriente procede de la base del trono de Dios, y en realidad es el sudor de «los seres vivientes», en su temor ante la gloria de Dios (Ber. R. 78).

como que no requería ningún representante ante Dios, como los gentiles. Porque como veremos pronto ésta no fue la idea general que se tenía. Además de estos príncipes angélicos gentiles, había otros jefes cuya misión se explicará posteriormente. De éstos son citados especialmente cinco, cuatro de los cuales rodean el trono de Dios: Miguel, Gabriel, Rafael y Uriel. Pero el mayor de todos es Metatrón, que está bajo el trono y delante de él. Estos ángeles tienen el privilegio de estar dentro del *Pargod*, o velo de nubes, en tanto que los otros sólo pueden oír las órdenes o consejos divinos desde fuera de este velo (Chag. 16 *a*, Pirqé de R. Eliez. iv.). Vemos una ligera variación de esto cuando el Targum Pseudo-Jon. sobre Deuteronomio 34:6 enumera estos seis ángeles principales: Miguel, Gabriel, Metatrón, Yofiel, Uriel y Yofiofia. El libro de Enoc (cap. 22) habla también de seis ángeles principales, en tanto que Pirqé d. R. Eliez. iv. menciona siete. En un pasaje curioso (Ber. 51 *a*) leemos de tres instrucciones dadas por Suriel, príncipe del rostro, para preservar a los rabinos de los Techaspith (compañía de ángeles malos), o, según otros, de los Istalganith (otra compañía de ángeles malos). En Chag. 13 *b* leemos de un ángel llamado Sandalpon, que está sobre la tierra, cuya cabeza alcanza 500 años hacia los seres vivientes. Se supone que se halla tras los Merkabah (el carro del trono), y hace coronas para el Creador, que ascienden por su propia cuenta. Leemos igualmente de Sagsagel, que enseñó a Moisés el sagrado nombre de Dios y que estaba presente en su muerte. Ahora bien, confinándonos a los cinco ángeles principales, tenemos:

a) Metatrón (para algunos Metátor, punto que se halla en controversia), que parece corresponder muy de cerca al Ángel del rostro, o el Logos. Es el representante de Dios. En el Talmud (Sanh. 38 *b*) se presenta a un cristiano que torpemente intenta una controversia sobre este punto: que según las ideas judías Éxodo 24:1 debía decir «Ven a mí». Sobre esto, R. Idith explica que la expresión se refería a Metatrón (Éxodo 33:21), pero niega la inferencia de que Metatrón debía ser adorado o tuviera poder para perdonar pecados o debía ser considerado como un Mediador. En la continuación de esta controversia se nos dice (Chag. 15 *a, b*) que cuando un rabino apóstata vio a Metatrón sentado en el cielo, y sacó la inferencia de ello que había dos poderes supremos, Metatrón recibió de otro ángel 60 azotes, para demostrarse su inferioridad. En el Targ. Pseudo-Jon. sobre Génesis 5:24 se le llama el Gran Escriba, y también el Príncipe de este mundo. Se le designa como «el Joven», y en la Cábala como «el pequeño Dios», que tiene 7 nombres como el Todopoderoso, y comparte su majestad. También se le llama el «Príncipe del Rostro», y se le describe como el ángel que está sentado en la cámara más interior de todas (Chag. 5 *b*), en tanto que los otros ángeles escuchan las órdenes desde fuera del velo (Chag. 16 *a*). Se le representa como mostrando lo invisible a Moisés (Siphré, p. 141 *a*) e instruyendo a los niños que han muerto sin recibir conocimiento (Ab. Zar. 3 *b*). En la instrucción a la Midrash sobre Lamentaciones hay una historia en la cual se dice que Metatrón propuso derramar lágrimas a fin de que Dios no pudiera llorar sobre la destrucción de Jerusalén, a lo cual sin embargo el Todopoderoso se negó a dar consentimiento. No citamos más acerca de este pasaje. En Siphré sobre Deuteronomio (ed. Friedman, p. 141 *a*) se dice que Metatrón mostró a Moisés toda Palestina. También se dice que iba delante de Israel en el desierto.

b) Miguel (¿«el que es como Dios»?) o el gran príncipe (Chag. 12 *b*). Se halla a la derecha del trono de Dios. Según el Targ. Pseudo-Jon. sobre Éxodo 24:1, es el príncipe de la sabiduría. Según el Targum sobre Salmos 137:7, 8, el príncipe de Jerusalén, el representante de Israel. Según la Sebach. 62 *a*, ofrece ante el altar celestial; según algunos, las almas de los píos; según otros, corderos de fuego. Pero aunque Miguel es el príncipe de Israel, no tiene que ser invocado por ellos (Jer. Ber. ix. 13 *a*). En Yoma 77 *a* tenemos un ejemplo de su abogacía inefectiva en favor de Israel antes de la destrucción de Jerusalén. El origen de su nombre, relacionado con el Cántico de Moisés en el mar Rojo, lo explica Bemid. R. 2. Se relatan muchos ejemplos de su actividad. Así, el libró a Moisés del horno de fuego de Nimrod, y después también a los tres jóvenes del horno ardiente. Fue el ángel principal o mediano de los tres que fueron a anunciar a Abraham el nacimiento de Isaac, con Gabriel a su derecha y Rafael a su izquierda. Miguel salvó también a Lot. Miguel y Gabriel escribieron que la primogenitura pertenecía a Jacob, y Dios lo confirmó. Miguel y Gabriel actuaron como «amigos del novio» en las bodas de Adán. Sin embargo, no pudieron resistir contemplar la gloria de Moisés. Se supone que Miguel fue el ángel en la zarza ardiente en el desierto (según otros, fue Gabriel). A la muerte de Moisés, Miguel preparó su féretro, Gabriel dispuso un paño sobre la cabeza de Moisés, y Sagsagel sobre sus pies. En el mundo venidero Miguel va a pronunciar bendiciones sobre los frutos del Edén, luego los entregará a Gabriel, el cual los dará a los patriarcas y éstos a David. La superioridad de Miguel sobre Gabriel es afirmada en Ber. 4 *b*, donde, mediante una ingeniosa combinación con Daniel 10:13, se muestra que Isaías 6:6 se aplica a él (los dos tienen la palabra אחד, uno). Se añade que Miguel vuela en un vuelo, Gabriel en dos, Elías en cuatro, y el ángel de la muerte en ocho vuelos (sin duda para dar tiempo para el arrepentimiento).

c) Gabriel («el héroe de Dios») representa más bien el juicio, en tanto que Miguel representa la misericordia. Así, fue él que destruyó Sodoma (Bab. Mez. 86 *b*, y otros lugares). Restauró a Tamar las promesas de Judá cuando Sammael se las había quitado (Sot. 10 *b*). Derribó a los siervos de la princesa egipcia, que querían impedir que la princesa sacara a Moisés del agua (Sot. 12 *b*); también hizo que Moisés llorara y con ello despertara compasión. Según algunos, fue el que libró a los tres jóvenes; pero todos están de acuerdo en que mató a los hombres que estaban fuera del horno. También desbarató el ejército de Senaquerib. El pasaje de Ezequiel 10:2, 7 se aplicaba a Gabriel, el cual había recibido del querubín dos carbones, que retuvo durante seis años en la esperanza de que Israel podría arrepentirse. Se supone que Ezequiel 9:4 se refiere a él cuando dice que fijaba una marca en la frente con una ת, dibujada en el caso de los malvados con sangre (Shabb. 55 *a*). Se nos dice también que instruyó a Moisés sobre la forma de hacer el candelabro, en cuya ocasión se puso un delantal como un orfebre; y que había disputado con Miguel sobre el significado de una palabra. Se adscribe a su actividad el hacer que los frutos maduren, quizá porque se consideraba como hecho de fuego, en tanto que Miguel era hecho de nieve (Deb. R. 5). Estos ángeles se suponía que estaban el uno al lado del otro, sin que el fuego de uno causara daño a la nieve del otro. Hay una leyenda curiosa relacionada con él (Shabb. 56 *b*, Sanh. 21 *b*), que dice que cuando Salomón se casó con la hija de Faraón, Gabriel descendió al mar y puso una caña en él, alrededor de la cual se amontonó barro, y finalmente brotó un bosque. En este sitio fue edificada la Roma imperial. El significado de la leyenda –o quizá, más bien, una alegoría– parece ser que cuando Israel empezó a apartarse de Dios, fue preparado su castigo por medio de sus enemigos, que culminó con el dominio de Roma. En la edad futura Gabriel va a cazar y matar al Leviatán. Esto puede ser una representación en forma de parábola de la destrucción de los enemigos de Israel.

d) De *Uriel* («Dios es mi luz») y de *Rafael* («Dios cura») únicamente hemos de decir que estaban el uno a la derecha del trono de gloria, y el otro tras el mismo.

3. *Los ángeles ministrantes y su ministerio.* El ministerio de los ángeles se puede dividir en dos partes: alabar a Dios y ejecutar sus órdenes. Con respecto a lo primero, hay 694.000 miríadas que alaban diariamente el nombre de Dios. Desde el amanecer hasta el ocaso dicen: «Santo, santo, santo»; y del ocaso al amanecer: «Bendita sea la gloria de Dios en su lugar». En relación con esto podemos mencionar la hermosa alegoría (Shem. R. 21) de que el ángel de la oración teje coronas para Dios con las oraciones de Israel. En cuanto a la ejecución de las órdenes divinas por parte de los ángeles, se sugiere (Ab. de R. Nath. 8) que su designación general como ángeles ministradores podría ser causa de celos entre ellos. En consecuencia, sus nombres eran siempre una composición del de Dios con la comisión especial que se les confiaba (Shem. R. 29), de modo que el nombre de cada ángel dependía de su mensaje, y podía variar con él (Ber. R. 78). Esto está hermosamente explicado en Yalkut (vol. ii., par. 797), en que se nos dice que cada ángel tiene una tableta en su corazón en la cual se combinan el nombre de Dios y el del ángel. Este cambio de nombres explica la respuesta del ángel a Manoa (Bemid. R. 10). Es imposible enumerar todos los casos de actividad angélica registrados en los escritos talmúdicos. Los ángeles habían ejecutado la música en el primer sacrificio de Adán; habían anunciado las consecuencias de su castigo; habían cortado las manos y los pies de la serpiente; habían aparecido a Abraham en la forma de un panadero, un marinero y un árabe. De ellos, 120.000 habían danzado delante de Jacob cuando éste abandonó a Labán; 4.000 miríadas de ellos estaban dispuestas a luchar a favor suyo contra Esaú; 22.000 descendieron sobre el Sinaí y estuvieron junto a Israel cuando, en el terror de la Voz de Dios, ellos huyeron a doce millas de distancia. Los ángeles recibieron órdenes de cerrar las puertas de los cielos cuando la oración de Moisés con el Nombre todopoderoso e inefable en ella, que habían aprendido de Sagsagel, habría impedido su muerte. Al final, como estaban encargados de ayudar a Israel, castigaban a cada israelita apóstata. Especialmente, ejecutan el castigo más terrible de todos: echar almas desde un mundo a otro. Pero junto a estas supersticiones denigrantes había hermosas alegorías, como la de que un ángel malo y otro bueno acompañaban siempre al hombre, pero sobre todo en la víspera del sábado, en su regreso de la Sinagoga, y que por cada precepto que el hombre observaba Dios le enviaba un ángel protector. Esta idea es desarrollada de modo realista en Pirqé de R. Eliez. 15, en que se presentan los varios modos y ocasiones en que los buenos ángeles ayudan al hombre y evitan su destrucción.

Está por completo de acuerdo con lo que conocemos del sistema del Rabinismo el que la hueste celestial sea presentada formando parte de una especie de Sanedrín consultivo. Como Dios no había hecho nunca nada sin tomar consejo primero con la familia de arriba (Sanh. 38 *b*), lo mismo había ocurrido cuando decidió crear al hombre. Después los ángeles habían intercedido en favor de Adán, y cuando Dios les indicó su desobediencia, ellos insistieron en que si fuera así, la muerte vendría también sobre Moisés y Aarón, que no tendrían pecado, puesto que un mismo destino había de ser para justos y pecadores. De modo similar habían intercedido en favor de Isaac cuando Abraham estaba a punto de ofrecerle, y finalmente habían dejado caer tres lágrimas sobre el cuchillo sacrificial, con lo que su filo se volvió romo. Y así, en toda la historia de Israel, en todas las ocasiones críticas, la leyenda judía introducía a los ángeles en escena.

4. *Limitación del poder de los ángeles.* Según las ideas judaicas, las facultades, las potencias, e incluso el conocimiento de los ángeles, eran limitadas. Son, verdaderamente, seres espirituales puros (Vayyik. R. 24), sin requerimientos sensoriales (Yoma 75 *b*), sin aborrecimiento, envidia o celos (Chag 14), y sin pecado (Pirqé de R. Eliez. 46). Saben mucho, en especial del futuro (Ab. d. R. Nath. 37), y tienen parte en la divina Luz. Viven bajo rayos de la gloria divina (Bem. R. 21), y no están sometidos a nuestras limitaciones de movimiento; ven pero no son vistos (Ab. d. Re Nath., *u.s.*), pueden volver el rostro a uno y otro lado (Ab. d. R. Nath. 37), y sólo hacen ver que comparten nuestras acciones, como al comer y otras (Ber. R. 48). Con todo, en muchos aspectos son inferiores a Israel, y son empleados en el servicio (Ber. R. 75). Son incapaces de dar nombres a los animales, algo que hizo Adán (Pirqé de R. Eliez. 13). Jacob luchó con el ángel y prevaleció sobre él cuando el ángel lloró (Chull. 92 *a*). Así, era más bien su naturaleza que sus poderes o dignidad lo que los distinguía de los hombres. Ningún ángel puede llevar dos mensajes al mismo tiempo (Ber. R. 50). En general, son meramente instrumentos ciegos para hacer una cierta obra, ni aun contemplan el trono de gloria (Bemid. R. 14), y necesitan ayuda mutua (Vayyik. R. 31). Están también sometidos a castigos (Chag. 16 *a*). Así, fueron expulsados de su lugar durante 138 años, debido a que dijeron a Lot que Dios iba a destruir a Sodoma, en tanto que los príncipes angélicos de los gentiles estaban todavía en cadenas hasta los días de Jeremías. Por lo que se refería a su conocimiento limitado, con la excepción de Gabriel, no entienden caldeo o siríaco (Sot. 33 *a*). La aplicación realista de su supuesta ignorancia en este punto no necesita ser repetida aquí (ver Shabb. 12 *b*). Como los ángeles son inferiores a los justos, se sigue que lo son a Israel. Dios había informado a los ángeles que la creación del hombre era superior a la de ellos, lo cual estimuló su envidia. Adán alcanzó un lugar mucho más cercano a Dios que ellos, y Dios amaba a Israel más que a los ángeles. Y Dios había dejado a todos los ángeles ministrantes a fin de ir a Moisés, y cuando se comunicó con él fue directamente, y los ángeles que había entre ellos no oían lo que pasaba. En conexión con este ministerio de los ángeles en favor de los héroes bíblicos puede transcribirse aquí una curiosa leyenda. De una combinación de Éxodo 18:4 y Éxodo 2:15 se sacó la inferencia extraña de que Moisés había sido, en realidad, arrestado por Faraón. Hay dos relatos diferentes de cómo escapó de su poder. Según uno, la espada con la que había de ser ejecutado rebotó en el cuello de Moisés y se rompió, a lo cual se refería Cantares 7:5, y añadiéndose que al rebotar mató al verdugo. Según el otro relato, un ángel ocupó el lugar de Moisés, permitiéndole así huir, y su huida fue facilitada por la circunstancia de que todos los ayudantes del rey quedaron milagrosamente mudos, ciegos o sordos, de modo que no podían ejecutar las órdenes de su amo. De esta milagrosa intervención se supone que Moisés se acordaba en Éxodo 4:11, para animarle a emprender su misión ante Faraón. En la exageración de la jactancia judía de la Ley, se dice que los ángeles habían deseado recibir la Ley, pero que no se les había concedido este privilegio (Job 28:21). Y 60 miríadas de ángeles habían coronado con dos coronas a cada israelita que en el monte Sinaí había tomado la Ley sobre sí (Shabb. 88 *a*). En vista de todo esto, no necesitamos mencionar la prohibición rabínica de dirigir oraciones a los ángeles, aunque ellos las llevaban al cielo (Jer. Ber. ix. 1), o hacer representaciones pictóricas de ellos (Targ. Pseudo-Jon. sobre Éx. 20:23; Mechilta sobre el pasaje, ed. Weiss, p. 80 *a*).

5. *Los ángeles no son buenos de modo absoluto.* Aunque parezca extraño, ésta era la idea que en realidad expresaban

los rabinos. Así, se dice que cuando Dios consultó con los ángeles, éstos se opusieron a la creación del hombre, y esto por la razón de que Dios había escondido de ellos que el hombre pecaría. Pero más que esto: en realidad los ángeles habían conspirado para que el hombre cayera (todo esto se halla referido en Pirqé de R. Eliez. 13). Ni sus celos se habían confinado a una ocasión. Ellos acusaron a Abraham de que, cuando dio una gran fiesta al destetar a Isaac, ni aun ofreció a Dios un becerro o un macho cabrío. De modo similar, habían presentado acusaciones contra Ismael, en la esperanza de que pereciera de sed. Habían increpado a Jacob porque se había dormido en Betel. Pero de modo especial, por envidia, se habían opuesto a la ascensión de Moisés al cielo; habían objetado a que se le permitiera escribir la Ley, instando falsamente a Moisés a que reclamara la gloria para sí mismo, y que ellos hicieron ver, en una forma blasfema, que habían tenido dificultad en apaciguar a Dios. En Shabb. 88 *b* tenemos un relato de cómo Moisés pacificó a los ángeles, mostrándoles que la Ley no era apropiada para ellos, puesto que ellos no estaban sometidos a los deseos pecaminosos, ante lo cual ellos pasaron a ser amigos de Moisés y cada uno de ellos le enseñó un secreto, entre otros, el ángel de la muerte, la forma de detener la pestilencia. Además, se dice que los ángeles tenían la costumbre de presentar acusaciones contra Israel, y que cuando Manasés quería arrepentirse, los ángeles le cerraron la entrada a los cielos para que su oración no pudiera penetrar a la presencia de Dios.

Algo igualmente profano, aunque en dirección distinta, es la noción de que los ángeles podían ser empleados con propósitos mágicos. Esto había ocurrido en el sitio de Jerusalén bajo Nabucodonosor, cuando después de la muerte de aquel poderoso héroe Abika, el hijo de Gaphteri, Chananeel, tío de Jeremías, había conjurado ángeles ministrantes para que asustaran a los caldeos y huyeran. Por esto Dios había cambiado sus nombres cuando Chananeel, incapaz ya de poder conseguir sus servicios, había emplazado al príncipe del mundo usando el Nombre inefable, y levantando a Jerusalén en el aire, pero Dios lo había empujado hacia abajo, a todo lo cual se refería Lamentaciones 2:1 (Yalk. ii., p. 166 *c* y *d* Par. 1001). La misma historia se repitió en otro lugar (p. 167, última línea de la col. *c*, y la col. *d*), con la adición de que los habitantes dirigentes de Jerusalén habían propuesto defender la ciudad conjurando a los ángeles del agua y del fuego, y rodeando su ciudad con murallas de agua, de fuego o de hierro; pero sus esperanzas fueron frustradas cuando Dios asignó a los ángeles nombres diferentes de los que poseían antes, de forma que cuando los llamaron fueron incapaces de hacer lo que se esperaba de ellos.

6. *Los nombres de los ángeles.* Además de los ya enumerados, podemos mencionar el *Sar ha-Olam*, o «Príncipe del mundo» (Yeb. 16 *b*); el *príncipe del mar*, cuyo nombre se supone haber sido *Rahab*, y a quien Dios destruyó porque había rehusado recibir las aguas que habían cubierto al mundo, y el olor de cuyo cuerpo muerto habría matado a todos si no hubiera estado cubierto por el agua. *Dumah* es el ángel del reino de los muertos (Ber. 18 *b*). Cuando el alma de los justos deja el cuerpo, los ángeles ministrantes lo anuncian delante de Dios, el cual los envía para recibirla. Entonces tres huestes de ángeles cumplen este encargo, cada una citando sucesivamente una cláusula de Isaías 57:2. Por otra parte, cuando los malvados dejan el cuerpo, son recibidos por tres huestes de ángeles destructores, una de las cuales repite Isaías 48:22, otra Isaías 50:11 y la tercera Ezequiel 32:19 (Keth. 104 *a*). Entonces las almas de todos los muertos, buenos o malos, son entregadas a Dumah. *Yorqemi* es el príncipe del granizo. Éste propuso enfriar el horno ardiente en el cual fueron echados los tres jóvenes, pero Gabriel objetó que esto podría haber parecido una liberación por medios naturales y, siendo él mismo el príncipe del fuego, había propuesto en vez de ello hacer el horno frío por dentro y caliente por fuera, a fin de librar a los jóvenes y destruir a los que observaban por fuera (Pes. 118 *a* y *b*). *Ridya* o *Radya* es el ángel de la lluvia. Uno de los rabinos decía describirle de una visión real, y que era como un becerro cuyos labios estaban abiertos, estando entre el abismo superior y el inferior, y diciendo al superior: que caigan vuestras aguas; y al inferior: que suban vuestras aguas. La representación de este ángel como un becerro puede ser debida a la conexión entre lluvia y arar, y en relación con esto se puede notar que Ridya significa a la vez arar y arado (Taan. 25 *b*). De otros ángeles solamente nombraremos *Ruach Pisqonith*, o espíritu de decisión, que se suponía había hecho objeción atrevida a lo que Dios había dicho (Ez. 16:3), si bien en esto es defendido por los rabinos, puesto que su actividad había sido en favor de Israel (Sanh. 44 *b*); *Naqid*, el ángel del alimento; *Nabhel*, el ángel de la pobreza; los dos *ángeles de la curación*; el *ángel de los sueños, Lailah*; y aun el *ángel de la concupiscencia.*

Naturalmente, no afirmamos que todas estas supersticiones burdamente materialistas e ideas profanas estuvieran en boga en Palestina o en los tiempos de nuestro Señor, y menos que fueran compartidas por los judíos educados en el Occidente. Pero ciertamente datan de los tiempos talmúdicos; personifican la única enseñanza que poseemos de los escritos rabínicos sobre los ángeles y, por tanto, al margen de la época que fueran introducidas o cómo se desarrollaron, sus raíces tienen que retrotraerse hasta tiempos muy primitivos, anteriores a cuando fueron propuestas en las academias rabínicas. Por más que el Judaísmo moderno las repudie con indignación, dan testimonio contra la enseñanza rabínica. Y una cosa es evidente, por amor a la cual hemos emprendido la tarea de registrar con tanto detalle ideas y afirmaciones repugnantes a todo el que tenga sentimientos reverentes. La proposición de ciertos escritores modernos de que la enseñanza de los ángeles en el Nuevo Testamento se deriva y representa nociones judaicas, debe entenderse como absolutamente sin base y contraria a los hechos. En realidad, la enseñanza del Nuevo Testamento sobre el tema de los ángeles representa, si la comparamos con la de los rabinos, no sólo un retorno a la pureza de la enseñanza del Antiguo Testamento, sino casi –podríamos decir– una nueva revelación.

II. Satanología y caída de los ángeles

La diferencia entre la satanalogía de los rabinos y la del Nuevo Testamento, si es posible, es más marcada incluso que su angelología. En general, notamos, con la excepción del nombre *Satanás*, que ninguno de los nombres dados al gran enemigo en el Nuevo Testamento ocurre en los escritos rabínicos. Más importante todavía: estos últimos *no contienen mención a un reino de Satanás.* En otras palabras, el poder del mal no es contrastado con el del bien, ni el de Satanás con el de Dios. El demonio es presentado más bien como el enemigo del hombre que el de Dios y del bien. Esto marca una diferencia fundamental. El Nuevo Testamento pone delante de nosotros dos reinos o principios opuestos, que ejercen un dominio absoluto sobre el hombre. Cristo es «el más fuerte», el «forzudo» que vence «al hombre armado», y le quita no sólo el botín, sino la armadura (Lc. 11:21, 22). Es una *lucha moral* en la que Satanás es vencido, y la liberación de sus súbditos es la consecuencia de esta subyugación. Esto implica la liberación del hombre del poder del enemigo no sólo externa, sino internamente, y la sustitución de un nuevo principio de vida espiritual en vez del viejo.

Introduce un elemento moral tanto en la base como en el resultado de la lucha. Desde este punto de vista la diferencia entre el Nuevo Testamento y el Rabinismo es extrema, y no es exagerado decir que esto solo –la cuestión que aquí se discute es de principios, no de detalles– marcaría la doctrina de Cristo como fundamentalmente divergente e incomparablemente superior a la del Rabinismo. «¿De dónde tiene este hombre su sabiduría?». Con toda seguridad podemos contestar: no de sus contemporáneos.

Como el Rabinismo veía al «gran enemigo» sólo como un rival envidioso y malicioso del hombre, el elemento espiritual queda enteramente eliminado.[2] En vez de la personificación del principio del mal, a la cual hay respuesta en nosotros, y de la cual todos poseemos alguna experiencia, tenemos sólo un sujeto torpe y aborrecible, más bien estúpido. Esto es también verdad por lo que respecta al aspecto triple bajo el cual el Rabinismo presenta al diablo: como *Satán* (también como *Sammael*); como el *Yetser haRa*, o impulso malo personificado; y como el *Ángel de la muerte*; en otras palabras, como el acusador, el tentador y el castigador. Antes de explicar las ideas rabínicas sobre cada uno de estos tres puntos es necesario indicarlos con respecto a:

1. *La caída de Satán y la de sus ángeles.* Ésta tuvo lugar no antes, *sino después de la creación del hombre.* Como relata Pirqé de R. Eliez., cap. 13, la causa primaria de ello fueron los celos y la envidia por parte de los ángeles.[3] Su oposición a la creación del hombre se describe también en Ber. R. 8, aunque allí la caída del hombre no es debida a causa satánica. Pero tenemos un relato, más bien blasfemo (al que nos hemos referido antes), de las discusiones en el Sanedrín celestial sobre si el hombre debía ser creado o no. En tanto que la disputa todavía estaba viva, Dios realmente creó al hombre, y luego, dirigiéndose a los ángeles ministrantes, les dijo: «¿Por qué seguís disputando? El hombre ya ha sido creado». En el Pirqé de R. Eliez. se nos dice sólo que los ángeles en vano intentaron oponerse a la creación del hombre. La circunstancia de que su superioridad fuera evidenciada por su capacidad de dar nombres a todas las criaturas, indujo a «hacer un complot contra Adán», de modo que con su caída pudieran obtener la supremacía. Ahora bien, de todos los príncipes angélicos en el cielo, Sammael era el primero –distinguido sobre todos los demás. Tomando la compañía de ángeles sometidos a él, descendió a la tierra y seleccionó como el único instrumento adecuado para sus designios a la serpiente, que en aquel entonces no sólo hablaba, sino que tenía manos y pies, y su estatura y apariencia eran semejantes a las del camello. En el lenguaje del Pirqé de R. Eliez., Sammael tomó por completo posesión de la serpiente, incluso tal como los endemoniados actúan bajo el control absoluto de los malos espíritus. Entonces Sammael, en la serpiente, primero engañó a la mujer y luego se impuso sobre ella *tocando* el árbol de la vida (aunque el árbol gritó), diciendo que él había realmente «tocado» el árbol, lo cual, según él hacía ver, estaba prohibido bajo la pena de muerte (Gn. 3:3);[4] y, con todo, ¡no había muerto! Ante esto Eva siguió el ejemplo y tocó el árbol, cuando inmediatamente vio al ángel de la muerte que se le acercaba. Temerosa de morir y que Dios daría otra mujer a Adán, llevó a su marido al pecado de desobediencia. La historia de la caída se cuenta de modo algo distinto en Ber. R. 18, 19. No se hace mención aquí ni a Sammael ni a su actividad, y la serpiente se presenta engañando a Eva con el deseo de casarse con ella y, con este propósito, provocar la muerte de Adán.

El ingenio crítico puede intentar hallar un significado simbólico en muchos de los detalles de la leyenda de la caída, aunque para usar un lenguaje moderado nos parecen igualmente profanos y repulsivos. Pero esto será admitido, sin duda, por todos: el relato rabínico de la caída de los ángeles, en su relación con la caída del hombre, está en contraste igualmente con la reverente parquedad del relato del Antiguo Testamento y la sublime enseñanza del Nuevo sobre el pecado y el mal.

2. *Satanás, o Sammael, como el acusador del hombre.* Y sus acusaciones son realmente torpes. Así, la afirmación (Gn. 22:1) de que «Dios tentó a Abraham» es, en la leyenda judía, transformada (Sanh. 89 *b*) en una escena en que, en el gran Sanedrín superior (Ber. R. 56), Satanás acusa al patriarca. Según él, toda su piedad previa había sido meramente interesada; y ahora, cuando a la edad de cien años Dios le concedió un hijo, había hecho un gran festín y no había ofrecido nada al Todopoderoso. Ante esto, Dios da como respuesta que Abraham estaba dispuesto a sacrificar no sólo un animal sino a su propio hijo; y esto fue la ocasión de la tentación de Abraham. Que esta leyenda es muy antigua, en realidad, *precristiana* (una circunstancia de considerable importancia para el estudioso de esta historia), se ve por el hecho de que se halle, aunque en forma más general, en el libro de los Jubileos, cap. xvii. En Ber. R. 55 y en Tanch. (ed. Vars., p. 29 *a* y *b*) la leyenda se pone en relación con una disputa entre Isaac e Ismael en cuanto a sus méritos respectivos, en que el primero se declara dispuesto a ofrecer incluso su vida a Dios. En Tanch. (*u.s.*) se nos dice que éste fue uno de los grandes méritos del hombre que el Todopoderoso señaló cuando los ángeles hicieron objeción a su creación.

3. *Satanás, o Sammael, o el seductor del hombre.* La afirmación en Bab. B. 16 *a* que identifica a *Satanás* con el *Yetser haRa*, o impulso malo en el hombre, tiene que ser considerada como un intento racionalista de embellecer la antigua enseñanza sobre Sammael, presentándolo como una personificación de la inclinación al mal en nosotros. Porque el Talmud no sólo distingue entre un Satanás personal fuera y una inclinación mala dentro del hombre, sino que de modo expreso adscribe a Dios la creación del *Yetser haRa* en el hombre tal como era *antes de la caída*, y la ocurrencia de dos ׳י׳ en la palabra וייצר («Y Él formó», Gn. 2:7) se supone que indica la existencia de dos impulsos en nosotros: el *Yetser Tobh* y el *Yetser haRa* (Ber. 61 *a*). Y se afirma que esta exis-

2. Un comentario análogo podría aplicarse a la enseñanza judaica sobre los ángeles buenos, que son más bien duendes judíos que seres altamente espirituales de la Biblia.

3. Como una ilustración curiosa de cómo están los extremos, vamos a transcribir una explicación de Jonathan Edwards. Después de describir en qué forma «Satanás, antes de su caída, era el jefe de todos los ángeles... es más..., el Mesías o Cristo (!), puesto que era el Ungido, de modo que a este respecto Jesucristo es exaltado en su lugar en el cielo»; y este «Lucifer o Satán, en tanto que un ángel santo... era un tipo de Cristo», el gran teólogo americano explica su caída como sigue: «Pero cuando le fue revelado, alta y gloriosa según era su posición, que tenía que ser un espíritu ministrante a la raza humana, que había sido creada recientemente, que aparecía tan débil, humilde y despreciable, tan inmensamente inferior no sólo a él, príncipe de los ángeles y jefe del universo creado, sino también a los ángeles inferiores, y que debía estar sometido a uno de aquella raza que más adelante nacería, no pudo tolerarlo más. Esto ocasionó su caída» (Tratado sobre «The Fall of the Angels», Obras, vol. 2, pp. 608-610). ¿Es posible que Jonathan Edwards hubiera oído sobre las leyendas rabínicas, o bien se trata de una extraña coincidencia? El lector curioso encontrará mucha información interesante –aunque, mucho me temo, poco útil– en la obra del prof. W. Scott: *The Existence of Evil Spirits*, Londres, 1843.

4. Los rabinos indican que Eva había *añadido* a las palabras de Dios. Él sólo había dado orden de que no *comieran* del árbol, en tanto que Eva añadió que no habían de *tocarlo.* De esta manera, el añadir a las palabras de Dios había llevado al primer pecado, con todas las terribles consecuencias del mismo.

tencia del mal en la naturaleza original del hombre era de infinito consuelo frente al temor que de otro modo nos habría asediado en las dificultades (Ber. R. 14). Más que esto (como se mostrará al punto), la existencia de este principio del mal dentro de nosotros fue declarada como absolutamente necesaria para la continuidad del mundo (Yoma 69 *b*, Sanh. 64 *a*).

Satanás o Sammael es presentado como el seductor del hombre en todos los grandes sucesos de la historia de Israel. Con adiciones varias de carácter legendario, la historia de los intentos de Satanás por impedir la obediencia de Abraham y el sacrificio de Isaac la cuenta Sanh. 89 *b*, Ber. R. 56 y Tanch. p. 30 *a* y *b*. Con todo, no hay nada, ni aun astuto –sólo un realismo burdo–, en la descripción de los intentos torpes de Satanás para disuadir o impedir que realizara su propósito, para influenciar a Isaac o asustar a Sara. Ni son bosquejados mejor los otros personajes en la leyenda. Hay una falta de toda concepción elevada en las referencias al Todopoderoso, un intento penoso de rebajar la veracidad de Abraham, una jactancia lamentable y mezquina en Isaac, en tanto que la Sara de la leyenda judía es más una vieja oriental débil que la madre de Israel. El presentar estas tergiversaciones del Antiguo Testamento al lado de la concepción novotestamentaria de los motivos y vidas de los héroes de antaño, o de las inferencias y enseñanzas doctrinales de los rabinos junto a las de Cristo y sus apóstoles, es como comparar la oscuridad con la luz.

Los mismos comentarios se aplican a las otras leyendas en las cuales se presenta a Satanás como el seductor. No se puede inventar nada más infantil que la historia de que cuando Sammael no pudo persuadir de otra manera a Israel para que Moisés no regresara del monte Sinaí, al fin hizo aparecer su ataúd delante de ellos en las nubes (Shab. 89 *a*), a menos que sea esta otra historia: que cuando Satanás quiso seducir a David asumió la forma de un pájaro, y que cuando David disparó contra el pájaro, Betsabé súbitamente lo miró, y con ello ganó al rey con su hermosura (Sanh. 107 *a*). En ambos casos el propósito evidente es paliar la culpa, sea la de Israel o la de David, lo cual en verdad se explica claramente en otros lugares como no debida a la desobediencia ni a la lujuria (comp. Ab. Zar. *a* 4 *b*, 5 *a*).

4. *Como enemigo del hombre, Satanás procura dañarle y destruirle; y él es el Ángel de la muerte.* Así, cuando Satanás hubo fracasado en hacer vacilar la constancia de Abraham e Isaac, atacó a Sara (Yalk. i., par. 98, últimas líneas, p. 28 *b*). La muerte de Sara se debería bien a sus sugerencias, o bien a informes falsos, sea al espanto de que Isaac había sido ofrecido (Pirqé de R. Eliez. 32, y Targum Pseudo-Jon.), o bien al sobresalto cuando supo que Isaac no había muerto (Ber. R. 58). De modo similar, Satanás había procurado quitar a Tamar las prendas que Judá le había dado. Se apareció como un viejo a Nimrod para mostrarle cómo echar a Abraham a un horno ardiendo, y al mismo tiempo persuadir a Abraham para que no se resistiera, etc. Igualmente pueriles son las representaciones de Satanás como el Ángel de la muerte. Según Ab. Zar. 20 *b*, el moribundo ve a su enemigo con una espada desenvainada, en cuya punta hay pendiente una gota de bilis. En su terror, abre la boca y traga la gota, lo cual explica la palidez de su rostro y la corrupción que sigue. Según otro rabino, el Ángel de la muerte usa realmente la espada, aunque debido a la dignidad de la humanidad la herida que él inflige no se permite que sea visible. Es difícil imaginar un relato más repulsivo que el de la muerte de Moisés según Deb. R. 11. Empezando con el triunfo de Sammael sobre Miguel en el suceso esperado, cuenta que Moisés había suplicado que fuera cambiado en una fiera o un pájaro para morir, que Gabriel y Miguel rehusaron sucesivamente transportar el alma de Moisés; que Moisés, sabiendo que Sammael venía con este propósito, se había armado con el Nombre inefable; que Moisés, jactándose, había contado a Sammael todas sus hazañas, reales y legendarias; y que al fin Moisés había perseguido al enemigo con el Nombre inefable y, en su ira, había arrancado a Satanás uno de sus cuernos de gloria y le había cegado de un ojo. Nos podemos excusar de seguir esta historia en sus repugnantes detalles.

Pero, tanto como Ángel de la muerte o como seductor de hombres, Sammael no tiene poder absoluto. Cuando Israel aceptó y puso la Ley sobre sí mismo en el monte Sinaí, los israelitas pasaron a ser enteramente libres de su dominio, y habrían seguido así de no ser por el pecado del becerro de oro. De modo similar, en el tiempo de Esdras, el objeto de la oración de Israel (Neh. 8:6) era el de que Satanás les fuera entregado a ellos. Después de un ayuno de tres días esto les fue concedido, y el Yetser haRa de la idolatría, en la forma de un león joven, les fue entregado. No serviría de nada repetir la historia de lo que hicieron con el enemigo atado, o de cómo sus gritos no fueron escuchados en los cielos. Basta decir que, en vista de los requerimientos del mundo presente, Israel le dejó en libertad del efa cubierto de plomo (Zac. 5:8) bajo el cual, por consejo del profeta Zacarías, le habían confinado, aunque con la precaución de primero sacarle los ojos (Yoma 69 *b*). Y, con todo, el criticismo moderno dice que la satanalogía del Nuevo Testamento se deriva de la historia de la tentación de fuentes judaicas, incluso teniendo a la vista –o probablemente a causa de la ignorancia– las enseñanzas de este tipo.

Sobre seis personas –Abraham, Isaac, Jacob, Moisés, Aarón y Miriam, con las cuales algunos al parecer equiparan a Benjamín– el Ángel de la muerte no tenía poder (Bab. B. 177 *a*). Benjamín, Amram, Jesse y Chileb (el hijo de David) se dice que habían muerto (solamente) a causa del «pecado de la serpiente». En otros casos, también, Sammael no pudo ejercer su poder hasta que por ejemplo por medio de alguna estratagema distrajo a un teólogo de sus estudios sagrados. Así, interrumpió las meditaciones piadosas de David encaramándose a un árbol, y cuando David fue a examinarlo, se rompió un peldaño de la escalera sobre la cual se hallaba y con ello interrumpió los pensamientos santos de David. De modo similar, el rabino Chasda, en su ocupación con el estudio sagrado, esquivó al Ángel de la muerte hasta que el crujido de una viga distrajo su atención. Hay ejemplos de la torpeza del enemigo (Kethub. 77 *b*), y un rabino –Josué– le quitó la espada, y sólo se la devolvió al recibir orden directa de Dios de hacerlo. Allí donde estas ideas sobre Satanás hallaban expresión, los temores supersticiosos podían ser fácilmente excitados; pero la idea de un mal moral y de un combate moral con él no podía hallar alojamiento.

III. Los espíritus malignos o demonios (*Shedim, Ruchin, Ruchoth, Lilin*)

Aquí también, como en los otros puntos, notamos la presencia de elementos pársicos supersticiosos. En general, estos espíritus parecen los *gnomos, duendes* y otros de los cuentos de hadas. Son astutos y maliciosos, y el contacto con ellos es peligroso; pero no se puede realmente decir que sean absolutamente malos. En realidad, a veces resultan ser amables y útiles; y pueden ser hechos inocuos en toda ocasión, y hasta serviciales en ocasiones.

1. *Su origen, naturaleza y números.* Las opiniones sobre su origen difieren. De hecho se originan de varias formas. Según Ab. 12 *b*, Ber. R. 7, fueron creados la víspera del primer sábado. Pero desde entonces su número ha crecido enormemente. Porque, según Erub. 18 *b*, Ber. R. 20 (ed. Vars., p. 40 *b*), multitudes de ellos son descendientes de Eva y los

espíritus malignos, y de Adán y de espíritus femeninos, o de Lilith (la reina de los espíritus femeninos), durante los 130 años en que Adán estuvo bajo el bando, y antes de que naciera Set (Gn. 5:3);[5] comp. Erub. 18 *b*. Además, su número no puede ser limitado ya que se propagan ellos mismos (Chag. 16 *a*), a semejanza de los hombres en esto, así como en tomar alimento y morir. Por otra parte, como los ángeles tienen alas, pasan por el espacio sin ser estorbados y conocen el futuro. Además, son producidos por un proceso de transformación de víboras, que en el curso de cuatro veces siete años pasan sucesivamente, a través de las formas de vampiros, cardos y espinos, a los *Shedim* (demonios) (Bab. K. 16 *a*) –quizá en forma de parábola indicando el origen de los *Shedim* a través de la caída del hombre. Otra idea en forma de parábola puede implicarse en el dicho de que los *Shedim* brotan de la columna vertebral de aquellos que no se inclinan para adorar (*u.s.*).

Aunque los *Shedim* (demonios) tienen forma de seres humanos, o parecen tenerla, pueden asumir cualquier otra forma. Los de sus números, que son identificados con lugares sucios, se representan a sí mismos, como negros (Kidd. 72 *a*). Pero la idea de su semejanza no es la misma que la del hombre. Cuando son conjurados, su posición depende del modo del conjuro, o sea, si tienen la cabeza o los pies abajo. Algunos de los *Shedim* tienen defectos. Así, los que se alojan en los arbustos de alcaparras son ciegos; y se refiere un caso en que uno de éstos, en persecución de un rabino, cayó sobre el tocón de un árbol y pereció (Pes. 111 *b*). Los árboles, los jardines, las viñas y también las casas en ruinas y desoladas, pero en especial los lugares llenos de escombros, son su residencia favorita, y durante la noche, o antes del canto del gallo, hacen sus apariciones de modo especial. De ahí el peligro de ir solo a estos lugares (Ber. 3 *a*, *b*; 62 *a*). Si van dos, escapan del peligro, pero ante tres, el Shed ni siquiera aparece (Ber. 151 *b*). Por la misma razón es peligroso dormir solo en una casa (Shabb. 151 *b*), en tanto que el hombre que sale antes de que cante el gallo, sin llevar por lo menos como protección un antorcha encendida (aunque la luz de la luna era más segura), se arriesgaba y ponía su sangre sobre su propia cabeza. Si saludabas a alguno en la oscuridad, podías haberlo hecho a un Shed (Sanh. 44 *a*). Y el peligro era importante, puesto que el peor de estos Shedim, en especial dañino a los rabinos, era un dragón con siete cabezas, que fueron desprendiéndose una tras otra cada vez que se inclinaba el rabino Acha durante sus devociones (Kidd. 29 *b*). Especialmente peligrosos eran los días de víspera de miércoles y sábado. Pero era consolador saber que los Shedim no podían *crear* o producir nada; ni tenían poder sobre lo que había sido contado, medido, atado o sellado (Chull. 105 *b*); podían ser vencidos por el «Nombre inefable»; y podían ser expulsados por medio del uso de ciertas fórmulas, que, cuando eran escritas y llevadas, servían de amuletos.

El número de estos espíritus era como la tierra que es removida y vuelta al revés cuando un surco ha sido sembrado. En realidad, ninguno sobreviviría si pudiera ver su número. Un millar a tu derecha, y diez millares a tu izquierda, un enjambre así en la academia o junto a una esposa; ¡un cansancio y desmayo así a causa de su toque maligno pueden llegar a desgarrar el mismo vestido que uno lleva! (Ber. 6 *a*). La reina de los espíritus femeninos iba seguida de unos 180.000 (pes. 112 *b*). Aunque no lo imaginemos, estos espíritus nos acechan por todas partes: en las migajas en el suelo, en el aceite en las vasijas, en el agua que bebemos, en las enfermedades que nos atacan, en las copas que bebemos en número par, en el aire, en la habitación, de día y de noche.

2. *Su disposición y orden*. En general, pueden ser ordenados en espíritus *masculinos* y *femeninos*, los primeros bajo su rey *Ashmedai*, las últimas bajo su reina *Lilith*, probablemente lo mismo que *Agrath bath Machlath*, sólo que estos últimos presentan de modo más pleno el aspecto más dañino de las diablesas. Los espíritus dañinos son designados de modo especial como *Ruchin*, *Mazziqin* (perjudicadores), *Malakhey Chabbalah* (ángeles dañinos), etc. En otro sentido están ordenados en *cuatro* clases (Targ. Pseudo-Jonat. sobre Nm. 6:24): los *Tsaphriré*, o espíritus matutinos (Targ. sobre Sal. 121:6; Targ. sobre Cnt. 4:6); los *Tiharé*, o espíritus del mediodía (Targ. Pseudo-Jonat. sobre Dt. 32:24; Targ. sobre Cnt. 4:6); los *Telané*, o espíritus de la tarde (Targ. sobre Cnt. 3:8; 4:6; Targ. sobre Eclesiastés 2:5); y los *Lilin*, o espíritus nocturnos (Targ. Pseudo-Jon. sobre Dt. 32:34; Targ. sobre Is. 34:14) (Según el 22 Targ. sobre Est. 2:1, 3, Salomón tenía tal poder sobre ellos que a sus órdenes ejecutaban danzas delante de él).

a) Ashmedai (quizá un nombre parsi), *Ashmodi*, *Ashmedon* o *Shamdon*, el rey de los demonios (Gitt. 68 *a*, *b*; Pes. 110 *a*). Es digno de ser notado que este nombre no ocurre en el Talmud Jer. ni en las antiguas fuentes palestinas. Es representado como de gran tamaño y fuerza, astucia, malicia y lujuria. Sin embargo, se sabe que a veces ha hecho obras bondadosas, como guiar a un ciego o mostrar el camino a un borracho. Naturalmente, sabe de antemano el futuro, y puede obrar con magia, pero puede transformarse en útil por medio del uso del «Nombre inefable», y especialmente con el sello del rey Salomón, en el cual está grabado. La historia del poder de Salomón sobre él es bien conocida, y aquí puede referirse en forma breve. Se dice que, como no había que usar hierro en la construcción del Templo, Salomón tenía mucho interés en conseguir los servicios del gusano *Shamir*, que tenía gran poder para cortar piedras (ver sobre esto Ab. Z. 12 *a*; Sot. 48 *b*; Gitt. 68 *a*, *b*). Por consejo del Sanedrín, Salomón conjuró, para alcanzar este objetivo, a un Shed masculino y uno femenino, que le dirigieron a Ashmedai. Este último vivía en el fondo de una profunda cisterna en una alta montaña. Cada mañana, al partir de ella para ir al cielo y escuchar los decretos del Sanedrín Superior, cubría la cisterna con una piedra y la sellaba. Benayah, armado con una cadena, y el sello de Salomón con el Nombre inefable, fue y llenó la cisterna de vino, que Ashmedai, como los otros espíritus, aborrecía. Pero como no tenía otra manera de apagar la sed, Ashmedai se emborrachó, y entonces fue fácil, por medio del sello mágico, atarle una cadena al cuello. Sin entrar en la historia de sus hazañas o cómo indicó dónde estaba Shamir, y cómo finalmente el gusano (que estaba bajo la custodia de un gallo salvaje)[6] fue dominado, al parecer, por su astucia, Ashmedai fue puesto finalmente en libertad, e inmediatamente lanzó a Salomón a una gran distancia, asumió su forma y reinó en su lugar, hasta que al final, tras una serie de aventuras, Salomón recobró su sello, que Ashmedai había tirado y un pez se había tragado. Salomón fue reconocido por el Sanedrín, y Ashmedai huyó a la vista de su sello. (Es muy posible que todo esto sea solamente una forma de parábola de la historia de la declinación moral de Salomón y de su arrepentimiento final).

5. De la expresión un hijo «a su semejanza» se infiere que su descendencia durante los 138 años previos no era a su semejanza.

6. El *Tarnegol Bera* –un animal mítico que llegaba de la tierra al cielo (Targ. sobre Salmo 1:11)– llamado también *Naggar Tura* (Gitt. 68 *b*) por su actividad en partir montañas.

b) Lilith, la reina de los espíritus femeninos, se ha de distinguir de *Lilin* –o sea, los espíritus de la noche– y de *Lela* o *Lailah*, un ángel que acompañó a Abraham en su expedición contra Quedorlaomer (Sanh. 96 *a*). Aquí reconocemos aún de modo más claro los elementos parsis. Lilith es «la reina de Zemargad» (Targ. sobre Job 1:15) –«Zemargad» representa cristales verdes, malaquita y esmeralda–, y la tierra de Zemargad es «Seba». Se describe a Lilith como la madre de Hormiz u Hormuz[7] (Bab. B. 73 *a*). Algunas veces es representada como una mujer muy hermosa, pero principalmente con el cabello muy largo, rubio, flotante y con alas (Nidd. 24 *b*; Erub. 100 *b*). En Pes. 111 *a* tenemos una fórmula para exorcizar a Lilith. En Pes. 112 *b* (hacia el final) se nos dice que Agrath bath Machlath (probablemente la palabra del Zend Agra, «muy malvado»; bath Machlath, «que danza») amenazó al rabino Chanina con una seria mala pasada, de no haber sido su grandeza proclamada por el cielo, a lo cual el rabino mostró su poder y la expulsó de los lugares habitados, pero finalmente le dio libertad en la víspera del día cuarto y del sábado, cuyas noches, en consecuencia, son las más peligrosas.

3. *Carácter y hábitos de los Shedim.* Como los ángeles, los Shedim son sólo personificaciones. Así, las enfermedades con frecuencia eran adscritas a sus actividades, por lo que había Shedim de ciertas enfermedades, como de asma, garrotillo, rabia, locura, enfermedades del estómago, etc. Además, había Shedim locales, como los de Samaria, Tiberias, etc. Por otra parte, los Shedim podían ser empleados en la cura mágica de enfermedades (Shabb. 67 *a*). De hecho, el conjurar y hacer uso de demonios era considerado legal, aunque peligroso (Sanh. 101 *a*), puesto que un conocimiento reducido de un tema puede permitir a una persona evitar todo peligro de los mismos. Así, aunque Chamath el demonio del aceite trae erupciones a la cara, no obstante, el peligro es evitado si se usa el aceite desde el cuenco de la mano y no de una vasija. De modo similar, hay fórmulas por las cuales se puede contraatacar el poder de los demonios. En estas fórmulas, en que no hay versículos bíblicos, se insertan los nombres de los demonios. Este tema será tratado en otro Apéndice.

En general, podemos esperar hallar demonios en el agua, aceite y en otras partes que queden sin cobertura toda la noche; en las manos antes de ser lavadas para propósitos religiosos, y en el agua en que pueden haber sido lavadas; y en las migajas en el suelo. Los demonios pueden imitar o ejecutar todo lo que hicieron profetas y grandes hombres de antaño. Los magos de Egipto habían imitado los milagros de Moisés con poder demónico (Shem. R. 9). Tan general era al tiempo de nuestro Señor la creencia en demonios y en el poder de emplearlos, que incluso Josefo (*Ant.* viii.2,5) insiste en el poder de conjurarlos y expulsarlos, y de las curas mágicas que se habían derivado del rey Ezequías, a quien se las había dado Dios. Josefo declara que él mismo ha sido testigo presencial de una cura maravillosa por medio de la repetición de una fórmula mágica. Esto ilustra la insistencia de los escribas en que las curas milagrosas de nuestro Señor eran debidas a la actividad demónica.

Hay legiones de demonios que están esperando algún error o fallo por parte del hombre. Su poder se extiende sobre todos los números pares.[8] De ahí que hay que tener cuidado en no beber un número par de copas (Ber. 51 *b*) excepto en la noche de Pascua, en que los demonios no tenían poder sobre Israel (Pes. 109 *b*). Por otra parte, hay demonios que podrían casi ser designados como espíritus familiares, que enseñaron a los rabinos, a Shed José (Pes. 110 *a*) y a Shed Jonatán (Yeb. 122 *a*). El rabino Papa tenía un joven Shed que le esperaba (Chull. 105 *b*). Por otra parte, no puede haber dificultad en asegurarse de su existencia real. Como los Shedim tienen pies de gallo, basta con echar cenizas junto al lado de la cama y allí se pueden percibir las huellas por la mañana (Ber. 6 *a*; Gitt. 68 *b*). Era por la forma de los pies que el Sanedrín esperaba reconocer si Ashmedai era realmente Salomón o no, pero se halló que nunca apareció con los pies descubiertos. El Talmud (Ber. 6 *a*) describe el método siguiente –infalible– para ver a estos espíritus: tomar las secundinas de una gata negra que sea la hija de una gata negra –siendo, tanto la madre como la hija, primogénitas–, quemarlas al fuego y poner algo de la ceniza en los ojos propios. Antes de usarlas, hay que poner las cenizas en un tubo de hierro y sellarlo con un sello de hierro. Se añade que el rabino Bibi probó el experimento con éxito, pero fue dañado por los demonios, ante lo cual fue restaurado a la salud por las oraciones de los rabinos.[9]

Hay otras cuestiones afines, como las de los amuletos, etc., que serán tratadas bajo posesiones demónicas. Pero ¿no podemos aquí, una vez más y con confianza, apelar al estudio imparcial sobre si, en vista de este bosquejo de angelología y satanalogía judaicas, se puede defender la tesis de que las enseñanzas de Cristo sobre este tema se han derivado de fuentes judaicas?

7. Hamburger lo traduce por *Ahriman*, pero parece más bien *Hormuzd*. Quizá los rabinos deseaban combinar los dos. *Ahriman* está escrito *Ahurmin*, Sanh. 39 *a*, en esta curiosa nota de una controversia con un mago.

8. La superstición «Hay suerte en los números impares» ha pasado a todas las naciones.

9. La comparación del Dr. Kohut de la angelología rabínica y la demonología del Parsismo (*Ueber d. jüd. Angelol. u. Demonol. in ihrer Abhäng. vom Parsiosmus*) es en extremo interesante, aunque no es completa y sus conclusiones, a veces, son un poco forzadas. Los argumentos negativos que deriva de la angelología judaica y satanalogía, sobre la «Religión Sobrenatural», están basados en información inexacta y no crítica, y no precisan discusión detallada.

Apéndice 14
(Libro 3, capítulo 3)

La Ley en los tiempos mesiánicos

La cuestión de las ideas rabínicas con respecto al carácter obligatorio de la Ley y su imposición a los gentiles en los tiempos mesiánicos, aunque en realidad hablando en sentido estricto no forma parte de esta historia, tiene tal importancia que merece una consideración especial. En el texto al cual se refiere este Apéndice se ha indicado que se esperaba una nueva legislación en los días mesiánicos. La base última de esta expectativa hay que buscarla en el mismo Antiguo Testamento, no meramente en tales alusiones como el valor intrínseco de los sacrificios, sino en pasajes como Deuteronomio 18:15, 18, y su comentario profético en Jeremías 31:31ss. Era con miras a esto que la delegación judía inquirió si Juan el Bautista era «el profeta». Porque, como hemos mostrado, el Rabinismo asociaba ciertas funciones reformatorias y legislativas con la aparición del Precursor del Mesías (Eduy. viii. 7).

Había ciertamente sobre esto opiniones divergentes según los diferentes puntos de vista de los rabinos y, como podemos suponer, no sin relación controversial con la enseñanza del Cristianismo. La tendencia más estricta puede caracterizarse como la que niega la posibilidad de cualquier cambio en la Ley ceremonial, o la abrogación de los festivales en el futuro. Incluso la destrucción del Templo, con el cese indispensable de los sacrificios –si esto sucedió como se supone–, sólo causó un vacío; del mismo modo que el exilio de la tierra de Israel sólo podía eximir aquellas leyes que afectaban al suelo de Israel. El lugar de los sacrificios fue ocupado, entretanto, por la lectura de las secciones sacrificiales en la Ley (Meg. 31 *b*; Ber. R. 44), o, en todo caso, en conjunción con oraciones (Ber. 2 *b*), pero especialmente el estudio de la Ley (Men. 110 *a*). Y por lo que se refiere al más sagrado de todos los sacrificios, el del Día de la Expiación, se explicó que el día, más bien que los sacrificios, traía reconciliación (Sifra c. 8). Este grupo sostuvo el principio de que no sólo las ordenanzas divinas, sino incluso las rabínicas, que al parecer no eran destinadas a una duración determinada o a un propósito específico, tenían una duración eterna (Bez. 5 *b*). «La ley no cesa nunca; la ley es los mandamientos, y no hay ningún profeta que pueda cambiar una palabra de ellos».

Estas ideas fueron llevadas al punto que se afirmó: «Israel no necesita la enseñanza del Rey Mesías», sino que «sólo viene a recoger a los dispersos, y a dar a los gentiles treinta mandamientos, como está escrito (Zac. 11:12): "me pesaron por precio treinta piezas de plata"» (Ber. R. 98). Pero incluso estas afirmaciones de carácter extremo parecen implicar la controversia viva que se mantenía sobre el tema. Además, los defensores más celosos de la Ley admitían que los gentiles habían de recibir leyes en los tiempos mesiánicos. La sección más pequeña y extrema defendía que las leyes, tal como las observaba Israel, serían impuestas a los gentiles (Chull. 92 *a*); otros, que sólo treinta mandamientos, las ordenanzas originales de Noé, que se suponían estaban enumeradas en Levítico cap. 19, y serían obligatorias, en tanto que otros suponían que sólo serían obligatorias *tres* ordenanzas a los nuevos convertidos: dos relacionadas con la Fiesta de los Tabernáculos; la tercera, sobre las filacterias (Midr. sobre Salmos 31:1, ed. Vars., p. 30 *b*). Por otra parte, tenemos el testimonio más claro de que la tendencia prevaleciente iba en una dirección distinta. En un pasaje muy curioso (Yalk. ii. 296, p. 46 *a*), en el cual se enseña en un lenguaje figurado la restitución final de «los pecadores de Israel y de los justos entre los gentiles», que están todos en la Gehena, se nos habla de una «*nueva* Ley que Dios dará por medio del Mesías» en la edad venidera, y que requiere un *agradecimiento* universal no sólo en la tierra, sino también en la Gehena, ya que da lugar a la liberación de los que están en esta última. Pero como esto puede referirse al tiempo de la consumación final, vamos a ir a otros pasajes. La Midrash acerca de Cantares 2:13, aplicando el pasaje en conjunción con Jeremías 31:31, afirma expresamente que el Mesías dará a Israel una nueva ley, y el Targum sobre Isaías 12:3, aunque quizá no de modo tan claro, habla también de una «nueva instrucción». Es innecesario multiplicar las pruebas (como Vayyik. R. 13). Pero el Talmud va todavía más allá y establece dos principios: que en la «edad venidera» toda la ley ceremonial y todas las fiestas habían de cesar. Y aunque esto puede ser considerado meramente como una afirmación de carácter general, es aplicado de modo definido al efecto que todos los sacrificios, excepto el Día de la Expiación, o bien la Fiesta de Ester, habían de llegar a su término; es más, dice en la Midrash sobre las palabras «el Señor desata al atado» (Sal. 146:7), que lo que antes había sido «atado» o prohibido sería «desatado» o permitido, en especial serían eliminadas las distinciones entre animales limpios e inmundos.

Esto es aún de más interés aquí porque proyecta luz sobre dos temas de máxima importancia. Primero ilustra el intento del partido más estricto judaico en la Iglesia para forzar a los creyentes gentiles al yugo de toda la Ley; la actitud de Pablo al respecto; su relación con Pedro; la conducta de este último; y el curso y procedimientos del Sínodo apostólico de Jerusalén (Hch. 15). Pablo, en el hecho de su oposición a este partido, se mantuvo fiel dentro del terreno ortodoxo judío. Pero cuando afirma no sólo una nueva «ley de la libertad», sino el carácter típico y preparatorio de la nueva Ley, y su cumplimiento en Cristo, va más allá del punto de vista judío. Además, la moderna teoría favorita en cuanto a la oposición fundamental entre la teología paulina y petrina a este respecto, no tiene apoyo en las ideas judías sobre el tema, a menos que supongamos que Pedro pertenecía a la escuela judía más estricta, lo cual nos lo impide el conjunto de su historia. Podemos, también, entender que la visión concedida divinamente de la abrogación de la distinción entre animales limpios e inmundos (Hch. 10:9-16), aunque venga como una sorpresa, puede haber tenido una base natural en la expectativa judía,[1] y explica que el Sínodo apostólico, cuando resolvió la cuestión, finalmente volvió a insistir en los llamados mandamientos de Noé, aunque con principios muy amplios como base de su decisión (Hch. 15:13-21). Por último, parece proyectarse algo de

1. El lector instruido podrá encontrar una ilustración muy curiosa de esto en esta extraña Haggadah sobre la envidia de la serpiente estimulada al ver a Adán alimentado con comida desde el cielo –con lo que está relacionada otra Haggadah, igualmente curiosa, para mostrar que «nada de lo que desciende del cielo es inmundo».

luz en la paternidad del cuarto Evangelio; porque la pregunta acerca de «este profeta» –que es del todo evidente que está referida a la posible alteración de la Ley en los días mesiánicos–, que solamente se menciona en el cuarto Evangelio, muestra un conocimiento tan íntimo de los detalles de las ideas judías sobre este tema, que parece completamente incompatible con su supuesto origen en Éfeso hacia el fin del siglo II, y que sería el resultado de la enseñanza de la iglesia de Éfeso –«un libro esóterico y ecléctico "designado a modificar" las impresiones producidas por la tradición previamente recogida por los Sinópticos».

Apéndice 15
(Libro 3, capítulo 8)

La localización de Sicar y la fecha de la visita de nuestro Señor a Samaria

I. La localización de Sicar

Aunque los escritores modernos están casi todos de acuerdo sobre este tema, haremos bien en poner brevemente delante de nuestros lectores los hechos del caso.

Hasta hace relativamente poco, la Sicar de Juan cap. 4 se consideraba generalmente que representaba a la antigua Siquem. La primera dificultad aquí era el nombre, puesto que Siquem apenas podía identificarse con Sicar, que es indudablemente la forma correcta. En consecuencia, este último término se consideraba como un término de oprobio, derivado de *Shekhar* (en arameo, *Shikhra*), como si dijéramos «ciudad de borrachos», o bien de *Sheqer* (en arameo *Shiqra*), «ciudad de mentirosos». Pero, sin mencionar otras objeciones, no hay rastro de una alteración así en el nombre Sicar en los escritos judíos, en tanto que su empleo parecería del todo incongruente en un relato como el de Juan 4. Además, los escritores más primitivos distinguían Sicar de Siquem. Finalmente, en el Talmud, el nombre *Sokher*, también escrito *Sikhra*, ocurre con frecuencia, y esto no sólo como distinto de Siquem, sino en una conexión que hace que la hipótesis de un apodo oprobioso sea imposible. El profesor Delitzch (*Zeitschrift für Luther. Theol. para 1856*, 2, pp. 242, 243) ha coleccionado siete pasajes del Talmud de Babilonia a este efecto, en cinco de los cuales se menciona Sichra como el lugar de nacimiento de ciertos rabinos célebres –la ciudad habiendo sido dejada aparentemente por los samaritanos en un período ulterior, y ocupada por los judíos (Bab. Mets. 42 *a*, 83 *a*, Pes. 31 *b*, Nidd. 36 *a*, Chull. 18 *b*; y, sin citar a rabinos, Baba K. 82 *b*, Menach. 64 *b*. Ver también Men. x. 2 y Jer. Sheq., p. 48 *d*). Si se necesita más prueba, será suficiente decir que una mujer podía difícilmente haber ido una milla y media desde Siquem al pozo de Jacob a buscar agua, cuando había tantos manantiales cerca de la antigua ciudad. En estas circunstancias, los escritores posteriores generalmente han establecido la aldea de Askar, a media milla del pozo de Jacob y a la vista del mismo, como la Sicar del Nuevo Testamento, y uno de los primeros que han defendido esta idea es el erudito canón. Williams. A poco más de un tercio de milla desde Askar está la reputada tumba de José. La transformación del nombre Sicar en Askar se explica, sea por la contracción de *'Ain 'Askar*, «el pozo de Sicar», o bien por el hecho de que en la Crónica Samaritana el lugar es llamado Iskar, lo cual parece haber sido la pronunciación vulgar de Sicar. Una descripción plena del lugar la proporciona el capitán Con-der (*Tent-Work in Palestine*, vol. 1, pp. 71ss., especialmente pp. 75 y 76), y M. Guérin, *La Samarie*, vol. 1, p. 371, aunque este último escritor, que sigue casi estrictamente la tradición, niega la identidad de Sicar y Askar (pp. 401 y 402).

II. Época en que nuestro Señor visitó Samaria

Esta cuestión, que es de tal importancia no sólo para la cronología de este período, sino con relación a la fiesta de Jerusalén no nombrada, a la cual fue Jesús (Juan 5:1), ha sido discutida del modo más pleno y satisfactorio por el canón. Westcott (*Speaker's Commentary*, vol. 2 del Nuevo Testamento, p. 93). Los datos siguientes nos ayudarán en nuestras averiguaciones.

1° Jesús pasó algún tiempo después de la fiesta (Jn. 2:23) en la provincia de Judea. Pero no es probable que se tratara de un período largo, pues:

2°, en Juan 4:45 los galileos tenían evidentemente un recuerdo reciente de lo que había tenido lugar en la Pascua en Jerusalén, y si hubiera transcurrido un período largo u otros festivales desde entonces, esto no habría sido así. De un modo similar, el «oficial del rey» (Jn. 4:47) –o sea, el noble– parece también que obraba impulsado por un informe reciente.

3° La fiesta innominada de Juan 5:1 forma un elemento importante en nuestros cómputos. Tienen que haber intervenido algunos meses entre el ministerio de Galilea y el retorno de Jesús a esta provincia. Por ello, no puede haber sido en Pentecostés. Ni podría haber sido la Fiesta de los Tabernáculos, que se celebraba en otoño, ni tampoco la Fiesta de la Dedicación, que tenía lugar en invierno, puesto que las dos son mencionadas de modo expreso por sus nombres (Jn. 7:2; 10:22). Las únicas fiestas posibles que quedan eran: la Fiesta de la ofrenda de la leña, la Fiesta de las Trompetas, o Día de Año Nuevo, el Día de la Expiación, y la Fiesta de Ester o Purim.

Empecemos con la última, que es la que se ha citado más recientemente como probable. Las razones en contra de la asistencia de Cristo en Jerusalén en el día de Purim me parecen indiscutibles. El canón. Westcott insiste que el discurso de Cristo en la fiesta innominada no tiene, como suele ser el caso, conexión alguna con los pensamientos de este festival. A esto yo añadiría que me es difícil concebir que nuestro Señor subiera a una fiesta observada con tanto jolgorio y ruido como era Purim, cuando la temporada del año en que cae difícilmente concuerda con la afirmación de Juan 5:3 de que había una multitud de personas enfermas echadas en los pórticos de Betesda.

Pero si la fiesta innominada no era Purim, tiene que haber sido una de estas tres: la Fiesta de la recolección de la leña, la Fiesta de las Trompetas o el Día de la Expiación. En otras palabras, tiene que haber tenido lugar a finales del verano o a principios del otoño. Pero si es así, entonces el ministerio de Galilea intervino entre la visita a Samaria y esta fiesta, lo cual lleva por necesidad a pensar que la visita a Sicar tiene que haber tenido lugar a principios del verano, probablemente hacia mediados o final de mayo. Esto daría bastante tiempo para la estancia de Cristo en Jerusalén durante la Pascua y para su ministerio de Judea.

Como estamos discutiendo aquí la fecha de la fiesta innominada, podemos dar fin muy rápidamente a la discusión. Hemos visto que las únicas tres fiestas a las cuales podía hacerse referencia eran éstas: la Fiesta de la recolección de la leña, la Fiesta de las Trompetas y el Día de la Expiación. Pero no puede ser el Día de la Expiación, ya que es designada no sólo por Filón, sino en Hechos 27:9, como «de ayuno», no de fiesta νηστεία, no ἑορτή (comp. Septuaginta, Lv. 14:29ss.; 28:27ss.). En cuanto a la decisión entre la Fiesta de la recolección de la leña y la de las Trompetas, no sabría por cuál decidirme. El canón. Westcott ha insistido en favor de la última con razones que me parecen de mucho peso. Por otra parte, la Fiesta de las Trompetas no era una fiesta en que la gente acostumbrara acudir a Jerusalén, y como tenía lugar el primero de Tishri (hacia mitad de septiembre), es difícil creer que alguien que fuera a ella no hubiera más bien preferido quedarse en Jerusalén hasta el Día de la Expiación y la Fiesta de los Tabernáculos (o hubiera preferido una de las dos), que se celebraban el día 10 y el 15, respectivamente, de aquel mes. Finalmente, la Fiesta de la recolección de la leña, que tenía lugar el 15 de Ab (en agosto), era un festival popular y alegre, en que se recogía la leña necesaria para el altar, por todas partes del país, y era llevada a Jerusalén. Puesto que entre estas dos fiestas hemos de dejar la cuestión indecisa, únicamente he de hacer notar que mediaban apenas seis semanas entre la una y la otra.

Apéndice 16

(Libro 3, capítulo 14)

Sobre las ideas judaicas acerca de los demonios y los endemoniados, junto con algunas notas sobre el intercambio entre los judíos y los cristianos judíos en los primeros siglos

No tenemos el propósito de hacer un estudio exhaustivo sobre las ideas judaicas acerca de los demonios y los endemoniados. Es necesario hacer unas pocas observaciones, sin embargo, sobre una obra en la que se han basado, de modo implícito, los que han tratado el tema. Me refiero a la obra de Gfrörer, *Jahrhundert des Heils* (especialmente vol. 1, pp. 378-424). Gfrörer empieza citando un pasaje del Libro de Enoc, sobre el cual pone un gran énfasis, pero que las investigaciones críticas de Dillmann y otros eruditos han mostrado que tiene muy poco valor en esta cuestión. Esto elimina muchas páginas de criticismo negativo sobre el Nuevo Testamento que Gfrörer funda sobre esta cita. De modo similar, 4 Esdras no puede ser aducido en nuestros días como evidencia de enseñanza precristiana. Por lo que se refiere a los pasajes rabínicos, Gfrörer, de modo poco crítico, aduce citas de las obras cabalísticas que mezcla con citas del Talmud y de escritos de fecha posterior. Además, por lo que se refiere a las dos citas de Gfrörer de la Mishnah (Erub. iv. 1; Gitt. vii. 1), ya se ha afirmado (Libro 3 –NT–, cap. XIV, nota 8) que ninguno de estos pasajes tiene relación alguna con las posesiones demónicas. Además, Gfrörer apela a dos pasajes en Sifré que pueden ser dados aquí *in extenso.* El primero de ellos (ed. Friedmann, p. 197 *b*) sobre Deuteronomio 18:12, y dice así: «El que se une (adhiere) a inmundicia, sobre él resta el espíritu de inmundicia, pero el que se adhiere a la Shekhinah, es recibido por el Espíritu Santo que reposa sobre él». El segundo ocurre en la explicación de Deuteronomio 32:16, y dice lo siguiente (u.s., p. 136 *b*): «¿En qué forma obra un "demonio" (*Shed*)? Entra en un hombre y le sujeta». Se observará que en ambas citas se hace referencia a cierto efecto moral, no físico, como en el caso de los endemoniados. Finalmente, aunque un pasaje del Talmud que aduce Gfrörer (si bien no de modo exacto) se aplica, realmente, a la posesión demónica, se da en una forma exagerada y adornada.

Si de estas referencias incorrectas nos volvemos a lo que realmente afirman las autoridades judías sobre el tema, tenemos:

1. *En los escritos de Josefo.* En *Antigüedades* vi. 8, 2, Josefo adscribe el desorden de Saúl a una influencia demónica, que «le causaba sofocos tales que casi le ahogaban». En *Antigüedades* vi.8,2, el espíritu demónico se dice que entró en Saúl, y le causó desorden. En *Antigüedades* viii.2,5, Josefo describe la sabiduría, entendimiento y los logros conseguidos por Salomón, refiriéndose en especial a su poder para expulsar demonios que causaban varias enfermedades. Según Josefo, Salomón había ejercido este poder por medio de encantamientos, y su fórmula y palabras de exorcismo todavía eran conocidas en los tiempos de Josefo. De esta manera un tal Eleazar había curado a un «endemoniado», en presencia de Vespasiano, sus oficiales y tropas, poniendo en los orificios de su nariz un anillo «que contenía una de las raíces mencionadas por Salomón», por la cual el demonio fue expulsado en medio de convulsiones del endemoniado, y que el demonio fue conjurado además a no regresar con menciones frecuentes del nombre de Salomón, y con «encantamientos que él (Salomón) había compuesto». Para mostrar la realidad de esto, se puso una vasija con agua a cierta distancia, y el demonio, al salir, la volcó. Es probable que sea la «raíz» a que se refiere Josefo en *Guerras* vii.6,3, que él llama *Baaras*, y que supongo es el equivalente de la forma בוערא, *boara*, «la quema», puesto que él describe su color como el de una llama, y que emitía un rayo luminoso que podría haber costado la vida a un hombre si se usaba en forma diferente a los métodos mágicos que Josefo especifica. De todo esto podemos inferir que Josefo ocupaba el punto de vista tardío talmúdico, tanto por lo que se refiere a los exorcismos como a las curas mágicas y las prevenciones mágicas. Esto es de gran importancia, pues muestra que estas ideas prevalecían en los tiempos del Nuevo Testamento. Pero cuando Josefo añade que los demonios expulsados por la *Baaras* eran «los espíritus de los malvados», está hablando de una superstición que *no* es compartida por los antiguos rabinos, y es posible que pueda ser debida a un intento de racionalización para explicar el fenómeno. Es cierto, en verdad, que la misma idea se presenta en escritos judíos relativamente tardíos, y en Yalkut sobre Isaías 46 *b* aparece referencia a ello, al menos en relación con los espíritus de los que habían perecido en el diluvio; pero esto parece pertenecer a un ciclo diferente de leyendas.

2. *Ideas rabínicas.*[1] Probablemente el enfoque más cercano a la idea de Josefo de que «los demonios» eran las almas de los malvados, es la afirmación (quizá alegórica) de que la columna vertebral de una persona que no se inclina para adorar a Dios se convierte en un *Shed*, o demonio (Bab. K. 16 *a*; Jer. Shabb. 3 *b*). Los nombres corrientes para los demonios son «espíritus malignos», o «espíritus inmundos», *Seirim* (liter. machos cabríos), *Shedim* (*Sheyda*, o demonio, masculino o femenino, sea debido a que su habitación principal son los lugares desolados, o por la palabra «revolotear», o bien «rebelarse»), y *Mazzikin* (los que dañan). Un endemoniado es llamado *Gebher Shediyin* (Ber. R. 65). Con todo eso, los demonios se supone que comen y beben, se propagan y mueren, distinguiéndose con ello de los «demonios» de que habla el Nuevo Testamento. El alimento de los demonios consiste en ciertos elementos del fuego y el agua y ciertos olores. De ahí el modo de encantamiento por medio del incienso hecho de ciertos ingredientes. De su origen, número, habitación e influencia general se ha dicho bastante en el Apéndice sobre la demonología. Es más importante aquí que notemos estas dos ideas judías: que los demonios entraban en el hombre, y a veces tomaban posesión de él; y que muchas enfermedades eran causadas por sus actividades. Lo primero se expresa de modo frecuente. El «espíritu maligno» constriñe al hombre a hacer ciertas cosas, tales como pasar más allá del límite permitido el sábado (Erub. 41 *b*), comer pan de la Pascua, etc. (Rosh haSh. 28 *a*). Pero parece más bien un comentario cáustico que serio cuando se nos dice que estas tres cosas privan al hombre de su voluntad libre y le hacen transgredir: los cutíes (samaritanos), el espíritu maligno y la pobreza (Erub. *u.s.*). Ciertas

1. Agradezco y reconozco la ayuda recibida del tratado del Dr. Brecher sobre este tema.

enfermedades –como la rabia, la angina, el asma– o ciertos accidentes –como encontrar un toro bravío– son debidas a otras causas, que por fortuna tienen límite. Como se ha afirmado en el Apéndice XIII, los demonios más peligrosos son los de los lugares sucios (secretos) (Shabb. 67 *a*). Los números pares (2, 4, 6, etc.) son siempre peligrosos, y lo mismo lo que viene de manos no lavadas. Porque estos descuidos, u otros similares, son lo que está esperando que ocurra toda una legión de demonios (Ber. 51 *a*). Al atardecer de la Pascua los demonios están atados y, en general, su poder ha sido restringido, principalmente en la víspera del miércoles y el sábado (pes. 109 *b* a 112 *b*, *passim*). Con todo, como veremos seguidamente, hay circunstancias en que sería temerario arriesgarse a encontrarlos. Sin entrar aquí en las ideas expresadas en el Talmud sobre la profecía, las visiones y los sueños, vayamos a las cuestiones referentes a nuestro tema.

A. *Magia y magos.* Hemos de recordar aquí que la práctica de la magia estaba estrictamente prohibida a los israelitas, y que –como cuestión de principio, por lo menos– la brujería o magia se suponía que no tenía poder sobre Israel si confesaban y servían a su Dios (Chull. 7 *b;* Ned. 32 *a*). Pero en esta cuestión también –como veremos– teoría y práctica no estaban de acuerdo. Así, bajo ciertas circunstancias, la repetición de fórmulas mágicas se declaraba legal incluso en el sábado (Sanh. 101 *a*). Egipto era considerado como el hogar de la magia (Kidd. 49 *b;* Shabb. 75 *a*). En relación con esto, merece notar que el Talmud adscribe los milagros de Jesús a la magia, que Él había aprendido durante su estancia en Egipto, teniendo cuidado, cuando partió, en insertar bajo su piel las reglas y las fórmulas, puesto que todo viajero que salía del país era registrado para que no se llevara a otros países los misterios de la magia (Shabb. 104 *b*).

Aquí puede ser interesante referirnos a ciertas ideas extrañas que el Rabinismo había adscrito a los cristianos primitivos, mostrando a la vez un intercambio entre unos y otros, y que los judíos no negaban el don de los milagros en la Iglesia, sólo que los adscribían al ejercicio de la magia. De la existencia de este intercambio entre judíos y cristianos hay evidencia abundante. Así, el rab. Josué, hijo de Leví (al fin del siglo II), estaba tan apurado por las citas que ellos hacían de la Biblia, que incapaz de responder pronunció una maldición sobre ellos que, sin embargo, no hizo efecto. Colegimos que en el siglo I el Cristianismo se había esparcido ampliamente entre los judíos, y el rab. Ismael, hijo de Elías, el nieto de aquel Sumo Sacerdote que fue ejecutado por los romanos (Jos., *Guerras* i.2,2), parece que se esforzó en vano para contener el progreso del Cristianismo. Al fin acordó con el rab. Tarfon que no se podía hacer otra cosa que quemar sus escritos. Fue este rab. Ismael el que impidió que su sobrino Ben Dama fuera curado de la mordedura de una serpiente por un cristiano, prefiriendo que muriera a que fuera curado por este medio (Ab. Zar. 27 *b*). De modo similar, el gran rab. Eliezer ben Hircano –también en el siglo I– se hizo tan sospechoso de la herejía prevaleciente, que fue en realidad tomado como cristiano en la persecución de estos últimos. Aunque consiguió mostrar su inocencia, con todo, sus contemporáneos le consideraron durante un tiempo como dudoso, y todos estaban de acuerdo en que las tribulaciones en que se había metido eran un castigo por haber escuchado con placer la enseñanza de los herejes (Ab. Zar. 16 *b*, 17 *a*).[2] Se puede mencionar lo siguiente como ejemplo de la práctica de la magia por estos herejes. En Jer. Sanh. 25 *d* se nos dice que había dos grandes rabinos que fueron sujetados por un hereje a una viga de unas termas o baño público. Por medios similares ellos pudieron amarrar el hereje a la puerta de los baños. Habiéndose puesto de acuerdo en dejarse mutuamente en libertad, unos y otro se embarcaron. Aquí el hereje, por medios mágicos, abrió el mar imitando a Moisés. Ante esto los rabinos le dijeron que anduviera por el mar como Moisés, ¡con lo que quedó inmediatamente anegado por medio de un bando o imprecación del rab. Josué! Hay otras historias de carácter similar o más absurdo. Pero si se tenían estas opiniones de los judíos cristianos, no podemos dudar de que se ordenara que todos sus libros fueran quemados (Bemid. R. 9), que incluso un rollo de la Ley escrito por un hereje fuera destruido (Gitt. 45 *b*), y que los cristianos judíos fueran consignados al castigo eterno de la Gehena (Ros haSh. 17 *a*), de lo cual, incluso la prueba de la circuncisión no había de librarles, puesto que un ángel la convertía en incircuncisión (Shem. R. 19).[3]

Pero volvamos a lo anterior. Los escritos talmúdicos distinguen varias clases de magos. El *Baal Obh*, o conjuro de los muertos, evocaba una voz desde el sobaco o de otros miembros del cuerpo muerto, cuando se tocaban los brazos y los otros miembros para sacar el sonido. La necromancia era practicada de dos maneras distintas. Se podía llamar al muerto (por un método que preferimos no describir), en cuyo caso aparecía con los pies hacia arriba. Pero esto no podía practicarse los sábados. O bien un cráneo, por medios mágicos, podía hacerse que diera la respuesta. Esto podía realizarse en sábado también (Sanh. 65 *a* y *b*). O se podía conjurar un demonio por medio de cierta clase de incienso, y entonces era empleado en magia. Una segunda clase de magos (llamados *Yideoni*) pronunciaban oráculos poniéndose cierto hueso en la boca. En tercer lugar, había el *Chabar*, o encantador de serpientes, haciéndose una distinción entre un Chabar grande y otro pequeño según encantara serpientes grandes o pequeñas. En cuarto lugar, tenemos los *Meonen*, que podían indicar qué días u horas eran de buena o de mala suerte. Quinto: había el «escudriñador de los muertos», que hacía ayunos sobre tumbas a fin de comunicar con los espíritus inmundos; y, finalmente, el *Menachesh*, que conocía qué presagios eran afortunados y cuáles lo contrario (Sanh. 66 *a*). Y si eran tratadas sólo como señales y no como presagios, la práctica era declarada legítima (Chull. 95 *b*).

En general, las artes del ocultismo podían ser practicadas bien por medio de demonios, o bien empleando medios de magia. Entre estas últimas podemos considerar no sólo encantamientos, sino magia por medio del pulgar, con un cuchillo de mango negro, o con una copa de vidrio (Sanh. 67 *b*), o con una copa de encantamiento (Bab. Mets. 29 *b*). Pero había peligro aquí, puesto que si no se observaban debidamente las reglas y precauciones, el mago podía ser dañado por el demonio. Se refiere un caso así, aunque el rabino en cuestión fue preservado por misericordia al ser tragado por un cedro, que después reventó y le dejó en libertad (Sanh. 101 *a*). Las mujeres eran especialmente sospechosas de brujería (Jer. Sanh.vii. 25 *d*), y se les ordenaba

2. Ver más sobre este punto en el Libro 4, cap. XVI, hacia el final.

3. Sólo hemos podido *indicar* un poco sobre este interesante tema. Se podría decir mucho más respecto a Eliezer b. Hircano, y otros. Parece, incluso, que había un lugar de reunión regular para discusiones entre judíos y cristianos. Es más, la práctica de algunos cristianos primitivos de hacerse eunucos es mencionada en el Talmud (Shabb. 152 *a*).

por tanto extrema precaución. Así, podía ser incluso peligroso levantar panes (aunque no pedazos de pan), puesto que podían estar embrujados (Erub. 64 *b*). Hay un número de casos mencionados en que ciertas personas estaban en peligro inminente por causa de la magia, en algunos de los cuales sufrieron no sólo daños, sino la muerte, en tanto que en otros los rabinos supieron cómo evitar los peligros inminentes dirigiéndolos contra sus supuestos atacantes. (Comp., por ej., Pes. 110 *b*; Sot. 22 *a*; Gitt. 45 *a*; Sanh. 67 *b*). Una idea muy peculiar es la que se refiere a los terafines (o ídolos) de la Escritura. Ocurre ya en el Targum del Pseudo-Jon. sobre Génesis 31:19, y se halla también en el Pirqé de R. Eliez. c. 36. Se afirma que el terafín era hecho del siguiente modo: se daba muerte a un primogénito, se le cortaba la cabeza y se preparaba con sal y especias, luego se le ponía bajo la lengua una placa de oro, en la cual se habían grabado fórmulas mágicas, y la cabeza se suponía que daba respuesta a toda clase de preguntas que se le hicieran.

B. Después de esto no tenemos por que maravillarnos de que tantas enfermedades fueran imputadas a influencias mágicas o demónicas, y curadas, bien por medios mágicos, o exorcismos. Para nuestro propósito hemos dejado aparte no sólo la cuestión de si la enfermedad (y en este caso cuáles) podía ser considerada como castigo de ciertos pecados, sino también todas las cuestiones respecto a las causas y medios mágicos de cura. Nos limitamos en nuestras notas al supuesto poder de los espíritus malignos en la producción de enfermedades. Se mencionan como peligrosas cuatro cosas a causa de los demonios, de las cuales mencionaremos sólo tres: el andar entre dos palmeras, si el espacio es mayor que cuatro codos; el pedir prestada agua de beber y el andar sobre agua que haya sido derramada, a menos que fuera cubierta con tierra o se haya escupido encima, o uno se haya quitado el calzado (pes. 111 *a*). De modo similar, la sombra de la luna, de ciertos árboles y de otros objetos es peligrosa a causa de los demonios que suelen esconderse allí. Hay que ejercer mucha precaución también con respecto al agua con que uno se lava las manos por la mañana, así como el aceite para la unción, que no debe ser tomado de una vasija extraña, para que no sea embrujada.

Hay muchas enfermedades causadas por las actividades directas demónicas. Así, la lepra (Horay. 10 *a*), la rabia (Yoma 83 *b*), enfermedades del corazón (Gitt. 67 *b*), locura, asma (Bechor. 44 *b*), garrotillo (Yoma 77 *b*; Taan. 20 *b*) y otras enfermedades son adscritas a demonios especiales. Y aunque no puedo hallar noticias de posesión demónica en el sentido de un revestimiento permanente, con todo, un espíritu maligno puede apoderarse e influir en una persona. El caso más cercano a la posesión demónica se halla en la leyenda de dos rabinos que fueron a Roma para conseguir que se derogara un edicto persecutorio, y que en el barco se encontraron con un demonio, *Ben Temalion*, cuya oferta de compañía aceptaron con la esperanza de poder hacer algún milagro por medio de él. Llegados a Roma, el demonio tomó posesión de la hija del César. Cuando ocurrió esto, fue exorcizada por los rabinos («Ben Temalion, ¡sal de ella! Ben Temalion, ¡sal de ella!»), con lo cual fueron premiados con la oferta de que escogieran lo que quisieran del tesoro imperial, y ellos solicitaron que fuera derogado el decreto hostil (Meil. 17 *b*, hacia la mitad).

Frente a este caso, se refieren muchas curas por medios mágicos. Por estos medios indicamos la aplicación supersticiosa e irracional de medios que en modo alguno podrían afectar ninguna enfermedad, aunque podrían algunas veces combinarse con lo que podríamos llamar remedios caseros. Así, para un resfriado en la cabeza se propone este remedio: derramar un litro de leche de una cabra blanca sobre tres tronchos de col, hacer hervir el puchero y agitarlo con un trozo de «madera de Marmehon» (Gitt. 69 *a*, *b*). El otro remedio propuesto es excremento de un perro blanco mezclado con bálsamo. Hay que decir que cuanto más difícil de tratar es la enfermedad, más irracional es el remedio propuesto. Así, en la ceguera diurna se propone tomar el bazo de siete terneras y ponerlo en una palangana de las usadas por los cirujanos para sangrías. Luego, alguien fuera de la puerta pide al ciego que le dé algo de comer, a lo cual el último contesta: ¿cómo puedo abrir la puerta? Ven y come, a lo cual el que está fuera obedece, teniendo cuidado en no romper la jofaina, pues de otro modo podría pegársele la ceguera a él. Aquí tenemos la indicación de uno de los métodos predilectos de curar la enfermedad: transferirla a otro. Pero si la pérdida del poder de la visión es mayor de noche que de día, se hace una cuerda con el pelo de algún animal y se ata un cabo de ella al pie del paciente y el otro a un perro. Los niños atan varios cachos de tiesto roto detrás del perro, en tanto que el paciente repite estas palabras: «El perro es viejo y el gallo es necio». Luego, se toman siete pedazos de carne de siete casas diferentes y se cuelgan de los postes de la puerta, y el perro debe, después, comer la carne en un estercolero en un espacio abierto. Finalmente se desata la cuerda en tanto que uno repite: «¡Que la ceguera de Fulano, hijo de Mengano, abandone a Fulano, hijo de Mengano, y horade los ojos del perro!» (Gitt. 69 *a*).

Haremos ahora referencia a las curas estrictamente mágicas. Éstas son ejecutadas por medio de amuletos –sean preventivas o curativas de la enfermedad–, o bien mediante exorcismo. Un amuleto se consideraba *probado* si se habían ejecutado tres curas con él. En este caso podía ser puesto incluso en sábado. Consistía, o bien en un trozo de pergamino (Sanh. 78 *b*) sobre el cual se habían escrito ciertas palabras mágicas, o de pequeños hacecitos de plantas o hierbas (designadas como *Qemia*, un amuleto, Shabb. 61 *a*; Kidd. 73 *b*). Sin embargo, aun los amuletos probados podían fallar debido a la constelación adversa bajo la cual se hallaba la persona. En todo caso, lo que se requería era que fueran expresados los nombres y números de los demonios cuyo poder se quería contrarrestar. Algunas veces el amuleto contenía un versículo de la Biblia. No hay que decir que las otras palabras escritas en el amuleto tenían muy poca conexión o sentido, si es que tenían alguno. Pero los entendidos en estas artes, y los rabinos, poseían el secreto de descubrirlas, de modo que no había ningún misterio para ellos, y las fórmulas usadas eran bien conocidas. Si el maleficio que había que contrarrestar era debido a la actividad demoníaca, podía ser prevenido o eliminado por medio de un encantamiento, o bien por otros medios, y en casos difíciles con exorcismos. Un caso de lo primero es el siguiente: para evitar todo peligro de beber agua en miércoles o sábado por la noche, cuando los espíritus malignos podían encontrarse en ella, era aconsejable repetir un pasaje de la Escritura en que la palabra *Qol* (voz) ocurra siete veces (Sal. 29:3-9), o bien decir esto: «Lul, Safán, Anigrón, Anirdafín: ¡entre las estrellas estoy sentado, entre magro y grueso ando!» (Pes. 112 *a*). Contra la flatulencia se recomendaban varios remedios (como beber agua caliente), pero había que acompañarlo con la siguiente fórmula: «¡Pienso en ti, y en tus siete hermanas, y ocho cuñadas!» (Pes. 116 *a*). Se podrían citar otras prescripciones similares. Como el remedio contra la ceguera se ha indicado para señalar la diferencia entre el modo de tratamiento del Salvador, se puede mencionar toda una serie de remedios contra el flujo de sangre, de los cuales, quizá, el vino en que se han hervido cebollas persas, o anís y azafrán u otras plantas, parece el medicamento más racional, si bien hay que acompañarlo en cada caso con esta fórmula: «¡Sé curado de tu flujo!».

Finalmente, por lo que se refiere a los encantamientos y exorcismos, enumeraremos las fórmulas usadas para este propósito. Éstos consisten en palabras que tienen muy poco sentido o ninguno, pero que forman una rima o aliteración cuando se omite o añade una sílaba en las palabras sucesivas. El siguiente ejemplo es la fórmula para el encantamiento contra forúnculos: «Baz, Baziyah, Mas, Masiya, Kas, Kasiyah, Sharlai y Amarlai: ¡vosotros ángeles, que venís de la tierra de Sodoma para curar forúnculos dolorosos!. Que el color no se vuelva más rojo, ni se extienda, y que la simiente sea absorbida en el vientre. Como una mula no se propaga, que no se propague este mal en el cuerpo de Fulano, hijo de Mengano» (Shabb. 67 *a*). En otras fórmulas no son invocados los demonios para la cura, sino que son amenazados. Tenemos la siguiente contra otras enfermedades cutáneas: «¡Una espada sacada; una honda tendida! ¡Su nombre no es Yokhabh, y la enfermedad se queda quieta!». Contra el peligro del demonio de lugares sucios tenemos lo siguiente: «Sobre la cabeza, échalo sobre un plantel de mastuerzos, y dale de firme con la mandíbula de un asno» (Shabb. 67 *a*). Por otra parte, se recomienda como precaución contra el mal de ojo poner el pulgar derecho en la mano izquierda y el pulgar izquierdo en la mano derecha, y decir: «Yo, Fulano de Tal, pertenezco a la casa de José, sobre la cual no tiene poder el mal de ojo» (Ber. 55 *b*). Cierto rabino dio esta información derivada de uno de los capitostes de brujas, por medio de la cual podía uno quedar sano y salvo. La persona en peligro debe dirigirse a las brujas con estas palabras: «¡Basura caliente en tu boca de cestos con agujeros, oh brujas! Que vuestras cabezas se vuelvan calvas, y el viento esparza vuestras migajas. Que se lleve vuestras especias, que el azafrán que tenéis en la mano sea desparramado. Brujas, en tanto que yo tuve gracia y fui cuidadoso, no vine a vosotras, y ahora he venido, y vosotras no me sois favorables» (Pes. 110 *a, b*). Para evitar el peligro de que dos o más personas sean separadas por un perro, una palmera, una mujer o un cerdo, se nos advierte que repitamos un versículo de la Biblia que empiece y termine con la palabra *El* (Todopoderoso). O bien al pasar entre mujeres que son sospechosas de brujería se puede repetir esta fórmula: «Agrath, Azelath, Asiya, Belusiya ya han sido muertos con flechas». Finalmente, se puede citar como una forma de exorcismo de demonios: «¡Revienta, seas maldito, estrellado, Bar-Tit, Bar-Tema, Bar-Tena, Chashmagoz, Merigoz e Isteaham!».

Ha sido muy poco agradable la tarea de consignar estas supersticiones abyectas, en su mayor parte el resultado del contacto con elementos parsis o de otro origen pagano. Pese a la brevedad del resumen, pensábamos que incluso debía serlo más. Pero nos ha parecido necesario proporcionar estos detalles tan desagradables, a fin de eliminar la posibilidad de comparar lo que se dice en el Nuevo Testamento sobre los «endemoniados» y «los demonios» con las nociones judías sobre estos temas. No es posible concebir un mayor contraste entre lo que leemos en el Nuevo Testamento y las ideas y prácticas citadas en los escritos rabínicos; y si esto, como esperamos, ha quedado firmemente establecido, la labor detestada y detestable dedicada a coleccionar estas notas de mal gusto habrá quedado pagada de modo satisfactorio.

Apéndice 17
(Libro 3, capítulo 35)

Las ordenanzas y la ley del sábado tal como están establecidas en la Mishnah y el Talmud de Jerusalén

Las ideas terriblemente exageradas de los rabinos, y las interminables y cargantes reglas sobre el sábado, se pueden ver mejor a través de un breve análisis de la *Mishnah,* y explicadas y ampliadas más tarde en el Talmud de Jerusalén.[1]

El tratado míshnico *Sabbath* se halla a la cabeza de doce tratados que, juntos, forman la segunda de las seis secciones en que se divide la Mishnah y que trata de las temporadas festivas (*Seder Moed*). Para entender bien las regulaciones del sábado, sin embargo, es necesario también tener en cuenta el segundo tratado en la sección, que versa sobre lo que se llaman «conmisturas» o «conexiones» (*Erubin*). Su objeto es hacer las leyes del sábado más tolerables. Con este propósito se explica en qué formas se pueden considerar como cercanos lugares más allá de los cuales no habría sido legal llevar cosas, de modo que, con una ficción legal, se conviertan en una especie de domicilio particular. Así, suponiendo un número dado de casas pequeñas privadas particulares que se abren en un patio común, habría sido ilegal en sábado llevar nada de una de estas casas a la otra. Esta dificultad es eliminada si todas las familias depositan antes del sábado algún alimento en el patio común, con lo que se establece «una conexión» entre las distintas casas, lo cual las hace un domicilio. Esto era llamado el «Erubh de patios». De modo similar, se podía conseguir una extensión del límite permitido en un «viaje de sábado» mediante otra «conexión»: la del «Erubh de límites». Un viaje de un día de un sábado ordinario se extendía a 2.000 codos más allá del edificio de uno. Pero si en el límite de este «viaje» el individuo depositaba el viernes alimento para dos comidas, con ello pasaba a ser su domicilio y, por tanto, podía seguir andando 2.000 codos más. Finalmente, había otro «Erubh» cuando calles estrechas o callejas podían unirse en «una residencia particular» mediante la colocación de una viga saliendo de la entrada, o extendiendo un alambre o una cuerda en estas calles o callejas. Así, con una ficción legal, el trayecto pasaba a ser una residencia particular, y el individuo podía hacer en él lo que podía hacer en sábado en su propia casa.

Sin discutir las cuestiones posibles e imposibles implicadas por la más ingeniosa de las casuísticas, veamos en qué forma el Rabinismo enseñaba a Israel a observar el sábado. No menos de veinticuatro capítulos, que discuten cuestiones tan serias y de importancia religiosa vital, hacen difícil que uno pueda imaginarse que un intelecto sano tenga el menor interés en debatirlas formalmente. A lo largo de 64 columnas y media de folio en el Talmud de Jerusalén, y 156 páginas dobles de folio en el Talmud de Babilonia, se hace la enumeración y discusión de casos posibles, llevadas a puntos inverosímiles, incluso por la Haggadah. ¡El Talmud mismo da testimonio de esto cuando habla (sin duda exageradamente) de cierto rabino que había pasado nada menos que dos años y medio estudiando uno de los veinticuatro capítulos! Y da testimonio de lo inútil de aquellas interminables discusiones y determinaciones. La ocasión de ello es tan curiosa y característica que podemos citarla aquí. La discusión es referente a una bestia de carga. Un asno no podía ser guiado por el camino con sus arreos, a menos que éstos hubieran sido puestos sobre el animal con anterioridad al sábado; pero era legal llevar al animal de esta forma en el patio de la casa. La misma regla se aplicaba a las alforjas, suponiendo que no estuvieran atadas con un cinto. Ante esto, uno de los rabinos se dice que declaró que esto formaba parte de aquellas leyes del sábado (comp. Chag. i. 8) que ¡eran como montañas colgando de un cabello! (Jer. Shabb., p. 7, col. *b,* últimas líneas). Y en medio de todos estos detalles pesados no hay ni el menor asomo de nada espiritual, ni una palabra que sugiera pensamientos más elevados acerca del santo día de Dios y su observancia.

El tratado sobre el sábado empieza con reglas que se aplican a las provisiones para terminar el viernes por la tarde, de modo que se prevenga la posibilidad de infringir el sábado mismo, que comienza al atardecer del viernes. Como la clase más común de labor sería el llevar algo, esto es lo primero que se discute. La ley bíblica prohíbe esta labor en términos simples (Éx. 36:6; comp. Jer. 17:22). Pero el Rabinismo desarrolló la prohibición en ocho ordenanzas especiales, primero dividiendo «el llevar una carga» en dos actos separados –elevada y descargada–, y luego discutiendo que puede ser elevada o descargada de dos lugares distintos: de un lugar público a uno privado, de un lugar privado a uno público. Aquí, naturalmente, empiezan las discusiones de lo que constituye un «lugar privado» y un «lugar público»; un «espacio abierto», que no pertenece a un individuo ni a una comunidad, como el mar, un ancho valle; o bien el rincón de una propiedad que sale a un camino o campos; y, finalmente, un lugar legalmente libre. Además, «una carga» debería ser considerada, en el caso más pequeño, el peso de un «higo seco». Pero si se llevaba «medio higo seco» a dos lugares diferentes –levantándolo o depositándolo de un lugar privado a uno público, o viceversa–, había dos acciones que se combinaban en una, de modo que esto constituía el pecado de profanación del sábado. Y si era así, ¿bajo qué condiciones, con respecto a la actitud mental, localidad, etc.? Y finalmente, ¿cuántos pecados diferentes podían quedar implicados en un acto así? Vamos a dar un ejemplo de la clase de cuestiones que eran generalmente discutidas. La medida estándar para el alimento prohibido era el tamaño de una aceituna, tal como el de llevar cargas era el peso de un higo. Si un hombre se tragaba alimento prohibido del tamaño de media aceituna, lo rechazaba y de nuevo comía el tamaño de otra media aceituna, era culpable porque el paladar había saboreado en conjunto alimento del tamaño de toda una aceituna; pero si uno había depositado en otra localidad una carga del peso de medio higo y lo había quitado otra vez, no incurría en culpa porque la carga era sólo de medio higo; ni aun en el caso de que la primera carga de medio higo hubiera sido quemada, y luego la segunda mitad del higo hubiera sido introducida. De modo similar, si un objeto que debía ser llevado delante se deslizaba detrás, no implicaba culpa, pero si debía ser llevado detrás y se deslizaba hacia delante, esto implicaba culpa, pues implicaba trabajo.

1. El Talmud de Jerusalén no sólo es la más antigua y más corta de las dos *Gemaras,* sino que representa de modo más pleno las ideas palestinas.

Se discutían dificultades tales como la culpa en caso de que un objeto fuera lanzado de un lugar privado a otro público, o bien al revés. Si un objeto era echado en el aire con la mano izquierda y recogido de nuevo con la derecha, era un caso dudoso de si implicaba pecado, aunque no podía haber duda de que uno incurría en culpa si lo recogía con la misma mano con que lo había lanzado; pero no era culpable si lo recogía en la boca, puesto que una vez comido el objeto ya no existía, y por tanto el recoger con la boca era como si hubiera sido hecho por una segunda persona. Además, si llovía, y el agua que caía del cielo sobre uno era llevada, no había pecado en ello; pero si la lluvia había descendido antes por una pared, esto implicaba pecado. Si una persona estaba en un lugar y extendía la mano llena de fruto hacia otro lugar, y en aquel momento empezaba el sábado, tenía que dejar caer el fruto, puesto que el desplazar la mano llena de un punto a otro habría sido llevar una carga en sábado.

Es totalmente innecesario continuar el análisis de esta casuística. Todas las discusiones a las cuales nos hemos referido tratan sólo del *primero* de los cánones legales del tratado «Sabbath». Nos muestran que el tradicionalismo mantenía en movimiento una maquinaria complicada de ordenanzas meramente externas; que hay una ausencia total de espiritualidad en el sistema, y que se necesitaba gran ingenio y conocimientos para evitar cometer pecados graves. En lo que sigue intentaremos sólo indicar los puntos principales de la legislación del sábado de los rabinos.

Poco después del comienzo del sábado (final de la tarde del viernes) no se podía empezar nada más;[2] el sastre no podía salir con su aguja, ni el escriba con su pluma; ni podían examinarse vestidos a la luz de una lámpara. Un maestro no podía permitir a sus discípulos que leyeran si él mismo estaba mirando en el libro. Todo esto eran medidas de precaución. El sastre o escriba podía darse el caso de que llevara sus medios ordinarios de empleo y olvidara el advenimiento del día santo; o la persona que examinaba un vestido podía matar insectos,[3] lo cual estaba estrictamente prohibido en el día de sábado; y el maestro podía mover la lámpara para ver mejor, en tanto que los alumnos no se consideraba que fueran tan celosos como para hacerlo.

Estas últimas reglas, se nos recuerda, fueron pasadas en cierta discusión célebre entre las escuelas de Hillel y de Shammai cuando los shammaístas eran mayoría. En aquella ocasión también la oposición a los gentiles fue llevada hasta el último extremo, y su alimento, lengua, testimonio, presencia y el intercambio con ellos –en resumen, todo contacto– fueron reprobados. La escuela de Shammai también prohibía hacer mezclas si los ingredientes de éstas no estaban del todo disueltos y asimilados antes del sábado. Es más, la ley del sábado se declaraba que tenía aplicación a los objetos inertes. Así, la lana no podía ser teñida si el proceso no quedaba completado antes del sábado. Ni era tampoco legal vender nada a los paganos a menos que el objeto hubiera alcanzado su destino antes del sábado, ni dar a un obrero pagano nada que pudiera implicarle trabajo en sábado. Así, el rabino Gamaliel tenía cuidado en enviar su colada para que fuera lavada tres días antes del sábado. Pero era legal dejar aceitunas o uvas en la prensa de olivas o de vino. Las dos escuelas estaban de acuerdo en que al asar o cocinar tenía que haberse formado la costra antes del sábado, excepto en el caso del cordero pascual. El Talmud de Jerusalén, no obstante, modifica ciertas de estas reglas. Así, la prohibición de hacer trabajar a un pagano solamente es válida si la obra tiene lugar en la casa del judío, o por lo menos en su misma ciudad. La escuela de Shammai, sin embargo, llegaba a prohibir enviar una carta por medio de un pagano no sólo el viernes o el jueves, sino incluso el miércoles, o embarcarse en estos días.

Suponiendo que el alumbrar la lámpara el sábado era una ley dada a Moisés en el monte Sinaí, la Mishnah continúa discutiendo, en el segundo capítulo del tratado sobre el sábado, las sustancias que componen respectivamente el pábilo y el aceite, disponiendo siempre que no se pusiera en una vasija separada el aceite que alimenta la mecha, puesto que el quitar la vasija daría lugar al apagón de la lámpara, lo cual implicaría un quebrantamiento de la ley del sábado. Pero si la luz se extinguía por temor de los gentiles, o ladrones, o un espíritu maligno, o para que pudiera dormir uno que está gravemente enfermo, esto no implicaba culpa. Aquí se presentan muchos puntos de casuística que se discuten, tales como la doble culpa en que se supone incurre si, al apagar una candela, la llama enciende otra. La Mishnah pasa a discutir los otros mandamientos que, como el de iluminar la lámpara el sábado, especialmente se aplican a las mujeres, en cuya ocasión el Talmud presenta algunas afirmaciones curiosas sobre el Sanedrín celestial y Satanás, tales como la de que es en momentos de peligro que el gran enemigo presenta acusaciones contra nosotros con miras a asegurar nuestra ruina; o bien que en tres ocasiones especiales está en emboscada: cuando uno viaja solo, cuando uno duerme solo en una casa oscura y cuando cruza el mar. Con respecto a este último, podemos notar como ilustración la advertencia de Pablo de no viajar después del ayuno (Día de Expiación), que el proverbio judío decía: «Cuando atas tu *Lulabh*[4] (en la Fiesta de los Tabernáculos), átate también los pies», con respecto a un viaje por mar (Jer. Shabb. 5 *b*, Ber. R. 6).

Los dos capítulos que siguen en el tratado del sábado discuten la manera en que se puede guardar caliente el alimento para el sábado, puesto que no se puede encender fuego. Si el alimento ha sido cocinado parcialmente, o es tal que mejoraría con más calor, podría haber la tentación de cuidar el fuego, algo que hay que evitar. Por lo cual, el horno sólo podía ser calentado con paja o tamo inmediatamente antes del sábado; de otro modo, podían retirarse carbones al sacar la ceniza. Los vestidos no debían ser secados con aire caliente del horno o estufa. En todo caso, había que tener cuidado en que los vecinos no lo vieran. No se podía hervir un huevo poniéndolo cerca de una cacerola caliente, ni en un paño, ni en la arena para que lo calentara el sol. El agua fría podía ser derramada sobre agua caliente, pero no al revés (al menos ésta era la opinión de la escuela de Shammai), y no era legal preparar compresas frías o calientes. «Es más, un rabino llegó a prohibir echarse agua caliente sobre uno mismo, ¡por temor de esparcir el vapor o de limpiar el suelo con ella!». Una vasija se podía poner bajo una lámpara para recoger las chispas, pero no se podía poner agua en ella, porque no era legal apagar una luz. Ni

2. Y aquí ya empiezan las preguntas de qué constituía un comienzo, como, por ejemplo, afeitarse o bañarse.

3. Estaba prohibido estrictamente matar estos animales dañinos (matar una pulga era como matar un camello). Había reglas de cómo librarse de estos insectos. En la misma ocasión, algunas ideas curiosas se mencionan respecto a la transformación de animales en otros.

4. La *Lulabh* consistía en una hoja de palmera con ramas de mirto y sauce atadas a ambos lados, que cada fiel llevaba en la Fiesta de los Tabernáculos.

estaba permitido en sábado poner un receptáculo para recoger las gotas de aceite que podrían caer de la lámpara. Entre muchas otras cuestiones discutidas hay ésta: si un padre podía tomar a su hijo en brazos. Por fortuna, el literalismo llegó a permitirlo incluso en el caso supuesto de que el niño pudiera tener una piedra en la mano, ¡sin que esto implicara la labor de llevar la piedra! De modo similar, se declaraba legal levantar un asiento, siempre y cuando no tuviera cuatro peldaños o niveles, en cuyo caso debía considerarse como escaleras. Pero no estaba permitido arrastrar sillas, puesto que esto podría producir una marca o hueco, aunque se podía mover un carrito siempre que las ruedas no comprimieran el suelo de modo que produjeran una cavidad (comp. en Talm. Bab., Shabb 22 *a*; 46; y Bets. 23 *b*).

De nuevo, se discute la cuestión de si es legal guardar alimento caliente envolviendo alrededor de la vasija ciertas sustancias. Aquí el canon general es que hay que evitar lo que podría aumentar el calor, puesto que esto produciría algún efecto externo, lo cual equivaldría a trabajo.

En el capítulo cinco del tratado empezamos en el sábado por la mañana. Por lo general, la primera ocupación por la mañana sería, naturalmente, sacar el ganado. En consecuencia, las leyes que se dan ahora son para asegurar el descanso del sábado para los animales. El principio subyacente en las mismas es que los animales sólo pueden llevar lo que sirve como adorno o es absolutamente necesario para llevarlos y traerlos, o para su seguridad; todo lo demás es considerado como una carga. Incluso cosas que podrían ponérseles para evitar el roce de una herida o prevenir daño, o para distinguir un animal, tienen que dejarse al margen en el día de reposo.

Vienen luego determinadas reglas que se establecen para guiar al judío cuando se viste el sábado por la mañana, a fin de impedir que quebrante el descanso. Por ello, ha de tener cuidado en no ponerse ningún vestido que pueda ser una carga, ni llevar ningún adorno que pueda quitarse y llevarlo en la mano, porque esto sería una «carga». Una mujer no puede llevar nada en la cabeza porque debería quitárselo antes de tomar un baño, ni salir con adornos que pudiera quitarse en la calle, como una diadema, a menos que esté unida al sombrero; ni un collar o un anillo en la nariz, ni alfileres en el vestido. La razón de esta prohibición de ornamentos era que, en su vanidad, las mujeres podrían quitárselos para mostrarlos a sus amigas, y entonces, olvidándose del día, llevarlos, lo cual sería una «carga». Las mujeres tienen prohibido también mirarse en el espejo el sábado, porque podrían descubrir un cabello blanco e intentar arrancarlo, lo cual sería un pecado grave; pero los hombres no deberían usar espejos ni en los días de entre semana, puesto que esto sería impropio. Una mujer puede andar por su patio, pero no por la calle, con cabello falso (una peluca). De modo similar, un hombre no puede llevar en sábado calzado de madera con clavos, o sólo un zapato, puesto que ello implicaría trabajo; ni tampoco llevar filacterias ni amuletos, a menos que fueran hechos por personas competentes (puesto que podrían quitárselos a fin de mostrar la novedad). Asimismo, estaba prohibido llevar ninguna parte de una armadura. No era legal limpiar el fango de los zapatos, con la excepción, quizá, de hacerlo con el reverso de un cuchillo; pero no se pueden tocar con aceite o agua. Ni se pueden ablandar las sandalias con aceite, porque esto mejoraría su condición. Era una cuestión seria, y llevó a mucha discusión lo que debería hacerse en caso de que se desatara una sandalia en sábado. Podía llevarse un emplasto siempre y cuando tuviera por objeto impedir que una herida empeorara, pero no para curarla, puesto que esto habría sido trabajo. Los adornos que era difícil quitarse podían ser llevados en el patio propio. De modo similar, una persona podía ir con la oreja vendada, pero no con dientes falsos. Si caía el vendaje de la oreja, no podía ser reemplazado. Algunos, en realidad, creían que las virtudes curativas se hallaban en el aceite con el cual se había saturado, y que ya se había secado, pero otros las adscribían al calor del vendaje mismo. En cualquier caso, había peligro de que curara –o hacer algo con el propósito de curarse–, y por ello no se podía poner un vendaje en la oreja en sábado, aunque se podía seguir llevándolo si había sido puesto antes. Con respecto a los dientes falsos, podían caer, lo cual habría obligado al portador a llevarlos consigo, y esto habría sido pecaminoso en sábado. Pero todo lo que formaba parte del vestido ordinario de una persona podía ser llevado en sábado. Estaba permitido andar con muletas o con una pierna de palo, y los niños podían llevar campanillas en los vestidos; pero estaba prohibido andar con zancos o llevar un amuleto pagano.

El séptimo capítulo del tratado contiene la parte más importante del conjunto. Empieza estableciendo el principio de que si una persona desconociera por completo –o hubiera olvidado del todo– la ley del sábado, todas las infracciones que hubiera cometido durante las muchas semanas pasadas tendrían que ser consideradas sólo como un error o un pecado. Si hubiera quebrantado la ley del sábado por equivocación del día, tenía que expiar por cada sábado profanado de esta manera; pero si hubiera quebrantado la ley porque pensaba que lo que hacía era permisible, entonces cada infracción separada constituía un pecado aparte, aunque las labores relacionadas como de *especie* a *género* son consideradas como un solo trabajo. Se sigue que la culpa corresponde al estado de la mente, más que al acto exterior. Luego, se enumeran treinta y nueve «padres» de trabajo (*Aboth*), todos los cuales se supone están prohibidos en la Biblia. Son: sembrar, arar, cosechar, atar gavillas, trillar, aventar, cribar (seleccionar), moler, cribar con un cedazo, amasar, cocer al horno, trasquilar, lavar la lana, golpearla, teñirla, hacer hilos, rasgar para volver a dar puntadas, cazar ciervos, matar, desollar, salar, preparar la piel, quitar el pelo, cortar, escribir dos letras, borrar para escribir dos letras; edificar, derribar, apagar un fuego, encender un fuego, golpear con el martillo o llevar algo.

El número treinta y nueve se dice que representa el número de veces que ocurre la palabra «trabajo» en el texto bíblico, y todos estos *Aboth* o «padres» de trabajo se supone que están relacionados con algún trabajo que había sido hecho con relación al Tabernáculo o era afín a esta obra. Además, cada una de estas obras principales implicaba la prohibición de cierto número de otras que se derivaban de ellas, por lo que se llamaban sus «descendientes» (*toledoth*). Las treinta y nueve obras principales habían sido ordenadas en cuatro grupos: las primeras (1-11) se referían a la preparación del pan; las segundas (12-24) estaban relacionadas con el vestido; las terceras (25-33) estaban relacionadas con el acto de escribir; y las últimas (34-39) al trabajo necesario en una casa particular. Otro rabino deriva el número treinta y nueve (de estas Aboth) del valor numérico de la palabra inicial de Éxodo 35:1; aunque al hacerlo ha tenido que cambiar la última letra (לאה, la ה debe ser cambiada a ח para hacer treinta y nueve). No es posible añadir aquí más explicaciones. Si se esparcen dos semillas, ya es sembrar. En general, se establece el principio de que todo lo que beneficia al suelo debe considerarse «trabajo», aun cuando se trate de barrer o desmenuzar un terrón. Es más, arrancar una brizna de hierba era un pecado. De modo similar, era trabajo pecaminoso hacer algo que contribuyera a la maduración del fruto, como regar, o incluso arrancar una hoja seca. El recoger fruto, aunque fuera levantarlo del suelo, era cosechar. Si, por ejemplo, había que cortar un hongo, esto suponía un pecado doble, uno por el acto de cortarlo y porque otro crecería en su lugar. Según los rabinos de Cesarea, pescar, y todo lo que causaba término a la vida, debía ser considerado como cosechar. En relación con la conducta de los discípulos de frotar entre las manos espigas de trigo en sábado, es interesante saber que todo trabajo relacionado con la comida era clasificado como atar gavillas. Si una mujer quitaba las cáscaras del trigo (pasando un rodillo encima, por ejemplo), era culpable. Lo mismo el pasado por un cedazo. Si frotaba las espigas, era culpable de trillar. Si limpiaba lo que se adhiere al lado de un tallo, era culpable de cribar. Si frotaba la espiga, de moler. Si lo pasaba de una mano a la otra, culpable de aventar. Se hacían distinciones: un rábano podía ser mojado en agua salada, pero no dejarlo demasiado rato, puesto que esto habría sido hacer escabeche o adobo. Uno se podía poner un vestido nuevo, al margen del peligro de que se rasgara. Uno podía quitarse fango del vestido, y el fango podía ser aplastado entre los dedos, pero no se podía frotar el vestido (por temor a afectar la tela). Si una persona tomaba un baño, las opiniones estaban divididas sobre si había que secar todo el cuerpo a la vez o extremidad tras extremidad. Si caía agua sobre el vestido, algunos permitían sacudirlo, pero no escurrirlo; otros escurrirlo, pero no sacudirlo. Un rabino permitía escupir en el pañuelo; pero había una gran discusión sobre si se podía escupir en el suelo y luego pisarlo, porque esto podría dar lugar a frotar la tierra. Sin embargo, podía hacerse sobre piedras. En el trabajo de moler quedaba incluido un acto como aplastar un terrón de sal. Barrer o regar el suelo podría implicar el mismo pecado que golpear trigo. Poner un emplasto era un pecado grave; borrar una letra grande para dejar lugar para dos pequeñas era un pecado, pero el escribir una letra grande que ocupara el lugar de dos letras pequeñas no era pecado. El cambiar una letra en otra podía implicar un pecado doble. ¡Y así podríamos seguir en detalles innumerables!

La Mishnah sigue explicando que, cuando se traslada algo de una localidad a otra, implica culpa si la cantidad trasladada es suficiente para que valga la pena de ser confiada a otro para que la guarde. La cantidad queda regulada: por lo que se refiere a comida de animales, lo que les quepa en la boca; respecto a un hombre, la norma es un higo seco. Por lo que se refiere a líquidos, la medida es, con respecto al vino, una copa; y así, sucesivamente para leche, miel, aceite, se dan medidas equivalentes.

Por lo que se refiere a otras sustancias, la norma de lo que constituye una carga es la consideración de si la cantidad puede ser utilizada para algún uso práctico, por nimio que sea. Así, dos pelos de un caballo pueden servir para hacer una trampa de pájaros; un pedazo de papel de escribir se puede usar para envolver un frasco. En todos estos casos, pues, el transportarlo implica pecado. De modo similar, la cantidad de tinta suficiente para escribir dos letras, cera bastante para llenar un agujerito, un guijarro con el cual se pueda matar un pajarito; ¡todo esto serían «cargas»!

Pasando a otro aspecto del tema, la Mishnah establece que para que constituya un pecado, la cosa ha de ser llevada de una localidad a la otra de modo completo e inmediato, *y* que tiene que ser hecho en la forma en que estas cosas son llevadas de modo ordinario. Si un objeto que puede llevar una persona es llevado por dos, no son culpables. Finalmente, como toda labor hecha en sábado, la de cortarse las uñas o el pelo implica un pecado mortal, pero sólo si se hace en la forma ordinaria, pues de otro modo es solamente el pecado menor de la infracción del reposo del sábado. Una nota muy interesante en relación con Juan 5 es la de que se explica en qué forma no implicaría pecado el llevar a una persona viva en unas angarillas, puesto que éstas se consideran como un accesorio del hombre; en tanto que llevar un cuerpo muerto de esta forma, incluso la parte más pequeña de un cuerpo muerto, implicaría culpa.

Después de esto, la Mishnah sigue discutiendo lo que es análogo a transportar, como «tirar de» o «echar». Se investigan otros tipos de labores y se muestra en qué forma éstas pasan a ser culpa. La regla es que lo que puede demostrarse que tiene carácter permanente no debe hacerse en sábado. La misma regla se aplica a todo aquello que puede mostrarse es el principio de un trabajo, como dejar que el martillo caiga sobre el yunque; o todo lo que pueda contribuir a mejorar un lugar, recoger leña suficiente para hervir un huevo, arrancar malas hierbas o escribir dos letras de una palabra; en resumen, todo lo que pueda ser útil o contribuir hacia algún trabajo futuro.

La Mishnah pasa luego a trabajos en que no es la cantidad lo que cuenta, sino la calidad, como el capturar ciervos. Aquí se explica que todo lo que contribuye a que sea capturado el animal queda incluido en la prohibición. Hasta tal punto se lleva esto, que si un ciervo hubiera entrado en una casa y se le cerrara la puerta para capturado implicaría culpa, y también si, sin cerrar la puerta, las personas se sentaran a la entrada para impedir que el animal saliera.

Pasando luego a otros capítulos que ilustran de modo similar lo que se supone son prohibiciones bíblicas del trabajo como se definen en los treinta y nueve *Aboth* y sus *toledoth,* llegamos, en el capítulo dieciséis del tratado, a una de las partes más interesantes, que contiene leyes sobre el sábado tales que por admisión propia eran impuestas por los mismos rabinos. Éstas abarcaban: 1) Cosas prohibidas, porque podrían llevar a una transgresión del mandamiento bíblico. 2) Las que se considera son clases de labor que se supone están prohibidas en la Biblia. 3) Las que se consideran incompatibles con el honor debido al sábado. En la primera clase queda incluido cierto número de reglas en caso de un incendio o fuego. Todas las porciones de las Sagradas Escrituras, tanto si son del original o traducidas, y el envoltorio en que se hallan, así como las filacterias en su estuche, se pueden rescatar de las llamas. En cuanto a comida o bebida, sólo se puede rescatar la que es necesaria para el sábado. De modo similar todos los utensilios necesarios para la comida del sábado; pero en cuanto al vestido, sólo se puede salvar el que es absolutamente necesario, si bien una persona puede ponerse un vestido, dejarlo a salvo, y luego regresar y ponerse otro, y así sucesivamente. Además, todo lo que hay en la casa puede ser cubierto con una piel, para salvarlo de las llamas, y el progreso de las llamas puede ser detenido amontonando vasijas. No era legal pedir a un gentil que apagara las llamas, pero no era obligatorio impedírselo si lo hacía. Era legal poner una vasija sobre una lámpara, para impedir que el fuego prendiera en el techo; asimismo el echar una vasija sobre un escorpión, aunque este punto estaba en duda. Por otra parte, se permitía hacer uso de una lámpara que hubiera encendido un gentil en sábado, siempre y cuando se entendiera que el gentil había encendido la lámpara para él, no para el judío. Con la misma excusa podía darse de beber al ganado o, en realidad, hacer uso de cualquier otro de sus servicios.

Antes de dejar esto e ir a otro punto, deberíamos hacer notar que se indicaba que los hagiógrafos no se debían leer excepto una vez atardecido, puesto que la luz del día debía dedicarse a estudios más doctrinales. En conexión semejante, se añadía que el estudio de la Mishnah es más importante que el de la Biblia; que el del Talmud debe considerarse como el más meritorio de todos, ya que permite a uno entender todas las cuestiones sobre lo bueno y lo malo. Las piezas o útiles litúrgicos que contengan el Nombre de Dios no tienen que ser rescatadas de las llamas. Los Evangelios y los escritos de los cristianos, o de herejes, no tienen que ser rescatados. Si se pregunta qué debe hacerse con ellos los días de entre semana, la respuesta es que los Nombres de Dios que estén contenidos en ellos deben ser recortados, y luego quemar los libros. Uno de los rabinos, sin embargo, quería que se quemaran inmediatamente; en realidad, habría preferido huir a un templo idólatra que a una iglesia cristiana, «porque los idólatras niegan a Dios porque no le conocen, pero los apóstatas son peores». A ellos se aplicaba Salmos 139:21, y si era legal limpiar en las aguas de los celos el nombre divino a fin de restaurar la paz, mucho más legal sería quemar estos libros aunque contengan el nombre divino, porque llevan a la enemistad entre Israel y su Padre celestial.

Otro capítulo del tratado se refiere a la cuestión de los diversos muebles: hasta dónde pueden ser transportados y usados. Así, las cortinas, o una tapadera, pueden ser consideradas como un mueble, y usadas. Más interesante es el capítulo siguiente (xviii), que trata de las cosas prohibidas por los rabinos porque se asemejan a las clases de labor que se supone están prohibidas en la Biblia. Aquí se declara legal, por ejemplo, apartar o quitar montones de paja o de trigo a fin de hacer espacio para los invitados o para un grupo de estudiantes; pero no debe ser limpiado todo el cobertizo o establo, para no escarbar en el suelo. Además, por lo que se refiere a los animales, puede dárseles algo de ayuda –si un animal está a punto de dar a luz–, aunque no en la misma cantidad que en el parto de una mujer, pues en este caso podía profanarse el sábado. Finalmente, todo lo necesario para la circuncisión podía hacerse en el día santo. De la misma manera, todos los preparativos para este servicio debían hacerse el día anterior. La Mishnah entra luego en detalles que no están realmente relacionados con la ley del sábado.

En el capítulo siguiente (xx) el tratado sigue indicando cosas que sólo están permitidas en sábado a condición de que sean hechas de modo diferente que en los días ordinarios. Así, por ejemplo, ciertas soluciones que se hacen normalmente en agua pueden hacerse en vinagre. La comida de los caballos o el ganado no debe ser quitada del pesebre, a menos que sea entregada inmediatamente a otro animal. No debe darse vuelta a la paja en que se echa el animal con la mano, pero se puede hacer con otras partes del cuerpo. Se puede abrir la prensa en que se colocan servilletas para que queden listas, pero no puede volverse a atornillar, etc.

El capítulo siguiente parte del principio de que, aunque todo lo que parezca trabajo referido en la Biblia debe ser evitado, las mismas prohibiciones no se aplican a labores que se asemejen a las prohibidas por los rabinos. La aplicación de este principio no es, sin embargo, de interés para los lectores generales.

En el capítulo veintidós, la Mishnah sigue mostrando que todas las precauciones de los rabinos sólo tienen un objetivo: impedir la infracción de algo que sea en último término una prohibición bíblica. Por ello, donde no había que temer esta prohibición podía hacerse el acto. Por ejemplo, una persona podía bañarse en aguas minerales, pero no llevar a su casa la sábana con que se había secado. Podía ungir y frotar su cuerpo, pero no hasta el punto de quedar cansado; pero no podía hacer uso de medidas artificiales, como tomar una ducha. No se podía reparar un hueso fracturado, ni dar vomitivos, ni ejecutar ninguna clase de operación médica o quirúrgica.

En los dos últimos capítulos la Mishnah indica las cosas que son ilegales por ser despectivas para la dignidad del sábado. Hay aquí ciertas cosas que son de interés con respecto a la cuestión de hacer compras en el día de fiesta. Así, se permite de modo expreso comprar vino o aceite o pan en sábado, y dejar la prenda de vestir superior empeñada, aunque uno debe expresarse en tal forma que no se implique que es un préstamo. Además, se añade de modo expreso que si el día antes de la Pascua cae en sábado, uno puede de esta forma comprar un cordero pascual y, es de suponer, todo lo que es necesario para la fiesta. Esto muestra en qué forma Judas podía haber sido enviado la víspera de la Pascua a comprar lo que era necesario, porque la ley que se aplica a un día de fiesta era mucho menos estricta que la del sábado. Además, para evitar la posibilidad de borrar nada escrito, estaba prohibido leer de una tableta los nombres de los invitados de uno, o el menú. Era legal que los niños echaran suertes sobre sus porciones en la mesa, pero no con los extranjeros, pues esto podía llevar a una infracción del sábado y a juegos de azar. De modo similar, era impropio en sábado contratar obreros para la semana siguiente, ni debía uno estar esperando que terminara el día para empezar el trabajo ordinario. No era así si las obligaciones que le esperaban a uno al terminar el sábado eran de carácter religioso, como asistir a una novia o hacer preparativos para un entierro.[5] En el sábado mismo era legal hacer todo lo que fuera absolutamente necesario relacionado con el muerto, como ungir o lavar el cuerpo, pero no mover las extremidades, ni se podían cerrar los ojos de uno que moría, una práctica que, en realidad, se objetaba con frecuencia.

En el último capítulo del tratado, la Mishnah vuelve a la discusión de detalles puntillosos. Suponiendo que un viajero llega a un lugar precisamente en el momento que comienza el sábado, sólo puede quitar de la bestia de carga los objetos que se permite manejar en sábado. En cuanto al resto, puede soltar las cuerdas y dejar que caigan por sí solos. Además, se declara ilegal soltar fardos o hatos de paja, o frotar algo que sólo puede ser comido bajo esta condición; pero hay que tener cuidado en no hacer nada que no sea absolutamente necesario. Por otra parte, no estaba permitido cocinar; en resumen, no se puede hacer nada que no sea absolutamente necesario para satisfacer el hambre o la sed. Finalmente, se declara legal en sábado absolver de los votos y atender a llamadas religiosas similares.

Aunque este análisis de la ley del sábado haya sido detallado, en modo alguno hemos agotado el tema. Así, una de las provisiones más curiosas de la ley del sábado era que en sábado se podían sólo tocar o comer cosas que habían sido preparadas de modo expreso un día de la semana con miras al sábado (Bets. 2 *b*). Todo lo que no era destinado así estaba prohibido, como indica la expresión *Muqtsah* (מוּקְצָה),

5. Es curioso hacer notar que en este punto se dice que un israelita puede ser enterrado en el ataúd y el sepulcro destinados originalmente a un gentil, pero no viceversa.

esto es, por no haber sido la «intención». Los dogmatistas judíos enumeran casi cincuenta casos en que este término teológico halla aplicación. Así, si una gallina había puesto en sábado, el huevo era prohibido, porque evidentemente no podía haber sido destinado en un día corriente para ser comido, puesto que ni aun había sido puesto, y no existía; en tanto que si la gallina había sido guardada, no para poner, sino para engordar, ¡el huevo podía ser comido como formando una parte de la gallina que había caído! Pero cuando el principio de *Muqtsah* se aplica a tocar las cosas que no se usan porque se han vuelto feas (y por tanto no pensamos en ellas), de modo que, por ejemplo, una vieja lámpara no puede ser tocada, o pasas, durante el proceso de secado (porque no son comestibles entonces), se verá lo complicada que puede haber sido una ley así.

Se puede añadir aquí lo siguiente, sacado de otros tratados del Talmud. Sería una infracción del sábado: subir a un árbol, cabalgar, nadar, aplaudir, bailar. Todos los actos judiciales, votos y cultivar la tierra estaban prohibidos en aquel día (Bets. v. 2). Ya se ha hecho notar que se podía dar o prometer ayuda a una mujer en la cama. Pero la Ley iba más allá. En tanto que estaba prohibida la aplicación o uso de algunos remedios que podían mejorar o podían curar al enfermo en sábado, «todo peligro real para la vida» (כל ספק נפשית רוחה את השבת, Yoma viii. 6) permitía pasar por alto la ley del sábado, pero nada que fuera inferior a esto. Así, para presentar un caso extremo, si en el día de sábado había caído una pared sobre una persona, y era dudoso de si hallándose bajo los escombros estaba viva o muerta, fuera un judío o un gentil, era un deber quitar los escombros lo suficiente para hallar el cuerpo. Si no se había extinguido la vida, la labor podía continuar; pero si la persona estaba muerta, no había que hacer nada más por sacar el cuerpo. De modo similar, un rabino permitía el uso de remedios en sábado en las enfermedades de la garganta, en el caso expreso de que se considerara que ponían en peligro la vida. Bajo un principio similar, una mujer encinta o una persona enferma podían quebrantar incluso el ayuno del Día de Expiación, en tanto que uno que tuviera un ataque de manía de comer (בולמוס = βούλιμος) podía en este día sagrado comer incluso alimento ilegal (Yoma viii. 5, 6).

Éstas eran las disposiciones principales por medio de las cuales el Rabinismo había ampliado la simple ley del sábado expresada en la Biblia,[6] y en su ansiedad por asegurar la observancia más estricta de las mismas, cambió el importe espiritual de su descanso en un código complicado de ordenanzas externas y penosas. ¿Hemos de maravillarnos de la oposición de Cristo a las ordenanzas sobre el sábado de la Sinagoga o, por otro lado, de la enemistad de sus líderes? ¿Puede imaginarse mayor contraste entre la enseñanza de Cristo sobre este tema, y la de sus contemporáneos más eruditos y avanzados? Y ¿de dónde viene esta diferencia, a menos que Cristo fuera el «Maestro venido de Dios», que hablaba como ningún hombre había hablado jamás?

6. Éxodo 20:8-11; 23:12; 31:12-17; 34:21; 35:1-3; Deuteronomio 5:12-15.

Apéndice 18

(Libro 3, capítulo 38)

Haggadah sobre Simeón Kepha (leyenda de Simón Pedro)

(אגרתא רשמען כיפא)

Esta Haggadah existe en cuatro recensiones diferentes (comp. Jellinek, *Beth ha-Midrash*, Pt. V y Pt. VI, pp. ix., x.). La primera de ellas, reproducida por Jellinek (*u.s.*, Pt. V, p. xxvi. y ss., y pp. 60-62), fue publicada primero por Wagenseil en su colección de escritos anticristianos, la *Tela Ignea Satanae*, al final de la producción blasfema, la *Sepher Toledoth Jeshu* (pp. 19-24). La segunda recensión es la de Huldrich (Leyden, 1705); la tercera fue publicada, según se cree, en Breslau, en 1824; en tanto que la cuarta existe sólo en manuscrito. El Dr. Jellinek ha reproducido sustancialmente (sin las cláusulas finales) el texto de Wagenseil (*u.s.*, Pt. V), y también las recensiones III y IV (*u.s.*, Pt. VI). Considera la recensión IV como la más antigua; pero nosotros inferimos de su súplica contra el rapto de niños judíos por los cristianos y contra los bautismos forzados, así como del uso de ciertas expresiones, que la recensión IV es más reciente que el texto de Wagenseil, que parece presentar la leyenda en su forma más primitiva. Incluso en este caso, sin embargo, parece ser una mezcla de varias leyendas; o quizá la original puede haber sufrido interpolaciones más tarde. Sería imposible intentar fijar la edad de esta recensión más antigua, incluso de modo aproximado, pero en su forma presente tiene que datar de después del establecimiento del Cristianismo en Roma, y el del papado, aunque parece contener elementos más antiguos. Puede considerarse que personifica ciertas antiguas leyendas entre los judíos acerca de Pedro, pero adaptadas a tiempos posteriores y modeladas en forma apologética. Se ofrecerá un breve criticismo del documento después del resumen del texto, según la primera recensión, o sea, la más primitiva.

El texto empieza con la noticia de que la pugna entre los nazarenos y los judíos había adquirido tales proporciones que se habían separado, puesto que cuando un nazareno veía a un judío quería matarlo. Tan desgraciada había llegado a ser la situación durante treinta años, que los nazarenos se habían multiplicado a millares y decenas de millares, e impedían que los judíos subieran a las fiestas de Jerusalén. Y el malestar era tan grande como en los tiempos del becerro de oro. Y todavía la fe rival aumentaba, y doce hombres malvados habían salido y atravesado los doce reinos. Y éstos profetizaban profecías falsas en el campamento, y descarriaban a Israel, y eran hombres de reputación, y fortalecían la fe de Jesús porque decían que eran los apóstoles del Crucificado. Y atraían hacia sí en gran número a los hijos de Israel. Ante esto, el texto describe que los sabios de Israel estaban afligidos y humillados, y confesaba cada uno a su vecino los pecados que había traído este mal, y pedían sinceramente a Dios que les diera instrucciones sobre la manera de detener los progresos de esta doctrina y persecución nazarenas. Cuando hubieron terminado su oración, se levantó un anciano de entre ellos cuyo nombre era Simeón Kepha, el cual antes había requerido la *Bath Kol*, y dijo: «¡Escuchadme, hermanos míos y pueblo mío! Si mis palabras son buenas ante vuestros ojos, yo separaré a los pecadores de la congregación de los hijos de Israel, y ellos no tendrán parte ni herencia en medio de Israel, siempre que vosotros toméis sobre vosotros el pecado. Y ellos contestaron y dijeron: Nosotros tomaremos sobre nosotros el pecado, con tal de que tú hagas lo que has dicho». Ante esto –sigue el relato–, Pedro fue al Santuario, escribió el Nombre inefable y lo insertó en su carne. Habiendo aprendido el Nombre inefable, fue a la metrópolis («*metropolin*») de los nazarenos, y proclamó que todo creyente en Cristo debía ir a él, puesto que él era un apóstol. Las multitudes requirieron que él demostrara sus pretensiones mediante una señal («*oth*»), tal como Jesús había hecho cuando vivía, por lo que Pedro, a través del poder del Nombre inefable, restauró a un leproso, imponiendo sobre él las manos, y levantó a un muerto. Cuando los nazarenos vieron esto, se postraron sobre su rostro y reconocieron su apostolado. Entonces Pedro pronunció este mensaje, primero haciéndoles jurar que harían lo que él les mandaría: «Sabed (dijo) que el Crucificado aborrecía a Israel y su ley, como profetizó Isaías: "Aborrezco vuestras nuevas lunas y vuestras fiestas"; y sabed también que no se deleitaba en Israel, como había profetizado Oseas: "Vosotros no sois mi pueblo". Y aunque está en su poder el extirparlos del mundo en un momento, de entre todo lugar, sin embargo Él no se propone destruirlos, sino que quiere dejarlos, a fin de que ellos sean en memoria de su crucifixión y lapidación a todas las generaciones. Además, sabed que Él llevó sobre sí aquellos grandes sufrimientos y aflicciones para redimiros de la Gehena. Y ahora Él os advierte y ordena que no hagáis daño a los judíos; y si un judío dice a un nazareno: "Ve conmigo un *parasang*" (una milla persa, unos cinco kilómetros), id con él dos *parasangs*. Y si un judío te golpea en la mejilla izquierda, preséntale también la derecha, a fin de que ellos puedan tener recompensa en este mundo, y en el próximo sean castigados en la Gehena. Y si hacéis esto, mereceréis sentaros con Él en su porción. Y mirad lo que Él os manda: que no observéis la fiesta de la Pascua, pero observad el día de su muerte. Y, en vez de la Fiesta de Pentecostés, observad cuarenta días desde el día en que fue muerto hasta cuando resucitó en el cielo. Y, en vez de la Fiesta de los Tabernáculos, observad el día de su nacimiento, y en el octavo día de su nacimiento observad el día en que fue circuncidado».

Oídas estas órdenes, ellos estuvieron conformes en obedecer, siempre y cuando Pedro se quedara con ellos. Pedro consintió en hacerlo, bajo la condición de que él no comería nada excepto pan de miseria y agua de aflicción –es de suponer no sólo para evitar comer alimento prohibido, sino como sufrimiento expiatorio por su pecado–, y que ellos le edificarían una torre en medio de la ciudad, en la cual él permanecería hasta el día de su muerte, y todas estas provisiones fueron debidamente realizadas. Se añade que en esta torre él sirvió al Dios de sus padres, Abraham, Isaac y Jacob. Lo que es todavía extraño –se añade– es que escribió muchos *piutim* –cierta clase de poemas litúrgicos que forman parte del servicio de la Sinagoga– y que los envió por todo Israel para que fueran en memoria perpetua suya, y especialmente los mandó a los rabinos. El comentario es más digno de nota, puesto que otros escritores judíos también describen al apóstol Pedro como el autor de varios poemas litúrgicos, de los cuales se repite uno todavía en la Sinagoga, los sábados y días festivos (comp. Jellinek, *Beth ha-Midr.*, part. v., p. 61, nota). Pero volvamos a lo anterior. Pedro se dice que permaneció en aquella torre durante seis años, y entonces murió, y, siguiendo sus instrucciones, fue enterrado dentro de la torre. Pero los nazarenos levantaron allí un gran edificio, «y esta torre puede ser vista en Roma, y la llaman Pedro, que es la palabra para piedra, porque estuvo sobre una piedra hasta el día de su muerte. Pero después de su muerte vino otra persona llamada Elías, con la maldad y astucia de su corazón para descarriarlos. Y les dijo que Simón los había engañado, porque Jesús le había ordenado que les dijera que no había estado en su corazón el despreciar la Ley o a Moisés; que si alguien deseaba circuncidarse, debía hacerlo; pero si uno no quería circuncidarse, que lo sumergieran en aguas sucias. Y si no fuera sumergido, no por ello estaría en peligro en el mundo. Y les mandó que no debían observar el séptimo día, sino sólo el primero, porque en él habían sido creados los cielos y la tierra. Y les hizo hacer muchos estatutos que no eran buenos. Pero el pueblo le pidió: Danos una señal de que Jesús te ha enviado. Y él les dijo: ¿Qué señal buscáis? Y la palabra aún no había salido de su boca cuando cayó una piedra inmensa y le aplastó la cabeza. ¡Así perecen todos tus enemigos, oh Dios, pero los que te aman son como el sol que aumenta en su vigor!».

Hasta aquí lo que hemos considerado como la recensión más antigua. Las variantes principales entre ésta y las otras son que en la tercera recensión el oponente de Pedro es llamado Abba Shaul (Juan es citado también; Jellinek, *u.s.*, part. vi., p. 156), en tanto que en la cuarta recensión (en manuscrito), que consiste en diecinueve capítulos, el oponente se llama Elías. En la última recensión hay mención de Antioquía y Tiberias, y otros lugares relacionados con las vidas de Pedro y Pablo, y la historia primitiva de la Iglesia. Pero la ocurrencia de ciertas palabras románicas, tales como Papa, Vescova y otras, muestra su fecha posterior. Notamos además que, según las recensiones III y IV, Pedro envió sus poemas litúrgicos a Babilonia, lo cual puede indicar que al tiempo del documento «Babilonia» era el centro de la población judía, o bien es una reminiscencia legendaria de las labores de Pedro en «la iglesia que está en Babilonia» (1 P. 5:13). En vista de las controversias modernas, es de especial interés que, según la leyenda judaica, Pedro –secretamente un judío– aconsejara a los cristianos que abandonaran por completo la Ley de Moisés, en tanto que Pablo, en oposición a él, está en defensa de Israel y de la Ley, e insiste, o bien en la circuncisión, o en el bautismo. Se notará, además, que el objeto del documento parece ser: *primero*, servir como una «defensa» del Judaísmo, para explicar en qué forma ocurrió que tantos judíos, bajo la dirección de los apóstoles, abrazaran la nueva fe. Esto parece deberse a la observancia continuada de las prácticas legales judías por los cristianos. Simón Pedro se supone que había detenido el progreso del Cristianismo al separar la Iglesia de la Sinagoga, lo cual hizo proclamando que Israel había sido rechazado y la Ley de Moisés abolida. Por otra parte, Pablo es representado como el amigo de los judíos, y proclamando que la cuestión de la circuncisión o el bautismo, las observancias legales o prácticas cristianas, eran cosa indiferente. Este intento de sanar la brecha entre la Iglesia y la Sinagoga fue la causa de un juicio divino sobre él. *Segundo*, la leyenda intenta ser una «defensa» de los judíos, con miras a detener la persecución. *Tercero*, se intenta mostrar que los líderes de los cristianos permanecieron siendo judíos en el corazón. Quizá no sea difícil, por lo menos en hipótesis, separar las varias leyendas mezcladas, o tal vez intercalarlas, en el tratado. De la mención de los «*piutim*», y dada la ignorancia respecto a su origen, podríamos sentirnos inclinados a asignar la composición de la leyenda en su presente forma hacia el siglo VIII de nuestra era.

Apéndice 19
(Libro 5, capítulo 6)

Sobre el castigo eterno, según los rabinos y el Nuevo Testamento

Las parábolas de las diez vírgenes y la del siervo infiel terminan con el discurso sobre las «postrimerías», el Juicio final y el destino de los que están a la derecha de Cristo y los que están a su izquierda (Mt. 25:31-46). Este juicio final de nuestro Señor forma un artículo fundamental del Credo de la Iglesia. Es el Cristo que viene acompañado por la hueste angélica, y se sienta en el trono de su gloria, cuando todas las naciones son reunidas delante de Él. Entonces se hace la separación final, y cada uno recibe gozo o tristeza según su pasado. Y este pasado viene referido a la relación con Cristo –si «se estaba con» Él o «no se estaba con» Él, viéndose que este último equivale a estar «contra» Él. En el sentido profundo del amor a Cristo, uno se ignora a sí mismo en el servicio y es completamente humilde al darse cuenta de Aquél a quien ningún hombre puede prestar un servicio real. Con gran sorpresa, pues, los que están a «la derecha» hallan ahora tarea y reconocimiento allí donde nunca habían pensado que tenían su posibilidad; todo servicio prestado durante su vida, por pequeño que fuera, ahora es reconocido por Él como rendido a Él, en parte a causa de la nueva dirección en su vida que había precedido a aquel servicio, dirección que era «Cristo en» ellos, y en parte debido a la identificación de Cristo con su pueblo. Por otro lado, tal como el servicio más pequeño de aquél que tiene la nueva dirección interna es hacia Cristo, del mismo modo el no hacer caso o pasar por alto a Cristo («¿Cuándo te vimos…?») resulta en descuido del servicio de amor, descuido del servicio que procede de un descuido y rechazo de Cristo. Y así la vida, o bien «es para» Cristo o «no es para» Cristo, y por necesidad termina, o bien en «el Reino preparado para vosotros desde la fundación del mundo», o en «el fuego eterno preparado para el diablo y sus ángeles».

Hasta aquí el significado de las palabras del Señor, que sólo pueden sufrir de cualquier intento de comentario. Pero también presentan cuestiones de la más profunda importancia, en las cuales está interesada no sólo la cabeza, sino quizá mucho más el corazón en lo que se refiere al significado exacto del término «para siempre» y «eterno» en relación con esto y con otras cosas, respecto a los que están a la izquierda de Cristo. El tema ha atraído renovada atención. La doctrina de la eternidad de los castigos, con sus explicaciones y limitaciones apropiadas dadas a la misma en la enseñanza de la Iglesia, ha sido puesta ante el tapete por el Dr. Pusey en su tratado «What is of Faith as to Everlasting Punishment?». Antes de presentar, aunque sea brevemente, la enseñanza del Nuevo Testamento, parece deseable establecer con cierta precisión las ideas *judías* sobre este tema. Porque las ideas sostenidas al tiempo de Cristo, fueran las que fueran, han de ser las que tenían los oyentes de Cristo; y fueran lo que fueran estas ideas, Cristo no las contradijo, por lo menos directamente, y, hasta donde nosotros podemos inferir, no intentó corregirlas.[1] Y aquí, por fortuna, tenemos materiales suficientes para una historia de las opiniones judaicas en los diferentes períodos sobre la eternidad de los castigos; y parece más deseable establecerlas cuidadosamente, puesto que se han hecho afirmaciones inexactas e incompletas al intentar presentarlas.

Dejando aparte la enseñanza de los apócrifos y los escritos pseudoepigráficos (a la cual el Dr. Pusey se ha referido lo suficiente), las primeras afirmaciones rabínicas que nos llegan del tiempo inmediatamente anterior al de Cristo son de las escuelas de Shammai y de Hillel (Rosh haSh. 16 *b*, últimas cuatro líneas, y 17 *a*).[2] La primera dividía a la Humanidad en tres clases: los perfectamente justos, que son «inscritos y sellados inmediatamente para la vida eterna»; los perfectamente malvados, que son «inmediatamente inscritos y sellados para la Gehena»; y la clase intermedia, «que descienden al Gehinnom, y gimen, y suben otra vez», según Zacarías 13:9, y que parecen también indicadas en ciertas palabras del Cántico de Ana (1 S. 2:6). El lector cuidadoso notará que esta afirmación implica creencia en el castigo eterno por parte de la escuela de Shammai. Porque: 1) los perfectamente malvados se dice que son «inscritos y sellados para la Gehena». 2) La escuela de Shammai expresamente cita, en apoyo a lo que enseña sobre los malvados, a Daniel 12:2, pasaje que sin duda se refiere al juicio final después de la resurrección. 3) Los perfectamente malvados, castigados así, son distinguidos de modo expreso de una clase tercera o intermedia, que meramente «descienden a Gehinnom», pero no «son inscritos y sellados», y «suben de nuevo».

Las ideas de la escuela de Hillel (*u.s.*, 17 *a*), son sustancialmente las mismas que las de la escuela de Shammai con respecto a la eternidad del castigo. Con respecto a los pecadores de Israel y de los gentiles, enseña realmente que son atormentados en la Gehena durante doce meses, después de lo cual sus cuerpos y almas son quemados y esparcidos como polvo bajo los pies de los justos; pero exceptúa, de modo significativo, de este número a determinada clase de transgresores, «los cuales descienden a Gehinnom y son castigados por los siglos de los siglos». El que el uso de la forma niphal del verbo נידונין ha de significar «castigados», y no «juzgados», se ve no sólo por el contexto, sino por el uso de la misma palabra y forma en el mismo tratado (Rosh haSh. 12 *a*, línea 7 y ss. desde arriba), en que se dice que la generación del diluvio «fueron castigados» –sin duda no «juzgados»– por medio de «agua caliente». Por más que la escuela de Hillel puede acentuar la misericordia de Dios o limitar el número de los que sufrirán el castigo eterno, enseña el castigo eterno en el caso de algunos. Y éste es el punto de la cuestión.

Pero como las escuelas de Shammai y la de Hillel representan la enseñanza teológica al tiempo de Cristo y los apóstoles, se sigue que la doctrina del eterno castigo era defendida en los días de nuestro Señor, aunque más tarde hubiera sido modificada. Aquí, por lo que se refiere a este libro, podríamos considerar el caso como decidido. Pero por amor a dejar las cosas completas será bueno seguir el desarrollo histórico de la enseñanza teológica judía, por lo menos cierto trecho.

---

1. Ya se entiende que nos referimos a la dirección general, no a los detalles.

2. En vista de las extrañas traducciones e interpretaciones que se han hecho de Rosh haSh. 16 *b* y 17 *a*, he de poner especial atención en este *locus classicus*.

La doctrina de la eternidad de los castigos parece haber sido defendida por la Sinagoga a lo largo de todo el siglo I de nuestra era. Esto parece ser así por los dichos de los maestros que florecieron durante su curso. La parábola judía sobre el destino de los que no han guardado sus vestidos festivos preparados, o aparecieron con ellos pero no estaban limpios (Shabb. 152 *b*, 153 *a*), ya ha sido citada en nuestra exposición de las parábolas del hombre sin vestido de boda y la de las diez vírgenes. Pero tenemos más que esto. Se nos dice (Ber. 28 *b*) que cuando esta gran autoridad rabínica del siglo I, el rabino Joachanan ben Zakkai –«la lámpara de Israel, el pilar derecho, el martillo poderoso»–, se hallaba muriendo lloró, explicando sus lágrimas por el temor respecto a su destino en el juicio, ilustrando el peligro por el contraste del castigo por un rey terreno, «cuyos lazos no son eternos ni su muerte es muerte eterna», en tanto que consideraba a Dios y su juicio: «si Él está airado conmigo, su ira es ira eterna; si Él me ata sus grillos, son grillos eternos, y si me mata, su muerte es muerte eterna». En la misma dirección está el dicho de otro gran rabino del siglo I, Eliezer (Shabb. 152 *b*, hacia la mitad), en el sentido de que «las almas de los justos están escondidas bajo el trono de gloria», en tanto que las de los malvados están amarradas e inquietas, y un ángel las lanza de un cabo del mundo a otro –idea extraña que venía confirmada en 1 Samuel 25:29. En cuanto al destino de los justos le aplicaba, entre otros hermosos pasajes, Isaías 57:2; al de los malvados, Isaías 57:21. Evidentemente, las ideas de los rabinos del siglo I estaban estrictamente de acuerdo con las de Shammai y las de Hillel.

En el siglo II de nuestra era notamos una diferencia marcada en la opinión rabínica. Aunque se decía que tras la muerte del rabino Meir el ascenso de humo de la tumba de su maestro apóstata indicaba que las oraciones del rabino Meir por la liberación de su maestro de la Gehena habían sido contestadas (Chag. 15 *b*), la mayoría de los maestros eminentes de este período propusieron la idea de que en el último día la funda o vaina que ahora cubría el sol sería quitada, y entonces su calor ardiente consumiría a los malvados (Ber. R. 6). Es más, un rabino sostenía que no había infierno en absoluto, sino que aquel día consumiría a los malvados, y otro rabino que ni aun esto, sino que los malvados serían consumidos por una especie de conflagración interna.

En el siglo III de nuestra era tenemos una vez más una reacción y un retorno de las antiguas ideas. Así (Kethub. 104 *a*, hacia la mitad), el rabino Eleasar habla de las tres compañías de ángeles que sucesivamente van a recibir a los justos, cada una con una bienvenida propia, y de las tres compañías de ángeles de aflicción que de modo similar reciben a los malvados en su muerte, y esto en términos que no dejan lugar a duda de lo que se espera como destino de los malvados. Y aquí el rabino José nos informa (Tos. Ber. vi. 15) que «el fuego de la Gehena que fue creado en el segundo día no se ha extinguido ni lo será para siempre». Con esta idea están de acuerdo las siete designaciones que, según el rab. Josué ben Leví, corresponden a la Gehena (Erub. 19 *a*, línea 11ss. desde la base –pero toda la página se refiere al tema). Esta doctrina sólo fue modificada cuando Ben Lakish sostuvo que el fuego de la Gehena no dañaba a los pecadores de entre los judíos (Kethub., *u.s.*). Ni aun este otro dicho (Nedar. 8 *b*, últimas cuatro líneas) implica por necesidad que sea negada la eternidad del castigo: «No hay Gehinnom en el mundo venidero», puesto que es modificado por la expectativa de que los malvados serán castigados (נידונין), no aniquilados, por el fuego del sol, el cual sería recibido como salutífero para los justos. Finalmente, de la enseñanza del rabino Jehuda parece deducirse, si no la beatificación universal, al menos una especie de restauración universal moral, en el sentido de que en el *saeculum futurum* Dios destruiría a los *Yetser haRa*.

Por tentador que sea el tema, hemos de interrumpir aquí este repaso histórico por falta de espacio, no de material. El Dr. Pasey ha mostrado que los Targumim también enseñan la doctrina del eterno castigo –aunque su fecha está bajo discusión–, y a los pasajes que cita como evidencia se pueden añadir otros. Y si por otra parte el dicho del rabino Akiba debe ser citado (Eduy. Ii. 10) en el sentido de que el juicio de los malvados en la Gehena no era una de las cinco cosas que durarían doce meses, hay que recordar que, incluso si esto se toma seriamente (porque, en realidad, es sólo un *jeu d'esprit*), no implica por necesidad más que la enseñanza de Hillel respecto a esta clase intermedia de pecadores que estaban en la Gehena durante un año, en tanto que había otra clase cuya duración del castigo sería por los siglos de los siglos. Aún más claramente inapropiada es la cita de Bab. Mets. 58 *b* (líneas 5ss. desde la base). Porque si este pasaje declara que todos están destinados a subir de la Gehena, de *modo expreso* exceptúa de éstos las tres clases siguientes de personas: los adúlteros, los que pusieron a sus paisanos públicamente en vergüenza y los que han calumniado a sus prójimos.

Pero no puede haber duda, por lo menos, de que el pasaje que ha sido citado al principio de estos comentarios (Rosh haSh. 16 *b*, 17 *a*), prueba, más allá de la posibilidad de ser desmentido, que las dos grandes escuelas en que se dividía la enseñanza rabínica al tiempo de Cristo sostenían la doctrina del eterno castigo. Esto naturalmente, del todo aparte de la cuestión de quiénes –cuántos, o mejor cuán pocos– sufrirían este terrible destino. Y aquí las precauciones y limitaciones con las que el Dr. Pusey ha mostrado que la Iglesia ha rodeado esta enseñanza no pueden ser repetidas de modo excesivo. En verdad, parece penosamente extraño que, si se comprende el significado de todo ello, algunos parezcan tan ansiosos de defender la consignación de tantos a una desgracia que hace retroceder nuestro pensamiento en terror. A pesar de todo esto, estamos seguros que el Juez de toda la tierra va a juzgar no sólo recta, sino misericordiosamente. Sólo Él conoce todos los secretos del corazón y la vida, y sólo Él puede destinar a cada uno lo apropiado. Y en esta convicción segura podemos descansar nuestra mente, confiados por lo que respecta a los que han sido nuestros seres queridos.

Pero si en este terreno nos abstenemos de un dogmatismo estrecho y áspero, hay ciertas preguntas que no podemos evadir, aunque no podamos contestarlas de modo específico, sino general. Ponemos a un lado la señal amenazante y morbosa de ciertos movimientos religiosos, la teoría últimamente presentada de una denominada «inmortalidad condicional». Hasta el punto al que llegan las lecturas y conocimientos del presente escritor, está basada en una mala filosofía y una peor exégesis. Pero la cuestión misma, a la cual se da esta respuesta precipitada, es una de las más serias. A nuestro modo de ver, un estudio imparcial de las palabras del Señor registradas en los Evangelios –como se ha indicado repetidamente en el texto de este libro– lleva a la impresión de que su enseñanza considera que la recompensa y el castigo deben tomarse en el sentido corriente y obvio, y no en el sugerido por algunos. Y esto lo confirma lo que parece bien claro: que los judíos a quienes Él hablaba creían en el castigo eterno, aunque solamente fueran pocos los que serían consignados al mismo. Y, con todo, creemos que este tipo de argumentación no es del todo convincente. Porque ¿no podría nuestro Señor, en esto como con respecto al período de su Segunda Venida, haber querido dejar a sus oyentes en la incertidumbre? Y realmente, ¿es del todo necesario estar seguro de este aspecto de la eternidad?

Y aquí surge la pregunta sobre el significado preciso de las palabras que usó Cristo. Se defiende ciertamente que el término αἰώνιος y expresiones afines siempre se refieren a la eternidad en el sentido estricto. Pero sobre esto no puedo decir que esté convencido (ver, *ad voc.* Schleusne, Lex., el cual, sin embargo, va demasiado lejos; Warl, Clavis N.T.; y Grimm, Clavis N.T.), aunque en conjunto la evidencia está en favor de este significado. Pero al menos es concebible que las expresiones puedan referirse al fin de todos los tiempos, y la fusión de la «regencia mediatorial» (1 Co. 15:24) en el reinado absoluto de Dios.

Si seguimos pensando sobre éste el más solemne de los temas, nos parece que se han hecho exageraciones en el argumento. Se ha dicho que si se pone a un lado la hipótesis de la aniquilación, nos vemos cerrados a lo que es llamado el *Universalismo.* Y de nuevo este Universalismo implica no sólo la restauración final de todos los malos, sino incluso de Satanás y de sus ángeles. Y además, se ha argumentado que las dificultades metafísicas de la cuestión se resuelven últimamente en esto: ¿por qué el Dios de toda presciencia creó seres –fueran hombres o ángeles caídos– de quienes Él sabía de antemano que iban a pecar? Ahora bien, este argumento no tiene, evidentemente, fuerza contra un Universalismo absoluto. Pero incluso de otro modo es más bien especioso que convincente. Porque nosotros sólo poseemos *datos* para razonar con respecto a la esfera que cae dentro de nuestro conocimiento, en tanto que lo absolutamente divino –lo prehumano y lo precreado– no entra en esta esfera, excepto en cuanto ha sido objeto de Revelación. Esta limitación excluye de la esfera de nuestra posible comprensión todas las cuestiones referentes a la presciencia divina y su compatibilidad con lo que nosotros conocemos como ley fundamental de las inteligencias creadas, y la misma condición de nuestro ser moral: la libertad personal y de elección. Luchar con esta limitación en nuestra esfera de razonamiento sería rebelarse contra las condiciones de nuestra existencia humana. Pero si es así, entonces la cuestión de la presciencia divina no puede ser presentada, y la cuestión de la caída de los ángeles y del pecado del hombre debe ser dejada sobre la única base inteligible (para nosotros): la de la elección personal y la libertad moral absoluta.

De nuevo parece por lo menos una exageración poner la alternativa de la siguiente manera: absoluta eternidad del castigo, y con ello el estado de rebelión que implica, puesto que es impensable que la rebelión pueda cesar en absoluto, y con todo, el castigo continúe; aniquilación, o restauración universal. Hay algo más que como mínimo es pensable, que puede no se halle dentro de estas líneas rígidas y fijas de demarcación. Es por lo menos concebible que haya un *quartum quid* –que pueda haber una purificación o transformación (*sit venia verbis*) de todos los que sean capaces de ella– o si se prefiere un desdoblarse del germen de la gracia, presente antes de la muerte, por más que haya sido invisible a los demás hombres, y que al fin de lo que llamamos tiempo o «dispensación», sólo aquellos que hayan sido moralmente incapaces de transformación –sean hombres o demonios– sean echados en el lago de fuego y azufre (Ap. 20:10, 14, 15; 21:8). Y aquí, si se hace excepción –tal vez justa– de los términos «purificación» o «transformación» (quizá desarrollo espiritual), quisiera referirme en explicación a lo que el Dr. Pusey ha expresado de modo tan hermoso –aunque mi referencia es sólo a este punto, no a los otros que toca (Pusey, *What is of Faith*, etc., pp. 116-122). Y en conexión con esto notamos que aquí hay toda una serie de afirmaciones escriturales que enseñan tanto el reinado final de Dios («que Dios pueda serlo todo en todos») como el poner finalmente todas las cosas bajo Cristo; y todo esto en relación con el hecho bienaventurado que Cristo «gustó la muerte para todo hombre», «para que el mundo por medio de Él pueda ser salvo» y, en consecuencia, «atraer a todos» a sí mismo, comp. Colosenses 1:19, 20 (comp. Jn. 3:17; 12:32; Ro. 5:18-24; 1 Co. 15:20-28; Ef. 1:10; 1 Ti. 2:4, 6; 4:10; He. 2:9; 1 Jn. 2:2; 4:14, todos los cuales tienen que ser estudiados de modo conjunto).

Hasta aquí, el objetivo del presente escritor ha sido poner delante del lector, en cuanto le ha sido posible, todos los elementos que hay que tomar en consideración. El autor no pronuncia una conclusión definida, no lo desea ni se propone hacerlo. Esto solo va a repetir: que a su modo de ver las palabras de nuestro Señor, tal como son registradas en los Evangelios, transmiten la impresión de que *hay* una eternidad de castigo; que, además, ésta era la creencia aceptada por las escuelas judías al tiempo de Cristo. Pero de estas cosas está seguro plenamente: que hemos de confiar de modo absoluto en la misericordia de nuestro Dios; que la obra de Cristo es para todos y es de valor infinito, y que su resultado ha de corresponder a su carácter; y, finalmente, para objetivos prácticos, que con respecto a aquellos que se han apartado (tanto si nosotros sabemos que recibieron gracia como si no lo sabemos), nuestras ideas y nuestras esperanzas deberían ser amplias (para ser consecuentes con la enseñanza de la Escritura), y que por lo que se refiere a nosotros mismos, de modo personal e individual, nuestras ideas sobre la necesidad de una fe absoluta e inmediata en Cristo como el Salvador, la santidad de vida y el servicio al Señor Jesús, deben de ser fijas de forma estricta y rígida.

Índice analítico general

A

B

C

E

F

H

I

J

L

LL

N

S

T

V

W, X, Y

Z

Índice de autores citados en la obra